Heinz Meyer · Reiten und Ausbilden

Nova Hippologica

Begründet von

Dr. Reiner Klimke

Herausgegeben von

Dr. Dr. Johannes E. Flade
und
Richard Hinrichs

2001
Olms Presse
eim · Zürich · New York

Heinz Meyer

Reiten und Ausbilden

Mit 150 Zeichnungen
von Gisela Holstein
und zahlreichen Fotos

2001
Olms Presse
Hildesheim · Zürich · New York

Die Fotos wurden zur Verfügung gestellt von:
Fred Curtis, Hugo Czerny, Werner Ernst, DPA, Edition Haberbeck, Melitta Huck, L'information hippique, Hannelore Menzendorf, Heinz Meyer, Karl-Heinz Mitschke, Norbert Kaiser, Roland v. Siebenthal, Sven Simon, Studio Bauer, Helmut Wagner, Elisabeth Weiland und Guido Wedding

Die Deutsche Bibliothek - CIP-Einheitsaufnahme

Meyer, Heinz: Reiten und Ausbilden
/ Heinz Meyer. Mit Zeichn. von Gisela Holstein.
–3.Aufl. - Hildesheim ; Zürich ; New York :
Olms-Presse, 2001 (Nova Hippologica)

ISBN 3-487-08254-3

ISO 9706

3. Auflage 2001

Printed in Hungary
Gedruckt auf säurefreiem und alterungsbeständigem Papier
Umschlagentwurf: Heinz Meyer und Prof. Paul König, D-31137 Hildesheim
Umschlagfoto: Horstmüller, Düsseldorf
ISBN 3-487-08254-3
ISSN 0948-5708

Inhaltsverzeichnis

Vorwort zur 3. Auflage

„Reiten und Ausbilden" erscheint nun in dritter Auflage. Das gibt mir Gelegenheit, all denen nochmals zu danken, die zum vorliegenden Text, zu seiner Illustration sowie zur technischen Herstellung des Buches beigetragen haben. Danken möchte ich ferner den Lesern, die sich zwischenzeitlich mit dem Buch beschäftigten und mich mit ihren Anregungen zu weiteren Beobachtungen und Überlegungen veranlaßten.

„Reiten und Ausbilden" erscheint erneut in unveränderter Form. Dies ist sachlich gerechtfertigt, weil das Reiten, der Umgang mit dem Pferd sowie dessen solide Ausbildung unter dem Sattel nicht kurzfristigen modischen Wechseln unterliegen (sollten). Es ist freilich legitim, mit dem Abstand der mehr als zwanzig Jahre, die seit dem Erscheinen der ersten der 35 Folgen verstrichen sind, im Vorwort zur Neuauflage auf verschiedene Punkte hinzuweisen, die mir für das Reiten und die dressurreiterliche Ausbildung des Pferdes besonders wichtig erscheinen.

Diese Hinweise werden unter anderem von Akzentverschiebungen in den letzten zwei Jahrzehnten veranlaßt, nämlich von Akzentverschiebungen in der Praxis des Reitens im allgemeinen und von solchen im Dressurreiten im besonderen. Drei miteinander zusammenhängende Punkte möchte ich ansprechen, nämlich erstens die Orientierung des Reitens und der Ausbildung an der „Natur" des Pferdes, zweitens den durch das elastische Eingehen in die Bewegungen des Pferdes gekennzeichneten Gleichgewichtssitz und drittens die Versammlung, die hier mehr als das Erhalten und Fördern des energischen natürlichen Vortretens der Hinterbeine und weniger als der Versuch verstanden wird, das Pferd mit krampfhafter Einwirkung zusammenzuschieben und so einen (in statischen Vorstellungen begriffenen) Ausgleich des von den Vorder- und des von den Hinterbeinen getragenen Gewichts zu erreichen.

Bei diesen Hinweisen geht es vor allem darum, die sogenannte klassische Reitauffassung als eine Lehre zu verstehen, die auf der Basis der natürlichen Bewegungsentfaltung des Pferdes dessen möglichst weitgehende ganzkörperliche Gymnastizierung unter dem Reiter verfolgt. Diese Reitauffassung ist ferner als eine Methode zu erörtern, die Pferd und Reiter befähigt, zu unterschiedlichen sportlichen Zwecken eingesetzt zu werden. Zudem geht es um eine Reitauffassung, der die möglichst weitgehende Entlastung von Pferd und Reiter in der optimalen Bewegungsentfaltung des Pferdes ein integrales Anliegen ist beziehungsweise sein sollte. Die sogenannte klassische Reitauffassung wird weiter als ein Reiten respektive ein Ausbilden begriffen, das diverse Ziele mit anderen Reitauffassungen teilt. In diesem Sinne geht es schließlich darum, das gegenseitige Verständnis der Vertreter der verschiedenen Reitauffassungen zu fördern.

a. Die Orientierung der Ausbildung an der Natur des Pferdes

Verfolgt man die Geschichte des Reitens und die der Ausbildung des Pferdes an Hand der Lehrbücher, die in den mehr als zweitausend Jahren seit der Publikation von Xenophons Schrift „Über die Reiterei" verfaßt wurden, dann scheint die Respektierung der Natur des Pferdes eine der Komponenten zu sein, in der sich im Laufe der Jahrhunderte eine merkliche Entwicklung abzeichnete, nämlich die zunehmende Beachtung der anatomischen Strukturen, der physiologischen Prozesse, der genetisch bedingten Dispositionen des Verhaltens sowie der Befindlichkeiten des Tieres. In den in den letzten einhundert Jahren erschienenen Reitlehren zeichnet sich diese Entwicklung besonders deutlich ab, und zwar unter anderem aufgrund des Einflusses der Veterinärmedizin auf das Reiten und die Ausbildung des Pferdes. In der 1937 neugefaßten deutschen Heeresdienstvorschrift von 1912(HDv 12) zum Beispiel wurde die Ausbildung des leistungsfähigen und über lange Zeit einsatzfähigen Kavalleriepferdes als eine Formung verstanden, bei der die natürlichen Anlagen des Tieres zu erhalten und zu fördern sind. Die Fassung von 1912 wies derart noch nicht auf die „Erhaltung und Förderung" der „natürlichen Anlagen" hin. Dies taten die der HDv 12 zugrundeliegenden „Instruktionen zum Reitunterricht für die Kavallerie" von 1882 ebenfalls noch nicht.

Das Anliegen des altruistischen Tierschutzes bestimmte die zunehmende Respektierung der Natur des Pferdes freilich nur in begrenztem Maße. In erster Linie motivierte vielmehr die Absicht, die Leistungen des Pferdes in der wirtschaftlichen, der militärischen und der sportlichen Nutzung zu optimieren. Maximale und insbesondere optimale Leistungen lassen sich nämlich in der Regel und auf Dauer nur bei weitgehender Beachtung der Gesundheit und des Wohlbefindens des Pferdes erreichen. Dieser Umstand stellt eine generelle „Funktionslogik" von Organismen dar. Der auf dieser Logik beruhende Schutz der Tiere ist insofern „egoistisch" motiviert, als der Mensch auf diesem Wege die Nutzung zu maximieren und/oder zu optimieren sucht. Die egoistische Motivation läßt sich von der humanistischen abheben, in der allgemeine menschliche Ziele das Handeln bestimmen; ferner läßt sie sich von der altruistischen Motivation unterscheiden, in der die Gesundheit und das Wohlbefinden des Tieres das Endziel des menschlichen Handelns darstellen. Die Erforschung und die Respektierung der Natur des Pferdes förderten dessen Gesundheit sowie dessen Wohlbefinden allerdings unabhängig von den verschiedenen sie veranlassenden menschlichen Motiven.

Die Abhängigkeit der Leistung von der Beachtung der natürlichen Dispositionen des Tieres wird dann besonders deutlich, wenn man nicht nur die maximale, sondern die optimale Leistung im Auge hat. Beim Dressurpferd zum Beispiel geht die optimale Leistung insofern über die maximale hinaus, als erstere die maximale Bewegungsentfaltung auf der Basis weitgehender Losgelassenheit darstellt, das heißt die maximale Bewegungsentfaltung ohne dysfunktionale Spannung.

Dysfunktional ist ein Muskeltonus, der nicht der dynamischen Bewegungsentfaltung dient, sondern diese gerade behindert. Das geschieht vor allem durch die Dauerkontraktion von Muskeln, durch den gestörten Wechsel von Anspannung und Entspannung bei den antagonistisch wirkenden Muskeln sowie durch das gestörte Zusammenspiel der Synergisten. Die funktionale Anspannung beinhaltet demgegenüber den effizienten Kraftaufwand zugunsten der Bewegungsentfaltung. Dieser Aufwand stellt eine Komponente der gymnastischen Ausbildung des Pferdes dar. Ohne einen solchen Aufwand könnte das Pferd sich nicht dynamisch fortbewegen. Die Förderung des funktionalen Einsatzes der Muskeln im Rahmen der gymnastischen Ausbildung bedeutet dann auch, mattes Daherlaufen ebenso wie gespannte Tritte durch eine effiziente dynamische Bewegungsentfaltung (ohne dysfunktionale Spannung) zu ersetzen.

Der dysfunktionale Muskeltonus weist meist zudem auf das Unwohlsein des Pferdes beziehungsweise auf Anforderungen des Reiters hin, die die natürlichen Dispositionen des Tieres mehr oder minder weitgehend ignorieren: Unwohlsein, Angst, Schmerz und Leiden bedingen häufig nämlich unter anderem einen dysfunktionalen Muskeltonus. Dieser stellt daher einen der zuverlässigsten Hinweise auf das Unwohlsein dar. Der angesprochene Zusammenhang wird nicht durch den Verlust der üblichen Muskelspannung und die Verhaltensdepression in Frage gestellt, mit denen Pferde häufig auf länger anhaltendes Unwohlsein und auf anhaltende Leiden reagieren.

Die Grenze zwischen einem funktionalen und einem dysfunktionalen Tonus ist in manchen Fällen fließend. Dieses Faktum spricht aber nicht gegen die zahlreichen Fälle, in denen sich der dysfunktionale Tonus deutlich vom funktionalen abheben läßt. Beim dysfunktionalen Tonus entfaltet das Pferd sich nicht im Rahmen der natürlichen Abläufe seiner Funktionen. Ein Reiten und eine Ausbildung, die den dysfunktionalen Tonus als ständige Begleiterscheinung der Bewegungsentfaltung akzeptieren, können demnach nicht von sich beanspruchen, die Natur des Pferdes zu respektieren. Diese Aussage betrifft unter anderem den Hochleistungssport auf dem Dressurviereck. Sofern die Reiterinnen und Reiter ebenso wie die Richter die als Abbau dysfunktionaler Spannungen zu verstehende Losgelassenheit zugunsten der spektakulären Dynamik aus dem Auge verlieren, ignorieren sie die Natur des Pferdes. Zugunsten der Show verraten sie das Anliegen der gymnastischen Ausbildung. Sie tun dies auf Kosten des Wohlbefindens des Pferdes.

Die „Natur" des Pferdes wird in dieser Argumentation nicht als diffuser und ideologischer Terminus verstanden; in Kurzfassung bezeichnet der Begriff „Natur" vielmehr die anatomischen Strukturen, die physiologischen Prozesse, die genetisch bedingten Verhaltensdispositionen sowie die von der Beachtung dieser Bereiche abhängigen Befindlichkeiten des Tieres. Nur von einem Reiten und einer Ausbildung, die sich an der in diesen Komponenten respektierten „Natur" orientieren, sind, wie gesagt, in der Regel und auf Dauer optimale Resultate zu erwarten. Zudem lassen sich meines Erachtens nur ein derart ausgerichtetes Reiten und eine derart ausgerichtete Ausbildung moralisch rechtfertigen. Dies trifft vor allem für die fortgeschrittene Ausbildung zu, die immer auch über die natürlichen Bereitschaften des Pferdes hinausgeht – ebenso wie die Kultivierung des Menschen dessen natürliche Neigungen transzendiert.

Beim Hinausgehen über die natürlichen Bereitschaften des Tieres bedeutet die Orientierung an dessen Natur, bei den Zielen und den Verfahren der Ausbildung stets die artspezifischen anatomischen Strukturen, die artspezifischen physiologischen Prozesse, die artspezifischen angeborenen Verhaltensdispositionen sowie die individuellen Anlagen und Befindlichkeiten des Tieres zu beachten. Es bedeutet speziell, im Prozeß der Schulung die Bewegungsentfaltung ohne dysfunktionale Spannung immer wieder als die Basis und das Ziel des Reitens zu stabilisieren und sich ausschließlich mit einer Bewegungsentfaltung zufriedenzugeben, in der die Gymnastizierung den Abbau des dysfunktionalen Muskeltonus erreicht hat. Diese unverzichtbare Bedingung der Schulung des Pferdes betrifft, wie gesagt, den Prozeß der Ausbildung, das heißt den Weg, auf dem, beziehungsweise die Methoden, mit denen über die natürlichen Bereitschaften des Pferdes hinausgegangen wird. Sie betrifft ferner die Ziele der Ausbildung – mit ihnen dann auch das Maß, in dem die Schulung die natürlichen Bereitschaften transzendiert. In beiden Hinsichten zieht nicht das kurzfristige Auftreten, wohl aber das Anhalten der dem kompetenten Beobachter offenbaren dysfunktionalen Spannung der Transzendenz der „Natur" die Grenze.

b. Der durch das Eingehen in die Bewegung des Pferdes gekennzeichnete elastische Sitz

Der durch das Eingehen auf die beziehungsweise in die Bewegung des Pferdes gekennzeichnete elastische Sitz läßt sich als eine Konsequenz der Respektierung der „Natur" des Pferdes erläutern. Mit einem solchen Sitz paßt der Reiter sich nämlich an die Bewegungen des Pferderückens an beziehungsweise er geht mit ihnen mit; er geht in die Bewegungen ein und läßt sich von ihnen mitnehmen. Mit derartigem Sitzen erreicht er und/oder fördert er die Bereitschaft des Tieres, einen gegen das Gewicht des Reiters gerichteten dysfunktionalen Tonus seiner Rückenmuskulatur aufzugeben. Der Reiter erleichtert dem Pferd nämlich so das Tragen der Last beziehungsweise die (vielfältige) Bewegungsentfaltung unter der Last. Das Eingehen in die Bewegung des Pferdes und das Mitschwingen mit ihr bestehen, wie später näher beschrieben wird, in einer Kippbewegung des Beckens um die die beiden Hüftgelenke verbindende (imaginäre) Achse; weiter gehören zum Eingehen in die Bewegung des Pferdes und zum Mitgehen mit ihr das Pendeln des Beckens nach vorne und nach hinten sowie nach oben und unten. Diese Bewegungen gestatten dem Reiter, mit seinem Gesäß am Sattel zu bleiben, und zwar an einem Sattel, dessen Sitzfläche sich aufgrund der Schwingungen des ihn tragenden Pferderückens in beträchtlichem Maße horizontal und vertikal beziehungsweise rotierend bewegt, in den verschiedenen Gangarten in unterschiedlicher Weise sowie in unterschiedlichem Ausmaß. Durch die Kipp- und die Pendelbewegungen seines Beckens entgeht der Reiter dem Geworfen- oder dem Gestoßenwerden durch die sich bewegende Sattelfläche. Derart vermeidet der Reiter ferner, das Pferd mit seinem Gewicht zu stoßen oder es in anderer Weise über Gebühr zu behindern. Im Sattel nicht geworfen oder gestoßen zu werden und dies ohne klemmende Schenkel zu erreichen, bedeutet auch, das Gleichgewicht gefunden und seinen Sitz gefestigt zu haben. Und der derart stabilisierte Sitz bildet die Basis präziser und eindeutiger Hilfen bei minimaler Körperbewegung und minimalem Kraftaufwand.

Auf die Bewegungen des Pferderückens ein- und mit ihnen mitzugehen, gelingt, wie gesagt, nur mit einem elastisch kippenden und pendelnden Becken, weder mit dem von den Bauchmuskeln fest verspannten noch mit dem haltlos schlackernden. Das elastisch mit den Bewegungen des Pferderückens mitgehende Becken bildet dann auch die Grundlage für die gezielte Einflußnahme des Reitergewichts auf den Rücken des Pferdes. Elastisch läßt sich nur dann auf den Rücken des Pferdes einwirken, wenn das Becken bald gehalten, bald zur Kipp- und Pendelbewegung freigegeben, bald in der Kipp- und Pendelbewegung gesteuert wird. Das elastisch hinundherkippende, vor und zurück sowie auf und ab pendelnde, in dieser Bewegung aber auch kontrollierbare Becken kommt erst bei fortgeschrittener Harmonie mit der (in die verschiedenen Richtungen) schwingenden Bewegung des Pferderückens in die Lage, über die Steuerung seiner Bewegungen, vor allem der Kippbewegung, gezielt auf die Schwingungen des Pferderückens und über diese auf den Bewegungsablauf des Pferdes generell einzuwirken. In einer solchen Einwirkung liegt die Basis des als „Hilfe" eingesetzten Reitergewichts. Die in der traditionellen Terminologie als „Kreuzanziehen" bezeichnete Hilfe bedeutet de facto, die Kipp- und Pendelbewegung zu verlangsamen beziehungsweise das Becken in (nach hinten) abgekippter Position festzuhalten. Im einzelnen unterscheidet sich das Verständnis des Sitzes als das Lasten auf den hinundherkippenden, nach vorne und nach hinten sowie nach oben und nach unten pendelnden Sitzbein-Schambein-Ästen aber merklich von einem statisch verstandenen Dreipunktsitz auf den beiden Gesäßknochen und dem Spalt sowie von den mit dieser Position verbundenen (häufig mechanischen) Vorstellungen vom „Kreuzanziehen" und vom „treibenden" Sitz.

Die traditionelle Rede von „Kreuzanziehen" und vom „treibenden Sitz" hat zu diversen Mißverständnissen Anlaß gegeben. Weiterhin provoziert sie in der Theorie Fehlinterpretationen und in der Praxis reiterliche Haltungen und Einwirkungen, die die artspezifische Bewegungsentfaltung des Pferdes stören und das Pferd ebenso wie den Reiter über Gebühr belasten. Das Postulat des „Kreuzanziehens" führt die Reiter immer wieder zum Versteifen ihres Rückens und zum verkrampften Anhalten der Kipp- und Pendelbewegungen des Beckens. Das als krampfhafte Versteifung des Rückens und als Festhalten des nach hinten abgekippten Beckens praktizierte „Kreuzanziehen" verbindet sich häufig dergestalt mit der Forderung des „treibenden Sitzes", daß der Reiter sich – bei klemmenden, aber nicht treibenden Schenkeln – deutlich hinter die Senkrechte zurücklehnt, und zwar in der Absicht, das Pferd zu „schieben". Einem solchen Sitz entspricht das bei abgesenktem Rücken matt daherlaufende oder das strampelnde Pferd, nicht das bei schwingendem Rücken gymnastisch sich entfaltende.

Diese Erläuterungen laufen darauf hinaus, eine treibende Funktion des Sitzes in Frage zu stellen beziehungsweise den Beitrag des Sitzes zum Treiben vor allem darin zu sehen, dem Pferd das Tragen des Reitergewichts möglichst angenehm zu machen und das Pferd insofern zu entlasten. Die Erläuterungen besagen ferner, die Funktion der Einflußnahme des Reitergewichts auf den Rücken des Pferdes vor allem in einer Verbesserung des (mit den Schwingungen des Rückens eng zusammenhängenden) Bewegungstaktes sowie in der dezenten Hilfe bei den halben und den ganzen Paraden zu sehen. Ein derartiges Verständnis des Sitzes führt dazu, Fehlinterpretationen der sogenannten klassischen Reitlehre zu reduzieren, die Resultate des „klassisch" orientierten Reitens zu optimieren und die Gemeinsamkeiten dieses Reitens mit dem anderer Schulen deutlich zu machen. Es führt ferner dazu, Haltungen, mit denen versteifte Reiter sich – wie bei der Rücklage im starken Trab – das „Aussitzen" auf unorthodoxe Weise erleichtern, als solche zu erkennen und sie nicht länger als zweckvolle und/oder für das Pferd schonende Maßnahmen auszugeben.

c. Die Versammlung

Der zum Zweck des Treibens verkrampfte Sitz verbindet sich häufig eng mit letztlich mechanischen Vorstellungen von der Versammlung im allgemeinen und vom Weg zu ihr im besonderen. Das Bemühen um eine Versammlung, die statischen Modellen vom Ausgleich des von den Vorder- und des von den Hinterbeinen getragenen Gewichts entspricht, führte und führt weiterhin zu diversen Versuchen, die Hinterbeine krampfhaft zum Vortreten unter den Körper oder unter den (imaginären) Schwerpunkt des Pferdes zu veranlassen. Je krampfhafter der Reiter diese Versuche bei festem und deutlich zurückgelehntem Rücken mit klemmenden Schenkeln anstellt, je größer wird die Wahrscheinlichkeit, daß sein Pferd bei harter Anlehnung an die Hand des Reiters, bei absolut aufgerichtetem Hals und bei nach unten durchgedrücktem Rücken seine Hinterbeine schiebend nach hinten herausstellt beziehungsweise nachschleppt. Häufig bildet die feste und rückwärts wirkende Hand den Ausgangspunkt, zumindest eine integrale Komponente eines solchen Bildes. Die derart wirkende Hand unterbindet nämlich – in der Regel im Zusammenhang mit der von ihr veranlaßten Verfestigung des Rückens des Pferdes und nicht selten im Zusammenhang mit Störungen des Takts – den freien Vortritt des Hinterbeins, das heißt den Vortritt entsprechend der natürlichen Bewegungsentfaltung eines in seinem Fleiß geförderten Pferdes. Hat die Fehlentwicklung derart ihren Anfang genommen, so wird sie, wie gesagt, nicht selten durch den (vergeblichen) Versuch stabilisiert, die Hinterbeine durch andauerndes (das Pferd abstumpfendes) Treiben wieder zum Vorgreifen zu veranlassen. Die Resultate einer auf diesem Wege angestrebten Versammlung lassen sich allenthalben beobachten, unter anderem veranlaßt durch die vereinfachte Vorstellung von der Versammlung als einem (meist statisch begriffenen) Gewichtsausgleich.

Gegen diese Vorstellung wird die Versammlung hier als die „Geschlossenheit" des Pferdes verstanden, die nicht nur auf dem ungehinderten energischen Vortreten der Hinterbeine (in den verschiedenen Lektionen) aufbaut, sondern weitgehend in diesem besteht. Behindert wird der Vortritt, wie bereits angesprochen, häufig durch den festen Rücken des Pferdes und durch eine diese Verfestigung veranlassende unfreundliche und rückwärts wirkende Reiterhand. Letzterer entspricht meist das absolut, nämlich unabhängig von seinem Versammlungsgrad, aufgerichtete, häufig ferner das mit seiner Stirnlinie hinter der Senkrechten gehende, nämlich das überzäumte, Pferd. Die Überzäumung erleichtert zwar vielen das Reiten, und sie erleichtert das Reiten bei begrenzter Ausbildung des Pferdes und/oder das Reiten temperamentvoller Pferde, die sich durch Umweltreize im allgemeinen und durch nichtpferdgemäße Reitarenen im besonderen leicht irritieren lassen. Die bei der Überzäumung gesuchte oder akzeptierte Position des Kopfes und das Abknicken des Halses im Bereich des 2. und des 3. Halswirbels oder noch weiter zurück entsprechen aber nicht der natürlichen Haltung des Pferdes in der Bewegungsentfaltung. Bezeichnenderweise reagiert das Pferd auf eine solche vom Reiter erzwungene Haltung in der Regel mit mangelndem Fleiß und dem diesem entsprechenden begrenzten Vortritt des Hinterbeins. Diese Neigung läßt sich mit markanten treibenden Hilfen zwar kaschieren, aber nur auf Kosten eines dysfunktionalen Muskeltonus'. Die absolute Aufrichtung ist, sieht man vom Imponiergehabe ab, ebenfalls keine natürliche Haltung des Pferdes. Bezeichnenderweise veranlaßt sie das Pferd meist zur Absenkung und Verfestigung seines Rückens.

Die skizzierten Antworten des Pferdes auf die ihm unnatürlichen und daher unangenehmen Haltungen sind nur zu vermeiden, wenn man das Pferd in einer Haltung reitet, die es ihm selbst unter der Belastung des Reitergewichts erlaubt, seine Rückenmuskulatur in rhythmischem Wechsel anzuspannen und zu entspannen, dabei mit dem Hinterbein weit vorzugreifen und so den Gewichtsausgleich selbst zu finden, und zwar zur Optimierung seines Gleichgewichts in der fleißigen Bewegungsentfaltung in den verschiedenen Gangarten und den unterschiedlichen Tempi.

Solches Reiten gestattet dem Pferd, sich selbst zu versammeln, das heißt die Schub- und die Tragkraft seiner Hinterbeine den jeweiligen Anforderungen entsprechend einzusetzen und derart im „Gleichgewicht" zu bleiben, und zwar bei der vom Reiter geforderten und geförderten optimalen Bewegungsentfaltung.

Bei Theoretikern wie bei Praktikern dient die Bezeichnung „klassische Reitkunst“ häufig dazu, die eigene Auffassung als die traditionelle, richtige sowie selbstverständliche auszugeben und sich derart dem Anspruch einer rationalen Begründung zu entziehen.
Erst das Verständnis der Geschichtlichkeit reiterlicher Theorie und reiterlicher Praxis rechtfertigt den hier unternommenen Versuch, das Reiten und Ausbilden – trotz der zahlreichen schon existierenden Lehrbücher – erneut darzustellen und zu begründen, nämlich aufgrund des gegenwärtigen Wissens, aufgrund des gegenwärtigen ethischen Empfindens und aufgrund der gegenwärtigen Entwicklung der Sportreiterei.
An verschiedenen Stellen werde ich auf die Konstanz und auf den Wandel der Auffassungen ausdrücklich hinweisen. Die meinen Texten beigefügten Auszüge aus Werken früherer Jahrhunderte sollen einerseits die Übereinstimmungen durch die verschiedenen Epochen exemplarisch aufzeigen, sie sollen andererseits aber auch Verschiebungen und Differenzen dokumentieren. Die Berufung auf die „Alten Meister“ geschieht also in doppelter Absicht, nämlich einmal um die Fundierung heutiger Positionen in denen vergangener Jahrhunderte darzustellen, zum anderen aber auch zur Abhebung der heutigen Ansicht von früheren Auffassungen. Wertende Kommentare habe ich den ausführlichen Zitaten nicht vorangestellt oder nachgeschickt; ich wollte den Leser nicht bevormunden, hoffe freilich auf seine – unter anderem durch die Lektüre meiner Texte geförderte – Bereitschaft zum kritischen Urteil. Aus diesem Grunde wurden die beigefügten Texte in ihrer ursprünglichen Form einschließlich ihres ursprünglichen Stils und ihrer ursprünglichen Orthographie abgedruckt.
Die 35 Folgen der vorliegenden Reitlehre erschienen vom März 1980 bis zum März 1983 in der Fachzeitschrift Reiter Revue. An der inhaltlichen und vor allem an der formalen Gestaltung hatten die Sekretärinnen Walburga Windges und Petra Spitzel, die Redakteurin Christine Stürzebecher, der langjährige Chefredakteur Helmut Wagner sowie sein Nachfolger Jörg Savelsberg wichtigen Anteil. Ihnen danke ich ebenso verbindlich wie Gisela Holstein, die die Aussagen des Textes in informativen Zeichnungen illustrierte und die die Manuskripte aus der Sicht ihrer reiterlichen Praxis kritisch las. Ferner danke ich dem Zeitschriftenverlag der Rheinisch-Bergischen Druckerei- und Verlagsgesellschaft, der als Nachfolger des Lapp-Verlages die Reiter Revue verlegt. Der Zeitschriftenverlag gestattete, die Texte im Offsetdruck aus der Zeitschrift zu übernehmen und derart das Buch relativ preisgünstig zu erstellen. Für die Verwirklichung dieses Anliegens gilt mein besonderer Dank dem Verleger W. Georg Olms.
Beim Schreiben dieses Vorwortes dachte ich an den 1983 verstorbenen Helmut Wagner, der die Reiter Revue mehr als ein Jahrzehnt als Chefredakteur leitete. Ob ihrer formalen Gestaltung, ob ihrer fachlichen Kompetenz sowie ob ihrer Bereitschaft zur kritischen Analyse erlebte die Zeitschrift unter Wagners Führung eine Epoche weltweiter Anerkennung. Wagner engagierte sich für das Wohl der Pferde; dabei machte er sich – und anderen – das Leben nicht leicht; für den hippologischen Journalismus setzte er freilich Maßstäbe.

Heinz Meyer
Januar 1988

1. Folge

Die Zäumung

Eigentlich ist es nicht selbstverständlich, daß man einem Pferd ein Halfter mit Gebiß umlegt und es derart lenkt. Die Geschichte der Zäumungsmethoden macht eindrucksvoll klar, daß die heute in Mitteleuropa üblicherweise verwandten Trensen und Kandaren Endprodukte einer vielgliederigen Entwicklung sind. Die verschiedenen Arten der Führung des Pferdes wurden nicht direkt am Pferd entwickelt, sondern zum Teil vom Umgang mit anderen Tieren aufs Pferd übertragen. Das Rind ist in diesem Zusammenhang ein wichtiger Vorläufer des Pferdes, möglicherweise auch der Halbesel und das Ren. Heute vergißt man vielfach, daß Pferde einst auch mit einem Nasenring gelenkt wurden, daß der Kappzaum wahrscheinlich aus einem um den Kopf des Tieres gelegten Strick entstand, daß das heute übliche Trensenkopfstück eine Verbindung von Kappzaum und Trense ist, daß die verschiedenen ursprünglichen Lenkungsmethoden in der Vielfalt der heute noch gebräuchlichen Zäumungen nachwirken, daß die Zäumung schließlich keinen absoluten Bestandteil des Reitens darstellt, sondern mit den unterschiedlichen Zwecken und Auffassungen von Reiten eng verbunden ist. Selbstverständlich ist nicht einmal die Verwendung eines Zaums. Die Numidier sind in der Geschichte bekannt als Kriegsreiter, die der Trense nicht bedurften, die einen Ring um den Hals ihrer Pferde legten und die Tiere mit ihm und mit einer Rute lenkten. Gemeinsam ist den verschiedenen Führungsmethoden: sie setzen am Kopf des Pferdes, einer emfindlichen Stelle des Körpers, mit der reiterlichen Einwirkung an.

Englisches Reithalfter: Zwei Fingerbreit unter Jochbein

Hannoversches Reithalfter: Vier Fingerbreit über Nüstern

Kreuzhalfter

Die hierzulande üblicherweise verwandte Trense verbindet den Kappzaum und das Gebiß. Dies bedeutet mit anderen Worten: das Pferd wird geführt durch ein Mundstück, das mit Hilfe von Lederriemen im Maul des Tieres eine bestimmte Lage erhält – wobei die Lederriemen dem Pferd darüber hinaus nicht gestatten, sein Maul zu öffnen. Der heutige Trensenzaum ist insofern auch Nachfahre des Kappzaums, als er für diesen Dauerverschluß des Mauls sorgt. Die Gegner des englischen und mehr noch des hannoverschen Reithalfters – oder eines Reithalfters überhaupt – sprechen wegen dieser Funktion des Dauerverschlusses auch von einem „Sperrhalfter", von einem „Zwangsriemen". Von Zwang eben deshalb, weil es dem Pferd nicht mehr möglich ist, sein Maul beliebig weit zu öffnen.

Das Mundstück, heute zumeist eine „gebrochene" Trense aus rostfreiem Stahl, einst aus Strick, Holz oder Knochen gefertigt, liegt im Pferdemaul im zahnlosen Stück zwischen den Vorder- und den Backenzähnen auf der Zunge. Im Vergleich zur ursprünglichen und heute noch bei der Kandare verwandten ungebrochenen Stange hat das „gebrochene" Mundstück den Vorteil, daß es sich – vornehmlich bei einseitigem Anzug – besser an die Maulpartie anlehnt.

Für die deutsche Reitauffassung ist die Verbindung des Mundstücks mit dem für den Dauerverschluß sorgenden Kappzaum beziehungsweise Reithalfter deshalb wichtig, weil die Paraden sich über Maul, Genick, Hals und Rücken bis zum Hinterbein auswirken sollen. Das Pferd darf sich ihnen nicht dadurch entziehen, daß es sein Maul öffnet und den Druck der Reiterhand wirkungslos werden läßt. Man kann daher nicht nach Belieben das Reithalfter fortfallen lassen, ohne das Gesamt der reiterlichen Einwirkung zu verändern.

Das Reithalfter ist üblicherweise in drei Arten bekannt, und zwar als hannoversches, englisches und mexikanisches, wobei das letztere auch als Kreuzhalfter bezeichnet wird. Das hannoversche Reithalfter liegt tiefer als die Trense, das englische oberhalb der Trense, gleich unter den Jochbeinen. Beim mexikanischen Reithalfter verbindet sich in etwa das englische mit dem hannoverschen. Welches Reithalfter man im einzelnen verwendet, hängt vom Pferdemaul, hängt vom Verwendungszweck des Pferdes, von den Vorlieben der einzelnen Reiter, hängt aber auch von Moden ab.

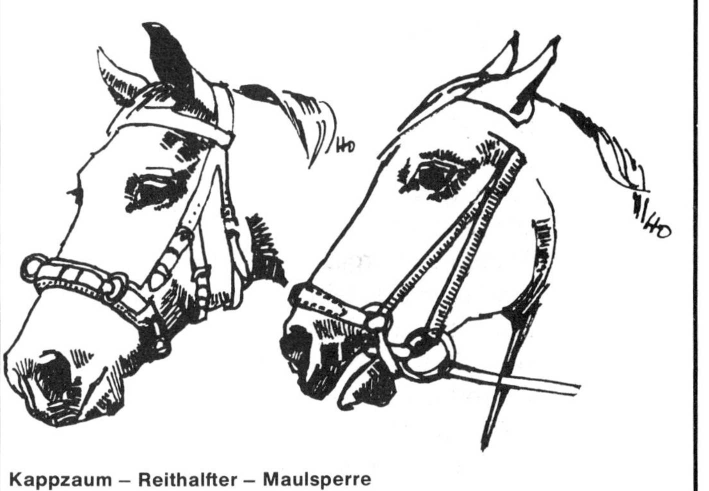

Kappzaum – Reithalfter – Maulsperre

Diese verschiedenen Reithalfter als Zwangshalfter zu bezeichnen, basiert auf einer polemischen Einstellung. Es ist nämlich nicht so, daß die Nasenriemen so eng geschnallt werden, daß dem Pferd kein Kauen möglich ist. Das Gegenteil ist der Fall: Das Pferd soll zwar nicht das Maul aufsperren können, ihm muß aber so viel Freiheit gegeben werden, daß es erstens keinen ständigen Druck spürt und zweitens kauen kann. Durch zu straffes Anziehen des Nasenriemens hervorgerufene Spannungen und Widerstände verbieten eine weiche Anlehnung mit sanfter Einwirkung.

Diese Argumentation orientiert sich am „richtigen" Gebrauch des Halfters, nicht an den Ausnahmen und Irrwegen, bei denen der Nasenriemen wirklich als Zwangshalfter verwandt wird, um den Effekt der „Bremse" zu steigern. Der Nasenriemen kann durchaus zum Zwangsriemen werden, bei richtiger Verwendung bildet er jedoch eine wichtige Hilfe für die weiche und doch effektvolle Verbindung zwischen Reiterhand und Pferdemaul, auch eine wichtige Hilfe, um diese Verbindung im Zuge der Ausbildung zu verfeinern. Selbst das tieferliegende hannoversche Reithalfter wird bei richtiger Anwendung noch so hoch verschnallt, daß es nicht auf dem Nasenknorpel, sondern noch auf dem Nasenbein liegt, das Pferd daher nicht stört und auch seine Atmung nicht beeinträchtigt. Das zu hoch verschnallte hannoversche Reithalfter zieht die Trense hoch und behindert so das Pferd. Bei bestimmten anatomi-

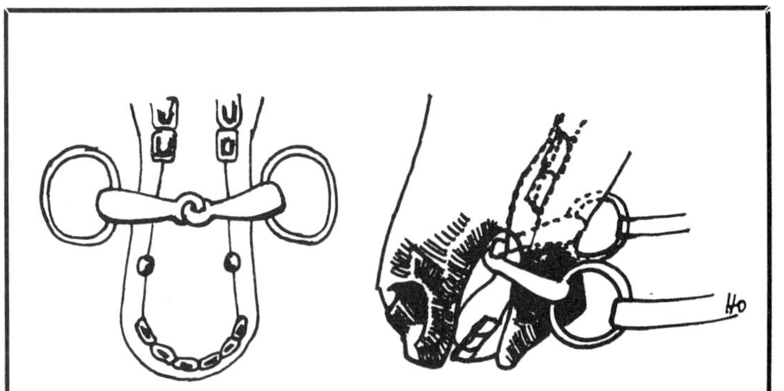

Lage der gebrochenen Trense: in der Zahnlücke auf der Zunge

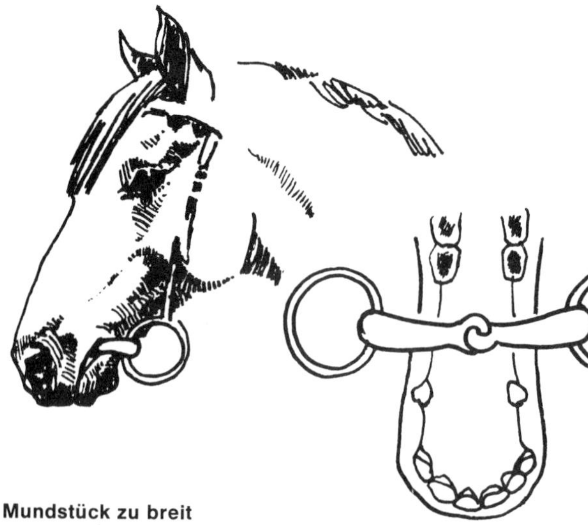
Mundstück zu breit

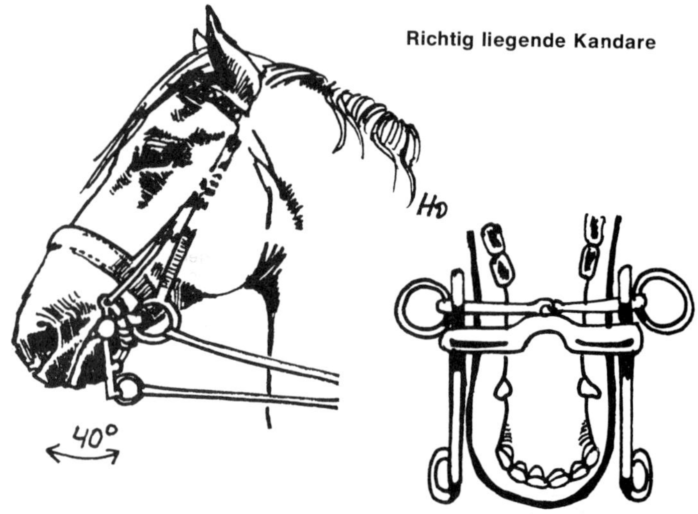

Richtig liegende Kandare

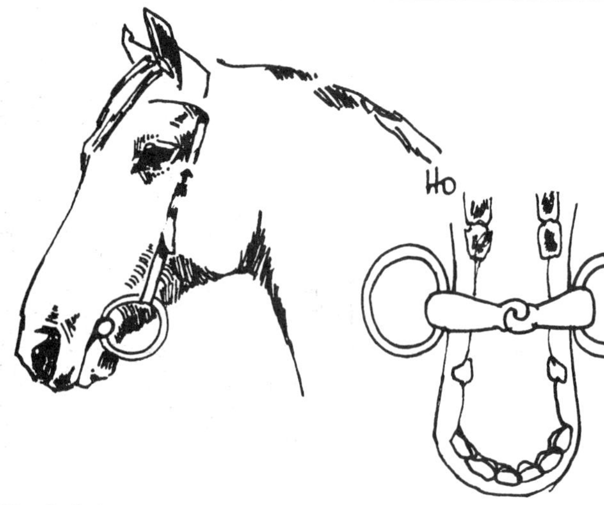
Mundstück zu schmal

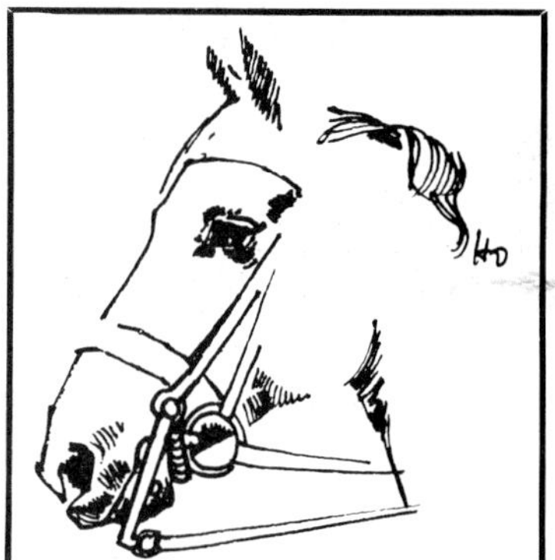
Strotzende Kandare

Durchfallende Kandare

schen Gegebenheiten empfiehlt sich das englische Reithalfter, das höher auf dem Nasenbein liegt, die Lage der Trense im Maul nicht verändert, manchmal aber auch nicht den erwünschten Maulschluß begünstigt.

Die Vielfalt der Mundstücke kann man grob dahingehend unterscheiden, daß die dicken weicher wirken als die dünnen. Pferde nehmen in der Regel die dickeren Mundstücke auch besser an als die dünnen. Das heißt: bei den dikken kauen sie eher als bei den dünnen. Mundstücke kann man freilich nicht absolut beurteilen, sondern muß sie stets im Zusammenhang sehen mit einer hart oder weich einwirkenden Reiterhand.

Für die einfache Trense – auch Wassertrense genannt, weil das Pferd mit ihr noch saufen kann – ist neben der Dicke die Breite wichtig. Ein zu breites Gebiß rutscht im Maul hin und her, ein zu enges kneift vor allem dort, wo die Trensenringe durch das eigentliche Gebißstück laufen. Ein zu enges Gebiß führt daher leicht zu Verletzungen. Große Trensenringe verhindern – wie eventuell die Trensenknebel –, daß das Mundstück rechts oder links aus dem Maul herausgezogen wird. Das Mundstück liegt in der Regel dann im zahnlosen Bereich zwischen Vorder- und Backenzähnen, wenn es oben an der Maulspalte anliegt, dabei aber die Lefzen nicht hochzieht. Die Mehrzahl der Einzelfragen zur Zäumung beantwortet sich aufgrund dieser allgemeinen Überlegungen.

Die allgemeinen Gesichtspunkte bestimmen auch den Umgang mit der Kandare, bei der das Stangenmundstück mit einer gebrochenen Trense und einem Kappzaum verbunden ist. Im Maul des Pferdes liegen demnach zwei Mundstücke, und zwar oberhalb der Stange eine dünne, „gebrochene" Trense, die die Maulspalte oben berühren, aber sie nicht hochziehen soll. Die Kandare wirkt nur dann optimal, wenn sie dem Pferdemaul angepaßt ist, vor allem auch in ihrer Breite.

Aufgrund ihrer Hebelwirkung ist der Eingriff des Reiters bei der Kandare schärfer als bei der Trense. Dies aber macht sie – sofern die Hand des Reiters entsprechend weich wirkt – keineswegs zu einem „Marterwerkzeug". Für die Kandare gilt in noch stärkerem Maße, was schon für die Trense wichtig ist: Das Mundstück ist in seiner Wirkung nicht absolut, sondern stets nur in Verbindung zur Reiterhand zu beurteilen. Eine Hand, die die Empfindlichkeit des Pferdemauls berücksichtigt, kann selbst bei scharfem Gebiß sehr viel weicher agieren als die Faust eines Reiters, der sich des lebendigen Wesens am anderen Ende des Zügels nicht bewußt ist.

Die Schärfe einer Kandare läßt sich auch nicht allein nach der Länge ihrer Bäume beurteilen. Entscheidend ist in diesem Punkt vielmehr das Verhältnis des Unterbaums zum Oberbaum. Ferner sind zu berücksichtigen die Dicke der Stange und die Zungenfreiheit (das ist die Wölbung im Kandarenmundstück). Schließlich spielt die Länge der Kinnkette eine Rolle. Eine langeingehakte Kinnkette läßt die Kandare „durchfallen" und weniger scharf wirken als die zu kurze Kinnkette, die zu einer „strotzenden" Kandare führt. Zwischen der Maulspalte und dem Unterbaum (oder „Anzug") soll sich bei anstehender Kandare ein Winkel von 40 bis 45 Grad bilden.

Diese Anmerkungen über die Zäumung ließen sich fortsetzen mit der detaillierten Beschreibung der weiteren Zäumungsarten, auch der vor allem in den USA verwandten, zum Beispiel Bosal und Hackamore. Die letzteren wirken nicht im Maul, sondern auf dem Nasenrücken des Pferdes, und zwar durch ein Nasenband, das mehr oder weniger stark preßt oder sich einschneidet, unter anderem unterstützt durch eine Hebelwirkung, die Ober- und Unterkiefer fest zusammenschnürt. Aber auch diese Zäumungen sind nicht absolut zu sehen, sondern in ihrer Wirkungsweise stets abhängig von der Reiterhand. Die weichste Trense kann zu einem Marterwerkzeug werden, der schärfste Zaum zu einem das Pferd nicht belastenden Führungsmittel. Technisches Wissen um die einzelnen Zäumungsarten dient nur dann der Verfeinerung der Einwirkung, wenn man sich bewußt bleibt, daß man mit dem Zügel ein Lebewesen an einer empfindlichen Stelle seines Körpers trifft. Man kann dies so tun, daß das Pferd zum Widerwillen und Widerstand herausgefordert wird, man kann auf dieser Einwirkung aber auch eine vertrauensvolle Kooperation aufbauen.

2. Folge:

Der Sattel: Zum Tragen und Sitzen

Der ehemalige Leiter der Spanischen Hofreitschule in Wien, Alois Podhajysky, stellte vor Jahren einmal fest, die Unwissenheit der Reiter über ihr Werkzeug, vor allem über die Sattelung und Zäumung, habe „alarmierende Ausmaße angenommen". Sieht man, mit welcher Nachlässigkeit die Mehrzahl der Reitschüler und Privatreiter gerade den Sattel behandeln, mit welchem Nachdruck sie sich vielleicht um ästhetische Gesichtspunkte kümmern, den Sitz und die Lage des Sattels auf dem Pferd und auch Materialeigenschaften des Leders aber unberücksichtigt lassen, dann muß man dem erfahrenen Reiter und Ausbilder Podhajysky in seinem pessimistischen Urteil zustimmen. Bemerkenswert ist in diesem Zusammenhang vielleicht, daß die Mehrzahl der Menschen sich ebenfalls kaum Gedanken macht über physiologische Gesichtspunkte von Sitzmöbeln, auf denen man eine beträchtliche Zeit seines Lebens verbringt. Die Nachteile der unzureichend konstruierten Stühle und Sessel spürt man am eigenen Leibe, ähnlich wie die Nachteile falsch gearbeiteter Sättel. Beim schlecht gefertigten Sattel kommt freilich hinzu, daß er zu Sitzfehlern animiert, die man fälschlicherweise auf andere Ursachen zurückführt. Ferner kommt hinzu, daß unter solchem Sitzgerät nicht allein die Menschen, sondern vor allem auch die Tiere zu leiden haben, und zwar in einem Maße, daß eigentlich der Tierschutzverein sich darum zu kümmern hätte.

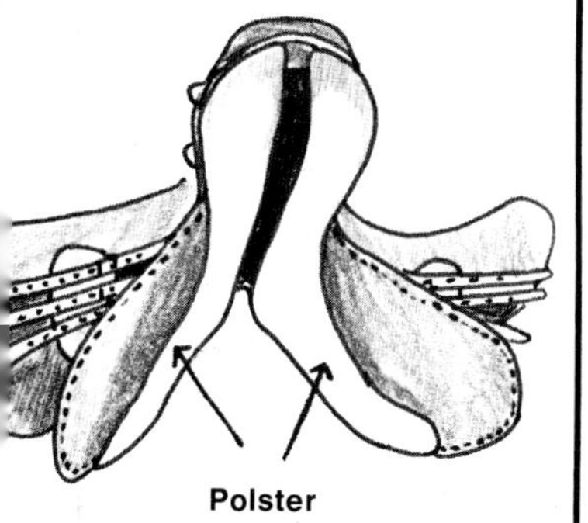

Polster

Zentnersack auf dem Buckel

Leider spüren viele Reiter nicht, was unter ihrem Allerwertesten vor sich geht – eine Tatsache, die sie zwar zunächst einmal von subjektiver Schuld befreit, den objektiven Tatbestand der Quälerei aber nicht aufhebt. Wer im Pferd nicht allein das Bewegungsgerät, sondern den lebenden Partner sieht, sollte sich eigentlich fragen, wie bequem man es dem anderen macht, die Last zu tragen. Und der Reiter ist für das Pferd eine Last, die in der Regel beträchtlich mehr als zehn Prozent seines Eigengewichtes ausmacht. Ein Pferd, dem vom Menschen der Rang eines Partners zugeschrieben wird, kann eigentlich vom Menschen verlangen, daß er sich Gedanken darüber macht, wie angenehm oder unangenehm die Last sich tragen läßt – ebenso wie man einem Freund einen Zentnersack nicht einfach auf den Buckel schmeißt, sondern ihn so placiert, daß er möglichst gut zu tragen ist. Für das Pferd wäre es förderlich, würde sich jeder Reiter vor dem Satteln fragen, wie und wo er gerne das Gewicht tragen würde, hätte er die Aufgabe des Pferdes zu übernehmen.

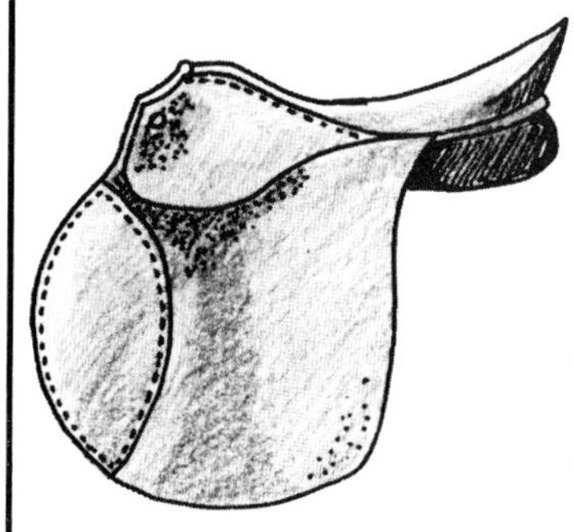

Vielseitigkeitssattel

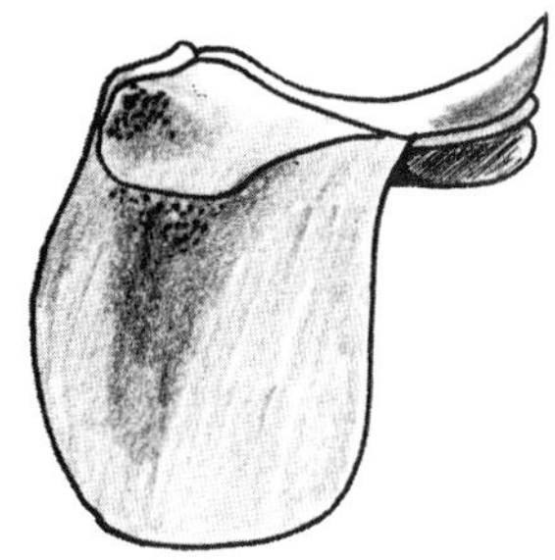

Dressursattel

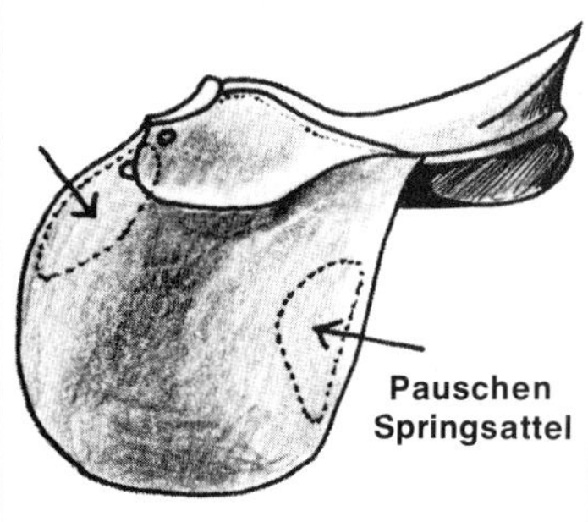

Springsattel

Sicherheit und Bequemlichkeit

Die Aufgabe des Sattelns besteht also darin, dem Pferd das Tragen der Reiterlast zu erleichtern. Darin erschöpft sich seine Funktion freilich nicht; denn so altruistisch sind Menschen in der Regel dem Tier gegenüber nicht, daß sie allein dessen Wohl im Auge haben. Der Sattel dient auch, diente wahrscheinlich sogar in erster Linie dem Menschen, seiner Sicherheit, Bequemlichkeit und Funktionstüchtigkeit auf dem Pferderücken. Das Interesse des Pferdes und das des Reiters bilden die beiden ausschlaggebenden Gesichtspunkte für die Beurteilung eines Sattels und seiner Lage auf dem Pferderücken.

Ein paar historische Anmerkungen können dazu dienen, den Zweck und die Entwicklung des Sattels weiter zu verdeutlichen. Eine Decke oder möglicherweise sogar der Mantel des Reiters bildete die erste Form des Sattels. Dabei muß es offenbleiben, ob das ursprüngliche Anliegen darin bestand, sich den Sitz auf dem unebenen Rücken magerer Pferde abzupolstern, oder ob es darum ging, den Mantel für kältere Stunden sicher mit sich zu führen. Vielleicht verbanden sich beide Anliegen.

Ein beträchtlicher Fortschritt bestand in der Festlegung der Decke mit Hilfe eines Gurtes, ferner im Anbringen von Steigbügeln. Die Steigbügel bedurften allerdings nicht unbedingt des Gurtes, wie man noch heute am Patrac, dem „Sattel" der ungarischen Csikós, feststellen kann. Dort sind die Bügel nicht an einem Sattelbaum befestigt, sondern mit Hilfe eines Riemens – er liegt über einem Sitzkissen – verbunden und über den Rücken des Pferdes geworfen. Derart dienen sie nicht zum bequemen Aufsteigen, sondern sind Hilfen für eine Art von Aufspringen. In erster Linie sichern sie den Sitz im Galopp.

Die beiden Funktionen des Steigbügels sind genannt, nämlich Hilfe beim Aufsitzen und Förderung eines festen Sitzes beziehungsweise festen Standes auf dem Pferderücken.

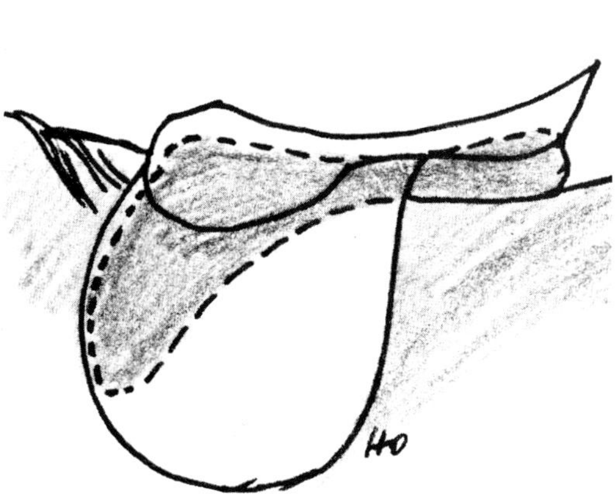

Sattel liegt gleichmäßig mit dem ganzen unteren Polster am Pferd

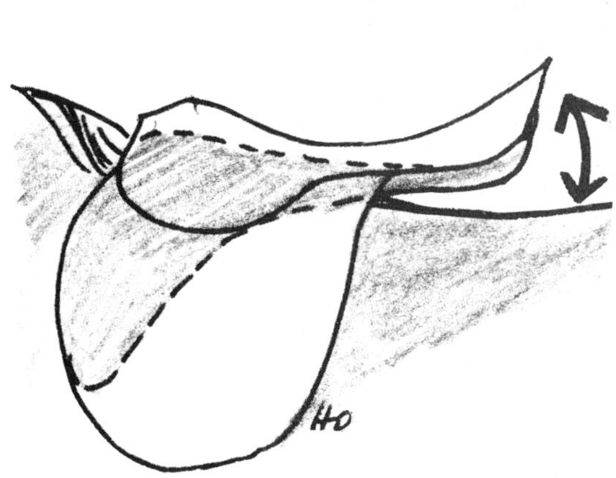

Sattel liegt nur vorn auf und wirkt wie eine Wippe

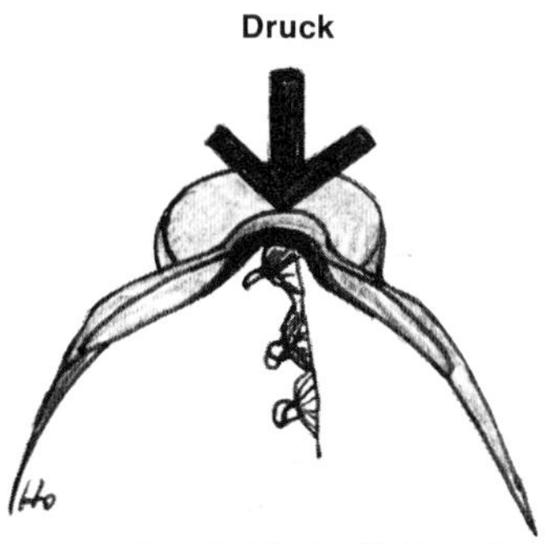

Dieser Sattel drückt: Er liegt kurz hinter dem Vorderzwiesel auf.

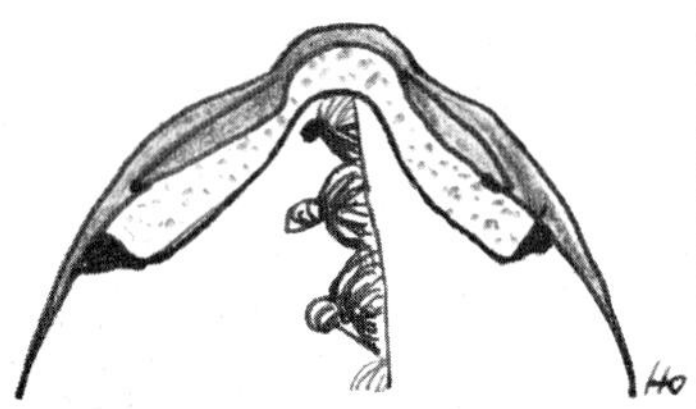

Unterlegen eines Polsters schützt zwar den Widerrist . . .

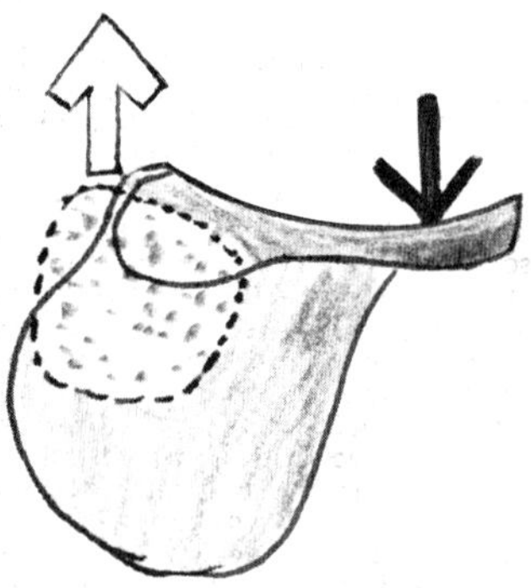

hebt den Sattel aber vorne, so daß der tiefste Punkt zu weit hinten liegt.

Fester Sattelbaum

Der nächste entscheidende Schritt in der Entwicklung des Sattels bestand in der Entwicklung eines festen Sattelbaums, der zunächst nicht mehr war als ein Holzgestell, das gegenüber dem Pferd wie für den Reiter wie ein Stuhl abgepolstert wurde. Der Gesichtspunkt, dem Reiter im Sattel einen möglichst sicheren Halt zu bieten, wurde extrem ausgebildet im mittelalterlichen Rittersattel, der mit seinen hohen Aufwölbungen am vorderen und hinteren Teil einer kleinen Festung glich. Sie hatte den Sinn, den Reiter bei Lanzenstößen im Sattel zu halten, ihm Gelegenheit zu geben, sich gegen die Wulste anzulehnen und derart dem Stoß des Gegners Widerstand leisten zu können.
Nicht direkt zum Reiten gehörende praktische, arbeitstechnische Gesichtspunkte bestimmten die Form der Sättel der Gardians in der Camargue, der amerikanischen Cowboys und der Armee in den beiden Weltkriegen. Der Sattel der Gardians und der Cowboys hat nicht allein für einen festen Sitz zu sorgen; an ihm müssen Taschen befestigt werden, an ihm muß das Lasso beim Einfangen der Tiere einen stabilen Halt finden. Der Militärsattel mußte Gelegenheit bieten, Packtasche und Man-

Sitz und Sattel

Durch Beachtung dieses schon vorher erwähnten Grundsatzes über das Zusammen- oder genauer Senkrecht-übereinander-fallen der Schwerpunkte von Mann und Pferd kann der Reiter sein Gewicht zwar nicht unmittelbar, aber doch in der Wirkung dem Pferde unendlich erleichtern, und aus diesem Grunde leisten Pferde unter einem guten Reiter nicht nur doppelt soviel, sondern bleiben auch viele Jahre länger brauchbar, als unter einem schlechten, obgleich dieser vielleicht das geringere Körpergewicht in den Sattel bringt. Deshalb ist auch jedes tote Gewicht bei der Bewegung so hindernd und wird deshalb beim Rennpferde soviel wie möglich vermieden. Durch denselben Vorgang ist es auch erklärlich, wie der Equilibrist nicht nur stehend zwei, selbst drei Männer seiner eigenen Größe und Schwere balancieren, sondern sich auch noch leicht mit diesem hohen Gewicht bewegen kann, wohingegen in leblosem Zustande vielleicht schon einer dieser Männer eine schwere Last für ihn sein würde. Wenn nun also, wie wir gesehen haben, der Sitz des Reiters in erster Linie von der Richtung des Pferdes abhängig und nur dann richtig ist, wenn er sich ihr unbedingt anpaßt, so ist doch auf seine Formen von wesentlichem Einfluß auch der Sattel, der ihm zur Unterlage dient. Der steife, schablonenmäßige, sogenannte Normalsitz, dessen Formen ich bei dem Leser dieser Arbeit als bekannt voraussetzen darf, stammt aus einer Zeit, in der die Sättel durch Polsterung des Sitzes, hohe Rücklehnen und starke Vorderpauschen, die gestreckte Haltung des Körpers so sehr erleichterten, daß diese auf den damaligen wohlgerichteten Schulpferden natürlich und graziös erscheinen konnte. Auch bei unserer Kavallerie ist dieser Sitz der vorschriftsmäßige und kann als solcher durchgeführt werden, da er durch den ungarischen oder Bocksattel gewissermaßen bedingt wird.

Der Bocksattel

Wenn jedoch der Bocksattel durch einen sich mehr der Form des englischen nähernden Sattel aus der Armee verdrängt sein wird, wird man den jetzigen Normalsitz aufgeben müssen und dadurch für das Reiten im Gebrauch, noch mehr aber für die Bearbeitung der Pferde große Vorteile gewinnen. Für jede Einwirkung auf das Pferd ist der Bocksattel höchst unvorteilhaft, da er nur den Spaltsitz zuläßt, also die feineren Hilfen der Balance und Gewichtsverteilung mehr oder weniger hindert, und außerdem durch seine hohle Lage auf dem Rücken des Pferdes den Reiter zu weit von diesem entfernt. Man sollte daher schon jetzt alle Unteroffiziere auf Sätteln, die den englischen ähnlich sind, in einem möglichst vollkommenen Balancesitz ausbilden, um sie später zur Dressur junger Pferde verwenden zu können. Sie würden dann viel bessere Bereiter für diese sowie bessere Lehrer für ihre Mannschaften werden und 10 bis 15 Jahre länger mit gesundem und gelenkem Körper ihren Dienst tun können. Wie viele andere Körperübungen, regelmäßig und zweckentsprechend gehandhabt, dazu dienen, dem Menschen bis ins hohe Alter hinein seine Glieder biegsam, beweglich und kräftig zu erhalten, so muß auch das Reiten als die vollkommenste aller körperlichen Bewegungen diesen Zweck erfüllen, wie dies auch die Erfahrung in allen denjenigen Fällen beweist, in denen es richtig betrieben wird. Wenn daher Reiter von Fach oder Leute eines anderen, vieles und anhaltendes Reiten bedingenden Berufes oft vor der Zeit steif und verbraucht erscheinen, so ist dies entweder Folge anderweitiger nachteiliger Einwirkungen, oder ein gezwungener unnatürlicher Sitz hat die Kräfte unnütz aufgerieben. Im richtigen, natürlichen Gleichgewichtssitz kann man die größere Hälfte seines Lebens zu Pferde verbringen und wird bis ins hohe Alter hinein noch immer jugendlich frisch erscheinen. Ein krampfhafter, steifer Sitz muß um so nachteiliger auf den Körper des Reiters einwirken, als ihm durch unsern heutigen englischen Sattel nicht die geringste Erleichterung darin gewährt wird, da dieser außer der Sitzfläche und dem Bügeltritt dem Reiter keinen bequemen Halt bietet. Der stets praktische Engländer formte sich diesen Sattel nach und nach aus dem schweren deutschen Schulsattel, nicht nur um seine Pferde bei den anstrengenden Wett- und Jagdritten möglichst wenig zu belasten, sondern um auch bei einem Sturz über schwere Sprünge sogleich frei vom Sattel zu sein und womöglich schon beim Fallen vom Pferde getrennt zu werden, denn bei solchen Zwischenfällen entstehen Knochenbrüche und andere Verletzungen öfter durch Quetschungen von seiten des Pferdes als durch Berührung mit dem Erdboden.

Der englische Sattel

Der englische Sattel gewährt diese Vorteile sowohl beim Jagd- und Steeplechase-Reiten als auch beim Kampagne- und Schulreiten, vermehrt jedoch bei diesem seine Nützlichkeit noch dadurch, daß er den feinen Balancesitz erleichtert, allerdings auch bedingt und dadurch zwar dem Reiter eine höhere Aufgabe stellt, aber auch gleichzeitig die Kunst auf einen höheren Grad der Vollkommenheit bringen könnte. Wenn die alten Meister auf ihren Schulsätteln mit größerem Aufwand von Zeit und Kräften seitens des Pferdes und des Reiters die Reitkunst auf einen so hohen Standpunkt zu bringen wußten, so werden wir mit unsern leichteren, beweglicheren und edleren Pferden, sobald wir auch nur den gleichen Standpunkt wieder erreichen, doch vollkommener in der Kunst dastehen, da wir uns, um ihr Ziel zu erreichen, nur einfacher, natürlicher Mittel bedienen.
Selbst auf die Gefahr hin, den Leser zu ermüden, komme ich daher immer wieder darauf zurück, in der Haltung des Reiters alles Steife und Gezwungene zu vermeiden, und sich recht klar zu machen, was eigentlich für diese nötig ist und weshalb. Ein zu stark angezogener Rücken krümmt die Wirbelsäule nach vorn zu ebenso, wie ein zu sehr nachgelassener dies nach hinten tut, und hat daher auch dieselben Nachteile, nur in umgekehrter Richtung. Es hält bei manchen Schülern sehr schwer, die richtige Mitte zwischen diesen beiden Gegensätzen zu erreichen, und doch hängt hiervon fast alles ab. Die Wirbelsäule ist gleichsam der Stamm, von dem alle Glieder ausgehen, und an dem alle Organe ihren Befestigungspunkt finden. Von der Richtung dieses Stammes muß also auch die Tätigkeit der Organe und die Kraftäußerung der Glieder abhängig sein. Man lasse daher den Schüler bei den Sitzübungen zuweilen beide Gegensätze künstlich üben, um ihn durch eigenes Gefühl die natürliche, gerade Haltung finden zu lassen.

Gustav Steinbrecht,
Das Gymnasium des Pferdes. 1884

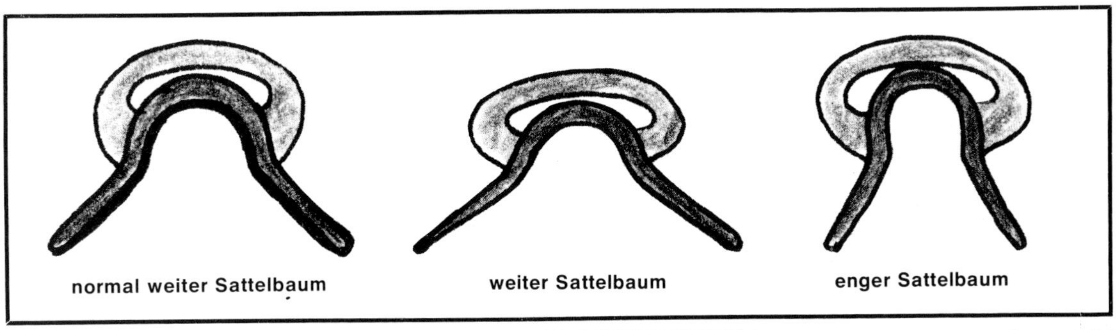

tel mitzuführen. Der heutige Sportsattel ist von solch zusätzlichen Funktionen befreit. Bei ihm tritt selbst der Gesichtspunkt der absoluten Sicherheit zurück hinter die Aufgabe, dem Pferd das Tragen der Last angenehm zu machen und den Reiter so hinzusetzen, daß er bei entsprechender Bequemlichkeit optimal auf das Pferd einzuwirken vermag.

Der englische Sattel

Der heute in der Regel verwandte Sattel – als englischer Sattel bezeichnet – ist zunächst einmal dadurch gekennzeichnet, daß der vordere und der hintere Rand – Vorder- beziehungsweise Hinterzwiesel genannt – im Vergleich zum Ritter-, Cowboy- oder Militärsattel relativ niedrig ist. In der Höhe der Zwiesel gibt es bei den einzelnen Sattelherstellern spürbare Unterschiede. Beim Neukauf eines Sattels empfiehlt es sich, diesen Aspekt zu berücksichtigen und nach Möglichkeit Sättel unterschiedlicher Machart auszuprobieren.

Beim Dressursattel sind die Seitenteile, die Sattelblätter, relativ gerade geschnitten, während sie beim Springsattel nach vorne zur Schulter des Pferdes hin vorgewölbt und deutlich mit Pauschen unterlegt sind. Die Pauschenform des Springsattels hat den Sinn, dem durch den kürzeren Bügel höher und weiter nach vorn gelagerten Knie festen Halt zu geben. Beim Dressurreiten liegt das Knie weiter zurück, die Blätter können daher gerade nach unten verlaufen, brauchen ferner nicht stark mit Polstern unterlegt zu sein.

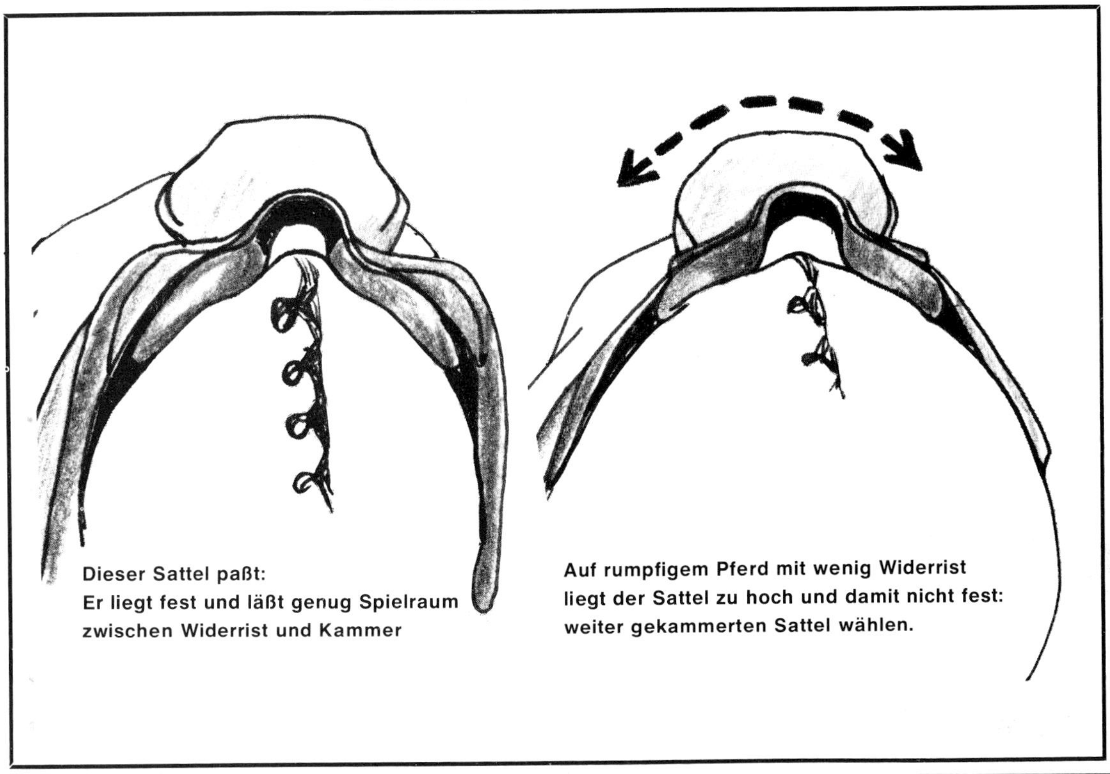

Dieser Sattel paßt: Er liegt fest und läßt genug Spielraum zwischen Widerrist und Kammer

Auf rumpfigem Pferd mit wenig Widerrist liegt der Sattel zu hoch und damit nicht fest: weiter gekammerten Sattel wählen.

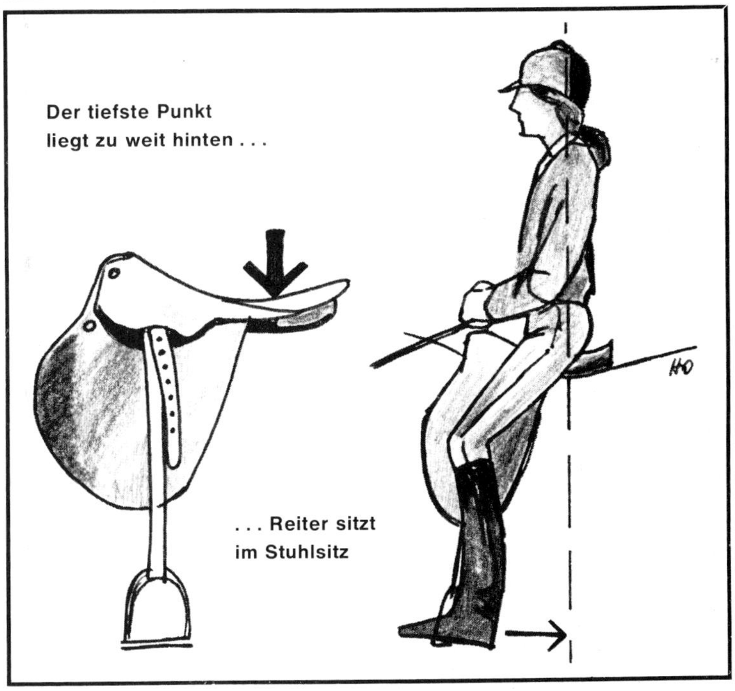

Der tiefste Punkt liegt zu weit hinten . . .

. . . Reiter sitzt im Stuhlsitz

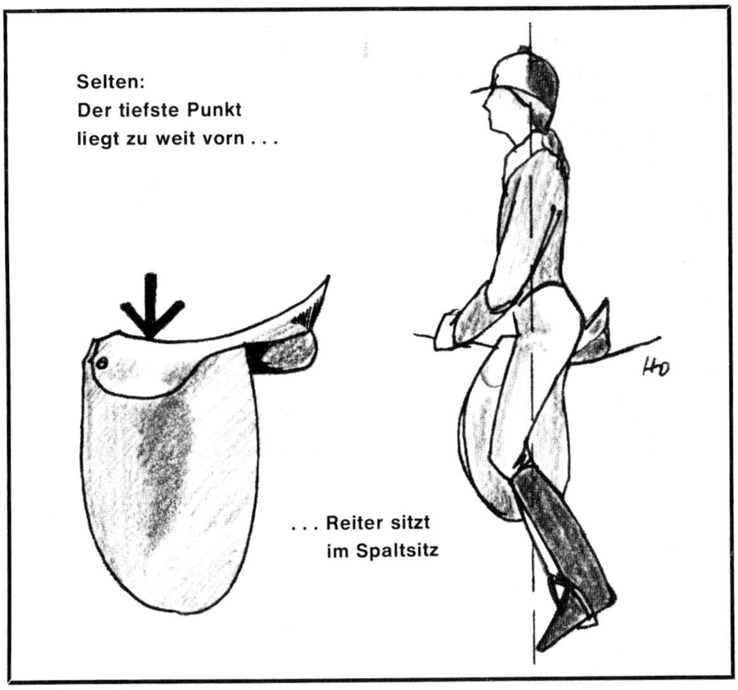

Selten: Der tiefste Punkt liegt zu weit vorn . . .

. . . Reiter sitzt im Spaltsitz

Polsterung

Hinsichtlich der Polsterung des Sattels kann man in diesem wie in anderen Punkten feststellen: so wenig wie möglich, so viel wie nötig! Starke Polsterung mag zwar im ersten Augenblick einen festeren Sitz liefern, hindert vielfach aber daran, die Festigkeit durch einen unverkrampften Gleichgewichtssitz zu finden. Ferner führt die zu starke Polsterung den Reiter weit vom Pferd fort, reduziert damit die Möglichkeit, im Sitz nahe am Pferd zu sein und fein dosiert einzuwirken.
Dieser Gesichtspunkt ist insofern wichtig, als die extreme Aufpolsterung ein ungeeignetes Mittel darstellt, die schlechte Lage eines Sattels zu verbessern. Vor allem ist es nicht ratsam, den auf dem Widerrist aufliegenden Sattel mit Hilfe von Polstern so anzuheben, daß sein tiefster Punkt weit in die hintere Hälfte rutscht. Hat das Pferd einen extrem hohen Widerrist oder ist der Sattel extrem weit, dann tut man sich und dem Pferd nur dann einen Gefallen, wenn man sich um einen enger gekammerten Sattel umsieht. Andererseits liegt ein enger Sattel auf einem rumpfigen Pferd mit wenig Widerrist zu hoch und damit nicht fest.
Die Kammer des Sattels muß so eng sein, daß der Sattel nicht aufliegt. Das sollte – unter Reiterlast natürlich – nicht nur im Stand, sondern auch in der Bewegung geprüft werden. Man sollte in der Bewegung eine starke Gerte bequem zwischen Sattel und Pferderükken durchführen können. In diesem Falle ist auch nicht möglich, daß der Sattel mehr als eine Handbreit hinter dem Vorderzwiesel aufliegt, eine Stelle, auf die man vielfach erst aufmerksam wird, wenn das Pferd widersetzlich wird oder der Rücken blutig aufgescheuert ist.

Gleichmäßig aufliegen

Der Sattel sollte mit dem ganzen unteren Polster am Pferd liegen, sollte auf keinen Fall nur an einem Punkt aufliegen und dann wie eine Kippe wirken. Vielfach sieht man Sättel, die im hinteren Teil hochstehen und erst beim Niedersetzen des Reiters ans Pferd kommen. Solche Mängel führen dazu, daß die Last sich nicht gleichmäßig auf den Rücken des Pferdes verteilt, daß man dem Pferd seine Arbeit erschwert, daß man es im Extrem sogar quält.
Zu den Scheinlösungen gehört die Methode, verrutschende oder nicht gleichmäßig aufliegende Sättel mit Hilfe eines stramm angezogenen Gurtes passend zu machen. Der Gurt verdeckt in diesem Fall den schlecht passenden oder schlecht gepolsterten Sattel. Die belästigenden, ja quälenden Auswirkungen einer solchen Methode macht man sich am besten klar über die Vorstellung, man habe unter solchen Umständen einen Sack auf seinem Rücken zu tragen. Ein Vorgurt – ein Polster, das vor den Sattel gelegt wird – läßt Sättel bei Pferden mit schwieriger Sattellage nicht zu weit nach vorne rutschen, ein Vorderzeug begrenzt ihre Freiheit, nach hinten zu gleiten.

Der tiefste Punkt

Die Lage des Sattels auf dem Rücken des Pferdes ist nicht zu trennen von den Forderungen, der tiefste Punkt des Sattels habe in der Mitte zwischen den beiden Zwieseln zu liegen. Dieses Postulat hat keinen ästhetischen, sondern einen reittechnischen Sinn: Der zu weit nach hinten liegende Tiefstpunkt setzt den Reiter zu weit nach hinten und fördert so den Stuhlsitz, der zu weit nach vorne liegende Tiefstpunkt bringt den Reiter zu weit nach vorne und leistet dem Spaltsitz Vorschub.

Die Sattellage

**Im Allgemeinen legen wir den Sattel eine starke Hand breit hinter den Schulterblättern, dann kommt er so ziemlich auf die Mitte des Rückens. Bei dieser Lage behindert er nicht die freie Bewegung der Schultern; denn wenn das Pferd den Vorderfuß erhebt, so geht der obere Theil des Schulterblattes etwas rückwärts. Liegt nun der Sattel zu weit nach vorn, so wird die freie Bewegung gehemmt, und oft treten Lähmungen ein, die durch Reibung des Schulterblattes gegen den Sattel veranlaßt worden sind.
Nicht allein aber giebt die Lage des Sattels, durch Nichtberührung der Schulterblätter, denselben ein freies Arbeiten, sondern mit dem zurückgelegten Sattel wird die Schwere des Reiters weiter zurückgebracht, die Vorhand erleichtert; im Gegentheil um so viel mehr beschwert.
Viele Reiter halten auch darauf, daß der Sattel gehörig zurückgelegt wird; doch während des Reitens geht derselbe, zumal bei jungen Pferden, sowohl durch die hohe Arbeit der Hinterhand, als durch den aufgetriebenen Strohbauch, nach vorn, mit ihm der Reiter und dessen Schwere. Achtet der Reiter nicht darauf, so wird die Vorhand struppirt, die Hinterhand bleibt hoch und zurück.
Wie kann der Reiter auf den Rücken, auf die Hinterhand wirken, wenn er auf den Vorderfüßen sitzt? Bei aller Mühe, die sich der Reiter giebt, bei aller Qual, die er dem Pferde anthut, bei allen Lektionen, die er einschlagen mag, erlangt das Pferd noch nicht einmal Gleichgewicht, am allerwenigsten seiner Zeit Haltung auf der Hinterhand.
Ist der Sattel während der Arbeit vorgegangen, so muß derselbe zurückgelegt werden.**

Auf dem richtigen Schwerpunkt

**Die richtige Lage des Sattels hat aber nicht allein den Zweck erleichterter Arbeit während der Dressur, sie ist von dauerndem Nutzen für das Pferd.
Liegt der Sattel, sitzt der Reiter stets auf dem richtigen Schwerpunkte, so erfolgt auch eine Nachgiebigkeit des Rückens auf zweckmäßiger Stelle, welche verbleibt und dem Pferde eine dauernd richtige, oder im andern Fall eine falsche Sattellage giebt. Die richtige oder falsche Sattellage trägt mithin zur längeren Erhaltung oder früheren Abnutzung der Gliedmaßen wesentlich bei.
Bei ganz rohen, ungerittenen Pferden kann man in der ersten Zeit den Sattel noch nicht bis zur wirklichen Mitte des Rückens zurücklegen, weil ihnen die Sattelung und Gurtung auf den aufgetriebenen Strohbauch schon sehr unbequem erscheint. Dann wird aber auch, wenn der Reiter dem jungen Pferde zu früh die vermehrte Last dem hintern Ende des Rückens auferlegt, solches bei der Mehrzahl die Veranlassung zum Ungehorsam.
Junge Pferde tragen in der ersten Zeit die Last des Reiters williger den Vorderfüßen näher. Sobald sie aber die Sattelung und den Reiter willig dulden, mit Lust vorwärts gehen, sei man bemüht, die richtige Sattellage zu gewinnen.
Zu der Periode des beherzten Mitteltrabes, Uebung der Pferde am Zügel zu stehen, des Aufrichtens, Beinehmens, muß die Sattellage ihre Bestimmung erlangt haben.**

Die Mitte des Rückens

**Das Pferd hat 18 Rücken- und 6 Lendenwirbel, mithin vom Halse bis zur Hüfte 24 Wirbel. Zwischen dem 12ten und 13ten ist die Mitte des Pferdes, nicht wie manche Reiter glauben, zwischen dem 9ten und 10ten Wirbel. Denn zählen wir die Widerristwirbel mit, so müssen wir auch die Lendenwirbel mitrechnen. Thäten wir dies nicht, so käme das hintere Ende des Sattels auf die Mitte des Rückens, das vordere auf die Höhe des Widerristes. Der 12te und 13te Rückenwirbel sollen beim gut gebauten Pferde unter der Mitte des Sattels sein.
Da wir doch beim Satteln die Gelenke unter der Haut nicht abzählen können, so wählen wir unserer Einsicht nach die Mitte des Rückens. Doch in allen Fällen und bei jedem Pferde genügt uns die Sattellage nach Eintheilung der gleichmäßigen Gelenkzahl nicht, da bei der Bearbeitung das Verhältnis der Körpertheile des Pferdes, die Kraft und Last der Vorhand und Hinterhand zu und gegen einander solche bestimmt. Unser Gefühl beim Reiten muß uns zuvörderst die zweckmäßige Lage anweisen. So werden wir z. B. bei einem überbauten Pferde etwas mehr zurücksatteln, um die Hinterhand mehr zu belasten; bei einem Pferde mit schwerem Halse und guter Hinterhand den Sattel mehr zurücklegen, um unserem Sitz, unserer Einwirkung mehr Hebelkraft zu verschaffen; bei einem Pferde mit schwacher Hinterhand mit dem Sattel nicht zu weit zurückgehen.**

Drückende Einwirkung

**Im Allgemeinen muß der Sattel so liegen, daß bei einigermaßen erlangtem Gleichgewicht des Pferdes, bei seiner Bewegung sowohl im Schritt als im belebten Mitteltrabe, die Mitte des Sattels perpendikulär über den Vereinigungspunkt des Vorder- und Hinterfußes, den wir auch Gleichgewichts- oder Schwerpunkt nennen, kommt, mithin auf die Mitte des Rückens; das Gesäß des Reiters muß seine drückende Einwirkung noch etwas hinter dieser Linie, aufs Köthengelenk, eigentlich der Mitte des Schienbeins des Hinterfußes äußern, dann ist der Reiter im Stande, durch seine Körperlast, in Gemeinschaft mit der Hebelkraft des Halses, das Gleichgewicht des Pferdes zu verbessern, so wie später die Biegung, Anspannung der Hinterhand und freie Bewegung der Vorderhand zu erlangen.
Bei dieser Sattellage und einem geregelten Sitze des Reiters geben die Hinterfüße eine die Vorhand vorwärts und aufwärts fördernde Kraftäußerung, die Vorderfüße stützen die Vorderhand im Heruntertreten nur durch leichtes Auffußen. Liegt der Sattel und die Schwere des Reiters vor dieser Linie, so wird die Kraftäußerung der Hinterfüße die Hinterhand erhöhen, die Vorhand zwar vorwärts, doch dabei abwärts schieben; die Spitze des Vorderhufes sticht belastet in den Boden, statt flacher und leicht aufzutreten.
Bei dem regelmäßig gebauten Pferde wählen wir zur Sattellage die Mitte des Rückens.
Bei dem Pferde mit schwächerer Hinterhand desgleichen; weiter vor dürfen wir nicht gehen, weil sonst der Sattel die freie Bewegung der Schultern hemmt; jedoch werden wir durch Vertheilung unserer eigenen Schwere, wie ich später anführen werde, die stärkere Einwirkung auf die Hinterhand mäßigen. Wenn wir bei diesen Pferden den Sattel auch nicht vor die Mitte des Rückens legen, so hüten wir uns eben so, denselben weiter zurückzubringen; dann würde unsere eigene Schwere die Hinterhand zu stark belasten.
Bei überbauten Pferden dagegen halte man, sobald sie nur erst eine gleichmäßige Bewegung angenommen haben, auf vermehrtes Zurücksatteln als gewöhnlich, weil bei diesen die Hinterhand vorzugsweise in Anspruch genommen werden muß, um nur erst das Gleichgewicht herbeizuführen, da sonst stets ein Ueberschieben der Hinterhand gegen die Vorhand stattfindet, wodurch eine falsche Biegung des Rückens vor dem Sattel am Widerrist entsteht, die mit der Zeit zur bleibenden wird. Dieses ist nur dadurch zu umgehen, daß man die Sattellage beinahe bis zur Lendengegend verlegt, die Hinterhand zwei Drittel, die Vorhand nur ein Drittel belastet.**

E. F. Seidler
Die Dressur des Pferdes. 1837

Mit dem Aufstieg beginnen für manchen Anfänger schon ernste Probleme des Reitens. Immerhin muß man sein linkes Bein so hoch heben können, daß es den Steigbügel erreicht. Den Bügel für den Aufschwung zu verlängern, gilt ebenso als fauler Trick, wie die Sache mit der kleinen Leiter, dem Steigstein oder dem Bänkchen, das auf unserem Bild selbst ein Riese benutzt. Wer sich solcher Mittel bedient, kann sich freilich auf antike Vorbilder berufen. Auch die Alten haben es offenbar nicht immer leicht gehabt, hochzukommen.

3. Folge

Aufsteigen und Absitzen

Eine Vielzahl komplizierter Bewegungsfolgen läuft bei Menschen automatisch ab, ähnlich wie die Instinkthandlungen bei Tieren. Ein wichtiger Unterschied zur tierischen Bewegungskoordination besteht allerdings darin, daß die Menschen zahlreiche Bewegungsfolgen erst erlernen und schulen müssen. Nach kürzerer oder längerer Einübungszeit laufen die erlernten Bewegungen jedoch ähnlich automatisch ab; automatisch, das heißt, ohne daß jeweils bewußt wird, was man im einzelnen tut.

Zu den gelernten und dann automatisierten Bewegungen gehört das Aufsteigen und Absitzen, ein Prozeß, der für Pferd und Reiter eigentlich nicht so selbstverständlich ist, wie er in der Regel aussieht. Die Schwierigkeit des Verfahrens wird dem geübten Reiter erst wieder klar, wenn er einem anderen erklären soll, wie man in den Sattel gelangt und was dabei alles zu berücksichtigen ist.

Der „Aufstieg" beginnt damit, daß die Zügel auf den Hals des Pferdes gelegt und dann in die linke Hand genommen werden. Diese bleibt auf dem Mähnenkamm des Pferdes in der Nähe des Widerristes liegen. Der Reiter steht links neben dem Pferd, etwas vor dem Sattel, in Richtung des Sattels. Der linke Zügel läuft zwischen dem kleinen und dem Ringfinger, der rechte zwischen dem Daumen und dem Zeigefinger durch die volle linke Hand. Die Zügel bleiben derart in der Hand, wenn diese zum Vorderzwiesel des Sattels gleitet, um sich dann dort festzuhalten. Bei diesem Verfahren ist darauf zu achten, daß die Zügel vorher so lang gefaßt waren, daß man dem Pferd nicht ins Maul reißt, daß man es auf Grund zu starken Zügelanzugs nicht zum Rückwärtstreten animiert, ihm andererseits aber auch nicht gestattet, vorzutreten und den Reiter dadurch in Kalamitäten zu bringen.

Ungünstig ist es beim Aufsteigen auch, wenn das Pferd sich vom Reiter abwendet. Dem ist dadurch entgegenzuwirken, daß man den inneren Zügel ein wenig kürzer faßt, freilich wiederum nicht so kurz, daß das Pferd gegen den Reiter drängt oder sich mit der Hinterhand von ihm fortdreht. Zeigt es die Tendenz sich mit der Hinterhand vom Reiter abzuwenden, dann ist der rechte Zügel kürzer zu fassen.

Knie am Sattel

Der in Höhe der Schulter und in Richtung des Sattels beziehungsweise der Kruppe stehende Reiter, nimmt mit der rechten Hand den Bügelriemen – um 90 Grad im Uhrzeigersinn gedreht – derart in die Hand, daß er den linken Fuß leicht bis über den Ballen hinaus in den Bügel einstecken kann. Hierzu sollte er recht nahe am Pferd stehen, weil dies das spätere Hochsteigen erleichtert, darf freilich nicht zu nahe ans Pferd heranrükken, weil er sonst nicht sein Knie hochbekommt. Ist der linke Fuß in den Bügel eingesteckt, dann soll das Knie am Sat-

4. Folge:

Der richtige Sitz

Wenn Reitanfänger und Fortgeschrittene hören, über den Sitz solle etwas gesagt werden, dann wird es ihnen in der Regel unwohl. Allzu viele denken daran, wie sehr sie die Sitzkorrekturen belastet haben, wie unbegreiflich es ihnen war und auch noch ist, was der Reitlehrer alles von ihnen forderte, wie sehr er sie vielleicht als eine Gliederpuppe behandelte, die ordentlich zurechtzurücken ist. Als eine Puppe, die dann doch immer wieder die Form verlor und soviel Probleme mit sich selbst hatte, daß sie keine Gelegenheit fand, all die Anweisungen zu ordnen und befolgen, die der Reitlehrer ihr gab.

Die Erörterung des Sitzes ist deshalb so unerquicklich, weil man hinter dem Ideal meist zurückbleibt, weil es immer etwas zu kritisieren gibt. Sie verursacht schließlich ein ungutes Gefühl, weil allzu viele der Kritiker von einem schematisierten Idealsitz ausgehen – den es in Wirklichkeit nicht gibt, weil er die unterschiedlichen Körperproportionen der Reiter, die unterschiedlichen Bewegungsweisen des Pferdes sowie die unterschiedlichen anatomischen Voraussetzungen des Tieres nicht berücksichtigt. Über den Sitz zu sprechen, ist endlich deshalb unerquicklich, weil die Erkenntnis, den idealen Normalsitz gebe es nicht, keineswegs entlastet von der Anforderung, eine ganze Reihe von Gesichtspunkten zu berücksichtigen und ihnen entsprechend im Sattel sich zu verhalten.

Das Problem „Ideal-Sitz"

Gäbe es einen allgemeinverbindlichen Idealsitz, dann wäre das Reitenlernen sehr viel problemloser und angenehmer, als es in Wirklichkeit ist. Man würde sich den Vorschriften anpassen und damit hätte es sich. Genau dies geht aber nicht, weil es solch eindeutige Detailvorschriften nicht gibt, weil eine allein auf Exaktheit ausgerichtete Haltung zu Verkrampfungen führt, weil die verbindlichen Anforderungen an den Sitz so allgemeinen Charakter haben, daß man bei ihrer Verwirklichung im einzelnen eine Menge Fehler machen kann. Hinzu kommt, daß sich die Fehler vielfach schwer korrigieren lassen, weil sie zu den eingeschliffenen Gewohnheiten gehören, unbewußt sich vollziehen und man sie daher erst gar nicht feststellt. Eine kontrollierte Körperhaltung, die die Arme, den Kopf, den Rumpf und die Beine bis zu den Absätzen und Zehenspitzen umfassen soll, ist sehr viel schwieriger, als es dem erscheint, der's noch nicht versucht hat – oder der die Sache so perfekt beherrscht, daß ihm einzelne Verhaltensweisen nicht mehr bewußt sind.

Die Gefahr, den Reiter wie eine Gliederpuppe zurechtzurücken, ist dann besonders groß, wenn man in erster Linie von der Position der einzelnen Körperteile spricht und ihren Sinn nicht eingehend erläutert. Die einzelnen Anforderungen an den Sitz haben nämlich keinen Selbstzweck, sie stehen vielmehr im Dienst allgemeiner Prinzipien. Der Reitschüler sollte sich deshalb nicht zufriedengeben mit dem Postulat seines Lehrers, die Hand so und die Fußspitze so zu halten, sollte vielmehr fragen, warum dies falsch oder richtig ist. Antworten auf die Frage nach dem Warum können beim Sitz in der Regel gegeben werden. Antworten, mit denen man sich nicht darauf hinausreden muß, das sei schon immer so gewesen, und die Väter schon hätten damit Erfolg gehabt.

Zu den Prinzipien des Sitzes: Zunächst mal ist es einfach wichtig, daß man lernt, oben zu bleiben. Ein noch so schöner Sitz, der dazu führen würde, ständig vom Pferd zu fallen, wäre wohl nicht zweckmäßig. Das Obenbleiben reicht aber nicht aus. Der Sitz muß ferner so sein, daß es dem Pferd möglichst leichtfällt, das Reitergewicht zu tragen. Dieser Forderung nachzukommen ist nicht nur eine soziale Aktion dem Tier gegenüber, es ist das auch im Interesse des Reiters insofern, als ein Sitz, der das Pferd nicht stört, ihm zugleich eine optimale Bewegungsentfaltung gestattet. Die Anpassung des Reiters an die Bewegung des Pferdes ist eine ausschlaggebende Anforderung, die den wichtigen Nebeneffekt hat, die Festigkeit des Sitzes zu fördern. Weiter gehört zu den allgemeinen Prinzipien des Sitzes, den Reiter in die Lage zu bringen, möglichst direkt, zweckmäßig und fein einwirken zu können. Schließlich spielen auch ästhetische Gesichtspunkte eine Rolle, freilich keineswegs die ausschlaggebende. Diese Prinzipien gelten so allgemein, daß sie innerhalb verschiedener Reitsysteme anwendbar sind, wiewohl ihre Verwirklichung in den verschiedenen Reitkulturen unterschiedlich aussieht. Ein Cowboy, der Kälber einzufangen hat, sitzt und wirkt anders ein als ein englischer Jagdreiter, der auf jeden Fall ankommen möchte, oder als ein Dressurreiter, bei dem die Präzision der Hilfengebung den Sitz entscheidend bestimmt.

Die Erörterung und das Verständnis des „richtigen" Sitzes ist auch deshalb so schwierig, weil manche Prinzipien einander widerstreiten, wenn man sie rigoros verwirklichen möchte. Besonders schwierig ist es, die Forderung nach Losgelassenheit mit der nach Exaktheit zu verbinden. Losgelassenheit ist zwar eine unabdingbare Voraussetzung für den richtigen Sitz; sie sorgt für Sicherheit im Sattel, ermöglicht es, den Bewegungen des Pferdes zu entsprechen und ihm damit das Tragen der Last zu erleichtern, sie schafft schließlich einen „schönen" Sitz. Der mit aller und einseitiger Konsequenz losgelassene Sitz führt jedoch zur Schlaffheit, zum Im-Sattel-Hängen, mit baumelnden Armen und Beinen. Solche Losgelassenheit stört nicht nur den Ästheten, sie stört darüber hinaus die Sicherheit und das Eingehen aufs Pferd; sie schränkt ferner die Präzision der Hilfengebung beträchtlich ein.

Müseler brachte in seiner Reitlehre beim Thema „korrekter Sitz" keine Abbildung; er wollte dadurch der Gefahr entgehen, die äußere Form zu überschätzen. Wir teilen diese Bedenken, möchten aber doch ein Beispiel für einen guten, nicht das Exempel für den einzig korrekten Sitz bringen: Dr. Reiner Klimke.

Losgelassenheit und Haltung

Verfolgt man demgegenüber die Anforderung der Exaktheit rigoros und einseitig, dann gelangt man zu einem verkrampften Sitz, der ebenfalls die Sicherheit beeinträchtigt, das Pferd im Bewegungsablauf stört, eine zweckmäßige und feine Hilfengebung verbietet und schließlich auch noch unschön aussieht. Das Heil liegt also irgendwo in der Mitte, bei einer Verbindung von Losgelassenheit und zweckmäßiger Haltung.

Gerade diese Verbindung bringt die Probleme. Es ist nicht allein der Anfänger, der mit ihnen zu kämpfen hat. Selbst Fortgeschrittene und sogar Meister haben mit der zweckmäßigen „Haltung" auf der Basis von Losgelassenheit immer wieder zu kämpfen, vor allem deshalb, weil bestimmte Hilfen den Reiter zu kurzfristigen Muskelanspannungen veranlassen. Muskelanspannungen, die zunächst auch den erwünschten Erfolg bringen, sich aber leicht in Dauerspannungen verfestigen, und zwar so tückisch, daß der Reiter es selbst nicht merkt. Dies ist ein Umstand, der Korrektur durch andere auch für erfahrene Reiter und Meister ihres Faches ratsam erscheinen läßt.

Die meisten Detailanforderungen an den Reitersitz lassen sich direkt auf die verschiedenen allgemeinen Prinzipien zurückführen. Das gilt insbesondere für den Drei-Punkt-Balancesitz. Die drei Punkte, auf denen man sitzt, sind die beiden Gesäßknochen und der Spalt. Der Körper ruht auf diesen drei Punkten, gefestigt durch das Balancehalten, nicht durch zwei sich festklemmende Schenkel. Die Sicherheit des Sitzes wird durch das sich ausbildende Gleichgewichtsempfinden gefördert, nicht durch die Kräftigung der Beinmuskulatur. Die Losgelassenheit leistet zur Festigung des Sitzes insofern einen ausschlaggebenden Beitrag, als das bewegliche, nicht verkrampfte Rückgrat die Möglichkeit bietet, die Schwingungen des Pferderückens abzufangen beziehungsweise mit ihnen parallel zu gehen. Das versteifte Rückgrat erlaubt es dem Reiter nicht, „am Sattel" zu bleiben; so wird er geworfen und gestoßen. Manche Reitlehrer übersehen diesen Punkt insofern, als sie davon sprechen, der Reiter habe im Trab immer wieder auf den gleichen Punkt des Sattels zu „fallen", im Galopp den Sattel mit seinem Gesäß auszuwischen. Dabei kann weder das „Fallen" noch das „Wischen" in Wirklichkeit Anliegen des korrekten Sitzes sein, bestenfalls bildet es ein Hilfsmittel zum Ziel, sowohl im Trab wie im Galopp fest am Sattel zu bleiben.

Der auf dem Gesäß und dem Spalt ausbalanciert ruhende Körper bildet quasi den Stamm, an dem die Äste einen sicheren Halt finden. Er stellt ferner die Voraussetzung für die differenzierte Einwirkung des Kreuzes, der Schenkel und der Hände dar. Der Stuhlsitz – bei ihm sitzt man in der Regel mit hochgezogenem Knie, allein auf den beiden Gesäßknochen – wie der Spaltsitz – dabei sitzt man nur auf dem Spalt, in der Regel aufgrund zu langer Bügel – sind keine ästhetischen Probleme. Der Stuhlsitz verhindert vor allem die zweckmäßige Einwirkung mit dem Schenkel, der Spaltsitz in erster Linie die Einwirkung des Kreuzes.

Ist der Körper nicht im Sattel gefestigt auf der Basis der Losgelassenheit, dann kann weder die Hand, noch die Kreuz-, noch die Schenkeleinwirkung präzise erfolgen; Hand und Schenkel können bei diesem Sitz auch nicht zur Ruhe kommen, werden das Pferd aufgrund unkontrollierter Bewegung auch stets stören.

3

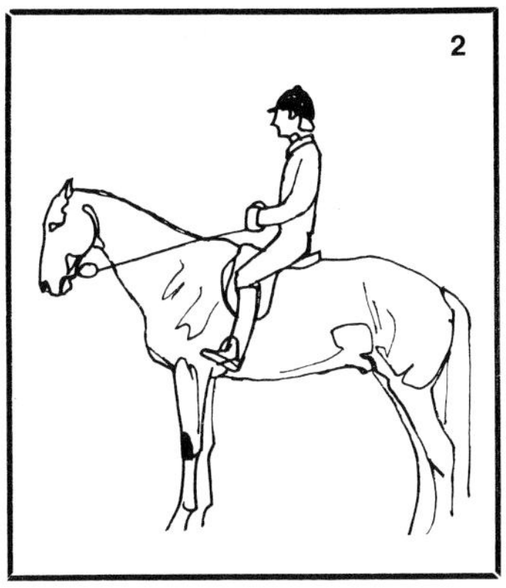
2

1

Der losgelassene, den Reiter nicht strapazierende und für die Einwirkung zweckmäßige Sitz (Zeichnung Nr. 1) – er ist zugleich der „schöne" Sitz – liegt zwischen einer Vielzahl von Irrwegen, zwischen dem Stuhlsitz (2) und dem Spaltsitz (3), und zwischen dem generell verkrampften Sitz (4) und dem Hohlkreuz (5) auf der einen Seite und dem schlaffen Sitz (6) auf der anderen Seite. Einen allgemeinverbindlichen Idealsitz gibt es nicht. Einzelne Fehler lassen sich dennoch feststellen und beschreiben.

5

4

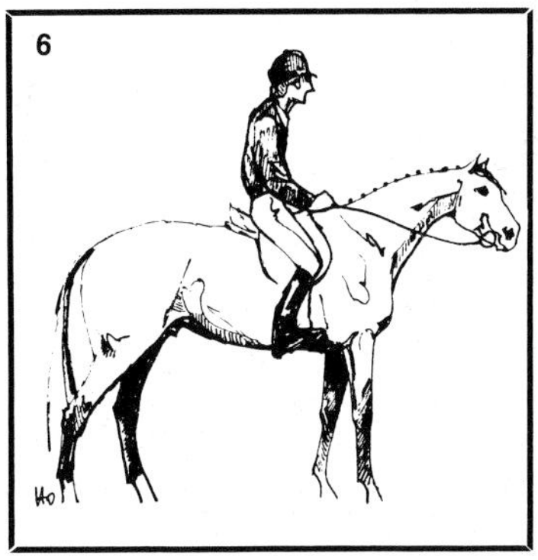
6

Der Normalsitz

Einen Normalsitz zu Pferde, wenn man darunter eine auch nur für die Mehrzahl der Fälle richtige Körperhaltung verstehen will, gibt es gar nicht, denn der Reiter sitzt nur dann richtig zu Pferde, wenn der Schwerpunkt, oder vielmehr die Schwerpunktlinie seines Körpers mit der des Pferdes zusammenfällt. Nur dann ist er mit seinem Pferde in vollkommener Harmonie und gleichsam eins mit ihm geworden. Da aber der Schwerpunkt des Pferdes nach dessen verschiedener Haltung und Richtung sehr verschieden verlegt werden kann, so muß sich danach auch die Richtung des Reiters jedesmal ändern. Es ist das Vorrecht des taktvollen, durchgebildeten Reiters, dem Pferde sogleich anzufühlen, wo sein Schwerpunkt liegt, sich mit ihm in Harmonie zu bringen und nun den Schwerpunkt des Pferdes so zu verlegen, daß durch dessen Haltung ein schöner, leichter und ungebundener Sitz bedingt wird. Es sind dies die wenigen Reiter, von denen man sagt, daß jedes Pferd unter ihnen um hundert Prozent im Werte steige. Es wird stets ein lächerliches Bild, wenn der Reiter seine Haltung nicht nach der des Pferdes zu nehmen oder die Richtung des Pferdes nach der seinigen richtig zu bilden vermag. Der Engländer auf seinem lang dahingehenden Pferde, mit kurzen Bügeln und krummem Rücken ist keine schöne, aber eine naturgemäße und deshalb nicht lächerlich zu nennende Erscheinung, wohingegen der arme Sonntagsreiter mit gestreckten Schenkeln, durchgebogenem Rücken und festangepreßten Armen auf seinem lebensmüden Philister der lächerlichste Anblick von der Welt und daher ihr Gespött ist. Der sogenannte Normalsitz wird erst dann zum schönen und eleganten, wenn das ins Gleichgewicht gerichtete Pferd ihn seinem Reiter gleichsam selbst anweist. Ein solches Bild ist dann wahrhaft harmonisch, und der Mann wird nie im Leben vorteilhafter erscheinen, als wenn er sich so zu Pferde zeigen kann. Wer einsieht, daß Schönheit und Leichtigkeit des Sitzes nicht von der Körperhaltung des Reiters allein, sondern ebensosehr von der guten Haltung und dem geregelten Gang des Pferdes abhängen, der wird es natürlich finden, wenn ich rate, den Schüler, sobald er einige Sicherheit gewonnen hat, darauf hinzuführen, daß er auch auf die Richtung seines Pferdes einwirkt, sollte dies auch ab und zu unter Einbuße an vorschriftsmäßiger Haltung geschehen.

Gustav Steinbrecht,
Das Gymnasium des Pferdes. 1884

Der Oberkörper soll senkrecht auf den Hüften ruhen, die nicht einseitig eingeknickt werden dürfen. Das mäßig angezogene Kreuz gewährleistet das zweckmäßige Maß an „Haltung", verhindert eben, daß die Losgelassenheit zum schlaffen Im-Sattel-Hängen wird. Ein Übermaß an „Haltung" führt meist zum Hohlkreuz, dem Durchbiegen des Rückens. Mit dem mißverständlichen Begriff „treibend" bezeichnet man häufig einen Sitz, bei dem das Kreuz angezogen, das heißt der obere Teil des Beckens nach hinten abgekippt und der Rücken langgezogen wird. Die Schultern sollen natürlich fallengelassen und zwanglos zurückgenommen werden, um die Brust herauszuwölben. Ein Zuviel der Wölbung der Brust verbindet sich in der Regel mit Verkrampfung und Hohlkreuz. Der Kopf soll frei und aufrecht getragen werden, den Blick über die Ohren des Pferdes hinweg nach vorne gerichtet. Auch hier muß eine goldene Mitte gefunden werden zwischen schlackerndem Haupt einerseits und Verkrampfung andererseits.

Die Oberarme hängen aus den Schultergelenken herab, wiederum weder verkrampft noch schlackernd. Die Unterarme bilden mit dem Oberarm einen rechten beziehungsweise einen etwas größeren Winkel, der zu einer mehr oder weniger geraden Linie vom Trensenring über die Zügel, die Hand und den Unterarm zum Ellbogengelenk führt. Der Winkel von Ober- und Unterarm wird ferner bestimmt durch die Hände, die etwa eine Handbreit – und ebenso weit voneinander entfernt – über dem Sattelzwiesel stehen sollen. Bei geschlossener, senkrecht gestellter Faust und dachförmig auf ihr liegenden Daumen – die geschlossenen Fingerreihen der beiden Hände zeigen zueinander, weder in die Luft noch auf den Boden – soll das Handgelenk den Unterarm ziemlich gerade verlängern, also weder extrem nach innen, noch extrem nach außen verwinkelt. Die Verwinkelung der Hand reduziert in der Regel ihre Einwirkungsmöglichkeit; meist wird die Handhilfe gröber, weil ein vom Arm ausgehendes Ziehen entsteht. Die Unterarme liegen im Ellbogenbereich leicht am Körper an, zur Förderung der Ruhe der Hand. Eine ruhige Hand ist wohlgemerkt keine versteifte Hand, keine Hand, die nicht in der Lage ist, bei den Bewegungen des Pferdes eine konstante Anlehnung zu gewährleisten. Mit anderen Worten: Die Hand muß ruhig sein, aber so elastisch bleiben, daß sie den Bewegungen des Pferdes zu entsprechen vermag und nicht einen starren Haltepunkt darstellt, an dem das Pferd sich jeweils stößt.

Der Ober- wie der Unterschenkel sollen am Pferdeleib Kontakt finden, sollen auch ständig mit ihm Fühlung behalten, sie dürfen jedoch nicht klemmen und krampfhaft festhalten. So lange die Ober- wie Unterschenkel klemmen, so lange sie zur Einwirkung pressen, kommt es nicht zu einem losgelassenen Balancesitz mit differenzierter Einwirkungsmöglichkeit.

Beim leichten Sitz: Knie tief!

Um einen tiefen Sitz zu erzielen, empfiehlt es sich, vorher in erster Linie bestrebt zu sein, das Knie möglichst tief zu lagern. Die Tendenz „Knie tief!" fördert meist auch die Lage des Unterschenkels, nämlich knapp hinter dem Gurt, die Füße parallel zum Pferdeleib, den Absatz ein wenig heruntergedrückt. Die Bügel sind so zu schnallen, daß der Reiter bei tiefem Knie und tiefem Absatz die Verbindung zum Pferdeleib nicht verliert. Zu kurze Bügel schieben das Knie hoch und das Gesäß zurück, sie bewirken einen Stuhlsitz. Zu lange Bügel bringen das Gesäß hoch und bedingen den Spaltsitz. Krampfhaft ans Pferd gepreßte Unterschenkel erzeugen neben den Schwingungen meist ein offenes Knie, das den Kontakt zum Pferd reduziert, die Fähigkeit zur Balance mindert und so auch Ruhe und Festigkeit des Oberkörpers beeinträchtigt. Für den Unterschenkel muß – das ist wichtig – ebenfalls die goldene Mitte gefunden werden zwischen Losgelassenheit und zweckmäßiger Haltung. Er darf sich einerseits nicht verkrampfen und andererseits nicht hin- und herschlackern, das Pferd dabei stören und es für die Hilfe unempfindlich machen. Der nur bis zum Ballen in den Bügel gesteckte Fuß bleibt manövrierfähig für eine differenzierte Schenkeleinwirkung. Das Knöchelgelenk sollte weder extrem nach außen noch extrem nach innen durchgebogen sein; beides führt zu Verkrampfungen. Der Fuß soll parallel zum Pferdeleib liegen, das heißt die Fußspitzen zeigen weder nach innen noch nach außen.

Zwischen dem Sitz des Reiters und der Bewegungsweise des Pferdes besteht wie generell zwischen Pferd und Reiter eine Wechselwirkung: Der korrekt sitzende Reiter fördert die Bewegungen des Pferdes, auch den Takt und den Raumgriff; andererseits läßt erst das losgelassen und willig vorwärtsgehende Pferd den Reiter richtig und geschmeidig sitzen, fähig zu feinem Fühlen und Einwirken.

7

8

9

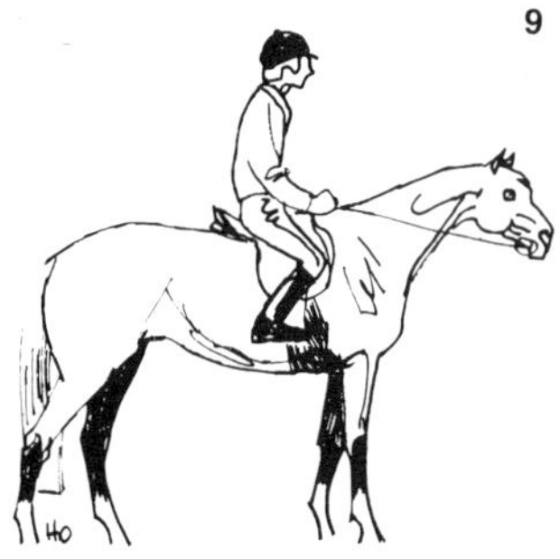

Beim leichten Sitz wird dem Pferd das Kreuz entlastet. Der Reiter steht in den Bügeln und hebt das Gesäß leicht aus dem Sattel; das Gesäß kann freilich Kontakt mit dem Sattel halten. In beiden Fällen wird der Oberkörper nach vorne geneigt (Abb. 7). Die Bügel werden beim leichten Sitz verkürzt. Zu kurze Bügel (9) führen freilich leicht dazu, daß der Reiter hoch über dem Pferd hängt, sich kaum ausbalancieren kann, sein Gewicht zu weit nach vorne fallen läßt (8) und das Pferd stört.

Sitz – mitschwingen und verhalten

Das Prinzip Balance erklärt auch das Vorneigen des Oberkörpers bei bestimmten Formen des Galopps oder in weitergehender Form beim Springen.

Beim sogenannten leichten Sitz kommt die Entlastung des Rückens des Pferdes hinzu. Der Rücken des Pferdes wird insofern entlastet, als das Gesäß des Reiters nicht mehr direkt auf dem Pferderücken drückt, der Reiter vielmehr in den Bügeln steht und sich sein Gewicht über sämtliche Berührungsflächen zwischen Pferd und Sattel breiter aufs Pferd verteilt. Auch für den leichten Sitz gilt: Nicht der klemmende Schenkel, sondern das ausgebildete Gleichgewicht, hier vor allem die Verbindung mit dem Federn im Kniegelenk, gewährleistet die Festigkeit. Ein zu weit nach vorne geneigter Oberkörper stört das Gleichgewicht insofern, als es den Schwerpunkt des Reiters vor den des Pferdes bringt, als der Reiter nicht mehr in der Balance sitzt und es ihm auch nicht mehr möglich ist, sein Gewicht als Hilfe einzusetzen.

Dem losgelassen-mitschwingenden ist ein quasi verhaltender Sitz gegenüberzustellen, für höhere Dressuranforderungen nicht minder wichtig. Im Schritt, im Trab wie im Galopp wird der Takt des Bewegungsablaufs bei entsprechender Sensibilisierung des Pferdes in beträchtlichem Maße gefördert durch einen ruhigen, ja verzögernden Sitz, der es einem ermöglicht, ein eilendes Pferd nicht allein mit der Hand, sondern mit dem Sitz festzuhalten, das heißt zu einer Beruhigung des Bewegungsablaufs zu führen. Auch bei Paraden, die vom Gewichtaufnehmen durch die Hinterhand gekennzeichnet sind, spielt dieser verhaltende Sitz eine wichtige Rolle.

Neben dem Sitz und dem Schenkel liefern Hand und Zügel die direkte Verbindung zum Pferd. Im Vergleich zu Sitz und Schenkel erscheint die Hand vor allem dem Anfänger als das Organ, mit dem er besonders weitgehend auf das Pferd einzuwirken vermag; sie erscheint ihm vielfach sogar ausschließlich als Mittel, dem Pferd seinen Willen kundzutun. Über das Zwischenstück des Zügels und des Gebisses wirkt die Hand auf eine relativ empfindliche Stelle des Pferdekörpers ein. Diese Empfindlichkeit bedingt einerseits die Wirksamkeit der menschlichen Information ans Pferd, für das Tier kann sie andererseits Quelle von Schmerz und Leid sein. Die Aufgabe des Reiters besteht darin, sich diese Empfindlichkeit zu erhalten, sie sogar noch zu fördern. Er tut dies um des Pferdes willen, quasi in einer Art von Tierschutz. Er tut dies aber auch um seiner selbst willen, nämlich um mit geringerem Aufwand, ohne brachiale Kraft, feiner, differenzierter und gezielter einwirken zu können.

Manche Pferde wehren sich heftig gegen eine hart einwirkende Hand. Andere lassen in erstaunlicher Weise an sich herumziehen, bieten relativ zähen Widerstand und animieren geradezu zum stärkeren Gegendruck. Die Mehrzahl der Pferdemäuler läßt sich durch dauernde Einwirkung bestimmter Art abstumpfen, sie läßt sich freilich auch sensibilisieren. In der Regel ist der Empfindlichkeitsgrad des Mauls symptomatisch für die generelle Bereitschaft des Pferdes, Hilfen und Einwirkungen des Reiters anzunehmen beziehungsweise sich ihnen zu widersetzen. Für den Reitschüler ist es förderlich, verschiedene Grade der Empfindlichkeit des Pferdemauls sowie verschiedene Grade seiner Einwirkung mit der Hand zu erfahren, ja am Objekt durchzuprobieren. Mit anderen Worten: Es ist förderlich, die Hand direkt zu schulen, die unterschiedlichen Reaktionen des Pferdes auf die verschiedenen Handeinwirkungen vom Sattel aus kennenzulernen. Zu einer weichen, stetigen und kontrollierten Handeinwirkung gelangt man nämlich erst über die Erfahrung der beiden Gegenpole, das heißt die schlaffe und unbestimmte Hand auf der einen wie die harte und unnachgiebige auf der anderen Seite. Weil die Handeinwirkung ein empfindliches Instrument bleiben soll, ist eine Kontrolle über sie für den Reiter unabdingbar.

Vielen Reitern fällt es schwer, zwischen ihrer Hand und dem Pferdemaul eine weiche Verbindung herzustellen. Auf der harten Hand kann sich das Pferd ausruhen (links), es kann sich gegen sie stemmen oder sich hinter ihr verkriechen. Dazu kommt es vor allem dann, wenn die treibenden Hilfen fehlen. Ist die Reiterhand zu lasch, entzieht das Pferd sich ihrer Kontrolle, geht nicht durchs Genick, gibt die Beizäumung auf (unten).

5. Folge:

Die Hand des Reiters

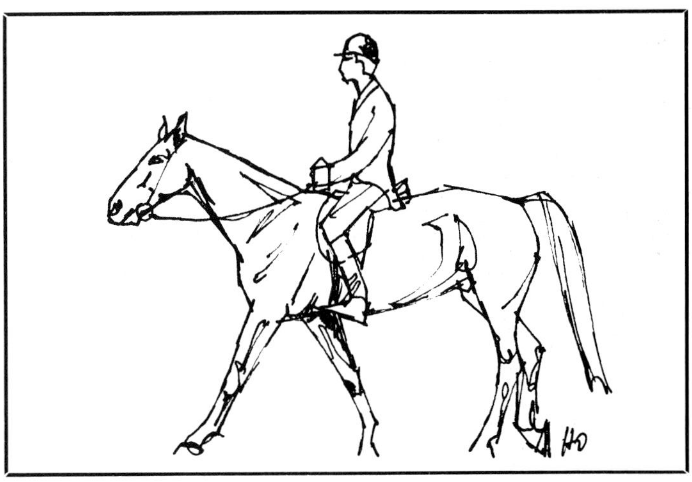

Geschlossen und senkrecht

Der Wert, der auf die Handhaltung gelegt wird, ist kein Selbstzweck, keine in erster Linie ästhetische Forderung, sondern ein Postulat, das im Dienste der kontrollierten Einwirkung steht. Bei der Zäumung des Pferdes auf Trense werden die Hände etwa eine Handbreit über dem Widerrist gehalten, die beiden Fäuste knapp eine Handbreit auseinander. Die Verbindung vom leicht an den Körper angelehnten Ellbogen über die Hand zum Zügel soll eine ziemlich gerade Linie bilden. Die Fäuste sind geschlossen und stehen senkrecht, der kleine Finger unten, der Daumen liegt in der Form eines Giebeldaches auf dem Zeigefinger; die Fingernägel zeigen zum Leib des Reiters. Dabei wird die Handwurzel weder extrem nach außen noch extrem nach innen gedrückt. Eine solche Verkrampfung würde die Faust daran hindern, die Zügel annehmen und nachgeben zu können, sie würde die Verbindung zum Pferdemaul verfestigen und den Reiter dazu führen, alle Handeinwirkungen aus Bewegungen des ganzen Armes entstehen zu lassen. Demgegenüber kommt es darauf an, die feineren Handeinwirkungen durch Bewegungen des Handgelenks zu erwirken, vor allem durch eine Schraubbewegung im Handwurzelgelenk. Bei dieser Schraubbewegung bewegt sich der kleine Finger verstärkt zum Körper des Reiters hin.

Die unverkrampfte Hand und das unverkrampfte Handwurzelgelenk sind vor allem erforderlich, um eine stetige, vertrauensvolle Anlehnung des Pferdemauls an die Hand des Reiters zu erreichen. Bei noch feinerer Einwirkung genügt sogar ein vermehrtes Schließen beziehungsweise Lockern der Faust. Das vermehrte Schließen beziehungsweise Lockern der Faust wird von den „Klassikern" mit der Tätigkeit des „Schwammausdrückens" verglichen. Mit diesem Gesichtspunkt hängt es auch zusammen, daß die Theoretiker sich nicht einig darüber sind, wie stark die Faust in der „Normalhaltung" geschlossen sein soll, wie stark vor allem Fingerkuppe und erstes Fingerglied gewinkelt und in die Faust hineingelegt werden sollen.

Angelehnt und weich

In der Faust ruhen die Zügel, bei der Zäumung auf Trense jeweils ein Zügel zwischen dem kleinen und dem Ringfinger. Die Zügel laufen weiter durch die geschlossene Hand und werden ferner zwischen Daumen und Zeigefinger gehalten. Die Zügelenden fallen vor der Faust, und zwar zwischen die beiden angefaßten Zügel; sie liegen rechts am Pferd vor dem Widerrist.

Die Hand- und Zügelhaltung erscheinen dem Reitschüler vielfach als Konvention und Selbstzweck, hart gesagt: als eine Marotte von Reitmeistern, die auf äußere Formen besonderen Wert legen. Mit Nachdruck muß man einer solchen Auffassung – wie schon angemerkt – entgegenhalten, daß Hand- und Zügelhaltung in erster Linie im Dienst der Handeinwirkung stehen. Man darf zugestehen, daß es auch andere Handhaltungen gibt, die eine stete Anlehnung und weiche Einwirkung gestatten. Ferner existieren Handhaltungen die auf mühelose Einwirkung ohne stete Anlehnung Wert legen, zum Beispiel beim amerikanischen Western Riding, bei dem der eine Zügel in der linken senkrecht stehenden Hand zwischen Daumen und Zeigefinger, der andere zwischen Zeige- und Mittelfinger in die Faust führt und die Zügel unten aus der Faust herauskommen und rechts am Pferd liegen.

Bei der Handhaltung des Western Riding ist freilich zu berücksichtigen, daß seine Zäumung schärfer als die Trense wirkt, eine Anlehnung im Sinne der europäischen Dressurauffassung nicht erstrebt wird und die Richtungsänderung durch das sogenannte „neck reining" erfolgt. Anders wiederum ist es bei der Kandarenführung auf blanker Stange in einer Hand, bei der sowohl stetige Anlehnung wie weiche Einwirkung erstrebt werden. Unabhängig von anderen Methoden der Zügelführung und der Handhaltung darf man feststellen, daß die zuvor beschriebene „klassische" das Ziel von Anlehnung und Einwirkung besonders gut erfüllt.

Von Hand und Sitz

Eine wichtige Voraussetzung der weichen Hand ist der ruhige, unverkrampfte und unabhängige Sitz.

Solange man im Sattel hin und her geworfen wird und mit dem Problem kämpft, vornüber- oder zurückzufallen, wird man sich vergeblich um eine ruhige Hand bemühen. In diesem Punkt liegt ein wichtiges Problem des Reitanfängers, nämlich daß man von ihm alles zugleich fordert, daß man Voraussetzungen erwartet, die er noch nicht erfüllen kann. Die Lösung dieses Dilemmas

Zugunsten der direkten, nicht durch Winkel gestörten Verbindung zwischen Reiterhand und Pferdemaul soll von der Ellbogenspitze über Unterarm, Hand und Zügel eine gerade Linie zum Trensenring führen (oben). Um diese Gerade zu erhalten, hebt der Reiter bei stärkerer Aufrichtung des Pferdes seine Hand etwas darüber. Die Verkrampfung zu vermeiden, bleibt auch hier oberstes Gebot.

Weich kann die Hand nur dann sein, wenn sie unabhängig von den Bewegungen des Oberkörpers wirkt, das heißt, wenn sie nicht durch einen krampfhaft an den Oberkörper gepreßten Ellbogen (rechts) dazu verleitet wird, ruckartig einzuwirken oder auf und ab zu hämmern. Die weiche und konstante Anlehnung bedarf des lockeren Arms, der zwischen den Bewegungen des Oberkörpers und des Pferdemauls vermittelt (rechts außen).

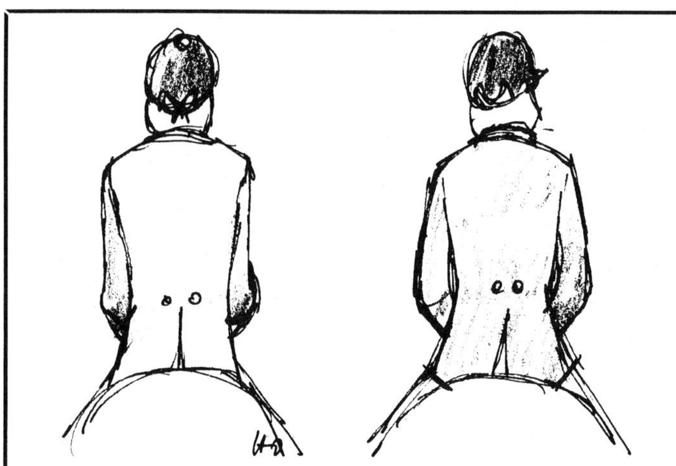

liegt in einer schrittweisen Annäherung ans Ziel. Dabei sollte der Reitlehrer dem Schüler allerdings dieses Dilemma erklären. Der Schüler sollte versuchen, sich seine Lage bewußt zu machen und zwar angesichts des idealen Ziels, das er aufgrund seines Ausbildungsstandes nur begrenzt zu verwirklichen vermag. Der ruhige und losgelassene Sitz bildet über die stetige Verbindung sowie die weiche und kontrollierte Einwirkung auch die Voraussetzung für das Vertrauen, das das Pferd der Reiterhand entgegenbringt. Vertrauen meint hier den Umstand, daß das Pferd den Eindruck gewinnt, durch die Reiterhand nicht gestört, irritiert und gequält zu werden, daß es vielmehr die Einwirkung des Reiters als folgerichtig und erklärlich erfährt, daß es vor ihr keine Angst zu haben braucht. Vertrauen zur Hand beziehungsweise zum Gebiß zeigt sich in einem ruhigen Kauen, nicht in verkrampften Bewegungen des Pferdemauls, nicht in einem unruhigen Ausstoßen von Speichel, sondern im Ausquellen des Schaums aus dem kauenden, gelassen und zufrieden wirkenden Maul.

Die gerade Verbindung zwischen Ellbogenspitze und Trensenring steht im Dienste der unmittelbaren Einwirkung, freilich nicht aus dem Arm, sondern aus lockerem Handgelenk.

Steuer und Bremse

Für den Anfänger klingen solche Sätze ein wenig weltfremd; man spricht mit ihnen leicht über seinen Kopf hinweg. Trotz dieses Eindrucks erscheint es förderlich, dem Anfänger das ideale Ziel vor Augen zu führen, ihn angesichts dieses Ideals nicht resignieren zu lassen, sondern ihm zu erklären, wie weit er sich in seinem Stadium der optimalen Forderung anzunähern vermag. Für den Anfänger ist die Hand das Mittel, Richtung und Tempo des Pferdes zu bestimmen, sie ist das Mittel, das große Tier zu steuern und zu bremsen. Man muß dem Anfänger auch zugestehen, daß er die Hand als Steuer und Bremse gebraucht, sollte ihm zugleich aber einsichtig machen, daß diese Art des Reitens eine recht primitive Form darstellt, daß das Ziel in der Verfeinerung besteht, freilich ausgehend von der primitiven, das heißt von der ursprünglichen Basis. Auf die ursprüngliche Basis muß der erfahrene Reiter vielfach zurückkehren, wenn er mit jungen Pferden arbeitet, die die Hilfen noch nicht kennen, die mit anderen Worten noch nicht auf die Einwirkung des Reiters sensibilisiert sind. Bei der Arbeit mit jungen Pferden tritt auch ein weiteres Problem auf, das Reitanfänger in starkem Maße beschäftigt, nämlich die Verbindung der verschiedenen Hilfen, der Einwirkung mit Schenkel, Kreuz und Hand.

Der Umstand, daß die verschiedenen Hilfen gleichzeitig gegeben werden müssen, bereitet dem Reitschüler besondere Schwierigkeiten. Verständlicherweise möchte er zunächst das eine und dann das andre tun, zunächst vielleicht die Hand –, dann die Kreuz- und die Schenkelhilfe. „Richtiges“ Reiten erfordert aber gerade das koordinierte Zusammenspiel der verschiedenen Hilfen, die den erwünschten Erfolg nur dann bringen, wenn sie gleichzeitig gegeben werden. Daher kann man eigentlich auch nicht über die Hand sprechen, ohne zugleich etwas über den Sitz inklusive der Schenkeleinwirkung zu sagen. Andererseits verlangt der Reitanfänger eine Darstellung, die ihn schrittweise mit der Materie vertraut macht. Hinsichtlich des Zusammenwirkens der verschiedenen Hilfen ist es bemerkenswert, daß es bei der Ausbildung junger Pferde nicht nur darauf ankommt, ihnen die unterschiedlichen Einwirkungen als Hilfen verständlich zu machen, sondern daß sie auch lernen müssen, auf das Zusammenspiel der Hilfen zu reagieren; man muß sie dazu bringen, das „Konzert“ der Hilfen anzunehmen.

Zu hart – zu weich

Die zu harte Hand des Anfängers führt zunächst einmal dazu, daß das Pferd erst gar nicht vorwärts geht, daß es die Handeinwirkung als Parade, als Aufforderung zur Tempoverminderung oder gar zum Halten auffaßt. Die zu harte Handeinwirkung kann ferner bedingen, daß das Pferd sich hinter dem Zügel verkriecht, daß seine Stirnlinie nicht leicht vor der Senkrechten, sondern hinter ihr steht – ein Symptom für mangelndes Vertrauen zum Gebiß und/oder mangelndes Vorwärtsgehen auf der Basis der Losgelassenheit. Zu starke Handeinwirkung macht weiter das Maul des Pferdes unempfindlich, „tot“. Das unempfindliche Maul zeigt sich unter anderem darin, daß es an sich herumziehen läßt, ohne besondere Reaktionen zu zeigen; und dies bedingt, daß das Pferd die Einwirkungen des Reiters nicht befolgt, vielfach sogar mit direktem Widerstand beantwortet. Die zu weiche, zur konsequenten Bestimmung nicht bereite Hand bedingt in der Regel, daß das Pferd „nicht am Zügel steht“, daß der Reiter keine stete Verbindung zum Pferdemaul – damit auch zum Pferd – gewinnt. Auf dieser Basis ist es ihm nicht möglich, gezielt einzuwirken. Weichheit allein reicht demnach als

Leicht und stetig

Die Geschicklichkeit der Hand kann daher mit Recht als der Gradmesser der gesamten Geschicklichkeit des Reiters gelten, denn es ist eine ganz irrige Auffassung, daß eine gute Hand eine vereinzelte gute Eigenschaft des Reiters sein könne; sie ist vielmehr das Ergebis vollkommenen Sitzes und feinen Reitergefühls. Wenn Beweglichkeit und Geschicklichkeit der Hand an sich eine leichte und geschickte Hand zu Pferde gewährleisten würden, so müßten ja Taschenspieler, Klaviervirtuosen und andere derartige Künstler diese Eigenschaften von vornherein besitzen. Dies finden wir aber in der Praxis durchaus nicht bestätigt, sondern sehen sogar zarte Damenhände das Maul ihrer Pferde durch Ungeschicklichkeit arg mißhandeln.

Dagegen sehen wir den geschickten Reiter mit seiner durch schwere Arbeit vielleicht nervig und stark gewordenen Faust sein edles und empfindsames Pferd mit einer Sicherheit und Feinheit tummeln, daß man diesem die Lust ansieht, unter einem solchen Reiter zu arbeiten.

Wir hören im gemeinen Leben oft behaupten, daß jemand nicht besonders reite, aber eine sehr gute Hand habe, oder umgekehrt, daß er ein sehr guter Reiter sei, aber einen Fehler besitze, nämlich eine zu harte Hand. Dies ist ein offenbarer Widerspruch, denn wer als Reiter eine wirklich gute Hand besitzt, ist ein Meister der Reitkunst, wenn er auch durch seine Haltung und sein Benehmen zu Pferde dem Laien noch so sehr als mangelhafter Reiter erscheinen mag, wohingegen ein Reiter mit einer wirklich schlechten Hand niemals im wahren Sinne des Wortes ein Reiter sein kann, mag er auch durch Festigkeit des Sitzes, Schneid und Eleganz der Erscheinung noch so sehr bestechen, weil sein Fehler nur aus Mangel an Gefühl und Verständnis für das Pferd hervorgehen kann . . .

Die gute Hand des Reiters ist durch Stetigkeit und Leichtigkeit gekennzeichnet. Wären diese beiden Eigenschaften getrennt für sich zu erwerben, die eine durch sicheres Stützen des Armes am Oberkörper, die andere durch richtige Faustbildung, so würden wir sie häufiger ausgebildet finden als dies wirklich der Fall ist. Wie kann aber die Hand durch Anlehnung des Armes am Körper eine ruhige Stellung gewinnen, wenn dieser selbst durch den Gang des Pferdes fortwährend erschüttert wird. Ist dies der Fall, so muß der Reiter im Gegenteil durch freies Balancieren des Armes und durch Abspannung seiner Gelenke, damit die Erschütterungen sich in diesen brechen, die Stetigkeit der Hand erhalten, ähnlich wie der Kellner ein Tablett mit gefüllten Gläsern nicht mit angeklemmten Ellenbogen, sondern mit frei und weich gehaltenem Arm balanciert. Ebenso verhält es sich mit der Leichtigkeit der Hand. Kann der Körper des Reiters der Bewegung des Pferdes nicht immer richtig folgen, so kann es die Hand auch nicht; sie wird vielmehr immer hemmend und störend auf den Gang einwirken. Deshalb hat auch ein harter, schwerfälliger Sitz zu Pferde stets eine harte Hand zur Folge, mag diese an sich die Zügel auch noch so leicht führen.

Die leichte und stete Hand hängt daher von der leichten und steten Haltung des Oberkörpers ab, und diese wiederum teilweise von der richtigen Haltung und den daraus entspringenden richtigen Gangarten des Pferdes. Beim rohen Pferde, dessen Bewegungen noch unregelmäßig und gebunden sind und dem Reiter noch nicht die leichte und stete Körperhaltung und die daraus entspringende leichte und stete Hand anweisen, liegt eben die Hauptkunst des Bereiters darin, durch Weichheit und Elastizität des Sitzes trotzdem zu erreichen, daß seine Hand stets leicht und stetig sein kann. Hierzu muß er allerdings vielfach von der normalen Körperhaltung und Handstellung abweichen, und es zeugt daher von großer Unkenntnis, wenn der Zuschauer ihn während der Arbeit nur nach der Haltung seines Körpers beurteilen will. Wie soll er dem ungelenken, seinen natürlichen Neigungen nachhängenden Pferde Bewegung geben, wenn er seine Arme und Beine nicht regt und frei bewegt?! Der Reiter von Fach, wozu ich alle rechne, die ihr Pferd selbst ausbilden – mag dies aus Liebe zum Pferde und zur Reitkunst geschehen, oder weil es als Lebensberuf gewählt ist – kann nur nach den Ergebnissen seiner Arbeit, also bei der Vorführung des selbstgearbeiteten Pferdes richtig beurteilt werden, auch dann aber mehr nach den Leistungen des Pferdes, als nach seiner eigenen Haltung.

Gustav Steinbrecht, Gymnasium des Pferdes. 1884

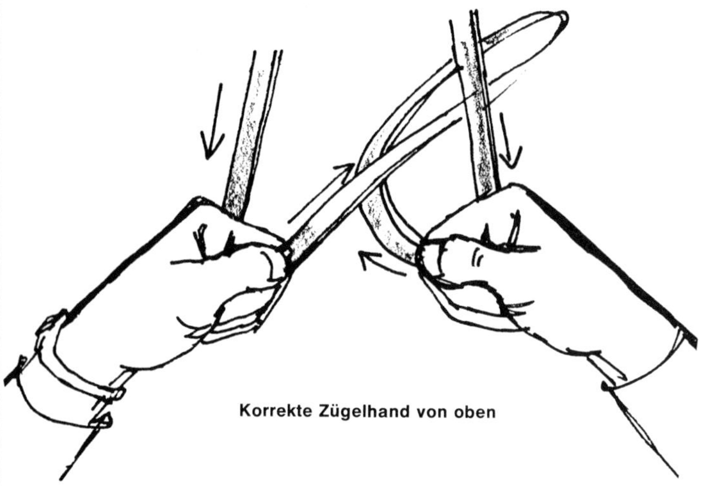

Korrekte Zügelhand von oben

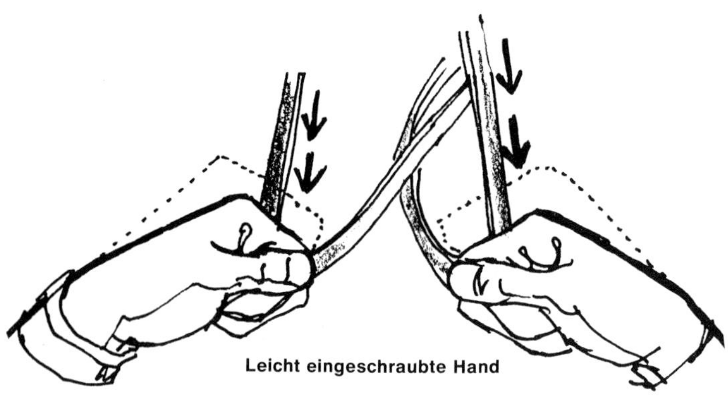

Leicht eingeschraubte Hand

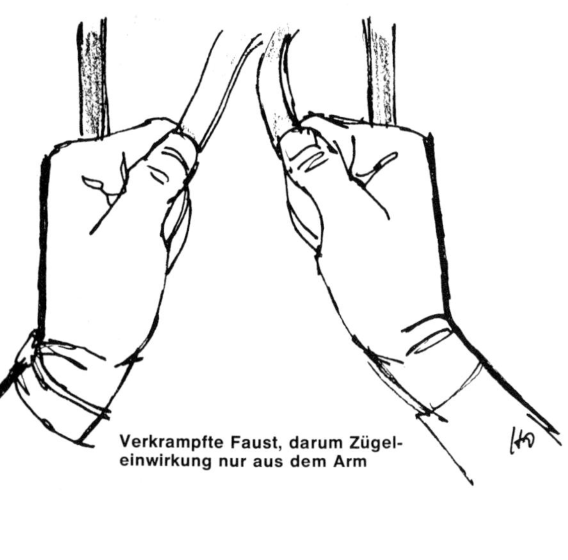

Verkrampfte Faust, darum Zügeleinwirkung nur aus dem Arm

Prinzip nicht aus, sondern Weichheit verlangt, daß eine Verbindung von Reiterhand und Pferdemaul besteht und das Pferd auch bereit ist, auf die über diese Verbindung vermittelte Einwirkung zu reagieren.

Die Anlehnung

Die Anlehnung des Pferdes an das Gebiß beziehungsweise an die Reiterhand bedeutet im einen Extrem, daß das Pferd sich aufs Gebiß legt oder gegen es stemmt, sie beinhaltet im anderen Extrem, daß der Reiter „nichts" in der Hand hat und damit eben auch nicht die Verbindung zum Pferd hat, die die Voraussetzung der Einwirkung darstellt. Ein absolutes Maß für die Anlehnung läßt sich schwer ermitteln. Die von manchen Klassikern geforderte „Zügelschwere" stellt ein Ideal dar. Das Maß der Anlehnung wechselt von Pferd zu Pferd, wechselt aber auch von Situation zu Situation. Eine zeitweise etwas härtere Anlehnung kann sogar ausdrücklich das Ziel der weichen Anlehnung fördern. Die härtere Anlehnung kann den Zweck haben, die Empfindlichkeit des Pferdemauls zu steigern, das Pferd zur Sensibilität zu erziehen, zum Beispiel bei Pferden, die versuchen, sich aufs Gebiß zu legen oder gegen die Hand zu gehen. Dabei kann man das Pferd dazu bringen, sich an der Hand des Reiters abzustoßen, man kann es auch durch eine Art von kurzem Rütteln mit der Hand dazu bringen, sich im Maul und Genick zu lockern. Solche Einwirkungen sind freilich nur als sehr bewußte Erziehungsmaßnahmen zu verstehen, nämlich Erziehung zu größerer Sensibilität, Empfindlichkeit und Losgelassenheit. Diese Erziehungsmaßnahmen fallen freilich nicht in den Kompetenzbereich des Schülers. Das Wissen um sie ist allerdings geeignet, dem Reitanfänger deutlich zu machen, worauf es im Endeffekt bei der Anlehnung und Handeinwirkung ankommt. Der Anfänger wie der Fortgeschrittene sollte sich allerdings auch der Tatsache bewußt bleiben, daß die Sensibilisierung nur dann erreicht wird, wenn der härteren Anlehnung sofort das Nachgeben folgt.

Aufs Maul schauen

Die weiche und stete Anlehnung sowie das zufrieden-aktive Maul sind Indiz der „guten" Hand, aber auch Indiz des generellen Gerittenseins eines Pferdes und genereller Ausweis des Reiters. Wenn auch die Ansicht mancher Richter, dem Pferd zunächst aufs Maul zu schauen, ja ihm ausschließlich aufs Maul zu schauen, leicht einseitig werden kann, so bildet das Maul doch ein aussagekräftiges Symptom, vielfach auch einen Hinweis auf Gegebenheiten, die im Gesamteindruck des Pferdes nicht so deutlich zutage treten. Jedenfalls sollte man bei der Beurteilung eines Pferdes unter dem Sattel seine Maultätigkeit nicht uninterpretiert lassen. Über Einzelheiten der Handeinwirkung sowie über deren Zusammenhang mit der Schenkel- und der Kreuzhilfe wird in einem späteren Beitrag eingegangen. Um die Bedeutung der Reiterhand zu unterstreichen, seien im Kasten noch zwei Absätze wiedergegeben, die Gustav Steinbrecht in seinem „Gymnasium des Pferdes" schrieb.

Sporn und Anlehnung

Bei einem gut durchgearbeiteten, in „weicher Anlehnung" galoppirenden Pferde wird der Erfolg eines oder mehrerer in richtigen Momenten angebrachter „durchgehender Anzüge" bei sich leise fühlenlassendem Sporn der sein, daß das Gefühl in der Hand ein noch leichteres wird, so daß fast gar kein Gewicht mehr in derselben ruht. Diese Momente des Ueberganges von der „weichen" zur „leichten Anlehnung" sind es dann, in denen das Pferd, welches somit seine unbedingte „Durchlässigkeit" bekundet hat, dadurch belohnt werden kann, daß durch Vorgehen mit der Zügelhand die „Anlehnung" ganz aufgehoben wird, so daß dann das Pferd, nur im Bewußtsein der Nähe des Sporns, seinen Hals noch mehr rundend und auf dem Gebisse kauend, relativ selbständig „in Haltung ohne Anlehnung" vorwärts geht und dem Reiter das Gefühl der größten Sicherheit und Behaglichkeit verschafft.

Sowie nun der Reiter die mindeste Neigung des Pferdes merkt, die Haltung aufzugeben, sich lang zu machen, wird er sofort die Fühlung der Hand mit dem Maule, d. h. die „Anlehnung" und zwar die „weiche Anlehnung", wieder aufnehmen und durch leises Fühlenlassen des Sporns dem wirklichen Verlorengehen der Haltung vorbeugen, um alsbald durch arrêtartiges Zusammenwirken von Hand und Schenkel wieder zur „leichten Anlehnung" und von dieser zum Reiten „in Haltung ohne Anlehnung" zurückzukehren. Indem so die Selbständigkeit des Pferdes nach Möglichkeit gefördert und sein Maul stets frisch erhalten wird, wird der Nothwendigkeit der „festen Anlehnung" in dem Maße vorgebeugt werden, als das Pferd reell durchgearbeitet ist und der Reiter die Einwirkungen zur Erhaltung der „Durchlässigkeit" mit Geschick anzuwenden versteht.

Wir nennen dieses Verhalten des Reiters, wobei er zwischen der „weichen Anlehnung", der „leichten Anlehnung" und dem Reiten „in Haltung ohne Anlehnung" in einer durch sein Gefühl für „Durchlässigkeit" geregelten Weise wechselt, das Reiten mit „wechselnder Anlehnung" und besitzen darin zugleich das Mittel, der Neigung der Leute, aus Mangel an Selbstkontrolle mit der Hand starr und fest zu werden, erfolgreich zu begegnen. Da nämlich dieses Starr- und Festwerden aus der Passivität entsteht, welche die Selbstkontrolle einschläfert, so wird ihm in dem Maße vorgebeugt werden, als dem Manne ein aktives Verhalten selbstverständliches Erforderniß des Reitens und feststehende Gewohnheit geworden ist.

Paul Plinzner,
System der Reiterausbildung. 1891

6. Folge

Der Schenkel des Reiters

Neben der Hand und dem Sitz bildet der Schenkel den dritten Kontaktbereich des Reiters zum Pferd, zugleich die dritte Hilfe, das heißt die dritte Möglichkeit, dem Pferd seinen Willen kundzutun. Üblicherweise unterscheidet man die Funktion des Schenkels als treibende und als verwahrende Hilfe. Treibend bedeutet, daß der Reiter mittels des Schenkels sein Pferd zum Vorwärtsgehen animiert. Das Verwahren spielt eine wichtige Rolle bei der Stellung und Biegung des Pferdes; es verhindert das „Ausfallen" der Hinterhand bei der Arbeit auf einem wie bei der auf zwei Hufschlägen. Mit „Ausfallen" bezeichnet man die Tendenz des Pferdes, auf der Geraden wie vor allem in den Wendungen mit der Hinterhand nach außen auszuweichen und sich derart der Lastaufnahme durch die Hinterbeine zu entziehen. Dadurch, daß der verwahrende äußere Schenkel dieser Tendenz entgegenwirkt, übernimmt er eine wichtige Funktion beim Geraderichten des Pferdes und bei der Versammlung. Insofern ist er nicht inaktiv und bedeutungslos, wie die Gegenüberstellung von „treibend" und „verwahrend" vielfach glauben macht.

Der treibende Schenkel liegt am Gurt, der verwahrende liegt eine Handbreit hinter ihm. Vor den Gurt soll der Schenkel nie rutschen, weil er dort weder die treibende noch die verwahrende Aufgabe erfüllt und darüber hinaus in dieser Lage meist den Sitz verändert. Bei den abendländischen Rittern, die den Dreipunktsitz auf Spalt und Gesäß noch nicht kannten beziehungsweise nicht praktizierten, findet man das weit vor dem Gurt liegende Bein, das gestreckt war und keinen Kontakt zum Pferdeleib hatte. Die mangelnde Einwirkung kompensierte der lange Sporn.

Keine Standardlage

Die Lage des Schenkels stellt wie die Haltung der Hand und der Sitz keinen ästhetischen Selbstzweck dar. Sie wird bestimmt durch die Möglichkeiten und Erfordernisse der Einwirkung aufs Pferd. Daher gibt es auch keine für alle Reiter, alle Pferde und alle Situationen verbindliche Standardlage. Die Winkelung zwischen Ober- und Unterschenkel hängt zum Beispiel von der Länge der Beine des Reiters, sie hängt aber auch von der Wölbung des Pferdekörpers ab. Generell kann man sagen, daß der Winkel um so spitzer wird, je länger die Beine sind und je schmaler das Pferd ist. Je kürzer die Beine des Reiters sind und je mächtiger der Pferdeleib ist, um so gestreckter wird der Winkel in der Regel. Diese Zusammenhänge führen auch dazu, daß man auf schmalerem Pferd die Bügel anders verschnallt als auf breitem. Die Länge des Arms (Fingerspitzen bis unter die Achseln) bietet ein annäherndes Maß für die Bügellänge, gemessen von der Halterung des Bügelriemen bis zum Ende des Bügels. Der Fuß des Reiters liegt mit dem Ballen auf dem Bügel auf, derart wird der Fuß vom Bügel getragen und so auch bei langen Ritten entlastet. Stärkeren Druck soll der Fuß nicht auf den Bügel ausüben, schon gar nicht in ihm stehen. Die stärkere Belastung, der sogenannte Bügeltritt, ist schon Teil einer speziellen Hilfe. Nur in den Situationen, in denen der Bügel leicht zu entgleiten droht und dies für den Reiter besonders unangenehm ist, wird der Fuß bis zum Spann in den Bügel eingesteckt; dies ist beim Springen oder im forcierten Geländegalopp der Fall.

Stuhlsitz und Klammern

Sind die Bügel zu lang geschnallt, dann kann der Fuß nicht auf ihnen aufruhen; er muß sie vielmehr mit heruntergedrückten Fußspitzen suchen und festhalten, vielfach verliert der Schenkel dabei den Kontakt zum Pferdeleib. Der zu kurz geschnallte Bügel bringt den Schenkel meist zu fest ans Pferd; er nimmt ihm die Möglichkeit, sich leicht zu bewegen. Diese Einschränkung hängt damit zusammen, daß der zu kurz geschnallte Bügel den Unterschenkel und das Knie hebt und der Reiter dabei mit dem Gesäß stärker in den hinteren Teil des Sattels rutscht. Derart wird der Stuhlsitz gefördert; dies bedeutet, daß der Balancesitz verlorengeht und der Reiter versucht, durchs Anklammern der Schenkel seinen Sitz zu festigen.

Der richtig verschnallte Bügel gestattet dem Schenkel bei tiefem Knie weichen Kontakt mit dem Pferdeleib; er läßt den Fuß bei leicht angehobener Spitze ohne Verkrampfung aufruhen.

Ohne Bügel zu reiten, ist eine seit langem bekannte Methode, den Sitz und die Lage des Schenkels zu verbessern.

Der Sitz wird in der Regel gestreckter, das Knie kommt tiefer, damit auch der Reiter tiefer in den Sattel und näher ans Pferd. Dieses Ziel wird allerdings nur dann erreicht, wenn der Reiter auch im Balancesitz auf Spalt und Gesäß ohne Bügel reitet, wenn er allein mit dieser Balance sich auf dem Pferd hält und nicht der klemmenden Schenkel bedarf. Ist der Reiter demgegenüber darauf angewiesen, die zuvor durch die Bügel vermittelte Sicherheit durch vermehrten „Knieschluß" und durch klammernde Schenkel zurückzusuchen, dann kann das Reiten ohne Bügel Sitz und Schenkellage auch negativ beeinflussen. Die Devise „Bügel überschlagen" bildet also kein Patentrezept; sie bedarf gerade beim Anfänger einer besonders intensiven Kontrolle, um den angestrebten Zweck zu erfüllen.

Man sieht zwar häufig, daß Reiter all ihre Energie beim Schenkeldruck aufwenden. Dieser Einsatz kennzeichnet aber ursprüngliches, ja primitives Reiten. Es bildet die Vorform eines Reitens, das sein Ziel darin sieht, die Hilfen zu verfeinern, das Tier auf sie zu sensibilisieren, ruhig und präzise einzuwirken und über die Ruhe von Sitz und Einwirkung die Entfaltungsmöglichkeiten des Pferdes zu steigern. Zu diesem Ziel gehört es auch, dem Pferd das Verstehen der Hilfe beizubringen, das heißt ihm Gelegenheit zu geben, das Verstehen zu lernen.

Der Winkel zwischen Ober- und Unterschenkel – Illustration linke Seite in der oberen Skizze, ist es ein stumpferer, unten ein spitzerer Winkel – hängt von der Größe des Reiters und vom Körper des Pferdes ab. Zu langer Bügel (oben links) fördert den Spaltsitz, zu kurzer den Stuhlsitz (rechts).

Sensibilisierung

Bei der Erörterung der Wirkung des Schenkels muß man zunächst und mit Nachdruck davor warnen, die Wirkung des Schenkels in seiner mechanischen Kraft zu suchen und das Maß möglicher Kraftanwendung mit der „Güte" des Schenkels gleichzusetzen: Der Schenkel ist nicht das Instrument, mit dem der Mensch aufgrund mechanischen Drucks das Tier vorwärts treibt und nach rechts oder links ausweichen läßt; seine Kraft ist nicht die Quelle des reiterlichen Erfolgs. Der Schenkel vermittelt vielmehr Hilfen, er gibt dem Pferd Informationen. Das Pferd muß lernen, ihn als Informationsquelle zu respektieren. Dies kann nur das Pferd leisten, das gegenüber dem Schenkel nicht abgestumpft ist, dessen Feinfühligkeit bewahrt oder mit Hilfe von Sporn und Gerte wieder hergestellt wurde.

Ober- und Unterschenkel

Bisher wurde hier schlechthin vom Schenkel gesprochen. Es ist freilich zu unterscheiden zwischen dem Ober- und dem Unterschenkel. Der Unterschenkel, das heißt genauer sein oberer Teil, hält den Kontakt mit dem Pferdeleib und vermittelt dem Tier die menschlichen Signale. Die Kontaktfläche des Unterschenkels am Pferd ist je nach Pferd und Reiter von unterschiedlicher Größe. Bald beschränkt sie sich auf eine Handbreit am oberen Stiefelrand, bald umfaßt sie die gesamte Wade.
Weichen Kontakt soll die Wade mit dem Pferd haben, sie soll sich nicht anklammern, soll das Pferd nicht pressen und sich dabei verkrampfen. Dem verkrampften und pressenden Schenkel ist nämlich weder eine weiche Anlehnung noch eine feine Dosierung der Hilfe möglich. Locker muß der Schenkel

Sporn und Schenkel

Der Spornstich ist keine Strafe sondern eine Hilfe und unterscheidet sich vom Spornstoß wesentlich dadurch, daß der Reiter dabei seine Stütze auf dem Bügel behält. Er bedarf dieses Stützpunktes bei Ausführung des Stoßes ebenso nötig, wie der Maler den Malstock benötigt, um der Hand bei Führung des Pinsels Sicherheit und doch Leichtigkeit zu geben. Der Reiter nähert zuvor den Unterschenkel dem Pferdeleib, hebt dann, die Fußspitze auf den Bügel stützend, den Hacken so viel, daß der Sporn etwa 2—3 cm von dem Teil entfernt ist, auf den er wirken soll, und gebraucht ihn aus dieser Entfernung stechend.
Der Spornstoß ist die stärkste und nachdrücklichste Einwirkung mit dem Sporn. Er verursacht dem Pferde augenblicklich heftigen Schmerz und erregt außerdem durch die Verletzung der Haut Entzündung und Anschwellung der getroffenen Teile, wodurch deren Empfindlichkeit auf längere Zeit sehr gesteigert wird. Ich spreche natürlich von einem Sporn, der diesen Namen wirklich verdient, und mit einem 5—6zackigen starken Rade versehen ist. Räder mit vielen feinen und zu spitzen Zacken taugen nichts, da sie verletzen, ohne Blutungen zu erzeugen, und deshalb leicht unangenehme Geschwülste veranlassen. — Phlegmatische Pferde und solche, die mit ihren Kräften zurückhalten, werden durch den Spornstoß zu lebhaftiger Tätigkeit angetrieben, außerdem aber Eigensinn, Widersetzlichkeit und Bosheit damit bestraft. Der Reiter muß den Spornstoß kräftig und entschlossen, jedoch mehr aus dem Fuß- als aus dem Kniegelenk ausführen.
Flaches Anlegen des Sporns, wobei nicht das Spornrad, sondern die innere Seite des Spornhalses die Seite des Pferdes berührt, sowie seine noch leichtere Annäherung, wobei er nur eben das Haar fühlen darf, sind nur feinere Abstufungen der vorigen Hilfe und haben daher auch denselben Zweck, je nachdem Temperament, Empfindlichkeit und guter Wille des Pferdes es erfordern.
Der Sporndruck wird als Fortsetzung des Schenkeldrucks angewendet, und ist, bei gleichzeitig gegenhaltender Hand, das nachdrücklichste Mittel, sich das Pferd vom Zügel loszulösen, indem es, vorn verhalten und dadurch verhindert, sich dem schmerzhaften Kitzel des Sporns nach vorwärts zu entziehen, genötigt wird, sich in sich zusammenzuschieben und durch Hergabe des bisher gegenstrebenden Genicks leicht an der Hand zu werden.

Gustav Steinbrecht,
Das Gymnasium des Pferdes. 1884

auch sein, um das durch die Rumpfbewegung verursachte rhythmische Hin und Her im Takt des Pferdes mitmachen zu können. Der Begriff „locker" meint weder unkontrolliertes Baumeln noch Hinundherschlagen oder Schlackern, sondern sanfte Beweglichkeit. Allein dem derart lockeren Schenkel ist es möglich, die Bewegung des Pferdes mitgehend zu fühlen und Gespür für die Hinterbeinbewegung zu entwickeln.

Unverkrampft kann der Unterschenkel nur dann am Pferd liegen, wenn er durch den Oberschenkel nicht verklemmt wird, präzise Informationen kann der Unterschenkel nur dann vermitteln, wenn das Pferd nicht durch ein klemmendes Knie irritiert wird. Der präzise und weich einwirkende Unterschenkel basiert demnach auf dem lockeren Oberschenkel, dem nicht die Aufgabe zukommen darf, den Sitz des Reiters zu festigen. Der wesentliche Vorteil des Balancesitzes besteht unter anderem darin, daß der Oberschenkel von solchen Sicherheitsaufgaben befreit wird und er derart den unverkrampft, weich und präzise einwirkenden Unterschenkel ermöglicht.

Es gibt zwar immer wieder Situationen, in denen man sich mit dem Schenkel festklemmt, naheliegenderweise vor allem bei „Wohnungsnot" im Sattel. Manch drohender Sturz läßt sich durch „klammernde Organe" vermeiden. Auch unabhängig von solchen Extremsituationen neigen Anfänger ständig zum Klemmen, um derart mehr Sicherheit zu gewinnen und in der Aktion Angst abzubauen. Erfahrene Reiter sind ebenfalls nicht vor der Tendenz zum Klemmen gefeit. Wenn ihr Pferd gegen die Hand geht, suchen sie vielfach mit stärkerem Knieschluß Halt, bei Pferden mit festem Rücken mildern sie die Stöße dadurch ab, daß sie bei klemmendem Knie mehr auf dem Schenkel als auf dem Gesäß sitzen.

Hinzu kommt, daß das klemmende Knie und der pressende Unterschenkel zunächst einen gewissen Erfolg bringen, indem das Pferd deutlicher als zuvor reagiert. Solcher Erfolg verstärkt schon unbewußt das Klemmen und Pressen. Hat man sich auf diese Reitart aber eingelassen, dann fordern die Pferde immer mehr Druck, das heißt sie reagieren nur noch bei verstärktem Druck. Reiten wird zum Kraftakt, zu dem, was Außenstehende sich vielfach unter ihm vorstellen. Der Knieschluß ist allerdings nur der primitiven Reitauffassung Symbol reiterlicher Bemächtigung übers Pferd. Diese Auffassung ist mit Nachdruck gegen die Klischees zu vertreten, die Roman- und Filmhelden im Sattel ebenso verbreitet haben wie manche Kavalleristen, die über die Anfangsstadien des Metiers nicht hinausgekommen sind. Diese Feststellungen betreffen das Dressurreiten: Für den Springsitz bildet der Knieschluß einen wichtigen Faktor, der freilich für den Stilisten die Balance nicht zu ersetzen vermag.

Schenkel und Sitz

Es kann nicht oft genug gesagt werden, daß das pressende Knie den Balancesitz auf Spalt und Gesäß beeinträchtigt und dazu den Unterschenkel verfestigt. Erst der lockere Oberschenkel ermöglicht den von Klemm„organen" unabhängigen Dreipunktsitz, und er allein gewährleistet den weichen Kontakt des Unterschenkels zum Pferdeleib, inklusive der feinen und unterschiedlich dosierten Einwirkung. Wenn man von diesem Schenkel sagt, er müsse ein Blatt Papier am Pferdeleib festhalten können, dann sollte man zugleich auch feststellen, daß er in der Lage sein muß, loszulassen. Das Festhalten des Papiers verleitet nämlich allzu leicht wiederum zur Vorstellung vom Klemmen. Weich und zu dosierter Einwirkung fähig bleibt der Schenkel jedoch nur, wenn er auch loslassen kann. Dem Anfänger wie dem erfahrenen Reiter sei empfohlen, kurzfristig immer mal seinen Schenkel etwas vom Pferd wegzunehmen, um sich dadurch im Maß der Anlehnung zu kontrollieren.

Weich und fein dosiert kann der Schenkel freilich auch nur dann wirken, wenn das Pferd entsprechend auf ihn reagiert, daß heißt nicht abgestumpft ist. Die Sensibilisierung des Pferdes auf die feine Hilfe stellt eine wichtige Aufgabe des Reiters dar. Sie bildet ferner eine Anforderung, der immer wieder neu zu entsprechen ist; Pferde neigen nämlich dazu, ihre Gehorsamsbereitschaft zu reduzieren, sich etwas und auch mehr Druck gefallen zu lassen und nicht mehr in der vom Reiter geforderten und für das Pferd meist mit Anstrengungen verbundenen Weise zu reagieren.

Gegenüber dieser Tendenz des Pferdes wird der Reiter sich einen weichen Schenkel nur erhalten oder aneignen können, wenn er bereit ist, mit entschiedener Hilfe das Pferd zu sensibilisieren und ihm klarzumachen, daß die Mißachtung weicher Hilfen Strafen nach sich zieht. Der gezielte Einsatz von Gerte und Sporn steht im Dienste dieser Sensibilisierung, und zwar mit der Tendenz, daß dem Pferd über die Hilfen beziehungsweise Strafen von Gerte und Sporn die Reaktion auf den weichen Schenkel beigebracht wird, das heißt Gerte und Sporn durch den weichen Schenkel ersetzt werden. Dieser Ersatz besteht zwar nicht auf Dauer, er muß erneuert und bestärkt werden. Generell ist er als Ziel der Hilfen beziehungsweise Strafen mit Gerte und Sporn jedoch im Auge zu behalten. Ständig einwirkende Sporen können ebenso wenig zu diesem Erfolg führen wie der andauernde Gebrauch der Gerte. Der entschiedene Spornstoß und der spürbare Schlag mit der Gerte wirken erfolgreicher und im letzten auch „humaner" als das unaufhaltsame Bohren und der kontinuierliche Gebrauch der Gerte; beide stumpfen ab und verhindern die Sensibilisierung des Pferdes auf die Hilfen seines Reiters.

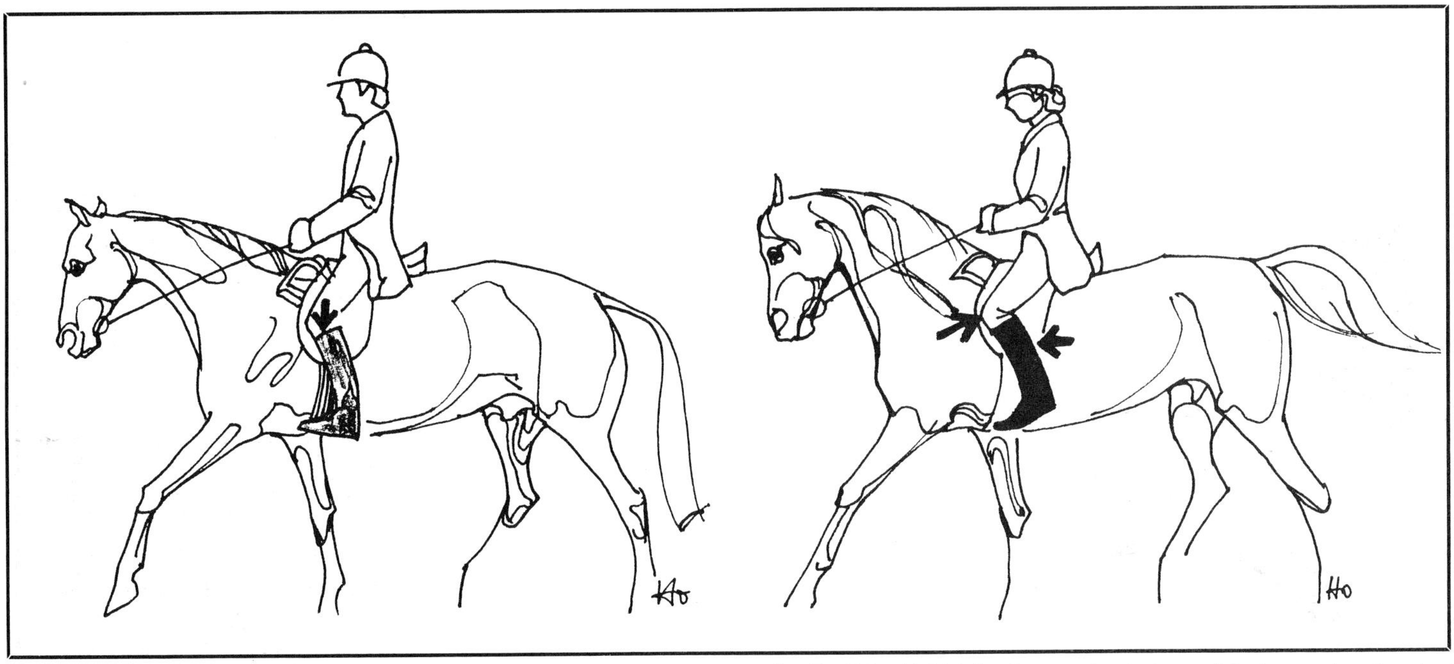

Ohne Bügel zu reiten, fördert den Balancesitz; es bringt den Reiter dazu, den Sattel mit den beiden Gesäßknochen und dem Spalt zu belasten.
Ohne Bügel zu reiten, ist freilich kein Hilfs- und Korrekturmittel, das automatisch und selbstverständlich wirkt. Wenn der Reiter an Stelle des Halts in den Bügeln mit hochgezogenem klemmenden Knie seinen Sitz zu sichern sucht (oben rechts), oder wenn er sich mit den Waden festhält (was meist zu offenem Knie führt), dann wird das Ziel verfehlt; zudem tritt Verkrampfung ein. Die Festigkeit des Sitzes muß aus dem Gefühl fürs Gleichgewicht resultieren. Erst das ausgebildete Gleichgewichtsempfinden gestattet das tiefe Knie mit lockerem – nicht schlackerndem – Schenkel (oben links).

Mitschwingen und Kreuzanziehen

7. Folge

Solange das Pferd sich nicht fortbewegt oder solange es in gemächlichem Schritt ein Bein vors andere setzt, gibt es für den Anfänger noch keine gravierenden Sitzprobleme. Die eigentlichen Schwierigkeiten beginnen erst mit dem Antraben: Man wird „geworfen“, verliert den Kontakt mit der Sitzfläche, fliegt im Sattel hin und her und wird vcn der Angst geplagt, nach vorne, hinten oder seitwärts Übergewicht zu bekommen und sich mit einem Sturz vom Pferd trennen zu müssen. Wäre der Absprung vom Pferd nicht so kompliziert, viele Anfänger würden sich mit ihm aus heikler Lage befreien.

Selbst wenn die Furcht vorm ersten ungewollten Abgang – möglicherweise aufgrund einschlägiger Erfahrungen – sich abgebaut und man mit „klammernden Organen“ relative Sicherheit gewonnen hat, beschert einem der Trab nicht das vielgepriesene „höchste Glück der Erde auf dem Rücken des Pferdes“: Man wird gestoßen und geworfen. Das Sicherheitsgefühl bleibt beschränkt. Unbequemlichkeit dominiert. Manchmal werden die Schmerzen sogar so stark, daß man heilfroh ist, wenn der Reitlehrer „Durchparieren zum Schritt!“ kommandiert. In solchen Augenblicken fragen sich viele Anfänger sogar, was an diesem Schaukeln und Stoßen denn so faszinierend sein kann, daß jemand freiwillig und zeitlebens sich dafür begeistert. Wäre das Reiten nicht mit beträchtlichem Prestige verbunden und gehörte es nicht zu einem „richtigen“ Sportler, durchzuhalten, und das einmal Angefangene zu Ende zu bringen, dann würde möglicherweise sogar die Mehrzahl der Anfänger an diesem Punkte die Segel streichen. Allein die Hoffnung auf eine bessere Zukunft bewegt sie dazu, sich für die nächste Reitstunde einzutragen.

Schwingung und Dynamik

Das Geworfenwerden kommt dadurch zustande, daß das Pferd sich fortbewegt und dabei eine mehr oder weniger ausgeprägte Schwingung innerhalb seines Körpers entsteht. Auf diese Schwingung kann der Anfänger nicht „im Gleichgewicht“ reagieren, er wird vielmehr von der Dynamik des Pferdes überrascht. Dies führt zu Disharmonien in der Bewegung der beiden Körper, aus der Sicht des Reiters zum Geworfen- und Gestoßenwerden, aus der Sicht des Pferdes zu einer Störung, durch die auf seinem Rücken hin und her fallende Last. „Geduldige“ Schulpferde zeichnen sich unter anderem dadurch aus, daß sie solche Disharmonien in Kauf nehmen; Pferde, die im Rücken empfindlicher sind, können auf diese Störungen mit Verkrampfung und Angst reagieren.

Der Anfänger nimmt das Geworfen- und Gestoßenwerden nicht kommentarlos zur Kenntnis; er reagiert, meist unbewußt. In der Regel versucht er, das Aufschlagen auf den Sattel dadurch zu verhindern beziehungsweise zu reduzieren, daß er mit dem Ober- und dem Unterschenkel klemmt. Dieses Verfahren bringt zwar keinen totalen Erfolg, aber merkliche Linderung. Die begrenzte Entlastung ist ausschlaggebend für die Zähigkeit, mit der Anfänger wie Fortgeschrittene im angespannten Oberschenkel das Heil suchen. Ein Teil des Muskelkaters und der Steifheiten, die einen nach den ersten Reitstunden plagen, ist Resultat solcher Verkrampfung. Mit dem Ober- und Unterschenkel hält man sich fest, weil man das Mitschwingen und Kreuzanziehen noch nicht beherrscht. Das Mitschwingen und Kreuzanziehen ist nämlich der einzige Weg, die Bewegungen von Pferd und Reiter auf der Basis der Losgelassenheit zu harmonisieren. Erst das Mitschwingen ermöglicht es dem Reiter, in der Bewegung am Sattel zu bleiben, und in die Bewegung des Pferdes einzugehen.

Der Anfänger gerät meist nicht auf ein Pferd mit elastisch schwingendem Rükken. Zudem reagieren Pferde auf die unbeholfenen Bewegungen des Neulings oft damit, daß sie sich stärker als üblich festhalten. Der Anfänger wird also im Sattel geworfen, weil Pferd und Reiter sich verkrampfen.

Um die Stöße abzufangen und um den Sitz zu festigen, preßt der Anfänger Ober- und Unterschenkel an den Sattel. Da das Verfahren fürs erste Erfolg bringt, erliegt auch der Fortgeschrittene diesem Fehler immer wieder.

Bewußt und unbewußt

Wie selbstverständlich der Reitlehrer auch das Kreuzanziehen fordert, dem Anfänger ist unverständlich, was er bei diesem Kommando zu tun hat. Der Normalbürger zieht zwar in seinem alltäglichen Leben allenthalben sein Kreuz an, aber er tut es unbewußt. Der in der Reitersprache übliche Begriff ist Uneingeweihten ein Buch mit sieben Siegeln, sie wissen nicht, was, wo und wie angezogen werden soll. Das mangelnde Verständnis beruht weniger auf unzureichenden anatomischen Kenntnissen; in erster Linie wird es dadurch bedingt, daß das Kreuzanziehen eine grundlegende Körperbewegung ist, die nicht vom Bewußtsein gesteuert wird. Hinzu kommen Unklarheiten über die Partien von Rücken, Kreuz und Becken. Vielfach wird dort, wo das Kreuz angezogen werden soll, der „Rücken" verkrampft und mit Hohlkreuz stolz die Brust gezeigt. Manche Autoren führen die vielfach zu beobachtende Tendenz, das Kreuz hohl zu machen und nicht anzuziehen, auf eine generelle Neigung vieler Menschen zum Hohlkreuz zurück. Kleinkindern wird, wie Mediziner feststellten, dadurch das Hohlkreuz angebogen, daß die Mütter nicht warten, bis die Rückenmuskulatur des Babys so kräftig ist, daß die Kleinen sich allein aufrichten und auf den Beinen ausbalancieren können. Bei dem Ziel, ihren Nachwuchs möglichst früh auf die Beine zu stellen, stützen die Erwachsenen die Babys unter den Achseln; dabei drücken die Kleinen den Bauch vor und verbiegen ihr Kreuz, unabhängig von der Schulung des Gleichgewichtssinns. Eine bestimmte Art zu gehen wird dem Kind so vorgeprägt, und daran hält es sich zeitlebens. Die Tendenz zum Hohlkreuz wird ferner durch vieles Stehen im Beruf verstärkt.

Kreuz und Wirbelsäule

Bei normaler Haltung zeigt die Wirbelsäule des Menschen eine Krümmung, grob gesprochen etwa in Form eines S. Beim Kreuzspannen wird der mittlere Bogen S abgeflacht; im Gegensatz zum Hohlkreuz wird die Wirbelsäule nach hinten verschoben. Dies geschieht nicht durch eine eigenständige Bewegung der Wirbelsäule, sondern durch die Verschiebung des Beckens. Der andere Teil des Beckens wird nach vorwärts gedreht und dadurch die Wirbelsäule langgezogen. Das Hohlkreuz stellt insofern eine entgegengesetzte Bewegung dar, als der obere Teil des Beckens nach vorne überkippt, dadurch die Wirbelsäule vorzieht und ihre Biegung verstärkt. Das Mitschwingen besteht darin, daß das Becken sich in Übereinstimmung mit der Bewegung des Pferdes vor- und zurückdreht, derart die Biegung der Wirbelsäule abschwächt und verstärkt und so gestattet, daß die Bewegung des Pferderückens im Körper des Reiters abgefangen wird. Im Unterschied zum Mitschwingen beinhaltet das Kreuzanziehen tendenziell ein zeitweiliges Feststellen des Beckens und damit der Wirbelsäule, und zwar in dem Sinne, daß der obere Teil des Beckens nach hinten abgekippt und derart die mittlere Biegung der Wirbelsäule reduziert wird.

Gesäß und Oberkörper

Die Einwirkungen des Gesäßes und Oberkörpers, diese auch „Gewichtshülfen" genannt, können deshalb nur unterstützende und regulirende sein, weil sie ohne Mitwirkung der Schenkel- bezw. Zügelhülfen nicht von unbedingtem Einfluß auf das Pferd sein würden, während die Beherrschung desselben durch letztere allein immerhin denkbar ist. Wohl aber sind die Gesäß- und Gewichtshülfen sehr geeignet, die Schenkel- bezw. Zügelhülfen dem Pferde verständlicher zu machen und ihm die Befolgung derselben zu erleichtern.
Die Wirkungen des Gesäßes auf das Pferd können theils noch gewissermaßen zu den Schenkelhülfen gerechnet werden, theils betheiligt sich das Gesäß als Grundlages des Oberkörpers an den Gewichtshülfen. Das Gesäß kann entweder unthätig im Sattel ruhen („passives Gesäß") oder es kann vermittelst elastischer Spannung des Kreuzes einen Druck nach vorwärts ausüben („aktives Gesäß"). Der Druck des „aktiven Gesäßes" kann entweder mit beiden oder nur mit einem Gesäßknochen ausgeübt werden („voller bezw. einseitiger Gesäßdruck"). Im ersteren Falle wird er geradeaus, im letzteren vorwärts-seitwärts. Das „aktive Gesäß" wirkt im Wesentlichen treibend, indem es einen Reiz auf die Rückenmuskeln hervorbringt, der sich auf die Hinterbeine anregend fortpflanzt. Wird aber seiner treibenden Wirkung durch verhaltende Zügelhülfen begegnet, so wirkt es fixirend, d. h. unter der Last erhaltend, auf beide bezw. einen Hinterfuß. Man sagt, das Kreuz bezw. Gesäß erhält das Pferd an der Hand.
Für den auf dem „passiven Gesäß" ruhenden Oberkörper des Reiters giebt es eine Haltung, in welcher er die durch andere Einwirkungen erzeugte und geregelte Bewegung des Pferdes durch sein Gewicht nicht beeinflußt und in welcher dasselbe für das Pferd am absolut leichtesten zu tragen ist.
Diese „Haltung in Harmonie mit dem Pferde" nimmt der Reiter ein, wenn sein Schwerpunkt in jedem Moment der Bewegung mit demjenigen des Pferdes in Uebereinstimmung sich befindet, und diese Uebereinstimmung ist mit physikalischer Nothwendigkeit dann vorhanden, wenn die Schwerlinien beider Körper ineinander fallen.

Paul Plinzner,
System der Reiterausbildung. 1891

Vordrücken-Wollen

Es ist demnach erforderlich, daß man zunächst ein sicheres Gefühl dafür bekommt, daß der Vorgang des Anreitens und Parierens mit Kreuz von dem ohne Kreuz wesentlich verschieden ist. Nur wer darin eine völlige Sicherheit erreicht hat, kann durch weitere Uebung sein Gefühl dafür ausbilden, daß man durch das gleiche Anspannen des Kreuzes auch verhindern kann, daß man so hoch geworfen wird wie früher.
Im ruhigen Trabe wird durch das gleiche Kreuzanziehen wie beim Anreiten und Parieren Gesäß und Schwerpunkt nach vorn gedrückt, und der untere Teil der Wirbelsäule festgestellt. — Der Reiter saugt sich mit Schenkeln und Kreuzmuskulatur gewissermaßen an den Sattel heran. Dadurch wird eine feste Verbindung mit dem Pferde erreicht, ohne daß dazu etwa eine besonders große Kraftanstrengung erforderlich ist. Auf Pferden, die wenig werfen, am besten auf gutgerittenen Pferden, eignet man sich am schnellsten das Gefühl dafür an. Durch häufiges Tempowechseln erleichtert man sich das, weil man das richtige Kreuzanspannen aus dem Anreiten und Parieren und gleich darauf wieder Anreiten mit hinübernimmt in die Trabbewegung. Durch stärkeres oder schwächeres Anspannen des Kreuzes kann man fester oder loser im Sattel sitzen. Je höher das Pferd wirft und je flotter das Tempo ist, desto mehr muß man auch das Kreuz anspannen. Glaubt man, schon einigermaßen hinter dieses Geheimnis gekommen zu sein, dann ist es unerläßlich, sein Gefühl auf anderen Pferden zu überprüfen.
Man hört manchmal die Anweisung, daß der Reiter sein Kreuz mit den Bewegungen des Pferdes „mitschwingen lassen" soll. Mit diesem Rat ist auch keinem Reiter gedient. Das Mitschwingen — Eingehen in die Bewegung des Pferdes, ergibt sich nicht von selbst durch passives Mitschwingen„lassen", sondern nur aus einer aktiven Muskelbetätigung, einem bewußten Vordrückenwollen heraus, ebenso wie man beim Schaukeln mehr Schwung nur bekommt durch Kreuzanziehen, während man durch „Mitschwingenlassen" zum Ausschwingen kommt.

Wilhelm Müseler,
Reitlehre. 1936

Der treibende Sitz

Der treibende Sitz geistert immer noch in der Welt der Reiter. Verschiedene Reitlehrer verlangen ihn von ihren Schülern, und manche sogar prominente Autoren lehren: „Das Zurücknehmen des Oberkörpers hinter die Senkrechte belastet vermehrt Rücken und Hinterhand und wirkt zugleich treibend." Dieselben Theoretiker behaupten auch: „Das Vorneigen des Oberkörpers wirkt entlastend und auf die Vorwärtsbewegung hemmend." Diese beiden Thesen beruhen auf einem althergebrachten Irrtum und lassen sich weder mit den Gesetzen der Mechanik noch mit denen der Logik in Einklang bringen. Wie kann ein vermehrtes Belasten der Nachhand — es wäre richtiger, von einem Überlasten derselben zu reden —, die dadurch naturgeäß zu einem vermehrten Tragen gezwungen wird, treibend wirken? Wie kann ein Entlasten derselben die Vorwärtsbewegung hemmen? Wird ein Rennreiter sich hinter die Senkrechte zurückneigen, um sein Pferd zu treiben? Wirken Jagd-, Spring- und Rennsitz hemmend auf die Vorwärtsbewegung des Pferdes?
Ähnlich wie bei der Kinderwippe, die man in ihrem Schwerpunkt belasten kann, ohne daß ihr Gleichgewicht gestört wird, stört auch der in Übereinstimmung mit dem Schwerpunkt des Pferdes sitzende Reiter weder dessen Gleichgewicht noch dessen Bewegungen, weil sein Gewicht auf die Pferdebeine im gleichen, naturbedingten Verhältnis verteilt wird, wie das Pferd es mit seiner eigenen Masse tut. Sitzt der Reiter hingegen nicht in Übereinstimmung mit dem Schwerpunkt des Pferdes, so überlastet er dessen Vorder- oder Hinterbeine (evtl. auch eines der seitlichen Beinpaare), wodurch sein Gleichgewicht gestört und seine Bewegungen gehemmt werden.
Der Reiter kann sein Treiben mehr oder weniger wirksam machen, indem er durch die Art der Belastung (Sitz) die Vorwärtsbewegung des Pferdes begünstigt oder behindert, aber treiben durch Mehrbelastung der Nachhand kann er nicht. Treiben muß er mit Schenkeln oder Peitsche.

Gregor von Romaszkan,
Reitprobleme. 1967

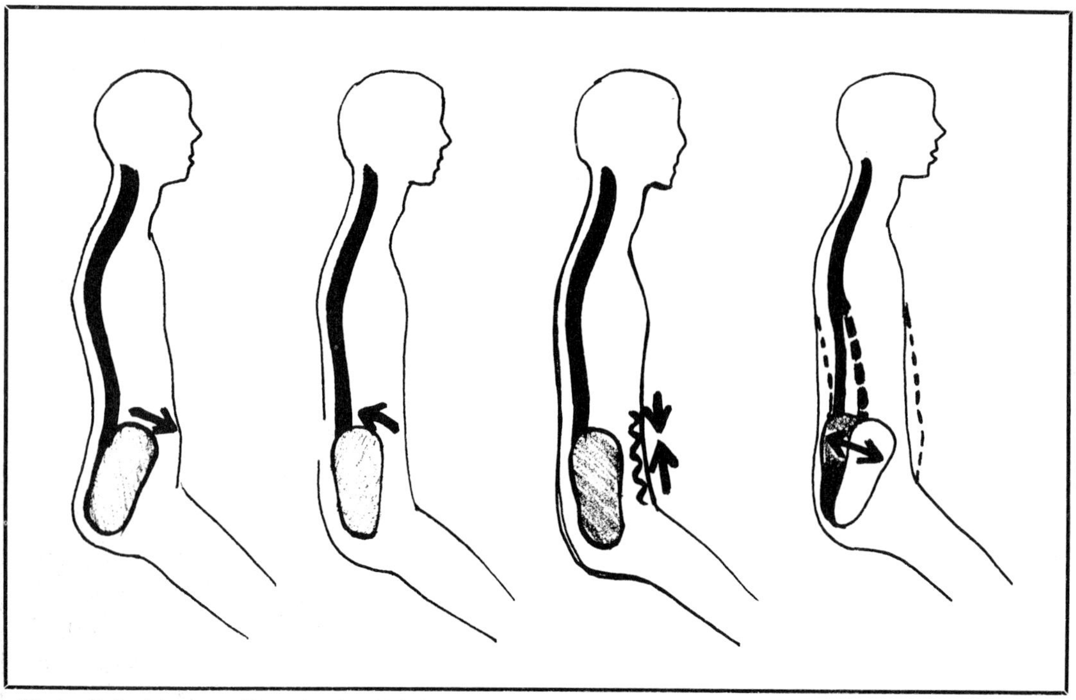

Für den Reiter ist es ausschlaggebend, daß er versteht, was sich beim Kreuzanziehen an seinem Becken und seiner Wirbelsäule tut, vor allem, was er tun muß, um diesen Effekt zu erreichen, wie dies sich im Sattel anfühlt und wozu es dient. Der hippologische Aspekt des Kreuzanziehens muß mit dem anatomisch-physiologischen Detail nicht unbedingt übereinstimmen. Auf anatomisch-physiologische Voraussetzungen des Kreuzanziehens sowie auf im Begriff enthaltene und bei den Reitern üblichen Mißverständnisse wiesen die Mediziner Heinrich und Volker Schusdziarra hin. Sie stellten vor allem fest, daß es keine Kreuzmuskulatur gebe, von einer solchen Muskulatur damit auch das Kreuzanziehen nicht ausgehen konne: Es sind die Bauchmuskeln, genauer gesagt die Muskeln der vorderen Bauchwand, die das Kreuz anziehen – so irrtümlich es auf den ersten Blick auch sein mag, daß Muskeln der Vorderpartie Stellung und Bewegung im Rücken bestimmen.

Einseitige Kreuzeinwirkung

Die Mediziner betonten auch mit Nachdruck, daß das Kreuzanspannen eigentlich kein Vorgang des Spannens, sondern ein Kippen ist: Das Kreuzbein wird dadurch nach hinten gekippt, daß mit den Muskeln der vorderen Bauchwand der Beckenring, zu dem das Kreuzbein gehört, vorn gehoben wird. Werden die Bauchmuskeln beider Seiten gleichzeitig und gleichmäßig gespannt, dann wird die vordere Hälfte des Beckenrings gehoben und die hintere Hälfte des Beckenrings nach rückwärts gekippt. Mit anderen Worten wird der Beckenring um die quer durch beide Hüftgelenke verlaufende Achse nach vorne oder hinten gedreht. Die Bauchmuskeln beider Seiten können auch unterschiedlich stark angespannt werden; dadurch läßt sich der Beckenring seitlich kippen und zugleich drehen. Derart erreicht man eine einseitige Kreuzeinwirkung.

Heinrich und Volker Schusdziarra wiesen ferner darauf hin, daß Müseler in seiner vielgelesenen Reitlehre die Kippbewegung des Beckens richtig erkannt habe, auch wenn er um die Funktion der Bauchmuskeln nicht wußte. Zusammenhänge zwischen der Brust und dem Rücken berücksichtigten die Reitlehrer der Vergangenheit auch ohne medizinische Detailkenntnisse insofern, als sie vom Reiter forderten: „Brust raus!", „Größer werden!". Durch den erhobenen und in dieser Stellung fixierten Brustkorb wird die Arbeit der Bauchmuskeln effektiver; ist der Brustkorb nicht erhoben, dann ziehen die Bauchmuskeln ihn mit seinem relativ großen Eigengewicht eher nach unten, als daß sie den Beckenring nach oben heben. Wer nach unten oder „ins" Pferd schaut, kommt daher meist nicht zum Kreuzanziehen. Das „Größerwerden" besteht darin, daß die Biegung der Wirbelsäule abgeflacht, die Wirbelsäule also gestreckt wird, und zwar durch das Kippen des Beckens.

Unbewußte Reaktion

Die Kenntnis der anatomisch-physiologischen Vorgänge ist, wie gesagt, keine unbedingte Voraussetzung erfolgreicher Praxis im Sattel, das heißt keine Bedingung „richtigen" Reitens. Dennoch kann sie hilfreich sein und die Erfahrung unterstützen.

Der Reiter muß das Abkippen seines Beckens lernen, und zwar als bewußte Bewegung. Mit der Zeit wird das sogenannte Kreuzanspannen freilich zu einer unbewußten Reaktion, zu einer Hilfe, die bei bestimmten Verhaltensweisen des Pferdes und mit der Vorstellung bestimmter Aufgaben und Lektionen automatisch sich einstellt. Vor allem automatisiert sich das Mitschwingen, bei dem sich das Becken in Anlehnung an die Bewegung des Pferderückens um seine Achse dreht. Das Mitschwingen erfordert demnach die Beweglichkeit, das heißt die Lockerung in der Beckenregion.

Die Bauchmuskulatur läßt beim „Anspannen des Kreuzes" das Becken – in den Skizzen sehr vereinfacht dargestellt – nach hinten abkippen. Die Zeichnungen zeigen von links nach rechts: 1. Nach vorn gekipptes Becken mit der Tendenz zum Hohlkreuz; 2. Nach hinten gekipptes Becken mit geradem „angespanntem" Kreuz; 3. Die Bauchmuskulatur bewirkt das Abkippen des Beckens; 4. Die Bewegungen des Beckens bilden die Grundlage des Mitschwingens.

Der Reiter, der sich versteift, bringt auch diese Losgelassenheit nicht auf. Er kann nicht mitschwingen, sondern wird gestoßen. Bei relativ korpulenten Reitern oder Reitern die aus anderen Gründen, zum Beispiel Alter, in der Beckenregion versteift sind, kann man die Probleme mangelnder Gelöstheit leicht beobachten.

Das Mitschwingen gelingt dem Anfänger erst aus der bewußten Bewegung, in erster Linie aus dem Vor- und Zurückneigen des Beckens, meist als Anziehen und Loslassen des Kreuzes verdeutlicht. Die aktive Muskelbetätigung geht mit der Zeit freilich in das Mitschwingen-Lassen über; der Bewegungsablauf wird also unbewußt. Die Tatsache, daß das „gekonnte" Mitschwingen unabhängig vom Bewußtsein sich vollzieht, hindert nicht, daß es in bewußten Maßnahmen kontrolliert, ausgeprägt oder in besonderer Weise akzentuiert wird. Vor allem kommt es immer wieder darauf an, die Schwingung zu verlangsamen, sich vom Pferd „mitnehmen" zu lassen und seinen Takt nicht durch eine Art von Stoßen zu stören.

Mitschwingen und auswischen

Die vielfach und vor allem für die Bewegung im Galopp aufgestellte Forderung, den Sattel mit dem Gesäß von hinten nach vorne „auszuwischen", führt leicht zu Mißverständnissen übers Mitschwingen. Das „Auswischen" vermittelt nämlich den Eindruck, das Gesäß des Reiters habe im Sattel hinundherzurutschen; in Verbindung mit der Gewichtshilfe entsteht ferner die Vorstellung, das Pferd im rhythmischen Rutschen nach vorwärts zu schieben. Gegen solche Ideen und Wirklichkeiten verlangt das Mitschwingen gerade das im Sattel ruhende Gesäß. Die Bewegung des Beckens und das Schwingen der Wirbelsäule ermöglicht das ruhende Gesäß. Das ruhende Gesäß stellt die primäre Forderung dar, die mit Hilfe des Schwingens erreicht wird. Im Vergleich zum Geworfen- und Gestoßenwerden stellt das Auswischen für den Reiter zwar eine Erleichterung dar, es kann ferner hilfreich sein, um ihn auf den richtigen Weg zum Mitschwingen zu bringen; die Unterschiede zum Mitschwingen dürfen allerdings weder in der Theorie noch in der Praxis übersehen werden.

Hilfsmittel und „Eselsbrücken"

Auf die Bedeutung des Kreuzanziehens als Hilfe bei der halben und der ganzen Parade wird in einer späteren Folge eingegangen. Über Hilfsmittel und „Eselsbrücken", die dem Anfänger das Kreuzanziehen beziehungsweise Beckenkippen verständlich machen, ist abschließend allerdings noch etwas zu sagen. Müseler wies auf verschiedene Situationen hin, in denen das Kreuzanziehen gefordert wird beziehungsweise in denen man unwillkürlich sein Kreuz anzieht. Kritisch ist diesen praktischen Beispielen freilich die Anmerkung voranzuschicken, daß das Kreuz in den unterschiedlichen Situationen in unterschiedlicher Art und unterschiedlichem Maß angezogen wird, daß die einzelnen Menschen dies auch nicht völlig übereinstimmend tun.

Müseler nannte erstens das Schaukeln, wobei das Kreuz beim Vorschwung angezogen und beim Rückschwung losgelassen wird. Zweitens zieht man das Kreuz an, wenn man mit dem Rücken flach auf dem Boden liegt und dann nur das Gesäß vom Boden hebt. Drittens spannt der das Kreuz an, der vor einem Tisch steht und ein über die Tischkante hinausragendes Buch mit dem Oberschenkel auf den Tisch zurückschiebt. Viertens zieht man das Kreuz an, wenn man vom „normalen" Sitz auf dem Stuhl mit dem Oberschenkel und dem Gesäß nach vorne rutscht. Fünftens kann man einen Hocker oder Papierkorb, auf dem man sitzt, durchs Kreuzanziehen zum Kippen bringen. Daß auch bei der sexuellen Bewegung der untere Teil des Beckens vorgeschoben wird, erwähnen die meisten Reitlehrer nur hinter vorgehaltener Hand.

Die verschiedenen Beispiele bilden keine „graue Theorie". Sie können wirklich helfen, die Bewegung des Kreuzanziehens beziehungsweise Beckenkippens zu lernen. Darüber hinaus ist dem Anfänger zu empfehlen, auf dem stehenden Pferd das Kreuzanziehen zu üben, um allmählich ein Gespür dafür zu gewinnen. Ferner kann die Beobachtung anderer Reiter in diesem Punkte eine wichtige Hilfe sein. Das Ziel der Einübung besteht in einer selbstverständlichen Bewegung, im automatisierten lockeren Mitgehen beziehungsweise der situativen Anspannung des Kreuzes auf der Basis der konstanten Verbindung zum Sattel und zur Verbesserung des gefestigten Sitzes.

Die Hilfen

8. Folge

Hilfen heißen die Einwirkungen, mit denen der Reiter dem Pferd seinen Willen kundtut, mit denen er das Pferd führt beziehungsweise mit denen er sich gegen den Widerstand des Tieres durchsetzt. Die Klaviatur der Hilfen läßt sich freilich nicht wie eine Reihe mechanischer Hebel bedienen. Ein Pferd läßt sich nicht wie ein Schrank schieben und stoßen, nicht wie ein Wagen drücken und ziehen. Mit den Hilfen wendet der Reiter sich an das Pferd als ein komplexes Lebewesen, er spricht es nicht nur in seiner Physis, sondern auch in seiner Psyche an. Insofern „helfen" die Hilfen dem Pferd, den Menschen zu verstehen; sie sind Zeichen, die das Tier lernt und mit denen es bestimmte Reaktionen verbindet – freilich keine beliebigen Zeichen, sondern Reize, die sich am Körperbau und am Verhalten des Pferdes orientieren.

Man unterscheidet allgemein zwischen Schenkel- und Hand- sowie Gewichts-, Gesäß- und Kreuzhilfen. Hinzu kommen Sporen, Gerte und Stimme, die beim feineren Reiter den Sinn haben, die zuvor genannten Hilfen zu unterstützen, sie für das Pferd begreifbar zu machen und zu verfeinern. Im einzelnen wurde über die Schenkel, die Hand und den Sitz schon gesprochen. Dabei ging es in erster Linie um die „Haltung" des Reiters, noch nicht um die Einwirkung aufs Pferd. In diesem Kapitel über die Hilfen kommt es darauf an, die Tätigkeit des Reiters auf dem Pferd zu beschreiben.

Zunächst wird diese Aufgabe allgemein dargestellt, in späteren Folgen wird es darauf ankommen, die unterschiedlichen Hilfen bei den einzelnen Lektionen zu erörtern.

Geduld, Kontrolle und Korrektur

Besondere Schwierigkeit bereitet dem Anfänger die Forderung, die verschiedenen Hilfen nicht separat einzusetzen, sondern die eine stets mit den anderen zu verbinden und sie aufeinander abzustimmen: Das Reitenlernen wäre sehr viel leichter, wenn man bei der Schenkelhilfe das Kreuz und die Hand, bei der Handhilfe die Schenkel und den Sitz, bei der Gewichtshilfe schließlich Hand und Schenkel außer acht lassen dürfte. Die Abstimmung der verschiedenen Hilfen bringt den Anfänger häufig zur Verzweiflung; leicht gewinnt er den Eindruck, dies nie lernen zu können. Geduld, ständige Kontrolle und Korrektur helfen in der Regel weiter, freilich langsam und mühevoll.

Auf einem Pferd zu sitzen, das die Hilfen kennt und versteht, erleichtert den Lernprozeß beträchtlich. Ein Pferd, das „an den Hilfen steht", reagiert prompt und auf leichte Einwirkung. Es bringt dem Reiter ein Erfolgserlebnis und läßt ihn darüber hinaus fühlen, wie er die Hilfe richtig gibt. Ein Pferd, das erst auf grobe Hilfen, das nicht mit dem gewünschten Verhalten oder nicht zuverlässig reagiert, das möglicherweise mit seiner Reaktion der Hilfe schon zuvorkommt, ist nicht geeignet, die Empfindung für die richtige Hilfe zu vermitteln. In der Anfängerabteilung kann es freilich förderlich sein, daß die Pferde schon auf das Kommando des Reitlehrers antraben; derart „dressierte" Pferde können den Neulingen die Aufgabe beträchtlich erleichtern. Der Reitlehrer sollte seine Schüler über diese Art von „Hilfen" allerdings nicht im Unklaren lassen, sollte dann in der weiteren Ausbildung systematisch darauf hinarbeiten, die Schüler unabhängig zu machen von den Hilfen, die die Pferde der Stimme ihres Meisters entnehmen.

Sitz werden Gewichts-, Gesäß- und Kreuzhilfen unterschieden. Wenn das Gewicht des üblicherweise senkrecht sitzenden Körpers nach hinten verlagert wird, beginnt der Körper zu schieben: Es kommt zum sogenannten „treibenden" Sitz, dessen Wirkung umstritten ist und der in seiner Bedeutung vielfach überschätzt wird. Der leicht nach vorne geneigte Körper soll demgegenüber „bremsen". Auf die Problematik dieser Erklärungen, die von technischen Überlegungen an mechanischen Modellen ausgehen und die die Spontaneität wie die Schwerpunktverlagerungen des Pferdes unzureichend berücksichtigen, wird in einer späteren Folge, die sich ausschließlich mit den Gewichtshilfen beschäftigt, näher eingegangen. In aller Kürze sei hier schon gewarnt: Der stark schiebende Sitz bringt in der Regel nicht die erwarteten Vorteile; er führt meist vielmehr zu einer Verfestigung, die das rhythmische Mitschwingen eingrenzt und über den Rücken des Pferdes den Gang stört.

Weniger Umstritten ist die seitliche Gewichtshilfe: In der Wendung die innere Seite durch vermehrten Bügeltritt stärker zu belasten, führt – unter anderem und in Verbindung mit den Hand- und Schenkelhilfen – das Pferd dazu, das veränderte Gleichgewicht dadurch auszugleichen, daß es nach innen geht. Dabei hat der innere Schenkel freilich dafür zu sorgen, daß es sich nicht in die Wendung hineinfallen läßt. Die Gesäßhilfe besteht beim fortgeschrittenen Reiter auf sensibilisiertem Pferd darin, daß er das Pferd die Gesäßknochen stärker spüren läßt und so auf seinen Rücken einwirkt, treibend oder verwahrend.

Dies geschieht beidseitig oder einseitig, und zwar in Verbindung mit der Kreuzhilfe. Das losgelassene Kreuz beziehungsweise Becken fördert durchs Mitschwingen die Vorwärtsbewegung, das angespannte Kreuz wirkt aufnehmend und versammelnd – wiederum nicht separat, sondern in Abstimmung mit der Schenkel- und der Handhilfe.

Der Anfänger ist, wie gesagt, total überfordert, wenn man von ihm in der Reitbahn das gesamte Konzert der Hilfen fordert. Seiner weiteren Ausbildung und der Verfeinerung seiner Hilfen dürfte es aber förderlich sein, wenn er weiß, in welche Richtung der Weg geht.

Unterschiedliche Reaktionen von Mensch und Tier: Das Beispiel des Vaters, der seinen Sohn auf dem Rücken trägt und auf seine Gewichtsverlagerung derart reagiert, daß er das Gleichgewicht durchs Seitwärts-, Vorwärts- oder Rückwärtstreten wiederherzustellen sucht, setzt das Bestreben voraus, das Gewicht auf dem Rücken zu behalten. Gegen die Gleichgewichtserklärung steht bei den Gewichtshilfen die ebenfalls unzureichende mechanische, nach der der Reiter mit seiner Gewichtsverlagerung das Pferd in die verschiedenen Richtungen „schiebt".

Schenkel, Zügel und Gewicht

In dem richtig angewandten Maß von Schenkel- und Zügelhilfen bzw. vortreibenden und verhaltenden Hilfen, die sich ergänzen müssen, liegt die Kunst des Reitens, das Pferd „auszubalancieren". Der Reiter vergesse aber nie, daß die vortreibenden Hilfen immer vorherrschen müssen; auch fleißige Pferde müssen genügend mit vertreibenden Hilfen geritten werden. Die Schenkelhilfen sollen stets nur aus dem leicht anliegenden (nicht angepreßten) Schenkel gegeben werden. Die Schenkel des Reiters sollen in ruhiger, steter Verbindung mit dem Pferdeleibe sein; je ruhiger der Schenkel, desto feinfühliger kann man das Pferd stimmen. Klopfen mit den Schenkeln ist unnötig und häßlich, nervöse Pferde werden unruhig im Gang und faule Pferde werden noch stumpfer und unempfindlicher dadurch. Je nach Lage des Schenkels wirkt derselbe seitwärtstreibend, verwahrend oder vortreibend. In der korrekten Lage am Gurt wirkt er vortreibend; um eine seitwärtstreibende oder verwahrende Wirkung zu erzielen, ist er etwas weiter rückwärts anzusetzen, doch darf der Unterschied kaum mehr als eine Handbreite sein. Die Stärke des Schenkeldrucks bewirkt entweder eine seitlichtreibende oder verwahrende Wirkung. Reagiert das Pferd nicht genügend auf die gleichmäßig aus anliegendem Schenkel gegebenen Hilfen, so ist es durch Anwendung des Sporns empfindlich zu stimmen.

Bei nicht zu häufiger, wenn es sein muß, energischer Anwendung des Sporns wird nach ganz kurzer Zeit das Pferd auf die Schenkelhilfen genügend reagieren. Jeder Reiter soll sich immer vor Augen halten, daß er sich nie verleiten läßt, Schenkel- oder gar Sporenhilfen im Zorn zu geben. Eine mit Überlegung gegebene Strafe ist viel wirksamer und macht das Pferd nicht unwillig. Eine ganz leichte Spornhilfe wird zur verstärkten Entfaltung der Energie des Pferdes, zur Aufforderung, zum stärkeren und schwungvolleren Abfedern der Hinterhand angewandt. Als Strafe nur im äußersten Notfalle. Je besser ein Reiter ist, desto weniger wird er der Sporen bedürfen, um sein Pferd am Schenkel empfindlich und willig zu erhalten. Man hüte sich vor zu scharfen Sporen, sie machen das Pferd nur unwillig und kitzelig.

Mitgehen oder Eingehen

Die Schenkelhilfen werden stets von den Gewichtshilfen unterstützt. Die Bezeichnung „Gewichtshilfen" gibt leicht zu Mißverständnissen Anlaß. Als Gewichtshilfe ist lediglich ein stärkeres Anziehen vom Kreuz des Reiters bzw. entsprechendes Mitgehen oder Eingehen in die Bewegung des Pferdes zu bezeichnen. Je ruhiger und geschmeidiger der Oberkörper gehalten wird, desto besser reagiert das Pferd auf alle Hilfen. Lediglich eine vermehrte Belastung des betreffenden Gesäßknochens ist auch als Gewichtshilfe zu bezeichnen. In der Hüfte einzuknicken ist ein grober Fehler.

Zügelhilfen: Bei diesen unterscheidet man die aushaltenden, die rückwirkenden und die nachlassenden Zügelhilfen.

Die „aushaltenden" müssen absolut nur ein Entgegenhalten ohne jede zurückziehende Wirkung sein.

Die „rückwirkenden" haben durch ein stärker angezogenes Kreuz des Reiters und stärkeren Zügelanzug durch Handgelenk und Unterarm bei geschlossenem Oberarm auf das Kreuz des Pferdes einzuwirken. Die „nachlassenden" sollen dem Pferde durch ein Leichterwerden der Hand mehr Freiheit geben.

Die Zügelhilfen dürfen nie die stete, gleichmäßige Anlehnung, die elastische Verbindung zwischen Hand und Pferdemaul, stören. Der Reiter hüte sich davor, durch Zügelhilfen den Gang des Pferdes unterstützen zu wollen; daraus entstehen immer nur Scheinerfolge. Schenkel- und Kreuzhilfen müssen immer vorherrschen. Das Pferd muß sich allein tragen lernen und darf nur im wahrsten Sinne des Wortes geführt und nicht gezogen werden. Die Hände dicht zusammengehalten, in korrekter Haltung, bei weichem Handgelenk und angespanntem Kreuz werden es ermöglichen, die Zügelhilfen auf die Führung und das Regulieren der Tempi zu beschränken; alles weitere ist von Übel. Niemals darf der Reiter durch seitliches Hinüberdrücken der Hand das Pferd wenden wollen; die Hand muß immer auf ihrer Seite einwirken, aber nie versuchen, durch eine kreuzweise Führung über den Widerrist die andere Hand zu unterstützen. Sämtliche Zügelhilfen können nur von vor- nach rückwärts und aufwärts oder umgekehrt wirken, aber nie seitwärts. Strafweise oder als ermahnende Unterstützung können noch „Arrêts" (kurze energische Zügelanzüge) angewendet werden, falls Pferde eine zu starke Stütze in der Hand suchen. Diese Arrêts sollen so selten wie möglich gebraucht und dürfen nur aus einer Anlehnung heraus gegeben werden, also nicht aus einem herunterhängenden Zügel, denn das wäre nur ein Reißen im Maul. Nach erfolgtem Arrêt ist die Hand wieder in die frühere Lage zurückzubringen und die weiche stete Anlehnung anzustreben. Wie gesagt, sich Arrêts nur Strafmittel ebenso wie Spornstiche und daher nur selten anzuwenden. Der Reiter muß durch geschickte Einteilung seiner Schenkel-, Kreuz- und Zügelhilfen das Pferd ohne Strafen ins Gleichgewicht bringen können.

R. L. Wätjen,
Das Dressurreiten. 1955

Gewichtshilfen

9. Folge

Auf die reiterlichen Hilfen wurde in den bisherigen Beiträgen bereits eingegangen; der Sitz wurde behandelt, über die Hand und den Schenkel wurde gesprochen. In erster Linie ging es bisher darum, den „richtigen" Sitz darzustellen und die „richtige" Position der Hand wie die „richtige" Lage des Schenkels deutlich zu machen. Sitz, Hand und Schenkel erschienen weitgehend als statische Gegebenheiten.

Richtiger Sitz: Statik & Dynamik

Zeitweise wurde der Eindruck erweckt, als sei der „richtige" Sitz ein feststehendes Ziel, charakterisiert durch bestimmte Haltungen der einzelnen Körperteile des Reiters. In Wirklichkeit handelt es sich beim „richtigen" Sitz, der „richtigen" Position der Hand und der „richtigen" Lage des Schenkels nicht um konstante und statische Gegebenheiten, sondern um etwas Dynamisches. Das heißt: eher um einen Prozeß als um eine feste Form. Gerade aus diesem Grunde ist es so gefährlich, den „richtigen" Sitz im Bild darzustellen. Zu leicht orientiert der Betrachter sich am „Richtigen"; er versucht, es nachzuahmen, bringt Arme, Beine und Oberkörper verkrampft in die „richtige" Position. Schließlich sitzt er wie eine Gliederpuppe, die nicht in der Lage ist, auf die Bewegungen des Pferdes einzugehen und dem Pferd je nach dem Erfordernis der Situation zu „helfen". In Wirklichkeit wird der Sitz erst dann „richtig", wenn der Reiter in der Lage ist, bei unterschiedlichen Gegebenheiten und Anforderungen harmonisch „am" Pferd zu sitzen, seine Position fließend zu verändern und mit seinen Hilfen so aufs Pferd einzuwirken, daß kein Bruch entsteht, der Reiter vielmehr in ähnlicher Weise wie das Pferd ein „Fließgleichgewicht" darstellt. Der Bruch im Sitz und in der Einwirkung des Reiters ist nicht in erster Linie ein optisches Problem, er führt vielmehr zu Gleichgewichtsstörungen beziehungsweise zu Störungen des Bewegungsablaufs.

Das Gleichgewicht

Diese generellen Anforderungen treffen in besonderem Maße auf die Gewichtshilfen zu. Steinbrecht definierte in seinem „Gymnasium des Pferdes" die Gewichtshilfen dadurch, daß er die Körperhaltung, bei der der Schwerpunkt des Reiters mit dem des Pferdes in Übereinstimmung ist, als normal ansah und alle Abweichungen von diesem Zustand als Fehler im Sitz oder als beabsichtigte Hilfen verstand. Diese Abgrenzung ist insofern nicht unproblematisch, weil der Reiter bei manchen Hilfen, ja eigentlich bei der Mehrzahl der Hilfen, seinen Schwerpunkt in Übereinstimmung mit dem des Pferdes bringt bzw. hält. Wahrscheinlich interpretierte Steinbrecht gerade die Gewichtshilfen zu deutlich als aktive Maßnahmen, mit denen der Reiter eine bestimmte Fehlhaltung des Pferdes korrigiert. Er berücksichtigte wahrscheinlich zu wenig die Hilfen, die darin bestehen, daß der Reiter Störungen oder Belästigungen des Pferdes vermeidet.

Vielfach werden Gewichtshilfen im Steinbrechtschen Sinne aufgefaßt, das heißt als Maßnahmen, in denen der Reiter das Gleichgewicht mit dem Pferd aufgibt, um beim Pferd damit bestimmte Erfolge zu erzielen. Diese Einschränkung der Gewichtshilfen übersieht, daß die wichtigste Hilfe des Reiters fürs Pferd in dem Bemühen besteht, das Gleichgewicht mit dem Pferd erst gar nicht aufzuheben.

Das Verlassen des Gleichgewichts

Die als Verlassen des Gleichgewichts verstandene Hilfe ist generell theoretisch und praktisch nicht problemlos. Sie wird meist aufgrund von technischen Überlegungen an statischen Modellen erklärt. Aus solchen Überlegungen wird dann insbesondere die Funktion und Bedeutung des „treibenden Sitzes" verständlich gemacht. Vor solchen fast schon leichtfertig übernommenen Modellen ist nachdrücklich zu warnen, nicht zuletzt deshalb, weil sie meist von statischen Gegebenheiten ausgehen und nicht oder nur unzureichend berücksichtigen, daß das Pferd in der Bewegung wie der Mensch auf seinem Rücken dynamische Prozesse darstellen. Das Bild vom vierrädrigen Wagen, der auf einer Ebene steht und durch ein schräg auf ihn wirkendes Gewicht zum Vorwärtsrollen gebracht wird, ist auf den ersten Blick einleuchtend, aber eben nur insoweit, als man mit statischen Kräften rechnet, im Wagen kein spontanes Lebewesen sieht und das auf ihn wirkende Gewicht als tote Kraft versteht. Genau dieses Beispiel wird aber immer wieder vorgebracht, um den „treibenden Sitz" zu erklären; genau dieses Beispiel – es findet sich unter anderem in der renommierten Reitlehre Müselers – veranlaßt Reiter immer wieder zur extremen Rücklage im starken Trab. Glücklicherweise fragen sich die meisten Reiter, die dieser Erklärung folgen, nicht, wie weit sie sich eigentlich zurücklegen müssen, um extremen oder optimalen Schubeffekt zu erzielen.

Gewichtsverteilung des Oberkörpers

Bei Steinbrecht findet sich die mechanische Erklärung ebenfalls: Er sah in der richtigen Gewichtsverteilung des Oberkörpers die „unentbehrlichste Unterstützung aller Hilfen" und schrieb: „Im allgemeinen muß für diese Unter-

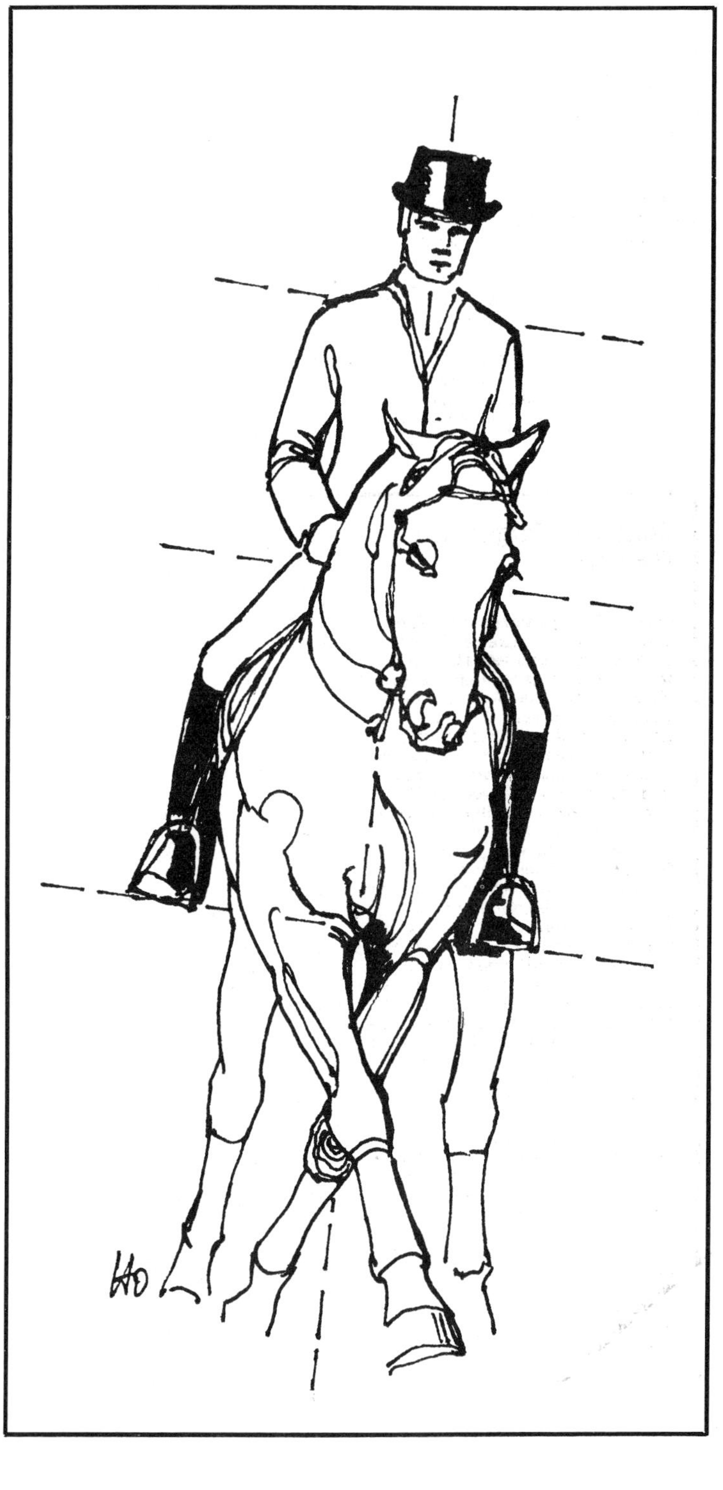

stützung der vortreibenden und verhaltenden Hilfen durch Gewichtsverteilung der Grundsatz gelten, daß das Zurücklegen des Körpergewichts gleichsam vorwärtsschiebend, Vorneigen dagegen hemmend auf den Gang einwirkt, ähnlich wie der Equilibrist beim Kugellauf die Kugel unter sich um so schneller vorwärts treibt, je mehr er sein Gewicht zurückhält und sie zur Rückwärtsbewegung bringt, sobald er es von vorn auf die Kugel wirken läßt. Diesen Grundsatz finden wir auch in der Praxis bestätigt, denn das heftige Pferd wird durch die vorgeneigte Körperhaltung beruhigt und das träge oder sich verhaltende durch Hilfen mit kräftiger Richtung nach hinten vorwärts getrieben. Das heftige würde durch den zurückgeneigten Sitz zum Durchgehen, das träge durch den Spaltsitz zur Widersetzlichkeit auf der Stelle und zum Rückwärtskriechen veranlaßt werden."

Wagen und Kugel

Der Vergleich mit dem Wagen und der Kugel hinkt deshalb so sehr, weil das Pferd sich in einem wichtigen Punkt vom Wagen und der Kugel unterscheidet. Erstens ist es ein Lebewesen, das sich aus Eigenantrieb spontan bewegt und nicht nur mechanisch reagiert. Vor allem aber ist es ein Lebewesen, das seinen Schwerpunkt in der Bewegung nach vorne oder hinten beziehungsweise nach rechts oder links verlagert, und zwar so, daß der Reiter darauf reagieren muß, wenn er im Gleichgewicht mit dem Pferd bleiben will.

Es gibt ein zweites Erklärungsmodell für die Gewichtshilfen, die in einem Verlassen des Gleichgewichts bestehen. Dieses Modell wird vor allem bei der Erklärung des „richtigen" Sitzes bei der Traversale als Argument vorgebracht. Man sagt, der Reiter sitze innen, das heißt, er verlagere seinen Schwerpunkt nach innen neben den des Pferdes, um dadurch das Pferd zu animieren, das Gleichgewicht wiederherzustellen und nach innen zu treten, quasi dem verlorengegangenen Schwerpunkt des Reiters hinterherzulaufen.

Das Erklärungsmodell des treibenden Sitzes einerseits und das der Gleichgewichtskorrektur durchs Pferd andererseits sind tendenziell widersprüchlich. Würde man das für den treibenden Sitz zu Rate gezogene mechanische Modell auch bei der Traversale anwenden, dann müßte der Reiter nach außen sitzen und von dort das Pferd nach innen schieben. Würde man demgegenüber das Interpretationsmodell „Gleichgewichtskorrektur" auf den starken Trab anwenden, dann müßte der Reiter sich nach vorne legen, um dadurch das Pferd zu animieren, unter den vorverlagerten Schwerpunkt zu treten, das heißt von sich aus vorwärtszugehen.

Innensitz in der Traversale

Aus dieser Gegenüberstellung dürfte deutlich werden, daß die genannten Erklärungen nur Scheinlösungen darstellen und nicht das vielfältige Zusammenspiel des ganzen Verlaufs erklären. Auch im Sinne der traditionellen abendländischen Reitauffassung führt es weiter, auf die mechanischen Modelle zu verzichten oder sie zurückzustellen hinter das Verständnis der Gewichtshilfen als reiterlicher Maßnahme mit dem Zweck, das Gleichgewicht mit dem Pferd zu erhalten oder wieder herzustellen.

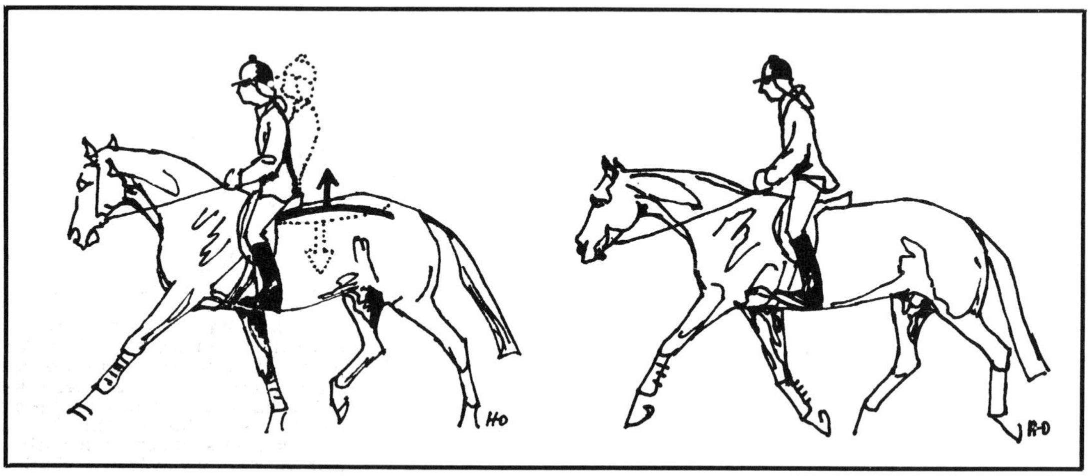

Die Entlastung des Rückens, vor allem in seinem hinteren Teil und beim Leichttraben, erleichtert dem Pferd Losgelassenheit und Schwingen (oben).

Wenn der Anfänger den Begriff „Gewichtshilfen" hört, denkt er meist an den „treibenden Sitz". Das falsch verstandene „Schieben" bringt allerdings nur kurzzeitige Scheinerfolge (unten).

Der „Innensitz" in der Traversale hängt mit der Biegung des Pferdes zusammen. Die Theorie, das Pferd dazu zu veranlassen, unter den seitlich verschobenen Schwerpunkt zu treten, ist problematisch und steht auch in Widerspruch zur Gewichtshilfe beim falsch verstandenen „treibenden Sitz" (S. 27).

Der Erklärungsansatz „Erhaltung des Gleichgewichts" trifft auch für den Innensitz in der Traversale zu: Aufgrund der Biegung des Pferdes und der dadurch bedingten Schwerpunktverlagerung erhält man das Gleichgewicht erst durch die Verlagerung des Gewichts nach innen, ein Vorgang, der beim gut gerittenen, innen nachgebenden Pferd sich automatisch vollzieht, während das innen steife Pferd unter anderem dadurch gekennzeichnet ist, daß es einen nach außen schiebt oder wirft. Der Gleichgewichtssitz in der Traversale entspricht dem Sitz auf gebogenen Linien, bei dem das innere Hinterbein vermehrt Last aufnimmt.

Der Erklärungssatz „Erhaltung des Gleichgewichts" trifft endlich auch für den senkrechten Sitz in der Trabverstärkung zu, allerdings nur für einen starken Trab, der aus der gesenkten Hinterhand und dem weit unters Pferd greifenden Hinterbein entwickelt wird, das heißt für den starken Trab des ausgebildeten Dressurpferdes. Bei der Remonte, die auf der Vorhand läuft, sitzt man erst bei leichtem Vorneigen des Oberkörpers im Gleichgewicht.

Verfestigungen und Scheinerfolge

Gegen die als Verlassen des Gleichgewichts verstandene Gewichtshilfe spricht vor allem der Umstand, daß eine solche Hilfe – aufgrund der Tendenz, sich festzuklemmen und zu „schieben" – meist zu Verfestigungen im Oberkörper und im Oberschenkel führt, daß derart das Mitschwingen des Reiters eingeschränkt und das Pferd gestört wird. Solche Verfestigungen sind unter anderem deshalb so gefährlich und verführerisch, weil sie zunächst einmal Scheinerfolge bringen; weil sich der Reiter unbemerkt dann auch vom Pferd immer mehr Einsatz abverlangen läßt, sobald er den ersten Schritt auf diesem Weg getan hat.

Einen wichtigen vielfach nicht hinreichend gewürdigten Faktor bei den sogenannten Gewichtshilfen bildet der Rücken des Pferdes, das heißt die Art seiner Belastung und die damit zusammenhängende Möglichkeit zu schwingen. Sich beim jungen Pferd in der Trabverstärkung – sofern man diese mit ihm überhaupt reitet – etwas nach vorne zu neigen, beinhaltet nicht nur die Wiederherstellung beziehungsweise Erhaltung des Gleichgewichts; darüber hinaus wird es der Remonte derart ermöglicht, den vom Reitergewicht weniger stark belasteten Rücken leichter zum Schwingen zu bringen. Ähnlich verhält man sich beim ausgebildeten Pferd, wenn man ihm zu Anfang der Stunde beim Leichttraben nicht sein ganzes Gewicht hinten in den Sattel bringt, sondern ihm den hinteren Teil des Rükkens entlastet.

Diese Zusammenhänge sind auch von besonderer Bedeutung beim Aufnehmen und Versammeln des Pferdes, das im Stadium optimaler Durchlässigkeit schon dadurch erzielt wird, daß der Reiter seinen Oberkörper senkrecht postiert, sich stärker auf die Gesäßknochen setzt und dadurch sein Gewicht weiter in den hinteren Teil des Sattels und damit auch weiter nach hinten auf dem Rücken des Pferdes verlagert. Die Entlastung des Rückens durch den etwas nach vorne geneigten Sitz kann auch bei allzu eilig vorwärtsdrängenden Pferden hilfreich sein, und zwar auf dem Wege, daß die Entlastung es den Eiligen erleichtert, ihren Rücken loszulassen, die Bewegungen ihrer Beine mit dem Schwingen des Rückens zu koordinieren und derart ruhiger zu werden.

Die Entlastung des Rückens spielt eine ausschlaggebende Rolle beim Vorwärtssitz der Jockeis; hier geht die Entlastung und Befreiung – sie ermöglicht den weiten Vorgriff der Hinterbeine – vielfach sogar so weit, daß der Jockei nicht mehr im Gleichgewicht, sondern vor dem des Pferdes sitzt, allerdings über den das Pferd tragenden Vorderbeinen. Für die ungehinderte und sichere Tempoentfaltung ist neben der maximalen Entfaltung der Schubkraft bei entlastetem Rücken die stabile Lagerung des Reitergewichts über den als Abstützung zu verstehenden Vorderbeinen wichtig. Der Jockeisitz läßt sich meines Erachtens nicht damit erklären, daß die Vollblüter versuchen, das gemeinsame Gleichgewicht dadurch wieder herzustellen, daß sie verstärkt vorwärtsspringen.

Der „leichte Sitz" hat den Sinn, den Rücken zu entlasten und dem Pferd das weite Vorschwingen der Hinterbeine zu erleichtern. Im Extrem wird dieses Prinzip beim Rennsitz verfolgt. Die Jockeis schweben quasi über dem Pferd, ihr ohnehin leichtes Gewicht verteilt sich über die gesamte Sattelfläche (oben).

Ähnliches wie beim Jockeisitz läßt sich für den hierzulande propagierten Jagdsitz feststellen. Dazu muß man allerdings anmerken, daß viele Reiter im leichten Sitz sich vor allem bei mittleren Tempi zu weit nach vorne legen, daß sie dem Jockeisitz zu nahe kommen, obwohl der Bewegungsablauf ihres Pferdes sich beträchtlich von dem eines Vollblüters im Rennen unterscheidet. Der leichte Sitz, bei dem der Reiter zu weit nach vorne sitzt, sich nicht mit federndem Kniegelenk ausbalanciert, sondern auf dem Hals des Pferdes abstützt, stellt für das Pferd eine ähnliche Belastung und Störung dar, wie der entgegengesetzte Fehler, nämlich hinter der Bewegung zu sitzen. Steinbrecht formulierte in diesem Sinne, „daß der Jagdreiter seinen Zweck nur dann erreicht, wenn er nicht nur durch richtiges Gefühl seinen Schwerpunkt mit dem des Pferdes genau in Übereinstimmung bringt, sondern diesem auch durch die volle Anlehnung eine sichere Stütze für das Übergewicht nach vorn gewährt, gegen die es gleichzeitig die Schubkraft seiner Hinterbeine besser wirken lassen kann".

Seitliche Gewichtsverlagerung

Der Erklärungsansatz „Erhaltung oder Wiederherstellung des Gleichgewichts" trifft, wie gesagt, auch für die seitliche Gewichtsverlagerung zu, bei der Arbeit auf gebogenen Linien wie im Galopp. Mit der Biegung und der vermehrten Gewichtsaufnahme durchs innere Hinterbein geht eine minimale Senkung und ein weitergehendes Nachgeben der inneren Rückenpartie einher, und zwar gerade dann, wenn die Pferde bei der Wendung auf einem Hufschlag bleiben und man ihnen nicht gestattet, sich der Gewichtsaufnahme dadurch zu entziehen, daß sie nach außen ausfallen oder sich in die Wendung hineinwerfen.

Die minimale Gewichtsverlagerung nach innen wird durchs Vorschieben und Senken der inneren Hüfte wie durchs vermehrte Durchtreten des inneren Bügels erreicht. Dabei muß der Oberkörper gerade bleiben. Der Reiter darf vor allem nicht in den häufigen Fehler verfallen, in der Hüfte abzuknicken. Dieses Abknicken kann man beim unsicheren Anfänger in den Ecken oder auf dem Zirkel beobachten, beim Fortgeschrittenen dann wieder in den Traversalen. Bei solchem Einknicken des Oberkörpers wird nicht der innere, sondern der äußere Gesäßknochen stärker belastet.

Für die beschriebenen Gewichtshilfen ist es ausschlaggebend, daß sie nicht wie abrupt mechanische Positionsveränderungen, sondern in fließenden Übergängen verlaufen, darüber hinaus in Verbindung mit korrespondierenden Hand- und Schenkelhilfen: Die stärkere Belastung des inneren Gesäßknochens bringt nicht den erwünschten Effekt, wenn ihr nicht ein vermehrt treibender innerer Schenkel sowie der verwahrende äußere Schenkel und der begrenzende äußere Zügel entsprechen.

Am Sattel bleiben

Der Komplex des Mitschwingens ist besonders wichtig für den sogenannten treibenden Sitz beziehungsweise das „Kreuzanziehen", das heißt für die Kippbewegung des Beckens, bei der das Gewicht vom Spalt vermehrt aufs Gesäß verlagert wird. Bei diesem Vor-

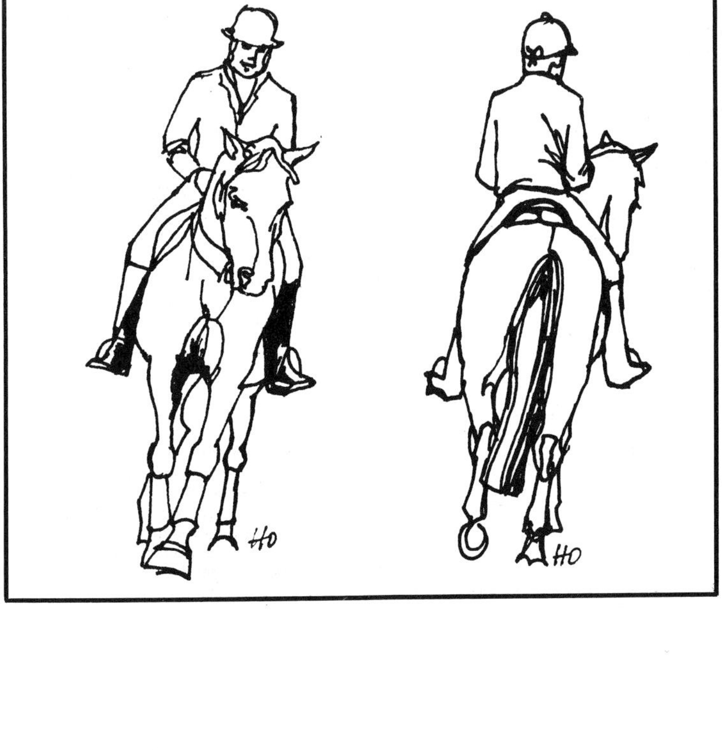

Das Prinzip der seitlichen Gewichtsverlagerung besteht darin, mit dem Pferd im Gleichgewicht zu bleiben (unten links). In der Wendung wird man leicht dazu veranlaßt, in der Hüfte einzuknikken. Das führt dazu, seinen Schwerpunkt nach außen zu verlagern und heißt die Übereinstimmung mit dem des Pferdes zu verlieren (unten rechts). Schematisch sind – Illustrationen Seite 30 – folgende Möglichkeiten zu unterscheiden: 1. korrekter Sitz, 2. bei geradem Sitz Gewichtsverlagerung nach außen, 3. Gewichtsverlagerung nach außen bei eingeknickter Hüfte.

gang muß der Reiter am Sattel bleiben, und weiterhin in die Bewegung des Pferdes eingehen; dies kann er nur, wenn er weder nach hinten noch nach vorne überkippt, auch nur dann, wenn sein Gesäß fest am Sattel bleibt und sich nicht nach vorne schiebt. Durch die vermehrte Belastung der Gesäßknochen wird die Schwingung des Rückens eingegrenzt und derart das Pferd „aufgenommen". Dies gelingt harmonisch nur dann, wenn der Reiter in die veränderte Bewegung eingeht, die Verkürzung der Schwingung mitmacht und nicht vom vorangegangenen Mitgehen in eine Versteifung verfällt.

Antraben und ganze Parade

Die Gleichgewichtsprobleme in der Bewegung lassen sich, wie erörtert, durch statische Modelle kaum erklären und vor Augen führen. Worum es hier geht, wird einem nur in Andeutungen klar durch Erfahrungen in der anfahrenden oder bremsenden Straßenbahn, in der man bei den Tempoveränderungen meist nicht im Gleichgewicht bleibt, sondern aus dem Gleichgewicht herausfällt und auf diese labile Situation mit Kompensationsbewegungen reagiert. Ähnliches Vor- und Zurückfallen wie in der Straßenbahn läßt sich beim Antraben aus dem Stand oder bei der ganzen Parade aus dem Galopp häufig beobachten. Gewisse Veränderungen des Gleichgewichts können einem auch klarwerden, wenn man ein Kind auf den Schultern trägt und auf seine Gewichtsverlagerungen reagiert. Man sollte sich freilich davor hüten, die Bewegungen und Reaktionen des Pferdes mit den eigenen gleichzusetzen.

Verfeinerung als Fortschritt

Beim fortgeschrittenen Reiter wie beim fortgeschrittenen Pferd werden die Gewichtshilfen verfeinert und automatisiert, für den Laien sind sie kaum sichtbar. Dies trifft auf die Hilfen, mit denen das Tempo gesteigert wird, ebenso zu wie auf die Hilfen, mit denen die Versammlung gefördert wird, auf die halben Paraden ebenso wie auf die ganzen. Deutlich erkennbar sind für den Außenstehenden meist nur die Gewichtshilfen, bei denen der Reiter die Übereinstimmung mit dem Schwerpunkt des Pferdes und seinen Gleichgewichtssitz vorübergehend aufgibt.

Das Ziel der Ausbildung besteht in einer Sensibilisierung des Pferdes auf immer feinere Hilfen. Diese Sensibilisierung hat auch zum Ziel, daß das Pferd die vom Reiter unbewußt angewandten Hilfen befolgt, daß es erstens intensiver Einwirkung nicht mehr bedarf und darüber hinaus einzelne Hilfen aus dem gesamten Repertoire der Hilfen schon ausreichen, um die gewünschte Reaktion zu erwirken. In diesem Sinne kann die vermehrte Gewichtsverlagerung schon ausreichend sein für die Wendung oder fürs Angaloppieren; sie bleibt dies allerdings nur auf eine gewisse Dauer. Verzichtet man zum Beispiel auf korrespondierende Zügel- und Schenkelhilfen, dann wird das Pferd sich bald durch Ausfallen der Hinterhand oder der Schulter oder durchs Hineinfallen in die Wendung entlasten.

Streben nach Harmonie?

Steinbrecht schilderte das sensibilisierte Pferd mit den folgenden Sätzen: „Das durchgebildete Pferd wird durch den stetigen, feinen Gleichgewichtssitz seines Reiters so empfänglich für die Hilfe der Gewichtsverlagerung, daß es fast schon dadurch allein in seinen Schulen zu erhalten ist, weil es in dem Bestreben, mit seinem Reiter in Harmonie zu bleiben, unwillkürlich der Richtung folgt, die dieser durch seine Haltung andeutet. Solche Pferde sind dann lebende Kunstwerke, durch deren Erfühlen der Schüler sich den feinen Reitertakt und den vollkommen ungezwungenen, schönen Sitz aneignen kann, und auf denen er diejenige geniale Auffassung von der Reitkunst gewinnen wird, die einer so schönen Wissenschaft und Kunst würdig ist."
Problematisch ist an diesen Sätzen Steinbrechts freilich die Annahme, das Pferd folge dem Reiter aufgrund seines Bestrebens, mit ihm in Harmonie zu bleiben. Die andere, hier geäußerte Interpretation besteht darin, daß das Pferd bestimmte Hilfen zu verstehen gelernt hat und daß im Zuge der Ausbildung und Automatisierung der bedingten Reflexe schon ein Teil der Reize ausreicht, um das Gesamt der Reaktionen erfolgen zu lassen.

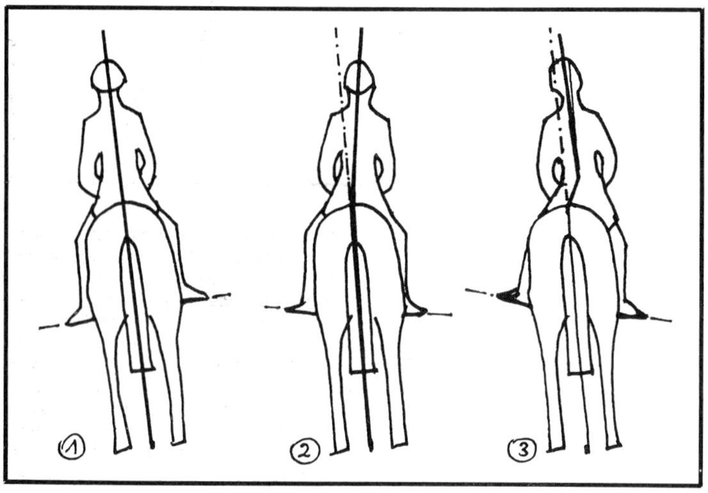

Gegenstand großer Irrtümer

Wie viele andere Punkte der Reitkunst, so ist auch der Sitz des Reiters der Gegenstand großer Irrthümer von Seiten mancher und selbst der neuesten Schriftsteller gewesen, welche über Reiterei geschrieben haben. Einer der bekanntesten z.B., dessen Schrift 1826 erschien, drückt sich, um den Sitz anzugeben, wie folgt aus:
„Der Reiter, welcher sich zu halten weiß, ohne den verschiedenen Bewegungen entgegenzuwirken, welche er sein Pferd ausführen lassen will, welcher sich so zu setzen versteht, daß ein bei seinen Uebungen freies Pferd mit Leichtigkeit gehorche; ein solcher könnte sich einen ausgezeichneten Stallmeister nennen, wie auch sein Sitz und die Mittel wären, welche er anwendet, um dem Pferde seine Mittel anzudeuten."
Entweder drückt sich dieser Schriftsteller falsch aus oder er irrt sich. Wenn er ganz einfach zu den Schülern sagen will, daß die Fähigkeit des Stallmeisters darin bestehe, sich in den Sitz zu versetzen, durch den er sein Pferd gut zu führen vermag, welches dieser Sitz auch sein möge, so ist dies das, was jeder gleich von Hause aus weiß und es wäre nicht der Mühe werth gewesen dies erst zu sagen. Will er aber sagen, daß man dieses Ziel mit jedem möglichen Sitz erreichen könne, so ist er im Irrthum. Zwar bin ich weit entfernt behaupten zu wollen, daß ein vollständig schulmäßiger Sitz unerläßlich sei, um ein Pferd zu gebrauchen, indeß habe ich gefunden, daß Männer mit dem besten Sitz auch die besten Stallmeister waren und daß es einer guten Haltung bedürfe, um sich seiner Hülfen geschickt und graciös zu bedienen. Wenn man eine solche Freiheit gestattet, sollte man da nicht zu befürchten haben, daß der Schüler sie mißbrauche? Glaubt man außerdem, daß es mehrere Arten von Sitz gebe, welche geeignet seien, jenes vortreffliche Gefühl in alle Theile zu bringen, welche den Sitz ausmachen? Es ist bewiesen, daß eine richtige Lage der Gesäßknochen und Oberschenkel unerläßlich sei, um den Sattel an so vielen Punkten als möglich zu berühren; um aber das Resultat zu erreichen, welches der Autor der eben citirten Grundsätze vorschreibt, wird der Schüler genöthigt sein, eine Menge falscher Arten von Sitz erst durchzumachen, welche sehr leicht zu vermeiden gewesen wären, wenn man ihm gleich den richtigen gezeigt hätte.

Biegsamkeit und Steifung

Festes Kreuz und herabfallende Schultern, das sind große Schwierigkeiten für einen Schüler. Läßt er die Schultern fallen, so wird das Kreuz nachgiebig und giebt er diesem die nöthige Haltung, so wird er die Schultern steifen. Wie übersteigt man diese Hindernisse? Indem man ihm diese Details in wenigen Worten mittheilt: Den untern Theil des Kreuzes (les reins) biegen. Nur durch wiederholte Biegung dieses Theils wird man dem Oberleibe die richtige Stellung geben. Man sieht den Einfluß dieser Bewegung leicht ein, denn da das Kreuz den Schultern als Basis dient, so werden diese den nöthigen Grad von Weiche nur in dem Grade erlangen, als sie sich, so zu sagen, auf das Kreuz in Bezug auf die Festigkeit des Sitzes verlassen können.
Ist das Kreuz im beständigen Zustande der Steifung, so werden alle Stöße auf den Reiter zurückwirken, sein Gleichgewicht in Unordnung bringen und ihn zwingen alle andern Theile des Körpers anzuwenden, um es wiederherzustellen; wenn man sich dagegen durch zur rechten Zeit angebrachte und oft wiederholte Biegungen daran gewöhnt, der Bewegung des Pferdes zu folgen, so wird man den andern Muskeln die ganze Weiche und wünschenswerthe Freiheit lassen. Um dies aber zu erreichen, muß die Biegsamkeit des Rückens die Steifung zerstört haben, welche alle Stöße fühlbar, den Sitz also unsicher macht. Da man aber nicht gleich das erstemal dahin gelangen kann, so wird natürlich vieles Hin- und Herschwanken im Sattel die Folge sein, indeß liegt darin weder etwas Entmuthigendes noch Gefährliches. Der Schüler muß schwanken, um fest sitzen zu lernen. Gerade durch das fortwährende Hin- und Hergeworfenwerden der später unbeweglich sein sollenden Theile, giebt man ihnen die richtige Anwendung der Kraft, aus der die innige Verbindung beider Körper entstehen wird. Dies wird dem Reiter gestatten, schnell unter seinen verschiedenen Kräften diejenigen, welche ihn gegen die heftigen Bewegungen des Pferdes schützen, von denen zu unterscheiden, welche es lenken sollen.

F. Baucher, Wörterbuch der Reitkunst. 1844

Eisen oder Bambus

Man trifft in der Literatur auf die Redewendung, daß der Reiter ein „eisernes" Kreuz notwendig hätte, um sein Pferd durch's Genick treiben zu können. Stählernes Kreuz käme dem Materialvergleich schon näher, klingt versöhnlicher. Aber beides hinterläßt den Eindruck von harter Gewaltausübung. Bambus wäre viel besser.

Dr. Udo Bürger,
Vollendete Reitkunst. 1959

In der 6. Folge wurde über den Schenkel schon gesprochen, in erster Linie über seine Lage, nur in zweiter Linie über seine Funktionen, die näher erörtert werden sollen. Wie bei allen Hilfen ist auch hier wieder daran zu erinnern, daß die separate Einwirkung mit dem Schenkel nur in ganz seltenen Fällen die „richtige" Hilfe darstellt, in der Regel ist jede Hilfe Teil des Zusammenwirkens der verschiedenen Hilfen, Teil des „Konzerts" der Hilfen.

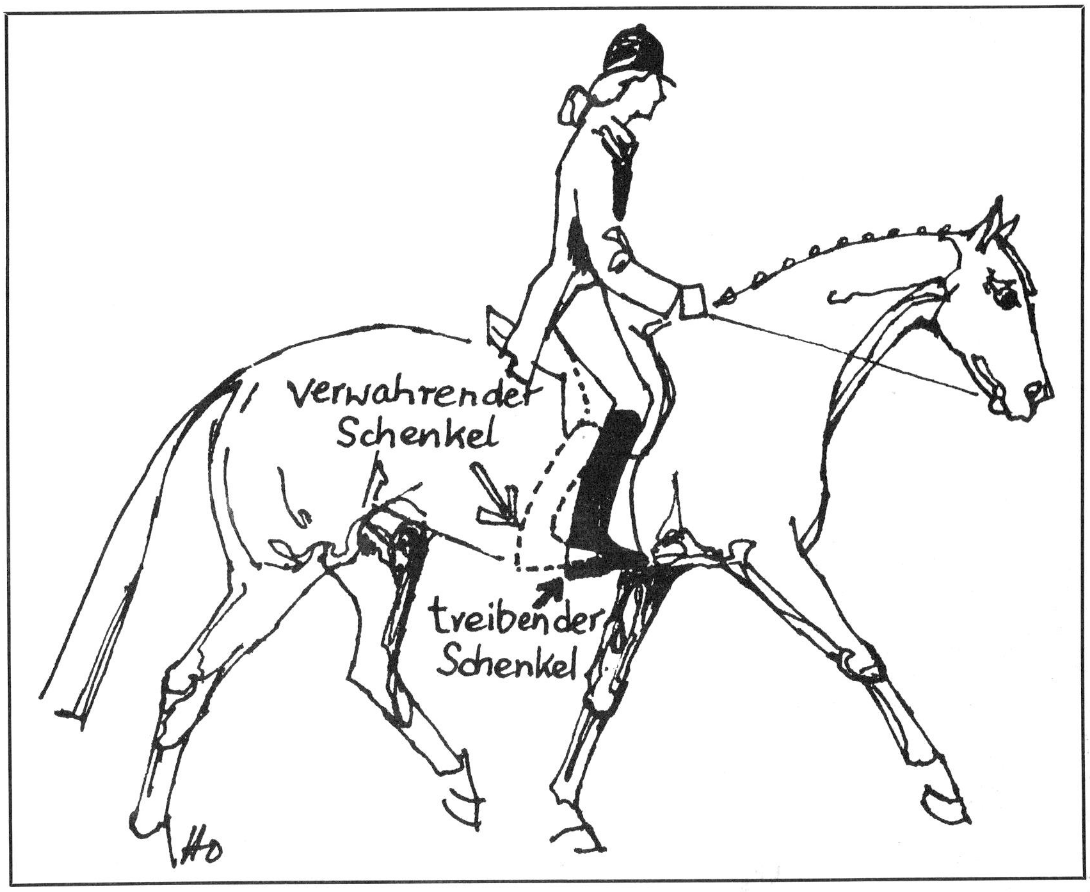

10. Folge

Die Schenkelhilfe

Man kann dieses Prinzip nicht oft genug betonen, gerade angesichts des Umstandes, daß es dem Anfänger wie dem Fortgeschrittenen immer wieder schwerfällt, die verschiedenen Hilfen aufeinander abzustimmen. Vielen Anfängern erscheint es sogar als eine unüberwindbare Schwierigkeit, Schenkel, Körpergewicht und Hand gleichzeitig zu „gebrauchen"; sie weichen immer wieder aufs Nacheinander aus, vergessen das eine oder andere Instrument des Konzerts, verschieben die je nach den Erfordernissen unterschiedlichen Einsätze der verschiedenen Hilfen oder klammern sich schließlich ans Einfachste und Nächstliegende, an die Hand nämlich. Das Verständnis des Ganzen wird durch die Erörterung der einzelnen Hilfen gefördert, vielleicht auch erst ermöglicht. Daher ist es sinnvoll, die Hilfen einzeln darzustellen. Zureichend kann dies aber nur dann geschehen, wenn von der einzelnen Hilfe immer wieder aufs Gesamt verwiesen und das „Konzert" damit auch jeweils aus der Sicht einer bestimmten Hilfe aufgezeigt wird.

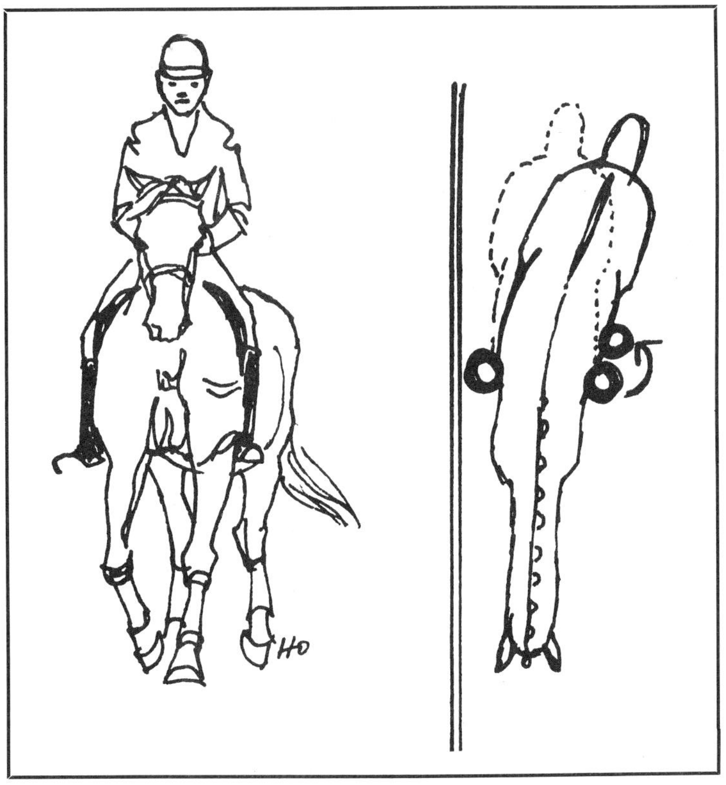

Treibend und verwahrend

Bei der Schenkelhilfe ist grundsätzlich zwischen dem treibenden und dem verwahrenden Schenkel zu unterscheiden. Der treibende Schenkel liegt am oder dicht hinter dem Gurt, der verwahrende eine Handbreit, manchmal auch etwas weiter hinter dem Gurt. Die Aufgabe des treibenden Schenkels besteht darin, das gleichseitige Hinterbein zu aktivieren, das heißt zum vermehrten Vorwärtstreten zu animieren. Der verwahrende Schenkel hat die Funktion, das Ausweichen oder Ausfallen der Hinterhand zu verhindern beziehungsweise die Hinterhand in einer bestimmten Position zu halten; letzteres trifft für die Arbeit auf zwei Hufschlägen zu. In der Regel soll der verwahrende Schenkel das Ausweichen der Hinterhand auf einen zweiten Hufschlag verhindern; er soll der Tendenz des Pferdes entgegenwirken, sich der Lastaufnahme durchs Ausweichen zu entziehen und sich an der von ihm geforderten Arbeit vorbeizumogeln.

Der verwahrende Schenkel hat somit keine zweitrangige Position. Er wird nicht, wie es bei den Kommandos mancher Reitlehrer den Anschein hat, einfach etwas zurückgelegt, und in dieser Position dann mehr oder weniger vergessen. Der verwahrende Schenkel steht im engen Zusammenhang mit dem treibenden. Er entscheidet mit darüber, inwieweit der treibende Schenkel den gewünschten Effekt erzielt.

Der Schenkel wirkt am oder dicht hinter dem Gurt treibend, eine Handbreit, manchmal auch etwas weiter hinter dem Gurt verwahrend (oben). Ein Pferd, das mit der Hinterhand zu weit in die Bahn tritt, kann nur kurzfristig mit zurückgelegtem treibendem Schenkel korrigiert werden (links).

Fürs korrekte Reiten von Wendungen tun manche Reitlehrer ihren Schülern mit dem allzu frühzeitigen Reiten von Vorhand- und Hinterhandwendungen einen schlechten Dienst. Sofern man einen Schüler eine solche Wendung schon zu einem Zeitpunkt ausführen läßt, in dem er nichts anderes vermag, als die Hinterhand um den stehenden und drehenden inneren Vorderfuß beziehungsweise die Vorhand um den stehenden und drehenden inneren Hinterfuß herumzudrücken, bringt man ihn dazu, es auch bei der Wendung im Gang mit dem Schieben zu versuchen. Das Vorreiten mit dem inneren Schenkel ist auch bei der Arbeit auf zwei Hufschlägen der entscheidende Punkt, ist weder durch eine auf den Hals beschränkte Biegung noch durch eine herausgestellte Hinterhand zu ersetzen.

Der treibende innere Schenkel muß freilich mit einem verwahrenden äußeren – sowie begrenzendem äußeren Zügel – einhergehen; anderenfalls kommt es nicht dazu, daß das Pferd innen wirklich vortritt und so die Wendung einleitet; leicht legt es sich gegen den äußeren Schenkel wie gegen den äußeren Zügel. Den Gehorsam gegenüber dem äußeren Schenkel hat das Pferd in der Ausbildung zu lernen; er muß auch immer wieder gefestigt werden, unter anderem durch die Übung Kruppe-herein.

Der lockere Schenkel
Schenkelgehorsam ist ein Pferd, wenn es den Schenkel des Reiters annimmt, das heißt die mit ihm übermittelten Appelle befolgt. Es darf weder überempfindlich reagieren noch darf es die Hilfe abgestumpft ignorieren. Die natürliche oder gelernte Empfindlichkeit gegenüber dem Schenkel ist bei den verschiedenen Pferden unterschiedlich. In der Ausbildung muß man dem Pferde beibringen, auf den weich anliegenden und aus dieser Grundposition einwirkenden Schenkel zu reagieren. Die Gerte und der Sporn sollen nicht den Schenkel ersetzen; sie sollen das Pferd für die Einwirkung mit dem Schenkel sensibilisieren. Allein der lockere Schenkel kann weich und präzise einwirken; der stets pressende Schenkel verbietet dem Reiter eine detaillierte Mitteilung und nimmt dem Pferd das differenzierende Verständnis.

Steinbrecht sah in der „Arbeit mit den Sporen" den „einzige(n)" Weg, „ein Pferd durch und durch biegsam und tätig zu machen". Hans v. Heydebreck wies in einer Fußnote auf die Mißverständlichkeit dieser Formulierung hin. Vielleicht sollte man im Anschluß an Steinbrecht davon sprechen, daß der mit Hilfe des Sporns sensibilisierte und verstärkte Schenkel der einzige Weg ist, ein Pferd biegsam und tätig zu machen.

Steinbrecht beschäftigte sich ausführlich mit den verschiedenen Arten, den Sporn einzusetzen. Er unterschied unter anderem zwischen dem Spornstoß, dem Spornstich, dem flachen Anlegen des Sporns und dem Sporndruck. Diese verschiedenen Formen lassen sich als unterschiedliche Intensitätsstufen der Einwirkung mit dem Sporn verstehen, damit auch als unterschiedliche Formen, das Pferd für die Einwirkung mit dem Schenkel zu sensibilisieren. In diesen Zusammenhang gehört auch der als Strafe eingesetzte Spornstich oder -stoß. Bei diesen nachdrücklicheren Formen des Sporneinsatzes ist zu berücksichtigen, daß der wenige Male intensiv gebrauchte Sporn letztlich wohl humaner wirkt als das ständig bohrende und abstumpfende Eisen.

Taktmäßige Schenkelhilfe
Abschließend noch kurz etwas zum Problem der rhythmisch wechselnden Hilfen: Da der treibende Schenkel das gleichseitige Hinterbein zum weiteren Vortreten aktiviert, liegt die Überlegung nahe, die treibende Hilfe im rhythmischen Wechsel mit der Bewegung des rechten und des linken Hinterbeins einzusetzen. Paul Plinzner beschäftigte sich ausführlich mit der „taktmäßigen Hülfe". In der Geschichte der Reittheorie wurde das Thema möglicherweise überbetont. Bei nichtverkrampftem Schenkel geschieht die wechselseitige Hilfe in Grenzen schon dadurch, daß die Bewegung des Pferdekörpers den Schenkel in rhythmischem Wechsel aufnimmt und abstößt. Dies geschieht weitgehend unbewußt. Die Mehrzahl der Reitmeister scheint auf diesen „natürlichen" Wechsel vertraut zu haben und weiter zu vertrauen, zumal die gezielte „taktmäßige Schenkelhilfe" in der Theorie unproblematischer ist als in der Praxis, wo sie nicht selten – zum Beispiel in der Passage – zu Taktstörungen führt. Für den Anfänger sollte dieses Thema jedenfalls tabu sein.

Der Unterschenkel

Die vortreibende Eigenschaft der Einwirkungen des Unterschenkels liegt darin, daß er durch einen Druck oder Reiz auf die mehrerwähnten seitlichen Bewegungsmuskeln, der durch die schmerzhafte Berührung des Sporns wesentlich gesteigert werden kann, diese zur Zusammenziehung veranlaßt, wodurch das Vorsetzen des betreffenden Hinterfußes herbeigeführt wird. Dieser Erfolg der Schenkeleinwirkung kann immer eintreten, wenn das Pferd steht, also während des Vorsetzens des angeregten Hinterfußes die Last mit dem anderen zu stützen vermag. Es liegt aber auf der Hand, daß in der Bewegung der Hinterfuß nicht immer in der Lage ist, dieser Aufforderung unmittelbar Folge zu leisten. In denjenigen Momenten, in welchen er, auf dem Boden ruhend, die Last stützt und durch Streckung der Gelenke vorwärts bewegt, vermag er es nicht, sondern nur in denjenigen, in welchen er sich in der Luft befindet.
In diesen freien Momenten wird die Zusammenziehung der Muskeln, welche alsdann so wie so schon erfolgt, durch den Reiz der Schenkeleinwirkung befördert, und dadurch der Hinterfuß zu weiterem Vortreten angeregt. In den belasteten Momenten dagegen würde der Erfolg eines Reizes auf die Bewegungsmuskeln nur der sein können, daß der Hinterfuß dadurch angeregt wird, sich seiner stützenden und schiebenden Funktion schneller zu entledigen, was nicht unbedingt als Vortheil angesehen werden kann.
Jedenfalls lehrt die Erfahrung, daß die anregendste Schenkeleinwirkung diejenige ist, bei welcher nur in den freien Momenten des Hinterfußes der Reiz auf die Bewegungsmuskeln ausgeübt wird, während derselbe in den belasteten Momenten in seiner stützenden und vorwärts bewegenden Funktion nicht gestört wird.
Diese Einwirkung, welche die „taktmäßige Schenkelhülfe" genannt wird, ist nicht so schwer auszuführen, wie es den Anschein hat, da sie auf den schon erwähnten Schwingungen beruht, welche die Bewegung des Pferdes dem Körper des Reiters mittheilt. Die dazu erforderlichen Bewegungen der Beine sind durchaus natürlich und bei passiv weichem und schmiegsamem Sitz, wie bereits erwähnt, in ihrer Entstehung gwissermaßen geboten.
Am leichtesten ausführbar ist die „taktmäßige Schenkelhülfe" im Galopp, wo sie sich bei jedem Reiter, der den Schenkel nicht geflissentlich spreizt, ganz unwillkürlich zeigt, derart daß derselbe in einer regelmäßig pendelnden Bewegung beim jedesmaligen Vorspringen der Nachhand zurückfällt. Insbesondere ist es der inwendige Schenkel, welcher, in dieser Weise gebraucht, den Galopp schwunghaft und fließend erhält, indem er, dem inwendigen Hinterfuß in jedem Sprunge entgegengehend, denselben als den Hauptagenten der Bewegung immer wieder zu weiterem Unterspringen unter die Last und energischerem Abfedern derselben anregt.
Auch im Schritt pflegt die „taktmäßige Schenkelhülfe" keine Schwierigkeiten zu bereiten, da die langsame Fußfolge das wechselnde Heranfallen des rechten und linken Schenkels dem Reiter zum deutlichen Bewußtsein kommen läßt. Wenn derselbe in dieser Gangart, ganz lose sitzend, seine Beine dem natürlichen Impulse folgen läßt, so wird er beim Heruntersehen auf die Schultern des Pferdes wahrnehmen, daß jeder Schenkel die Bewegung der gleichseitigen Schulter gewissermaßen mitmacht, indem er mit ihr zusammen zurückfällt, also dem vortretenden Hinterfuße anregend entgegengeht.
Im Trabe ist zwar die Theorie der „taktmäßigen Schenkelhülfe" durchaus dieselbe wie im Schritt, doch liegt in der Praxis eine gewisse Schwierigkeit in der schnelleren Fußfolge, zumal bei Pferden, die nicht die gewissen, aus der elastischen Rückenthätigkeit kommenden langen, schwingenden Trabtritte haben. Wenn man den Naturreiter beobachtet, so wird man wahrnehmen, daß derselbe zwar auch im Trabe seine Schenkel taktmäßig heranfallen läßt, aber beide zusammen bei jedem Tritt des Pferdes. Er thut dies, weil er der natürlichen Neigung, die gebotene Bewegung des einen Beines mit dem anderen mitzumachen, nicht zu widerstehen vermag, beeinträchtigt aber dadurch den Erfolg seiner Einwirkungen, denn das Belebende der „taktmäßigen Schenkelhülfe" liegt gerade darin, daß jeder Hinterfuß nur in seinen freien Momenten den anregenden Reiz empfindet.
Wenn den Leuten die Theorie der „taktmäßigen Schenkelhülfe" erst klar geworden ist, pflegen sie dieselbe auch mehr oder weniger schnell zu erlernen, zumal wenn ihnen zunächst gestattet wird, zur Kontrolle auf die Schultern herunter zu sehen. Es soll jedoch nicht geleugnet werden, daß einzelne Individuen vorkommen, welche dieselbe im Trabe nicht erfassen, und bei denen man sich in dieser Gangart mit dem taktmäßigen Heranfallen beider Schenkel zugleich begnügen muß.
Die „taktmäßige Schenkelhülfe" kann nach Weite der Bewegungen und Stärke des Heranfallens in sehr verschiedenem Grade ausgeführt werden. Zur Erlernung empfiehlt es sich, recht ausgiebige Beinbewegungen machen zu lassen, als ob der Mann mit den Beinen ruderte, um ihm zunächst ein sicheres Gefühl für das Wechseln der Schenkel beizubringen.

Paul Plinzner,
System der Reiterausbildung. 1891

Die Zügel-Hilfen

11. Folge

„Über die Einwirkungen mit der Hand oder die Zügelführung wird im allgemeinen viel zu oft gesprochen. Alle Reiter neigen dazu, viel zu stark mit den Händen zu arbeiten. Jeder Mensch glaubt, daß er mit den Händen leidlich geschickt sei, weil er mit ihnen im täglichen Leben am meisten anzufangen weiß. Viele können ja nicht einmal reden, ohne ihre Hände zu gebrauchen." Mit diesen treffenden Sätzen begann Wilhelm Müseler in seiner Reitlehre die Ausführungen über die Einwirkungen mit den Zügeln. Man könnte den Kommentar zur Überschätzung der Hand noch fortführen, müßte dann freilich auch darauf hinweisen, wie viel der menschlichen Kultur dem Geschick der Hand zu verdanken ist. Bedeutende Anthropologen vertreten unter anderem die Auffassung, das menschliche Vermögen, Dinge in die Hand zu nehmen und zu betrachten, sei eine wichtige Voraussetzung für die Entwicklung des Geistes gewesen.

Solche Gedanken sind für das Thema „Zügelhilfen" insofern belangvoll, als sie die allenthalben feststellbare Tendenz verständlich machen, die Dinge unserer Umwelt anzufassen, mit der Hand zu wirken und mit ihr „Halt" in der Welt zu suchen. Erst wenn man um diese allgemeine Neigung bei sich und den anderen weiß, kann man ihr zureichend entgegenwirken. Beim Reiten ist das unbewußte Bestreben, die Probleme mit der Hand zu bewältigen, so groß und folgenreich, daß man eigentlich nicht genug darüber überlegen kann, wie es gelingt, seiner Herr zu werden, ja, es „in den Griff" zu bekommen. In diesem Sinne hat die Erörterung der Zügelhilfen in erster Linie den Sinn, ihrer allgemeinen Überschätzung entgegenzuwirken, den ihr vor allem in der Praxis eingeräumten Rang abzubauen – sie zumindest zu verfeinern.

Wider besseres Wissen

Um die Funktion der Zügelhilfen zureichend zu verstehen, sind sie im Zusammenhang mit den übrigen Einwirkungen des Dressurreiters aufs Pferd darzustellen. Gerade bei den Zügelhilfen führt eine separate Betrachtung und Anwendung schnell und sicher in die Irre; und gerade bei ihnen liegt es so nahe, sich im Sattel allein auf sie zu verlassen, und zwar wider besseres, theoretisches Wissen.

Für den Anfänger haben die Zügel in erster Linie die Funktion, der Hand einen relativ festen Halt zu geben und zu bremsen. Diese aus „primitiver" Sicht dem Zügel zugeschriebenen Aufgaben sind für den fortgeschrittenen Reiter nicht ein für allemal erledigt und überwunden. In verfeinerter Form bleibt der simple Ansatz eine stets akute Gefahr; die Mehrzahl der Reiter hat mit der Tendenz zu kämpfen, aufs primitive Stadium zurückzufallen und sich der einfachsten, durchsichtigsten und hand-greif-lichsten Hilfe zu bedienen. Mit anderen Worten: Die Zügel stellen auch für den fortgeschrittenen Reiter einen halb körperlichen, halb seelischen Halt dar. In Situationen, in denen die Unsicherheit wächst, verstärkt sich auch beim Reiter das Suchen nach dem, was man anfassen und an dem man sich halten kann. Bei vielen Reitern kann man daher beobachten, daß sie in der Aufregung des Turnierstarts stärker als daheim mit der Hand reiten. Der Halt, den sie am Zügel finden, ist körperlich und seelisch zugleich.

Hand und Beizäumung

Die Tendenz, das Pferd mit der Hand zu reiten, liegt ferner deshalb so nahe, weil sein Kopf und Hals, das heißt ihre „Stellung und Biegung", sich am leichtesten formen lassen. Der Kopf und der Hals sind der menschlichen Einwirkung am zugänglichsten, jedenfalls stärker als die Hinterbeine, von denen der Anfänger bald weiß, daß sie untertreten sollen, an denen er aber den Erfolg seiner Einwirkung lange nicht feststellen und spüren kann. Das beigezäumte, im Genick nachgebende und mit senkrechtem Nasenrücken gehende Pferd erscheint dem Anfänger als das richtig gerittene Pferd. Die Beizäumung zu erreichen, verschafft ein erstes und auch später immer wieder wichtiges Erfolgserlebnis, das einem dem Eindruck vermittelt, das Pferd zu beherrschen. Nichts liegt daher näher als der Versuch, diesen Erfolg mit der Hand heranzuarbeiten und nicht darauf zu warten, daß er sich als Konsequenz des Treibens und der zunehmenden Losgelassenheit wie des gesicherten Vertrauens zum Gebiß quasi von selbst einstellt. Dieser Weg liegt nicht nur für den Anfänger, sondern auch für den Fortgeschrittenen nahe, obwohl er auf Dauer nicht zum Erfolg oder nur zu einem Scheinerfolg führt.

Das Vertrackte an der Beizäumung besteht jedoch darin, daß sie wirklich eine wichtige Etappe bei der Kontrolle des Reiters über sein Pferd darstellt, daß manche Turnierreiter mit Erfolg großen Wert auf sie legen und daß verschiedene, ja die Mehrzahl der alten Reitmeister ihr besondere Bedeutung beigemessen haben. Paul Plinzner sprach von der „unbedingten Beizäumung am Zügel". Viele, die ihm heute theoretisch widersprechen, folgen ihm in der Praxis, ohne daß ihnen das klar bewußt ist. Wer unter Berufung auf die alten Meister versucht, seine im Vordergrund stehende Handeinwirkung zu rechtfertigen, dem muß man eingestehen, daß die durchhaltende Hand fürs Pferd eine wichtige Hilfe sein kann, zur Beizäumung und Unterordnung unter den Reiter hinzufinden. Zugleich muß man allerdings auch feststellen, daß die durchhaltende Hand mit Sicherheit in die Irre führt, wenn sie zum Dauerzustand wird, wenn sie nicht von treibenden Hilfen begleitet wird und wenn nicht das lockere Genick des Pferdes und die weiche Anlehnung an die Hand des Reiters am Ende der Arbeit stehen. Wer sich auf Plinzners „unbedingte Beizäumung am Zügel" beruft, der müßte in einem Atemzug bekennen, wie viel Wert Plinzner auf die Schenkel- und Sporenhilfe gelegt hat.

Gerade zum Verständnis der richtigen Anwendung der Zügelhilfen scheint es förderlich zu sein, die Möglichkeiten und Grenzen der Handeinwirkung zunächst allgemein zu erörtern. Gerade weil die Tendenz, sich auf die Hand zu beschränken, so nahe liegt und so verführerisch ist, kommt es darauf an, die Folgen reiner Handreiterei zu kennen. Der Zusammenhang der Hand mit dem treibenden Schenkel geht so weit, daß die Probleme, die man mit dem Treiben nicht löst, in der Hand sich niederschlagen und von ihr nur in Scheinerfolgen bewältigt werden.

Nur aus einem unverkrampften Schulter-, Ellbogen- und Handgelenk kann man eine stete und weiche Anlehnung zum Pferdemaul halten (S. 35). Die Verkrampfung des Reiters überträgt sich leicht aufs Pferd, dessen Rücken sich dann bis zum Schweif versteift (oben links). Wenn das Pferd sich in der Trabverstärkung in der festen Anlehnung an die Hand des Reiters ein „fünftes Bein" verschafft, kommt es leicht ins Laufen und zeigt dann bald nicht mehr den Schwung, der auf dem Bild oben rechts noch überzeugt. Der Reiter muß stets in der Lage sein, den Pferdehals nach vorwärts-abwärts zu dehnen (unten).

Druck und Gegendruck

Mit anderen Worten: Der Mangel an treibender Einwirkung schafft der Hand viel von den Problemen, die im Genick vermutet werden, die aber Symptom eines allgemeinen Defizits an Losgelassenheit, Arbeitsbereitschaft und Fleiß darstellen. Die einseitige Handeinwirkung führt vielfach in einen Teufelskreis, den sie immer wieder verfestigt. Mit zu starker, einseitiger und ausschließlicher Handeinwirkung bringt man das Pferd erst „auf" oder „gegen" die Hand. Durchs Ziehen und Zerren provoziert man den Gegendruck des Tieres. Der erfordert dann stärkere Muskelkraft, worauf das Pferd erneut mit vermehrtem Gegendruck reagiert, bald stumpf und tot im Maul wird, und selbst Arrets – das sind leichte, ruckartige Zügelanzüge – und Insterburger – hartes Reißen im Maul – ohne besondere Reaktion über sich ergehen läßt.

Pferde, die mit derart harter Hand geritten werden, lernen den Widerstand wie andere die weiche Anlehnung. Mit der Zeit verbinden sie mit dem Reiten die Auseinandersetzung zwischen Maul und Hand. Ihre Aufmerksamkeit wird auf diese Auseinandersetzung gerichtet. In Wirklichkeit kommt es bei der Ausbildung aber darauf an, dem Pferd die Obacht auf das Gesamt der Reiterhilfen beizubringen und es dahinzuführen, daß es vor allem seinen Bewegungsablauf von diesen Hilfen abhängig macht. Der Kampf mit der Hand konzentriert das Pferd also auf den falschen Bereich. Das Zerren und Ziehen verhindert das Maß an treibender Einwirkung, das erforderlich ist, um die Hinterbeine zu aktivieren, um über die tätige Hinterhand den Rücken zum Schwingen zu bringen, den Widerstand im Genick zu lösen und so auch die Probleme für die Hand zu beseitigen.

Toleranz des problemlosen Pferdes

Gerade weil die Erfolge vieler Handreiter manchen täuschen, gerade weil der deutschen Reiterei nicht ganz zu Unrecht nachgesagt wird, mit energischer bis harter Hand zu reiten, kann man diese Zusammenhänge nicht oft genug betonen und kann sich als Reiter auch nicht oft genug die Gewissenfrage stellen, inwieweit man das theoretisch Begriffene auch praktisch beherzigt. Man kann auch nicht oft genug feststellen, daß der Erfolg sich nicht nur im Normalfall auf dem beschriebenen Weg einstellt. Gerade bei schwierigen Kandidaten ist man fast immer auf die klassische Methode angewiesen. Ein problemloses Pferd erträgt meist sehr viel mehr an einseitiger Handeinwirkung als ein schwieriges. Es geht, wie gesagt, nicht darum, die durchhaltende Handhilfe zu verteufeln, und zu übersehen, daß das Pferd sich von der durchhaltenden Hand abstoßen und so den Weg in die Tiefe finden kann. Es geht nur darum, vor Augen zu führen, in welchem Maße der Erfolg der Handeinwirkung von der treibenden Hilfe abhängig ist.

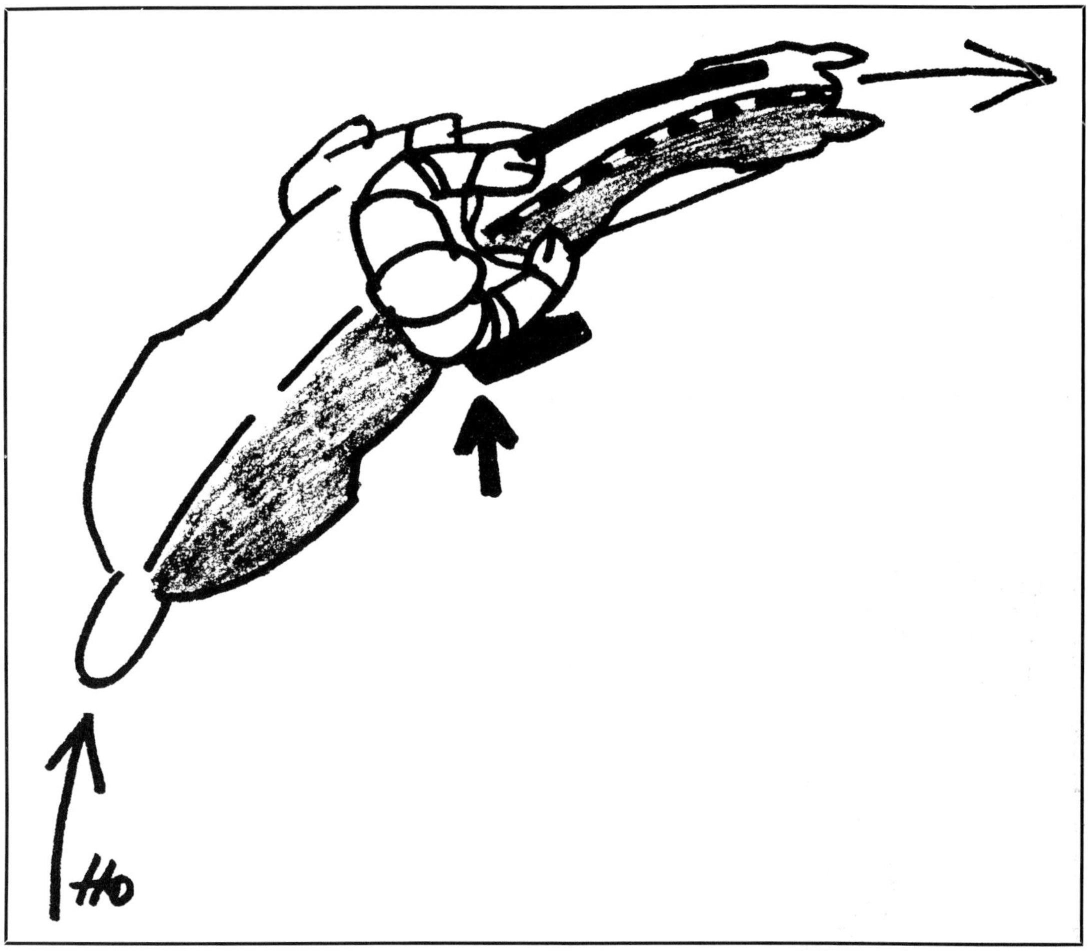

Unreinheiten im Gang

Zum Verständnis der Möglichkeiten und Grenzen der Handeinwirkung gehört es auch, sich mit den Erfolgen oder Scheinerfolgen der Handreiter auseinanderzusetzen. Dem Auge des Laien und selbst den hippologisch Halbgebildeten imponiert es immer wieder, wenn ein Pferd mit deutlicher Beizäumung und dazu noch energisch „an der Strippe" geht. Für den Reiter empfiehlt sich dieser Weg, weil er derart sein Pferd schnell unter Kontrolle bringt und dafür auch beim wirklichen oder imaginären Zuschauer Aufmerksamkeit und Anerkennung findet. Bei kritischer Beurteilung muß der Bewunderer solchen Reitens sich vielfach jedoch eingestehen, auf einen Blender hereingefallen zu sein. Weiß man einmal, in welchem Maße der Bewegungsablauf des Pferdes durch eine deutliche Handeinwirkung störbar ist, dann ist einem das Auge geschärft für deutliche und weniger offenbare Taktstörungen wie für die Verfestigungen im Rücken, die sich unter anderem im starken Trab in den gespannten Tritten ohne hinreichende Hinterhandaktivität oder im versammelten Trab in einer passageartigen Schwebe zeigen. Wenn man von derart gerittenen Pferden fordert, am lockeren Zügel geradeaus zu gehen, schwanken sie meist hin und her oder fallen auf die eine oder andere Seite, nämlich auf der Suche nach dem „fünften Bein" in der Reiterhand. Das kritische Auge sollte sich nicht täuschen lassen von Reitern, die zwar stark mit der Hand einwirken, denen es aber zugleich gelingt, durch energisches Treiben Taktstörungen weitgehend durch Spannung zu überformen. Im energischen Vorwärtsreiten lassen sich Folgen zu starker Handeinwirkung nämlich in Grenzen verdrängen; meist gelingt dies jedoch nicht durchgehend, vor allem in den Ecken und Wendungen nicht. Daher ist es auch wichtig, die Unreinheiten im Gang, die sich „nur" in Ecken und Wendungen zeigen, nicht großzügig zu übersehen, sondern nach ihren Ursachen zu fragen und sich möglicherweise dann auch auf Probleme verweisen zu lassen, die das Ausbildungskonzept eines Pferdes generell betreffen.

Sitz und Hand

Die Basis der Handeinwirkung bildet die stetige und weiche Anlehnung. Im Rahmen der Reitlehre wird sie nicht aus ästhetischen oder tierschützerischen Gründen gefordert, sondern aus funktionalen, nämlich um der Erhaltung der Losgelassenheit und der Reinheit der Gänge willen. Zur stetigen und weichen Anlehnung findet der Reiter nur auf der Basis des ausbalancierten Körpers. Der ausbalancierte, von der Hand unabhängige Sitz ist daher das Lehr- und Lernziel, auf dem eine sinnvolle Korrektur der Handeinwirkung erst aufbauen kann. Die stetige und weiche Anlehnung sollte nicht „technisch" verstanden werden; sie ist der Ausdruck eines persönlichen Verhältnisses, einer Be-

In der Wendung muß das Pferd parallel zu der Kreislinie, auf der es geht, gebogen sein. Die Wendung wird in erster Linie durch den vermehrt treibenden inneren Schenkel geritten. Der äußere Schenkel verhindert das Ausfallen der Hinterhand, der äußere Zügel begrenzt den Kreisbogen. Der innere Zügel hat hier im „Konzert" der Hilfen die geringste Bedeutung (oben).

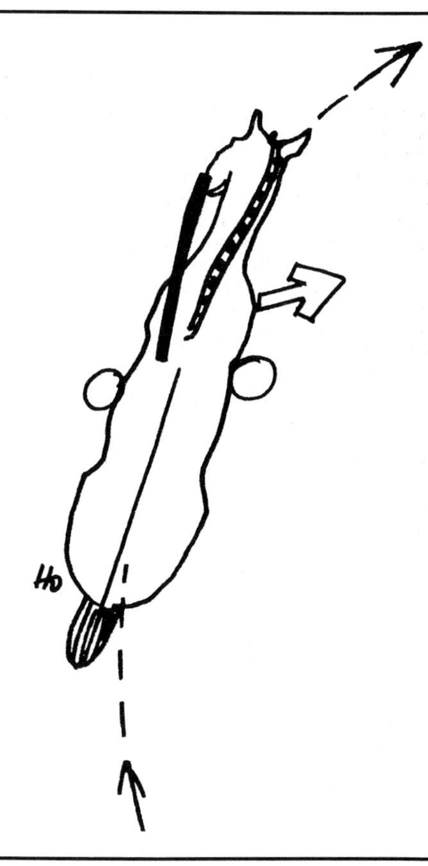

Wenn das Pferd sich in der Wendung nicht biegt und gegen den äußeren Zügel geht, kommt meist der innere Schenkel nicht durch. Die harte äußere Hand verstärkt die Fehlentwicklung zusätzlich (rechts).

ziehung zwischen zwei Lebewesen. In der stetigen und weichen Anlehnung akzeptiert das Pferd den Reiter. Die stetige und weiche Anlehnung spiegelt gegenseitiges Einvernehmen; sie bildet dann auch die Grundlage dem Pferd verständlicher und vom Pferd akzeptierter reiterlicher Einwirkungen. Die stetige, weiche Anlehnung schließt die zu harte Hand ebenso wie die zu lockere aus. Die zu lockere ist deshalb keine zureichende Alternative gegenüber der zu harten, weil sie die Verbindung aufgibt, das Pferd dann nicht mehr „an" den Hilfen steht; es handelt sich in diesem Fall nicht mehr um ein gegenseitiges Einvernehmen, sondern um eine Art von Nebeneinanderlaufen. Die Forderung der stetigen Anlehnung wendet sich nicht gegen das Nachgeben, auch nicht gegen das zeitweise Hingeben des Zügels; sie ist vor allem gegen die Hände zu erheben, die die Bewegungen oder Stöße des Oberkörpers voll mitmachen und dabei dem Pferd taktmäßig ins Maul reißen.

Annehmen und Nachgeben

Dauernd kann die Anlehnung nur werden, wenn die Hand unabhängig von den Stößen des Oberkörpers unverkrampft getragen wird und sie so die Möglichkeit hat, zwischen den Bewegungen des Reiterkörpers und des Pferdekopfes auszugleichen. Zur stetigen und weichen Anlehnung gehört es auch, daß man die Zügel zeitweise überstreicht, daß man beidseitig oder einseitig nachgibt, ohne daß das Pferd wie eine gespannte Feder mit dem Kopf nach vorne schießt. Solch ruckartiges Vorgehen ist bezeichnend für Pferde, die froh sind, sich aus einer Spannung lösen zu können. Das Nachgeben bei stetiger und weicher Anlehnung geschieht so, daß sich die in Grenzen natürlich immer verbleibende Spannung im Genick mindert, und zwar bei minimaler Vorwärtsbewegung des Kopfes beziehungsweise des Mauls. Mit anderen Worten: Das Nachgeben aktualisiert immer wieder die Tendenz in die Richtung vorwärts-abwärts. Zur wirklichen Bewegung wird diese Tendenz, wenn der Reiter den Zügel hingibt. Dann streckt das zuvor mit stetiger und weicher Anlehnung gerittene Pferd sich langsam nach vorwärts-abwärts; es macht seinen Hals lang, ohne gleich auf die Vorhand zu fallen und ohne gleich den Bewegungsablauf zu unterbrechen.

Die stetige und weiche Anlehnung ist dem Pferd im Erziehungsprozeß klarzumachen, auch gegen die Tendenz, sich auf die Hand zu legen. In manchen Fällen können Arrets dem Pferd den Weg in die richtige Richtung weisen, häufiger führt man es durch verstärktes Treiben zum erwünschten Ziel. Zur Verständnisvermittlung kann es auch gehören, die Hand bei verstärktem Treiben durchzuhalten und das Pferd derart zu veranlassen, seinen Widerstand aufzugeben, sich vom Gebiß abzustoßen und nach vorwärts-abwärts zu tendieren.

Handatmung und Ziehen

Das verstärkte Annehmen des Zügels bedeutet für den Anfänger in der Regel ein vermehrtes Ziehen. Bei fortgeschrittenem Reiten, bei dem die Hand das Einverständnis zwischen Pferd und Reiter ausdrückt, geschieht das Annehmen ▷

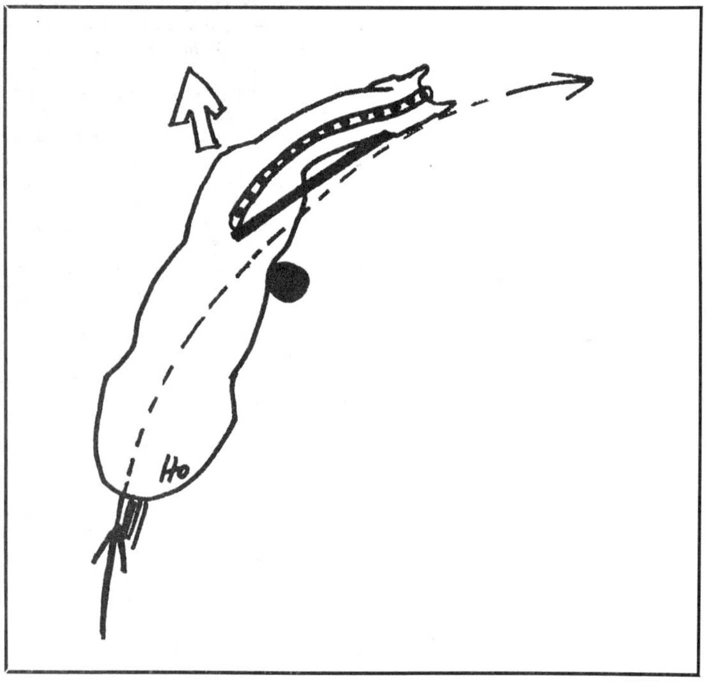

Wer die Wendung mit dem inneren Zügel reitet, darf sich nicht wundern, daß sein Pferd bald nur noch im Hals abknickt, sich in der Rippe nicht mehr biegt und mit der Schulter ausfällt. Mit Erfolg ist dieser Fehlentwicklung nur über den verstärkt treibenden inneren Schenkel zu begegnen (oben).

Fühlung mit dem Maule

Wenngleich es nun wohl möglich ist, ein durch „Hankenlektionen" aufs Feinste ausgearbeitetes Pferd in gesammelten und auch wohl mittleren Gängen unter ruhigen Verhältnissen annähernd ununterbrochen in weicher Fühlung mit dem Maule, mit dem technischen Ausdruck „in weicher Anlehnung" zu reiten, so darf man doch selbst vom noch so reell gearbeiteten Soldatenpferde in den schnellen Gängen und vielfach aufregenden Verhältnissen des kavalleristischen Gebrauchs keineswegs dieselbe Möglichkeit erwarten. Wer deshalb dem Manne die Instruktion giebt, dem Pferde unter allen Umständen weich am Maule zu bleiben, verlangt von ihm etwas unter den kavalleristischen Verhältnissen Unausführbares. Keine Instruktion der Welt wird den Mann verhindern können, sein Pferd zu halten, wenn es ihm schneller wird, als er will oder soll, da ja von ihm verlangt wird, daß er auf seinem Platze bleibt. Schon in solchen Momenten wird unbedingt sehr oft die weiche Fühlung der Hand mit dem Maule einer mehr oder weniger festen, die „weiche" der „festen Anlehnung" Platz machen, und man kann nicht mehr verlangen, als daß der Mann zur „weichen Anlehnung" zurückkehrt, sobald es die Verhältnisse irgend gestatten.

Außerdem ist es aber auch mindestens unwahrscheinlich, daß selbst auf einem Pferde, welches aus sich heraus niemals stürmisch wird, der Mann, wenn er nichts Anderes kennt, als stets in Fühlung mit dem Maule, d. h. mit „Anlehnung" zu reiten, dauernd weich mit der Hand bleibt, zumal wenn seine Aufmerksamkeit durch andere Dinge in Anspruch genommen ist. Die hierzu nöthige unausgesetzte Selbstkontrolle ist vom Manne nicht zu erwarten, auch beim Reiten im Gliede kaum zu verlangen. Eine Kontrolle seitens der Vorgesetzten, ob der mit „Anlehnung" reitende Mann weich mit der Hand ist, ist aber kaum ausführbar.

Es ist deshalb nothwendig, auf Mittel zu sinnen, welche nicht nur diejenigen Momente, in denen durch das Pferd die „weiche Anlehnung" zur „festen" wird, nach Möglichkeit abkürzen und Ihnen so viel als thunlich vorbeugen, sondern auch der Neigung der Leute, aus Mangel an Selbstkontrolle mit der Hand starr und fest zu werden, erfolgreich begegnen.

Was die erstbezeichneten Momente anbelangt, so ist es keine Frage, daß eine wirkliche reelle Dressur des Pferdes, welche die „unbedingte Beizäumung am Zügel" recht fest in ihm begründet hat, zur Vermeidung bezw. Abkürzung derselben außerordentlich viel thut, es wird aber selbst durch die vollkommenste Dressur nicht verhindert werden können, daß in den häufig sehr aufregenden Verhältnissen des kavalleristischen Dienstes das Pferd ab und zu seiner Lebhaftigkeit Ausdruck giebt.

Geschieht dies lediglich dadurch, daß es in vermehrter Gehlust die Zügel zu strafferer Spannung bringt, ohne die „unbedingte Beizäumung am Zügel" aufzuheben, oder höchstens sie in eine solche „auf dem Zügel" verwandelnd, so genügt ein passives Verhalten des Reiters, indem er, ohne mehr Kraft anzuwenden als unbedingt nothwendig ist, ruhig die vermehrten Gewichte mit der Hand aushält, bis das an und für sich durchlässige Pferd, dem vermehrten Druck auf die Laden nachgebend, dieselben auf ihr gewöhnliches Maß zurückgeführt hat. Pferde aber von ungünstigen körperlichen Formen werden, zumal wenn ihre Dressur nicht gründlich und nachhaltig genug gewesen ist, in solchen Momenten meist das Bestreben zeigen, aus der ihnen mehr oder weniger unbequemen künstlichen Form herauszukommen, d. h. sie werden die „unbedingte Beizäumung am Zügel" aufzuheben trachten, indem sie gegen den einen oder anderen oder gegen beide Zügel drücken. Zwar wird auch bei solchen Pferden ein passives Verhalten sich in dem Maße ausreichend erweisen, sie zur „weichen Anlehnung" zurückzuführen, als in ihnen die Gewohnheit der „unbedingten Beizäumung am Zügel" befestigt ist; sowie aber ein solches Trachten des Pferdes, aus der Form zu kommen, welches immerhin den Keim der Unbotmäßigkeit in sich trägt, gewohnheitsmäßig zu werden oder gar sich zu steigern beginnt, ist es nothwendig, demselben ein aktives Eingreifen des Reiters entgegenzusetzen.

Derartige Fälle sind es nun ganz besonders, in denen die magische Wirkung des Sporns in hervorragender Weise zur Geltung kommt, denn während solche Pferde von einem Reiter, der den Gebrauch der Sporen als Hülfe nicht kennt, nur durch geschicktes Laviren oder durch rohe Gewalt auf ihrem Platze erhalten werden können, sind sie von demjenigen, welcher gewohnt ist, sein Pferd am Sporn zu fühlen, mit Leichtigkeit mechanisch zu beherrschen, vorausgesetzt, daß die ganze Dressur in diesem Sinne durchgeführt wurde und daß dem Betreffenden Gelegenheit gegeben wird, zunächst die durch die Dressur gewonnene Grundlage wiederzuerlangen, mit anderen Worten, das Pferd erst wieder an den Sporn zu bekommen. Das mehr oder weniger kurze Korrekturverfahren, welches in solchen Fällen nöthig wird, beruht darauf, daß das Pferd die Stütze eines jeden Widerstrebens gegen die Hand in dem gleichseitigen Hinterfuß findet, den es gegen dieselbe gewissermaßen gegenstemmt, und daß dieses Widerstreben in dem Augenblicke gebrochen sein wird, wo es gelingt, den Hinterfuß dahin zu placiren, wo er dem belastenden Drucke der Hand derartig ausgesetzt ist, daß er sich darunter biegen muß.

Paul Plinzner,
System der Reiterausbildung. 1891

dadurch, daß die Hand fester wird und bei der Hand„atmung" kurzfristig „die Luft angehalten wird". Nur dann, wenn solchem Annehmen wieder das Loslassen und Nachgeben folgt, bleibt die Anlehnung weich, nur dann geht sie nicht in ein Ziehen über. Es wird wohl kaum einen Reiter geben, der nicht dann und wann zieht und ziehen muß. Verbindet er diese Einwirkung aber nicht mit der treibenden Hilfe, dann wird es ihm kaum gelingen, das Ziehen zu einer Maßnahme zu machen, die dem Pferd beibringen soll, in Zukunft schon aufs „Anhalten der Luft" zu reagieren, sich aufnehmen zu lassen, das Tempo zu reduzieren oder die Gangart zu verändern.

Das Annehmen und Nachgeben geschieht bei fortgeschrittenem Reiten durch minimale Verlängerung oder Verkürzung des Zügels beziehungsweise durch das passive Aushalten der stehenbleibenden Fäuste, das vom Pferd als Verkürzung des Zügels aufgefaßt wird, weil das Nachgeben im „Atmen" unterbrochen wird. Die geringste Verlängerung oder Verkürzung des Zügels geschieht durchs leichte Öffnen oder stärkere Schließen der Faust, geschieht im nächsten Stadium durchs Eindrehen der Fäuste im Handgelenk, geschieht schließlich durchs Vorgehen und Zurücknehmen der Hand aus dem Oberarm. Die Bewegungen des Oberarms sind freilich das Stadium, das es zu überwinden gilt; diese Bewegungen enden meist im Ziehen und Zerren.

Im Genick lockern

Grundsätzlich kann derartiges Annehmen und Nachgeben mit einer Hand oder mit beiden Händen geschehen. Beim Geradeausreiten werden die Zügelhilfen meist beidseitig angewandt. Bei fortgeschrittenem Reiten kommt es freilich auch beim Geradeausreiten immer wieder zu einseitigen Zügelhilfen, die Versteifungen auf der einen oder anderen Seite abbauen oder ihnen zuvorkommen, die das Pferd immer wieder im Genick lockern, ohne es freilich hin und her pendeln zu lassen; mit rhythmisch wechselndem Ziehen lokkert man in der Regel kein Pferd, jedenfalls kein schwieriges.

Wendungen reitet man wahrscheinlich schon unbewußt so, daß man den inneren Zügel verstärkt annimmt, in der Regel sogar an ihm zieht, während man spätestens nach einigen Erklärungen leicht einsieht, daß der äußere nachzugeben hat, um dem Pferd den Weg in die Wendung zu erleichtern. Vielfach bleibt das Annehmen des inneren Zügels nicht mehr als die verfeinerte Form des Ziehens am inneren Zügel. Die für den Anfänger gewiß praktikable Regel, innen anzugehen und außen nachzugeben, ist bei fortgeschrittenem Reiten zu problematisieren.

Der äußere Zügel

Innen anzunehmen und außen nachzugeben erleichtert dem Pferd zwar die Biegung des Halses, erleichtert ihm vielfach aber auch, sich um die Biegung in der Rippenpartie herumzumogeln. Mit dem einfachen und einsichtigen Rezept wird den Pferden in der Regel gestattet, in die Wendung hineinzufallen oder mit der äußeren Schulter aus ihr herauszustreben, das heißt, nicht auf einem Hufschlag in kreisförmigem Bogen zu gehen, sondern erstens auf zwei Hufschlägen und zweitens in einem eiförmigen Bogen. In Verbindung mit der in die Wendung hineinfallenden oder herausfallenden Hinterhand besteht der Hauptfehler darin, daß das Pferd mit der Vorhand nicht ausreichend vorgeht oder sich in die Wendung hineinwirft und das in wenigen Schritten absolviert, was auf der ganzen Strecke des Bogens zu leisten ist. Diesem Fehler kann man entgehen, wenn man dahin kommt, daß der innere Zügel an Bedeutung verliert, daß er allein dem Pferd etwas Stellung gibt, daß aber der äußere Zügel – in Verbindung mit dem inneren treibenden Schenkel – den Ausschlag für den Verlauf der Wendung gibt.

Der äußere Zügel sorgt – in Verbindung mit dem äußeren Schenkel – dafür, daß das innen getriebene Pferd auch nach innen vorwärts geht und derart sich biegt, daß es nicht mit der Vorhand weiter geradeaus geht und dabei in der Wendung auf zwei Hufschläge gerät. Das Ziel der Arbeit muß also darin bestehen, gegen die naheliegende Regel, innen anzunehmen und außen nachzugeben, insbesondere natürlich gegen das Ziehen am inneren Zügel dem Pferd die Funktion des äußeren Zügels klarzumachen. Das Pferd am äußeren Zügel zu reiten, bedeutet nicht, ihm zu gestatten, sich gegen den äußeren Zügel zu legen und den inneren nicht mehr anzunehmen; dies geschieht dann, wenn die innere treibende Hilfe fehlt oder nicht durchkommt.

Auf zwei Hufschlägen

Bei verstärktem Vorreiten mit dem inneren Schenkel und vermehrter Begrenzung durch die äußere Hand und den äußeren Schenkel geht das Reiten in der Wendung fließend in die Schulter herein und generell in die Arbeit auf zwei Hufschlägen über. Weil die Übergänge fließend sind, dient die Arbeit auf zwei Hufschlägen auch dazu, die Arbeit in den Wendungen auf einem Hufschlag zu verbessern. Bei der Begrenzung der Wendung des Pferdes durch die äußere Hand ist immer wieder der Tendenz des Pferdes entgegenzuwirken, sich gegen die äußere Hand zu legen und sich im Genick zu verwerfen. Solcher Neigung begegnet man unter anderem damit, daß man das Pferd immer wieder im Genick lockert, daß man es unter anderem auch kurzzeitig in der Wendung im Genick nach außen stellt, und zwar mit dem Ziel, ihm beizubringen, unabhängig von der Hand die Wendung zu passieren. In Extremfällen kann bei dieser Erziehungsmaßnahme ein kurzes Arret förderlich sein; jedenfalls ist es besser als ein dumpfer Kampf, bei dem das Pferd sich mit immer mehr Gewicht auf die Hand legt und in den Wendungen dort eine Stütze findet. Das Arret löst jedoch nicht das Problem, das durchs mangelnde Treiben entsteht. Dem einseitigen Annehmen des äußeren Zügels muß – wie stets beim Annehmen – das Nachgeben folgen; andernfalls ist es unvermeidlich, daß man dem Pferd beibringt, in der Wendung die festere Anlehnung zu suchen, ja sich aufs Gebiß zu legen und sich so auch von der Reiterhand tragen zu lassen.

Drehung des kleinen Fingers

Nachdem wir so die Beschaffenheit der Reiterhand erörtert haben, gehen wir zu ihrer Tätigkeit über und besprechen die durch sie bewirkten Hilfen. Die gerade Stellung der Hand, bei der der Daumen nach oben und der kleine Finger nach unten gerichtet ist, die Nägel der Finger aber dem Leibe zugewendet sind, ist die der Ruhe. Bei dieser Handstellung wirken bei gerade gerichtetem Pferde die Zügel, wenn sie richtig ausgeglichen sind, und die Hand über dem Sattelknopf steht, gleich stark und werden das Pferd daher auf gerader Linie erhalten. Aus dieser Stellung wird die Hand nach rechts und links gedreht, wobei der kleine Finger die Richtung der Bewegung angibt. Durch dessen Drehung nach rechts seitwärts wird der linke Zügel allein verkürzt und wirkt daher auf den Kopf und Hals links biegend; durch Drehung des kleinen Fingers nach links wird infolge Verkürzung des rechten Zügels die Biegung rechts bewirkt. Da zum Wenden des Pferdes außer der Biegung auch die Gegenwirkung des äußern Zügels erforderlich ist, so muß die Biegung durch entsprechende Verkürzung des inneren Zügels erleichtert und gesichert werden, und die Drehung der Hand dann halb seitwärts, halb rückwärts nach der rechten oder linken Hüfte zu erfolgen. Bei Führung mit verkürztem inneren Zügel tritt der äußere Zügel erst dann in Wirkung und ist in richtiger Anlehnung, wenn das Pferd die der Verkürzung entsprechende Biegung angenommen, sich also am inneren Zügel abgestoßen hat, wozu es daher durch mitwirkende Schenkelhilfen angehalten werden muß. Da der äußere Zügel hauptsächlich die nötige Aufrichtung der Vorhand zu erhalten hat, so ist es sehr fehlerhaft, mit allein wirkendem inneren Zügel führen oder wenden zu wollen. Ebenso fehlerhaft ist es aber, sein Pferd mit dem äußeren Zügel allein zu wenden, wie dies so häufig bei gleich langen Zügeln durch falsches Seitwärtsführen der Hand geschieht. Gutmütige und geduldige Pferde werden zwar mit der Zeit auch diese verkehrte Hilfe begreifen und ihr Folge leisten, so gut es ihre fehlerhafte Ausführung zuläßt, empfindliche und geistvolle Pferde aber werden beim Rechtswenden links, beim Linkswenden rechts umdrehen und ihre Reiter in große Verlegenheit versetzen. Beim Verändern der Richtung bedarf das Pferd zu seiner Führung und Unterstützung vor allem der richtigen Anlehnung, also der sicheren und guten Wirkung beider Zügel. Der Reiter hat daher beim Wenden und beim Wechseln der Stellung seine Aufmerksamkeit auf das Zügelmaß, auf die Handbewegung und die übrigen mitwirkenden Hilfen zu richten. Da ich von diesen erst bei den einzelnen Lektionen eingehend sprechen kann, so bemerke ich hier nur im allgemeinen Folgendes: der innere Schenkel unterstützt den inneren Zügel beim Biegen dadurch, daß er das Rückgrat biegt und den inneren Hinterfuß gehörig unter der Last vorschiebt, der äußere Schenkel unterstützt den äußeren Zügel bei der Aufrichtung, indem er den äußeren Hinterfuß festhält oder am Ausfallen hindert. Beide Schenkel erhalten die Anlehnung, indem sie das Pferd an die Hand herantreiben und zwischen die Zügel richten. Abwechselndes geringes Nachgeben und Annehmen der Zügel, das so notwendig ist, um stets das Maul gefühlvoll, also lebendig zu erhalten, bewirkt man in feiner Weise durch wiederholtes Öffnen und Schließen, durch sanftes Heben und Senken der Hand und durch eine Drehung im Handgelenk, durch die der kleine Finger abwechselnd dem Leibe des Reiters und dem Halse des Pferdes zugewandt wird. Hierbei ist es nicht nötig, die Zügel zu verkürzen oder zu verlängern, wenn dies aber durch Übergänge zu anderen Lektionen erforderlich wird, muß es stets mit dem Zeigefinger und Daumen der rechten Hand allein geschehen, so daß die linke Hand dabei unbeteiligt bleibt und ungestört die Anlehnung erhalten kann.

Derselbe Fehler, der, wie ich schon an einer anderen Stelle bemerkte, bei der Unterweisung des Schülers im Sitz so häufig gemacht wird, kommt auch bei seiner Anleitung zur Führung des Pferdes so oft vor, nämlich, daß man ihm auf mangelhaft gerittenem Pferde dieselben Formen und Hilfen vorschreibt, als ob er ein vollkommen durchgearbeitetes Pferd unter sich hätte. Die Folge davon ist, daß er sich ohne Erfolg vergebens abmüht, weder den Zweck der Hilfe, noch sein Pferd verstehen lernt, und endlich an der Sache überhaupt zweifelt. Ist das Pferd eben nicht so fein durchgearbeitet, daß es auf so feine Hilfen, wie die bloßen Drehungen der Hand eingeht, so gebe man dem Schüler eben kürzere Zügel und gestatte ihm ausgiebigere Anzüge. Schließlich muß ich mich noch ganz entschieden gegen das Abrunden der Hand im Handgelenk aussprechen, worauf manche Lehrer so streng halten, da es den beabsichtigten Zweck, nämlich Leichtigkeit oder Nachgiebigkeit der Hand, durchaus nicht erfüllt. Diese künstliche Stellung muß auf die Dauer mit Anstrengung verbunden sein und zuletzt etwas Krampfhaftes, also Hartes mit sich bringen, abgesehen davon, daß sie den Raum für stärkere verhaltende Hilfen beschränkt. Das Handgelenk soll wie jeder andere Körperteil des Reiters in natürlicher, ungezwungener Haltung bleiben, damit es nicht unnötig ermüdet und seine volle Kraft erforderlichenfalls ungehindert entwickeln kann.

Gustav Steinbrecht,
Das Gymnasium des Pferdes. 1884

Der Schritt

13. Folge

Der Schritt, so informieren mit Nachdruck die Reitlehrer, ist eine „schreitende" Art der Fortbewegung. Mit diesem Hinweis auf die sprachliche Verwandtschaft von Schritt und Schreiten wollen sie sagen, daß der Schritt in klaren und weiten Schritten und bei deutlichem Viertakt abzulaufen habe, nämlich so wie bei einem Menschen, der schreitet und halt nicht trippelt, läuft oder eilt. Der Hinweis aufs Schreiten wendet sich insbesondere gegen einen kurzen und im Takt gestörten Schritt, gegen übereiltes Laufen und unentschiedenes Zackeln, gegen verschiedene Weisen des Pferdes, sich im Schritt festzuhalten beziehungsweise festgehalten zu werden.

Die einfachste Gangart

Auf den Schritt soll hier aus der Perspektive des Reiters und seiner Hilfen eingegangen werden. Für diesen speziellen Gesichtspunkt ist es allerdings erforderlich, einige allgemeine Aussagen voranzuschicken: Vielfach hört man beim Anfänger, der Schritt sei die einfachste Gangart, damit auch die Gangart, die vom Reiter besonders leicht zu beherrschen sei. Diese Ansicht trifft insofern zu, als der Anfänger sich beim Schrittreiten sehr viel leichter im Sattel halten kann, als beim Trab und vor allem beim Galopp. Sitzprobleme im vordergründigen Sinne des Wortes treten im Schritt deshalb weniger auf, weil es sich bei ihm um die schwungloseste der drei Gangarten handelt. Der Rücken des Pferdes bewegt sich nicht in der Weise wie beim Trab und beim Galopp, der Reiter wird nicht geworfen, er hat keine Probleme beim Aussitzen und kommt sehr viel weniger als beim Trab und Galopp in die Gefahr, das Gleichgewicht zu verlieren und herunterzufallen. Erst als fortgeschrittener Reiter erkennt man die Schwierigkeiten, richtig Schritt reiten zu können beziehungsweise richtigen Schritt zu reiten. Diese Schwierigkeiten sind vielfach größer, als die beim Trab- und Galoppreiten. Die Probleme des Schritts werden von den Reitern häufig nicht bemerkt oder unzureichend respektiert. Zuschauern wie auch Richtern fällt die Beurteilung des Schritts in der Regel schwerer als die des Trabs und Galopps. Vor allem dann, wenn es nicht nur darum geht, über den Raumgriff etwas zu sagen, sondern auch den Takt, verstanden als das Gleichmaß der Bewegung, in die Bewertung einzubeziehen.

Theorie und Praxis

Das Wissen um den Bewegungsablauf im Schritt kann dazu beitragen, das eigene Empfinden zu schulen. Dieses Wissen bildet eine Hilfe fürs Fühlen und Sehen, eine Hilfe, aber keinen Ersatz. Die Theorie reicht nicht aus, es ist unumgänglich, das Sehen und Empfinden an schreitenden und zackelnden Pferden zu schulen. Das Verhältnis von Theorie und Praxis ist gerade in diesem Punkt mit Nachdruck zu betonen, weil man häufig „Kenner" antrifft, die zwar die Fußfolge des Schritts genau kennen und auch ansonsten über die Theorie dieser Gangart Bescheid wissen, aber nicht in der Lage sind, mit Hilfe ihres gedanklichen Rüstzeuges den Schritt eines Pferdes in der Praxis zu beurteilen. Dem gegenüber stehen andere Reiter, die in arge Verlegenheit kommen, wenn man sie bittet, einen über die Fußfolge im Schritt zu informieren, die unabhängig von solchem Wissen in der Lage sind, sauberen Schritt zu reiten, Pferde in dieser Richtung zu korrigieren und auch mit sicherem Urteil zu bewerten. Bezeichnend für die Tatsache, daß die Theorie zwar eine Hilfe sein kann, daß sie aber weder einen Ersatz noch eine unbedingte Voraussetzung für die Praxis darstellt, ist schließlich der Umstand, daß Schritt wohl sehr viel früher in der Reitgeschichte richtig geritten als in seinen einzelnen Phasen zutreffend analysiert wurde. Mit anderen Worten: Geschichtlich ging die Praxis der Theorie voran.

Langsam und sicher

De la Guérinière kennzeichnete den Schritt als die „am wenigsten erhabene, langsamste und angenehmste Gangart des Pferdes, bei der es sich um ein im Viertakt erfolgendes diagonales Abfußen handelt". Am problemlosesten ist von diesen Charakterisierungen diejenige hinsichtlich des Tempos und des Viertaktes. Man kann darüber streiten, ob Schritt nicht auch erhaben sein kann und ob der Begriff „angenehm" die richtige Dimension ist, um Schritt zu kennzeichnen. Hinsichtlich des diagonalen Abfußens muß man aber deutlich sagen, daß das Pferd im Schritt nicht nur in diagonaler sondern auch in lateraler Folge seine Beine vom Boden hebt.

Das Schrittempo beträgt zwischen 5 und 7 km/h, das bedeutet, daß ein Pferd in einer Minute im Schnitt etwa einhundert Meter zurücklegt. Das relativ geringe Tempo verbindet sich mit Sicherheit

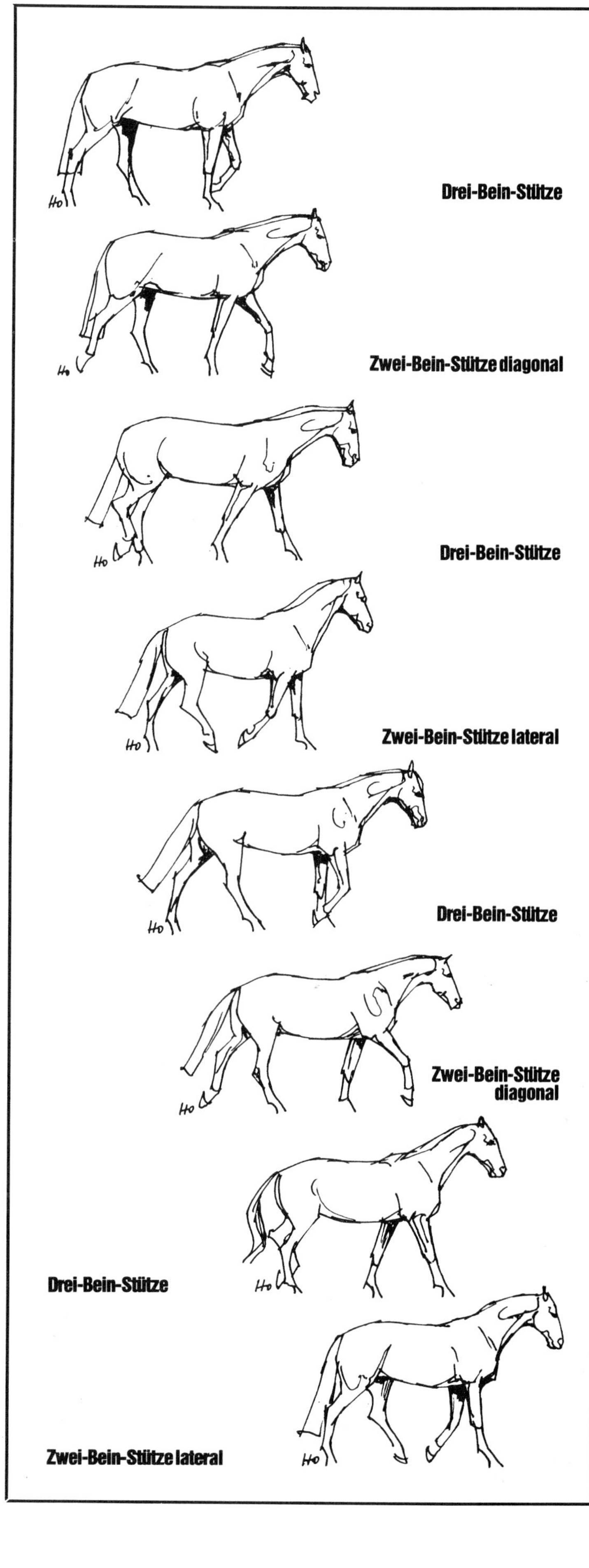

Das Pferd berührt im Schritt mit drei oder zwei Füßen den Boden, die Dreibeinstützen wechseln mit den Zweibeinstützen ab. Dabei trägt bei den Zweibeinstützen entweder ein gleichseitiges oder ein diagonales Beinpaar das Pferd. Demnach gibt es vier verschiedene Dreibeinstützen und ebenfalls vier verschiedene Zweibeinstützen. Die insgesamt acht möglichen Schrittbilder zeigen die nebenstehenden Skizzen – quasi im Zeitlupentempo aufgenommen.

und Standfestigkeit. Phasen, in denen das Pferd wie im Trab und Galopp ohne Stütze über dem Boden schwebt, kommen im Schritt nicht vor. Es gibt im Schritt nicht einmal Abschnitte, in denen das Gewicht des Tieres - wie beim Galopp und beim taktgestörten Trab - nur auf einem Bein ruht. Dreibeinstützen wechseln vielmehr mit Zweibeinstützen ab, das heißt: das Pferd ist im Schritt deutlich stabiler abgestützt, als im Trab und Galopp. Als Anmerkung ist in diesem Zusammenhang darauf hinzuweisen, daß die Gangarten Tölt und Rack sich als Verbindungen der Schrittsicherheit einerseits und des Trabtempos andererseits verstehen lassen; in ihnen wird eine größere Sicherheit vor allem dadurch gewonnen, daß das für den Trab und Trabpaß kennzeichnende diagonale oder laterale Auf- und Abfußen gebrochen ist. So kommt es auch nicht zu den Schwebephasen, die mit ausgeprägtem Schwingen des Pferderückens verbunden sind und daher vor allem dem Anfänger besondere Sitzprobleme bereiten. Im Tölt und Rack ist das Pferd jeweils mit mindestens einem Bein am Boden. Im Amerikanischen gibt es daher auch die Bezeichnung „single foot" für diese Gangart, die im einzelnen differenziert geritten und gefordert wird, in der Fußfolge aber grundsätzlich gleich abläuft.

Dreibein- und Zweibeinstützen

Der Wechsel von Zweibein- und Dreibeinstützen bedeutet, daß das Pferd im Schritt jeweils mit drei oder zwei Füßen den Boden berührt. Die Dreibeinstützen sehen so aus, daß die beiden Vorderbeine und ein Hinterbein oder die beiden Hinterbeine und ein Vorderbein das Tier tragen. In anderer Formulierung: daß sich die beiden Beine einer Seite jeweils mit einem Bein der anderen Seite verbinden. Die Zweibeinstütze verläuft lateral oder diagonal, das heißt bei ihr tragen einmal die diagonalen und dann die lateralen Beinpaare das Pferd. Die diagonale und die laterale Zweibeinstütze wechseln einander ab.
Die Folge sieht also kurz gesagt so aus: nach dem Anreiten aus dem Stand, nämlich nach der Vierbeinstütze, folgt eine Dreibeinstütze. An die Dreibeinstütze schließt sich eine Zweibeinstütze an, eine diagonale dann, wenn das Pferd zunächst mit dem Vorderfuß abfußte, eine laterale, wenn es mit dem Hinterfuß antrat. Der diagonalen Zweibeinstütze folgt eine Dreibeinstütze und dann die laterale Zweibeinstütze und so weiter. Der lateralen Zweibeinstütze folgt die Dreibeinstütze und dann die diagonale Zweibeinstütze.

Dieser Wechsel basiert auf der generellen Fußfolge im Schritt, die folgendermaßen abläuft: Beginnt man mit dem Zählen beim Auf- oder Abfußen vorne rechts, dann folgt dem rechten Vorderfuß der linke Hinterfuß, diesem der linke Vorderfuß und so weiter der rechte Hinterfuß. Damit ist eine Phase abgeschlossen. An sie schließt sich der rechte Vorderfuß wieder an. Guérinières Aussage vom diagonalen Abfußen ist nur halbrichtig, weil es neben der diagonalen auch die laterale Folge gibt. Auf das laterale Abfußen wird vielfach mit dem Wort „gleichseitig, aber nicht gleichzeitig" hingewiesen. Mit der Einschränkung „nicht gleichzeitig" ist gemeint, daß die beiden Beine einer Seite hintereinander, aber nicht zu gleicher Zeit auf- beziehungsweise abfußen. Ein gleichzeitiges Abfußen der beiden Beine einer Seite würde Paß bedeuten, eine Gangart, die es bei anderen Tieren im Schritt und im Trab auch in reiner Form durchaus gibt, die beim Pferd vor allem als Trabpaß - die Pacer im Trabrennsport und der Paß bei den Fünfgängerpferden - bekannt ist; im Schritt zeigen Pferde selten reinen Paß, meist nur eine Paßtendenz.

Gleichmaß der Bewegung

Taktrein ist ein Schritt dann, wenn die vier Füße im gleichen zeitlichen Abstand voneinander auffußen, das heißt wenn die Abstände zwischen den einzelnen Auftritten gleich bleiben. Daher läßt sich der Begriff Takt auch als Gleichmaß der Bewegung übersetzen.
Von einer Paßtendenz spricht man dann, wenn die beiden gleichseitigen Füße schneller hintereinander abfußen, als die diagonalen. Der Viertakt des Schrittes verschiebt sich dann in die Richtung von Zweitakt, freilich noch nicht in einen reinen Zweitakt; er wird zum unsauberen Viertakt. In diesem Fall kann man bei entsprechender Konzentration und Übung beobachten, daß die beiden Füße einer Seite mit minimalem Abstand einander folgen, während der Abstand zwischen den diagonalen Beinpaaren sich deutlich abzeichnet.

Ein störanfälliges System

Die Überlegungen über die Fußfolge und das Gleichmaß der Bewegungen machen unter anderem deutlicher, wie störanfällig das System Schritt gegenüber Taktstörungen ist. Störanfälligkeit bedeutet, daß reiterliche Einwirkung leicht dazu führt, den Schritt des Pferdes zu beeinträchtigen, es bedeutet ferner, daß die reiterliche Einwirkung den Schritt nur begrenzt zu verbessern vermag, daß sie ihn häufiger verschlechtert. Vielfach beeinträchtigen Reiter sowohl den Takt wie den Raumgriff des Schritts, nur wenigen gelingt es, den Bewegungsablauf von Pferden, die von Natur aus zu Taktstörungen neigen, zu stabilisieren und in der Regelmäßigkeit zu fördern. Die Störanfälligkeit des Systems Schritt läßt sich auch dahingehend formulieren, daß die durch reiterliche Einwirkung bedingten Spannungen beziehungsweise Verspannungen treten in der Regel im Schritt sehr viel deutlicher zutage als im Trab und im Galopp.
Die Tatsache, daß der Schwung mit seinen Auswirkungen im Schritt keine Probleme bereitet und man beim Schritt

Land- und Schulschritt

Den Schritt der Pferde, kann man eigentlich dreierlei nennen. Dieser ist der natürliche Schritt, der Feld- oder Landschritt und der Schultritt. Was den erstern betrifft, so ist das die langsame und schleppende Bewegung, worin wir das Pferd bey der Betrachtung des natürlichen Ganges bereits gesehen haben. Das Pferd schreitet hierbei mit den Hinterfüssen weit über die vordern Fußstapfen weg und gibt aus dieser Ursache dem Körper einen desto grössern Schwung zum vorne übersinken. Er ist also viel zu schwer und zu langsam, als daß ihn das Pferd behalten könnte, wenn es zum Reitpferd dienen soll. Der Schultritt hingegen, der in einer kurzen, lebhaften, anhaltenden und abgemessenen trabmäßigen Bewegung bestehet, gehöret nur für die Schule und zur Parade und dienet deswegen hier nicht zu unsrer Absicht. Hier und in der Folge ist die Rede nur bloß von einem Campagne oder Soldatenpferd, und wenn die Liebhaber des Reitens ein Pferd hierzu abrichten und ihm alles das geben können, was von ihm verlangt wird, so wird Ihnen gewiß Niemand das Lob eines geschickten und guten Reiters versagen. Schulpferde zu dressiren gehört wirklich nur für geschickte Meister der Kunst. Und wenn andere zwar ihren Pferden zuweilen diese Namen beilegen, so wird sie ihnen doch kein Kunstverständiger dafür gelten lassen. Der Campagne oder Landschritt ist es also, den wir dem Pferd zu geben suchen müssen, und es ist in der That eine grosse Eigenschaft, wenn es ihn gut gehet. Er unterscheidet sich sehr von dem natürlichen Schritt. Denn wenn das Pferd hier, mit sehr weniger Biegsamkeit seiner Beine sich schwerfällig dahin schiebet, so siehet man dagegen in dem Landschritt alle Gelenke in der schönsten Bewegung. Die Tritte der Hinterfüsse sind nun abgekürzt, sie folgen nur bis hinter und höchstens bis in die vordere Fußstapfen. Die Hinterfüsse heben sich schnell auf, greifen über der Erde weg und setzen sich leicht nieder. Der ganze Gang ist lebhaft, unterhaltend und entschlossen, und in seinen Tritten ist eine so tactmäßige Uebereinstimmung, daß es selbst dem Ohr angenehm ist, wenn man ein Pferd solchergestalt über die Strasse gehen höret. Ein jeder Reiter fühlet diesen Unterschied gar zu deutlich, aber eben deswegen fehlt auch mancher leicht bei dem rohen Pferde. Dessen Bewegung ist ihm zu langsam, es soll diesen guten Gang gleich in den ersten Lectionen annehmen und wenn es dieses nicht kann (wie es dann nicht anders möglich ist), so verliert er die Geduld und mißhandelt das Pferd. Sobald wir das junge Pferd in einen zu lebhaften Schritt antreiben, finden wir, daß seine Bewegungen zwar geschwinder werden, daß sein Gang aber auch gleich in Unordnung geräth. Es fällt in eine Art von Paß oder falschen Antritt. Seine Vorderbeine gehen nur noch näher an der Erde und alle Augenblicke wird es anstoßen oder falsche Tritte thun. Die Ursachen hiervon werden dem nachdenkenden Reiter gleich in die Augen fallen: durch das Antreiben wird der Körper des Pferdes dem Vordertheil zugejagt, und da dieses noch nicht aufgerichtet und biegsam gemacht worden ist, so haben die Vorderbeine die Fertigkeit noch nicht, sich so geschwind fort zu setzen, als das Gewicht des Körpers diesen zugeworfen wird, folglich müssen sie sich übereilen und die mechanische Ordnung des natürlichen Ganges wird unterbrochen und verwirrt. Der gute Landschritt entsteht also nicht durch den natürlichen Schritt selbst; sondern muß dem Pferd durch den Trab gegeben werden.

Ludwig Hünersdorf,
Anleitung zu der natürlichsten und leichtesten Art Pferde abzurichten.
1791

ruhig im Sattel sitzt, veranlaßt immer wieder dazu, im Schritt besonders deutlich einzuwirken und dort Erfolge zu suchen, die man im Trab und Galopp nicht erreicht. Vor allem besteht immer wieder die Tendenz, bei schwierigen Pferden im Schritt die Beizäumung zu erstreben, die sie einem in den beiden anderen Gangarten verwehren. Die Gefahr solcher Versuche wird um so größer, je weniger man bemerkt, wie sich die verstärkte Einwirkung auf den Raumgriff und den Takt des Schritts negativ niederschlägt.

Selbst wenn Reiter, die bei falsch verstandener „Arbeit" im Schritt ihr Heil suchen, sich auf Guérinière berufen – dieser hielt den kadenzierten, kurzen und gesetzten versammelten Schritt für „besonders wertvoll, um das Pferd an den Zügel zu stellen" – ‚muß man mit allem Nachdruck davor warnen, ihrem Beispiel zu folgen. Höher gesteckte Ziele wird man beim Schrittreiten wohl nur dann erreichen, wenn man sich bewußt bleibt, wie störanfällig diese Bewegungsart gegenüber der Hand- und der Kreuzeinwirkung ist.

Gegen Guérinières Rat darf man als Regelfall fordern, die Beizäumung nicht im Schritt zu beginnen, und dies vor allem nicht zu tun bei jungen Pferden. Gerade bei der Remonte ist der relativ lange Hals und die weiche Anlehnung in der Regel eine unbedingte Voraussetzung dafür, daß Takt und Raumgriff nicht beeinträchtigt werden. Ein Pferd im Schritt beigezäumt zu reiten, gehört in ein fortgeschrittenes Ausbildungsstadium, nämlich in eine Phase, in der das Genick bereits gelockert ist, das Pferd die Beizäumung gelernt hat und sich nicht mehr gegen sie durch Versteifungen im Genick und damit verbundene Symptome wehrt. Es ist daher durchaus sinnvoll, in A- und L-Prüfungen Mittelschritt zu verlangen und die Verstärkung wie vor allem die Versammlung im Schritt erst ab M-Niveau zu fordern. Das Ergebnis einer Reitart, die mit kräftiger Hand im Schritt die Beizäumung erreicht, die ihr das Pferd im Trab und Galopp verwehrt, läßt sich in manchen A-Prüfungen beobachten: Da gehen die Pferde allein im Schritt unter der vollen Kontrolle ihrer Reiterinnen und Reiter, schreiten aber nicht mehr, sondern zackeln und verspannen sich auf verschiedene andere Weisen.

Die Probleme des Schrittreitens sind auf hohem Niveau freilich in ähnlicher Weise zu beobachten, zum Beispiel beim versammelten wie beim starken Schritt des Grand Prix.

Außen- und Selbstkontrolle

Die Störungen des Schritts durch die Hand lassen sich bei strenger Außen- und Selbstkontrolle eigentlich relativ gut in den Griff bekommen. Immer wieder sollte man Pferde am hingegebenen oder am langen Zügel im Schritt reiten, sollte beim Annehmen des Zügels mit besonderem Nachdruck auf die weiche

Die Tendenz zum „vorwärts-abwärts" ist fürs Reiten generell verbindlich; sie erstreckt sich in besonderem Maße auf den Schritt. Die nachgebende Hand ermöglicht dem Pferd, seinen Hals zu dehnen und zum Schreiten zu kommen. Die Beizäumung im Schritt erzwingen zu wollen, ist ganz sicher der falsche Weg.

Anlehnung achten. Insofern kann der Schritt sogar geeignet sein, dem jungen Pferd die weiche Anlehnung beizubringen und dem Reitschüler ein Gespür dafür zu vermitteln, was es heißt, die Bewegungen des kauenden Pferdemauls zu fühlen, das Maul als „lebendiges Organ" anzufassen und auch zu sensibilisieren.
Schwieriger als die Störungen durch die Hand sind die Einwirkungen durch den Sitz unter Kontrolle zu bringen; vielfach werden sie nicht gesehen, häufig nur begrenzt gewußt. Die Versteifung des Reiters in der Hüfte bedeutet, daß er wie ein in sich starres Gewicht auf dem Pferderücken lastet und die Bewegungen des Rückens nicht dadurch erleichtert, daß er in sich flexibel ist und mitschwingt. Das versteifte Kreuz verhindert wie das versteifte Becken die Anpassung an die Bewegungen des Pferdes. Die Bedeutung des Mitschwingens, die beim Trabreiten leichter als beim Schrittreiten zu erkennen ist, wird beim Schritt vielfach deshalb übersehen, weil die Beurteilung des Schritts schwierig ist und mancher Beeinträchtigungen des Takts im Schritt übersieht. Dennoch wirkt sich auch bei der schwunglosen Gangart das fehlende Mitschwingen nachhaltig aus. Man kann sich dies an den Reaktionen eines Pferdes klarmachen, das auf Verfestigungen im Kreuz und Becken nach einer Phase des Mitschwingens und Sich-mitnehmen-Lassens mit verkürztem Raumgriff und gestörtem Takt antwortet.

Die Gefahr des Schiebens

Die lockere Hüfte führt bei lockerem Ober- und Unterschenkel dazu, daß das Gewicht des Reiters fest auf dem Sattel liegt und durch die Übereinstimmung mit dem Gleichgewicht des Pferdes, nicht aber durch den angeklemmten Schenkel gehalten wird. Die Schwunglosigkeit des Schritts verstärkt insofern die Gefahr der Versteifung, als man als Reiter dazu neigt, das Pferd durch vermehrte Einwirkung dazu zu animieren, fleißiger und raumgreifender zu gehen. Generell scheint beim Reiter die Tendenz zu bestehen, auf den Wechsel vom schwungvollen Trab oder Galopp zum schwunglosen Schritt mit vermehrter Einwirkung zu antworten. Der Versuch, das Pferd vorwärts zu schieben, ist für diese Einstellung charakteristisch. In der Regel bewirkt das Schieben das Gegenteil von dem, was man mit ihm erreichen wollte. Es führt zu einer Versteifung in der Beckenpartie, verhindert das für den Raumgriff wichtige Mitschwingen und erreicht durch die Gewichtsverlagerung nach hinten auch nicht den Erfolg, den die mechanische Vorstellung suggeriert.

Bestimmen und sich hingeben

Reiter, die nicht in der Lage sind, sich dem Pferd anzupassen, die es stets und ständig zu bestimmen suchen und sich ihm nicht hingeben können, sind in der Regel keine guten Schrittreiter. Vor allem bei jungen Pferden kommt es zunächst einmal darauf an, ihnen Zeit zu lassen, ihren Takt zu finden, sie also nicht zu übereilen. Meist beginnt man zu früh mit dem Treiben und verfestigt dadurch einen kurzen und eiligen Schritt. Bei Pferden, die zum übereilten und im Takt gestörten Schritt neigen, kann es erforderlich sein, sie mit Hilfe des Schenkels und mit Hilfe halber Paraden aufmerksam zu machen und sie dazu zu animieren, gegen die Tendenz zum stolpernden Lauf auf der Vorhand mit den Hinterbeinen nicht nur zu schieben, sondern auch zu tragen. Den halben Paraden muß dann aber in der Regel der verlängerte Zügel folgen, und zwar zu dem Zweck, dem Pferd Zeit und Gelegenheit zu geben, unabhängig von der Reiterhand den Takt zu finden.
Den Pferden Zeit zu lassen, ihren Takt zu finden, bedeutet nicht, ihnen zu gestatten, schleppend daherzulatschen. Mit Hilfe des treibenden Schenkels ist der Fleiß zu erhalten beziehungsweise wiederherzustellen; dabei sollte der Reiter sich aber vor Augen halten, daß man mit dem ausschließlichen Ziel des Fleißes leicht ins Eilen gerät. Auf der Basis eines eilenden Schritts läßt sich kein im Raumgriff verlängerter starker Schritt entwickeln, sondern gewöhnlich nur ein noch eiligeres Trippeln. Um den Schritt zu fördern, ist das Stadium, in dem das Pferd unabhängig von der Hand des Reiters fleißig, geregelt und mit einem – relativ zu seinen Möglichkeiten – ausgeprägten Raumgriff sich vorwärts bewegt, nicht zu ersetzen oder zu umgehen. Im Gegenteil: Auf dieses Stadium ist immer wieder zurückzugehen, um den Takt wie den Raumgriff und den Fleiß zu festigen.

Fleiß und Takt

Manche Pferde verfallen in ein müdes Schleichen oder in eine zögernde Vorwärtsbewegung, wenn sie in den Schritt durchpariert werden. Zu einem solchen Schritt können sie generell tendieren; er kann aber auch die Auswirkung mangelnden Fleißes im vorangegangenen Trab oder Galopp sein. Wenn das Pferd sich seine Arbeit derart bequem zu machen sucht, muß der Reiter es mit dem Schenkel zu vermehrtem Fleiß bewegen.
Die treibende Einwirkung ist manchmal auch erforderlich, um den Takt zu verbessern. Dies trifft vor allem für Pferde zu, die sich festhalten, hin- und herschwanken und die Intervalle zwischen dem Aufsetzen der verschiedenen Füße in die Richtung von Paß verschieben; dies kann auch und sogar gerade dann geschehen, wenn bedeutender Raumgriff verlangt und auch erbracht wird. In solchen Fällen führt das Treiben dazu, Spannungen zu lösen und über verstärkten Fleiß zu sauberem Viertakt zu finden. Eine Phase übereilten Schritts wird man bei dieser Korrektur als Zwischenstadium vielfach nicht vermeiden können. Erst wenn das Pferd gelernt hat, unabhängig von der Hand des Reiters fleißig, taktrein und raumgreifend zu gehen, ist mit der weiteren Schrittarbeit einzusetzen. Zu dieser gehört es dann, daß das Pferd auf die treibende Hilfe hin die Schritte verlängert, ohne ins Eilen zu geraten. Ferner umfaßt sie die Bereitschaft des Pferdes, sich im Schritt ohne Störung von Takt und Fleiß aufnehmen zu lassen und auf halbe Paraden – bei verstärkt treibendem Schenkel – mit Versammlung, das heißt mit verkürztem Raumgriff und Verstärkung der Tragkraft, zu reagieren – ohne dabei den Takt in die Richtung Paß zu verändern.

Auf gebrochenen Linien

**Obwohl ich den Trab als das beste Mittel zur Gymnastizierung des jungen Pferdes betrachte, lehne ich den Schritt, der auch seine Vorzüge besitzt, deswegen nicht ab.
Man unterscheidet zwei Tempi, nämlich den freien Schritt und den versammelten Schritt.
Den freien Schritt haben wir im Kapitel über die Grundgangarten beschrieben. Wir haben gesagt, daß er die am wenigsten erhabene und die langsamste Gangart des Pferdes darstellt. Der raumgreifende Schritt ist für den Reiter angenehmer und bequemer als die erhabeneren Gangarten, in denen er, soweit er nicht fortgeschritten ist, häufig Sorgen mit seinem Sitz hat.
Der versammelte Schritt unterscheidet sich vom freien Schritt insofern, als er kadenzierter, kürzer und gesetzter sein soll. Er ist daher besonders wertvoll, um das Pferd an den Zügel zu stellen. Er zwingt es gleichzeitig zu erhöhter Aufmerksamkeit und gewöhnt es an seinen Reiter, vor allem aber an die Disziplin, die man später von ihm verlangen wird, wenn es der fortgeschrittene Zügel- und Schenkelgehorsam zu schwierigeren und häufig unbequemen Lektionen befähigt. Soweit die Vorzüge des versammelten Schrittes. Sie sind so erheblich, daß selbst ein weit gefördertes Pferd durch diese Lektion noch Fortschritte machen kann.
Natürlich darf ein junges Pferd, das durch die Trabarbeit erst eine raumgreifende und schwungvolle Aktion bekommen soll, nicht in die Zwangsjacke des versammelten Schritts gezwängt werden, bevor es durch halbe und ganze Paraden dazu vorbereitet worden ist, über die wir im folgenden Kapitel sprechen werden.
Ein Pferd, das im Trab Fortschritte zeigt, sollte im langsamen, aber raumgreifenden Schritt gearbeitet werden, denn so erwirbt es Sicherheit und festigt das Erlernte. Um bei dieser Lektion die Schulterfreiheit zu erhalten, reitet man auf einer geraden Linie, wendet das Pferd abwechselnd nach rechts und links, reitet erneut geradeaus und so weiter. Die Länge der geraden Linien paßt man dem Temperament des Pferdes an.
Die Wendungen werden im Anfang ohne jede Stellung ausgeführt. Man führt ganz einfach die Vorhand in die neue Richtung und reitet weiter geradeaus, ohne sich an irgendwelche Hufschlagfiguren zu halten. Diese Methode ist der Arbeit auf dem Zirkel vorzuziehen, denn das Pferd bleibt so immer geradegerichtet, während es sich auf dem Zirkel nach innen legt und gestellt ist.
Man ist jedoch gezwungen, zur Zirkelarbeit zurückzukehren, wenn sich das Pferd auf einer Hand nicht loslässt, hart im Maul oder ungehorsam wird. Es gibt in diesen Fällen keine andere Lösung. Ich betrachte sie jedoch als ein Korrekturmittel und empfehle, jedes Pferd, das sich im Anfang der Dressur ungehorsam zeigt, unverzüglich wieder an die Longe zu nehmen. Die Maßnahme ist wirksamer als alle Strafen.
Die Arbeit auf gebrochenen Linien ist sehr förderlich für die Schulterfreiheit. Wenn man ein Pferd jedoch nur zum Ausreiten ausbilden will, muß man es, nachdem die vorstehend beschriebene Lektion einwandfrei beherrscht wird, auf langen Geraden energisch vorwärtsreiten, um ihm einen raumgreifenden und flotten Schritt anzugewöhnen. Man wendet jedoch gelegentlich, um Zügelgehorsam und Schulterfreiheit nicht verlorengehen zu lassen. Diese Arbeit wird, wenn eben möglich, in das Gelände verlegt. Wenn sich herausstellt, daß diese Schrittarbeit einem gehfaulen oder schwerfälligen Pferd nicht bekommt, wobei meist mangelnde Losgelassenheit der Grund ist, kehrt man zum energischen und frischen Trab zurück. Notfalls straft man mit Sporen und Gerte, bis man einen raumgreifenden und fördernden Schritt erreicht.**

F. R. de La Guérinière,
Ecole de Cavalerie. 1733

Mit hingegebenem Zügel

**Nach den kurzen Trabreprisen sollen die jungen Pferde zur Erholung immer wieder in den Schritt genommen werden. In dieser Gangart werden sie mit möglichst langem bis hingegebenem Zügel geritten. Der Reiter hat nur darauf zu achten, daß sie einen flotten Schritt gehen. Frühzeitige Versammlung in der Schrittarbeit ist für den Erfolg der Ausbildung die größte Gefahr, denn zu leicht verlieren die Pferde den Schwung und gewöhnen sich eine unreine Fußfolge an. Nicht oft genug kann betont werden, wie wichtig es ist, schon junge Pferde zu einem flotten Schritt zu erziehen und keinen faulen oder schläfrigen Schritt zu dulden, selbst wenn er nur geritten wird, um sie verschnaufen zu lassen.
Es kommt vor, daß Pferde nach intensiver, sie innerlich erregender Arbeit im Schritt mit hingegebenem Zügel gleichsam vor dem Gewicht des Reiters in ungeregelten Tritten davoneilen — eine Erscheinung, die auch beim Schulhengst auftreten kann, dann aber immer ein ungünstiges Licht auf seine Grundausbildung wirft. In diesem Falle darf man das junge Pferd nicht noch mehr mit den Schenkeln treiben, weil es sich sonst einen unreinen Schritt angewöhnen würde. Vielmehr muß es der Reiter bei angelegten Schenkeln und etwas vorgenommenen (erleichtertem) Sitz beruhigen, mit den Zügeln aufnehmen, dann die Zügel wieder hingeben, um aber bei den ersten eiligen Tritten sofort wieder verhaltend einzugreifen. Dieses Aufnehmen und Nachgeben der Zügel muß so oft wiederholt werden, bis das Pferd am langen Zügel einen ruhigen Schritt geht. Hat man das erreicht, können die vortreibenden Schenkel vorsichtig zur Anwendung kommen, um einen raumgreifenderen Schritt zu erzielen.**

Alois Podhajsky,
Die klassische Reitkunst. 1965

14. Folge

Der Trab

Das Hauptproblem des Trabs besteht für Anfänger darin, im Sattel sitzenzubleiben und nicht so stark geworfen zu werden, daß er das Gleichgewicht verliert und sich schließlich am Boden wiederfindet. Wer sich zum erstenmal auf das Unternehmen Trab einläßt, muß damit rechnen, mit beträchtlichen Sitzproblemen konfrontiert zu werden. Ihm kann man es nicht verdenken und verwehren, daß er sich mit klemmendem Schenkel um seine Sicherheit bemüht. Sobald man nämlich das Gleichgewicht zu verlieren droht, sucht man in einer Art von Reflexbewegung Halt und klammert sich dann mit dem Ober- wie mit dem Unterschenkel an Sattel und Pferd. Der Erfolg bestätigt diesen Weg. Nur: Wenn man mit seinem Schwerpunkt allzu weit von dem des Pferdes abweicht, helfen auch die klammernden Organe über die kritische Lage nicht hinweg.

Wichtiger Gleichgewichtssitz

Was dem Anfänger zuzugestehen ist, darf freilich für den Fortgeschrittenen nicht zum Dauerzustand werden. Ein wichtiges Ziel beim Erlernen des Trabreitens besteht darin, mit der Zeit auf den klemmenden Schenkel immer mehr zu verzichten und den Sitz allein über das Gleichgewicht zu stabilisieren. Auf dem Rücken des sich bewegenden Pferdes läßt sich das Gleichgewicht nur halten, wenn man in die Bewegung des

Pferdes eingeht, wenn man sich ihr anpaßt. Solange man noch des Schenkels bedarf, um ein Gefühl der Sicherheit auf dem trabenden Pferd zu gewinnen, ist das Vermögen, das Gleichgewicht in der Bewegung zu erhalten, noch nicht hinreichend ausgebildet. Da dem Pferd seine Arbeit und insbesondere die Bewegung des Rückens durch einen im Gleichgewicht sitzenden Reiter beträchtlich erleichtert wird, ist der Gleichgewichtssitz unabhängig von Hand und Schenkel eine unverzichtbare Voraussetzung für jeden Reiter, der seinem Pferd den Dienst wenig strapaziös machen möchte und dem es darum geht, den Raumgriff und den Takt in den verschiedenen Gangarten optimal zu entwickeln. Ein weiterer Grund spricht für einen vom Schenkel unabhängigen Sitz: Der Schenkel wird nämlich für andere Zwecke gebraucht, für die Biegung und Stellung hinter dem Gurt, zum Treiben am Gurt. Differenziert kann der Schenkel für diese Hilfen nur dann eingesetzt werden, wenn er locker liegt.

Ein verklemmter Schenkel gestattet keine feine Hilfe, er preßt, fühlt aber das Pferd nicht. Hinzu kommt, daß der klemmende und pressende Schenkel ebenso wie der ständig stoßende das Pferd abstumpft und daher nicht die Sensibilität gestattet, die das Ziel aller Ausbildung zum Schenkelgehorsam darstellen sollte.

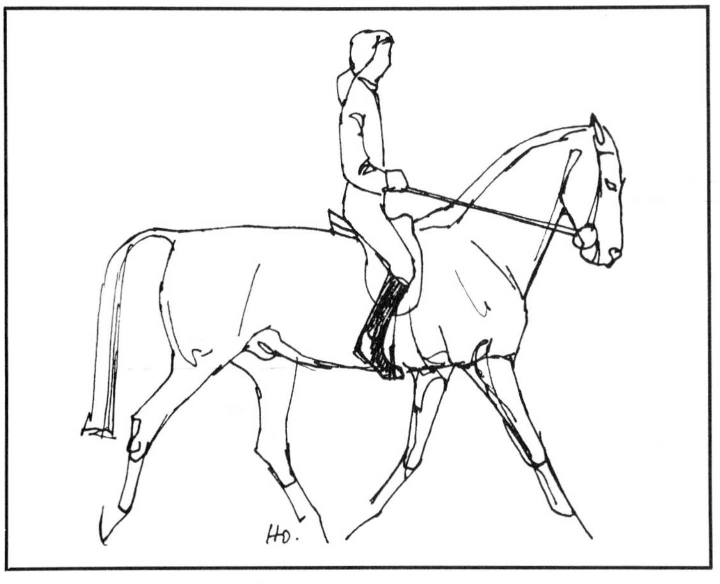

In diagonaler Fußfolge bewegt das Pferd sich im Trab schwungvoll vorwärts. Bei entsprechender Losgelassenheit schwingt sein Rücken rhythmisch. Aufgrund der Flexibilität seines Rückens, der wie eine Feder wirkt, fängt der Reiter die Bewegung des Pferderückens auf; derart ist es ihm möglich, in die Bewegung des Pferderückens „einzusitzen“ und „mitzugehen“ (links). Hält das Pferd seinen Rücken fest, dann neigt der Reiter dazu, sich zu verkrampfen (oben). Im Tölt, einer gebrochenen Trab- oder Paßbewegung, schwingt der Pferderücken nicht. Seine Bewegung ist auf eine Art von Vibrieren beschränkt, der Reiter wird daher nicht geworfen (unten).

Eine alte Erscheinung

Die Sitzprobleme im Trab sind eine alte Erscheinung, sogar eine, die für die Geschichte der Reittechnik bedeutungsvoll ist. Trab wurde nämlich in früheren Zeiten relativ selten geritten, beträchtlich seltener, als man nach seiner Bedeutung in der heutigen sogenannten klassischen Reitauffassung allgemein annimmt. Auf den Trab ließ man sich außerhalb des Schulreitens deshalb so selten ein, weil seine Sitzprobleme schon in früherer Zeit die Glieder unangenehm rüttelten. Man sah in ihm eine äußerst unangenehme Gangart, viele hielten ihn nicht einmal für einen natürlichen Fortbewegungsmodus des Pferdes. Sicher gestattete er kein komfortables Reisetempo. Der in der sogenannten klassischen Reitauffassung so verhaßte Paßgang, bei dem die Pferde schwanken, ihren Reiter aber nicht abwerfen, wurde demgegenüber sehr geschätzt. Man brachte den Pferden den Paßgang künstlich bei und bevorzugte auch Pferde, die eine Disposition zu ihm zeigten. Im Osmanisch-Türkischen soll man ausschließlich solche Pferde als Reittiere geschätzt haben, die das Paßgehen souverän beherrschten. Sie galten auch als die schöneren Pferde, und man sprach ihnen ein besonderes Prestige zu; die türkischen Vornehmen sollen sich nur auf Paßgänger gesetzt haben. Nicht paßgehende Reitpferde waren in dieser Gesellschaft schwer zu verkaufen.

Im Abendland galt der Zelter als das geeignete Reisepferd, vor allem für Damen. Anders als der Paßgänger, der sich in einem schwungvollen Zweitakt – die beiden gleichseitigen Hufe fußen gleichzeitig ab – fortbewegt, ist der Zelt ein Viertakt. In der Literatur früherer Zeiten wurde er wahrscheinlich fälschlicherweise als Paß, Halbpaß oder Dreischlag bezeichnet. Man darf annehmen, daß es sowohl eine vom Trab wie eine vom Paß abgeleitete Version des Zelts gab, gleich dem Paß-Tölt und dem Trab-Tölt. Auch in früheren Zeiten mußte der Zelt den Pferden mit besonderen Maßnahmen beigebracht werden; dies geschah unter anderem mit Hilfe von Spannstricken und Fesseln an den Füßen der Pferde. Auch bei dem von den Isländern bekannten Tölt wie beim amerikanischen Rack fußen die beiden parallelen Paß oder diagonalen Trab Hufe nicht gleichzeitig, sondern in kurzem Abstand. Dies führt dazu, daß der Rücken des Pferdes weder wie beim Trab in weiter Amplitude auf- und abschwingt noch wie beim Paß sich hin- und herbewegt; in kurzen Stößen geht er vielmehr auf und ab und bereitet dem Reiter sehr viel weniger Sitzprobleme als der Trab. Hinzu kommt die größere Sicherheit im Sinne von Standfestigkeit, die vor allem bei den Isländern den Hauptgrund für den Tölt bilden soll.

Die Erfindung des Leichttrabens

Die Jagdreiter gingen den Sitzproblemen im Trab einfach dadurch aus dem Wege, daß sie sich auf den Schritt und den Galopp beschränkten und den Trab als einen Übergang zwischen den beiden „eigentlichen“ Gangarten verstanden. Eingefleischte Huntsmen verfahren noch heute so. Ähnlich ging es bei der Militärreiterei, bei der zu den übli-

Auf dem äußeren Vorderfuß

Das Leichttraben ist ein Gleichgewichtssitz, der nicht der Bequemlichkeit des Reiters, sondern der Leistung des Pferdes dient.
Der erleichterte Trab wurde vorerst nur bei Märschen, auf Straßen und Wegen, also eigentlich nur auf geraden Strecken angewandt, und es war daher nicht wichtig, auf welchem Fuß gegebenfalls getrabt wurde, sobald der Reiter, um ein einseitiges Überanstrengen des Pferdes zu vermeiden, ungefähr nach jedem zurückgelegten Kilometer den wechselte. In der Reitbahn hingegen, wo das Reiten in Wendungen oder auf Volten und daher das Biegen des Pferdes die Regel ist, wurde zu jener Zeit in allen Trabtempi meistens ausgesessen und das Leichttraben nur in gewissen Ausnahmefällen — etwa beim Zureiten von Remonten — angewendet. Aber auch für diese Fälle wollte man, der Einheitlichkeit halber, eine bestimmte Bahnregel schaffen, und dieser Umstand war wohl der Hauptgrund für die ersten diesbezüglichen Reitvorschriften. So hießen die einen von ihnen — zum Beispiel die französische, die deutsche, die schweizerische — ihre Reiter auf dem äußeren, andere — etwa die schwedische, die russische, die polnische — auf dem inneren Fuß leichttraben . . .
Mit dem Schenkel richtig treiben kann man nämlich weit besser, wenn man im Sattel sitzt und sich nicht gerade über ihm befindet, wobei der zum Untertreten getriebene Fuß selbstverständlich in Bewegung sein muß, also nicht am Boden abgestellt sein darf. Um daher das innere Hinterbein, das hier in erster Linie zum vermehrten Untertreten gezwungen werden soll, wirksam treiben zu können, muß sich der Reiter in dem Augenblick, da dieses Bein und somit auch der äußere Vorderfuß im Ausschreiten sind, im Sattel befinden, d.h. auf dem inneren Vorderfuß traben.

Gregor von Romaszkan, Reitprobleme. 1967

chen Schwierigkeiten das Gepäck als störender Faktor noch hinzukam. Wenn die Soldaten in früheren Jahrhunderten traben sollten, stellten sie sich in die Bügel und ließen die Pferde quasi unter sich herlaufen. Das Leichttraben kannte man zu dieser Zeit noch nicht. Es kam erst um die Mitte des 19. Jahrhunderts in England auf und gelangte von der Insel aus in der zweiten Hälfte des letzten Jahrhunderts unter dem Begriff „ englisch" traben nach Europa, und zwar nicht als eine allseits bewunderte und einstimmig begrüßte Erfindung, sondern als eine Neuerung, die sich trotz ihrer praktischen Vorteile nur mühsam durchsetzte.
Die Sitzprobleme im Trab beruhen auf den Schwingungen des Rückens, die dadurch entstehen, daß die diagonalen Beinpaare kräftig nach vorne greifen, auffußen und wieder zurückschwingen, und zwar so, daß das eine Beinpaar zurückschwingt, wenn das andere vorgreift. Bei dieser ausgeprägten Bewegung der Extremitäten bleibt der Rükken nicht wie ein Sitz im Auto relativ statisch; er bewegt sich bei Pferden mit festgehaltenem Rücken in etwa so wie ein ungefederter Autositz, wenn der Wagen über ein unebenes Gelände rollt, bei Pferden mit losgelassenem Rücken stößt er nicht, sondern schwingt rhythmisch auf und ab, in etwa so wie ein weich gefederter Autositz. Die unterschiedlichen Bewegungen des Rükkens bedingen die unterschiedlichen Schwierigkeiten, sie auszusitzen; beim losgelassenen Rücken ist dies beträchtlich einfacher als beim festgehaltenen. Zur Ruhe kann der Reiter auf dem dynamisch schwingenden Rücken nur dann kommen, wenn er auf diese Bewegungen eingeht. Setzt er sich steif und statisch hin, dann wird er hin- und hergeworfen. Fängt er die Bewegungen in seinem Körper auf und bewegt sich damit quasi parallel zum Pferd, dann erreicht er relative Ruhe und damit auch eine Stabilisierung auf dem Pferderücken. Im Leichttraben entgeht man einem Teil der Schwingungen dadurch, daß man sich zeitweise aus dem Sattel hebt und nur beim Auffußen eines der beiden diagonalen Beinpaare im Sattel sitzt.

Die freie Schwebe

Das rhythmische Schwingen des Rükkens ist dann besonders klar und prägnant, wenn das Pferd in sauberem Takt trabt. Sauber bedeutet, daß die diagonalen Beinpaare wirklich gleichzeitig auf- und abfußen und bei entsprechendem Schwung zwischen dem Auffußen des einen Beinpaares und dem Auffußen des anderen eine Phase der freien Schwebe liegt. Erst wenn die

Pferde schwunglos gehen, reduziert sich diese Schwebephase bis zu einem Stadium, in dem sie nicht mehr existiert. In diesem Fall fußt das eine Beinpaar schon auf, wenn die anderen beiden Hufe noch dabei sind, den Boden zu verlassen. Erst wenn die diagonalen Hufe nicht mehr gleichzeitig auffußen, sondern der eine dem anderen folgt, geht das rhythmische Schwingen in ein kurzphasiges Stoßen mit geringer Schwingungsbreite über. Dieses Phänomen liegt beim Trab-Tölt und beim Rack vor. Bei diesen Gangarten fußt das Hinterbein früher als das entsprechende Vorderbein auf.

Störungen des Trabtaktes findet man in anderer Weise bei manchen jungen Pferden, die beim Übergang von einer Gangart in die andere etwas Zeit brauchen, um den Takt zu finden. Demgegenüber gibt es Pferde, die durch einen besonders sicheren und stabilen Takt überzeugen, der sich in der Regel mit einem ausgeprägten Rhythmus bei den Schwingungen des Rückens verbindet. Die Ausbildung des Pferdes verfolgt unter anderem das Ziel, den Takt und damit auch das rhythmische Schwingen des Rückens zu festigen. Es geht also nicht darum, die Bewegungen des Pferderückens zu reduzieren; sie sind vielmehr in ihrem Rhythmus zu stabilisieren, und zwar vor allem in dem Sinne, daß sie über den fleißigen und taktreinen Gang und über die Lockerung des Rückens vom kurzphasigen Stoßen zum längerphasigen Schwingen gelangen.

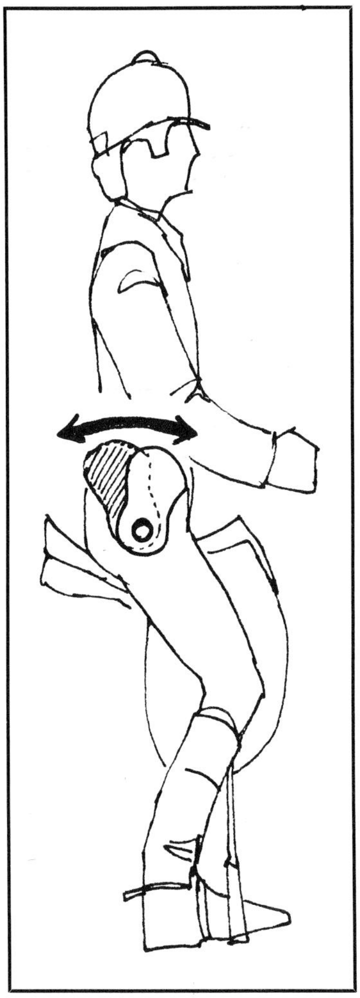

Mit Hilfe der Kippbewegung des Bekkens fängt der Reiter die vom Pferderücken ausgehenden Bewegungen oder Stöße auf. Anatomische Voraussetzungen und das Maß der Losgelassenheit bestimmen die Art, in der der Pferderücken sich bewegt; der Reiter muß sich auf diese Bewegung einstellen, mit der Zeit das Pferd freilich auch dazu bringen, mit dem Rücken zu schwingen, den Reiter nicht mehr zu stoßen, ihn sitzenzulassen (oben).

Das Leichttraben verläuft technisch so, daß der Reiter nicht jeden Trabtritt aussitzt, sondern nur jeden zweiten. In der Zwischenphase hebt er sein Gesäß aus dem Sattel; dazu stützt er sich mit den Füßen auf die Bügel auf, und mit den Knien lehnt er sich an die Seiten des Sattels an (links oben). Beim folgenden Tritt gleitet er wieder weich in den Sattel, und zwar dorthin, wo er beim aussitzenden Trab sitzt, nämlich im tiefsten Punkt des Sattels (links unten).

Wie eine Feder

Über das Vor- und Zurückkippen des Beckens ist der Reiter in der Lage, mit den Bewegungen des Rückens mitzuschwingen oder sie auszusitzen. Derart bleibt der Reiter mit seinem Gesäß fest am Sattel und fängt die Schwingungen in seinem Körper auf. Dabei ist darauf zu achten, daß der Körper des Reiters sich nur in dem Maße bewegt, das erforderlich ist, um die Schwingungen des Pferderückens abzufangen. Die Bewegungen des Reiters sind daher möglichst weitgehend auf das Becken zu beschränken. Wenn der ganze Oberkörper des Reiters sich stark bewegt, vor allem wenn er hin- und herhopst, liegt das in der Regel daran, daß die Hüfte steif ist und in diesem Bereich die Bewegungen nicht derart aufgefangen werden, daß der Oberkörper auf der wie eine Feder wirkenden Mittelpositur ruht. Der losgelassene Rücken des Pferdes ist ebenfalls mit einer Feder vergleichbar, auf dem – verbunden durch das bewegliche Zwischenglied Becken – der Körper des Reiters relativ stabil ruht.

Beim Leichttraben verändert der Reiter seine Gewichtseinwirkung dadurch, daß er kurzfristig in den Bügeln steht, das heißt mit dem Gesäß nicht am Sattel ist und sich derart sein Gewicht über die gesamte Auflagefläche des Sattels auf dem Rücken des Pferdes verteilt. Dies führt zu einer Befreiung des Pferderückens. Sie erleichtert dem Pferd das Vorschwingen der Hinterbeine und auch das Atmen.

Das Leichttraben empfiehlt sich als geringere Belastung für Pferd und Reiter, für den Beginn der Arbeit wie fürs Geländereiten. Technisch verläuft das Leichttraben so, daß der Reiter nicht jeden Tritt des Pferdes aussitzt, sondern nur jeden zweiten. In der Zwischenphase stützt er sich mit den Knien an den Seiten des Sattels und mit den Füßen auf den Bügeln ab, damit sein Gesäß sich aus dem Sattel heben kann. Das Heben geschieht nicht in kraftvoller Initiative; man muß vielmehr bestrebt sein, sich von der Aufwärtsbewegung des Pferderückens, die durch das vorschwingende Hinterbein bedingt wird, anheben zu lassen und dieser Bewegung nicht zuvorzukommen. Beim Auf-

Die englische Manier

Es hängt von der verständigen Benutzung der hier angegebenen Regeln und Vortheile von Seiten des Lehrers und von der Aufmerksamkeit und Thätigkeit des Schülers ab, um es längstens in einigen Wochen durch vieles Ueben in den Abwechslungen des kurzen und langen Trabes dahin zu bringen, daß der Schüler in beiden Arten regelmäßig, gut und mit Ausdauer reitet, und in diesem Falle kann man ihm auch die sogenannte englische Manier im Trabreiten beibringen.

Obschon diese Manier wenigstens auf der Reitbahn eigentlich eine fehlerhafte ist, so hat sie doch, besonders beim Reiten im Freien, manches Gute, und da sie nicht ganz mit Unrecht von vielen großen Herrn und Dilettanten der Reitkunst beliebt ist, so bin ich gar nicht dagegen, dem Schüler auch in diesem Gegenstande gehörige Anleitung zu geben. Ehe ich indessen zur Erklärung ihrer Anwendung schreite, will ich vorher ihre Vor- und Nachtheile angeben.

Die Vortheile der englischen Manier sind:

1) Sie schont (versteht sich von selbst, wenn der Reiter darin so geschickt ist, daß er sie zum Vortheile für sich und das Pferd zu benutzen weiß) nicht allein den Reiter, sondern auch das Pferd bei anhaltenden und schnellen Touren, und ist daher bei Relais- oder Tourierritten sehr zu empfehlen.

2) Sind die Pferde, welche ungleich traben, auf diese Art weit leichter zu reiten.

3) Ist es wirklich ein schöner Anblick, den eleganten Reiter auf einem englischen oder andern hohen Race-Pferd in dieser Manier flott vorüber traben zu sehen.

Die Nachtheile der englischen Manier dagegen sind:

1) Daß sie den Reiter und das Pferd, falls sie auf eine steife, gezwungene, mit einem Worte ungeschickte Weise verrichtet wird, sehr ermüdet.

2) Werden durch sie viele Pferde, besonders die jungen, im Trabe verdorben, indem sie die wiegende Bewegung des Reiters zum ungleichen Gange, ja sogar zum Antritt oder fliegenden Trab stimmt, zumal, wenn sich der Reiter durch Uebertreibung des Pferdes (wie es meistens geschieht) das Englischreiten erleichtern will.

3) Gewöhnen sich junge Reiter vom Fache durch sie an Gemächlichkeit, und arten dadurch leicht in die Gewohnheit aus, auch dann, wenn sie ein Pferd zu bearbeiten haben, im Trabe englisch zu reiten, was sich jedoch mit der Beschäftigung des Reiters: „das Pferd in dem Gleichgewichte zu erhalten", durchaus nicht verträgt. Und endlich sieht wahrhaftig nichts häßlicher aus, als einen ungeschickten Reiter auf einem gemeinen Reitpferde im Trabe englisch reiten zu sehen.

Wiegt nun der Sachverständige die Vortheile gegen die Nachtheile ab, so ergibt es sich, daß man dem Schüler, erst nach vollkommener Einübung in der gewöhnlichen Manier des Trabreitens, die englische Manier beibringen, und dem jungen Manne vom Fache das Englischreiten im Trabe nur im Freien, auf vollkommen zugerittenen, überhaupt auf ältern Pferden erlauben, nie aber gestatten soll, daß er sich bei der Dressur junger Pferde, weder auf der Reitbahn, noch im Freien, der englischen Manier beim Trabreiten bediene.

Diese sogenannte englische Manier besteht meines Wissens aber auch in zwei Arten, nämlich in der guten und in der fehlerhaften. Bei der guten Art muß der Reiter, in regelmäßiger Positur bleibend, bei mäßiger Anlehnung der Zügelhand, sich in unbemerkbarer Vorhebung grade und tactmäßig in die Höhe und durch leichte Hebelunterstützung der Bewegung des Pferdes nachschwingen. Hiebei muß die Bewegung des Oberleibes des Reiters den Anschein haben, als wenn sie durch eine auf der Mitte des Sattels angebrachte Druckfeder ohne Zuthun des Reiters geschähe, und durch dieses leichte, gleichsam elastische Federspiel entsteht sowohl für den Reiter als für das Pferd eine große Erleichterung.

Bei der fehlerhaften Art bewegt sich der Reiter, während er die eine oder auch beide Schultern in die Höhe zieht und sich in die Zügel hängt, mehr vor- und rückwärts, als grade nach der Höhe, und kömmt, wenn er bei kurzen Steigbügeln und vorgestreckten Schenkeln auch noch den Rücken krümmt, beim Niederlassen, statt mit dem Gesäß auf die Mitte des Sattels fast jedesmal auf den Kranz desselben. Darin liegt auch wahrscheinlich die Hauptursache der Vorliebe der meisten Engländer und vieler Deutschen für die flachen Sättel.

Karl Kegel,
Neueste Theorie der Reitkunst. 1846

fußen des inneren Hinterbeins läßt man sich wieder in den Sattel gleiten, und zwar dorthin, wo man beim aussitzenden Trab sitzt, nämlich im tiefsten Punkt des Sattels.

Kontakt zum Pferdeleib

Man sollte sich nur soweit aus dem Sattel heben, wie es erforderlich ist, um den Rücken des Pferdes zu befreien. Zu hohes Aufstehen führt leicht zu Gleichgewichtsproblemen und zu Störungen des Pferdes. Solche Störungen treten vor allem auf, wenn Reiter in zackiger Art aufstehen und sich niedersetzen, daß heißt wenn die Bewegung nicht weich an die Tätigkeit des Pferderükkens sich anpaßt. Weich wird das Sich-Heben-Lassen und Niedergleiten erst, wenn es aus federndem Fuß- und Kniegelenk bei tiefem Ansatz erfolgt, nicht aber mit verkrampften Gliedern. Der Reiter hat auch darauf zu achten, daß er beim Aufstehen im Gleichgewicht bleibt, weder nach vorne noch nach hinten fällt und dadurch das Pferd mit seinem Gewicht stört. Ferner darf er das Gesäß nicht nach hinten herausschieben, ein Fehler, der das Pferd ebenfalls in seiner Aufgabe beeinträchtigt, das Gewicht des Reiters zu tragen beziehungsweise es wie ein Jongleur auf seinem Rücken zu halten.
Eine wichtige Anforderung besteht für den Reiter ferner darin, mit dem Schenkel beim Leichttraben Kontakt zum Pferdeleib zu halten, um derart weitertreiben zu können. Auch hier ist darauf zu achten, daß der Schenkel locker bleibt und nicht die Aufgabe hat, einen nach vorne oder nach hinten überkippenden Oberkörper festzuhalten.
In der Bahn wird auf dem inneren Hinterfuß leichtgetrabt. Das heißt: Wenn der innere Hinterfuß – und damit auch der äußere Vorderfuß – am Boden ist, sitzt der Reiter im Sattel. Wenn der innere Hinterfuß den Boden verläßt, steht der Reiter auf; wenn dieser Hinterfuß wieder auf den Boden gleitet, kommt der Reiter wieder in den Sattel. Die von den Theoretikern immer wieder erörterte Frage, ob der Trab auf dem inneren Hinterfuß das Optimum sei oder ob nicht der äußere Hinterfuß die größere Arbeit tue und der Reiter daher beim Abstoßen dieses Fußes fest am Sattel sitzen und wirken solle, kann hier als ein quasi akademisches Problem vernachlässigt werden. Wichtiger als die Diskussion dieser Frage ist die Obacht darauf, daß man nicht stets auf einem Fuß trabt, das heißt das Pferd nicht einseitig belastet. In der Bahn geschieht der Wechsel mit dem Handwechsel, im Gelände empfiehlt es sich, diesen Komplex im Gedächtnis zu behalten. Dies braucht nicht dazu zu führen, nach einem strengen Zeit- oder Distanzplan in krampfhafter Regel von einem Fuß zum anderen überzugehen.

Versammlung und Verstärkung

Die Basis der Trabarbeit geschieht im Tempo Arbeitstrab, das zwischen dem versammelten und dem Mitteltrab liegt. Der fleißige und geregelte Arbeitstrab bildet die Grundlage für die Versammlung wie für die Verstärkung. Im Rahmen des Arbeitstrabes wird die Aktivitätsbereitschaft ebenso ausgebildet und gefördert wie die Losgelassenheit und der Takt. Solange der Arbeitstrab unzureichend und fehlerhaft ist, empfiehlt es sich nicht, zu versammeltem oder verstärktem Trab überzugehen. Aus dem matten und schwunglosen Arbeitstrab entsteht meist nur ein schleppender versammelter Trab. Solange das Pferd sich im Arbeitstrab festhält, muß man damit rechnen, daß es die Aufforderung zur Versammlung mit passageartigen Tritten beantwortet. Ähnliche Fehler stellen sich bei der Verstärkung ein, vor allem das schwunglose Laufen einerseits und die stechenden Spannungstritte andererseits.

Für den Reiter besteht die Hauptgefahr bei der Trabverstärkung darin, das Pferd schieben zu wollen und die derart falsch verstandene Kreuzeinwirkung zum Ersatz fürs Treiben mit dem Schenkel werden zu lassen. Einer harmonischen, durch Raumgriff, Takt und Schwung gekennzeichneten Trabverstärkung kommt man dann am nächsten, wenn man sie weniger als Ziel besonderer Maßnahmen verfolgt und mehr als Konsequenz solider Förderung des Arbeitstrabes versteht. Auch der Raumgriff ist in erster Linie über die fortschreitende Lockerung und Gymnastizierung des Pferdes im Arbeitstempo zu steigern, jedenfalls ein Raumgriff auf der Basis der Losgelassenheit und der Harmonie der Vorder- und Hinterbeine. Zu den gravierenden Fehlern des starken Trabs gehört das „Strampeln", das heißt ein Trab, bei dem die Vorderbeine auffallend weit vorgreifen, auffallend weit vor allem im Vergleich zu den schleppenden, nicht in ähnlicher Weise vorgreifenden Hinterbeinen. Auf falscher Spannung beruht eine Trabverstärkung, bei der die Vorderbeine extrem gestreckt, dann aber wieder zurückgezogen werden, das heißt bei dem die Hufspitzen nicht dorthin treten, wohin sie zeigen. Mit solcher Spannung muß man stets rechnen, wenn man zum starken Trab übergeht, ehe man Losgelassenheit und Schwung im Arbeitstrab hinreichend gefördert hat.

Hinterhand nur noch zu schieben und nicht mehr zu tragen. Bei fortgeschrittener Ausbildung der Tragkraft der Hinterbeine bleibt diese auch in der Verstärkung erhalten, freilich nicht in dem Maße wie beim versammelten Trab. Bei fortgeschrittener Ausbildung der Tragkraft ist es bei Pferden möglich, in der Verstärkung mit den Hinterbeinen weit unterzugreifen. Sie fallen dann nicht mehr auf die Vorderhand und bedürfen so nicht des fünften Beins in der Gestalt der Hand des Reiters. Die verstärkte Anlehnung kann freilich auch andere Gründe haben, zum Beispiel mangelnde Losgelassenheit. Häufig sieht man Trabverstärkungen, bei denen die Reiter ihre Pferde zunächst fest an die Hand nehmen und sie dann mit dem Sporn dazu animieren, mit den Vorderbeinen möglichst weit vorzugreifen. Diese Art der Trabverstärkung beruht in der Regel auf falscher Spannung, und die verstärkt diese zugleich. Zur Grundausbildung im Arbeitstrab gehört es unter anderem, das Pferd vorne „leichter" zu machen, das heißt es im Zuge der fortschreitenden Arbeit dazu zu bringen, daß es nur noch eines Minimums an Anlehnung – Klassiker sprechen von der sogenannten Zügelschwere – bedarf. Bei solidem Engagement der Hinterhand läßt sich diese Zügelschwere auch in der Trabverstärkung erhalten. v. Heydebreck vertrat in „Die deutsche Dressurprüfung" eine Auffassung, die in der Hinsicht problematisch oder zumindest leicht mißverständlich ist. Er sprach beim starken Trab vom Reiter, „der dem Pferde die tiefgestellte Hand in steter Stellung hinhält, damit es etwas mehr Anlehnung am Gebiß nehmen kann". Volle Schwungentwicklung bis zum starken Trabe ist nach v. Heydebreck ohne Anlehnung nicht möglich.

Die verschiedenen Trabtempi unterscheiden sich durch den Raumgriff der einzelnen Tritte. Im versammelten Trab soll der Raumgriff relativ gering, im starken Trab soll er maximal sein. Das absolute Maß des Raumgriffs hängt von der natürlichen Anlage des Pferdes und seiner Losgelassenheit ab. Über die Förderung von Losgelassenheit und Takt ist der starke Trab zu verbessern, nicht über vermehrte Spannung. Der Stechtrab (oben), bei dem die Vorderbeine des Pferdes nicht dorthin treten, wohin sie zeigen, beruht auf einer Spannung, die sich auch in mangelnder Erweiterung des Rahmens – bei starrer Hand des Reiters – zeigt.

Unabhängigkeit von der Hand

Ein bemerkenswertes Kriterium für die Solidität der Trabarbeit bildet auch in der Verstärkung die weitgehende Unabhängigkeit von der Hand. Pferde, die beim Zulegen die verstärkte Anlehnung suchen, tun dies meist im Zusammenhang mit der allgemeinen Tendenz, auf die Vorderhand zu fallen und mit der

Der Galopp

15. Folge

Die größten Probleme bereitet dem Anfänger der Galopp, und das nicht nur wegen seines Tempos und seines Schwungs. Dem Anfänger fällt es besonders schwer, mit dem Gesäß am Sattel zu bleiben und die Bewegungen des Pferderückens auszusitzen. Er wird nicht wie beim Trab in relativ schneller rhythmischer Folge hochgestoßen, sondern durch eine Bewegung geworfen, die gleichsam diagonal durchs Pferd geht, die schwer kalkulieren und einen leicht das Gleichgewicht verlieren läßt. Die Folge von Sprüngen, die der Galopp darstellt, bedingt eine Rückentätigkeit des Pferdes, die sich von der im Trab beträchtlich unterscheidet. Die Formulierung „Folge von Sprüngen" bedeutet, daß der Galopp eine Dreitaktbewegung mit jeweils folgender Flugphase darstellt, daß die Sprünge im Galopp sich aber von denen des Hindernisspringens deutlich unterscheiden. Beim Hindernisspringen landet das Pferd auf einem der Vorderbeine, dem sich ein weiteres zur Stütze anschließt. Auf diese Phase folgen dann eine kurze, freie Galoppschwebe und das Auffußen der Hinterbeine, an das sich die normale Galoppfußfolge anschließt. Der Absprung beim Hindernisspringen geschieht durch das gleichzeitige Abfußen der beiden Hinterfüße. Phasen wie die des Auffußens beim Landen nach dem Sprung und die des Abfußens vor dem Sprung kommen beim üblichen Galopp nicht vor.

Die Fußfolge

Der Dreitakt des Galopps verläuft folgendermaßen: Nach der Flugphase setzt zunächst der linke, das heißt der äußere Hinterfuß auf. Ihm folgt die Diagonale von hinten rechts und vorne links, das heißt des inneren Hinter- und des äußeren Vorderfußes. Als letzter setzt dann der rechte, das heißt der innere Vorderfuß auf. Diese Fußfolge bedingt die folgenden Stützphasen: Zunächst lastet das Gewicht des gesamten Pferdes allein auf dem äußeren Hinterfuß. Dieser Einbeinstütze folgt die Dreibeinstütze, wenn die Diagonale aufgefußt hat. Ehe der innere Vorderfuß den Boden berührt, verläßt der äußere Hinterfuß den Boden schon wieder. Dadurch kommt es zur Zweibeinstütze, nämlich durch den inneren Hinter- und den äußeren Vorderfuß. Darauf folgt die Dreibeinstütze, nämlich dann, wenn der innere Vorderfuß den Boden berührt. Sie geht in eine Einbeinstütze über, wenn die Diagonale innerer Hinterfuß, äußerer Vorderfuß sich vom Boden hebt. Schließlich hebt auch der innere Vorderfuß ab. Dieses Stadium, in dem keiner der vier Füße Kontakt mit dem Boden hat, ist die Phase des Fluges oder der freien Schwebe. An sie schließt sich die Einbeinstütze durch den äußeren Hinterfuß an, und damit hat die nächste Folge begonnen.
In der Bahn wird der Rechtsgalopp auf der rechten Hand geritten. Der Anfänger fühlt in der Regel nicht, ob er im Rechts- oder Linksgalopp reitet. Er vergewissert sich dadurch, daß er auf die Schulter des Pferdes heruntersieht und dann feststellt, daß im Rechtsgalopp die rechte Schulter, im Linksgalopp die linke Schulter vorgeht. Im Zuge seiner weiteren Ausbildung sollte man sich freilich darum bemühen, auch ohne diese optische Absicherung auszukommen, und den Rechts- oder Linksgalopp zu fühlen, möglichst anhand des vorgreifenden inneren Hinterbeines

Hand- und Contregalopp

Der Rechtsgalopp auf der rechten Hand und der Linksgalopp auf der linken Hand heißen Handgalopp. Ihnen gegenüber steht der Contregalopp, das heißt auf der rechten Hand der Links- und auf der linken Hand der Rechtsgalopp. Das Pferd ist beim Contregalopp entgegengesetzt zur Bewegungsrichtung ein wenig gebogen und gestellt. Aus der Sicht des Anfängers ist der Contregalopp ein „falscher" Galopp, sofern der der Reiter ihn nicht beabsichtigte. Der Außengalopp wird erst ab dem Stadium L-Dressur verlangt. Dies ist sinnvoll, weil der richtig gerittene Contregalopp vom Pferd Versammlung verlangt, das heißt die Fähigkeit, sich zu tragen. Sofern dieses Ausbildungsstadium noch nicht erreicht ist, lassen die Pferde sich beim Contregalopp auf die eine oder andere Seite fallen; dabei gehen sie schief. Leicht läßt sich dies bei Remonten an der Longe beobachten. Sie galoppieren nicht selten im Contre- oder Außengalopp an. Sie tun dies häufig deshalb, weil sie sich auf dem Zirkel noch nicht biegen und ausbalancieren können; durch den Contregalopp stützen sie sich ab, um der Gefahr zu entgehen, nach innen zu fallen. Diese „Technik" der Pferde läßt es als problematisch erscheinen, den Contregalopp als eine unnatürliche Gangart zu bezeichnen.
Die Sitzprobleme bestehen für den Anfänger darin, daß er durch die sprunghafte Bewegungsfolge hochgeworfen wird und dann wieder unkontrolliert in den Sattel fällt. Das Pferd hat diese Stöße ebenso zu verkraften wie der Reiter. Es nimmt sie in der Regel nicht reaktionslos hin, sondern beantwortet sie mit einer Verfestigung seines Rükkens und einer Verkürzung seiner Sprünge – ähnlich einem Menschen, der läuft und dabei einen Sack auf dem Rücken trägt, dessen harter Inhalt ihn bei jedem Laufschritt wieder ins Kreuz schlägt. Die Stöße verstärken sich für Pferd und Reiter meist dadurch, daß der Reiter das Gegenteil von dem tut, was er tun sollte: Er verkrampft sich und klammert sich mit den Schenkeln an den Sattel. Da das Klammern keine

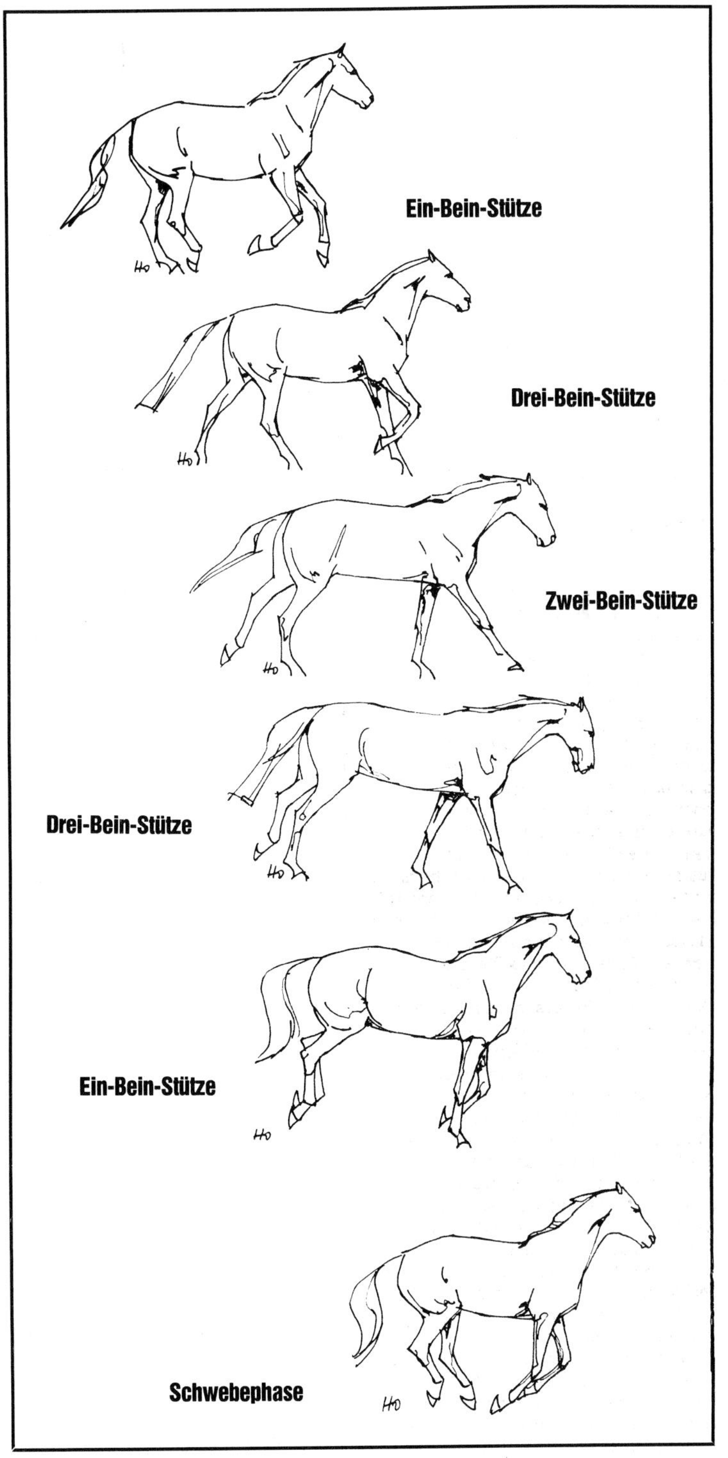

Der Galopp läuft in verschiedenen Phasen ab, die sich vor allem dadurch unterscheiden, daß der Körper des Pferdes in unterschiedlicher Weise getragen wird. Nach der Phase der freien Schwebe fußt das Pferd (in unserer Bildfolge) mit dem linken Hinterbein auf. Dem folgt das rechte Hinterbein und das linke Vorderbein. Dann verläßt das linke Hinterbein den Boden. Der daraus entstehenden Zweibeinstütze folgt mit dem Auffußen des rechten Vorderbeins wieder eine Dreibeinstütze. Wenn rechtes Hinter- und linkes Vorderbein den Boden verlassen, stützt vor der Flugphase allein das rechte Vorderbein die Last.

zureichende Hilfe gegen die Stöße liefert, steigt die Verkrampfung weiter, und das wiederum bedingt, daß der Reiter wie ein in sich starrer Gegenstand stärker geworfen wird, daß er die Stöße nicht wie eine Feder abfängt.
Um den Stößen zu entgehen, wird dem Reiter vielfach die Hilfsvorstellung vermittelt, den Sattel mit dem Gesäß auszuwischen, und zwar jeweils vom hinteren zum vordersten Teil des Sattels. Diese Anweisung führt manchen auf den richtigen Weg, dennoch sollte man vorsichtig mit ihr sein, weil es nicht das Ziel des Sitzes im Galopp sein kann und soll, sich bei jedem Galoppsprung vom hinteren in den vorderen Teil des Sattels zu bewegen, das heißt im Sattel hin- und herzurutschen. Auch im Galopp muß das Ziel darin bestehen, konstant auf einem Punkt zu sitzen und das Pferd nicht durch das unruhige Reitergewicht zu stören.

Das Mitschwingen

Der Weg zum ruhenden Gesäß führt übers Mitschwingen durch die Kippbewegung des Beckens. Diese ist nur möglich bei lockerer Hüfte. Die vielfach zu beobachtende Verfestigung in der Hüfte schließt die Kippbewegung im Becken aus und führt in der Regel zu einem Hin- und Herschwanken des Oberkörpers. Es kommt aber darauf an, dieses Hin- und Herschwanken im oberen Teil des Oberkörpers – und damit auch das Hin- und Herschwanken des Gewichts auf dem Rücken des Pferdes – dadurch auf ein Minimum zu reduzieren, daß man die Bewegungen des Pferderückens in der Becken- und Hüftpartie abfängt, daß in der Becken- und Hüftpartie die Federung liegt, die den oberen Teil des Oberkörpers relativ ruhig trägt.

Folgenreicher Sitzfehler

Der folgenreichste Sitzfehler im Galopp besteht demnach in der Verfestigung in der Becken- und Hüftpartie, ein Fehler, der sich auch beim fortgeschrittenen Reiter immer wieder einstellt, dessen man sich stets bewußt sein sollte und den man auch immer wieder erneut korrigieren muß. Bei fortgeschrittenen Reitern tritt die Verfestigung in der Hüft- und Beckenpartie vielfach bei forcierter Versammlung auf, unter anderem bei Galoppvolten und auf hohem Niveau bei Pirouetten. Diese Verkrampfung hängt eng mit dem klemmenden Schenkel zusammen. Beide Fehler treten häufig dann auf, wenn der Galoppfluß sich reduziert und man auf diesen Schwungverlust durch stärkeres „Zupacken" reagiert.
Das Diabolische dieser Reaktion besteht darin, daß man zunächst mit ihr auch Erfolg hat, das heißt, daß die Pferde auf das verstärkte Zupacken zunächst positiv reagieren, mit der Zeit dann aber abstumpfen und der Reiter sich des Niveaus an Druck, an das er sich und das Pferd gewöhnt hat, erst gar nicht mehr bewußt wird. Nur der Schenkel, der mit Hilfe zeitweise energischer Einwirkung konsequenten Gehorsam auf weiche Hilfen verlangt, kann auf Dauer der Verfestigung und Verkrampfung entgehen und dazu beitragen, den Reiter in der Hüft- und Beckenpartie zu entkrampfen und stetig am Sattel sitzenzulassen.

Natürlich, kurz und verlängert

Die Regel ist alt und lange bekannt, daß der Galop aus dem Trab entstehe, und daß das Pferd alsdann in den Galop gesetzt werden müsse, wann es sich in dem Trab selbst dazu darbietet. Da man aber die verschiedene Arten des Trabes nicht auseinander gesetzt, und uns denjenigen insbesondere nicht bestimmt hat, aus dem das Pferd in den Galop fallen soll, so wird diese Regel von einem großen Theil von Reitern (wie wir in der täglichen Ausübung sehen) mißverstanden, und giebt zu sehr beträchtlichen Fehlern Anlaß.
Der Galop, als ein Gang der von jedem Reiter so sehr geschätzt wird, verdient genauer untersucht zu werden, und um ihn uns richtig zu erklären, müssen wir ihn ebenfalls in drei Gattungen eintheilen. Diese sind:
1) der natürliche,
2) der kurze,
3) der verlängerte oder gestreckte Galop.
Dies ist die unangenehme Bewegung, worin wir das rohe Pferd auf der Weide galopiren sehen. Den Kopf und Hals streckt es voraus, legt sich auf die Schultern, mit der Croupe geht es hoch, seine Beine biegt es sehr wenig und fällt fast zu gleicher Zeit auf alle vier Füße.
Den Schritt und den Trab haben wir zwar bei dem jungen Pferde mit den natürlichen angefangen. Mit dem Galop verhält es sich aber anders: denn um die Zeit, wo das Pferd in den Galop gesetzt wird, sind jene Gänge bereits durch die Kunst völlig geordnet, und durch sie erhält es die Eigenschaften, die ihm zum Galopiren nothwendig sind.
Der natürliche oder schlechte Galop findet demnach bei der Abrichtung eines Pferdes nicht statt, und wir müssen sorgfältig alle Mühe anwenden, das Pferd davon abzubringen, wenn es uns anfänglich die Lectionen im Trab durch diesen Galop (wie es gewöhnlich geschiehet) zu unterbrechen und zu verfälschen suchet. Die Gelegenheit, wo dieses am häufigsten vorfällt, ist beim ausgedehnten Trab. Den Zweck und den Nutzen dieses Trabes habe ich dort, wo davon gehandelt wird, hinlänglich gezeigt. Hier ist aber noch anzumerken, daß eben der natürliche Galop, den ich dort als die äußerste Stufe des ausgedehnten Trabes angegeben, dem Reiter oft eine Menge Hindernisse in den Weg legen kann, diesen Trab zu derjenigen Stärke und Lebhaftigkeit zu bringen, welche die Einrichtung des Pferdes erlaubt.
Wir wissen aus dem vorhergehenden, daß das Pferd in seinen natürlichen Bewegungen die nöthige Haltung nicht hat, es muß sie erst durch die Kunst erlangen. Treiben wir das rohe Pferd im Schritt an, so fängt es an zu traben; geben wir ihm hier nun keine Stütze und lassen ihm freie Zügel, so fällt es alsbald in seinen natürlichen Galop, und von da lauft es noch stärker, eine Sache, die jeder Reiter empfindet, der junge Pferde reitet. Es fällt also aus einem Gang in den anderen, und es ist demnach gewiß, daß das Pferd in dem ausgedehnten Trab, wo es durch den Reiter hervorgetrieben und belebt wird, eine gewisse Haltung auf dem Gebisse finden muß, wenn es in diesem Gange bleiben und nicht in den schlechten Galop fallen soll. (Man wird hier das Anlehnen an das Gebiß und das Auflegen auf die Hand nicht mit einander verwechseln.)

Schul- und Paradegalopp

Je gedrungener, abgekürzter und erhabener von vorne der Galop ist, desto mehr befindet sich das Pferd auf dem Hintertheil, und hierdurch wird der Schul- und Parade-Galop gebildet, der aber vom Campagne-Galop verschieden ist, und nur einem Pferde mit natürlichen Anlagen gegeben werden kann. Man wird nun verstehen, was die neueren Herren Autoren damit wollen, wenn sie sagen, das Pferd soll auf den Hanken galopiren. Das ist weit leichter gesagt als gethan. Und ohne Zweifel hat diese bestimmte aber unerklärte Nothwendigkeit ein Pferd auf der Croupe galopiren zu machen, der Reiterei mehr geschadet als genützt: denn oft siehet man Reiter durch falsche Begriffe verleitet, ihre Pferde im Galop zusammen spornen, weil sie, ohne Rücksicht auf das Pferd, sich einbilden, daß es noch nicht genug auf die Hanken gesetzt seye, und weil sie die Art nicht wissen, wie sie dem Pferde die Leichtigkeit in der Hand geben sollen.
Aus den Begriffen, die wir hier von dem kurzen Galop festgesetzt haben, folgt, daß Haltung und Biegsamkeit des Pferdes dazu erfordert werde. Hinten muß es sich setzen, vorne aber mit Leichtigkeit sich aufheben, und mit seinen Schenkeln spielen und sie frei hervorsetzen können, wenn der Galop schön, lebendig und gut seyn soll. Diese Eigenschaft muß das Pferd erst durch den zusammengenommenen, abgekürzten, vereinigten Trab erlangt haben. Und dieser Trab ist es eigentlich, aus dem das Pferd in den Galop gesetzt werden muß; er giebt dem Pferde Gleichgewicht, die Biegsamkeit zum Campagneschritt, die Anlagen zum Schultritt, die Leichtigkeit und den Takt zu den Traversen, die Fähigkeit zum Galopiren, und ist folglich derjenige Trab, von dem die Meister sagen: er seye der Grund aller Lectionen.
Bei einer großen Anzahl von Pferden würde man vergebens den Zeitpunkt abwarten, bis sie sich im zusammengenommenen Trab zum Galop selbst darbieten. Herzhafte, vermögsame mit Leichtigkeit versehene Pferde thun dieses wohl, andere aber lassen es bleiben. Die Ursache ist natürlich: der gute Galop greift das Pferd mehr an, als der Trab, das wir blos an dem Athem bemerken können, wenn es einige Zeit darin fortgedauert hat. Will man demnach behaupten, daß es Pferde gebe, die lieber galopiren als traben; (worunter man vorzüglich diejenigen zählen kann, die zu festgebundene Schultern haben, denen aber der Trab desto nothwendiger ist) so muß man wohl einen schlechten Galop darunter verstehen. Ausserdem müssen die meisten Pferde dazu angeregt werden.

Für das Soldatenpferd

Der Galop für das Soldatenpferd soll mehr räumlich und nicht zu hoch über der Erde seyn, wenn man nemlich kein Paradepferd abzurichten hat. Trift man also ein Pferd von der ersten Art, das zu hoch und langsam von Natur gehet, so muß man lieber den Galop etwas beschleunigen, und das Pferd ein wenig fortlassen, damit es sich an ein geschwinderes Tempo gewöhne, und keine Zeit behalte, sich so hoch aufzuheben. Bei dem zweiten ist es gerade das Gegentheil. Dieses wird, wenn es zu nahe an der Erde und zu übereilt galopirt, zurückgehalten, und zugleich hinten hervorgetrieben, wodurch es genöthigt wird, sich mehr auf die Hanken zu setzen, sich vorne zu erheben, und einen haltbareren deutlichern Galop anzunehmen. Eben so wird das hervordringende Pferd durch öfterte halbe Arrets gemäßigt, auch wohl ganz arretirt und zurückgenommen, das Pferd aber, das sich zurückhält, fleißig hervor an die Hand getrieben.
Ueberhaupt wird die natürliche Anlage, die das Pferd zuerst beim Galopiren zeigt, dem Reiter zur besten Richtschnur dienen können, was für eine Art von Galop und welchen Takt er ihm geben soll. Die Kunst ordnet und bessert die Gänge, sie kann aber nie die natürliche Einrichtung ganz aufheben.
Der Reiter muß aber seine Aufmerksamkeit besonders darauf richten, daß er das Pferd in dem Tempo, das er ihm zu geben gut findet, erst ganz bestätigt, ehe er es verändert. Das Pferd würde nie eine Haltung in irgend einem Gang bekommen, wenn es anfangs bald langsam, bald geschwind gehen dürfte. Und zweitens muß er darauf sehen, daß es den Galop in gleicher Stärke und Lebhaftigkeit unterhält. Hierzu muß ihm sein genaues Gefühl zu statten kommen.
Wenn das Pferd im Galop nicht von Zeit zu Zeit versammelt, belebt und unterstützt wird, so läßt der Gang nach, wird matter, und das Pferd thut sich dabei immer mehr und mehr auseinander, ob zwar das nemliche Tempo immer noch fortdauern und der Reiter durch das Gehör betrogen werden kann. Sobald der Reiter dieses empfindet, muß das Pferd ermuntert und durch einen halben Arret wieder vereinigt werden.

Ludwig Hünersdorf,
Anleitung zu der natürlichsten und leichtesten Art Pferde abzurichten. 1791

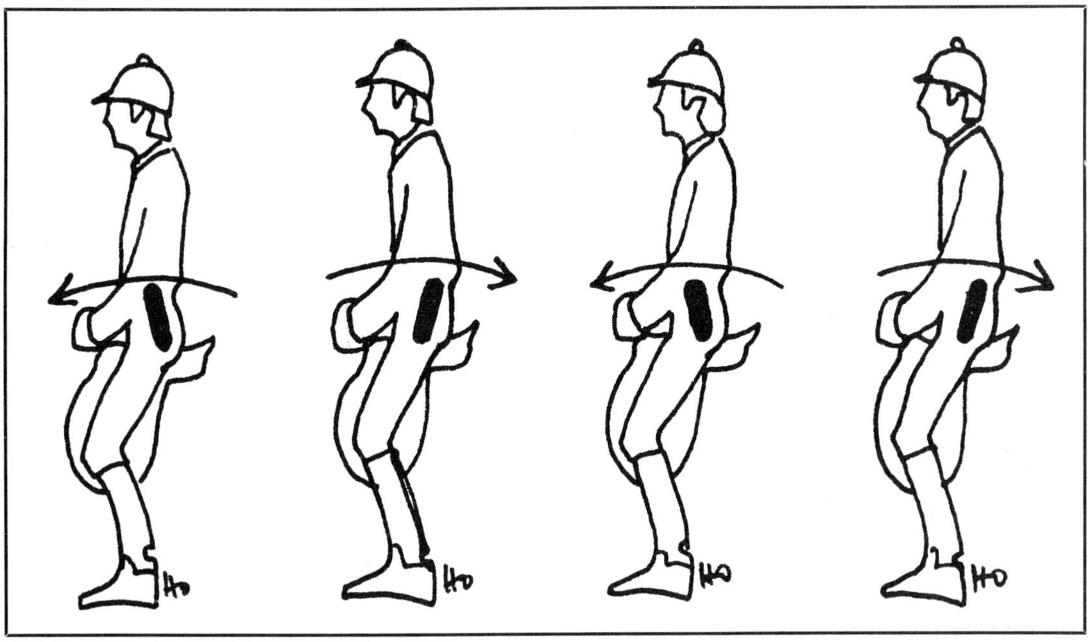

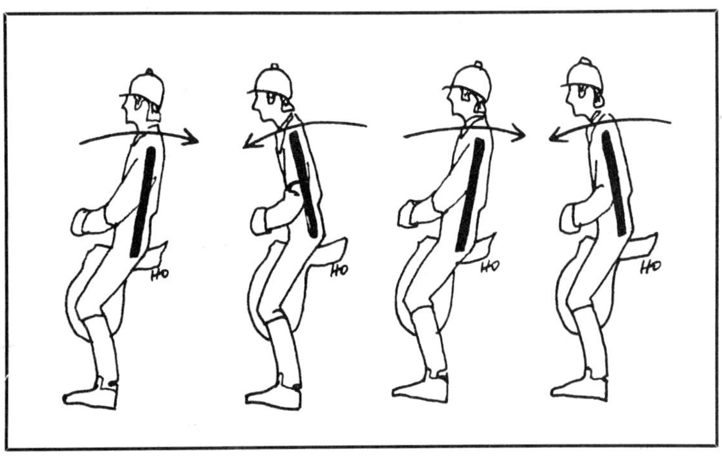

Wenn der Reiter das Knie nicht anpreßt und im Oberschenkel wie in der Hüfte locker bleibt, kann er die Bewegungen des Pferderückens im Galopp „aussitzen" und so mit dem Oberkörper ruhig bleiben (oben). Versteift man sich aber in der Hüfte, dann wippt der Oberkörper bei jedem Sprung vor und zurück (rechts). Ausschlaggebend ist die Losgelassenheit in der Hüfte.

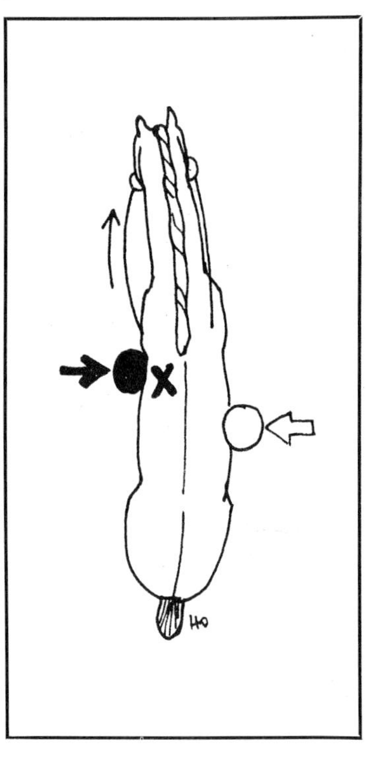

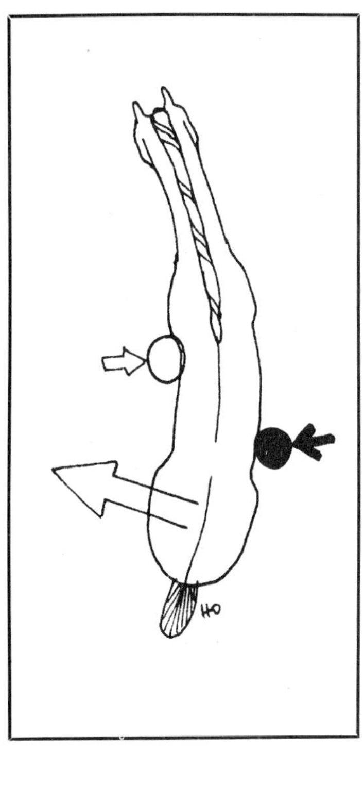

Der vermehrt treibende innere Schenkel, die leichte Verlagerung des Gewichts nach innen, der verwahrende äußere Schenkel und die nachgebende – den Sprung herauslassende – innere Hand bilden die korrekte Hilfe zum Angaloppieren (unten links) – nicht der dem schlecht ausgebildeten Pferd leichter verständliche, aber zur Schiefe führende Druck mit dem äußeren Schenkel (unten rechts).

Innerer und äußerer Schenkel

Die zuvor beschriebene Fußfolge und die dadurch bedingte Bewegung des Pferderückens führen dazu, daß die innere Seite des Pferderückens – wie in der Wendung – etwas niedriger als die äußere ist, das heißt, der Pferderücken kippt minimal nach innen. Dies verlangt vom Reiter – ähnlich wie in der Wendung – den inneren Gesäßknochen stärker zu belasten und die innere Hüfte etwas vorzuschieben. Dieser Sitz verbindet sich mit dem am Gurt liegenden treibenden inneren Schenkel und dem hinter dem Gurt liegenden verwahrenden äußeren. Der verwahrende äußere Schenkel hat die Aufgabe, der Tendenz des Pferdes, mit der Hinterhand auszufallen, entgegenzuwirken. Im Galopp sitzt der Reiter so und er wirkt so ein, als habe er das Ziel, dem Pferd eine leichte Biegung in die Bewegungsrichtung zu geben. Die Biegung darf freilich nur angedeutet sein. Sie hat vor allem den Zweck, der Tendenz zur Schiefe entgegenzuwirken und das Pferd dadurch geradezurichten. v. Heydebreck formulierte in diesem Sinne, besonders der schulgerechte Galopp sei „ohne solche Biegung" undenkbar. Von dieser Biegung stellte v. Heydebreck weiter fest: „Diese hat zwar einen gewissen traversartigen Anklang, darf aber nie zu traversartigem Gehen führen. Bei allen Galoppübungen ist daher auf unbedingte Geraderichtung, und zwar auf genaues Spuren der inwendigen Füße zu achten. Dies gilt auch für die Entwicklung des Galopps und für den Konter-Galopp."

Die Tendenz zur Schiefe

Im Galopp ist die Tendenz des Pferdes, schräg zu gehen und sich nicht geradezurichten, besonders stark. Man kann diese Disposition bei jungen Pferden auf der Wiese beobachten, dann aber auch bei fortgeschrittener Dressurarbeit. Mit Hilfe der Schiefe versuchen die Pferde, sich dem Lastaufnehmen und Tragen zu entziehen. Dabei fallen sie sowohl nach außen wie nach innen aus. Der äußere Schenkel hat das Ausfallen nach außen zu begrenzen, der innere Schenkel kommt in der Regel nicht durch, wenn die Pferde sich mit der Hinterhand nach innen stellen. Die Versuche, solche Fehler mit der Hand zu korrigieren, fruchten nur begrenzt. Entscheidend bleibt auch hier die Schenkelhilfe, die verwahrende äußere und die treibende innere.

Die Hand tritt – wie generell beim Reiten – auch beim Galopp mit fortschreitender Ausbildung von Reiter und Pferd vermehrt zurück. Dem Anfänger kann man es kaum übelnehmen, wenn er versucht, sein Pferd mit Hilfe des inneren Zügels in die Wendung zu führen, um es dadurch zum „richtigen" Angaloppieren zu bringen. Auf Dauer ist dies freilich nicht der richtige Weg. Er führt nämlich dazu, daß das Pferd seinen Hals zwar in die Bewegungsrichtung stellt, mit der Schulter aber nach außen fällt. Dieser Fehler verbindet sich meist mit einer nach innen gestellten Hinterhand.

Der Anfänger lernt das Angaloppieren am besten auf dem Zirkel. Ebenso ist es ratsam, Remonten das Angaloppieren auf dem Zirkel beizubringen. Vor allem in Höhe der ersten Ecke der kurzen Seite gelingt es meist, sie zum richtigen Angaloppieren zu bewegen. Das richtige Angaloppieren auf der langen Seite ist sehr viel schwieriger und einem späteren Ausbildungsstadium vorbehalten.

Ehe das Pferd gelernt hat, auf die sinnvollen orthodoxen Hilfen anzugaloppieren, kann das Verfahren mit etwas „Dressur" – im Sinne von Gehorsam auf bestimmte Zeichen – erleichtert werden. Bei dieser Dressur kommt es darauf an, dem Pferd mit Hilfe von Belohnungen, nämlich der Stimme und dem ungestörten Sichfortbewegenlassen, klarzumachen, was man von ihm verlangt; dabei muß man ihm Gelegenheit geben, das Anliegen des Reiters „verstehen" zu lernen.

Korrektes Angaloppieren

Beim korrekten Angaloppieren bildet der innere treibende Schenkel die ausschlaggebende Hilfe. Er verbindet sich mit dem verwahrenden äußeren Schenkel, der stärkeren Belastung des inneren Gesäßknochens und der vorangehenden halben Parade, bei der es unter anderem darauf ankommt, das Pferd im Genick zu lockern. Die halbe Parade beziehungsweise die leicht anstehen-den Zügel haben ferner den Sinn, das Pferd aufgrund der treibenden Hilfe nicht in einen verstärkten Trab fallenzulassen, sondern von ihm den Übergang in den Galopp-Sprung zu fordern. Während der äußere Zügel bei diesem Übergang weiterhin leicht ansteht, hat der innere Zügel sofort nachzugeben, wenn das Pferd sich zum Sprung hebt. Dieses Nachgeben bildet die Voraussetzung dafür, daß das Pferd seinen Sprung entfalten kann; der Reiter muß den Sprung „herauslassen", er darf ihn nicht durch eine durchhaltende innere Hand begrenzen.

Anspringen im Schultervor

Das Angaloppieren sollte man dann erst fordern, wenn man spürt, daß das Pferd bereit ist, dem Druck des inneren Schenkels durch vermehrtes Vorwärtsgehen in die Bewegungsrichtung nachzugeben und sich nicht gegen den inneren Schenkel zu legen. Solange das Pferd sich gegen den inneren Schenkel legt, muß man damit rechnen, daß es im Außengalopp anspringt, besonders auf der langen Seite.

Um das Nachgeben gegenüber dem treibenden inneren Schenkel zu erreichen, empfiehlt es sich, das Pferd vor dem Angaloppieren im Schritt im Schulterherein zu arbeiten, es dadurch zum Nachgeben und zum Vortreten mit der inneren Schulter zu bringen. Beim Angaloppieren empfiehlt sich für den Reiter schließlich die Vorstellung, das Pferd tendenziell im Schulterherein anspringen und es derart auch weitergaloppieren zu lassen.

Diese Tendenz ist auch das beste Hilfsmittel gegen das vielfach beobachtete Streben der Pferde, sich beim Angaloppieren schiefzustellen und mit der Schulter aus- wie mit der Hinterhand einzufallen.

Der äußere Schenkel

Peitsche und Stimme bilden für den Anfänger zwar opportune Hilfsmittel, bei orthodoxer Arbeit können sie aber auf Dauer den Gehorsam auf den treibenden inneren Schenkel nicht ersetzen. Für das Angaloppieren mit dem äußeren Schenkel gilt ähnliches. Im Sinne der „Dressur" des Pferdes ist es in der Regel zwar leichter, ihm das Angaloppieren auf den weit zurückgelegten äußeren Schenkel beizubringen; man sieht dies häufig bei Springreitern. Die Pferde lernen das Angaloppieren auf den äußeren Schenkel meist schneller, weil er als „Zeichen" markanter und auch auffälliger ist als der treibende innere Schenkel. In der Regel führt diese Hilfe aber dazu, daß die Pferde nicht geradegerichtet bleiben und nicht derart vorspringen, wie sie es bei korrekter Hilfe durch den inneren treibenden Schenkel tun. Ein Pferd, das nicht bereit ist, auf den treibenden inneren Schenkel anzugaloppieren, sondern des weit zurückgelegten äußeren bedarf, ist nicht „schlecht" erzogen, sondern „falsch" ausgebildet.

Beim Weitergaloppieren hält der innere Schenkel Kontakt mit dem Pferd, und zwar bei jedem Galoppsprung. Kontakt bedeutet nicht Preßdruck sondern Fühlen, und zwar derart, daß man spürt, daß das Pferd bereit ist, auf eine verstärkte Einwirkung mit einer Verlängerung des Galoppsprungs beziehungsweise – bei

Der Arbeitsgalopp liegt im Tempo zwischen dem versammelten und dem Mittelgalopp. Er bildet die Grundlage für die weitere Arbeit im Galopp, auch für die Versammlung, der das Zulegen und Aufnehmen des Pferdes im Arbeitsgalopp vorangehen sollte. Der taktreine Galoppsprung muß in der Versammlung erhalten bleiben. Daher darf man das Aufnehmen nicht auf die parierende Einwirkung der Hand beschränken. Zur haben Parade gehört als unverzichtbar der vermehrt treibende innere Schenkel (oben).

Das „Aufnehmen" des Pferdes gewinnt nur dann die beabsichtigte versammelnde Wirkung, wenn das Pferd gelernt hat, auf den vermehrt treibenden inneren Schenkel nicht nur verstärkt vorwärtszugaloppieren, sondern deutlicher unterzutreten und mehr Last auf die Hinterbeine zu nehmen. Solange der Reiter seine Parade bei vorgestrecktem Schenkel darauf beschränkt, am Zügel zu ziehen, wird er sich das Pferd auf die Vorhand reiten; dabei geht in der Regel der klare Galoppsprung im Dreitakt verloren (links).

angenommenen Zügeln – mit ausgeprägterer Versammlung zu reagieren. Das Pferd bei jedem Galoppsprung den inneren Schenkel fühlen zu lassen, erhält die fleißige Sprungfolge und fördert die Geraderichtung. Beide Anforderungen an den Galopp erreicht man nicht, wenn man glaubt, mit dem Angaloppieren habe das Treiben sein Ziel erreicht, und die Hilfe sei erst dann wieder erforderlich, wenn das Pferd in den Trab zu fallen droht.

Verstärkung und Versammlung

Der treibende Schenkel bildet auch die ausschlaggebende Hilfe für die Verstärkung des Galopps. Der Versuch, mit schiebender Kreuzeinwirkung die Sprünge verlängern zu wollen, führt auf Dauer in der Regel dazu, daß die verlängerten Sprünge nicht aus einer energisch abfußenden Hinterhand kommen, der Bewegungsablauf vielmehr matter wird, an Fleiß und Schwung verliert, das Pferd sich leicht schief stellt und auf die Vorhand fällt; die Probleme einer derart erreichten Verstärkung zeigen sich vor allem bei der Forderung, das Pferd wieder aufzunehmen. Bei der Galoppverstärkung durch den treibenden Schenkel ist besonders darauf zu achten, daß die Hand die weiteren Sprünge auch herausläßt und das Pferd nicht nur energischer geht, sondern die Dynamik sich auch im weiteren Sprung zu entfalten vermag.
Auch für die Verkürzung des Galoppsprungs bildet der treibende Schenkel die Grundlage, der treibende Schenkel in Verbindung mit der halben Parade, die der Hinterhand die Last quasi zuschiebt. Der treibende Schenkel hat in der halben Parade die Aufgabe, die Hinterbeine aktiv zu erhalten beziehungsweise aktiver werden zu lassen und die Bereitschaft zum Tragen zu verstärken. Beschränkt man die halben Paraden im Galopp auf die annehmende Hand, dann wird der Bewegungsablauf meist schleppend, das Pferd fällt auf die Vorhand, der Sprung mit der Flugphase geht verloren, und vielfach bricht auch die Gleichzeitigkeit der Diagonale von innerem Hinter- und äußerem Vorderfuß derart, daß die beiden Füße hintereinander auffußen und das Pferd im Viertakt geht.

Tempo variieren

Die Bereitschaft, die Tragkraft verstärkt auszubilden, fördert man zunächst dadurch, daß man nicht ein Einheitstempo reitet, sondern das Pferd in verschiedenen Tempi arbeitet, es immer wieder einige Sprünge stärker aufnimmt, um es dann wieder entspannt vorwärtsgaloppieren zu lassen. Beim Aufnehmen muß man darauf achten, daß der verstärkt treibende Schenkel nicht ins Klemmen verfällt, sondern locker bleibt. Die Bereitschaft, sich derart aufnehmen und versammeln zu lassen, bildet die Voraussetzung für einen solide versammelten Galopp, in dem das Pferd sich trägt, vorne leicht wird und nicht an der Hand des Reiters eine Stütze sucht; sie bildet auch die Voraussetzung für die Paraden vom Galopp zum Schritt und später zum Halten für Paraden, die nicht durch Zwischentritte im Trab beziehungsweise im Schritt vermittelt sind, sondern als direkte Übergänge und doch weich verlaufen.

Völlig geschmeidig

Der Galopp ist von sämtlichen Gangarten die schwierigste und die komplizierteste. Es gibt nur wenige Reiter, welche es fertig bringen, ihr Pferd im Galopp die Bewegungen genau so, wie sie es haben wollen, ausführen zu lassen.
Ich fange nicht früher mit dem Galopp an, als bis ich völlig Herr über mein Pferd bin. Ich verstehe darunter, dass es sich mir bei allen anderen Bewegungen physisch und wenn ich mich so ausdrücken darf, auch moralisch unterordnet, dass es weich ist, an den Zügel herangeht und dem Schenkeldruck leicht gehorcht.
Ich warte vor allem so lange, bis der Rücken, die Hanken und die Sprunggelenke völlig geschmeidig sind und bis das Pferd, ohne dabei zu fehlen, den Gesamthilfen gehorcht, um als Reiter sicher zu sein, dass ich nach Belieben über die hierdurch erzielten Kraftäusserungen verfügen kann.
Sind diese Vorbedingungen erfüllt, so weiss ich bestimmt, dass es mir gelingen wird, von vornherein mein Pferd zum Galopp richtig zu versammeln, und dass ich es sofort erreichen werde, dass das Pferd nicht etwa in dem Galopp anspringt, welcher ihm gerade passt, sondern in demjenigen, welchen ich von ihm verlange.
Gehorcht das Pferd dem Schenkeldruck, so kann ich es vom ersten Augenblick an daran verhindern, die Hinterhand querzustellen, und das ist ausserordentlich wichtig, da es nichts Schlechteres gibt, als diese Angewohnheit. Derselben vorzubeugen ist günstiger, als sie zu beseitigen. Es ist ungleich schwieriger, ein Pferd wieder geradezustellen, welches die Gewohnheit hat, seine Hinterhand nach rechts oder links zu werfen, als ihm vom ersten Tage an beizubringen, auf gerader Linie zu galoppieren. Der Reiter muss im Galopp gerade sitzen. Bei zu weit vorgelegtem Oberkörper würde ihn der Galoppsprung auf den Hals werfen; bei übermässigem Hintenüberlegen würde das Kreuz zu sehr eingezogen sein, was eine steife Haltung zur Folge haben würde.

James Fillis,
Grundsätze der Dressur und Reitkunst. 1890

Im Gleichgewicht

Obgleich wir den Galopp aus dem kurzen gesammelten Trabe und aus der besten Versammlung herbeiführten, die ersten Sprünge auch in guter Haltung erfolgten, so suchen die Pferde, wenn der Galopp etwas dauernder geübt wird, obgleich sie durch die vorher geübten Lektionen die zum Galopp erforderlichen Biegungen in den Gelenken der Hinterhand besitzen, sich doch dieser Unbequemlichkeit zu entziehen, theils weil es ihnen schwer wird, alle diese Biegungen vereint und anhaltender herzugeben, theils weil ihnen noch die Geschicklichkeit im zweckmäßigen Nach- und Untersetzen der Hinterfüße mangelt. Wir bemerken bei jedem Pferde eine verschiedene Art, in welcher es den angefangenen Galopp verändert, je nachdem ihm, sei es die Hergabe des Rückens oder die Biegung der Gelenke der Hinterfüße schwieriger wird. Einige Pferde bleiben mit den Hinterfüßen im gleichen Nachtreten, doch verringern sie die Biegung derselben immer mehr und mehr; die Kruppe wird höher und schiebt der Vorhand zu viele Last zu, die Pferde fangen an, in die Hand zu drücken: andere galoppiren zwar kurz, bleiben aber dabei mit hoher, ungebogener Kruppe zurück, die Hinterfüße haben keine Folge; noch andere setzen sich mit der Hinterhand zu tief, treten zu weit unter, sehr oft mit den Hinterfüßen ganz nahe zu den Vorderfüßen, bleiben hinter den Zügeln und kommen im Galopp nicht weiter.
Bevor wir nun zum gesammelten Galopp schreiten, dem Pferde die geeignete Haltung auf der Hinterhand bestimmen, müssen wir in ähnlicher Art, wie wir im ersten Anfange der Dressur, der Eigenschaft des Pferdes angemessen, theils durch den Mittel-, theils durch den gedehnten Trab den ersten Grad des Gleichgewichts durch ein gleichmäßiges Raumbetreten der Füße herbeiführten, darauf erst zum Kürzen des Trabes und zur bessern Versammlung vorgehen konnten, nach ruhiger Hergabe des Pferdes zum Galopp, auch erst das Gleichgewicht des Pferdes im Galopp herbeizuführen suchen. Hierzu gelangen wir, wenn wir den Galopp nun etwas frei wegreiten und dem Pferde einen freien Sprung gestatten; dann wird das Pferd, das sich vorn zu hoch erhob und zu kurz trat, erweiterter ausgreifen, das mit den Hinterfüßen zu wenig nachtrat, solche vermehrt nachbringen, das den Rücken festhielt, solchen loslassen. Erst muß jedes Pferd durch den freien Galopp den ihm zusagenden Sprung, sein eigenes Gleichgewicht auffinden, so daß wir es einige Sprünge mit losen Zügeln reiten können, und nur dann, wenn das Pferd diesen Gleichgewichtsgalopp sich angeeignet hat, fangen wir an, diese gedehnten Sprünge stufenweise zu kürzen und den gesammelten Galopp herbeizuführen.

Durch die Ecken

In dem Verhältnis zunehmender Ruhe und Haltung der Pferde nähern wir uns immer mehr den Ecken, bis wir sie zuletzt mit guter Hanken-und Rippenbiegung so tief als möglich durchreiten.
Das gute Ausreiten der Ecken giebt einen doppelten Vortheil, vor der Ecke den der besseren Versammlung, während des Durchreitens den der besseren Rippen- und Hankenbiegung. Bei Pferden mit kurzem und eng verbundenem Genick nehme man nur mäßige Kopfstellung, indem eine scharfe sehr leicht die Kruppe zum Ausfallen und temperamentvolle Pferde auch wohl zum Abspringen veranlaßt.
Das gute Ausreiten der Ecken verbessert die Haltung der Pferde, doch dürfen wir auch nur erst dann damit anfangen, wenn das Pferd auf langer Wand die dazu nöthige Haltung sich erworben hat. Eins verbessert das Andere.
Damit wir im Stande sind, das Pferd gut durch die Ecke durchzuführen, müssen wir dasselbe seiner Eigenthümlichkeit angemessen schon einige Pferdelängen vor der Ecke bessammeln und die Galoppsprünge kürzen, nicht etwa erst in dem Moment des Durchreitens. Das Pferd muß vor der Ecke die erforderliche Haltung erlangt haben, um in guter Haltung die Ecken durchgehen zu können. Bemühen wir uns, so einzuwirken, daß, ehe wir zur Ecke kommen, ehe die Wendung beginnt, die Hinterhand der Vorhand auf dem Hufschlage folgt, und daß beim Durchgehen durch die Ecke das Pferd weder die Kruppe hineinstellt, noch mit derselben ausweicht. Bei denen, die geneigt sind, die Kruppe in die Bahn zu stellen, wirken wir mit dem inneren Zügel und Schenkel so ein, als wollten wir sie mit einer Idee von Schulterherein durch die Ecke führen, bei denen, die geneigt sind, mit der Kruppe auszuweichen, als wollten wir mit einer Idee von Travers die Ecke durchnehmen.
Ein Hineinquälen und heftiges Hineintreiben ist stets zu vermeiden, da das Pferd nur in Folge der durch die Seitenlektionen erlangten besseren oder minderen Biegung und Haltung die Ecken durchnehmen wird. Pferde mit schwacher Hinterhand führe man nie so tief hinein und durchreite auch die Ecken mehr in Haltung zum Gleichgewicht.

E. F. Seidler,
Die Dressur des Pferdes. 1837

Die Paraden

16. Folge

Paraden nennt man die reiterlichen Maßnahmen, mit denen das Tempo und die Haltung des Pferdes verändert werden. Grob wird zwischen halben und ganzen Paraden unterschieden. Die halben Paraden haben den Zweck, das Tempo des Pferdes innerhalb einer Gangart zu reduzieren, vom Galopp auf Trab oder Schritt, vom Trab auf den Schritt überzugehen; mit ihnen werden ferner die Haltung und der Takt des Pferdes verändert, und zwar in die Richtung von mehr Selbsthaltung und ruhigerem Bewegungsablauf. Ganze Paraden heißen diejenigen Maßnahmen, die dazu führen, das Pferd von der Bewegung in den verschiedenen Gangarten zum Halten zu bringen. Kurz gesagt beinhalten die halben Paraden demnach die Tempo- und Gangartwechsel, die ganzen den Übergang zum Stillstehen.

Bremsen und Gasgeben

Aus der Sicht des Außenstehenden und des Reitanfängers stellen die Paraden das dar, was beim Autofahren das Bremsen ist. Das Verständnis der Funktion beim Autofahren, aber auch die schon früher gelernte des Roller-, Fahrrad- oder Motorradfahrens, wird nahezu unbewußt – und das heißt unbemerkt – aufs Reiten übertragen. Ohne weitere Überlegung geht man davon aus, daß das Parieren beim Pferd so verlaufen muß, wie das vom Auto oder anderen vertrauten Fahrzeugen bekannte Bremsen. Dies bedeutet dann auch, daß das Bremsen die dem Gasgeben widersprechende Einwirkung darstellt und daher unlogisch ist, beide gleichzeitig einzusetzen oder das Bremsen auf dem Wege des Gasgebens erreichen zu wollen. Der Anfänger verhält sich nach dieser „Logik", und die verschiedenen anderen „primitiven" Reitmethoden tun das ebenfalls: Sie ziehen am Zügel, wenn es zu „bremsen" gilt, und sie benutzen Gerte und Sporn, wenn die Devise „Vorwärts!" heißt. Selbst in Wettkämpfen, wo man es eigentlich anders sehen und studieren sollte, kann man immer wieder eine solch „primitive", nämlich ursprüngliche Reitmethode beobachten, freilich eine verfeinerte Form des Bremsens. Allzu viele Reiter nehmen sich nicht die Zeit, das ursprüngliche Bremsen durch ein versammelndes Parieren zu ersetzen, sie entwickeln ein geradezu eindrucksvolles Geschick in der Verfeinerung des Bremsens. Sie bringen den Pferden bei, der ziehenden Hand nicht mehr zu bedürfen und schon bei relativ leichter Verstärkung der Anlehnung das Tempo zu reduzieren oder die Gangart zu wechseln.

Folgen der Handparaden

Nur bei differenzierter, die Probleme schon vorwegnehmender Beobachtung gelingt es einem bei den Supergeschickten, die Auswirkungen solcher Technik zu beobachten: Die Folgen beginnen damit, daß die Pferde sich bei den Paraden nicht versammeln, daß sie vielmehr vermehrt auf die Vorhand kommen. Weiter beschränken sich die Paraden, die das Tempo reduzieren sollen, auf eine Verminderung der Geschwindigkeit; sie fördern also nicht den Takt. Die Verbesserung der Haltung des Pferdes ist durch Paraden mit ausschließlichem Einsatz der Hand generell nicht zu erreichen. Vielfach wird durch die Handparaden der Takt nicht nur nicht gefördert, sondern gar gestört. Die aus den Handparaden resultierenden Taktprobleme werden besonders deutlich bei den Übergängen zwischen verschiedenen Gangarten. Meist gelingen keine bruchlosen Wechsel, zwischen den Galopp und den Trab schieben sich vielmehr verschiedene im Takt gestörte Trabritte ein, der Wechsel vom Galopp in den Schritt verläuft ebenfalls meist über den Trab. Für solche Handparaden ist es weiter bezeichnend, daß die Paraden vom Trab zum Halten auslaufen und die Pferde vielfach nicht geschlossen stehen, sondern zumindest eines ihrer Beine herausstellen. Bei den Handparaden aus dem Galopp kann man vielfach beobachten, daß die Pferde sich beim letzten Sprung mit den Vorderbeinen gegen den Boden stemmen, daß sie also mit den Vorderbeinen ihren nach vorwärts schwingenden Körper auffangen, meist in Verbindung mit deutlicher Anlehnung an die Reiterhand, vielfach auch derart, daß sie mit dem Kopf nach unten bohren und dort Halt suchen.

Die Parade, die die Versammlung des Pferdes fördert und dementsprechend seine Aufrichtung steigert, geht vom verstärkt treibenden Schenkel aus, verbunden mit der Gewichtseinwirkung (unten), derart wird das Pferd gegen die verhaltende beziehungsweise in die Hand geritten. Die Hand wirkt also nicht rückwärts, vor allem zieht sie nicht, sie verhält, das heißt sie läßt die aus dem verstärkten Treiben resultierende Dynamik nicht nach vorne heraus, sondern fordert ihre Umsetzung ins Lastaufnehmen durch die Hinterhand. Die Gewichtshilfe besteht darin, daß der Reiter tief Luft holt, sich aufrichtet und derart „größer und schwerer" wird.

Druck und Gegendruck

Solches Bremsen mit der Hand ist in verschiedener Hinsicht naheliegend. Ausschließlich diese Methode leuchtet dem Anfänger aufgrund seiner vorreiterlichen Erfahrungen ein. Das Pferd unterstützt sie durch seine positive Reaktion. Mit anderen Worten: Auch dem Pferd liegt es nahe, die im Sinne des Bremsens praktizierten Paraden anzunehmen. Selbst bei solider dressurreiterlicher Ausbildung lernt das Pferd die Paraden nämlich zunächst als Bremsen. Bei der Schulung einer Remonte bleibt einem gar nicht anderes übrig, als das Pferd bei vermehrt angenommenem Zügel auslaufen zu lassen. Der vermehrt angenommene Zügel bedeutet nicht, so lange zu ziehen und nur zu ziehen, bis das Pferd sein Tempo vermindert und stehenbleibt. Das vermehrte Annehmen – eben nicht Ziehen – verbindet sich mit der beruhigenden Stimme, die das Pferd von der Arbeit an der Longe kennt. Die Stimme beruhigt und gibt auch das ebenfalls von der Arbeit an der Longe bekannte Kommando vom Trab zum Schritt, vom Galopp zum Trab, vom Schritt zum Halten. Parierende Wirkung geht in diesem Ausbildungsstadium auch davon aus, daß man das Pferd von der Geraden abwendet und auf einen mehr oder minder großen Zirkel führt. Bei allzu stürmischen Pferden hilft auch die Bande als „Bremse"; dieses Hilfsmittel ist allerdings mit Vorsicht einzusetzen, weil die Pferde vor der Wand häufig auf unerwartete Weise ausweichen und den ungeübten Reiter bei solchem Manöver leicht aus dem Sattel bringen. Reitet man in einer Gruppe, kann man sich beim Parieren auch die Tendenz des Pferdes zunutze machen, seinen Artgenossen nicht davonzulaufen, das heißt man kann sich des Herdentriebs bedienen. Von der parierenden Wirkung der Gewichtshilfe ist in diesem Ausbildungsstadium nicht viel zu erwarten, da das Pferd die unterschiedlichen Gewichtshilfen noch nicht kennt und seine natürliche Reaktionsfähigkeit meist nicht differenziert genug ist beziehungsweise nicht im Sinne der reiterlichen Absicht differenziert. Das Zusammenwirken der verschiedenen parierenden Reize führt das Pferd dazu, auch mit dem vermehrt angenommenen Zügel die Aufforderung zu verbinden, das Tempo zu reduzieren oder die Gangart zu wechseln.
Die Mehrzahl der jungen Pferde reagiert auf den stärker angenommenen Zügel mit Unverständnis beziehungsweise Abwehr, das heißt sie hat die Tendenz, auf den Druck mit Gegendruck zu antworten. Erst allmählich wird dem Pferd dann – vor allem aufgrund der Parallelität des Zügelanzugs mit dem Auslaufen und dem folgenden Lob – deutlich, was der angenommene Zügel als Kommando beinhaltet. Beim Zureiten eines Pferdes ist man also auf die Verfeinerung des Ziehens beziehungsweise Bremsens, daß heißt auf eine Art der Parade angewiesen, die es später zu ersetzen oder grundsätzlich zu erweitern gilt.

Versammeln und Parieren

Um die Parade im Rahmen der klassischen Dressurausbildung zu verstehen, ist es erforderlich, sich das generelle Ziel der Ausbildung ins Bewußtsein zu rufen. Es geht immer auch darum, die Tragkraft der Hinterhand des Pferdes auszubilden und das Pferd dahin zu führen, daß es durch vermehrte Versammlung das Gleichgewicht wiederfindet, das es durch das in verstärktem Maße die Vorhand belastende Gewicht des Reiters verlor. Darüber hinaus hat die vermehrte Versammlung den Sinn, die Reaktionsbereitschaft und das Reaktionstempo des Pferdes unter verschiedenen Bedingungen zu fördern. Das durch die reiterliche Arbeit wiedererlangte Gleichgewicht ist eine labile Angelegenheit. Unabhängig von dem Umstand, daß das Gleichgewicht bei unterschiedlichen Pferden aufgrund anatomischer Gegebenheiten ungleichmäßig ausgebildet ist, besteht die generelle Tendenz, das durch reiterliche Arbeit und reiterlichen Druck erlangte Gleichgewicht immer dann wieder aufzugeben, wenn dieser Druck nachläßt. Eine Vielzahl von Pferden muß mit anderen Worten zum reiterlichen Ziel des Gleichgewichts mit Nachdruck gedrängt, ja sie muß, extrem formuliert, zu ihrem Glück gezwungen werden.
Die Mehrzahl der Pferde hat daher die Tendenz, sich dem Gleichgewicht – und das heißt hier der Versammlung – wieder zu entziehen oder sie erst gar nicht anzunehmen. Das Pferd sucht nach Gelegenheiten, sich aus der Versammlung zu befreien, es nimmt Situationen, in denen ihm dies gelingt, gerne wahr. Die Paraden gehören zu solchen Gelegenheiten, wiewohl sie nach klassischer Reitauffassung gerade auch die Lektionen sind, in denen es gilt und die es gestatten, die Versammlung zu verbessern. Die als Bremsen praktizierten Paraden bilden einen sicheren Weg, dem Pferd dies zu ermöglichen, das heißt es auf die Vorhand zu bringen. Dies gilt unabhängig vom Tempo und Schwung des Pferdes. Es führt einen in die Irre, wenn man so verfährt, daß man Pferde, die in verstärktem Tempo gehen, ausschließlich mit der Hand pariert, während man bei Paraden in versammelterem Tempo sich nicht allein auf die Hand verläßt und sich daran erinnert, daß die Hinterhand zu aktivieren ist. Prinzipiell stellt sich das Problem der Parade beim Aufnehmen der Pferde aus dem verstärkten Tempo ebenso wie beim Übergang zum Halten aus dem versammelten Tempo. Dennoch besteht beim Anfänger wie beim Fortgeschrittenen die Tendenz, sich bei Paraden aus dem verstärkten Tempo vornehmlich oder ausschließlich auf die Hand zu verlassen.

Vorreiterliche Einstellungen

Um die Parade im Rahmen der klassischen Dressurausbildung zu verstehen, ist es erforderlich, die vorreiterliche Einstellung zum Gasgeben und Bremsen aufzugeben und diese beiden Tätigkeiten nicht länger als Widerspruch zu verstehen. Das Bremsen muß zu einem unzureichenden Vergleich für das werden, was beim Parieren und „Aufnehmen" des Pferdes geschieht. Das Nachdenken über die Versammlung und die Einstellung des Pferdes zu ihr kann dazu führen, das Verständnis für eine Parade zu fördern, die mehr durch die treibende Hilfe als durch die gegenhaltende oder gar ziehende Hand geleistet

Die ganze Parade

Sie wird ausgeführt, indem man das Pferd mit beiden Schenkeln gegen den aushaltenden Zügel treibt, so daß das Pferd im Gleichgewicht zum Stehen kommt. Diese Lektion entlastet die Vorhand des Pferdes, aber sie fällt ihm schwerer als die Wendung, die im Grunde genommen eine ganz natürliche Bewegung ist.
Eine ganze Parade wird richtig gegeben, indem man das Pferd zunächst verstärkt treibt. Nachdem das Pferd im Tempo zugelegt hat, verlegt der Reiter bei stetig treibenden Schenkeln und durchhaltender Hand sein Gewicht durch Zurückneigen des Oberkörpers auf die Hinterhand, bis die Parade durchgegangen, das heißt das Pferd zum Stillstand gekommen ist. Man nimmt hierbei die Schultern etwas zurück und legt die Ellbogen an den Oberkörper, um der Zügelfaust mehr Sicherheit zu geben. Nach der ganzen Parade muß das Pferd gerade stehen. Das Gewicht befindet sich vorwiegend auf der Hinterhand. Diese beiden Begriffe gehören unbedingt zusammen, denn wenn die Hinterhand ausfällt, kann sie nicht genügend Gewicht tragen.
Gut ausgeführte Paraden kräftigen das Pferd, ganz besonders das Maul, das Genick und die Hinterhand. Außerdem tragen sie dazu bei, daß das Pferd leicht in der Hand wird. So nutzbringend jedoch die ganze Parade sein kann, wenn sie sinnvoll angewandt wird, so schädlich kann sie sich bei unzweckmäßiger Verwendung auswirken. Man muß hier mit Überlegung vorgehen und zunächst einmal das Gebäude des Pferdes prüfen. Man vergesse nie, daß die nützlichsten Lektionen, wenn sie falsch oder übertrieben geübt werden, dem Pferd schaden, statt zu nützen.
Wenn das Pferd anfängt, in der Trabarbeit weich am Zügel zu stehen und sich leicht wenden läßt, kann man beginnen, Paraden zu geben, und zwar nur selten und durch sehr weiche Zügeleinwirkungen.
Brutale und unvorbereitete Arrêts, die ein Pferd glatt auf die Hinderhand setzen könnten, führen nur zur Schwächung der Hüft- und Sprunggelenke und können sogar, falls die körperliche Entwicklung noch nicht abgeschlossen ist, zu Dauerschäden führen.
Außer bei jungen Pferden gibt es noch andere Fälle, wo die sparsame Anwendung der ganzen Parade angebracht ist, und zwar bei Gebäudefehlern und angeborenen Schwächen, wie wir jetzt sehen werden.

Die halbe Parade

Die halbe Parade ist eine durchhaltende Zügelhilfe. Sie hat nicht den Zweck, das Pferd zum Stehen zu bringen, sondern sie soll die Vorhand aufrichten, wenn es sich auf das Gebiß legt oder wenn man es versammeln, beziehungsweise beizäumen will.
Wir haben weiter oben gesagt, daß die ganze Parade nur für wenige Pferde nutzbringend ist, da nur eine geringe Zahl die erforderlichen gebäudemäßigen Voraussetzungen besitzt. Man darf nicht übersehen, daß eine aus schneller Gangart energisch ausgeführte ganze Parade den unwiderleglichsten Beweis für die Durchlässigkeit, aber auch die Kraft des Pferdes bildet und daher in ihrer Vollkommenheit auch entsprechend selten erreicht wird. Um diesen extremen Ansprüchen zu genügen, bedarf es eines absolut an den Hilfen stehenden Pferdes mit einer sehr kräftigen Hinterhand, die durch übermäßige Beanspruchung leicht Schaden nehmen könnte. Man betrachte diese Lektion daher nur als gelegentliche Gehorsamsprüfung.
Bei der halben Parade liegen die Verhältnisse anders. Die Zügel wirken in geringerem Maße als bei der ganzen Parade ein, und das Pferd kommt nicht zum Stillstand. Es widersetzt sich dieser Lektion weniger, da Ganaschen und Hinterhand nicht so scharf beansprucht werden. Die halbe Parade ist daher weitaus nützlicher, um das Pferd zu versammeln. Sie kann, ohne das Tempo zu verkürzen, häufig wiederholt werden. Da diese Hilfe das Pferd beizäumt und aufrichtet, veranlaßt man es, die Hanken zu biegen, womit der eigentliche Zweck erreicht ist.
Die halbe Parade läßt sich mit wenigen Ausnahmen bei allen Pferden nutzbringend anwenden. Bei gehfaulen Pferden kann man sie allerdings nur dazu verwenden, die Anlehnung zu verbessern. Um dem Stehenbleiben entgegenzuwirken, gibt man gleichzeitig mit der halben Parade treibende Schenkel-, notfalls sogar Sporenhilfen. Ein Pferd, das sich auf das Gebiß legt, wird mit häufigen halben Paraden korrigiert, bei denen jedoch keine treibenden Einwirkungen erfolgen dürfen, da man sonst noch mehr Gewicht auf die Vorhand verlagern würde. Wenn nach einer halben Parade das Pferd weiterhin auf den Zügel drückt oder gegen die Hand geht, beziehungsweise, wenn es nach einer ganzen Parade nicht stehenbleibt, wird es angehalten und durch Rückwärtsrichten für seinen Ungehorsam bestraft.

F. R. de La Guérinière,
Ecole de Cavalerie. 1733

wird. Die theoretische Erkenntnis, daß allein die treibende Hilfe dem Pferd die Gelegenheit nimmt, in der Parade auf die Vorhand zu kommen, erscheint als eine wichtige Voraussetzung, das so eingängige Schema vom Gasgeben und Bremsen auch praktisch zu überwinden.

Untertreten und Lastaufnehmen

In der klassischen Dressurausbildung verbindet sich die treibende Hilfe bei der Parade mit der an- beziehungsweise leicht gegenhaltenden Hand, das heißt mit einem kurzzeitigen Aufgeben der „Handatmung". Die Hand- und auch die Gewichtseinwirkung schaffen den Unterschied zwischen der treibenden Hilfe bei der Parade und der treibenden Hilfe, die den Zweck hat, das Tempo zu forcieren. Die treibende Hilfe bei der Parade ist eine versammelnde Hilfe; sie aktiviert die Hinterbeine des Pferdes, animiert das Pferd zu verstärktem Untertreten und Lastaufnehmen. Sie muß der anhaltenden beziehungsweise gegenhaltenden Hand vorausgehen. Derart wird es dem Pferd erleichtert, die orthodoxe Ausführung der Paraden zu verstehen und sich in sie hineinführen zu lassen. Bildet die an- oder gegenhaltende Hand die Ausgangshilfe der Parade, dann kommt es vielfach dazu, daß die Pferde doch auf die Vorhand gelangen, gegen den Zügel gehen oder sich hinter ihm verkriechen. Das junge Pferd weiß mit der die Parade einleitenden treibenden Hilfe zunächst nichts anzufangen, es antwortet auf sie mit der Tendenz, in größerem Tempo vorwärtszugehen. Erst mit der Zeit lernt es, zwischen der treibenden Hilfe, die mehr Tempo fordert, und derjenigen, die zu verstärktem Untertreten appelliert, zu unterscheiden.

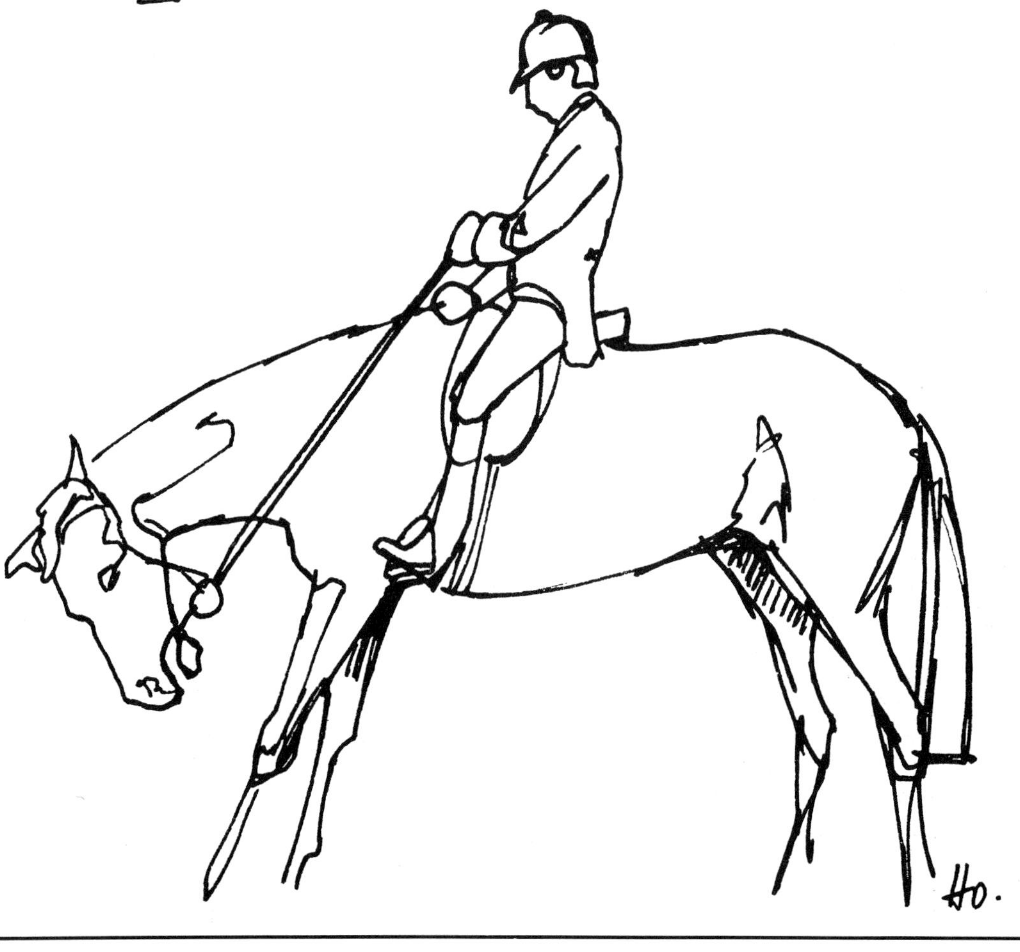

Die Bereitschaft zur Versammlung

Mit der Verbindung von treibender Hilfe und anhaltender Hand lernt das Pferd die Bereitschaft, sich aufnehmen zu lassen; in Grenzen setzt sie diese Bereitschaft zur Lastaufnahme auch voraus. Am Anfang der orthodoxen Parade stehen daher Lektionen, die diese Bereitschaft ausbilden und fördern. Die ausschließlich mit der Hand bewerkstelligten Paraden gehören nicht dazu, wie geschickt sie auch ausgeführt werden mögen. Die Basis der Versammlungsbereitschaft liegt vielmehr in der fleißigen Arbeit in den Grundgangarten, vor

Versteht man den Begriff Parade nur als die feinere Formulierung für die verstärkte Einwirkung mit der Hand, dann verfällt man bald in den Fehler, allein durchs Ziehen am Zügel den erwünschten Effekt erreichen zu wollen. Zur Versammlung gelangt man freilich nicht, selbst wenn erste Scheinerfolge einem das Gegenteil zu beweisen scheinen. Die „richtige" Parade ist komplizierter, sie ist für die solide Ausbildung unumgänglich, und nur sie führt auf Dauer zum Erfolg. Hat man sich erst einmal auf die Handparaden eingelassen, dann muß man damit rechnen, daß das Pferd einer relativ harten Hand bedarf, daß es bei der Parade auf den Kopf und die Vorhand kommt (links). Bei der Parade zum Halten stemmt ein solches Pferd vielfach die Vorderbeine vor, und mit dem Kopf bohrt es gegen die Reiterhand vorwärts oder vorwärts-abwärts (links unten).

Eine unbedingte Voraussetzung für die korrekte Parade bildet die Bereitschaft des Pferdes unterzutreten, das heißt seinen Körper nicht nur zu schieben, sondern ihn vermehrt zu tragen. Reiter, die dem Pferd den Rücken fortdrücken (oben), schränken die Möglichkeit und die Bereitschaft des Pferdes zum Untertreten sichtlich ein. Wer dem Pferd stets im Rücken hängt, der schränkt in falsch verstandener Kreuzeinwirkung das Schwingen des Pferderückens und damit auch das Vortreten der Hinterbeine ein. Solide Paraden sind nicht möglich, weil das Pferd sich nicht vermehrt trägt, sondern bei durchgedrücktem Rücken verstärkt nach hinten heraus abstemmt. Dieses Bild verbindet sich in der Regel mit beträchtlichen Verkrampfungen des Pferdes.

allem im Trab und Galopp. Insofern kann man Pferde nicht nur oder nicht vornehmlich durch die Arbeit in den versammelten Tempi versammeln; man muß die Grundlagen vielmehr in den Arbeitstempi schaffen, so widersprüchlich dies auch auf den ersten Blick erscheinen mag.

In fleißigem Arbeitstempo

Die spezielle Ausbildung der Versammlungsbereitschaft beginnt damit, daß man die Pferde im fleißigen Arbeitstempo durch treibende Hilfe bei anhaltender oder leicht gegenhaltender Hand dazu animiert, einige Tritte verstärkt Last aufzunehmen. Die an- oder leicht gegenhaltende Hand hat den Pferden klarzumachen, daß verstärktes Vorwärtsgehen oder Davonlaufen mit der treibenden Hilfe nicht gefordert wird. Die Pferde lernen das verstärkte Untertreten und den kadenzierten Bewegungsablauf unter anderem dadurch, daß nach wenigen Tritten des Aufnehmens wieder die Befreiung in den fleißigen Arbeitstrab folgt. Die Tatsache, daß nur wenige Tritte der Versammlung gefordert werden, und der Umstand, daß ihnen die relative Verstärkung gleich wieder folgt, erleichtert dem Pferd das vermehrte Untertreten und erschwert die Tendenz, die Versammlung nicht zu verbessern und matter zu treten.

Wie stark die Bereitschaft, sich das Leben bequem zu machen, bei fast allen Pferden ist, läßt sich leicht daraus ersehen, daß sie bald bei dem versammelten Tritte bleiben wollen und nicht mehr bereit sind, im Anschluß an sie wieder flüssig vorwärtszugehen. In diesem Verhalten liegt ein ziemlich sicheres Anzeichen dafür, daß die vorangehende Versammlung nicht echt war, sondern sich auf eine Verlangsamung beschränkte. Möglicherweise hat man zu viele Tritte gefordert und dem Pferd gestattet, sich in der Verlangsamung einzurichten und sich der wirklichen Versammlung zu entziehen. Die Bereitschaft des Pferdes, nach den versammelnden Tritten wieder fleißig vorwärtszugehen, bildet demnach ein wichtiges Indiz für die Solidität der Versammlung, daher auch eine unverzichtbare Forderung, die nicht nur im psychologischen Gesichtspunkt des Lohns nach der Anstrengung begründet ist.

Das Gefühl ausbilden

Was bisher geschildert wurde, ist die ausgeprägte Form einer halben Parade. Sie bildet die Grundlage für die ganze Parade, und zwar beim Pferd wie beim Reiter. Der Reiter hat nämlich ebenso wie das Pferd ein Gefühl für die halbe Parade zu entwickeln. Der Reiter muß das vermehrte Treiben bei weiterhin lockerem Sitz und leicht gegenhaltender Hand lernen, er muß lernen, wie es sich anfühlt, wenn das Pferd sich versammelt oder wenn es nur matter geht. Der lockere Sitz und die Bereitschaft, sich vom Pferd „mitnehmen" zu lassen, gestattet dem Pferd auch beim Aufnehmen losgelassen vorwärtszugehen, sich nicht zu verhalten und in passageartige, gespannte Tritte auszuweichen. Die relative Verstärkung nach den versammelnden Tritten ist auch für den Reiter wichtig, um sein Gefühl für einen auch beim Aufnehmen losgelassenen Sitz zu schulen. Um den lockeren Sitz hier ebenfalls beizubehalten, muß der Reiter in der Lage sein, das Pferd mit leichtem Schenkeldruck zur Aktivierung seiner Hinterbeine zu bewegen; wenn ihm dies nur durch ständiges Drücken und Pressen gelingt, darf er sich nicht wundern, wenn sein Pferd im Laufe der Zeit nicht mehr im gewünschten Sinne reagiert, bald matter geht oder in passageartige Tritte ausweicht.

Verstärkte Daueranlehnung verbieten

Wenn das Pferd die Versammlungsaufforderung orthodox annimmt, dann tritt die Einwirkung mit der Hand mehr und mehr zurück. Aus dem Durchhalten und Gegenhalten wird mit der Zeit und im Idealfall ein kurzfristiges Anhalten der Atmung der Hand. Diese Verfeinerung der Handeinwirkung setzt voraus, daß man es dem Pferd zuvor nicht gestattet hat, sich am Zügel durch vermehrte Daueranlehnung eine Stütze zu suchen. Die Arrêts können als äußerst selten verwendete Hilfen vor allem bei etwas unsensiblen Pferden den Zweck haben, ihnen klar zu machen, daß auch in dieser Situation eine vermehrte Daueranlehnung nicht gestattet ist, daß sie sich vielmehr selbst tragen müssen.

Die orthodox erreichte Versammlung führt automatisch dazu, daß die Pferde ihre Selbsthaltung verbessern und in der Hand „leichter" werden. Um dies zu erreichen und zu überprüfen, folgt dem Anhalten oder leichten Gegenhalten der Hand das Nachgeben. Je leichter die Hand mit der Zeit in der halben und später auch in der ganzen Parade wird, um so besser wird es möglich, das Pferd mit der treibenden Hilfe in die Parade aktiv hineinzureiten oder hineinzuführen. Der Begriff „treiben" ist hier wie generell in der Reitlehre leicht mißverständlich, wenn man mit ihm Hektik verbindet. Der Begriff „schieben" wäre nicht weniger irritierend, da man mit ihm vielfach den falsch verstandenen „schiebenden Sitz" in Zusammenhang bringt.

Sitz und Reitergewicht

Der Sitz und das Reitergewicht haben bei den Paraden ebenfalls eine wichtige Funktion. Der lockere Sitz und das Mitschwingen in der Beckenpartie stellen nämlich für das Pferd die bequemste Möglichkeit dar, das Reitergewicht zu tragen; insofern sind sie bewegungsfördernd. Die Verlagerung des Gewichts in den hinteren Teil des Sattels beeinträchtigt das freie Schwingen des Pferderückens ebenso wie Anhalten des Mitschwingens; beide Verhaltensweisen wirken daher – in Verbindung mit den übrigen Hilfen – parierend. In diesem Sinne ist es zu verstehen, wenn vom Reiter bei den halben wie bei den ganzen Paraden gefordert wird, „größer" zu werden, sich „schwer" hinzusetzen oder tief Luft zu holen. In beiden Fällen geht es um Veränderungen des Sitzes, die das Mitschwingen des Reiters und auf diesem Wege die Rückentätigkeit des Pferdes beeinträchtigen. Das Mitschwingen wird allerdings nur

Paraden sind nicht allein durch Training von Paraden zu lernen. Die Grundlagen der Versammlung sind in den Arbeitstempi zu schaffen. Im Arbeitstempo muß das Pferd lernen, auf die verstärkte vortreibende Schenkelhilfe weiter unterzutreten und mit dem Hinterbein durchzuschwingen (links), hierfür muß dem Pferd ein entsprechend weiter Rahmen gelassen werden. Durch das kurzzeitige Aufnehmen im Arbeitstempo wird dem Pferd die für die Parade unumgängliche Versammlungsbereitschaft beigebracht. Der Wechsel von Aufnehmen und entspannendem Vorwärtsgehen erleichtert dem Pferd diese Schulung.

sehr kurzfristig angehalten; andernfalls würde es nämlich genau den Effekt erzielen, den man gerade nicht wünscht, nämlich die Versteifung des Pferdes und die Einschränkung seiner Bereitschaft zur Versammlung. Das Anhalten des Mitschwingens gewinnt auch nur dann seine parierende Funktion, wenn der Reiter ansonsten locker und losgelassen sitzt und der besonders „schwere" Sitz sich vom üblichen Sitz deutlich unterscheidet; andernfalls führt die Veränderung des Mitschwingens des Reiters nicht zu einer Veränderung der Rückentätigkeit und damit auch des Ganges des Pferdes. Der Unterschied ist allein aus der Sicht des Reiters und fürs geschulte Auge deutlich, für den außenstehenden Laien kaum sichtbar, weil er nicht spektakulär verläuft und die Hilfe auch nur sehr kurzfristig eingesetzt wird. Einem Reiter, der ständig bei versteiftem Kreuz hinten im Sattel hängt, ist eine solch differenzierte Hilfe nicht möglich.

Das Pferd sensibilisieren

Dem Pferd das Schwer-Sitzen als parierende Hilfe beizubringen, es für diese Hilfe zu sensibilisieren, stellt einen wichtigen Schritt für das fortschreitende Zurücktreten der Handeinwirkung bei der Parade dar. Diese Schulung bildet auch die Voraussetzung für die ganzen Paraden, bei denen das Pferd versammelt aus dem Trab oder dem Galopp zum Halten kommt, und zwar ohne Zwischentritte, ohne sich auf den Zügel zu legen und ohne auf die Vorhand zu fallen.

Das Anhalten des Mitschwingens ist erfolgreich erst dann einzusetzen, wenn das Pferd gelernt hat, sich auf die Hilfe des treibenden Schenkels hin zu versammeln. Mit dem erwünschten Effekt kann man auch nur dann rechnen, wenn man das Treiben nicht schon einige Tritte vor der Parade aufgibt, sondern wenn man das Pferd treibend in die Parade hineinführt, und zwar bei lockerem, mitschwingendem Sitz. Hat das Pferd gelernt, sich derart zu versammeln und selbst zu tragen, dann reicht das Schwer-Sitzen aus, um es bei leicht anhaltender Hand halb oder ganz zu parieren. Wenn das Pferd bei der ganzen Parade im Trab oder im Galopp dennoch ausläuft, dann kann dies an der mangelnden Sensibilisierung für den schweren Sitz liegen; meist ist die Ursache aber darin zu suchen, daß das Pferd bei der Einleitung der Parade sich nicht hinreichend und in Selbsthaltung versammelte; vielfach hört der Reiter auch zu früh mit dem Treiben auf, und zwar aufgrund der Furcht, er werde das Pferd dann nicht zum Parieren bringen oder die Parade werde auslaufen. In Wirklichkeit hat man die Zwischentritte fast regelmäßig dann zu erwarten, wenn der Galopp oder der Trab vor der Parade nicht hinreichend fleißig, nicht hinreichend versammelt oder nicht hinreichend losgelassen waren.

Ursachen und Symptome

Die beschriebenen Anforderungen machen deutlich, daß die Paraden in ein fortgeschrittenes Stadium der Ausbildung von Pferd und Reiter gehören. Dieser Umstand ist für den Anfänger störend, jedoch nicht zu umgehen, wenn man nicht bereit ist, die orthodoxe Parade durch eine mehr oder minder verfeinerte Form des Bremsens zu ersetzen. Angesichts „richtiger" Dressurausbildung scheint es für den Anfänger besser zu sein, die Pferde auslaufen zu lassen, als ihnen „falsche" Paraden beizubringen, in denen sie die Versammlung nicht fördern, sondern abbauen.
Die wichtigen Fehler bei den Paraden lassen sich hinreichend nicht an den Symptomen kurieren; man muß sich schon mit der Ursache beschäftigen, und die liegt in der Regel in mangelndem Fleiß und mangelnder Versammlungsbereitschaft. Dies trifft auch auf die Tendenz vieler Pferde zu, sich bei der ganzen Parade nicht geschlossen aufzustellen. Man sieht immer wieder Reiter, die dann versuchen, das herausstehende Hinterbein mit Hilfe des Sporns oder der Gerte heranzuholen. Diese Maßnahme ist auf Dauer meist nutzlos; sie veranlaßt viele Pferde dazu, nach der Parade nicht ruhig zu stehen, sondern nervös die Korrektur zu erwarten. Das herausstehende Hinterbein ist in der Regel eine Folge mangelnder Aktivität und Versammlung vor der Parade, auch eine Folge zu frühen Aufhörens des Treibens. Am besten korrigiert man diesen Fehler durch erneutes Anreiten und ausgiebige Vorbereitung der erneuten Parade durch Versammlung; es empfiehlt sich dabei auch, das Pferd nicht stets nach der intensiven Versammlung zu parieren, sondern es immer wieder einmal verstärkt vorwärtsgehen zu lassen, um seinen Fleiß zu fördern. Es ist ferner ratsam, in jeder Stunde mit solchen Übungen die Paraden vorzubereiten.
Respektiert man die zentrale Bedeutung der Paraden im Gesamt der orthodoxen Ausbildung, dann kann man die Ansicht mancher Richter verstehen, nach der die Parade zu Anfang der Prüfung ein aufschlußreiches Indiz für den gesamten Verlauf des Tests und auch für die Plazierung darstellt.

17. Folge

Die Biegung

Für den Reitanfänger ist das gebogene Pferd so etwas wie eine heilige Kuh. Er hört immer wieder von seiner Wichtigkeit, glaubt auch in gewissem Sinne daran, begreift seine Bedeutung aber in der Regel nicht. Unverständlich bleibt die Biegung dem Novizen in verschiedener Hinsicht. Er fragt sich in jeder Ecke, wie man das Pferd um den Schenkel windet, fragt sich, inwieweit Biegung dem Pferd möglich und ob sie für das Reiten überhaupt erforderlich ist. Der Komplex Biegung wird von vielen Reitanfängern sogar als eine Art von theoretischem Überbau betrachtet, als ein Phänomen, das man zwar wissen und möglicherweise auch theoretisch begründen muß, das man aber im Sattel nicht spürt, dessen Auswirkungen man nicht unmittelbar erfährt und dessen Erörterung heikel werden kann, wenn sie sich auf die Verbindungslinien zwischen der Theorie und der Praxis erstrecken.

Scheinbarer Widerspruch

Die allgemeine Problematik wird noch gesteigert durch den scheinbaren Widerspruch von Biegen und Geraderichten. Man sieht nämlich nicht ein, daß einerseits das Geraderichten eine kardinale Anforderung der Ausbildung sein und zugleich die Biegung die Grundlage aller weiterführenden Dressurarbeit bilden soll; noch viel weniger wird dem Anfänger klar, daß die Biegung im Dienste des Geraderichtens steht, in gewisser Hinsicht sogar mit ihm zusammenfällt. Um nicht bei theoretischen Erwägungen und dogmatischen Forderungen zu verweilen, soll im folgenden der Komplex Biegung vom Standpunkt des praktischen Reitens aus geschildert werden. Verschiedene nicht eindeutig geklärte Fragen sind zwar anzusprechen, aber nur so weit zu verfolgen, wie sie die reiterliche Praxis betreffen.

Mechanische Vorstellungen

Um die Biegung zu verstehen, helfen in Grenzen mechanische Vorstellungen weiter. Ein Pferd, das sich auf dem Zirkel oder durch eine Ecke, das heißt auf gebogener Linie bewegt, kann dies wie ein Auto oder es kann es ähnlich wie ein Gelenkbus tun, das heißt es kann in seiner Mittelachse starr bleiben oder sich biegen. Die Art, in der Auto, Gelenkbus oder Pferd sich durch eine Wendung bewegen, hat Auswirkungen auf das Gleichgewicht und die in der Wendung entstehende Fliehkraft. Vom Autofahren weiß man zum Beispiel, daß der Wagen in der Wendung die Tendenz hat, aus der Kurve herauszudrängen und nach außen überzukippen. Diese Tendenz ist unter anderem abhängig vom Tempo, in dem man die Kurve nimmt, von der Gewichtsverteilung im Wagen und von der Höhe, in der das Gewicht über den Rädern liegt. Diese Faktoren treffen prinzipiell auch auf den Gelenkbus und aufs Pferd zu. Der Gelenkbus – sein Vorteil liegt vor allem im kleineren Wendekreis – verändert die Fliehkraft unter anderem dadurch, daß er das Gewicht in der Wendung anders verteilt, als bei einem starren Fahrzeug. Das heißt, bei ihm ist die Gefahr, daß das Gewicht nach außen überkippt, dadurch reduziert, daß das biegsame Fahrzeug sich in der Wendung anders als das starre bewegt.

Das Prinzip des Gelenkbusses ist zumindest annäherungsweise auch bei der Bewegung des Pferdes in der Wendung zu beobachten, das heißt beim gebogenen Pferd. Das Pferd biegt sich zwar nicht wie der Gelenkbus nur an einer Stelle, die grundsätzliche Technik, sich biegen zu können, teilt es aber mit dem Fahrzeug. Ein weiteres mechanisches Prinzip erleichtert das Verständnis der Biegung und des Reitens durch die Wendung, nämlich die stärkere Verlagerung es Gewichts auf die Innenseite des Fahrzeugs. Extrem sieht man dies bei Motorradrennfahrern, die sich weit in die Wendung hineinlegen und damit verhindern, aufgrund der Fliehkraft nach außen überzukippen.

Unbewußte Reaktionen

Mit solchen mechanischen Bildern lassen sich die Biegung und das Reiten in der Wendung zwar nicht zureichend erklären, diese Hinweise unterstützen aber doch das Verständnis. Ein Pferd, das in der Wendung sich nicht biegt, zeigt die Tendenz, nach außen überzukippen. Dieser Tendenz kann es entgegenwirken und sich in die Wendung hineinlegen. Beide Verhaltensweisen sieht man bei Pferden, die sich in der Wendung nicht biegen, man sieht dies vor allem im Galopp. Beim Reiter beobachtet man häufig die Bereitschaft, nach außen abzukippen, das heißt die Neigung, sich vom Pferd nach außen werfen oder schieben zu lassen. Auf diese unbewußte Tendenz reagieren Reiter meist – wiederum unbewußt – dadurch, daß sie bei nach außen abgekipptem Becken sich mit dem Oberkörper nach innen legen und dadurch in der inneren Hüfte einknicken. Dabei haben viele Reiter das irrige Empfinden,

Das Bild vom Läufer, vom Fahrradfahrer oder vom Motorradfahrer, die sich in die Kurve legen, liefert eine erste Annäherung zum Verständnis des Verhaltens von Pferd und Reiter in der Wendung. Beim orthodox ausgebildeten Pferd senkt sich in der Wendung die innere Rückenpartie minimal. Das Pferd tut durch diese Gewichtsverlagerung das, was auch beim Läufer, beim Fahrradfahrer oder beim Motorradfahrer zu beobachten ist. Der Reiter paßt sich dieser Bewegung dadurch an, daß er den inneren Gesäßknochen stärker belastet. Derart bleiben Pferd und Reiter im Gleichgewicht, das heißt der Schwerpunkt des Reiters bleibt über dem des Pferdes (unten).

sehr viel klarer als im reiterlichen Alltag. Generell läßt sich wahrscheinlich nur sagen, daß manche Pferde eine Richtung der anderen gegenüber deutlich bevorzugen, und zwar manche die linke und andere die rechte.

Die zugerittene Schiefe

Wichtiger als die Theorie und Praxis der natürlichen Schiefe ist die der zugerittenen Schiefe. Unter der zugerittenen Schiefe ist die Schiefe zu verstehen, die dadurch entsteht, daß das Pferd sich schief stellt, um sich den Anforderungen des Reiters zu entziehen. Die zugerittene Schiefe kann mit der natürlichen übereinstimmen, sie kann aber auch in anderer Richtung verlaufen und von bestimmten Vorlieben des Reiters für die eine oder andere Richtung abhängen. Zur zugerittenen Schiefe kommt es dann, wenn das Pferd den treibenden Hilfen und den Paraden nicht mit vermehrter Versammlung entspricht, wenn es also nicht bereit ist, mehr Last zu tragen, sondern nach rechts oder links, das heißt nach außen oder innen ausweicht und die Last vor sich oder schräg vor sich herschiebt. Dieses Ausweichen kann durch unzureichendes Treiben des inneren Schenkels, durch unzureichendes Verwahren des äußeren Schenkels wie auch durch falsche, meist zu starke, Handeinwirkung bedingt sein. Weiter führt mangelnde Biegung in der Wendung zur Schiefe. Bei unzureichender Biegung entspricht dem Ausweichen der Hinterhand meist auch ein Ausweichen der Vorhand, das heißt, das Pferd fällt dann in die Wendung oder aus ihr heraus.

Schiefe und Versammlung

Die Tendenz des Pferdes, sich durch Schiefe den Anforderungen des Reiters zu entziehen, bildet eines der Hauptprobleme beim Dressurreiten und seiner zentralen Anforderung der Versammlung. Diese Neigung ist symptomatisch dafür, wie schwer vielen Pferden die Versammlung fällt und wie leicht Reiter dahin kommen, das Pferd mit ihrer Einwirkung zu überfallen, einseitig und nach Schablone einzuwirken, das heißt die Einwirkung nicht auf das jeweilige Verhalten des Pferdes abzustimmen. Weil die Tendenz des Pferdes zur Schiefe so stark ist und der Reiter ihr so leicht nachgibt, ist die Biegung zum Zweck des Geraderichtens fürs Dressurreiten so wichtig. Durch die Biegung, in der Grundausbildung vor allem im Schulterherein oder im schulterhereinartigem Reiten, wird dem Pferd seine Last vor das innere Hinterbein gestellt, es wird ihm unmöglich gemacht, vor der Last auszuweichen, es wird ihm beigebracht, unter seine Last zu treten und sein Gewicht vermehrt aufzunehmen.

Das Schenkelweichen

In der Biegung auf gerader Linie lernt das Pferd die Bereitschaft zum Untertreten und zur Gewichtaufnahme quasi exemplarisch. Dem schulterhereinartigen Reiten, Schultervor genannt, und dem Schulterherein gehen in der orthodoxen Ausbildung sowohl das Biegen des Pferdes auf gebogener Linie wie die Ausbildung des Verständnisses für den einseitigen Schenkelgebrauch voran. Den einseitigen Schenkelgebrauch lernt das Pferd exemplarisch im Schenkelweichen. Bei dieser Lektion im Schritt wird vom Pferd gefordert, dem am Gurt treibenden inneren Schenkel zu weichen. Das Pferd geht beim Schenkelweichen „schräg", nämlich auf zwei Hufschlägen, und tritt mit den inneren Füßen gleichmäßig vor und über die äußeren. Die Lektion wird so eingeleitet, als wolle man die zweite Ecke einer kurzen Seite abkürzen und schräg – der Winkel beträgt etwa 45 Grad – gegen die Wand der langen Seite reiten. Wenn die Vorhand nahe dem ersten Hufschlag ist, beginnt die Seitwärtsbewegung, die nach einer halben Parade durch den vermehrt treibenden inneren Schenkel gefordert wird. Der äußere Schenkel sorgt dafür, daß das Pferd nicht herüberfällt, sondern taktmäßig auftritt, er fängt gewissermaßen die Bewegung auf. Der äußere Zügel schränkt den Vorwärtsdrang ein, in Verbindung mit dem treibenden inneren Schenkel funktioniert er ihn zur Seitwärtsbewegung um. Das Pferd bleibt bei dieser Seitwärtsbewegung weitgehend gerade, es hat allein den Kopf und Hals leicht in die Richtung des treibenden Schenkels, also gegen die Bewegungsrichtung, gebogen. Der Reiter belastet den inneren, das heißt den der Bewegungsrichtung entgegengesetzten Gesäßknochen etwas mehr als den äußeren.
Beim Schenkelweichen kann das Pferd auch mit der Hinterhand an der Bande und mit der Vorhand auf dem zweiten Hufschlag gehen, also in die Bahn und nicht gegen die Wand schauen. Diese Stellung beim Schenkelweichen wird eingeleitet, indem man das Pferd, wie beim Wechseln durch die ganze Bahn, vom ersten Hufschlag abführt und es beim Erreichen des zweiten Hufschlags nach einer halben Parade (vor/von) dem inneren Schenkel weichen läßt. Man kann schließlich zur Einleitung des Schenkelweichens auf die Mittellinie gehen, die Vorhand einen Schritt seitlich führen, um das Pferd dann in Richtung Bande dem Schenkel weichen zu lassen.

Fußspuren und Hufschläge

Das Schenkelweichen bereitet das Schultervor und Schulterherein – in allen Gangarten zu reiten – vor. Der wichtige Fortschritt beim Schulterherein besteht darin, daß das Pferd in dieser Lektion nicht mehr „weitgehend gerade", sondern vom Genick bis zum Schweif gebogen ist. Dies führt dazu, das es nicht mehr wie beim Schenkelweichen vier Fußspuren, sondern nur noch drei zieht, nämlich die des inneren Vorder- und die des äußeren Hinterfußes und zwischen ihnen die Spur des inneren Hinter- und des äußeren Vorderfußes.
Der Gehorsam des Pferdes auf den seitwärts treibenden Schenkel wird weiter durch das Verkleinern und Vergrößern des Vierecks erreicht, gefestigt und geprüft. Bei dieser Vorwärts-Seitwärts-Bewegung, die prinzipiell wie das Schenkelweichen verläuft, geht das Pferd auf zwei Hufschlägen mit der Vorhand etwas voraus bei geringer Kopfstellung nach innen, das heißt gegen die Bewegungsrichtung. Man leitet diese Lektion nach dem Durchreiten der ersten Ecke der langen Seite da-

Theorie und Wirklichkeit

Die Mehrzahl der Reitlehren vermittelt den zweifellos unzutreffenden Eindruck, das Pferd sei bei richtigen Hilfen problemlos vom Genick bis zum Schweif gleichmäßig zu biegen. Gegen eine solche Vorstellung sprechen anatomische Grenzen der Biegbarkeit, die vor allem durch die Konstruktion und die Funktion der Wirbel und der Rippen bedingt werden. Die Aussagen der Veterinärmediziner sind in diesem Punkt zum Teil unpräzise oder gar widersprüchlich. Generell kann man wohl davon ausgehen, daß die horizontale Flexibilität der Wirbelsäule des Pferdes im Bereich des Halses besonders groß ist, daß sie im Bereich des Widerrists und des vorderen Rückens deutlich abnimmt, daß sie schließlich im hinteren Teil des Rückens sowie im Bereich der Lenden nur minimal oder gar nicht mehr vorhanden ist. Das Pferd läßt sich also horizontal vornehmlich vom Genick bis zu dem Sektor biegen, auf dem der Reiter sitzt — weniger, nur minimal oder gar nicht hinter der Sattellage.
Das in den letzten Jahren unter anderem durch die Untersuchung von Skeletten geförderte Wissen um die Grenzen der Biegbarkeit der Wirbelsäule des Pferdes ist in die Reittheorie noch kaum eingegangen.
Die neueren Kenntnisse fordern jedoch von den Theoretikern, die Idee oder das Modell des gleichmäßig vom Genick bis zum Schweif gebogenen Pferdes zu korrigieren zu Gunsten eines Bildes von der Biegung, das die anatomischen Möglichkeiten des Tieres respektiert.
Die neueren Kenntnisse stellen jedoch die generelle Bedeutung des Biegens für das Geraderichten des Pferdes nicht in Frage.
In einer als ganzkörperliche Gymnastizierung verstandenen Ausbildung des Pferdes hat die Biegung nicht den ästhetischen Sinn, das Pferd die ideale geometrische Figur des Kreises ganz oder teilweise beschreiben zu lassen. Mit Hilfe der Biegung soll das Pferd vielmehr in den Wendungen sein Gleichgewicht finden und die Biegung dient ferner dazu, das Gewicht des Pferdes vor das innere Hinterbein zu stellen und derart dessen Bereitschaft zum vermehrten Aufnehmen von Last zu fördern, und zwar zum Vorteil des Geraderichtens, der Versammlung und der Aufrichtung. Diese Funktion wird auch durch eine Biegung erfüllt, die nicht gleichmäßig durch das ganze Pferd läuft, das heißt die bis zur Sattellage stärker und hinter ihr nur noch minimal oder gar nicht mehr existiert.
Die anatomischen Grenzen für eine Biegung hinter der Sattellage stellen ferner keine Rechtfertigung für die selbst bei internationalen Spitzenreitern zu beobachtende Praxis dar, die Pferde in den Wendungen nicht mit dem äußeren Schenkel auf dem Hufschlag zu halten, sondern ihnen zu gestatten, mit der Hinterhand nach außen wegzuschleudern.
Unabhängig vom Gleichmaß der Biegung zwischen Genick und Schweif müssen die Hinterbeine nach vorwärts unter das Gewicht treten; sie dürfen ihm nicht im seitlichen Wegdriften ausweichen.
Wenn die Grenzen der Biegbarkeit der Wirbelsäule des Pferdes in weiteren Untersuchungen abgesichert werden, ändert dies die Reittheorie auch deshalb nicht grundlegend, weil der reiterliche Begriff der Biegung nicht nur eine bestimmte anatomische oder geometrische Form des Pferdes im Auge hat; er berücksichtigt darüber hinaus das Muskelsystem. Zur Biegung gehört nämlich auch, daß das Pferd sich insbesondere dort, wo der innere Schenkel liegt, entspannt, daß es dem vermehrten Druck dieses Schenkels willig nachgibt, leistungsbereit mit dem inneren Hinterbein vorschwingt, die innere Rückenpartie leicht senkt und den Reiter innen sitzen läßt. Diese Faktoren sind ausschlaggebend für die Förderung des Gleichgewichts und der Versammlung in der Biegearbeit. Das in Zentimetern zu messende Maß der Biegung, das die Anatomen untersuchen, und auch die Gleichmäßigkeit der Biegung vom Genick bis zum Schweif werden angesichts dieser Faktoren sekundär; denn die anatomische oder geometrische Biegung läßt sich auch als Konsequenz der Förderung der Gymnastizität und der Leistungsbereitschaft des Pferdes auf gebogenen Linien verstehen. Diese Feststellung kann allerdings nicht dazu dienen, eine auf den nach innen abgeknickten Hals — bei ausfallender Schulter — beschränkte Biegung mit dem Argument zu rechtfertigen, die gleichmäßige Biegung vom Genick bis zum Schweif sei ohnehin eine anatomische Utopie.
Der Einwand gegen eine solche Form der Biegung ist weder ein formaler noch ein ästhetischer; er beruht vielmehr auf der Tatsache, daß das Ausfallen der Schulter bei abgeknicktem Hals in der Regel aus mangelnder Losgelassenheit und unzureichender Bereitschaft zum vermehrten Untertreten auf gebogener Linie resultiert. Bezeichnenderweise läßt sich ein solcher Fehler nicht dadurch korrigieren, daß man das Pferd in den Ecken quasi mechanisch biegt; man muß es vielmehr dazu bringen, den verstärkt wirkenden inneren Schenkel anzunehmen und sich nicht gegen ihn zu legen, sich innen loszulassen, mit dem inneren Hinterbein leistungsbereit vorwärtszutreten und sich gleichsam automatisch um der Losgelassenheit und um des Gleichgewichts willen zu biegen.
Da das Pferd sich im vorderen Teil des Rückens leichter biegt als im mittleren und hinteren, kann man ihm das Verständnis der Aufforderung, innen nachzugeben und sich zu biegen, unter anderem dadurch erleichtern, daß man den Schenkel kurzfristig etwas weiter als üblich nach vorne nimmt und ihn beziehungsweise den Sporn gleich am Gurt wirken läßt.

Heinz Meyer,
Auf Biegen und Brechen. 1986

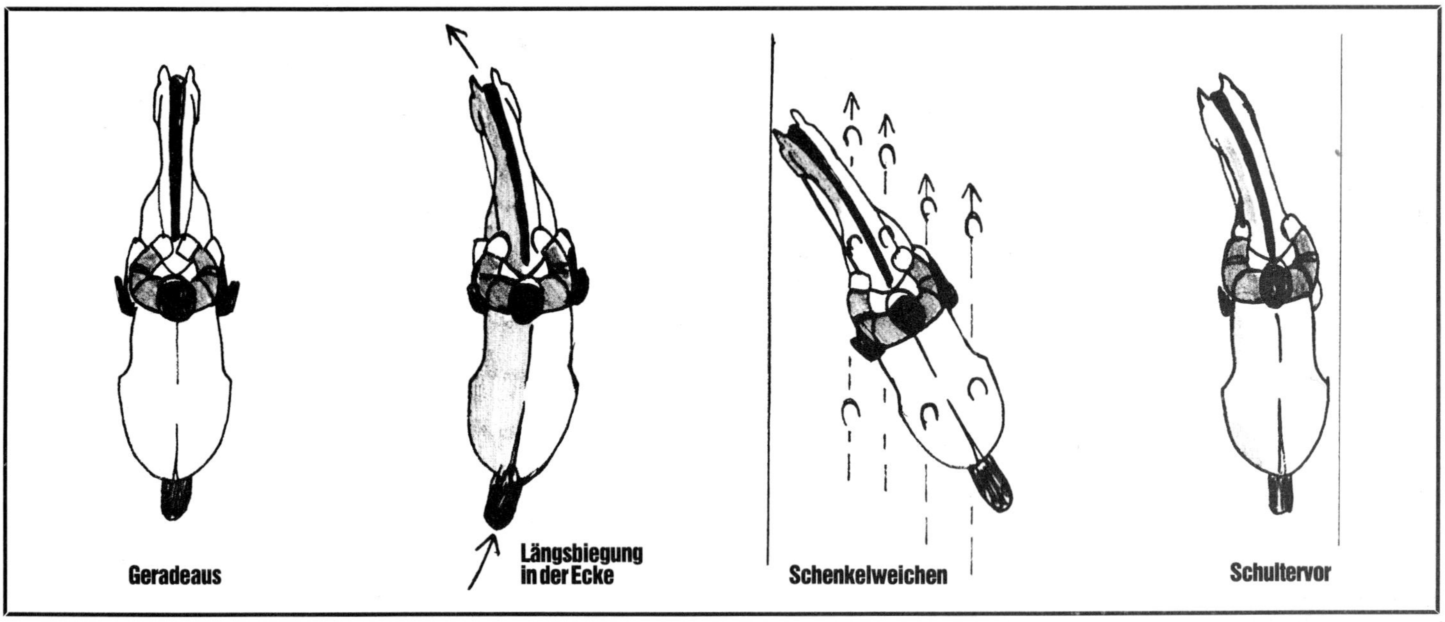

durch ein, daß man dem Pferd eine leichte Stellung nach außen gibt, und diese Seite damit zur inneren macht, und nach einer halben Parade am Wechselpunkt durch verstärkte Einwirkung mit dem inneren Schenkel, bei verstärkter Belastung des inneren Gesäßknochens und verwahrendem äußeren Schenkel, die eigentliche Vorwärts-Seitwärts-Bewegung beginnt. Wie weit man dabei in die Bahn kommt, ehe man auf Höhe der Mitte der langen Seite mit der Bewegung in der Gegenrichtung beginnt, hängt vom Ausbildungsgrad des Pferdes ab.

Mit dem Verkleinern und Vergrößern des Zirkels ist der Gehorsam des Pferdes auf die einseitige Schenkelhilfe ebenfalls zu verbessern. Beim Verkleinern des Zirkels wird durch den verstärkt wirkenden äußeren Schenkel eine Vorwärts-Seitwärts-Bewegung eingeleitet, die den Kreisbogen verengt. Beim Vergrößern des Zirkels ist der seitwärts treibende innere Schenkel ausschlaggebend. Die Bewegung des Vergrößerns geschieht in schulterhereinartiger Stellung. Hinsichtlich des Tempos besteht beim Verkleinern die Tendenz, das Pferd vermehrt aufzunehmen, beim Vergrößern die Tendenz, es etwas frischer vorwärtsgehen zu lassen.

Die „gebogen-gerade"-Stellung

Wenn das Pferd gelernt hat, sich auf gebogener Linie zu biegen, das heißt auf einem Hufschlag zu gehen, und wenn es weiter bereit ist, den einseitigen Schenkelhilfen zu folgen, sich von ihnen nicht nur schieben zu lassen, sondern auf sie mit vermehrtem Vorwärtsgehen zu reagieren, ist die Basis

Die verschiedenen Formen der Geraderichtung, der Biegung, der Stellung und der Verbindung von Stellung und Biegung lassen sich quasi tabellarisch zusammenfassen: Das Pferd kann geradegerichtet oder es kann wie in der Ecke gebogen sein. Beim Schenkelweichen bleibt es gerade, nur im Hals minimal gegen die Bewegungsrichtung gebogen und im Kopf leicht gegen die Bewegungsrichtung gestellt. Minimale Biegung durchs ganze Pferd wird im Schultervor verlangt, deutlich ist die Biegung gegen die Bewegungsrichtung beim Schulterherein und beim Contre-Schulterherein, bei denen das Pferd drei Hufspuren hinterläßt. Im Travers und Renvers ist das Pferd in die Bewegungsrichtung gebogen, beim Travers geht die Kruppe herein, beim Renvers die Vorhand. Das Maß der Stellung und Biegung beim Traversieren durch die halbe oder die ganze Bahn wird international unterschiedlich gewünscht.

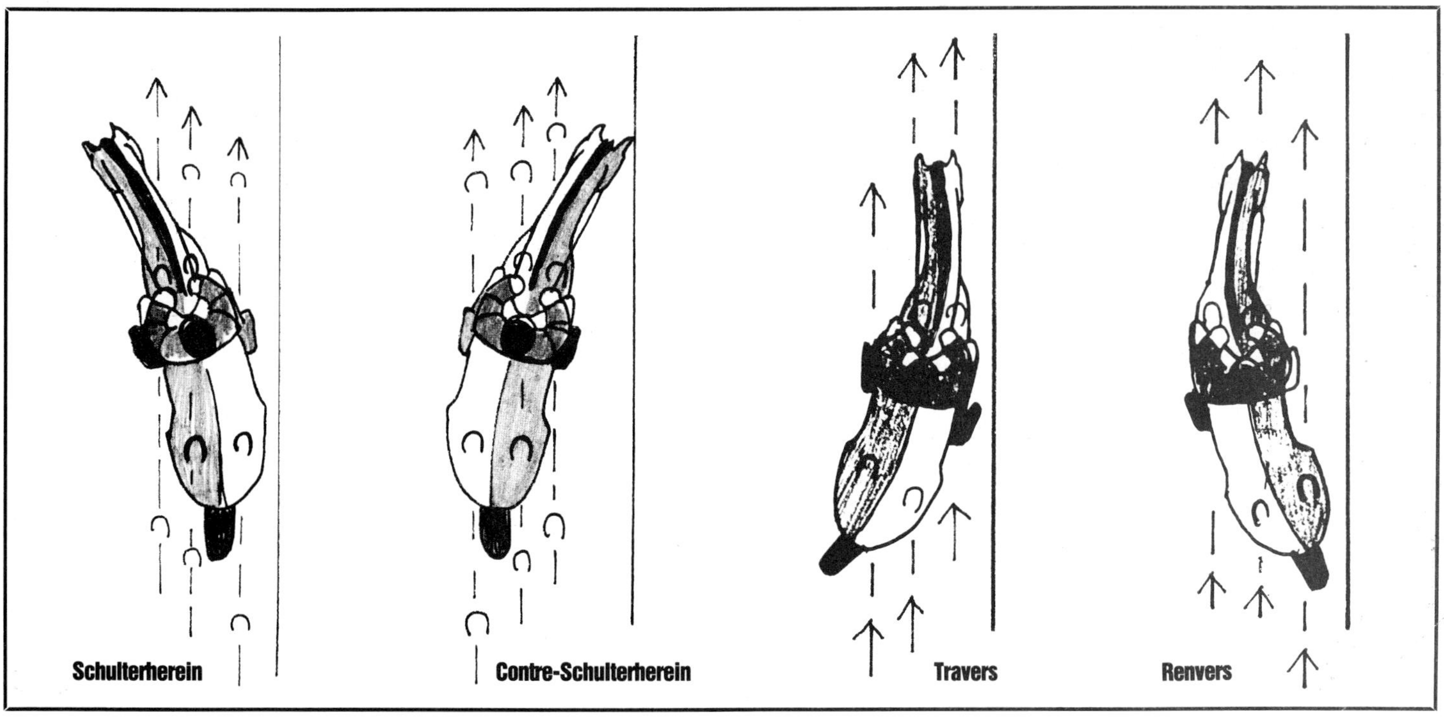

für das Biegen auf gerader Linie, vor allem für das Schulterherein, geschaffen. Das erste Stadium auf diesem Weg bildet das Schultervor, bei dem das Pferd mit der Vorhand „etwa eine halbe Hufbreite“ nach innen gestellt und gebogen wird. Hierbei handelt es sich um das minimale Maß an Stellung, das bei der Arbeit ständig anzustreben ist. Die orthodoxen Ausbilder sprachen und sprechen in diesem Fall von „gebogen-gerader“ Stellung, oder von schulterhereinartigem Reiten. Beim eigentlichen Schulterherein wird das Pferd so weit gebogen, daß es wie beschrieben auf zwei Hufschlägen geht und drei Hufspuren hinterläßt.

Bei der Einleitung des Schulterherein führt man das Pferd nach einer halben Parade mit dem inneren Zügel leicht nach innen, zieht ihm aber nicht den Hals herum. Die ausschlaggebende Hilfe besteht dann im vermehrt vortreibenden inneren Schenkel, der das Pferd nicht nach außen drückt, sondern es dazu veranlaßt, innen vermehrt vorzutreten. Die Tendenz des Reiters sollte also auf jeden Fall darin bestehen, mit dem inneren Schenkel vermehrt vorwärtszureiten und nicht das Pferd herüberzuschieben. Der äußere Zügel begrenzt die Abstellung des Pferdes vom ersten Hufschlag und der äußere Schenkel sorgt dafür, daß das Pferd mit der Hinterhand nicht ausfällt, dadurch die Biegung aufgibt und sich schräg stellt. Im Aufgeben der Biegung liegt einer der Hauptfehler des Schulterherein. Er führt dazu, daß das Pferd wie beim Schenkelweichen vier Hufspuren hinterläßt und der eigentliche, nämlich versammelnde Zweck der Lektion nicht erreicht wird.

Grundlagen festigen

Vielfach beschränkt sich die Biegung im Schulterherein auf eine Biegung im Hals, die sich mit dem Ausfallen der Schulter nach außen verbindet. Mit der Hand, vor allem mit einem stärker einwirkenden äußeren Zügel, lassen sich solche Fehler in der Regel nicht korrigieren; dieser Weg führt meist dazu, sich festzuziehen. Der richtige Weg besteht darin, das Pferd nach einer halben Parade bei lockerer Hand richtig zu stellen und dann bei verwahrendem äußerem Schenkel mit dem inneren wieder vermehrt vorwärtszureiten. Die halben Paraden und der korrekte Einsatz der Hilfen haben auf der langen Seite mehrfach zu erfolgen, zumindest ansatzweise und zur Korrektur von Fehlertendenzen beim Pferd.

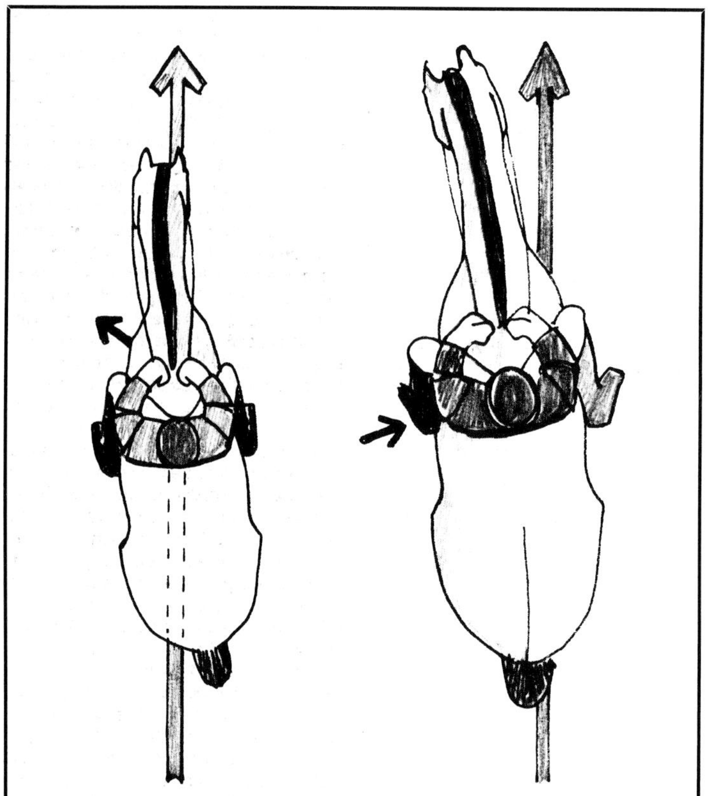

Über das Problem der natürlichen Schiefe bestehen unterschiedliche Auffassungen. Der Begriff „natürliche“ Schiefe besagt, daß die Pferde von Natur aus nicht gerade gehen. Diese Schiefe läuft meist von hinten rechts nach vorne links durchs ganze Pferd. Sie führt nach Ansicht mancher Theoretiker dazu, daß die Mehrzahl der Remonten leichter links- als rechtsherum geht nach links aber weniger biegsam ist als nach rechts (oben). Das Ausmaß, die Bedeutung und die Herkunft der natürlichen Schiefe ist umstritten. Das wichtigere Problem fürs Dressurreiten ist die zugerittene Schiefe. Das schulterhereinartige Reiten wirkt der Schiefe entgegen (oben rechts).

Mängel und Widerstände

Wenn dieser Weg keinen Erfolg hat, ist in der Regel die Basis der Biegung und des Gehorsams auf die einseitige Schenkelhilfe nicht hinreichend genug gefestigt.

Der Versuch, sich über Mängel in der Grundlagenarbeit hinwegzutäuschen, zahlt sich negativ aus; man erreicht das Ziel nicht, bringt dem Pferd Widerstände bei und hat auf deren Beseitigung viel Zeit zu verwenden.

Exakt im Schulterherein zu gehen, die Last vermehrt aufzunehmen, die Biegung beizubehalten und dabei gleichmäßig vorwärtszutreten, bildet eine wichtige Voraussetzung für die weitere Arbeit, nicht nur für die Traversalen, sondern für die gesamte weiterführende Versammlung. Mit dem Geraderichten und der Versammlung werden im Schulterherein das Gleichgewicht des Pferdes und seine Bereitschaft gefördert, sich zu tragen und unabhängig von der Hand zu gehen. Bei entsprechend ausgebildeten Pferden empfiehlt es sich daher immer wieder zur Korrektur und Verbesserung der Selbsthaltung, und zwar in den verschiedenen Gangarten.

Der Gefahr, daß das Pferd mit der Hinterhand ausfällt, wirkt die Lektion Travers entgegen. In ihr wird die Kruppe des in die Bewegungsrichtung gebogenen Pferdes durch vermehrte Wirkung des äußeren Schenkels hereingestellt, und zwar mit dem Ziel, das Pferd auf den verwahrenden äußeren Schenkel zu sensibilisieren, ihm Gehorsam gegenüber dem äußeren Schenkel abzuverlangen und es ihm zu verwehren, sich gegen diesen Schenkel zu legen und im Ausweichen nach außen Biegung aufzugeben.

Die Gefahr des Ausweichens besteht besonders dann, wenn der innere Schenkel die Tendenz gewinnt, das Pferd herumzuschieben, anstatt es innen vermehrt vorwärtszureiten.

Zuviel an Biegung?

Die von manchen Klassikern angesprochene Frage, ob es ein Zuviel an Biegung geben kann, läßt sich theoretisch eindeutiger beantworten als praktisch. Aus der Sicht der Theorie liegt ein Zuviel an Biegung zum Beispiel dort vor, wo ein Pferd auf gerader Linie geradegerichtet sein soll, aber die Biegung beibehält – häufig zu beobachten auf der kurzen Seite zwischen den beiden Wendungen. Ebenfalls liegt ein Zuviel an Biegung dann vor, wen ein Pferd die der Volte entsprechende Biegung auf dem Zirkel beibehält. In der Praxis sieht das Problem vielfach etwas anders aus: Das, was als ein Zuviel an Biegung festgestellt und empfunden wird, ist häufig keine überstarke Biegung, sondern ein Einfallen der Hinterhand, meist verbunden mit ausfallender Vorhand. Das Einfallen der Hinterhand ist symptomatisch für die mangelnde Bereitschaft, in der Wendung eifrig vorwärtszutreten und Last aufzunehmen. Ehe man als Reiter und Richter den seltenen Fall des Zuviels an korrekter Biegung feststellt, sollte man sich fragen, inwieweit man nicht einem Fehlurteil unterliegt, das durch die nach innen gestellte oder nach innen abgeknickte Hinterhand ausgelöst wird.

Reiterliche Bearbeitung

Der Rücken des Pferdes muß in beiden Richtungen biegsam sein, also sowohl in der senkrechten als auch in der wagerechten. Seine Beweglichkeit ist nach beiden Richtungen nur gering, und zwar um so geringer, je kürzer er ist und je näher daher die Dornfortsätze der Rückenwirbel und die Rippen zusammenstehen. Die Gelenke des Rückgrats werden durch die oberhalb und seitlich von diesem gelagerten Rückenmuskeln sowie durch die Bauchmuskeln bewegt. Die Bearbeitung des Rückens muß sich zunächst nur darauf beschränken, diese Muskeln zu lösen und dadurch das Rückgrat biegsam zu machen. Dies ist aber nur durch seitliche Biegearbeit zu erreichen, da der Reiter nur in dieser Richtung über durchgreifende und zuverlässige Einwirkungsmöglichkeiten verfügt. Ist so die Abspannung und Losgelassenheit erreicht, so bildet sich die schmiegsame Auf- und Abwärtsbewegung des Rückens unter der natürlichen Wirkung des Reitergewichts von selbst und äußert sich in elastischer Schwingung des Rückgrats.

Die durch seitliche Biegearbeit bewirkte Seitenbiegung des Rückgrats bezeichnet man im reiterlichen Sprachgebrauch mit Rippenbiegung. Dieser Ausdruck ist insofern irreführend, als von Biegung der Rippen, als fester Knochen, nicht die Rede sein kann. Vielmehr ist das, was wir unter „Rippenbiegung“ verstehen, eine seitliche Biegung des Rückgrats, wodurch die Rippen der gebogenen Seite sich etwas zusammenschieben. Wenn bei der Halsarbeit die Wirbel nach allen Richtungen hin in der Biegung geübt werden mußten, so handelt es sich bei den Rückenwirbeln hauptsächlich um die richtige und geläufige Seitenbiegung.

Das Pferd kann zwar den Rücken heben und senken, ihn krümmen und einbiegen, und der Reiter kann beides wohl durch seinen Sitz und seine Gewichtsverteilung fördern oder hindern, biegsam kann er ihn aber nur dadurch machen, daß er ihn durch seitliche Biegearbeit löst. Die richtig und wohlbegründet ausgebildete Rippenbiegung oder Seitenbiegung des Rückgrats ist eine Haupteigenschaft des gut gerittenen Pferdes, denn durch sie wird die harmonische Zusammen- und Wechselwirkung zwischen Vor- und Hinterhand in den schulgerechten Gangarten vermittelt, durch sie hauptsächlich das Pferd befähigt, gebogene Linien richtig einzuhalten, kurze und scharfe Wendungen prompt und leicht auszuführen und auf zwei Hufschlägen seine Gangarten rein und geläufig zu erhalten.

Gustav Steinbrecht,
Gymnasium des Pferdes. 1884

18. Folge

Die Wendungen

Im letzten Beitrag, in dem über die Biegung gesprochen wurde, mußte schon manches von dem vorweggenommen werden, was hier unter der Überschrift „Wendungen“ dargestellt werden soll. Wendungen sind nämlich nur begrenzt zu verstehen, wenn man nicht etwas über die Biegung weiß. Aus diesem Grunde ist das Kapitel über die Biegung auch vorgezogen worden, wiewohl sich auch die umgekehrte Reihenfolge rechtfertigen ließe. Dieser Umstand ist symptomatisch für verschiedene Bereiche der Reitlehre, die darauf angewiesen ist, die einzelnen Komponenten des komplexen Geschehens Reiten auseinanderzudividieren und in zeitlicher Folge darzustellen, obwohl sie eigentlich gleichzeitig sich ereignen und bei der Erörterung des einen Bereichs andere immer mitbedacht und mitberücksichtigt werden müssen.

Wiederholungen sind bei einer Darstellung in zeitlicher Folge nicht auszuschließen; sie werden vielmehr von der Sache gefordert. Der Umstand, daß das Reiten in Wirklichkeit ein vielschichtiges Phänomen ist, und man bei der Behandlung des einen oder anderen Bereichs Gefahr läuft, das Ganze aus dem Auge zu verlieren, betrifft die Reittheorie ebenso wie die reiterliche Praxis; vor allem der Anfänger hat immer wieder mit dem Problem zu kämpfen, die einzelnen Hilfen im Zusammenhang und in gegenseitiger Abstimmung einzusetzen. Diese praktischen Schwierigkeiten spiegeln sich auch in der Theorie.

Wendung und Biegung

Im Beitrag über die Biegung wurde auf Wendungen vor allem schon insofern eingegangen, als in den Wendungen – auf dem Zirkel, in den Ecken oder in den Volten – die Grundlage für die weiterführende Biegung zu erarbeiten ist, das Pferd in den Wendungen die Biegung beigebracht bekommt und der Reiter in den Wendungen die Biegung immer wieder zu festigen und zu verbessern hat. Der Reiter lernt in den Wendungen auch, sein Empfinden für die Biegung auszubilden. Von „Wendungen“ soll hier gesprochen werden, nicht von „Wendungen im Gange“ und anderen Arten von Wendungen. Der in der klassichen Literatur vielfach verwandte Begriff „Wendungen im Gange“ ist verführerisch; er suggeriert nämlich die falsche Vorstellung, es gebe neben den Wendungen im Gange auch noch andere, nämlich solche im Halten. Verführerisch ist eine solche Vorstellung weniger wegen des logischen Problems, daß sich die als Bewegung aufzufassende Wendung nicht in der Ruhe vollziehen kann; mehr wegen der hippologisch belangvollen Neigung, die Vor- und Hinterhandwendung quasi als Wendungen im Stande zu begreifen und sie so auch dem Pferd wie den Schülern zu vermitteln. Einer solchen Auffassung soll hier mit Nachdruck entgegengetreten werden:

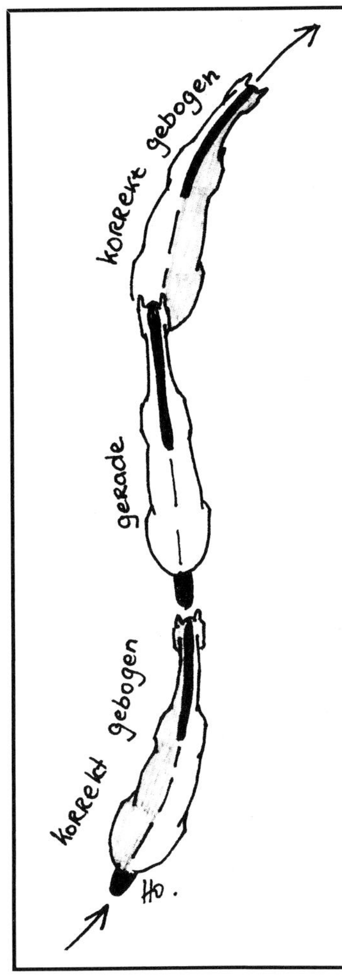

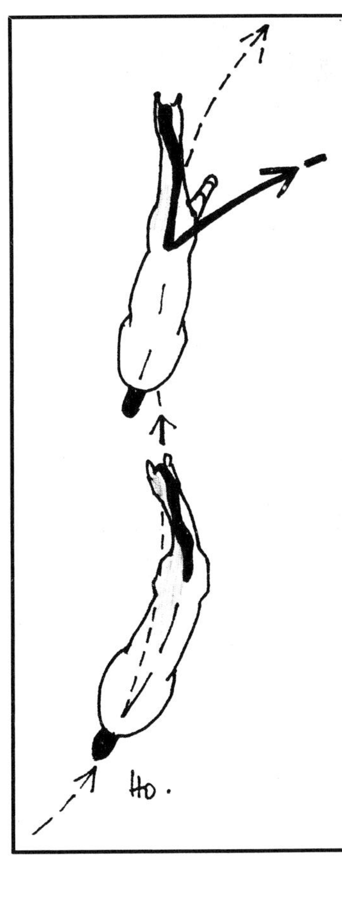

Die Wendungen bei den Schlangenlinien durch die Bahn, beim Wechsel aus dem Zirkel wie beim Wechsel durch den Zirkel sollen so geritten werden, daß das Pferd sich nach der Wendung zur einen Seite zunächst geraderichtet und dann erst zur anderen Seite sich biegt (Beispiel oben). Ein Pferd, das in der Wendung zur einen Seite über die Schulter ausfällt, neigt dazu, sich nicht erst geradezurichten, sondern sich über die Schulter in die neue Wendung zu werfen (Beispiel rechts). Wenn man den schnellen Richtungswechsel von Pferden verlangt, die sich noch nicht hinreichend tragen, veranlaßt man sie dazu, sich herumzuwerfen. Aber auch bei fortgeschrittenen Pferden ist aufs korrigierende Geraderichten zwischen den Wendungen zu achten.

Auch die Vorhand- und die Hinterhandwendung sind Wendungen im Gange; es gibt beim Reiten keine Wendungen im Stand oder in einer Art von Stand!

Ein mechanisches Modell

Um sich ein Bild von den möglichen und den dressurreiterlich erwünschten Wendungen des Pferdes zu machen, ist es hilfreich, auch hier zunächst einmal ein mechanisches Modell ins Bewußtsein zu rufen – nicht weil es möglich ist, die Wendungen des Pferdes mit einem Beispiel aus der Mechanik zureichend zu erklären, sondern weil mechanische Vorstellungen heute üblich und vielen Menschen generell leichter verständlich sind als biologische, weil sie verschiedene Aspekte der Bewegung des Lebewesens in der Wendung einsichtig machen und weil man schließlich gerade in der Berufung aufs mechanische Modell vor Augen führen kann, inwiefern die Bewegung des Lebewesens über die des mechanischen Geräts hinausgeht. Das Modell, auf das man sich hier berufen kann, ist ein kleiner Wagen, der auf vier unter seinen Ecken befestigten Kugeln läuft, oder auf vier vollständig drehbaren Rädern, wie ein Einkaufswagen im Supermarkt etwa.
Mit Hilfe eines solchen Wagens lassen sich die prinzipiellen Möglichkeiten der Wendung brauchbar vor Augen führen. Man kann einen solchen Wagen zunächst einmal auf einem Kreisbogen herumschieben und ihn dadurch wenden, indem man einen Viertel-, Halb-, Dreiviertel- oder einen ganzen Kreis mit ihm beschreibt. Da der Wagen sich nicht biegen läßt, erfüllt er eigentlich nicht die Anforderungen, die man bei der Wendung ans Pferd stellt, nämlich diejenige, daß die Längsachse des Pferdes mit der Kreislinie zusammenfällt. Beim starren Wagen erreicht man in der Regel bestenfalls, daß sein „Mittelpunkt“ (Schnittpunkt der beiden Diagonalen, die durch das Rechteck des Wagenbodens gezogen werden) auf der Kreislinie bleibt. Die durch diesen Punkt gezogene Längsachse des Wagens bildet bei quasi idealer Fahrt auf dem Kreisbogen jeweils eine Tangente, das heißt sie steht immer im rechten Winkel zu der Linie, die vom Kreisbogen zum Mittelpunkt des Kreises führt. Das Übliche ist aber, daß der Mittelpunkt des Wagens nach außen oder innen von der Kreislinie abweicht, daß der Wagen sich ferner „schräg“ stellt, das heißt keinen rechten Winkel mit der Verbindungslinie zum Mittelpunkt des Kreises behält. Genau diese Erscheinungen finden sich auch beim Pferd in der Wendung, es kann mit seinem „Schwerpunkt“, der ebenfalls als eine Art Schnittpunkt von Diagonalen sich verstehen läßt, in den Kreisbereich hineinkommen oder aus ihm herausfallen. Es kann sich weiter – bei gerader wie auch bei gebogener Wirbelsäule – „schräg stellen“, das heißt mit der Hinterhand aus- und mit der Vorhand in den Kreis hineinfallen oder mit der Hinterhand ein- und mit der Vorhand aus dem Kreis hinausfallen. Das Ideal besteht wie gesagt darin, daß nicht nur der Schwerpunkt, sondern auch die Längsachse des Pferdes die Kreislinie deckt.

Wendung auf kleinem Raum

Das Modell des mechanischen Wagens kann noch ein Stück weiterhelfen, nämlich zur Illustration der typischen Möglichkeiten der Wendung auf kleinem Raum. Der Einkaufs- oder Teewagen läßt sich zunächst um seinen „Mittelpunkt" drehen. Er kann weiter um eines der beiden Vorderräder und ferner um eines der beiden Hinterräder gewendet werden. Auch diese Wendungen finden sich beim Pferd. Die klassische Dressurauffassung akzeptiert sie freilich nicht alle als „richtig", das heißt als mit ihrem generellen Ausbildungskonzept in Einklang stehend.
Die simpelste Form der Wendung auf kleinem Raum, nämlich auf einem Kreis, dessen Durchmesser nicht größer ist als die Länge des Pferdes, ist beim unorthodoxen Reiten allenthalben zu beobachten: Die Reiter ziehen am inneren Zügel und drücken dabei die Hinterhand des Pferdes mit dem inneren Schenkel nach außen herum. In der klassischen Dressurauffassung gibt es diese Wendung nicht. Sie ist vor allem deshalb verpönt, weil sie das Ziel der stärkeren Aktivierung und Belastung der Hinterhand nicht fördert und die Sensibilität des Pferdes auf spezielle Hilfen nicht in einer Weise steigert, die im Dienste des generellen Ausbildungszieles steht.
Der Wagen kann wie gesagt weiter um eines der Vorder- oder um eines der Hinterräder gewendet werden. Eine solche Wendung kann im einzelnen auf recht unterschiedliche Weise verlaufen. Meist wendet man zum Beispiel einen Teewagen nicht genau um eines seiner Hinterräder, sondern um den Mittelpunkt der kurzen Seite dadurch, daß das äußere Hinterrad sich vor- und das innere sich zurückschiebt. Eine solche Wendung ist beim Reiten aber ebenfalls nicht erwünscht.
Schiebt man den Wagen so um eines der Hinterräder herum, daß nur das äußere Hinterrad vorläuft, das innere aber auf seinem Platz bleibt, dann erreicht man eine Wendung, die der von der klassischen Reitauffassung beschriebenen Hinterhandwendung schon näherkommt, sie exakt aber vor allem deshalb noch nicht erreicht, weil das innere Hinterrad auf seinem Platz bleibt und nicht, wie es beim Pferd erreicht werden soll, eine minimale Kreislinie beschreibt.

Programme und Schulen

Die Orientierung am mechanischen Modell läßt technische Möglichkeiten der Wendung deutlich werden, sie zeigt, daß generell im Reiten die Mehrzahl dieser technischen Möglichkeiten auch vorkommt, daß die klassische Dressurauffassung aber nur bestimmte Arten der Wendung als systemkonform und insofern als „richtig" anerkennt. Das stärker pragmatisch orientierte Westernreiten beschäftigt sich zum Beispiel mit anderen Ausschnitten aus der Palette der möglichen Wendungen als das dogmatischere abendländische Dressurreiten. Ein nicht an bestimmte Schulauffassungen gebundenes Reiten bedient sich mancher Wendungen, die zwar praktisch sein mögen, aber weder im „Programm" des Westernreitens noch in dem des „klassischen" Dressurreitens enthalten sind.

Gemächlich an die andere Wand

Zum Wechseln auf die andere Hand kennen wir die schräge Linie durch die Mitte der Bahn. Diese Linie giebt den Vortheil, daß sie das Pferd so gemächlich an die andere Wand führet und wechselt, daß nichts an der Stellung seines Körpers verändert zu werden braucht, als der Kopf, welchen man durch den inwendigen Zügel nach und nach ein wenig einwärts stellet. Im Anfange wechselt man ein Pferd auch nicht einmal im Trab, sondern man nimmt es erst in den Schritt, um ihm die ersten Wendungen zu erleichtern.
Pferde, welche aus dem Koppel angekauft und durch den Koppelknecht zusammengepeitscht und herumgerissen sind, müssen durch Geduld und gütliche Behandlung jene üble Begegnung erst wieder vergessen, wenn wir sie uns folgsam machen wollen. Oft bringen sie von dort her schon Unarten bei dem Wenden mit, welche sie aus Noth angenommen haben, die aber von vielen Reitern für Bosheit und Widersezlichkeit angesehen werden. Um ihnen diese zu benehmen, siehet man zuweilen gewaltsame Mittel anwenden, welche gegen alle Vernunft laufen. Man wird finden, daß der anscheinende Umweg der Güte hier weit kürzer und sicherer ist, als die Strenge.
Bisher haben wir das junge Pferd immer noch in einem halben Bogen gewendet, so wie der Reiter aber nun sein Pferd in den zusammengenommenen Trab gesezt, und es sich darin halten gelernt hat, so fängt er nun an, es auf einer geraden Linie in der Mitte durch zu wenden.
Mit der weitesten Wendung als der leichtesten, fangen wir also bei dem jungen Pferde zuerst an, und dies ist der ganze Umfang der Bahn. Allein hier stossen wir auf eine Schwierigkeit. Es sind nach der gewöhnlichen Einrichtung einer Reitbahn hier vier Ecken, welche wir passiren müssen. Es fragt sich also: soll oder kann das junge Pferd gleich scharf hineingeführt werden? Herr Prizelius will es. Man soll das Pferd vorne in die Höhe richten, und es in die Ecken arbeiten und zwar aus dem sonderbaren Grunde, weil es nicht hinein wolle. Die Ursache, warum alle jungen Pferde einen natürlichen Widerwillen vor den Ecken haben, führt er an, nemlich, weil sie gezwungen seyen, sich zu biegen. Das ist wahr. Ein Pferd muß, um durch die spitzen Ecken zweier zusammenstossender Wände im Reithause zu kommen, nicht blos den Kopf, Hals und die Hanken, sondern es muß sich auch in den Rippen biegen. Man wird leicht einsehen, daß das dem rohen Pferde im Anfang nicht möglich ist. Um den Beweis hiervon zu geben, so verweise ich alle Reiter, welche ihre Pferde auf diese Art haben zwingen wollen, auf den Erfolg, welchen ihnen ihre Erfahrung gezeigt haben wird. Das Pferd verhärtet sich, sobald es einer Ecke nahe kommt. Den Kopf läßt es sich hineinziehen, mit dem Körper hängt es sich aber einwärts in die Volte und schneidet mit Gewalt die Ecke ab.
Um also diesem gewönlichen und aus einer so natürlichen Ursache entstehenden Fehler vorzubeugen, so habe ich angerathen, diese Ecken abzurunden, und das Pferd auf den Schultern zu wenden, das heißt, der Croupe in der Ecke Platz zu lassen: denn so lange das Pferd noch auf den Schultern gehet, kann es auch keine andere Wendung machen.
Hierbei hat der Reiter nun den wichtigen Vortheil, daß er das Pferd demnächst in dem ausgedehnten Trab wohl hervortreiben kann, ohne daß es durch diese Wendungen in seinem Gange gestöret wird, welches nicht möglich ist, wenn es bei der Annäherung einer Ecke, jedesmal versammelt werden muß, um es hineinzuführen. Denn entweder werden die Pferde, welche ohnehin gern zurück und hinter der Hand bleiben, in ihrem Gange stocken, oder die feurigen ungeduldigen werden durch die Erschütterung einer solchen Wendung in einen schlechten Galop fallen. Geschiehet das nur an jeder Ecke, so wird diese für den entschlossenen Trab so nothwendige Lection, beständig unterbrochen und unnütz.
Um eine Wendung in ihrer Ordnung und Richtigkeit zu machen, muß der Reiter die Linie, auf welche er reiten oder wenden will, und die ihm wohl auf dem Papier, aber nicht auf der Reitbahn vorgezeichnet ist, sich genau hindenken. Hierzu gehöret eine eben so große Uebung des Augenmases, als zum Reiten selbst. Hat dieses aber ein Reiter nicht, so reitet er beständig auf ungewissen Linien, und nie wird er im Stande seyn, sein Pferd gerade auszuführen, gerade in die Hand zu richten, ihm einen ordentlichen gleichen Gang zu geben, oder es gehörig zu wenden. Eben so wenig wird er sein Pferd auf den Zirkeln arbeiten können, wenn er sie nicht mit dem Auge sich ganz rund hinzeichnet. Hieran erkennt man gleich den guten Reiter.

Ludwig Hünersdorf,
Anleitung zu der natürlichsten und leichtesten Art Pferde abzurichten. 1791

Nach klassischer Reitauffassung wird das Pferd auf bestimmten vorgeschriebenen Linien beziehungsweise in bestimmten Lektionen gewendet. Das Durchreiten einer Ecke ist die erste Form einer Wendung. Aus verschiedenen Viertelkreisen, die beim Durchreiten einer Ecke in engem oder weitem Bogen beschrieben werden, setzen sich der Zirkel und die Volte zusammen. Alle folgenden „weiten" Wendungen – sie lassen sich von den später zu besprechenden „engen" Wendungen, nämlich der Vorhand- und Hinterhandwendung, unterscheiden – bauen sich auf dem Zirkel und der Volte beziehungsweise auf Teile der Kreislinie auf. Das Wechseln aus dem Zirkel und durch den Zirkel gehören hierzu ebenso wie die Schlangenlinien durch die Bahn und die Kehrtwendung. Für alle diese Wendungen trifft zu, daß die Längsachse des Pferdes sich mit der beschriebenen Kreislinie decken soll.

Der innere Schenkel

Im Verlauf der verschiedenen Folgen der Reitlehre wurde immer wieder auf die Bedeutung des inneren Schenkels hingewiesen. Mit ihm hat der Reiter sein Pferd in erster Linie vorwärts zu reiten, um die erforderliche Biegung zu erreichen, mit ihm hat er vorwärts zu reiten, aber nicht das Pferd herumzuschieben. Die Tendenz zum Schultervor beziehungsweise Schulterherein bietet bei sämtlichen Wendungen die beste Hilfe auf dem Weg, das Gewicht des Pferdes vor sein inneres Hinterbein zu stellen, das innere Hinterbein zum vermehrten Tragen zu animieren und dadurch die Voraussetzung für das Gleichgewicht auf der gebogenen Linie zu schaffen. Der das innere Hinterbein aktivierende innere Schenkel wirkt zwar nicht allein und ausschließlich, er stellt jedoch die dominierende Hilfe dar, die sich durch die weiteren Hilfen nicht ersetzen läßt. Die weiteren Hilfen haben primär dafür zu sorgen, daß das aktivierte innere Hinterbein auch wirklich vermehrt trägt und die Last nicht zu verschiedenen Seiten von sich wegstemmt, indem das Pferd sich nach innen oder nach außen fallen läßt beziehungsweise schiebt. Der äußere hinter dem Gurt wirkende Schenkel hat zum Beispiel die Aufgabe, das Ausfallen der Hinterhand zu verhindern, er läßt also nicht zu, daß die Hinterhand sich dadurch der vermehrten Gewichtaufnahme entzieht, daß sie zur Seite tritt. Der äußere Zügel schränkt den Drang der äußeren Schulter nach außen ein, er steht damit der Tendenz des Pferdes entgegen, sich schräg zu stellen und dadurch mit seiner Längsachse von der Kreislinie abzuweichen. Dem vom treibenden inneren Schenkel bestimmten „Konzert" der Hilfen geht die versammelnde halbe Parade voran. Im Anschluß an die halbe Parade voran. Im Anschluß daran und mit der Einleitung des vermehrten Treibens durch den inneren Schenkel schiebt der Reiter die innere Hüfte bei tiefem Knie leicht vor; er belastet den inneren Gesäßknochen stärker, sorgt aber dafür, daß seine äußere Schulter nicht zurückhängt, sondern parallel zu der des Pferdes bleibt.

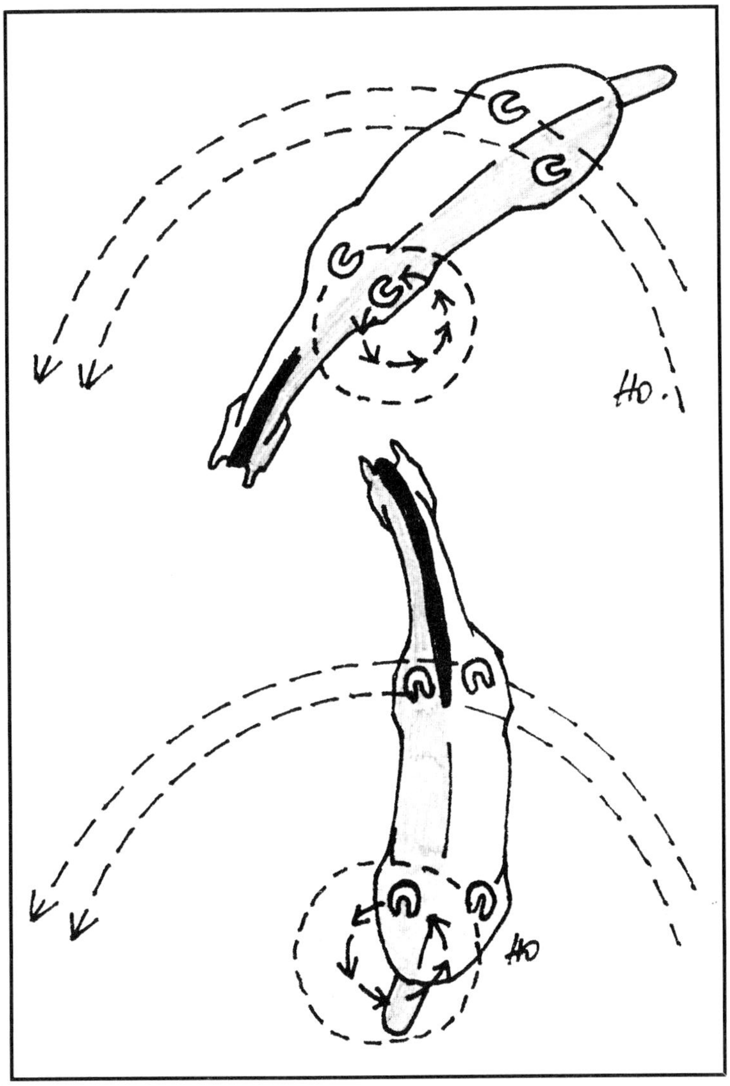

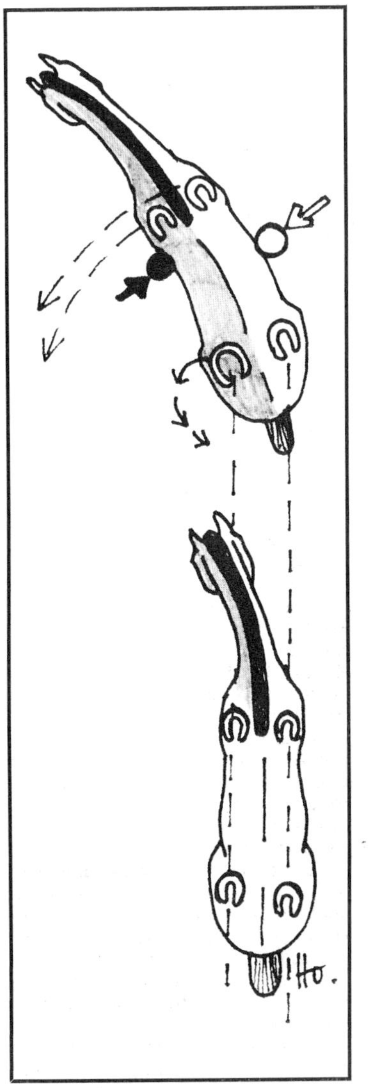

Auch die Vorhandwendung ist eine Wendung im Gange. Das Pferd soll sich nicht um den stehend bohrenden inneren Vorderfuß drehen, es soll vielmehr um den tätigen inneren Vorderfuß herumtreten. Der innere Vorderfuß beschreibt den kleinsten Kreis, der äußere Vorderfuß, der innere und der äußere Hinterfuß folgen nach der Größe des Kreisdurchmessers. Das Pferd ist leicht in die Bewegungsrichtung um den inneren Schenkel gebogen.

Die Wendung um die Hinterhand verläuft ähnlich zur Wendung um die Vorhand, alle vier Füße müssen tätig sein, alle vier beschreiben einen unterschiedlich großen Kreis, der innere Hinterfuß den kleinsten, der äußere Vorderfuß den größten. Das Pferd ist in die Bewegungsrichtung um den inneren Schenkel des Reiters gebogen, der äußere Schenkel liegt eine Handbreit hinter dem Gurt, der innere Gesäßknochen wird stärker belastet (links).

Mit leichter Stellung in die Richtung der Wendung wird die Hinterhandwendung eingeleitet. Durch den vermehrt treibenden, am Gurt liegenden inneren Schenkel und durch verstärkte Belastung des inneren Gesäßknochens wird das Pferd gebogen. Der hinter dem Gurt liegende äußere Schenkel sorgt in erster Linie dafür, daß das Pferd sich nicht mit der Hinterhand nach außen fortdrückt, daß die vom inneren Schenkel geforderte Aktivität sich vielmehr im Herumtreten entfaltet (rechts).

Nach der Wendung geradeaus

Interessanten Aufschluß über den Sitz des Reiters und das Gleichgewicht des Pferdes auf dem Zirkel liefert der Wechsel aus dem Zirkel. Wenn das Pferd die Wechsellinie verläßt, hat es einige Schritte geradeaus zu gehen. Ein Pferd, das auf dem Zirkel gebogen im Gleichgewicht ging und sich trug, das also nicht versuchte, nach außen oder innen von der Zirkellinie abzuweichen, wird problemlos von der gebogenen auf die gerade Linie übergehen können. Erfüllte das Pferd auf dem Zirkel die beschriebenen Bedingungen nicht, dann wird es bei diesem Übergang Schwierigkeiten haben, es wird vielfach versuchen, nicht geradeaus zu gehen, sondern sich gleich von der einen auf die andere Seite hinüberzuwerfen. Beim Reiter verhält es sich ähnlich. Hat er Schwierigkeiten, von der vermehrten Belastung des inneren Gesäßknochens in den gleichgewichtigen Sitz überzugehen, dann hat er meist auch auf der Zirkellinie schon nicht losgelassen gesessen, sondern sich mit klemmenden Schenkeln in eine bestimmte Position gebracht; die reiterlichen Schwierigkeiten beim Übergang hängen vielfach mit denen des Pferdes zusammen, unter anderem in dem Sinne, daß ein Pferd, das sich nicht biegt, die Tendenz hat, den Reiter nach außen zu schieben, und ein Pferd, das nach der Wendung nicht geradeaus geht, den Reiter dazu veranlaßt, nicht gleichgewichtig auf beiden Gesäßknochen zu sitzen, sondern zur einen oder anderen Seite sich werfen zu lassen.

Das Geraderichten des Pferdes nach der Wendung, beim Wechsel aus dem Zirkel beziehungsweise beim Wechseln durch den Zirkel oder bei den Schlangenlinien durch die ganze Bahn, ist integraler Bestandteil der Ausbildung und zugleich ein wichtiges Kriterium beim Überprüfen der Arbeit in der Wendung. Reiter wie Richter, die dies übersehen oder gering bewerten, verraten mit einer solchen Einstellung meist mangelndes Verständnis für das Gleichgewicht und die Biegung des Pferdes in der Wendung. Das Geraderichten nach der Wendung hat freilich nicht erst beim Reiten auf dem Zirkel zu beginnen, sondern der Reiter hat sich und das Pferd nach dem Durchreiten jeder Ecke damit zu befassen, vor allem auf der kurzen Seite; ein ausgebildetes Pferd unterscheidet sich von einer Remonte unter anderem dadurch, daß es auf der kurzen Seite sich geraderichtet und diese nicht in abgeflachtem Kreisbogen wie die Remonte passiert.

Um die Vorhand

Von den „weiten" Wendungen wurden die Vorhand- und die Hinterhandwendung als „enge" Wendungen unterschieden. Bei den „engen" Wendungen handelt es sich, wie gesagt, auch um „Wendungen im Gange". Die Vorhandwendung geschieht also eigentlich nicht auf der Vorhand, sondern um eines der Vorderbeine; ebenso verhält es sich bei der Hinterhandwendung. Die Vorhandwendung wird nur im Schritt geritten, die Hinterhandwendung – entsprechend der Bedeutung der Hinterhand als tragender Kraft – im Schritt, im Trab wie im Galopp. Die Hinterhandwendung im Schritt wir ab L-Niveau verlangt, die Galopp-Pirouette ab S und die Hinterhandwendung in der Piaffe – das ist nach klassischer Dressurauffassung die einzige Möglichkeit einer Hinterhandwendung im Trabe – allein von einigen wenigen besonders veranlagten Pferden und Reitern in Kürprüfungen geleistet. Bei der Vorhand- und der Hinterhandwendung wird ausdrücklich eine Wendung um ein Vorderbein beziehungsweise um ein Hinterbein verlangt und eben nicht eine Wendung um die Mittelhand, das heißt am Modell des Wagens, nicht eine Wendung um den „Mittelpunkt". Für die Vorhandwendung bedeutet diese Anforderung, daß das Vorderbein, um das das Pferd gewendet wird, einen möglichst kleinen Kreisbogen beschreibt, das es also unabhängig von dieser minimalen Kreislinie weder vor noch zurück noch zur Seite tritt. Ebenso verhält es sich bei der Wendung um ein Hinterbein.

Aus der Bewegung

Auf dem Niveau der Klasse A wird die Vorhandwendung verlangt. Sie steht noch nicht im Dienst der Versammlung, sondern prüft und fördert den Schenkelgehorsam und die Durchlässigkeit des Pferdes. Bei der Vorhandwendung tritt das Pferd – leicht gegen die Bewegungsrichtung gebogen – um einen der beiden Vorderfüße und jeder der vier Füße beschreibt eine separate Kreislinie; der Radius der Kreislinien des inneren Vorderfußes ist der kleinste, der des äußeren Hinterfußes der größte.

Vielfach stellt man sich die Wendung um die Vor- oder die Hinterhand wie einen exerzierenden Soldaten vor, der auf dem Absatz dreht und parademäßig die Beine hebt. In diese Richtung gelangt man leicht, wenn man die Wendung um die Vor- und Hinterhand sich und dem Pferd aus dem Stand beibringt. Eine solche Schulung führt fast zwangsläufig zu einem Herumschieben, das sich um zwei Dinge sorgen muß, nämlich darum, daß das Pferd wirklich herumgeht und daß es mit dem inneren Vorder- beziehungsweise Hinterfuß tätig bleibt. Die allenthalben festzustellende Tendenz des Pferdes, den inneren Vorder- beziehungsweise Hinterfuß stehenzulassen, ist eine Konsequenz dieses Ausbildungsansatzes, der auch beim Reiter dazu führt, ihm das Empfinden für die Bewegung des Pferdes in der Wendung undeutlich zu machen.

Von der Tendenz des Schiebens kommt man erst fort, wenn man die Wendungen nicht aus dem Stand, sondern aus der Bewegung im Schritt einleitet. Man beginnt bei der Vorhandwendung damit, daß dem Pferd im Schritt beigebracht wird, dem einseitigen Druck des inneren Schenkels zu weichen. Das Schenkelweichen hat also in der Ausbildung der Vorhandwendung voranzugehen. Im Schenkelweichen lernt das Pferd anstelle der reinen Vorwärtsbewegung die Seitwärtsbewegung, in der Lektion Viereck-Verkleinern und Viereck-Vergrößern wird ihm die Vorwärtsseitwärts-Bewegung beigebracht. Die Vorhandwendung führt die Seitwärtsbewegung insofern weiter, als man vom Pferd verlangt, vermehrt mit den Hinterbeinen herumzugehen und mit den Vorderbeinen einen kleineren Kreis zu beschreiben. Beim Schenkelweichen war bereits darauf zu achten, daß das Pferd sich nicht auf die äußere Seite fallen ließ, dies war mit dem äußeren Schenkel und dem äußeren Zügel zu verhindern. Darauf muß man auch bei der Vorhandwendung sehen. Mit der wachsenden Bereitschaft des Pferdes, taktmäßig um das innere Vorderbein zu treten, wird die Basis dafür geschaffen, daß man die Zirkellinie, die der innere Vorderfuß beschreibt, verkleinert. Der Reiter ist immer wieder davor zu warnen, bei diesem Verkleinern ins Herumschieben zu kommen. Er sollte vielmehr die Tendenz beibehalten, mit minimalem Bodengewinn des inneren Vorderfußes vorwärts zu reiten.

Um die Hinterhand

Das Empfinden, vorwärts zu reiten, ist auch für die Hinterhandwendung, die im Schritt ab L-Niveau geritten wird und im Dienste des Schenkelgehorsams, der Durchlässigkeit und der Versammlung steht, wichtig. Das Ziel der Wendung besteht darin, daß das innere Hinterbein einen minimalen Kreis beschreibt. Auch hier empfiehlt es sich, die Arbeit, bei der das Pferd leicht in die Bewegungsrichtung gebogen ist, aus der Schrittbewegung und nicht aus dem Stand zu beginnen. Auf diese Weise läßt sich das ansonsten fast regelmäßig auftretende Problem des ruhenden Hinterbeins am zuverlässigsten ausschalten. Meist wird freilich die Hinterhandwendung aus dem Stand eingeleitet, zum Nachteil des reiterlichen Empfindens und der Ausbildung des Pferdes. Dazu verleiten die deutschen Aufgaben insofern, als dort meist die Hinterhandwendung aus dem Stehen gefordert und die Schrittpirouette in der Regel erst ab M verlangt wird.

Die Hinterhandwendung aus dem Schritt einzuleiten, hat auch den Vorteil, die Tendenz des Pferdes sich herumzuwerfen durch erneutes Vorwärtsreiten besser korrigieren zu können. Man beginnt die Hinterhandwendung damit, daß man das Pferd im Schritt leicht in die Bewegungsrichtung biegt und stellt, und es – wiederum nach einer halben Parade – durch den äußeren Schenkel und den äußeren Zügel bei deutlich aktivem inneren Schenkel dazu bewegt, einen oder wenige Tritte nach innen zu gehen. Der Gefahr, daß das Pferd sich nach innen fallen läßt, wirkt der aktive innere Schenkel entgegen, er hat das innere Hinterbein zu aktivieren und zum vermehrten Lastaufnehmen zu animieren.

Zu dieser vorbereitenden Arbeit gehört es auch, dem Pferd beizubringen, seine Schritt zu verkleinern, das heißt bei vermindertem Raumgewinn doch weiterzutreten. Die kurzen Schritte sind deshalb wichtig, weil nur mit ihnen ein möglichst kleiner Kreis zu beschreiben ist. Beim Übergang vom üblichen zum kurzen Schritt kommt es darauf an, die Lebendigkeit der Schrittfolge durch erneutes Vorwärtsreiten immer wieder zu sichern. Das Vorwärtsreiten dient auch dazu, der Tendenz des Pferdes, mit dem Hinterbein der Last auszuweichen, entgegenzuwirken, und zwar in Verbindung mit dem vermehrt treibenden inneren Schenkel oder in Verbindung mit dem verwahrenden äußeren Schenkel. Der Neigung des Pferdes mit der Hinterhand nach außen auszuweichen, begegnet man unter anderem dadurch, daß man seine Kruppe im Schritt hereinnimmt und aus dieser Kruppe-herein-Stellung die Wendung einleitet. Mit der Zeit ist es bei diesem Ausbildungsweg für Pferd und Reiter möglich, den Kreis, den das innere Hinterbein beschreibt, zu verkleinern, eben bis zur minimalen Größe. Solange sich das Pferd dabei herumfallen läßt, sind die Grundlagen nicht hinreichend erarbeitet. Oft wirkt der äußere Schenkel zu stark, der innere zu schwach, der Reiter läßt sich und dem Pferd zu wenig Zeit.

Zur Verbesserung und Korrektur der Hinterhandwendung empfiehlt es sich, das Pferd nicht stets um die auf kleinstem Kreis tretende Hinderhand herumzuführen, sondern in dieser Wendung immer wieder einige Vorwärtstritte zu verlangen, um dadurch auch das Gleichgewicht und den Takt des Pferdes beim Herumtreten zu stabilisieren.

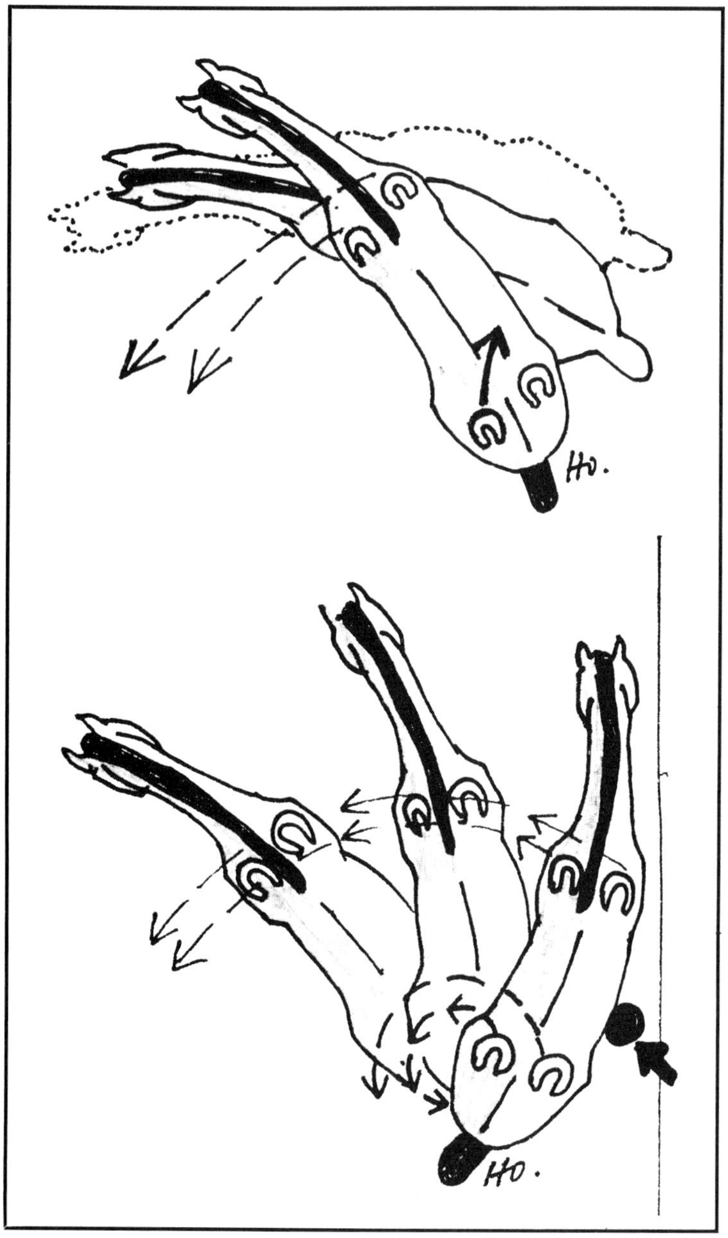

Vielfach entziehen Pferde sich der Mühe, um den inneren Hinterfuß herumzutreten, dadurch, daß sie mit der Hinterhand ausweichen und derart halb um die Vor- und halb um die Hinterhand wenden. (Die berühmte „Wendung um die Mittelhand".) Dieser Tendenz begegnet man am besten dadurch, daß man die Hinterhandwendung aus einer Kruppe-herein-Stellung entwickelt. Dabei muß der äußere Schenkel des Reiters dem Pferd deutlich die Bewegungsrichtung klarmachen.

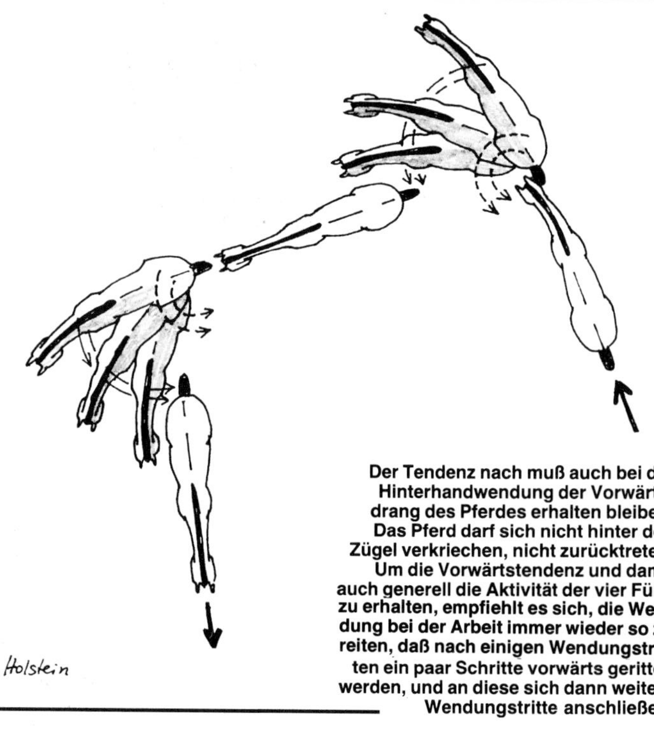

Der Tendenz nach muß auch bei der Hinterhandwendung der Vorwärtsdrang des Pferdes erhalten bleiben. Das Pferd darf sich nicht hinter den Zügel verkriechen, nicht zurücktreten. Um die Vorwärtstendenz und damit auch generell die Aktivität der vier Füße zu erhalten, empfiehlt es sich, die Wendung bei der Arbeit immer wieder so zu reiten, daß nach einigen Wendungstritten ein paar Schritte vorwärts geritten werden, und an diese sich dann weitere Wendungstritte anschließen.

Die dressurreiterliche Ausbildung geht – das wurde schon mehrfach betont – über die „Natur" des Pferdes hinaus. Das heißt: sie verlangt vom Pferd mehr, als es von Natur aus anbietet. Hinsichtlich der einzelnen Lektionen, die im Dressurreiten verlangt werden, hinsichtlich der Systematisierung des Bewegungsablaufs wie auch hinsichtlich der Tatsache, daß die Aufgaben unabhängig von „inneren" Stimmungen des Pferdes beziehungsweise von artgemäßen äußeren Reizen verlangt werden, beschränkt die Ausbildung sich nicht auf das, was auf der Koppel zu beobachten ist. Dieses allgemeine Prinzip trifft im besonderen auch für das Rückwärtsrichten zu.

In „natürlichen" Situationen treten Pferde bestenfalls ein bis zwei Tritte zurück; vor Hindernissen wenden sie z. B. in der Regel um. Das Rückwärtsrichten ist dem Pferd also keine naheliegende Lektion, es fällt ihm schwer; manche Pferde widersetzen sich dieser Aufgabe, in hartnäckigen Fällen sogar mit dem Versuch zu steigen. Weil dem Pferd das Rückwärtsrichten schwerfällt und weil diese Fortbewegung es beträchtlich anstrengt, sollte man es stets nur wenige Tritte zurücktreten lassen, nach Auffassung der „Klassiker" nicht mehr als sechs. Das Rückwärtsrichten über weitere Strecken wirkt als Strafe und kann in besonderen Fällen als solche auch vorteilhaft eingesetzt werden.

Indiz für die generelle Ausbildung

Trotz oder gerade wegen dieser Schwierigkeiten stellt das Rückwärtsrichten ein aufschlußreiches Indiz für die generelle Ausbildung und das generelle Gerittensein eines Pferdes dar, auch ein informatives Kriterium für die reiterliche Einwirkung.

19.Folge

Das Rückwärtsrichten

In diagonalen Tritten soll sich das Pferd rückwärts bewegen: Der linke Vorderfuß und der rechte Hinterfuß schwingen zurück (S. 73 B. 1), sie erreichen den Boden und stützen mit der anderen Diagonalen das Pferd (Bild 2), dann lösen sich der rechte Vorderfuß und der linke Hinterfuß vom Boden (Bild 3), sie schwingen zurück, erreichen den Boden, und es kommt wieder zur Vierbeinstütze (Bild 4). Das Pferd soll taktmäßig zurücktreten, fließend, das heißt ohne Stocken. Es darf sich nicht zurückzerren lassen, sondern wird durch die treibende Hilfe gegen die verhaltende Hand geritten und dadurch zum Rückwärtstreten veranlaßt.

Das Rückwärtsrichten ist für die Ausbildung eines Pferdes so symptomatisch, daß man – würde man mit der Forderung konfrontiert, ein Pferd nach fünf Tritten bzw. Schritten beurteilen zu müssen – sich am besten wohl das Rückwärtsrichten zeigen ließe.
Das Rückwärtsrichten ist weiter eine wichtige Hilfe bei der Ausbildung des Pferdes; es fördert die Losgelassenheit und die Unterordnung, bringt das Pferd an die Hilfen und steigert über die bei richtiger Ausführung unumgänglichen Hankenbiegung die Versammlung. Widerstände des Pferdes gegen das Rückwärtsrichten hängen eng mit der versammelnden Funktion dieser Aufgabe zusammen. Die Widerstände beruhen nur vordergründig darauf, daß das Rückwärts der natürlichen Vorwärtstendenz des Tieres widerspricht. Die schwerer wiegenden Probleme bestehen in den Widerständen des Pferdes im Genick, im Rücken und in den Hanken. Pferde, die nicht bereit sind, sich im Genick und im Rücken loszulassen und die Hanken vermehrt zu beugen, sind nicht in der Lage, durchs Genick und bei tätigem Rücken taktrein rückwärts zu treten. Weil das Rückwärtsrichten diese Anforderungen stellt und weil Mängel in der Losgelassenheit nicht durch Schwung zu kompensieren oder zu kaschieren sind, ist es ein so aufschlußreiches Indiz für die Grundausbildung.

Im diagonalen Zweitakt

Die Fußfolge des Rückwärtsrichtens besteht in einem diagonalen Zweitakt ohne Schwebephase, sie ist also anders als der Schritt, der im Viertakt verläuft. Mit dem Trab hat das Rückwärtsrichten den Zweitakt gemeinsam, ihm fehlt jedoch die für den Trab so kennzeichnende Schwebephase. Diagonaler Zweitakt ohne Schwebephase bedeutet, daß das rechte Vorderbein und das linke Hinterbein gleichzeitig zurücktreten, daß diese beiden dann auffußen und das Pferd tragen, daß anschließend das linke Vorderbein und das rechte Hinterbein zurücktreten und nach deren Auffußen erneut das rechte Vorderbein und das linke Hinterbein zurücktreten. Die beiden Beine eines diagonalen Beinpaares müssen also jeweils gleichzeitig auffußen, und zwar in ruhiger, nicht eilender Folge. Das Tempo des Ablaufs entspricht dem im Schritt.
Die meisten Probleme entstehen beim Rückwärtsrichten durch Beschränkung der Hilfen auf die zurückziehende Hand. Eine solche Einwirkung verbindet sich in der Regel mit unzureichendem Nachdenken über die Schwierigkeiten, die das Rückwärtsrichten dem Pferd im Genick, im Rücken und in den Hanken macht, Probleme, die durch einseitige Handeinwirkung nicht zu lösen sind, die vielmehr durch diese Hilfe erst verfestigt und verstärkt werden. Der Schlüssel zur Lösung der Widerstände liegt in der Einsicht, daß die Hinterhand des Pferdes aktiviert und derart in der Bewegung auch auf Rücken und Genick des Pferdes eingewirkt werden muß. Diese Aktivierung geschieht durch die treibende Hilfe, die das Pferd als ausschlaggebende Einwirkung für die prinzipiell gleiche Aktivierung beim Vorwärtsreiten kennengelernt hat.

Gewalt und Behutsamkeit

Eine Hauptregel in der Reitkunst ist die: das Pferd so zu beobachten, daß es sich nicht einer unsrer Lectionen offenbar widersetze. Es bleibt selten hierbei stehen, sondern wenn es die Möglichkeit dadurch gewahr wird, uns nicht bei allen Zumuthungen folgen zu brauchen, so versucht es auch, uns andre Anweisungen, besonders diejenigen die ihrer Beschaffenheit nach, dem Pferde Zwang auflegen, zu versagen. Und ein einziger solcher Vorfälle flöset einem ohnehin mißtrauischen Pferd oft so viel Argwohn gegen unsere mißbrauchende Gewalt ein, daß es seine ganze Folgsamkeit auf einige Zeit verlohren zu haben scheint. Keine von allen Lektionen ist hierin gefährlicher, als eben das Zurückziehen.
Wir müssen also einen begangenen Fehler immer unvermerkt wieder gut zu machen suchen, aber nicht wie die, welche, wenn sie dem Pferde unrecht gethan haben, ihm auf eine abbittende Art, dafür allen Willen lassen, zu thun was es will, sondern es lieber mit einer andern Lektion beschäftigen, bis es dieses wieder vergessen hat, und alsdann mit mehrerer Behutsamkeit zu Werke gehen.
Das Pferd, das nun, auch bei der glimpflichsten Art des Zurücknehmens, doch wahrnimmt, daß dieses ohne Biegung der hinteren Gelenke nicht geschehen kann, wird gewöhnlich auf Mittel sinnen, derselben zu entgehen, und das Hintertheil, dem diese Biegungen aus mancherlei Ursachen beschwerlicher werden, zu schonen. Oft ist aber auch die Ungenügsamkeit der Reiter hieran Schuld. Denn wenn das Pferd guten Willen zeigt, so treiben sie die Sache gleich so weit, daß es auf Ausflüchte sinnen muß. Eine der gewöhnlichsten hiervon ist die, daß, wenn wir das Pferd mehrere Tritte hinter einander zurücknehmen wollen, es die ersten Tritte in der Hand thut, unvermerkt aber macht es sich leichter in die Hand, fängt an, geschwinder zurück zu gehen, und endlich so geschwind, daß wenn wir ihm auch alle Zügel nachlassen, es dennoch zurücklauft und sich ganz und gar aus der Hand verloren hat. Wir nennen dies: von der Hand zurückkriechen.
Die häufigen Beispiele, wo sich Reiter durch dieses Zurückkriechen von dem Pferde betrügen und abspeisen lassen, beweisen, wie wenig richtige Begriffe die mehresten noch von dem ordentlichen Zurücknehmen haben.
Ist dem Pferde dieses einigemal gelungen, so fängt es in Zukunft gleich damit an, und damit der Reiter sein Kriechen nicht wahrnehmen soll, streckt es, sobald der Reiter die Zügel zum Zurücknehmen anziehet, den Kopf vor, strebt ein wenig mit dem Maul gegen, daß der Reiter etwas in der Hand fühlet, den Kopf und Hals läßt es ihm auch in der Höhe, beim Wiederrüst biegt es sich aber herunter auf die Schultern, und dadurch behält das Hintertheil seine Freiheit. Dabei treten die Hinterfüse meistentheils nicht gerade, sondern beständig seitwärts zurück, wodurch die Croupe dann immer hin und her fällt.
Das Zurücklaufen thut es aber, damit der Reiter es mit fernerem Anziehen der Zügel verschonen möge. Wenn es etwa auffallen möchte, daß ich hier dem Pferde so viel Ueberlegung und Arglist beilege, da es ja doch nichts anders, als ein dummes unvernünftiges Vieh sey, dem muß ich sagen, daß dieses der einzige Fall nicht ist, wo der Reiter, der die Sache nicht recht versteht, von dem Pferde betrogen wird. Die Noth, in welche es sich so oft gesezt siehet, zwingt es, auf heimliche oder offenbare Gegenmittel zu sinnen. Und die thierischen Begriffe des Pferdes, deren sich der gute Reiter beständig zu seinem Vortheil bedient, gehen oft so weit, daß man in manchen Fällen wohl fragen möchte, wer von beiden, der Reiter oder das Pferd, am vernünftigsten sey?
Wer also einen richtigen Begrif von der Lektion hat, die er dem Pferde geben will, kann nicht betrogen werden, und um es hier nicht zu werden, muß der Reiter sich obige Theorie vom Zurücknehmen merken. Er muß wohl darauf Acht haben, daß das Pferd, ehe es zurücktritt, den Kopf zuerst hergebe, daß die Biegung von vorne her so fortgehe, das Vordertheil und besonders die Schultern aufrecht bleiben, die Hinterschenkel sich biegen und nicht eher zurücktreten, als bis sie unter dem Pferde sind und die Croupe über sie zurückgegangen ist.
Nimmt der Reiter sein Pferd auf diese Art zurück, so wird er fühlen, daß es nicht im Stande ist zurück zu laufen, sondern es wird jeden Tritt in der Hand zurück und nicht mehr thun können, als die Hand es arbeitet.
Das Hintertheil hat in diesem Augenblicke die Verrichtung, welche das Vordertheil beim Vorwärtsgehen hat. Es ist der gegenhaltende Theil, und die Vorderfüse helfen den Körper zurückschieben.
Will der Reiter die Biegung im Hintertheil vermehren, so hält er es mit seinen beiden Schenkeln mehr vorwärts gegen und braucht dabei die Hand verhältnismäßig stärker. Allein dieses und das geschwindere Zurücknehmen hängt von der Beschaffenheit des Pferdes und der Stärke und Uebung der Gelenke ab.

Ludwig Hünersdorf,
Anleitung zu der natürlichsten und leichtesten Art Pferde abzurichten. 1791

Im Rückwärtsrichten vorwärts reiten

Für den Reiter kommt es darauf an, ein Gefühl für das „Vorwärtsreiten" im Rückwärtsrichten zu entwickeln. Dem Pferd hat er beizubringen, sich im Rückwärtsrichten vorwärts reiten zu lassen. Dies gelingt nur im Rahmen der generellen Förderung der Losgelassenheit des Pferdes; das Rückwärtsrichten stellt freilich eine Hilfe auf dem Weg zu diesem allgemeinen Ziel dar. Wer glaubt, mit dem Zurückziehen des Tieres, so wie man es im Tattersall allenthalben sieht und wie es in verfeinerter Form in vielen öffentlichen Konkurrenzen bis zur schweren Klasse zu beobachten ist, schneller zum Ziel zu kommen, erreicht nur einen Pyrrhussieg, das heißt einen Erfolg, der ihn nicht weiterbringt, der sich vielmehr zu seinem Nachteil auswirkt.
Das Pferd allein mit der Hand dazu zu bringen, sich rückwärts zu bewegen, geht über den Charakter einer Gehorsamsprüfung nicht hinaus. Ein derart erreichtes Rückwärtsrichten ist nicht integriert ins generelle Ausbildungskonzept, bei dem jede Lektion eine Prüfung und Dokumentation des Ausbildungsstandes ist und bei dem jede Lektion zugleich die Gymnastizität des Pferdes weiter fördert.
Als Schullektion läßt sich das Rückwärtsrichten nur verstehen und der allgemeinen Ausbildung einfügen, wenn man es vom Vorwärtsreiten und seinen Anforderungen her begreift. Nur dieses Verständnis und Erleben eröffnet den Weg zur richtigen Hilfe.

Hochheben und zurückführen

Man muß sich klarmachen, daß es zum Zurücktreten erforderlich ist, die Beine hochzuheben und dann zurückzuführen, daß diese Aktivität in besonderem Maße angesichts der Tatsache gefordert werden muß, daß das Rückwärtsrichten für das Pferd unbequem ist und es daher dazu neigt, der Anstrengung unter anderem durch matte Bewegungen aus dem Weg zu gehen.
Allein durch den auffordernden und treibenden Schenkel läßt sich die Aktivität im Rückwärtsrichten erreichen und erhalten.
Fällt die Aufforderung durch den Schenkel aus, dann darf man sich nicht wundern, daß die Bewegung der Beine matt wird. Vielfach sieht man Bilder, bei denen dann die Pferde von der Reiterhand zurückgezerrt werden und die Beine dabei nur mitschleifen oder gegen den Körper stemmen, bei denen sie schleppend zurückkriechen oder verkrampft zurückeilen.

Aktivierung der Beine

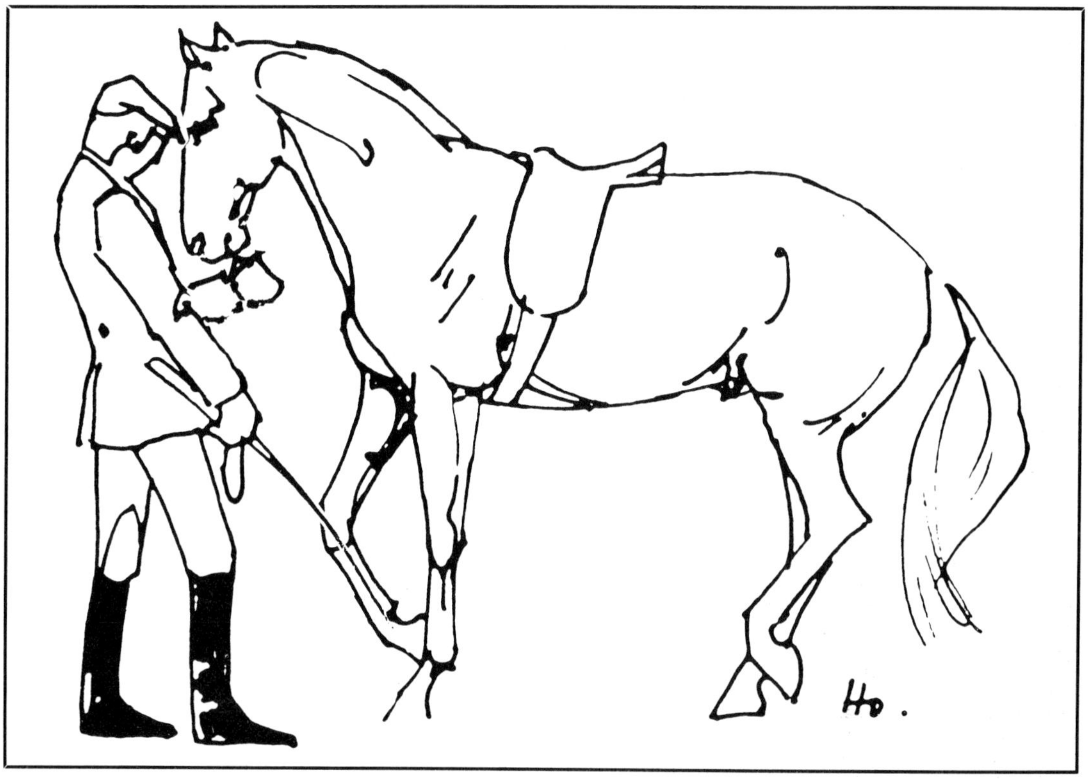

Der Ausgangspunkt des Rückwärtsrichtens ist die Aktivierung der Beine; sie müssen den Körper zurücktragen, sie müssen mit der aktivierenden Hilfe, nämlich dem Schenkel, dazu aufgefordert werden. Der Körper läßt sich zwar mit Hilfe der Reiterhand zurückziehen, die Beine werden dann auch notwendigerweise mitgenommen, aber ein solches Rückwärtsrichten hat mit der schulgerechten Ausführung dieser Lektion kaum etwas zu tun.
Der zweite Hauptpunkt besteht darin, dem Pferd deutlich zu machen, daß die Aktivität nicht wie üblich nach vorwärts, sondern nach rückwärts gehen muß. Diese „Einsicht" vermittelt die verhaltende, nicht nachgebende Hand. Die Aktivität, die zunächst nach vorwärts gerichtet ist, wird von ihr aufgefangen, mit ihrer Hilfe wird der Bewegung der Weg nach rückwärts gewiesen. Die Formulierung, das Pferd müsse sich an der durchgehaltenen Hand abstoßen bzw. es müsse sich von ihr zurückstoßen lassen, übernimmt ein mechanisches Bild, das manche Aspekte des Vorgangs verdeutlicht, freilich auch leicht dazu führt, den Lernvorgang durch kraftvollen Einsatz abkürzen zu wollen. Das Pferd soll nämlich nicht mit festgehaltenem Genick vor der starren Hand zurückfliehen; seine Tritte würden in diesem Fall eilig und verkrampft. Es soll die nicht nachgebende Hand „verstehen" lernen, soll Kontakt mit der Hand behalten, soll bei federndem Genick und Rücken Tritt für Tritt zurücktreten, soll sich bei fortgeschrittener Ausbildung nach jedem Tritt aufhalten lassen, soll stehenbleiben oder ohne Unterbrechung aus dem Rückwärts ins Vorwärts übergehen können. Daher ist es wichtig, daß man eine bestimmte Anzahl von Tritten rückwärtsrichten kann und daß man schließlich in der „Schaukel" unvermittelt von der Rückwärts- in die Vorwärtsbewegung und wieder in die Rückwärtsbewegung übergeht, und zwar jeweils nach einer ganz bestimmten Anzahl von Tritten bzw. Schritten. Ein wichtiges Indiz für dieses Hin und Her besteht darin, daß das Pferd den Reiter senkrecht sitzen läßt, daß es ihn also nicht nach vorne oder hinten wirft, eine Haltung, die in der Regel die mangelnde Losgelassenheit des Pferderükkens ausweist.

Abstimmung der Hilfen

Bei entsprechender Sensibilisierung des Pferdes gewinnt die Kreuzhilfe des Reiters wachsende Bedeutung, sowohl bei der Aktivierung des Pferdes wie auch beim Ab- und Auffangen der Tritte über den losgelassenen Pferderücken.

Die Möglichkeit der Kreuzhilfe und der Kontrolle der einzelnen Tritte mit Hilfe des Kreuzes, wird entscheidend geschmälert, wenn man vom Reiter, wie es manche Lehrer tun, verlangt, sich nach vorne zu neigen und den Rücken des Pferdes zur Erleichterung und Förderung der Aktivität der Hinterbeine zu entlasten. Das perfektionierte Rückwärtsrichten und der unterbrechungslose Übergang von der Rückwärts- in die Vorwärtsbewegung und wieder zurück setzt eine feine Abstimmung der reiterlichen Hilfen voraus, vor allem eine Abstimmung der Folge und der zeitlichen Verschiebung der Hilfen.

Es empfiehlt sich, dem Pferd die Bewegung gegen die übliche Richtung nach vorwärts vom Boden aus beizubringen, und zwar derart, daß man vor dem Pferd steht, die beiden Zügel in die linke Hand nimmt, sie leicht in die Richtung nach rückwärts anstehen läßt und mit einer Gerte in der rechten Hand gegen den Kronenrand oder das Vorderfußwurzelgelenk tippt. Sofern man einen Helfer zur Verfügung hat, kann dieser vom

Um dem Pferd das Rückwärtsrichten beizubringen, ist es förderlich, dies zunächst vom Boden aus zu üben (oben). Man stellt sich dabei etwas seitlich vor das Pferd – Vorsicht bei Pferden, die mit dem Kopf schlagen! – nimmt die Trensenzügel in die linke Hand, die Gerte in die rechte. Mit der Gerte touchiert man leicht den Kronenrand, das Fessel- oder Vorderfußwurzelgelenk und veranlaßt das Pferd derart, ein Vorderbein und mit ihm dann das diagonale Hinterbein zu heben und nach rückwärts zu bewegen. Wenn die Zügel im Sinne der reiterlichen Einwirkung leicht anstehen, verbindet das Pferd, diese Hilfe mit dem Rückwärtsrichten.

Zu einer taktmäßigen und unterbrechungslos fließenden Fußfolge gelangt man erst, wenn man dazu kommt, im Rückwärtsrichten „vorwärtsreiten" zu können (rechts). Mit Gewicht und Schenkel soll man das Pferd gegen die verhaltende Hand reiten, das Pferd soll dann im Genick und im Rücken die Hilfe spürbar annehmen und zurücktreten. Es soll im Genick nicht einknicken, soll sich im Genick und im Rücken nicht versteifen, sondern derart nachgeben, daß es die Beine vom Boden heben und zurückschwingen kann. Das im Genick und Rücken sich versteifende Pferd schleift meist mit den Füßen über den Boden.

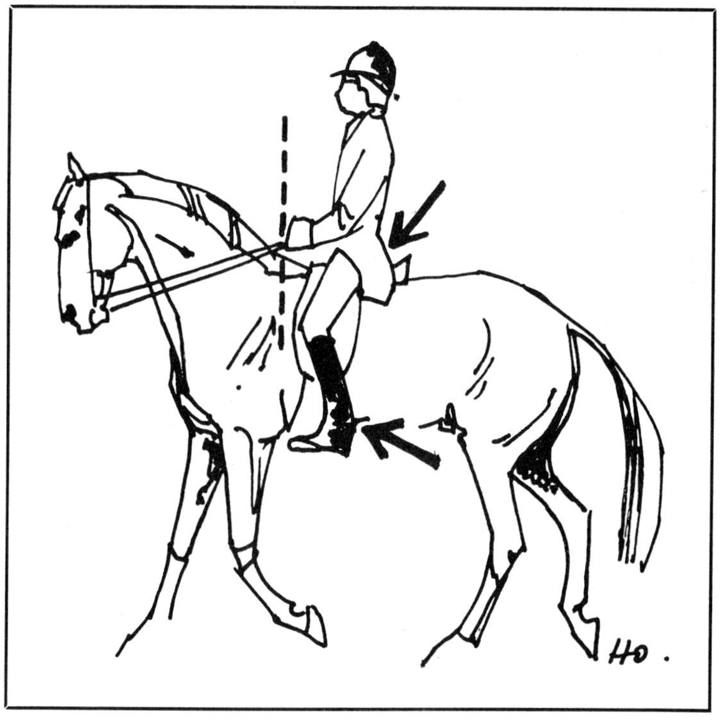

Sich über dem Sprung nach rückwärts zu neigen (Seite 80), war nach Ansicht der Theoretiker und Praktiker früherer Jahrhunderte die geeignete Weise, heil übers Hindernis zu kommen. Ausdrücklich wurde die „Rücklage" – man findet sie noch heute bei vielen Jagdreitern und Steeplechase-Jockeis – als der richtige Weg begründet. Man wollte derart den Pferden die Vorhand entlasten und ihnen den Aufstieg beim Sprung erleichtern, wollte den ohnehin beim Landen extrem beanspruchten Vorderbeinen nicht noch das Reitergewicht zuschieben, wollte schließlich dem Reiter selbst bei eventuellen Rumplern mehr Sicherheit geben.

Wenn ein Pferd es nötig habe, unter dem Reiter sein Gleichgewicht und seine Kopfhaltung zu ändern, dann wird es, wie der Neuerer argumentierte, von sich aus dazu in der Lage sein, wenn man ihm hinreichend Freiheit läßt.

Sich ans Pferd anpassen

Zu solch „natürlichem" Reiten gehörte für Caprilli ein Springstil, der es dem Pferd erlaubt, sich wie in der Natur über dem Hindernis zu strecken, der es ihm ferner gestattet, den Rücken zu wölben, der es schließlich in die Lage versetzt, selbst den richtigen Punkt für den Absprung zu finden. Im Vorneigen des Oberkörpers über dem Sprung fand Caprilli die Methode, mit der der Reiter sich ans Pferd anpaßt, in der er es nicht wider seine Natur bestimmt. Caprilli ging es auch darum, das Pferd nicht deshalb näher eingegangen, weil im vorliegenden Zusammenhang seine Bedeutung für die Ausbildung des Reiters wie des Pferdes erläutert werden soll.

Für den Reiter ist die Beschäftigung mit dem Springen unter anderem deshalb lehrreich, weil er dabei sein Gleichgewicht schult und verbessert. Beim Springen wird der Reiter mit dem Bewegungsablauf des Pferdes in seiner ganzen Breite zunehmend vertraut, er lernt, auf ihn einzugehen und auf seine Veränderungen zu reagieren. Bei entsprechender Anweisung fördert der Reiter seine Entspannung und Balance, und zwar gegen die Tendenz, sich mit „klemmenden Organen" auf dem Pferderücken zu halten. Die Beschäftigung mit dem Springen trägt auch dazu bei, die Sicherheit und das Selbstvertrauen des Reiters im Sattel zu steigern.

Reiter stabilisieren und krisenfester machen. Dies geschieht unter anderem durch das sich ausbauende Vertrauen zwischen Pferd und Reiter, ein Verhältnis, das beim Pferd nicht auf Einsicht sondern auf der Erfahrung basiert, daß es den Anforderungen des Reiters trauen kann, daß es sich auf ihn verlassen kann, daß es ihm – auch gegen eine spontane Ängstlichkeit und Zurückhaltung – folgen kann, daß er nichts Unmögliches von ihm verlangt. Für eine solche Vertrauensbildung ist es wichtig, daß das Pferd mit dem Reiter keine schlechten Erfahrungen macht, daß es von ihm nicht durch Überforderung enttäuscht wird, daß es sich mit seinem Zutrauen keine Schmerzen einhandelt. Das allzu lässig und tölpelhaft sich bewegende Pferd kann im Springen dazu veranlaßt werden, dynamischer zu ge-

Der „leichte Sitz" über dem Sprung ist nach Caprillis Auffassung mit der generellen Arbeit des Pferdes im „leichten Sitz" zu verbinden. Dadurch, daß der Reiter – zum Beispiel beim Anreiten eines Hindernisses im Leichttraben – bei federndem Knie zeitweise in den Bügeln steht, verteilt er sein Gewicht auf die gesamte Auflagefläche des Sattels; derart erleichtert er dem Rücken das Schwingen und dem Hinterbein das weite Vortreten (oben).

Dem Pferd seine natürliche Haltung zu belassen und ihm die Möglichkeit zu geben, über dem Sprung seinen Rükken zu wölben und seinen Hals zu dehnen, war das entscheidende Anliegen Caprillis. Um dieses Ziel zu erreichen, sollte der Reiter sich ans Pferd anpassen, und nicht versuchen, es nach seinen Absichten zu bestimmen. Zur Anpassung des Reiters gehört die Entlastung des Oberkörpers und das Nachgeben mit der Hand (Seite 80).

während des Sprungs mit der Hand zu stören.

Der seit dem Anfang des Jahrhunderts aufblühende Turniersport und die Erfolge der italienischen Reiter wie der Gastreiter der Schule in Pinerolo trugen wesentlich dazu bei, dem neuen Stil schnell beträchtliche Anerkennung zu verschaffen. Die Wandlungen und Varianten, die der Caprilli-Stil in den letzten 70 Jahren erfuhr, schmälern die Bedeutung des italienischen Kavallerieoffiziers für die Entwicklung des internationalen Sports und für das derzeitige Bild des Springreitens generell nicht.

Gleichgewichtsschulung

Die relativ ausführliche Darstellung der Geschichte des Springstils geschah hier nicht aus rein historischer Absicht; sie sollte vielmehr mit der Sache vertraut machen und heute vielfach übersehene Gesichtspunkte und Probleme ins Bewußtsein bringen. Auf die Geschichte des Springreitens wurde auch

Eine gymnastische Übung

Für das Pferd stellt das Springen eine gymnastische Übung dar, vor allem dann, wenn man es nicht allein an der überwundenen Höhe bemißt, sondern die Manier, in der das Hindernis angegangen und bewältigt wird, in den Vordergrund der Beobachtung und der Ausbildung stellt. Das Pferd lernt – bei entsprechender Anleitung – sich zu dehnen und zu strecken, den Hals langzumachen und den Rücken zu wölben; vor allem bei Pferden, die sich festhalten, kann man derart die Losgelassenheit fördern. Die dosierte Ausbildung im Springen kann auf das Pferd ferner psycho-physische Auswirkungen haben, das heißt Auswirkungen im Zwischenbereich von Körperlichem und Seelischem. Bei Pferden, die übervorsichtig und zaghaft sind, kann durchs Springen die Gehlust und damit auch das Selbstbewußtsein verbessert werden. Ferner kann das Springen den Gehorsam des Pferdes gegenüber dem

hen, seine Umwelt aufmerksamer zu beobachten und vorsichtiger zu werden.

Um die erwähnten Ziele zu erreichen, kommt es in erster Linie auf die Springmanier und nicht auf die Höhe der Hindernisse an. Bei der Ausbildung des Pferdes empfiehlt es sich, dem Training unter dem Sattel das an der Longe oder im Sprunggarten – auch couloir genannt – voranzuschicken. Das dosierte Freispringen ist oft wichtiger für das Selbstvertrauen des Pferdes als die Arbeit unter dem Sattel. Die ersten Sprünge unter dem Sattel sollte man im Trab anreiten, um dem Pferd ausreichend Gelegenheit zu geben, Geschick und Vertrauen zu entwickeln. Auch bei der Schulung des Reiters empfiehlt es sich, mit dem Springen aus dem Trab zu beginnen und ihm derart in einem hinreichend ausgedehnten Stadium die Möglichkeit zu bieten, Sicherheit zu gewinnen und das Vertrauen zu festigen. Über den Springstil handelt die nächste Folge der Reitlehre.

Das Springen

II

21. Folge

Während im letzten Beitrag die geschichtliche Entwicklung des Springsports skizziert und auf die Bedeutung des Springens für die Ausbildung von Pferd und Reiter hingewiesen wurde, geht es in der vorliegenden Folge darum, den Sitz des Reiters während des Sprungs zu erläutern. Die Anforderungen, die an den Reiter gestellt werden, orientieren sich an der Bewegung des Pferdes im Verlaufe des Sprungs. Der Sprung selbst ist, wie sein Name sagt, dem Galopp,,Sprung" ähnlich, aber nicht gleich. Die Ähnlichkeit kommt in erster Linie durch das Moment der freien Schwebe zustande.

Die Fußfolge

Die Fußfolge beim Sprung sieht folgendermaßen aus: Wenn sich das Pferd im Galopp dem Hindernis nähert, geschieht dies in der üblichen Galoppfußfolge, nämlich äußerer Hinterfuß – innerer Hinterfuß und äußerer Vorderfuß – innerer Vorderfuß – Schwebe – äußerer Hinterfuß usw. Vor dem Absprung schließt sich an das Abheben des inneren Vorderfußes vom Boden nicht die Schwebe an, sondern das Pferd greift mit dem äußeren und dem inneren Hinterfuß vor, es setzt

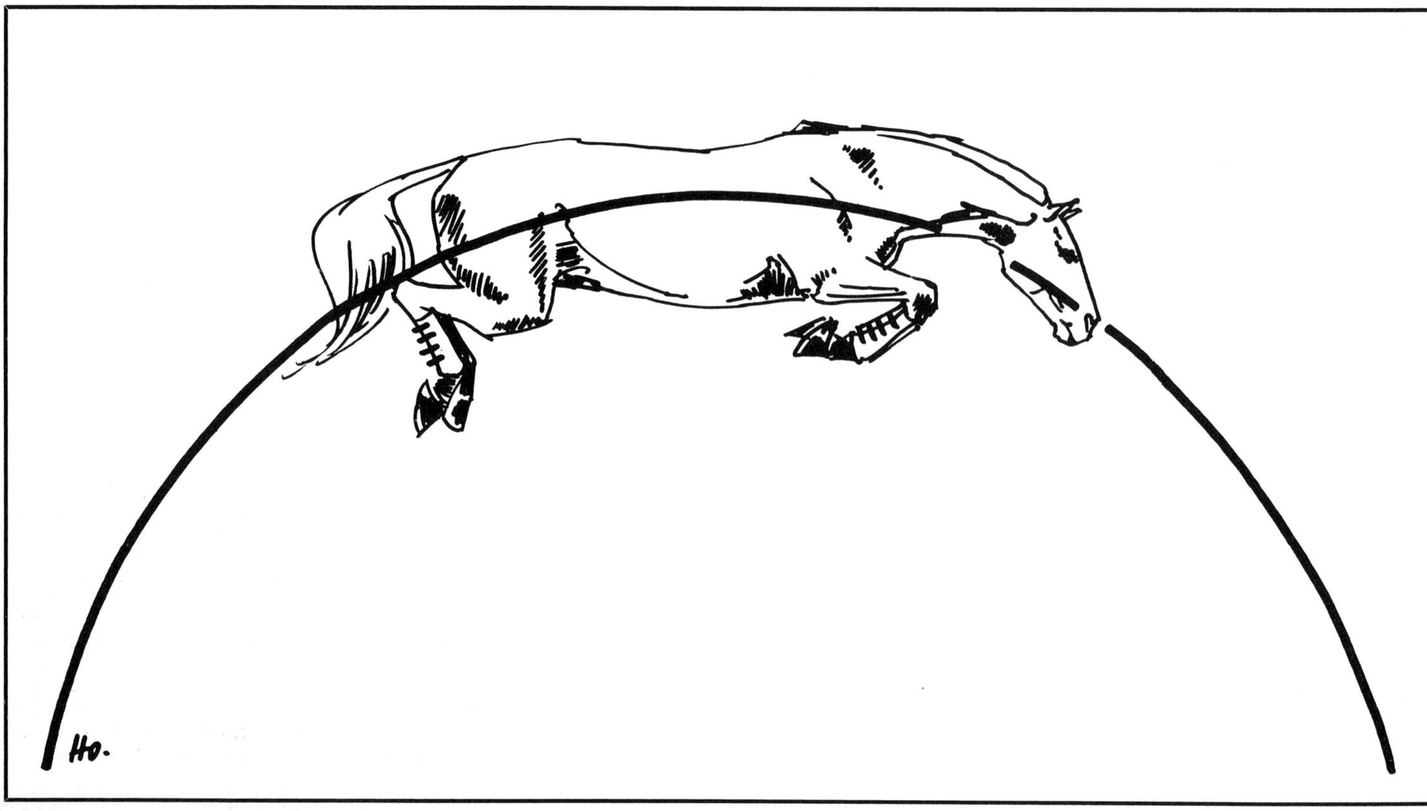

Der eigentliche Sprung beginnt damit, daß das Pferd mit den beiden Hinterbeinen untergreift (1), diese mit geringer zeitlicher Verschiebung aufsetzt und sich dann hochstemmt (2). Das kraftvolle Abstemmen führt zum freien Flug übers Hindernis (3). Beim Landen streckt das Pferd die Vorderbeine vor (4), es fußt dann in der Regel zunächst mit dem äußeren Vorderbein und weiter mit dem inneren auf (5). Dann greifen die Hinterbeine vor (6) und stemmen den Körper wieder vorwärts, nachdem sich die Vorderbeine vom Boden gelöst haben (siehe Bildfolge Seite 83).

diese mit geringem zeitlichem Vorsprung des äußeren Fußes fast immer nahe nebeneinander auf den Boden auf und stemmt seinen Körper durch die beiden Hinterbeine hoch. Es folgt dann der Flug über das Hindernis. Bei der Landung fußt das Pferd zunächst mit dem äußeren Vorderbein auf; es kann allerdings über dem Sprung das äußere und das innere Bein auch wechseln. Der ersten Landephase auf einem der beiden Vorderbeine folgt die Abstützung des Körpers durch beide Vorderbeine. Während der Körper sich dann, getragen durch die beiden Vorderbeine, nach vorne schiebt, greifen die Hinterbeine unter, um den Körper erneut vorwärts zu stemmen. Wenn die Hinterbeine – mit geringem zeitlichen Vorsprung des inneren Hinterbeins – nach der Einbeinstütze durch das innere Vorderbein auf den Boden auffußen, löst sich auch das zweite Vorderbein vom Boden, und so kommt es beim ersten Galoppsprung hinter dem Landen zu einer ähnlichen Fußfolge wie beim Absprung vor dem Hindernis. Während beide Hinterbeine sich strecken und das innere den Boden verläßt, berührt das äußere Vorderbein den Boden, ihm folgt das innere Vorderbein. Bei diesem Ablauf wird der Körper zeitweise durch die beiden äußeren Beine gestützt. Das äußere Hinterbein verläßt dann den Boden, später das äußere Vorderbein, und erst jetzt ist die Einbeinstütze durch das innere Vorderbein erreicht, erst jetzt beginnt mit der folgenden Schwebephase wieder der normale Galoppablauf.

Im Idealfall und annäherungsweise nimmt der Körper des basculierenden Pferdes über dem Sprung die Form an, die seiner Flugbahn entspricht (oben). Es wölbt vor allem den Rücken und streckt Hals und Kopf weit vorwärts-abwärts. Die Annäherung der Form des Pferdes an die ideale Flugbahn wird nicht erreicht, wenn das Pferd seinen Rücken fortdrückt und mit dem Hals hochgeht.

Dieses Pferd (rechts) stürmt auch noch über dem Sprung gegen die Hand des Reiters. Die auf dem Hals aufgesetzte Faust und das reichlich kurze Martingal bringen das Pferd nicht dazu, sich nach vorwärts-abwärts zu strecken. Verkrampft hebt das Tier seinen Hals und drückt den Rücken fort. Solches Springen ist unästhetisch, unökonomisch und für Mensch und Tier aufreibend; es führt zudem meist auch zu Fehlern.

Diese relativ komplizierte Beschreibung der Fußfolge beim Sprung ist mehr theoretisch als praktisch interessant. Die Mehrzahl der Reiter, auch die Mehrzahl der erfolgreichen Springreiter, weiß nicht um sie; man muß sie sich mit Mühe aus der detaillierten Beobachtung von Serienaufnahmen erarbeiten.
Die genaue Kenntnis des Sprungablaufs kann freilich eine gewisse Hilfe bieten, die Sprungkurve eines Pferdes besser zu verstehen und zu bewerten.
Die Serienaufnahmen haben nämlich auch im einzelnen belegt: die verschiedenen Pferde beschreiben beim Sprung unterschiedliche Kurven und müssen bei den verschiedenen Formen, die Hindernisse zu überwinden, unterschiedliche Kraft aufwenden. Und zwar sowohl beim Absprung als auch beim Landen. Ermüdung und Verschleiß hängen wahrscheinlich auch von solchen unterschiedlichen Sprungkurven ab.
Besonders wichtig sind die verschiedenen Kurven für den Reiter und seine Möglichkeiten, in den einzelnen Phasen des Sprungs sicher im Sattel und im Gleichgewicht zu bleiben.

Die ideale Kurve

Bei der sogenannten idealen Kurve ergibt sich nirgendwo ein Bruch, das Pferd springt also nicht steil hoch, um ebenso steil wieder zu landen, sondern es fliegt auf einer Linie, die dem Halbbogen einer Ellipse entspricht. Dies trifft jedenfalls für die üblichen Sprünge zu; andere Bedingungen ergeben sich bei Hindernissen mit extremen Anforderungen, zum Beispiel bei außergewöhnlich hohen Steilsprüngen. Erfolgreiche Pferde überwinden sie vielfach, indem sie besonders nahe ans Hindernis herangehen, also steil abspringen und auch steil landen.

Die ideale Linie hängt mit Gesetzen der Ballistik zusammen. Sie orientiert sich ferner am Körper des Pferdes, der auf dieser Linie fliegt und darüber hinaus tendenziell selbst eine solche Linie deckt. Durch den gestreckten Hals und den aufgewölbten Rücken nimmt das Pferd eine Form an, die der skizzierten Halbellipse in gewisser Weise nahekommt. Bei der Streckung des Halses in Verbindung mit der Aufwölbung des Rückens, Bascule genannt, fällt es dem Pferd leichter, in seinem Flug die ideale Linie zu beschreiben. Drückt das Pferd seinen Rücken nach unten weg und hebt es seinen Hals hoch, dann springt es vielfach auch zu spät ab, um auf bruchloser Linie über das Hindernis zu fliegen.
Aus der Tendenz des Pferdes, bei idealer Linie über dem Sprung den Hals zu strecken und den Rücken zu wölben, resultieren ausschlaggebende Anforderungen an den Sitz des Reiters, vor allem das Nachgeben der Hand und die Entlastung des Rückens. Die nachgebende Hand ermöglicht es dem Pferd, sich zu dehnen; sie veranlaßt es quasi dazu.
Da das Pferd sich vorwärts-abwärts strecken soll, hat die Hand ihm dazu genügend „Luft" zu lassen; sie sollte dem Pferdemaul folgen sollte, weder einseitig nach oben noch einseitig nach unten nachgeben.
Die Dehnungsbereitschaft des Pferdes stellt ein wichtiges Ausbildungsziel dar, auch ein wichtiges Kriterium zur Prüfung der Ausbildungsarbeit. Durchs Springen läßt sich die Dehnungshaltung des Pferdes fördern. Pferde, die sich festhalten, die sich hinter dem Zügel verkriechen und nicht bereit sind, sich zu strecken, können mit

hoch über dem Sattel liegen soll. Das wie bei den Jockeis vom Sattel weitentfernte Gesäß läßt den Sitz unsicher werden, vor allem in kritischen Situationen. Das Gewicht soll also auch beim leichten Sitz in der Nähe des Sattels bleiben, soll ihn allerdings nicht direkt berühren und belasten. Der leichte Sitz, bei dem der Reiter aus der Balance relative Stabilität gewinnt, bedarf besonderer Schulung.
Durch das Stehen im Bügel ergibt sich eine generell veränderte Position. Die größere Labilität, die der leichte Sitz im Vergleich mit dem Dressursitz mit sich bringt, gleichen viele Reiter dadurch aus, daß sie sich nach vorne neigen und sich mit den Händen kräftig auf dem Hals abstützen. Sie sitzen derart weder mit sich selbst noch mit dem Pferd im Gleichgewicht, halten sich vielmehr mit der Hand fest, um nicht vornüber zu fallen, und belasten die Vorhand des Pferdes überproportional.
In die Balance gerät man beim leichten Sitz allein, wenn man das Vorneigen des Oberkörpers durchs Zurückverlagern des Gesäßes ausgleicht. Um dieser Anforderung zu entsprechen und dem leicht sitzenden Reiter die Möglichkeit zu geben, sich problemlos zeitweise an den Sattel oder wieder in den Sattel zu setzen, sind Springsättel nach hinten länger als Dressursättel, ein Bauelement, das für den Sitz wichtiger ist als die dicken Kniepauschen.
Durch das Zurückverlagern des Gesäßes wird es dem Reiter möglich, auf den in Bügeln stehenden Beinen sein Gewicht auszubalancieren, und zwar bei elastisch federndem Knie. Der derart sich ins Gleichgewicht bringende Reiter kippt weder nach vorne noch nach hinten, er bedarf nicht der Hand, um sich in dieser Position festzuhalten. Die auf dem Hals aufgestützte Hand bildet für den Anfänger zwar ein wichtiges Hilfsmittel, sie liefert ferner dem Fortgeschrittenen in kritischer Situation einen Anker, vielfach kaschiert sie aber mangelnde Balance und Überlastung der Vorhand des Pferdes. Die Hand sollte am Hals liegen, entspannt, ohne zu halten und ohne den Körper zu tragen.

Balance und Knieschluß

Der in der Balance gefestigte Sitz bedarf nicht des Maßes an Knieschluß, das von vielen Reitlehrern als Bedingung fürs Springreiten gefordert wird. Wenn Knieschluß verstanden wird als klemmendes Knie, dann besteht die Gefahr, daß das Knie den Körper hält, während eigentlich die Balance ihn stabilisieren sollte. Die Bedeutung der Balance im Vergleich zu der des Knies wird einem besonders deutlich, wenn man ohne Bügel springt und dann aus naheliegenden Gründen mit den Knien klemmt. Daß man sich in kritischer Situation mit den Knien zu halten sucht, liegt nahe; dagegen läßt sich auch schwerlich etwas einwenden. Ein gewisses Maß an Knieschluß ist ferner generell für den leichten Sitz und insbesondere für die Landung nach dem Sprung erforderlich. Dieses gewisse Maß an Knieschluß darf freilich nicht verwechselt werden mit einem klemmenden Knie, das meist nicht in der Lage ist, den Stoß aufzufangen und zu dämpfen, weder zugunsten des Reiters noch zugunsten des Pferdes. Mit anderen Worten: Das klemmende Knie macht den Reiterkörper unelastisch, es läßt ihn nicht federn. Vielfach klemmt man dann mit dem Knie, wenn man es nicht gelernt hat, in der Balance in den Bügeln zu stehen, angepaßt an den Bewegungsablauf des Pferdes. Ehe der Anfänger zu klemmen beginnt, sollte man ihm den Weg zur Balance dadurch erleichtern, daß man dem Pferd einen Bügelriemen als sicheren Anker für den Reiter um den Hals legt.
Von Heydebreck stellte in seinem Buch „Die Deutsche Dressurprüfung" zum vorliegenden Komplex fest: „Für die Sicherheit des Sitzes, namentlich bei unvorhergesehenen Zwischenfällen, für williges Springen und Geraderichtung des Pferdes vor und im Sprunge ist kraftvolles Umfassen des Pferdekörpers mit beiden Schenkeln die wichtigste Vorbedingung. Knie, Ober- und Unterschenkel müssen unverrückbar an derselben Stelle liegenbleiben. Die Füße werden am besten bis zum Spann durch die Bügel gesteckt."
Die Formulierung „kraftvolles Umfassen des Pferdekörpers mit beiden Schenkeln" ist problematisch, weil sie eben leicht als Klemmen mißverstanden werden. Daß man in kritischer Situation oder auf unbekannten Pferden aus Sicherheitsgründen mit besonders starkem Knieschluß reitet, ist, wie erwähnt, naheliegend. Ein besonders elastischer und den Bewegungen des Pferdes entsprechender Springstil läßt sich aber nicht über einen Klemmsitz, sondern allein über einen Balancesitz erreichen.

Balance und Hand

Die Balance des Reiterkörpers ist auch erforderlich, um die Hand von bestimmten Stützfunktionen unabhängig zu machen. Hier herrschen die gleichen Zusammenhänge wie beim Dressursitz, bei dem die Unabhängigkeit der Hand aus dem stabilisierten Balancesitz resultiert. Mit dem klemmenden Knie verbindet sich häufig die auf den Hals aufgestemmte Hand, die nur ein bestimmtes Stück nachgibt, um dann so fest zu werden wie ein Ausbindezügel. Erst die vom Körper unabhängige Hand kann je nach Bedarf aus dem Arm heraus nachgeben, erst sie kann den weichen Kontakt mit dem Pferdemaul beibehalten, der das Pferd dazu veranlaßt, sich soviel Zügel zu nehmen, wie es für seine Bascule braucht. Erst die vom Körper unabhängige Hand bleibt weich und entkrampft und erhält dem Pferd auch beim Sprung das Vertrauen

Der Sitz im Sprunge

**Der moderne Rennreiter liegt ganz vornübergebeugt über dem Pferdehals, das Gesäß berührt auch nicht momentweise den Sattel, und die Fäuste geben unweit der Pferdeohren dem Körper die nötige Vorderstütze. So geht es auch über die Hindernisse.
Aber es geht, geht sogar recht gut. Die Rennen sind, wie gesagt, so schnell geworden, daß dieser Sitz wohl angebracht erscheinen mag. Die Pferde springen sogar recht willig und sicher, und die eingebildete Mehrbelastung der Vorhand beim Landen ist in dieser Schnelligkeit nicht einmal so schlimm. Jedenfalls haben die Pferde völlige Freiheit des Abschwungs der Hinterhand, können diese beliebig anziehen und dürfen sich kaum mehr über Störungen im Rücken zu beklagen haben. Unsere modernen Gentlemenriders wissen auch ihre teilweise nicht zu kurzen Pedale und Oberkörper recht geschickt zu plazieren. Beine und Arme sind gewinkelter, als früher Mode war, und nicht mehr so weit abgestreckt. In der schärferen Biegung liegt auch eine gewisse Weichheit.
Kehren wir nach dieser kleinen Abschweifung auf den grünen Rasen zum Concoursplatz zurück, auf den die amerikanische Kultur, die alle Welt beleckt, sich sintemalen auch erstreckt. —
Hier handelt es sich um den Sitz und die Hilfen des Reiters. Oberkörperhaltung, Verhalten der Fäuste, Arm- und Beinhaltung sind sämtlich strittige Punkte.**

Martialisch gerade

**Dem einen erscheint ein martialisch gerader, aufrecht bleibender Sitz bei herangenommenen Unterschenkeln und unbeweglich stehenden, die Zügel durch die Finger rutschen lassenden Fäusten die militärische Norm. Andere wieder finden diesen Sitz steif und unzweckmäßig und verlangen vielmehr, soviel wie möglich mit dem Oberkörper der Bewegung des Sprunges nach vorn zu folgen und völlige Entlastung der Hinterhand, auch beim Landen, Mitgehen aus Armen und Schultern und möglichst weniges Durchschießenlassen der Zügel, die man in der nächsten Sekunde vielleicht wieder notwendig gebraucht, Absperren der Unterschenkel, um möglichst viel Gewicht auf die Bügel zu verteilen und das Pferd im Sprung durch nichts zu irretieren, und natürlich Durchstrecken des Fußes durch den Bügel. Letztere Bügelhaltung dürfte auch wohl die allein sachgemäße beim Springen sein, da die andere eine unpraktische Steifheit im Fußgelenk während des Sprunges hervorrufen muß.
Auch hier wird wohl das Richtige in der Mitte liegen. Ein weiches Mitgehen des Oberkörpers mit der Bewegung im Sprunge ist unbedingt nötig. Der Reiter darf sich dabei katzenbuckelartig vornüberneigen. Das ist absolut richtig und auch bei schwereren Sprüngen zur Erzielung völliger Harmonie mit dem Pferde durchaus angebracht. Im Falle eines Rumplers müssen allerdings Kreuz und Gesäß sofort zum Gegenhalten bei der Hand sein. Hierzu ist bei biegsamen, elastischen Reitern durchaus kein Präservativsitz, wie ihn die englischen Herrenreiter belieben, erforderlich. Ein übertriebenes Hintenübersitzen belastet unnütz die Hinterhand in einem Moment, wo sie stark angezogen werden muß und daher nicht mehr als nötig belastet werden darf. Daß ein Vornübersitzen beim Landen auf die Vorderbeine gehe, ist ein Irrtum. Allerdings ist Vornübersitzen und Vornübersitzen zweierlei. Im allerletzen Moment des Landens, des Auffußens also, richten sich schwerere, geschickte Reiter auch meist wieder etwas auf. Bei Gräben ist ein Hintenübersitzen weder motiviert, noch überhaupt angebracht. Im Falle eines Sturzes kann es zu Kreuzbrüchen führen. Beim Landen nach schweren Hochsprüngen wird man sich von selbst schon mehr im Sattel aufrichten müssen. Hier ist der Winkel, in dem das Pferd zur Erde springt, auch bedeutend größer als bei gewöhnlichen Jagdsprüngen. Wie tief das Gesäß beim Sprung im Sattel bleibt, ist Sache des Gefühls, des individuellen Reitens, der Figur des Reiters usw. Regeln lassen sich hierfür nicht geben. Jagdreiterlich falsch dagegen ist ein an den Rennsitz amerikanischer Jockeys erinnernder Sitz im Sprunge. Unter guten Reitern dieser Art springen die Pferde allerdings gut, sie würden es aber bei weniger übertriebenem Rennsitz ebenso gut machen. Auf wirklichen Jagden wird es keinem Menschen einfallen, so zu reiten — es ist also nur Pose.**

Freiherr von Maercken zu Geerath, Springreiten und Geländeritte. 1911

zum Gebiß, das eine ständige Verbindung ermöglicht und nicht zwischen dem Auf-der-Hand-Liegen einerseits und dem völligen Aufgeben der Verbindung anderseits pendeln läßt.

Die heutige Turnierwirklichkeit

In der heutigen Turnierwirklichkeit ist der orthodox praktizierte leichte Sitz selten geworden. Die meisten Reiter sitzen im Sattel leicht nach vorne geneigt, vielfach mehr auf dem Spalt als auf dem Gesäß. Diese Entwicklung hängt unter anderem mit der heutigen Parcoursgestaltung zusammen, sie ist wahrscheinlich aber auch nicht unabhängig von der Forderung der Reiter, die Pferde schon nach kurzer Ausbildungszeit erfolgreich in schweren Prüfungen zu starten.
Der „Vollsitz" gestattet eine stärkere Einwirkung, gestattet die stärkere Unterordnung des Pferdes und läßt einen daher auch mit Pferden über die Hindernisbahn kommen, die nur begrenzt durchlässig sind. Das Springen im leichten Sitz erfordert mehr an Kooperation zwischen Pferd und Reiter, es setzt beim Pferd mehr Leistungsbereitschaft voraus. Die Geschmeidigkeit und Harmonie des Sitzes erkauft man sich bei ihm durch eine größere Labilität. In bestimmten Situationen, zum Beispiel bei Pferden, die zu verweigern drohen, neigen daher auch Reiter zum „Vollsitz", die üblicherweise den leichten Sitz vorziehen.
Bei eingefleischten Jagdreitern oder bei Hindernisrennreitern werden die Sprünge aus Sicherheitsgründen meist „old english", das heißt mit senkrechtem bis zurückliegendem Oberkörper absolviert, und zwar auf Kosten der Geschmeidigkeit und Harmonie und damit vielfach auch auf Kosten des Rückens und der Beine des Pferdes.

Das Anreiten

Die meisten Sprünge werden nun nicht durch den Sitz des Reiters über dem Sprung, sondern durchs Anreiten entschieden. Generell muß man feststellen, daß dieses schwieriger und ausschlaggebender ist als der Sitz. Man kann immer wieder Reiter beobachten, die nicht ideal sitzen, aber doch erfolgreich sind, und zwar aufgrund ihrer Fähigkeit, den Sprung anzureiten. Beim Anreiten ist davon auszugehen, daß man das Pferd weder über den Sprung tragen noch heben kann, daß es also selbst springen muß. Die Aufgabe des Reiters besteht darin, das Pferd entschlossen, bestimmt und

Völliges Nachgeben der Zügel

Ähnlich verhält es sich auch mit der Arm- und Beinhaltung. Einzelheiten sind von Fall zu Fall anders. Alles muß individuell angepaßt, nichts schematisch sein. Jedenfalls wird für Jagdsprungkonkurrenzen auch ein jagdmäßiger Sitz und eine entsprechende Führung das Richtige sein. Wir beobachten bei den besten Reitern der französischen Schule den besonders im Sprung fest am Pferde liegenden, im Knie gewinkelten Schenkel. Er gibt dem Pferde gewissermaßen den Impuls sowohl zum Absprung, als auch zum Anziehen der Hinterbeine über dem Hindernis.
Ein weiches Mitgehen aus Arm- und Schultergelenk dürfte durchaus am Platze sein. Die Zügel sollten sehr weich anstehend, dem Pferde völlige Halsfreiheit gewähren, die es sich dann nach Belieben nehmen kann. Völliges Nachgeben der Zügel, so daß diese dann girlandenartig hängen, halte ich für den geringeren Fehler, als ein zu scharfes Festhalten. Dieses völlige Zügelnachgeben darf allerdings auch nicht unvermittelt und plötzlich nach scharfem Anstehen der Zügel erfolgen. Die Bügel dürfen nicht zu lang geschnallt sein, wenn der Reiter den Bewegungen weich folgen will. Harmonische Übereinstimmung von Reiter und Pferd äußert sich am untrüglichsten durch ein gleichmäßig gutes Resultat über alle Sprünge. Also auch hier keine verknöcherte Theorie, sondern: was praktisch ist, ist auch richtig.

Und das Fallen

Einige Worte seien auch dem Fallen gewidmet. Es ist klar, daß der gute und gewandte Reiter weniger leicht sich vom Pferde trennen wird, als der weniger sichere, vielleicht ungewandtere. Ganz ohne Stürze geht es aber meistens beim Concoursspringen auf die Dauer doch nicht ab. Ich habe schon recht gute Reiter bei dieser Gelegenheit einfach herunterfallen sehen. Die Bewegungen des Pferdes unmittelbar vor dem Hindernis oder bei einem starken Rumpler können so überraschend und heftig erfolgen, daß der beste Reiter zuweilen aus der Balance geraten kann. Bei den größten internationalen Concours sogar ist das Fallen von Reitern gar keine Seltenheit. Eigentlich dürfte es nicht passieren bei plötzlichem Stehenbleiben oder Kehrtmachen des Pferdes vor dem Hindernis. Dieser Moment kann indessen auch recht kritisch werden und so sah ich schon manchen dabei auf den Pferdeohren enden! —
Etwas anderes ist es mit wirklichen Stürzen von Reiter und Pferd oder solchen schweren Rumplern, etwa beim Hochsprung, daß eine Trennung von Reiter und Pferd unvermeidlich wird. Allein durch die Erschütterung des solchen durch die Wucht des Anlaufs noch gefährlicheren Falls von 11/2 — 21/2 m Höhe herab bleiben die meisten Reiter im ersten Moment mehr oder weniger besinnungslos liegen, erholen sich aber meist sehr schnell wieder, wie denn zum Glück in der Regel alle Stürze meist ungefährlicher verlaufen, als sie aussehen. Auf der italienischen Reitschule haben sich aber immerhin in letzter Zeit drei Reitlehrer hintereinander beim Hochsprung und forciertem Geländereiten das Genick gebrochen. Meist werden eben Komplikationen schuld sein, wenn der Sturz schlimmere Folgen nimmt. Das Gefährlichste ist, unter das Pferd liegen zu kommen und gar von ihm getreten zu werden. Es muß also das Bestreben des fallenden Reiters sein, sich möglichst schnell vom Pferde zu trennen und soweit wegzukugeln wie möglich, wenn er den Sturz für unvermeidlich hält. Es ist dazu meist auch genug Zeit vorhanden, da der Fall immerhin langsamer erfolgt, als beim Rennen. Die Chance aber, weit vom Pferde weggeschleudert zu werden, ist hier andererseits geringer, so daß es unter Umständen gefährlich werden kann, zu lange einen unaufhaltsamen Sturz aussitzen zu wollen.

Freiherr von Maercken zu Geerath, Springprüfungen und Geländeritte. 1911

energisch gegen das Hindernis zu reiten, das heißt nicht, es losstürmen zu lassen oder es zu „überreiten". Das entschlossene Anreiten ist besonders wichtig bei den letzten Galoppsprüngen. Es reicht also nicht, zwischen den Sprüngen relativ hohes Tempo zu zeigen und vor den Sprüngen zaghaft zu werden und die Pferde quasi auslaufen zu lassen. Diese vielfach zu beobachtende Tendenz führt dazu, daß die Pferde dann matt werden, nicht rechtzeitig und kraftvoll fortspringen und häufig den Sprung unterlaufen. Der Galopp muß bis zum Absprung bestimmt und energisch sein; aus einer matten Galoppade ist auf Dauer kein energischer Sprung zu erwarten.
Das entschlossene Anreiten ist wichtiger als der Versuch, dem Pferd den Absprung passend zu machen. Das Pferd soll selbst lernen, den passenden Absprung zu finden und dies auch angesichts unterschiedlicher Hindernisse zu leisten. Mit dem Problem, das Pferd durch energisches Vorwärtsreiten oder durch eine halbe Parade passender an den Sprung zu heranzubringen, sollte sich erst der fortgeschrittene Reiter beschäftigen. Voraussetzung für diese „Einteilung" ist die Fähigkeit des Pferdes, den Galoppsprung zu verkürzen und zu verlängern, und zwar ohne den Schwung beziehungsweise die Dynamik zu verlieren.

Variiertes Grundtempo

Die Manier, das Pferd während des ganzen Parcours „einzuteilen", es erst bei den letzten drei Galoppsprüngen zu „schicken", gelingt in bemerkenswerter Perfektion über einen ganzen Parcours nur sehr wenigen Reitern, und das auch nur mit wenigen Pferden. Die Mehrzahl der Reiter wählen heute ein bestimmtes Grundtempo, das sie vor den verschiedenen Sprüngen leicht variieren. Im traditionellen Puissance-Stil kann man die üblichen Springen schon deshalb nicht bewältigen, weil sie nach Fehlern und Zeit entschieden werden. Für die meisten Reiter und Pferde verspricht ein bestimmtes Grundtempo mit Variationen auch mehr Erfolg. Denn der mit dem Grundtempo verbundene Schwung hilft den Pferden vielfach, kritische Situationen auch aus unpassendem Absprung zu meistern, während ein total „verzuppeltes" Pferd bei unpassendem Absprung häufig im Hindernis landet. Von einem bestimmten Grundtempo auszugehen und dem Pferd weitgehend den Absprung zu überlassen, setzt gute Kooperation zwischen Pferd und Reiter voraus, die konsequente „Einteilung" basiert auf der totalen Unterordnung des Pferdes. Die Kooperation erfordert eine Ausbildung, in der das Pferd Erfahrungen macht und Aufmerksamkeit lernt, eine Ausbildung, in der wechselnde Sprünge und Distanzen ausschlaggebende Hilfsmittel bilden.

Die Traversale

22. Folge

In dem Beitrag über die Biegung wurden die Arbeit auf zwei Hufschlägen und auch die Traversale schon generell angesprochen. Das dort Gesagte will ich in der vorliegenden Folge ausführlicher darstellen. Die theoretische Beschreibung entspricht insofern der reiterlichen Ausbildung, als sie ebenfalls wiederholt bereits Gelerntes in neuen Zusammenhängen aufgreift, derart festigt und präzisiert.
Die Traversale ist eine Vorwärts-Seitwärts-Bewegung, bei der das Pferd in die Bewegungsrichtung gebogen und gestellt ist. Die quasi formelhafte Bestimmung „gebogen und gestellt" ist etwas näher zu bedenken. Von der Biegung ist bei dieser Beschreibung auszugehen: Sie hat, wie beim Schulterherein deutlich erläutert, den Zweck, das Pferd vor das innere Hinterbein zu stellen, dieses zur vermehrten Lastaufnahme zu veranlassen und dadurch die Versammlung und Geraderichtung zu verbessern. Ferner wird dem Pferd durch die Biegung das exakte Übertreten der äußeren Beine über die inneren erleichtert. Die Biegung führt dazu, daß die Hufspuren der Vorderbeine und der Hinterbeine sich nicht mehr decken, daß zumindest drei Hufspuren entstehen: die des inneren Vorderbeins, die des inneren Hinter- und des äußeren Vorderbeins und die de[illegible] äußeren Hinterbeins. Be[illegible] Biegung hinterlassen [illegible] Beine Hufspuren, in der Reihenfolge inneres Vorderbein, äußeres Vorderbein, inneres Hinterbein und äußeres Hinterbein; sie liegen dicht nebeneinander.
Versteht man die Stellung als die Abwendung des Pferdes vom geraden Hufschlag, dann ist mit der Biegung immer ein gewisses Maß an Stellung verbunden, theoretisch und praktisch auch deshalb, weil die Biegung durchs ganze Pferd geht. Anders ist es mit der Stellung. Ein Pferd kann gestellt, muß dabei aber nicht gebogen sein. So ist es dann, wenn das Pferd in sich gerade bleibt und dabei auf zwei Hufschlägen geht. Absichtlich geschieht das im Schenkelweichen, unbeabsichtigt tun es manche Pferde, die schief gehen; zum Beispiel im verstärkten Galopp. Die in der Traversale geforderte Stellung geht über die aus der Biegung resultierende hinaus, das Pferd muß also etwas mehr in die Bewegungsrichtung gestellt sein, als in dem Fall, in dem es allein in die Bewegungsrichtung gebogen ist.
Über Stellung und Biegung nachzudenken, ist unter anderem aus folgenden Gründen wichtig: Dem Pferd fällt das Vorwärts-Seitwärts-Gehen bei unterschiedlichen Maßen von Stellung und Biegung unterschiedlich schwer. Bei fortschreitender Ausbildung und Perfektion soll sich die Stellung nach der international überwiegenden Ansicht auf eine Andeutung beschränken; demgegenüber erleichtert die stärkere Stellung den Pferden das Vorwärts-Seitwärts-Gehen. Die Pferde versuchen immer wieder, sich durch die Veränderung der vom Reiter geforderten Biegung und Stellung die Arbeit zu erleichtern.

Keine Schemata

Biegung und Stellung bilden keine Schemata, die in einer Reitvorschrift unveränderlich fixiert sind und starr übernommen werden sollen, vom Anfang der Ausbildung bis zur perfekten Vorstellung. In diesem Punkt unterscheiden sich freilich die Reitmeister etwas. Die einen sind der Ansicht, man solle vom Pferd allein soviel Vorwärts-Seitwärts-Tritte fordern, wieviel es in exakter Biegung und Stellung beim gegebenen Ausbildungsstand leisten kann. Andere plädieren dafür, dem Pferd das Vorwärts-Seitwärts-Gehen in den ersten Phasen vor allem dadurch zu erleichtern, daß man es vermehrt in die Bewegungsrichtung stellt und ihm dadurch das Übertreten der äußeren Beine über die inneren erleichtert.
Über das Maß der Abstellung des Pferdes im Schulterherein, im Travers und Renvers – beim Schulterherein ist das Pferd gegen die Bewegungsrichtung, beim Travers bei hereingestellter Hinterhand und beim Renvers bei hereingestellter Schulter in die Bewegungsrichtung gebogen – sind die Auffassungen nicht ganz einheitlich. Man kann die einzelnen Äußerungen so zusammenfassen: zwischen der Hufspur der äußeren Hinterhand und der inneren Vorhand soll beim Schulterherein maximal ein Schritt (gleich 80 cm) liegen. Die Abstellung des Pferdes vom geraden Hufschlag soll zwischen 30 und 45 Grad betragen, beim Travers und Renvers ist die Biegung stärker als beim Schulterherein – diese Übungen sind daher auch schwieriger als das Schulterherein –, bei der Traversale reduziert sich in der Regel die Biegung wieder etwas, besonders bei den Zick-Zack-Traversalen.
Die Maß- und Gradangaben über die Abstellung sind freilich nur indirekte Hilfsmittel, das ausschlaggebende Kriterium ist der Bewegungsablauf des Pferdes. Er bildet auch den Hintergrund für solche Angaben; das geforderte Maß an Stellung und Biegung wird nämlich durch den Schwung und die Reinheit des Ganges bestimmt. Bleibt beides nicht erhalten, dann ist das Pferd überfordert, und die Ausbildungsziele der Lektion werden verfehlt. Der Reiter sollte sich also bei der Vorwärts-Seitwärts-Bewegung nicht in erster Linie fragen, ob er ein bestimmtes Maß an Stellung und Biegung erreicht, er sollte vielmehr in erster Linie den Bewegungsablauf des Pferdes im Auge behalten und sich dann in zweiter Linie darum kümmern, daß sein Pferd die schwungvolle und reine Bewegung auch bei einem bestimmten Maß von Biegung und Stellung zu leisten vermag. Dieses Ziel kann er dadurch verfolgen, daß er nur so wenige Tritte vorwärts-seitwärts verlangt, wie dem Pferd bei schwungvoller und reiner Bewegung möglich sind, daß er also bei unreiner oder matter Bewegung wieder gerade vorwärts reitet oder besser noch auf den Zirkel geht. Er kann das Endziel aber auch anstreben, indem er den Schwung und die Reinheit des Ganges in der Vorwärts-Seitwärts-Bewegung dadurch sich erhält, daß er dem Pferd die Aufgabe zunächst erleichtert und ihm eine stärkere Abstellung erlaubt.

Die Traversale ist eine Vorwärts-Seitwärts-Bewegung, bei der das Pferd in die Bewegungsrichtung gestellt und gebogen ist. Diese Lektion erfordert Versammlung und Gymnastizität, zugleich fördert sie diese Prinzipien orthodoxen Dressurreitens.

Granat, Christine Stückelbergers Erfolgspferd, setzte mit seinem weiten Übergriff sowie durch Takt und Schwung in der Vorwärts-Seitwärts-Bewegung neue Maßstäbe für die Trabtraversalen. Ausbilder Georg Wahl reitet ihn in der Traversale nach rechts in der Phase, in der das äußere Vorderbein, Christine Stückelberger nach links in dem Moment, in dem das äußere Hinterbein vorgreift.

Der Zweck der Übung

Generell haben die Seitengänge den Sinn, die Geschmeidigkeit und Losgelassenheit des Pferdes zu fördern, sein Geradegerichtetsein und seine Versammlung zu verbessern, seinen Gehorsam auf die verfeinerten Hilfen des Reiters zu stabilisieren. Wenn diese Zwecke nicht erreicht werden, wenn sich also ein Pferd in der Traversale fest macht, wenn es sich im Genick oder im Rücken versteift, wenn es lang wird und auf die Vorhand kommt, wenn es sich auf die Hand legt, von der Hand kommt oder gegen einen der Schenkel drängt, ist das Ausbildungsziel nicht erreicht. In diesen Fällen gelingt bei der Vorwärts-Seitwärts-Bewegung eine quasi zirzensische Übung, die mit der gymnastischen Ausbildung wenig zu tun hat. Sie mag zwar fürs praktische Reiten vorteilhaft sein, sie entspricht aber nicht mehr dem heutigen Anliegen des Dressurreitens.

An dieser Stelle darf daran erinnert werden: es gibt in der überlieferten Dressurreiterei auch den sogenannten ganzen Travers, eine reine Seitwärts-Bewegung im Schritt, die es vor allem militärischen Formationen ermöglichte, sich nach rechts oder links zu bewegen und Lücken zu schließen.

Zur Geschichte der Arbeit auf zwei Hufschlägen dieser Hinweis: Der Herzog von Newcastle – er starb 1675 – schuf mit der Lektion „Kopf in die Volte" die Grundlage auf der

Die Schultern biegen

Reitet das Pferd nach der Seiten und im rund herum / gleich als ob es den Kopff an die Seule hielte / da doch keine verhanden seyn darf / auf die lincke Seiten / und ziehet den inwendigen Cavecons-Riemen starck an euch: und ob es gleich auf die lincke Hand gienge / so wird es doch seine Schultern auf die rechte Hand biegen. Darnach führet es im Schritt / auf der Seite des lincken Schenckels / auf die rechte Hand / oder auf die rechte Fersen / ziehet abermal den inwendigen Riemen des Cavecons starck an euch / und ob es gleich auf die rechte Hand gehet / wird es doch die Schultern auf die lincke Hand biegen.

Dieses ist eine sehr gute Schul / der Pferde Schultern dadurch zu biegen / und sie gedultig zu machen / wann sie etwan gar zu unruhig / und wild sind / in dem ihr dieses im Schritt vollbringet / und das Pferd besänfftiget / welches zwischen den zweyen Fersen in gleichem Gewigte schweben soll. Bey dieser Schul ist zu mercken / daß ihr (wann das Pferd den Kopff innen / und das Kreuz aussen halten / und wie vorgedacht / mit den hintern Füssen einen weitern Kreiß ausmachen soll / als mit den vördern) gar gemächlich umgehen / nicht gleich mit Gewalt den Kopff einwarts reissen / und durch den inwendigen Schenckel des Pferdes Kreuz hinaus werffen solt / sondern es muß alles nach und nach / gleichsam unvermerckt / mit guter Gedult und Fürsichtigkeit geschehen / damit das Pferd nicht verdrüßlich werde / oder anfange / sich widerspänstig zu erzeigen: Je mehr es nun sich gewöhnen / und eine Leichtigkeit in dieser Ubung spühren lässet / je mehr und vollständiger dörfft ihr ihm hernach mit dieser Schul aufgezogen kommen / und dieses solt ihr hernach öffter forttreiben / als ich es hier wiederholen werde; ob wol ihr es eben so wenig zu offt üben könnet / als wenig ich es zu offt sagen kan.

Auf den Circuln

Auf den weiten Circuln da des Pferdes Kreuz auswendig gehalten wird / hat man nöthig zu denen Hülffen / so mit dem Cavecon, Zaum / Zügeln / Schenckeln / Leib / und Spitz-Ruthe gegeben werden / (als von welchen ich zuvor geredet) nachfolgendes noch hinzu zu thun / bis das Pferd es wol gewohne.

Sezet euer Pferd in Trab / und lasset es / ohne solches still zu halten / vom Trab in einen kleinen Galop greiffen / ganz gemächlich / und vom galopiren last es geschwind wieder traben / und so es gleich immer auf eine Hand gehet / so lasset es doch stetigst mit dem Galop und Trab abwechseln / bis ihr vermeinet daß es genug sey / hernach haltet es unversehens still / es sey gleich in währendem Galop oder im Trab / daran ist nichts gelegen: Dieses ist eine treffliche Schul / durch welche nicht allein die Schultern gebogen / sondern auch die Pferde erlustiget werden: dann das einzige und sicherste Zeichen / woraus ihr wissen könnet / daß euer Pferd gut trabet / ist allein dieses / wann es bald fertig ist / zu galopiren / da ihr es in währendem traben nur ein wenig antreibet. Diese Schul tauget auch darzu / daß ein Pferd dadurch mit grösserer Aufmercksamkeit des Reuters Willen beobachtet / indem es kein gewisses Gesetze hat / oder unmöglich aus Gewonheit seinen Gang vollbringet; dann es hat nicht Zeit / sonsten was zu beobachten / sondern es muß unwissende / wann es zum Trab und Galop getrieben / oder gar still gehalten wird / nur des Befehls seines Reuters mit Gedult gewärtig seyn / ob derselbe sich nun durch die Hülffen / durch Befehle oder durch Straffen zu verstehen giebt / so muß es blind hin Gehorsam leisten / und zu diesem Ende solt ihrs bald im Trab / bald im Galop still halten / und ihm kein Zeichen lassen / aus dem es abnehmen könne / wann und an welchem Ort ihr es still halten werdet: und indem ihr so wol die Zeit als die Stellen / im Stillhalten / verwechßlet / und bald dort / bald da / bald offt / wieder selten haltet / so nimmt sich das Pferd an / auf nichts anders / als nur auf die Hand / wie auch des Reuters Fuß fleissig acht zu geben / als welches billig des Reuters Vollkommenheit geheissen / und durch diese Schul warhafftig erlernet wird.

Gelegenheit und Not

Wann das Pferd an sich halten / und nicht alle seine Kräfften anwenden will / so galopiret es geschwind / hernach wieder langsamer: und bald darauf wieder geschwinder / und also fahret wechsels-weise fort / bald geschwind / bald langsam / nachdem es die Gelegenheit und Noth erfordern wird / und zuweilen lasset es schnell von der Hand zwantzig Schritte fortlauffen / und gähe darauf still halten / in dem ihr den Leib ruckwarts führet / bald darauf setzet es wieder in kleinen Galop / ohne daß das Pferd aus Gewonheit schliessen könne / wann es so geschwind lauffen / oder wann es wieder nachlassen und langsamer gehen müsse / als wodurch ein Pferd nothwendig der Hand und des Reuters Fuß gehorchen lernet / welches das Fürnemste ist.

Auf die Hüfften

Wann ihr sehet / daß euer Pferd gelencke Schultern hat / und empfindet / daß es sich gar zu sehr auf die Hand stützet / und also nicht genugsam auf die Hüffte gesetzet ist / welches euer Fehler / und ein Zeichen wäre / daß ihr meinem Rath nicht gefolget / und es nicht recht mit dem Zaum gearbeitet: so müsset ihr / solches wieder zu verbessern / es traben lassen / und offt aufhalten / indem ihr euern Leib zuruck haltet / und euch des inwendigen Schenckels bedienet / damit ihr es auf die Hüfften bieget / und solches alles wann es am wenigsten daran dencket; dann so fern es / wie es auch geschiehet / von sich selbst halten wolte / so müst ihrs kräfftig vorwarts jagen / und es niemals von sich selbst halten lassen / und ihr selbsten haltet es nicht auf / als da es solches am wenigsten vermutet. Fahret fort mit Galopirn / wofern es nicht nachlassen will / das Stillhalten stetigst zu erwarten / und wann es nicht daran gedencket / so haltet es offt / und mit Gewalt still / und nach dem stillhalten / solt ihr es zurück gehen lassen / (oder wie man sagt) zurück zaufen / so wird es besser auf die Hüfften kommen / als es zuvor gewesen. Diese Schul ist sehr gut; dann sie versichert das Pferd in der Hand / und bringet solches auf die Hüfften: Man muß aber mit dieser Schule nicht gar zu lang fortfahren; dann es kan Lenden-Schmerzen verursachen / derohalben es mässig / und mit Vernunfft anzugreiffen ist. Und aus Furcht / dergleiche Ubel zu verursachen / ist es nicht unrecht / das Stillhalten / durch drey oder vier Tacten / zu bemercken / welches man falcaden nennet / wann es wol beobachtet wird; dann das all zu kurze und gewaltthätige Halten / kan ein Pferd halsstarrig / ja wol gar reit-stettig machen: Es entspringen noch mehr ungereimte Dinge daraus / die man sorgfältig zu fliehen hat; derohalben muß man mit Verstand und rechtschaffenem Urtheil / nach Gelegenheit und erfordernder Nothwendigkeit / hierinnen verfahren. Das geschwinde Aufhalten ist gut / wann solches zur rechten Stund / und an gehörigem Ort beobachtet wird; hingegen aber sehr schädlich / wann es zur Unzeit geschiehet; sonderlich denen Pferden / die schwache Lenden / Mangel an guten Knochen / oder einen zornigen Mut haben / welches letztere grosse Widerspänstigkeit verursachet / indem das Pferd darüber zu schanden gehen wird; wann aber euer Pferd sich widersetzen will: so muß man es einig und allein erstlich im Schritt / hernach im Trab / und letzlich im Galop / aber allezeit gar gelinde / aufhalten.

Wundersame Wirckungen

Durch diese Art werden die Schultern bemeistert / und biegig gemacht. Gebraucht euch nur keiner andern Schulen / bis ihr die Biegigkeit damit zu wegen gebracht / und das Pferd wol in der Hand versichert. Durch diese Schulen wird ein Pferd gezwungen in die Volta hinein zu sehen / zu traben / und zu galopiren / wie es recht ist / so wol die Schenckel / den Kopff / und den Hals / als auch den gantzen Leib betreffende / und was noch mehr ist / wann ihr das Pferd / nach dieser vorgeschriebenen Weise / arbeitet / so wird es nimmermehr ganz oder ohne Gelencke seyn / welches die Italiäner Credenza heissen / und der gröste und gefährlichste Fehler ist / so ein Pferd haben kan: diese meine Schulen mit dem Cavecon, bringen darwider wundersame Würckungen zu wegen.

William Cavendish,
Neu-eröffnete Reit-Bahn. 1667

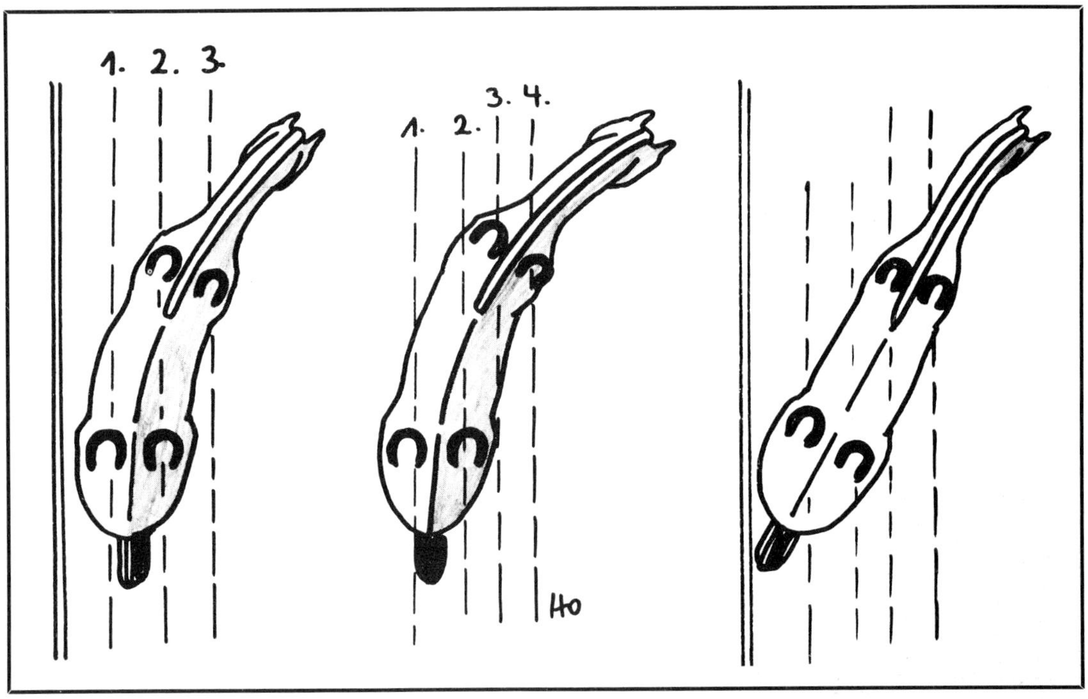

François Robichon de la Guérinière in seinem Werk „Ecole de Cavallerie" im Jahre 1733 das schulmäßige Schulterherein entwickelte. Nach Guérinière soll mit der Lektion Schulterherein vor allem die Schulterfreiheit des Pferdes gefördert werden. Die Bedeutung, die Guérinière dieser Lektion zumaß, resultiert aus der folgenden Passage seines Werkes:

„Das Schulter herein ist in mehreren Beziehungen wirksam. Ich betrachte es daher als Anfang und Ende der gymnastischen Ausbildung des Pferdes. Die Wirksamkeit geht so weit, daß ein Pferd, das einmal diese Lektion beherrscht hat und dann von einem Anfänger oder einem schlechten Reiter verdorben wurde, in der Hand eines guten Reiters mit Hilfe des Schulterherein in wenigen Tagen seine Losgelassenheit wiederfindet.

Diese Lektion hat zunächst eine stark lösende Wirkung auf die Schulter, da das innere Vorderbein aus der Schulter heraus über das äußere kreuzend vorgebracht wird. Zweitens wirkt das Schulterherein versammelnd, da bei jedem Schritt der innere Hinterfuß über den äußeren hinaus auffußt. Somit ist das Pferd gezwungen, weit unterzutreten und damit die innere Hüfte zu senken. Da es dies bald auf der einen, bald auf der anderen Hand tut, ist es bald in der Lage, die Hanken zu beugen und die Hinterhand unterzuschieben.

Drittens lernt das Pferd Schenkelgehorsam, da es schnell eine gewisse Übung im Seitengang erwirbt. Durch Schulterherein rechts bereitet man die Seitengänge nach links vor, weil man die rechte Schulter löst. Auf der linken Hand wirkt man auf die linke Schulter ein und bereitet so die Seitengänge nach rechts vor."

Hauptstütze der ganzen Dressur

Auf die Bedeutung des Schultervor und Schulterherein als Basis aller Seitengänge wies auch Gustav Steinbrecht in seinem „Gymnasium des Pferdes" mit Nachdruck hin. Er formulierte unter anderem: „Die Trabstellung, also der Grad des Schulterherein, bei dem die inneren Füße eigentlich nicht über-, sondern nur vorschreiten, ist nicht nur die zweckmäßigste Form dieser Schule für das Kampagnepferd, sondern überhaupt als das A und O der Dressur des Pferdes für den Kampagnegebrauch zu betrachten. Sie dient dem Reiter als sicheres Mittel, die Schubkraft jederzeit entsprechend zu mäßigen und die gleichmäßige Belastung der inneren und äußeren Beine, also die gerade Richtung des Pferdes in der Biegung, erhalten zu können. (. . .) Wenn ich nunmehr dieses wichtige Kapitel schließe, so geschieht es mit der ernsten Mahnung an jeden Reiter, das Studium des richtigen Schulterherein unermüdlich zu betreiben und es als Hauptstütze der ganzen Dressur zu betrachten, durch die er aus dem Pferde nicht nur alles das gewinnen und entwickeln kann, was die Natur ihm mitgegeben hat, sondern auch Fehler in Haltung und Gang, die sich durch falsche Arbeit eingeschlichen haben, gründlich zu beseitigen vermag. Reiter, die die wunderbare Macht dieser Lektion vollkommen erkannt haben, mühen sich nicht ab, ihre Pferde durch dauernde Wechsel der verschiedensten Stellungen biegsam und gehorsam zu machen, denn sie wissen, daß aus dem richtigen Schulterherein alle Schulen hervorgehen, deren sie zur Erreichung des vorgesteckten Ziels bedürfen, sei dies die wohl begründete Richtung ins Gleichgewicht, sei es die auf die Hanke."

Zusammen mit dem Contre-Schulterherein, in dem das Pferd bei in die Bahn gestellter Kruppe gegen die Bewegungsrichtung gebogen ist, bildet das Schulterherein auch die Grundlage für die nachfolgenden Übungen Travers und Renvers. Theoretiker und Praktiker weisen immer wieder darauf hin, daß man mit der Förderung und Verbesserung des Schulterherein für die weitere Arbeit auf zwei Hufschlägen keine Zeit verliert, sondern sie gerade gewinnt. Bei der fortgeschrittenen Arbeit im Schulterherein kommt es darauf an, die Biegung, die in geringem Maße im Schultervor schon gefordert wird, zu steigern, dabei den reinen und schwungvollen Gang beizubehalten und das Pferd daran zu hindern, sich weder in die Wendung zu werfen noch mit dem äußeren Hinterbein auszufallen. Bei der

Beim korrekten Schulterherein ist das Pferd gegen die Bewegungsrichtung gebogen. Zwischen der Hufspur der äußeren Hinterhand und der inneren Vorhand sollen etwa 80 cm liegen, daß Pferd soll vom geraden Hufschlag etwa 30 bis 45 Grad abgestellt sein. Diese Angaben bilden Richtwerte, aber keine starren Schemen. Durch die – den ganzen Körper des Pferdes durchziehende – Biegung wird das Pferd im Schulterherein dazu veranlaßt, mit dem inneren Hinterbein unter die Last seines Körpers zu treten. Diesen Effekt verfehlt man, wenn man das Pferd nur im Hals abknickt, und ihm gestattet, im Rücken gerade zu bleiben und mit der Hinterhand auszufallen.

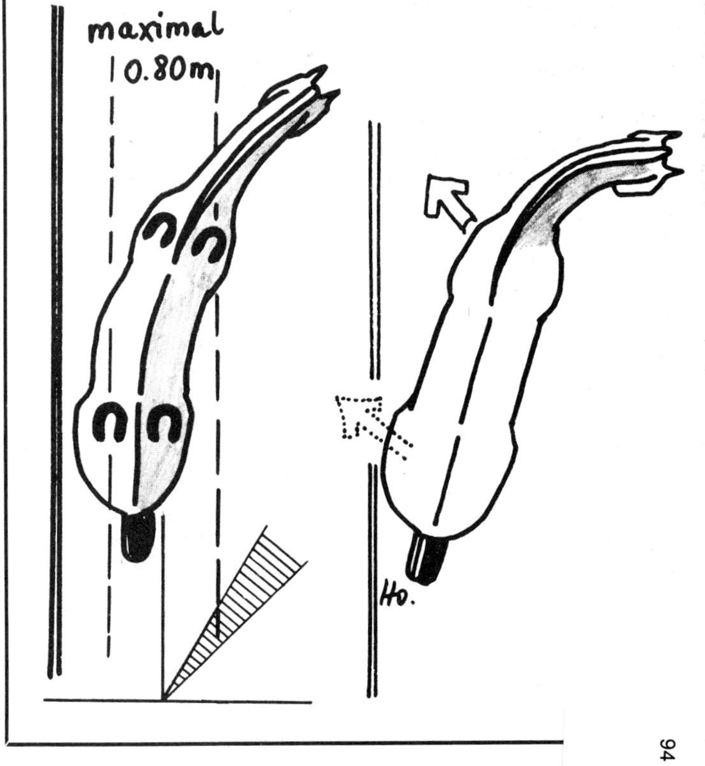

Die Biegung des Pferdes ist Grundlage für sein Geraderichten; auf die baut alle weiterführende Dressurausbildung im „klassischen" Sinne auf. Geradegerichtet wird das Pferd mit Hilfe der Biegung dadurch, daß man natürlichen und zugerittenen Schiefen entgegenwirkt und den jeweils inneren Hinterfuß veranlaßt, unter die Last des Pferdes zu treten. Mit dem Ausbildungsgrad wächst das Maß der Biegung bis zu der Grenze, die gezogen wird durch die Verschiebbarkeit der Rückenwirbel und der Rippen als anatomische Bedingungen. Das mäßig gebogene Pferd hinterläßt drei (Abb. links), das stärker gebogene Pferd vier nebeneinanderherführende Hufspuren (Abb. Mitte).
Beim Schenkelweichen soll das Pferd allein im Hals minimal gebogen und im Genick ein wenig gestellt sein, und zwar gegen die Bewegungsrichtung; sein Körper jedoch soll noch nicht gebogen sein. Das Pferd weicht dem inneren Schenkel, es geht auf zwei Hufschlägen und hinterläßt vier Hufspuren (Abb. rechts).

Verbesserung des Schulterherein ist ferner darauf zu achten, daß das Pferd eine gleichmäßige Anlehnung beibehält, sich nicht im Genick versteift, im Hals abknickt oder gegen den äußeren Zügel drängt.

Vernachlässigt man die durch einen in der Reitbahn stehenden Beobachter unterstützte Kontrolle des Schulterherein, dann schleicht sich meist der typische Fehler ein: das Pferd biegt sich mehr im Hals als in der Rippe, bleibt mit den Hinterbeinen nicht auf dem ersten Hufschlag, sondern weicht nach außen aus und tritt dann nicht mehr vorwärts, sondern seitwärts. Der Tendenz, dem Gewicht nach außen auszuweichen, wirkt man durch die Lektion Travers entgegen. Sie bietet freilich auch keine Garantie für die Korrektur. Ein im Travers unzureichend gebogenes und zu weit abgestelltes Pferd tritt nicht mit dem äußeren Hinterbein unter die Last seines Körpers, es weicht ihr vielmehr nach innen aus. Meist geschieht dies in Verbindung mit der ausfallenden Schulter und dem in die Bewegungsrichtung vor der Schulter abgeknickten Hals.
Beherrscht das Pferd das Schulterherein und das Contre-Schulterherein und geht der Reiter dann zum Travers und zum Renvers über, sollte er über dem neuen Ziel das alte nicht aus den Augen verlieren. Er sollte vielmehr durch Verbesserung des Schulterherein immer wieder die Voraussetzung für die weiteren Seitengänge festigen.
Einen wichtigen Hinweis auf den Erfolg der Arbeit im Schulterherein liefert der an sie sich anschließende Arbeitstrab oder die aus ihr entwickelte Trabverstärkung. Wenn das Pferd einige Zeit braucht, um wieder „in Tritt" zu kommen, dann war die Arbeit in den Seitengängen gewiß falsch. Es muß vielmehr so sein, daß man stets den Eindruck hat, das Pferd wolle und könne unterbrechungslos in die Verstärkung übergehen; der auf der Aktivierung der Hinterhand basierende Schwung darf also durchs Schulterherein nicht abgewürgt, er soll vielmehr gefördert werden.
Der Wechsel zwischen Schulterherein, Contre-Schulterherein, Travers und Renvers fördert das Beherrschen der verschiedenen Lektionen, er macht das Pferd vermehrt aufmerksam auf die unterschiedlichen Hilfen und auch durchlässiger. Harry Boldt wies in seinem Lehrbuch „Das Dressurpferd" ebenso wie vor ihm Waldemar Seunig darauf besonders hin.

Im Trab und im Galopp

Die Lektionen auf zwei Hufschlägen werden in der Regel zunächst im Trab und dann erst im Galopp geritten. Gleichwohl entsteht manchmal der Eindruck, im Galopp fielen sie den Pferden leichter. Nach Seunig führt die längere Dauer der Schwebephase und die unsymmetrische Fußfolge im Galopp dazu, daß die Pferde in dieser Bewegungsart geringere Schwierigkeiten haben, auf zwei Hufschlägen zu gehen. Meines Erachtens freilich erliegt, wer die Überzeugung teilt, das Pferd absolviere die Vorwärtsbewegung in der Biegung beziehungsweise die Vorwärts-Seitwärts-Bewegung im Galopp besser als im Trab, häufig einem irreführenden Eindruck. Viele Pferde scheinen sich nämlich im Galopp besser als im Trab den Forderungen des Reiters entziehen zu können, oft ist der Reiter im Galopp nicht in gleicher Weise wie im Trab in der Lage, sein Pferd an den Hilfen und unter Kontrolle zu halten und sich ein zureichendes Bild über den Bewegungsablauf zu machen.
Das Grundtempo für die Arbeit auf zwei Hufschlägen sollte zwischen dem versammelten und dem Arbeitstempo liegen. Generell kommt es darauf an, daß das Pferd bereit ist, kraftvoll aus der Hinterhand vorwärtszutreten, daß es beim Aufnehmen nicht zu schleichen beginnt, sondern an Versammlung und Kadenz gewinnt. Eine zu verhalten angegangene Lektion auf zwei Hufschlägen erleichtert es dem Pferd, sich festzuhalten und weiter an Schwung zu verlieren; die zu forsch begonnene Arbeit auf zwei Hufschlägen veranlaßt das Pferd zum Laufen, das heißt zur Aufgabe von Takt und Kadenz.
Vor Beginn der Arbeit in den Traversalen ist der Schenkelgehorsam des Pferdes zu überprüfen und zu festigen. Die Lektionen Schenkelweichen sowie das Verkleinern und Vergrößern des Zirkels dienten dazu, das Pferd mit dem seitwärts treibenden und seitwärts begrenzenden Schenkel vertraut zu machen. Das Pferd muß deshalb auf die Einwirkung des Schenkels sen-

In angemessener Aufrichtung

Im Schulterherein, bei dem die inneren Beine über die äußeren treten, der innere Schenkel die Rippen biegt und gleichzeitig seitwärts treibt, hängt die Richtigkeit der Biegung und des Ganges von der Beherrschung des äußeren Hinterbeines ab. Weicht dieses nach außen ab, so wird dadurch nicht nur die Biegung aufgehoben, sondern die Hinterhand eilt auch der Vorhand voraus, und die Bewegung geht nicht genügend vorwärts. Man nennt dies „Ausfallen der Kruppe", wozu die Pferde in dieser Lektion besonders neigen, so lange ihnen die stärkere Seitenbiegung schwer fällt. Fällt das auswendige Hinterbein zwar nicht aus, bewegt sich aber nur seit- und nicht genügend vorwärts, so fehlt nicht nur der Vorhand die nötige Stütze, wodurch die Aufrichtung von Hals und Kopf unmöglich wird, sondern es geht auch die Anlehnung und mit ihr die Frische und Reinheit des Ganges verloren. Solche Pferde kriechen unmerklich hinter die Hand, und schleichen sich dann rückwärts von ihren richtigen Linien und aus der richtigen Stellung. Der erstere grobe Fehler hemmt und unterbricht den Gang mehr oder weniger und reizt das Pferd durch seine Unnatürlichkeit sehr bald zum Widerstreben und Ungehorsam, so daß nur ganz rüde und gefühllose Reiter ihn als Lektion erzwingen werden, der zweite dagegen täuscht schon bessere, aber noch unerfahrene Reiter durch die scheinbare Gefälligkeit des Pferdes in der Biegung und Seitenbewegung. Sie können es aber weder in angemessener Aufrichtung noch genau auf der Linie erhalten. Beide Fehler werden durch die richtige Gegenwirkung des durch den äußeren Zügel unterstützten äußeren Schenkels verhindert oder abgestellt. Beim Ausfallen macht sich das äußere Hinterbein gewaltsam frei und muß daher wieder herangeholt werden. Dies vermag allein der Sporn, sofern der Respekt vor ihm bereits größer ist als die Abneigung vor der geforderten Biegung. Andernfalls muß der äußere Zügel diese so weit mäßigen, bis der Sporn das Hinterbein beherrschen kann, wobei dessen stärkere Belastung durch die Gewichte der Vorhand vermittelst halber Paraden mit dem äußeren Zügel und durch das Gewicht des Reiters in einem Sitz mit zurückgerichteter äußerer Hüfte den Erfolg um so schneller sichern wird. Zeigt sich der zweite Fehler, tritt nämlich das äußere Hinterbein nicht genügend vor, so muß es durch den äußeren Sporn vorwärts gegen die Vorhand getrieben werden, wobei der äußere Zügel die durch die Kraftäußerung dieses Hinterbeines erzeugten Gewichte genügend aushält, damit seine Tätigkeit nicht bloß eine schiebende, sondern auch eine tragende und stützende wird. Es sind dies die halben Arrets im Schulterherein, durch die der Reiter den Seitengang korrekt erhält, indem er Anlehnung, Gang und Versammlung damit regelt. Sie bestehen darin, daß er sein Pferd von Zeit zu Zeit in Richtung der Abstellung so vorwärts treibt, als wollte er es auf einem Hufschlag in die Bahn hineinreiten. Hierbei läßt er es entweder etwas vortreten, sofern es gilt, die Anlehnung zu verstärken und der Neigung des Pferdes, sich zu verkriechen, zu begegnen, um es darauf sogleich wieder seitwärts in Schulterhereinstellung weiterzuführen, oder es dadurch auf seinen Linien erhält, daß er genau so viel mit der Hand vorübergehend aushält, als er mit den Schenkeln vorwärtsgetrieben hat. Damit wird die Wirkung eine rein sammelnde, indem die vorwärtsgetriebenen Hinterbeine sich nun unter der Gewichtsmasse biegen müssen.
Das Schulterherein fest zu begründen, und die vielen Fehler, zu denen es leicht Veranlassung geben kann, sicher zu vermeiden, gibt es nur ein Mittel, nämlich es geduldig und beharrlich mit langsamer Steigerung seiner verschiedenen Grade zu üben. Diese sich stufenweis folgenden Grade einer künstlichen Stellung sollen ja nur als Mittel dienen, die Folgsamkeit auf Hand und Schenkel weiter auszubilden, und hierdurch den eigentlichen Zweck der Dressur zu erfüllen.

Gustav Steinbrecht,
Das Gymnasium des Pferdes. 1884

Im Travers ist das Pferd in die Bewegungsrichtung gebogen, und zwar bei deutlicherer Biegung als beim Schulterherein. Im Travers wird das äußere Hinterbein dazu veranlaßt, unter die Last des Pferdes zu treten. Derart korrigiert man die Tendenz des Pferdes, mit der Hinterhand auszufallen und dem äußeren Schenkel nicht zu gehorchen (Abb. links). Biegt das Pferd sich nicht in der Rippe, wird es vielmehr nur abgestellt und ihm dabei gestattet, mit der Hinterhand in die Bahn auszuweichen und über die äußere Schulter auszufallen, dann bleibt die bezweckte versammelnde und gymnastizierende Wirkung aus (Abb. rechts).

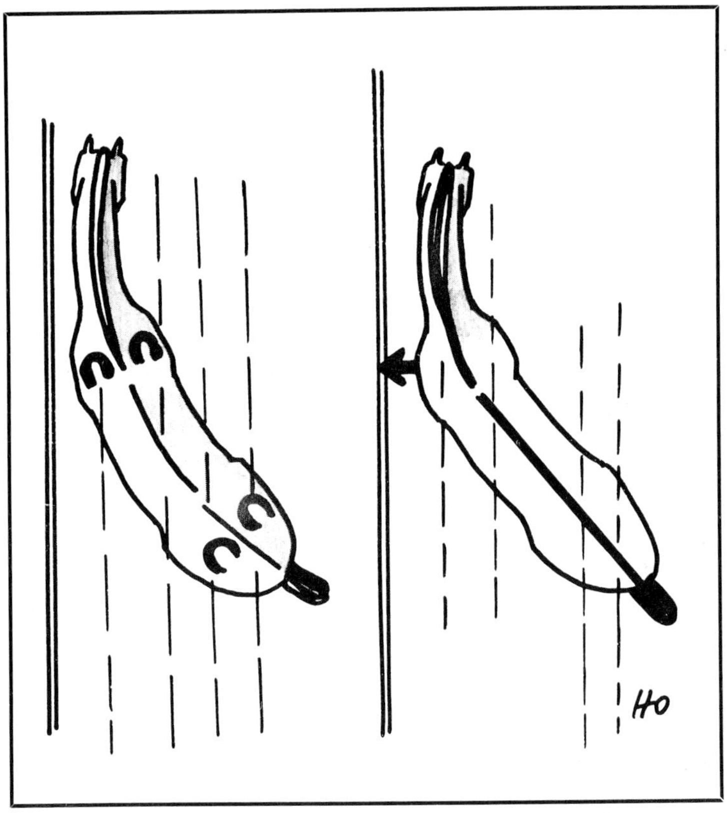

sibilisiert werden, weil der auf Kraft angewiesene Schenkel den Sitz des Reiters unruhig macht und versteift. Ein unruhiger Sitz gestattet dem Reiter aber ebensowenig wie der versteifte eine feine Einwirkung. Der Gehorsam ist so weit zu fördern, daß es dem Reiter gelingt, sich dem Pferd mit geringer Verlagerung und leichtem Druck des Schenkels verständlich zu machen und seine Forderung, ein bestimmtes Maß an Biegung und Stellung anzunehmen und zu erhalten, auch durchzusetzen.
Wurden zunächst die verschiedenen Vorbereitungen getroffen und Voraussetzungen hinreichend erfüllt, gelingt die Traversale schneller und besser als dann, wenn man den zweiten Schritt vor dem ersten tut und gleich das Endziel in Angriff nimmt.

Auf dem inneren Gesäßknochen

Man beginnt die Traversale am besten aus der Schulterherein-Stellung nach Durchreiten der ersten Ecke der langen Seite oder aus einer Volte, nahe der ersten Ecke der langen Seite. In beiden Fällen geht es darum, dem Pferd die für die Traversale erforderliche Biegung schon vor dem Beginn der neuen Lektion zu geben. Über die Bedeutung des Vorwärtsreitens mit dem inneren Schenkel bei der Volte wie beim Schulterherein wurde bereits mehrfach gesprochen. In der Volte wie beim Schulterherein belastet der Reiter den inneren

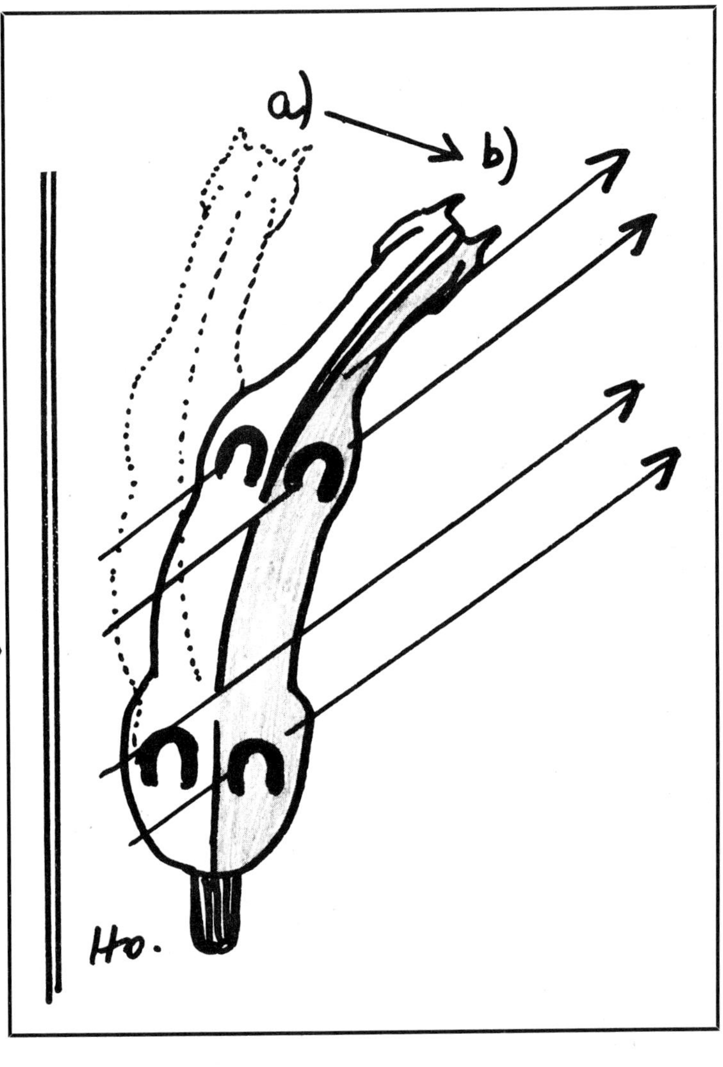

Bei der Traversale ist das Pferd in die Bewegungsrichtung gebogen und gestellt (Abb. rechts). Es geht vorwärts-seitwärts. Der innere Schenkel des Reiters sorgt dabei für die Bewegungsentfaltung des Pferdes, der äußere gibt der Bewegung die Richtung und verhindert das Ausfallen der Hinterhand. Der innere Schenkel des Reiters sorgt weiter dafür, daß das Pferd sich nicht in die Bewegungsrichtung fallen läßt und dabei Gleichgewicht und Takt verliert.

In vier Richtungen

Wir haben gesagt, daß die Trabarbeit am besten geeignet ist, dem Pferd Losgelassenheit und Gehorsam zu verleihen. Über diesen Punkt ist sich die Mehrzahl der Meister einig. Der Trab geradeaus und auf dem Zirkel bietet jedoch für die Schultern sowie Vor- und Hinterhand nur eine einzige Bewegungsrichtung, nämlich nach vorne. Auf dem Zirkel wird zwar die Aktion des äußeren Beinpaares leicht bogenförmig, es ist jedoch unmöglich, auf dieser Hufschlagfigur das Kreuzen eines Beines vor das andere zu erreichen. Ein gut gerittenes, das heißt schenkelgehorsames Pferd muß aber diese Lektion schwungvoll auf beiden Händen ausführen können.
Man beachte, daß die Schultern des Pferdes sich nach vier Richtungen bewegen können, nämlich nach vorn beim Geradeausreiten, nach hinten beim Rückwärtsrichten, vertikal auf der Stelle bei der Piaffe und endlich bogenförmig bei engen Wendungen und in den Seitengängen, wobei das Pferd vorwärtsseitwärts fußt.
Die drei ersten Bewegungen können leicht aus der Trabarbeit, den Paraden und dem Rückwärtsrichten entwickelt werden. Die vierte dagegen bietet erhebliche Schwierigkeiten, da das Pferd mit dem äußeren Bein über und vor das innere treten muß. Wenn die Aktion des äußeren Beines nicht genügend raumgreifend und bogenförmig ausfällt, besteht die Gefahr, daß das Pferd sich durch den eigenen Huf eine Verletzung am inneren, also dem Stützbein, zuzieht. Bei Pferden mit ungenügend gelöster Schulter kommt das häufig vor. Die Notwendigkeit, eine Lektion zu erfinden, die geeignet ist, die für diese Bewegung erforderliche Schulterfreiheit zu erzielen, hat den Schulreitern von jeher viel Kopfzerbrechen verursacht, um so mehr, als ohne Schulterfreiheit ein Pferd sich nur schwer wenden läßt und auch keine schönen Seitengänge ausführen kann. Um das Schulter herein, die schwierigste und wichtigste der Lektionen für die gymnastische Durchbildung des Pferdes, richtig zu verstehen, ist es zweckmäßig, zunächst die Meinung de La Broues und des Herzogs von Newcastle über die Zirkelarbeit zu prüfen, die nach der Ansicht des letzteren überhaupt die einzige Möglichkeit zur Lösung der Schultern darstellt.

F. R. de La Guérinière,
Ecole de Cavalerie. 1733

Gesäßknochen vermehrt; für die Traversale ist diese Hilfe ebenfalls erforderlich. Bevor man die Traversale beginnt, sollte man nachhaltig prüfen, ob das Pferd wirklich bereit ist, einen vermehrt auf dem inneren Gesäßknochen sitzen zu lassen, oder ob es versucht, einen auf die äußere Seite zu schieben. Die vermehrte Belastung des inneren Gesäßknochens hängt mit der leichten Senkung der inneren Schulterpartie in der Wendung beziehungsweise mit der flacheren Schwingung der inneren Rückenmuskulatur zusammen.

Sitzprobleme

Läßt das Pferd den Reiter nicht vermehrt auf dem inneren Gesäßknochen sitzen, dann ist es in der Regel in der Wendung nicht hinreichend entspannt; es ist nicht bereit, mit dem inneren Hinterfuß unter die Last zu treten und dabei losgelassen vorwärts zu gehen. Wer unter diesen Umständen dennoch versucht, eine Traversale einzuleiten, wird auch in ihr bald nach außen geworfen. Seine Gegenbewegung: Er knickt gewöhnlich in der Hüfte ab, versteift sich und verliert dabei die feinfühlige Kontrolle über die Biegung und Stellung des Pferdes. Die quasi mechanischen Sitzkorrekturen, nämlich extrem weit im Sattel nach innen zu rutschen, ersetzen nicht die Bereitschaft des Pferdes, den Reiter auf losgelassenem Rücken „automatisch“ innen sitzen zu lassen beziehungsweise ihn nach außen zu holen. In diesem Sinne betonte Seunig zutreffend:

„Schenkellage und Handhaltung ergeben sich in allen Seitengängen für den schmiegsam sitzenden Reiter von selbst, weil seine mit den Hüften des Pferdes gleichlaufenden Hüften die richtige Schenkellage, seine mit den Schultern des Pferdes parallelen Schultern die wirksamste und naturgemäße Stellung der Hände zwanglos bedingen werden.“

Sofern die beschriebenen Voraussetzungen erfüllt sind, verliert der äußere Schenkel in der Traversale die ausschlaggebende Bedeutung, die ihm vom Laien vielfach zugeschrieben wird. Er ist vielmehr nur eine von korrespondierenden Hilfen; der vorwärtstreibende innere Schenkel und die begrenzte Hilfe der äußeren Hand sind nicht minder wichtige. Bevor der hinter dem Gurt wirkende äußere Schenkel das Pferd zur Seite führt und der vom inneren Schenkel geforderten Kraftentfaltung die Richtung gibt, ist das bereits gebogene Pferd in die Stellung zu reiten. Dies geschieht unter Mithilfe des hineinführenden inneren Zügels und des begrenzenden äußeren Zügels, der mit dafür sorgt, daß das Pferd auf der Linie bleibt, daß es weder im Hals abknickt noch sich in die Wendung fallen läßt, daß es auch mit der äußeren Schulter nicht ausfällt. Wenn der äußere Schenkel wirkt, bevor das Pferd in Stellung geführt wurde, dann geht die Hinterhand vor und das Pferd fällt meist mit der Schulter aus.

Weicht das Pferd von der korrekten Biegung und Stellung in der Traversale ab, so spricht man ebenso wie beim Reiten auf gerader Linie vom Ausfallen beziehungsweise Hineinfallen der Vorhand oder der Hinterhand. Wie beim Reiten auf gerader Linie versucht das Pferd mit diesen Techniken, sich vor Ein-

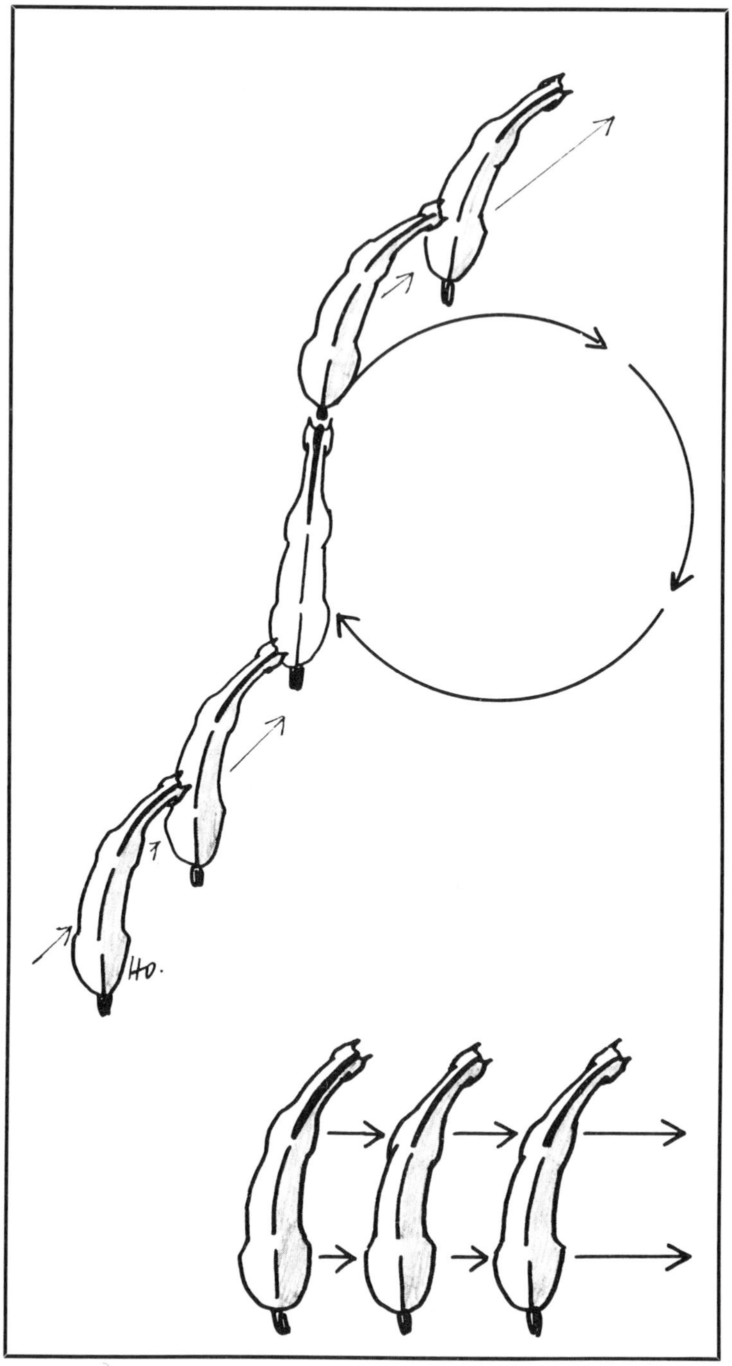

Es empfiehlt sich, die Seitengänge immer wieder aus den Volten zu entwickeln, sie durch Volten zu unterbrechen und sie dann aus der Volte fortzusetzen (rechts). Derart fällt es dem Pferd leichter, die Biegung anzunehmen, sie beizubehalten oder sie zu verbessern.

Losgelassen kann der Reiter in der Traversale nur dann im Sattel sitzen, wenn das Pferd bereit ist, feinen Hilfen willig zu folgen. Verweigert das Pferd diesen Gehorsam, dann sollte man zur Korrektur von ihm im Schritt die reine Seitwärtsbewegung fordern, und zwar mit Hilfe von Sporn und Gerte zur Sensibilisierung des Pferdes auf den Schenkel (rechts).

Hals und Kruppe

Bei dem Reiten mit Stellung bemühen wir uns, die beim Reiten mit Biegung eingeleitete Kopfstellung mittelst des innern Zügels dem Pferde abzugewinnen; mittelst des auswendigen Zügels den Kopf und Hals in eine aufgerichtetere und regelrechtere Haltung zu bringen, wie auch dem Pferde eine gemäßigte Rippenbiegung abzufordern.
Bei einem mittelst wohlgeformter Genickbiegung zweckmäßig aufgerichteten Halse fordern wir dem Pferde nach der innern Seite so viel Kopfstellung ab, daß der innere Augenbogen und der innere Nasenrand dem Reiter vermehrt in die Augen tritt, wie auch mittelst Schenkelwirkung, wobei der innere Schenkel nahe am Gurt, der äußere hinterm Gurt liegt, eine gemäßigte Rippenbiegung.
Richten wir uns bei Abforderung der Kopfstellung stets nach der Eigenthümlichkeit der Kopf- und Genickverbindung. Ueberhaupt darf die Kopfstellung während des Reitens bei einem Soldaten- und Gebrauchspferde nie zu stark sein. Eine zu starke Kopfstellung veranlaßt zu leicht Verbiegung des Halses oder Ausweichen mit der Kruppe. Mit zu starker Kopfstellung läßt sich der Rücken, die Hinterhand nicht zweckmäßig bearbeiten. Bei sehr lang gebauten Pferden müssen wir ganz besonders aufmerksam sein.
Beim Reiten mit Stellung wird im Allgemeinen, mit einigen Ausnahmen, welche später erwähnt werden, der auswendige Zügel eine Hand hoch höher als der innere geführt.
Wenn wir mit dem inwendigen Zügel dem Pferde die Kopfstellung abgewonnen, wozu der äußere etwas nachgab, so tritt derselbe auch sofort wieder in eine angemessene rückwirkende Anspannung; denn zuvörderst führt dies die bessere Versammlung herbei. Der Hinterhand, zuvörderst dem auswendigen Hinterfuß, wird dadurch in dieser Lektion die Last vermehrt zugeschoben.
Die Vorhand, zumal der inwendige Vorderfuß, arbeitet freier. Unser inwendiger Schenkel ist am Gurte, der auswendige hinter dem Gurte wirksam. Zuerst hat der auswendige Schenkel dafür zu sorgen, daß bei Abforderung der Kopfstellung und Rippenbewegung das Pferd mit der Kruppe nicht ausweicht, dann wirkt der inwendige verwahrend gegen, daß bei stärkerer Rückwirkung des auswendigen Zügels dieselbe auch nicht in die Bahn tritt. Das Pferd soll in diesem kurzen Trabe, nach Maßgabe, als die erlangte Rippenbiegung eine später näher bezeichnete Abweichung verlangt, mit allen vier Füßen auf einem Hufschlage gehen.

E. F. Seidler,
Die Dressur des Pferdes. 1837

satz der Tragkraft seiner Hinterbeine zu drücken und sich derart die Arbeit zu erleichtern. In diesem Sinne versucht das Pferd auch, die Biegung und Stellung gegen den Willen des Reiters zu verändern.
Die Bedeutung des inneren Schenkels fürs Vorwärtsreiten zu betonen, bedeutet nicht, die Hilfe des äußeren Schenkels fürs Seitwärtsgehen zu ignorieren. Wenn das Pferd bei entsprechender Biegung und Stellung den hinter dem Gurt wirkenden Schenkel nicht annimmt, wenn es gegen diesen Schenkel drückt und mehr oder minder ungestört vorwärts geht, dann muß ihm die Bedeutung dieser Hilfe unter Umständen klargemacht werden. Dadurch, daß man es durchpariert und dann im Schritt die reine Seitwärtsbewegung fordert mit Hilfe des Sporns oder der Gerte.
Wenn das Pferd in der Traversale die Hinterhand nicht mitnimmt, sie also ausfallen läßt, dann kann dies an mangelndem Schenkelgehorsam liegen; es kann aber auch davon herrühren, daß der Schenkel am Gurt und nicht eine Handbreit hinter dem Gurt wirkt. Wenn das Pferd sich in die Wendung fallen läßt, dann bedeutet das in der Regel auch, daß es auf die Vorhand kommt, sein Gewicht auf die Vorhand schiebt, statt es mit den Hinterbeinen zu tragen. Mit dieser Tendenz hat zu rechnen, wer nicht mit dem inneren Schenkel vorwärts reitet, sondern versucht, das Pferd vornehmlich oder ausschließlich mit dem äußeren Schenkel herüberzuschieben oder es herüberzuziehen. Die mangelnde Einwirkung des inneren Schenkels führt auch dazu, daß der Bewegungsablauf im Verlauf der Traversale den Schwung verliert und matt wird.

Einige Vorwärtstritte

Dem jungen Reiter wie dem Ausbilder junger Pferde ist immer wieder zu empfehlen, das Vorwärtsreiten bei der Vorwärts-Seitwärts-Bewegung nicht zu vernachlässigen, die Vorwärts-Seitwärts-Bewegung immer wieder durch einige Vorwärtstritte zu unterbrechen und dabei auch das Pferd wieder an die Hilfen des Reiters zu bringen und die Stellung wie die Biegung zu überprüfen und zu korrigieren. Wenn man mit einem jungen Pferd gleich versucht, eine ganze Traversale vom ersten Wechselpunkt der einen langen Seite zum zweiten der gegenüberliegenden langen Seite zu reiten, darf man sich nicht wundern, wenn das Pferd versucht, nach den ersten gelungenen Tritten die exakte Biegung und Stellung aufzugeben. Der behutsame Reiter wird es bei diesen ersten gelungenen Tritten bewenden lassen, wird dann einige Tritte vorwärts reiten oder eine erneute Volte reiten, um aus ihr wiederum einige Vorwärts-Seitwärts-Tritte zu entwickeln. Ferner dienen halbe Paraden dazu, in der Vorwärts-Seitwärts-Bewegung das Pferd wieder an die Hilfen des Reiters zu bringen und seine Biegung und Stellung zu verbessern. Das Geradeausreiten oder die Volte nach den Traversaltritten überprüfen ferner die Solidität der Arbeit in der Traversale. Wenn das Pferd bei diesen Wechseln den Takt verliert oder wenn es sich dabei verhält, dann ist das ein sicheres Indiz dafür, daß die Arbeit in der Traversale nicht in Ordnung war.
Auch dem Geraderichten nach der Traversale hat der Reiter seine Aufmerksamkeit zu widmen. Die Hinterbeine müssen wieder auf die Linie der Vorderbeine kommen; dies geschieht nicht einfach dadurch, daß man die Hinterhand vermehrt herüberschiebt. Es wird vor allem durchs vermehrte Vorwärtsreiten nach Abschluß der Seitwärts-Bewegung erreicht. Bei der Ausbildung empfiehlt es sich, die Traversalen, die halben wie die ganzen, nicht erst an der Bande enden zu lassen, sondern bereits auf dem zweiten Hufschlag und dem Pferd dort dann auch das Geraderichten beizubringen.
Haben weder der Reiter noch das Pferd gelernt, die Vorwärts-Seitwärts-Bewegung mit dem Geraderichten abzuschließen, dann wird die später geforderte Zickzack-Traversale darauf hinauslaufen, daß man das Pferd hin und her wirft, daß das Pferd also bei den Wechseln jeweils aus der Wendung beziehungsweise in sie fällt. Demgegenüber sollte man darauf achten, daß die Pferde nach der Bewegung in die eine Richtung zunächst geradegestellt wird, daß es einige Tritte geradeaus geht, und sich daran erst die Bewegung in die andere Richtung anschließt. In den Zickzack-Traversalen muß das Pferd nach rechts und links von der Mittellinie traversieren, und zwar eine bestimmte Anzahl von Tritten beziehungsweise Sprüngen oder eine bestimmte Anzahl von Metern. Die ganze Traversale führt vor der einen langen Seite quer durch die Bahn zur anderen, die halbe Traversale jeweils von einer langen Seite zur Mittellinie bzw. von dieser zu einer der beiden langen Seiten.
Abschließend ist auf die von verschiedenen Autoren und Praktikern ausgesprochene Warnung vor zu ausgedehntem Reiten der Seitengänge hinzuweisen. Der Schwung der Pferde werde, so die Kritiker des häufigen Reitens auf zwei Hufschlägen, eingebüßt. Die Gefahr des Reitens auf zwei Hufschlägen liege vor allem auch darin, daß man es von Pferden fordere, die für diese Lektionen noch nicht hinreichend vorbereitet seien. Darüber hinaus sei es gefährlich, Pferde mit Seitengängen derart zu überfordern, daß sie sich den Hilfen des Reiters entziehen, die Lektionen unexakt absolvieren und dabei auch abstumpfen.
Demgegenüber ist freilich noch einmal auf Vorteile hinzuweisen: auf die Förderung von Geraderichtung, Versammlung, Schwung und Gymnastizität durch eine dem Ausbildungsgrad des Pferdes angemessene Dosierung der korrekten Arbeit auf zwei Hufschlägen.

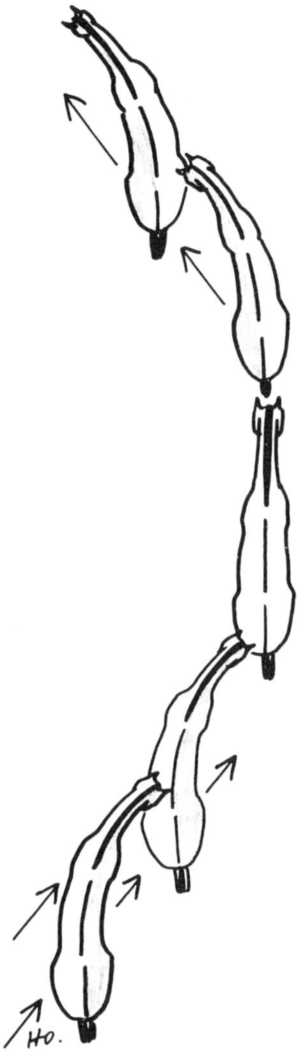

Bei der Zick-Zack-Traversale wechselt das Pferd die Bewegungsrichtung nicht unmittelbar; es wird vielmehr zuerst geradegerichtet, geht wenige Tritte geradeaus und wird dann in die andere Richtung geführt (links). Erst bei perfekter Beherrschung dieser Lektion erfolgen die Richtungswechsel so, daß Laien das Geraderichten kaum wahrnehmen.

Gebogen und gestellt

Im Schulterherein ist das Pferd in der Längsbiegung wenig gebogen nach innen gestellt und tritt am inneren Schenkel weichend mit dem inneren Vorderhuf über den äußeren. Die Hinterhufe fußen voreinander. Der Zweck der Schulterhereinlektion ist es, Versammlung und Hankenbiegung zu erhöhen. Das Pferd soll um den inneren Schenkel gebogen mit dem inneren Hinterfuß vermehrt vortreten und in der Versammlung die Längsbiegung annehmen.
Wesentlich beim Schulterherein ist, daß der Hals des Pferdes an den Schultern festgestellt bleibt. Ohne zu starke seitliche Halsbiegung, mit einer deutlichen Stellung nach innen, soll es am inneren Schenkel, welcher nicht zu weit rückwärts dicht hinter dem Gurt einwirkt, weichen. Die Seitwärtsstellung ist höchstens 45° oder mit der Vorhand bis zu einem Schritt vom Hufschlag des äußeren Hinterfußes entfernt. Auch achte man streng darauf, daß ein Verwerfen im Genick des Pferdes unterbleibt (ein Ohr tiefer als das andere). Dieser Fehler tritt bei mangelnder Durchlässigkeit im Genick auf und ist auf einfachen Hufschlag durch Reiten auf gebogener Linie (Volten etc.) zu korrigieren. Durch die Arbeit im Schulterherein soll das Pferd lernen, mit erhöhter Versammlung und Hankenbiegung zu gehen.
Beim Übergang vom einfachen Hufschlag zum Schulterherein erhöhe man die Versammlung durch vortreibende Hilfen, nach erfolgter Parade führe man die Vorderhand mit dem inneren Zügel, welcher das Pferd vermehrt stellt, auf den inneren Hufschlag herein, der äußere Zügel wirkt, unterstützt vom äußeren Schenkel, verwahrend ein und verhindert ein Ausfallen der Hinterhand, der innere Schenkel wirkt mit dem inneren Zügel verstärkt ein und zwingt das Pferd zum Seitwärts-Vorwärtstreten. Durch gute Unterstützung mit dem Kreuz und vortreibendes Einwirken des äußeren Schenkels wird das Pferd veranlaßt, in der gleichen diagonalen Fußfolge wie auf einfachem Hufschlage weiterzugehen. Das Pferd soll in den Seitengängen den gleichen Schwung und die absolut diagonale Fußfolge wie auf einfachem Hufschlag behalten.

R. L. Wätjen,
Das Dressurreiten. 1955

Der fliegende Galopp-wechsel

23. Folge

Beim Dressurreiten kommt es stets darauf an, wie eine Lektion ausgeführt wird, nicht daß sie ausgeführt wird. Diese Unterscheidung trifft besonders für den Galoppwechsel zu. Viele Pferde springen um, sie erwecken beim ungeübten Reiter und Betrachter den Eindruck, die Lektion absolviert zu haben, in Wirklichkeit entsprechen sie aber nicht den Anforderungen, die aus dressurreiterlicher Sicht an diese Aufgabe gestellt werden. Die genaue Beschäftigung mit der Art der Ausführung ist beim Galoppwechsel eben deshalb so wichtig, weil dort etwas geschieht, was dem Reiter ein sehr viel ausgeprägteres Erfolgserlebnis vermittelt, als es zum Beispiel beim versammelten Trab der Fall ist. Allzuleicht wird man geneigt, das mit der Ausführung verbundene Erfolgserlebnis unkritisch auszuweiten auf die Art der Ausführung; man freut sich dann über den prompten Wechsel und achtet nicht hinreichend darauf, ob er auch schulgerecht erfolgte. Diese Situation trifft vor allem für Reiter zu, die nicht das Glück haben, daß ihnen ein kritischer Beobachter in der Bahn ungeschminkt das sagt, was sie richtig und falsch machen; „von unten" läßt dies sich nämlich meist sehr viel besser beurteilen als „von oben".

Manche Pferde springen „von Natur aus" leicht um, manchen Remonten ist das Umspringen auf der Diagonalen oder vor Wendungen leicht beizubringen. Die natürliche Disposition stellt eine wichtige Hilfe für die Lernfortschritte beim fliegenden Galoppwechsel dar. Dies bedeutet freilich auch, daß es Pferde gibt, denen diese Lektion aufgrund ihres Exterieurs und Interieurs besondere Schwierigkeiten macht, sogar Pferde, die man mit den Versuchen, ihnen einen „ordentlichen" Galoppwechsel beizubringen, quält. Die natürliche Disposition bestimmt meist auch die Leichtigkeit und den Ausdruck der Selbstverständlichkeit, mit denen die Pferde bei fortgeschrittener Ausbildung die Wechsel springen.

Spring- und Dressurpferde

Der Unterschied zwischen der Ausführung und der Art der Ausführung wird klar, wenn man die fliegenden Galoppwechsel vieler Springpferde mit denen solide ausgebildeter Dressurpferde vergleicht. Nicht wenige Springpferde springen ohne besondere reiterliche Einwirkung um, manche tun es beim Anreiten aufs Hindernis mehrfach hintereinander, möglicherweise in dem Bestreben, den für sie angenehmsten, nämlich Rechts- oder Linksgalopp, auszuwählen. Das selbständige Umspringen wirkt bei vielen Springpferden leichter und selbstverständlicher als dasjenige, bei dem die Reiter mit ausgeprägter Gewichts-, Schenkel- und Handhilfe den Wechsel bewirken. Immer wieder kann man bei Springreitern beobachten, daß ihre Pferde prompt die geforderte Lektion absolvieren, daß sie sich dabei aber von einer Seite auf die andere werfen beziehungsweise vom Reiter derart geworfen werden. Solches Umspringen verfestigt sich häufig zu einer Manier, die sich nur schwer korrigieren läßt.

Beim Dressurreiten sollte man daher nicht zu früh mit den fliegenden Galoppwechseln beginnen, vor allem dann nicht, wenn man als Reiter kein ausgeprägtes Gespür dafür hat, ob ein Pferd gerade und mit Raumgriff nach vorne umspringt oder ob es sich herumwirft und schwankt. Zu leicht bringt man dem Pferd eine unerwünschte Art zu wechseln bei, man lehrt das Pferd den bequemeren anstelle des richtigen Weges, zu leicht baut man sich Fehler auf, die sich nur schwer wieder ausmerzen lassen. Nicht ohne Grund wird in den Dressuraufgaben der fliegende Wechsel erst ab der Klasse M gefordert, nicht ohne Grund bildet er neben der Traversale eines der wichtigsten „Kriterien" für die M-Reife.

Den fliegenden Galoppwechsel auf M-Niveau anzusiedeln, ist – trotz der natürlichen Disposition einiger Pferde für diese Lektion – sinnvoll und zutreffend, wenn man den schulgerechten Wechsel vor Augen hat und sich nicht nur mit dem Umspringen begnügt.

Generelle Ausbildungsziele

Der fliegende Galoppwechsel hat den praktischen Zweck, ohne Unterbrechung des Bewegungsflusses bei Wendungen im Handgalopp bleiben zu können. Der Handgalopp fällt dem Pferd in der Regel bedeutend leichter als der Außengalopp, er ist meist auch sicherer, ein Umstand, der den Reitmeister James Fillis dazu veranlaßte, mit der Erörterung der praktischen Bedeutung des Galoppwechsels die Darstellung seiner bis ins Artistische reichenden Changements zu beginnen. Im Rahmen des Dressurreitens fördern die fliegenden Galoppwechsel die generellen Ausbildungsziele, vor allem die Gymnastizität, die Versammlung und das Sich-Tragen des Pferdes; ferner verfeinern sie die Reiterhilfen und den Gehorsam des Pferdes auf sie.

Der fliegende Galoppwechsel besteht darin, daß das Pferd während der Schwebephase des Galopps die Position und damit die Auffußfolge seiner Beine wechselt. Das bisherige äußere Hinterbein springt und schwingt deutlich vor, mit ihm wechseln auch die drei anderen Beine, so daß nach der Schwebe nicht mehr der bisherige äußere Hinterfuß den Boden zuerst berührt und die Last zuerst trägt, sondern der bisherige innere Hinterfuß, der zum neuen äußeren Hinterfuß wird. Durch das Vorschwingen fußt der bisherige äußere Hinterfuß später als der neue äußere Hinterfuß auf, er tut dies in Verbindung mit dem neuen äußeren Vorderfuß und wird zum neuen inneren Hinterfuß. Der Blick auf die Hinterbeine und die Erklärung des Wechsels von innen her ist deshalb sinnvoll, weil sie die Hauptarbeit leisten und weil Wechselfehler vor allem durch sie bedingt werden.

Der Galoppsprung, bei dem der Wechsel geschieht, soll mit Raumgewinn ausgeführt werden, mit deutlicher Vorwärtstendenz, gerade, auf einem Hufschlag und unter Beibehaltung des Galoppflusses.

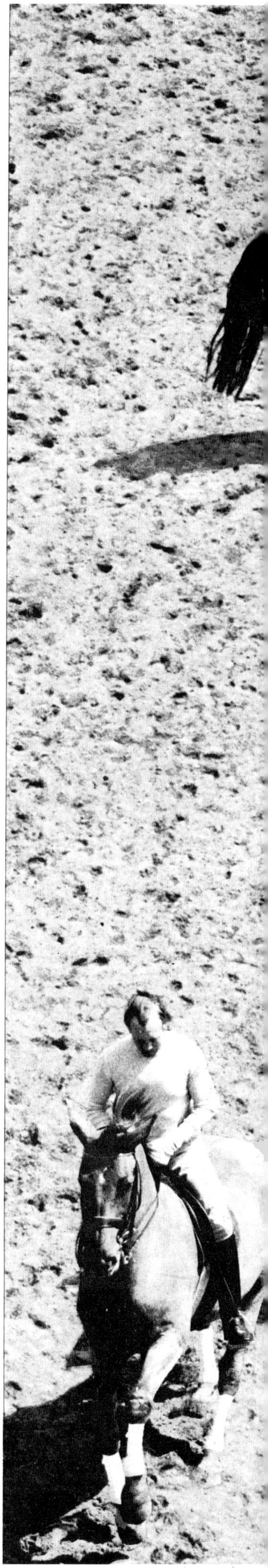

Harry Boldt demonstriert den fliegenden Galoppwechsel, hier nach einer Kehrtvolte, die traversartig beendet wird. Beim Erreichen des ersten Hufschlags oder kurz vorher ist das Pferd besonders geneigt, in den Handgalopp zu wechseln und dadurch den anstrengenderen Außengalopp zu vermeiden.

Diese aufschlußreiche Fotomontage wurde für Harry Boldts bedeutendes Buch „Das Dressurpferd" erarbeitet. Wie die gesamte Illustration dieses großzügig aufgemachten Werkes der Edition Haberbeck, überzeugt die Darstellung durch ihren optischen Eindruck wie durch fachliche Hilfe, die sie dem Betrachter anbietet.

1

2

Das Pferd soll nicht stockend springen, soll sich nicht verhalten, beim Wechsel nicht zur Seite hüpfen und auch nicht auf die Vorhand fallen, sondern sich weiterhin mit den Hinterbeinen tragen. Das Pferd soll ferner weich an der Hand des Reiters bleiben, nicht gegen sie stürmen, sich nicht zusammenziehen lassen. Es soll nach dem vorwärts-aufwärts erfolgten Wechselsprung gesetzt weitergaloppieren.

Zum fleißigen versammelten Galopp

Das Tempo soll beim fliegenden Galoppwechsel bei einem fleißigen versammelten Galopp liegen, eher mit der Tendenz zum Arbeitsgalopp als zu verhalten. Wenn der Ausgangsgalopp nicht schwungvoll genug ist – Schwung bedeutet nicht Tempo, sondern Energie und Kraftentfaltung – veranlaßt man die Pferde dazu, von der Geraden abzuweichen und umzuhüpfen und dabei nicht deutlich vor- und unterzuspringen. Werden die Galoppwechsel bei übersteigertem Tempo geritten, dann können die Pferde sich beim Umspringen meist nicht tragen, sie werfen sich dann herum, schwanken vielfach und fallen auf die Vorhand.

Die Entwicklung des fleißigen Arbeitsgalopps und der Bereitschaft, in der Versammlung unterzuspringen und Last aufzunehmen und den Körper nicht nur mit der Kraft der Hinterbeine über die Vorderbeine zu schieben, bildet eine wichtige Voraussetzung für den fliegenden Galoppwechsel. Zur Verdeutlichung des auf den ersten Blick widerspruchsvollen Begriffs „schwungvoller, versammelter Galopp" ist noch einmal an Steinbrechts beziehungsweise Plinzners Formulierung – Plinzner verfaßte das Galoppkapitel in Steinbrechts „Gymnasium des Pferdes" – zu erinnern: ‚Nicht die Kürze, sondern der Schwung kennzeichnet den guten versammelten Galopp.' Der Begriff des Schwunges aber ist von dem der richtigen Anlehnung unzertrennlich. Deshalb wird derjenige Reiter, welcher mehr vorwärts galoppiert, für die wahre Versammlung mehr tun, als derjenige, der sich und sein Pferd in fehlerhaft verkürztem Galopp einlullt."

Beim fliegenden Galoppwechsel ändert das Pferd während der Schwebephase des Galopps die Position und damit auch die Auffußfolge der verschiedenen Beine. In der Figurenfolge geht das Pferd zunächst im Linksgalopp. Der Dreibeinstütze (Figur 1) folgt nach der Zweibeinstütze die Einbeinstütze (Figur 2) und dann die Phase der freien Schwebe (Figur 3). In dieser Phase wechselt das Pferd. Es setzt also nicht, wie es für den Linksgalopp kennzeichnend wäre, zunächst das rechte Hinterbein auf. Nach der Schwebe macht vielmehr das linke Hinterbein den Anfang der neuen Folge (Figur 4). An die Einbeinstütze schließt sich die Dreibeinstütze an (Figur 5); ihr folgen Zweibein-, Dreibein- und Einbeinstütze sowie Schwebe.

Zu den Voraussetzungen für den fliegenden Galoppwechsel gehört auch ein sicherer Außengalopp, bei dem das Pferd in der Lage ist, sich ohne besondere Schwierigkeiten zu tragen und fließend weiterzugaloppieren. Eine weitere Voraussetzung besteht in der Fähigkeit, auf minimale Hilfe anzugaloppieren und sich aus dem Galopp in den Schritt parieren zu lassen. Diese Fähigkeit ist auch symptomatisch für die Sensibilisierung des Pferdes auf die Hilfen des Reiters und für Stabilisierung eines ruhigen Sitzes, den das Pferd mit zunehmender Ausbildung fordert, auf dessen Veränderung es mit Unruhe reagiert, da es in ihr eine bewußt gegebene Hilfe vermutet, diese aber nicht einordnen und verstehen kann. Im Zusammenhang damit muß das Pferd auch bereit sein, den Reiter vermehrt auf dem inneren Gesäßknochen sitzen zu lassen, ihn also nicht in der Wendung und im Galopp auf die äußere Seite zu schieben. Diese Voraussetzung ist deshalb wichtig, weil erst sie dem Pferd ermöglicht, diskrete Veränderungen im Sitz als Hilfen wahrzunehmen.

Gewohnheit und Entlastung

Die verschiedenen Theoretiker und Praktiker sind sich einig in der Auffassung, daß der Sicherung dieser Voraussetzungen besonderes Augenmerk gewidmet werden soll, daß Wechselfehler oder Unkorrektheiten sich gewiß einstellen, wenn man sich bei der Vorbereitung nicht genügend Zeit läßt, daß die Wechsel ziemlich problemlos gelingen, wenn die geschilderten Grundlagen vor den ersten Versuchen solide entwickelt und gefestigt sind. Sofern die Basis stimmt, changieren die Pferde deshalb ohne besondere Probleme, weil der Reiter durch das Umsetzen und Umlegen der Schenkel vom Tier verlangt, ihn in ungewohnter Weise zu tragen, weil das Pferd sich mit dem Wechsel dann die Möglichkeit verschafft, den Reiter in gewohnter Weise auf seinem Rükken zu haben und dadurch Unsicherheiten abzubauen. Um dieses Empfinden beim Pferd auszubilden, ist es erforderlich, exakt und ruhig zu sitzen und das Pferd auf Veränderungen dieses Sitzes zu sensibilisieren. Das Pferd springt um so leichter um, wenn durch die Beibehaltung des bisherigen Galopps weitere Schwierigkeiten in Aussicht stehen oder wenn es ihm möglich ist, bestehende Belastungen zu reduzieren. Die erwarteten Schwierigkeiten werden abgebaut, wenn das Pferd bei der Wendung im Galopp nicht in den Außengalopp zu gehen braucht, sondern im Handgalopp bleiben kann; bestehende Belastungen reduzieren sich, wenn das Pferd vom Außengalopp in den Handgalopp umspringen darf.

Je ruhiger und stabiler der Sitz des Reiters ist, um so auffälliger werden dem Pferd die Veränderungen. Diese Überlegungen machen deut-

3

4

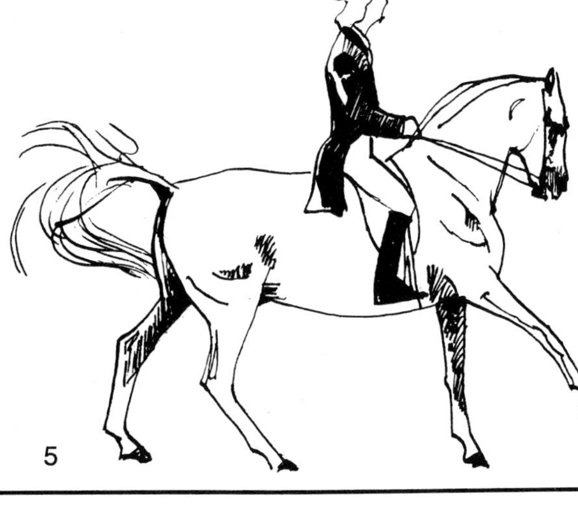

5

lich, daß man meist selbst Schuld daran hat, wenn das Pferd besonders ausgeprägte und deutliche Hilfen von einem verlangt, wenn man sich auf seine Forderungen einläßt und es nicht dazu erzieht, Aufmerksamkeit und Feinfühligkeit zu entwickeln.

Die Hilfen für den Wechsel

Die Hilfe des Reiters beim fliegenden Galoppwechsel beginnt damit, daß man das Pferd aufnimmt und es mit dem Schenkel zu fleißigem Unterspringen veranlaßt. Nach dieser halben Parade wird das Pferd minimal – das innere Auge soll der Reiter leicht schimmern sehen – mit der Hand in Kopf und Hals auf die neue Galopphand umgestellt. Der Handhilfe folgt die von Gewicht und Schenkel. Der bisherige äußere Schenkel wird bis an den Gurt vorgenommen, der bisherige innere eine Handbreit zurückgelegt, die bisher äußere und jetzt innere Hüfte vorgeschoben und dadurch der bisher äußere und jetzt innere Gesäßknochen stärker belastet. Die verschiedenen Komponenten der Hilfe verlaufen zunächst meist so, daß die verbundene Schenkel- und Gewichtshilfe der Umstellung mit der Hand folgen. Dies hat den Vorteil, daß man sich darauf konzentrieren kann, das Pferd nicht herumzuziehen und derart auf Dauer zum Hin- und Herpendeln mit dem Hals zu veranlassen, sondern es wirklich nur minimal umzustellen. Im übrigen ist darauf zu achten, daß die Hand den Galoppsprung auch wirklich herausläßt, daß sie nicht zu fest wird, daß der Reiter sie nicht als Halt benutzt und daß er sie unabhängig von der Gewichts- und Schenkelhilfe wirken läßt.

Mit der Zeit verbinden sich die drei Komponenten der Wechselhilfe zu einer Einheit. Die Schenkel- und die Gewichtshilfe können mehr oder minder deutlich und sichtbar erfolgen. Vielfach geht man nach dem Motto vor, dem Pferd mit deutlicheren Hilfen die ersten Wechsel beizubringen und dann für eine Verfeinerung der Hilfen zu sorgen. Dieses Prinzip hilft in der Praxis einerseits weiter, andererseits übersieht man dabei aber nicht selten, daß man dem Pferd durch extreme Gewichts- und Schenkelhilfen das Hin- und Herspringen geradezu beibringt und derart schwer korrigierbare Fehler aufbaut. Der bessere Weg ist zweifellos der, das Pferd vor Beginn der Arbeit mit den Wechseln so weit zu sensibilisieren, daß es der deutlichen Hilfen nicht bedarf. Dabei muß man auch in Kauf nehmen, daß das Pferd einmal nicht umspringt, wenn man ihm die Hilfe dazu gegeben hat.

Nicht aus dem Sattel heben

Das Vorschieben der inneren Hüfte und die damit verbundene stärkere Belastung des inneren Gesäßknochens geschieht bei „angezogenem Kreuz" beziehungsweise bei nach hinten abgekipptem Becken. Der Reiter darf sich also nicht aus dem Sattel heben, eine Tendenz, die dann entsteht, wenn er sich mit den Oberschenkeln ans Pferd klemmt und das Pferd herumzuwerfen sucht. Der klemmende Schenkel verbindet sich meist auch mit einem hin und her schwankenden Oberkörper, vielfach auch mit einknickender Hüfte. Um differenziert einwirken zu können, darf der Schenkel auch hier nicht pressen, er muß ferner unabhängig von der Position des Oberkörpers sich verlagern und leichten Druck ausüben können. Die Gewichtshilfe kann nur differenziert erfolgen, wenn der Reiter wirklich sitzenbleibt, nicht, wenn er sich bei jedem Wechsel aus dem Sattel hebt.

Besondere Obacht ist darauf zu geben, daß der neue innere Schenkel am Pferd liegt und nicht, wie man häufig sehen kann, weggestreckt wird. Hinsichtlich des Schenkeldrucks betont die Mehrzahl der Autoren, daß der neue innere Schenkel dominierend einwirken, während der neue äußere eine Handbreit hinter dem Gurt verwahrend liegen soll. Der erfahrene Praktiker Harry Boldt äußerte demgegenüber die Ansicht, die meisten Dressurreiter würden mit dem früheren inneren und anschließend äußeren Schenkel vermehrt Druck ausüben und das Pferd zum Umspringen auffordern. Boldt hielt diese Praxis auch für logisch sinnvoll: „Will ich von links nach rechts wechseln, so fußt bisher das rechte Hinterbein nach der freien Schwebe als erstes auf. Soll nunmehr das linke Hinterbein als erstes auffußen, so muß ich es durch Schenkeldruck auf der linken Seite dazu anregen. Diesen Schenkeldruck übe ich aus, wenn der Schenkel weiter hinter den Gurt gelegt wird." Gegen diese Argumentation läßt sich freilich anführen, daß der innere Schenkel im Galopp vornehmlich der treibende ist und daß es insofern auch sinnvoll ist, ihn beim Wechsel, das heißt beim Beginn des Galopps auf der anderen Hand zum treibenden zu machen. Ausschlaggebender als der Druck des Schenkels scheint bei den meisten Reitern freilich das Umsitzen und die Verlagerung des Schenkels zu sein; diese Hilfen scheinen auf die meisten Pferde deutlicher als der Druck zu wirken.

Der Zeitpunkt der Hilfe

Die meisten Theoretiker und Praktiker vertreten hinsichtlich des Zeitpunktes der Hilfe die gleiche Auffassung: Sie soll kurz vor der Schwebe erfolgen, das heißt vor der Schwebe soll dem Pferd klargemacht werden, daß es in der Schwebephase umzuspringen hat. Theoretisch läßt sich dieser Zeitpunkt sehr viel leichter bestimmen, als in der Praxis nachvollziehen. Glücklicherweise führt das „Gefühl" beim sensiblen Reiter meist dazu, den richtigen Zeitpunkt zu finden, freilich nicht ein von Natur aus gegebenes, sondern das im

Zuge der Ausbildung verfeinertes Gefühl. Steinbrecht sprach in diesem Zusammenhang vom „Reitertakt und der Erfahrung" sowie vom „vervollkommneten Gefühl".
Für den Reiter ist es von beträchtlichem Vorteil, wenn er ein Lehrpferd zur Verfügung hat, das den fliegenden Galoppwechsel beherrscht und auf dem er sich das richtige „Gefühl" aneignen kann. Den meisten Reitern wird für diese Anforderungen freilich kein geeignetes Lehrpferd zur Hand sein; sie sind in erster Linie darauf angewiesen, ihr Empfinden mit Hilfe der Korrektur von unten auszubilden und zu schärfen. Die Dienste eines Lehrpferdes können gerade in diesem Punkt auch trügerisch sein, nämlich dort, wo ein abgedankter Veteran nur noch müde auf zwei Hufschlägen die Hand wechselt, wo er aber nicht mehr gerade, weit und mit der Tendenz nach vorwärts-aufwärts unter- und durchspringt. Bei einem solchen Lehrpferd lernt man bestenfalls den gehorsamen Wechsel, aber nicht seine schulgerechte Ausführung. Man lernt vor allem nicht den Reiz zu schätzen, den kraftvolles und gerades Umspringen für den Reiter bedeutet.
Reitern, die darauf angewiesen sind, ohne entsprechende Vorerfahrungen sich und dem Pferd den fliegenden Wechsel beizubringen, muß man freilich mit besonderem Nachdruck raten, nicht zu früh mit dieser Lektion zu beginnen und sich immer wieder zu fragen, ob die beschriebenen Voraussetzungen auch wirklich erfüllt sind.

Versuch und Irrtum

Dem Pferd erleichtert man das Verständnis für die Lektion beziehungsweise für die Hilfen beträchtlich, wenn man eine Gelegenheit sucht, in der das Pferd ohnehin Bereitschaft zum Umspringen zeigt. Man muß nämlich davon ausgehen, daß das Pferd durch Versuch und Irrtum lernt, daß es quasi per Zufall den ersten Wechsel macht und dann dafür belohnt wird. Die Belohnung besteht darin, daß es nicht im Außengalopp zu gehen braucht, daß es den Reiter in gewohnter Weise tragen kann und daß der Reiter es durch Sprache und Hand lobt und das Vertrauensverhältnis zu ihm bestärkt.
Es empfiehlt sich auch, die Belohnung und Entspannung dadurch zu bestärken, daß man das Pferd nach einem Wechsel gleich durchpariert und im Schritt gehen läßt. Ferner ist es hilfreich, diese Lektion zunächst jeweils an den Schluß der Stunde zu legen, um das Pferd nach geglücktem Wechsel mit der Beendigung der Arbeit belohnen zu können.
Sucht man die Gelegenheiten, in denen das Pferd die größte Bereitschaft zum Wechsel zeigt, dann kann man sich zunächst an den Rat der Praktiker halten, daß die meisten Pferde eher geneigt sind, von rechts nach links als von links nach rechts zu changieren. Man beginnt also zweckmäßigerweise mit dem Wechsel von rechts nach links. Auf verschiedenen Wegen kann man sich die Tendenz des Pferdes, den Außengalopp zu vermeiden beziehungsweise vom Außengalopp in den Handgalopp zu springen, zunutze machen. So wird empfohlen, den ersten Galoppwechsel nach einer Wendung im Außengalopp zu verlangen. Manche Reiter halten es auch für das günstigste, den Wechsel vor der ersten Ecke der kurzen Seite zu fordern, und zwar vom Außengalopp in den Handgalopp. Andere ziehen es vor, beim Wechsel aus dem Zirkel oder durch den Zirkel zu changieren. Ferner ist es möglich, auf der Diagonalen, das heißt auf gerader Linie, den fliegenden Wechsel an dem Punkt zu verlangen, an dem das Pferd bisher mehrfach den einfachen Wechsel absolvierte und an dem es die Bereitschaft zum Wechsel besonders deutlich zeigt. Auf der Diagonalen kann der Wechsel in der Mitte, er kann aber auch erst beim Erreichen des Hufschlags gefordert werden. Harry Boldt schlug vor, die ersten Wechsel nach einer Kehrtvolte zu verlangen, die traversartig beendet wird.

Das Pferd aus einer Kehrtvolte wieder traversartig auf den Hufschlag zurückzuführen, empfiehlt der erfahrene Praktiker Harry Boldt als besonders geeigneten Weg, dem Pferd den ersten fliegenden Wechsel beizubringen. Nach Boldt wirkt beim Wechsel der weiter hinter den Gurt gelegte frühere innere Schenkel stärker ein als der bisherige äußere und neue innere, der erst nach dem Wechsel dominiert. Derart wird das neue äußere Hinterbein des Pferdes, nämlich das frühere innere, zum Unterspringen animiert.

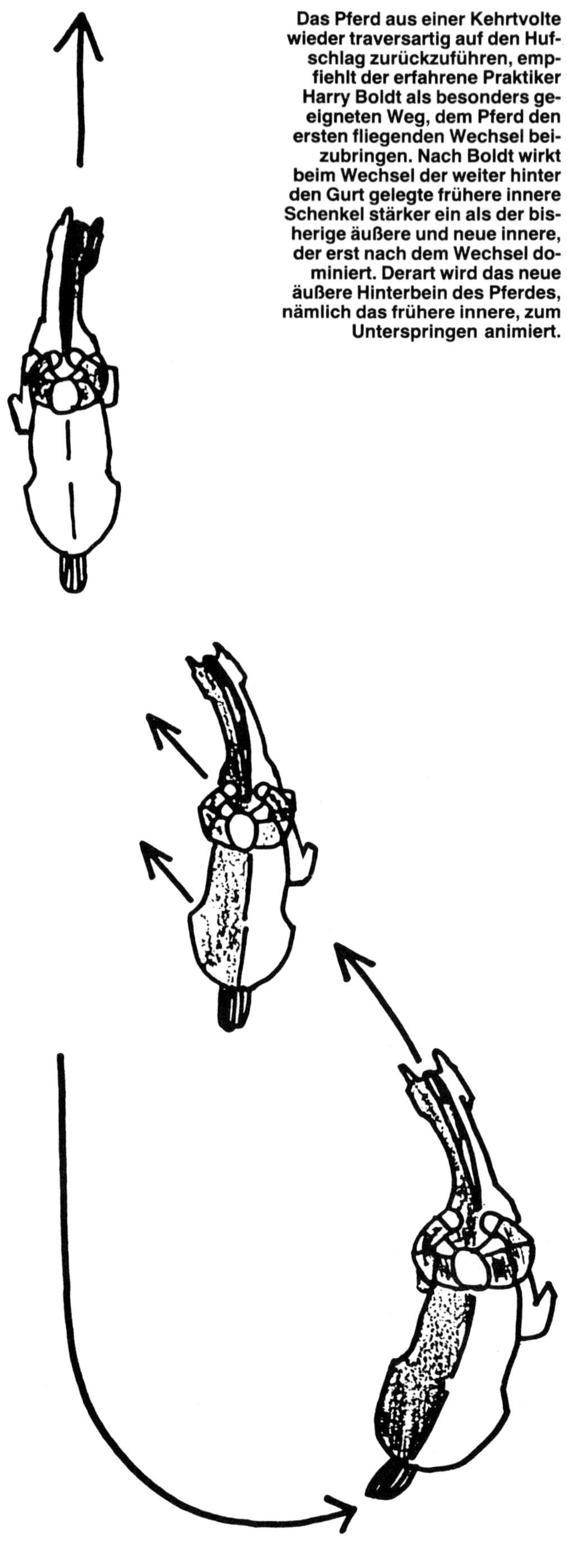

Nicht jedes Pferdes Sache

Die sogenannten fliegenden Galoppwechsel sind ebenfalls nicht jedes Pferdes Sache, da eine gewisse Gewandtheit und Lebhaftigkeit dazu gehört, sie mit Anstand und ohne Nachteil auszuführen. Wollte man ein plumpes, phlegmatisches Pferd dazu zwingen, so würde es sich die Knochen entzweischlagen und doch keinen guten Wechsel zustandebringen. Auch hierbei wird das Pferd dem aufmerksamen Reiter sehr genau angeben, wie weit er gehen kann. Jedes begabte Pferd wird ihm, wenn er bei Übergängen von einem Fuß zum anderen Sitz und Führung geschickt wechselt, um so leichter den fliegenden Wechsel anbieten, je kräftiger, biegsamer und feinfühliger es durch die Gymnastik geworden ist. Man soll den fliegenden Sprungwechsel nicht zu früh zum Gegenstand besonderer Übung machen, vor allem aber erst dann damit beginnen, wenn das Pferd die einfachen Wechsel mit zunehmender Gewandtheit nach und nach sicherer und prompter ausführt.
Bevor wir uns der Art der Ausführung sowie der dabei erforderlichen Hilfengebung zuwenden, wollen wir uns auch bei dieser Lektion zunächst wieder klarmachen, wie das Pferd seine Gliedmaßen dabei naturgemäß gebraucht, denn auch im Zustand der Freiheit können wir beobachten, daß das Pferd vielfach den Galoppwechsel fliegend vollzieht.
Aus der Fußfolge des Galopps ergibt sich von selbst, daß ein Fußwechsel in dieser Gangart nur aus der freien Schwebe erfolgen kann, bei der das Pferd nach dem durch den inwendigen Vorderfuß herbeigeführten Abstoßen des Körpers vom Boden alle vier Beine einen ganz kurzen Augenblick unter den Leib zieht. Um nunmehr nicht mit dem bisherigen auswendigen Hinterbein, sondern mit dem anderen den Körper auffangen zu können, muß dieser vermehrt belastet und unter die Gewichtsmasse gerichtet, der andere aber entlastet und noch in der Luft zum vermehrten Anziehen und Vorschwingen angeregt werden, damit er erst später als der erstere landet.

Naturgemäße Hilfen

Vergegenwärtigen wir uns nun die dazu notwendigen naturgemäßen Hilfen, so wird der Reiter vor allem die bisherigen auswendigen Beine entlasten und in der Luft zum Vorschwingen bringen, die bisher inwendigen Beine aber belasten müssen, damit sie vor den auswendigen spuren. Schon bei der Versammlung des Galopps wurde darauf hingewiesen, welche wichtige Aufgabe das auswendige Hinterbein dabei zu erfüllen hat. Auch beim fliegenden Sprungwechsel ist seine Tätigkeit entscheidend für den flüssigen Verlauf dieser von der bisherigen Fußfolge abweichenden Bewegung; er ist der Pfeiler, der den Körper stützen und die anderen Gliedmaßen befähigen muß, ihre Fußfolge sicher zu verändern. Zu diesem Zweck muß das Gewicht ihm zugeführt und das neue inwendige Hinterbein dadurch befähigt werden, in der Luft auszuhalten und vorzuschwingen, wozu es gleichzeitig durch eine Schenkelhilfe am Gurt angeregt werden muß. Der Reiter wird daher schon vor dem Wechsel das neue auswendige Hinterbein gut zum Vorspringen unter die Last anhalten und für seine Biegung sorgen müssen, was nur durch Geraderichtung und Versammlung möglich ist. Zurückverlegen des Gewichts auf und halbe Arrets in Richtung des mittelst des gleichseitigen Schenkels vorgeholte bisher inwendigen Hinterbeines werden beides sicherstellen. Nach dieser Vorbereitung erfolgt der Wechsel der Hilfen, und zwar beginnt die Hand mit dem Umstellen, worauf die Schenkel unmittelbar folgend ebenfalls ihre Lage wechseln. Dazu gleitet der bisher auswendige Schenkel zunächst an den Gurt und der andere fast gleichzeitig hinter den Gurt. Dem ersteren fällt die Aufgabe zu, die neue linke Seite hohl zu machen und das gleichseitige Hinterbein zum lebhaften Vorschwingen zu veranlassen, dem letzteren die Hinterhand auf die Linie zu richten. Im Augenblick des Sprungwechsels muß der Reiter sich vermehrt aufrichten, das Kreuz anziehen und inwendige Hüfte und inwendigen Gesäßknochen nach vorn schieben, ohne daß der gleichseitige Schenkel weiter als bis zum Gurt vorgleitet; muß das Pferd aus dem Sitz heraus gleichsam mit den Schenkeln, wobei der neue inwendige etwas stärker wirkt, in gerader Richtung nach vorwärts-aufwärts werfen wollen, wobei er die neue inwendige Seite vorläßt und sein Gewicht vermehrt auf den neuen auswendigen Gesäßknochen richtet.

Bei vollendeter Ausführung

Wie bei allen anderen Lektionen muß auch der fliegende Galoppwechsel dem Pferde erst gelehrt werden. Dazu müssen die erforderlichen Hilfen, die bei vollendeter Ausführung beinahe ineinander fließen, voneinander getrennt gegeben werden, wobei die Zügel beginnen, die Schenkel folgen und die Sitzhilfen den Wechsel zur Ausführung bringen. Ähnlich ist bei der Belehrung des jungen Reiters im Sprungwechsel zu verfahren. Besonderer Wert ist von Anfang an darauf zu legen, daß das Pferd genau auf der Linie bleibt, der junge Reiter aber weder heruntersieht noch sich zur Seite wirft.
Bevor man mit dem Üben des Sprungwechsels beginnen kann, müssen gerades Angaloppieren auf beiden Händen sowohl aus dem Trabe als auch dem Schritt, sowie einfacher Galoppwechsel auf gerader freier Hufschlagslinie vollkommen sicher sein und auf leichte, unsichtbare Hilfen erfolgen. Man wird sich daher vor Beginn der ersten Übungen im fliegenden Wechsel davon überzeugen, ob diese Vorbedingungen erfüllt sind. Desgleichen muß das Pferd sich im Galopp auf gerader, freier Hufschlaglinie leicht versammeln lassen und dabei vollkommen gerade gerichtet und durchlässig bleiben.
Es gibt bei der Einübung des fliegenden Sprungwechsels verschiedene Verfahren, und viele Reiter, namentlich die nicht schulgerecht gebildeten, benutzen dazu den Augenblick, in dem sie das Pferd von einer entsprechend der Stellung des Pferdes gebogenen Linie auf eine andere, umgekehrt gebogene überführen. Andere wiederum lassen die ersten Sprungwechsel aus dem Kontergalopp ausführen, indem sie, an der Bande galoppierend, beim Erreichen einer Ecke ihre Hilfen völlig wechseln, wobei sie vorherrschend den neuen inwendigen Zügel und auswendigen Schenkel gebrauchen. Um aber dem Pferde unter allen Umständen das Wechseln in gerader Richtung nach vorwärts zu lehren, übt man es auch vorteilhafterweise auf einer geraden Hufschlaglinie ein.

Durch die ganze Bahn

Am besten eignet sich dazu die Wechsellinie durch die ganze Bahn. Schon beim Betreten dieser Linie muß man darauf achten, daß das Pferd völlig gerade gerichtet und ruhig galoppiert. Ist dies der Fall, so beginne man, sobald man etwa die Mitte der Bahn erreicht hat, das Pferd vermehrt zu versammeln, wobei man besonders darauf achten muß, daß es gerade gerichtet, durchlässig und gelassen aber fleißig galoppiert. Trifft dies zu, so beginne man mit dem Umstellen und richte sich so ein, daß man dieses kurz vor Betreten der neuen Hufschlaglinie beendet hat. Wie schon vorher erwähnt wurde, müssen die Hilfen zum Umstellen getrennt voneinander gegeben werden, und zwar derartig, daß die Zügel beginnen, die Schenkel folgen und die Sitzhilfen den Wechsel beim Erreichen des neuen Wechselpunktes vollenden.
Wird das Pferd schon beim vorbereitenden Versammeln unruhig oder drängt es seitwärts, so darf der Wechsel noch nicht ausgeführt werden, denn diese Erscheinungen zeigen deutlich, daß das Pferd für diese neue Lektion noch nicht reif ist. Ferner darf man den Sprungwechsel anfänglich nicht zu oft hintereinander und nicht stets an der gleichen Stelle der Reitbahn verlangen, sondern muß rechtzeitig Pausen einlegen oder zwischendurch die gleichen Hufschlaglinien ohne Wechsel durchreiten. Außerdem muß man sich immer wieder davon überzeugen, ob der einfache Galoppwechsel vom Pferde auch weiterhin sicher und ruhig ausgeführt wird.

Gustav Steinbrecht,
Das Gymnasium des Pferdes. 1884

Aus der Wendung und auf der Geraden

Die verschiedenen Situationen, in denen das Pferd von sich aus zum Wechseln bereiter ist, lassen sich auch dadurch unterscheiden, daß einmal von der einen zur anderen Wendung changiert werden soll, und zum anderen der Wechsel auf der Geraden verlangt wird. Der Wechsel von der einen Wendung in die andere fällt dem Pferd wahrscheinlich leichter, er beinhaltet aber auch die größere Gefahr, daß die Pferde sich herumwerfen und der Reiter ihnen dies gestattet.
Wie schwierig ein exakter Wechsel zwischen zwei gebogenen Linien gerade für junge Pferde ist, zeigt sich vor allem in den M-Dressuren, in denen die Wechsel bei den Schlangenlinien durch die Bahn gefordert werden. Sie fallen häufig schlechter aus, als die Wechsel auf gerader Linie. Den Pferden den Wechsel gleich auf gerader Linie beizubringen, ist zwar meist etwas schwieriger, hat aber in der Regel auch den Vorteil, die Pferde erst gar nicht dazu zu verleiten, sich herumzuwerfen. Sofern man mit dem Wechsel zwischen zwei gebogenen Linien beginnt, sollte man darauf achten, möglichst bald zum Wechseln auf gerader Linie überzugehen. Man sollte ferner das Sichherumwerfen und Sichhinüberfallenlassen dadurch zu vermeiden suchen, daß man das Pferd bestimmt am Schenkel reitet und vor dem Wechsel zu vermehrtem Unterspringen und Lastaufnehmen animiert.
Ferner sollte man besonders darauf achten, daß das Pferd in der Wendung auch unabhängig von der Hand geht, sich nicht im Genick versteift, verwirft und derart Anlehnung an der einen Hand des Reiters sucht und die Führung durch die andere meidet.

Genick-Schwierigkeiten

Die Versteifung bleibt vielfach nicht aufs Genick beschränkt; häufig weisen die Schwierigkeiten im Genick darauf hin, daß das Pferd sich durch Schiefe der Lastaufnahme zu entziehen sucht. In diesem Fall ist es wichtig, das Pferd geradezurichten und im Genick zu lokkern, es auch einmal etwas im Hals und Genick nach außen zu stellen und ihm derart beizubringen, bei weicher Anlehnung an beide Zügel die Wendung zu passieren. Gegen die Tendenz, sich zu verwerfen und nach außen fortzudrücken, kann es auch förderlich sein, das Pferd bereits einige Galoppsprünge vor dem Wechsel in die neue Richtung zu stellen, dies deutlicher als üblich zu tun und das Pferd manchmal auch in dieser Außenstellung weitergehen zu lassen, ohne daß ein Wechsel gefordert wird. Solche – mit vermehrtem Treiben und halben Paraden verbundenen – Übungen haben den Sinn, das Pferd unabhängig von der Hand gehen zu lassen und dem Reiter die oft übersehene Neigung zur Schiefe deutlich vor Augen zu führen.

Abchangieren nach Tempos

Es kommt bei allen Pferden vor, dass sie, sobald ihnen das Changieren leicht fällt, dieses selbständig ausführen, ohne hierzu auch nur im geringsten aufgefordert zu sein.
In diesem Fall muß man das Pferd strafen, denn wenn man ihm erlaubt, aus eigenem Antrieb eine Bewegung machen zu dürfen, welche man nicht von ihm gefordert hat, so kann man keine Regelmässigkeit des Changements erzielen.
Wenn ich sage, man müsse strafen, so meine ich damit, dass man den Fehler zurückdrängen soll. Angenommen, das Pferd wäre im Rechtsgalopp und changierte früher, als man verlangt, so muss man einfach mit dem linken Sporn kräftiger als gewöhnlich eingreifen, um es zu veranlassen, im Rechtsgalopp zu bleiben. Dasselbe würde man natürlich mit dem rechten Sporn machen, wenn das Pferd aus dem Linksgalopp unaufgefordert abchangiert hätte. Ist der Fehler in der von mir angedeuteten Weise ausgeglichen, so verlange man das Changement in der Luft nicht so bald wieder und nicht in derselben Unterrichtsstunde; das könnte in der Auffassung des Pferdes zum Irrtum führen. Vielmehr lasse man das Pferd zwar anspringen, bleibe aber längere Zeit auf demselben Fuss.
Hat man denselben Fehler mehrere Male unterdrückt, und das Tier jedesmal dafür belobt, dass es nur aufgefordert abchangiert, so wird es schnell verstehen lernen, dass es unaufgefordert nichts tun darf. Aber ich wiederhole es, man nehme nur dann das Changement vor, wenn man vorher nicht gezwungen war, zu strafen. Es ist besser, zum Zweck der Beseitigung des Fehlers mehrere Unterrichtsstunden zu opfern. Das Pferd lernt besser verstehen, wird ruhiger und wird um so schnellere Fortschritte machen.
Erst wenn das Pferd gut versteht, dass es meine Aufforderung abzuwarten hat, lasse ich es in kürzeren Zwischenräumen abchangieren. Anstatt mit dem sechsten Sprung changiere ich schon mit dem vierten, indem ich immer wieder dieselben Hilfen anwende. Das erste Mal begnüge ich mich, wenn das Pferd dies auf jedem Bein einmal richtig macht; dann verlange ich es in den folgenden Tagen nach und nach öfter.
Man wolle bemerken, dass die Energie, welche das Pferd anwenden muss, in dem Masse zunimmt, als die Zeiträume zwischen den einzelnen Changements abnehmen. Dies kann zur Folge haben, dass das Pferd in Aufregung versetzt und in Verwirrung gebracht wird; in welchem Falle man es anhalten, einige Zeit Schritt gehen lassen, aber nicht beloben muss. Man wird dann wieder mit dem Anspringen auf jedem Bein anfangen, sich das Pferd dabei in die Hand stellen müssen, und den Unterricht erst dann wieder aufnehmen dürfen, wenn das Pferd ganz ruhig geworden ist.
Jedesmal, wenn ich bei den Changements auf Schwierigkeiten stosse, kehre ich zu dem einfachen Anspringen zurück und ziehe daraus Vorteil. Diese Übungen im Anspringen sind für das Pferd das, was die Tonleiter für den Pianisten oder was für den Tänzer das Pendeln mit den Beinen ist.

In der Volte

Von den vier Tempos gehe ich zu dreien über, dann zu zweien und schliesslich zu einem Tempo, wobei die Galoppsprünge von einem zum andern Bein ununterbrochen nacheinander folgen. Ich lasse übrigens eine ziemlich lange Zeit zwischen meinen einzelnen Anforderungen, vom vierten zum dritten, vom dritten zum zweiten oder vom zweiten zu einem einzigen Tempo verstreichen. Wenn man zu schnell vorgehen wollte, käme man zu nichts. Das Pferd wird sich leicht irren, denn man macht es ihm unmöglich, den Unterschied zwischen den verlangten Changements und den verschiedenen Tempos zu verstehen. Nur das langsame Vorgehen in der Reitkunst leistet sichere Gewähr, schnell ans Ziel zu kommen. Das Pferd zeigt übrigens selbst den Moment an, zu welchem man, ohne sein Gleichgewicht, seine Kräfte und seine ungezwungene Haltung zu beeinträchtigen, die Zahl und Tempos der Changements vermindern kann.
Erst wenn das Pferd ruhig und ungezwungen ist, wenn es die Changements mit Leichtigkeit so ausführt, dass ich dieselben in zwei Tempos, dann in einem einzigen Tempo während zwei- oder dreimaligen Herumreitens in der Bahn, und zwar auf beiden Händen erziele, erst dann verlange ich die nämliche Arbeit in zwei Tempos in der Volte und beim Handwechsel. Bin ich mit den erzielten Resultaten zufrieden, alsdann verlange ich auch bei denselben Bewegungen das Abchangieren in einem Tempo.
Ein Reiter, welcher bis dahin vorgedrungen ist, Volten und Handwechsel auszuführen, bei denen das Pferd auch noch mit jedem Galoppsprung sehr regelrecht umchangiert, kann mit sich selbst und mit seinem Pferde zufrieden sein; er hat die grösste Schwierigkeit in der Reitkunst überwunden.

Auf der Stelle

Um die Galoppchangements auf der Stelle auszuführen, muss man sich wie beim Changieren nach Tempos verhalten, mit dem einzigen Unterschiede, dass die Versammlung noch vollkommener sein muss.
Es könnte scheinen, als ob es hier einer grösseren Anspannung der Zügel und einer Herabminderung der Schenkeltätigkeit bedürfe, da doch die Gangart langsamer wird. Das ist ein Irrtum; denn dann würde die Hand die Sprunggelenke hinter den Schwerpunkt zurückwerfen. Man muss im Gegenteil mit beiden Schenkeln kräftig einwirken, um den Schwung aufrecht zu erhalten, ohne welchen das Pferd erlahmen würde, die Hand muss sich mit sehr grosser Nachgiebigkeit des Schwunges bemächtigen und muss diesen nach dem Schwerpunkt zurückschicken, welcher sich, wenn das Pferd gut im Gleichgewicht ist, immer in der Nähe der Schenkel des Reiters befindet.
Changements, welche tatsächlich auf der Stelle ausgeführt werden, sind für das Auge kaum bemerkbar.
Das hat einen sehr natürlichen Grund. Da das Pferd nach vorwärts kein Terrain gewinnt, ist das Aufheben und Niedersetzen der Vorderbeine wie der Hinterbeine wenig sichtbar; daraus ergibt sich, dass der Beschauer, um die Changements mit dem Blick erfassen zu können, sich sehr dicht neben dem Pferde aufstellen muss.
Die Erfindung dieser schwierigen und komplizierten Übung verdanken wir Baucher. Er hat sie in der Vollendung mit „Turban" ausgeführt, nicht mit „Partisan", wie viele behaupten.

James Fillis,
Grundsätze der Dressur und Reitkunst. 1890

Möglichst ruhig

Bis jetzt hat sich meines Wissens noch kein Autor ausgesprochen, ob das Pferd unter dem Reiter im Galop mit den Vorder- oder mit den Hinterschenkeln zuerst wechseln soll, und wie ich vermuthe, ist unter den Männern des Reitfaches dieser Gegenstand noch nicht ganz im Klaren. — Meiner Meinung nach muß ein gut zugerittenes Pferd unter dem kunstgerechten und geschickten Reiter im Galop mit den Hinterschenkeln zuerst changiren, und zwar deshalb, damit das Vordertheil bei seiner Wechslung gehörig unterstützt werde und das Pferd im Gleichgewicht, folglich mit Sicherheit und Anstand changiren könne, welcher Zustand für das Auge des sachverständigen Beobachters schon deshalb ein sehr gefälliger ist, weil auf diese Weise das Vordertheil des Pferdes die Wechslung in einem wahrhaft graziösen Air verrichten kann. Gegen alle Sicherheits- und Anstandsregeln ist es aber, wenn das Pferd, wie dies gewöhnlich geschieht, mit erniedrigtem Vordertheile, zuerst mit den Vorderschenkeln und dann mit nachschleppendem Hintertheil, zuletzt mit den Hinterschenkeln wechselt, welcher Anblick dem Kenner einen unangenehmen Eindruck verursachen muß, weil er seinen wahren Sinn für das Schöne der Kunst, wozu vorzüglich eine anständige Wechslung im Galop gehört, auf das Empfindlichste beleidigt.
Dem sachverständigen und gewissenhaften Lehrer muß daher sehr viel daran liegen, dem Schüler die Regeln und Vortheile zu lehren, das Pferd beim Wechseln im Galop so zu stellen, zu führen und mittels Schenkelhülfe zu behandeln, daß es zuerst hinten mit Sicherheit und Ruhe und dann vornen mit Gewandtheit und Anstand, d. h. im Gleichgewichte wechsle. Um dieses zu erzielen, muß der Schüler belehret werden, daß er zur Wechslung im Galop von der rechten zur linken Hand auf dem Wechslungspunkt, den rückwärtshebenden Hebel anwendend, das Pferd kräftig in die Hand nehme und, während er mittels der Führungshand und des rechts seitwärtshebenden Hebels das Vordertheil des Pferdes rechts hält, durch den Druck des rechten Schenkels die Wechslung des Hintertheils hervorbringe; in demselben Moment aber, wo er durch das Gefühl seines Gesäßes die Wechslung des Hintertheils wahrnimmt, durch Umtausch der seitwärtshebenden Hebel und durch ihre Verbindung mit der Wirkung der Führungshand und Nachhülfe beider Schenkel, wobei jedoch der rechte stärker gebraucht werden muß, die Wechslung des Vordertheils, welche das Pferd nach vorausgegangener Wechslung des Hintertheils sehr willig verrichtet, erzielen müsse.

Der rückwärtshaltende Hebel

Bei der Wechslung von der linken zur rechten Hand werden dieselben Regeln im umgekehrten Sinne beobachtet. Der Reiter muß nämlich, auf dem Wechslungspunkt angekommen, mittels des rückwärtshebenden Hebels ein halbes Arret gebend, durch die Verbindung der Führung mit dem links seitwärtshebenden Hebel das Vordertheil des Pferdes links halten und durch den Druck des linken Schenkels das Hintertheil zum Wechseln bringen; in dem Moment aber, wo er das Changiren des Hintertheils wahrnimmt, durch Umtausch der seitwärtshebenden Hebel und Anwendung beider Schenkel, wobei jedoch der linke stärker gebraucht werden muß, die Wechslung des Vordertheils bethätigen. Diese Wechslung, nämlich von der linken zur rechten Hand, ist eigentlich für den Reiter leichter, weil er hier die rechte Trense mit weit mehr Nutzen zur Hülfe verwenden kann, als bei der Wechslung von der rechten zur linken Hand, weshalb er vor dieser Wechslung schon den linken Trensenzügel verkürzen soll, um nöthigenfalls auf dem Wechslungspunkt davon Gebrauch machen zu können.
Nebst den vorgekommenen Regeln muß dem Schüler auch noch besonders eingeschärft werden, daß er während dem Wechseln möglichst ruhig seye, theils um das Pferd beim Wechseln nicht konfus zu machen, theils auch, um durch sein Gesäß den Moment der Wechslung, sowohl des Hinter- als des Vordertheils, wahrnehmen zu können.

Karl Kegel,
Neueste Theorie der Reitkunst. 1842

Bei der Hilfe zum Wechsel ist es ferner wichtig, sich und dem Pferd Zeit zu lassen, das Pferd also mit der Hilfe nicht zu überfallen. Die das Pferd überfallende Hilfe führt auf die Dauer meist zu eiligem Herumspringen, aber nicht zu einem raumgreifenden Wechsel mit ausgeprägter Vorwärtstendenz.
Gestattet man dem Pferd, an der einen oder anderen Hand oder an beiden eine feste Anlehnung zu nehmen, zieht man es gar zusammen, dann nimmt man ihm die Möglichkeit, mit Raumgewinn nach vorwärts zu springen. Mit dem kurzen Sprung und dem unzureichenden Vorgriff des neuen inneren Hinterbeines verbindet sich meist die hohe Kruppe, die Indiz dafür ist, daß das Pferd sich nicht trägt.
Daß Maß und die Art des Treibens vor dem Wechsel hängen unter anderem davon ab, wie das Pferd im Wechsel sich verhält, ob es matt changiert oder fleißig vorwärts springt. Viele Pferde erregen sich beim fliegenden Wechsel. Manche reagieren auf die Neuartigkeit der Hilfe „nervös". In Verbindung mit ungeschickten, allzu ehrgeizigen Reitern können Erregung und Ungewißheit im Extrem so weit gehen, daß die Pferde quasi neurotische Verhaltensweisen zeigen. Bei den meisten Pferden legt sich dies, bei einigen bleibt es aber erhalten, vor allem, wenn die Reiter sich über ihre Anforderungen und die psychischen Reaktionen des Pferdes zuwenig Gedanken machen. Gerade wegen der Tendenz der Pferde, sich beim fliegenden Galoppwechsel zu erregen, ist der Reiter in vermehrtem Maße darauf angewiesen, seine Hilfen mit Ruhe auszuführen und dem Pferd Zeit zur Reaktion zu lassen. Die Ruhe des Reiters hat also die naheliegende Unruhe des Pferdes zu kompensieren. Das Pferd wird deshalb leicht unruhig, weil von ihm etwas gefordert wird, das es beim Beginn der Arbeit noch nicht versteht. In welchem Maße Tiere zu quasi neurotischen Verhaltensweise neigen, wenn sie durch Lektionen überfordert werden, die sie nicht einordnen und „verstehen" können, wurde experimentell vor allem an Hunden nachgewiesen.

Wechsel a tempo

Der einzelne fliegende Wechsel bildet die Basis zu den Wechseln a tempo; die Wechsel nach einer bestimmten Anzahl von Galoppsprüngen erfolgen nach dem gleichen Prinzip. Dies trifft zumindest für die Wechsel bis zu zwei Tempi zu. Über die Wechsel zu einem Tempo – der Mitte des letzten Jahrhunderts wirkende französische Reitmeister Baucher gilt als ihr Erfinder – wurde viel diskutiert. Verschiedene Autoren bezeichneten sie als unnatürlich; ihr gymnastischer Wert wurde deshalb in Zweifel gestellt, weil sie dem üblichen Ablauf des Galoppsprungs nicht mehr entsprechen. Seit die Wechsel zu einem Tempo ins FEI-Dressurprogramm aufgenommen sind, ist freilich die Diskussion um sie ruhig geworden.
Erfahrene Praktiker betonen immer wieder, daß auf der Basis eines exakten Wechsels der Fortschritt in den Wechseln zu bestimmten Tempi meist keine besonderen Schwierigkeiten macht. In kurzer Zeit lassen sich oft erstaunliche Fortschritte erreichen, wie gesagt aber nur unter der Voraussetzung, daß der eine fließende Wechsel wirklich schulgerecht absolviert wird. Klappt der einzelne nämlich nicht, dann potenzieren sich bei den Wechseln a tempi die Fehler und Unkorrektheiten.
Die Forderung, daß die Ruhe des Reiters die Tendenz des Pferdes, sich zu erregen, zu kompensieren habe, trifft vor allem für die Wechsel a tempo zu. Wenn die Pferde bei der Reduzierung der Anzahl der Sprünge zwischen den Wechseln nicht mehr mitmachen, sollte man nicht versuchen, die weiteren Wechsel programmgemäß durchzuführen, und zwar auch unter der Voraussetzung, daß sie mit Gerte und Sporn herausgezwungen werden. Erstens ist dies nämlich ohnehin nicht möglich, und zweitens verunsichert man das bisher Erreichte. Als generelles Ausbildungsprinzip gilt auch hier, aufs Einfachere zurückzugehen und derart die Basis fürs Schwierigere zu festigen.

Automatisierung und „Pudeldressur"

Bei der Arbeit in den Wechseln a tempo ist zu berücksichtigen, daß die Pferde bald die Tendenz zeigen, von sich aus den Wechsel zu absolvieren und dem Reiter zuvorzukommen. Diese Neigung kann der Reiter begrüßen, er sollte sie aber keinesfalls durchgehen lassen. In diesem Fall sollte er vielmehr vom Pferd verlangen, nicht zu wechseln, sollte fordern, erst aufgrund der Reiterhilfe zu changieren. Die Tendenz, von sich aus zu wechseln, zeigen die Pferde bereits, wenn man am Anfang der Ausbildung die fliegenden Wechsel immer an einem bestimmten Punkt verlangt. Auch in diesem Fall darf man den Pferden nicht nachgeben; man handelt sich sonst Scheinerfolge ein. Wenn man darauf verzichtet, daß das Pferd erst auf die Hilfe des Reiters hin eine bestimmte Lektion absolviert, begibt man sich auf den Weg der sogenannten „Pudeldressur" und der „Automatisierung". Im Prinzip ist eigentlich nichts gegen eine solche Dressur einzuwenden, in der Praxis aber deshalb sehr viel, weil die Automatisierung in der Dressurreiterei dazu führt, daß das Pferd sich seine Arbeit erleichtert und sich den versammelnden und gymnastischen Anforderungen der verschiedenen Lektionen entzieht.

Die Galopp-pirouette

24. Folge

Die Galopp-Pirouette ist in der sogenannten „klassischen" Ausbildung seit der Renaissance bekannt, von den alten Meistern wurde sie vielfach als „Tummeln" dargestellt. In der ganzen Pirouette beschreiben die Vorderbeine des Pferdes um die Hinterbeine einen ganzen Kreisbogen mit einem Radius von etwa einer Pferdelänge. Die Galoppfußfolge soll dabei erhalten bleiben. In Wirklichkeit aber geht die Schwebephase meist verloren und das äußere Hinterbein fußt schon auf, ehe das innere Vorderbein den Boden verlassen hat. Genau diese Phase zeigt unser Bild: Das Münchner Goldmedaillenpaar Liselott Linsenhoff (jetzt Schindling-Rheinberger) und Piaff im Viereck.

Die Galoppirouette stellt wie die Schrittpirouette eine Wendung um die Hinterhand dar; bei der halben Pirouette beschreibt die Vorhand einen halben Kreisbogen mit einem Radius von etwa einer Pferdelänge, bei der ganzen Pirouette einen geschlossenen Kreisbogen, das heißt eine Wendung von 360 Grad. Generell wurde auf die Pirouette im Beitrag über die Wendungen schon eingegangen; hier geht es um die besonderen Anforderungen in der Galoppirouette.
Verschiedene Grundsätze, die für die Schrittpirouette gelten, treffen auch auf die Wendung im Galopp zu, vor allem das Prinzip, daß es sich in beiden Fällen um Wendungen im Gange handelt, daß also beide aus der Bewegung und nicht aus dem Halten zu entwickeln sind. Die von der Internationalen Reiterlichen Vereinigung in den Dressurbestimmungen gewählte Definition der Pirouette ist mißverständlich: „Volte auf zwei Hufschlägen, Kruppeherein, deren Radius der Länge des Pferdes entspricht und in der die Vorhand einen sehr kleinen Kreis um die Hinterhand beschreibt". Irrtümer können zumindest hinsichtlich der Formulierung „Volte auf zwei Hufschlägen" entstehen.
Reduziert man die Kreisfläche, auf der die Hinterhand wendet, auf etwa „Tellergröße", dann hat die Vorhand einen relativ weiten Weg zu beschreiben. Das führt dazu, daß das Pferd in anderer Weise herumspringen muß als in der Galoppvolte mit kleinem Durchmesser. Daher unterscheidet sich die Pirouette fürs Pferd, in der Ausbildung und fürs Erleben des Reiters wie des Zuschauers beträchtlich von einer kleinen Volte.

Tummeln und wenden

Seit der Renaissance ist die Pirouette in der sogenannten klassischen Ausbildung bekannt, der Italiener Griso, der das erste bekannte Reiterlehrbuch der Neuzeit verfaßte, beschrieb sie bereits. Im „Tummeln" verlangten die Barockmeister von ihren Pferden, auf minimaler Fläche zu wenden. Seunig erinnerte an die Kavallerie-Instruktion aus dem Jahre 1743, in der es hieß: „Ein Husar muß sich auf einem Platz wie ein Teller groß auf seinem Pferd tummeln und wenden können, wie er will."
Die Wendung auf kleinem Raum hatte einst praktische Gründe, zumindest wurde sie mit ihnen gerechtfertigt. Nach Guérinière gehörte die Pirouette zu den gefechtsmäßigen Lektionen, mit denen man dem Gegner ausweichen, mit denen man seinen Absichten zuvorkommen, und mit deren Hilfe man ihn selbst angreifen kann. In der von solch praktischen Absichten entlasteten Dressurausbildung der Gegenwart fördert diese Lektion die Gymnastizität und die Versammlung des Pferdes, ferner die Durchlässigkeit, die Geschicklichkeit, das Gleichgewicht und den Schwung.

Beim Stierkampf

Die Befreiung von praktischen Aufgaben führte dazu, an die Pirouette prinzipiellere Anforderungen als früher zu stellen, sich also nicht mit der schnellen Wendung zu begnügen, sondern darüber hinaus eine bestimmte Sprungfolge in ihr zu verlangen. Dort, wo weiterhin die praktische Notwendigkeit, möglichst schnell die Richtung zu ändern, dominiert, sind Pirouetten ebenfalls bekannt, freilich solche, in denen sich das Pferd auch herumwerfen darf, wenn es nur möglichst schnell wendet und nach der Wendung auch in der Lage ist, weiterzugaloppieren. Dies ist zum Beispiel bei den portugiesischen Stierkämpfern der Fall, die zum Teil in der Lage sind, mit einem Pferd eine Pirouette zu demonstrieren, wie sie auf dem Dressurviereck verlangt wird, die in der Arena aber eine Wendung zeigen, die effektiver und spektakulärer verläuft, den Anforderungen des heutigen Dressurreitens freilich nicht entspricht. Im amerikanischen Westernreiten, das inzwischen zwar auch zu einem selbständigen Wettkampfsport wurde, bei dem aber der praktische Hintergrund der verschiedenen Lektionen noch deutlich ist, kennt man ebenfalls eine Wendung im Galopp um die Hinterhand, und zwar den sogenannten Spin. Diese Wendung von 360 Grad besteht aus vier Viertelkreisen. Sie werden pivot oder quarter turn genannt. Nach diesem Modell soll das Pferd in vier Galoppsprüngen beziehungsweise in vier galoppähnlichen Sprüngen die ganze Wendung absolvieren. Es bestehen in der amerikanischen Westernreiterei freilich auch Vorstellungen, nach denen das Pferd mit weniger Sprüngen auskommen soll, auch Leitbilder, in denen es auf die Galoppfußfolge nicht so sehr ankommt, in denen dem Pferd vor allem gestattet wird, sich auf beide Hinterfüße zu stützen, sich zu heben und sich dann möglichst schnell herumzuwerfen. Die Kenntnis anderer Formen der Hinterhandwendung im Galopp hilft, die in der mitteleuropäischen Dressurreiterei an die Pirouette gestellten Anforderungen besser zu verstehen und die „richtige" Ausführung von der „falschen" abzuheben.

Unpräzise Formulierung

In fünf bis sieben Sprüngen soll das Pferd bei der Galoppirouette seine Ausgangsposition wieder erreicht haben, um dann weiter geradeaus galoppieren zu können. Alois Podhajsky, der langjährige Leiter der Spanischen Reitschule in Wien, gab drei bis acht Sprünge an. In der Regel reichen freilich drei Sprünge und selbst vier Sprünge nicht aus, sofern man dem Pferd nicht gestattet, sich herumzuwerfen und das Gleichgewicht aufzugeben, das erforderlich ist, um nach der Pirouette ohne Schwanken geradeaus galoppieren zu können.
Die Formulierung, das Pferd galoppiere in der Pirouette mit der Vorhand um die Hinterhand, ist insofern unpräzise, als sie keine Auskunft darüber gibt, ob der innere oder der äußere Hinterfuß den Drehpunkt des Kreises bildet. Die Mehrzahl der Theoretiker und Praktiker, die sich mit diesem Detailproblem befassen, vertreten die Ansicht, das Pferd müsse um den inneren Hinterfuß springen, der im Galopp weiter unter die Last greift und wohl auch mehr trägt als der äußere Hinterfuß. Die Hauptstützarbeit wird nämlich im Galopp von der Diagonale inneres Hinterbein – äußeres Vorderbein geleistet. Wer der Auffassung ist, das Pferd müsse um den äußeren Hinterfuß wenden, beruft sich in der Regel darauf, daß das äußere Hinterbein nach der Schwebephase zuerst auffußt, daß mit ihm das Abschieben in der neuen Galopphase beginnt und daß von ihm wohl auch die größere Schubkraft ausgeht.
Angesichts der grundlegenden in der Pirouette auftretenden Proble-

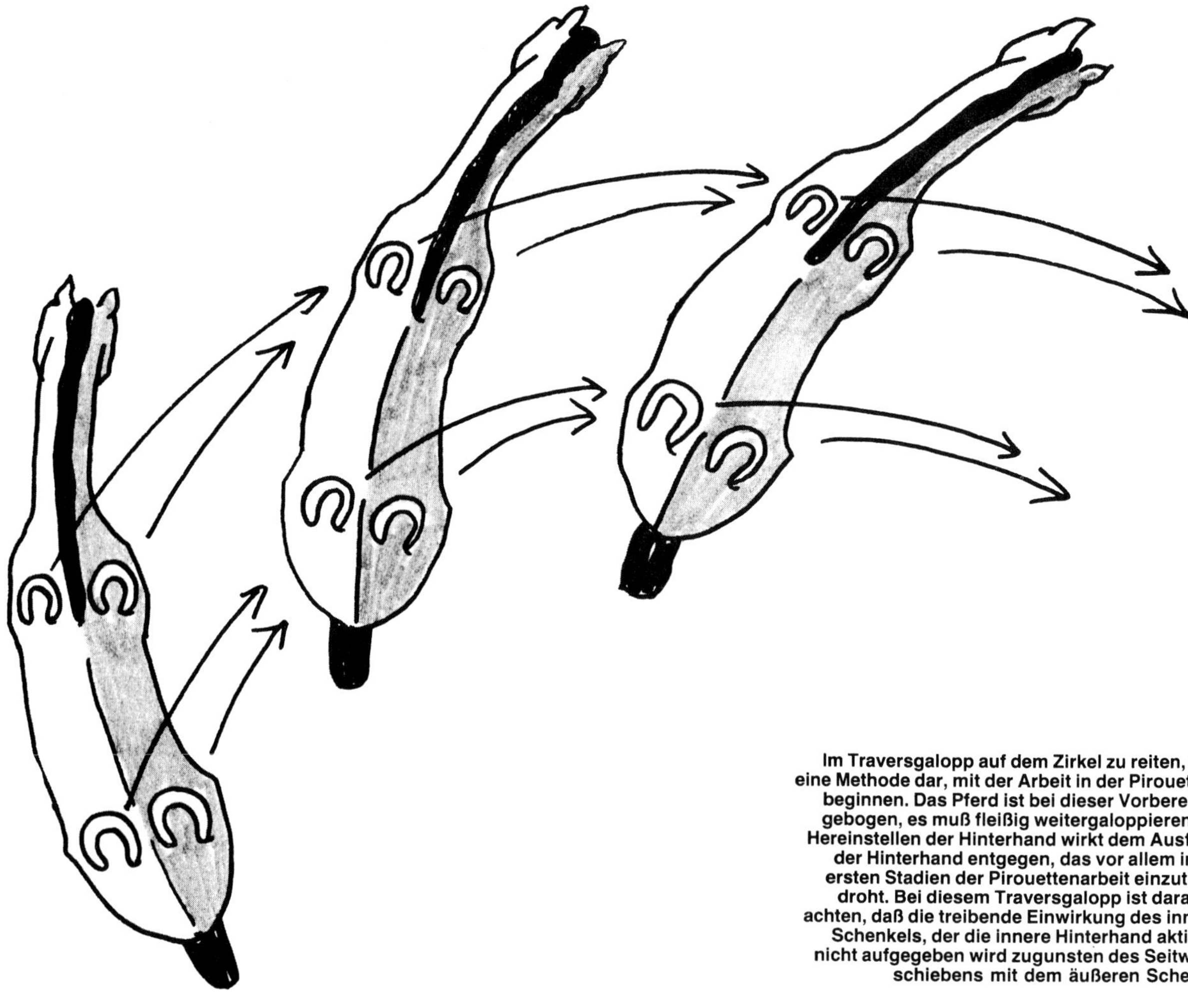

Im Traversgalopp auf dem Zirkel zu reiten, stellt eine Methode dar, mit der Arbeit in der Pirouette zu beginnen. Das Pferd ist bei dieser Vorbereitung gebogen, es muß fleißig weitergaloppieren, das Hereinstellen der Hinterhand wirkt dem Ausfallen der Hinterhand entgegen, das vor allem in den ersten Stadien der Pirouettenarbeit einzutreten droht. Bei diesem Traversgalopp ist darauf zu achten, daß die treibende Einwirkung des inneren Schenkels, der die innere Hinterhand aktiviert, nicht aufgegeben wird zugunsten des Seitwärtsschiebens mit dem äußeren Schenkel.

Die Einwirkung des Reiters

Durch die leichte Biegung in die Bewegungsrichtung sitzt der Reiter vor der eigentlichen Hilfe zur Pirouette vermehrt auf dem inneren Gesäßknochen. Der innere Zügel führt das Pferd leicht nach innen, der äußere begrenzt die Vorwärtsbewegung, in Verbindung mit dem inneren Schenkel begrenzt er zugleich die Seitwärtsbewegung, und zwar zur Beendigung der Pirouette wie auch während der Pirouette, sofern das Pferd die Tendenz zeigt, in die Pirouette zu eilen oder sich zur Seite zu werfen.

Der innere Schenkel treibt am Gurt, er bewirkt das Beibehalten der Bewegung im Galopptakt und begrenzt zugleich den Seitwärtssprung, der äußere wirkt hinter dem Gurt und zeigt dem Pferd die Bewegungsrichtung des Sprungs.

Bei dem Versuch, dem Pferd die Pirouette beizubringen, sollte man stets davon ausgehen, daß ein richtiger Sprung für das Ziel einer soliden und konstanten Beherrschung der Lektion erfolgversprechender ist als eine ganze Reihe von Sprüngen, bei denen das Pferd durch den Sporn des äußeren Schenkels dazu veranlaßt wird, sich in eine voltenartige Wendung zu werfen. Es empfiehlt sich auch, in den ersten Ausbildungsstadien nach einem richtigen Pirouettensprung wieder geradeaus zu galoppieren, um derart den Galopptakt und das Gleichgewicht des Pferdes wieder zu stabilisieren. Erst mit der Zeit läßt sich die Anzahl der Seitwärtssprünge vermehren, ohne das Pferd zu veranlassen, Takt und Gleichgewicht zu verlieren.

Es empfiehlt sich weiter, die Wendung nicht nur auf minimalem Kreisbogen zu verlangen, sondern immer wieder einen größeren Radius anzunehmen, um derart das Pferd in seinem Galopptakt wie in seinem Gleichgewicht zu korrigieren und zu verbessern. Nach einem oder wenigen gelungenen Pirouettensprüngen wieder geradeaus zu galoppieren, stellt für Pferd und Reiter eine wichtige Prüfung dar; einem Pferd, das in der Wendung das Gleichgewicht verliert, sich herumwirft oder herumhüpft, gelingt es nämlich nicht, unterbrechungslos aus der Wendung in den Galopp geradeaus überzugehen.

Sich und dem Pferd Zeit lassen

Auf der soliden Erarbeitung des ersten Sprungs basiert die Möglichkeit, an ihn weitere anzuschließen. Die verschiedenen auftretenden Probleme lassen sich meist am besten dadurch lösen, daß man immer wieder auf die sichere Basis des einwandfrei Beherrschten zurückkehrt und auf ihr das neu zu Erlernende aufbaut. Es ist zum Beispiel sinnlos, mit seinem Pferd, das beim Aufnehmen gegen die Hand des Reiters geht, die Pirouette zu üben. Ebensowenig Erfolg darf man erwarten, wenn man Pirouetten mit einem Pferd übt, das sich in den Galoppvolten noch gegen den inneren Schenkel wirft, oder das dem Appell des äußeren Schenkels nur dann folgt, wenn der Reiter ihm seinen Absatz in die Flanke preßt oder hart mit dem Sporn stößt.

Die Deutlichkeit, mit der der innere und der äußere Schenkel in der Pirouette wirken müssen, und auch ihr gegenseitiges Verhältnis hängen unter anderem von der Disposition des einzelnen Pferdes ab. Harry Boldt wies besonders auf die Eigenheiten der verschiedenen Pferde und die dementsprechen-

den Hilfen hin. Generell läßt sich freilich feststellen, daß man seinem Ziel in der Regel nicht näher kommt, wenn man mit verstärktem Einsatz des äußeren Schenkels die Schwierigkeiten in der Pirouette zu beheben sucht. Solche Überforderung in der Seitwärtsbewegung führt meist dazu, daß das Pferd sich in ein Herumeilen flüchtet und dabei der Galoppsprung verlorengeht. Schneller wird man sein Ziel erreichen, wenn man dem Pferd vor allem in den ersten Ausbildungsstadien hinreichend Zeit läßt, die neue Bewegungsart zu „verstehen".
Sich und dem Pferd in der Wendung Zeit zu lassen, bedeutet auch, daß man nach jedem Sprung in der Lage ist, die Drehbewegung zu beenden. Man sollte es nicht bei dieser Fähigkeit und diesem Gefühl belassen, sondern sollte immer wieder einzelne Pirouettensprünge machen und nach ihnen geradeausgaloppieren, sollte auch die Anzahl der vom Pferd verlangten Pirouettensprünge und damit den Grad der gesamten Wendung variieren.

Das Ausweichen der Hinterhand

Zu den häufigsten Fehlern beim Lehren der Pirouette gehört das Ausweichen der Hinterhand nach außen. Derart versucht das Pferd, sich der vermehrten Belastung der Hinterbeine zu entziehen; die traversartige Einleitung der Pirouette in der Arbeit wirkt dem entgegen. Reitet man das Pferd jedoch stets und mit zu starker Kruppeherein-Stellung, dann kann man ihm leicht die Tendenz beibringen, mit der Hinterhand nach innen auszuweichen und mit der Schulter nach außen auszufallen. In diesem Fall empfiehlt es sich, durch schulterhereinartiges Reiten das innere Hinterbein wieder dazu zu bringen, vermehrt Last aufzunehmen.
Wenn das Pferd sich gegen den inneren Schenkel und in die Wendung wirft und dabei meist auch die leichte Biegung in die Bewegungsrichtung aufgibt, dann kann dies daran liegen, daß das Pferd vor dem inneren Schenkel zu wenig Respekt hat – dieser ist unter Umständen durch einen deutlichen Spornstoß wiederherzustellen – oder daß der äußere Schenkel zu stark einwirkt.
Die Dominanz des äußeren Schenkels kann auch dazu führen, daß das Pferd in übereilten Sprüngen die Wendung zu absolvieren sucht, derart aber meist das Gleichgewicht verliert. Als Korrektur empfiehlt sich hier, in der Pirouette zu parieren und die Pirouette dann unter Umständen im Schritt weiterzuführen, das Pferd wieder angaloppieren zu lassen, mit der Pirouette wieder zu beginnen und bald erneut zu parieren.
Wenn das Pferd in den Trab fällt, dann kann dies daran liegen, daß es noch nicht gelernt hat, sich im Galopp so weitgehend zu versammeln und zu tragen, wie es für die Wendung um die Hinterhand erforderlich ist. Der Übergang in den Trab kann ebenfalls dadurch bedingt sein, daß der innere Schenkel unzureichend treibt. Der Fehler, in den Trab überzugehen, ist bei sonst zureichendem Ansatz meist leichter zu korrigieren als die Tendenz, die Wendung übereilt, im Herumwerfen oder im Herumhüpfen hinter sich zu bringen. Wenn der Bewegungsablauf in der Pirouette matter wird, dann verleiht man dem Pferd durch das Hin- und Herschieben des Oberkörpers, was manchmal mit dem „treibenden Sitz" verwechselt wird, keine neuen Impulse.
Die Korrektur hat im Geradeaus-Reiten zu beginnen; hier ist vom Pferd beim Aufnehmen zu fordern, nicht den Schwung aufzugeben, sondern fleißig und kadenziert weiterzugaloppieren.
Vielfach sieht man auch, daß Pferde sich in der Pirouette aufbäumen und mit den Hinterbeinen so weit unterspringen, daß sie sich mit beiden Beinen abstützen müssen und dabei den Galoppsprung aufgeben. Sie sind dann nicht bereit und in der Lage, sich allein mit dem inneren Hinterbein zu tragen, stützen weiter mit dem äußeren und kommen dadurch dazu, sich nur hüpfend herumzubewegen oder sich hochzustemmen, um dann langsam in die Seitwärtsrichtung wieder auf die Vorderfüße zu fallen. Reitet man mit diesen Pferden die Pirouette wieder auf größerem Kreisbogen, immer wieder unterbrochen durch einige Sprünge geradeaus, dann gestattet man ihnen nicht, den Schwung aufzugeben und die Kraftentfaltung auf ein Hochstemmen des Körpers zu beschränken.

Entwicklung und Klassik

Unterschiedliche Auffassungen über die Galoppirouette in verschiedenen Reitsystemen wurden zu Anfang dieser Folge erwähnt. Zum Schluß soll auf unterschiedliche Vorstellungen von der Pirouette innerhalb der sogenannten klassischen Dressurausbildung hingewiesen werden – ein instruktives Beispiel dafür, daß die sogenannte klassische Auffassung nicht unverändert von der Antike bis in die Gegenwart fortexistierte, daß sie sich vielmehr sukzessiv veränderte und bis zu ihrem heutigen Bild entwickelte, daß sie dies nicht nur zu Beginn der Neuzeit tat, sondern auch noch in den letzten Jahrhunderten. In seiner bereits erwähnten „Ecole de Cavalerie" stellte François Robichon de la Guérinière 1733 fest: „Die Pirouette ist nichts anderes als eine Volte, deren Halbmesser eine Pferdelänge beträgt, und bei der die Hinterhand sich im Mittelpunkt des Kreises befindet, den die Vorhand beschreibt. Bei dieser Schule bleibt der innere Hinterfuß am Boden und bildet, indem er sich auf der Stelle dreht, die Achse, um die sich die drei anderen Füße bewegen."
Auf die irreführende Bezeichnung der Pirouette als Volte wurde bereits eingegangen. Über diesen Punkt kann man nun noch unterschiedlicher Auffassung sein, in der Gegenwart jedoch nicht mehr über die Forderung des Meisters, der innere Hinterfuß solle „am Boden" bleiben und sich „auf der Stelle" drehen.
Man braucht nicht einmal bis ins 18. Jahrhundert zurückzugehen, um bei den Ansichten über die Pirouette Veränderungen und Entwicklungen konstatieren zu können. Hierzu reicht es aus, Steinbrechts „Gymnasium des Pferdes" zu studieren, das 1884 in erster

Zungen, Fuß und Sporen

Wanns einem Pferdt (wie sichs gemaingtlich begibt) anfengklich schwer sein will / die fodren füß inrechter ordnung zu füren / das ist / Wann es sich auff die gerechte handt voltiert / und nit allein den gelincken fuß uber den gerechten nicht schrencken / sondren setzt jn nider / zu dem das es sich offt darmit schlecht. Dergleichen wann mans auff die gelinck seyten wendet / das den gerechten fuß undersetzt / oder mit dem andren schlecht / ligt nit vil daran: Dann je härter es auff eine jede seyten ankompt / unnd je mehr es die füß anschlegt / je mehr es auch gezüchtiget / un seines irthums gewar wirt. Und hütet sich: wirfft derwegen sich aintweder auff den ainen fuß / oder schrencket wie es sich gebüret. Also das sichs demnach im umb keren ringfertiger und mit besserer maß befindet.
Auff das es aber dest ringer zu disem komme / und souil mehr so es in einer schlechten empfindtligkait were / unnd wenig tauglich zum thumlen / so ziehe an einen ort / da du einen guten langen weg vor dir hast / und kere es sittigklich (ungejagt) auff ob angezaigte weiß / ein oder zwey mal auff die gerechte handt umb. Darauff reit gemach fuß für fuß zwen dritt fürsich / unb so bald du es haltest / kere es auff die gelincke Hand auch zwey mal umb / wie oben gemeldet / Demnach reitt wider zwen dritt fürsich / und thue wie zuvorn auff die gerechte handt. Diser ordnung folge nach den gantzen fürgenommen weg auß / all zwen dritt mit den Volten / jetzt auff die gerechte / jetzt auff die gelincke: Und schaide dich von der zal die du angefangen mit nichten. Darzu hilff im mit der zungen / mit den Fuß un sporen / auff der seyten einhalb der Volten / und mit der Gerten wie anfangs genugsam gesagt / Etwa soll mans auch rundieren / unnd darzu (wie glert) der bäden Sporen hilff gebrauchen. Und zu letzt wann du zu end des wegs kompst / und ferner nit begerest / so bald du es auff die gerecht handt gewendet / kere es auch auff die gelincke / und alda beruhe / haltent / zu. Man möchte es auch so offt du zwen dritt gethon / nicht allein zweymal auff jede seyten / sondern auch sechsmal Voltiere / allwegen zweymal auff jede seyten. Doch in acht zugeben / (das offt zu widerholen) das die Volten anainander gleich seyen / das ist / nicht eine langsam / die ander behend / aine engezogen die ander weit / welches nit allein ein grosser ubelstandt / sondren ein verderbung des Pferds / das es in keine rechte ordnung nimmer mehr zubringen.

Federigo Grisone,
Ordini di Cavalcare. 1552

Auflage erschien. Gustav Steinbrecht schrieb zur Pirouette unter anderem: „Die Zahl der Sprünge, welche das Pferd zu einer Pirouette gebraucht, hängt von dessen Kraft, Gewandtheit und Lebhaftigkeit ab. Je weniger es sind, desto schöner ist die Pirouette, und gibt es einzelne, hervorragend begabte Pferde, welche mit wachsender Übung dahin kommen, die Pirouette in einem Schwunge oder Sprunge zu leisten, während die Zahl derjenigen, welche in zwei Sprüngen herumkommen, sich schon vergrößert, obgleich auch diese Schule nicht jedes Pferdes Sache ist."

In der vierten Auflage des Gymnasiums merkte von Heydebreck zu Steinbrechts aus heutiger Sicht überholter und unorthodoxer Auffassung korrigierend an: „Die hier vertretene Ansicht, daß die Pirouette um so schöner ist, je weniger Sprünge das Pferd für die ganze Wendung gebraucht, entspricht nicht den Grundsätzen der akademischen Reitkunst. Diese bewertet die Ausführung aller Wendungen um die Nachhand nicht nach der Schnelligkeit und daher auch nicht nach der Zahl der dabei gebrauchten Sprünge, sondern danach, ob der Takt der Sprünge und die Gleichgewichtshaltung während der Drehung genau der gleiche bleibt wie unmittelbar vorher. Das Pferd muß ruhig weitergaloppieren oder redoppieren, darf also nicht eiliger werden oder zur Seite fallen und muß nach beendeter Wendung sofort gerade auf der Hufschlaglinie, auf der die Wendung eingeleitet wurde, weitergaloppieren."

Von Heydebreck müßte man sogar fragen, was hier der Redopp soll. Bei ihm handelt es sich nämlich um eine enge Volte, die in schaukelartigem Zwei-Tempo-Galopp bei ausgeprägter Traversstellung absolviert wird; die beiden Vorderbeine und die beiden Hinterbeine sollen beim Redopp jeweils gleichzeitig auffußen. Tun sie das bei der Pirouette, dann hüpft oder schaukelt das Pferd, es bewegt sich nach heutiger Auffassung jedenfalls nicht in einer galoppartigen Fußfolge, es absolviert die Lektion also unorthodox.

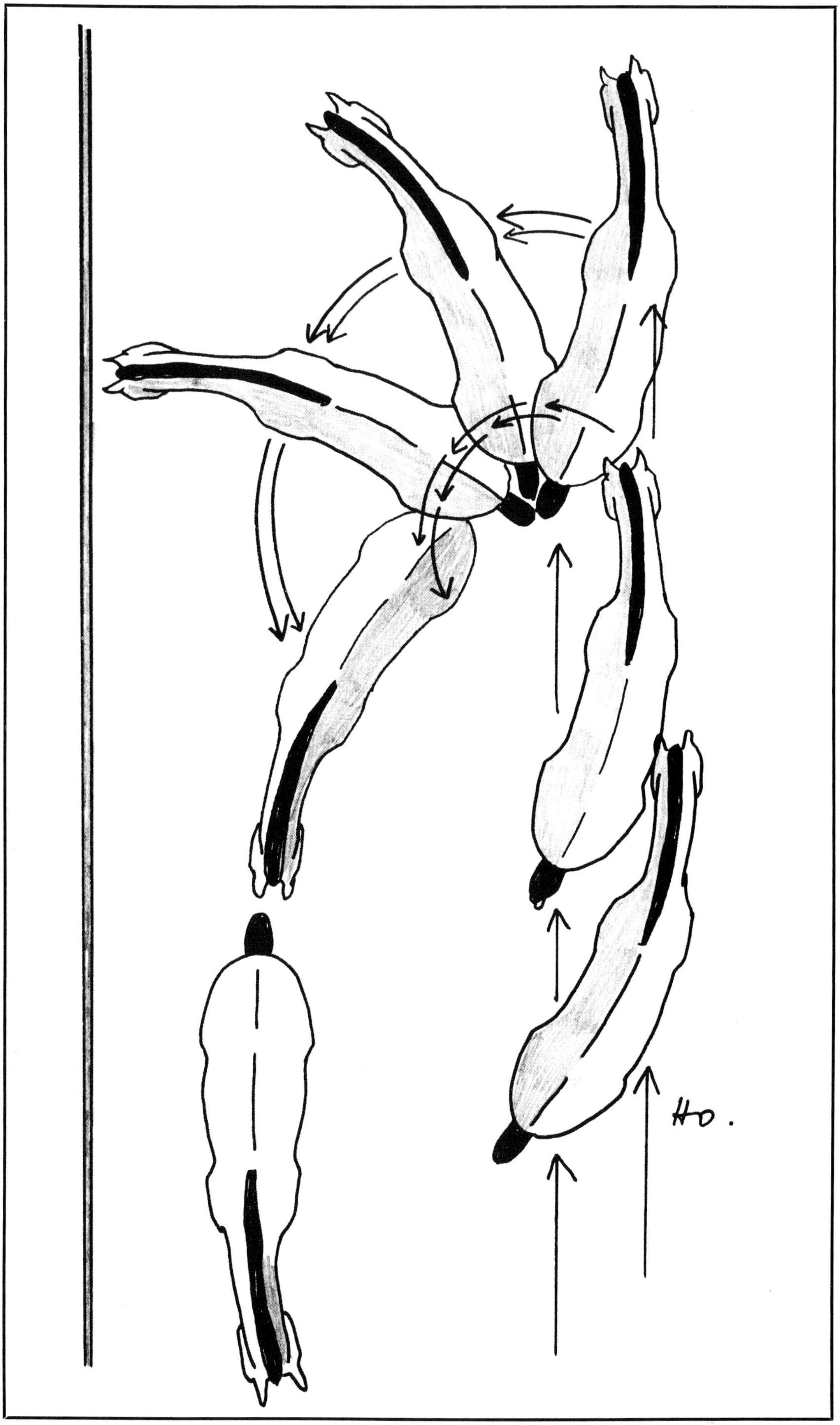

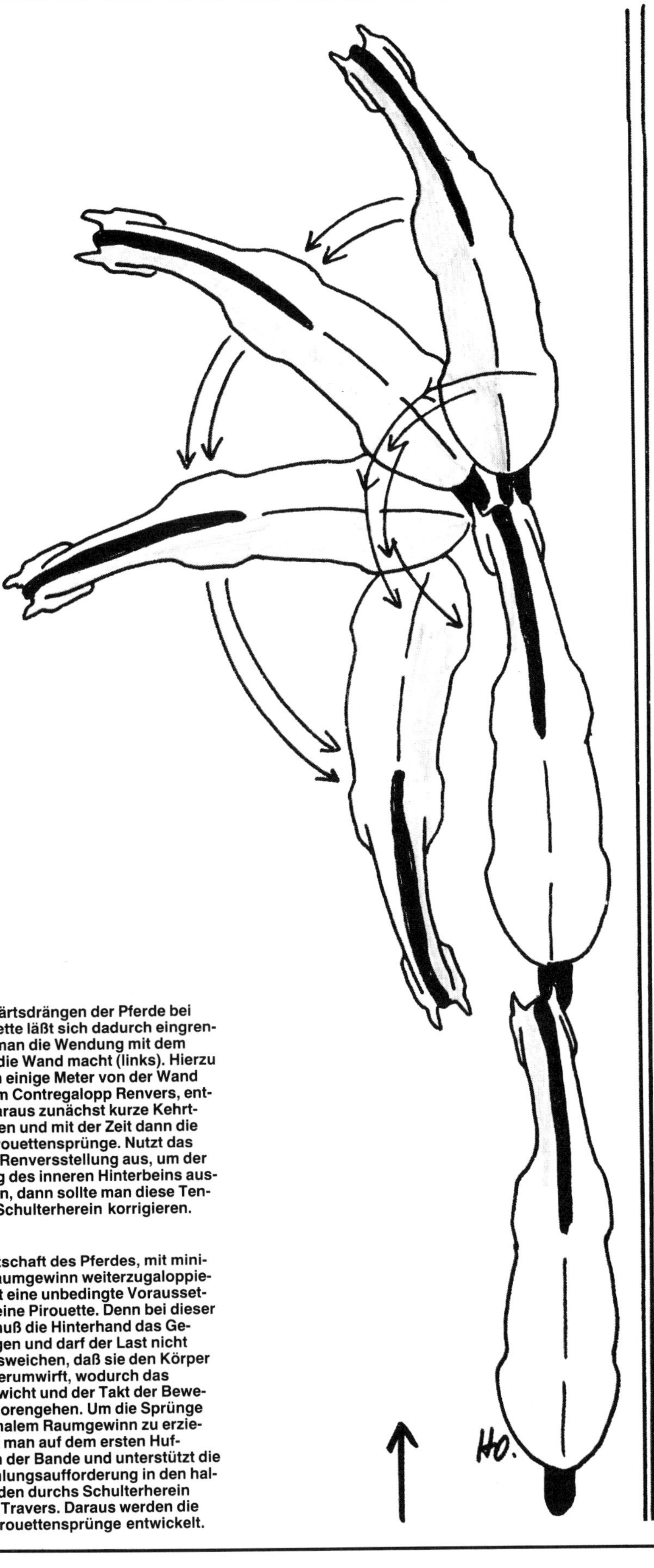

Das Vorwärtsdrängen der Pferde bei der Pirouette läßt sich dadurch eingrenzen, daß man die Wendung mit dem Blick auf die Wand macht (links). Hierzu reitet man einige Meter von der Wand entfernt im Contregalopp Renvers, entwickelt daraus zunächst kurze Kehrtwendungen und mit der Zeit dann die ersten Pirouettensprünge. Nutzt das Pferd die Renversstellung aus, um der Belastung des inneren Hinterbeins auszuweichen, dann sollte man diese Tendenz im Schulterherein korrigieren.

Die Bereitschaft des Pferdes, mit minimalem Raumgewinn weiterzugaloppieren, bildet eine unbedingte Voraussetzung für eine Pirouette. Denn bei dieser Lektion muß die Hinterhand das Gewicht tragen und darf der Last nicht derart ausweichen, daß sie den Körper seitlich herumwirft, wodurch das Gleichgewicht und der Takt der Bewegung verlorengehen. Um die Sprünge mit minimalem Raumgewinn zu erzielen, reitet man auf dem ersten Hufschlag an der Bande und unterstützt die Versammlungsaufforderung in den halben Paraden durchs Schulterherein oder den Travers. Daraus werden die ersten Pirouettensprünge entwickelt.

Einwärts in die Volta

Die Bewegung eines Pferdes / welches Pirroueten machet / ist gantz was sonderliches / es bleibet die Hand ausserhalb des Halses / auf daß das Pferd einwarts in die Volta sehe / und in dem man die Hand plötzlich / und mit genugsamer Stärcke / einwarts kehret / so schliesset sich des Pferdes vorder Theil enger zusammen / vermöge des äussern Zügels des Zaums / und gibet man dahero dem Hintertheil desto grössere Leichtigkeit zum Zuruckschleiffen / in dem man mit den Schenckeln weiter keine Hülffen gibet / sondern sich nur in denen Steigbügeln besser ausstrecket; wann aber das Kreutz aus seiner Stellung weichen wolte / so müste der auswendige Schenckel zu Hülffe kommen / und ist des Pferdes Geberden auf die rechte Hand zu verstehen. Wann das Pferd seine vördern Schenckel hebet / so hebt es zugleich den auswendigen hintern Fuß / so daß zu einer Zeit / drey Füsse in der Lufft schweben / und sich das gantze Pferd nur auf den inwendigen hintern Fuß steiffet / und wann diese drey Schenckeln wieder die Erde ergreiffen / so kommet die auswendig gestandene Schulter so schnell hinein / daß der inwendige hintere Schenckel in derselbigen Zeit sich auf einem Ort beweget / ohne aus seinem Platz zu weichen / ohngeacht er den völligen Circul schliesset: und ich versichere / daß eben in der Zeit / da die andern 3. Füsse die Erde wieder berühren / der hintere inwendige Fuß sich beweget / die Rundung des Circuls zu beobachten / doch bleibet er fast in einer Stelle / und ist in Warheit solcher Gestalt der hintere inwendige Fuß / der rechte Mittel-Punct / ob er sich gleich dem Circul nach in seiner Stellung herumreibet / und wann das Pferd über das schnelle Umwenden gleichsam dürmisch worden / und aus Furcht zu fallen / nicht weiter gehen will / so setzt es hernach den hintern inwendigen Fuß hervor / sich zu er halten.
Dieses sind die Hülffen und Bewegungen des Pferdes Schenckel / wann es Pirouetten machet; dann sonsten könte es unmöglich mit der dazu gehörigen Geschwindigkeit von statten gehen; Es ist auf ein gewisse Weise / das Pferd zur selbigen Zeit auf den Schultern / weil es auf der inwendigen Seite gepfrenget ist / eben wie in den halben Pirouetten / die an den zweyen Enden einer Passade pflegen verrichtet zu werden / an statt der sonst gewöhnlichen halben im Redop bestehenden Volta: dann eine halbe Volta mit einem Huff-Schlag / und eine halbe Pirouette brauchen alle beede die Hülffe des äussern Zügels.

William Cavendish,
Neu-eröffnete Reit-Bahn. 1667

25. Folge

Die Piaffe

Als „Trab auf der Stelle“ wird die Piaffe vielfach bezeichnet. Nimmt man es freilich mit den Begriffen etwas genauer, als es in der Regel geschieht, dann empfiehlt es sich, auf diese unpräzise Bezeichnung zu verzichten, wenigstens von einer nur trabartigen Bewegung auf der Stelle oder mit minimalem Raumgewinn zu sprechen. Gekennzeichnet ist diese Bewegung durch extreme Versammlung und durch einseitige Ausbildung der Trag- und Federkraft, dies auf Kosten der Schubkraft. Die trabartige Bewegung läßt sich ebenfalls kennzeichnen als eine erhabene und ausgehaltene Aktion, die aus gebeugten und schwungvoll abfedernden Hinterbeinen erfolgt. Schließlich wird die Piaffe als „Stolztritt“ verstanden, und zwar im Gegensatz zum „Schwungtritt“, nämlich der Passage. Der französische Begriff „piaffer“ bedeutet „Stampfen, Großtun, Angeben“, der „Piaffeur“ ist ein „Angeber“.
Piaffen oder piaffeähnliche Bewegungen sind schon aus der Antike bekannt; dort wurde vom „Tanzen“ der Pferde oder von „erhabenen Tritten im Trabtakt“ gesprochen. Mit der Entwicklung der Schulreiterei zu Beginn der Neuzeit bezeichnete man diese Bewegung als „Tänzeln“. Die erste genaue Beschreibung der Piaffe liefert François Robichon de la Guérinière in seiner „Ecole de Cavalerie“, die 1733 erschien. Im Rahmen der Erörterung der Schulgänge skizzierte de la Guérinière die Piaffe: „Die Passage wird zur Piaffe, wenn sie auf der Stelle, also ohne vor- oder rückwärtzutreten und ohne Ausfallen der Hinterhand ausgeführt wird. Bei dieser Lektion hebt das Pferd die Unterarme bis zur Waagerechten und beugt sie graziös. Diese sehr edle Gangart war früher außerordentlich beliebt und wird noch heute in Spanien sehr geschätzt. Die Pferde dieses Landes, wie auch die neapolitanische Rasse, zeigen viel Anlage für diese Lektion.“

Schwung auf der Stelle

Das Charakteristikum der Piaffe besteht also darin, Kraft und Schwung zu entwickeln, ohne daß das Pferd sich fortbewegt beziehungsweise bei minimaler Fortbewegung. Diese Arbeit auf der Stelle oder fast auf der Stelle widerspricht in gewisser Weise der „Natur“ des Pferdes. Beim Beginn der Arbeit in der Piaffe gehen viele Pferde daher vorwärts oder rückwärts. Sie bleiben jedenfalls nicht auf der Stelle oder sie bleiben auf der Stelle, werden dann aber untätig. Für ein Pferd ist es also zunächst einmal schwer verständlich, sich zu bewegen und doch auf der Stelle oder fast auf der Stelle zu bleiben. Die Aktivität auf der Stelle widerspricht auch den Anforderungen, die in der der Piaffe vorangehenden Ausbildung ans Pferd gestellt wurden; dort verband sich nämlich mit der Aktivität stets For bewegung, gewiß war dies b schwungvollen und trabartigen Ak tivitäten der Fall.
Es gibt demgegenüber aber auc eine natürliche Disposition de Pferdes zur Piaffe oder zu piaffe ähnlichen Bewegungen. Im Rah men des Imponiergehabes tänzel Pferde zeitweise, sie tun dies fre lich nicht so versammelt und s losgelassen, wie es von der ortho doxen Piaffe gefordert wird; sie tu es ferner nicht aufgrund eines re terlichen Kommandos, es ist viel mehr angeborene Reaktion auf ei

biologisch relevantes Signal. Die Anlage zu solch tänzelnden Bewegungen und die Art, wie sie im einzelnen ausgeführt werden, variiert – neben der allgemeinen Disposition – rasse- und individualspezifisch.
Manchen Pferden fällt es „von Natur aus" leichter als anderen, sich in der Piaffe kadenziert und erhaben vom Boden zu lösen, reiterliche Arbeit kann die Anlagen des Pferdes nur in Grenzen kompensieren. Ausgeprägte natürliche Dispositionen erleichtern die reiterliche Arbeit entscheidend.

Der Eindruck der Erhabenheit

In der Piaffe soll sich der Unterarm des Vorderbeins bis etwa zur Waagerechten heben, die Hufspitze des Vorderbeins soll etwa die Mitte der Röhre des Standbeins erreichen. Das Hinterbein des piaffierenden Pferdes soll sich bis zum Fesselkopf des Standbeins vom Boden heben. Der Eindruck der Erhabenheit entsteht jedoch nicht schon durch die ausgeprägte Lösung vom Boden, sondern vor allem dadurch, daß das angehobene Beinpaar in der Phase der höchsten Winkelung einen Moment ausgehalten wird. Auch in diesem Punkt unterscheidet sich die Piaffe vom üblichen Trabablauf, sie verbindet sich in dieser Hinsicht mit der Passage. Trabartig bleibt die Bewegung in der Piaffe insofern, als die beiden diagonalen Beine in rhythmischer Folge gleichzeitig ab- und auffußen.
Die extreme Entwicklung der Trag- und Federkraft ermöglicht das erhabene Treten auf der Stelle. Um die Tragkraft optimal einsetzen zu können, muß der abfußende Hinterfuß unter die Last treten, er darf weder vor sie laufen, noch darf er hinter ihr stehen. Der ideale Stützpunkt liegt etwa unter der Hüfte des Pferdes. Die Trag- und Federkraft der Hinterbeine wird so weit entwickelt, daß das Pferd sich nur noch in geringem Maße auf den Vorderbeinen aufstützt. Die Piaffe bildet daher auch eine Vorstufe zur Levade, in der das Pferd sich mit den Vorderbeinen gänzlich vom Boden löst und sich nur noch auf den Hinterbeinen trägt. Pferde, deren Trag- und Federkraft der Hinterbeine noch nicht hinreichend entwickelt ist, versuchen häufig, sich die Arbeit dadurch zu erleichtern, daß sie sich auf die Vorderbeine stützen; mit ihnen können sie sich dann nicht vom Boden lösen. In solchen Fällen ist es zwecklos, durch Touchieren mit der Gerte die Aktivität der Vorderbeine fördern zu wollen; das Problem liegt hier an der mangelnden Tragbereitschaft der Hinterbeine, das heißt an der mangelnden Bereitschaft, die Vorderbeine durch vermehrte Aktivität der Hinterbeine zu entlasten.

Perfekte Piaffe-Bilder finden sich selten; die Piaffe fällt vor allem den Warm- und Halbblütern schwer, die den heutigen Sport bestimmen. Ist man bei der Piaffe von Kronos unter Olympiasieger Heinz Pollay extrem kritisch, dann kann man sich vielleicht fragen, ob bei diesem Pferd das Optimum an Losgelassenheit im Rücken wirklich erreicht war. Gegen diese Frage steht freilich Gustav Raus Urteil: „Diese Form kann als die ideale Ausführung gelten. Das Pferd in der Hinterhand gesetzt, tritt taktmäßig mit höchster Energie. Leicht auf (an; v. Verf.) Hand und Schenkel. Guter Sitz des Reiters."

An Pferden, die von ihrer Natur her in den Hanken so deutlich wie Andalusier, Lusitanos oder Lipizzanern gewinkelt sind, wurden die Kriterien für die Piaffe entwickelt. Möglicherweise wird man dem heutigen Warmblüter nicht gerecht, wenn man ihn an diesen Vorbildern mißt. Bei Nuno Oliveiras Piaffe-Vorstellung (oben) überzeugt vor allem die gesenkte Hinterhand, wobei das Pferd allerdings nicht besonders weit untertritt. Extrem weit treten Pferde freilich häufig unter, um sich der Arbeit zu entziehen und die Last nicht zu tragen.

Versammlung und Aufrichtung

Der extremen Versammlung des Pferdes in der Piaffe entspricht eine relativ hohe Aufrichtung, verbunden mit leichter Anlehnung. Der Rücken des Pferdes ist gemäß dem Takt der Bewegungen tätig. In der Lendenpartie ist der Rücken leicht aufgewölbt, weder krampfhaft hochgezogen noch verspannt weggedrückt. Pferde, die in der Piaffe zu weit unterlaufen und dann nicht mehr aktiv vom Boden abfedern können, zeigen häufig die Tendenz, den Rücken extrem aufzuwölben und ihn zu verfestigen. Nach Steinbrecht sollen die Rückenmuskeln in der Piaffe „elastisch gespannt" bleiben. Wenn das Pferd beim Piaffieren im Hinterbein und im Rücken Elastizität behält, dann bewegt sich seine Kruppe relativ ruhig beziehungsweise sanft, jedenfalls nicht in einem heftigen Hin und Her; solches Schwanken entsteht wie auch das Schwanken im Trab und in der Passage durch mangelnde Losgelassenheit in Hinterbein und Rücken.

Beginn der Ausbildung

Von den verschiedenen Praktikern und Theoretikern werden unterschiedliche Voraussetzungen für den Beginn der Ausbildungsarbeit in der Piaffe genannt. Nach Podhajsky müssen zum Beispiel Gleichgewicht, Vorwärtsdrang und Losgelassenheit gefestigt sein, ehe die Schulung in der Piaffe einsetzen soll. Theoretisch lassen sich solche Voraussetzungen sehr viel leichter fixieren als in der Praxis, zumal es in ihr ja nicht prinzipiell um Gleichgewicht, Vorwärtsdrang oder Losgelassenheit geht, sondern um das Maß und die Art der Verwirklichung dieser Grundsätze der Ausbildung.
Die Voraussetzungen hängen auch von der Anlage des Pferdes ab. Bei dem zur Versammlung disponierten spanischen oder portugiesischen Pferd kann man zum Beispiel sehr viel früher beginnen, als bei einem Pferd, dem die Versammlungsbereitschaft erst in mehrjährigem Training beigebracht werden muß.
In ganz entscheidender Weise sind die Ausbildungsvoraussetzungen ferner von der Art abhängig, in der das Pferd in der Piaffe unterrichtet wird. Die Schulung an der Hand kann in der Regel sehr viel früher beginnen, als die unterm Sattel.
Die Frage, ob die Arbeit in der Piaffe der in der Passage voranzugehen hat oder ob dieses Verhältnis umgekehrt sein solle oder dürfe, wird unterschiedlich beantwortet. Die Praxis auf dem Viereck scheint darauf hinzudeuten, daß die Pferde in den Passagen in der Regel bessere Leistungen zeigen als in den Piaffen. Diese Tendenz könnte freilich auch damit zusammenhängen, daß Beobachter mit

genügenden Passage-Leistungen eher zufriedenzustellen sind als mit Piaffeleistungen von ähnlichem Niveau, dies insbesondere deshalb, weil Schwächen in der Piaffe sehr viel offensichtlicher werden. Selbst in der schwachen, falschen Passage bewegt sich das Pferd halt immer noch fort, aber mit weniger Kadenz und Schwung, im Takt gestört, mit schleppender oder schiebender Hinterhand.
Die alten Meister vertraten ziemlich einhellig die Auffassung, daß die Schulung in der Piaffe der in der Passage voranzugehen habe. Dabei ist daran zu denken, daß diese Meister das Pferd ohnehin im Trab „vollkommen" – und das heißt inklusive der Piaffe und Passage – ausbildeten, ehe sie mit der Galopparbeit begannen. Nach Podhajsky empfiehlt es sich meist, zunächst mit der Piaffe zu beginnen; es gebe freilich Ausnahmen, bei denen die umgekehrte Reihenfolge ratsam sei. Ähnlicher Ansicht ist auch Harry Boldt.

Zwischen den Pilaren

Wenn man auf die Piaffe-Arbeit der alten Meister hinweist, dann muß man auch daran erinnern, daß sie sich der Pilaren als einer wichtigen Hilfe bedienten. Bei den Pilaren handelt es sich um zwei etwa drei Meter hohe und 20 Zentimeter dikke Pfeiler, die in einem Abstand von etwa 1,60 Meter in der Mitte der Halle stehen. Als Erfinder dieser Pfeiler gilt seit Guérinières Hinweis Pluvinel, der von 1555 bis 1620 lebte, Schüler des Neapolitaners Pignatelli war. Seine epochemachenden Bücher „Manège Royal" und „Instruction du Roy" wurden in den Jahren 1623 und 1625, das heißt erst nach seinem Tode veröffentlicht. Mit einem einzelnen Pfeiler, an dem das Pferd angebunden und rundgeführt wurde, arbeitete der Herzog von Newcastle; nach seiner Ansicht überforderte man die Pferde meist dadurch, daß man sie zwischen den beiden Pfeilern festband und ihnen dann die Piaffe beibrachte.
Selbst in der Spanischen Hofreitschule in Wien, von der her vielen die Pilaren bekannt sind, bildet man heute die Pferde kaum mehr in diesen aus; eher dienen die Pfeiler der Schulung der Reiter, nämlich um ihnen unter einem piaffierenden Pferd das richtige Gefühl für Takt und Losgelassenheit zu vermitteln. In der Regel beginnt die Piaffe-Arbeit heute auch in Wien an der Hand.
Der Ausbildungsweg besteht wesentlich darin, den Trab sukzessiv zu verkürzen und dann allmählich zu einem Trab auf der Stelle zu gelangen. Guérinière hielt freilich die Ausbildung zwischen den Pilaren für besser als die unter dem Reiter, er betrachtete die Pilaren als einen „Prüfstand für Schwung, Kraft, Gutartigkeit, Durchlässigkeit und Willigkeit", er sah in ihnen auch ein „Werkzeug, um diese Eigenschaften denjenigen Pferden zu vermitteln, denen sie von Haus aus abgehen".
Die Ausbildung an der Hand hat die in den Pilaren heute also weitgehend ersetzt; sie hat – darauf werden wir in einem späteren Beitrag noch näher eingehen – den Vorteil, das Pferd ohne Reitergewicht an seine neue Aufgabe heranzuführen. Über das willige Antraben und Parieren an der Hand des Führers lernt das Pferd die Verkürzung der Trabtritte so weitgehend, daß der Ausbilder neben dem trabenden Pferd hergehen kann, daß er also nicht mehr zu laufen braucht. Mit Hilfe einer langen Gerte wird der Trab des geradegerichteten Pferdes weiter verkürzt bis zu einigen Piaffetritten im Vorwärts, bis zur regelmäßigen Piaffe im Vorwärts, bis zu einigen Piaffetritten auf der Stelle, schließlich bis zur ordentlichen Piaffe.

Unter dem Reiter

Lehrt man das Pferd die Piaffe unter dem Reiter, dann ist ein sehr viel größeres Maß an Vorwärtsdrang, Losgelassenheit, Gleichgewicht und Versammlungsbereitschaft vorauszusetzen, als bei der Schulung an der Hand. Ein Pferd, das die halbe Parade noch nicht mit erhöhter Versammlung beantwortet, das bei dieser Hilfe allein das Tempo reduziert, das gegen die Hand geht oder das sich mit den Vorderbeinen „bremsend" abstemmt, hat noch nicht das Ausbildungsstadium erreicht, in dem es zur Piaffe hingeführt werden darf.
Das Beibehalten der Kraftentfaltung bei fortschreitender orthodoxer Verkürzung des Tempos wird von der Mehrzahl der Theoretiker und Praktiker beschrieben als der ausschlaggebende Weg zur trabartigen Bewegung mit minimalem, zuletzt auf Null reduzierten Raumgewinn. Der häufige Tempowechsel vermittelt dem Pferd die Fähigkeit, sich aufnehmen zu lassen und dabei seine Schubkraft in Trag- und Federkraft umzusetzen, das heißt bei der halben Parade die Kraftentfaltung nicht aufzugeben. Der häufige Tempowechsel hat diesen Ausbildungserfolg allerdings nur dann, wenn das Pferd beim Aufnehmen seine Losgelassenheit bewahrt, wenn es sich also nicht in Schwebetritten verspannt und dadurch der Versammlung

Das Empfinden des Reiters, „im" Pferd und nicht nur „auf" ihm zu sitzen, ist fürs fortgeschrittene Reiten generell und für die Piaffe im besonderen ein bemerkenswertes Kriterium. Dieses Empfinden und dieser Eindruck hängen wesentlich mit der Losgelassenheit des Pferdes im Rücken zusammen. Das Pferd trägt sich vermehrt auf den Hinterbeinen, es fußt fleißig vom Boden ab, und der Bogen rhythmisch wechselnder Anspannung und Entspannung reicht von der energisch tätigen Hinterhand über den Rücken bis zum Genick. Dabei steht das Pferd leicht an der Hand der exakt sitzenden Reiterin (unten).

Eine grundlegende Fehlentwicklung in der Piaffe besteht darin: Das Pferd versammelt sich nicht, es stellt vielmehr die Hinterhand heraus und versteift sich im Rücken, stützt sich vornehmlich mit den Vorderbeinen ab und legt sich auf die Reiterhand (rechts oben). Hat das Pferd die ersten Schritte in dieser Richtung ohne Korrektur getan, dann wird es in dieser Position bald auch die Mitarbeit aufkündigen und einem hin und her wippendem Reiter die Aktivität in der Piaffe überlassen.

Ein anderer Fehler besteht darin, daß das Pferd sich der vermehrten Aufnahme von Last dadurch entzieht, daß es zu weit unterläuft, sich über den Zügel hebt (rechts) und unter Umständen auch zu steigen beginnt. Solches Steigen als Übergang zur Levade mißzuverstehen, bedeutet die mangelnde Arbeits- und Einsatzbereitschaft des Pferdes zu übersehen.

entzieht. Manchen Reitern gelingt es freilich, die bei extremem Aufnehmen des Pferdes aus dem verstärkten zum versammelten Tempo fast immer sich ergebende Schwebetendenz zu nutzen, vor allem für das Aushalten des angehobenen Beinpaares in der Phase maximaler Winkelung in der Passage. Harry Boldt beschrieb zum Beispiel, daß er die Passage bei Golo dadurch aus dem Mitteltrab entwickelte, daß er diesen schon nach zwei bis drei Tritten verkürzte, daß er dabei den Schwung in die Passagetritte „hinüberzunehmen" versuchte, daß er derart dem Pferd den „Schwebetakt der Passage" begreiflich machte.
Sofern das Pferd die Passage vor der Piaffe beherrscht, läßt sich die Piaffe aus ihr entwickeln, und zwar wie aus dem Trab durch maximale Verkürzung. Die Entwicklung aus der Passage hat den Vorteil, daß die Pferde die ausgeprägte Versammlung und auch das Aushalten des diagonalen Beinpaares in der Phase maximaler Winkelung bereits kennen. Vor allem Steinbrecht beschrieb die Entwicklung der Piaffe aus der Passage, insbesondere aus dem Passagieren auf zwei Hufschlägen.

Steigerung der Versammlung

Der Übergang zur Piaffe durch die Steigerung der Versammlung soll fließend sein. Man hat sich dabei allerdings zunächst mit einigen wenigen Tritten zu begnügen, sollte erst im Laufe der Ausbildung seine Anforderungen erhöhen. Besondere Aufmerksamkeit ist dabei dem Takt zu widmen. Die geringe Vorwärtsbewegung steht im Dienste der Erhaltung des Takts, auch bei weiterer Ausbildung helfen Reprisen im „Vorwärts-Piaffieren", den Takt zu erhalten und zu festigen.
Zur Ausbildung der Passage bediente Steinbrecht sich des sogenannten „Piaffe-Schritts". Er verstand ihn als eine „trabartige Bewegung", in der das Pferd „mit gut untergeschobener Nachhand und kurzen, federnden Tritten sehr wenig Raum gewinnt". Steinbrecht erzielte den Piaffe-Schritt nicht aus der Verkürzung des Trabes, sondern durch treibende und parierende Hilfen im Schritt. Die Passage entwickelte Steinbrecht aus dem Piaffe-Schritt dadurch, daß er die Einwirkungen allmählich steigerte und derart die Tritte nach und nach erhabener, energischer und ausdrucksvoller werden ließ, „bis das Pferd, ins Schweben kommend, die ersten passageartigen Tritte zeigt". Hans von Heydebreck, der Bearbeiter der vierten Auflage von Steinbrechts „Gymnasium", warnte wohl mit Recht in einer Fußnote vor den Gefahren dieses „Piaffe-Schritts"; leicht handle man sich dadurch einen unreinen und paßartigen Schritt ein. Sofern man die Piaffe aus dem Schritt entwickelt, scheint es wichtig zu sein, zunächst mit Hilfe treibender Einwirkungen die Bewe-

26. Folge

Die Passage

Als „Piaffe in der Fortbewegung" kennzeichnete Seunig die Passage. Er übernahm damit eine Formulierung von de la Guérinière, der die Passage als eine Piaffe betrachtete, „bei der das Pferd bei jedem Schritt 30 Zentimeter vorgeht". Guérinière verstand dementsprechend die Piaffe als eine „Passage auf der Stelle". Nach Alois Podhajsky schwingt das Pferd in der Passage, die auch als „Spanischer Tritt" bezeichnet wird, von einem diagonalen Beinpaar auf das andere und hält, „je nach Körperbau und Anlage, die erhobene Beindiagonale länger und höher aus als im Trab"; in dieser Gangart erreiche die Schwebe ihre längste Ausdehnung. Waldemar Seunig definierte: „Die Passage ist eine in der Fußsetzung des Trabes ausgeführte schwebende Vorwärtsbewegung. Die auf beide Hinterbeine gleichmäßig verteilte Trag- und Federkraft bewirkt in Verbindung mit der teilweise zu energischem Schwunge nach vorwärts-aufwärts umgewandelten Schubkraft und der elastischen Anspannung der schwingenden Rückenmuskeln ein kraftvolles Abschnellen der diagonalen Beinpaare, die in erhabener Beugung und Streckung länger ausgehalten werden."

Die Passage unterscheidet sich deutlich vom sogenannten Imponiergehabe, das man bei Pferden auf der Weide wie bei Remonten beobachten kann und das wesentlich auf der Schubkraft der Hinterbeine beruht. Deren ausgebildete Tragkraft bedingt demgegenüber, daß beim Dressurpferd die Versammlung in der orthodoxen Passage erhalten bleibt. Die Hinterbeine werden weder nachgeschleppt noch so weit herausgestellt, daß sie nur stemmen. Harry Boldts eindrucksvolle Passage-Serie mit Woyceck entnahmen wir dem bedeutenden Buch des Bundestrainers: „Das Dressurpferd", erschienen im Haberbeck-Verlag.

Biegung und Beizäumung

Im Artikel 414 der Besonderen Bestimmungen „Dressur" der Internationalen Reiterlichen Vereinigung (FEI) wird die Passage beschrieben als „ein Trab mit wenig Raumgewinn, sehr versammelt, sehr erhaben und mit stark betontem Takt". In der weiteren Erläuterung wird die Ausdehnung der Schwebephase, das Charakteristikum der Passage, nicht direkt erwähnt. Das Reglement spricht lediglich davon, daß „unter Verlängerung der Beugephase wenig Raum gewonnen" werde. Zu den eindeutigen Vorschriften des Reglements gehört die Forderung, die Hufspitze des jeweils gehobenen Vorderfußes solle „grundsätzlich bis [illegible]ır Mitte der Röhre" des ander[illegible]ßes, die des Hinterfußes bi[illegible]ber den Fesselkopf" [illegible] Fußes gebracht

Den Unterschied zwischen der Dressurhaltung in der orthodoxen Passage und dem Imponiergehabe, das Pferde aufgrund einer angeborenen Verhaltensdisposition zeigen, machen die beiden Zeichnungen auf der linken Seite deutlich: Von der Passage hebt sich das Imponiergehabe ab nicht nur durch die herausgestellten Hinterbeine, sondern auch durch den weggedrückten Rücken und den extrem aufgerichteten Hals. Die Rückentätigkeit des exakt passagierenden Pferdes führt unter anderem dazu, daß dieses sich unter dem Sattel sehr viel anders anfühlt als ein im Imponiergehabe gehendes „Naturtalent".

Die Unterschiede schließen Gemeinsamkeiten und Abhängigkeiten nicht aus: Die Bereitschaft des Pferdes zur Passage baut wohl auf seiner angeborenen Disposition zum Imponiergehabe auf. Gemeinsam ist beiden Bewegungsweisen die Verlängerung der Schwebephase, die aus einem kräftigen Abstemmen der Körperlast vom Boden und aus einer kurzfristigen „Spannung" entsteht. Die Passage des solide gearbeiteten Dressurpferdes ist unter anderem dadurch gekennzeichnet, daß der Phase der Spannung unmittelbar die Entspannung folgt, was beim Imponiergehabe schon aufgrund des psychischen Engagements nicht der Fall ist.

Die Art, in der ein Pferd passagiert, und der dadurch bedingte „Ausdruck" lassen sich durch mehr oder minder einfühlsame oder energische Hilfen beeinflussen; zum Teil sind sie aber auch angeboren. Allzu forcierte Einwirkung führt leicht zu Taktstörungen und exaltierten Bewegungen (oben), die sich oft nur schwer korrigieren lassen.

Unpräzise Formulierung

Die weitere Anforderung, daß das Pferd in der Passage deutlich aufgerichtet und an der Hand stehen, daß es zugleich aber ohne Taktstörungen zu Übergängen in der Lage sein soll, umschreibt das Reglement teils unpräzise, teils tendenziell widersprüchlich: „Der Hals erhebt sich in eleganter Biegung. Das Genick bildet den höchsten Punkt. Die Stirnlinie nähert sich der Senkrechten. Die Beizäumung ist leicht und gestattet dem Pferd einen flüssigen Übergang von der Passage zur Piaffe und umgekehrt, ohne daß eine sichtbare Anstrengung oder eine Rückwirkung auf den Takt eintritt. Die Bewegung bleibt flüssig und schwungvoll." Als „ernsthafter Fehler" wird im Reglement direkt erwähnt nur „Kreuzen der Vorderbeine oder seitliches Schwingen mit dem Vorderbein oder der Hinterhand."

Unpräzise ist meines Erachtens die Formulierung „elegante Biegung", tendenziell widersprüchlich einerseits die Vorschrift, die Stirnlinie habe sich der Senkrechten zu nähern, und andererseits die Forderung, die Beizäumung solle leicht bleiben.

Problematisch ist auch schon die Bestimmung der Passage als „Trab". Dem Bewegungsablauf wird man meines Erachtens – wie bei der Piaffe – gerechter, wenn man von einer trabartigen Gangart spricht. Durch den verkürzten Raumgewinn – seit Guérinière spricht man von 30 cm bei jedem Schritt – und die ausgedehnte Schwebe unterscheidet sich die Passage aus der Sicht des außenstehenden Beobachters, aus der des Reiters wie aus der des Pferdes beträchtlich vom Trab in seinen verschiedenen Tempi. Mit dem Begriff „trabartig" soll dieser Unterschied deutlich gemacht und zugleich darauf hingewiesen werden, daß die beiden diagonalen Beinpaare wie beim Trab synchron auf- und abfußen. Die verlängerte Schwebe, das heißt das längere Halten der beiden erhobenen Beine, verbunden mit einem höheren Anheben als im üblichen Trab, resultiert daraus, daß das Pferd sich mit den Hinterbeinen verstärkt in die Richtung vorwärts-aufwärts vom Boden abstößt; die Schubkraft produziert also den Schwung, der es dem Pferd gestattet, die Schwebephase zu verlängern. Der Vorgang des Abstoßens soll nicht als Abschieben in die Vorwärtsrichtung mit geringer Aufwärtstendenz verlaufen; er soll vielmehr bei deutlichem Aufwärtsstreben aus „tragendem" Hinterbein entwickelt werden. Die gebeugten Hanken bilden demnach eine ausschlaggebende Voraussetzung für die orthodoxe Passage; das schiebende Hinterbein stellt einen grundsätzlichen Ausbildungsmangel dar, der meist darauf beruht, daß man mit der Passage-Arbeit bereits beginnt, ehe man dem Pferd beigebracht hat, auf die treibenden Hilfen mit Versammlung zu reagieren. Vom üblichen Trab unterscheidet sich die Passage ferner dadurch, daß das Pferd den Vorarm möglichst bis zur Waagerechten erheben, daß es das eine Hinterbein bis zum Fesselgelenk des anderen anheben soll. Auch diese Anforderung stellte bereits Guérinière.

Versammlung und Aufrichtung

Der ausgeprägten Versammlung in der Passage entspricht eine deutliche Aufrichtung. Die Aufrichtung ist also auch hier kein selbstverständliches, quasi ästhetisches Kriterium; sie resultiert aus der Versammlung. Es gibt auch in der Passage ein Zuviel an Aufrichtung, vor allem bei den Pferden, die ihren Rücken wegdrücken und die Kraft zum Schweben aus nach hinten herausgestemmten Hinterbeinen gewinnen. Der Reiter sollte also nicht direkt auf die Aufrichtung hinwirken, er sollte sich auf die Versammlung konzentrieren. Allein in den Fällen, wo Pferde sich verspannen oder verkriechen, kann er ihnen den Weg zur Losgelassenheit unter anderem über Hilfen mit der Hand zeigen. Derart richtet er sie nicht „aktiv" auf, sondern er hilft ihnen, Verspannungen abzubauen und dann eine ihrem Versammlungsgrad angemessene Aufrichtung anzunehmen. Mit der Versammlung und dem Sichtragen in der Passage hängt auch die Verfeinerung der Anlehnung – manche Klassiker sprachen von „Zügelschwere" – zusammen. Eine solche Verfeinerung ist freilich nur auf der Basis erreichter Durchlässigkeit möglich. In der orthodoxen Passage reduziert sich die Anlehnung, das Pferd trägt sich selbst; allein die aus der schiebenden und nicht tragenden Hinterhand entwickelten Passagen führen dazu, daß das Pferd vermehrt Anlehnung an der Hand sucht und der Reiter sie ihm auch zur Beibehaltung der ausgedehnten Schwebe gestattet.

Neben der Versammlungsbereitschaft gehört die Förderung der Losgelassenheit zu den wichtigen Voraussetzungen einer orthodoxen Passage. Nach Guérinière „darf" man „von einem Pferd keine taktmäßige und gangreine Passage verlangen, bevor es vollkommen losgelassen ist". Guérinière forderte weiter als Ausbildungsvoraussetzung für die Passage die einwandfreie Piaffe zwischen den Pilaren, dies als Ausdruck der erreichten Versammlung.

Passage und Schwebetrab

Die Losgelassenheit ist dehalb eine unabdingbare Voraussetzung für die Arbeit in der Passage, weil allein sie es möglich macht, diese

Lektion vom sogenannten „Schwebetrab" zu unterscheiden. Es mag zwar sein, daß manchen Pferden, die zum Schwebetrab neigen, die Passage leichterfällt als anderen. Aber auch bei diesen Pferden sollte man sich nicht dazu verleiten lassen, die Passage-Arbeit vor der Ausbildung der Losgelassenheit zu beginnen. Der „Schwebetrab" bildet in der Regel eine Abwehrmaßnahme des Pferdes gegen die Verkürzung und Versammlung im Trab, eine Abwehrmaßnahme gegen vermehrte Lastaufnahme bei losgelassenem Rücken. Der Schwebetrab unterscheidet sich von der Passage vor allem durch die Versteifung des Rückens und die meist schiebende Hinterhand. Im Schwebetrab lassen die Pferde einen daher nicht sitzen, sie drücken den Rücken weg und gehen meist auch gegen die Hand. Auf der Basis des Schwebetrabs läßt sich ein Pferd nicht gymnastizieren und versammeln. In der orthodoxen Passage ist der Rücken des Pferdes tätig und elastisch, der Phase der Anspannung folgt die der Entspannung, derart kann der Reiter am Sattel bleiben.

Angeborenes „Schweben"

Die orthodoxe Passage unterscheidet sich auch von dem Schwebetrab, den Pferde auf der Koppel zeigen, zum Beispiel dann, wenn sich ihnen ein anderes Pferd oder sonst etwas Bemerkenswertes nähert. Dieser Schwebetrab gehört zu den angeborenen Verhaltensweisen des Tieres, und zwar zur Kategorie des Imponiergehabes. Bei manchen alten Formen des Musterns wurde aus solchen Tritten ebenso „Kapital" geschlagen wie aus dem „Stechtrab". Beim Imponiergehabe „schwebt" das Pferd – den Schweif hochgestellt – mit erhobenem Vorarm und extremer Aufrichtung bei meist verspanntem Hals, weggedrücktem Rücken und in der Regel nach hinten herausgestelltem, schiebendem Hinterbein.

Die Disposition des Pferdes zu schwebender trabartiger Bewegung erleichtert die Arbeit in der Passage ausschlaggebend. Dennoch muß man mit Nachdruck auf den Unterschied zwischen dem Schwebetrab und der Passage hinweisen. Manche Zirkusreiter beschränken sich darauf, den Schwebetrab zu kultivieren und mit ihm zu imponieren. In den Bereich des Zirzensischen gehört auch die sogenannte gestreckte Passage, bei der das Pferd sein Bein im Vorderfußwurzelgelenk nicht winkelt, sondern weit nach vorne streckt, meist in Verbindung mit schiebender Hinterhand.

Als „Spanischen Schritt" bezeichnet man eine schrittartige Gangart, bei der das Pferd das jeweils vom Boden gelöste Vorderbein weit nach vorne streckt und dabei etwas verhält; der derart entstehende wiegende Schritt gehört ebenfalls ins Repertoire der Attraktionen in der Manege, und zwar vor allem deshalb, weil es dort nicht um Gymnastizierung und Versammlung, sondern ums Andressieren spezieller Lektionen oder „Mätzchen" geht.

Die meisten Fehler in der Passage beruhen darauf, daß die Pferde nicht bereit sind, ihren Körper in der Dressurhaltung kräftig vom Boden abzustemmen und dabei nur wenig Raum zu gewinnen. Der Tragleistung durch die Hinterbeine entziehen sie sich unter anderem derart, daß sie hin und her schwanken und dabei die Vorderbeine kreuzen. Das heißt, sie fußen nicht nebeneinander, sondern voreinander auf.

Zu den Anforderungen der orthodoxen Passage gehört weiter die im Vergleich zum Trab ausgeprägtere Kadenz. Unter Kadenz versteht man einen deutlichen Takt, das heißt das akzentuierte Gleichmaß der Bewegungen. Aufgrund der verlängerten Schwebe und des dazu erforderlichen verstärkten Abstoßens vom Boden verläuft der diagonale Zweitakt in der Passage klarer als im Trab.

Parade und Promenade

Der ausgeprägte Takt, die stärkere Lösung vom Boden, die markante Aufrichtung und die verlängerte Schwebe lassen die Passage auch für das Auge des Laien als besonders eindrucksvoll erscheinen. In der Antike wurde daher auch vom „Paradetritt" gesprochen. Zahlreiche Darstellungen vergangener Jahrhunderte – auf Münzen ebenso wie auf Denkmälern – zeigen Pferd und Reiter im „Promenadentritt", eine weitere Bezeichnung für die Passage, von der Guérinière feststellte, sie sei die beliebteste Gangart des Offizierspferdes bei Besichtigungen und Paraden.

Der Begriff Passage übrigens kommt vom italienischen „passeggio"; es bedeutet spazierengehen, promenieren. In der Literatur früherer Jahrhunderte wird auch vom „Tanzen" gesprochen und die „Erhabenheit" dieser Bewegung besonders betont. Die erste nähere Beschreibung der Passage lieferte Guérinière 1751 in der „École de Cavalerie".

Aus der Piaffe

Auf die Versammlungsbereitschaft des Pferdes, auf die Losgelassenheit und auf die Unabhängigkeit von der Hand im Sinne des „Sichtragens" wurde bereits hingewiesen; zu den weiteren Voraussetzungen für die Arbeit in der Passage gehören der kadenzierte versammelte Trab und eine generelle Sensibilisierung des Pferdes auf die Hilfen des Reiters. Das Pferd muß also in der Lage sein, feine Unterschiede in den Hilfen wahrzunehmen und differenziert zu reagieren; andernfalls kann es die Hilfe zum Anpassagieren und die zum Antraben nicht auseinanderhalten. Die Passage, die das Pferd nach Steinbrecht aufgrund der erfüllten Voraussetzungen eigentlich schon beherrschen sollte, ehe man mit ihrem speziellen Training beginnt, wird aus der Piaffe, aus dem Trab oder aus dem Schritt entwickelt. Die „alten Meister" brachten den Pferden die Passage meist dadurch bei, daß sie sie in der Piaffe zum Raumgewinn animierten, und zwar durch treibende Gewichts- und Schenkelhilfe sowie durchs leichte Nachgeben der Hand. Dem Pferd das Anpassagieren aus der Piaffe beizubringen, ist nach Podhajsky schwieriger als das Lehren der Lektion aus dem Schritt oder dem Trab. Diese Schulung hat allerdings den Vorteil, daß das Pferd damit auch den Übergang von der Piaffe zur Passage lernt, daß es ferner aus der Versammlung in die Passage kommt und daher nicht so leicht dazu neigt zu schieben anstatt zu tragen. Dem Pferd die Passage aus der Piaffe beizubringen, setzt freilich voraus, daß es die Piaffe beherrscht.

Aus dem Trab

Die Schulung der Passage aus dem Trab hat den Vorteil, daß das Pferd den Schwung des Trabes in die neue Lektion bringen kann und daß ihm derart die neuen Aufgaben erleichtert werden. Vielfach geht man dabei so vor, daß man verstärkt Tempowechsel reitet, vom verkürzten zum verstärkten Trab und wieder zurück, daß man dem Pferd beibringt, die Tempowechsel aufgrund sehr feiner Hilfen anzunehmen, daß man dann die schwebenden Tritte beim Übergang vom verstärkten zum verkürzten Trab „festzuhalten" sucht und gleich in den Schritt übergeht, wenn das Pferd dies wunschgemäß tut.

Zum Übergang vom Trab in die Passage kann man auch animieren, indem man mit Gewicht und Schenkel treibend wirkt, die Tritte aber nicht herausläßt und so eine Dynamik entwickelt, die sich in der Verlängerung der Schwebephase auswirkt. Nimmt das Pferd dann die Passage an, dann muß man mit feinfühliger Hand freilich so viel an Tritt herauslassen, daß das Pferd in die Vorwärtsbewegung kommt, ohne die Fortbewegung mit verlängerter Schwebe aufzugeben, das heißt ohne wieder in den üblichen Trab zu fallen.

Das Geschick, die Tritte vorsichtig herauszulassen, ist auch bei der Entwicklung der Passage aus der Piaffe und aus dem Schritt wichtig; es setzt neben der fein dosierbaren treibenden Hilfe die leichte Anlehnung und die Bereitschaft des Pferdes voraus, sich mit leichtem Annehmen der Zügel wieder aufnehmen zu lassen.

Aus dem Schritt

Bei der Entwicklung der Passage aus dem Schritt – nach Steinbrecht aus dem „Piaffe-Schritt" – besteht der Vorteil darin, daß der Reiter seine Hilfen optimal kontrollieren kann. Schwierigkeiten resultieren bei dieser Methode vielfach daraus, daß der Schritt eine schwunglose Gangart ist, und das Pferd den für die Passage erforderlichen Schwung erst entwickeln muß. Viele Pferde sind dann nicht bereit anzutreten; sie beantworten die treibende Hilfe mit einem Quengeln, das sich manchmal mit der Gerte abstellen läßt, leicht aber den Anfang bleibender Taktprobleme bildet.

Die Übergänge

Welchen Weg zur Passage wählen? Das hängt von den Dispositionen des einzelnen Pferdes ab. Es ist auch hier ratsam, zunächst den Weg zu gehen, der es dem Pferd am leichtesten macht, und auf ihm dann aufzubauen, bis hin zu den Übergängen, die bei jedem Pferd einer speziellen Schulung und eines speziellen Trainings bedürfen, wenn sie unterbrechungslos ablaufen sollen. Die Übergänge bilden ein wichtiges Kriterium für die Solidität der Arbeit in der Passage und der Piaffe: Dem Reiter gestatten sie eine wichtige Kontrolle seiner Ausbildung, für den Beobachter sind sie ein hilfreiches Indiz für die Beurteilung der reiterlichen Arbeit.

Generell kann man sagen, daß die Passage manchen Pferden leichter fällt, als viele Reiter denken; sie fällt allerdings nur dann leichter, wenn die beschriebenen Voraussetzungen erfüllt sind. Und sie fällt deshalb leichter, weil die Pferde von Natur aus zu schwebenden Tritten – mit den oben beschriebenen Unterschieden zur Passage – disponiert sind. Die Anlage zur Verlängerung der Schwebephase und auch die Anlage, dabei Vorarm und Hinterbein zu heben, auch die Anlage, das Vorderbein im Vorderfußwurzelgelenk zu winkeln, sind freilich bei den einzelnen Pferden unterschiedlich ausgeprägt; manche bieten die Passage problemlos an, wenn die beschriebenen Voraussetzungen erfüllt sind, andere haben selbst dann noch Schwierigkeiten.

Die Reiterhilfen

Die treibende Gewichts- und Schenkelhilfe bei verhaltender Hand leitet die Passage ein. Doch vermehrtes Abkippen des Beckens – traditionell als Kreuzanziehen bezeichnet – unterbricht der Reiter als Gewichtshilfe kurzfristig das Mitschwingen seines Körpers und damit auch das freie Schwingen des Pferderückens. Aus diesem Grunde stellt das Abkippen des Beckens oder eben das Kreuzanziehen nur eine momentane Hilfe dar; es wirkt als Hilfe nur, wenn es momentan eingesetzt wird. Sobald das Pferd dann die Passage annimmt, hat der Reiter wieder „normal" zu sitzen und mitzuschwingen; andernfalls bildet seine Gewichtseinwirkung die Ursache für die Versteifung des Pferderückens. Was generell für den Reitersitz gilt, trifft in besonderem Maße für den Sitz in der Passage zu: Erst der ruhige Sitz des Reiters ermöglicht dem Pferd die taktreine Entfaltung. Der Reiter sollte auch in der Passage nicht zu schieben versuchen. Das ist sowohl unästhetisch wie zwecklos und darüber hinaus störend für das Pferd. Der Reiter ist dann auf dem besten Wege, wenn es ihm gelingt, weich mit seinem Gesäß am Pferd zu bleiben, sich vom Schwingen des Rückens mitnehmen zu lassen, mit seinem Körper in diese Bewegung einzustimmen.

Treibende Einwirkung

Die beiden gleichzeitig treibenden Schenkel, die zusammen mit der Gewichtshilfe die Passage einleiten, können auch nur dann wirksam bleiben, wenn sie sich nicht am Pferd festklemmen. Dem Druck muß die Entspannung folgen. Da das Pferd versammelt passagieren und die Versammlung im Verlauf der Passage beibehalten soll, kann sich die treibende Hilfe nicht auf die Einleitung dieser Lektion beschränken. Beläßt man es dabei, nur beim Anpassagieren zu treiben und im übrigen in erster Linie mit der Hand dafür zu sorgen, daß das Pferd in der Passage bleibt, dann darf man sich nicht wundern, wenn die Versammlung sich verliert,

Anlage und Ausbildung

Wir sind nun so weit, daß wir ein Pferd durch die Trabarbeit auf einem Hufschlag, sowohl auf geraden Linien als auch auf dem Zirkel gelöst haben. Wir haben es in Stellung gearbeitet, indem wir es im Schulter herein piaffieren ließen. Im Renvers hat es Schenkelgehorsam und in der Piaffe die Versammlung gelernt. Alle diese Lektionen bilden Losgelassenheit und Gehorsam heran, die, wie bereits gesagt, die wichtigsten Eigenschaften des Schulpferdes sind. Es ist jetzt Zeit, an die Herausarbeitung der Genauigkeit zu denken, und zwar in den Gängen, für die es Veranlagung zeigt.
Die erste der Lektionen, die diese Eigenschaft verlangt, ist die Passage. Wir haben bereits im Kapitel über die Schulgänge eine Beschreibung gegeben. Es handelt sich um einen versammelten Trab mit besonders langsamer und kadenzierter Aktion. In dieser Gangart bleiben die diagonalen Beinpaare länger in der Schwebe, als im gewöhnlichen Trab. Die Aktion erfolgt schwungvoll und mit viel Ausdruck. Die Schrittlänge ist verkürzt und sollte 30 cm nicht übersteigen. Diese Lektion macht das Pferd geduldig und stärkt sein Gedächtnis. Ihr edler Ausdruck macht sie zur beliebtesten Gangart des Offizierspferdes bei Besichtigungen und Paraden. Die Aktion in der Piaffe und der Passage ist die gleiche. Man kann also die Piaffe als eine Passage auf der Stelle und die Passage als eine Piaffe betrachten, bei der das Pferd bei jedem Schritt 30 cm vorgeht. Bei der Piaffe müssen sich Vorderfußwurzel und Ellbogengelenk auf der gleichen Höhe befinden. Das Vorderbein wird so weit gebeugt, daß sich die Hufspitze auf der Höhe der Vorderfußwurzel des Stützbeines befindet. Die Aktion der Hinterhand muß weniger erhaben sein, um der Versammlung nicht entgegenzuwirken. Die Hufspitze soll sich hier nur in halber Höhe des Röhrbeines befinden. In der Passage sind die Bewegungen etwas flacher angelegt, da es sich um eine Vorwärtsbewegung handelt. Die Hufspitze des Vorderbeines wird bis zur Mitte des Röhrbeines, diejenige des Hinterbeines bis etwas über den Fesselkopf des Stützbeines angehoben.
Bei der Passage sind mehrere Punkte zu beachten, nämlich die Stellung, die korrekte Fußfolge und die Hilfen des Reiters.

Alle großen Schulreiter

Alle großen Schulreiter sind sich darüber einig, daß die Stellung entscheidend die Eleganz des Gesamteindrucks des Pferdes bestimmt. Über den Grad der Stellung gehen dagegen die Meinungen auseinander. Die einen verlangen, daß das Pferd gerade so weit gebogen wird, daß es mit einem Auge in die Volte schaut, während die anderen wollen, daß es genau auf dem Kreisbogen der Volte gestellt ist, so daß es praktisch mit beiden Augen nach innen sieht.
Man muß einräumen, daß in beiden Fällen das Pferd gut aussieht. Ich meine jedoch, daß die geringere Stellung das Pferd weniger zusammenzieht und zudem eine höhere Aufrichtung zuläßt. Bei zu starker Stellung kippen die meisten Pferde hinter den Zügel.
Wenn man sich mit der geringeren Stellung begnügt, läßt man die Hinterhand genau der Vorderhand folgen oder stellt sie höchstens um ihre halbe Breite ab. Im anderen Falle wird die Hinterhand auf den Kopf eingerichtet, so daß das Pferd von Kopf bis Schweif praktisch einen Halbkreis bildet. In dieser Stellung erscheint das Pferd versammelter, da es — natürlich nur optisch — verkürzt ist.
Man kann beide Ansichten gelten lassen und dem Gebäude des Pferdes entsprechend von Fall zu Fall eine von ihnen anwenden. Es gibt nur sehr wenig völlig korrekt gebaute Pferde. Manche haben eine zu kurze Lende, bei anderen wieder ist die Rippenpartie zu lang.
Ein absolut gut gebautes Pferd, das heißt, das weder einen zu kurzen noch zu langen Rücken hat, sollte mit halb abgestellter Hinterhand geritten werden. Zu diesem Zweck wird die Hinterhand so weit hereingestellt, daß der äußere Hinterfuß auf dem Hufschlag des inneren Vorderfußes geht. Unter diesen Umständen beträgt die Abstellung die Hälfte der Breite der Hinterhand. Man nennt diese Stellung Hüfte herein. Sie sieht ausgezeichnet aus und empfiehlt sich besonders für gut gebaute Pferde, die von Haus aus eine schöne Haltung zeigen.

Kadenz festigen

Pferde mit langem Rücken sowie steiler Schulter und Hinterhand sollten nur ganz leicht gestellt geritten werden. Bei zu starker Rippenbiegung mit Abstellung der Hinterhand würden sie zusammengezogen werden, wodurch die Aktion der Vorderhand leidet. Dies erklärt sich aus der Tatsache, daß die meisten so gebauten Pferde wenig natürliche Gehlust haben. Man muß ihnen mehr Freiheit lassen als denjenigen, die korrekt gebaut und daher meist auch gehlustiger sind.
Bei der Lektion „Schulter und Hüfte herein" in der Passage werden Vor- und Hinterhand stark, aber gleich weit abgestellt, so daß das Pferd, in seiner ganzen Länge gebogen, einen Halbkreis bildet.
Diese Stellung ist zweckmäßig bei Pferden mit zu langer Hals- und Rippenpartie, da sie diese kürzer und versammelter erscheinen läßt, als sie in Wirklichkeit sind. Auf einem Hufschlag geritten, sehen diese Pferde unvorteilhaft aus und haben zudem Schwierigkeiten in der Versammlung. Diese Stellung ist nichts anderes als die Konterlektion des Renvers, nämlich der Travers. Anstatt das Pferd mit der Vorderhand in der Bahn und der Hinterhand auf dem Hufschlag seitwärts treten zu lassen, sind beim Travers die Schultern zur Bande und die Hinterhand in die Bahn gestellt, so daß das Pferd fast auf zwei Hufschlägen geht.
Nachdem das Pferd für die seinem Temperament und Gebäude entsprechende Stellung bestimmt worden ist, bleibt die Kadenz der Passage zu festigen. Unter Kadenz versteht man die gleichmäßige, weder zu langsame noch zu schnelle Trittfolge bei hoher Aufrichtung und starker Versammlung.

F. R. de La Guérienière, Ecole de Cavalerie. 1733

wenn aus dem Tragen ein Schieben wird, wenn die Aufrichtung sich verstärkt und verselbständigt, das Pferd bald seinen Rücken wegdrückt und dann auch die Erhabenheit der Bewegungsentfaltung verlorengeht. Demgegenüber kommt es darauf an, auch im Verlauf der Passage mit den Schenkeln treibend einzuwirken und das Pferd weiter durch sehr feine halbe Paraden in der Passage zu stabilisieren; harte halbe Paraden führen in der Regel zu Taktstörungen. Mitunter reicht das „Anschwingen" der Schenkel als treibende Hilfe aus, sonst müssen sie deutlicher einwirken, unter Umständen mit dem Sporn.
Die treibenden Schenkelhilfen sind insbesondere erforderlich, um den Schwung, den Raumgriff und die Lösung des Pferdes vom Boden zu steigern; die treibenden Hilfen müssen die Dynamik fordern, welche die nachgebende Hand kontrolliert sich entfalten läßt. Erst über die treibenden und aufnehmenden Hilfen gewinnt das Pferd in der Passage optimalen Rahmen und optimale Erhabenheit.

Die wechselseitigen Hilfen
Verschiedene Theoretiker und Praktiker empfehlen wechselseitige Schenkelhilfen, und zwar den Schenkeldruck gleichzeitig mit dem jeweils abfußenden Hinterbein. Ein gewisses Maß von Wechselseitigkeit entsteht schon durch das rhythmische Anschwingen der Schenkel, das durch die Bewegung des Pferdekörpers bedingt ist. Theoretisch lassen sich die bewußten wechselseitigen Schenkelhilfen leicht fordern, die Mehrzahl der Reiter scheint sich freilich im Sattel darauf zu verlassen, aufgrund des Eingehens in die Pferdebewegung den rechten Zeitpunkt für die Hilfe zu finden beziehungsweise generell aktivierend aufs Pferd einzuwirken und daher eines solch präzisen Zeitpunkts gar nicht zu bedürfen.
Die bewußte wechselseitige Schenkelhilfe birgt die Gefahr, zu Taktstörungen zu führen. Taktstörungen können sich in der Passage ohnehin leicht einstellen, vor allem dann, wenn die Schenkel des Reiters unterschiedlich stark einwirken. Ungleichmäßigkeiten, die im Extrem zu einer Folge von Hopsern führen, können auch auf mangelnder Losgelassenheit des Pferdes basieren. Unzureichende Losgelassenheit und mangelnde Versammlungsbereitschaft führen ferner zum Schwanken des Pferdes in der Passage, ein Fehler, der sich meist schwer abstellen läßt und der nicht selten auch darauf beruht, daß man zu früh mit der Arbeit in der Passage begonnen hat.
Taktstörungen beruhen ferner häufig auf unausgewogener Hilfe durch die Gerte, sowohl durch die des Reiters wie durch die eines Helfers. Derartige Unregelmäßigkeiten stellen sich insbesondere dann leicht ein, wenn man mit der Gerte das Pferd an den Beinen dort touchiert, wo man es zu deutlicheren Lösung vom Boden veranlassen möchte. Solche Hilfen bilden ein sehr schwieriges Unterfangen, bei dem nur wenige Meister Erfolg haben.
Die Mehrzahl der Reiter täte gut daran, sich darauf zu beschränken, mit der Gerte den Gehorsam auf die treibende Einwirkung mit Kreuz und Schenkel zu erzielen. Die Gerte sollte dann kurz hinter dem Schenkel wirken, und zwar stets nach der treibenden Einwirkung mit den Schenkeln und dem Gewicht.
Derart wird das Pferd mit der Gerte gestraft, wenn es der Einwirkung mit den Schenkeln nicht folgt, es wird dazu gebracht, dieser Einwirkung mit der Zeit zu gehorchen, eben auch zum Anpassagieren und Anpiaffieren.
Verwendet der Reiter die Gertenhilfe ohne Schenkel- und Kreuzeinwirkung – das ist in der Regel zunächst bequemer und erfolgreicher –, dann manövriert er sich bald in die Lage, daß das Pferd nur noch auf die Gertenhilfe reagiert und er dessen Gehorsam nicht mehr unabhängig von der Gerte erwarten kann. Eine ähnliche Situation entsteht dann, wenn man sich zu sehr auf eine zweite Person als Helfer von unten verläßt.

Im Rahmen der Gymnastizierung
Um sich den Gehorsam und „gute Laune" des Pferdes zu erhalten, sollte man nicht den Zeitpunkt verpassen, von der Passage in den Trab, in den Schritt oder ins Halten überzugehen. Dieser Zeitpunkt sollte vor der Ermüdung des Pferdes liegen, der Reiter sollte ihn bestimmen; er sollte ihn sich nicht vom Pferd dadurch anbieten lassen, daß es seinen Schwung von sich aus reduziert.
Die orthodoxe Passage stellt fürs Dressurpferd keine artistische Lektion dar. Sie bildet eine symptomatische Anforderung im gesamten Komplex der Gymnastizierung des Reitpferdes. Sie setzt nicht nur Versammlung, Losgelassenheit, Takt und Schwung voraus, sie fördert diese auch; sie tut dies freilich nur dann und insoweit sie orthodox bleibt.
Ein Schwebetrab, bei dem das Pferd mit weggedrücktem Rücken und verspanntem Hals durch die Arena schiebt und dabei seinen Reiter am Zügel mitschleppt, verbessert weder die Grundausbildung noch kaschiert er sie; er offenbart eine unzureichende Basis, vermittelt dem Reiter falsche Vorstellungen und behindert die Gymnastizierung.

Passagieren nach teutscher Art

In der vorigen Figur hat man die wahrhafte Stellung eines Pferdes gesehen, welches auf Neapolitanische Art passagiret. Alleine bey Anlase desselbigen kan ich mich nicht hinterhalten ein Wort von dem Pferde zu sagen, welches in der gegenwärtigen Figure vorgestellet ist. Dasselbige ist nach seiner eigentlichen Gestalt eben dasjenige, welches Ihre Käyserliche und Catholische Majestät an ihrem Cronungstage zu Franckfurt An. 1711. zur Verwunderung einer grossen Menge verständiger Leute geritten hat. Es hatte eine gläntzende schwartze Farbe, einen Sterne auf der Stirne und etwas wenigs Weisses an den hintern Füssen. Uebrigens war es wohl bey Leib, und eher groß als klein. Man nennte es mit Recht das Hochmüthige, sintemahl es stoltz und hochtrabend war, darbey aber war es doch so zahm und so gehorsam, daß kein Pferd in der Welt war, welches mehr verdienet hätte von Ihrer Majestät bey einem so feyerlichen und prächtigen Anlase bestiegen zu werden. Seine Bewegung mit den Beinen war ohne Widersprechen die schönste, so ehemahls ist zu sehen gewesen, sintemahl es dieselbigen lange in der Höhe behielt, ohne sich weder auf die rechte noch auf die lincke Seite zu lencken, sondern es war allezeit in einem Gleichgewicht, worinnen die Kunst des Passagirens bestehet. Es beobachtete seine Cadence so genau, daß seine Zeiten eben recht und gleich waren, es mochte im Schrancken oder auf einem freyen Platze gehen. Durch diese Vollkommenheit erlangte es ein allgemeines Lob, und machte dem Herrn Regenthal, Seiner Käyserl. und Cathol. Majestät Stallmeister, welcher einer der vornehmsten Bereuter unserer Zeit ist, und dasselbige abgerichtet hatte, grosse Ehre. In der That ist seine Weise die Pferde abzurichten unbetrüglich. Ich habe die Ehre gehabt seine fürtreffliche Schulen einige Jahre zu meinem Nutzen anzuwenden, und ich kan die Gütigkeit und Freundschaft, die er mir währender Zeit und bey meinem gantzen Aufenthalt in Wien bewiesen hat, nicht genug beschreiben, dafür aber werde ich ihm die Tage meines Lebens unendlichen Danck wissen. Anbey bekenne ich öffentlich, daß ich alles, was ich von der Reit-Kunst weiß, von ihme gelernet habe; Ich mache auf seine Regeln meine Rechnung so viel sicherer, weil ich weiß, was sie für eine Würckung thun, deßwegen ich mich allezeit an sie halten werde. Der Reuter stellt den Herrn von Regenthal vor, wie er zu Pferde saß, allein ich habe viel mehr getrachtet seine Stellung zu Pferde auszudrücken als seine Person. Ich habe niemahls einen Mann gesehen, der steiffer zu Pferde gesessen wäre, oder der die Vortheile sonderheitlich der Beine besser gewüßt hätte als er. Es war eine rechte Freude zuzusehen, wie er die Pferde im Kreise tommelte, und wie er dieselbigen einzuziehen wußte und doch fort triebe, bald aber darnach still hielte. Ich muß noch hinzu setzen, daß seine Pferde auch unter anderm mit einer ungewohnten Leichtigkeit gegangen, und nach meinem Begriffe bin ich auf keinen angenehmern Thieren gesessen. Was das Passagiren betrifft, muß man auf ein Pferd sehen, welches ein starcke Bewegung hat, und doch nicht zu hitzig wird, dieses sind die zwey Haupt-Sachen. Wenn man ein Pferd zu dem Trabe und Galoppe angeführet hat, muß die letzte Schule das Passagiren seyn, also daß man in einer geraden Linien in einem Spanischen Schritte anfange, worzu man anfänglich nur das Nase-Band gebrauchet, welches man zusammen halten und das Pferd allgemach antreiben muß, damit dasselbige nicht unruhig werde. Darauf wird es sich gantz hochtrabend stellen. Wenn es funf oder sechs Zeiten gemachet hat, muß man mit demselbigen einhalten und ihm ein wenig liebkosen, darnach läßt man es auf der andern Seiten eben dieses wieder machen; wenn es gehorsam gewesen ist, muß man absteigen und es zurück senden, ohne mehrers von ihm zu begehren. Der Reuter muß seine Hände nicht zu hoch, sondern bey einander und steiff halten; den Leib muß er ein wenig hinter sich beugen, und beyde Beine nahe bey dem Pferde haben, damit sich dasselbige nicht wende; Hierbey mag er ein wenig mit der Zungen schmatzen, dann je nachdem man dieses thut, wird das Pferd seine Zeiten einrichten. Derjenige, welcher auf dem Boden stehet, das gar oft nothwendig ist, kan mit der Ruthe dem Pferde auf die vordere Röhre schlagen, damit es das Bein desto mehr büge; Ein gleiches kan er mit dem hintern Knie vornehmen, damit das Pferd das hintere Bein brav aufhebe: Dann die Schönheit im Passagiren bestehet darinnen, daß das Pferd die Beine lange in der Höhe behalte.

Baron von Eisenberg,
Wohleingerichtete Reitschule. 1748

Resultat der Dressur

Das Passagieren, „natürliche Passage" genannt, ist ein kurzer, sehr versammelter Trab mit sehr hohen und von einer Diagonale zur anderen taktmässig geregelten Tritten. Das ist aber noch nicht alles. Um sagen zu können, das Pferd passagiert, ist noch erforderlich, dass die Vorderbeine mit Macht und doch bedächtig herausgebracht werden, einen Augenblick in der Luft bleiben, und dass die Knie und das ganze Bein gekrümmt werden. Ebenso erheben sich die Hinterbeine, die Sprung- und Fesselgelenke treten gebogen unter den Schwerpunkt, kurz alle vier Beine sollen hoch und taktmässig derart erhoben werden, dass das Pferd bald in der einen, bald in der anderen Diagonale völlig in der Luft schwebt; die Bewegung soll so hoch und so langsam als möglich sein. Dieser Schulgang ist anmutig und prächtig; man nennt ihn „natürliche Passage".
Man muss übrigens wissen, dass es kein Pferd gibt, welches aus sich selbst passagiert. Die Passage wird nur durch Dressur erlernt. Gewisse Pferde haben grosse Anlage dazu, besonders diejenigen, welche bedächtigen Gang und hohe Knieaktion haben, d. h. solche Pferde, die bei hohen Tritten die Knie tüchtig biegen und welche bei sehr geschmeidigen Sprunggelenken auch mit den Hinterbeinen hoch treten; mit einem Wort, diejenigen, welche einen bedächtigen und hohen Tritt haben.
Ein Pferd, welches mit steifen Beinen geht, ohne die Knie oder die Sprunggelenke zu biegen, ist zu dieser Gangart untauglich. Ich gehe nicht so weit, zu behaupten, dass man eine solche überhaupt von ihm nicht erreichen könnte; aber angenommen, man erreichte sie, so wäre dies fürs Auge dennoch wenig angenehm, denn das untere Ende der Beine würde fast auf der Erde nachschleppen und gäbe dem Pferde ein steifes Aussehen.

Nicht zu lange

Es ist ausserordentlich schwer, in einem Buche auseinanderzusetzen, wie man die „natürliche Passage" erreicht.
Zunächst muss man das Pferd in Versammlung bringen, weil das Passagieren ohne diese nicht möglich ist. Die Versammlung allein genügt aber auch noch nicht; denn wäre das Pferd in einer noch so guten Versammlung, so bliebe doch noch übrig, dass es auch wirklich passagiert. Wenn das Pferd vollkommen in die Hand gestellt und versammelt ist, so muss man den Sporn gebrauchen, damit es die Beine so hebt, dass die Passage entsteht.
Nachdem ich mein Pferd im Schritt ins Gleichgewicht gesetzt habe, fordere ich es, indem ich mit den Schenkeln kräftig vorwärts treibe, zum Trab auf, während ich es gleichzeitig mit der Hand zurückhalte, um die Tritte zu verkürzen. Das Pferd wird dann, da es die Beine nicht lang ausstrecken kann, diese alsbald heben und gewinnt dabei an Höhe der Tritte, was es an deren Länge einbüsst. Zugleich gelangt es mit Hilfe des Sporns dahin, von einer Diagonalen zur anderen sozusagen kleine, sprungartige Bewegungen zu machen. Das ist dann der Anfang zum Passagieren. Aber der taktmässige Tritt ist damit noch nicht erreicht; denn das Pferd erregt sich anfangs immer dabei, weil es noch nicht weiss, was ich von ihm will. Wenn man Widersetzlichkeiten vermeiden will, hüte man sich in den ersten Tagen wohl davor, diese Übungen zu lange Zeit hindurch zu machen.
Zuweilen gerät das Pferd in eine verzweifelte Stimmung, weil es sich beunruhigt, dass es angegriffen wird, ohne den Grund dazu einzusehen und weil ihm diese Arbeit ganz neu ist und auch aus Furcht vor den immer bereiten Sporen. Besteht man in diesem Moment auf seinem Willen, so tut man unrecht und wird wahrscheinlich nicht als Sieger aus diesem Kampf hervorgehen, denn selbst das geduldigste Pferd entwickelt, plötzlich wie närrisch geworden, eine ganz ausserordentliche Kraft und verteidigt sich mit einer unglaublichen Gewalt.
Man muss also immer viel Geduld bewahren und muss bei dem geringsten Erfolge, d. h. beim ersten, spätestens beim zweiten Tempo mit den Hilfen aufhören, muss ein Pferd liebkosen, ihm Zeit geben, sich zu beruhigen, und darf dann erst wieder anfangen.
Der Reiter, welcher ein gutes Taktgefühl besitzt, hält schon beim ersten Tempo an und schmeichelt dem Pferde. Je weniger aber sein Taktgefühl entwickelt ist, desto weniger wird er imstande sein, zu erkennen, ob das Tempo taktmässig ist. In diesem Falle setzt er die Übung fort in dem Glauben, die Taktmässigkeit der Tritte zu fühlen, und beendet dieselbe nicht früher, als bis das Pferd ganz entkräftet ist.

Der Spanische Trab

Selbst Leute, die gut reiten, können Passage und Spanischen Trab nicht voneinander unterscheiden.
Bei der Passage sind Knie und Fesselgelenke gebogen; beim Spanischen Trab sind sie gestreckt.
Je weniger Terrain man im Passagieren gewinnt, desto besser ist es; das Tempo in der Luft spricht sich deutlicher aus und das Pferd scheint sich von unten heraus zu heben.
Im Spanischen Trab dagegen soll man mit jedem Tritt so viel Terrain als möglich zu gewinnen suchen.
Um glänzend und auffallend zu erscheinen, muss der Gang hoch und gestreckt sein, doch ohne Übereilung; denn bei sehr schnellen Tritten können die Vorderbeine das schwebende Tempo nicht genügend markieren.
Es gibt noch einen anderen Trab, den sogenannten „Schwimmtrab", in welchem das Pferd mit seiner ganzen Schnelligkeit trabt und dabei jedesmal mit den ausschreitenden Beinen ein Tempo in der Luft schwebend andeutet; da der Gang aber sehr schnell gezeigt werden soll, so ergibt sich von selbst, dass das Schweben in der Luft sich hierbei viel weniger hervorhebt, als im Spanischen Trab.
Ich bin übrigens der Meinung, dass dies kein Schulgang ist. Ein Pferd, welches im Trab mit Schulter und Knie schön herauskommt, führt diesen schwimmenden Trab am natürlichsten aus. Ich begnüge mich mit der blossen Erwähnung dieser Trabart.

Passagieren rückwärts

Dies ist eine Gangart, deren Ausführung mit sehr grossen Schwierigkeiten verknüpft ist; denn es handelt sich darum, nach rückwärts Terrain zu gewinnen und dabei doch die wohlabgemessenen Diagonaltritte beizubehalten und ein gleiches Hochheben der hinteren Gliedmassen zu erhalten, wie in den Bewegungen nach vorwärts. Bei allen Rückwärtsbewegungen neigen die Hinterbeine dazu, den Erdboden so wenig als möglich zu verlassen.
Wenn man seiner Sache nicht absolut sicher ist, wie man es sein müsste, um derartige Schwierigkeiten vorzunehmen, wirkt man oft, ohne es zu wollen, zu viel von vorn nach hinten ein, wodurch das Gewicht von der Vorhand auf die Hinterhand verlegt wird, welche infolgedessen an Erhebung einbüsst. Um diesen Unzuträglichkeiten vorzubeugen, muss man das Zurücktreten in der Weise, wie ich schon früher angegeben habe, mehr mit dem Gesäss bewirken und nicht mit den Zügeln.
Es wäre ein Irrtum, zu glauben, dass man von der Passage nach vorwärts so ohne weiteres zu der Passage nach rückwärts übergehen könne. Um letztere zu erzielen, ist es nötig, zunächst ein natürliches,langsames und erhabenes Piaffieren durchzumachen, welches im Grunde genommen doch nichts weiter, als eine auf der Stelle ausgeführte Passage ist.
Erst wenn das Pferd richtig auf der Stelle piaffiert, muss man versuchen, mit jedem Tritt einige Zentimeter Terrain nach rückwärts zu gewinnen.
Zu dem Zweck nehme ich die Schenkel mehr heran, fordere mehr Versammlung, ohne von vorn nach hinten zu ziehen, und verlege mein Gewicht mehr nach hinten in den Sattel, indem ich mit jedem Tritt mich fest hineinsetze.
Zufolge der bis aufs höchste gesteigerten Versammlung sind Gleichgewicht und Beweglichkeit des Pferdes derartig beeinflusst, dass die geringste Verschiebung des Reitergewichts tatsächlich das ganze Pferd in jeder Beziehung mitzieht; in dem uns hier beschäftigenden Falle also nach rückwärts.
Dieses Mittel, um das Rückwärts-Passagieren zu erreichen, ist ein langwieriges und schwieriges, aber es ist das einzige, welches zum Ziele führt.

James Fillis,
Grundsätze der Dressur und Reitkunst. 1890

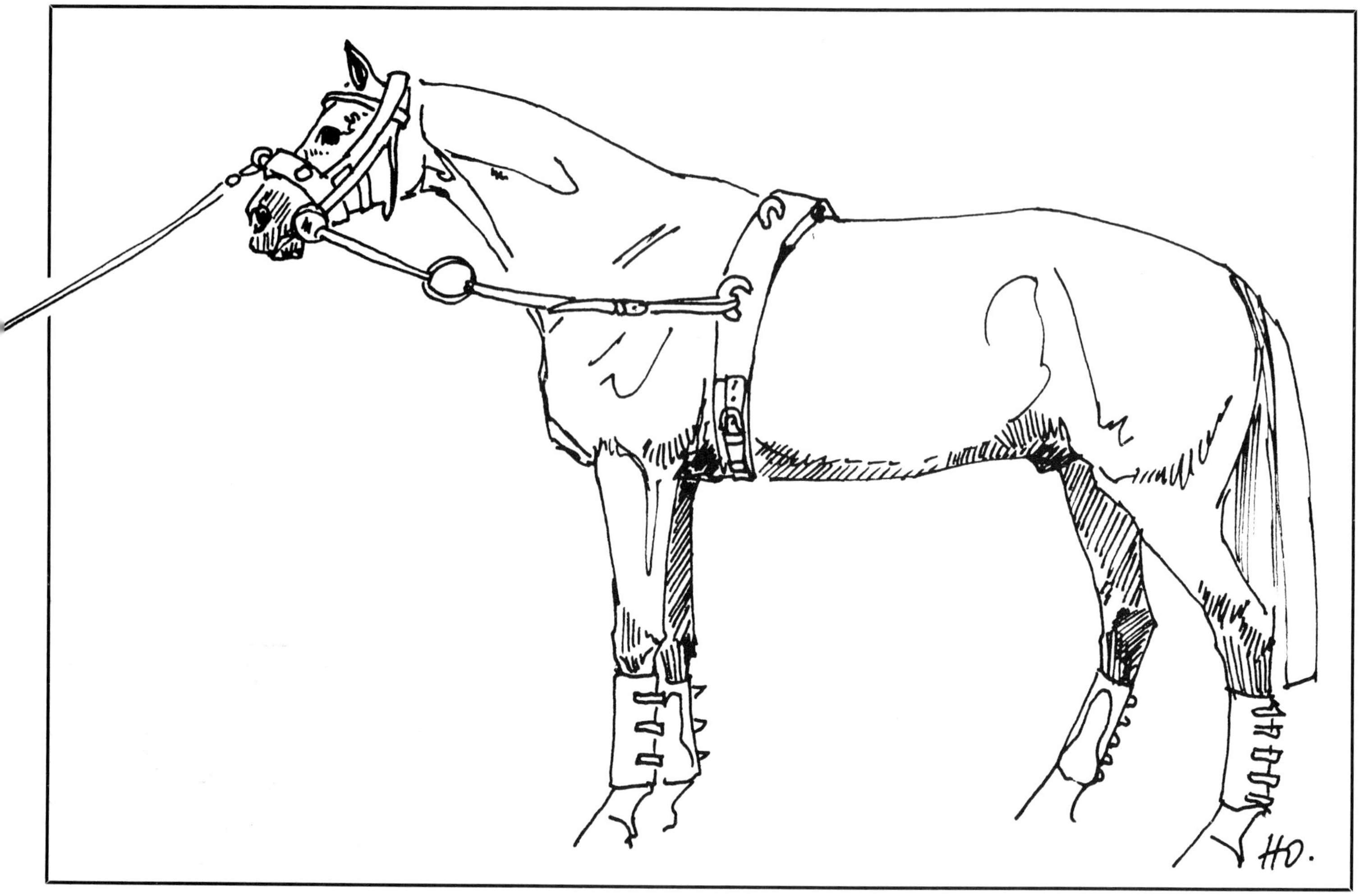

Das Longieren

27. Folge

In der Theorie wie in der Praxis messen die verschiedenen Ausbilder dem Longieren unterschiedliche Bedeutung bei; manche verstehen es nur als einen Weg, Remonten vor dem Anreiten zu lösen, an die Arbeit zu gewöhnen und mit den Anforderungen des Menschen vertraut zu machen, andere erreichen an der Longe ein beträchtliches Maß der Gymnastizierung, erleichtern derart die reiterliche Einwirkung im Anfangsstadium, fördern sie auf fortgeschrittenen Stufen und korrigieren auf diese Weise auch Fehlentwicklungen.

Welch großen Einfluß verschiedene Reitmeister dem Longieren beigemessen haben und weiterhin beimessen, wird unter anderem

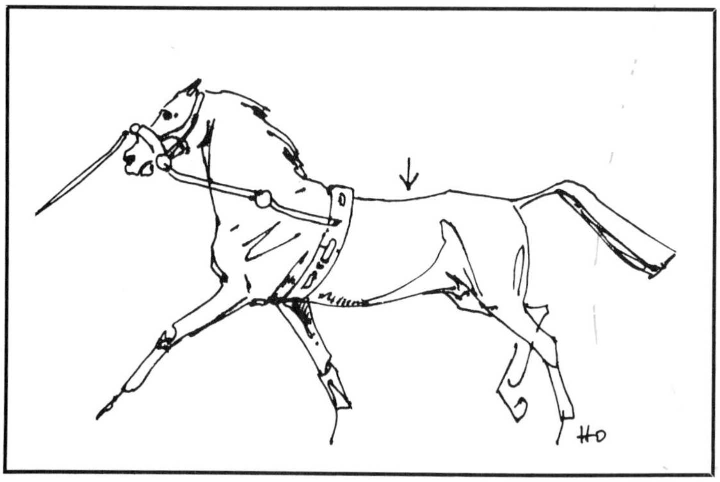

aus den gedanklichen und praktischen Bemühungen ersichtlich, die sie auf die Hilfsmittel des Longierens, vor allem auf die Hilfszügel, verwendeten und auch in der Gegenwart noch verwenden.

Die Ausbildung des Schülers

Longiert wird freilich nicht nur um der Ausbildung des Pferdes willen, die Arbeit an der Longe stellt auch ein wichtiges Kapitel in der Ausbildung des Reiters dar. Longenstunden sind für den jungen Reiter deshalb so hilfreich, weil ihm dabei verschiedene Aufgaben abgenommen werden und er anderen seine Aufmerksamkeit um so mehr widmen kann. Auf dem an der Longe fleißig und schwungvoll vorwärtsgehenden Pferd läßt sich vor allem der Sitz eines Reiters korrigieren. So läßt sich's lernen, in die Bewegung des Pferdes einzugehen und das richtige Gefühl für einen Bewegungsablauf zu entwickeln, der von der Aktivität der Hinterhand bestimmt wird und durch den elastisch schwingenden Rücken gekennzeichnet ist.

Meist halten der große zeitliche Aufwand und die daraus resultierenden Kosten Reitlehrer und Schüler von den Longenstunden ab. Trotz dieses Hindernisses sollte jeder Reitschüler versuchen, an der Longe zu erfahren, auf welches Ziel der Reitunterricht hinausläuft.

Neben Longe, Kappzaum und Trense, Ausbindezügeln mit Gummiring und einem Longiergurt gehören Gamaschen zur Ausrüstung des Pferdes beim Longieren (links).
Die Ausbindezügel sollen so lang geschnallt sein, daß das Pferd seine Nase vor die Senkrechte nehmen und sich dehnen kann (rechts). Derart wird es erleichtert, schwungvoll und raumgreifend vorwärts zu treten.
Die zu eng geschnallten Ausbindezügel provozieren meist einen Widerstand im Genick, sie veranlassen das Pferd zum Trippeln und zu Versteifungen. Der Zweck des Longierens, nämlich die Losgelassenheit und den Schwung zu fördern, wird nicht erreicht, wenn man nur auf das Ausgreifen der Vorderbeine achtet und dabei übersieht, daß das Pferd mit den Hinterbeinen nicht vorschwingt, daß es seinen Hals hochhebt, den Rücken wegdrückt und sich versteift (links unten).

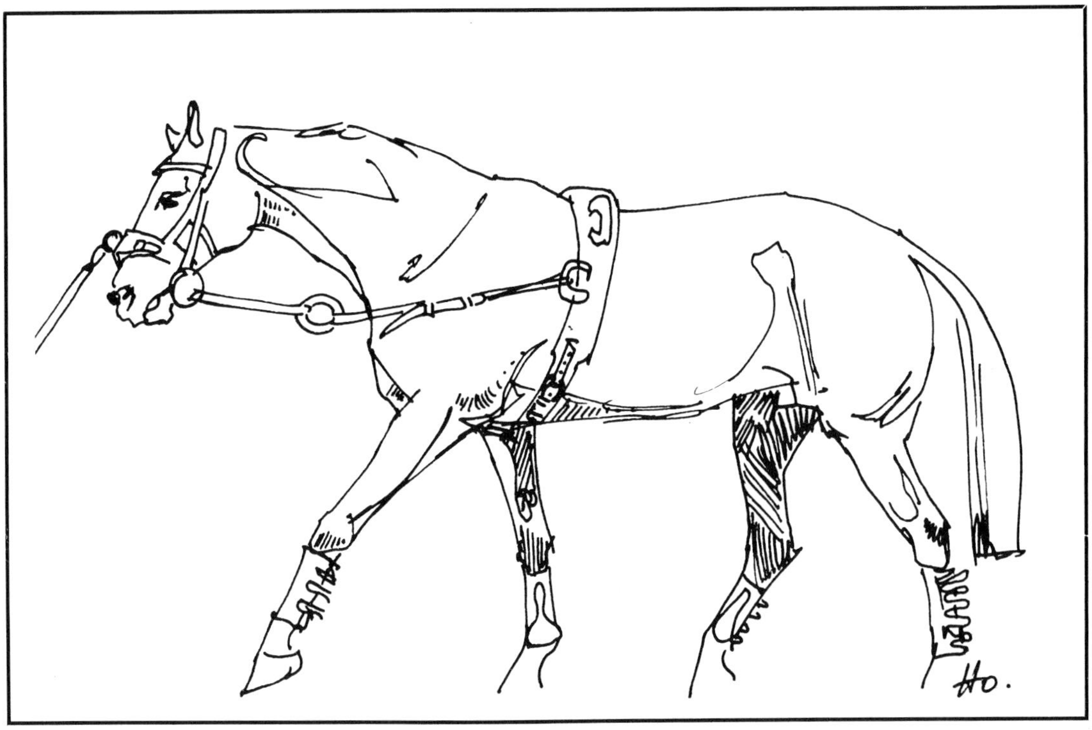

Das Ziel der fortschreitenden Ausbildung an der Longe besteht darin, das Pferd zu veranlassen, sich weiter vorwärts-abwärts zu strecken (unten). Der in üblicher Länge starr verschnallte Ausbinder gestattet dies jedoch nicht. Er begrenzt die Tendenz des Pferdes, sich zu dehnen.

Das Erlebnis einer Longenstunde bringt in vielen Fällen sehr viel weiter als eine Vielzahl von Reitstunden. Der Reitlehrer kann bei dieser Ausbildung ebenfalls Lehrfortschritte machen, die er beim üblichen Abteilungsreiten nur in sehr viel längerer Zeit erreicht. Solche Lernziele lassen sich freilich nicht auf einem müde dahintrottenden Longenpferd erzielen; sie setzen den Fleiß und Schwung eines gymnastizierten Pferdes ebenso voraus wie die Aufmerksamkeit und erläuternde Hilfe eines Lehrers, der mit seinem Schüler über das angestrebte Ausbildungsziel redet, den Bewegungsablauf des Pferdes beobachtet und den Schüler bei seinen Erfahrungen unterstützt.

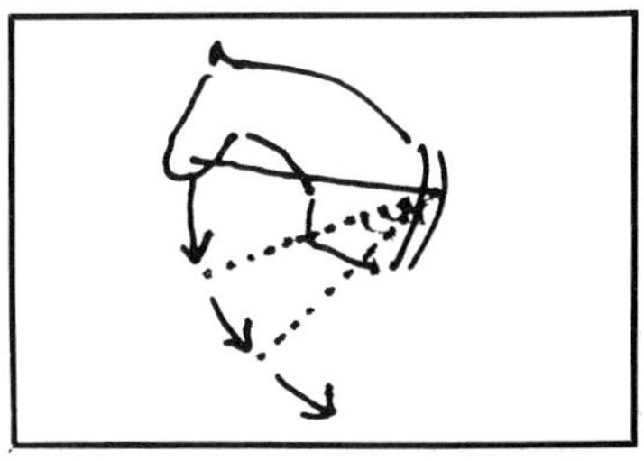

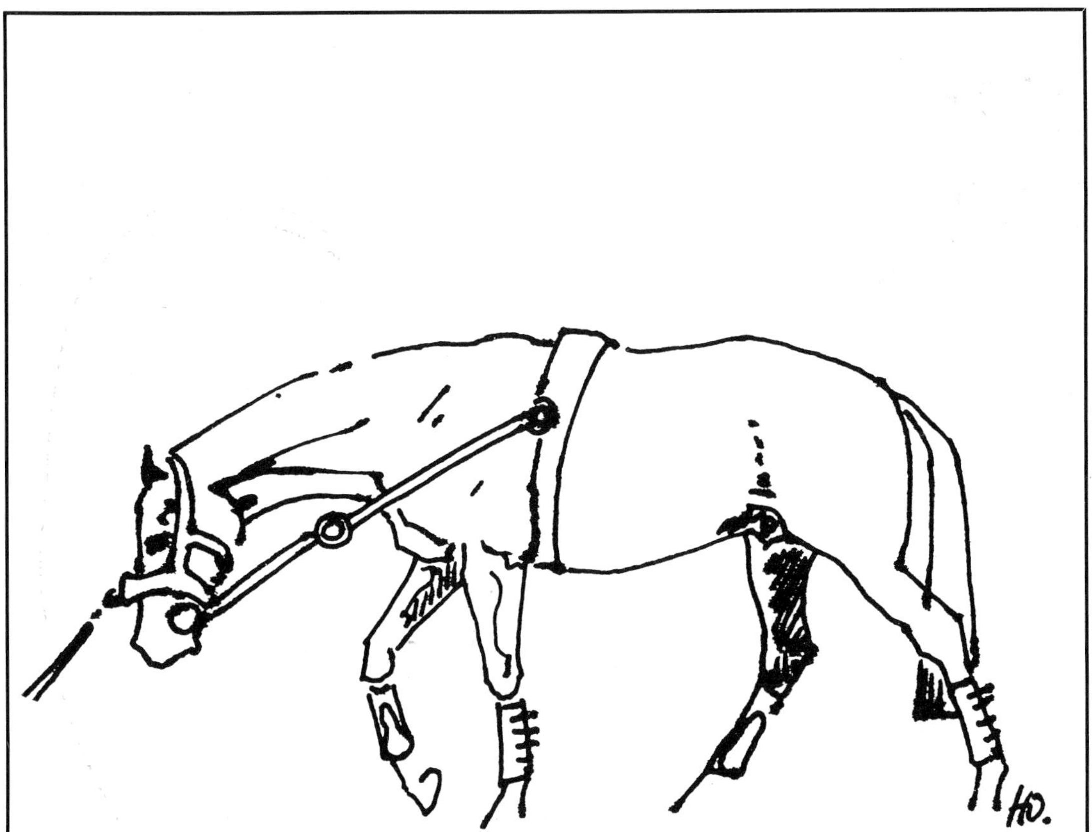

Die Ausbildung des Pferdes

Der Ausbildung des Pferdes dient das Longieren dadurch, daß es das Pferd für die reiterliche Einwirkung vorbereitet, daß es das Tier mit den Anforderungen des Menschen vertraut macht, körperlich formt und in seinem Verhalten prägt. Von einer „Prägung" kann man vor allem insofern sprechen, als das Longieren den ersten intensiven Arbeitskontakt des Reitpferdes mit dem Menschen darstellt und das Tier dabei allgemein lernt, wie der Mensch seine Anforderungen stellt und wie auf sie zu reagieren ist.
Diese allgemeine Bedeutung der Longenarbeit macht klar, welches Ausmaß dabei begangene Fehler gewinnen können. Vielfach werden dem Pferd zum Beispiel falsche Einstellungen zu den Anforderungen des Menschen beim Longieren beigebracht, konkret etwa erfolgreicher Widerstand und Durchsetzung des Eigensinns. Man kann das Pferd beim Longieren darüber hinaus spezielle Fehlformen in Haltung und Bewegung lehren, vor allem hinsichtlich der Losgelassenheit, des Takts, Schwungs und Geraderichtens. Die Fehler reichen bis zu einseitigen Belastungen (mit daraus resultierendem Frühverschleiß) und zu Verletzungen. Mit vorzeitigem Verschleiß ist dann zu rechnen, wenn man das Pferd an der Longe ständig auf der Vorhand

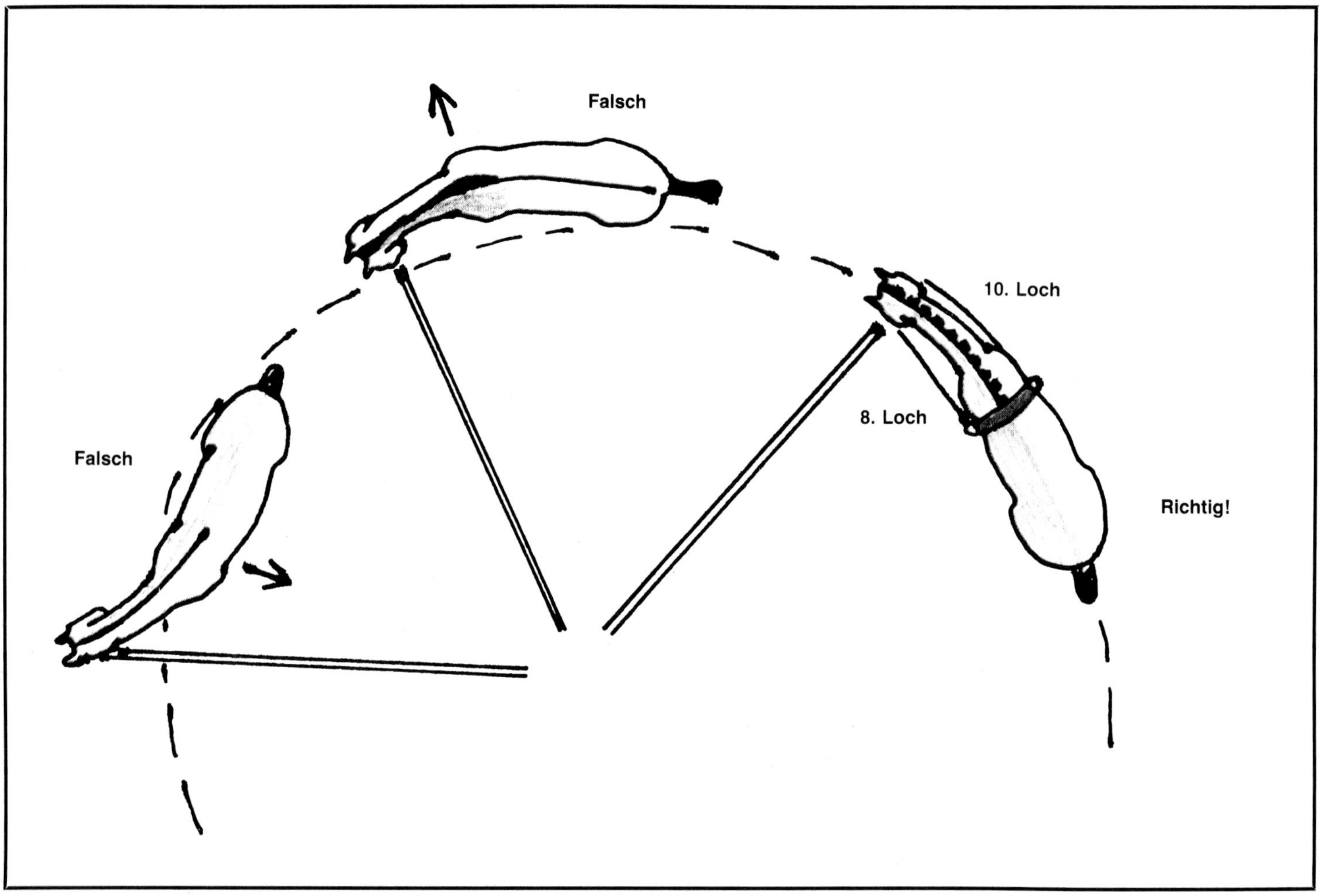

laufen oder mit der Schulter ausfallen läßt; Verletzungen hat man zu erwarten, wenn man es ohne Bandagen arbeitet oder wenn man immer wieder derart an der Longe reißt, daß das Pferd herumfällt, daß seine Glieder gezerrt und verrenkt werden.

Longieren und Bewegen

Ein erster und vielfach auch gesuchter Effekt des Longierens besteht in der Bewegung des Pferdes. Für die im Stall gehaltenen Remonten und für die Pferde, deren Reiter nicht in den Sattel steigen können oder möchten, bietet das Longieren einen durchaus sinnvollen Weg, dem Lauftier Pferd die für seine Gesundheit unerläßliche Möglichkeit zur Entfaltung zu bieten. Bei dieser wie bei allen weiteren Arten des Longierens darf man jedoch nicht davon ausgehen, daß jeder Helfer dies erledigen kann, sofern er nur in der Lage ist, das Pferd aus dem Stall zu holen, es aufzutrensen, auszubinden und an der Leine im Kreise herumzutreiben. Der verantwortliche Ausbilder sollte auch diese Art des Bewegens kontrollieren, wenn er sie nicht selbst vornehmen kann. Er sollte vor allem darauf achten, daß das Bewegen nicht in eine Art von „Arbeit" übergeht, über deren Verlauf und Auswirkung der Longenführer sich nicht im klaren ist.

Auf dem Zirkel soll das Pferd lernen, sich der beschriebenen Kreislinie entsprechend zu biegen. Um dem Pferd den Weg zu dieser Biegung, die seinen ganzen Körper in der Längsachse umfassen soll, zu erleichtern, wird es leicht in die Bewegungsrichtung gestellt. Dazu verschnallt man den inneren Ausbindezügel in der Regel zwei Loch kürzer als den äußeren.
Dem Pferd wird gestattet, mit dem Hals nach innen abzuknicken, dann fällt es meist mit der Schulter aus. Stellt man es nach außen, dann fällt es in der Regel mit der Schulter in die Wendung.

Das nur als Bewegen verstandene Longieren tritt vor allem dann an die Stelle des Freilaufens, wenn mehrere Pferde in der Halle sind. Ferner ziehen viele Reiter das Longieren bei Pferden vor, die es durch jahrelange, vom Menschen geleitete Arbeit und Bewegung verlernt haben, sich eigenständig zu bewegen und bei denen man Verletzungen, vor allem Verrenkungen und Verstauchungen, durch allzu ausgelassene Entfaltung befürchtet. Angesichts solcher Vorsicht sind freilich auch die Vorteile des Freilaufens nicht zu übersehen: Viele Pferde entspannen sich dabei schneller und weitergehend als an der Longe, viele tun dies auch, sofern sie daran gewöhnt sind, ohne ihre Gesundheit zu beeinträchtigen und ohne die an der Longe stets akute Gefahr, sich in Fehlhaltungen zu verfestigen.

Ausbinden und Entspannen

Für die Antwort auf die Frage des Ausbindens beim Longieren ist der Zweck dieser Bewegung entscheidend. Wenn es vornehmlich darum geht, das Pferd zu lösen und ihm die Gelegenheit zu entspannter Entfaltung zu geben, dann muß es ihm möglich sein, sich zu strecken und langzumachen. Dies bedeutet, daß die Pferde nicht zu eng ausgebunden sein dürfen, daß ihre Nasenlinie auf jeden Fall deutlich vor der Senkrechten bleiben soll. Das lange Ausbinden fördert vor allem die Entspannung der Pferde im Rücken; und dies ist eine wichtige Hilfe insbesondere fürs Einreiten junger Pferde, vor allem dafür, ihnen die Tendenz zum Buckeln zu nehmen. Seinen Rücken entspannt das Pferd freilich nur dann, wenn es sich wirklich dehnt und den Hals streckt, nicht wenn es die Weite nutzt, um über den Zügel zu gehen und den Rücken wegzudrücken. Der Kreis ist beim Bewegungslongieren ziemlich groß anzulegen, damit das Pferd sich nur wenig zu wenden braucht und derart seine Tendenz reduziert, nach innen oder außen vom Hufschlag abzuweichen.
Auch beim Bewegungslongieren sollte man darauf achten, daß das Pferd „im Takt" geht, also weder faul dahinlatscht noch rennt. Im ersten Fall ist es mit Hilfe der Peit-

sche zu fleißiger Arbeit zu animieren, im zweiten Fall unter Mithilfe der Stimme zu beruhigen. Gerade im Hinblick auf den Komplex „Takt und Losgelassenheit" darf nicht übersehen werden: ein Longieren, das sich darauf beschränkt, das Pferd zu bewegen, gibt es eigentlich nicht; stets werden auch der Gang und die Haltung in bestimmter Weise beeinflußt, in der Regel nicht beim einmaligen oder mehrmaligen, sicher aber bei regelmäßigem oder ständigem Longieren. Diese Beeinflussung muß nicht negativ sein, sie ist es in vielen Fällen auch nicht, wie jeder erfahrene Reiter weiß, der sich einmal „festgezogen" hat oder der einmal in eine Dauerauseinandersetzung geraten ist und dann nach einigen Tagen ausschließlichen Longierens wieder ein neues Verhältnis zu einem entspannteren Pferd gewann.

Longieren als Arbeit

Die Möglichkeiten und Gefahren des als Arbeit verstandenen Longierens liegen darin, daß das Pferd in dieser Art der Bewegung in seinem Gang wie in seiner Haltung geformt wird, ähnlich wie beim Reiten. Ferner macht das Longieren das Pferd mit speziellen Anforderungen vertraut, die der Mensch an es stellt; es lernt vor allem Hilfen, Lob und Strafe kennen. Das Longieren bildet also generell eine wichtige Vorbereitung für die reiterliche Arbeit. Je nachdem, wie die Formung an der Longe verläuft, stellt sie eine weitgehende Erleichterung der Einwirkung auf den Reiter dar – oder eben Komplizierung. Schließlich lassen sich an der Longe reiterliche Probleme korrigieren oder auch verstärken. Über Longieren schlechthin ist also ebenso viel und so wenig zu sagen als allgemein übers Reiten. In beiden Fällen kommt es darauf an, wie sie im einzelnen ablaufen. Zehn Minuten richtiges Longieren kann das Pferd besser bewegen und besser auf seine Arbeit unter dem Sattel vorbereiten, als 30 Minuten falsches. Zehn Minuten falsches Longieren kann Schwierigkeiten begründen, mit denen man als Reiter sich lange und hart auseinanderzusetzen hat.

Aloys Podhajsky beschrieb den Zweck des Longierens so: „Das Vertrauen des Pferdes zu gewinnen, es daran zu gewöhnen, sich dem Willen des Reiters unterzuordnen, es ohne die Belastung des Reiters ins Gleichgewicht zu bringen, seine Geschicklichkeit zu vermehren und es wendsam zu machen. Mit dem Gewinnen des Vertrauens wird die beste Grundlage für den Gehorsam geschaffen. Gleichzeitig soll das Pferd durch diese Arbeit langsam die Sprache des Reiters – die Hilfen – kennenlernen."

Longieren als Ausbildungshilfe

Für den Erfolg des Longierens als eine gezielte Arbeitsmaßnahme ist es ausschlaggebend, sich über das

Die Strafen

Die Härte einer Strafe muß dem Temperament des Pferdes angepaßt sein. Eine leichte Strafe, die im psychologisch richtigen Augenblick erfolgt, genügt häufig, um den Gehorsam wiederherzustellen. Außerdem bietet dieses Vorgehen den großen Vorteil, daß das Pferd seine Aufgabe nicht widerwillig und resigniert, sondern in freudigem Gehorsam, also mit Schwung und Brillianz löst und zudem auch länger auf dem Höhepunkt seines Könnens bleibt.

Man kann auf dreierlei Arten strafen: mit der Bahnpeitsche, der Reitgerte und den Sporen.

Die Bahnpeitsche ist das erste Mittel, mit dem man dem jungen Pferd bei der Longenarbeit den nötigen Respekt einflößt. Wie wir später sehen werden, beginnt die Dressur des Pferdes mit Trablektionen an der Longe. Zum Erlernen der Piaffe zwischen den Pilaren ist die Bahnpeitsche ebenfalls unentbehrlich. Sie dient außerdem zum Antreiben der gehfaulen Pferde, ganz besonders der stätischen und derjenigen, die am Sporn kleben oder dem Sporn überhaupt nicht gehorchen. Ein kräftiger Peitschenhieb, zur rechten Zeit gegeben, ist bei einem widersetzlichen Pferd viel wirksamer als das Stechen oder Kitzeln der Sporen.

Die Reitgerte wird auf zweierlei Art angewandt. Ein herzhafter Schlag hinter die Stiefel, also auf die Flanken und die Hüften, wirkt treibend. Wenn ein Pferd zum Ausschlagen neigt, so ist ein handfester Hieb auf die Schultern viel eher geeignet, diese Untugend zu korrigieren, als die Sporen, denen es ohnehin erst gehorcht, wenn es sie kennen, das heißt, fürchten gelernt hat.

Die Strafe mit den Sporen ist ein wertvolles Hilfsmittel, um das Pferd auf die feinsten Hilfen abzustimmen. Dies gilt jedoch nur mit dem ausdrücklichen Vorbehalt, daß sie von einem ruhigen und guten Reiter gegeben wird. Als Strafe sollen die Sporen selten, aber dann um so kräftiger eingesetzt werden. Es gibt nichts, was ein Pferd mehr verdirbt und unwillig macht, als zu häufig und unnötigerweise versetzte Sporenstiche.

Der Sporenstich wird vier Fingerbreit hinter dem Gurt gegeben. Weiter hinten, das heißt, in den Flanken, würde der Sporn das Pferd nicht antreiben, sondern es zum Stehenbleiben und Ausschlagen veranlassen, da diese Körpergegend zu empfindlich und kitzlig ist. Auf den Gurt gegeben — was beim Reiten mit zu kurzen Bügeln und zu weit auswärts gedrehten Fußspitzen vorkommt — ist der Sporenstich natürlich völlig wirkungslos.

Bevor man mit den Sporen einwirkt, gibt man einen Schenkeldruck. Wenn man erst die Unterschenkel wegspreizt und dann den Sporenstich wie einen Faustschlag verabreicht, erschreckt man das Pferd höchstens und erzielt bei weitem nicht die Wirkung, als wenn man es durch einen vorbereitenden Schenkeldruck gewarnt hätte. Es gibt außerdem Reiter, die ihr Pferd wegen ihrer haltlos herumbaumelnden Beine ununterbrochen mit den Sporen kitzeln, worauf es mit dauerndem Schweifschlagen antwortet. Dies sieht in jedem Falle schlecht aus und ist für ein Dressurpferd erst recht unmöglich.

Für stätische Pferde und Kleber dürfen die Sporen nicht zu scharf sein, denn diese Untugenden würden sonst nur verstärkt, statt korrigiert werden. Es gibt übrigens Pferde, die nach einer zu energischen Sporenhilfe vor Wut strahlen, sich gegen die Bande werfen, stehenbleiben oder sich ganz einfach hinlegen. Hier hilft nur ein Mittel, nämlich die Sporenhilfe nach einem kräftigen Schlag mit der Bahnpeitsche zu geben, also wenn sich das Pferd bereits in Bewegung befindet.

Für manche überdurchschnittlich gut gerittene Pferde bedeutet ein leichtes Kitzeln mit den Sporen schon eine Strafe. Diese Sensibilität kann so weit gehen, daß bereits ein steifer Sitz Steigen und überhastete Gänge zur Folge hat. Es ist offensichtlich, daß für ein derartiges Pferd eine leichte Berührung mit den Sporen die gleiche Wirkung hat, als ob man einem normal empfindlichen einen kräftigen Sporenstich versetzt.

Eine Strafe kann nur korrigierend wirken, wenn der Reiter das Pferd kennt. Ihr Ausmaß richtet sich nach der Schwere des Fehlers und der Reaktion des Pferdes. Man hüte sich, die Fehler eines Pferdes durch die Bank als schwerwiegende Untugenden zu betrachten. Meist hat das Pferd ganz einfach nicht verstanden, was sein Reiter von ihm will oder ein körperlicher Fehler ist die Ursache seines Ungehorsams.

Hilfen und Strafen werden ohne unnötigen Bewegungsaufwand gegeben. Ihre Wirksamkeit hängt in erster Linie von der Geschicklichkeit und der Reaktionsgeschwindigkeit des Reiters ab. Die Strafe muß gleichzeitig mit dem Fehler erfolgen, sonst schadet sie mehr als sie nützt. Vor allem strafe man ein Pferd nie im Unmut oder im Zorn, sondern stets überlegt. Als Schluß dieses Kapitels möchte ich sagen, daß das Maßhalten bei Hilfen und Strafen zu den besten Eigenschaften des rechten Reiters gehört.

F. R. de La Guérinière,
Ecole de Cavalerie. 1733

Ziel dieses Trainings Gedanken zu machen, dieses Ziel auf den jeweiligen Ausbildungsstand des Pferdes abzustellen, das Longieren also in das allgemeine wie das spezielle Ausbildungskonzept einzubauen und sich auch zu fragen: inwieweit werden die ins Auge gefaßten Zwecke mit dieser Art des Longierens oder mit dem Longieren überhaupt erreicht, inwieweit sind sie auf diesem Weg erreichbar? Oder ist gegebenenfalls eine andere Arbeit vorzuziehen?
Um die möglichen Fortschritte durchs Longieren zu erreichen und die damit verbundenen Gefahren zu reduzieren, ist als erstes eine komplette Ausrüstung erforderlich. Zunächst dienen vier Leder- oder Kunststoffgamaschen, zumindest aber dicke Wollbandagen dazu, die Pferdebeine vorm Anschlagen und daraus resultierenden Überbeinen im Bereich der Fesseln und des Röhrbeins zu schützen. Ein nächstes wichtiges Arbeitsinstrument

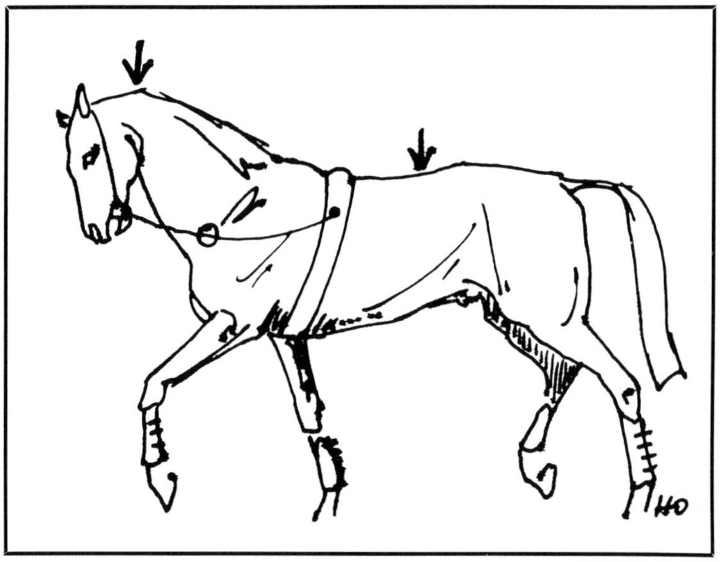

Mit zu eng geschnallten Ausbindezügeln löst man in der Regel den Widerstand vieler Pferde im Genick nicht. Man veranlaßt sie vielmehr dazu, dem Problem dadurch auszuweichen, daß sie nicht im Genick, sondern zwischen dem zweiten und dritten Wirbel „knikken" sich darüber hinaus im Rücken festmachen und mit den Hinterbeinen nicht durchschwingen.

ist der Kappzaum. Die Longe wird an ihm und nicht an den Trensenringen befestigt. Die Trense kann also ruhig im Pferdemaul liegen bleiben, denn sie wird nicht von der Longe gestört, vor allem nicht an einer Seite herausgezogen. Wer die Longe gleich in die Trensenringe einhakt, kann das Hin- und Herrutschen der Trense im Pferdemaul kaum vermeiden; er darf sich nicht wundern, wenn er bald ein Pferd mit Maulschwierigkeiten hat.

Der Kappzaum liegt am Kopf des Pferdes im Backenbereich unter der weit genug geschnallten und nicht zwickenden Trense, im Nakkenbereich über ihr. Der Nasenriemen des Kappzaums muß fest verschnallt werden, um ein Verrutschen zu verhindern. Er kann fest angezogen werden, ohne Scheuerstellen zu verursachen, wenn er sowohl im Bereich des Nasenrükkens wie im Bereich des Unterkiefers gut abgepolstert ist. Der Bakkenriemen des Kappzaums soll nicht so fest sein, daß er das Pferd zwackt und stört, muß allerdings hinreichend eng geschnallt werden; er soll nämlich verhindern, daß das jeweils äußere Backenstück beim Longieren bis ans oder gar ins Auge des Pferdes verrutscht. Auf diesen Punkt ist vor dem Beginn des Longierens deshalb zu achten, weil der Longenführer beim Longieren nicht sehen kann, ob das äußere Backenstück sich in Richtung Auge bewegt.

Gurt und Ausbindezügel

Der Longiergurt muß derart passen, daß er so fest wie ein Sattelgurt angezogen werden kann. So lernt das Pferd, den Gurt ohne Widerstand zu ertragen, sich beim Anlegen des Gurts nicht aufzublasen und nicht mit Verspannungen zu reagieren. Man sollte das Pferd allerdings erst allmählich an den angezogenen Gurt gewöhnen, sollte dem Gurt darum die spätere Festigkeit beziehungsweise Spannung erst im Laufe der Ausbildung geben. Man sollte vor allem nicht

Straffen und liebkosen

Uhnmöglich ist es ein Pferd zu richten / wann es nicht zuvor den jenigen (der es reitet) für seinen Meister erkennet hat; das ist gesagt; Wann es nicht forchtsam ist / und durch die Furcht euch gehorsamet / und diesen Gehorsam leistet euch das Pferd nur aus Liebe gegen sich selbst / indem es die Straffe zu vermeiden begehrt / die es sonsten ohnfehlbar zu gewarten hätte: und da es etwan ohnversehens fehlet / so kan es nicht mit guten zu recht gebracht werden; dann es hinge noch gar zu sehr seinem eigenen Willen nach; wann es aber forchtsam ist / so ligt es bey mir / und kan ich es richten wie ich will / weil ich einmal sein Meister bin; wann ich aber seinen Kopff folgen muß / so werd ich unfähig es jemals zu recht zu bringen; Es bringt demnach die Gütigkeit gar wenig zu wegen / die Furcht thut das meiste dabey / wann es aber möglich ist / so soll es euch nicht allein fürchten / sondern auch lieben / oder zum wenigsten nicht hassen: dann dieses Letztere wäre sehr verdrießlich. Die Furcht muß man ihm beybringen / wann man es / ohne zornig zu seyn / straffet: dann wann ihr zornig seyd / so wird aus dem Straffen ein unmäßliches Zuschlagen / welches nichts als Haß nach sich ziehet. Daher soll euch das Pferd / so ihr richten wollet / nur fürchten / aber nicht hassen / und dieses ist meine Meinung / so ich euch / als ein guter Freund / zu beobachten / gebe.

Hand oder Stimme

Pluvinel und sehr viel von den fürnehmsten Meistern der Reit-Kunst / halten es für billig und wol gethan / wann man ein Pferd immerzu streichelt / und liebkoset / und also ihren geleisteten Gehorsam mit der Hand oder Stimme freundlich belohnet / ja wol gar ihnen etwas zu essen bringet / so offt sie recht gethan / und Plunivel saget weiter / man müsse gegen die Pferde mit Liebkosungen verschwenderisch / mit Straffen aber geitzig seyn / und sich nur wol in Obacht nehmen / daß man die Pferde niemals erzürne / dieses sey das einzige Mittel sie abzurichten. Er hat eines theils recht / und solches vermutlich nur auf die jungen Leute geredet / welche gemeiniglich die Pferde gar zu viel schlagen / und fest glauben / es sey dieses das einzige Mittel seines Pferds recht mächtig zu werden: Man muß aber auf die Streiche so grosse Vermutung nicht setzen / und ob ich gleich befohlen / den Pferden eine Furcht einzujagen / so muß man sie doch nicht schlagen / ohne zu wissen / wann oder wie / sonsten macht man sich nur bey ihnen verhasst. Es giebt warhafftig viel Bereuter / so die Pferde gar nicht / oder doch zum wenigsten selten / liebkosen / weder im Aufsitzen / noch im währenden reiten / noch im Absteigen / auch nicht im Stall / und doch richten sie Pferde / welche trefflich wol gehen: Sie sind aber gar zu scharff / und gleichen fast denen Rudermeistern auf den Galeeren / die nicht anders als mit der Ochsen-Senne reden / solche Leute lieben aber die Pferde nicht / ob sie gleich mit der Stimme ihnen nicht drohen noch sonst mit ihnen reden / und vielleicht thun sie solches / aus angeborner Art / oder damit sie die Pferde in der Furcht und Unterthänigkeit behalten mögen / welches eben nach meiner Meinung / kein gutes Mittel ist / und also nicht für eine Kunst-Regul kan gehalten werden / ob wol (wie ich euch gesagt) die Gütigkeit nicht allezeit gute Frucht bringet / sondern offtmals ein Pferd dadurch stöltzer und boßhafftiger gemacht wird / dahingegen die Furcht eine sorgfältige Aufmercksamkeit und emsigen Gehorsam zu wegen bringet; aber mit einem Wort / die großmütigen und guten Pferde / welche keine Boßheit in sich haben / wollen liebgekoset seyn / gleichwie alle die jenigen / welche von Natur gefolgsam sind: hingegen die boßhafftigen / stoltzen und arglistigen Pferde / muß man durch allerley Mittel und Weise in der Furcht erhalten.

**William Cavendish,
Neu-eröffnete Reit-Bahn. 1667**

schon zu Anfang der Stunde die Riemen fest anziehen, sondern durch mehrfaches Nachgurten vermeiden, das Pferd zum Widerstand zu animieren.
Die in verschiedener Höhe am Longiergurt angebrachten Ringe dienen dazu, die Ausbindezügel unterschiedlich einzuschnallen und derart unterschiedlich aufs Gebiß einwirken zu lassen. Ausbindezügel mit numerierten Löchern haben den Vorteil, daß man ihre Länge auf beiden Seiten schnell und genau bestimmen kann. Die Gummiringe dienen der weichen Anlehnung des Pferdes ans Gebiß. Ausbindezügel sollten so lang sein, daß die Pferde sich strecken können und die Dehnung ihres Halses nicht begrenzt bleiben muß, weil halt die Ausbinder nicht mehr hergeben. Die Longe sollte sieben bis zehn Meter lang sein und so breit, daß sie sich fest in der Hand halten läßt. Will man die Longe auch als Doppellonge verwenden, dann muß sie noch länger sein. Bei der Peitsche empfiehlt sich eine Länge von etwa drei Metern, und zwar mit einem ebenso langen Schlag aus einem Stück. Mit einer solchen Peitsche kann man das Pferd auch dann erreichen, wenn man den Radius des Longierkreises auf fünf Meter und mehr erweitert. Um die Peitsche über längere Zeit bequem halten und um sie präzise einsetzen zu können, ist es erforderlich, daß ihr Handstück im Vergleich zum vorderen oder oberen Teil schwer genug ist; andernfalls muß man zuviel Kraft aufwenden, um den Stock nicht stets nach vorne abkippen zu lassen.

Arbeit junger Pferde

Bei der Arbeit junger Pferde mit der Longe sollte man sich stets vor Augen halten, daß es für das Pferd nicht „natürlich" im Sinne von üblich ist, sich auf einem Kreis mit einem Radius von vier bis acht Metern fortzubewegen. Diese Voraussetzung bestimmt die Anforderungen, die man ans Pferd stellen kann. Dem jungen Pferd fällt die Bewegung auf dem Zirkel vor allem deshalb schwer, weil es sich noch nicht hinreichend zu biegen vermag und daher die Tendenz zeigt, in die Wendung hinein- oder aus ihr herauszufallen. Dies ist besonders offensichtlich im Galopp, in dem das Pferd vielfach in Konterstellung anspringt, um sich leichter im Gleichgewicht zu halten; es geht also nicht nur deshalb im Kontergalopp, weil ihm der Galopp auf der einen oder anderen Hand von Natur aus mehr liegt. Gerade weil die Gleichgewichtsschwierigkeiten im Galopp sehr viel größer sind als im Trab, empfiehlt es sich, zunächst vornehmlich im Trab – in der Regel fällt er auf der linken Hand leichter – zu arbeiten und erst dann in den Galopp überzugehen, wenn das Pferd im Trab gelernt hat, sein Gleichgewicht zu finden und sich der Zirkellinie entsprechend zu biegen. In diesem Stadium sollte man freilich den Galopp auch verlangen und dem Pferd die Möglichkeit geben, an der Longe seinen Galopp auf dem Zirkel auszubalancieren, das heißt das zu tun, ehe es mit dem Reitergewicht zusätzlich belastet wird. Gerade im Bereich des Galopps, auch beim Angaloppieren, kann das Pferd an der Longe vieles leichter lernen, das ihm unter dem Reiter nur mit größerem Einsatz und größerer Auseinandersetzung beizubringen ist.

Zirkel und Peitsche

Erst allmählich wird das Pferd im Verlauf zunehmender Losgelassenheit dahin geführt, sich entsprechend dem Zirkel in seiner Längsachse zu biegen, und zwar mit dem Ziel, auf einem Hufschlag zu gehen, also weder mit der äußeren Schulter auszufallen noch mit der inneren in die Wendung hineinzudrängen. Die Arbeit beginnt mit dem Trab auf einem Zirkel von relativ großem Radius, der durch die Ausmaße der Halle meist begrenzt wird. Zunächst sollte man dem Pferd Gelegenheit geben, an der Bande einen „Halt" zu finden, das heißt, diesen Halt an drei Seiten der Bande zu erhalten. Erst mit der Zeit verkleinert man den Radius des Zirkels und lehrt das Pferd, unabhängig von der „Anlehnung" an die Bande zu gehen.
Pferde neigen von sich aus dazu, den Zirkel zu vergrößern, sie tun dies, um derart Gleichgewichtsprobleme zu vermeiden oder dem Zwang zur Biegung auszuweichen; sie tun es aber auch, um aus der Reichweite von Peitsche und Einwirkung des Longenführers zu gelangen. Auf die treibende Einwirkung darf der Ausbilder aber nicht verzichten, weil er nur mit ihr eine fleißige Arbeit erreichen und nur mit ihrer Hilfe vermeiden kann, daß das Pferd im Hals abknickt, mit der Schulter nach außen drängt und dann nach eigenem Gutdünken dahinläuft.
Die Verbindung des Pferdes über die Longe zur Reiterhand sollte gleichbleibend sein, um dadurch zu gewährleisten, daß das Pferd um den auf einem Punkt sich drehenden und nicht dem Pferd folgenden Ausbilder einen Kreis beschreibt, eine runde und keine ellipsenförmige Figur, bei der das Pferd die stetige Biegung dadurch zu ersetzen sucht, daß es in den Scheitelpunkten der Ellipse jeweils in die Wendung hineinfällt. Der Ausbilder sollte dem Pferd aber auch nicht gestatten, daß es an seiner Hand zieht, sich auf sie legt oder den Druck dadurch zu verringern sucht, daß es im Hals abknickt. Arrêts, kurze ruckartige Anzüge, verbieten dem Pferd den Dauerdruck, sie erreichen ihr Ziel freilich nicht, so lange sie nicht unterstützt werden durch Treiben mit der Peitsche, so lange also nicht versucht wird, die Widerstände des Pferdes in energischer Vorwärtsbewegung zu lockern.

Gnade und Gunst

Einer eintzigen Ruthe bediene ich mich manchsmal drey gantzer Monat lang / auch gebrauche ich der Stimme nicht wie vor erzehlte Reuter pflegen; dann eine gute sichere Hand / und ein wolgeschickter Schenckel (wann sie sich zusammen recht verstehen) unfehlbar ein Pferd richten / und diese werden die grossen Fehler selten vorbey gehen lassen / ohne dem Pferd zu erkennen zu geben / daß es gefehlt habe. Wan man sie einen Tag scharff gestraffet hat / so kan es geschehen / daß man ihnen den andern Tag auch noch einen oder zween Sporn-Streiche versetze: doch soll man sie nimmermehr so scharff straffen / wan sie nicht einen grossen Fehler begangen haben / und wann sie dann nicht fehlen / so soll man sie / an statt des straffens / vielmehr liebkosen; wiewol bey gewissen Pferden dieses schon Liebkosung genug heisset / wann man sie nicht schlägt. Diese Art ist warhafftig gut / die Pferde zu richten / und Schulgerecht zu erhalten.
Weil man allezeit im Anfang der Gütigkeit / hernachmals aber (wann diese nichts hilfft) der Schärffe sich bedienen soll: so schmeichle ich den Pferden / wann sie recht thun / ja ich gebe ihnen zum Lohn etwas zu essen; dann die Hoffnung zur Belohnung / und die Furcht gestrafft zu werden / sind zwey Dinge / die in der Welt unter allen Menschen grosse Würckung haben / und also auch bey den Pferden wol fruchten; dann man siehet ja / daß die Menschen selbst nur das Gute / als nemlich Freundlichkeit oder gute Worte / Liebkosungen / Gnade und Gunst zu erlangen wünschen / weil sie solches für gut erkennen / und hingegen die Straffe als ein von ihnen erkanntes Ubel fliehen. Die Pferde sollen gemeiniglich durch die Sporne gestrafft werden; dann die Peitsche vom eisern Drath tauget nichts. Die Chambriere oder lange Riem-Peitsche / soll man anfangs gebrauchen: wann aber ein Pferd einmal gewonnen ist / so soll man nicht mehr daran gedencken / und auch an die Ochsen-Senne nicht / welche wir für die nichts-nutzigen Eseln und Schindgurrn behalten wollen.

Geduld und Kunst

Die Spitz-Ruthe ist mehr zur Zierde / als zum Gebrauch; ob man aber die Pferde belohnen soll oder nicht / daran ist warhafftig sehr wenig gelegen; Und dieses ist das geringste mindeste Stück von der Reit-Kunst; dann ein Unwissender (deren ich eine grosse Anzahl kenne / und deren noch ein grössere Menge seyn wird / die ich nicht kenne) mag sein Pferd immerzu streicheln und belohnen / und niemals straffe oder kühnlich schmeicheln zu gleich / so wird er doch deßwege kein Pferd richten weder auf eine / noch auf die andere Art / und denen / so mir sagen / es gehöre zum Pferd richten nichts als Gedult / gebe ich zur Antwort: daß ich die Gedult verlache / welche nicht mit der Kunst vergesellschafftet ist; dann die Gedult allein wird wol kein Pferd richten / hingegen die Kunst und Gedult zugleich werden alle Pferde ohnfehlbarlich zu recht bringen / die nur ein wenig zum richten taugen. Ich kan nicht genugsam über ihre Gedult lachen; dann es sind Zeiten / da man wahrhafftig Gedult vonnöthen hat: Aber was wird die Gedult fruchten / wann nicht die gute Schulen das beste dabey thun? Man lasse sich von einem stoltzen und bößwichtigem Pferd / ein ganzes Jahr durch / alles gefallen / was es thut / so wird diese höchste Gedult doch nichts anders zu wege bringen / als daß man letzlich das Pferd nimmermehr richten kan; dieses ist die Würckung der Gedult / dabey keine Kunst verhanden ist / und diesen tollen Leuten die klare Warheit zu sagen / so werden sie mit ihrer lautern Gedult die Pferde ehe verderben / als abrichten / und weil sie weder die Kunst / noch gute Gewonheiten haben / mit Pferden umzugehen / so wird durch ihre gedultige Art / aus einem Pferd (wann es vormals gleich das tapfferste und feurigste gewesen) ein ungeschicktes faules Thier: woraus dann zu schliessen / daß auf die Gedult allein / in Abrichtung eines Pferdes / nicht zu bauen seye / und daß dieselben / welche alles durch die Gedult allein zu wegen zu bringen vermeinen / nicht fähig sind / ein Pferd recht abzurichten.

William Cavendish,
Neu-eröffnete Reit-Bahn. 1667

Die Peitschenhilfen

Zur Tendenz, in der Vorwärtsbewegung das Heil zu suchen, gehört auch die Einstellung des Reiters, das Pferd an der Longe quasi vor sich her zu treiben und es nicht vorwärts zu ziehen. Um dem Pferd die Vorwärtstendenz deutlich zu machen, wird man es zunächst mit dem Peitschenschlag über dem Sprunggelenk treffen. Um die Hinterhand zu aktivieren, ist es vielfach auch förderlich, es in der Gegend der Fesseln mit der Peitsche zu berühren. Unabhängig von allgemeinen Tendenzen reagieren die Pferde auf die unterschiedlichen Peitschenhilfen in verschiedener Weise; Probieren geht hier über Studieren. Es empfiehlt sich auch, die Art beziehungsweise den Ort der Peitschenhilfe zu wechseln, um auch in diesem Punkt einer Abstumpfung vorzubeugen. Sofern die Pferde keine besonderen Schwierigkeiten machen und sofern der Ausbilder die Peitsche geschickt und sicher zu handhaben vermag, ist es vorteilhaft, das Pferd dort zu treffen, wo der Reiterschenkel liegt: in Höhe des Gurtes. Derart wird das Verständnis des Pferdes für die Hilfe durch den treibenden Schenkel vorbereitet oder bestärkt. Diese Peitschenhilfe hat auch den Vorteil, daß das Pferd in der Regel eher bereit ist, sich in der Rippe zu biegen, unter anderem schon deshalb, weil die Peitschenhilfe oft dazu führt, Verkrampfungen im Rippenbereich der inneren Seite durch vermehrte Aktivität abzubauen. Bei vielen Pferden wird die Bereitschaft, sich zu biegen, auch dadurch gefördert, daß die Peitsche, solange sie nicht treibend wirkt, in Richtung Gurt zeigt.

Das Ausbinden

Üblicherweise werden Pferde beim Longieren ausgebunden, um ihnen derart die Anlehnung ans Gebiß beizubringen und um sie dazu zu führen, „durchs Genick" zu gehen und sich im Genick zu lockern. Man vermeidet so auch, daß sie den Hals hochnehmen, den Unterhals heraus- und den Rücken wegdrücken. Das Ausbinden verfolgt ferner den Zweck, das Abknicken des Halses nach innen und das damit verbundene Ausfallen der Schulter zu unterbinden. Um das Pferd in die Richtung des Zirkels und der Biegung zu führen, wird der innere Ausbinder vielfach zwei Loch kürzer geschnallt als der äußere. Die unterschiedliche Länge der Ausbindezügel hängt freilich vom Verhalten des Pferdes ab, das heißt von seiner Bereitschaft, sich zu biegen und von seiner Tendenz, den Hals seitlich abzuknicken. Pferden, die dazu neigen, mit der Schulter auszufallen, sollte man die Ausbinder gleichlang schnallen.

Die Entscheidung darüber, welche Länge man beim Ausbinden wählt, hängt in starkem Maße von der Hals- und Genickhaltung des Pferdes ab. Generell ist davon auszu-

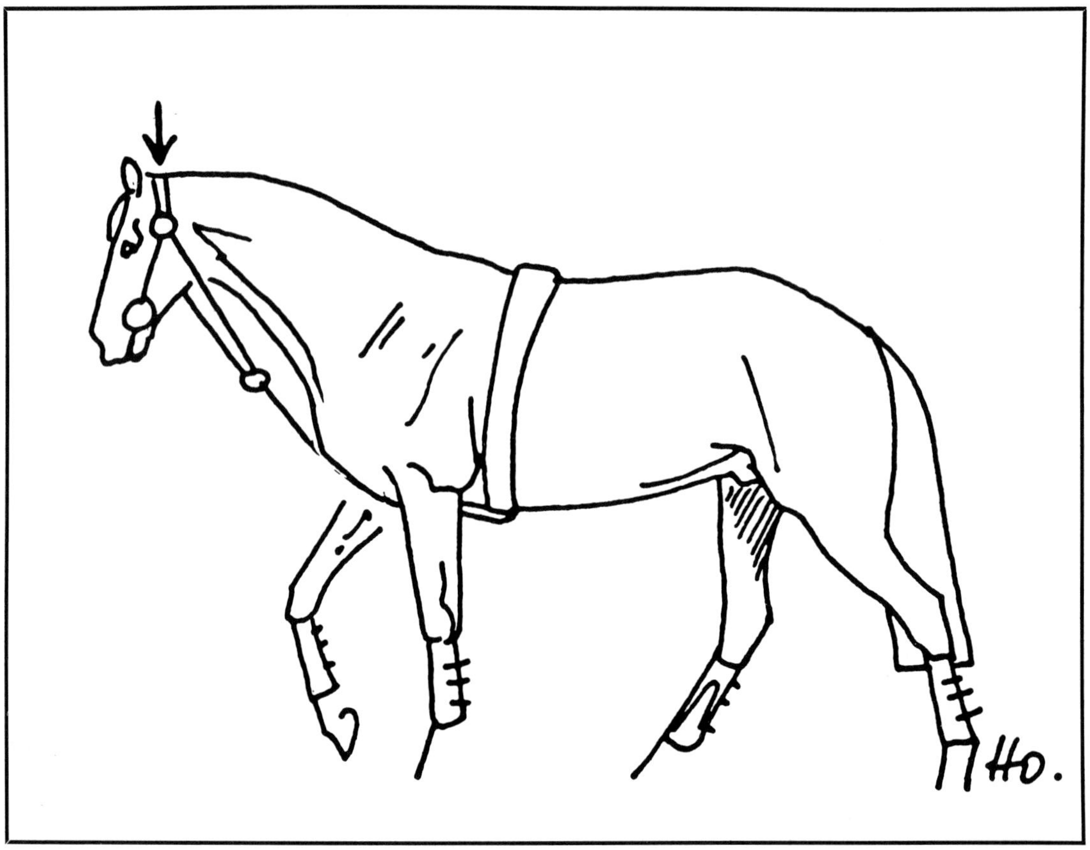

Anders als der Ausbindezügel gestattet das Chambon dem Pferd, die Nase weiter vor die Senkrechte zu nehmen, den Hals fallen zu lassen und ihn zu strecken. Gibt man den Pferden hinreichend Zeit, sich über ein länger verschnalltes Chambon an die Arbeit zu gewöhnen, dann werden sie bald den manchmal mit Störungen im Bewegungsablauf verbundenen Widerstand (oben) aufgeben, werden sich vorwärts-abwärts strecken und dabei den Rücken loslassen und mit den Hinterbeinen weit durchschwingen (unten).

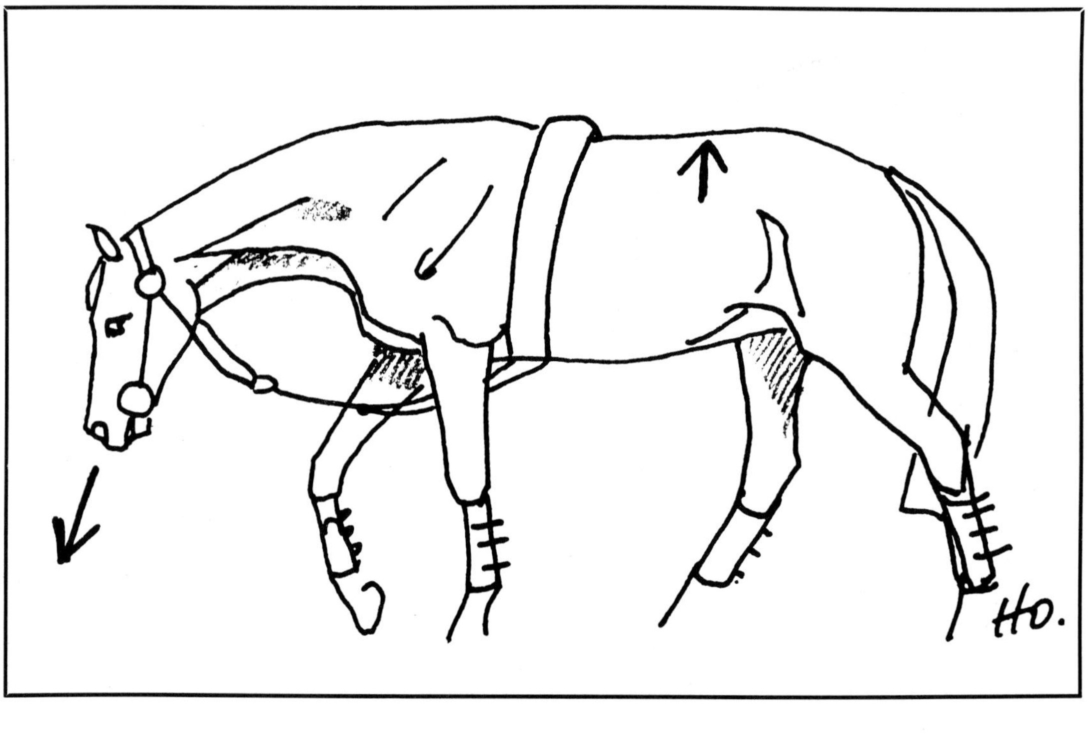

gehen, daß es für ein Pferd nicht üblich und insofern auch nicht „natürlich" ist, im Genick in dem Maß abzuknicken, wie es der Reiter nach der orthodoxen Ausbildung verlangt. Manche Pferde zeigen gegen dieses Abknicken deutlichen Widerstand, unter anderem bedingt durch Schmerzen. Verlangt man von den Pferden, gleich zu Beginn der Arbeit in dem Maße „durchs Genick" zu treten, wie es eigentlich erst einem ausgebildeten Pferd möglich ist, gestattet man ihnen also nicht, sich sukzessiv mit der neuen Aufgabe vertraut zu machen und sich auch physiologisch an sie anzupassen, dann muß man damit rechnen, daß die Pferde nach einem leichteren und schmerzloseren Weg suchen und ihn darin finden, nicht im Genick, sondern im Hals zwischen dem zweiten und dritten Wirbel abzuknicken. Die Tendenz mancher Pferde, nicht das Genick, sondern den Bereich des zweiten und dritten Wirbels als höchsten Punkt zu haben, wird also vielfach dadurch ausgebildet, daß man sie zu früh zu eng ausbindet, sogleich den senkrechten Verlauf ihrer Nasenlinie verlangt und sie mit starren und nicht durch Gummiringe abgefederten Zügeln ausbindet. Gerade im Maul empfindliche Pferde entgehen oft den Stößen, die sie durch starre Zügel aufgrund des Schwungs ihrer Bewegung erhalten, dadurch, daß sie „falsch" knicken und sich hinter dem Zügel verkriechen. Dieser Tendenz wirkt man entgegen, wenn man die Pferde zu Anfang deutlich vor der Senkrechten ausbindet. Wenn man nicht gleich die Haltung eines fertigen Reitpferdes verlangt, sondern zunächst die Losgelassenheit zu fördern sucht und den Pferden hinreichend Gelegenheit gibt, sich zu dehnen.

Gedehnt und doch schwungvoll

Dehnung und Losgelassenheit bedeuten nicht, matt dahinzulatschen. Man sollte das Pferd vielmehr dazu erziehen, gedehnt und doch schwungvoll zu gehen, an der Longe mit tätiger Hinterhand zu arbeiten und sich auf diesem Wege zu entspannen. Da diese Arbeit ungewohnt und zunächst auch anstrengend ist, und da Pferde ebenso wie Menschen durch Muskelkater belästigt werden, vermeidet man unnötige Widerstände dadurch, daß man bei Longenarbeit zunächst über ein Pensum von zehn Minuten nicht hinausgeht und dieses erst allmählich steigert. An der Longe Schwung zu entwikkeln, bedeutet nicht, den Pferden das „Laufen" zu gestatten. Es geht vielmehr darum, ihre Gehlust anzunehmen oder sie auszubilden. Das Geschick des Longenführers besteht wesentlich darin, das Pferd durch forcierende oder beruhigende Einwirkung einen Takt finden zu lassen, bei dem es hinreichend arbeitet und sich losläßt, bei dem es also auch hinsichtlich des Bewegungsablaufs auf die Anforderungen unter dem Sattel vorbereitet wird. Pferde an der Longe „über den Takt" gehen zu lassen, hindert ihre Gymnastizierung ebenso wie das Gegenteil, nämlich das matte Dahinlatschen. Pferde, die sich im Rücken festhalten, neigen dazu, an der Longe zu laufen oder zu trippeln. Im Einzelfall muß man entscheiden, ob über die vermehrte Beruhigung zur Losgelassenheit zu finden ist oder ob die Intensivierung der Arbeit und des Schwungs das Pferd daran hindert, sich weiter festzuhalten. In der Regel ist die Aktivierung und Forcierung bei solchen Pferden das probate Mittel, die sich bei festgehaltenem Rücken von einem Beinpaar in ruhiger Folge aufs andere fallen lassen und die dem Laien den Eindruck vermitteln, als verfügten sie „von Natur aus" über einen besonders ausgeprägten Takt. Erst durch zunehmenden Fleiß sind diese Pferde zu einer Arbeit zu bewegen, in der sie Takt auf der Basis von Losgelassenheit zeigen. Für eine orthodoxe Ausbildung läßt sich die Losgelassenheit eben nicht durch ein Mehr an Takt kompensieren.

Das Chambon

Schwierigkeiten machen Pferde, die sich trotz langgeschnallter Ausbindezügel nicht dehnen und weiterhin den Hals hoch- und den Rücken wegdrücken. In diesem Fall ist es möglich, die Ausbinder zunächst so kurz zu schnallen, daß die Pferde Anlehnung ans Gebiß finden, sie aber mit der Zeit Loch um Loch zu verlängern, um den Pferden über die Anlehnung den Weg in die Tiefe zu zeigen.
Für die Fälle, in denen diese Methode nicht zum Erfolg führt, empfiehlt sich das Chambon, ein Hilfszügel, bei dem über dem Genick des Pferdes ein Lederstück liegt, das rechts und links in je einem Ring endet. Durch diese Ringe gleitet ein Strick, der von den Trensenringen zum Longiergurt unter dem Rumpf des Pferdes läuft, wobei der rechte und der linke Teil des Stricks etwa in Brusthöhe über einen Ring, in dem der Strick hin- und hergleiten kann, zusammengeführt werden. Die Wirkung des Chambons besteht darin, das Pferd dazu zu veranlassen, seinen Hals zu senken und die Nase vor die Senkrechte zu nehmen. Das Pferd lernt spätestens nach einigen Tagen der dosierten Arbeit mit diesem Zügel, daß es den Zug aufs Gebiß dadurch vermindern kann, daß es den Hals fallenläßt und die Nase leicht nach vorne streckt: Durch das Senken und Strecken wird nämlich der Weg des Zügels vom Sattelgurt bis zum Gebiß verkürzt, das heißt, der bisher anstehende Strick beginnt durchzuhängen.
Der eigentliche Effekt des Longierens mit dem Chambon wird dadurch erreicht, daß das Pferd sich bei dieser Dehnung im Rücken losläßt und lernt, mit der Hinterhand im fleißigen Trab elastisch vorzuschwingen.

Lohn und Strafe

Liebkosungen, wie man sie im nachstehenden öfters kennen lernen wird, sind Hilfsmittel, welche man nicht vernachlässigen darf. Abwechselnd mit Strafen legen sie den Grund zur Erziehung des Pferdes. Sie machen das Pferd zuversichtlich, bringen es in ganz anderer Weise in Übereinstimmung mit seinem Reiter, als durch sonstige energische Einwirkungen.
Alle Pferde, selbst die empfindlichsten, nehmen Liebkosungen auf dem Halse gern an. Dort also hat der Reiter sie anzubringen. Er soll sie ganz dreist, ziemlich kräftig, aber ohne Härte ausführen, und Abwechslung hineinlegen, um die Aufmerksamkeit des Pferdes zu erregen; er soll dabei aber ebenso eine zu leichte Berührung vermeiden, da diese nur dazu führen würde, das Pferd zu kitzeln.
Die Liebkosung muss aber bei der Dressur immer zur richtigen Zeit eintreten; sie muss dem Nachgeben des Pferdes unmittelbar folgen, wie dem Ungehorsam die Strafe. Sobald die Nachgiebigkeit erreicht ist, streichle man das Pferd und gönne ihm Ruhe, ohne ihm für den Augenblick Weiteres abzuverlangen. Das ist seine wirkliche Belohnung. Diese Praxis erleichtert die Dressur sehr. Um einen vollständigen Erfolg zu erzielen, muss die Liebkosung von der Stimme begleitet sein. Beide zusammen erzeugen den höchsten Grad der Beruhigung, welchen man erreichen kann. In den meisten Fällen ist der Erfolg ein entscheidender.
Wie vorstehend gesagt, beruht die Erziehung des Pferdes ausschliesslich auf den beiden verschiedenen Behandlungsarten seitens des Reiters: Auf Liebkosungen und Strafen. Beide müssen unter allen Umständen rechtzeitig angewandt werden; aber ganz besonders ist dies bei der Strafe notwendig.

Nicht im Zorn

Vor allem empfehle ich dem Reiter, welcher ein schwieriges Pferd hat, sich niemals zu einem Zornesausbruch hinreissen zu lassen. Ist die Strafe verdient, so ist sie so stark zu erteilen, dass sie wohl dem Zorne gleichen kann, aber niemals das beabsichtigte Mass überschreitet. Im ganzen muss man die Pferde wie die Kinder behandeln. Jedermann weiss, dass es nichts Schlechteres gibt, als ein Kind im Zorne zu strafen. Das Pferd versteht nie, von welchem Gefühl man beherrscht wird; es erinnert sich nur des Schmerzes, welchen es empfunden hat, und des Widerstandes, unter welchem derselbe ihm zugefügt ist. Der Scharfsinn des Pferdes kann die Übereinstimmung zwischen einer von ihm gemachten tadelnswerten Bewegung und dem dafür erhaltenen Schlage verstehen, geht aber darüber nie hinaus.
Dies ist der Grund, weshalb die Strafe ihre ganze Wirksamkeit verliert und zu einer Gedächtnisverwirrung bei dem Pferde wird, wenn sie nicht in demselben Augenblick zur Anwendung kommt, in welchem der Fehler begangen wird. Die Strafe soll dem Fehler ebenso schnell folgen, wie die Liebkosung der Nachgiebigkeit. Wenn z. B. die Pferde hinten ausschlagen und die Strafe genau in dem Moment erfolgt, wenn die Kruppe noch hoch ist, wird das Pferd sich dessen erinnern, dass gerade diese Bewegung ihm den schmerzhaften Schlag zugezogen hat. Wenn hingegen die Züchtigung erst dann erfolgt, wenn die Beine die Erde wieder erreicht haben, so wird das Pferd die Wechselwirkung zwischen diesen beiden Handlungen nicht mehr begreifen; es wird vielmehr durch ein abermaliges Hintenausschlagen sich desjenigen zu entledigen suchen, der ihm Böses zugefügt hat.

Nicht zu spät

Ich habe gesagt, dass jeder vom Pferde beabsichtigte, erwogene Fehler bestraft werden muss; aber ich zögere nicht, hinzuzufügen, dass es besser sein würde, ihn unbestraft zu lassen, als zu spät zu strafen. Beide Verfahren sind schlecht, aber von zwei Übeln muss man das kleinere wählen.
Es kommt auch darauf an, aufmerksam zu unterscheiden, welcher Grund das Pferd veranlasst hat, einen Fehler oder eine Widersetzlichkeit zu begehen, damit man sich darüber Rechenschaft geben kann, ob derselbe einem schlechten Charakter oder dem Schmerzgefühl entsprungen ist. Also wohl gemerkt, wenn das Pferd hinten ausschlägt, weil es in der Niere oder den Sprunggelenken Schmerz empfindet, ist die Strafe nicht gerechtfertigt; in diesem Falle muss man dem Pferde die äusserste Erleichterung gewähren. Wenn hingegen das Hintenausschlagen eine wirkliche Widersetzlichkeit oder böse Angewohnheit ist, was ziemlich oft vorkommt, so muss man dasselbe strengstens bestrafen im Augenblick, wo es geschieht, und einer Wiederholung möglichst durch energisches Aufrichten von Hals und Kopf vorbeugen, um die Hinterhand mehr zu belasten.

James Fillis,
Grundsätze der Dressur und Reitkunst. 1890

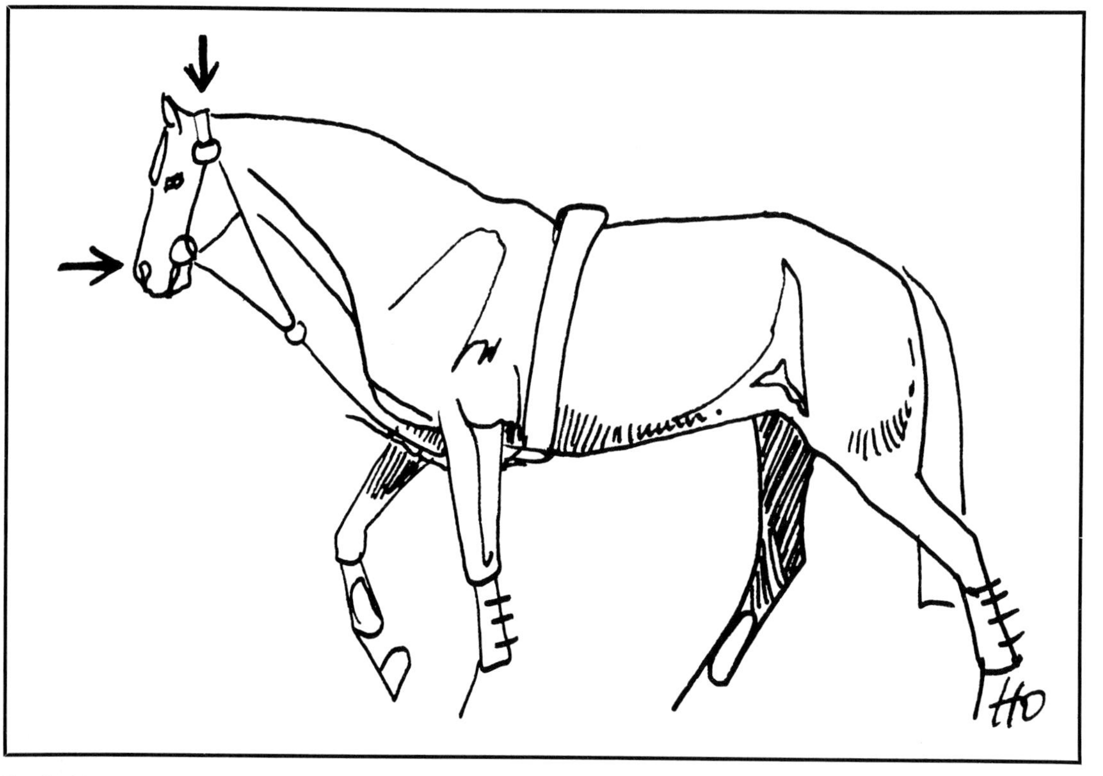

Anfangs Muskelkater

Mit dem Chambon zu gehen, ist für die Pferde zunächst ziemlich anstrengend. Man sollte die Arbeit daher im Anfang auch nicht über zehn Minuten hinaus ausdehnen. Man sollte das Chambon anfangs ferner nicht zu eng schnallen. Die meisten Pferde haben in der ersten Zeit mit Muskelkater zu kämpfen, Muskelkater im Bereich von Hals und Genick wie auch im Bereich des Rückens, der etwas aufgewölbt wird und der es dem Pferd zunächst schwermacht, mit den Hinterbeinen unter- und durchzuschwingen. Selbst wenn man den Pferden Zeit läßt, sich mit der Wirkung des Chambons vertraut zu machen, wird man in den ersten Stadien nicht vermeiden können, daß sie mit den Hinterbeinen weniger untertreten, vermehrt zu schieben und das Gewicht stärker auf die Vorhand bringen.

Diese Tendenz kann bei zu eng geschnalltem Chambon so weit gehen, daß der Anschein entsteht, der Takt sei gestört. Besonders schwer fällt es den Pferden, mit dem Chambon zu galoppieren, dabei die Beine unter die Last zu bringen und sich auszubalancieren. Für den Galopp sollte man das Chambon auf jeden Fall länger schnallen und mit der Galopparbeit erst beginnen, wenn die Trabarbeit gefestigt ist und das Pferd in ihr gelernt hat, mit den Hinterbeinen frei durchzuschwingen. Die positiven Wirkungen des Chambons für die Losgelassenheit des Pferdes wird man nur erreichen, wenn man bei dieser Arbeit viel Geduld aufbringt und dem Pferd hinreichend Zeit läßt, die neue Einwirkung zu erfahren und auf sie zu reagieren.

Bei manchen Pferden besteht ein Problem des Chambons darin, daß das Gebiß nicht aus Richtung der Reiterhand auf den Unterkiefer, sondern senkrecht nach oben gegen die Maulspalte wirkt. Derart lernt das Pferd nicht die Anlehnung ans Gebiß. Hinzu kommt, daß die Pferde sich bei erfolgreicher Arbeit mit dem Chambon im Hals und auch im Genick nach vorwärts-abwärts strecken, und das heißt auch, daß sie nicht im Genick abknicken. Dies kann dann bei der Arbeit unter dem Reiter, bei der das Abknicken und die Lockerheit im Genick gefordert werden, zu Problemen führen. Der Gogue-Zügel sucht solchen Schwierigkeiten dadurch zu entgehen, daß er den vom Longiergurt über das Genick zur Trense führenden Strick nicht im Trensenring enden läßt, sondern ihn an beiden Seiten durch diesen Ring führt und sein Ende vor der Brust des Pferdes mit dem Anfang derart verbindet, daß ein gleitendes Dreieck (Brusthöhe, Genick, Trensenring) entsteht. Mit dem Gogue-Zügel wird das Pferd allerdings nicht in dem Maße wie mit dem Chambon dazu veranlaßt, sich zu strecken; es wird freilich auch nicht in dem Maße an einer Dehnung gehindert, wie es der fest verschnallte Ausbindezügel tut.

Von der Idee her faßt der Gogue-Zügel die Wirkung des Chambons und des Ausbindezügels insofern zusammen, als er aufs Genick wie aufs Maul wirkt. Derart soll unter anderem der Nachteil des Chambons, die Beizäumung nicht vorzubereiten und zu fördern, ausgeglichen werden. In der Praxis führt der Gogue-Zügel allerdings nicht bei allen Pferden zum angestrebten Ziel. Dies liegt daran, daß dieser Zügel aufgrund seines freien Laufs durch den Genick- und den Gebißring sehr unterschiedliche Stellungen von Kopf und Hals zuläßt, einmal eine mittlere Position (oben) und dann aber auch extreme zwischen hoher Aufrichtung bei starker Beizäumung und das Fallenlassen des Halses bei vor der Senkrechten getragener Nase.

Während das Chambon ziemlich eindeutig in bestimmter Richtung wirkt, läßt der Gogue-Zügel dem Pferd also mehr Freiheit, auf die sich verschiebenden Kräfte zu reagieren und sie in seinem – manchmal vom Ausbilder nicht erwünschten – Sinne einzurichten.

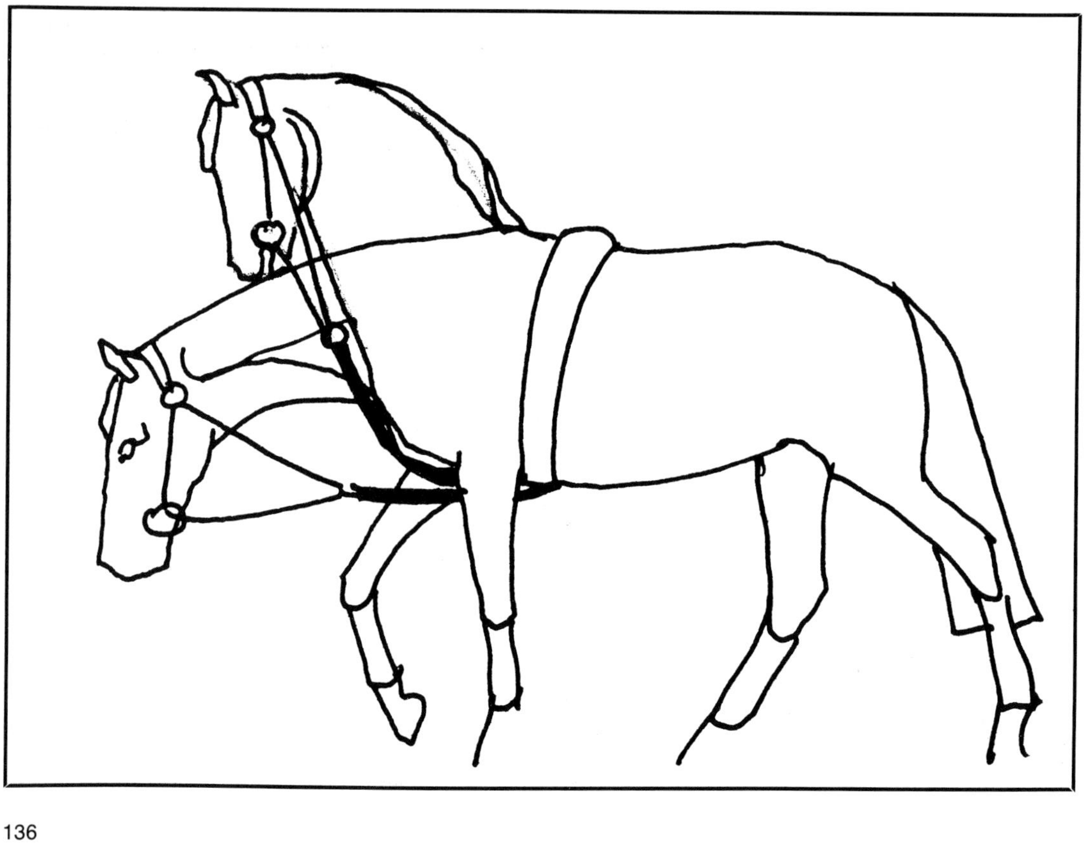

Die Aufsatzzügel

Im Gegensatz zum Chambon verfolgen die verschiedenen Versionen von Aufsatzzügeln, die vom Gebiß über das Genick des Pferdes zum Vorderzwiesel des Sattels oder zum oberen Teil des Longiergurts führen, den Zweck, den Hals des Pferdes aufzurichten. Dieser Effekt wird dadurch erreicht, daß der Weg des Zügels sich verkürzt, wenn das Pferd den Hals hebt; durchs Aufrichten des Halses entgeht das Tier also dem Druck des Zügels aufs Gebiß. In Einzelfällen kann dieser Zügel – sofern er nicht zu fest geschnallt ist – helfen, vielfach wird die Aufrichtung, die bei solider Ausbildung eine quasi automatische Folge der Versammlung darstellt, aber separat, das heißt ohne die ihr korrespondierende Versammlung erzielt und dann auch auf Kosten der Rükkentätigkeit. Leicht werden mit zu eng geschnallten Aufsatzzügeln „Strampler" erzogen, daß heißt, Pferde, die bei weggedrücktem Rücken und schiebender Hinterhand den Laien durch die „schulterfreie" Aktion der Vorderbeine beeindrucken.

Der Holleuffersche Schlaufzügel, der vom oberen Teil des Sattels oder des Longiergurts über die Trensenringe zwischen den Beinen des Pferdes zum Gurt führt, wird heute nur noch selten verwendet. Er gestattet dem Pferd zwar, den Hals höher oder niedriger zu tragen, erlaubt ihm aber nicht, sich zu strecken. Aus der Mode gekommen sind auch weitere Hilfszügel und Hilfsgeräte wie der Spanische Reiter.

Mit ihnen wurden die Pferde meist in bestimmte Schablonen gepreßt, und zwar in einer Ausbildung, die unter Zeitdruck stand oder sich unter Zeitdruck bringen ließ und daher den Weg der soliden Grundlagenarbeit zu umgehen oder zu verkürzen suchte.

Fleiß und Versammlung

Die Versammlung eines Pferdes wird an der Longe vor allem über den Fleiß gefördert, und zwar insbesondere dadurch, daß das Pferd mit zunehmender Losgelassenheit lernt, mit den Hinterbeinen vorzuschwingen und sich auf dem Zirkel auszubalancieren.

Indem das Pferd dies in den Arbeitstempi beigebracht bekommt, werden die ausschlaggebenden Voraussetzungen für die Versammlung geschaffen.

Vom besonderen Geschick des Longenführers hängt es ab, dem Pferd nicht nur treibend zu helfen, sondern das Tempo seiner Bewegung mit Hilfe der Stimme und kurzen Anzügen an der Longe zu vermindern und sich dadurch die Gelegenheit zu einem Treiben zu verschaffen, das nicht das Tempo steigert, sondern den Vortritt der Hinterbeine, die Aktivität und den Schwung fördert. In dieser Richtung wirken auch häufige Wechsel des Tempos und der Gangart.

Präziser läßt sich das Pferd an der Longe führen, bestimmter läßt es sich aufnehmen und gezielter läßt es sich ohne Temposteigerung treiben, wenn man sich der Doppellonge bedient. Das Pferd mit Hilfe der Doppellonge immer wieder für einige Tritte nach außen zu stellen, kann vor allem für Pferde förderlich sein, die sich im Genick versteifen. Die Arbeit mit der Doppellonge, die in die Arbeit an der Hand übergeht, setzt besondere Vorsicht und Erfahrung voraus. Leicht bringt man das Pferd nämlich dazu, sich gegen die Hand des Longenführers zu stemmen, auf sie zu legen und im Maul stumpf zu werden. Nur wer dahin kommt, das Pferd auch an der Doppellonge mit leichter Hand zu führen, kann über die Arbeit mit ihr die Losgelassenheit, die Balance und die Versammlungsbereitschaft verbessern.

Der Longierring

Abschließend noch ein paar Sätze zum Longierring: In England und in den USA findet man dieses Hilfsmittel bedeutend häufiger als hierzulande. Der mehr oder minder provisorisch und mitunter auch recht aufwendig angelegte Ring (Longierhalle) gibt vor allem dem jungen und dem versteiften Pferd – wie die Bande der Reithalle – Halt und Orientierung. Er läßt Probleme wie das Ausfallen der Schulter oder der Hinterhand nicht in dem Maße wie beim Longieren auf offenem Areal aufkommen.

In der Regel finden die Pferde auf dem Longierzirkel leichter als auf freiem Feld ihr Gleichgewicht. Nach der Arbeit auf dem Longierzirkel fällt es ihnen auch weniger schwer, ihr Gleichgewicht ohne den Halt einer Bande zu behalten und auf freiem Areal an der Longe zu gehen, ohne mit der Schulter oder der Hinterhand auszufallen. Der Longierzirkel fördert also das Endziel, von solchen Hilfen unabhängig zu werden.

Der Zirkel sollte einen Durchmesser von etwa 12 Metern haben. Besonders einfach läßt er sich dadurch erstellen, daß man nicht mehr verwendete Teerfässer im Kreis aufstellt, Stangen auf sie legt und dadurch den Zirkel schließt. Wenn man Cavalettis verwendet, ist darauf zu achten, daß die nach außen drängenden Pferde sich an ihnen nicht verletzen können. Die leicht greifbaren Strohballen haben den Nachteil, daß sie schnell vermodern und bald ziemlich viel Schmutz auf den Platz bringen.

Wenn der Durchmesser des Zirkels mit Hilfe von Tonnen oder Cavalettis variierbar ist, kann man sich mit ihm auf den jeweiligen Ausbildungsstand des Pferdes einrichten. Bei einem Pferd, das sein Gleichgewicht noch nicht gefunden hat, wird man einen größeren, bei einem fortgeschrittenen einen kleineren Kreis wählen; die Gefahr der Überanstrengung und Überbelastung auf kleinem Kreis sollte man jedoch stets im Auge behalten.

Der spanische Reiter

Der spanische Reiter, auch eiserne Reiter, auch Dressurmaschine genannt, ist ein eisernes Gestell, welches aus einem eisernen Gurt besteht, auf welchem eine ungefähr 1 1/2 Fuß (ca. 47 cm) lange eiserne Stange senkrecht steht; dasselbe wird auf dem Sattel befestigt. Die senkrechte Stange hat Seitenarme, von denen Zügel nach dem Mundstück hingehen, mittelst welcher man die Stellung des Pferdes ordnet. Diese Maschine soll gleichsam einen wirklichen Reiter ersetzen, beim kräftigen, muthwilligen und bösen Pferde, durch seinen steten Gegenhalt theils den Ungehorsam zurückhalten oder etwaigen beseitigen, und dem jungen Pferde die Last weniger fühlbar, als die des wirklichen Reiters machen.

Man hat ihn in verschiedenen Formen. Die älteste und noch auf manchen Manegen aufbewahrte ist in Form eines T; doch dieser ist unzweckmäßig, daher ich mich seiner auch nicht bediente. Es giebt verschiedene spanische Reiter; die Handhabung sämmtlicher ist verwandt, jeder erhält nur durch die Geschicklichkeit des Dressirens wahren Werth.

Der spanische Reiter, den ich mir konstruirt und seit so vielen Jahren in seiner jetzigen Beschaffenheit gebrauche, hat sich mir als praktisch bewährt, er wird auch von allen Freunden der Handarbeit als solcher anerkannt; er eignet sich zur schonendsten Arbeit für junge Pferde, zum kräftigsten Gegenhalt bei muthigen und bösen und auch zur Produktion künstlich ausgearbeiteter. Derselbe hat zur Sattellage zwei flache eiserne Bäume, ähnlich den hölzernen am ungarischen Sattel, 3 Zoll (ca. 8 cm) breit, 13 Zoll (ca. 34 cm) lang, vorn 2 1/2 Zoll (ca. 6 1/2 cm), hinten 5 Zoll (ca. 13 cm) auseinander, die so gerichtet sind, daß sie sowohl auf dem englischen, als auf jedem andern Sattel gut aufliegen; über diese ist ein 4 Zoll (ca. 10 1/2 cm) breiter eiserner Gurt befestigt, an welchem sich von jeder Seite mittelst eines Charniers ein eiserner Flügel von 1 Fuß (ca. 31 1/2 cm) Länge befindet, in welchem die erforderlichen Gurten befestigt sind. Auf diesem Sattel befindet sich ein vierfüßiges Gestell von 4 Zoll (ca. 10 cm) Höhe, welches in der Mitte eine Oeffnung hat, durch welche die 16 Zoll (ca. 43 cm) hohe senkrecht stehende Stange geht; auf diese werden zwei gerade Arme von etwa 12 Zoll (ca. 32 cm) Länge aufgeschoben, welche mittelst Schrauben höher wie tiefer festzustellen sind. Am Vierfußgestell befindet sich eine Stellschraube, um die Säule feststellen oder drehen zu können.

Die Arme haben auf jeder Seite einen Schlüssel zum Einhängen der Zügel, eine auf der hinteren Seite mäßig spielende Stahlfeder von etwa 1 Pfd. (1/2 kg) Federkraft. Auf dem Seitenflügel ist eine kleine Ledertasche, um den Schlüssel zum Stellen der Schrauben, der an einem Riemen befestigt wird, einzustecken.

Besorgnisse

Das Eisen zum Sattel, zu den Seitenflügeln, zum vierfüßigen Gestell hat 1/8 Zoll (ca. 3 mm), das zu den beiden Armen 1/4 Zoll (ca. 7 mm) Stärke, die senkrechte Stange ist 3/4 Zoll (ca. 2 cm) im Quadrat. Die eisernen Sattelbäume, sowie die Seitenflügel werden zuerst mit Filz belegt und dann mit Leder überzogen, damit der Sattel nicht gescheuert wird.

Dann gehören zu diesem Reiter zwei Aufsetz- und zwei Beinahmezügel, wie der gezeichnete, an deren Enden sich kleine Federhaken befinden, um beim Biegen oder Veränderung der Stellung des Pferdes die Zügel leicht aus- und einhängen zu können.

Die meisten Pferdebesitzer gerathen gewissermaßen in Besorgnisse, wenn sie sehen, daß ihr Pferd unter dem spanischen Reiter gearbeitet wird, oder finden sie andere eingestellt, so setzen sie ohne weiteres voraus, es müsse ein sehr böses Pferd sein, welches nun par force zum Gehorsam gebracht werden soll; sie stellen sich unter spanischer Reiterarbeit eine gewaltsame Dressur vor. Leider machen viele Unkundige einen fehlerhaften Gebrauch vom spanischen Reiter; es nehmen einige sogar, wenn sie durch eigenes fehlerhaftes Einwirken sich mit dem Pferde festgeritten oder erzürnt haben, dasselbe nun in den spanischen Reiter, vorn hoch und bis zur verengten Stellung aufgerichtet, drücken ihm den Rücken und die Hanken nieder. Da nun das arme Thier in dieser gequälten Stellung nicht füglich vorwärts kann, so sieht man auf dasselbe losschlagen, bis es in Verzweiflung vorwärts schießt. Doch auch dieses Vorprellen strafen sie nun sofort wieder von vorn mit dem Kappzaum, und so zwischen diesem und der Peitsche wird manches Pferd bis zur Besinnungslosigkeit gebracht. Dieses Verfahren hat dem Rufe der Handarbeit geschadet, sie ist an vielen Orten ganz verbannt! Der nachtheilige Ruf muß aber natürlich den Arbeiter und nicht das dazu benutzte todte Instrument treffen.

E. F. Seidler,
Die Dressur diffiziler Pferde. 1846

Arbeit an der Hand

28. Folge

Nur wenige Reiter beschäftigen sich mit der Arbeit ihres Pferdes an der Hand. Von Reitlehrern wird ihnen dieses äußerst selten beigebracht; den meisten Instruktoren fehlt für solche Einzelstunden die Zeit. Auch in den Reitlehrbüchern wird dieses Gebiet kaum berücksichtigt, und wenn, dann nur im Zusammenhang mit Piaffen, Passagen und Lektionen der Hohen Schule. Solche Abstinenz ist einerseits verständlich, denn das Charakteristikum des Reitens besteht darin, auf dem Tier zu sitzen und nicht neben ihm herzulaufen; andererseits verwundert es, wie wenige Reiter um die möglichen Vorteile der Handarbeit wissen und wie wenige sich ihrer Hilfe für die Ausbildung unter dem Sattel bedienen.

Die möglichen Vorteile der Arbeit an der Hand werden zumindest annäherungsweise klar, wenn man sich die Unterschiede Ausbildung von unten oder vom Sattel aus vor Augen führt: Das Pferd geht ohne die Belastung des Reiters, es kann sich also nach den Anforderungen des Ausbilders bewegen, ohne zugleich etwa anderthalb Zentner tragen zu müssen. Auch kann der Mensch bei der Arbeit an der Hand auf das Pferd einwirken, ohne sogleich mit dem verfestigten Widerstand rechnen zu müssen, den viele Pferde gegen die Einwirkung des Reiters zu entwickeln gelernt haben. Weiter ist dem Pferd vom Boden aus oft präziser mit der Gerte zu helfen als vom Sattel aus. Derart wird es möglich, dem Pferd den Weg zur Versammlung deutlich zu machen, das heißt nicht das Untertreten schlechthin, sondern die Versammlung auf der Basis der Gymnastizierung zu fordern. Hat man die Anfangsschwierigkeiten überwunden, dann läßt sich das prinzipielle Anliegen des Reiters dem Pferd an der Hand oft mit einem geringeren Maß an Auseinandersetzung, Anstrengung und Verschleiß beibringen als unter dem Sattel. Zudem kann der Ausbilder bei der Arbeit an der Hand die Reaktion des Pferdes vielfach besser beobachten als bei der Arbeit unter dem Sattel, bei der er auf das oft trügerische Fühlen angewiesen ist. Schließlich kann man bei der Arbeit an der Hand mit der gezielten Versammlung früher beginnen als bei der Arbeit unter dem Sattel.

Der Zeitpunkt des Beginns

Über den Zeitpunkt, zu dem begonnen werden kann, das Pferd an der Hand auszubilden, sind die Meinungen geteilt. Nach Podhajsky sollte man diese Aufgaben erst angehen, wenn das Pferd bereits Schwung und Durchlässigkeit entwickelt hat. Steinbrecht nahm als frühesten Zeitpunkt das zweite Ausbildungsjahr an, wobei das Pferd nach seiner Auffassung zuvor sicher am Schenkel gehen sowie an der Hand stehen und sich ferner zuvor im Trab und im Schritt bereits versammeln lassen muß. Andere Praktiker beginnen bereits im ersten Ausbildungsjahr mit den ersten Stufen der Arbeit an der Hand, weil sie dem Pferd auf diesem Weg beibringen wollen, sich versammeln zu lassen und die Einwirkung der Hand bei der Parade mit vermehrtem Lastaufnehmen durch die Hinterbeine zu beantworten.

Sofern die Arbeit an der Hand in den ersten Phasen als eine weitgehend spielerische Gymnastizierung verläuft, kann sie relativ früh beginnen. Voraussetzung ist allerdings die Bereitschaft des Pferdes, sich loszulassen, sich nicht aufzuregen und derart zu verspannen, daß die Hinterbeine nicht zum Tragen kommen, sondern verkrampft stemmen und schieben.

Die Arbeit an der Hand wurde in früheren Jahrhunderten als Vorstufe für das Training zwischen den Pilaren angeraten. Inzwischen ersetzte die Ausbildung an der Hand schon allein die frühere Anschluß-Methode weitgehend; auch in der Spanischen Reitschule in Wien. Egon von Neindorff demonstriert im Bild rechts das Piaffieren zwischen den Pilaren. Auf leichte, aber präzise Gertenhilfe löst das Pferd sich bei gesenkter Hinterhand deutlich vom Boden.

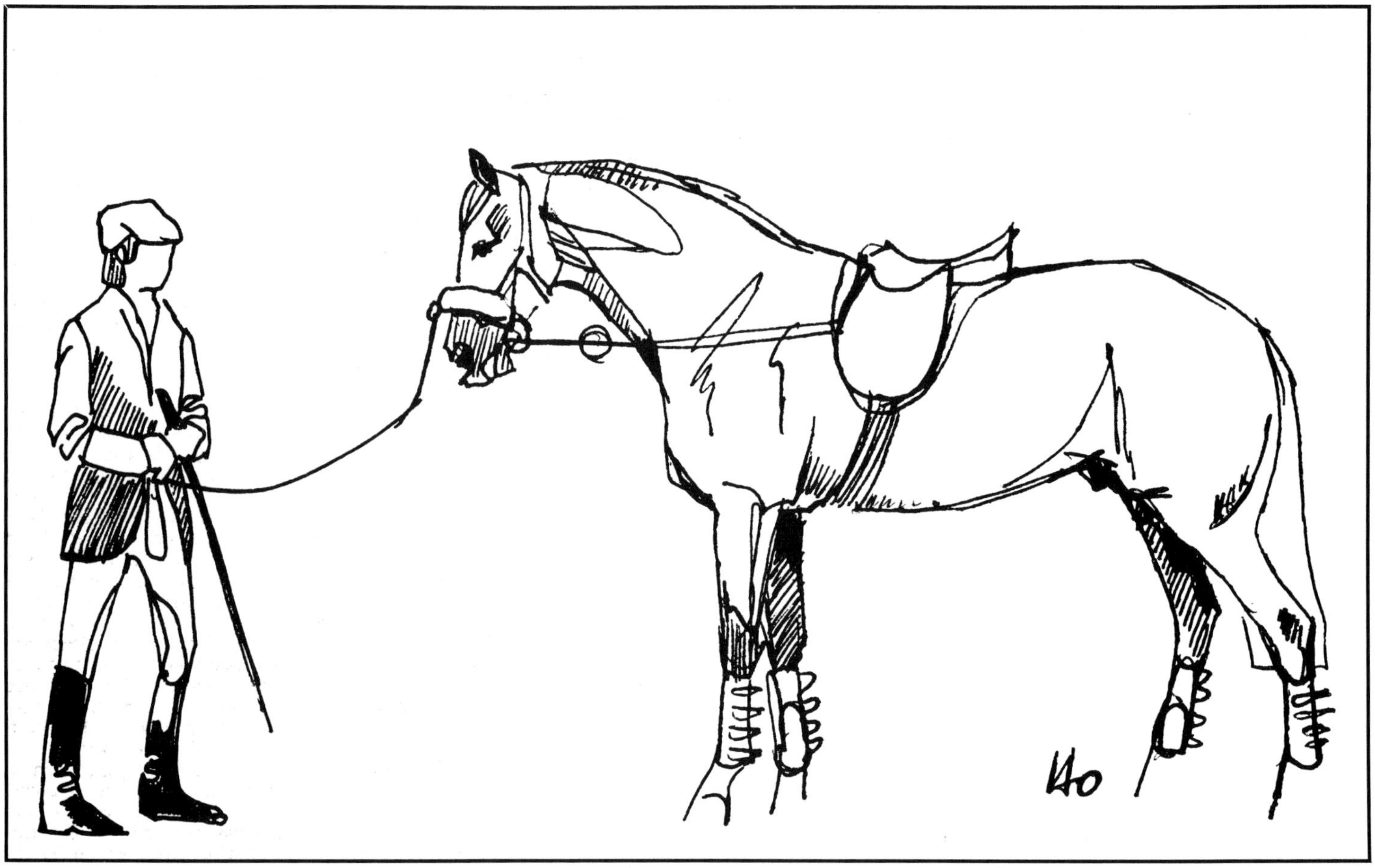

Entspricht es dieser grundsätzlichen Anforderung aber nicht, wird seine Ausbildung durch die Arbeit an der Hand nicht gefördert, sondern eher erschwert oder gar in die Irre geführt, indem man ihm beibringt, sich der Aufforderung zur Versammlung durch Verkrampfung, Hochnehmen der Kruppe oder matten Bewegungsablauf zu entziehen.

Der Zeitpunkt des Beginns der Arbeit an der Hand hängt schließlich davon ab, inwieweit die Arbeit an der Longe schon in die Arbeit an der Hand überging, zum Beispiel bei der Verwendung der Doppellonge. Man kann das Pferd über die Ausbildung an der Longe zur Arbeit an der Hand hinführen, kann es diese aber auch unabhängig von der Longe lehren.

Die Ausrüstung

Die Ausrüstung für die Arbeit an der Hand stimmt weitgehend mit der für die Arbeit an der Longe überein: Gamaschen oder Bandagen, Kappzaum, Trense, Ausbindezügel, Sattel oder Ausbindegurt sowie Longe oder Führzügel. Ein Führzügel liegt leichter in der Hand als die aufgewickelte Longe. Er empfiehlt sich dann, wenn der Ausbilder in Höhe des Kopfes neben dem Pferd geht. Die Longe ist erforderlich, wenn das Pferd am Kopf von einem Helfer geführt wird und der Ausbilder schräg hinter dem Pferd geht. Der Führzügel wird in den mittleren Ring des Kapp-

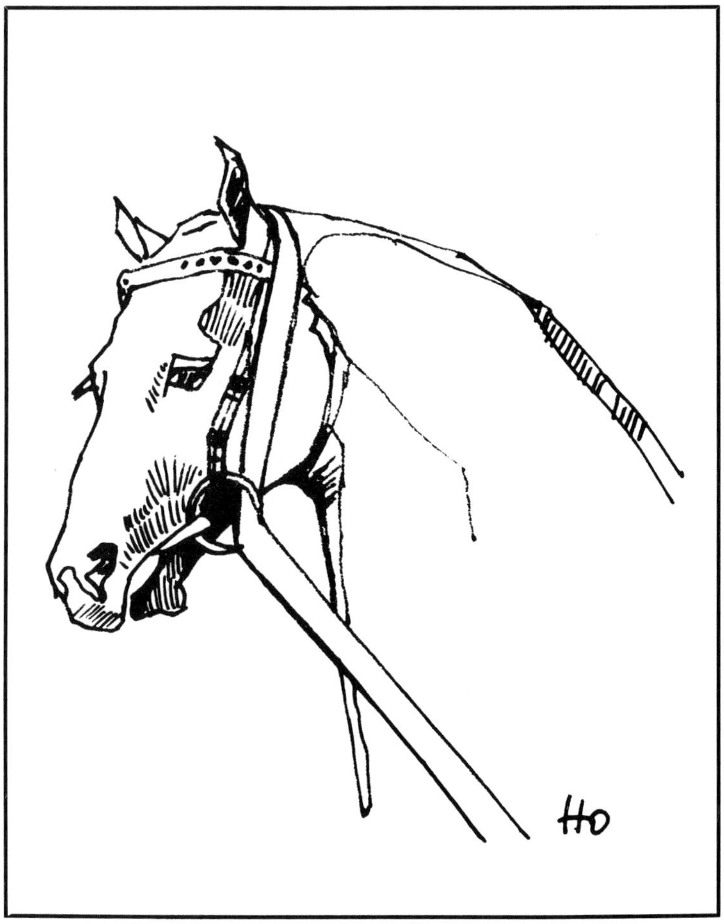

Der Zeitpunkt, in dem man mit der Arbeit an der Hand beginnen kann, und der Erfolg dieser Arbeit werden wesentlich davon bestimmt, ob das Pferd die Aufforderung mit der Gerte durch Verkrampfung der Hinterhand beantwortet oder ob es bereit ist, sich in den Hanken zu biegen, sich zusammenzuschieben und mehr Last aufzunehmen. Sofern das Pferd im Sinne korrekter Versammlung mitarbeitet, kann die Arbeit an der Hand auch schon in den ersten Ausbildungsjahren bis hin zur Piaffe fortgeführt werden.

Um das Pferd erfolgreich an der Hand zu arbeiten, ist eine vollständige und zweckmäßige Ausrüstung erforderlich. Zu ihr gehören (links) Gamaschen, Trense, Ausbindezügel, Sattel oder Gurt, Kappzaum, Führzügel und eine Peitsche. Die muß lang genug sein, um die Hinterhand des Pferdes zu erreichen, sie soll aber nicht länger als erforderlich sein, weil sie sonst unhandlich wird – was präziser Hilfengebung im Wege ist und das Pferd leicht stört. Es empfiehlt sich nicht, das Pferd mit einem Gurt zu führen (links unten), der durch den inneren Trensenring und über das Genick zum äußeren Trensenring läuft. Mit einem solchen Gurt zieht man das Gebiß hoch und verleitet die Pferde leicht zur Unruhe im Maul. Ferner neigen viele Pferde dazu, sich bei dieser Einwirkung im Genick zu verwerfen.

Die Führung des Pferdes durch den am Kappzaum befestigten Zügel schließt die ansonsten zumindest in den Anfangsstadien kaum vermeidbare Tendenz aus, dem Pferd einen Teil des Gebisses einseitig aus dem Maul zu ziehen. Bei der Arbeit im Schritt muß das Pferd lernen, auf leichtes Annehmen des Führzügels mit einer Verminderung des Tempos zu reagieren, ohne dabei den Hals in die Richtung des Ausbilders abzuknicken und ohne sich schief zu stellen und in die Bahn hineinzulaufen. Erst wenn das Pferd im Schritt gelassen neben dem Führer hergeht und sich derart zu kürzeren Schritten veranlassen und parieren läßt, sollte man mit der Trabarbeit beginnen. Der Ausbilder muß gut in Kondition sein; denn erst aus einer fleißigeren Trittfolge kann man allmählich zur Versammlung übergehen (unten).

zaums, das heißt auf Höhe des Nasenbeins, eingehakt, die Doppellonge bei der Arbeit an der Hand meist in die Trensenringe, weil die Pferde beim Annehmen der am Kappzaum befestigten Longe in der Regel nicht empfindlich genug reagieren und den Longenführer fortzuziehen versuchen. Verschiedene Ausbilder führen auch die Longe vom äußeren Trensenring über das Genick des Pferdes durch den inneren Trensenring in ihre Hand. Derart vermeiden sie den einseitigen Zug am Pferdemaul. Problematisch ist hier freilich, daß die Trense beim Annehmen hochgezogen wird und nicht im Sinne der üblichen Richtung der Reiterhand auf den Unterkiefer wirkt. Ferner neigen die Pferde bei dieser Longenführung leicht dazu, sich im Genick zu verwerfen.
Beim Ausbinden empfiehlt sich, die Stirnlinie des Pferdes etwas vor der Senkrechten zu fixieren. Wenn das Pferd die Tendenz zeigt, sich über den Zügel zu drücken, kann man dem dadurch entgegenwirken, daß man die Ausbinder am Longier- oder Sattelgurt etwas tiefer befestigt. Man kann auch ein lang geschnalltes Chambon oder den Gogue-Zügel verwenden, darf von diesen Hilfsmitteln allerdings nur begrenzten Erfolg erwarten. Wichtiger scheint es, das Pferd immer wieder zu beruhigen, derart Verspannung abzubauen, das Tier schrittweise mit der neuen Aufgabe vertraut zu machen, die Gerte behutsam einzusetzen und dem Pferd vor allem zu Anfang, aber auch immer wieder bei fortgeschrittener Arbeit, Gelegenheit zu geben, sich in der Vorwärtsbewegung zu entfalten.

Am Kopf oder in Höhe der Schulter

Die Arbeit sollte auf der linken Hand begonnen werden, weil die Mehrzahl der Pferde sie auf dieser Hand besser annimmt; im weiteren Verlauf der Arbeit empfiehlt es sich, die Hand immer wieder zu wechseln. Der Ausbilder geht etwa in Höhe der Schulter oder des Kopfes neben dem Pferd her. In der linken Hand führt er den Zügel, den er nahe am Kappzaum anfaßt. In der rechten trägt er die lange Gerte. Sie eignet sich für diese Arbeit besser als die Peitsche, an der der Schlagriemen meist stört, weil das Pferd leicht auf ihn tritt, der Schweif an seiner Befestigung hängenbleibt, das Pferd durch ihn irritiert wird. Kurz: er ist einer präzisen Einwirkung buchstäblich im Wege.
Die Arbeit beginnt damit, daß das Pferd lernt, neben dem rückwärts sich bewegenden Ausbilder herzugehen. Dabei wird es an der Bande entlang geführt. Für den Ausbilder ist es sehr viel bequemer, seinen Schützling auf einer Kreislinie um sich herumtreten zu lassen. Diese Praxis führt jedoch ziemlich unvermeidlich dazu, daß das Pferd mit der Hinterhand aus der Wendung ausfällt, sich dadurch der Versammlung entzieht und derart der eigentliche Effekt der Arbeit an der Hand nicht erreicht wird. Es hilft auch nur begrenzt, in diesem Fall eine Doppellonge zu verwenden und dies derart zu tun, daß man den äußeren Longenteil um die Hinterhand des Pferdes herumführt und das Pferd so quasi von hinten einschließt. Die Bande bildet auf jeden Fall den besseren Halt gegen die stets akute und immer wieder neu sich einstellende Tendenz, mit der Hinterhand auszuscheren, sich nicht zu biegen und in einer dem Schenkelweichen nahen Stellung zu geben.

Schritt und Trab

Wenn man das Pferd auf dem ersten Hufschlag an der Bande führt, wird es in den Anfangsstadien der Arbeit immer wieder versuchen, in die Bahn hineinzukommen. Dies liegt unter anderem an der Tendenz des Ausbilders, mit dem Pferd nicht schnell genug mitzukommen und es dann mit der Hand in die Bahn hineinzuziehen. Der Führer muß in diesem Fall darauf achten, daß er das Pferd mit gestrecktem Arm auf dem ersten Hufschlag hält und daß er stets in der Nähe des Kopfes, zwischen Kopf und Schulter oder sogar schräg vor dem Kopf bleibt. Er muß immer wieder bemüht sein, das Pferd geradeaus zu führen und dahin zu bringen, daß es ohne besondere Mühen und Korrekturen auf dem ersten Hufschlag bleibt. Diese Arbeit ist für

den Ausbilder zunächst meist anstrengender als fürs Pferd. Die verständlichen Versuche, sich die Mühen auf kleinem Zirkel etwas zu erleichtern, führen in der Regel dazu, den Ausbildungseffekt der Arbeit an der Hand in Frage zu stellen. Erst wenn das Pferd im Schritt problemlos neben dem Reiter geht und dabei auch gerade auf dem ersten Hufschlag bleibt, empfehlen sich kurze Trabreprisen. Diese laufen grundsätzlich ähnlich wie der Schritt ab, das heißt vor allem, der Führer bleibt vorne neben dem Pferd. Der Schritt des Menschen reicht nicht aus, um mit dem trabenden Pferd mitzukommen; man muß zunächst ebenfalls laufen. Durch häufiges Antraben und In-den-Schritt-Übergehen wird die Bereitschaft des Pferdes gefestigt, neben seinem Führer in kurzen Tritten herzutraben und dabei geradegerichtet zu bleiben.

Die Fähigkeit des Pferdes, in kurzen Tritten zu traben, bestimmt den Zeitpunkt, von dem ab es dem Führer möglich ist, im Schritt neben dem trabenden Pferd herzugehen. Da es dem Menschen sehr schwerfällt, rückwärts zu laufen und da man von der Mehrzahl der Ausbilder solch athletische Fähigkeiten nicht erwarten kann, empfiehlt es sich in diesem ersten Ausbildungsstadium, mit dem Gesicht in die Bewegungsrichtung neben dem Pferd herzulaufen und dabei das Pferd zu ruhigeren und kürzeren Tritten zu bringen.

Dies ist jedenfalls besser als der Versuch rückwärts zu laufen und sich dabei quasi ans Pferd zu hängen und es immer wieder in die Bahn zu ziehen.

Das häufige Antraben und In-den-Schritt-Übergehen trägt auch dazu bei, das Pferd in dieser Arbeit zu festigen, es zu entspannen und ihm das Geradegerichtet-Bleiben zu erleichtern.

Bei der weiteren Ausbildung ist der häufige Wechsel der Gangart eine wichtige Hilfe, das Pferd zum Trab in verkürzten Tritten und auch zur Versammlung bei den Übergängen zu bringen.

Mit der Zeit wird das Pferd dann auch lernen, gleich verkürzt und doch kraftvoll anzutraben, also nicht erst aus einem raumgreifenderen in den verkürzten Trab überzugehen.

Parallel zum Antraben und Parieren wird das Pferd mit der Hilfe der Gerte vertraut gemacht. Dem geht eine Phase voraus, in der man mit der Gerte streichelt und den Körper des Tieres an verschiedenen Stellen spielerisch berührt, um alle äußere Scheu vor diesem Instrument abzubauen. Bei ängstlichen oder durch harte Einwirkung beunruhigten Pferden sollte man diese Prozedur auch in fortgeschrittenen Ausbildungsstadien wiederholen.

Gezielte Gertenhilfe

Erst wenn das Pferd keinerlei Angst vor der Gerte zeigt, sollte man beginnen, sie als gezielte Hilfe einzusetzen. Dabei wird dem Pferd als erstes beigebracht, auf das Touchieren mit der Gerte hin die Beine anzuheben. Dies lernt das Pferd, indem man im Stehen zunächst den Kronenrand eines Vorderbein antippt und das Pferd belohnt, wenn es daraufhin das Bein hebt. Das gleiche geschieht mit dem nächsten Vorderbein und ebenso dann mit den Hinterbeinen, wobei die Berührung nicht auf den Kronenrand beschränkt bleiben, sondern das Pferd auch auf das leichte Touchieren anderer Partien des Beines, vor allem der Röhre, reagieren soll.

Je nach dem Temperament des Pferdes muß man zunächst mehr oder minder deutlich antippen. Bei der weiteren Arbeit hat man darauf zu achten, daß man das Tier weder ängstigt noch abstumpft, sondern sensibilisiert und ihm die Hilfe verständlich macht. Das Anheben der einzelnen Beine soll generell die Aufmerksamkeit des Pferdes auf die Einwirkung des Führers fördern und dem Tier Gelegenheit geben, sich in entspannter Situation mit dem Touchieren und dem damit vom Menschen verfolgten Zweck vertraut machen. Wenn ein Pferd beim Touchieren der Hinterbeine zunächst ausschlägt, braucht man nicht gleich unruhig zu werden. Man kann diese Reaktion sogar als ein positives Zeichen von Sensibilität und Aktionsbereitschaft werten. Bestrafen sollte man das Ausschlagen erst dann, wenn das Pferd in der Lage ist, den Gertenschlag als Strafe für das Ausschlagen zu verstehen bzw. einzuordnen; straft man hier zu früh, dann wendet man sich aus der Sicht des Tieres nicht gegen eine bestimmte Reaktion, sondern gegen das Reagieren überhaupt.

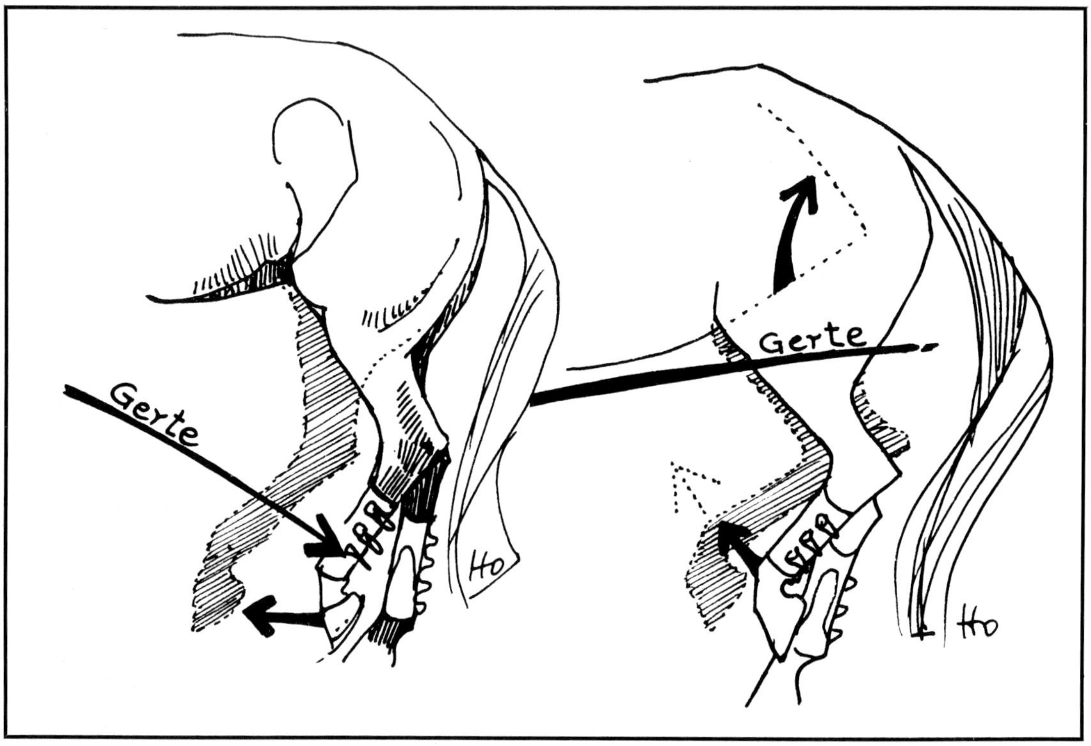

Der Erfolg der Arbeit an der Hand hängt in starkem Maße von der wohldosierten und präzisen Gertenhilfe ab. Wichtig ist es vor allem, daß das Pferd ruhig genug bleibt, um die unterschiedliche Einwirkung der Gerte wahrzunehmen und entsprechend zu reagieren. Die in Höhe der Fessel wirkende Gerte fördert das weitere Untertreten, die über dem Sprunggelenk touchierende aktiviert das Hinterbein zunächst generell und dann in Richtung vorwärts-aufwärts bei vermehrtem Hankenbug.

Antraben und Aufnehmen

Der häufige Wechsel von Antraben und In-den-Schritt-Übergehen entspannt das Pferd so weitgehend, daß es schon auf leichte parierende Hilfen durch Hand und Stimme reagiert. Dabei ist wichtig, daß der Führer dem Pferd auch beim Parieren nicht gestattet, sich an seine Hand zu hängen oder gegen sie zu stemmen; bei solcher Tendenz haben kurze ruckartige Anzüge wieder eine weiche Führung herzustellen. Mit der Zeit wird es bei dieser Arbeit auch möglich sein, vom Pferd das Antraben aus dem Stand zu verlangen, ebenso den direkten Übergang vom Trab ins Halten. Im Laufe der weiteren Ausbildung werden ferner die letzten Trabtritte vor dem Übergang in den Schritt kürzer, der Übergang verläuft dann nicht mehr stockend, sondern fließend; das Pferd beginnt, sich bei ihm aufzunehmen.

In dieser Phase setzen die Versuche ein, den Übergang derart etwas hinauszuschieben, daß man vom Pferd verlangt, im verkürzten Trab noch einige Tritte weiterzugehen. Diese Lektion verbindet sich mit dem Bestreben, den Trab generell zu verkürzen. Dabei ist besonders behutsam vorzugehen. Der rüde Gebrauch der parierenden Hand und der treibenden Gerte bringt keine Vorteile, sondern führt das Pferd in eine Verteidigungs- und Ausweichhaltung. Auf dem Wege solider Versammlung kommt der am schnellsten weiter, der sich zunächst mit wenigen versammelten Tritten begnügt, diese aus der fleißigen und taktreinen Vorwärtsbewegung entwickelt und von ihnen aus auch wieder in die vermehrte Vorwärtsbewegung oder in den Schritt übergeht.

Versammlung und Takt
Leicht gewinnt man in diesem Stadium den Eindruck, ein kürzeres Ausbinden stabilisiere die Pferde im Hals und erleichtere ihnen das Senken der Hinterhand. Der Erfolg engeren Ausbindens hängt unter anderem davon ab, wie die Pferde sich gegenüber dem Zügel verhalten, ob sie sich gegen ihn stemmen, über ihn drücken, vor ihm verkriechen oder eben an ihn herantreten. Nicht selten führt das zu enge Ausbinden zu Rückschritten, weil es den Pferden schwerer fällt, sich vom Boden zu lösen. Vor allem besteht beim zu engen Ausbinden die Gefahr, daß die Pferde sich gegen den Zügel stemmen und dabei mit hoher Kruppe gehen, sich also nicht versammeln und lediglich das Schrittmaß verkürzen. Vielfach ist es verlorene Liebesmüh, an solchem Trippeln direkt etwas korrigieren zu wollen. Um das Pferd bei der extremen Versammlung nicht vollends im Takt zu verunsichern, empfiehlt sich die Korrektur in der Vorwärtsbewegung; erst aus der taktreinen und fleißigen Bewegung ist dann wieder die Versammlung zu fördern.
Taktprobleme stellen sich auch leicht ein, wenn man die extreme, allmählich bis zur Piaffe übergehende Versammlung nicht aus dem Trab entwickelt, sondern sie aus dem Stand oder dem verkürzten Schritt fordert. Die Bewegung bei der fortschreitenden Verkürzung nicht enden zu lassen und mit der Verkürzung nur so weit zu gehen, wie es der ungestörte Bewegungsfluß erlaubt, erscheint als der beste Schutz vor Taktproblemen. Andererseits kann das Pferd diese Tendenz auch ausnutzen und versuchen, sich durchs Vorwärtsdrängen oder durch Bewegungsunterbrechungen weiterer Versammlung zu entziehen. In diesem Fall wird man wohl nicht umhin können, von ihm auch dann die extreme Verkürzung einmal zu verlangen, wenn hierbei der Takt kurzfristig gestört wird. Dieser Weg sollte aber auf Ausnahmefälle beschränkt bleiben. Zur Methode, in der Bewegung den Takt zu erhalten oder wiederzufinden merkte Steinbrecht im Zusammenhang mit der Pilarenarbeit an: „... unter keinen Umständen die Bewegung aufhören lassen! Solange das Pferd sich bewegt, ist Aussicht vorhanden, daß die Bewegung sich regelt, bedenklicher wird die Sache erst dann, wenn es sich feststellt und lauert oder alles über sich ergehen läßt."
Die Kruppe hochzunehmen und die Hinterbeine herauszustellen, ist der eine Fehler, mit den Hinterbeinen nur unterzulaufen, ohne die Hanken zu biegen, ohne vermehrt die Last aufzunehmen und sich dann auch mehr mit den Füßen vom Boden abzuheben der andere. Die Pferde können sich also bei der Handarbeit ebenso wie bei der Piaffe unter dem Reiter auch dadurch der vermehrten Arbeit entziehen, daß sie vor die Last treten

Dressur an der Hand

Durch die Dressur des Pferdes an der Hand beabsichtigen wir, dasselbe ohne Reiter auszubilden und sowohl seinen Gang als seine Körperform zu ordnen.
Wir können uns derselben aus verschiedenen Veranlassungen bedienen, nämlich:

1) **wenn wir ein junges oder ein schwach gebautes Pferd nicht mit der Last des Reiters beschweren, es noch schonen, dennoch aber damit in der Dressur vorschreiten wollen;**
2) **wenn wir festgebaute, kräftige Pferde, deren unnützes Benehmen nicht jeder Reiter durch persönliche Kraft abzuwenden und ihnen die zweckmäßige Biegung abzugewinnen vermag, in eine engere Zusammenstellung zu bringen beabsichtigen;**
3) **wenn verdorbene, böse Pferde durch Bäumen, Bocken, gefährliche Sprünge und sonstiges ungezogenes Betragen dem Reiter gefährlich werden, sie dessen Willen unterzuordnen und sie zu korrigiren;**
4) **wenn Zeit und Ort die Handarbeit gestatten, um schnellere Fortschritte in der Dressur zu machen; denn die Erfahrung lehrt, daß Derjenige, der die Kunst der Handarbeit gründlich versteht, durch dieselbe ein Pferd in wenigen Monaten zu einer höheren Thätigkeit führt, während er es durch Reiten selbst in längerer Zeit nicht dahin zu führen im Stande sein würde.**

Die Handarbeit ist für den angehenden Arbeiter die schwierigste, dagegen aber auch zugleich die lehrreichste. Beim Reiten giebt sich mancher Mißgriff dem Gefühl kund; bei der Handarbeit ist dies nicht der Fall denn hier erfolgt die Wahrnehmung des Mißgriffs durch den Augenschein. Der Arbeiter muß daher, vorausgesetzt, daß er ein erfahrener Reiter ist, auch praktischer Pferdekenner sein, um das Gebäude des Pferdes richtig beurtheilen und die zweckmäßigen Stellungen wählen zu können. Im zweifelhaften Falle, worüber die geregelte oder ungeregelte Bewegung und das anderweitige Benehmen des Pferdes ihm Aufschluß geben wird, darf er dasselbe nicht in der ihm einmal gegebenen Stellung belassen, sondern er muß durch prüfende Abänderung, sei es durch mindere oder stärkere, tiefere oder höhere Stellung, und sollte diese zwischen jedem neuen Tritt und zehn Mal hintereinander folgen, die richtige zu ermitteln suchen. Dadurch wird der denkende Arbeiter sich bald eine richtige Beurtheilung der zweckdienlichen Stellungen aneignen.
Hoffentlich nur Diejenigen, welche sich einigermaßen ein richtiges Urtheil über die dem Pferde zweckdienliche Stellung und Bewegung zutrauen, sich selbst in der Handarbeit unterrichten, durch sie die Stellungen des Pferdes stufenweise zu verbessern wünschen, das Laufzeug oder den spanischen Reiter nicht bloß als Zwinger hierzu betrachten, werden dieselbe, und dabei doch auch mit Vorsicht, unternehmen. Ohne Kenntniß von richtiger Stellung des Pferdes wird sie der Dressur schaden, statt nützen.
Ein jeder Reitlehrer soll daher auch in der Handarbeit genau unterrichtet sein; ohne sie zu kennen, ist er nie im Stande, beim Reitunterricht seinen Schülern die Art und Weise, wie man dem Pferde die zweckmäßigen Stellungen abgewinnt, anzugeben, ja, er wird selbst nicht einmal die richtige Stellung zu beurtheilen verstehen.

Die verschiedenen zweckmäßigen Stellungen

Ungeachtet ich bei einigen diffizilen Pferden die Anwendung der Handarbeit als nützlich empfehle und sie der Anleitung zur Dressur diffiziler Pferde hätte vorausschicken sollen, so ließ ich sie, auf Grund der zur Handarbeit erforderlichen Beurtheilung richtiger Stellung, jetzt erst folgen, weil in der ersten Anleitung die verschiedenen zweckmäßigen Stellungen, welche die Grundlage einer erfolgreichen Handarbeit sichern, angegeben sind. Wo nun diese dem Pferde unter dem Reiter nicht allemal abzugewinnen waren, da wird man sie durch die Kunst der Handarbeit erlangen.
Die Handarbeit erweist sich für jedes junge und jedes ungerittene Pferd sehr vortheilhaft; denn die meisten befinden sich nicht von Natur in dem zum Reitdienst gewünschten Gleichgewicht. Bei der Arbeit an der Hand, beim Laufen an der Leine ohne Reiter, trägt der niedrigere und mehr belastete Theil doch nur die vom Pferdekörper ihm mehr anhängende Last; unter dem Reiter dagegen sinkt demselben außerdem allemal auch noch dessen Gewicht zu. Wir werden daher das unbelastete Pferd viel eher zum richtigen Gleichgewicht hinführen, als unter störender Last. Dasselbe gilt beim weiteren Vorschreiten in den Seitengängen, vorzüglich für Pferde mit schwacher Hinterhand. Setzt das Pferd, sei es in Schulterherein, in Travers oder in Renvers, mit gebogenen Gelenken einen Hinterfuß zum Schwerpunkt heran, so trägt derselbe in diesem Moment nur die Körperschwere, fördert auch nur diese weiter, unter dem Reiter steigert sich diese Last bedeutend. Diesen Gleichgewichtsunterschied, zuvörderst auf einen schwachen Hinterfuß, wird wohl jeder Reiter zu würdigen wissen.
Wenn wir nun auch nicht alle Pferde im vollkommenen Sinn in der Handarbeit ganz durchnehmen, so werden wir schon einen großen Vorsprung in der Dressur erlangen, wenn wir es an der Leine geregelt traben lehren, den Hals und Kopf zwischen beiden Vorderfüßen gerade heraufarbeiten, ihm die Hergabe des Rückens abgewinnen, im Allgemeinen es uns gut in die Hand richten und bis zur Gleichgewichtshaltung hinführen. Wird es nun bestiegen, so stört des Reiters Last das Gleichgewicht nicht mehr, das Pferd geht auf allen Vieren gleichmäßig fort, die Hand des Reiters wird weniger belastet und alle Fortschritte erfolgen schneller. Außerdem aber gewinnen die Pferde durch die Handarbeit viel Vertrauen zum Menschen. Das viele Herumthun am Pferde beim Einbinden und Lösen der Zügel, das Führen an der Hand, das Zusichnehmen, vieles beruhigendes, zutrauliches Sprechen und Liebkosen: alles dieses macht das Pferd dem Menschen geneigt.

E. F. Seidler,
Die Dressur diffiziler Pferde. 1846

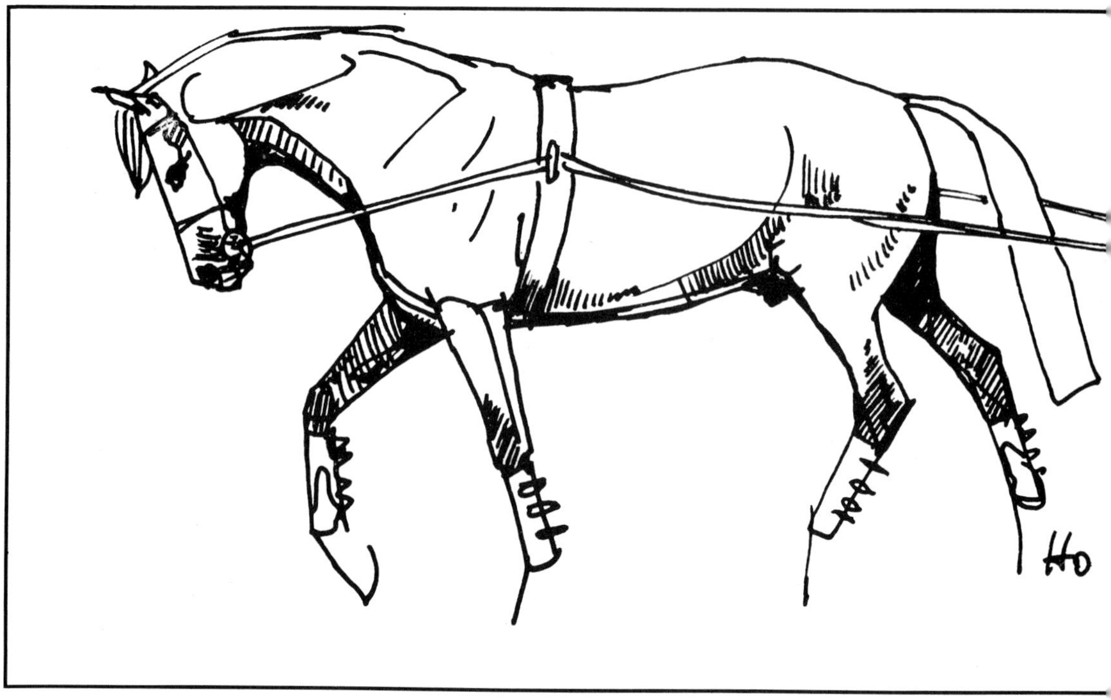

und diese nicht in fleißiger Bewegung tragen Zu solchem Unterlaufen kommt es leicht, wenn man zu forsch mit der Gerte einwirkt, wenn man nur im Bereich der Fesseln touchiert und wenn man bei der einseitigen Aufmerksamkeit aufs Untertreten den Hankenbug sowie den Fleiß der Bewegung aus dem Auge verliert. Die Verkürzung aus der vermehrten Bewegung zu entwickeln und bruchlos wieder in sie zurückführen, ist in diesem Fall das probate Mittel der Korrektur.

Über und unter dem Sprunggelenk

Der Erfolg der Arbeit an der Hand hängt nicht unwesentlich vom Geschick beim Touchieren ab. Für einen gezielten Schlag und ein präzises Antippen ist eine Gerte oder Peitsche erforderlich, die ausbalanciert in der Hand liegt und bei der keine baumelnde Schnur stört. Wenn man die übliche Longierpeitsche verwendet, sollte man den Schlag abnehmen oder festlegen. Besser ist für die Handarbeit eine gut zwei Meter lange Gerte mit Lederschlag von etwa 30 cm oder eine ebenso lange Haselnußrute.

Das Touchieren im Bereich der Fesseln und unter dem Sprunggelenk animiert das Pferd zum Vorschwingen des Hinterbeins und zum Untertreten. Tippt man dagegen den Bereich über dem Sprunggelenk von unten in die Richtung vorwärts-aufwärts an, dann verlangt man die für den Hankenbug ausschlaggebende Winkelung des Oberschenkelbeins. Das Touchieren auf der Kruppe bewegt manche Pferde dazu, sich im Sinne der Versammlung zusammenzuschieben. Podhajsky betonte besonders die Gurtenlage als Ziel der Gerte, die derart die treibende Funktion des Schenkels übernehmen, diese zugleich vorbereiten und bestärken sollte.

Die allgemeinen Hinweise auf die Wirkung der Gerte ersparen einem allerdings nicht, auf die Reaktionen jedes einzelnen Pferdes genau zu achten und sich darauf mit seiner Gertenhilfe einzustellen. Man sollte sich auch stets darüber im klaren sein, ob man mit der Hilfe das Pferd generell aktivieren oder man es zu einer bestimmten Bewegung veranlassen möchte. Manche Ausbilder gehen davon aus, daß die generelle Aktivierung bei solidem Ausbildungsansatz auf jeden Fall in die richtige Richtung führt, während aus der speziellen Gerteneinwirkung leicht Taktprobleme resultieren; andere vertreten die Ansicht, daß dem Pferd über eine Einwirkung im Sinne der erwünschten Bewegung und am Ort der erwünschten Bewegung das Verständnis erleichtert wird. Die meisten Ausbilder arbeiten freilich mit einer Kombination beider Ansätze.

Die spezielle Gerteneinwirkung führt leicht zu einer Art zirzensischer Dressur, leicht auch zu Taktproblemen, die dadurch zustande kommen, daß mit der übersteigerten Forderung einer bestimmten Bewegung das gesamte Bewegungsgefüge in Unordnung gerät oder das Pferd sich derart auf die spezielle Einwirkung konzentriert, daß es nur noch in diesem Bereich seines Körpers reagiert, im übrigen aber bewegungslos wird oder sich gar versteift. Die quasi zirzensische Arbeit mit der Gerte kann jedenfalls nicht die aus dem koordinierten und ganzheitlichen Bewegungsgefüge erwachsende Ver-

Bei der Arbeit mit der Doppellonge kann der Führer in der Mitte des Zirkels stehen und dabei die äußere Longe durch einen Ring oben auf dem Longiergurt führen oder derart außen um das Pferd herum, daß sie über dem Sprunggelenk liegt. Sobald das Pferd mit dieser Arbeit vertraut ist, kann der Ausbilder auch hinter ihm gehen, zunächst vorsichtshalber in deutlichem Abstand außerhalb der Reichweite der Hinterbeine (oben), später nahe am Pferd (unten). Es empfiehlt sich, das Pferd bei dieser Arbeit auszubinden und die Beizäumung nicht mit dem Führzügel zu erreichen. Der Führzügel muß besonders locker bleiben. Andernfalls veranlaßt man das Pferd, sich auf die Hand zu legen (oben) und bei falschem Knick im Hals den Reiter fortzuziehen.

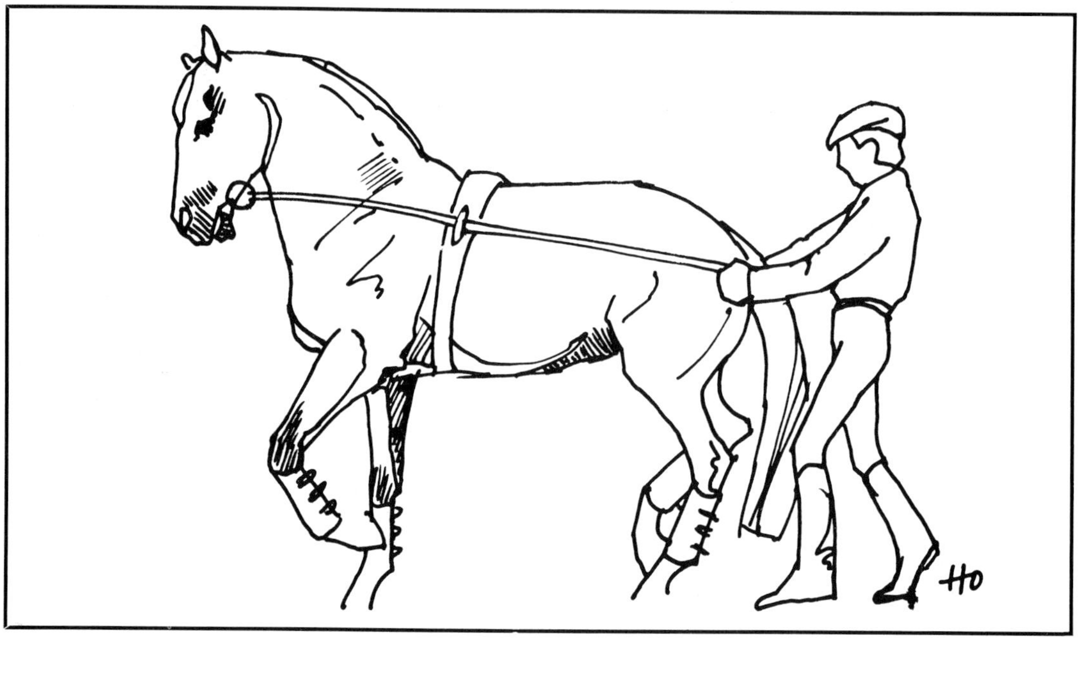

sammlung ersetzen. In diesem Sinne handelt in der Regel nur Scheinerfolge ein, wer versucht, die in der Piaffe am Boden klebenden Vorderbeine eines Pferdes durch gezieltes Touchieren zu lösen und zu aktivieren. Meist beruht diese Inaktivität nämlich auf mangelnder Lastaufnahme und Arbeitsbereitschaft der Hinterbeine.

Behutsamkeit, Geduld und Beobachtungsfähigkeit

Die Arbeit an der Hand erfordert vom Ausbilder wohl mehr als die unter dem Reiter Behutsamkeit, Geduld und Beobachtungsfähigkeit. Dies ist vor allem deshalb der Fall, weil man bei der Arbeit an der Hand freier als vom Sattel aus aufs Pferd einwirken kann und sich derart auch die Bereitschaft verstärkt, den Ausbildungsprozeß durch energischere Einwirkung verkürzen und die oft zähflüssigen Verständnisfortschritte des Pferdes durch die rabiate Verwendung der Gerte forcieren zu wollen. Gegenüber dieser durchaus menschlichen Tendenz sollte man sich stets vor Augen halten, daß die „Erkenntnis" beim Pferd oft länger dauert, als wir glauben und als es uns angenehm ist. Man kann nicht umhin, dem Pferd die von Individuum zu Individuum unterschiedliche Zeit und Gelegenheit zum Lernen einzuräumen. Und man kann dabei auch nicht umhin, seine durchaus menschliche Verärgerung mit sich selbst auszumachen und sich die Entladung in wütenden Hieben zu versagen. Nur die überlegte und für das Pferd verständliche Einwirkung bringt einen weiter. Diese Einsicht bedeutet keinen Mangel an Durchsetzungsbereitschaft; mit ihr verbindet sich vielmehr die weitere Erfahrung, daß bei den meisten Pferden von Zeit zu Zeit auch eine energischere Einwirkung erforderlich ist, um das entspannte Arbeitsverhältnis nicht durch ihren Eigensinn stören zu lassen.

Bei der Arbeit an der Hand ist es noch wichtiger als bei der Arbeit unter dem Sattel, an Stelle der absoluten Herrschaft die Kooperation mit dem Tier zu suchen. Dieser Weg empfiehlt sich nicht nur aus altruistischen, sondern auch aus egoistischen Motiven, denn mit einem auf Widerstand festgelegten Tier kommt man in der Ausbildung nur sehr viel langsamer weiter als in entspannter Zusammenarbeit beider Partner. Solange das Pferd mit Angst und Verkrampfung auf die Einwirkung des Ausbilders reagiert, sind gerade bei der Arbeit an der Hand keine Fortschritte zu erwarten, sondern eher Rückschläge. Möglicherweise ist unter anderem die Tendenz vieler Reiter zur absoluten Herrschaft eine Ursache dafür, daß man sich mit der Arbeit an der Hand relativ wenig beschäftigt. Ein weiterer Grund liegt allerdings in dem zirzensischen Anstrich, den die Arbeit an der Hand hat; sich mit ihr nicht zu befassen, entspricht insofern der Abwendung des „Dressurreitens" von der „Dressur" im Zirkus.

An der Doppellonge

Das Pferd kann auch mit der Doppellonge an der Hand gearbeitet werden. In den ersten Stadien dieses Trainings empfiehlt es sich, das Pferd durch einen Helfer am Kopf führen zu lassen. Der Ausbilder, der die beiden Longen und die lange Gerte hält, geht dann schräg hinter dem Pferd, und zwar so weit hinter oder derart seitlich von ihm, daß er vom ausschlagenden Hinterbein nicht erreicht werden kann. Wenn das Pferd die Arbeit kennt, kann man auf den Helfer verzichten. Diese Doppellongenarbeit setzt deshalb außergewöhnliches Geschick voraus, weil man den Pferden leicht beibringt, sich auf die Hand des Führers zu legen, dabei nicht zu einer soliden Versammlung zu kommen und im Maul stumpf zu werden.

Um von der Piaffe an der Hand zu der unter dem Sattel überzuleiten, setzt man einen Reiter aufs Pferd und arbeitet es wie zuvor an der Hand. Wenn diese Ausbildung gefestigt ist, gelingt der Übergang zur extremen Versammlung unter dem Reiter meist bruchlos. Steinbrecht hat die versammelnde Arbeit an der Hand noch als Voraussetzung für die Ausbildung zwischen den Pilaren angeraten. Heute ist sie weitgehend an die Stelle der früheren Pilarenarbeit getreten, auch in der Spanischen Hofreitschule in Wien.

Da die konsequente Arbeit an der Hand in fortgeschrittenen Stadien für die Pferde sehr anstrengend ist, sollte man sie zeitlich eng begrenzen; nur so läßt sich die Kooperationsbereitschaft der Pferde erhalten und der Widerstand vermeiden. Boldt nannte Phasen von 5 Minuten Dauer, Podhajsky solche von 5 bis 10 Minuten.

In der Theorie einfach

Die Theorie, die der Pilarenarbeit zugrunde liegt, ist sehr einfach. Damit das Pferd nämlich trabartig auf der Stelle treten lernt, was es natürlich nicht tun würde, wenn man es von vornherein einfach mit der Peitsche vorwärts an die Halfter herantreiben würde, sucht man zunächst die innerhalb der Pilaren überhaupt mögliche Platzveränderung zu benutzen, eine Bewegung des Pferdes zu erzielen. Das an die Pilarenzügel herangestellte Pferd aber kann seinen Platz nur dadurch verändern, daß es die Nachhand nach rechts oder nach links bewegt, während die Vorderbeine diese Bewegung fast ganz auf der Stelle mitmachen. Dieses Hin- und Hertreten der Nachhand, wozu das Pferd sich leicht entschließen wird, sucht man nun zu ordnen, indem man anstrebt, daß es nach beiden Seiten hin gleich weit und in gleichmäßigen, anfangs schreitenden, später trabartigen Tritten erfolgt, wobei man unablässig bemüht ist, es durch leichte vortreibende Hilfen an den Pilarenzügeln zu erhalten und zum Unterschieben der Nachhand zu veranlassen. Insbesondere muß das jedesmalige inwendige Hinterbein durch rechtzeitige Berührung mit der Gerte zu regelmäßigem Übertreten über das auswendige angeregt werden. Je mehr nun dieses Hin- und Hertreten sich durch geduldige Übung nach und nach ordnet, je mehr sich das Pferd dabei zusammenschiebt und je korrekter die Tritte werden, desto mehr verkleinert man unter steten vortreibenden Hilfen die Bogen der Nachhand, bis diese schließlich ganz verschwinden und das Pferd auf der Stelle tritt. Hiermit ist das Belehrungsverfahren gewissermaßen beendigt, und es beginnt nunmehr die eigentliche Gymnastik, vermittelst derer die noch ausdruckslosen Trabtritte auf der Stelle nach und nach zur Piaffe vervollkommnet werden müssen.

So einfach aber nun diese Arbeit in der Theorie erscheint, so mannigfach sind die Schwierigkeiten, die die Praxis mit sich bringt. Für jedes mögliche Vorkommnis hier Verhaltensmaßregeln zu geben, ist auch völlig unmöglich; der Beobachtung und Erfindungsgabe des einzelnen muß es in der Hauptsache überlassen bleiben, sich gegebenenfalls sachgemäß zu helfen. Es können daher nur die wichtigsten Grundsätze und Regeln besprochen werden, die jeder unter allen Umständen beachten muß, der ein Pferd mit Vorteil in den Pilaren bearbeiten will. Zuerst und eindringlichst fordere ich aber jeden auf, der die Arbeit unternimmt, sich zuvor recht in die Seele des armen Geschöpfes hineinzudenken, das zwischen zwei Pfählen festgebunden, den Menschen mit zwei Peitschen bewaffnet dastehen sieht, unfähig, dem Trieb nach vorwärts zu folgen und ahnungslos, was von ihm verlangt wird. Wer sich diese Lage des Tieres recht klar macht, wird gewiß die Hauptfehler vermeiden, die dabei begangen zu werden pflegen, und Geduld und Nachsicht üben. Hieran sei noch die schon mehrfach ausgesprochene Mahnung geknüpft: bei jeder Belehrung des Pferdes nur ganz kurze Reprisen anwenden, die mit guten Eindrücken und Loben schließen, den Erfolg nicht erzwingen wollen, sondern geduldig abwarten, sich von ihm überraschen lassen, und wenn er eintritt, ihn nicht gleich aufs äußerste ausbeuten wollen, sondern vielmehr Entgegenkommen des Pferdes durch Beendigung der Arbeit belohnen! Man sei nicht karg mit der Sprache und bemühe sich, das Pferd stets in gemütlicher Stimmung zu erhalten!

Wie unter dem Reiter so hat auch in den Pilaren nur diejenige Arbeit für die Dressur wirklichen Wert, die das Pferd mit richtiger Anlehnung ausführt, hier also an der Halfter stehend; auch das ist ein Grundsatz, den man sich nicht oft genug klar machen kann. Das maschinenmäßige Trampeln hinter den Pilarenzügeln, das man so häufig sieht, hat nicht nur keinen Nutzen, sondern ist im Gegenteil schädlich, weil es sich in der Folge leicht zu einer Unart ausbildet, deren sich das Pferd auch beim Reiten bedient, wenn es sich hinter den Zügeln verkriechen will. Ebenso falsch, wenngleich im Anfang immerhin weniger bedenklich, ist es, wenn das Pferd sich mit aller Gewalt in die Pilarenzügel hineinlegt.

Gustav Steinbrecht,
Das Gymnasium des Pferdes. 1884

Prinzipien der Ausbildung

29. Folge

Über den Zweck des Dressurreitens wurde bisher in dieser Reitlehre direkt noch nicht gesprochen. Indirekt allerdings schon: ohne näher darauf einzugehen, setzte ich voraus, das Ziel des Reitens bestehe in einer möglichst weitgehenden ganzkörperlichen Gymnastizierung des Pferdes auf der Basis seiner natürlichen Bewegungsentfaltung. Auf den ersten Blick erscheint es eigentümlich und verkehrt, nun zum Schluß doch noch etwas zum Ziel und Zweck des ganzen Unternehmens zu sagen und auf Prinzipien einzugehen. Meist erwartet man solch allgemeine Erörterungen am Anfang; die Tradition eines der TIEFE verpflichteten Denkens fordert geradezu, sich zunächst mit dem WESEN zu beschäftigen und dann erst auf die Details zu kommen.

Prinzipien und Details

Gegen diese geisteswissenschaftliche Praxis steht die naturwissenschaftliche und empirische, der das Allgemeine erst aus den erfahrbaren Einzelsachverhalten folgt und die konsequenterweise näher übers Allgemeine sich erst äußert, nachdem sie die Einzelsachverhalte erörtert hat. Sofern man davon ausgeht, daß das Allgemeine nicht neben dem Speziellen oder unabhängig von ihm existiert, sofern man also die Ansicht vertritt, daß es im einzelnen sich verwirklicht, ist es durchaus sinnvoll, sich über Zwecke, Ziele und Prinzipien des Dressurreitens erst am Ende einer Reitlehre zu äußern. Das schließt natürlich nicht aus, schon bis dahin mit gewissen Vorannahmen übers Allgemeine zu arbeiten – ebenso wie auch der strengste Erfahrungswissenschaftler nicht umhin kommt, die Tatsachen aufgrund gewisser allgemeiner Perspektiven und Hypothesen festzustellen und einzuordnen. Kurz: Wenn man schon am Anfang über Zwecke, Ziele und Prinzipien schreibt, läuft man Gefahr, blutleer und an der Wirklichkeit vorbei zu argumentieren. Die Erörterung als Abschluß soll zu einer strengeren Orientierung an der Wirklichkeit des Reitens führen, dazu, daß man im Detail versteht, worüber man allgemein redet.

Ganzkörperliche Gymnastizierung

Hinsichtlich des Zwecks der Dressur bestehen theoretisch weniger große Probleme als bei der Beschreibung der Prinzipien der Ausbildung. Die zuvor gegebene Bestimmung „möglichst weitgehende ganzkörperliche Gymnastizierung des Pferdes auf der Basis seiner natürlichen Bewegungsentfaltung" ist recht allgemein gehalten und hat daher mit wenig Widerspruch zu rechnen.

Als selbstverständlich wird vorausgesetzt, daß es sich um eine Gymnastizierung des Pferdes unter dem Reiter handelt, daß diese Gymnastizierung des Pferdes aber nicht ausschließlich unter dem

Reiter erzielt werden muß, sondern Bereiche wie die einleitende Vertrauensbildung zwischen Mensch und Tier oder später die Arbeit an der Hand durchaus einschließt.
Die Bestimmung „möglichst weitgehende ganzkörperliche Gymnastizierung . . ." versteht sich nicht als eine logisch eindeutige und umfassende Definition, sondern allein als Beschreibung des „Wesentlichen". Eine logisch eindeutige und umfassende Definition würde sehr viel umfangreicher ausfallen; sie ist auch nur in Grenzen zu leisten, weil man bei der Verwendung bestimmter Begriffe ein gewisses begriffliches Vorverständnis beim anderen immer voraussetzt und voraussetzen muß.

Steinbrecht zur Dressur

Die Bestimmung „möglichst weitgehende ganzkörperliche Gymnastizierung . . ." läßt sich als eine Art Kurzfassung dessen verstehen, was Gustav Steinbrecht als Zweck der Dressur beschrieb: „. . . durch allmähliche und entsprechende Übungen die natürlichen Kräfte und Fähigkeiten des Pferdes nicht nur bis zur Vollkommenheit zu entwickeln, sondern sie sich auch unbedingt untertänig zu machen."

Oder „. . . durch systematisch geordnete gymnastische Übungen die Muskeln des Pferdes zu befähigen, dem Knochengerüst die für den Reitdienst erforderlichen Richtungen zu geben."

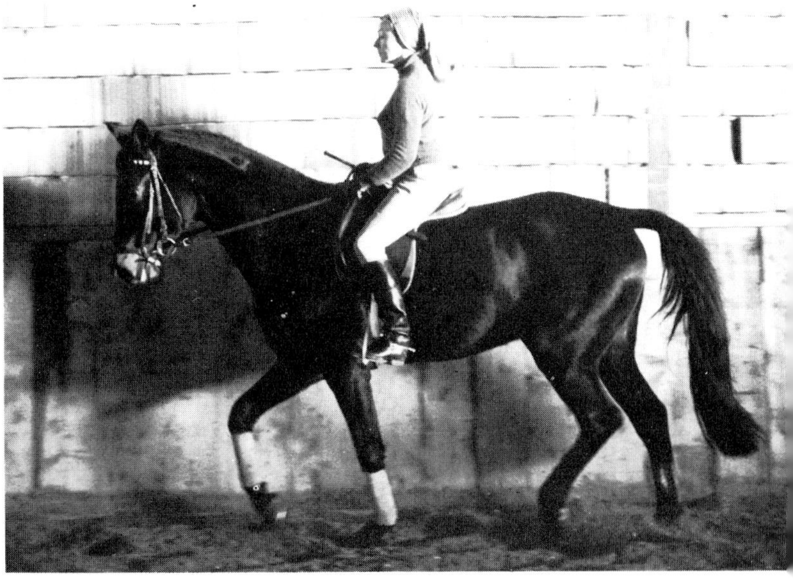

In welchem Maße Dressurreiten das Pferd zu formen vermag und wie weitgehend es das Tier auch schöner werden läßt, zeigen die beiden Bilder von Smaragd unter Christine Stückelberger. Das Bild stellt den 1965 geborenen Trakehner 1970 als Fünfjährigen bei der Arbeit vor, die Aufnahme links als Neunjährigen in der Intermédiaire in Kopenhagen im Jahre 1974. Sieht man vom Problem des allein ausschnitthaften Eindrucks der Fotografien ab, dann sind die beiden Bilder unter anderem deshalb so aufschlußreich, weil sie das Pferd in der gleichen Bewegungsphase festhalten: Als Fünfjähriger wirkt der Wallach schon auf den ersten Blick „arm" und ohne Spannkraft; er geht undynamisch, ohne Schwung und ohne Raumgriff. Als Neunjähriger präsentiert er sich demgegenüber rund und gut bemuskelt, er geht dynamisch und raumgreifend vorwärts, Schwung und Energie durchziehen das gesamte Pferd. Leichte Vorderlastigkeit blieb freilich erhalten; sie war nicht umzuformen.

Steinbrecht, der mit den „Richtungen" wohl das meinte, das heute meist als „Haltung" bezeichnet wird, bestimmte den Zweck ferner mit den Sätzen: „Die richtige Dressur ist daher eine naturgemäße Gymnastik für das Pferd, durch die seine Kräfte gestählt, seine Glieder gelenkig gemacht werden. Durch sie werden die kräftigen Teile zugunsten der schwächeren zu größerer Tätigkeit angehalten, diese durch allmähliche Übung gestärkt und verborgene Kräfte, die aus natürlichem Hang zur Bequemlichkeit vom Pferde zurückgehalten werden, hervorgerufen, wodurch endlich vollkommene Harmonie im Zusammenwirken der einzelnen Glieder mit ihren Kräften entsteht, die das Pferd befähigt, auf die leisesten Hilfen seines Reiters solche geregelten und schönen Bewegungen andauernd und zwanglos auszuführen, die es aus eigenem Antrieb nur in Augenblicken der Erregung flüchtig zeigt."

Zweckbestimmung und Ausbildungsprinzipien

In der Kurzfassung „möglichst weitgehende ganzkörperliche Gymnastizierung . . ." wurde, wie gesagt, vorausgesetzt, daß es sich um eine Gymnastizierung unter dem Reiter handelt, dann aber auch um eine Gymnastizierung, die zwar auf der Basis der natürlichen Bewegungsentfaltung des Pferdes, zugleich aber nach Maßgabe des Reiters verläuft und damit auch das Ziel des Gehorsams gegenüber dem Reiter einschließt. Mit der Frage, ob es beim Pferd eine ganzkörperliche Gymnastizierung gibt, die ohne Maßgabe des Menschen verläuft und die nicht zugleich den Gehorsam einschließt, gelangt man von der allgemeinen Zweckbestimmung des Reitens direkt in eine Erörterung der Ausbildungsprinzipien. Sofern nämlich Gymnastizierung Losgelassenheit einschließt und sofern die Widersetzlichkeit des Pferdes gegen den Reiter als Mangel an Losgelassenheit verstanden wird, ergibt sich mit der fortgeschrittenen Gymnastizierung des Tieres durch den Menschen zugleich der Gehorsam gegenüber ihm.
Man gerät also unversehens in die Diskussion der Prinzipien der Ausbildung. Die Erörterung dieser Grundbegriffe und Grundwirklichkeiten des Reitens ist deshalb so schwierig, weil die verschiedenen Begriffe oder Wirklichkeiten im Vorgang des Reitens miteinander verflochten sind, weil zum Beispiel Takt immer etwas mit Losgelassenheit, Losgelassenheit immer etwas mit Anlehnung, Schwung immer etwas mit Versammlung zu tun hat: das heißt, Takt, Losgelassenheit, Anlehnung, Schwung und Versammlung sind nur feststellbar an der komplexen Erscheinung Reiten. Komplex deshalb, weil mit einem gewissen Maß oder einer gewissen Art von Takt auch immer ein gewisses Maß oder eine gewisse Art von Losgelassenheit, Anlehnung, Schwung und Versammlung verbunden ist. In Wirklichkeit geht die Komplexität über die genannten Begriffe noch hinaus. Sie veranlaßt zu der Frage, welche Wirklichkeit mit Begriffen wie Takt,

Losgelassenheit, Versammlung etc. eigentlich angesprochen wird. Handelt es sich dabei um getrennte Gegenstände wie den Kopf, den Schweif und die Beine des Pferdes? Um Gegenstände die man sicher greifen und bestimmen kann? Oder sind es nur Gedankengebilde?

Eigenschaften der Bewegung

Beide Extreme treffen nicht zu. Die genannten Begriffe fassen und beschreiben bestimmte Eigenschaften eines Vorgangs, nämlich der Bewegung des Pferdes, zu der hier ausnahmsweise auch das Halten gehört. Sie begreifen bestimmte Qualitäten dieses Prozesses und helfen derart den als ganzen nur ungenau erfaßbaren Vorgang genauer zu schildern und auch zu bewerten. Die Eigenschaften des Vorgangs Reiten sind also wirkliche Größen, sie existieren anders als der Vorgang als ganzer, freilich nicht minder real.

Da die verschiedenen Eigenschaften des Vorgangs Reiten oder Bewegung des Pferdes prinzipiell wie die Höhe, die Breite, die Länge, das Gewicht und weitere Merkmale eines Tisches miteinander zusammenhängen, ist die eine nicht von der anderen wie ein Stuhl vom Tisch zu sondern. Das komplexe Gesamtgebilde läßt sich nur dann näher beschreiben, wenn man Perspektiven und Begriffe wählt, die seiner „Wirklichkeit" gerecht werden. Mit anderen Worten: Bei der Beschreibung des Reitens beziehungsweise der Bewegung des Pferdes kommt es auf Begriffe an, die den Gegenstand in ähnlicher Weise verdeutlichen wie es zum Beispiel die Bestimmungen der Länge, der Breite, der Höhe oder des Gewichts beim Tisch tun. Bei solchen Erläuterungen ist der Zweck der näheren Kenntnisnahme nicht außer acht zu lassen. Das Gewicht des Tisches kann etwa irrelevant für die Frage sein, ob er noch zwischen den Schrank und die Wand paßt, der Umfang seiner Oberkante kann bedeutungslos für die gleiche Frage sein, insofern über Länge und Breite keine genaueren Angaben gemacht werden. Und alle genannten Bestimmungen können für die stilistische Anpassung des Tischs an die weiteren Möbel des Zimmers uninteressant sein.

Dressurreiten bedeutet, ein Pferd zu formen und auch umzuformen. Die natürlichen Anlagen des Pferdes kommen den dressurreiterlichen Zielen mehr oder minder entgegen, sie ziehen der Formung zugleich Grenzen. Den Raumgriff, den Schwung und die dynamisch-losgelassene Bewegungsentfaltung, die manche Remonte zum „Dressurtalent" stempeln (oben), braucht man nicht erst auszubilden, hier besteht die Aufgabe vor allem darin, die natürliche Mitgift zu erhalten. Erfahrene Beobachter entdecken die Talente bereits im Fohlenalter (links oben).
Die Tendenz, sich in der Bewegung etwas „festzuhalten", den Hals hochzudrücken, nicht frei und losgelassen nach vorne zu schwingen, stellt eine Anlage dar, die der reiterlichen Einwirkung bei manchen Pferden immer wieder auftretende Grenzen setzt. Bei der Remonte (unten) ist diese Tendenz hier deutlicher als bei dem ebenfalls beliebig ausgewählten Fohlen (links).

Präzise Begriffe

Um einen Tisch näher zu kennzeichnen, liegen Begriffe vor, auf die man sich weitgehend geeinigt hat und mit denen man für die meisten Verwendungszwecke von Tischen auch etwas anfangen kann. Fraglich ist allerdings, ob ähnlich leistungsfähige und allgemein verständliche Begriffe zur Beschreibung der Bewegungsweise des Pferdes existieren und ob sie so präzise gebraucht werden, wie es bei der Kennzeichnung eines Tisches ziemlich üblich ist. Von solchen Begriffen verlangt man auch, daß ihre Inhalte einander nicht überschneiden, daß sie vielmehr Unterschiedliches fassen. Sie sollen die Bewegung des Pferdes im Hinblick aufs Reiten ferner vollständig erfassen lassen. Solche Begriffe sind schließlich deshalb wichtig, weil mit ihrer Hilfe die ideale und anzustrebende Form der Bewegung des Pferdes näher qualifiziert wird. Derart stellen diese Begriffe zugleich die Prinzipien des Reitens dar. Die Beispiele der Beschreibung eines Tischs sollten zeigen, daß die Auswahl und Verwendung solcher Begriffe meist voraussetzungsvoller geschieht, als es allgemein bewußt ist, insbesondere voraussetzungsvoller, als es in den meisten Reitlehren dargestellt wird.

Klassische deutsche Dressur

In der Regel gehen die Reitlehren der „Anstrengung des Begriffs" weitgehend aus dem Wege, vor allem dort, wo es um die Prinzipien des Reitens geht. Üblicherweise beschränkt man sich darauf, die sogenannte „Skala der Ausbildung" von seinen Vorgängern zu übernehmen und sie als sakrosanktes Gut klassischer deutscher Dressurausbildung vorzustellen. Die „Skala" ist wohl der berühmten HDv 12 (Heeresdienstvorschrift von 1912) entlehnt, die in der Erstfassung von 1912 die „Instruktionen zum Reitunterricht für die Kavallerie" von 1882 außer Kraft setzte, 1937 neugefaßt wurde und an der sich nach dem Zweiten Weltkrieg die Richtlinien des Hauptverbandes für Zucht und Prüfung deutscher Pferde beziehungsweise der Deutschen Reiterlichen Vereinigung orientierten. In der HDv 12 wurden das Ziel und die Grundsätze der Dressur im Hinblick auf die militärische Verwendung des Pferdes bestimmt; allgemein hieß es dort: „Um allen Anforderungen, die der Truppendienst an ein kriegsbrauchbares Soldatenpferd stellt, erfüllen zu können, bedarf das rohe Pferd planmäßiger gymnastischer Durchbildung seines Körpers und sorgsamer Erziehung. Beides zusammen nennt man Dressur. Sie setzt sich zum Ziel, das Pferd zur höchsten Leistungsfähigkeit auszubilden und es gehorsam zu machen. Dieses Ziel wird nur erreicht, wenn das Pferd unter Erhaltung und Förderung seiner natürlichen Anlagen in eine Form und Haltung gebracht wird, in der es seine Kräfte voll entfalten kann. In solcher Form und Haltung wird das Pferd auch den Anstrengungen des Dienstes lange gewachsen bleiben." Dieser generellen Bestimmung folgen dann neun Abschnitte, in denen die Ausbildungsinhalte stufenartig skizziert werden: a) Gewöhnung an das Reitergewicht, b) Takt, Losgelassenheit, c) Entwicklung der Schubkraft und des Ganges, Anlehnung, d) Geraderichten, e) Durchlässigkeit, Beizäumung, f) Entwicklung der Tragkraft, Versammlung, g) Entstehung der Aufrichtung, h) Gebrauchshaltung und i) Dressurhaltung.

Die allgemeinen Ausführungen der HDv von 1937 stimmen fast wörtlich mit denen von 1912 überein, freilich mit der bemerkenswerten Abweichung, daß 1937 die Erhaltung und Förderung der natürlichen Anlagen des Pferdes als Bedingung seiner Formung hinzukam. Ferner waren die verschiedenen speziellen Ausbildungsinhalte in der Fassung vor dem Ersten Weltkrieg zwar im Text erwähnt, aber noch nicht in separaten Abschnitten behandelt und daher auch noch nicht als „Stufen der Ausbildung" voneinander abgehoben worden.

Die „Skala der Ausbildung"

In mehr oder minder schematisierten Versionen kehrte die „Skala" der Ausbildungsinhalte in verschiedenen Veröffentlichungen wieder: In den 1981 zur „Deutschen Reitlehre" ausgearbeiteten „Richtlinien für Reiten und Fahren" folgt im Rahmen der Grundausbildung der Gewöhnungsphase die „Entwicklungsphase der Schubkraft" mit der Förderung von Takt, Losgelassenheit, Anlehnung sowie Schwung und weiter dann die „Entwicklung der Tragkraft" mit der Förderung von Geraderichtung und Versammlung. Harry Boldt behandelte als „Skala der Dressurausbildung" Takt, Losgelassenheit, Anlehnung, Schwung, Geraderichten und Versammlung: „Diese Begriffe sind die Kriterien für die korrekte Ausführung jeder dressurmäßigen Lektion. Takt und Losgelassenheit bilden die Grundvoraussetzungen der Ausbildung. Aus der Losgelassenheit entwikkelt sich die sichere Anlehnung. Hat man eine leichte Anlehnung zum Pferdemaul gewonnen, kann der Schwung des Pferdes verbessert werden. Im schwungvollen Vorwärtsreiten gelingt es, das Pferd geradezurichten. Und erst das geradegerichtete Pferd erlaubt uns, die größtmögliche Versammlung herbeizuführen. Wer sich mit der Dressurarbeit beschäftigen will, muß deshalb dieses theoretische Gerüst unserer Disziplin verstehen, wenn er den gymnastischen Wert der Dressurarbeit beurteilen will."

Vom rechten Reiter

So versuchen manche, diejenigen Reiter zu kopieren, die es verstehen, ihre Pferde mit höchstem Ausdruck vorzustellen. Dabei verfallen sie in den Fehler, dauernd und in auffälliger Weise Hilfen zu geben, so daß ihrem Sitz jegliche Eleganz fehlt. Außerdem kniebeln sie ihr Pferd in eine falsche Haltung, bringen es hinter den Zügel und stumpfen es gegen die Schenkelhilfen ab.

Andere bemühen sich um peinlichste Korrektheit der Vorstellung und vergessen dabei, daß ihre Vorbilder genügend Pferdekenntnis besitzen, um aus einer großen Zahl von Remonten diejenigen zur Ausbildung zu wählen, denen die Natur ein gutes Maul, eine kräftige Hinterhand und gesunde, starke Gelenke geschenkt hat. Diese Eigenschaften finden sich jedoch selten in einem Pferd vereint. So kommt es, daß diese Reiter auch einem durchaus brauchbaren Pferd die angeborene Gehlust und Gutwilligkeit nehmen. Andere endlich versuchen, sich dem angeblich guten Geschmack des Publikums anzupassen, gegen dessen fragwürdige Meinung man sich selten aufzulehnen wagt. So bleibt ihnen nach langer und mühevoller Arbeit wenigstens die schmeichelhafte, wenn auch trügerische Genugtuung, sich anderen überlegen zu glauben.
Die verbreitete Meinung, daß die Theorie in der Reiterei nichts zu suchen habe, wird mich nicht abhalten zu behaupten, daß es ohne Theorie keine vollendete Reitkunst gibt. Ohne sie ist jede Praxis ziellos. Ich gebe jedoch zu, daß es niemals zu einer Trennung von Theorie und Praxis kommen darf, da in unserer Kunst der Körper eine große Rolle spielt. Es ist die Praxis, die uns die Psyche, die Anlagen und Möglichkeiten des Pferdes zu erkennen lehrt und uns in die Lage versetzt, die unter Unbeholfenheit seines ungeübten Körpers verborgene Kraft und Eleganz zutage zu bringen. Eine klare und gesunde Theorie ist jedoch unerläßlich, um uns auf die unvermeidlichen Schwierigkeiten der Praxis vorzubereiten. Sie lehrt uns, auf der Basis richtiger Grundsätze zu arbeiten und, anstatt der Natur entgegenzuwirken, dient sie der Vervollkommnung.
Die Praxis ist nichts anderes als in die Wirklichkeit umgesetzte Theorie. Hierzu benötigen wir die Grundeigenschaften des echten Reiters: die Liebe zum Pferd, Kraft, Mut und sehr viel Geduld.
Die meisten Menschen lieben das Pferd. Ich denke, daß diese Zuneigung auf der Dankbarkeit beruht, die wir einem Geschöpf schulden, das uns so viele Dienste leistet. Ein Reiter, der sein Pferd nicht liebt, setzt sich Unfällen aus und muß damit rechnen, daß es in Stunden der Gefahr, wenn er auf seinen guten Willen zählt, ihn seinerseits im Stich läßt.
Wenn ich von Kraft und Mut spreche, so meine ich weder Brutalität noch die Waghalsigkeit, zu der manche Reiter sich verpflichtet glauben, mit der sie sich selbst in Gefahr bringen und ihre Pferde unwillig und ungehorsam machen. Ich verstehe darunter vielmehr die gelassene Kraft, die das Pferd im Gehorsam erhält und die Losgelassenheit, Gleichgewicht und Eleganz ermöglicht — drei Eigenschaften, die den rechten Reiter auszeichnen und ihn ein gutes Stück auf dem Weg zur Vollkommenheit weiterbringen. Die Schwierigkeiten, die es vorher zu überwinden gilt und die beträchtliche Zeit, die zur Festigung des Erworbenen aufgewandt werden muß, sind immer wieder Anlaß für die im Ton profunder Sachkenntnis vorgebrachte Meinung, daß die ganze Dressur wertlos sei und daß sie vorzeitig die Pferde zugrunde richte, um ihnen Tanzen und Springen beizubringen, was sie noch obendrein für den täglichen Gebrauch verderbe. Dieses unbegründete Vorurteil führt dazu, daß eine große Zahl von Reitern die schöne und nützliche Dressurarbeit vernachlässigt, deren wirkliches Ziel die Losgelassenheit des Pferdes, die Erziehung zum Gehorsam und die Versammlung ist. Ohne diese Eigenschaften hat kein Pferd, gleichgültig ob es zum Gebrauch bei der Truppe, zur Jagd oder in der Reitbahn dient, schöne und angenehme Gänge. Es erübrigt sich, im einzelnen auf derart unbegründete Argumente einzugehen, da sie sich selbst widerlegen.

F. R. de La Guérinière,
Ecole de Cavalerie. 1733

Die ,,Skala der Dressurausbildung" vermittelt immer wieder den Eindruck, als ständen die verschiedenen Stufen in dem Sinne in einem eindeutigen Aufbauverhältnis, daß einer niederen Stufe jeweils die nächsthöhere zu folgen hat, und zwar analog dem Maurer, der zunächst das Fundament bereitet, auf ihm Schicht für Schicht aufträgt und mit seinem Vorhaben scheitert, wenn er versucht, die höhere Schicht ohne Abschluß der jeweils niedrigeren zu legen. In diesem Sinne werden Takt und Losgelassenheit als die Grundvoraussetzungen der Ausbildung gekennzeichnet; aus der Losgelassenheit soll sich die Anlehnung entwickeln, sie soll dann den Schwung verbessern, der wiederum als Voraussetzung des Geraderichtens angesehen wird, des Geraderichtens, das schließlich als Basis der Versammlung erscheint.

Schwung und Gang

Die derart in den verschiedenen Reitlehren ziemlich übereinstimmend verstandene ,,Skala der Dressurausbildung" wirft beim einigermaßen vorurteilslosen Beobachten und Denken Probleme auf: Die Prinzipien oder Schritte der Ausbildung werden nämlich in der Regel nicht eindeutig definiert, sondern schon im Sinne des stufenartigen Aufbaus der Ausbildung vorverstanden. Es bleibt dabei u.a. begrifflich unklar, warum zum Beispiel Schwung oder Geraderichtung auf einer bestimmten Stufe der Ausbildung auftreten, woraus sie sich entwickeln und inwieweit sie auf früheren Stufen in Vorformen schon existierten.

Die begriffliche Problematik verbindet sich mit einer sachlichen. Die Ausführungen in der ,,Deutschen Reitlehre" zum Thema Schwung sind für das Dilemma bezeichnend. Schwung wird dort als ,,Übertragung des energischen Impulses aus der Hinterhand auf die Gesamtvorwärtsbewegung des Pferdes" bestimmt, ein ,,federnd schwingender Rücken" als ,,unerläßliche Voraussetzung" des Schwungs gekennzeichnet. Der derart definierte Schwung ist nun, wie die Reitlehre weiter fordert, nicht mit ,,Gang" zu verwechseln, denn Gang beschreibe ,,lediglich die angeborenen Möglichkeiten des Pferdes, sich z. B. im Trab – ,das Pferd hat viel Gang' – mit weiten, ausdrucksvollen Tritten vorwärtszubewegen". Die als Gang bezeichnete Vorwärtsbewegung kann aber, wie es im offiziellen Lehrbuch der FN weiter heißt, ,,durchaus mit Spannung, festgehaltenem Rücken und erhobenem Kopf geschehen". Schwung sei dagegen ,,immer das Ergebnis reiterlicher Ausbildungsarbeit, die zwar den natürlichen Gang des Pferdes nutzt, ihm aber die Eigenschaften Losgelassenheit, Geschmeidigkeit und reiterliche Regulierbarkeit – Treiben, Einfangen, Durchlässigkeit – hinzufügt".

Deutliche Grenzen sind der reiterlichen Formung bei dem 1965 geborenen Iren Cracher unter der Schweizerin Barbara von Grebel gezogen. Das obere Bild zeigt den Wallach 1972 als Siebenjährigen, das zweite sieben Jahre danach. Auf beiden Darstellungen wirkt der kalibrige Braune fest, sein Bewegungsablauf eher stampfend als rhythmisch fließend. Die Festigkeit, die ein elastisches Schwingen der Beine verhindert, drückt sich in der Hinterhand ebenso aus wie im Rücken und in der Vorhand. Der kurze und tief angesetzte Hals wirkt im gleichen Sinne, auch das wohl relativ feste Genick. Die exterieurbedingten Probleme dieses Pferdes lassen sich durch kontinuierliche und geschickte reiterliche Einwirkung zeitweise und zum Teil zwar abbauen. Vor allem gelingt dies bei leichten oder mittleren Anforderungen; in schwierigen Lektionen treten die Probleme meist aber wieder auf. Selbst unter einer so erfahrenen, vielseitigen Reiterin, die Barbara von Grebel gewiß ist.

Natürlicher Schwung

Zutreffend sind diese Formulierungen meines Erachtens insofern, als man mit dem Begriff Schwung einen mit Losgelassenheit verbundenen ,,Gang" bezeichnet. Sie stimmen weiter mit der Wirklichkeit überein insofern, als auch festgehaltene Pferde viel ,,Gang" zeigen können. Die Realität treffen sie jedoch nicht, wenn sie Schwung nur als ,,Ergebnis reiterlicher Ausbildungsarbeit" sehen beziehungsweise sie bringen in den Begriff Schwung mit der ,,reiterlichen Regulierbarkeit" Merkmale ein, die üblicherweise nicht mit dem Begriff Schwung verbunden werden. Diese Verknüpfung führt zu weiteren sachlichen und begrifflichen Schwierigkeiten, unter anderem zu der Frage, warum überhaupt noch von reiterlicher Regulierbarkeit mit Treiben, Einfangen und Durchlässigkeit gesprochen wird, wenn diese schon im Begriff des Schwungs enthalten ist.

Der Grundirrtum scheint mir darin zu liegen, Schwung an die reiterliche Ausbildungsarbeit zu knüpfen. Eine solche Auffassung bedeutet ein Überschätzen der reiterlichen Einwirkung und das Verkennen der Tatsache, daß es – glücklicherweise und auch dank der Verbesserung der Reitpferdezucht – eine ganze Reihe Pferde gibt, die von Natur aus Schwung zeigen, nämlich eine kraftvolle, taktreine und raumgreifende Vorwärtsbewegung auf der Basis der Losgelassenheit. Mit dieser Feststellung wird die Tatsache keineswegs übersehen, daß reiterliche Arbeit den Schwung vieler Pferde beträchtlich fördert. Zu verkennen ist aber auch nicht, daß manche Pferde nach Jahren reiterlichen Dienstes ihren ,,natürlichen" Schwung verlieren.

Stufenbau und Gestalt

Neben den angedeuteten begrifflichen Problemen verleitet die Skala der Ausbildung dazu, die Wirklichkeit insofern zu verkennen, als sie einen stufenartigen Aufbau nach dem Maurer-Vorbild suggeriert. Ein solcher Aufbau existiert einerseits auch, aber zugleich geschieht Ausbildung auch anders, nämlich als die Veränderung eines komplexen Bewegungsprozesses. Die reiterliche Arbeit besteht in dieser zweiten Hinsicht darin, eine vielschichtige Bewegungsgestalt zu formen, einzelne Glieder dieser Ganzheit schwerpunktmäßig ins Auge zu fassen, dabei aber Auswirkungen auf die übrigen Glieder weder ausschalten zu können noch ignorieren zu dürfen.

Der Begriff Gestalt oder Ganzheit beschreibt die Realität insofern, als die verschiedenen Eigenschaften der komplexen Bewegung sich nicht isolieren lassen, als sie vielmehr miteinander verknüpft sind und die Veränderung einer für die anderen nicht ohne Folgen bleibt. Die Förderung der Losgelassenheit oder der Versammlung wirkt sich zum Beispiel durchaus auf den Takt eines Pferdes aus, die Versammlung hinterläßt bei der Anlehnung ihre Spuren und so fort. Der Ausbildungsaufbau bedeutet, daß bestimmte Eigenschaften der Bewegungsgestalt schwerpunktmäßig ins Auge gefaßt und in bestimmter Reihenfolge verändert werden, daß dies aber nicht geschieht ohne Konsequenzen für die anderen Eigenschaften.

Will man das Phänomen der Ausbildung begreifen, so kann man nicht umhin, dem relativ einfachen Modell des stufenartigen Aufbaus ein komplexeres Gedankengebilde an die Seite zu stellen, nämlich das einer Bewegungsgestalt, die durch ihre Glieder gekennzeichnet ist. Eine solche Perspektive bedeutet dann auch, die verschiedenen Eigenschaften der Bewegungsganzheit nicht nach einem Alles-oder-Nichts-Raster zu begreifen, das heißt nicht einfach zwischen dem Vorhandensein und dem Fehlen von Schwung zu unterscheiden, sondern den Schwung nach Maß und Qualität zu kennzeichnen. Dieses Modell gestattet ferner, die Umformung der verschiedenen Eigenschaften der Bewegung des Pferdes aufgrund der reiterlichen Einwirkung detailliert festzuhalten und die natürlichen Vorformen oder Anlagen der Ausbildungsideale zu respektieren.

Besonders offenkundig werden die Vorteile einer differenzierten Beschreibung der Bewegungseigenschaften nach Maß und Qualität, wenn man einen über längere Zeit sich erstreckenden Ausbildungsprozeß skizzieren will und wenn man zum Beispiel festhalten möchte, wie sich im Zuge der reiterlichen Einwirkung der Takt, die Losgelassenheit oder die Versammlung verändert haben. Stellt man demgegenüber nach dem Stufenmodell den Takt einfach an den Anfang der Ausbildungsskala, dann kommt man notwendigerweise dahin, nach dem Alles-oder-Nichts-Raster zu denken, das heißt nur zwischen Taktreinheit und Taktfehlern zu unterscheiden. In Wirklichkeit bildet aber die zunehmende Ruhe und Ausprägung im „Gleichmaß der Bewegungen" einen wichtigen über die Taktreinheit hinausgehenden Inhalt der Ausbildung, das heißt die Art oder Qualität des Takts wird mit fortschreitender Losgelassenheit und Versammlung für ein Dressurpferd ausschlaggebend gefördert.

Die Aufgabe der weiteren Überlegungen über die Prinzipien der Dressurausbildung besteht darin, die Eigenschaften der Bewegung und damit auch die Prinzipien der Ausbildung begrifflich so zu fassen, daß sie die verschiedenen beobachtbaren Merkmale voneinander abheben und dem stufenweisen, zugleich ganzheitlichen Verlauf der Ausbildung gerecht werden.

Eigenschaften des Pferdes

Wer eine Maschine, die aus vielen Theilen zusammen gesezt und mancherlei Bewegungen, Veränderungen und Richtungen fähig ist, in Bewegung setzen will, wird ohne Zweifel vorher mit deren Einrichtung, Verhältnissen und Verbindung sich bekannt machen müssen. Er wird nicht allein ihre bewegende Kräfte untersuchen, sondern auch die hiezu nöthigen Stellungen ausfindig machen, weil er ohne diese Kenntniß Gefahr lauft, sie durch eine ihrer Einrichtung zuwiderlaufende Bewegung zu verderben. Hat er nun Anweisungen hierüber und er findet dennoch Hindernisse; so wird er sie aufs neue untersuchen und sich bemühen die Fehler zu entdecken, und ihnen abzuhelfen. Diese Kenntniß ist so natürlich, daß wir sie am gemeinsten Mann finden. Der Müller kennt seine Mühle, und der Bauer sein Fuhrwerk.

Das Pferd ist nun zwar eine lebendige Maschine. Es kann sich durch sich selbst bewegen und verhält sich nicht immer leidend. Allein, da wir uns dessen, in gewissem Verstand, sehr maschinenmäßig bedienen, seine Bewegungen blos nach unserm Gefallen einrichten, und solche durch die Reitkunst bis zu einem sehr hohen Grad von Mannigfaltigkeit und Geschicklichkeit zu bringen wissen; so ist es wohl als eine der künstlichsten Maschinen anzusehen. Sehr nöthig wäre es demnach, daß alle die, die sich mit Abrichtung der Pferde beschäftigen, ihre Kenntniß mit größtem Fleiß studirten. Und wie schwer ist nicht diese, da die Pferde in ihrem ganzen Geschlecht sowohl, als auch in ihren Gattungen so sehr von einander verschieden sind! Wie viele Klassen von Pferden gibt es nicht! Wir haben Karrenpferde, Ackerpferde, Kutschpferde u.s.w. Desgleichen haben wir gemeine Reitpferde, und immer bessere bis zu dem Grade der Edelsten. Wie weit sind nicht diese leztere sowol an körperlichen als geistigen Eigenschaften über das gemeine Pferd erhaben! Welche Feinheit der Sinne, welch Gedächtnis, welche Gelehrigkeit und welche Unterscheidungskraft entdecken wir nicht an dem guten Gestütpferd; wenn ersteres dem Reiter nur mit sclavischer Dummheit folget und kaum bis zu einem mittelmäßigen Grad von Geschicklichkeit gebracht werden kann! Wie sehr weichen die Landesarten, und diese unter sich nicht wieder von einander ab! Die Pferde, die einen zu großen Abstand gegen einander machen, sind wohl nicht leicht zu verwechseln. Das Pferd, das für den Karren geschaffen ist, wird nicht leicht jemand zum Reitpferde wählen. Allein die Reitpferde unter sich zu ihrem künftigen Gebrauch zu bestimmen, ist weit schwerer. Es gibt Schulpferde, Paradepferde, Soldatenpferde, Jagdpferde, Reisepferde u.s.w. Ohne Zweifel gehört hiezu eine feinere Kenntnis und eine richtigere Beurtheilung. Unendlich sind nun diese Arten von Pferden unter sich wieder verschieden. Jede Verschiedenheit erfordert aber auch unstreitig eine andre Behandlung, und eben diese unzählige Abwechselungen sind es, die die Reitkunst so schwer machen. Wo hätten wir also wohl mehr Ursache die Einrichtung einer Maschine, wie die innere und äussere Beschaffenheit des Pferdes ist, zu untersuchen, wenn wir es zu seiner Bestimmung abrichten wollen? Wie können wir ihm Stellungen und Bewegungen geben, wenn wir nicht zu beurtheilen wissen, ob sie auch der natürlichen Einrichtung der Maschine gemäs sind? Was haben wir für einen andern Maasstab, wonach wir dem Pferd die ihm zu gebende Anstrengung abmessen, als eben diese Kenntnis? Sporn und Ruthe haben wir deswegen nicht, um das Pferd damit in den Gehorsam zu peinigen. Es denkt ja oft nicht an das Widersetzen, wenn wir ihm durch unrechte Behandlung nicht Anlaß dazu geben, oder es wohl gar dazu nöthigen. Durch vernünftige und zweckmäßige Lektionen sollen wir ihm erst Stellung und Geschicklichkeit geben, daß es unsern Willen befolgen kann. Und dann sollen wir uns dem Pferd zwar als Meister von ihm und seinen Bewegungen, aber nicht als Tyrann, zeigen. Es liebt ja den Menschen, es folgt ihm gerne, wann es ihn erst versteht. Und kommt uns auch dann und wann ein Pferd vor, das von Natur widersetzlich zu seyn scheinet; so ist immer noch die Frage: ob nicht die allererste Behandlung es so feindselig gegen die Menschen gemacht habe? Wir haben unzählige Fälle, wo der geschickte Reiter sich wieder mit ihm auszusöhnen wuste und es seiner Anweisung folgsam machte. Die Reitkunst fordert nicht blos daß wir den Willen des Pferdes dem unsrigen unterordnen, sondern wir sollen ihn vielmehr in unsern Willen stimmen und mit demselben vereinigen. Wie würde das aussehen, wenn das Pferd alles gezwungen thäte? Wir sehen es aber, sich mit Vergnügen zu der gelernten Lection anbieten. Eben dieses gibt ihm den schönen Anstand, und an keinem von allen Thieren, die uns auch nützliche Dienste verrichten, finden wir den Ausdruck von aufmerksamer Dienstfertigkeit so sehr, wie an dem Pferd und dem Hund. Der Hund wird nur auf Worte und Zeichen abgerichtet, dessen das Pferd, (wie wir an Kunstpferden sehen) ebenfals fähig ist. Allein sein verschiedener Gebrauch macht, daß es meistens auf das Gefühl dressirt wird. Die Bewegungen der Hand die hierauf wirken, werden überhaupt Führung und die Bewegungen der Schenkel des Reiters Hülfen genannt, wozu noch, bei dem jungen Pferde, das Hörenlassen der Zunge und der Ruthe mit gezählet werden. Sie sollen bestimmt und deutlich gegeben werden, weil wir nur durch sie allein dem Pferde sagen können, was wir von ihm wollen. Und die Folgsamkeit mit der sie das abgerichtete Pferd annimmt, beweißt seinen Gehorsam und seinen Eifer uns zu dienen. Allein um das Pferd in diese vollkommene Uebereinstimmung mit dem Menschen zu setzen, müssen wir gewisse Eigenschaften an dem Reiter voraussetzen, ohne die er diesen Zweck nie erreichen wird.

1. **Muß er eine richtige Kenntniß von einem wohlgebauten Pferde und seinem Temperament haben, auch wissen worin die Güte eines Reitpferdes zu der Absicht, wozu er es dressiren will, insbesondere bestehe.**
2. **Muß er beurtheilen können welche Lectionen dem Pferd, nach seinem Alter, seinen Kräften u. mit Rücksicht auf die Zeit, die ihm zum Abrichen gegeben ist, am dienlichsten sind.
   Er muß**
3. **Eine gute Hand und folglich einen sehr guten Sitz zu Pferd haben.**
4. **Alle Hülfen und Strafen mit der gehörigen Fertigkeit zu geben und sie nach der Empfindlichkeit des Pferdes abzumessen wissen.**
5. **Muß er die nöthige Entschlossenheit und Gedult haben.**

**Ludwig Hünersdorf,
Anleitung zu der natürlichsten und leichtesten Art Pferde abzurichten.
1791**

Prinzipien der Ausbildung (II)

30. Folge

Die in der letzten Folge angestellten Überlegungen zu den Prinzipien der Ausbildung führten unter anderem dazu, auf gedankliche und sachliche Probleme in der üblichen „Skala der Ausbildung" hinzuweisen. Auf dieser Basis sollen die Ausbildungsrichtlinien hier in anderer Form zusammengestellt und im Überblick vor Augen geführt werden. Das Schema soll der Wirklichkeit des Reitens besser als die in zahlreichen Lehrbüchern immer wieder veröffentlichte, aber nicht kritisch erörterte „Skala" entsprechen. Ihr Ziel ist es, die Gesamtheit der Ausbildung repräsentativer und vollständiger zu fassen und sie in sachlicher wie in logischer Hinsicht in ihren Teilen, Bereichen oder Stufen besser zu unterscheiden. Das Schema wird generell als ein Versuch verstanden, den logischen Erfordernissen des begrifflichen Denkens ebenso wie der praktischen Ausbildungsarbeit gerecht zu werden.

Ein ausschließlich nach den logischen Prinzipien des Denkens erstelltes Schema läuft Gefahr, ein widerspruchsfreies, trennscharf abgestuftes und gedanklich einsichtiges System zu entwickeln, das die Wirklichkeit nicht trifft oder sie nur einseitig und verzerrt wiedergibt. Die Orientierung an den Details der Ausbildung verhindert demgegenüber, das Allgemeine, das Wesentliche beziehungsweise die Charakteristika zu sehen und gedanklich zu fassen. Der zwischen den beiden Extremen vermittelnde Kompromiß führt derart zum Ziel, daß die wesentlichen Inhalte über eine abstrahierende Beschreibung der Ausbildung ermittelt und dann logisch geordnet werden.

Alltagssprache und Reitersprache

Ein zentrales Problem bildet bei diesem Vorhaben die Sprache, die Alltagssprache ebenso wie die Reitersprache und die verschiedenen Sprachen der Sportwissenschaft sowie ihrer Hilfsdisziplinen. Einerseits sucht man nach Begriffen, die nicht schon so mißverständlich gebraucht werden, daß man mit ihrer Verwendung Irrtümer geradezu programmiert. Andererseits kommt man nicht umhin, sich allgemein verständlicher Termini zu bedienen und das in der Reitersprache enthaltene Erfahrungsgut zu nutzen. Bedient man sich nämlich um des exakten Verständnisses willen wie die Wissenschaften einer quasi künstlichen Sprache mit speziellen Definitionen, dann muß man damit rechnen, von den Reitern nicht verstanden zu werden. Auch in diesem Punkt soll ein Kompromiß zwischen den Extremen versucht werden. Ihn diktiert die Absicht, mit Hilfe einer überlegten und kontrollierten Verwendung der Sprache die Komplexität des Ausbildungsgeschehens in seinen verschiedenen Komponenten besser darstellen zu können.

Dimensionen und Stadien

Grundsätzlich werden in dem hier vorgeschlagenen „Schema der Ausbildung“ Dimensionen und Stadien der Ausbildung unterschieden. Die Dimensionen sind die Bereiche, auf die sich die Ausbildung erstreckt. Mit anderen Worten, sie stellen fest, was ausgebildet wird. Die Stadien kennzeichnen demgegenüber verschiedene Abschnitte, Ausmaße oder Qualitäten der Ausbildung in den verschiedenen Bereichen. Die einzelnen Dimensionen der Ausbildung hängen eng miteinander zusammen; die verschiedenen Stadien gehen ineinander über. Diese Zusammenhänge verbieten es eigentlich, mit trennscharfen Begriffen zu arbeiten und derart den Eindruck zu vermitteln, es handele sich um voneinander isolierte Bereiche. Andererseits fordert die geistige Durchdringung und Analyse Begriffe, die die einzelnen Gegenstände, über die gesprochen wird, voneinander abheben. Die beiden widerstreitenden Anforderungen lassen sich derart miteinander vereinbaren, daß man sich bei der Erörterung der einzelnen Bereiche ihrer Verbindungslinien bewußt bleibt.

Die Ausbildung eines Pferdes läßt sich als Formung und Umformung des natürlichen Angebots verstehen. Die Möglichkeiten und Grenzen der reiterlichen Einwirkung zeigt Harry Boldts Remus. Die im Vergleich zur Vorhand stark ausgebildete Hinterhand des Pferdes verbindet sich mit der Tendenz, mit den Hinterbeinen mehr zu schieben als zu tragen. Dabei entsteht eine gewisse Vorderlastigkeit. Der Reiter wirkt ihr durch das Aufnehmen und Versammeln entgegen. Die begrenzte Bereitschaft des Pferdes, mit den Hinterbeinen Last aufzunehmen, führt leicht dazu, daß das Maß der Versammlung hinter dem der Aufrichtung zurückbleibt. Im Schritt am langen Zügel läßt sich die generelle Tendenz noch nicht feststellen (links), wohl aber im starken (oben) und im versammelten Trab (unten).

Sechs Dimensionen

Die reiterliche Ausbildung erstreckt sich im einzelnen auf die folgenden sechs Dimensionen: Das Verhältnis des Pferdes zu Mensch und Umwelt, der reiterliche Einfluß auf das Pferd, die Kraftentfaltung des Pferdes, sein Tonus (Spannung-Entspannung), sein Takt und seine Haltung. Grundsätzlich ließe sich die Liste der Dimensionen durch die Aufsplitterung der Bereiche vergrößern oder durch ihre Zusammenfassung verkleinern. Der hier gewählte Umfang von sechs Bereichen wurde insofern von der Ausbildungspraxis bestimmt, als diesen sechs Bereichen besondere Aufmerksamkeit gewidmet wird und als sie auch immer wieder – in den verschiedenen Reitlehren und von den verschiedenen Ausbildern mit unterschiedlichen Begriffen – angesprochen werden.

Drei Stadien

In ähnlicher Weise beruht die Wahl der drei Ausbildungsstadien auf einer praktikablen Aufteilung des gesamten Prozesses in drei Schritte, nämlich der Gebrauchs- und der Schulphase, denen die Basisausbildung vorangeht. In diesem Sinne lauten die hier verwendeten Begriffe: Basisstadium, Gebrauchsstadium und Dressurstadium. Prinzipiell bauen die verschiedenen Stadien aufeinander auf, dem einen folgt das andere beziehungsweise auf der Basis des einen erwächst das andere.

Diese Vorstellung geht davon aus, daß die Ausbildung des Pferdes wesentlich als Umformung zu verstehen ist.

Dieser Gesichtspunkt gestattet es, die verschiedenen Stadien als Abschnitte im gesamten Umformungsprozesses zu verstehen beziehungsweise über die Stadien das Niveau oder das erreichte Maß der Umformung zu begreifen. Der Umformungsprozeß kann also mehr oder minder weit gediehen sein.

Umformung und Anlage

Die Stadien der Ausbildung lassen sich jedoch nicht nur unter dem Gesichtspunkt der Umformung des Pferdes durch den Menschen verstehen. Das unterschiedliche Maß oder die unterschiedliche Art der Ausbildung beruhen nicht ausschließlich auf dem menschlichen Zugriff und der Arbeit des Reiters. Die verschiedenen Pferde bringen nämlich für die Formung im Sinne der reiterlichen Ziele unterschiedliche Voraussetzungen von ihrer Natur mit. Diese gehen in einigen Fällen so weit, daß sie in bestimmten Bereichen einer Umformung nicht mehr bedürfen, daß in anderen Fällen die Aufgabe des Reiters sogar in erster Linie darin besteht, das Angeborene zu erhalten und nicht auf ein Niveau zurückzuführen, das einem niedrigeren Ausbildungsstand entspricht. Die Details im Bereich der angeborenen und erworbenen Eigenschaften eines Dressurpferdes schließen freilich nicht aus, den gesamten Ausbildungsprozeß als eine Umformung des natürlichen Angebots in die Richtung der menschlichen Ziele zu verstehen. Die „Umformung" geht über eine einlinige „Förderung" der natürlichen Anlagen des Tieres deutlich hinaus. Weil der Mensch auch Ziele ansteuert, die im arteigenen Verhaltensprogramm des Pferdes nicht enthalten sind, empfiehlt es sich, von „Formung" und „Umformung" zu reden.

Einstufung und Detailuntersuchung

Die Umformung geschieht in den verschiedenen als „Dimensionen" voneinander abgehobenen Bereichen. Da die verschiedenen Bereiche miteinander zusammenhängen, sind auch die Stadien, in denen ihre Ausbildung sich jeweils befindet, einander verwandt. Daher ist es sinnvoll, generell das Basisstadium vom Gebrauchs- und vom Dressurstadium zu unterscheiden und die Ausbildung der einzelnen Pferde generell dem einen oder anderen Stadium zuzuordnen. In einer solchen allgemeinen Einstufung wird der Ausbildungsstand in den verschiedenen Bereichen zusammengefaßt. Erst bei genauerer Beurteilung sieht man, daß in einem solchen Gesamturteil die Unterschiede der in den einzelnen Dimensionen erreichten Ausbildungsstufen vernachlässigt werden. Wenn man nämlich einerseits die Parallelität der Entwicklung in den verschiedenen Dimensionen betont, so darf man andererseits Divergenzen doch nicht übersehen. Ein Pferd kann zum Beispiel im Bereich des Takts das Stadium ausgeprägter Kadenz, in der Dimension Tonus aber nicht einmal die Entspannung erreicht haben. Pferde, deren Ausbildung in den verschiedenen Dimensionen unterschiedlich weit fortgeschritten ist, erlebt man in der Praxis immer wieder. Dies liegt daran, daß es häufig möglich ist, das Ausbildungstempo in einer Dimension auf Kosten anderer zu forcieren. Wahrscheinlich kommt kein Ausbilder umhin, sich bei Detailschritten dieses Weges zu bedienen. Der Bereich des Takts oder der des Tonus können zum Beispiel bei der Umformung der Kraftentfaltung beeinträchtigt werden. Den „guten" Reiter zeichnet unter anderem aus, daß er solche Erfolge in einem Bereich auf Kosten eines oder

mehrerer anderer nur für kurze Phasen zuläßt, daß er sich der eingehandelten Nachteile bewußt ist und sie in den folgenden Lektionen gleich wieder auszugleichen sucht. Der „schwache" Reiter spürt demgegenüber den Preis seiner Erfolge nicht, er läßt sich von ihnen vielmehr zu weiterer Forcierung des Ausbildungstempos reizen und nimmt sich nicht die Zeit, die Entwicklung in den verschiedenen Bereichen zu harmonisieren. Die totale Übereinstimmung in den verschiedenen Bereichen bildet die Leitidee, auch wenn man sie nur in Grenzen erreicht und wenn sie sich im Zuge der Ausbildung immer wieder verschiebt.
Die verschiedenen Ausbildungsstadien gehen ziemlich fugenlos ineinander über. Die markierten Stufen – Basisstadium, Gebrauchsstadium, Dressurstadium – haben insofern artifiziellen Charakter. Der Wirklichkeit wird man nur gerecht, wenn man sich das Kontinuum vor Augen hält, das zum Beispiel von der Gehlust über die Entwicklung der Schubkraft bis zur Entwicklung der Tragkraft oder von der Reinheit der Gänge über

Vom Geschick des Reiters und von der Psyche des Pferdes hängt die Überformung der angeborenen Eigenschaften ab. Sie gelingt ferner in den einzelnen Lektionen, in verschiedenen Situationen und auch bei unterschiedlichem Zustand des Pferdes mehr oder minder.

Beim kraftvollen neunjährigen Remus (links oben) konnte Harry Boldt der Tendenz zur Vorderlastigkeit und Enge in der Passage zum Beispiel noch besser entgegenwirken als später bei dem inzwischen 13 Jahre alten Schimmel (oben). Und in der Piaffe des Neunjährigen (links) erreichte er eine Versammlung, bei der von der natürlichen Vorderlastigkeit kaum etwas zu sehen ist.

den beruhigt-ausgewogenen und fleißigen Bewegungsablauf bis zur Kadenz reicht. Die Vorstellung des Kontinuums gestattet es insbesondere, die Anlagen des Pferdes problemlos mit der Umformung durch den Menschen zu verbinden, und zwar unterschiedliche Anlagen mit unterschiedlichen Maßen menschlicher Einwirkung.

Die Inhalte

Summarisch wurden die Dimensionen der Ausbildung schon erwähnt: Das Verhältnis des Pferdes zu Mensch und Umwelt, der reiterliche Einfluß, die Kraftentfaltung des Pferdes, sein Tonus, der Takt seiner Bewegungen und seine Haltung. Diese Bereiche sind jetzt an Hand der Skizzierung ihrer verschiedenen Ausbildungsstadien im Überblick zu beschreiben.
Das Verhältnis des Pferdes zu Mensch und Umwelt wird deshalb als erste Dimension genannt, weil mit ihm die Ausbildung beginnt und auf ihm auch die weiterführende Arbeit aufbaut. Im Basisstadium geht es hier darum, das Tier an den Menschen und an die Umwelt zu gewöhnen. Die Gewöhnung besteht wesentlich darin, dem Pferd die Angst zu nehmen und seine natürliche Tendenz, Unbekanntem durch Flucht sich zu entziehen, dadurch zurückzudrängen, daß man ihm die neue Welt als etwas nahebringt, vor dem es sich nicht zu ängstigen braucht, das keine Gefahren birgt und/oder das sogar mit angenehmen Empfindungen sich verbindet. Mit der ersten Gewöhnungsphase ist das Kapitel „Verhältnis zu Mensch und Umwelt" nicht abgeschlossen. Dieser Bereich wird vielmehr erstens weiter ausgebildet und verfeinert, und zweitens tauchen immer wieder Situationen auf, die für das Pferd neu sind und aus denen es flüchten möchte. Das Stadium des Gehorsams und des Vertrauens ist unter anderem dadurch gekennzeichnet, daß die Fluchttendenz des Pferdes sich vermindert beziehungsweise daß sie sich weniger leicht auslösen und auch durch reiterliche Einwirkung einfacher und schneller zurückdrängen oder überformen läßt. Im Dressurstadium ist das Verhältnis des Pferdes zum Menschen und zur Umwelt vor allem durch die Konzentration auf die Reiterhilfen charakterisiert.

Der reiterliche Einfluß

Die zunehmende Reaktionssicherheit und die fortschreitende Sensibilisierung auf die mit der Zeit verfeinerten Hilfen bildet eine weitere wichtige Dimension der Ausbildung. Der „reiterliche Einfluß" ist eng mit dem „Verhältnis des Pferdes zu Mensch und Umwelt" verbunden. Dennoch erscheint es sinnvoll, die beiden Bereiche zu unterscheiden; sie werden nämlich in der Ausbildung auch getrennt berücksichtigt. Die Lenkbarkeit des Pferdes bildet im Basisstadium den Inhalt oder das Ziel des reiterlichen Einflusses. Auf ihm baut die Phase auf, in der das Pferd lernt, auf die verschiedenen Hilfen zu reagieren, das heißt das Stadium, in dem es an die Hilfen gestellt wird. Dieser Abschnitt läßt sich allerdings nicht ein für alle Mal erreichen und überwinden. Das Erlernen neuer Lektionen besteht nämlich unter anderem darin, das Pferd mit den neuen und verfeinerten Hilfen bekannt zu machen; dies geschieht freilich auf der Basis des generellen Vertrautsein mit der Schenkel-, Kreuz- und Handeinwirkung. Die „Durchlässigkeit" erscheint als das Stadium, in dem das Pferd prompt und feinfühlig die Hilfen des Reiters „durchläßt" und befolgt, in dem es keinen Widerstand mehr gegen sie aufbaut, in dem es sie nicht mehr mit Verzögerung und/oder nur partiell im gewünschten Sinne beantwortet.

Die Kraftentfaltung

Im Bereich der Kraftentfaltung stellen Gehlust und Dynamik die Basis aller weiteren Ausbildung dar. Viele Pferde bringen diese Eigenschaften von Natur mit, sie bedürfen hier nicht der speziellen Förderung, ohne die andere nicht weitergebracht werden. Bei den überfleißigen, oft auch übereilt und festgehalten gehenden Pferden kommt es im Basisstadium mehr auf die physische und psychische Entspannung an. Die zweite Phase besteht im Bereich der Kraftentfaltung darin, die Dynamik – das griechische Wort Dynamis bedeutet Kraft – in der Richtung der reiterlichen Anforderungen zu dirigieren und zu entwickeln. Der Schwerpunkt der Ausbildung liegt hier zunächst bei der Förderung der Schubkraft, die – sofern nicht besondere natürliche Anlagen vorliegen – dominiert; die Tragkraft ist ihr untergeordnet, vor allem als Ausbildungsziel. Mit der Förde-

Prinzipien der Ausbildung (III)

31. Folge

In der letzten Folge wurden die Dimensionen und Stadien der Ausbildung nur kursorisch erklärt, jetzt will ich etwas näher auf sie eingehen. Derart soll deutlich werden, daß das vorgeschlagene Schema geeignet ist, die allgemeinen Ziele des Dressurreitens zu erfassen und verständlich zu machen.
Das Verhältnis des Pferdes zu Mensch und Umwelt begleitet unter anderem deshalb den gesamten Ausbildungsprozeß, weil die Anforderungen des Menschen inklusive des Reitens dem Pferd nicht „natürlich" sind. Das Tier ist in seinen angeborenen Verhaltensweisen

nicht darauf programmiert, in Ställen und in der technischen Umgebung des Menschen zu leben, seinen Ernährer durch die Landschaft zu tragen und nach dessen Vorstellungen von Gymnastik oder Gehorsam sich ausbilden zu lassen. Jedes einzelne Tier muß vielmehr erst lernen, diesen menschlichen Anforderungen zu entsprechen und sich ihnen nicht durch Flucht zu entziehen.
Erworbene Eigenschaften lassen sich auch in diesem Bereich nicht vererben, wiewohl die natürliche Rittigkeit der Pferde in den letzten Jahrzehnten durch züchterische Selektion beträchtlich gefördert wurde.

Frühe Erfahrungen

Hinsichtlich ihres Verhältnisses zu Mensch und Umwelt kommen die Pferde nicht „roh" in die Hand der Reiter. Im Rahmen der Aufzucht haben sie schon mehr oder minder prägende Erfahrungen gemacht. Diese verbinden sich mit den vorgegebenen Anlagen, aufgrund deren die einzelnen Tiere sich bereits in ihrer Zutraulichkeit beziehungsweise Ängstlichkeit, in ihrer Neugier, Konzentrationsfähigkeit, Ablenkbarkeit und in weiteren Bereichen ihres psychischen Lebens beträchtlich unterscheiden. Im Zusammenhang mit ihren natürlichen Dispositionen lernen die Pferde im Rahmen der Aufzucht und in den ersten Stadien des Umgangs mit dem Reiter nicht nur einzelne Verhaltensweisen, sie gewinnen vielmehr ein generelles – freilich kein bewußtes – Bild ihrer neuen Welt und des Menschen.
Wir Menschen wissen nicht, wie das Welt- und Menschenbild der Pferde im einzelnen aussieht. Das Verhalten der Tiere läßt aber darauf schließen, daß es „angenehm" oder „unangenehm", also generell positiv oder negativ getönt ist und daß in ihm ferner Aussagen über den Bereich Herrschaft, Durchsetzung und Unterordnung enthalten sind. Das Pferd erfaßt den Menschen wohl nicht als Menschen, vermutlich aber auch nicht einfach als Artgenossen, wie vielfach behauptet wird; wahrscheinlich liegt sein Bild irgendwie zwischen den beiden Polen, möglicherweise vermischt mit einer Art Feindbild oder mit dem Eindruck, den unvertraute Gegenstände aufs Pferd machen. Vereinfacht gesagt: Das Tier lernt den Menschen als Freund, Partner oder Helfer kennen; es erfährt ihn als ein Wesen, demgegenüber man sich durchsetzen kann oder unterordnen muß, möglicherweise auch als Feind, der fordert, überfordert, straft und quält.

Anlage und Ausbildung: Das Standbild von Dux (links außen) verrät bereits, daß es des besonderen Geschicks seines Reiters Dr. Reiner Klimke bedurfte, das Pferd nicht zu eng werden und über den Zügel kommen zu lassen. In der Trabverstärkung (links oben) bleibt der Fuchs in einer Haltung, die einem höheren Versammlungsgrad entspricht; er dehnt sich zuwenig. In der Galoppverstärkung (links) tritt diese Tendenz noch klarer hervor.

Extrem wirkt sich die exterieurbedingte Gefahr dann aus beim deutlichen Aufnehmen des Pferdes – oben wahrscheinlich in der Passage: Das Pferd drückt sich über den Zügel, schiebt mit den Hinterbeinen und trägt zuwenig.

Durchsetzung und Gefolgschaft

Das allgemeine Bild, das das Pferd vom Reiter gewinnt, bestimmt zu einem beträchtlichen Teil das Verhalten des Tieres. Auf den einen Reiter reagiert es zum Beispiel mit Angst und Verspannung, weil es aufgrund seiner bösen Erfahrungen mit ihm Strafen und Schmerzen verbindet. Beim anderen verhält es sich unbekümmert, weil es mit ihm nicht nur keine Schläge, sondern sogar Belohnung verknüpft. Beim einen Reiter geht das Pferd seinen eigenen Weg und widersetzt sich selbstbewußt, weil es bei ihm gelernt hat, mit seiner Resistenz Erfolg zu haben und stärker zu sein als dieser. Dem anderen Reiter folgt es „willig", weil dieser ihm beigebracht hat, daß die Durchsetzungsversuche zwecklos sind, daß es keine Strafen, ja sogar

Prinzipien der Ausbildung (III)

Die Tendenz dieses Pferdes mit langem Rücken, sich über den Zügel zu drükken und mit den Hinterbeinen nicht hinreichend Gewicht aufzunehmen, zeigt sich links noch deutlicher. Der Reiter vermag dieses Bild nicht mehr dadurch zu korrigieren, daß er dem Pferd „viel Luft" läßt, und das heißt, auf die Anlehnung fast gänzlich verzichtet.

Obwohl die Perspektive von vorne weniger Aufschluß als die Seitenansicht liefert, sieht man doch: das Pferd dehnt sich im starken Trab und streckt sich an den Zügel heran (unten). Nach diesem Bild läßt sich allerdings nicht entscheiden, ob das Ausmaß der Dehnung dem weiten Raumgriff voll entspricht.

Lob zu erwarten hat, sofern es gehorsam seinen Weisungen entspricht.
Pferde haben also bestimmte Einstellungen zu den Reitern generell und auch zu einzelnen Reitern, ferner zu bestimmten Typen von Reitern und reiterlichen Einwirkungen. Sie können diese Einstellungen auch weiterentwickeln, präzisieren und verändern. Schulpferde unterscheiden sich in diesem Punkte vielfach in interessanter Weise von Pferden, die einen oder zwei ständige Reiter haben.

Vertrauen und Leistungsbereitschaft

Generell bilden diese Einstellungen einen wichtigen Bestandteil der Leistungsvoraussetzungen des Pferdes. Aus diesem Grunde empfiehlt es sich – ganz unabhängig von humanitären und tierschützerischen Motiven – für den Reiter, sich Gedanken darüber zu machen, wie das Pferd ihn auffaßt. Bei diesen Gedanken sollte er aber nicht stehenbleiben, sollte vielmehr dafür sorgen, daß das Pferd ihn als eine Art Freund oder Partner respektiert; nicht als ausnutzbaren Wohltäter, sondern als Wesen, das ihm „wohltut", das zugleich aber auch Leistungen fordert, die das Tier ohne Ausweichmanöver zu erbringen hat. Tierpsychologisch geschickte Reiter vermitteln ihren Pferden sogar ein mehrschichtiges Bild von sich: In der Leistungssituation dominiert der Akzent der Forderung und der Überlegenheit des Menschen, in den Abschnitten der Entspannung wird die Partnerschaft und Freundschaft stärker betont und derart das Vertrauen zwischen Mensch und Tier bestärkt, das eine wichtige Grundlage der Leistungsbereitschaft darstellt.

Die Verschiebung der Akzente darf jedoch nicht so weit gehen, daß der Reiter zwischen rabiater Durchsetzung und zärtlicher Fürsorge pendelt, daß er derart das Pferd irritiert, verunsichert und dazu führt, in entspannter Situation zwar gelassen zu bleiben, beim Aufnehmen und Angepackt-Werden aber gleich nervös und ängstlich zu werden.

Frühe Fehler und ihre Korrektur

Das Argument mancher Reiter, ihr Pferd sei schon in früher Jugend verdorben worden und an seinem Verhältnis zum Menschen sei nichts mehr zu bessern, ist meist eine Schutzbehauptung, die von der Anstrengung der Korrektur entlasten soll. Meines Erachtens stellen die frühen Erfahrungen der Pferde vielfach keine irreversiblen Prägungen dar. Sofern es sich wirklich um gelerntes Verhalten handelt, ist in diesem Bereich meist Umlernen möglich. Das erfordert freilich besonderen Einsatz, viel Geduld und auch beträchtliche Zeit; manchmal aber genügen schon einige Monate, um dem Pferd ein neues Bild vom Menschen zu vermitteln.
Sehr viel schwieriger und begrenzter wird der Einfluß des Menschen demgegenüber, wenn ererbte Anlagen einem unkomplizierten Verhältnis zum Reiter und zur Umwelt im Wege stehen; zum Beispiel verschiedene Formen der Beeinflußbarkeit durch Außenreize oder der übernervösen Reaktion auf die zur Durchsetzung erforderlichen energischen Reiterhilfen.
Der Abbau der Angst vor dem Menschen und der unvertrauten Umwelt stellt in der Dimension „Reiterlicher Einfluß" das primäre Ziel dar. Zunächst geht es also darum, daß sich beim Pferd die Tendenz verliert, der ungewohnten Situation durch Flucht aus dem Wege zu gehen. Die Fluchtbereitschaft gegenüber bestimmten Situationen wird zuerst abgebaut, dann in zunehmendem Maße die generelle Neigung, zur Angst verleitenden Umständen durch die Flucht sich zu entziehen. Der generelle Angstabbau wird wesentlich dadurch gefördert, daß das Pferd lernt, daß die zunächst unvertraute Umwelt weder schmerzt noch anderweitig schadet und insofern auch kein ernst zu nehmender Anlaß für Angst und Flucht ist. Das Pferd lernt derart quasi die Grundlosigkeit seiner natürlichen Antriebe kennen. Mit der Zeit wird es diese Antriebe zwar nicht total abbauen, im Ansatz werden sie sich bei den immer wieder auftretenden unvertrauten Situationen weiterhin einstellen, sie lassen sich aber zunehmend schneller und komplikationsloser durch eine verstärkte reiterliche Einwirkung einfangen und auf einen für Außenstehende oft gar nicht mehr erkennbaren Ansatz beschränken. Die unvertrauten Situationen verlieren ihre Bedeutung als ängstigende Reize.

Vertrauen und Gehorsam

Vertrauen bedeutet hier, daß das Pferd dem Reiter und seinen Anforderungen trauen kann, daß es nicht überfordert, irritiert und gepeinigt wird, daß es dem Reiter keinen Widerstand entgegenzusetzen braucht, um Schmerzen zu vermeiden, daß es mangels schlechter und aufgrund guter Erfahrungen nichts Böses oder sogar Angenehmes erwartet. Dieses „Vertrauen" des Pferdes zum Menschen hängt eng mit dem Gehorsam zusammen.

Dieser kann auf dem Vertrauen aufbauen, das Vertrauen kann aber auch dem Gehorsam folgen. Bei Pferden, die zunächst widersetzlich sind, wird man in Leistungssituationen das Vertrauen kaum erreichen, wenn man nicht bereit ist, den Gehorsam bei zumutbaren Leistungen konsequent zu fordern. Ohne die Bereitschaft zur Durchsetzung gelangt der Reiter nicht zu dem Bereich, in dem die Existenz oder das Fehlen von Vertrauen sich dokumentiert. Das Pferd lernt vielmehr die Unverbindlichkeit des reiterlichen Appells; es wird für seinen Ungehorsam sogar belohnt. Für die Verknüpfung von Gehorsam und Vertrauen ist es wichtig, das Pferd nicht zu überfordern. Doch ebenso wichtig ist es, nicht zuwenig zu fordern. Auch wer immer wieder riskiert und probiert, was er seinem Pferd alles zumuten kann und wie weit dessen Leistungsgrenze sich verschieben läßt, provoziert das Scheitern, die Unsicherheit und den Widerstand, das heißt den Verlust von Gehorsam und Vertrauen.

Beriechen und berühren

Um dem Pferd die Ungefährlichkeit der zunächst befremdenden Umwelt deutlich zu machen, sollte man ihm vor allem in den Anfangsstadien der Ausbildung hinreichend Gelegenheit geben, sich die zunächst beängstigenden Gegenstände mit Ruhe anzusehen und auch zu beriechen sowie mit der Nase zu berühren. Es empfiehlt sich besonders bei scheuen Pferden, sie immer wieder mit neuen Umwelten vertraut zu machen, sie also nicht in die eigene Halle zu verstecken, sondern die übliche Umgebung durch eine aufgehängte Decke oder durch einen hingestellten Stuhl zu verändern; es empfiehlt sich weiter, mit den Tieren möglichst häufig ins Gelände zu gehen, auf anderen Plätze zu fahren und sie unter Umständen auch mit Verkehrsstraßen vertraut zu machen.

Mit der Zeit muß der Reiter vom Pferd fordern, daß es seine Angst zurückdrängt und den Hilfen gehorcht, und zwar umgehend und ohne langwierige Inspektion der unbekannten Gegenstände.

Läßt man hier auch bei fortgeschrittener Ausbildung zu große Nachsicht walten, dann kann man dem Pferd beibringen, seine Angst wichtiger zu nehmen, als die Reiterhilfe, die Angst in deutlichem Scheuen auszudrücken und hinreichend Zeit für die allmähliche Bereitschaft zum Gehorsam zu beanspruchen.

Spring- und Dressurpferd

Während beim Springpferd die Aufmerksamkeit auf die Umwelt, insbesondere die Hindernisse, ein wichtiges Ausbildungsziel darstellt, hat das Dressurpferd sich – abgesehen von seiner Bewegungsentfaltung – einseitig auf die Reiterhilfen zu konzentrieren und in der Leistungssituation hinsichtlich der Umwelt weitgehend abzuschalten. Das „Abschalten" wird hier nicht negativ als Abstumpfung verstanden, sondern positiv als Abbau der Irritation durch Außenreize zugunsten der Konzentration auf den Reiter. Menschen begeben sich ebenfalls immer wieder in Leistungssituationen, die nur mit einseitiger Konzentration oder die mit ihr besser als mit geteilter Aufmerksamkeit zu bewältigen sind. Wie die Menschen sind auch die Pferde in unterschiedlichem Maße zu solcher Haltung fähig, wie bei den Menschen ist auch bei den Pferden die Lernfähigkeit in diesem Bereich unterschiedlich ausgeprägt, wie bei den Menschen spielt auch bei den Pferden die Art der Schulung für den Lernerfolg eine ausschlaggebende Rolle.

Die Konzentration auf die Hilfen des Reiters und vor allem ihre prompte Befolgung setzen eine präzise reiterliche Einwirkung voraus. Ändert der Reiter immer wieder die Zeichen, über die er dem Pferd seine Aufforderungen vermittelt, dann kann er vom Pferd keine umgehende und konstante Reaktion erwarten. Dieser Zusammenhang nimmt mit zunehmender Verfeinerung der Einwirkung an Bedeutung zu. Der ruhige Sitz bildet die Basis präziser und differenzierter Hilfen. Die Selbstkontrolle und Selbstzucht des Reiters erstreckt sich bei höheren Anforderungen vor allem auch in dieser Hinsicht auf Sitz und Einwirkung; sie kommt allerdings nicht ohne die Hilfe eines unten stehenden Lehrers aus, der korrigiert und einem durch ständige Hinweise beibringt, daß man das Richtige und das Falsche an seinem eigenen Verhalten und an dem des Pferdes auch empfindet. Der Spiegel unterstützt die Selbstkontrolle ebenfalls, er reicht aber nicht aus.

Verfeinerung der Hilfen

Während die Hilfen, die das Pferd zu Anfang der Ausbildung erfährt, klar voneinander abgehoben sind, rücken sie im Zuge ihrer Verfeinerung näher aneinander. Ihre richtige Zuordnung setzt beim Pferd Konzentration auf Nuancen voraus. Man erlebt es daher immer wieder, daß Pferde Hilfen verwechseln, daß sie nervös werden und in Extremfällen sogar neurotische Symptome zeigen, vor allem dann, wenn Reiter solcher Ungewißheit und Unsicherheit mit Gerte und Sporn beizukommen suchen. Bei vielen Pferden stellt sich die Konzentrationsbereitschaft nicht automatisch ein, sie bedürfen unter anderem des Hinweises, der überlegten und nicht der zornigen Einwirkung mit Gerte und Sporn. Diese Einwirkung darf aber nicht über das Maß hinausgehen, das erforderlich ist, um die vermehrte Aufmerksamkeit zu erreichen. Vielfach provozieren die aus mangelnder reiterlicher Geduld erfolgten Strafen beim Pferd Nervosität, Angst und Widersetzlichkeit, und das ist die schlechteste Grundlage für weitere Lernfortschritte. Man muß dem Pferd also Gelegenheit geben und hinreichend Zeit lassen, die Konzentration im allgemeinen und die Unterscheidung der verschiedenen Hilfen im besonderen zu lernen. Man wird die Aufmerksamkeit des Pferdes nur dann auf seine Einwirkung konzentrieren können, wenn man selbst zu solch einseitiger Aufmerksamkeitsausrichtung aufs Pferd bereit und in der Lage ist und wenn man darüber hinaus genügend Geduld für das Tier aufbringt. Dieses Wesen ist nämlich mit Worten und verstandesmäßigen Argumenten nicht zu führen, und es begreift meist auch nicht so rasch, wie man sich dies als Reiter wünscht.

Der reiterliche Einfluß

Mit der Dimension „Verhältnis zu Mensch und Umwelt" hängt der Bereich „Reiterlicher Einfluß" eng zusammen; letzterer läßt sich sogar als spezieller Sektor des ersten verstehen. Aufgrund dieser engen Verbindung wurden bei der Erörterung des Verhältnisses zu Mensch und Umwelt bereits Phänomene angesprochen, die auch zum reiterlichen Einfluß gehören. Vor allem bei der Darstellung der Konzentration auf die dezenten Reiterhilfen wurde deutlich, wie die Dimension „Verhältnis zu Mensch und Umwelt" direkt in den Bereich „Reiterlicher Einfluß" übergeht. Die theoretische Unterscheidung bleibt aber unter anderem insofern gerechtfertigt, als bei der ersten Dimension primär die psychische Einstellung des Pferdes als Leistungsvoraussetzung angesprochen wird, während es beim reiterlichen Einfluß mehr um das beobachtbare äußere Verhalten geht.

Die als erstes Stadium des reiterlichen Einflusses zu verstehende Lenkbarkeit baut auf der Gewöhnung an Mensch und Umwelt auf und ist mit den Basisformen des Gehorsams eng verbunden; zugleich werden diese durch die zunehmende Lenkbarkeit verbessert. Die Arbeit an der Longe stellt eine wichtige Vorbereitung für die Lenkung unter dem Sattel dar. Auf dem Longierzirkel lernt das Pferd, selbständig vorwärtszugehen und auch in der Wendung das Gleichgewicht zu halten. Hat das Pferd gründlich geübt, sich ohne Reiter auf dem Longierzirkel auszubalancieren, dann fällt ihm der nächste Schritt, nämlich den Reiter auf einem im Vergleich zur Weide relativ kleinen Platz zu tragen und sich von ihm dirigieren zu lassen, leichter als ohne diese Erfahrung.

Die Lenkbarkeit

Die Lenkbarkeit des Pferdes bedeutet, daß der Reiter in der Lage ist, die Bewegungsrichtung des Tieres und das Tempo inklusive Gangart sowie des Haltens zu bestimmen. Solange es nur um die Lenkbarkeit geht, werden die Hilfen, vor allem Schenkel, Gerte, Hand und Stimme, ziemlich undifferenziert eingesetzt, weitgehend analog zu Gaspedal, zu Bremse und Lenkrad beim Auto. Viele Reiter kommen über dieses Stadium im Prinzip nicht hinaus, viele wollen auch nicht mehr. Ihnen geht es allein darum, in diesem Rahmen mit möglichst geringem Aufwand auszukommen. Sie bemühen sich daher vor allem um einen geringen Kraftaufwand bei den Hilfen und um besseren Gehorsam des Pferdes. Dort, wo das Pferd dem Menschen in erster Linie als Arbeitsinstrument dient, zum Beispiel beim Militär, auf der Jagd und in den Händen mancher Natur- und Freizeitreiter, ist es durchaus sinnvoll, sich auf das Ziel der bequemen Lenkbarkeit – und der überdauernden Einsatzbereitschaft – zu beschränken.

Die Art, in der der Dressurreiter die Lenkbarkeit fordert, ist bereits auf den Endzweck ausgerichtet. Ein wichtiges Prinzip dieser Ausbildungsstufe besteht darin, das Pferd so weitgehend für neue Ausbildungsschritte vorzubereiten, daß es grober Einwirkung nicht bedarf und daher der Verfeinerung der Hilfen nicht eine Abstumpfung vorangeht. Andererseits muß das Pferd lernen, die reiterliche Einwirkung zu akzeptieren, sich anpakken zu lassen und nicht übersensibel oder widerspenstig zu reagieren. Es muß zum Beispiel eine leichte Anlehnung ans Gebiß und die Reiterhand ohne Kopfschlagen oder Unruhe im Maul annehmen, darf nicht nach dem Schenkel oder der Gerte schlagen und muß auch beim Übergang vom Leichttraben zum Aussitzen ungestört im Rükken weiterschwingen. Es gehört zum reiterlichen Geschick, sich einerseits die Sensibilität des Tieres zu erhalten und Überempfindlichkeiten andererseits doch abzubauen. Die Bande der Halle und generell die Begrenzung des Reitplatzes stellen bei diesem Anliegen insofern wichtige Hilfen dar, als das Pferd zunächst daran einen Halt findet, außer dem Treiben besonderer reiterlicher Einwirkung zur Beibehaltung der Bewegungsrichtung nicht bedarf und der Reiter erst allmählich dazu übergehen kann, die zuvor von den toten Hilfsmitteln geleistete Lenkung selbst zu übernehmen.

Über die Zweckmäßigkeit hinaus

Das allein als ein Arbeitsinstrument eingesetzte Pferd steht in anderer Weise beziehungsweise es steht an anderen Hilfen als das Dressurpferd, dessen Ausbildung über die Zweckmäßigkeit für den praktischen Gebrauch hinausgeht. Im Dressurreiten werden zwar die Einsatzmöglichkeiten des Pferdes optimiert, sein Verschleiß wird reduziert und der Krafteinsatz des Reiters möglichst gering gehalten. Auf solch ökonomische Gesichtspunkte beschränkt sich das Dressurreiten jedoch nicht; es verselbständigte sich nämlich als ein System, in dem Prinzipien wie Losgelassenheit, Versammlung und Gymnastizität dominieren. Die Verselb-

ständigung bedeutet, daß nicht mehr in jedem Falle nach der praktischen Zweckmäßigkeit der einzelnen Aufgaben gefragt, sondern die mehr oder minder große Erfüllung der Prinzipien untersucht wird. Aus diesem Grunde ist es auch angebracht, zwischen einem Gebrauchsstadium und einem Dressurstadium zu unterscheiden. Das Dressurstadium geht über das Gebrauchsstadium hinaus, es schließt die im früheren Stadium erreichten Gebrauchsvorteile ein, das heißt, es gibt diese nur dann auf, wenn es auf falschem Weg angestrebt wird. „Richtig" und „falsch" bedeutet hier, den Prinzipien zu entsprechen oder nicht.
Wer das Dressurstadium im Auge hat, über es Bescheid weiß und den Weg dorthin kennt, der steuert eine Lenkbarkeit und ein An-den-Hilfen-Stehen an, die schon auf das Ziel der Durchlässigkeit hinarbeiten und es vorbereiten. Zu diesem Zweck werden die Hilfen dem Pferd so beigebracht, wie es sie für das spätere Stadium der Durchlässigkeit kennen und annehmen muß.
Will man mit seinem Pferd über das Gebrauchsstadium nicht hinaus, dann bedarf es gar nicht der präzisen Schenkel-, Hand- und Gewichtshilfen, mit denen die orthodoxen Reitlehren die Schüler in einer für sie oft unverständlichen Weise plagen. Schwer begreifbar ist die Exaktheit der Hilfen für den Schüler vor allem deshalb, weil er im Basis- und im Gebrauchsstadium mit anderen Zeichen beim Pferd oft den gleichen oder gar besseren Erfolg hat. Und weil der Anfänger noch nicht gespürt hat, daß seine selbstgebastelten Hilfen fürs Dressurreiten nicht mehr ausreichen beziehungsweise dort zu grundsätzlichen Mängeln oder Detailfehlern führen.

Die Durchlässigkeit

Das dressurreiterliche An-den-Hilfen-Stehen geht fließend in die Durchlässigkeit über; die prompte Reaktion auf die reiterliche Einwirkung ist nämlich ein Teil der Durchlässigkeit. Die Folgsamkeit des Pferdes macht jedoch die Durchlässigkeit noch nicht aus; die Bereitschaft zum Gehorsam muß sich vielmehr mit körperlichen Fähigkeiten verbinden, vor allem mit der Losgelassenheit, der zweckmäßigen Anstrengung und der Versammlung. Die dressurreiterliche Durchlässigkeit erfordert, daß das Pferd bei den halben und den ganzen Paraden nicht nur sein Tempo vermindert, sondern sich aufnimmt und mit den Hinterbeinen mehr Gewicht trägt; beim Treiben soll es sich vermehrt anstrengen und Energie entfalten, soll sich als Pendant zum Aufnehmen in den versammelten Tempi in den verstärkten deutlich dehnen. Mit anderen Worten: Durchlässigkeit bedeutet die Fähigkeit und Bereitschaft des Pferdes, auf minimalen reiterlichen Einfluß hin seine Gymnastizität optimal zu entfalten.

Rede und Belohnung

Den Menschen gaben es die Götter, einen Menschen durch die Rede zu belehren, was er tun muß. Ein Pferd kann man natürlich mit der Rede überhaupt nicht belehren. Gibt man ihm aber, wenn es etwas so getan hat, wie man wollte, eine Belohnung und straft es, wenn es ungehorsam ist, so lernt es so am ehesten, seine Pflicht zu tun. Und dies gilt, um es kurz zu sagen, in der ganzen Reitkunst. Und das Pferd wird das „Gebiß" eher annehmen, wenn ihm etwas Gutes zuteil wird, nachdem es dieses angenommen hat. Und es wird über Gräben hinweg- und aus Gräben herausspringen und wird alles andere leisten, wenn es sich eine Erleichterung davon verspricht, daß es das Verlangte tut.
Es ist vielleicht an der Zeit, zu schreiben, wie man für den Fall, daß man ein Pferd in Gebrauch hat, welches übermäßig heftig oder träge ist, jedes von beiden am richtigsten verwendet. In erster Linie muß man wissen, daß die Heftigkeit beim Pferde dem Zorn beim Menschen entspricht. Wie man also auch einen Menschen am wenigsten erregen wird, wenn man nichts Unangenehmes sagt noch tut, so erzürnt auch ein heftiges Pferd am wenigsten, wer ihm nicht wehtut. Gleich beim Aufsitzen also muß man bedacht sein, daß man dem Pferde während des Aufsitzens möglichst wenig wehtut. Wenn man aber aufgesessen ist, muß man eine längere Zeit, als sich von selbst ergibt, haltenbleiben und es dann so mit den sanftesten Hilfen vorwärtstreiben. Dann beginne man mit ganz langsamem Tempo und führe es so in die schnellere Gangart, daß es dem Pferde selbst völlig entgeht, daß es die volle Geschwindigkeit erreicht. Jede plötzliche Hilfe verwirrt das heftige Pferd, wie auch einen Menschen die plötzlichen Eindrücke für Auge, Ohr und Gefühl. Man muß wissen, daß auch bei einem Pferde plötzliche Eindrücke Verwirrung stiften. Will man das heftige Pferd, welches über Gebühr schnell wird, „aufnehmen", so darf man auch hier nicht plötzlich am Zügel ziehen, sondern muß es sacht mit dem Zügel „aufnehmen", indem man es beruhigt und nicht mit Gewalt in ein ruhiges Tempo bringt. Die langen Ritte (geradeaus) beruhigen die Pferde mehr als die häufigen Wendungen, und ruhige aber ausgedehnte Ritte machen das heftige Pferd mürbe, beruhigen es und regen es nicht auf. Wenn jemand meint, das Pferd zu ermüden, wenn er schnell und viel ritte, und es so zur Ruhe zu bringen, meint er das Gegenteil von dem, was eintritt. Denn in solchen Fällen versucht das heftige Pferd am ehesten durchzugehen und in seiner Erregung tut es, wie ein jähzorniger Mensch, oft sich selbst und dem Reiter unheilbaren Schaden. Durch Paraden muß man das heftige Pferd auch daran hindern, in seine schnellste Gangart zu verfallen. Das Pferd aber mit einem anderen um die Wette laufen zu lassen, dessen muß man sich absolut enthalten. Denn meist erweisen sich die heftigsten Pferde auch als die ehrgeizigsten. Auch sind die glatten „Gebisse" zweckmäßiger als die scharfen; wird aber ein scharfes eingelegt, so muß man es durch weiche Zügelführung dem glatten in seiner Wirkung angleichen. Gut ist es auch, sich selbst an einen ruhigen Sitz zu gewöhnen, besonders auf einem heftigen Pferde, und daran, daß man es möglichst wenig mit etwas anderem als den zum sicheren Sitzen nötigen Gliedmaßen berührt.

Schmatzen und Schnalzen

Auch muß man wissen, daß es eine bestimmte Methode gibt, das Pferd durch ein Schmatzen (der Lippen) zu besänftigen und durch Schnalzen (der Zunge) zu ermuntern. Würde man aber von Anfang an beim Zungenschnalzen besänftigende, beim Schmatzen aufreizende Zeichen geben, so würde es das Pferd lernen, durch den Schmatzton sich ermuntern und durch das Schnalzen sich beruhigen zu lassen. So darf man nun auch bei Geschrei und Trompetensignalen bei dem Pferde nicht den Eindruck erwecken, daß man selbst in Aufregung ist, noch darf man ihm etwas Beunruhigendes zufügen, sondern soll nach Möglichkeit in einem solchen Falle eine Rast machen und, wenn es möglich ist, dem Pferde sein Morgen- bzw. Abendfutter reichen. Der beste Rat jedoch ist, ein übermäßig heftiges Pferd für den Kriegsgebrauch nicht zu erwerben. Für ein träges Pferd scheint es mir zu genügen, wenn wir schreiben, in allem das Gegenteil von dem zu tun, was wir zur Anwendung beim heftigen Pferd empfehlen.
Will man sein für den Krieg taugliches Pferd einmal so reiten, daß es prächtiger wirkt und von allen Seiten stärker bewundert wird, muß man davon Abstand nehmen, das Pferd mit dem Zügel im Maul zu reißen und es mit Sporen und Peitsche zu bearbeiten, wie es die große Masse in der Meinung tut, so dem Pferde ein prächtiges Aussehen zu geben. Diese Leute bewirken nämlich genau das Gegenteil von dem, was sie wollen. Dadurch daß sie das Maul nach oben ziehen, nehmen sie den Pferden, anstatt sie vor sich hinsehen zu lassen, die Sicht. Und durch das Spornieren und Schlagen erschrecken sie die Pferde, so daß sie scheuen und in Gefahr geraten. Das ist nämlich das Betragen von Pferden, die über das Reiten im höchsten Grade unwillig sind und Unerfreuliches und Unschönes tun. Wenn man aber das Pferd lehrt, am nachgebenden Zügel zu gehen, den Nacken hoch zu tragen und sich vom Kopf an zu wölben, so erreicht man, daß das Pferd das tut, woran es auch selbst seine Freude hat und womit es sich brüstet. Es gibt einen Beweis, daß es sich darüber freut: Wenn es nämlich selber bei Pferden, hauptsächlich aber bei Stuten Figur machen will, dann erhebt es den Nacken und „zäumt" den Kopf voll prächtiger Wildheit besonders „bei", wirft die Schenkel geschmeidig in die Höhe und trägt den Schweif hoch.
Wenn man nun das Pferd in die Haltung bringt, in die es sich auch selbst wirft, wenn es sich am meisten in seiner Schönheit zeigen will, so wird man so sein Pferd als eines vorführen, welches sich über das Reiten freut, welches prächtig und feurig aussieht und die Blicke auf sich zieht.

Xenophon,
Über das Reitwesen. Ca. 365 v. u. Zr.

Die Psyche des Pferdes

Die Kenntnis der Psyche des Pferdes ist eine der wichtigsten Voraussetzungen der Dressur und jeder Reiter sollte sich eingehend mit ihr vertraut machen. Sie fällt uns allerdings erst als Frucht einer langen reiterlichen Erfahrung zu und lehrt uns, den Grund der guten oder schlechten Anlagen des Pferdes richtig zu erkennen.
Es ist leicht, die Grundsätze der Dressur anzuwenden, wenn man es mit einem Pferd zu tun hat, daß außer einem korrekten Gebäude noch Gutmütigkeit oder sogar guten Willen mitbringt. Wenn man jedoch auf Schwierigkeiten stößt, ohne in der Lage zu sein, ihre Ursache aufzudecken, läuft man Gefahr, Mittel anzuwenden, die neue Fehler herbeiführen, statt die alten auszumerzen.
Die Ungezogenheiten des Pferdes lassen sich meist auf Gebäude-oder Charakterfehler zurückführen. Unter Gebäudefehlern versteht man entweder angeborene oder erworbene Schwächen einzelner Körperteile, zum Beispiel der Hüftgelenke, der Rückenmuskulatur, der Sprunggelenke, der Hufe oder auch der Augen.
Leider sind die Untugenden mancher Pferde weniger die Folge einer Veranlagung als einer schlechten Erziehung. Wenn die einmal erworbenen Fehler fest eingewurzelt sind, kann man sie schwieriger beheben als die angeborenen.
Man sagt, daß ein Pferd scheut, wenn es vor einem Gegenstand Angst hat und sich weigert, sich ihm zu nähern. Wenn es sich auch oft um angeborene Ängstlichkeit handelt, so kann jedoch auch ein Sehfehler die Ursache sein. Ebenso häufig ist aber der eigentliche Grund, daß ein Pferd wegen Scheuens vor einem bestimmten Gegenstand unvernünftigerweise geschlagen wurde, so daß es den Anblick des furchterregenden Objekts ein für alle Mal mit der Erinnerung an die Strafe verbindet und nun erst recht scheut. Manche Pferde scheuen vor allem und jedem, wenn sie lange im Stall gestanden haben. Dieser Fehler läßt sich jedoch schnell beilegen, wenn man sie deswegen nicht straft, sondern ihnen geduldig den unbekannten Gegenstand zeigt.

Gerechte Strafe

Verbrecher nennt man ein Pferd, das durch schlechte Behandlung derart bösartig geworden ist, daß es nach allen Menschen beißt und schlägt. Es handelt sich meist um schwierige Pferde, die durch ungerechte Strafen verdorben wurden, denn leider bringt die Unfähigkeit und die Brutalität gewisser Reiter mehr Charakterfehler hervor als die Natur selbst.
Ein stätisches Pferd gehorcht aus Böswilligkeit keinerlei Hilfe, sei es zum Anreiten, zum Rückwärtsrichten oder zum Wenden. Manche Pferde werden stätisch, weil sie zu häufig gestraft oder in der Dressur überfordert wurden — andere dagegen, weil sie ihr Reiter aus Angst nicht energisch genug anfaßte. Kitzlige Pferde gehören meist in die zweite Kategorie.
Ein am Sporn klebendes Pferd steigt, schlägt und kriecht rückwärts, statt den Hilfen zu gehorchen und vorwärts zu gehen. Bei schlaffen und energielosen Pferden ist das Steigen und Schlagen nicht etwa ein Zeichen von Kraft, sondern lediglich als Widersetzlichkeit zu werten.
Manche Pferde lassen sich nicht wenden, und zwar nicht aus Widersetzlichkeit, sondern aus Steifheit oder weil sie es ganz einfach nicht gelernt haben. Es gibt auch Pferde, die sich nur auf einer Hand nicht wenden lassen, obwohl sie vorher losgelassen und gehorsam waren. Der Grund ist häufig in der Überforderung des Pferdes zu suchen. Ein Nachlassen der Sehschärfe oder die Verminderung der Leistungsfähigkeit eines anderen Körperteils können ebenfalls die Ursache sein, wenn ein Pferd sich auf einer Hand widersetzlich zeigt.

Böswilligkeit oder Schwäche

Wenn Böswilligkeit oder Schwäche die Ursache der obigen Untugenden sind — es sich also um Fehler psychischer oder körperlicher Art handelt — so ist es schwer, durch die Dressurarbeit ausgleichend zu wirken, da kein Fundament vorhanden ist, auf dem man bauen könnte. Die meisten Widersetzlichkeiten lassen sich jedoch weder aus dem Temperament noch aus dem Gebäude erklären. Häufig verlangt man von einem Pferd Leistungen, zu denen es noch nicht fähig ist, entweder weil man zu schnell vorgeht oder ganz allgemein das Ziel zu hoch gesteckt hat. Man verleidet ihm auf diese Weise seine Aufgabe und fügt seinen Gelenken und Sehnen nicht wiedergutzumachende Schäden zu. Es kommt nicht selten so weit, daß ein Reiter glaubt, sein Pferd zum Gehorsam erzogen zu haben, wenn es in Wirklichkeit nicht mehr die Kraft zum Ungehorsam besitzt und sich infolgedessen resigniert und freudlos in sein Schicksal ergibt.
Ein anderer Fehler zeitigt die gleichen Folgen. Viele Pferde kommen zu jung unter den Sattel und tragen unheilbare Schäden im Rücken und an der Hinterhand davon, da sie wegen ihrer nicht abgeschlossenen Entwicklung den an sie gestellten Anforderungen noch nicht gewachsen sind. Das Alter, in dem die Dressur eines Warmblutpferdes begonnen werden sollte, hängt von den klimatischen Bedingungen seines Aufzuchtgebietes ab und beträgt sechs oder sieben, unter Umständen sogar acht Jahre.
Die natürliche Widersetzlichkeit und der Ungehorsam des jungen Pferdes finden eine sehr einfache Erklärung. Es hat jahrelang in fast völliger Freiheit im Gestüt gelebt und ist nur gewöhnt, seiner Mutter zu folgen. Es fällt ihm daher schwer, sich der Disziplin der Dressur unterzuordnen, vor allem, wenn es durch seinen Ausbilder überfordert wird, um so mehr, als sich kein Tier besser der ersten ungerechten Strafe erinnert als das Pferd.

Geduld und Liebe

Es gab früher Spezialisten, die ausschließlich das Zureiten junger Pferde übernahmen. Man verlangte von ihnen in erster Linie sehr viel Geduld, Liebe zur Sache, Mut und Ausdauer. Diese Eigenschaften sind für eine solche Tätigkeit, mehr noch als für bereits in der Ausbildung stehende Pferde, völlig unerläßlich. Sie gewöhnten die jungen Remonten an den Umgang mit dem Stallpersonal und dem Hufschmied und machten sie schließlich mit Sattel und Reithalfter vertraut. Man ritt sie erst an, wenn auf diese Weise ihr Vertrauen gewonnen war. Es war oberster Grundsatz der Zureiter, niemals zum Zwang zu greifen, bevor alle Mittel der liebevollsten Erziehung erschöpft waren. Durch ihre Geduld und Anpassungsfähigkeit wurde das junge Pferd zutraulich und anhänglich. So war es möglich, es ohne Schädigung von Gebäude oder Temperament gehorsam der Dressur zuzuführen. Es gäbe heute sicherlich weit weniger zu Schanden gerittene, verdorbene und schlecht erzogene Pferde, wenn man diese Methode beibehalten hätte.

F. R. de La Guérinière,
Ecole de Cavalerie. 1733

Solche Unterschiede hängen eng mit der Psyche des Pferdes zusammen. Man kann sie nicht eindeutig zuordnen; sie sind in einem Bereich zwischen dem Körperlichen und dem Seelischen fundiert. Beziehungsweise, bei ihnen handelt es sich um psycho-physische Wechselwirkungen. Die von den verschiedenen Pferden angebotenen unterschiedlichen Formen der Kraftentfaltung stellen mal überdauernde Dispositionen dar, mal beruhen sie auf situationellen Spannungen und Entspannungen. Die vom Pferd angebotene Kraftentfaltung hängt eng mit der Spannung und Entspannung sowie mit dem Takt zusammen. Die Spannung des Stallmuts kann zum Beispiel eine Gehlust vortäuschen, die dem Pferd in Wirklichkeit fehlt. Der Energiestau des Stallmuts kann ferner zu einer Kraftentfaltung führen, die einem ein falsches Bild vom Takt eines Pferdes gibt. Man kann etwa den Eindruck gewinnen, ein Pferd gehe generell überhastet, während es in der Tat nur seine situationelle Spannung im Tempo abbaut, um dann später zu einem ruhigeren Bewegungsablauf zu kommen. In umgekehrter Richtung kann die Kraftentfaltung eines überanstrengten Pferdes einem ebenfalls ein verzerrtes Bild über den Tonus und den Takt vermitteln. Nur wer diese Zusammenhänge berücksichtigt, erkennt die relativ überdauernden Eigenschaften eines Pferdes in den verschiedenen Bereichen. Erst aufgrund solcher Einsicht läßt sich die Entwicklung des Pferdes in den einzelnen Dimensionen effektiv beeinflussen.

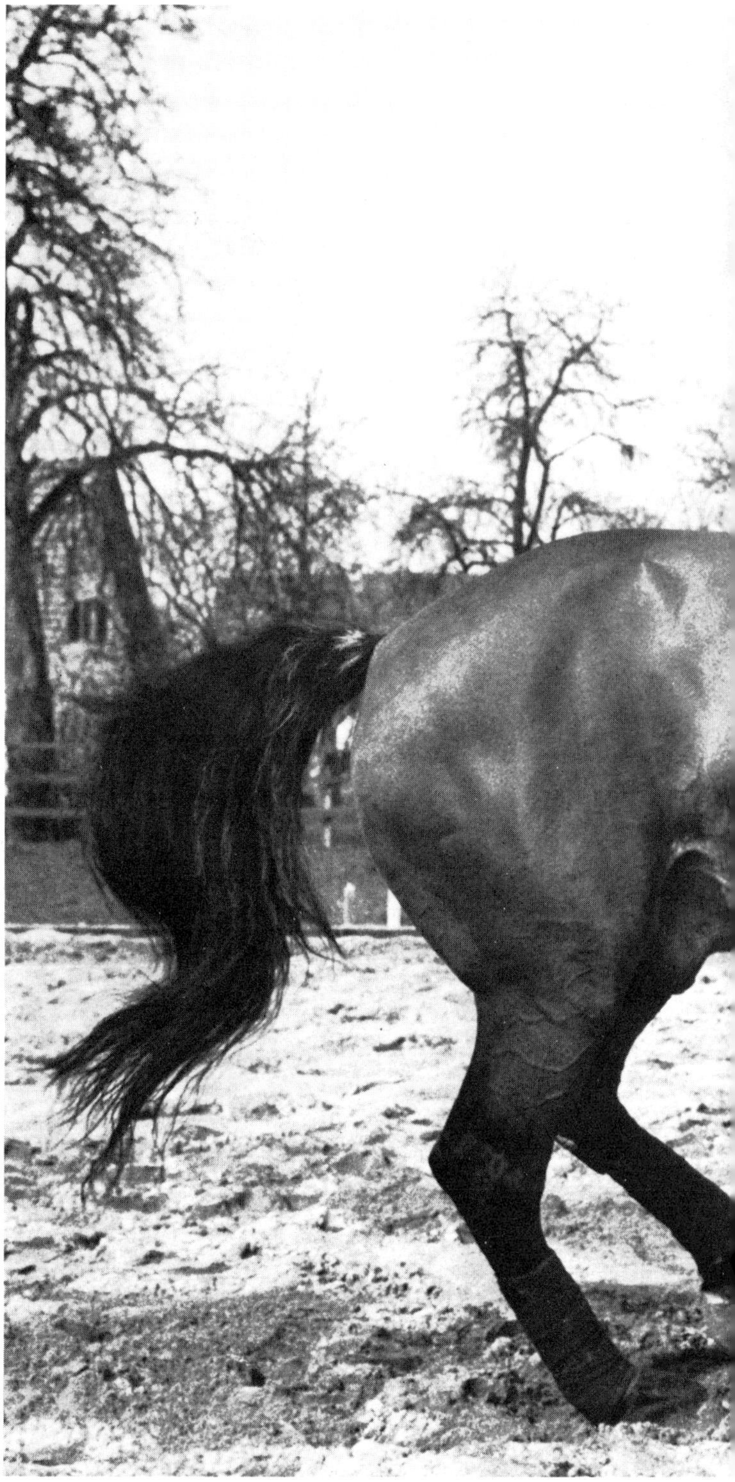

32. Folge

Prinzipien der Ausbildung (IV)

Im letzten Beitrag wurden das Verhältnis des Pferdes zu Mensch und Umwelt sowie der reiterliche Einfluß im Basis-, Gebrauchs- und Dressurstadium näher beschrieben. Der Erörterung dieser beiden ersten Dimensionen der Ausbildung folgt jetzt die Darstellung von zwei weiteren: Kraftentfaltung und „Tonus", der den Bereich der Spannung und Entspannung umfaßt. In der nächsten Folge wird dann mit der Behandlung des Takts und der Haltung das Kapitel über die Prinzipien der Ausbildung abgeschlossen.

Kraftentfaltung

Die Kraftentfaltung hatte ich im Basisstadium mit den Begriffen „Gehlust/Dynamik", im Gebrauchsstadium mit den Begriffen „Schubkraft/Tragkraft" und im Dressurstadium mit den Begriffen „Tragkraft/Schubkraft" gekennzeichnet. Die verschiedenen Begriffe beinhalten Leitlinien der Ausbildung. Schlagwortartig bezeichnen sie das Maß und die Art der Kraftentfaltung.

Bei den Pferden gibt es wie unter Menschen mehr oder minder aktive Individuen, neben den fleißigen, eifrigen, umtriebigen und hektischen die ruhigen, gemächlichen, mühsamen und faulen, neben den ausgeglichenen die mit wechselnder Kraftentfaltung; letztere können nach gemächlichem Start sich aufdrehen oder gar „explodieren", sie können aber auch ihren Eifer im Verlauf der Arbeit bald verlieren und dann beträchtlicher Aufforderungen zur Kraftentfaltung bedürfen.

Tragkraft fördern

Der Dressurreiter begnügt sich nicht mit einer generellen Förderung der Bereitschaft des Pferdes, Kraft zu entfalten. Er begnügt sich auch nicht mit einer Kraftentfaltung, die im Dienste der Fortbewegung steht. Der Dressurreiter möchte sein Pferd vielmehr zu einem beruhigt-ausgewogenen Arbeitseinsatz führen, bei dem die Tragkraft dominiert. Zu diesem Zweck muß die vom Pferd angebotene Kraft durch den Einfluß des Reiters umgeformt werden – einerseits mit Hilfe der Gehlust des Pferdes, andererseits aber auch gegen dessen Widerstand.

Christine Stückelbergers Granat demonstriert eindrucksvoll, in welchem Maße die Anlage den Ausbildungserfolg eines Pferdes mitbestimmt. Der in verschiedener Hinsicht von seiner Natur her zweifellos nicht einfache Wallach brachte seiner Reiterin und seinem Trainer Georg Wahl freilich viel mit von dem, durch das er später auf dem Viereck überzeugte: seine Versammlungsbereitschaft.
Das obere Bild zeigt den Holsteiner 1976 als Elfjährigen, das untere Bild im Winter 1970/71 im Alter von etwa fünfeinhalb Jahren. Mit der fortschreitenden Ausbildung „setzte" sich der Wallach in der Piaffe deutlicher, die generelle Bereitschaft, mit den Hinterbeinen vermehrt Gewicht aufzunehmen und dabei fleißig sowie taktrein zu treten, zeigte er freilich schon in den ersten Phasen der Ausbildung in dieser Lektion.

Die Umformung stellt einen langwierigen Prozeß mit beträchtlichen physiologischen Auswirkungen dar. Er verläuft nur dann ohne negative Folgen für die Gesundheit des Pferdes, wenn man dem Organismus des Tieres hinreichend Zeit läßt, sich an die neuen Anforderungen anzupassen. Überfällt man das Pferd mit den neuen Aufgaben, dann kann man unter Umständen zunächst sogar Erfolg haben, auf Dauer werden sich über Widerstände, vorzeitige Verschleißerscheinungen und krankheitsartige Reaktionen des Organismus herausstellen. Das Tier verhält sich in diesem Punkte ähnlich wie der

Mensch: Die allzuschnelle Belastung mit ungewohnten Anforderungen führt im einfachsten Fall zum Muskelkater oder zu anderen Formen der Überreizung. Der Schmerz, mit dem der Organismus auf solche Überbelastung reagiert, hat den Sinn, weitere Anstrengungen in diesem Bereich zu unterbinden und eine Phase der Erholung eintreten zu lassen. Wer sich brutal über solche Warnungen des Organismus hinwegsetzt, muß mit überdauernden negativen Auswirkungen rechnen.

Diese Überlegungen sollten unter anderem klarmachen, daß man dem Pferd für die Umformung seiner Kraftentfaltung Zeit lassen muß und daß es gefährlich ist, die von vielen Pferden zunächst gezeigte Bereitschaft, die Schubkraft in Tragkraft übergehen zu lassen, rückhaltlos auszunutzen. Allenthalben ist zu beobachten, daß Pferde am ersten Tag, an dem man sie mit einer neuen Aufgabe konfrontiert, „williger" sind als etwa am dritten oder vierten Tag. Meist beruht dies darauf, daß sie zunächst ohne Widerstände den Hilfen des Reiters folgten, daß dieser dann aber zuviel verlangte, daß sich Muskelkater oder andere Belastungserscheinungen einstellten. Mit ihnen baute sich beim Pferd Widerstand auf.

Auf diesen Komplex ist vor allem bei der Erörterung der Kraftentfaltung einzugehen, weil viele Reiter gleich auf die Förderung der Tragkraft hinwirken und dem Pferd nicht hinreichend Zeit zur Entwicklung der Versammlungsbereitschaft lassen. Gerade im Bereich der Umformung der Kraftentfaltung wird immer wieder der Fehler gemacht, mit Zwang die Versammlung zu forcieren und derart beim Pferd Widerstand zu mobilisieren, mit dem das Tier bald regelmäßig gegen die Versammlungsaufforderung des Reiters reagiert. Weil das Pferd verschiedene effektive Möglichkeiten hat, sich der Versammlung zu entziehen, erfordert gerade dieser Bereich, es erst gar nicht zu solchen Widerständen kommen zu lassen. Zu achten ist vielmehr darauf, daß die ursprüngliche Bereitschaft des Pferdes erhalten bleibt, daß das Tier für sie nicht bestraft, sondern seine Willigkeit durch Entlastung und Entspannung nach dem Gehorsam belohnt wird.

Gehlust und Anstrengungsbereitschaft

Gerade im Hinblick auf die Vermeidung von Widerständen gegen die Versammlung bildet die Festigung der Gehlust die Basis aller weiteren Arbeit in diesem Bereich. Denn wenn das Pferd schon zur dynamischen Vorwärtsbewegung nicht bereit ist, dann wird es sich in aller Regel einer soliden Versammlungsarbeit noch mehr zu entziehen suchen. Ohne die Gehlust wird es weder zur Losgelassenheit noch zur Versammlung kommen.

Mit der Gehlust wird auch die Anstrengungsbereitschaft gefördert oder ausgebildet. Da der Dressurreiter sein Ziel ohne die Bereitschaft des Pferdes, sich anzustrengen, nicht erreicht, gehört auch sie zur unumgänglichen Basis. Sinnvollerweise fördert man die Anstrengungsbereitschaft nicht erst beim Erlernen schwieriger Lektionen, sondern bei relativ einfachen Anforderungen, zum Beispiel beim Trab an der Longe. Hier sollte man das Pferd dazu bringen, energisch vorwärtszutreten und sich dabei ganz auf seinen Bewegungsablauf konzentrieren. Ein Pferd, das beim Trab an der Longe noch nach rechts oder links schaut, das den Hals nach innen dreht und mit der Schulter ausfällt, strengt sich noch

nicht hinreichend an; es versucht noch, sich der Arbeit zu entziehen. Wer ihm die mangelnde Bereitschaft zur Anstrengung bei dieser relativ einfachen Lektion gestattet oder sich hier nicht die Zeit nimmt, die Leistungsbereitschaft zu fördern, darf sich nicht wundern, wenn das Pferd bei schwierigeren, vom Reiter nicht so leicht zu kontrollierenden Lektionen im gleichen Sinne verfährt. Es war für seinen reduzierten Einsatz geradezu belohnt worden.

Die mangelnde Gehlust dokumentiert die unzureichende Arbeitsbereitschaft und der Widerstand in diesem Punkt ist meist symptomatisch für Probleme in anderer Hinsicht, und zwar Probleme, die schon akut sind oder mit denen man bei weiteren Anforderungen zu rechnen hat. Aus diesem Grunde muß der Reiter sich schon hier durchsetzen, aus diesem Grunde sollte er nicht auf eine Besserung bei der späteren Arbeit hoffen.

Vorbereitung an der Longe

Die Arbeit an der Longe gibt dem Pferd Gelegenheit, die kontinuierliche und ausgeglichene Leistungsbereitschaft ohne die Belastung des Reiters zu lernen. Für den Reiter hat das Training an der Longe den Vorteil, das Pferd genau zu beobachten und seinen Bewegungsablauf in verschiedener Hinsicht wirksamer als unter dem Sattel beeinflussen zu können.

Den übereifrigen Pferden muß man an der Longe die Angst nehmen, man muß sie mit Hilfe der Stimme oder mit häufigem Wechsel des Tempos und der Gangart beruhigen; die faulen muß man hingegen mit der Peitsche aktivieren, mit einer Hilfe, die so stark sein soll, daß das Pferd sie respektiert, freilich auch nicht energischer als für den Gehorsam erforderlich.

Bei dieser Arbeit an der Longe sollte das Pferd auch lernen, die Hilfe der Peitsche – als Vorbereitung der Hilfe mit der Gerte – anzunehmen. Es darf diesen Appell des Reiters weder ignorieren, noch darf es sich ihm durch ungebändigte Flucht entziehen oder durch Ausschlagen widersetzen. Im ersten Fall muß der Respekt auf dem Wege energischerer Einwirkung gefordert werden, natürlich mit dem Ziel, die Hilfen im Laufe der Arbeit zu verfeinern. Im zweiten Fall empfiehlt es sich, das Pferd für seine Widersetzlichkeit zu bestrafen; der geschickte Reiter sollte dabei freilich zwischen einer Kraftäußerung aus jugendlicher Lebensfreude und gezielter Widersetzlichkeit unterscheiden können.

Wieweit man an der Longe die Kraftentfaltung des Pferdes formen kann, hängt vom Pferd wie vom Reiter ab. Generell sollte man jedoch dahin kommen, daß das Pferd in allen drei Gangarten fleißig, ruhig und ausgeglichen sich fortbewegt, daß es das Tempo nach den Aufforderungen des Longenführers zu variieren vermag und aufgrund des Appells mit der Peitsche seine Hinterhand aktiviert, ohne das Tempo merklich zu verändern. Die an der Longe erarbeitete Bereitschaft des Pferdes, auf das Touchieren der Hinterbeine durch die Peitsche mit weiterem Durchschwingen bei gleichbleibendem Tempo zu reagieren, stellt eine wichtige Vorbereitung für die Versammlung dar.

Während Granat in seiner Glanzzeit recht muskulös und manchmal sogar etwas bullig wirkte, erschien er im Alter von etwa fünfeinhalb Jahren eher „arm" und hager; seine Muskeln waren noch nicht ausgebildet, er war noch nicht modelliert durch das tägliche Training. Es bedurfte eines erfahrenen Auges, die Möglichkeiten dieses außergewöhnlichen Pferdes gerade angesichts seiner Temperamentsschwierigkeiten zu erkennen.

Im Arbeitstrab schwingt das Hinterbein bei taktreinem Bewegungsablauf weit durch (oben), auch beim Aufnehmen (unten) bleiben Takt und Fleiß erhalten. In der Piaffe (Mitte) setzt der Wallach sich schon so weitgehend, wie es die meisten Pferde selbst nach der Ausbildung nicht tun. Eine solche Anlage stellt freilich weder einen Freifahrschein noch eine Versicherung dar; sie bedarf behutsamer Pflege, nicht der rückhaltlosen Ausnutzung.

Unter dem Sattel

Hinsichtlich der Kraftentfaltung geht die Longenarbeit bruchlos in das Training unter dem Sattel über. Die Anforderungen für die Bewegungsentfaltung an der Longe können für das neue Stadium direkt übernommen werden; dem Pferd ist freilich hinreichend Zeit zu lassen, sich mit den neuen Umständen vertraut zu machen und

Übereifer ebenso wie zu große Zurückhaltung zugunsten der Kraftentfaltung abzubauen, die es an der Longe gelernt hat.
Von Anfang an ist bei der Arbeit unter dem Sattel auch darauf zu achten, daß das Pferd sich nicht durch Schiefstellung der Anstrengung entzieht und beim Geraderichten seine Leistungsbereitschaft aufgibt. In diesem Punkt hat es wiederum keinen Sinn, sich mit Kompromissen zufriedenzugeben. Mit neuen Aufgaben sollte man nicht beginnen, solange das Pferd nicht bereit ist, in allen drei Gangarten auf dem Zirkel geradegerichtet und fleißig zu gehen. Dabei ist im Trab als Vorbereitung für die Versammlung das weite Durchschwingen der Hinterbeine wichtig, im Galopp der energische, ausgewogene und ausbalancierte Sprung und im Schritt das taktreine, nicht übereilte Schreiten.
Die stabilisierte Gehlust, die wesentlich auf der Förderung der Schubkraft beruht, ist für das Gebrauchsstadium ausreichend, wenn sie sich mit einem ihr entsprechenden Maß an Losgelassenheit verbindet und zu ausbalancierter Bewegung führt. Die Bedeutung der fleißigen Bewegungsentfaltung auf dem Wege zur Versammlung wird von vielen Reitern verkannt, die in der einzelnen Arbeitsstunde wie in der gesamten Ausbildung gleich mit der Versammlung beginnen und das hier beschriebene Basisstadium als einen Umweg ansehen. Bis auf wenige Genies tun sie es mit diesem Erfolg: Sie müssen ständig gegen den Widerstand des Pferdes ankämpfen, verfestigen die Pferde im hinteren Teil des Rückens und vermögen die Kruppe der Tiere in der reiterlichen Arbeit nur dann zu senken, wenn die Natur durch das Exterieur des Pferdes den Weg dorthin schon vorgezeichnet hat.
Das fleißige und weite Durchschwingen der Hinterbeine in der Trabarbeit bildet vor allem deshalb eine wichtige Vorbereitung für die Versammlung, weil es das Pferd von der Hinterhand über den Rükken bis zum Genick lockert und den Spannungsbogen dehnt. Das Pferd lernt dabei ferner, auf die treibende Hilfe mit der Aktivierung und dem Vorschwingen der Hinterbeine zu reagieren und sich der Arbeit nicht durch das Hochspringen mit der Kruppe zu entziehen.
Die lösende Funktion der weit durchschwingenden Hinterbeine sollte man sich auch in späteren Phasen der Arbeit immer wieder zunutze machen, indem man die versammelten Tempi immer wieder durch Arbeitstempi ablöst und das Pferd derart hindert, sich im hinteren Teil des Rückens zu verfestigen oder die Kruppe hochzustemmen. Das Geschick des Pferdes, sich der ständigen und übersteigerten Versammlungsaufforderung ihrer Reiter durch kurze Tritte bei nach hinten herausgedrückter Hinterhand zu widersetzen, ist beträchtlich. Von vielen Reitern im

Stallmuth und Muskelanspannung

Nachtheilig für Lungen- und Muskelthätigkeit der Pferde ist es, wenn sie wöchentlich vielleicht nur dreimal aus dem Stalle kommen. Denn wenn wir die langsame Bewegung des Pferdes beim Futtersuchen auf der Weide, oder das Herumgehen desselben in den Remontedepots, und als einen geradeaus stattgefundenen Weg denken, so gelangen wir zu dem Resultat, daß das Pferd schon bei dürftigem Futter täglich einige Meilen zurücklegt und dabei stets eine frische gesunde Luft genießt (Remontepferde machen, um zu ihren Regimentern zu kommen, tägliche Märsche von zwei bis drei Meilen). Wenn also jungen Pferden beim Einstellen das Futter gekräftigt, die Muskelthätigkeit verringert, der Genuß der freien Luft ihnen vorenthalten wird, so sind angelaufene Beine, Kongestionen des Bluts nach dem Kopfe und Druse die natürlichen Folgen. Pferde müssen, wenn es angeht, alle Tage hinaus; indessen sind auch allenfalls fünf Arbeitsstunden in der Woche hinreichend. Junge und matte Pferde muß man nur nicht während der ganzen Zeit, in der man sie aus dem Stalle hat, auch beständig in Lektionen nehmen wollen. Arbeiten und bloßes Motionsreiten muß man verbinden.
Junge Pferde beschäftige man im Verhältnis ihrer Kraft und ihres Temperaments; unter dem Reiter eine halbe bis drei Viertel Stunde, beim Longiren ohne Reiter drei Viertel bis eine Stunde. Eine Hauptregel bei der Dressur junger Pferde ist wohl die: man bewahre das Pferd vor Stallmuth; man muß dasselbe durch Arbeit nicht ermüden, doch dessen Uebermuth durch angemessene Bewegung in Schranken halten, und dieses geschieht am zweckmäßigsten durch eine tägliche mäßige Beschäftigung und nicht durch seltene und angreifende, die durch ihre Ermüdung auf einige Tage den Uebermuth zurückhalten soll; dieses letztere ist nachtheilig für Gliedmaßen und Lunge. Stallmuth muß in Schranken gehalten werden, denn so lange dieser obwaltet, leistet das Pferd den Anforderungen des Reiters nicht nur nicht die erforderliche Beachtung, sondern es widerstrebt denselben und quält sich durch dieses eigene Widerstreben und durch krampfhaftes Anspannen seiner Muskeln mehr ab, als durch eine tägliche geregelte Beschäftigung. Außerdem aber schreitet ein stallmuthiges Pferd in der Dressur nicht vorwärts; weil man bei Berücksichtigung des jugendlichen Alters und der Kräfte sich in die Verlegenheit gesetzt sieht, es dann schon abzugeben, wenn es durch Stallmuth seine Kräfte abgequält hat und warm geworden ist, jedoch ohne einen Vortheil erlangt zu haben.

Ungezwungenes Loslassen

Man wird nie Fortschritte in der Dressur machen, so lange ein Pferd seine Muskeln krampfhaft anspannt, daher muß man ihm erst ein ungezwungenes Loslassen der Muskeln abgewinnen und dann zu Lektionen übergehen.

Die Ursache zur krampfhaften Muskelanspannung kann Kraft, auch Schwäche, auch Aengstlichkeit sein. Welche dieser Ursachen nun immerhin vorwalten mag, so wird eine der Anspannung angemessene, dauernde, jedoch geduldsame, Beschäftigung die Loslassung bewirken. Im ersten Fall wird ein etwas dauernder, determinirter Mitteltrab, in beiden letztern ein gemäßigter, natürlicher Reisetrab, in Verbindung mit beruhigenden Worten und Streicheln, zum Zweck führen. Man muß die Abspannung der Muskeln zuvörderst bei aufgeregten und ängstlichen Pferden auch nicht allemal in einer Reprise erlangen wollen; man gönne, den Umständen angemessen, inzwischen eine Erholung, reite nach dem Trabe einen gedehnten Schritt mit ganz langen Zügeln. Bei ängstlichen und schwachen Pferden führt ein dazwischen gelegtes Stillhalten, Absitzen und Liebkosen am schnellsten zum Ziele, denn nach Abnahme der Reiterlast läßt das Pferd seine Muskeln außer Spannung, und durch trauliche Behandlung wird Angst und Aufregung beseitigt. Nach jedesmaligem erneuerten Auffsitzen wird der Reiter eine viel größere Willigung finden, als wenn er das Absitzen nicht inzwischen eingelegt hätte.
Junge Pferde, die ihre Muskeln krampfhaft anspannen und sich lebhaft zeigen, lassen dieselben gemeiniglich erst los, wenn sie warm zu werden anfangen, denn die Anspannung führt nicht allein Ruhe, sondern sogar einen gewissen Grad von Mattigkeit und diese den Schweiß herbei; so wie dieser erfolgt, muß man in erster Zeit das Pferd abgeben.
Manche andere fangen dagegen die Arbeit mit der größesten Bereitwilligkeit an, doch bei etwas dauernder Zeit werden ihnen die Leistungen bei natürlichem Muskelspiel zu schwer, sie finden sich veranlaßt, sie einigermaßen mit Anstrengung anzuspannen, dies erzeugt Aufregung und Schweiß. Wenn man das Herannahen dieser Unruhe bemerkt, dann ist für diese die Zeit, die Arbeit zu enden und das Pferd abzugeben.
Beide Pferde giebt man daher ab, wenn sie warm zu werden anfangen, jedoch das erste, wenn die Ruhe sich einstellt, das zweite, wenn es eine Anwandlung zur Unruhe merken läßt.

E. F. Seidler,
Die Dressur diffiziler Pferde. 1846

Prinzipien der Ausbildung (V)

33. Folge

Nach der Darstellung der Dimensionen „Verhältnis zu Mensch und Umwelt", „Reiterlicher Einfluß", „Kraftentfaltung" sowie „Tonus (Spannung – Entspannung)" soll hier als Abschluß der Gedanken über die Prinzipien der Ausbildung die Entwicklung des „Takts" und der „Haltung" im Basis-, Gebrauchs- und Dressurstadium erörtert werden. Dabei möchte ich daran erinnern, daß ich bei dem Versuch, den Gesamtkomplex der Dressurausbildung zu überblicken und den systematischen Zusammenhang der unterschiedlichen Teilschritte der Ausbildung verständlich zu machen, unterschied zwischen den genannten Dimensionen oder Bereichen und den Stadien (Basis-, Gebrauchs- und Dressurstadium).

Bei der detaillierten Besprechung des Systems in den letzten drei Folgen bin ich von den Dimensionen ausgegangen, weil ich glaubte, derart meine Perspektive mit ihren Abweichungen von den üblichen Reitlehren und insbesondere von der traditionellen „Skala" der Ausbildung am besten deutlich machen zu können. Es wäre auch möglich, das „System" von den verschiedenen Stadien der Ausbildung her anzugehen und die Stadien zum leitenden Gesichtspunkt der Darstellung zu machen. Dies hier auch noch zu tun, ist nicht erforderlich, weil sich vieles nach der eingehenden Besprechung aus dem Blickwinkel der Dimensionen wiederholen würde und weil die grundsätzlichen Inhalte der verschiedenen Stadien zuvor schon skizziert wurden.

Dimensionen und Stadien

Bei den allgemeinen Überlegungen zu diesen Zusammenhängen sollte man sich immer wieder ins Bewußtsein rufen, daß die Dimensionen ebenso wie die Stadien der Ausbildung keine separaten Gegenstände, sondern Eigenschaften komplexer Verläufe darstellen, daß die verschiedenen Eigenschaften eng miteinander verwoben sind und daß die Unterscheidung der Eigenschaften mit Hilfe der verschiedenen Begriffe uns dazu dient, die komplexen Erscheinungen besser begreifen und analysieren zu können.

Der Takt

In erster Annäherung läßt sich sagen, daß die Dimension Takt den Bewegungsablauf des Pferdes hinsichtlich der zeitlichen Folge des Auffußens der vier Hufe beinhaltet.

Der lateinische Begriff „tactus" bedeutet „Berührung, Gefühl, Schlag". Unter dem „Takt" versteht man insofern den regelmäßigen Schlag oder den regelmäßigen Wechsel von Betonung und Nichtbetonung. In der Musik faßt man als „Takt" die Einteilung eines Ablaufs von Tönen in eine regelmäßig wechselnde Folge betonter und unbetonter gleichlanger Zeitein-

153 Madras

Geb.	11. 4. 1970	Farbe/Geschlecht	Abzeichen	Eintragungen	Erfolge
Größe	182/170	Br. W.	St., Schn., l. Vf. u. l. Hf. w.	Keine	Keine

Trainingsprotokoll

Prototyp des internationalen Schwergewichthunters.

Leichtrittig, immer bereit, stets in voller Leistungsfähigkeit.

Überragende Grundgangarten, besonders im Trab und Galopp.

Sitzbequem und handlich.

Monaco	Marcio xx	Aventin xx Mainkur xx	v. Teddy xx v. Janos xx
	Ahnenranke	Athos Abendamsel	v. Allerhand v. Abel
Henny (Ostfr.)	Elegant	Eros Mira	v. Elimar v. Grundfried
	Habbertje	Golf Hänsel IV	v. Goldmann v. Landsknecht

Züchter

Wübbo Onken,
Uibargen Nr. 8

Aussteller

Peter Müller,
287 Delmenhorst, Jadestr.

Angaben

Keine

	Antritt	Fleiß	Elastik	Takt	Griff	Endnote
Schritt	8	9	8	9	8	8
Trab	9	9	9	9	9	9
Galopp	9	9	9	9	9	9

Springen	Erziehung	Lösung	Hand	Sitz	Engagement	Endnote
9	8	8	8	9	9	9

Typ	Rahmen	Kaliber	Linie	Rippe	Konstitution/Kondition
Jaguar	groß	stark	geschlossen	mittel	eisern, leichtfutterig

Das Exterieur ist nur eine der verschiedenen Komponenten, die die Leistungsfähigkeit eines Pferdes bestimmen; interieure Werte sind nicht minder wichtig, bei manchen Pferden sogar so ausschlaggebend, daß sie den Stellenwert der körperlichen Leistungsvoraussetzungen bestimmen. Ein Paradebeispiel für diesen Zusammenhang bildet Madras, der Wallach, mit dem Dr. Uwe Schulten-Baumer 1981 die Europameisterschaft gewann. Die reine Exterieurbeurteilung – die beiden Standbilder zeigen Madras vierjährig (im Verdener Auktionskatalog) und elfjährig 1981 – ergibt ein massiges Pferd, das dazu auf keinem exakten Fundament steht – nicht das Ziel der heutigen Reitpferdezucht. Wie sehr Dynamik und Schwung das Bild und die Leistungen dieses Pferdes bestimmen, zeigt die Trabaufnahme: Alexa Schulten-Baumer (1979).

heiten sowie ihre Zusammenfassung in Gruppen von gleichlanger Dauer. In der allgemeinen Sprache bedeutet der „Takt" schließlich ein Empfinden für einen den Partner respektierenden zwischenmenschlichen Umgang, also eine Art Feingefühl bei der Berührung.
In der Reitersprache faßt der Begriff Takt allgemein die durch das Auffußen der vier Hufe bedingte Einteilung des Bewegungsablaufs in bestimmte Intervalle. Näher läßt sich der Takt dann im Basisstadium der Ausbildung als Reinheit der Gänge, im Gebrauchsstadium als beruhigt-ausgewogener und fleißiger Bewegungsablauf und im Dressurstadium als Kadenz bestimmen.
Grundlage oder erstes Ziel der Ausbildung im Bereich Takt ist also die Reinheit der Gänge: der Viertakt im Schritt, der Zweitakt im Trab und der Dreitakt im Galopp. Die einzelnen Pferde sind auch in diesem Bereich unterschiedlich veranlagt. Die reinen Gänge stellen also keine so selbstverständliche Mitgift der Natur dar, wie es nach manchen Schilderungen den Anschein hat.

Die Reinheit der Gänge, als ideale und modellartige Folge des Auffußens in den drei Gangarten verstanden, ist bei den verschiedenen Pferden unterschiedlich klar ausgeprägt; vor allem weichen die Pferde hinsichtlich der Störanfälligkeit ihrer Gänge bei Gangartwechseln, bei der Irritation durch äußere Umstände und nicht zuletzt bei reiterlicher Einwirkung voneinander ab. Die fortschreitende Ausbildung kann die Reinheit der Gänge insbesondere in Verbindung mit zunehmender Losgelassenheit und zunehmendem Schwung fördern und den Ablauf der Bewegung durch die stärkere Betonung einerseits und die deutlichere Entspannung andererseits ausgeprägter gliedern; der Ausbildungsprozeß kann aber auch dazu führen, den taktreinen Bewegungsablauf zu stören.

Theorie und Praxis

In der Theorie ist die Fußfolge in den drei Gangarten exakter als in der Wirklichkeit. In der Theorie sind die Zeitabschnitte zwischen dem Auffußen der vier Hufe im Schritt oder zwischen dem Auffußen der beiden diagonalen Beinpaare im Trab genau gleich, in der Realität sind sie nur fast gleich oder ähnlich. Das Fast-Gleiche wird vom Betrachter aber als gleich empfunden. Hat man die Wirklichkeit der Bewegungsabläufe im Auge, dann erscheint die mathematisch exakte Gleichheit der Intervalle zwischen dem Auffußen der verschiedenen Füße oder Paare ebenso wie die präzise Gleichzeitigkeit bei gemeinsamem Auffußen des diagonalen Beinpaares im Trab und der Diagonale von innerem Hinter- und äußerem Vorderfuß im Galopp als eine Konstruktion des menschlichen Verstandes, während man es im Leben mit Fast-Gleichem oder Ähnlichem zu tun hat.

Dieser Gedanke ist im vorliegenden Zusammenhang deshalb wichtig, weil sich nicht aus jeder mit technischen Apparaturen ermittelten Ungleichheit der Intervalle und nicht aus jeder fotografisch demonstrierten Verschiebung beim „gleichzeitigen" Auffußen schon eine Beeinträchtigung oder gar Aufhebung der Reinheit der Gänge im reiterlichen Sinne ergibt. Mit dieser Feststellung soll nicht der konzilianten Bewertung der Reinheit der Gänge das Wort geredet werden, es geht nur darum, sich auch in der theoretischen Darstellung am Leben zu orientieren und nicht mit Hilfe des idealisierenden Verstandes Normen zu entwickeln, die der gelebten Wirklichkeit nicht gerecht werden.

Die Fotografie, die Uhr und weitere technische Instrumente liefern bei der Beurteilung des Taktes wichtige Hilfen zur besseren Einsicht; sie können einem Hinweise geben und den Blick leiten, können zu Fragen animieren und in mancher Hinsicht Bestätigungen liefern – sie können dem Reiter aber nicht den aus der Praxis gewonnenen Blick und das aus der Kenntnis taktreiner und taktgestörter Pferde gewonnene Empfinden für den Bewegungsablauf ersetzen. Das geschulte Auge und das erfahrene Empfinden „wissen" um die Ungenauigkeit der Natur; sie erkennen eine Fußfolge als „rein" an, bei der die Intervalle oder das gleichzeitige Auffußen eine gewisse Variationsbreite nicht überschreiten.

Arttypisch und rein

Die akzeptierte Variationsbreite wurde erst mit Hilfe technischer Meßgeräte deutlich gemacht. Sie widerspricht nicht der Tatsache, daß die Natur bei den einzelnen Tierarten typische Bewegungsformen entwickelte, daß diese Bewegungsformen zu den artspezifischen Verhaltensweisen gehören und daß der Mensch beim Pferd aus der Existenz dieser arttypischen Bewegungsweise seine Forderung nach der „Reinheit" – nämlich der Artgemäßheit – der Gänge herleitet.

Daß verschiedene Individuen die arttypische Bewegungsweise eindeutiger oder verwaschener, stabiler oder störanfälliger als andere beherrschen, stellt die grundsätzliche Existenz dieser arttypischen Bewegungsweisen ebensowenig in Frage wie der Umstand, daß verschiedene Rassen weitere Gangarten, Verschiebungen oder Abweichungen im natürlichen Repertoire haben. Beispiele: Die Neigung oder Veranlagung zu einem paßartigen Zweitakt, zu einem trabartigen Viertakt im Stile des Slow Gait, des Rack oder des Tölt oder zu einem „laufenden" Viertakt-Galopp im Stile der argentinischen Criollos oder in der Art des Lope vieler Westernreiter. Die verschiedenen sportlichen Reitauffassungen hängen eng mit den charakteristischen Bewegungsweisen der ihnen zur Verfügung stehenden Pferde zusammen; sie bauen sich natürlich auch auf der früheren wirtschaftlichen und kriegerischen Verwendung des Pferdes auf, und sie sind schließlich von allgemeineren gesellschaftlichen Zielen abhängig. Gerade im Bereich des Takts und der Reinheit der Gänge gehen die sportlichen Reitauffassungen bei ihrer Bestimmung des Richtigen und des Falschen über die Mitgift der Natur hinaus, das heißt, sie engen das natürliche Angebot auf bestimmte Formen ein, bezeichnen dann ausschließlich diese als „natürlich", kultivieren sie in einer das natürliche Angebot überschreitenden Weise und ignorieren alle davon abweichenden Anlagen. Insofern eignet auch dem System „Dressurreiten" eine gewisse Künstlichkeit.

Förderung und Störung

Der vom Dressurreiter geforderte Takt geht also in der Regel über das Angebot der Natur hinaus. Es kann aber auch sein, daß ein Pferd

Was man sich unter einem „Dressurtalent" vorstellt, verkörperte Madras bei der Verdener Auktion 1974 nicht; mancher sagte ihm sogar eine Karriere im Parcours voraus. Madras ging freilich schon als Vierjähriger ausdrucksvoll, dynamisch und mit viel Schwung. Darüber hinaus beeindruckte der massige Braune durch seinen klaren und soliden Takt wie durch Unkompliziertheit und Leistungsbereitschaft. Schon ein Jahr nach der Auktion konnte Alexa Schulten-Baumer den Monaco-Sohn bei der Deutschen Junioren-Meisterschaft vorstellen (links oben). Der Wallach hatte inzwischen beträchtlich abgespeckt, er wirkte sogar schon etwas „arm", begann aber, seine Muskeln auszubilden.

von sich aus „zu viel" zeigt, das heißt einen seinem Ausbildungsstadium unangemessenen Takt. Dies ist zum Beispiel bei Pferden der Fall, die sich im Trab in deutlich betonter Folge von einem diagonalen Beinpaar auf das andere „fallen" lassen, wobei die verschiedenen Phasen des Bewegungsablaufs klar voneinander getrennt sind. Die Bewegung findet deshalb nicht zu einem rhythmischen Fließen, weil die Tiere sich spannen, sich festhalten und sich derart der Arbeit entziehen. Die Reinheit der Gänge im Sinne des Gleichmaßes der Bewegung ist bei diesen Pferden gegeben, aber nicht die für das Basisstadium ebenfalls ausschlaggebende Gehlust und Entspannung. Auch in späteren Abschnitten der Ausbildung treten derartige Reaktionen bei manchen Pferden immer wieder auf, zum Beispiel dann, wenn sie die Versammlungsaufforderung im Trab mit passageartigen Tritten beantworten. In diesen Fällen kann man sogar von einer besonderen Akzentuierung des Gleichmaßes der Bewegung sprechen; es handelt sich aber um ein Gleichmaß auf der Basis von unzweckmäßiger Spannung.

Andere Pferde reagieren auf die menschliche Einwirkung derart, daß ihre unzweckmäßige Spannung das Gleichmaß der Bewegung stört. Dies beginnt schon an der Longe, wo insbesondere die zu eng geschnallten Ausbinder den taktreinen Bewegungsablauf beeinträchtigen. Diese Auswirkungen setzen sich oft unter dem Reiter fort, vor allem bei zu starker Handeinwirkung; im Schritt sind die meisten Pferde für solche Störungen extrem anfällig, im Trab meist weniger als im Galopp. Bei manchen Pferden muß man in frühen Ausbildungsstadien derartige Auswirkungen kurzfristig wohl in Kauf nehmen, zum Beispiel beim Biegen auf dem Zirkel, beim Erlernen der halben und der ganzen Paraden, des Schulterhereins oder der Traversalen. In diesen Fällen ist es wichtig, daß man sich der Störungen des Takts bewußt ist, daß man im Anschluß an diese Phasen den reinen Gang wieder festigt und darauf hinwirkt, den Takt insgesamt beziehungsweise die Taktsicherheit in den neu erlernten Lektionen mit der zunehmenden Lösung des Pferdes wieder zu verbessern.

Beim Freilaufen

Die natürliche Anlage des Pferdes im Bereich Takt läßt sich in der Regel am besten beim Freilaufen erfassen. Man kann dabei Pferde beobachten, die ausgeprägten und doch ruhig-ausgewogenen Takt zeigen, andere, die übereilt gehen, wieder andere, die sich schleppend fortbewegen, schließlich solche, die nach dem Wechsel der Gangarten gleich wieder ausgeprägten Takt zeigen und solche, die erst nach Phasen der Störung ihren Takt wieder zurückgewinnen.

Mangelnde Losgelassenheit kann sowohl einen extrem ausgeprägten Takt im oben beschriebenen Sinne bedingen, sie kann auch zu einem übereilten und leicht störungsanfälligen Bewegungsablauf führen.

Das Ziel der weiteren Arbeit hängt vom natürlichen Angebot ab, nämlich Erhaltung und Sicherung des wichtigen Kapitals auf der einen Seite, und Verbesserung oder Aufbau auf der anderen Seite. Die fortschreitende Ausbildung und insbesondere die Schulung des Pferdes in den einzelnen Lektionen können einerseits den Takt verbessern und fördern, zugleich gefährden sie ihn aber auch. Vor allem dann, wenn Pferde beim Erlernen der Lektionen nervös werden, neigen sie zu Taktstörungen. Besonders deutlich läßt sich dies bei den Traversalen, dann aber auch bei den Galoppwechseln und den Pirouetten beobachten; grundsätzlich gegeben ist diese Gefahr aber auch schon bei den Volten und noch früher, in dem Stadium, in dem man versucht, an das Pferd „heranzukommen" und die Einwirkung aufzubauen. Zum Beispiel bei der Beruhigung des zu eiligen Trabs oder bei der Forcierung einer schleppenden Bewegung mit Hilfe der Schenkel oder der Gerte. Meines Erachtens verzeichnet die Wirklichkeit, wer glaubt, die Ausbildung könne im Normalfall ohne die Inkaufnahme solcher kurzfristiger Taktstörungen betrieben werden. Die meisten Pferde reagieren eben auf neue Aufgaben mit mehr oder minder ausgeprägten Widerständen und Spannungen, und diese wirken sich in Taktstörungen aus. Belangvoll werden solche Störungen erst, wenn man sie durch übereiltes Fortschreiten, durch die Belastung des Pferdes mit ständig neuen Aufgaben und durch andauernde Auseinandersetzung mit dem Tier verfestigt. wenn man sie nicht wieder korrigiert und dem Pferd keine Zeit läßt, sich in Phasen zunehmender Entspannung mit den neuen Aufgaben vertraut zu machen.

Wichtiger Schritt

Selbst im Schritt kann man meines Erachtens kurze Phasen der Störung in Kauf nehmen, wenn es anders nicht gelingt, Pferde im Genick und im Hals zu lockern und über die Anlehnung zur Entspannung, zum Strecken des Halses nach vorwärts-abwärts und derart dann auch zu einer Verbesserung und Beruhigung des Takts zu führen. Bei vielen Pferden, die nach dem Übergang vom Galopp in den Schritt den Hals hochnehmen, sich nicht ans Gebiß heranstrecken und übereilt oder extrem verhalten sich fortbewegen, hilft es zum Beispiel, sie im Schritt zunächst an der Hand zu behalten, um sie dann bei lockerem Genick sich dehnen und zu losgelassenem Schreiten kommen zu lassen.

Für den Erfolg dieses Weges ist es ausschlaggebend, beim losgelassenen Schreiten auszukommen und die Phasen der Störung zunehmend zu verkürzen; der treibende Schenkel bildet dabei eine wichtige Hilfe.

Im Normalfall sollte man aber gerade beim Schritt jede Taktstörung umgehen. Vor allem sollte man die anderweitig nicht erreichte Beizäumung oder Versammlung nicht im Schritt aufzubauen suchen. Zahlreiche Anfänger streben auf diesem Wege immer wieder zu ihrem

„Glück", meist mit der Konsequenz von beträchtlichen Taktstörungen. (Die sie freilich in der Regel nicht bemerken.) Weil der Bewegungstakt des Pferdes im Schritt so störanfällig ist, weil Reiter immer wieder versuchen, ihre Pferde bei deutlicher Handeinwirkung im Schritt zu „packen" und weil im Zusammenhang damit viele Reiter den richtigen Schrittakt nicht mehr spüren und nicht wenige Lehrer ihn nicht mehr sehen, ist der Schritt so vieler Pferde im Takt gestört.

Beruhigen und treiben

Die Aufgabe des Basisstadiums besteht darin, die Reinheit der Gänge in Verbindung mit der menschlichen Einwirkung, mit der Gehlust und der Entspannung zu stabilisieren. Der für das Gebrauchsstadium kennzeichnende beruhigt-ausgewogene und fleißige Bewegungsablauf bedeutet, daß das Pferd weder eilt noch schleppend geht, daß die Neigung zu Extremen in die eine oder andere Richtung abgebaut wurde und daß das Pferd bei der üblichen reiterlichen Einwirkung auch nicht in sie zurückfällt. Auf den beruhigt-ausgewogenen Bewegungsablauf sollte man schon an der Longe hinwirken, vor allem dadurch, daß man die oft durch Angst und Unsicherheit ausgelöste Eile einzufangen sucht,

Zu den Qualitäten, die Madras von Natur aus mitbrachte, gehört seine Fähigkeit, sich aufzunehmen und aufzurichten. Mit diesem Vermögen beeindruckte er bereits im Auktionsring (oben). Auf dem Dressurviereck imponierte das Pferd dann bald durch die Art, wie es in Lektionen hoher Versammlung sein Gewicht vermehrt mit den Hinterbeinen trug. Als Zehnjähriger war Madras muskulöser geworden und hatte auch generell wieder zugelegt: In der hier dargestellten Piaffe-Situation unter Alexa Schulten-Baumer könnte Madras sich freilich in der Hinterhand etwas mehr senken und im Genick etwas lockerer sein, im Pirouetten-Ausschnitt unter Dr. Uwe Schulten-Baumer sollte er sich trotz des weit untertretenden Hinterbeins etwas mehr tragen, die Vorwärtstendenz deutlicher zeigen.

daß man die Pferde nicht einfach losrennen läßt und daß man sie nicht „über den Takt" treibt. Das gleiche gilt für die Arbeit unter dem Sattel, bei der das Pferd möglichst früh über das „Aufnehmen" mit dem treibenden Schenkel und der leicht gegenhaltenden Hand, das heißt über seine Bereitschaft, halbe Paraden anzunehmen, zur Beruhigung seines Bewegungsablaufs geführt werden soll. Bei diesem Ziel bildet der Sitz des Reiters einen wichtigen, oft nicht hinreichend gewürdigten Faktor. Beim Leichttraben trägt das langsame und weiche Aufstehen wie Niedersetzen entscheidend zur Beruhigung bei, beim Aussitzen der lokkere, vor allem im Beckenbereich flexible Körper, der den Bewegungen des Pferderückens folgt und mitschwingt. Mit schnellem und hartem Auf- und Niedersetzen sowie mit einem festen und stoßenden Körper erreicht man eine Verfestigung des Pferderückens in Verbindung mit kurzen, eiligen Bewegungen. Auf dem richtigen Weg ist man hingegen, wenn man das Pferd veranlaßt, seinen Rücken durchschwingen zu lassen, wenn es dabei das Reitergewicht annimmt und mitnimmt und sich in dementsprechend beruhigtem Takt fortbewegt.

Die treibenden Hilfen dürfen auch in diesem Stadium nicht aussetzen. Ohne sie wird das Pferd bald seine Leistungsbereitschaft reduzieren, die Hinterbeine nachschleppen und flau oder faul gehen. Der beruhigt-ausgewogene

Bewegungsablauf muß sich also mit Fleiß, ja mit wachsendem Fleiß, nicht mit wachsendem Eifer, verbinden. Das Pferd lernt dabei auch, die treibende Hilfe – bei Erhaltung des beruhigt-ausgewogenen Bewegungsablaufs – mit zunehmender Kraftentfaltung zu beantworten und auf sie nicht mit schnellem Vorwärtsdrängen zu reagieren. Die Annahme der treibenden Hilfe unter Beibehaltung des beruhigt-ausgewogenen Bewegungsablaufs bildet eine wichtige Voraussetzung für die weitere Versammlung ebenso wie für eine Verstärkung, bei der das Pferd nicht zu laufen beginnt.

Über die Natur hinaus

Der Übergang vom Gebrauchsstadium zum Dressurstadium mit der kadenzierten Fußfolge im ausgewogenen und fleißigen Bewegungsablauf vollzieht sich fließend. Anders als in der Musik, in der man den Abschluß eines Musikstückes oder einen virtuosen Soloteil als Kadenz bezeichnet, versteht man in der Dressurreitersprache unter der Kadenz den Bereich des mehr oder minder ausgeprägten Takts, im positiven Fall einen Bewegungsablauf, der hinsichtlich seines Takts deutlich gegliedert ist, meist einen getragenen oder erhabenen und insofern auch „ausdrucksvollen" Ablauf. In diesem Sinne hebt man zum Beispiel einen unausgeprägten von einem kadenzierten Trab, eine flüchtig gedrehte von einer kadenziert gesprungenen Pirouette oder eine matte von einer kadenzierten Passage ab.

Extrem kadenzierte Bewegungen zeigen die Pferde in der Natur im sogenannten Imponiergehabe, das heißt in Ausnahmesituationen und unter starker Spannung. Das Maß an Kadenz, das vom ausgebildeten Dressurpferd verlangt und dann auch allgemein erreicht wird, geht über sein natürliches Angebot in der Regel hinaus. Die Pferde sind freilich hinsichtlich ihrer Fähigkeit, extrem kadenziert zu gehen, unterschiedlich veranlagt. Eine ausgeprägte Neigung in dieser Hinsicht kann beim Ziel eines entspannten und fleißigen Bewegungsablaufs zunächst stören, bei der späteren Arbeit in hoher Versammlung dann aber durchaus hilfreich sein.

Ebenso wie der Takt im allgemeinen störungsanfällig ist, so kann es auch seine extreme Ausprägung als Kadenz im besonderen sein. Man beobachtet zum Beispiel immer wieder Pferde, die bei Übergängen in andere Tempi oder andere Gangarten ihre zuvor gezeigte Kadenz verlieren, zum Beispiel beim Übergang vom versammelten in den starken Trab, beim Übergang ins Schulterherein, in die Traversale oder in die Piaffe. Eine solche Tendenz ist zu Anfang der Ausbildung in diesen Lektionen wohl kaum vermeidbar; ihre Verfestigung beruht meist darauf, daß man sich bei der weiteren Schulung nicht mit guten Teilschritten

Die vorliegende Darstellung des Dressurreitens geht von der Überzeugung aus, daß es nicht nur eine Art „richtigen" Reitens gibt; es existieren verschiedene Weisen, auf dem Rücken des Pferdes zu sitzen, das Pferd bei der Arbeit und im Sport zu nutzen und es zu diesen Zwekken auszubilden. Der Pferdetyp, die praktischen Ziele des Reitens und die Einstellungen der jeweiligen Reiter bestimmten und bestimmen wechselseitig die Entwicklung der verschiedenen Reitstile und Reitkulturen. Wann man von einem Reit„stil" oder einer Reit„kultur" spricht und die eine Auffassung von anderen abhebt, hängt unter anderem von der Perspektive ab. Man kann zum Beispiel die englische Reitkultur von der deutschen und von diesen beiden wiederum die französische, die spanische oder die portugiesische unterscheiden. Häufig faßt man diese Stile aber auch als europäisches Reiten zusammen, stellt sie dem amerikanischen oder seltener dem asiatischen Reiten gegenüber.

35. Folge

Über Westernstil und Dressurreiten

In sich sind die verschiedenen Stile mehr oder minder einheitlich; die traditionelle englische, spanische oder deutsche Reitauffassung ist zum Beispiel weniger facettenreich als die amerikanische, bei der man eigentlich nicht von einem einheitlichen, durch übereinstimmenden Pferdetyp, übereinstimmende praktische Ziele und übereinstimmende Einstellungen geformten Stil sprechen kann.

Innerhalb der breiten Palette nordamerikanischer Reitarten stellt das Westernreiten freilich einen ausgeprägten, durch gemeinsamen Pferdetyp, gemeinsame Anliegen und gemeinsame Vorstellungen gekennzeichneten Stil dar.

Die Arbeit mit dem Vieh auf der Farm und beim Trieb über weite Strecken bildete den praktischen Hintergrund dieser Reitauffassung, die sich inzwischen freilich von dieser praxisbezogenen Basis löste und zu einem relativ eigenständigen sportlichen System verselbständigte.

Vergleich der Kulturen

Die einzelnen Auffassungen und Systeme tendieren dazu, nur ihr Reiten als das „richtige" und „wahre" auszugeben, andere Positionen zu ignorieren oder von ihnen zu sagen, sie würden unzweckmäßiger sein, das heißt den Anliegen der Reiter und/oder der Gesundheit der Pferde nicht optimal entsprechen. Die meisten Reiter stimmen mit dieser Neigung überein; sie lernen ihre Art als selbstverständlich. Das Reiten unterscheidet sich in diesem Punkt nicht von anderen Teilbereichen der verschiedenen Kulturen, deren Normen einem generell als „rich tig" und „wahr" vermittelt werder

Die Zahl der Menschen, die sic mit fremden Kulturen intensiv be schäftigen, über die negative Be wertung der Sitten anderer Leut hinausgelangen und sie als de eigenen Manieren gleichberechtig te Formen des Lebens akzeptierer ist relativ gering. Bei der Positio zu den verschiedenen Reitstile verhält es sich ähnlich. Es beda schon eines beträchtlichen Ab stands zu der eigenen Auffassung andere Reitarten in ihren Vorteile für bestimmte Pferdetypen, prakt sche Anforderungen und mensch liche Einstellungen anzuerkenne und ihnen derart einzuräumen, ur ter ihren Verhältnissen ebens „wahr" und „richtig" zu sein wi der eigene Stil unter dessen Ve hältnissen. Das Anerkennen de grundsätzlichen Gleichberecht gung und Relativität der verschie denen Systeme läßt sich abe

rung der Details ist hier auf wenigen Seiten nicht zu leisten.
In diesem Rahmen kann auch nicht auf die verschiedenen Spielarten innerhalb des Westernreitens eingegangen werden. Ich muß mich auf die den unterschiedlichen Richtungen in den USA und in Kanada gemeinsamen Akzente beschränken und dabei versuchen, die reiterliche Praxis ebenso wie die Theorie zu berücksichtigen.

Europäischer Ursprung

Die amerikanische Reitweise von der europäischen abzuheben bedeutet nicht, den europäischen Ursprung des Reitens jenseits des Atlantiks zu ignorieren. Die europäischen Eroberer brachten nämlich mit dem Pferd auch das Reiten in die Neue Welt. Für das Westernreiten wurde der spanische Stil bestimmend. Der dem einstigen Rittersattel verwandte Westernsattel verrät dies ebenso wie die reiterliche Hilfe, mit den Polen der energischen Durchsetzung einerseits und der minimalen Einwirkung andererseits. Nach Nordamerika kam der spanische Einfluß direkt und vor allem durch die Vermittlung Mexikos, von wo aus die Reitkultur sich nach Norden ausbreitete. Unter den besonderen Bedingungen der Arbeit auf der Farm und beim Treiben der Rinder über weite Strecken verselbständigte sich der Westernstil, der heute vornehmlich als sportliches Reiten und in geringerem Maße als Arbeitsmethode der Viehwirtschaftler von Bedeutung ist.
Dem Westernstil steht in Nordamerika vor allem das English Riding gegenüber. Bei ihm handelt es sich um die Methode der Jagdreiter von der europäischen Insel, auf flachem Sattel bei relativ kurzem Bügel und leicht nach vorne geneigtem Oberkörper, um die Methode, auf der der auch in den Vereinigten Staaten und in Kanada blühende Springsport aufbaute.

Versammlung, wie die Dressurreiter sie verstehen, ist nicht das Ziel der Westernreiter; diesen kommt es vielmehr auf das extrem weite Untertreten an. Dabei kippen die Pferde so weit nach hinten ab, daß sie aus dieser Position nicht mehr in der Lage sind, sich ohne Unterbrechung oder Störung des Galopptakts wieder vorwärtszubewegen.

Das Ziel des Westernreitens zeigt der „Sliding Stop" – im Bild links demonstriert von dem kalifornischen Trainer Jimmy Flores – in besonders eindrucksvoller Weise: Aus maximalem Galopptempo rutscht das Pferd mit weit untergeschobenen Hinterbeinen ins Halten.

Der Trainer Bruce Olliver von der Eagle Butte Ranch am Rand von Calgary reitet den „Sliding Stop" (unten) etwas verhaltener. Um die Unabhängigkeit des Pferdes von der Hand deutlich zu machen, führt er es nicht mit einem üblichen Zaum, sondern mit Hilfe einer Kordel, die er um seinen Hals gelegt hat.

In gleicher Manier „dreht" Olliver auch den „Spin" (rechts), die Hinterhandwendung der Westernreiter im Galopp. Bemerkenswert ist wiederum das weite Untergreifen und die entsprechend abkippende Hinterhand.

durchaus vereinbaren mit der eigenen Entscheidung für die eine oder andere Position, von der man annimmt, sie entspreche den eigenen Voraussetzungen, Zielen und Einstellungen am besten.

Der Respekt vor anderen Reitauffassungen und ihren Leistungen kann dazu führen, die eigene Position kritischer als zuvor zu vertreten, das Charakteristische der eigenen Position besser zu erkennen und die einzelnen Lehrinhalte detaillierter zu begründen. In diesem Sinne wurde in den vorangegangenen Folgen dieser Reitlehre mehrfach versucht, durch Verweise auf andere Stile das Anliegen des Dressurreitens zu verdeutlichen. Mit dem gleichen Ziel soll nun im letzten Beitrag das Westernreiten mit dem Dressurreiten verglichen werden. Bei dieser Gegenüberstellung kann es sich freilich nur um die Zeichnung grober Konturen handeln, eine tiefgreifende Erörte-

Praxisnähe und systematische Ausbildung

Die Nähe zu praktischen Aufgaben im Sattel betonen die Westernreiter stärker als die Dressurreiter, denen es mehr um die prinzipielle Ausbildung und Gymnastizierung des Pferdes geht und bei denen die Rittigkeit aus der systematischen Gymnastizierung folgt, während die Westernreiter die Bequemlichkeit und die Einsatzbereitschaft in erster Linie im Auge haben. Die Prüfungen in den sportlichen Wettkämpfen dokumentieren die unterschiedlichen Schwerpunkte: In den Reining-, Trail- und Pleasure-Klassen des Westernreitens werden vor allem die Geschicklichkeit, die Wendigkeit, die Zuverlässigkeit, der Gehorsam und die Bequemlichkeit der Pferde unter Beweis gestellt. In diesem Zusammenhang steht auch die Kennzeichnung des Westernpferdes als angenehmer Partner fürs Freizeitreiten.

Für den europäischen Adel

Das Dressurreiten löste sich schon früher als das Westernreiten von praktischen Aufgaben; darüber hinaus orientierte es sich an einer anderen Praxis, nämlich an der militärischen Verwendung des Pferdes. Zu Beginn der Neuzeit wurde das Dressurreiten zu einer Beschäftigung des Adels. Auch wenn man die verschiedenen Lektionen dieses Reitstils als Hilfen bei der Auseinandersetzung mit dem Feind interpretierte, in Wirklichkeit beschäftigte die Hohe Schule eine gesellschaftliche Führungsschicht, die durch handfeste Aufgaben der Daseinsfürsorge nur begrenzt in Anspruch genommen wurde. Bezeichnenderweise rückte der europäische Adel das Reiten dann auch in die Nähe der Kunst. Roßballetts dienten der Unterhaltung und der Selbstdarstellung der Herrschaft.

Mit dem Reiten des einfachen Soldaten hatte die Hohe Schule recht wenig zu tun. Für die Aufgaben der Kavallerie gab es die Niedere Schule, auch Campagneschule genannt. Sie umfaßte die Ausbildung von Pferd und Reiter für den Kriegsdienst und erstreckte sich in erster Linie auf die Lenkbarkeit des Pferdes und die Sattelfestigkeit des Reiters im Truppenverband.

Pirouette und Spin

Weil die Hohe Schule sich schon früh von praktischen Aufgaben des Reitens löste, konnte sie auch schon vor Jahrhunderten Lektionen pflegen, die mit den Aufgaben eines Kriegsreiters wenig zu tun hatten und deren Beherrschung weit über das Niveau des üblichen Kavalleristen hinausging. Sie konnte ferner Lektionen kultivieren, die in erster Linie nach bestimmten formalen Kriterien und erst in zweiter Linie nach ihrem Nutzen für die reiterliche Praxis beurteilt wurden.

Besonders bezeichnend ist in dieser Hinsicht der Unterschied zwischen der Pirouette im Dressurreiten und der Spin im Westernreiten. Bei der Pirouette kommt es darauf an, daß die Wendung in einzelnen, deutlich voneinander abgehobenen Sprüngen in der Fußfolge des versammelten Galopps absolviert wird. Die Wendung wird quasi sekundär im Vergleich zum geregelten Ablauf der Sprünge und zur Demonstration der Versammlung in dieser Lektion.

Bei der Spin steht demgegenüber die schnelle Richtungsänderung im Mittelpunkt, ausschlaggebend sind das Tempo der Drehung und die Geschicklichkeit des Pferdes, das meist nicht mehr im üblichen Galopptakt springt und sich häufig auch in die Bewegungsrichtung herüberwirft, dabei allerdings stets in der Lage bleiben soll, gestoppt und zur entgegengesetzten Seite gewendet zu werden.

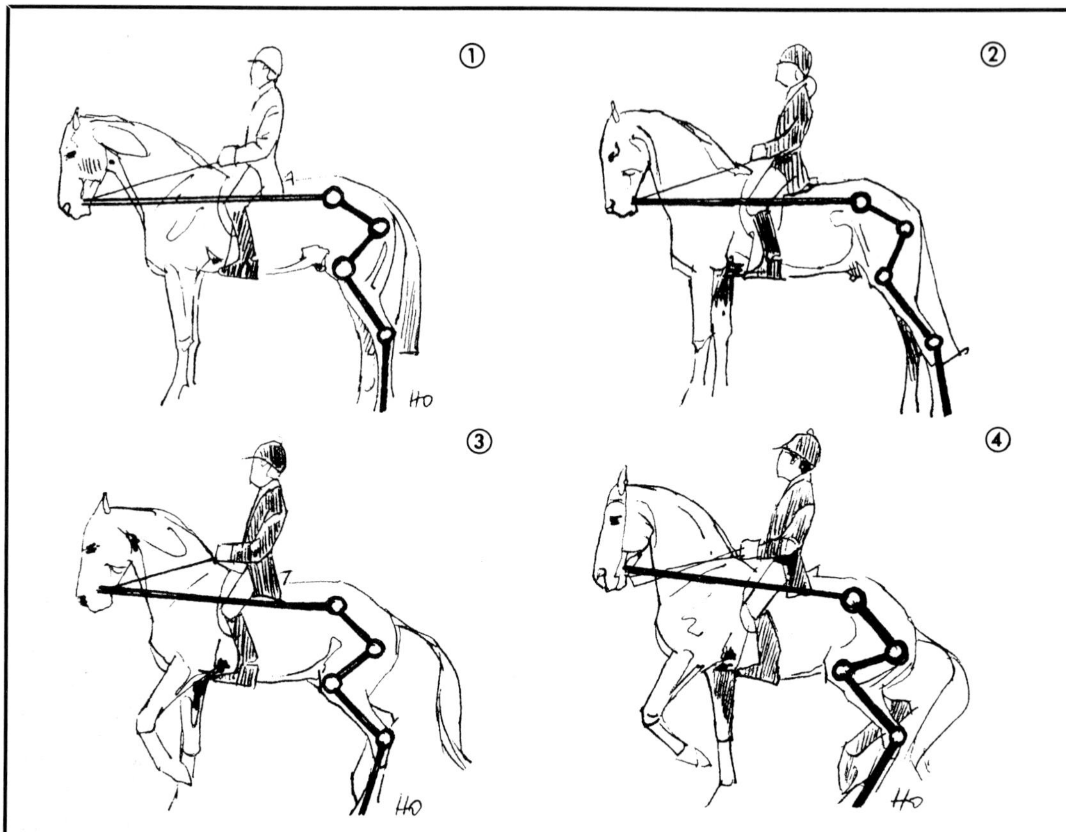

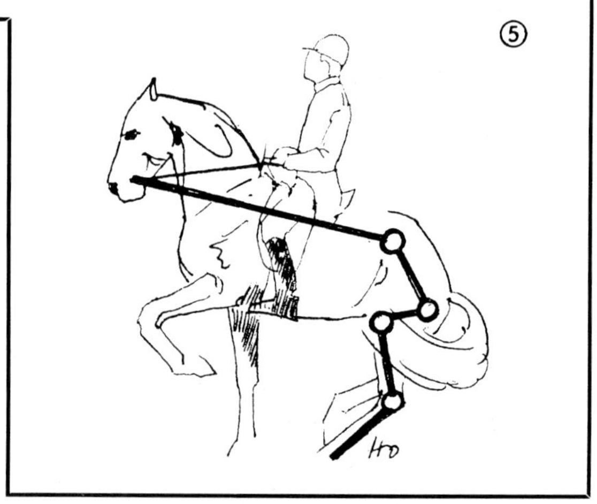

Den Unterschied zwischen dem weiten Untertreten der Westernpferde und der Versammlung der Dressurpferde demonstriert ein Vergleich der Skizzen: Die „geschlossene" Aufstellung (1) bedeutet, daß keines der Hinterbeine des Pferdes nach hinten heraussteht (2).

Die Versammlung, die der Dressurreiter erstrebt, beinhaltet vor allem, daß das Pferd sich in der Hinterhand zusammenschiebt; als Hankenbiegung bezeichnet man die vermehrte Beugung des Hüft-, des Knie- und des Sprunggelenks. Im ersten Stadium der Ausbildung wird das Dressurpferd nur in Ansätzen versammelt (3), später dann ausgepägt (4). Die optimale Versammlung unterscheidet sich vom maximalen Untertreten, bei dem das Pferd u. U. ohne ausgeprägte Hankenbiegung weit nach hinten abkippt (5).

Das extreme Untertreten mit dem Abkippen nach hinten ist das Ziel des Westernreiters: Ein derart anhaltendes Pferd läßt sich nicht leicht von einem ins Lasso rennenden Tier umreißen (6). Bei dem aus maximalem Tempo eingeleiteten „Sliding Stop" hebt das Pferd sich vorne und rutscht bei tiefem Sprunggelenk auf den Hinterbeinen vorwärts (7).

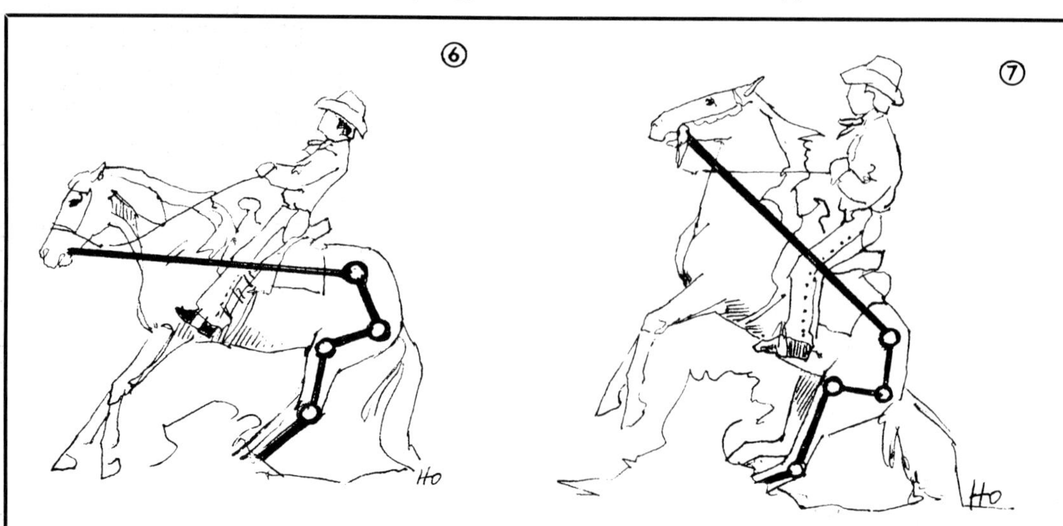

Campagneschule und artistisches Können

Man darf wohl davon ausgehen, daß die einzelnen Lektionen des Dressurreitens ursprünglich nicht so eng mit der Campagneschule verbunden waren, wie es heute der Fall ist. Die Traversalen, Galoppwechsel, Pirouetten, Passagen und Piaffen des Dressurreitens demonstrierten in früheren Jahrhunderten wohl deutlicher als heute artistisches Können. Ihre enge Verbindung mit der Grundausbildung des Pferdes und ihr Verständnis als Spiegel der allgemeinen reiterlichen Arbeit wurde meines Erachtens erst im letzten Jahrhundert und zu Anfang unseres Jahrhunderts erreicht.

In welchem Maße im Dressurreiten die praktischen Anliegen von den prinzipiellen Forderungen in den Hintergrund gedrängt wurden, dokumentiert auch die Versammlung. Nach „klassischer" Argumentation hat sie vor allem den Sinn, durch eine stärkere Belastung der Hinterbeine des Pferdes die Überlastung der Vorderbeine durch das Reitergewicht auszugleichen. Derart soll vorzeitigem Verschleiß durch die einseitige Belastung Einhalt geboten werden.

Erstens ist nun fraglich, inwieweit es sich bei dieser Begründung nicht um eine nachträgliche Rechtfertigung handelt. Möglicherweise stand der imponierende Ausdruck des versammelten und beigezäumten Pferdes am Anfang, möglicherweise animierte die ästhetische Wirkung in Verbindung mit der besseren Beherrschbarkeit des versammelten und beigezäumten Pferdes zu dem Ziel, das erst später durch den Gewichtsausgleich gerechtfertigt wurde.

Zweitens sollte man die Augen nicht vor der Tatsache verschließen, daß der Durchschnittskavallerist zu einer soliden, auch im militärischen Einsatz haltbaren Versammlung seines Pferdes ebensowenig wie heute der übliche Hobbyreiter in der Lage war und ist; die Mehrzahl der Kriegsreiter begnügte sich wohl mit einer Beizäumung, mit der man das Tier auch in kritischer Situation lenken konnte.

Drittens läßt sich in diesem Zusammenhang kaum übersehen, daß die Mehrzahl der Reitkulturen ohne eine langwierige Versammlungsarbeit auskommt und daß die Arbeit, die zur Versammlung hinführt, beträchtliche Energien des Pferdes wie des Reiters kostet und das Tier beim schwächeren Reiter mehr verschleißen läßt als der erstrebte, vermeintliche oder nur in Grenzen erreichte Gewichtsausgleich an Schonung bringt.

Nicht nur praktische Vorteile

Dem Dressurreiten wird man nicht gerecht, wenn man seine praktischen Vorteile sieht. In ihm spiegeln sich unter anderem die geistigen Interessen eines Menschen, der von der praktischen Nutzung des Pferdes entlastet ist und der sich prinzipiell mit dem Pferd inklusive der Möglichkeiten und Grenzen seiner Ausbildung und Gymnastizierung auseinandersetzt. In diesem Sinne habe ich bei der Beschreibung der Prinzipien der Ausbildung das Dressurstadium deutlich vom Basis- und Gebrauchsstadium abgehoben.

Anhand der Dimensionen und der Stadien der Ausbildung lassen sich die wesentlichen Ziele des Dressurreitens zusammenfassen und den Hauptanliegen des Westernreitens gegenüberstellen: Dem Dressurreiten geht es um die Konzentration, der Aufmerksamkeit des Pferdes und dezente Reiterhilfen, um die als „Durchlässigkeit" bezeichnete prompte und ganzkörperliche Reaktion des Pferdes auf diese Hilfen, um die fortschreitende Gymnastizierung bei fleißigem und kadenziertem Bewegungsablauf sowie um die zunehmende Entwicklung der Tragkraft mit dem Ziel der Versammlung und der Aufrichtung des Pferdes.

In manchen Punkten stimmt das Westernreiten mit dem Dressurreiten überein, in anderen unterscheidet es sich beträchtlich. Hinsichtlich des Verhältnisses zum Menschen und zur Umwelt überwiegen die Gemeinsamkeiten, wobei die Westernreiter allerdings den absoluten Gehorsam des Pferdes gegenüber dem Reiter und seinen Gleichmut gegenüber unterschiedlichen Umweltsituationen konsequenter fordern. Zu diesem Zweck bringen sie im Ausbildungsstadium beträchtliches tierpsychologisches Geschick auf, greifen zeitweise allerdings auch härter als die Dressurreiter durch, um dann vom fertigen Pferd die Folgsamkeit auf minimale Hilfen, vor allem auf eine minimale Einwirkung mit der Hand, verlangen zu können.

Reiterlicher Einfluß

Im Bereich des reiterlichen Einflusses geht es den Westernreitern nicht um die ganzkörperliche Durchlässigkeit der Dressurreiter. Aufgrund ihrer Orientierung an praktischen Aufgaben im Sattel stehen bei ihnen die Optimierung der Lenkbarkeit, die Zuverlässigkeit, die Wendigkeit und die Folgsamkeit bei minimalem Kraftaufwand im Mittelpunkt der Ausbildungsarbeit. Die reittechnischen Hilfsmittel sind bezeichnend für diese Ziele; sie lassen einerseits eine sehr bestimmte und auch harte Einwirkung zu und werden andererseits über weite Strecken des Reitens gar nicht eingesetzt. An den großen von den Mexikanern übernommenen Sporen der Westernreiter sowie an der Art ihres Gebrauches sind diese Gesichtspunkte ebenso abzulesen wie an der Zäumung mit Bosal, Hackamore und Kandare.

Die Selbständigkeit des Pferdes und die Unabhängigkeit von der reiterlichen Einwirkung hat der Westernreiter sehr viel mehr im Auge als der Dressurreiter, der der ständigen Verbindung mit dem Pferd in deutlich stärkerem Maße bedarf, dies vor allem für die so wichtigen halben Paraden, die die Versammlung und die Kadenz ausschlaggebend fördern.

Im Bereich der Kraftentfaltung bezweckt der Westernreiter speziell die Förderung der Tragkraft auf Kosten der Schubkraft. Ihm geht es generell um die Kräftigung des Pferdes und vor allem der Hinterbeine, dies insbesondere zur Verbesserung des Tempos, der Wendigkeit und der Spurtstärke.

Entspannung und Dynamik

In der Dimension Tonus (Spannung – Entspannung) strebt der Westernreiter weniger die autonome Gymnastizität an; er sucht nicht das quasi formale Spiel des dynamisch fließenden Wechsels von zweckmäßiger Spannung und Entspannung. Bei ihm wird die Forderung der Entspannung und der Losgelassenheit eindeutiger als beim Dressurreiter vom praktischen Zweck bestimmt, nämlich vom Einsatz des Pferdes bei unterschiedlichen Arbeitsbedingungen und von der Bequemlichkeit dieses Einsatzes für den Reiter. In verschiedenen Westernprüfungen dominiert einseitig die Losgelassenheit, zum Beispiel bei den Equitation- und den Western-Pleasure-Klassen, bei anderen einseitig die Spannung, zum Beispiel beim Pole Bending und beim Barrel Racing; die Reining-Klassen liegen zwischen den Extremen. Die Dressurreiter fordern auch oder gerade in den schwierigen Lektionen den Wechsel zweckmäßiger Spannung und Entspannung, während die Westernreiter einerseits „schwierige" Lektionen – wie Tore öffnen oder über Brücken reiten – kennen, bei denen eindeutig die Entspannung dominieren soll, und andere – wie Wendungen oder Stopps – bei denen selbst beträchtliche Maße an Spannung unter dem Siegel der Dynamik, der Rasanz und des imponierenden Ausdrucks akzeptiert werden.

Blüte und Niedergang

Die Blütezeit des wirklichen Cowboydaseins lag nicht im 17. oder 18., sondern erst in der zweiten Hälfte des 19. Jahrhunderts. Erst in dieser Zeit wurden die riesigen Viehherden aufgebaut, erst in dieser Zeit breitete sich die Viehzucht von Mittelamerika in Richtung Norden und Süden zunehmend aus, erst in dieser Zeit entstanden die riesigen Industriestädte, die mit ihrem Fleischbedarf die Zucht und den Transport der Rinder veranlaßten.

Die Preisdifferenz zwischen einem Rind in den verkehrsmäßig unerschlossenen agrarischen Räumen und dem Schlachtvieh in den schnellwachsenden Städten war immens. Sie veranlaßte auch die Pioniere der nördlichen Distrikte, in denen sich das Problem der Fütterung des Viehs in langen und kalten Wintern besonders nachdrücklich stellte, ihr Glück mit der Rinderzucht zu versuchen. Die enormen Preisunterschiede bedingten ebenso beträchtliche Gewinnmöglichkeiten; der potentielle Profit reizte immer wieder zum riskanten und verlustreichen Trieb der Rinder zu den Städten bzw. zu den Knotenpunkten, die schon in das Eisenbahnnetz einbezogen waren. Von dort konnten die Tiere dann per Schiene transportiert werden. Die Reise mit der Bahn war freilich so teuer, daß der Ortswechsel in alter Manier mit dem Bau der Bahn nicht gleich endete. Zudem dauerte es lange, bis auch die kleineren Orte ins Netz einbezogen wurden. Dies geschah erst um die Jahrhundertwende und in Kanada noch später. Die Entwicklung der Eisenbahn und ihre neuen Möglichkeiten förderten einerseits die Rinderzucht und mit ihr das Cowboydasein; andererseits raubte das aufgebaute Schienennetz etwa zur Zeit des ersten Weltkrieges in Nordamerika den Viehtreibern die traditionelle Lebensbasis.

Nach Schätzungen aus der Zeit um die Jahrhundertwende beteiligten sich an den großen Herdentreiben von Texas nach Norden in den Jahren 1868 bis 1895 um die fünfundreißigtausend Cowboys. Ein Viertel von ihnen sollen Neger, Mexikaner, Indianer und Mischlinge gewesen sein.

Ursprünglich wurde das Rodeo-Fest nach dem Zusammentrieb der Rinder gefeiert, nach dem Roundup. Die Viehtreiber wetteiferten nach getaner Arbeit mit den Fähigkeiten, die sie ihre Alltagsaufgaben mehr oder weniger geschickt bewältigen ließen. Die erste öffentliche Rodeo-Veranstaltung in Nordamerika fand im Jahre 1883 statt.

Heinz Meyer
Der Cowboy — ein Ideal der Männlichkeit. 1983

Schwung und Kraft

Im Bereich des Takts sucht der Westernreiter nicht die Kadenz der Dressurreiter, er begnügt sich meist mit einem beruhigt-ausgewogenen und fleißigen Bewegungsablauf, sofern dieser in manchen Prüfungen hinreichend mit Entspannung und in anderen mit Dynamik sich verbindet. In den Dimensionen des Takts und des Tonus werden die unterschiedlichen Anliegen der beiden Reitsysteme unter anderem insofern deutlich, als das eine jeweils verschiedene Bewegungsbereiche des anderen als unzweckmäßige Spannung oder als mangelnde Dynamik ablehnt. Aus der Sicht des Western-Pleasure-Reitens überwiegen zum Beispiel bei den meisten Dressurreitern der Fleiß und die Spannung auf Kosten der Beruhigung und der Ausgewogenheit; den Dressurreitern erscheinen demgegenüber die Western-Pleasure-Vorstellungen als flaues Parkreiten, ohne Schwung und Kraft.

Versammlung und Untertreten

Wenn auch hier und dort bei den Westernreitern von Versammlung gesprochen wird, so kann dies doch nicht übersehen lassen, daß diese Versammlung nicht mit dem zentralen Ziel des Dressurreitens übereinstimmt. Die Verwendung des Begriffs Versammlung im Westernreiten geht meist auf die Beschäftigung mit europäischem Dressurreiten zurück; und diese Beschäftigung ist mit der zunehmenden Entwicklung des Westernreitens zu einer selbständigen sportlichen Disziplin gewachsen. Die nähere Beschäftigung mit der Theorie wie mit der Praxis des Westernreitens zeigt aber deutlich, daß die Ziele im amerikanischen und im europäischen Stil sich beträchtlich unterscheiden.

Der Hankenbug und die Ausbildung der Tragkraft ist für die Versammlung im Dressurreiten ausschlaggebend, nicht einfach das Untertreten. Beim Dressurreiten gibt es ein Zuviel an Untertritt, in Piaffen und Pirouetten zum Beispiel dann, wenn die Pferde dabei so weit nach hinten abkippen, daß es ihnen nicht mehr gelingt, ohne Störung des Bewegungsablaufs wieder in die übliche Vorwärtsbewegung zu kommen. In diesem Punkt liegt ein wichtiges Kriterium für die Beurteilung dieser Lektionen.

Bei den Westernreitern wird demgegenüber extremes Untertreten bei den Sliding Stops gefordert: Die Pferde kippen aus maximalem Galopptempo bei weit untergreifenden Hinterbeinen nach hinten ab, sie heben sich vorne und rutschen derart ins Halten. Dieses Maß an Untertritt schließt den in der Versammlung geforderten Hankenbug aus. Auch bei den Hinterhandwendungen im Galopp beziehungsweise aus dem Galopp, nämlich der Pivot, der Spin und den Roll-back, treten die Westernpferde meist weiter unter als europäische Dressurpferde; sie können dies unter anderem deshalb tun, weil der unterbrechungslosen Ein- und Ausleitung der Lektionen nicht der gleiche Wert wie im europäischen Dressurreiten beigemessen wird. Das spektakulär wirkende weite Abkippen bei den Stopps hängt insofern mit der Farmarbeit zusammen, als das Pferd durch diese Gewichtsverlagerung der Gefahr entgegenwirkt, von einem ins Lasso rennenden Tier umgerissen zu werden. Heute ist der Sliding Stop im Sport in erster Linie ein imponierendes Bild und der repräsentative Ausdruck der Ausbildung sowie der menschlichen Beherrschung des Tieres.

Für das Verständnis der „Versammlung" im Westernreiten ist es bezeichnend, daß vom Untertreten und vom Verschieben des Gleichgewichts auf die Hinterhand (Taylor, Rides Western, New York 1968) gesprochen wird, aber nicht von Hankenbug. Es ist in diesem Sinne auch symptomatisch, daß das Westernreiten die für die Dressurausbildung so zentrale Versammlungsarbeit mit dem Treiben und Aufnehmen in dieser Form nicht kennt und das reine Untertreten, bei dem die Pferde im Extrem mit den Fesselgelenken bis an den Boden und mit den Sprunggelenken nahe an ihn herankommen, sehr viel leichter zu erreichen ist. Das Rückwärtsrichten mit Hinterbeinen, die tief unter dem Pferdeleib bleiben, bildet bei der Ausbildung des Untertritts eine wichtige Hilfe.

Die Vorarbeit der Zucht

Die Ausbildung des Westernpferdes verläuft generell schneller als die des Dressurpferdes. Die allgemeinen Anforderungen ans Westernpferd sind so, daß der erfahrene Trainer die Ausbildung in etwa einem Jahr schafft, wobei hier besonders wichtig ist, daß die Zucht der Verwendung des Pferdes entgegenkommende Vorarbeit geleistet hat. Beim Dressurpferd geht die Basisausbildung direkt in die höheren Anforderungen über; und dieser Prozeß zieht sich bis zum Grand Prix in der Regel über vier und mehr Jahre hin.

Beim Dressurreiten ist es offenbar besonders langwierig, den Pferden die Gymnastizität in den „schwierigen" Lektionen beizubringen, das heißt den Wechsel zweckmäßiger Spannung und Entspannung unter hohen Anforderungen beizubehalten und sich hier nicht auf einen der beiden Pole zu beschränken. Das Dressurreiten wäre komplikationsloser – aber auch reizloser –, könnte man sich auf die Entspannung einerseits oder die Spannung andererseits beschränken. In diesem Sinne ist es zum Beispiel leichter, den Pferden den Jog (ein sehr schwungloser Trab im We-

Turnierdisziplinen des Westernreitens

Reining: Hier haben wir die Westernreitdressur. Verschiedene Bahnfiguren sind je nach Schwierigkeitsgrad der einzelnen „reining"-Prüfungen vorgeschrieben. Hier soll das Pferd seine Rittigkeit unter Beweis stellen. Großer Wert wird auf die Wendigkeit, Schnelligkeit und Exaktheit des Pferdes gelegt. Im Gegensatz zu den uns bekannten Dressurprüfungen werden sehr schnelle Wendungen (bis 360 Grad) und „stops" verlangt.

Die amerikanischen Turniere haben ihren Ursprung in der Arbeit des Cowboys an den Rindern im offenen Gelände. So waren diese flotten Bewegungen nicht nur an der Tagesordnung, sondern einfach notwendig. Ebenso wie die erstgenannte Disziplin, gehen fast alle anderen auf den oben angesprochenen Ursprung zurück. Große Teile des Westernreitens sind wohl als „Arbeitsreiten" zu bezeichnen, während das Europäische Reiten seinen Ursprung vielfach im Reitvergnügen und auch im Imponieren hat.

Equitation classes: Der Reiter steht ganz im Mittelpunkt dieser Prüfung. Gewertet wird, wie er sitzt, reitet, teilweise werden die Ausrüstung und Kleidung mit einbezogen.

Western Pleasure: Das Wort „pleasure" (Vergnügen) gibt den Ausschlag für diese Disziplin, die man ebenfalls als Dressurreiten bezeichnen kann. Die Aufmerksamkeit wird hier den Grundgangarten des Pferdes gewidmet; sie sollen so bequem wie möglich für den Reiter zu sitzen sein. In Amerika hat das dazu geführt, daß die Pferde einen extrem langsamen Galopp und Trab gehen. Bewertet wird auch die Kopfhaltung und Manier des Pferdes beim Arbeiten; Kopfschlagen z.B. wird als Fehler gewertet. Ganz wichtig ist auch der lose Zügel, kurz: Das Pferd soll nur Vergnügen beim Reiten machen. (Übrigens eine Disziplin, die nicht mehr viel mit Rancherarbeit zu tun hat.)

Barrel Racing: Drei Tonnen werden nach vorgegebenen Maßen an den Endpunkten eines Dreiecks aufgestellt. Das Pferd muß auf einem vorgeschriebenen Kurs um die Tonnen rennen. Es darf keine Tonne umfallen oder berührt werden, ansonsten richtet hier die Startuhr.

Diese Disziplin verlangt nicht nur große Schnelligkeit, sondern auch Wendigkeit.

Pole Bending: Wie „Barrel Race" ein Rennen um Hindernisse. Es werden sechs Stangen in einer Linie aufgestellt. Der Abstand und die Höhe der Stangen ist vorgeschrieben, Das Pferd muß im Slalom um die Stangen rennen (mit fliegenden Galoppwechseln).

Beide letztgenannten Übungen haben wohl auch ihren praktischen Wert, wurden aber sicher von Cowboys in der wenigen Freizeit zur Unterhaltung erfunden.

Western Riding: Western Riding ist weder eine Zirkusnummer noch ein Rennen. Beurteilt werden soll die Leistung eines manierlichen, frei und leicht arbeitenden Ranchpferdes, das seinen Reiter bei der üblichen Arbeit auf der Ranch ohne Anstrengung und angenehm über Stock und Stein trägt.

Beurteilt werden Reitqualität, Galoppwechsel, Manier in den drei Grundgangarten sowie Intelligenz und Leistungsbereitschaft des Pferdes.

Die Pferde sollen nicht wie in den „reining classes" am Zügel geritten werden.

Aus dem Programm der ersten Europameisterschaft der Westernreiter 1982 in Aachen

sternreiten) als die kraftvolle und doch losgelassene Bewegung im diagonalen Zweitakt mit Schwebephase beizubringen. In diesem Zusammenhang muß man auch berücksichtigen, daß der Trab im Westernreiten eine sehr viel weniger wichtige Rolle als im Dressurreiten spielt. Vor allem die Trabverstärkung gibt es dort nicht wie im europäischen System. Wenn es etwas schneller und doch bequem vorangehen soll, bringt der Westernreiter sein Pferd in den Lope, einen recht „langsamen" und auch schwunglosen Galopp, der häufig in einen Viertakt übergeht, den die Pferde leicht lernen, der sie weniger anstrengt als der starke Trab und der für den Reiter recht bequem ist. Der Dressurreiter hat auch in diesem Bereich die prinzipielle Schulung des Pferdes im Sinne, insbesondere die Ausbildung des versammelten, des mittleren und des starken „Tempos" – definiert durch den Raumgriff – in den drei Gangarten. Um die verschiedenen Tempi bequem reiten zu können, bedarf der Dressurreiter des schwingenden Pferderükkens, und seine Ausbildung beziehungsweise Erhaltung kostet in der Regel viel Zeit. Der Westernreiter geht hier pragmatischer vor; er wechselt die Gangart, wenn er auf diesem Wege bequemer sein Ziel erreicht.

Man darf vermuten, daß das Westernreiten sich im weiteren Verlauf seiner Loslösung von der Praxis eben nicht nur als Methode eines bequemen Freizeitreitens weiterentwickelt, sondern auch als Ausbildungs- und Wettkampfsystem, in dem Grundsätze auf Kosten der Pragmatik zunehmend an Gewicht gewinnen. Tendenzen in dieser Richtung sind deutlich, zum Beispiel unterschiedliche Richterauffassungen darüber, wie die Fußfolge des Pferdes bei der Hinterhandwendung im Galopp beziehungsweise aus dem Galopp sein soll. Oder ob die Spin flach (die aus dem Schritt entwickelte und im Osten der USA und Kanadas bevorzugte Flat Spin) oder erhaben (die im Westen favorisierte und aus dem Galopp entwickelte Loping Spin) gesprungen werden soll.

Möglicherweise wiederholen sich jetzt im Westernreiten Tendenzen, die das Dressurreiten schon hinter sich hat. Das Dressurreiten ist freilich auch kein statisches System. Es verändert sich stärker als viele vermuten, die sich stets auf die „Prinzipien der klassischen Reitkunst" berufen und dabei suggerieren, sie würden unerschütterlich überdauern und seien vor Jahrhunderten die gleichen gewesen, als die sie heute von den Theoretikern und Praktikern – auch nur annähernd übereinstimmend – interpretiert werden.

Das Pferd in Amerika

Die Lebens- und Wirtschaftsweise in den nordamerikanischen Prärien und den südamerikanischen Pampas änderte sich im Zuge der Verwendung des Pferdes wahrscheinlich nicht grundlegend im Sinne des Übergangs zum Nomadismus, wie es neben anderen Jettmar vermutet hatte; stattdessen wird heute meist angenommen, daß der Einsatz des Pferdes die bereits früher existierenden Einstellungen und Handlungsweisen der nomadisierenden Steppenbewohner intensivierte. Die Erfindung oder Übernahme der Reittechnik unterstützte bereits vorhandene nomadische Tendenzen; bei Seßhaften und Ackerbauern führte die Akquisition des Pferdes jedoch nicht stets zur Aufgabe ihrer bisherigen Existenzweise, sie bedingte auch nicht in allen Fällen einen Zuwachs an räuberischen und kriegerischen Aktivitäten. Die verschiedenartigen Einzelverläufe dürfen freilich nicht die dominante Entwicklungstendenz übersehen lassen; sie beinhaltete vor allem in den Steppengebieten wesentlich die Unterstützung des „aggressiven Beutegeistes" mit entsprechender „Verrohung der Sitten". Auf dieser Linie liegt die Tatsache, daß die Indianer - neben anderen Formen des Reitens - eine Kriegsreiterei ausbildeten, die verschiedene Parallelen zu der der asiatischen Reiternomaden aufwies. Diese Entwicklung ist vor allem deshalb bemerkenswert, weil die Indianer den Reiter nicht als wendigen Bogenkämpfer, sondern in der Form des vergleichsweise schwerfälligen Ritters kennengelernt hatten.
Die Spanier brachten im Jahre 1518 durch Cortez die ersten Pferde wieder nach Amerika, nachdem die Pferdeahnen dort schon lange vor der Domestizierung im eurasischen Raum ausgestorben waren. Als Hernan Cortez mit 400 Leuten und Franzisco Pizzaro mit weniger als 200 Mann die amerikanischen Weltreiche eroberten und die Inkas wie die Azteken unterwarfen, bedienten sie sich mit dem Pferde eines kriegstechnischen Hilfsmittels, das ihren Gegnern völlig unbekannt war und dem diese mit äußerster Furcht und religiöser Verehrung begegneten. Die Bedeutung des Pferdes bei der Eroberung Amerikas wird nicht durch den Umstand geschmälert, daß einheimische Feinde der Inkas und Azteken die Eroberer als Hilfstruppen unterstützten, auch in der Hoffnung, mit deren Hilfe von den überlagernden Epigonen befreit zu werden.

Furcht und Ehrfurcht

Furcht und Ehrfurcht gegenüber den Pferden überwanden die Indianer relativ schnell; sie entwickelten bald Eigenschaften, die man zuvor nur bei ausgesprochenen Reitervölkern gekannt hatte. Dabei hatten die Spanier lange versucht, den Eingeborenen die Pferdenutzung zu verwehren beziehungsweise sie später, nachdem die Indianer auf gestohlenen Pferden schon reiche Erfahrung gesammelt hatten, nur in Grenzen am Privileg der Eroberer partizipieren zu lassen. Die ziemlich umfangreichen Pferdeimporte aus Spanien — die Einfuhren nahmen zeitweise einen solchen Umfang an, daß der Pferdebestand in Spanien dezimiert zu werden drohte und die Regierung zeitweise ein Exportverbot für Pferde erließ — sorgten für ein auffallend schnelles Anwachsen des Pferdebestandes in Amerika. Schon vor dem Ende des 16. Jhs. besaßen zahlreiche Stämme das Pferd. Zu den ersten Berittenen gehörten die Ute, Apache, Comance, Kiowa und Caddo. In Übereinstimmung mit dem Weg der Eroberer lernten die Bewohner der nördlichen Präriezonen das Pferd erst nach den Indianern der südlichen Regionen kennen. Insgesamt kann man annehmen, daß die Verbreitung des Pferdes unter den Stämmen der Prärie-Indianer im Jahre 1541 eigentlich begann und im Jahre 1784 abgeschlossen war. Aus Denhardts Übersichtskarten über die Verbreitung des Pferdes in Nord-, Süd- und Mittelamerika läßt sich in der folgenden Tabelle zusammenstellen, wann das Pferd in die einzelnen Gebiete kam:

Mittelamerika:	**1493**	**Haiti**
	1509	**Columbien**
	1511	**Cuba**
	1519	**Süd-Mexico**
Südamerika:	**1530**	**Brasilien**
	1532	**Peru**
	1535	**Bolivien und Argentinien**
	1536	**Paraguay**
Nordamerika:	**1524**	**Bereich Mexico-City**
	1565	**Florida**
	1567	**Sierra Madre**
	1607	**Neu-Mexico**
	1650	**Carolina**
	1690	**Arkansas**
	1730	**Montana**
	1750	**Alberta**
	1770	**Iowa und Winnipeg**
	1775	**Oregon**

Die Indianer nutzten das Pferd nicht nur als Reittier, sondern auch als Transporthilfe unter der Saumlast und in der Stangenschleife (horse-travois), in der schon dem Hund (dog-travois) Transportfunktionen übertragen worden waren. Bei den Indianern oblagen die Transportaufgaben grundsätzlich der Frau, deren gesellschaftliches Ansehen so gering war, daß man ihr erst nach erheblichem Widerstand das hochgeachtete Pferd als Transporthilfe an die Hand gab. Aufgrund der Verbindung mit dem Pferd wuchs der Status der Frau; das Pferd bildete insofern ein Hilfsmittel zu ihrer „Emanzipation". Nach Keiter lieferte das Pferd in Amerika allerdings auch einen Beitrag zur „Kulturverarmung". Der durch Schwierigkeiten beim Transport begründete Zwang zur Reduktion des Kulturbesitzes sei vor allem in Erdräumen festzustellen, die Seßhaftigkeit nicht erlaubten. Ungeachtet der außerordentlichen Verbesserung der Lebensbedingungen müsse man eine solche Kulturverarmung auch für Amerikas nomadische Reiterjagdkulturen feststellen, von denen Keiter annahm, sie seien erst durch die Einführung des Pferdes in den Prärien und Pampas entstanden.

Heinz Meyer,
Geschichte der Reiterkrieger. 1982

Literatur:

Baucher, F., 1844:
Erläuterndes Wörterbuch der Reitkunst. Dt. Übers. Leipzig 1976

Boldt, H., 1978:
Das Dressurpferd. Lage-Lippe

Bürger, U., 1959:
Vollendete Reitkunst. Berlin-Hamburg

Bürkner, F., 1957:
Ein Reiterleben. Reprint Hildesheim-New York 1979

Caprilli, F., ca. 1900:
Grundsätze der Campagnereitkunst. Dt. Übers. Köln 1982

Cavendish, W. (Herzog von Newcastle), 1667:
Neu-eröffnete Reit-Bahn. Dt. Übers. Hildesheim-New York 1973

Deutsche Reiterliche Vereinigung, Hrsg., 1979:
Richtlinien für Reiten und Fahren I. 18. Aufl. Warendorf 1979

Deutsche Reiterliche Vereinigung, Hrsg., 1980:
Deutsche Reitlehre. Neugestaltete Auflage der Richtlinien für Reiten und Fahren. Warendorf

Eisenberg, Baron von, 1748:
Wohleingerichtete Reitschule. Reprint Hildesheim-New York 1974

Fillis, J., 1890:
Grundsätze der Dressur und Reitkunst. Dt. Übers. 3. Aufl. Stuttgart 1905

Fillis, J., 1906:
Tagebuch der Dressur. Dt. Übers. Stuttgart 1906

Gerber, H., 1983:
Nutzung und Ausnutzung. In: Gerber: Einführung, Vorlesungsmanuskript 1983

Grisone, F., 1552:
Ordini di Cavalcare. Dt. Übers.: Künstlicher Bericht und allerzierlichste Beschreibung wie die streitbaren Pferdt geschickt und vollkommen zu machen. Hildesheim 1972

Guérinière, F. R. de La, 1733:
Ecole de Cavallerie. Dt. Übers. Daudenzell o. J.

Heydebreck, H. von, 1928:
Die deutsche Dressurprüfung. Neuauflage Aachen 1972

Hünersdorf, L. von, 1791:
Anleitung zu der natürlichsten und leichtesten Art Pferde abzurichten. Reprint Hildesheim-New York 1973

Kegel, K., 1842:
Neueste Theorie der Reitkunst. Reprint Hildesheim-New York 1975

Koch, L., 1928:
Reitkunst im Bilde. 2. Aufl. Wien

Loehneysen, G. E., 1609:
Della Cavalleria. Gruendtlicher Bericht von allem was zu der Reutterei gehoerig. 2 Teile. Reprint Hildesheim-New York 1977

Ludwig, W., 1932:
Das Rechts-Links-Problem im Tierreich und beim Menschen. Reprint Berlin-Heidelberg-New York 1970

Maercken zu Geerath, E. Freiherr von, 1911:
Springprüfungen und Geländeritte.

Meyer, H., 1974:
Nutzung und Ausnutzung. In: Wagner, H., Meyer, H., Hrsg., 1974: Reitsport kritisch. Mönchengladbach

Meyer, H., 1976:
Sportgerät oder Partner. In: Wagner, H., Meyer, H., 1976: Olympische Reiterspiele Montreal. Mönchengladbach

Meyer, H., 1982:
Vorwort. In: Caprilli. Die Caprilli-Papiere. Dt. Übers. Köln 1982

Meyer, H., 1982:
Geschichte der Reiterkrieger. Stuttgart

Meyer, H., 1983:
Der Cowboy — Ein Ideal der Männlichkeit. In: Reiter Revue VII/1983 Düsseldorf

Meyer, H., 1986:
Auf Biegen und Brechen. In: Sankt Georg, August 1986. Hamburg

Müseler, W., 1936:
Reitlehre. Berlin

N. N., 1906:
D. V. E. No. 12. Instruktion zum Reitunterricht für die Kavallerie vom 31. 8. 1882, 2 Teile. Berlin 1906

N. N., 1912:
D. V. E. Nr. 12. Reitvorschrift vom 29. Juni 1912. Berlin 1912

N. N., 1937:
H. Dv. 12. Reitvorschrift vom 18. 8. 1937. Berlin 1937

N. N., 1982:
Programm der ersten Europameisterschaft der Westernreiter in Aachen

Plinzner, P., 1888:
System der Pferdegymnastik. Reprint Hildesheim-New York 1979

Plinzner, P., 1891:
System der Reiterausbildung. Reprint Hildesheim-New York 1979

Pluvinel, A. de, 1623:
Manège Royal.

Pluvinel, A. de, 1625:
Instruction du Roy. Reprint der franz.-dt. Ausgabe Hildesheim-New York 1972

Podhajsky, A., 1965:
Die klassische Reitkunst. München

Romaszkan, G. von, 1967:
Reitprobleme. Heidenheim

Schusdziarra, H. und V., 1978:
Gymnasium des Reiters. Berlin-Hamburg

Seeger, L., 1844:
System der Reitkunst. Reprint Hildesheim-New York 1974

Seidler, E. F., 1837:
Die systematische Dressur des Kampagne- und Gebrauchspferdes. 5. Aufl. Berlin 1882

Seidler, E. F., 1846:
Die Dressur diffiziler Pferde. 2. Aufl. Berlin 1879

Seunig, W., 1949: Von der Koppel bis zur Kapriole. 3. Aufl. Zürich 1960

Steinbrecht, G., 1884:
Das Gymnasium des Pferdes. 5. Aufl. Aachen 1966

Taylor, L., 1963:
Ride American. New York

Taylor, L., 1968:
Ride Western. New York

Wätjen, R. L., 1955:
Das Dressurreiten. 5. Aufl. Hamburg-Berlin 1955

Xenophon, ca. 365 v.d.Zr.:
Reitkunst.
Griechisch-deutsche Ausgabe Berlin 1965

Collins

COMPLETE DIY MANUAL

JACKSON • DAY

Collins

COMPLETE DIY MANUAL

JACKSON • DAY

CONTENTS

9 HEATING

10 WORKING OUTDOORS

11 TOOLS AND SKILLS

12 REFERENCE & INDEX

1 Planning ahead

Assessing potential

Assuming the structural condition of the house is such that you are willing to take on the work involved, check out the kind of points that a survey won't highlight.

Is it the right home for you and your family? It takes a bit of imagination to see how a room might look when it has been divided in two or when a wall has been removed, and it's even more difficult to predict what your lifestyle might be in five or ten years' time. Unless you are planning to live in the house for only a couple of years before moving on, try to assess whether it will be able to evolve with you.

Before you can make some decisions, you will need to take measurements – so carry a tape measure with you.

Draw a measured plan on squared paper

MEASURING A ROOM

If you think you might want to change the shape of a room, or suspect there may be a problem with fitting certain items of furniture into it, measure the floor area and ceiling height, so that you can make a scale drawing later to clarify your thoughts.

Jot down the main dimensions, not forgetting chimney breast, alcoves and so on. Make a note of which way the doors swing; and the positions of windows, radiators, electrical sockets and fixed furniture. Later, transfer the measurements and details to squared paper, drawing them to scale.

When you have drawn your plan of the room, cut out pieces of paper to represent your furniture, using the same scale measurements. Rearrange them until you find a satisfactory solution.

Planning for people

Try to give function, comfort and appearance equal priority when you are planning your home. The best designers build their concepts around the human frame, using statistics from research into the way people use their domestic and working environments.

Anthropometrics

Although human stature varies a great deal, the study of anthropometrics has determined the optimum dimensions of furniture and spaces around it that are required to accommodate people of average build. These conclusions have been adopted by both designers and manufacturers, so that most shop-bought fittings for kitchens, bathrooms and living and dining areas are now built to standardized dimensions.

This is especially true of kitchen units, which are designed for compatibility with appliances such as cookers and fridges to make a scheme that fits together as an integrated, functional whole. The standard worktop height allows fridges, dishwashers and washing machines to fit beneath it, while hobs are designed to be let into the counter top and stand-alone cookers match the height of kitchen base units. Designers adopt the same criteria for other items of furniture; standard-size chairs, tables and desks allow most people to work and eat comfortably.

An appreciation of anthropometrics cuts down on accidents – for instance, correctly positioned shelves and worktops in the kitchen preclude climbing onto a chair to reach the top shelf. It also helps you to choose appropriate furniture around the home, avoiding low-level easy chairs and soft beds that offer no support for your back.

Using available space

As well as the size and function of the furniture itself, its positioning within the room falls within the province of anthropometrics. An efficient use of floor area is an essential ingredient of good planning, providing people with freedom of action and sufficient room to make use of furniture and appliances with ease.

Whether you are choosing furniture or just planning the furnishings and fittings for your home, familiarize yourself with the dimensions shown on the following pages. They will help you to buy wisely and make the best use of available space.

The hallway

When you are invited into the house, you will be able to gauge whether the entrance hall is large enough to receive visitors comfortably. Will there be room to store coats, hats, boots, umbrellas and so on? Is the staircase wide enough to allow you to carry large pieces of furniture to the bedrooms?

If all the family tend to be out in the daytime, it is an advantage if there's some facility for deliveries to be stored safely under cover outside when the house is unoccupied.

Check also whether you will be able to identify visitors before you open the door to them, especially after dark.

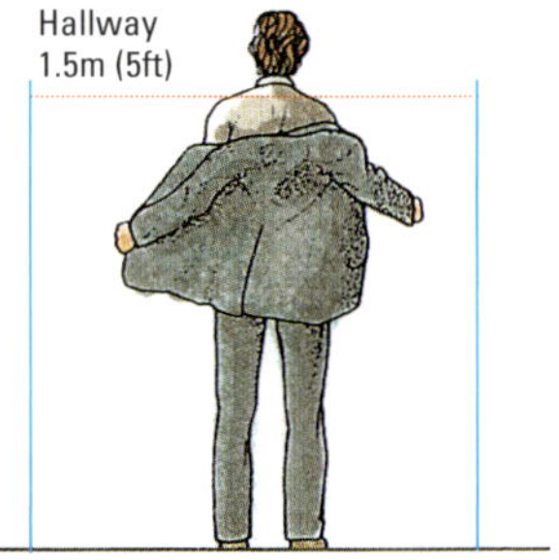

Removing a coat
When planning a hallway, allow 1.5m (5ft) for taking off a coat or jacket.

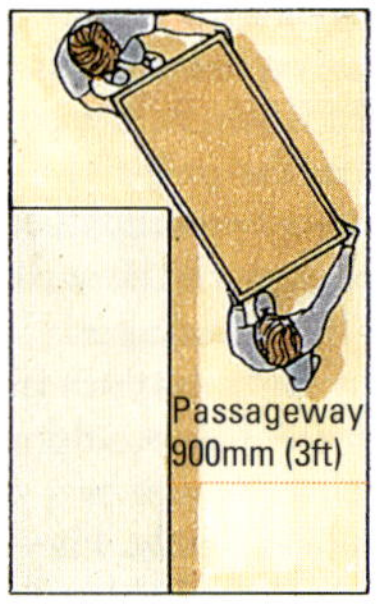

▲
Staircase headroom
A headroom of 2m (6ft 6in) above a staircase will allow you to carry a wardrobe up to the next floor.

Negotiating a bend
You can turn a large piece of furniture around a bend in a 900mm (3ft) wide passageway.

SEE ALSO: Moving a door 132–3, Removing walls 134–40, Dividing rooms 141–8, Dividing doors 200–1, Home security 248–54

Assessing potential

Living rooms

How many reception rooms are there in the house? More than one living room will make it possible for members of the family to engage in different pursuits without inconveniencing each other. If there is one living room only, make sure there are facilities elsewhere for private study, music practice or hobbies that take up a lot of space or make intrusive noise.

Is the living room large enough to accommodate the seating arrangement you have in mind? Or will you have to remove a wall to incorporate extra space? If you do, it is worth considering folding doors, so that you can divide the area when it suits you.

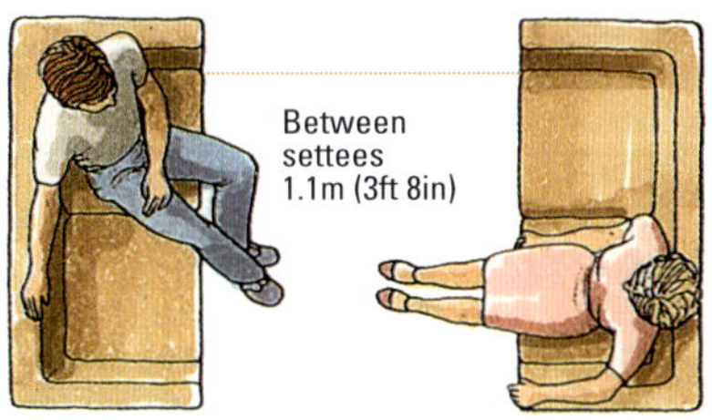

Arranging two settees
Allow a minimum of 1.1m (3ft 8in) between two settees facing each other.

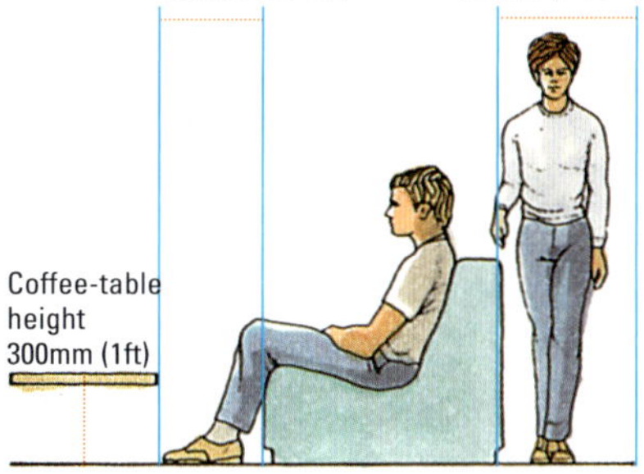

Low seating
The density of upholstery and the dimensions of the seat and back vary so much that it is impossible to suggest a standard, but make certain your back is supported properly and that you can get out of a chair without help. If you place a coffee table in front of a settee, try to position the table so that people can reach it from each end in order to avoid treading on the toes of someone seated.

Allow sufficient passing space around furniture, particularly if a member of the family is a wheelchair user – in which case, allow an optimum clearance of 900mm (3ft).

Bedrooms

The number of rooms may be adequate for your present needs, but what about the future? There may be additions to the family – and although young children can share a room for a while, individual accommodation will be required eventually. You may want to put up a guest from time to time or have elderly relatives to stay for extended periods. In which case, will they be able to cope with stairs? It might be possible to divide a large room with a simple partition, or perhaps a room on the ground floor can double as a bedroom. As a long-term solution, you could plan for an extension or loft conversion.

Are all the bedrooms of an adequate size? As well as a bed or bunks, a bedroom must accommodate storage for clothes; and maybe for books and toys, plus facilities for homework or pastimes. A guest room may have to function as a private sitting room, possibly with provision for preparing snacks and hot drinks. You could dismantle or move a dividing wall, or possibly incorporate part of a large landing, provided it does not interfere with access to other rooms or obstruct an escape route in case of fire.

Try not to rely on using a bedroom that only has access via another room. Such an arrangement is fine when you want to be close to a young child, but a connected room might otherwise only be suitable as a dressing room or an *en suite* bathroom.

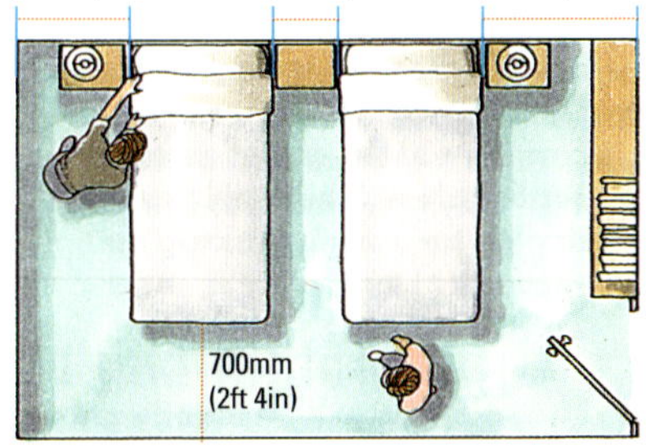

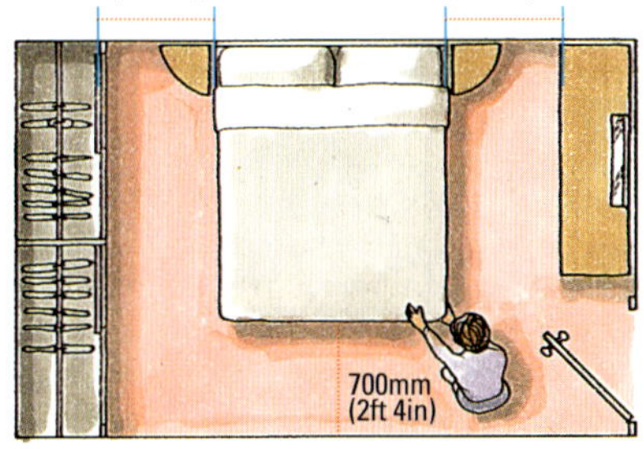

Circulating space in bedrooms

Bathrooms

If the bathroom does not provide the amenities you require, estimate whether there is space for extra appliances, even if this means rearranging the existing layout or perhaps incorporating an adjacent toilet. Is there a separate toilet for use when the bathroom is occupied? Can a ground-floor toilet be installed for the disabled or elderly?

If the bathroom isn't accessible to all the bedrooms, it's worth investigating the possibility of installing a second bathroom or a shower cubicle elsewhere. Alternatively, consider plumbing a basin in some bedrooms.

Make a note of electrical installations in the bathroom. If they do not comply with accepted recommendations, they must be replaced with new units.

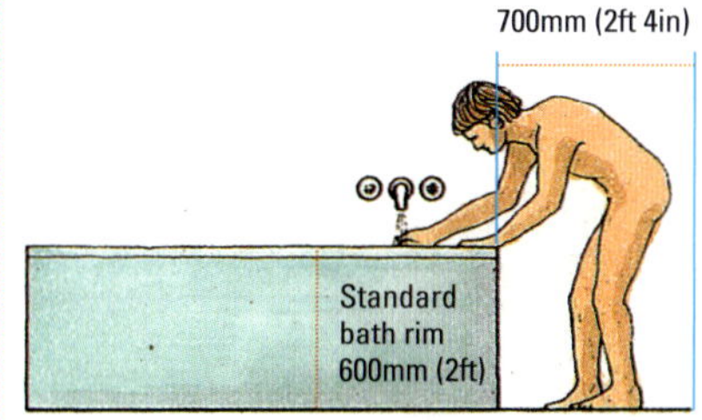

Between bath and wall
Allow sufficient room between the bath and the wall to dry yourself with a towel. The same amount of space will allow you to bend to clean the bath.

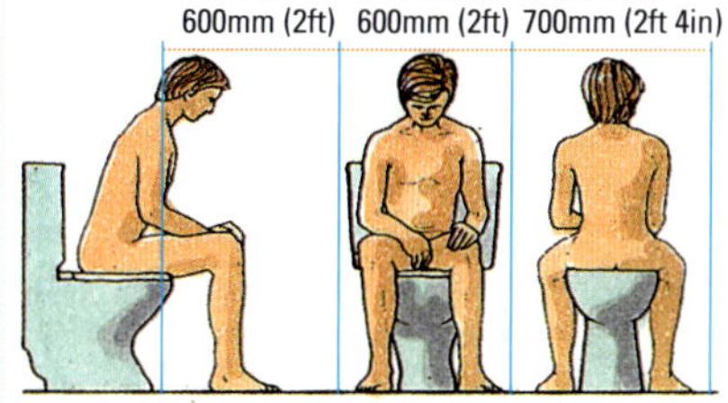

WC and bidet
Allow an equal space in front of a WC or bidet; but provide extra leg room on each side of a bidet. This will also provide room to maintain and clean them.

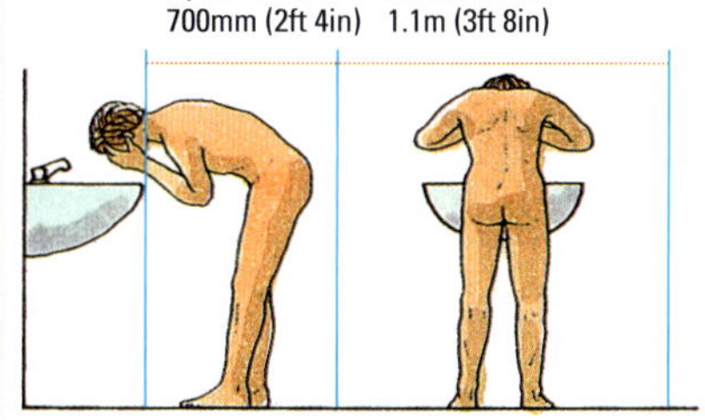

Using a basin
Allow generous space, so you can bend over the basin and also have plenty of elbow room when washing hair. The same space will also give you room to wash a child.

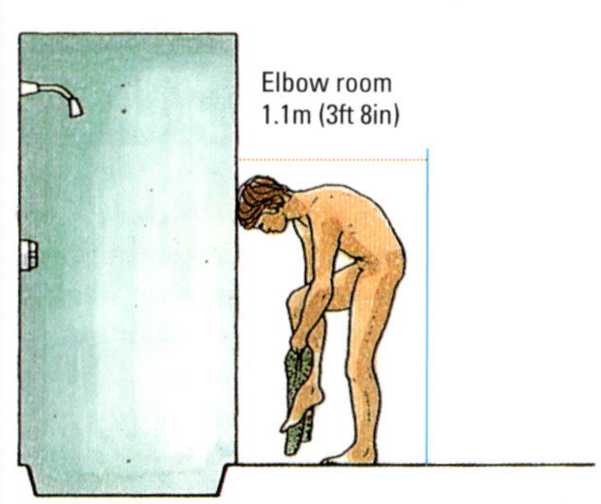

Drying after a shower
This is the minimum space required to dry yourself in front of an open cubicle. If the cubicle is screened, allow an extra 300mm (1ft) clearance.

SEE ALSO: Approval 19, Moving a door 132–3, Removing walls 134–40, Dividing a room 141–8, Plumbing 380–95

Planning permission & Building Regulations

If you live in a single-family house, you may undertake certain developments without planning permission. The chart opposite is intended to help you decide whether you need to seek planning permission or Building Regulations approval before starting work – but, since requirements change frequently, you should always check with the relevant authority for confirmation. If your dwelling has been converted to flats, all external alterations will require planning permission.

Loft conversion
No planning permission is required provided the volume of the house is unchanged, and the highest part of the roof is not raised.

Permission will be required for new front-elevation dormer windows and also for rear or side ones over a certain size.

It is also required if the building is listed or in a conservation area.

Extensions
There's a strong possibility that you will need permission to build an extension to your home. Check the chart and margin notes opposite.

Repairs and decorations
You don't need Building Regulations approval or planning permission for decorations or repairs, unless your home is listed. If you are renting or are a leaseholder, check with the landlord or freeholder.

Felling or lopping trees
Planning permission is not required unless the trees are protected or you live in a conservation area.

But bear in mind that retaining trees may have practical advantages as well as aesthetic ones; they provide privacy, sound screening and shade.

SEE ALSO: Roof windows 219

Will you need approval?

Type of work		Planning permission		Building Reg. approval	
Decorations or repairs inside and outside	37 125	NO	Unless it is a listed building.	NO	
Replacing windows and doors	217 194	NO	Unless they project beyond the foremost wall of the house facing a highway. Or: The building is listed, or is in a conservation area.	Possibly	Consult your Building Control Officer.
Electrical work	295	NO		NO	But it must comply with IEE Regulations.
Plumbing	357	NO		NO YES	No for replacements, but consult the Technical Services Department for any installation that alters present internal or external drainage. Yes for an unvented hot-water system.
Central heating	414	NO		NO	
Oil-storage tank		NO	Provided it is in the garden and has a capacity of not more than 3,500 litres (778 gallons). And: No point is more than 3m (9ft 9in) high. And: No part projects beyond the foremost wall of the house facing a highway – unless there will be at least 20m (65ft 6in) between the tank and the highway.	NO	
Structural alterations inside	125	NO YES	No, so long as the house's use is unchanged. Yes, if the building is listed.	YES	
Loft conversion		NO YES	No, provided the volume of the house is unchanged and the highest part of the roof is not raised. Yes, for front-elevation dormer windows and for rear or side ones over a certain size. Yes, if the building is listed or in a conservation area.	YES	
Building a garden wall or fence	436 446	YES	If it is more than 1m (3ft 3in) high and is a boundary enclosure adjoining a highway. Or: If it is more than 2m (6ft 6in) high elsewhere. Or: If your house is a listed building.	NO	
Planting a hedge		NO	Unless it obscures the view of traffic at a junction, or access to a main road.	NO	
Laying a path or driveway	470	NO	Unless it provides access to a main road.	NO	
Felling or lopping trees	435	NO	Unless the trees are protected or you live in a conservation area.	NO	
Installing a satellite-TV dish	333	NO	Unless any dimension exceeds 45cm (18in) in size on a chimney, or 90cm (3ft) elsewhere; or it is fixed higher than the highest part of the chimney or roof; or there is an antenna installed already; or the house is listed or in a conservation area.	NO	
Constructing a small outbuilding	125 354	Possibly	***SEE MARGIN NOTE (RIGHT)***	YES	If its area exceeds 30sq m (35.9sq yd). If it is within 1m (3ft 3in) of a boundary, it must be built from incombustible materials.
Building a porch	125 446	NO	Unless the floor area exceeds 3sq m (3.6sq yd). Or: Any part is more than 3m (9ft 9in) high. Or: Any part is less than 2m (6ft 6in) from a boundary adjoining a highway or public footpath.	NO	If it is under 30sq m (35.9sq yd) in area.
Building a conservatory	489	Possibly	Treat as an extension ***SEE MARGIN NOTE (RIGHT)***	NO	If it is under 30sq m (35.9sq yd) in area.
Building a garage	125 446	Possibly	If it is within 5m (16ft 6in) of the house or over 10cu m (13.08cu yd) in volume, treat like an extension. Otherwise, treat as an outbuilding.	Possibly	Consult your Building Control Officer.
Hardstanding for a car	466	NO	Provided it is within your boundary and is not used for a commercial vehicle or vehicles.	NO	
Building an extension	125	Possibly	You can extend your house up to certain limits without planning permission (see margin note). However, if the total volume of previous and new extensions exceeds the permitted limit, permission is required. The volume allowance will also be affected by existing buildings, including garages and sheds, within 5m (16ft 4in) of the original building. See also Outbuildings (right).	YES	
Demolition		Possibly	Consent is required if the building is listed or in a conservation area. You may need approval for substantial demolition anywhere – seek advice.	NO YES	No for a complete, detached house. Yes for a partial demolition – to ensure that the remaining part or adjoining buildings are structurally sound.
Converting a house to flats or business premises		YES	Including conversion to bedsitters, or to partial use for business or commercial purposes.	YES	If the alterations are structural; and for conversion to flats even where constructional work is not intended.
Wall cladding		YES	For cladding with stone (real or artificial), tiles, wood or plastic in a conservation area or an area of outstanding natural beauty.	NO	

● Refer to these pages for further information

● OUTBUILDINGS
An outbuilding can cover up to half the area of the garden without planning permission, so long as it is not closer to a highway than 20m (65ft 6in) and the height will not exceed 3m (9ft 10in), or 4m (13ft) if it has a ridged roof. In a conservation area, you will need planning permission for any structure or building that exceeds 10cu m (13.08cu yd) in volume.

However, in terms of planning permission, an outbuilding is regarded as an extension if it is within 5m (16ft 6in) of the house and more than 10cu m (13.08cu yd) in volume.

● EXTENSIONS
Planning permission is required if:

Volume
The extension results in an increase in volume of the original house by whichever is the greater of the following amounts.
For terraced houses:
50cu m (65.5cu yd)
or 10 per cent up to a maximum of 115cu m (150.4cu yd).
Other houses:
70cu m (91.5cu yd)
or 15 per cent up to a maximum of 115cu m (150.4cu yd).
In Scotland:
General category,
24sq m (28.7sq yd)
or 20 per cent.

Height
Any part will be higher than the highest part of the house roof.

Projections
Any part will project beyond the foremost wall of the house facing a highway or be less than 20m (65ft 6in) from a highway.

Boundary
Any part within 2m (6ft 6in) of a boundary will be more than 4m (13ft) high.

Area
It will cover more than half the original area of the garden.

Dwelling
It is to be an independent dwelling.

Conservation area
It is in a conservation area or area of outstanding natural beauty.

Listed building
It needs listed-building consent.

SEE ALSO: Wiring Regulations 298, Drainage systems 359

With most jobs, you are likely to save money by doing the work yourself. You'll probably have to pay more for materials than a tradesperson who benefits from discounts; but you will save the labour costs that account for a large part of the professional's bill. You will also benefit from the personal satisfaction gained from producing good-quality work – whereas a tradesperson must weigh the time he or she spends on the job against the price and may not be able to devote as much time to details.

Planning work priorities

Although forward planning might not be so important when you are doing all the work yourself, careful forethought will reduce disruption to the household to a minimum. It can also avoid spoiling carpets and finished decor with dust generated in other parts of the building. Work out a schedule, listing the jobs in order of priority. Some may need to be carried out urgently, either to safeguard the structure of the house or because the prospect of bad weather dictates the order of work, but try to plan the work in a way that avoids the likelihood of your having to backtrack because you omitted to complete an earlier stage.

Planning your time

An important aspect to consider is the amount of time you are able to devote to the work, since that may determine how you tackle a long-term project. Unless you can work full time for periods of weeks or even months on end, it will take you several years to renovate even a small house completely. You therefore have to decide whether you and your family are prepared to put up with the inconvenience caused by tackling the entire house in one go, or whether it would be better to divide up the work so that part of the house remains relatively comfortable.

Exactly how you plan the work will depend on the layout of the building. If you have more than one entrance, it may be possible to seal off one section completely while you work on it. If the house is built on several floors, work out a sequence whereby you are not treading dust and dirt from a work site on an upper level through finished or carpeted areas below. Leave decorating linking areas, such as stairs, landings and hallways, until the last moment.

No two homes or family circumstances are identical, but the chart that follows will help you plan your own sequence of events. You should always give priority to measures that will arrest deterioration; also, it's usually best to repair and decorate the exterior before the interior, so the house will be weatherproof. In practice, you'll almost inevitably find it difficult to stick to your ideal schedule. Unexpected problems may dictate a change of plan; and family pressures or financial constraints may demand that certain tasks be given priority or left to a later stage, even though logic would suggest a different solution.

Priority work ☛

URGENT REPAIRS

Attend to faults mentioned in a professional survey (these repairs are often insisted upon by a mortgage company). Repair anything in a dangerous condition or which is damaging to the structure of the building and getting rapidly worse. This may include:

- Dry rot, rising damp, penetrating damp. See pages 259, 261–4.
- Seriously cracked or loose masonry. See pages 44–5, 47, 435.
- Woodworm infestation. See pages 256–7.
- Faulty plumbing, downpipes and drains. See pages 358–404, 244–6.
- Faulty electrical wiring. See pages 296–356.
- Unstable garden walls. See pages 446–63.
- Roof repairs. See next column and pages 236–43.

SECURITY

- Fit locks to all vulnerable doors and windows. See pages 250–3.
- Change the front-door lock if you have just moved in to a new house – you cannot know who has a key. See pages 250–1.
- Install a smoke detector, gas detector, fire extinguisher and fire blanket. See page 254. Install CCTV and security lighting See pages 351–2, 349–50.

APPROVAL

- Seek planning permission and Building Regulations approval from your local authority for any work likely to require permission. See pages 17–19.

Roof work ☛

ROOF COVERING

- Repair or replace damaged or missing slates or tiles. See pages 236–7.
- Repair faulty flashings. See pages 242–3.

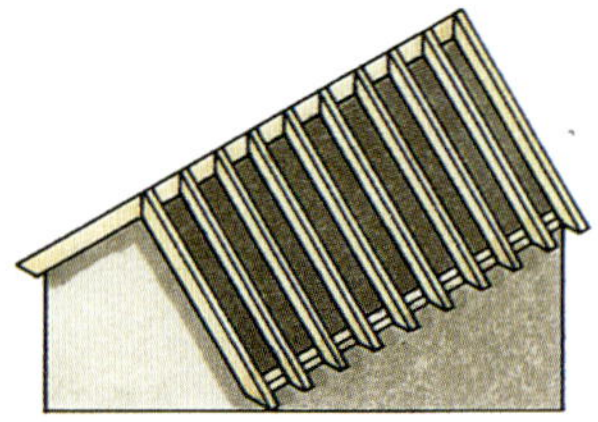

ROOF TIMBERS

- Treat or replace rotten or damaged roof timbers. You may have to hire a professional. See pages 16, 231–2, 256–7, 259.

ROOF INSULATION

- Insulate and ventilate the roof space. See pages 275–8, 289.

CHIMNEY STACK

- Repoint chimney stack. See page 43.
- Repair cracked flaunching. See page 412.
- Secure loose chimney pots. See pages 409, 412.

☛ SEE ALSO: Sealing to contain dust 136

Indoor work

ALTERATIONS

Undertake major interior structural changes such as:

- Building or removing dividing walls.
  See pages 129, 130–40, 141–8, 460.
- Lowering ceilings.
  See page 154.
- Opening up or closing off doors and hatches.
  See pages 130–3.
- Replacing or removing fire surrounds.
  See pages 408–10.

SERVICES

PLUMBING

- Undertake new plumbing and heating work.
  See pages 358–404, 406–30.

ELECTRICS

- Wire new electrical sockets and appliances.
  See pages 296–356.

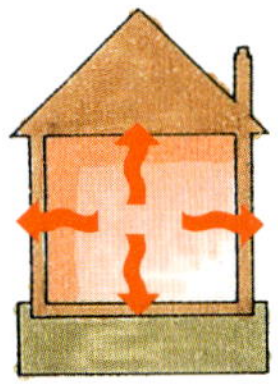

INSULATION

FLOOR INSULATION

- Insulate below ground-floor level.
  See page 280.

DOUBLE GLAZING

- Install double glazing.
  See pages 281–4.

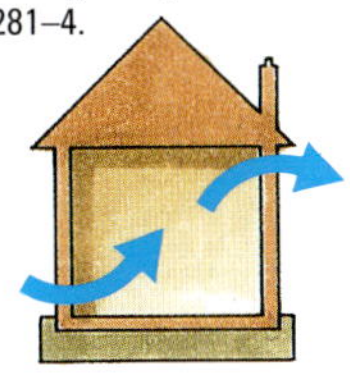

VENTILATION

- Provide adequate ventilation.
  See pages 287–94.

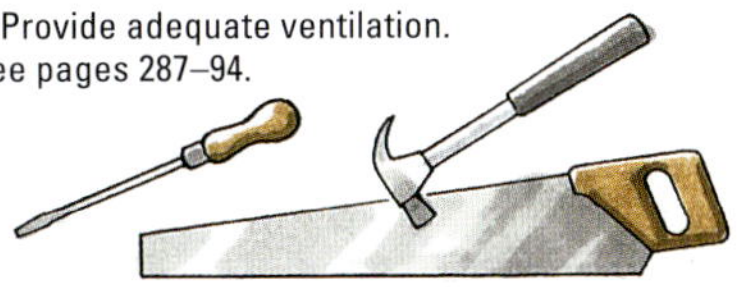

REPAIRS AND RENOVATIONS

FLOORS

- Repair or replace floors.
  See pages 180–91.

PLASTERWORK

- Repair or replace plasterwork.
  See pages 48–9, 156–75.

WOODWORK

- Fit new skirtings.
  See page 189.
- Fit new door architraves.
  See page 150.

FURNITURE

- Build in cupboards and fitted storage.
  See pages 14, 151–3.

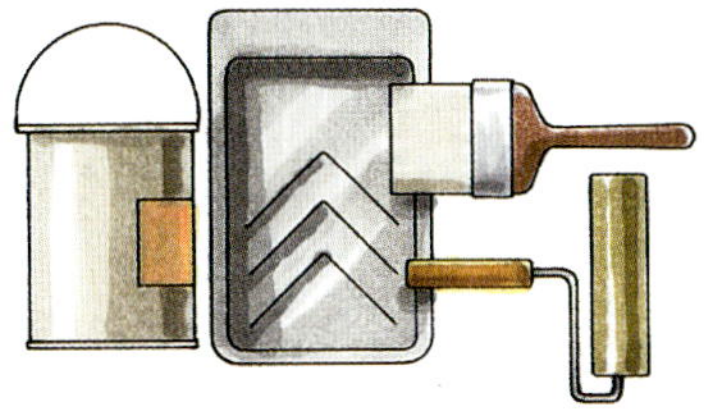

DECORATION

CEILINGS

- Paint or paper ceilings.
  See pages 67, 104.

WALLS

- Paint walls at this stage.
  See pages 65–76.

FINISH WOODWORK

- Paint or varnish woodwork.
  See pages 78–90.

WALLCOVERINGS

- Hang wallpapers and wallcoverings.
  See pages 96–103, 105–11.

FLOORCOVERINGS

- Lay carpets and floorcoverings.
  See pages 55, 60, 113–24.

CURTAINS, BLINDS AND SHUTTERS

- Fit curtain poles and blinds.
  See pages 220–2

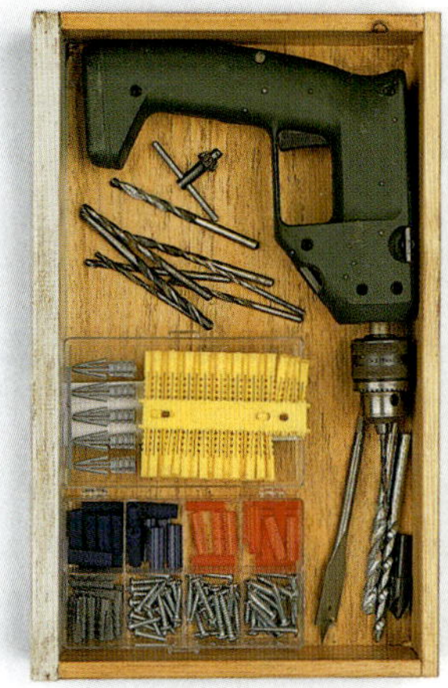

Outdoor work

OUTSIDE WALLS

REPAIRING WALLS

- Repoint brickwork.
  See page 43.
- Patch damaged rendering.
  See pages 45, 176–9.
- Repair damaged masonry.
  See page 44.

INSULATING WALLS

- Consider installing external or cavity-wall insulation at this stage.
  See page 279.

WEATHERPROOF WALLS

- Waterproof or paint masonry walls.
  See pages 44, 46, 62–4.

WINDOWS AND DOORS

- Repair or replace doors and windows.
  See pages 192–219.
- Refit locks and catches.
  See pages 250–3.

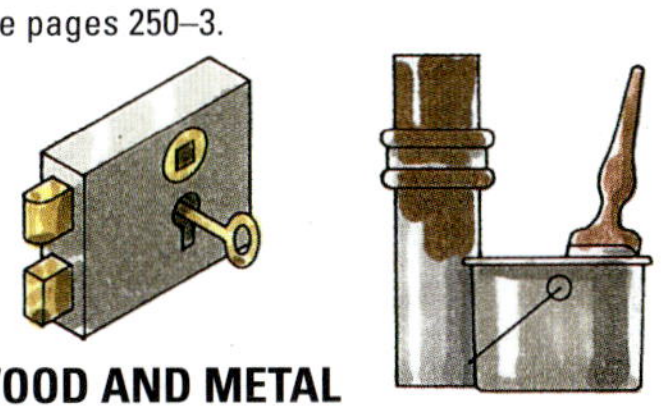

WOOD AND METAL

- Paint or varnish all wood and metalwork.
  See pages 51, 56–7, 58–9, 78–90, 91–2.

GARDEN WORK

WALLS AND FENCES

- Repair or build garden walls and fences.
  See pages 436–45, 446–63.

PAVING AND STEPS

- Lay paving.
  See pages 464–77.
- Build steps.
  See pages 480–1.

PONDS AND WATERGARDENS

- Construct garden ponds and waterfalls.
  See pages 482–8.

ROCKERY

- Build a rockery before planting.
  See page 487.

CONSERVATORIES

- Planning and building.
  See pages 489–90

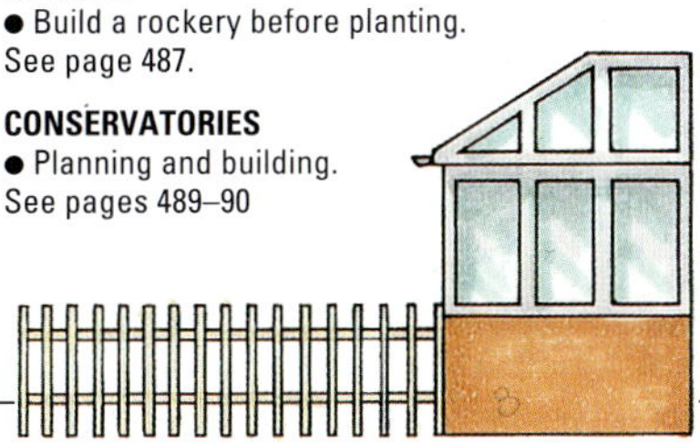

SEE ALSO: Forward planning 10–11, Using professionals 15–16

A basis for selecting colour

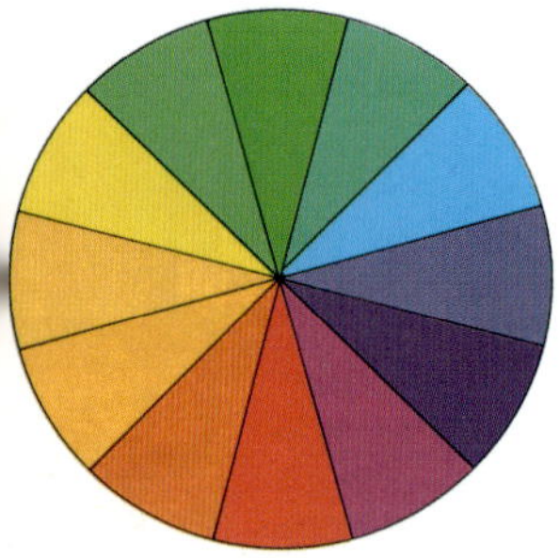

A basic colour wheel
A colour wheel shows the relationship of primary, secondary and tertiary colours. Warm and cool colours are grouped on opposite sides of the wheel.

Developing a sense of the 'right' colour isn't the same as learning to paint a door or hang wallpaper. There are no 'rules' as such, but there are guidelines that will help. In magazine articles on interior design and colour selection, you will find terms such as 'harmony' and 'contrast'; colours are described as tints or shades, and as cool or warm. These terms form a basis for developing a colour scheme. By considering colours as the spokes of a wheel, you will see how they relate to each other – and how such relationships create a particular mood.

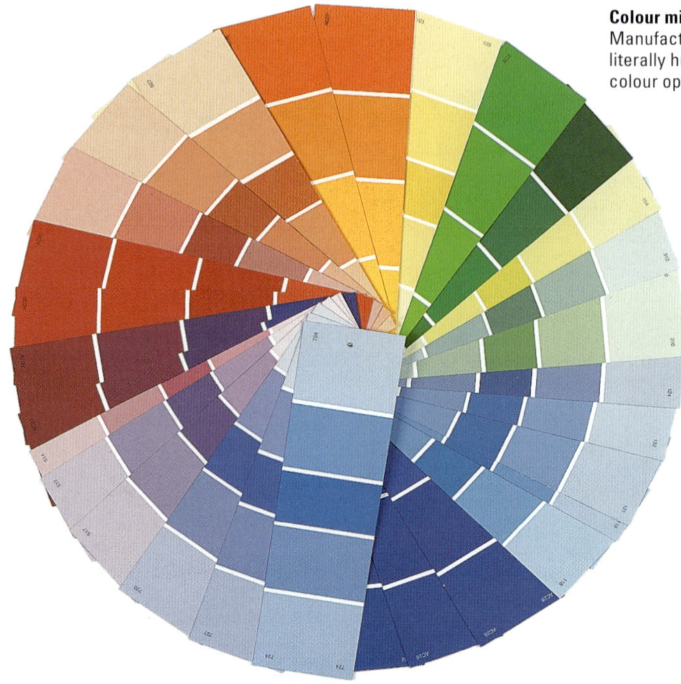

Colour mixing
Manufacturers provide literally hundreds of colour options.

Primary colours
All colours are derived from three basic 'pure' colours – red, blue and yellow. They are known as the primary colours.

The primary colours from which all other colours are derived

Secondary colours
When you mix two primary colours in equal proportions, a secondary colour is produced. Red plus blue makes violet; blue with yellow makes green; and red plus yellow makes orange. When a secondary colour is placed between its constituents on the wheel, it sits opposite its complementary colour – the one primary not used in its make-up. Complementary colours are the most contrasting colours in the spectrum and are used for dramatic effects.

Secondary colours

Tertiary colours
When a primary is mixed equally with one of its neighbouring secondaries, it produces a tertiary colour. The complete wheel illustrates a simplified version of all colour groupings. Colours on opposite sides are used in combination in order to produce vibrant contrasting schemes, while those grouped on one side of the wheel form the basis of a harmonious scheme.

Tertiary colours

Warm and cool colours
The wheel also groups colours with similar characteristics. On one side are the warm red and yellow combinations, colours we associate with fire and sunlight. A room decorated with warm colours feels cosy or exciting, depending on the intensity of the colours used. Cool colours are grouped on the opposite side of the wheel. Blues and greens suggest vegetation, water and sky, and create a relaxed airy feeling when used together.

Warm and cool colours

SEE ALSO: Tone 24–5, Texture 26, Pattern 27, Manipulating space 28, Decorating 38–124

Vibrant primaries
(left)
There's nothing tame or safe about this colour scheme – a striking interior created solely by juxtaposing bold areas of primary reds, blues and yellows.

Cool contrast
(below left)
The contrast that warm natural-wood furnishings make with cool blue paintwork is nonetheless telling for its understatement.

Fresh but cosy
(below)
Similar materials look very different when seen amongst warm pinks. Here, the effect is cosy with a light touch.

☛ **SEE ALSO: Tone 24–5, Texture 26, Pattern 27, Manipulating space 28, Decorating 38–124**

Using tone for subtlety

Pure colours can be used to great effect for both exterior and interior colour schemes, but a more subtle combination of colours is called for in most situations. Subtle colours are made by mixing different percentages of pure colour, or simply by changing the tone of a colour by adding a neutral.

Neutrals

The purest forms of neutral are black and white, from which colour is entirely absent. The range of neutrals can be extended by mixing the two together to produce varying tones of grey. Neutrals are used extensively by decorators because they do not clash with any other colour, but in their simplest forms they can be either stark or rather bland. Consequently, a touch of colour is normally added to a grey to give it a warm or cool bias, so that it can pick up the character of another colour with which it harmonizes, or provide an almost imperceptible contrast with a range of colours.

Tints

Changing the tone of pure colours by adding white creates pastel colours or tints. Used in combination, tints are safe colours – it is difficult to produce anything but a harmonious scheme, whatever colours you use together. The effect can be very different, however, if a pale tint is contrasted with dark tones to produce a dramatic result.

Shades

The shades of a colour are produced by adding black to it. Shades are rich, dramatic colours, used for bold yet sophisticated schemes. It is within this range of colours that browns appear – the interior designer's stock-in-trade. Brown blends so harmoniously into almost any colour scheme that it is tantamount to a neutral.

1 Neutrals
A range of neutral tones introduces all manner of subtle colours.

2 Tints
A composition of pale tints is always harmonious and attractive.

3 Shades
Use darker tones, or shades, for rich, dramatic effects.

SEE ALSO: Colour theory 22, Texture 26, Pattern 27, Manipulating space 28, Decorating 38–124

Coordinated harmony
(top left)
Pale colours are often used when a safe harmonious scheme is required. Darker shades from the same range of colours provide the necessary tonal contrast. With this approach, it is almost impossible to go wrong.

Resolutely neutral
(left)
A room that is totally uncompromising in its use of pure neutrals. The starkness is relieved by a single accent of colour in the vase of flowers – such details can be changed or swapped around at will to shift the balance of the scheme.

☛ **SEE ALSO: Colour theory 22, Texture 26, Pattern 27, Manipulating space 28, Decorating 38–124**

Taking texture into account

Bold use of textures *(below)*
A wealth of textures, including the colour-washed walls, textiles and wickerwork, fuse into an interior that is both lively and homely. The person who lives here is not afraid of strong colour, either.

Delightful detailing *(below right)*
Carefully chosen and arranged objects can be a source of delight, especially when colours and textures are precisely attuned. It always looks so easy when it works well.

We are far more aware of the colour of a surface than its surface texture, which we almost take for granted – but texture is a vital ingredient of any decorative scheme and merits careful thought.

The visual effect of texture is created by the strength and direction of the light that falls on it. A smooth surface reflects more light than one that is rough. Coarse textures absorb light, even creating shadows if the light falls at a shallow angle. Consequently, a colour will look different according to whether it is applied to a smooth surface or a textured one.

Even without applied colour, texture adds interest to a scheme. You can contrast bare brickwork with smooth paintwork, for instance, or use the reflective qualities of glass, metal or glazed ceramics to produce some stunning decorative effects.

Like colour, texture can be employed to make an impression on our senses. Cork, wood, coarsely woven fabrics and rugs add warmth, even a sense of luxury, to an interior. Smooth or reflective materials, such as polished stone, stainless steel, ceramic tiles, vinyl, or even a black-lacquered surface, give a clean, almost clinical feeling to a room.

SEE ALSO: Colour theory 22, Tone 24–5, Manipulating space 28, Decorating 38–124

Using pattern for effect

Fashionable purist approaches to design have made us afraid to use pattern boldly – whereas our less inhibited forefathers felt free to cover their homes with pattern and applied decoration, with spectacular results, creating a sense of gaiety and excitement that is difficult to evoke in any other way.

A well-designed patterned wallpaper, fabric or rug can provide the basis for an entire colour scheme, and a professional designer will have chosen the colours to form a pleasing combination. There is no reason why the same colours should not look equally attractive when applied to the other surfaces of a room, but perhaps the safest way to incorporate a pattern is to use it on one surface only, to contrast with plain colours elsewhere.

Combining different patterns can be tricky, but a small, regular pattern normally works well with large, bold decoration. Also, different patterns with a similar dominating colour can coordinate well, even if you experiment with contrasting tones. Another approach is to use the same pattern in different colourways. When selecting patterns, bear in mind the kind of atmosphere you want to create.

Create your own pattern
Ready-made or hand-cut stencils give you the opportunity to apply pattern to furniture walls and floors. Here, stencilled grape vines create a personalized backdrop to kitchen worktops.

Regular patterns
(below left)
Stripes and chequered patterns – such as this vivid red plaid – are rarely distracting, even when used in a busy interior.

Dominant patterns
(below)
Here, areas of glowing colour and pattern are the dominant features in a room that makes you feel at home.

☛ **SEE ALSO: Colour theory 22, Tone 24–5, Manipulating space 28, Stencilled paint effects 74, Decorating 38–124**

Manipulating space

There are nearly always areas of a house that feel uncomfortably small or, conversely, so spacious that one feels isolated, almost vulnerable. Your first reaction may be to consider structural alterations such as knocking down a wall or installing a false ceiling. In some cases, measures of this kind will prove to be the most effective solution – but there is no doubt that they will inevitably be more expensive and disruptive than manipulating space by using colour, tone and pattern.

Our eyes perceive colours and tones in such a way that it is possible to create optical illusions that apparently change the dimensions of a room. Warm colours appear to advance – so a room painted brown, red or orange, for example, will give the impression of being smaller than the same room decorated in cool colours, such as blues and greens, which have a tendency to recede.

Tone can be used to modify or reinforce the required illusion. Dark tones – even when you are using cool colours – will advance, while pale tones will open up a space visually.

The same qualities of colour and tone will change the proportions of a space. Adjusting the height of a ceiling is an obvious example. If you paint a ceiling a darker tone than the walls, it will appear lower. If you treat the floor in a similar way, you can almost make the room seem squeezed between the two. A long, narrow passageway will feel less claustrophobic if you push out the walls by decorating them with pale, cool colours – which will, incidentally, reflect more light as well.

Using linear pattern is yet another way to alter the perception of space. Vertically striped wallpaper or woodstrip panelling on the walls will counteract the effect of a low ceiling. Venetian blinds make windows seem wider, and stripped wooden floors are stretched in the direction of the boards. Any large-scale pattern draws attention to itself and – in the same way as warm, dark colours – will advance, while from a distance small patterns appear as an overall texture and so have less effect.

Warm colours appear to advance

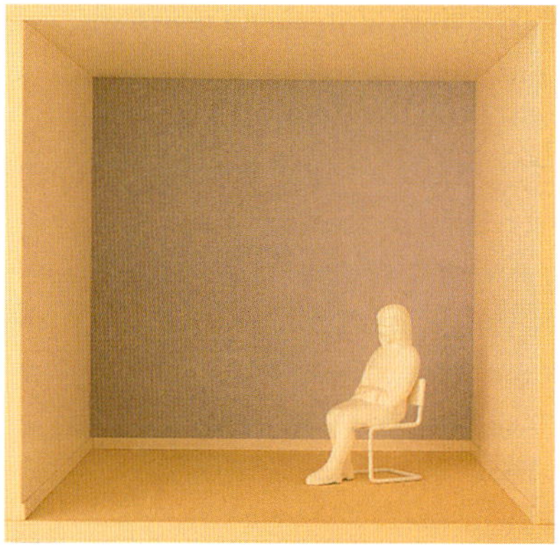

A cool colour or pale tone will recede

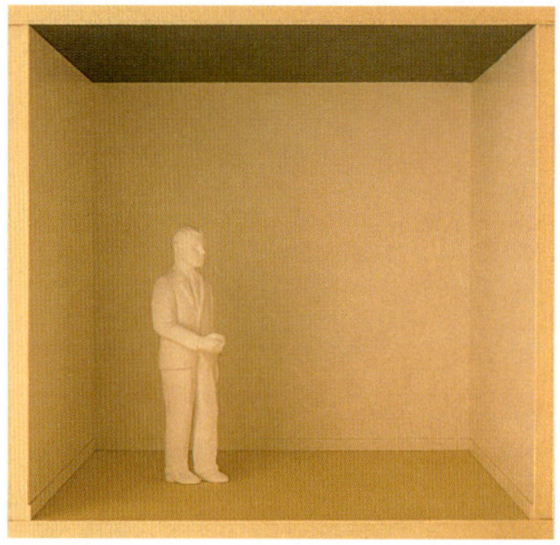

A dark ceiling will appear lower

A dark floor and ceiling make a room feel smaller

Horizontal stripes make a wall seem wider

Vertical stripes increase the height

Large-scale patterns advance

A small, regular pattern recedes

Practical experiments
A model can help to determine whether an optical illusion will have the desired effect.

SEE ALSO: Colour theory 22, Tone 24–5, Texture 26, Pattern 27, Decorating 38–124, Removing walls 134–40, Ceilings 154

VERIFYING YOUR SCHEME

Before you spend money on paint, carpet or wallcoverings, collect samples of the materials you propose to use, in order to gauge the effect of one colour or texture on another.

Collecting samples

Make your first selection from the more limited choice of furniture fabrics or carpets. Collect offcuts of the other materials that you are considering, or borrow sample books or display samples from suppliers, so you can compare them at home. Because paint charts are printed, you can never be absolutely confident they will match the actual paint. Consequently, some manufacturers produce small sample pots of paint so that you can make test patches on the wall or woodwork.

Making a sample board

Professional designers make sample boards to check the relative proportions of materials as they will appear in a room. Usually a patch of carpet or wallcovering will be the largest dominating area of colour; painted woodwork will be proportionally smaller; and accessories might be represented by small spots of colour. Make your own board by gluing your assembly of materials to stiff card, butting one piece against another to avoid leaving a white border around each sample, which would change the combined effect.

Incorporating existing features

Most schemes will have to incorporate existing features, such as a bathroom suite or kitchen units. Use these items as starting points, building the colour scheme around them. Cut a hole in your sample board to use as a window for viewing existing materials or borrowed examples against those on the card.

Checking your colour selection
View your completed sample board in natural and artificial light to check your colour selection.

Not an inch to spare
(left)
A tiny but exquisitely planned shower room makes the most of every inch of space. The use of pale neutrals, relieved by simple geometric tiling, keeps the room from feeling claustrophobic.

Optical illusions
(below)
A cramped space can feel like a dungeon, but in this case pale tints with a slightly warm bias are used to push out the walls, and the vertical stripes help lift the ceiling. The room, which is 'doubled' by floor-to-ceiling mirrors in the kitchen alcove, is flooded with natural light from the raised clerestory above.

SEE ALSO: Colour theory 22, Tone 24–5, Texture 26, Pattern 27, Decorating 38–124

Schemes for living rooms

In most homes the living room is the largest area in the house. It's where you spend most of your leisure time and entertain your friends, and the room upon which most money is spent in terms of furnishings, curtains and carpets – not to mention expensive hi-fi units, the television set, and so on. For all these reasons, you will want to make sure the living-room decor has lasting appeal. After all, you are unlikely to replace costly furniture and materials frequently.

Unless you are lucky enough to have more than one reception or living room, it is an area that must feel comfortable during the day, relaxing in the evening, and lively enough for the occasional party. If the room receives very little sunlight, a warm colour scheme is often the best, in order to create a cosy atmosphere. Dark, cool tones will produce a similarly snug result under artificial light – but very deep tones can have the opposite effect, by creating dark, shadowy areas. Neutral colour schemes or a range of browns and beiges will be easy to change in the future by simply swapping the accessories, without having to spend money on replacing essentials. Natural textures are equally versatile.

Patterned carpets or rugs are less likely than plain ones to be ruined by the inevitable spillages. However, very dark tones are almost as difficult to keep clean as pale colours.

Curtains and blinds provide the perfect solution to a change of mood. During the day they are pulled aside or rolled up, and therefore contribute very little to the general appearance of the room – but in the evening they can become a wall of colour or pattern, which can transform the scheme.

Sheer curtains or blinds are also useful – to screen the view through the window while allowing daylight to fill the room with a soft light that will not damage upholstery fabrics.

Thinking ahead
The fundamental scheme – white-painted walls with a gloss dado – acts as a neutral background for rich colours that can be changed at any time. The present mood is one of luxurious comfort created, in the main, by sumptuous drapes and patterned sofa throws.

SEE ALSO: Planning colour schemes 22–9, Interior-wall paints 67, Wood finishes 78–9

Schemes for bedrooms

A bedroom is first and foremost a personal room. Its decor should reflect the character of its occupant or occupants, and the functions to which the room is put. At night, a bedroom needs to be relaxing, even romantic. Much depends on the lighting, but pattern and colour can in themselves create a luxurious and seductive mood.

Few people ever think of using pattern on a ceiling – yet a bedroom presents the ideal opportunity, especially as you are unlikely to spend much of your waking life there and can consequently afford to be adventurous with the decor.

Inferior-quality carpeting is often used for bedrooms because it doesn't have to be hardwearing – but you could give the colour scheme a real lift by investing in an expensive rug or deep-pile carpet, knowing that it will be subjected to light wear.

If a bedroom faces south, early sunlight will provide the necessary stimulus to wake you up, but a north-facing room will benefit from bright, invigorating colours.

Bedrooms sometimes have to serve a dual function. A teenager's bedroom, for example, may have to double as a study or personal sitting room, so needs to be stimulating rather than restful. A child's bedroom will almost certainly function as a playroom as well. The obvious choice would be for strong, even primary colours – but as most children accumulate large numbers of brightly coloured toys, books and pictures, you might select a neutral background to the colourful accessories.

The smallest bedrooms, which are usually reserved for guests, can be made to appear larger and more inviting by selecting the appropriate colours and tones.

Seductive luxury
A profusion of pattern and soft inviting textures evoke an atmosphere that is both relaxed and romantic. The deep-pink fitted carpet picks up the background colours of the rugs and hangings, unifying a decidedly bold theme.

SEE ALSO: Planning colour schemes 22–9, Carpet 120–3

Decor for cooking and eating

Kitchens need to be functional areas capable of taking a great deal of wear and tear, so the materials you choose will primarily be dictated by practicalities. However, that does not mean you have to restrict your use of colour in any way. Kitchen sinks and appliances are made in bright colours as well as the standard stainless steel and white enamel, while tiled worktops and splashbacks, vinyl floorcoverings and melamine surfaces offer further opportunity to introduce a range of colours.

Textures are an important consideration, offering a range of possibilities. Natural timber remains a popular material for kitchen cupboards and will provide a warm element that you can either echo in your choice of paint, paper or floorcovering or contrast with cool colours and textures. Some people prefer to rely entirely on plastic, ceramic and metallic surfaces, which give a clean and purposeful character.

If the kitchen incorporates a dining area, you may decide to decorate the latter in a fashion more conducive to relaxation and conversation. Softer textures, such as carpet tiles, cork flooring and fabric upholstery, will absorb some of the clatter that is generated by kitchen utensils. Another possibility is to decorate the walls in a different way that changes the mood, perhaps using darker tones or a patterned wallcovering to define the dining area.

Everything to hand *(above)*
Utensils are part and parcel of every kitchen, but they don't have to look utilitarian. In Europe, the tradition is to have everything within reach, which means that kitchen paraphernalia becomes an integral part of the decor.

Traditional styling with modern amenities *(left)*
In this imposing but unpretentious kitchen, flat-painted surfaces are the perfect foil for worktops of polished stone and natural wood and the hardwearing vinyl floorcovering that's a near-perfect simulation of genuine hardwood.

☛ SEE ALSO: Planning colour schemes 22–9, Wood finishes 78–9, Wall tiles 105–11, Flooring 113–15, 123–4

Bathrooms

Bathrooms, like kitchens, have to fulfil quite definite functions, virtually forcing you to incorporate ceramic, enamelled or tiled surfaces. Imaginative use of tone and colour is therefore especially rewarding, as it can save your bathroom from looking cold or uninviting. Coloured appliances are commonplace – but choose carefully, since they are likely to have a dominating influence on future colour schemes.

Like the bedroom, the bathroom is an area where you can afford to be inventive with your use of colour or pattern. A bold treatment that might become tiresome with overexposure can be highly successful in a room used only for brief periods. Try to introduce some sound-absorbing materials, such as ceiling tiles, carpet or cork flooring, to avoid the hollow acoustics associated with fully tiled bathrooms. If you want to use delicate materials that might be affected by steam, make sure the bathroom is properly ventilated. Bathrooms are usually small rooms with relatively high ceilings, but painting a ceiling a dark tone that might improve the proportions of a larger room can make a bathroom feel like a box. A more successful way to counter the effect of a high ceiling is to divide the walls with a dado rail and use a different colour or material above and below the line.

If your home is in a hard-water area, it's best to avoid dark-coloured bathroom suites, as they emphasize ugly lime-scale deposits.

Functional simplicity
(left)
White paint, glass and chrome add up to a refined, no-nonsense bathroom, with its plumbing concealed behind panelling that doubles as a useful shelf behind twin washbasins.

Be creative with tiles
(bottom left)
Ceramic tiles are ideally suited to a bathroom. Whereas tiling used to give a room a rather clinical feeling, you can use today's range of colourful and patterned tiles for creative as well as practical purposes.

Period-style elegance
(below)
In this bathroom, the appliances, furnishings and colour-washed panelling all contribute to a period ambience. The deep shade of blue-green makes the room feel cosy and intimate.

☛ **SEE ALSO: Planning colour schemes 22–9, Colour washing 70, Wood finishes 78–9, Wall tiles 105–11, Flooring 106, 113–24**

Single rooms and small flats

When you live in one room, every activity takes place in the same area – so its decor needs to be versatile. However, much depends on your lifestyle. If you are out at work during the day, you may want to concentrate on creating a mood for the evening. On the other hand, if you work at home, your priority will no doubt be to provide a daytime environment that is stimulating but not too distracting.

Relaxed informality
Whether it be for preparing a meal, entertaining friends or working at home, this is a living space to be enjoyed. Although it's entirely open plan, each area is defined with areas of colour and with different styles of furniture and light fittings. It's a mix-and-match scheme that works superbly, with uncoordinated furnishings that complement each other rather than fight for attention.

Ideally, you should attempt to design an interior that can be changed at will to suit the time of day or your disposition. While curtains or blinds can be used to greater effect after dark, more positive measures are required to make the room as adaptable as possible.

Some means of screening off a sleeping alcove is always an advantage. Floor-length curtains hung from a ceiling-mounted track can form a soft wall of colour or texture; or you can use vertical louvred blinds so that with the flick of a pull cord you can let in the sunlight. A concertina-folding wall of panels or louvred shutters gives the impression of a permanent screen during the day, and provides the opportunity to introduce natural or stained timber to a colour scheme. Alternatively, construct a portable screen from flat panels and decorate them to suit yourself.

Dividing the floor area will define areas of activity: soft rugs for seating, polished boards or tiling for cooking and eating areas. You can even change the floor level with a simple wooden dais covered in carpet. Areas of wall can be sharply defined to pick up the theme, using different finishes.

A small open-plan flat suggests other options. Prevailing natural light might persuade you to treat areas differently, either brightening up a dark corner or toning down an area that is constantly sunlit. You can create the impression of greater space by running the same flooring throughout the flat; and white or pastel-painted walls have a similar effect. Picking out some walls with strong colour or pattern will lead the eye into another area. You could play with the ceiling level by using colour or tone, possibly pulling it down over a cosy sitting area or bedroom, while apparently increasing the volume of another space by painting the ceiling with a pale neutral or pastel tint.

☛ **SEE ALSO: Planning colour schemes 22–9, Blinds 221, Flooring 106, 113–24**

Planning your lighting

To be successful, lighting must allow you to work, read or study without straining your eyes; it is also used to brighten areas that are potentially dangerous, and has to provide satisfactory background illumination. Yet the decorative possibilities of lighting, though no less versatile, are often ignored. Good lighting can create an atmosphere of warmth and wellbeing, highlight objects of beauty or interest, and transform the character of an interior by introducing areas of light and shadow.

Illuminating living rooms

With lighting for a living room, the accent should be on versatility – creating areas of light where they are needed most, both for function and dramatic effect. Seating areas are best served by lighting placed at a low level (so that naked bulbs are not directed straight into the eyes) and in such a position that a book or newspaper is illuminated from beside the reader. Choose lighting that is not too harsh, so it won't cause glare from white paper, and supplement it with additional low-powered lighting to reduce the effects of contrast between the page and the darker areas beyond.

Working at a desk demands similar conditions – but the light source must be situated in front of you, to avoid your own shadow being thrown across your work. Choose a properly shaded desk lamp, or conceal lighting under wall storage or bookshelves above the desk.

Similar concealed lighting is ideal for a wall-hung hi-fi system, but you may need extra lighting in the form of ceiling-mounted downlighters to illuminate the shelves themselves. Alternatively, use fittings designed to clip under the shelves or to the supporting uprights.

Concealed lighting in other areas of the living room can be very attractive. Strip-lights placed on top and at the back of high cupboards will bounce light off the ceiling. Hide lighting behind pelmets to accentuate curtains, or put it along a wall to illuminate pictures. Individual works of art can be picked out with specially designed striplights placed above them; or you can install an adjustable ceiling spotlight that will place a pool of light exactly where it is required. Avoid directing lamps at pictures protected by glass (unless it is the special non-reflective type), as reflections will destroy the desired effect. Use lighting in an alcove or recess to give maximum impact to a piece of sculpture or an attractive floral display.

Atmospheric lighting *(below left)*
Subdued moody illumination created by a combination of candlelight and electric fittings controlled by dimmer switches.

Task lighting
These days, the vast majority of home offices are built round a computer. A degree of background lighting is required to reduce the strain of staring into a bright monitor, and you need flexible task lighting that will illuminate the desktop without reflecting in the screen.

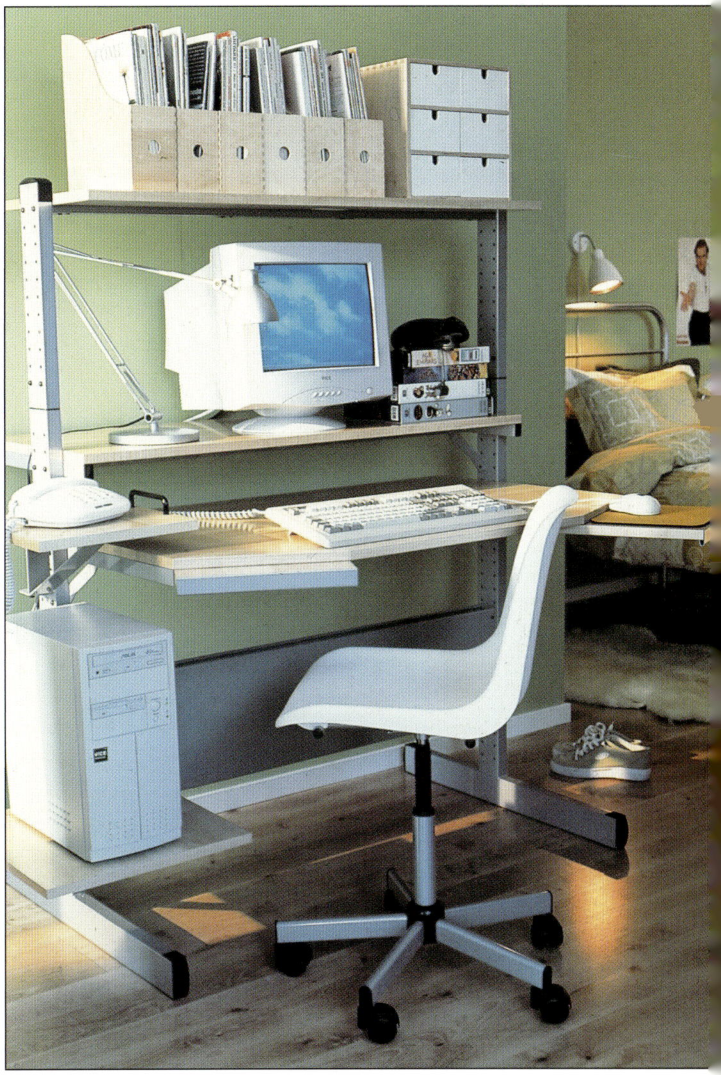

SEE ALSO: Electricity 296–356, Lighting circuits 311, 337–8, Light fittings 339–45, Dimmer switches 341–2

Planning your lighting

Sleeping areas

Bedside lamps are a basic requirement in any bedroom – but better still, fit concealed lighting above the bedhead. If you decide to do so, position the fitting low enough to prevent light falling on your face as you lie in bed. Install two lights behind the baffle over a double bed – each controlled individually, so your partner can sleep undisturbed if you want to read into the early hours.

A dressing table needs its own light source placed so that it cannot be seen in the mirror but illuminates the person using it. Wall lights or downlighters in the ceiling will provide atmospheric lighting, but install two-way switching so that you can control them from the bed and the door.

Make sure bedside light fittings in a child's room are completely tamper-proof and, preferably, double-insulated. A dimmer switch controlling the main room lighting will provide enough light to comfort a child at night, but can be turned to full brightness when he or she is playing in the evening.

Dining areas and kitchens

Because its height can be adjusted exactly, a rise-and-fall unit is the ideal light fitting to illuminate a dining table. If you eat in the kitchen, have separate controls for the table lighting and work areas, so you can create a cosy dining area without having to illuminate the rest of the room. In addition to a good background light, illuminate kitchen worktops with strip-lights or low-voltage fittings placed under the wall cupboards but hidden from view by baffles along the front edges. Place a track light or downlighters over the sink, so your shadow won't be cast over it as you work.

Bathrooms

Safety must be your first priority when choosing light fittings for a bathroom. They have to be designed to protect electrical connections from moisture and steam, and must be controlled either from outside the room or by a ceiling-mounted switch. Creating atmospheric lighting in a bathroom often requires ingenuity, but concealed light directed onto the ceiling is one solution, as long as you provide another source of light over the washbasin mirror.

Staircases

Light staircases from above, so that the treads are illuminated clearly, throwing the risers into shadow. This will define the steps for anyone with poor eyesight. Place a light over each landing or turn of the staircase. Two-way switching is essential, to ensure no-one has to negotiate the stairs in darkness.

Workshops

Plan workshop lighting with efficiency and safety in mind. Illuminate a fixed workbench the same way as a desk and provide individual adjustable light fittings for machine tools – although fluorescent lighting provides good overall illumination, it can create the illusion that moving machinery such as a woodturning lathe is stationary, especially when it is slowing down after being switched off.

☛ SEE ALSO: **Double insulation 298, Bathroom safety 300, Two-way switching 344, Lighting circuits 311, 337–8, Light fittings 339–45, Low-voltage lighting 346–7, Dimmer switches 341–2**

2 Decorating

BEFORE YOU BEGIN

Means of access

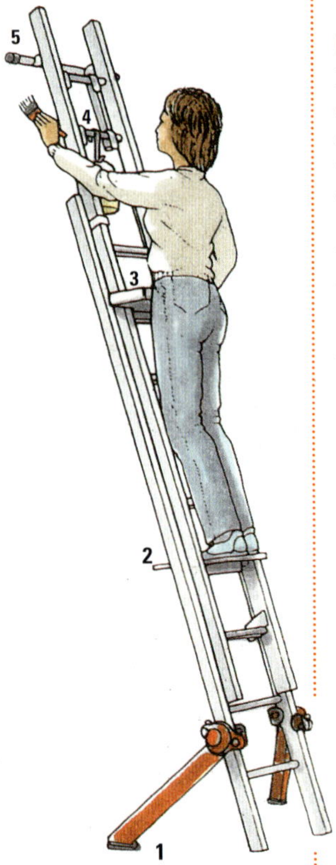

Ladder accessories
There's a range of helpful devices to make working on a ladder easier and safer. This ladder features stabilizers **(1)** for uneven ground, a foot rest for comfort **(2)**, a tool tray **(3)**, a paint-can hook **(4)** and a stay **(5)** to hold the top away from eaves or gutters.

Ladder stabilizers
Stabilizers prevent a ladder rocking on uneven ground.

Before you start to decorate outside, it is important to consider the timing, the weather and the condition of the site. Indoors, you have the problem of what to do with a room full of furniture and furnishings while you are working.

Outside the house

Plan your work so that you can begin decorating in late summer or early autumn, when the previous warm weather will have dried out the fabric of the building sufficiently.

The best weather for decorating is a warm but overcast day. Avoid painting on rainy days or in direct sunlight, as both rain and hot sun can ruin new paintwork. On a sunny day, follow the sun around the house, so that its warmth will have dried out the night's dew on the woodwork before you apply paint.

It's not a good idea to decorate on windy days, because dust is invariably blown onto the wet paint. In order to settle dust that would otherwise be churned up by your feet, sprinkle water around doors and windows before you start painting.

Walk around the house to check there are no obstructions that could slow your progress or cause accidents. Clear away any rubbish, and cut back overhanging foliage from trees and shrubs. Protect plants and paving in the work area with dust sheets.

Inside the house

Before decorating a room, carry out any necessary repairs and, if you use an open fire, have the chimney swept – a soot fall would ruin your new decorations! It pays to clear as much furniture as possible from the room, and group what is left under dustsheets. Take up loose carpets and rugs, then lightly spray water on the floor and sweep up the dust. Protect finished wood flooring, tiled floors and fitted carpets with dust sheets. When painting the skirting, stick wide low-tack masking tape around the perimeter of the floor.

Remove all furnishings, such as pictures and lampshades, and unscrew fingerplates and door handles. Keep the door handle with you in the room, in case you accidentally get shut in.

What to wear

Don't wear woollen garments when decorating, as they tend to shed hairs, which stick to the paint. Overalls that have loops and large pockets for tools and brushes are ideal for decorating and other DIY work.

Whether you need to reach guttering or require a simple step-up to paint the living-room ceiling, it is essential to use strong and stable equipment. Working on makeshift structures is inefficient and dangerous. Even for small jobs that don't justify the cost of buying ladders or scaffolding, it's advisable to hire them rather than make do. For a small outlay, you can buy accessories that make working on a ladder safer and more comfortable.

Ladders and scaffolding

Stepladders are essential when decorating indoors. Traditional wooden stepladders are still available, but they have largely been superseded by lightweight aluminium-alloy versions. It's worth having at least one that stands about 2m (6ft 6in) high, so you can reach a ceiling without having to stand on the top step. A shorter second ladder may be more convenient for other jobs; and you can use both, with scaffold boards, to build a platform.

Outdoors, you will need ladders that reach up to the eaves. Double and triple wooden extension ladders are very heavy, so consider metal ones. Some doubles and most triples are operated by a rope and pulley, so that they can be extended single-handed.

To estimate the length of ladder you need, add together the ceiling heights of your house, then add at least 1m (3ft 3in) to the length – to allow for leaning the ladder at an angle and for safe access to a platform.

There are many versions of dual-purpose or even multi-purpose ladders that convert from stepladder to straight ladder. This type of versatile ladder is a good compromise.

Sectional scaffold frames can be built up to form towers at any convenient height for decorating inside and outside. Broad feet prevent the scaffold sinking into the ground, and adjustable versions allow you to level it. Some models have locking castors that enable you to move the tower.

Towers are ideal for painting a large expanse of wall outdoors. Indoors, smaller platforms made from the same scaffold components bring high ceilings within easy reach.

Accessories for ladders

Ladder stay
A stay holds the ladder away from the wall. It is an essential piece of equipment when painting overhanging eaves and gutters: you would otherwise be forced to lean back, risking overbalancing.

Tool tray and paint-can hook
You should always support yourself with one hand on a ladder, so use a wire or bent-metal hook to hang a paint can or bucket from a rung. A clip-on tray is ideal for holding a small selection of tools.

Clip-on platform
A wide flat board that clamps onto the rungs provides a comfortable platform to stand on while working for long periods.

Stabilizers
These are bolt-on accessories that prevent the ladder from slipping and compensate for uneven ground.

Alloy stepladder

Dual-purpose ladder

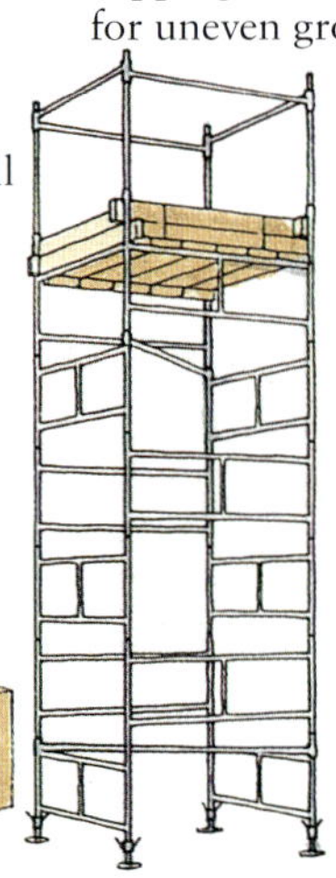

Scaffold tower

Extending ladder

SEE ALSO: Work platforms 40, Painting skirtings 80

Working with ladders

When you buy or hire a ladder, bear in mind that:

- Wooden ladders should be made from knot-free straight-grained timber.
- Good-quality wooden ladders have hardwood rungs tenoned through the upright stiles and secured with wedges.
- Wooden rungs with reinforcing metal rods stretched under them are safer than ones without.
- End caps or foot pads are an advantage, to prevent the ladder from slipping on hard ground.
- Adjustability is a prime consideration. Choose a ladder that will enable you to gain access to various parts of the building and will convert to a compact unit for storage.
- The rungs of overlapping sections of an extension ladder should align, or the gap between the rungs might be too small to secure a good foothold.
- Choose an extension ladder with a rope and pulley, plus an automatic latch that locks the extension to its rung.
- Check that you can buy or hire a range of accessories (see opposite) to fit your make of ladder.
- Choose a stepladder with a platform at the top to take paint cans and trays.
- Treads should be comfortable to stand on. Stepladders with wide, flat treads are the best choice.
- Stepladders with extended stiles give you a handhold at the top of the steps.
- Wooden stepladders often have a rope to stop the two halves sliding apart. A better solution used on most metal stepladders is a folding stay that locks in the open position.

Is the ladder safe to use?

Check ladders regularly, and especially before using them after a winter's break. Inspect a hired ladder before using it.

Look for splits along the stiles (uprights), and make sure there are no missing or broken rungs and that the joints are tight. Check that the ladder is not twisted, or it could rock when leant against a wall.

Inspect wooden ladders for rot or woodworm. Even a small amount of sponginess or a few holes could signify serious damage below the surface. Test that the wood is sound before using the ladder, and treat it with a preserver or woodworm fluid. If in doubt, scrap the ladder rather than risk an accident.

Check that fixings for hinges and pulleys are secure. Lubricate them with a drop of oil. Inspect the pulley rope for fraying and renew if necessary.

Regularly apply a finishing oil or varnish to wooden ladders to stop them drying out. Apply extra coats to the rungs, which take most wear. Don't paint a ladder, as this may hide serious defects.

How to handle a ladder

Ladders are heavy and unwieldy. Handle them properly to avoid damaging property, and to make sure you don't injure yourself.

Carry a ladder upright, not slung across your shoulder. Hold the ladder vertically, bend your knees slightly, then rock the ladder back against your shoulder. Grip one rung lower down while you support the ladder at head height with your other hand, and then straighten your knees.

To erect a ladder, lay it on the ground with its feet against the wall. Gradually raise it to vertical as you walk towards the wall. Pull the feet out from the wall so that the ladder is resting at an angle of about 70 degrees: if the ladder extends to 8m (26ft), for example, its feet should be 2m (6ft 6in), or a quarter of its height, from the wall.

Hold an extending ladder upright while raising it to the required height. If it is a heavy ladder, get someone to hold it while you operate the pulley.

Handling a ladder
Carry the ladder upright, leaning it back against your shoulder; grip one rung low down, another at head height. When erected, the base of the ladder should be a quarter of its height away from the wall, so that it is correctly balanced.

LADDER SAFETY

More accidents are caused by using ladders unwisely than by faulty equipment. Erect the ladder safely before you climb it; and move it when work is out of reach. Never lean to the side, or you will overbalance. Follow these simple, commonsense rules:

Securing the ladder

If the ground is soft, place a wide board under the feet of a ladder; screw a batten across the board to hold the ladder in place. On hard ground, make sure the ladder has anti-slip end caps, and lay a sandbag (or a tough polythene bag filled with earth) at the base. Secure the stiles with rope tied to stakes driven into the ground at each side and just behind the ladder **(1)**.

When you extend a ladder, the sections should overlap by at least a quarter of their length. Don't lean the top of the ladder against gutters, soil pipes or drainpipes, as these may give way, and especially not against glass.

Anchor the ladder near the top by tying it to a stout timber rail held across the inside of the window frame. Make sure that the rail extends about 300mm (1ft) on each side of the window, and pad the ends with cloth to protect the wall from damage **(2)**.

It's a good idea to fix ring bolts at regular intervals into the masonry just below the fascia board: this is an excellent way to secure the top of a ladder, as you will have equally good anchor points wherever you choose to position it. Alternatively, fix large screw eyes to the masonry or a sound fascia board and attach the ladder to them.

Safety aloft

Never climb higher than four rungs from the top of the ladder, or you will not be able to balance properly and there will be no handholds within reach. Keep both your feet on a rung, and your hips centred between the uprights. Avoid slippery footholds by placing a sack or doormat at the foot of the ladder to dry your boots before you ascend.

Unless the manufacturer states otherwise, don't use a ladder to form a horizontal walkway – even with a scaffold board lying on it.

Stepladders are prone to toppling sideways. On uneven floors, clamp a strut to one of the stiles **(3)**.

1 Staking a ladder
Secure the base of the ladder by lashing it to stakes in the ground.

2 Securing the top
Anchor the ladder to a batten held inside the window frame.

3 Supporting a stepladder
Clamp a strut to the stile to prop up a pair of stepladders.

SEE ALSO: Work platforms 40, Varnishing 88, Oiling wood 90, Woodworm 256–7, Dealing with rot 259–60

Erecting work platforms

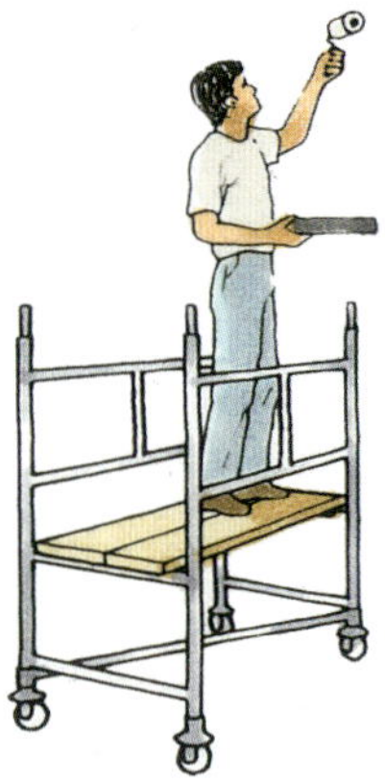

2 Mobile platform
An efficient structure made from scaffold-tower frames.

Some decorators move a ladder little by little as the work progresses. However, constantly moving ladders becomes tedious, and may lead to an accident as you try to reach just a bit further before having to move along. It is more convenient to build a work platform that allows you to tackle a large area without moving the structure. You can hire a pair of decorators' trestles and bridge them with a scaffold board, or make a similar structure using two stepladders **(1)**.

Clamp or tie the board to the rungs and use two boards, one on top of the other, if two people need to use the platform at once.

An even better arrangement is to use scaffold-tower components to make a mobile platform **(2)**. One with locking castors is ideal for painting or papering ceilings.

1 Improvised platform
A simple yet safe platform made from stepladders and a scaffold board.

Decorating in a stairwell

It's not always easy to build a safe platform for decorating in a stairwell. The simplest method is to use a dual-purpose ladder, which can be adjusted to stand evenly on a flight of stairs **(3)**. Anchor the steps with rope through a couple of large screw eyes fixed to the stair risers; when the stairs are carpeted, the holes will be concealed. Rest a scaffold board between the ladder and the landing to form a bridge. Screw the board to the landing and tie the other end.

Alternatively, construct a tailor-made platform from ladders and boards to suit your staircase **(4)**. Make sure the boards and ladders are clamped or lashed together securely, and that the ladders cannot slip on the stair treads. If necessary, screw wooden battens to the stairs to prevent the foot of the ladder moving.

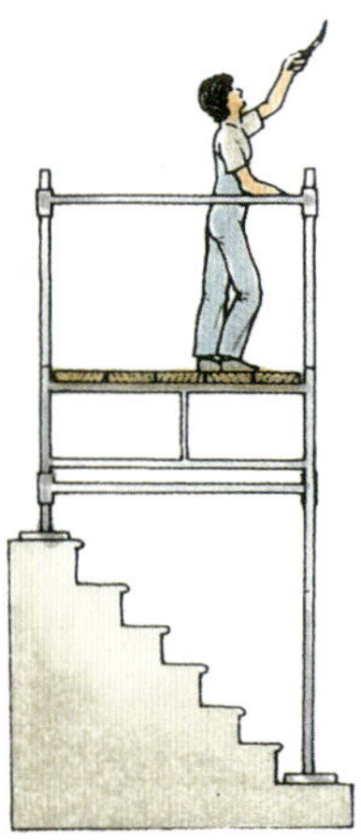

Stair scaffold
Erect a platform with scaffold frames to compensate for the slope of a staircase.

3 Dual-purpose ladder
Use this type of ladder to straddle the stairs, and a scaffold board to create a level platform.

4 Tailor-made platform
Build a network of scaffold boards, stepladders, ladders and boxes to suit your stairwell layout.

SCAFFOLD TOWERS

It is best to erect scaffolding when decorating the outside of a house. Towers made from slot-together frames are available for hire. Heights up to about 9m (30ft) are possible; the taller towers require supporting 'outriggers' to prevent them toppling sideways.

Build the lower section of the frame first, and level it with adjustable feet before erecting the tower on top. As you build, climb up and stand on the inside of the tower.

Erect a proper platform at the top with toe boards all round to prevent tools and materials being knocked off. Extend the framework to provide hand rails all round. Secure the tower to the house by tying it to ring bolts fixed into the masonry, as with ladders.

Some towers incorporate a staircase inside the scaffold frame; floors with trap doors enable you to ascend to the top of the tower. If you cannot hire such a tower, the safest alternative is to use a ladder, but make sure it extends at least 1m (3ft 3in) above the staging, so that you can step on and off safely.

Using a ladder, it is difficult to reach windows and walls above an extension. With a scaffold tower, however, you can construct a cantilevered section that rests on the roof of the extension.

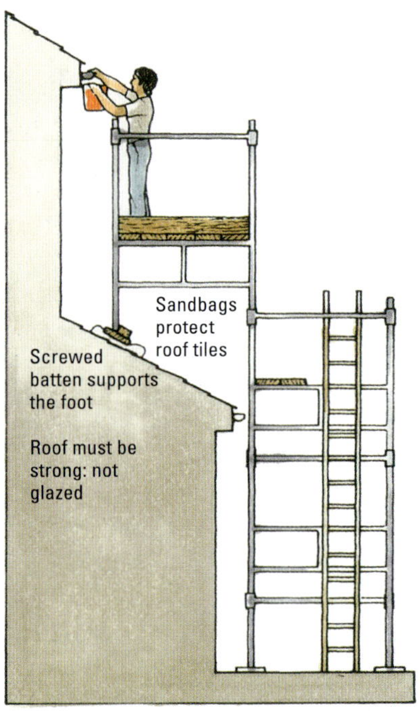

Erecting a cantilevered platform
Rest a cantilevered section on a board to spread the load.

SEE ALSO: Ladders 38–9, Scaffold towers 38

Preparation and priming

Thorough preparation of all surfaces is a vital first step in redecorating. If you neglect this stage, subsequent finishes may be rejected. Preparation means removing dirt, grease and loose or flaking finishes, as well as repairing serious deterioration such as cracks, holes, corrosion and decay. It is not only old surfaces that need attention. New timber must be sealed for protection, and priming is necessary to ensure a surface is in a suitable condition to accept its finish. Consult the chart on this page for details of primers and sealers for all the materials you are likely to encounter in and around the home; then read the following sections, which examine each material in detail.

Types of primer and sealer

There are numerous primers and sealers to suit a variety of materials.

Stabilizing primer
Used to bind powdery or flaky materials. A clear or white liquid.

Wood primer
Standard solvent-based pink or white primer prevents other coats of paint soaking in.

Acrylic wood primer
Fast-drying water-based primer. Some types can be used for undercoating.

Aluminium wood primer
Used to seal oily hardwoods and resinous softwoods. It will also cover creosote.

General-purpose primer
Seals porous building materials and covers patchy walls and ceilings. Some multi-purpose primers are suitable for wood, metal and plaster.

Metal primers
Essential to prevent corrosion in metals and to provide a key for paint. Special rust-inhibitive primers treat rust and prevent its recurrence.

PVA bonding agent
A general-purpose liquid adhesive for many building materials. An excellent primer and sealer when diluted, even for bituminous paints.

Water repellent
A liquid used for sealing masonry against water penetration. It dries colourless.

Alkali-resistant primer
Used to prevent the alkali content of some materials attacking oil paints.

Aluminium spirit-based sealer
Formulated to obliterate materials likely to 'bleed' through subsequent coatings. Effective over bituminous paints, creosote and metallic paints.

Stain sealer
Permanently seals problem stains such as nicotine, water, soot, crayon, lipstick and ballpoint pen.

Panel-system primer
Provides better adhesion for masonry paints applied to building boards. Used with polyester scrim, it can be used to reinforce repaired cracks in exterior render.

● Lead in paint
Lead – which is a poison – was widely used in the past as a dryer in solvent-based paints, including primers. (Emulsions are water-based and have never contained lead.) Most solvent-based paints are now made without lead.

If possible, choose one labelled 'no lead added' or similar. Don't let children chew old painted surfaces: they may have a high lead content.

● Red dot denotes metal primers.

● Black dot denotes that primer and surface are compatible.

PRIMERS AND SEALERS: SUITABILITY, DRYING TIME AND COVERAGE

	Stabilizing primer	Wood primer	Acrylic wood primer	Aluminium wood primer	General-purpose primer	● Zinc-phosphate primer	● Fast-drying metal primer	● Rust-inhibitive primer	PVA bonding agent	Water repellent	Alkali-resistant primer	Aluminium spirit-based sealer	Stain sealer	Panel-system primer
SUITABLE FOR														
Brick	●				●				●	●	●			
Stone	●				●				●	●	●			
Cement rendering	●				●				●	●	●			●
Concrete	●				●				●	●	●			
Plaster	●				●				●		●		●	
Plasterboard	●				●						●		●	
Distemper	●													
Limewash	●													
Cement paint	●													
Bitumen-based paints									●			●		
Asbestos cement	●				●				●		●			
Softwoods/hardwoods		●	●	●	●									
Oily hardwoods				●										
Chipboard		●	●	●	●									●
Hardboard		●	●	●	●									●
Plywood		●	●	●	●									●
Creosoted timber				●								●		
Absorbent fibre boards	●										●			
Ferrous metals (inside)						●		●						
Ferrous metals (outside)						●		●						
Galvanized metal						●	●							
Aluminium						●	●							
DRYING TIME: HOURS														
Touch-dry	3	4-6	0.5	4-6	4-6	4	0.5	2	3	1	4	0.25	2-3	–
Recoatable	16	16	2	16	16	16	6	6	16	16	16	1	6-8	24
COVERAGE (Sq m per litre)														
Smooth surface	6	12	12	13	12	13	8	8	9	3-6	10	4	18	6
Rough/absorbent surface	7	10	10	11	9	10	–	6	7	2-3	7	3	–	3

SEE ALSO: **Priming brick 44, Waterproofing masonry 44, Repairing render 45, Flaky paint 46, Priming plaster 48, Preparing woodwork 51–2, Priming metal 58–9**

Cleaning brick and stone

Before you decorate the outside of your house, check the condition of the brick and stonework and carry out any necessary repairs. Unless you live in an area of the country where there is a tradition of painting brick and stonework, you will probably want to restore painted masonry to its original condition. Although most paint strippers cannot cope with deeply textured surfaces, there are thick-paste paint removers that will peel away layers of old paint from masonry.

Paint-stained brickwork

Organic growth

Efflorescence

Treating new masonry

New brickwork or stonework should be left for about three months, until it is completely dry, before any further treatment is considered.

White powdery deposits – called efflorescence – may come to the surface over this period, but you can simply brush them off with a stiff-bristle brush or a piece of dry sacking (see below). New masonry should be weatherproof and so should require no further treatment, except that in some areas of the country you may wish to apply paint.

Cleaning off unsightly mould

Colourful lichens growing on garden walls can be very attractive. Indeed, some people actively encourage their growth. However, since the spread of moulds and lichens depends on damp conditions, it is not a good sign when they occur naturally on the walls of your house.

Try to identify the source of the problem before treating the growth. For example, if one side of the house never receives any sun, it will have little chance of drying out. Relieve the situation by cutting back overhanging trees or adjacent shrubs to increase ventilation to the wall.

Make sure the damp-proof course (DPC) is working adequately and is not being bridged by piled earth or debris.

Cracked or corroded rainwater pipes leaking onto the wall are another common cause of organic growth. Feel behind the pipe with your fingers, or slip a hand mirror behind it to see if there's a leak.

Removing and neutralizing the growth
Scrape heavy organic growth from the bricks, using a non-metallic spatula, then brush the masonry vigorously with a stiff-bristle brush. This can be an unpleasant, dusty job, so wear a face mask. Brush away from you to avoid debris being flicked into your eyes.

Starting at the top of the wall, use a nylon brush to paint on a proprietary fungicidal solution, diluted according to the manufacturer's instructions. Apply the fungicide liberally and leave the wall to dry for 24 hours, then rinse the masonry thoroughly with clean water.

In extreme cases, give the wall two washes of fungicide, allowing 24 hours between applications and a further 24 hours before washing it down with clean water.

Removing efflorescence from masonry

Soluble salts within building materials such as cement, brick and stone gradually migrate to the surface, along with the moisture, as a wall dries out. The result is a white crystalline deposit called efflorescence.

The same condition can occur on old masonry if it is subjected to more than average moisture. Efflorescence itself is not harmful, but the source of the damp must be identified and cured.

Brush the deposit from the wall regularly, with a dry stiff-bristle brush or coarse sacking, until the crystals cease to form. Don't attempt to wash off the crystals – they will merely dissolve in the water and soak back into the wall. Above all, don't decorate a wall that is still efflorescing, as this is a sign that it is still damp.

Masonry paints and clear sealants that let the wall breathe are not affected by the alkali content of the masonry, so can be used without applying a primer. If you plan to use solvent-based (oil) paint, coat the wall first with an alkali-resistant primer.

Curing efflorescence
Brush the white deposit from the wall with a stiff-bristle brush or a piece of coarse sacking until the crystals cease to form.

SEE ALSO: Stripping painted masonry 46, Painting exterior masonry 62–4, Masonry paints 63, Curing damp 261–8

Repointing masonry

You can often spruce up old masonry by washing off surface grime with water. Strong solvents will harm certain types of stone – so seek the advice of an experienced local builder before applying anything other than water.

Washing the wall

Starting at the top of the wall, play a hose gently onto the masonry while you scrub it with a stiff-bristle brush **(1)**. Scrub heavy deposits with half a cup of ammonia added to a bucketful of water, then rinse again. Avoid soaking brick or stone when a frost is forecast.

Removing unsightly stains

Soften tar, grease and oil stains by applying a poultice made from fuller's earth soaked in white spirit or in a proprietary grease solvent (check the manufacturer's instructions first).

Wearing protective gloves, dampen the stain with solvent then spread on a layer of poultice 12mm (½in) thick. Tape a sheet of plastic over the poultice, and leave it to dry out. Scrape off the dry poultice with a wooden or plastic spatula, then scrub the wall with water.

Stripping spilled paint

To remove a patch of spilled paint, use a proprietary paint stripper. Follow the manufacturer's recommendations, and wear old clothes, gloves and goggles.

Stipple the stripper onto the rough texture **(2)**. Leave it for about 10 minutes, then remove the softened paint with a scraper. Gently scrub the residue out of deeper crevices with a stiff-bristle brush and water. Then rinse the wall with clean water.

1 Remove dirt and dust by washing

2 Stipple paint stripper onto spilled paint

A combination of frost action and erosion tends to break down the mortar pointing of brickwork and stonework. The mortar eventually falls out, exposing the open joints to wind and rain, which drive dampness through the wall to the inside.

Cracked joints may also be caused by using a hard, inflexible mortar. Replacing defective pointing is a straightforward but time-consuming task. Tackle a small manageable area at a time, using a ready-mixed mortar or your own mix.

Applying the mortar

Rake out the old pointing with a thin wooden lath to a depth of about 12mm (½in). Use a cold chisel, or a special plugging chisel, and a club hammer to dislodge sections that are firmly embedded, then brush out the joints with a stiff-bristle brush.

Spray the wall with water, to make sure the bricks or stones will not absorb too much moisture from the fresh mortar. Mix up some mortar in a bucket and transfer it to a hawk. If you are mixing your own mortar, use the proportions 1 part cement : 1 part lime : 6 parts builders' sand.

Pick up a small sausage of mortar on the back of a pointing trowel and push it firmly into the upright joints. This can be difficult to do without the mortar dropping off, so hold the hawk under each joint to catch it. Try not to smear the face of the bricks with mortar, as it will stain. Use the same method for the horizontal joints. The actual shape of the pointing is not vital at this stage.

Once the mortar is firm enough to retain a thumbprint, it is ready for shaping. Because it is important that you shape the joints at exactly the right moment, you may have to point the work in stages in order to complete the wall. Shape the joints to match existing brickwork (see below), or choose a profile suitable for the prevailing weather conditions in your area.

Once you have shaped the joints, wait until the pointing has almost hardened, then brush the wall to remove traces of surplus mortar from the surface of the masonry.

Shaping the mortar joints

The joints shown here are commonly used for brickwork. Flush or rubbed joints are best for most stonework. Leave the pointing of dressed-stone ashlar blocks to an expert.

Flush joints

This is the easiest profile to produce. Scrape the mortar flush, using the edge of your trowel, then stipple the joints with a stiff-bristle brush to expose the sand aggregate.

Rubbed (concave) joints

This joint is ideal for an old wall with bricks that are not of sufficiently good quality to take a crisp joint. Bricklayers make a rubbed joint, using a jointer, a tool shaped like a sled runner with a handle – the semicircular blade is run along the joints. Improvise by bending a length of metal tube or rod (use the curved section only, or you will gouge the mortar). Flush the mortar first, then drag the tool along the joints. Finish the vertical joints, then shape the horizontal ones. Having shaped the joints, stipple them with a brush so that they look like weathered pointing.

Raked joints

A raked joint is used to emphasize the bonding pattern of a brick wall. It is not suitable for an exposed site where the wall takes a lot of weathering.

Rake out the new joints to a depth of about 6mm (¼in), and then compress the mortar by smoothing it lightly with a lath or a piece of rounded dowel rod.

Weatherstruck joints

The sloping profile is intended to shed rainwater from the wall. Shape the mortar with the edge of a pointing trowel. Start with the vertical joints, sloping them either to the right or to the left (but be consistent). Then shape the horizontal joints, allowing the mortar to spill out at the base of each joint.

Finish the joint by cutting off the excess mortar with a Frenchman, a tool with a narrow blade with the tip bent at 90 degrees. Use a wooden batten to guide the Frenchman along the joints. Nail scraps of wood at each end of the batten to hold it off the wall. Align the batten with the bottom of the horizontal joints, then draw the tool along it to trim off the excess mortar.

• Mortar dyes
Liquid or powder additives are available for changing the colour of mortar to match existing pointing. Colour matching is difficult, and smears can stain the bricks permanently.

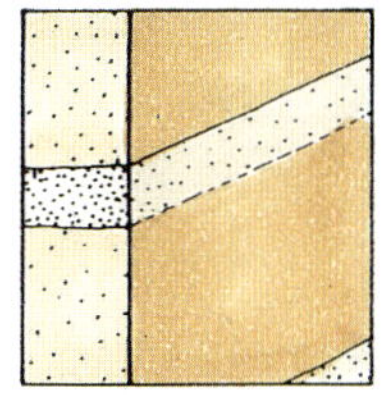

Flush joint

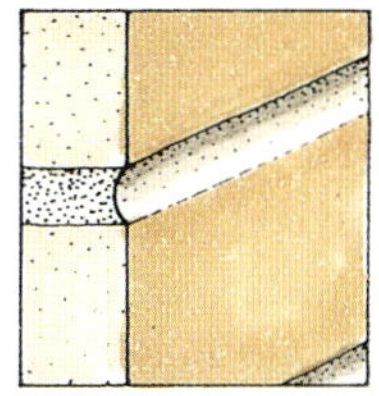

Rubbed joint

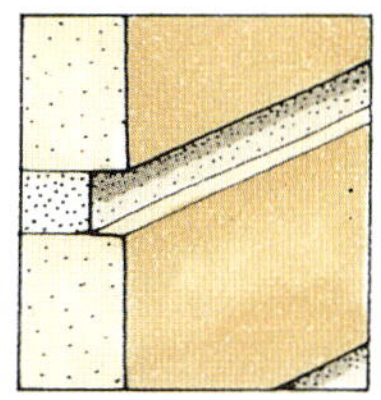

Raked joint

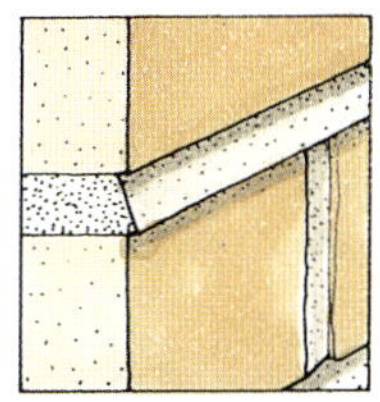

Weatherstruck joint

• Making a Frenchman
Make your own tool by bending a thin metal strip, binding it with insulating tape to form a handle. Alternatively, bend the tip of an old kitchen knife, after heating it in the flame of a blowtorch or cooker burner.

Use a Frenchman to trim weatherstruck joints

SEE ALSO: Paint stripper 57, Penetrating damp 261–3

Repairing masonry

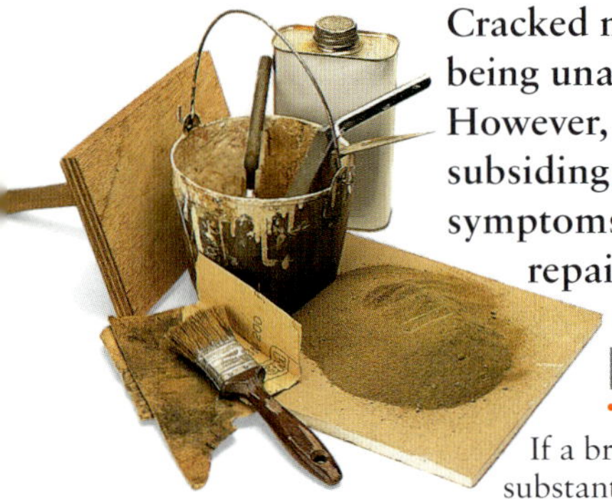

Cracked masonry may simply be the result of cement-rich mortar being unable to absorb slight movements within the building. However, it could also be a sign of a more serious problem – subsiding foundations, for example. Don't just ignore the symptoms, but investigate immediately and put the necessary repairs in hand.

Filling cracked masonry

If a brick or stone wall has substantial cracks, consult a builder or your local Building Control Officer to ascertain the cause. If a crack proves to be stable, you can carry out some repairs yourself.

Cracked mortar can be removed and repointed in the normal way, but a crack that splits the bricks cannot be repaired neatly, and the damaged masonry should be replaced by a builder.

Cracks across a painted wall can be filled with mortar that has been mixed with a little PVA bonding agent to help it stick. Before you effect the repair, wet the damaged masonry with a hose to encourage the mortar to flow deeply into the crack.

Cracks may follow pointing only

Cracked bricks could signify serious faults

Priming brickwork for painting

Brickwork will only need to be primed if it is showing signs of efflorescence or spalling. An alkali-resistant primer will guard against the former. A stabilizing solution will bind crumbling masonry and also help to seal it.

When you are painting a wall for the first time with masonry paint, you may find that the first coat is difficult to apply due to the suction of the dry, porous brick. Thin the first coat slightly with water or solvent.

Waterproofing masonry

Colourless water-repellent fluids are intended to make masonry impervious to water without colouring it or stopping it from breathing – which is important in order to allow moisture within the walls to dry out.

Prepare the surface before applying the fluid: make good any cracks in bricks or pointing and remove organic growth, then allow the wall to dry out thoroughly. Cover adjacent plants.

The fumes from water-repellent fluid can be dangerous if inhaled, so be sure to wear a proper respirator as recommended by the manufacturer. Also, wear eye protectors.

Apply the fluid generously with a large paintbrush, from the bottom up, and stipple it into the joints. Apply a second coat as soon as the first has been absorbed, to ensure that there are no bare patches where water could seep in. So that you can be sure you are covering the wall properly, use a sealant containing a fugitive dye, which disappears after a specified period of time.

Carefully paint up to surrounding woodwork. If you accidentally splash sealant onto it, wash it down immediately with a cloth dampened with white spirit.

If you need to treat a whole house, it may be worth hiring a company that can spray the sealant. Make sure the workmen rig up plastic-sheet screens to prevent overspray drifting across to your neighbours' property.

Replacing a spalled brick
Having mortared the top and one end, slip the new brick into the hole you have cut.

SPALLED MASONRY

Moisture that has penetrated soft masonry will expand in icy weather, flaking off the outer face of brickwork and stonework. The result, known as spalling, not only looks unattractive but also allows water to seep into the wall.

If spalling is localized, cut out the bricks or stones and replace them with matching ones. The sequence below describes how to repair spalled brickwork, but the process is similar for a stone wall.

Where spalling is extensive, the only practical solution is to accept its less-than-perfect appearance, repoint the masonry, and apply a clear water repellent (see bottom left) that will protect the wall from further damage while allowing it to breathe.

Spalled bricks caused by frost damage

Replacing a spalled brick

Use a cold chisel and club hammer to rake out the pointing surrounding the brick, then chop out the brick itself. If the brick is difficult to remove, drill numerous holes in it with a large-diameter masonry bit, then slice up the brick with a cold chisel and hammer. It should crumble, enabling you to remove the pieces easily.

To fit the replacement brick, first dampen the opening and spread mortar on the base and one side. Then dampen the replacement brick, butter the top and one end with mortar, and slot the brick into the hole (see far left). Shape the pointing to match the surrounding brickwork.

If you can't find a replacement brick of a suitable colour, remove the spalled brick carefully, turn it round to reveal its undamaged face, and reinsert it.

SEE ALSO: Primers 41, Efflorescence 42, Organic growth 42, Repointing 43, Masonry paints 63, Penetrating damp 261–3

Repairing render

Brickwork is sometimes clad with a smooth or roughcast cement-based render, both for improved weatherproofing and to provide a decorative finish. Render is susceptible to the effects of damp and frost, which can cause cracking, bulging and staining. Before you redecorate a rendered wall, make good any damage and clean off surface dirt, mould growth and flaky material, in order to achieve a long-lasting finish.

Cracked render allows moisture to penetrate

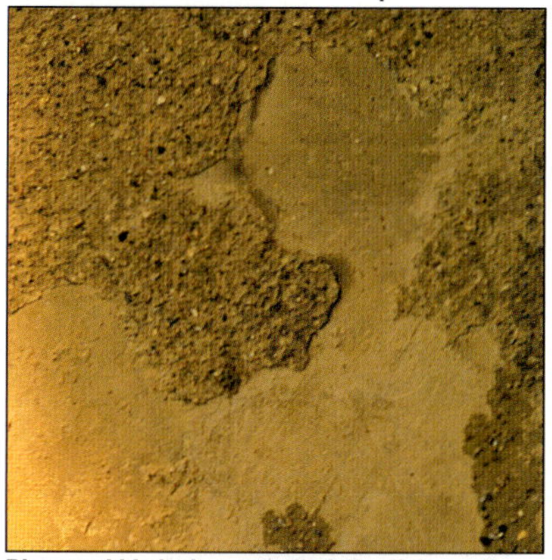

Blown pebbledash eventually falls off the wall

Leaky guttering may cause rust stains

Repairing defects

Before you repair cracked render, have a builder check the wall for any structural faults that may have contributed to the problem. Apply a stabilizing solution if the wall is dusty.

You can ignore fine hairline cracks if you intend to paint the wall with a reinforced masonry paint, but rake out larger cracks with a cold chisel. Dampen them with water and fill flush with a cement-based exterior filler. Fill any major cracks with a render made of 1 part cement, 2 parts lime and 9 parts builder's sand, plus a little PVA bonding agent to help it stick to the wall.

Bulges in render normally indicate that the cladding has parted from the masonry. Tap the wall gently with a wooden mallet to find the extent of these hollow areas, then hack off the material to sound edges. Use a bolster chisel to undercut the perimeter of each hole except for the bottom edge – which should be left square, so that is does not collect water.

Brush out the debris, then apply a coat of PVA bonding agent. When it becomes tacky, trowel on a layer of 1 : 1 : 6 render, 12mm (½in) thick, using plasterer's sand. Leave the render to set firm, then scratch it to form a key.

Next day, fill flush with a weaker mix (1 : 1 : 9) and smooth the surface with a wooden float, using circular strokes.

Reinforcing a crack

To prevent a crack in render opening up again, you can reinforce the repair with a polyester membrane embedded in panel-system primer (a coating that is used primarily to provide adhesion for masonry paints applied to building boards). However, you will need to redecorate the wall with a textured coating in order to disguise the repair.

Rake out the crack to remove loose material, then wet it. Fill just proud of the surface with a mortar mix of 1 part cement to 4 parts builder's sand. When this has stiffened, scrape it flush.

When the mortar has hardened, brush on a generous coat of the primer, making sure it extends at least 100mm (4in) on both sides of the crack. Embed strips of polyester membrane (sold for use with the primer) into the coating, using a stippling and brushing action **(1)**. While it is still wet, feather the edges of the primer with a foam roller **(2)**, bedding the scrim into it. After 24 hours, apply a second coat of primer and feather with the roller. When the primer is dry, apply textured coating.

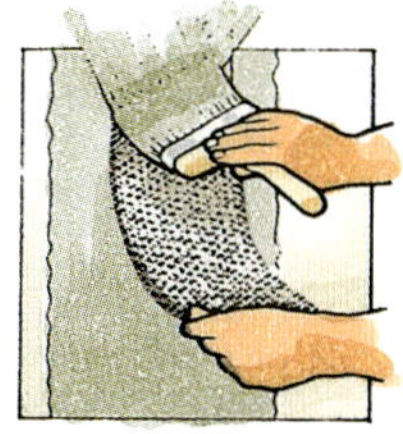

1 Embed the scrim

2 Feather with roller

Patching pebbledash

For additional weatherproofing, small stones are stuck to a thin coat of render over a thicker base coat, a process known as 'pebbledashing'. If water gets behind pebbledashing, one or both layers may separate. Hack off any loose render to a sound base, then seal it with stabilizer. If necessary, repair the scratchcoat of render.

You can simulate the texture of pebbledash with a thick paste made from PVA bonding agent. Mix 1 part cement-paint powder with 3 parts plasterer's sharp sand. Stir in 1 measure of bonding agent diluted with 3 parts water to form a thick creamy paste. Load a banister brush and scrub the paste onto the bare surface.

Apply a second generous coat of paste, stippling it to form a coarse texture. Leave it for about 15 minutes to firm up; then, with a loaded brush, stipple it to match the texture of the pebbles. Let the paste harden fully before painting the repair.

If you want to leave the pebbledash unpainted, make a patch using replacement pebbles. The result may not be a perfect match, but this could save you having to paint the entire wall. Cut back the blown area and apply a render scratchcoat followed by a buttercoat. While this is still wet, fling pebbles onto the surface from a dustpan. You may have to repeat the process until the coverage is even.

Stipple the texture

Removing rust stains

Faulty downpipes or guttering can result in rusty streaks on a rendered wall. Before painting, prime the stains with an aluminium spirit-based sealer.

Rust marks on a pebbledashed wall are sometimes caused by iron pyrites in the aggregate. Chip out the pyrites with a cold chisel, then seal the stain.

SEE ALSO: Masonry paints 63, Textured coatings 77, Rendering 176–9

Plasterwork: preparing

Solid masonry walls are usually covered with two coats of plaster: a thicker backing coat and a smooth finish coat. In older houses, ceilings and some internal walls are clad with slim strips of wood known as laths, which serve as a base for the plaster. In modern houses, plasterboard is generally used instead.

Whatever you intend to use as a decorative finish, the plastered wall or ceiling must be made good by filling cracks and holes.

Preparing new plaster

Before you decorate new plaster, wait to see if any efflorescence forms on the surface. Keep wiping it off with dry sacking until it ceases to appear.

Once fresh plaster is dry, you can stick ceramic tiles on the wall – but always leave it for about six months before decorating with wallpaper or any paint other than new-plaster emulsion. Even then, you should use an alkali-resistant primer first if you are applying solvent-based paints.

Size new absorbent plaster before hanging wallpaper, or the water will be sucked too quickly from the paste, and the paper will simply peel off the wall. If you are hanging a vinyl wallcovering, make sure the size contains fungicide.

Mix the size with water, according to the manufacturer's instructions, then brush it evenly across the walls and ceiling. If you splash size onto painted woodwork, wipe it off with a damp sponge before it dries.

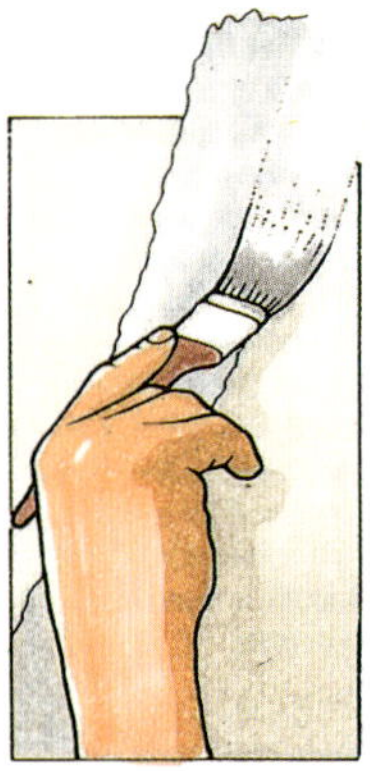

Smooth finish
Smooth the surface of small repairs with a wet brush or knife in order to reduce the amount of sanding required later.

Preparing old plaster

Apart from filling minor defects (see opposite) and dusting down, old dry plaster in good condition needs no further preparation. If the wall is patchy, apply a general-purpose primer. If the surface is friable, apply a stabilizing solution before decorating.

Don't try to decorate damp plaster. Cure the cause of the damp, then let the plaster dry out.

Preparing plasterboard

Fill all joints between newly fixed plasterboard; then, whether you are painting or papering, daub all nail heads with zinc-phosphate primer.

Before you paint plasterboard with solvent-based paint, prime the surface with one coat of general-purpose primer. When using emulsion, you may need to paint an absorbent board with a coat of thinned paint before proceeding to apply the normal full-strength coats.

Prior to hanging wallcoverings, seal plasterboard with a general-purpose primer thinned with white spirit. After 48 hours, apply a coat of size. Should you want to strip the wallcovering in the future, this treatment will allow you to wet the surface without disturbing the board's paper facing.

• Limewash and cement paints
Unless they are in poor condition, limewash and cement paints are unlikely to cause problems when you need to paint over them. Scrape and brush down with a stiff-bristle brush, then wipe the surface with white spirit to remove grease (it is best not to use water on these paints). Ensure the surface is sound by applying a stabilizing primer.

Preparing painted plaster

Wash sound paintwork with sugar soap. Use medium-grade wet-and-dry abrasive paper, with water, to key the surface of gloss paint, particularly if you are going to paint over it with emulsion.

If the ceiling is stained by smoke and nicotine, prime it with a proprietary stain sealer. Sealers are sold in aerosol cans for treating isolated stains. You can use the stain sealer as the final coat or paint over it with solvent-based paints or emulsions. If you want to hang wallcoverings on oil paint, key then size the wall. Cross-line the wall with lining paper before hanging a heavy embossed wallpaper.

Remove flaking paint with a scraper or stiff-bristle brush. Feather off the edges of the paintwork with wet-and-dry abrasive paper, then treat the bare plaster patches with a general-purpose primer. If the edges of the old paintwork continue to show, prime those areas again, rubbing down afterwards. Apply stabilizing primer if the paint is friable.

You can apply ceramic tiles over sound paintwork. If there is any loose material, remove it first.

PLASTER FILLERS

There is an extensive range of materials made specially for filling anything from cracks to deep holes in solid plaster and plasterboard.

Interior filler
General-purpose cellulose filler comes ready-mixed in tubs or as a powder for mixing to a stiff paste with water.

Deep-repair filler
Ready-mixed lightweight fillers can be used to fill holes and gaps up to 20mm (¾in) deep without slumping. They are ideal for ceiling repairs.

Fast-setting filler
Sold in tube dispensers, fast-setting fillers are perfect for minor repairs. They set firm in 10 to 20 minutes.

Flexible acrylic fillers
Good for filling gaps between plaster and woodwork. When smoothed with a damp cloth, these gun-applied fillers can be overpainted in one hour. No sanding is required.

Expanding foam
Fill large irregular gaps and cavities with expanding polyurethane foam from an aerosol. Finish the job with cellulose or deep-repair fillers.

Repair plasters
Make more-extensive repairs with easy-to-use, slow-drying repair plasters.

Dealing with distemper
Distemper is a traditional finish made from powdered chalk or whiting mixed with glue size and water. Most paints and wallcoverings will not adhere to a distempered surface, so brush away all loose material and apply a stabilizing primer to bind any traces left on the surface.

You may find that delicate plaster mouldings have been obliterated by successive coats of distemper. Although it's a laborious task, you can wash off the distemper with water and a toothbrush, cleaning out clogged detail with a pointed stick. Alternatively, hire a specialist to strip distemper with steam.

SEE ALSO: Primers 41, Efflorescence 42, New-plaster emulsion 65, Lining paper 96, Filling plasterboard joints 172–3

Plasterwork: patching and repairing

Filling cracks and holes

Special flexible emulsions and textured paints are designed to cover hairline cracks – but larger cracks, dents and holes will reappear in a relatively short time if they are not filled adequately.

Rake loose material from a crack, using a wallpaper scraper **(1)**. Undercut the edges of larger cracks in order to provide a key for the filling.

Use a paintbrush to dampen the crack, then press in cellulose filler with a filling knife. Drag the blade across the crack **(2)** to force the filler in, then draw it along the crack to smooth the filler. Leave the filler standing slightly proud of the surface, ready for rubbing down smooth and flush with abrasive paper.

Fill shallow cracks in one go. But in deep cracks build up the filler in stages, letting each application set before adding more. Alternatively, switch to a deep-repair filler.

Fill and rub down small holes and dents in the same way.

1 Rake out loose material

2 Press filler into crack

Gaps behind skirtings
Large gaps can open up between skirting boards and the wall plaster. Cellulose fillers simply fall into the cavity behind, so bridge the gap with a flexible acrylic filler or inject expanding polyurethane foam.

Patching a lath-and-plaster wall

If the laths are intact, just fill any holes in the plaster with cellulose filler or repair plaster. If some laths are broken, reinforce the repair with a piece of fine expanded-metal mesh. Rake out loose plaster, and undercut the edge of the hole with a bolster chisel. Use tinsnips to cut the metal mesh to the shape of the hole, but a little larger **(1)**. The mesh is flexible, so you can easily bend it in order to tuck the edge behind the sound plaster all round **(2)**. Flatten the mesh against the laths with light taps from a hammer; if possible, staple the mesh to a wall stud to hold it in place **(3)**. For papering and tiling, patch the hole with one-coat repair plaster **(4)**. If you want a smoother surface for painting, finish the surface with a thin coat of skimming repair plaster.

1 Cut with tinsnips

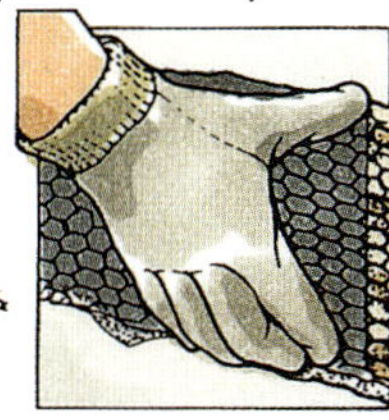

2 Tuck mesh into hole

3 Staple mesh to stud

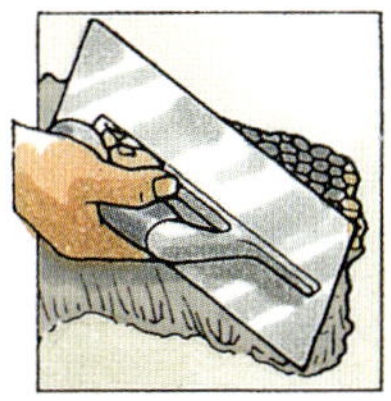

4 Trowel on plaster

Filling small holes in plasterboard

Use plasterer's glass-fibre patching tape when mending holes up to 75mm (3in) across. Stick on the self-adhesive strips in a star shape over the hole, then apply cellulose filler and feather the edges **(1)**.

Alternatively, use an offcut of plasterboard just larger than the hole yet narrow enough to slot through it. Bore a hole in the middle, thread a length of string through, and tie a nail to one end of the string **(2)**. Butter the ends of the offcut with filler, then feed it into the hole. Pull on the string **(3)** to force it against the back of the cladding, then press filler into the hole so that it is not quite flush with the surface. When the filler is hard, cut off the string and apply a thin coat of filler for a flush finish.

1 Fill and feather the patch

2 Fix string to offcut

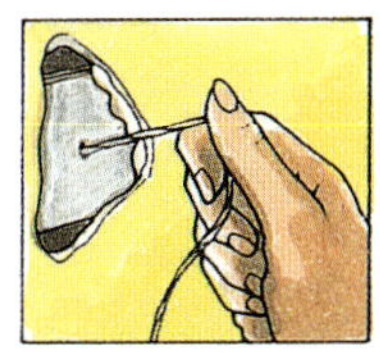

3 Pull on string

Patching larger holes in plasterboard

A large hole punched through a plasterboard wall or ceiling cannot be patched with wet plaster only. Using a sharp craft knife and a straightedge, cut back the damaged board to the nearest studs or joists at each side of the hole **(1)**. Cut a new panel of plasterboard to fit snugly within the hole and nail it to the joists or studs, using galvanized plasterboard nails. Brush on a coat of skimming repair plaster and smooth it with a plastic spreader or a steel plasterer's trowel **(2)**.

Large holes can't be patched with wet plaster

1 Cut back the damaged panel to nearest supports

2 Nail on the new panel and coat with plaster

Patching damaged corners
Cracks sometimes appear in the corner between walls, or a wall and ceiling. Fill these by running your finger dipped in filler along the crack. When the filler has hardened, rub it down with medium-grade abrasive paper.

To build up a chipped external corner, dampen the plaster and then use a filling knife to scrape the filler onto to the damaged edge, working from both sides of the corner **(1)**. Let the filler stiffen, then shape it with a wet finger until it closely resembles the original profile **(2)**. When the filler is dry, smooth it with abrasive paper.

1 Use filler knife

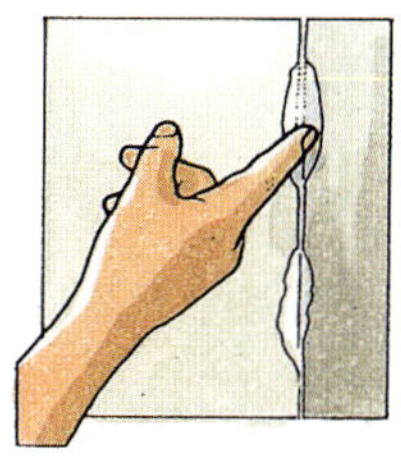

2 Shape with finger

● **Patching lath-and-plaster ceilings**
If the laths are sound, fill flush, using a deep-repair filler or repair plaster. If the laths are broken, cut them back to the nearest joist and secure with galvanized nails. Fit a panel of plasterboard, and then spread on a coat of skimming repair plaster.

SEE ALSO: Primers 41, One-coat plasters 157, Plastering 158, Plasterboard joints 168–9

Preparing wallcoverings

It's always preferable to strip a previously papered surface before hanging a new wallcovering. However, if the paper is perfectly sound, you can paint it with emulsion or solvent-based paints (though this will make it more difficult to remove in the future). Use aluminium spirit-based sealer to prevent strong reds, greens or blues showing through the paint. Take similar precautions if there are any metallic inks used in the pattern. Don't attempt to paint vinyl wallcoverings, except for blown vinyl. If you opt for stripping off the old covering, the method you use will depend on the material and its condition.

Steam stripper
Hire or buy a lightweight steam stripper to soften stubborn wallcoverings. Having removed the paper, wash the wall to remove traces of paste.

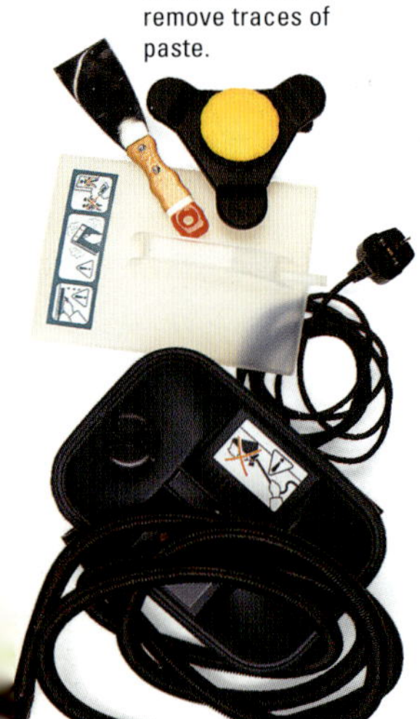

Stripping conventional wallpaper

To soften the old wallpaper paste, soak the paper with warm water and a little washing-up liquid, or use a proprietary stripping powder or liquid. Apply the solution with a sponge or houseplant sprayer. Repeat and leave the water to penetrate for 15 to 20 minutes.

Use a wide metal-bladed scraper to lift the softened paper, starting at the seams. Take care not to dig the points of the blade into the plaster. Resoak stubborn areas of paper and leave them for a few minutes before stripping.

Electricity and water are a lethal combination: where possible, dry-strip around switches and sockets. If the paper cannot be stripped dry, switch off the power at the consumer unit before stripping around electrical fittings, and unscrew the faceplates so that you can get at the paper trapped behind. Don't use a sprayer near electrical accessories.

Collect the stripped paper in plastic sacks, then wash the wall with warm water containing a little detergent.

Scoring washable wallpaper

Washable wallpaper has an impervious surface film, which you must break through to allow the water to penetrate to the adhesive. Use a wire brush or a wallpaper scorer to puncture the surface, then soak it with warm water and stripper. It may take several applications before the paper begins to lift.

Peeling vinyl wallcoverings

Vinyl wallcovering consists of a thin layer of vinyl fused with a paper backing. To remove the vinyl, lift both bottom corners of the top layer of the wallcovering, then pull firmly and steadily away from the wall.

Either soak and scrape off the backing paper or, if you want to leave it as a lining paper, smooth the seams with medium-grade abrasive paper, using very light pressure to avoid wearing a hole.

Stripping painted wallcoverings

Wallcoverings that have been painted can be difficult to remove. If the paper is sound, simply prepare it in the same way as painted plaster and decorate over it.

To strip it, use a wire brush or a proprietary scorer to puncture the surface, then soak the paper with warm water containing paper stripper. Painted papers (and washables) can easily be stripped, using a steam stripper. Hold the stripper's sole plate against the paper until the steam penetrates, then remove the soaked paper with a wide-bladed scraper.

Scoring wallpaper
Running a wallpaper scorer across the wall punches minute holes through impervious wallcoverings.

ERADICATING MOULD

In damp conditions mould can develop, usually in the form of black specks. It is important to remedy the cause of the damp before you begin to redecorate the walls or ceiling.

If the mould is growing on wallpaper, soak the area in a solution made from 1 part household bleach : 16 parts water, then scrape off the contaminated paper and burn it. Wash the wall with a fresh bleach solution to remove paste residue.

Apply a liberal wash of similar solution to sterilize the wall and leave it for at least three days, but preferably a week, to make sure no further growth develops. When the wall is completely dry, apply a stabilizing primer thinned with white spirit, followed by a coat of size containing a fungicide solution if you are planning to repaper the wall. Alternatively, paint the wall with an emulsion that contains a fungicide.

If mould growth is affecting a bare-plaster or painted wall or ceiling, apply a liberal wash of the bleach solution. Wait for at least four hours, and then carefully scrape off the mould, wipe it onto newspaper and burn it outside. Wash the wall again with the solution, then leave it for three days in order to sterilize the wall completely before redecorating as described above.

Mould growth
Mould, typified by black specks, will grow on damp plaster or wallpaper.

SEE ALSO: Primers 41, Anti-mould emulsion 65, Blown vinyl 96, Wallcoverings 96–104, Damp 261–8, Consumer unit 308

Preparing woodwork

The wooden joinery in our homes often needs redecorating long before any other part of the house, particularly the exterior of windows and doors, bargeboards and fascias. The main cause is that wood tends to swell when it becomes moist, then shrinks again when the sun or central heating dries it out. Paint won't adhere for long under these conditions, nor will any other finish. Wood is also vulnerable to woodworm and various forms of rot caused primarily by damp, so careful preparation is essential to preserve most types of timber.

Preparing new joinery for painting

New joinery is often primed at the factory, but it is worth checking that the primer is in good condition before you start work. If the primer is satisfactory, rub it down lightly with fine-grade abrasive paper, dust it off, then apply a second coat of wood primer to areas that will be inaccessible after installation. Don't leave the timber uncovered outside, as primer is not sufficient protection against prolonged exposure to the weather.

Make sure unprimed timber is dry, then sand the surface in the direction of the grain, using fine-grade sandpaper. Wrap it round a wood block for flat surfaces, and round a piece of dowel or a pencil for moulded sections.

Once you have removed all raised grain and lightly rounded any sharp edges, dust the wood down.

Finally, rub it over with a tack rag (an impregnated cloth to which dust will stick), or with a rag moistened with white spirit.

Paint bare softwood with a solvent-based wood primer or a quick-drying water-thinned acrylic primer. Apply either primer liberally, taking care to work it well into the joints and, particularly, into the end grain – which will require at least two coats to give it adequate protection.

Wash oily hardwoods with white spirit immediately prior to priming with an aluminium primer. Use standard wood primers for other hardwoods, thinning them slightly to encourage penetration into the grain.

When the primer is dry, fill open-grained timber with a fine surface filler. Use a piece of coarse cloth to rub it well into the wood, making circular strokes followed by parallel strokes in the direction of the grain. When the filler is dry, rub it down with a fine abrasive paper to a smooth finish.

Fill larger holes, open joints, cracks and similar imperfections with flexible interior or exterior wood filler. Press the filler into the holes with a filling knife, leaving it slightly proud of the surface so that it can be sanded flush with fine-grade abrasive paper once it has set. Dust down ready for painting.

If, just before starting to apply the undercoat, you find a hole that you've missed, fill it with fast-setting filler.

Sealing knots with shellac knotting

Knots and other resinous areas of the wood must be treated to prevent them staining subsequent layers of paint.

Pick off any hardened resin, then seal the knots by painting them with two coats of shellac knotting. If you are going to paint with relatively dark colours, you can seal the knots and prime the timber in one operation, using aluminium wood primer.

Seal resinous knots with shellac knotting

Clear finishes

There is usually no need to apply knotting when you intend to finish the timber with a clear varnish or lacquer. However, for very resinous timbers, apply white (milky) knotting.

Sand the wood in the direction of the grain using progressively finer grades of abrasive paper, then seal it with a slightly thinned coat of the intended finish.

If the wood is in contact with the ground or in proximity to previous outbreaks of dry rot, treat it first with a liberal wash of clear timber preserver. Check the manufacturer's recommendations to make sure that the liquid is compatible with the finish.

Cellulose filler would show through a clear finish, so use a proprietary stopper to fill imperfections. Stoppers are thick pastes made in a range of colours to suit the type of timber. You can adjust the colour further by mixing a stopper with wood dyes. As stoppers can be either oil-based or water-based, make sure you use a similar-based dye. Where possible, use an oil-based stopper outside. Stoppers are generally harder than cellulose fillers, so don't overfill blemishes or you will spend an inordinate amount of time rubbing down.

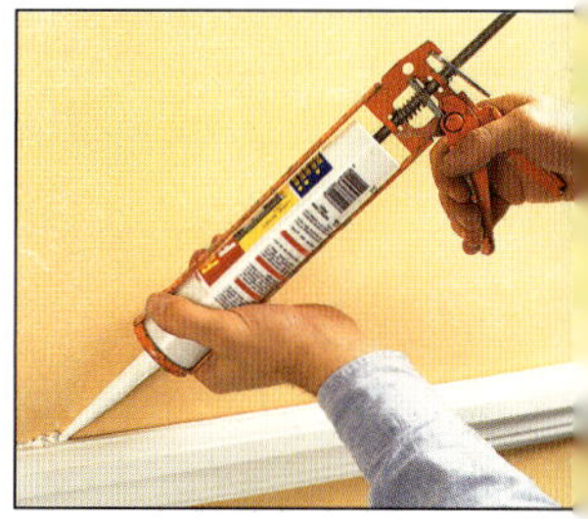

Sealing gaps with flexible acrylic filler
Before painting inside or outside, fill large gaps around joinery, using acrylic filler.

Sand along the grain with abrasive paper

Using grain filler

If you plan to finish an open-grained timber with clear varnish or French polish, apply a proprietary grain filler after sanding. Use a natural filler for pale timbers; for darker wood, buy a filler that matches the timber. Rub the filler across the grain with a coarse rag and leave to harden for several hours, then rub off the excess along the grain with a clean coarse rag. Alternatively, apply successive coats of the clear finish and rub it down between coats until the pores are filled flush.

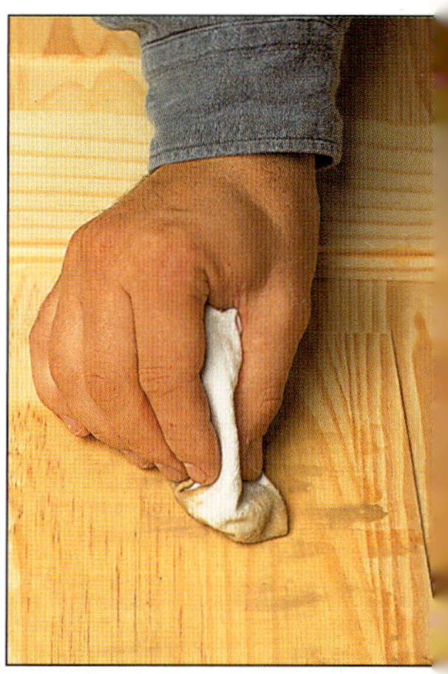

Apply grain filler with a coarse rag

SEE ALSO: Primers 41, Finishing woodwork 78–90, Wood dyes 79, Timber preservers 260

Man-made boards

Versatile and relatively inexpensive, man-made boards are used extensively in the home – most typically for shelving, levelling floors, cladding walls, and building units for the kitchen or bedroom.

Preparing man-made boards for decoration

Wallboards such as plywood, MDF, chipboard, blockboard, hardboard and softboard are all made from wood, but they must be prepared differently from natural timber. Their finish varies according to the quality of the board: some are compact and smooth, and may even be presealed ready for painting; others must be filled and sanded before you can get a really smooth finish.

As a rough guide, no primer will be required when using acrylic paints, other than a sealing coat of the paint itself, slightly thinned with water. However, any nail or screw heads must be driven below the surface and coated with zinc-phosphate primer to prevent rust stains.

Apply one coat of panel-system primer before painting building boards with masonry paint. If you are using solvent-based paint, prime the boards first with a general-purpose primer or, for porous softboard, a stabilizing primer. Where possible, you should prime both sides of the board. If the boards are presealed, you can apply undercoat directly to the surface.

1 Plywood
2 Blockboard
3 Chipboard
4 Medium-density fibreboard (MDF)
5 Hardboard back
6 Hardboard face
7 Soft fibreboard

BLEACHING WOOD

Unevenly coloured or stained board and timber can be bleached before the application of wood dyes and polishes. To avoid a light patch in place of the discoloration, try to bleach the entire area rather than isolated spots.

Using two-part bleach

To use a proprietary two-part wood bleach, brush one part onto the wood and apply the second part over the first, 5 to 10 minutes later. When the bleach is dry, or as soon as the wood is the required colour, neutralize the bleach with a weak acetic-acid solution consisting of a teaspoon of white vinegar in a pint of water.

Put the wood aside for about three days, then sand down the raised grain.

Bleaching timber
Use a paintbrush to apply two-part bleach to stained wood. Leave it until the discoloration has disappeared, then wash off with diluted vinegar.

Safety precautions

Wood bleach is a dangerous substance that must be handled with care and stored in the dark, out of the reach of children.

- Wear protective gloves, goggles and an apron.
- Wear a face mask when sanding bleached wood.
- Ensure that ventilation is adequate, or work outside.
- Have a supply of water handy, so you can rinse your skin immediately if you splash yourself with bleach.
- If you get bleach in your eyes, rinse them thoroughly with running water and see a doctor.
- Never mix both parts of the bleach except on the wood, and always apply them with separate white-fibre or nylon brushes.
- Discard unused bleach.

SEE ALSO: Primers 41, Stripping wallcoverings 50, Panelling 93–5, Wallcoverings 96–104, Taping joints 172–3

Sanding a wooden floor

You can turn an unsightly stained and dirty wood floor into an attractive feature by sanding it smooth and clean with hired equipment. Although straightforward, the job is laborious, dusty and extremely noisy.

Repairing floorboards prior to sanding

Before you start sanding, examine your floorboards carefully for signs of woodworm infestation. If necessary, have the boards and the joists below treated with a woodworm fluid.

Replace any boards that have more than a few holes in them – beneath the surface there may well be a honeycomb of tunnels made by the woodworm, and vigorous sanding will reveal these tunnels on the surface of the boards.

If you discover dry or wet rot when you lift up a floorboard, have it treated straightaway.

Look for boards that have been lifted previously by electricians and plumbers. Replace any that are split, too short or badly jointed. Try to find second-hand boards to match the rest of the floor; if you have to use new wood, stain or bleach it after the floor has been sanded to match the colour of the old boards.

A raised nail head will rip the paper on the sander's drum, so drive all the nail heads below the surface.

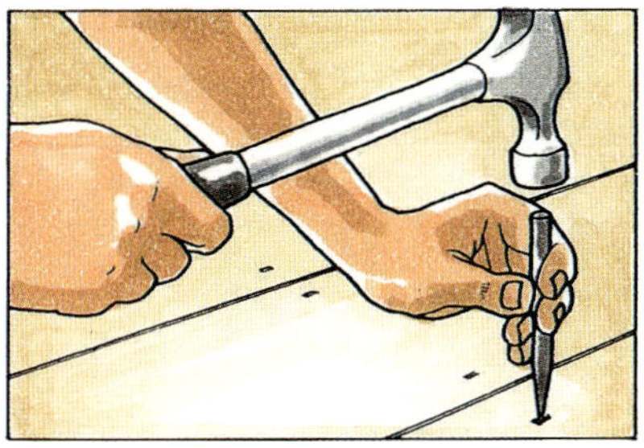

Sink nail heads below the surface

Filling gaps between the floorboards

What you do about gaps between boards depends on how much they bother you. Many people simply ignore them; but you will end up with a more attractive floor, as well as improved draughtproofing, if you make the effort to fill the gaps or close them up.

Closing up

Over a large area, the quickest and most satisfactory solution is to lift the boards a few at a time and re-lay them butted side by side, filling in the final gap with a new board.

Force papier mâché between the boards

Filling with papier mâché

If there are only a few gaps, make up a stiff papier-mâché paste with white newsprint and wallpaper paste, plus a little water-based wood dye to colour the paste to match the sanded floor. Scrape out dirt and wax from between the boards, and press the paste into the gap with a filling knife. Press it well below the level likely to be reached by the sander and fill flush with the floor surface, smoothing the exposed surface with the filling knife.

Wedge a wooden lath into a wide gap

Inserting a wooden lath

Large gaps can be filled with a thin wooden lath planed to fit tightly between the boards. Apply a little PVA adhesive to the gap and tap the lath in place with a hammer until the wood is flush with the surface. If necessary, skim with a plane. Don't bother to fill several gaps this way: it is easier to close up the boards and fill one larger gap with a new floorboard.

CHOOSING A SANDER

The area of a floor is far too large to contemplate sanding with anything but industrial sanding machines. You can obtain the equipment from the usual tool-hire outlets, which will also supply the abrasive papers. You will need three grades of paper: coarse, to level the boards initially, followed by medium and fine to achieve a smooth finish.

It is best to hire a large upright drum sander for the main floor area, and a smaller disc sander for tackling the edges. You can sand smaller rooms, such as bathrooms and WCs, using the edging sander only.

Hire an upright orbital sander for finishing parquet and other delicate flooring that would be ruined by drum sanding.

Some companies also supply a scraper for cleaning out inaccessible corners. If so, make sure it is fitted with a new blade when you hire it.

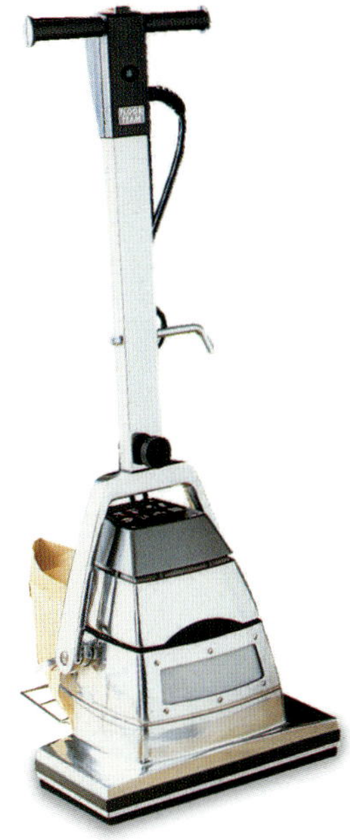

Orbital sander
An orbital sander is comparatively gentle, and leaves a smooth finish free from swirls and scratches.

Drum sander
An upright drum sander is used for sanding the main floor area with coarse, medium then fine-grade abrasive papers to achieve a smooth finish.

Edging sander
A small disc sander is used for sanding in corners and along edges that the drum sander cannot tackle.

SEE ALSO: Wood dyes 79, Replacing boards 185–6, Woodworm 256–7, Dry and wet rot 259–60

Using sanding machines

1 Drum sander
Tighten the bar clamp to hold the paper securely.

2 Clamp an abrasive disk to an edging sander

Fitting abrasive paper to sanders

Precise instructions for fitting abrasive paper to sanding machines should be supplied with a hired kit. If they are not included, ask the hirer to demonstrate what you need to do. Never attempt to change abrasive papers while a machine is plugged into a socket.

With most drum sanders, the paper is wrapped round the drum then secured in place with a screw-down bar **(1)**. Ensure that the paper is wrapped tightly around the drum: if it is slack, it may slip from its clamp and will be torn to pieces.

Edging sanders take a disc of abrasive, usually clamped to the sole plate by a central nut **(2)**.

Operating a drum sander

At the beginning of a run, stand with the drum sander tilted back so that the drum itself is clear of the floor. Drape the electrical flex over one shoulder to make sure it cannot become caught in the sander.

Switch on the machine, then gently lower the drum onto the floor. There is no need to push a drum sander: it will move forward under its own power. Hold the machine in check, so that it proceeds at a slow but steady walking pace along a straight line. Don't hold it still for even a brief period, or it will rapidly sand a deep hollow in the floorboards. Take care you don't let go of it, either, as it will run across the room on its own, probably damaging the floorboards in the process.

When you reach the other side of the room, tilt the machine back, switch off, and wait for it to stop before lowering it to the floor.

If the abrasive paper rips, tilt the machine onto its back castors and switch off. Wait for the drum to stop revolving, disconnect the power, then change the paper.

Hook scraper
Use a small hook scraper for removing paint spots from the floor, and for reaching into spaces that are inaccessible to the disc sander. The tool cuts on the backward stroke. Various sizes and blade shapes are available to deal with most situations.

Sanding cleans and rejuvenates wooden floors

Using an edging sander

Hold the handles on top of the machine and drape the flex over your shoulder. Tilt the sander onto its back castors to lift the disc off the floor. Switch on and lower the machine. As soon as you contact the boards, sweep the machine in any direction, but keep it moving – as soon as it comes to rest, the disc will score deep, scorched swirl marks in the wood, which are difficult to remove. There's no need to press down on the machine. When you have finished, tilt back the machine and switch off, leaving the motor to run down.

Sanding the floor

A great deal of dust is produced by sanding a floor – so before you begin, empty the room of furniture and take down curtains, lampshades and pictures. Sweep the floor to remove grit and other debris. Stuff folded newspaper under the door, and seal around it with masking tape. Open all the windows. Wear old clothes, a dust mask, goggles and ear protectors.

Old floorboards will most likely be 'cupped' (curved across their width), so the first task is to level the floor across its entire area. With coarse paper fitted to the drum sander, sand diagonally across the room **(1)**. At the end of the run, tilt the machine, pull it back, and make a second run parallel to the first. Allow each pass to overlap the last slightly. When you have covered the floor once, sweep up the sawdust.

Now sand the floor again in the same way – but this time across the opposite diagonal of the room **(2)**. Switch off and sweep the dust from the floor.

Once the floor is flat and clean all over, change to a medium-grade paper and sand parallel to the boards **(3)**. Overlap each pass as before. Finally, switch to the fine-grade paper in order to remove all obvious scratches, working parallel to the boards and overlapping each pass again. Each time you change the grade of paper on the drum sander, put the same grade on the edging sander and sand the edges of the room so that they are finished to the same standard as the main area **(4)**.

Even the edging sander cannot clean right up to the skirting or into the corners. Finish these small areas with a scraper, or fit a flexible abrasive disc in a power drill.

Vacuum the floor, and wipe it over with a cloth dampened with white spirit ready for finishing.

Health and safety
Operatives should wear a dust mask, goggles and ear protection.

1 Sand diagonally across the floorboards

2 Sand across the opposite diagonal

3 Sand parallel to the floorboards

4 Finish the edges with a disc sander

SEE ALSO: Repairing floorboards 53, Sanding machines 53, Varnish and lacquer 79

Levelling a wooden floor

Tiles, sheet vinyl or carpet should not be laid directly onto an uneven suspended timber floor; the undulations would cause the tiles or covering to lift or even crack. The solution is to panel over the floorboards with hardboard 3mm (⅛in) thick or, preferably, with 6mm (¼in) plywood. Whichever board you use, the method is the same.

Conditioning boards

Before you seal the floor with plywood or hardboard, make sure the underfloor ventilation is efficient, in order to prevent problems with damp or dry rot. Bear in mind, too, that once the floor is sealed you will not have ready access to underfloor pipework and electric cables, so make sure that these are in good order.

It is important to match the moisture content of the board and the humidity of the room, or the board will buckle after it has been laid. If the house is not regularly heated, wet the textured back of hardboard or both sides of plywood with warm water and leave the sheets stacked back-to-back in the room for 24 hours. If central heating has been in use for some time, there is no need to dampen the board: just stack the sheets on edge in the room for 48 hours, so they can adjust to the atmosphere.

Hammer stapler
When levelling a large floor, hire a heavy-duty stapler and mallet for fixing the panels to the floorboards.

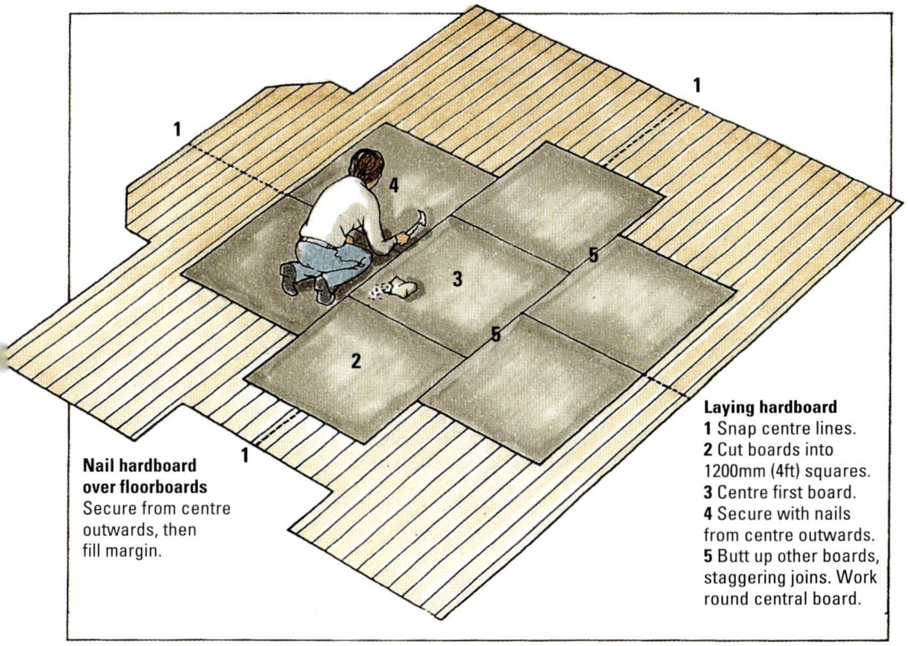

Nail hardboard over floorboards
Secure from centre outwards, then fill margin.

Laying hardboard
1 Snap centre lines.
2 Cut boards into 1200mm (4ft) squares.
3 Centre first board.
4 Secure with nails from centre outwards.
5 Butt up other boards, staggering joins. Work round central board.

FILL THE MARGIN / **FIT TO A DOORWAY**

1 Butt to skirting
2 Scribe to fit
3 Nail to floor
4 Scribe to skirting
5 Trace frame shape
6 Cut and nail down

Shortening a door
If you level a floor with hardboard or ply, you may have to plane the bottom of the door to provide the necessary clearance. Take the door off its hinges and plane towards the centre from each end.

Your carpet supplier may be able to recommend a carpenter who can trim the door *in situ*, using a special circular saw.

LAYING A BASE FOR CERAMIC TILES

A concrete platform is the most suitable base for ceramic floor tiles, but you can lay them on a suspended wooden floor provided the joists are perfectly rigid, so the floor cannot flex. The space below must be adequately ventilated with air bricks, to prevent rot. Level the floor using 15mm (⅝in) marine plywood, screwed down to the joists at 300mm (1ft) intervals.

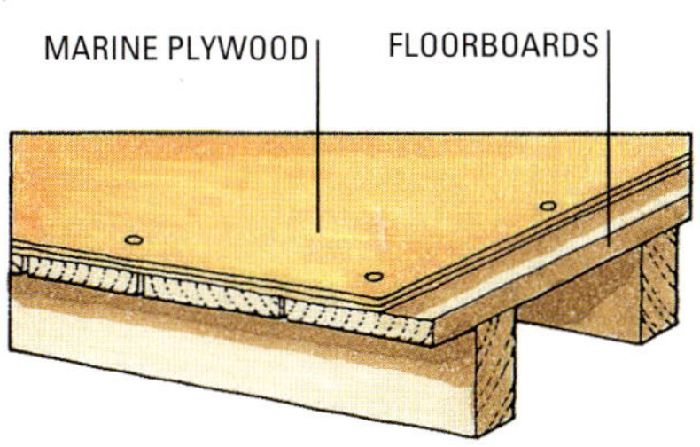

Lay marine plywood over floorboards

Laying the boards

Cut the boards to form 1200mm (4ft) squares. Nail loose floorboards and sink the nail heads, then plane high points off the boards.

Use chalked string to snap two centre lines across the room, crossing at right angles. Lay the first board on the centre, adjusting it so that its edges do not align with the gaps between the floorboards. Unless the flooring manufacturer's instructions state otherwise, lay hardboard rough side up, as a key for the adhesive. Loose-lay the boards in both directions: if the margins will be narrow, reposition them.

Nail the first board to the floor with 20mm (¾in) hardboard pins, or use a hired stapler (see far right). Start near the centre of the board and fix it every 150mm (6in) until you get within 25mm (1in) of the edge, then nail around the edge every 100mm (4in). Nail other boards butted up to the first (see above).

To cut edge strips to fit the margin, lay the board on the floor touching the skirting but square to the edges of the nailed boards **(1)**. Hold the board firmly, and use a block of softwood to scribe along it to fit the skirting **(2)**. Cut the scribed line and butt it up to the skirting, then mark the position of the nailed boards on both sides of the edge strip. Join the marks, then cut along this line. Nail the board to the floor **(3)**.

To fit into a doorway, butt a board up to the frame and measure to the doorstop. Cut a block of softwood to this size and scribe to the skirting **(4)**. Use the same block to trace the shape of the architrave **(5)**, and cut the shape with a coping saw or jigsaw. Slide the board into the doorway, mark and cut the other edge that butts up against the nailed boards, and then nail the board to the floor **(6)**.

SEE ALSO: Laying floor tiles 114–17, Parquet flooring 118–19, Laying carpet 122, Laying sheet vinyl 124, Ventilation 288

Painted and varnished woodwork

Most of the joinery in and around your house will have been painted or varnished at some time; and provided it is in good condition, it will form a sound base for new paintwork. However, when too many coats of paint have been applied, the mouldings around doorframes and window frames begin to look poorly defined and the paintwork has a lumpy and unattractive appearance. In these cases, it is best to strip off all the old paint down to bare wood and start again. Stripping is also essential where the paintwork has deteriorated and is blistering, crazing or flaking.

Liquid sander
You can prepare sound paintwork with a liquid sander. Wipe it onto the surface with a cloth or sponge and leave it to soften the top paint layer slightly, creating a matt finish. It's a perfect surface on which to apply the new top coat of paint. The chemical cleans and degreases the paintwork, too.

● **Flexible acrylic filler**
An acrylic filler is ideal for filling large cracks or gaps in painted woodwork. It is squeezed into the gap from a cartridge gun and smoothed with a damp cloth. No sanding is required. You can overpaint it one hour later.

Dry, flaky paintwork

Heavily overpainted woodwork

Badly weathered varnish

Preparing sound paintwork

Wash the paintwork, from the bottom upwards, with a solution of warm water and sugar soap or detergent. Pay particular attention to the areas around the door handles and window catches, where dirt and grease will be heaviest. Rinse with fresh water – from bottom to top, to prevent runs of dirty liquid staining the surface.

Rub down gloss paintwork with fine-grade wet-and-dry abrasive paper, dipped in water, in order to provide a key for the new finish coat and to remove any blemishes.

Prime any bare patches of wood, building up these low spots gradually with undercoat and rubbing down between each application.

Fill open joints or holes with a flexible filler and rub down when set. Renew crumbling putty, and seal around window frames and doorframes with flexible acrylic filler or mastic, before applying the undercoat and top coat.

Preparing badly weathered paintwork or varnish

Unsound paintwork or varnish – such as the examples pictured on the left – must be stripped to bare wood. There are several methods you can use, but always scrape off loose material first.

In some cases, where the paint is particularly dry and flaky, dry scraping may be all that is required, using a proprietary hook scraper and finishing with a light rub down with abrasive paper. Where most of the paint is stuck firmly to the woodwork, remove it using one of the methods described below and on the facing page.

Stripping paint and varnish with a blowtorch

The traditional method for stripping old paint is to burn it off with a blowtorch fuelled with liquid gas from a pressurized canister, but you can obtain more sophisticated blowtorches that are connected by a hose to a metal gas bottle of the type used for camping or in caravans. This type of gas torch is finely adjustable, so is also useful for jobs such as brazing and soldering.

To reduce the risk of fire, take down curtains and pelmets; outside, rake out old birds' nests from behind your roof fascia board and soffit. Never burn off old (pre-1960s) paint that you suspect may contain lead.

It is only necessary to soften the paint with the flame in order to scrape it off – but it is all too easy to heat the paint so that it is actually burning. Deposit scrapings in a metal paint kettle or bucket as you remove them.

Start by stripping mouldings from the bottom upwards. Never direct the flame at one spot, but keep it moving all the time so that you don't scorch the wood. As soon as the paint has softened, use a shavehook to scrape it off. If it is sticky or hard, heat it a little more and try scraping again.

Having dealt with the mouldings, strip flat areas of woodwork, using a wide-bladed stripping knife. When you have finished stripping, sand the wood with medium-grade abrasive paper to remove hardened specks of paint and any accidental light scorching.

You may find that it is impossible to sand away heavy scorching without removing too much wood. Sand or scrape off loose blackened wood fibres, then fill any hollows and repaint the woodwork, having primed the scorched areas with an aluminium wood primer.

Strip mouldings with a shavehook

Use a scraper to strip flat surfaces

SEE ALSO: Primers 41, Painting 80–2, Sealing frames 264

USING CHEMICAL STRIPPERS

An old finish can be removed using a stripper that reacts chemically with paint or varnish. There are general-purpose strippers that will soften both solvent-based and water-based finishes, including emulsions and cellulose paints, as well as strippers that are formulated to react with a specific type of finish, such as varnish or textured paint. Dedicated strippers achieve the desired result more efficiently than general-purpose ones – but at the cost of you having to acquire a whole range of specialist products.

Traditionally, strippers have been made from highly potent chemicals that have to be handled with care. Working with this type of stripper means having to wear protective gloves and safety glasses, and possibly a respirator, too. The newer generation of so-called 'green' strippers do not burn your skin, nor do they exude harmful fumes. However, removing paint with these milder strippers is a relatively slow process.

Whichever type of stripper you decide to use, always follow the manufacturer's health-and-safety recommendations – and if in doubt, err on the side of caution.

Before you opt for a particular stripper, you should also consider the nature of the surface you intend to strip. The thick gel-like paint removers that will cling to vertical surfaces, such as doors and wall panelling, are perfect for all general household joinery. Strippers manufactured to a thinner consistency are perhaps best employed on delicately carved work. For good-quality furniture, especially if it is veneered, make sure you use a stripper that can be washed off with white spirit, as water will raise the grain and may soften old glue.

Working with chemical strippers

Lay polythene sheets or plenty of newspaper on the floor, then apply a liberal coat of stripper to the paintwork, stippling it well into any mouldings. Leave it for 10 to 15 minutes, then try scraping a patch to see if the paint has softened through to the wood. (You might have to leave one of the milder strippers in contact with the paint for 45 minutes or longer.) Don't waste your time removing the top coats of paint only, but apply more stripper and stipple the partially softened finish back down with a brush, so the stripper will soak through to the wood. Leave it for another 5 to 10 minutes.

Once the chemicals have completed their work, use a scraper to remove the softened paint from flat surfaces, and a shavehook to scrape it from mouldings. Wipe the paint from deep carvings with fine wire wool – but when stripping oak, use a nylon-fibre pad impregnated with abrasive material, since oak can be stained by particles of steel wool.

Having removed the bulk of the paint, clean off residual patches with a wad of wire wool – or, in the case of oak, a nylon pad – dipped in fresh stripper. Rub with the grain, turning the wad inside out to present a clean face as it becomes clogged with paint.

Neutralize the stripper by washing the wood with white spirit or water, depending on the manufacturer's recommendations. Let the wood dry out thoroughly, then prepare it the same way as new timber.

Industrial stripping

Any portable woodwork can be taken to a professional stripper, who will immerse the whole thing in a tank of hot caustic-soda stripping solution that must then be washed out of the wood by hosing down with water. It is an efficient process (which incidentally kills woodworm at the same time), but it risks splitting panels, warping the wood and opening up joints. At best, you can expect a reasonable amount of raised grain, which you will have to sand before refinishing.

Some stripping companies use a cold chemical dip, which does little harm to solid timber and raises the grain less. However, this treatment is likely to prove more expensive than the caustic-soda process.

Some strippers will dip pieces for a few minutes only in a warm alkali solution. If carefully controlled, this is safe for man-made boards, including plywood.

Most stripping companies are willing to collect; many will rehang a door for you; and some of them offer a finishing service, too.

Never submit veneered items to industrial treatment, unless the company will guarantee their safety. It is safest to strip veneered items yourself, using a chemical stripper, and finish off by wiping them with white spirit.

HOT-AIR STRIPPERS

Electrically heated guns do the work almost as quickly as a blowtorch, but with less risk of scorching or fire. They operate at an extremely high temperature: under no circumstances test the stripper by holding your hand over the nozzle. Some guns come with variable heat settings and a selection of nozzles for various uses.

Using a hot-air stripper

Hold the gun about 50mm (2in) from the surface of the paintwork, and move it slowly backwards and forwards until the paint blisters and bubbles. Remove the paint immediately, using a scraper or shavehook. Aim to heat the paint just ahead of either tool, so you develop a continuous work action.

Fit a shaped nozzle onto the gun when stripping glazing bars, in order to deflect the jet of hot air and reduce the risk of cracking the glass.

Old primer is sometimes difficult to remove with a hot-air stripper. This is not a problem if you are repainting the timber: just rub the surface down with abrasive paper. For a clear finish, remove residues of paint from the grain with wads of wire wool dipped in chemical stripper (see left).

• Removing old lead paint
Wood and metal surfaces in many pre-1960s homes were decorated with paint containing lead pigments. Removing these paints can be hazardous. Never burn off old lead paint, and don't rub it down with dry abrasives – power sanding is especially dangerous. An ordinary domestic vacuum cleaner is not fitted with filters fine enough to capture lead particles, so hire an industrial vacuum cleaner designed for the job. Wash your hands thoroughly after work.

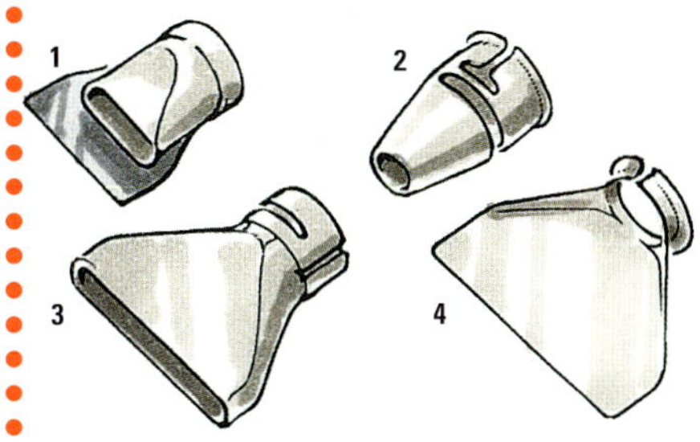

Nozzles for hot-air guns
Hot-air guns usually come with a range of attachments: typically, a push-on nozzle with an integral scraper **(1)**; a conical nozzle to concentrate the heat on a small area **(2)**; a flared nozzle to spread the heat **(3)**; and a nozzle that protects the glass when you strip glazing bars **(4)**.

With a hot-air gun there is less risk of scorching

SEE ALSO: Primers 41, Preparing woodwork 51, Finishing wood 78–90

Preparing iron and steel

Removing rust
Remove heavy rust deposits from pitted metal, using a wire brush.

Metals are used extensively for window frames, railings, gutters, pipework, radiators and door furniture in both modern and period homes. Metals that are exposed to the elements, or are in close proximity to water, are usually prone to corrosion. Many paints on their own do not afford sufficient protection against corrosion, so special treatments and coatings are often required to prolong the life of the metal.

Cast-iron railings deeply pitted with rust

A rusty casement window sheds its paint

Corroded cast-iron drainpipe

What is rust?

Rust is a form of corrosion that affects ferrous metals – notably iron and steel. Although most paints slow down the rate at which moisture penetrates, they do not keep it out altogether. A good-quality primer is therefore needed to complete the protection. The type you use depends on the condition of the metal and how you plan to decorate it. Make your preparation thorough, or the job could be ruined.

Treating bare metal

Remove light deposits of rust by rubbing with wire wool or wet-and-dry abrasive paper, dipping them in white spirit. If the rust is heavy and the surface of the metal pitted, use a wire brush or, for extensive corrosion, a wire wheel or cup brush in a power drill. Wear goggles while you are wire-brushing, to protect your eyes from flying particles.

Use a zinc-phosphate primer to protect metal inside the house. You can use the same primer outdoors, too – but if you are painting previously rusted metal, especially if it is in a very exposed location, you will need to use a high-performance rust-inhibitive primer.

Work primers into crevices and fixings, and make sure sharp edges and corners are coated generously.

Preparing previously painted metal

If the paint is perfectly sound, wash it with sugar soap or with a detergent solution, then rinse and dry it. Rub down gloss paint with fine wet-and-dry abrasive paper, to provide a key.

If the paint film is blistered or is flaking (where water has penetrated and corrosion has set in), remove all loose paint and rust with a wire brush or with a wire wheel or cup brush in a power drill. Apply rust-inhibitive primer to any bare patches, working it well into joints, bolt heads and other fixings. Prime bare metal immediately, as rust can re-form very rapidly.

When you are preparing cast-iron guttering, brush out dead leaves and other debris, then wash it clean. Coat the inside with a bitumen paint. If you want to paint over old bitumen paint, use an aluminium primer first, to prevent it bleeding to the surface.

Stripping painted metal

Delicately moulded sections – on fire surrounds, garden furniture and other cast or wrought ironwork – will often benefit from stripping off old paint and rust masking fine detail. They cannot easily be rubbed down with a wire brush; and a hot-air stripper won't do the job, as the metal would dissipate the heat too quickly for the paint to soften. A gas blowtorch can be used to strip wrought ironwork, but cast iron may crack if it becomes distorted by localized heating.

Chemical stripping is the safest method – but before you begin, check that what appears to be a metal fire surround is not in fact made from plaster mouldings on a wooden background (the stripping process would play havoc with soft plasterwork). Tap the surround to see if it's metallic, or scrape an inconspicuous section.

Paint the bare metal with a rust-inhibitive primer or, alternatively, with a proprietary rust-killing jelly or liquid that will remove and neutralize rust. Usually based on phosphoric acid, these combine with the rust to leave it quite inert, in the form of iron phosphate. Some rust killers will deal with minute particles invisible to the naked eye and are self-priming, so that there is no need to apply an additional primer.

Alternatively, if the metalwork is portable, you may want to take it to a sandblaster or to an industrial stripper. None of the disadvantages of industrial stripping apply to metal. Clean the stripped metal with a wire brush, then wash it with white spirit before applying a finish.

SEE ALSO: Primers 41, Industrial stripping 57, Finishing metalwork 91–2

Treating other metals

Non-ferrous metals – such as aluminium, brass, copper and zinc – do not corrode to the same extent as steel or iron, but they still require careful preparation before applying a finish.

Corrosion in aluminium

Aluminium, especially, does not corrode as readily as ferrous metals. Indeed, modern aluminium-alloy window frames and doorframes are designed to withstand weathering without a coat of protective paint. Nevertheless, in adverse conditions aluminium may corrode to a dull grey and even produce white crystals on the surface.

To remove corrosion of this kind, rub the aluminium with a fine wet-and-dry abrasive paper, using white spirit as a lubricant, until you get back to bright (but not gleaming) metal. Wipe the metal with a cloth dampened with white spirit, to remove metal particles and traces of grease. When it is dry, prime the surface with a zinc-phosphate primer. Never use a primer containing lead on aluminium, as there is likely to be an adverse chemical reaction between the metals in the presence of moisture.

Painting galvanized metal

Galvanized iron and steel have a coating of zinc applied by hot dipping. When new, this provides a poor key for most paints. Leaving the galvanizing to weather for six months will remedy this – but in many cases the manufacturer of galvanized metalwork will have treated it chemically for instant priming. Check when you purchase it.

Priming galvanized metal
If you need to paint galvanized metal before it has had time to weather, protect it first with two coats of fast-drying acrylic primer formulated for use on non-ferrous metals.

Treating chipped galvanizing
Any small rust spots resulting from accidental chipping of the zinc coating should be removed by gentle abrasion with wire wool, taking care not to damage the surrounding coating. Wash the area with white spirit, then allow the surface to dry. Prime with zinc-phosphate primer.

Maintaining brass and copper

Ornamental brassware – such as door knobs, fingerplates and other door furniture – should not be painted, especially as there are clear lacquers available that will protect it from the elements. Strip painted brass with a chemical stripper. Deal with corroded brass as described right.

Copper – mainly plumbing pipework and fittings – does not require painting for protection, but visible pipe runs are usually painted so they blend in with the room decor. Don't just paint onto the bare pipes – degrease and key the surface first with fine wire wool lubricated with white spirit. Wipe away any metal particles with a cloth dampened with white spirit. Apply undercoat and top coats: no primer is required.

Painting over lead

Before proceeding to paint old lead pipework, scour the surface with wire wool dipped in white spirit. No further preparation is required before applying the paint.

Keying lead pipes

Advanced lead corrosion
The cames (grooved retaining strips) of stained-glass windows and leaded lights can become corroded, producing white stains. Unless the glass is etched or sandblasted, clean the lead carefully with a soap-filled wire-wool pad. Wipe the lead clean, then wash the glass with warm soapy water.

Darken the lead with a touch of black grate polish on a shoe brush. Brush across the cames, not along them.

CLEANING BRASS

Brass weathers to a dull-brown colour, but it is usually simple enough to buff up dirty fittings with a metal polish. However, if exterior door fittings have been left unprotected, you may have to use a solution of salt and vinegar to soften heavy corrosion before you can start polishing.

Mix one level tablespoonful each of salt and vinegar in 275ml (½ pint) of hot water. Use a ball of very fine wire wool to apply liberal washes of the solution to the brass, then wash the metal in hot water containing a little detergent. Rinse and dry the fittings, before polishing them with a soft cloth.

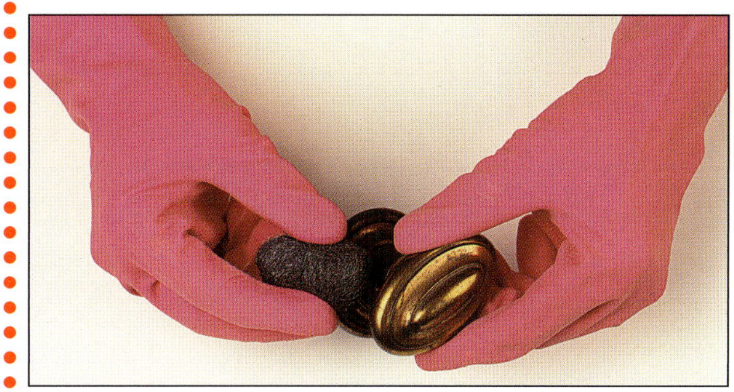

Clean brass with salt-and-vinegar solution

Getting rid of verdigris

Badly weathered brass can develop green deposits called verdigris. This heavy corrosion may leave the metal pitted, so clean it off as soon as possible.

Line a plastic bowl with ordinary aluminium cooking foil. Attach a piece of string to each item of brassware, then place it in the bowl on top of the foil. Dissolve a cup of washing soda in 2.2 litres (4 pints) of hot water, and pour it into the bowl to cover the metalware.

Leave the solution to fizz and bubble for a couple of minutes, then use the string to lift out the fittings. Put any that are still corroded back into the solution. If necessary, repeat the process with fresh solution and new foil.

Rinse the brass with hot water, dry it with a soft cloth, and then polish.

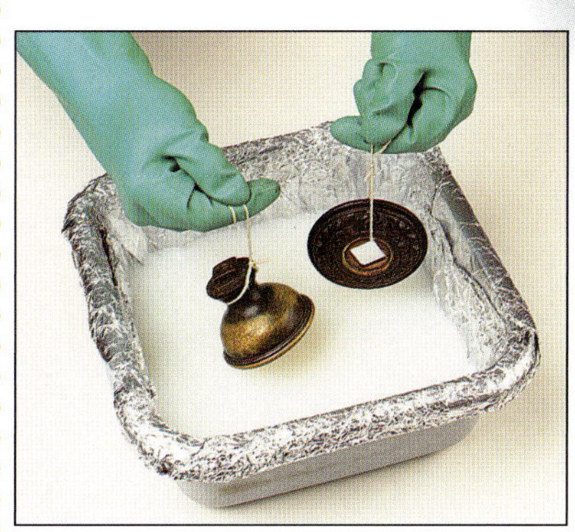

Remove verdigris with a washing-soda dip

SEE ALSO: Primers 41, Finishing metalwork 91–2

Preparing tiled surfaces

Used for cladding walls, floors and ceilings, tiles are made in a variety of materials – ranging from ceramic to cork, vinyl and polystyrene – and in a number of different surface textures and finishes. If they become shabby, it's possible to either revive their existing finish or decorate them with paint or wallcoverings. With some kinds, it is even feasible to stick new tiles on top for a completely new look.

Washing maintains the colour of a tiled floor

Removing ceramic or quarry tiles
To remove old tiles, first chop out at least one of them with a cold chisel, then prise the others off the surface by driving a bolster chisel behind them. Chop away any remaining tile adhesive or mortar with the bolster. Wear goggles to protect your eyes.

CLEANING AN OLD QUARRY-TILE FLOOR

Old quarry tiles are absorbent, so the floor becomes ingrained with dirt and grease. If normal washing with detergent fails to revitalize their colour and finish, try one of the industrial preparations available to cleaning and maintenance companies. Suppliers of industrial tile-cleaning materials are listed in the telephone directory. Describe the type and condition of the tiles to the supplier, who will be able to suggest the appropriate cleaner.

Loosen stubborn grimy patches by scrubbing with a plastic scouring pad.

Removing ingrained dirt
Scrub stubborn patches of grime with a plastic scouring pad.

Ceramic wall and floor tiles

Ceramic tiles are stuck to the wall or floor with a special adhesive or, in some cases, with mortar. Removing them in their entirety in order to redecorate the wall is messy and time-consuming, but it is often the most satisfactory solution.

Provided a ceramic-tiled wall is sound, you can paint it with a special-purpose primer and compatible gloss paint. Wash the surface thoroughly with sugar-soap or detergent solution, then apply the primer with a synthetic brush. Leave it to harden in a dry steam-free environment for a full 16 hours, then use a natural-bristle brush to apply the gloss.

You can lay new tiles directly over old ones, but make sure the surface is perfectly flat – check by holding a long spirit level or straightedge across the surface. Tap the tiles to locate any loose ones and either glue them firmly in place or chop them out with a cold chisel and club hammer, then fill the space with mortar. Wash the wall to remove grease and dirt.

It is also possible to tile over old quarry or ceramic floor tiles in the same way. Treat an uneven floor with a self-levelling compound.

It is not practicable to paper over old ceramic wall tiles, as the adhesive cannot grip on the shiny surface.

Polystyrene ceiling tiles

You will find that old polystyrene tiles are stuck directly onto the surface with an adhesive that is often difficult to remove. In the past, adhesive was commonly applied in five small dabs – a method that is no longer approved due to the risk of fire. Nowadays, tile manufacturers normally recommend that a complete bed of non-flammable adhesive be used.

Remove old tiles by prising them off with a wide-bladed scraper, and then prise off the dabs of adhesive. Try to soften stubborn patches of adhesive with warm water or wallpaper stripper, wearing goggles and PVC gloves, since it's difficult to avoid splashes.

One way to give old ceiling tiles a face-lift is to paint them – but never be tempted to use a solvent-based paint, as it would increase the risk of fire spreading across the tiles. Instead, brush the tiles to remove dust, and then apply emulsion paint.

Vinyl floor tiles

To take up vinyl floor tiles, soften the tiles and their adhesive with a thermostatically controlled hot-air gun on a low setting, and use a scraper to prise them up. Remove traces of old adhesive by applying a solution of half a cup of household ammonia and a drop of liquid detergent stirred into a bucket of cold water. When the floor is clean, rinse it with water.

If vinyl tiles are firmly glued to the floor, you can change the colour with a flexible special-purpose vinyl paint. The floor must be cleaned scrupulously, and any silicone-based polish removed with a suitable cleaner. Apply a coat of paint, using a high-density foam roller. Let it dry for four hours, then apply another coat. You can walk on the floor six to eight hours later.

Cork wall tiles

Dense prefinished cork wall tiles can be painted directly, provided that they are clean and firmly attached to the wall. Prime very absorbent cork with a general-purpose primer first or, when using emulsion or water-based acrylic paint, thin the first coat in order to reduce absorption.

Unless the tiles are textured or pierced, they can be papered over – but size the surface with commercial size or heavy-duty wallpaper paste, and then apply lining paper to prevent joins showing through.

Mineral-fibre ceiling tiles

Acoustic-fibre tiles can be painted with water-based acrylic or emulsion paint. Wash them with a mild detergent – but don't soak the tiles, as they are quite absorbent. Conceal stains with an acrylic undercoat before decorating.

SEE ALSO: Self-levelling compound 47, Lining paper 96, Tiling 105–17

Applying finishes

In decorating terms, a finish means a liquid or semi-liquid substance that sets, dries or cures to protect, and sometimes colour, materials such as wood or masonry. Apart from paint, finishes for wood include stains, varnishes, oil, wax and French polish – all of which are used to display the grain of the timber for its natural beauty.

The make-up of paint

Paint is made from solid particles of pigment suspended in a liquid binder or medium. The pigment provides the colour and body of the paint, while the medium allows the material to be brushed, rolled or sprayed; once applied, it forms a solid film binding the pigment together. Binder and pigment vary from paint to paint, but the two most common types of paint are solvent-based (sometimes known as oil-based) and water-based.

Common paint finishes and additives

The type of paint you choose depends on the finish you want and the material you are decorating. Various additives modify the qualities of the paint.

Solvent-based (oil) paints

The medium for solvent-based paints (commonly called oil paints) is a mixture of oils and resin. A paint made from a natural resin is slow-drying, but modern paints contain a synthetic resin, such as alkyd, that makes for a faster-drying finish. Various pigments determine the colour of the paint.

Water-based paints

Emulsion is perhaps the most familiar type of water-based paint. It too is manufactured with a synthetic resin, usually vinyl, which is dispersed in a solution of water.

Water-based acrylic paints are primarily intended for finishing interior or exterior woodwork. They tend to dry with a semi-matt sheen, rather than a full gloss.

Paint additives

No paint is made simply from binder and pigment: certain additives are included during manufacture to give the paint qualities such as high gloss, faster drying time, easy flow and longer pot life, or to make it non-drip.

- **Thixotropic** paints are the typical non-drip types: they are thick, almost jelly-like in the can, enabling you to pick up a brushload without it dripping.
- **Extenders** are added as fillers to strengthen the paint film. Cheap paint contains too much filler, reducing its covering power.

Paint thinners

If a paint is too thick, it cannot be applied properly and must be thinned before it is used. Some finishes may require special thinners provided by the manufacturer, but most solvent-based (oil) paints can be thinned with white spirit, and emulsions and acrylic paints with water. Turpentine will thin oil paint, but it has no advantages over white spirit for household paints and is much more expensive.

Gloss or matt finish?

The proportion of pigment to resin affects the way the paint sets. A gloss (shiny) paint contains approximately equal amounts of resin and pigment, whereas a higher proportion of pigment produces a matt (non-shiny) paint.

By adjusting the proportions, it is possible to make satin or eggshell paints. Matt paints tend to cover best, due to their high pigment content, while the greater proportion of resin in gloss paints is responsible for their strength.

PAINT SYSTEMS

Unless you are using one of the specially formulated one-coat finishes, it is necessary to apply successive layers to build up a paint system.

- Painting walls requires a simple system, comprising two or three coats of the same paint.
- Painting woodwork and metalwork usually involves a more complex system, using paints with different qualities. A typical paint system for woodwork is illustrated below.

A paint system for woodwork
Different types of paint are required to build a protective system for woodwork.

SEE ALSO: Choosing colours 22–3, Lead in paint 41, Primers 41, Preparing paint 62

Painting exterior masonry

The outside walls of houses are painted for two main reasons: to give a bright, clean appearance, and to protect the surface from the weather. What you use as a finish and how you apply it depends on what the walls are made from, their condition, and the degree of protection they need. Bricks are traditionally left bare, but may require a coat of paint if previous attempts to decorate have resulted in a poor finish. Rendered walls are often painted to brighten the naturally dull grey colour of the cement; pebbledashed surfaces may need a colourful coat to disguise unsightly patches. Or you may, of course, simply want to change the present colour of your walls for a fresh appearance.

Working to a plan

Before you embark upon painting the outside walls of your house, plan your time carefully. Depending on the amount of preparation that is required, even a small house will take a few weeks to complete.

It's not necessary to tackle the whole job at once – although it is preferable, since the weather may change to the detriment of your timetable.

You can split the work into separate stages with days (or even weeks) in between, provided you divide the walls into manageable sections. Use window frames and doorframes, bays, downpipes and corners of walls to form break lines that will disguise joins.

Start at the top of the house – working from right to left, if you are right-handed.

● **Black dot denotes compatibility.**
All surfaces must be clean, sound, dry, and free from organic growth.

FINISHES FOR MASONRY

	Cement paint	Water-based masonry paint	Reinforced masonry paint	Solvent-based masonry paint	Textured coating	Floor paint
SUITABLE TO COVER						
Brick	●	●	●	●	●	●
Stone	●	●	●	●	●	●
Concrete	●	●	●	●	●	●
Cement rendering	●	●	●	●	●	●
Pebbledash	●	●	●	●	●	●
Emulsion paint		●	●	●	●	●
Solvent-based paint		●	●	●	●	●
Cement paint	●	●	●	●	●	●
DRYING TIME: HOURS						
Touch-dry	1–2	1–2	2–3	4–6	6	2–3
Recoatable	24	4–6	24	16	24–48	3–16
THINNERS: SOLVENTS						
Water	●	●	●		●	●
White spirit			●	●		●
NUMBER OF COATS						
Normal conditions	2	2	1–2	2	1	1–2
COVERAGE: DEPENDING ON WALL TEXTURE						
Sq metres per litre		4–10	3–6.5	6–16	2	5–10
Sq metres per kg	1–6				1–2	
METHOD OF APPLICATION						
Brush	●	●	●	●	●	●
Roller	●	●	●	●	●	●
Spray gun	●	●	●	●		

SAFETY WHEN PAINTING

Solvents in paint (Volatile Organic Compounds – VOCs) contribute to atmospheric pollution and can exacerbate conditions such as asthma. Where possible, it's therefore preferable to use paints and varnishes with low VOC emissions. Most manufacturers label their products to indicate the level of VOCs.

Take sensible precautions when using solvent-based paints:
- Ensure good ventilation indoors while applying a finish and when it is drying. Wear a respirator if you suffer from breathing disorders.
- Don't smoke while painting or in the vicinity of drying paint.
- Contain paint spillages outside with sand or earth, and don't allow any paint to enter a drain.
- If you splash paint in your eyes, flush them with copious amounts of water, with your lids held open. If symptoms persist, visit a doctor.
- Always wear barrier cream or gloves if you have sensitive skin. Use a proprietary skin cleanser to remove paint from your skin, or wash it off with warm soapy water. Don't use paint thinners to clean your skin.
- Keep all finishes and thinners out of reach of children. If a child swallows a substance, don't make any attempt to induce him or her to vomit – seek medical treatment, instead.

● **Disposing of unwanted paint**
Before you wash your brushes and rollers, wipe them on newspaper to remove as much paint as possible. Ask your local authority about facilities for disposing of waste paint and cans.

Strain old paint
If you are using left-over paint, filter it through a piece of muslin, or old tights, stretched over the rim of a container.

Resealing the lid
Wipe the rim of the can clean before you replace the lid. Tap a metal lid down all round with a hammer over a softwood block.

Preparing paint

Whether you are using paint you've just bought or some left over from a previous job, there are a few basic rules to observe before you apply it.

- Wipe dust from the paint can, then prise off the lid with the side of a knife blade. Don't use a screwdriver: it will only buckle the edge of a metal lid, preventing an airtight seal and making subsequent removal difficult.
- Gently stir liquid paints with a wooden stick to blend the pigment and medium. There's no need to stir thixotropic paints unless the medium has separated; if you have to stir it, leave it to gel again before using.
- If a skin has formed on paint, cut round the edge with a knife and lift it out in one piece with a stick. It's a good idea to store the can upside down, so a skin cannot form on top of the paint.
- Whether the paint is old or new, transfer a small amount into a paint kettle or plastic bucket. Old paint should be filtered at the same time (see left).

SEE ALSO: Planning priorities 20–1, Ladders and scaffolding 38–40, Preparing masonry 42–7

PAINTS SUITABLE FOR EXTERIOR MASONRY

There are various grades of paint suitable for decorating and protecting exterior masonry, which take into account economy, standard of finish, durability and coverage. Use the chart opposite for quick reference.

Cement paint

Cement paint is supplied as a dry powder, to which water is added. It is based on white cement, but pigments are added to produce a range of colours. Cement paint is one of the cheaper paints suitable for exterior use. Spray new or porous surfaces with water, then apply two coats.

Mixing cement paint

Shake or roll the container to loosen the powder, then add 2 volumes of powder to 1 of water in a clean bucket. Stir it to a smooth paste, then add a little more water until you achieve a full-bodied creamy consistency. Mix no more than you can use in one hour, or it will start to dry.

Adding an aggregate

When you're painting a dense wall, or one treated with a stabilizing solution so its porosity is substantially reduced, it is advisable to add clean sand to the mix to give it body. This also provides added protection for an exposed wall and helps to cover dark colours. If the sand changes the colour of the paint, add it to the first coat only. Use 1 part sand to 4 parts powder, stirring it in when the paint is still in its paste-like consistency.

Masonry paints

When buying weather-resistant exterior-masonry paints, you have a choice between a smooth matt finish or a fine granular texture.

Water-based masonry paint

Most masonry paints are water-based, being in effect exterior-grade emulsions with additives that prevent mould growth. Although they are supplied ready for use, on porous walls it pays to thin the first coat with 20 per cent water – then follow up with one or two full-strength coats, depending on the colour of the paint.

Water-based masonry paints must be applied during fairly good weather. Damp or humid conditions and low temperatures may prevent the paint drying properly.

Solvent-based masonry paints

Some masonry paints are thinned with white spirit or with a special solvent – but unlike most oil paints they are moisture-vapour permeable, so that the wall is able to breathe. It is often advisable to thin the first coat with 15 per cent white spirit, but check the manufacturer's recommendations.

Solvent-based paints can be applied in practically any weather conditions, provided it is not actually raining.

Reinforced masonry paint

Masonry paint that has powdered mica or a similar fine aggregate added to it dries with a textured finish that is extremely weatherproof. Reinforced masonry paints are especially suitable in coastal districts and in industrial areas – where dark colours are also an advantage, in that dirt will not show up as clearly as on a pale background. Although large cracks and holes must be filled prior to painting, reinforced masonry paint will cover hairline cracks and crazing.

Textured coating

A thick textured coating can be applied to exterior walls to form a thoroughly weatherproof self-coloured coating, which can be overpainted to match other colours. The usual preparation is necessary, and brickwork needs to be pointed flush. Large cracks should be filled, although a textured coating will cover fine cracks. The paste is either brushed or rolled onto the wall, then left to harden, forming an even texture. However, if you prefer, you can produce a texture of your choice, using a variety of simple tools. It's a relatively easy process – but put in some practice on a small section first.

CONCRETE FLOOR PAINT

Floor paints are formulated to withstand hard wear. They are especially suitable for concrete garage or workshop floors, but they are also used for stone paving, steps and other concrete structures. They can be used inside for playroom floors.

The floor must be clean, dry and free from oil or grease. If the concrete is freshly laid, allow it to mature for at least a month before painting. In most cases it is advisable to prime powdery or porous floors with a proprietary concrete sealer, but check manufacturers' recommendations first.

The best way to paint a large area is to use a paintbrush around the edges, then fit an extension to a paint roller for the bulk of the floor.

Apply paint with a roller on an extension

Paint in manageable sections
You can't hope to paint an entire house in one session, so divide each elevation into manageable sections to disguise the joins. The horizontal moulding divides the front of this house neatly into two sections, and the raised door and window surrounds form convenient break lines.

SEE ALSO: Primers 41, Preparing masonry 42–7, Textured coatings 77

Techniques for painting masonry

1 Cut in with a gentle scrubbing motion

3 Use a banister brush
Tackle deeply textured wall surfaces with a banister brush.

2 Protect downpipes with newspaper

Using paintbrushes

Choose a brush 100 to 150mm (4 to 6in) wide for painting walls; larger ones are heavy and tiring to use. A good-quality brush with coarse bristles will last longer on rough walls. For effective coverage, apply the paint with vertical strokes, crisscrossed with horizontal ones. You will find it necessary to stipple paint into textured surfaces.

Cutting in

Painting up to a feature such as a doorframe or window frame is known as cutting in. On a smooth surface, you should be able to paint a reasonably straight edge following the line of the feature – but it's difficult to apply the paint to a heavily textured wall with a normal brushstroke. Don't just apply more paint in the hope of overcoming the problem; instead, touch the tip of the brush only to the wall, using a gentle scrubbing action **(1)**, then brush out from the edge to spread excess paint once the texture is filled.

Wipe splashed paint from window frames and doorframes with a cloth dampened with the appropriate thinner.

Painting behind pipes

To protect rainwater downpipes, tape a roll of newspaper around them. Stipple behind the pipe with a brush **(2)**, then slide the paper tube down the pipe to mask the next section.

Painting with a banister brush

Use a banister brush **(3)** to paint deep textures such as pebbledash. Pour some paint into a roller tray, and dip the brush in to load the bristles. Scrub the paint onto the wall, using circular strokes to work it into the uneven surface.

Using the correct roller
When painting heavy textures, use a roller that has a deep pile. Switch to a medium pile for light textures and smooth surfaces.

Using a paint roller

A roller will apply paint three times faster than a brush. Use a long-pile roller for heavy textures, and one with a medium pile for lightly textured or smooth walls. Rollers wear out very quickly on rough walls, so have a spare sleeve handy. When painting with a roller, vary the angle of the stroke to ensure even coverage; use a brush to cut into angles and obstructions.

A paint tray is difficult to use at the top of a ladder unless you fit a tool support. Better still, erect a flat platform from which to work.

Spray gun
Hire a good-quality spray gun and a small portable compressor.

1 Spray onto the apex of external corners

2 Spray internal corners as separate surfaces

Using a spray gun

Spraying is the quickest and most efficient way to apply paint to a large expanse of wall, but you will have to mask all the parts you don't want to paint, using newspaper and masking tape, and erect plastic screening to prevent overspray.

Thin the paint by about 10 per cent; and set the spray gun according to the manufacturer's instructions, to suit the particular paint. It's advisable to wear a respirator.

Hold the gun about 225mm (9in) away from the wall and keep it moving with even, parallel passes. Slightly overlap each pass and try to keep the gun pointing directly at the surface (tricky while standing on a ladder). Trigger the gun just before each pass, and release it at the end of the stroke.

To cover a large blank wall evenly, spray it with vertical bands of paint, overlapping each band by 100mm (4in).

Spray external corners by aiming the gun directly at the apex, so that paint falls evenly on both surfaces **(1)**. When two walls meet at an internal angle, treat each surface separately **(2)**.

Spray-painting columns
Columns – such as those forming part of a front-door portico – should be painted in a series of overlapping vertical bands. Apply the bands by running the spray gun from side to side as you work down the column.

SEE ALSO: **Work platforms 38–40, Preparing masonry 42–7**

Painting interior walls and ceilings

Unless your house is newly built, most of the interior walls and ceilings will be plastered, and probably papered or painted, too. Preparation varies, but the methods for painting them are identical, and they can be considered smooth surfaces in terms of paint coverage. A matt paint is usually preferred, but there's no reason why you shouldn't use a gloss or satin finish.

Selecting paints for interior surfaces

Emulsion paint is most people's first choice for internal decorations: it is relatively cheap and practically odourless, and there are several qualities of paint to suit different circumstances. However, some situations demand a combination of paints to provide the required degree of protection or simply to achieve a pleasing contrast of surface textures.

Emulsion paints

Vinyl emulsions are the most popular and practical paints for walls and ceilings. They are available in liquid or thixotropic consistencies, with matt or satin (semi-gloss) finishes.

A satin emulsion is less likely to show fingerprints or scuffs. Non-drip thixotropic paints have obvious advantages when painting ceilings.

One-coat emulsion
If you are to avoid a patchy, uneven appearance, you need to apply two coats of a standard emulsion paint, perhaps thinning the first coat slightly when decorating porous surfaces.

A one-coat high-opacity emulsion is intended to save you time – but you won't get satisfactory results if you try to spread the paint too far, especially when overpainting strong colours.

New-plaster emulsions
These emulsions are formulated for painting newly plastered interior walls and ceilings, to allow moisture vapour to escape. Standard vinyl emulsions are not sufficiently permeable.

Anti-mould emulsion
This low-odour emulsion contains a fungicide to ward off mould growth.

Gloss and satin paint

Paints primarily intended for woodwork can also be applied to walls and ceilings that require an extra degree of protection. Similar paints are ideal for decorating the disparate elements of a period-style dado – wooden rail, skirting and embossed wallcovering.

Gloss paints tend to accentuate uneven wall surfaces, so most people prefer a satin (eggshell) finish.

You can use any of the standard spirit-thinned paints on walls and ceilings; but if fast drying is a priority, choose a water-based acrylic paint.

Textured paints

Provided the masonry or plaster is basically sound, you can obliterate any unsightly cracks with just one coat of textured paint. A coarse high-build paint will cover cracks up to 2mm (1/16in) wide. There are also fine-texture paints for areas where people are likely to brush against a wall. Available in either a matt or satin finish, the paint is normally applied with a coarse-foam roller. Use a synthetic-fibre roller if you want to create a finer texture.

Cement paint

This inexpensive exterior finish is also ideal for a utilitarian area indoors such as a cellar, garage or workshop.

Sold in dry-powder form, it has to be made up with water and dries to a matt finish.

Emulsion is the obvious choice for walls and ceilings

Paints for walls and ceilings
Emulsion paint, in its many forms, is the most practical finish for interior walls and ceilings – but use an acrylic or solvent-based paint on wall-fixed joinery such as skirtings, architraves and picture rails.

Finishes for bare masonry
Interior walls may be left unplastered for the sake of appearance, or because it is considered unnecessary to clad the walls of rooms such as a basement, workshop or garage. Sometimes they are deliberately stripped for effect. A brick or stone chimney breast, for example, can act as an attractive focal point in a room, while an entire wall of bare masonry may make a dramatic impression.

If you want to finish brick, concrete or stone walls, follow the methods described for exterior walls. However, because in this case they do not have to withstand any weathering, you can use paints designed for interiors. Newly stripped masonry requires sealing with a stabilizing primer, in order to bind the surface.

SEE ALSO: Primers and sealers 41, Preparation 42–50, Cement paint 63, Anti-condensation paint 265

Decorative paint effects

In recent years there has been a resurgence of interest in using paint to create decorative effects. When applied to walls, ceilings, floors, joinery and furniture – in fact any surface to which paint will adhere – these colourful treatments add individuality to a colour scheme. Some of the more complex effects, which were traditionally the domain of the skilled craftsman, are now easier to achieve, using the range of modern tools and materials that are readily available.

Practise before you begin

Before embarking on a major project, take the time to select the most appropriate style and colours for your interior. Collect as many colour charts as you can, and be sure to try out the actual colours supplied in small test pots by some manufacturers.

Although many of the techniques are easy to master, it is worth practising on a piece of board before you tackle an entire room. The texture of the wall itself may influence the finished effect, but at least you will be familiar with the basic techniques. If after painting one or two walls, you decide the result is not to your liking, don't worry – you can always paint over it.

Farmhouse kitchen
(below)
Rustic charm created by colourwashing the walls with two tones of yellow paint, and then superimposing it with a simple geometric frieze applied with a home-made stamp.

APPLYING A BASECOAT

Although many paint effects can be applied successfully to woodwork, some look better when applied to a flat plaster surface. Thorough preparation is essential, as with any form of decoration. All the following finishes require a flat basecoat, in your choice of colour. This initial coat should be applied by brush, roller or paint pad and left to dry.

Distressed paintwork
(above)
It is easy to give newly painted woodwork a careworn appearance. Let the top coat dry, then rub through to the underlying colours, using medium-grade abrasive paper.

SEE ALSO: Colour, tone, texture and pattern 22–7

Tools and materials for special effects

You can achieve satisfactory results using a selection of ordinary decorator's brushes, a sponge or two and some lint-free rags, but if you plan to move on to the more advanced paint effects, it would be worth investing in the purpose-made equipment now available from specialist suppliers and some DIY stores. Certain tools and materials are packaged together as kits, but it often pays to buy individual items as you need them.

Paints and glazes

Broken-colour decorative effects are based on a two-part paint system. The first layer is a basecoat of opaque paint, usually an eggshell finish or satin vinyl emulsion, although gloss paint can also be used. Matt emulsion paints are not recommended, because they are too absorbent. White paint is commonly used as a base for pale shades, or as a background to brightly coloured finishes. Coloured basecoats are also used to create harmonious or more-vibrant schemes.

When the basecoat is dry, a top coat of semi-transparent coloured glaze (also called scumble) is applied, and then textured using a variety of techniques. Traditional solvent-based paints and glazes are available, but water-based acrylic materials dry faster and are practically odourless. A clear matt or satin-finish top coat is produced to protect and enhance acrylic-paint treatments.

Colour choice

You can make your own colours by tinting white emulsion paint or glaze medium with pigments, stainers or artist's paints, but it is more convenient to choose colours from one of the standard ready-made ranges. Alternatively, have the basic medium tinted by your paint supplier.

Practice panels
Practise techniques on small panels before tackling large areas of wall or ceiling.

Equipment check list

Colour pigments
Traditionally, powdered pigments were used for colouring all kinds of paints and glazes. Although these are still available from specialist art shops, artist's oil or acrylic paints are easier to use when mixing your own colours, and they are available in a wider range of colours.

Solvents
Solvents are used to dilute or 'thin' paints, to make them easier to work or to reduce their opacity. They are also used for cleaning paint from brushes and other equipment. Water is used to thin acrylic paints, and white spirit for solvent-based ones.

Paintbrushes
Decorator's brushes, ranging from 25 to 150mm (1 to 6in), will meet most needs. For fine work, supplement these brushes with a selection of artist's paintbrushes. Choose brushes that are compatible with oil paint or acrylics, and keep them in good condition by rinsing them thoroughly in the appropriate solvent. Finish by washing your brushes in a mild solution of soap and water.

Special-effects brushes
Special brushes are used to manipulate the glaze and create different effects. Long-bristle brushes, known as dragging brushes and floggers, make linear marks and wood-grain effects. Wide colourwash brushes quickly cover an area with paint. Stippling brushes are block-shaped, with short hair or plastic bristles for creating textures in glaze. You can use the same brushes for stippling coloured paint onto a surface.

Rollers
Rollers are ideal for applying an even coat of paint to large areas. You will need a 225mm (9in) medium-pile roller for the main areas, and a 100mm (4in) roller for narrow strips.

Special rollers are made for creating effects similar to those produced traditionally with rags and sponges. These rollers are run over a glaze top coat while it is still workable, producing broken-colour effects.

Painting accessories
You will need various containers – such as a paint kettle and screw-top jars – and some old plates to use as palettes for mixing colours. Protect the floor with dust sheets, and use masking tape to create hard-edge effects. When working, wear coveralls, rubber gloves and a face mask.

Stamps and stencils
Stamps and stencils are employed to apply a decorative motif or to make a repeat pattern on a painted surface. Stamps are used to imprint painted motifs; and stencils to mask off areas of the background as the colour is applied. You can either buy ready-made designs, or cut your own.

Sponges
Use sponges to create random stippled effects. Natural sea sponges, which are available in large and small sizes, produce the most attractive textures. Synthetic sponges do not perform as well – but you can make interesting marks with plastic sponges torn or cut into different shapes. A deeply textured flock-coated sponge is also made.

Rags and sheet plastic
Lint-free rags and soft plastic sheet are used to create textures known as rag rolling and bag graining. Similar effects can be produced using a ball of chamois leather.

Colourwashing and dragging

Frescoed walls
A rough plastered-wall effect can be created with a textured coating applied with a roller or brush and then worked into a trowelled effect, using a spreader. This coating is designed for use with colourwash.

Mediterranean decor *(below)*
A sun-baked wall made by applying a single wash of orange paint over two masked areas of 'warm' colour.

Linear texture *(below right)*
Dragging a brush through coloured glaze leaves a linear texture.

Colourwashing

Colourwashing is one of the faster ways of creating a paint effect. It is frequently employed to create Mediterranean-style decor, and provides a useful means of disguising uneven wall surfaces. It can also be applied to gloss-painted woodwork.

Ensure the wall is dry, and prepare the surface thoroughly before painting with a vinyl or silk-finish emulsion paint of your chosen colour. Apply the paint with a roller or brush and allow it to dry.

Stir the special-effect paint or scumble glaze as recommended by the manufacturer, and pour sufficient to cover one wall into a paint kettle. Dip the colourwash brush into the glaze and wipe off the excess, then test the paint on a sample board. If it's too thick, thin it slightly by stirring in a little solvent.

Aim to finish a whole wall in one session. Apply the paint to the wall, covering an area about 1 metre square (1 yard square) at a time and working quickly to maintain a wet edge. Use broad brushstrokes, varying the angle as you go, to form an irregular criss-cross pattern. It doesn't matter if you leave some bare patches showing – but don't allow the paint to dry around the edges, or it will show as a solid band and spoil the free-brushstroke effect. Finish each brushload before recharging with fresh paint.

When the paint is dry, apply a second coat in a similar way, using the same colour or one of a different tone or hue.

Vary the brushstrokes when colourwashing

Dragging

Learn to drag the paint if you want a more controlled linear effect. The brushmarks are usually applied vertically, but they can be run horizontally or, if you are feeling ambitious, use a combination of strokes with one or two colours.

Prepare and paint the walls with emulsion as described for colourwashing, then leave it to dry. Apply the special-effect paint or scumble glaze with a roller in even bands about 600mm (2ft) wide. Using a dry dragging brush, or wide paintbrush held at a low angle to the surface, draw the bristles through the wet paint in one continuous stroke from top to bottom. Wipe off excess paint, then repeat the process alongside the first stripe. Continue along the surface, blending in the edges while they are still wet – it's helpful to have an assistant apply the bands of colour with a roller while you follow up with the dragging brush. You can treat the wall in a single colour, or use masking tape to create bands of colour for a striped colour scheme.

Drag the brush with one continuous stroke

SEE ALSO: **Preparing plaster 48–9, Emulsion paints 65, Applying paint 66–7**

Stippled paint effects

Stippling

Stippling creates an attractive paint effect suitable for walls, woodwork and furniture. Prepare the surfaces and apply a basecoat, then stipple textures onto the background colour with either a natural sponge or moulded flocked sponge, or a stippling brush. For a two-tone effect, stipple a dark emulsion or special-effect paint over a lighter base colour. When selecting the paint, bear in mind that the base colour will be the dominant colour in the room.

Wear rubber gloves or barrier cream when sponge stippling. Dip a natural sponge in water until it swells to its full size, then squeeze out excess water, leaving the sponge moist. Pour a small amount of paint into a paint tray and dip the sponge into it. Touch off excess paint in the tray, and blot the sponge on a piece of scrap paper until it begins to make the required mottled effect; then apply the sponge lightly to the wall. Don't press too hard, or the sponge will leave a patch of almost solid colour.

Cover a manageable area with randomly spaced dabs of colour, then fill in the gaps to form an even texture across the wall. Present different parts of the sponge to the wall, to avoid a repetitive pattern. If any area appears too dark when dry, stipple base colour over it to tone it down.

When the first stipple coat has dried, sponge another tone or colour over it. Step away from the wall occasionally to check that the texture is even. With a stippling brush, paint is applied in a similar way.

Make subtle textures with sponge stippling

Roller sleeves
There are many types of roller sleeve available, including special textured sleeves that allow you to produce large areas of 'stippling' quickly.

Rag stippling

Although the technique is similar, stippling with a cotton rag instead of a sponge produces a bolder effect. Wearing rubber gloves or barrier cream, crumple a piece of rag into a ball and dip it into the paint until the rag is saturated. Squeeze it out and stipple with a creased part of the ball onto scrap paper. When you achieve the required effect, apply the rag lightly to the wall in a random pattern.

Use different parts of the ball as you work across the wall, refolding it to vary the pattern. Don't let the pad skid on the surface – once the first stipple coat is dry, you can stipple out mistakes, using a clean rag dipped in base colour.

Rag stippling creates a bold pattern

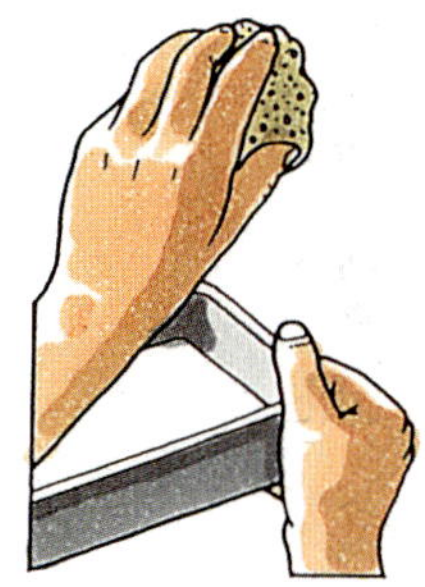

Sponge stipple
Apply a delicate stipple texture by patting a paint-dampened sponge on the wall.

Stippling off

Just as paint can be applied with a sponge, brush or rag, so a similar action will remove colour and create a reverse-pattern effect. Apply the top coat over the basecoat with a roller, covering an area about 1 metre square (1 yard square) at a time. Dab off the paint to reveal the basecoat colour.

Multi-colour stippling
This vibrant effect was produced by stippling several colours, one over the other, using a natural sponge.

Stippling-off brush
Use a special brush to create a reverse-pattern effect by removing some of the colour.

Rag stippling
Form a stronger textured effect with a crumpled cotton rag.

SEE ALSO: Preparing plaster 48–9, Emulsion paints 65, Applying paint 66–7

Bag graining and rag rolling

Bag graining

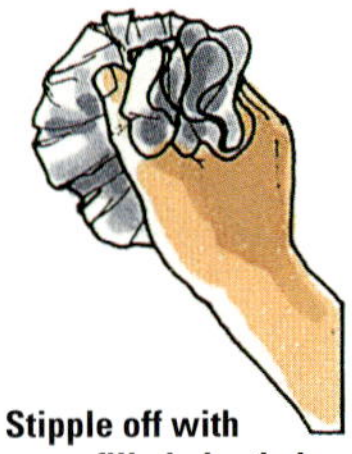

Stipple off with a rag-filled plastic bag

Bag graining is similar to rag stippling but removes paint from the wall instead of applying it. The effect works well if you apply a darker paint over a pale-coloured background. It is more efficient if one person applies the paint while another patterns it.

Apply the basecoat and allow it to dry. Prepare a paint-effect top coat or scumble glaze in a paint-roller tray. Alternatively, dilute emulsion paint with about 50 per cent water, mixing enough paint to cover at least one complete wall at a time. If necessary, use newspaper and masking tape to cover areas you don't want to paint.

Use a wide brush to apply the paint over the base colour, making sure there are no runs. After you have applied a band of paint about 600mm (2ft) wide, take a plastic bag half-filled with rags and use it to stipple the wet paint. Overlap each impression to produce an even texture. As paint builds up on the bag, wipe it off onto a piece of rag.

Your helper should work just ahead of you, applying fresh paint for you to texture before it dries.

Bagging rollers are also available, to help texture walls quickly.

Two-tone pattern produced by bag graining

Rag rolling

Putting paint on
As an alternative to the usual rag-rolling technique, you can immerse a rag in paint, squeeze it out, and then roll the rag across the wall.

Rag rolling, or scumbling, is a popular paint effect, similar in appearance to bag graining and rag stippling. As with other treatments, you will need an assistant to help you to paint large areas. You can use a proprietary paint-effect kit, emulsion or solvent-based satin paints. Start with a pale-coloured basecoat overlaid with a darker colour; or, alternatively, begin painting with the darker colour and finish with a paler one. Try different combinations on sample boards.

Apply the chosen basecoat and allow it to dry. Continue by applying a band of top coat, then fold a piece of rag into quarters and twist it into a roll. Starting at the bottom of the wall, roll the rag upwards to remove some of the wet paint; by varying the direction you can produce a texture resembling watered silk.

When you reach the ceiling, use the roll to stipple the margin. If you blot the ceiling or an adjacent wall, remove the paint immediately with a clean rag dampened with solvent.

Start the next band of texturing at the bottom again, but don't attempt to produce regular strips of colour – change direction constantly to overlap and blend with the previous strip. Remake the rolled rag each time it becomes impregnated with paint.

Alternatively, use a proprietary shredded chamois-leather 'rag' made for the purpose, or create a similar texture with special-effect rollers.

Rag rolling resembles watered silk

Bag graining
(far left)
Stippling wet paint with a rag-filled plastic bag tends to move the colour around on the surface.

Rag rolling
(left)
Standard rag-rolling removes the wet top coat to reveal the darker basecoat.

SEE ALSO: Preparing plaster 48–9, Emulsion paints 65, Applying paint 66–7

Spattering, speckling and stamping

Spattering and speckling

Spattered paint treatments, which are often used to decorate commercial premises, can be just as effective in your own home. You can achieve an overall speckled texture by spattering two or three contrasting colours onto an emulsion background. When planning your colour scheme, consider the background as your dominant colour.

Cover the floor with large plastic dust sheets, and mask off doors, windows and electrical fittings. Be sure to wear protective clothing and goggles when spattering.

For the spatter colours, use acrylic or solvent-based paints thinned to the required consistency; this is best achieved by trial and error on a practice board. Don't make the paint too thin, or the intended speckle effect will become a mass of runs. If you have an accident, blot the paint immediately with absorbent paper and allow it to dry. Obliterate the mistake by dabbing with a sponge dipped in the base colour.

Pour out some paint into a paint tray. Take a stiff-bristle banister brush, and dip only the tips of the bristles into the paint. Holding the brush about 100mm (4in) from the wall, drag a ruler towards you, across the bristles: this flicks tiny drops of paint onto the surface. Produce an even or random coverage as you prefer, but avoid concentrating the effect in one place. When the first spatter coat is dry, apply other colours in turn.

Speckled paint sprayed from an aerosol

Furniture, picture frames and other small objects can be decorated with speckled paint sprayed from an aerosol can. Prepare the surface following the manufacturer's instructions. Holding the can upright, not less than 300mm (1ft) from the work, spray on a light coat of paint. Some paints should be protected by overspraying with a compatible transparent acrylic top coat – check the manufacturers' recommendations.

Spattering creates an even speckled effect

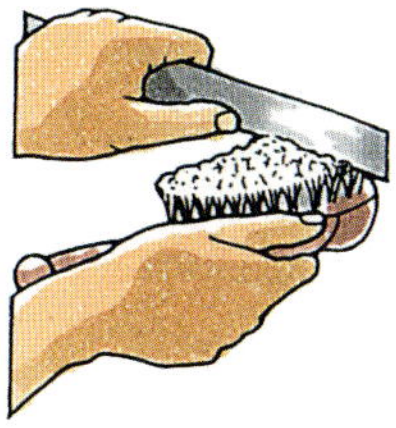

Spattering paint
Produce a speckled effect by drawing a ruler across a stiff-bristle brush.

Marking out or eyeballing
It is essential to mark out a wall accurately if you intend to stamp it neatly with a regular pattern *(right)*. When stamping a pattern by eye *(below)*, slight irregularities simply add to the effect.

Stamping

Stamping can be used to create an all-over decorative pattern, borders or individual motifs. If you don't want to use one of the many ready-made stamps, you can cut your own from firm foamed plastic. The simplest way to mark out a home-made stamp is to photocopy an image and attach it to the foam with low-tack adhesive; then cut round the image, cut away the waste, and peel off the paper pattern.

If you want to decorate your walls with a regular pattern or border, draw chalk guidelines on the surface or use low-tack masking tape. Pour a little paint into a tray and dip your stamp into it. Wipe off excess paint, then test the stamp on clean paper or card. Proceed to apply the stamp to the surface, following your guide marks. Recharge the stamp as necessary. Don't worry if some of the impressions are less than perfect – a slight difference in surface texture is part of the charm.

Stamping kits contain all you need to get started

SEE ALSO: Preparing plaster 48–9, Emulsion paints 65, Banister brush 64, Applying paint 66–7

Stencilled paint effects

Stencilling

You can paint patterns or motifs onto walls and furniture, using ready-made paper or plastic stencils. They are available from specialist shops and some artists' suppliers. If you can't find a stencil that suits your purpose, buy blank sheets of stencil paper from the same outlets and cut your own design with a sharp scalpel **(1)**. Design your stencil leaving thin strips between the cutouts to hold the shapes together.

You can buy small pots of acrylic paint for stencilling, but ordinary emulsion paint works just as well. Unless you intend to spray paint from an aerosol, you will need a sponge or a special stencil brush that has short stiff bristles and is used with a stippling action **(2)**.

Lightly mark out the wall to help position the stencil accurately. At the same time, make small marks to indicate the position of repeat patterns. Use small pieces of masking tape to hold the stencil on the wall, or spray the back of the stencil with a low-tack adhesive.

Spoon a little paint onto a flat board, then take a stencil brush and touch the tips of the bristles into the paint. Stipple excess paint onto waste paper until it deposits paint evenly, then transfer the brush to the wall. Use a sponge in a similar way.

With the stencil held flat against the wall, stipple the edges of the motif first, then fill in the centre. If necessary, apply a second coat immediately, to build up the required depth of colour. If you want the motif to look three-dimensional, add a shading effect on one side, using a darker colour. When the motif is complete, carefully peel the stencil away from the wall. Wipe traces of paint from the back of the stencil before repositioning it to repeat the motif.

If paint has crept under the stencil, try dabbing it off with a piece of absorbent paper rolled into a thin tapered coil, and then touch in with background paint.

Etched-glass effect
Using stencils and a spray can of translucent etching paint, you can create an etched-glass effect on glazed or mirrored panels. Mask the area with the stencil, and spray the glass with the fast-drying paint. Peel off the stencil to reveal a simulated etched motif.

1 Cutting a stencil

2 Stippling with paint

Night sky
(right)
Stipple star and planet motifs onto a dark background, using opaque acrylic or metallic paints.

PAINTING STRIPES

Painting straight edges

Use low-tack masking tape, available in various widths, when you want to paint a band of colour or a neat straight edge along a painted panel. This type of masking tape can be peeled off without damaging the painted surface beneath. Never use ordinary transparent adhesive tape.

Marking the lines
Draw straight horizontal lines, using a batten and a spirit level as a guide. Vertical lines can be marked on a wall by snapping a chalked plumb line against the surface.

Painting the edges
Run masking tape along one side of the marked line, taking care not to stretch or curve the tape. Using a small brush, paint away from the tape so that a thick edge of paint does not build up against it. Complete the rest of the area with a roller or larger paintbrush.

Peel off the tape when the paint is touch-dry – pull back and away from the edge to leave a clean line. If you happen to pull away specks of paint, touch in with an artist's paintbrush.

Painting a band of colour
To paint a horizontal stripe, complete the background, then mask the top and bottom of the band. Apply the paint, and once it is touch-dry remove both tapes.

Alternatively, apply three strips of tape butted side by side. Peel away the central tape, leaving a gap between two masked edges, ready for painting.

SEE ALSO: Preparing plaster 48–9, Emulsion paints 65, Applying paint 66–7

Decorating with paint effects

Clouding
(top left)
Similar to colour-washing, this effect is produced by taking a damp rag dipped in coloured glaze and rubbing it across the wall, using circular strokes rather like polishing a window.

Washed over
(top right)
Here the wall was painted with flat colour, then stencilled with shell motifs. After the stencilling had dried, the entire wall was colour-washed. The panelled dado is stippled heavily with a sponge.

Combined effect
(left)
A lot of creative energy has been expended on this room. Every surface is either sponged, colourwashed, dragged, or stencilled.

SEE ALSO: Colour, tone, texture and pattern 22–7

Creating marbled effects

Marbling

Producing marble effects

Producing a marble-like effect with paint is not an easy technique to master, so be prepared to experiment on a practice board until you achieve a convincing result. It is probably best to confine marbling to small areas such as fire surrounds or wall panels, but it can be used extensively for a grand decorative treatment. Study some examples of marble, taking note of the basic colours, tones and markings, then choose a limited colour range to produce a variety of similar hues.

Oil paints are traditionally used for marbling, as they take a long time to dry (it's necessary to work the whole effect with wet paint) and they blend extremely well. Artist's student oil paints are relatively cheap to use as colours for mixing with glazes, but for large areas you could use ordinary satin solvent-based paints instead. However, if you find the smell of oil paint unpleasant, there are slow-drying decorative-effect acrylic paints, which you can modify using tubes of artist's acrylic paints.

Laying the foundation

Prepare the surface, and apply a basecoat to approximate the background colour of the marble. While this is drying, make up a coloured glaze to be used as a medium for the marbling paints. Apply a coat of the glaze to the background, using clean lint-free rag. Rub it evenly over the surface – a light coating will produce the best result.

Applying a mottled pattern

Buy or mix one or two coloured scumble glazes. Using a 25mm (1in) paintbrush, paint uneven patches onto the wet glazed surface. Apply the marks randomly, overlapping with colours and tones. Take the rag used to apply the glaze, and stipple the patches to blend them and lose any distinct edges.

Complete the mottled effect with a wide soft-bristled paintbrush, sweeping it very gently back and forth across the paintwork to produce delicately softened areas of shaded colour. Adjust areas that appear too dark by wiping off patches of colour, then retouch and blend them in again.

Painting veined marble

Use an artist's paintbrush or a large feather to draw the veins, using glazes of contrasting tones or colour. Veins should be painted freely, with varying thicknesses of line. Note carefully the branching fine lines typical of real marble veining.

Blot any thick paint with an absorbent tissue, then blur the veins by brushing back and forth with a soft dry paintbrush until they appear as subtle soft-edged lines.

Sealing with varnish

Allow the marbled paintwork to dry thoroughly, then paint on a coat of compatible satin varnish. When the varnish has set hard, burnish the wall with a soft cloth to raise a delicate sheen. If necessary, you can modify the finish by applying a little wax polish.

Paints for marbling
Artist's oil paints are the best colours for mixing with glazes, but for marbling large areas you could use ordinary satin-finish household paint.

Mottled effects suggest some types of marble

Boldly painted strokes resemble marble veining

Freely applied marbling *(right)*
A simple marbled effect enlivens a wooden staircase.

Painting a basecoat
Choose a colour that approximates the overall background colour of the marble.

SEE ALSO: Preparing plaster 48–9, Emulsions 65, Applying paint 66–7, Varnishes 79

Textured coatings

You can apply the coating, using a roller or broad wall brush, but finer textures are possible with the brush. Buy a special roller if recommended by the coating manufacturer.

With a well-loaded roller, apply a generous coat in a band 600mm (2ft) wide across the ceiling or down a wall. Don't press too hard, and vary the angle of the stroke.

If you decide to brush the coating on, don't spread it out like paint. Instead, lay it on with one stroke and spread it back again with one or two strokes only.

Texture the first band, then apply a second band and blend them together before texturing the latter. Continue in this way until the wall or ceiling is complete. Keep the room ventilated until the coating has hardened.

Painting around fittings
Use a small paintbrush to fill in around electrical fittings and along edges, trying to copy the texture used on the surrounding wall or ceiling. Some people prefer to form a distinct margin around fittings by drawing a small paintbrush along the perimeter to give a smooth finish.

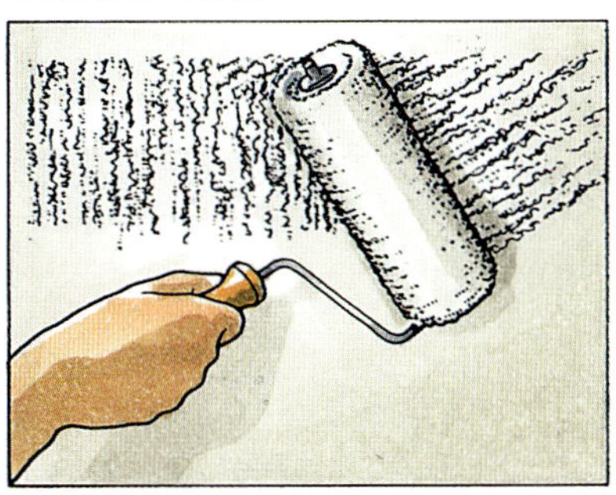

Creating a texture
You can experiment with a variety of tools to make any number of textures. Try a coarse expanded-foam roller or one made with a special surface to produce diagonal or diamond patterns. Alternatively, apply a swirling, ripple or stipple finish with improvised equipment, as shown on the right.

Textured coatings can be obtained as a dry powder for mixing with warm water or in a ready-mixed form for direct application from the tub. They are available in a range of standard colours, but if none of them suits your decorative scheme you can use ordinary emulsion as a finish. Textured coatings are suitable for both exterior and interior walls.

Using rollers, scrapers or improvised tools, you can produce a variety of textures. It's advisable to restrict distinctly raised textures with sharp edges to areas where you are unlikely to rub against the wall. Create finer textures for children's rooms, small bathrooms and narrow hallways.

Preparation for textured coatings

New surfaces will need virtually no preparation, but joints between plasterboard must be reinforced with tape. Strip any wallcoverings and key gloss paint with glasspaper. Old walls and ceilings must be clean, dry, sound and free from organic growth. Treat friable surfaces with stabilizing solution.

Although large cracks and holes must be filled, a textured coating will conceal minor defects in walls and ceilings by filling small cracks and bridging shallow bumps and hollows.

Masking joinery and fittings
Use masking tape 50mm (2in) wide to cover doorframes and window frames, electrical fittings, plumbing pipework, picture rails and skirting boards. Lay dust sheets over the floor.

- **Filling a texture**
If you inherit a textured surface that is not to your liking, you can smooth it with a thin skim coat applied with a spreader or plasterer's trowel.

Creating textures and patterns
(from left to right)

Geometric patterns
Use a roller with diamond or diagonal grooves: load the roller and draw lightly across the textured surface.

Stippled finish
Pat the coating with a damp sponge to create a pitted profile. Rinse out frequently. Alter your wrist angle and overlap sections.

Random swirls
Twist a damp sponge on the textured surface, then pull away to make a swirling design. Overlap swirls for a layered effect.

Combed arcs
A toothed spatula sold with the finish is used to create combed patterns, such as arcs, crisscross patterns or wavy scrolls.

Tree-bark effect
To produce a bark texture, use a special spiral-grooved roller.

Stucco finish
Apply parallel roller strokes, then run the rounded corner of a spatula over the coating in short straight strokes.

Finishing woodwork

Paint is the most common finish for woodwork in and around the house, offering as it does a protective coating in a choice of colours and surface finishes. However, stains, varnishes, lacquers and polishes give an attractive, durable finish to joinery, enhancing the colour of the woodwork without obliterating the beauty of its grain. When choosing a finish, bear in mind the location of the woodwork and the amount of wear it is likely to get.

A natural appearance
A pine staircase in exceptional condition finished with hardwearing gelled oil. Apply a varnish first for extra durability.

Top to bottom
1 Solvent-based gloss paint
2 Solvent-based satin paint
3 Acrylic gloss paint
4 Unsealed wood dye
5 Protective wood stain
6 Coloured preserver
7 Satin polyurethane varnish
8 Cold-cure lacquer
9 Oil finish
10 Wax polish

SEE ALSO: Colour and texture 22–6, Painting 80–2, Staining 86–7, Varnishing 88, French polishing 89, Oiling 90, Preservers 260

Choosing wood finishes

The list below gives a comprehensive range of finishes for protecting and decorating woodwork. Each has qualities that render it suitable for a particular purpose, although many of them can be employed simply for their attractive appearance rather than for any practical considerations. However, this does depend on the location of the timberwork, as some finishes are much more durable than others.

French polish
French polish is a specialized wood finish made by dissolving shellac in alcohol. It is easily scratched, and alcohol or water will etch the surface, leaving white stains. Consequently, it can be used only on furniture unlikely to receive normal wear and tear.

There are several varieties. Reddish-brown button polish is the best-quality standard polish. It is bleached to make white polish for light-coloured woods, and if the natural wax is removed from the shellac a transparent polish is produced. For mahogany, choose a dark-red garnet polish.

Solvent-based paints
Traditional solvent-based paints (oil paints) are available in high-gloss and satin finishes, with both liquid and thixotropic consistencies. Indoors, they will last for years, with only the occasional wash-down to remove fingermarks. One or two undercoats are essential, especially outside, where durability is considerably reduced by the action of sun and rain. Outdoors, you should consider redecorating every four to six years.

A one-coat paint, with its creamy consistency and high-pigment content, can protect primed wood or obliterate existing colours without undercoating. Apply the paint liberally and allow it to flow freely rather than brushing it out like a conventional oil paint.

Low-odour solvent-based finishes have largely eradicated the smell and fumes associated with drying paint.

Acrylic paints
These have several advantages over conventional oil paint. Being water-based, they are non-flammable, practically odourless, and constitute less of a risk to health and to the environment. They also dry very quickly, so that a job can often be completed in a single day. However, this means you have to work swiftly when decorating outside in direct sunlight, to avoid leaving brushmarks in the rapidly drying paintwork.

Provided they are applied to adequately prepared wood or keyed paintwork, acrylic paints form a tough yet flexible coating that resists cracking and peeling. However, in common with other water-based finishes, acrylic paints will not dry satisfactorily if they are applied on a damp or humid day. Even under perfect conditions, don't expect to achieve a high-gloss finish.

Wood dyes
Unlike paint, which after the initial priming coat rests on the surface of timber, a dye penetrates the wood. Its main advantage is to enhance the natural colour of the woodwork or to unify the slight variation in colour found in even the same species.

Water-based and oil-based dyes are available ready for use. You can also buy powdered pigments for mixing with methylated spirit. None of these dyes will actually protect the timber, and you will have to seal them with a clear varnish or polish.

Protective wood stains
The natural colour of wood can be enhanced with protective wood stains. Being moisture-vapour permeable, they allow the wood to breathe while providing a weather-resistant satin finish that resists flaking and peeling. Opaque colours are also available.

Protective wood stains are invariably brushed onto the wood. Some wood-stain manufacturers recommend two to three coats, while others offer a one-coat finish. Some ranges include a clear finish for redecorating previously stained woodwork without darkening the existing colour. Water-based stains generally tend to dry faster than those thinned with a spirit solvent.

Coloured preservers
Sawn-timber fencing, wall cladding and outbuildings tend to look particularly unattractive when painted, yet they need protection. Use a wood preserver, which penetrates deeply into the timber to prevent rot and insect attack. There are clear preservers, plus a range of natural-wood colours.

Traditional preservers have a strong, unpleasant smell and are harmful to plants, whereas most modern low-odour solvent-based and water-based preservers are perfectly safe, even for greenhouses and propagators.

Varnishes
Varnish is a clear protective coating for timber. Most modern varnishes are made with polyurethane resins to provide a waterproof, scratchproof and heat-resistant finish. They come in high-gloss, satin or matt finishes.

Exterior-grade varnishes are more weather-resistant; and some of them, including yacht varnish, are tough enough to cope with polluted urban environments and coastal climates.

Some varnishes are designed to provide a clear finish with a hint of colour; they are available in the normal wood shades and some strong colours. Unlike a wood dye, a coloured varnish does not sink into the timber – so there may be loss of colour in areas of heavy wear or abrasion unless you apply additional coats of clear varnish.

Fast-drying acrylic varnishes have an opaque milky appearance when applied, but are clear and transparent when dry.

Cold-cure lacquer
This plastic coating is mixed with a hardener just before it is used. It is extremely durable (even on floors) and is resistant to heat and alcohol. The standard type dries to a high gloss, which can be burnished to a lacquer-like finish if required. There is also a matt-finish grade, though a smoother matt surface can be obtained by rubbing down the gloss coating with fine steel wool dipped in wax. Black, white and clear varieties of cold-cure lacquer are available.

Finishing oil
Oil is a subtle finish that soaks into the wood, leaving a mellow sheen on the surface. Traditional linseed oil remains sticky for hours, whereas a modern oil will dry in about an hour and provides a tougher, more durable finish. Oil can be used on softwood as well as open-grained oily hardwoods such as teak or afrormosia. It is suitable for interior and exterior woodwork.

Thick gelled oil is applied like a wax polish, and can be used on bare wood or over varnish and lacquer.

Wax polishes
Wax can be employed to preserve and maintain another finish or as a finish itself. A good wax should be a blend of beeswax and a hard polishing wax such as carnauba. Some contain silicones to make it easier to achieve a high gloss.

Wax polish may be white or tinted various shades of brown to darken the wood. Although very attractive, it is not a durable finish and should be used indoors only.

1 Button polish
2 Garnet polish
3 White polish

SEE ALSO: Primers 41, Parquet flooring 118, Preservers 260

Painting woodwork

● **Removing specks and bristles**
Don't attempt to remove brush bristles or specks of fluff from fresh paintwork once a skin has started to form. Instead, let the paint harden, then rub down with wet-and-dry paper. The same applies if you discover runs.

Wood is a fibrous material with a definite grain pattern and different rates of absorption. And some species contain knots that may ooze resin. These are all qualities that have a bearing on the type of paint you use when decorating as well as the techniques and tools you need to apply it.

Basic application

It is essential to prepare and prime all new woodwork thoroughly before applying the finishing coats.

If you're going to use conventional solvent-based paint, apply one or two undercoats, depending on the covering power of the paint. As each coat hardens, rub down with fine wet-and-dry paper to remove blemishes, then wipe the surface with a cloth dampened with white spirit.

Apply the paint with vertical brush-strokes, and then spread it sideways to even out the coverage. Finish with light strokes ('laying off') in the direction of the grain. Blend the edges of the next application while the paint is still wet. Don't go back over a painted surface that has started to dry, or you will leave brushmarks in the paintwork.

Use a different technique for spreading one-coat or acrylic paints. Simply lay on the paint liberally with almost parallel strokes, then lay off lightly. Blend wet edges quickly.

Best-quality paintbrushes are the most efficient tools for painting woodwork. You will need 25 and 50mm (1 and 2in) brushes for general work, and a 12mm (½in) brush for painting narrow glazing bars.

THE ORDER OF WORK

Using fast-drying paints, you may be able to complete a job in one day – but if you are using conventional solvent-based paints, plan your work to make sure the paint will be dry enough to close doors and windows by nightfall.

Inside

Paint windows early, followed by doors and picture rails. Finish with skirting boards, so that any specks of dust picked up on the brush will not be transferred to other areas.

Outside

Don't paint in direct sunlight, as it dries water-based paints too quickly and creates glare from pale colours.

Never paint on wet or windy days: rain specks will pit the finish and airborne dust may ruin it.

Painting a panel

Painting a panel
When painting up to the edge of a panel or door, brush from the centre out – if you flex the bristles against the edge, the paint will run. Similarly, mouldings tend to flex bristles unevenly, so that too much paint flows: spread it well, taking extra care at corners of moulded panels.

Painting skirtings

Painting skirtings
Use a simple plastic shield to protect the floor when painting skirting boards. Alternatively, cover the edges of fitted carpet with wide low-tack masking tape

Making a straight edge

Painting a straight edge
To finish an area with a straight edge, use one of the smaller brushes and place it a few millimetres from the edge. As you flex the bristles, they will spread to the required width, laying on an even coat of paint.

● Black dot denotes compatibility.
All surfaces must be clean, sound, dry, and free from organic growth.

FINISHES FOR WOODWORK

	Solvent-based paint	Acrylic paint	Wood dye	Protective wood stain	Coloured preserver	Varnish	Acrylic varnish	Cold-cure lacquer	Oil	Wax polish	French polish
SUITABLE TO COVER											
Softwoods	●	●	●	●	●	●	●	●	●	●	
Hardwoods	●	●	●	●	●	●	●	●	●	●	●
Oily hardwoods	●	●	●	●		●	●	●	●	●	●
Planed wood	●	●	●	●	●	●	●	●	●	●	●
Sawn wood					●						
Interior use	●	●	●	●		●	●	●	●	●	●
Exterior use	●	●		●	●	●	●		●		
DRYING TIME: HOURS											
Touch-dry	4	1–2	0.5	0.5–4	1–2	2–4	0.5	1	1		0.5
Recoatable	16	4–6	6	4–16	2–4	14	2	2	6	1	24
THINNERS: SOLVENTS											
Water		●	●	●	●		●				
White spirit	●		●	●	●	●			●	●	
Methylated spirit											●
Special thinner								●			
NUMBER OF COATS											
Interior use	1–2	1–2	2–3	1–2		2–3	3	2–3	3	2	10–15
Exterior use	2–3	1–2		1–2	2	3–4	3–4		3		
COVERAGE											
Sq metres per litre	15–16	10–14	16–30	10–25	4–12	15–16	15–17	16–17	10–15	Variable	Variable
METHOD OF APPLICATION											
Brush	●	●	●	●	●	●	●	●	●	●	●
Paint pad	●	●	●	●		●	●	●			
Cloth pad (rubber)			●			●	●		●	●	●
Spray gun	●	●		●	●	●	●	●			

SEE ALSO: Primers 41, Preparing woodwork 51, Preparing paintwork 56–7, Paint systems 61

Painting doors

Doors have a variety of faces and conflicting grain patterns, all of which need to be painted separately – yet the end result must look even in colour, with no ugly brushmarks or heavily painted edges. There are recommended procedures for painting all types of door.

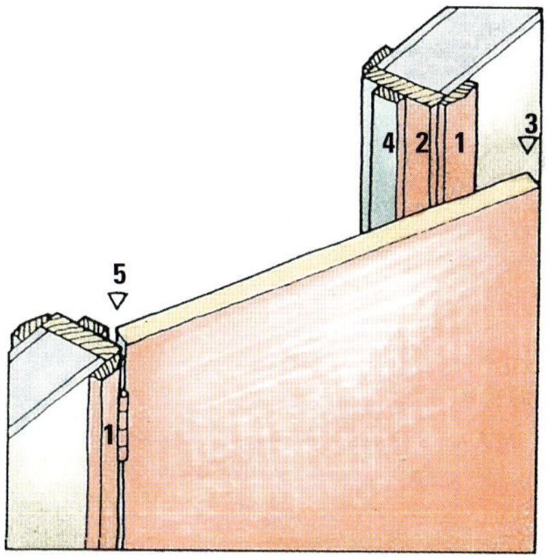

Painting each side with a different colour
Make sure all the surfaces that face you when the door is open are painted the same colour.

Opening side
Paint the architrave **(1)** and door frame **(2)** up to and including the edge of the doorstop one colour. Paint the face of the door and its opening edge **(3)** the same colour.

Opposite side
Paint the architrave and frame up to and over the doorstop **(4)** the second colour. Paint the opposite face of the door and its hinged edge **(5)** with the second colour.

Preparation and technique

Remove the door handles and wedge the door open so that it cannot be closed accidentally, locking you inside the room. Keep the handle in the room with you, just in case.

Aim to paint the door and its frame separately, so there's less chance of touching wet paintwork when passing through a freshly painted doorway. Paint the door first; and then when it's dry, finish the framework.

If you want to use a different colour for each side of the door, paint the hinged edge the colour of the closing face (the one that comes to rest against the frame). Paint the outer edge of the door the same colour as the opening face – so there won't be any difference in colour when the door is viewed from either side.

Each side of the frame should match the corresponding face of the door. Paint the frame in the room into which the door swings – including the edge of the stop bead against which the door closes – to match the opening face. Paint the rest of the frame the colour of the closing face.

System for a flush door

To paint a flush door, start at the top and work down in sections, blending each one into the other. Lay on the paint, then finish each section with light vertical strokes. Finally, paint the edges, taking extra care to avoid paint runs.

System for a panelled door

The different parts of a panelled door must be painted in a logical sequence. Finish each part with strokes running parallel to the direction of the grain.

Whatever style of panelled door you are painting, start with the mouldings **(1)** followed by the panels **(2)**. Paint the muntins (centre verticals) next **(3)**, and then the cross rails **(4)**. Finish the face by painting the stiles – the outer verticals **(5)**. Last of all, paint the edge of the door **(6)**.

To achieve a superior finish, paint the muntins, rails and stiles together, picking up the wet edges of the paint before they begin to dry.

● Painting melamine doors
Refurbish old kitchen cupboards and ward-robe doors using specially formulated melamine primer and paint. The finish can be applied with brush or roller.

Glazed doors
To paint a glazed door, begin with the glazing bars, then follow the sequence recommended for panelled doors.

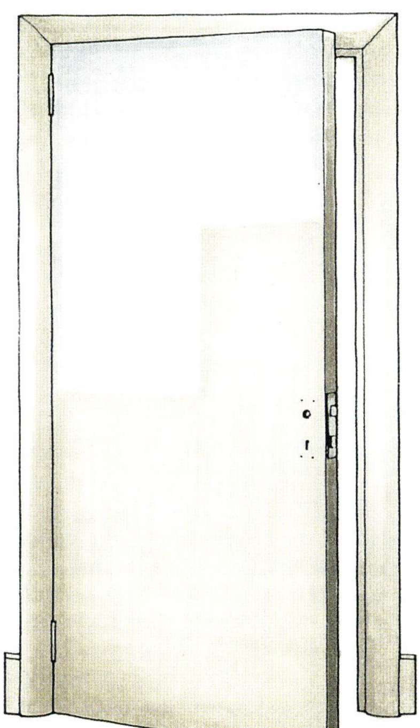

Flush door

Panelled door – basic method

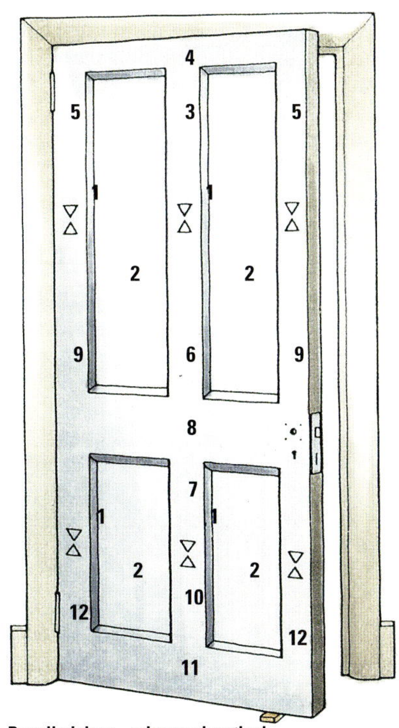

Panelled door – advanced method

Flush door
Apply paint in sections, working down from the top. Lay off with light vertical brushstrokes, picking up the wet edges for a good blend.

Panelled door: basic painting method
Follow the numbered sequence for painting the various parts of the door, finishing each part with strokes along the grain to prevent streaking.

Panelled door: advanced painting method
Working rapidly, follow the alternative sequence – which produces a finish free from joins between sections.

SEE ALSO: Primers 41, Preparing woodwork 51, Preparing paintwork 56-7, Glazing bars 82, Staining a door 87, Doors 192

Graining with brushes and combs

Before you even attempt to paint an impression of wood grain, it is worth taking the time to examine the real thing. This will help you produce convincing effects. However, no two pieces of wood are exactly the same – so be prepared to accept irregularities and the happy accidents that occur, rather than become frustrated by striving for a slavish copy. One of the most immediate techniques is simple brush-graining, which recreates the character of straight-grained wood. Before you create the effect, apply an even coat of glaze to the work.

Flogger
A flogger has extra-long stiff bristles that are used to strike wet glaze, leaving a texture that simulates large open pores. Although you will not use a flogger for every job, it is difficult to achieve the same results with any other paintbrush.

Steel combs
For fine work you can buy sets of precision-made steel combs in three grades – coarse, medium and fine. Combs 75 to 100mm (3 to 4in) wide are the most useful, but you will find 25 and 50mm (1 and 2in) combs perfect for graining narrow strips of wood.

Graining produced with a wet brush

Graining with a wet brush

Produce muted linear effects with a brush still wet from the glaze that you have just applied to the work. Holding the paintbrush between your thumb and fingertips, drag it lightly through the glaze from top to bottom at a shallow angle to the work surface. Apply successive strokes alongside until you have covered the workpiece.

Using a wet brush

Open-grain textures

If you want your brush-graining to look like oak, superimpose a coarse open-grain texture, using a flogger.

Using the flogger
Hold the flogger just above and parallel to the surface. Working in bands starting from the base of the panel, strike the wet brush-graining with short overlapping strokes, using the flat of the brush. You can use the side of the brush on narrow work.

Graining produced with a dry brush

Graining with a dry brush

Brush-graining with a dry brush not only displaces the glaze on the surface but also removes some colour at the same time, creating relatively bold stripes. Don't be afraid to wobble the brush slightly as you make the strokes: this will add to the effect. Regularly wipe the tips of the bristles onto a rag, to remove excess glaze.

Softening the grain
If your brush-graining appears too bold, use a softener to blur the lines. Hold the brush at 90 degrees to the surface, and gently stroke the painted grain, reducing its intensity without entirely losing the linear effect.

Comb-graining

Combing is employed primarily to produce the near-parallel linear patterns of straight-grained wood, but you can use steel or rubber combs to blur coarse brush-graining. The basic techniques are not difficult to master, and with practice you will discover the degree of variation required to avoid an overrepetitive, mechanical effect.

When combing, add a little more solvent to the glaze, to prevent ridges.

Oak-grain pattern created with steel combs

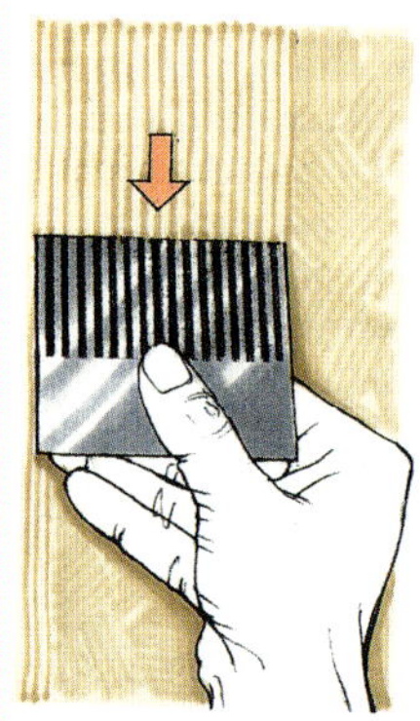

Using a steel comb

Using steel combs
Cover the surface with thinned glaze, then draw a medium steel comb from top to bottom in a series of overlapping vertical strokes. Imitate real grain by occasionally allowing the comb to waver from side to side. Wipe excess glaze from the tips of the teeth between strokes.

Reverse combing

Reverse combing
Break up the linear pattern with a fine comb, dragging it upwards at an angle of about 10 degrees to the first series of strokes. Blend in excess colour at the top and bottom of a panel by stippling with a lining tool. If you want to create a finer texture, go back over the same area a second time.

SEE ALSO: Graining tools 83, Glazes for graining 83

Creating decorative graining

A heart grainer is used to simulate the pattern of heartwood grain that often appears in the centre of a door panel. The tool is used much like a comb, in that it is drawn along the work to leave impressions in the wet glaze – but by presenting its convex surface to the work at different angles, you can create an almost infinite variety of bold patterns. Grainers are moulded with coarse, medium or fine ribs to suit the character of the wood.

You can enhance the character of particular species of wood with mottling effects or knots.

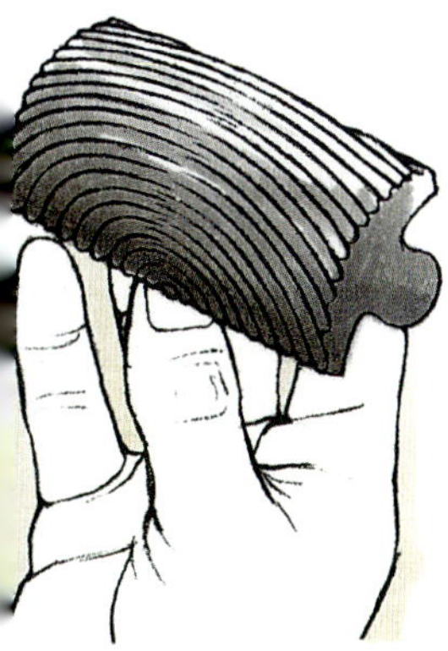

Holding a heart grainer
Hold the grainer between thumb and fingertips, with the concentric curved ribs centred on the bottom edge of the tool.

Heart grainers
These are special combing tools that leave a highly realistic impression of figured wood grain. The convex surface of each heart grainer is moulded with concentric ridges, centred on one edge of the tool. Heart grainers are made in coarse, medium and fine grades.

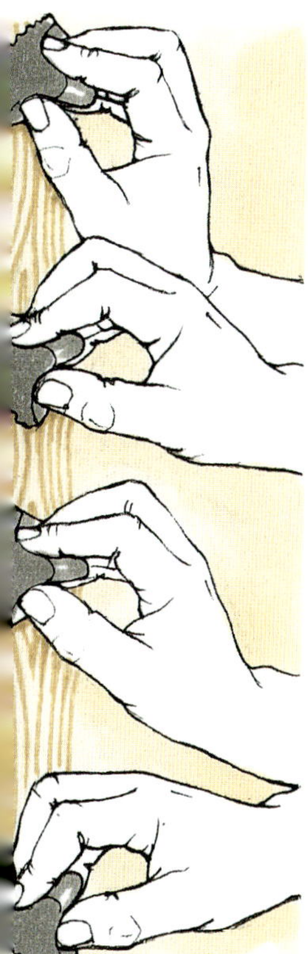

Using the grainer
Position the grainer near one end of the workpiece, with the bottom edge of the tool resting on the glazed surface. Draw the grainer slowly to the end of the panel in one continuous stroke, at the same time rocking the tool over and back to vary the pattern left in the coloured glaze.

Creating special effects

Small details applied to basic wood graining add variety and interest, making each panel or frame a unique piece of work. One essential requirement is a familiarity with the effects you are trying to create – which can best be achieved by studying examples of real wood.

Including knots

Softwood is often covered with dark brown knots – which is an essential part of the wood's character. It is well worth including knots to suggest softwood, so make allowance for them while applying the initial graining. As you draw the brush or comb through the wet glaze, kink or swerve the lines where a knot will be placed, to mimic the natural grain.

Imprinting knots in wet glaze
It is surprisingly easy to create a knot by imprinting the wet glaze with the end of a dowel, or even with your fingertip if you are wearing protective gloves. The simple act of touching the glaze disperses the colour, leaving a pale patch with a darker rim and sometimes a small dark dot in the centre.

If a knot needs still further emphasis, paint in small concentric circles very freely with the point of an artist's brush, stippling afterwards to soften the effect. Don't make all your knots the same shape or size.

Ray-flecked oak

Creating figured oak

Some hardwoods, especially oak, have a grain pattern crossed with a ray-fleck figure. These pale-coloured flecks run ribbon-like down a piece of straight-grained wood, or may flank a central band of bold heart graining.

Reproduce ray flecks by wiping them out of combed or brushed-and-flogged graining.

Wiping out individual flecks
Wrap a simple wooden spatula or ice-cream stick in absorbent cloth. Draw the tip of the wrapped stick through the glaze, turning the stick to make short twisting lines that taper sharply towards their ends. No two flecks are identical in shape or size, but they tend to follow a similar pattern across a piece of wood.

Stretch the fabric tightly over the rounded tip of the stick, refolding the rag at intervals to maintain a clean working edge. Lightly soften the edges with a brush.

Mottler
A soft-bristled mottler is used to simulate the bands of highlights that are often displayed across wavy-grain woods and veneers, such as fiddleback sycamore or ripple ash. Although a mottler is preferable, you can make do with an ordinary paintbrush.

Using a mottler
The easiest way to achieve the wavy bands seen across the surface on some woods is to create the effect when applying the coat of protective varnish. You need to darken the first coat of varnish slightly with artist's paint, and create the effect while the varnish is wet.

Holding the mottler at 45 degrees to the surface, wipe away narrow strips of varnish with side-to-side strokes, creating a band of random impressions in the varnish. To soften the mottling, lightly brush along the bands with a softener.

Apply a second coat of varnish once the first coat is dry.

SEE ALSO: Graining tools 83, Glazes for graining 83, Varnishing woodwork 88

Staining with wood dyes

Unless the wood is perfectly clean and free from grease, wood dye will be rejected, producing an uneven, patchy appearance. Strip any previous finish, and sand the wood with progressively finer abrasive papers. Always sand in the direction of the grain, as any scratches made across the grain will be emphasized by the dye.

Working with wood dyes

When you wet a piece of timber, water is absorbed by the wood, raising a mass of tiny fibres across the surface. Applying a water-based dye does the same – which is potentially ruinous for the final finish. Avoid the problem by sanding the wood until perfectly smooth, then dampen the whole surface with a wet rag. Leave it to dry out, then sand the raised grain with very fine abrasive paper before you apply the dye. If you are using an oil-based dye, this preliminary process is unnecessary.

If you want to fill the grain, first apply a seal coat of clear finish over the dye. Choose a grain filler that matches the dye, adjusting the colour by adding a little dye to it – but make sure that the dye and filler are compatible. An oil-based dye will not mix with a water-based filler, and vice versa; so check before you buy either.

Making a test strip

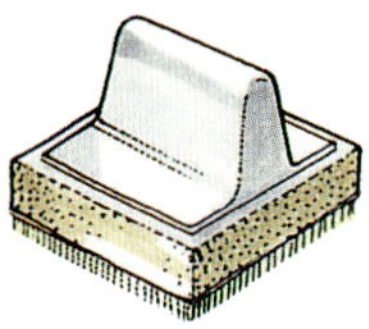

Paint pad

Paintbrush

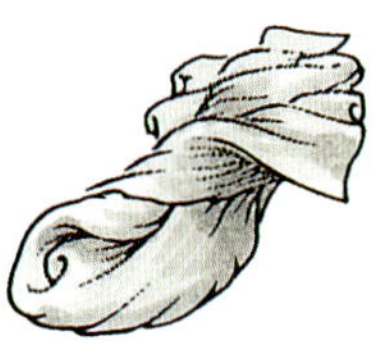

Rubber

The final colour is affected by the nature of the timber, the number of coats, and the overlying clear finish. You can also mix compatible dyes to alter the colour, or dilute them with the appropriate thinner.

Make a test strip, so that you will have an accurate guide from which you can choose the depth of colour to suit the job in hand. Use a piece of timber from the same batch you are staining, or one that resembles it closely.

Paint the strip with one coat of dye. Allow the dye to be absorbed, then apply a second coat, leaving a strip of the first application showing. It is rarely necessary to apply more than two coats of dye – but for the experiment add a third coat, and even a fourth, always leaving a strip of the previous application for comparison.

When the dye has dried completely, paint a band of clear varnish along the strip. Some polyurethane varnishes react unfavourably with oil-based dyes, so it is advisable to use products made by the same manufacturer.

How to apply wood dye

Use a 100mm (4in) paintbrush to apply dyes over a wide, flat surface. Don't brush out a dye as you would paint, but apply it liberally and evenly, always in the direction of the grain.

It is essential to blend wet edges of wood dye, so work fairly quickly and don't take a break until you have completed the job. If you have applied a water-based dye with a brush, it is sometimes advantageous to wipe over the wet surface with a soft cloth and remove excess dye.

Brushes, pads and rubbers are all useful for applying wood dye

Using a paint pad is one of the most effective ways to achieve an even coverage over a flat surface. However, you may find that you still need to use a paintbrush for staining mouldings and to get the wood dye right into awkward corners.

Because dyes are so fluid, it's often easier to apply them with a wad of soft lint-free rag, called a rubber. This will enable you to control runs on a vertical panel; it's also the best way to stain turned wood and rails.

Using a rubber
Wearing gloves to protect your skin, pour some wood dye into a shallow dish, saturate the rubber with dye, and then squeeze some out so that it is not dripping but is still wet enough to apply a liberal coat of dye to the surface.

SEE ALSO: Preparing woodwork 51, Using grain filler 51, Wood dyes 79, Making a rubber 89

Panels, floors and doors

Staining a flat panel

Whenever possible, set up a panel horizontally for staining, either on trestles or raised on softwood blocks. Shake the container before use; and pour the dye into a flat dish, so that you are able to load your applicator properly.

Apply the dye, working swiftly and evenly along the grain. Stain the edges at the same time as the top surface. The first application may have a slightly patchy appearance as it dries, because some parts of the wood will absorb more dye than others. The second coat normally evens out the colour without difficulty. If powdery deposits are left on the surface of the dry wood dye, wipe them off with a coarse, dry cloth, before applying the second coat in the same way as the first.

Leave the dye to dry overnight, then proceed with the clear finish of your choice to seal the colourant.

Staining floors

Because a wooden floor is such a large area, it is more difficult to blend the wet edges of the dye.

Work along two or three boards at a time, using a paintbrush and finishing at the edge of a board each time.

Woodblock floors are even trickier; so work with an assistant, to cover the area quickly, blending and overlapping sections with a soft cloth.

Staining a door

So that it can be laid horizontally, stain a new or stripped door before it is hung. A flush door is stained like any other panel, but use a rubber to colour the edges, so that wood dye does not run underneath and spoil the other side.

When staining a panelled door, it is essential to follow a sequence that will allow you to pick up the wet edges before they dry. Use a combination of brush and rubber to apply the dye, and follow the numbered sequence below.

Unlike the order adopted when painting a panelled door, it's best to stain the mouldings last – in order to prevent any overlapping showing on the flat surfaces. Stain the mouldings with a narrow brush, and blend in the colour with a rubber.

Method for staining a panelled door
Follow this sequence, using a combination of paintbrush or paint pad and rubber to apply the dye evenly to the various parts of the door. Start with the inset panels **(1)**, then continue with half of the vertical muntin **(2)**, the bottom cross rail **(3)** and half the stiles **(4)**. Pick up the wet edges with the other half of the muntin **(5)** and the stiles **(6)**. Stain the central cross rail **(7)**, then repeat the procedure for the second half of the door **(8–12)**. Finish with the mouldings **(13)**, using a narrow brush and rubber.

Pads for mouldings
It is relatively easy to apply wood dye to a moulding using a narrow paintbrush. Alternatively, you could use a small paint pad intended for painting glazing bars.

EXTERIOR WOOD STAINS

Standard wood dyes are not suitable for exterior use. They do not possess any protective properties of their own, and they have a tendency to fade in direct sunlight. For planed joinery and weatherboarding, use a protective wood stain that is moisture-vapour permeable. For sawn timber, use a coloured wood preserver. Both materials are much thinner than paint, so take care to avoid splashing.

Protective wood stain

Make sure the surface is clean, dry and sanded. All previous paint or varnish must be stripped off. For extra protection, treat the timber with a clear wood preserver before staining.

Apply the required number of coats with a paintbrush, making sure that the coverage is even.

Stain wall cladding one board at a time (treating the lower edge first).

Wood preserver

Before you apply a coloured wood preserver, remove surface dirt with a stiff-bristled brush. Existing paint or varnish must be stripped completely; but timber that has been creosoted or previously preserved can be treated, provided it has weathered.

For additional protection against insect and fungal attack, treat the timber first with a clear wood preserver, either by immersion or by applying generous brush coats.

Paint a full coat of coloured preserver onto the wood; and, if necessary, follow up with a second coat as soon as the first has soaked in. Brush out sufficiently to achieve an even colour, and join all edges swiftly before they have time to dry.

Replacing putty

Stains will not colour old linseed-oil putty, so either replace it with a coloured plasticized putty or stain the frame and seal the rebate with mastic **(1)**. Then set lengths of stained wooden beading into the mastic and secure them with panel pins **(2)**. You will find it easiest to fix the beading if you tap in the pins beforehand, so that they just protrude through the other side. Use a putty knife to remove excess mastic squeezed from beneath the beading **(3)**.

1 Apply mastic

2 Fix beading

3 Trim mastic

SEE ALSO: Preparing woodwork 51, Stripping wood 56–7, Protective stains 79, Removing putty 210, Wood preservers 260

Varnishing woodwork

Varnish serves two main purposes: to protect the wood from knocks, stains and other marks, and to give it a sheen that accentuates the grain pattern. Some varnishes can be used to change the colour of the wood to resemble another species or to give it a fresh, new look with a choice of bright colours.

The effect of varnish
The examples above illustrate how different varnishes affect the same species of wood. From top to bottom: untreated softwood, clear matt varnish, clear gloss varnish, wood-colour varnish, tinted satin varnish, pure-colour varnish.

How to apply varnish

Apply varnish like paint, using a range of paintbrushes: you will find 12, 25 and 50mm (½, 1 and 2in) the most useful widths. For varnishing a floor, use a 100mm (4in) brush to achieve fast, even coverage.

Keep your brushes spotlessly clean; any remaining traces of paint on them may spoil the finish.

Load a brush with varnish by dipping the first third of the bristles into the liquid, then touch off the excess on the inside of the container. Don't scrape the brush across the rim of the container – as that creates bubbles in the varnish, which can spoil the finish if transferred to the wood.

You can use a soft cloth pad, or rubber, to rub a sealer coat of varnish into the grain. Also, you'll find that a rubber is convenient for varnishing shaped or turned pieces of wood.

Applying the varnish

Thin the first sealer coat of varnish by 10 per cent, and rub it into the wood in the direction of the grain, using a cloth pad. Where a rubber is difficult to use, brush on the sealer coat, instead.

Apply a second coat of varnish within the stipulated time. If more than 24 hours have elapsed, lightly key the surface of solvent-based gloss varnish with fine abrasive paper. Wipe the surface with a cloth dampened with white spirit in order to remove dust and grease, then brush on a full coat of varnish. Apply a third coat if the surface is likely to take hard wear.

Using coloured varnish

Although wood stains can only be used on bare timber, you can use a coloured varnish to darken or alter the colour of woodwork that has been previously varnished, without having to strip the existing finish. Clean the surface with fine wire wool dipped in white spirit or a proprietary furniture cleaner that will remove old wax and dirt. Dry the surface with a clean cloth, then apply the tinted varnish. It may be worth making a test strip beforehand to see how many coats you will need to achieve the required depth of colour.

Varnishing floors

Varnishing a floor is no different from varnishing any other woodwork; but due to the size of the area being treated in a confined space, solvent-based varnishes can produce an unpleasant concentration of fumes. Open all the windows, to provide maximum ventilation, and wear a respirator while you are working. Start in the corner furthest from the door and work back towards it. Brush the varnish out well, so that it does not collect in pools.

DEALING WITH DUST PARTICLES

Minor imperfections and particles of dust stuck to the varnished surface can be rubbed down with fine abrasive paper between coats. If your top coat is to be a high-gloss finish, take even more care to ensure that your brush is perfectly clean.

If you are not satisfied with your final finish, wait until it is dry, then dip very fine wire wool in wax polish and rub the varnish with parallel strokes in the direction of the grain. Buff the surface with a soft duster. This treatment removes a high gloss, but it leaves a pleasant sheen on the surface with no obvious imperfections.

Produce a soft sheen with wire wool and wax

☛ SEE ALSO: Preparing woodwork 51, Stripping wood 56–7, Linseed oil 79, Varnishes 79, Wax polishes 79, Test strip 86, Using a rubber

French polishing

The art of French polishing has always been considered the province of the expert. It's true that a professional will make a better job of the polishing and will be able to work much faster than an amateur, but there's no reason why anyone cannot produce a satisfactory finish with a little practice.

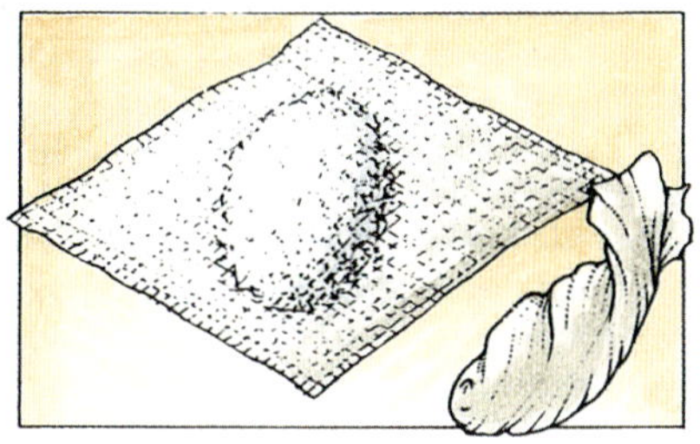

Making a rubber
Traditionally, shellac – French polish – is applied with a soft pad known as a rubber. To make one, take a handful of cotton wool and squeeze it roughly egg-shaped, then place it in the centre of a 300mm (1ft) square of white linen. Fold the fabric over the cotton wool, gathering the loose material in the palm of your hand. Smooth out any wrinkles that form across the sole of the pad.

BRUSHING FRENCH POLISH

If you haven't the time to practise applying shellac with a rubber, use a special French polish that can be brushed onto the surface. It contains an agent that retards the drying process, so that brushmarks can flow out before the polish begins to set.

The technique for applying this brushing polish is easy to master. Use a soft paintbrush to apply an even coat; then after an hour, rub down lightly with silicon-carbide paper. Paint on two more coats, only rubbing down between applications if you notice any blemishes in the surface.

When the shellac has set, dip a ball of 0000-grade wire wool in soft wax polish and rub it gently up and down the panel, using overlapping parallel strokes. Leave the wax to harden for 15 to 20 minutes, then burnish vigorously with a soft duster.

Apply an even coat with a paintbrush

Preparation for French polishing

It's essential to prepare woodwork immaculately before polishing, as every blemish will be mirrored in the finish and spoil the effect. The grain should be filled, either with a proprietary filler or with layers of polish, which are rubbed down and recoated until the pores of the wood are eventually filled flush.

Work in a warm, dust-free room – a low temperature will make the polish go cloudy (known as 'blooming'), and airborne dust will mar the finish.

Make sure you work in a good light, so you can glance across the surface in order to gauge the quality of the finish you are applying.

Traditional French polishing

With the rubber open in the palm of your hand, pour shellac onto the cotton wool until it is fully charged, but not absolutely saturated. Fold the fabric over the cotton wool, and press the rubber against a scrap of wood to squeeze out the polish, distributing it evenly across the sole or base of the pad. Dip your fingertip in linseed oil, and spread it across the sole to act as a lubricant.

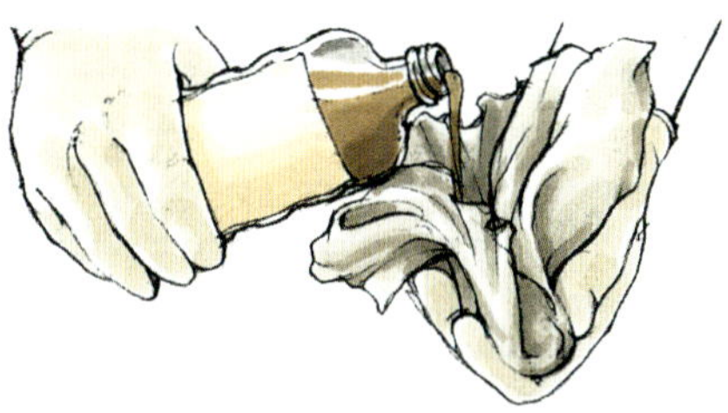

Applying the polish

To apply French polish to a flat panel, first make overlapping circular strokes with the rubber, gradually covering the whole surface with shellac. Then go over the same surface again, this time using figure-of-eight strokes – varying the strokes ensures an even coverage. Finish with straight overlapping strokes parallel with the grain.

Very little pressure is required with a freshly charged rubber, but you need to increase the pressure gradually as the work proceeds. Recharge the cotton wool with polish as necessary, adding another spot of linseed oil to the sole when the rubber ceases to glide easily across the surface.

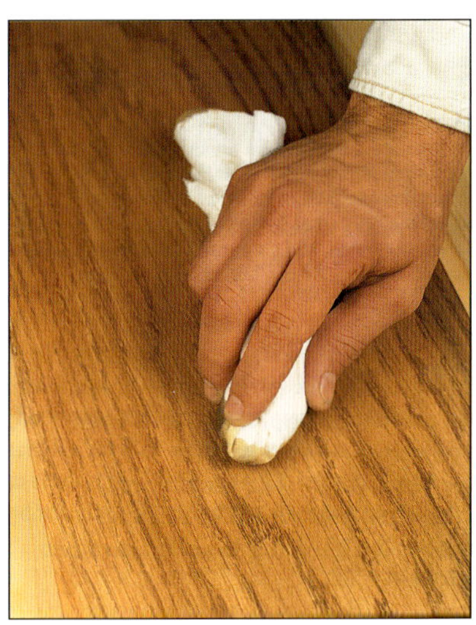

Keep the rubber on the move, sweeping it on and off the wood at the beginning and end of each complete coverage. If you stop with the rubber in contact with the work, the pad will stick to the polish, leaving a scar. In this event, let the shellac harden thoroughly and rub it down with very fine self-lubricating silicon-carbide paper.

Assuming the first complete application is free from blemishes, leave it to dry for 30 minutes, then repeat the process. Build up four to five coats in the same way, and leave the polish to harden overnight.

Next day, sand out any dust, runs or rubber marks with silicon-carbide paper, before applying another four to five coats of polish. In all, 10 to 20 coats will be needed to build a protective coating with the required depth of colour.

Storing the rubber
Keep your rubber pliable between applications of polish by storing it in a screw-top jar.

Removing the oil

The linseed-oil lubricant leaves streaks in the polish that have to be removed with a rubber that is practically empty of shellac, but with a few drops of methylated spirit on the sole. Apply the rubber to the polished surface, using straight parallel strokes only, gliding on and off the panel at the beginning and end of each stroke. Recharge the rubber with more methylated spirit as soon as it begins to drag. Leave the work for a minute or two, and repeat the process if the streaks reappear.

This process – known as 'spiriting off' – not only removes streaking but eventually burnishes the French polish to a glass-like finish.

Half an hour later, buff the surface with a soft duster, then leave it to harden for at least a week.

Applying French polish
Make overlapping circular and figure-of-eight strokes with the rubber, gradually covering the whole surface. Then finish with straight parallel strokes.

SEE ALSO: Grain filler 51, Preparing woodwork 51, Stripping wood 56–7, French polish 79

Wallcoverings : COVERINGS THAT CAMOUFLAGE

Although wallcoverings are often called 'wallpaper', only a proportion of the wide range available is made solely from wood pulp. There is a huge range of paper-backed fabrics, from exotic silks to coarse hessians; other types include natural textures such as cork or woven grass on a paper backing. Plastics have widened the choice of wallcoverings still further: there are paper-backed or cotton-backed vinyls, and plain or patterned foamed plastics. Before wallpaper became popular, fabric wall hangings were used to decorate interiors; and this is still done today, using unbacked fabrics glued or stretched across walls.

Ensuring a suitable surface
Although many wallcoverings will cover minor blemishes, walls and ceilings should be clean, sound and smooth. Eradicate damp and organic growth before hanging any wallcovering. Consider whether you should size the walls to reduce paste absorption.

Although a poor surface should be repaired, some coverings hide minor blemishes, as well as providing a foundation for other finishes.

Expanded-polystyrene sheet
Thin polystyrene sheet is used for lining a wall before papering. It reduces condensation and also bridges hairline cracks and small holes. Polystyrene dents easily, so don't use it where it will take a lot of punishment. There is a patterned version for ceilings.

Lining paper
This is a cheap buff-coloured wallpaper for lining uneven or impervious walls prior to hanging a heavy or expensive wallcovering. It also provides an even surface for emulsion paint.

Woodchip paper
Woodchip paper is made by sandwiching particles of wood between two layers of paper. It is inexpensive, easy to hang (but a problem to cut), and must be painted.

1 2 3

Top right
1 Expanded polystyrene
2 Lining paper
3 Woodchip

Bottom left
4 Hand-printed
5 Machine-printed

Bottom right
6 Lincrusta
7 Embossed-paper wallcovering
8 Blown vinyl

5
4

Printed wallpapers
One advantage of ordinary wallpaper is the superb range of printed colours and patterns, which is much wider than for any other wallcovering. Most of the cheaper papers are machine-printed.

The more costly hand-printed papers are prone to tearing when wet, and the inks have a tendency to run if you smear paste on the surface. They are not really suitable for walls exposed to wear or condensation. Pattern matching can be awkward, because hand printing isn't as accurate as machine printing.

Relief papers
Wallpapers that have deeply embossed patterns hide minor imperfections. Reliefs are invariably painted, with emulsion, satin-finish oil paints or water-based acrylics.

Lincrusta – which was the first embossed wallcovering – consists of a solid film of linseed oil and fillers fused onto a backing paper before the pattern is applied with an engraved steel roller. It is still available, though many people prefer embossed-paper wallcoverings or the superior-quality versions made from cotton fibres. Lightweight vinyl reliefs are also popular. During manufacture they are heated in an oven, which 'blows' or expands the vinyl, creating deeply embossed patterns.

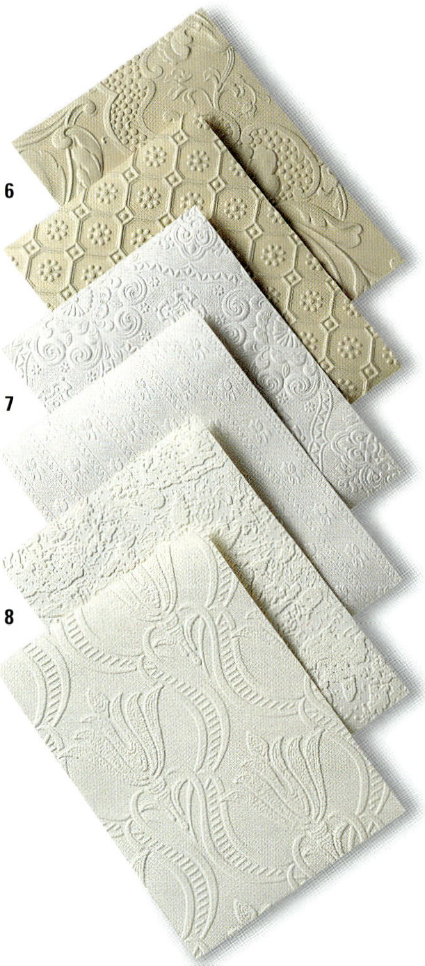

6
7
8

SEE ALSO: Choosing colour/pattern 22–3, 27, Sizing wall 48, Preparing plaster 48–9, Mould growth 50, Stripping wallpaper 50

Wallcoverings

Washable papers
These are printed papers with a thin impervious glaze of PVA to make a spongeable surface. Washables are suitable for bathrooms and kitchens. The surface must not be scrubbed, or the plastic coating will be worn away.

Vinyl wallcoverings
A base paper, or sometimes a cotton backing, is coated with a layer of vinyl upon which the design is printed. Heat is used to fuse the colours and vinyl. The result is a durable, washable wallcovering ideally suited to bathrooms and kitchens. Many vinyls are sold ready-pasted for easy application.

Foamed-plastic covering
This is a lightweight wallcovering made solely of foamed polyethylene with no backing paper. It is printed with a wide range of patterns, colours and designs. You paste the wall instead of the covering. It is best used on walls that are not exposed to wear.

Flock wallcoverings
Flock papers have the major pattern elements picked out with a fine pile produced by gluing synthetic or natural fibres (such as silk or wool) to the backing paper; the pattern stands out in relief, with a velvet-like texture.

Standard flock papers are difficult to hang, as contact with paste will ruin the pile. Vinyl flocks are less delicate, can be hung anywhere, and may even come ready-pasted.

You can sponge flock paper to remove stains, but brush to remove dust from the pile. Vinyl flocks can be washed without risk of damage.

Grass cloth
Natural grasses are woven into a mat and glued to a paper backing. While these wallcoverings are very attractive, they are fragile and difficult to hang.

Cork-faced paper
This is surfaced with thin sheets of coloured or natural cork. It is not as easily spoiled as other special papers.

Paper-backed fabrics
Finely woven cotton, linen or silk on a paper backing has to be applied to a flat surface. They are expensive and not easy to hang, so avoid smearing the fabric with adhesive. Most fabrics are delicate, but some are plastic-coated to make them scuff-resistant.

Unbacked fabrics
Upholstery-width fabric – typically hessian – can be wrapped around panels, which are then glued or pinned to the wall.

Left to right
1 Washable papers
2 Textured and patterned vinyls
3 Foamed polyethylene
4 Flock papers
5 Paper-backed fabric
6 Grass-cloth mats
7 Cork-faced paper

SEE ALSO: Choosing colour/pattern 22–3, 27, Sizing wall 48, Preparing plaster 48–9, Mould growth 50, Stripping wallpaper 50

Wallcoverings: estimating quantities

Calculating the number of rolls of wallcovering you need will depend mainly on the size of the roll – both the length and width. However, you also need to take into consideration the pattern repeat and to make allowance for cutting around obstructions such as windows and doors.

The width of a standard roll of wallcovering is 520mm (1ft 9in), the length 10.05 metres (33ft). Use the two charts on this page to estimate how many rolls you are likely to need for walls and ceilings.

Non-standard rolls

If the wallcovering you prefer is not cut to a standard size, calculate the amount you need the following way:

Walls

Measure the height of the walls from skirting to ceiling. Divide the length of the roll by this figure to find the number of wall lengths you can cut from a roll.

Measure around the room, leaving out windows and doors, to determine how many widths fit into the total length of the walls. To estimate how many rolls you will need, divide this number by the number of wall lengths you can get from one roll.

Make an allowance for short lengths above doors and under windows.

Ceilings

Measure the length of the room to determine one strip of paper. Work out how many roll-widths fit across the room. To estimate how many rolls you need, multiply the two figures and divide the answer by the length of a roll. Check for waste and allow for it.

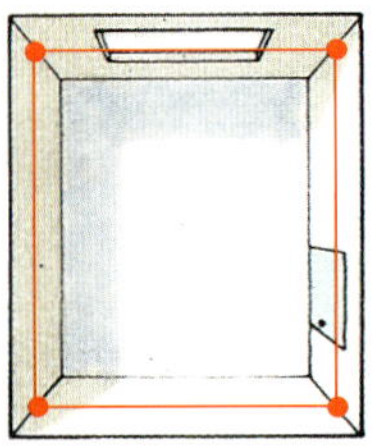

Measuring walls for standard rolls
A standard roll of wallcovering is 520mm (1ft 9in) wide and 10.05 metres (33ft) long. To be on the safe side, you may want to include windows and doors in your estimate.

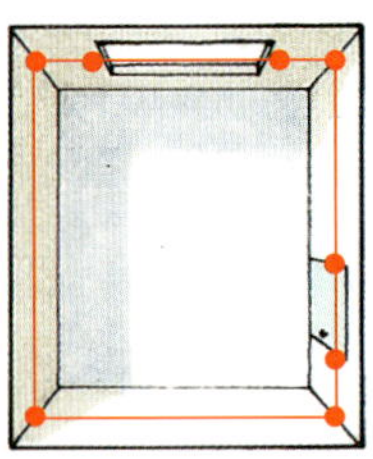

Measuring walls for non-standard rolls
Do not include doors and windows when estimating for expensive materials. Allow for short lengths afterwards.

Checking for shading

If rolls of wallcovering are printed in one batch, there should be no problem with colour-matching one roll to another. When you buy, look for the batch number printed on the wrapping.

Make a visual check before hanging the covering, especially for hand-printed papers or fabrics. Unroll a short length of each roll and lay them side by side. You may obtain a better colour match by changing the rolls around – but if the colour difference is too obvious, ask for replacement rolls.

Walls:
Standard rolls
Measure your room, then look down the height column and across the wall column to estimate the number of standard rolls required.

MEASUREMENT IN METRES AROUND WALLS, INCLUDING DOORS AND WINDOWS	HEIGHT OF ROOM IN METRES FROM SKIRTING							
	2–2.25m	2.25–2.5m	2.5–2.75m	2.75–3m	3–3.25m	3.25–3.5m	3.5–3.75m	3.75–4m
WALLS	NUMBER OF ROLLS REQUIRED FOR WALLS							
10m	5	5	6	6	7	7	8	8
10.5m	5	6	6	7	7	8	8	9
11m	5	6	7	7	8	8	9	9
11.5m	6	6	7	7	8	8	9	9
12m	6	6	7	8	8	9	9	10
12.5m	6	7	7	8	9	9	10	10
13m	6	7	8	8	9	10	10	10
13.5m	7	7	8	9	9	10	10	11
14m	7	7	8	9	10	10	11	11
14.5m	7	8	8	9	10	10	11	12
15m	7	8	9	9	10	11	12	12
15.5m	7	8	9	9	10	11	12	13
16m	8	8	9	10	11	11	12	13
16.5m	8	9	9	10	11	12	13	13
17m	8	9	10	10	11	12	13	14
17.5m	8	9	10	11	12	13	14	14
18m	9	9	10	11	12	13	14	15
18.5m	9	10	11	12	12	13	14	15
19m	9	10	11	12	13	14	15	16
19.5m	9	10	11	12	13	14	15	16
20m	9	10	11	12	13	14	15	16
20.5m	10	11	12	13	14	15	16	17
21m	10	11	12	13	14	15	16	17
21.5m	10	11	12	13	14	15	17	18
22m	10	11	13	14	15	16	17	18
22.5m	11	12	13	14	15	16	17	18
23m	11	12	13	14	15	17	18	19
23.5m	11	12	13	15	16	17	18	19
24m	11	12	14	15	16	17	18	20
24.5m	11	13	14	15	16	18	19	20
25m	12	13	14	15	17	18	19	20
25.5m	12	13	14	16	17	18	20	21
26m	12	13	15	16	17	19	20	21
26.5m	12	14	15	16	18	19	20	22
27m	13	14	15	17	18	19	21	22
27.5m	13	14	16	17	18	20	21	23
28m	13	14	16	17	19	20	21	23
28.5m	13	15	16	18	19	20	22	23
29m	13	15	16	18	19	21	22	24
29.5m	14	15	17	18	20	21	23	24
30m	14	15	17	18	20	21	23	24

Ceilings:
Standard rolls
Measure the perimeter of the ceiling. The number of standard rolls required is shown next to the overall dimensions.

CEILINGS: NUMBER OF ROLLS REQUIRED							
Measurement around room	Number of rolls	Measurement around room	Number of rolls	Measurement around room	Number of rolls	Measurement around room	Number of rolls
11m	2	16m	4	21m	6	26m	9
12m	2	17m	4	22m	7	27m	10
13m	3	18m	5	23m	7	28m	10
14m	3	19m	5	24m	8	29m	11
15m	4	20m	5	25m	8	30m	11

Dimensions
All dimensions are shown in metres (1m = 39in).

SEE ALSO: Wallcoverings 96–7, Papering a wall 100–3, Papering a ceiling 104

Pasting wallcoverings

You can use any wipe-clean table for pasting, but a narrow fold-up pasting table is a good investment if you are doing a lot of decorating. Lay several cut lengths of paper face down on the table to keep it clean. To stop the paper rolling up while you are pasting, tuck the ends under a length of string tied loosely round the table legs.

Applying the paste

Use a large, soft wall brush or pasting brush to apply the paste. Mix the paste in a plastic bucket and tie string across the rim to support the brush, keeping its handle clean while you hang the paper.

Align the wallcovering with the far edge of the table, to avoid brushing paste on the table – where it could be transferred to the face of the wall-covering. Apply the paste by brushing away from the centre. Paste the edges and remove any lumps.

If you prefer, apply the paste with a short-pile paint roller. Pour the paste into a roller tray and roll it onto the wallcovering in one direction only, towards the end of the paper.

Pull the wallcovering to the front edge of the table and paste the other half. Fold the pasted end over – don't press it down – and slide the length along the table to expose an unpasted section.

Paste the other end, then fold it over to almost meet the first cut end. The second fold is invariably deeper than the first – a handy way to tell which is the bottom of patterned wallcoverings. Fold long drops concertina-fashion.

Hang vinyls and lightweight papers immediately; drape other wallcoverings over a broom handle spanning two chair backs, or other supports, and leave to soak. Some heavy or embossed wall-coverings need to soak for 15 minutes.

Pasting the wall

Instead of pasting the back of exotic wallcoverings, paste the wall, to reduce the risk of marking their delicate faces. Apply a band of paste just wider than the length of wallcovering, so you won't have to paste right up to its edge for the next length. Use a brush or roller.

Ready-pasted wallcoverings

Many wallcoverings come precoated with adhesive, activated by soaking a cut length in a trough of cold water. Plastic troughs are sold for the purpose.

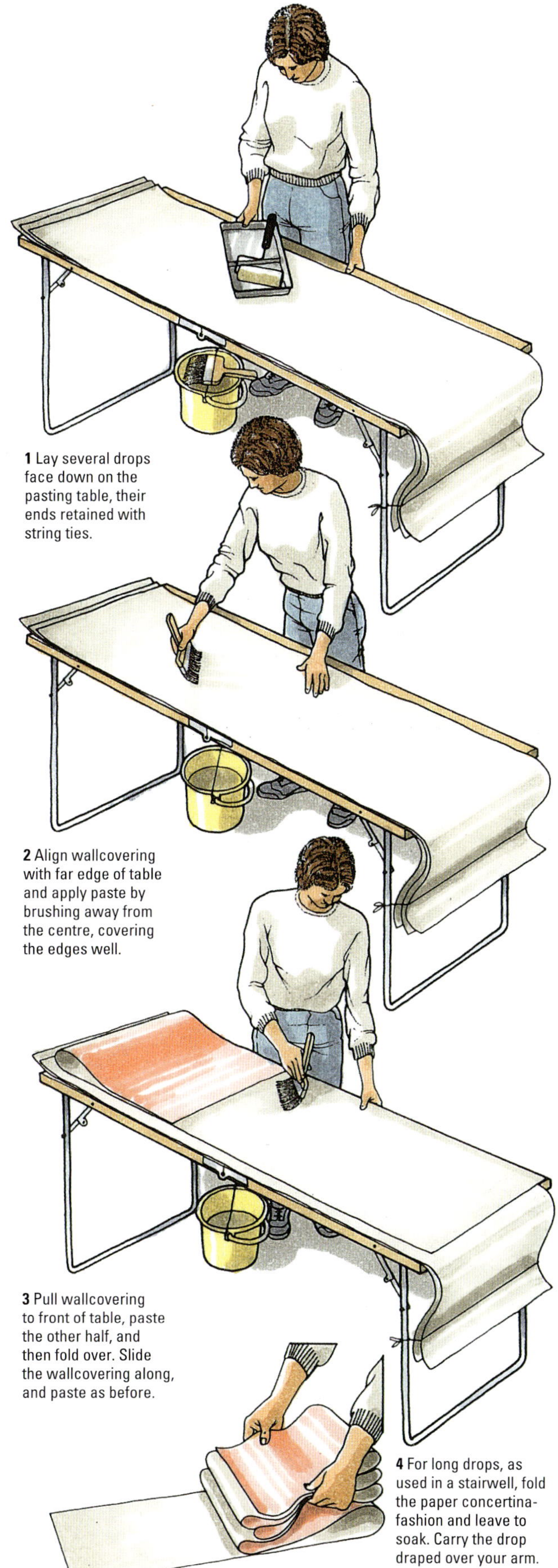

1 Lay several drops face down on the pasting table, their ends retained with string ties.

2 Align wallcovering with far edge of table and apply paste by brushing away from the centre, covering the edges well.

3 Pull wallcovering to front of table, paste the other half, and then fold over. Slide the wallcovering along, and paste as before.

4 For long drops, as used in a stairwell, fold the paper concertina-fashion and leave to soak. Carry the drop draped over your arm.

CHOOSING PASTE

Most wallpaper pastes are supplied as powder or flakes for mixing with water. Some come ready-mixed.

All-purpose paste

Standard wallpaper paste is suitable for most lightweight to medium-weight papers. With less water added, it can be used to hang heavyweight papers.

Heavy-duty paste

This is specially prepared for hanging embossed papers, paper-backed fabrics and other heavyweight wallcoverings.

Fungicidal paste

Pastes often contain a fungicide to prevent the development of mould under impervious wallcoverings, such as vinyls, washable papers and foamed-plastic coverings.

Ready-mixed paste

Tubs of ready-mixed thixotropic paste are specially made for heavyweight wallcoverings and fabrics.

Stain-free paste

Use with delicate papers that could be stained by conventional pastes.

Repair adhesive

Sticks down peeling edges and corners. It will glue vinyl to vinyl, so is suitable for applying decorative border rolls.

Trimming and cutting

Most wallcoverings are machine-trimmed to width so that you can join adjacent lengths accurately. Some hand-printed papers are left untrimmed. These are usually expensive coverings, so don't attempt to trim them yourself: ask the supplier to do this for you.

Cutting plain wallcoverings

Measure the height of the wall at the point where you will hang the first 'drop'. Add an extra 100mm (4in) for trimming top and bottom. Cut several pieces and mark the top of each one.

Allowing for patterned wallcoverings
You may have to allow extra on alternate lengths of patterned wallcoverings to match patterns.

SEE ALSO: Wallcoverings 96–7, Ready-pasted wallcoverings 102

Papering a wall

Don't apply a wallcovering of any kind until all the woodwork in the room has been painted or varnished, and the ceiling painted or papered.

● Hide a join in a corner
When using a wall-covering with a large pattern, try to finish in a corner, where it will be less noticeable if the pattern doesn't quite match.

Sticking down the edges
Ensure that the edges of the paper adhere firmly by running a seam roller along the butt joints.

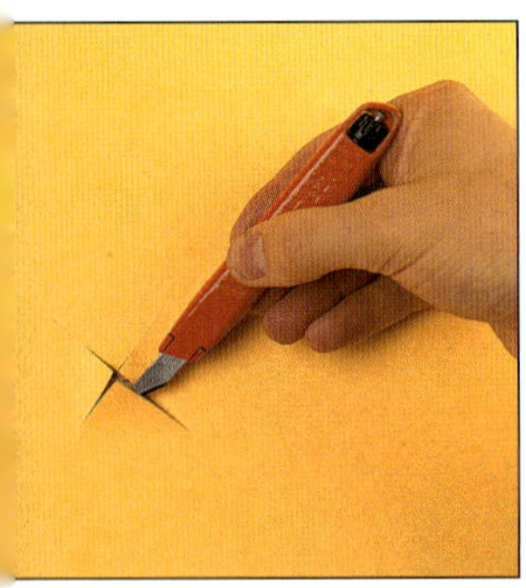

Losing air bubbles
Slight blistering usually flattens out as wet paper dries and shrinks slightly. If a blister remains, you can inject a little paste through it and roll it flat. Alternatively, cut across it in two directions, peel back the triangular flaps, and paste them down.

Where to start

The traditional method for papering a room is to hang the first length next to a window close to a corner, then work in both directions away from the light. But you may find it easier to paper the longest uninterrupted wall first, so you get used to the basic techniques before tackling corners or obstructions.

If your wallcovering has a large regular motif, centre the first length over the fireplace for symmetry. You could also centre this first length between two windows – unless that means you will be left with narrow strips each side, in which case it's best to butt two lengths on the centre line.

Centre a large motif over a fireplace

Butt two lengths between windows

Hanging paper on a straight wall

The walls of a room are rarely truly square, so use a plumb line to mark a vertical guide against which to hang the first length of wallcovering. Start at one end of the wall and mark the vertical line one roll-width away from the corner minus 12mm (½in), so the first length will overlap the adjacent wall.

Allowing enough wallcovering for trimming at the ceiling, unfold the top section of the pasted length and hold it against the plumbed line. Brush the paper gently onto the wall, working from the centre in all directions in order to squeeze out any trapped air.

When you are sure the paper is positioned accurately, lightly draw the point of your scissors along the ceiling line, peel back the top edge, and cut along the crease. Smooth the paper back and tap it down with the brush. Unpeel the lower fold of the paper, smooth it onto the wall with the brush, then tap it into the corner. Crease the bottom edge against the skirting, peel away the paper, then trim and brush it back against the wall.

Hang the next length in the same manner. Slide it with your fingertips to align the pattern and produce a perfect butt joint. Wipe any paste from the surface with a damp cloth. Continue to the other side of the wall, allowing the last drop to overlap the adjoining wall by 12mm (½in).

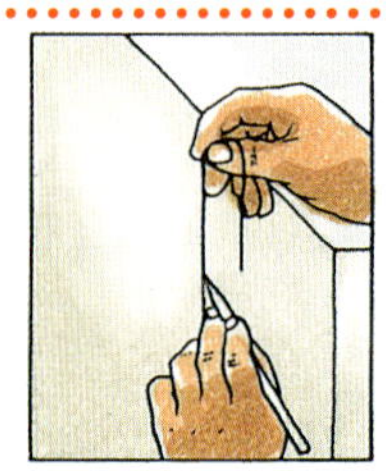

1 Mark the first length
Use a roll of paper to mark the wall one width away from the corner – less 12mm (½in) for an overlap onto the return wall – then draw a line from ceiling to skirting, using a plumb line.

2 Hang the first drop
Cut the first drop of paper, allowing about 50mm (2in) at each end for trimming. Paste and allow to soak. Hang the top section against the plumbed line and brush out from the centre, working downward.

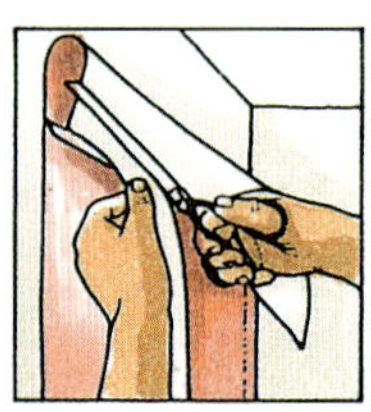

3 Trim at the ceiling
When the paper is smoothly brushed on, run the tip of your scissors along the ceiling angle, peel away the paper, cut off the excess, then brush back onto the wall.

4 Trim at skirting level
Unfold the lower section of paper. At the skirting, tap your brush against the top edge, peel away the paper and cut along the folded line, then brush back.

LINING A WALL

Lining a wall prior to papering is only necessary if you are hanging embossed or luxury wallcoverings, or if the wall has imperfections that might show through a thin wallpaper. Hang lining paper horizontally, so the joints cannot align with those in the top layer. If you are right-handed, work from right to left; and vice versa.

Mark a horizontal line on the wall one roll-width from the ceiling. Holding the concertina-folded length in one hand, start at the top right-hand corner of the wall, aligning the bottom edge with the marked line. Smooth the paper onto the wall with a paperhanger's brush, working from the centre towards the edges of the paper.

Work along the wall gradually, unfolding the length as you do so. Take care not to stretch or tear the wet paper. Use the brush to gently tap the paper into the corner at each end.

Use the point of a pair of scissors to lightly mark the corner, peel back the paper, and trim to the line. Brush the paper back in place. You may have to perform a similar operation along the ceiling if the paper overlaps slightly. Work down the wall, butting each strip against the last or leaving a minute gap between the lengths.

Trim the bottom length to the skirting. Leave the lining paper to dry out for 24 hours before covering.

Lining prior to painting

If you line a wall for emulsion painting, hang the lining paper vertically, as you would with other wallcoverings.

Hanging lining paper horizontally
Hold the concertina-folded paper in one hand and smooth it onto the wall, starting top right. Butt the strips of paper together or leave a slight gap.

SEE ALSO: **Preparing plaster 48–9, Painting woodwork 80–2, Wallcoverings 96–7, Papering a ceiling 104**

Dealing with corners and obstructions

Papering around the corner

Turn the corner by marking another plumbed line so that the next length of paper covers the overlap from the first wall. If the piece you trimmed off at the corner is wide enough, use it as your first length on the new wall **(1)**.

If there's an alcove on both sides of the fireplace, you will need to wrap the paper around the external corners. Trim the last length so that it wraps around the corner, lapping the next wall by about 25mm (1in). Plumb and hang the remaining strip with its edge about 12mm (½in) from the corner **(2)**.

Papering behind radiators

If you can't remove a radiator, turn off the heating and allow it to cool. Use a steel tape to measure the positions of the brackets fixing the radiator to the wall. Transfer these measurements to a length of wallcovering and slit it from the bottom to the top of the bracket **(3)**. Feed the pasted paper behind the radiator and down both sides of the brackets. Use a radiator roller to press it to the wall. Crease and trim to the skirting board.

Papering around switches and sockets

Turn off the electricity at the mains. Hang the wallcovering over the switch or socket, then make diagonal cuts from the centre of the fitting to each of its corners, and tap the excess paper against the edges of the faceplate with the brush. Trim off the waste paper, leaving about 6mm (¼in) all round **(4)**. Loosen the faceplate, tuck the margin behind, and then retighten the plate. Don't switch the power back on until the paste is dry.

Papering around doors and windows

When you get to the door, hang the length of paper next to a doorframe, brushing down the butt joint to align the pattern and allowing the other edge to loosely overlap the door.

Make a diagonal cut in the excess towards the top corner of the frame **(5)**. Crease the waste down the side of the frame with scissors, peel it back and trim off, then brush back. Leave a 12mm (½in) strip for turning on the top of the frame.

Fill in with short strips above the door, then butt the next full length of paper over the door and cut the excess diagonally into the frame, pasting the rest of the strip down the other side of the door. Mark and cut off the waste.

Treat a flush window frame in a similar way to a doorframe. But if the window is set into a reveal, hang the length of wallcovering next to the window and allow it to overhang the opening. Make a horizontal cut just above the edge of the window reveal. Make a similar cut near the bottom, then fold the paper around to cover the side of the reveal. Crease and trim along the window frame and sill.

To fill in the window reveal, first cut a strip of wallcovering to match the width and pattern of the overhang above the reveal. Paste it, slip it under the overhang, and fold it around the top of the reveal **(6)**. Cut through the overlap with a smooth wavy stroke, then remove the excess paper and roll down the joint **(7)**.

To continue, hang short lengths on the wall below and above the window, wrapping top lengths into the reveal.

Papering around a fireplace

Papering around a fireplace is similar to fitting wallpaper around a doorframe. Make a diagonal cut in the waste overlapping the fireplace, cutting towards the corner of the mantel shelf. Now tuck the paper in all round for creasing and trimming to the surround.

If the surround is fairly ornate, first brush the paper onto the wall above the surround, then trim the paper to fit under the mantel shelf at each side; brush the paper around the corners of the chimney breast to hold it in place. Gently press the wallcovering into the shape of the fire surround, peel it away, and then cut round the impression with nail scissors. Smooth the paper back down with the brush.

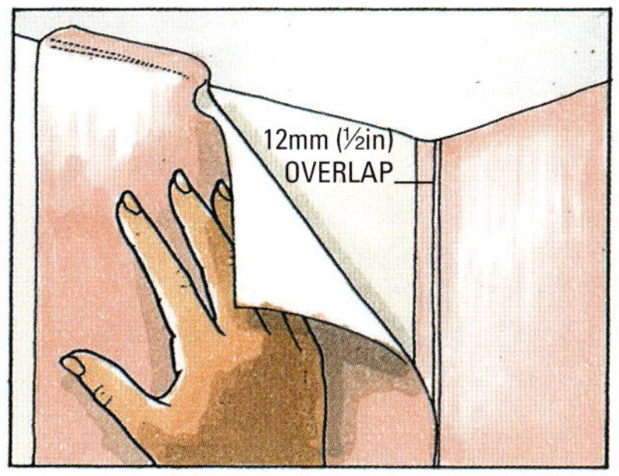

1 Papering round an internal corner

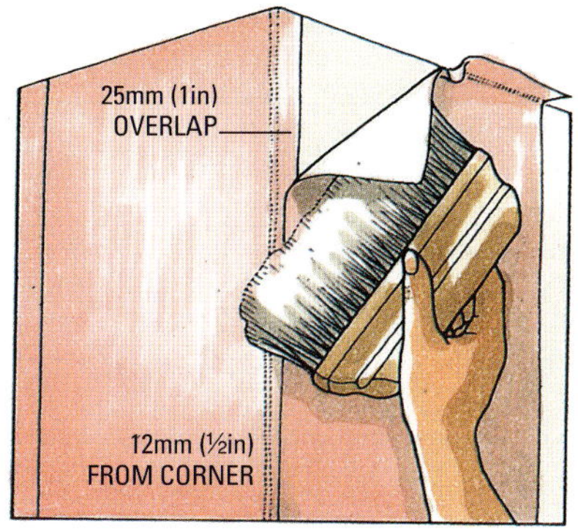

2 Papering round an external corner

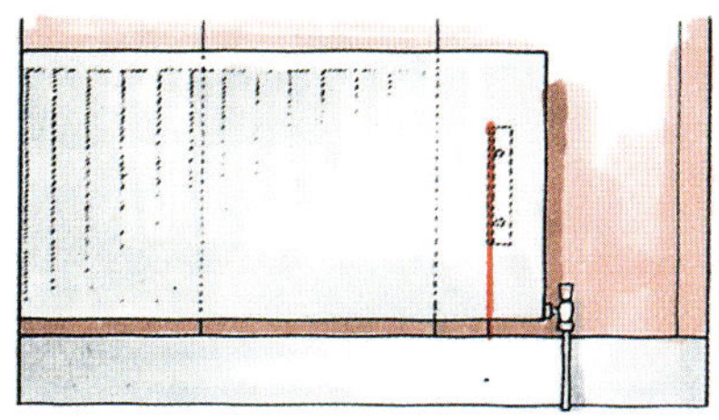

3 Slit to top of bracket behind a radiator

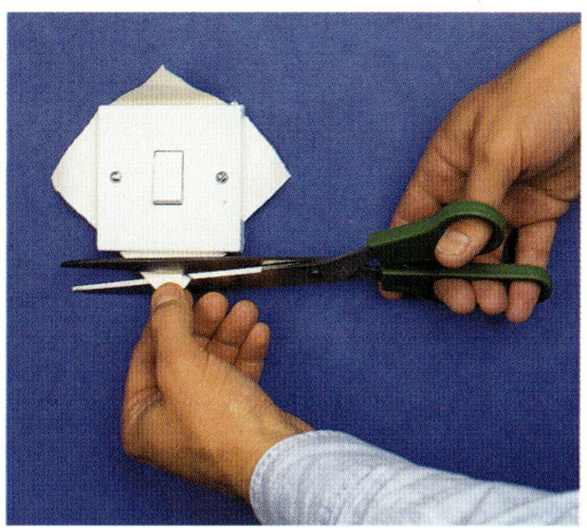

4 Trim off the waste, leaving 6mm (¼in) all round

5 Cut the overlap diagonally into the frame

• Papering archways
Arrange strips to leave even gaps between the sides of the arch and the next full-length strips. Hang strips over the face of the arch, cut around the curve leaving an extra 25mm (1in) margin for folding onto the underside (snip into this margin to prevent creasing), then brush it in place. Fit a strip on the underside to reach from the floor to the top of the arch. Repeat on the opposite side.

Accurate positioning
Brush down the butt joint before you trim.

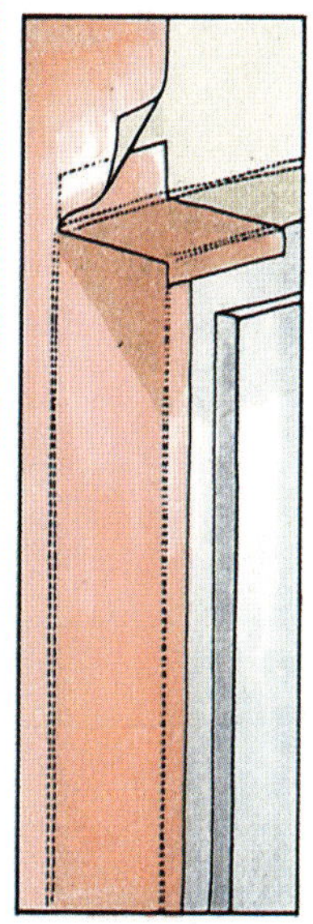

6 Fold onto reveal top

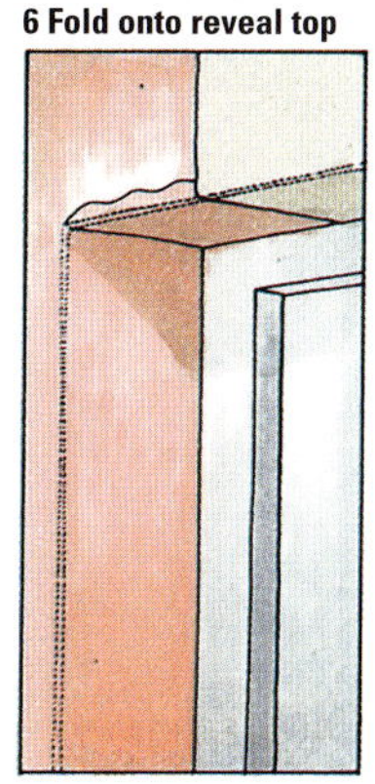

7 Cut with wavy line

SEE ALSO: Preparing plaster 48–9, Wallcoverings 96–7, Turning off power 306

PAPERING STAIRWELLS

Special techniques

The problem when papering a stairwell is having to handle the extra-long drops on the side walls; and for this, you need to build a safe work platform over the stairs. Plumb and hang the longest drop first, lapping the head wall above the stairs by 12mm (½in).

Carrying the long drops of wallcovering – sometimes as much as 4.5m (15ft) long – is awkward. Paste the covering liberally, so it's not likely to dry out while you hang it, then fold it concertina-fashion; drape it over your arm while you climb the platform. You will need an assistant to support the weight of the pasted length while you apply it. Unfold the flaps as you work down the wall.

Crease and cut the bottom of the wallcovering against the angled skirting (don't forget to allow for this angle when cutting each piece to length). Work away from this first length in both directions, then paper the head wall.

To avoid making difficult cuts, it pays to arrange the strips so that the point at which the banister rail meets the wall falls between two butted joints. Hang the drops to the rail and cut horizontally into the edge of the last strip at the centre of the rail, then make radial cuts so the paper can be tapped in around the rail. Crease the flaps, peel away the wallcovering, and cut them off. Smooth the covering back in place.

Hang the next drop at the other side of the rail, butting it to the previous piece, and make similar radial cuts.

Papering sequence
When papering a stairwell, follow this sequence:
1 Hang the longest drop first.
2 Crease it into the angled skirting and trim to fit.
3 Lap the paper onto the head wall.
4 & 5 Work away from the first drop in both directions.
6 Paper the head wall.

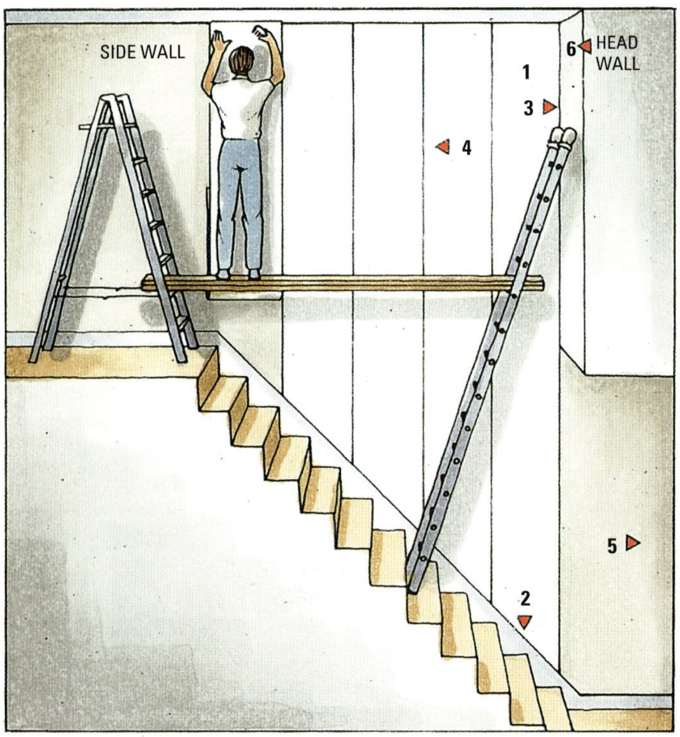

No matter what kind of wallcovering you may be using, most of the standard wallpapering techniques previously explained hold good. However, there are some additional considerations and special techniques involved in applying some types of wallcovering.

Hanging relief wallcoverings

Line the wall before hanging embossed-paper wallcoverings. Apply a heavy-duty paste liberally and evenly to the wallcovering, but try not to leave too much paste in the depressions. Allow each piece to soak for 10 minutes (15 minutes for cotton-fibre wallcoverings) before you hang it.

Tap down butt joints with a paper-hanger's brush, to avoid flattening the pattern with a seam roller.

Don't turn a relief wallcovering around corners. Instead, measure the distance from the last drop to the corner and cut your next length to fit. Trim and hang the offcut to meet at the corner. Once the paper has dried thoroughly, fill external corners with cellulose filler.

Traditional Lincrusta is still available in a limited range of original Victorian patterns for re-creating period-style decorative schemes. In the long run it pays to leave hanging this expensive material to an expert, since it requires special techniques that are difficult to master.

Hanging vinyl wallcoverings

Paste paper-backed vinyls in the normal way. Cotton-backed vinyl hangs better if you paste the wall and then leave it to become tacky before you apply the wallcovering. Use a fungicidal paste.

Hang and butt-join lengths of vinyl, using a sponge instead of a brush to smooth them onto the wall. Crease each length top and bottom, then trim it to size with a sharp knife.

Vinyl will not normally stick to itself, so when you turn a corner use a knife to cut through both pieces of paper where they overlap. Peel away the surplus wallcovering and rub down the vinyl to produce a perfect butt joint. Alternatively, glue the overlap, using a repair or border adhesive.

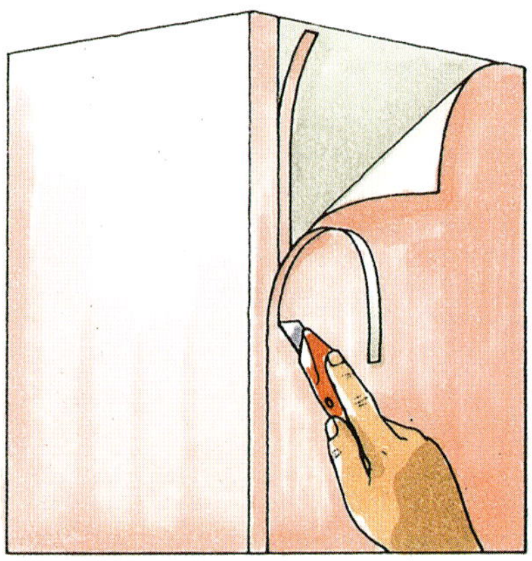

Cut through the overlap and remove surplus

Using ready-pasted wallcoverings

Place the trough of cold water next to the skirting at the position of the first drop. Roll a cut length loosely from the outside and immerse the roll in the trough for the prescribed time, according to the manufacturer's instructions.

Take hold of the cut end and lift the paper, allowing it to unroll naturally and draining the surface water back into the trough at the same time. Hang and butt-join in the usual way, using a sponge to apply vinyls and a paperhanger's brush for other ready-pasted wallcoverings.

Hanging a long wet length can be difficult if you follow the standard procedure. Instead, roll the length from the top with the pattern outermost. Place it in the trough and immediately reroll it through the water. Take it from the trough in roll form and drain off excess water, then unroll the strip as you proceed to hang it.

Pull paper from the trough and hang it on the wall

SEE ALSO: Work platforms 40, Preparing plaster 48–9, Wallcoverings 96–7

Hanging a foamed-plastic wallcovering

A lightweight foamed-plastic wall-covering can be hung straight from the roll onto a pasted wall. Sponge in place, and trim top and bottom with scissors.

Hanging flock paper

Protect the flocking with a piece of lining paper as you smooth out air bubbles with a paperhanger's brush. Cut through both thicknesses of overlapping strips and remove the surplus, then press back the edges to make a neat butt joint.

Fabrics and special coverings

Try to keep paste off the face of paper-backed fabrics and other special wallcoverings. To avoid ruining an expensive paper, ask the supplier which paste to use for the wallcovering you have chosen.

Many special wallcoverings have delicate surfaces, so use a felt or rubber roller to press the covering in place, or tap gently with a brush.

Most fabric wallcoverings will be machine-trimmed; but if the edges are frayed, overlap the joints and cut through both thicknesses, then peel off the waste to make a butt joint. Make a similar joint at a corner.

Many fabrics are sold in wide rolls, so even one cut length will be heavy and awkward to handle. Paste the wall, then support the rolled length on a batten between two stepladders. Work from the bottom upwards.

Supporting heavy fabric

Lining with expanded polystyrene

Paint or roll ready-mixed heavy-duty adhesive onto the wall. Hang the covering straight from the roll, smooth it gently with the flat of your hand, then roll over it lightly with a dry paint roller.

Provided the edges are square, butt adjacent drops. If they become crushed or have crumbled, overlap each join and cut through both thicknesses with a sharp trimming knife. Peel away the offcuts and rub the edges down.

Trim top and bottom with a knife and straightedge. Allow to dry for 72 hours, and then hang a subsequent wallcovering over the polystyrene, using a thick fungicidal paste.

Hang polystyrene straight from the roll

There are two ways to apply unbacked fabric to your walls.

If you want to hang a plain-coloured medium-weight fabric, you can stick it directly onto the wall.

However, it can be difficult to align patterns when the fabric stretches. For more control over a patterned fabric, stretch it onto panels of lightweight insulation board 12mm (½in) thick – which gives you the double advantage of insulation and a pinboard – and attach the boards directly to the wall.

Applying fabric with paste

Test an offcut of fabric to make sure the adhesive will not stain it. Use a ready-mixed paste and roll it onto the wall.

Wrap a cut length of the fabric round a cardboard tube and gradually unroll it onto the surface, smoothing it down with a dry paint roller. Take care not to distort the weave. Overlap the joins – but in case the fabric shrinks, don't cut through them until the paste has dried. Then reapply paste and close the seams.

Press the fabric into the ceiling line and skirting, then trim away the excess with a sharp trimming knife when the paste has set.

Making wall panels

Cut the insulation board to suit the width of the fabric and the height of the wall. Stretch the fabric across the panel and wrap it around the edges, then use latex adhesive to stick it to the back of the panel. Hold the fabric temporarily with drawing pins while the adhesive dries.

Either use a general-purpose adhesive to glue the panels to the wall or pin them, tapping the nail heads through the weave of the fabric to conceal them.

Stretch unbacked fabric over insulation board

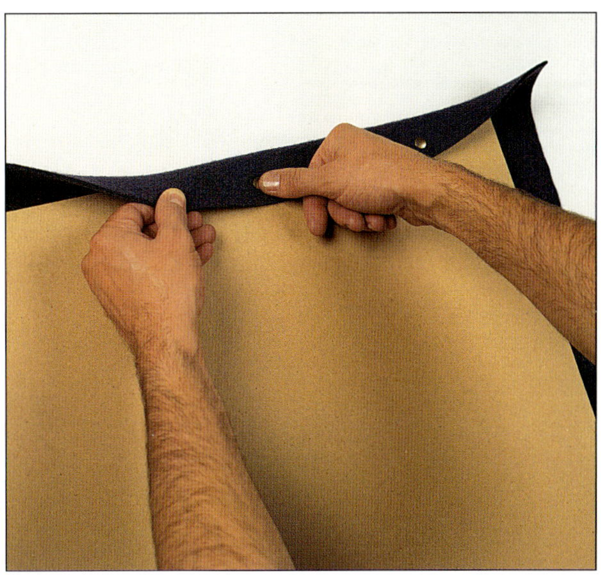

SEE ALSO: Preparing plaster 48–9, Preparing tiled surfaces 60, Sheet panelling 95, Wallcoverings 96–7

Papering a ceiling

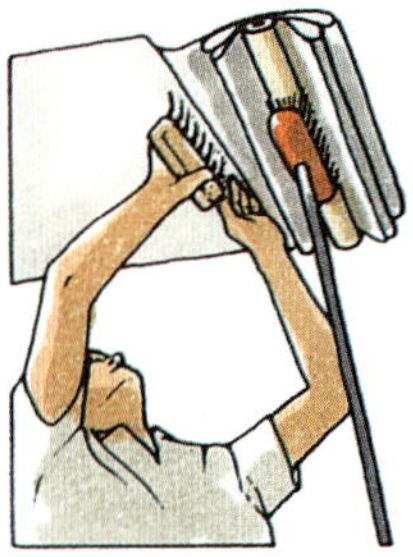

Working from a ladder
If you have to work from a stepladder, get an assistant to support the paper on a home-made support (see below).

Paper support
A helpful support is made easily by taping a cardboard tube to a broom.

Papering a ceiling isn't as difficult as you may think. The techniques are basically the same as for papering a wall, except that the drops are usually longer and so more unwieldy to hold while brushing the paper into place. Set up a sensible work platform – it's virtually impossible to work from a single stepladder – and enlist a helper to support the folded paper while you position one end, progressing backwards across the room. If you have marked out the ceiling first, the result should be faultless.

Setting out the ceiling

Arrange your work platform before you begin to mark out the papering sequence for the ceiling. The best type of platform to use is a purpose-made decorator's trestle, but you can manage with a pair of scaffold boards spanning two stepladders.

Now mark the ceiling to give a visual guide to positioning the strips of paper. Aim to work parallel with the window wall and away from the light, so you can see what you are doing and so that the light will not highlight the joins between strips. If the distance is shorter the other way, then it's easier to hang the strips in that direction.

Mark a guideline along the ceiling one roll-width minus 12mm (½in) from the side wall, so that the first strip of paper will lap onto the wall.

Putting up the paper

Paste the paper as for a wallcovering and fold it concertina-fashion. Drape the folded length over a spare roll and carry it to the work platform. You will find it easier if a helper supports the folded paper, leaving both your hands free for brushing it into place.

Hold the strip against the guideline, using a brush to stroke it onto the ceiling. Tap it into the wall angle, then gradually work backwards along the scaffold board, brushing the paper on as your helper unfolds it.

If the ceiling has a cornice, crease and trim the paper at the ends. Otherwise leave it to lap the walls by 12mm (½in), so that it will be covered by the wallcovering. Work across the ceiling in the same way, butting the lengths of paper together. Cut the final strip roughly to width, and trim it to lap onto the wall as before.

Papering a ceiling
The job is much easier if two people work together.
1 Mark a guideline on the ceiling.
2 Support the folded paper on a tube.
3 Brush the paper on, from the centre outwards.
4 The overlap is eventually covered by wallpaper.
5 Use a pair of boards to support two people.

LIGHT FITTINGS AND CENTREPIECES

Unlike walls, where you have doors, windows and radiators to contend with, there are few obstructions on a ceiling to make papering difficult. Problems can occur where there is a pendant light fitting or a decorative plaster centrepiece.

Cutting around a pendant light

Where the paper passes over a ceiling rose, cut several triangular flaps so that you can pass the light fitting through the hole. Tap the paper all round the rose with a paperhanger's brush, then continue on to the end of the length. Return to the rose and cut off the flaps with a knife. Remember to switch off the power if you expose the wiring.

Papering around a centrepiece

If you have a decorative centrepiece, work out the position of the strips so that a join will pass through the middle. Cut long flaps from the side of each piece, so you can tuck it in all round.

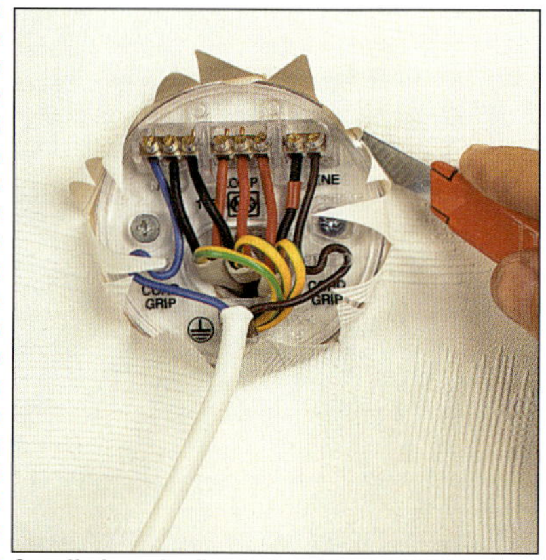

Cut off triangular flaps when the paste is dry

Cut long strips to fit around a central moulding

SEE ALSO: Work platforms 40, Preparing plaster 48–9, Wallcoverings 96–7, Pasting wallcoverings 99

Choosing tiles

Tiling allows you to cover a surface with relatively small regular units that can be cut and fitted into awkward shapes far more easily than sheet materials. With an almost inexhaustible range of colours, textures and patterns to choose from, tiling is one of the most popular methods of decorating walls and floors.

Ceramic wall tiles

The majority of ceramic wall tiles are coated with a thick layer of glaze that makes them durable, waterproof and relatively easy to cut. Unglazed tiles are generally more subtle in colour, and may need to be sealed to prevent them absorbing grease and dirt.

Machine-made tiles are perfectly regular in shapes and colour, and are therefore simple to lay and match. With hand-made tiles, there is much more variation in shape, colour and texture, but this irregularity merely adds to their appeal.

Although rectangular tiles are available, the majority of wall tiles are 100 or 150mm (4 or 6in) square. As well as a wide range of plain colours, you can buy printed and high-relief moulded tiles in both modern and traditional styles. Patterned tiles can be used for decorative friezes or individual inserts; and some are sold as sets for creating pictorial murals, mostly for cooker and basin splashbacks.

Narrow border tiles are used to create visual breaks that relieve the monotony of large areas of regular tiling. You can also buy purpose-made skirting and cornice tiles.

Mosaic tiles

These are in effect small versions of the standard ceramic tiles. To lay them individually would be time-consuming and lead to inaccuracy, so they are usually joined, either by a paper covering or a mesh backing, into larger panels. Square tiles are common, but rectangular, hexagonal and round mosaics are also available. Because they are small, mosaics can be used on curved surfaces and fit irregular shapes better than large ceramic tiles do.

Ceramic floor tiles

Floor tiles are generally larger and thicker than wall tiles, so that they can withstand the weight of furniture and foot traffic. As with wall tiling, square and rectangular tiles are the most economical ones to buy and lay, but hexagonal and octagonal floor tiles are also available and are often used in combination with small shaped inserts to create regular patterns. Tiles with interlocking curved edges require careful setting out in order to achieve a satisfactory result. Choose non-slip ceramic tiles for bathrooms and other areas where the floor is likely to become wet.

Small unglazed encaustic tiles are laid individually to create intricate patterns that re-create the styles of Victorian and Edwardian tiled floors. They are made in a range of plain colours and with patterns that are fired deep into the tiles.

Quarry tiles

Thick unglazed quarry tiles are ceramic tiles with a mellow appearance. The colours are limited to browns, reds, black and white. Hand-made quarries are uneven in colour, producing a beautiful mottled effect.

Round-edge 'bullnose' quarry tiles can be used as treads for steps; and shaped tiles are available for creating a skirting around a quarry-tile floor.

Gap fillers
There are special tiles available to cover the gaps around fittings, such as basins and showers. These tiles have been more or less superseded by the use of silicone sealants, but they can add a touch of traditional style to a kitchen or bathroom scheme.

Quadrant
Used to fill the joint between bath and wall.

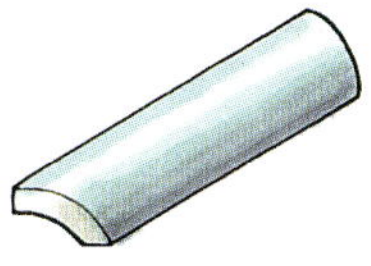

Mitred tile
Use at the end if you want to turn a corner.

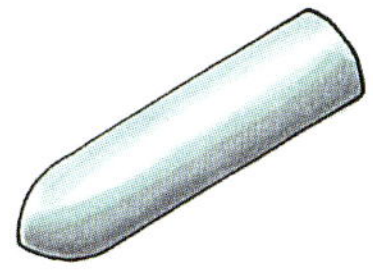

Bullnose tile
Use this tile to finish the end of a straight run.

Field tiles
These are the standard square or rectangular tiles that are used to create main areas of tiling. Most glazed field tiles are so-called universal tiles, which have two glazed edges so that they can be used for edging half-tiled walls and splashbacks. Cross-shape plastic spacers are used to maintain regular gaps between field tiles.

Tile selection
The examples shown on the left are a typical cross-section of commercially available ceramic tiles.
1 Glazed ceramic
2 Shape and size variation
3 Mosaic tiles
4 Quarry tiles

SEE ALSO: Choosing colour/pattern 22–3, 27, Wall tiling 108–11, Floor tiling 113–17

Choosing tiles

Stone and slate flooring

A floor laid with natural stone or slate tiles will be exquisite but expensive. Sizes and thicknesses vary according to the manufacturer – some will even cut to measure. These materials are so costly that you should consider hiring a professional to lay them.

Carpet tiles

These have advantages over wall-to-wall carpeting. An error is less crucial when cutting a single tile to fit; and being loose-laid, worn, burnt or stained tiles can be replaced instantly. However, you can't substitute a brand-new tile several years later, because the colour won't match. It's worth buying several spares initially and swap them around regularly to even out the wear and colour change. Most types of carpet are available as tiles, including cord, loop and twist piles, both in wool and a range of man-made fibres. Carpet tiles come mostly in plain colours or small patterns. Some have an integral rubber underlay.

Carpet tiles are hardwearing and comfortable

Vinyl tiles

Vinyl can be cut easily; and provided the tiles are firmly glued with good butt joints between them, the floor will be waterproof. They are also among the cheapest and easiest floorcoverings to lay. A standard coated tile has a printed pattern sandwiched between a vinyl backing and a harder, clear-vinyl surface. Solid-vinyl tiles are made entirely of the hardwearing plastic.

Some vinyl tiles have a high proportion of mineral filler. As a result, they are stiff and must be laid on a perfectly flat base. Unlike standard vinyl tiles, they will resist some rising damp in a concrete subfloor. Most tiles are square or rectangular, but there are interlocking shapes and hexagons. There are many patterns and colours to choose from, including embossed textures that simulate wood, ceramic, brick or stone tiling.

Vinyl tiles can simulate other flooring materials

SEE ALSO: Choosing colour/pattern 22–3, 27, Floor tiling 113–17

Choosing tiles

Polystyrene tiles

Polystyrene tiles
Although expanded-polystyrene tiles will not significantly reduce heat loss from a room, they are able to prevent condensation and mask a ceiling that is in poor condition. Polystyrene cuts easily, provided the trimming knife is very sharp. For safety in case of fire, choose a self-extinguishing type and do not overpaint with an oil paint. Polystyrene wall tiles are made, but they crush easily and are not suitable for use in a vulnerable area. The tiles may be flat or decoratively embossed.

Mineral-fibre tiles

Mineral-fibre tiles
Ceiling tiles made from compressed mineral fibre are dense enough to be sound-insulating and heat-insulating. They are normally fitted into a suspended grid system that may be exposed or concealed, depending on whether the tile edges are rebated or grooved. Fibre tiles can also be glued directly to a flat ceiling. A range of textured surfaces is available.

Mirror tiles
Square and rectangular mirror tiles are attached to walls by means of a self-adhesive pad in each corner. Both silver and bronze finishes are available.

Mirror tiles will present a distorted reflection unless they are mounted on a perfectly flat surface.

Mirror tiles

Plastic tiles
Insulated plastic wall tiles inhibit condensation. Provided you don't use abrasive cleaners on them, they are relatively durable; but they will melt if subjected to direct heat. A special grout is applied to fill the 'joints' moulded across the 300mm (1ft) square tiles.

Plastic tiles

Rubber tiles
These were originally made for use in shops and offices – but being hard-wearing yet soft and quiet to walk on, they also make ideal domestic floor-coverings. Rubber tiles are usually studded or textured to improve the grip.

Rubber tiles

Cork tiles
Cork is a popular covering for walls and floors. It is easy to lay with contact adhesive, and can be cut to size and shape with a knife. A wide choice of textures and warm colours is available. Presanded but unfinished cork will darken in tone when you varnish it. Alternatively, you can buy ready-finished tiles with various plastic and wax coatings.

Cork floor tiles

SEE ALSO: Choosing colour/pattern 22–3, 27, Wall tiling 111, Fitting ceiling tiles 112, Floor tiling 113–17

Setting out wall tiles

Having prepared the wall surfaces for tiling, the next stage is to measure each wall accurately, in order to determine where to start tiling and how to avoid having to make too many awkward cuts. The best way is to mark a row of tiles on a straight wooden batten, which you can use as a gauge stick for setting out the walls.

● Setting out
The setting-out procedure described on this page is applicable to the following tiles: ceramic, cork, mosaics, mirror and plastic.

Making a gauge stick
Make a gauge stick from 50 x 18mm (2 x ¾in) softwood to help you plot the position of the tiles on the wall. Lay several tiles along the stick, inserting plastic spacers between them, and mark the position of each tile on the softwood batten.

Mark tile increments along a gauge stick

Using a gauge stick
Hold a home-made gauge stick against the surface and mark the positions of the tiles on the wall.

Setting out a plain wall

On a plain uninterrupted wall, use the gauge stick to plan horizontal rows of tiles, starting at skirting level. If you are left with a narrow strip at the top, move the rows up half a tile-width to create a wider margin. Then mark the bottom of the lowest row of whole tiles.

Temporarily nail a thin guide batten to the wall aligned with the mark **(1)**. Make sure the batten is horizontal by placing a spirit level on top of it.

Mark the centre of the wall **(2)**, then use the gauge stick to set out the vertical rows on each side of the line. If the margin tiles measure less than half a width, reposition the rows sideways by half a tile. Use a spirit level to position a guide batten against the last vertical line, and nail it to the wall **(3)**.

Plotting a half-tiled wall

If you are tiling part of a wall only – up to a dado rail, for example – set out the tiles to leave a row of whole tiles at the top **(4)**. If you are incorporating skirting tiles or border tiles, plan their positions first and use them as starting points.

Arranging tiles around a window

For nicely balanced tiling, you should always use a window as your starting point, so that the tiles surrounding it are equal in size but not too narrow. If possible, begin a row of whole tiles at sill level **(5)** and position cut tiles at the back of the window reveal **(6)**.

If necessary, fix a guide batten over a window to support a row of tiles temporarily **(7)**.

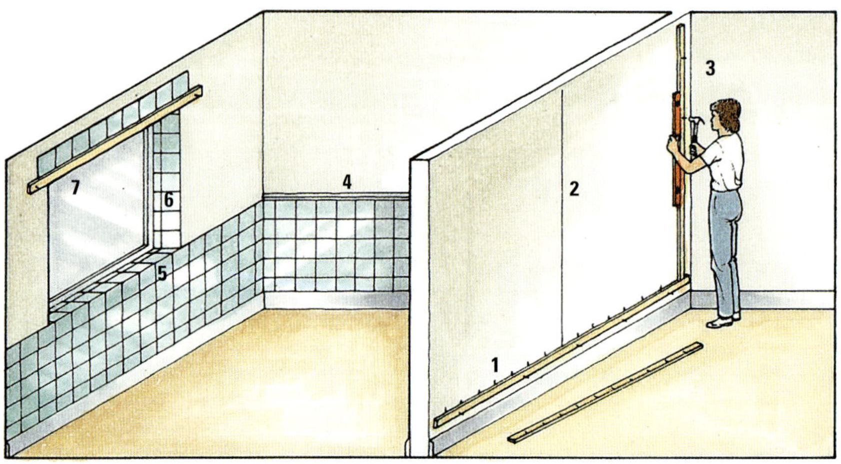

Setting out for tiling
Plan different arrangements of wall tiles as shown right, plotting the symmetry of the tile field with a gauge stick to ensure a wide margin all round.
1 Temporarily fix a horizontal batten at the base of the field.
2 Mark the centre of the wall.
3 Gauge from the mark, then fix a vertical batten to indicate the side of the field.
4 Start under a dado rail with whole tiles.
5 Use a row of whole tiles at sill level.
6 Place cut tiles at the back of a reveal.
7 Support tiles over a window while they set.

RENOVATING WALL TILES

A properly tiled surface should last for many years, but the appearance is often spoiled by one or two cracked or chipped tiles or by discoloured grouting. There is usually no need to retile the wall, as both problems can be solved fairly easily.

Renewing the grouting

It's not necessary to rake out drab old grouting: use a proprietary renovator to brighten it up instead. This ready-mixed grout paint forms a water-resistant bond with the old grout, but will not adhere to the ceramic tiles. Wash the tiles with sugar soap and let them dry overnight. Paint the renovator along the joints and leave it to dry for a couple of hours. Wet the whole tiling with a plant spray, and after three minutes wipe off excess colourant with a damp sponge. Dry and polish the tiles with a soft cloth or paper towel.

Paint the renovator along the old joints

Replacing a cracked ceramic tile

Scrape the grout from around the damaged tile, then use a small cold chisel to chip out the tile, working from the centre. Wear protective goggles, and take care not to dislodge neighbouring tiles.

Scrape out the remains of the adhesive, and brush debris from the recess. Butter the back of the replacement tile with adhesive, then press it firmly in place. Wipe excess adhesive from the surface, then allow it to set before renewing the grout.

Scrape out the remains of the adhesive

SEE ALSO: Flaky paint 46, Preparing plaster 48–9, Stripping wallpaper 50, Tiles 105–7

Fixing ceramic wall tiles

Start by tiling the main areas with whole tiles, leaving the narrow gaps around the edges to be filled with cut tiles later. This will allow you to work relatively quickly and to check the accuracy of your setting out before you have to make any tricky cuts.

Choosing tile adhesive and grout

Ceramic tiles are stuck to the wall with special adhesives that are generally sold ready-mixed, although a few need to be mixed to a paste with water. The tubs or packets will state the coverage you can expect.

Grout is a similar material that is used to fill the gaps between the tiles. Unless you have specific requirements, it is convenient to use one of the many adhesives that can be used for both jobs.

Most tile adhesives and grouts are water-resistant, but check that any material you use for tiling shower surrounds is completely waterproof and can be subjected to the powerful spray generated by a modern shower. If tiles are to be laid on a wallboard, make sure you use a flexible adhesive. Heat-resistant adhesive and grout may be required in the vicinity of a cooker and around a fireplace. You should use an epoxy-based grout for worktops to keep them germ-free.

Applying whole tiles

A serrated plastic spreader is normally supplied with each tub of adhesive, but if you are tiling a relatively large area it pays to buy a notched metal trowel for applying the adhesive to the wall.

Use the straight edge of the spreader or trowel to spread enough adhesive to cover about 1 metre (3ft) square; then turn the tool around and drag the notched edge through the adhesive so that it forms horizontal ridges **(1)**.

Press the first tile into the angle formed by the setting-out battens **(2)**. Press the next tile into place with a slight twist until it is firmly fixed, using plastic spacers to form the grout lines between the tiles. Lay additional tiles to build up three or four rows at a time, then wipe any adhesive from the surface of the tiles, using a clean damp sponge.

Spread more adhesive, and continue to tile along the batten until the first rows of whole tiles are complete. From time to time, check that your tiling is accurate by holding a batten and spirit level across the faces and along the top and side edges.

When you have completed the entire field, scrape adhesive from the margins and allow the rest to set firm before removing the setting-out battens.

Marking and fitting margin tiles

It's necessary to cut tiles one at a time to fit the gaps between the field tiles and the adjacent walls: because walls are never truly square, the margins are bound to be uneven.

Mark each margin tile by placing it face down over its neighbour with one edge against the adjacent wall **(3)**; make an allowance for the normal spacing between the tiles. Transfer the marks to the edges of the tile using a felt-tip pen.

Having cut it to size (see overleaf), spread adhesive onto the back of each tile **(4)** and press it into the margin.

Grouting the tiles

Standard grouts are white, grey or brown, but there is also a range of coloured grouts to match or contrast with the tiles. Alternatively, mix coloured pigments with dry powdered grout, before adding water.

Leave the tile adhesive to harden for 24 hours, then use a rubber-bladed spreader or a tiler's rubber float to press grout into the joints **(5)**. Spread it in all directions to make sure every joint is well filled. Using a barely damp sponge, wipe grout from the surface before it sets. Sponging alone is sufficient to finish the joints, but compressing each joint helps guarantee a waterproof seal: do this by running the end of a blunt stick along each joint. When the grout has dried, polish the tiles with a dry cloth.

To make sure the grout hardens thoroughly, don't use a newly tiled shower for about seven days.

1 Form ridges with a notched spreader

2 Stick the first tile against the setting-out battens

3 Mark the back of a margin tile

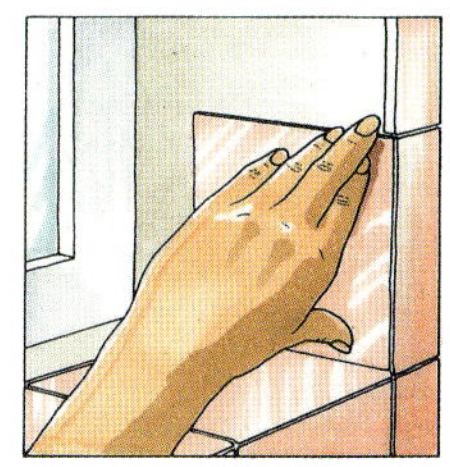

Tiling around a window reveal
Tile up to the edges of a window, then stick universal tiles into the reveal so that they lap the edges of the surrounding tiles. Fill in the spaces behind the edging tiles with cut tiles.

4 Butter adhesive onto the back of a cut tile

5 Press grout into the joints with a rubber spreader

- **Tiling around pipes and fittings**
Use the gauge stick to check how the tiles will fit round socket outlets, light switches, pipes and other obstructions. Make slight adjustments to the position of the main field in order to avoid difficult shaping around these features.

Cutting ceramic tiles

For any but the simplest projects, you will have to cut tiles to fit around obstructions, such as window frames, electrical fittings and hand basins, and to fill the narrow margins around a main field of tiles. Glazed tiles are relatively easy to cut, because they snap readily along a line scored in the glaze. Cutting unglazed tiles can be tricky, and you may have to buy or hire a special powered saw. Whatever method you adopt, protect your eyes with safety spectacles or goggles when cutting ceramic tiles.

Inexpensive jigs
A cutter is drawn down the channel of the adjustable guide. The tile is then snapped with a special tool.

Cutting thin strips
A cutting jig is the most accurate tool for cutting a thin strip from the edge of a tile cleanly; but to reduce the width of a tile, use tile nibblers to chop off the waste a little at a time. Smooth the cut edge of the tile with a tile sander or small slipstone.

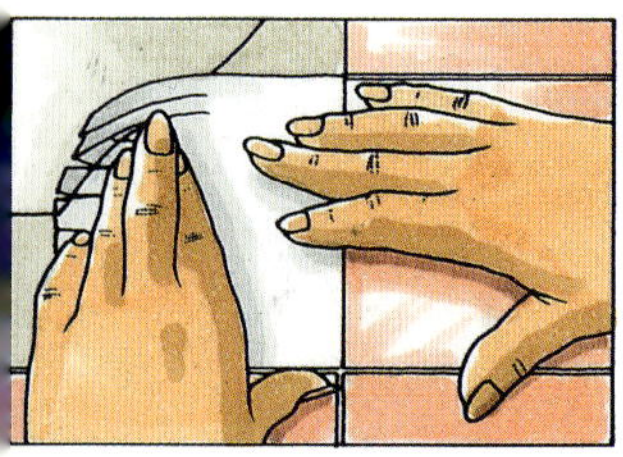

Cutting a curve
To fit a tile against a curved shape, cut a template from thin card to the exact size of a tile. Cut 'fingers' along one edge; press them against the curve to reproduce the shape and trim their ends to fit. Draw round the template to transfer the curve onto the face of the tile and cut away the waste with a tile saw – a thin rod coated with hard abrasive particles.

Making straight cuts

It is possible to scribe and snap thin ceramic tiles using little more than a basic tile scorer and a metal ruler, but the job is made easier if you use a tile-cutting jig. You can buy inexpensive plastic jigs that you use to guide a hand-held scorer, then snap the tile with a special pincer-action tool (see top left); but if you anticipate having to cut a lot of tiles, or ones that are relatively thick, invest in a sturdy lever-action jig. A good-quality jig will be fitted with a tungsten-carbide cutting wheel and angled jaws that will snap most tiles effortlessly.

Mark each end of the line on the face of a glazed tile with a felt-tip pen (use a pencil on unglazed tiles), then place the tile against the jig's fence, aligning the marks with the cutting wheel. With one smooth stroke, push the wheel across the surface to score the glaze **(1)**.

Place the tile in the jig's snapping jaws, aligning the scored line with the arrow marked on the tool, then press down on the lever to snap the tile **(2)**.

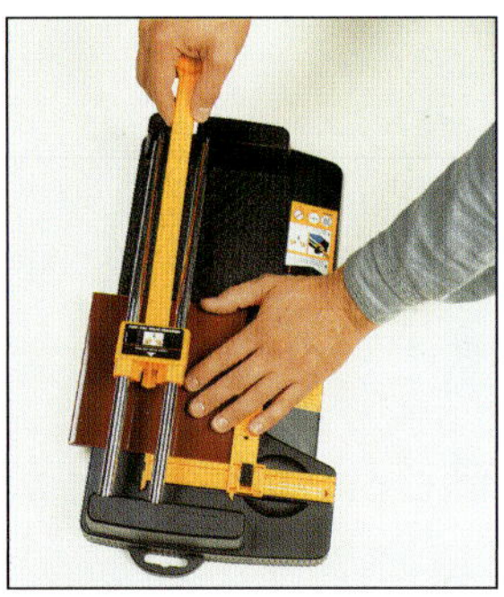

1 Score the marked line with one smooth stroke

2 Snap the tile by pressing down on the lever

Using a powered wet saw

Use a wet saw to cut thick unglazed tiles, and to cut the corner out of tiles that have to fit around an electrical socket or switch. The saw has a diamond-coated blade that runs in a bath of water to keep it cool, and an adjustable fence that helps you make accurate cuts. You can adjust the angle of the blade in order to mitre thick tiles that meet in a corner. When using this type of saw, tuck in loose clothing and remove any jewellery that could get caught in the blade.

Adjust the fence to align the marked cut line with the blade, and tighten the fence clamp. Switch on the saw and feed the tile steadily into the blade, keeping your fingers clear of the cutting edge **(1)**. When removing a narrow strip, use a notched stick to push the tile forwards.

You have to make two straight cuts to remove a corner from a tile. Make the shortest cut first, then slowly withdraw the tile from the blade. Switch off and readjust the fence, then make the second cut to remove the waste **(2)**.

1 Feed the tile steadily into the blade

2 Make a second cut to remove the corner

SEALING WIDE GAPS

Don't use grout to fill the gap between a tiled wall and a shower tray, bath or basin: a rigid seal can crack and allow water to seep in. Instead, use a flexible silicone sealant to fill gaps up to 3mm (1/8in) wide. Cartridges of clear sealant and a range of colours are available.

Using flexible sealant

With the cartridge fitted into its applicator, trim the tip off the plastic nozzle at an angle (the amount you remove dictates the thickness of the bead).

Clean the surfaces with a paper towel wetted with methylated spirit. Then to apply a bead of sealant, start at one end by pressing the tip into the joint and pull backwards while slowly squeezing the applicator's trigger **(1)**. When the bed is complete, smooth any ripples by dipping your finger into a 50/50 mix of water and washing-up liquid and running it along the joint **(2)**. If you have sensitive skin, use the handle of a wetted teaspoon.

1 Pull back slowly to deposit a bead of sealant

2 Smooth out any ripples with your fingertip

Removing old sealant

Brush a proprietary sealant remover onto a dirty or discoloured joint, and 15 minutes later scrape the sealant off the surface.

SEE ALSO: Ceramic tiles 105

Fixing other wall tiles

Ceramic tiles are ideal in bathrooms and kitchens where at least some of the walls will inevitably get splashed with water – but in other areas of the home you may decide to use tiles for reasons other than practicality.

Mosaic tiles

When applying mosaic tiles to a wall, use adhesives and grouts similar to those recommended for standard ceramic tiles. Some mosaics have a mesh backing, which is pressed into the adhesive. Others have facing paper which is left on the surface until the adhesive sets.

Fill the main area of the wall, spacing the sheets to equal the gaps between individual tiles. Place a carpet-covered board over the sheets and tap it with a mallet to bed the tiles into the adhesive.

Fill margins by cutting strips from the sheet. Use nibblers to cut individual tiles when fitting awkward shapes around obstructions. If necessary, soak off the facing paper with a damp sponge, then grout the tiles.

Bedding mosaics
Tap mosaics to bed them into the adhesive.

Mosaics come in sheets

Mirror tiles

It is difficult to cut glass except in straight lines – so avoid using mirror tiles in an area which would entail complicated fitting.

Mirror tiles are usually fixed close-butted with self-adhesive pads. No grouting is necessary. Set out the wall with guide battens as for ceramic tiles.

Peel the protective paper from the pads and lightly position each tile. Check its alignment with a spirit level, then press it firmly into place, using a soft cloth.

Finally, clean and polish the tiles to remove any unsightly fingermarks.

Placing mirror tiles
Position each tile before pressing it onto the wall.

Plastic tiles

You can cover a wall relatively quickly with moulded-plastic tiles 300mm (1ft) square. Being backed with expanded polystyrene, they are extremely lightweight and warm to the touch. Plastic tiles are ideal in bathrooms or kitchens where condensation is a problem – but don't hang them in close proximity to cookers or boilers, or even to radiators, as they may soften and distort.

Using guide battens, set out the area to be tiled; then thinly spread the special adhesive supplied by the manufacturer across the back of each tile. Press the tiles firmly against the wall, butting them together gently. Being flexible, plastic tiles will accommodate slightly imperfect walls.

Grout the moulded 'joints' with the branded non-abrasive product sold with the tiles. Use a damp sponge to remove surplus grout before it sets hard, or clean them afterwards with methylated spirit.

Plastic tiles are easy to shape, with scissors or a craft knife, when fitting around pipework or electrical points.

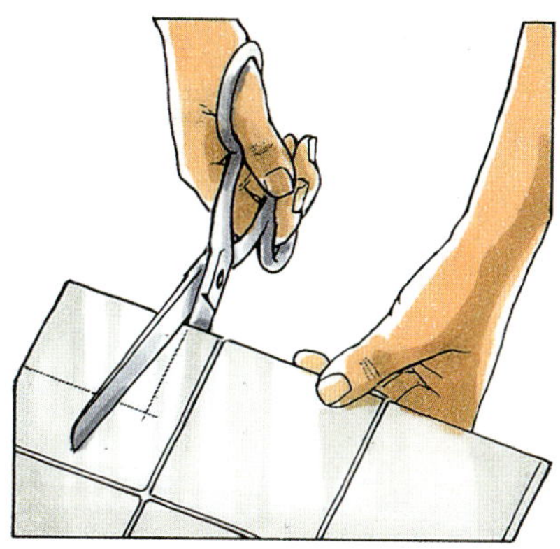

Shaping plastic tiles
Cut insulated plastic tiles with scissors.

Cork tiles

Set up a horizontal guide batten to make sure you lay cork tiles accurately. However, it isn't necessary to fix a vertical batten, as the relatively large tiles are easy to align without one. Simply mark a vertical line centrally on the wall and hang the tiles in both directions from it.

You will need a rubber-based contact adhesive to fix cork tiles (use a glue that allows a degree of movement when positioning the tiles). If any adhesive gets onto the face of a tile, clean it off immediately with the recommended solvent on a cloth.

Spread adhesive thinly and evenly onto the wall and the back of the tiles, and leave it to dry. As you lay each tile, place one edge only against either the batten or the neighbouring tile, holding the rest of it away from the glue-covered wall for the time being. Then gradually lower and press the tile against the wall, and smooth it down with your palms.

Cut cork tiles with a sharp trimming knife. Since the edges are butted tightly, you will need to be very accurate when marking out margin tiles; use the same method as for laying cork and vinyl floor tiles. Cut and fit curved shapes using a template.

Unless the tiles are precoated, apply two coats of varnish after 24 hours.

Bending a cork tile
Saw a series of shallow slits across the tile.

● **Tiling around curves**
In older houses some walls may be rounded at the external corners. Flexible tiles made from vinyl and rubber are easy to bend into quite tight radii, but cork will snap if bent too far. Cut a series of shallow slits down the back of a cork tile with a tenon saw, then bend the tile gently to the curve required.

SEE ALSO: Preparing plaster 48–9, Tiles 105–7, Setting out wall tiles 108, Grouting 109, Trimming margin tiles 114

Fitting ceiling tiles

There are basically two types of tiles you can use on a ceiling – expanded polystyrene and mineral fibre. Polystyrene tiles are the most popular, as they are inexpensive and easy to cut and can be stuck to the ceiling without difficulty. For a more luxurious finish, consider using mineral-fibre tiles. They too can be glued directly to the ceiling, but those with tongued-and-grooved edges are best stapled to a timber framework, which is nailed across the ceiling.

Stapling mineral-fibre ceiling tiles

Mineral-fibre tiles are stapled to softwood battens that are nailed to the ceiling joists. Check the direction of the joists by examining the floor above, or by looking in the loft. If it's possible to gain access to the joists from above, mark their positions by poking a bradawl through the plaster on each side of one or two joists.

If lifting floorboards is too inconvenient, you can locate the joists from below by tapping the ceiling with your knuckles, listening for a dull thud that indicates the position of a joist. Poke with the bradawl to locate the approximate centre of a couple of joists, then measure from these points – they will be anything from 300 to 450mm (1 to 1ft 6in) apart – and mark their centres on the ceiling plaster.

Marking out the tiles

Start by marking two bisecting lines across the ceiling, so you can work out the spacing of the tiles in order to create even margins.

Nailing up the battens

Nail parallel strips of 50 x 25mm (2 x 1in) sawn timber across the ceiling at right angles to the joists, making the distance between batten centres one tile-width. This is made easier if you use a tile spacer – two softwood strips nailed together **(1)**. Finish by nailing the last ceiling batten against the far wall.

Stapling the tiles

When stapling tiles, you must begin with the margins. Measure the margin tiles and cut off their tongued edges. Starting with the cut tile in the corner, fix two adjacent rows of margin tiles by stapling through the grooved edges into the battens. Fix their other edges by driving panel pins through their faces.

Proceed diagonally across the ceiling by fixing whole tiles into the angle formed by the margin tiles. Slide the tongues of each tile into the grooves of its neighbours, then staple it through its own grooved edge **(2)**.

To fit the remaining margin tiles, cut off their tongued edges and nail each cut tile through its face.

1 Making a tile spacer
Set out the ceiling strips, using a simple jig to gauge tile width.

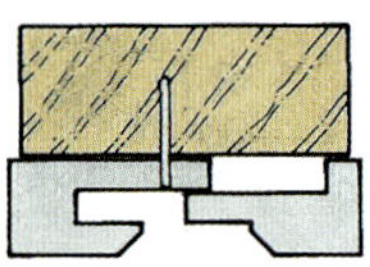

2 Securing the tiles
Staple through each grooved edge, then slot in the tongue of the next tile.

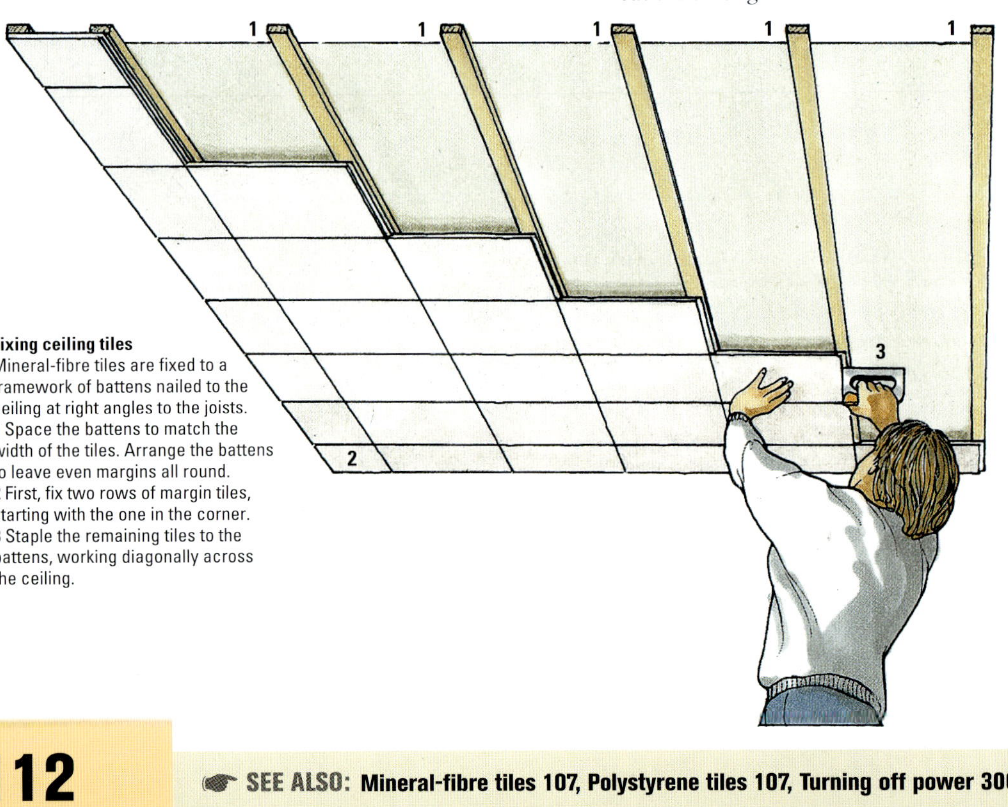

Fixing ceiling tiles
Mineral-fibre tiles are fixed to a framework of battens nailed to the ceiling at right angles to the joists.
1 Space the battens to match the width of the tiles. Arrange the battens to leave even margins all round.
2 First, fix two rows of margin tiles, starting with the one in the corner.
3 Staple the remaining tiles to the battens, working diagonally across the ceiling.

POLYSTYRENE TILES

Polystyrene tiles can be used in virtually any room in the house except a kitchen, where they would be directly over a source of heat. Remove any friable material, and make sure the ceiling is clean and free from grease.

Setting out the ceiling

Snap two chalked lines crossing each other at right angles in the centre of the ceiling. You need to align the first rows of tiles with the chalked lines.

Applying the tiles

You can use a heavy-duty wallpaper paste to stick tiles to the ceiling. Alternatively, use a non-flammable contact adhesive that is recommended for gluing expanded polystyrene. Brush the adhesive evenly across the back of the tile and onto the ceiling. When the adhesive is touch-dry, align one edge and corner of the first tile with one of the right angles formed by the marked lines, then press the tile against the ceiling; use the flat of your hand to do this, as fingertip pressure can crush polystyrene. Proceed with subsequent tiles to complete one half of the ceiling, then the other.

Cutting the tiles

Mark the margin tiles, then cut through them with a single stroke, using a sharp trimming knife with a long blade.

Mark out curves with a card template, then follow the marked line freehand with a trimming knife.

Battening around a pendant light fitting
Turn off the power at the mains, then unscrew the ceiling-rose cover. Release the flex conductors and take down the flex and bulb. Disconnect the circuit cables, then unscrew the ceiling-rose backplate and remove it.

Nail battens to the ceiling joists, positioning them so they correspond with the rose's screw fixings. Cut a hole for the circuit cables through the covering tile and replace the rose backplate, screwing it through the tile to the battens.

Reconnect the cables and flex conductors and replace the rose cover before you switch on the power.

SEE ALSO: Mineral-fibre tiles 107, Polystyrene tiles 107, Turning off power 306, Ceiling rose 338

Setting out soft floor tiles

Arranging tiles diagonally can create an unusual decorative effect, especially if your choice of tiles enables you to mix colours. Setting out and laying the tiles off centre is not complicated – it's virtually the same as fixing them at right angles, except that you will be working towards a corner instead of a straight wall.

Mark a centre line, and bisect it at right angles, using an improvised compass (see right). Next, draw a line at 45 degrees through the centre point. Dry-lay a row of tiles to plot the margins (see below right), and mark another line at right angles to the first diagonal. Check the margins as before. Fix a batten along one diagonal as a guide to laying the first row of tiles.

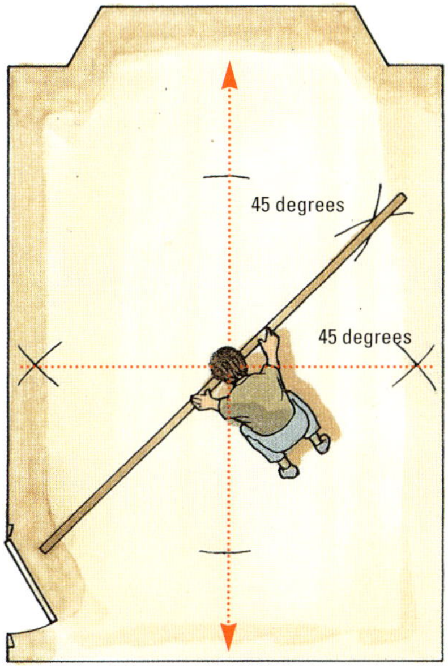

Setting out a floor diagonally
Bisect the quartered room at 45 degrees.

Soft tiles – such as vinyl, rubber, cork and carpet – are relatively large, so you can cover the floor fairly quickly. Also, they can be cut easily, with a sharp trimming knife or even with scissors, so fitting to irregular shapes isn't difficult.

Setting out
A quartered room ensures that the tiles are laid symmetrically. This method is suitable for vinyl, rubber, cork and carpet tiles.

Marking out the floor

It's possible to lay soft tiles onto either a solid-concrete or a suspended wooden floor, provided the surface is level, clean and dry. Most soft tiles are set out in a similar way: find the centre of two opposite walls, and snap a chalked string between them to mark a line across the floor **(1)**. Lay loose tiles at right angles to the line up to one wall (see below left). If there's a gap of less than half a tile-width, move the line sideways by half a tile in order to create a wider margin.

To draw a line at right angles to the first, using string and a pencil as an improvised compass, scribe arcs on the marked line at equal distances each side of the centre **(2)**.

From each point, scribe arcs on both sides of the line **(3)** that bisect each other. Join the points to form a line across the room **(4)**. As before, lay tiles at right angles to the new line to make sure margin tiles are at least half-width. Nail a guide batten against one line, to help align the first row of tiles.

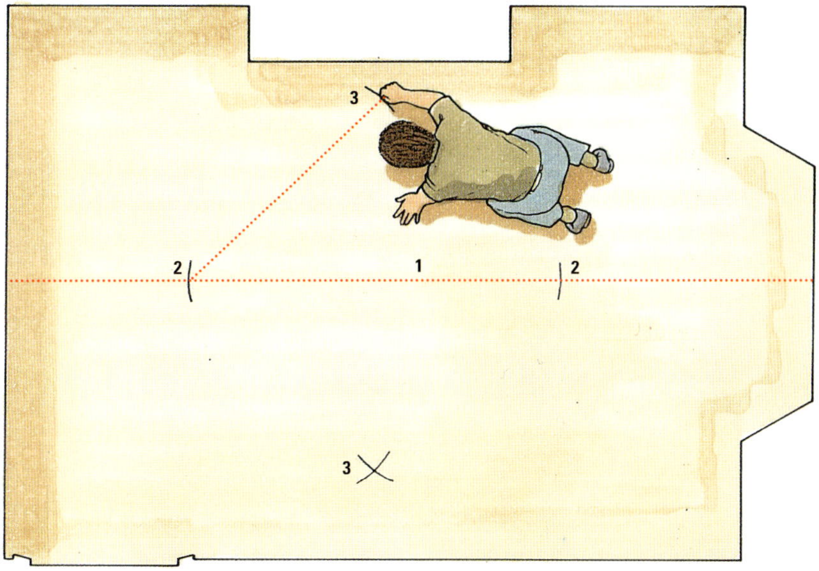

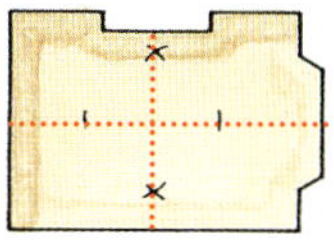

4 Right angle complete

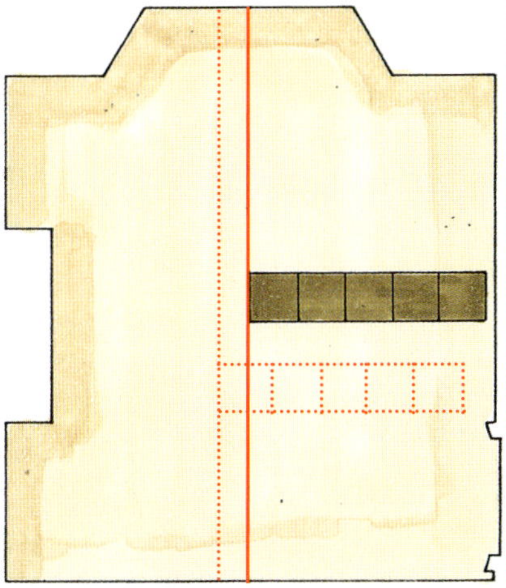

Plotting margin width
Lay loose tiles to make sure there is a reasonable gap at the margins. If not, move the line half a tile-width to the left.

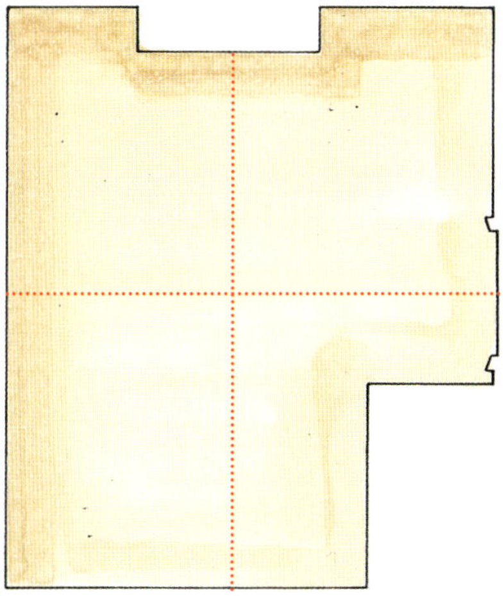

Setting out an irregular-shape room
If the room is noticeably irregular in shape, centre the first line on the fireplace or the door opening.

SEE ALSO: Levelling concrete 47, Levelling a wooden floor 55, Floor tiles 106–7

Laying vinyl floor tiles

Tiles precoated with adhesive can be laid quickly and simply, and there is no risk of squeezing glue onto the surface. If you are not using self-adhesive tiles, follow the tile manufacturer's instructions concerning the type of adhesive to use.

Fixing self-adhesive tiles

Stack the tiles in the room for 24 hours before you lay them, so they become properly acclimatized.

If the tiles have a directional pattern, make sure you lay them the correct way; some tiles have arrows printed on the back to guide you.

Remove the protective paper backing from the first tile **(1)**, then press its edge against the guide batten, aligning one corner with the centre line **(2)**. Gradually lower the tile onto the floor and press it down.

Lay the next tile on the other side of the line, butting against the first tile **(3)**. Form a square with two more tiles. Lay tiles around the square to form a pyramid **(4)**. Continue in this way to fill one half of the room, then remove the batten and tile the other half.

Gluing vinyl tiles
Spread adhesive thinly but evenly across the floor, using a notched spreader. Cover an area for about four tiles at a time. Lay the tiles carefully, and wipe adhesive from their faces.

1 Peel paper backing from self-adhesive tiles

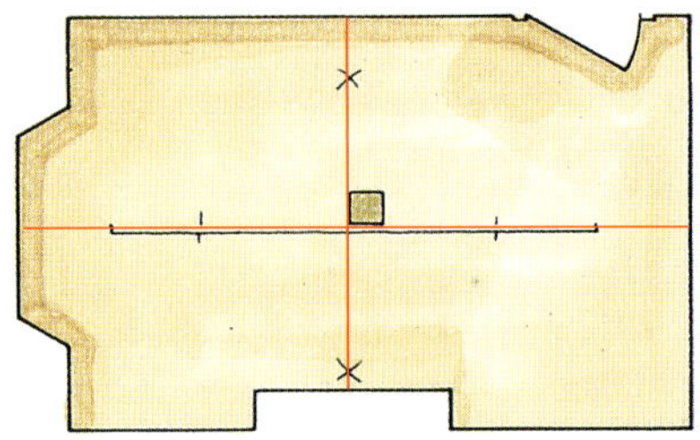

2 Place the first tile in angle of intersecting lines

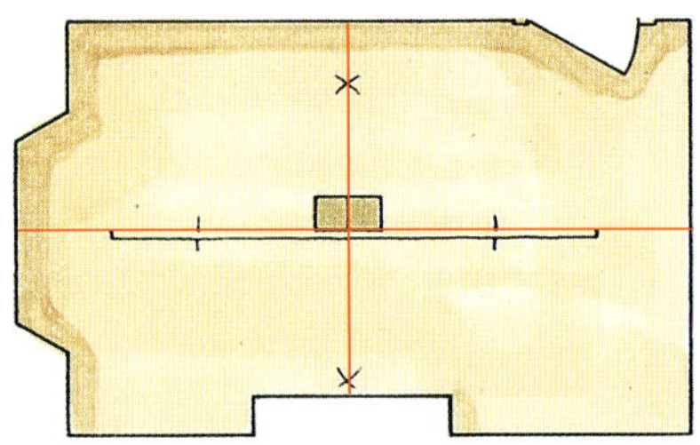

3 Butt up the next tile on the other side of the line

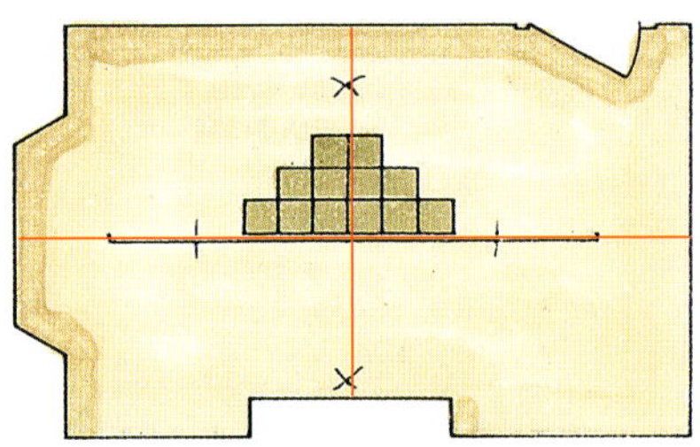

4 Lay tiles in a pyramid, then complete half room

Finishing off the floor

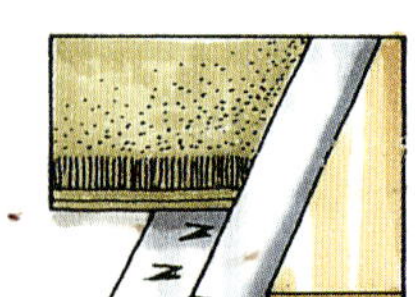

Single threshold bar

As soon as you have laid all the floor tiles, wash over the surface with a damp cloth to remove any fingermarks. It's not often necessary to polish vinyl tiles, but you can apply an emulsion floor polish if you wish.

Fit a flat metal threshold bar (available from carpet suppliers) over the edge of the tiles when you finish at a doorway. When the tiles butt up to an area of carpet, fit a single threshold bar onto the edge of the carpeting (see left).

Lifting an old vinyl tile

Try to remove a damaged tile by chopping it out from the centre with a chisel. If the glue is firm, warm the tile with a domestic iron, using a piece of kitchen foil to keep the sole clean. Take care not to damage the surrounding tiles. Scrape the old glue from the floor, and stick the new tile in place. Place a heavy weight on top overnight.

CUTTING TO FIT

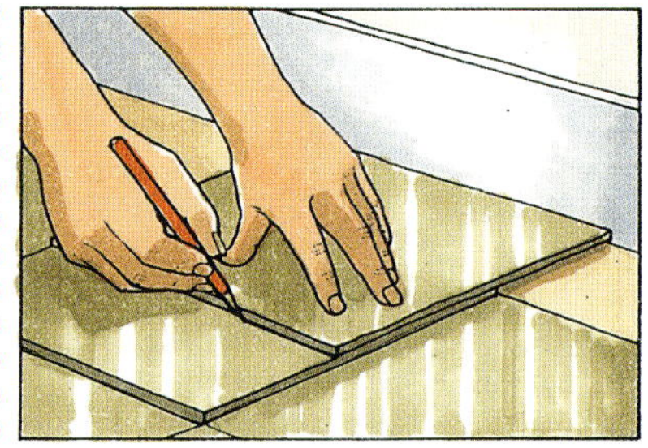

Trimming margin tiles

Floors are usually out of square, so you have to cut margin tiles to fit the gaps next to the skirting. To make one, lay a loose tile exactly on top of the last full tile. Place another tile on top, but with its edge touching the wall. Draw along the edge of this tile with a pencil to mark the tile below. Remove the marked tile and cut along the line, then glue the cut-off portion of the tile into the margin.

Cutting irregular shapes

To fit curves and mouldings, make a template for each tile out of thin card. Cut fingers that can be pressed against the object to reproduce its shape, then transfer the template to a tile and cut it to shape.

Fitting around pipes

Mark the position of the pipe on the tile, using a compass. Starting from the perimeter of the circle, draw two parallel lines to the edge of the tile. Cut the hole for the pipe, using a home-made punch (see opposite). Then cut a slit between the marked lines and fold the tile back so you can slide it into place behind the pipe.

SEE ALSO: Levelling concrete 47, Levelling a wooden floor 55, Vinyl tiles 106

Laying other soft floor tiles

The procedures for laying floor tiles made from carpet, cork and rubber are similar in many respects to those described opposite for vinyl tiles. The differences are outlined below.

Carpet tiles

Carpet tiles are laid in the same way as vinyl tiles, except that they are not usually glued down. Set out centre lines on the floor, but don't fit a guide batten – simply aligning the row of tiles with the marked lines is sufficient.

Carpet tiles have a pile that has to be laid in the correct direction. This is sometimes indicated by arrows marked on the back of each tile.

Some tiles have ridges of rubber on the back, so they will slip easily in one direction but not in another. The non-slip direction is also typically denoted by an arrow on the back of the tile. It is usual to lay these tiles in pairs, so one prevents the other from moving.

In any case, stick down every third row of tiles using double-sided carpet tape, and tape all squares in areas where there is likely to be heavy traffic.

Cut and fit carpet tiles as described for vinyl tiles.

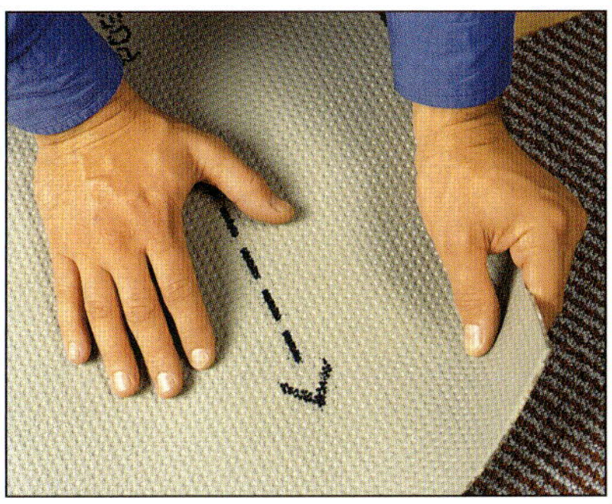

Checking direction of pile
Some carpet tiles have arrows on the back to indicate the direction in which they should be laid.

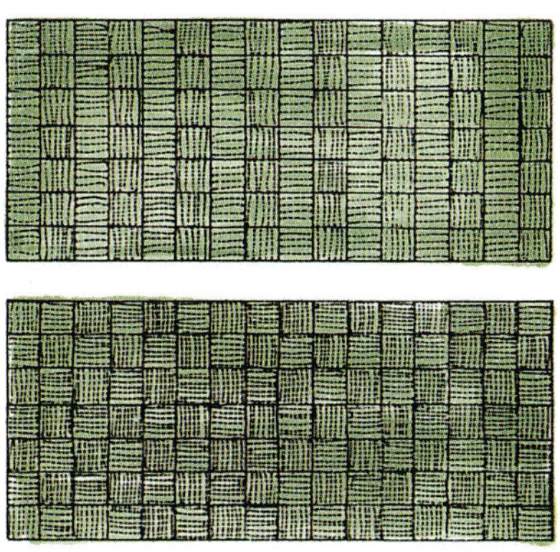

Using pile for decorative effect
Two typical arrangements of tiles, using the pile to make decorative textures.

Cork tiles

Use a contact adhesive when laying cork tiles: thixotropic adhesives allow a degree of movement as you position the tiles. Make sure the tiles are level by tapping down the edges with a block of wood. Unfinished tiles can be sanded lightly to remove minor irregularities. Vacuum then seal unfinished tiles, applying two to three coats of clear varnish.

Bedding cork tiles
Tap the edges with a woodblock to bed the tiles.

Rubber tiles

Bed rubber floor tiles onto latex flooring adhesive. Place one edge and corner of each tile against its neighbouring tiles before lowering it onto the adhesive.

Lay rubber tiles on a bed of latex adhesive

Covering a plinth with soft tiles

You can make kitchen base units or a bath panel appear to float above the ground by running floor tiles up the face of the plinth. Hold carpet tiles into a tight bend with gripper strip **(1)**, but glue other types of soft floor tile in place to create a similar detail.

Glue a plastic moulding (normally used to seal around the edge of a bath) behind the floorcovering to produce a curved detail that will make cleaning the floor a lot easier **(2)**.

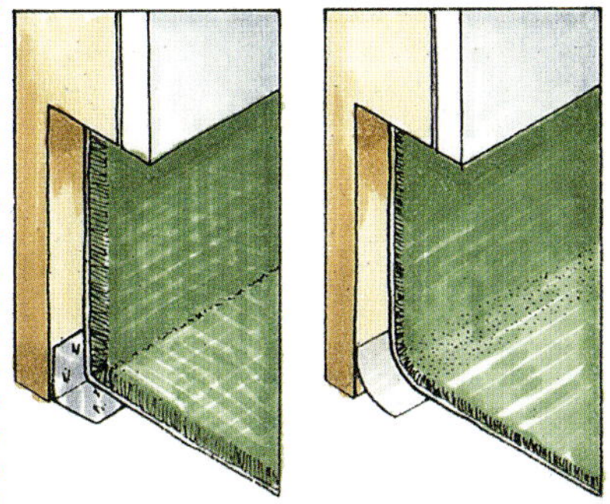

1 Hold in place with a gripper strip

2 Curved detail for easy cleaning

• Access to plumbing
If you're covering a bath panel with tiles, remember to make a lift-off section in the panel, so you can gain access to pipes and tap fittings beneath the bathtub.

Cutting holes for pipes

With most soft floor tiles you can use a home-made punch to cut neat holes for central-heating pipes. Cut a 150mm (6in) length of pipe with the relevant diameter, and sharpen the inside of the rim at one end with a metalworking file. Mark the position for the hole on the tile, then place the punching tool on top. Hit the other end of the punch with a hammer to cut through the tile cleanly, then cut a straight slit up to the edge. With some carpet tiles you may have to cut round the backing to release the cutout, then prevent fraying with carpet tape.

Punch holes for pipes with a sharpened offcut

SEE ALSO: Levelling concrete 47, Levelling a wooden floor 55, Carpet tiles 106, Cork tiles 107, Rubber tiles 107, Setting out 113

Laying ceramic floor tiles

Ceramic floor tiles make a durable surface that can be extremely decorative. Laying the tiles on a floor is similar to hanging them on a wall – although, being somewhat thicker, floor tiles are generally more difficult to cut. Consequently, when setting out the tiles, it's worth making adjustments to avoid having to fit them around awkward obstructions.

Setting out

Mark out the floor as for soft floor tiling and work out the spacing to achieve fairly wide even margins. Nail two softwood guide battens to the floor, set at 90 degrees and aligned with the last row of whole tiles on the two adjacent walls farthest from the door. Even a small error will become obvious by the time you reach the other end of the room, so check the angle by measuring three units from the corner along one batten and four units along the other. Measure the diagonal between the mark – it should measure five units if the battens form a right angle (see below). Make a final check by dry-laying a square of tiles.

● **Battens on a concrete floor**
Use masonry nails to hold battens on a concrete floor.

Laying the tiles

Use a proprietary floor-tile adhesive that is waterproof and slightly flexible when set. Spread it on, using a notched trowel, in accordance with the adhesive manufacturer's recommendations. Just like wall tiling, the normal procedure is to apply adhesive to the floor for the main area of tiles, and to butter the backs of cut tiles.

Spread enough adhesive on the floor to cover about 1 square metre (1 square yard). Press the tiles into the adhesive, starting in the corner. Work along both battens and then fill in between to form the square, using plastic floor-tile spacers to create regular joints.

Wipe adhesive off the surface of the tiles with a damp sponge. Then check their alignment with a straightedge, and make sure they are lying flat by checking them with a spirit level. Work your way along one batten, laying one square of tiles at a time; and then tile the rest of the floor in the same way, working back towards the door. Don't forget to scrape adhesive from the margins as you go.

Allow the adhesive to dry for 24 hours before you walk on the floor to remove the guide battens and fit the margin tiles. Even then, it's a good idea to spread your weight with a board or plank.

Cutting ceramic floor tiles

Measure the margin tiles as described for wall tiles, then score and snap them with a tile-cutting jig. Because they are thicker, floor tiles will not snap quite so easily, so you may have to resort to using a powered wet saw – even for simple straight cuts. Seal around the edge of the floor with a dark-coloured flexible sealant.

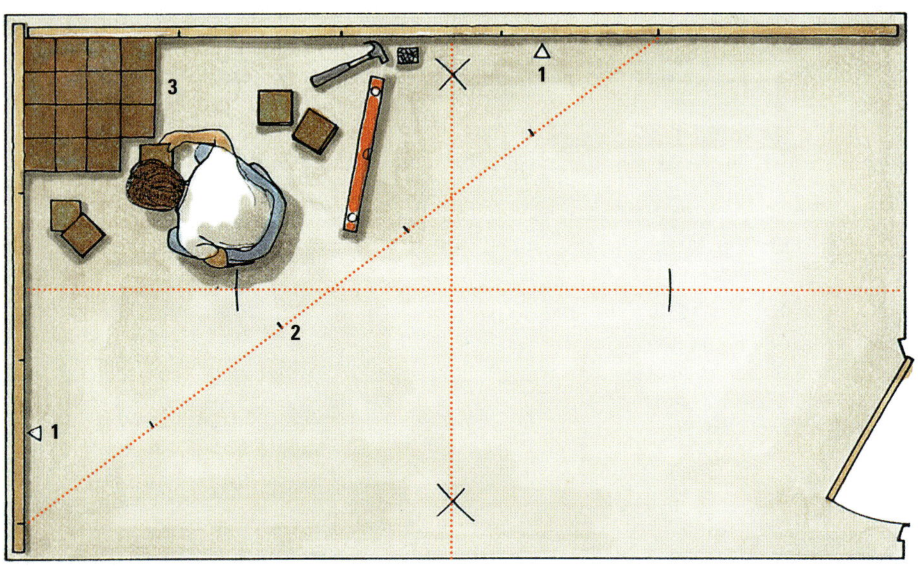

Setting out for tiling
Mark out the floor as for soft floor tiles, then set out the field with battens.
1 Fix temporary guide battens at the edge of the field on the two adjacent walls farthest from the door.
2 Make sure that the battens are at true right angles by measuring the diagonal.
3 Dry-lay a square of 16 tiles in the corner as a final check.

LAYING A MOSAIC FLOOR

Set out the floor for tiling with mosaics as described for standard ceramic floor tiles. Spread adhesive on the floor, then lay the tiles, using spacers that match the gaps between the individual pieces. Paper-faced tiles should be laid paper uppermost. Press the sheets into the adhesive, using a block of wood to tamp them level. Twenty-four hours later, remove the spacers and, where appropriate, soak off the paper facing with warm water. Grout as normal.

Cut out enough pieces of mosaic to fit a sheet around an obstruction **(1)**, then replace individual pieces to fit the shapes exactly.

If you are using mosaics in areas of hard wear, protect vulnerable edges, such as steps, with a nosing of ordinary ceramic floor tiles to match or contrast with the main field of mosaics **(2)**.

1 Remove mosaic pieces to fit around a pipe

2 Lay a nosing of ceramic tiles on step treads

Grouting joints in ceramic floor tiles
Using a hard-rubber float, spread a dark-grey grout over an area of about 1 square metre (1 square yard) at a time, pressing it firmly into the joints. Wipe grout off the surface with a barely damp sponge, then compress the joints with a blunt stick. Polish the tiles with a dry cloth when the grout is hard.

SEE ALSO: Levelling a wooden floor 55, Grouting tiles 109, Cutting ceramic tiles 110, Marking out 113, Margin tiles114

Laying quarry tiles

Being tough and hardwearing, quarry tiles are an ideal choice for floors that receive heavy use. However, they are relatively thick and making even a straight cut requires a wet saw – so use quarry tiles only in areas that do not require a lot of complex shaping.

Don't lay quarry tiles on a suspended wooden floor: replace the floorboards with 18 or 22mm (¾ or ⅞in) exterior-grade plywood to provide a sufficiently flat and rigid base. A concrete floor presents no problems, so long as it is free from damp. You can lay quarries using a floor-tile adhesive, but the traditional method of laying the tiles on a bed of mortar takes care of slightly uneven floor surfaces.

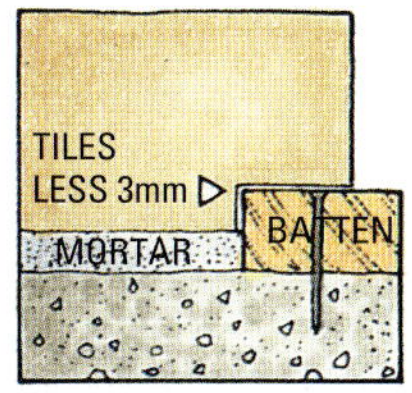

1 Notching the levelling board
Cut matching notches at each end of the board for levelling the mortar.

2 Levelling the mortar
With a notch located over each guide batten, drag the levelling board towards you.

Setting out for tiling

Set out two guide battens at right angles to each other in a corner of the room, as described for ceramic floor tiles (opposite). The depth of the battens should measure about twice the thickness of the tiles, to allow for the mortar bed. Use long masonry nails to fix them temporarily to a concrete floor. The level of the battens is vital, so check with a spirit level and pack out under the battens with scraps of hardboard or card where necessary. As a guide to positioning, mark tile-widths along each batten, leaving 3mm (⅛in) gaps between them for grouting.

Dry-lay a square of 16 tiles in the angle, then nail a third batten to the floor, butting against the tiles and parallel with one of the other battens. Level and mark it as before.

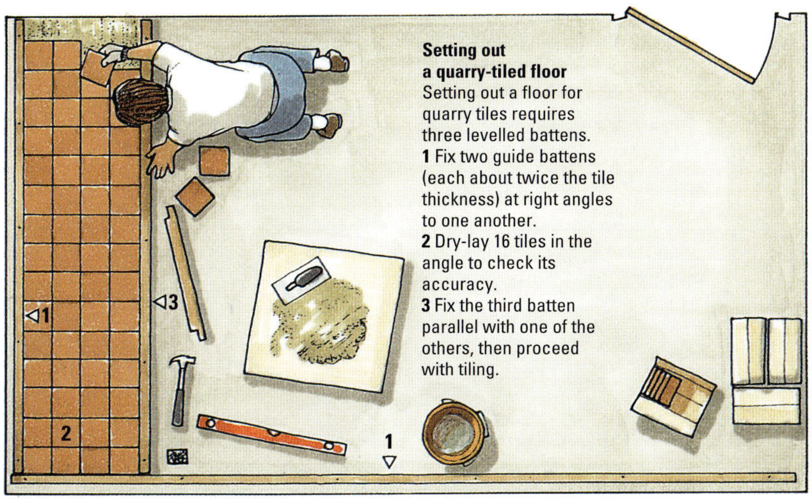

Setting out a quarry-tiled floor
Setting out a floor for quarry tiles requires three levelled battens.
1 Fix two guide battens (each about twice the tile thickness) at right angles to one another.
2 Dry-lay 16 tiles in the angle to check its accuracy.
3 Fix the third batten parallel with one of the others, then proceed with tiling.

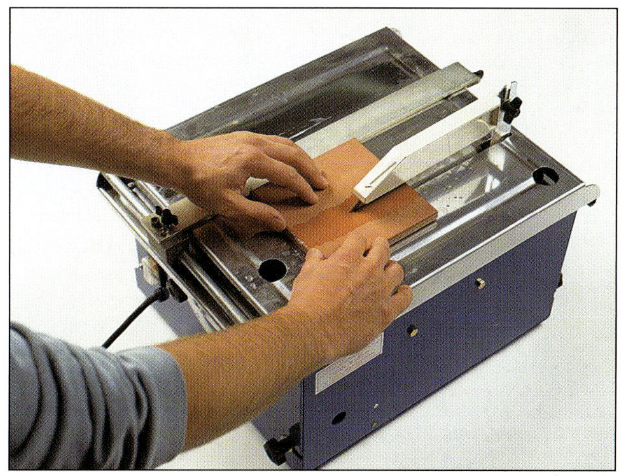

3 Cutting quarry tiles
Mark up margin tiles as described for wall tiling, and cut them with a powered wet saw.

Period effect
You can re-create Victorian style floors with modern quarry tiles

Levelling mortar for margin tiles
Use a notched piece of plywood to level the mortar, then tamp down the tiles with a block.

Laying the tiles

Lay quarry tiles on a bed of mortar made from 1 part cement : 3 parts builder's sand. When water is added, the mortar should be stiff enough to hold an impression when squeezed.

Soak quarry tiles in water prior to laying to prevent them absorbing water from the mortar too rapidly, causing poor adhesion. Cut a stout board to span the parallel battens: this will be used to level the mortar bed and tiles. Cut a notch in each end to fit between the battens **(1)**; its depth should match the thickness of a tile less 3mm (⅛in).

Spread the mortar to a depth of about 12mm (½in) to cover the area of 16 tiles. Level the mortar by dragging the notched side of the board across it **(2)**.

Dust dry cement on the mortar, then lay the tiles along three sides of the square against the battens. Fill in the square, spacing the tiles by adjusting them with a trowel. Tamp down the tiles gently with the unnotched side of the board until they are level with the battens. If the mortar is too stiff, brush water into the joints. Wipe mortar from the faces of the tiles before it hardens.

Fill in between the battens, then move one batten back to form another bay of the same size. Level it to match the first section.

Tile section-by-section until the main floor area is complete. When the floor is firm enough to walk on, lift the battens and fill the margin with cut tiles **(3)**.

Grouting quarry tiles
Push grout into the joints with a pointing trowel, and compress the grout with a blunted stick or a bricklayer's jointer. Keep the tiles as clean as possible, wiping excess grout off the surface with a damp sponge. When the grout has set, brush the floor clean.

SEE ALSO: Damp floors 47, Levelling concrete 47, Levelling a wooden floor 55, Cutting ceramic tiles 110, Mixing mortar 178

Parquet flooring

Parquet flooring is a relatively thin covering of decorative timber that is laid in the form of panels or narrow strips. Hardwoods such as oak, birch and cherry are used for their attractive grain patterns and rich colouring, which can be further highlighted by applying one of the many floor waxes, polishes and varnishes that are available.

Types of parquet flooring

Laying any type of parquet is as easy as tiling a floor, but you will need to take into consideration the nature of the subfloor.

Strip flooring

Wood floors can be constructed from tongue-and-groove (T&G) or square-edged strips or tiles, either machined from solid timber or made from veneered plywood. They can be nailed to a wooden floor, or left as floating parquetry by gluing just the jointed edges together. Tiles and strips range in thickness from 9 to 18mm (⅜ to ¾in). Fix them either as parallel strips or arrange them in various combinations to make herringbone or woven patterns.

Hardwood panels

Perhaps the most common form of hardwood flooring consists of panels 450mm (1ft 6in) square made by gluing 8mm (⅜in) solid-wood fingers into herringbone or basket-weave patterns. The panels are presanded, and sometimes prefinished as well. Some have a bitumen-impregnated backing to protect them from rising damp (although the floor itself must include a damp-proof membrane). Hardwood panels can be glued to wooden or concrete floors, their edges butted like floor tiles; some are self-adhesive.

Timber-faced cork

This is not a conventional parquet flooring, but consists of composite tiles made from a layer of cork backed with vinyl and surfaced with a natural or stained hardwood veneer. The timber is protected by a clear-vinyl coating. The tiles are available in 900 x 150mm (3ft x 6in) strips. For setting out, fitting and cutting timber-faced cork, see the section on vinyl and cork tiles.

1 Strip flooring
These short sections of flooring illustrate some of the woods used for this type of parquet. They are available as plywood or solid-wood strips, and some are prefinished.

2 Hardwood parquet panels
Small solid-wood strips made up into flat panels for gluing to the subfloor.

3 Timber-faced cork
This type of flooring is easy to lay. Cut to fit with a sharp knife.

PREPARING THE SUBFLOOR

Whether the subfloor is concrete or wood, it must be clean, dry and flat before parquet flooring is laid. Use hardboard panels to level a wooden floor; screed a concrete base. Some manufacturers recommend that a building paper or thin plastic-foam underlay is laid for floating parquetry. To reduce the risk of warping, leave parquet panels or strips for several days in the room where they will be laid, so they adjust to the atmosphere.

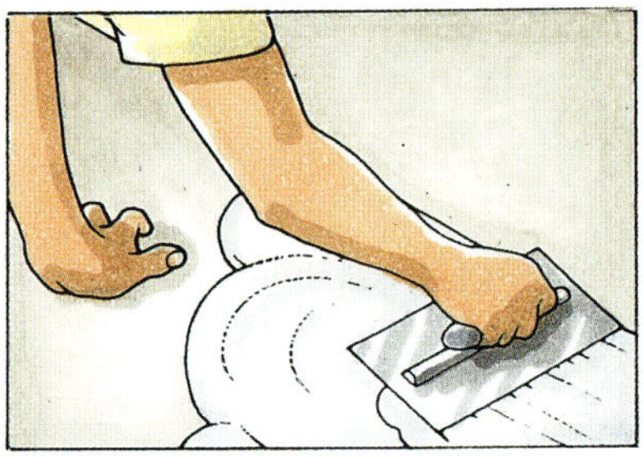

Preparing solid floors
When laying parquet flooring on a solid-concrete base, ensure that the floor is completely dry and damp-proof (i.e. impervious to rising damp). Make good any defects, and screed the surface with a proprietary self-levelling compound.

1
2
3

SEE ALSO: Choosing colour/texture 22–3, 26, Levelling concrete 47, Levelling a wooden floor 55, Vinyl and cork tiling 113–15

Laying panel and strip floors

Cutting curves

Use cardboard templates to mark out curved shapes, transfer them to the strip or panel, then cut along the line with a coping saw or jigsaw.

Fitting into a doorway

If the parquetry is to run through two adjoining rooms, take a piece of the flooring and use it to support the blade of a panel saw in order to cut off the bottom of the doorframe; the parquetry will then fit neatly under the frame. This is easier than trying to fit it to the moulded architrave.

If the flooring is to change at the door, fit a hardwood threshold – the same thickness as the panels, and the full depth of the frame. Cut the bottom of the doorframe to take the threshold, then screw or nail it to the floor.

Fitting around a pipe

Measure and mark the position of a pipe projecting from the floor. Drill a hole slightly larger than the pipe, then cut out a tapered section of the floor tile to accommodate the pipe. Glue the tile to the floor, and fit the wedge-shaped offcut behind the pipe.

Cutting away a doorframe
Professional fitters cut away the bottom of the frame to the thickness of the flooring.

Accommodating a pipe
Fit the notch over the pipe, locate the tongue, and then lower the panel into place.

Laying hardwood panels

Set out the flooring to calculate the position of the panels, as described for vinyl tiles; but instead of fixing a guide batten to the floor, stretch a length of string between nails that mark the edge of the last row of whole panels next to the wall farthest from the door.

Using a notched trowel, spread some of the recommended adhesive onto the subfloor so you can lay a row of panels next to the string. Align the first row with the string, levelling them with a softwood block and hammer. Check the alignment with a straightedge; then lay subsequent panels butted against the preceding row, working from the centre in both directions.

Cutting margin panels
Measure and mark margin panels, as described for vinyl tiles, but deduct 12mm (½in) to provide an expansion gap beside the skirting. Cut the panels with a tenon saw or jigsaw.

Glue the margin panels in place, then cover the gap with quadrant moulding pinned to the skirting. Don't pin the moulding to the flooring, as it would part from the skirting and serve no useful purpose.

Finishing the flooring
Sand slight irregularities between tiles, then vacuum the floor. Seal the wood with three or four coats of clear finish.

Edge detail
An expansion gap is necessary around a parquet-tiled floor, but you can conceal it by nailing a strip of quadrant moulding to the skirting.

Fitting the last strip
Lever in the last strip, using a crowbar with an offcut of board to protect the skirting.

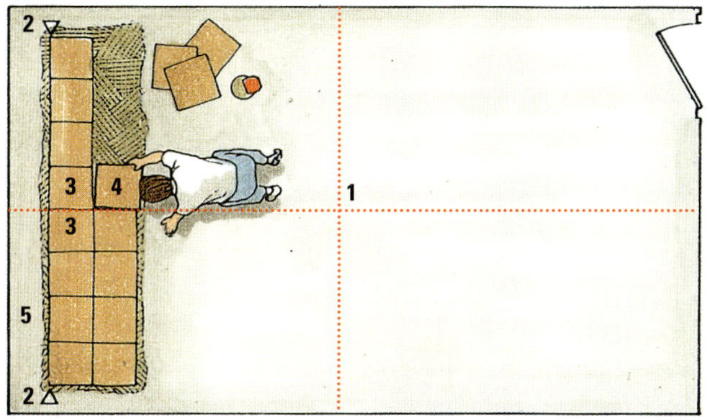

How panels are fitted
1 Mark out the floor as for vinyl tiles.
2 Stretch a string line between nails to mark the edge of the field.
3 Lay the first row from the centre, butting panels together.
4 Lay subsequent rows, checking alignment with a spirit level.
5 Fill margins.

● Floating parquet flooring
Instead of nailing the strips to the floor, you can glue them edge-to-edge by applying a little PVA adhesive to each groove as they are tapped in place. Place wedges between the parquet flooring and the skirting to maintain the 12mm (½in) expansion gap until the moulding is fixed.

Nailing strip flooring

Decide on the direction of the strip flooring, then snap a chalked line about 12mm (½in) from a skirting that runs parallel with it.

Place the grooved edge of the first strip against the line, and nail it through the face with panel pins. Tap the next strip onto the tongue, using a scrap strip to protect the edge.

Nail through the inner angle of the tongue every 200mm (8in), up to 35mm (1½in) from the ends. Use a nail set and hammer to drive the nail heads below the surface.

Proceed across the floor, cutting each strip 12mm (½in) short of the skirting board. At the far end of the room, the gap will allow you to lever the last strip into place and then nail it through the face. Nail a cover moulding all round the perimeter of the room.

Finish strip flooring with three or four coats of clear varnish, in the same way as panel flooring.

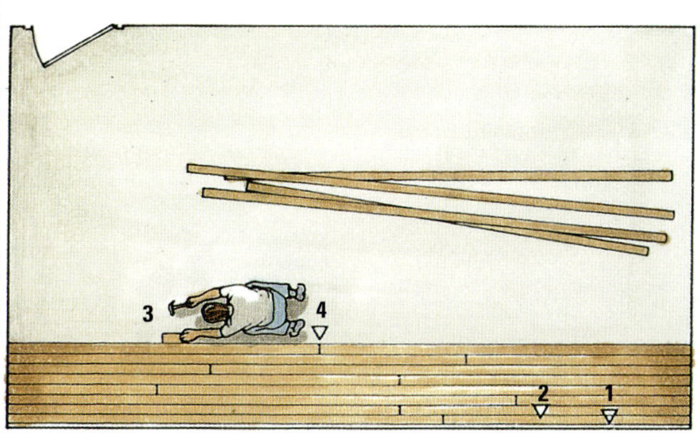

How strips are fixed
Flooring strips are fixed across the floor, working away from the skirting.
1 Snap a chalked string parallel with the skirting.
2 Nail a strip through its face, tongue outwards, against the chalk guideline.
3 Slot on subsequent strips, and nail through the tongues.
4 Stagger the end-to-end joints.

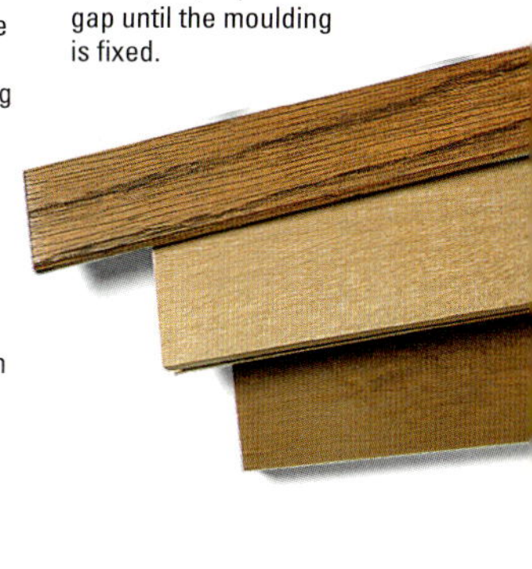

SEE ALSO: Levelling floors 47, 55, Finishing wood 88, 90, Secret nailing 94, Setting out 113, Trimming margin tiles 114

Carpets

Originally, piled carpets were made by knotting strands of wool or other natural fibres into a woven foundation; but gradually, with the introduction of machine-made carpets and synthetic fibres, a very wide variety of different types has been developed. There is a good choice available for virtually all areas of the house, whether the need is for something luxurious or simply practical and hardwearing.

When selecting carpet, consider your options carefully. The floor area is an important element in the style of an interior, and the wrong choice could be an expensive mistake.

A well-laid good-quality carpet will last for many years – so unless you can afford to change your floorcovering every time you redecorate, take care to choose one that you will be able to live with after a change of colour scheme or furnishings. Neutral or earthy colours are easiest to accommodate. Plain colours and small repeat patterns are suitable for rooms of any size; large, bold designs are best reserved for spacious interiors.

If you are planning to carpet adjoining rooms, consider using the same carpet to link the floor areas. This provides a greater sense of space and harmony.

You can use patterned borders in combination with plain carpet to create a distinctive made-to-measure floorcovering in specific areas.

Left to right
1 Cut pile
2 Velvet pile
3 Looped pile
4 Cord pile
5 Twisted pile
6 Woven jute
7 Saxony pile
8 Underlays

SEE ALSO: Laying carpet 122, Estimating carpet 123

Choosing carpet

When shopping for carpeting there are various factors to consider, including fibre content, type of pile and durability. Although wool carpet is luxurious, synthetic-fibre carpets also have a lot to offer in terms of finish, texture, comfort underfoot and value for money.

Fibre content

The best carpets are made from wool or a mixture of wool plus a percentage of man-made fibre. Wool carpets are expensive, so manufacturers have experimented with a variety of fibres to produce cheaper but durable and attractive carpets. Materials such as nylon, polypropylene, acrylic, rayon and polyester are all used for carpet making, either singly or in combination.

Synthetic-fibre carpets were once inferior substitutes, often with an unattractive shiny pile and a reputation for building up a charge of static electricity that produced mild shocks when anyone touched a metal door knob. Nowadays, manufacturers have largely solved the problem of static, but you should still seek the advice of the supplier before you buy.

As far as appearance is concerned, a modern carpet made from good-quality blended fibres is hard to distinguish from one made from wool. Certain combinations produce carpets that are so stain-resistant that they virtually shrug off spilled liquids. To their disadvantage, synthetic fibres tend to react badly to burns, shrivelling rapidly from the heat, whereas wool tends only to smoulder.

Rush, sisal, coir and jute are natural vegetable fibres used to make coarsely woven rugs or strips.

Which type of pile?

The nature of the pile is even more important to the feel and appearance of a carpet than the fibre content. Piled carpets are either woven or tufted. Axminster and Wilton are names used to describe two traditional methods of weaving the pile simultaneously with the foundation, so that the strands are wrapped around and through the warp and weft threads. With tufted carpets, continuous strands are pushed between the threads of a prewoven foundation. Although secured with an adhesive backing, tufted pile isn't as permanent as a woven pile. The column on the right explains the various ways tufted and woven piles are created. See below for durability.

The importance of underlay

A carpet undoubtedly benefits from a resilient cushion laid between it and the floor – it is more comfortable to walk on and the carpet lasts longer. Without an underlay, dust may emerge from the divisions between the floorboards and begin to show as dirty lines.

An underlay can be either a thick felt or a layer of foamed rubber or plastic. When you purchase a foam-backed or rubber-backed carpet, the underlay is an integral part of the floorcovering. In theory rubber-backed or foam-backed carpets need no additional underlay, but floorboards can still show through cheaper qualities (see margin note).

Choosing a durable carpet

Whether it is woven, tufted or bonded, a hardwearing carpet must have a dense pile. When you fold the carpet and part the pile, you should not be able to see the backing to which it is attached.

Fortunately, the British Carpet Classification Scheme categorizes floorcoverings according to their ability to withstand wear. If the classification is not stated on the carpet, ask the supplier how it is categorized.

DURABILITY RATING

CLASSIFICATION	APPLICATION
Light domestic	Bedrooms
Medium domestic	Light traffic only - dining room, well-used bedroom
General domestic	Living rooms
Heavy domestic	Hallways/stairs

HOW CARPETS ARE MADE

Tufted and woven carpet pile is treated in a number of ways to give different qualities of finish. With some types, the strands are left long and uncut; with others, the looped pile is twisted together to give a coarser texture. Very hardwearing carpets have their looped pile pulled tight against the foundation. Cut, velvety and shaggy carpets have the tops of their loops cut off, leaving single-fibre strands.

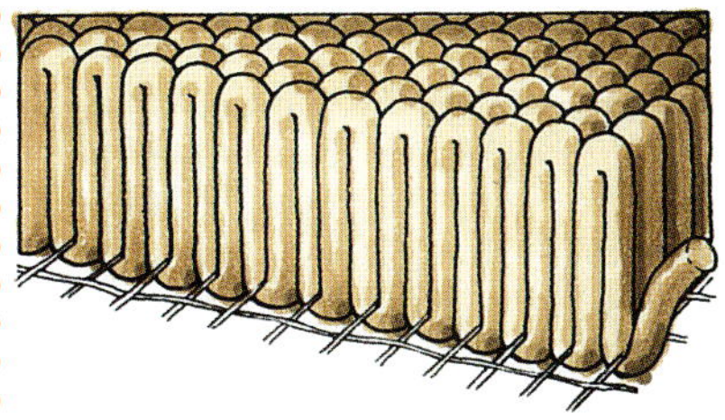

Woven pile
Continuous strands woven into the warp and weft threads of the foundation.

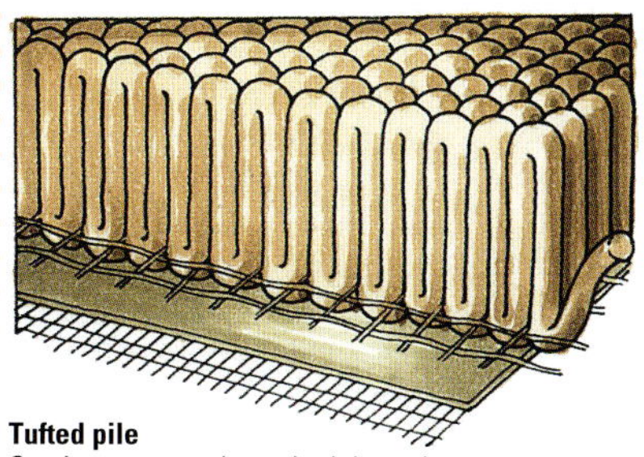

Tufted pile
Continuous strands pushed through a woven foundation and secured on an adhesive backing.

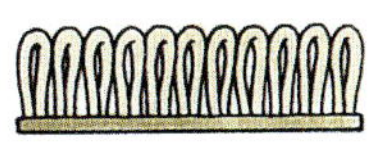

1 Looped pile
Ordinary looped pile gives a smooth feel.

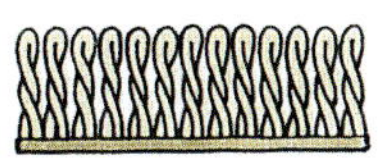

2 Twisted pile
Looped pile twisted for a coarser texture.

3 Cord pile
Loops are pulled tight against the foundation.

4 Cut pile
Loops are cut, giving a velvety texture pile.

5 Velvet pile
Loops are cut short for a close-stranded pile.

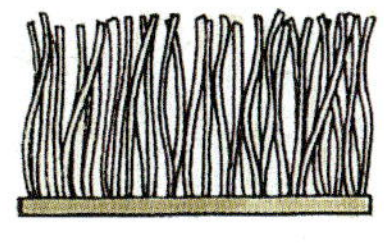

6 Saxony pile
A long cut pile, up to 38mm (1½in) long.

Fibre-bonded pile

The most modern method of carpet production makes use of synthetic fibres packed tightly together and bonded to an impregnated backing. The texture is like coarse felt.

● Additional protection
As well as conventional underlay, it is worth laying rolls of brown paper or synthetic-fibre sheet over the floor to stop dust and grit working their way into the underlay and to prevent rubber-backed carpets sticking to the floor.

Fibre-bonded pile
A tough low-cost carpet, mostly used for commercial interiors.

SEE ALSO: Choosing colour/texture/pattern 22–7, Levelling concrete 47, Levelling a wooden floor 55, Carpet tiles 106

Laying carpet

Fixing carpet
Use one of three ways:

Fold tacked to floor

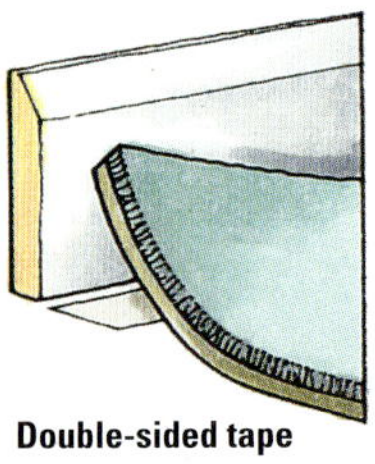

Double-sided tape

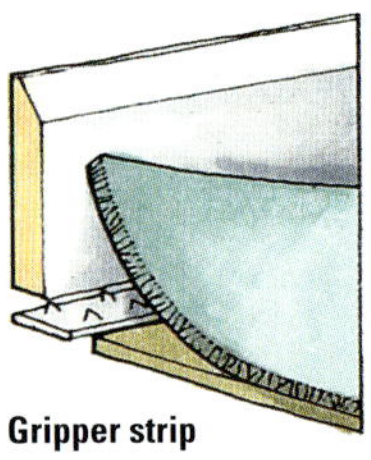

Gripper strip

Joining at a doorway
Use one of the bars below:

Double threshold bar

Single threshold bar

Some people loose-lay carpet, relying on the weight of the furniture to stop it moving around. However, a properly stretched and fixed carpet looks much neater – and, provided you are carpeting a fairly simple rectangular room, it isn't very difficult to accomplish.

Methods of fixing

There are different methods for holding a carpet firmly in place, depending on the type of carpet you are laying.

Carpet tacks

A 50mm (2in) strip can be folded under along each edge of the carpet, and nailed to a wooden floor with improved cut tacks about every 200mm (8in). You can usually cover the tack head by rubbing the pile with your fingertips. With this method, the underlay should be laid 50mm (2in) short of the skirting to allow the carpet to lie flat along the edge.

Double-sided tape

Use adhesive tape for rubber-backed carpets only. Stick 50mm (2in) tape around the perimeter of the room; then, when you are ready to fix the carpet, peel off the protective paper layer from the tape.

Gripper strips

These wooden or metal strips have fine metal teeth that grip the woven foundation. They are not really suitable for rubber-backed carpets, although they are used. Nail the strips to the floor, 6mm (¼in) from the skirting, with the teeth pointing towards the wall. Cut short strips to fit into doorways and alcoves. Glue gripper strips to a concrete floor. Cut underlay up to the edge of each strip.

Using a knee kicker
The only special tool required for laying carpet is a knee kicker, for stretching it. This has a toothed head, which is pressed into the carpet while you nudge the end with your knee. You can hire a knee kicker from a carpet supplier or tool-hire company.

Laying standard-width carpet

If you are laying a separate underlay, join neighbouring sections with short strips of carpet tape or secure them with a few tacks to stop them moving.

Roll out the carpet, butting one machine-cut edge against a wall: fix that edge to the floor. A pattern should run parallel to the main axis of the room.

Stretch the carpet to the wall directly opposite and temporarily fix it with tacks, or slip it onto gripper strips. Don't cut the carpet yet. Work from the centre towards each corner, stretching and fixing the carpet; then do the same at the other sides of the room.

Cut a triangular notch at each corner, so the carpet will lie flat. Adjust the carpet until it is stretched evenly, then fix it permanently. When you are using tape or gripper strips, press the carpet into the angle between the skirting and the floor with a bolster chisel; then trim with a knife held at 45 degrees to the skirting. Tuck the cut edge behind a gripper strip with the bolster.

Cutting to fit
Cut and fit carpet into doorways and around obstacles, as described for sheet vinyl. Join carpets at a doorway with a single- or double-sided threshold bar.

Joining carpet
Glue straight seams with latex adhesive or, for rubber-backed carpet, adhesive tape. Use as described for sheet vinyl. Don't join expensive woven carpets: they should be sewn by a professional.

Carpeting a staircase

If possible, use standard-width narrow carpet on a staircase. Order an extra 450mm (1ft 6in), so that the carpet can be moved at a later date to even out the wear. This allowance is turned under onto the bottom step.

You can fit carpeting across the width of the treads, or stop short to reveal a border of polished or painted wood. With the latter method, you can use traditional stair rods to hold the carpet against the risers; screw brackets on each side of the stairs to hold the rods.

Alternatively, tack the carpet to the stairs every 75mm (3in) across the treads. Push the carpet firmly into the angle between riser and tread with a bolster chisel while you tack the centre, then work outwards to each side.

Unless it's rubber-backed, you can use gripper strip to fix the carpet in place.

Fitting an underlay
Cut underlay into separate pads for each tread. Fix each pad next to the riser, using tacks or gripper strip; and tack the front edge under the nosing.

Laying a straight run
The pile of the carpet should face down the stairs. Gauge the pile by rubbing your palm along the carpet in both directions – it will feel smoother in the direction of the pile.

Starting at the bottom of the stairs, lay the carpet face down on the first tread. Fix the back edge with tacks, or nail a strip over it. Stretch the carpet over the nosing, and fix it to the bottom of the riser by nailing through a straight gripper strip. Run the carpet up the staircase, pushing it firmly into each gripper strip with a bolster. Nail the end of the carpet against the riser on the last tread, then bring the landing carpet over the top step to meet it.

Carpeting winding stairs
If using a continuous length of carpet, fold the excess under and secure it to the riser with a stair rod. Alternatively, fold the slack against the riser and tack through the three thicknesses of carpet.

To install fitted carpet, cut a pattern for each step and carpet it individually.

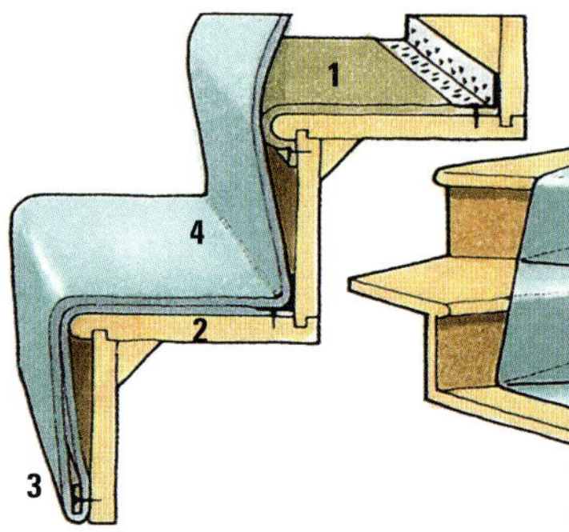

Carpeting a straight run

Carpeting winding stairs

Straight stairs
1 Tack underlay pads.
2 Tack carpet face down on first tread.
3 Pull over nosing and tack to base of riser.
4 Run carpet upstairs, fixing to grippers.

Winding stairs
Don't cut the carpet, but fold the excess under **(1)** and fix to the risers with stair rods or long carpet tacks.

SEE ALSO: Levelling concrete 47, Levelling a wooden floor 55, Fitting vinyl 124, Joining vinyl 124

Sheet-vinyl floorcovering

Measure the floor area and draw a freehand plan, including the position of doors, window bay, alcoves and so on, plus the full width of the doorframe. Make a note of the dimensions on the plan and take it to the flooring supplier, who will advise you on the most economical way to cover the floor.

The ideal solution is to achieve a seamless wall-to-wall covering; but this is often impossible, either because a particular width is unobtainable or because the room is such an irregular shape that there would be too much wastage if it were cut from one piece. Carpet or sheet-vinyl widths have to be butted together in these circumstances – but try to avoid seams in the main walkways. You also have to consider matching the pattern and the direction of carpet pile: it must run in the same direction, or each piece of carpet will look different. Remember to order 75mm (3in) extra all round for fitting.

Standard widths

Most manufacturers produce carpet or vinyl to standard widths. Some can be cut to fit any shape of room, but the average wastage factor is reflected in the price. Not all carpets are available in the full range of widths and you may have difficulty in matching a colour exactly from one width to another, so ask the supplier to check. Carpet and vinyl are made to metric sizes, but the imperial equivalent is normally quoted.

AVAILABLE WIDTHS	
Carpet	**Vinyl**
*0.69m (2ft 3in)	2m (6ft 6in)
0.91m (3ft)	3m (9ft 10in)
2.74m (9ft)	4m (13ft)
3.66m (12ft)	
*4m (13ft)	
*4.57m (15ft)	

*rare

Carpet widths of 2.74m (9ft) and over are known as broadlooms; narrower widths are called body or strip carpets.

Carpet squares

Carpet squares – not to be confused with tiles – are large, rectangular loose-laid rugs. Simply order whichever size suits the proportions of your room. Carpet squares should be turned round from time to time to even out wear.

Sheet vinyl makes an ideal wall-to-wall floorcovering for kitchens, utility rooms and bathrooms, where you are bound to spill water from time to time. It is straightforward to lay, provided you follow a systematic procedure.

Vinyl flooring
Being hardwearing and waterproof, sheet vinyl is one of the most popular floorcoverings for bathrooms and kitchens. Vinyl carpet has a pile, but is equally suitable for these areas.

Left to right
1 Unbacked vinyl
2 Backed vinyl
3 Vinyl carpet

Types of vinyl floorcovering

There are a great many sheet-vinyl floorcoverings to choose from. Make your selection according to durability, colour, pattern and, of course, cost.

Unbacked vinyl
Sheet vinyl is made by sandwiching the printed pattern between a base of PVC and a clear protective PVC covering. All vinyls are relatively hardwearing, but some have a thicker, reinforced protective layer to increase their durability; ask the supplier which type will suit your needs best.

All varieties of vinyl floorcovering come in a vast range of colours, patterns and textures.

Backed vinyl
Backed vinyl has similar properties to the unbacked type, with the addition of a resilient underlay to make it warmer and softer to walk on. The backing is usually a cushion of foamed PVC.

Vinyl carpet
Vinyl carpet – a cross between carpet and sheet vinyl – was originally developed for contract use but is now available for the wider market. It has a velvet-like pile of fine nylon fibres embedded in a waterproof expanded-PVC base, and is popular for kitchens as spillages are washed off easily with water and a mild detergent. It comes in 2m (6ft 7in) wide rolls.

1 2 3

Preparing the floor

Before you lay a sheet of vinyl floorcovering, make sure the floor is flat and dry. Vacuum the surface, and nail down any floorboards that are loose. Take out any unevenness by screeding a concrete floor or hardboarding a wooden one. A concrete floor must have a damp-proof membrane, while a ground-level wooden floor must be ventilated below. Don't lay vinyl over boards that have recently been treated with preserver.

SEE ALSO: Choosing colour/texture/pattern 22–7, Levelling floors 47, 55, Carpet tiles 106, Laying sheet vinyl 124

Laying sheet vinyl

Leave the vinyl sheet in a room for 24 to 48 hours before laying, preferably opened flat – or at least stood on end, loosely rolled. Make a scribing gauge by driving a nail through a wooden lath about 50mm (2in) from one end. You will use this gauge for fitting the sheet against the skirtings.

1 Fit to first wall by scribing with a nailed strip

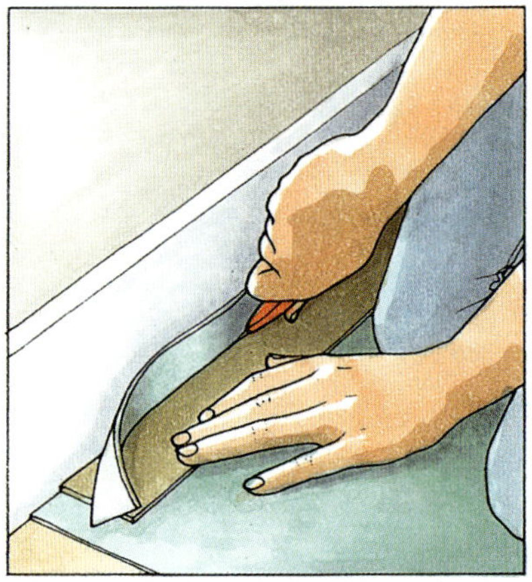

2 Press the folded edge to the skirting and cut

Fitting and cutting sheet vinyl

Assuming there are no seams, start by fitting the sheet against the longest wall. Pull the vinyl away from the wall by approximately 35mm (1½in); make sure it is parallel with the wall or the main axis of the room. Use the scribing gauge to score a line that follows the skirting **(1)**. Cut the vinyl with a knife or scissors, then slide the sheet up against the wall.

To get the rest of the sheet to lie as flat as possible, cut a triangular notch at each corner. At external corners, make a straight cut down to the floor. Remove as much waste as possible, leaving 50 to 75mm (2 to 3in) turned up all round.

Using a bolster, press the vinyl into the angle between the skirting and the floor. Align a metal straightedge with the crease and run a sharp knife along it, held at a slight angle to the skirting **(2)**. If your trimming is less than perfect, nail a cover strip of quadrant moulding to the skirting.

Cutting around a toilet or washbasin

To fit around a WC pan or basin pedestal, fold back the sheet and pierce it with a knife just above floor level; draw the blade up towards the edge of the sheet. Make triangular cuts around the base, gradually working around the curve until the sheet can lie flat on the floor **(3)**. Crease, and cut off the waste.

Trimming to fit a doorway

Fit the vinyl around the doorframe by creasing it against the floor and trimming off the waste. Make a straight cut across the opening, and fit a threshold bar over the edge of the sheet.

Secure butting edges on a bed of adhesive

Sticking and joining sheet vinyl

Modern sheet-vinyl floorcoverings can be loose-laid, but you may prefer to at least glue the edges, especially across a door opening.

Peel back the edge and spread a band of the recommended flooring adhesive, using a toothed spreader; or apply double-sided adhesive tape, 50mm (2in) wide, to the floor.

Joining strips of vinyl

If you have to join widths of vinyl, then overlap the free edge with the second sheet until the pattern matches exactly. Cut through both pieces with a knife, then remove the waste strips.

Without moving the sheets, fold back both cut edges, apply tape or adhesive, then press the join together.

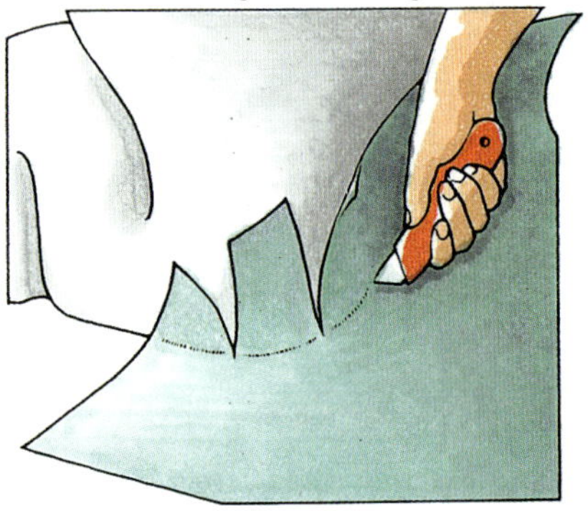

3 Make triangular cuts around a curve

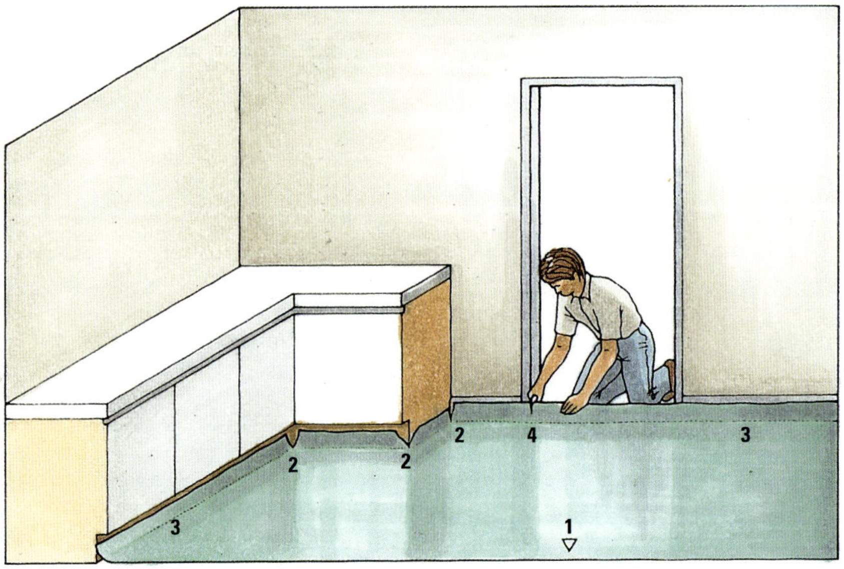

Positioning sheet vinyl
Lay the vinyl on the floor so that it laps the skirting all round, then:
1 Start by fitting the sheet to the longest, uninterrupted wall.
2 Cut notches at each corner, so the sheet will lie flat.
3 Allow folds of about 75mm (3in) all round for scribing to fit.
4 Make a straight cut across the door opening, and fit a threshold bar.

☛ SEE ALSO: Levelling floors 47, 55, Sheet-vinyl floorcovering 123

3 Repairs and improvements

Cutting internal doorways

You may need to make a doorway in an existing wall if you are changing the use of a room or improving its layout: this is often necessary as part of the process of converting a kitchen, where fitted units tend to dictate the positions of access and exit doors. As with fitting a hatchway, a lintel has to be installed to ensure the stability of both the wall itself and any load bearing on it.

Cutting through a brick or block wall

1 Fix galvanized ties

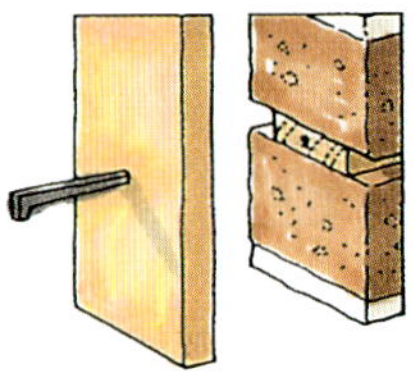
2 Nail to wedges

First check whether the wall is non-loadbearing or loadbearing. If it is the latter, seek approval from your local Building Control Officer (BCO). Begin by marking the opening on one side of the wall, then examine the coursing of the bricks or blocks by exposing a small area; if necessary, move the opening to align with the vertical mortar joints.

The height of the opening needs to allow for the height of the door plus a 9mm (⅜in) tolerance, the thickness of the soffit lining, and a new concrete or steel lintel. The width should be the width of the door plus a 6mm (¼in) tolerance and twice the thickness of the door-jamb lining. Allow a further 12mm (½in) for fitting the lining.

Carefully prise off the skirtings from both sides of the wall. They can be cut and reused. Support the wall and fit the lintel (see right), then leave it overnight for the mortar to set hard.

The next day, starting from just below the lintel, chop out individual bricks, using a club hammer and bolster chisel. At the sides of the opening, cut the half or three-quarter bricks that are protruding into the doorway. Chop downwards where you can. If the wall is built from lightweight blocks, use an all-purpose handsaw or a masonry saw to slice through the wall. At the bottom, chop out the masonry to just below floor level, so that you can continue the flooring through the doorway.

Stack sound whole bricks out of the way for reuse, then scoop up and bag the rubble in stout plastic sacks for disposal. Use a plant sprayer to spray the area with water, to settle the dust.

Fitting the door lining

The next step is to fit a timber frame, to which you can attach the stop bead, door and decorative architrave. Make the frame from planed timber 25mm (1in) thick, with the width equal to the depth of the wall. Fix the lining to the sides of the opening, using galvanized-metal frame cramps or ties **(1)** mortared into slots cut in the brickwork. Alternatively, fit wooden wedges in the mortar joints and nail the frame to them **(2)**.

Metal wall supports
When fitting a lintel, you can hire metal wall supports as an alternative to timber needles. One type forms a metal bracket with a projecting plate that is hammered into the mortar joint. Each support requires only one adjustable prop. Another type requires no additional propping: resting on the lower part of the wall, it acts like a U-shaped jack .

INSTALLING THE LINTEL

Draw the position for the lintel and chop away the plaster with a club hammer and bolster chisel. Cut a hole above and either fit a supporting needle and adjustable props or use metal supports (see far left); then cut the slot below for the lintel.

Bed a concrete lintel in a mortar mix of 1 part cement : 3 parts sand on the surface that is to bear it – which needs to be no less than 150mm (6in) wide – at each side of the slot. Level the lintel, if need be packing pieces of slate under it. Replace loose bricks, and fill any gaps with the same mortar mix. After removing the needle, fill the hole above.

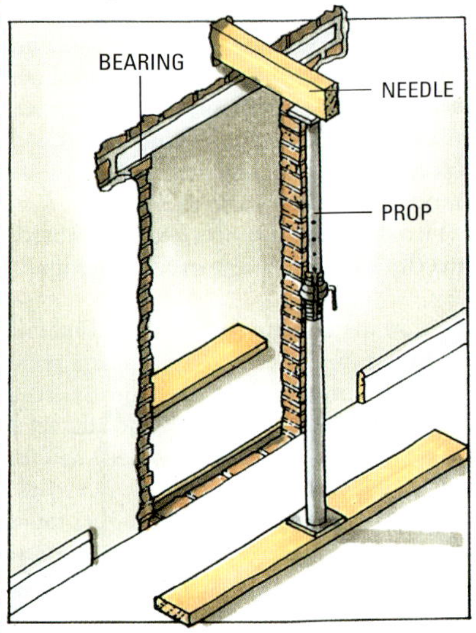

Fit a needle supported by props

Cutting an opening in a stud wall

First, locate the positions of the studs and prise off the skirting. Mark the opening on the wall, then remove the plaster. For lath-and-plaster walls, chop through the plaster to the laths with a bolster chisel, then saw them off. Either saw through plasterboard cladding or cut it with a sharp knife.

If there are studs on each side of the opening, cut the plasterboard or laths flush with them **(1)**. If the position of the hole doesn't correspond with the studs, cut back to the centre of the nearest stud on each side **(2)**. Cut one or two studs to the required height – that is, the height of the door plus a 9mm (⅜in) tolerance, the lining thickness, and a 50mm (2in) head member.

Level up and and skew-nail the head member to the remaining studs at each end. Also dovetail-nail it to the ends of the cut studs. Saw through and remove the sill to the width of the door, plus 6mm (¼in) tolerance and twice the thickness of the door lining.

For a misaligned door opening, cut and nail new studs (which will form the door jambs) to fit between the head and sill. Then fit noggings between the new and original stud or studs. Cut and nail plasterboard to fill the gaps between the original wall surface and the new studs. Make and fit the door lining. Finish the surfaces with plaster, then fit the architraves and replace the skirting.

Alternatively, you can cut the wall cladding from floor to ceiling and fit new studs flush with the cut edges **(3)**. Mark the width of the opening, saw through the plaster from both sides of the wall, then strip the plasterwork and knock out the exposed studs and noggings. Cut the floor sill level with the plaster and remove it. Drive the new studs into the gap between the cut edges until flush. Nail them at top and bottom. Fit a door-head member between them, and a short vertical stud above. Cover the space above the doorway with plasterboard.

1 Door aligns with studs

2 Door is misaligned

Making the frame
Which method you adopt for the frame will depend on the positions of the studs. The diagrams illustrate typical solutions.

3 Studs repositioned

SEE ALSO: Loadbearing walls 128, Partition walls 129, Adjustable props 136, Making a hatchway 131, Closing floor gap 139, Sill 142–4, Plastering 156–65, Door casings 193, Fixing a casing 198, Masonry saw 509

Blocking off a doorway

You can close off an opening in a stud partition by fitting new studding and covering it with plasterboard.

Filling the opening

Remove the door lining, as described right. Trim the lath-and-plaster or plasterboard back to the centre line of the door-jamb studs and head member, using a saw or trimming knife. Lever out the old nails with a claw hammer, then fix the cut edges of the plasterwork with nails.

Nail a matching sill to the floor between the studs. Nail a new stud centrally between head and sill. Cut and nail noggings between the studs across the opening. Cut plasterboard to fit on both sides of the opening, leaving a 3mm (⅛in) gap all round. Apply plaster or fill and tape the joints, then finish as required.

Nail the sill, stud and noggings

If you are creating a new opening in a wall, you may also have to block off an existing one. Obviously you will want the patch to be invisible, so take care when plastering or filling plasterboard joints and refitting skirtings.

Choosing the right materials

It's generally better to fill in the opening with the type of materials used in the construction of the wall. This prevents cracks forming due to differential movements in the structure (for this purpose, you can consider bricks and blocks to be the same). It is possible to fill an opening in a brick wall with a wooden stud frame and plasterboard, but it will not have the same acoustic properties as a solid infill, and cracks are difficult to prevent or disguise.

Removing the door lining

Remove the architraves, then saw through the side door-jamb linings close to the top and prise them away from the brickwork with a wrecking bar. If the linings were fitted before the flooring, the ends may be trapped; in which case, cut them flush with the floor. Next, prise the soffit board away from the top.

Bricking up the opening

Cut back the plaster about 150mm (6in) all round the opening. There's no need to cut straight or neat edges; an irregular outline helps disguise the shape of the doorway.

To bond the new brickwork into the old, cut out a half-brick on each side of the opening at every fourth course, using a power drill or a club hammer and bolster chisel. If the wall is made from concrete blocks, remove a quarter block from alternate courses.

However, if you don't want to cut blocks or bricks to fit, tie new and old masonry together, using 100mm (4in) cut clasp nails driven dovetail fashion into the bed joints of the side brickwork **(1)**. If you prefer, use metal frame cramps **(2)** or a wall connector system **(3)** – fix them to the side walls, resting on every fourth brick.

Lay the bricks or blocks in mortar, following the original courses. If a wooden suspended floor runs through the opening, lay the bricks on a timber sill nailed across the opening. When the mortar has set, spread on a basecoat of plaster, then follow it with a finishing top coat.

Fit two complete new lengths of skirting – or, if you are able to match the original, replace the skirting using shorter pieces. To help disguise the opening, make sure the joints in the skirting boards do not align with the original doorway.

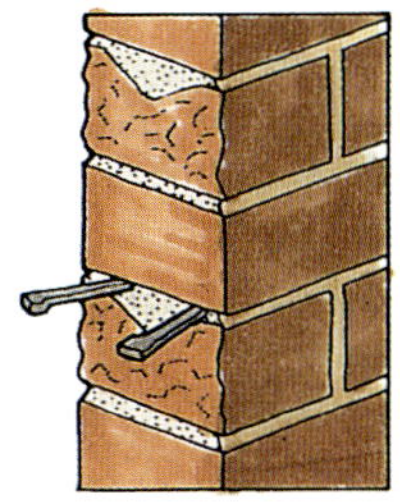

1 Nail ties

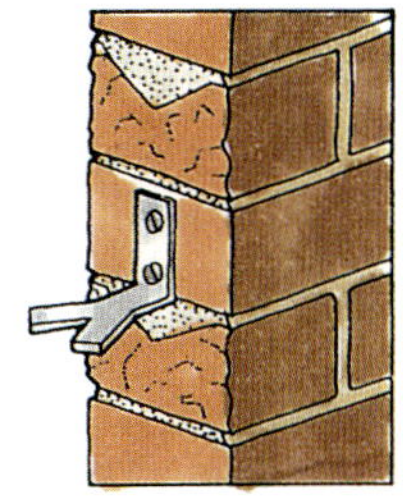

2 Frame cramp

3 Wall connector system

Cut out half-bricks

Lay bricks into the courses

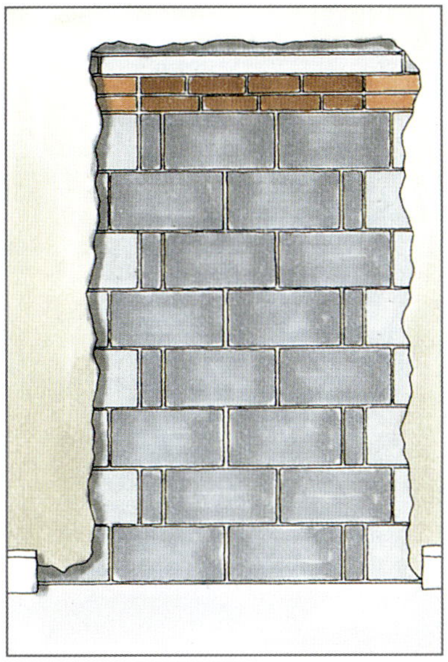

Cut blocks to match bonding

SEE ALSO: Plasterwork 156–62, Taping joints 172, Replacing skirtings 189, Door casings 193

Converting two rooms into one

Making a through room is the best way to improve access between frequently used areas – the dining and living rooms, for example – and provides an opportunity to redesign your living space. In principle, the job is similar to making a hatchway or a new doorway, though on a larger scale. Removing a dividing wall – whether it is structural or a non-loadbearing partition – is a major undertaking, but it needn't be daunting. Provided you follow some basic safety rules, much of the job is straightforward. It will, however, be both messy and disruptive. Before you start, plan out your requirements and consult the at-a-glance flow chart on the right for a breakdown of exactly what's involved.

● Hiring professionals
If in doubt about doing the whole job yourself, hire a professional builder. To save costs, you may be able to undertake some of the labour or preparation and clearing work.

Do you really want a through room? Before you go ahead and demolish the wall between the two rooms, pause to consider how the new space is likely to function, its appearance, how long it will take you to carry out the work, and the cost you will incur.

Ask yourself the following questions: Will the shape and size of the new room suit your needs? If you have a young family, bear in mind that your needs are likely to change as they grow up.

Will most of the family activities be carried out in the same room – eating, watching TV, playing music, reading, conversation, pursuing hobbies, playing with toys, doing homework?

Will removing the wall deprive you of privacy within the family, or from passers-by in the street outside?

Will the new room feel like one unit and not a conversion? For example, do the skirtings and mouldings match? Are the fireplaces acceptable when seen together, or should one be removed? If the doorways are close together, will one need to be blocked off?

Will the loss of a wall make furniture arrangements difficult – particularly if radiators take up valuable wall space?

Will the heating and lighting need to be modified?

Will the proposed shape of the opening be in character and in proportion to the room ?

REMOVING A WALL – PLANNING AHEAD

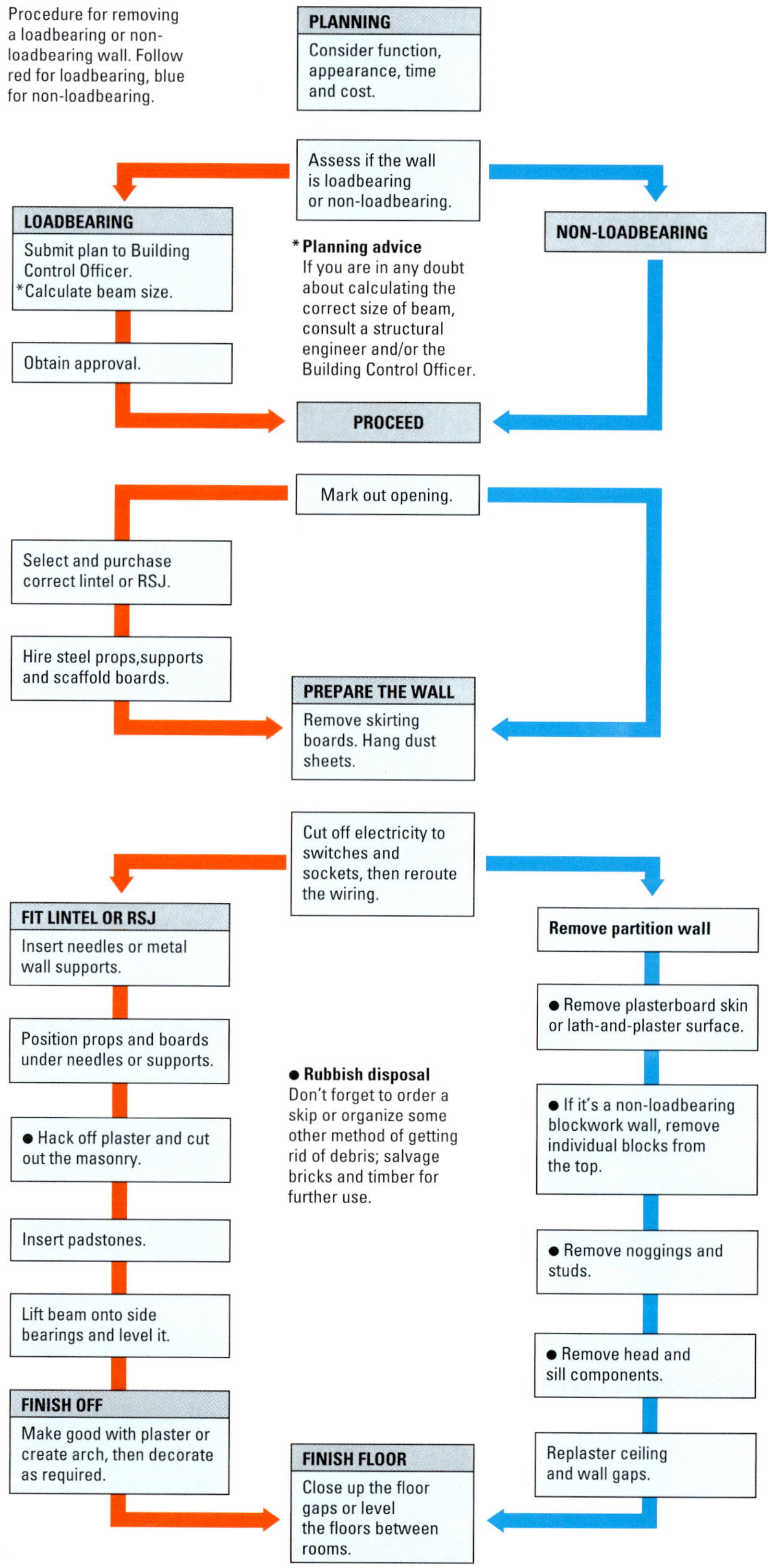

SEE ALSO: Seeking approval 17–19, Removing walls 135–7

Supporting the wall

Once you are satisfied that the opening will be an improvement to the layout of your home, consider the practical problems. First, determine whether the wall is loadbearing or a non-loadbearing partition: bear in mind that a loadbearing wall will need a beam spanning the opening and resting on bearings at least 150mm (6in) wide at each end. Mark out the proposed opening on the wall with chalk to help you visualize its size and proportion.

Choosing a beam

The most suitable beam is usually a rolled-steel joist, although RSJs require preparation before they can be plastered over. Reinforced or prestressed concrete lintels can be used for openings up to about 3m (10ft) wide, but over a wider span their weight makes them difficult to handle. Prestressed types are lighter, but more suitable for single door or hatch openings rather than wide spans. Pressed-steel box lintels – available in lengths up to 5.4m (about 18ft) – are also lighter than concrete and can be plastered directly.

What size beam?
You can use the following rule of thumb for specifying an RSJ, although exact details depend on the location, and the result must be approved by the Building Control Officer. For pressed-steel lintels, refer to the manufacturer for sizes.

CALCULATING THE SIZE OF A BEAM
A rule-of-thumb guide used by builders
Make the beam 25mm (1in) deep for every 300mm (1ft) of the span.

Height of the opening

The height of the opening is to some extent determined by the height of the ceiling and the depth of the beam. The latter is determined by the width of the opening the beam has to span and the load it must carry. Consult an architect or structural engineer who, for a fee, will calculate this for you. The beam can be positioned directly under the ceiling joists of a low ceiling.

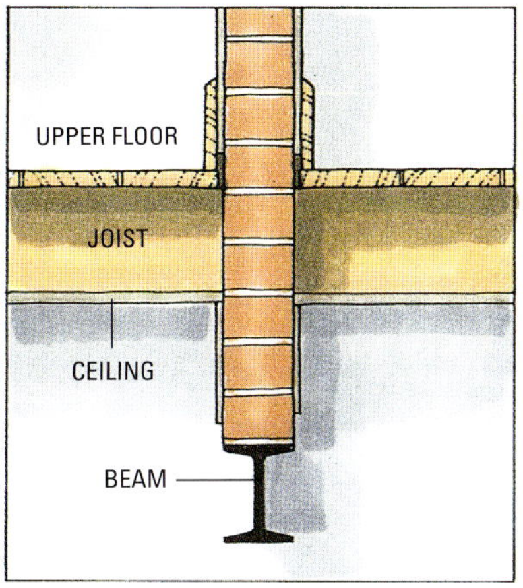

Brickwork supported below ceiling level

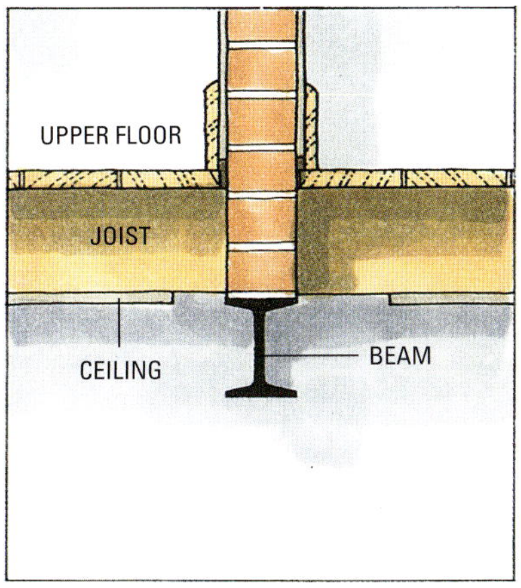

Brickwork supported directly under ceiling

Applying for permission

Before any work is started on a loadbearing wall, you must seek approval from your local authority's Building Control Officer. He will require a drawing showing the proposed opening and its overall height and width, and how the structure above the opening is to be supported. This doesn't have to be drawn up by a professional, but it must be clear. Provided the work complies with the Building Regulations, approval is unlikely to be withheld. The BCO must be satisfied that the removal of the wall will not weaken the structure of the house, or any buildings attached to it, and that it will not encourage the spread of fire. Where a party wall is involved, a formal notice must be presented to your neighbour to gain approval. A surveyor will advise you on this procedure.

HOW A BEAM IS SUPPORTED

The supports are usually brick piers, which are in effect columns attached to the side walls and formed from the remainder of the old wall. Concrete padstones are required on which to sit the beam. The BCO may want the piers increased in thickness to give sufficient support to the beam and the side walls.

Ideally, it is better if no piers are used, as they interrupt the line of the side walls running through. It may be possible to run the ends of the beam into the walls, eliminating the need for piers – but this is subject to Building Regulations approval. It requires a horizontal concrete beam called a spreader to be set in the wall, so that it will distribute the load across more of the wall.

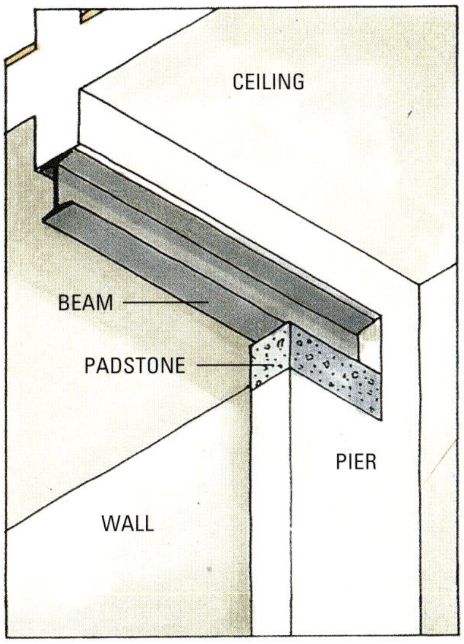

Pier capped by padstone supports the beam

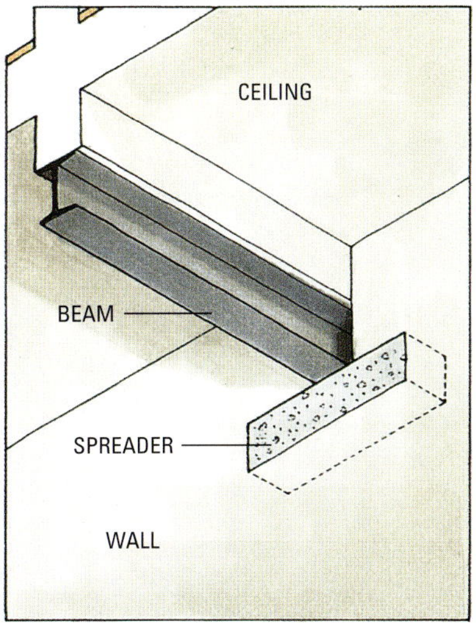

Concrete spreader distributes the load

Removing the wall

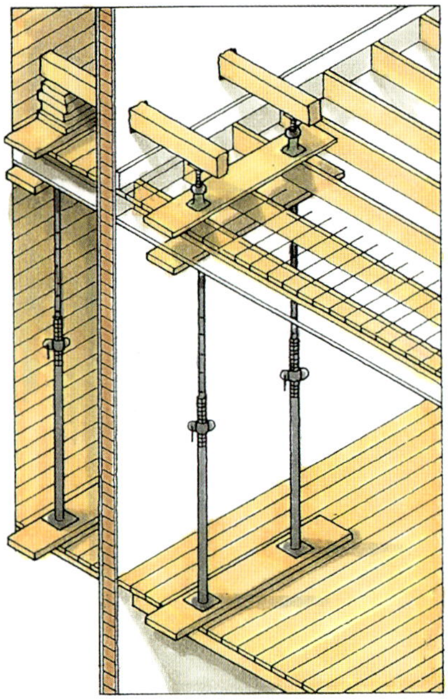

1 Layout for removing wall flush with ceiling

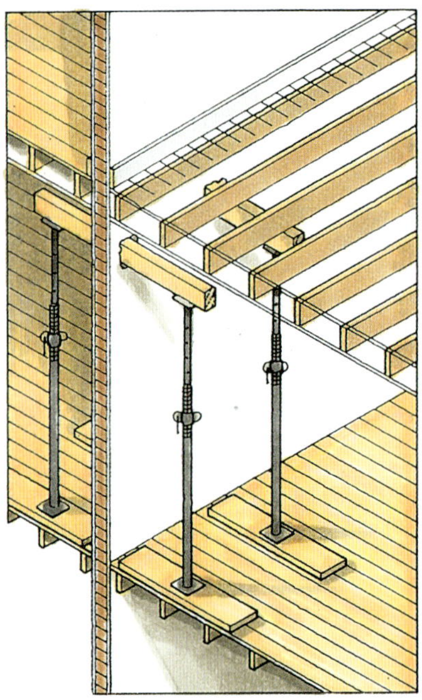

2 Layout for removing wall below ceiling

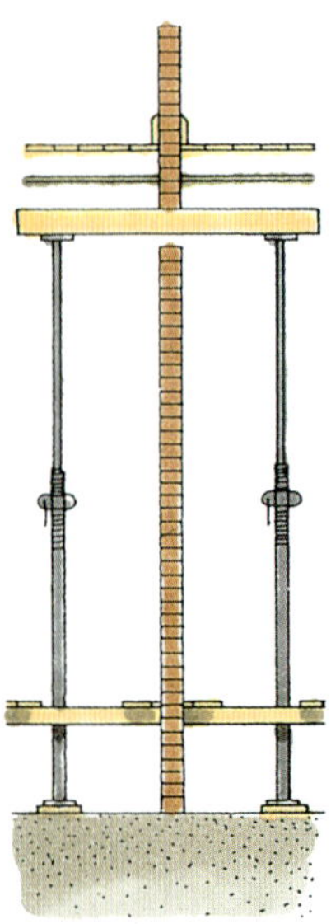

Props passing through a suspended floor

TRANSFERRING THE LOAD TO THE SUB-FLOOR

If the floor appears to spring when you jump on it, check with a builder that the floor can carry the weight imposed; you may have to lift some floorboards and support the props on the foundations (see left). In older houses, where there is no concrete below the floor, scaffold boards must be placed under the props to spread the load over the ground.

To remove part of a loadbearing wall, you must temporarily support the walling above the opening. Hire adjustable steel props and scaffold boards on which to support them.

When the beam is to be placed at ceiling level, hire extra boards to support the ceiling **(1)**. Generally, you will have to pass needles through the wall below the ceiling in order to transfer the load to the props **(2)**. The needles must be at least 150 x 100mm (6 x 4in) in section.

Hire sufficient props to space them not more than 900mm (3ft) apart across the width of the opening. Buy the beam after the Building Control Officer's inspection. It can then be supplied to your exact requirements.

Marking out

First remove the skirting boards from both sides of the wall. On one side of the wall, mark the position of the beam in pencil. Use a steel tape measure, spirit level and straightedge for accuracy.

Inserting the needles

Hang dust sheets on the other side of the wall, around the area that is to be removed, to help contain the inevitable airborne dust; attach the sheets with battens nailed over them at the top. Seal gaps around all doors with masking tape to prevent the dust from travelling throughout the house. Open windows in the rooms you are working in.

Mark the positions for the needles on the wall, then cut away the plaster locally and chisel a hole through the brickwork at each point. Finish level with the bottom of a course of bricks. Make the holes slightly oversize, so you can pass the needles through easily.

Position a pair of adjustable props under each needle, not more than 600mm (2ft) from each side of the wall. Stand them on scaffold boards, in order to spread the load over the floor. Adjust the props to take the weight of the structure, and nail their base plates to the supporting boards to prevent them being dislodged.

Supporting the ceiling

If the ceiling needs supporting, stand the props on scaffold boards at each side of the wall and adjust them so they run virtually to ceiling height – they should be placed 600mm (2ft) from the wall. Place another plank on top of each pair of props and adjust simultaneously until the ceiling joists are supported.

Removing the wall

Hack off the plaster using a club hammer and bolster chisel, then start to cut out the brickwork, working from the top. Once you have removed four or five courses, cut the bricks at the side of the opening. Chop downwards, with the bolster pointing in towards the wall, to cut the bricks cleanly.

Remove all the brickwork down to one course below the floorboards. As you work, load the rubble into stout plastic sacks; it may be worth hiring a skip. The job is laborious, unless you hire a power brick-cutting saw (see below); only use this method if you have had experience of using machine tools.

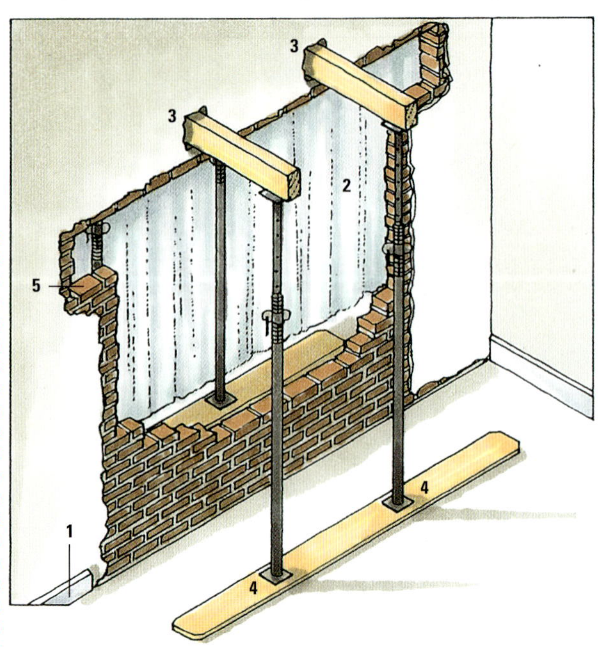

Cutting the opening
1 Remove or cut back the skirting and mark the beam's position.
2 Hang dust sheets around the work area.
3 Cut openings and insert needles.
4 Stand props on scaffold boards and adjust them to support the needles.
5 Cut away the plaster, then chisel out the bricks starting from the top of the opening.

Brick-cutting saw
Use with great care, following the supplier's instructions.

SEE ALSO: Adjustable props 132, Replacing skirtings 189

Placing the beam

Building piers

If the wall you are removing is deemed unsuitable as a basis for the supporting piers, you have two other choices. Where the adjacent wall is of double-brick thickness, you may be able to cut a hole to take the end of the beam, allowing the weight to be distributed to the existing foundation. If this is not possible, then you will have to build new piers with their own foundations.

The piers must be built below the floor, resting on cast concrete foundations on hardcore; they must also include a DPC (engineering bricks may suffice), and must themselves be bonded in single or double-brick thickness and toothed at every fourth course into the existing brickwork of the adjoining wall. The Building Control Officer will tell you the size for the piers.

Installing the beam

You need to cast a pair of concrete padstones on which to bed the RSJ – the BCO will recommend the optimum size. Make two wooden forms or boxes from thick plywood or softwood. Mix the concrete to the proportions 1 part cement : 2 parts sand : 4 parts aggregate, and fill the boxes. When the concrete has set, bed the padstones in mortar at the top of each pier. A large padstone may be better cast *in situ*. Set up formwork at the required height on each side, and check the level between the two.

Build a work platform by placing doubled-up scaffold boards between sturdy stepladders, or hire scaffold-tower sections. You will need help to lift the beam into position.

Apply mortar to the padstones, then lift and set the RSJ in place. Pack pieces of slate between the beam and the brickwork above to fill out the gap. Alternatively, 'dry-pack' the gap with a mortar mix of 1 part cement : 3 parts sand, which is just wet enough to bind it together. Work it well into the gap with a bricklaying trowel, and compact it with a wooden batten and a hammer. Where the gap can take a whole brick or more, apply a bed of mortar and rebuild the brickwork on top of the beam. Work the course between the needles so that when the timbers are removed the holes can be filled in to continue the bonding. Allow two days for the mortar to set; then remove the props and needles, and fill in the holes.

When the beam is fitted against ceiling joists, you can use a different method. Support the ceiling with props and a board to spread the load on each side of the wall (see opposite). Cut away the wall, then lift the beam into position and fit a pair of adjustable props under it. Apply mortar to the top of the beam, and screw up the props to push it against the joists and brickwork above. Bed the supporting padstones in mortar, or build formwork at each end to cast them.

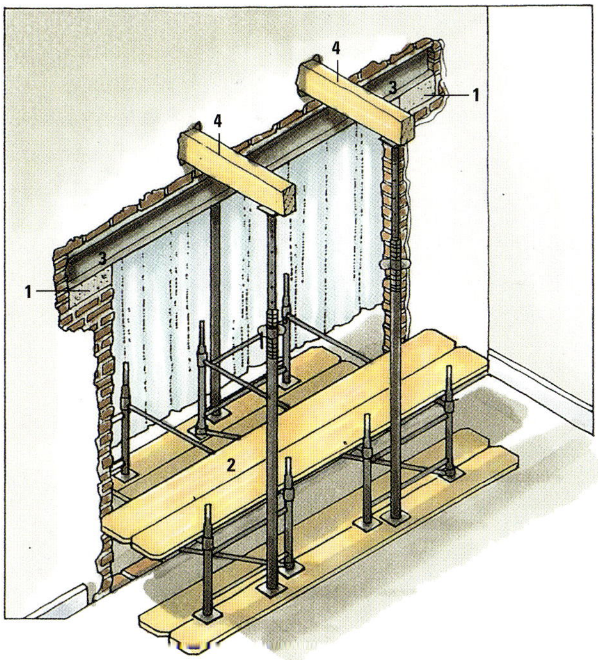

Installing the beam
1 Cast concrete padstones – set them on brickwork piers.
2 Set up a secure platform to enable two people to work safely.
3 Place the beam on the mortared padstones and check the level. Fill the gaps between the beam and the brickwork.
4 When set, remove the props and needles, then fill the holes.

FINISHING THE BEAM

A steel beam should be enclosed to provide protection from fire (which would cause it to distort), and to give a flat surface that can be decorated. Traditional wet plaster, plasterboard or other fireproof board can be used.

Cladding with plaster

To provide a key for plaster, clad an RSJ with galvanized expanded-metal mesh. Fold the mesh around the beam, then lap it up onto the brickwork above and secure it with galvanized nails **(1)**.

Alternatively, wedge 'soldiers' (shaped wooden blocks) into the recessed sides of the beam, and nail the expanded metal to these **(2)**. It's a good idea to prime the cut edges of the mesh to prevent corrosion, which may stain the plaster.

Apply a stiff mix of bonding undercoat plaster in 9mm (3/8in) layers. Bond metal beading along the edges, to reinforce the corners. Then cover the beam with finish plaster, flush with the original surface.

Making good with plasterboard

To box in the beam with plasterboard or another fireproof board, you will need to fit shaped wooden blocks, wedged into the sides. To these, fix wooden battens **(3)** nailed together to make fixings for the plasterboard panels (if you plan to install a folding-door system in the opening, you can nail the door lining directly to these same fixings). Set the board about 3mm (1/8in) below plaster level, to allow for a skim coat to finish flush with the surrounding wall. Fill and seal the corner joints with tape.

Plaster the piers. Then finish the beam and piers together.

1 Nail to brick

2 Or nail to blocks

3 Or use plasterboard

● Finishing a pressed-steel beam
Pressed-steel box-profile beams are made with perforated faces to provide a key for the plaster.

SEE ALSO: Seeking approval 17–18, Plasterwork 156–65, Plasterboard 166–73, Door casings 193, 198, Mixing concrete 465

Making arched openings

Removing a dividing wall – to create a through living-and-dining room, for example – leaves you with a rectangular opening formed by the RSJ and its piers. If you prefer a curved archway, you can buy ready-made metal formers that are fitted in the corners of the opening and then plastered over.

Arch-formers
Expanded-metal-mesh arch-formers are made in standard shapes and are easy to install. The shapes can be modified by adding a soffit strip.

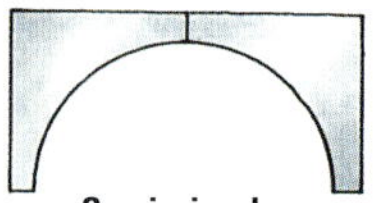

Semi-circular

Pointed

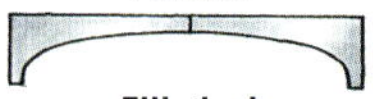

Elliptical

Deciding on the arch profile

It's advisable to plan for the installation of an arch before you begin to make the opening. Choose the style of arch carefully: the shape will effectively lower the height of the opening at the sides, which might be impracticable or result in a poorly proportioned room.

Corner arches round off the angles and do not encroach on headroom; semi-circular types give a full, rounded shape, but eat into headroom at the sides; pointed arches make a distinctive shape without taking up headroom at the middle of the opening.

Metal-mesh arch-formers

Expanded-metal-mesh arch-formers are available from builders' merchants. Various profiles are made – typically semicircles, corner quadrants and ellipses, although classical pointed arches are available, too.

One-piece mesh frames are sold, but they are suitable only for walls 112mm ($4\frac{1}{2}$in) thick. Segmented formers – half the face and half the soffit (underside) – are more versatile; some have a separate soffit strip and can fit any wall.

Fitting the former

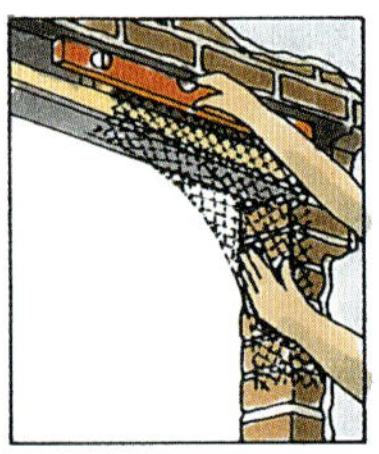

1 Set former square

2 Check it is level

3 Tie on former soffits

4 Apply plaster

Across the top of the opening, wedge a batten to which you can attach the mesh with nails. Hold the arch-former in position and set it squarely, using a spirit level **(1)**. Secure the mesh to the piers with galvanized masonry nails – you may have to hack off a margin of plaster at the sides, so the mesh can be fixed flat against the bricks. Hold a spirit level diagonally against the fold of mesh at the curves and the hard plaster surface on the pier to check that it is set at the correct depth **(2)**.

If you are fitting mesh segments, fit one half then the other, then tie the soffit strips together with galvanized or copper wire **(3)** to prevent the mesh sagging under the weight of the plaster. On a thick wall, insert a soffit strip and tie it to the side pieces.

Mix up some bonding plaster and spread a rough key coat onto the soffit with a plasterer's steel trowel, working from bottom to top from both sides **(4)**. Don't press too hard, or too much plaster will be forced through the mesh. Apply plaster to the face of the arch, scraping it just below the hard plaster edge on the pier and the rigid mesh fold on the arch curve. When the plaster has stiffened (after about 15 minutes), apply a thin coat of ordinary finish plaster. Apply a second coat, and trowel flush and smooth.

FIBROUS-PLASTER ARCHES

Prefabricated decorative archways made from fibrous plaster are available. These are normally fixed with screws to wooden battens at the top and sides of the opening. The joints between the fibrous-plaster mouldings and the wall plaster are filled after installation. To complete an authentic-looking period interior, there are ornate fibrous-plaster accessories such as corbels (supporting brackets), pillars and pilasters with which to clad the piers.

Fibrous-plaster accessories
Ornate corbels, pillars, pilasters and relief mouldings are used to decorate piers and doorways.

SEE ALSO: Mixing plaster 159, Plastering techniques 160, Plasterer's trowel 508, Spirit level, 508

Removing a partition

Lightweight non-loadbearing partition walls can be removed without having to obtain local-authority approval, and without the need to add temporary supports. You must, however, be absolutely certain that the wall is not structural, as some partitions do offer partial support.

Dismantling a stud partition

Remove the skirting boards and any picture-rail mouldings from both sides of the wall (it's a good idea to save these for possible reuse or repairs in the future). If any electrical switches or socket outlets are attached to the wall, they must be disconnected and the wiring rerouted before work begins.

Removing the plasterwork
Use a claw hammer or wrecking bar to hack off the plasterboard or lath-and-plaster covering the wall frame. This is a dusty job, so protect yourself and seal the room. Bag up the debris and remove it.

Removing the framework
First knock away any nailed noggings from between the studs. If the studs are nailed to the head and sill, they can be knocked free. If they are housed or mortised in place, saw through them at an angle (this prevents the saw jamming). If you make the cuts close to the joints, you will be left with handy lengths of reusable timber.

Prise off the head and sill members from the ceiling joists and floor. If the end studs are fixed to the walls, prise them away with a wrecking bar.

Finishing off
Replaster the gap left in the ceiling and walls; you may need to fit a narrow strip of plasterboard. If the boards are not continuous, fit floorboarding to fill the gap in the floor (see right).

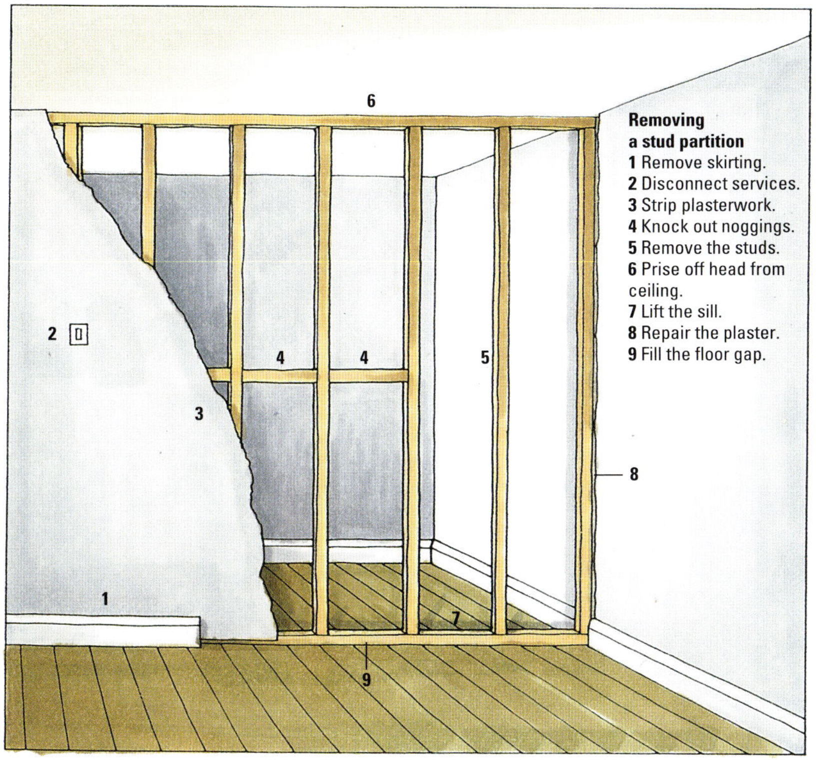

Removing a stud partition
1 Remove skirting.
2 Disconnect services.
3 Strip plasterwork.
4 Knock out noggings.
5 Remove the studs.
6 Prise off head from ceiling.
7 Lift the sill.
8 Repair the plaster.
9 Fill the floor gap.

Dismantling a blockwork wall

Partition walls are sometimes made using lightweight concrete blocks. To remove the wall, start to cut away the individual units from the top, using a bolster chisel and club hammer. Work from the centre out towards the sides.

Chop off an area of plaster first, so that you can locate the joints between blocks; then drive your chisel into the joints to lever out individual blocks.

CLOSING THE GAP

When you remove a dividing wall that penetrates the floor, you are left with a gap between the floors on each side. The floorboards may run parallel with the line of the wall or at right angles to it. Filling the gap with pieces of matching floorboard is straightforward.

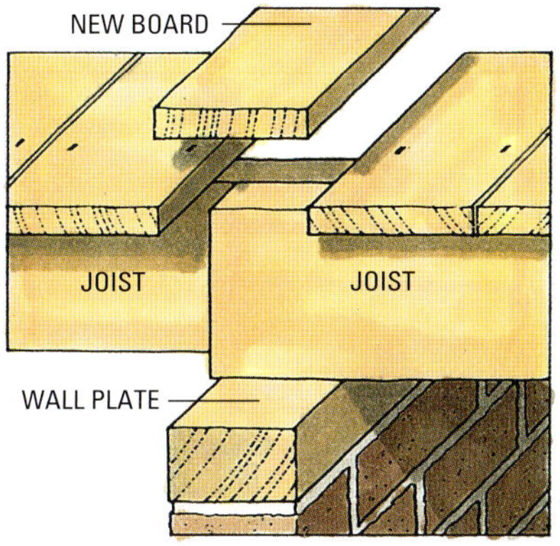

Boards running parallel

When the boards are parallel with the wall, the supporting joists may rest on a wall plate built into the lower wall. Cut a board matching the thickness of the floorboards to fill the gap. Nail the board to the joist.

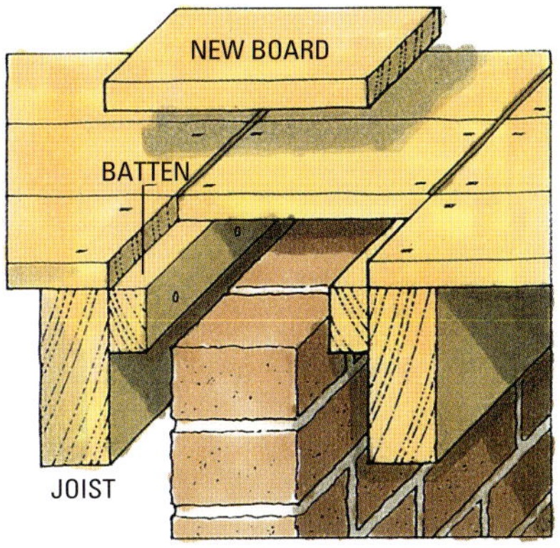

Boards at right angles

When the boards are at right angles to the gap, the ends will be supported on joists that run parallel with the wall, about 50mm (2in) from it.

Cut the ends of the boards flush with the joists. Nail preservative-treated 50 x 25mm (2 x 1in) sawn softwood battens to the sides of the joists, level with the underside of the boards. Cut short lengths of matching floorboards to bridge the gap, and nail them in place.

SEE ALSO: Wall plate 126, 180, Non-loadbearing walls 128, Replacing skirtings 189, Switching off the power 306, 310, Running cable 313–15, Concrete blocks 449, Bolster chisel 510

Aligning floors

When the joists run parallel with a wall that has been removed, you may find that one floor is not level with the other. This may have been caused by slight movement in parts of the building, or it may be that the floors were never intended to be aligned. Depending on the difference between the floors, a slope or step will provide a satisfactory solution to the problem of misalignment.

Packing and trimming

When the joists of the two floors are supported on the same wall plate, the chances are that both floors will be at the same level. Because wood can shrink or warp, however, it may be necessary to pack or trim the top of one or two joists to allow the infill board to sit snugly between the floors.

Fit short sloping boards across the gap

Dealing with misalignment

A misalignment of up to 18mm (¾in) can be accommodated by short lengths of floorboarding cut to span the gap: although probably acceptable, the slope will be apparent.

Where the difference in level is large, it may be necessary to create a single step or make a gradual slope. The latter is usually less noticeable, but a slope may look odd if it runs across a doorway.

Make a step if difference in level is large

Making a step

Trim the ends of the floorboards on the higher side flush with the joist, and nail a batten to it. Trim the boards on the lower side in the same way, but screw a planed softwood riser, 38mm (1½in) thick, to the side of the joist to finish level with the batten on the higher floor (see right).

If the floors are to be covered, cut and nail short lengths of floorboard to form the tread of the step.

Where you want a bare-wood floor, a single board running the width of the step will look better. To fit it, skew-nail noggings flush with and between the riser and the adjacent joists at approximately 750mm (2ft 6in) centres – to provide necessary support for a wide board that is weak across its width.

Where a floor has been raised, make a shallow threshold step at a doorway. Prepare a hardwood threshold board to fit between the door linings, and finish flush with the raised floor. Nail it to the lower floor. Trim the door to clear the step, then refit it on its hinges.

Fit a threshold at a doorway

Making a gradual slope

Setting the slope
Measure the gap between a straightedge and each joist, and set an adjustable bevel to the angle. Cut packing strips to fit and nail them in place, followed by the floorboards.

Cut the floorboards flush with the joist on the higher side, and nail a batten to the joist as before. Next, remove the skirting boards from the side walls and lift the floorboards in the other room. Rest one end of a stout straightedge on the batten nailed to the higher floor, and the other end on one of the joists of the lower floor, in order to create a gradual slope **(1)**.

Take measurements between each joist and the underside of the straightedge. Set an adjustable bevel to the angle between the side of each joist and the board. With a power saw, cut lengths of softwood 50mm (2in) wide at the required angle to fill these gaps. Nail the prepared packing to the tops of the joists in descending order **(2)**.

Re-lay the floorboards, butting their ends against the boards of the higher floor. Insert new floorboards, where necessary, to fill any gaps.

For a finished-wood floor, re-lay and shuffle the boards from both floors to break up the straight joint line.

Replace the skirtings, following the line of the floor, and nail to the wall.

1 Use a straightedge to assess the slope

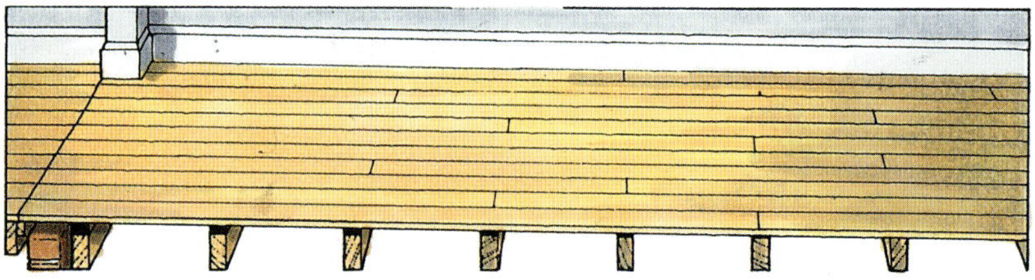

2 Nail packing to joists and re-lay floorboards

SEE ALSO: Removing a wall 136, Parallel boards 139, Lifting floorboards 185, Replacing skirtings 189, Fitting doors 194

Making one room into two

Building a partition to divide a large area into two smaller rooms is quite straightforward. You can build a frame of timber studs, as shown here, or use metal studding. Clad the wall and plaster it so that the new addition looks an integral part of the house. Before going ahead, however, you may need to seek Building Regulations approval from your local authority.

Complying with the Building Regulations

Before you begin to build a partition wall, check with your local authority to make sure that the space you are creating complies with the Building Regulations. These state that if a new room is to be 'habitable' – a living room, dining room, bedroom or kitchen, for example – it must meet the requirements relating to ventilation.

The regulations stipulate that there must be an open space outside the window, in order to provide sufficient ventilation to the room. The openable area of the windows of each room must be not less than a twentieth of the room's floor area. (To check this, divide the area of the floor by the area of the window's sash or top vent.) Also, part, if not all, of the top vent must be at least 1.75m (5ft 9in) above the floor.

Alternative and additional means of ventilation can be provided by a mechanical ventilator direct to the open air. It may be permissible for a fanlight to connect to a vented lobby.

If you plan to partition a large bedroom to make an *en suite* shower or WC on an internal wall, natural light is not a requirement, but you must install ventilation. Consider the positioning of the new room in relation to existing plumbing.

Bear in mind the size and shape of the rooms in relation to the furniture – for example, if you plan to make a large bedroom into two smaller units, allow sufficient space for the beds to be made without difficulty. You may also need to create a corridor to make the two rooms self-contained.

Constructing a stud partition

Timber-framed non-loadbearing walls can be built relatively easily. The frame is usually made from 100 x 50mm (4 x 2in) or 75 x 50mm (3 x 2in) sawn softwood. The partition comprises a head or ceiling plate (this forms the top of the wall and is fixed to the ceiling joists); a matching length, nailed to the floor, which forms the sill or sole plate; studs that fit between the plates, equally spaced (about 400mm (1ft 4in) centre to centre) and fixed with nails; and short noggings, which are nailed between the studs to make the structure rigid. Noggings are required where horizontal joints occur in the panelling.

Positioning the partition

If the new partition is to run at right angles to the floor and ceiling joists, it can be fitted at any point. Each joist will share the load and provide a solid fixing.

If the wall is to run parallel with the joists, it must stand directly over one of them: this may mean altering the overall dimensions of your planned rooms (see also far right). Locate the floor joist and check whether stiffening is required. If so, reinforce it by fixing an additional joist on each side (see right).

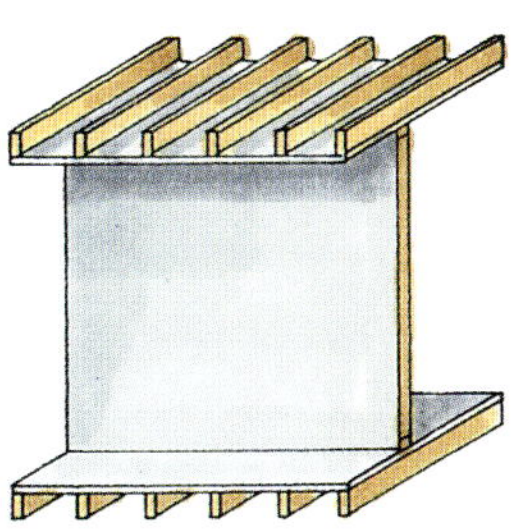

Right-angle alignment
A partition set at right angles to joists is well supported.

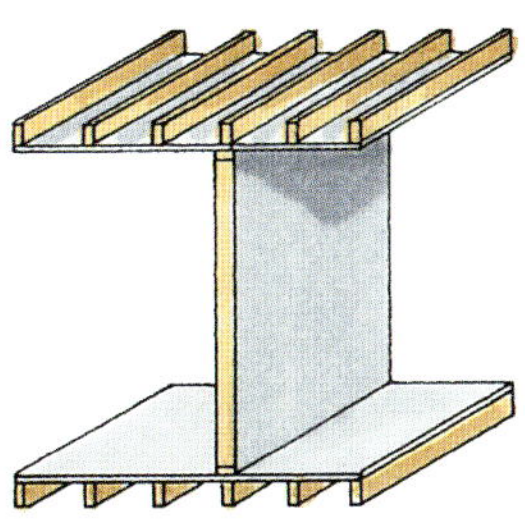

Parallel alignment
A partition parallel with the joists must be supported by one of them.

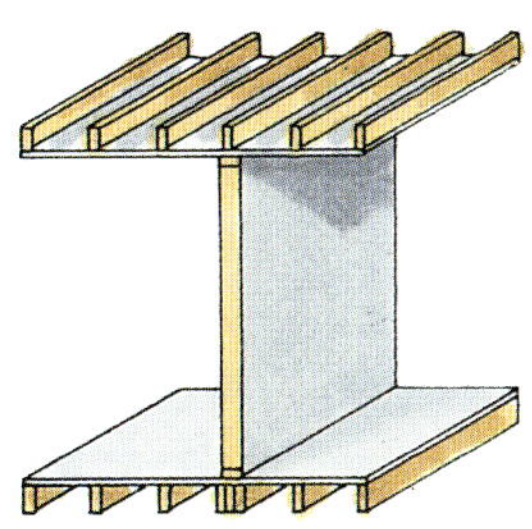

Reinforcement
The floor joist may need stiffening to bear the extra weight of the partition (see right).

REINFORCING A JOIST

If a joist needs strengthening, you can reinforce it with new joists fixed on each side.

Using joist hangers

Remove the skirting and lift the floorboards. Temporarily lay some of the boards to walk on while working. Screw metal joist hangers to the walls at each end, using screws 50mm (2in) long, to support the reinforcing joists flush with the original joist. Cut two reinforcing joists to fit between the hangers. Allow no more than 6mm (¼in) for tolerance.

Use 12mm (½in) diameter coach bolts to clamp the joists together. Drill the holes for them slightly larger than their diameter, and space them no more than 900mm (3ft) apart, working from the centre. Place large plain washers under the head and nut.

Using timber connectors

Instead of using joist hangers, you can fit 75mm (3in) diameter double-sided timber connectors between the joists' meeting faces. If you have room, and a drill bit long enough, drill through all three joists while they are held together with cramps. If not, clamp one in place and drill through the two. Remove the reinforcing joist, and clamp the other on the opposite side. Drill through it using the holes in the original joist as a guide. Bolt the reinforcing joists together.

Replace the floorboards on which the partition is to be erected (see below).

Timber connectors

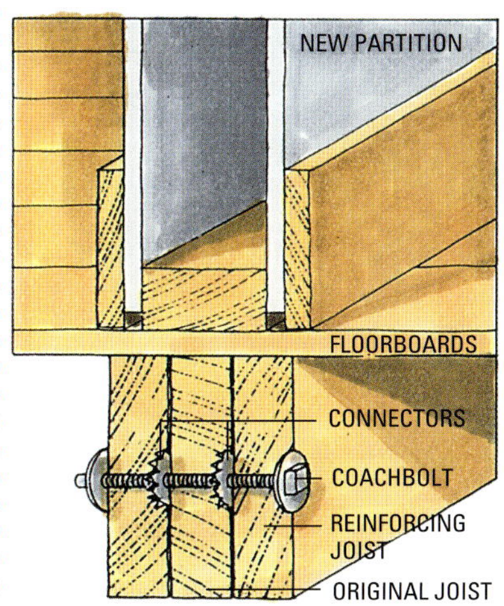

Stiffening the joist
Bolt a joist to each side of the original, using coach bolts and timber connectors.

Parts of a stud partition
1 Head plate
2 Sill (sole plate)
3 Wall stud
4 Studs
5 Noggings

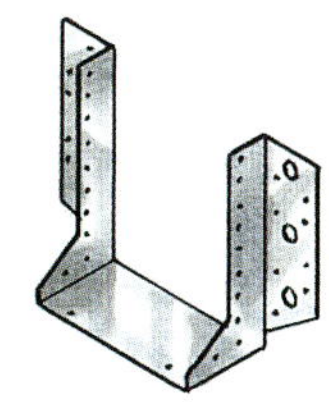

Joist hanger

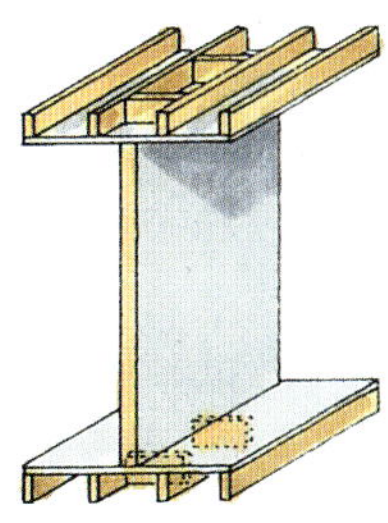

Fitting a partition between joists
You can fit timber bearers between the floor joists and ceiling joists to support a new stud partition.

SEE ALSO: **Building Regulations 18–19, Metal-stud partitions 146, Suspended floors 180, Joist hangers 182, Ventilation 287–94, Plumbing 358–409**

Building a stud partition

Using chalked string
A retractable self-coating chalk line makes marking out easier.

When building a stud-partition wall, you can include a doorway, serving hatch or glazed area to 'borrow' light from an existing window. Erect the partition directly on the floorboards, or onto the joists below so that the flooring will be independent of the partition. The new partition can be butted against the wall surface at each end, but cutting channels in the plaster provides a more direct fixing to the masonry and it's easier to disguise the joints.

Marking out and spacing the studs

With chalk, mark the position of the partition on the floor, using the sill member – a length of 100 x 50mm (4 x 2in) sawn softwood – as a guide to draw the lines. Continue the guide lines up the walls at each side, using a spirit level and straightedge or a plumb line. Make guide lines on the ceiling by snapping a distinct chalk line onto the surface with a taut string **(1)**.

Spacing the studs

Lay the sill and head members side by side, with their face sides uppermost. Mark the position of the studs at 400 or 600mm (1ft 4in or 2ft) centres, working from the middle. Opt for 400mm spacing to support relatively thin wallboards or for plasterboard 9.5mm (⅜in) thick, but choose 600mm spacing for plasterboard 12.5mm (½in) thick and tongue-and-groove (T&G) boards. Square the lines across both members, using a try square **(2)**.

Marking out a doorway

If there is to be a doorway in the wall, make an allowance for the opening. The studs that form the sides of the opening must be spaced apart by the width of the door plus a 6mm (¼in) tolerance gap and the thickness of both door linings.

Mark the width of the opening on the head plate, then mark the positions for all the studs, working away from the opening. Take the dimensions for the two sills from the head plate, and cut both sills to length **(3)**. The door studs will overlap the ends of the sills, which must be cut back to allow for them.

1 Snap a chalk line on the ceiling

2 Mark the sill and head plate together

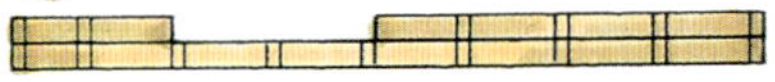

3 Mark a door opening on the head plate first

Fixing the framework

Secure a sill to the floor on each side of the door opening, using nails 100mm (4in) long or No10 countersunk wood-screws 75mm (3in) long. Use the head plate as a guide to keep the two sills in line. Holding the head plate on its line, prop it against the ceiling **(4)**, then use a plumb line to check that the marks for the studs are directly above those marked on the sill. Nail or screw the head plate to the ceiling joists.

Measure the distance between the head and sill at each end and cut the outer wall studs to length: they should be a tight fit between the sill and head plate. Fix them to a masonry wall with frame fixings, not less than 100mm (4in) long, or screw-fix to a stud wall.

Fixing door studs

Cut the door studs to fit between the head plate and floor. Wedge them in place, but don't fix them yet. Add together the door height and the thickness of the head lining, plus 9mm (⅜in) for tolerance, then mark the position of the door head on the edge of one stud. Hold a spirit level on this mark and transfer it accurately to the other door stud.

Fixing the door head

Remove the studs, then mark and cut a housing 12mm (½in) deep to receive the 50mm (2in) door head. Reposition and skew-nail the door studs to the head plate, and dovetail-nail them into the ends of the sills. Locate the door-head member in its housing and dovetail-nail it through the studs **(5)**. Fit a short stud between the head plate and door head.

4 Prop the head plate against the ceiling

5 Nail the studs to the door head

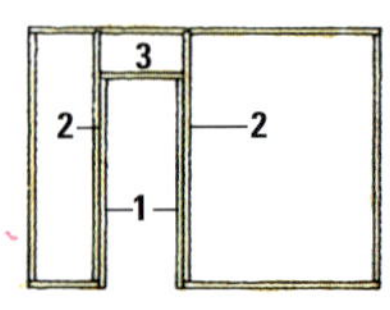

Double door studs
1 Door-height studs
2 Full-height studs
3 Door head

Alternative fixing for door studs

Another way to fix door studs in place is to cut them to the required door height and double up with studs that run full height between the sill and head plate (see left). Nail the door head to the top of both door studs. Cut a short length of studding to fit vertically between the centre of the head plate and the door head, and nail it in place.

SEE ALSO: Door casings 193, Dovetail-nailing 502, Housing joints 506

Dry-lining the partition

Erecting studs and fixing noggings

Measure and cut each full-length stud and fix in turn (see right). Cut noggings to fit between the studs; working from the wall, skew-nail the first end to the wall stud, then dovetail-nail through the next stud into the end of the nogging. One or two rows of noggings may be required – if you are going to fit plaster-board horizontally, space the centres of the noggings 1.2m (4ft) apart, working down from the ceiling. When the boards are to be fitted vertically, space the line of noggings evenly, but stagger them to make fixing easier.

Space studs equally and nail top and bottom

Nail noggings between studs to stiffen them

Fixing to an existing stud wall

Stud walls are frequently used to divide the first-floor of a house into separate bedrooms. If your new partition butts against one of these timber-framed walls, try to fix it to one of the existing studs. Tap the old wall until you hear a dull thud that indicates the position of a stud, then drill a series of small holes through the plaster to find its centre.

If the new partition falls between studs, fix its first stud to the noggings, head and sill of the original wall. Construct the new partition as described above, but in this instance cut the first wall stud to fit between the floor and the ceiling, and fix it to the wall before you nail or screw the sill and head plate into place.

NAILING TECHNIQUES

Use two 100mm (4in) round wire nails to skew-nail each butt joint, driving one nail through each side. Temporarily nail a batten behind the stud to prevent it moving sideways when you are driving in the first nail. Battens cut to fit between each stud can be permanently nailed in place to provide extra support.

Alternative stud-fixing method

For a particularly rigid fixing, set the studs into 12mm (½in) deep housings notched into the head and sill plates before nailing them.

Skew-nailing
Skew-nail a butt joint with two nails.

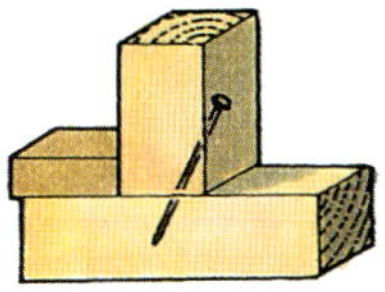

Nailing technique
Support the stud with a block while driving the first nail.

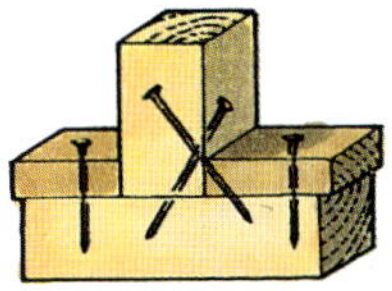

Supporting joint
Battens fixed to each side brace the joint.

Housing joints
Housing joints ensure a true and rigid frame.

Attaching plasterboard vertically

Start at the doorway, with the edge of the first board flush with the stud face. Before fixing, cut off a strip 25mm (1in) wide, running from the top edge of the board down to the bottom of the door-head member. Fix the board with 30mm (1¼in) or 40mm (1½in) plasterboard nails, not more than 150mm (6in) apart. Fit the boards on both sides of the doorway, then cut and fit a section above the opening (see right), allowing a 3mm (⅛in) gap at the cut joint. Then fit the remaining boards.

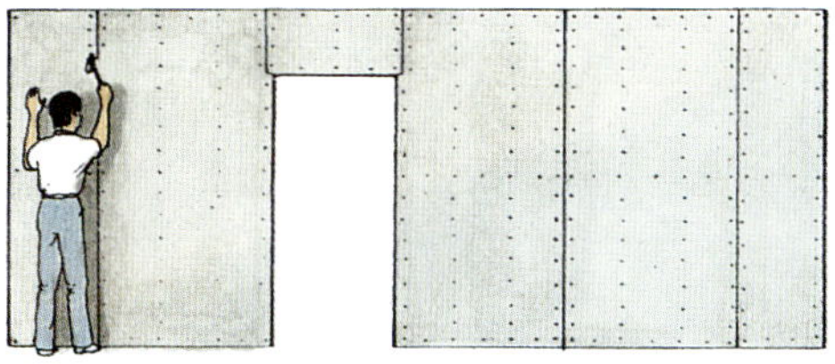

Fixing plasterboard vertically
Start at the doorway and work away from it.

Attaching plasterboard horizontally

Plasterboard can be fixed horizontally where it is more economical or convenient to do so. Start by nailing the top row of boards to the frame. Cut a strip from the edge of the boards on each side of the doorway, to allow the short board over the door to be fixed to the studs.

To support a board while you nail it, fix a horizontal batten to the studs 3mm (⅛in) below the centre line of the noggings. Sit a board on the batten and nail it to the studs. It helps to have someone hold the plasterboard steady while you nail it; but if you have to work alone, prop each board against the frame with a length of timber. Nail out from the centre of every board.

Remove the temporary batten and proceed to fit the bottom row of boards. Hide cut edges behind the skirting, and stagger the vertical joints.

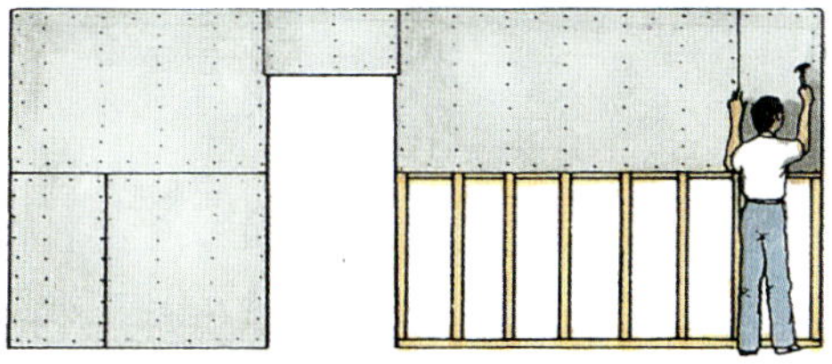

Fixing plasterboard horizontally
Fix the top row first; stagger the joints on the next.

SEE ALSO: Plasterboarding a wall 167, Scribing plasterboard 168, Finishing plasterboard 172–3

Staggered partitions

You can divide a large room in two and provide built-in storage at the same time. Constructing a staggered partition with a door at one end and a pair of spacious storage alcoves, as shown below, makes good use of available space. Build the staggered partition just like a straight one, but include right-angle junctions for the alcoves.

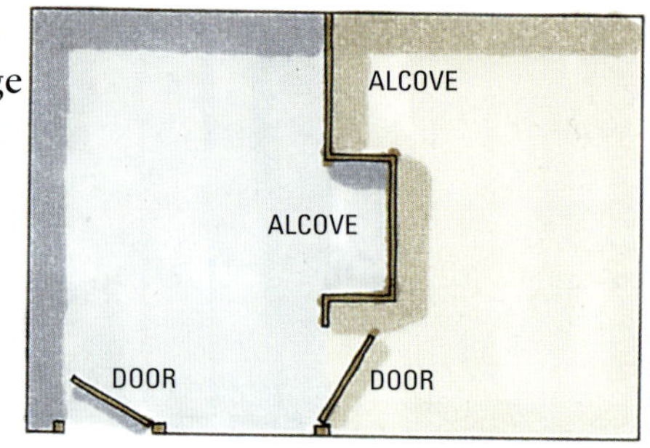

A staggered partition forms storage alcoves on each side, one for each room

Positioning the wall

First mark out the thickness of the main partition across the floor, then mark the position of the 'recessed' partition parallel with it. If you intend to hang clothes in the alcoves, set the partitions 600mm (2ft) apart.

Next, calculate the length of the partitions by setting them out on the floor. Starting from the wall adjacent to the new doorway, measure off the thickness of a stud, the door lining, the width of the door, a second door lining and a second stud. Also add 6mm (¼in) for clearance around the door. This takes you to the face of the first short partition that runs parallel to the wall. Measure from this point to the other wall and divide the dimension in two. This gives you the line for the other short partition.

Fixing the sill and head plates

Mark the positions for the head plates on the ceiling. Use a straightedge and spirit level or a plumb line to ensure that the marks on the ceiling exactly correspond with the ones on the floor.

Cut and fix the sill and head plates to the floor and ceiling respectively, as for a straight partition. Cut and fit the studs at the required spacing to suit the thickness of the cladding.

Building the wall
1 Mark out partitions.
2 Transfer the marks to the ceiling.
3 Cut the sills and fix them to the floor.
4 Fix the head plates to the ceiling.
5 Make corners from three studs.
6 Fix the other studs at required spacing.
7 Fit noggings, then fix the boarding.
8 Fit doorframe and complete the boarding.
9 Fit door lining, door and mouldings (not shown).

CONSTRUCTING THE CORNERS

The right-angled corners and the end of the short partition supporting the doorframe need extra studs to provide a fixing for the plasterboard.

Make up each corner from three studs arranged and nailed in place. Fit short offcuts of studding to pack out the gap **(1)**; fix these offcuts level with the noggings.

For the end of the short partition next to the doorway, fit two studs 50mm (2in) apart with offcuts nailed between them **(2)**.

Clad the staggered partition with plasterboard, overlapping the boards at each corner **(3)**. At the door opening, leave the last stud exposed until the doorframe is fitted.

Cut the door studs, head plate and door head to length. Nail the head plate to the ceiling, and fix one stud to the new partition **(4)** and the other to the room wall **(5)**. Fit the door head and a short vertical stud above it.

Attach plasterboard above the doorway and to the side faces of the studs, including the end of the new partition. Complete the installation by fitting a door lining and architrave.

1 Corner post
Use three studs at the partition corners.

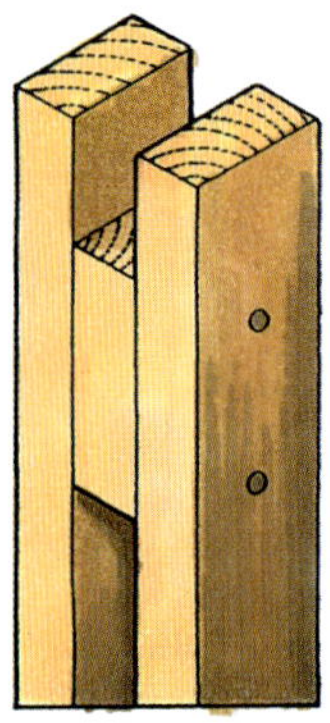

2 End post
Use two studs at the end of the partition.

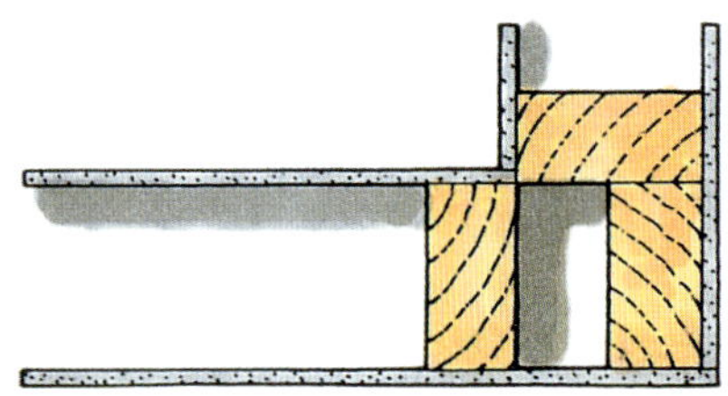

3 Overlap the plasterboard at corners

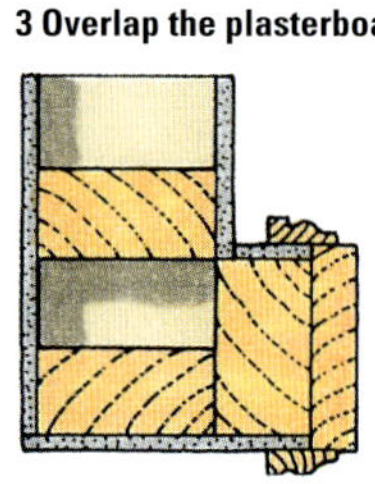

4 Fix one door stud to the partition

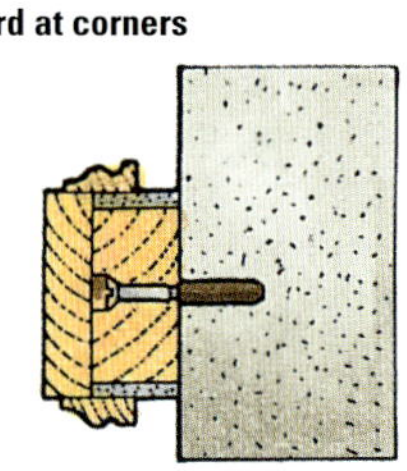

5 Screw-fix the other stud to the wall

☛ **SEE ALSO: Stud partition 142–3, Plasterboarding a wall 167, Scribing plasterboard 168, Finishing plasterboard172–3**

Fixing to stud partitions

Unlike masonry walls, stud walls are largely hollow – a problem that has to be overcome when wall fixtures are to be hung from them. On the other hand, when it comes to installing plumbing or electrical wiring, hollow walls are a real advantage.

Hanging fixtures

Wherever possible, these should be fixed directly to the structural stud members for maximum support. However, if the positions of fixtures are preplanned, extra studding, noggings or mounting boards can be incorporated before the wall lining is applied. Wood-studding construction is shown here.

Mounting a hand basin

A wall-mounted basin needs a sound fixing to carry the weight of the basin and that of someone leaning on it.

Buy the basin before building the wall, and position two studs to take the fixing screws. If necessary, you can work from manufacturer's literature, which usually specifies the distance between centres for fixing the brackets. Mark the centre of the wall studs on the floor before you apply the wall lining, so that you can eventually transfer the marks to the plasterboard lining. Measure the height from the floor for the basin brackets, and fix them securely with woodscrews.

If you're going to have wall-mounted taps above the basin, make a plywood mounting board and fit it between a pair of standard-spaced studs to carry the basin and taps. Use exterior-grade plywood at least 18mm (¾in) thick (plywood is tougher and more stable than softwood, and chipboard does not hold screws well).

Screw 50 x 50mm (2 x 2in) battens to the inside faces of the studs, set back from their front edges by the thickness of the board. Cut the board to size – making it tall enough to support both the basin and the taps – then screw it to the battens so it's flush with the two studs.

Apply the plasterboard to the side of the wall that is to carry the basin, leaving the other side open for the time being, until you have plumbed the basin and taps. Drill clearance holes and fit the taps; fix the basin-support brackets, preferably with bolts.

Fitting a wall cupboard

It's not always possible to fix to the studs, because walls tend to be put up long before furnishings are considered. If there are no studs just where you want them, you will have to use cavity fixings instead. Choose a type that will adequately support the cupboard.

Hanging shelves

Wall-mounted bookshelves have to carry a considerable weight and must be fixed securely, especially to stud partitions. Use a shelving system that has strong metal uprights into which adjustable brackets are slotted – as the uprights spread the load across all the wall fixings. Screw into studs if you can, otherwise use suitable cavity fixings (see far right).

If the studs are spaced at 400mm (1ft 4in) centres, fix the shelving uprights to alternate studs. If spaced at 600mm (2ft), fix to each in turn.

Another possibility is to fit shelves that clip into extruded-aluminium shelf-supports screwed horizontally across the studs.

Hanging small fixtures

Load-carrying fixtures with a small contact area can crush the plaster and strain the fixings. Mount coat hooks, for example, on a board to spread the load, then screw the board to studs.

Small pictures should be hung on picture hooks secured with steel pins, preferably fixed to a stud (use larger pins with two-pin hooks). To hang a large mirror or picture on the wall, use mirror plates fixed to the frame. Heavy frames need to be suspended from stranded wire, not twine.

Mounting a basin
Fix a wall-mounted hand basin and taps to exterior-grade plywood.

It's easy to plan and fit pipework and wiring inside a stud-partition wall before lining it. To guard against future occupants drilling into service runs, set horizontal cables or pipes no more than 150mm (6in) above floor level.

Plumbing

Plan the runs of supply and waste pipes by marking the faces of the vertical studs or the noggings that brace them. Bear in mind that a waste pipe must have a slight fall.

Transfer the marked lines to the sides of the studs or noggings. Drill holes for the supply pipes close to their front edges, then saw in towards the holes to make notches. If the notches slope backwards at a shallow angle, they will hold the pipes while they are being fitted.

Larger notches cut for waste pipes must be reinforced to prevent them weakening the studs. Drill the holes in the centres of the studs, following the pipe run. Before sawing out the waste, cut housings for 300mm (12in) lengths of 50 x 25mm (2 x 1in) softwood to bridge the notches. Cut the notches and set the waste pipe in place, then screw the bridging pieces into their housings, flush with the fronts of the studs.

Notched noggings needn't be braced. If necessary, fit a nogging under a pipe bend as a support.

Running electric cable

Drill 12 to 18mm (½ to ¾in) holes at the centres of the studs for level runs of cable and in noggings for vertical runs. Fit extra noggings to carry mounting boxes for sockets and switches. For a flush-mounted fitting, inset the noggings to the depth of the box, so the box's front edge lies flush with the lining. Run the cable.

With the lining in place, mark and cut an opening for the box and pull the cable through. If you have omitted a mounting board during construction, you can use dry-wall fixing flanges to hold the metal box to the lining.

Running plumbing through a stud wall
Reinforce the studs with bridging pieces when fitting waste pipes.

Cavity fixings
Various cavity fixings are available; they are inserted into a hole and secured with a screw or bolt. Some expand to grip the lining as the screw is tightened; others are held in place by a toggle that springs out behind the lining.

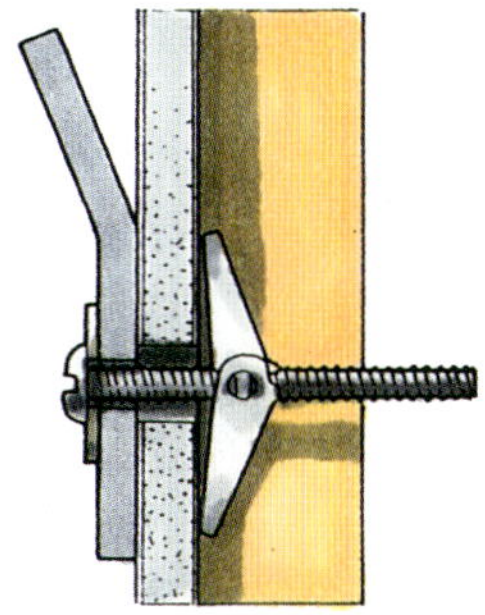

Spring-toggle fixing

Fit electrical mounting boxes to noggings

SEE ALSO: Metal-stud partitions 146, Shelving 151–3, Dry-wall fixing flanges 319, Plumbing a basin 385–6, Hole saw 495

Metal-stud partitions

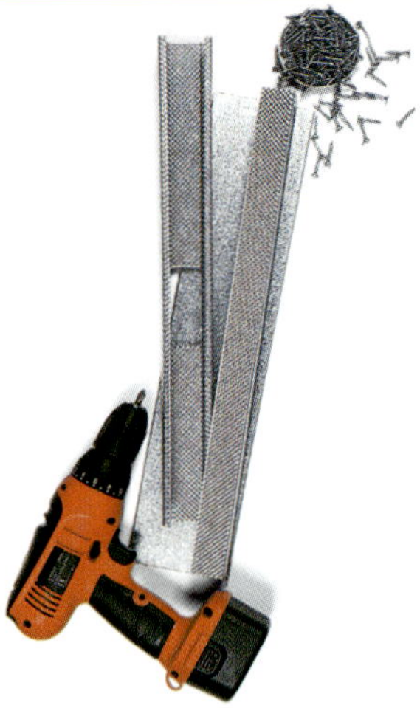

A partition-wall system employing a framework of metal studding is used in some modern houses and flats. It is available from DIY suppliers. Metal studding is lightweight yet strong and stable; when clad in plasterboard and sealed, it offers good fire and sound resistance. The studs are made in a range of sizes and preslotted to accommodate service runs, such as conduit-run electrical cables or water pipes. Self-tapping screws are used for fixing the framework together; and the plasterboard covering is fixed with screws, too.

1 Screw the channel in place

The basic system

Metal studs are made from plated-steel sheet folded into a C-shaped profile. They are produced in lengths of 2400 to 4200mm (8 to 14 ft) and are available in four widths: 48, 60, 70 and 146mm (1⅞, 2⅞, 2¾, and 5¾in). The ceiling and floor channels for them are made in corresponding sizes, but are 2mm (1⁄16in) wider and 3600mm (12ft) long.

A fixing channel screwed across the studs provides support for wall-hung fixtures. Where required, a fixing strap is used to back up horizontal joints in the plasterboard lining.

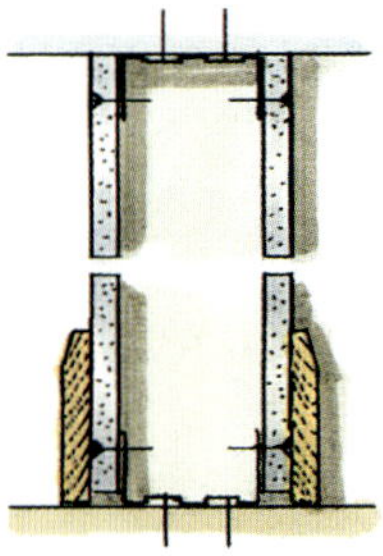

Ceiling and floor fixing

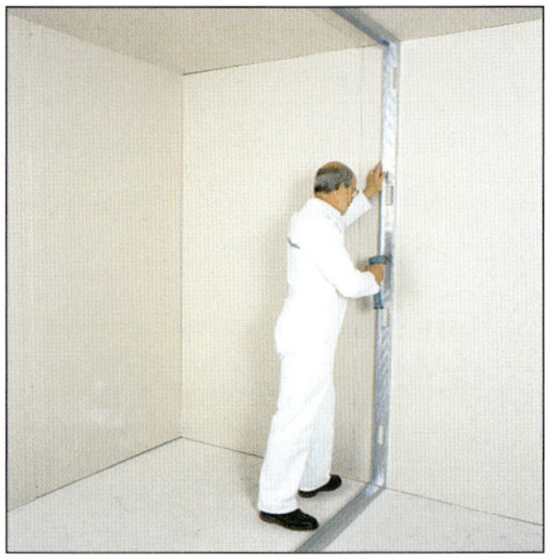

2 Screw the end stud to the wall

Building a metal-stud partition

Mark the line of the partition on the floor, walls and ceiling. Using a hacksaw, cut the ceiling and floor channel to length, and screw them in place **(1)**. Space the screws 600mm (2ft) apart, and stagger them when fixing channels of 72mm (2⅞in) and over. If the floor is uneven, fit a wooden sill of the same width first.

Cut the studs to fit into the floor and ceiling channels; make sure the service cutouts will align. Screw the first channel to the side wall **(2)**. Space the intermediate studs at 600mm (2ft) centres and fix them to the channel with special self-tapping wafer-head screws. Fix the wall stud similarly. Make sure all the studs face the same way. Fit extra studs, if required, for heavy wall-hung fixtures.

Line the partition with 12.5mm (½in) plasterboard, driving dry-wall screws directly into the studs **(3)**; fit two layers of the board with their joints staggered. Fill the cavity with insulating material, to improve fire and sound insulation.

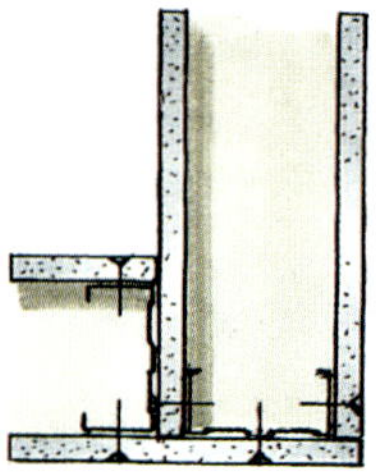

Corner assembly

3 Fix the plasterboard to the studs

Making a doorway

When calculating the width of the doorway, allow for the the door, door linings, and wooden grounds fixed to the studs. Fit full-height studs at each side. Cut a section of channel to span the opening plus 150mm (6in) at each end. Saw through the side flanges of the channel and bend the ends at right angles to form the door head member. Fit the head and screw the turned-down ends to the studs at the required height **(4)**, allowing for the upper door lining and ground. Cut and fit a short stud above. Cut the wooden grounds and fix them into the opening. Fix the plasterboard and then the door linings. Finish the surround with an architrave moulding.

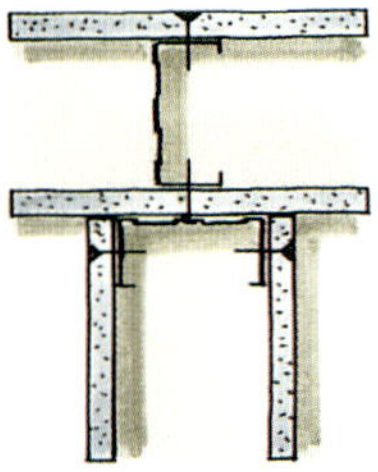

T-junction assembly

● **Running services**
The metal studs are provided with cutouts that can be used for routing plumbing and electrical cables. Cables must be run in conduits to prevent abrasion.

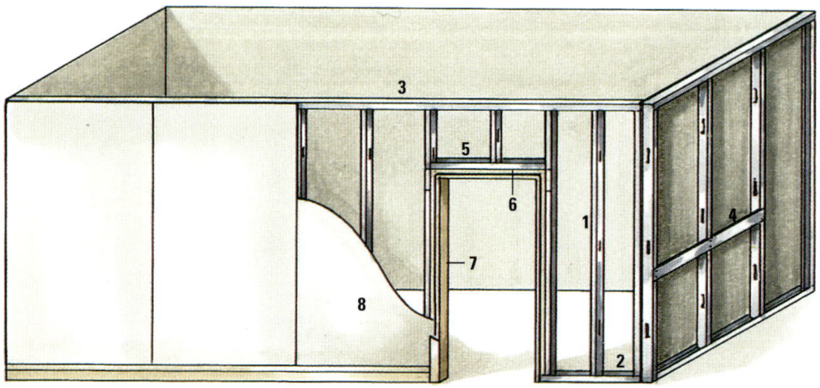

Metal-stud system
1 Stud
2 Floor channel
3 Ceiling channel
4 Fixing channel
5 Door head
6 Wooden grounds
7 Door lining
8 Plasterboard

4 Fit the prepared head member to the studs

SEE ALSO: Marking out 142, Cutting plasterboard 166, Finishing plasterboard 172–3

Dry-partition walls

Cellular-core partitioning can be joined to form T-junctions and corners.

T-junctions

To make a T-joint, nail a vertical wall batten to one of the joint battens **(1)** or to plugs 150mm (6in) long, cut from the joint battening and driven into the core of the corresponding partition **(2)**. Fit these plugs horizontally, about 600mm (2ft) apart, before erecting the partition. Hammer them into the edge, following a line of cells. If necessary, use a spare length of battening to drive the plugs further in. Always mark the position of the plugs on the surface.

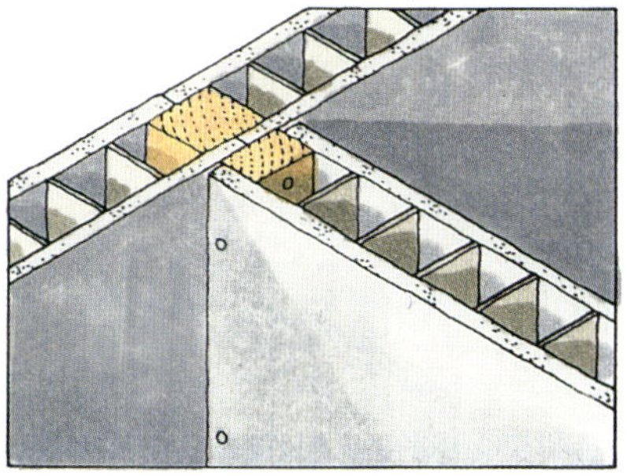

1 Fixing to a joint batten

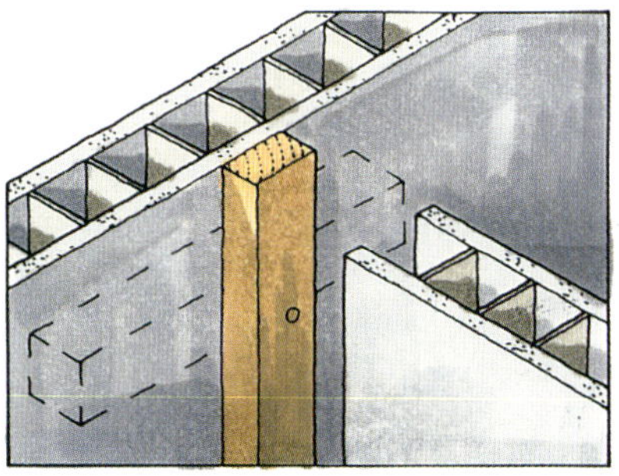

2 Fixing to batten plugs

Making corner joints

Right-angle corners are made by cutting away the inside face of the plasterboard and core to form a rebate for the full width of the adjoining panel. A batten must be fitted into each panel for nailing.

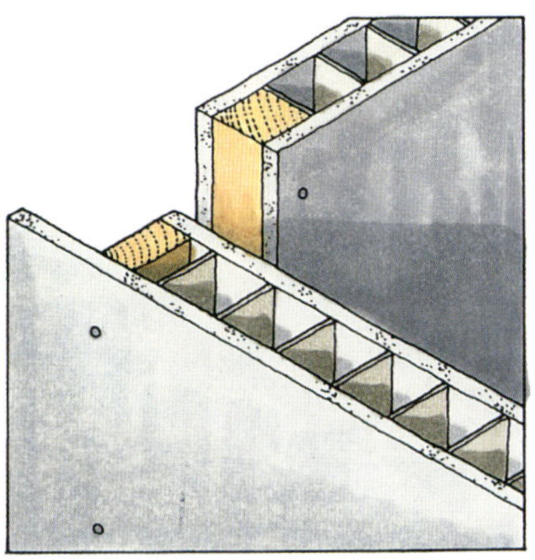

Right-angle corner assembly

Cellular-core dry partitioning, constructed from two sheets of plasterboard with a cardboard core, makes a rigid yet lightweight non-loadbearing wall. The panels can be purchased from builders' merchants, though you will probably have to order them.

Fixing the framing

Mark out the floor, walls and ceiling as for a stud partition. Nail a sill to the floor, cut from 50mm (2in) planed (PAR) softwood matching the full thickness of the partitioning. Plane 18mm (¾in) thick softwood ceiling and wall battens to make a snug fit in the gap between the plasterboard sheets. Nail or screw the battening to the wall and ceiling.

To locate the bottom corner of the partition, make a locating block by cutting a point on a 150mm (6in) length of wall battening. Nail it to the sill with its square end against the wall batten.

Fixing the panels

Use a saw to cut the panels to fit between the sill and the ceiling, leaving a 3mm (⅛in) gap for tolerance. With the claw of a hammer, rip out the cardboard core to a depth of about 18mm (¾in) along the top and two long edges. Also remove 150mm (6in) of the core from each end of the bottom edge.

Drive short lengths of battening into the core at the bottom of the partitioning. These plugs are used to provide a firm fixing for skirtings.

Lift the top of the first panel over the ceiling batten and locate it about 200mm (8in) from the wall. Swing the panel into the vertical position and locate it on the floor sill. Then slide the panel carefully along the sill to locate it over the locating block and wall batten. Cut an intermediate locating block 300mm (1ft) long and taper each end. Tap half of its length into the bottom corner of the panel's core and nail it to the sill.

Cut a length of square-section vertical joint batten to fit between the ceiling batten and intermediate locating block. Tap the batten halfway into the edge of the fixed panel, then skew-nail it at the top and bottom. Fix the boards to the framework with plasterboard nails.

Prepare and fix the other panels in the same way. Fill and finish the joints.

Fixing details

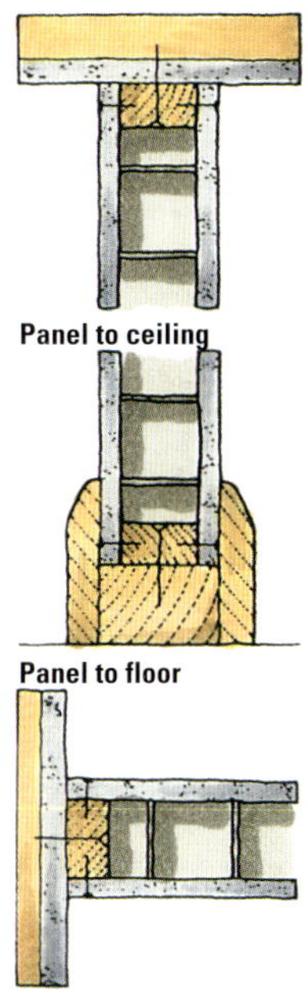

Panel to ceiling

Panel to floor

Panel to wall

Making a door opening

Mark the position of the doorway on the floor. Fit the ceiling and wall battens. Cut the sill to stop at the opening and fix it to the floor. Fit the panels, working from the wall towards the opening; start with any cut-down panels. At the opening, remove the core from the vertical edges of the panels, and insert vertical battens flush with the edges. Skew-nail at the top and bottom and fix the plasterboard.

Measure and cut a panel to fit above the door opening. Clear the core from all round the edges. At the top of the opening, fix short battens to the side members, then slide the panel over them and nail it in place.

Fit a horizontal head batten into the core, flush with the bottom edge, and nail it to the vertical battens at each end; then nail the door linings to the stud framework.

Partition components
1 Softwood sill at base of panel.
2 Wall batten (hidden inside long edge of panel).
3 Ceiling batten.
4 Locating block (hidden).
5 Cellular-core panel.
6 Intermediate locating block.
7 Vertical joint batten.
8 Skirting-fixing plug.

SEE ALSO: **Cellular-core wallboards 129, Marking out 142, Cutting plasterboard 166, Finishing plasterboard 172–3, Door casings 193, 198, Dry-wall fixing flanges 319**

Glass-block partitions

If you want to screen off an area of a room but an ordinary partition would cut down the available natural light, why not consider building a wall with glass blocks? A wide range of decorative blocks and wood-frame modular systems is available from specialists. Alternatively, build a wall using standard clear mottled-glass blocks laid in mortar, as described below. All the materials, including spacers and reinforcing rods, are available from DIY suppliers.

1 Lay the first block in the corner

Basic considerations

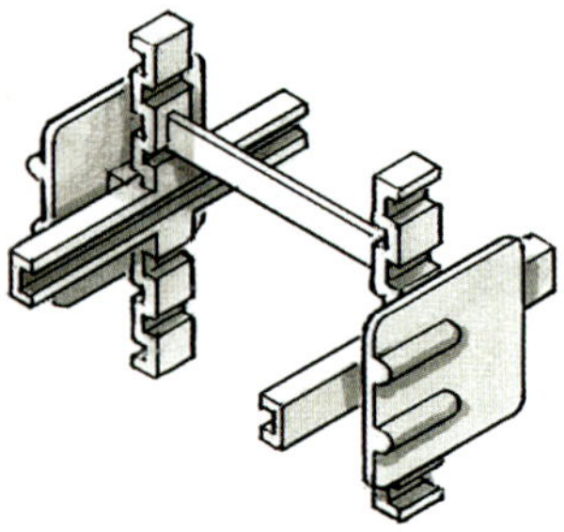

Standard cross-shaped spacer

Glass-block walls are by their very nature non-loadbearing and need to be contained within a rigid frame fixed to the floor, wall(s) and ceiling.

The wall should not exceed 6m (19ft 6in) in any direction, nor be more than 18.5sq m (199sq ft) in area. If it is bigger than 2.3sq m (25sq ft), it must be reinforced with metal rods.

When building a relatively large panel, install a flexible expansion-joint strip between the wooden frame and the glass blocks, then grout the joint with a flexible sealant.

2 Apply mortar to the side of each block

Making the support frame

To establish the internal dimensions of the support frame, set out a single row of blocks on the floor with the special plastic spacers between them, including one at each end, and measure the total length. Do the same for the vertical dimension.

Make a dowel-jointed wooden frame to these dimensions from wood 50mm (2in) thick, with a width to match the thickness of the blocks.

Fit the frame into place, scribing or packing it to ensure it is level and square, then fix it with screws.

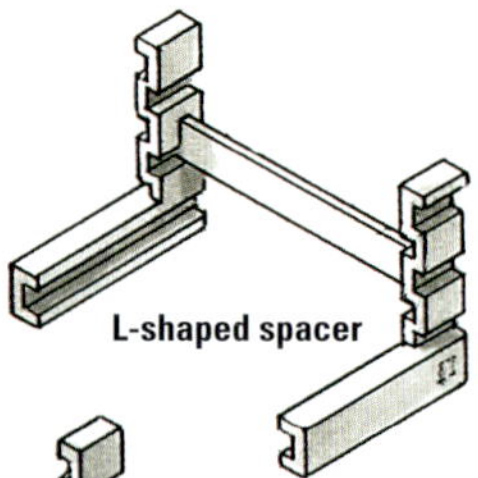

L-shaped spacer

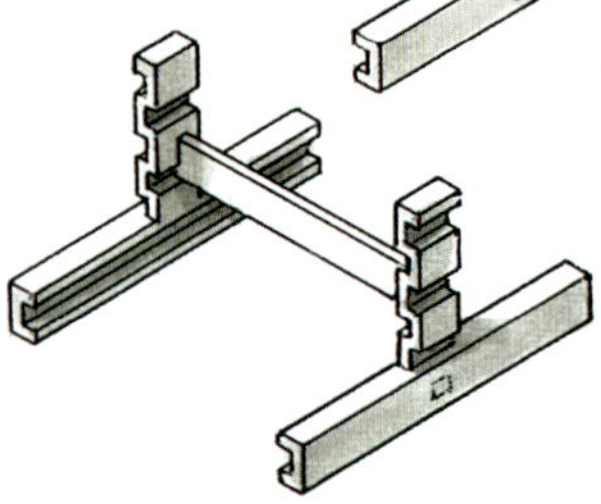

T-shaped spacer

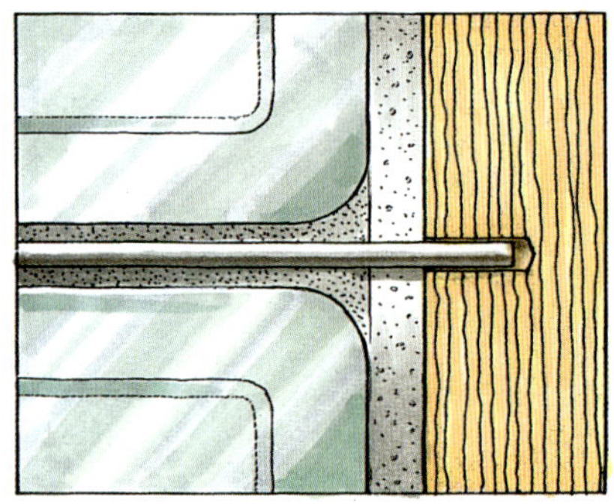

3 Drill location holes in the side frame

Building the glass panel

You will need the appropriate number of glass blocks, sufficient plastic spacers to fit every junction between the blocks and the frame, flexible strip, reinforcing rods and mortar mix. Ready-mixed white mortar is available in 12.5kg (27½lb) bags.

Before you start, cut some of the standard cross-shaped spacers to form L-shaped and T-shaped ones. These will be used where the blocks meet the frame. Also snap off the locating tabs (see left). Pin the foam expansion strip to the side of the jambs.

Mix the mortar to a smooth, buttery consistency, and lay a bed of mortar on the sill. Starting at one corner, place an L-shaped spacer and lay the first block. Support its outer end on a T-shaped spacer **(1)**. Apply mortar to the side of the next block, making sure there is sufficient to fill the cavity **(2)**, and set it in place with another spacer. Continue in this way, laying one course on another. Use a trowel to consolidate any mortar that squeezes out.

To strengthen the panel, set metal reinforcing rods into each horizontal bed of mortar. For increased strength, drill holes in the frame at joint level and locate the ends of the rods into them **(3)**. Also, you can set rods in the vertical joints as the blocks are laid.

4 Twist and snap off the location tabs

Finishing the joints

Twist and snap off the locating tabs from the spacers **(4)**, then wipe off excess mortar from the joints with a damp sponge. Once the mortar is firm, smooth the surface by drawing a 12mm (½in) wooden dowel along the joints **(5)**. Polish the glass blocks once the mortar has set. Finally, apply a white silicone sealant to the expansion joints.

5 Smooth the joints with a dowel

SEE ALSO: Marking out 142, Mortar 177, Mixing mortar 178, Dowel joints 506–7

Architectural mouldings

Interior wooden mouldings – generally referred to as architectural mouldings – are a legacy of the classically proportioned panelled walls found in grand houses. They include moulded skirting boards, dado rails, picture rails and decorative cornice mouldings. You may want to reinstate decorative features of this kind if they have been stripped out of an older house, or to add them after installing a new partition wall.

Mouldings are usually made from selected softwood, certain hardwoods or MDF.

Skirtings

Architectural mouldings are primarily functional, but they also contribute to the visual style and proportion of a room. A relatively tall skirting acts as a base to the composition, in a similar way to the base of a classical column. Choose a moulding to suit the style of the house.

Dado rails

The dado rail, also known as a chair rail, is a reference to the waist-high dado panelling of earlier times. It provides a rubbing strip to protect the wall finish from chair backs and forms a border for textured wallcoverings – a feature typically found in Victorian and Edwardian houses.

Picture rails

Like the dado moulding, the picture rail is an echo from the earlier panelled walls. It is usually set about 300 to 500mm (1ft to 1ft 8in) below the ceiling cornice to form a frieze. Picture-rail mouldings have a groove in the top edge to hold metal hooks for hanging pictures.

Cornice mouldings

Cornice mouldings form a bold decorative feature where the walls of a room meet the ceiling, and can be likened to the decorative capital of a column. These mouldings are usually made from plaster, but are sometimes made from wood. Ornate mouldings are made in standard lengths with premitred external and pre-scribed internal corner pieces. The mouldings are either bonded or screwed in place.

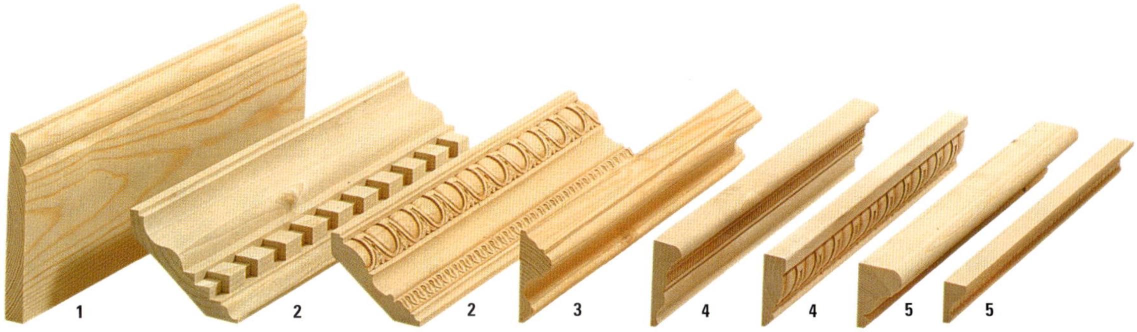

Architectural mouldings create a period style

Types of moulding
1 Torus skirting
2 Cornice mouldings
3 Straight-run dado rails
4 Carved dado mouldings
5 Small dado mouldings

Making corner joints

Where moulded profiles meet at a corner, it is necessary to mitre the ends where they meet. Alternatively, for an internal corner only, you can scribe one end to fit over the moulded profile of the other. Some mouldings are pre-scribed. Cut mitres using a tenon saw and mitre box, or a mitre saw. To scribe the end of a moulding, first mitre it; and then, with a coping saw, cut away the waste, following the line formed by the face and the mitred end **(1)**.

For larger mouldings, mark the profile on the back face, using an offcut as a template **(2)**. Saw off the waste with the teeth of the coping saw facing backward, to prevent breakout of the fibres on the face of the moulding.

1 Make a perpendicular cut

2 Use an offcut as a template

A skirting board with a scribed internal corner

Fixing architectural mouldings

The best method for fixing a moulding will depend on the structure of the wall. On a masonry wall, you can use nails, nailable plugs or woodscrews driven into wallplugs. If it is a cavity wall, drive nails or screws into the wooden studs, but use cavity fixings elsewhere. Alternatively, you can use gun-applied panel adhesive in all cases.

Some mouldings have a groove machined along the back for fitting onto plastic clips screwed to the wall. This offers an invisible fixing that does not require filling prior to finishing. Simply set the clips on a levelled marked line.

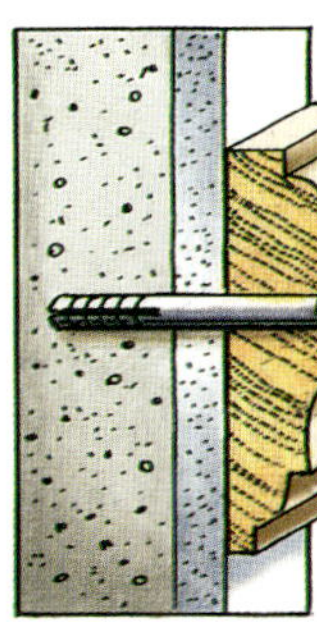

Nailable-plug fixing

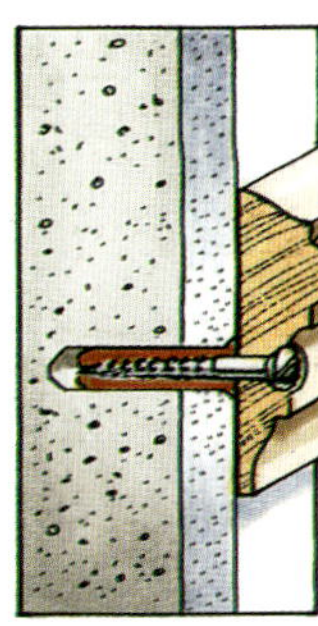

Plug-and-screw fixing

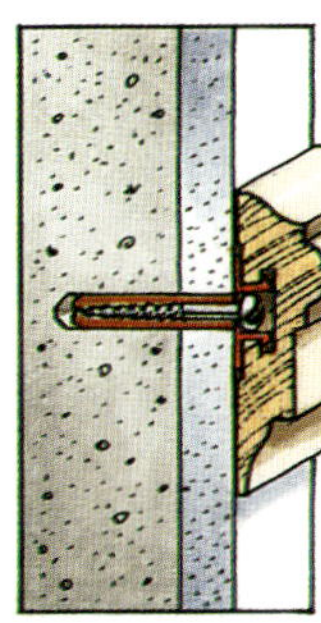

Plastic-clip fixing

Fitting architraves

An architrave moulding provides a decorative frame to a door, as well as concealing the joint between the door lining and the wall. Similar mouldings are used around sliding-sash windows. Standard architrave mouldings are stocked by DIY stores and timber merchants, but a variety of more elaborate and wider-than-average mouldings can be obtained from specialist joinery suppliers. If there's a particular profile you want to replicate, you can have mouldings machined to that pattern.

Fitting a classical-style architrave

A classical-style architrave comprises a fluted moulding with decorative top and bottom blocks that avoid the need to cut mitre joints in the moulding. Some are made as kits for fixing with hidden plastic clips, but you can make your own from separate components and nail them in place. It's not always necessary to fit skirting blocks.

However, if you are using skirting blocks, they should be fitted first **(1)**. The upright architrave mouldings are then centred on them and fixed with nails. You will first have to calculate their length and cut the ends square, making an allowance for the top blocks. Fix the top blocks in place **(2)**. When both sides of the doorway are complete, measure the distance between the top blocks and cut the horizontal architrave moulding to fit, then nail it in place.

1 Nail the skirting block in place first

2 Pin the corner block, centred on the upright

Dealing with out-of-square frames
If you are restoring an older house, you may find the doorways are out of square and 45-degree mitres will not butt together. In this situation, hold each component in position parallel with the frame and mark along the edges **(1)**. Mark a diagonal line where the lines cross **(2)**, to give the angle for the mitre. Set an adjustable bevel to this angle and cut the architrave accordingly.

1 Mark parallel lines
Hold each component in position parallel with the frame and draw along the edges.

2 Mark the diagonal
Where the lines cross, mark a diagonal line.

1 Mark the length of the upright

2 Mark the length of the top moulding

3 Nail the moulding to the door lining

4 Drive a nail into the mitred joint

Reproduction period-style architrave

Fixing standard architraves

Hold a short length of the architrave moulding about 6mm (¼in) above the door opening; after checking that it is level, mark its width on the wall and on the front face of the door lining. Next, hold one slightly overlength upright in position, approximately 6mm (¼in) from the face of the door jamb. Transfer the marks previously made on the wall above to it **(1)**.

Cut a 45-degree mitre on the marked end; then, using a spirit level to keep the upright vertical, nail it to the door jamb, inserting 500mm (2in) lost-head nails every 300mm (1ft) or so. Don't drive the nails in fully at this stage, in case you need to move the architrave. Cut and fix the second upright on the other side, using the same procedure.

Rest the top section of architrave upside down on the ends of the uprights and mark its length **(2)**. Cut a mitre at each end and nail the moulding between the uprights **(3)**. Drive a nail through the top edge into the mitred joint at each end **(4)**. Drive all the nails below the surface with a nail set, then fill the holes and joints before priming and painting the woodwork.

If the architrave is hardwood and you are planning to finish it with a clear varnish, fill the nail holes with a coloured wood filler.

SEE ALSO: Tenon saw 493, Mitre joint 507, Spirit level 508

Shelving

Shelving can be anything from a set of chipboard or MDF planks on functional-looking brackets to elegant spans of solid wood or plate glass on apparently delicate supports of light alloy. It is generally the cheapest, simplest and most economical form of storage you can find; and if you opt for one of the many adjustable systems, you can adapt your shelving to suit future requirements.

Wall-hung shelves

Shelves can be fixed in an alcove on support battens, or cantilevered off a wall with any one of a wide range of shelving brackets. The brackets may be made from pressed, cast or wrought steel or extruded alloy.

Adjustable shelving systems have brackets that slot or clip into upright metal supports screwed to the wall. Most uprights have holes or slots at close intervals that take fixing lugs on the rear of each bracket. In one system, the upright is made with a continuous groove over its entire length, so that the brackets can be placed at any level.

One advantage of such systems is that the weight and stress of loaded shelves are distributed down the supporting uprights. Another factor in their favour is that once the uprights are in place shelving arrangements can be changed easily, and you can add extra shelves as the need arises without having to add extra fixings.

Use cheap, functional pressed-metal shelving for utilitarian purposes – in your garage or workshop, for example – and choose the more expensive and attractive brackets for your storage needs around the house.

BUILT-IN SHELVES

The simplest way to make built-in open shelves is to fit them in alcoves, such as those flanking a chimney breast. However, you'll probably find the surface of the walls is not perfectly regular, and so may have to trim each shelf to fit perfectly into the alcove.

Fitting fixed shelves

Mark the position of each shelf, checking that the spaces between will accommodate all the items you want to store. Draw levelled lines from the marks, using a spirit level as a guide.

Cut wooden support battens to match the depth of the shelves. For simple unlipped shelves, cut the front ends of the supports to a 45-degree angle **(1)**. For a better appearance, apply deep lippings to the front edges of the shelves **(2)**. These make the shelving look more substantial and hide the supports. For a more refined appearance, make your shelf supports from L-section metal extrusion **(3)**.

Adjustable shelf unit

You can erect a bank of built-in shelves using panels screwed to both sides of an alcove. The fixed panels overcome problems with uneven walls, and allow unobtrusive shelf studs and adjustable support fittings to be used.

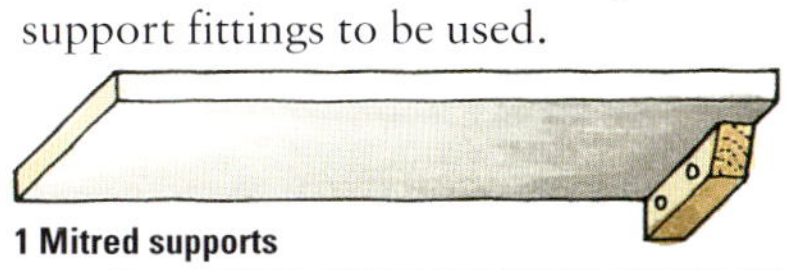

1 Mitred supports

2 Hidden supports

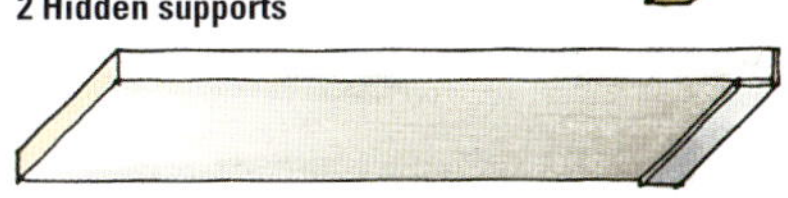

3 Extruded-metal supports

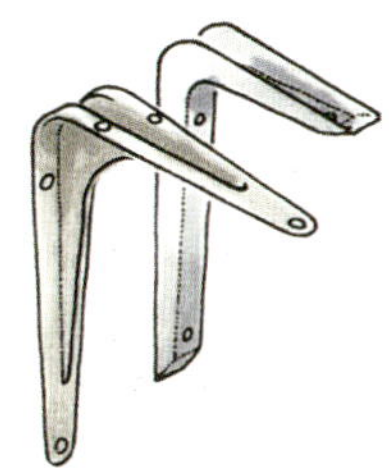

Fixed pressed-steel brackets

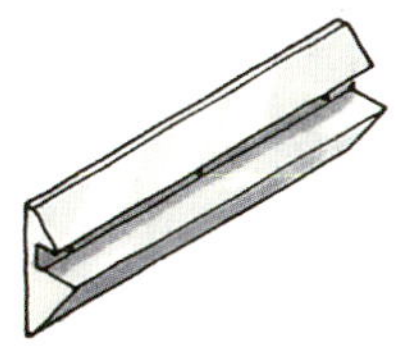

Aluminium-extrusion shelf support

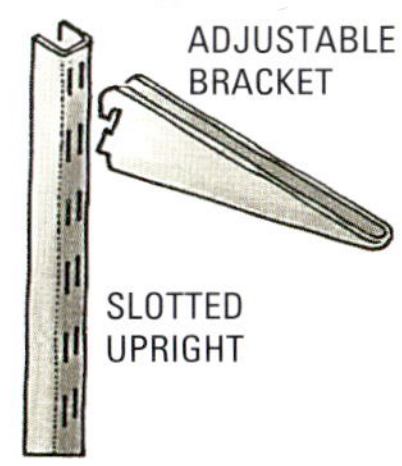

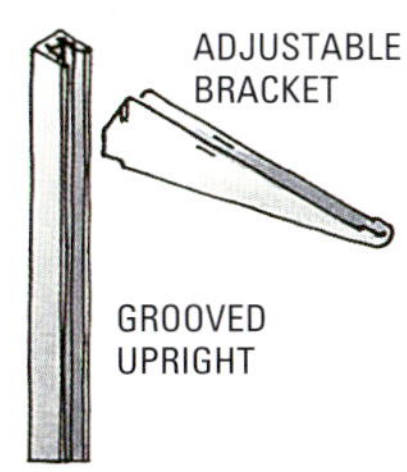

Adjustable bracket systems
Each type can be fitted with a choice of brackets.

Choosing the best materials

Ready-cut shelves made from solid timber or man-made board are available from DIY stores in a range of standard sizes. The latter are usually prepainted or covered with plastic or wood veneer. Shelves manufactured from glass or painted pressed steel are also widely available. If the standard range of shelving doesn't meet your requirements, make your own, using the following materials.

Materials for shelving

Solid wood

Softwood usually contains knots unless it is specially selected. Parana pine, however, is generally knot-free, has attractive colouring and is available in wide boards, but is relatively expensive.

Hardwoods, such as oak, beech, ash and possibly mahogany and teak, are available from some timber merchants, but their high cost limits their use to special features and furniture.

Blockboard

Blockboard is a relatively expensive stable man-made board constructed from strips of softwood glued and sandwiched between two layers of plywood-grade veneer. Blockboard is as strong as solid wood, provided the shelving is cut with the core running lengthways. You will need to lip the raw edges with veneer or solid wood to cover the core.

Plywood

Plywood is built up from veneers, with the grain alternating at right angles in order to provide strength and stability. The edges can either be left exposed or covered with a solid-wood lipping or veneer.

Chipboard

Being the cheapest man-made board, chipboard is frequently used for the core of manufactured veneered shelving. Chipboard shelves are liable to bend under sustained loads unless they're supported properly.

Medium-density fibreboard

Medium-density fibreboard (MDF) is a dense, stable man-made board that is easy to cut and machine. It finishes smoothly on all edges and doesn't need to be lipped. MDF is ideal for painting or veneering.

Glass

Plate glass is an elegant material for display shelving. Use toughened glass, which is available to special order. Have it cut to size and the edges ground and polished by the supplier. Textured or wired glass can make attractive and unusual shelving.

Stop your shelves from sagging

Solid timber or blockboard, with its core running lengthways, is best for sturdy shelving – but a shelf made from either material will sag if its supports are too far apart. Veneered chipboard, though popular because of its low cost, availability and appearance, will eventually sag under relatively light loads, so it needs supporting at closer intervals than solid wood. Moving the supports in from each end of a shelf helps to distribute the load and reduces the risk of sagging.

The chart shows recommended maximum spans for shelves made from different materials. If you want to increase the length of the shelf, then either move the supports closer together, add another bracket, use thicker material for the shelf, or stiffen its front edge.

RECOMMENDED SHELF SPANS

Material	Thickness	Light load	Medium load	Heavy load
Solid wood	18mm (¾in)	800mm (2ft 8in)	750mm (2ft 6in)	700mm (2ft 4in)
Blockboard	18mm (¾in)	800mm (2ft 8in)	750mm (2ft 6in)	700mm (2ft 4in)
Chipboard	16mm (⅝in)	750mm (2ft 6in)	600mm (2ft)	450mm (1ft 6in)
MDF	18mm (¾in)	800mm (2ft 8in)	750mm (2ft 6in)	700mm (2ft 4in)
Glass	6mm (¼in)	700mm (2ft 4in)	Not applicable	Not applicable

Stiffening your shelves

A wooden batten, lipping or metal extrusion fixed to the underside or front edge of a shelf will increase its stiffness. Where appropriate, a wall-fixed batten may be fitted in order to support the back edge A deep wooden front rail can be used to conceal a strip-light fitting; metal reinforcements are slimmer and less noticeable.

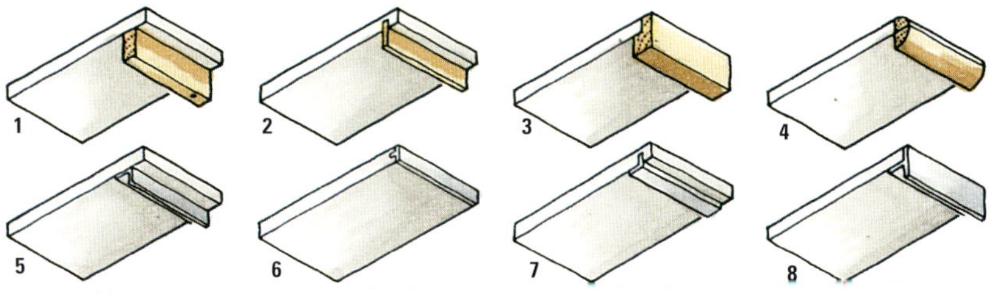

Wooden stiffeners
1 Wooden batten
2 Plywood strip
3 Rebated batten
4 Half-round lipping

Metal stiffeners
5 Screwed angle
6 Grooved T-section
7 Grooved angle
8 Screwed T-section

SEE ALSO: Wood and boards 510–11, Sawing wood 493, 495, Cutting metal 516–17

Putting up wall-mounted shelving

To some extent, the nature of your walls will determine the type of fixing and the positioning of your shelves. On a masonry wall, for example, you can put shelf supports almost anywhere. On a timber-framed wall, they should if possible be fixed to the studs, but you can use special cavity fixings provided the loads aren't excessive.

Loads cantilevered from wall brackets impose stress on the fixing screws, especially the top ones. If the screws are too small, or if the wallplugs are inadequate, the fixings may be torn out. This is even more likely when you are putting up deep shelves. The fixings for a built-in shelf, with its ends supported on battens within a masonry alcove, are not so highly stressed.

For most ordinary shelving that is to be fixed to a masonry wall, brackets with 50mm (2in) screws and wallplugs should be adequate. Deep shelves that are to bear a heavy load – such as a television set or hardback books – may need more robust fixings, such as wall bolts, though extra brackets to prevent the shelf sagging will help spread the weight. The brackets must be long enough to support almost the whole depth of a shelf.

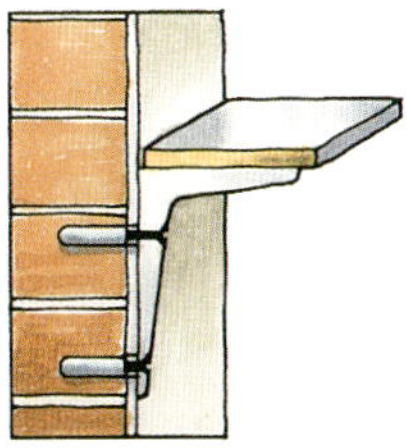

Masonry wall
Use wallplugs to secure brackets.

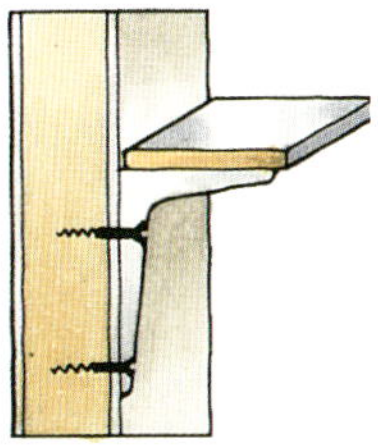

Partition wall
Screw directly into the wooden studs.

Fixing individual shelf brackets

When fixing pairs of individual brackets to a solid wall, first mark two vertical guidelines. Hold one shelf bracket at the required height and mark the wall through the fixing holes. Drill into the wall with a masonry bit, insert the wallplugs, and screw the bracket in place. Using one of the shelves and a spirit level, position the second bracket, then mark and fix it similarly.

When fixing brackets to a timber-framed wall, locate the vertical studs and drill pilot holes for the screws. Lightly lubricate screws that are difficult to insert. If you use cavity-wall fixings, drill adequate clearance holes through the plaster lining in order to insert the fittings.

When you are putting up a bank of shelving, fix all the brackets first and simply place the shelves on them. Use a plumb line or spirit level to align the ends of the shelves before you fix them to the brackets.

Fitting a shelving system

The upright supports must be vertical, and the best way of ensuring this is to fix each one lightly to the wall by its top screw and then, holding it vertical with the aid of a spirit level, mark the position of the bottom screw **(1)**. With that screw in place you can check that the upright is vertical in its other plane, not sloping outwards because the wall is out of true. If need be, place packing behind the upright to correct it **(2)**. Also insert packing wherever hollows occur close to fixing points.

Clip one bracket to the upright, and then another to the second upright while you hold it against the wall. Get someone to help you lay a shelf across the brackets, then use a spirit level to check that the shelf is horizontal. Mark the top hole of the second upright, and fix that upright as you did the first.

Locate brackets in the two uprights and fix the shelves to them. The gap between the back of the shelves and the wall may provide a space for cables leading to lamps or equipment.

1 Plumb the upright support
Use a spirit level to plumb the upright, then mark the bottom fixing hole on the wall.

2 Packing out the upright support
Push strips of packing behind the metal upright until it is vertical.

SEE ALSO: **Power drills 501, Drilling masonry 509, Masonry bits 509, Wall fixings 530–1**

Suspended-ceiling systems

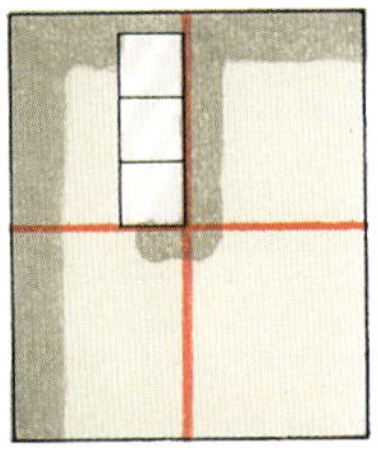

1 Main bearer centred

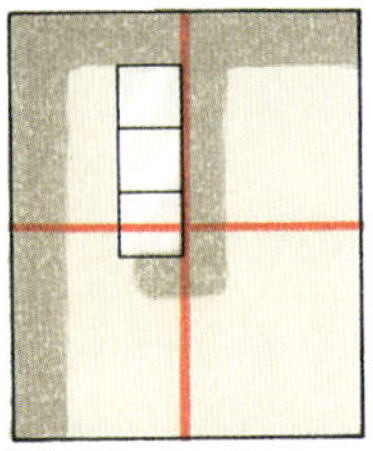

2 Panel on centre

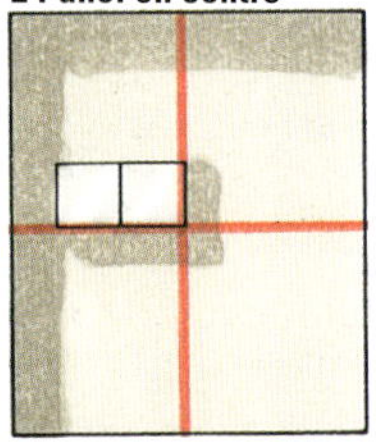

3 Cross bearer centred

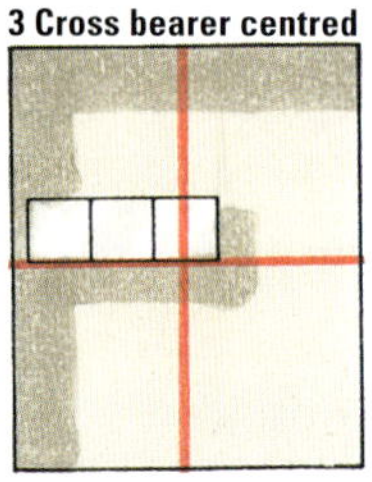

4 Panel on centre

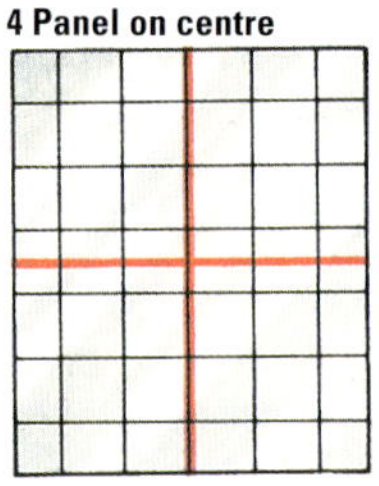

5 Best grid arrangement

From a practical point of view, a high ceiling can be a liability. It incurs greater heating bills, and also greater decorating costs since more material is required to cover the walls. Lowering the ceiling can help solve these problems, while providing a distinctive feature in the room. Manufactured suspended-ceiling systems are made from slim metal or plastic sections, which provide a lightweight structure to house acoustic or translucent panels. They are quick and easy to fit, and don't require specialist tools.

The basic system

The lightweight framework is made from three basic elements: an angle section, which is fixed to the walls; a stiff main-bearer section, which spans the shortest direction; and a lighter T-section cross bearer, which bridges the space between the main bearers.

The loose panels rest on the flanges provided by the bearers. Normally, panels 600mm (2ft) square are used for suspended-ceiling systems, but larger ones are available. The standard panels can be lifted out easily, to provide access to ducting or to service light fittings concealed above them. You need a space of at least 200mm (8in) above the framework in order to fit the panels.

Setting out the grid

Before fitting the framework, draw a plan of the ceiling on squared graph paper to ensure that the borders are symmetrical (see far left). Draw a plan of the room, and include two lines taken from the halfway point on each wall to bisect at the centre. Lay out a row of panels on your plan, starting from the shorter bisecting line **(1)**; and then move the row sideways by one half-panel **(2)** to see which arrangement provides the widest margin panels.

Plot the position of the panels across the room **(3 & 4)** using the same method. Try to get the margin panels even on opposite sides of the room **(5)**.

Fitting the framework

Before building a suspended ceiling with translucent panels, remove flaking paint and make good any cracks in the plaster ceiling above. If concealed fluorescent lighting is to be used, paint the ceiling with white emulsion to improve reflectivity.

Fix fluorescent light fittings to the joists, spacing them evenly across the ceiling: 16 watts per square metre (square yard) gives a suitable level of illumination in most rooms.

Mark the height of the suspended ceiling on the walls with a continuous levelled line. Use a hacksaw to cut two lengths of angle section to fit the longest walls, and file them smooth. Drill and plug the walls at 600mm (2ft) intervals, using the angle as a guide, then screw into place **(1)**. Next, cut lengths of angle to fit the shorter walls. Their ends should sit on the angles already fitted. Screw-fix them in the same way.

Mark the positions of the bearers along two adjacent walls, as set out on the graph paper. Cut the main bearers to span the room. Sit them on the wall angles **(2)**. Use a ceiling panel to check they are parallel and at right angles to the wall. Cut the cross bearers to fit, and set them in line with the points marked on the wall **(3)**. Working from the centre, drop in the full-size panels. Measure and cut the border panels to fit, and then drop them into place.

Spanning wide rooms

Some commercial ceiling systems can be extended. A joint-bridging piece is provided if the ends of the bearers are not made to lock together.

If the span exceeds 3m (10ft), support the main bearers with wire hangers. Fix each wire through a hole in the bearer, and hang it from a screw eye driven into a furring strip or ceiling joist.

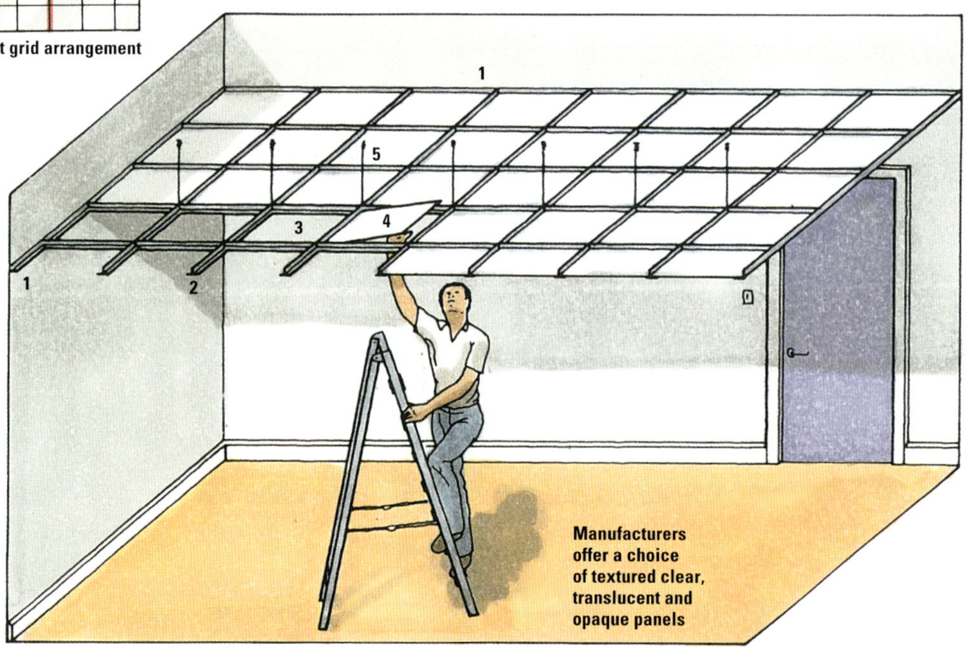

Lightweight suspended ceiling

1 Angle section
2 Main bearer
3 Cross bearer
4 Drop-in panels
5 Wire hangers

1 Screw the angle to the wall

2 Position the main bearers

3 Fit the T-section cross bearers

SEE ALSO: Repairing plaster 48–9, Painting the ceiling 67, Fluorescent lights 341, Sawing metal 517

Making a loft hatch

Access to the roof space is safer and more convenient if you install a folding loft ladder. Some come complete with built-in hatch cover, frame and fittings, ready to install in a new opening.

Normally, the length of the ladders suits ceiling heights of 2.3 and 2.5m (7ft 6in and 8ft 3in), although some can extend to 2.9 to 3m (9ft 6in to 10ft).

Concertina ladder

To fix a concertina ladder, screw the fixing brackets of the ladder to the framework of the opening. Fit the retaining hook to the framework to hold the ladder in the stowed position. To operate the ladder, you use a pole that hooks over the bottom rail. Fit the hatch door to the frame with a continuous hinge, and fix a push-to-release latch to the edge of the hatch door.

Ready-to-install folding ladder

Cut the opening and trim the joists to the size specified by the manufacturer. Insert the casing with built-in frame in the opening, then screw it to the joists.

A concertina ladder is simple to install.

Folding ladders are easy to deploy.

Many houses have a hatch in the ceiling that provides access to the roof space for servicing water tanks and maintaining the roof structure. If your house has a large roof space without access, installing a hatch will provide you with extra room for storage. Although the procedure is basically straightforward, it does entail cutting away part of the roof structure.

In older houses cutting away part of the roof structure is usually not a problem, as the timbers are relatively substantial. In modern houses, however, lightweight timber is used to make strong triangulated trussed-roof structures. Since these are designed to carry the weight of the roof, with each member playing an important role, any alteration may weaken the structure.

Before you start work, check with your Building Control Officer that it is safe to proceed.

If you have a choice, site the hatch over a landing (although not too close to the stairs) – rather than in one of the bedrooms, which is generally less convenient. Also, take into consideration the pitch of the roof, as you will need headroom above the hatch.

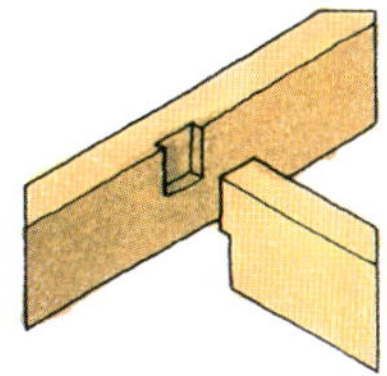

Housing joints
A housing joint will give better support to the trimmer joist than using nails alone.

Making the opening

If you are planning to fit a special folding loft ladder, the size of the new opening will be specified by the ladder's manufacturer. In general, aim to sever no more than one ceiling joist: these are usually spaced 350mm (1ft 2in) apart.

Locate three joists by drilling pilot holes in the ceiling. Mark out a square for the opening between the two outer joists. Cut an inspection hole inside the marked area to check that there are no obstacles in the way of the cutting line. Saw through the ceiling plasterwork and strip it away.

Pass a light up into the roof space, and climb up into it between the joists. Lay a board across the joists to support yourself. Saw through the middle joist, cutting it back 50mm (2in) from each edge of the opening. Cut two new lengths of joist timber, called trimmers, to fit between the joists; allow for a square housing joint 12mm (½in) deep to be cut at each end (see right). Nail the housed joints, and the butt joints between the trimmers and joists. Use two 100mm (4in) round wire nails to secure each joint.

Nail the ceiling laths or plasterboard to the underside of the trimmers. Cut timber linings to cover the joists and the edges of the plaster. Make good the damaged edges of the plaster with filler. When it is set, nail mitred architrave moulding around the opening. Make a drop-in or hinged panel of 18mm (¾in) plywood or blockboard. If you intend to use the loft mainly for storage, fix chipboard floor panels over the joists.

Alternative ways to install hatch covers

Drop-in recessed

Drop-in flush

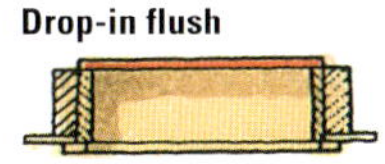

Hinged up

Hinged down

Loft-access traps

Any openings made in the ceiling will encourage the flow of water vapour into the loft space. This can increase the risk of condensation, particularly if the loft is not well ventilated. Ready-made loft-access traps are made with seals to overcome this problem. Each trap has a moulded frame that, when fixed in the trimmed ceiling opening (as described above), forms a seal with the ceiling all round. It also neatly covers the cut edges of the hole. The insulated trap door incorporates a flexible vapour seal between it and the hatch frame.

There are hinged trap doors and lift-out ones. Some of them are fire-resistant. Hinged types can be used in conjunction with an aluminium loft ladder that is available as an accessory.

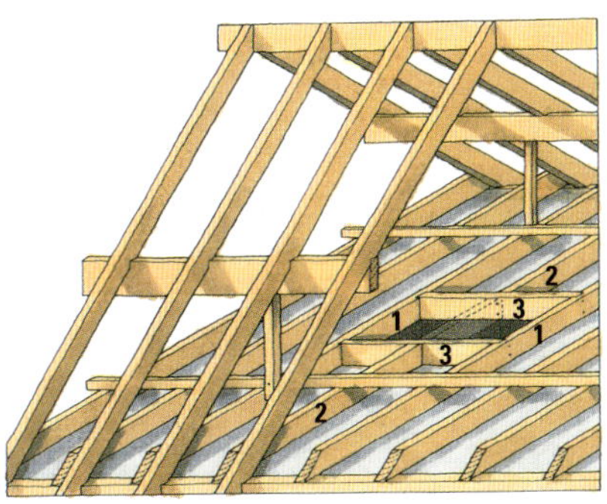

Hatch opening
1 Ceiling joists
2 Trimmed joist
3 Trimmers

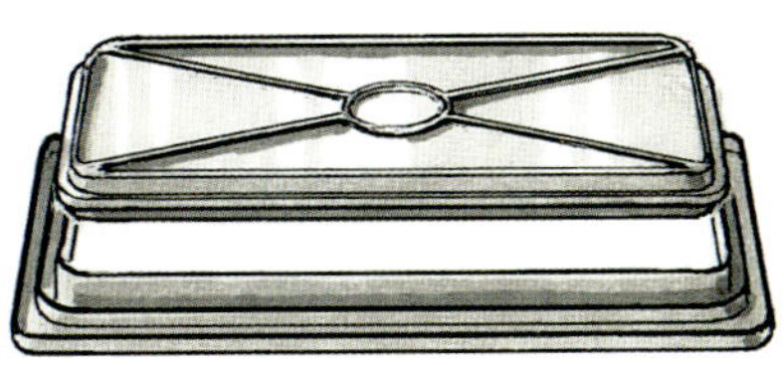

Frame and insulated trap form an airtight seal

Frame forms a seal when fixed to joist

SEE ALSO: Repairing plaster 48–9, Patching a ceiling 162, Chipboard flooring 187, Pitched roofs 231

Interior plasterwork

Plasterwork is used to provide internal walls and ceilings with a smooth, flat surface suitable for decorating with paint or paper. Plaster also provides sound and thermal insulation and protection from fire. Decorative mouldings – a feature of walls and ceilings in many older houses – are made of plaster, and are still available for renovations. There are basically two methods of providing a plaster finish: traditional wet-plastering and the application of plasterboard, which is known as 'dry-lining'.

Traditional plastering techniques

Storing plaster
Keep an opened bag of plaster in a plastic sack sealed with adhesive tape.

Traditional plastering uses a mix of plastering material and water, which is spread with a trowel over the rough background in one, two or sometimes three layers and then levelled. When set, the plaster forms an integral part of the wall or ceiling. The background may be masonry, timber-framed walls or ceilings finished with lath-and-plaster. Laths are thin strips of wood nailed to the timber framework to support the plaster, which, when forced between the laths, spreads to form nibs that grip on the other side. Traditional plastering requires practice before you can achieve a smooth, flat surface over a large area. With care, an amateur can produce satisfactory results, provided that the right tools and plaster are employed and the work is divided into manageable sections. All-purpose one-coat plasters are now available, which makes traditional plastering easier for amateurs.

Dry-lining with plasterboard

Manufactured boards of paper-covered plaster are used to dry-line walls and ceilings in modern homes and for renovations. Plasterboard obviates the drying-out period required for wet plasters and requires less skill to apply. The large, flat boards are nailed, screwed or bonded to walls and ceilings to provide a separate finishing layer. The surface of plasterboard can be decorated directly once the boards are sealed, or it can be covered with a thin coat of finish plaster.

Traditional plastering
(right)
The construction of a lath-and-plaster ceiling and a plastered masonry wall.
1 Brick background
2 Ceiling joists
3 Lath background
4 Rendering coat
5 Floating coat
6 Finishing coat
7 Cornice moulding

Dry-lining
(far right)
The construction of a modern dry-lined wall and ceiling.
1 Block background
2 Batten fixing
3 Ceiling joists
4 Noggings
5 Plasterboard
6 Coving
7 Tape
8 Filler

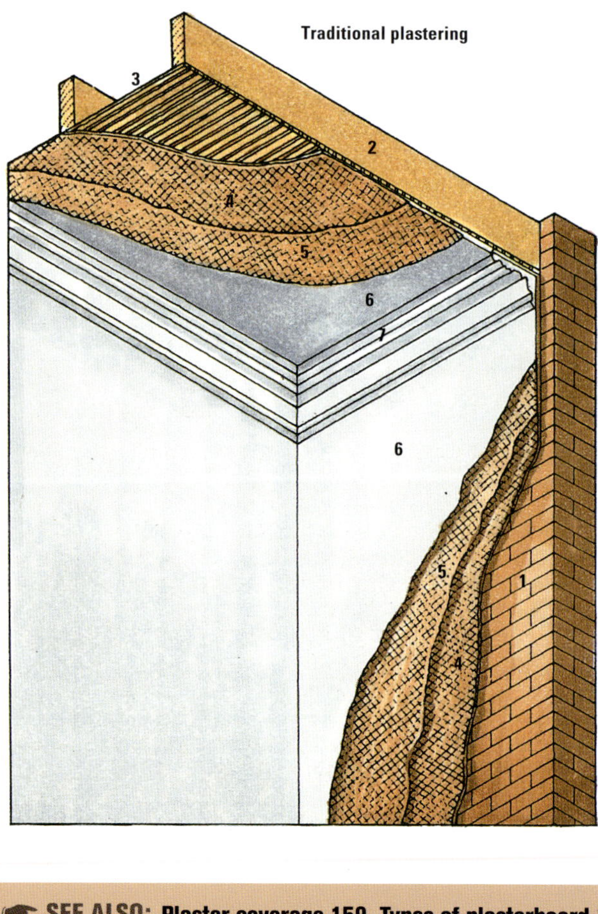

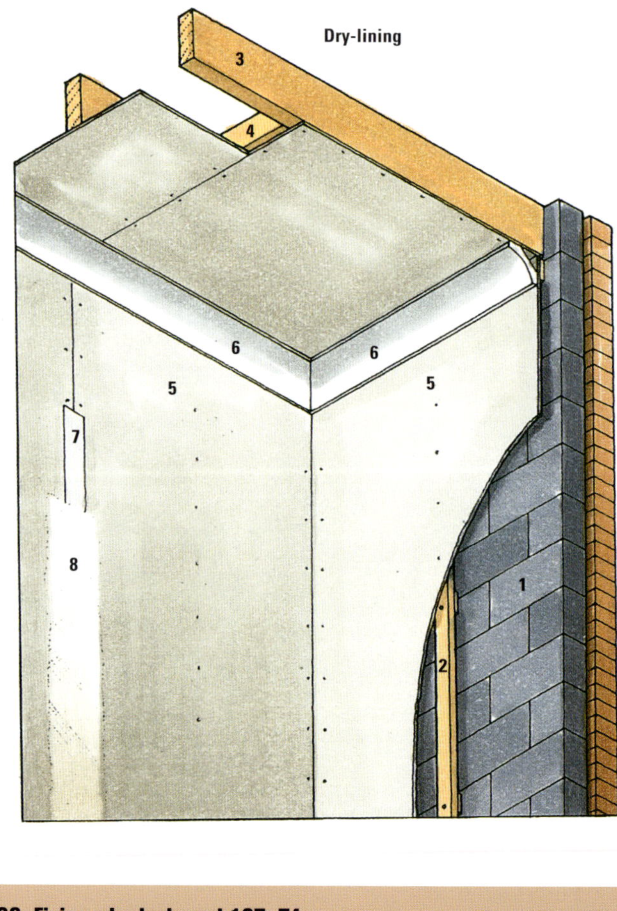

BUYING AND STORING PLASTER

Plaster powder is normally sold in 25kg (55lb) paper sacks. Smaller sizes, including 2.5kg (5½lb) bags, are available from DIY stores for repairing damaged plasterwork. It is generally more economical to buy the larger sacks, but this depends on the scale of the work. Try to buy only as much plaster as you need – although it's best to overestimate slightly, to allow for wastage and to avoid running out of plaster at an inconvenient moment.

Storage

Store plaster in dry conditions. If it is going to be kept in an outbuilding for some time, cover it with plastic sheeting to protect it from moisture. Keep the paper bags off a concrete floor by placing them on boards or plastic sheeting. Once opened, bags are more likely to absorb moisture, which can shorten the setting time and weaken the plaster, so keep an opened bag in a plastic sack sealed with self-adhesive tape. Discard plaster that contains lumps.

Pre-mixed plaster

Ready-to-use plaster is available in plastic tubs. It can be more expensive to buy, but it is easier for amateurs to use and will keep for a long time, provided the airtight lid is sealed well.

SEE ALSO: Plaster coverage 159, Types of plasterboard 166, Fixing plasterboard 167–74

Types of plaster

Plastering is carried out with modern gypsum plasters or mixes based on cement, lime and sand. By varying the process and introducing additives, manufacturers can produce a range of plasters to suit different backgrounds.

Plasters are basically produced in two grades: the one for 'floating' coats (basecoats), the other for finishing coats. Basecoat gypsum plasters contain lightweight aggregates and are premixed ready for mixing with water. Basecoat sanded plasters that are based on cement or cement/lime have to be mixed on site with a suitable grade of clean, sharp sand. Fine-powdered finish plasters merely require the addition of water before they are ready to use.

The following information and instructions specifically relate to materials that are suitable for domestic plasterwork.

• Don't buy old plaster
Plaster can deteriorate if it is stored for more than three months. The paper sacks are usually date-stamped by the manufacturer. If you are buying plaster from a self-service store, choose the sacks with the latest date.

Choosing plaster for domestic work

Gypsum plasters

The majority of plasters are produced from ground gypsum by a process that removes most of the moisture from the rock. This results in a powder that sets when mixed with water. Setting times are controlled by the use of retarding additives, which give each type of plaster a setting time suitable to its purpose.

Gypsum plasters are intended for interior work only; they should not be used on permanently damp walls.

Once they have started to set, don't attempt to add more water.

Plaster of Paris

This quick-setting non-retarded gypsum plaster gives off heat as it sets. Either a white or pinkish colour, it is mixed to a creamy consistency with clean water. It is unsuitable for general plastering, but good for casting, and can be used for repairs to decorative mouldings.

Carlite plaster

Carlite refers to a range of retarded gypsum plasters that are premixed with a lightweight aggregate and ready for use once water is added. The undercoat bonds well to most backgrounds. This, coupled with their light weight (about half that of plasters mixed with sand), makes Carlite plasters fairly easy to use. The lightweight aggregate also gives some degree of thermal insulation. The average setting time for Carlite plasters is about two hours.

Three types of Carlite undercoat plasters are available – 'browning', 'tough coat' and 'bonding' – each of them formulated to suit a background of a particular surface texture and suction. Browning is generally used for solid backgrounds with average suction (such as brickwork), while the more impact-resistant tough-coat plaster is for a wider range of backgrounds including expanded metal lath. Bonding undercoat is generally used for low-suction surfaces like plasterboard, dense brick or concrete blocks, or where the surface is treated with a bonding agent.

To ensure compatibility, when more than one undercoat layer is required to build up a thickness, the same plaster should be used for each layer.

There is only one Carlite finishing plaster. It is applied as soon as the undercoat has set and can be used over all the three types of undercoat.

Thistle plasters

Thistle is the brand name of a range of building plasters used for a variety of conditions and backgrounds.

'Hardwall' is an impact-resistant undercoat plaster that inhibits the formation of efflorescence. It is suitable for most backgrounds.

Two types of Thistle finishing plaster are available. Multi-finish plaster is used over sanded and hardwall undercoats, while board-finish plaster is specifically for finishing plasterboard surfaces.

There are also special 'renovating' plasters, for use on walls with residual dampness. The undercoat is a premixed gypsum plaster with special additives; and the finish plaster, which contains a fungicide, is specially formulated for use with the undercoat. This combination is used for general replastering and offers better impact resistance and a higher than normal resistance to efflorescence. A lightweight cement-based 'dri-coat' plaster is available, too, for use as an undercoat after installing a new DPC. These plasters are not damp-proofing materials, but allow the background to breathe and dry out once the cause of the damp has been eradicated.

Sanded plasters

Before the advent of modern gypsums, lime and sand for undercoats and neat lime for finishes were employed in traditional wet plastering, often with animal hair added to the undercoat mix, to act as a binder. Lime plasters are generally less strong than gypsum and cement-based plasters.

Lime is still used, but mainly as an additive to improve the workability of a sand-and-cement plaster or render. A cement-based sanded-plaster undercoat may be required by some local authorities for kitchen and bathroom walls constructed on timber and expanded-metal lathing. These types of undercoat can also be used on old brickwork or on walls where a strong impact-resistant covering is required.

Single-coat plasters

A universal one-coat plaster can, as its name implies, be used in a single application on a variety of backgrounds and then trowelled to a normal finish. The plaster is sold in 25kg (55lb) bags, ready for mixing with water. It will stay workable for up to an hour, and some types can be built up to a thickness of 50mm (2in) in a single coat.

Ready-mixed one-coat plaster is sold in smaller packs or plastic tubs. It is ideal for small repairs – but when you are plastering larger areas, it's more economical to buy the bigger bags and mix the plaster yourself.

Skim-coat plaster

A brush-on skim-coat plaster is applied up to 3mm (⅛in) thick, using a wide brush, and then smoothed with a trowel or spreader. When firm, it is polished with a damp sponge.

Fillers

Fillers are fine plaster powders used for repairs. Some, reinforced with cellulose resin, are sold in small packs and need only mixing with clean water. Many of them come ready-mixed. Fillers are non-shrinking, adhere well, and are ideal for filling cracks in plaster and wood.

SEE ALSO: Mortar mixes for render 177

Types of surface

A well-prepared background is the first step to successful plastering. New surfaces of block or brickwork may only need dampening or priming with a bonding agent, depending on their absorbency. Check old plastered surfaces for signs of damage. If the plaster has 'blown' – parted from the wall – hack it off back to sound material, then treat the surface and replaster the damaged area.

Providing a 'key'
Chop out loose mortar joints to help plaster and cement renders adhere to the surface.

Background absorbency and preparation

Brush down the surface of a masonry background, in order to remove loose particles, dust and efflorescent salts. Test the absorption of the background by splashing on water; if it stays wet, you can consider the surface 'normal'. This means that it will only require light dampening with clean water prior to applying the plaster.

A dry background that absorbs the water immediately will take too much water from the plaster, so it is difficult to work. It will also prevent the plaster from setting properly and may cause cracking. If the masonry is dry, soak it with clean water, applied with a brush.

Remove loose particles with a stiff brush

Highly absorbent surfaces

For very absorbent surfaces, such as aerated concrete blocks, prime the background with 1 part PVA bonding agent : 5 parts clean water. When it is dry, apply a bonding coat of 3 parts bonding agent : 1 part water. Apply the plaster when the bonding coat is tacky.

Prime porous surfaces to control the suction

Water-resistant surfaces

Prime smooth brickwork or concrete that is water-resistant with a solution of 1 part bonding agent : 5 parts water. Allow to dry, then apply a coat of 3 to 5 parts bonding agent : 1 part water and trowel on the plaster when the bonding coat is tacky. Alternatively, allow the surface to dry for no more than 24 hours before plastering.

A bonding agent improves adhesion

Non-absorbent surfaces

Glazed tiles and painted walls are classed as non-absorbent, and so will require a coating of neat bonding agent to enable the plaster to stick. The plaster is applied while the agent is tacky. For glazed tiles, an alternative is to apply a slurry of 2 parts sharp sand : 1 part cement, mixed with a solution of 1 part bonding agent : 1 part water. Apply the slurry with a stiff-bristle brush, to form a stippled coating. Allow it to dry for 24 hours, then apply the plaster.

Smooth tiles can be 'keyed' with a slurry

BOARDS FOR MIXING PLASTER

You can mix fillers and plasters in any convenient container or dish – but it's easier to work with lightweight boards, which will allow you to carry filler or plaster around the worksite.

Mixing and carrying plaster filler

You can use 6mm (¼in) exterior-grade plywood to make a useful board for mixing and carrying filler. Cut out a 300mm (1ft) square with a projecting handle, or make a thumb hole as in an artist's palette. Seal the surface with varnish, or apply a plastic laminate for a smooth finish.

Mortar boards

Mix plaster in a large plastic tray, or cut a piece of exterior-grade plywood, 18mm (¾in) thick, to make a mortar board about 900mm (3ft) square. Round off the corners, and chamfer the edges all round. Screw three lengths of 50 x 25mm (2 x 1in) softwood to the underside of the board.

Using a stand
You will find it easier to handle plaster with the mix at table height.

Using a stand

To help you pick up the mixed plaster easily, use a stand that will support the mortar board at table height – about 700mm (2ft 4in) from the ground.

To construct a folding stand, use 50 x 38mm (2 x 1½in) softwood for the legs and 75 x 25mm (3 x 1in) softwood for the rails and braces. Make one of the leg frames to fit inside the other, and bolt them securely together at the centre.

Alternatively, use a portable folding bench, gripping the board's central batten in the vice jaws.

SEE ALSO: Efflorescence 42

Mixing plaster

Having prepared the background, the next step is to mix up the plaster. Mixing plaster can be a messy job, so spread plastic dust sheets or old newspapers across the floor where you are working, and remember to wipe your feet when leaving the room.

Plaster that is mixed to the correct consistency will be easier to apply. Use a plastic bucket to measure the materials accurately. For large quantities of plaster, simply multiply the number of bucket measures; for small quantities, use half-bucket measures or less.

Old gypsum plaster stuck to your tools or equipment can shorten the setting time and reduce the strength of newly mixed plaster. Discard plaster that has begun to set and make a fresh batch: don't try to rework it by adding more water. Mix only as much plaster as you will need. For larger areas, mix as much as you can apply in about 20 minutes (judge this by experience).

USING BONDING AGENTS

Bonding agents are used to modify the suction of the background or improve the adhesion of the plaster. When using a bonding agent, don't apply a base-coat plaster any thicker than 10mm (⅜in) at a time. If you need to build up the thickness, scratch the surface of the plaster to provide an extra key, and allow at least 24 hours between coats.

Bonding agents can be mixed with plaster or with sand and cement to fill cracks. Brush away any loose particles and then use a brush to apply a priming coat of 1 part agent : 3 to 5 parts water.

Mix the plaster or sand and cement to a stiff consistency, using 1 part bonding agent : 1 part water. Apply the filler with a trowel, pressing it well into the cracks.

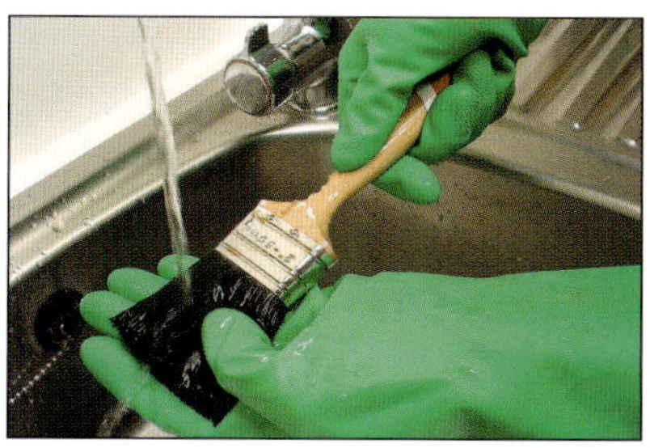

Clean up as you go
Wash tools and brushes thoroughly in clean water. On a large job, it may be necessary to rinse out your brushes as the work progresses.

Mixing undercoat plasters

Mix undercoat plasters in a plastic tray or on a mortar board (see opposite). For sanded plasters, measure out each of the materials and thoroughly dry-mix them with a shovel. Use a trowel for small quantities. Make a well in the heaped mix and pour in some clean water; then turn in the dry material, adding water to produce a thick, creamy consistency.

Just add water to premixed gypsum plasters (which already contain an aggregate). Mix them in a similar way. Always wash down the tray or board after you have finished using it. You can mix small quantities of this type of plaster in a bucket. Pour the plaster into the water and stir to a creamy consistency; 1kg (2lb 4oz) of plaster will need about 0.75 of a litre (1⅓ pints) of water.

Mixing finish plaster

Mix finish plaster in a clean plastic bucket. Pour not more than 2 litres (4 pints) of water into the bucket, then sprinkle the plaster into the water and stir it with a stout length of wood until it reaches a thick, creamy consistency. Tip the plaster out onto a clean, damp mortar board, ready for use. Wash the bucket out with clean water before the plaster sets.

GYPSUM PLASTERS, APPLICATION AND COVERAGE

Type	Background	Type of coat	Coat thickness	Average coverage (m^2 per 50kg) (sq yd per 50kg)
CARLITE				
Browning	Brick walls	Undercoat	10mm (⅜in)	6.5–7.5 sq m (7¾–9 sq yd)
Normal suction	Block walls	Undercoat	10mm (⅜in)	6.5–7.5 sq m (7¾–9 sq yd)
Tough Coat	Concrete bricks	Undercoat	10mm (⅜in)	6.5–7.5 sq m (7¾–9 sq yd)
High suction	Coarse concrete	Undercoat	10mm (⅜in)	6.5–7.5 sq m (7¾–9 sq yd)
	Expanded metal	Undercoat	10mm (⅜in)	3.0–3.5 sq m (3½–4 sq yd)
Bonding	Brick walls	Undercoat	10mm (⅜in)	5.0–8.25 sq m (6–9¾ sq yd)
Low suction	Block walls	Undercoat	10mm (⅜in)	5.0–8.25 sq m (6–9¾ sq yd)
	Concrete bricks	Undercoat	10mm (⅜in)	5.0–8.25 sq m (6–9¾ sq yd)
	Smooth precast concrete	Undercoat	8mm (5/16in)	5.0–8.25 sq m (6–9¾ sq yd)
	Plasterboards	Undercoat	8mm (5/16in)	5.0–8.25 sq m (6–9¾ sq yd)
	Polystyrene	Undercoat	10mm (⅜in)	5.0–8.25 sq m (6–9¾ sq yd)
Finish	Carlite undercoats	Finish top coat	2mm (1/16in)	20.5–25.0 sq m (24½–30 sq yd)
THISTLE				
Hardwall	See Carlite undercoats	Undercoat	10mm (⅜in)	5.7 sq m (6¾ sq yd)
Multi-finish	Sanded undercoats	Top coat	2mm (1/16in)	20.5–25.0 sq m (21–27 sq yd)
Board-finish	Plasterboards	Top coat	2mm (1/16in)	20.5–25.0 sq m (21–27 sq yd)
Renovating	Brick walls	Undercoat	10mm (⅜in)	6.0 sq m (7 sq yd)
Normal suction	Block walls	Undercoat	10mm (⅜in)	6.0 sq m (7 sq yd)
	Concrete walls	Undercoat	10mm (⅜in)	6.0 sq m (7 sq yd)
Renovating-finish	Renovating plaster	Top coat	2mm (1/16in)	19.0–21.0 sq m (22¾–25 sq yd)
ONE COAT				
	All types	Undercoat/finish	12mm (½in)	4.5 sq.m. (5½ sq yd)

Mixing plaster fillers

Pour out a small heap of cellulose filler onto a flat board or tile. Scrape a hollow in the centre with your filling knife and pour in water. Gradually drag the powder into the centre until it absorbs all the water, then stir the mix to a creamy thickness; if it seems too runny, add a little more powder. To fill deep holes and cracks, begin with a stiff mix but finish off with creamy filler.

SEE ALSO: Preparing plaster 48–9

Plastering techniques

Plastering can seem a daunting business to the beginner, and yet it has only two basic requirements: that the plaster should stick well to its background and that it should be brought to a smooth, flat finish. Thorough preparation and careful choice of plaster and tools should ensure good adhesion, but the ability to achieve a smooth, flat surface will come only after some practice. Most plasterer's tools are somewhat specialized, but their cost will be justified in the long term if you are planning several plastering jobs.

Problems to avoid

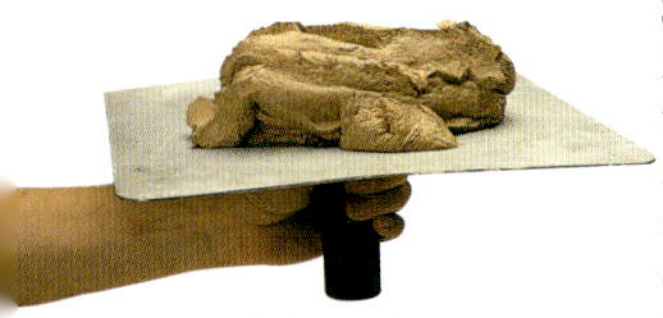

Using a plasterer's hawk and trowel

Sanding uneven surfaces
Many amateurs tackle plastering with the idea of levelling the surface by rubbing it down when it has set. This approach creates a lot of dust, which can permeate other parts of the house, and invariably produces a poor result. It's far better to try for a good surface as you apply the plaster, using wide-bladed tools to spread the material evenly. Ridges left by the corners of a trowel or filling knife can be carefully shaved down before the plaster sets, using the knife.

When covering a large area with finish plaster, it's not always easy to see if the surface is flat as well as smooth. Look obliquely across the wall or shine a light across it from one side to detect any irregularities.

Crazing
Fine cracks in finished plaster may be due to a sand-and-cement undercoat drying out as it shrinks. This type of undercoat must be fully dry before the plaster goes on, though if the plaster surface is sound the fine cracks can be wallpapered over.

Top-coat and undercoat plaster can also crack if made to dry out too fast. Never heat plaster to dry it.

Loss of strength
Gypsum and cement set chemically when mixed with water. If they dry out before setting takes place, they will be friable, having not yet developed their full strength. If this happens, you will have to strip the wall and replaster it.

● **Using repair plaster**
For small repairs, you can use the ready-mixed plasters that are available in tubs. For shallow repairs, brush on a thick coating of skim-coat plaster and smooth it level with the spreader supplied.

For deeper holes, use a repair plaster designed for treating damaged plasterwork, cement render and masonry. This remains workable for up to four hours. Apply it with a plasterer's trowel and work it to a smooth finish. In this instance, you can sand the plaster smooth after it has set.

Picking up plaster

Hold the edge of your hawk below the mortar board and use your trowel to scrape a manageable amount of plaster onto its surface **(1)**. Take no more than a trowelful to start with.

Tip the hawk towards you and, in one movement, cut away about half of the plaster with the trowel, scraping and lifting it off the hawk and onto the face of the trowel **(2)**.

1 Load the hawk
2 Lift the plaster

Applying the plaster

Hold the loaded trowel horizontally, tilted at an angle to the face of the wall **(1)**. Apply the plaster with a vertical upward stroke, pressing firmly so that plaster is 'fed' onto the wall. Flatten the angle of the trowel as you go **(2)** – but never let its whole face come into contact with the plaster, or it may induce suction and pull it off the wall.

1 Tilt the trowel
2 Apply the plaster

Levelling up

Build a slight extra thickness of plaster with the trowel, applying it as evenly as possible. Use a straightedged rule to level the surface. Hold the rule against the original plaster or against wooden screeds nailed in place at either side. Work the rule upwards while moving it from side to side, then lift it carefully away, taking the surplus with it. Fill in any hollows, with more plaster from the trowel, then level the surface again. Allow one-coat plaster to stiffen before you smooth it finally with a trowel. For two-coat work, scrape back the edges slightly ready for the finish coat.

Work the rule up the wall to level the surface

Finishing the plaster

Apply the finish coat over a gypsum-plaster undercoat as soon as it has set. A cement-based sanded plaster must be allowed to dry thoroughly, but dampen its surface in order to adjust suction before applying finish plaster. The papered face of plasterboard can be finished immediately, without wetting.

Use a plasterer's trowel to apply the finish plaster, spreading it evenly to a thickness of 2mm (1/16in) – and not more than 3mm (1/8in) – judging this by eye.

As the plaster stiffens, brush it or lightly spray it with water, then trowel the surface so as to consolidate it and produce a smooth matt finish. Avoid pressing too hard or overworking the surface. Sponge off surplus water.

Spray plaster occasionally as you smooth it

SEE ALSO: Types of plaster 157, Mortar boards 158, Hawk 508, Plasterer's trowel 508

Repairing damaged plaster

Every decorator will at some time have to fill small holes and cracks with plaster or filler as part of normal preparation work, and these should present few problems. But once you start tackling more ambitious jobs, such as removing fireplaces and taking down walls, you will need to develop some of the professional plasterer's skills, in order to refurbish larger areas satisfactorily.

REINFORCING A CORNER

Plastered corners are vulnerable, particularly in corridors, and often need reinforcing.

Using corner beading

If damage to a corner extends along most of the edge, you can reinforce the repair with a metal or plastic corner beading **(1)**. As well as strengthening the new corner, it will speed up the repair work considerably, because it dispenses with the need to use a board as a guide.

You can obtain beading from any good builders' merchant or DIY store. Cut it to length with snips and a hacksaw. Metal beading has a protective galvanized coating, and the cut ends must be sealed with a metal primer or bituminous paint.

Cut back the damaged plaster, wet the brickwork, and apply patches of undercoat plaster each side of the corner. Press the wings of the beading into the plaster patches **(2)**, using your straightedge to align its outer nose with both of the original plaster surfaces. Alternatively, check for plumb with a builder's level. Allow the plaster to set.

Build up the undercoat plaster, but scrape it back with your trowel to 2mm (1/16in) below the old finished level **(3)**.

Apply the finish coat, using the beading as a level to achieve flush surfaces. Take care not to damage the beading's galvanized coating with your trowel – or rust may come through later and stain wallcoverings. To be on the safe side, brush metal primer over the new corner before decorating.

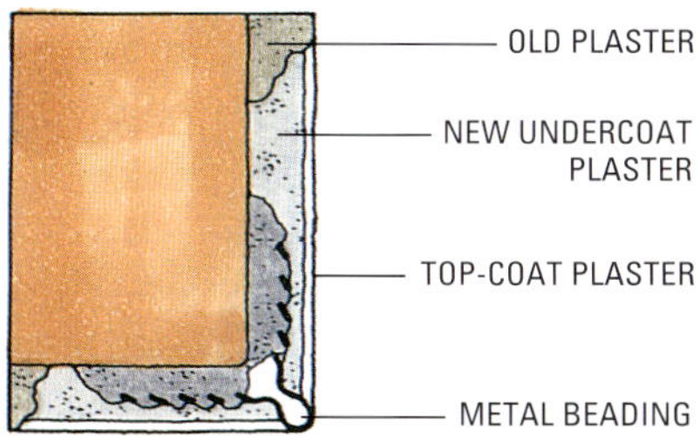

1 Section through a repaired corner

2 Press into plaster

3 Trim undercoat back

Plastering over a fireplace

A bricked-in fireplace provides an area large enough for the amateur to practise on, without the work becoming unmanageable. Jobs of this kind can be undertaken with one-coat plaster, or you can apply an undercoat plaster followed by a top coat of finish plaster.

Using a one-coat plaster

Prepare the background by cutting away any loose plaster above and around the brickwork. Remove dust and loose particles with a stiff brush.

Dampen the background with clean water and, before you start, place a strip of hardboard against the foot of the wall to catch dropped plaster.

Tip the mixed plaster onto a dampened mortar board, then scoop some onto a hawk and, with a trowel (or the spreader provided), apply the plaster to the brickwork.

Work in the sequence shown right, starting at the bottom of each section and spreading the plaster vertically. Work each area in turn, blending the edge of one area into the next, then level the plaster with a rule. Fill any hollows, and level again.

Leave the plaster to stiffen for about 45 minutes – by which time firm finger pressure should leave no impression.

At this stage, lightly dampen the surface with a close-textured plastic sponge, and then use a wet trowel or spreader to smooth the plaster to a 'polished' finish. Use firm pressure, sweeping the trowel from side to side, then up and down, until you have the perfect surface. Keep the trowel wet.

Let the plaster dry thoroughly before decorating.

Two-coat plastering

Apply undercoat and finish-coat plasters as described above – but scrape back the undercoat to allow for the thickness of the finishing coat.

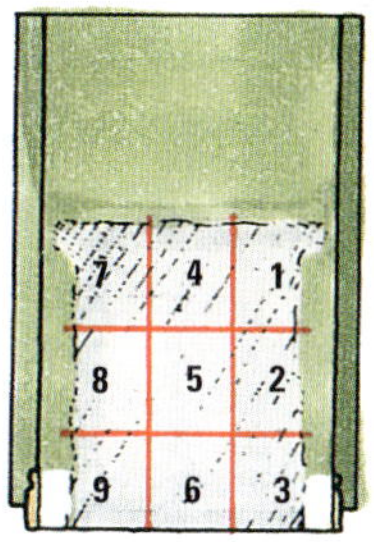

Plastering sequence
Divide the area into manageable portions and apply the plaster in the sequence shown.

Repairing a chipped corner

When the plaster covering an external corner breaks away, it usually reveals unsightly patches of masonry. Repair the damage with one-coat or two-coat plaster, using a wide board nailed on one side as a guide to help you achieve a neat corner.

With a bolster chisel, cut away the plaster near the damaged edge to reveal about 75mm (3in) of masonry on each side of the corner.

If you are using two-coat plaster, nail the guide board on one side of the corner, so that the board's edge is set back about 3mm (1/8in) from the surface of the plaster on the other side of the corner **(1)**.

Mix up the undercoat plaster, wet the brickwork and the broken edge of the old plaster, then fill one side of the corner up to the edge of the board but not flush with the wall **(2)**. Scratch-key the new plaster with your trowel.

When the plaster has become stiff, remove the board, pulling it straight from the wall to prevent the plaster breaking away. The edge thus exposed represents the finished surface – so, to allow for the top coat, scrape the plaster back about 3mm (1/8in), using the trowel and a straightedge as a guide **(3)**.

For the next stage, a professional would simply hold the guide board over the new repair and fill the second side of the corner with plaster – but this leaves only one hand free to lift and apply the plaster, a difficult trick for the amateur. An easier method is to let the new plaster harden, then nail the board in place before applying and keying fresh plaster as before **(4)**. Alternatively, if the new plaster is set hard, you can use the scraped edge as a guide.

Let the undercoat set, then nail the board to the wall as before – but this time aligning its edge with the original plastered surface, and fill level with finish plaster. If necessary, dampen the undercoat, to reduce the suction.

When both sides are firm, polish the new plaster with a wet trowel, rounding over the sharp edge slightly, and leave the plaster to dry out.

If you use one-coat plaster for the repair, set the guide board flush with the finished surface on each side.

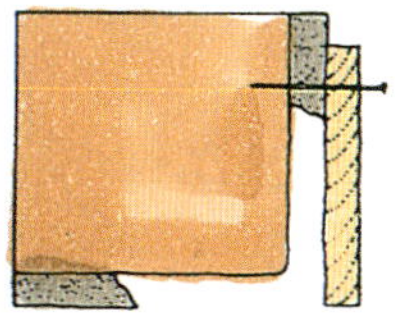

1 Set board back

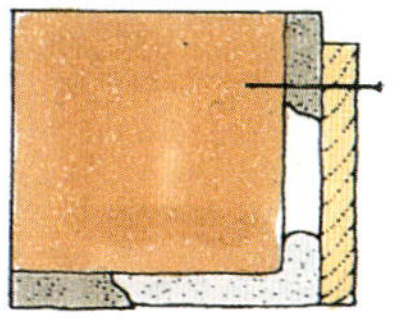

2 Fill flush with board

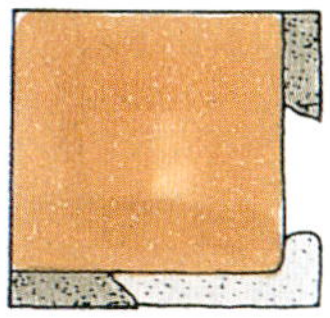

3 Scrape back edge

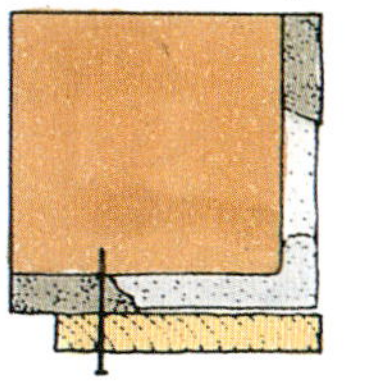

4 Fill second side

PATCHING A PLASTERBOARD CEILING

Useful tools for cutting plasterboard

A misplaced foot in the attic, a roof leak that has gone unnoticed, a leaking water pipe – any of these can damage a plasterboard ceiling. Fortunately, serious damage is usually localized and is easily repaired.

Before starting work, turn off the electricity supply at the mains. Next, check the direction in which the ceiling joists run and whether there is any electrical wiring close to the damaged area. If there's a floor above, you will probably be able to lift a floorboard to inspect the damaged ceiling. Alternatively, use a hammer to knock a hole through the centre of the damage: you will find that it's possible to look along the void with the help of a torch and a mirror **(1)**.

1 Use a mirror and torch to inspect the void

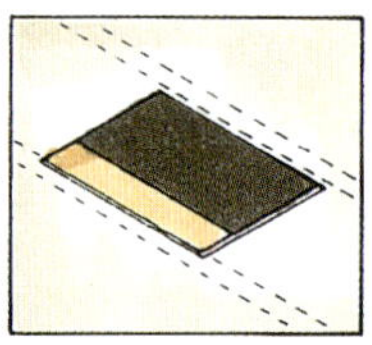

2 Cut an opening

3 Nail in noggings

4 Nail in battens

Mark out a square or rectangle on the ceiling, enclosing the damaged area; then cut away an area of the plasterboard slightly larger than the damage, working up to the sides of the nearest joists **(2)**. Use a padsaw – or if there is wiring nearby, a craft knife that will just penetrate the thickness of the plasterboard.

Cut and skew-nail 50mm (2in) noggings between the joists at the ends of the cutout, with half their thickness projecting beyond the cut edges of the plasterboard **(3)**.

Nail 50 x 25mm (2 x 1in) softwood battens to the sides of the joists, flush with their bottom edges **(4)**.

Cut a plasterboard patch to fit the opening, leaving a 3mm (1/8in) gap all round. Nail the patch to the noggings and battens, then fill and tape over the joints to give a flush surface.

Dealing with minor damage

It is not necessary to patch a ceiling with minor damage. Eradicate the source of the problem and leave the ceiling to dry out, then use cellulose filler to make repairs to the plasterboard next time you decorate the room.

Home-made scratcher

Repairing lath-and-plaster

When the plaster of a lath-and-plaster wall deteriorates, it often loses its grip on the laths. The plaster will probably bulge and may crack in places. It will sound hollow when tapped and tends to flex when you press against it. Loose plaster should be replaced.

Repairing holes in lath-and-plaster walls

Cut out loose plaster with a bolster and hammer **(1)**. If the laths are sound, you can replaster over them.

After dampening the laths and plaster edges around the hole **(2)**, apply a one-coat plaster, using a plasterer's trowel. Press the plaster firmly between the laths **(3)**, building up the coating until it's flush with the original plaster. Level off with a rule. Let the plaster stiffen, then smooth it with a damp sponge and a trowel. Alternatively, apply the plaster in two coats. Scratch-key the first coat **(4)** and let it set, then apply the second coat and finish as before.

For larger repairs, use two coats of gypsum lightweight undercoat plaster, followed by a compatible finish plaster. For a small repair, press cellulose filler onto and between the laths.

If laths are damaged, cut them out and either replace them, using metal mesh, or cover the studs with plasterboard; then finish with plaster.

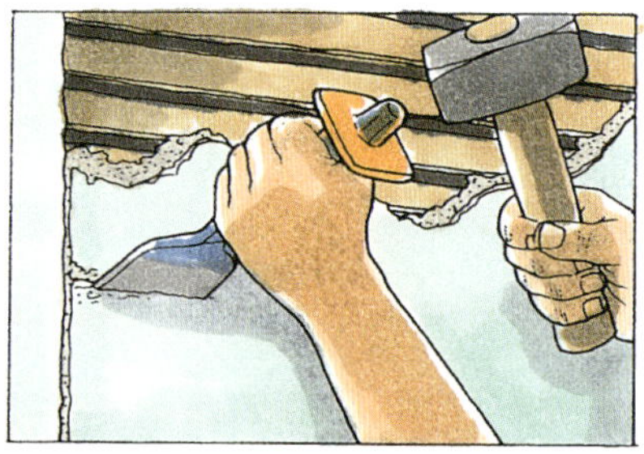

1 Cut away loose or damaged plaster

2 Dampen edges of old sound plaster

3 Apply plaster, pressing it between the laths

4 Scratch-key the undercoat

Repairing a ceiling

A leaking roof or pipe above a lath-and-plaster ceiling can cause localized damage to the plaster. Repair the ceiling with an undercoat plaster, finishing with a top-coat gypsum plaster.

Carefully cut back the damaged plaster to sound material. Dampen the background and apply the undercoat **(1)**. Don't build up a full thickness. Key the surface and let it set. Give the ceiling a second coat, then scrape it back 2mm (1/16in) below the surface and lightly key it. When it has set, use a plasterer's trowel to apply a finish coat **(2)**.

1 Apply a thin first coat with firm pressure

2 Level top coat over keyed undercoat

SEE ALSO: Preparing plaster 48–9, Types of plaster 159, Taping joints 172, Switching off the power 306

Decorative mouldings

Most Victorian and Edwardian houses of any quality had moulded cornices and centrepieces in the main rooms. In comparatively recent times, when they became unfashionable, many of these ceilings were destroyed. Today, thanks to renewed appreciation of period-style plasterwork, damaged mouldings are frequently restored or replaced.

Restoring original centrepieces

A ceiling 'rose', or centrepiece, is a decorative plaster moulding placed at the centre of a ceiling, usually with a pendant light fitting hanging from it. Original mouldings of this kind are often caked with distemper, which tends to mask the fine detail. Restore them, whenever possible, by cleaning away the layers of old distemper with water and repairing any cracks and chipped details with filler.

Fine detail can be obscured by paint

Fitting a reproduction centrepiece

Replace an original ceiling moulding that is beyond repair with one of the excellent reproduction mouldings made from fibrous plaster. They are available in a range of sizes and period styles.

Reproduction fibrous-plaster centrepiece

If there's a light fitting attached to the ceiling, turn off the power supply at the mains and then disconnect and remove the entire fitting.

Use a hammer and cold chisel to carefully chip away the old damaged moulding back to the ceiling plaster. Make good the surface with plaster, then leave it to dry.

To determine the exact centre of the ceiling, stretch lengths of string from corner to corner diagonally – the point where they cross is the centre. Mark the centre point and drill a hole for the lighting cable. If the new centrepiece lacks a hole for a lighting cable, drill one through its centre.

Apply a proprietary ceramic-tile adhesive to the back of the moulding, then pass the cable through the hole in the centre and press the moulding firmly into place. On a flat ceiling, suction should be sufficient to hold the moulding in place, but as a precaution prop it until the adhesive sets.

Reinforce larger plaster mouldings with brass screws driven into the joists above. Cover the screw heads with filler, following the contours of the moulding.

Wipe away surplus adhesive from around the edges of the moulding with a damp brush or sponge.

When the adhesive has set, attach the light fitting. You may need longer screws than before, in order to make a really secure fixing.

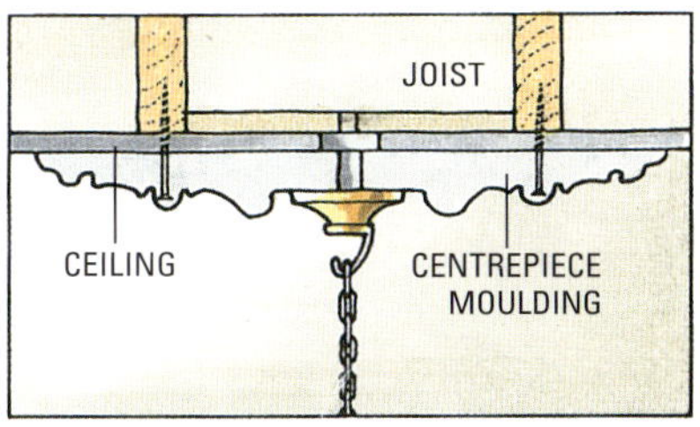

Reinforce larger mouldings with screws

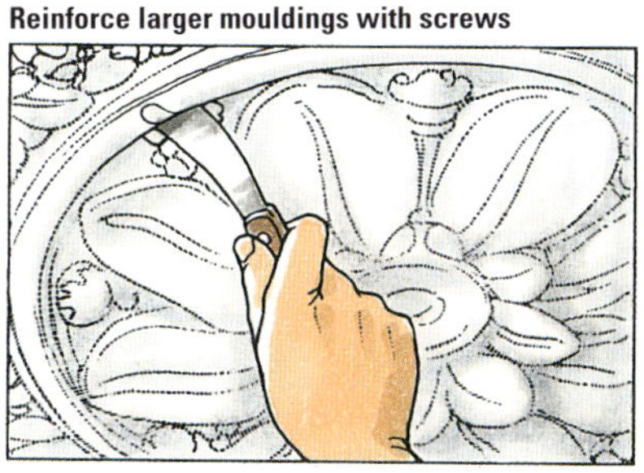

Cover the screws, using a filling knife

REPAIRING A SAGGING CEILING

If it is ignored, sagging plaster on a traditional ceiling can develop into an expensive repair job, requiring the services of a professional. But if an area of plaster has broken away from its lath background yet is otherwise intact, it can be refixed and prevented from collapsing.

Use galvanized or plated screws and washers

Screw repair

First lift the sagging portion of the ceiling, using wide boards propped in place with lengths of timber or with hired screw props.

Drive countersunk plated screws, fitted with galvanized or plated washers, through the plaster and into the ceiling joists. The washers need to be about 25mm (1in) in diameter, and the fixings should be spaced about 300mm (12in) apart. The screw heads will bed themselves into the plaster and can then be concealed with filler.

Plaster repair

A laborious but more substantial repair to a sagging ceiling can be made by using plaster of Paris to bond the plaster back to the laths.

After propping up the ceiling as for the screw repair, lift the floorboards in the room above (usually, this is not necessary in an attic), so that you can get at the back of the ceiling.

Use a vacuum cleaner to remove dust and loose material; if the groundwork is not clean, the plaster of Paris will not adhere properly.

Wet the back of the ceiling with clean water. Then mix the plaster of Paris in a bowl to a creamy consistency and spread it fairly quickly over the whole of the damaged area, covering both the laths and the plasterwork **(1)**. For extra reinforcement, embed a layer of scrim in the plaster.

Although plaster of Paris sets very quickly, it's best to leave the props in place until it has dried quite hard.

1 Spread plaster over laths and old plaster

Decorative plasterwork
A variety of fibrous-plaster mouldings in traditional designs is widely available.

SEE ALSO: Removing distemper 49, Switching off the power 306, Lighting 337-9

Repairing cornices

Cornice mouldings
Older houses often have highly ornate cornices (top), which may call for specialist repair and renovation. More modern homes usually have simpler mouldings (above) that can be repaired using the techniques described on this page.

Cornice mouldings are decorative plaster features used to fill the angles between the walls and the ceiling. They are often damaged as a result of a house 'settling' over a long period of time.

Cracks can be made good with filler, but missing sections of moulding need to be re-created. Small pieces of straight mouldings can be formed in situ, but longer sections usually have to be made on a bench and then fixed in place with adhesive. In either case, clean all the old paint off the remaining moulding before you start work, in order to regain the well-defined modelling of the shape and so make a better repair.

Running a cornice

First, temporarily nail a straight guide batten to the wall, tucking it up against the lower edge of the moulding **(1)**. Make sure it spans the missing section.

Use a profile gauge to make a copy of the moulding, including the new guide batten, and then transfer it to a piece of stiff aluminium sheet or plastic laminate. Cut along the line with a tile saw, then finish the edge with various files, regularly checking its fit against an intact section of moulding **(2)**.

Contact-glue and screw the template to a plywood backing board that has been cut to follow the same shape but with its contoured edge cut to an angle of about 45 degrees **(3)**.

Screw a straight-edged baseboard to the template so that it just touches the wall when the template is in position (see template assembly, bottom). Make sure that the template is at 90 degrees to the edge of the baseboard. Screw a triangular brace to the back edge of the template and to the baseboard, to make the whole assembly rigid. Finally, fix a 'fence' batten to the baseboard on each side of the template, level with the shaped edge. When the template is in use, the fence runs along the face of the guide batten **(4)**.

Clear away any loose material and dampen the area to be restored. Mix plaster of Paris to a creamy consistency and spread it over the damage. Build up the thickness gradually, with progressive layers of plaster, running the template along the guide batten to form the shape as the plaster stiffens.

If necessary, you can include pieces of jute scrim in the thicker sections to reinforce the plaster.

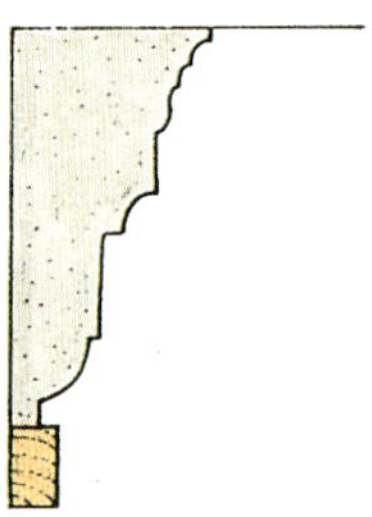

1 Fix batten to wall

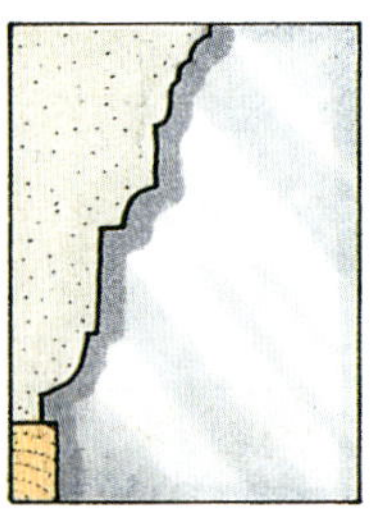

2 Make a template

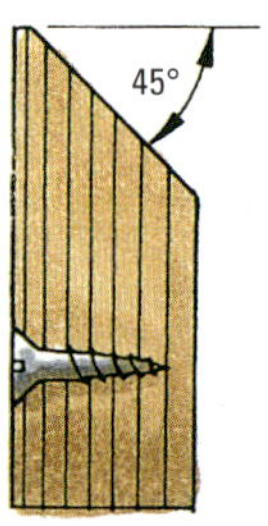

3 Bevel backing board

4 Run the fence along the guide batten

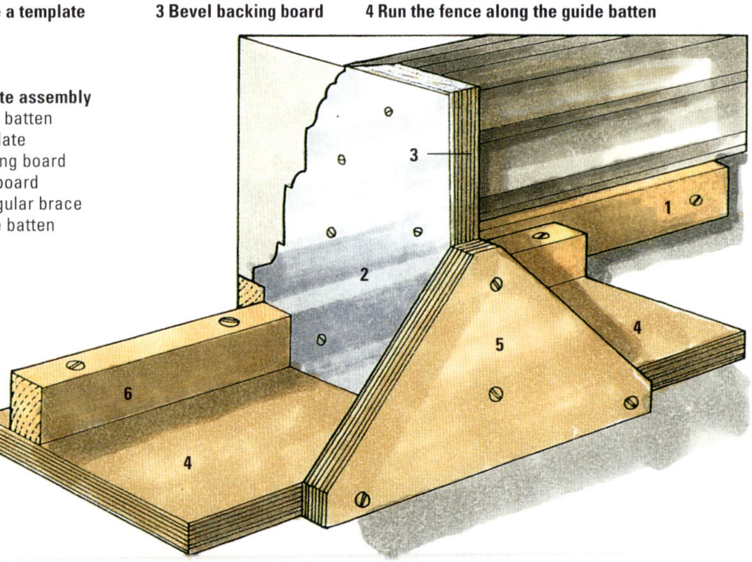

Template assembly
1 Guide batten
2 Template
3 Backing board
4 Baseboard
5 Triangular brace
6 Fence batten

MAKING A NEW LENGTH OF CORNICE

You can make long sections of cornice moulding on the bench, using a former, constructed by screwing two lengths of board together to represent the angle between the wall and the ceiling. Glue a triangular batten into the angle between the boards. Measure the height of the existing cornice; and at that distance from the 'ceiling' board, fix a guide batten to the board representing the wall. Next, paint and wax all the interior surfaces of the former. Copy the profile of the cornice and make up a template assembly (see left).

Building up the cornice

Mix up the plaster and spread it onto the faces of the former, then run the template carefully along the guide batten. Build up the cornice gradually, forming the shape as you continue to add layers of plaster. Reinforce the thicker parts of it with pieces of jute scrim. When the moulding is hard and dry, remove it from the former.

Cut back the damaged part of the old cornice to sound material, making square cuts with a fine-toothed saw. Use a hammer and chisel to clean out any broken pieces from the angle.

Cut the new section of moulding to fit, apply a proprietary ceramic-tile adhesive to its back and top, and then press it into place. A very heavy section should have the additional support of brass screws driven into the ceiling joists. Hide the screw heads with filler.

Scrape away any surplus adhesive and fill the joints where the sections butt together, then wipe down with a damp brush or sponge.

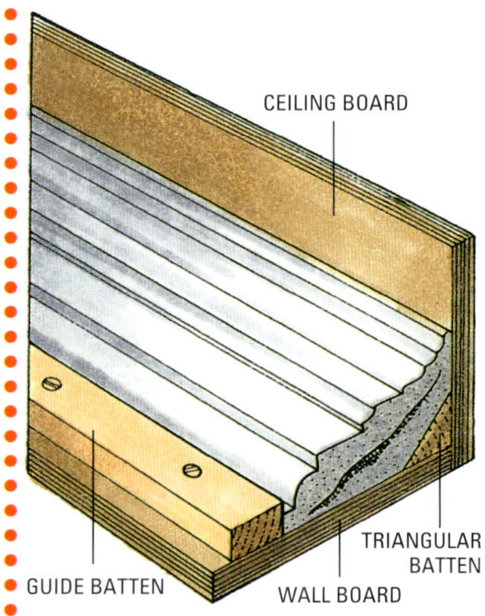

Cornice-moulding former
Run the template assembly along the guide batten.

SEE ALSO: Removing distemper 49, Profile gauge 515, Files 520

Plastering a wall

New work is more easily carried out with plasterboard, but there are times when repairs arising from problems with damp or structural alterations, require fairly large areas to be plastered. It is possible to tackle plastering of this sort yourself, although some previous experience, such as patching up damaged plaster, would be an advantage. The key to success is to divide the wall into manageable areas.

Applying the plaster

Use the face of a plasterer's trowel to scrape a couple of trowel-loads of plaster onto the hawk, and start the undercoat-plastering at the top of the wall. Holding the trowel at an angle to the face of the wall, apply the plaster with vertical strokes. Work from right to left if you are right-handed; if you're left-handed, work from left to right.

Using firm pressure to ensure good adhesion, apply a thin layer first, then follow it with more plaster, building up to the required thickness. If the final thickness of the plaster needs to be greater than 10mm (3/8in), key the surface with a scratcher and let it set, then apply a second or 'floating' coat.

Fill the area between two screed battens (see right), but there's no need to pack the plaster tightly up against them. Level the surface with a rule laid across the battens, sliding the rule from side to side as you work upwards from the bottom of the wall. Fill in any hollows, and then level the plaster again. Scratch the surface lightly, to provide a key for the finishing coat, and let the plaster set.

Work along the entire wall in this way, and then remove the battens. Fill the gaps, levelling the plaster with the rule or trowel.

With gypsum plasters, the finish coat can be applied as soon as the undercoat is set. Cement undercoats must be left to dry out for at least 24 hours to allow for shrinkage. Wet them before the top coat is applied.

The order for applying plaster by a right-handed person
Applying the top coat left to right tends to even out any irregularities in the undercoats.

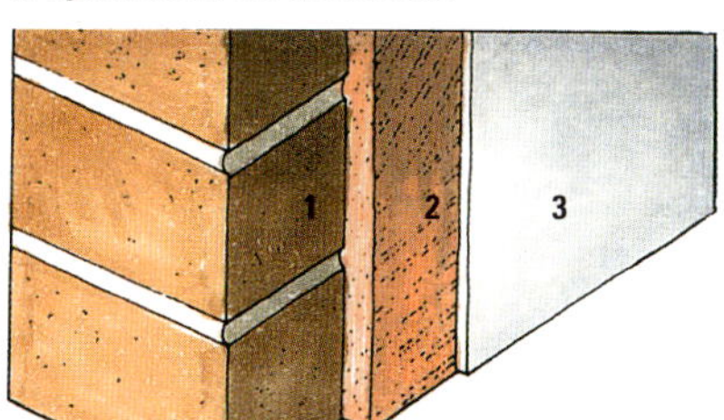

Two-coat plastering

1 Background
2 Floating undercoat
3 Top coat

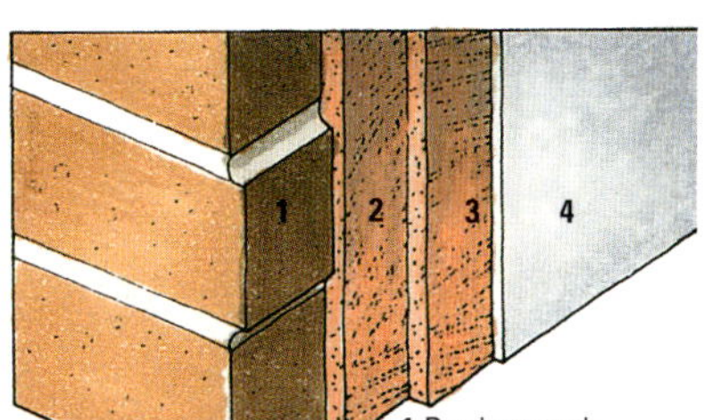

Three-coat plastering

1 Background
2 Rendering undercoat
3 Floating undercoat
4 Top coat

As you are bound to drop some plaster at first, it pays to cover the floor with a dust sheet. Don't try to reuse dropped plaster as it can become contaminated.

Setting up

In addition to specialized plasterer's tools, you need a spirit level and some lengths of planed softwood battening 10mm (3/8in) thick. The battens, known as screeds, are nailed to the wall to act as guides when it comes to levelling the plaster. Professional plasterers form 'plaster screeds' by applying bands of undercoat plaster to the required thickness. These can be laid vertically or horizontally.

After preparing the background, fix wooden screeds vertically to the wall with masonry nails. Drive most of the nails fully home to make it easier for you to work with the trowel; leave one or two nails protruding slightly so you can remove the screeds afterwards. The screeds should be spaced no more than 600mm (2ft) apart. Use the spirit level to get them truly plumb, packing them out with strips of hardboard as need be.

Mix the undercoat plaster to a thick, creamy consistency and, to begin with, measure out two bucketfuls. You can increase this to larger amounts when you become more proficient.

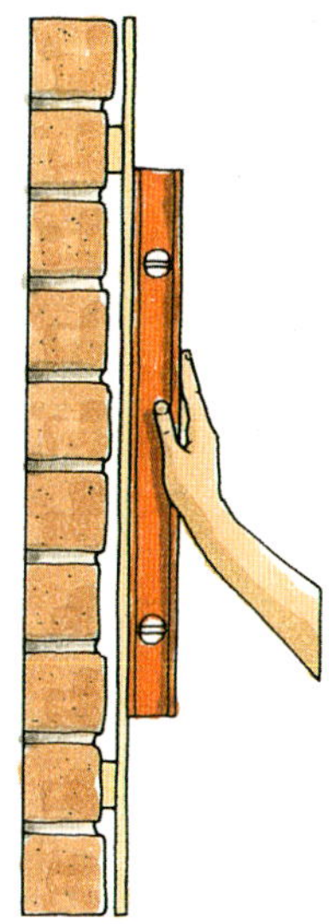

Plumb the screeds
Pack out the screed battens at the fixing points as required.

Finishing

Cover the undercoat with a thin layer of finish plaster, working from top to bottom, using even, vertical strokes. Work from left to right, if you are right-handed (see left); if you are left-handed, work from right to left. Hold the trowel at a slight angle, so that only one edge is touching.

Make sweeping horizontal strokes to level the surface further. You can try using the rule to get the initial surface even – but you may risk dragging the finish coat off. Use the trowel to smooth out any slight ripples.

Wet your trowel and work over the surface with firm pressure, to consolidate the plaster. As it sets, trowel it to produce a smooth matt finish – but don't overwork it. Use a damp sponge to wipe away any plaster slurry that appears. The wall should be left to dry out for some weeks before decorating.

Plaster layers
Plaster is applied in layers to build up a smooth, level surface. Three coats may be required on an irregular surface.

SEE ALSO: Preparing surfaces 158, Plastering techniques 160, Mortar mixes for render 177

Plasterboard

STORING AND CUTTING PLASTERBOARD

Plasterboard provides a quick and simple method of cladding walls or ceilings with a smooth surface for decorating. It offers good sound insulation as well as fire protection. It is quite easy to cut and to fix, either by bonding or by nailing it into place.

A range of plasterboards is available from DIY stores and builders' merchants. They are made with a core of aerated gypsum plaster and covered on both sides with a strong paper liner. Standard plasterboard has a grey-paper backing, but is covered on the outer face with ivory-coloured paper, which is an ideal surface for decorating. However, if you want to replicate a traditional plastered surface – perhaps to match an adjoining wall – you can apply a skim coat of wet plaster to the ivory-coloured face of the plasterboard. Plasterboard is made in a range of thicknesses and sheet sizes, usually with square or tapered edges.

Cutting plasterboard *(far right)*
Cut plasterboard to size with a panel saw or craft knife. Use a keyhole saw, power jigsaw or knife to cut openings in the board.

Plasterboard is fragile, having very little structural strength. But despite its fragility, the sheets are quite heavy, so always get someone to help you carry one. Always carry it vertically on edge: there is a serious risk of breaking it if you carry a board face up.

Plasterboard manufacturers and suppliers store the boards flat in stacks, but this is usually inconvenient at home and isn't necessary for a small number of sheets. Store them on edge instead, leaning them at a slight angle against a wall, with their ivory-coloured faces together to protect them.

Stack the sheets carefully, to avoid damaging their edges.

Cutting plasterboard

You can cut plasterboard with a saw or with a stiff-blade craft knife. Support a sheet face side up on lengths of wood laid across trestles. Mark the cutting line on it with the aid of a straightedge. When sawing plasterboard, hold the saw at a shallow angle to the surface of the board. If the offcut is going to be a large one, get a helper to support it as you approach the end of the cut, in order to prevent the board breaking.

When slicing plasterboard with a knife, cut fairly deeply into the material, following a straightedge, then snap the board along the cutting line over a length of wood. Cut through the paper facing on the other side to separate the two pieces.

Use a keyhole saw, power jigsaw or stiff-blade craft knife to cut openings in plasterboard for switches and other electrical fittings.

After cutting, remove any ragged paper by rubbing down the edges of the board with abrasive paper.

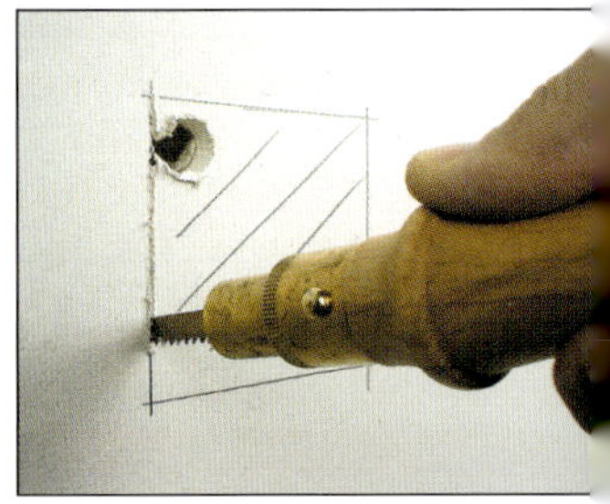

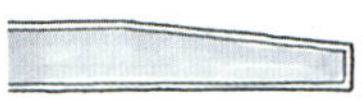

Tapered edge

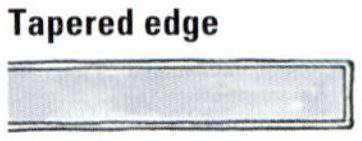

Square edge

Types of edge
Tapered edges are filled and taped to provide smooth seamless joints that won't show under a wallcovering or a coat of paint. Square edges need to be filled and taped, too, to ensure sound joints, although square-edged boards are primarily used for walls that are to be surfaced with a skim coat of wet plaster.

PLASTERBOARD SPECIFICATIONS

PLASTERBOARD: TYPES AND USAGE	WIDTHS	LENGTHS	THICKNESS	EDGE FINISH
Standard wallboard and plank				
This material is generally used for dry-lining walls and ceilings. It is produced in a range of lengths, and, although most suppliers stock only a limited selection, other sizes can be ordered. One side is ivory-coloured for decorating or plastering.	900mm (3ft) 1.2m (4ft) Plank 600mm (2ft)	1.8m (6ft) to 3.6m (12ft) *Commonly stocked in 2.4 (8ft) lengths* 2.35m (7ft 8½in) to 3m (9ft 10in)	9.5mm (⅜in) 12.5mm (½in) 15mm (⅝in) 19mm (¾in)	Tapered or square Square
Baseboard				
Baseboard is a square-edged plasterboard that is lined with grey paper. It is produced as a backing for a plaster finish and is used mainly for plastered ceilings. A vapour-check grade is also available (see below).	900mm (3ft)	1.2m (4ft)	9.5mm (⅜in)	Square
Lath board				
Lath board is used similarly to baseboard, but its long edges are rounded.	400mm (1ft 4in)	1.2m (4ft)	9.5mm (⅜in) 12.5mm (½in)	Round
Thermal-insulation board				
Thermal-insulation boards are standard sheets of plasterboard with a backing of either expanded polystyrene, extruded polystyrene, phenolic resin or mineral-wool laminate. The surface may be ivory-coloured for direct decoration or plastering.	900mm (3ft) 1.2m (4ft)	2.4m (8ft) 2.7m (8ft 10¼in)	22mm (⅞in) to 55mm (2⅛in)	Tapered
Vapour-check plasterboard				
These boards have a tough metallized polyester-film backing, which is vapour-resistant and provides reflective thermal insulation. They are used as an internal lining to prevent warm moist air condensing on or inside structural wall or ceiling materials.	900mm (3ft) 1.2m (4ft)	1.8m (6ft) to 3m (9ft 10in)	*Stocked in same thicknesses as standard wallboard.*	Tapered or square

N.B. Metric sizes actual, imperial sizes approximate

SEE ALSO: Finishing plasterboard 172–3, Insulating walls 279

Plasterboarding a wall

Plasterboard can be nailed to the timber studs of a partition wall, or screwed to metal ones. It can also be nailed to battens fixed to a masonry wall, or bonded directly onto solid walls with plaster or an adhesive. The boards can be fitted horizontally if it is more economical to do so – but generally they are placed vertically. All of the edges should be supported. When plasterboarding the ceiling and walls of a room, do the ceiling first.

Methods for fixing plasterboard

Fixing to a stud partition
Partition walls may simply be plain room-dividers, or they may include doorways. If you are plasterboarding a plain wall, start fitting the boards from one corner; if the wall includes a doorway, work away from the doorway towards the corners of the room.

Starting from a corner
Using a footlifter (see below), hold the first board in position. If necessary, mark and scribe the edge that meets the adjacent wall. Then fix the board into position, securing it to all of the frame members (see fixings, right).

Fix the rest of the boards in place, working across the partition. Butt the edges of tapered-edge boards, but leave a gap of 3mm (⅛in) between square-edge boards that are to be coated with a board-finishing plaster.

If necessary, scribe the edge of the last board to fit the end corner before nailing it into place.

Cut a skirting board, mitring the joints at the corners or scribing the ends of the new board to the original. Fit the skirting board.

Starting from a doorway
Using the footlifter, hold the first board flush with the door stud and mark the position of the underside of the door head on the edge of the board. Between this mark and the board's top edge, cut out a 25mm (1in) wide strip. Reposition the board and fix it in place, securing it to all the frame members.

Fix the rest of the boards in place, working towards the corner. Butt the edges of tapered-edge boards, but leave a 3mm (⅛in) gap between boards that you intend to coat afterwards with a board-finishing plaster.

If necessary, scribe the last board to fit any irregularities in the corner before fixing it in place.

Cover the rest of the wall, on the other side of the doorway, in a similar way, starting by cutting a 25mm (1in) wide strip from the first board between its top edge and a mark indicating the lower side of the door head.

Cut a plasterboard panel to go above the doorway, fitting it into the cutouts you made in the boards on each side of the door. Sand away any ragged paper at the edges before fitting the panel.

Clad the other side of the partition with plasterboard in the same way.

When all of the plasterboard is in place, fill and finish the joints. Cut and fit solid-wood door linings, and cover the edges with an architrave moulding.

Cut and fit skirting boards, nailing or screwing through the plasterboard into alternate studs behind.

FIXINGS

Use special galvanized plasterboard nails; the table below lists recommended lengths. Space the nails 150mm (6in) apart and place them not less than 9mm (⅜in) from the paper-covered edge, and 12mm (½in) from cut ends. Drive the nails in straight, so that their heads sink just below the surface without tearing through the lining.

Board thickness	Nail length
9.5mm (⅜in)	32mm (1¼in)
12.5mm (½in),15mm (⅝in)	40mm (1⅝in)
19mm (¾in), 22mm (⅞in)	50mm (2in)
30mm (1⅛in), to 40mm (1⅝in)	65mm (2½in)
42mm (1¾in) to 55mm (2⅛in)	75mm (3in)

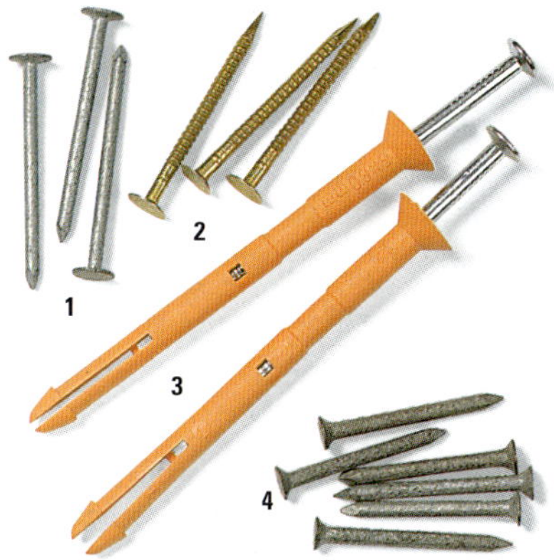

Types of nail used with plasterboard

Plasterboard nails
1 Galvanized nails
2 Ring-shank nails
3 Nailable plugs
4 Jagged nails

Fixing to metal studs

To fix to metal studs, use special self-tapping dry-wall screws in similar sizes to the nails above. Space them similarly. You can also use these screws for fixing plasterboard to wooden studs.

Dry-wall screws

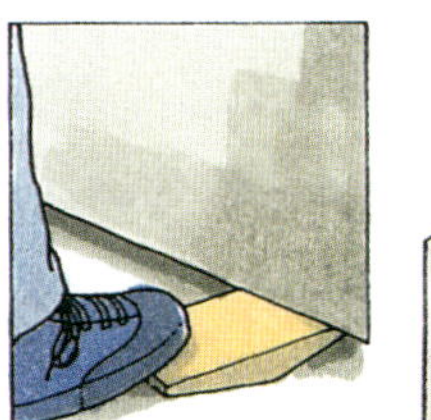

Using a footlifter
A footlifter is a simple tool that holds the board against the ceiling, leaving both hands free for nailing. You can make one from a block of wood 75mm (3in) wide. Cut each board about 16mm (⅝in) shorter than room height, to provide clearance for the footlifter.

Procedure for plasterboarding
On a plain wall, work away from a corner. Otherwise, work away from a doorway.

Distances between stud centres
Maximum distance between stud centres: for board 9.5mm (⅜in) thick, 450mm (1ft 6in); for board 12.5mm to 50mm (½ to 2in) thick, 600mm (2ft). When you're building a new partition, it is more economical to apply board 12.5mm (½in) thick to studs set 600mm (2ft) apart.

SEE ALSO: Fitting architraves 150, Scribing plasterboard 168, Finishing plasterboard 172–3, Skirtings 189, Door casings 193, 198

Scribing plasterboard

If the inner edge of the first sheet of plasterboard butts against an uneven wall, or its other edge does not fall on the centre of the stud, the board must be 'scribed' to fit.

Scribing the first board

Begin by trying the first board in position **(1)**. The illustration shows an uneven wall pushing the other edge of the sheet of plasterboard beyond the stud to which it is to be fixed.

Next, reposition the board so that its inner edge lies on the centre of this stud. Hold it at the required height, using a footlifter, and tack it in place with plasterboard nails driven partway into the intermediate studs.

With a pencil and a batten, cut to the width of the board, trace a line that reproduces the shape of the wall on the face of the plasterboard **(2)**. Make sure you keep the batten level.

Take the board down and use a craft knife or saw to trim the waste away. Cut on the inside of the scribed line, to leave a 3mm (1/8in) gap next to the wall.

Place the board in the corner again, and fix it to the studs with plasterboard nails **(3)**. Use screws if you are fixing to metal studding.

Scribing the last board

Temporarily fix the board to be scribed over the last fixed board **(4)**, ensuring that their edges lie flush.

Using a batten and a pencil, as above, trace a pencil line down the face of the board to be scribed, using the batten as a guide. Remove the marked board, cut away the waste, then fix the board to the studs **(5)**. Fill and tape the joints.

1 Try the first board in the corner

2 Reposition the board and mark the cutting line

3 Cut the board to size and nail it in place

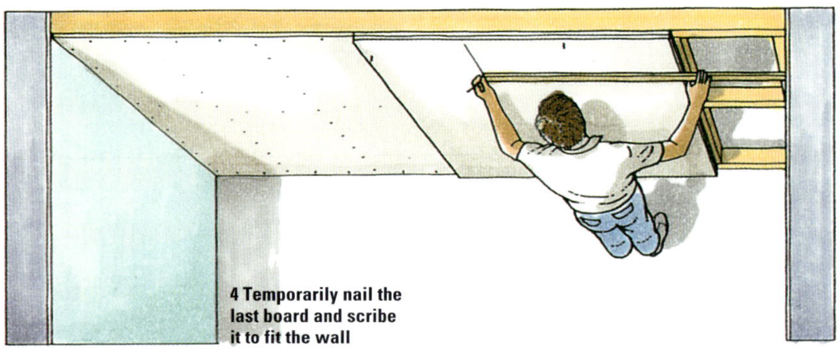

4 Temporarily nail the last board and scribe it to fit the wall

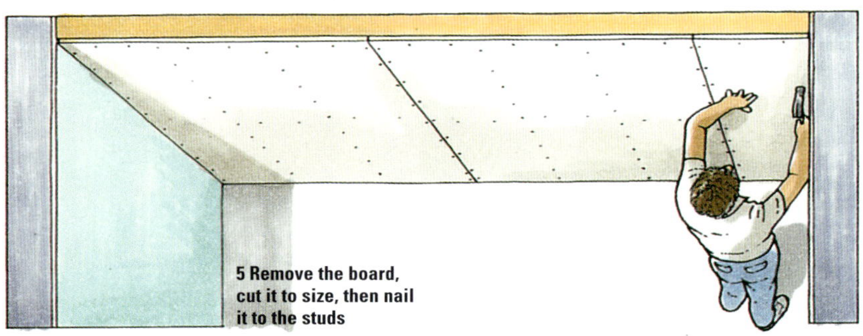

5 Remove the board, cut it to size, then nail it to the studs

SEE ALSO: Building a stud partition 142–6, Cutting plasterboard 166, Fixing plasterboard 167, Finishing plasterboard 172–3

Dry-lining a solid wall

Plasterboard can't be nailed directly to masonry walls, so battens of sawn timber, known as furring strips, are used to provide a fixing for the nails and to counter any unevenness of the wall surface. The battens should be treated with a wood preserver. You can cover old plaster if it is sound; otherwise, it's best to strip back to the brickwork. If the wall is damp, treat the cause and let the wall dry out before lining it with plasterboard. Plan any pipe runs and electrical installations before fitting the battens to the wall.

Marking out

Using a straightedge as a guide, chalk the position of the furring strips on the wall. Place the lines at 400mm (1ft 4in), 450mm (1ft 6in) or 600mm (2ft) centres, depending on the width and thickness of the plasterboard that is being used.

Start marking out at any doorway or window opening, and bear in mind that sheets of plasterboard must meet on the centre lines of the strips. Allow for the thickness of the strips and plasterboard at window reveals.

Fixing the furring strips

Cut the required number of furring strips from 50 x 32mm (2 x 1¼in) softwood. The vertical strips need to be cut 155mm (6¼in) shorter than the height of the wall. Make the horizontal strips to run along the tops and bottoms of the vertical ones, including any short vertical infill battens above and below openings (see below).

Nail the vertical furring strips first, setting their bottom ends 100mm (4in) above the floor. Fix them with masonry nails or cut nails, with the face of each batten level with the guide line marked on the floor (see right); also, check with a straightedge and spirit level that each strip is flat and plumb, and pack it out as necessary.

Now nail the horizontal strips along the tops and bottoms of the vertical members, inserting packing to bring them all to the same level.

Fixing the plasterboard

To fix plasterboard to furring strips, follow the procedure described for nailing to a stud partition. However, there's no need to notch the boards at the sides of windows and doorways, because you can place short furring strips just where you need them above the openings (see below). Follow the usual procedure for filling and finishing the joints between boards.

Cut the skirting board to length, and nail it through the plasterboard to the bottom horizontal furring strip. If it is a high moulded skirting of the type used in period houses, it can be nailed to the vertical strips.

LEVELLING THE FURRING STRIPS

Masonry walls are rarely flat; so if the plasterboard lining is to finish flat and straight, any unevenness has to be taken into account.

To check if the wall is flat, hold a long straightedge horizontally against it at different levels. If it is uneven, make a note of which vertical chalk line is the closest to the point where the wall bulges most **(1)**.

Hold a straight furring strip against the marked chalk line, keeping the strip plumb with a straightedge and spirit level, then mark the floor **(2)** where the edge of the straightedge falls. Draw a straight guide line across the floor **(3)**, passing through this mark to meet the walls at each end at right angles. Align all the furring strips with this line.

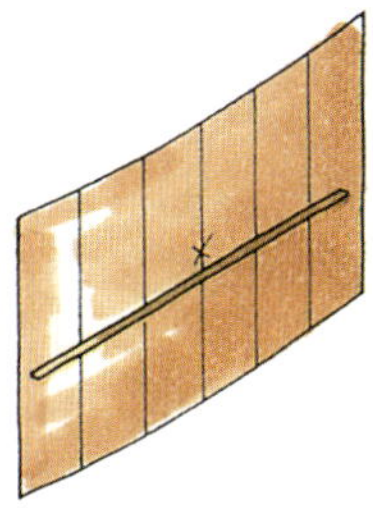

1 Check the wall

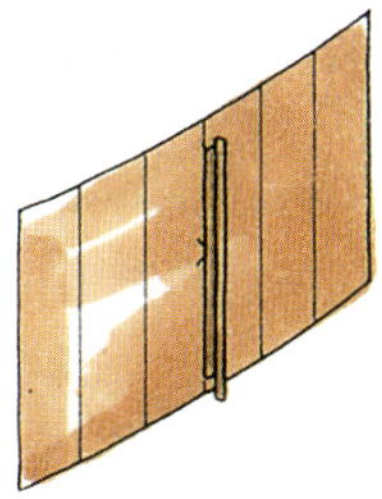

2 Mark the high point

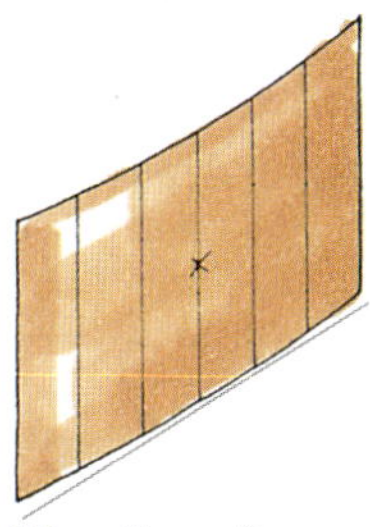

3 Draw line on floor

Marking the floor
Use a straightedge to plot a mark on the floor.

● **Metal furring strips**
Lightweight folded-metal furring strips are available for use in a similar way to wooden strips. They are bonded in place at 600mm (2ft) centres using a gypsum adhesive. Dabs of the adhesive are applied in horizontal and vertical lines, and the strips are pressed into place then levelled. The plasterboard is fixed to the furring strips with screws.

Attaching furring strips to a wall
1 Mark the positions of furring strips.
2 Fix vertical strips.
3 Attach horizontal strips.
4 Fix short pieces over doors and windows, offsetting the short vertical ones to avoid having to cut notches in the boards.
5 Nail boards in place, beginning next to a doorway or window.

SEE ALSO: Plasterboard 166, Fixing plasterboard 167, Angles and openings 171, Finishing plasterboard 172–3

Bonding to a solid wall

As an alternative to using furring strips for dry-lining a solid wall, tapered-edge plasterboard can be bonded directly to the wall with thick dabs of gypsum adhesive. The boards are pressed into place and, with the aid of a stiff straightedge, aligned along guide lines marked on the floor and ceiling. As shown here, boards 900mm (3ft) wide are normally used for this technique; but wider boards can be used with the addition of another vertical row of adhesive dabs. The wall must be dry and in sound condition, and the surface dust free.

1 Apply thick dabs of adhesive with a trowel

2 Apply closely spaced dabs at skirting level

3 Position board on packing and press into place

4 Continue to apply adhesive and fix the rest of the boards

Marking out

Set out vertical chalk lines on the wall, 450mm (1ft 6in) apart for 900mm (3ft) boards, working either from one corner or from an opening.

Using a straightedge, as described for levelling furring strips, determine where the wall bulges most. At this point, mark the floor, using a straightedge and spirit level. From this mark, measure away from the wall 10mm (3/8in) plus the thickness of the board, and draw a short line on the floor. Extend this line across the floor, as described for levelling furring strips.

Transfer this line to the ceiling, using a plumb line to make sure that it is directly above the line marked on the floor. These lines will be used as guides when pressing the sheets of plasterboard into place.

Fixing the plasterboard

Starting from an opening or a corner, apply enough adhesive to fix one board at a time. Start by applying a continuous band of adhesive along the edges of the wall or opening, then apply thick dabs of the adhesive down the chalked centre line and about 25mm (1in) inside the marked joint lines, so as not to bridge the joints with adhesive. Space the dabs about 75mm (3in) apart vertically **(1)**. Apply a horizontal row of closely spaced dabs at skirting level **(2)**, and do the same just below ceiling level .

Place offcuts of plasterboard at the base of the wall to support the boards while the adhesive sets. Position the first board with its bottom edge resting on the packing, and press it into contact with the adhesive **(3)**.

Use a straightedge to tap the board firmly into place until its face is level with the guide lines drawn on the floor and ceiling.

Continue to apply adhesive and fix the rest of the boards in a similar way **(4)**. If necessary, cut a board to width to fit at the end of a run. Work round angles and openings (see opposite) and, when all the surfaces have been covered, fill and finish the joints.

Bonding plasterboard to a wall
1 Mark dab lines.
2 Mark guide lines on floor and ceiling.
3 Apply adhesive bands to perimeter.
4 Apply dabs of adhesive to the wall.
5 Place plasterboard on packing and press into place.

SEE ALSO: Preparing masonry 42-4, Scribing to fit 168, Levelling furring strips 169, Finishing plasterboard 172-3

Dealing with angles and openings

Whether the dry-lining plasterboard is being fixed to furring strips or held in place with dabs of adhesive, use the following suggestions for dealing with door and window openings and the corners of the room.

Window openings

Cut plasterboard linings to fit the soffit and the window reveals, and attach them before you dry-line the wall itself. Align the front edges of the window linings with the faces of the furring strips, or allow for dabs of adhesive.

Apply evenly spaced dabs of adhesive to the back of the soffit lining, press it into place **(1)**, and prop it there while the adhesive sets. If the lining bridges a wide span, support it with a wooden board before you prop it. Fit the reveal linings in the same way **(2)**.

Beginning next to the window, fix the wall boards so that their papered edges lap the cut edges of the reveal lining. The panels for above and below the window are cut and fitted last. Sand off rough edges of paper, and leave a 3mm (⅛in) gap between boards for filling.

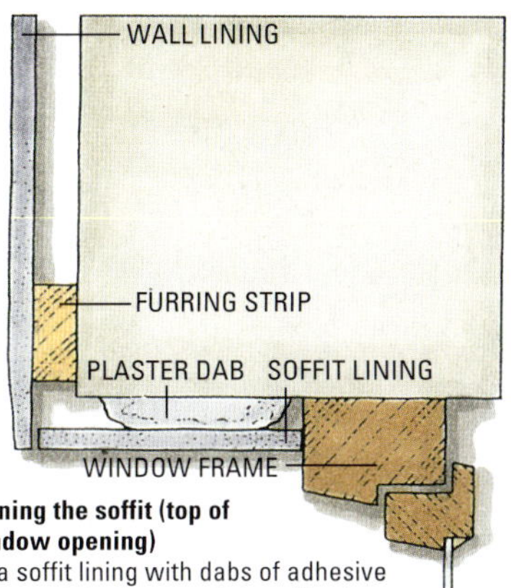

1 Lining the soffit (top of window opening)
Fix a soffit lining with dabs of adhesive and prop it in place until the adhesive sets.

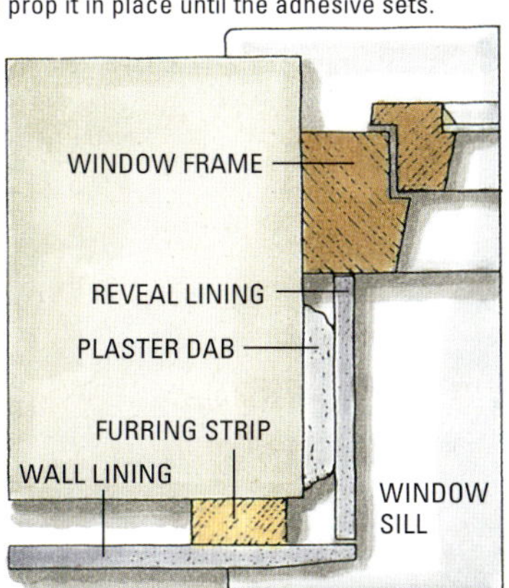

2 Lining the reveal (side of window opening)
As with the soffit lining, cut and fix the reveal so that the wall lining overlaps its cut edge.

Internal angles

Fix furring strips or place dabs of plasterboard adhesive close to the corner. Whenever possible, hide the cut edges of the plasterboard lining within an internal corner.

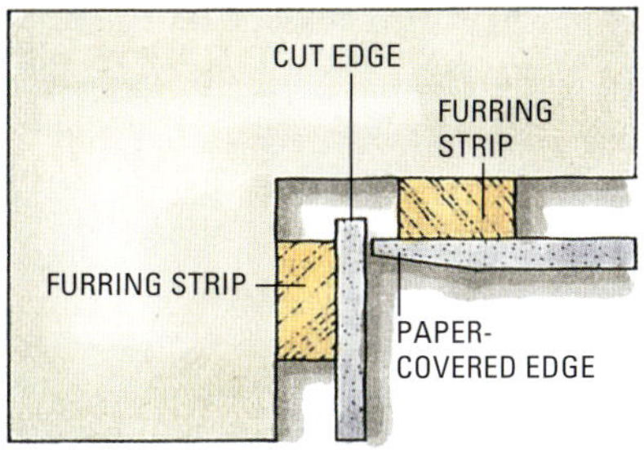

Internal corner
Conceal cut edges within the corner.

External angles

Attach furring strips or apply adhesive dabs as close to the corner as possible. Use screws and wallplugs when fixing wooden strips, in order to prevent the corner breaking away. At least one of the boards should have a paper-covered edge, which should lap the other.

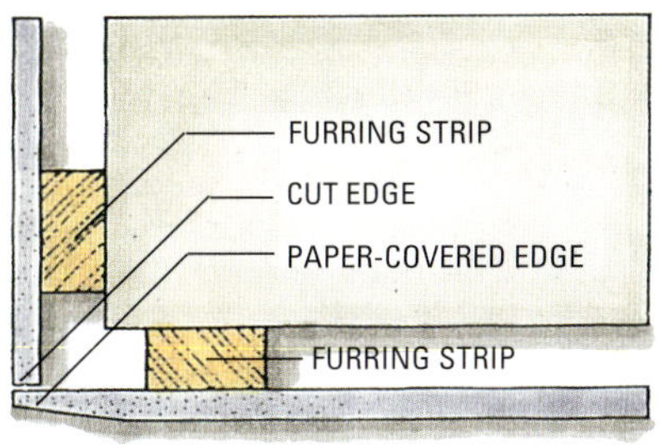

External corner
A paper-covered edge should lap the outer edge.

Door openings

Line the reveals and soffits of doorways in exterior walls as described for window openings (see far left).

In the case of interior door openings, place the furring strips or adhesive dabs level with the edge of the wall; and then nail, screw or bond the plasterboard linings in place.

Fit a new door lining, or modify the old one, and cover the joint with an architrave moulding.

Interior door opening
Fit a new lining or widen the old one, and cover the joint between the lining and plasterboard with an architrave moulding.

Electrical fittings

Depending on the type of fitting, either chase the wall or pack out the mounting box of an electrical switch or socket outlet so it finishes flush with the face of the plasterboard lining. Fix short lengths of furring strip on each side of the box, or apply a continuous fillet of adhesive.

Cut the opening for the box before fixing the board. If you find it difficult to mark the opening accurately by transferring measurements, remove the fitting from its mounting box and take an impression by placing the board in position and pressing it against the box.

Fix the plasterboard panel in place, then replace the electrical fitting.

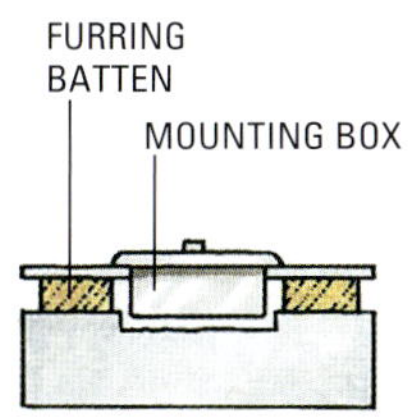

Electrical fittings
Turn off the power before you dismantle electrical fittings. Either chase the wall or pack out the mounting box to set it flush with the plasterboard.

Lining door and window openings
1 Prop soffit lining.
2 Fit reveal lining.
3 Fit boards, working away from window.
4 Fit panels above and below window.
5 Fit boarding, working away from doorway.
6 Cut and fit panel above doorway.
7 Cut openings for electrical fittings.

SEE ALSO: Cutting plasterboard 166, Finishing corners 173, Electrical fittings 318–20, 324, 341–2

Finishing plasterboard

All joints between boards and any indentations left by nailing must be filled and smoothed before the ivory-coloured surface of plasterboard is ready for decorating. You will need jointing tape, joint filler, and a special cement that leaves a smooth feathered joint.

Tools and materials

The filler and cement are either mixed with water or come ready mixed in tubs. Paper jointing tape is 53mm (2⅛in) wide with feathered edges, and is creased along its centre. It is used for reinforcing flat joints and internal corners. Special paper jointing tape is available for covering and reinforcing external corners. This tape has thin metal strips on each side of its central crease in order to strengthen the corner.

Professional plasterers use purpose-made tools for finishing joints between boards – but the only tools you will need are filling knives, a plasterer's trowel and a close-textured plastic sponge.

Covering nails or screws

Fill the indentations left by nailing or screwing the boards in place. Use a filling knife to apply and then smooth the filler. When the filler has set, apply a thin coating of joint cement and feather it off at the edges with a damp sponge.

Filling tapered-edge joints

Apply a continuous band of filler, about 60mm (2½in) wide, down the length of each joint. Press paper tape into the filler, using a medium-size filling knife or plasterer's trowel to bed it in well and exclude any air bubbles **(1)**. Apply another layer of filler in a wide band over the tape to level the surface **(2)**.

When the filler has stiffened slightly, smooth its edges with a damp sponge, then allow it to set completely before filling any small hollows that remain.

When all the filler has set, coat it with a thin layer of joint cement applied in a broad band down the joint **(3)**. Before the cement sets, feather its edges with a dampened sponge, using a circular motion.

Once the cement has set hard, lightly sand, then apply another thin but wider band over the first application, again feathering the edges with the sponge.

1 Press tape into the filler

2 Apply cement in a wide band

3 Apply a thin but broad band

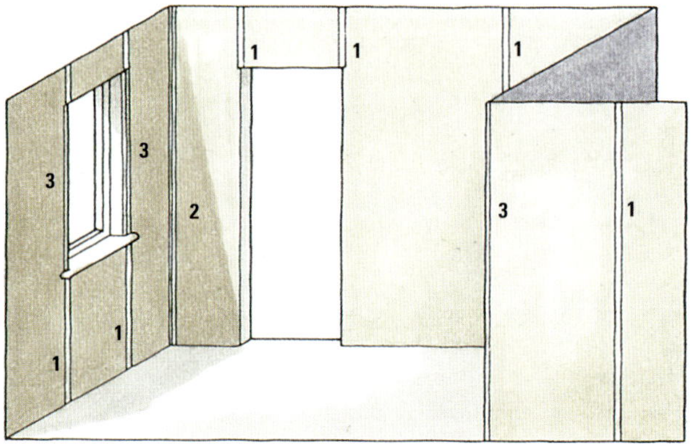

Filling the joints
1 Use the tape flat for flush jointing.
2 Fold the tape for internal corners.
3 Use metal-reinforce tape or beading on external corners.

GLASS-FIBRE TAPE

A meshed glass-fibre tape can be used instead of traditional paper tape for jointing new plasterboard or making patch repairs. Being self-adhesive, the 50mm (2in) wide tape doesn't need filler to bond it in place. The tape is applied first, then joint filler is pressed through the mesh.

Applying the tape

Ensure that the jointing edges of the plasterboard are dust-free. If the edges of boards have been cut, burnish them with the handle of your filling knife to remove all traces of rough paper.

Starting at the top, centre the tape over the joint, then unroll it and press it in place as you work down the wall. Cut it off to length at the bottom. If you have to make a join in the tape, butt the ends (don't overlap them).

Mix the filler and press it through the tape into the joint, using a filling knife. Level off the surface so that the mesh of the tape is visible. Allow the filler to set.

Complete the joint with feathered joint cement, as with paper tape.

Applying filler
Press the filler through the tape.

Filling cut or square edges

When a square-cut plasterboard edge butts against a tapered-edge board, fill the joint flush before you apply the jointing tape **(1)**.

Where two cut edges meet **(2)**, press filler into the 3mm (⅛in) gap to finish flush. When the filler has set, apply a thin band of joint cement to it and press the paper tape tight against the board. Cover this with a wide but thin coat of joint cement, then feather the edges. Finish off as before.

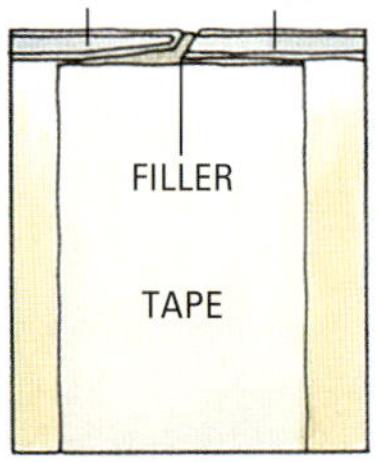

1 Tapered-edge joint

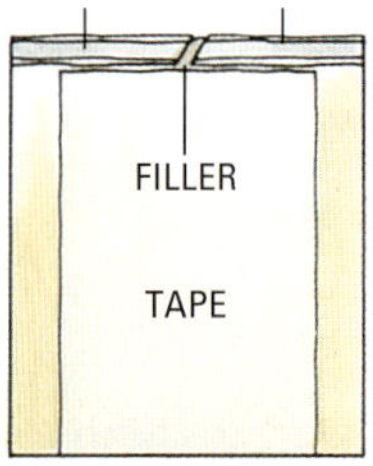

2 Square-edge joint

SEE ALSO: Filling knife 511

Finishing corners

Finishing internal corners

The internal corners of dry-lined walls are finished by a method similar to that used for flat joints. Any gaps are first filled flush with filler; and if necessary, a band of PVA bonding agent is applied to the original ceiling or wall plaster to reduce its suction.

Cut the paper tape to length and fold it down its centre. Brush a thin band of joint cement onto each side of the corner and press the tape into it. Use a square-section length of wood to press down both sides at once, in order to remove any air bubbles **(1)**.

Apply a band of cement 75mm (3in) wide to both sides of the corner, and feather the edges with a damp sponge **(2)**. When the cement has set, apply a second, wider coat and feather the edges again.

1 Press into the corner with a wooden block

2 Apply wide bands of cement and feather edges

Finishing external corners

Use metal-reinforced tape to finish an external corner. Cut it to length and fold it down its centre, then apply a band of filler, 50mm (2in) wide, down both sides of the corner. Press the tape onto the filler, using a wide filling knife. Press the tape down well, so that the metal strips are bedded firmly against the face of the plasterboard. If you have used tapered-edge board, however, square up the corner with filler before you apply the tape **(1)**. Apply two coats of joint cement, feathering the edges as described for internal corners.

Protect a vulnerable corner with a length of metal or plastic angle bead. Apply a coating of filler to each side of the corner, then bed the angle bead in it, smoothing the filler flush with a knife before leaving it to set **(2)**.

Apply a second coat of filler to both sides in a wide band and feather it off with a damp sponge. When set, apply two coats of joint cement, feathering off as before.

1 Fill out a tapered-edge board, then bed tape

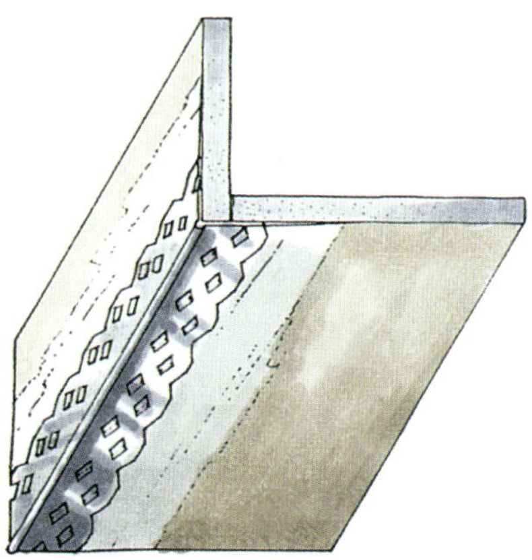
2 Embed metal bead in filler and feather the edges

Having fixed the plasterboard securely and finished the joints with tape and filler, now prepare the surfaces for decoration. This can be achieved with a thin coat of plaster applied with a trowel or by brushing on a coat of sealer or primer.

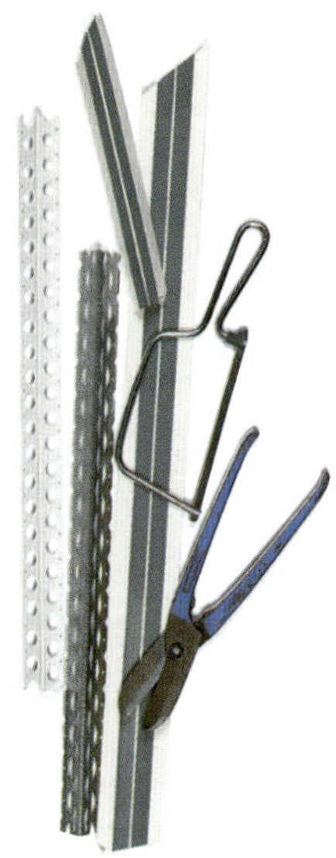

Finishing with plaster

If you don't want to apply paint or a wallcovering directly to the papered surface of the plasterboard, you can apply a thin coat of board-finish plaster instead. This may be necessary if you want to match the characteristics of adjacent plastered surfaces.

Applying a thin finishing coat is not an easy technique to master. Unless you are prepared to put in some practice, it is probably best to hire a professional, especially for ceilings. If you decide to attempt the work yourself, study the section on plastering thoroughly before you begin.

All the gaps and joints between the boards must be filled with finish plaster and reinforced with tape, as described opposite, though in this case there's no need to feather the edges. The plaster should be left to set (but don't let it dry out thoroughly), before the surface is covered with a thin coat of finish plaster.

Decorating directly

Before plasterboard can be decorated, it must be sealed by the application of a primer. One coat of general-purpose primer evens out the absorption of the board and joint fillers, and provides a sound surface for most decorative treatments. It also protects the board when steam-stripping wallpaper.

An alternative is to use a proprietary sealer coat, applied with a brush or roller. It is suitable for most decorative treatments. Two coats will serve as a vapour barrier and provide a more durable finish.

Apply a primer to even out absorption

SEE ALSO: Types of plaster 157, Bonding agent 159, Reinforcing a corner 161, Plasterboarding a ceiling 174

Plasterboarding a ceiling

Working on your own

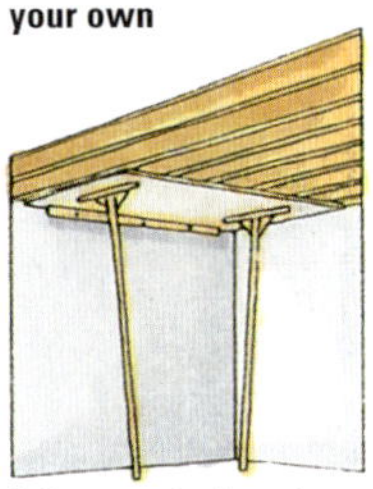

1 Support the boards with simple T-shaped props called deadmen.

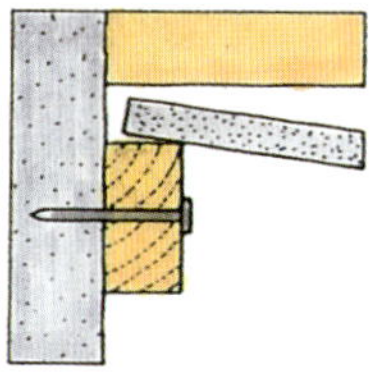

2 Nail a batten to the wall to give temporary support to the long edge of the board.

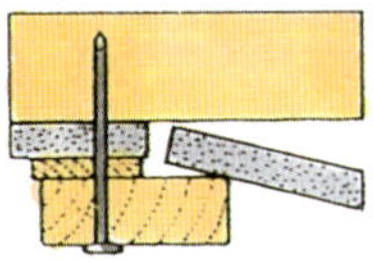

3 Nail a temporary support batten to the ceiling joists when butting boards.

Plasterboard is widely used for making new ceilings, but it can also be employed to replace an old lath-and-plaster ceiling that has deteriorated beyond repair.

Any competent amateur can fix the boards in place and finish them ready for decorating, but applying a coat of finish plaster to a boarded ceiling is best left to a skilled tradesman.

Preparing an old ceiling

Start by stripping away the damaged plaster and laths, and pulling out all the nails. Trim back the top of the wall plaster, so the edge of the ceiling plasterboard can be tucked in.

This is a messy job, so wear a pair of goggles, a face mask and protective clothing while working. It is also a good idea to seal the gaps around the door, to prevent dust escaping into the rest of the house. You will need to dispose of a lot of waste material, so have some strong plastic sacks available and hire a skip.

Inspect and treat the exposed joists for any signs of woodworm or rot.

Fixing plasterboard to the ceiling

Measure the ceiling area and select the most economical size of boards to cover it. The boards should be fitted with their long paper-covered edges running at right angles to the joists. The butt joints between the ends of the boards should be staggered on each row, and supported by a joist in every case.

Skew-nail perimeter noggings between the joists against the walls, and fit intermediate ones in lines across the ceiling to support the long edges of the boards. It is not always necessary to fit intermediate noggings if the boards are going to be plastered, but they will ensure a sound ceiling. The intermediate noggings should be at least 50mm (2in) thick, and should be fitted so that the edges of the boards will coincide with their centres. If need be, trim the boards to ensure that their ends will fall on the centre lines of the joists.

Start fixing the boards, working from one corner of the room. Plasterboard is a relatively heavy material and it normally takes two people to support a large sheet while it is being fixed (see below). However, if you have to work on your own, use support battens and T-shaped props known as 'deadmen' to hold the boards in place while you are nailing them (see far left). Make a pair of props that are slightly longer than the overall height of the room **(1)**, using 50 x 50mm (2 x 2in) softwood. Nail a crosspiece and a pair of diagonal struts to one end of each prop. For the time being, nail a 50 x 25mm (2 x 1in) batten close to the top of the wall to support the long edges of the first row of boards **(2)**. Support the next row with a batten that overlaps the edges of the first boards. Before you nail it to the joists, fit packing under the batten to provide the necessary clearance for the new boards **(3)**.

Use galvanized plasterboard nails to fix each board in place, working from the middle outwards and nailing at 150mm (6in) centres. This prevents the boards from sagging in the middle, which is likely to happen if their edges are nailed first.

If the boards are to be plastered, leave 3mm (⅛in) gaps all round. For direct decoration you can butt the paper-covered edges together, though you still need to leave 3mm (⅛in) gaps between the ends of the boards.

Finish the joints, using the method described for plasterboarding walls.

Boarding a ceiling
1 Cut and fit perimeter noggings against the wall.
2 Nail intermediate noggings between the joists, to suit the width of the boarding.
3 Fix the first board in one corner. Start nailing from the centre of the board.
4 Butt the side joints for direct decoration, or leave a 3mm (⅛in) gap if plastering over.
5 Stagger the end joints, leaving a 3mm (⅛in) gap in each case.

SEE ALSO: Noggings 143, Types of plasterboard 166, Fixing plasterboard 167, Finishing joints 172, Woodworm 256–7, Rot 259

Fitting cornices and coving

Either a decorative plaster cornice or a simple concave coving is used to finish the edges of a ceiling where it meets the walls. Ready-made gypsum coving is widely available, though in a fairly limited range of profile, sizes and lengths. However, you can buy a greater number of period-style fibrous-plaster cornices, many of which are exact copies of Georgian and Victorian originals.

Templates are usually provided for use as guides when you are cutting the internal and external mitre joints. Some coves and cornices are supplied with decorative corner pieces, so you don't need to cut mitres.

Fitting a cornice or coving

This sequence describes how to make a mitre-jointed coved ceiling, but you can use the same method for cornices.

Mark parallel guide lines for the coving along the wall and ceiling – the dimensions will be supplied by the manufacturer of the coving. Scratch the plastered surfaces within the lines, in order to provide a good key for the adhesive **(1)**.

Measure the length of each wall and cut the coving to fit, using the template to saw the mitre (see right). Remember that when you are cutting mitres for outside corners, the coving needs to be longer than the wall and must extend up to the line of the return angle drawn on the ceiling. Cut the coving with a fine-toothed saw, sawing from the face side.

Prepare the special adhesive by mixing the powder with clean water and stirring it to a smooth paste. The adhesive should remain usable for about 40 minutes, but it's best to aim at making just enough for one or two lengths of coving at a time. Use a filling knife to apply the adhesive liberally to the back faces of the coving that will be in contact with the wall and ceiling.

Dry, bare plaster must be dampened just before the coving is put in place. Press it into the angle and align it with the guide lines **(2)**. If a piece of coving is more than about 2m (6ft 6in) long, have someone help you fit it. Should it sag when in place, support it with a couple of nails driven temporarily into the wall under its bottom edge, and remove them when the adhesive has set.

Scrape away any beads of surplus adhesive before it sets, and use it to fill the mitre joints as the work progresses. Use your finger to apply the adhesive to internal mitres if you find it easier, but finish off external mitres with a filling knife **(3)** to leave a sharp corner.

Wipe along the edges of the coving with a damp brush or sponge to remove any traces of adhesive. Once it that set, prime the coving ready for painting.

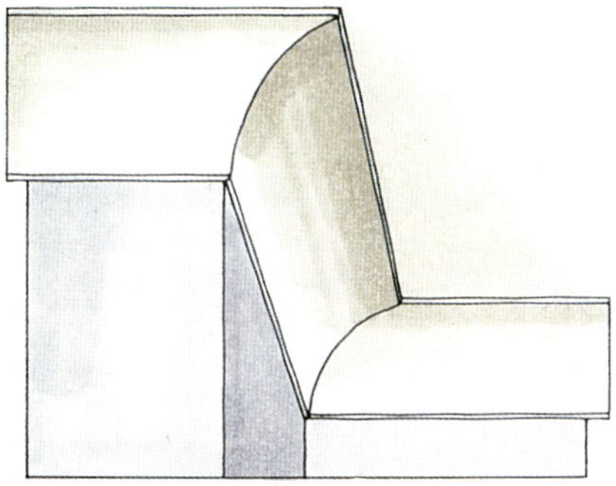

Fitted coving, with external and internal corners

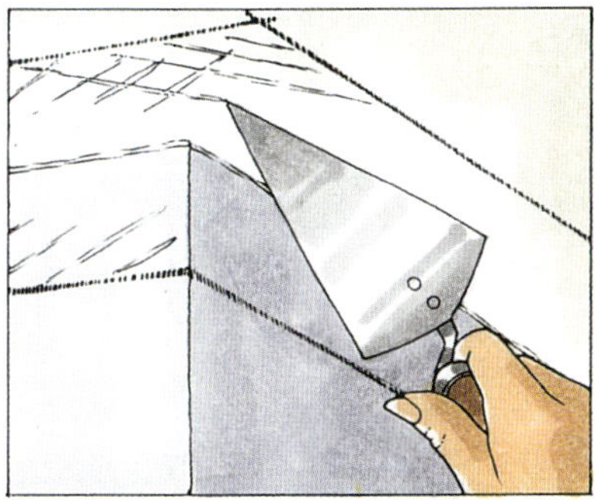

1 Scratch the plaster between marked guide lines

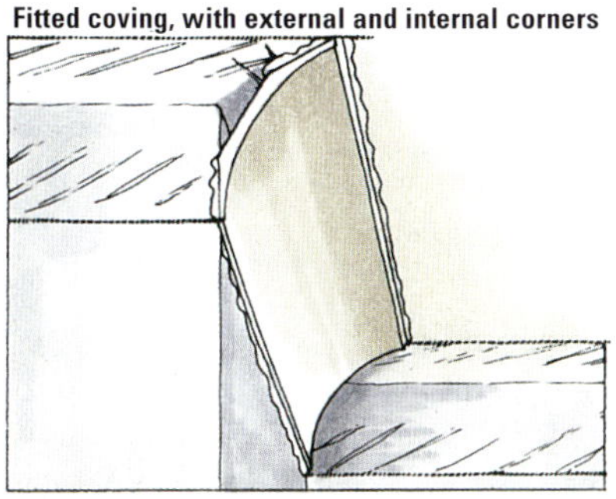

2 Press coving into the angle, level with the lines

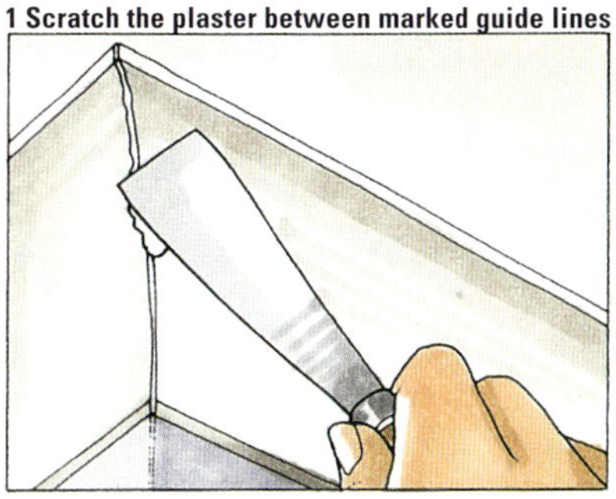

3 Finish off with a filling knife

CUTTING THE MITRES

Using a template

Some makers of plaster coving and cornices supply a cardboard template with their products, which enables you to cut mitred corners more easily.

Mark the coving or cornice to length on one edge, bearing in mind whether you are mitring for an internal corner or an external one. Trim and fold the template and place it over the coving in line with the measured mark, then press it down so that it moulds itself to the curve of the coving. Select the appropriate edge of the template (i.e. for an external or internal mitre) and, with a soft pencil, trace along that edge to draw the cutting line on the face and edges of the coving.

Cut the mitre with a fine-toothed saw, following the marked angle.

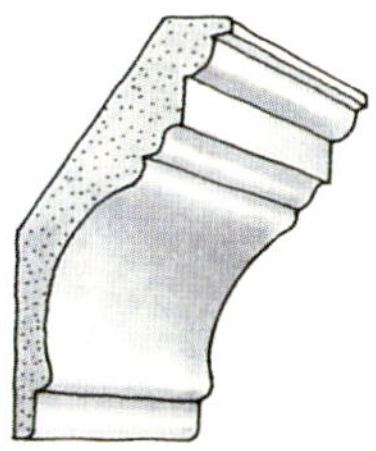

Cornice profile

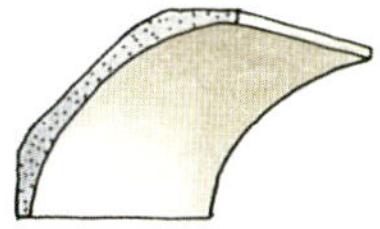

Coving profile

Using a mitre block

If you intend to fit a lot of coving, it's worth making a mitre block to help you cut the joints accurately.

Cut a baseboard, about 200mm (8in) wide and 450mm (1ft 6in) long, from 18mm (¾in) plywood or chipboard. For the fence, cut a piece of 100 x 50mm (4 x 2in) planed softwood to the same length. The baseboard represents the ceiling, and the fence represents the wall.

Glue the fence to the baseboard, flush with one long edge. Nail a stop batten to the baseboard at a distance from the fence that will allow the coving to fit snugly between them at the required angle for cutting.

When the adhesive has set, mark out and make three sawcuts, one at right angles to the face of the fence and two at 45 degrees to it, in opposite directions to each other.

Lay the coving on the mitre block, with the end to be cut in the right direction for either an external or an internal mitre (see right). Holding the coving firmly, so that it cannot move, place the blade of the saw in the appropriate slot in the mitre block, and cut the coving to size.

External mitre

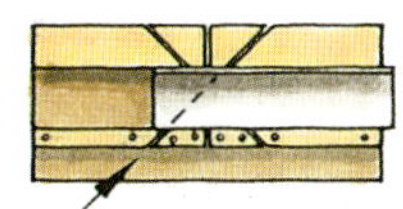

1 Left-hand piece

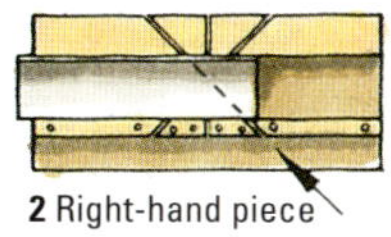

2 Right-hand piece

Internal mitre

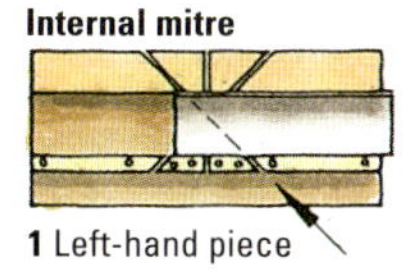

1 Left-hand piece

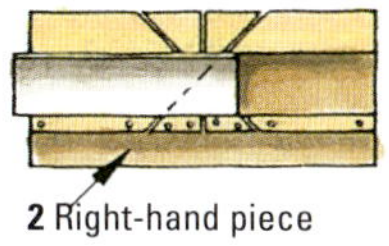

2 Right-hand piece

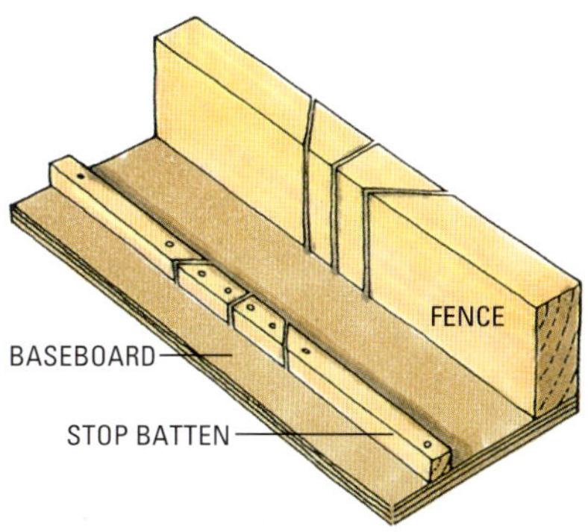

Make a mitre block for cutting joints accurately

Exterior render

Rendering is the application of a relatively thin layer of cement or cement-and-lime mortar to the surface of exterior walls to provide a decorative and weather-resistant finish.

Any such treatment of an exterior wall should always be carefully considered beforehand, because the finished outer surface needs to harmonize with the character of the building and must not look out of keeping with other houses in the neighbourhood. This is especially important in the case of terraced housing, as the fronts of the houses form an unbroken run.

Keep it in character
Well-applied exterior render will enhance any house built in a sympathetic style.

Planning ahead

Except for listed buildings or ones in a conservation area, there are no official regulations controlling change of colour or texture for exterior walls. As a result, houses are often made conspicuous by individualistic decorative treatment.

If you want to rerender a wall, that is always acceptable, as it is simply a case of renewing what is already there.

Rendering old brickwork is a more questionable practice. It might improve the weather-resistance of the wall, but at the considerable cost of spoiling the overall appearance of the building. To improve weather-resistance, it is better to rake out crumbling mortar joints and repoint them with fresh mortar – then, if necessary, treat the porous brickwork with a clear sealant.

Painting rendered walls is a matter of taste – look at similar houses in the locality to see which colours work best.

Rendering techniques

The technique used for rendering is virtually the same as for plastering. It generally involves using the same tools, though a wooden float is better than a plasterer's trowel for finishing cement render – as the wood leaves a finely textured surface that looks better than the very smooth one produced with a metal trowel.

Rendering the walls of a house is really a job for a professional, as it not only involves covering a large area but also requires the ability to colour-match the batches of mortar to avoid a patchy appearance. Before attempting to render a large wall, practise on a smaller project, such as a garden wall. Divide the wall into manageable panels with screed battens, as for plastering.

Even when patching damaged render, it is still difficult to match the colour of the new work to the old. If the repaired wall looks patchy, you may want to consider painting it.

Binders for exterior render

Mortar

Mortar is a mixture of sand, cement and clean water. The sand bulks out the mix, and the cement binds the particles together. A good cement mix will bond to any masonry. Mortars of different strengths are produced by adjusting the proportions of sand and cement, or by adding lime.

A mortar should not be stronger than the materials onto which it is being applied. A cement-and-sand mix can be applied to a wall of dense hard bricks, for example – whereas a weaker mix of cement, sand and lime is more suitable for soft bricks or blocks.

Cement sets by a chemical reaction known as hydration, which begins as soon as water is added. Cement does not need to dry out in order to set, and the more slowly it dries the stronger it will be.

Normally, an average mix will stay workable for at least two hours. It will continue to gain strength for a few days after its initial set, and will reach full strength in about a month.

Hot weather reduces workable time, and can affect the set of the mortar by making it dry out too fast. When the weather is hot, keep the work damp by lightly spraying it with water or cover it with polythene sheeting, in order to retain the moisture and slow down the drying time.

Cement

Cement that is made from limestone or chalk and clay is generally called Portland cement. Various types are made by adding other materials or by modifying the production methods.

Ordinary Portland cement (OPC)
This common light-grey cement is mixed with aggregates for concrete and mortars. It is available in 50kg (110lb) and 25kg (55lb) bags.

White Portland cement
Similar to ordinary Portland, but more expensive. It makes light-coloured mixes for bricklaying, concrete and rendering. Pigment powders are available for colouring mortar mixes. The materials must be carefully proportioned for the batches to match.

Quick-setting cement
This type of cement is simply mixed with water and sets hard in 30 minutes. It is non-shrinking and waterproof, and is useful for small repair jobs.

Masonry cement
This grey cement is specially made for rendering and bricklaying.

Lime

Lime is made from limestone or chalk. When it leaves the kiln it is called quicklime, and may be non-hydraulic or hydraulic. In general use, non-hydraulic lime sets by combining with carbon dioxide from the air as the water mixed with it dries out. Hydraulic lime has similar properties to cement; it sets when water is added and so can be used in wet conditions. When quicklime (the non-hydraulic type, especially) is 'slaked' (mixed with water), it expands and gives off heat.

Lime must be properly slaked before use, and at one time a batch would have been soaked in a tub for weeks before it was used. This soaked lime was called 'lime putty'.

Preslaked non-hydraulic lime powder – known as 'hydrated lime' – is sold by builders' merchants. Mixed with water to a creamy consistency, it can be used at once; but it is often left to soak for 24 hours to make lime putty. When mixed with sand and water, then left to stand, it is known as lime mortar or 'coarse stuff'. This can be kept for some days without setting, so long as it is heaped up and covered with polythene sheet to prevent the water evaporating.

Hydraulic lime is less active and, like cement powder, is dry-mixed with sand. The slaking process takes place when water is added to the mixture.

SEE ALSO: Waterproofing masonry 44, Repairing render 45, Screeds 165, Mixing mortar 178, Textured render 179

Aggregates

Sand, the finest aggregate, is used for making mortar. Sand is graded by the size and shape of its particles; a well-graded sand will have particles of different sizes, rather than ones that are uniformly large or small.

Types of sand

Sharp sand is used together with coarse aggregates for making concrete and floor screeds. Plasterer's sharp sand is of a finer grade and is used for rendering. Builder's sand – which is also known as bricklayer's sand or soft sand – is used for building masonry and has smoother particles. Always use well-washed sand, as impurities can weaken a mortar and affect the set. A good sand should not stain your hand when you squeeze it.

Most aggregates can be bought from builders' merchants by the cubic metre; some suppliers sell it in small packs.

Stone chippings

Specially prepared crushed stone in various colours is used for pebbledash rendering. Order enough for the whole job, as additional stones bought later may not match the colour of the original batch (your supplier should be able to tell you how much you need). If you do run short, stop work at a corner, rather than partway across a wall. The extra stones can be mixed with the remaining ones and a subtle change of colour is less likely to show on an adjacent wall.

Dry-mixed mortar

Prepacked sand-and-cement mortar mixes are sold by builders' merchants and DIY shops in large and small packs. These are ready-proportioned for different kinds of application and only require the addition of water. As sand and cement 'settle out', it's best to use a whole bag at a time and mix it up well before adding the water.

You can buy premixed self-coloured one-coat renders as an alternative to the traditional two-coat variety. The colours available are white, ivory, cream, stone, grey and pink.

STORING SAND AND CEMENT

Storing materials is rarely a problem, because most people buy them as required and use them up by the end of the job. However, if you are held up for a time after taking delivery, store powdered or premixed materials as recommended for plaster.

Store sand in a neat heap on a board or plastic sheet, and protect it from windblown dirt and rain with more plastic sheeting.

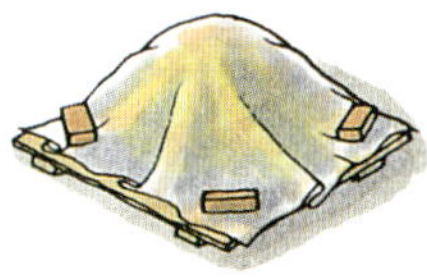

Storing sand
Dirty sand can affect the set of the cement. Keep it covered with plastic sheeting.

Additives
Proprietary additives that modify the properties of mortar are added to the mix in precise proportions according to manufacturers' instructions. Their functions vary. Waterproofers, which make mortar impervious by sealing its pores, may be used when rendering on exposed walls. Plasticizers (additives that make a mortar easier to work) can be used instead of lime.

MORTAR MIXES FOR TWO-COAT RENDER

The mix for a mortar will depend upon the strength of the material being rendered and also on the degree of exposure. The mix used for the undercoat should not be stronger than the background, and the mix for the top coat no stronger than the undercoat. Although these considerations are hardly ever critical for the majority of DIY work, when a situation does dictate that a precise mix is required, the proportions of the materials must be measured quite accurately.

Measure the material by volume, using a bucket. Encourage cement powder to settle by tapping the bucket with a shovel, and then top it up.

Damp sand will not settle, so increase the measure by 25 per cent if your sand is damp. Dry sand and saturated sand will settle to a normal measure.

		PARTS BY VOLUME			
		AVERAGE EXPOSURE		SEVERE EXPOSURE	
TYPE OF BACKGROUND	TYPE OF MIX	UNDERCOAT	TOP COAT	UNDERCOAT	TOP COAT
Low-suction backgrounds: Hard, dense clay bricks; Dense concrete blocks; Stone masonry; Normal ballast concrete	Cement : lime: sand	1 : ½ : 4½	1 : 1 : 6*	1 : ½ : 4½	1 : 1 : 6
	Cement : sand & plasticizer	1 : 4	1 : 6*	1 : 4	1 : 6
	Masonry cement : sand	1 : 3½	1 : 5*	1 : 3½	1 : 5
Normal-absorption backgrounds: Most average-strength bricks; Clay blocks; Normal concrete blocks; Aerated concrete blocks	Cement : lime : sand	1 : 1 : 6	1 : 2 : 9*	1 : 1 : 6	1 : 1 : 6
	Cement : sand & plasticizer	1 : 6	1 : 8*	1 : 6	1 : 6
	Masonry cement : sand	1 : 5	1 : 6½*	1 : 5	1 : 5*

*Suitable mixes for interior plastering undercoats

SEE ALSO: Storing plaster 156, Mixing mortar 178

Mixing rendering mortar

Mix only as much mortar as you can use in an hour – and if the weather is very hot and dry, shorten this to half an hour. Keep all your mixing tools and equipment thoroughly washed, so that no mortar sets on them.

Measure the required number of level bucketfuls of sand onto the mortar board or, for larger quantities, onto a smooth, level base, such as a concrete drive. Using a second dry bucket and shovel – kept exclusively for cement powder – measure out the cement, tapping the bucket to settle the loose powder and topping it up as required.

Tip the cement over the heaped-up sand, and mix the sand and cement together by shovelling them from one heap to another and back again **(1)**. Continue to turn this dry mix (the sand will actually be damp) until the whole takes on a uniform grey colour. Form a well in the centre of the heap and pour in some water **(2)**, but not too much at this stage.

Shovel the dry mix from the sides of the heap into the water until the water is absorbed **(3)**. If you are left with dry material, add more water as you go, until you achieve the right firm, plastic consistency in the mortar, turning it repeatedly to mix it thoroughly to an even colour. It's quite likely that you will misjudge the amount of water at first, so if after turning the mix is still relatively dry, sprinkle it with water **(4)** – but bear in mind that too much water will weaken the mix.

Draw the back of your shovel across the mortar with a sawing action to test its consistency **(5)**. The ribs formed in the mixture should not slump back or crumble. That would indicate that the mortar is either too wet or too dry, respectively. The back of the shovel should leave a smooth texture on the surface of the mortar.

Make a note of the amount of water used and the proportions of the dry materials, so that further mixes will be consistent.

For cement-lime-sand mixes, the lime powder can be added with the cement and dry-mixed, as described above. Alternatively, lime putty can be mixed with the sand before the cement is added, or the cement can be added to prepared 'coarse stuff'. When you have finished, hose down and sweep the work area clean – particularly if it is a driveway, as any remaining cement slurry will stain the surface.

1 Shovel dry mix from one heap to another

2 Form a well in the heap and pour in water

3 Shovel dry material into the water

4 Sprinkle mix with water if it's too dry

5 Test the mix's consistency with a shovel

MACHINE MIXING

A small-capacity electric-powered or diesel-driven cement mixer can save you a great deal of time and effort, especially on big jobs, and is quite easy to use. Unless you plan to use a mixer regularly, it would probably pay you to hire one by the day rather than purchase one outright.

Set the machine as close as possible to the work area and place a board under the drum to catch any spilt materials. If it's an electric-powered machine, take all due precautions with the power supply and keep the cables well clear of the work.

Loading the machine

Load half the measure of sand into the drum and add a similar proportion of cement (and lime, if required). Dry-mix them by running the mixer, then add some water.

Load the remainder of the materials, adding a little water in between. Run the mixer for a couple of minutes to mix the materials thoroughly, then stop the machine and test some of the mix for consistency.

Generally, it's better to make the mix somewhat stiffer for rendering blockwork than for brickwork – but this depends to some extent on how absorbent the block or bricks are.

Cleaning a cement mixer

It is advisable to wash out the drum of the mixer after each mix, and to scour it out with water and some coarse aggregate at the end of the working day. If you return a hired machine with dry or drying mortar in its drum, you may be charged extra.

Cement mixer
Hire an electric or diesel-driven mixer when a large batch of mortar is required.

SEE ALSO: Mortar board 158, Lime 176

Applying render

It is possible to use tools to texture render while it is still damp, but it is more usual to apply a coarse aggregate. This is a fairly skilled procedure (see below for details). Try to reproduce a texture when patch-repairing.

Roughcast render
For this render, mix aggregate – no more than 9mm (3/8in) in size – with the top-coat mortar. Add about half as much as the amount of sand used, with enough water to make a sticky mix. Flick it onto the wall to build up an even coat.

Pebbledash render
Crushed-stone aggregate gives pebbledash its colour. An even distribution of the chippings is necessary in order to avoid patchiness. A top coat 9 to 12mm (3/8 to 1/2in) thick is applied, and the stones are thrown at it while it is soft. They are then pressed with a float to bed them in.

Tyrolean finish
A fine cement mix is sprayed from a hand-cranked 'Tyrolean' machine to build up a decorative texture over a dry undercoat render. Doors, windows and gutters must be masked beforehand. You can hire Tyrolean-finish machines.

Preparing the surface

Using a hammer and chisel, neatly chop away the old loose coating on areas of cracked or blistered render. Rake out any crumbling mortar joints in the exposed masonry and brush the area down. Clean off any organic growth, such as lichen or algae, then apply a fungicide.

Work platform

Set up a safe platform from which to work. You will need both hands free to use the tools – so you won't be able to work from a ladder. A pair of sturdy step ladders with a scaffold board between them can be used for working on ground-floor walls, but for higher walls you will need a scaffold tower.

Two-coat render

Set up vertical screed battens 10mm (3/8in) thick spaced no more than 900mm (3ft) apart, fixing them with masonry nails driven into the mortar joints of the wall. Check them for level, and pack them out where required.

Apply undercoat render between two battens, using firm pressure to make it bond well to the dampened background. Build up the render to the thickness of the screed battens.

Level the undercoat with a straightedge laid across the battens, working upward with a side-to-side movement, then scratch the surface of the render to provide a key for the top coat.

When all the bays are filled with render, leave it to set firm, then remove the battens carefully and fill the gaps with mortar. Leave the finished undercoat to set for about a week.

Apply top-coat render about 6mm (1/4in) thick, either freehand or with the aid of screed battens as before. Use a straightedge for levelling the render, then finish it with a wooden float.

Applying two-coat render
1 Set up a safe work platform.
2 Divide the wall with vertical screeds.
3 Apply the undercoat between all screeds, or fill alternate bays.
4 Remove screeds and fill in the gaps.
5 Apply top coat over the keyed undercoat.

One-coat rendering

Set out 16mm (5/8in) vertical screed battens, spaced as for two-coat work. Apply the render to the masonry in a single coat. Level the surface and allow the render to stiffen. Remove the battens, fill the gaps with mortar, then finish with a wooden float, working it in a circular motion.

Patch repairs

Use a metal plasterer's trowel to apply the render, and then finish the top coat with a wooden float.

Take a trowelful of mortar from your hawk and spread it on the wall with an upward stroke, applying firm pressure **(1)**. Level a one-coat render with a straightedge laid across the surfaces of the surrounding render, working upward and using a side-to-side motion. Finish with the float.

For two-coat rendering, build up the undercoat layer to no more than two-thirds the thickness of the original render or 10mm (3/8in) – whichever is the thinner.

Next, level the mortar with a short straightedge that fits within the area being patched. Key the surface for the top coat **(2)**, then leave the undercoat to set and strengthen for a few days.

Before you apply the topcoat render, dampen the undercoat to even out the suction. Finally, level the top coat with a straightedge and finish with a wooden float.

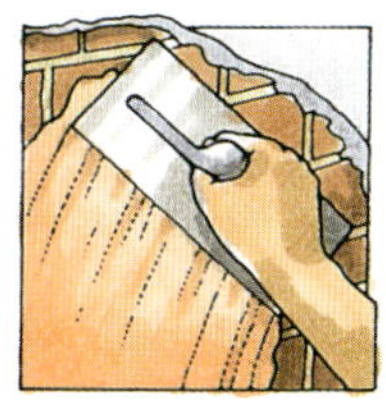

1 Use firm pressure

2 Key the surface

SEE ALSO: **Erecting work platforms 40, Organic growth 42, Repairing render 45, Plastering techniques 160, Spraying equipment 514**

Floors: suspended floors

In the majority of buildings, floor construction is based on timber beams known as joists. These are rectangular in section, placed on edge for maximum strength – usually about 400mm (1ft 4in) apart – and supported at their ends by the walls.

Such 'suspended floors' contrast with 'solid floors', made of concrete and supported over their whole area by the ground, which are commonly found in basements and also widely used at ground level in modern houses.

Traditional suspended floors are usually boarded with tongue-and-groove or plain-edged wood planks, though in modern houses flooring-grade chipboard is used for both types of floor.

Ground floors

The joists of a suspended ground floor are usually made from 100 x 50mm (4 x 2in) sawn softwood. Their ends and centre portions are nailed to lengths of 100 x 75mm (4 x 3in) softwood, called wall plates, that distribute the load from the joists to the walls, which support the weight of the floor.

In older houses, various methods were employed for supporting the wall plates. At one time it was common for the ends of the joists to be slotted into the walls and set on wall plates that were built into the masonry.

Alternatively, the masonry was constructed in such a way as to provide ledges, known as offsets, supporting the wall plates. However, when the damp-proof courses laid beneath the wall plates broke down, the wood would be affected by penetrating and rising damp in the masonry. As a result, such floor timbers frequently suffer from decay.

The relatively lightweight joists tend to sag in the middle and are therefore usually supported by additional wall plates set on three or four courses of honeycombed masonry, known as sleeper walls. The spaces left in the masonry allow air to circulate under the floor. Sleeper walls are usually spaced at intervals of about 2m (6ft), and are sometimes used to support the ends of the joists.

Beneath a fireplace in a room with a suspended floor will be found a solid masonry wall, built to the same height as the sleeper walls. It retains and supports the concrete hearth. This fender wall carries a wall plate along its top edge to support the ends of the floor joists that run up to it.

TRADITIONAL FLOOR CONSTRUCTION

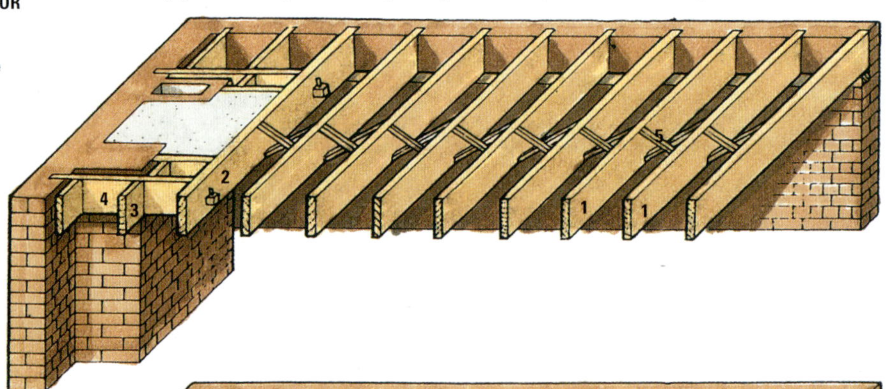

Components of the first floor
1 Joists
2 Trimming joist
3 Trimmed joist
4 Trimmer
5 Herringbone strutting

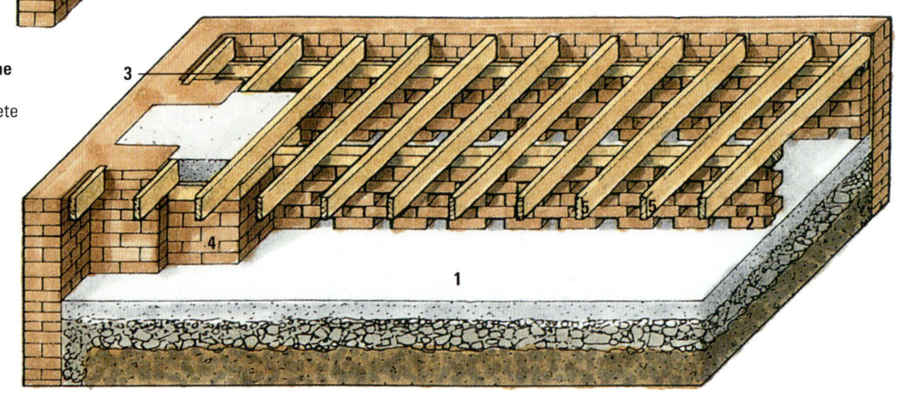

Components of the ground floor
1 Oversite concrete
2 Sleeper walls
3 Wall plate
4 Fender wall
5 Floor joists

UPPER FLOORS

Floor joists are cut from structurally graded softwood and are stamped accordingly.

The first-floor joists and those of other upper floors can be supported only at their ends, so they are usually laid in the direction of the shortest span. Also, as they can have no intermediate support, such joists are made deeper, to give them greater rigidity. These 'bridging joists' are usually 50mm (2in) thick, but their depth will be determined by the distance they have to span. The joists supporting the floor of an average-size upper room would be about 225mm (9in) deep.

Where floor joists cannot run right through – as around a fireplace or at a stairway opening – a thicker joist is used to bear the extra load of the short joists. This load is transferred to the thicker joist by crosspieces jointed at right angles (see below left). The thicker joist is known as a 'trimming joist', the short ones parallel to it are called 'trimmed joists', and the crosspieces joining them together are known as 'trimmers'.

In older properties the upstairs joists may be supported on wall plates that are built into solid walls, but the problems of damp and decay are less critical here.

With modern cavity-wall construction, the ends of the joists may also be built in, though in this case they rest directly on the inner skin of blockwork (see opposite). The joist ends should not project into the cavity itself, and must be treated with a preserver to guard against the risk of timber decay.

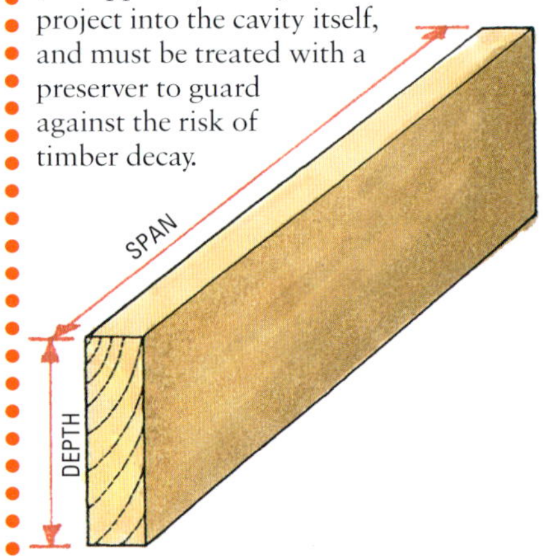

Use the following rule of thumb to estimate the size of timber for a floor joist:

Depth in units of 25mm (1in) =

$$\frac{\text{Span of joist in units of 300mm (1ft)}}{2} + 2$$

Examples:

Metric

Joists span 3m divided by 300mm = 10 units

$$\frac{\text{10 units}}{2} + 2 = 5 + 2 = 7 \text{ units x 25mm} = 175\text{mm}$$

Imperial

$$\frac{\text{Joist span 10ft}}{2} + 2 = 5 + 2 = 7\text{inches}$$

☛ SEE ALSO: Lifting floorboards 185, Repairing joists 188, Laying pipes 190, Treating woodworm 256–7, Damp-proof course 261, Insulating floors 280

Solid ground floors

For extra stiffness, the joists of an upper floor are braced with 'solid strutting' – sections of timber nailed between them **(1)** – or with diagonal wooden braces known as herringbone strutting **(2)**, which consists of 50 x 25mm (2 x 1in) softwood. With modern construction methods, joists are strutted with ready-made metal herringbone units **(3)**. These are usually made with a drilled flange at each end for nailing to joists set at 400, 450 or 600mm (1ft 4in, 1ft 6in or 2ft) centres.

Herringbone strutting is preferable since it is able to compensate for timber shrinkage. Wedges or packing blocks are placed in line with the strutting between the outer joists and the walls, in order to keep the joints tight.

1 Solid strutting

2 Herringbone strutting

3 Ready-made metal herringbone strutting

A solid ground floor is essentially a concrete slab laid on a substratum of hardcore (coarse rubble). To lay such a floor, the topsoil is first removed and the hardcore then laid to consolidate the ground and level up the site. The rough surface of the hardcore is filled ('blinded') with a thin layer of sand, which is then rolled flat. This sand layer prevents the cement draining out of the concrete and into the hardcore, which would result in the concrete being weakened.

The concrete slab is usually about 100 to 150mm (4 to 6in) thick and is either laid on top of or covered by a continuous layer of moisture-resistant material – the damp-proof membrane (DPM). This membrane may be either a thick sheet of polythene or the more traditional liquid coating of asphalt or bituminous material. However it is laid, the damp-proof membrane must be joined to the damp-proof course (DPC) set in the walls.

A concrete raft foundation can be laid in two ways. It may form a solid base onto which the walls are built. Alternatively, where strip or trench foundations are used, the concrete slab may be laid over the ground contained within the walls.

The floor must first be covered with a smooth screed of sand and cement before it can be overlaid with a floor-covering. When the DPM is below the concrete slab the screed can be 44mm (1¾in) thick, but when a membrane is laid over the slab the screed should be at least 63mm (2½in) in thickness.

A suspended solid floor is composed of rows of precast concrete beams – set on sleeper walls at DPC level – infilled with concrete blocks.

MODERN FLOOR CONSTRUCTION

Suspended floor
The construction of a modern suspended first floor is similar to the traditional method, but the ends of the joists are supported by the inner blocks of the cavity wall or by metal hangers. Metal fittings such as straps and framing anchors may also be used to join the timbers to each other and to the walls.

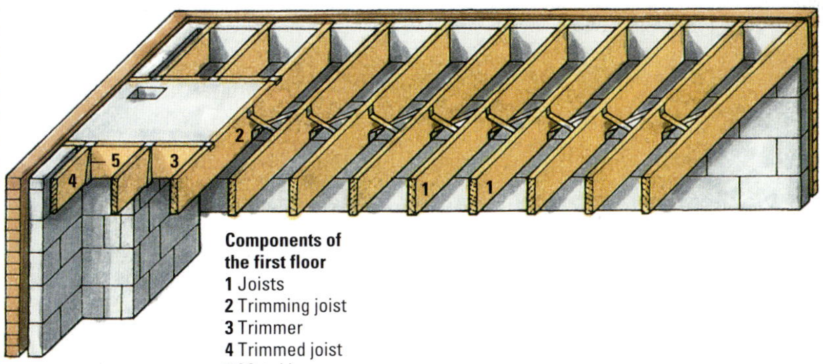

Components of the first floor
1 Joists
2 Trimming joist
3 Trimmer
4 Trimmed joist
5 Metal hangers

Solid floors
A solid floor is often used in preference to a suspended wooden floor, as it can be cheaper to construct. A concrete floor can be laid after the foundations and first courses of brickwork are built above ground level, or it can be built up using a beam-and-block system. It can also be an integral part of a reinforced-concrete foundation, forming a raft (see left).

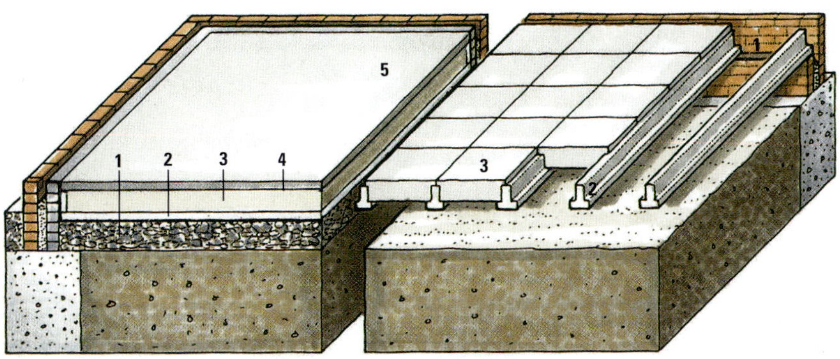

Components of a solid concrete floor
1 Hardcore
2 Insulation
3 Concrete slab
4 Damp-proof membrane
5 Concrete screed

Components of a beam-and-block floor
1 Damp-proof course
2 Concrete beams
3 Concrete blocks

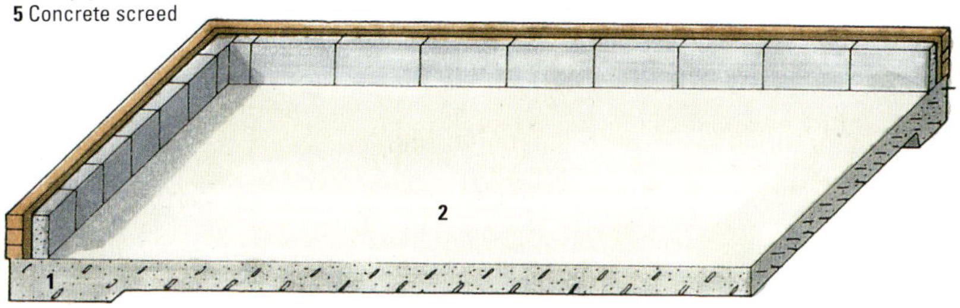

Components of a concrete raft
1 Integral foundation
2 Reinforced-concrete slab

SEE ALSO: Laying quarry tiles 117, Metal fittings 182, Damp-proof membrane 190, 261, Laying a concrete floor 190–1

Metal fittings for floors

Floor construction is one of the many areas in which builders have been able to substitute the use of factory-made fittings for traditional methods of construction.

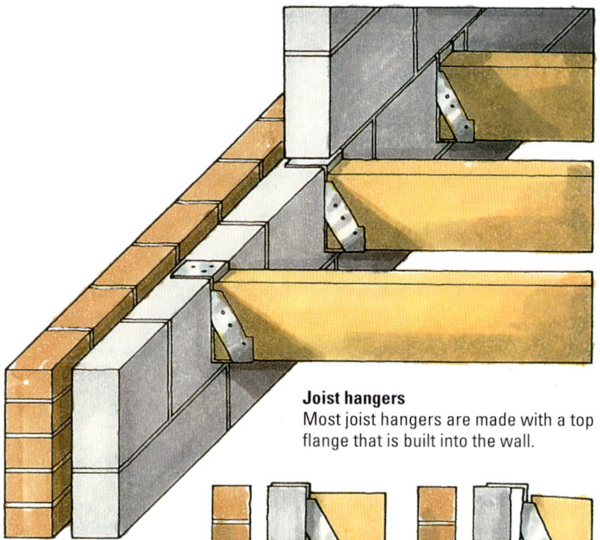

Joist hangers
Most joist hangers are made with a top flange that is built into the wall.

The hanger must be a close fit to the wall

A poorly fitted hanger will distort

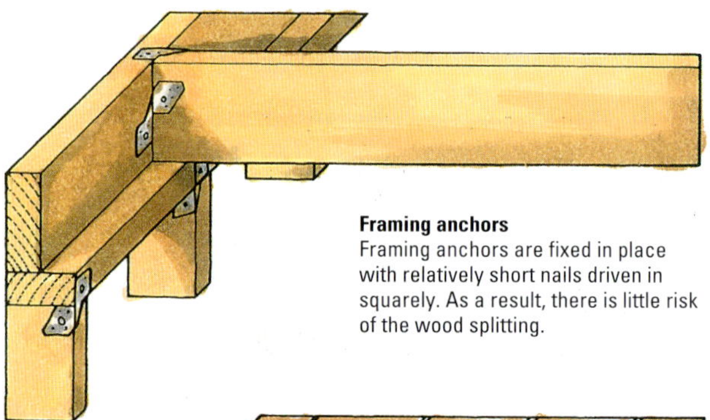

Framing anchors
Framing anchors are fixed in place with relatively short nails driven in squarely. As a result, there is little risk of the wood splitting.

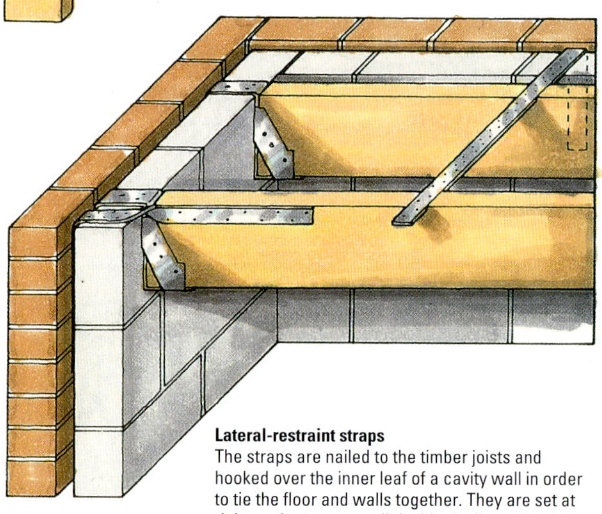

Lateral-restraint straps
The straps are nailed to the timber joists and hooked over the inner leaf of a cavity wall in order to tie the floor and walls together. They are set at right angles to, or parallel with, the line of the joists.

Joist hangers

Galvanized-steel joist hangers are brackets used in the construction of upper-storey timber floors – they are fixed to masonry walls in order to support the ends of the joists. There are various versions for securing joists to solid or cavity walls; and special brackets form a similar function when constructing timber-to-timber joints.

The use of metal joist hangers allows brickwork or blockwork to be built before joists are fitted. It also saves having to cut blocks or bricks in order to infill between the ends of joists that are built into the inner leaf of a cavity wall.

The joist hangers need to be fitted properly, with the top flange sitting squarely on the bricks or blocks, and the rear face of the bracket fitting closely against the face of the masonry.

The ends of the joists are fixed into hangers using 32mm (1¼in) sherardized twisted nails or plasterboard nails driven through the holes provided in the side gussets.

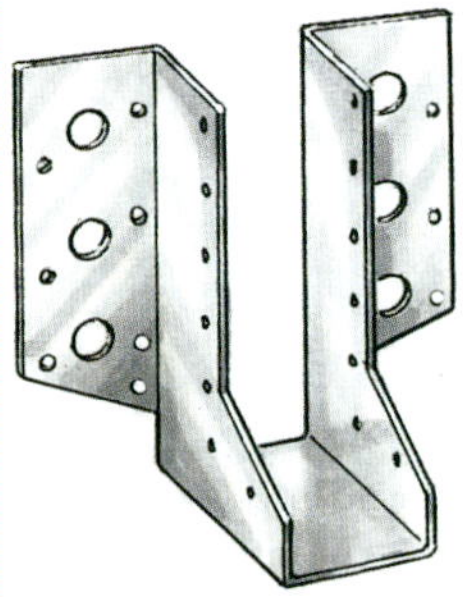

Face-fixing hanger

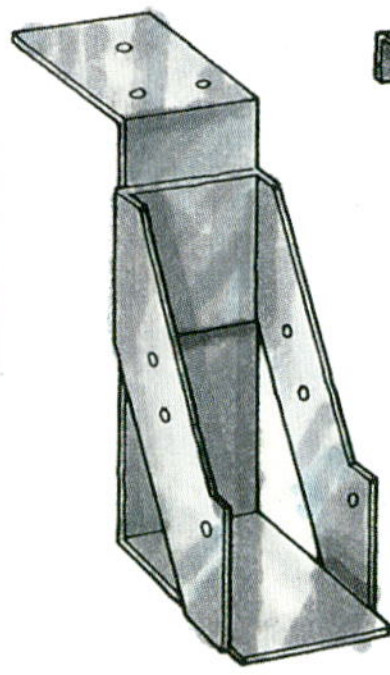

Straight-flange hanger

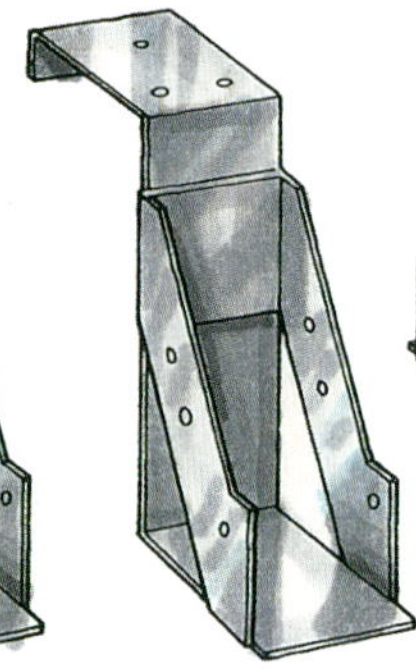

Hooked-flange hanger

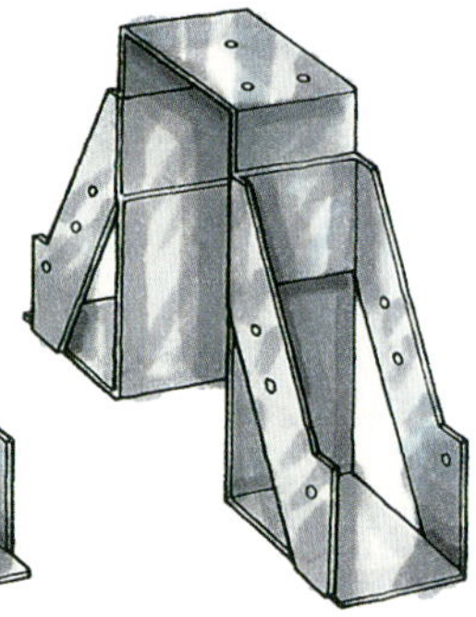

Double hanger

Framing anchors

Framing anchors are steel brackets used in the construction of butt joints between flooring timbers. Builders use these brackets for fixing trimmed joists, in order to avoid having to cut complicated joints.

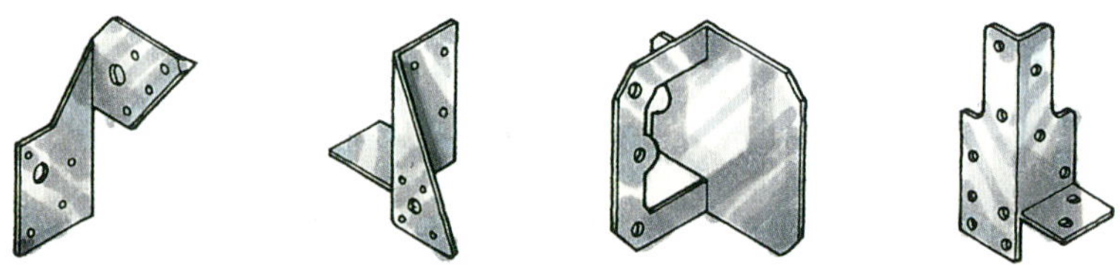

Left-handed and right-handed framing anchors are available

Lateral-restraint straps

While the walls carry the weight of the floor, the floors contribute lateral stiffness to the walls.

In areas where the force of the wind could threaten the stability of modern lightweight walls, lateral-restraint straps are used to provide ties between the walls and floor. They are simply rigid strips of galvanized steel that are perforated for nail fixing and bent in various ways to suit the direction of the floor joists.

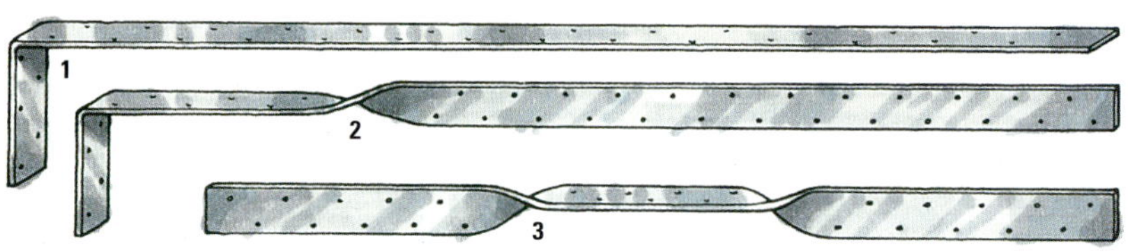

Lateral-restraint straps
1 For tying joists parallel to an external wall
2 For tying joists at right angles to an external wall
3 For tying joists on either side of an internal wall

SEE ALSO: Reinforcing a joist 141, Trimmed joists 180, Repairing floor joists 188

Boarded solid-concrete floors

Whereas most floorcoverings, including woodblock flooring, can be bonded directly to a dry, smooth screeded floor, floorboards have to be nailed down to 50 x 50mm (2 x 2in) softwood bearers. These are battens either embedded in the concrete or fixed to metal clips already implanted in it. In either case, the timber must be treated with a wood preserver. As well as an insulating layer, a damp-proof membrane must be incorporated, usually in the form of a continuous coat of bituminous material sandwiched within the slab.

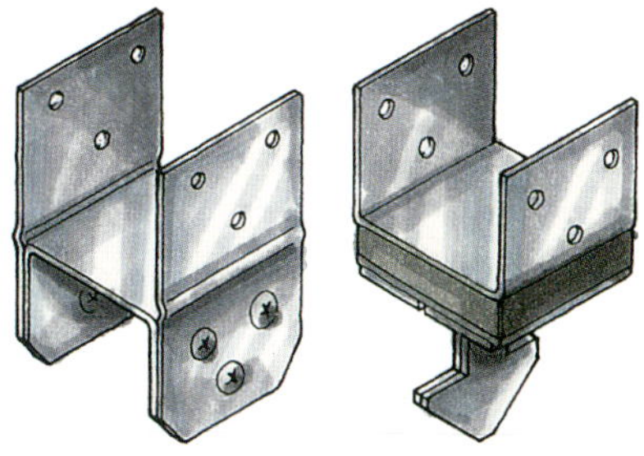

Standard clip   Acoustic clip

The clip method

This means of fixing requires the slab to be level and relatively smooth. The clips' flanges are pressed into the surface of the concrete before it sets. A marked guide batten is used to space the clips accurately and align them in rows. The rows are normally set 400mm (1ft 4in) apart, centre to centre, starting 50mm (2in) from one wall. When the concrete is completely dry, the 'ears' of the clips are raised from their folded position, using a claw hammer. The battens, having been cut to length and their ends treated with a preserver, are nailed in place through the holes in the clips. The floorboards are nailed to the battens.

Clip method

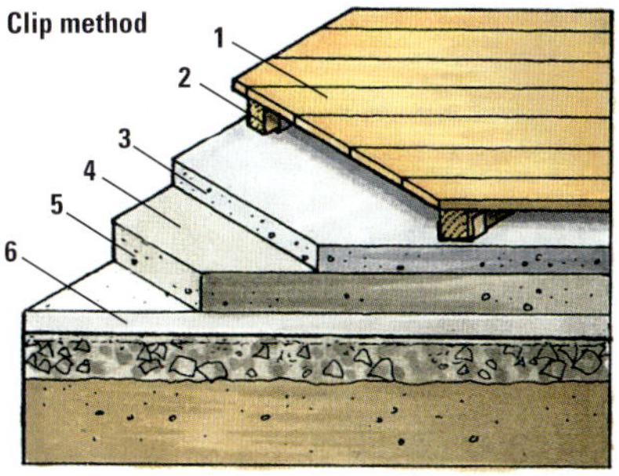

1 Clip method
1 Floorboards
2 Clipped battens
3 Concrete screed
4 DPM
5 Concrete slab
6 Insulation

Embedded battens

These are shaped to dovetail into the concrete slab. Again, the slab is built up in two layers with the DPM sandwiched between them. Before the top layer or screed is laid, the treated battens are positioned at 400mm (1ft 4in) centres and levelled on dabs of concrete. Strips of wood are nailed across to hold them in position temporarily. Once the dabs of concrete have set and the battens are firmly held, the strips are removed and the top layer of concrete is poured and compacted. It is then levelled with a rule that is notched to fit over the battens. As the rule is drawn along the battens, it finishes the concrete 12mm (½in) below their top edges. When the concrete layer is fully dry, the floorboards are nailed to the battens in the conventional way.

Embedded battens method

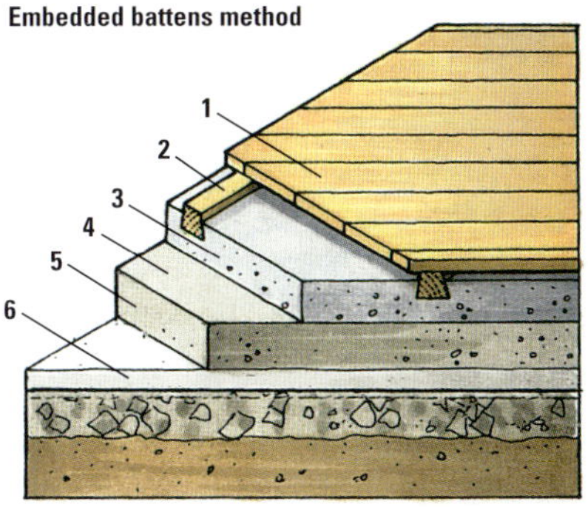

2 Embedded battens
1 Floorboards
2 Embedded battens
3 Concrete screed
4 DPM
5 Concrete slab
6 Insulation

Chipboard floating floor

Flooring-grade chipboard is more stable than floorboards, and is quicker to lay because it does not have to be fixed to the concrete slab. Using this technique produces what is known as a 'floating floor'. The simplest type of floating floor utilizes 18mm (¾in) tongue-and-groove chipboard, either the standard grade or a moisture-resistant version.

First, a sheet of insulating material, such as rigid polystyrene or fibreboard, is laid on top of the concrete slab; and then a vapour barrier of polythene sheet is laid above the insulant. The vapour barrier must be a continuous sheet, with its edges turned up and trapped behind the skirting boards. The chipboard, glued edge to edge, is then laid on top of the vapour barrier.

The chipboard flooring is held in place by its own weight and by the skirting boards, which are nailed to the walls round its edges. The skirting boards also serve to cover a 9mm (⅜in) gap between the chipboard and the walls, which allows for expansion across the floor.

Chipboard floating floor

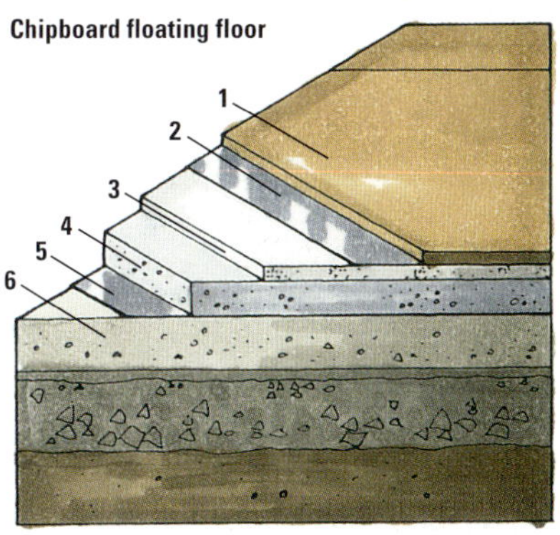

3 Chipboard floating floor
1 Chipboard flooring
2 Vapour barrier
3 Polystyrene insulation
4 Concrete screed
5 DPM
6 Concrete slab

Battened floating floor

Wooden battens can be incorporated in a floating floor. If 18mm (¾in) chipboard is to be used, lengths of 50 x 50mm (2 x 2in) softwood, treated with a preserver, are spaced at 400mm (1ft 4in) intervals; for heavy-gauge 22mm (⅞in) board, they are spaced 600mm (2ft) apart.

First, a sheet of quilt-type insulating material is laid on top of the concrete slab and covered over with a polythene vapour barrier. The battens are then positioned on the insulation and held together temporarily, with strips of wood nailed across them, until the tongue-and-groove chipboard is laid at right angles to the battens.

The joints between the boards are glued just before they are nailed down.

Battened floating floor

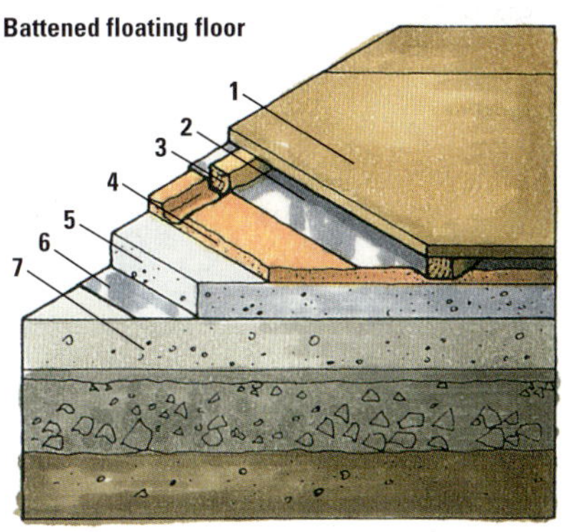

4 Battened floating floor
1 Chipboard flooring
2 Vapour barrier
3 Battens
4 Insulation
5 Concrete screed
6 DPM
7 Concrete slab

Flooring

Flooring is the general term used to describe the boarding laid over a floor's structural elements – the timber floor joists or concrete slab. It may consist of hardwood or softwood planks, or take the form of man-made boards.

Floorboards

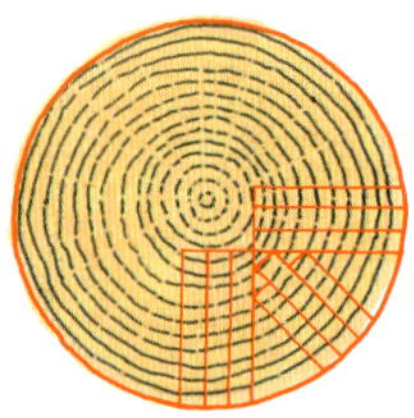

1 Quarter-sawn boards
Shrinkage does not distort these boards.

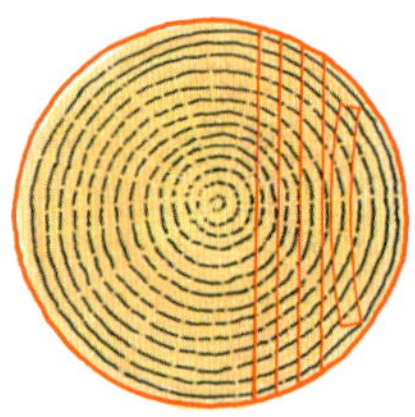

2 Tangentially sawn boards
Shrinkage can cause these boards to 'cup'.

Floorboards are usually made from softwoods and are sold planed all round (PAR), with square or tongue-and-groove edges. Standard sizes are specified as 125 x 25mm (5 x 1in) or 150 x 25mm (6 x 1in) nominal – although floorboards as narrow as 75mm (3in) and others as wide as 280mm (11in) may be found in some houses. Narrow boards produce superior floors, because any movement due to shrinkage is less noticeable. However, installation costs are high, so they tend to be used in the more expensive houses only. Hardwoods such as oak or maple are also used for high-grade flooring, but they add even more to the cost.

The best floorboards are quarter-sawn **(1)** from the log, a method that diminishes distortion due to shrinkage. However, since this method is wasteful of timber, floorboards are more often cut tangentially **(2)**, to reduce costs. However, boards cut in this way tend to 'cup' (bow) across their width and should be fixed with the concave side facing upwards, as there is a tendency for the grain on the other side to splinter. The cut of a board – tangential or quarter-cut – can be checked by looking at the annual-growth rings on the end grain (see left).

The joint on tongue-and-groove boards is not at the centre of the edges but closer to one face, and these boards should be laid with the offset joint nearer to the joist. Although tongue-and-groove boards are nominally the same sizes as square-edged boards, the edge joint reduces their floor coverage by about 12mm (1/2in) per board.

In some old buildings you may find floorboards bearing the marks left by an adze on the underside. Such old boards have usually only been trimmed to the required thickness where they sit over the joists.

Types of flooring
1 Square-edged softwood board
2 T & G softwood board
3 Square-edged chipboard
4 T & G chipboard
5 Square-edged plywood
6 T & G plywood
7 Square-edged MDF

SHEET FLOORING

Softwood and hardwood boards provide a durable floor that takes on an attractive colour when sealed and polished. Sheet materials such as flooring-grade plywood or particle boards are merely functional, however, and are normally used as a sub-base for other more attractive floorcoverings.

Plywood

Any exterior-grade plywood boards (known as WPB bonded plywood) can be used for flooring. The ones sold as flooring-grade boards are either square-edged or tongued and grooved on all four edges.

If it is to be laid directly over the joists, plywood flooring should be 16 to 18mm (5/8 to 3/4in) thick. When it is laid over an existing floor surface – to level it or to serve as an underlay for tiles – it can be 6 to 12mm (1/4 to 1/2in) in thickness. Plywood boards are laid in a similar way to chipboard.

Chipboard

Chipboard is a commonly available particle board made from bonded chips of wood. Only proper flooring-grade chipboard – which is compressed to a higher density than the standard material – should be used for flooring. You can buy either square-edged or tongue-and-groove boards. The square-edged boards measure 2.4 x 1.22m (8 x 4ft) and are 18mm (3/4in) thick. Tongue-and-groove boards are available in two grades: flooring-standard and moisture-resistant. Both grades come in sheets measuring 2.4m x 600mm (8 x 2ft) and 22mm (7/8in) thick. The moisture-resistant type should always be used where damp conditions may occur, such as in bathrooms or kitchens.

The 18mm (3/4in) thick boards are suitable for laying on joists that are spaced no more than 400mm (1ft 4in) apart. Where the joists are at 600mm (2ft) intervals, 22mm (7/8in) boarding should be used.

Medium-density fibreboard

Medium-density fibreboard (MDF) is a dense sheet material made from fine compressed wood fibres. It is produced in standard, moisture-resistant and exterior grades, and is suitable for flooring where a plain, smooth finish is required. MDF is available in 2.4 x 1.22m (8 x 4ft) square-edged sheets in a wide range of thicknesses. It is more expensive than chipboard, but cheaper than plywood.

SEE ALSO: Replacing floorboards 186, Laying chipboard flooring 187, Parquet flooring 118

Lifting floorboards

Floorboarding is produced in lengths that are intended to run from wall to wall. But in practice this rarely happens, because shorter lengths are often laid to save on materials. When lifting floorboards, start with these shorter pieces if possible. In older homes, one or two boards will probably have been lifted already for access to services.

Floorboard saw
The curved cutting edge allows you to saw through floorboards without lifting them completely.

Square-edged boards

Tap the blade of a bolster into the gap between the boards, close to the cut end **(1)**. Lever up the edge of the board, but try not to crush the one next to it. Fit the bolster into the gap at the other side of the board and repeat the procedure.

Ease the end of the board up in this way, then work the claw of a hammer under it until there is room to slip a cold chisel under the board **(2)**. Lift the next pair of nails, and proceed in the same fashion along the board until it is free.

1 Lever up the board with a bolster chisel

2 Place a cold chisel under the floorboard

Lifting tongue-and-groove boarding

You can check whether your floorboards are tongued and grooved by pushing a knife into the gap between them.

To lift a tongue-and-groove board, it is necessary first to cut through the tongue on each side of the board. Saw carefully along the line of the joint **(1)**, using a dovetail or tenon saw held at a shallow angle. Alternatively, use an electrician's 'skate', which incorporates a cutting disc and is pushed along with one foot.

Having cut through the tongue, saw across the board and lift it as you would a plain square-edged one.

If the original flooring has been 'secret-nailed' **(2)**, use lost-head nails **(3)** to fix the boards back in place, then conceal the nail heads with a matching wood filler.

1 Saw along the line of the joint

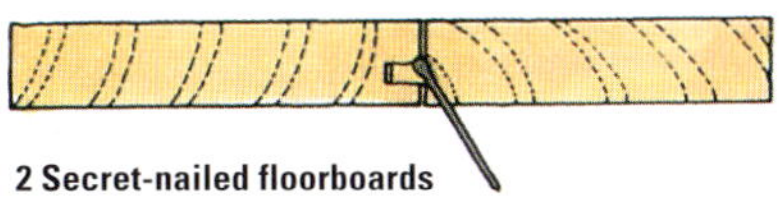

2 Secret-nailed floorboards

3 Replace with lost-head nails

Lifting a continuous board

Floorboards are nailed in place before the skirting is fixed, so the ends of a continuous board will be trapped under it. Consequently, you will have to cut the board in half before you can lift it. Prise up the centre of the floorboard with a bolster, until you can slip a cold chisel under it to keep the board bowed. Remove the nails and, with a tenon saw, cut through the board **(1)** over the centre of the joist. You can then lift the two halves of the board.

If a board is too stiff to be bowed upwards or is tongued and grooved, it will have to be sawn *in situ*. This means cutting it flush with the side of the joist, instead of over its centre.

To locate the side of the joist **(2)**, pass the blade of a padsaw vertically into the gaps on both sides of the board (the joints of tongue-and-grooved boards will have to be cut beforehand). Mark both edges of the board where the blade stops, and draw a line representing the side of the joist between these points. Make an access slot for the padsaw by drilling three or four holes, each with a diameter of 3mm (⅛in), close together near one end of the marked line.

Work the tip of the padsaw blade into the hole, and start making the cut with short strokes. Gradually tilt the blade to a shallow angle, in order to avoid cutting into any cables or pipes hidden below. Lever up the board with a bolster chisel, as described above.

1 Saw across the board

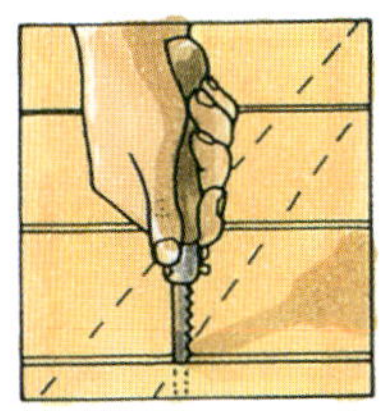

2 Find the joist's side

Refitting a cut board

The butted ends of boards usually meet over a joist **(1)**. However, a board that has been cut flush with the side of a joist must be supported below when it is replaced. Cut a piece of 50 x 50mm (2 x 2in) softwood and screw it to the side of the joist, flush with the top edge. Screw the end of the floorboard to the support **(2)**.

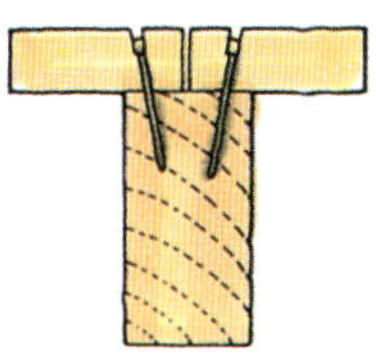

1 Boards share a joist

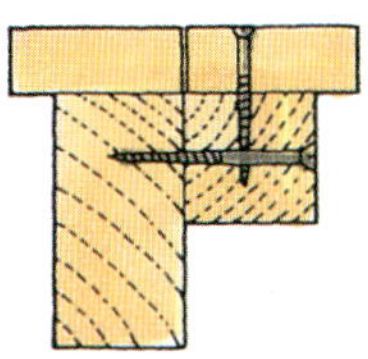

2 Support a cut board

Freeing the end of a board

To release the end of a floorboard that is trapped under the skirting, lift the board until it is almost vertical, then pull it straight out of the gap between the skirting and the joist **(1)**.

A floorboard that runs beneath a partition wall must be cut close to the skirting before you can raise it **(2)**. Drill an access hole to enable you to insert the blade of a padsaw. Alternatively, hire a special handsaw designed for cutting floorboards **(3)**. It has a curved cutting edge that allows you to saw through floorboards without lifting them completely.

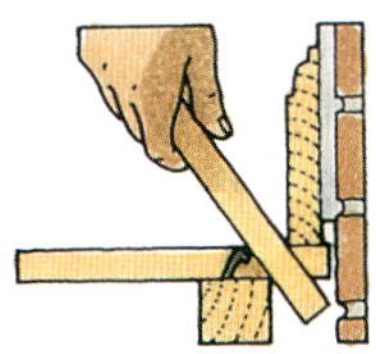

1 Lift the board clear

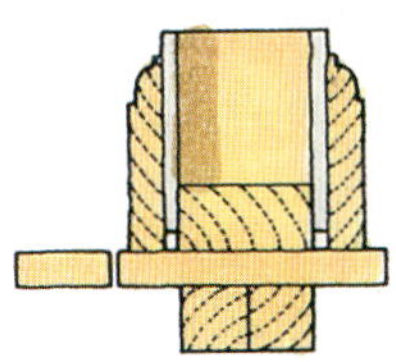

2 Cut close to the wall

3 If need be, hire a floorboard saw

SEE ALSO: Saws 493-4, Electrician's skate 522, Bolster 510, Cold chisel 510

Replacing floorboards

Although floors are subjected to a great deal of wear, it's usually fire damage or timber decay (which could also affect the joists) that results in a floor having to be re-laid or even entirely renewed.

Before laying a new floor, measure the room and buy your materials in advance. Leave the floorboards or sheet materials to acclimatize – ideally in the room where they are to be laid – for at least a week before laying.

Removing the flooring

To lift the complete flooring, you must first remove the skirting boards from the walls. If you intend to re-lay the boards, number them with chalk before proceeding to raise them. Lift the first few boards as described, starting from one side of the room, then prise up the remainder by working a bolster chisel between the joists and the undersides of the boards. When lifting tongue-and-groove boards, carefully ease them up two or three at a time to avoid breaking the joints, then pull them apart.

Pull all the nails out of the boards and joists, and scrape any accumulated dirt from the tops of the joists. Clean the edges of the boards similarly, if they are to be reused. Check all timbers for rot or insect infestation, and treat or repair them as required.

• Closing gaps
It is possible to re-lay floorboards without removing all the boards at once. Lift and renail about six boards at a time as you work across the floor. Finally cut and fit a new board to fill the last gap.

Laying new floorboards

Although these instructions describe how to fix tongue-and-groove boards, the basic method applies equally to square-edged floorboards.

First lay a few loose floorboards together to act as a work platform. Measure the width or the length of the room – whichever is at right angles to the joists – and cut your boards to stop 9mm (3/8in) short of the walls at each end. Lay four to six boards at a time.

Where two shorter floorboards are to be butted end to end, cut them so that the joint will be centred over a joist – it pays to arrange several boards at a time, so that you are not left with butt joints occurring side by side.

Fix the first board with its grooved edge no more than 9mm (3/8in) from the wall, and nail it in place with cut floor brads or lost-head nails that are at least twice as long as the thickness of the board.

Place the nails in pairs, one about 25mm (1in) from each edge of the board and centred on the joists. Use a nail punch to drive them about 2mm (1/16in) below the surface; or if you opt for secret nailing, drive nails diagonally through the tongued edge instead.

Lay the other cut boards in place and clamp them to the one that has been fixed, to close up the edge joints. Special floorboard cramps can be hired for this, but wedges cut from 400mm (1ft 4in) offcuts of board will work just as well. To clamp the boards with wedges, temporarily nail another floorboard just less than a board's width away from them. Insert pairs of wedges in the gap, resting on every fourth or fifth joist; then, using two hammers, tap the wedges toward each other **(1)**. After nailing the clamped floorboards in place as before, remove the wedges and repeat the procedure with the next group of boards, continuing in this way across the room.

At the far wall, cut the last board to fit by removing its tongued edge – it should be cut to leave a gap equal to the width of the tongue or 9mm (3/8in), whichever is less. If you can't slide it onto the previous board's tongue, cut away the bottom section of its grooved edge, so that it will drop into place **(2)**.

1 Make wedges to clamp boards

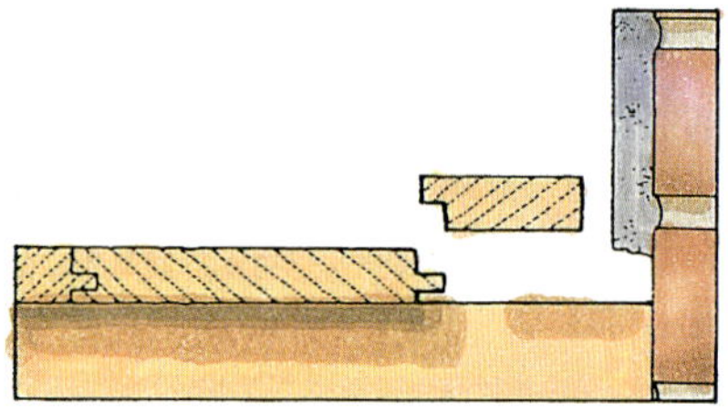

2 Cut away part of the last board's grooved edge

Laying floorboards
Work from a platform of loose boards, and proceed in the following order:
1 Fix the first board parallel to the wall.
2 Cut and lay up to six boards, clamp them together and nail.
3 Lay the next group of boards in the same way, and continue across the floor. Cut the last board to fit.

FLOORBOARD CRAMP

This special tool automatically grips the joist over which it is placed by means of two toothed cams. A screw-operated ram applies pressure to the floorboards when the tommy bar is turned.

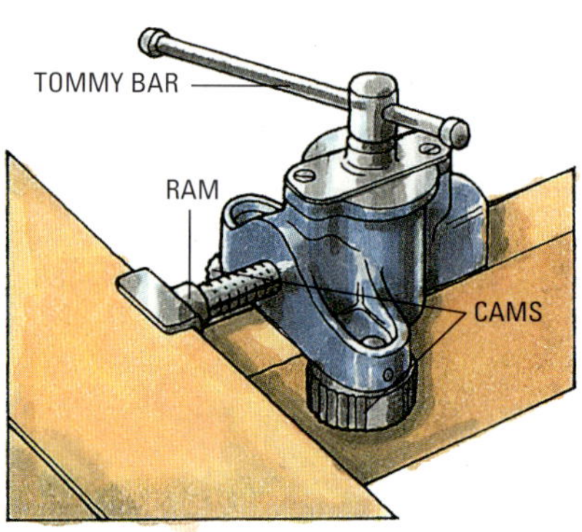

Hire a special cramp to re-lay floorboards

SEE ALSO: Lifting floorboards 185, Secret-nailing 185, Repairing floor joists 188, Replacing skirtings 189, Woodworm 256–7, Nails 528

Laying chipboard flooring

Chipboard is an excellent material for a floor that is going to be invisible beneath some kind of covering, such as vinyl, cork, or fitted carpet. It can be laid relatively quickly and is a lot cheaper than the equivalent amount of timber flooring. It comes square-edged or tongued and grooved. Each type has its own laying technique.

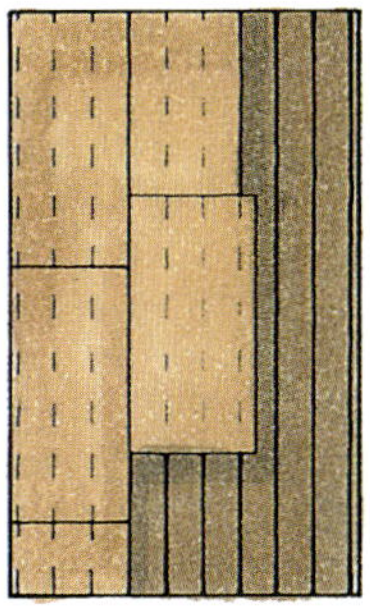

1 Square-edged boards

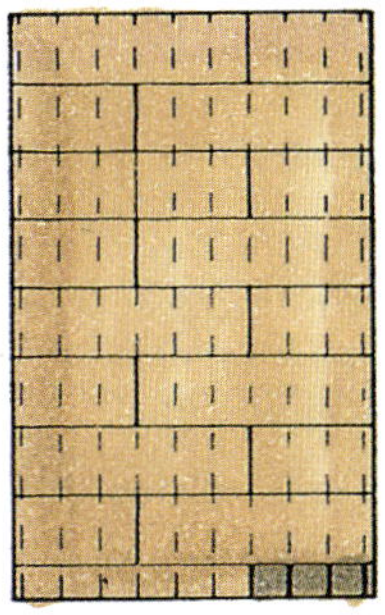

2 T&G boards

Cutting to fit

Wide square-edged boards may have to be reduced in width **(1)** so that their long edges will butt on the centre lines of the joists.

When laying tongue-and-groove boards, only the last ones need cutting in order to fit against the wall **(2)**.

Laying square-edged boards

All the edges of square-edged sheet flooring must be supported. Lay the boards with their long edges along the joists and nail 75 x 50mm (3 x 2in) softwood noggings between the joists to support the ends of the boards. The noggings against the wall are inserted in advance; those supporting joints between boards can be nailed into place as the boards are laid.

Start with a full-length board in one corner and lay a row of boards the length of the room, cutting the last one to fit, as required. Leave an expansion gap of about 9mm (3/8in) between the outer edges of the boards and the walls. The boards' inner edges should fall on the centre line of a joist. If necessary, cut the boards to width – but remove the waste from the edges closest to the wall, preserving the machine-cut edges to make neat butt joints with the next row of boards. Nail down the boards, using 50mm (2in) ring-shank nails, spaced about 300mm (1ft) apart along the joists and noggings. Place the nails about 9mm (3/8in) from the board edges.

Cut and lay the remainder of the boards, with the end joints staggered on alternate rows.

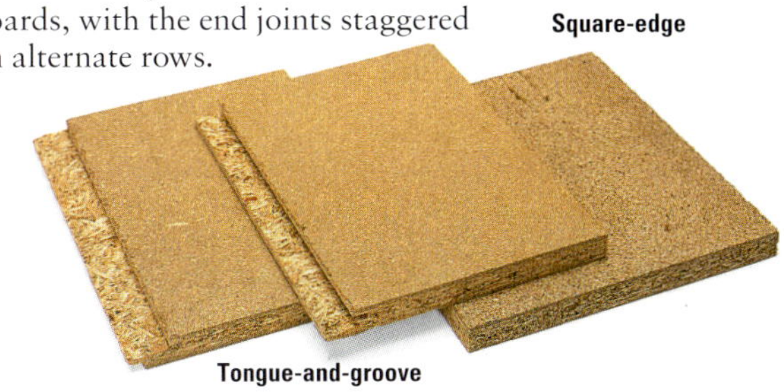

Laying tongue-and-groove boards

Tongue-and-groove boards are laid with their longer edges running across the joists. Noggings are required only to support the outer edges close to the walls. The ends of the boards should be supported by joists.

Working from one corner, lay the first board with its grooved edges about 9mm (3/8in) from the walls and nail it in place. Apply PVA wood adhesive to the joint along the end of the first board, and then lay the next one in the row. Knock it up to the first board with a hammer for a good, close joint, protecting the edge with a piece of scrap wood. Nail the board down as before, then wipe any surplus adhesive from the surface before it sets, using a damp rag.

Continue in this way across the floor, gluing all of the joints as you go. Cut boards to fit at the ends of rows or to fall on the centre of a joist, and stagger end joints on alternate rows.

Finally, fit the skirting boards, which will cover the expansion gaps around the perimeter of the floor.

If you want to keep the chipboard clean, seal the surface with two coats of clear polyurethane varnish.

Ring-shank nails
Nail down square-edged boards, using 50mm (2in) ring-shank nails, spaced about 300mm (1ft) apart.

Laying square-edged boards
The long edges rest on joists and the ends are supported by noggings.

Laying tongue-and-groove boards
Lay T&G boards crosswise, with their ends falling on a joist.

SEE ALSO: Floorcoverings 118–24, Chipboard flooring 184, Replacing skirtings 189, Nails 528

Floor joists

Since all floor joists are load-bearing, their size and spacing in new structures must satisfy a Building Control Officer. However, calculations are not necessary for most domestic repairs – matching new timber for old should suffice. Use only 'strength-graded' timber, which has been expertly examined visually or machine-tested.

Fitting services

Service runs such as heating pipes and electric cables can run in the void below a suspended ground floor – but in upper floors those running at right angles to the joists have to pass through the joists, which are covered by flooring above and a ceiling below.

So as not to weaken the structure, bore holes for cables through the centre of a joist – or at least 50mm (2in) below the top edge, in order to clear floor nails. Try to place the holes within the middle two-thirds of the joist's length **(1)**.

Notches for pipe runs in the top edge of the joist should be no deeper than one-eighth of the joist's depth. These notches should be confined to an area not more than a quarter of the joist's span at each end, and not closer to the end than 0.07 of the joist's span **(2)**.

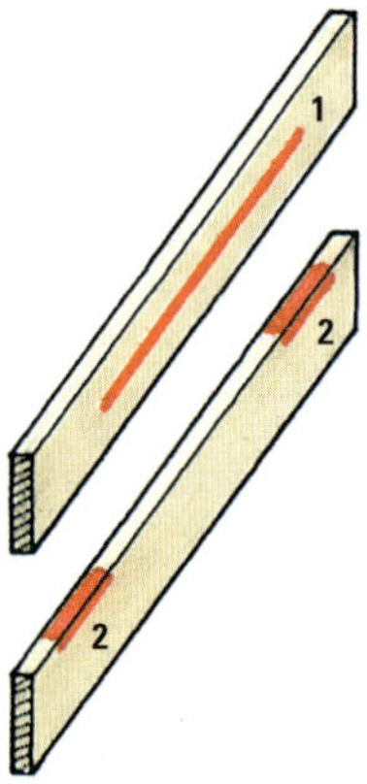

Fitting services
1 Make holes for cables within red area.
2 Place notches for pipes within red area.

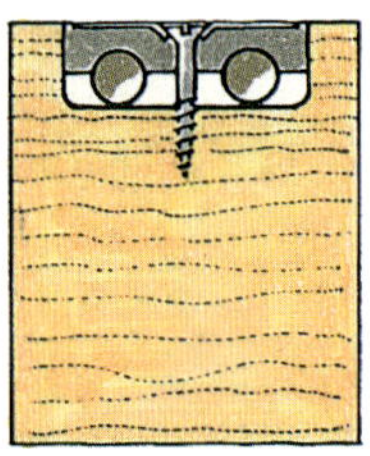

Accommodating pipes
Drill and saw notches for pipes, and cover them with a protector.

Repairing floor joists

Floor joists that have been seriously attacked by wet rot, dry rot or insect infestation have to be cut out and replaced. Such attacks usually occur at ground-floor level because of its proximity to the damp soil. If the damage is extensive, or the upper floors are affected too, you should call in an expert to do the job. However, if it is localized and not too serious, you can probably deal with it yourself.

Remove the skirtings and lift the floorboards covering the infected area until you reach a sleeper wall. Test the condition of the wood – joists, floorboards and skirting boards – by spiking it with a sharp knife. If the blade penetrates easily, the wood will have to be replaced. Sound wood can be treated with chemical preserver to kill rot spores and woodworm larvae.

Preparation

It is important that the damp conditions that have caused the outbreak of wet or dry rot are identified and corrected before any remedial work on the timbers is carried out.

All infected timbers must be removed in an area extending at least 450mm (1ft 6in) beyond the last visible signs of attack, and all surrounding masonry must be treated with a fungicide. Burn all the infected timber. The following assumes that the end of a joist and perhaps also the wall plate are affected.

Saw through and remove the infected end of the joist, cutting it back to the centre of the nearest sleeper wall. If the wall plate that has been supporting the joist is also affected, cut it away. If the wall plate is built into the masonry, you will need to drill a series of holes into its edge and finish cutting it away with a wood chisel and mallet, trimming the remaining ends square. Wall plates on sleeper walls can be cut with a saw.

Replacement

Cut a new length of wall-plate timber to fill the gap, and treat it thoroughly with wood preserver.

If the original mortar bed joint and damp-proof course are undamaged, apply a coating of liquid bituminous damp-proofing over it, then fit the new section of wall plate into place.

If necessary, re-lay the bed joint and insert a new length of DPC, making sure that its ends overlap the ends of the old one (if present) by at least 150mm (6in). Then reseat the wall plate.

Now cut a length of new joist, to sit on the repaired wall plate and meet the cut end of the old joist on the sleeper wall. Treat it thoroughly with timber preserver. To ensure that it is level with the other joists, trim its underside or pack it with slate or DPC felt.

Brace the joint with two 900mm (3ft) lengths of joist timber – also treated – on each side, and bolt through with four coach bolts and two timber connectors for each bolt.

Finally, replace all the floorboards and skirtings.

Repairing a joist
The stages for repairing a damaged joist are combined in the illustration.
1 Cut away old joist.
2 Drill and cut out damaged wall plate.
3 Fit new wall plate.
4 Cut and fit new joist, and brace the joint with bolted joist timbers.

FITTING JOIST HANGERS

Sections of infected wood can be replaced with metal joist hangers to support the ends of the repaired joists.

Having removed the damaged joist and section of wall plate (see above), lay bricks in the resulting slot. Before laying the mortar, check on the condition of the DPC and, if you think it necessary, reinforce it with an extra layer of DPC felt or a liquid damp-proofing material.

Set the brickwork to support the flange of the joist hanger at the required level, using slate packing under the flange if necessary. Allow the mortar to harden before fitting the new section of joist, as described above.

SEE ALSO: Size guide 180, Joist hangers 182, Lifting floorboards 185, Replacing skirtings 189, Curing damp 260–8

Replacing skirtings

Skirtings are protective 'kick boards', usually moulded to form a decorative border between the floor and walls. Modern skirtings are relatively small and simply formed, with a rounded or bevelled top edge. Skirting repairs or replacement are an inevitable consequence of major repairs to a floor.

In older houses skirtings can be as tall as 300mm (1ft) and quite elaborately moulded. In most homes they are about 175mm (7in) tall and of either ovolo, torus, bevelled or rounded design. You can buy traditional skirting boards from timber merchants, and some will supply more elaborate designs to special order. Traditionally skirting boards are nailed either directly to plastered masonry or to battens, known as 'grounds', fixed in place during the plastering stage. On partition walls they are nailed to timber studs.

Removing the skirting

Remove a skirting board by levering it away from the wall, using a crowbar and bolster chisel. A continuous length of skirting, with ends that are mitred into internal corners, may have to be cut before it can be removed.

Tap the blade of the bolster between the skirting and the wall, and lever the top edge away sufficiently to insert the 'chisel' end of the crowbar behind it. Place a thin strip of wood behind the crowbar, in order to protect the wall, then tap the bolster in again, a little to one side. Work along the skirting in this way until the board is free.

Having removed the skirting board, pull the nails out through the back to avoid splitting the face.

Cutting a long skirting

A long stretch of skirting may bend sufficiently for you to cut it *in situ*. Lever it away at its centre and insert blocks of wood, one on each side of the proposed cut, to hold the board about 25mm (1in) from the wall **(1)**.

Make a vertical cut with a panel saw held at about 45 degrees to the face of the board **(2)**. Saw with short strokes, using the tip of the blade only.

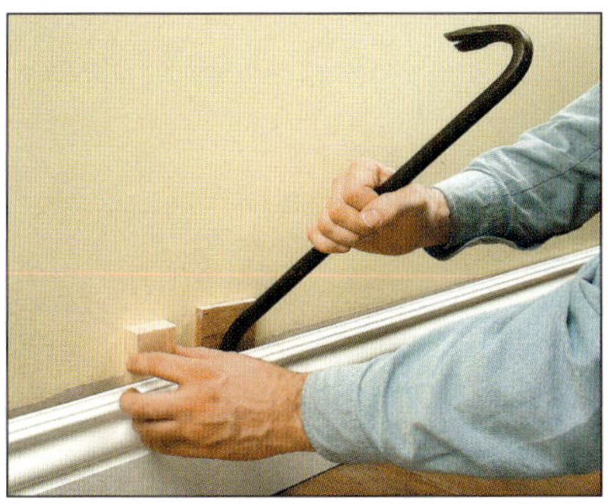

1 Prise skirting away from wall and pack out

2. Cut through skirting with tip of saw

Fitting a new skirting

Whenever possible, restore a damaged skirting, particularly if it is an unusual moulding for which there is no modern replacement. If that's not possible, you could try to make a replacement from standard moulded sections (see right), all of which are readily available.

Measure the length of each wall, bearing in mind that most skirtings are mitred at the corners. Mark the length of the wall on the bottom edge of the new skirting, mark a 45-degree angle for the mitre, and extend the marked line across the face of the board, using a try square. Clamp the board on edge in a vice and carefully saw down the line at that angle, using a sharp panel saw.

Sometimes moulded skirting boards are scribed and butt-jointed at internal corners. To achieve the required profile, cut the end off one board at 45 degrees as for a mitre joint **(1)**; then, using a coping saw, cut along the contour line on the moulded face, so it will 'jig-saw' with its neighbour **(2)**.

Fix skirtings in place with cut clasp nails or masonry nails when nailing to brick or stone, but use lost-head nails when attaching skirting boards to wooden grounds. It is also possible to fix skirtings with adhesive.

1 Saw a 45-degree mitre at the end

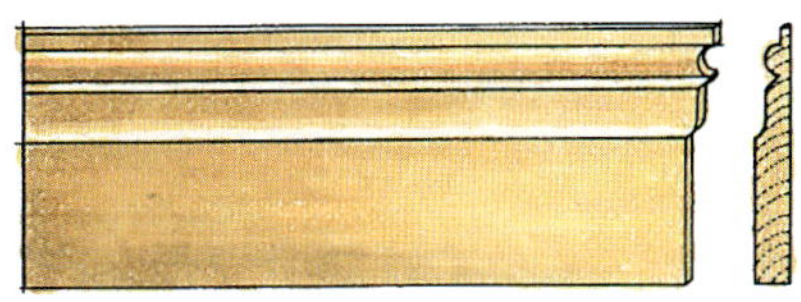

2 Cut the shape following the contour line

Making a skirting
If you are unable to find a length of skirting to match your original, have one machined specially or make one from various sections of wood.

SKIRTING MOULDINGS

Most standard skirting boards are made of softwood, ready for painting. Hardwoods are not so commonly used; they are usually reserved for special decorative mouldings and coated with a clear finish. 'Moulded-reverse' skirtings are machined with a different profile on each side of the board.

Selection of skirting mouldings
1 Bolection mould skirting **2** Torus skirting
3 Ovolo skirting **4** Torus/ovolo reverse skirting
5 Bevelled/rounded reverse skirting **6** Bevelled hardwood skirting

SEE ALSO: **Finishing woodwork 78–90, Architectural mouldings 149, Try square 492, Panel saw 493, Coping saw 494, Nails 528**

REPAIRING A CONCRETE FLOOR

Laying a concrete floor

A suspended timber floor that has been seriously damaged by rot or insect infestation can be replaced with a solid concrete floor, provided the space below it needs no more than 600mm (2ft) of infill material. If it requires more, a new suspended floor will have to be fitted, as a concrete floor would be liable to damage through settlement of the infill.

Before taking any action, consult your local Building Control Officer. The converting of one floor can affect the ventilation of another, and it is also possible that insulation will be required.

If the work may interfere with the electrical main service cable or gas or water supply pipes, check with the relevant authorities. Wiring and heating pipes should be rerun before the infill is laid.

Concrete floors sometimes shrink and crack. Usually, it is only the screed that has cracked and it can be repaired easily – but a cracked floor that is also uneven may be a sign of settlement in the subbase and you should have it checked by a surveyor or by a Building Control Officer, who will advise you on what steps to take.

Filling a crack

Clean all dirt and loose material out of the crack; and if necessary, open up narrow parts and undercut with a cold chisel to allow better penetration of the filler. As an alternative to making up your own sand-and-cement mix, use a proprietary cement-based exterior filler. When mixed with water, the filler remains workable for 10 to 20 minutes. Just before it sets hard, smooth or scrape the filler level.

Laying pipes in concrete

House conversions or such installations as central heating sometimes call for pipework to be run across a room. If the floor is solid, that will mean either running it round the walls or setting it into the concrete. Although the latter method was once a common plumbing practice, water bylaws now stipulate that pipes must not be embedded in a solid-concrete wall or floor. However, it is possible to conceal pipes in internal partition walls, provided the water can be turned off in the event of a leak.

Another way to comply with these requirements is to run the pipes inside moulded-plastic ducting laid in the solid floor. After the pipework has been fitted and tested, a plywood or chipboard cover panel is screwed to the lipping of the duct to finish flush with the floor. Ideally, any decorative floorcovering should be loose-fitted, or detailed to provide easy access.

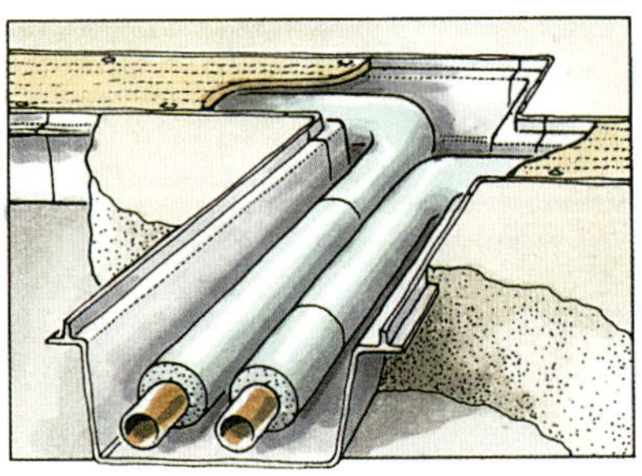

Plastic ducting for floor-run pipes

● **Damp-proof membrane**
A continuous polythene DPM can be inserted beneath the concrete slab (see right); or it can be placed between the slab and screed, in which case the screed should be at least 65mm (2½in) thick. Another alternative is to apply a thick mastic DPC, which can be in the form of a bituminous flooring adhesive, on top of the concrete.

Preparing the ground

Strip out all the infected timbers and burn them. Also remove the door of the room. Treat the ground and all the surrounding masonry thoroughly with a strong fungicide. Fill in any recesses left in the walls, as a result of removing the timbers, with bricks and mortar.

Mark the walls with a levelled chalk line indicating the level of the finished floor, allowing for the floorcovering if you intend to use a thick material such as quarry tiles or wood blocks.

About 50mm (2in) below this line, mark another one, the space between them representing the thickness of the screed. Then mark a third chalk line 100mm (4in) further down, indicating the thickness of the concrete slab. Mark a fourth line, 50mm (2in) below that, to indicate a layer of insulation board.

The infill

Lay the infill material to the required depth in layers of no more than 225mm (9in), compacting each layer thoroughly and breaking up larger pieces with a sledgehammer **(1)**. You can use brick and tile rubble for the infill – or, better still, gravel rejects (coarse stones from quarry waste). Discard any pieces of wood and fragments of plaster, which could react unfavourably with cement.

Bring the surface up to within 25mm (1in) of the chalk line for the insulation, then 'blind' the surface with a layer of sand, tamped or rolled flat.

Laying the damp-proof membrane
Spread a polythene damp-proof membrane of 1000 or 1200 gauge thickness over the surface of the sand, turning its edges up all round and lapping it up the walls to form a tray.

Make neat folds at the corners and hold them temporarily in place with paperclips. If the floor needs more than one sheet of polythene to cover it, the sheets must overlap by at least 200mm (8in) and the joints should be sealed with special waterproof tape, available from builders' merchants.

1 Preparing the ground
Mark the walls with chalk lines indicating the level of the finished floor, the thickness of the screed and that of the concrete slab and insulation. Fill the floor area with hardcore to within 25mm (1in) of the bottom line; compact each layer thoroughly with a sledgehammer. Cover the hardcore with sand up to the line, then lay a damp-proof membrane over it.

SEE ALSO: Solid ground floors 181, Wet and dry rot 259, Curing damp 260–8, Running cable 313–15, Plumbing 358–404

Laying the concrete and screed

Including insulation

Lay closely butted polystyrene board on the DPM and tape the joints. As the work progresses, place strips of insulant between the concrete and the walls.

Laying the concrete

Mix a medium-strength concrete, with 1 part cement : 2½ parts sand : 4 parts aggregate. Don't add too much water – the mix should be a relatively stiff one.

Lay the concrete progressively, in bands about 600mm (2ft) wide, working towards the doorway. Tamp the concrete with a length of 100 x 50mm (4 x 2in) timber to compact it, and finish level with the chalked line **(2)**. Slight unevenness will be taken up by the screed, but check the surface of the concrete from time to time, using a spirit level and straightedge, and fill in any hollows. Leave the concrete to cure for at least three days under a sheet of polythene, to prevent shrinkage that could be caused by rapid drying.

Laying the screed

Mix a screed mortar from 3 parts sharp sand : 1 part Portland cement. Dampen the floor and prime with a cement grout mixed to a creamy consistency with water and bonding agent in equal parts. Working from one wall, apply a 600mm (2ft) band of grout with a stiff brush.

Apply a bedding of screed mortar at each end of the grouted area to take 38 x 38mm (1½ x 1½in) 'screed battens'. True them with a spirit level and straightedge, so that they are flush with the surface-level lines on the walls.

Lay mortar between the battens, and tamp it down well **(3)**. Level the mortar with a straightedge laid across the battens, then smooth it with a wooden float. Lift out the battens carefully, fill the hollows with mortar, and level again with the float.

Repeat the procedure, working your way across the floor in bands 600mm (2ft) wide. When the screed is firm, cover the finished floor with a sheet of polythene and leave it to cure for about a week. As soon as the floor is hard enough to walk on, trim the damp-proof membrane to within 25mm (1in) of the floor and fit the skirtings to cover its edges **(4)**.

The floor will not be fully dry for about six months. Allow one month for every 25mm (1in) of thickness – and in the meantime don't lay an impermeable floorcovering.

2 Laying the concrete
Working towards the doorway, lay concrete in bands not more than 600mm (2ft) wide. Tamp down the concrete to consolidate it, and bring it level with the chalked line. Place strips of insulant between the concrete and walls.

3 Laying the screed
Apply a band of cement grout, 600mm (2ft) wide, to the concrete base and set levelled screed battens in mortar at each end of it. Lay the screed in bands not more than 600mm (2ft) wide, and level the surface with a straightedge and float. Lift out the battens and fill the hollows left by them. Then lay the next band.

4 Finishing the edges
Allow the floor to cure before using the room. Trim the edges of the damp-proof membrane to within 25mm (1in) of the surface, and cover it with skirtings nailed or bonded to the wall.

● **Insulating the floor**
The degree of thermal insulation required varies according to the area of the floor and its construction. Check with your local BCO, or ask an architect to calculate whether, or how much, insulation is required.

☛ **SEE ALSO: Using bonding agents 159, Replacing skirtings 189, Mixing concrete 465**

Doors: types and construction

At first glance, there appears to be a great variety of doors to choose from – but most of the differences are purely stylistic and they are, in fact, all based on a relatively small number of construction methods.

The vast range of styles can sometimes tempt householders into buying doors that are inappropriate for the house they live in. When replacing a front door, it's especially important to choose one in keeping with the architectural style of your house.

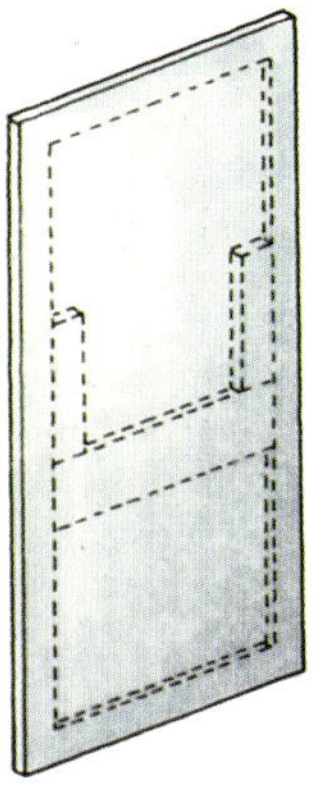

External flush door
A central rail is fitted to take a letter plate.

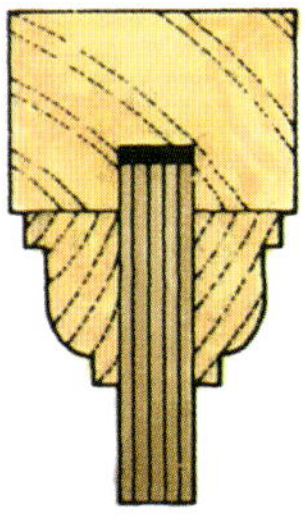

Planted moulding

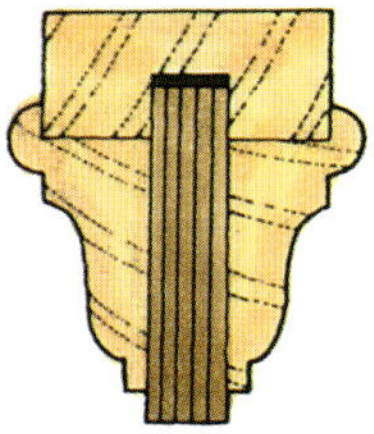

Bolection moulding

Buying a door

You can buy internal and external doors made from softwood or hardwood, the latter usually being reserved for special rooms or entrances where the natural features of the wood can be appreciated. Softwood doors are for more general workaday use and are intended to be painted. However, some people prefer to apply a clear finish.

Glazed doors are often used for front and rear entrances. Traditionally these are of wooden-frame construction, though modern aluminium-framed and uPVC plastic doors can be bought in standard sizes, complete with double glazing and fitments.

Frame-and-panel doors are supplied in unfinished wood, and mostly require trimming, glazing and fitting out with hinges, locks and letter plates.

Door sizes

Doors are made in several standard sizes, which meet most domestic needs. The range of standard heights is 2m, 2.03m and, occasionally, 2.17m (6ft 6in, 6ft 8in and 7ft). Widths range from 600 to 900mm (2 to 3ft), in steps of about 75mm (3in). Thicknesses vary from 35 to 44mm (1⅜ to1¾in).

Older houses often have relatively large doors to the main rooms, but modern homes tend to have standard-size joinery throughout. The standard is usually 2m x 762mm (6ft 6in x 2ft 6in), except for front-entrance doors, which are invariably larger in order to fit the proportions of the façade.

When replacing a door in an old house – where the openings may well be of non-standard sizes – have a door made to measure or buy one of the nearest available size and trim it to fit, removing an equal amount from each edge to preserve the frame's symmetry.

Panel doors

Panel doors have a hardwood or softwood frame made with mortise and tenons or dowel joints. The frame is rebated or grooved to house the panels, which can be of solid wood, plywood or glass. Doors, constructed from moulded-hardboard panels, pressed steel and ABS plastic fixed to a rigid frame, are also available.

1 Muntins
These are the central vertical members of the door. They are jointed into the three cross rails.

2 Panels
These may be of solid wood or of plywood. They are held loosely in grooves in the frame to ensure they can shrink without splitting. They stiffen the door.

3 Cross rails
The top, centre and bottom rails are tenoned into the stiles. In cheaper doors, the mortise-and-tenon joints are replaced with dowel joints.

4 Stiles
These are the upright members at the sides of the door. They carry the hinges and lock.

Panel-door mouldings
The frame's inner edges may be plain or moulded to form a decorative border. Small mouldings are either machined on the frame before assembly or machined separately and pinned onto the inside edge of the frame. An ordinary planted moulding (see far left) can shrink away from the frame, making cracks in the paintwork. A bolection moulding, which laps the frame, helps overcome this problem.

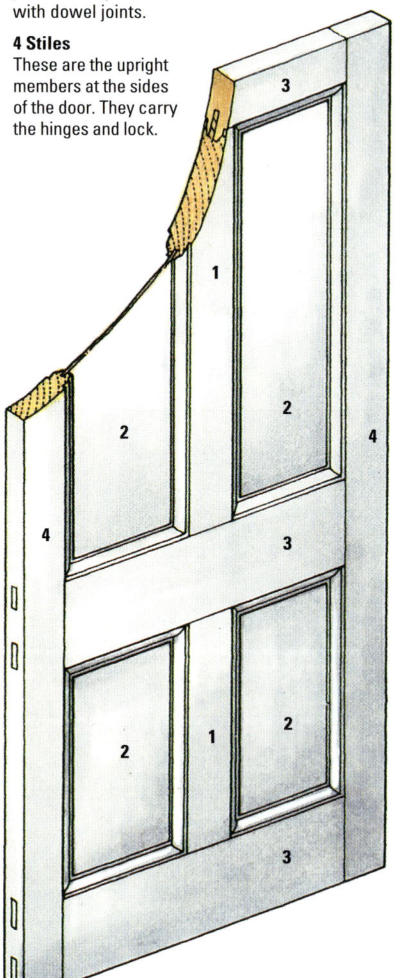

Panel door

Flush doors

Most flush doors have a softwood frame faced with sheets of plywood or hardboard on both sides and infilled with a hollow-core material. Mainly located internally, they're simple, lightweight and cheap, but lack character. External flush doors have a central rail to take a letter plate, and fire-resistant doors have a solid core.

1 Top and bottom rails
These are tenoned into the stiles.

2 Intermediate rails
These lighter rails, joined to the stiles, are notched to allow the passage of air, in order to prevent the panels sinking.

3 Lock blocks
A softwood block able to take a mortise lock is glued to each stile.

4 Panels
The plywood or hardboard panels are left plain for painting or finished with a wood veneer. Metal-skinned doors may be ordered specially.

Core material
Paper or cardboard honeycomb is often sandwiched between the panels in place of intermediate rails.
A solid fire-retardant material forms the core of fire-check doors.

Flush door

☛ SEE ALSO: Painting a door 81, Fitting a door 194, Weather bar 195, Door furniture 197, Fire-resistant doors 202, Fitting locks 250–1

Ledged-and-braced doors

These doors have a rustic look and are often found in outbuildings, garden walls and old houses. They are strong, secure and cheap, though sometimes a little crude. A superior framed version is tenon-jointed or dowelled, instead of being merely nailed or stapled.

1 Battens
Tongue-and-groove boards are nailed to the ledges.

2 T-hinges
Butt hinges will not hold in the end grain of the ledges, so long T-hinges are used to take the weight.

3 Braces
These diagonals, preferably notched into the ledges, transmit the weight of the door to the hinges and stop it sagging.

4 Ledges
These are the cross rails to which the battens are nailed.

Framed ledged, braced and battened door

Simple ledged, braced and battened door

DOORFRAMES AND CASINGS

External frames

An exterior door is typically fitted into a wooden frame, consisting of the head **(1)** at the top; the sill **(2)**, with a water-repellent weather bar, at the bottom; and, mortised and tenoned between them, two rebated side posts **(3)**. The head extends by 50mm (2in) on each side of the frame **(4).** These projections, known as 'horns', support the frame joints and are built into the masonry to hold the frame in place. Pallets **(5)** are wooden plates, also built into the masonry, for nail-fixing the frame. Metal brackets **(6)** provide another way of fixing a doorframe.

Aluminium and uPVC door sets are supplied with an extruded frame and sill, and include all the door furniture, glazing and weather-stripping. Frame fixings hold the assembly in place.

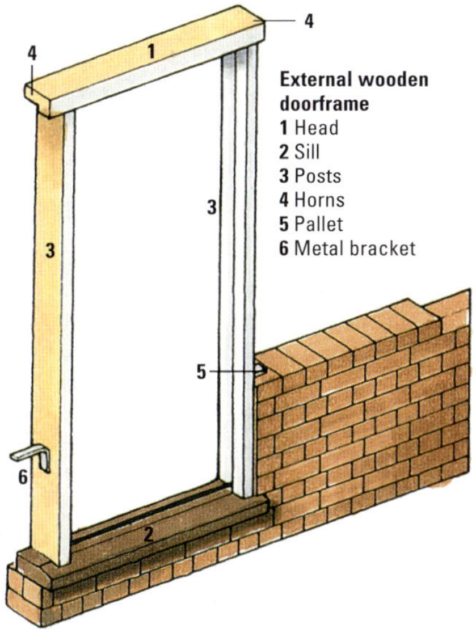

External wooden doorframe
1 Head
2 Sill
3 Posts
4 Horns
5 Pallet
6 Metal bracket

Garden gate
Heavy side gates constructed from wood are invariably ledged and braced.

Garage door
Custom-built door demonstrating the robust framed ledged, braced and battened method of construction.

Internal casings

Internal doors are hung in a timber lining frame (see below) made up from three members: the soffit casing **(1)** at the top and jamb casings **(2)** on either side of the opening. These are jointed together at the corners with bare-faced tongue-and-groove joints **(3)**. The jambs are traditionally nailed to pallets **(4)** in the masonry at 600mm (2ft) intervals. Frame fixings are now commonly used to secure frames to masonry walls. An architrave **(5)** covers the joints between the casings and wall. The door closes against applied doorstops **(6)**, which form a rebate.

In better-quality buildings, hardwood casings are often nailed to softwood grounds (see below). These are rough-sawn lengths of timber nailed in place to form a frame around the door opening. The soffit grounds **(7)** are nailed to the front of the lintel, and the jamb grounds **(8)** to wooden plugs in the masonry. The grounds provide a level for the wall plaster, and a secure fixing for the architrave moulding.

Internal door casing
1 Soffit casing
2 Jamb casing
3 Bare-faced T&G joint
4 Pallet (wooden plug)
5 Architrave
6 Doorstop

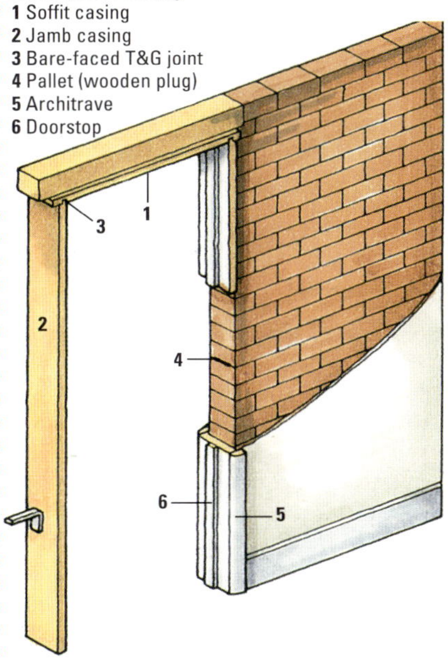

Internal hardwood casing
7 Soffit grounds
8 Jamb grounds

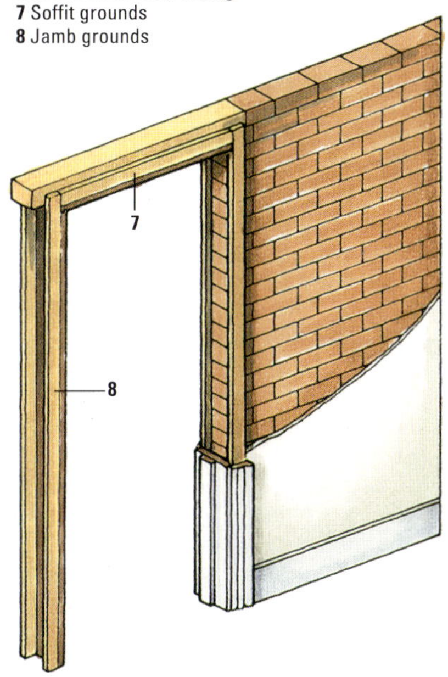

Fitting and hanging doors

Whatever style of door you wish to fit, the procedure is similar, with only minor differences to contend with. Two good-quality 100mm (4in) butt hinges are enough to support a standard door; but a third, central, hinge should be added to a fire door or a heavy hardwood one.

You will have to try a door in its frame several times to obtain a perfect fit, so it is best to have someone working with you.

Fitting a door

Before attaching the hinges to a new door, make sure that it fits nicely into its frame. It should have a clearance of 2mm (1/16in) at the top and sides, and should clear the floor by at least 6mm (1/4in) – as much as 12mm (1/2in) may be required for a carpeted floor.

Measure the height and width of the door opening, and the depth of the rebate in the frame into which the door has to fit. Ideally, choose a door that is the right size; but if you can't get one that fits the opening exactly, select one large enough to be trimmed down.

Cutting to size

New doors are often supplied with 'horns' – extensions to their stiles that prevent the corners being damaged while the doors are in storage. Cut these off with a saw **(1)** before starting to trim the door to size.

Transfer the measurements from the opening to the door, making allowance for the necessary clearances all round.

To reduce the width of the door, support it on edge, latch stile up, in a portable bench, and plane the stile down to the marked line. If a lot of wood has to be removed, take some off each stile – this is especially important in the case of panel doors, in order to preserve their symmetry.

If you need to reduce the height of the door by more than 6mm (1/4in), remove the waste with a saw and finish off with a plane. Otherwise, just trim it to size with the plane **(2)** – which must be extremely sharp to deal with the end grain of the stiles. To avoid 'chipping out' the corners, work from each corner towards the centre of the bottom rail.

Supporting the door on shallow wedges **(3)**, try it in the frame. If it still does not fit, take it down and remove more wood where appropriate.

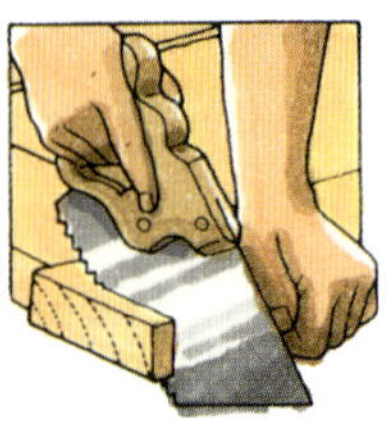

1 Saw off horns

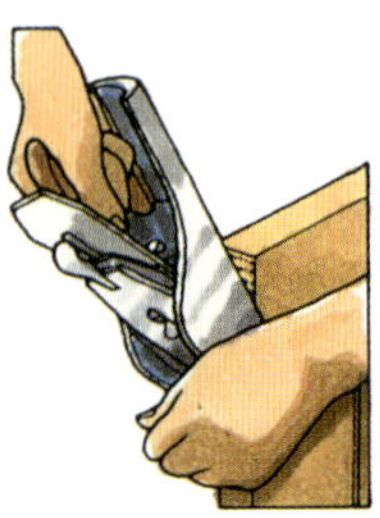

2 Plane to size

3 Wedge the door

Fitting hinges

The upper hinge is set about 175mm (7in) from the top edge of the door, and the lower one about 250mm (10in) from the bottom. They are cut equally into the stile and doorframe. Wedge the door in its opening, and – with the wedges tapped in to raise it to the right floor clearance – mark the positions of the hinges on both the door and frame.

Stand the door on edge, hinge stile uppermost. Open a hinge and, with its knuckle projecting from the edge of the door, align it with the marks and draw round the flap with a pencil **(1)**. Set a marking gauge to the thickness of the flap and mark the depth of the recess. With a chisel, make a series of shallow cuts across the grain **(2)** and pare out the waste to the scored line. Repeat the procedure with the second hinge; then, using the flaps as guides, drill pilot holes for the screws and fix both hinges into their recesses.

Wedge the door in its open position, aligning the free hinge flaps with the marks on the doorframe. Make sure the knuckles of the hinges are parallel with the frame, then trace the recesses on the frame **(3)** and cut them out as you did the others.

Adjusting and aligning

Hang the door with one screw holding each hinge, and see if it closes smoothly. If the latch stile rubs on the frame, you may have to make one or both recesses slightly deeper. If the door appears to strain against the hinges, it is said to be 'hingebound'. In which case, insert thin cardboard beneath the hinge flaps to pack them out. When you're satisfied that the door opens and closes properly, drive in the rest of the screws.

1 Mark round the flap with a pencil

2 Cut across the grain with a chisel

3 Mark the size of the flap on the frame

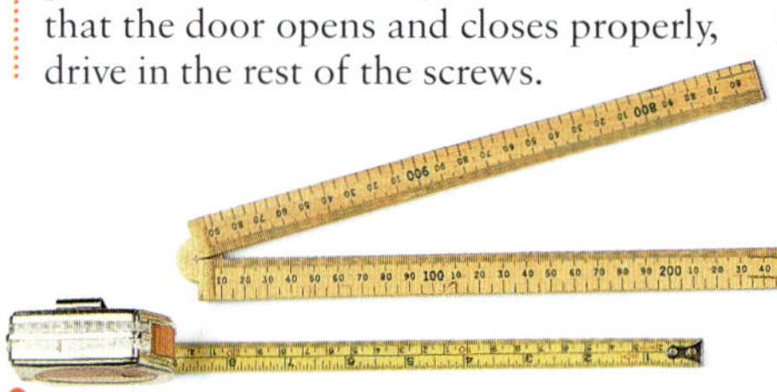

MEASUREMENTS

A door that fits well will open and close freely and look symmetrical in the frame. Use the figures given below as a guide for trimming the door and setting out the position of the hinges.

SEE ALSO: Fitting locks 250–1, Draught-proofing doors 272–3, Marking gauge 493, Folding bench 504

Floor clearance

Fitting rising butt hinges

Rising butt hinges – which lift a door as it is opened – prevent it dragging on a thick-pile carpet. These hinges are made in two parts: a flap with a fixed pin is screwed to the doorframe, and a flap with a single knuckle is fixed to the door. The knuckle pivots on the pin.

Rising butt hinges must be fixed one way up only, and are therefore made specifically for left-hand or right-hand opening. The countersunk screw holes in the fixed-pin flap indicate which side it is intended for.

Fitting the hinges

Trim the door and mark positions for the hinges (see opposite) – but before fitting them, plane a shallow bevel at the top outer corner of the hinge stile, so that it will clear the frame as it opens. Because the stile runs through to the top of the door, plane from the outer corner towards the centre, to avoid splitting the wood. The top strip of the doorstop will mask the bevel when the door is closed.

Fit the hinges to the door and frame; and then, taking care not to damage the architrave above the opening, lower the door onto the hinge pins.

Left-hand opening

Right-hand opening

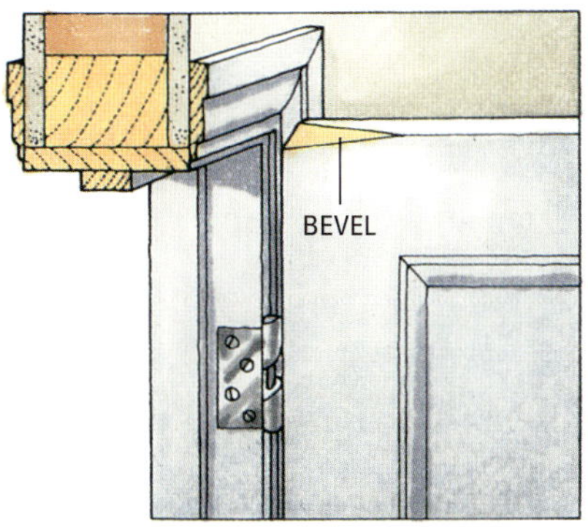

Plane a shallow bevel to clear the doorframe

Adjusting butt hinges

If you've got a door that catches on a bump in the floor as it opens, you can fit rising butt hinges to solve the problem.

However, it's sometimes possible to overcome the problem by resetting the existing hinges so that the knuckle of the lower one projects slightly more than the top one. The door will still hang vertically when closed – but as it opens, the out-of-line pins will throw the door upward, enabling it to clear the bump.

Resetting the hinges
You may have to reset both hinges to the new angle to prevent binding.

Fitting a weatherboard

A weatherboard is a special moulding that is fitted to the bottom of an external door to shed rainwater away from the threshold. To fit one, measure the width of the opening between the doorstops and cut the moulding to fit, cutting one end at a slight angle where it meets the doorframe on the latch side. This will allow it to clear the frame as the door swings open.

Use screws and a waterproof glue to attach a weatherboard to an unpainted door. When fitting one to a door that is already finished, apply a thick coat of primer to the back surface of the weatherboard to make a weatherproof seal, then screw the moulding in place while the primer is still wet. Fill or plug the screw holes before you prime and finish the weatherboard.

Allowing for a weather bar

Although a rebate cut into the head and side posts of an external doorframe provides a seal round an inward-opening door, a rebate cut into the sill at the foot of the door would merely encourage water to flow into the house.

Unless protected by a porch, a door in an exposed position needs to be fitted with a weather bar to prevent rainwater running underneath. This is a metal or plastic strip that is set into the step or sill. If you are putting in a new door and decide to fit a weather bar, use a router or circular saw to cut a rebate across the bottom of the door in order to clear the bar.

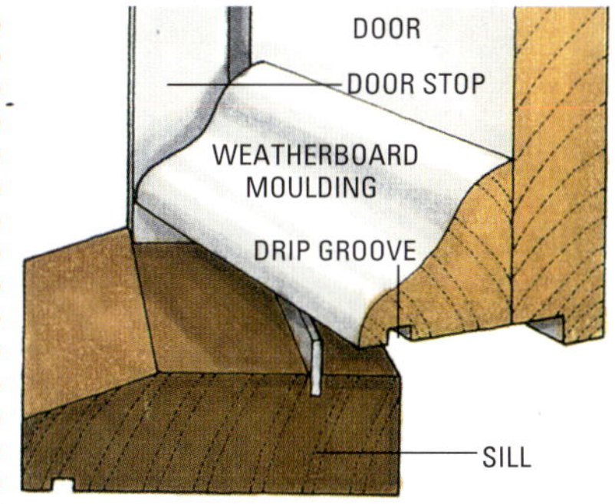

Door fitted with a weatherboard

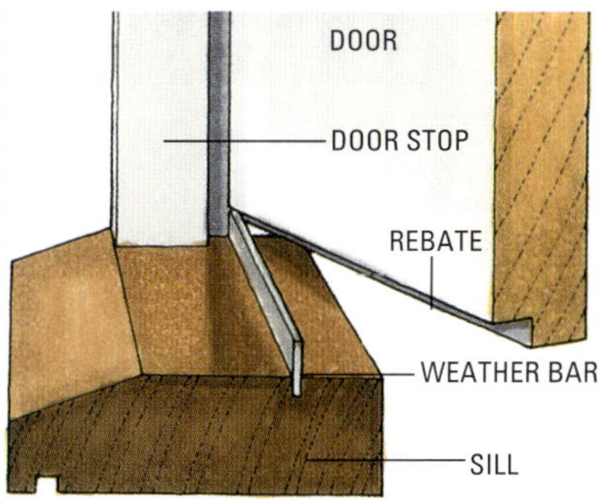

Sill fitted with weather bar

Effects of weathering
A sadly neglected panel door that could have been preserved by applying a weather-board before the deterioration had become widespread.

SEE ALSO: Door construction 188, Power saw 495, Router 498, Plug cutter 502

Repairing doors

Repairing a battened door

The 'battens' – or tongue-and-groove boards – of a ledged-and-braced door tend to rot along the bottom edge of the door first, because the end grain absorbs moisture. Nailing a board across the bottom of the door is not a satisfactory solution, because moisture will be trapped behind the board and will increase the rot.

Remove the door, and cut back the damaged boards to sound material. Where a batten falls on a rail, use the tip of a tenon saw to cut through most of it, then finish off the cut with a chisel. Alternatively, use a power router. Use a padsaw or a power jigsaw where the blade can pass clear of the rail. When replacing the end of a single batten, make the cut at right angles **(1)**. When a group of battens is to be replaced, make 45-degree cuts across them **(2)**. In this manner the interlocking of the tongued and grooved edges between the old and new sections is better maintained.

When cutting new pieces of boarding to fit, leave them overlength. Apply an exterior woodworking adhesive to the butting ends of the battens, but take care not to get any on the tongue-and-groove joints. Tap the pieces into place and nail each to the rail with two staggered lost-head nails. Cut off the ends of the repaired battens in line with the door's bottom edge, then treat the wood with a preserver to prevent any further damage.

Damaged panel door
A poorly maintained panel door in need of renovation and decoration.

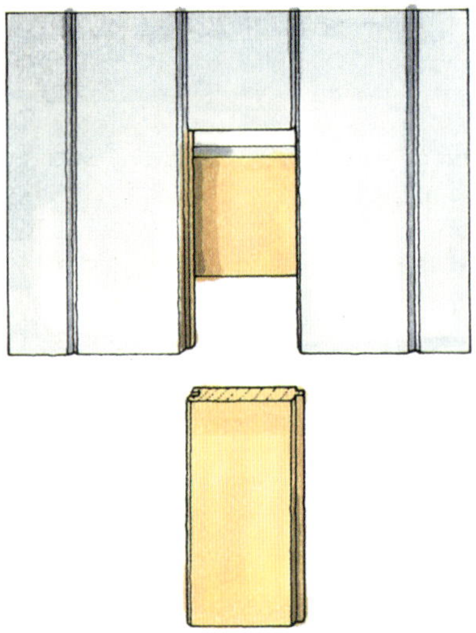

1 Cut the end of a single batten square

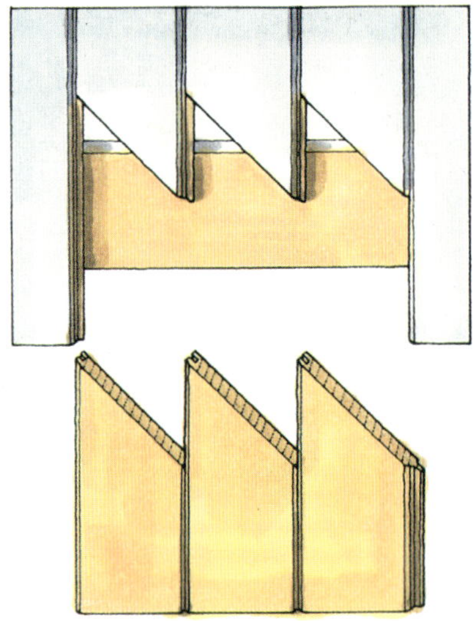

2 Cut a group of battens to 45 degrees

Easing a sticking door

If the bottom corner of a door rubs against the frame, take it off its hinges and shave the corner with a plane. If the top corner is rubbing, check the hinges before planing. After years of use, hinges wear and the pins can become slack, allowing the door to drop. In which case, either fit new hinges or save money by swapping the old hinges, top for bottom, which reverses the wear on the pins.

Swapping hinges
For a cheap and convenient repair, swap worn hinges, top for bottom.

A panel door is commonly used for the main entrance to a house. Unless subjected to serious neglect, this type of door should give good service over the life of the building. However, even sound doors can be seriously damaged when a housebreaker uses brute force to gain entry.

Although relatively strong, practically any entrance door can be kicked in or smashed open with a sledgehammer, the weakest point often being down the hinged edge rather than the well-fortified area where the lock is.

When the stiles or panels are badly splintered, the easiest course is to replace the whole door. However, if the door is unique and therefore worth preserving, insert pieces of new wood to repair the damage.

Rebuilding the edge

If the hinge stile has been split, the wood may have failed in the vicinity of the hinge screws and broken out from the front face of the door. If the splintered wood can be clamped back into place, glue the break with exterior wood adhesive. Cover the repair with a piece of polythene sheeting and place wooden blocks under the cramp heads to spread the forces over the damaged area. You will also need to glue wooden plugs into the old screw holes, so you can refix the door. Clean up the repair with a plane and fill any hollows with a wood filler prior to repainting.

However, it is likely that the split will be beyond repair. In which case, replace the damaged material with new wood. Use a chisel to cut back the damaged stile to sound wood, forming a regular recess. Undercut the ends to 45 degrees (see below).

Shape a block of similar wood to fit the length of the recess, but leave it oversize in width and thickness. Glue it in place and, when it is set, plane the block flush. Cut the housings for the hinges.

Rehang the door, and fit hinge bolts to the door stile and the frame to help prevent it happening again.

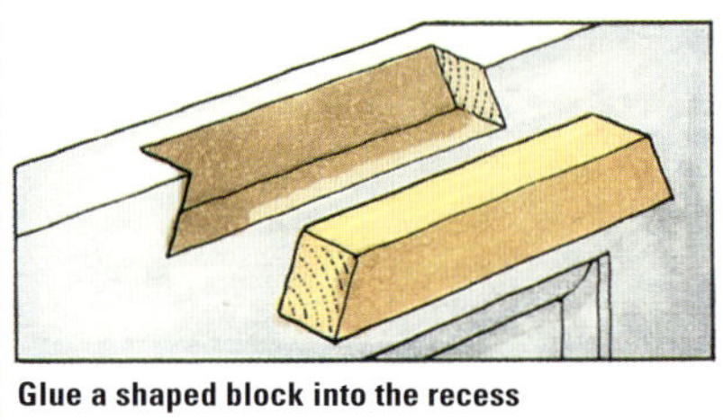

Glue a shaped block into the recess

SEE ALSO: Painting doors 81, Door construction 192, Hinge bolts 251, Wood preservers 260, Saws 493, Routers 498

Door furniture

Fitting a door pull

A period-style iron door knob or a brass one kept well polished can be attractive features on a panelled door. Such knobs are reproduced in many traditional styles and patterns.

An external door knob (door pull) is usually fitted on the centre line of a panel door. If a letter plate occupies the middle rail, place the knob on the muntin above it.

Drill a counterbored hole from the inside of the door to take the head of the screw that is used for fixing the knob; the clearance hole for the threaded shank passes right through the door.

The backplate of the knob has a locating peg on the reverse that stops the knob turning when the screw is tightened. Drill a shallow recess for the peg, then fit the knob and tighten the screw. For a neat finish, plug the counterbored hole on the inside to conceal the screw head.

Counterbore the hole for the fixing screw

Fitting a door knocker

A complete set of reproduction exterior-door furniture in the traditional manner comprises a letter plate, a door knob and a knocker. Being the most ornate item in the set, a door knocker is more often regarded as an optional decorative feature rather than an essential item – especially since, from the functional point of view, electric door bells have made door knockers virtually obsolete.

On a panel door, fit a knocker to the muntin at about shoulder height.

Mark a vertical centre line on the muntin at the required height and drill a counterbored clearance hole for the fixing screw, as described for fixing a door pull (see left). Plug the counter-bored hole on the inside after fixing the backplate.

Reproduction brass fittings are now usually finished at the factory with a clear lacquer to prevent tarnishing. If not, you can always apply a water-clear acrylic lacquer yourself.

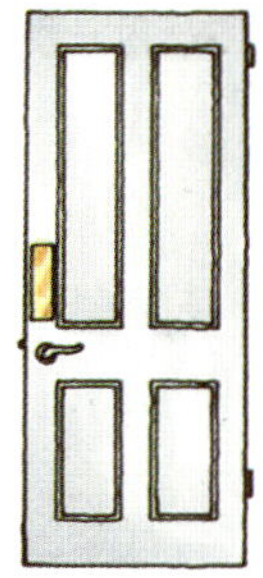

Fitting finger plates
Designed to protect the paintwork on interior doors, finger plates are screwed to each side of the lock stile, just above the centre rail.

Fitting a letter plate

Letter plates are available in a variety of styles and materials – solid brass, stainless steel, plated, cast iron and aluminium. They are designed either for horizontal or for vertical fitting. The fitting of a horizontal letter plate is described here, but the same method is applicable to the vertical type fitted into the door stile.

Mark out the rectangular opening on the centre of the cross rail. The slot must be only slightly larger than the hinged flap on the letter plate **(1)**. Drill a 12mm (½in) access hole in each corner of the rectangle for the blade of a padsaw or power jigsaw. After cutting out the slot, trim the corners with a chisel and clean up the edges.

Mark and drill the fixing holes, then attach the letter plate **(2)**. You may have to shorten the screws if the door is thin. Plug or fill the counterbored holes that house the screw heads.

Better still, fit an internal flap cover. Made from metal or plastic, these are held in place with small woodscrews. A flap cover reduces draughts, looks neat, and allows the letter plate to be removed more conveniently if it's to be machine-polished from time to time.

1 Sizing the opening
Take dimensions from the flap and make the opening slightly larger.

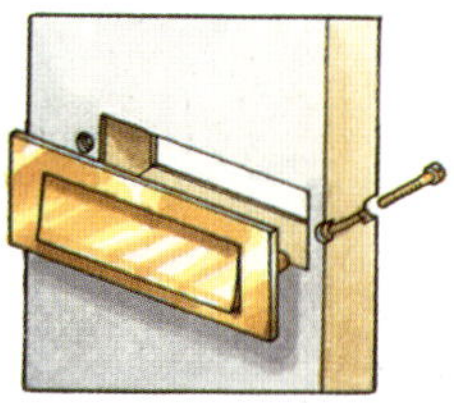

2 Counterbore the door for the plate and bolts

Choose fittings to suit the door style

Reproduction door furniture
1 Brass 'Georgian' letter plate
2 Brass 'Georgian' knocker
3 Brass 'Georgian' door knob
4 Black-iron door knob
5 Black-iron knocker
6 Black-iron letter plate

SEE ALSO: **Preparing and cleaning metalwork 58–9, 87–8, Finishing metalwork 92, Door construction 192, Door bells 332, Padsaw 494, Power jigsaw 495**

Replacing a doorframe

Because external doorframes are built into the masonry, having to replace one inevitably damages the plaster or rendering. In older houses these frames are recessed into the masonry, with the inside face of the frame flush with the plasterwork and an architrave moulding covering the joint. Modern houses may have frames close to or flush with the outer face of the masonry. Measure the door and either buy a standard frame to fit or make one yourself from standard frame sections.

Removing the old frame

Chop back the plaster or rendering with a cold chisel to expose the back face of the doorframe **(1)**. With an all-purpose saw **(2)**, cut through the metal fixings holding the frame to the masonry on each side. You will find a fixing about 225mm (9in) from the top and bottom, and another situated between the two. Saw through the jambs halfway up **(3)**; and if necessary, cut the head member and the sill. Lever the frame members out, using a crowbar. Clear any loose material from the opening; and repair a vertical DPC in a cavity wall with gun-applied mastic, in order to keep moisture out of the gap between the inner and outer layers of brickwork.

1 Cut back to expose the back of the frame

2 Cut through the frame fixings

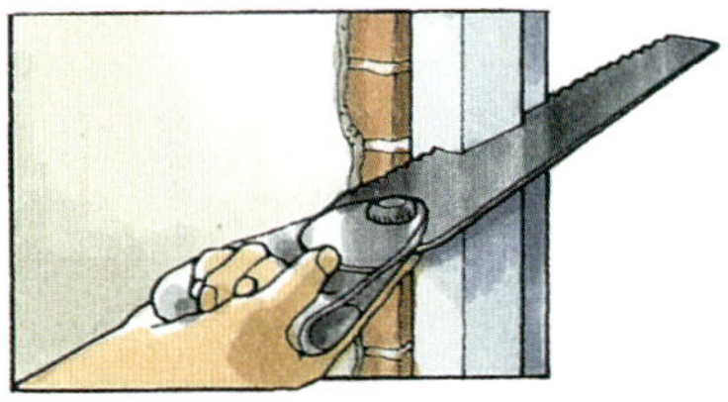

3 Saw through the frame to remove it

Fitting the new frame

Removing the horns makes fitting a frame easier, but it also weakens it. Where possible, retain the horns and shape them like the old ones (see right).

Wedge the frame into position, checking that it is central, square and plumb. Drill three counterbored clearance holes in each jamb for the fixing screws, positioned about 300mm (1ft) from the top and bottom, with one halfway. Try to avoid drilling into mortar joints. Run a masonry drill through the clearance holes to mark their positions on the masonry.

Remove the frame, drill the holes in the masonry, and insert No12 wall-plugs. Replace the frame and fix it with 100mm (4in) No12 steel screws. Plug the counterbored holes. Alternatively, use nailable-plug frame fixings.

Pack any gap under the sill with mortar. Make good the masonry, rendering or plasterwork, and apply mastic sealant round the outer edge of the frame to seal any small gaps.

When fitting an aluminium or uPVC frame, level the sill on a bed of mortar and plumb the frame, checking it is square and true, then fasten it in place with screw fixings. Seal all the joints with frame sealant.

Shape the horns rather than cut them off

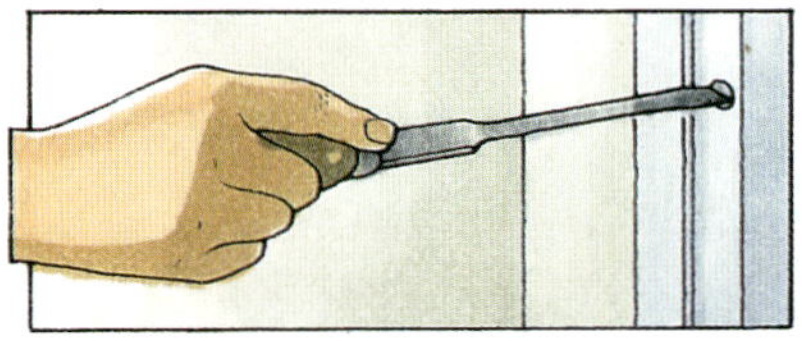

Screw the frame to the plugged wall

FIXING A DOOR CASING

An internal door opening needs a casing to finish it. These are usually of wood: 25mm (1in) thick if an applied doorstop is used, or 38mm (1½in) thick when it's rebated to take the door. The width of the casing should equal the thickness of the finished wall.

Joinery suppliers sell door casings as unassembled kits for standard door sizes. If your door is not standard, you can make a lining, using a bare-faced tongue-and-groove joint **(1)**.

Wedge the assembled and braced frame in position in the opening **(2)**; and if necessary, place hardboard or plywood packing between the lintel and the soffit casing at each end. Check that the edges are flush with both faces of the wall, and then fix the soffit in place with two pairs of screws or nails.

Plumb one jamb casing, using a straightedge and spirit level **(3)**, then pack it in place. Start fixing about 75mm (3in) from the bottom and work upward, checking for true as you go. Place the fixings for it about 450mm (1ft 6in) apart.

Cut a 'pinch rod' to fit closely between the jamb casings at the top of the frame, then place it across the bottom **(4)** and pack out the unfixed jamb to fit. Check that this jamb is plumb. Fix the casing in place, and use the pinch rod to check the distance between the jamb members at all levels.

Fitting architrave and doorstop

Finish the wall surface around the opening, and cover the joint with a mitred architrave moulding. Hang the door, and fit the doorstop battens to the inside of the casing.

1 Bare-faced T&G joint

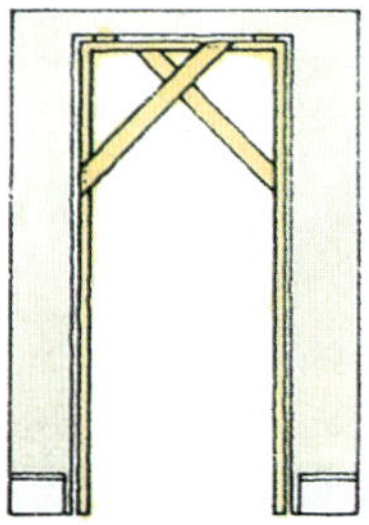

2 Wedge in position

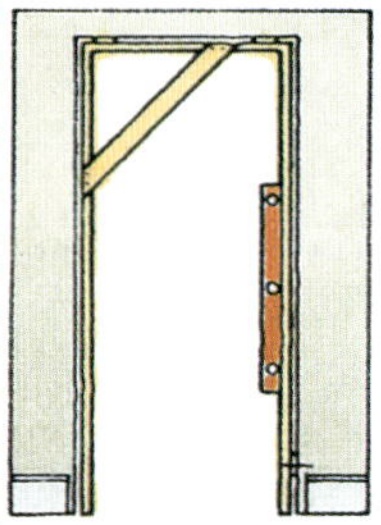

3 Plumb one jamb

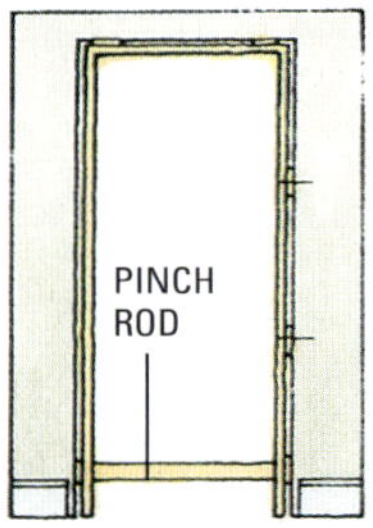

4 Pack out to fit

SEE ALSO: Patching plaster 48–9, Vertical DPC 128, Fitting a door 194, Sealing gaps 264, 274, All-purpose saw 509

Repairing a rotten frame

The great majority of external doorframes are constructed from softwood; and if regularly maintained with a good paint system, they will give years of good service. However, if the ends of the doorsills and frame posts are subjected to continual wetting, they are vulnerable to wet rot. This can happen when the frame has moved because the timber has shrunk, or where old pointing has fallen out and left a gap where moisture can penetrate. Old and porous masonry or an ineffective damp-proof course can also be a source of wet-rot damage.

Prevention is always better than cure, so check round the frame for any gaps and apply a mastic sealant where necessary. Keep all pointing in good order. A minor outbreak of wet rot can be treated with the aid of a proprietary repair kit and a chemical preserver.

It is possible for the sill to rot without the doorposts being affected, in which case replace only the sill. But if the posts are also affected, repair them at the same time (see right). In some cases, the post ends are tenoned into the sill and fitted as a unit.

Replacing a sill

You can buy 150 x 50mm (6 x 2in) softwood or hardwood doorsill sections that can be cut to the required length. If your sill is not of a standard-shaped section, you can have a replacement made to order. A hardwood sill will be relatively expensive – but it will prove more economical in the long run, as it will last much longer.

Taking out the old sill

Take the door off its hinges. The posts are usually tenoned into the sill, so split the sill lengthways with a wood chisel in order to dismantle the joints. A sawcut across the centre of the sill makes the job easier.

The ends of the sill are set into the masonry on each side of the opening. To release the sill, chop out the mortar joints carefully, using a plugging chisel, then pull out a brick from each side. Keep the bricks for replacing later.

The new sill has to be inserted from the front so that it can be tucked under the posts and into the brickwork. Cut off the tenon at the base of each post, level with the joint's shoulder line **(1)**. Cut away the doorstop down to the depth of the rebate in each post **(2)**. Then mark and cut shallow housings for the ends of the posts in the top of the new sill. The housings must be deep enough to accommodate the notched ends of the posts; this may mean that the new sill has to be fitted slightly higher than the original one, in which case you will have to trim a little off the bottom of the door.

Fitting a new sill

Try the new sill for fit and check that it is level. Before fixing it, apply two coats of all-purpose wood preserver to its underside and both ends; and, as a precaution against rising or penetrating damp, apply two or three coats of bitumen latex emulsion to the masonry in contact with the sill.

When the wood is dry, glue the sill to the posts, using an exterior-grade woodworking adhesive. Wedge the underside of the sill with pieces of roofing slate to push it up against the ends of the doorposts. Skew-nail or screw the posts to the sill, then leave it for the adhesive to set.

Pack the gap between the underside of the sill and the masonry with a stiff mortar of 3 parts sand : 1 part cement, then rebond and point the loose bricks. Finally, treat the wood with a preserver and seal any gaps around the doorframe with mastic.

1 Cut tenons off level with the joint's shoulder

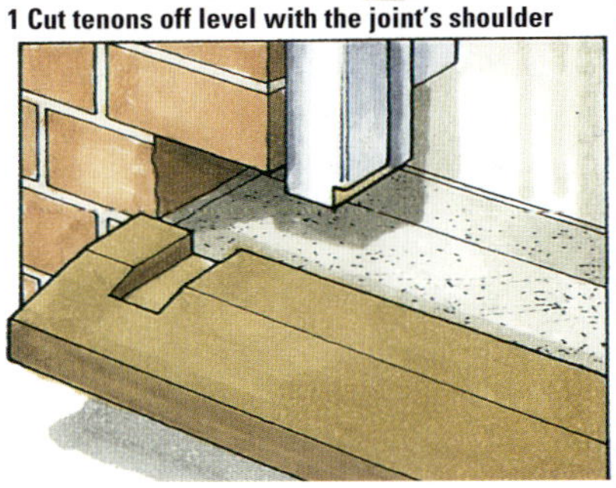

2 Notch the posts and cut housings in the sill

REPAIRING DOORPOSTS

Rot can attack the ends of doorposts where they meet stone steps or are set into concrete, especially in a doorway that is regularly exposed to driving rain.

If the damage is not too extensive, the rotten end can be cut away and replaced with a new piece, either scarf-jointed or halving-jointed into place. If your sill is made of wood, combine the following instructions with those given for replacing a sill (see left).

Splicing new wood

First remove the door, then saw off the end of the affected post, back to sound timber. For a scarf joint, make the cut at 45 degrees to the face of the post **(1)**; for a halving joint, cut it square. If the post is located on a metal dowel set into the step, chop out the dowel with a cold chisel.

Measure and cut a matching section of post to length, allowing for the overlap of the joint, then cut the end to 45 degrees or mark and cut both parts of the post to form a halving joint **(2)**.

Drill a hole in the end of the new section for the metal dowel, if it is still usable. If not, make a new one from a piece of galvanized-steel gas pipe and prime it to prevent corrosion. Treat the new wood with a preserver and insert the dowel. Set the dowel in mortar, and glue and screw the joint **(3)**.

If a dowel is not used, fix the post to the wall with counterbored screws. Place hardboard or plywood packing behind it, if necessary, and plug the screw holes.

Apply a mastic sealant to the joints between the door post, wall and base.

1 Scarf joint

2 Halving joint

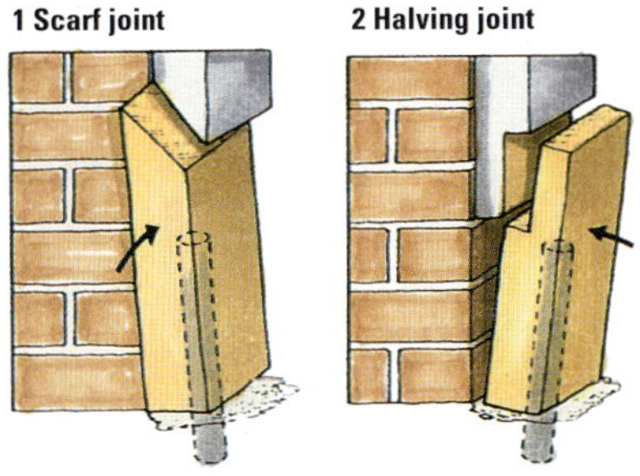

3 Set dowel in mortar as you close up either joint

Rotten sill
Years of water penetration has caused an outbreak of wet rot in this sill, which will have to be replaced.

SEE ALSO: Metal primers 41, Wood preservers 260, Damp-proof course 261, Bitumen emulsion 268, Housing joint 506

Room-dividing doors

Modern houses are often built with large open-plan living rooms, and many owners of older properties have adopted the style by having two small ground-floor rooms knocked into one. However, there are occasions when two separate rooms may be preferable, in the interests of greater privacy within the family group.

Sliding doors

Bifold doors

A reasonable compromise is to install a door system that allows the living space to be used either way. It is a compromise because any door system will in some way intrude into what may be an otherwise uncluttered room; and when it's closed, it is not as soundproof as a solid wall. Sliding **(1)**, bifold **(2)** or multifold **(3)** doors are the most suitable for this kind of installation.

Complete door systems, ready for fitting, are available. Alternatively, you may prefer to buy the door mechanism only and fit doors of your choice.

Measuring the opening

Before ordering a made-to-measure door system, measure the opening carefully – and then double-check, as your money will probably not be refunded if you make an error. If you use a steel tape measure, get a helper to keep it taut and so avoid a false reading. Measure the width at the top and bottom of the opening and the height at both ends. Take the smaller dimension in each case.

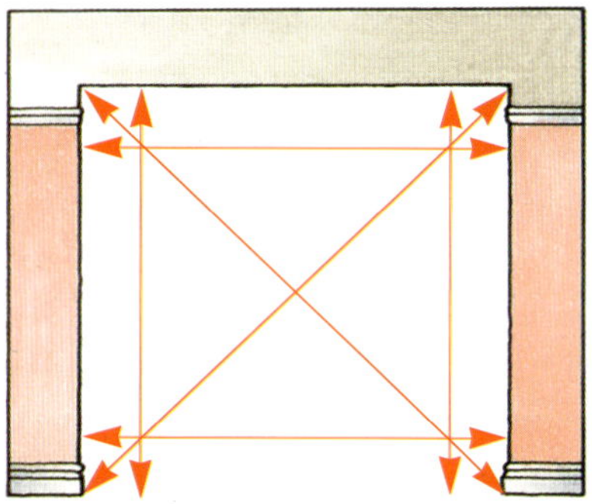

Checking for square
If you're fitting a system in an old house, check that the opening is square by measuring across both diagonals, since there is always a possibility that the house may have settled unevenly. If the diagonals are not the same, you may have to true up the frame or pack out the new system.

Glazed sliding doors
Glazed room-dividing doors provide an attractive screen when closed, while allowing extra daylight into a north-facing room.

1 Sliding doors
Sliding doors are hung from a track and are most useful where floor space is limited. They require clear wall space on one or both sides of the opening.

2 Bifold doors
Tracked systems are easy to operate and offer an attractive means of dividing a room, but don't require as much clear floor space as conventional hinged doors.

3 Multifold doors
Like bifold doors, these operate on a tracked system. They have narrow door panels that enable the door to be stowed within the thickness of the wall.

SEE ALSO: Door casings 193, 198

Fitting sliding and folding doors

Sliding doors

A sliding-door system is a good space-saver. Whereas a hinged door needs clear floor space – an arc at least as wide as the door itself – a sliding door occupies practically no floor space. It does, however, require a clear stretch of wall to the side of the opening. Apart from having to decide what to do about fixtures such as radiators, this is rarely a problem, as the door can slide behind furniture placed close to the wall.

A range of door-track sets is available for light, medium and heavy doors. The doors themselves can range in size from 330mm (1ft 1in) to 1.5m (4ft 11in) in width, and from 16mm (⅝in) to 50mm (2in) in thickness, depending on the type chosen. Two separate sets are required for a pair of sliding doors.

Although designs vary, all track systems for sliding doors have adjustable hanger brackets that are fixed to the top edge of the door and attached to the rollers. A track screwed to the wall above the opening carries and guides the rollers. When the door is closed, it should overlap the opening by about 50mm (2in) at each side.

Fitting the system

Following the maker's instructions, set out the hangers and screw them to the top edge of the door. Plug and screw a packing batten for the track to the wall above the doorway. The batten must be as long as the track, and equal in thickness to the skirting boards and the architrave. Sometimes it is possible to replace the top section of the architrave with the packing batten.

Screw the track to the packing batten, levelling it at the same time. Assemble the hangers and rollers and suspend the door from the track, then adjust the hangers to level if necessary. Fit the door guide to the floor (see far right), and then the stops to the track.

Make a pelmet, twice as long as the door's width, to cover the whole track system; and fix it to the top edge of the packing batten. Alternatively, fix the pelmet in place with metal brackets.

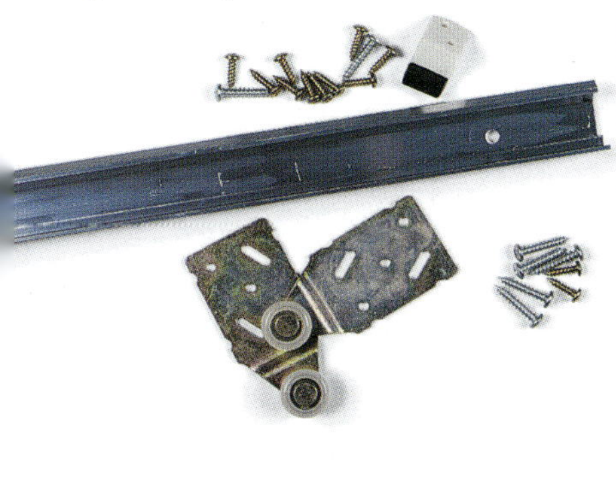

Bifold doors

Bifold doors offer an effective way of providing a door without intruding too much on the room space. The doorway should be lined in the normal way and fitted with an architrave. The top section of the architrave can be lowered in order to cover the packing pieces on each side of the track.

The pivot hinge and track gear is available in standard sets for two or four doors of equal width. However, up to six doors can be hung from one track, in which case a bottom guide track must also be fitted. For extra-wide openings, you can use more than one door set. The thickness of the doors ranges from 20 to 40mm (¾ to 1⅝in); the maximum height available is 2.4m (8ft), and the maximum width 600mm (2ft) per door.

Fitting the system

Following the maker's instructions, fit the pivots into the top and bottom edges of the end door, then fit the pivoting roller hangers in the top edges of alternate doors, working away from the pivoted end door (see below right).

Hinge the doors together. They will swing to one side of the wall or the other, according to which way the hinge knuckles face. Set them up to suit the layout of your room.

Locate the top pivot plate on the track, then fit the doors on the track before you screw it to the underside of the opening. Fix the bottom pivot to the floor so that it is exactly plumb with the top one. Adjust the pivots to level the door.

Multifold doors

Multifold or concertina folding doors are designed to fold up and stack within the depth of the door opening. They are made up from narrow panels, hinged to each other, and are hung by sliders from a track in the top of the opening. No bottom track is required.

The panels are quite slim, so that they will stack in the opening with a minimum of bulk. For this reason, they do not provide much in the way of sound insulation.

The doors are available for fitting in standard door openings and can be made to measure to fit larger ones – for example, where two rooms have been knocked into one. They are supplied in kits, ready for fitting.

Fitting the system

Screw the lightweight track to the underside of the wall opening between the two rooms; or where the opening is full room height, fix it to the ceiling. It is possible to inset the track flush with a plastered ceiling, but it is much easier to face-mount it and add a cover moulding on each side.

Fit the track over the rollers of the stacked panels and screw it in place **(1)**. Screw the cover mouldings in place **(2)** to fill the gap between the soffit and the top of the door.

To complete the installation of the system, screw the end-fixing panel of the door to the jamb **(3)** and the latch plate on the opposite side **(4)**.

1 Fit and screw the track in place

2 Screw on the cover mouldings

3 Screw the door to the jamb

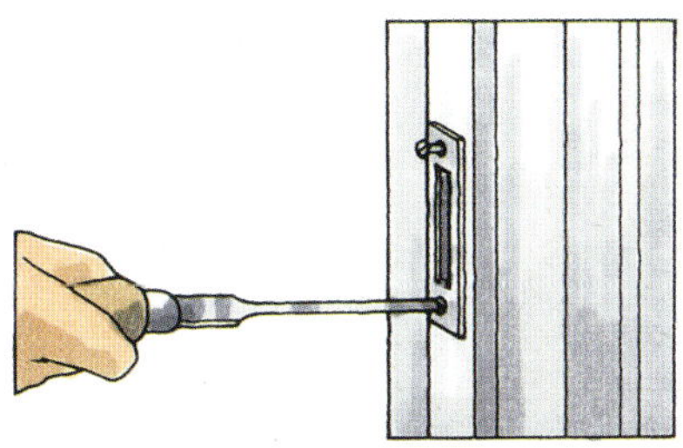

4 Fix the door latch on the opposite jamb

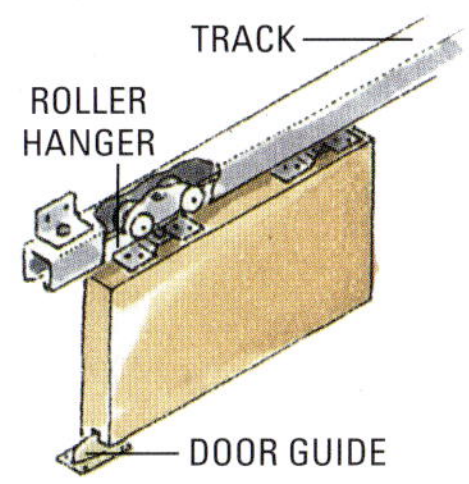

Sliding-door system

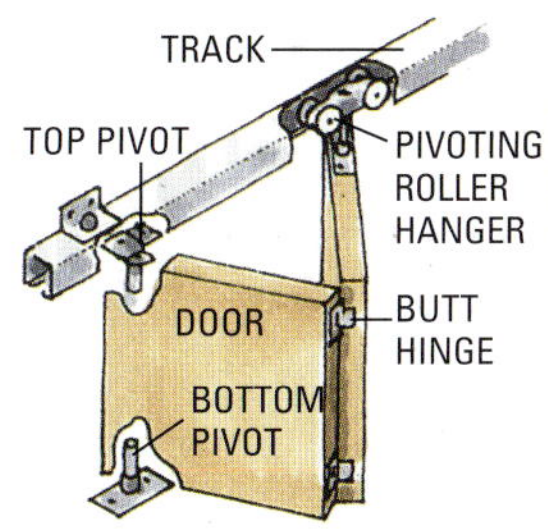

Bifold-door system

SEE ALSO: Door types 192, Door casings 193, 198, Plumb line 514

Fire-resistant doors

Fire-resistant doors and door sets – doors with frames – prevent the spread of fire for a minimum length of time. Although still known as half-hour or one-hour fire-check doors, under a modified system their ratings are now designated by their integrity performance (resistance to penetration by flames or smoke through splits or gaps), with the prefix FD. For example, under this system an FD30 door has a 30-minute rating. An S suffix indicates an ability to resist smoke.

Fire-resistant doors: types and construction

Fire-resistant doors – usually flush doors made from wood – have a core of solid board material. They are available in standard sizes, in thicknesses of 44mm (1¾in) for the FD30 grade and 54mm (2⅛in) for the FD60. Simulated panel doors with moulded facings are also obtainable. Doors with window openings must be glazed with fire-rated plain or wired glass that is bedded in an intumescent material.

Fire-resistant doorframes have an integral stop in the form of a deep rebate. An intumescent strip **(1)** on the inside face of the rebate swells when heated and, in so doing, seals the gaps round the door. Some strips include a low-temperature smoke seal.

Moulded-panel door

A fire door is required for an attached garage

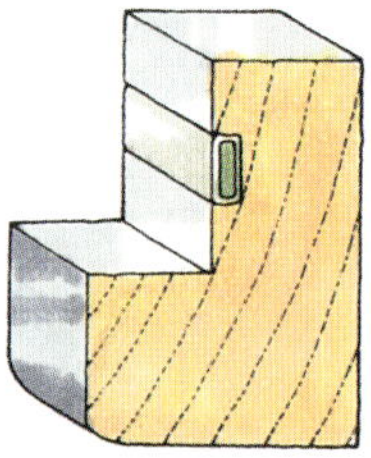

1 Doorframe
A fire-resistant doorframe member is machined from one piece of wood and has an intumescent strip set in the rebate.

Fitting a door

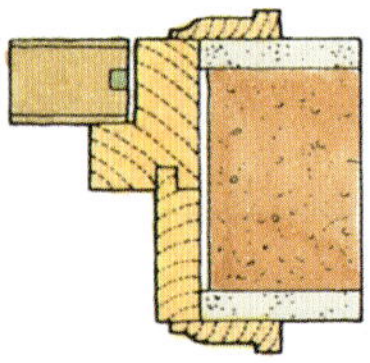

2 Extended frame lining

A fire-resistant interior door can be fitted in place of a standard door to help prevent the spread of fire – but if it is to be effective, the frame must be upgraded. The simplest way to do this is to strip off the old solvent-based paint and finish the frame with a flame-retardant paint. The addition of a band of intumescent paste or an intumescent strip set in a groove routed round the edge of the door will also help.

Another option is to remove the old lining altogether and replace it with a fire-resistant frame with an integral intumescent strip. This is not usually as wide as a standard door lining and so will need an extra section of lining glued to it **(2)**. Fill the gap between the new woodwork and the walling with plaster or with fire-resistant mineral-wool packing under the architrave.

Trim the new door to fit the opening and hang it on three good-quality metal butt hinges; fix the hinges with steel screws that are at least No8 gauge and 32mm (1¼in) long. Fit the smallest mortise lock and latch available – since a large mortise cut in the stile would reduce the door's fire resistance. Also, fit a good-quality door closer.

● **Hinges**
Fire-door hinges must have a melting point of at least 800°C (1472°F). Light-alloy or plastic hinges are not suitable.

BUILDING REGULATIONS

The Building Regulations stipulate that certain doors in domestic buildings must meet the minimum FD20 level of fire-resistance and be self-closing.

This requirement primarily concerns dwellings of three or more storeys and is designed to prevent fire spreading to staircases and other escape routes. But it can also apply to the entrance door of a flat that leads from a common area; and a door to an attached garage must meet the required standard, too. Before installing a fire door, consult your local Fire Prevention Officer.

Garage doors:

Traditional garage doors are constructed from softwood on the ledged, braced and battened principle, and may be solid or fitted with windows. To hang this type of door, use heavyweight hinges of the kind known as 'bands and hooks'. Two standard sizes of door are available: 2.13m (7ft) wide x 1.98m (6ft 6in) high; and 2.13m (7ft) wide x 2.13m (7ft) high.

Traditional hinged garage doors

These doors give long service if they are painted regularly, but they have a tendency to weaken after a time due to their excessive weight – the frame drops and the doors begin to bind. If the face-fixed battens scrape on the ground, they absorb moisture, which inevitably leads to wet rot.

The modern alternative is an up-and-over door, which is manufactured as a single panel and is available in a wide range of styles. The up-and-over door is counterbalanced, usually by springs, and is lifted upwards and backwards to clear the opening. Depending on the design of the mechanism, when the door is opened it may retract fully into the garage or may remain partly projecting out from the doorframe. The latter type is known as a canopy up-and-over door. The vertically tracked canopy-type door is usually the simplest to install, as it involves no horizontal guide tracks. A non-protruding type should be used where the garage opening is level with your boundary line.

Another type of garage door is the sectional overhead door. This consists of hinged horizontal sections that run on wheels on a continuous track, from the vertical closed position to horizontal. Similarly, a roller door has narrow slats that allow it to roll up inside the door opening. Both of these types lift vertically and so are suitable for situations where the door must not swing out – for example, they can be opened when there is a car parked close to them.

SEE ALSO: Door types 192, Fitting a door 194, Rising butt hinges 195, Door repairs 196, Fitting locks 250–1

Types and sizes

Up-and-over doors

Up-and-over doors are manufactured in a range of standard sizes. These are specified in terms of the nominal size of the door opening – the distance between the frame posts and the height measurement between the floor and the head member, including a tolerance for fitting. There must also be room at the sides and top of the opening for the operating mechanism.

Most up-and-over doors require a wooden frame to provide a solid fixing. Some companies produce doors complete with a metal frame that simply needs screwing to the masonry. When a frame is included, the dimensions of the opening size and overall frame are specified.

If you are replacing old timber doors with an up-and-over door, your frame may not be a standard size. However, most firms supply made-to-measure doors.

Fixing arrangements

Most types of up-and-over garage doors can have their frame posts, or jambs, fitted between the walls or set behind them **(1)**. Similarly, the head member of the frame can be fitted behind the lintel or underneath it **(2)**.

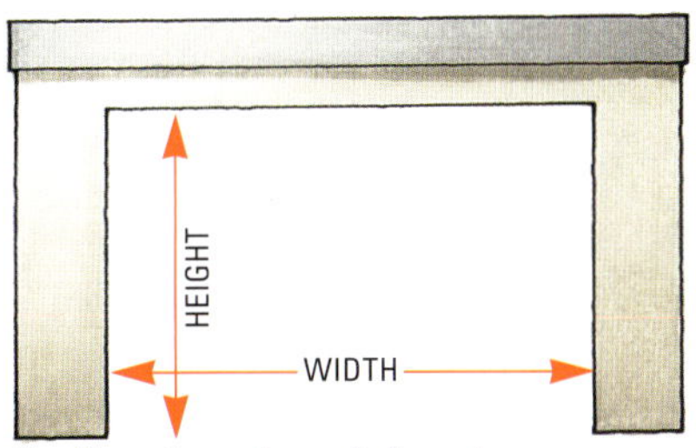

Key dimensions when ordering a door

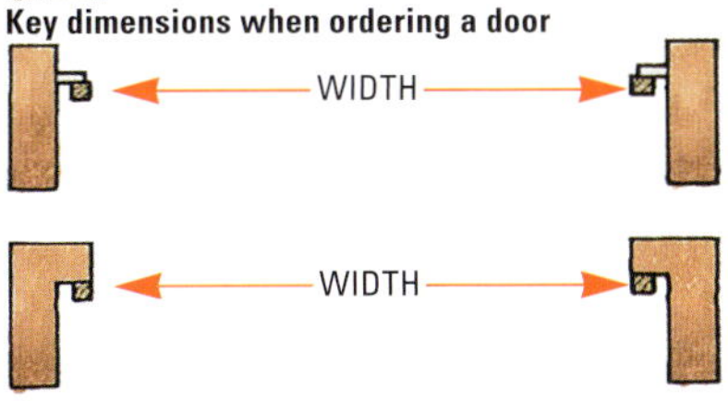

1 Fixing arrangements
A door can be set between or behind the walls.

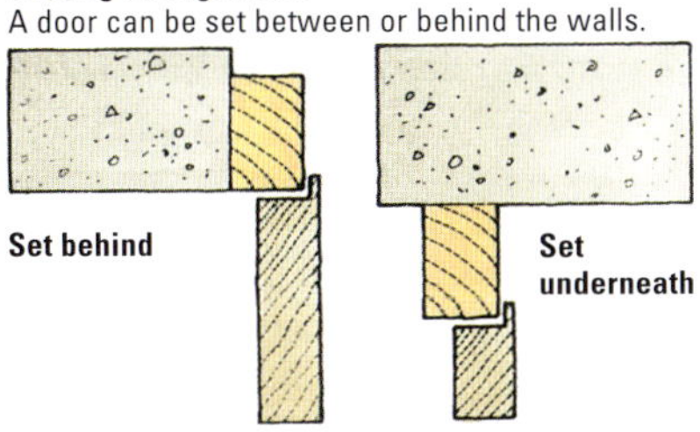

Set behind

Set underneath

2 Head fixing
There is more headroom if the frame is set behind the opening than when set underneath it.

Styles and materials
Up-and-over garage doors are made from wood, metal or glass-reinforced plastic in a range of styles

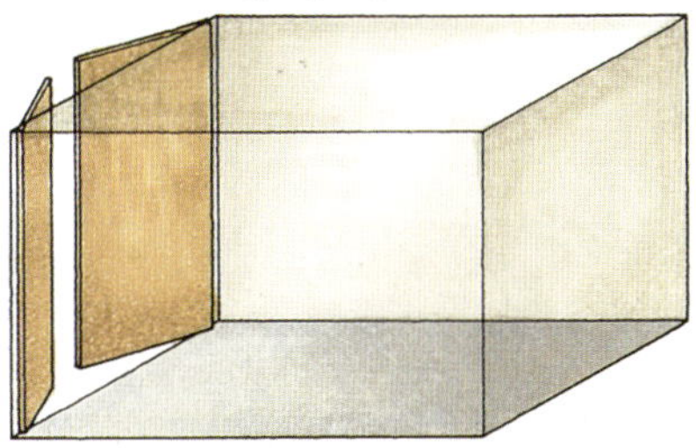

Hinged garage doors

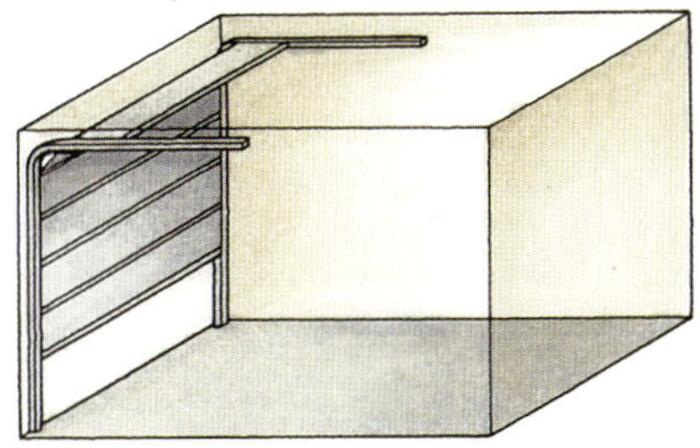

Sectional overhead garage door

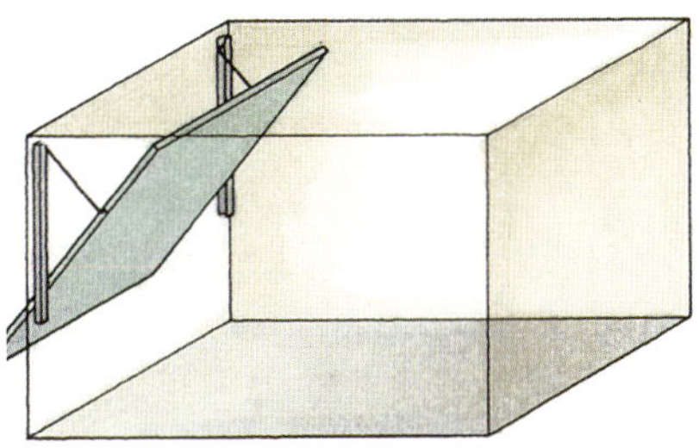

Up-and-over garage door

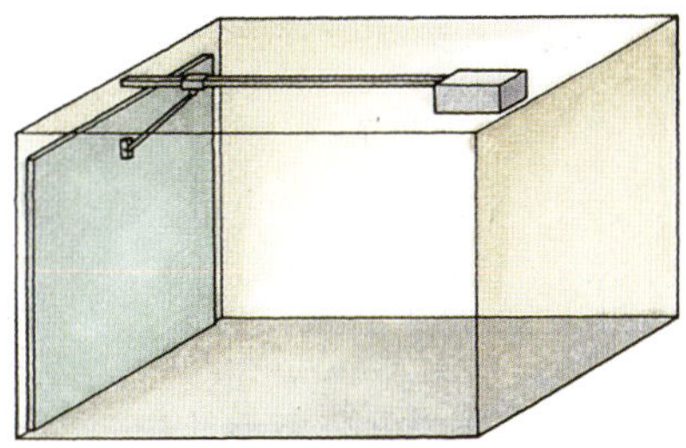

Automatic-opening garage door

Hinged doors
Traditional hinged doors require considerable floor space in which to open.

Sectional overhead garage door
A sectional overhead door retracts within its own space and can be used in a situation where a door must not swing out. Roller doors provide similar features, but do not retract so far into the garage.

Up-and-over door
These counter-balanced doors are tracked vertically or horizontally and are fully or partially retracting.

Automatic-opening garage door
A remote-controlled automatic door-opening mechanism can be attached to most retracting garage doors.

Automatic-opening garage doors

An automatic door-opening system is available for most types of garage door. The system allows the electrically operated mechanism to be worked by remote control from inside the car, using a hand-held radio transmitter.

The electric-motor housing, which is installed inside the garage, normally incorporates a light that automatically switches on as the garage door opens. With most systems, the light turns itself off after a few minutes.

Each door mechanism has a coding system that enables it to be set to different combinations. Once set, it can only be activated by a transmitter set to the same frequency. Usually, a switch fixed to the garage wall will also operate the door mechanism. A manual override is a common safe-guard, in case there should be a power failure or malfunction.

The system also incorporates an automatic safety device, which will stop or reverse the action immediately if the door should come into contact with an obstacle left in the doorway.

Automatic doors should not be regarded as merely a novel luxury. As well as saving time, they can provide easier, safer access to a garage facing a busy or narrow road.

SEE ALSO: Running power to outbuildings 354

Windows: types and construction

Traditionally windows have been referred to as 'lights', and the term 'fixed light' is still used to describe a window or part of one that does not open. The part that opens – the 'sash' – is a separate glazed frame that either slides vertically or is hinged from one edge. Hinged windows are often referred to as casements.

In some instances, a single sash containing a pane of glass pivots horizontally; and sometimes several frameless pivoting panes are grouped together to make a 'louvre' window.

• Window frames
Most frames and sashes are made up from moulded sections of solid wood. However, mild steel, aluminium and rigid plastic are also used, though such frames are often fixed to the masonry by means of wooden subframes.

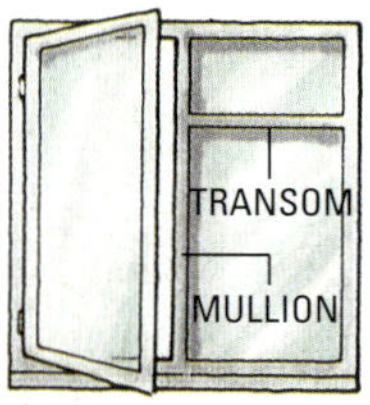

1 Casement window

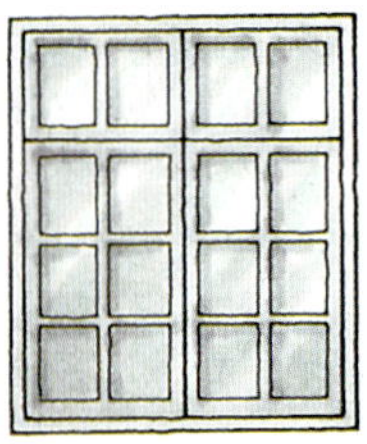
2 Glazing bars

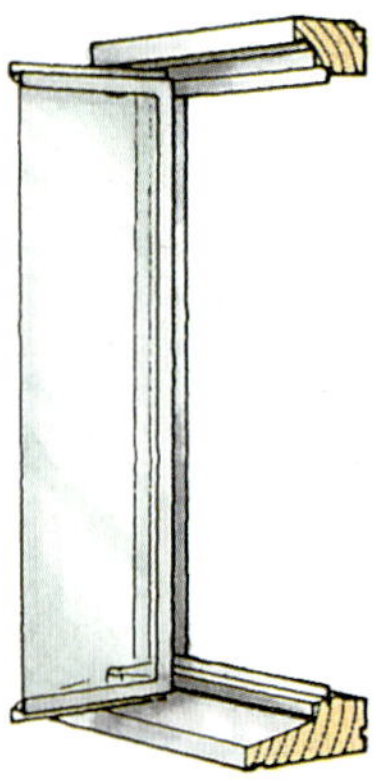
3 Steel casement

Casement windows

Of all the various types of window, the simple hinged or 'casement' window is the most widely used.

Traditional casement window frames made of wood are constructed in much the same fashion as a door-frame. A vertical jamb at each side of the frame is joined by means of mortise-and-tenon joints to the head member at the top and a sill at the bottom (see below). Depending on the size of the window, the frame is sometimes divided vertically by a 'mullion' or horizontally by a 'transom' **(1)**.

Modern window frames are sometimes fitted with trickle ventilators that provide a constant supply of fresh air.

A side-hung casement is usually attached with butt hinges. Sometimes, 'easy-clean' extension hinges are used instead, in order to give better access to the outside of the glass. A 'cockspur', or lever fastener, holds the sash closed. A casement stay fixed to the bottom rail holds the sash open in various positions. With a top-hung casement, the stay also secures the window in the closed position.

Glazing bars – relatively lightweight moulded strips of wood – are often employed to divide the glazed areas of a window into smaller panes **(2)**.

Mild-steel casement windows **(3)** have relatively slim welded frames and sashes. They are strong and durable, but will rust unless protected by galvanized plating or a suitable primer. Modern versions are galvanized by a hot-dip process, then finished with a coloured polyester coating.

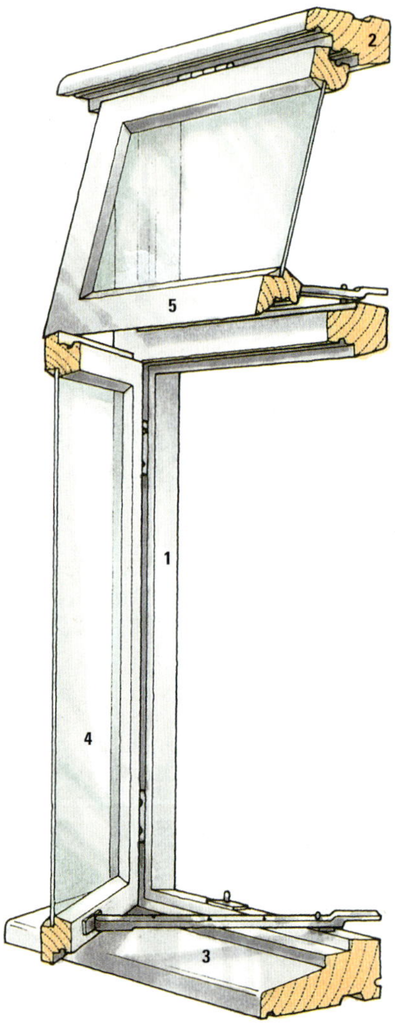

Casement windows
1 Jamb
2 Head
3 Sill
4 Side-hung sash
5 Top-hung sash (vent)

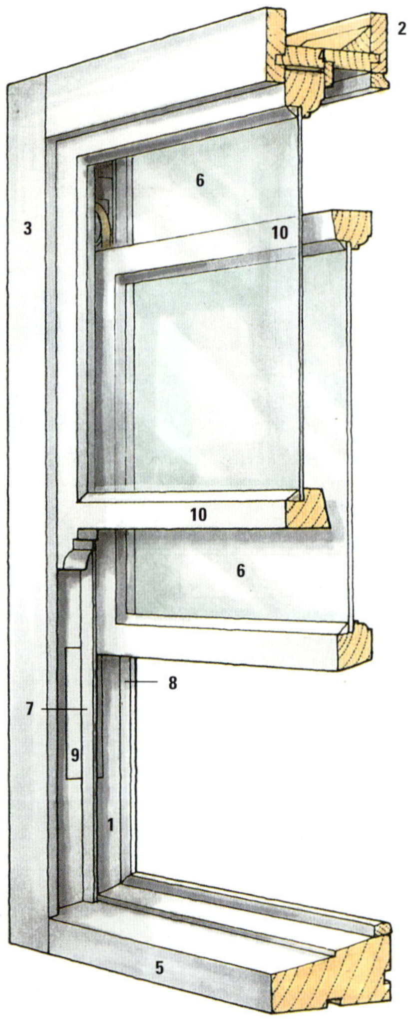

Sash window
1 Pulley stile
2 Inner lining
3 Outer lining
4 Head
5 Sill
6 Sash
7 Parting bead
8 Staff bead
9 Pocket
10 Meeting rail

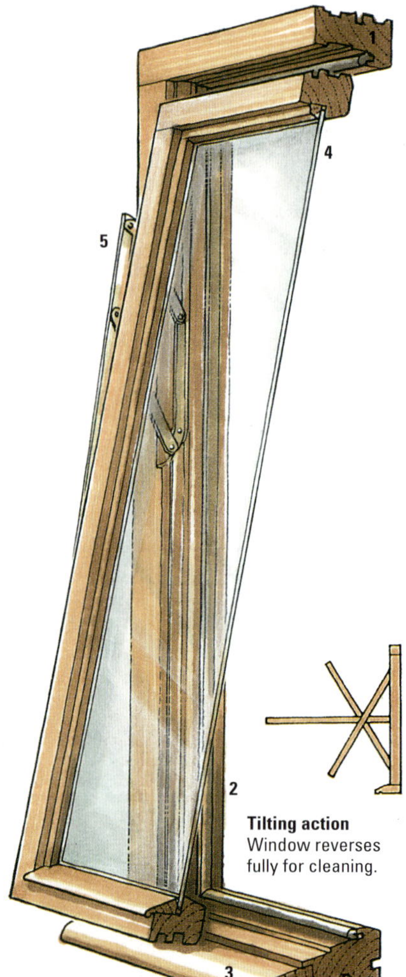

Tilting action
Window reverses fully for cleaning.

Pivot window
1 Head
2 Jamb
3 Sill
4 Sash
5 Pivot mechanism

☛ **SEE ALSO:** Painting windows 82, Repairing windows 208–16, Securing windows 252–3, Draughtproofing 274, Double glazing 281–

Sash windows

Vertically sliding windows are usually known as sash windows. When both the top and the bottom sash can be opened, they are referred to as double-hung sash windows.

Traditional wooden sash windows (see opposite) are constructed with a 'box frame' in which the jambs are made up from three boards – the pulley stile and the inner and outer lining. A back lining completes the box, which houses the sash counterweights. The head is made up in a similar way but without the back lining, and the sill is cut from solid wood. The pulley stiles are jointed into the sill, and the linings are set in a rebate.

The sashes of a double-hung window are held in tracks formed by the outer lining, a parting bead and an inner staff bead. Both beads can be removed in order to service the sash mechanism. Each sash is counterbalanced by two cast-iron or lead weights – one at each side – which are attached by strong cords or chains that pass over pulleys in the stiles. Access to the weights is through 'pockets' – removable pieces of wood set in the lower part of the stiles.

The top sash slides in the outer track and overlaps the bottom sash at their horizontal 'meeting rails'. The closing faces of the meeting rails are bevelled, and their wedging action helps to prevent the sashes rattling. This also allows both rails to part easily as the window is opened, and improves security when it is locked. The sashes are secured by two-part fasteners of various types, which are screwed to the meeting rails.

Spiral balances
The exposed balances are fixed to the frame stiles, and are set in grooves cut in the sash stiles.

Spiral balances

Modern wooden, aluminium or plastic sliding sashes have spring-assisted spiral balances. The balances are fixed to the faces of the stiles.

Pivot windows

Wooden-framed pivot windows (shown opposite) are constructed in a similar way to casement windows, but the special hinge mechanism allows the sash to be rotated so that both sides of the glass can be cleaned from inside. Using the built-in safety catch, the sash can be locked when ajar or when fully reversed.

Similar pivoting windows are made for installing in pitched roofs with slopes between 15 and 90 degrees. The windows are usually double-glazed with sealed units, and ventilators are incorporated in the frame or sash. The wood is protected on the outside by a metal covering, and a flashing kit provides a weatherproof seal between the window and roof.

Louvre windows

A louvre window is a specialized pivot window. The louvres are unframed strips of glass, 6mm (¼in) thick, that are capped at each end by a moulded plastic carrier. These carriers pivot on metal uprights screwed to the window frame. The louvres are linked by a mechanism that allows them to be opened or closed simultaneously. The exposed edges of the glass are ground and polished.

Louvre windows provide excellent ventilation, but offer minimal security unless fitted with bonded blade locks.

Where an opening is more than 1.07m (3ft 6in) wide, it is advisable to use two sets of louvres, with the central pair of uprights set back to back and linked with coupling blocks to form a single mullion.

Use two sets of louvres for a wide opening

Aluminium windows

Aluminium window frames are often installed in brand new houses, and are used as replacements for old wooden or metal windows. The aluminium is extruded into complex sections to hold double-glazed sealed units and draught strips. Finished in a choice of colours, aluminium window frames require no maintenance.

These highly engineered windows are sold as complete units with concealed projection hinges and lockable fasteners. They need no stays to hold them open. To reduce condensation, hollow sections of the metal frame incorporate a 'thermal break' of insulating material.

Windows made to replace older ones are normally fitted by specialist companies. This type of window usually needs a wooden subframe.

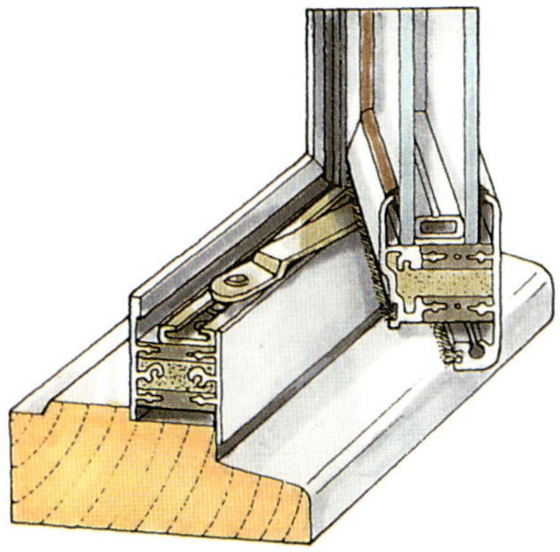

Extruded-aluminium window in a wooden frame

Plastic windows

Rigid plastic windows are similar to aluminium ones, but are invariably made with thicker sections. They are typically manufactured in white plastic and, once installed, require only minimal maintenance.

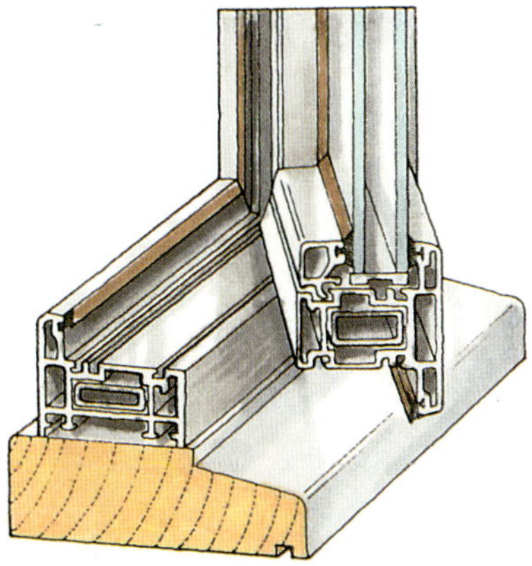

Extruded-plastic window with metal reinforcing

Wooden casement – exterior

Wooden casement – interior

Metal casements

Plastic casements

SEE ALSO: Spiral balances 216, Roof windows 219, Securing windows 252-3, Draughtproofing 274, Double glazing 281-4

How windows are fitted

Solid walls

In older houses it was a common practice to install the window-frame jambs in recesses built on the inside of the masonry. Once the windows had been fitted, their frames were nailed or screwed into wooden plugs set in the masonry. Vertical damp-proof courses were never fitted – it was thought that evaporation would keep the walls dry, and no additional protection would be required to prevent windows rotting.

Window frames in a wall 225mm (9in) thick were flush with the inside. In a 340mm (1ft 1½in) wall, they were set back from the inner surface. All windows had subsills, usually of stone, on the outside.

Above a window opening in a traditional brick wall, the masonry is usually supported by a stone lintel or, in some cases, by a brick arch. A true arch is curved, but window openings were frequently built with so-called 'flat' arches, constructed with tapered bricks. As a rule, flat arches are one-brick thick, with wooden lintels placed behind them to help support the wall. Arches built with a shallow curve are constructed similarly, but semicircular arches are usually as thick as the wall itself.

Decorative motifs are often carved into stone lintels above windows. As with arches, an inner lintel shares the weight. The relative weakness of the materials ensured that such openings were relatively narrow unless they were divided by brick or stone columns.

Sash window

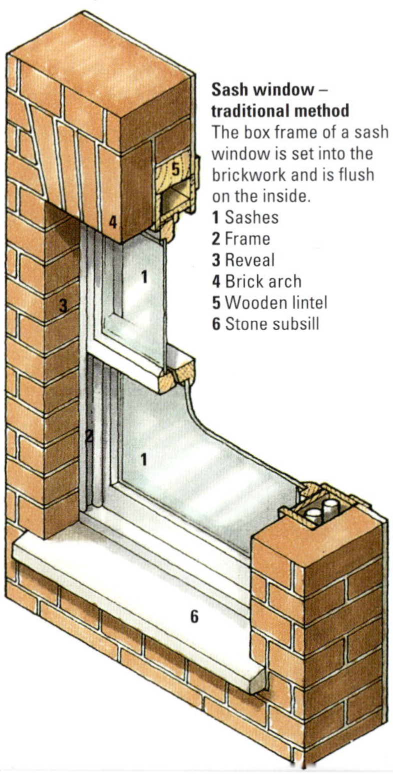

Sash window – traditional method
The box frame of a sash window is set into the brickwork and is flush on the inside.
1 Sashes
2 Frame
3 Reveal
4 Brick arch
5 Wooden lintel
6 Stone subsill

Cavity walls

The window frames in modern houses are usually fixed into place with metal brackets known as 'frame cramps' as the brickwork is erected. The cramps are screwed to the jambs of the frame and set in the mortar bed joints. There are three such cramps on each side of a window frame.

Cavity walls must have a vertical damp-proof course. This is sandwiched between the external leaf of the wall and the cavity-closing bricks of the inner leaf. The window frame, which is set forward in the opening, covers the joint. Sometimes the damp-proof courses are fastened to the window frames. Moulded insulated cavity closers are made to reduce the effects of cold bridging the cavity.

With a window frame in this situation, much of the wall's thickness is exposed on the inside of the house. The sides of the opening, known as 'reveals', are finished off with plaster, as is the top, or 'soffit'.

The ledge at the bottom is finished with a window board that is tongued into a groove along the back of the frame sill, and screwed or nailed down to the masonry. Quarry tiles are sometimes used to form the inner sill.

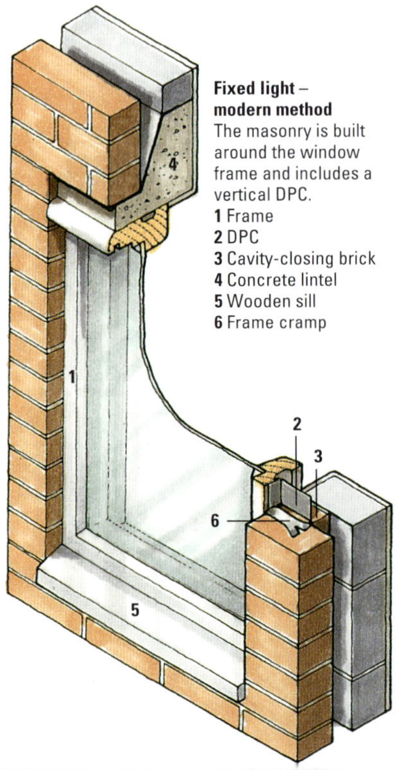

Fixed light – modern method
The masonry is built around the window frame and includes a vertical DPC.
1 Frame
2 DPC
3 Cavity-closing brick
4 Concrete lintel
5 Wooden sill
6 Frame cramp

CONCRETE AND STEEL LINTELS

Modern lintels are made from either reinforced concrete or galvanized steel, or a combination of both. These extremely strong lintels can support masonry over a considerable span, enabling large picture windows to be installed without additional support.

Lintel construction

In most cases, a damp-proof course is installed above the window opening in order to prevent any moisture within the cavity permeating the inner leaf of masonry or the window frame. The hollow section of steel lintels contains thermal insulation.

The front face of some concrete lintels is visible. Where a brick facing is required, a steel lintel is installed, and the bricks are laid on the lintel's relatively thin metal ledge.

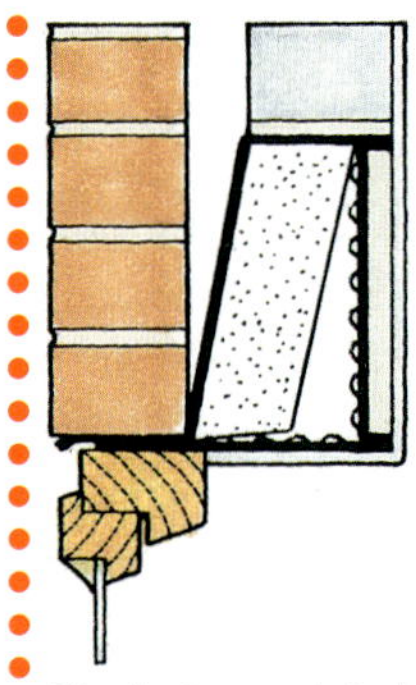

Standard pressed steel

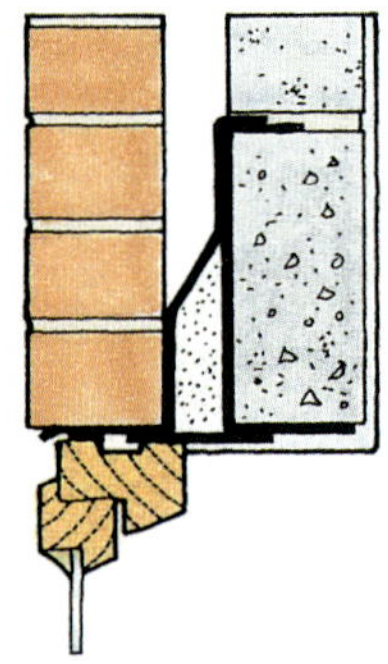

Steel and block

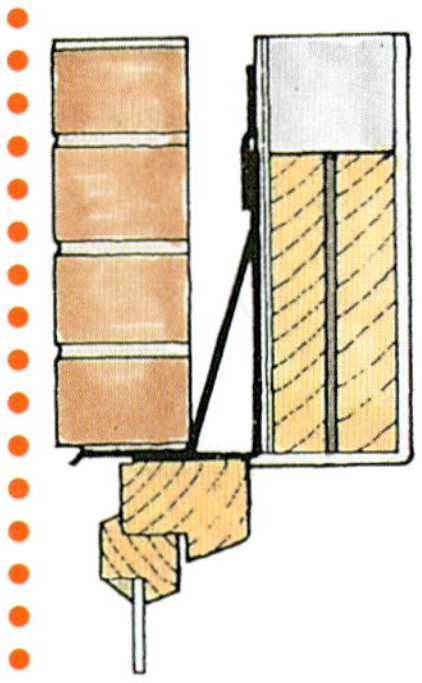

Steel and wood

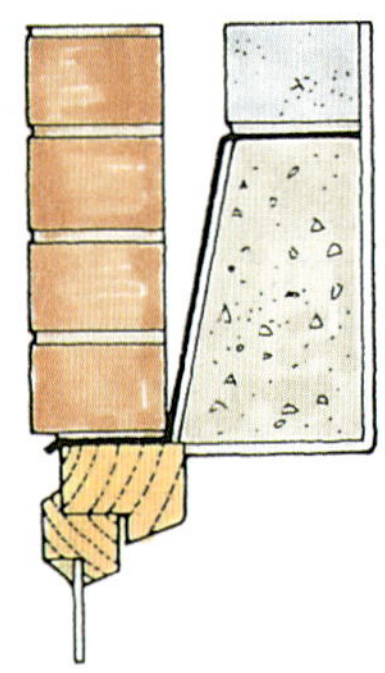

Steel and concrete

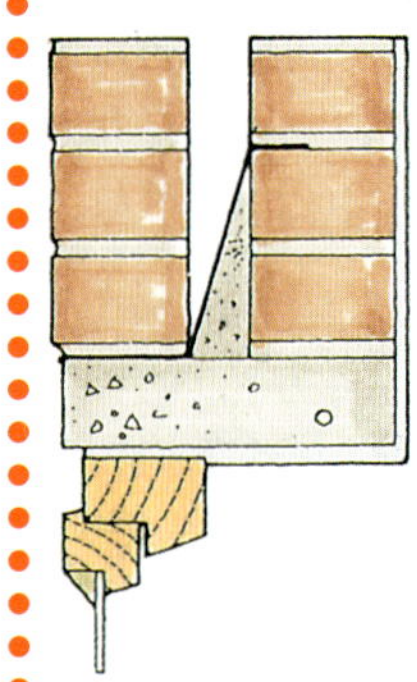

Through-the-wall concrete lintel

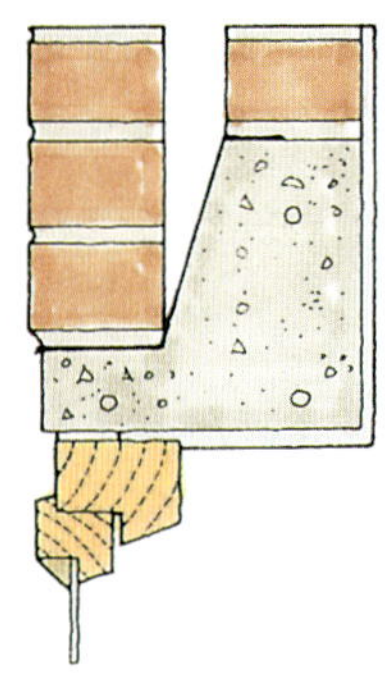

Concrete boot lintel

SEE ALSO: Sash windows 204–5, 215–16, Repairing sills 214, Replacing windows 217–18, Cold bridge 265

Types of glass

The type and quality of glass produced for windows is determined by the method used for processing at the molten stage. Ordinary window glass is known as annealed glass. Special treatments during manufacture give glass particular properties, such as heat-resistance or extra strength. The basic ingredient of glass is silica, but it also contains additives such as soda, lime and magnesia.

Float glass

Float glass is made by floating the molten glass on a bath of liquid tin to produce a sheet with flat distortion-free surfaces. It has virtually replaced plate glass, which was rolled glass polished on both sides.

Clear float glass is manufactured in a range of thicknesses, from 3mm (1/8in) up to 25mm (1in). For windows, it is generally stocked in three thicknesses: 3, 4 and 6mm (1/8, 5/32 and 1/4in).

Patterned glass

One side of patterned glass is embossed with a texture or a decorative design, and the transparency of the glass depends to a large extent on the density of this patterning. The glass is available as clear or tinted sheets, in thicknesses of 3, 4 and 6mm (1/8, 5/32 and 1/4in).

Patterned or 'obscured' glass is often used to provide a degree of privacy in bathrooms, without reducing the level of natural light. Only toughened or laminated versions should be used for bath or shower screens.

Solar-control glass

Special glass that reduces heat transmission is often used for roof-lights. This tinted glass, which can be of the float, laminated or textured type, also reduces glare, though at the expense of reducing the level of illumination. Solar-control glass is available in thicknesses ranging from 4 to 12mm (5/32 to 1/2in), depending on the type. Glass 6mm (1/4in) thick is the size most commonly used.

Low-emissivity glass

Low-E glass is a clear float glass with a special coating on one surface. It is used primarily for the inner pane of double glazing. The coating, which must be on the inside of the cavity, optimizes heat transmission from sunlight, but helps prevent heat loss from the room. The glass provides a high level of natural illumination. The outer pane of the double-glazed unit can be of any other type of glass.

Non-reflective glass

This type of glass is used primarily for glazing picture frames. Its slightly textured surface eliminates the surface reflections associated with ordinary polished glass yet, when placed within 12mm (1/2in) of the picture surface, the glass appears completely transparent. Non-reflective glass is 2mm (1/16in) thick.

Safety glass

Glass that has been strengthened with reinforcement or by means of a toughening process is known as safety glass. It should be employed whenever the glazed area is relatively large or where its position makes it especially vulnerable. In domestic situations, safety glass should be used for glazed doors, low-level windows and shower screens. Fire-resistant glass should be used where it is necessary to retard the spread of fire (see below).

Fire-resistant glass

Wired glass is a roughcast or clear-annealed glass 6mm (1/4in) thick, with a fine steel-wire mesh incorporated during manufacture. Though the glass may crack, the mesh serves to hold the pane together, preventing the spread of smoke and flames. Formerly called Georgian wired glass, it is now known as Pyroshield. A laminated type of fire-resistant glass is also made.

Toughened glass

Toughened glass is ordinary glass that has been heat-treated to improve its strength. It is sometimes referred to as tempered glass. When it breaks, toughened glass shatters into relatively harmless granules.

It is impossible to cut toughened glass – cutting holes and drilling for screw fixings must be done before the toughening process. Suppliers of doors and windows usually stock toughened glass to fit standard-size frames.

Laminated glass

Laminated glass is made by bonding together two or more layers of glass with clear tear-resistant plastic film sandwiched between them. The plastic interlayer not only helps to absorb the energy from an impact, it reduces the risk of injury from fragments of flying glass. One beneficial side effect of using laminated glass is that it helps prevent fading of textiles, carpets and wallcoverings by absorbing 99 per cent of harmful ultra-violet radiation.

Laminated glass is made in a range of thicknesses – from 4mm (5/32in) up to 13.5mm (17/32in), depending on the type. Clear, tinted and patterned versions are all available.

Etched glass

As a result of the increased interest in restoring period houses, glass with a range of traditional acid-etched patterns is available. Etched glass is made in 4 and 6mm (5/32 and 1/4in) thicknesses; it can be toughened or laminated for safety.

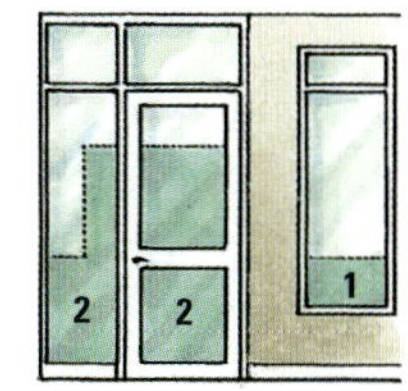

Using safety glass
Building Regulations stipulate that safety glass is required for new and replacement glazing in certain areas.

1 For windows, or glazed openings in partition walls, within 800mm (2ft 7 1/2in) of the floor.

2 For glazing in doors and adjacent glazed side panels that are within 300mm (1ft) of the door, up to a height of 1500mm (4ft 11in) from the floor.

If only part of the glazing falls within these dimensions, safety glass must be used for the entire panel or window.

Patterned and tinted glass
Embossed and tinted glass is often used for restoring windows in older houses, but it also makes for attractive glazing in new installations.

SEE ALSO: Buying glass 208, Cutting glass 208, Drilling glass 209, Double-glazed units 212

BUYING GLASS

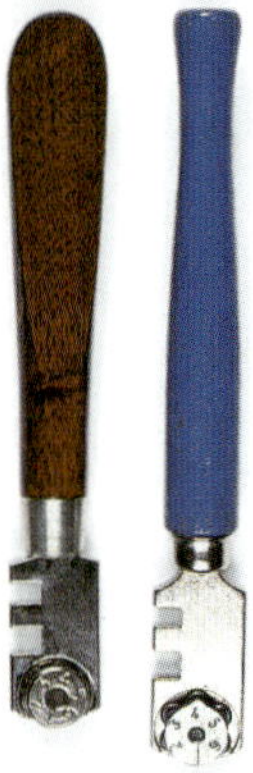

Glass cutters

Glass nibblers
Glazier's use nibblers to trim the edge off a pane

● **Plastic glazing**
Use clear acrylic sheet as an alternative to glass when cutting to fit awkward shapes. Use a fret saw and a plane to shape acrylic.

You can buy most types of glass from your local stockists, who will advise you on thickness and cut the glass to your requirements. Depending on the dimensions of the glass and the size of the order, most stockists will deliver.

Glass thickness

Once expressed by weight, the thickness of glass is now measured in millimetres. If you are replacing old glass, measure its thickness to the nearest millimetre. If you can't find an exact match, buy a slightly thicker glass for safety.

Although there aren't any strict regulations concerning the thickness of glass, it is advisable to comply with the recommendations set out in the British Standard Code of Practice. The thickness of glass required depends on the area of the pane, its exposure to wind pressure, and the vulnerability of its situation. Tell your supplier what the glass is needed for – a door, a window, a shower screen – to ensure that you get the right type.

Measuring up

Measure the height and width of the opening to the inside of the frame rebate. Check each dimension by taking measurements from at least two points. Also check that the diagonals are the same length. If they differ significantly, indicating that the frame is out of square, make a cardboard template of the opening and take it to the glazier. In any case, deduct 3mm (1/8in) from the height and width to give a tolerance for fitting.

When you order patterned glass, specify the height before the width, to ensure that the glass is cut with the pattern running in the right direction. When ordering an asymmetrically shaped pane, tell your supplier which is to be the outside face. This will ensure that you can fit the glass with the smooth side out, which will make it easier to clean.

Cutting glass

Always carry panes of glass on edge to stop them bending, and wear stout work gloves to protect your hands. Wear similar gloves and protect your eyes with goggles when removing broken glass from a frame. Wrap broken glass in thick layers of newspaper and put it in a clearly labelled box, ready for disposal. If your refuse collectors won't take it, ask your local glazier if he would be willing to add it to his offcuts, which are usually sent back to the manufacturer for recycling.

Basic glass-cutting

It is usually unnecessary to cut glass at home as suppliers are willing to do it, but you may have some surplus glass that you wish to cut yourself. Diamond-tipped cutters are available, but a cutter fitted with a steel wheel will be cheaper and quite adequate for normal use.

Cutting glass successfully is largely a matter of practice and confidence. If you have not done it before, make a few practice cuts on waste pieces of glass and get used to the 'feel' before doing a real job.

Lay the glass on a flat surface covered with a blanket – patterned glass should be placed pattern side down and cut on its smooth side. Clean the surface with methylated spirit.

Set a T-square the required distance from one edge **(1)**, using a steel tape measure to position it. If you're working on a small piece of glass or don't have a T-square, mark the glass on opposing edges with a felt-tipped pen and use a straightedge to join up the marks and guide the cutter.

Lubricate the steel wheel of the glass cutter by dipping it in thin oil or in paraffin. Hold the cutter between your middle finger and forefinger **(2)**, and draw it along the guide with a single continuous stroke. Use even pressure throughout and run the cut off the end. Slide the glass forward over the edge of the table **(3)**, and tap the underside of the scored line with the back of the cutter to initiate the cut. Wearing gloves, grip the glass on each side of the scored line **(4)** and snap it in two. Alternatively, place a pencil under each end of the scored line and apply even pressure on both sides until the glass snaps.

1 Measure the glass with a tape and T-square

2 Cut the glass with one continuous stroke

3 Tap the underside to initiate the cut

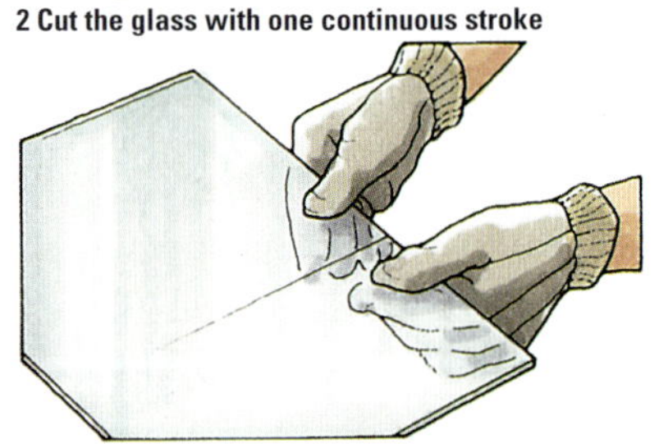

4 Snap the glass in two

Cutting off a thin strip of glass

To reduce a slightly oversize pane of glass, remove a thin strip by scoring a line as described above, then gradually remove the edge with glazier's nibblers (see far left) or a pair of pliers.

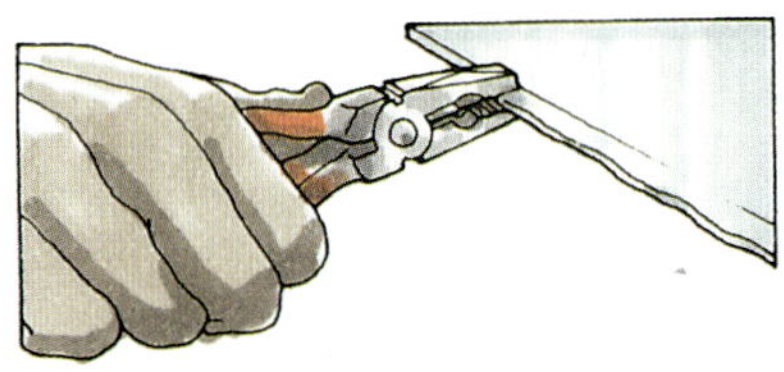

Nibble away a thin strip with pliers

SEE ALSO: Tape measure 492, Glass cutter 510, Pliers 522

Cutting circles and drilling holes

To fit an item such as an extractor fan in a window you will need to make a circular hole in the glass with a beam-compass cutter.

Cutting a circle in glass

Stick the suction pad of the cutter on the glass, then adjust the cutting head to match the radius of the circle. Score the circle around the pivot, applying even pressure. Now score another, smaller, circle inside the first one **(1)**. Remove the cutter and crisscross the inner disc with straight cuts, then make radial cuts about 25mm (1in) apart in the outer rim. Tap the centre of the scored area from underneath to open up the cuts **(2)**, then remove the pieces of glass. Finally, tap the outer rim and nibble away the waste with pliers.

To cut a disc of glass, scribe a circle with the beam-compass cutter, then score tangential lines from the circle to the edges of the glass **(3)**. Tap the underside of each cut, starting close to the edge of the glass.

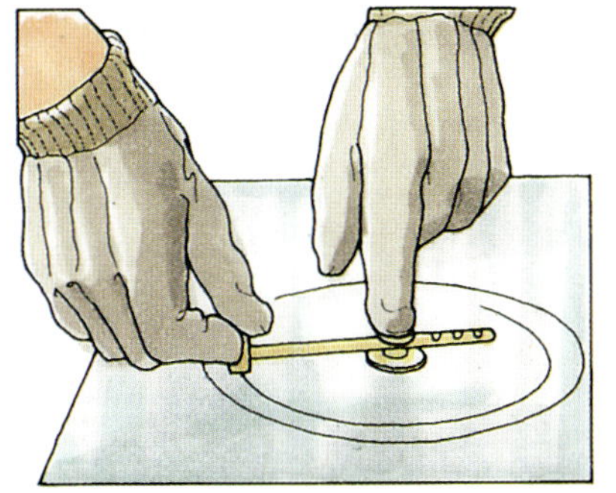

1 Score the circle with even pressure

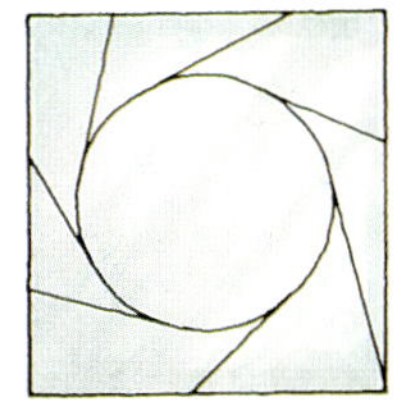

3 Cutting a disc
Scribe the circle then make tangential cuts from it to the edge of the glass.

2 Tap the centre of the scored area

Smoothing the edges of cut glass

You can grind down the cut edges of glass to a smooth finish using wet-and-dry paper wrapped round a wooden block. It's fairly slow work, though just how slow depends on the degree of finish you require. Start with medium-grit paper wrapped tightly round the block. Dip the block, complete with paper, in water and begin by removing each 'arris' (the sharp corners along the edge) with the block held at 45 degrees to the edge. Keep the abrasive paper wet.

Follow this by rubbing down the actual edge to remove any nibs, then smooth it to a uniform finish. Repeat the process with progressively finer grit papers. Finally, polish the edge with a wet wooden block coated with pumice powder.

Using a glass-cutting template

Semicircular windows and glazed openings above Georgian-style doors often have segments of glass mounted between radiating glazing bars.

Ready-cut panes are available for glazing modern semicircular windows and reproduction period-style doors, but you will need to cut panes of glass to fit an old glazed door or window.

Each piece of glass is a segment of a larger circle, but one that is beyond the scope of a standard beam-compass glass cutter (see above). Consequently, you need to make cardboard templates to serve as guides for scoring the glass with an ordinary cutter.

Remove the broken glass, clean up the rebate, then tape a sheet of paper over the window and, using a wax crayon, take a rubbing of the opening **(1)**. Remove the paper pattern and tape it to a sheet of thick cardboard. To provide a tolerance for fitting between glazing bars, and to allow for the thickness of the glass cutter, make the cardboard template about 3mm (⅛in) smaller than the pattern, on all sides.

Use double-sided tape to fix the template to the glass. Score round it with the glass cutter **(2)**, running all cuts to the edge of the glass, and then snap the glass in the normal way. Any slight irregularities will be hidden by the glazing-bar rebates and the putty.

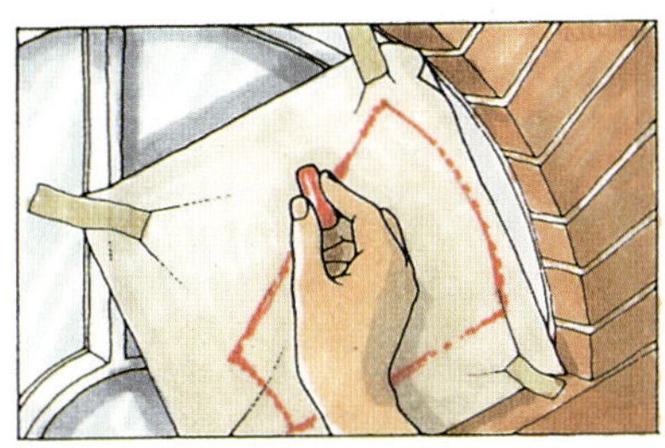

1 Take a rubbing of the shape with a crayon

Drilling a hole in glass
Use a wheelbrace with special bits

2 Cut round the template, using even pressure

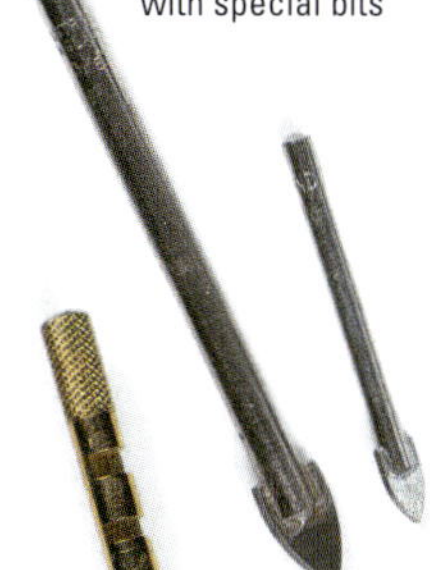

Drilling a hole in glass

There are special spear-point drilling bits for boring holes in glass. You will need to use a hand-held wheelbrace or a power drill set to run at a low speed.

Mark the position for the hole, no closer than 25mm (1in) from the edge of the glass, using a felt-tipped pen or a wax pencil. When drilling mirror glass, mark the back (i.e. the coated surface).

Place the tip of the drill bit on the marked centre and, with light pressure, twist it back and forth until it grinds a small recess and no longer skids on the centre. Form putty into a small ring surrounding the recess, and fill the inner well with a lubricant such as white spirit, paraffin or water.

Work the drill at a steady speed and pressure, since too much pressure may chip the glass. When the tip of the bit emerges, turn the glass over and drill from the other side. Drilling straight through from one side risks breaking out the surface around the hole.

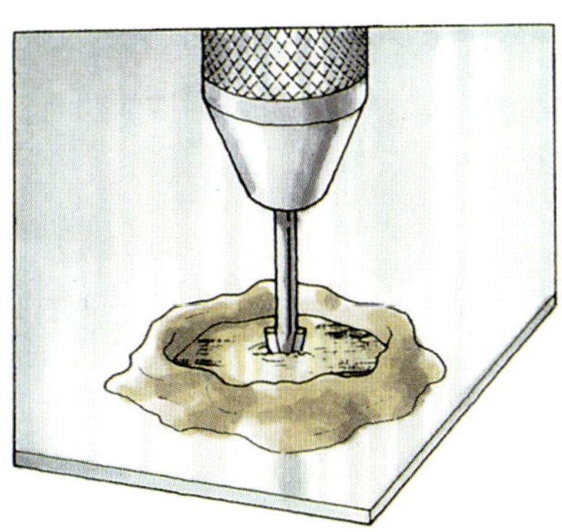

Drilling glass
Always run the drill in a lubricant to reduce friction.

Circle cutter

SEE ALSO: Removing glass 210

Repairing a broken window

FITTING NEW GLASS

Even when no glass is missing, a cracked windowpane constitutes a safety hazard. Smashed panes are a security risk and are no longer weatherproof, so replace them promptly.

Temporary repairs
For temporary protection from the weather, tape a sheet of polythene over the outside of the window frame, or hold it in place with nailed battens until you can replace the glass. If the window is merely cracked, it can be repaired temporarily using a special clear self-adhesive waterproof tape. Applied to the outside, this tape gives an almost invisible repair.

Safety with glass
Unless the window is at ground level, it may be safer to remove the sash in order to replace broken glass. However, a fixed window has to be repaired on the spot, wherever it is. Large pieces of glass should be handled by two people, and the work done from a tower rather than ladders. Don't work in windy weather; and wear gloves and protective spectacles when removing glass.

Glazing putty
Traditional linseed-oil putty (see far right) is made for glazing wooden frames. It dries slowly and is hard when set. All-purpose putty for wood and steel frames has similar properties. Both putties tend to crack if they are not protected with paint. Modern acrylic-based glazing putty is an all-purpose type that is easy to use and dries quickly, ready for painting. Butyl rubber-based compound is for use with beaded wooden or metal frames; it isn't suitable for plastic frames or plastic glazing.

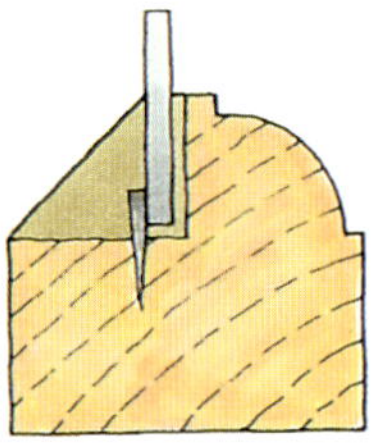
Glass fixed with putty

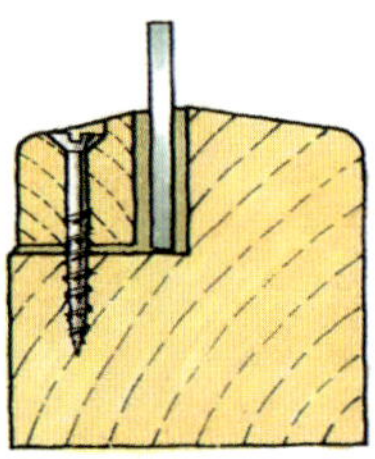
Wooden bead fixing
Some wooden frames feature screwed-on beading bedded into compound to hold and seal the panes in place. Unscrew beading and scrape out compound. Bed new glass in fresh compound and replace beading.

Repairing glass in wooden frames

In wooden window frames, the glass is set into a rebate cut in the frame's moulding and is then bedded in putty. Small wedge-shaped nails, known as sprigs, are also used to hold the glass in place. Traditionally, linseed-oil putty is used for glazing softwood frames. However, acrylic-based glazing putty, which is fast-drying and more durable, can be used instead. A flexible non-setting butyl compound is available for fixing double-glazed units.

Removing the glass
If the glass in a windowpane has shattered, leaving jagged pieces set in the putty, grip each piece separately and try to work it loose **(1)**. It is always safest to start working from the top of the frame.

Old putty that is dry will usually give way, but if it's strong it will have to be cut out, using a glazier's hacking knife and a hammer **(2)**. Alternatively, use a blunt wood chisel. Work along the rebate to remove the putty and glass. Pull out the sprigs with pincers **(3)**.

If the glass is merely cracked, run a glass cutter round the perimeter of the pane about 25mm (1in) from the frame, scoring the glass **(4)**. Fasten strips of self-adhesive tape across the cracks and scored lines, then tap each piece of glass until it breaks free and is held only by the tape **(5)**. Carefully remove individual pieces of glass, working from the centre of the pane.

Clean remnants of old putty out of the rebates, then seal the wood with wood primer. Measure the height and width of the opening to the inside of the rebates, and have your new glass cut 3mm (1/8in) smaller on each dimension to provide a tolerance for fitting.

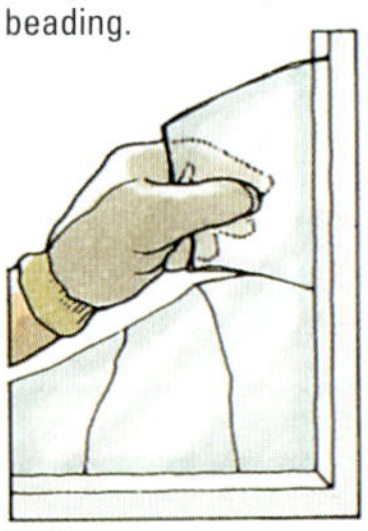
1 Work the broken glass loose

2 Cut away the old putty

3 Pull out the old sprigs

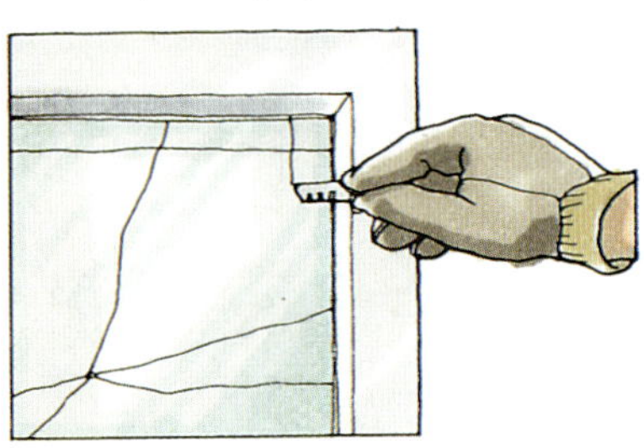
4 Score glass before removing a cracked pane

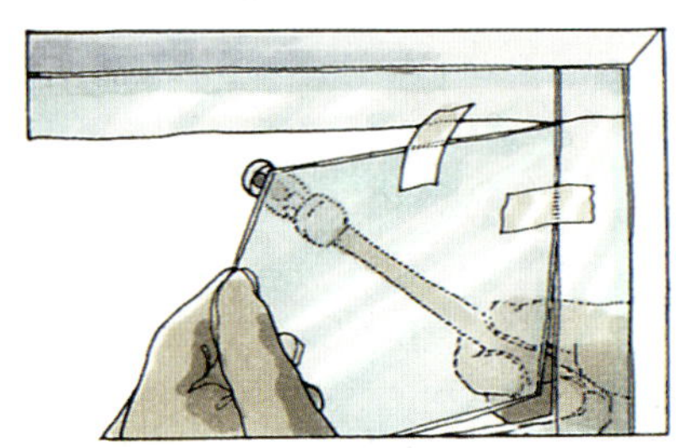
5 Tap the glass to break it free

Purchase new sprigs and enough putty for the frame. Your glass supplier should be able to advise you on this – but as a guide, 500g (1lb) of linseed-oil putty will fill an average-sized rebate about 4m (13ft) in length.

Working with putty
Knead a palm-sized ball of putty to an even consistency. Very sticky linseed-oil putty is difficult to work with, so wrap it briefly in newspaper to absorb some of the oil. You can soften putty that is too stiff by adding linseed oil.

Press a fairly thin, continuous band of putty into the rebate all round with your thumb. This is the bedding putty. Lower the edge of the new pane onto the bottom rebate, then press it into the putty. Press close to the edges only, squeezing the putty to leave a bed about 2mm (1/16in) on the inside, then secure the glass with sprigs about 200mm (8in) apart. Tap them into the frame with the edge of a firmer chisel, so that they lie flat with the surface of the glass **(1)**. Trim the surplus putty from the back of the glass with a putty knife.

Apply more putty to each rebate on the outside. Using a putty knife **(2)**, work the putty to a smooth finish at an angle of 45 degrees. Wet the knife with water to prevent it dragging, and make neat mitres in the putty at the corners. Let the putty set and stiffen for about three weeks, then paint the frame as required. Before painting, clean any putty smears from the glass with methylated spirit. Let the paint lap the glass slightly to form a weather seal.

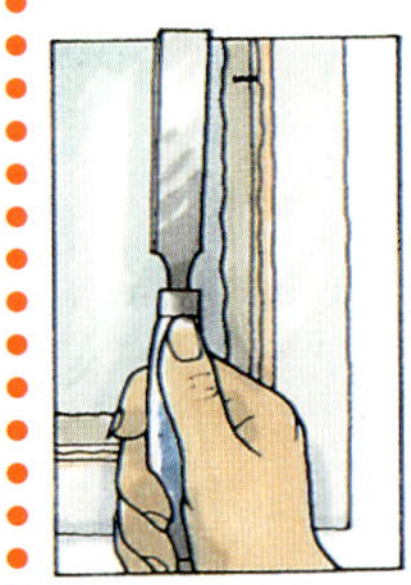
1 Tap in new sprigs

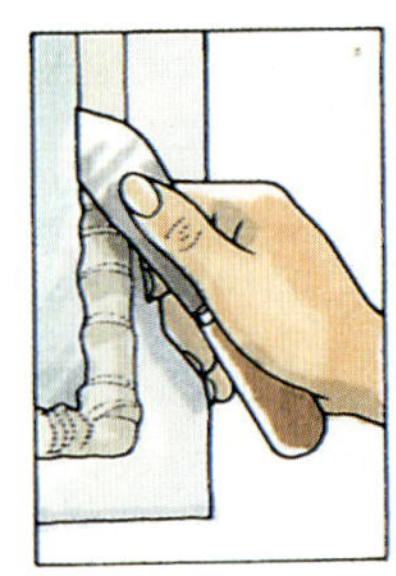
2 Shape the putty

Acrylic glazing putty
Acrylic glazing putty is supplied in a cartridge and easily applied with a sealant gun. Run a bead of putty into the rebate. Bed the glass in place and secure with glazing sprigs. Then apply a continuous bead of putty all round the frame, and smooth it to a 45 degree angle with a wetted putty knife. Allow at least four hours for it to cure, then trim off any excess material before finishing with paint.

SEE ALSO: Scaffold tower 38–40, Painting windows 82, Measuring up 208, Hacking knife 510, Putty knife 510

Leaded lights

Leaded lights are windows glazed with small pieces of glass joined by strips of lead, known as cames. In many windows, the cames form a lattice of lead enclosing rectangular or diamond-shaped panes of clear glass. Alternatively, they can be formed into sinuous patterns that incorporate coloured, painted or textured glass.

Supporting a leaded light

Leaded lights are relatively weak and they can sag with age. If you have an old window that is bowing, you can support it with a 6mm (¼in) mild-steel rod.

Drill a 6mm (¼in) hole on each side of the window frame, placing the holes about halfway up the sides, close to and in line with the cames. Drill one hole twice as deep as the other. Flatten the window carefully with the palm of a gloved hand, or use a board to spread the load.

Solder a few short lengths of tinned copper wire to the back of the came(s), aligning them with the supporting rod. Alternatively, you can use narrow strips of tinplate cut from a food can.

The length of the rod should equal the distance across the inside of the window frame, plus twice the depth of the shallowest hole drilled in the frame. Locate the rod in the holes, inserting it in the deeper hole first.

Twist the soldered wires – or crimp the tinplate strips – round the rod so that the window is tied to it. Finish the rod with black paint and, if necessary, form a waterproof seal on both sides of the window by brushing putty into the cames (see right).

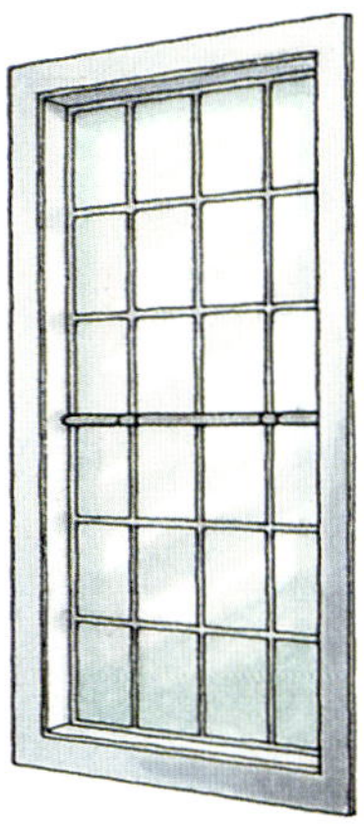

Support a sagging leaded light with a metal rod

Twisted-wire tie

Crimped tinplate strip

Replacing broken glass in leaded lights

It is always easier to replace a piece of glass with the window out of its frame – but as leaded lights are rather fragile, it is sometimes safer to carry out the repair with the window still in place. If the complete unit does have to be removed, carefully hack out the putty and support the whole of the panel on a board as it is taken out.

Cut the cames around the broken pane at each joint, using a sharp knife **(1)**. If possible, make the cuts on the inside of the window.

With a putty knife, lift the edges of the cames holding the glass, and prise the lead up until it is at right angles to the face of the glass **(2)**. Lift or tap out the broken pieces and scrape away the old putty cement. If you are working with the leaded light in place, support it from behind with your gloved hand or with a board fixed across the window frame during this procedure.

Take a paper rubbing of the open cames to help give you the shape and size of the glass required. Lay the new glass over the rubbing and follow the shape with a glass cutter and straightedge, keeping the cut a little inside the line **(3)**. Try the glass for fit and, if necessary, rub down corners and edges with wet-and-dry paper.

Mix some black grate polish into a ball of ordinary linseed-oil putty and apply it to the open cames, then bed the glass into it with even pressure.

Fold the edges of the cames over to secure the glass, and burnish them flat with a piece of wood.

Thoroughly clean the cut joints in the cames with fine wire wool and resolder them **(4)**, using an electric soldering iron and resin-cored solder.

Use your thumbs to press coloured putty under the edges of the cames on the inside of the window. Run a pointed stick against the cames to remove excess putty, then consolidate it by brushing across the glass panes in all directions with a small bristle brush.

Came styles

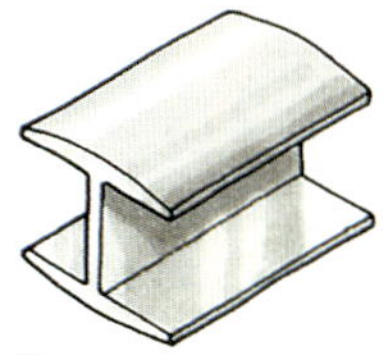

Round came

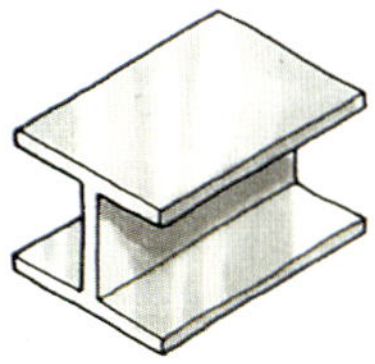

Flat came

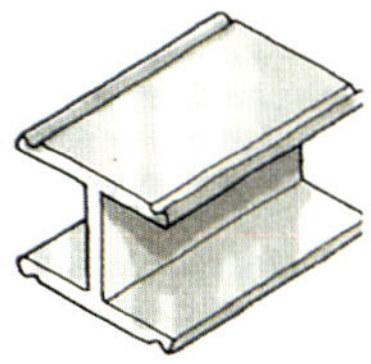

Beaded came

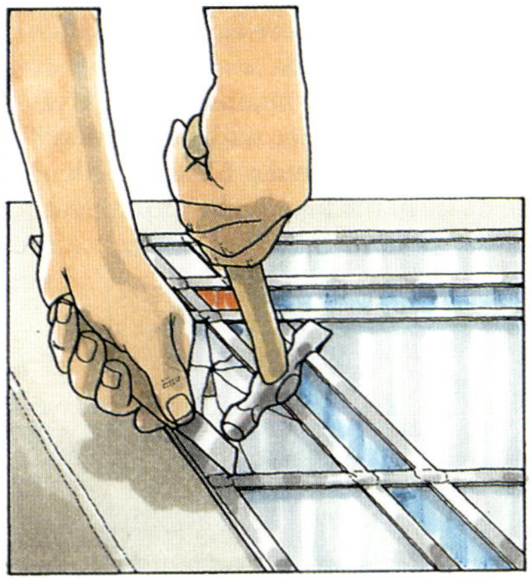

1 Cut the cames with a sharp knife

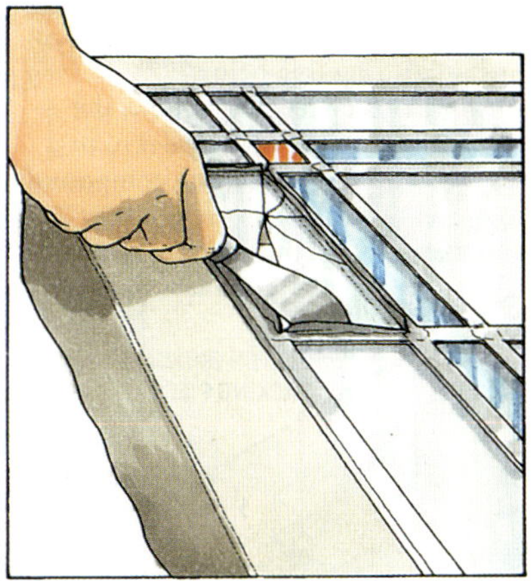

2 Prise the lead up with a putty knife

3 Cut the glass following a paper rubbing

4 Resolder the joint after fitting the glass

SEE ALSO: Cutting glass 208, Smoothing cut edges 209, Putty knife 510, Soldering 518–19

Repairing rotten sills

Being a fundamental part of a window frame, a rotten sill may have to be replaced. The frame of a casement window is made something like a doorframe and can be repaired in a similar way (all the glass should be removed first). The internal window board may also have to be removed, and then refitted level with the new sill. See below for replacing the sill of a sash window.

Make sure the damp-proof course between the underside of the sill and the wall is maintained. Gun-applied mastics make this job relatively easy. Some traditional frames have a galvanized-iron water bar between the sill and subsill (see right). When replacing a sill of this type without removing the whole frame, you may have to discard the bar and rely on mastic sealants to keep the water out.

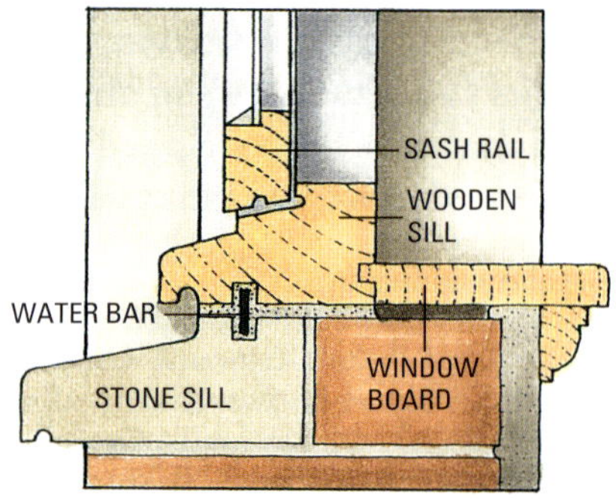

Traditional frame with stone subsill

Decaying window sills
Renovate deteriorating sills and subsills before serious decay sets in.

Replacing a wooden sill for a sash window

Don't simply replace a sill by cutting through it and fitting a new section between the jambs. Even if you seal the joints with mastic, any breakdown of the sealant will allow water to penetrate the masonry and the end grain of the wood – so you may find yourself having to do the job all over again.

If a sill is seriously rotted, you may have to take the whole frame out. Make and fit a new sill, using the old one as a pattern. Treat the new sill with a wood preserver, and take the opportunity to treat the old wood – which is normally hidden by the masonry. Apply a bead of mastic sealant to the sill, then replace the complete frame in the opening from inside. Make good the damaged plaster.

It is possible to replace the sill from the inside, leaving the frame in place (see right). Saw through the sill close to the jambs and remove the centre portion. Cut away the bottom ends of the inner lining level with the pulley stiles, and remove the ends of the old sill. Cut the new sill to fit round the outer lining and under the stiles and inner lining. Fit the sill and nail or screw the stiles to it.

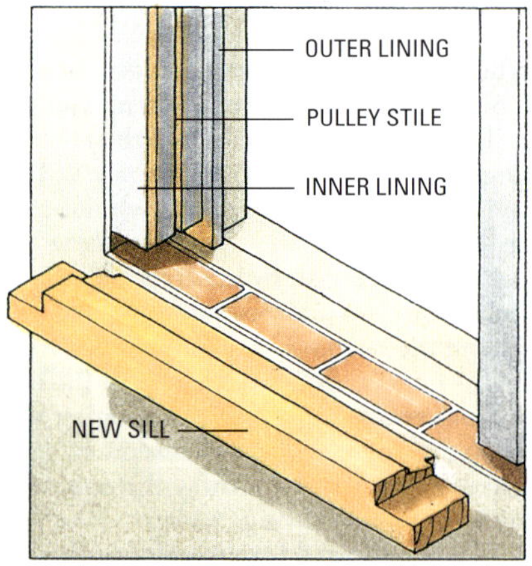

Cut the new sill to fit the frame

Repairing a stone subsill

The traditional stone sills found in older houses may become eroded by weathering. They are also liable to crack if the wall subsides.

Repair cracks and eroded surfaces with a ready-mixed quick-setting waterproof mortar. Rake out the cracks to clean and enlarge them. Dampen the stone with clean water and work the mortar well into the cracks, finishing flush with the top surface.

To help the mortar adhere, undercut any depressions caused by erosion – a thin layer of mortar simply applied to a shallow depression in the surface will not last for long. To do this, use a cold chisel to cut away the surface of the sill to at least 25mm (1in) below the finished level; then remove all traces of debris and dust.

Make a wooden former to the shape of the sill and temporarily nail it to the masonry. Dampen the stone, trowel in the mortar and tamp it level with the former, then smooth it out. Leave the mortar to set for a couple of days before removing the former. Allow it to dry thoroughly before applying paint.

Make a wooden former to the shape of the sill

Casting a new subsill

Cut out what remains of the old stone sill with a hammer and cold chisel. Make a wooden mould with its end pieces shaped to the same section as the old sill. The open top of the mould represents the underside of the sill.

Fill two-thirds of the mould with fine-aggregate concrete, tamped down well. Add two lengths of painted mild-steel reinforcing rod, judiciously spaced to share the volume of the sill, then fill the remainder of the mould. Set a narrow piece of wood, such as a dowel, into notches cut in the ends of the mould. This is to form a 'throat', or drip groove, in the underside of the sill.

Cover the concrete with polythene sheeting, or dampen it regularly for two to three days to prevent rapid drying. When the concrete has set (allow about seven days), remove it from the mould and lay the new sill in the wall, on a bed of mortar. Pack the subsill up against the wooden sill, using pieces of slate.

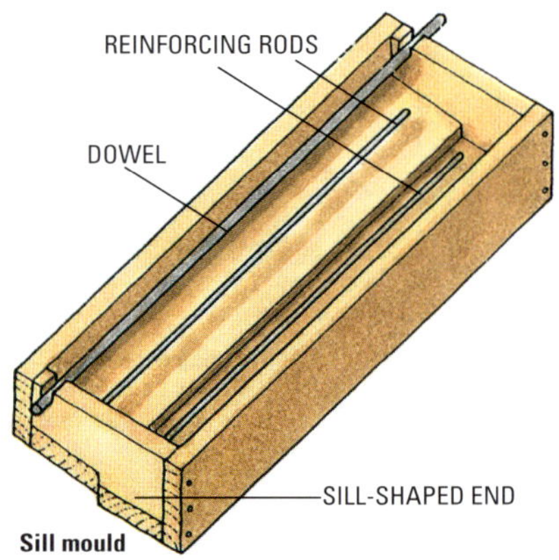

Sill mould

SEE ALSO: Painting masonry 62–4, Replacing a doorsill 199, Casement windows 204, Sash windows 204–5, Mixing concrete 465

Replacing broken sash cords

In time, the cords from which sliding sashes are suspended will wear or break. It is worth replacing both cords, even if only one has broken. Waxed sash cording is normally sold in standard hanks, although some suppliers sell it by the metre. Each sash requires two lengths of cord, measuring about three-quarters the height of the window. Don't cut cords to length beforehand.

The workings of a double-hung sash window

1 Pulleys
2 Bottom sash
3 Staff bead
4 Top sash
5 Parting bead
6 Bottom sash weight
7 Pocket
8 Top sash weight

Removing the sashes

Lower both sashes and cut through the cords with a knife to release the weights – holding onto the cords and lowering the weights as far as possible before allowing them to drop.

Use a wide-bladed paint scraper to prise off the side staff beads from inside the frame, bending them in the middle until their mitred ends spring out.

Lean the inner sash towards you and mark the ends of the cord grooves on the face of the sash stiles **(1)**. Reposition the sash and transfer the marks onto the pulley stiles. The sash can now be pulled clear of the frame.

Carefully prise out the two parting beads from their grooves in the stiles. You can then remove the top sash, after marking the ends of the grooves as before. Place the sashes safely aside.

To gain access to the weights, take out the pocket pieces, which were trapped by the parting bead. Reach into the openings to lift out the weights. Pieces of thin wood, known as parting strips, are usually suspended inside the box stiles to separate each pair of weights. Push the strips aside to reach the outer weights.

Remove the old sash cords from the weights and sashes, and clean up the wood ready for the new cords.

Refitting the sashes

The top sash is fitted first, but not before all the sash cords and weights are in place.

Clean away any build-up of paint from the pulleys. Tie a length of fine string to one end of the hank of sash cord. Weight the other end of the string with small nuts or a piece of chain. Thread the weight – known as a 'mouse' – over a pulley **(2)**, then pull it and the string out through the pocket opening until the cord is also pulled through. Attach the end of the cord to the sash weight with a special knot (see below left).

Pull on the other end of the cord to hoist the weight up to the pulley, and then let it drop back about 100mm (4in). Hold it temporarily in this position with a nail driven through the cord into the stile just below the pulley. Cut the cord level with the mark on the pulley stile **(3)**. Repeat this procedure for the cord on the other side, and similarly for the bottom sash.

Replace the top sash on the sill, lean it towards you, and locate its cords in the grooves in the stiles. Nail the cords in place, using three or four 25mm (1in) round wire nails. Nail only the bottom 150mm (6in), not all the way up **(4)**. Lift the sash to check that the weights do not touch bottom.

Replace the pocket pieces and pin the parting beads in their grooves. Fit the bottom sash the same way. Finally replace the staff beads, taking care to position them accurately.

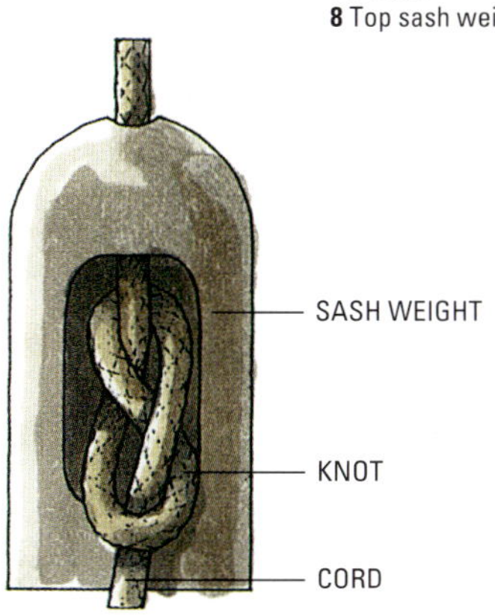

How to tie a sash-weight knot
Make a loop in the cord, about 75mm (3in) from the end. Take the end round the back of the cord to form a figure-of-eight, and then pass it through the first loop.

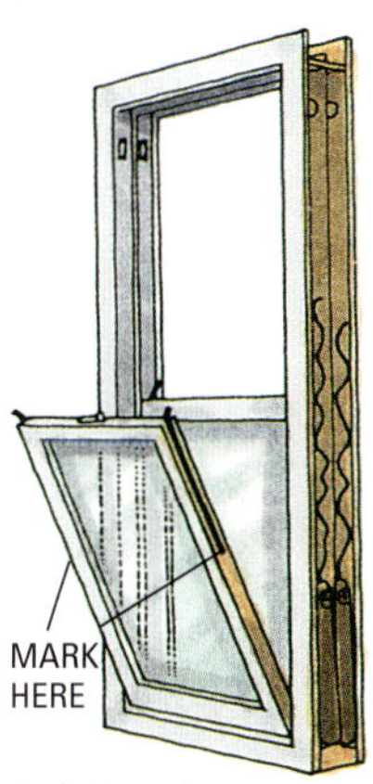

1 Mark cord grooves

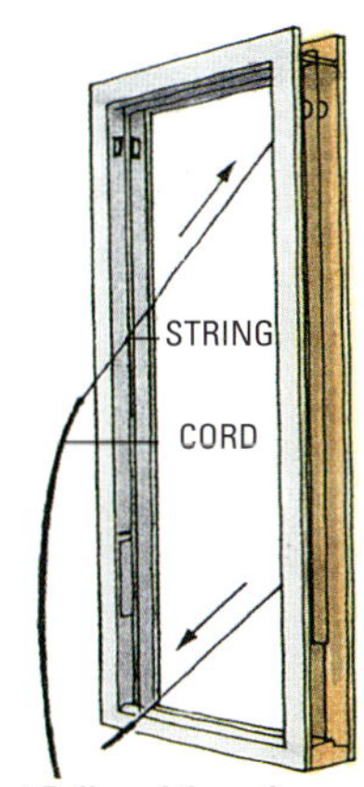

2 Pull cord through

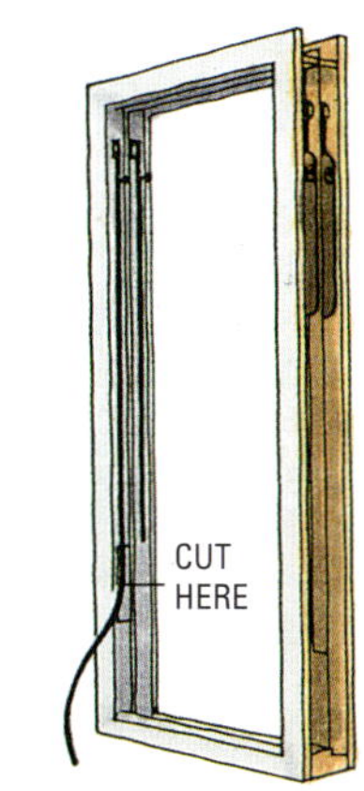

3 Cut cords at mark

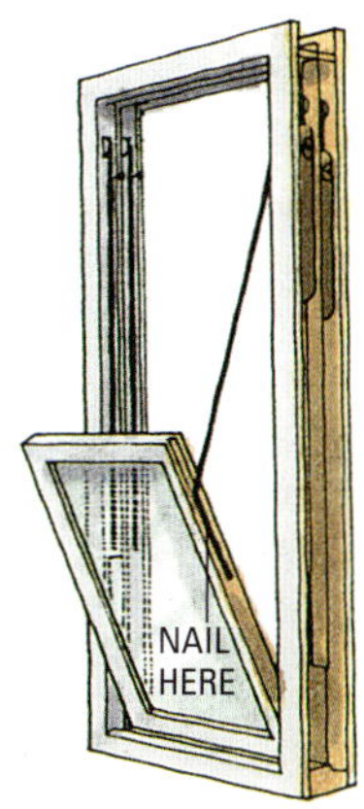

4 Nail cord to sash

SEE ALSO: Sash windows 204–5, Craft knife 515

Spiral balances

Instead of counterweights and cords, modern sash windows use spiral balances, which are mounted on the faces of the frame stiles, eliminating the need for traditional box frames. Pairs of balances are made to match the size and weight of individual glazed sashes and can be ordered through builders' merchants or by post from the manufacturer.

Spiral-balance components

Each balance consists of a torsion spring and a spiral rod housed in a tube. The top end is fixed to the frame stile, and the inner spiral to the bottom of the sash. The complete unit can be housed in a groove in the sash stile or in the window frame.

Spiral-balance unit

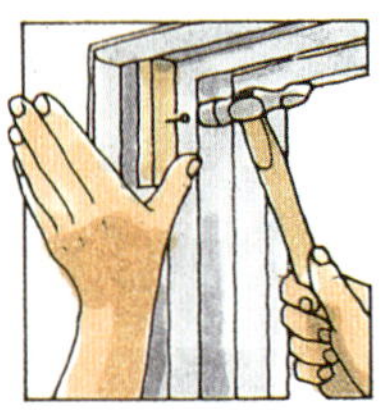

Fit top-limit stop

Fit bottom-limit stop

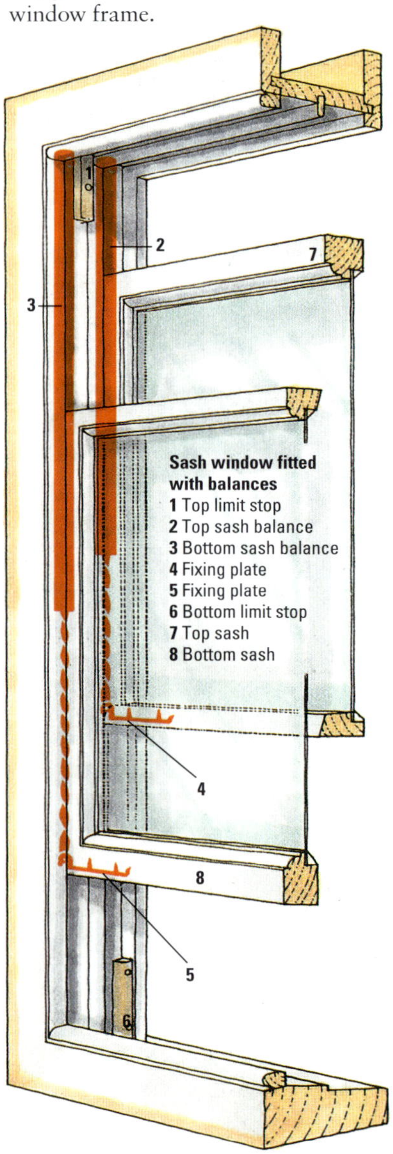

Sash window fitted with balances
1 Top limit stop
2 Top sash balance
3 Bottom sash balance
4 Fixing plate
5 Fixing plate
6 Bottom limit stop
7 Top sash
8 Bottom sash

Fitting the balances

You can fit spiral sash balances to replace the weights in a traditionally constructed sash window.

Remove the sashes and weigh them on your bathroom scales. Place your order, giving the weight of each sash together with its height and width, plus the height of the window frame. Refit the sashes temporarily until the balances arrive, then take them out again and remove the pulleys.

Plug the holes and paint the box-frame stiles. Cut grooves, as specified by the manufacturers, in the stiles of each sash to take the balances **(1)**. Also cut a housing at each end of their bottom edges to receive the spiral-rod fixing plates. Fit the fixing plates with screws **(2)**.

Sit the top sash in place, resting it on the sill, and fit the parting bead. Take the top pair of balances, which are shorter than those for the bottom sash, and insert each into its groove **(3)**. Fix the top ends of the balance tubes to the frame stiles with the screw-nails provided **(4)**. Make sure the ends of both balances are tight against the window head.

Lift the sash to its full height and prop it with a length of wood. Hook the wire 'key' provided by the makers into the hole in the end of each spiral rod and pull it down about 150mm (6in). Keeping the tension on the spring, add three to five turns anticlockwise **(5)**. Locate the end of each rod in its fixing plate and test the balance of the sash. If it drops, add another turn on the springs until the sash is perfectly balanced. Take care not to overwind the balances.

Fit the bottom sash the same way, refitting the staff bead to hold it in place. Fit the stops that limit the full travel of the sashes in their respective tracks (see far left).

RENOVATING SPIRAL BALANCES

In time, the springs of spiral balances tend to weaken. To retension the springs, unhook the spiral rods from their fixing plates, then turn the rods anticlockwise once or twice.

The mechanisms can be serviced by releasing the tension and unwinding the rods from the tubes. Wipe them clean and apply a little thin oil, then rewind the rods back into the tubes and tension them as described above.

1 Cut a groove in the sash stiles

2 Fix each plate in its housing with screws

3 Fit the sash and insert the tube in its groove

4 Nail the top end of the tube to the stile

5 Tension the springs with the key provided

SEE ALSO: Parting bead 204, 215, Removing sashes 215

Replacing windows

Joinery suppliers offer a range of ready-made window frames in both hardwood and softwood. Some typical examples are shown below.

Casement windows

Vertical sliding-sash windows

Construction details

Manufactured wooden frames are treated with preserver, and some are ready-primed for painting or prestained for final finishing. Most frames are rebated to take double-glazed sealed units, as well as single glazing.

In addition to stays and fasteners (normally supplied with the frames), some windows have either the top rail of the opening sash or the frame itself slotted to take a ventilator kit, in order to comply with Building Regulations that require background ventilation in habitable rooms.

The style of the windows is important to the appearance of any house. If you are replacing windows in an older dwelling it is preferable – and needn't be more expensive – to have new wooden frames made to order, rather than change to modern aluminium or plastic windows.

Planning and Building Regulations

Window conversions don't normally require planning permission, since they come under the heading of house improvements – but if you are planning to alter your windows significantly (for example, by bricking one up or by making a new window opening), then you should consult your local Building Control Officer.

All authorities require minimum levels of ventilation to be provided in the habitable rooms of a house. This normally means that the area of the openable part of the window(s) must be at least one twentieth the area of the room. Also, part if not all of a top vent must be 1.75m (5ft 9in) above the floor. Trickle ventilators with an opening of 4000 or 8000sq mm (6½ to 13sq in) – depending on the size of the window – are also required for new installations.

If you live either in a listed building or in a conservation area, check with your local authority before making any changes to your windows.

Buying replacement windows

Try to maintain the character of an older house by preserving the original joinery. If you have to replace a window, copy the style of the one that is to be replaced – a specialist joinery firm will make up a wooden frame to fit. Specify either an appropriate hardwood or, for a paint finish, softwood impregnated with timber preserver.

Alternatively, you can approach a replacement-window company, though this may limit your choice to plastic or aluminium frames. Ready-glazed units can be fitted into your old timber subframes or into new hardwood ones supplied by the installer. The majority of replacement-window companies fit the windows they supply, and their service should include disposing of the old windows and all debris.

This method saves time and effort, but you should carefully consider the compatibility of such windows with the style of your house. Choose a frame that reproduces the proportions and method of opening of the original window as closely as possible.

Replacing casements

Measure the width and height of the window opening. If the replacement window needs a timber subframe and the existing one is in good condition, take your measurements from inside the frame. Otherwise, take them from the masonry. You may have to cut away some of the rendering or internal plaster in order to obtain accurate measurements. Order your replacement window accordingly.

1 Lever out the pieces of the old frame

Remove the old window by taking out the sashes first, and then remove the panes of glass in any fixed light. Remove exposed fixings, such as screws or metal brackets, or chisel away the plaster or rendering and cut through the fixings with a hacksaw.

It should be possible to knock the frame out in one piece – if not, saw through it in several places and lever the pieces out with a crowbar **(1)**. Clean up the exposed masonry with a bolster chisel to make a neat opening.

2 Fit the new frame

3 Drill fixing holes

If necessary, cut the horns off the new frame. Wedge the frame in the window opening and check that it is plumb **(2)**. Drill screw holes through the stiles into the masonry **(3)**, then remove the frame and plug the holes or use frame fixings. Attach a strip of damp-proofing material to the jambs and sill. Refit the frame, checking that it is plumb before you screw it firmly into place.

Repair the wall with mortar and plaster. Gaps of 6mm (¼in) or less can be filled with mastic. Glaze the new frame as required.

SEE ALSO: Types of windows 204–5, DPC 206, Fitting new glass 210, Hacksaws 516–17

Replacing windows

Bay windows

A bay window is a combination of window frames built out from the face of the building. The side frames may be set at 90-degree or 45-degree angles to the front of the house. Curved bays are made with equal-sized frames set at a very slight angle to each other to form a faceted curve.

The masonry structure that supports the window frames may continue up through all storeys, finishing with a gable roof. Alternatively, the bay might have a masonry base only and a flat or pitched roof.

Bay windows can break away from the main wall as a result of subsidence caused by poor foundations or by differential ground movements. Once the movement has stabilized, minor damage can be repaired by repointing the masonry and applying mastic sealant to gaps round the woodwork. However, any damage from extensive or persistent movement should be dealt with by a builder. Consult your local Building Control Officer and inform your insurance company.

Joining frames
A flexible sealant is used for joining standard frames. The frames are screwed together to fit the opening.

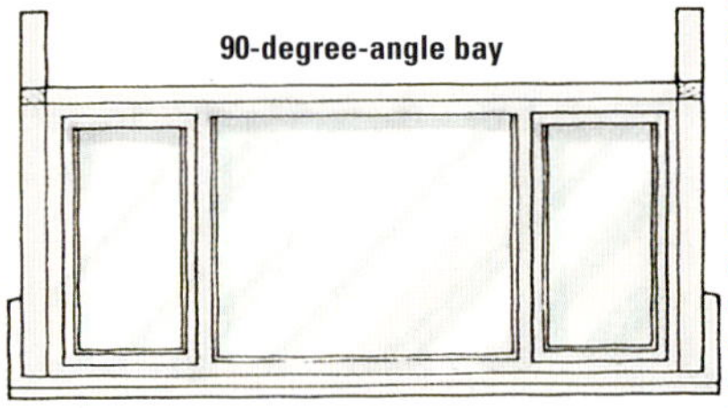

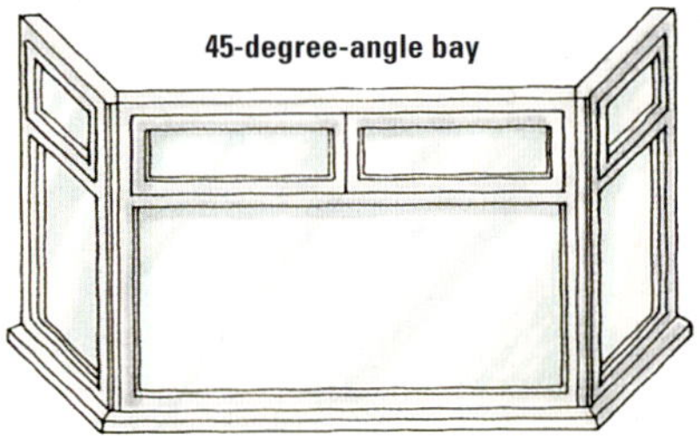

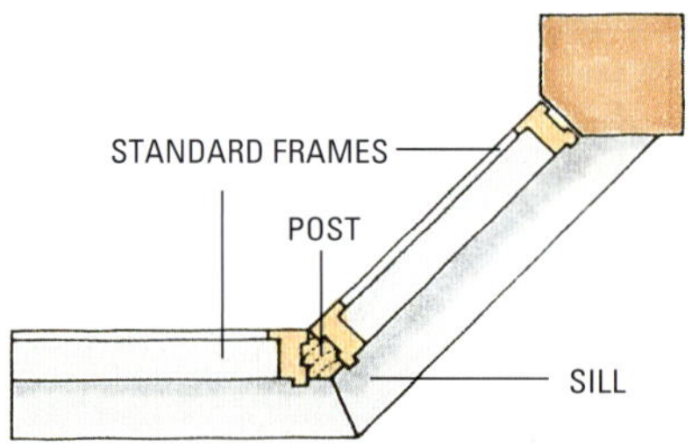

Standard frames joined with posts

Fitting the frame

Where the height of the original window permits, a replacement can be made up from standard window frames. Various combinations of frames can be joined with shaped corner posts to set the side frames at an angle of 90 or 45 degrees, or with shaped mullions for circular bays. A sealant is used to weatherproof the joints between the posts and frames.

Modern angled bay with decorative lead flashing

Bow windows

These windows are constructed on a shallow curve and normally project from a flat wall. Complete hardwood bow-window frames are available from joinery suppliers, ready for installation in a masonry opening. A flat-topped moulded-plastic canopy is made for finishing the top of the window, in place of a traditional lead-sheet covering.

Fitting the frame

Tack damp-proof-course material to the sides of the frame and the underside of the sill, then fit both the frame and the canopy into the wall opening, the outer edges of the frame set flush with the wall. Screw the frame to the masonry. The vertical damp proofing should overlap any damp-proof course built into the wall. Weatherproof the canopy with a lead flashing, cut into the wall and dressed over the upturned rear edge of the canopy. Use mastic to seal the joints between the frame and the masonry.

Bow window with fine glazing bars

REPLACING A SASH WINDOW

Traditional boxed-sash windows fitted with cords and counterweights can be home-made or supplied by specialists, who can also fit them for you. Alternatively, you may decide to replace an old vertical sliding-sash window with a new frame and spiral-balance sashes.

Removing frames

Remove the sashes, then take out the old frame from inside the room. Do this by prising off the architrave, then the window boards, chopping away the plaster as necessary. Most frames are wedged in their openings, and you can loosen one by simply hitting the sill on the outside with a heavy hammer and a wood block. Lift out the frame **(1)** and remove any debris from the opening.

Fitting a replacement

Fit a traditional sash-window frame exactly like the original, making sure the wood is treated with preserver.

Set a new spring-balance type (which has a slimmer frame) centrally in the window opening. Check the frame for plumb, and then wedge the corners at the head and sill. Make up the space left by the old box stiles by filling with mortared masonry **(2)**.

Metal brackets screwed to the new frame's jambs can be set in the mortar joints to secure the frame.

When the mortar has set, replaster the interior wall and replace the architrave. Glaze the sashes and, to keep rainwater out, apply a mastic sealant to the joints between the exterior masonry and the frame.

1 Lift out old frame

2 Fill gaps with brick

SEE ALSO: Repointing masonry 43, Sash windows 204–5, Vertical DPC 206, Removing sashes 215, Flashings 242–3, Sealing gaps 264

Roof windows

Double-glazed roof windows are popular for modernizing old attic skylights and are often included as part of a full loft conversion. They are supplied ready-glazed and fully equipped with catches and ventilators. Flashing kits designed to fit the frame are also available, to suit high-profile or low-profile roofing materials.

Centre-pivoting sashes can be used for roofs with pitches of between 15 and 90 degrees. Top-hung roof windows are available for pitches between 15 and 75 degrees. A combined top-hung and centre-pivoting variety is also made, which provides a large opening that can be used as an emergency exit.

Roof windows can usually be installed from within the roof space, and the glass can be cleaned conveniently from inside. Accessories such as remote-opening devices and blinds are also available.

Roof windows used in a traditional building

Internal and external blinds are available

Selecting the optimum size

Cost is always a consideration when choosing roof windows, but also take into consideration the total area of glass that will be necessary to provide a suitable level of daylight in the room. The manufacturers of roof windows offer a standard range of sizes.

The height of the window is quite important, too, though this is largely determined by the pitch of the roof. Manufacturers produce charts that show the recommended dimensions according to roof pitch. Ideally, if the window is to provide a reasonable outlook, the bottom rail should not obstruct the view from normal seat height, nor should it cut across the line of sight of someone who is standing.

Broadly speaking, this means that the shallower the pitch of the roof, the taller the window needs to be. However, it is essential that the top of the window should be within comfortable reach.

In order to create a larger window, standard-size windows can be set side by side or placed one above the other. The widest single window available measures about 1.3m (4ft 4in). When deciding on the size of a window, bear in mind its proportions and position in relation to the building's appearance.

You probably will not need planning permission to install windows of this type – but check, especially if you live in a listed building or a conservation area. However, the structural alterations will require Building Regulations approval, as would a complete loft conversion.

The manufacturers of roof windows supply fixing instructions to suit installation in all situations. Below is a summary of one type of window fitted in a slate-covered roof. The frame for a tiled roof has a different flashing kit.

Window height
The height should enable someone sitting or standing to see out of the window.

Fitting a window

Start by stripping off the slates over the area that is to be occupied by the window. The final placing of the frame will be determined by the position of the rafters and the roofing materials. Start by setting the bottom of the window frame at the specified distance above the nearest full course of slates, and try to position it so as to have half or whole slates on each side.

Next, cut through the slating battens, roofing felt and rafters to make the opening, following the dimensions that are given by the window manufacturer. Cut and nail horizontal trimmers between the rafters to set the height of the opening, and a vertical trimmer or trimmers to set the width.

With the glazed sash removed, screw the window frame in place, using the brackets provided. A guide line is clearly marked round the frame, and you must set this level with the surface of the roofing battens. Check that the frame is square by measuring across its diagonals to ensure they are equal.

Complete the outside work by fitting the slates and flashing kit, working up from the bottom of the frame. Replace the glazed sash.

Cut and nail plasterboard to the sides of the rafters on the inside; and then fill in the top and bottom of the opening with plasterboard nailed in the groove provided in the frame and to the timbers of the roof structure.

Finish off the joints with filler and tape, ready for decoration.

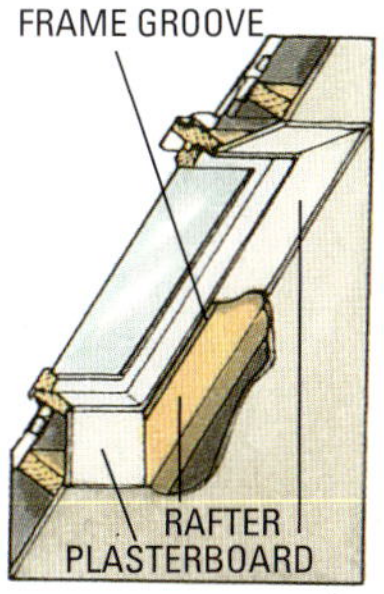

Lining the opening with plasterboard
Section through a window seen from the inside, showing the lining on the side, top and bottom of the opening. Prefabricated linings are available from some suppliers.

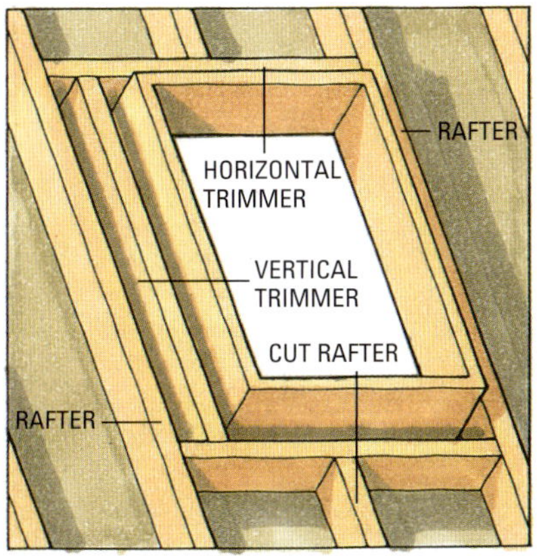

Cut the opening and fit trimmers

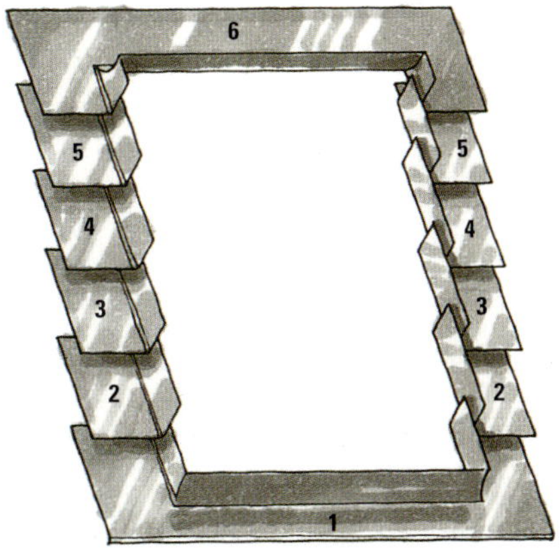

Flashing kit showing order of assembly

Fitting curtain poles and rails

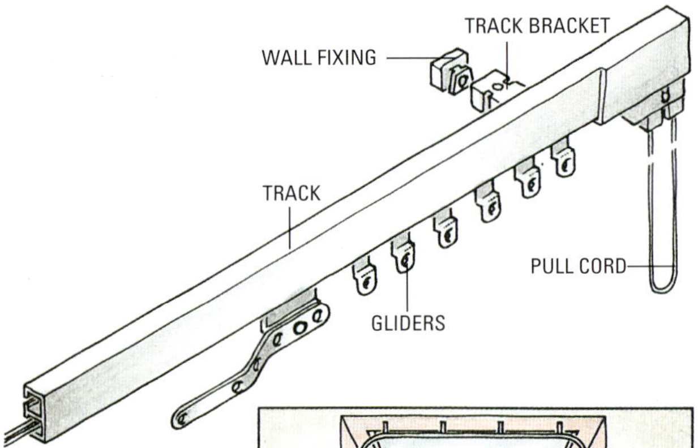

Plastic rail

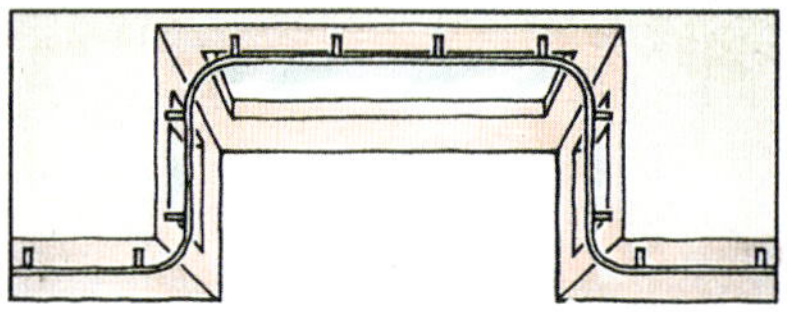

1 Supporting the rail
Fix a rail-support bracket on each side of a bend

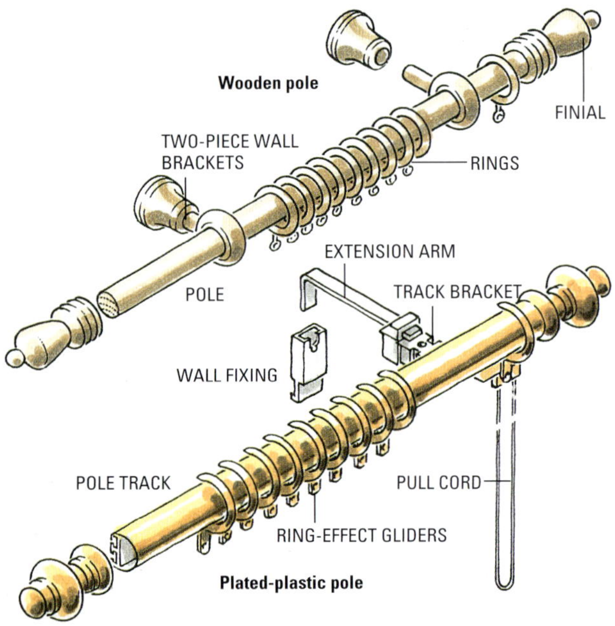

Window treatments play an important part in interior design. Although the size and shape of the window itself cannot easily be altered, you can emphasize or modify its proportions by careful dressing with curtains or blinds.

Curtain rails

As well as providing privacy, curtains help insulate the room from the sun, cold, draughts and noise. They are sold ready-made in a variety of fabrics and sizes, or you can make your own. Both the choice of material and the method used for hanging them contribute to the decorative style.

Modern curtain rails are made from plastic, aluminium or painted steel. They are available in various styles and lengths, and come complete with fixing brackets and glider rings or hooks. Some are supplied ready-corded, which makes drawing the curtains easier and minimizes soiling due to handling.

Although typically used in straight lengths, most rails can be shaped to fit a bay window. Depending on the tightness of the radius, you'll probably need more brackets to support a plastic rail in a bay than a metal one. Rails vary in rigidity, which dictates the minimum radius to which they can be bent. Plastic bends more easily when warm.

Curtain poles

Curtain poles, which were a feature of heavily draped Victorian interiors, are a popular alternative to modern track systems. Made from metal, plastic or wood, curtain poles come in a range of plated, painted or polished finishes. Traditional-type poles are supported on decoratively shaped brackets, and are fitted with end-stop finials and large curtain rings. Some modern derivations conceal corded tracks, providing the convenience of up-to-date mechanisms while retaining old-world charm.

A pair of wall-mounted decorative brackets are normally used to support curtain poles, but a central bracket may be required to support heavy fabrics. Modern plated-plastic tracked versions, with ring-effect gliders, are mounted on angle brackets. Lightweight slim poles are also made for sheer or net curtains. These are fitted with side-fixing or face-fixing sockets.

Fixing to the ceiling

Joists that run at right angles to the wall offer a fixing for placing curtain tracks at any convenient distance from the wall **(1)**. Drill pilot holes into the joists and screw the brackets in place.

Joists that run parallel to the wall need noggings nailed between them at the required fixing points **(2)**. Skew-nail the noggings flush with the ceiling.

If the required position is close to the original joist, nail a 50 x 50mm (2 x 2in) batten to the face of the joist to provide fixing points **(3)**.

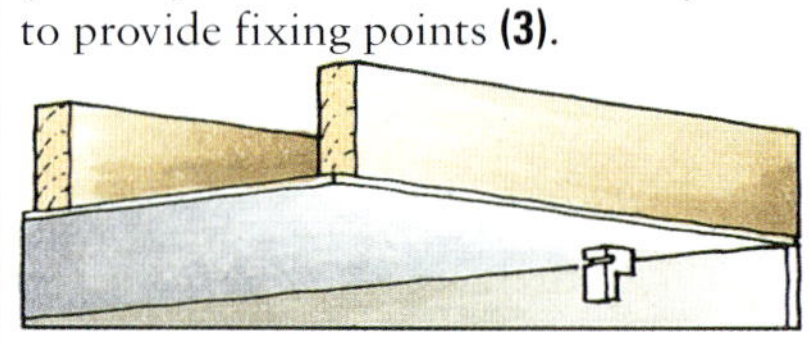

1 Screw to joists

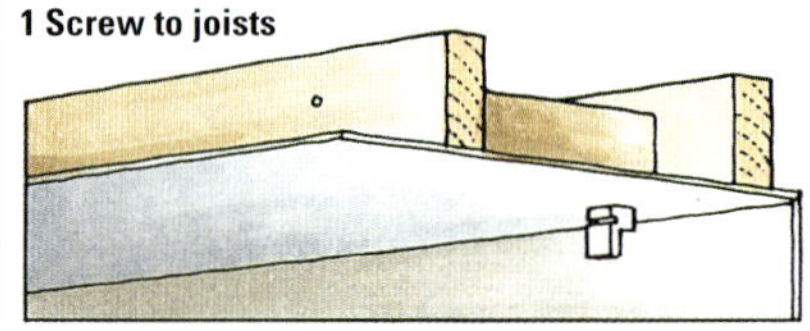

2 Nail noggings in place

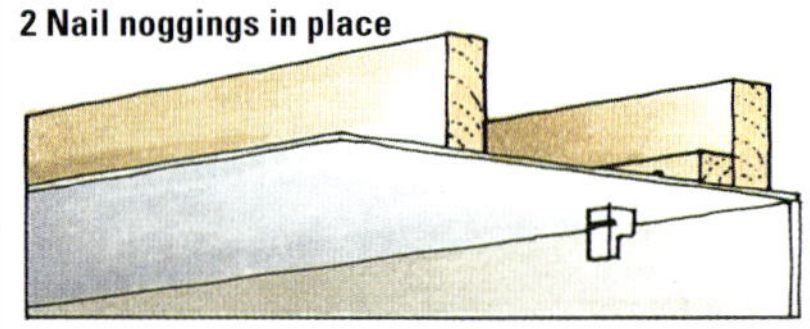

3 Nail on a batten

Fixing to the wall

Draw a guideline at a suitable height above the window opening. Plot the positions for the brackets along the line. Drill fixing holes and fit wallplugs if you are fixing into a masonry wall. The screws must penetrate right into the structural material, not just into the plaster. Screw directly into wood framing, and use self-tapping screws or cavity fixings for metal lintels.

If it proves difficult to get a secure fixing at all the marked positions, screw a 25mm (1in) thick batten to the wall on which to mount the brackets. This can be painted or covered with wallpaper.

You may be able to screw curtain-rail brackets to the wooden architrave above a traditional sliding-sash window.

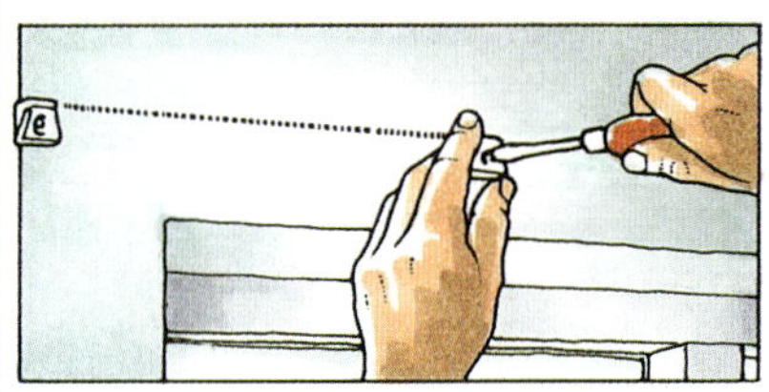

Screw curtain-track brackets to the wall

SEE ALSO: Noggings 174, Lintels 206

Hanging blinds

Blinds provide a simple, attractive and sophisticated way of screening windows. Most of the ones sold in standard sizes can be cut to size at home, and you can have blinds made to measure in a fabric of your choice. Although simple in appearance, some types incorporate refined opening-and-closing mechanisms.

Roller and Venetian blinds
Blinds look at home in both traditional and modern settings.

Roller blinds

Low-cost roller blinds can be bought in a range of fabric designs and colours, ready-made or in kit form. A typical kit consists of a plastic roller with two end caps (one of which includes a pull-cord mechanism), two support brackets, a narrow lath and a pull cord (1). You can buy the fabric separately and cut it to width and length. The rollers come in several lengths. Unless you can find a roller that fits your window exactly, get the next largest size and cut it to fit.

1 Components of a roller-blind kit

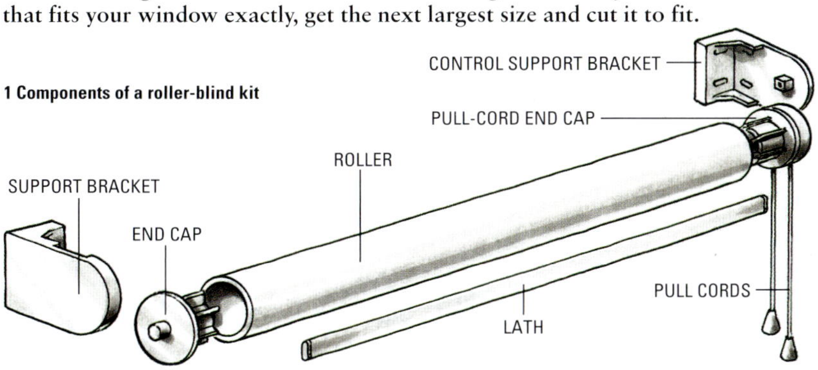

Cutting to size

A blind can be hung within the window recess or across the front of it. If fitting the roller inside, place the brackets in the top corners of the frame or opening. Ensure the pull-cord control bracket is at the end from which you intend to operate the blind. Measure and cut the roller to fit between the brackets.

If you are fitting the roller outside the window recess, you will need to cut the roller about 100mm (4in) longer than the width of the opening. Fit the brackets by drilling and plugging the wall, using the roller as a guide.

Fitting the fabric

Ideally the fabric should be non-fraying, to avoid having to sew side hems. Cut the width to finish 3mm (1/8in) less than the length of the roller; it should be long enough to cover the window, plus an extra 200mm (8in).

Make a bottom hem 6mm (1/4in) deep, then turn it up to form a sleeve for the lath. Stick the other end of the fabric to the self-adhesive strip on the roller, taking care to align the top edge of the fabric with the roller's axis.

Fitting the blind

With the fabric rolled on the roller, engage the square hole of the pull-cord end cap onto the control bracket, with the cords hanging down. Clip the other end into the opposite bracket. Identify the cord that lowers the blind, fit a knob on the end of it, then pull the cord down level with the sill.

Remove the blind and unwind the fabric till it reaches the sill or its lowest point. Refit the blind and raise it to the open position, using the other cord, then fit its knob. Check that the blind operates smoothly and, if necessary, adjust the length of the cords.

Vertical blinds

Like Venetian blinds, vertical blinds suit simple modern interiors, and work well with large glazed openings such as patio doors. The blinds hang from a headtrack, which you can screw to the ceiling or to the wall above the window. The vertical 'vanes', which clip into hooks on the headtrack, are linked together by short chains at the bottom. The vanes are weighted so that they hang straight.

Fixing the track

Mark a guide line on the wall, ceiling or soffit. Allow sufficient clearance for the rotating vanes to clear obstacles such as handles. Screw the mounting brackets in place and clip the track into them.

Hang the preassembled vanes on the headtrack hooks – first checking that the hooks are facing the same way, and that you are attaching the vanes with their seams all in the same direction.

Venetian blinds

Horizontal blinds – or Venetian blinds, as they are more often called – provide a stylish treatment for most windows. They come in a range of standard sizes, and can be made to measure. They are usually made of metal, and are available in a range of coloured finishes, including special effects such as mirror, marble and perforated slats. Wooden-slat versions are also made.

Fitting a Venetian blind

If the blind is to be fitted into a window recess, measure the width at the top and bottom of the opening. If the dimensions differ, use the smaller one. Allow for a clearance of about 9mm (3/8in) at each end. Screw the brackets in place so that the blind, when hanging, will clear any handles or catches. Set the end brackets about 75mm (3in) in from the ends of the headrail.

Mount the headrail in the brackets. Some are simply clamped, while others are locked in place by a swivel catch on each bracket **(1)**. Raise and lower the blind to check that the mechanism is working freely. To lower the blind, pull the cord across the front of the blind to release the lock mechanism, then let it slide through your hand. Tilt the slats by rotating the control wand.

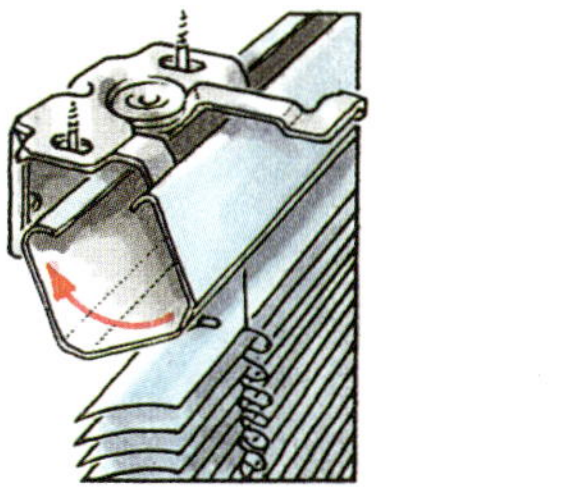

1 Locate headrail on brackets

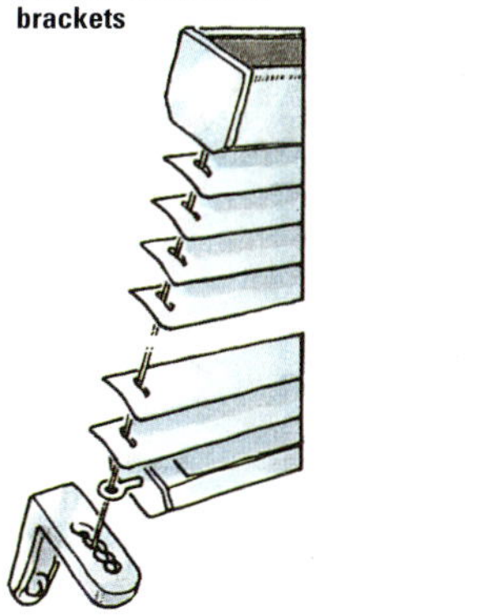

2 Fix guide-line brackets to the wall

Fitting at an angle

Venetian blinds can be specified for use on a sloping window. They are supplied with cords that prevent the blind sagging. When threaded through the holes punched in the slats, both cords are fixed to the headrail and are held taut by fixing brackets at the bottom **(2)**.

SEE ALSO: Saws 493, 516–17, Wall fixings 530–1

Interior shutters

Louvred wooden shutters provide an attractive and practical alternative to fabric curtains or blinds, adding a touch of exotic style to an interior. Made from light-coloured fine-grained woods, they can be varnished to retain their natural appearance, or stained or painted to complement any scheme.

Adjustable-louvre shutters

Ready-made louvred shutters can be bought from specialist suppliers in both standard and made-to-measure sizes. The adjustable slats are connected by a slim vertical wooden bar that enables the entire bank of louvres to be set at the same angle. This action controls the level of natural light falling through the window. When shutters are fully closed and fastened together they provide privacy and a certain degree of security.

Shutter combinations

The arrangement of shutters is largely determined by the size of the window opening. A single tier of panels or shutters is a common combination, comprising between one and four panels of uniform width. Two pairs of hinged panels, forming bifold shutters, is perhaps the most popular **(1)**. Where the shutters would exceed 1120mm (3ft 8in) in height, each of the panels is made with an intermediate cross rail to stiffen the frame.

Alternatively, two or three shorter tiers can be stacked one above the other in order to cover tall windows **(2)**. With this arrangement, you can have one or more tiers closed, while folding back the upper tier or tiers to illuminate the room. When planning for multi-tiered shutters, try to arrange the horizontal divisions between the panels to align with the main cross rails of the window frame. However, if the proportions would look awkward, then keep all the panels the same size.

Half-height or café-style shutters **(3)** allow for a degree of privacy, but less control over the level of illumination.

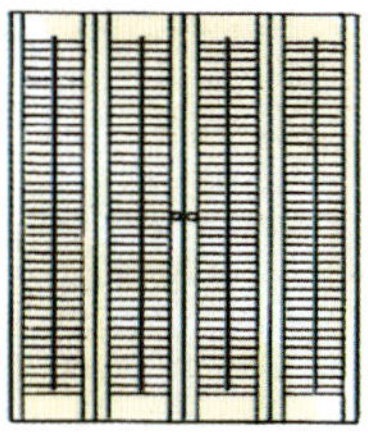

1 Single-tier bifold

2 Multi-tiered shutters

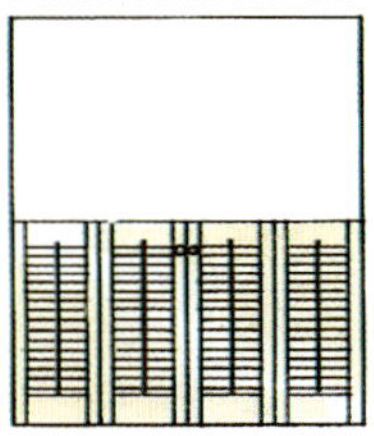

3 Café-style shutters

Mounting the shutters

The shutters are supplied hinged to a fixing batten for screwing to the wall or window frame. You can mount them to the face of the wall, so they span the window opening **(1)**. Alternatively, if you have a deep-reveal window, you may prefer to fix the batten to the inside of the recess **(2)** or to the sides of the window frame **(3)**. Large shutters, such as required for French windows, for example, can be top-hung on a bifold door track system.

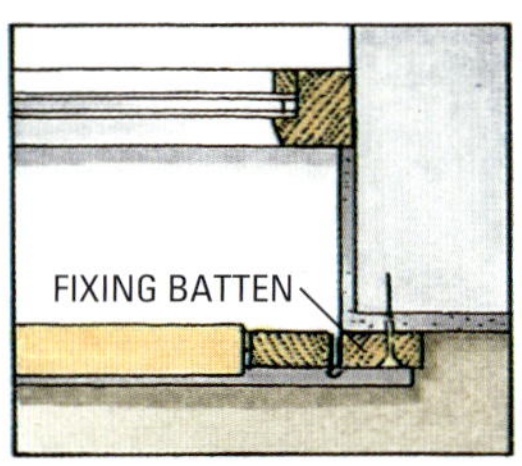

1 Face mounting

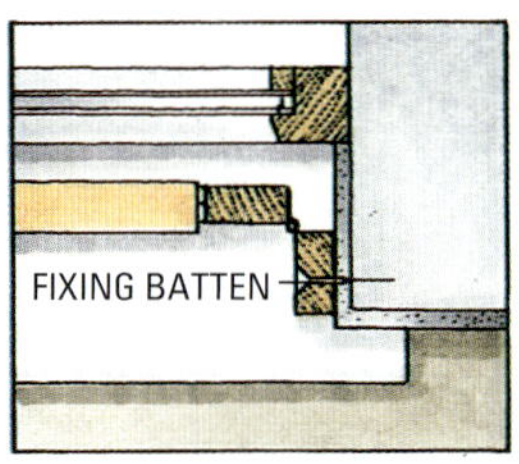

2 Recess mounting

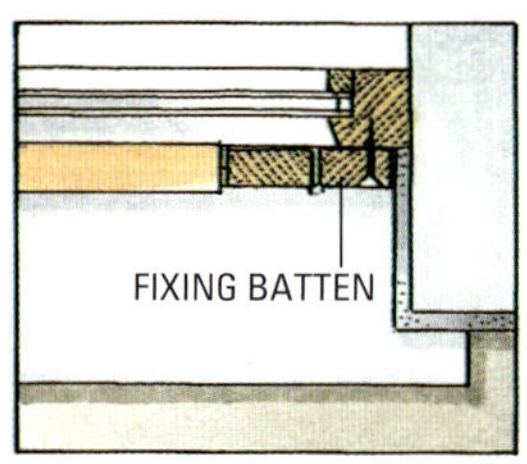

3 Window-frame mounting

Finishing shutters

Shutters are generally sold fine-sanded for finishing, but can be supplied ready finished, if required. You can use a brush to apply a clear finish, coloured paint or wood dye – but covering the numerous faces and edges is time-consuming, and it's difficult to avoid leaving runs. Consequently, it's preferable to spray a finish onto shutters. You can hire professional spray equipment, though for just one or two shutters, you will probably be able to make do with pressurised spray cans.

Apply a primer to the bare wood, then rub it down and apply one or two coats of finish. For a stained finish – which will allow the grain of the wood to show – apply one or two even coats of wood dye.

CHECKING SIZES

Face mounting

For shutters to be fixed to the face of a wall (see below left), measure the height (from the sill) and width of the window opening. Make an allowance for the shutters to overlap the wall at the top and sides of the opening; and check that the fixing screws won't be too close to the edges of the opening. When fitting shutters over sliding-sash windows, measure to the inside of the architrave moulding.

Recess mounting

For shutters that are to be mounted in a window recess, measure the width of the opening between the reveals. Check the width top and bottom, and measure the height at both sides of the reveal. Take the smaller dimension in each case. You need to allow for the thickness of the fixing battens at each side – check this with your supplier.

To determine the size of individual shutters, divide the measured area by the number of shutters you want for each window.

Pre-finished shutters
Shutters in a natural or plain-coloured finish provide a stylish window treatment for any room.

SEE ALSO: **Bifold doors 200–1, Sash windows 204–5, Paintspraying equipment 514, Wallplugs 530–1**

Staircases

The striking shape and decorative features of a staircase contribute greatly to the character of a house – in fact, the staircase is usually one of the first features to greet a visitor to your home. Most stairs are made from softwood, although hardwoods are sometimes used for such features as newel posts and handrails. Stone and metal are also used, though they are rare in the average house, other than in the form of spiral staircases or basement steps.

Treads and risers

Each step of an ordinary straight flight of wooden stairs is made from two boards: the vertical riser, which forms the front of the step, and the horizontal tread on which you walk. The riser is a stiffening member and is fixed between two treads, giving support to the front edge of one and the rear of the other.

Treads and risers may be butt jointed together, or joined with housings or tongue-and-groove joints. Triangular blocks glued into the angles between the risers and treads reinforce the joint to provide greater stiffness.

Open-tread stairs have thick treads but no risers. In order to comply with the Building Regulations, metal tie rods or wooden rails must be fitted horizontally between open treads to restrict the vertical gap to less than 100mm (4in).

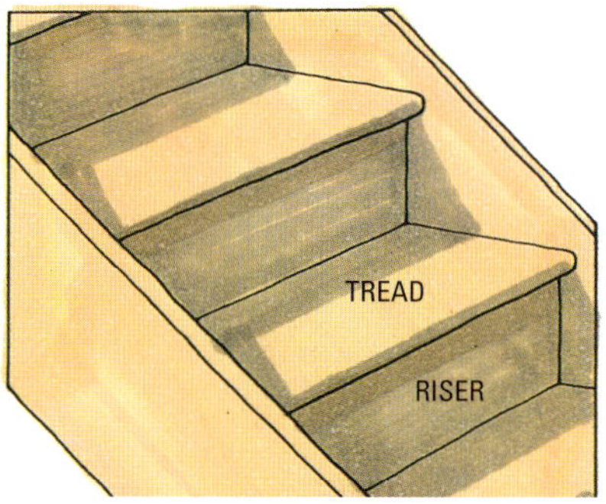

Most staircases have treads and risers

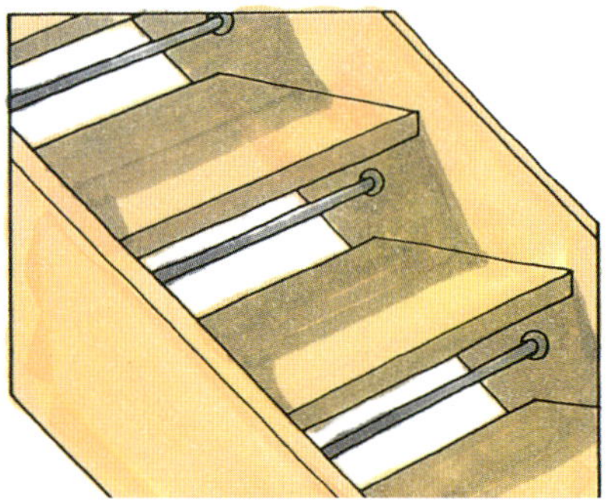

Open-tread stairs are fitted with tie rods

Strings

The steps are fixed at each end to wide boards known as strings. These are the main structural members of the staircase and run from one floor level to another. The board attached to the wall is known as the wall string; the board on the open side of the staircase is called the outer string.

The appearance of a staircase is affected by the style of the strings, of which there are two types. A closed string has long parallel edges, while a cut or open string has its top edge cut away, to conform to the shape of the steps. The closed version is used for the wall string of a staircase and picks up the line of the skirting. The outer string can be either a simple closed type or a cut version, the latter being more often found in older dwellings.

A closed string has long parallel edges

An open string is cut to the shape of the steps

TYPES OF STAIRCASE

The simplest staircase is a straight flight of steps running from one floor to another; but where space is limited, the flight can change direction, with one or more intermediate landings between the two floors. There are a number of configurations – the dog leg, the open well, the quarter-turn and half-turn are just some of the variants (see right). Most domestic stairs use newel posts in their construction, and are known as 'newel stairs'. Stairs of this type usually have parallel-sided treads – although tapered treads, known as 'winders', are sometimes used at the top or bottom of the stairs in order to turn a corner.

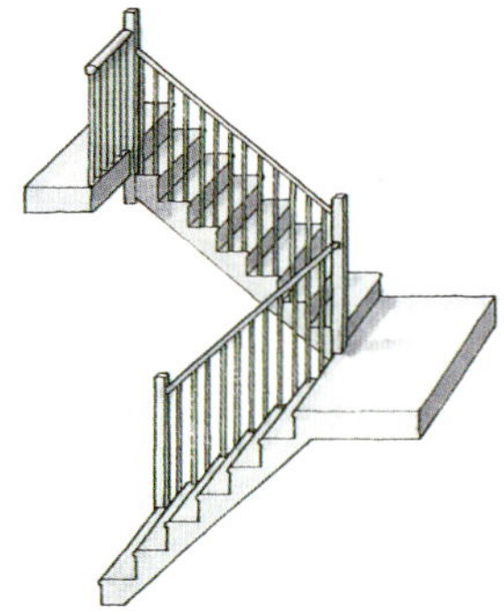

Half-turn dog-leg with half landing

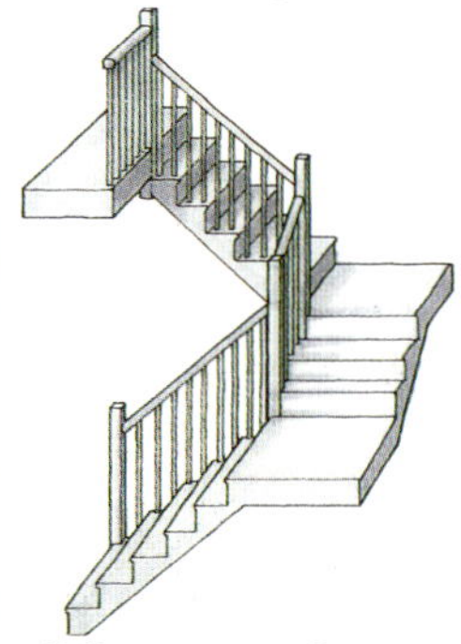

Half-turn open-well with quarter landings

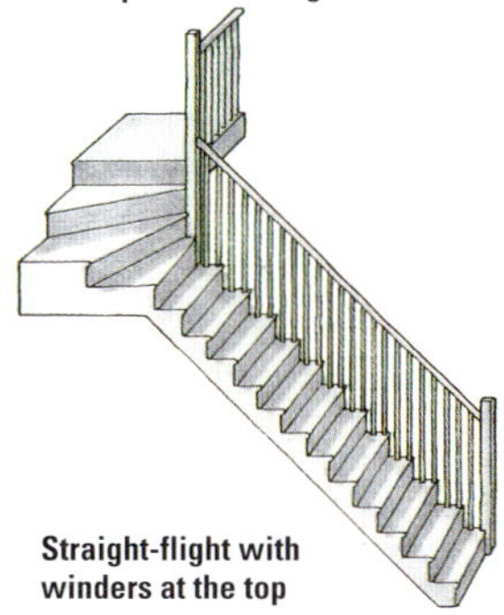

Straight-flight with winders at the top

Step-and-string joints

The treads and risers of a staircase are set in housings cut into the face of a closed string and secured with glued wedges. The wedges are driven in from the underside to make a tight joint.

In the case of an open string, the outer ends of the risers are mitred into the vertical cut edges and the treads are nailed onto the horizontal edges. The nosing – the rounded projecting edge of the tread – usually has a scotia moulding beneath it and is 'returned' by a matching moulding that covers the tread's end grain.

Sometimes, additional decorative features made from fretted wood are pinned and glued to the side of the string, beneath the tread mouldings.

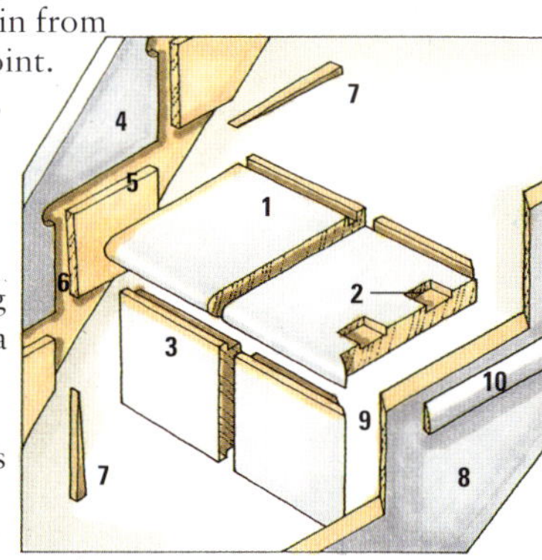

Step assembly with typical stair joints (right)

1 Grooved tread
2 Baluster housing
3 Tongued riser
4 Wall string
5 Tread housing
6 Riser housing
7 Wedge
8 Open string
9 Mitred butt joint
10 Moulding

Stair construction

Newel posts

The wall string is screwed to the wall at various points beneath the treads, and the outer string is tenoned into newel posts at each end. Newel posts – which are at least 100 x 100mm (4 x 4in) in section – give support to the staircase, securing it to the floor at the bottom and to the structural trimmer of the floor or landing above. The post at the top of the stairs and the central newel of a stair with a landing usually continue down to the floor. The handrail is nailed or tenoned into the newel posts.

Balustrade

The space between the handrail and the outer string may be filled with traditional balusters, framed panelling or modern balustrade rails. The entire assembly is known as the balustrade or banisters. A balustrade must meet certain safety requirements, which are specified by the Building Regulations (see far right).

Storage space
The area below a staircase is usually enclosed to provide storage space.

Storage space

The space underneath the staircase is often enclosed to make a cupboard. The triangular infilling between the outer string and the floor is known as the 'spandrel'. Made with a plastered surface or wood panelling, the spandrel is not structural and can be removed if required. You should think twice before opening up this area, as the understair cupboard is a sensible use of a space that is otherwise of little value.

The central bearer

Traditional staircases over 900mm (3ft) wide should be supported by a central bearer or 'carriage piece' fixed beneath the steps. This is a length of 100 x 50mm (4 x 2in) timber that is fixed by means of birdsmouth joints to a 100 x 50mm (4 x 2in) floor plate at the bottom and to the floor joist at the top. Short lengths of board 25mm (1in) thick, known as 'rough brackets', are nailed to alternate sides of the bearer to support each tread.

If the soffit (underside) of the staircase is finished with lath-and-plaster, the central bearer also provides support for the laths. The ends of the laths are nailed either to the edges of the strings or to additional bearers mounted beside them. On stairs where no bearers are fitted, laths are sometimes nailed longitudinally to the underedges of the treads, following the angle of the flight.

When central bearers are fitted, relatively wide strings are required to match them. Such a string may be cut from a single wide board or made up from two narrower ones tongued-and-grooved together.

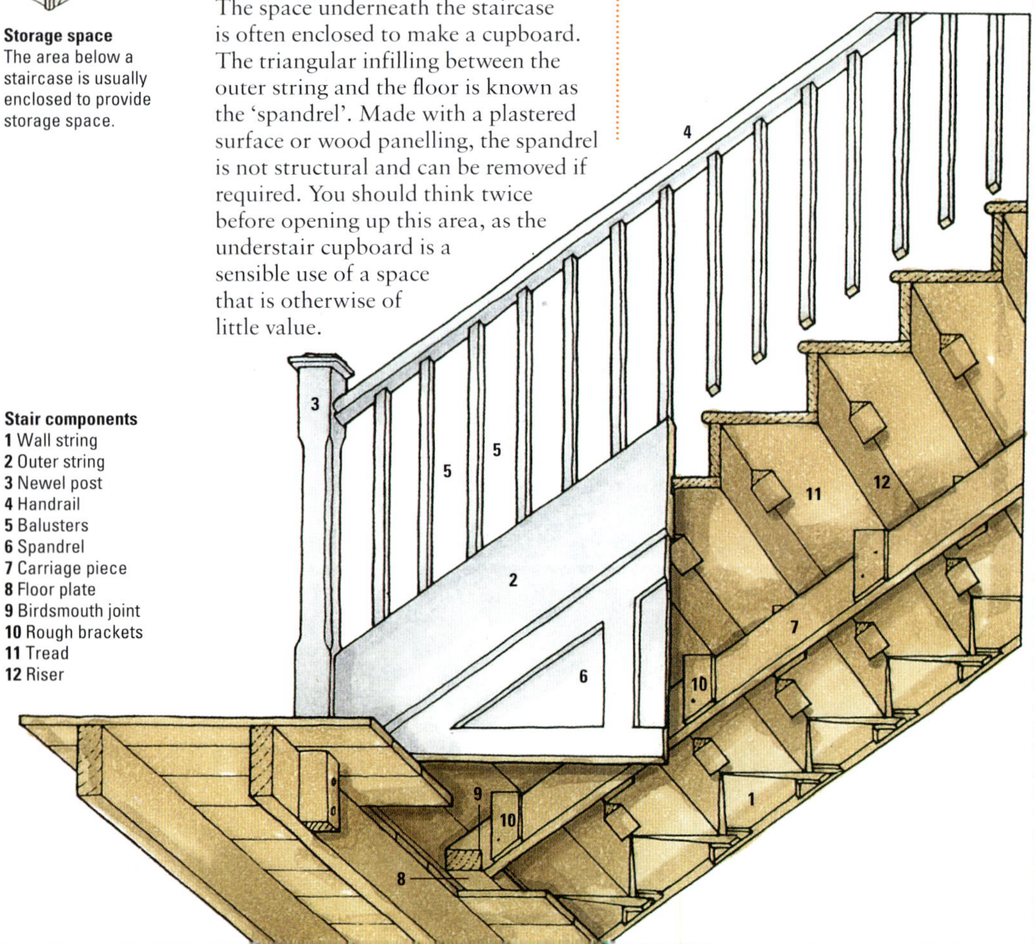

Stair components
1 Wall string
2 Outer string
3 Newel post
4 Handrail
5 Balusters
6 Spandrel
7 Carriage piece
8 Floor plate
9 Birdsmouth joint
10 Rough brackets
11 Tread
12 Riser

BUILDING REGULATIONS FOR BALUSTRADES

Sensible staircase design prevents unnecessary accidents. To this end, the position and dimensions of balustrades and handrails are dictated by mandatory regulations.

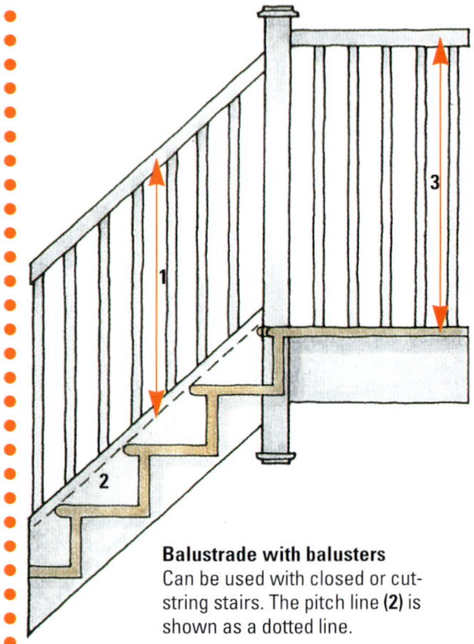

Balustrade with balusters
Can be used with closed or cut-string stairs. The pitch line **(2)** is shown as a dotted line.

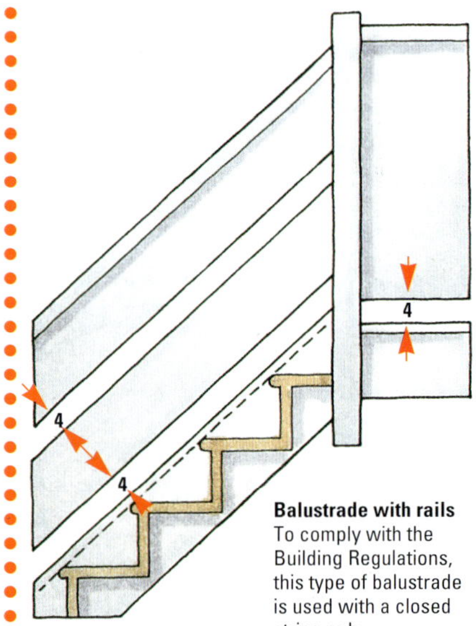

Balustrade with rails
To comply with the Building Regulations, this type of balustrade is used with a closed string only.

Essential dimensions

Building Regulations stipulate that the height of a stair balustrade must be no less than 900mm (3ft) and no more than 1m (3ft 3in), the measurement being taken vertically **(1)** from the pitch line **(2)** – the imaginary line formed by the stair nosings. Similarly, a balustrade protecting a landing or upper floor **(3)** must be no less than 900mm (3ft) high. The spaces between the balusters or balustrade rails should not allow a 100mm (4in) sphere to pass between them at any point **(4)**, and children must not be able to climb the barrier.

SEE ALSO: Repairing balusters 228, Fitting a handrail 229, Replacing a balustrade 230

Curing creaking stairs

Wood invariably shrinks when it dries out. When the wooden components of a staircase shrink, the joints become loose and creak when anyone mounts the stairs. Wear and tear may augment the problem.

How you set about curing this irritating problem depends on whether you have access to the back of the treads. A better repair can be carried out from the back – that is, from below the stairs – but if that is going to mean cutting into a plastered soffit, then it's probably best to work from above.

Working from below

If it's possible to get to the underside of the stairs, have someone walk slowly up the steps, counting them out loud. From your position under the staircase, note any loose steps and mark them with chalk. Get your assistant to step on and off the loose treads while you inspect them to discover the source of the creaking.

Loose housing joints

If the tread or riser has become loose in its string housing, the glued wedge may have worked loose. Remove the wedge **(1)**, clean it up and apply PVA woodworking adhesive; then rewedge the joint **(2)**. If the wedge is damaged, make a new one from hardwood.

Loose blocks

Check the triangular blocks that fit in the angle between the tread and riser. If the adhesive has failed on any of the faces, remove the blocks and clean off the old adhesive. Before replacing the blocks, prise the shoulder of the tread-to-riser joint slightly open, using a chisel, then apply adhesive to the joint **(3)** and rub-joint the glued blocks into the angle **(4)**.

If suction alone proves insufficient, use panel pins to hold the blocks in place while the adhesive sets (try to avoid treading on the repaired steps in the meantime).

If you find some of the blocks are missing, make new ones from a length of 50 x 50mm (2 x 2in) softwood.

1 Prise out the old wedge with a chisel

2 Apply glue to the joint and drive in the wedge

3 Prise open the joint and inject adhesive

4 Rub-joint glued blocks into the angle

Working from above

To identify where problems occur, remove the stair carpet and walk slowly up the stairs. When you reach a creaking tread, shift your weight to and fro to discover which part is moving and mark it with chalk.

Loose nosing joint

To cure a loose tongue-and-groove joint between the riser and tread nosing, drill clearance holes for 38mm (1½in) countersunk screws into the tread, centring on the thickness of the riser. Inject some PVA woodworking adhesive into the holes and work the joint a little to encourage the adhesive to spread into it, then pull the joint up tight with the screws.

If the screws cannot be concealed by stair carpet, counterbore the holes so as to set the screw heads below the surface of the tread, and then plug the holes with matching wood **(1)**.

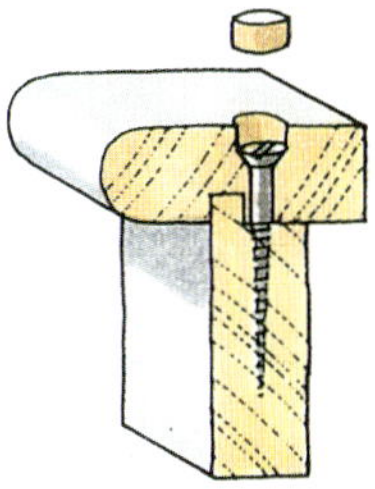

1 Screw joint tight

Loose riser joint

A loose joint at the back of the tread cannot be repaired easily from above. You can try working water-thinned PVA woodworking adhesive into the joint, but you cannot use woodscrews to pull the joint together.

Another approach is to reinforce the joint by gluing a section of 12 x 12mm (½ x ½in) triangular moulding into the angle between the tread and the riser **(2)**. This is viable only if it does not make the remaining width of the tread less than the minimum Building Regulation specification of 220mm (8¾in).

Unless the stair carpet covers the full width of the treads, it's best to cut the moulding slightly shorter than the width of the carpet for the sake of appearance. Alternatively, glue a similar moulding to each step and apply wood dye or paint to unify the colour.

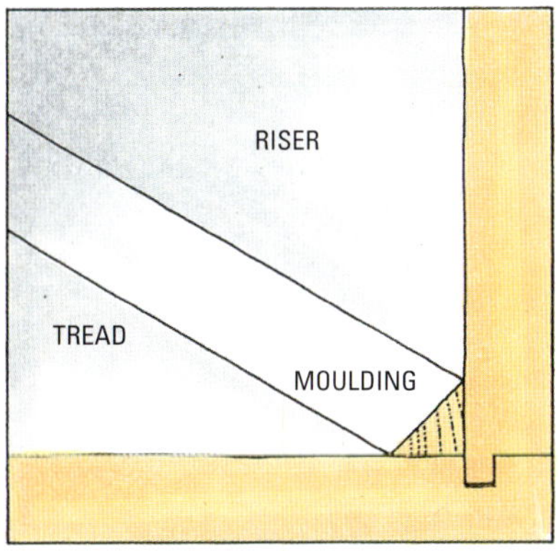

2 Glue a triangular moulding into the angle

SEE ALSO: Carpeting stairs 122, Step-and-string joints 223, Plug cutter 502

Repairing worn steps

Old softwood stair treads are likely to show wear if they haven't been adequately protected by a floorcovering. Worn treads and nosings are dangerous, and should be repaired promptly. If all the treads are badly worn, then it may be worth having the staircase replaced by a builder.

Treads fitted between closed strings can be replaced only from below. If the soffit of the staircase is enclosed with lath-and-plaster or plasterboard, you will have to cut an opening to reach the worn-out tread. Where a central bearer is fitted, the work can be extensive, and it is worth seeking advice from a builder.

Renewing a nosing

Wear on the nosing is usually concentrated around the centre of the step, and you may be able to repair it without having to renew the entire tread.

Mark three cutting lines just outside the worn area, one parallel with the edge of the nosing and the other two at right angles to it **(1)**. Adjust the blade depth of a portable circular saw to the thickness of the tread. Pin a batten the required distance from and parallel to the long cutting line, in order to guide the edge of the saw's baseplate.

Cutting out the waste

Position the saw nose down, switch on, then make the cut by gradually lowering the blade into the wood **(2)**. Try not to overrun the short end lines. Once you've made the cut, remove the guide batten.

Use a tenon saw to make the end cuts at 45 degrees to the face of the tread **(3)**. Try not to saw beyond the kerf left by the circular saw.

Cut away the waste with a chisel, working with the grain and taking care to avoid damaging the riser tongue if it has tongue-and-groove joints (as shown). Pare away the waste that remains in the uncut corners **(4)**.

Replacing the nosing

Plane a groove in the underside of a new section of nosing to receive the tongue of the riser, and cut the ends of the new section to 45 degrees. Check its fit in the opening, then apply wood adhesive to all meeting surfaces and fix it in place. Clamp it down with a batten screwed at each end to the tread **(5)**. Place a packing strip of hardboard under the batten to concentrate the pressure, plus a piece of polythene to prevent the hardboard sticking.

Drill and insert glued dowels, 6mm (¼in) in diameter, into the edge of the nosing to reinforce the butt joint; then when the adhesive has set, plane and sand the repair flush. Refix any glued blocks that may have fallen off.

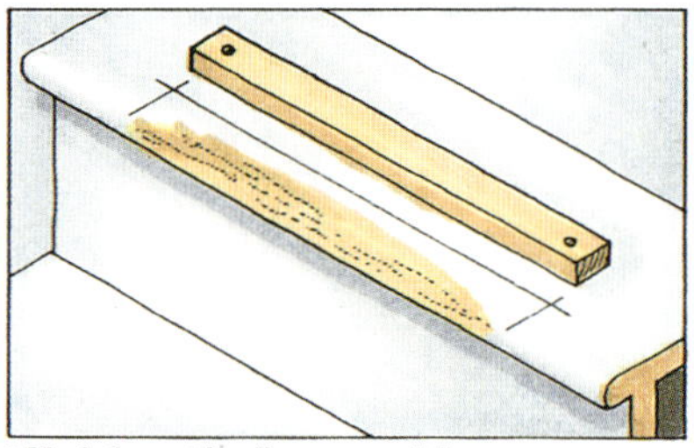

1 Mark the cutting lines around the worn area

2 Make the cut with a saw guided by a batten

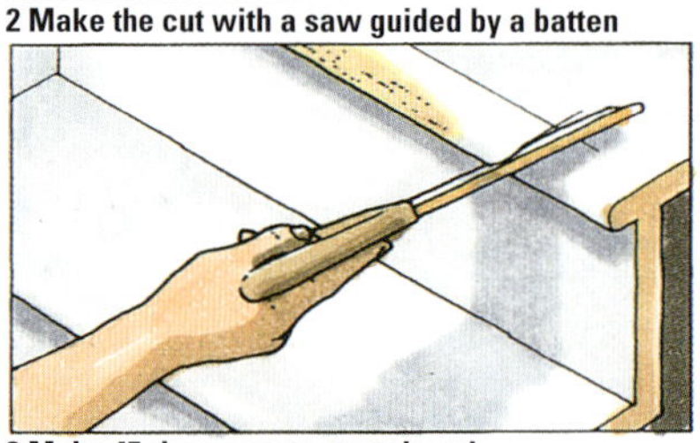

3 Make 45-degree cuts at each end

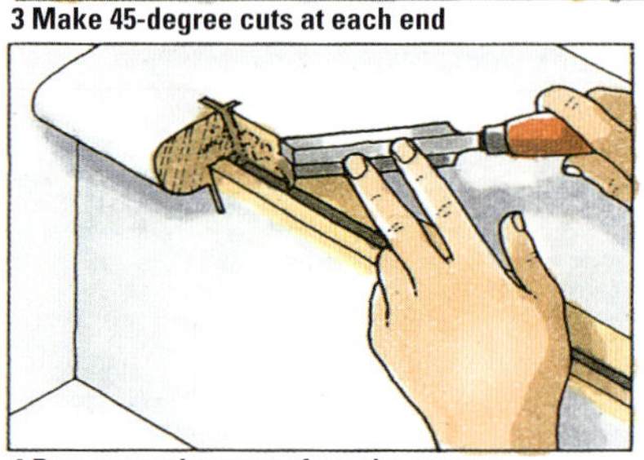

4 Pare away the waste from the corners

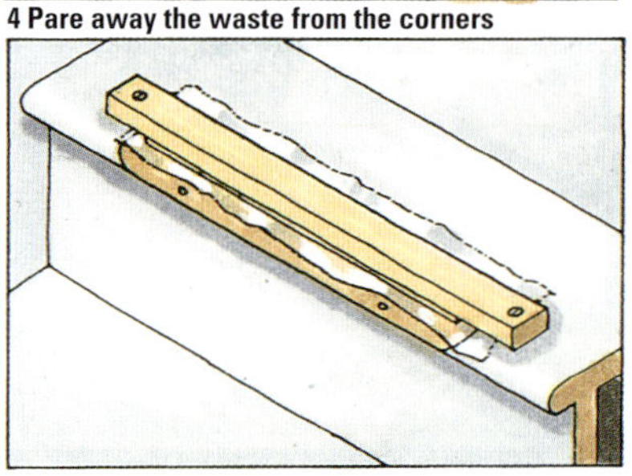

5 Clamp new section of nosing with a batten

REPLACING TREADS

Most stairs have tongue-and-groove joints between their risers and treads. However, in some cases the tops of the risers are housed into the undersides of the treads; and in others, simple butt joints are secured with nails or screws.

You can determine which type of joint you are faced with by trying to pass a thin knife blade between the shoulders of the joint. It will help if you first remove any nails or screws. A butt joint will allow the blade to pass through, while a housed or tongue-and-groove joint will obstruct it.

Because the joints effectively lock the treads and risers together, those that are in contact with the damaged tread must be freed before the tread can be removed. A butt joint is relatively easy to dismantle, whereas a housed or tongue-and-groove joint has to be cut.

Dismantling a butt joint

To take a butt joint apart, first take out the nails or screws; and if adhesive has been used, give the tread a sharp tap to break the hardened adhesive, or prise it up with a chisel. Remove the triangular glued blocks in a similar way.

Cutting a tongue

Work from the front of the step when cutting the tongue of a riser jointed into the underside of a tread. Where the riser's tongue is jointed into the top of the tread below, it must be cut from the rear **(1)**. If there is a scotia moulding fitted under the nosing, try to prise it away first, using an old wood chisel.

Before cutting a tongue, remove any screws, nails and glued reinforcement blocks, then drill two or three 3mm (⅛in) holes just below the shoulder of the joint, so you can insert the blade of a padsaw **(2)**. Begin the sawcut; then when the kerf is long enough, continue with a panel saw, using the underside of the tread to guide the blade.

The method you use to remove the tread will depend on whether it is fitted between closed strings or has an open string at one end (see opposite).

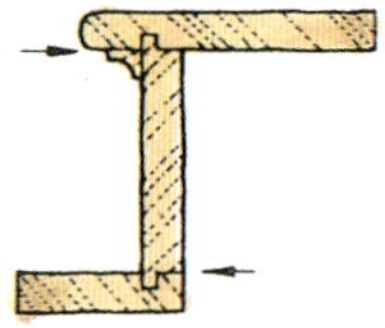

1 Cut the tongue from the front or rear

2 Initiate the cut with a padsaw

SEE ALSO: Stair construction 224, Glued blocks 225, Saws 493–4, Cutting grooves 497–8

Removing treads

Removing the tread from a closed string

To continue with the repair, work from the underside of the stair and chisel out the retaining wedges from the string housings at the ends of the tread **(1)**. Free the joints by giving the tread a sharp tap from above with a hammer and block.

Drive the tread backwards and out of its two housings by alternately tapping one end and then the other **(2)**.

Next, make a replacement tread to fit, shaping its front edge to match the nosing of the other steps, and cut a new pair of wedges. Slide the new tread and wedges into place from below. Measure the gaps left by the sawcuts at its front and back **(3)**, and cut wooden packing strips or pieces of veneer to fill them.

Remove the tread and apply wood adhesive; then replace it, along with the wedges and packing pieces. Secure the tread with 38mm (1½in) countersunk woodscrews, screwed into both risers.

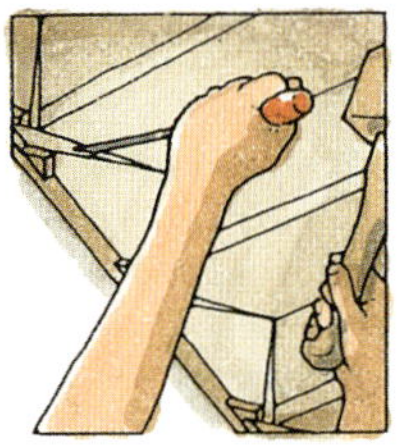

1 Chop out the wedges

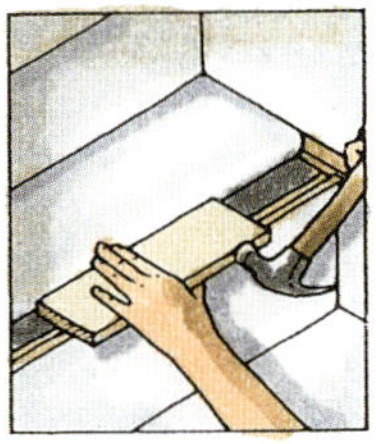

2 Drive out the tread

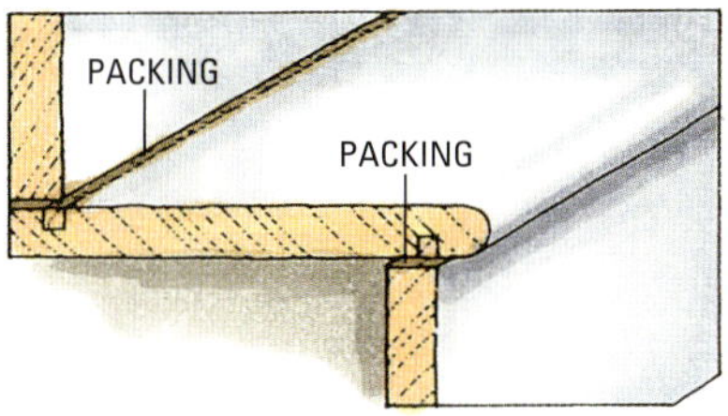

3 Pack out the sawcuts at front and back

Removing the tread from an open-string

This type of staircase requires a different approach. Use a chisel to prise off the return moulding (which covers the end of the tread), taking care not to split it **(1)**; and then remove the two balusters.

Chisel the wedge out of the wall-string housing, to free the inner end of the tread. Then drive the tread out from the rear of the stair **(2)**, using a hammer and a wood block on its back edge. You will have to cut through or extract any nails that fix the tread to the outer string before it can be pulled completely clear.

Making use of the original tread as a template, mark its shape on a new board, then cut the board accurately to size. Take care to preserve the exact shape of the nosing, which must be the same as the return moulding prised from the end of the old tread.

Mark out and cut a pair of housings for the balusters **(3)**, and make a new hardwood wedge for the inner-tread housing. Treat all the new wood with a chemical preserver.

Fit the tread from the front, insert packing strips, then glue and screw it, following the method described for a closed-string tread (see above).

Apply adhesive to the balusters and replace them. Finally, pin and glue the return moulding to the end of the tread and replace any scotia moulding.

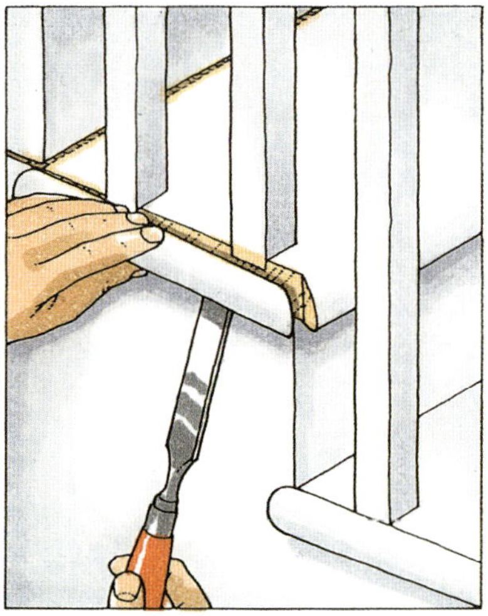

1 Prise off the return moulding

2 Drive out the tread from the rear

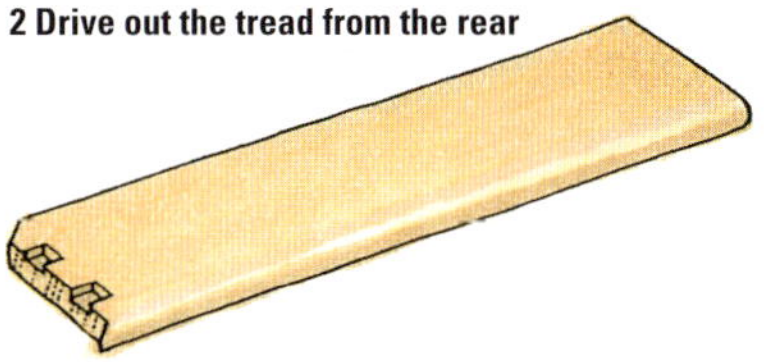

3 Cut the baluster housings in the new tread

REPAIRING A RISER

Risers take much less wear and tear than treads, and rarely have to be replaced. Should a riser become weak through woodworm infestation, it can be reinforced from behind by gluing and screwing a new board to it – but treat both the old and the new wood with a chemical preserver to eradicate the insects. A riser seriously affected by woodworm should be replaced.

Closed-string staircase

In the case of a closed-string staircase, remove the tread below the damaged riser, using the method described left; and then saw through the tongue at the top of the riser. Knock the wedges out of the riser housings, and prise out the riser itself **(1)**.

Measure the distance between the strings; and also measure the distance from the underside of one tread to the top of the other. Cut a new riser to fit. Although you could make tongue-and-groove joints for the new riser, it is easier to join it to the treads with glued butt joints **(2)**.

Glue and wedge the new riser into the string housings **(3)**, then glue and screw the upper tread to its top edge.

If yours is a 'show-wood' staircase – one in which the steps are not carpeted – counterbore the screw holes and use wood plugs to conceal the screws. Another way to secure a glued butt joint is to screw and glue blocks into the right angle formed between the two components.

Refit the tread as described left, but note that you need pack out only the front sawcut, as the new riser has been made to fit. Glue and screw the tread to the lower edge of the new riser.

1 Prise out the riser

2 Cut the riser to fit

3 Wedge the riser

Open-string staircase

Remove the scotia moulding, if there is one fitted under the nosing. Then saw through the tongues at the top and bottom of the infected riser, and remove the wedge from its wall-string housing.

Knock apart the mitred joint between the end of the riser and the outer string by hammering it from behind. Once the mitred joint is free, pull the inner end of the riser out of its housing.

Make a new riser to fit between the treads, mitring its outer end to match the joint in the string. Apply adhesive and fit the riser from the front. Then rewedge the inner housing joint, screw the treads to the riser, nail the mitred end, and replace the scotia moulding.

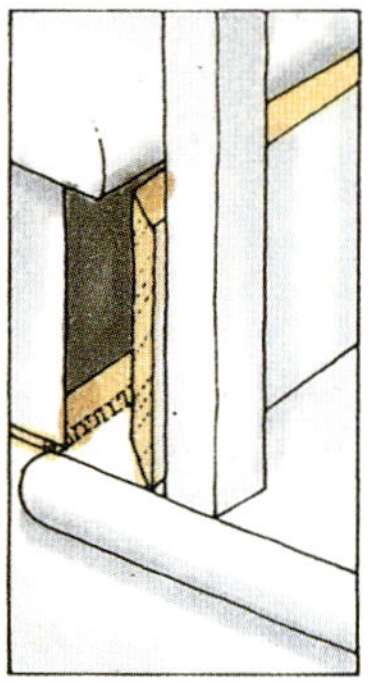

Free the mitred joint
Knock apart the joint on open-string stairs.

SEE ALSO: Stair joints 223, Screwed joints 225, Repairing balusters 228, Treating woodworm 256–7

Repairing balusters

A broken baluster is potentially dangerous and should be repaired or replaced promptly. If the baluster is a decorative one, it should be preserved if at all possible. Damage that is not too extensive can be repaired *in situ*. Otherwise, if the damage is beyond repair, a new baluster can be made to replace it.

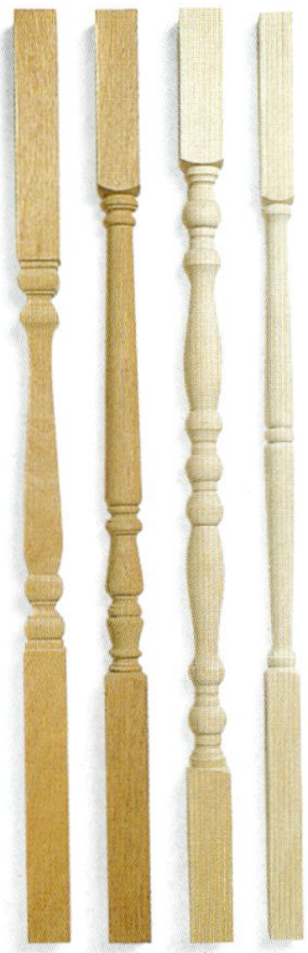

Balusters
A range of typical hardwood and softwood balusters.

Buying and fitting balusters

Ready-turned balusters in a variety of traditional patterns are available from joinery suppliers. These can be used to create an authentic-looking balustrade, if made-to-measure replicas of the originals would be too costly.

They also make useful replacements for old square balusters, adding a touch of character to what would otherwise be a rather utilitarian staircase.

A period-style staircase with turned balusters

Balusters are usually either housed or stub-tenoned into the underside of the handrail, and also into the edge of a closed string or the treads of an open-stringed staircase. Sometimes they are simply butt-jointed and secured with nails, or are housed at the bottom but nailed at the top. You can detect a nail fixing by examining or feeling the surface of the baluster, where you will find a slight bump or hollow. If the wood is stripped, the fixing will be obvious. A light shone across the joint can also reveal a nail fixing.

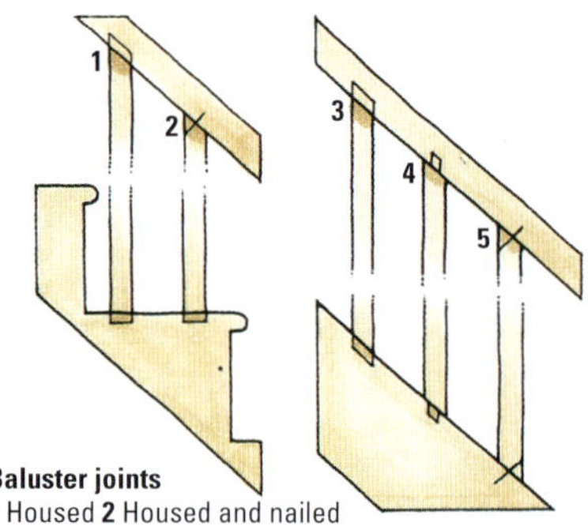

Baluster joints
1 Housed **2** Housed and nailed
3 Housed **4** Stub-tenoned **5** Nailed

Mending a baluster

A baluster that has split along the grain can be repaired *in situ*. Work PVA glue into the split, squeeze the parts together, and then wipe any surplus glue from the surface with a damp rag. Bind the repair with waxed string or self-adhesive tape until the glue sets (see right). Remove the binding and sand the repair smooth.

Replacing a baluster

A damaged baluster that is butt-jointed and nailed can be knocked out by driving its top end backwards and its bottom end forwards. If it is housed at the bottom, it can be pulled out of the housing once the top has been freed.

A baluster housed at both ends can be removed only by first cutting through the shoulder line of the joint on the underside of the handrail. It can then be pulled out of the lower housing.

When a baluster is fitted into an open string, carefully prise off the moulding covering the end of the tread. Knock the bottom end of the baluster sideways out of its housing, then pull it downward to disengage it from the handrail housing.

Fitting a new baluster

Mark the required length on the new baluster, then mark out and cut the ends, using the old baluster as a guide. Alternatively, take the angle of the handrail and string by setting a sliding bevel on an adjacent baluster; and then use the bevel to mark the new baluster for cutting. Fit and fix the new baluster in the reverse order to that in which the old one was removed.

To replace a baluster that is housed at both ends in a closed-string stair, first trim off the back corner of the top tenon **(1)**, then place the bottom tenon in its housing and swing the top end of the baluster into position **(2)**.

HANDRAIL REGULATIONS

The Building Regulations require a staircase that is less than 1m (3ft 3in) wide to have at least one handrail; stairs wider than this must have two handrails, one on each side.

If the staircase is less than a 1m (3ft 3in) wide and has 'winders' (tapered treads), a handrail must be provided on the side of the stairs where the treads are widest. If this happens to be the wall-string side, two handrails are required, since the outer-string balustrade must always have a handrail.

Although these requirements concern new building work, there's good reason to apply them to existing buildings too, wherever possible. Tapered steps, in particular, can be extremely hazardous, and it makes good sense to follow these guidelines for the sake of your own and your family's safety.

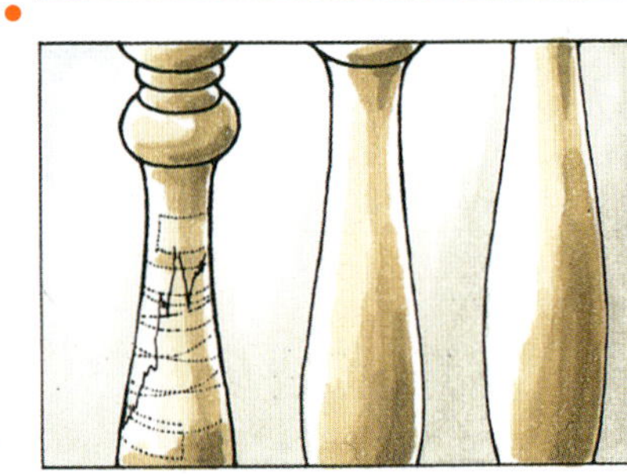

Apply glue and tape a split in a baluster

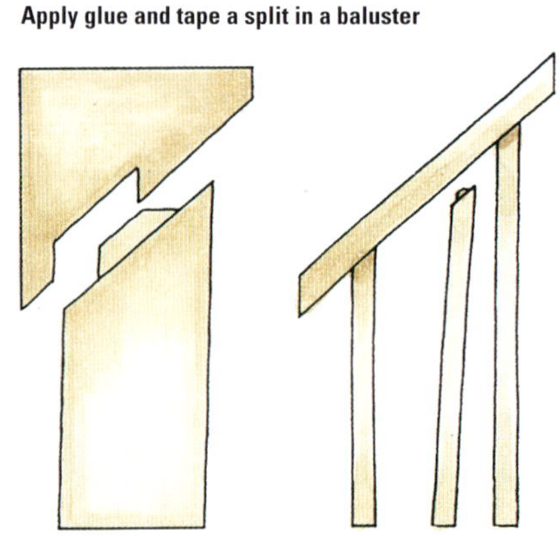

1 Trim back the corner of the tenon
2 Swing into place

SEE ALSO: Strings 223, Open string 227, Sliding bevel 492

Fitting a handrail

Handrails in hardwood and softwood, including curved sections used to change the direction of the handrail, are available from specialist joinery suppliers. There are also matching end caps to terminate handrails. The various parts are bolted together, using special steel handrail bolts; the assembled rails are then fixed to the wall with brass handrail brackets.

Measuring and marking

Mark a line on the wall to represent the top of the handrail, gauging the height in accordance with the Building Regulations. On a straight flight, set out the line by marking a series of points measured vertically from the nosing of each tread. Where tapered treads occur, take the same measurement from the central 'kite winder' tread and the landing above **(1)**.

Marking out

Using a straightedge, join up the marks to produce the line of the handrail; then draw a second line below and parallel to it at a distance equal to the thickness of the handrail. Where the rail changes direction, draw lines across the intersections **(A)** to find the angles at which the components must be cut **(2)**.

Measure the run of the handrail and buy the required lengths, including such special sections as turns, ramps and the opening cap (see far right). Buy enough handrail brackets so you can space them at intervals of about 1m (3ft 3in).

Assembling and fitting

Cut the components to the correct lengths and angles, then dowel and glue short sections together, or use the special handrail bolts. These require clearance holes to be drilled in the ends of each component, and housings to be cut in the undersides for the nuts. If you are using handrail bolts, you should also fit locating dowels **(3)** to stop the sections rotating as they are pulled together. Assemble the handrail in manageable sections.

Screw the brackets to the rail and hold it against the wall while a helper marks the fixing holes. Drill and plug the wall. Then screw the handrail in place using No10 or No12 screws at least 63mm (2½in) long – long enough to make a secure fixing in the masonry and not just into the plaster **(4)**.

Rub down the handrail and finish it with clear varnish or paint.

1 Setting out
Mark the wall above each tread and join the marks, using a straightedge.

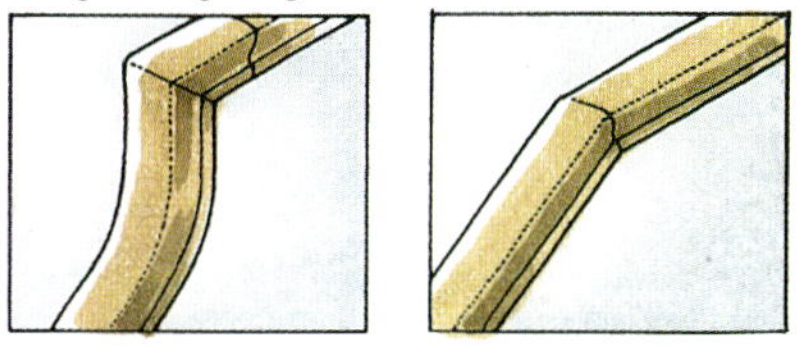

2 Changing angles
You can change the direction of a handrail by inserting special components (see far right), or you can join straight sections with mitre joints.

3 Handrails are joined with special bolts

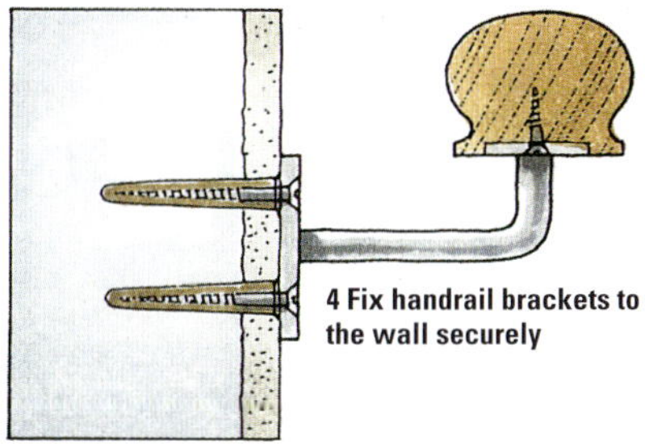

4 Fix handrail brackets to the wall securely

FIXING A LOOSE BALUSTRADE

If the whole balustrade – including the handrail and newel post – feels loose, that usually indicates a breakdown of the joints between the steps and the outer string. You should attend to it as soon as possible, before someone leans heavily against the balustrade and the whole structure collapses.

To refix a loose string, first of all remove the wedges from the tread and riser housings. Then, having injected some glue into the joints, work along the face of the string with a hammer and wood block to knock it back into place and reseat the joints **(1)**. If the string tends to spring away, hold it in place with lengths of timber braced between it and the opposite wall **(2)**. Secure the joints by driving in glued hardwood wedges.

Reinforce the joint between the bottom step and the newel post with glued blocks rubbed into the angle on the underside of the staircase. Alternatively, screw metal angle plates into the corners **(3)**.

1 Use a hammer and block to reseat loose joints

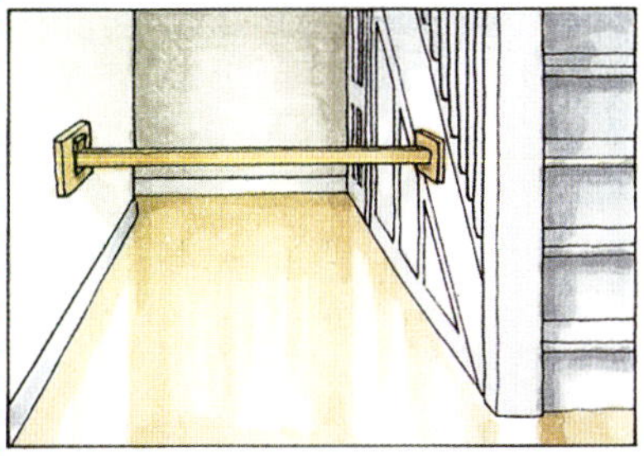

2 Brace the string against the opposite wall

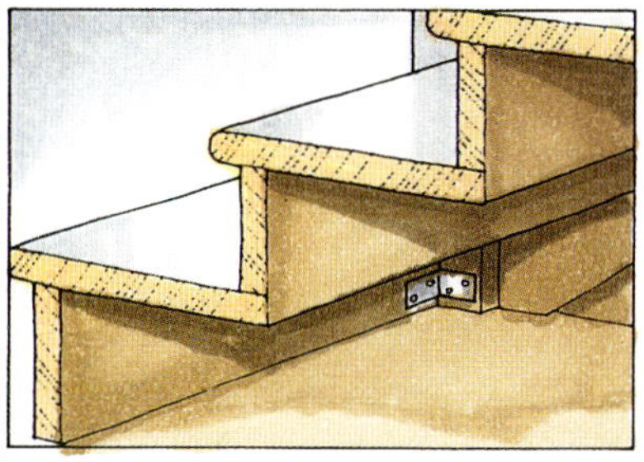

3 Reinforce the bottom joint

Handrail components
In addition to ordinary handrail mouldings, you can buy special matched components such as turns, ramps and caps. These are joined to straight sections with steel handrail bolts.

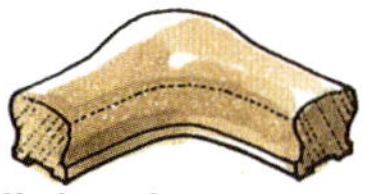

Horizontal cap turn

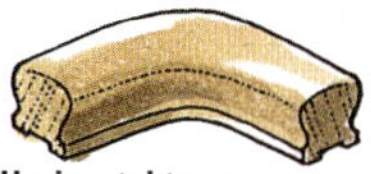

Horizontal turn

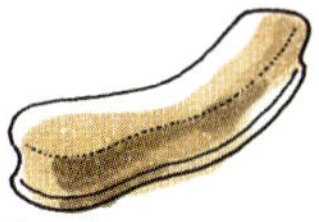

Opening cap

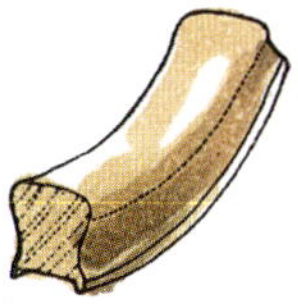

Concave ramp

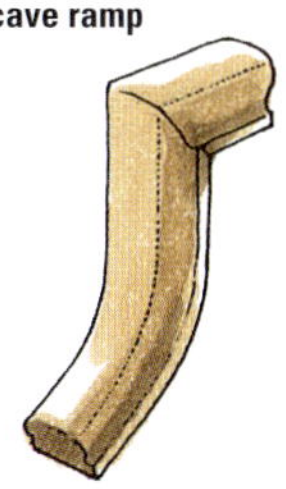

Goose neck

SEE ALSO: Building Regulations 224, Stair construction 224, Loose housing joints 225

Replacing a balustrade

While the staircase contributes greatly to the character of a house, the character of the staircase itself is to a large extent determined by the design of the balustrade.

Older houses were often fitted with attractive decorative features such as turned newel posts and balusters, but over the years many of these old balustrades have been 'modernized'. Sometimes this has been done by simply panelling over the open balusters, sometimes by replacing turned balusters with straight ones, and sometimes even by cutting away the whole assembly to achieve an 'open-plan' appearance. Aesthetics apart, the latter does not comply with the Building Regulations; and a new balustrade should be fitted for your own safety.

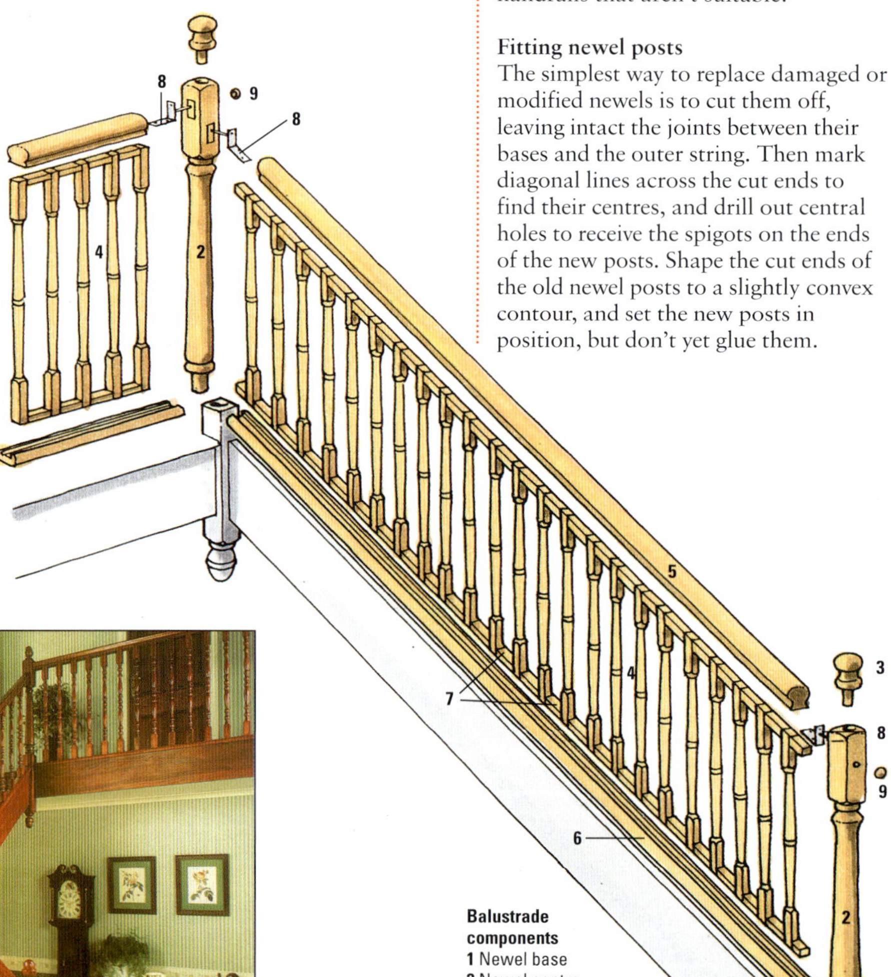

Balustrade components
1 Newel base
2 Newel centre
3 Decorative knob
4 Turned balusters
5 Handrail
6 Base rail
7 Spacer fillets
8 Metal brackets
9 Cover buttons

Mahogany balustrade constructed from a kit

Using a kit to replace a balustrade

Proprietary kits, offering a choice of traditional styles, enable you to reinstate a decorative balustrade. A typical kit consists of newel posts made up of three parts – a base section **(1)**, a turned centre section **(2)** and a decorative knob **(3)** – plus turned balusters **(4)** and a handrail **(5)** and machine-grooved base rail **(6)** in which to fit them. Spacer fillets **(7)** are also provided to make the fitting and finishing of the balusters a straightforward job. Also, there are special metal brackets **(8)** for joining the ends of the handrails to the posts. Most types of wooden staircase can be constructed from a kit of parts; a straight flight is illustrated below as a typical example.

Preparation

Strip off old hardboard or plywood panelling, and remove balusters and handrails that aren't suitable.

Fitting newel posts

The simplest way to replace damaged or modified newels is to cut them off, leaving intact the joints between their bases and the outer string. Then mark diagonal lines across the cut ends to find their centres, and drill out central holes to receive the spigots on the ends of the new posts. Shape the cut ends of the old newel posts to a slightly convex contour, and set the new posts in position, but don't yet glue them.

Fitting the rails

With a sliding bevel, take the angle of the stair string where it meets the base of the newel. Hold the balustrade base rail against the staircase, following the angle of the string exactly, and make a mark at each end where it meets the newels. Mark out mitres at these points, using the bevel and a try square, and cut the rail to length.

Mark and cut the handrail in the same way, or use the base rail as a guide if it's the same length. Screw the base rail to the string. Then fit the handrail, using the special handrail brackets bolted to the newel posts; take up the slack with a spanner.

Check that the newels are upright and that the rails fit properly, then glue the newels in place, using a PVA woodworking adhesive or, if the joints are slack, a gap-filling synthetic-resin glue. Tighten the handrail-bracket bolts; and when the adhesive has set, fit cover buttons **(9)** to conceal the nuts.

Fitting the balusters

Calculate the number of balusters you need – allow for two per tread, except for the tread adjacent to the bottom newel post, where you will need one baluster only. In any event, none of the components should be spaced more than 100mm (4in) apart at any point.

To find out how many infill fillets will be required, double the number of balusters and add four.

Next, measure the vertical distance between the groove in the handrail and the groove in the base rail, then transfer this dimension to a baluster. Mark it out, using the sliding bevel to achieve the exact angle. Cut the baluster to size and check it for fit, then cut the others to suit and sand them ready for finishing.

Pin and glue in place the balusters and precut spacer fillets. When the adhesive has set, finish the bare wood with paint or with coloured wood dye and clear varnish.

SEE ALSO: Building Regulations 224, Pitch line 224, Stair construction 224, Sliding bevel 492, Drill bits 501

Pitched roofs

Pitched roofs were once built on site from individual lengths of timber, but to save time and materials, most builders now use prefabricated frames called trussed rafters. These are specifically designed to meet the loading requirements of a given house and, unlike traditional roofs, are not usually suitable for conversion because to remove any components would weaken the structure.

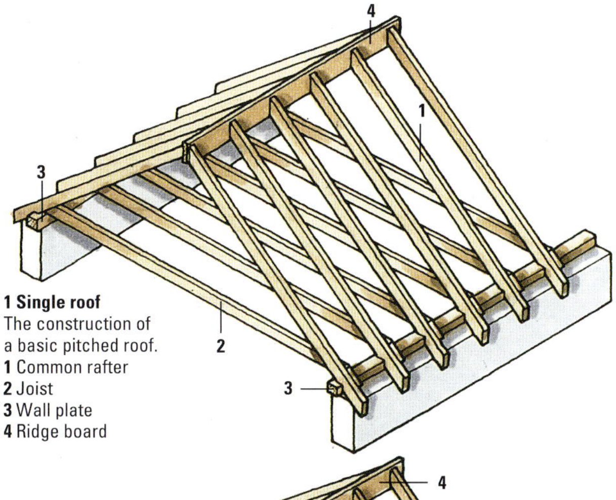

1 Single roof
The construction of a basic pitched roof.
1 Common rafter
2 Joist
3 Wall plate
4 Ridge board

Basic construction

The framework of an ordinary pitched roof is based on a triangle, the most rigid and economical form for a load-bearing structure. The weight of the roof covering is carried by the 'common rafters' – the sloping members, which are set in opposing pairs, with their heads meeting at a central 'ridge board'. The lower ends of the rafters are fixed to timber wall plates, which are bedded on the exterior walls and distribute the weight uniformly.

To stop the weight of the roof pushing the walls out, horizontal joists (ties) are fixed to the wall plates and to the ends of each pair of rafters, forming a simple structure known as a close-couple single roof **(1)**. The joists usually support the ceiling plaster.

A single roof is only suitable for light roof coverings and short spans. For a wide span or a heavy covering, the design would need unduly large roof timbers.

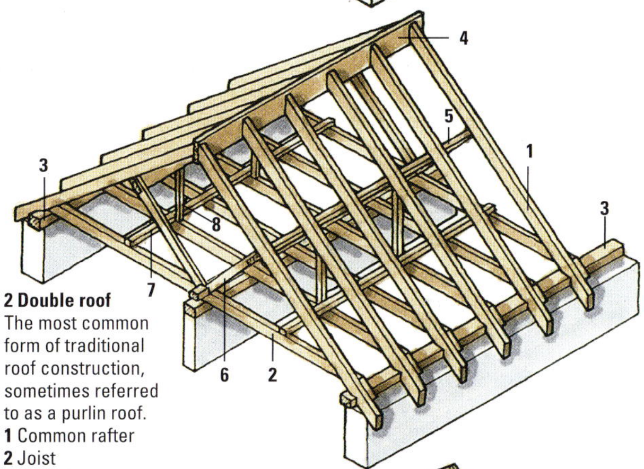

2 Double roof
The most common form of traditional roof construction, sometimes referred to as a purlin roof.
1 Common rafter
2 Joist
3 Wall plate
4 Ridge board
5 Purlin
6 Strut
7 Binder
8 Hanger

Double roofs

In a double roof **(2)**, horizontal beams called purlins link the rafters, running either midway between foot and ridge or at no more than 2.5m (8ft) intervals.

The ends of the purlins are supported on the brickwork of a gable wall or, in a hipped roof, by hip rafters (see below). This effectively reduces the span of the rafters and allows relatively lightweight timber to be used.

In order to keep the size of the purlins to a minimum, diagonal struts are set in opposing pairs to brace them at every fourth or fifth pair of rafters. The struts transfer some weight back to the centre of the ceiling joists, which are supported there by a loadbearing partition wall. 'Binders' and 'hangers' may also be used to give support to relatively lightweight ceiling joists.

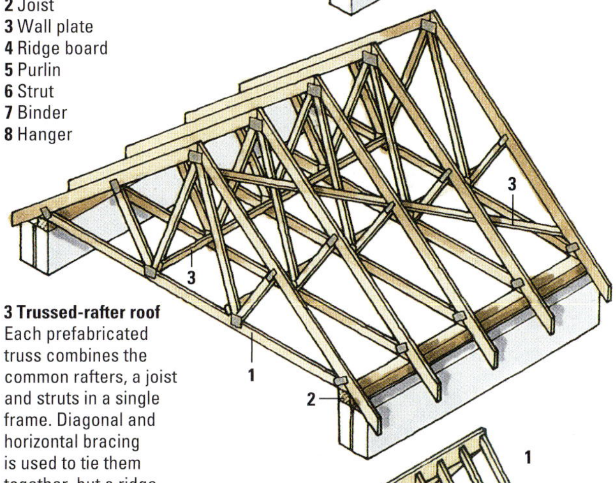

3 Trussed-rafter roof
Each prefabricated truss combines the common rafters, a joist and struts in a single frame. Diagonal and horizontal bracing is used to tie them together, but a ridge board is not required.
1 Trussed rafter
2 Wall plate
3 Bracing

Trussed roofs

Trussed rafters allow for a relatively wide span and dispense with the need for a loadbearing partition wall. As main bearers for the roof, they transmit its weight to the exterior walls.

In the majority of new housing, trussed rafters are computer-designed for economy plus rigidity. Each truss combines two common rafters, a joist and strut bracing in a single frame **(3)**; the members are butt-jointed and fixed with special nailed plate connectors.

The trusses are spaced a maximum distance of 600mm (2ft) apart, linked with horizontal and diagonal bracing members. Such roofs are relatively lightweight, and are usually fixed to the walls with steel anchor straps to resist wind pressure.

Some older-style roofs embody rigid triangular trusses that carry purlins, which in turn support the rafters. Very few trussed roofs can be converted, and you should not try to cut into them.

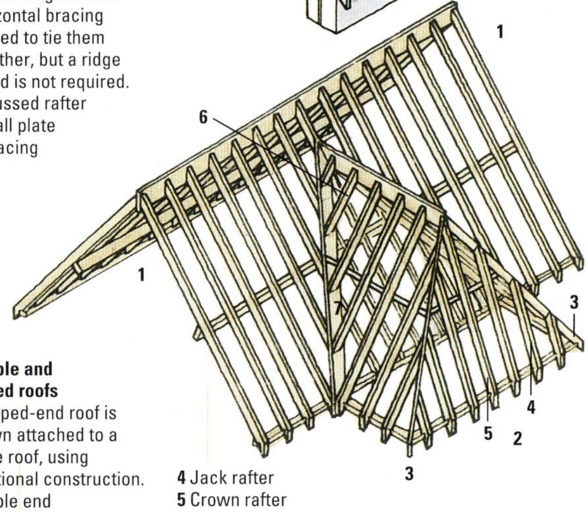

4 Gable and hipped roofs
A hipped-end roof is shown attached to a gable roof, using traditional construction.
1 Gable end
2 Hipped end
3 Hip rafter
4 Jack rafter
5 Crown rafter
6 Cripple rafter
7 Lay board

Gable and hipped roofs

There are a number of roof shapes, but gable and hipped roofs are the most common ones. With some houses, the end walls are built to follow the pitch of a gable roof. Hipped roofs are more complicated to build, as their ends are also pitched at an angle; consequently, additional timbers **(4)**, known as hip rafters, jack rafters, crown rafters and cripple rafters, have to be used in their construction. The illustration (right) shows a gable roof and a shorter hipped-end roof, forming 'valleys' at the points where they meet.

SEE ALSO: Walls 128, Pitched-roof coverings 233, Roof battens 234

EAVES AND VERGES

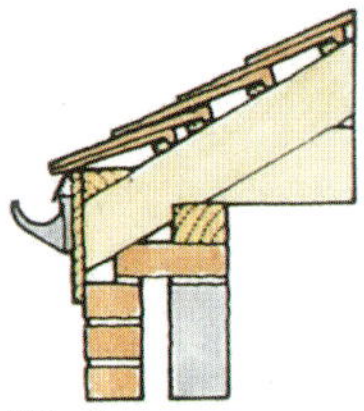

1 Flush eaves

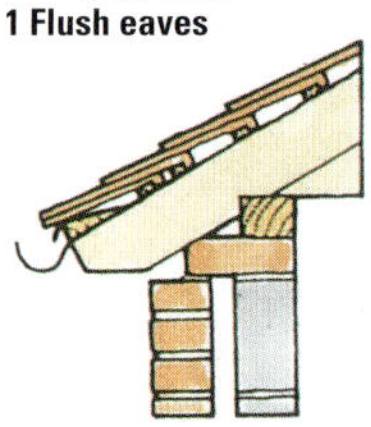

2 Open eaves

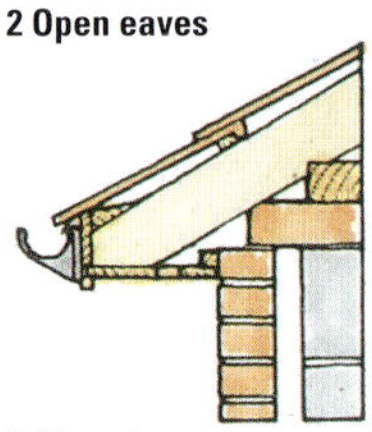

3 Closed eaves

The style of a roof is determined not only by the basic shape of the structure but also by the detailing of its eaves and verges. The eaves are where the ends of the rafters meet the exterior walls along a horizontal line. The verge is the sloping edge of a roof.

Flush eaves

Eaves of this type result when the ends of the rafters are cut flush with the walls. A fascia board is nailed horizontally across the ends of the rafters to protect them and support the guttering **(1)**.

Open eaves

With open eaves, the exposed ends of the rafters project from the walls **(2)**. Gutter-fixing brackets are screwed either to their sides or to their top edges.

Closed eaves

Projecting rafters are sometimes clad with a fascia that is grooved to take a soffit board, enclosing the eaves **(3)**. If the loft is insulated, a roof with closed eaves must be ventilated with vents.

The verge

The verge can end flush with the gable wall or project past it. With a flush verge, the end rafter fits inside the wall, but the roof covering extends over it **(4)**. A projecting verge is constructed with the roof timbers extending beyond the wall to carry an external rafter with a 'barge board' fixed to it. To enclose a projecting verge, there is often a soffit board behind the barge board **(5)**.

Eaves vents
Various types of vent are available for fitting above or below the fascia board to provide ventilation for an insulated roof.

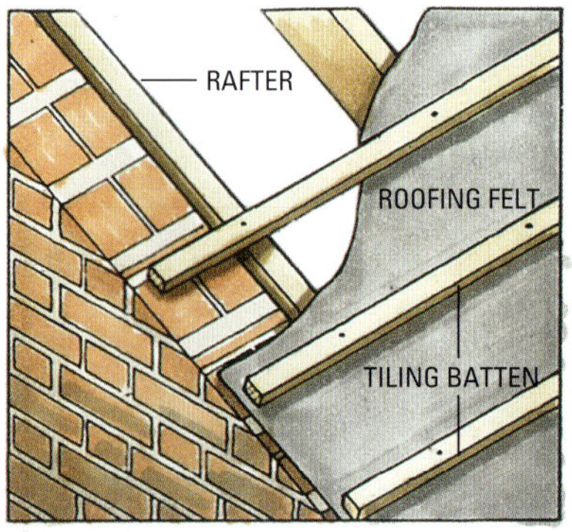

4 Flush verge

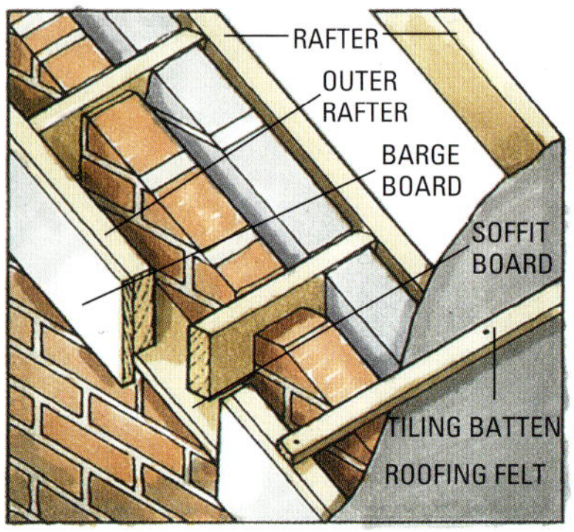

5 Projecting verge

Checking your roof

A roof structure can fail as a result of timber decay caused by poor weatherproofing, condensation or insect attack. It can also suffer from overloading, especially if the timbers were inadequate in the first place. It is important to check that a new covering will not be too heavy for a particular roof. You should also make sure that any new window openings are braced properly. Although a sagging roof is sometimes visible from street level, it pays to inspect the roof structure closely from inside.

Inspecting your roof

Check your roof annually to check that it's still weatherproof and that there is no woodworm infestation. Unless there's a window in the loft, buy a powerful torch or rig up a mains-powered extension lead with a caged lamp. In an unboarded attic, place planks across the joists to walk on.

Rot and infestation

Rot in roof timbers is the result of damp conditions that encourage wood-rotting fungi to grow. Before rectifying the problem, you need to ascertain the cause, to ensure that an outbreak of rot will not recur.

Inspect the roof covering closely for loose and damaged slates or tiles in the vicinity of the rot; on a pitched roof, water may be penetrating the covering at a higher level, so the leak may not be immediately obvious. If the rot is close to an abutment wall, the flashing has probably failed.

Another frequently occurring cause of rot is condensation in the roof space. Better ventilation is usually the remedy.

Rot in a roof is a serious problem, which should be rectified by experts. When you employ contractors to treat the rot, get them to carry out all the necessary repairs. Their work will be covered by a guarantee, which could be invalidated if you attempt to deal with the cause yourself.

Serious woodworm infestation also needs to be treated by professionals. Severely infested wood may have to be replaced, and the whole structure will have to be sprayed with an eradicator.

Strengthening the roof

A sagging roof will not necessarily require bracing, provided the structure is sound, stable and weatherproof. Old houses with slightly sagging roof lines are often considered attractive, but you should consult a surveyor if you suspect that your roof is weak.

The walls under the eaves should be inspected for bulging and checked with a plumb line. Bulging tends to occur where window openings are positioned close to the eaves, making a wall relatively weak. However, it is sometimes caused by an inadequately braced roof structure that is spreading and pushing the walls outwards. If this proves to be the case, call in a roofing contractor to do the repair work.

A lightly constructed roof can be strengthened by adding extra timbers. The method depends on the type of roof, its span, loading and condition. It may be possible to add bracing from inside, provided the new timbers are not too large. If not, at least some of the covering will have to be stripped off.

A well-constructed roof will give lasting service

SEE ALSO: Pitched roofs 231, Flashings 242–3, Guttering 244–6, Treating woodworm 256–7, Wet and dry rot 259, Ventilation 289

Pitched-roof coverings

Roof coverings are manufactured by moulding clay, mineral particles or concrete into various profiles, or by cutting natural materials such as slate into flat sheets.

Selection of roof-covering materials
1 Natural slate
2 Machine-made slate
3 Plain tile (clay)
4 Plain tile (concrete)
5 Plain pantile (clay)
6 Interlocking pantile (concrete)

Coverings for domestic pitched roofs follow a long tradition; and despite the development of new materials, the older ones and the ways of using them have not changed radically.

Like many other early building materials, those used for roofing were generally of local origin, which led to a great diversity of roof coverings. For centuries they were hand-made and had their own characteristics, visible in various regional styles.

Safety aloft
A tool belt leaves your hands free so you can climb safely onto a roof.

During the last century the more durable materials, such as tiles and slates, were mass-produced and widely adopted.

Most roofing materials are laid across the roof in rows known as courses, so that the bottom of each course overlaps the top of the one below. Consequently, they are laid working from the eaves, up the slope of the roof, to the ridge.

Specially shaped tiles are available for capping the ridge or hips, in order to weatherproof the junctions of the slopes. Where the roof covering meets a wall or chimney, it is protected with flashing, usually made of lead or mortar.

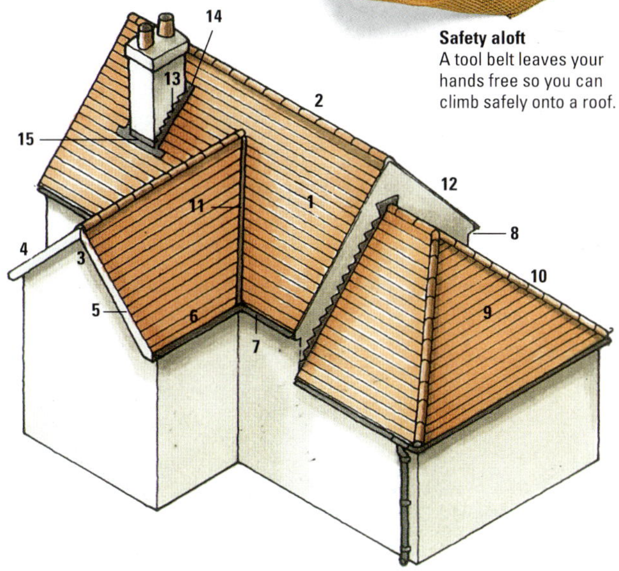

Roof-covering components for a pitched roof
1 Tile or slate covering
2 Ridge tile
3 Gable end
4 Projecting verge
5 Barge board
6 Eaves
7 Fascia
8 Soffit
9 Hipped end
10 Hip tile
11 Valley
12 Flush verge
13 Stepped lead flashing
14 Back gutter
15 Apron

TYPICAL COVERINGS FOR PITCHED ROOFS

TYPE OF COVERING	Material	Common sizes	Finish	Colour	Fixing	Approx weight kg/m² (lb/sq yd)	Minimum pitch in degrees
SLATE	Split metamorphic sedimentary rock	Length: 400 to 600mm (1ft4in to 2ft) Width: 200 to 300mm (8in to 1ft)	Natural	Natural Blue Grey Green	Two nails	27.5 to 70 (51 to 129)	17½°
MACHINE-MADE SLATE	Fibre cement	Length: 500, 600mm (1ft 8in, 2ft) Width: 250, 300mm (10in, 1ft)	Acrylic coating	Grey Blue/black Brown Terracotta Mottled Heather	Two nails plus copper-disc rivet	20 to 21 (34 to 40)	20°
STONE SLATE	Split sandstone or limestone sedimentary rock	Random and as natural slate	Natural	Natural	Two nails	90 (116)	20°
	Machine made concrete	Length: 200 to 550mm (8in to 1ft 9½in) Width: 100 to 500mm (4in to 1ft 8in)		Weathered buff		84 to 110 (155 to 203)	25° to 30°
PLAIN TILES	Hand-moulded or machine-moulded clay or machine-made concrete	Length: 265mm (10½in) Width: 165mm (6½in)	Sanded Smooth	Brown Red Grey Blue Green	Two nails or loose laid on nibs	64 to 87 (140 to 160)	35°
INTERLOCKING TILES	Hand-moulded or machine-moulded clay or machine-made concrete	Length: 380, 410, 430mm (1ft 3in, 1ft 4½in, 1ft 5in) Width: 220, 330, 380mm (9in, 1ft 1in, 1ft 3in)	Sanded Smooth Glazed	Red Brown Grey Blue	Loose laid on nibs, nailed or clipped	40 to 57 (74 to 105) depending on profile	22½° clay 12½° to 30° concrete

Roof-covering systems

If you are going to make roof repairs yourself, you will need some knowledge of the roof-covering system used on a common pitched roof. This will also be of help if you have to commission contractors, either for repairs or extensive reroofing, as you will benefit from a better understanding of the work that has to be carried out.

Felt underlay

To comply with Building Regulations, new or re-covered pitched roofs have to be lined with some kind of weather-resistant underlay, commonly referred to as the 'sarking'.

The underlay should be a reinforced bituminous felt (Type 1F) or a suitable tear-resistant plastic material, such as polythene. This sheet material presents a barrier to any moisture that succeeds in penetrating the outer covering, and also improves the insulation value of the roof. Some types are 'breathable', to help combat condensation problems.

Like roofing tiles, the sarking is laid horizontally, working up the slope of the roof from the eaves, each strip being overlapped by the one above it.

Tile clip

Nailed tile clip

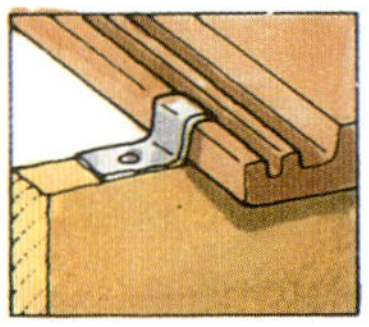

Eaves clip (flat)

Eaves clip (contoured)

Verge clip (flat)

Copper rivet

Roof battens

The roof covering is supported on sawn softwood battens that are nailed across the rafters, over the sarking **(1)**. The battens are pretreated with a preserver. When the roof is close-boarded, there should be vertical counterbattens under the horizontal battens **(2)**, in order to provide ventilation under the tiles and to allow any moisture to drain freely down the roof.

1 The battens are nailed over the sarking

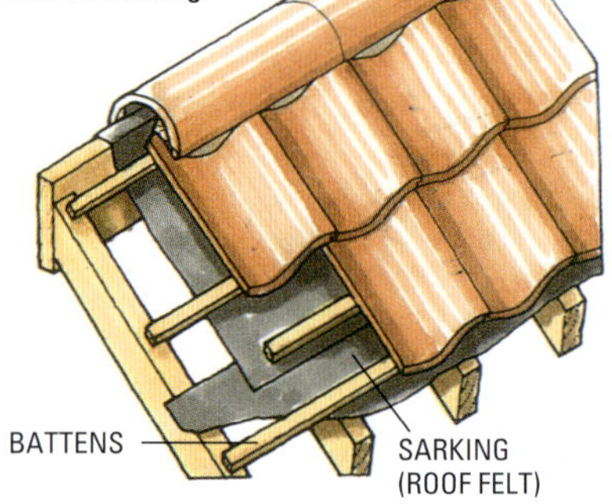

2 Close-boarded roofs should have vertical counterbattens

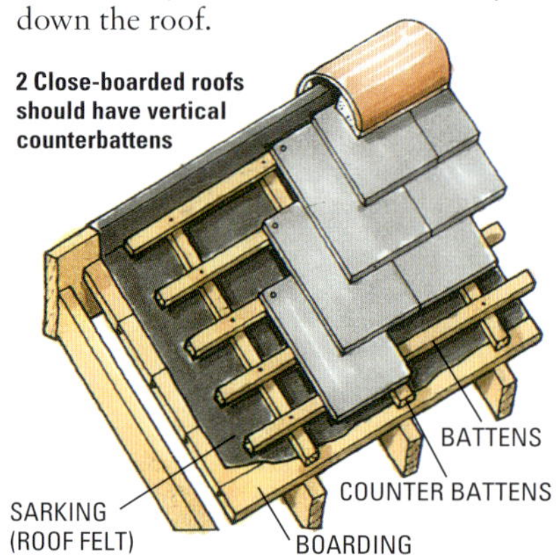

Fixings

Most roof coverings are fixed in place with nails or clips. Slates are fixed individually, usually with a pair of nails placed halfway up each slate. Some, however, are nailed near the top. A modern fibre-cement slate is fixed with two centrally placed nails and a copper rivet to hold down its tail (see left).

Roof tiles are made with 'nibs' that hook over the battens. With some types, this is all that holds them on the roof. Others are fixed with nails or clips. The exact method of fixing is determined by the type and size of tile, the pitch of the roof and prevailing weather conditions.

● Black dot denotes a suitable fixing for different roofing materials

TYPE OF NAIL	TYPE OF ROOF COVERING: Slate	Fibre-cement slate	Clay tiles	Concrete tiles	Felt underlay
COPPER	●	●	●	●	●
ALUMINIUM ALLOY	●		●	●	●
GALVANIZED STEEL					●
STAINLESS STEEL	●	●	●	●	

LAPPING ROOF COVERINGS

Double-lap coverings

Plain tiles and slates are 'double-lap' coverings. Although plain tiles have a slight camber and nibs, the tiles and slates are essentially flat sheets that are laid with their side edges butting together, not overlapping. In order to prevent water penetrating the joints, each course is lapped partly by the two courses above it. The joints are staggered (broken-jointed) on alternate courses, like courses of bricks in a wall.

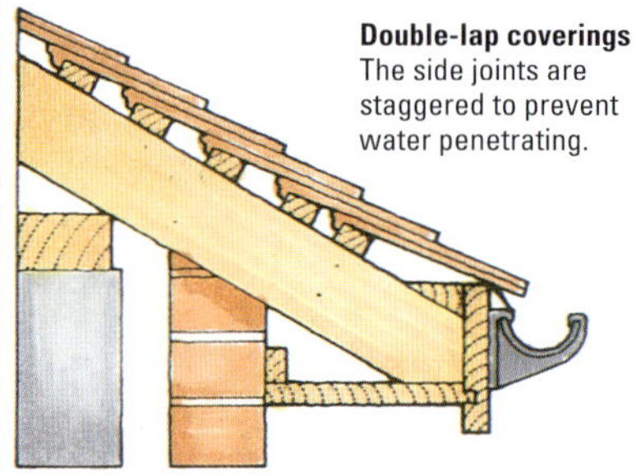

Double-lap coverings
The side joints are staggered to prevent water penetrating.

Single-lap coverings

Nearly all tiles made of moulded clay and concrete are single-lap coverings, which means that each tile overlaps its neighbour on one side and each course overlaps the one below. This type of tile is made with ridges and grooves that interlock when the tiles are lapped, to prevent moisture penetrating. Earlier single-lap roof coverings, such as clay pantiles, employed the curved shape of the tile to form a weatherproof overlap. These tiles have nibs at their top back edges that hook onto the battens.

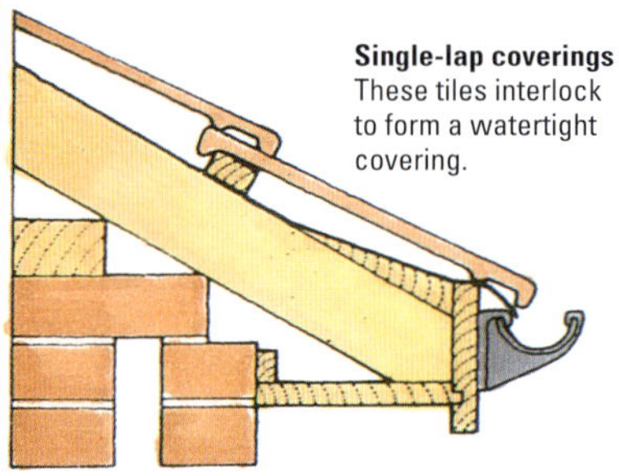

Single-lap coverings
These tiles interlock to form a watertight covering.

Using the correct fixings increases the life of a roof

SEE ALSO: Types of roofing 233, Roof maintenance 236-7

Edge details and junctions

Working on a roof can be hazardous; and if you feel insecure working at that height, you should hire a contractor.

Access

If you decide to do it yourself, don't use ladders alone to reach the roof. Hire a sectional scaffold tower and scaffold boards to provide a safe working platform complete with toe boards.

Roof coverings are fairly fragile and may not bear your weight – hire special roof ladders to gain access. A roof ladder should reach from the scaffold tower to the ridge of the roof and hook over the latter. Wheel the ladder up the slope **(1)** and then turn it over to engage the hook.

Roof ladders are made with rails that keep the treads clear of the roof surface and spread the load **(2)**; but if you think it necessary, you can use additional padding in the form of paper-stuffed or sand-filled sacks to help spread the load further.

1 Engage the hook of the ladder over the ridge

2 A roof ladder spreads the load

Tool safety

Carry your tools in a special belt; and if you have to put them down, do so within the roof-ladder framework. When you finish work, make sure you bring every tool down from the roof.

If the verges, eaves and valley edges are not constructed properly, your roof is bound to leak. Also, well-detailed edges and junctions add to the overall appearance of a roof.

Verges

The verge is usually formed by laying an undercloak of plain tiles or slates bedded onto the masonry or – in the case of an overhanging verge – nailed to the timber frame. The roof covering is then bedded in mortar on top of the undercloak and finished flush.

The verge of a slate or plain tiled roof is set to slope inward slightly to prevent rainwater running down the walls, but single-lap moulded tiles are laid flat. Special dry-fixed verge tiles are available for use with single-lap concrete tiles and fibre-cement slates.

Eaves

The detailing at the eaves depends on the type of roof covering. Plain tiling begins with a course of short under-tiles, nailed to a batten and projecting 38 to 50mm (1½ to 2in) over the fascia board. The first course of whole tiles is laid with staggered joints over the undertiles, with their tail edges flush **(1)**. Similarly, a double course is laid at the eaves when the covering is natural slate. In this case, a course of short slates is covered by a course of full ones.

With fibre-cement slates, a third nailed course is laid beneath the double course in order to support the tail rivets used with this type of covering.

Single-lap low-profile tiles are usually laid directly over and supported by the fascia board **(2)**. However, some types, such as pantiles, are backed up with an undercloak of plain tiles. The first course of pantiles is bedded in mortar that fills up the hollow rolls. An alternative is to use special eaves pantiles with blocked ends or overhangs.

Valleys

Double-lap roof coverings of plain tiles may include special valley tiles; or, as with slate, they may be formed into 'swept' or 'laced' valleys. The latter are difficult and expensive to make. Most often, valleys are formed as open gutters, using sheet metal. Single-lap roofing may incorporate sheet valleys or special trough units.

Verges
An undercloak course projects slightly and gives a neat finish to a verge.

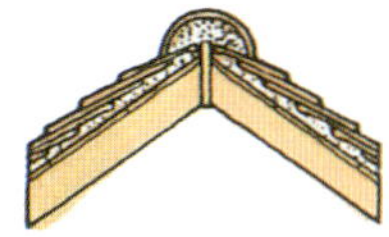

Verge detail at ridge
The ridge tile is set flush with the verge and filled with bedding mortar.

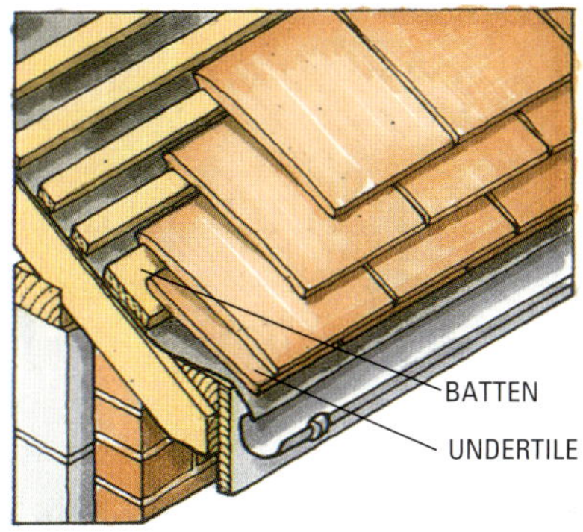

1 Double-lap plain tiles
The undertiles are nailed to a batten. The joints between them are covered with full tiles.

2 Single-lap low-profile tiles
Not all interlocking tiles need undertiles at the eaves, but the fascia board must support the eaves course at the correct angle.

Valley tiles
Valleys may be constructed with trough units instead of the traditional lead sheeting.

SEE ALSO: Work platforms 38–40, Eaves and verges 232, Types of roofing 233, Flashings 242–3

Roof maintenance

Roof coverings have a limited life, the length depending on the quality of materials used, the workmanship, and exposure to severe weather. An average roof might be expected to give good service for 40 to 60 years, but some materials can last for 100 years or more, although some deterioration of the fixings and the flashings is inevitable. To retain the character of your roof, try to reuse the old materials if possible.

Patch repairs may be of limited value; and once patching becomes a recurrent chore, it's time for the roof to be re-covered. This involves stripping off the original material and possibly reusing it, or perhaps replacing it with a new covering similar to the old. Major roof work is not something you should tackle yourself. A contractor can do it more quickly and will guarantee the work.

Reroofing sometimes qualifies for an improvement grant – so check with your local authority before carrying out any work, if you think you are eligible. You will not require planning permission unless you live in a listed building or a conservation area.

Inspecting the roof

The roofs of older houses are likely to show their age and should be checked at least once a year. Start by taking a look at the roof from ground level. Slipped or disjointed tiles or slates can usually be spotted easily against the regular lines of the undisturbed covering. The colour of any newly exposed and unweathered slate will also pinpoint a fault.

Look at the ridge against the sky to check for misalignment and gaps in the mortar jointing. Follow this with a closer inspection through binoculars, checking the state of the flashings at abutments and around the chimney.

From inside an unlined roof, you will be able to spot chinks of daylight that indicate breaks in the covering. Use a torch to check the roof timbers for water stains; they may show as dark or white streaks. Trace the stain to find the source of the leak.

1 Pull out nails

2 Nail strip to batten

3 Fold strip over edge

Removing and replacing a slate

A slate may slip out of place because the nails have corroded or because the slate itself has broken. Whatever the cause, slipped or broken slates should be replaced as soon as possible, before a high wind strips them off the roof.

Use a slater's ripper to remove the trapped part of a broken slate. Slip the ripper under the slate and locate its hooked end over one of the fixing nails **(1)**, then pull down hard on the tool to extract or cut through the nail. Remove the second nail in the same way. Even where an aged slate has already slipped out completely, you may have to remove the nails in the same way to allow the replacement slate to be inserted.

You will not be able to nail a new slate in place. Instead, use a copper strip, a plastic clip, or cut a strip of lead, 25mm (1in) wide, to the length of the slate lap plus 25mm (1in). Attach the strip to the batten by driving a nail between the slates of the lower course **(2)**, then slide the new slate into position and turn back the end of the lead strip to secure it **(3)**.

Cut slate with a trowel

Or use a slate cutter

Cutting slates and tiles

Cutting slates

You may have to cut a second-hand slate to fit the gap in your roof. With a sharp point, scratch the required proportion on the back of the slate. Place the slate, bevelled side down, on a bench. Align the cutting line with the edge of the bench, then chop the slate with the edge of a bricklayer's trowel. Work from both edges towards the middle, using the edge of the bench as a guide. Either drill nail holes or punch them out with a masonry nail. A punched hole leaves a recess for the head of a roofing nail.

Cutting fibre-cement slates

Having scribed deep lines, break a fibre-cement tile over a straightedge or cut it to size with an all-purpose saw. If you saw fibre-cement slates, wear a mask and keep the dust damped down. These slates are relatively brittle, so bore nail holes with a drill.

Cutting tiles

If you need to cut roof tiles, either use an abrasive cutting disc in a power saw or hire an angle grinder for the purpose. Always wear protective goggles and a mask when cutting with a power tool.

REPLACING A ROOF TILE

Individual tiles can be difficult to remove for two reasons: the retaining nibs on their back edges and their interlocking shape, which holds them together.

To remove a plain tile that is broken, lift the nibs clear of the batten on which it rests, then pull it out. This is easier if the overlapping tiles are first raised on wooden wedges inserted at both sides of the tile that is to be removed **(1)**. If the tile is also nailed, try rocking it loose. If this fails, you will have to break it out carefully. You may then have to use a slater's ripper to extract or cut any remaining nails.

Use a similar technique for a single-lap interlocking tile, but in this case you will also have to wedge up the tile to the left of the one being removed **(2)**. If the tile has a deep profile, you will have to ease up a number of surrounding tiles to achieve the required clearance.

If you are removing tiles in order to put a roof vent in, then you can afford to smash the one you are replacing. Use a hammer to do so, taking care not to damage any of the adjacent tiles. The remaining tiles should be easier to remove once the first is removed.

1 Lift the overlapping tiles with wedges

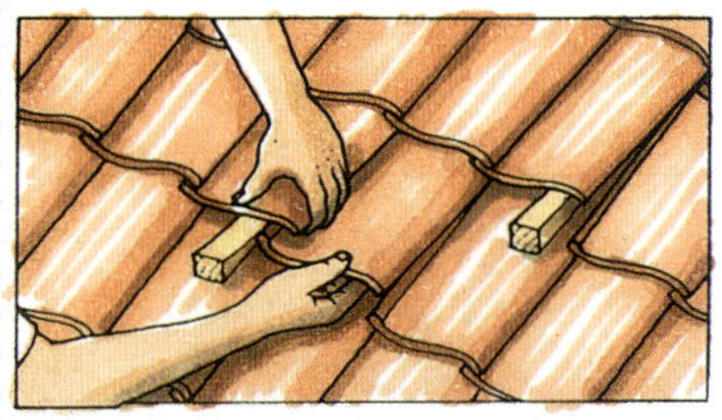

2 Lift interlocking tiles above and to the left

Cutting roof tiles with an angle grinder
Follow a scored guide line with the cutting disc.

SEE ALSO: Roofing nails 234, Working safety 235, Flashings 242–3, Ventilating the roof space 289

Sheet roofing

When the old mortar breaks down, a whole row of ridge tiles can be left with practically nothing but their weight holding them in place.

Lift off the ridge tiles, and clear all the crumbling mortar from the roof and from the undersides of the tiles. Soak the tiles in water before refixing them.

Mix 1 part cement : 3 parts sand, to make a stiff mortar. Load a bucket about half full and carry it onto the roof. Dampen the top courses of the roof tiles or slates, and lay a thick bed of mortar on each side of the ridge, following the line left behind by the old mortar **(1)**. Lay mortar for one or two tiles at a time.

Press each ridge tile firmly into the mortar, and use a trowel to slice off mortar that has squeezed out. Try not to smear any on the tile itself.

Build up a bed of mortar to fill the hollow end of each ridge tile, inserting pieces of tile or slate to prevent the mortar slumping **(2)**. Press the next tile in place, squeezing out enough mortar to fill the narrow end joint flush. Build a similar mortar joint between an end ridge tile and a wall or chimney stack.

1 Apply bands of bedding mortar on each side

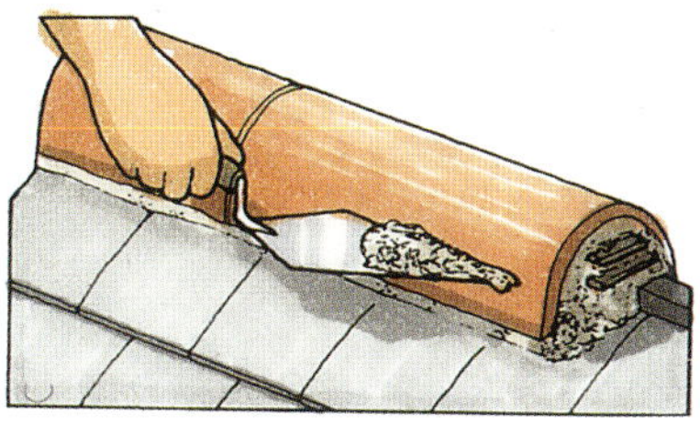

2 Insert pieces of slate in the jointing mortar

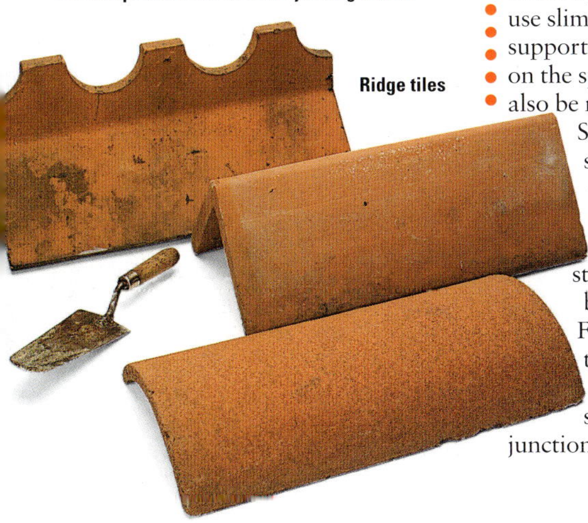

Ridge tiles

Sheet roofing is used mainly for outbuildings such as garages and garden sheds, and also for lean-to extensions. Corrugated PVC is relatively cheap compared with flat multiwall polycarbonate plastic, which is used mainly for roofing extensions. Corrugated bitumen-fibre and fibre-cement sheeting are also used, but not often for domestic work. All sheet roofing materials must comply with fire regulations.

Plastic sheet roofing

Corrugated PVC sheet

Corrugated plastic sheeting is produced in a choice of weights and standard profiles. When calculating the number of sheets that you'll need, make an allowance for overlapping: small-profile sheets should overlap by at least two corrugations **(1)**, while larger ones will require an overlap of one only **(2)**.

If the pitch of the roof is about 22 degrees or more, the ends of the sheets should overlap by at least 150mm (6in). For pitches of less than this, allow a 300mm (1ft) overlap. For either profile, always opt for a longer overlap if the roof is likely to be exposed to extreme weather conditions.

Wooden purlins are normally used to support corrugated sheets, although some system-built garages incorporate steel sections. Woodscrews or drive screws (roofing nails) are used to fix the sheets to wooden purlins **(3)**; and hooked bolts to locate over metal ones **(4)**. Special plastic washers and caps are used for sealing the heads of both types of fixing.

Flat polycarbonate sheet

Flat multiwall polycarbonate sheeting is laid between glazing bars, and so the edges are not overlapped. It is normally laid as continuous sheets, running from ridge to eaves.

Laying corrugated sheet

Starting at the eaves, position the first sheet and drill oversize clearance holes through it for fixing screws into the wooden purlins. Drill these holes through the crown of every third or fourth corrugation; placing fixings in the troughs of the sheeting will cause leaks. Drill through both sheets at once when you are fixing overlapping edges. Lay and fix the rest of the first row in a similar way.

When you start the next row, overlap the ends (see right) by at least 150mm (6in). Drill through both layers and hold down the overlap with screw fixings. Finally, fit the protective plastic caps.

Laying polycarbonate sheet

Polycarbonate sheeting is laid between proprietary glazing bars that cover and seal the edges. Self-supporting glazing bars are relatively expensive – so you might prefer to use slimmer versions, which have to be supported on wooden rafters. Depending on the span of the roof, purlins may also be required.

Seal both ends of each sheet with special tape, then lay it between the bars and clip on the retaining-cap strips that clamp the sheet in place. Special cover strips are used to seal the glazing bars at the verges.

Fit end caps onto the exposed ends of the glazing bars, and clip plastic cover strips over the taped ends of the sheeting. Use flashing tape to seal the junction between the roof and a wall.

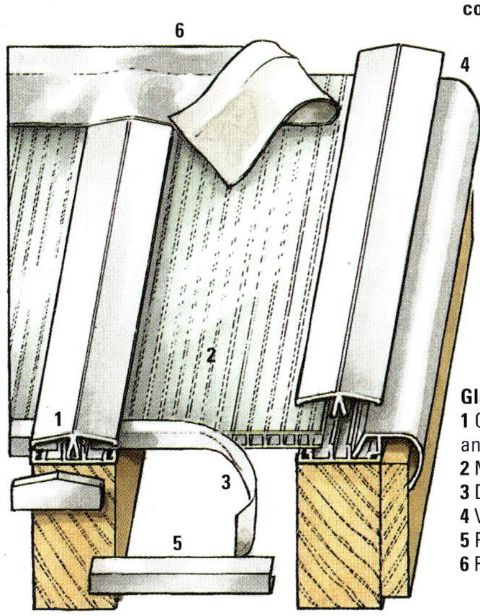

Glazing components
1 Glazing bar and end cap
2 Multiwall sheet
3 Dust-seal tape
4 Verge cover strip
5 Plastic cover strip
6 Flashing tape

● **Cutting plastic sheeting**
Mark lines with a felt-tipped pen, then cut with a tenon saw. Support the sheeting between two boards on trestles and use the top board as a guide for your saw. When cutting corrugated sheets to length, saw across the peaks with the saw at a very shallow angle. Cut halfway through, then turn the sheet over and continue from the other side. When cutting to width, saw along the peak of a corrugation.

1 Small-profile lap

2 Large-profile lap

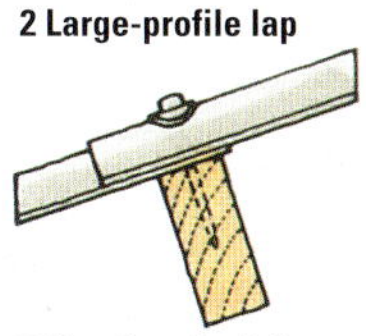

3 Wood purlin fixing

4 Metal purlin fixing

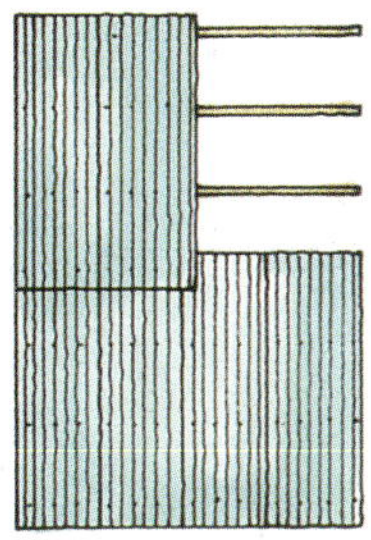

Overlap the ends of corrugated sheets

SEE ALSO: Ladders 38–9, Working safety 235, Flashing tape 243, Drive screws 528

Flat roofs

Timber-framed flat roofs are often used for rear extensions and outbuildings. Most have joists carrying stiff wooden decking, and these usually cross the shorter span, spaced at 400, 450 or 600mm (1ft 4in, 1ft 6in or 2ft) between centres. Herringbone or solid strutting is required for a span of more than 2.5m (8ft) to prevent the joists buckling. The joists may be fixed to wall plates on load-bearing walls; or in the case of an extension, they may be set in metal hangers or into recesses in the adjoining masonry wall, with metal restraint straps tying the ends of the timbers down to the outer walls of the extension.

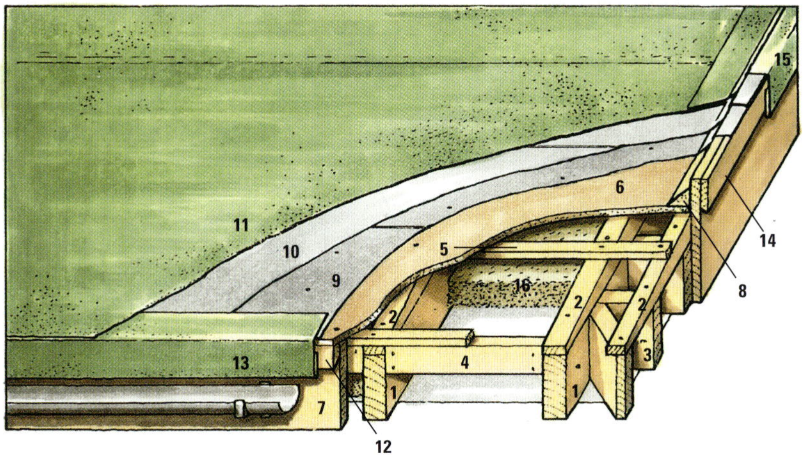

The components of a flat roof
1 Joists
2 Furring
3 Return joist
4 Nogging
5 Counter battens
6 Decking
7 Fascia board
8 Angle fillet
9 First felt layer
10 Second felt layer
11 Cap sheet
12 Eaves drip batten
13 Felt eaves drip
14 Verge drip batten
15 Felt verge drip
16 Insulation

Establishing the fall

The fall of a flat roof should be at least 1:80 for smooth surfaces like metal or plastic, and 1:60 for coarser materials. The fall is designed to shed water – but if the slope is too shallow, puddles will form. Thermal movement of the decking can cause the covering to break down and let standing water through.

To achieve a flat ceiling, tapered 'furrings' are nailed to the tops of the joists **(1)**. Alternatively, joists may be set across the line of the fall with parallel furring strips of decreasing thickness nailed to them **(2)**; or tapered strips are fixed across them **(3)**. The latter provides better cross-ventilation. Counterbattens also provide ventilation for an internally insulated roof.

Furring methods

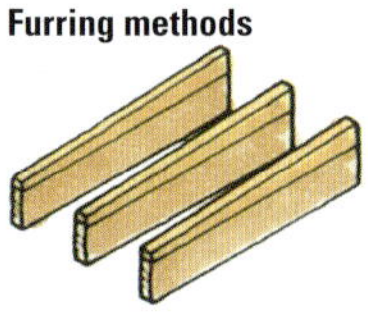

1 Tapered furrings fixed in line with joist.

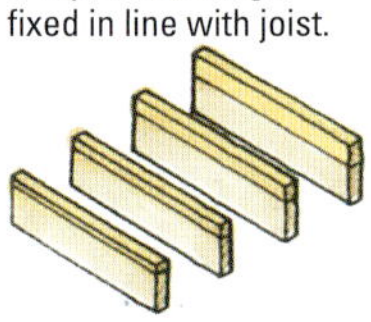

2 Furrings strips of decreasing size fitted across the fall.

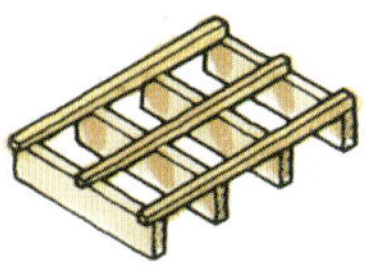

3 Tapered furrings fixed across joists.

Roof decking

Either exterior WBP (weather-and-boil-proof) plywood or another type of exterior-grade man-made board is fixed to the joists to make a flat base for the roof covering. Older flat roofs were usually decked with tongue-and-groove softwood boards.

The panels – normally 18mm (¾in) thick – are laid with their longer edges running across the joists; their ends are centred over a joist for support. These joints should be staggered. Noggings may be fitted between the joists to give extra support to the longer edges of the panels, depending on their thickness and the joist spacing.

For a felted roof, you could start with a prefelted decking. This surface-treated board is laid with 3mm (⅛in) gaps between the panels to allow for thermal expansion, and is fixed down with either nails or screws. If you are unable to apply a felt covering straightaway, this type of decking can be temporarily waterproofed by sealing the gaps between the boards with a cold-bonding mastic and then covering the joints with roof-sealing tape.

Covering the deck

Whatever type of decking is used, it must be fully waterproofed either with asphalt or with two or three layers of roofing felt (see right).

To reflect some of the sun's heat, the roof can be coated with special paint or covered with a layer of pale-coloured chippings 12mm (½in) thick.

FLAT-ROOF COVERINGS

Bitumen-based coverings fall into two types: asphalt and bituminous felt. Felt coverings are now generally used for domestic buildings, instead of the more expensive lead, zinc or copper coverings seen on some older houses.

Mastic asphalt

This waterproof material, made from either natural or synthetic bitumen, weathers very well. It is melted in a cauldron and, while hot, spread over the roof. When set, it forms an impervious layer. Two layers are applied with a float, to a thickness of about 18mm (¾in), on a layer of sheathing felt that covers the decking. Laying hot asphalt is a skilled professional job.

Roofing felts

These bitumen-impregnated sheet materials are applied in layers to produce 'built-up' roofing, bonded with hot or cold bitumen. Several felts are available. The choice will affect a roof's cost and longevity. Traditional British Standard felts are classified by their reinforcing base material and finish, indicated by a number and letter. A colour strip identifies the base material. Traditional felts are not as tough as modern high-performance ones, which are made from bitumen reinforced with either glass-fibre tissue, polyester fibres or polyester fabric. Sometimes, modified bitumen is used for greater flexibility.

Making a roof of this kind with hot bitumen is best left to professionals. You could lay felt with a cold bitumen adhesive, but nowadays it's easier to use a self-adhesive felt laid in two layers.

Dry-laid roofing

Butyl and EPDM roofings are single-ply flexible membranes that are nailed over a layer of underfelt. They are simple to lay and provide a strong, maintenance-free covering. This type of roofing is made to order and supplied in one piece, with fixing flaps welded to the underside so that intermediate nail fixings won't penetrate the covering.

A range of accessories is available, including corner sections and pipe sleeves for sealing around stacks and vents. These are fixed in place with a mastic tape.

SEE ALSO: **Strutting 181, Fixings 234, Renewing a felt roof 240, Flat-roof repairs 241, Roof insulation 275, 278, Ventilating the roof space 289**

Abutments and parapets

Leaks can occur wherever a flat roof abuts a house or parapet wall. The roof covering is therefore usually turned up the wall to form a 'skirting', which is either tucked into the mortar bed of the brickwork or covered by flashing.

Parapet walls are particularly prone to damp, being exposed on both sides – so the top edge is usually finished with a brick, stone or tile coping, which should overhang the faces of the wall to throw off rainwater. In addition, a damp-proof course of lead, asphalt or bituminous felt is set in the mortar bedding beneath the coping **(1)**.

A parapet wall that is no more than 350mm (1ft 2in) high may have an asphalt skirting taken up the face and continued under the full width of the coping **(2)** to form a damp-proof course. Alternatively, the roof covering is taken up two courses of bricks only and built into the wall to form the DPC **(3)**.

Often, a flexible damp-proof course, such as lead or high-performance felt, is set in the bed joint before the roofing is laid and then dressed down to form a flashing over the skirting **(4)**.

Relatively tall cavity walls will need a cavity-wall tray, in order to prevent water penetrating and running down the inside. The tray is formed by taking the damp-proof course up in a step from the inside leaf across the cavity to the outer leaf **(5)**.

Cladding a parapet with cement rendering is not an entirely satisfactory solution, as movement in the wall is likely to cause cracks that let in water.

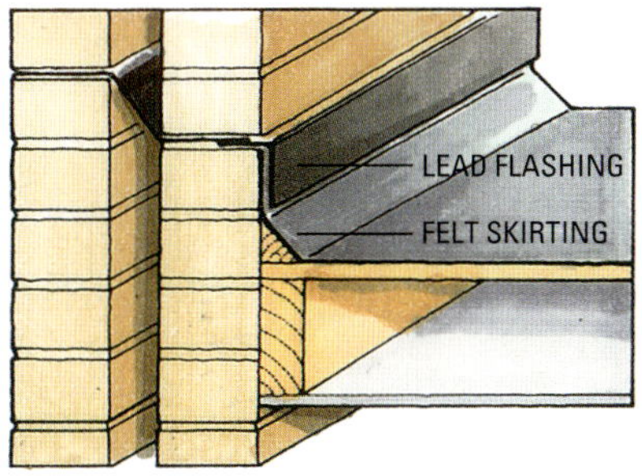

A dressed flashing normally laps the skirting

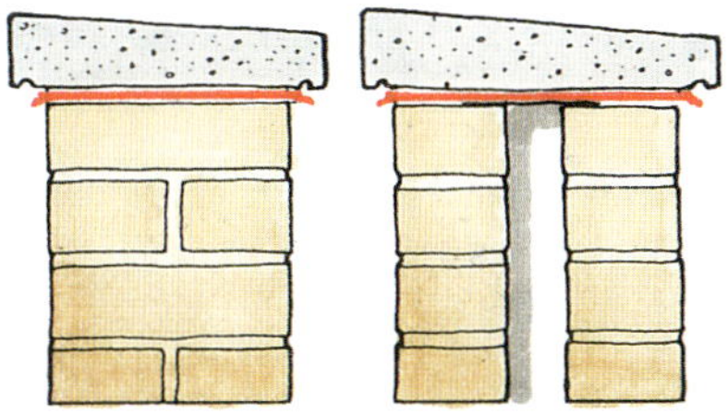
1 Solid and cavity walls need DPCs under the coping

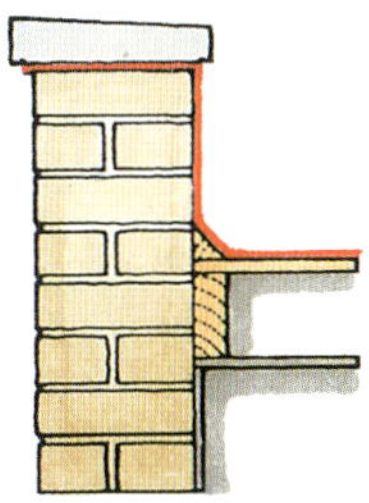
2 Full-height skirting

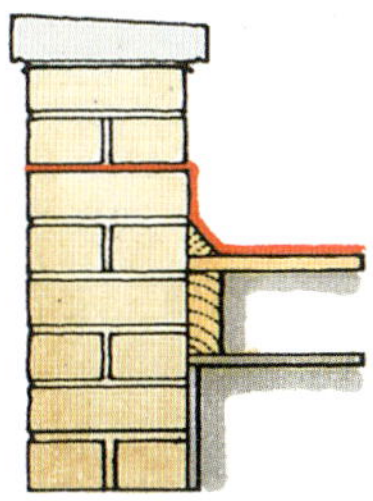
3 Skirting forms DPC

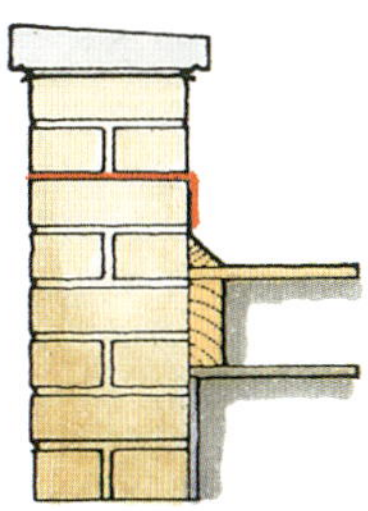
4 Flashing DPC

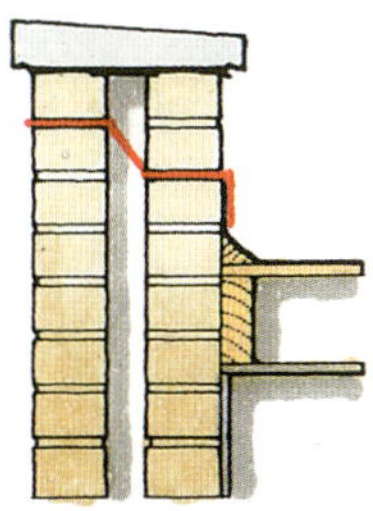
5 Cavity-tray DPC

FITTING A NEW CAVITY TRAY

A cavity wall abutted by an extension roof needs a cavity tray to protect it from damp. Normally this would be built-in, but for a new extension added on to an existing building, special polypropylene cavity-tray units can be inserted from the outside by removing a course of bricks.

Inserting the units

Remove three bricks from the third course above the proposed roof level. Don't let rubble fall into the cavity. Clean up the cavity bricks, then lay a length of lead flashing that's wide enough to project 50mm (2in) into the wall and also cover the roof skirting by 75mm (3in) when it is dressed down. Trap the flashing with the first tray unit, pushing it into one end of the opening **(1)**. Use mortar to lay two bricks in the tray **(2)**, then pack out the top joint with slate and fill it with mortar. Rake out a weep hole at the base of the joint between the two bricks to drain moisture from the cavity.

Cut out two more bricks, leaving a three-brick opening **(3)**. Roll out the flashing and insert a second unit. Join the two units with the clip provided, fitting it over their meeting ends to make a watertight joint **(4)**. Lay two more bricks in the opening. Continue in this manner until the cavity tray is long enough to protect your new extension. You need only remove one brick at the end to make a two-brick opening for the last unit.

Once the mortar is firm, point the new work to match the existing wall.

Moulded cavity tray
Straight and angled sections are available from most builders' merchants.

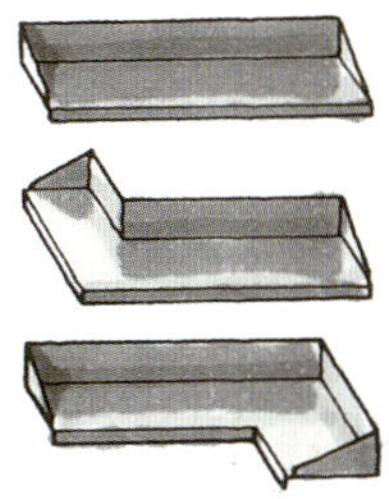

1 Trap the flashing

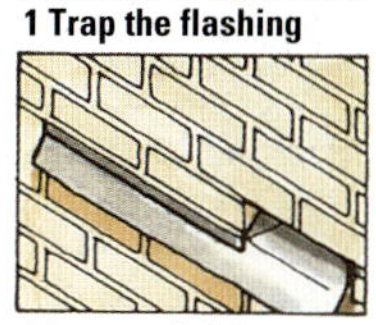
2 Lay two bricks

3 Cut out two bricks

4 Join the trays

TYPES OF BITUMINOUS FELTS FOR FLAT ROOFS

Felt type British Standard Ref	Base	Surface Finish	Colour code	Weight kg/10m²	Properties and uses
BS 747 **1B**	Fibre	Sand	White	15kg (33lb)	Least expensive type. Relatively weak. Good for roofing outbuildings. Not recommended for permanent buildings.
BS 747 **1E**	Fibre	Mineral	White	15kg (33lb)	
BS 747 **3B**	Glass fibre	Sand	Red	18kg (40lb)	Rot-proof, inexpensive, unsuitable for nailing. Good for 2- or 3-layer systems.
BS 747 **3E**	Glass fibre	Mineral	Red	32kg (70lb)	
BS 747 **3G**	Glass fibre	Grit underside Sand topside	Red	26kg (57lb)	Perforated first layer for partial-bonding systems using hot bitumen.
HIGH-PERFORMANCE FELTS					
NO BS NUMBERS	Glass/polyester	Sand		36kg (79lb)	Rot-proof, tough, good weathering. Can be nailed. Use for 2- or 3-layer systems.
	Glass/polyester	Mineral		28kg (62lb)	
BS 747 **5U**	Polyester	Sand	Blue	18.5kg (41lb)	More expensive than glass/polyester, but better performance. Use for 2- or 3-layer systems. Excellent for house extensions.
BS 747 **5B**	Polyester	Sand	Blue	20-42kg (44-92lb)	
BS 747 **5E**	Polyester	Mineral	Blue	36-47kg (79-104lb)	
Elastomeric	Polyester	Sand		32kg (70lb)	Most expensive, but superior durability makes it long-lasting and cost-effective. Use for 2- or 3-layer systems. Excellent for house extensions.
	Polyester	Mineral		40kg (88lb)	
	Polyester	Mineral		38kg (84lb)	

SEE ALSO: Flashings 242-3, Ventilating the roof space 289

Renewing a felt roof

Applying a built-up felt system, which involves using hot bitumen, and 'torching' (using a gas-powered torch to soften bitumen-coated felt) is a technique best left to professionals. However, a competent amateur can confidently replace the old felt on a garage roof using a two-layer self-adhesive roofing system. The following example describes how to roof a detached garage with a solid-timber deck.

Built-up felt system
Lap the edges of the felt strips and stagger the joints in alternate layers.

1 Lay underlay

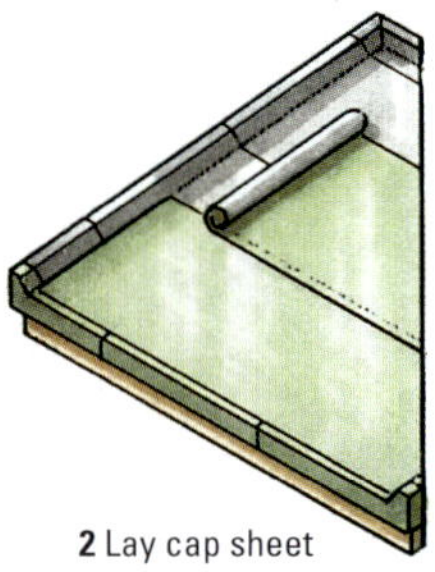

2 Lay cap sheet

Replacing perished felt

Wait for dry weather, then strip off the old felt. Pull out any clout nails, and check the deck for distorted or rotten boards. Replace unsound boards, using galvanized wire nails to hold the new ones in place. Check the condition of the fascia boards, verge upstands and drip battens; and renew any that are in poor condition.

To provide a smooth, flat surface for the self-adhesive felt underlay, nail an exterior-grade plywood decking, 6mm (¼in) thick, over the boards.

Preparing the surfaces

Cut hardboard formers for the eaves and verge drips (see far right). Apply special roofing-system primer to all surfaces to be covered, including the formers and any wall abutments.

Applying the underlay

Measure the length of the roof along the gutter edge, including the verge upstands at each end. The covering is laid at right angles to the slope of the roof. Measure and cut sufficient lengths of felt to cover the roof. If you need to join pieces end to end, allow a 75mm (3in) overlap where the ends meet.

Cut the first strip in half lengthways, so you will be able to stagger the joins when you lay the top layer of felt. Lay one of the half-width lengths flat on the roof, level with the gutter edge. Roll one end of this strip back to the centre of the roof and then, using a sharp craft knife, carefully cut across the release-paper backing that protects the felt's adhesive surface. Peel back the release paper, then roll out and press the underlay back onto the deck, pushing out any trapped air. Roll back the other half of the strip and repeat the procedure.

Lay the other strips working up the slope of the roof in a similar way, overlapping the first and subsequent strips by 50mm (2in) along their length **(1)**. Cut and lap internal corners, and press them down with a wallpaper seam roller. If the covering meets a wall, take it up to form a skirt covering the first two courses of bricks.

Applying the top layer of felt

Before laying the top layer, prepare and fit the eaves drip (see right). Measure the length for the roof between the verge upstands and cut the required number of strips to cover the area of the roof. Following the procedure used for the underlay, but starting with a full-width strip, lay the plain edge of the first length 50mm (2in) back from the gutter edge **(2)**. There is a self-adhesive band along the top edge for bonding the next overlapping strip.

Lay the subsequent lengths lapping the one below, peeling off the release paper from the adhesive band as the roll is laid.

Use special mastic to bond the top sheet where it laps the eaves, and also to join short lengths where they overlap. Cut the verge drips (see right) and bond them to the top sheet with mastic.

Dry-laid roof covering

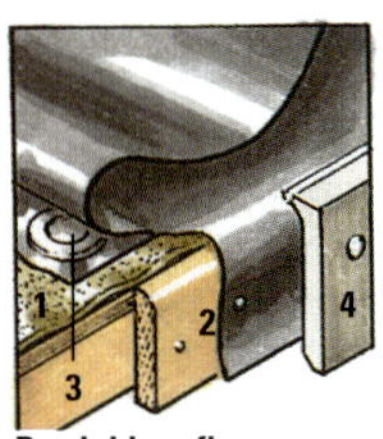

Dry-laid roofing
Brush the old roof clean then:
1 Lay a felt underlay.
2 Nail covering to drip battens.
3 Nail down fixing flaps.
4 Attach cover trims.

Butyl and EPDM are tough rubber-based roofing materials that can be used for new roofs or to provide a watertight covering over an old felted roof. Both are flexible and neither will degrade with exposure to sunlight. Both coverings are fixed with special nails around the perimeter.

To lay either type of covering over old felt, simply brush the surface of the felt clean and cover it with a loose-laid underlay **(1)**. Nail drip battens all round the roof **(2)**. Nail the sheeting to one of the battens, then unfold it and, if it is provided with fixing flaps **(3)**, nail them to the roof. Fold the other edges over and nail them to the drip battens, taking care not to stretch the covering. Finally, finish the edges of the roof by attaching cover trims **(4)**.

MAKING ROOF DRIPS

Drips are necessary to shed rainwater clear of the walls

Eaves drips

Cut strips 1m (3ft 3in) long from the length of a roll of felt. To calculate the width of the strips, measure the depth of the drip batten and add 25mm (1in), then double this figure and add at least 100mm (4in).

Cut 50mm (2in) from one corner, to enable the ends to be overlapped. Cut hardboard formers around which to fold the strips. Nail the felt drip sections to the drip batten, then nail the formers over the top. Fold each of the strips back over the former and bond it onto the underlay **(1)**.

Cutting the corners

Where the drip meets the verge, cut the corners to cover the end of the upstand **(2)**. If necessary, make a paper pattern before cutting the felt. You may need an extra-wide strip to allow for a tall upstand. Fold the tabs and bond into place – except the end one, which is left free to be tucked into the verge drip.

Verge drips

After laying the top layer of roofing felt, cut and fix the verge drips. Cut the strips 1m (3ft 3in) long and calculate their width as with the eaves drip – but allow extra for the side, top edge and slope of the upstand. Working from the eaves, notch the ends of the strips where they overlap, as for the eaves drip. Cut and fold the end of the first strip where it meets the eaves **(3)**; nail the strip then the former, and bond the remainder in place **(4)**.

At the rear corners, cut and fold the strip covering the side verge **(5)**. Cover the rear verge last, cutting and folding the corners to lap the side pieces and finishing with neat mitres **(6)**.

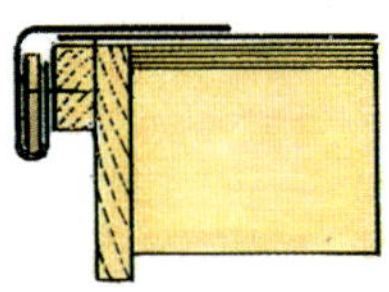

1 Eaves drip strips

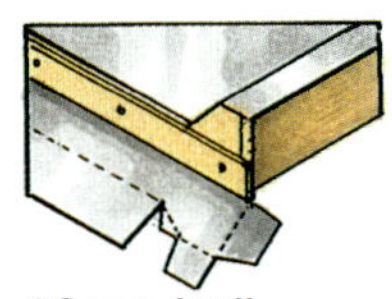

2 Corner detail

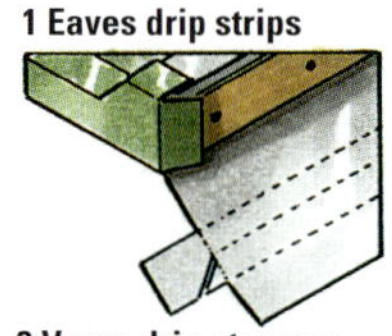

3 Verge drip at eaves

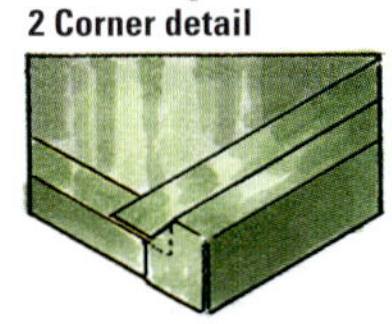

4 Verge after folding

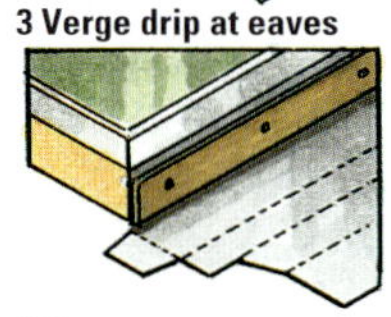

5 Verge corner

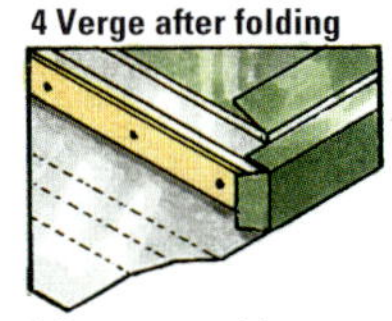

6 Rear verge drip

SEE ALSO: Fixings 234, Felt types 238-9, Flashings 242-3, Guttering 244-6, Roof insulation 275, 278

Flat-roof repairs

If they are allowed to deteriorate, flat roofs inevitably leak. Damp patches on the ceiling are a clear sign that the roof needs attention, though the source of the problem is not always so obvious.

Locating the leak

If damp patches are close to a wall against which the roof abuts, you can be pretty sure the flashing has broken down. However, a leak anywhere else in the roof may be hard to find, as the water can run downhill from its entry point before dripping onto the ceiling. Measure the distance between the damp patch and the edges of the ceiling, then locate the point on the roof surface and work from there, up the slope, to find the source.

Splits and blisters

Splits and blisters on the smooth surface of an asphalt or bitumen-felt covering may be obvious, but chippings on a covering can obliterate the cause of a leak. Use a blowtorch or hot-air paint stripper to soften the bitumen, so that you can scrape the chippings away. The surface must be smooth if it is to be patch-repaired.

Splits in the covering caused by movement of the substrate can be recognized by the lines they follow. Blisters formed by trapped moisture or air should be pressed to locate any weaknesses in the covering, which will become evident as moisture is expelled. These must be sealed with patches. They may be a result of moisture permeating the substrate from below and, heated by the sun, expanding under the covering. You can leave an undamaged blister for the time being, but deal with the cause as soon as possible.

Damp and condensation

Damp near a wall may be caused by porous brickwork above the flat roof, poor pointing or lack of a damp-proof course, slipped or inadequate coping on parapet walls and/or a breakdown of flashings. Condensation also causes dampness, and can be a more serious problem. If warm moist air permeates the ceiling, the vapour condenses under the cold roof and encourages rot in the structural timbers. In such a case, upgrade the ceiling with a vapour barrier and fit some type of ventilation. Otherwise, have the roof re-covered and include better insulation at the same time.

The best approach for repairing a flat roof depends not only on its age and general condition, but also on the extent of the damage. You can tackle minor repairs yourself – but if the covering has deteriorated across a wide area, then it may be best to call in a contractor and have the roof re-covered.

Patch repairs

Localized damage such as splits and blisters can be repaired with specialized materials designed for the purpose. Their effectiveness relies on good adhesion, so take care to clean the roof surface thoroughly. Eradicate lichen or moss spores with fungicide before starting the repair work.

If visible from above, a patched roof, can be an eyesore, but you can improve its appearance with a coat of reflective paint or with bitumen and chippings. Work on a warm day, preferably after a spell of dry weather.

Dealing with splits

You can use most self-adhesive repair tapes to mend splits in all types of roof coverings. First remove any chippings (see left), then clean the split and the surrounding surface. Fill a wide split with a mastic compound before taping. Apply the special primer supplied with the tape over the area to be covered, and leave it for an hour. Even where only a short split has occurred along a joint in the board substrate, prepare the whole line of the joint for covering with tape.

Peel back the protective backing and apply the tape to the primed surface **(1)**. If you are repairing short splits, cut the tape to length first – otherwise, unroll the tape as you work along the repair. Press it down firmly and, holding it in place with your foot, roll it out and tread it into place as you go. Cut it off at the end of the run. Go back and ensure that the edges are sealed **(2)**.

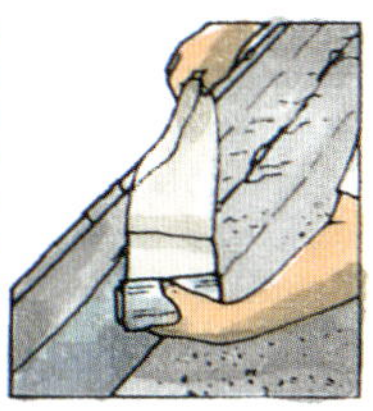
1 Apply the tape

2 Press tape firmly

Dealing with blisters

Any blisters in an asphalt or felted roof covering are best left alone unless they contain water or have been causing the covering to leak.

To repair a blister in an asphalt roof, heat the area with a blowtorch or hot-air stripper and, when the asphalt is soft, try to press the blister flat with a block of wood. If the blister contains water, cut into the asphalt to open the blister up, and let the moisture dry out. Apply gentle heat before pressing the asphalt back into place. Work mastic into the opening before closing it, then cover the repair with a patch of repair tape.

On a felted roof, make two intersecting cuts across a blister and peel back the covering. Heating the felt will make this easier. Dry and clean out the opening, apply bitumen adhesive and, when it's tacky, nail the covering back into place with galvanized clout nails (see right).

Cover the repair with a patch of roofing felt, bonded on with bitumen adhesive; cut the patch to lap at least 75mm (3in) all round. Alternatively, you can use repair tape.

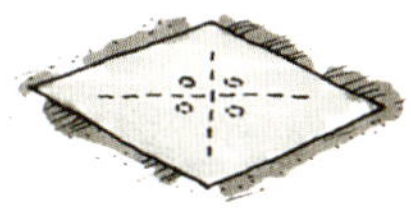
Nail cut edges
Once the covering is tacky, nail in down. Then glue a felt patch over the repair with bitumen adhesive.

Treating the whole surface

A roof that has already been patch-repaired and is in poor condition can be given an extra lease of life by means of a liquid waterproofing treatment.

One type of treatment uses a cold-applied bitumen-based emulsion that can be reinforced with an open-weave glass-fibre membrane.

First sweep the roof, then treat the surface with a fungicide to kill off any traces of lichen and moss. Following the manufacturer's instructions, apply a coat of primer and leave to cure.

Apply the first coat of waterproofer with a brush or broom (see right), then lay the glass-fibre fabric into the wet material and stipple it with a loaded brush. Overlap the edges of the fabric strips by at least 50mm (2in) and bed them down well with the waterproofer.

Allow the first coat to dry before brushing on the second. When the last coat becomes tacky, cover it with fine chippings. If you plan to apply a solar-reflective coating, let the waterproofer dry thoroughly.

An alternative treatment is to use a resin-based waterproofing compound that incorporates fibres and fillers for extra strength. Only one coat of the compound is necessary, and it can be used over most roofing surfaces.

Brush on the first coat

SEE ALSO: Organic growth 42, Abutments and parapets 239, Flashings 242–3, Condensation 264–5, Ventilating the roof space 289, Hot-air stripper 511, Gas torch 519

Fitting new guttering and downpipes

When your old gutter system reaches the end of its useful life, try to replace it with a system in the same style – or at least with one that's compatible with the style of your house. If you plan to install the guttering yourself, a plastic system is probably the best choice, being the easiest to handle.

Installing guttering

Measure round the base of the house to determine the total length of gutter required, and note the number and type of fittings that need to be ordered.

With the aid of a plumb line, mark the position of the gutter outlet (directly over the existing drain) on the fascia board **(1)**. Screw the outlet or its support bracket – as appropriate, depending on the system – to the fascia, no more than 50mm (2in) below the tile level **(2)**.

Fix a gutter bracket at the opposite end of the run, close to the top of the fascia board. This has to provide a fall of at least 25mm (1in) in 15m (50ft) **(3)**. Run a taut string between the bracket and outlet, and fix the rest of the brackets to follow the slope of the string, spacing them no more than 1m (3ft 3in) apart **(4)**. Unless the system uses screw-fixed outlets and angles, there should be a bracket at every joint **(5)**.

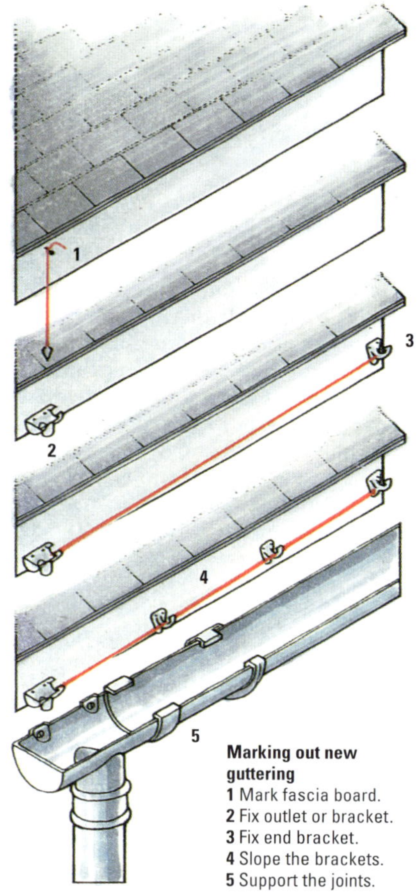

Marking out new guttering
1 Mark fascia board.
2 Fix outlet or bracket.
3 Fix end bracket.
4 Slope the brackets.
5 Support the joints.

Fitting the gutter

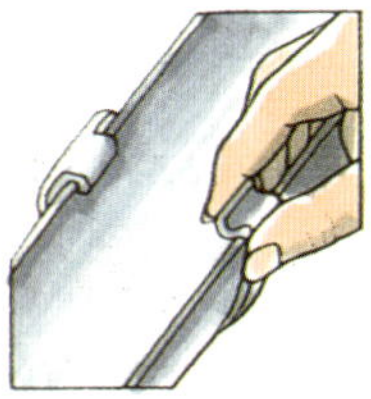

6 Clip the guttering into the brackets

Tuck the back edge of a length of gutter under the roofing felt and into the rear lips of the brackets, then attach the front of each bracket in turn **(6)**.

Fit the second length of guttering in the same way, with its spigot end pushed into the socket or union joint of the first length, compressing the rubber seal firmly. Leave a 6mm (¼in) gap between the end of the spigot and the shoulder of the socket, to allow for expansion.

Cutting the gutter

Cut the gutter squarely with a hacksaw; to provide rigidity and guide the saw, you can snap a clip or bracket over the gutter first. Smooth rough edges with a file. Some systems require notches for the clips in the gutter's front and back edges. These can be made with the file.

Connecting to existing guttering

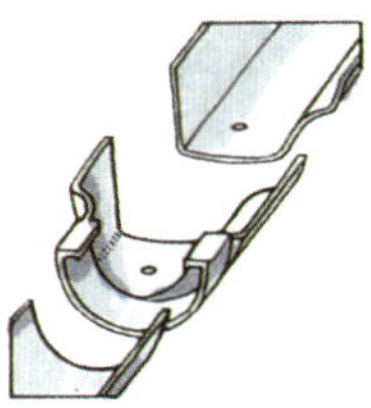

7 Use an adaptor to join different systems

Renewing guttering on a terraced house may entail joining your system to your neighbour's. Left-hand and right-hand adaptors are available for this purpose.

Remove your old guttering to the nearest joint between the houses. Bolt the adaptor on, sealing the joint with mastic, then fix the new plastic gutter with the clip provided **(7)**.

Fitting a downpipe

Work downward from the gutter outlet. If the eaves overhang, you will need to fit an offset.

Fit a clip to the top of a length of downpipe. Hold it against the wall and measure the distance from its centre to a plumb line dropped through the centre of the outlet **(8)**. You may find an offset to fit, but will probably have to make one up with offset bends and short lengths of pipe. Using a solvent cement, assemble the offset on a table, so the bends lie in the same plane.

Fit the offset to the outlet spigot, and the pipe to the offset. Adjust the pipe so that the clip's back plate falls on a mortar joint **(9)**. Trim the offset spigot if necessary.

Mark the fixings, drill and plug the wall, then fix the pipe and clip with plated round-head screws.

Mark and fix the lower lengths of pipe in the same way, with a 6mm (¼in) expansion gap between each pipe and the socket shoulder. Fit extra clips at the centre of pipes longer than 2m (6ft 6in). Cut the bottom pipe to length, and fit a shoe in the same way **(10)**.

If the pipe is jointed into a gully trap **(11)** or drain socket, you may have to work upwards from the bottom.

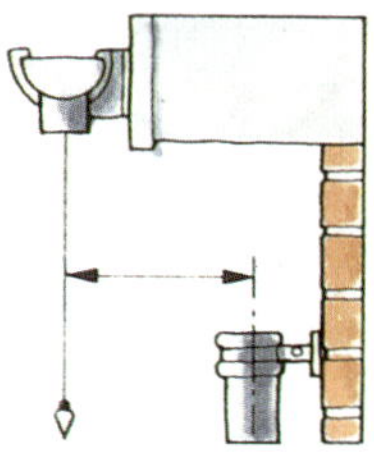

8 Drop a plumb line

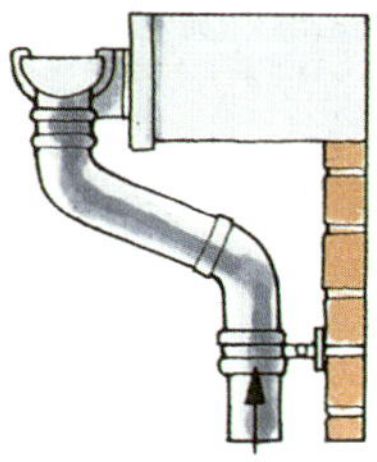

9 Fit an offset

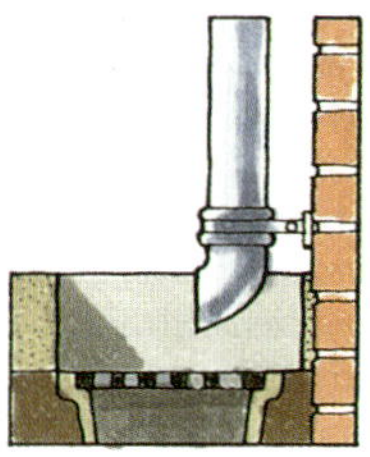

10 Finish with a shoe

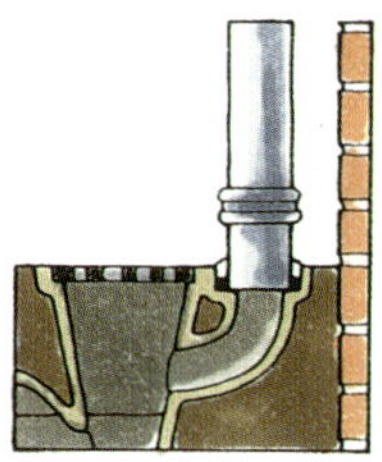

11 Fit into gully

SAVING RAINWATER

If you want to save rainwater for your garden, fit a plastic diverter into the downpipe and connect it, via a filler tube, to an adjacent water butt.

There are various diverters available, but they all work on much the same principle. Water running down the inside of the downpipe **(1)** is collected in a circular channel **(2)** and diverted into a filler tube **(3)** that runs to the butt. When the butt is full, the channel overflows into the lower section of the downpipe **(4)** and into the drain.

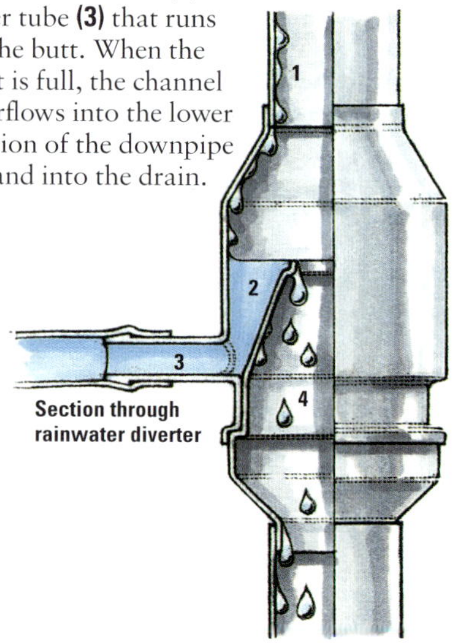

Section through rainwater diverter

☛ SEE ALSO: Fascia board 232, Hacksaws 516–17

4 Home security

Home security

It is, without doubt, well worth taking reasonable precautions to protect yourself, your family and your property against the risks of fire and burglary. The cost and effort involved is small compared with the possible expense of replacement or even rebuilding – not to mention the grief caused by personal injury or the loss of items of sentimental value.

How a burglar gains entry

Many people innocently believe that they are unlikely to be burgled because they are not conspicuously wealthy. But statistics prove that most intruders are opportunists in search of one or two costly items, such as electrical hardware (typically the video, television set and computer), jewellery, or cash.

The average burglar takes only a few minutes to break into a house – often in broad daylight. Nevertheless, although it's virtually impossible to prevent a determined burglar from breaking in, you can do a great deal to make it difficult for the inexperienced criminal.

The illustration below indicates the vulnerable areas of an average house, and the points listed opposite suggest methods for safeguarding them. Check out each point and compare them with your own home, to make sure that your security is up to standard.

Vulnerable areas of a house

1 The front door
Inadequate locks invite forced entry.

2 Darkened porch
Makes identification of callers difficult.

3 Back and side doors
Often fitted with inadequate locks.

4 French windows
Can be sprung with one well-placed blow.

5 Downstairs windows
A common means of entry if unlocked.

6 Upstairs windows
Vulnerable if they can be reached and opened easily.

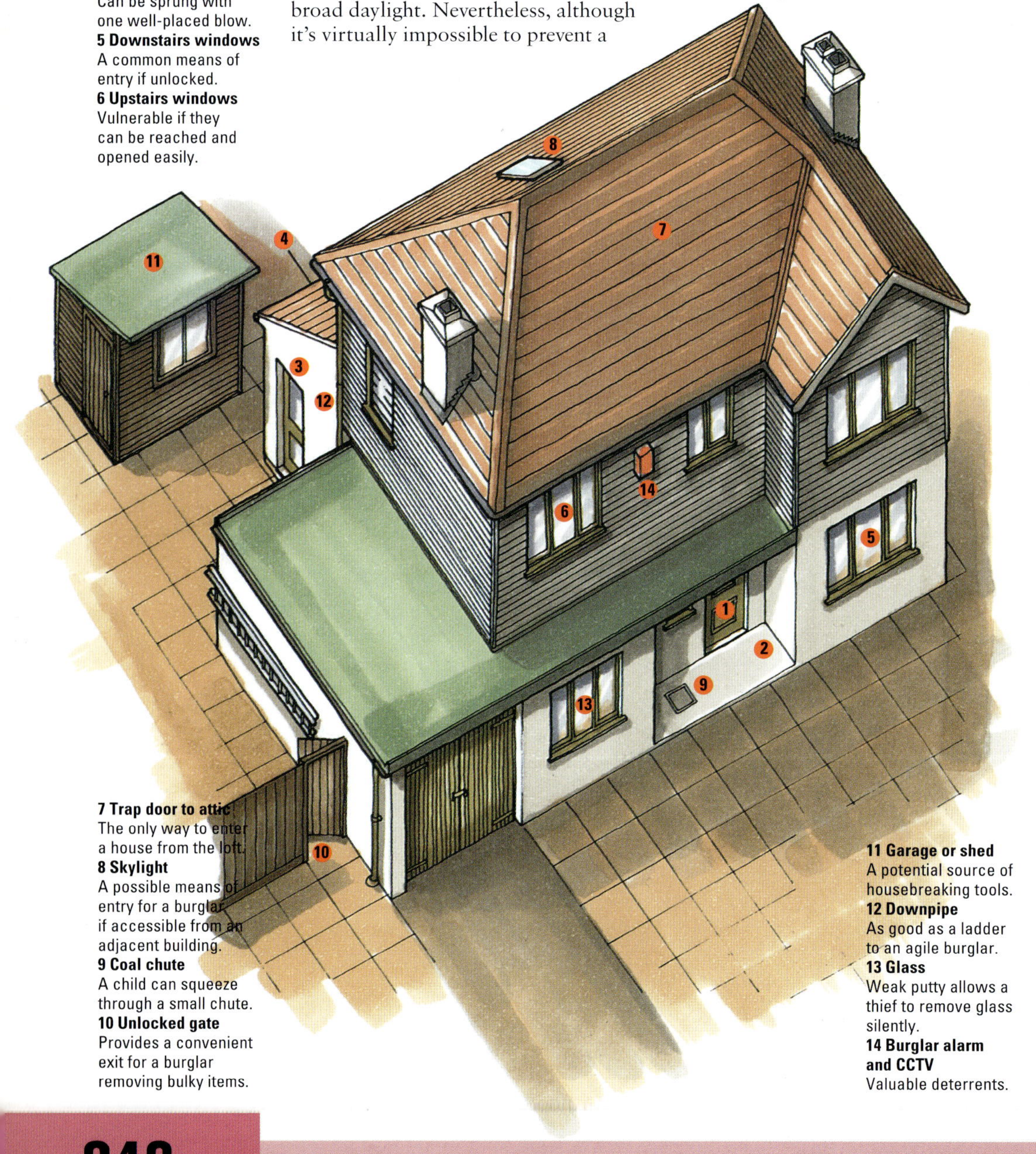

7 Trap door to attic
The only way to enter a house from the loft.

8 Skylight
A possible means of entry for a burglar if accessible from an adjacent building.

9 Coal chute
A child can squeeze through a small chute.

10 Unlocked gate
Provides a convenient exit for a burglar removing bulky items.

11 Garage or shed
A potential source of housebreaking tools.

12 Downpipe
As good as a ladder to an agile burglar.

13 Glass
Weak putty allows a thief to remove glass silently.

14 Burglar alarm and CCTV
Valuable deterrents.

SEEKING EXPERT ADVICE

If you require more detailed information about home security, you can obtain free advice tailored to your needs.

Crime Prevention Officer

Local police authorities appoint a full-time Crime Prevention Officer (CPO) who is responsible for advising both companies and private individuals on ways to improve the security of their premises. Telephone your nearest police station to arrange for a confidential visit from the CPO, who will discuss any aspect of home security.

Fire Prevention Officer

Contact the Fire Prevention Officer (FPO) at your local fire-brigade headquarters for advice on how to balance effective security measures against the need to provide adequate escape routes in case of fire. He will also explain the differences between the various types of simple firefighting equipment that are available to home owners.

Insurance companies

Check with your insurance company that your home and its contents are adequately covered against fire and theft. Most household policies are now index-linked, the premium and sum insured being automatically adjusted each year to allow for inflation.

You can also opt for a 'new-for-old' policy that will guarantee the full replacement cost of lost or destroyed property. In some circumstances, an insurance company may insist on certain precautions, such as a monitored alarm system, but they may also be willing to reduce your premium if you provide adequate security.

SEE ALSO: Securing doors 250–1, Securing windows 252–3, Protecting against fire 254

Guarding against intruders

You can reduce the likelihood of burglary by adopting security-conscious habits. Discourage opportunist burglars by closing and locking all windows and doors, even when you're only going to be out for a short time. Break-ins have been known to occur while the whole family is watching television – so lock up before sitting down for the evening. When you leave the house at night, close the curtains and leave a light on. Better still, fit automatic time switches.

Don't open your front door to callers unless you know them or they've made a prior appointment. Even then, don't be afraid to ask for identification. Bona fide gas or electricity officials will expect to be challenged, so keep your security chain in place until you're satisfied that their identification is genuine.

When you go on holiday, cancel milk and paper deliveries. Fit a time switch to turn lights on and off, to give the impression that the house is occupied. Remove an internal letter-box basket, so mail won't pile up and prevent deliveries. It is also a good idea to tell the police you're away and that a neighbour has a key. Deposit your valuables with a bank.

Mark your possessions with your full post code plus your house number. Another way to identify your property is to apply adhesive microdots the size of pinheads. Each dot is printed with a unique personal identification number. You can paint the dots onto practically any object, using a small brush.

Photograph jewellery and paintings, and other valuables that are difficult to mark, and keep a record of them at the bank in case of fire.

You can buy a strong yet compact floor or wall safe for storing valuables and important documents.

A checklist for guarding your home

1 Front door

If there's no answer when an intruder rings the doorbell, he may be tempted to force an entry. Install a strong mortise lock that conforms to BS 3621:1980, and fit a bolt top and bottom on the inside of your front door.

Attach a security chain or similar fitting to prevent an intruder bursting in as you open the door a fraction. It's also worth fitting a peephole door viewer or CCTV, so you can identify callers.

If you live in a flat or apartment and the entrance door is the only vulnerable point of entry, consider having a multi-point lock fitted: it throws bolts into all four sides simultaneously. Make sure your door security will not prevent you escaping in the event of a fire.

2 Darkened porch

Fit a porch light so that you can identify callers after dark. Security lighting may also make an intruder think twice before attempting to break in.

3 Back and side doors

A burglar can often work unobserved at the rear or side of a house. Consider security lighting, and fit mortise locks and bolts similar to those described for the front door. If the door opens outwards, fit hinge bolts – which will hold the door firmly in its frame.

4 French windows

Insecure French windows can be sprung by a heavy blow or a kick. It is therefore essential to fit rack bolts, both top and bottom. Make sure sliding doors cannot be lifted off their runners.

5 Downstairs windows

These are always vulnerable – especially at the back and at the side of the house. Fit locks and catches to suit the material and style of the windows.

6 Upstairs windows

Even if these can only be reached with a ladder, to be on the safe side fit key-operated locks. Windows accessible by scaling a drainpipe, flat roof or wall should be secured in the same way.

7 Trap door to attic

Fit a bolt on the trap door leading to your loft. Terraced and semi-detached houses sometimes have common lofts, and burglars have been known to break through dividing walls between houses.

8 Skylights

Windows at roof level are at risk only if they can be reached easily by means of drainpipes or from an adjacent building, but fit a lock or a bolt to deter thieves.

9 Coal chute

It's possible for a burglar working with a child accomplice to gain access to a cellar through a small coal chute, so seal the chute if it's no longer required.

10 Side gate

If your house has a side gate, lock it to prevent burglars carrying away bulky items. Fitting a trellis above the gate may stop them vaulting over it.

11 Garages and sheds

Keep outbuildings locked to protect the contents, and to prevent burglars using your own tools to break into your house. Fit either a standard door lock or a padlock with a shackle that's close-fitting or concealed, so it cannot easily be cut. Either choose a design that covers the fixing screws or, if possible, substitute bolts for screws, to prevent the lock being prised off. Lock up your ladders, even if you have to chain them outside.

12 Downpipes

Paint downpipes with security paint to dissuade burglars from climbing them. The substance remains slippery, making it difficult to get a good grip.

13 Glass

Most people accept the risk that glass can be broken or cut. However, for greater security you can fit laminated glass or polycarbonate double glazing. Other alternatives are to cover ordinary glass with a metal grille or fit external security shutters operated from inside.

Keep window putty in good repair, so it can't be picked out with a penknife in order to expose the fixings and remove a pane of glass.

14 Burglar alarm

Although an alarm is a useful deterrent, it should not be regarded as a sufficient safeguard on its own.

Outbuildings
Use a strong padlock and steel clasps to secure a garage or shed door.

• Louvred windows
Each individual pane of glass can be removed silently simply by bending the aluminium-alloy holders. Use an epoxy adhesive to glue each one into its fitting or fit a grille over the window.

• Leaded windows
Lead strips holding stained glass can be peeled silently and the glass removed. The only way to prevent this is to fit a metal grille or a secondary layer of laminated glass or polycarbonate.

SEE ALSO: Security paints 92, Mortise locks 250, Time switches 250, Hinge bolts 251, Rack bolts 251, Window locks 252–3, Burglar alarms 253, Escape routes 254, Security lighting 349–50, CCTV 351–2

Securing windows

Since windows are particularly vulnerable, it's worth making sure they're adequately secured. There are all sorts of locks for wooden and metal windows, including some that lock automatically when you close the window. Locks for metal frames are rather more difficult to fit, as you may have to cut threads for the screw fixings.

How windows are locked

The type of lock suitable for a window depends on how the window opens. Sliding sashes are normally secured by locking the sashes together, whereas casements – which open like doors – should be fastened to the outer frame or locked by rendering the catches and stays immovable.

Where to place window locks
The black dots indicate the best positions for bolts or locks.

Window locks must be strong enough to resist forcing and have to be situated correctly for optimum security. On a small window, for example, fit a single lock as close as possible to the centre of the meeting rail or vertical stile; on larger windows, you will need two locks, spaced apart.

Locks that can only be operated by a removable key are the most secure. Some keys will open any lock of the same design – an advantage in that you need fewer keys for your windows, though some burglars carry a range of standard keys. With other locks, there are several key variations.

Wooden windows need to be fairly substantial to accommodate mortise locks, so surface-mounted locks are frequently used instead. These are perfectly adequate and, being visible, act as a deterrent.

If the fixing screws are not concealed when the lock is in place, drill out the centre of the screws after fitting, so they cannot be withdrawn.

Sash windows

Installing dual screws

Cheap but effective, a dual screw consists of a bolt that passes through both meeting rails so that the two sashes are immobilized. The screw is operated by a special key, and there is little to see when the window is closed.

With the window shut and the catch engaged, fit a dual screw by drilling through the inner meeting rail into the outer one; wrap tape around the drill bit to gauge the depth. Slide the sashes apart and tap the two bolt-receiving devices into their respective holes. Then close the window again and use the key to insert the threaded bolt until it is flush with the window frame. If need be, saw the bolt to length.

Turn a dual screw until it is flush with the frame

Fitting a key-operated lock

These are simple locks that screw to the top surface of the two meeting rails, effectively clamping the rails together.

Installing sash stops

When the bolt is withdrawn with a key, a sash stop fitted to each side of a window allows it to be opened slightly for ventilation. As well as deterring burglars, sash stops prevent small children from opening the window any further.

To fit a stop, drill a hole in the upper sash for the bolt, then screw the faceplate over it (on close-fitting sashes, you may have to recess the faceplate). Screw the protective plate to the top edge of the lower sash.

Extract sash stop with a key to secure window

Lock for metal sash windows

To secure an aluminium sash window, fit the type of lock recommended for securing fanlight windows.

Casement windows

Fitting rack bolts

On large casement windows, fit rack bolts – as described for doors.

Fitting a casement lock

A locking bolt can easily be fitted to a wooden window frame: the bolt is engaged by turning a simple catch, but can only be released with a removable key. With the lock body screwed to the part of the window that opens, mark and cut a small mortise in the fixed frame for the bolt. Then screw on the coverplate.

A similar device for metal windows, is a clamp which, when fixed to the opening part of the casement, shoots a bolt that hooks over the fixed frame.

A good casement lock has a removable key

Locking a cockspur handle

A cockspur handle, which secures the opening edge of the casement to the fixed frame, can be locked by means of an extending bolt that you screw to the frame below the handle. However, make sure that the handle is not worn or loose – otherwise the lock may be ineffective.

Lockable handles that allow you to secure a window that's left ajar for ventilation can be substituted in place of a standard cockspur handle.

An extending bolt stops the handle turning

Pivot windows

If a pivot window is not supplied with an integral lock, use rack bolts or locks recommended for casement windows. Alternatively, fit the screw-mounted lock suggested for a fanlight window.

SEE ALSO: Casement and sash windows 204, Repairing glass 208–9, Rack bolts 251

Burglar alarms

Fanlight windows

You can buy a variety of casement locks, as well as devices that secure the stay to the window frame. The simplest kind is screwed below the stay arm to receive a key-operated bolt passed through one of the holes in the stay arm. Purpose-made lockable stays are also available.

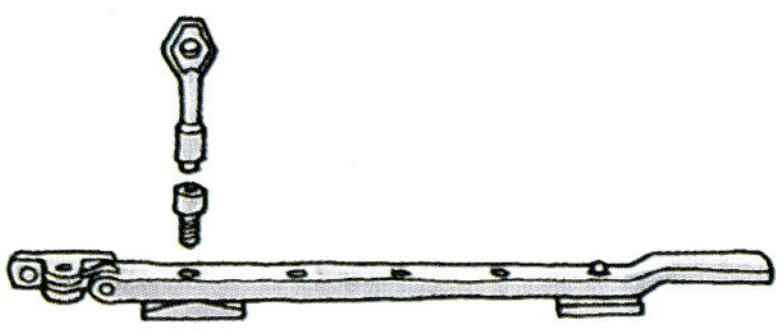

The device bolts the stay to the window frame

A better alternative is a device that clamps the window to the surrounding frame. Attach the lock first, then use it to position the staple.

Attach the lock first in order to locate the staple

French windows

French windows and other glazed doors are vulnerable to forcing – a burglar only has to break a pane to reach the handle inside. Key-operated locks are essential to prevent a break-in.

Each door of a French window needs a rack bolt both at the top and bottom, positioned so that one bolt shoots into the upper frame and the other into the threshold below. It's necessary to take each door off its hinges in order to fit the lower bolt; if that's difficult, fit a lockable surface-mounted bolt instead.

Locking sliding doors

If you have aluminium sliding patio doors, fit additional locks at the top and bottom to prevent the sliding frame from being lifted off its track. These locks are expensive – but they offer at least 1000 key variations and provide good security.

Fit a lock to the top and bottom of a sliding door

Although they are no substitute for good locks and catches, an alarm system provides extra security and may deter intruders if there are less well-protected premises nearby. The system itself must be reliable, and you and your family need to be disciplined in its use. If your neighbours are constantly subjected to false alarms, they are less likely to call the police in a genuine emergency. In most areas, the police will not respond unless they are alerted by a member of the public or the system is professionally monitored. However, it pays to give the police a record of two alarm-key holders they can contact if your alarm goes off.

Typical alarm systems

Alarm systems differ greatly, but there are two basic categories: passive systems that detect the presence of an intruder inside the house, and perimeter systems that guard all likely means of entry. The best systems incorporate a combination of features, in case perimeter detectors are bypassed.

Control unit

Where fitted, the control unit is the heart of the system, all the detectors being connected to it. From it, the signal is passed to a bell or siren. The control unit has to be set to allow sufficient time for legitimate entry and exit. If it has a zone-monitoring option, you can activate door contacts or sensors in selected parts of the house – to permit freedom of movement upstairs at night, for example, while entry doors and downstairs areas remain fully guarded.

The control unit must be tamper-proof, so that it will trigger the alarm if disarming is attempted by any means other than a key or the correct digital code. It is usually wired directly to the mains-power consumer unit – but it should also have a rechargeable battery, in case of power failure.

Detectors

Entrances can be fitted with magnetic contacts that trigger the alarm when broken by someone opening a door or window. Other types of detector sense vibrations caused by an attempted entry, including breaking glass. They must be accurately placed and set to distinguish between an intrusion and vibration from external sources.

Scanning devices

Infra-red sensors can be strategically positioned so they scan a wide area. The height of the beam can be adjusted to ignore small pets. Detectors of this type are usually connected to a central control unit, but there are independent battery-operated sensors for protecting a single room.

The alarm

Most burglar alarms have a bell or siren mounted on an outside wall. These have to switch off automatically after a set period, but some alarms are designed to continue signalling with a flashing light and some will automatically rearm themselves. Many systems transmit a warning directly to a monitoring centre for swift and reliable response to a break-in. Whichever type you choose, it is important that the alarm is triggered by any attempt to tamper with it, either by dismantling or by cutting wires.

Personal-attack button

With most systems you can have a 'panic button' installed beside entry doors or elsewhere in the house to press in the event of an attack. Pressing a personal-attack button trips the alarm even when the system is switched off.

DIY systems

If you want to avoid the expense of professional installation, there are several DIY alarm systems that are quick and easy to install. However, you may need advice from the supplier of the equipment on the choice and siting of sensors and detectors. Consult your insurance company to check whether your choice of alarm affects your policy in any way.

Make sure the system will enable you to select the type and number of detectors you require, and that it incorporates a reliable tamper-proof control unit.

Wireless systems – which use secure coded radio signals to trigger the alarm – avoid the need for extensive wiring and can be extended to monitor sheds and garages.

- **British Standards for burglar alarms**
Professionally installed alarm systems should comply with British Standards:BS 4737 for wired systems and BS 6799 for wireless systems. If you decide to install a DIY wireless system, make sure that it complies with BS 6707. In addition, check that a wireless alarm has the Department of Trade and Industry's approval (MPT 1340), to ensure that it operates on an approved frequency.

- **Infrasonic alarms**
Some alarm systems can detect the ultra-low noise levels created by the displacement of air caused by opening or closing doors and windows. Even when the alarm is set, neither you nor your pets will trigger it unless you open a door or window. Infrasonic alarms are particularly easy to install.

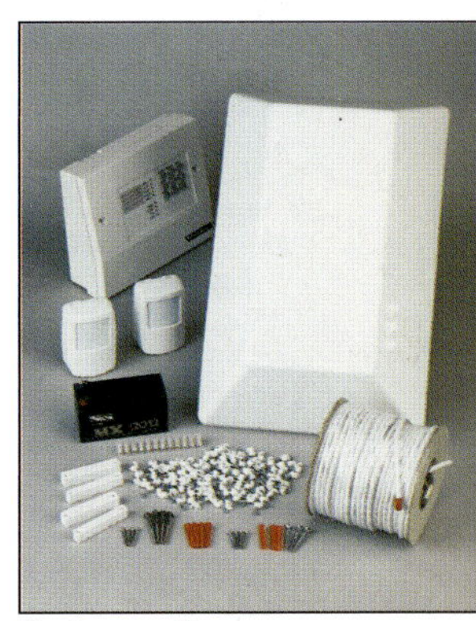

Do-it-yourself burglar-alarm system

SEE ALSO: Crime Prevention Officer 248, Rack bolts 251, Consumer unit 308

Protecting against fire

No one needs to be reminded about the potential risk of fire – and yet nearly all domestic fires are caused by carelessness. Many fires could be prevented by taking sensible precautions.

Avoiding the risks

Make sure your electrical installations and equipment are safe and in good order. Remove all plugs from sockets at night, especially the one connected to the television set. Don't overload power sockets with adaptors: fit more sockets instead. Don't trail long extension leads and flexes under carpets or rugs: if the wiring becomes damaged it could overheat and start a serious fire.

Never leave fires or heaters unguarded, especially when there are children in the house. And don't dry clothes in front of a fire – they could easily fall onto the elements or flames.

Take particular care with smoking materials. Empty ashtrays at night, but dampen the contents before discarding them. Don't rest ashtrays on chair arms: a burning cigarette's centre of gravity shifts as it burns, which may cause it to topple off and ignite the upholstery. Never smoke in bed: fires are frequently caused by smokers falling asleep and setting light to the bedclothes.

Keep your workshop or garage clear of shavings and rubbish – especially oily rags, which can ignite spontaneously. If possible, store flammable chemicals and paints in an outbuilding away from the house.

As a means of fighting a fire, install an all-purpose fire extinguisher in a prominent position, preferably on an escape route. Mount a fire blanket close to – but not directly above – the cooker. Your local Fire Prevention Officer will be able to recommend equipment for domestic use. Don't buy inferior items: they may not work in an emergency.

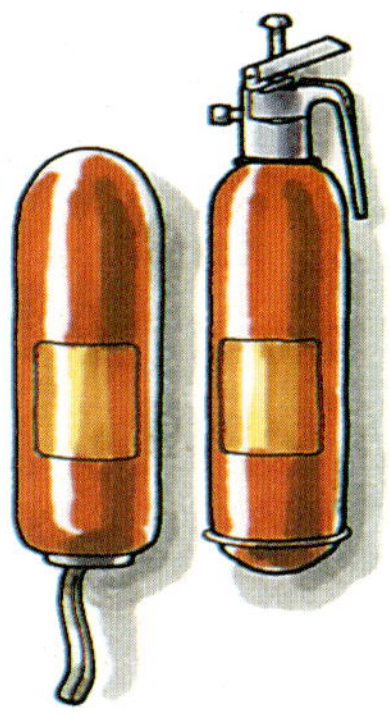

Fire blankets and extinguishers
Portable extinguishers should comply with BS EN3, and fire blankets with BS 6575:1985. Extinguishers must be serviced regularly.

Providing escape routes

Your first responsibility is to ensure that your family can escape safely if your house should catch fire. Before you go to bed, close internal doors – which will help to contain a fire – but don't lock them. Locked internal doors rarely deter burglars, anyway.

Although you shouldn't leave a key in an external lock, keep it close by but out of reach of the door or window. Make sure everyone in the house knows where the key is kept, and always return it to the same place after use. Ensure some accessible part of double-glazed windows can be opened to afford an emergency escape route.

Keep stairs and hallways free from obstructions: they may be difficult to see in dense smoke. Avoid using oil heaters to warm these areas in case they get knocked over during an escape and spread the fire further. Communal stairs to flats are especially important, so try to persuade neighbours to keep them clear.

In the event of a fire, get everyone out of the building quickly, alert neighbours and call the fire brigade. If it is safe to do so, close doors and windows as you leave, but never open a door that feels warm – it could be protecting you from a dangerous smouldering fire.

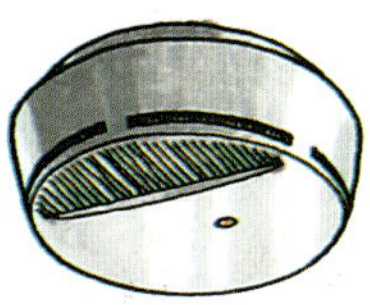

Smoke detectors
A detector provides an early warning of fire. Choose only those that comply with BS 5446 Part 1.

Tackling a fire

Don't attempt to tackle a fire yourself unless you discover it early – and then only with the right equipment. Make sure that everyone in your family knows what to do in the event of a fire.

Fat fire

Cooking oil ignites when it reaches a certain temperature, and unattended chip pans are one of the most common causes of domestic fires. Don't attempt to move a burning pan. Instead:

- Turn off the source of heat.
- Smother the fire with a close-fitting lid or a fire blanket. Alternatively, quickly soak a towel in water, wring it out, and drape it over the burning pan.
- Let the pan cool for half an hour.
- If you aren't able to extinguish the fire immediately, call the fire brigade.

Chimney fire

If there is a blaze in a chimney, phone the fire brigade, then stand a fireguard on the hearth. Remove hearth rugs, in case burning material drops onto them.

Clothes on fire

If someone's clothes catch fire, throw the person onto the ground and roll him or her in a blanket or rug. Seek medical attention in the event of burns.

SMOKE DETECTORS

A smoke detector will identify the presence of smoke and fumes, even before flames start, and sound a shrill warning. Although detectors can be incorporated into an alarm system, self-contained battery-operated units are easier to fit yourself. Make sure you change the battery at least once a year, and remember to check that the detector is working by pressing its test button every month.

There are two basic types of smoke detector. Photoelectric devices detect smoke from smouldering or slow-burning fires, which give off large quantities of smoke. Ionization detectors are marginally less sensitive to smouldering fires, but are more attuned to small particles of smoke produced by hot, blazing fires such as a burning chip pan. There are also detectors that combine both systems to give good all round performance.

Siting a smoke detector

The best place for a smoke detector is on the ceiling, at least 300mm (1ft) away from any wall or light fitting. If it has to be wall mounted, then make sure it is 150 to 300mm (6in to 1ft) below the ceiling. Don't install a smoke detector in a kitchen or bathroom, as steam can trigger the alarm; and don't fix one directly above a heater or an air-conditioning vent.

If you live in a bungalow, fit a smoke detector in the hallway between the bedrooms and living area(s). For a two-storey home, fit at least one detector in the hallway, directly above the bottom of the stairs. If possible, fit a second alarm on the landing. Some alarms can be linked with bell wire – if one detects smoke, they are all triggered at once.

Gas detectors

There are devices that warn you before escaping gas reaches a dangerous concentration. They are normally designed to detect natural gas, so are usually screwed to a wall no more than 300mm (1ft) below the ceiling of the kitchen or the room where the main gas appliance is installed. A gas detector must be wired directly to an unswitched fused connection unit containing a 3amp fuse. Make sure that any gas detector you install for natural gas complies with BS 7348.

If the alarm sounds, extinguish naked flames, including cigarettes, and don't operate electrical switches. Turn off the gas supply at the meter, and open doors and windows. Then, unless there's an obvious reason for the alert (such as a pilot light blown out or a gas tap turned on), call the Gas Emergency Service.

SEE ALSO: Fire-resistant doors 202, Fire Prevention Officer 248, Double glazing 281, Checking electrics 316–17

5 Infestation, rot and damp

Mice, rats and bats

Insects are not the only pests that invade buildings. Mice and rats can be a menace, particularly in older houses where there are plenty of underfloor runs. These enable them to live and prosper uninterrupted, and to benefit from a plentiful supply of food by invading your living quarters. Mice are just a nuisance, but rats present a positive health hazard; eradication is therefore essential.

Bats sometimes shelter inside houses, too, usually occupying the roof space. Although you may not relish sharing your home with them, they are harmless and are protected by law.

Mice

Domestic mouse
Not a serious threat to health, though mice are unhygienic rodents.

Mice are attracted by fallen scraps of food, so the easiest remedy is to keep floors spotlessly clean. However, mice can move from house to house, through roof spaces or wall cavities and under floors, and so may be difficult to eradicate. Consult your local Environmental Health Department if they persist.

You can obtain ready-poisoned bait, which should be sprinkled onto a piece of paper or a disposable dish, so you are able to remove uneaten bait safely. Keep pets and children away from the bait. If signs of mice are still evident after three weeks, resort to traps. Humane traps capture mice alive in a cage or box, enabling you to deposit them elsewhere. Although less humane, you can also use spring-loaded traps.

Most people don't set enough traps. If possible, position them every 2m (6ft) across mouse runs. The best place is against the skirting.

Bait mouse traps with porridge oats or chocolate moulded onto the bait hook. If necessary, dispose of the bodies by burying, burning, or flushing them down the WC.

Rats

Common rat
A serious health risk. Seek expert advice.

Serious rat infestation occurs rarely in the average domestic situation, but rats can be a problem in rural and inner-city areas or near rivers, canals and docks. They can be killed with anti-coagulant poisons – but as rats are a health hazard, always contact your local Environmental Health Department for expert advice.

Rodent damage
As well as posing a health risk, rodents can cause material damage, too. *(left to right)*

Gnawed electrical-plug casing

Electrical cable chewed by rats

Rat damage to old pipework

Bats

Bats prefer to roost in uninhabited structures such as barns, caves, mines and tunnels, but occasionally they take up residence in houses. They do not present a health hazard (their droppings are dry insect skeletons), nor do they gnaw at wood or paintwork. In fact, they are an advantage in a roof space, as they feed on woodworm beetles.

Bats are becoming rare and are now a protected species. It is illegal to kill or injure a bat, or disturb its roosting place or block its means of access. If you are alarmed by their presence, contact your local Environmental Health Department for advice. You must inform the same authority if you plan to have wood preservers or insect eradicators sprayed in a roof space inhabited by bats, since certain chemicals will harm them.

If a bat should fly into a room, try to keep calm. It will avoid you if it can – and it won't become entangled in your hair, as old wives' tales suggest. Open all the doors and windows immediately, so it is able to escape. A crawling bat can be picked up carefully in gloved hands and gently put outside.

Bat
Bats are completely harmless and should not be disturbed.

HANDLING POISONS

Poisons designed to kill rodents are deadly to humans too – so it is vital to follow the manufacturer's handling and storage instructions to the letter. Store poisons where pets and other animals cannot get at them, and make sure they are kept out of reach of children. Never store poisons under the kitchen sink – where they could easily be mistaken for household products – or anywhere where they might contaminate food. If poison is accidentally consumed by humans or animals, keep the container so that the poison can be identified by a doctor or vet. Some containers are colour-coded specifically for this purpose. Wear protective gloves when you are handling poisons.

Handling poisons safely
Wear protective gloves when preparing poisoned bait.

SEE ALSO: **Protective gloves 511**

Wet rot and dry rot

Rot occurs in unprotected household timbers, outbuildings and fences that are subject to damp. Fungal spores (which are always present) multiply and develop in damp conditions, until eventually the timber is destroyed.

Fungal attack can cause serious structural damage and requires immediate attention if costly repairs are to be avoided. The two most common scourges are wet rot and dry rot.

Recognizing rot

Signs of fungal attack are easy enough to detect – but certain strains are much more damaging than others, and so it is important to be able to identify them.

Mould growth
White furry deposits or black spots on timber, plaster or wallpaper are mould growths. Usually, these are the result of condensation. When they are wiped or scraped off, the structure shows no sign of physical deterioration apart from staining. Cure the source of the damp conditions, and treat the affected area with a fungicide or a solution of 16 parts warm water : 1 part household bleach.

Wet rot

Wet rot only occurs in timber that has a high moisture content. Once the cause of the moisture is eliminated, further deterioration is arrested. Wet rot often attacks the framework of doors and windows that have been neglected, allowing rainwater to penetrate joints or between brickwork and adjacent timbers. The first sign is often peeling paintwork. Stripping the paint reveals timber that is spongy when wet, but dark brown and crumbly when dry. In advanced stages the grain splits, and thin dark-brown fungal strands will be evident on the timber. Always treat wet rot as soon as practicable.

Dry rot

Once it has taken hold, dry rot can be an extremely serious form of decay. Urgent treatment is therefore essential. It attacks timber with a much lower moisture content than wet rot, but only in badly ventilated confined spaces indoors – unlike wet rot, which thrives outdoors as well as indoors.

Dry rot exhibits different characteristics depending on the extent of its development. It spreads by sending out fine pale-grey strands in all directions (even through masonry) to infect drier timbers, and will even pump water from damp wood. The rot can progress at an alarming rate. In very damp conditions these 'tubules' are accompanied by white growths resembling cotton wool, known as mycelium.

Once established, dry rot develops wrinkled pancake-shaped fruiting bodies that produce rust-coloured spores – and when expelled, the spores cover surrounding timber and masonry. Infested timber becomes brown and brittle, with cracks across and along the grain, causing it to break up into cube-like pieces. You may detect a strong, musty, mushroom-like smell, produced by the fungus.

Wet rot – treat it at the earliest opportunity.

Dry rot – urgent treatment is essential.

TREATING ROT

Dealing with wet rot

Once you have eliminated the cause of the damp, cut away and replace wood that is badly damaged, then paint the new and surrounding woodwork with three liberal applications of chemical wet-rot eradicator. Brush the liquid into the joints and end grain well.

Before decorating, you can apply a wood hardener to reinforce slightly damaged timber, then six hours later rebuild the surface with a special two-part wood filler. Repaint as normal.

Paint slightly damaged timber with hardener

Dealing with dry rot

Dry rot requires more drastic action, and should be treated by a specialist contractor unless the outbreak is minor and self-contained. The fungus is able to penetrate masonry, so look under the floorboards in adjacent rooms and check cavity walls for signs of rot.

Eliminate the source of dampness and ensure that there is adequate ventilation in roof spaces or under the floors by unblocking or installing air bricks. Cut out all infected timber up to at least 450mm (1ft 6in) beyond the last visible sign of rot. Chop plaster from nearby walls, following the wet-rot strands, and continue for another 450mm (1ft 6in) beyond the extent of the growth. Collect all debris in plastic bags and burn it.

Use a chemical dry-rot eradicator to kill any remaining spores. Wire-brush the masonry, then apply three generous brushcoats to all timber, brickwork and plaster within 1.5m (5ft) of the infected area. Alternatively, hire a coarse sprayer and treat the area three times.

If you have a wall that has been penetrated by strands of dry rot, drill regularly spaced staggered holes into it from both sides. Angle the holes downwards, so the fluid will collect in them and saturate the wall internally. Patch holes after treatment.

Coat all replacement timbers with eradicator; and, if possible, immerse the end grain in a bucket of fluid for five to ten minutes. Patch the wall, using zinc-oxychloride plaster.

SEE ALSO: Eradicating mould growth 50, Repairing door and window frames 198-9, 213-14, Preventing damp 261-8

Preventative treatment

Because fungal attack can be so damaging, it is well worth taking precautions to prevent it occurring. Regularly decorate and maintain doorframes and window frames – where water is able to penetrate easily – and seal around them with mastic. Provide adequate ventilation between floors and ceilings, and also in the loft. Check and eradicate sources of damp, such as plumbing leaks. During routine maintenance, apply a chemical preserver to unprotected wood.

Looking after timberwork

Brush or spray two or three applications of a chemical preserver onto both new and existing timbers, paying particular attention to joints and end grain.

Protecting joints
Place preservative tablets close to the joints of a frame.

Immersing timbers

Timber that is to be in contact with the ground will benefit from prolonged immersion in preserver – you should, at least, stand fence posts on end in a bucket of preserver fluid overnight. For better protection, make a shallow bath from loose bricks and line it with thick polythene sheet. Fill the trough with the preserver and immerse the timbers, weighing them down with bricks to prevent them from floating **(1)**. Leave the bath covered overnight. Next day, sink a bucket at one end of the trough and remove the bricks at that end, so the fluid will empty into the bucket **(2)**.

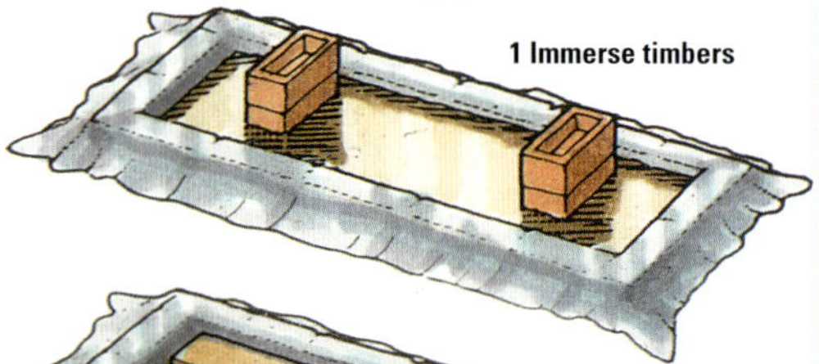

1 Immerse timbers

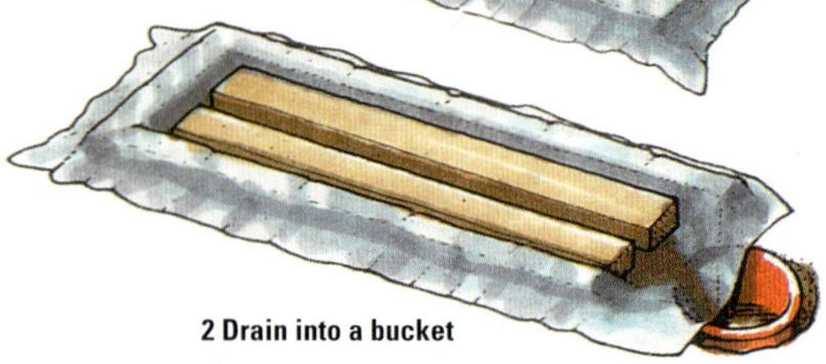

2 Drain into a bucket

Protecting door and window frames

You can buy preserver in solid-tablet form. To protect timber frames, insert the tablets into holes drilled at regular 50mm (2in) intervals in a staggered pattern. If the timber becomes wet, the tablets will dissolve, placing preserver exactly where it is needed. Fill the holes with wood filler and paint as normal.

Wood preservers

Most modern solvent-based products are harmless to plants when dry – but it makes sense to check before you buy. Water-based preservers are odourless and can safely be used on horticultural timbers.

Clear preservers

You can use clear liquid preservers that protect timber from dry or wet rot only. Alternatively, use an all-purpose fluid that will also provide protection against woodboring insects. Clear preservers are useful when you want to retain the appearance of natural timber – oak beams or hardwood doors, for example. Usually, you can either varnish or paint the surface once the wood has dried.

Green preserver

There is a green solvent-based preserver that's traditionally used on horticultural timbers. Its colour helps identify treated timbers for the future. The green tint is due to the presence of copper, which is not a permanent colouring agent when used outdoors. The protective properties of this type of preserver nevertheless remain unaffected, even when the colour is washed out by heavy rain.

Wood-coloured preservers

You can buy preservers formulated to protect sound exterior timbers against fungal and insect attack while staining the wood at the same time.

There is a choice of brown shades intended to simulate the most common hardwoods, and one that is designed specifically to preserve the richness of cedarwood. The solvent-based types are made with light-fast pigments that inhibit fading. They don't penetrate as well as clear preservers, but generally provide slightly better protection than tinted preservers that are water-based.

Clear **Coloured** **Green**

SAFETY WITH PRESERVERS

Solvent-based preservers are flammable – so don't smoke while you are handling or applying them, and extinguish any naked lights first. Wear protective gloves and goggles when applying preservers, plus a respirator when using them indoors. Provide good ventilation while working, and don't sleep in a freshly treated room for 48 hours or so – in order to allow time for the fumes to dissipate completely. Wash spilt preserver from your skin and eyes with water immediately. Don't delay seeking medical advice if irritation persists.

SEE ALSO: Preparing woodwork 51, Finishing woodwork 78–90, Woodworm attack 256–7, Wet and dry rot 259

Types of damp

Damp can be detrimental to your health and to the condition of your home. So try to locate and eliminate the source of the problem as quickly as possible, before it promotes its even more damaging side effects, wet and dry rot. Unfortunately, this is sometimes easier said than done – as one form of damp may be obscured by another or may appear in an unfamiliar guise. The three main categories are penetrating damp, rising damp and condensation.

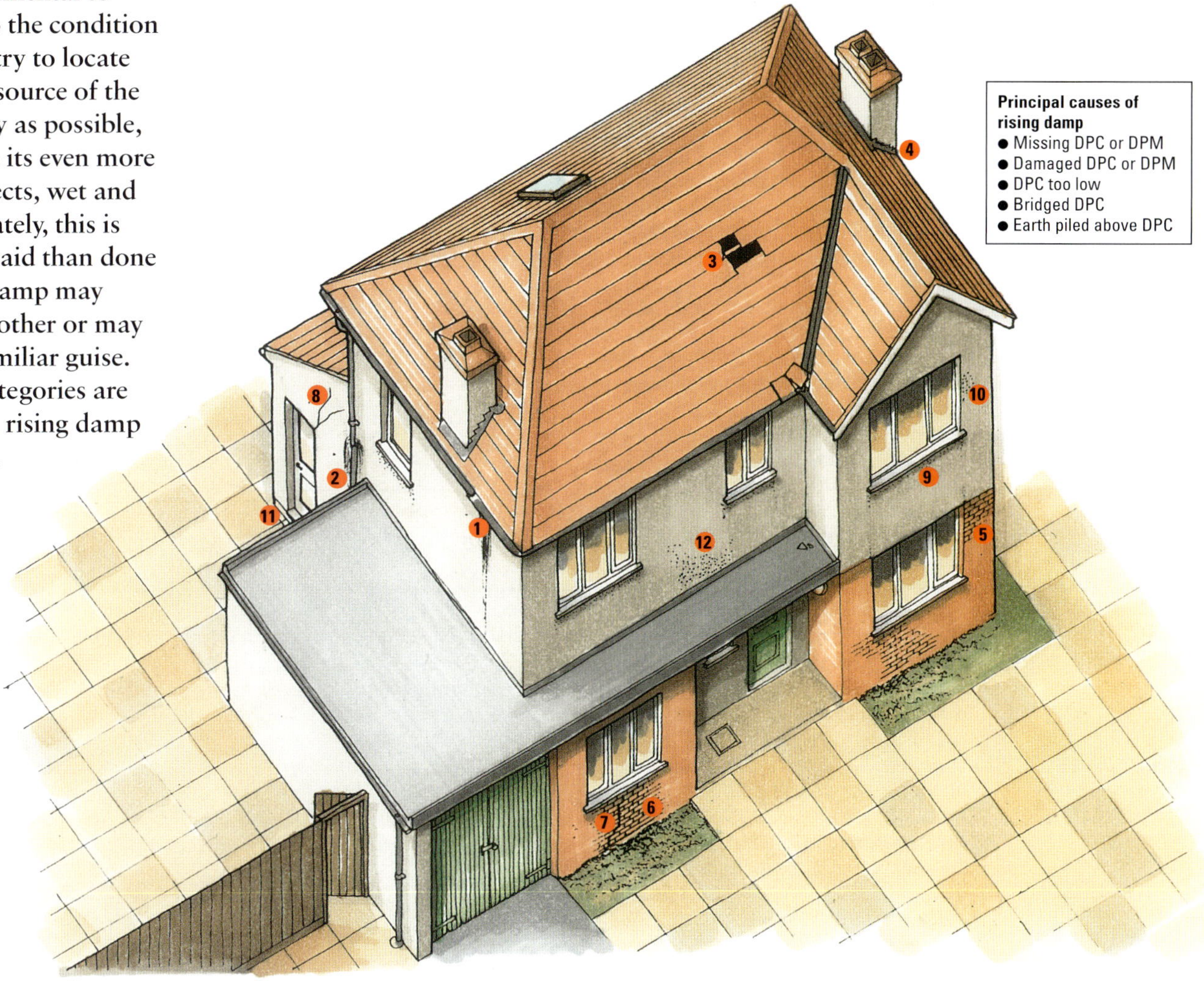

Principal causes of penetrating damp
1 Broken gutter
2 Leaking downpipe
3 Missing roof tiles
4 Damaged flashing
5 Faulty pointing
6 Porous bricks
7 Cracked masonry
8 Cracked render
9 Blocked drip groove
10 Defective seals around frames
11 Missing weatherboard
12 Bridged cavity

Principal causes of rising damp
- Missing DPC or DPM
- Damaged DPC or DPM
- DPC too low
- Bridged DPC
- Earth piled above DPC

Penetrating damp

Penetrating damp is the result of water permeating the structure of the house from outside. The symptoms only occur during wet weather. After a few dry days, the damp patches dry out, often leaving stains.

As isolated patches are caused by a heavy deposit of water in one area, you should be able to pinpoint their source fairly accurately. General dampness usually indicates that the wall itself has become porous, but it could equally well be caused by some other problem.

Penetrating damp most frequently occurs in older homes that have solid walls. Relatively modern houses built with a cavity between two thinner brick skins are less likely to suffer from penetrating damp, unless the cavity is bridged in one of several ways.

DPC in a solid wall
A layer of impervious material is built into a joint between brick courses, 150mm (6in) above the ground.

Rising damp

Rising damp is caused by water soaking up from the ground into the floors and walls of the house. Most houses are protected by an impervious barrier built into the walls and under concrete floors, so that water cannot permeate above a certain level.

If either the damp-proof course (DPC) in the walls or the membrane (DPM) in a floor breaks down, water is able to seep into the upper structure. Alternatively, there may be something forming a bridge across the barrier, so that water is able to flow around it. Some older houses were built without a DPC.

This type of damp is confined to the lower sections of walls and to solid floors. It is a constant problem – even during dry spells – and becomes worse with prolonged wet weather.

DPC and DPM in a cavity-wall structure
The DPM in a concrete floor is linked to the DPC protecting the inner leaf of the cavity wall. The outer leaf of the wall has its own damp-proof course.

SEE ALSO: Wet and dry rot 259

Damp: causes and cures

PENETRATING DAMP: PRINCIPAL CAUSES

CAUSE	SYMPTOMS	REMEDY
Broken or blocked gutter Rainwater overflows, typically at the joints of old cast-iron gutters, and saturates the wall directly below, preventing it from drying out normally.	Damp patches appearing near the ceiling in upstairs rooms, and mould forming immediately behind the leak.	Clear leaves and silt from the gutters. Repair the damaged gutters, or replace a faulty system with maintenance-free plastic guttering.
Broken or blocked downpipes A downpipe that has cracked or rusted douses the wall immediately behind the leak. Leaves lodged behind the pipe at the fixing brackets will eventually produce a similar effect.	An isolated patch of damp, often appearing halfway up the wall. Mould growth behind the downpipe.	Repair the cracked or corroded downpipe; or replace it, substituting a maintenance-free plastic version. Clear the blockage.
Loose or broken roof tiles Defective tiles allow rainwater to penetrate the roof.	Damp patches appearing on upstairs ceilings, usually during a heavy downpour.	Replace the faulty tiles, renewing any damaged roofing felt.
Damaged flashing The junction between the roof of a lean-to extension and the side wall of the house or around a chimney stack emerging from the roof is sealed with flashing strips. These are usually made of lead or zinc, but sometimes a mortar fillet is used instead. If the flashing or fillet cracks or parts from the masonry, water trickles down inside the building.	Damp patch on the ceiling extending from the wall or chimney breast; also on the chimney breast itself. Damp patch on the side wall near the junction with the lean-to extension; damp patch on the lean-to ceiling itself.	If the existing flashing appears to be intact, refit it securely. If it is damaged, replace it, using similar material or a self-adhesive flashing strip.
Faulty pointing Ageing mortar between bricks in an exterior wall is likely to crack or fall out; water is then able to penetrate to the inside of the wall.	Isolated damp patches or sometimes widespread dampness, depending on the extent of the deterioration.	Repoint the joints between bricks, then treat the entire wall with water-repellent fluid.
Porous bricks Bricks in good condition are weather-proof; but old soft bricks become porous and often lose their faces. As a result, the whole wall is eventually saturated, particularly on an elevation that faces prevailing winds or where a fault with the guttering develops.	Widespread damp on the inner face of exterior walls. A noticeable increase in damp during a downpour. Mould growth appearing on internal plaster and decorations.	Repair bricks that have spalled, and waterproof the exterior with a clear water-repellent fluid.
Cracked brickwork Cracks in a brick wall allow rainwater (or water from a leak) to seep through to the inside face.	An isolated damp patch – on a chimney breast, for example, due to a cracked chimney stack.	Fill cracked mortar and replace damaged bricks.
Defective render Cracked or blown render encourages rainwater to seep between the render and the brickwork behind it. The water is prevented from evaporating and so becomes absorbed by the wall.	An isolated damp patch, which may become widespread. The trouble can persist for some time after rain ceases.	Fill and reinforce the crack. Hack off extensively damaged or blown render and patch it with new sand-cement render; then weatherproof the wall by applying exterior paint.
Damaged coping If the coping stones on top of a roof parapet are missing or the joints are open, water can penetrate the wall.	Damp patches on ceiling, near to the wall immediately below the parapet.	Bed new stones on fresh mortar and make good the joints.

SEE ALSO: **Repointing masonry 43, Waterproofing masonry 44, Repairing render 45, Painting exterior masonry 62, Exterior rendering 176–9, Abutments and parapets 239, Flashings 242–3, Guttering 244–6**

Damp: causes and cures

PENETRATING DAMP: PRINCIPAL CAUSES

CAUSE	SYMPTOMS	REMEDY
Blocked drip groove Exterior windowsills should have a groove running longitudinally on the underside. When rain runs under the sill, the water falls off at the groove before reaching the wall. If the groove is bridged by layers of paint or moss, the water soaks the wall behind.	Damp patches along the underside of a window frame. Rotting wooden sill on the inside and outside. Mould growth appearing on the inside face of the wall below the window.	Rake out the drip groove. Nail a batten to the underside of a wooden sill to deflect drips.
Failed seals around windows and doorframes Timber frames often shrink, pulling the pointing from around the edges so that rainwater is able to penetrate the gap.	Rotting woodwork and patches of damp around the frames. Sometimes the gap is obvious where mortar has fallen out.	Repair the frame, and seal around the edges with mastic.
No weatherboard An angled weatherboard across the bottom of a door should shed water clear of the threshold and prevent water running under the door.	Damp floorboards just inside the door. Rotting at the base of the doorframe.	Fit a weatherboard, even if there are no obvious signs of damage. Repair rotted wood at the base of the doorframe.
Bridged wall cavity Mortar inadvertently dropped onto a wall tie connecting the inner and outer leaves of a cavity wall allows water to bridge the gap.	An isolated patch of damp appearing anywhere on the wall, particularly after a heavy downpour.	Open up the wall and remove the mortar bridge, then waterproof the wall externally with paint or clear repellent.

RISING DAMP: PRINCIPAL CAUSES

CAUSE	SYMPTOMS	REMEDY
No DPC or DPM If a house was built without either a damp-proof course or damp-proof membrane, the walls are able to soak up water from the ground.	Widespread damp up to about 1m (3ft) above skirting level. Damp concrete floor surface.	Fit a new DPC or DPM.
Damaged DPC or DPM If the DPC or DPM has deteriorated, water will penetrate at that point.	Damp at skirting level (possibly isolated but spreading).	Repair or replace the DPC or DPM.
DPC too low If the DPC is lower than the necessary 150mm (6in) above ground level, heavy rain is able to splash above the DPC and soak the wall surface.	Damp at skirting level, but only where the ground is too high.	Lower the level of the ground outside. If it's a path or patio, cut a 150mm (6in) wide trench and fill with gravel, which drains rapidly.
Bridged DPC If exterior render has been taken below the DPC or if mortar has fallen within a cavity wall, moisture is able to cross over to the inside.	Widespread damp at and just above skirting level.	Hack off render to expose the DPC. Remove several bricks and rake out debris from the cavity.
Debris piled against wall A flower bed, rockery or area of paving built against a wall will bridge the DPC. Building material and garden refuse left there will also act as a bridge.	Damp at skirting level in area of bridge only, or spreading from that point.	Remove the earth, paving or debris and allow the wall to dry out naturally.

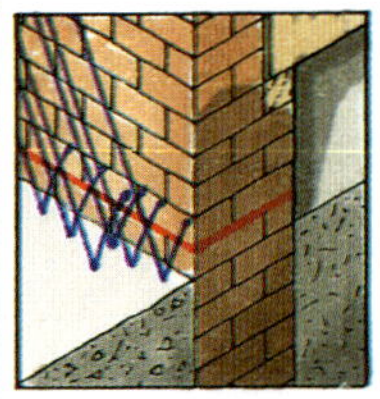
DPC too low

Render bridges DPC

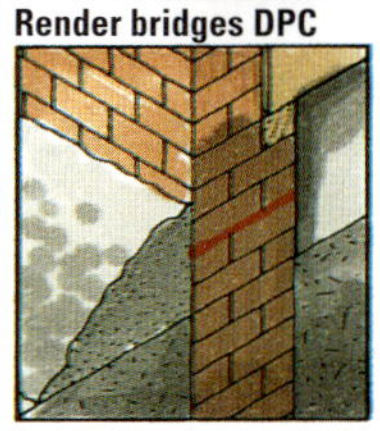
Earth piled over DPC

SEE ALSO: Waterproofing masonry 44, New DPM 190, 268, Weatherboard 195, Repairing door and window frames 198–9, 213–14, Bridged cavity 264, Drip moulding 264, Sealing around frames 264, New DPC 266–7

Treating damp

Remedies for different forms of damp are suggested in the charts on the previous pages; where damp conditions are attributable to factors such as poor ventilation or deteriorating decoration, you will find detailed remedies in other sections of the book. The information below supplements these suggestions by providing advice on measures relating solely to the eradication of damp.

Waterproofing walls

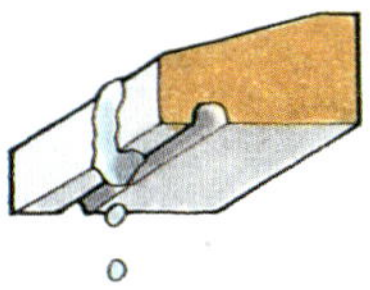

1 Water drips to ground

Applying a repellent to the outside of a wall not only prevents rainwater soaking into the masonry but also reduces the possibility of interstitial condensation. This occurs when water vapour from inside the house penetrates the wall until it reaches the damp, colder interior of the masonry, where the vapour condenses. The moisture migrates back to the inner surface of the wall, causing stains and mould.

There are also damp-proofing liquids for painting onto the inside of walls, but these should be considered a temporary measure only, as they do not treat the source of the problem. Remove wallcoverings and make sure that the wall surfaces are sound and clean. Treat any mould growth with a fungicide. Apply two full brushcoats of waterproofer over an area appreciably larger than the present extent of the damp. Once the wall is dry, you can decorate it with paint or a wallcovering.

If any of your walls show signs of efflorescence, apply the appropriate treatment, then paint with heavy-duty moisture-curing polyurethane.

Providing a drip moulding

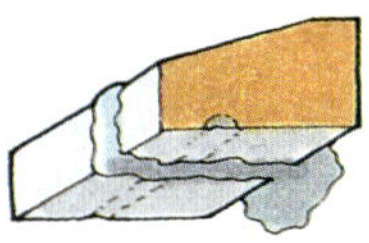

2 A bridged groove

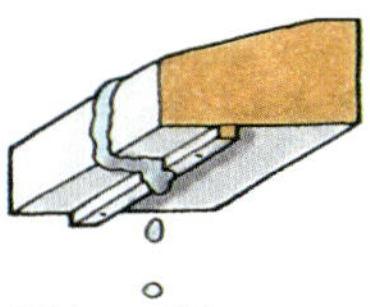

3 Drip moulding

Because water cannot flow uphill, a drip groove on the underside of an external windowsill forces rainwater to drip to the ground before it reaches the wall behind **(1)**. When redecorating, scrape out old paint or moss from drip grooves before it forms a bridge **(2)**.

If an external wooden windowsill does not have a precut drip groove, it is worth adding a drip moulding by pinning and gluing a hardwood strip, 6mm (¼in) square, 35mm (1½in) from the front edge of the sill **(3)**. Paint or varnish the drip moulding to match the sill itself.

Sealing around window frames

Apply mastic with an applicator gun

Scrape out old or loose mortar from around the frame, and fill deep gaps with expanding-foam filler; then seal all around the frame with a flexible mastic. Mastic is available in cartridges, some designed for use with an applicator gun. Cut the end off the cartridge nozzle and run it along the side of the frame to form an even, continuous bead. If the gap's very wide, fill it with a second bead once the first has set.

Most sealants form a skin and can be overpainted after a few hours, although they are waterproof without painting.

Bridged cavity

A bridged wall cavity allows water to cross over to the inner leaf. The easiest way to deal with it is simply to apply a water repellent to the outer surface.

However, this does not address the cause, which may lead to further dampness in the future. When convenient (during repointing, perhaps), remove two or three bricks from the outside, in the vicinity of the damp patch, by chopping out the mortar around them. Use a small mirror and a torch to inspect the cavity. If you find mortar lying on a wall tie, rake or chip it off with an opened wire coat hanger or a metal rod, then replace the bricks.

Exposing a bridged wall tie
Remove a few bricks in order to rake or chip the mortar from the wall tie.

Condensation

Air carries moisture in the form of water vapour. Its capacity depends on its temperature. As air becomes warmer, it absorbs more water, rather like a sponge. When water-laden air comes into contact with a surface that is colder than itself, the air cools until it can no longer hold the water it has absorbed and (just like a sponge being squeezed) it condenses, depositing water in liquid form on the cold surface.

Conditions for condensation

A great deal of moisture vapour is produced by cooking and by using baths and showers, and even by breathing. The air in a house is normally warm enough to hold the moisture without reaching saturation point – but in cold weather the low temperature outside cools the external walls and windows below the temperature of the heated air inside. When this happens, the moisture in the air condenses and runs down windowpanes and soaks into the wallpaper and plaster. Matters are made worse in the winter when windows and doors are kept closed, so that fresh air is unable to replace humid air before it condenses.

Damp in a fairly new house that is in good condition is almost invariably due to condensation.

The root cause of condensation is rarely simple – because it is the result of a combination of air temperature, thermal insulation, humidity and poor ventilation. Tackling just one of these problems in isolation may transfer the condensation elsewhere – or even exaggerate the symptoms. However, the chart opposite lists major factors that contribute to the total problem.

Condensation usually appears first on cold glass

SEE ALSO: Repointing masonry 43, Waterproofing masonry 44

Causes and cures

CONDENSATION: PRINCIPAL CAUSES

CAUSE	SYMPTOMS	REMEDY
Insufficient heat In cold weather the air in an unheated room may become saturated with moisture.	General condensation.	Heat the room to increase the ability of the air to absorb moisture without condensing – but don't use a paraffin heater (see below).
Paraffin heaters This type of heater produces as much water vapour as the paraffin it burns, causing condensation to form on cold windows, exterior walls and ceilings.	General condensation in rooms where paraffin heaters are used.	Substitute another form of heating.
Uninsulated walls and ceilings Moist air readily condenses on cold ceilings and exterior walls.	Widespread damp and mould. The line of ceiling joists is picked out because mould grows less well along the joists, which are relatively warm.	Install efficient loft insulation and/or line the ceiling with insulating tiles or polystyrene lining. Alternatively, apply anti-condensation paint.
Cold bridge Even when a wall has cavity insulation, there can be a cold bridge across the lintel over windows and the solid brick down the sides.	Damp patches or mould surrounding the window frames.	Line the walls and window reveals with expanded-polystyrene sheeting or foamed polyethylene.
Unlagged pipes Cold-water pipes attract condensation. The problem is often wrongly attributed to a leak when water collects and drips from the lowest point of a pipe run.	A line of damp on a ceiling or wall, following the pipework. An isolated patch on a ceiling, where water drops from plumbing. Beads of moisture on the underside of a pipe.	Insulate your cold-water pipes, either with plastic-foam lagging tubes or with mineral-fibre wrapping.
Cold windows When exterior temperatures are low, windows usually show condensation before other features do, because the glass is thin and is constantly exposed to the elements.	Misted windowpanes, or water collecting in pools at the bottom of the glass.	Double-glaze your windows. If condensation occurs inside a secondary system, place some silica-gel crystals (which absorb moisture) in the cavity between the panes.
Sealed fireplace If a fireplace opening is blocked up, the air trapped inside the flue cannot circulate and therefore condenses on the inside, eventually soaking through the brickwork.	Damp patches appearing anywhere on the chimney breast.	Ventilate the chimney by inserting a grille or airbrick at a low level in the part of the fireplace that has been blocked up. Treat the chimney breast with damp-proofing liquid.
Loft insulation blocking airways If loft insulation blocks the spaces around the eaves, air cannot circulate in the roof space and so condensation is able to form.	Widespread mould affecting the timbers in the roof space.	Unblock the airways and, if possible, fit a ventilator grille in the soffit or install tile/slate vents.
Condensation after building or repairs If you have carried out work involving new bricks, mortar and especially plaster, condensation may be the result of these materials exuding moisture as they dry out.	General condensation affecting walls, ceiling, windows and solid floors.	Wait for the new work to dry out, then review the situation before decorating or other treatment.

● **Benefits of anti-condensation paint**
This paint contains minute hollow glass beads that act as insulators, as well as a fungicide to inhibit mould growth. It can be overpainted with emulsion to suit your colour scheme.

● **Anti-mould emulsion**
This low-odour emulsion contains a fungicide to ward off mould growth – one of the side effects of condensation.

SEE ALSO: **Polystyrene lining 96, Lagging pipe runs 271, Insulating a loft 276–7, Insulating walls 279–80, Double glazing 281–4, Ventilating a fireplace 287, 409, Soffit vents 289, Tile/slate vents 289, Extractor fans 291–4**

Damp basement or cellar

Being at least partly below ground level, the walls and floors of a cellar or basement invariably suffer from damp to some extent. Because the problem can't be tackled from outside in the normal way, you have no option but to seal out the damp by treating the internal surfaces. Rising damp in concrete floors, whatever the situation, can be treated as described below – but penetrating or rising damp in walls other than those of a cellar should be cured at source, since merely sealing the internal surfaces may encourage the damp eventually to penetrate elsewhere. In addition, ensure that a treated cellar is properly ventilated – and if need be, heat it to avoid condensation in the future.

Treating the floor

• Damp-proof membrane (DPM)
If you are laying a new concrete floor, incorporate a damp-proof membrane (DPM) during construction. If an existing floor has no DPM, or the DPM has failed, seal the floor with a heavy-duty moisture-curing polyurethane.

Preparing the surface

First, make sure the floor is clean and grease-free. Before filling any cracks and small holes, prime them with a coat of urethane. When the surface is tacky, trowel in a reasonably stiff filler made by mixing 6 parts of dry medium-sharp sand with 1 part urethane. Allow the repairs to harden overnight.

The floor must be as dry as possible, so it is porous enough for the first coat to penetrate. Force-dry a damp cellar with a fan heater before treatment – but remove all heaters from the room before you begin damp-proofing.

Applying urethane

Apply the first coat of urethane with a brush, using 1 litre to cover about 5sq m (50sq ft). If you are damp-proofing a room with a DPC in the walls, take the urethane coating up behind the skirting to meet it.

When the first coat is dry enough to be walked on, apply a second coat of polyurethane – don't allow more than four hours to elapse between coats. Apply three coats in all.

After three days, you can start using the cellar and can even lay an ordinary floorcovering over the concrete. But if you use an adhesive to stick down the floorcovering, check the manufacturer's recommendations to make sure it is suitable for a non-porous surface. If you use a solvent-based adhesive (contact adhesive), you must allow the urethane to harden for seven days.

Treating a wall with bitumen-latex emulsion
1 Skim coat of mortar
2 Coat of bitumen latex
3 Blinded coat of latex
4 Plaster or dry lining

Treating a floor with moisture-curing polyurethane
Damp-proof a floor with three coats of urethane applied with a brush.

Patching active leaks

Before you damp-proof a cellar, patch any cracks that are active water leaks, using a quick-drying hydraulic cement. Supplied in powder form, ready for mixing with water, the cement expands as it hardens, sealing out the moisture.

Undercut a crack or hole, using a chisel and club hammer. Mix some cement and hold it in a gloved hand until it is warm, then push it into the crack. Keep it in place with your hand or a trowel for three to five minutes, until it is hard.

TREATING THE WALLS

Moisture-cured polyurethane can be used to seal the walls of a cellar or basement, as well as the floor. If using an emulsion paint, decorate within 24 hours after treatment, to achieve maximum adhesion. Gloss paints can be applied at any time.

Use a heavy-duty paste to hang wallpaper. Before you hang vinyl or a heavily embossed wallcovering, apply lining paper.

Bitumen-latex emulsion

Where you plan to plaster or dry-line the basement walls, you can seal out the damp by using a relatively cheap bitumen-latex emulsion. This is often used as an integral DPM under the top screed of a concrete floor or as a waterproof adhesive for some tiles and for parquet flooring – but is unsuitable as an unprotected covering, either for walls or floors.

Hack off old plaster to expose the brickwork, then apply a skim coat of mortar to smooth the surface. Paint the wall with two coats of the bitumen emulsion, joining with the DPM in the floor. Before the second coat dries, embed some clean, dry sand (blinding) into it to provide a key for the coats of plaster (see below left).

Cement-based waterproof coating

In a cellar or basement where there is severe damp, apply a cement-based waterproof coating. Hack off old plaster or rendering to expose the wall.

In order to seal the join between a concrete floor and the wall, cut a chase with a width and depth of about 20mm (¾in). Brush out the debris and fill the channel with hydraulic cement (see below left), finishing it off neatly as an angled fillet.

When brick walls are damp, they bring salts to the surface in the form of white crystals known as efflorescence. So before treating with waterproof coating, apply a salt-inhibiting render made of 1 part sulphate-resisting cement : 2 parts clean rendering sand. Add 1 part liquid bonding agent to 3 parts of the mixing water. Apply a thin trowelled coat to a rough wall; if the surface is relatively smooth, brush the render on. Then leave it to set.

To make the waterproof coating, mix the cement-based powder with the special acrylic solution, following the manufacturer's instructions. Apply two coats to the wall with a bristle brush.

SEE ALSO: PVA bonding agent 41, Efflorescence 42, Repairing concrete 47, Lining a wall 100, Exterior rendering 176–9, New DPM 190, Rising damp 261, Condensation 264–5, Ventilation 287–94

6 Insulation and ventilation

Insulating your home

No matter what fuel you use, the cost of heating a home continues to rise. Saving money is a major consideration – but of equal importance is the need to conserve energy in order to protect the environment. Even if such considerations could be ignored, the improved comfort and health of your family would more than justify the effort and expense of installing adequate insulation in your home.

Local-authority grants

Because home insulation is of benefit to the economy, the government has made discretionary grants available through local authorities to encourage people to insulate their lofts, storage tanks and pipework. You may also be eligible for a grant towards the cost of draughtproofing, double glazing and cavity-wall insulation. To qualify for a grant, you must obtain local-authority approval before carrying out the work or purchasing insulation materials.

Specifications

When comparing thermal insulating materials, you are likely to encounter certain technical specifications.

U-values

Elements of a building's structure and the insulation itself are often assigned a U-value. This is a measurement of thermal transmittance that represents the rate at which heat travels from one side to the other. The U-value is an expression of watts of energy per square metre per degree kelvin (W/m^2k). For example, if a solid brick wall is specified as having a U-value of 2.0, it means that 2 watts of heat are conducted from every square metre of the wall for every degree difference in the temperature on each side of the wall. If the temperature outside is 10 degrees lower than inside, each square metre of the wall will conduct 20 watts of heat. The lower the U-value, the better the insulation.

● **Kelvin**
Kelvin is used as a measurement of the difference between one temperature and another, whereas Celsius is used to define the difference between zero and a given temperature.

R-values

A material may be given an R-value, which indicates the resistance to heat flow of a specified thickness. Materials with superior insulating qualities have the highest R-values.

Deciding on your priorities

To many people the initial expense of total insulation seems prohibitive, even though they may concede that it is cost-effective in the long term. Nevertheless, you'll find it's worth embarking on an insulation programme as soon as practicable, since every measure you take will achieve some saving.

Most authorities suggest that in an average house 35 per cent of lost heat escapes through the walls, 25 per cent through the roof, 25 per cent through draughty doors and windows, and 15 per cent through the floor. At best, this is no more than a rough guide, as it is difficult to define an 'average' home in order to estimate the rate of heat loss.

A terraced house, for example, will lose less than a detached house of identical size, even though their roofs have the same area and are in similar condition. And other factors are relevant, too – for instance, large ill-fitting sash windows permit far greater heat loss than small tightly fitting casements.

Although these statistics identify the major routes for heat loss, they don't necessarily indicate where you should begin your insulation programme in order to achieve the quickest return on your investment – or, for that matter, the most immediate improvement in terms of comfort. In fact, it is best to start with relatively inexpensive measures.

1 Hot-water cylinder and pipes

Begin by lagging the hot-water storage cylinder and any exposed pipes running through unheated areas of your house. This treatment will constitute a considerable saving in a matter of only a few months.

2 Radiators

Fit a foil-faced lining behind radiators against external walls. This will reflect heat back into the room, instead of it being absorbed by the wall.

3 Draughtproofing

Eliminate heat loss around all windows and doors, including draughts between sashes. In return for a modest outlay, draughtproofing helps reduce heating costs and provides increased comfort. It is also easy to accomplish.

4 Roof

Tackle the insulation of your roof next. This is a very economical proposition – in addition to a significant reduction in domestic fuel bills, you may be eligible for a local authority grant towards the cost of roof insulation (see left).

5 Walls

Depending on the construction of your house, insulating the walls may be a sound investment. However, it's likely to be a relatively expensive operation. It will therefore take several years for you to recoup your initial outlay.

6 Floors

Floorcoverings such as carpets, tiles or parquet offer some degree of insulation. Whether you install extra insulation is likely to depend on the level of comfort you require, and also on whether you need to carry out other improvements to a floor. Floor insulation is a mandatory requirement for all new dwellings.

7 Double glazing

Contrary to the typical advertisements, double glazing will produce only a slow return on your investment, especially if you choose one of the more expensive glazing systems. However, it may help to increase the value of your property, and a double-glazed room is definitely cosier. In addition, you will be troubled by less noise from outside, especially if you choose to install triple glazing.

SEE ALSO: Lagging hot-water cylinders 271, Lagging pipe runs 271, Radiator foil 271, Draughtproofing 272–74, Insulating roofs 275–8, Insulating walls 278–80, Insulating floors 280, Double-glazing 281–4

Lagging pipes, cylinders and radiators

Insulating the cylinder

Many people think that an unlagged cylinder has the advantage of providing a useful source of heat in an airing cupboard – but in fact it squanders a surprising amount of energy. Even a lagged cylinder should provide ample heat in an enclosed airing cupboard; if not, an uninsulated pipe will do so.

Buying a water-cylinder jacket

Proprietary water-cylinder jackets are made from segments of mineral-fibre insulation, 75 to 100mm (3 to 4in) thick, wrapped in plastic. Measure the approximate height and circumference of the cylinder to choose the right size.

If need be, buy a jacket that is too large, rather than one that is too small. Make sure the quality is adequate by checking that it is marked with the British Standard Kite mark.

Fitting a jacket

Thread the tapered ends of the jacket segments onto a length of string and tie it round the pipe at the top of the cylinder. Distribute the segments evenly around the cylinder, then wrap the straps round it to hold the jacket in place. Don't pull the straps too tight.

Spread out the segments to make sure the edges are butted together, and tuck the insulation around the pipes and the cylinder thermostat. Check that the cable running to the immersion heater is not trapped between the insulation and the cylinder.

If you should ever have to replace the cylinder itself, consider substituting a preinsulated version, of which there are various types on the market.

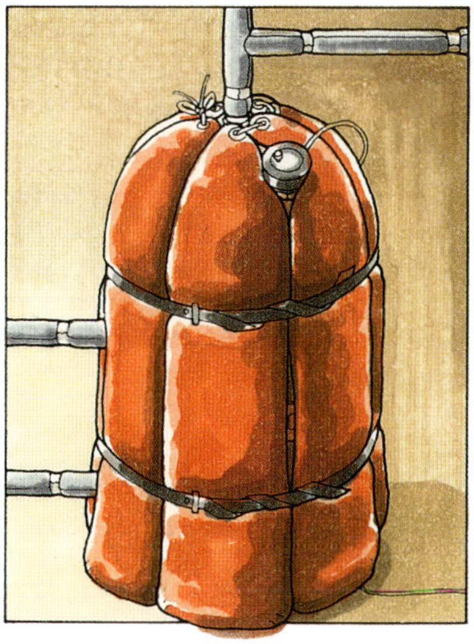

Lagging a hot-water cylinder
Fit the jacket snugly around the cylinder and wrap foamed-plastic tubes (see above right) around the pipework, especially the vent pipe directly above the cylinder.

Lagging pipe runs

You should insulate hot-water pipes in those parts of the house where their radiant heat is not contributing to the warmth of the rooms, and cold-water pipes in unheated areas of the building (where they could freeze). You can wrap pipework in lagging bandages (there are several types, some of which are self-adhesive), but it is generally more convenient to use foamed-plastic tubes designed for the purpose. This is especially true for pipes close to a wall, which may be awkward to wrap.

Foamed-plastic tubes are produced to fit pipes of different diameters: the tube walls vary in thickness from 12mm to 20mm (½in to ¾in). The more expensive ones incorporate a metallic-foil backing that reflects some of the heat back into hot-water pipes.

Most tubes are preslit along their length, so that they can be sprung over the pipe **(1)**. Butt successive lengths of tube end-to-end, and seal the joints with PVC adhesive tape.

At a bend, cut small segments out of the split edge, so that it bends without crimping. Fit it around the pipe **(2)** and seal the closed joints with tape. If two pipes are joined with an elbow fitting, mitre the ends of the two lengths of tube, butt them together **(3)**, and seal with tape. Cut lengths of tube to fit snugly around a T-joint, linking them with a wedge-shaped butt joint **(4)**, and seal with tape as before.

Foamed-plastic pipe lagging
This type of insulant is lightweight and easy to work with. You can cut it with a bread knife and join it with adhesive tape.

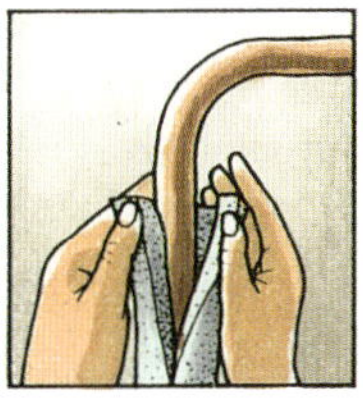

1 Spring onto a pipe

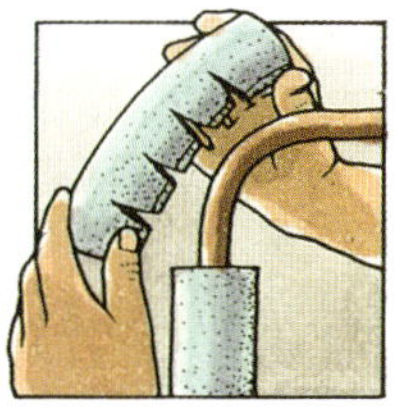

2 Cut to fit a bend

3 Mitre over elbows

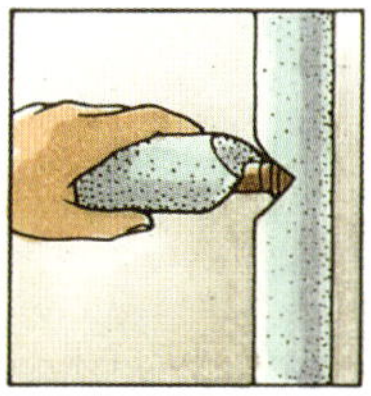

4 Butt at T-joints

Reflecting heat from a radiator

As much as 25 per cent of the radiant heat from a radiator placed against an outside wall is lost to the wall behind it. You can reclaim maybe half this wasted heat by applying a foil-faced expanded-polystyrene lining to the wall behind the radiator, to reflect the heat back into the room. The material is available as rolls, sheets or tiles. It is easiest to apply the lining to the wall when the radiator is removed for decorating, but you can do it with the radiator in place.

Turn off the radiator and measure it, making a note of the position of the brackets. Use a sharp trimming knife or scissors to cut the lining to size, so it is slightly smaller than the radiator all round. Cut narrow slots, as need be, to fit over the fixing brackets **(1)**.

Apply heavy-duty fungicidal wall-paper paste to the back of the material, and then slide it behind the radiator **(2)**. Smooth it onto the wall with a radiator roller or wooden batten. Allow the paste to dry before turning the radiator on again. Alternatively, you can fix the lining in place with double-sided adhesive pads.

1 Cut slots to align with wall brackets

2 Slide lining behind radiator and press to wall

SEE ALSO: Wallpaper paste 99, Hot-water cylinders 402–3, Radiator roller 513

Draughtproofing doors

A certain amount of ventilation is desirable to maintain a healthy environment and keep condensation at bay; it's also essential to enable some heating appliances to operate properly and safely.

However, using uncontrolled draughts is hardly an efficient way to ventilate a house – and besides accounting for quite a large proportion of the heat lost, draughts cause a good deal of discomfort. It is therefore worth spending a little money and effort on draughtproofing your home.

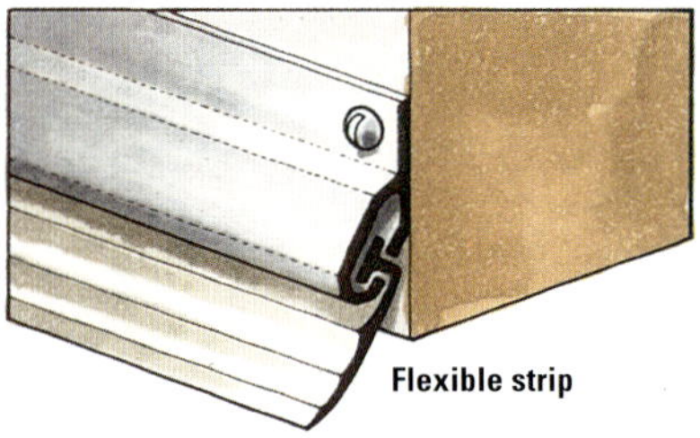

Flexible strip

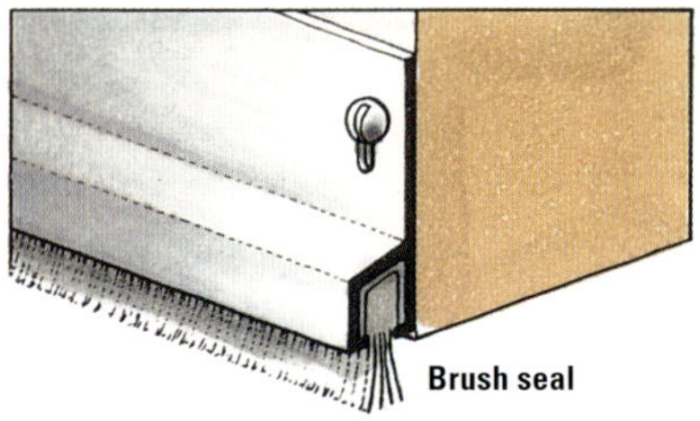

Brush seal

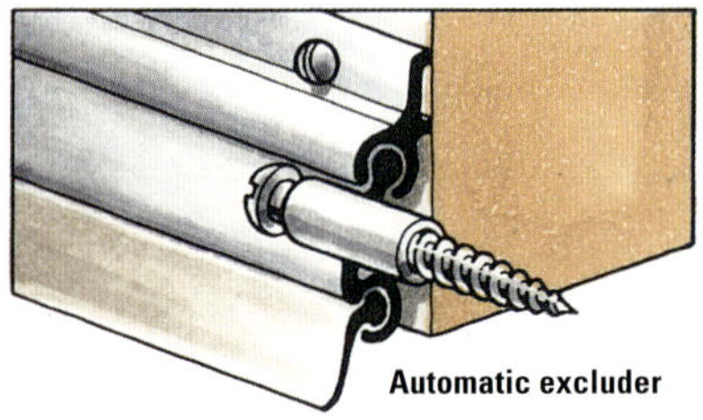

Automatic excluder

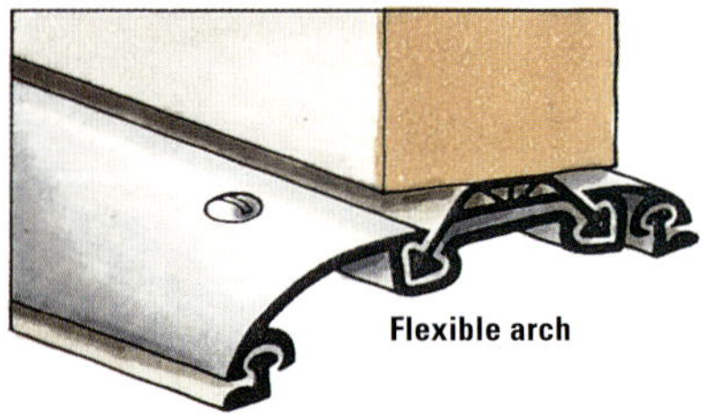

Flexible arch

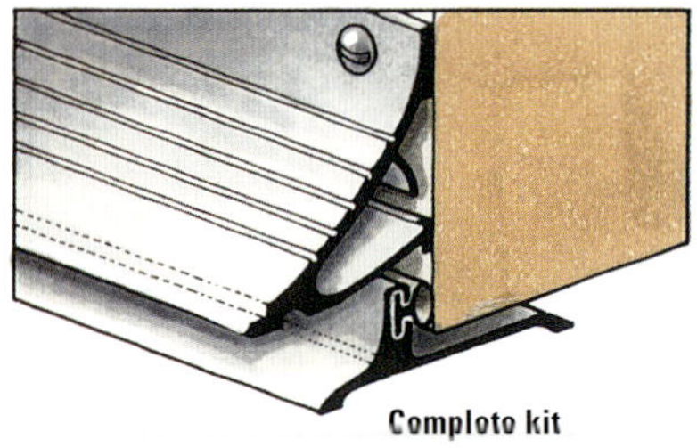

Complete kit

Locating and curing draughts

Tackle the exterior doors and windows first. Seal only those interior doors that are the worst offenders, as there should be some 'trickle' ventilation from room to room.

Next, check other possible sources of draughts – such as spaces between floorboards, gaps in skirtings, fireplace openings, loft hatches and the overflow pipes from sanitaryware.

Locate draughts by running the flat of your hand along likely gaps. If you dampen your skin, it will enhance its sensitivity to cold. Otherwise, wait for a very windy day in order to conduct your search.

Draught excluders are made by a variety of manufacturers, and there are so many variations that it's impossible to describe every type. Nevertheless, the following examples illustrate the principles that are commonly employed.

Threshold draught excluders

If the gap between the bottom of a door and the floor is very large, it's bound to admit fierce draughts, so it pays to use a threshold excluder to seal the gap.

If you fit an excluder to an exterior door, make sure it is suitably weatherproof. If you can't buy a threshold excluder that fits the opening exactly, cut a longer one down to size.

Flexible-strip excluders

The simplest form of threshold draught excluder is a flexible strip of plastic or rubber that sweeps against the floorcovering to form a seal. The most basic versions are simply self-adhesive strips, but other types have a rigid-plastic or aluminium extrusion that is screwed to the face of the door to hold the excluder in contact with the floor.

Flexible-strip excluders are rarely suitable for exterior doors and quickly wear out. However, they are cheap and easy to fit. Most types work best over smooth flooring.

Brush seals

A long nylon-bristle brush, set into a metal or plastic extrusion, can be used to exclude draughts under doors. This kind of threshold excluder is suitable for slightly uneven floors and textured floorcoverings. It is the only type that can be fitted to sliding doors as well as hinged ones.

Automatic excluder

An automatic excluder has a plastic strip and extruded clip that are spring-loaded, so they lift from the floor as the door is opened. When you close the door, the excluder is pressed against the floor by a stop screwed to the doorframe. Suitable for both interior and exterior doors, automatic excluders operate silently and inflict little wear on floorcoverings. They are also ideal for uneven floors.

Flexible arch

This type of excluder consists of an arched vinyl insert, fitted to a shallow aluminium extrusion, that presses against the bottom edge of the door. Because it has to be nailed or screwed to the floor, a flexible-arch excluder is difficult to use on a solid-concrete floor. For an external door, choose a version that has additional underseals to prevent rain seeping beneath it. To fit it, you may have to plane the bottom edge of the door.

Door kits

The best solution for an exterior door is to buy a kit combining an aluminium weather trim, which is designed to shed rainwater, and a weather bar fitted with a tubular draught excluder that's made of rubber or plastic. The trim is screwed to the face of the door, and the weather bar is fixed to the threshold.

SEE ALSO: Condensation 264–5, Ventilating appliances 287, 416

Weatherstripping doors

Sealing gaps around the door

A well-fitting door needs a 2mm (1/16in) gap at the top and sides so that it can be operated smoothly. However, a gap this large loses a great deal of heat. There are several ways to seal it, some of which are described here. The cheaper excluders have to be renewed regularly.

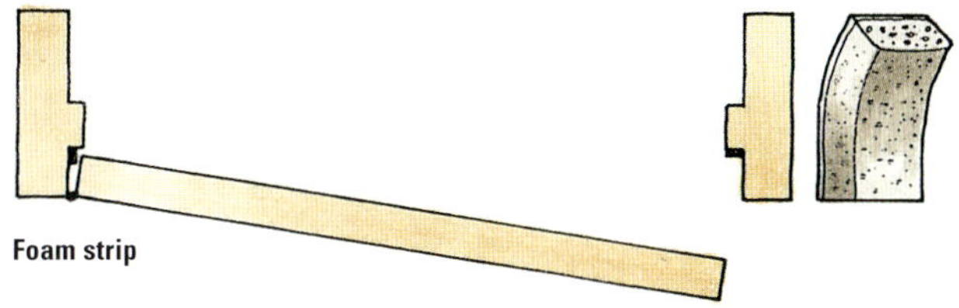

Foam strip

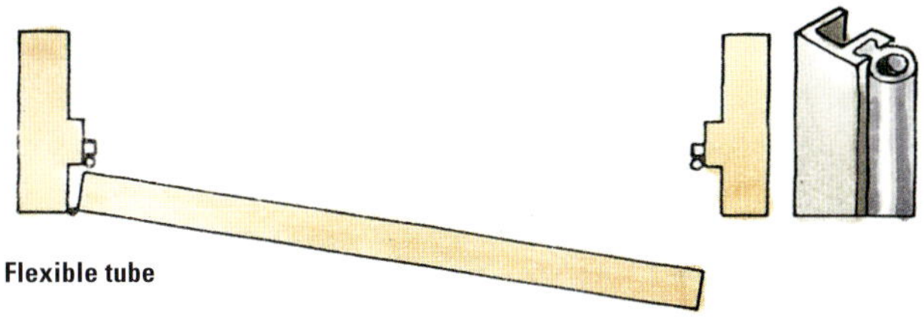

Flexible tube

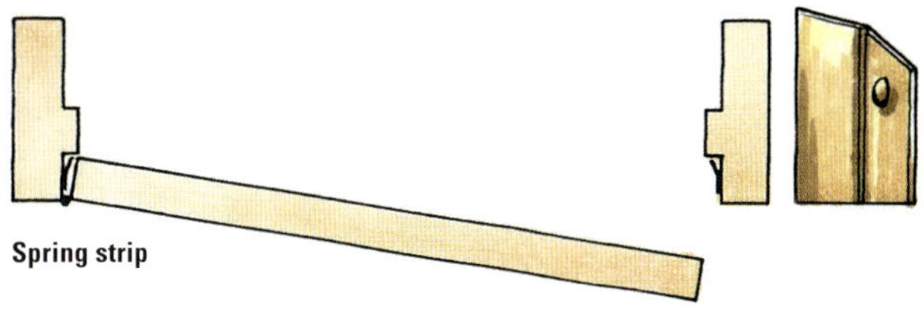

Spring strip

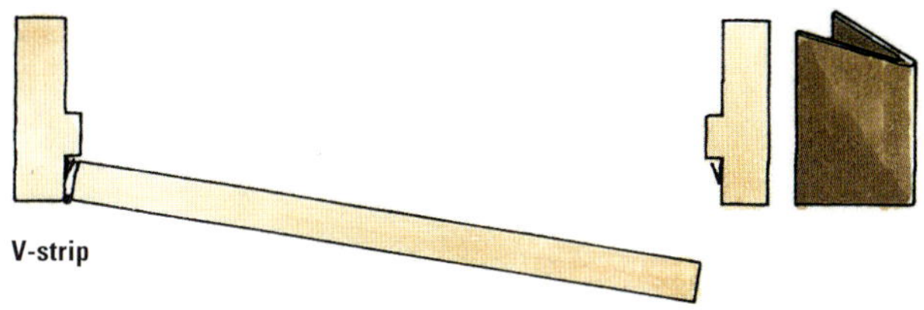

V-strip

Foam strips

The most straightforward excluder is a self-adhesive foam-plastic strip, which you stick around the rebate; the strip is compressed by the door, forming a seal. The cheapest polyurethane foam will be good for one or two seasons (although it's useless if painted) and is suitable for interior doors only. The better-quality vinyl-coated polyurethane, rubber or PVC foams are more durable and, unlike their cheaper counterparts, don't perish on exposure to sunlight. When applying foam excluders, avoid stretching them, as that reduces their efficiency. The door may be difficult to close at first, but the excluder will adjust after a short while.

Flexible-tube excluders

A small vinyl tube, held in a plastic or metal extrusion, is compressed to fill the gap around the door. The cheapest versions have an integrally moulded flange, which can be stapled to the doorframe, but they are not as neat.

Spring strip

Thin metal or plastic strips that have a sprung leaf are either pinned or glued to the doorframe. The top and closing edges of the door brush past the sprung leaf, sealing the gap, while the hinged edge compresses a leaf on that side of the door. This type of draught excluder cannot cope with uneven surfaces unless a foam strip is incorporated on the flexible leaf.

V-strip

A variation on the spring strip, the leaf is bent back to form a V-shape. The strip can be mounted to fill the gap around the door or attached to the doorstop so that the door closes against it. Most types are cheap and unobtrusive.

Draughtproofing strips
Flexible foam and vinyl draughtproofing strips are easy to cut and apply.

Sealing keyholes and letter boxes

An external keyhole should be fitted with a coverplate to keep out draughts during the winter. You can buy a hinged flap that screws onto the inside of the door to cover a letter box; some types have a brush seal behind the flap.

Keyhole coverplate
The coverplate is part of the escutcheon.

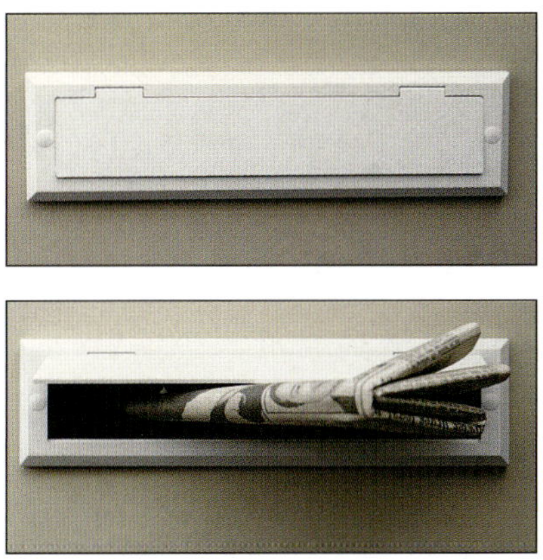

Brush-seal excluder
An integral brush seal prevents draughts even when the letter box is open.

SEE ALSO: Doors 192–3, Letter plates 197

Draughtproofing windows

Hinged casement windows are straightforward to seal, using any of the draught excluders suggested for fitting around the edge of a door (see previous page). Draughtproofing a sliding-sash window presents a more complex problem.

Sealing a sash window

The top and bottom closing rails of a sash window can be sealed with any form of compressible excluder. The sliding edges admit fewer draughts, but they can be sealed with a brush seal fixed to the frame – inside for the lower sash, outside for the top one.

To seal the gap between the sloping faces of the central meeting rails of a traditional sash window, use a springy V-strip or a compressible plastic strip. For square faces, use a blade seal.

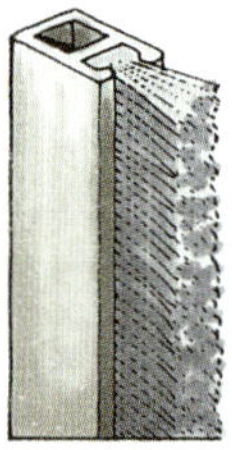

1 Brush seal

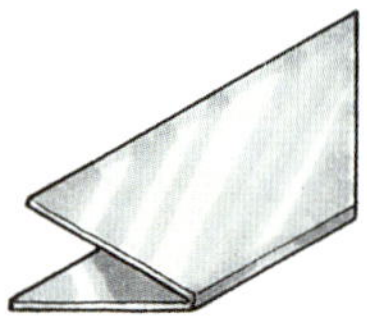

2 Spring or V-strip

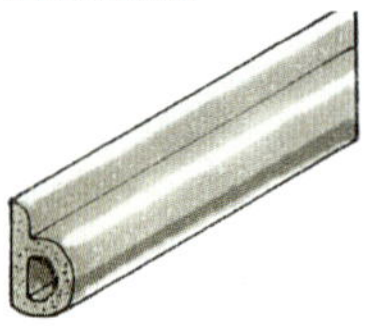

3 Compressible strip

4 Blade-seal strip

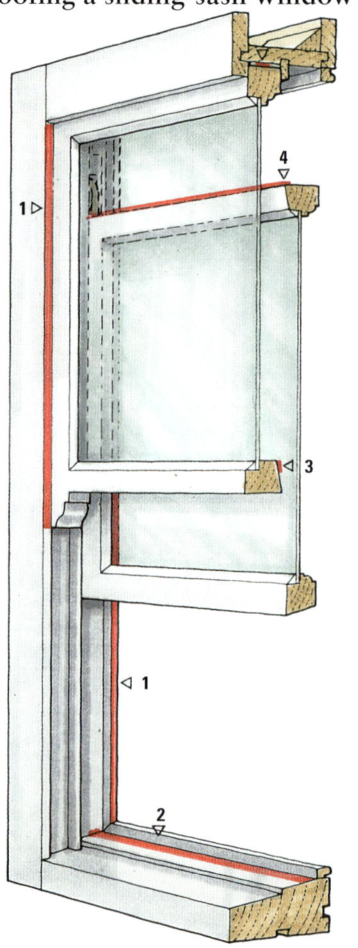

Sealing a pivot window

When you close a pivot window, the movable frame comes to rest against fixed stops. Fitting excluders to these stops will seal off the worst draughts. Provided they are weatherproof, you can use either compressible spring, V-strip or good-quality flexible-tube draughtproofing.

Flexible-tube excluder for a pivot window

Filling large gaps

Large gaps left around newly fitted window frames (or doorframes) will be a source of draughts. The same is true of a hole made for pipework or an air vent. Use an expanding-foam filler to seal these gaps. When the filler has set, repoint the masonry on the outside.

Seal large gaps with expanding foam

ADDITIONAL DRAUGHTPROOFING

Floors and skirtings

The ventilated void below a suspended wooden floor is a common source of draughts that penetrate through large gaps between floorboards and under the skirting. Fill between floorboards or cover them with hardboard panels.

Seal gaps between skirting boards and the floor with mastic applied with an applicator gun, or use caulking strips. For a neat finish, pin a quadrant moulding to the skirting to cover the sealed gap.

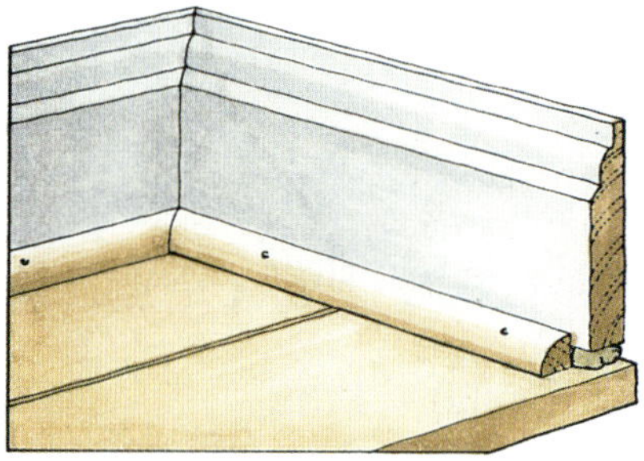

Seal the gap with mastic and wooden quadrant

Draughts from overflows

Overflow pipes leading directly from a lavatory cistern or cold-water storage tank frequently provide a passage for draughts when there's a strong wind blowing. This can cause pipes to freeze in harsh conditions.

Covering the opening

The simplest solution is to cut the neck off a balloon and stretch it over the end of the pipe – the fabric will hang down to cover the opening but allow water to pass through unhindered. Alternatively, fit a T-joint on the end of the pipe.

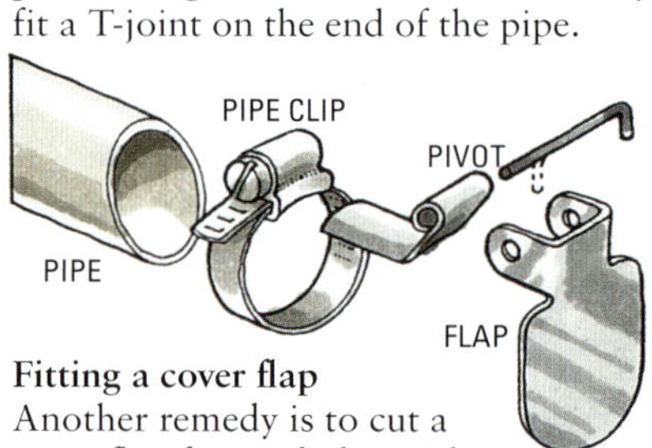

Fitting a cover flap

Another remedy is to cut a cover flap from a lightweight rustproof metal, such as zinc or aluminium. Make a simple pivot from the same metal and attach the flap to the end of the tube with a pipe clip.

Draughty fireplaces

A chimney can be an annoying source of draughts. If you want to retain the appearance of an open fireplace, cut a sheet of thick polystyrene to seal the throat of the chimney, but leave a hole about 50mm (2in) across to provide ventilation. Should you want to use the fireplace again, don't forget to remove the polystyrene – which is flammable.

SEE ALSO: Levelling a wooden floor 55, Windows 204–5, Sealant 273, Ventilating a fireplace 287, Ventilating below floors 288

Insulating roofs

Approximately a quarter of the heat lost from an average house goes through the roof, so minimizing this should be one of your priorities when it comes to insulating your home.

Provided that you are able to gain access to your loft space, reducing heat loss through the roof is just a matter of laying insulating material between the joists, which is cheap, quick and effective. If you want to make use of your attic, insulating the sloping surface of the roof is a straightforward alternative.

Preparing the loft

On inspection, you may find that your roof space has existing but inadequate insulation – at one time even 25mm (1in) of insulation was considered to be acceptable. It is worth installing extra material to bring the insulation up to the recommended minimum thickness of 150mm (6in) – 200mm (8in) is better still. Check roof timbers for woodworm and signs of rot, so they can be treated first. Make sure that all the electrical wiring is sound, and lift it clear so that you can lay insulation beneath it.

The plaster or plasterboard ceiling below will not support your weight. You therefore need to lay a plank or two, or a chipboard panel, across the joists so you can move about safely.

If there is no permanent lighting in the loft, rig up an inspection lamp on an extension lead and move it wherever it is needed – or hang the lamp high up to provide an overall light.

Most attics are very dusty, so wear old clothes and a gauze face mask. It is also advisable to wear protective gloves, especially if you're handling glass-fibre batts or blanket insulation, which may irritate sensitive skin.

Types of roof insulation

There's a wide range of insulating materials available, so it is important to check the recommended types with your local authority before applying for a grant.

Blanket insulation

Blanket insulation – which is made from glass fibre, mineral fibre or rock fibre – is widely available in the form of rolls that fit snugly between the joists. All types are non-flammable and are proofed against damp, rot and vermin. Similar material, cut to shorter lengths, is also sold as 'batts'.

Some blanket insulation is wrapped in plastic. Other types are paper-backed to improve their tear-resistance, or they may have a foil backing that serves as a vapour barrier (see below). However, unbacked blanket is the cheapest, and it is perfectly suitable for laying on the loft floor.

Blankets are usually either 100, 150 or 200mm (4, 6 or 8in) thick. Some kinds can be split into two to accommodate shallow joists or for topping up existing insulation. The rolls are normally 370 to 400mm (15 to 16in) wide, to fit snugly between the joists, and 6 to 8m (20 to 25ft) long. Wider rolls are available for non-standard joist spacing.

If you want to fit blanket insulation to the sloping part of a roof, buy it with a lip of backing along each side for stapling to the rafters. If the rafters are very narrow, you could install a blanket made up from layers of foamed plastic interleaved with reflective foil. This is relatively expensive, but the U-value of a layer 25mm (1in) thick is equivalent to that of standard blanket insulation eight times thicker.

ESTIMATING FOR BLANKET INSULATION
Roll width 400mm

Approx. loft area		
Square metres	Square feet	No. of rolls
30	332	**17**
34	366	**20**
38	409	**22**
42	452	**25**
46	495	**27**
50	538	**29**
54	581	**32**
58	624	**34**
62	667	**36**
66	710	**39**
70	753	**41**
74	796	**43**

Allows for average joist widths of 50mm (2in)

Loose-fill insulation

Loose-fill insulation (either fibrous or granular) is poured between the joists, up to the recommended depth. This will inevitably bury some joists, but you can nail strips of wood to the tops of those that support walkway boarding.

Exfoliated vermiculite and mineral fibre are two common types of loose-fill insulation suitable for DIY installation.

It's not advisable to use loose-fill in a draughty, exposed loft, since high winds can cause it to blow about. On the other hand, it is convenient for use where joists are irregularly spaced.

• Ventilating the loft
Laying insulation between the joists increases the risk of condensation in an unheated roof space – but provided there are adequate vents or gaps at the eaves, there will be enough air circulating to keep the loft dry.

Blown-fibre insulation

Inter-joist fibrous insulation is blown through a large hose by professional contractors. It may not be suitable for a house in a windy location, but seek the contractor's advice. An even depth of 150 to 200mm (6 to 8in) is required.

Rigid and semi-rigid sheet insulation

Sheet insulation, such as semi-rigid batts of glass fibre or mineral fibre and slabs of foamed polystyrene or polyurethane, can be fixed between the rafters. It pays to install the thickest insulation possible, but allowing enough ventilation between the insulating material and the roof tiles or slates to avoid condensation.

Vapour barriers

Installing roof insulation has the effect of making the uninsulated parts of the house colder than before, so increasing the risk of condensation either on or within the structure itself. In time, this could reduce the effectiveness of the insulation – and also promote a serious outbreak of dry rot in the roof timbers.

One way to prevent this happening is to provide adequate ventilation for parts of the house that are outside the insulated area. Another solution is to install a vapour barrier on the warm (inner) side of the insulation, in order to prevent moisture-laden air passing through. The vapour barrier, which is usually a plastic or metal-foil sheet, is sometimes supplied along with the insulation. It is vital that the barrier is continuous and undamaged; otherwise its effectiveness will be greatly reduced.

Some types of insulation material have a closed-cell structure that resists the passage of water vapour – making it unnecessary, under most conditions, to install a separate vapour barrier. These materials are not widely stocked, so ask your supplier about availability.

• Insulating flat roofs
A flat roof may need insulating – but the only practical remedy for most householders is to apply a layer of insulation to the ceiling surface. This is not a particularly difficult task, provided the area is not too large, but you will have to relocate lighting and take into consideration features (such as windows or fitted cupboards) that extend to the ceiling.

SEE ALSO: Ceiling tiles 107, 112, Woodworm attack 256–7, Dry and wet rot 259, Condensation 264–5, Roof ventilation 289

Insulating a loft

Laying blanket insulation

Before starting to lay blanket insulation, seal gaps around pipes, vents or wiring entering the loft, using flexible mastic.

Remove the blanket's wrapping in the loft itself (since the insulation is compressed for transportation and storage, but swells to its true thickness on being released) and begin by placing one end of a roll into the eaves. Make sure you don't cover the ventilation gap (trim the end of the blanket to a wedge shape, so that it does not obstruct the airflow), or fit eaves vents.

Unroll the blanket between the joists, pressing it down to form a snug fit – but don't compress it. If you have bought a roll that's slightly wider than the joist spacing, allow it to curl up against the timbers on each side.

Continue at the opposite side of the loft with another roll. Cut it to butt up against the end of the first one, using either a large kitchen knife or a pair of long-bladed scissors. Continue across the loft until all spaces have been filled (to fit odd spaces, trim the insulation).

Don't cover the casings of any light fittings that protrude into the loft space, and don't be tempted to cover electrical cables – there's a risk that they could overheat. Instead, lay the cables on top of the blanket, or clip them to the sides of the joists above it.

Don't insulate the area immediately below a cold-water tank (the heat rising from the room below will help to prevent freezing during the winter).

Cut a piece of blanket to fit the cover of the entrance hatch, and attach it with PVA adhesive or with cloth tapes and drawing pins. Fit foam draught excluder around the edges of the hatch.

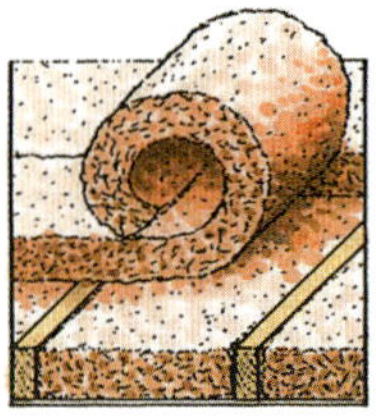

Cross-laying insulation
Most modern ceiling joists are only 100mm (4in) deep. One way to install insulation of the recommended thickness is to lay 100mm (4in) blanket between the joists, then lay another layer of blanket at right angles to the joists.

Laying loose-fill insulation

When laying loose-fill insulation, take precautions against condensation similar to those described for blanket insulation (see above). To avoid the eaves becoming blocked, wedge strips of plywood or thick cardboard between the joists before laying the insulant.

Pour the insulant between the joists and distribute it roughly with a broom. Level it with a spreader cut from hardboard. If the joists are shallow, nail on lengths of wood to build up their height to at least 150mm (6in), to support walkway boarding in specific areas of the loft. To insulate the entrance hatch, screw battens around the outer edge of the cover, then fill with granules and pin on a hardboard lid to contain them.

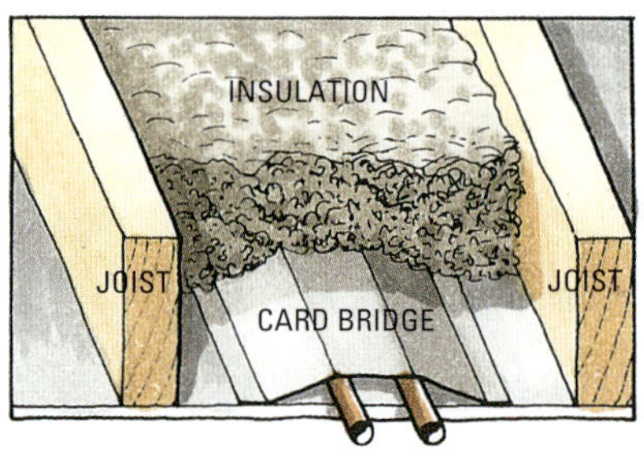

Insulating pipes between joists

TANKS AND PIPES

Insulating storage tanks

To comply with current bylaws, your cold-water-storage tank must be insulated. It's simplest to buy a Bylaw 30 kit, which includes a tank jacket and all the other equipment that is required. Insulate your central-heating expansion tank at the same time.

Buy a ready-made jacket to insulate a tank

Insulating pipes

If there are cold-water pipes running between the joists, prevent them from freezing by laying blanket insulation over them. If that's not practical, then insulate each pipe run separately.

Before pouring loose-fill insulation, lay a bridge made from thin card over cold-water pipes running between the joists, so that they will benefit from warmth rising from the room below. If the joists are shallow, you can cover the pipes with foam sleeves before pouring the insulation.

Laying blanket insulation *(right)*
Seal all gaps around pipes, vents and wiring **(1)**. Place end of roll against eaves, and trim ends **(2)** or fit eaves vents **(3)**. Press rolls between joists **(4)**. Insulate the tank and cold-water pipes **(5)**.

Spreading loose-fill insulant *(far right)*
Seal gaps to prevent condensation **(1)**. Use strips of plywood to prevent insulant from blocking ventilation **(2)** or fit eaves vents **(3)**. Cover the cold-water pipes with a cardboard bridge **(4)**, then use a spreader to level the insulant **(5)**. Insulate and draughtproof the hatch cover **(6)**.

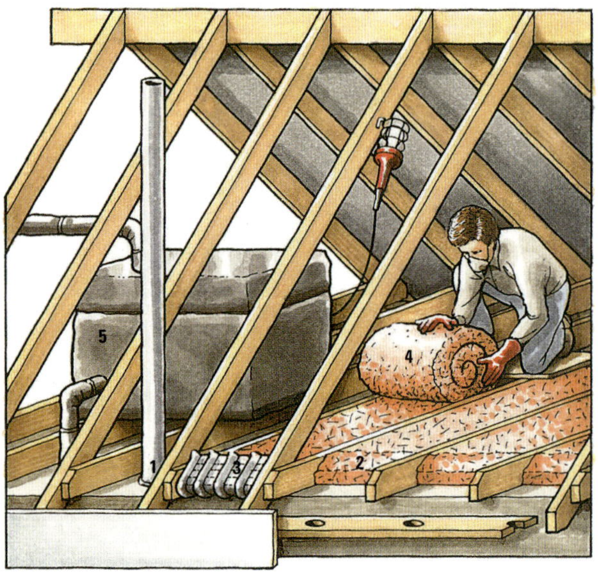

Laying blanket insulation

Spreading loose-fill insulant

SEE ALSO: Lagging pipe runs 271, Draught excluders 273, Types of insulation 275, Ventilating the roof space 289

Insulating a sloping roof

Insulating between the rafters

If the attic is to be used as a room or rooms, you will need to insulate the sloping part of the roof in order to heat the living space. Repair the roof first, so the insulation won't be soaked by leaks (it will also be difficult to spot leaks after insulating).

Condensation often causes serious problems after installing insulation between the rafters, as the undersides of the roof tiles become very cold. It is therefore vital to provide a 50mm (2in) gap between the insulant and the tiles, to promote sufficient ventilation to keep the space dry (this also determines the maximum thickness of insulation you can install). The ridge and eaves must be ventilated, and you should include a vapour barrier on the warm side of the insulation – either by fitting foil-backed blanket or by stapling polythene sheet to the lower edges of the rafters to cover unbacked insulation. Special closed-cell insulants do not require a vapour barrier (seek the manufacturer's advice).

After installing insulation of any type, you can cover the rafters with sheets of plasterboard as a final decorative layer. Your choice of panels will be limited by the maximum size that can be passed through the hatchway of your loft. Use plasterboard nails or screws to fix the panels to the rafters, staggering the joints.

Another alternative is to provide insulation and surface finish together by fitting insulated (thermal) plasterboard to the underside of the rafters.

Fixing blanket insulant

Unfold the side flanges from a roll of foil-backed blanket and staple them to the undersides of the rafters. As you fit adjacent rolls, make sure you overlap the edges of the vapour barrier, so as to provide a continuous layer.

Attaching sheet insulant

Cut sheet insulation as accurately as possible, to ensure a wedge-fit between the rafters. To maintain a 50mm (2in) gap behind the insulant, screw battens to the sides of the rafters; treat the new battens with a chemical preserver first.

Install a polythene-sheet vapour barrier over the rafters. Make sure you double-fold the joints before stapling the polythene in place.

Insulating an attic from the inside
Fit either blanket or sheet insulation between the rafters.
1 Minimum gap of 50mm (2in) between insulation and slates for ventilation.
2 Blanket or batts.
3 Vapour barrier with double-folded joints stapled to rafters.
4 Sheet insulant wedged between rafters.
5 Plasterboard nailed over vapour barrier.
6 Tile battens.
7 Tiles or slates.
8 Roof felt (sarking).

INSULATING THE ATTIC

If there's an attic room that was built as part of the original structure of your house, you probably won't be able to insulate the pitch of the roof unless you are prepared to hack off the old plaster before insulating between the rafters (see left). It may therefore be simpler to insulate from the inside (as for a flat roof), although you won't have a great deal of headroom. Insulate the short vertical wall of the attic from inside the crawlspace, making sure the vapour barrier faces the warm inner side of the partition. At the same time, insulate between the joists of the crawlspace.

Fit blankets with vapour barrier facing the room

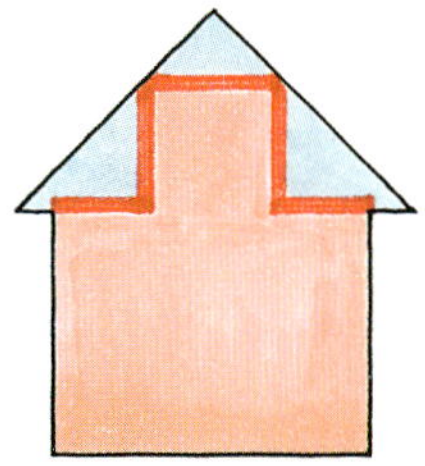

Insulating a room in the attic
Surround the room itself with insulation, but leave the floor uninsulated, so the attic will benefit from heat rising from the rooms directly below.

● Where space is tight
It is difficult to install adequate insulation between narrow rafters. Where space is tight, either increase the depth of the rafters by nailing battens to their edges or use a special thin blanket composed of layers of plastic foam interleaved with reflective foil. (See blanket insulation, page 275)

SEE ALSO: Plasterboarding 166–9, Wood preservers 260, Vapour barriers 275, Insulating a flat roof 278, Ventilating ridge/eaves 289

Insulating flat roofs

Treatment from above

One way of insulating a flat roof is to lay rigid insulating board on the original deck. The bonded 'warm-roof system' incorporates a vapour barrier – possibly just the old covering – that is laid under the insulation, which is then protected with a new waterproof covering. With a protected-membrane system, the insulation is laid over the covering and is held in place with paving slabs or a layer of pebbles. Both systems are best installed by contractors. Get them to check that the roof is weatherproof and can support the additional weight.

Insulating a flat roof from outside
Expert contractors can insulate the roof from above.

Warm-roof system
1 Roof deck
2 Waterproof covering
3 New vapour barrier
4 Insulation
5 New waterproof covering

Protected-membrane system
1 Roof deck
2 Waterproof covering
3 Insulation
4 Paving slabs

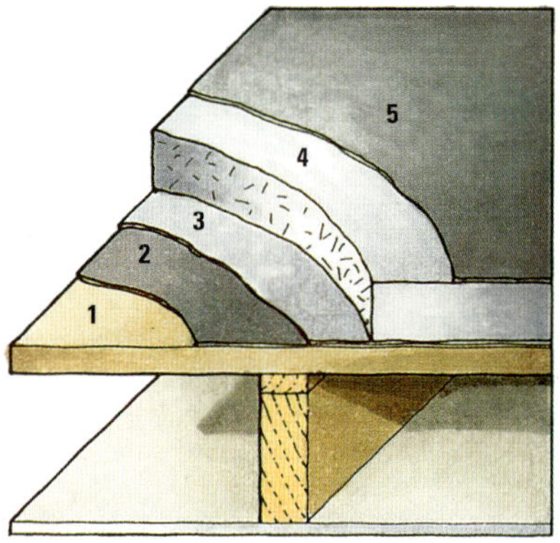

Warm-roof system

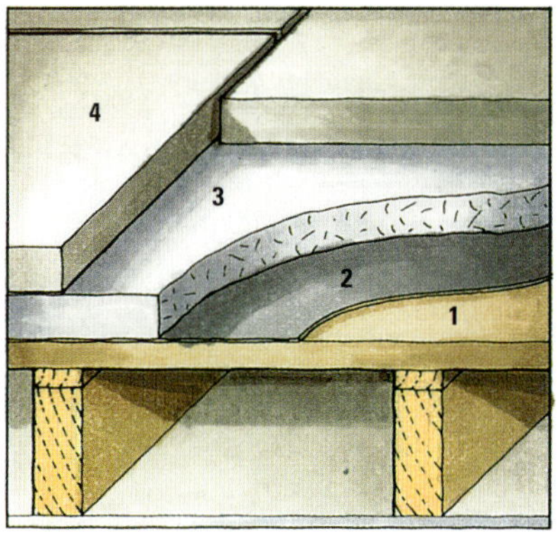

Protected-membrane system

Treatment from below

Another option is to insulate the ceiling below a flat roof. Very often the space within the roof structure has little or no ventilation. It is therefore essential to include a vapour barrier on the warm side of the ceiling, below the insulation, in order to prevent condensation.

First of all, either nail thermal plasterboard to the joists or install fire-retardant expanded polystyrene, 50mm (2in) thick, between softwood battens screwed to the joists every 400mm (1ft 4in) across the ceiling. Fit the first of the battens against the wall at right angles to the joists, then fit one at each end of the room. Butt the polystyrene against the first batten, coat the back of it with polystyrene adhesive and fix it to the ceiling. Continue with alternate battens and panels until you reach the other side of the room, finishing with a batten against the wall.

Install a polythene vapour barrier, double-folding the joints and stapling them to convenient battens. Fix plasterboard panels to the battens with galvanized plasterboard nails. Stagger the joins between the panels, then fill the joins and finish ready for decorating as required. A double coat of solvent-based paint will itself act as a vapour barrier to some extent.

Insulating the ceiling
Insulate a flat roof by fixing insulant to the ceiling.
1 Existing plasterboard or lath-and-plaster ceiling.
2 Softwood battens screwed to the joists.
3 Insulation glued to existing ceiling.
4 Polythene vapour barrier stapled to the battens.
5 Plasterboard nailed to the battens.
6 If possible, provide cross-ventilation by installing vents equal to 0.4 per cent of the roof area.

INSULATING WALLS

How you insulate the walls of your home is likely to be determined by several factors. Firstly, the type of construction.

Cavity or solid?

Houses built after 1920, and certainly after 1950, usually have cavity walls – two skins of brick, or one of brick and one of concrete block, with a gap between them to reduce the likelihood of water penetration. Although heat loss is slightly slower through a cavity wall than one of solid brick, that does not substantially reduce the cost of home heating. However, filling the cavity with insulation prevents circulation, trapping the air in millions of tiny air pockets within the material. This can reduce heat loss through the wall by as much as 65 per cent.

Solid walls require different treatment. You can either employ a contractor to insulate the external face of the walls or line the inner surfaces yourself.

Cavity insulation

Cavity filling is most cost-effective for homes that are centrally heated and have a properly controlled system. Heating without controls will simply increase the temperature inside, instead of saving on fuel bills. This type of insulation is not practical for flats or apartments unless the whole building is insulated at the same time.

Exterior-wall insulation

Walls made of solid brick or stone have to be insulated in some other way. Cladding the exterior of the house with insulation is expensive and also ruins the appearance of most buildings. The benefits of central heating with effective controls outlined above apply equally to exterior-wall insulation.

Dry lining

Another method – suitable for solid and cavity walls – is to line the inner surfaces of the walls with insulation. This may involve a great deal of effort, depending on the amount of alteration required to joinery, electrical fittings and plumbing – but it does provide an opportunity for selective insulation, concentrating on those rooms that are likely to benefit most. It is also the only form of wall insulation that can be carried out by the householder.

SEE ALSO: Plasterboarding 166–9, Insulating an external wall 280

Cavity-wall insulation & dry-lining

Insulating cavity walls

When constructing a new house, builders include a layer of insulation between the two masonry leaves of exterior walls – a simple measure that greatly increases the thermal insulation of the building. Insulating an existing wall is a different matter. It requires a skilled and experienced contractor to introduce an insulant through holes cut in the outer brick leaf and to fill the cavity in such a way that a substantial reduction of heat loss is achieved, while avoiding the possible side effect of damp penetrating to the inner leaf.

It is advisable to hire contractors that are approved by the Agrément Board or registered with the British Standards Institution, or belong to the National Cavity Insulation Association.

You should expect the contractor to carry out a thorough initial survey of the building to make sure that the walls are structurally fit for filling and that there is no evidence of frost damage or failed pointing.

An approved company will also make the necessary application to the local authority before commencing installation, in order to comply with the Building Regulations. This is particularly important if you live in an area of the country where your house is exposed to severe driving rain or blizzards for prolonged periods, since not all cavity fillings are suitable for such extreme weather conditions.

Do not hire a contractor who does not provide a long-term guarantee that is transferable with ownership of the house. It should state that the insulant will be effective throughout the period of the guarantee and that it is rot-proof and vermin-proof. It is also important to check that the contractor's guarantee states that damp resulting from faulty material or installation will be cured free of charge.

You are most likely to be offered one of three types of insulant – expanding foam, granules or mineral-wool fibres. Urea-formaldehyde foam is widely used, despite its reputation for releasing unpleasant odours as the foam cures. Polyurethane foam is an alternative.

Blown mineral wool treated with a water repellent is another popular type of cavity insulant. It's completely inert and, if properly installed, will form a stable insulation that will neither settle nor shrink once inserted into the cavity.

Expanded-polystyrene beads or granules are the third most commonly used form of cavity-wall insulation. Some of them are lightly coated with adhesive at the moment of injection, so that the fill won't settle over a period of time. If polystyrene is treated and properly installed, it does not affect the fire resistance of a masonry wall.

Whatever insulant you choose, the installation should take no more than two to three days to complete, and the whole process is carried out on outside the house, where holes are drilled at regular intervals in the brickwork **(1)**. The insulant is either injected or blown through a hose **(2)**, then the insertion holes are plugged. Provided the work is done properly, the holes should be virtually invisible, except perhaps on close inspection.

1 Drilling holes in the outer leaf
A professional contractor will begin by drilling large-diameter holes through the outer skin of brickwork to gain access to the cavity.

2 Introducing the insulant
A hose is then inserted into each hole and the insulant is injected or blown into the cavity under pressure, filling it from the base. Afterwards, the holes are plugged with colour-matched mortar.

Internal dry-lining

If you are planning to dry-line an external wall with some form of panelling, it is worth taking the opportunity to include fibre blanket or sheet insulation between the furring strips.

Fix a polythene-sheet vapour barrier over the insulation by stapling it to the furring strips before you nail the panelling in place. Alternatively, use an insulated (thermal) plasterboard, which has the advantage of requiring no additional vapour barrier.

Any form of panelling can be applied over blanket insulation, but you should use plasterboard to cover expanded-polystyrene insulant. A simpler method is to use a manufacturer's adhesive sealant to glue insulated plasterboard directly onto a sound plaster surface. This type of wall insulation is made from standard plasterboard backed by either a layer of expanded-polystyrene or phenolic foam. An integral vapour barrier is incorporated in both boards.

Using an applicator gun, apply golf-ball-size dabs of adhesive to the wall, in four vertical rows, spaced about 380mm (1ft 3in) apart. Place packing pieces of plasterboard at the foot of the wall to support the insulated board. Resting the bottom edge of the board on the packing pieces, press it against the adhesive and tamp it down with a heavy straightedge. Apply each board in a similar way, making sure they are flat and level. Use a fine-toothed saw to cut a panel to fit into a corner.

Wait until the adhesive sets, then drill through each board into the wall to insert a pair of nailable plugs. Position the plugs on the centre line, 15mm (5/8in) from the edges of the board. Remove the packing, then tape and fill all joints.

Detailed instructions regarding door and window mouldings can be found in the section on wall panelling, but bed the skirting board onto a bead of mastic sealant applied to the floor and plasterboard. Fix the skirting board through the panel to the wall behind.

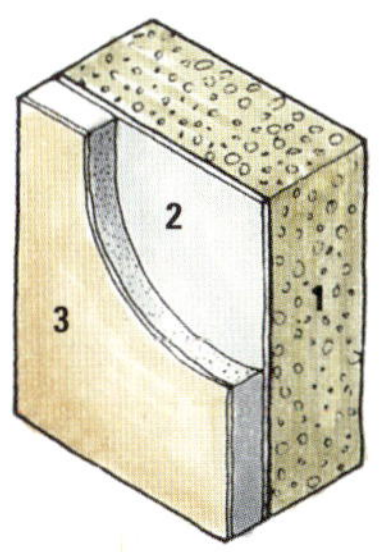

1 Insulant (either expanded polystyrene or phenolic foam)
2 Integral vapour barrier
3 Plasterboard lining

The structure of insulated plasterboard

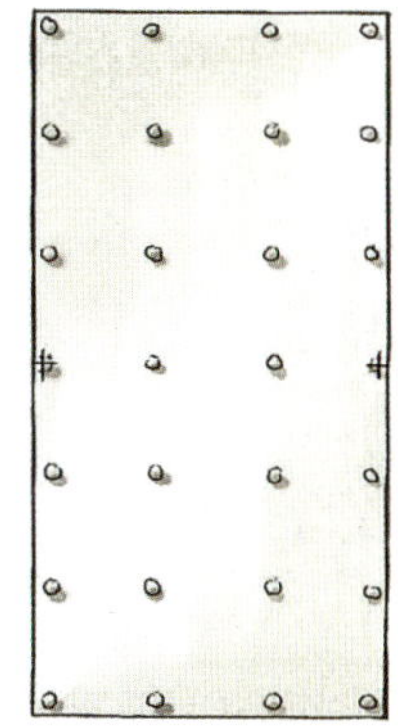

Fixing thermal plasterboard
Apply dabs of adhesive sealant to the wall in four rows. The crosses indicate the positions of nailable plugs.

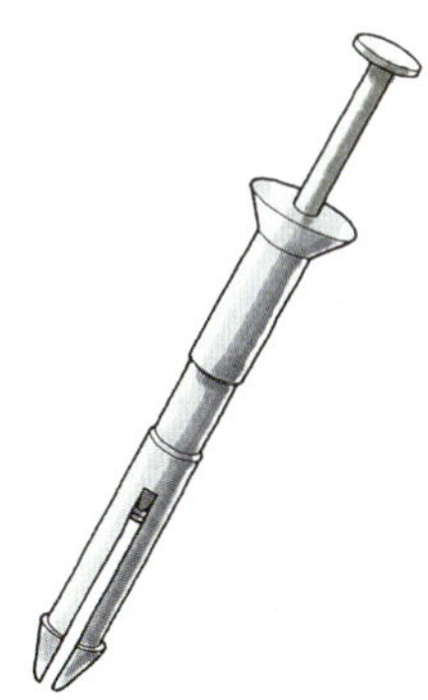

Nailable plug
Used to fix insulated plasterboard to the wall. Push the plug into a hole drilled through the board, then drive in the nail to expand the plug and grip the masonry.

SEE ALSO: Furring strips 93, Interior panelling 93–5, Taping joints 172–3

INSULATING AN EXTERNAL WALL

External-wall insulation should only be undertaken after careful consideration of the benefits – and the pitfalls. The techniques involve the application of a thermal insulant, plus a weatherproof cladding that also provides a decorative finish. The thickness of the insulation will be determined by U-value calculations based on the structure of the existing wall.

Installation

Expert installation is required, and it makes sense to use a contractor who is a registered member of the Insulated Render and Cladding Association.

Planning permission may have to be obtained before work commences, in case the style of insulation is unsuitable for the building. In particular, treatment of the doors and windows needs to be sensitively detailed in order to preserve the character of the house – and strict regulations apply to listed buildings and houses situated in Conservation Areas.

In addition, downpipes, ventilators, and telephone and TV cables may all have to be relocated. Exterior cladding inevitably involves a great deal of labour, and this is reflected in the relatively high cost of the work.

Apart from reducing heat loss, the main advantage of insulating the outside of your house is weatherproofing. If you are faced with the expense of tackling severe penetrating damp, then you may find that it is economical to choose external insulation as a solution to both problems. It will not, however, have any effect on rising damp, which must be remedied before the installers can start work.

Slabs of polystyrene, polyurethane or mineral-fibre are mechanically fixed or glued to the walls. Once they are in place, the insulation is covered with a glass-fibre or wire mesh before rendering.

Wall-hung tiles

Another method sometimes used for insulating the exterior walls of a house is to apply either wall-hung tiles or weatherboarding over a wooden framework that incorporates blanket or slab insulation.

Insulating floors

The Building Regulations stipulate that new floors must be insulated. So far as existing floors are concerned, it's possible to upgrade a concrete surface by installing an insulated floating floor on top of it.

Suspended wooden floors lose heat to the crawlspace underneath, which must be ventilated to keep them free from rot. You can reduce draughts by lining the floor with hardboard covered with carpet and underlay – but really effective insulation entails additional measures.

Methods of treatment

Working from above, by lifting the floorboards you can lay a substantial amount of insulation between the joists. Staple some plastic netting to the sides of the joists as support for blanket insulation. Alternatively, nail battens to the joists to support panels cut from sheet insulant.

If you can gain access from below, it makes the job easier. Simply push insulating material between the joists and then staple plastic netting or wire mesh to the undersides to hold it in place.

Insulating from above
Lift the floorboards and staple plastic netting **(1)** to the sides of the joists **(2)**. Lay blanket insulation **(3)** between the joists. Alternatively, nail battens **(4)** to the sides of the joists to support sheet insulation **(5)**.

Insulating from below
If you have a cellar or basement below the room you want to insulate, it makes sense to press batts between the joists **(1)** and hold them in place by stapling netting to the timbers **(2)**. Line with plasterboard for a neat finish.

SEE ALSO: Levelling a wooden floor 55, Floating floors 183, Damp 261–8, U-values 270, Types of insulation 275, Ventilating below floors 288

Double glazing

A double-glazed window consists of two sheets of glass separated by an air gap. The air gap provides an insulating layer that reduces heat loss and sound transmission. Condensation is also reduced, because the inner layer of glass remains warmer than the glass on the outside.

Both factory-sealed units and secondary glazing are used for domestic double glazing. Sealed units are unobtrusive; secondary glazing is a cheaper option that helps to reduce the intrusion of noise from outside. Both provide good thermal insulation.

What size air gap?

For heat insulation, a 20mm (¾in) gap will give the optimum level of efficiency. If the gap is less than 12mm (½in), the air can conduct a proportion of the heat across it. If it's greater than 20mm (¾in), there is no appreciable gain in thermal insulation, and air currents can transmit heat to the outside layer of glass.

For noise insulation, an air gap of 100 to 200mm (4 to 8in) is more effective. Triple glazing – a combination of sealed units with secondary glazing – may therefore prove to be the ideal solution.

Although the amount of heat lost through windows is relatively small, the installation of double glazing can halve the wastage. As a result, you will find there is a saving on your fuel bills.

But the benefit you will be aware of more immediately is the elimination of draughts. In addition, the cold spots associated with large windows (most noticeable when you're sitting still) are likely to be reduced.

Installing double glazing with good window locks will improve security against forced entry, particularly when sealed units or toughened glass are used. However, make sure that some accessible part of appropriate windows can be opened in order to provide an escape route in case of fire.

Factory-sealed unit
A complete frame system installed by a contractor.

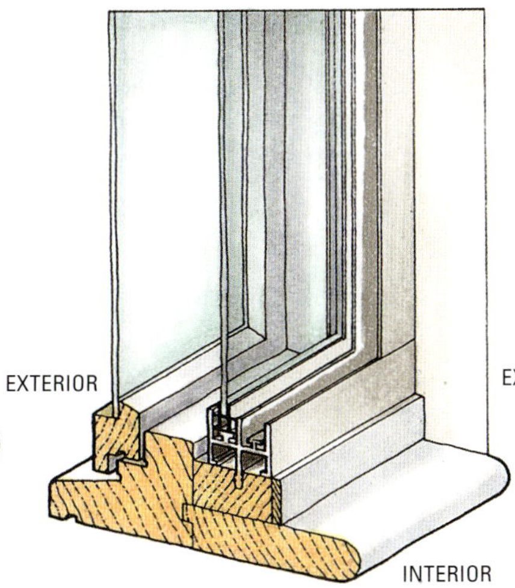

Secondary double glazing
Fitted in addition to an ordinary glazed window.

Triple glazing
A combination of secondary and sealed units.

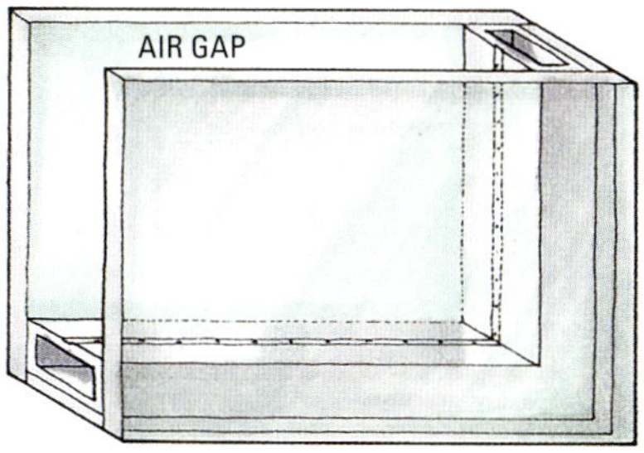

Double-glazed sealed unit

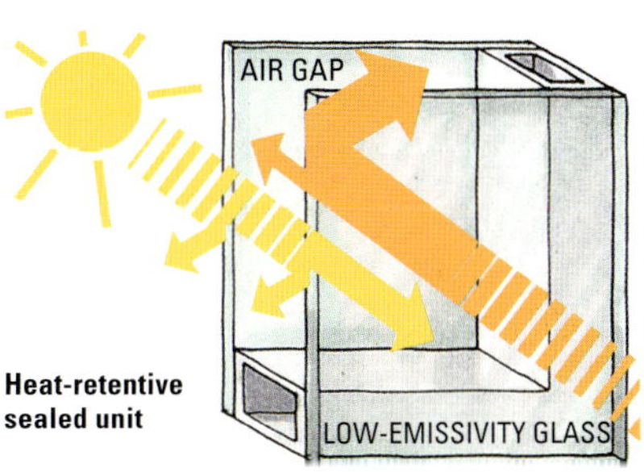

Heat-retentive sealed unit

Double-glazed sealed units

Double-glazed sealed units consist of two panes of glass that are separated by a spacer and hermetically sealed all round. The gap may contain dehydrated air – which eliminates condensation between the two panes of glass – or inert gases, which also improve thermal and acoustic insulation.

The thickness and type of glass used are determined by the size of the unit. Clear float glass or toughened glass is commonly employed. When obscured glazing is required to provide privacy, patterned glass is used. Heat-retentive sealed units, incorporating special low-emissivity glass, are supplied by some double-glazing companies.

Generally, factory-sealed units are produced and installed by suppliers of ready-made double-glazed replacement windows. However, you can also buy sealed units that are suitable for self-fixing from some joinery suppliers; or have them made to order by specialists. Square-edged units are available for frames with a deep rebate, and stepped units for window frames that were originally intended for single glazing.

Double-glazed sealed units with PVC or aluminium frames are rarely suitable for older houses. A secondary system that leaves the original window intact is generally more appropriate – especially if you have attractive leaded windows, which should be preserved (sealed units with fake glazing bars or a modern interpretation of leaded lights aren't an adequate substitute for the real thing).

SEE ALSO: Double-glazing units 212

Secondary double glazing

Secondary double glazing consists of a separate pane of glass or sheet of plastic fitted over an ordinary single-glazed window. It is normally fitted on the inside of the existing windows, and is one of the most popular methods of double glazing as it's relatively easy to install yourself – usually at a fraction of the cost of sealed units.

How the glazing is fixed

Secondary glazing can be fastened to the sash frames **(1)** or window frame **(2)**, or across the window reveal **(3)**. The method depends on the ease of fixing, the type of glazing chosen, and the amount of ventilation required.

Glazing fixed to the sash will reduce heat loss through the glass and provide accessible ventilation, but it won't stop draughts – whereas glazing fixed to the window frame has the advantage of cutting down heat loss and eliminating draughts at the same time. Glazing fixed across the reveal offers improved noise insulation too, since the air gap can be wider. Any system should be readily demountable, or preferably openable, to provide a change of air if the room does not have any other form of ventilation.

A rigid-plastic or glass pane can be fitted to the exterior of the window if secondary glazing fitted on the inside would look unsightly. Windows set in a deep reveal, such as the sliding-sash type, are generally the most suitable ones for external secondary glazing **(4)**.

● Providing a fire escape
If you fit secondary glazing, make sure there is at least one window in every occupied room that can be opened easily.

Glazing with renewable film

Quite effective double glazing can be achieved using double-sided adhesive tape to stretch a thin flexible sheet of plastic across a window frame. The taped sheet can be removed at the end of the winter.

Clean the window frame **(1)** and cut the plastic roughly to size, allowing an overlap all round. Apply double-sided tape to the edges of the frame **(2)**, then peel off the backing paper.

Attach the plastic film to the top rail **(3)**, then tension it onto the tape on the sides and bottom of the window frame **(4)**. Apply only light pressure until you have positioned the film, and then rub it down onto the tape all round.

Remove all creases and wrinkles in the film, using a hairdryer set to a high temperature **(5)**. Starting at an upper corner, move the dryer slowly across the film, holding it about 6mm (¼in) from the surface. When the film is taut, cut off the excess plastic with a knife **(6)**.

GLAZING POSITIONS

Secondary double glazing, in one form or another, is particularly suitable for DIY installation. It's possible to fit a secondary system to almost any style or shape of window, be it a traditional sliding sash or a modern casement. See left for fixing details.

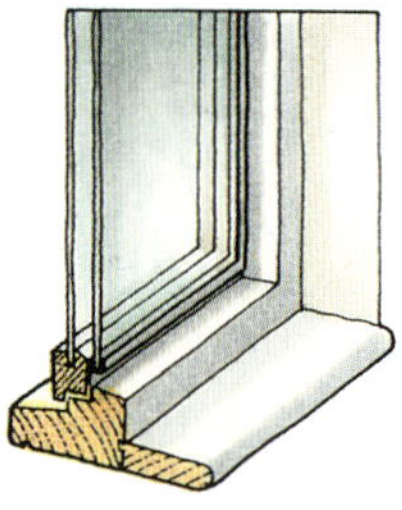

1 Sash-fixed
Glazing fixed to opening part of window.

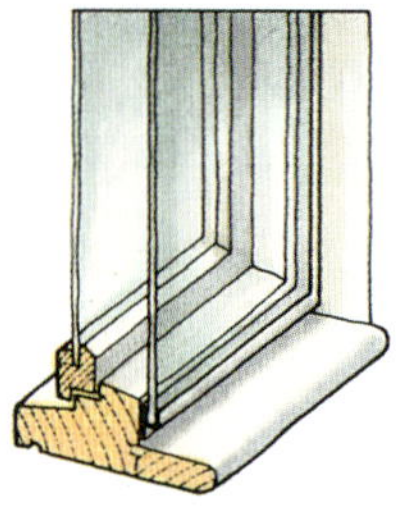

2 Frame-fixed
Glazing fixed to the structural frame.

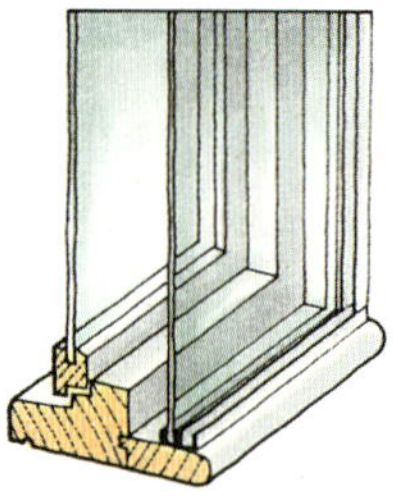

3 Reveal-fixed
Glazing fixed to the reveal and interior windowsill.

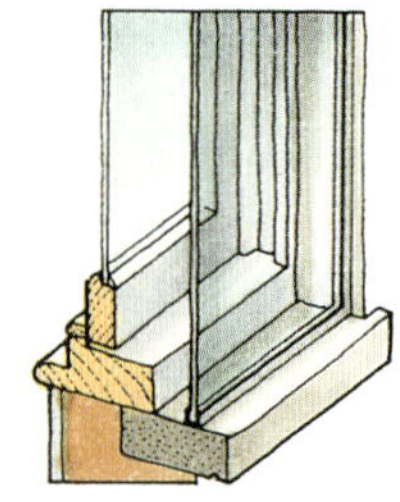

4 Exterior-fitted
Glazing fixed to the reveal and exterior windowsill.

1 Wipe woodwork to remove dust and grease

2 Apply double-sided tape to the fixed frame

3 Stretch the film across the top of the frame

4 Pull the film taut and fix to sides and bottom

5 Use a hairdryer to shrink the film

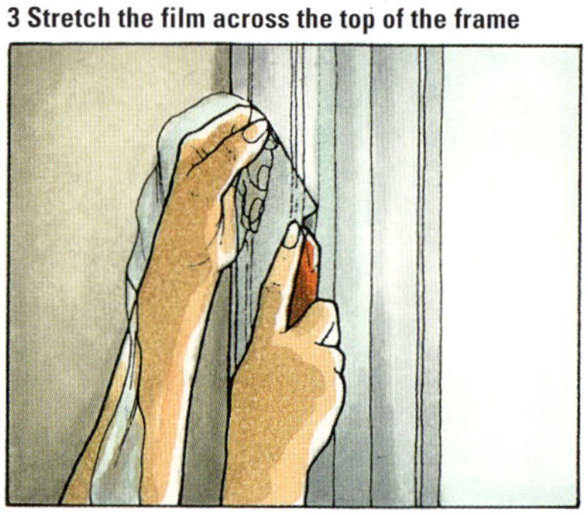

6 Trim the waste with a sharp knife

SEE ALSO: Draughtproofing windows 274

Plastic double glazing

Demountable systems

A simple method of interior secondary glazing uses clear-plastic film or sheet. These lightweight materials are held in place by self-adhesive strips or rigid moulded sections, which form a seal. Most strip fastenings use magnetism or some form of retentive tape, thus allowing the secondary glazing to be removed for cleaning or ventilation. The strips and tapes usually have a flexible-foam backing, which takes up slight irregularities in the woodwork. This type of glazing can be left in place throughout the winter and removed for storage during the summer months.

Fitting a demountable system
Clean the windows and the surfaces of the window frame. Cut the plastic sheet to size, then hold it against the window frame and draw round it **(1)**. Lay the sheet on a flat table. Peel back the protective paper from one end of the self-adhesive strip and stick it to the plastic sheet, flush with one edge. Cut the strip to length and repeat on the other edges. Cut the mating parts of the strips and stick them onto the window frame, following the guide lines marked earlier. Press the glazing into place **(2)**.

When using rigid moulded sections, cut the sections to length with mitred corners. To fit an extruded clip-type moulding **(3)**, stick the base section to the frame, then insert the outer section to hold the glazing in place.

1 Mark around glazing

2 Position glazed unit

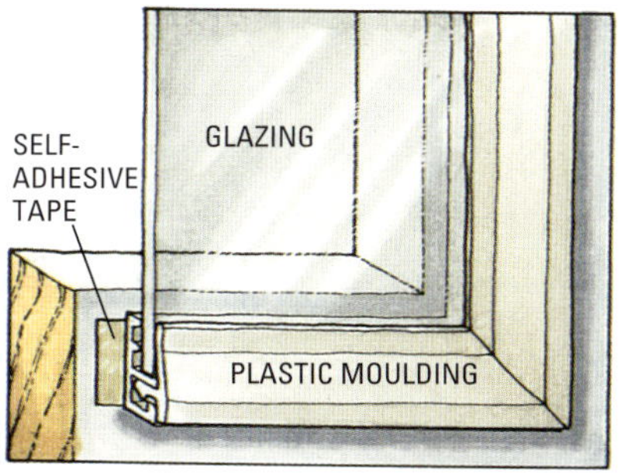

3 Rigid plastic mouldings support the glazing

Plastic materials for double glazing

Plastic materials can be used in place of glass to provide lightweight double glazing. They are available as clear thin flexible film and as clear textured or coloured rigid sheets.

Unlike glass windows, plastic glazing has a high impact resistance and does not splinter when broken. Depending on its thickness, plastic can be cut with scissors, drilled, sawn, planed or filed.

The clarity of the newer types of plastics is as good as glass. Although they have the disadvantage of being easily scratched, slight abrasions can be rubbed out with metal polish. Plastics are also liable to degrade with age and are prone to static. It's best to wash plastic sheet with a liquid-soap solution.

Film and semi-rigid plastics are sold by the metre or in rolls. Rigid sheets are available in a range of standard sizes or can be cut to order.

Rigid-plastic sheets are generally supplied with a protective covering of paper or thin plastic on both faces. In order to avoid scratching the surface of the sheets, don't peel off the covering until after cutting and shaping.

Polyester film

Polyester film is a form of plastic often used for inexpensive secondary double glazing. It can be trimmed with scissors or a knife, and fixed with self-adhesive tape or strip fasteners. The fact that polyester is tough, virtually tearproof and very clear makes it an ideal plastic for glazing living-room windows.

Polystyrene

Polystyrene is an inexpensive plastic that is available in both clear and textured sheet form. Clear polystyrene doesn't have the clarity of glass and degrades in strong sunlight, so shouldn't be used for south-facing windows or for situations where a distortion-free view is desirable. Depending on the climate, the life of polystyrene is estimated to be between three and five years. Its working life can be extended if the glazing is removed for storage in summer.

Acrylic

Acrylic is a good-quality rigid plastic. It is up to ten times stronger than glass, but without any loss in clarity. Although it costs approximately twice as much as polystyrene, the working life of acrylic is estimated to be at least 15 years. It is manufactured in a useful range of translucent and opaque colours.

Polycarbonate

A lightweight vandal-proof glazing with a high level of clarity, this plastic is most commonly available as twin-wall and triple-wall sheeting for glazing the sloping roofs of conservatories. Polycarbonate sheet has a hollow ribbed section that gives it exceptional rigidity, while at the same time keeping both heat loss and weight to a minimum. However, it is also relatively expensive.

PVC glazing

PVC is available as a flexible film or rigid sheet that is ultraviolet-stabilized and therefore unaffected by sunlight. PVC film provides inexpensive glazing where a high degree of clarity is not essential (for example, in a bedroom).

SEE ALSO: Woodworking tools 492–504

Openable secondary glazing

You can buy hinged or sliding secondary-glazing systems in kit form for home assembly; sliding systems are also made and installed by glazing companies. Both types are intended to be permanent fixtures.

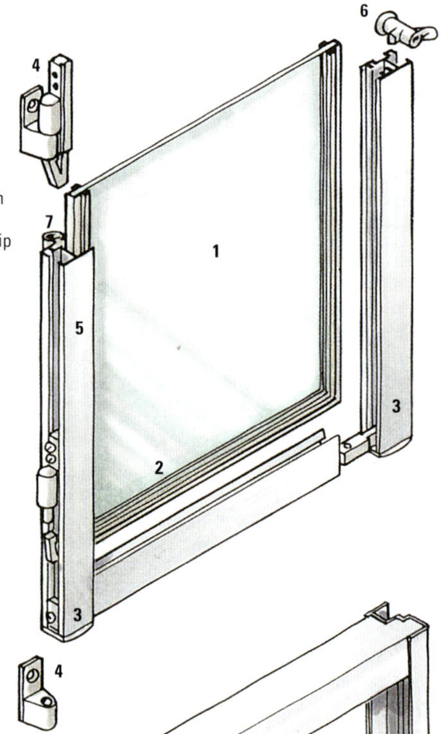

Hinged system
1 Glazing
2 Glazing gasket
3 Corner joints
4 Hinges
5 Aluminium extrusion
6 Turn button
7 Draughtproofing strip

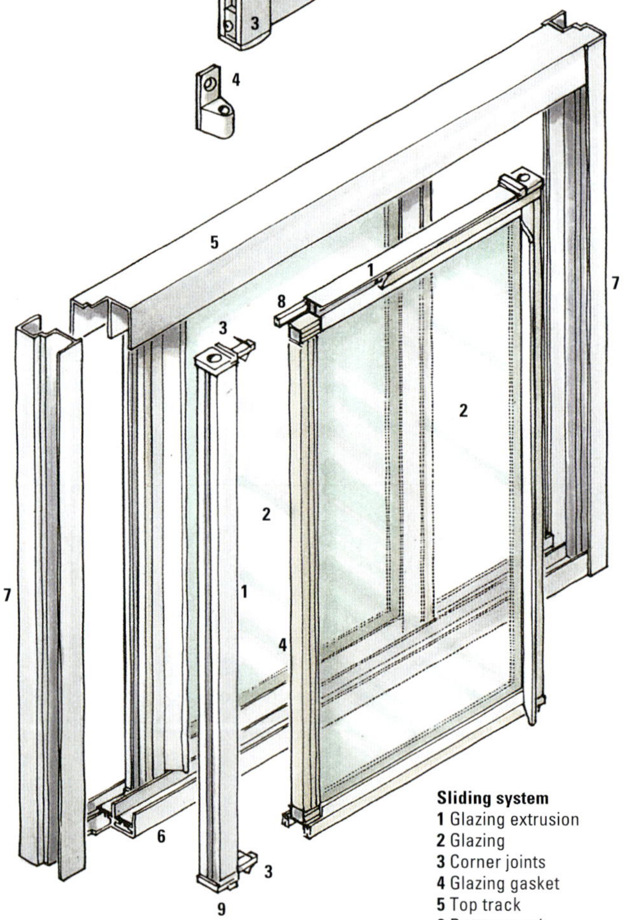

Sliding system
1 Glazing extrusion
2 Glazing
3 Corner joints
4 Glazing gasket
5 Top track
6 Bottom track
7 Side track
8 Fibre draught seal
9 Slides

Types of glass

Normally 4mm ($\frac{5}{32}$in) glass is used in an openable secondary-glazing system.

For sliding windows, no pane should exceed 1.85sq m (20sq ft). In side-hung hinged sections the panes should be no more than 1.1sq m (12sq ft), but panes that are top-hung can be 1.65sq m (18sq ft). The height of each pane should not exceed 1.5m (5ft), nor should the height be more than twice the width.

For low windows or those that are at risk from impact, use toughened glass.

Hinged systems

Hinged systems incorporate aluminium extrusions to form a frame for the glass or rigid-plastic sheet. The glazing sits in a flexible gasket lining the extrusions. Screw-fixed corner joints hold the sides of the frame together, and pivot hinges are inserted into one of the extrusions so as to make side-hung or top-hung units. Hinged units are fitted to the face of a wooden window frame and secured by turn buttons. A flexible draughtproofing strip is fixed to the back of the frame. A self-locking stay can be fitted to keep the window open to provide ventilation.

Sliding systems

A horizontally sliding glazing system is normally used for casement windows, whereas a vertically sliding system is more suitable for tall windows, such as double-hung sashes. Both rigid-plastic and aluminium versions are available. Each of the panes is framed by a lightweight extrusion, which is jointed at the corners, and the glass is sealed into its frame with a gasket.

A horizontal system has two or more sliding panes, the number depending on the width of the window. They are held in a tracked frame, which is screwed to the window frame or the reveal. Fibre seals are fitted to the sliding-frame members to prevent draughts between the moving parts. The glazing is opened with an integral handle, and each pane can be lifted out for cleaning.

A vertically sliding system is similar in construction, but ratchet catches are incorporated in the frame to hold the panes open at any height.

Fitting a horizontally sliding system

Measure your window opening and buy a kit of parts slightly larger than the opening. After cutting the vertical track members to size, using a junior hacksaw **(1)**, screw them to either the reveal or the inside face of the window frame. Then cut the horizontal track members and screw them in place **(2)**.

Measure the opening for the glazing and have it cut to size, following the manufacturer's instructions regarding tolerances. Arrange the system so that the overlapping members of the sliding frames coincide with vertical window mullions. Cut and fit the components of the glazing frame, including the gaskets and seals. Join the four sides together – usually with screw-fixed corner joints **(3)** – and lift the glazing into the sliding tracks to complete the installation **(4)**.

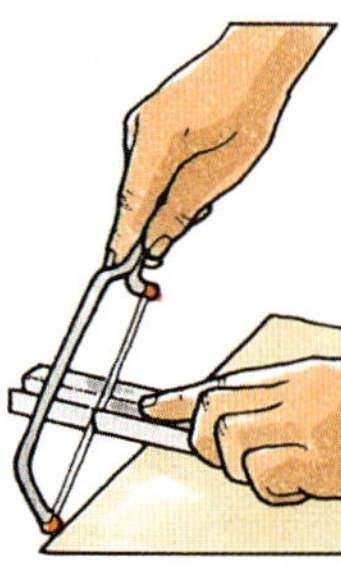

1 Cut track to length

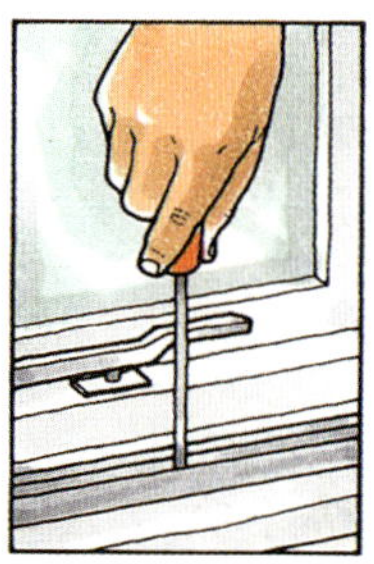

2 Screw it in place

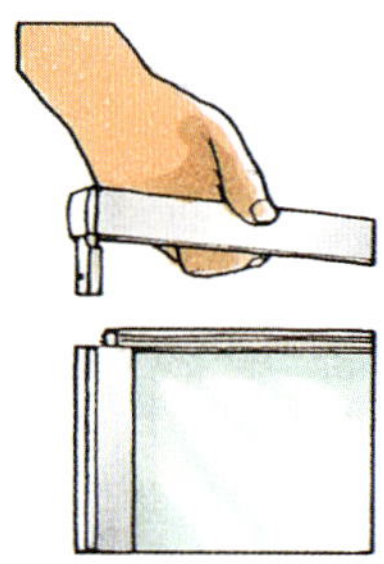

3 Assemble the frame

4 Fit it into the tracks

SEE ALSO: Types of glass 207, Cutting glass 208–9

Soundproofing walls

Noise generated by road and air traffic, industrial processes or thoughtless neighbours can make life distinctly unpleasant, if not intolerable. Although it's difficult to block out unwelcome sounds completely, it is possible to reduce intrusive noise levels in almost any house or flat.

Sound is produced as a vibration that sets up pressure waves. These are transmitted to different elements in a house, which in turn resonate, making the noise 'echo' through the building.

The materials that make up the house react differently to sound waves. Carpets and curtains, for example, act as insulators – whereas hard surfaces such as ceramic tiles and plastered walls reflect sound, and thin materials offer little resistance. In addition, loose-fitting doors and windows, holes in the roof, and gaps between the floorboards and under skirtings all contribute to the problem of penetrating noise.

What's needed is an airtight barrier that has sufficient mass to be resistant to vibration – but lightweight modern housing materials, though thermally efficient, are not as soundproof as the denser materials used in the construction of older, traditionally built houses.

Party and partition walls

Noise can easily penetrate a shared wall between houses. Although neighbourly courtesy ought to rule out noise problems, in practice neighbours aren't always so considerate.

Filling gaps

Sealing gaps in the party wall is one obvious way to reduce airborne noise. If necessary, remove skirtings and floorboards close to the party wall so you can repoint poor mortar joints and fill any gaps around joists that are built into the masonry. After replacing the skirting and floorboards, seal any gaps between them with a flexible mastic. It may also be worth repointing the wall in the loft and plastering it to add mass.

Cladding a partition wall

To reduce the noise that passes from room to room in your own home, line both sides of existing stud partitions with plasterboard 12.5mm (½in) thick; then fill and tape the joints and refix the skirting. If you are building a new stud partition, clad it with two layers of plasterboard and include insulation.

Soundproofing a party wall

The soundproofing of a party wall can be greatly improved by the installation of a detached insulated lining, although its effectiveness will depend to some extent on the construction of the party wall, whether or not there is a fireplace, the location of electrical or plumbing fittings, and the proximity of windows.

The lining – constructed in a similar way to an ordinary stud partition – is fixed to the floor, ceiling and side walls, but not to the party wall itself. The gap between the lining and the party wall is filled with glass-fibre or mineral-fibre blanket insulation, and the lining is clad with two layers of plasterboard.

In an older house, adding a lining to the party wall may mean modifying a moulded-plaster cornice. The size of the room, or rooms, will be reduced to some extent, whatever the age of the house.

Setting out

Switch off the electricity supply at the consumer unit, and replace any electrical fittings attached to the party wall with junction boxes in readiness for relocating the fittings on the new lining. Remove the skirting carefully and retain it for reuse. Mark a line on the ceiling 100mm (4in) from the party wall. Drop a plumb line and make a similar mark on the floor below.

Fixing the lining sole plate to the floor presents few problems. But if the ceiling joists run parallel to the party wall, then you may have to nail noggings between them to provide secure fixing points for the lining head plate.

Erecting the lining

Nail a 75 x 50mm (3 x 2in) softwood head plate and sole plate in position, with their front edges on the marked lines – which will leave a 25mm (1in) gap between them and the wall. Nail matching vertical studs between them at about 600mm (2ft) intervals (adjust the intervals to suit the width of the blanket insulation you intend to use). Mark the position of the studs on the floor and ceiling to help you find them when fixing the plasterboard.

Hang floor-to-ceiling lengths of insulating blanket, 100mm (4in) thick, between the studs, tucking the edges behind the framework. Skew-nail noggings between the studs to serve as fixing points for shelving or electrical mounting boxes. Check that the power is still switched off, then run short lengths of cable from junction boxes to the new mounting-box locations.

Cover the framework with plasterboard 12.5mm (½in) thick. Fill the joints and seal around the outer edges with mastic. Nail a second layer of tapered-edge boards over the first, staggering the joints and placing the nails about 150mm (6in) apart.

Fill and tape the joints between the plasterboard sheets as you would for a stud-partition wall, then nail the skirting board in place. Mount and wire the electrical fittings, sealing around the edges of flush-mounted electrical mounting boxes with mastic. Seal the lower edge of the skirting board, too.

Detached insulated lining
1 Head plate
2 Sole plate
3 Studs
4 Insulating blanket
5 Nogging
6 First layer of plasterboard
7 Second layer of plasterboard
8 Electrical fitting

SEE ALSO: Repointing masonry 43, Stud partitions 142–3, Plasterboarding 161–73, Electricity 296–356, Insulating blocks 449

Additional soundproofing

Resilient floorcoverings – such as cork tiling and carpet with underlay – are normally sufficient to deaden noise transmission between the floors of a house. However, more drastic measures may be needed when a building has been converted into flats. The most radical solutions are only possible if you can enlist the help of your neighbours, but it is often possible to improve the situation without their cooperation.

Soundproofing floors and ceilings

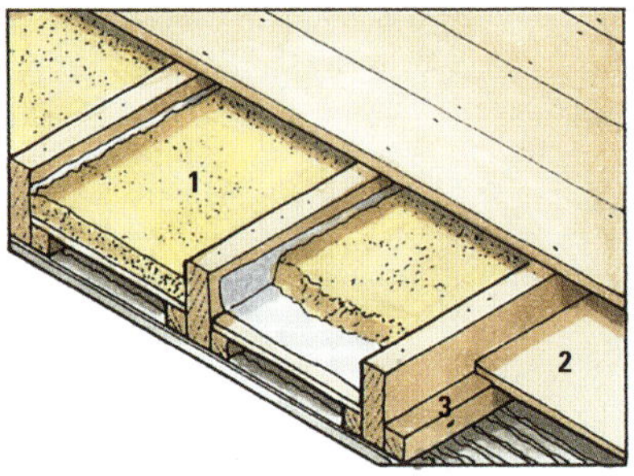

Sand pugging
1 Dry sand provides soundproofing.
2 Stiff-plywood platform lined with polythene.
3 Supporting batten, screwed to joist.

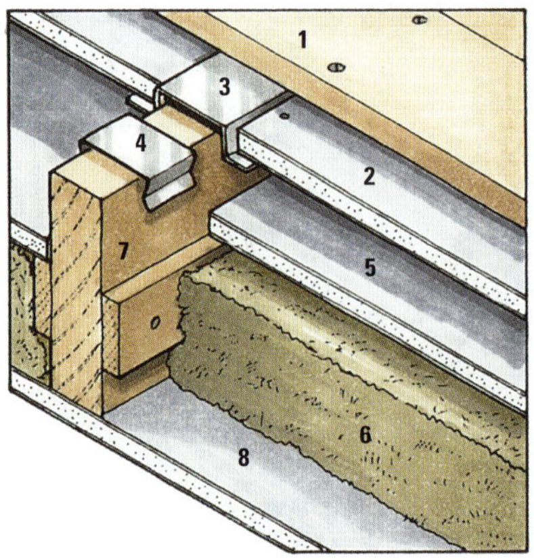

Insulated floating floor
1 Floorboards screwed through plasterboard to metal channel.
2 Plasterboard rests on metal flanges.
3 Metal channel rests on resilient strip.
4 Clip locates channel on joist.
5 Additional layer of plasterboard supported by battens screwed to joists.
6 Insulating blanket.
7 Floor joist.
8 Existing plaster ceiling.

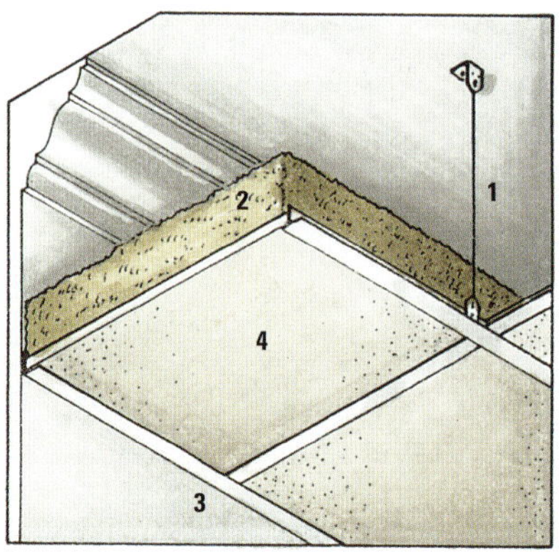

Suspended ceiling insulated with blanket
1 Grid hangs from cables attached to original ceiling.
2 Lightweight insulating blanket.
3 Proprietary metal-channel system.
4 Loose-laid acoustic panels.

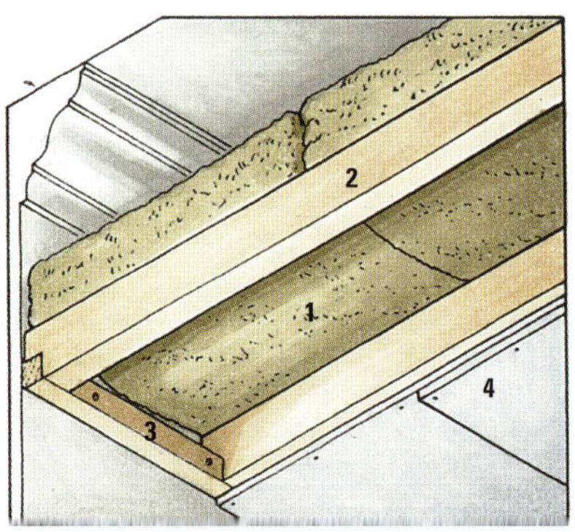

Framework lined with plasterboard
1 Glass-fibre insulation laid across joist.
2 New softwood ceiling joists.
3 Wall batten screwed to wall.
4 Double layer of plasterboard over vapour barrier.

Sand pugging

In older houses where the dimensions of the building's components are fairly generous, a layer of sand can be laid beneath the floorboards to soundproof the room below. However, adding sand across a wide area imposes quite a lot of extra weight on the floor joists; the structure must therefore be checked by a surveyor beforehand.

Nail softwood battens to the sides of the floor joists to support strips of stiff plywood, then staple polythene between the joists to contain a 50mm (2in) layer of dry sand poured on top.

Insulated floating floor

You can buy manufactured systems for soundproofing a suspended wooden floor. The systems include a mineral-fibre insulating blanket, 100mm (4in) thick, which is laid under the floor. The insulation does not significantly increase the floor's weight.

Typically, a metal channel with an integral resilient strip clips over the floor joists to support strips of plasterboard, 19mm (¾in) thick, fitted on each side; the floorboards are screwed on top. To provide additional acoustic insulation, you can fit a second layer of plasterboard, supported by battens screwed to the sides of the joists.

Independent ceilings

If you are unable to gain access to the floor above, you may want to consider introducing soundproofing in the form of a lowered ceiling. It's worth getting expert advice about the most suitable method to adopt. Often, it's possible to recreate a moulded-plaster cornice and central rose on the new ceiling.

A proprietary suspended-grid system with acoustic panels is one relatively simple solution. Insulate the new ceiling with fibre blanket 150mm (6in) thick.

Another alternative is to construct an independent timber frame below the original ceiling. Provide new joists fixed to hangers, or to battens screwed to the walls. Lay insulation across the joists, then nail two layers of plasterboard over a polythene vapour barrier stapled to the framework. Fill and tape all joints in the plasterboard.

Doors and windows

Soundproofing doors

To muffle noise from outside, draughtproof exterior doors and fit secondary double glazing to porch or entrance-hall windows, perhaps incorporating toughened glass to improve security. The joints between the surrounding doorframe and the masonry should be sealed with mastic.

Draughtproofing your interior doors will have a similarly beneficial effect; and replacing lightweight hollow-core doors with heavy solid doors may help to reduce sound transmission between neighbouring flats.

Dealing with the windows

It is very likely that outside noise will penetrate through traditional single-glazed windows. Not only does sound find its way through gaps around the sashes (good draughtproofing is needed in order to make them airtight), but it also passes directly through the thin panes of glass. Double glazing will improve matters, but there must be a gap of at least 100mm (4in) between the panes for satisfactory sound insulation. This can be achieved by installing an airtight secondary-glazing system, but triple glazing (which includes a sealed unit) provides the optimum solution.

If the window is the only source of ventilation, install a ventilator elsewhere in the room – preferably not connected directly to the outside. If that is not feasible, make sure the ventilator has a baffle that interrupts incoming sound. If you opt for a mechanical fan, choose one with a shutter that closes automatically when the fan is switched off; if possible, mount it away from the outside wall, connecting it with ducting.

Make sure a secondary system can be opened to provide an escape route in case of fire.

SEE ALSO: Draughtproofing 272–4, Types of insulation 275, Double glazing 281, Extractor fans 291–4

Ventilation

Ventilation is essential for a comfortable atmosphere – but it has an even more important function in that it affects the structure of our homes. It wasn't a problem when houses were heated with open fires, drawing fresh air through all the natural openings in the structure; but with central heating and thorough insulation and draughtproofing, well-designed ventilation is vital. Without a constant change of air, centrally heated rooms become stuffy, and the moisture content of the air soon becomes so high that water is deposited as condensation – often with serious consequences. There are various ways to provide ventilation: some are extremely simple, others much more sophisticated, giving total control.

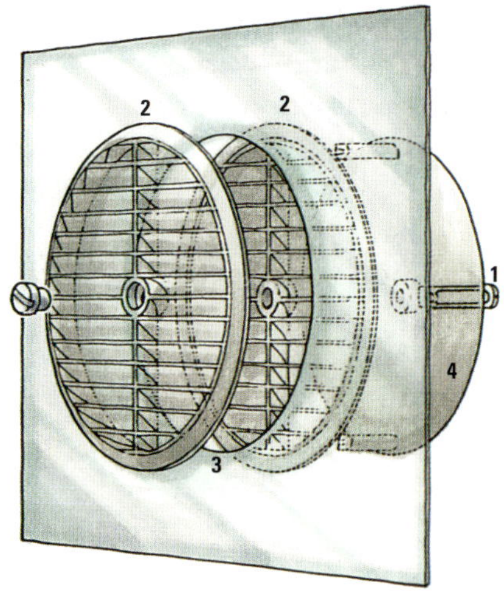

The components of a fixed window vent
1 Fixing bolt
2 Louvred grille
3 Hole in the glass
4 Windshield

Initial considerations

Whenever you plan an improvement to your home that involves insulation in one form or another, take into account how it's likely to affect your existing ventilation. It may change conditions sufficiently to create a problem in areas outside the habitable rooms – so that damp and its side effects are able to develop unnoticed under floorboards or in the loft. If there is any likelihood that damp conditions might occur, provide additional ventilation.

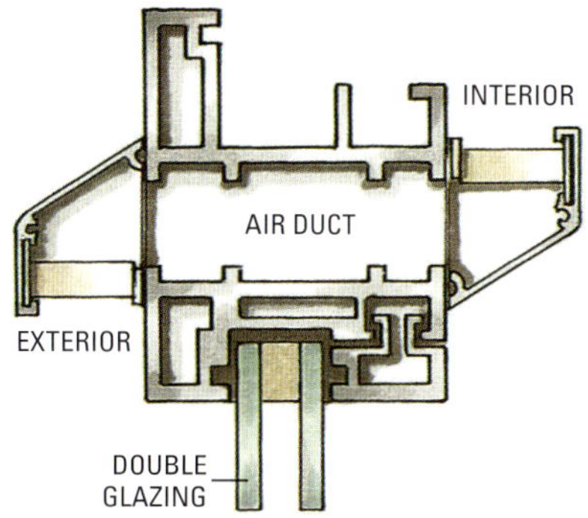

Combustion air vent
This type of trickle ventilator provides a permanent air supply for rooms containing a fuel-burning appliance.

Fitting a fixed window vent

You can provide continuous ventilation by installing an inexpensive fixed vent in a window. Well-designed ventilators of this kind usually have a windshield on the outside – which allows a free flow of air without causing draughts – and are totally reliable, as there are no moving parts to break down or create the irritating squeaks associated with wind-driven fans.

Have a glazier cut the recommended size of hole in the glass. Then fit one of the vent's louvred grilles on each side of the window (clamping them together with the central fixing bolt), and bolt the plastic windshield to the outer grille.

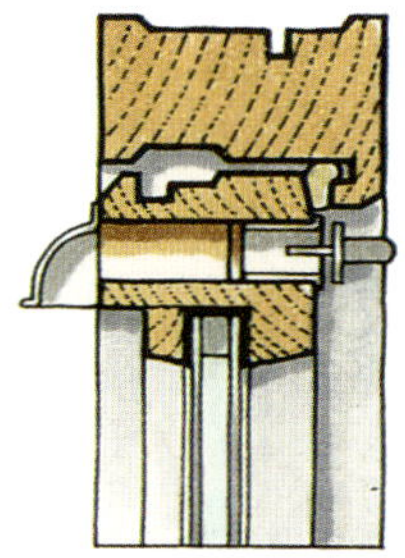

Trickle ventilation
Replacement windows can be supplied with a slot (either at the top of the fixed frame or in the movable sash) for a controllable trickle ventilator. This type of ventilator can also be fitted to an existing window in order to provide background ventilation when the window is closed.

Ventilating a fireplace

An open fire has to have oxygen if it is to stand any chance of burning well. If the air supply is reduced, perhaps by thorough draughtproofing or double glazing, then the fire smoulders and the slightest downdraught will blow smoke into the room. There may be other reasons why a fire burns poorly – such as a blocked chimney flue – but if you find that the fire picks up within a few minutes of partially opening the door to the room, you can be certain that inadequate ventilation is the cause of the problem.

One simple solution is to fit a slim trickle ventilator over the door or window. Ventilators with sliding grilles are suitable for a room with an open fireplace; but if you are heating a room with a fuel-burning appliance that is connected to a flue, the ventilator must be permanently open.

Some trickle ventilators are fitted with acoustic baffles to reduce noise penetration from outside.

Ventilating an unused fireplace
If you close off an unwanted fireplace with masonry or plasterboard, you should fit a vent, so that air can flow up the chimney to dry out condensation or penetrating damp. Provided the chimney is uncapped, the moist warm air from inside the room will not condense on the cold surface of the flue – the updraught will simply draw the moisture-laden air to the outside.

To ventilate the fireplace, either cut a hole in the plasterboard or leave a single-brick aperture in the masonry, as appropriate. Screw a face-mounted ventilator over the hole **(1)**; or use one that's designed to be plastered in **(2)**.

An airbrick cut into the flue from outside is an even better solution. But it's much more difficult to accomplish, and impossible if you live in a terraced house. Moreover, should you later decide to reopen the fireplace, then the airbrick will have to be either blocked or replaced.

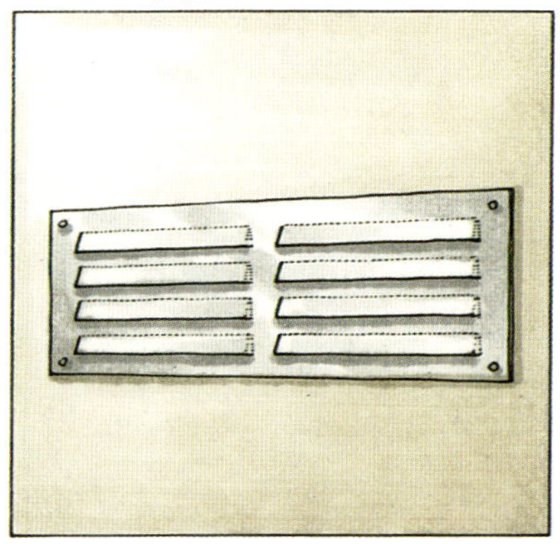

1 Face-mounted grille for an unused fireplace

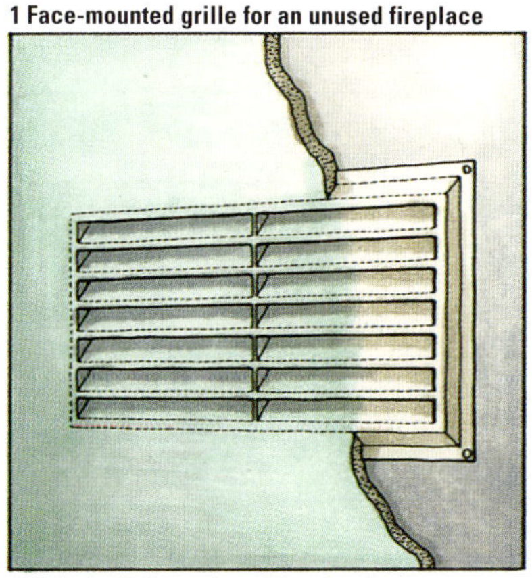

2 Hide the fixings of a grille with plaster

SEE ALSO: Plastering techniques 160, Condensation 264–5, Airbricks 288, Enclosing a fireplace 409, Ventilating appliances 287, 416

Ventilating below floors

Perforated openings known as airbricks are built into the external walls of a house to ventilate the space below suspended wooden floors. If they become clogged with earth or leaves, there's a strong possibility of dry rot developing in the timbers – so check their condition regularly.

Checking out the airbricks

Ideally there ought to be an airbrick every 2m (6ft) along an external wall, but in a great many buildings there is less provision for ventilation without ill effect – in fact, sufficient airflow is more important than the actual number of openings in the wall.

Floor joists that span a wide room are supported at intervals by low sleeper walls made of brick. Sometimes these are perforated to facilitate an even airflow throughout the space – but in other cases there are merely gaps left by the builder between sections of solid wall. This method of constructing sleeper walls can lead to pockets of still air in corners where draughts never reach. Even when all the airbricks are clear, dry rot can break out in areas that don't receive an adequate change of air. If you suspect there are 'dead' areas under your floor – particularly if there are signs of damp or mould growth – fit an additional airbrick in a wall nearby.

Old ceramic airbricks sometimes get broken, and are often ignored because there is no detrimental effect on the ventilation. However, even a small hole can provide access for vermin. Don't be tempted to block the opening, even temporarily – instead, replace the broken airbrick with a similar one of the same size. You can choose from single or double-size airbricks, made in ceramic or plastic.

Single ceramic brick

Double-size plastic airbrick

Installing or replacing an airbrick

Use a masonry drill to remove the mortar surrounding the brick you are removing, and a cold chisel to chop out the brick itself. Spread mortar on the base of the hole, and along the top and both sides of the new airbrick. Push it into the opening, keeping it flush with the face of the brickwork, then repoint the mortar to match the profile used on the surrounding wall.

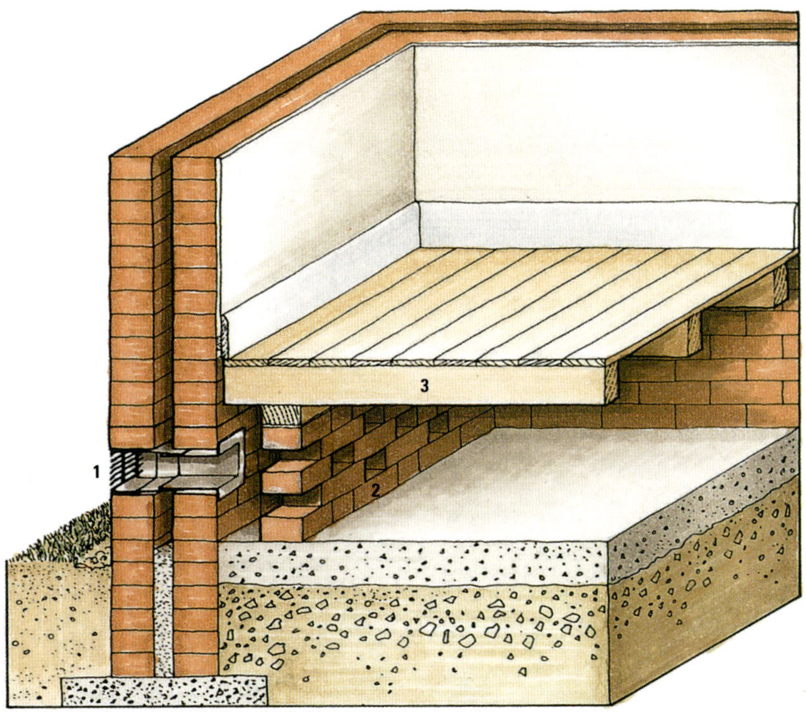

Ventilating the space below a suspended wooden floor
The illustration (left) shows a cross section through a typical cavity-wall structure, with a wooden floor suspended over a concrete base. A house with solid-brick walls is ventilated in a similar way.
1 Airbrick fitted with telescopic sleeve.
2 Sleeper wall built with staggered bricks in order to allow air to circulate.
3 Floorboards and joists are susceptible to dry rot caused by poor ventilation.

BRIDGING A CAVITY WALL

To build an airbrick into a cavity wall, bridge the gap with a plastic telescopic unit, which is mortared into the hole from both sides. If need be, a ventilator grille can be screwed to the inner end of the telescopic unit.

Where an airbrick is inserted above the DPC, you must fit a cavity tray over the telescopic unit to prevent water percolating to the inner leaf of the cavity wall.

Airbrick with telescopic sleeve
Bridge a cavity wall with this type of unit.

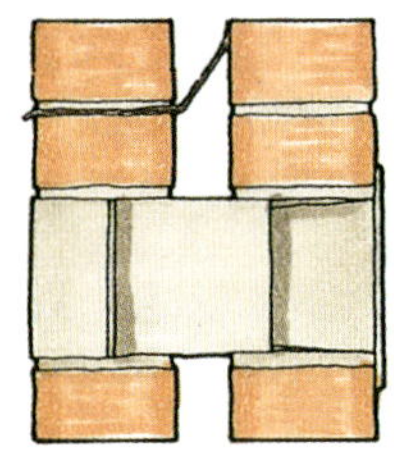

Cavity tray
A cavity tray sheds any moisture that penetrates the cavity above the unit. It is necessary only when the airbrick is fitted above the DPC.

☛ SEE ALSO: Repointing masonry 43, Cavity tray 239, Dry rot 259, DPC 261, Cutting bricks 454, Laying bricks 454

Ventilating the roof space

When loft insulation first became popular as an energy-saving measure, householders were recommended to tuck insulant right into the eaves to keep out draughts. What people failed to recognize was that a free flow of air is necessary in the roof space to prevent moisture-laden air from below condensing on the structure.

Inadequate ventilation can lead to serious deterioration. Wet rot develops in the roof timbers and water drips onto the insulant, eventually rendering it ineffective as insulation. If water builds up into pools, the ceiling below becomes stained and there is a risk of short-circuiting the electrical wiring in the loft. For these reasons, efficient ventilation of the roof space is essential in every home.

Ventilating the eaves

The regulations governing new housing insist on ventilation equivalent to continuous openings of 10mm (3/8in) along two opposite sides of a roof that has a pitch (slope) of 15 degrees or more. If the pitch is less than 15 degrees or the roof space is habitable, ventilation must be equivalent to continuous openings of 25mm (1in). It makes sense to adopt similar standards when refurbishing a house of any age.

The simplest method of ventilating a standard pitched roof is to fit soffit vents made with integral insect screens. To calculate how many vents you need, divide the specified airflow capacity of the vent you are planning to use into the recommended continuous gap. Space the vents evenly along the roof. Push the vents into openings cut with a hole saw or jigsaw.

If the opening at the eaves is likely to be restricted by insulation, insert a plastic or cardboard eaves vent between each pair of joists. Push the vent into the angle between the rafters and the joists, with the ribbed section uppermost. Vents can be cut to length with scissors for an exact fit. When you install the insulation, push it up against the vent.

Slate and tile vents

Certain types of roof construction do not lend themselves to ventilation from the eaves only, but the structure can be ventilated successfully by strategically replacing tiles or slates with specially designed roof vents. A range of colours and shapes is available to blend with various roof coverings.

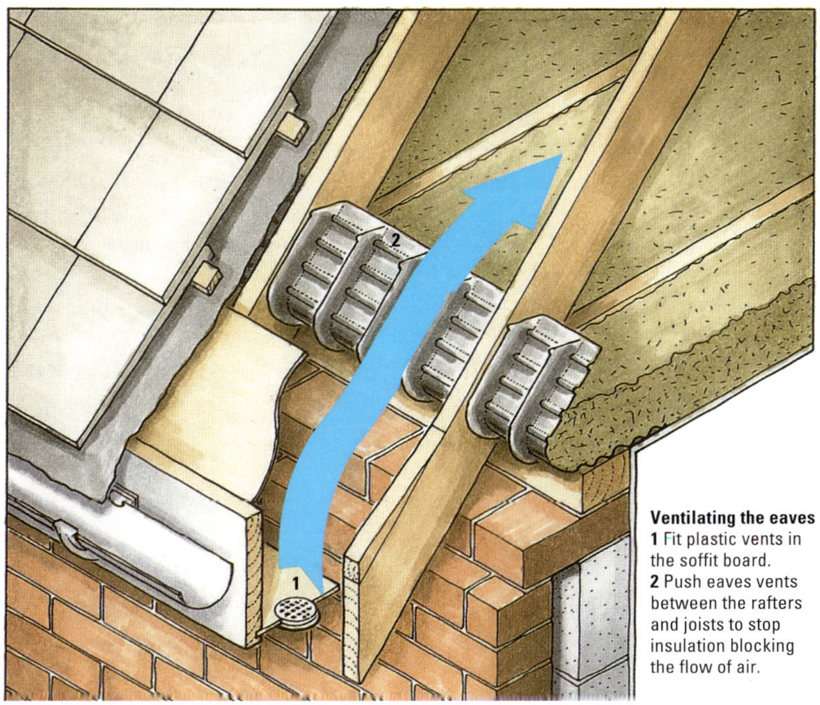

Ventilating the eaves
1 Fit plastic vents in the soffit board.
2 Push eaves vents between the rafters and joists to stop insulation blocking the flow of air.

VENTING THE ROOF

Eaves-to-eaves ventilation normally keeps the roof space dry, but tile or slate vents sometimes have to be fitted to draw air through the roof space.

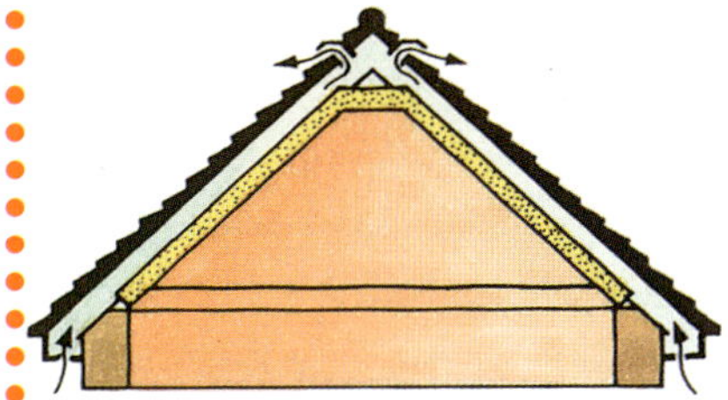

An attic space
If you insulate the slope of your roof, you must provide a minimum 50mm (2in) airway between the insulant and roof covering. Fit soffit vents at the eaves, and replace some tiles or slates near the ridge with vents.

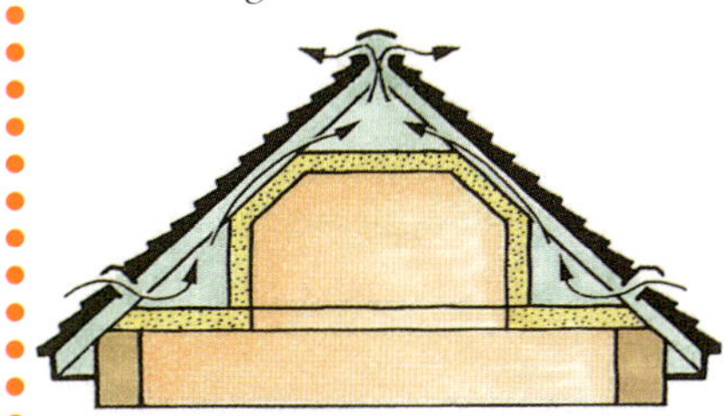

A room in the roof
Where a room is built into the attic, fit ridge vents and tile or slate vents near the eaves to draw air through the narrow spaces over the sloping ceiling.

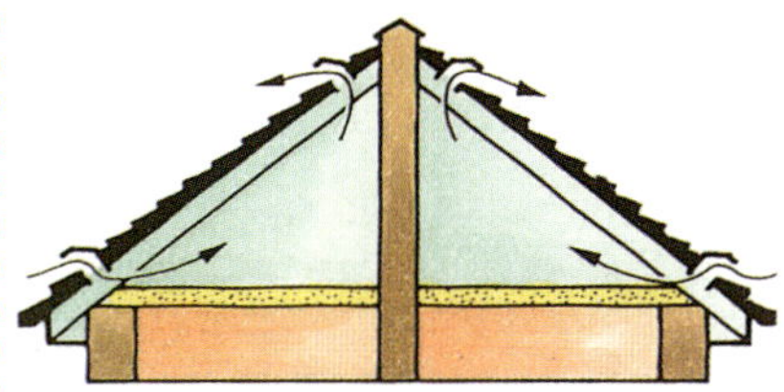

A fire wall or party wall
A solid wall built across the loft space prevents eaves-to-eaves ventilation. Fit slate or tile vents to ventilate each side of the wall independently. Use the same arrangement to ventilate a mono-pitch roof over an extension or lean-to.

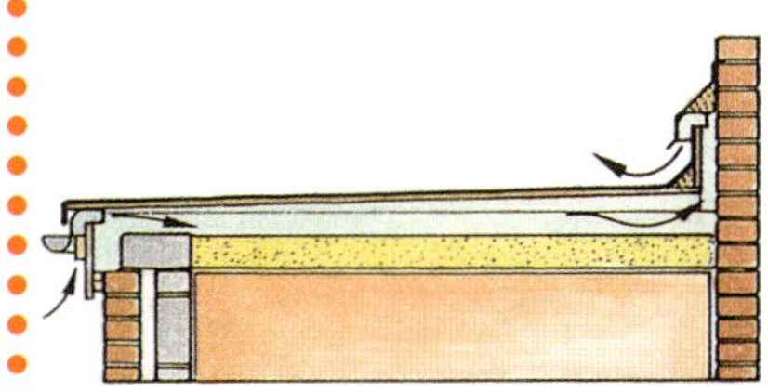

A flat roof
An insulated flat roof can be ventilated by fitting over-fascia ventilators at the eaves and at the wall abutment. On an existing roof, some modification of the wall flashing will be necessary.

Soffit vent

Slate/tile vents
Roof vents are made to resemble a variety of roof coverings.

Ridge vent

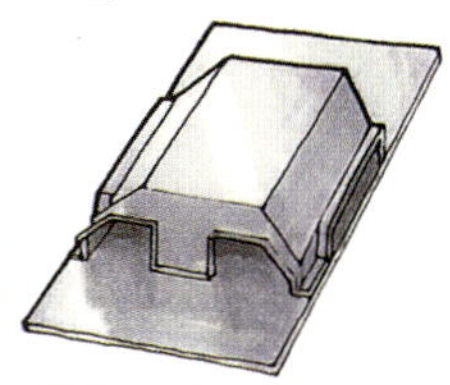

Slate vent

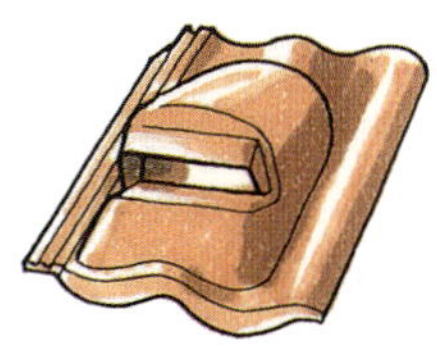

Double pantile vent

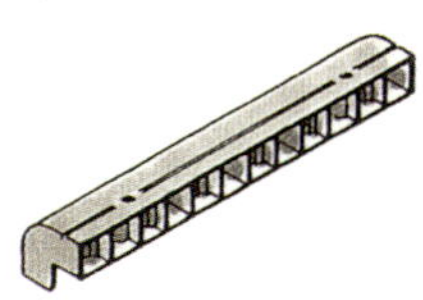

Over-fascia ventilator

SEE ALSO: Wet rot 259, Insulating a loft 276–7, Insulating a sloping roof 277

Whole-house ventilation

If you are prepared to make the necessary investment, you can have a simple system installed to extract moisture-laden air and stale odours from the entire house. It works on the principle that natural convection draws the relatively warm air inside the house via ducts to the roof where it escapes through ridge vents. This type of system is self-regulating and, since there are no electrical connections, it costs nothing to run. However, for the system to work efficiently, you have to fit effective draughtproofing throughout your home.

Passive stack ventilation

Extraction vents are fitted in rooms where there is likely to be the greatest concentration of moist odour-laden air – usually the kitchen and bathroom. A single duct runs from each vent by the most direct route to the roof ridge, where wind blowing across the roof creates a suction effect that helps to draw the warm air through the duct, just like smoke being carried up a chimney. The stale air in neighbouring 'dry' rooms, such as living rooms and bedrooms, moves naturally towards the vented rooms where extraction takes place. Trickle vents, fitted in the windows or exterior walls of the dry rooms, provide a flow of fresh air.

Ventilation by demand
The inlet and extraction vents in each room are operated by humidity-sensitive controls, so that their flaps or louvres open and close progressively to admit or extract air as necessary, to maintain a perfect balance.

Unobtrusive installation
Provided they are fitted with care, the system's slim external vents should be unobtrusive. Internally, ducting is normally sited within fitted cupboards or can be run through stud partitions up to the roof space, where it must be insulated to prevent condensation forming inside the duct.

● Noise pollution
Because there are no fans running, passive stack ventilation is perfectly quiet. If there is a possibility of noise penetrating from outside, make sure the air-inlet vents are fitted with acoustic baffles.

● Combustion air
Rooms containing open-flued heating appliances must be ventilated permanently. Suitable vents can be installed as part of passive-vent systems.

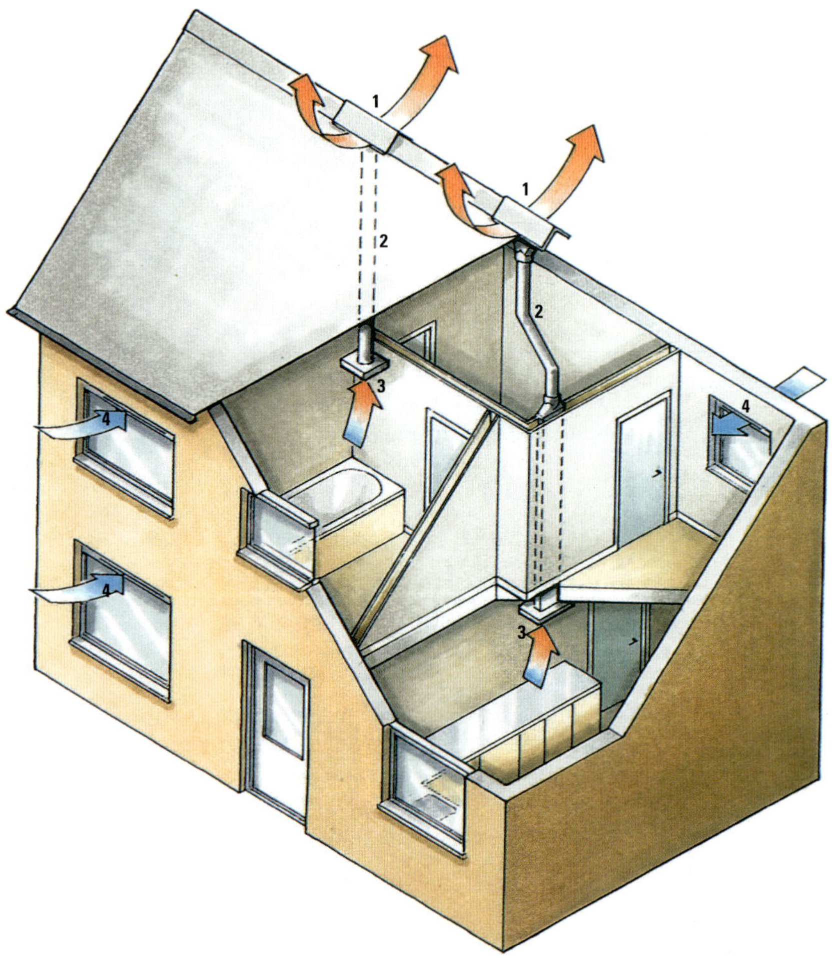

Passive-vent system
This type of system is designed to ventilate the entire house without using electrically driven fans.
1 Stale moist air escapes through roof vents.
2 Ducting takes the shortest route from 'wet' rooms to the roof. Air is drawn through the vents by convection.
3 Extractor vents in the kitchen and bathroom draw air from surrounding rooms.
4 Trickle vents mounted in windows or exterior walls admit fresh air but without causing draughts.

EXTRACTING RADON

Radon is an odourless radioactive gas, which can seep into buildings from below ground. In most localities radon levels are so low they are harmless, but there are places where the gas is sufficiently concentrated to constitute a health risk.

When building new houses and large extensions in these parts of the country, contractors are obliged to take precautions to prevent radon gas from entering the building. In some cases, this is accomplished by incorporating a continuous gas-impermeable membrane in a solid concrete base. Below a suspended floor, efficient cross-ventilation is usually sufficient to disperse the gas; but where there are high concentrations, it is necessary to install below ground a radon-collection sump that is vented to the roof.

1 Impermeable membrane prevents radon entering

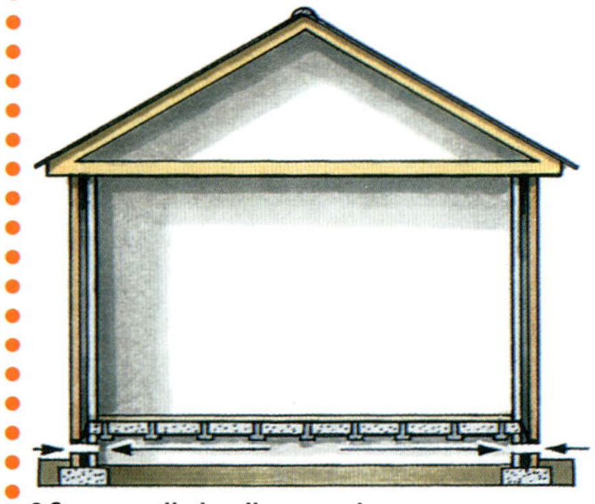

2 Cross-ventilation disperses the gas

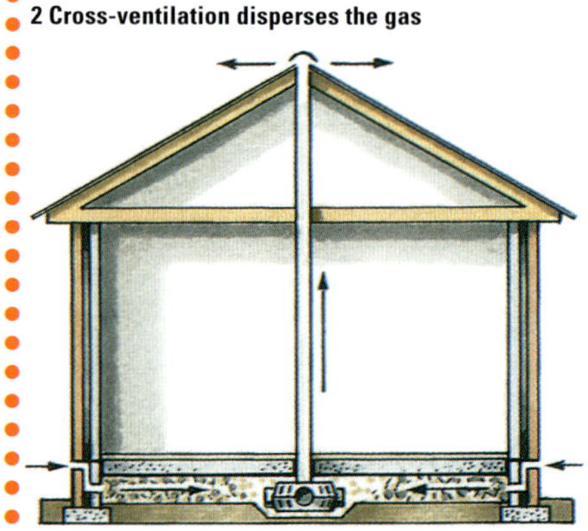

3 A vented sump removes radon by convection

☛ SEE ALSO: Soundproofing 285–6, Trickle ventilators 287, Central-heating boilers 416

Extractor fans

Since kitchens and bathrooms are particularly prone to condensation, it's important to have some means of expelling moisture-laden air, together with unpleasant odours. An electrically driven extractor fan freshens a room quickly, and without creating draughts.

Positioning the fan

The best place to site a fan is either in a window or on an outside wall, but its exact position is more critical than that. Stale air extracted from the room must be replaced by fresh air – normally through the door leading to other areas of the house. But if the fan is sited close to the source of replacement air, it will promote local circulation while having little effect on the rest of the room. The ideal position for it is directly opposite the source of replacement air, as high as possible, to extract the hot air **(1)**. In a kitchen, try to locate the fan adjacent to the cooker, so that cooking smells and steam will not be drawn across the room before being expelled **(2)**.

If the room contains a fuel-burning appliance with a flue, you must ensure that there is enough replacement air to prevent fumes from the appliance being drawn down the flue when the extractor fan is switched on. The only exception is an appliance with a balanced flue, which takes its air directly from outside.

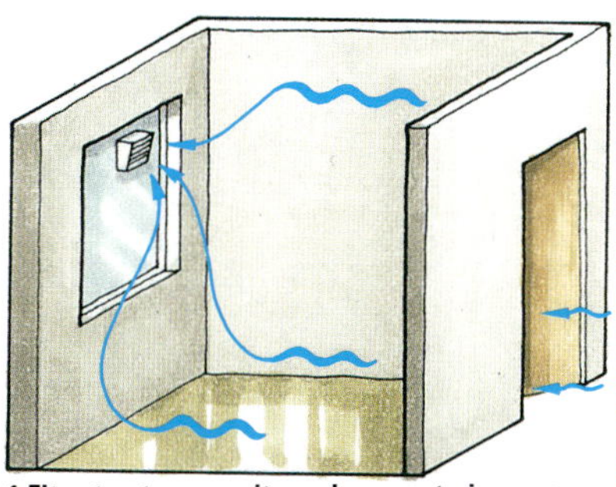

1 Fit extractor opposite replacement-air source

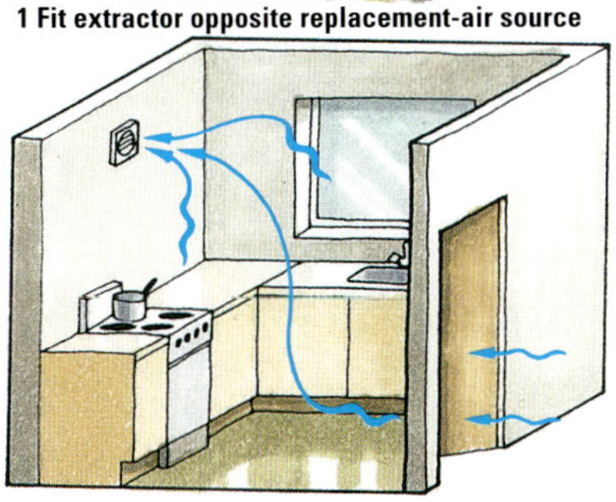

2 In a kitchen, place extractor near cooker

Types of extractor fan

Many fans have an integral switch. If not, a switched connection unit can be wired into the circuit when you install the fan. Some types incorporate a built-in controller to regulate the speed of extraction, and a timer that switches off the fan after a certain interval. Some fans will switch on automatically when the humidity in the room reaches a predetermined level. Axial fans can be installed in a window; and with the addition of a duct, some models will extract air through a solid or cavity wall (to overcome the pressure resistance in a long run of ducting, a centrifugal fan is required). To prevent backdraughts, choose a fan with external shutters that close when the fan is not in use.

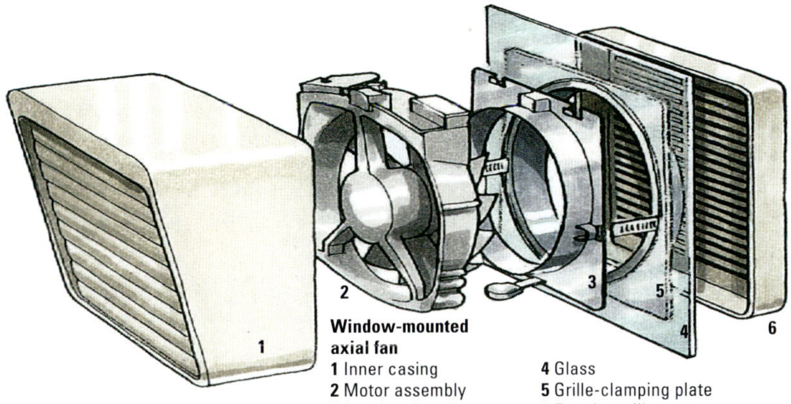

Window-mounted axial fan
1 Inner casing
2 Motor assembly
3 Interior clamping plate
4 Glass
5 Grille-clamping plate
6 Exterior grille

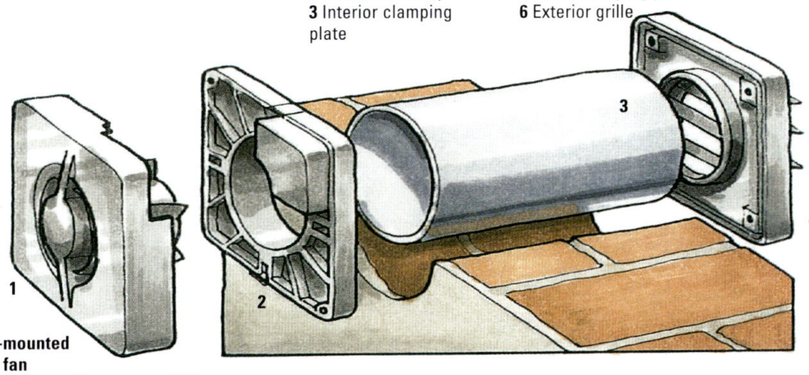

Wall-mounted axial fan
1 Motor assembly
2 Interior backplate
3 Duct
4 Exterior grille

● Low-voltage fans
A low-voltage fan, which comes with its own transformer, can be mounted directly above a shower.

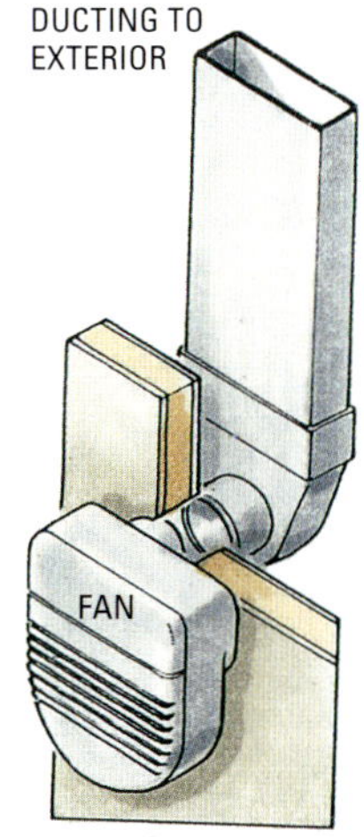

Centrifugal fan

Choosing the size of a fan

The size of a fan – or to be accurate, its capacity – should be determined by the type of room in which it is installed and the volume of air it has to move.

A fan installed in a kitchen must be capable of changing the air completely 10 to 15 times per hour. A bathroom requires 6 to 8 air changes per hour, or 15 to 20 changes if a shower is installed, and a WC needs 6 to 10. A living room normally requires about 4 to 6 changes per hour – but it's best to fit a fan with a slightly larger capacity if the room is likely to be smoky.

In order to determine the minimum capacity required, calculate the volume of the room (length x width x height) and then multiply the volume by the recommended number of air changes per hour (see example below).

CALCULATING THE CAPACITY OF A FAN FOR A KITCHEN

Size of kitchen			
Length	**Width**	**Height**	**Volume**
3.35m (11ft)	3.05m (10ft)	2.44m (8ft)	24.93cu m (880cu ft)
Air changes	**Volume**	**Fan capacity**	
15 per hour x	24.93cu m (880cu ft)	= 374cu m per hour (13,200cu ft)	

SEE ALSO: External walls 128, Condensation 264–5, Installing cooker hoods 293

Fitting extractor fans

Satisfy yourself there is no plumbing or electrical wiring buried in the wall, using an electronic sensor (see left). Make sure there are no drainpipes or other obstructions.

Cutting the hole

Wall-mounted fans are supplied with a length of plastic ducting for inserting in a hole cut through the wall. Plot the centre of the hole and draw its diameter on the inside of the wall. Use a long-reach masonry drill to bore a central hole right through. To prevent the drill breaking through the masonry or rendering on the outside, hold a stout plywood panel against the wall and wedge it with a strong plank supported by stakes driven into the ground **(1)**.

Before cutting the masonry, drill holes close together around the inner edge of the hole. With a cold chisel, cut away the plaster, using the holes as a guide, and then continue to cut away the masonry (try to avoid debris falling inside a cavity wall). When you reach the centre of the wall, remove the panel; then use the same technique to finish the hole from the outside face.

Fitting the fan

Most wall fans are fitted in a similar manner, but check the instructions beforehand. Separate the components of the fan, then attach a self-adhesive foam sealing strip to the spigot on the backplate to receive the duct **(2)**.

Insert the duct in the hole so that the backplate fits against the wall **(3)**. Mark the length of the duct on the outside, remembering to allow for fitting the spigot on the outer grille. Cut the duct to length with a hacksaw. Reposition the backplate and duct in order to mark the fixing holes on the wall. Drill and plug the holes, then feed the electrical supply cable into the backplate before screwing it to the wall. Stick a foam sealing strip inside the spigot on the grille. Position it on the duct, then mark, drill and plug the wall-fixing holes. Use a screwdriver to stuff scraps of loft insulation between the duct and the cut edge of the hole (alternatively, use a sprayed expanding foam), then screw on the exterior grille **(4)**. If the grille doesn't fit flush with the wall, seal the gap with mastic. Wire the fan according to the manufacturer's instructions, then attach the motor assembly to the backplate.

Metal detector
Detect buried pipes or cables by placing a hired electronic sensor against the plaster.

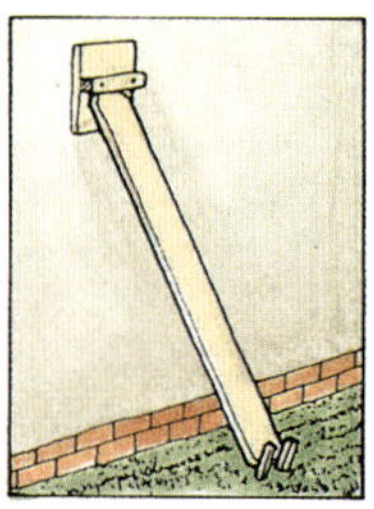

1 Hold a panel in place with a plank

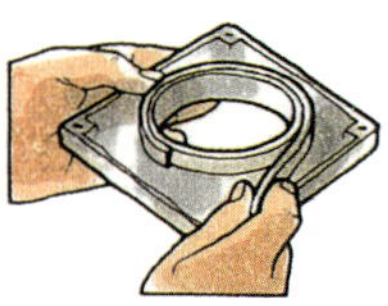

2 Seal plate spigot

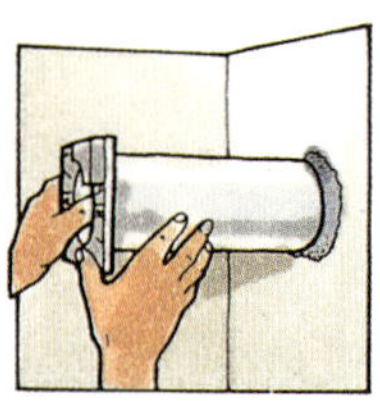

3 Insert the duct in hole

4 Screw-fix the grille

Installing a fan in a window

An extractor fan can only be installed in a fixed window. If you want to fit one in a sliding-sash window, you will need to secure the top sash, in which the fan is installed, then fit a sash stop on each side of the window in order to prevent the lower sash damaging the casing of the fan.

If you plan to install an extractor fan in a hermetically sealed double-glazing system, ask the manufacturer to supply a special unit with a precut hole, which is sealed around the edges, to receive the fan. Some manufacturers supply a kit for adapting a fan so that you can install it in a window with secondary double glazing. It allows the inner window to be opened without dismantling the fan.

Cutting the glass

Every window-mounted fan requires a round hole to be cut in the glass. The size is specified by the manufacturer. It is possible to cut a hole in an existing window, but stresses in the glass will sometimes cause it to crack. Also, there is always a security risk while the glass is removed for cutting, especially if you decide to take it to a glazier. All things considered, it is generally better to fit a new pane, which will be easier to cut and can be installed as soon as the old one has been removed.

Cutting a hole in glass is not easy, and you may find it's more economical to have it cut by a glazier – in which case, you will need to provide exact dimensions, including the size and position of the hole. Order 4mm (5/32in) glass that matches the existing glazing.

Installing the fan

The exact assembly may vary, but the following sequence is a typical example of how a fan is installed in a window. Take out the existing windowpane and clean up the frame, removing retaining sprigs and traces of old putty; then fit the new pane with the precut hole as you would any other window glass.

From outside, fit the exterior grille by locating its circular flange in the hole **(1)**. Attach the plate on the inside, to clamp the grille to the glass **(2)**. Tighten the fixing screws in rotation to achieve a good seal and even clamping force on the glass. Screw the motor assembly to the clamping plate **(3)**. Wire up the fan in accordance with the maker's instructions, then fit the inner casing over the motor assembly **(4)**.

Finally, switch on the fan to check that the mechanism runs smoothly, and that the backdraught shutter opens and closes automatically when the unit is switched on and off.

1 Place the grille in the hole from outside

2 Clamp the inner and outer plates together

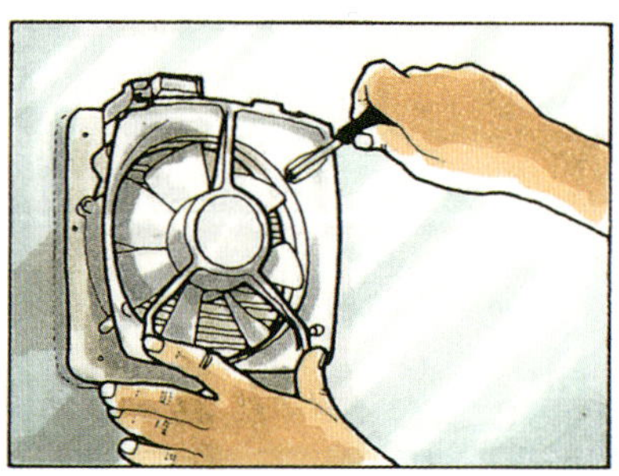

3 Screw the motor assembly to the plate

4 Attach the inner casing to cover the assembly

WARNING

Never attempt to make electrical connections before you have switched off the power at the consumer unit.

SEE ALSO: Cutting glass 208-9, Fitting new glass 210, Removing old glass 210, Sash stops 252, Consumer unit 306

Installing cooker hoods

Window-mounted and wall-mounted fans are primarily intended for overall room extraction – but the most effective way to rid your kitchen of steam and greasy cooking smells is to mount an extracting hood, which is specifically designed for this purpose, directly over your cooker.

Where to mount the cooker hood

Unless the maker's recommendations indicate otherwise, an extracting hood should be positioned between 600mm (2ft) and 900mm (3ft) above a gas or electric hob, or about 400mm (1ft 4in) to 600mm (2ft) above an eye-level grill.

Depending on the model, a cooker hood may either be cantilevered from the wall or screwed between or beneath fitted kitchen cupboards. Some kitchen-unit manufacturers produce a special cooker-hood housing unit that matches the style of their cupboards (opening the unit operates the fan automatically).

Most extracting hoods have either two or three speed settings, and a built-in light fitting to illuminate the hob or cooker below.

Installing trunking

When a cooker hood is mounted on an external wall, air is extracted through the back of the unit into a straight duct passing through the masonry.

But if the cooker is situated against an interior wall, you'll need to connect the extracting hood to the outside by means of fire-resistant plastic trunking. The straight and curved components of the trunking – which simply plug into one another – form a continuous shaft running along the top of the wall cupboards.

To fit the trunking, begin by plugging the female end of the first component over the outlet spigot attached to the top of the cooker hood. Cut each of the components to length with a hacksaw or tenon saw and piece the rest of the trunking together, making the same female-to-male connections along the shaft. Some manufacturers print airflow arrows on the trunking to ensure that each component is orientated correctly; if you should accidentally reverse a component somewhere along the shaft, air turbulence may be created around the joint, reducing the effectiveness of the extractor. At the outside wall, cut a hole through the masonry for a straight piece of ducting and fit an external grille (see opposite).

Fitting a cooker hood

Cooker hoods are hung from brackets that come with them; these have screw-fixing points for attaching the brackets beneath or between wall cupboards or directly to the wall. Cut a ducting hole through the wall, as for a wall-mounted fan (see opposite), and wire the cooker hood following the maker's instructions.

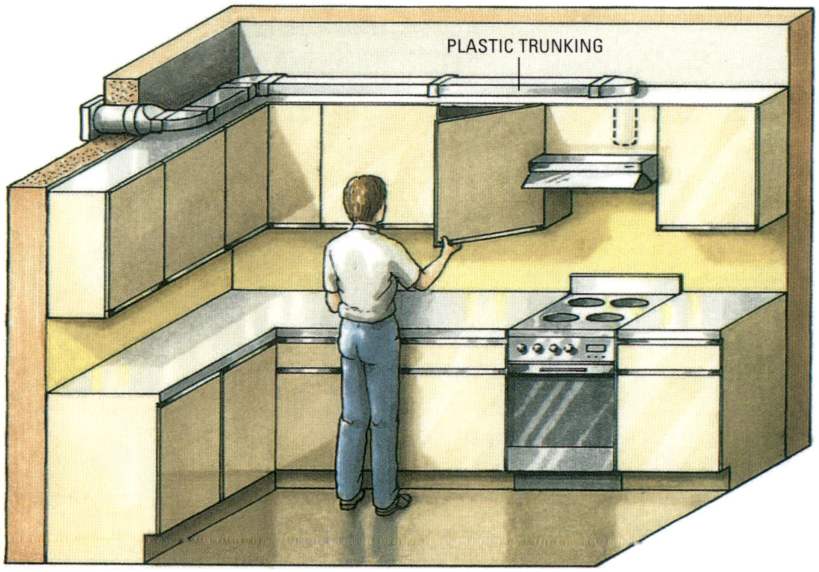

RECIRCULATION OR EXTRACTION?

Some cooker hoods filter out the odours and grease and then return the air to the room. Others dump stale air outside through a duct in the wall, in much the same way as a wall-mounted extractor fan. Because the air is actually changed, extraction is the more efficient of the two methods.

In order to install an extracting hood, it is necessary to cut a hole through the wall then fit ducting and an external grille. Although hoods that recycle the air are much simpler to install, they do not expel moisture from the room, nor do they filter out all of the grease and cooking odours.

To keep any cooker hood working at peak efficiency, it is essential to change the filters regularly.

Recirculation hoods return the air to the room

Extraction hoods suck air outside via trunking

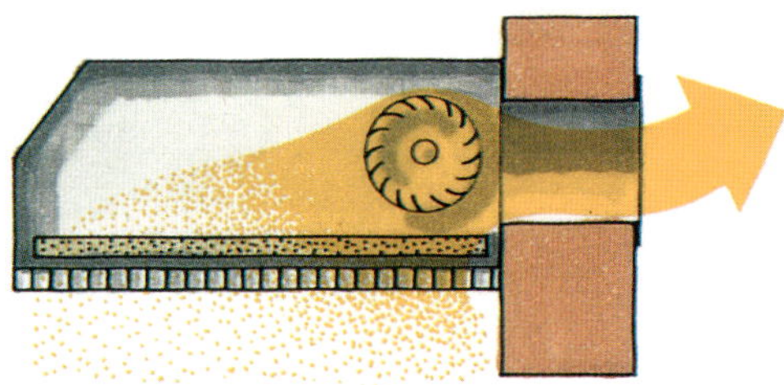

Alternatively, air is extracted through ducting

Running trunking outside
When a cooker is placed against an inside wall, run plastic trunking from the extractor hood along the top of wall-hung cupboards.

Heat-recovery ventilation

It has been estimated that more than half the energy produced by burning fossil fuels is used simply to keep our homes warm. Although the installation of efficient insulation reduces heat loss to a minimum, a great deal of heat is still wasted as a result of necessary ventilation.

Heat-recovery ventilators are designed to balance the requirements of conserving energy and the need for a constant supply of clean fresh air. But in practice the cost of running the system may outweigh the benefits from heat recovery.

How a heat-recovery ventilator works

Heat-recovery ventilation can range in scale from compact airbrick-size units for continuous low-volume ventilation of individual rooms to whole-house ducted systems.

The simple ventilator shown below left contains two low-noise electric fans. Stale air from the interior is extracted by one fan through a highly efficient heat exchanger. This absorbs up to 70 per cent of the heat that would otherwise be wasted, and transfers it to a flow of fresh air drawn into the room by the second fan. Because the two airflows are not allowed to mingle, odours and water vapour are not transferred along with the heat.

Self-contained heat-recovery ventilators can be fitted in exterior walls or windows. The extraction unit of larger ducted systems is usually mounted in the loft or in a cupboard.

Fitting a heat-recovery ventilator

Site a heat-recovery ventilator on an external wall, close to the ceiling and in a position where it will extract air most efficiently. Although typically set into a standard solid or cavity wall, you can install one in a thicker wall with the aid of a telescopic metal sleeve. The more compact units can be fitted in windows and single-leaf walls.

After marking out the aperture, cut away the masonry, as described in the section on fitting a standard extractor fan. Fit the unit into the hole and repair the masonry and plasterwork, sealing any gaps around the unit with a gun-applied sealant. Finally, wire up the controls of the ventilator, following the manufacturer's instructions.

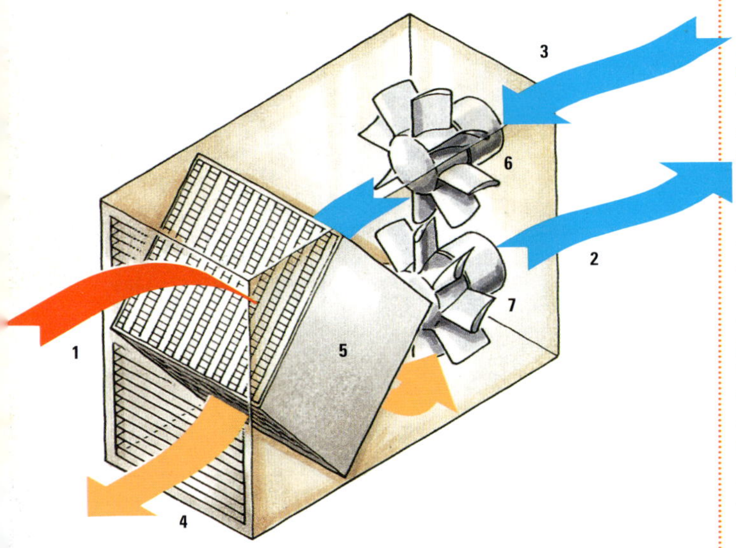

Heat-recovery ventilation unit
The diagram shows the layout of a typical wall-mounted heat-recovery ventilator.
1 Stale air from room
2 Stale-air exhaust
3 Fresh-air supply
4 Warmed fresh air
5 Heat exchanger
6 Induction fan
7 Extractor fan

Dehumidifiers control condensation

To combat condensation, you can either remove the moisture-laden air by ventilation or warm it so that it is able to carry more water vapour before it becomes saturated. A third possibility is to extract the water itself from the air, using a dehumidifier.

A dehumidifier works by drawing air from the room into the unit and passing it over a set of cold coils, so that the water vapour condenses on them and drips into a reservoir. The cold but now dry air is then drawn by a fan over heated coils before being returned to the room as additional convected heat.

The process is based on the simple refrigeration principle that gas under pressure heats up – and when the pressure drops, the temperature of the gas drops too. In a dehumidifier, a compressor delivers pressurized gas to the 'hot' coils, in turn leading to the larger 'cold' coils, which allow the gas to expand. The cooled gas then returns to the compressor for recycling.

A dehumidifier for domestic use is usually built into a floor-standing cabinet. It contains a humidistat that automatically switches on the unit when the moisture content of the air reaches a predetermined level. When the reservoir is full, the unit shuts down in order to prevent overflowing, and an indicator lights up to remind you to empty the water in the container. When a dehumidifier is installed in a damp room, it should extract the excess moisture from the furnishings and fabric within a week or two. After that, it will monitor the moisture content of the air to maintain a stabilized atmosphere.

A portable version can be wheeled from room to room, where it is plugged into a standard wall socket.

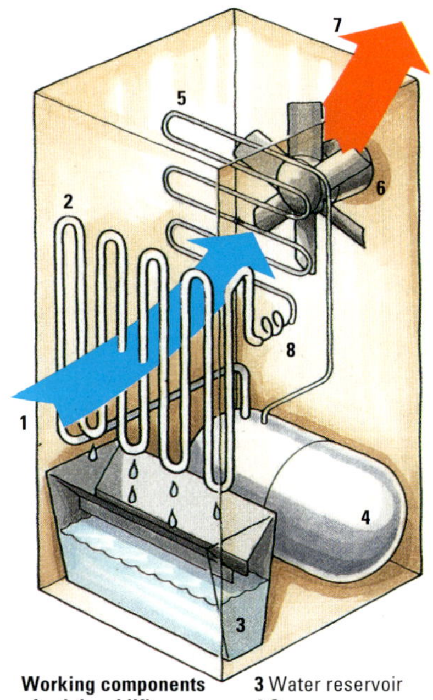

Working components of a dehumidifier
The diagram illustrates the layout of a typical domestic dehumidifier.
1 Incoming damp air
2 Cold coils
3 Water reservoir
4 Compressor
5 Hot coils
6 Fan
7 Dry warm air
8 Capillary tube where gas expands

SEE ALSO: Condensation 264–5, Whole-house ventilation 290, Cutting a hole in masonry 292

7 Electricity

Reducing electricity bills

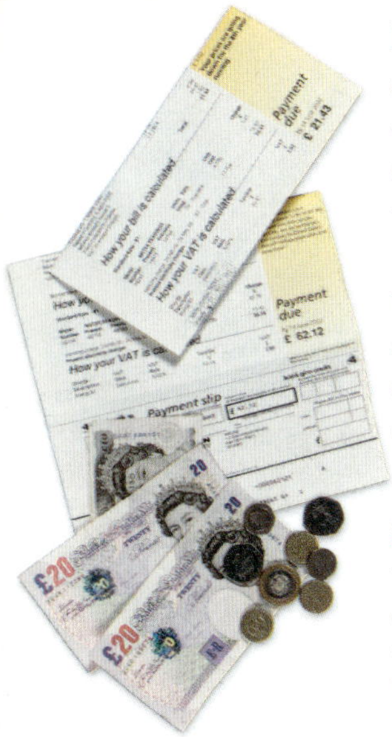

Pressures from all sides urge us to conserve energy – and this applies just as much to electricity as to fossil fuels such as coal, oil and gas. But even without such encouragement, our quarterly electricity bills would provide stimulus enough to make us find ways of using less power.

Nobody wants to live in a poorly heated or dismally lit house, without the comforts of hot water, refrigeration, television and other conveniences – but it is often possible to identify where energy is wasted and then find ways to reduce waste without compromising your comfort or pleasure.

Avoid false economy

Whether you do your own wiring or employ a professional, don't attempt to economize by installing fewer sockets than you really need. When you rewire a room, fit as many as you may possibly use. The inconvenience and expense later on of running extra cable and disturbing decoration will far outweigh the cost of an extra socket or two.

Similarly, don't restrict your use of lighting unnecessarily. Used sensibly, lights consume relatively little power, so it isn't worth risking accidents – for example, on badly lit stairs. Nor need you strain your eyes in the glare from a single light hanging from the ceiling, when extra lighting could provide comfortable and attractive background illumination.

● **Shopping around**
Getting quotes from various electricity companies may help you find a better deal. Tell each company how many units you use on average each year, and see if you can make a saving by changing your supplier.

Fitting controls to save money

As the chart opposite clearly shows, heating is by far the biggest consumer of domestic power. One way to reduce your electricity bills is to fit devices that regulate the heating in your home to suit your life style, maintaining comfortable but economic temperatures.

Thermostats

Most modern heating has some form of thermostatic control – a device that will switch power off when surroundings reach a certain temperature. Many thermostats are marked out simply to increase or decrease the temperature, in which case you have to experiment with various settings to find the one that suits you best. If the thermostat settings are more precise, try 18°C (65°F) for everyday use – although elderly people are more comfortable at about 21°C (70°F).

As well as saving you money, an immersion-heater thermostat prevents your water from becoming dangerously hot. Set it at 60°C (140°F). See right for Economy 7 setting.

● **Insulation**
Measures taken to save energy will have little effect unless you insulate your house as well as the hot-water cylinder and pipework. You can do most of the work yourself for a relatively modest outlay and a little effort.

Time switches

Even when it's thermostatically controlled, heating is expensive if run continuously – but you can install an automatic time switch to turn it on and off at preset times, so you get up in the morning and arrive home in the evening to a warm house. Set it to turn off the heating about half an hour before you leave home or go to bed, as the house will take time to cool down.

A similar device will ensure that your water is at its hottest when needed.

Monitoring consumption

Keep an accurate record of your energy saving by taking weekly readings. Note the dates of any measures taken to cut power consumption, and compare the corresponding drop in meter readings.

Digital n.eters

Modern meters display a row of figures or digits that represent the total number of units consumed since the meter was installed. To calculate the number of units used since your last electricity bill, simply subtract the 'present reading' shown on your bill from the number of units now shown on the meter. Make sure that the bill gives an actual reading and not an estimate (which is indicated by the letter 'E' before the reading).

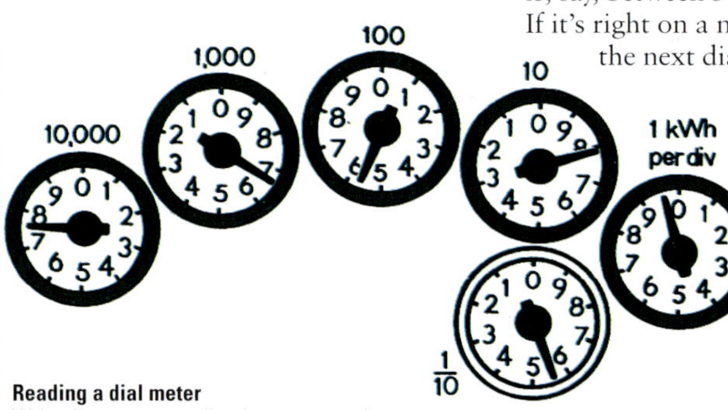

Reading a dial meter
Write down your reading in reverse order – from right to left. This meter records 76,579 units.

OFF-PEAK RATES

Electricity is normally sold at a general-purpose rate, every unit used costing the same; but if you warm your home with storage heaters and heat your water electrically, then you can take advantage of the economical off-peak tariff. This system, called Economy 7, allows you to charge storage heaters and heat water at less than half the general-purpose rate for seven hours, starting between midnight and 1 a.m. Other appliances used during that time get cheap power too, so more savings can be made by running the dishwasher or washing machine after you've gone to bed. Each appliance must, of course, be fitted with a timer. The Economy 7 daytime rate is higher than the general-purpose one, but the cost of running 24-hour appliances such as freezers and refrigerators is balanced since they also use cheap power for seven hours.

For full benefit from off-peak water heating use a cylinder that holds 182 to 227 litres (40 to 50 gallons), to store as much cheap hot water as possible. You will need a twin-element heater or two separate units. One heater, near the base of the cylinder, heats the whole tank on cheap power; another, about half way up, tops up the hot water during the day. Set the night-time heater at 75°C (167°F), the daytime one at 60°C (140°F).

The electricity companies provide Economy 7 customers with a special meter to record daytime and night-time consumption separately, plus a timer that automatically switches the supply from one rate to the other.

Reading dial meters

The principle of a dial meter is simple. Ignore the dial marked 1/10, which is only for testing. Start with the dial indicating single units (kWh) and, working from right to left, record the readings from the 10, 100, 1000 and finally 10,000 unit dials. Note the digits the pointers have passed. If a pointer is, say, between 5 and 6, record 5. If it's right on a number, say 8, check the next dial on the right: if that pointer is between 9 and 0, record 7; if it's past 0, record 8. Also, remember that adjacent dials revolve in opposite directions, alternating along the row.

SEE ALSO: Time switches 250, Insulation 270–86, Immersion heaters 328–9, Storage heaters 330–1, Heating controls 419

Running costs of your appliances

Apart from the standing charge and any hire-purchase payments, your electricity bill is based on the number of units of electricity you have consumed during a given period. Each unit represents the amount used in one hour by a 1kW appliance. An appliance rated at 3kW will use the same amount of energy in 20 minutes.

TYPICAL RUNNING COSTS

	Appliance	Typical usage	No. of units		Appliance	Typical usage	No. of units
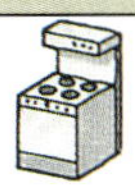	Cooker	Cooks 1 day's meal for four people.	2½		Iron	In use for 2 hours.	1
	Microwave	Cooks 2 joints of meat.	1	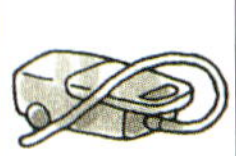	Vacuum cleaner	Works for 1½–2 hours.	1
	Slow cooker	Cooks for 8 hours.	1	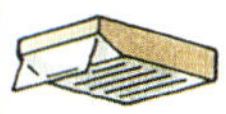	Cooker hood	Runs for 24 hours continuously.	2
	Storage heater (2kW)	Provides 1 day's heating.	11		Extractor fan	Runs for 24 hours continuously.	1
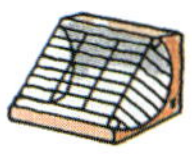	Fan heater or bar fire (2kW)	Provides heat for 1 hour.	2		Hairdryer	Runs for 2 hours.	1
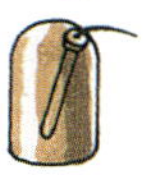	Immersion heater	Supplies 1 day's hot water for a family of four.	9		Shaver	Gives 1800 shaves.	1
	Instant water heater	Heats 2 to 3 bowls of washing-up water.	1	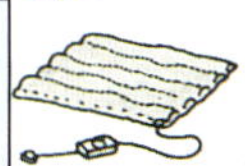	Single overblanket	Warms the bed for 1 week.	2
	Instant shower	Gives 1 to 2 showers.	1		Single underblanket	Warms the bed for 1 week.	1
	Dishwasher	Washes 1 full load.	2		Power drill	Works for 4 hours.	1
	Automatic washing machine	Washes 1 full load with prewash.	2½		Hedge trimmer	Trims for 2½ hours.	1
	Tumble dryer	Dries 1 full load.	2½		Cylinder lawn mower	Cuts grass for 3 hours.	1
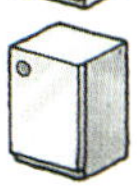	4cu ft refrigerator	Keeps food fresh for 1 week.	7		Hover mower	Cuts grass for 1 hour.	1
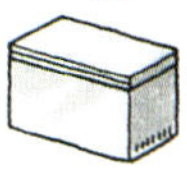	6cu ft freezer	Maintains required temperature for 1 week.	9		Stereo system	Plays for 8 hours.	1
	Heated towel rail	Warms continuously for 4 hours.	1	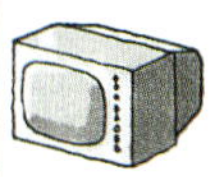	Colour TV	Provides 6 hours' viewing.	1
	Electric kettle	Boils 40 cups of tea.	1		VCR	Records for 10 hours.	1
	Coffee percolator	Makes 75 cups of coffee.	1		100W bulb	Gives 10 hours' illumination.	1
	Toaster	Toasts 70 slices of bread.	1		40W fluorescent strip light	Provides 20 hours' illumination.	1

- **Typical running costs** The table shows how much electricity is consumed on average by common household appliances that have different kilowatt (kW) ratings. For example, a 100W light bulb can give you 10 hours of illumination before it uses up a 1kW unit, whereas a 3kW bar fire will give off heat for only 20 minutes for the same 1kW.

- **Green efficiency labels** When you're shopping for new appliances, take advantage of the labelling system, which includes guidance on energy efficiency. The choice of an 'A' rating can make considerable savings over the life of the appliance.

SEE ALSO: Heaters 325, Towel rail 325, Cooker hoods 326, Extractor fans 326, Kitchen appliances 326, Water heater 326, Cookers 327–8, Immersion heaters 328–9, Storage heaters 330–1, Shower 337, Lighting 337–47

Understanding the basics

Many people imagine that working on the electrical circuits of a house is an extremely complicated business – but the circuitry is, in fact, based on very simple principles.

For any electrical appliance to work, the power must have a complete circuit – the electricity must be able to flow along a wire from its source (a battery, for instance) to the appliance (say a light bulb) and then back to the source along another wire. If the circuit is broken at any point, the appliance will stop working – the bulb will go out.

Breaking the circuit – and restoring it as required – is what a switch is for. When the switch is in the 'on' position, the circuit is complete and the bulb or other appliance operates. Turning the switch off makes a gap in the circuit, so the electricity stops flowing. Although a break in either of the two wires would stop the power flow, a switch must always be wired so that it interrupts the live wire – the one that takes power to the appliance. In this way, the appliance is completely dead when the switch is off. If the switch is wired to interrupt the neutral wire, which takes the electricity back to its source, the appliance will stop working but elements in it will still remain 'live' – which can be dangerous.

Although mains electricity is much more powerful than that produced by a battery, it operates in exactly the same way, flowing through a live or 'phase' wire linked to every socket outlet, light and fixed electrical appliance in your home. For purposes of identification, the covering of live wires is coloured red or brown. The covering of the neutral wires, which take the current back out of the house, is either black or blue.

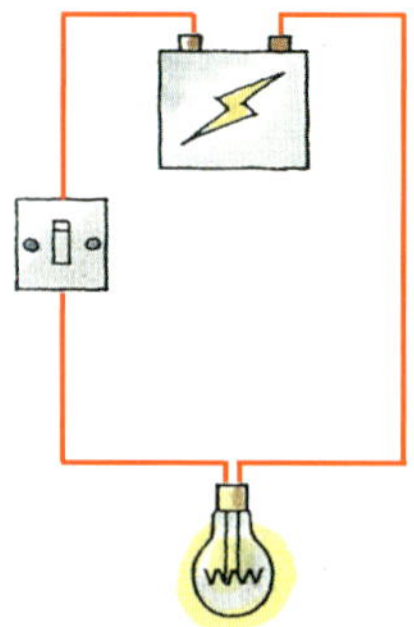

A basic circuit
Electricity runs from the source (battery) to the appliance (bulb) and then returns to the source. A switch breaks the circuit to interrupt the flow of electricity.

Identifying conductors ▶
The insulation used to cover the conductors in electrical cable and flex is colour-coded to indicate live, neutral and earth.

LIVE	NEUTRAL	EARTH
Flex	Flex	Flex
Cable	Cable	Cable

Earthing

Any material through which electricity can flow is known as a conductor. Most metals conduct electricity well – which is why metal (most often copper, as it is probably the most efficient conductor of electricity) is used for electrical wiring.

However, the earth itself – the ground on which we stand – is also an extremely good conductor, which is why electricity always flows into the earth whenever it has an opportunity to do so, taking the shortest available route. This means that if you were to touch a live conductor, the current would divert and take the short route through your body to the earth – perhaps with fatal results.

A similar thing can happen if a live wire accidentally comes into contact with any exposed metal component of an appliance, including its casing. To prevent this, a third wire is included in the wiring system and connected to the earth, usually via the outer casing of the electricity company's main service cable. This third wire – called the earth wire – is attached to the metal casing of some appliances and to special earth terminals in others, providing a direct route to the ground should a fault occur. This sudden change of route by the electricity – known as an earth fault – causes a fuse to blow or circuit breaker to operate, cutting off the current.

Appliances that are double-insulated – which usually means they have a non-conductive plastic casing that insulates the user from metal parts that could become live – must not be earthed with a third wire.

The earth wire either has a green-and-yellow covering or is a bare copper wire sandwiched between the insulated live and neutral wires in an electrical cable. Whenever a bare earth wire is exposed for linking to socket outlets or lighting fittings, it should be covered with a green-and-yellow sleeve.

Metal pipes and other exposed metalwork (such as a radiator or bath) must also be connected to the earthing system by a separate cable, in order to ensure that they do not precipitate an accident during the time it would take for a fault to blow a fuse.

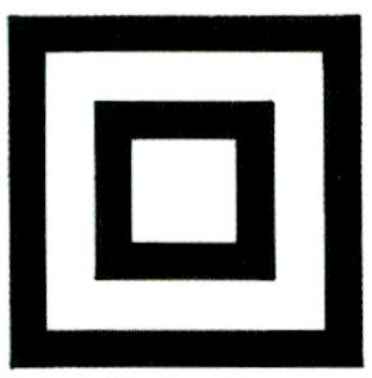

Double insulation
A square within a square either printed or moulded on an appliance means it is double-insulated and its flex does not need an earth wire.

DIY WIRING

Many householders are reluctant to undertake any but the simplest jobs involving electricity, no matter how competent they may be in other areas of home improvement.

To some extent this attitude is quite justifiable. After all, it is sensible to have a healthy respect for anything as potentially dangerous as electricity, and it would be extremely foolhardy for anyone to jump in at the deep end and undertake a major installation before gaining some experience on less ambitious jobs.

In the end, though, many of us are driven to doing our own house wiring, simply because of the prohibitive cost of hiring professionals. Nobody minds paying for expert skill and knowledge, but the truth is that much of the expert's time is taken up lifting floorboards, chopping out and repairing plaster, and drilling holes in walls and timbers to run the cable – all jobs that most people would be happy to do themselves.

The electrician's 'bible'

What unnerves the householder is the possibility of making mistakes with the connections or with the choice of equipment. Fortunately, in Britain we are guided by detailed rules laid down by the Institution of Electrical Engineers in a document known as the IEE Wiring Regulations. This is the professional electrician's 'bible', and it covers every aspect of electrical installation. If you follow its recommendations carefully, then you can feel confident that your wiring work will be safe.

You can buy a copy of the Wiring Regulations, or you may be able to borrow one from your public library. However, the regulations themselves are notoriously difficult to understand, and it has even proved necessary to publish a 'guide to the guide' so that electricians can find their way through this exacting reference book.

The methods suggested on these pages comply with the regulations, so you should have no need to refer to the originals unless you plan to undertake a job beyond the scope of this book.

Nevertheless, take the trouble to read all the relevant information in this chapter, so that you fully understand what you are doing – and if at any time you feel unsure of your competence, then don't hesitate to ask a professional electrician for help or advice.

SEE ALSO: Earth bonding 300, 307, Flex 302, Fuses 309, Circuits 311, Cables 312, Running cable 313–15

With safety in mind

Throughout this chapter you will find frequent references to the need for safety while working on your electrical system – but it cannot be stressed too strongly that you must also take steps to safeguard yourself and others who will later be using the system. Faulty wiring and appliances are dangerous, and can be lethal. Whenever you are dealing with electricity, the rule must be 'safety first'.

- Never inspect or work on any part of an electrical installation without first switching off the power at the consumer unit and removing the relevant circuit fuse or circuit breaker (MCB) from the unit.
- Always unplug a portable appliance or light before doing any work on it.
- Always double-check all your work (especially connections) before you turn the electricity on again.
- Always use the correct tools for an electrical job, and use good-quality equipment and materials.
- Fuses are vital safety devices. Never fit one that's rated too highly for the circuit it is to protect – and never be tempted to use any other type of wire or metal strip in place of proper fuses or fuse wire.
- Wear rubber-soled shoes when you're working on an electrical installation.

Using professionals

Always seek the advice and/or help of a professional electrician if you don't feel competent to handle a particular job yourself – especially if you discover or even only suspect that some part of an installation is out of date, or that it may be dangerous for some other reason.

Make sure that any professional you hire is fully qualified. Check whether he or she is registered with the NICEIC (the National Inspection Council for Electrical Installation Contracting). To become a member of this association an electrician has to have a thorough knowledge of the Wiring Regulations – published by the Institution of Electrical Engineers – and must ensure that his or her work complies with them.

Testing an installation

Any significant rewiring, especially new circuits, must be tested by a competent electrician. Indeed, when you apply for connection to the mains supply you have to submit a certificate to the electricity company confirming that the new wiring complies with the Wiring Regulations – and for a fee, the electricity company will test DIY wiring at the time of connection.

Never attempt to make connections to the meter or to the company's earth terminal yourself. If you aren't sure whether new wiring requires testing, contact your local electricity company for advice.

Is the power off?

Having turned off the power, you can make doubly sure that an accessory is safe to work on by using an electronic mains-voltage tester to check whether terminals or wires are live, before you tamper with them. Always make sure the tester itself is functioning properly before and after you use it, by testing it on a circuit you know to be live.

Following the maker's instructions, put one probe on the neutral terminal and the other on the live terminal; if the indicator lights up, the circuit is live. If it does not illuminate, test again between the earth terminal and each of the live and neutral terminals. If the indicator still doesn't light up, you can assume the circuit is not live – provided that you have checked the tester.

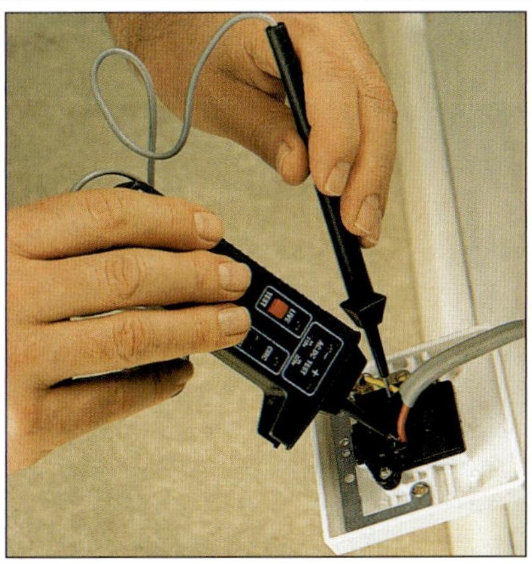

Using an electronic tester
Touch the neutral terminal with one probe and the live terminal with the other. The circuit is live if the indicator illuminates.

FUSES AND CIRCUIT BREAKERS

A conductor will heat up if an unusually powerful current flows through it. This can damage electrical equipment and create a serious fire risk if it is allowed to continue in any part of the domestic wiring system. As a safeguard, weak links are included in the wiring to break the circuit before the current reaches a dangerously high level.

The most common form of protection is a fuse, a thin wire that's designed to break the circuit by melting at a specific current. This varies according to the part of the system that the fuse is protecting – an individual appliance, a single power or lighting circuit, or the entire domestic wiring system.

Alternatively, a special switch called a circuit breaker is used that trips and cuts off the current as soon as an overload on the wiring is detected.

A fuse will 'blow' in the following circumstances:

- If too many appliances are operated on a circuit simultaneously, then the excessive demand for electricity will blow the fuse in that circuit.
- If the current reroutes to earth due to a faulty appliance, the flow of power increases in the circuit and blows the fuse (this is known as an earth fault).

WARNING: The original fault must be dealt with before the fuse is replaced.

Measuring electricity

Watts measure the amount of power used by an appliance when working. The wattage of an electrical appliance is normally marked on its casing.

One thousand watts (1000W) equal one kilowatt (1kW).

Amps measure the flow of current that is necessary to produce the required wattage for an appliance.

Volts measure the 'pressure' provided by the generators of the electricity company. This drives the current along the conductors to the various outlets. In this country, 230 volts (formerly 240) is standard.

If you know two of these measurements, you can determine the other one:

$\frac{\text{Watts}}{\text{Volts}}$ = Amps	Amps x Volts = Watts
Use this method to determine what kind of fuse or flex is safe.	Indicates how much power is needed to operate an appliance.

SEE ALSO: Fuses 305, 309, Meter 306, Consumer's earth terminal 306–7, Switching off 306, 310, Fuse ratings 309

Bathroom safety

Because water is such a highly efficient conductor of electric current, water and electricity form a very dangerous combination. For this reason, in terms of electricity bathrooms are potentially the most dangerous areas in your home. Where there are so many exposed metal pipes and fittings, combined with wet conditions, regulations must be stringently observed if fatal accidents are to be avoided.

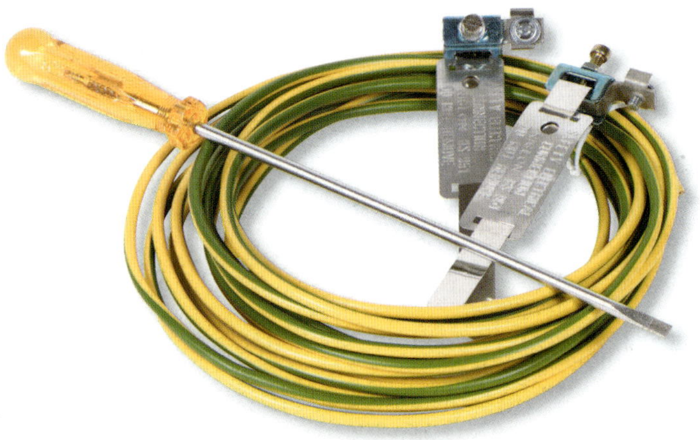

GENERAL SAFETY

- Sockets must not be fitted in a bathroom – except for special shaver sockets that conform to BS EN 60742 Chapter 2, Section 1.
- The IEE Wiring Regulations stipulate that light switches in bathrooms must be outside zones 0 to 3 (see opposite). The best way to comply with this requirement is to fit only ceiling-mounted pull-cord switches.
- Any bathroom heater must comply with the IEE Wiring Regulations.
- If you have a shower in a bedroom, it must be not less than 3m (9ft 11in) from any socket outlet, which must be protected by a 30 milliamp RCD.
- Light fittings must be well out of reach and shielded – so fit a close-mounted ceiling light, properly enclosed, rather than a pendant fitting.
- Never use a portable fire or other electrical appliance, such as a hairdryer, in a bathroom – even if it is plugged into a socket outside the room.

Supplementary bonding

In any bathroom there are many non-electrical metallic components, such as metal baths and basins, supply pipes to bath and basin taps, metal waste pipes, radiators, central-heating pipework and so on – all of which could cause an accident during the time it would take for an electrical fault to blow a fuse or operate a miniature circuit breaker (MCB). To ensure that no dangerous voltages are created between metal parts, the Wiring Regulations stipulate that all these metal components must be connected one to another by a conductor which is itself connected to a terminal on the earthing block in the consumer unit. This is known as supplementary bonding and is required for all bathrooms – even when there is no electrical equipment installed in the room, and even though the water and gas pipes are bonded to the consumer's earth terminal near the consumer unit.

When electrical equipment such as a heater or shower is fitted in a bathroom, that too must be supplementary-bonded by connecting its metalwork – such as the casing – to the nonelectrical metal pipework, even though the appliance is connected to the earthing conductor in the supply cable.

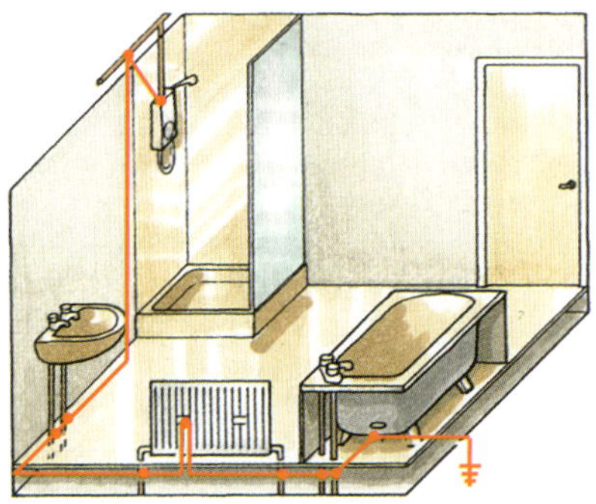

Supplementary bonding in a bathroom

Making the connections

The Wiring Regulations specify the minimum size of earthing conductor that can be used for supplementary bonding in different situations, so that large-scale electrical installations can be costed economically. In a domestic environment, use $6mm^2$ single-core cable insulated with green-and-yellow PVC for supplementary bonding. This is large enough to be safe in any domestic situation. For a neat appearance, plan the route of the bonding cable to run from point to point behind the bath panel, under floorboards, and through basin pedestals. If necessary, run the cable through a hollow wall or under plaster, like any other electrical cable.

Connecting to pipework

An earth clamp **(1)** is used for making connections to pipework. Clean the pipe locally with wire wool to make a good connection between the pipe and clamp, and scrape or strip an area of paintwork if the pipe has been painted.

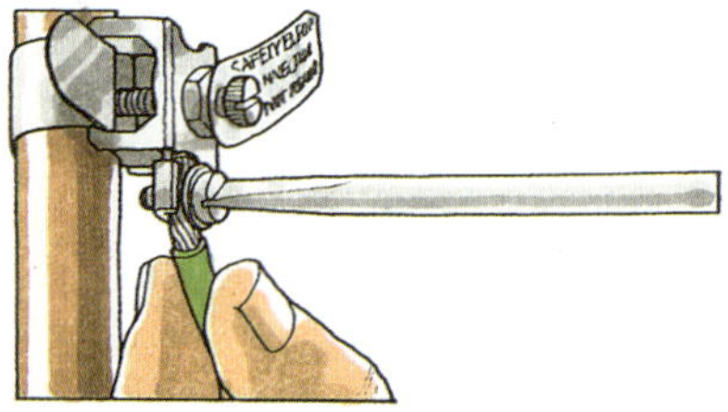

1 Fit an earth clamp to pipework

Connecting to a bath or basin

Metal baths or basins are made with an earth tag. Connect the earth cable by trapping the bared end of the conductor under a nut and bolt with metal washers **(2).** Make sure the tag has not been painted or enamelled.

If an old metal bath or basin has not been provided with an earth tag, drill a hole through the foot of the bath or through the rim at the back of the basin; and connect the cable with a similar nut and bolt, with metal washers.

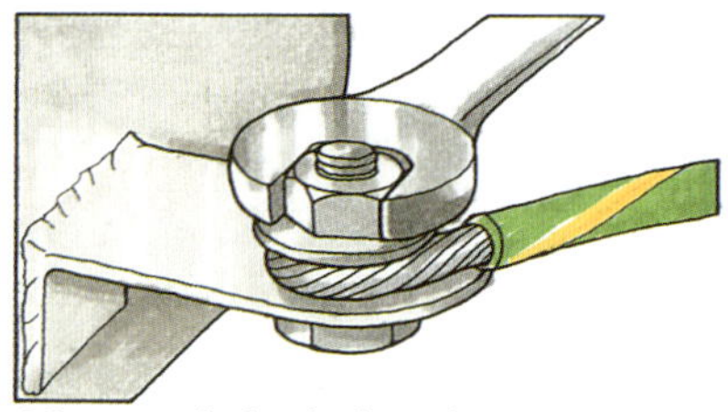

2 Connect to bath or basin earth tag

Connecting to an appliance

Simply connect the earth cable to the terminal provided in the electrical appliance **(3)** and run it to a clamp on a metal supply pipe nearby.

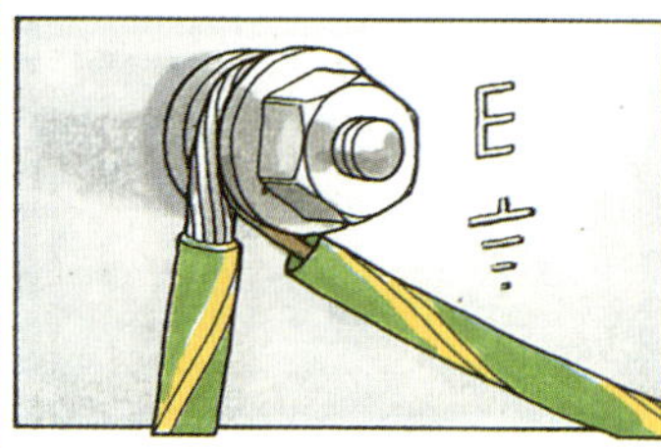

3 Fix to the earth terminal in an appliance
The appliance's own earth connection may share the same terminal.

WARNING

Have supplementary bonding tested by a qualified electrician. If you have not had any previous experience of wiring and making electrical connections, have supplementary bonding installed by a professional.

SEE ALSO: Bonding to earth 306–7, PME 307, Cables 312, Running cable 313–15, Bathroom heaters 325, Shaver sockets 326, Electric shower 337, Close-mounted lights 339, Ceiling switch 341, 343

Zones for bathrooms

Within a room containing a bath or shower, the IEE Wiring Regulations define areas, or zones, where specific safety precautions apply. The regulations also describe what type of electrical appliances can be installed in each zone, and the routes cables must take in order to serve those appliances. There are special considerations for extra-low-voltage equipment with separated earth; this is best left to a qualified electrician.

The four zones

Any room containing a bathtub or shower is divided into four zones. Zone 0 is the interior of the bathtub or shower tray – not including the space beneath the tub, which is covered by other regulations (see top right). Zones 1 to 3 are specific areas above and all round the bath or shower, where only specified electrical appliances and their cables may be installed. Wiring outside these areas must conform to the IEE Wiring Regulations, but no specific 'zone' regulations apply.

ZONE	LOCATION	PERMITTED
Zone 0	Interior of the bathtub or shower tray.	No electrical installation.
Zone 1	Directly above the bathtub or shower tray, up to a height of 2.25m (7ft 5in) from the floor. (See also top right.)	Instantaneous water heater. Instantaneous shower. All-in-one power shower, with a suitably waterproofed integral pump. The wiring that serves appliances within the zone.
Zone 2	Area within 0.6m (2ft) horizontally from the bathtub or shower tray in any direction, up to a height of 2.25m (7ft 5in) from the floor. The area above zone 1, up to a height of 3m (9ft 11in) from the floor.	Appliances permitted in zone 1. Light fittings. Extractor fan. Space heater. Whirlpool unit for the bathtub. Shaver socket to BS EN 60742 Chapter 2, Section 1. The wiring that serves appliances within the zone and any appliances in zone 1.
Zone 3	Up to 2.4m (7ft 11in) outside zone 2, up to a height of 2.25m (7ft 5in) from the floor. The area above zone 2 next to the bathtub or shower, up to a height of 3m (9ft 11in) from the floor.	Appliances permitted in zones 1 and 2. Any fixed electrical appliance (a heated towel rail, for example) that is protected by a 30 milliamp RCD. The wiring that serves appliances within the zone and any appliances in zones 1 and 2.

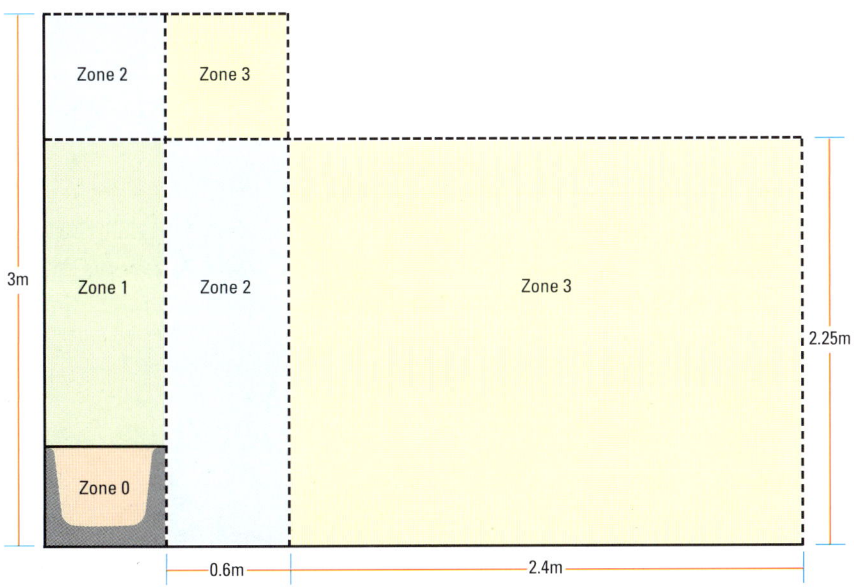

Zones within a room containing a bath or shower

UNDER THE BATH

The space under a bathtub is designated as zone 1 if it is accessible without having to use a tool – that is, if there is no bath panel or if the panel is attached with magnetic catches or similar devices that allow the panel to be detached without using a tool of some kind. If, however, the panel is screw-fixed – so that it can only be removed with the aid of a screwdriver – then the enclosed space beneath the bath is considered to be outside all zones.

Supplementary bonding

In bathrooms, non-electrical metallic components must be bonded to earth (see opposite). In zones 1, 2 and 3, this supplementary bonding is required to all pipes, any electrical appliances and any exposed metallic structural components of the building. This does not include window frames, unless they are themselves connected to metallic structural components.

Supplementary bonding is not required outside the zones. And in the special case of a bedroom containing a shower cubicle, supplementary bonding can also be omitted from zone 3.

Switches

Electrical switches, including ceiling-mounted switches operated by a pull cord, must be situated outside the zones. The only exceptions are those switches and controls incorporated in appliances suitable for use in the zones.

If the bathroom ceiling is higher than 3m (9ft 11in), ceiling-mounted pull-cord switches can be mounted anywhere. However, if the ceiling height is between 2.25 and 3m (7ft 5in and 9ft 11in), pull-cord switches must be mounted at least 0.6m (2ft) – measured horizontally – from the bathtub or shower cubicle. If the ceiling is lower than 2.25m (7ft 5in), switches can only be mounted outside the room.

IP coding

Electrical appliances installed in zones 1 and 2 must be manufactured with suitable protection against splashed water. This is designated by the code IPX4 (the letter X is sometimes replaced with a single digit). Any number larger than four is also acceptable as this indicates a higher degree of waterproofing. If in doubt, check with your supplier that the appliance is suitable for its intended location.

• Cable runs
You are not permitted to run electrical cables that are feeding a zone through another zone designated with a lower number. This includes cables buried in the plaster or concealed behind other wallcoverings.

• 13amp sockets
In the special case of a bedroom containing a shower cubicle, socket outlets are permitted in the room, but only outside the zones, and the circuit that feeds the sockets must be protected by a 30 milliamp RCD.

IP coding
Suitable equipment may be marked with the symbol shown above.

SEE ALSO: Wiring heaters 325, Wiring a shower unit 337, New switches 343

Simple replacements

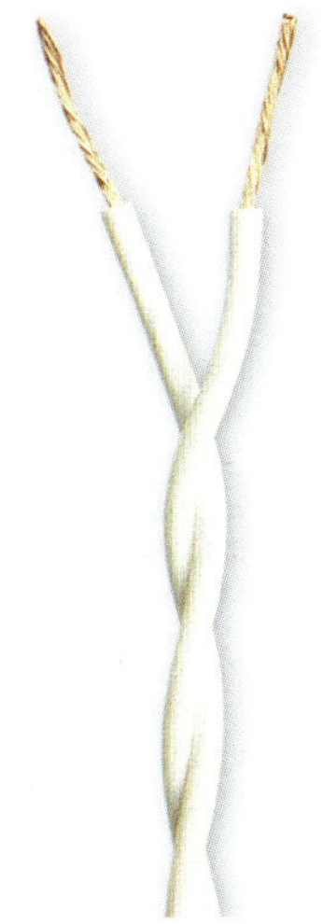

Twisted twin flex
This is similar to parallel twin flex (above right), but the insulated conductors are twisted together for extra strength. It was once used to support hanging light fittings, but nowadays must be replaced with a two-core sheathed flex when wiring pendant lights. Also, any old rubber-insulated flex with braided-cotton covering, which is still found in some homes, should be replaced.

You can carry out many repairs and replacements without having to concern yourself with the wiring system installed in your home. Many light fittings and appliances are supplied with electricity by means of flexible cords that plug into the system – so provided that they have been disconnected, there can be no risk of getting an electric shock while working on them.

Flexible cord (flex)

All portable appliances and some of the smaller fixed ones, as well as pendant and portable light fittings, are connected to your home's permanent wiring system by means of conductors in the form of flexible cord, normally called 'flex'.

Each of the conductors in any type of flex is made up of numerous fine wires twisted together, and each conductor is insulated from the others by a covering of plastic insulation. So that the conductors can be identified easily, the insulation is usually colour-coded (brown = live; blue = neutral; and green-and-yellow = earth).

Further protection is provided on most flexible cords in the form of an outer sheathing of insulating material enclosing the inner conductors.

Heat-resistant flex is available for enclosed light fittings and appliances with surfaces that become hot.

WARNING

- **Never attempt to carry out electrical repairs without first unplugging the appliance or switching off the power supply at the consumer unit.**

Types of electrical flex

Parallel twin

Parallel twin flex has two conductors, insulated with PVC (polyvinyl chloride), running side by side. The insulation material is joined between the two conductors along the length of the flex. This kind of flex should only be used for wiring audio-equipment speakers. One of the conductors will be colour-coded for identification.

Flat twin sheathed

Flat twin sheathed flex has colour-coded live and neutral conductors inside a PVC sheathing. This flex is used for double-insulated light fittings and small appliances.

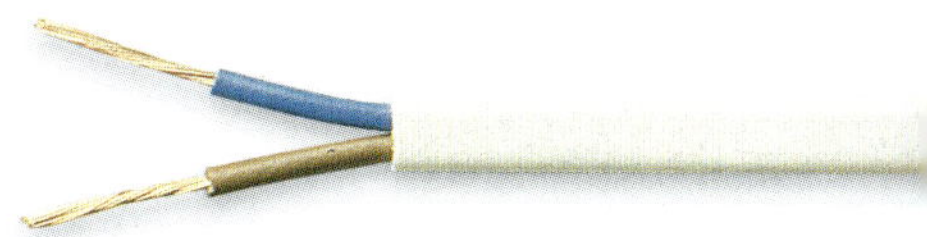

Two-core circular sheathed

This has colour-coded live and neutral conductors inside a PVC sheathing that is circular in its cross section. It is used for wiring certain pendant lights and some double-insulated appliances.

Three-core circular sheathed

This is like two-core circular sheathed flex, but it also contains an insulated and colour-coded earth wire. This flex is perhaps the most commonly used for all kinds of appliances. A special high-temperature flex is available for connecting immersion heaters, storage heaters and similar appliances.

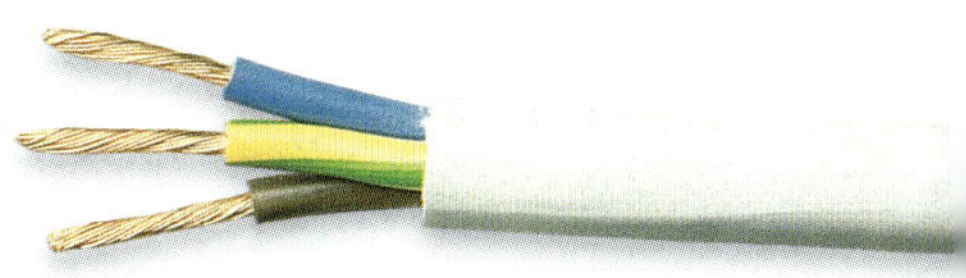

Unkinkable braided

This flex is used for appliances such as kettles and irons, which are of a high wattage and whose flex must stand up to movement and wear. The three rubber-insulated conductors, plus the textile cords that run parallel with them, are all contained in a rubber sheathing that is bound outside with braided material. This type of flex can be wound round the handle of a cool electric iron.

Coiled flex

A coiled flex that stretches and retracts can be a convenient way of connecting a portable lamp or appliance.

SEE ALSO: Colour coding 298, Switching off 306

Connecting flexible cord

Although the spacing of terminals in plugs and appliances varies, the method of stripping and connecting the flex is the same.

Stripping the flex

Crop the flex to length **(1)**. Slit the sheath lengthwise with a sharp knife **(2)**, being careful not to cut into the insulation covering the individual conductors. Peel the sheathing away from the conductors, then fold it back over the knife blade and cut it off **(3)**.

Separate the conductors, crop them to length and, using wire strippers, remove about 12mm (½in) of insulation from the end of each one **(4)**.

Divide the conductors of parallel twin flex by pulling them apart before exposing their ends with wire strippers.

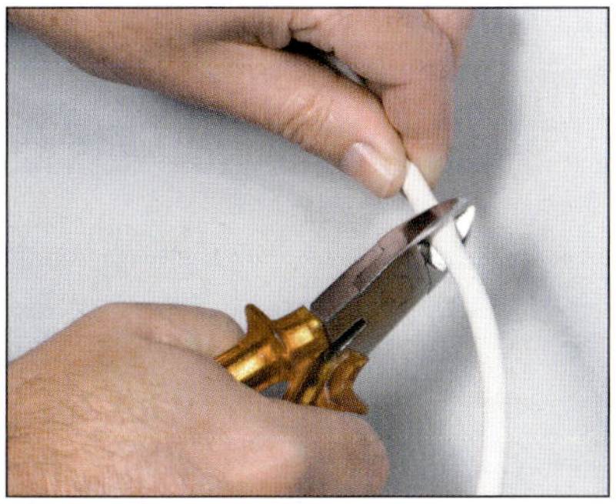

1 Crop the flex to length

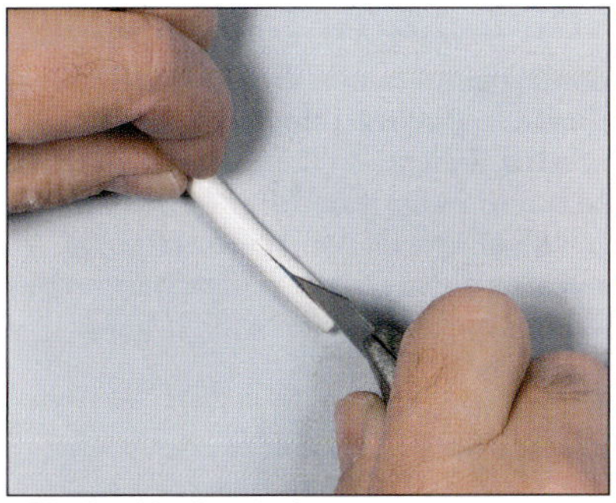

2 Slit sheathing lengthwise

3 Fold sheathing over the blade and cut it off

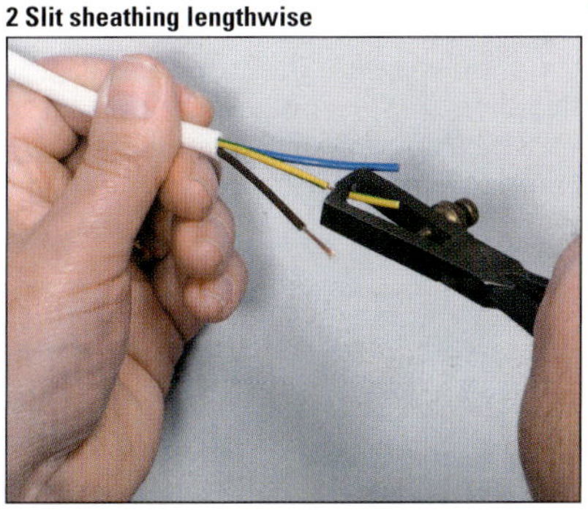

4 Strip insulation from conductors

Connecting conductors

Twist together the individual filaments of each conductor to make them neat.

If the plug or appliance has post-type terminals, fold the bared end of wire **(1)** before pushing it into the hole. Make sure the insulation butts against the post and that all the wire filaments are enclosed within the terminal. Then tighten the clamping screw, and pull gently on the wire to make sure it is held quite firmly.

When you're connecting to clamp-type terminals, wrap the bared wire round the threaded post clockwise **(2)**, then screw the clamping nut down tight onto the conductor. After tightening the nut, check that the conductor is held securely.

1 Post terminal

2 Clamp terminal

CHOOSING A FLEX

Not only is the right type of flex for the job important; the size of its conductors must suit the amount of current that will be used by the appliance.

Flex is rated according to the area of the cross section of its conductors, $0.5mm^2$ being the smallest for normal domestic wiring. The flex size required is determined by the flow of current that it can handle safely. Excessive current will make a conductor overheat – so the size of the flex must be matched to the power (wattage) of the appliance that it is feeding.

Manufacturers often fit $1.25mm^2$ flex to appliances of less than 3000W (3kW), since it is safer to use a larger conductor than necessary if a smaller flex might be easily damaged. It is advisable to adopt the same procedure when replacing flex.

● Flexible cord for immersion heaters
Because they generate relatively high background temperatures, 3kW immersion heaters are wired with $2.5mm^2$ heat-resistant flex (see WIRING AN IMMERSION HEATER).

Conductor	Current rating	Appliance
$0.5mm^2$	3amp	Light fittings up to 720W
$0.75mm^2$	6amp	Light fittings and appliances up to 1440W
$1.0mm^2$	10amp	Appliances up to 2400W
$1.25mm^2$	13amp	Appliances up to 3120W
$1.5mm^2$	15amp	Appliances up to 3600W
$2.5mm^2$	20amp	Appliances up to 4800W

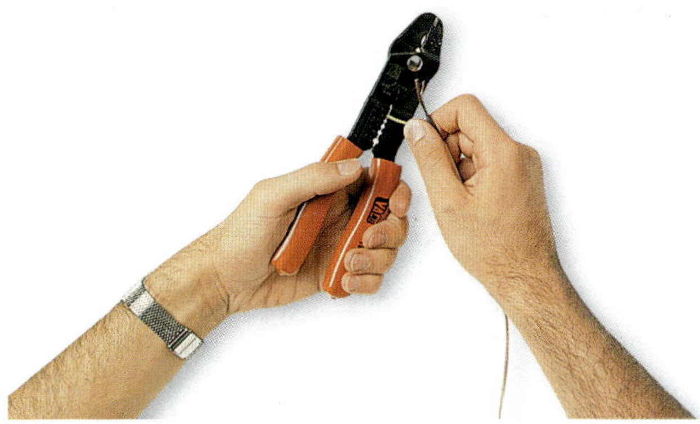

Multi-purpose tool
This tool will crop and strip any size of cable or flex.

SEE ALSO: Measuring electricity 299, Immersion heaters 328–9, Wire strippers 522

Extending flexible cord

When you plan the positions of socket outlets, try to ensure there will be enough, all conveniently situated, so that it's never necessary to extend the flexible cord of a table lamp or other appliance. But if you do find that a flex will not reach a socket, extend it so that it is not stretched taut, which may cause an accident.

Never be tempted to join two lengths of flex by twisting the bared ends of wires together, even if you bind them with insulating tape. People often do this as a temporary measure then neglect to make a proper connection later – which can have fatal consequences.

Flex connectors

If possible, fit a longer flex, wiring it into the appliance itself. But if you can't do this or don't want to dismantle the appliance, use a flex connector. There are two-terminal and three-terminal connectors, which you should match to the type of flex you are using. Never join two-core flex to three-core flex.

Strip off just enough sheathing for the conductors to reach the terminals, and make sure the sheathed part of each cord can be secured under the cord clamp at each end of the connector.

Cut the conductors to length with engineer's pliers, then strip and connect the conductors – connecting the live conductor to one of the outer terminals, the neutral to the other, and the earth wire (if present) to the central terminal. Make sure that matching conductors from both cords are connected to the same terminals, then tighten the cord clamps and screw the cover in place.

In-line switches

If you plan to fit a longer continuous length of flex you can install an in-line switch that will allow you to control the appliance or light fitting from some distance away – a great advantage for the elderly and people confined to bed. Some in-line switches are luminous.

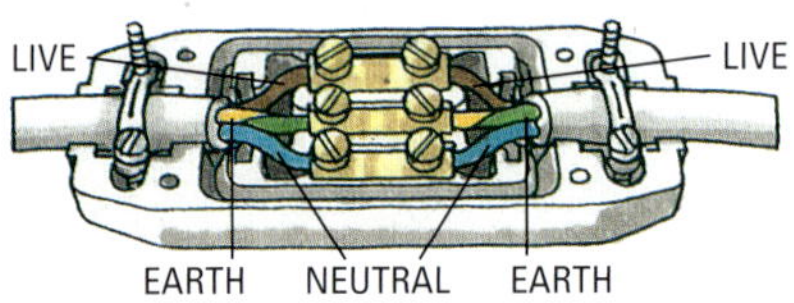

Wiring a flex connector

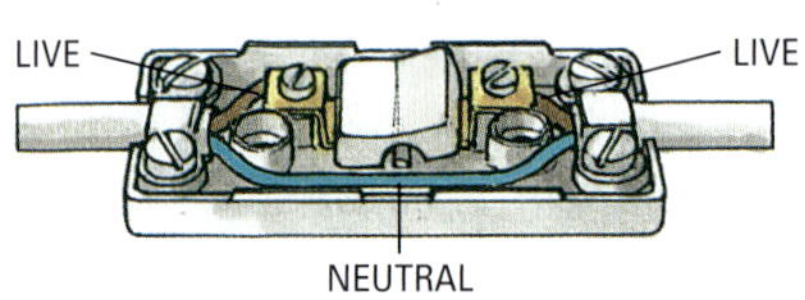

Wiring an in-line switch

Extension leads

If you fit a long flex to a power tool, it will inevitably become tangled and one of the conductors will eventually break, perhaps causing a short circuit. The solution is to buy an extension lead or make one yourself.

The best type of extension lead to be had commercially is wound on a drum. There are 5amp ones – but it's safer to buy one with a 13amp rating, so you can run a wider range of equipment without danger of overloading. If you use such a lead while it is wound on the drum it may overheat, so develop the habit of unwinding it fully each time you use it. The drums of these leads have a built-in 13amp socket to take the plug of the appliance; the plug at the end of the lead is then connected to a wall socket.

You can make an extension lead from a length of 1.5mm² three-core flex with a standard 13amp plug on one end and a trailing socket on the other. Use those with unbreakable rubber casings. A trailing socket is wired in a similar way to a 13amp plug (see opposite). Its terminals are marked to indicate which conductors to connect to them.

'Multi-way' trailing sockets will take several plugs and are ideal for hi-fi systems or computers with individual components that need to be connected to the mains supply. Using a multi-way socket, the whole system is supplied from a single plug in the wall socket.

You can also extend a lead by using a lightweight two-part flex connector. One half has three pins that fit into the other half of the connector.

Unwind the lead
Always fully unwind a 13amp extension lead before you plug in an appliance rated at 1kW or more.

TYPES OF FLEX EXTENDER

Below are illustrated four of the devices available for extending the flexible cords of electrical appliances.

Drum-type extension lead

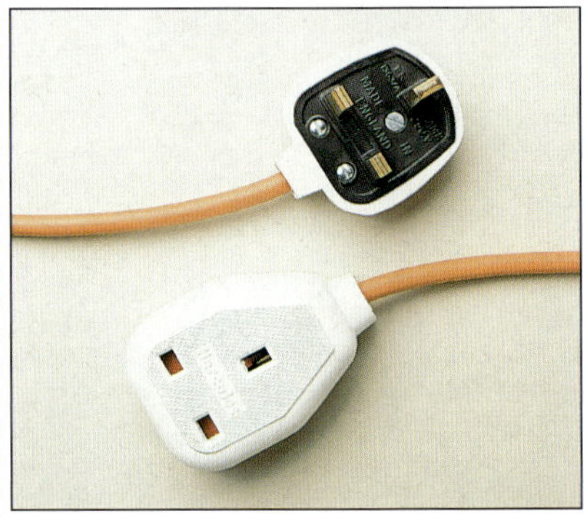

13amp plug and trailing socket

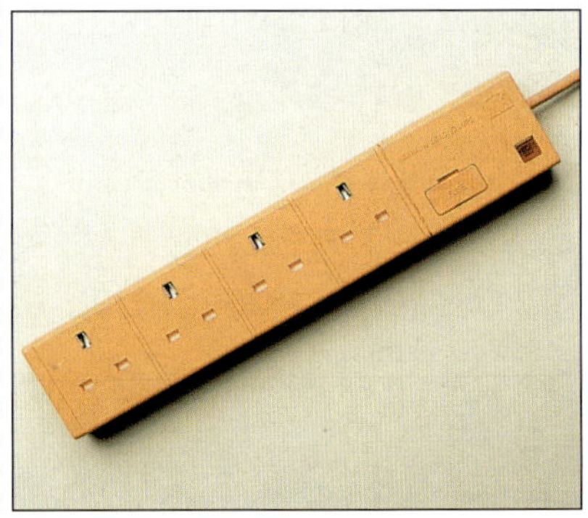

Multi-way trailing socket

Two-part flex connector
When wiring a two-part flex connector, never attach the part with the pins to the extension lead. The exposed pins will become live – and dangerous – when the lead is plugged into the socket.

SEE ALSO: Flex 302, Connecting flex 303, Positioning sockets 318

Three-pin plugs

All sorts of plug were once in use in this country, but today standard 13amp square-pin plugs are used for all portable appliances and light fittings. They are available with rigid plastic or unbreakable rubber casings. Some plugs have neon indicators to show when they are live, and some have pins insulated for part of their length to prevent the user getting a shock from a plug pulled partly from the socket. Use only plugs marked BS 1363.

Fuses for plugs

Square-pin plugs have a small cartridge fuse to protect the appliance. Use a 3amp (red) fuse for appliances of up to 720W, and a 13amp (brown) fuse for those of 720 to 3000W (3kW). There are also 2, 5 and 10amp fuses, but these are less often used in the home.

Wiring a 13amp plug

Loosen the large screw between the pins and remove the cover. Position the flex on the open plug to gauge how much sheathing to remove (remember that the cord clamp must grip sheathed flex, not the conductors).

Strip the sheathing and position the flex on the plug again, so that you can cut the conductors to the right length. These should take the most direct routes to their terminals and lie neatly within the channels of the plug.

Strip and prepare the ends of the wires, then secure each to its terminal. If you are using two-core flex, wire to the live and neutral terminals, leaving the earth terminal empty.

Tighten the cord clamp to grip the end of the sheathing and secure the flex (one type of plug has a sprung cord grip that tightens if the flex is pulled hard). Check that a fuse of the correct rating is fitted, then replace the plug's cover and tighten up the screw.

Round-pin plugs

Old round-pin sockets will only take round-pin plugs, which are not fused. Use 2amp plugs for lighting only; 5amp plugs for appliances of up to 1kW; and 15amp plugs for appliances between 1kW and 3kW. Have your wiring upgraded as soon as possible, so you can use modern fused square-pin plugs.

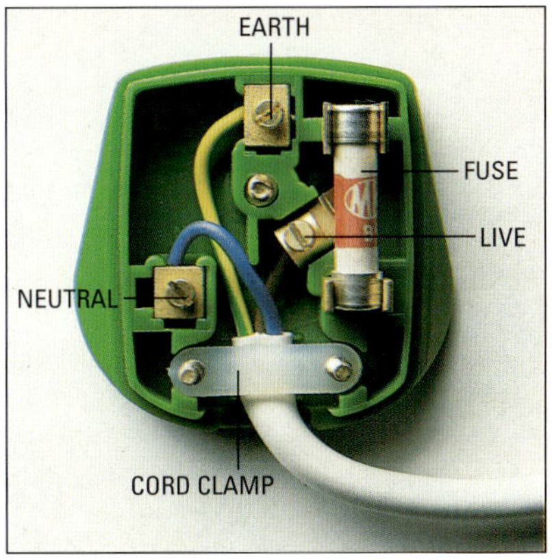

Post-terminal plug

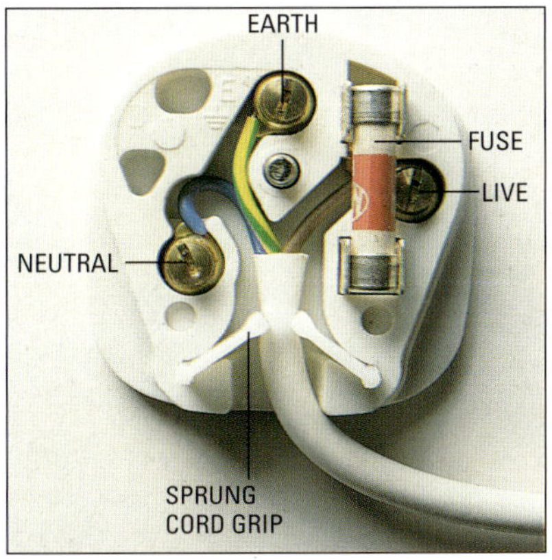

Clamp-terminal plug

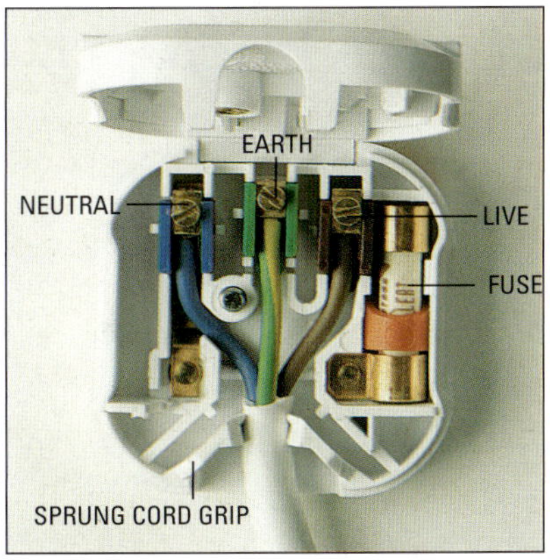

Some plugs have colour-coded terminals

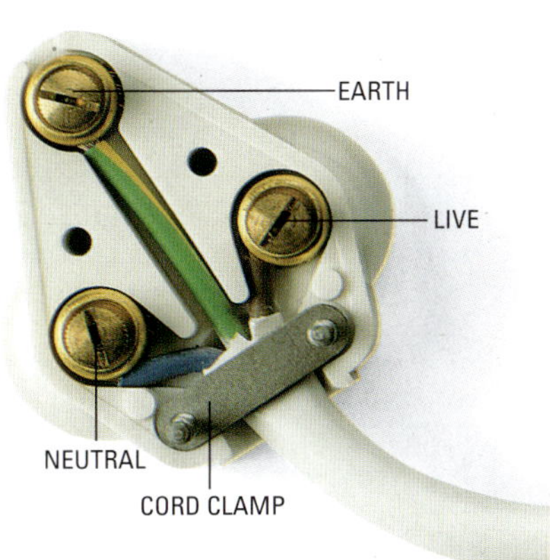

Round-pin plug

REPLACING A PENDANT LAMPHOLDER

Because they are usually well out of reach, damaged pendant lampholders often go unnoticed. So check their condition from time to time, and replace any that look suspect before they become dangerous.

Because pendant lampholders hang on flex from the ceiling, they are in a stream of hot air rising from the bulb. In time this tends to make plastic holders brittle and more easily cracked or broken.

On a metal lampholder, the earth wire can become detached or corroded so that the fitting is no longer safe.

Types of lampholder

Plastic lampholders are the most common type. These have a threaded skirt that screws onto the actual holder (the part that takes the bulb). Some have an extended skirt. If you are going to use a close-fitting or badly ventilated shade, fit a heat-resistant version. Plastic holders are designed to take two-core flex only. Never fit one on a three-core flex, as there is no place to attach the earth wire.

Metal lampholders are similar in construction, but they must be wired with three-core flex so that they can be connected to earth. Never fit a metal lampholder in a bathroom – and never attach one to a two-core flex, which lacks an earth conductor.

Fitting a lampholder

Before commencing work, remove the circuit fuse or circuit breaker from the consumer unit so that no-one can turn the power on. Unscrew the old holder's cap – or the retaining ring if it's a metal one – and slide it up the flex to expose the terminals. Loosen their screws and pull the wires out. If some wires are broken or brittle, cut back slightly to expose sound wires before fitting the new holder.

Slide the cap of the new fitting up the flex and attach it temporarily with adhesive tape. Fit the live wire into one of the terminals, and the neutral wire into the other one. Then loop the conductors round the supporting lugs of the holder, to take the weight off the terminals, and screw the cap down.

On a metal holder, pass the earth wire through the hole in the cap before you secure it. Connect the earth wire to the earth terminal, then secure the cap with the retaining ring.

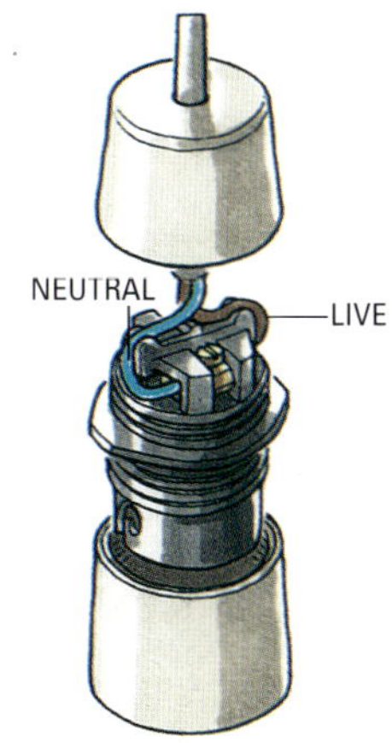

Wiring a plastic pendant lampholder

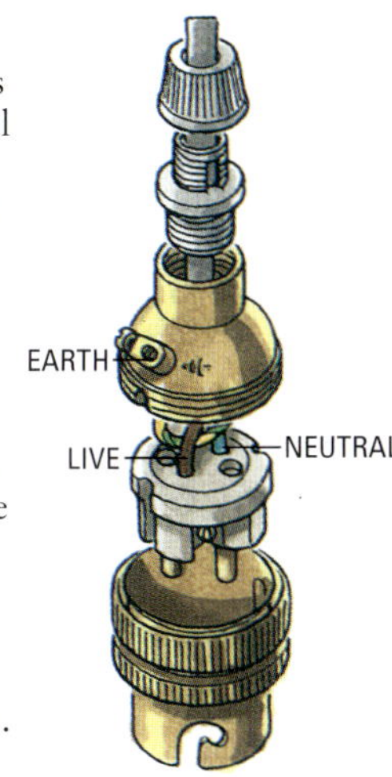

Wiring a metal pendant lampholder

Main switch equipment

Electricity flows because of a difference in 'pressure' between the live wire and the neutral one, and this difference in pressure is measured in volts. Domestic electricity in this country is supplied as alternating current, at 230 volts, by way of the electricity company's main service cable. This normally enters your house underground, although in some areas electricity is distributed by overhead cables.

The service head

The main cable terminates at the service head, or 'cutout', which contains the service fuse. This fuse prevents the neighbourhood's supply being affected if there should be a serious fault in the circuitry of your house. Cables connect the cutout to the meter, which registers how much electricity you consume. Both the meter and cutout belong to the electricity company and must not be tampered with. The meter is sealed in order to disclose interference.

If you use cheap night-time power for storage heaters and hot water, a time switch will be mounted between the cutout and the meter.

- **Cross-bonding cable sizes**
Single-core cables are used to cross-bond gas and water pipes to earth. An electrician can calculate the minimum size for these cables, but for any single house or flat, it is safe to use 10mm^2 cable. (See also PME opposite).

Consumer unit

Electricity is fed to and from the consumer unit by 'meter leads', thick single-core insulated-and-sheathed cables made up of several wires twisted together. The consumer unit is a box that contains the fuseways that protect the individual circuits in the house. It also incorporates the main isolating switch, which you operate when you need to cut off the supply of power to the whole house.

In a house where several new circuits have been installed over the years, the number of circuits may exceed the number of fuseways in the consumer unit. If so, an individual switchfuse unit – or more than one – may have been mounted alongside the main unit. Switchfuse units comprise a single fuseway and an isolating switch; they, too, are connected to the meter by means of meter leads.

If your home is heated by off-peak storage heaters, then you will have an Economy 7 meter and a separate consumer unit for the heater circuits.

- **The main isolating switch**
Not all main isolating switches operate the same way. Before you need to use it, check to see whether the main switch on your consumer unit has to be in the up or down position for 'off'.

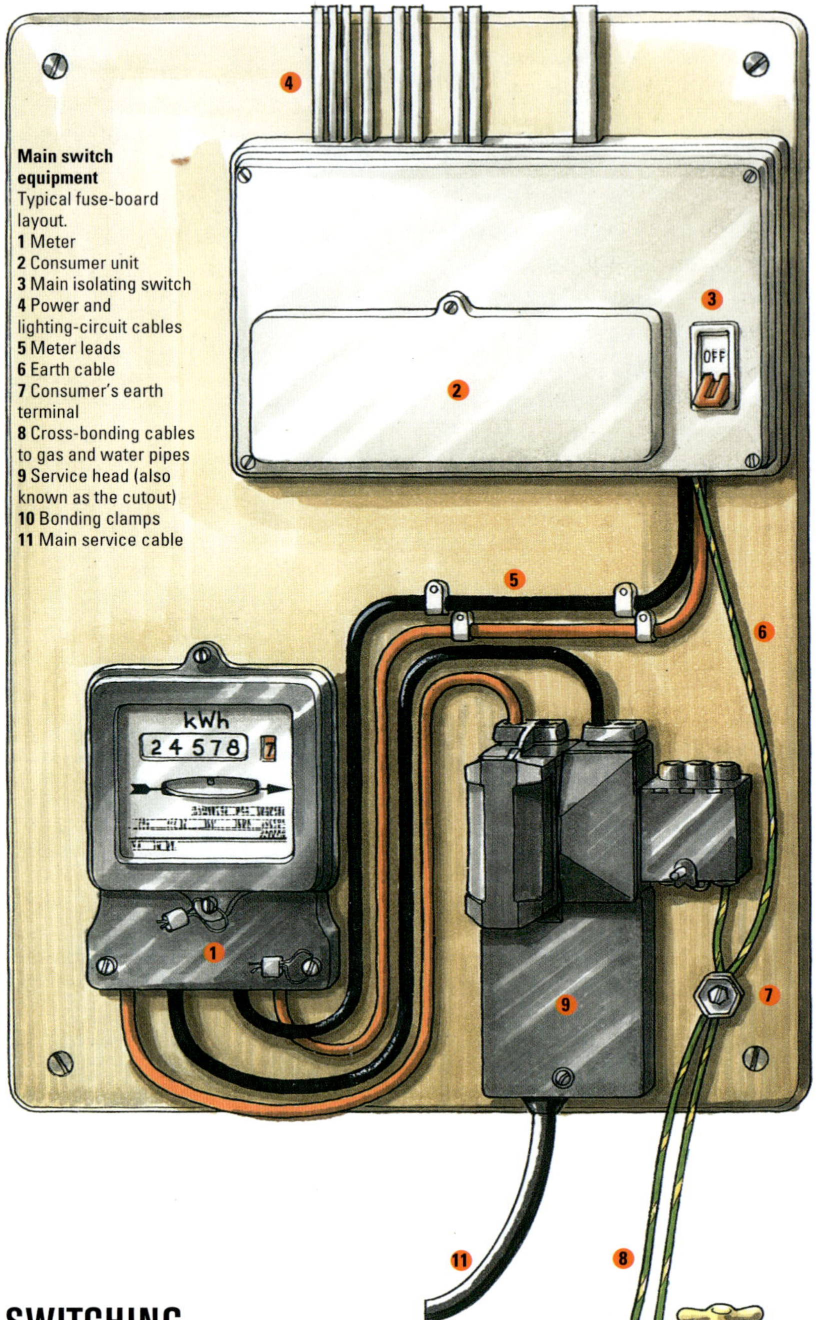

Main switch equipment
Typical fuse-board layout.
1 Meter
2 Consumer unit
3 Main isolating switch
4 Power and lighting-circuit cables
5 Meter leads
6 Earth cable
7 Consumer's earth terminal
8 Cross-bonding cables to gas and water pipes
9 Service head (also known as the cutout)
10 Bonding clamps
11 Main service cable

SWITCHING OFF THE POWER

In an emergency, switch off the supply of electricity to the entire house by operating the main isolating switch on the consumer unit.

Before working on any part of the electrical system of your home, always operate the main isolating switch, then remove the individual circuit fuse or miniature circuit breaker (MCB) that will cut off the power to the relevant circuit. That circuit will then be safe to work on, even if you restore the power to the rest of the house by operating the main switch again.

SEE ALSO: **Cheaper electricity 296, Circuit breakers 309, Consumer unit 308, Fuses 309, Switchfuse unit 328, Storage heaters 330–1**

Earthing systems

The earthing system

All of the individual earth conductors of the various circuits in the house are connected to a metal earthing block in the consumer unit. A single cable with a green-and-yellow covering runs from this earthing block to the consumer's earth terminal, which is mounted next to the cutout. In most urban houses a connection is provided from inside the cutout to an external earth-connection block, which is also wired to the consumer's earth terminal. This provides an effective path to earth, as it allows the current to pass along the sheath of the main service cable to the electricity company's substation, where it is solidly connected to earth.

In the past most domestic electrical systems were earthed to the cold-water supply, so earth-leakage current passed out along the metal water pipes into the ground in which they were buried. But nowadays more and more water systems use nonconductive, nonmetallic pipes and fittings. As a result, such a means of earthing is no longer reliable.

Despite this, you will find that your gas and water pipework is connected to the consumer's earth terminal. This ensures that the water and gas piping systems are cross-bonded, so earth-leakage current passing through either system will run without hindrance to the main earth without producing dangerously high voltages. The cross-bonding clamps must be as close as possible to the point where the pipes enter the house, but on the consumer's side (within 600mm) of the stopcock or gas meter.

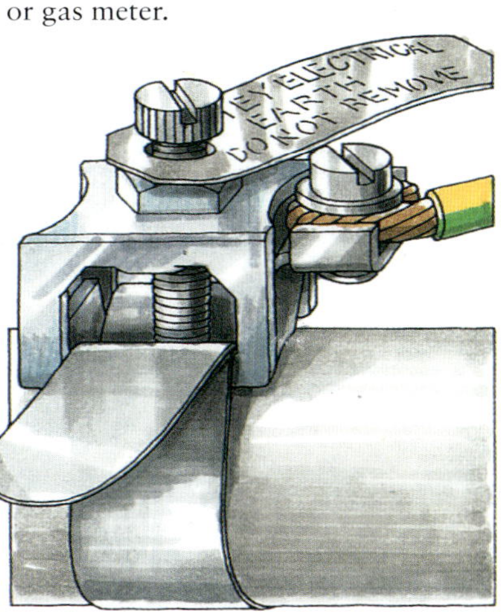

Bonding clamp
This type of clamp (BS 951) is used to make connections to gas and water pipes. It must not be removed under any circumstances.

PME

The electricity company sometimes provides a different method of earthing the system, called 'protective multiple earth' (PME), by which earth-leakage current is fed back to the substation along the neutral return wire, and so to earth. Regulations regarding the earthing of this system are particularly stringent. With PME, cross-bonding cables to gas and water services are sometimes required to be larger. Check this with the electricity company.

RCDs

Although the local electricity company normally provides effective earthing for the electrical system of your home, safe earthing is the consumer's own responsibility. With this in mind, it is worth installing a residual current device (RCD) into the house circuitry.

When conditions are normal, the current flowing out through the neutral conductor is exactly the same as that flowing in through the live one. Should there be an imbalance between the two caused by an earth leakage, the RCD will detect it immediately and isolate the circuitry.

An RCD can be either installed as a separate unit or incorporated into the consumer unit together with the main isolating switch.

A residual current device is sometimes referred to as a residual current circuit breaker (RCCB). It was formerly known as an ELCB, or earth-leakage circuit breaker.

A separate unit containing an RCD

RECOGNIZING AN OLD FUSE BOARD

Domestic wiring systems were once very different from the ones used today. Besides lighting, water-heating and cooker circuits, each socket outlet had its own circuit and fuse, while further circuits would be installed from time to time as the needs of the household changed. Consequently, an old house may have a mixture of 'fuse boxes' attached to the fuse board, along with the meter.

You may find that the wiring itself is haphazard and badly labelled, with the serious danger that you may not safely isolate a circuit you're going to work on. Furthermore, you will not be able to tell whether a particular fuse is correctly and safely rated unless you know what type of circuit it is protecting.

Arrange for an inspection

If your home still has such an old-style fuse board, have it inspected and tested by a qualified electrician before you attempt to work on any part of the system. He or she can advise you as to whether your installation needs to be replaced with a modern consumer unit – and if it does prove to be in good working condition, he or she can label the various circuits clearly to help you in the future.

An old-fashioned fuse board
This type of installation is out of date. A professional electrician may advise you to replace at least some of the components.

SEE ALSO: Supplementary bonding 300, Sockets for outdoor tools 348

Consumer units

The consumer unit is the heart of your electrical installation: every circuit in your home has to pass through it. Although there are several different types and styles, all consumer units are based on similar principles.

Every consumer unit has a large main isolating switch, which can turn off the entire electrical system of the house. On some of the more-expensive units, the switch is in the form of an RCD that can be operated manually but will also 'trip' automatically should any serious fault occur, isolating the whole system in much less time than it would take for the electricity company's fuse to blow in a similar emergency.

Some consumer units are designed in such a way that it's impossible to remove the outer cover without first turning off the main isolating switch. Even if yours is not of this type, you should always switch off the power before exposing any of the elements within the consumer unit.

Having turned off the main switch, remove the cover (or covers) so that you can see how the unit is arranged. The cover must be replaced before the unit is switched on again. Also, remember that even when the unit is switched off the cable connecting the meter to the main switch is still live – so take care.

Take note of the cables that feed the various circuits in the house. Ideally, they should be spaced apart to prevent overheating. The black-insulated neutral wires run to a common neutral block, where they are attached to their individual terminals. Similarly, the green-and-yellow earth wires run to a common earth block. The red-covered live conductors are connected to terminals on individual fuseways or circuit breakers.

Some wires will be joined together in a single terminal. These are the two ends of a ring circuit, and that is how they should be wired.

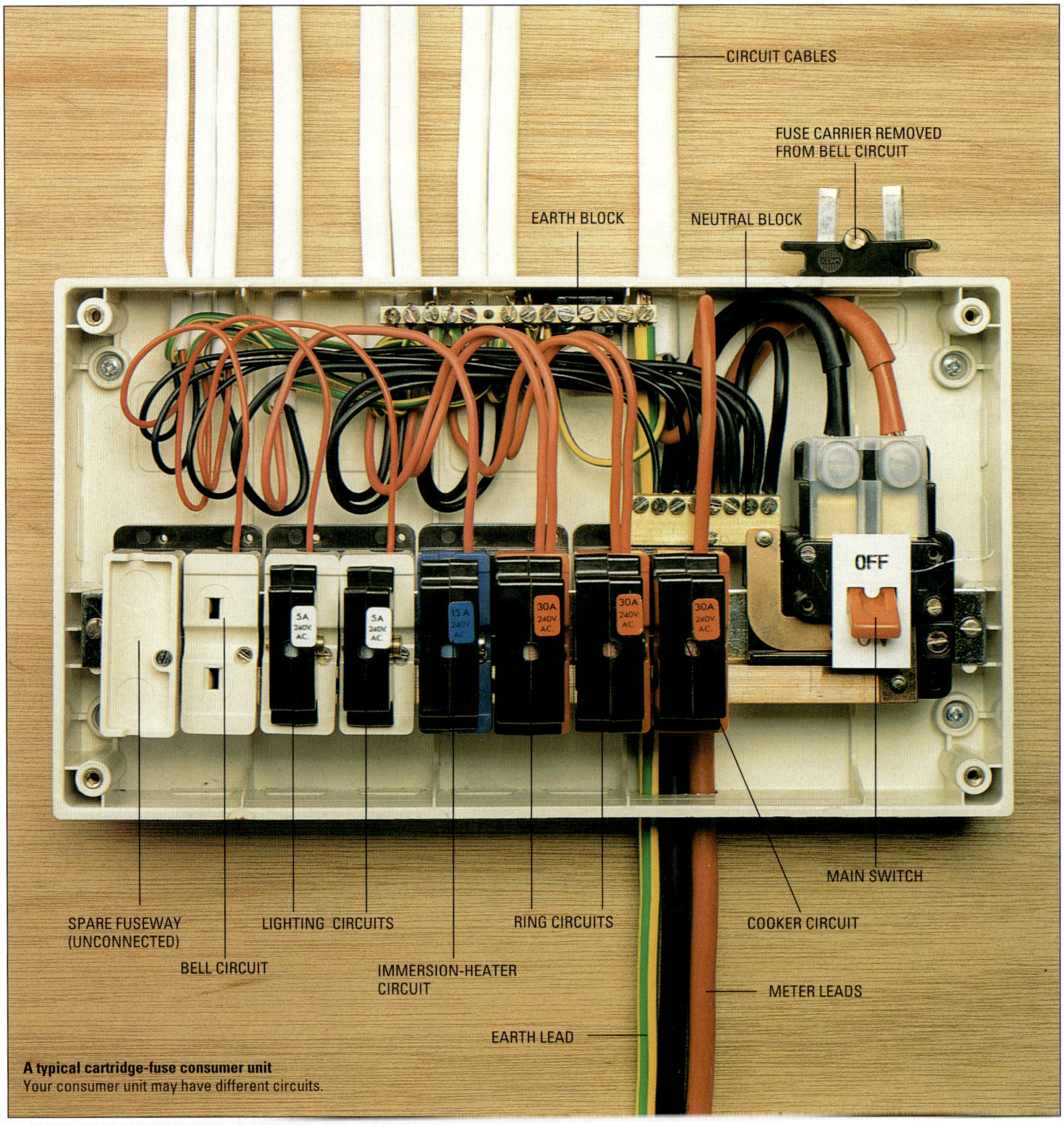

A typical cartridge-fuse consumer unit
Your consumer unit may have different circuits.

SEE ALSO: Main switch equipment 306, RCDs 307, Ring circuits 311

Fuses: types and ratings

In the consumer unit there is a fuseway for each circuit. Into the fuseway is plugged a fuse carrier, which is essentially a bridge between the main switch and that particular circuit. When the fuse carrier is removed from the consumer unit, the current cannot pass across the gap.

Identifying a fuse

Pull any of the fuse carriers out of the unit to see what kind of fuse it contains.

At each end of the carrier you will see a single-bladed or double-bladed contact. A rewirable carrier will have a thin wire running from one contact to the other, held by a screw terminal at each end. Fuse wire is available in various thicknesses, carefully calculated to melt at given currents when a circuit is substantially overloaded, thus breaking the 'bridge' and isolating the circuit.

Alternatively, the carrier may contain a cartridge fuse similar to those used in 13amp plugs, though circuit fuses are larger, varying in size according to their rating. The cartridge is a ceramic tube containing a fuse wire packed in fine sand. The wire is connected to metal caps at the ends of the cartridge that snap into spring clips on the contacts of the fuse carrier. Cartridge fuses provide better protection, since they blow faster than ordinary fuse wire; it is therefore advisable to use cartridge-fuse carriers wherever possible.

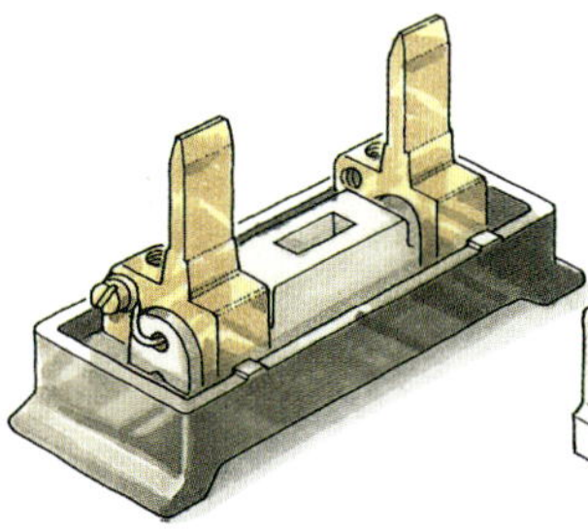

Single-bladed carrier with wire fuse

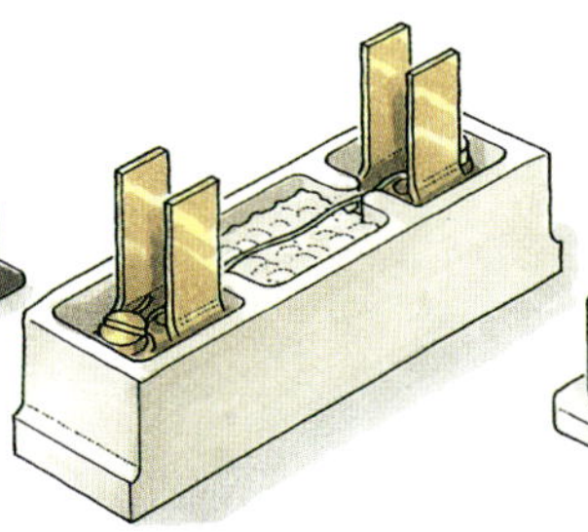

Double-bladed carrier with wire fuse

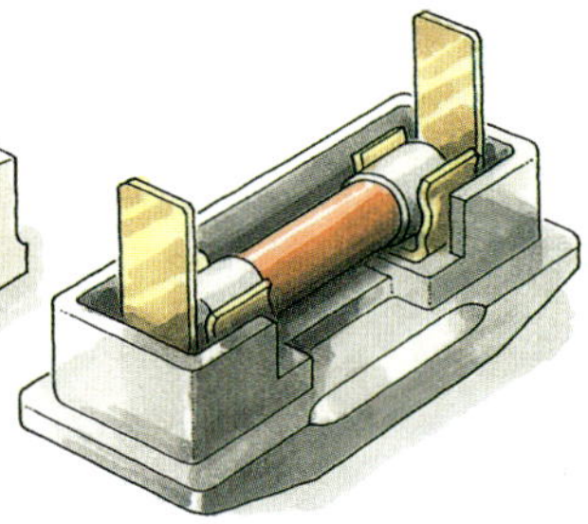

Cartridge-fuse carrier

Fuse ratings

Whatever the type of fuses used in the consumer unit, they are rated in the same way. Cartridge fuses are colour-coded and marked with the appropriate amp rating for a certain type of circuit. Fuse wire is bought wrapped round a card which is clearly labelled.

Never insert fuse wire that is heavier than the gauge intended for the circuit. To do so could result in a dangerous fault going unnoticed because the fuse wire fails to melt. And it is even more dangerous to substitute any other type of wire or metal strip; these provide no protection at all.

When you need to change a fuse, do not automatically replace it with one of the same rating. Check first that it is the correct type of fuse for the circuit. The fuse carrier should be marked and/or colour-coded. You can also look at the list of circuits printed on the inside of the consumer-unit cover to identify the carriers and their required ratings.

Keep spare fuse wire or cartridge fuses in or close to the consumer unit.

FUSE RATINGS

Circuit	Fuse	Colour coding
Door bell	5amp	White
Lighting	5amp	White
Immersion heater	15amp	Blue
Storage heater	15amp	Blue
Radial circuits – 20sq m maximum floor area 50sq m maximum floor area	20amp 30amp	Yellow Red
Ring circuits – 100sq m maximum floor area	30amp	Red
Shower unit	45amp	Green
Cooker	30amp	Red

MINIATURE CIRCUIT BREAKERS

Instead of fuses, miniature circuit breakers (MCBs) are sometimes used to protect circuits. There are many types of MCB on the market, but only buy ones that are made to the required standards of construction and safety.

Make sure any MCB that you use is marked BSEN 60898, which is the relevant British Standard. There are also different classes of MCB (you need to look for Type B). And lastly, MCBs are classified according to the largest potential fault current they are able to clear; ask for M6 or M9, as these will clear any potential current likely to be met in a domestic situation. If for any reason these MCBs are unavailable, ask your electricity company whether they will accept alternatives.

MCB ratings

To conform to European standards, MCB ratings tend to vary slightly from circuit-fuse ratings. (See CIRCUITS: MAXIMUM LENGTHS.) However, it is perfectly acceptable if you have MCBs that match the slightly smaller ratings shown for circuit fuses.

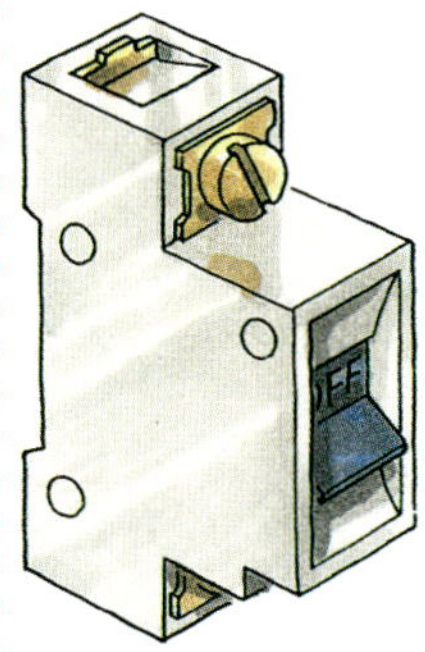

Switch-operated miniature circuit breaker

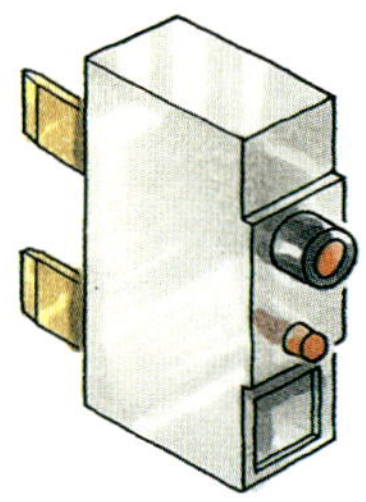

Button-operated miniature circuit breaker

A selection of fuse wire and circuit fuses
From left to right: fuse wire, 45amp fuse, 30amp fuse, 20amp fuse, 15amp fuse, 5amp fuse.

SEE ALSO: Circuit breakers 310, Circuit lengths 356

Changing a fuse

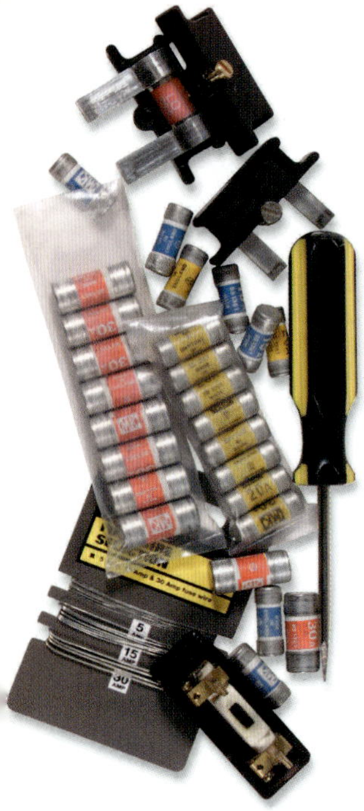

When everything on a circuit stops working, first of all check the fuse to see if it has blown. Turn off the main switch on the consumer unit, take off the cover, and look for the failed fuse. To identify the relevant fuse, look at the list of circuits inside the cover. If there is no list, inspect the most likely circuits. If, for example, the lights blew when you switched them on, you need check only the lighting circuits, which are usually colour-coded white.

Checking a cartridge fuse

The simplest way to check a suspect cartridge fuse is to replace it with a new one and see if the circuit works.

Alternatively, you can check the fuse with a metal-cased torch. Remove the bottom cap of the torch, and touch one end of the fuse to the base of the battery while resting its other end against the torch's metal casing. If the torch bulb lights up, the fuse is sound.

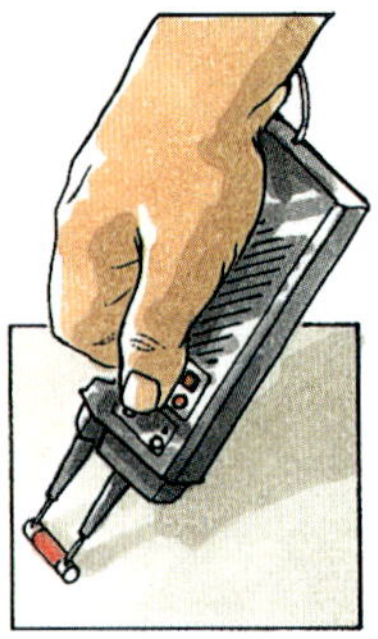

Using a continuity tester
You can check a suspect cartridge fuse with a continuity tester. Place one of the tester's probes on each of the fuse's metal caps, then press the appropriate circuit-test button. If the indicator of the tester doesn't illuminate, the fuse has blown.

Testing a cartridge fuse
With the torch switched on, hold the fuse against the battery and the metal casing.

Checking a rewirable fuse

On a blown rewirable fuse, a visual check will usually detect the broken wire, plus scorch marks on the fuse carrier. If you cannot see the whole length of the fuse wire, pull gently on each end of the wire with the tip of a small screwdriver to see if it's intact.

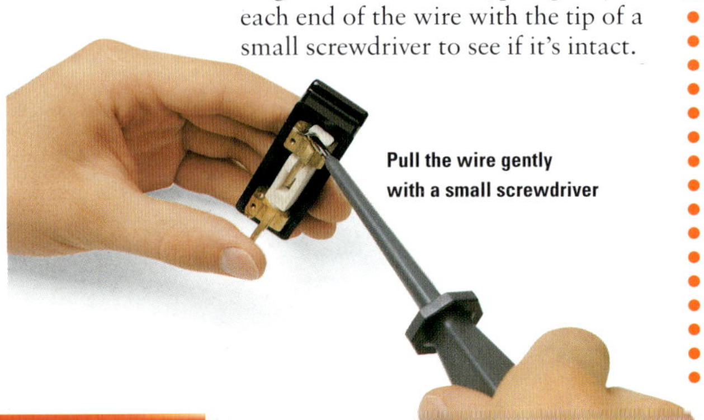

Pull the wire gently with a small screwdriver

Replacing fuse wire

To replace blown fuse wire, loosen the two terminals holding the old wire and extract the broken pieces. Wrap one end of a new length of the correct type of fuse wire clockwise round one of the terminals and tighten the screw **(1)**. Then run the wire across to the other terminal, leaving it slightly slack, and attach it in the same way **(2)**. Cut off any excess wire from the ends.

If the wire passes through a tube in the fuse carrier, it has to be inserted before either terminal is tightened **(3)**.

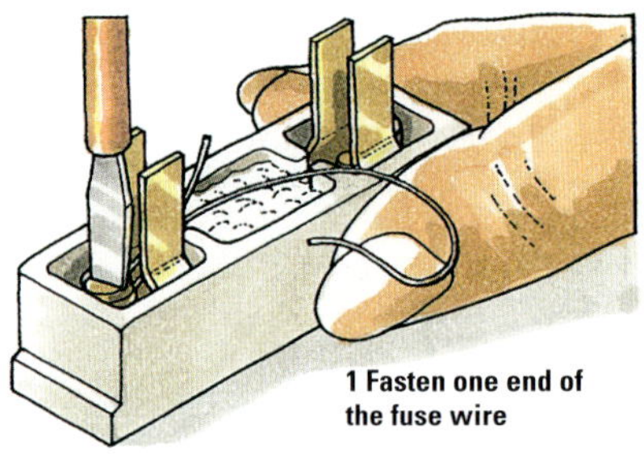

1 Fasten one end of the fuse wire

2 Wind the wire clockwise around the other terminal

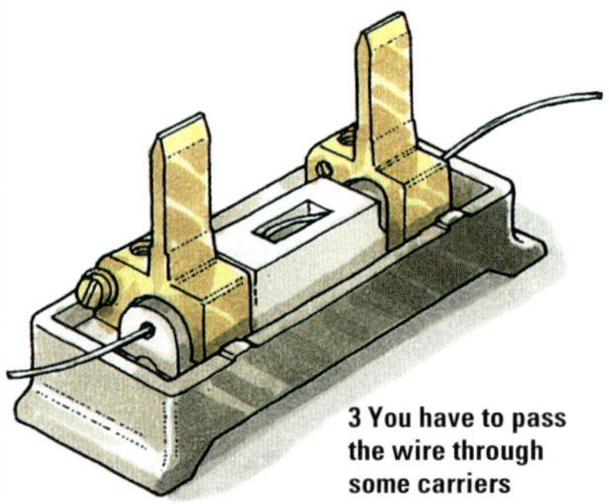

3 You have to pass the wire through some carriers

IF THE FUSE BLOWS AGAIN

If a replaced fuse blows again as soon as the power is switched on, then there is either a fault or an overload (too many appliances plugged in) on that circuit – and it must be detected and rectified before another fuse is inserted (see top right).

CHECKING OUT A FAULT

An electrician will test a circuit for you with special equipment – but first carry out some simple tests yourself.

Unplug all appliances on the faulty circuit to make sure that it is not simply overloaded, then switch on again.

If the circuit is still faulty, turn off the main switch on the consumer unit and, before inspecting any part of the circuit, remove the relevant fuse carrier or MCB and keep it in your pocket – so that no one can replace it while you are working. Inspect the relevant socket outlets and light fittings to see if a conductor has worked loose and is touching one of the other wires, or the terminals or outer casing, causing a short circuit.

If none of this enables you to find the fault, call in an electrician.

With the main switch off, reset the MCB

Resetting MCBs

In some consumer units you will find miniature circuit breakers (MCBs) instead of fuse carriers. Their current ratings tend to differ very slightly from fuse ratings, but the main difference is that circuit breakers switch to the 'off' position automatically, so a faulty circuit is obvious as soon as you inspect the consumer unit.

Turn the consumer unit's main switch off, and then simply close the switch on the miniature circuit breaker to reset it (there is no fuse to replace). If the MCB's switch or button won't stay in the 'on' position when power is restored, then there is still a fault on the circuit – which must be rectified.

SEE ALSO: Consumer units 308, Fuses and fuse ratings 309, Circuit breakers 309

Domestic circuits

Running from the consumer unit are the cables that supply the various fixed wiring circuits in your home. Not only are the sizes of the cables different, the circuits themselves also differ, depending on what they are used for and also, in some cases, how old they happen to be.

Ring circuits

The most common form of 'power' circuit for feeding socket outlets is the ring circuit, or 'ring main'. With this method of wiring, a cable starts from terminals in the consumer unit and goes round the house, connecting socket to socket and arriving back at the same terminals. This means that power can reach any of the socket outlets or fused connection units from both directions, which reduces the load on the cable.

Ring mains are always run in $2.5mm^2$ cable and are protected by 30amp fuses or 32amp MCBs. Theoretically there is no limit to the number of socket outlets or fused connection units that can be fitted to a ring circuit provided that it does not serve a floor area of more than 100sq m (120sq yd) – a limit based on the number of heaters that would be adequate to warm that space. However, in practice two-storey houses usually have one ring main for the upper floor and another one for downstairs.

Spurs

The number of sockets on a ring main can be increased by adding extensions or 'spurs'. A spur can be either a single $2.5mm^2$ cable connected to the terminals of an existing socket or fused connection unit, or it can run from a junction box inserted in the ring.

Each (unfused) spur can feed only one fused connection unit for a fixed appliance or one single or double socket outlet. You can have as many spurs on a ring circuit as there were sockets on it originally (note that for this calculation a double socket is counted as two).

The 30amp fuse that protects the ring main remains unchanged, no matter how many spurs are connected to the circuit.

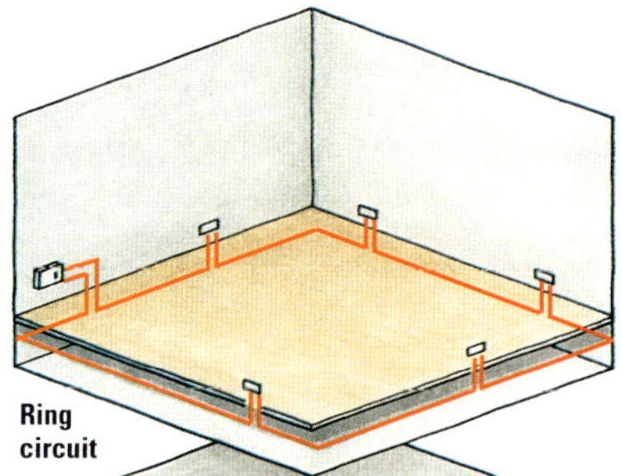

Ring circuit

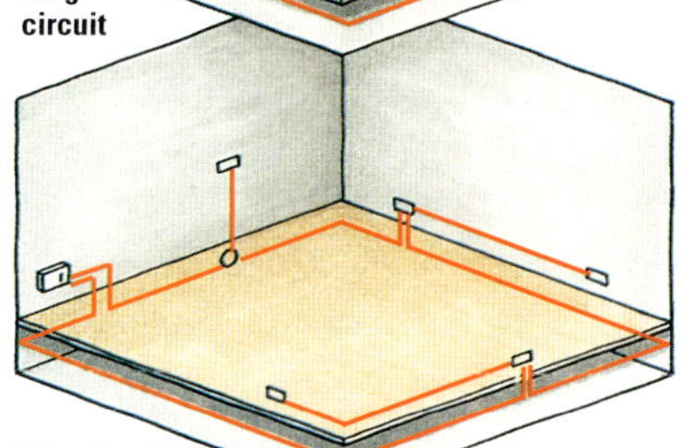

Ring circuit with spurs

Radial circuits

A radial power circuit feeds a number of sockets or fused connection units – but, unlike a ring circuit, its cable terminates at the last outlet. The size of cable and the fuse rating depend on the size of the floor area to be supplied by the circuit. In an area of up to 20sq m (24sq yd), the cable needs to be $2.5mm^2$, protected by a 20amp MCB or a 20amp fuse of any type. For a larger area, up to 50sq m (60sq yd), you should use $4mm^2$ cable with a 30amp cartridge fuse or 32amp MCB (a rewirable fuse is not permitted).

Any number of socket outlets can be supplied by one of these circuits, and spurs can be added if required. These circuits are known as multi-outlet radial circuits. A powerful appliance such as a cooker or shower unit must have its own radial circuit.

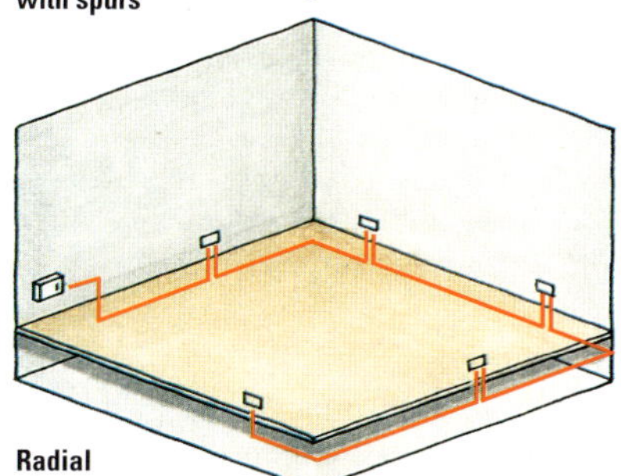

Radial circuit

Lighting circuits

Domestic lighting circuits are of the radial kind, but there are two systems currently in use.

The loop-in system simply has a single cable that runs from ceiling rose to ceiling rose, terminating at the last one on the circuit. Single cables also run from the ceiling roses to the various light switches.

The junction-box system (which is the older of the two systems) incorporates a junction box for each light. The boxes are situated conveniently on the single supply cable. A cable runs from each junction box to the ceiling rose, and another from the box to the light switch. In practice, most lighting circuits are a combination of the two methods.

A single circuit of $1mm^2$ cable is able to serve the equivalent of eleven 100W light fittings. Check the load by adding together the wattage of all the light bulbs on the circuit. If the total comes to more than 1200W, the circuit should be split. In any case, it makes sense to have two or more separate lighting circuits running from the consumer unit. If your house is large, requiring very long cable runs, use $1.5mm^2$ two-core-and-earth cable instead of $1mm^2$.

Lighting circuits must be protected by 5amp fuses or 6amp MCBs.

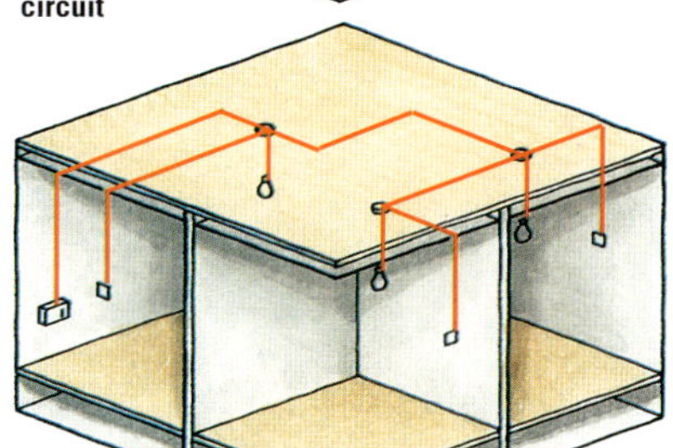

Loop-in system

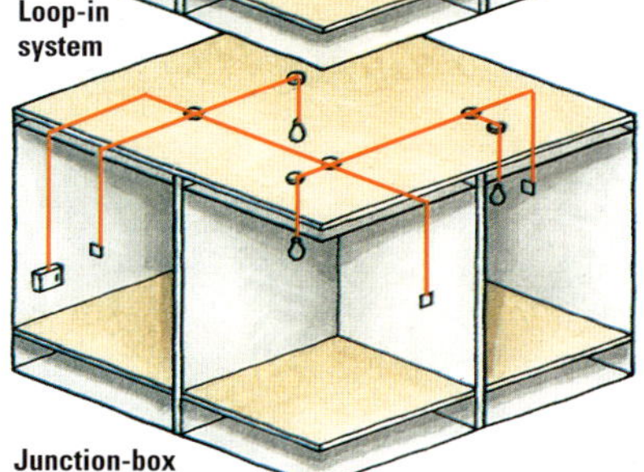

Junction-box system

SEE ALSO: Fuse ratings 309, Cables 312, Socket outlets 318, Fused connection units 324, Cooker circuit 327, Shower circuit 337, Circuit lengths 356

Types of cable

Two-core-and-earth cable

Cable for the fixed wiring of electrical systems normally has three conductors: the insulated live and neutral ones and the earth conductor lying between them, which is uninsulated except for the sheathing that encloses all three conductors. Cable up to 2.5mm² has solid single-core conductors; but larger sizes (up to 10mm²) wouldn't be flexible enough if they had solid conductors, so each one is made up of seven strands. The live conductor is insulated with red PVC, and the neutral one with black. If an earth conductor is exposed, as in a socket outlet, it should be covered with a green-and-yellow sleeve. You can buy sleeving from any electricians' supplier.

Heat-resistant sleeving is available for covering the conductors in an enclosed light fitting, where the temperature could adversely affect the normal PVC insulation.

The PVC sheathing on the outside of the cable is usually white or grey.

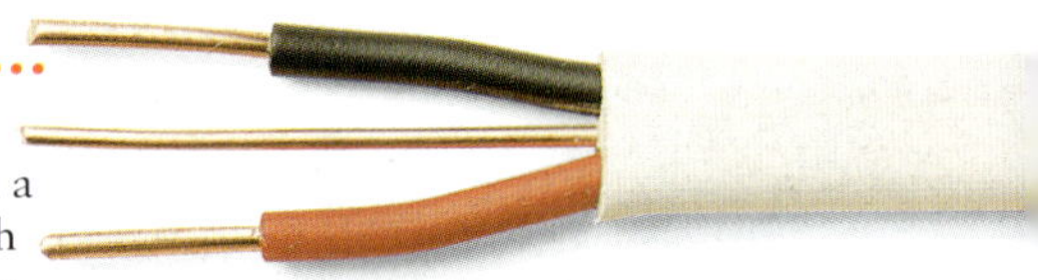

Two-core-and-earth cable: solid conductors

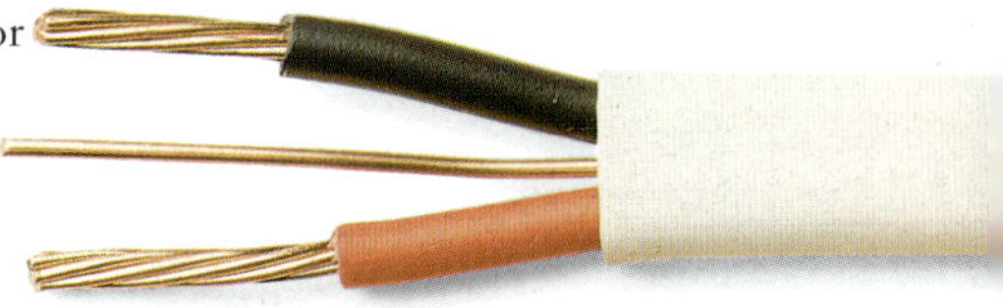

Two-core-and-earth cable: stranded conductors

Three-core-and-earth cable

This type of cable is used for a two-way lighting system, which can be turned on and off at different switches – at the top and bottom of a staircase, for example, so that you never have to use the stairs in the dark. It contains three insulated conductors – with red, yellow and blue coverings – and a bare earth wire.

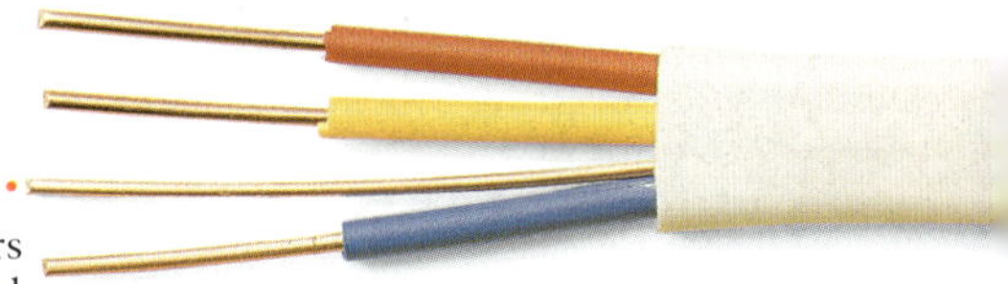

Three-core-and-earth cable

Single-core cable

Insulated single-core cable is used in buildings where the electrical wiring is run in metal or plastic conduit – a type of installation rarely found in domestic buildings. The cable is colour-coded in the normal way: red for live, black for neutral, and green-and-yellow for earth.

Single-core 16mm² cable insulated in a green-and-yellow PVC covering is used for connecting the consumer unit to the earth. Single-core cable of the same size is used for connecting the consumer unit to the meter. The meter leads are insulated and sheathed, in red for the live conductor and black for the neutral one.

Insulated single-core cable

Insulated-and-sheathed single-core cable

● **Cable sizes**
The chart on the right gives the basic sizes of cables used for wiring domestic circuits. For details of the maximum permitted lengths for circuits, see CIRCUITS: MAXIMUM LENGTHS.

If the company fuse is larger than 60amps, 25mm² meter leads are required – but consult your local electricity company for advice.

CIRCUIT-CABLE SIZES

Circuit	Size	Type
Fixed lighting	1.0mm² & 1.5mm²	Two-core-and-earth
Bell or chime transformer	1.0mm²	Two-core-and-earth
Immersion heater	2.5mm²	Two-core-and-earth
Storage heater	2.5mm² & 4.0mm²	Two-core-and-earth
Ring circuit	2.5mm²	Two-core-and-earth
Spurs	2.5mm²	Two-core-and-earth
Radial – 20amp	2.5mm²	Two-core-and-earth
Radial – 30amp	4.0mm²	Two-core-and-earth
Shower unit	10.0mm²	Two-core-and-earth
Cooker	4.0mm² & 6.0mm²	Two-core-and-earth
Consumer earth cable	16.0mm²	Single core
Meter leads	16.0mm²	Single core

This type of cable may be dangerous

IDENTIFYING OLD CABLE

Houses that were wired before World War II may still have old cable that is sheathed and insulated in rubber, and some of them may even have old cable sheathed in lead.

Rubber sheathing is usually a matt black. It is more flexible than modern PVC insulation – unless it has deteriorated, in which case it will be crumbly.

Stripping cable

When cable is wired to an accessory, some of the sheathing and insulation must be removed. Slit the sheathing lengthwise with a sharp knife, peel it off the conductors, then fold it over the blade and cut it off. Take about 12mm (½in) of insulation off the ends of the conductors, using wire strippers.

Cover the uninsulated earth wire with a green-and-yellow plastic sleeve, leaving 12mm (½in) of the wire exposed for connecting to the earth terminal.

If more than one stranded conductor is to be inserted in the same terminal, twist the exposed ends together with strong pliers to ensure the maximum contact for all of the wires. Don't twist solid conductors; simply insert them together into the terminals and tighten the fixing screw. Pull on each conductor to make sure it is held securely.

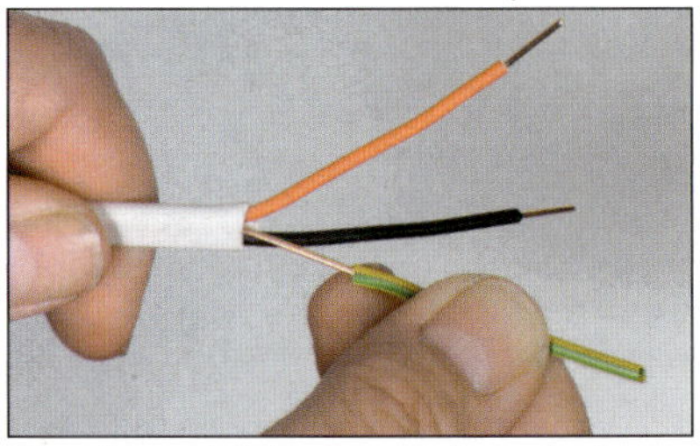

Slip colour-coded sleeving over the earth wire

☛ SEE ALSO: Earth lead 306, Meter leads 306, Two-way lighting 344, Circuit lengths 356, Wire strippers 522

Running cable

Long runs of cable are necessary to carry electricity from the consumer unit to all the sockets, light fittings and fixed appliances in the home. The cable must be fixed securely to the structure of the house along its route, except in confined spaces to which there is normally no access, such as inside hollow walls.

There are accepted ways of running and fixing cable, depending on particular circumstances.

Surface fixing

PVC-sheathed cable can be fixed to the surface of a wall or ceiling without any further protection. Fix it with plastic cable clips **(1)** or metal buckle clips **(2)** every 400mm (1ft 4in) on vertical runs, and every 250mm (10in) on horizontal runs. Try to keep the runs straight, and avoid kinks in the cable by keeping it on the drum as long as possible. If you do have to remove kinks, pull the cable round a thick dowel held in a vice.

If a cable seems vulnerable, or you simply want to hide it, run it inside plastic mini-trunking **(3)**. Screw or stick the trunking to the wall, then insert the cable and clip on the flexible cover strip.

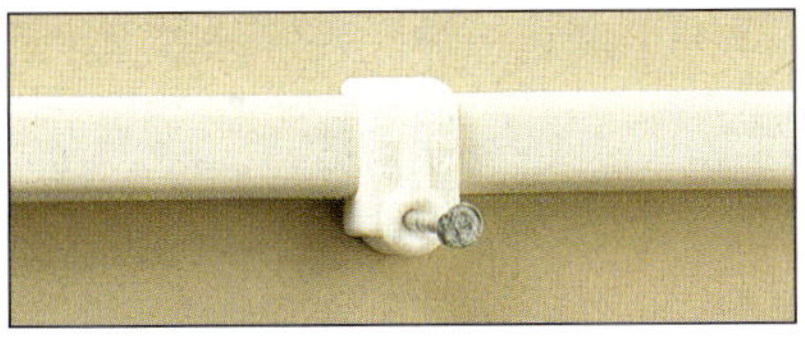

1 Plastic cable clip

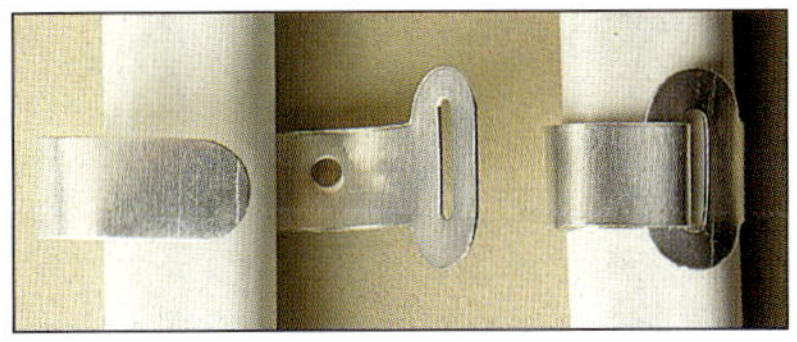

2 Metal buckle clip

Concealed fixing

While surface-fixed cable is acceptable in a cellar or in a garage or workshop, you wouldn't want to see it running across your living room walls or ceiling. From a decorative point of view, it's better to bury it in the plaster or hide it in a wall void. PVC-sheathed cable can be buried without further protection.

Where possible, run cable vertically to accessories such as switches or socket outlets, to avoid dangerous clashes with wall fixtures installed later. If that is not possible, you are permitted to run the cable horizontally directly from the switch or socket. However, if a cable isn't connected to a switch or socket on a wall in which it is concealed, then the cable must be within 150mm (6in) of the vertical or horizontal edges of the wall. Never, in any circumstances, run a buried cable diagonally across a wall.

Some people cover all buried cable with a plastic channel or run it inside conduit, but this is not required by the IEE Wiring Regulations. However, cable that is buried in plastic conduit can, if necessary, be withdrawn later without disturbing decorations.

Mark out your cable runs on the plaster, making allowance for a 'chase', or channel, about 25mm (1in) wide for single cable. Cut both sides with a bolster and club hammer, and then hack out the plaster between the cuts with a cold chisel. Normally, plaster is thick enough to conceal cable, but you may have to chop out some brickwork to get the depth. Clip the cable in the channel **(1)** and, once you have checked that the installation is working satisfactorily, plaster over it. To avoid electric shock, ensure that the power to that circuit is turned off before you use wet plaster round a switch or socket outlet **(2)**.

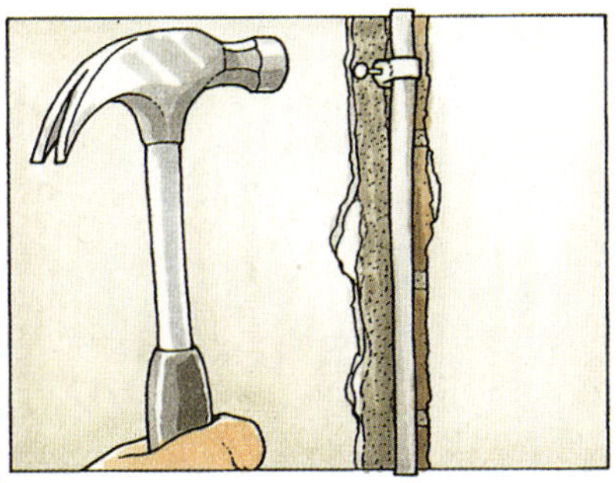

1 Nail plastic clips over the cable

2 Repair the plaster up to the switch

INSIDE A HOLLOW WALL

To install a short cable run in a lath-and-plaster wall, hack the plaster away, fix the cable to the studs, and then plaster over again in the normal way.

Although you can run cable through the space between the two claddings of a partition wall, there is no way of doing this without some damage to the wall and the decoration. Drill a 12mm (½in) hole through the top wall plate above the spot where you are planning to position the switch, and then tap the wall directly below the hole to locate the nogging. Cut a hole in the lath-and-plaster to reveal the top of the nogging, then drill a similar hole through it.

Pass a weight on a plumb line through both holes, down to where the switch will be. Tie the cable to the line and pull it through.

Running a cable through a hollow wall
If a nogging prevents you running cable directly to a switch, cut away some of the lath-and-plaster in order to drill a hole through the timber.

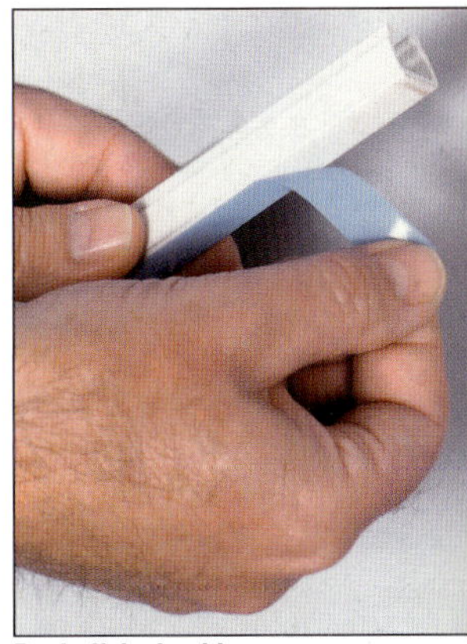

Peel off the backing

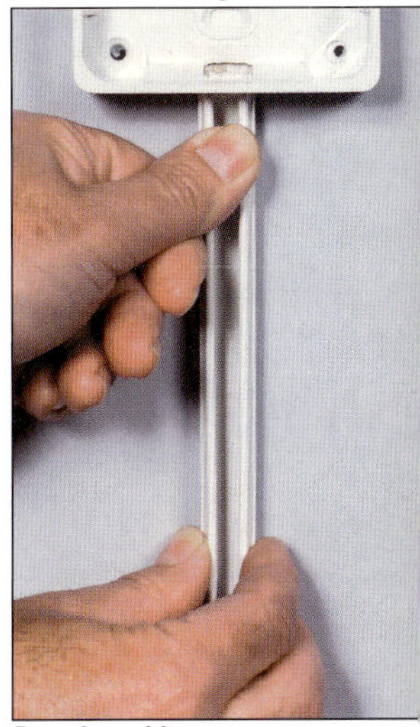

Press in position

Clip on the cover strip

3 Using mini trunking
Screw or stick mini-trunking to the wall and insert the cable. Make your connections, then snap on the cover strip.

SEE ALSO: Repairing plaster 49, Nogging 141, 143, Switching off 306

Running cable under floors

Power and lighting circuits are often concealed beneath floors. It isn't necessary to lift every floorboard to run a cable from one side of a room to the other: by lifting a board every 2m (6ft) or so, you should be able to pass the cable from one gap to the next with the help of a length of stiff wire bent into a hook at one end.

Look for floorboards that have been taken up before – they will be fairly easy to lift, so you will damage fewer boards.

Lifting floorboards

Lifting square-edged boards
Drive a wide bolster chisel between two boards about 50mm (2in) from the cut end of one of them **(1)**. Lever that board up with the bolster, then do the same on the other edge, working along the board until you have raised it far enough to wedge a cold chisel under it **(2)**. Proceed along the board, raising it with the chisel, till the board is loose.

Full-length boards
If you have to lift a board that runs the whole length of the floor from one skirting to the other, start somewhere near the middle of the board, close to one of the floor joists – the nail heads indicate the positions of joists. Lever the board up and make a sawcut across it, centred on the joist; then lift the board in the normal way.

Lifting tongue-and-groove boards
You cannot lift a tongue-and-groove floorboard until you have cut through the tongues along both sides of the board with a floorboard saw, which has a blade with a rounded tip.

Alternatively, use an electrician's 'skate' – which has a cutting disc that fits between the boards. Run the tool back and forth with one foot.

Cutting a full-length board
Saw a full-length board in two directly over a floor joist.

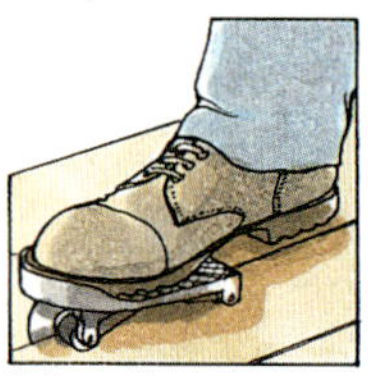

Using a skate
Run the disc of an electrician's skate between tongue-and-groove boards.

1 Prise up the floorboard with a bolster

2 Wedge the raised end with a cold chisel

Cutting a board next to a skirting

A joist that is fitted close to a wall may make it impossible to lift a floorboard in the normal way without damaging the bottom edge of the skirting.

In such a case, drill a starting hole through the floorboard alongside the joist, then insert the blade of a padsaw into the hole and cut across the board, flush with the side of the joist **(1)**.

To support the cut end afterwards, nail a length of 50 x 50mm (2 x 2in) softwood to the joist. Hold the batten tightly against the undersides of the adjacent floorboards while you are fixing it, to ensure that the cut board will lie flush with the others **(2)**.

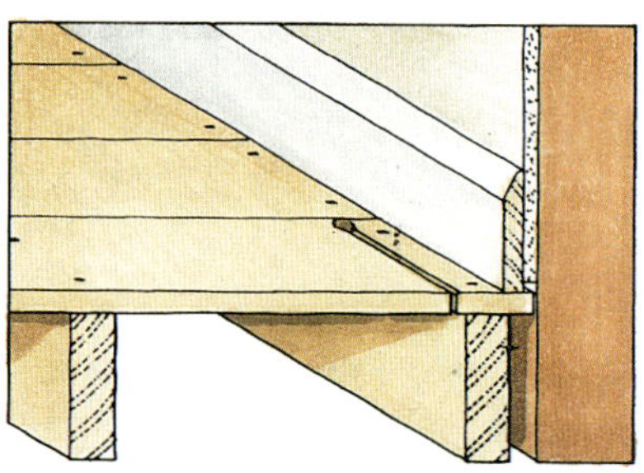

1 Cut through a trapped board with a padsaw

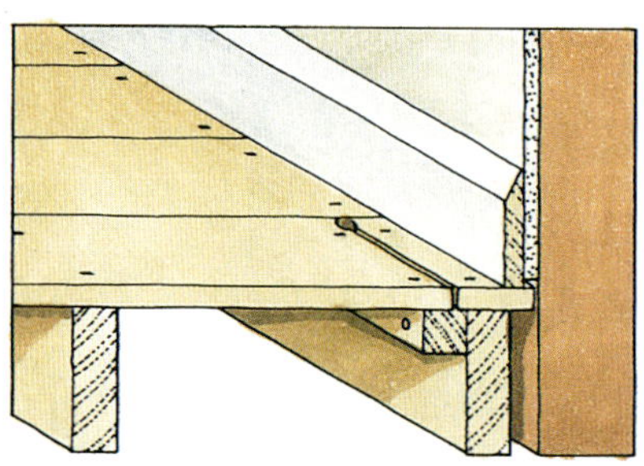

2 Support the cut board with a nailed batten

Solid floors

In a new concrete floor, you can lay conduit and then run cable through it before the concrete is poured.

In an existing solid floor, you can cut a channel for conduit, although it's hard work without an electric hammer and chisel bit; and if the floor is tiled, you will not want to spoil it for one or two socket outlets. An alternative is to drop spur cables, buried in the wall plaster, from the ring circuit in the upper floor.

Another way is to run cable through the wall from an adjacent area and channel it horizontally in the plaster just above the skirting. Yet another is to install the type of skirting-height plastic trunking that is designed to house cable and socket outlets. Often used in commercial premises, this kind of trunking may be difficult to obtain from smaller retailers.

In the roof space

All wiring can be surface-run in the roof space; but as people may enter the roof space from time to time, you must make sure the cable is clipped securely to the joists or rafters. Run it through holes in the normal way, especially where joists are to be boarded over or in areas of access – around water tanks and near the entrance hatch, for example. If short lengths have to run on top of a joist, add mechanical protection.

Wiring overlaid by roof-insulation material has a slightly higher chance of heating up. Lighting circuits do not present a problem; but circuits on which there are heaters, cookers or shower units, for example, are more critical. Wherever possible, run cable over thermal insulation. If you cannot avoid running it under the material, use a heavier cable – but consult a qualified electrician to be on the safe side.

When expanded-polystyrene insulation is in contact with electrical cable for a long time, it affects the plasticizer in the PVC sheathing on the cable. The plasticizer moves to the surface of the sheathing, reacts with the polystyrene, and forms a sticky substance on the cable. This becomes a dry crust which cracks if the cable is lifted out of the roof insulation and bent. Although it gives the impression that the cable insulation is cracking, scientific testing has shown that the cracking is in fact merely in the surface crust. On balance, however, it is best to keep cable away from polystyrene.

SEE ALSO: Removing skirting 189, Mini-trunking 313, Spur cables 321, Padsaw 494, Floorboard saw 509

Running cable through the house

Running cable through the house structure
Use the most convenient method to run cable to sockets and switches.
1 Clip cable to battens nailed to roof timbers in the loft.
2 Junction boxes must be fixed securely.
3 In the joists near the hatch, run cable through holes.
4 Run cable over loft insulation.
5 To avoid damaging a finished floor, you can run a short spur through the wall from the next room.
6 When cable needs to run across the line of joists, drill holes 50mm (2in) below the joists' top edges.
7 When cable needs to run parallel to the joists, it can lie on the ceiling below.
8 Let cable drape onto the base below a suspended floor.
9 If it's impractical to run cable through a concrete floor, you can drop a spur from the floor above, but label the consumer unit accordingly.

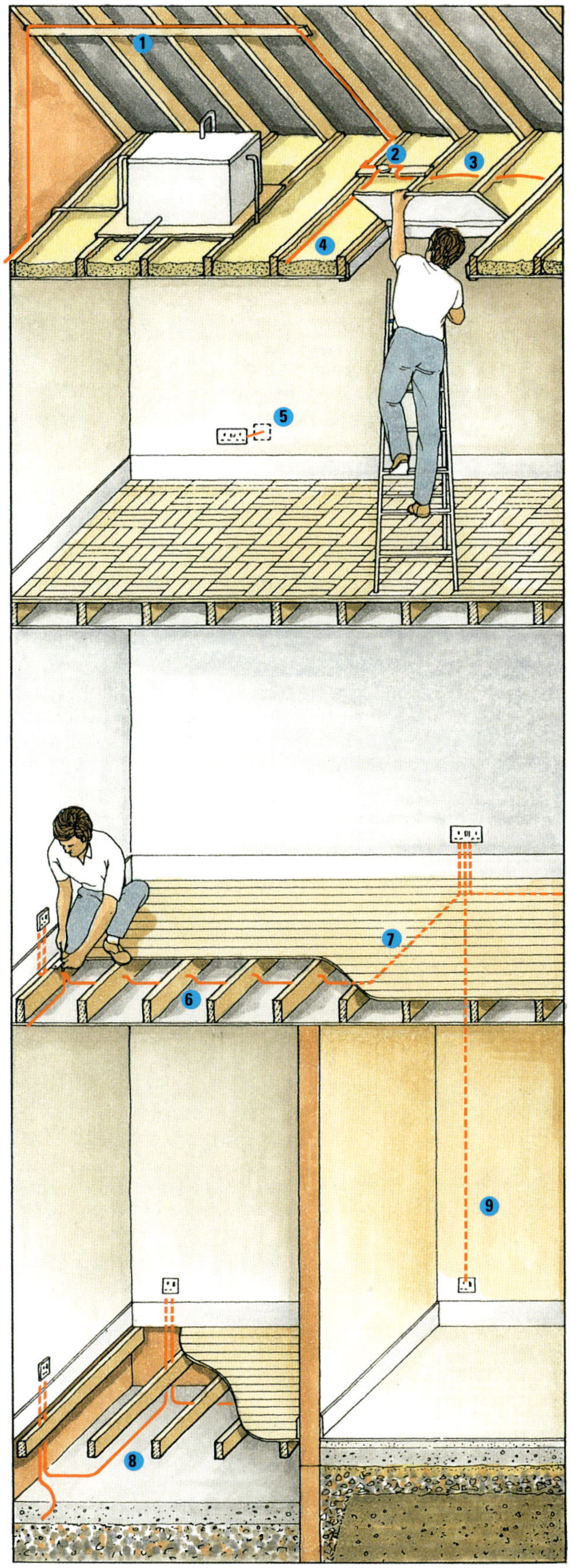

● **Labelling circuits**
If you have added sockets to a ring or radial circuit, make sure that the label in the consumer unit clearly identifies the circuit to which the new sockets are connected.

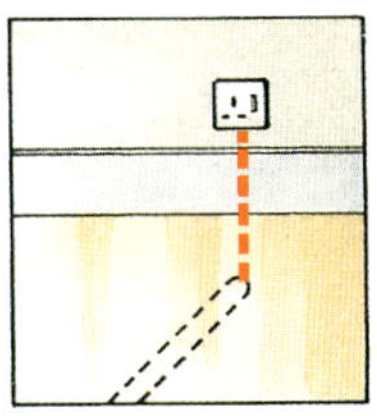

Burying cable in concrete
When you are laying a new concrete floor, take the opportunity to bury conduit for cable.

Running the cable

On the ground floor the cable can rest on the earth or on the concrete platform below the joists, provided that there won't normally be access to the space. Allow enough slack, so the cable isn't suspended above the platform, which might put a strain on fixings to junction boxes or socket outlets. For the same reason, beside junction boxes or other accessories, secure cable with clips to the side of the joist. Never attach circuit cable to gas or water pipes; and don't run it next to heating pipes, as the heat could melt the insulation.

When laying cable between a floor and the ceiling below, it can rest on the ceiling without any other fixing, so long as the cable runs parallel with the joists. If it runs at right angles to the joists, drill a series of 12mm (½in) holes, one through each joist along the intended cable run. The holes must be at least 50mm (2in) below the tops of the joists, so floorboard nails won't at some time be hammered through the cable. Similarly holes must be at least 50mm (2in) from the bottom edge of ceiling joists, in order to be certain that nails driven from below cannot pierce the cable. The space between joists is limited, but you can cut down a spade bit for use in a power drill.

Having marked out the position of a socket or fused connection unit, cut a channel from it down to the skirting board and, with an extra-long masonry bit fitted in a power drill, remove the plaster from behind the skirting board. By using the drill at a shallow angle you can loosen much of the debris, but you will probably have to finish the job with a slim cold chisel. Raking the debris out from below with the same chisel also helps to dislodge it.

Pass a length of stiff wire with one end formed into a hook down behind the skirting. Hook the cable and pull it through, at the same time feeding it from below with your other hand.

Preventing the spread of fire

Every time you cut an opening in the structure of the house for a cable, you are creating a potential route for fire to spread. After you have installed the cable, fill any holes between floors or rooms, using plaster or some other non-flammable material (not asbestos). Even where you pass a cable into a mounting box, you must fit a 'blind' grommet and cut a hole through it that is only just large enough for the cable.

Drilling the joists
Shorten a spade bit so that your drill fits between the joists. Take care not to weaken joists.

Drilling behind skirting
Use an extra-long masonry bit to remove plaster behind a skirting board.

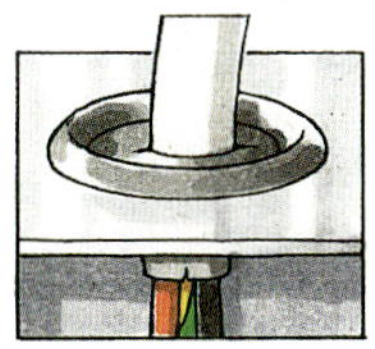

Fitting a blind grommet
There should be only just enough room for a cable to pass through a grommet into a mounting box for a switch or socket.

☛ SEE ALSO: Cable clips 313, Concealing cable 313, Fitting a grommet 319, Running a spur 321, Spade bit 502

Assessing your installation

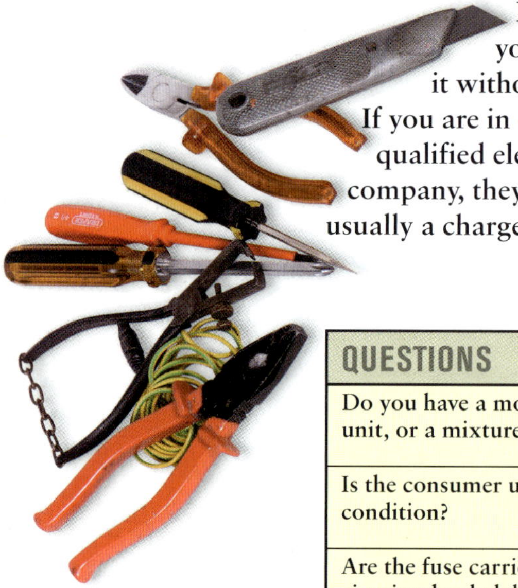

Inspect your electrical system to ensure that it is safe and adequate for your future needs. But remember, you should never examine any part of it without first switching off the power at the consumer unit.

If you are in doubt about any aspect of the installation, don't hesitate to ask a qualified electrician for an opinion. If you get in touch with your local electricity company, they will arrange for someone to test the whole system for you. There is usually a charge for this service.

QUESTIONS	ANSWERS
Do you have a modern consumer unit, or a mixture of old 'fuse boxes'?	Old fuse boxes can be unsafe and should be replaced with a modern unit. Seek professional advice about this.
Is the consumer unit in good condition?	Replace a broken casing or cracked covers. Check that all the fuse carriers are intact and that they fit snugly in the fuseways.
Are the fuse carriers for the circuits clearly labelled?	If you cannot identify the various circuits, have an electrician test the system and label the fuses.
Are all your circuit fuses of the correct ratings?	Replace any fuses of the wrong rating. If an unusually large fuse is protecting one of the circuits, don't change it without getting professional advice – it may have a special purpose. If you find any wire other than proper fuse wire in a fuse carrier, replace it at once.
Are the cables that lead from the consumer unit in good condition?	The cables should be fixed securely, with no bare wires showing. If the cables appear to be insulated with rubber, have the whole installation checked as soon as possible. Rubber insulation has a limited life, so yours could already be dangerous.
Is the earth connection from the consumer unit intact and in good condition?	If the connection seems loose or corroded, have the electricity company check whether the earthing is sound. You can check an RCD by pushing the test button to make sure it is working mechanically.
What is the condition of the fixed wiring between floors and in the loft or roof space?	If just a few cables appear to be rubber-insulated, have the entire system checked by a professional – it can be confusing, as old cable may have been disconnected but left in place during a previous upgrade. If cable is run in conduit, it can be difficult to check on its condition – but if it looks doubtful where it enters accessories, have the circuit checked professionally. Wiring should be fixed securely and sheathing should run into all accessories, with no bare wire in sight. Junction boxes on lighting circuits should be screwed firmly to the structure and should have their covers in place.
Is the wiring unobtrusive and orderly?	Tidy all surface-run wiring into straight properly clipped runs. Better still, bury the cable in the wall plaster or run it under floors and inside hollow walls.
Are there any old round-pin socket outlets?	Make sure their wiring is adequate. Replace old radial circuits with modern wiring and 13amp square-pin sockets as soon as possible.
Are the outer casings of all accessories in good condition and fixed securely to the structure?	Replace any cracked or broken components and secure any loose fittings.
Do switches on all accessories work smoothly and effectively?	If the switches are not working properly, replace the accessories.
Are all the conductors inside accessories connected securely to their terminals?	Tighten all loose terminals and ensure that no bare wires are visible. Fit green-and-yellow sleeves to earth wires if they have not been fitted.

SEE ALSO: Switching off 306, Earth connection 306–7, Old fuse boards 307, RCDs 307, Fuse ratings 309, Replacing fuses 310, Old cable 312, Running cable 313–15, Replacing sockets 320, Radial circuit 323, Replacing switches 342

Assessing your installation

QUESTIONS	ANSWERS
Is insulation around wires inside any accessories dry and crumbly?	If so, it is rubber insulation in advanced decomposition. Replace the covers carefully and have a professional check the system as soon as possible.
Do any sockets, switches or plugs feel warm? Is there a burning smell ? Or are there scorch marks visible on sockets or around the base of plug pins? Does a socket spark when you pull out a plug? Or a switch when you operate it?	These symptoms mean loose connections in the accessory or plug, or a poor connection between plug and socket. Tighten loose connections and clean all fuse clips, fuse caps and plug pins with silicon-carbide paper, then wipe them with a soft cloth. If the fault persists, try fitting a new plug. If that fails to cure the problem, replace the socket or switch.
Is it difficult to insert a plug in a socket?	The socket is worn and should be replaced.
Are your sockets in the right places?	Sockets should be placed conveniently round a room so that you need never have long flexes trailing across the floor or under carpets. Add sockets to the ring circuit by running spurs or by extending the circuit.
Do you have enough sockets?	If you have to use plug adaptors, you need more sockets. Replace singles with doubles, add spurs, or extend the ring circuit.
Is there old braided twin flex hanging from some ceiling roses?	Replace it with PVC-insulated-and-sheathed flex. Also check that the wiring inside the rose is PVC-insulated.
Are there earth wires inside your ceiling roses?	If not, get professional advice on whether to replace the lighting circuits.
Is your lighting efficient?	Make sure you have two-way switching on stairs, and consider extra sockets or different light fittings to make the lighting more effective or atmospheric.
Is there power in the garage or workshop?	Detached outbuildings should have their own power supply.

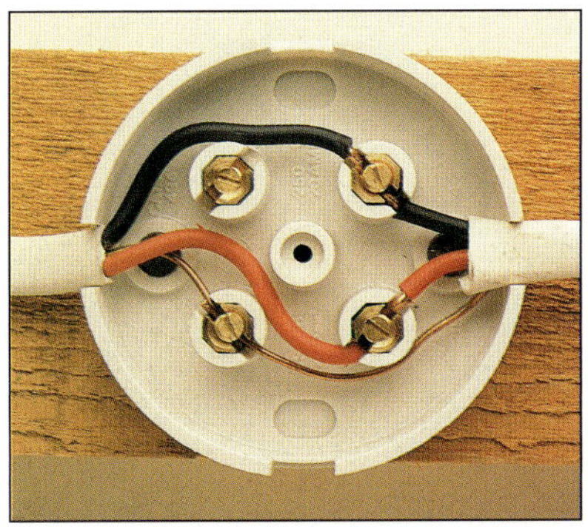

(from left to right:)

Scorch marks
Scorch marks on a socket or round the base of plug pins indicate poor connections.
Overloaded socket
If you have to use adaptors to power your appliances, you should fit extra sockets.
Unprotected connections
Sheathe any bare earth wires and make sure covers or faceplates are fitted to all accessories.

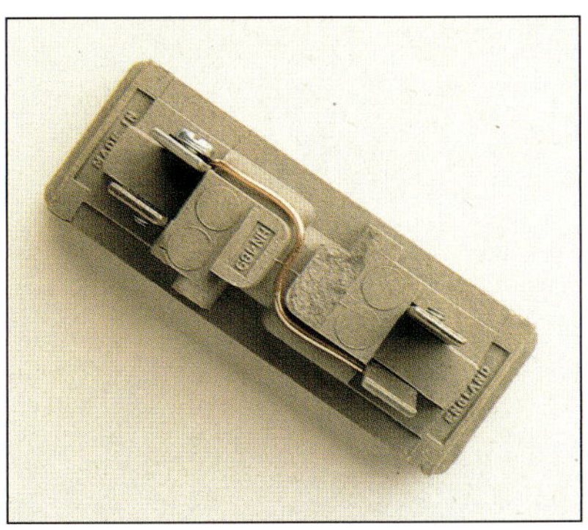

(from left to right:)

Incorrect fuse
Replace improper wire with fuse wire.
Round-pin socket
Replace old round-pin sockets with 13amp square-pin sockets.
Damaged socket
Replace cracked or broken faceplates.

SEE ALSO: Planning lighting 35–6, Flex 302, Replacing fuses 310, Replacing sockets 320, Running a spur 321, Extending ring circuit 322, Replacing switches 342, Two-way switching 344, Wiring outbuildings 354–5

Socket outlets

Whatever type of circuits exist in your home, use only standard 13amp square-pin sockets. All round-pin sockets are now out of date – and even if they are not actually dangerous at the moment, you should have them checked and consider changing your wiring to accommodate 13amp sockets.

Before you start work on any socket, switch the power off at the consumer unit and remove the fuse or MCB for the relevant circuit – then test the socket with an appliance you know to be working, to make sure the socket has been switched off properly.

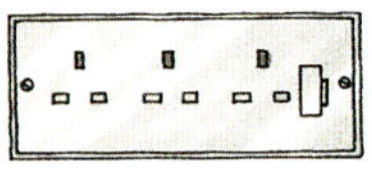

Triple sockets
Triple sockets are useful where several electrical appliances are grouped together.

Types of 13amp socket

Although all sockets are functionally similar, there are several variations to choose from. For most situations, you are likely to use either a single or double socket. Both are available switched or unswitched, and with or without neon indicators so you can see at a glance whether the socket is switched on. All of these are wired in the same way.

Another basic difference is in how the sockets are mounted. They can either be surface-mounted (screwed to the wall in a plastic box) or flush-mounted in a metal box buried in the wall, with only its faceplate visible.

Switched single

Unswitched single

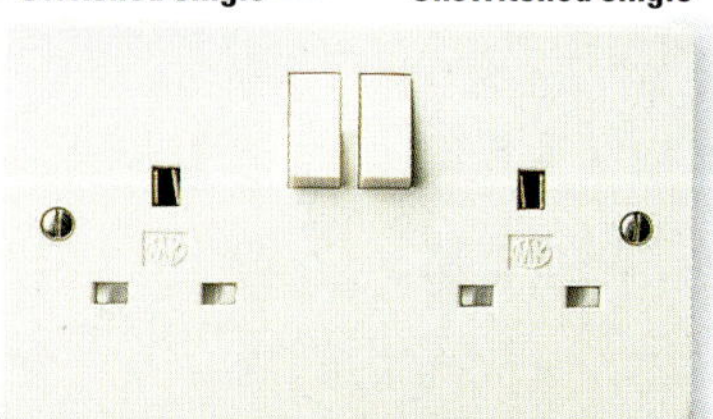

Switched double

Single switched with indicator

Positioning socket outlets

Choose the most convenient positions for hi-fi and computer equipment, table lamps, television, and so on, and position your sockets accordingly. To avoid using adaptors or long leads, distribute the sockets evenly round living rooms and bedrooms, and wherever possible fit doubles rather than singles. Don't forget sockets for running the vacuum cleaner in hallways and on landings.

The optimum height for a socket is about 225 to 300mm (9in to 1ft) above the floor. This will clear most skirting boards and leave ample room for the flex to hang from a plug, but is high enough not to be in danger of getting struck by the vacuum cleaner.

In the kitchen, fit at least four double sockets 150mm (6in) above the worktops, or more if you have a lot of small appliances. In addition, fit sockets for floor-standing appliances such as your refrigerator and dishwasher.

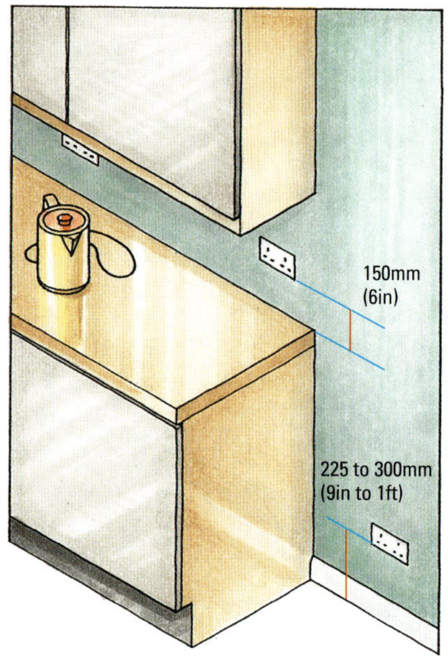

Optimum heights for socket outlets

Surface-mounting socket outlets

First, break out the thin plastic webs that cover the fixing holes in the back of a plastic mounting box. The best tool to use for this is an electrician's screwdriver. Two fixings should be sufficient. The fixing holes are slotted to enable easy adjustment.

Hold the mounting box firmly against a masonry wall – at the same time levelling it with a small spirit level – and mark the position of the fixing holes on the wall with a bradawl through the holes in the back of the box. Drill and plug the holes with No 8 wallplugs.

With a larger screwdriver and pliers, break out the plastic web covering the most convenient cable-entry hole in the box. For surface-run cable this will be in the side; for buried cable it will be the one in the base.

Feed the cable into the mounting box to form a loop about 75mm (3in) long **(1)**, then fix the box to the wall with 32mm (1¼in) countersunk woodscrews. Finally, wire and fit the socket.

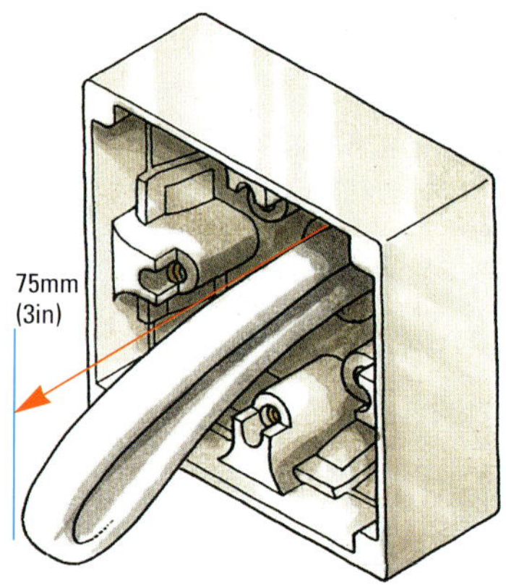

1 Leave a 75mm (3in) loop of cable at the box

Fixing to a hollow wall

On a dry-partition or lath-and-plaster wall, a surface-mounted box is fixed with any of the standard fixings used for hollow walls. Alternatively, use ordinary woodscrews if you are able to position the box over a stud – in which case, make sure you can feed the cable into the mounting box past the stud **(2)**.

2 Feed the cable into the box past the stud

SEE ALSO: Stud partitions 141, Switching off 299, 306, Wiring a socket 320, Wiring kitchen appliances 326, Circuit lengths 356

Flush-mounted sockets

Fixing to masonry

Hold the metal box against the wall and draw round it with a pencil **(1)**, then mark a 'chase' (channel) running up from the skirting to the box's outline.

Using a bolster or cold chisel, cut away the plaster, down to the brickwork **(2)**, within the marked area.

With a masonry bit, bore several rows of holes down to the required depth **(3)** across the recess for the box; then, using a cold chisel, cut away the brick to the depth of the holes, so that the box will lie flush with the plaster.

Try the box in the recess. If it fits in snugly, mark the wall through the fixing holes in its back, then drill the wall for screw plugs. If you have made the recess too deep or the box rocks from side to side, apply some filler in the recess and press the box into it, flush with the wall and properly positioned. After about 10 minutes, ease the box out carefully and leave the filler to harden, so that you can mark, drill and plug the fixing holes through it.

Next, knock out one or more of the blanked-off holes in the box to accommodate the cable. Fit a blind grommet into each hole to protect the cable's sheathing from the metal edges **(4)**, feed the cable into the box, and screw the box to the wall.

Plaster up to the box and over the cable chased into the wall; then, when the plaster has hardened, wire and fit the socket itself.

Fixing to plasterboard

In order to fit a flush socket to a wall made of plasterboard laid over wooden studs, trace the outline of the metal box in position on the wall and drill a hole in each corner of the outline. Then use a padsaw to cut out the recess for the box.

After punching out the blanked-off entry holes in the box and fitting rubber grommets, feed the cable into the box.

Clip dry-wall fixing flanges to the sides of the box **(5)**. These will hold it in place by gripping the wall from inside. Ease one side of the box, with flange, into the recess; and then, holding the screw-fixing lugs in order not to lose the box, manoeuvre it until both flanges are behind the plasterboard and the box sits snugly in the hole. (See also far right.)

Finally, wire and fit the socket. As you tighten up the fixing screws, the plasterboard will be gripped between the flanges and the faceplate.

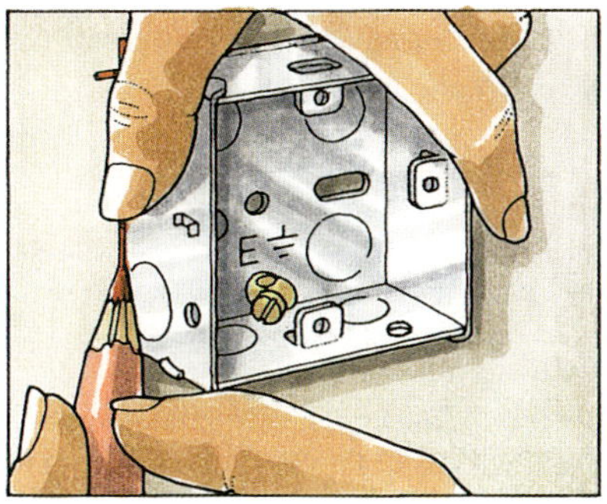

1 Draw round the mounting box

2 Chop away the plaster with a cold chisel

3 Drill out the brickwork with a masonry bit

4 Fit a soft grommet in the cable-entry hole

5 Dry-wall fixing flanges clipped to a box

FLUSH-MOUNTING TO LATH-AND-PLASTER

If you want to fit a flush socket outlet in a lath-and-plaster wall, try to locate it over a stud or nogging.

Mark the position of the metal box, cut out the plaster, and saw away the laths with a padsaw. Try the box for fit, and if necessary chop a notch in the woodwork until the box lies flush with the wall surface **(1)**. Feed in the cable; and screw the box to the stud before wiring and fitting the socket.

If you can't position the socket on a stud, cut away enough of the plaster and laths to make a slot in the wall running from one stud to the next. Between the studs, screw or skew-nail a softwood nogging to which you can fix the box. If need be, set the batten back from the front edges of the studs, to make the box lie flush with the wall surface **(2)**. Feed the cable into the box and make good the surrounding plaster before you wire and fit the socket.

1 Notch a wall stud for a mounting box

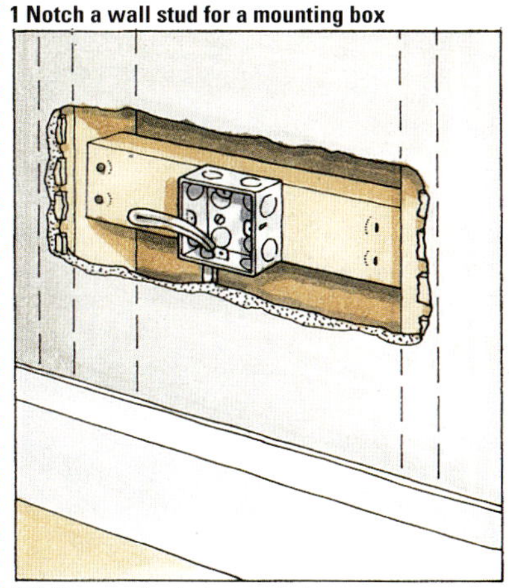

2 Nail a nogging between studs
Cut away wall plaster and laths when you have to fix a mounting box between wall studs.

Cavity-wall box
Instead of fitting dry-wall fixing flanges to a standard mounting box, you can use a special cavity-wall box with integral hinged flanges that you push through the sides of the box after it is fitted.

SEE ALSO: Locating studs/noggings 143, Running cable 313–15, Wiring a socket 320, Padsaw 494

Replacing socket outlets

If you need to replace a broken or faulty socket, there are several options worth considering before you embark on the job.

Simple replacement

Replacing a damaged socket with a similar one is a fairly straightforward job. A socket outlet of any style will fit into a metal mounting box, but check carefully when you substitute a socket that screws to a surface-mounted plastic box. Although it will fit and function perfectly well, square corners and edges on either will not suit rounded ones on the other – in which case, you may also have to buy a new, matching box.

An unswitched socket outlet can be replaced with a switched one without any change to the wiring or fixing.

Switch off the power at the consumer unit and take out the circuit fuse, then remove the fixing screws from the faceplate and pull the socket out of the box.

Loosen the terminals to free the conductors. Check that all is well inside the box, then connect the conductors to the terminals of the new socket. Fit the faceplate, using the original screws if those supplied with the new socket don't match the thread in the box.

Surface to flush

If you have to renew a surface-mounted socket for any reason, you may want to take the opportunity to replace it with a flush one.

Turn off the power, remove the old socket and box, and then recess the new metal box into the wall, taking care not to damage the cable.

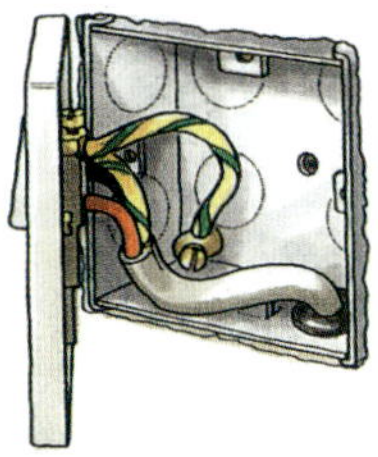

Flying-earth leads
Short lengths of cable are sometimes found running from the earth terminal on the socket outlet to a terminal inside a metal mounting box. This does no harm and the leads can be left in place – but it is not necessary to provide them on your new wiring, provided the metal box has at least one fixed lug for attaching the faceplate. However, flying earths are necessary if the earth connection is provided by a metal conduit or sheath system.

Replacing a single socket with a double

One way to increase the number of socket outlets in a room is to substitute doubles for singles. Any single socket on a ring circuit can be replaced with a double without making any changes to the wiring.

A single socket on a spur can be replaced with a double one so long as it's the only socket on that spur – it needs to be connected to a single cable. To ensure that a socket fed by two cables is not one of two sockets on the same spur (which is no longer permitted), carry out the ring-circuit continuity test – see opposite.

Remember to switch off the power before making any alterations.

Surface to surface

Replacing a surface-mounted single socket with a surface-mounted double is easy. Having removed the old socket outlet, simply fix the new, double box to the wall in the same place.

Flush to surface

To avoid the disturbance to decor that is involved in installing a flush double socket, fit a socket converter, which is made with two fixing holes that will line up with the fixing lugs on the buried metal box **(1)**. Although it isn't as slim as a standard flush-mounted socket, the faceplate of a socket converter is only 20mm (¾in) thick. Wire the existing cable into the back of the converter.

Alternatively, you can fit an ordinary double surface-mounted box to the fixing lugs of the buried metal box, and fit a standard socket outlet.

Flush to flush

Remove the old single socket and its metal box, then try the new double box over the hole. You can either centre the box over the hole or align it with one end **(2)**, whichever is more convenient. Trace the outline of the box on the wall and cut out the brickwork.

Use a similar procedure to substitute a double socket for a single in a hollow wall, installing the socket by whichever method is most convenient.

Surface to flush

To replace a single surface-mounted socket with a flush double, cut a recess for the metal box in the normal way.

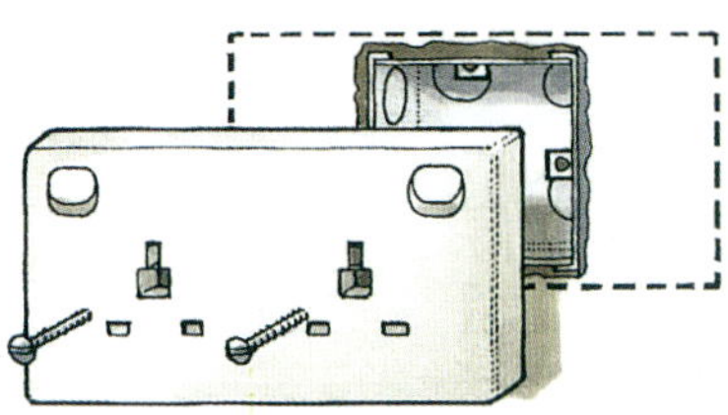

1 Fixing a socket converter over a flush box

2 Cut out extra brickwork for a double box

WIRING A SOCKET OUTLET

When a single cable is involved, strip off the sheathing in the normal way and connect the wires to the terminals: the black wire to neutral – N; the red one to live – L; and the earth wire, which you should insulate yourself with a sleeve, to earth – E **(1)**. If necessary, fold the stripped ends over, so that no bare wire protrudes from a terminal.

Connecting to a ring-circuit cable

When connecting to a ring circuit, cut through the loop of cable and strip the sheathing from each half. Insert the bared ends of matching wires – live with live and so on – into the terminals **(2)**. Slip sleeves onto the earth wires. After tightening the terminal screws, pull on each wire to ensure it is fixed securely.

Cable is stiff, which can make it difficult to close the socket faceplate, so bend each conductor until it folds into the mounting box. Locate both of the fixing screws and tighten them gradually in turn until the plate fits firmly in place against the wall or box.

1 Wiring a socket outlet

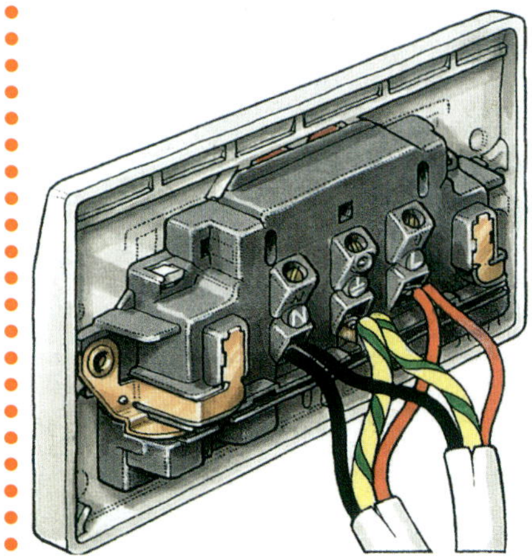

2 Connecting a socket to a ring circuit

SEE ALSO: Switching off 306, Stripping cable 312, Types of socket 318, Mounting to a hollow wall 319, Recessing a metal box 319

Adding a spur to a ring

If you need more sockets in a room, you can run 2.5mm² spur cables from a ring circuit and have as many spurs as there are sockets already on the ring. A spur can feed one single or one double socket.

A spur cable can be connected to any socket or fused connection unit on the ring circuit, or to a new junction box inserted in the circuit. If running a spur cable from an existing socket would mean disturbing the plaster, it will be more convenient to use a junction box; and if there is no socket outlet within easy reach of the proposed new one, using a junction box may save cable. If the cable is surface-run and you want to extend a row of sockets – behind a workbench, for example – then it will be simpler to connect the spur to a socket.

Examine the socket. If it is fed by a single cable, it is probably already on a spur; and if there are three cables in the socket, then it's already feeding a spur itself. What you need to look for is a socket that has two cables but before you connect the spur to it, carry out a continuity test to make sure the socket is actually on a ring.

Testing for continuity
Isolate the ring circuit by switching off and removing the fuse or MCB from the consumer unit. Unplug all appliances from the ring and switch off any fixed appliances connected to it.

Remove the socket, loosen the live terminal and separate the two red conductors. Leave the other wires in place. With one probe of the continuity tester touching the socket's neutral terminal, place the other probe on the bared end of each red wire in turn. The tester's indicator should not light up in either case – provided you have unplugged everything and switched off fixed appliances, as described above.

Now touch one probe against the end of one of the red conductors, and the other probe against the end of the other red conductor. If the indicator lights up, you can be sure it is a ring circuit and you can safely add your spur.

Connecting to an existing socket

Fix the new socket, then wire it up in the normal way (see opposite) and run its spur cable to the existing socket outlet. Switch off the electricity and remove the existing socket. You may have to enlarge the entry hole, or knock out another one, to take the spur cable. Feed the cable into the box, prepare the conductors, and insert their bared ends together with those of the matching conductors of the ring circuit. Insert the wires in their terminals (red – L; black – N; and green-and-yellow – E) and replace the socket. Then switch the power on and test the new socket.

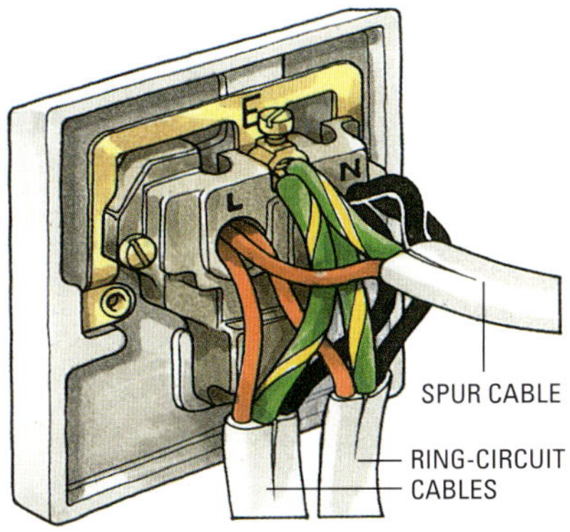

Taking a spur from an existing socket outlet

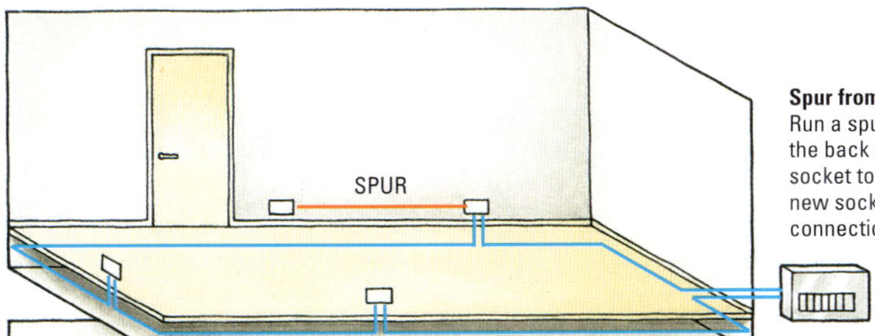

Spur from a socket
Run a spur cable from the back of an existing socket to supply a new socket or fused connection unit.

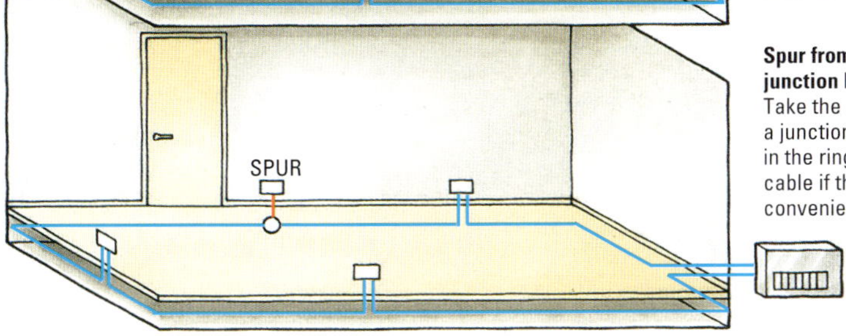

Spur from a junction box
Take the spur from a junction box inserted in the ring-circuit cable if that is more convenient.

CONNECTING TO A JUNCTION BOX

You will need a 30amp junction box with three terminals to connect to a ring circuit. It will have either knock-out cable-entry holes or a special cover that rotates to blank off unneeded holes. The cover must be screw-fixed. Lift a floorboard close to the new socket, where you can connect to the ring-circuit cable without stretching it.

Making a platform

Fix a platform for the box by nailing battens near the bottoms of two joists (see right) and screwing a 100 x 25mm (4 x 1in) strip of wood between the joists and resting on the battens. Loop the ring-circuit cable over the platform before fixing it, so that the cable need not be cut for connecting up. Remove the cover, screw the junction box to the platform, and break out two cable-entry holes. If you do forget to loop the cable over the platform, simply cut the cable when you come to connect it up.

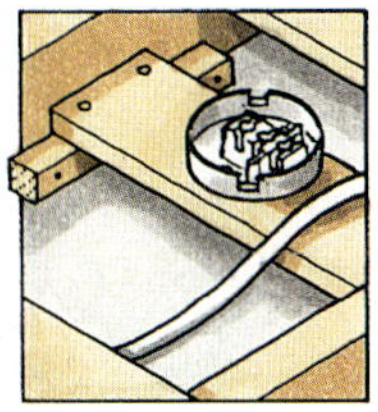
Make a wooden platform for a junction box

Connecting the ring-circuit cable

Turn off the power at the consumer unit, then rest the ring-circuit cable across the box and mark the amount of sheathing to remove. Slit it lengthwise and peel it off the conductors. Don't cut the live and neutral conductors, but slice away just enough insulation on each to expose a section of bare wire that will fit into a terminal (see right). Cut the earth wire and fit insulating sleeves on the two ends.

Remove the screws from all three of the terminals and lay the wires across them – with the earth wire in the middle terminal, and the live and neutral ones on each side. Push the wires home with a screwdriver.

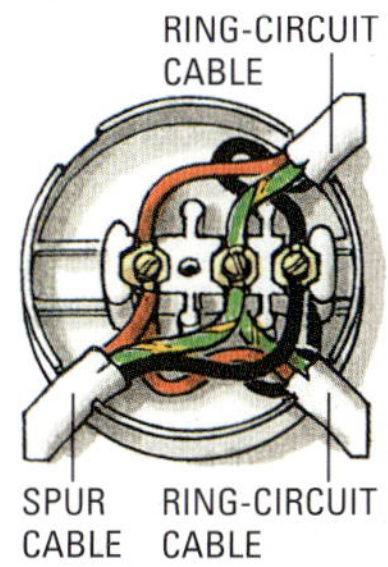

Taking a spur from a junction box

Connecting the spur

Having fitted and wired the new spur socket, run its cable to the junction box. Cut and prepare the ends of the wires, and break out an entry hole so that the spur wires can be fitted to the terminals of the box (see right). Take care that only colour-matched wires from both cables share terminals.

Replace the fixing screws – starting them by hand as they are easily cross-threaded, then tightening them up with a screwdriver. Check that all the wires are secured and the cables all fit snugly in their entry holes, with the sheathing running into the box; then fit the cover on the box.

Fix each cable to a nearby joist with cable clips, to take the strain off the terminals, then replace the floorboards.

Switch the power back on and test the new socket.

Extending a ring circuit

There are times when it's better to extend a ring circuit than to fit spurs – for example, if you want to wire a room that isn't adequately serviced, or all of the conveniently placed sockets already have spurs running from them. You can break into the ring at an existing socket or via junction boxes.

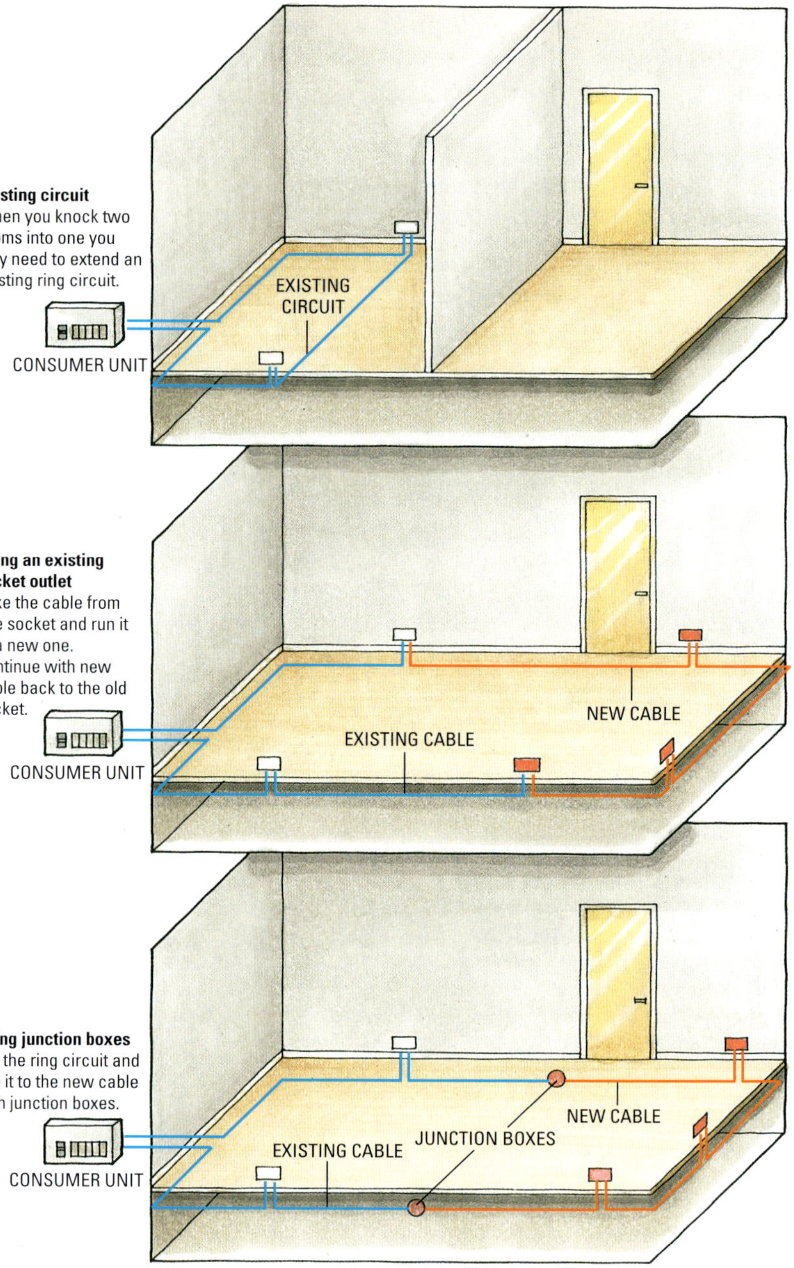

Existing circuit
When you knock two rooms into one you may need to extend an existing ring circuit.

Using an existing socket outlet
Take the cable from one socket and run it to a new one. Continue with new cable back to the old socket.

Using junction boxes
Cut the ring circuit and join it to the new cable with junction boxes.

• Switching off
However you plan to extend a ring circuit, remember to switch off the power at the consumer unit before you break into the ring.

Using an existing socket

Disconnect one of the in-going cables from a socket on the ring circuit and take it to the first new socket. Do this via a junction box if the cable won't otherwise reach. Continue the extension with a new section of cable, running it from socket to socket – finally running it from the last new socket back to the one where you broke into the ring. Joining the new cable to the old cable within the socket completes the circuit.

Using junction boxes

Cut the ring cable and connect each cut end to a junction box, then run a new length of cable from one box to the other, looping it into the new sockets.

Running the extension

No matter how you plan to break into the ring, always install the new cable first and then connect it up to the circuit at the last moment. This allows you to use power tools to run the extension – but don't forget to switch the power off just before connecting up.

Decide positions for the new sockets and plan your cable run (an easy route is preferable to a shorter but more difficult one), allowing some slack in the cable.

Cut out the plaster and brickwork for sockets and cable, then fit the boxes for the sockets. Now run the cable, leaving enough spare for joining to the ring circuit, and take it up behind the skirting to the first socket. Leave a loop hanging near the box (see right), then take the cable on to the next one – and so on till all the new sockets are supplied. Take the excess cable on to the point where you plan to join the ring.

Fit the new sockets, then switch off the electricity, break into the ring, and connect the extension to it. Switch the power on and test all the new sockets separately. Make good the plasterwork.

LEAVE SOME SLACK IN THE CIRCUIT

Don't pull the cable too tight when you're running a new circuit. It places a strain on the connections and will make it difficult to modify the circuit at a later stage, should that become necessary.

Leave a generous loop of cable at each of the new socket positions until you have run the complete circuit. At that stage you can pull the loop back, ready for connecting to the socket.

Leave ample cable above the skirting

SEE ALSO: Switching off 306, Ring-circuit Regulations 311, Running cable 313–15, Positioning sockets 318, Mounting boxes 318–19, Wiring sockets 320, Junction box 321, Circuit lengths 356

Converting a radial circuit

If you have a radial circuit, you may want to convert it to a ring circuit, particularly if you need to supply a larger area. Before starting work, switch off at the consumer unit.

Checking cable and fuse

If the radial circuit is wired with $2.5mm^2$ cable (solid conductors), continue the circuit back to the consumer unit with the same size cable, but substitute a 30amp fuse and fuseway in place of the 20amp fuse. If the original radial circuit is wired in $4mm^2$ cable, continue using the same size cable for the remainder of the ring. Check there's a 30amp fuse.

The extra cable is run in exactly the same way as described for extending a ring circuit (see opposite). Join the new cable at the last socket on the radial circuit and run it to all the new sockets. From the last socket, run the cable to the consumer unit.

At the consumer unit

You should examine your consumer unit and familiarize yourself with it. But even when the unit is switched off, the cable connecting the meter to the main switch is still live – so take great care.

First locate the terminals to which the radial circuit is connected. The live (red wire) terminal is on the fuseway (or MCB) from which you removed the circuit fuse prior to starting work. The neutral (black wire) terminal is on the neutral block, to which all of the black wires are connected. You can usually trace the black wire you are looking for by working along from the sheathed part of the cable. Similarly, you can locate the earth terminal by tracing the green-and-yellow-insulated conductor.

Pass the new cable into the consumer unit close to the original radial-circuit cable. Cut the new cable to length, then strip off the sheathing and prepare the conductors.

Disconnect the live (red) conductor from its terminal and, having checked for continuity (see far right), put it back into the terminal along with the red wire from the new cable. Do the same for the black wires and then the green-and-yellow ones, slipping a sleeve over the new earth wire.

Check that the circuit fuse is of the correct rating, then replace the fuse carrier. Close the consumer unit, switch on the power, and test the circuit.

Existing radial circuit
A radial circuit has a single cable running from the consumer unit.

Converted to a ring circuit
Run a new cable from the last socket on the radial circuit back to the consumer unit.

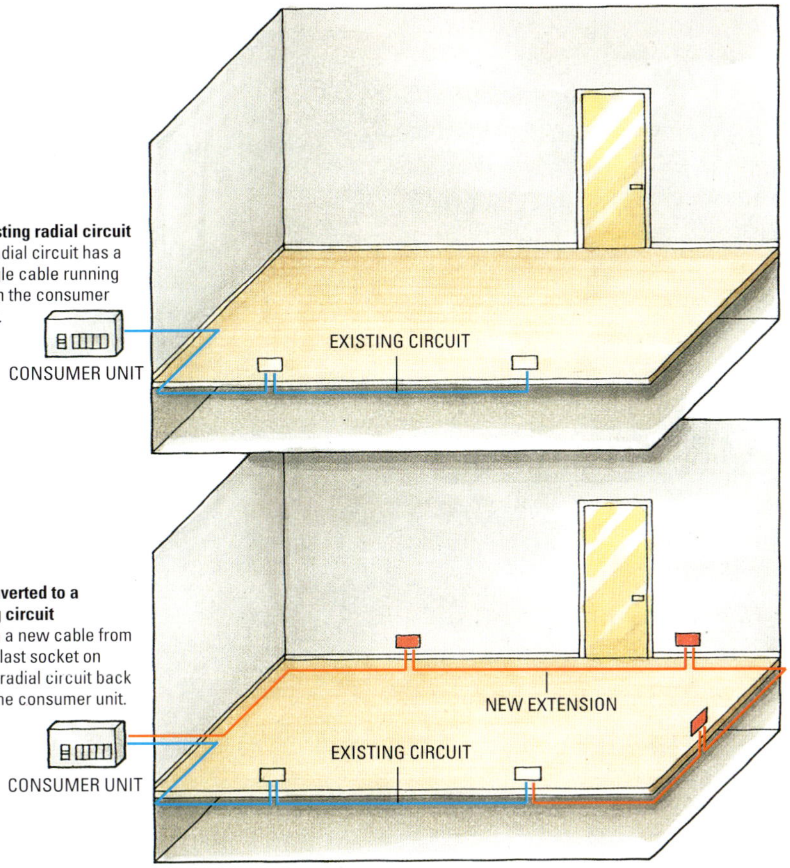

CONNECTING TO THE CONSUMER UNIT

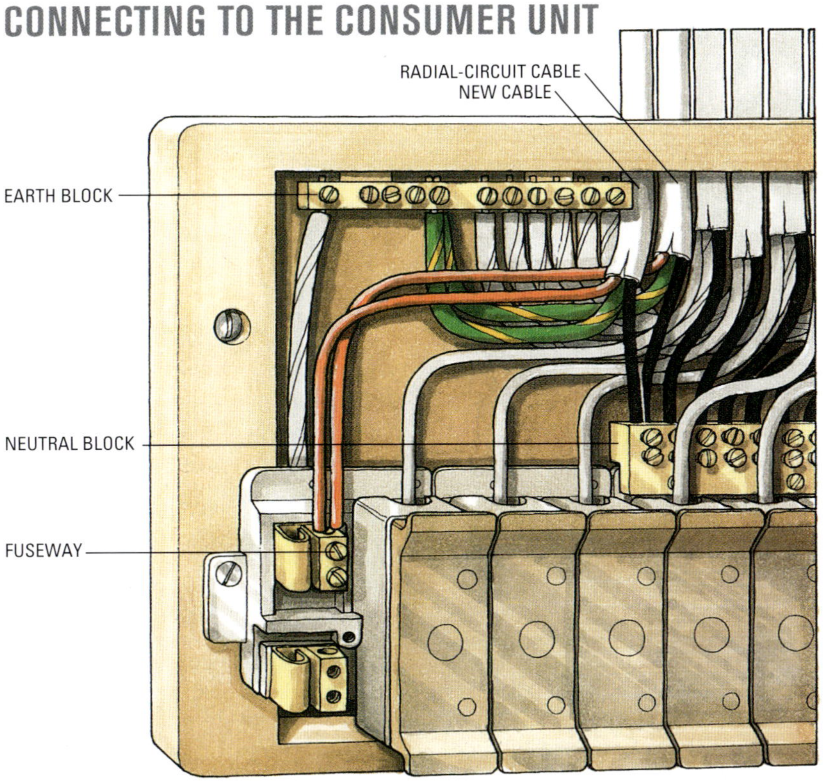

Wire the new cable and the radial-circuit cable into the same terminals

● **Testing for continuity**
Check the continuity of the new ring circuit before you insert the conductors into their terminals in the consumer unit. Using a continuity tester, place one of its probes on the red conductor at one end of the circuit cable, and its other probe on the red conductor at the other end of the ring. Press the tool's test button, and if the circuit is complete the tester's indicator will illuminate. Carry out the same test for the black conductors, then for the earth wires.

SEE ALSO: Switching off 306, Consumer units 308, Fuse ratings 309, Radial-circuit regulations 311, Cable 312, Running cable 313–15, Positioning sockets 318, Wiring sockets 320, Circuit lengths 356, Continuity tester 522

Fixed appliances

Socket outlets are designed to enable appliances to be moved from room to room. As a result, a socket may be used for various appliances at different times. But many electrical appliances are fixed to the structure of the house, or stand in one position all the time. Such appliances may therefore just as well be wired into your electrical installation permanently. Indeed in some cases there is no alternative, and some require radial circuits of their own direct from the consumer unit.

FUSED CONNECTION UNITS

Changing a fuse
With the electricity turned off, remove the retaining screw in the face of the fuse holder. Take the holder from the connection unit; prise out the old fuse and fit a new one; then replace the holder and the retaining screw.

A fused connection unit is basically a device for joining the flex (or sometimes cable) of an appliance to circuit wiring. The connection unit incorporates the added protection of a cartridge fuse similar to that found in a 13amp plug. If the appliance is connected by a flex, choose a unit that has a cord outlet in the faceplate.

Some fused connection units are fitted with a switch, and some of these have a neon indicator that shows at a glance whether they are switched on. A switched connection unit allows you to isolate the appliance from the mains.

All fused connection units are single (there are no double versions available) with square faceplates that fit metal boxes for flush mounting or standard surface-mounted plastic boxes.

1 2 3

Fused connection units
1 Unswitched connection unit.
2 Switched unit with cord outlet and indicator.
3 Connection unit and socket outlet in a dual mounting box.

Small appliances

Small permanent electrical appliances with ratings of up to 3000W (3kW) – wall heaters, heated towel rails, cooker hoods and so on – can be wired into a ring or radial circuit by means of fused connection units.

Although such appliances could be connected by means of 13amp plugs to socket outlets, the electrical contact would not be so good – and there is also some risk of fire with that type of permanent installation.

Before wiring a fused connection unit to the house circuitry, always remember to switch off the power at the consumer unit.

Mounting a fused connection unit

A fused connection unit is mounted in the same type of box as an ordinary socket outlet, and the box is fixed to the wall in exactly the same way. The unit can also be mounted in a dual box that is designed to hold two single units – for example, a standard socket outlet beside a connection unit. The socket is wired to the ring circuit, and the two units are linked together inside the box by a short 2.5mm^2 spur.

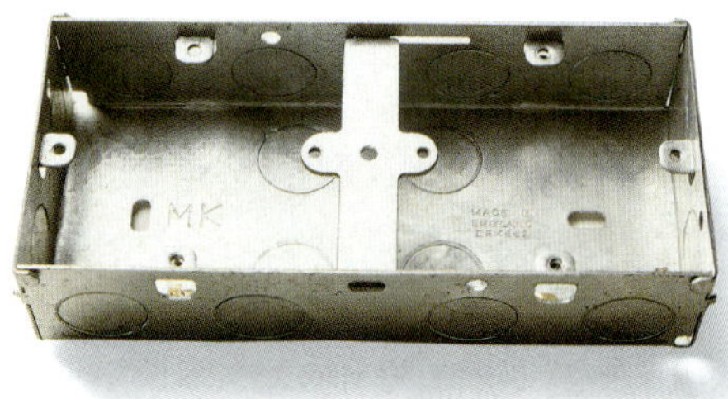

Dual mounting box

Wiring a fused connection unit

Fused connection units can be supplied by a ring circuit, a radial circuit or a spur. Some appliances are connected to the unit with flex, others with cable. Either way, the wiring arrangement inside the unit is the same. Units with cord outlets have clamps to secure the connecting flex.

An unswitched connection unit has two live (L) terminals – one marked 'Load' for the brown wire of the flex, and the other marked 'Mains' for the red wire from the circuit cable. The blue wire from the flex and the black wire from the circuit cable go to similar neutral (N) terminals; and both earth wires are connected to the unit's earth (E) terminal or terminals **(1)**.

Switched connection unit

A fused connection unit with a switch also has two sets of terminals. Those marked 'Mains' are for the spur or ring cable that supplies the power; the terminals marked 'Load' are for the flex or cable from the appliance.

Wire up the flex side first, connecting the brown wire to the L terminal, and the blue one to the N terminal, both on the 'Load' side. Connect the green-and-yellow wire to the E terminal **(2)** and tighten the cord clamp.

Attach the circuit conductors to the 'Mains' terminals – red to L, and black to N; then sleeve the earth wire and take it to the E terminal **(2)**.

If the fused connection unit is on a ring circuit, you must fit two circuit conductors into each 'Mains' terminal and into the earth terminal. Before securing the unit in its box with the fixing screws, make sure the wires are held firmly in the terminals and can fold away neatly.

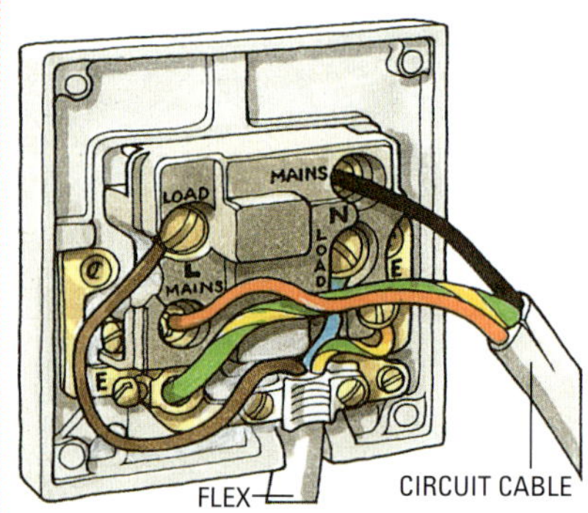

1 Wiring a fused connection unit

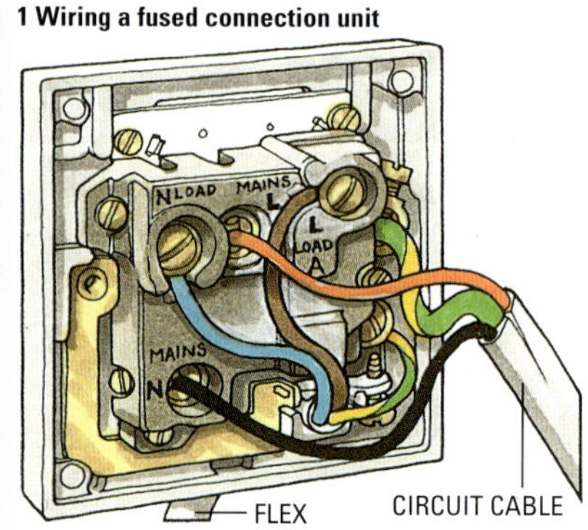

2 Wiring a switched fused connection unit

SEE ALSO: Stripping flex 303, Switching off 306, Power circuits 311, Stripping cables 312, Mounting boxes 318–19

Wiring heaters

When you're installing a skirting heater or wall-mounted heater or an oil-filled radiator, wire the appliance to a fused connection unit mounted nearby, at a height of about 150 to 300mm (6in to 1ft) from the floor. Whether the connection to the unit is by flex or cable will depend on the type of appliance. Follow the manufacturer's instructions for wiring, and fit the appropriate fuse in the connection unit.

In a bathroom, a fused connection unit must be mounted outside zones 0 to 3. Any heater that is mounted near the floor of a bathroom must therefore be wired to a connection unit installed outside the room. If the appliance is fitted with flex, mount a flexible-cord outlet **(1)** next to the appliance – and then run a cable from the outlet to the fused connection unit outside the bathroom and connect it to the 'Load' terminals in the unit.

The flexible-cord outlet is mounted either on a standard surface-mounted box or flush on a metal box. At the back of the faceplate are three pairs of terminals to take the conductors from the flex and the cable **(2)**.

Radiant wall heaters

Radiant wall heaters for use in bathrooms must be fixed high on the wall, outside zones 0 to 2. A fused connection unit fitted with a 13amp fuse (or 5amp fuse for a heater of 1kW or less) must be mounted at a high level outside the zones, and the heater must be controlled by a double-pole pull-cord switch (with this type of switch, both live and neutral contacts are broken when it is off). Many heaters have a built-in double-pole switch; otherwise, you must fit a ceiling-mounted 15amp double-pole switch between the fused connection unit and the heater. Switch terminals marked 'Mains' are for the cable on the circuit side of the switch; those marked 'Load' are for the heater side. The earth wires are connected to a common terminal on the switch box.

If it is not possible to run a spur to the fused connection unit from a socket outside the bathroom, run a separate radial circuit from the connection unit to a 15amp fuseway in the consumer unit, using $2.5mm^2$ cable. In either case, the circuit should be protected by a 30 milliamp RCD.

Heated towel rail

The Wiring Regulations covering other kinds of heater also apply to a heated towel rail situated in a bathroom. As the towel rail is mounted near the floor, run a flex from it to a flexible-cord outlet, which must in turn be wired to a fused connection unit outside the bathroom. For a towel rail of 1kW or less, fit a 5amp fuse; otherwise, fit a 13amp fuse.

If a heated towel rail is installed in a bedroom, the fused connection unit can be mounted alongside it.

Heat/light unit

Heat/light units, which are sometimes fitted in bathrooms, incorporate a radiant heater and a light fitting in the one appliance. Although they are ceiling-mounted, usually in the position of the ceiling rose, these units must never be connected to lighting circuits.

To install a heat/light unit in this position, turn off the power and, having identified the lighting cables, remove the rose and withdraw the cables into the ceiling void. Fit a junction box to a nearby joist and terminate the lighting cables at that point **(3)**. Don't connect the switch cable, as it won't be needed.

Run a $2.5mm^2$ two-core-and-earth spur cable from an unswitched fused connection unit mounted outside the bathroom to a ceiling-mounted 15amp double-pole switch, and from there to the heat/light unit.

Connect up to the fused connection unit (see opposite), and then wire the heat/light unit according to the maker's instructions. Fit a 13amp fuse in the connection unit.

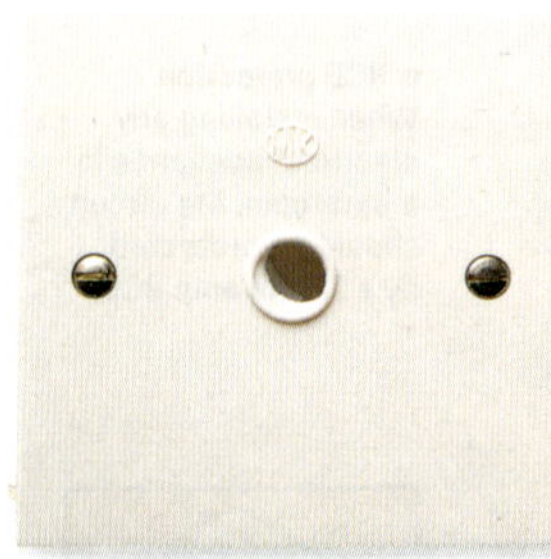

1 Flexible-cord outlet

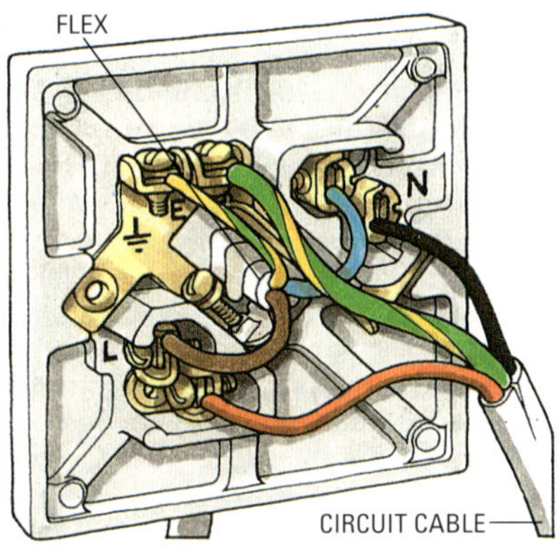

2 Wiring a flexible-cord outlet

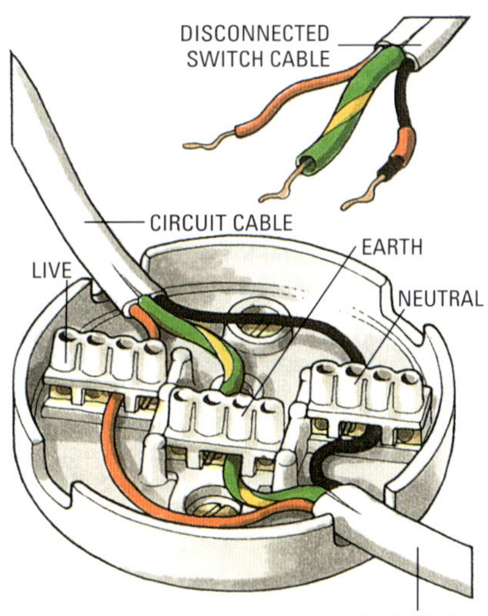

3 Terminating the lighting cables
Join the circuit cables in a junction box. Label the disconnected switch wire for future reference.

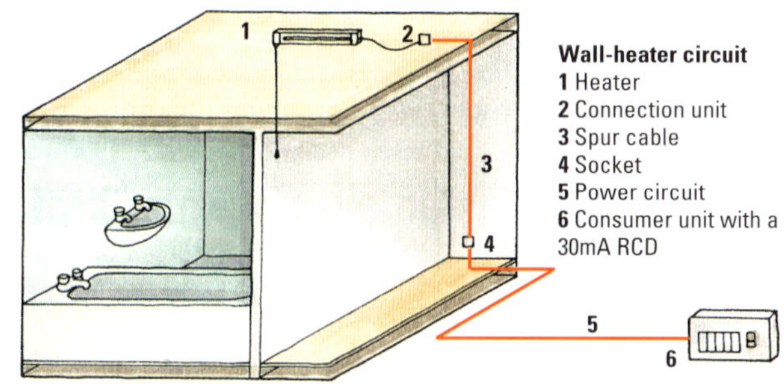

Wall-heater circuit
1 Heater
2 Connection unit
3 Spur cable
4 Socket
5 Power circuit
6 Consumer unit with a 30mA RCD

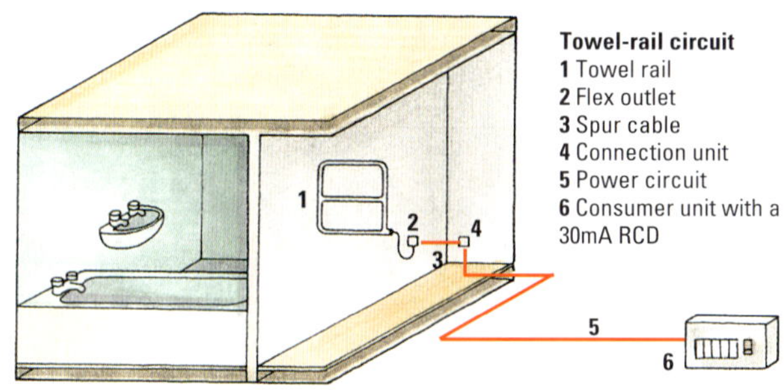

Towel-rail circuit
1 Towel rail
2 Flex outlet
3 Spur cable
4 Connection unit
5 Power circuit
6 Consumer unit with a 30mA RCD

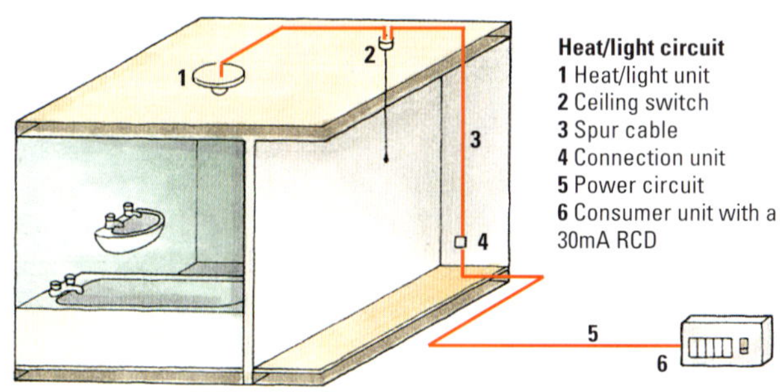

Heat/light circuit
1 Heat/light unit
2 Ceiling switch
3 Spur cable
4 Connection unit
5 Power circuit
6 Consumer unit with a 30mA RCD

SEE ALSO: Fuses 299, 309, Bathroom safety 300, Zones for bathrooms 301, Switching off 306, Running cable 313–15, Double-pole ceiling switch 337, Ceiling-rose connections 338

Providing extra sockets

Extending the ring circuit is the safest and most efficient means of incorporating new socket outlets to power all the equipment you are likely to need in a home office. You will then be able to plug in as many appliances as you wish, including electric heaters, without fear of overloading the circuit. In addition, it will reduce the risk of a plug being pulled out accidentally, which could result in the loss of irreplaceable data.

Surge protection
Sensitive electronic components in a computer can be damaged by voltage 'spikes' – short-duration peaks of high voltage. You can buy special plugs and trailing sockets fitted with surge suppressors designed to protect vulnerable equipment.

Extending a ring circuit

Most householders just don't have the space to dedicate a room exclusively to working from home – but even if your study has to double as a spare bedroom from time to time, adding a number of double or triple sockets will be time and money well spent.

By far the best method is to break into the ring circuit and connect a new length of cable, either to the existing sockets or by means of junction boxes. Be generous with your new sockets: they are relatively cheap to install, and you can never have too many.

You'll probably find that one or two sockets are needed at skirting level, and two or three more at desktop height. This arrangement will provide you with the most direct route for connecting floor-standing and desktop equipment, without having to extend flexible cords. Where possible, rewire plugs – making the flex as short as practicable.

Label all plugs powering vulnerable equipment, such as your computer. This simple precaution will reduce the risk of the equipment being unplugged inadvertently by another member of your family who wants to use the socket for another appliance.

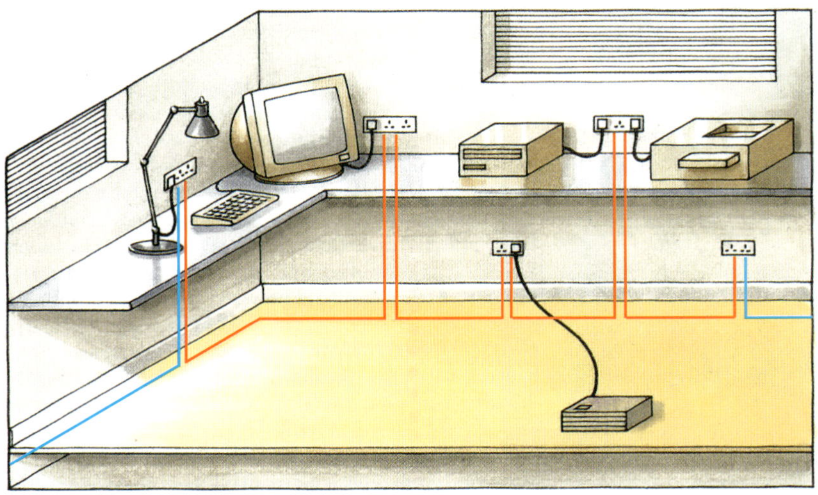

Adding sockets
Extend the ring circuit to add extra sockets at skirting level and to provide a source of power at desktop height.

Telephones and modems

In order to access the Internet, you will need a telephone socket near your computer to connect a modem. To utilize a single telephone socket, you can plug your phone and modem leads into a socket doubler (if your computer does not have a built-in phone socket) – but if you or your family will be 'surfing the Net' a lot of the time, then it may be worth installing a second phone line that is permanently connected to your computer. British Telecom or a similar telephone company can advise you on alternative connection systems, such as ISDN or ADSL. These allow for faster transmission of data and can be used to provide simultaneous use of a telephone and a computer modem.

Many people use an answerphone to pick up messages when they're not at home or are unavailable. These need to be connected to a telephone socket, and to a power supply via a 13amp plug. It is worth labelling this plug, in order to avoid accidental disconnection and the subsequent inconvenience of having to reprogram the unit.

If you have decided against buying a dedicated photocopier, you can equip your home office with a multipurpose printer/copier/fax machine, which is relatively inexpensive.

Backing up
Develop the habit of making copies of all your important computer files. Copy them onto a disc at the end of each working day, and store one copy somewhere other than in your study.

All back-ups are a waste of time until you need them – then they are priceless!

MULTI-WAY SOCKETS

If extending your ring circuit is not a viable option, there are various ways of connecting more than one appliance to existing sockets outlets.

Trailing sockets

Trailing sockets are made with up to six 13A socket outlets, connected via a short flexible lead to a single plug. With this type of device you can connect your computer and ancillary equipment to a single wall-mounted socket. Look for trailing sockets fitted with surge suppressors (see far left).

Miniature trailing sockets

There are special trailing sockets made with plugs similar in size to those used to connect a monitor to the back of a computer. They can be screwed to a skirting or the wall behind the desktop.

However, there is one disadvantage. Because the miniature plugs are not fused individually, a fault in any of the appliances connected to the trailing socket will cause the fuse in the 13amp plug to blow, and all of the appliances – including your computer – will be disconnected instantly. To protect vital data, have your computer plugged into its own wall socket and use the trailing socket for ancillary equipment only.

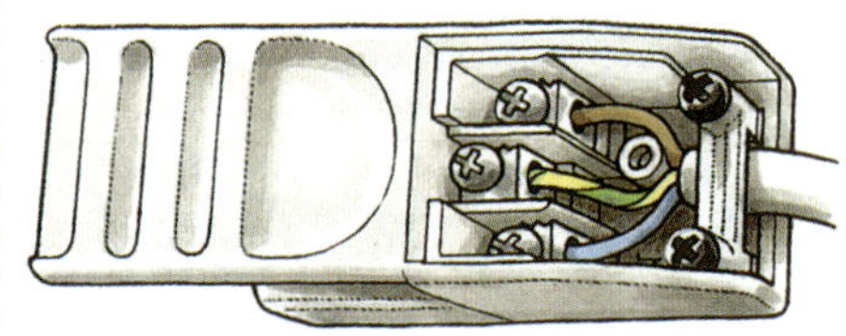

Wiring a miniature plug

Multi-adaptor

You can wire up to four appliances directly to a multi-adaptor, which has a short flex and 13amp plug for connecting to a single wall socket. The flex from each appliance is wired to its own set of terminals inside the adaptor, where it is protected by an individual fuse. Consequently, a fault on a single appliance is less likely to affect other equipment connected to the adaptor.

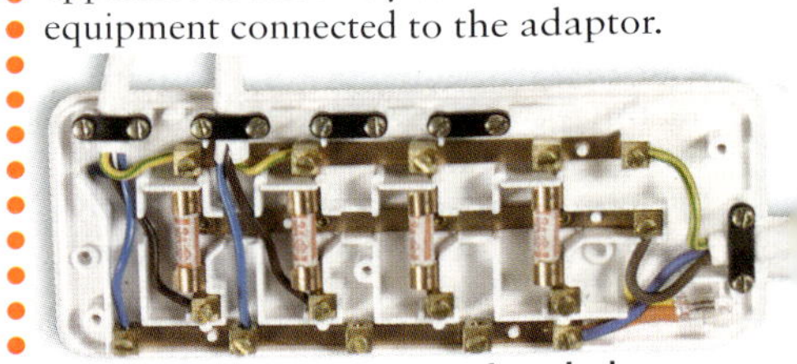

Each appliance is wired to a set of terminals

SEE ALSO: Extending a ring circuit 322, Installing a telephone extension 334

WIRING A SHOWER UNIT

An electrically heated shower unit is plumbed into the mains water supply. The flow of water operates a switch to energize an element that heats the water on its way to the shower spray-head. Because there's so little time to heat the flowing water, instantaneous showers use a heavy load – from 6 to 10.8kW. Consequently, an electrically heated shower unit has to have a separate radial circuit, which must be protected by a 30 milliamp RCD.

The circuit cable needs to be 10mm² two-core-and-earth. For showers up to 10.3kW, the circuit should be protected by a 45amp MCB or fuse, either in a spare fuseway at the consumer unit or in a separate single-way consumer unit fitted with a 30 milliamp RCD. A 10.8kW shower needs a 50amp MCB. The cable runs directly to the shower unit, where it must be wired according to the manufacturer's instructions.

The shower unit itself has its own on/off switch, but there must also be a separate isolating switch in the circuit. This must not be accessible to anyone using the shower, so you need to install a ceiling-mounted 45amp double-pole pull-switch (a 50amp switch is required for a 10.8kW shower). The switch has to be fitted with an indicator that tells you when the switch is 'on'. Fix the backplate of the switch to the ceiling and, having sheathed the earth wires with a green-and-yellow sleeve, connect them to the E terminal on the switch. Connect the conductors from the consumer unit to the switch's 'Mains' terminal, and those of the cable to the shower to the 'Load' terminals **(1)**.

The shower unit and all metal pipes and fittings must be bonded to earth.

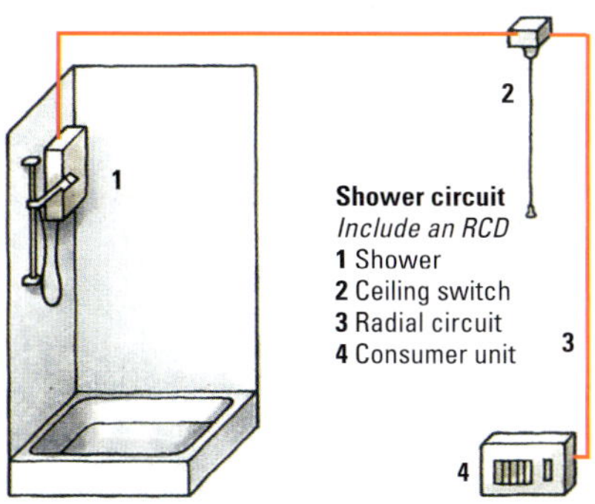

Shower circuit
Include an RCD
1 Shower
2 Ceiling switch
3 Radial circuit
4 Consumer unit

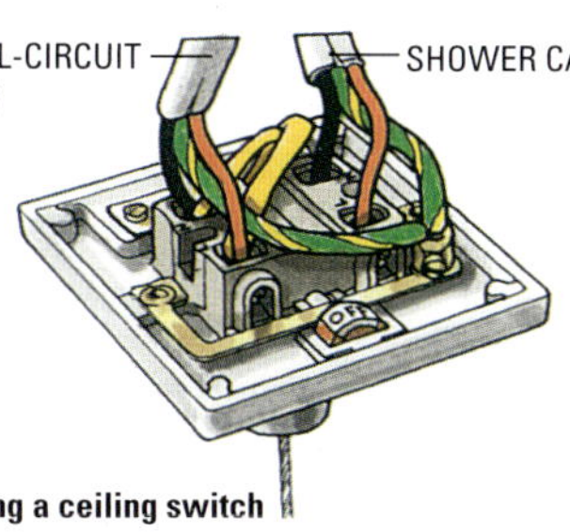

1 Wiring a ceiling switch

Lighting circuits

Every lighting system needs a feed cable to supply power to the various lighting points, and a switch that can interrupt the supply to each point. There are two ways of meeting these requirements in your home: the junction-box system and the loop-in system. Your house may be wired with either one – though it's quite likely that there will be a combination of the two systems.

The junction-box system

With a junction-box system, a two-core-and-earth feed cable runs from a fuseway in the consumer unit to a series of junction boxes, one for each lighting point. From each junction box a separate cable runs to the light itself, and another runs to its switch.

The loop-in system

With the loop-in system, the ceiling rose takes the place of the junction box. The cable from the consumer unit runs into each rose and out again, then on to the next. The switch cable and the flex to the bulb are connected at the rose.

Combined system

The loop-in system is now more widely used since it entails fewer connections, as well as saving on the cost of junction boxes. However, lights located at some distance from a loop-in circuit are often run from a junction box on the circuit in order to save cable; and lights added after the circuit has been installed are also often wired from junction boxes.

The circuit

Both the junction-box system and the loop-in system are, in effect, multi-outlet radial circuits. The cable runs from the consumer unit, looping in and out of the ceiling roses or junction boxes, and terminates at the last one. Unlike the cable of a ring circuit, it doesn't return to the consumer unit.

Lighting circuits require 1mm² or 1.5mm² PVC-insulated-and-sheathed two-core-and-earth cable, and each circuit is protected by a 5amp circuit fuse or 6amp MCB. A maximum of eleven 100W bulbs or their equivalent can therefore use the circuit.

In the average two-storey house the usual practice is to have two separate lighting circuits – one for the ground floor and the other for upstairs.

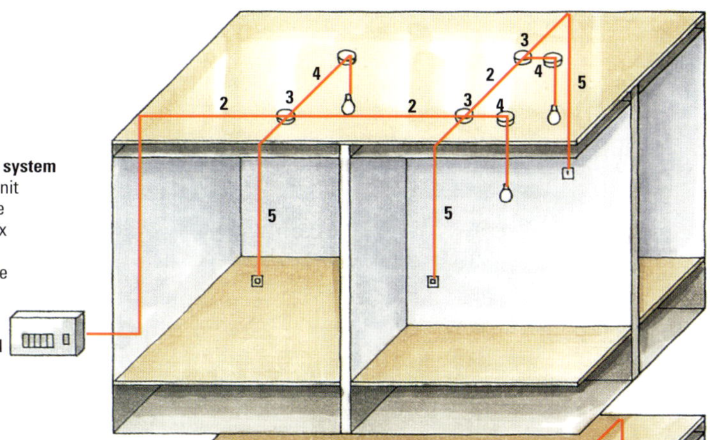

Junction-box system
1 Consumer unit
2 Circuit cable
3 Junction box
4 Light cable
5 Switch cable

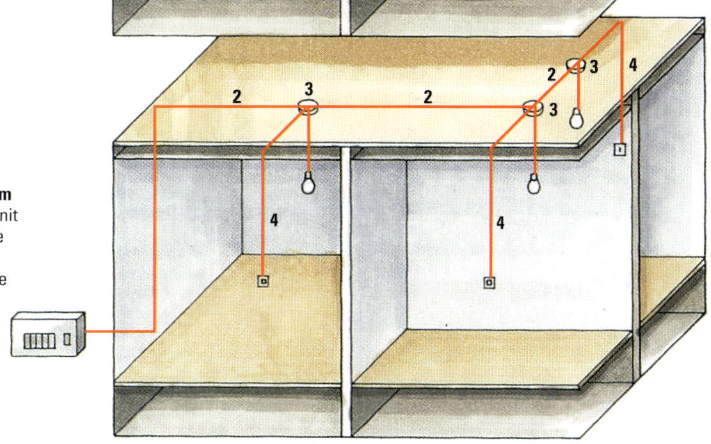

Loop-in system
1 Consumer unit
2 Circuit cable
3 Ceiling rose
4 Switch cable

SEE ALSO: Bonding to earth 300, Zones for bathrooms 301, Consumer units 308, Circuit fuses 309, Cables 312, Running cable 313–15, Fixing to ceiling 338, Circuit lengths 356, Plumbing a shower 393

Identifying connections

Loop-in system

A loop-in ceiling rose has three terminal blocks, arranged in a row. The live (red) wires from the two cut ends of the circuit-feed cable run to the central live block, and the neutral (black) wires run to the neutral block on one side. The earth wires (green-and-yellow) run to a common earth terminal **(1)**.

The live (red) wire from the switch cable is connected to the remaining terminal in the central live block. The electricity runs through this wire to the switch, then back to the ceiling rose via the black 'switch-return' wire, which is connected to the third terminal block in the ceiling rose (the 'switch-wire block'). When the light is 'on', the switch-return wire is live – it is therefore important to identify it by wrapping a piece of red tape round it to distinguish it from the other black wires, which are neutral. The earth wire in the switch cable goes to the common earth terminal **(1)**.

The brown (live) wire from the flex of the pendant light connects to the remaining terminal in the switch block, while the blue wire runs to the neutral block. If three-core flex is used, the green-and-yellow earth wire runs to the common earth terminal **(1)**.

If the circuit-feed cable terminates at the last ceiling rose on the circuit, then only one set of cable conductors is connected **(2)**. The switch cable and the light flex are connected in the same way as those in a normal loop-in rose.

● No earth wires
If you uncover an old lighting system that lacks earth wires, reconnect the other wires temporarily and get expert advice on rewiring the circuit.

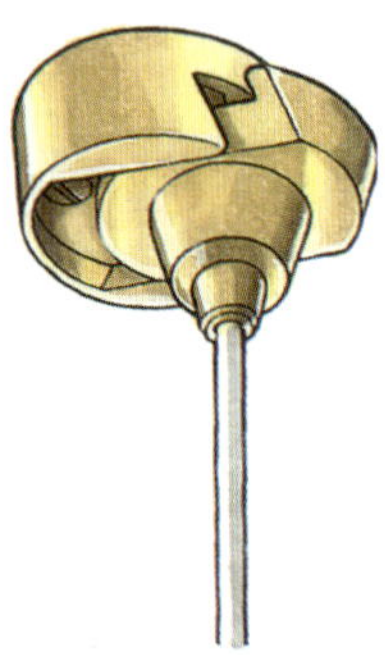

Detachable ceiling roses
If you use a modern detachable ceiling rose, you can slide out the centre section to change the light fitting without disturbing the fixed wiring. This type of rose can support a light fitting weighing up to 5kg (11lb).

Junction-box system

The junction boxes on a lighting circuit normally have four unmarked terminals – for live, neutral, earth and switch connections. The live, neutral and earth wires from the circuit-feed cable go to their respective terminals **(3)**.

The live (red) wire from the cable that runs to the ceiling rose is connected to the switch terminal; the black wire to the neutral terminal; and the green-and-yellow earth wire to the earth terminal **(3)**.

The red wire from the switch cable is connected to the live terminal; the earth wire to the earth terminal; and the black 'return' wire (see above) from the switch goes to the switch terminal **(3)**. This last conductor must be clearly identified with a piece of red tape wrapped round it.

At the ceiling rose, the live cable wire is connected to one of the outer terminal blocks, and the neutral wire to the other one. The central block is left empty. The earth wire goes to the earth terminal **(4)**.

The brown flex wire is connected to the same terminal block as the red cable wire; and the blue flex wire goes to the block holding the black cable wire. If the flex has a green-and-yellow earth wire, it should be connected to the common earth terminal **(4)**.

Replacing a ceiling rose

Turn off the power at the consumer unit and remove the circuit fuse or MCB. Switching off at the wall is not enough.

Unscrew the rose cover and examine the connections. If it's a loop-in rose, identify the switch-return wire with red tape. If there's only one red and one black wire, it's a junction-box system and there will be no switch cable.

Identify the wires inside an old rose. If there are wires running into three terminal blocks, look first for the one with all red wires and no flex wires. This is the live block, containing live circuit-feed wires and a live switch wire. The neutral terminal block takes the black circuit-feed wires and the blue flex wire. The third block will contain the brown flex wire plus a black wire (the switch-return wire), which should be marked with red tape. All earth wires will run to one terminal on the backplate.

Fixing the new rose
Disconnect the wires from the terminals and identify them with tapes. Take down the old backplate. Knock out the entry hole in the new backplate and thread the cables through it; then fix the backplate to the ceiling, if possible using the old screws and fixing points. If the old fixings aren't secure, nail a piece of wood between the joists above the ceiling (see left) and drill a hole through it from below for cable access. Screw the new rose backplate to the wood through the ceiling, and then reconnect all the wires.

Slip the new cover over the pendant flex and connect the flex wires to the terminals in the rose – loop these wires over the rose's support hooks to take the weight off the terminals. Screw the cover onto the backplate, then switch on the power and test the light.

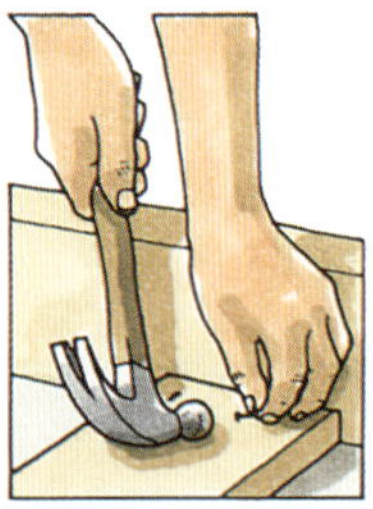

Fixing a platform
Skew-nail a board between the joists to support a ceiling rose.

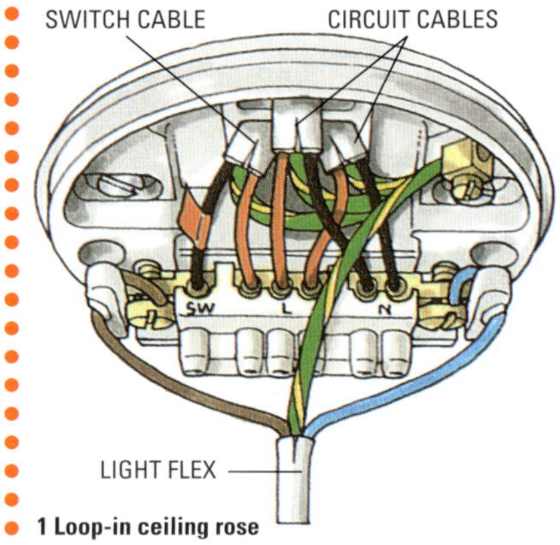

1 Loop-in ceiling rose

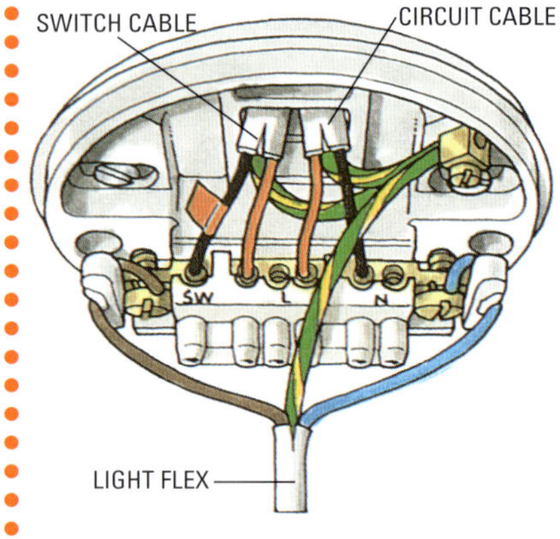

2 Last rose on a loop-in system

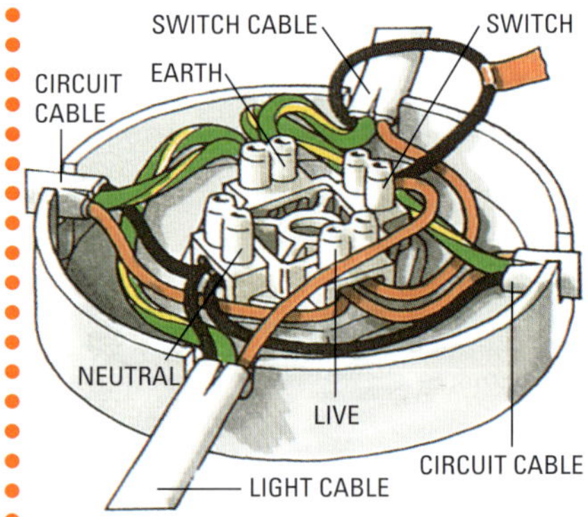

3 Lighting junction box

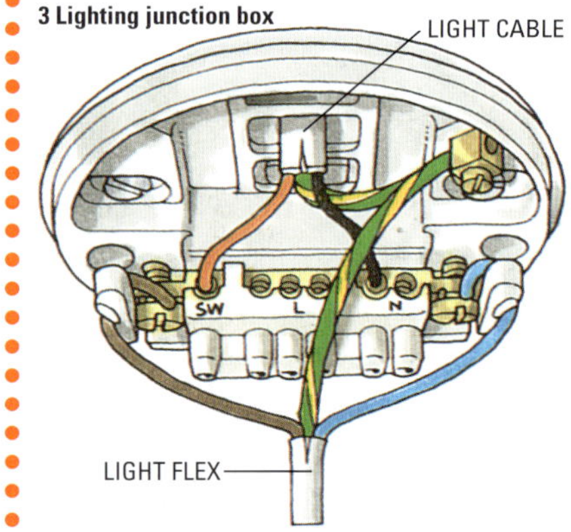

4 Ceiling rose on a junction-box system

SEE ALSO: Lighting circuits 337

Light fittings

There is a vast range of light fittings for the home – but, although they may differ greatly in their appearance, they can be grouped roughly into six basic categories according to their functions.

Close-mounted lights

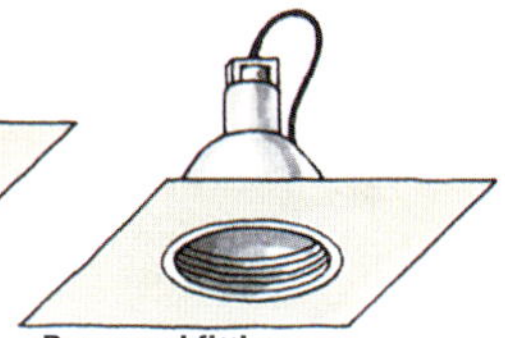

Recessed fitting

Pendant lights

The pendant light is probably the most common fitting. At its most basic, it consists of a lampholder, with a bulb and usually with some kind of shade, and is suspended from a ceiling rose by a length of flex.

Many decorative pendant lights are designed to take more than one bulb, and they may be much heavier than the simpler ones. Heavy pendant lights should never be attached to a standard plastic ceiling rose. However, they can be connected to a detachable ceiling rose (see opposite).

Close-mounted ceiling lights

A close-mounted fitting is screwed directly to the ceiling, without a ceiling rose, most often by means of a backplate that houses the lampholder or holders. The fitting is usually enclosed by some kind of rigid light-diffuser, also attached to the backplate.

Recessed ceiling lights

The lamp housing itself is recessed into the ceiling void, and the diffuser either lies flush with the ceiling or projects only slightly below it. These discreet light fittings are ideal for rooms with low ceilings; they are often referred to as downlighters.

Track lights

Several individual light fittings can be attached to a metal track, which is screwed to the ceiling or wall. Because a contact runs the length of the track, lights can be fitted anywhere along it.

Wall lights

Light fittings designed for screwing to a wall can be supplied either from the lighting circuit in the ceiling void or from a fused spur off a ring circuit. Various kinds of close-mounted fittings and adjustable spotlights are the most popular wall lights.

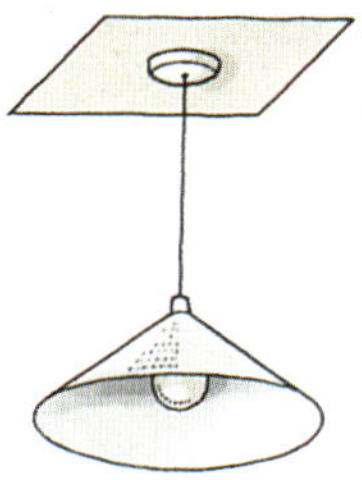

Pendant light

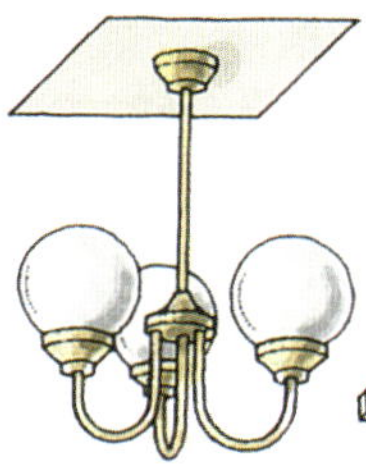

Decorative pendant

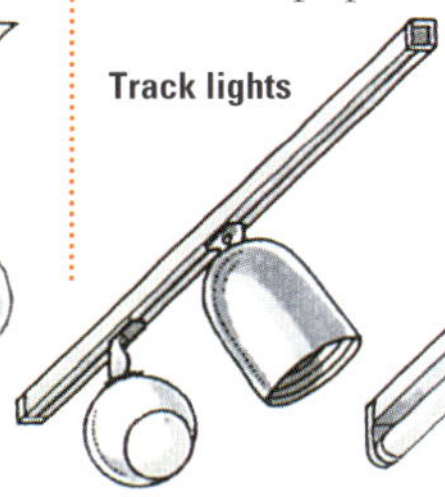

Track lights

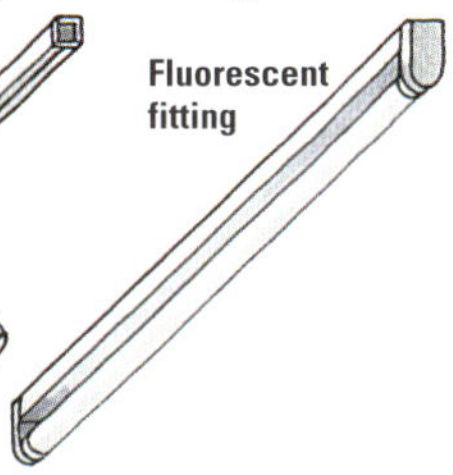

Fluorescent fitting

Fluorescent light fittings

A fluorescent light uses a glass tube containing mercury vapour. The voltage makes electrons flow between electrodes at the ends of the tube and bombard an internal coating – which fluoresces, producing bright light.

Different types of coating make the light appear 'warmer' or 'cooler'. For domestic purposes, choose either 'warm white' or 'daylight'.

The light fitting, which includes a starter mechanism, is usually mounted directly on the ceiling – though, as they produce very little heat, fluorescent lights are also frequently fitted to the underside of cupboards above kitchen work surfaces.

Striplights

These slim lights are often mounted above mirrors and inside cupboards and display cabinets. They can be controlled by separate microswitches so the light comes on each time the cupboard door is opened. Striplights usually take 30W or 60W tubular tungsten filament bulbs with a metal cap at each end.

Some under-cupboard strip lights are designed to be linked with short lengths of cable so that they can all be powered from a single 13amp plug.

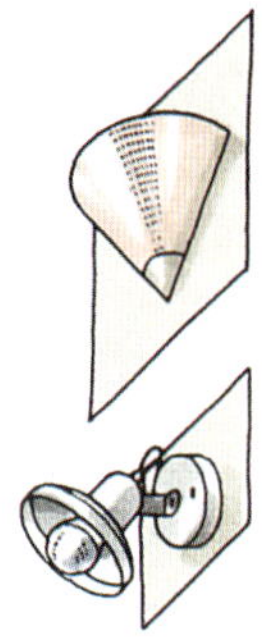

Wall lights

Picture lights
Use discreet light fittings to illuminate individual prints and paintings.

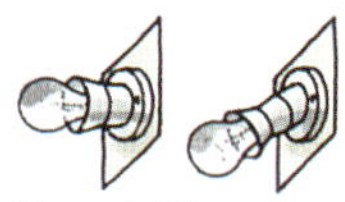

Batten holders
These basic fittings are fixed directly to the wall or ceiling. They are used in areas such as lofts or cellars where appearance is not important.

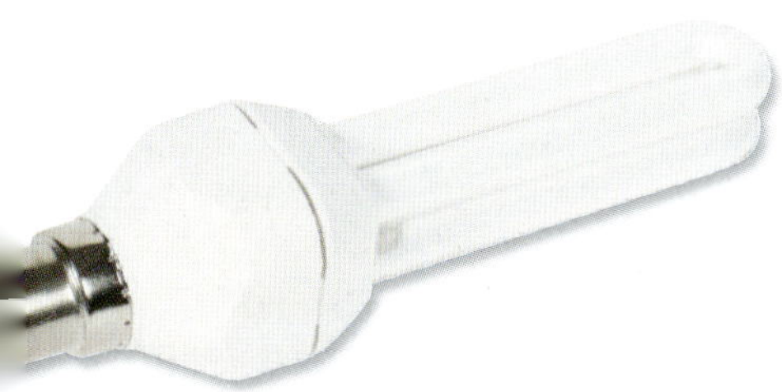

Energy-saving lamps
Compact fluorescent lamps can be used in place of conventional bulbs. They last up to eight times longer and use up to 80 per cent less electricity. The tube is folded to make a very small unit. The lamps either have built-in control circuits or are supplied with plug-in holders containing these controls.

A bewildering choice
It can be difficult to choose a light fitting that meets your needs exactly, but being aware of the main categories (above) will help you eliminate those fittings that would be totally unsuitable.

SEE ALSO: Replacing lampholders 305, Switching off 306, Close-mounted lights 340, Track lighting 340, Fluorescent lights 341, Wall lights 345

Close-mounted lights

Close-mounted light fittings often have a backplate that screws directly to the ceiling, in place of a ceiling rose. To fit one, first switch off the power at the consumer unit and take out the circuit fuse or MCB, then remove the ceiling rose and fix the backplate to the ceiling.

If only one cable feeds the light, attach its conductors to the terminals of the lampholder and connect the earth wire to the terminal on the backplate.

Since more heat is generated inside an enclosed fitting, slip heat-resistant sleeving over the conductors before you attach them to their terminals.

If the original ceiling rose was wired into a loop-in system, then you will find that a close-mounted light fitting won't accommodate all the cables. In which case, withdraw the cables into the ceiling void and wire them into a junction box screwed to a length of 100 x 25mm (4 x 1in) timber nailed between the joists; then run a short length of heat-resistant cable from the junction box to the new light fitting.

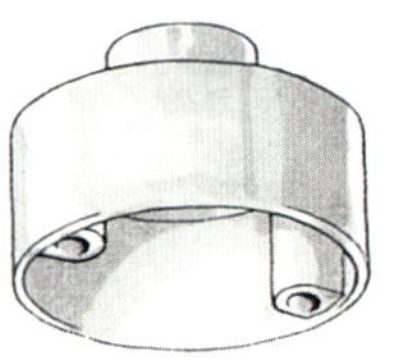

1 BESA box
Use a BESA box (also known as a conduit box) to house the connections when a light fitting is supplied without a backplate. A metal box must be earthed.

FITTING A PLASTIC BESA BOX

Fix a wooden platform between the ceiling joists to support the junction box and the plastic BESA box.

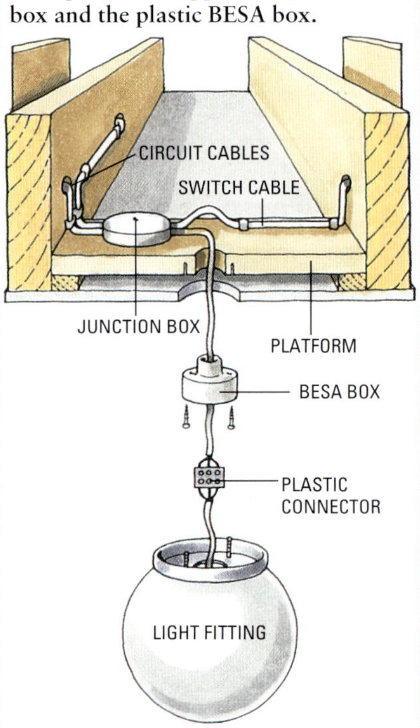

2 Wire the light flex with a block connector

Fittings without backplates

Sometimes close-mounted lights are supplied without backplates.

Wiring Regulations stipulate that all unsheathed wires and terminals have to be enclosed in a noncombustible housing – so if you plan to use a fitting without a backplate, you must find a means of complying. The best way is to fit a BESA box **(1)**, a plastic or metal box that is fixed into the ceiling void so as to lie flush with the ceiling (see below left).

The screw-fixing lugs on the box should line up with the fixing holes in the light fitting's coverplate, but check that they do so before buying the box. You will also need two machine screws of the appropriate thread for attaching the light to the BESA box.

Check that there isn't a joist directly above where you wish to fit the light (if there is one, move the light to one side until it fits between two joists). Then hold the box against the ceiling, trace round it, and carefully cut the traced shape out of the ceiling with a padsaw.

Cut a platform from timber 25mm (1in) thick to fit between the joists, and place it directly over the hole in the ceiling while an assistant marks out the position of the hole on the board from below. Then drill a cable-feed hole centrally through the shape of the ceiling aperture marked out on the board. If there's a boss on the back of the BESA box, the hole must be able to accommodate it. Position the box and screw it securely to the platform.

Have your assistant press some kind of flat panel against the ceiling and over the aperture. Fit the BESA box into the aperture from above, so that it rests on the panel; drop the platform over the BESA box, and mark both ends on both joists. Screw a batten to each joist to support the platform at that level. Fix the platform to the battens and feed the cable through the hole in the centre of the BESA box.

For attaching the cable conductors, the light fitting will probably have a plastic connector **(2)**, which may have three terminals. Alternatively, there may be a separate terminal for the earth conductor attached to the coverplate. After securing the conductors, fix the coverplate to the BESA box with the machine screws.

If the original ceiling rose was fed by more than one cable, connect them to a junction box in the ceiling void, as described above left.

Fitting a downlighter

Decide where you want the light, check from above that it falls between joists, and then use the cardboard template supplied with all downlighters to mark the outline of the circular aperture in the ceiling. Drill a series of 12mm (½in) holes just inside the perimeter of the marked circle to remove most of the waste, then cut it out with a padsaw.

Bring a single lighting-circuit cable from a junction box through the opening and attach the cable to the downlighter, following the maker's instructions. You may have to fit another junction box into the void in order to connect the circuit cable to the heat-resistant flex attached to the light fitting.

Fit the downlighter into the opening and secure it there by adjusting the clamps that bear on the hidden upper surface of the ceiling.

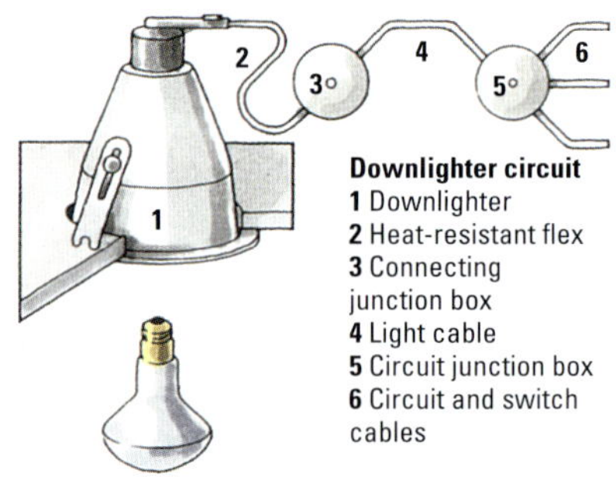

Downlighter circuit
1 Downlighter
2 Heat-resistant flex
3 Connecting junction box
4 Light cable
5 Circuit junction box
6 Circuit and switch cables

Fitting track lighting

Ceiling fixings are supplied with all track-lighting systems. Mount the track so that the terminal-block housing at one end is situated close to where the old ceiling rose was fitted. Pass the circuit cable into the fitting and wire it to the cable connector provided. If the circuit is a loop-in system, mount a junction box in the ceiling void to connect the cables.

Make sure that the number of lights you intend to use on the track will not overload the lighting circuit – which can supply a maximum of eleven 100W lamps or their equivalent.

Wiring a track light

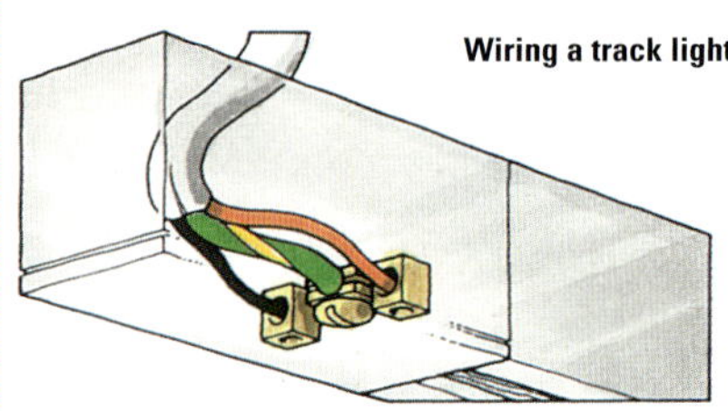

SEE ALSO: Switching off 306, Loop-in system 337, 338, Fixing to ceiling 338, Junction box 338, Close-mounted lights 339, Recessed lights 339, Track lights 339, Padsaw 494

Light switches

Remove the ceiling rose and then screw the new light fitting to the ceiling, positioned so that the circuit cable can be fed into it conveniently.

Fluorescent light fittings are supplied with terminal blocks for connection to the mains supply. Each terminal block will take only three conductors – so either the fitting must be connected to a junction-box system or a junction box must be installed in the ceiling void to accommodate loop-in wiring, as for a close-mounted light (see opposite). Fluorescent lights normally need earth connections, so they can't be used with old systems that lack earth conductors.

You can mount a fluorescent unit by screwing directly into the ceiling joists or into boards nailed between the joists to provide secure fixings.

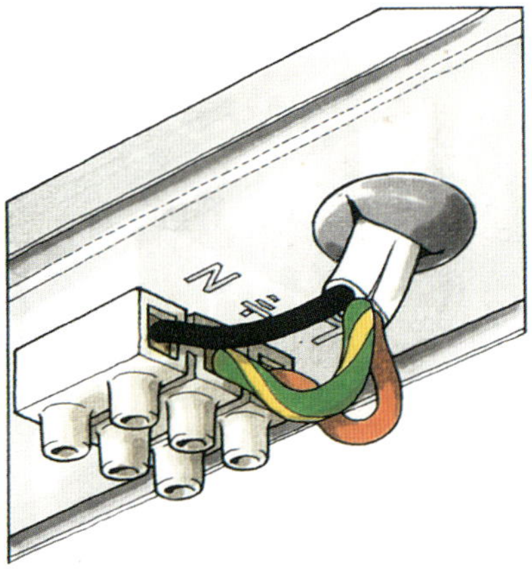

Wiring a fluorescent light fitting
A simple plastic block connector for the circuit cable is fitted inside a fluorescent light fitting.

Fluorescents under cupboards

You can fit fluorescent lighting underneath wall-mounted kitchen cupboards to illuminate the work surfaces below. The power is supplied from a switched fused connection unit fitted with a 3amp cartridge fuse.

When installing a second fluorescent light fitting, you can supply its power by wiring it into the terminal block of the first one.

The type of switch that's most commonly used for lighting is the plateswitch. This has a switch mechanism mounted behind a square faceplate with either one, two or three rockers. Although that's usually enough for domestic purposes, double faceplates with as many as four or six rockers are also available.

A one-way switch simply turns a light on and off, but two-way switches are wired in pairs so that the light can be controlled from two places – typically, at the head and foot of a staircase. It's also possible to have an intermediate switch, to allow a light to be controlled from three places.

Any type of switch can be flush-mounted in a metal box buried in the wall or surface-mounted in a plastic box. Boxes 16 and 25mm (5/8 and 1in) deep are available, to accommodate switches of different depths.

Where there is not enough room for a standard switch, a narrow architrave switch can be used. There are double versions with two rockers, one above the other.

As well as turning the light on and off, a dimmer switch controls the intensity of illumination. Some types have a single knob that serves as both switch and dimmer. Others incorporate a separate knob for switching, so the light level does not have to be adjusted every time the light is switched on.

The Wiring Regulations forbid the positioning of a conventional switch within reach of a washbasin, bath or shower unit – so only ceiling-mounted double-pole switches with pull-cords must be used in bathrooms.

Fixing switches and running cable
Light switches need to be installed in relatively accessible positions, which normally means just inside the door of a room, at about adult shoulder height.

In order to reach the switch, lighting cable is either run within hollow cavity walls or buried in the wall plaster.

Methods for fixing mounting boxes in place are similar to those described for fitting socket outlets.

Choosing switches

Most light switches are made from white plastic, but you can buy other finishes to compliment your decorative scheme. Bright primary-coloured switches can look striking in a modern house, while reproductions of antique brass switches are both appropriate and attractive in a traditional interior.

● **Double-pole switches**
With this type of switch, both live and neutral contacts are broken when it is off.

Selection of light switches
1 One-gang rocker switch
2 Two-gang rocker switch
3 Primary-coloured rocker switch
4 Reproduction antique switch
5 One-gang dimmer switch
6 Two-gang dimmer switch
7 Touch dimmer switch
8 Two-gang architrave switch
9 Ceiling switch

☛ SEE ALSO: Bathroom zones 301, Switching off 306, Running cable 313–15, Mounting boxes 318–19, Fused connection units 324, Fixing to ceiling 338, Junction box 338, Fluorescents 339, Wiring switches 342, 344

Replacing switches

Replacing a damaged switch is a matter of connecting the existing wiring to the terminals of the new switch – making sure that you connect the wires in exactly the same way as in the old one.

Check that a new faceplate for a surface-mounted switch will fit the existing mounting box; otherwise, you will have to replace both parts of the switch. If you are able to use the box, attach the new faceplate with the old machine screws. You can then be certain of having screws that will match the threads.

If you want to replace a surface-mounted switch with a flush-mounted one, remove the old switch, then hold the metal box over the position of the original switch and trace round it. Cut away the plaster to the depth of the box, then screw it to the brickwork. Take great care not to damage the existing wiring while you are working.

Replacing a one-way switch

Examine a one-way switch and you will see that it is serviced by a two-core-and-earth cable. The earth conductor, if there is one, will be connected to an earth terminal on the mounting box. The red and black conductors will be connected to the switch itself.

A true one-way switch has only two terminals, one situated above the other, and the red or black conductors can be connected to either terminal **(1)**. The back of the faceplate is marked 'top' to ensure that you mount the switch the right way up, so the rocker is depressed when the light is on. The switch would work just as well upside down – but the 'up for off' convention is a useful one, as it tells you whether the switch is on or off even when the bulb has failed.

Occasionally you may come across a light switch that is fed by a two-core-and-earth cable and operates as a one-way switch, yet has three terminals **(2)**. This is a two-way switch that has been wired up for one-way function, something that's fairly common and perfectly safe. If the switch is mounted the right way up, then the red and black wires should be connected to the 'Common' and 'L2' terminals **(2)**.

Replacing a two-way switch

A two-way switch will have at least one conductor in each of its three terminals.

Without going into the complexities of two-way wiring at this stage, you will find that the most straightforward method of replacing a damaged two-way switch is simply to make a written note of which conductors run to which terminals before you start to disconnect the various wires.

Another simple method is to detach the wires from their terminals one at a time, and connect each one to the corresponding terminal on the new two-way switch before you deal with the next conductor.

Two-gang switches

A two-gang switch is the name for two individual switches mounted on a single faceplate. Each of the switches may be wired differently. One may be working as a one-way switch, and the other as a two-way **(3)**. To transfer the wires from an old switch to the terminals of a new one, work on one switch at a time and use one of the methods for replacing a two-way switch described above.

Replacing a rocker switch with a dimmer switch

Examine the present switch in order to determine the type of wiring that feeds it, then purchase a dimmer switch that will accommodate the existing wiring. The manufacturers of dimmer switches provide instructions with them, but the connections are basically the same as for ordinary rocker switches **(4)**.

Don't use a dimmer switch to control a fluorescent light.

● **Switching off**
Always turn off the power and remove the relevant fuse or MCB before you take off a switch faceplate to inspect the wiring.

HOW SWITCHES ARE WIRED

It is very easy to replace a damaged switch or to swap one for a different type of switch. The illustrations below show four common methods of wiring switches. If a switch appears to be wired differently, it is probably part of a two-way or three-way lighting system. Replace switches as described left.

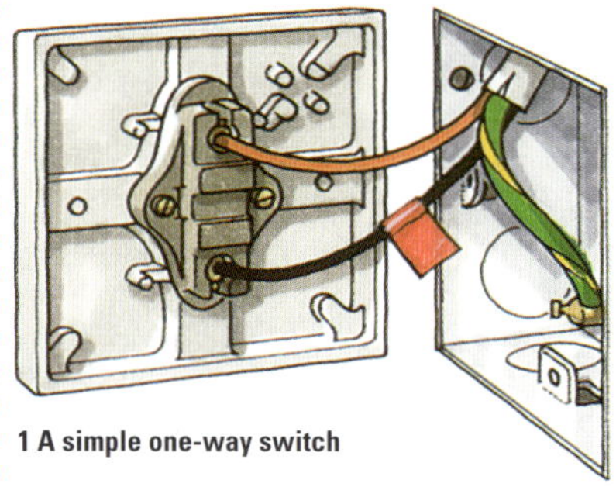

1 A simple one-way switch

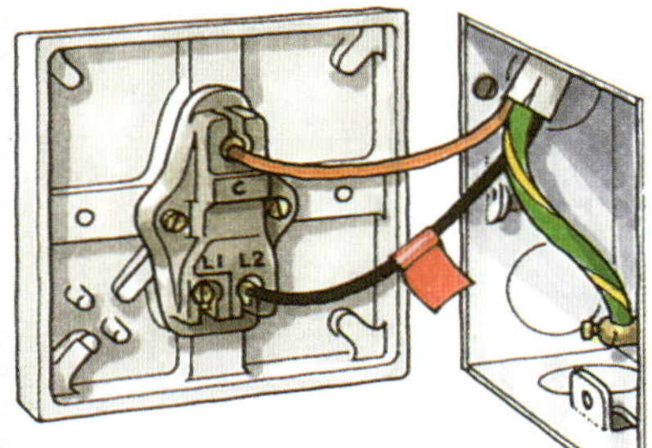

2 Two-way switch wired for one-way function

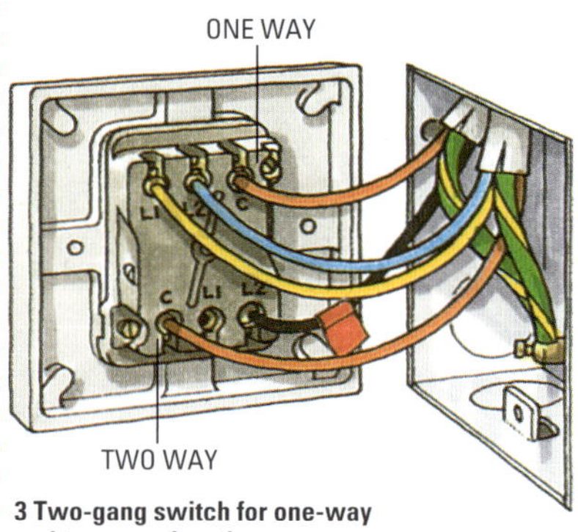

3 Two-gang switch for one-way and two-way functions

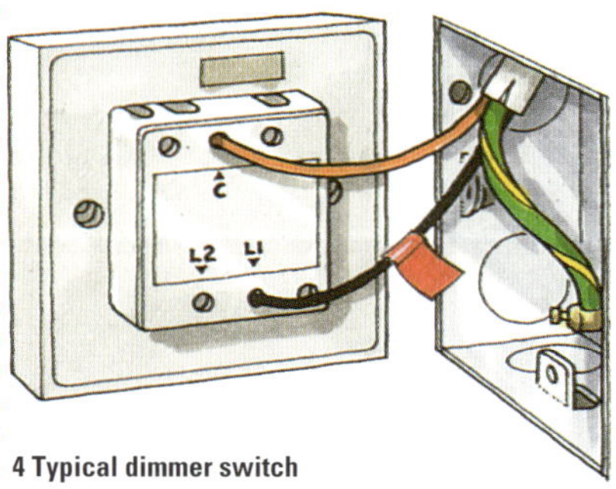

4 Typical dimmer switch

SEE ALSO: Switching off 306, Cables 312, Flush mounting 319, Switches 341, Two/three-way lighting 344

Adding new switches and circuits

When you want to move a switch or install a new one, you will have to modify the circuit cables or run a new spur cable from the existing lighting circuit to take the power to where it is needed.

Replacing a wall switch with a ceiling switch

In a bathroom, light switches must be outside zones 0 to 3. If your bathroom has a wall switch that breaks this rule, replace it with a ceiling switch that is at least 0.6m (2ft) horizontally from the bath or shower.

Turn the power off at the consumer unit, then remove the old switch. If the cable running up the wall is surface-mounted or in a plastic conduit, you can pull it up into the ceiling void. It should be long enough to reach the point where the new switch is to be located.

If the switch cable is buried in the wall, trace it in the ceiling void and cut it. Then wire the remaining part that runs to the light into a three-terminal junction box fixed to a joist or to a piece of wood nailed between two joists. Connect the conductors to separate terminals **(1)**, and from those terminals run matching $1mm^2$ two-core-and-earth cable to the site of the ceiling switch.

Bore a hole in the ceiling to pass the cable through to the switch. Screw the switch to a joist if the hole is close enough; otherwise, fix a support board between the joists.

Knock out the entry hole in the back-plate of the switch and pass the cable through it, then screw the plate to the ceiling. Strip and prepare the ends of the conductors, connecting the earth to the terminal on the backplate. Connect the red and black conductors to the terminals on the switch – either wire to either terminal **(2)**. Finally, attach the switch to the backplate and make good any damage done to the plasterwork.

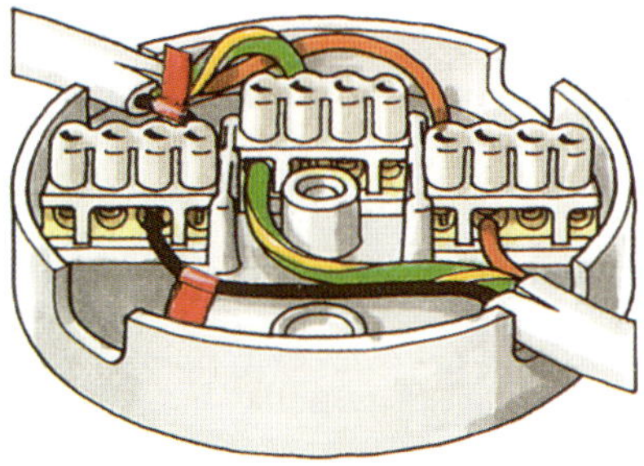

1 Link the switch cable with a junction box

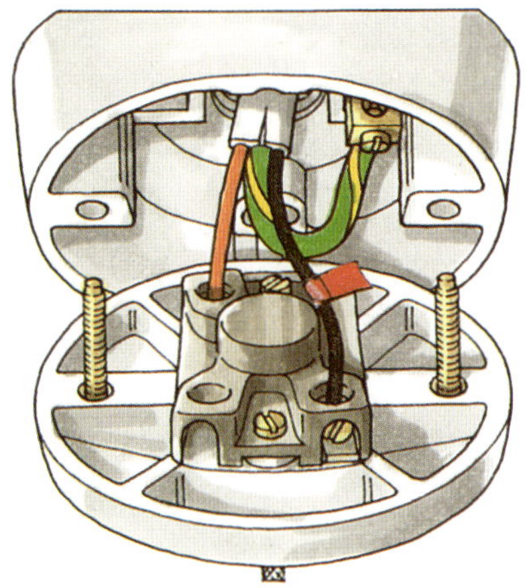

2 Wiring a ceiling switch

Adding a new switch and light

Switch the power off at the consumer unit and inspect your lighting circuit to check whether it is earthed. If there's no earth wire, get expert advice before installing new light fittings.

Decide where you want to mount the light, and bore a hole through the ceiling for the cable. If the ceiling rose can't be screwed to a nearby joist, nail a board between two joists to provide a strong fixing for the rose.

Bore another hole in the ceiling right above the site of the new switch and as close to the wall as possible. Push twists of paper through both holes, so you can find them easily from above.

Screw the switch mounting box to the wall and cut a chase in the plaster for the cable, up to the appropriate hole already bored in the ceiling.

Your new light fitting can be supplied with power from a nearby junction box or ceiling rose that's already on the lighting circuit – or, if it's more convenient, from a new junction box wired into the lighting-circuit cable.

From whichever of these sources you choose, run a length of $1mm^2$ two-core-and-earth cable to the position of the new light fitting – but don't connect to the lighting circuit till the whole of the new installation has been completed. Push the end of the cable through the hole in the ceiling and identify it with tape marked 'Mains' **(1)**.

The next step is to run a similar cable from the switch to the same lighting point **(1)**.

Strip and prepare the cable at the switch – connecting the earth wire to the terminal on the mounting box – and connect the red and black conductors, either wire to either terminal if it is a one-way switch. If you are able to obtain only a two-way switch, connect the red and black wires to its 'Common' and 'L2' terminals (see opposite). Now screw the switch to the mounting box.

Knock out the cable-entry hole in the ceiling rose and feed both cables through it, then screw the rose to the ceiling.

Take the cable marked 'Mains' and connect its red conductor to the live central block and its black one to the neutral block. Slip a green-and-yellow sleeve over the earth wire and connect it to the earth terminal.

Connect the red conductor of the switch cable to the live block, and the black wire to the switch-wire block: mark the black wire with red tape. Connect the switch earth wire to the common earth terminal. Connect the pendant flex and screw on the rose cover.

Make sure the power is turned off, then connect the new light circuit to the old one at the rose or junction box. The new conductors will have to share terminals that have already been connected: red to live, black to neutral, and earth to earth **(2)**. Finally, test and switch on the new circuit.

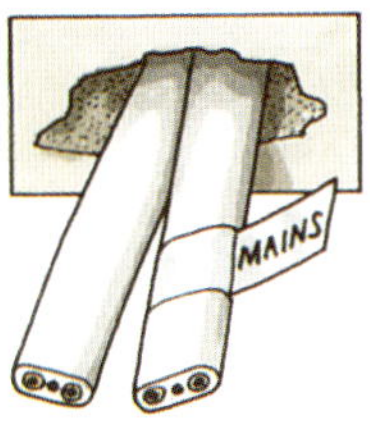

1 Identify the mains cable

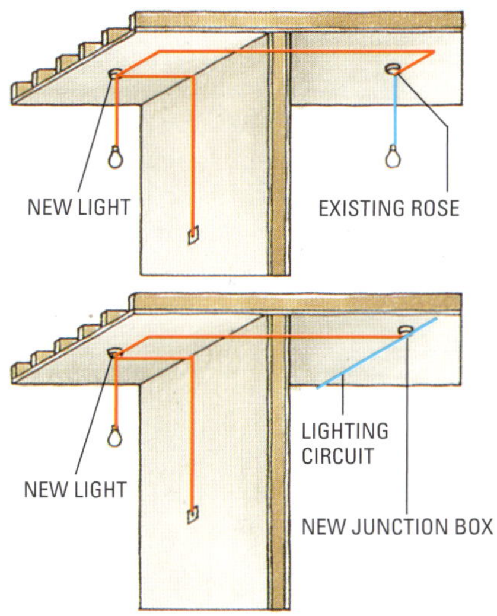

Circuit for a new light ▶ You can take the power for a new light from an existing ceiling rose or junction box, or insert a new junction box into the existing lighting circuit.

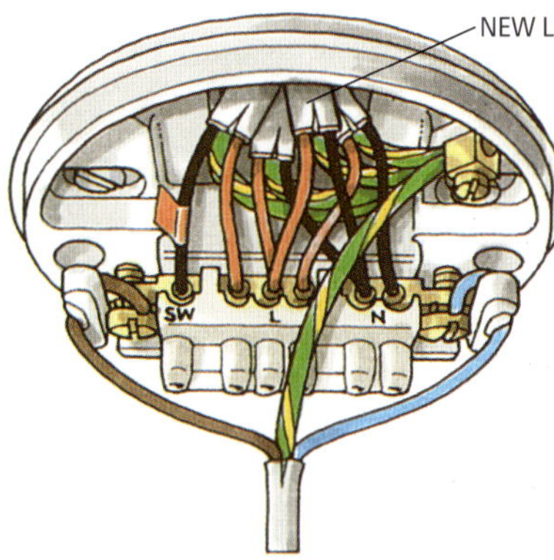

2 Lighting cable connected to a loop-in rose

☛ SEE ALSO: Zones 301, Switching off 306, Running a cable 313–15, Wiring a junction box 321, Lighting circuits 337, Wiring a rose 338, Wiring one-way as two-way 342, Wiring one-way switch 342, Circuit lengths 356

Two-and-three way lighting

Adding a two-way light

There are several situations in which a light should be controllable from two points. For example, in a long entrance hall the light is best switched from both ends of the passageway; and a landing light needs to be controlled from both the top and bottom of the stairs.

Installing a new two-way light is very similar to installing a one-way light, the only real difference being in the wiring of the switches.

First, mount the ceiling rose and both of the two-way switches, then run $1mm^2$ two-core-and-earth cable from the power source to the light and from the light to the nearest switch. Don't connect the new installation to the lighting circuit until all the wiring has been completed.

Run a $1mm^2$ three-core-and-earth cable from the first to the second switch. Then strip the conductors and prepare them for connecting to the switches, slipping insulating sleeves over the bare earth wires.

At the first switch you will have two cables to connect: the switch cable from the light and the one linking the two switches. The switch cable has three conductors (red, black and green-and-yellow); the linking cable has four (red, yellow, blue and green-and-yellow). Connect the green-and-yellow wires from both cables to the earth terminal on the mounting box **(1)**.

Connect the red wire from the linking cable to the 'Common' terminal on the switch. Connect the yellow wire and either the red or black switch-cable wire to the 'L1' terminal. Connect the blue wire and the remaining switch-cable wire to the 'L2' terminal **(1)**. Screw the switch's faceplate to the mounting box.

At the second switch, connect the linking cable's green-and-yellow wire to the earth terminal; its red wire to the 'Common' terminal; its yellow wire to 'L1'; and its blue wire to 'L2' **(1)**. Screw the switch's faceplate to the box.

Make sure the power is switched off, and then connect the installation to the lighting circuit at either a ceiling rose or a junction box. Finally, test the new installation.

Three-way lighting

You can control a light from three places by adding an intermediate switch to the circuit described above.

The intermediate switch interrupts the three-core-and-earth cable linking the other two. It has two 'L1' terminals and two 'L2' ones.

At its mounting box you will have two identical sets of wires – red, yellow, blue and green-and-yellow. Connect the green-and-yellow wires to the earth terminal on the box **(2)** and join the two red wires – which play no part in the intermediate switching – with a plastic block connector **(2)**. Ease the block to one side, in order to clear the switch when you fit it.

Connect the blue and yellow wires of either cable to the 'L1' terminals on the new switch and those of the other cable to the 'L2' terminals **(2)**. Then screw the faceplate to the mounting box.

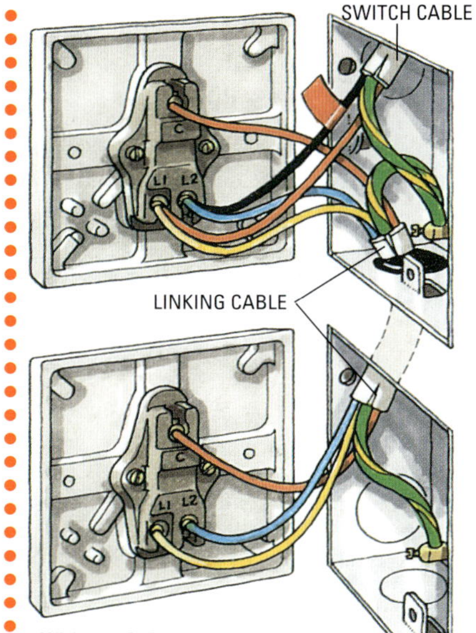

1 Wiring switches for two-way lighting

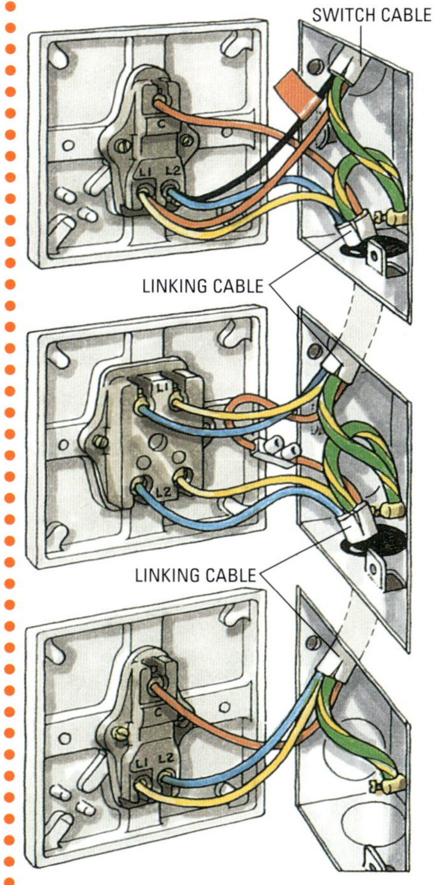

2 Wiring switches for three-way lighting

Two-way-lighting circuit *(right)*
1 Consumer unit
2 Light fitting
3 Lighting-circuit cable
4 Switch cable
5 Switch
6 Linking cable
7 Junction box

Three-way-lighting circuit *(far right)*
1 Consumer unit
2 Light fitting
3 Lighting circuit
4 Switch cable
5 Switch
6 Intermediate switch
7 Linking cable
8 Junction box

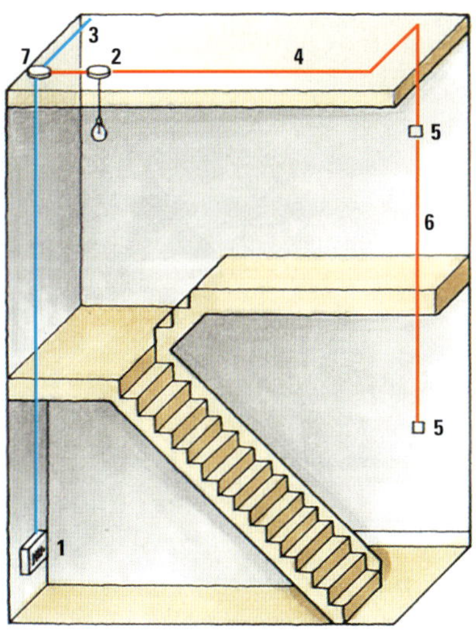

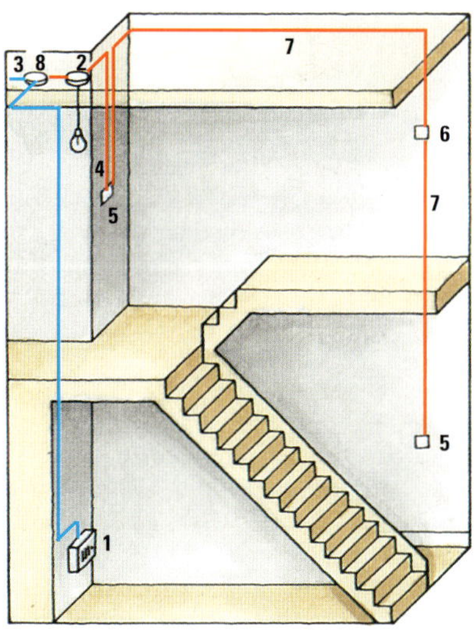

SEE ALSO: Connecting to a junction box 321, Lighting circuits 337, Adding a new switch and light 343, Connecting to a loop-in rose 343, Circuit lengths 356

Adding wall lights

Many wall lights are supplied without integral backplates to enclose the wires and connections. To comply with the Wiring Regulations, such a fitting must be attached to a noncombustible mounting such as a BESA box – a round plastic or metal box that's screwed to the wall in a recess chopped out of the plaster and brickwork.

Alternatively, you can use an architrave-switch mounting box. This is a slim box that leaves plenty of room on each side for the wallplug fixings needed for the light fitting. Both types of mounting box are fixed to the wall the same way as flush-mounted sockets.

The basic circuit and connections

The simplest way to connect wall lights to the lighting circuit is via a junction box. The procedure is to complete the wall-light installation first, then switch off the electricity and connect the new installation with the junction box.

Wire up a one-way switch. All the wall lights in the room will be controlled by this switch – although if you choose lights with integral switches they can be controlled individually, too.

Next, run a 1mm^2 two-core-and-earth cable from the junction box, looping in and out of each wall-light mounting to the last one, where the cable ends.

Prepare the cut ends of the conductors for connection. At each of the lights, slip green-and-yellow sleeving over the earth wires and connect them to the earth terminal on the mounting box **(1)**.

Connect up the red and black wires to a block connector inside each light fitting: the black conductors to the terminal holding the blue wire, and the red ones to the terminal holding the brown wire **(1)**.

The last wall-light mounting will have one end of the cable entering it. Strip and prepare the ends of the wires, then connect them as described above.

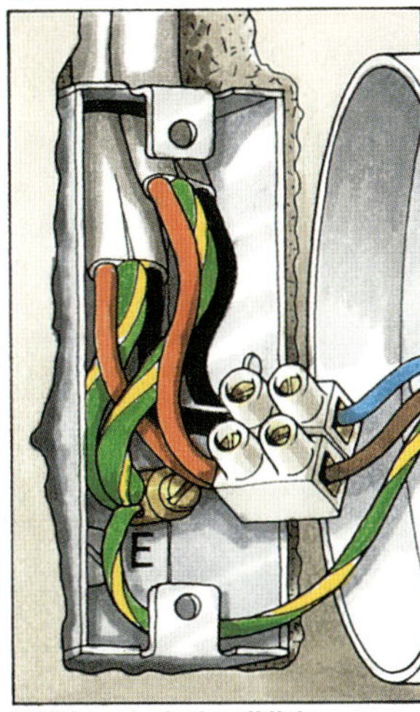

1 Wiring a typical wall light

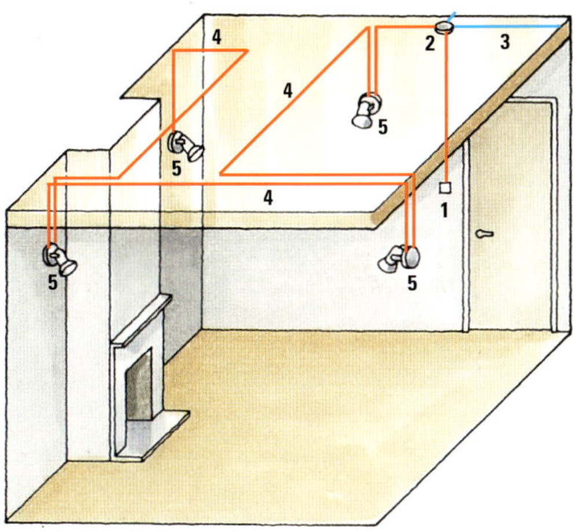

Basic wall-light circuit
The basic circuit and connections are as described above.
1 Switch
2 Junction box
3 Existing lighting circuit
4 Wall-light cable
5 Wall light

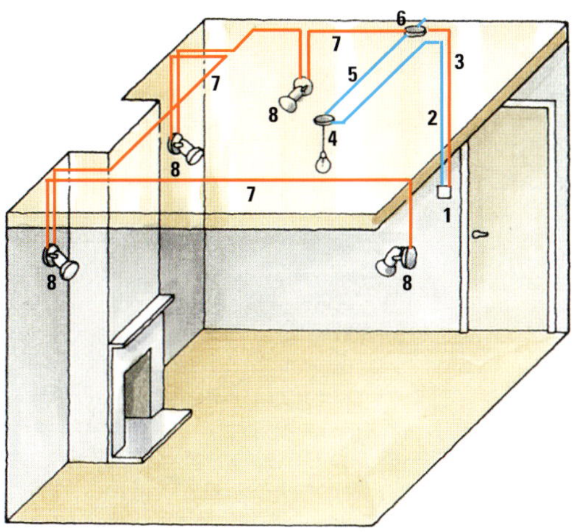

Ceiling light plus wall lights
If you want to retain your ceiling light, you can substitute a two-gang switch for the single one – and wire the present ceiling-light cable to one half of the switch, and the new wall-lighting cable to the other half.
1 Two-gang switch
2 Old switch cable
3 New switch cable
4 Ceiling light
5 Existing lighting circuit
6 Junction box
7 1mm^2 wall-light cable
8 Wall light

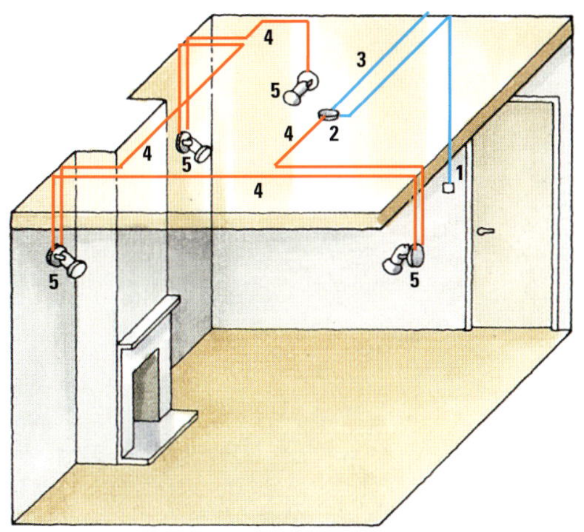

Replacing a ceiling light
You can dispense with a ceiling light in favour of wall lights, using the existing wiring and switch. Switch off the power, then remove the rose and connect up the wiring to a fixed junction box.
1 Existing switch and cable
2 Junction box replaces rose
3 Existing lighting circuit
4 1mm^2 wall-light cable
5 Wall light

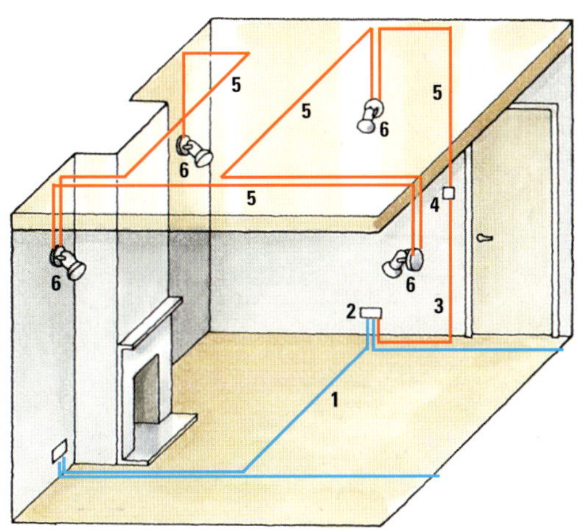

Using a spur
Wall lights can be wired to a ring circuit by means of a spur cable. Run a 2.5mm^2 two-core-and-earth spur from a nearby socket to a switched fused connection unit that has a 3amp fuse.
1 Ring circuit
2 Socket outlet
3 Spur cable
4 Fused connection unit
5 1mm^2 wall-light cable
6 Wall light

SEE ALSO: Switching off 306, Running cable 313–15, Flush mounting 319, Running a spur 321, Fused connection unit 324, Lighting 337, Junction box 338, BESA box 340, One-way switch 342, Two-gang switch 342, Circuit lengths 356

Low-voltage lighting

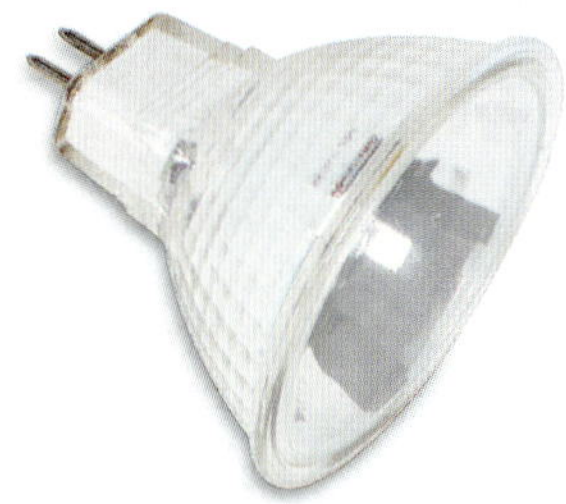

Low-voltage halogen bulbs
The specially designed miniature bulb is the key to what makes low-voltage lighting so attractive. The light source is concentrated into a small filament, which enables accurate focusing of spotlight beams. The integral 'dichroic' reflector allows the heat generated by the filament to escape backward into the fitting, creating a cool but intense white light. Coloured bulbs are also available, for special effects and mood lighting.

Originally, low-voltage halogen light fittings were developed for illuminating commercial premises. Being small and unobtrusive, they blend into any scheme, and the bright intense beams of light that they produce are ideal for display lighting.

The potential for dramatic effects and narrowly focussed task lighting was not lost on home owners, and manufacturers were quick to respond with a range of relatively inexpensive low-voltage fittings. Complete kits are available, which include matched sets of fittings with transformers that reduce mains voltage to 12 volts.

Low-voltage light fittings

Perhaps the most widely used low-voltage light fittings are miniature fixed or adjustable 'eyeball' downlighters, recessed into the ceiling. They can be mounted individually or wired in groups to a transformer, which is also concealed in the space above the ceiling.

Some fittings are made with integral transformers; these include table lamps and small spotlights that can be mounted on the wall or ceiling. Others, such as track lights, combine several individual fittings connected to a single transformer. Unique to low-voltage lighting are fittings connected to exposed plastic-sheathed cables suspended across the ceiling or wall.

Using the chart
Decide how many 20W or 50W bulbs you are going to use (column 1). Their combined wattage (column 2) will help you to determine the appropriate transformer (column 3).

Similarly, decide how many bulbs will be supplied by a single cable (some fittings combine more than one bulb). From that number (in column 1), trace across the chart to find which size of cable is safe for the maximum length you require.

				MAXIMUM CABLE LENGTHS (metres)			
		WATTS	Transformer	1.5mm²	2.5mm²	4mm²	6mm²
Number of 20W bulbs	1	20	20-50W	9.9	16.0	26.2	39.5
	2	40	50W	5.0	8.0	13.1	19.7
	3	60	50 or 60W	3.3	5.3	8.7	13.2
	4	80	105W	2.5	4.0	6.5	9.9
	5	100	105W	2.0	3.2	5.2	7.9
	6	120	150W	1.7	2.7	4.4	6.6
	7	140	150W	1.4	2.3	3.7	5.6
Number of 50W bulbs	1	50	50 or 60W	4.0	6.4	10.5	15.8
	2	100	105W	2.0	3.2	5.2	7.9
	3	150	150 or 200W	1.3	2.1	3.5	5.3
	4	200	200 or 250W	1.0	1.6	2.6	3.9
	5	250	250 or 300W	0.8	1.3	2.1	3.2
	6	300	300	0.7	1.1	1.7	2.6

PLANNING THE CIRCUIT

For low-voltage lighting, you need to connect a cable to the 230V mains supply (see opposite), and run this cable to a junction box from which you can run another cable to a switch. From the same junction box, take a cable to the transformer; and from there run separate cables to each light fitting. The circuit is simple, but it needs to be designed carefully in order to optimize the life of the fittings.

Optimum voltage

Even a small increase in the designed voltage can halve the life of a bulb. If the voltage is too low, light output drops and eventually the bulb blackens. Voltage can be affected in a number of ways, and you need to select your equipment accordingly.

Choose a transformer with an output that closely matches the combined wattage of the bulbs on the circuit. It's important to ensure that the total wattage of these bulbs is greater than 70 per cent of the transformer rating, or the bulbs will burn out relatively quickly. For example a 50W transformer can supply two 20W bulbs or one 50W. A 200W transformer is perfect for four 50W bulbs, but not for six 20W bulbs. For these, you would want a 150W transformer. If you buy a low-voltage kit, you can be sure the transformer is suitable; otherwise, use the chart left to help you choose a transformer that meets your needs.

Even with a perfectly matched transformer, replace a blown bulb as soon as possible to avoid overloading the other bulbs on the circuit.

Using ordinary dimmer switches is not advisable, because they too reduce voltage to an unacceptable level. For this type of control, check that the low-voltage fittings are suitable for dimming, and use only special dimmer switches designed for low-voltage lighting.

Cable length and size

The length of the cable running from transformer to light fitting is another factor to consider. If the cable is too long, the resulting voltage drop could have a detrimental effect. To ensure the bulbs have equal volt drop, install separate cables running to each light fitting and try to make these cables similar in length.

Low-voltage lamps draw a relatively high current compared with mains-voltage ones, so make sure the cable supplying them is large enough to avoid overheating and prevent an unacceptable drop in voltage. Use the chart on the left to help you select the correct size of cable.

SEE ALSO: Cables 312, Dimmer switches 341

Wiring the circuit

The circuit described here includes a separate transformer, supplying two individual lamps of equal wattage.

Making the connections

Having decided on the position of each lamp, place the transformer midway between the two fittings. Screw the transformer to a ceiling joist, half way between the ceiling and any floor-boards above. Clear any insulation from around the transformer.

Plan the best route to the nearest ceiling rose where you can pick up the 230V mains supply **(1)**. If that is not possible, insert a junction box in the lighting circuit and take the power from there.

Screw a four-terminal junction box to a joist close to the transformer. From the box, run 1mm² two-core-and-earth cable to the wall switch and to the ceiling rose (but don't make these connections yet). Make the connections at the junction box as shown **(2)**.

Run the same size cable from the junction box to the transformer – but before you make the connections, cut off both ends of the earth wire flush with the outer sheathing. Connect the live and neutral conductors to the junction box **(2)**. Connect the other end of the cable to the input (230V) terminals of the transformer **(3)**.

Prepare two cables of suitable size for the light fittings, cropping off the earth wires as before. Run both cables to their respective fittings, keeping them separate from any cable carrying mains-voltage electricity. At the transformer, connect each cable to one of the output terminals as described in the manufacturer's instructions **(4)**.

Each light fitting will have a terminal block attached to the back of the lamp by a short length of heat-resistant flex. Connect the red and black wires of the cable to either terminal of the block **(5)**, then clip the cable to a joist to make sure it cannot touch the back of the light fitting, which can become quite hot.

Fit an ordinary wall switch and make the connections **(6)**.

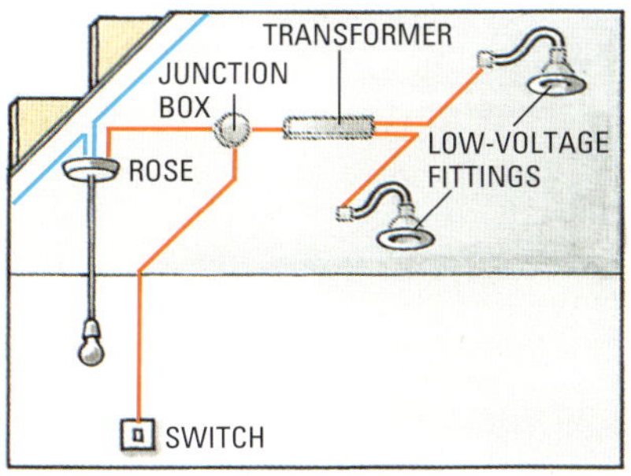

1 Take power from the nearest ceiling rose

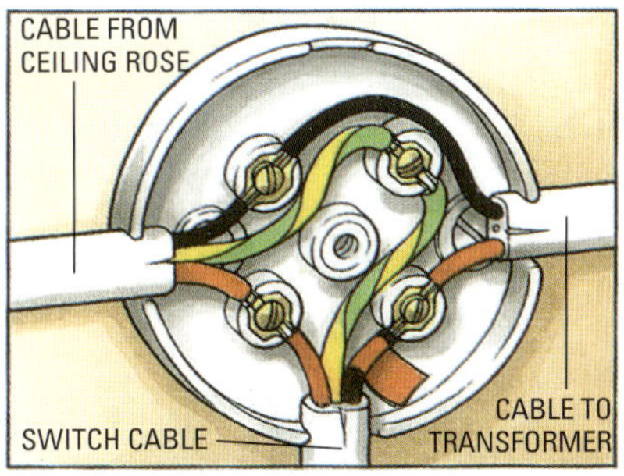

2 Connect the cables to a junction box

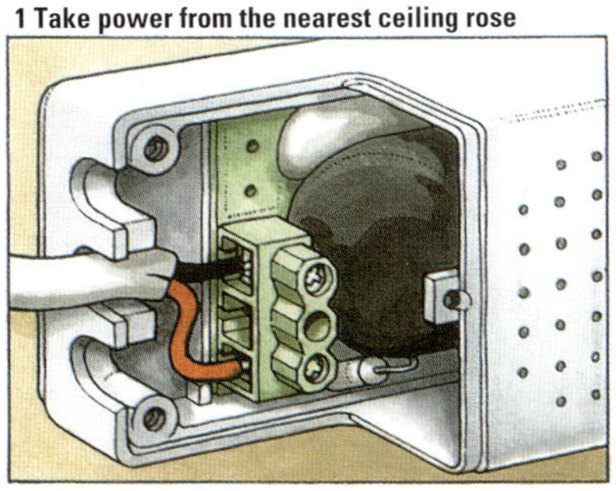
3 Connect the conductors to the input terminals

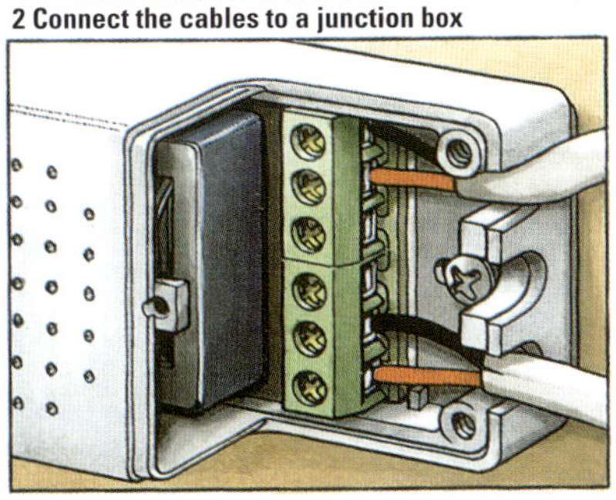
4 Connect live and neutral wires to output terminals

5 Connect the cable to the light fitting

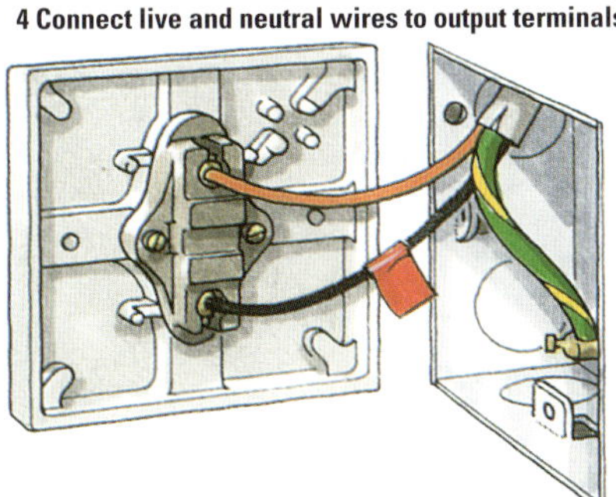
6 Wire the wall switch

MAIN-VOLTAGE HALOGEN

You can buy mains-voltage halogen fittings that are very similar in appearance to the low-voltage versions. Their main advantage is that they don't require a remote transformer to reduce the power to 12V and can therefore be connected to existing wiring, like other mains-voltage fittings. However, the bulbs and fittings are generally more expensive than the low-voltage equivalents.

With some mains-voltage ranges, an electronic transformer is built into the base of each bulb. As a result, the burner within the bulb operates on 12V, just like any other low-voltage fitting. This type of bulb is usually made with an Edison-screw end cap.

Most ranges of mains-voltage fittings accommodate a bulb with two pins that engage a spring-loaded lampholder, similar in principle to the familiar bayonet-cap bulbs. These bulbs contain quartz burners that operate on 230V.

Mains-voltage fittings emit the same sort of bright, sparkling illumination that is normally associated with low-voltage lighting – but make sure you choose mains-voltage bulbs made with dichroic reflectors, rather than the aluminium-coated versions, if you want a lamp with a relatively cool output. At present, only 50W bulbs are available for mains-voltage fittings.

Wiring multiple fittings
Many low-voltage light fittings carry more than one bulb. Remember to combine the wattage of all these bulbs when selecting a transformer. Also, if necessary, increase the cable size according to the power of the bulbs and the distance of the fitting from the transformer (see chart opposite).

Connecting to the mains

Having turned off the power at the consumer unit, connect the live, neutral and earth wires of the circuit-feed cable to the ceiling rose **(7)**.

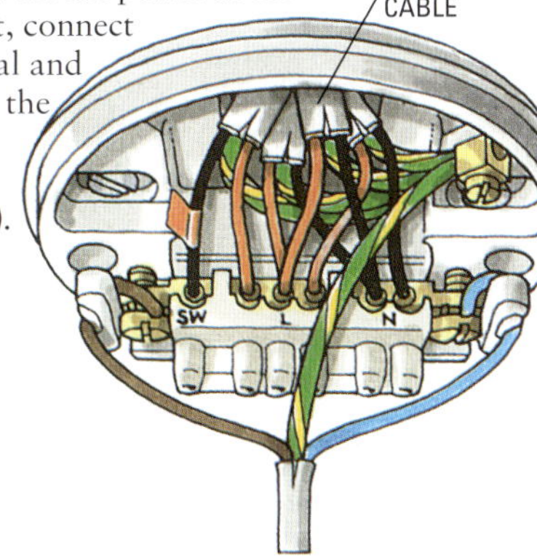

7 Switch off and connect cable to the ceiling rose

SEE ALSO: Switching off 306, Running cable 313–15, Taking power from a junction box 321

Using electricity outdoors

There are good reasons for extending your electrical installation outside the house. First, and most important, it is safer to run electric garden tools from a convenient, properly protected socket than to trail long leads from sockets inside the house – a practice that can lead to serious accidents.

A garage or workshop is also safer, and more efficient, if it is equipped with good lighting and its own circuit from which to run power tools.

Finally, well-arranged spotlights or floodlighting, and waterfalls or fountains powered by electric pumps, add to the charm of a garden or patio and can extend their use in summer by providing a pleasing background for barbecues and outdoor parties.

SAFETY OUTDOORS

The need for absolute safety outdoors cannot be overemphasized. Damp conditions and the fact that users are likely to be in direct contact with the earth can result in fatal accidents if you don't follow the correct procedures.

- Install only light fittings specifically made for outside use.
- Use only cables recommended in the Wiring Regulations, and check their condition regularly.
- Protect all outside installations with residual current devices (RCDs), as they provide an almost instantaneous response to earth-leakage faults.
- Always disconnect the power before servicing electrical equipment and tools. Don't handle pool lighting or pumps unless the power has been switched off.
- Wear thick rubber-soled footwear when using electric garden tools.
- Choose double-insulated power tools for extra protection.

• Cutting through electrical flex
If you accidentally cut the flex that services a power tool, switch off and unplug the tool before you inspect it or touch the severed flex.

Fitting a porch light

A light illuminating the front or back entrance welcomes visitors to your home and helps them to identify the house. It also enables you to view unexpected callers before you open the door.

Fit only a light specifically designed for outdoor use. The fitting should be weatherproof, and the lamp or bulb itself should be held in a moisture-proof rubber gasket or cup that surrounds the electrical connections.

If possible, position the porch light in such a way that the cable to it can be run straight through the wall or ceiling of the porch, directly into the back of the fitting. But if you do have to run ordinary cable along an outside wall, it should be protected by being passed through a length of plastic conduit.

Wiring procedure

A porch light is installed by a procedure very similar to that for adding a new light indoors. Take your power from the nearest ceiling rose – probably in the entrance hall – and run it to a 5amp four-terminal junction box screwed to a board between ceiling joists.

From the junction box, run a 1mm^2 two-core-and-earth cable to a switch mounted near the door, and a similar cable to the light fitting itself. Using a large masonry bit, bore a hole through the wall where you plan to position the light. Cement a short length of plastic conduit into the hole, using a soft rubber grommet to seal each end of the tube. Run the cable through the conduit; wire it into the fitting, following the manufacturer's instructions. Then, with the power switched off, connect the new porch-light cable at the ceiling rose.

Porch-light circuit
1 Loop-in circuit and switch cables
2 Ceiling rose
3 1mm^2 lighting cable
4 Junction box
5 Porch light
6 Switch cable
7 Porch-light switch

INSTALLING A SOCKET FOR GARDEN TOOLS

Many people plug garden tools into the nearest indoor socket – which often results in long extension leads trailing through the house and out into the garden. Any lead that is likely to cause someone to trip is dangerous – and, even more importantly, the Wiring Regulations stipulate that any socket outlet supplying mains power to garden tools or equipment has to be protected by a residual current device (RCD) with a trip rating of 30 milliamps (this also applies to any indoor socket which could reasonably be used to power an outside appliance). The RCD will switch off the power as soon as it detects a fault, long before anyone using the equipment can receive a fatal electric shock.

Outdoors or indoors?

Sockets can be mounted outside, provided they are protected from the weather, although the special procedures involved are best left to a qualified electrician. But you can install a socket in a weatherproof workshop, garage, lobby or conservatory that's part of the house by running a spur from a ring circuit. Mount the socket high enough to prevent it being struck by a wheelbarrow or hidden by garden tools.

Providing RCD protection

You can provide RCD protection in several ways. Perhaps the best method is to have a consumer unit with its own built-in residual current device, or fit a separate RCD near the consumer unit so that it protects the whole ring circuit, including a spur for garden equipment.

Alternatively, install a socket that incorporates an RCD **(1)**. RCDs fitted in adaptors **(2)** or plugs provide some protection, but they do not satisfy the requirement in the Wiring Regulations for the socket itself to be protected.

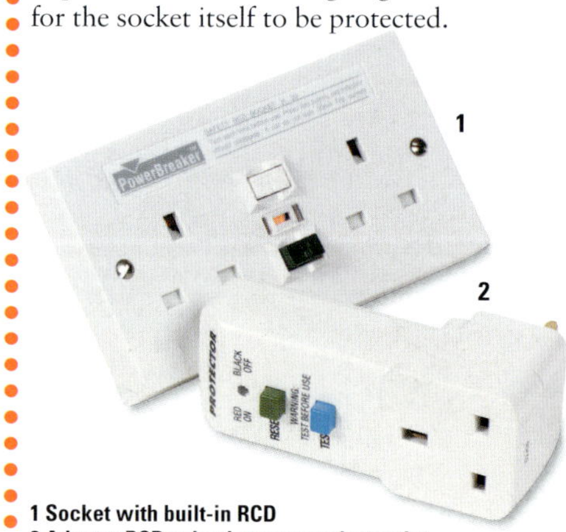

1 Socket with built-in RCD
2 Adaptor RCDs plug into any socket outlet

SEE ALSO: Wiring Regulations 298, Switching off 306, RCDs 307, Running cable 313–15, Running a spur 321, Lighting circuits 337, Junction box 338, One-way switch 342, Adding a new light 343, Connecting to a loop-in rose 343, Circuit lengths 356

Security lighting

Any form of exterior lighting that illuminates the approaches to your house and garage allows you to move about your home with greater convenience and safety – and if it's controlled automatically, it saves you having to fumble with your door keys in the dark. However, probably higher on most people's list of priorities is the added security afforded by installing a system that will detect the presence of intruders and draw attention to their activities.

Dusk-to-dawn lighting

You cannot feel completely secure if you have to remember to switch on exterior lighting every evening. The simplest solution is therefore to install exterior light fittings that are controlled automatically by the ambient light level. Known as dusk-to-dawn lights, these fittings create permanently illuminated areas during the hours of darkness. A photocell detects a change in the level of daylight, switching the lamp on at the approach of darkness and off again early in the morning.

For larger properties, it may be more economical to install a single photocell that controls a number of ordinary exterior light fittings.

The circuit

From a junction box installed in your domestic lighting circuit **(1)**, run a 1mm^2 two-core-and-earth cable to the light fitting **(2)** and another cable of the same size from the junction box to an ordinary wall switch **(3)**. If you want to install more than one light fitting, run the cable from the junction box to each light in turn, using the single switch to control all of them.

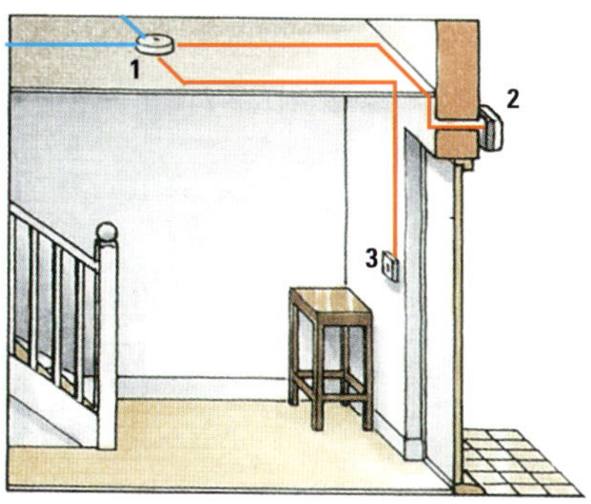

Wiring dusk-to-dawn security lighting
1 Junction box inserted in existing lighting circuit.
2 Light fitting with built-in photocell.
3 Wall switch.

Mounting the light fitting

Follow the manufacturer's fitting instructions, and make sure the light fitting is mounted high enough to prevent unauthorized interference. Drill the cable-access hole through the wall, and line it with a short length of plastic conduit (see opposite). At the same time, bore holes for wallplugs to take the fixing screws provided.

Pass a length of cable through the hole in the wall and into the back of the fitting. Screw the fitting to the wall.

Inside the fitting, cut the separate conductors to length, leaving enough slack to reach their separate terminals. Connect the black conductor to the neutral terminal and the red one to the live terminal – these may have internal wiring already connected to them **(1)**. Fit green-and-yellow sleeving over the bare earth conductor and connect it to the earth terminal. If required, connect the internal wires running from the photocell; then fit the bulb or tube in the fitting and replace its cover.

Run the cable from the light fitting along the most convenient route back to where you are going to connect up to the lighting circuit – but do not cut the lighting cable at this stage.

1 Wiring the light fitting

Mounting the light switch

Screw a plastic or metal mounting box to the wall for the switch, and cut a chase in the plaster for the cable. Run the cable into the mounting box, and connect the black and red conductors to the terminals of a simple one-way switch **(2)**. Sleeve the earth conductor and connect it to the earth terminal in the mounting box. Screw the faceplate to the mounting box, then take the cable to the point in the lighting circuit where you plan to install the junction box.

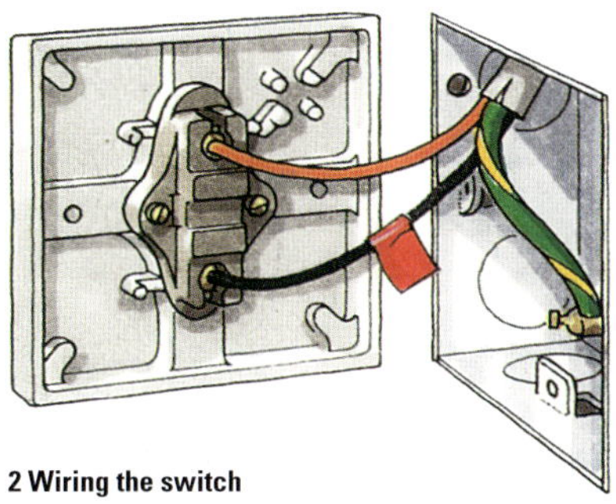

2 Wiring the switch

Connecting to the lighting circuit

Having first switched off the power at the consumer unit and removed the lighting-circuit fuse or MCB, cut the lighting cable in order to install a four-terminal junction box. Screw the box securely to a joist. The terminals are normally unmarked, so you will need to designate them as live, neutral, earth and switch.

Prepare the cut ends of the lighting-circuit cable and connect the live, neutral and earth conductors to their respective terminals **(3)**.

Prepare the end of the cable running from the light fitting and connect its red conductor to the switch terminal **(3)**. Connect its black conductor to the neutral terminal, and its sheathed earth conductor to the earth terminal.

Prepare the end of the cable running from the switch and then connect its red conductor to the live terminal, the sleeved earth conductor to the earth terminal, and its black conductor to the switch terminal **(3)**. Identify this last conductor by wrapping a piece of red tape round it. Make sure that all the connections are secure, and then refit the cover of the junction box.

Finally, put the lighting-circuit fuse back in the consumer unit and switch the power supply on again.

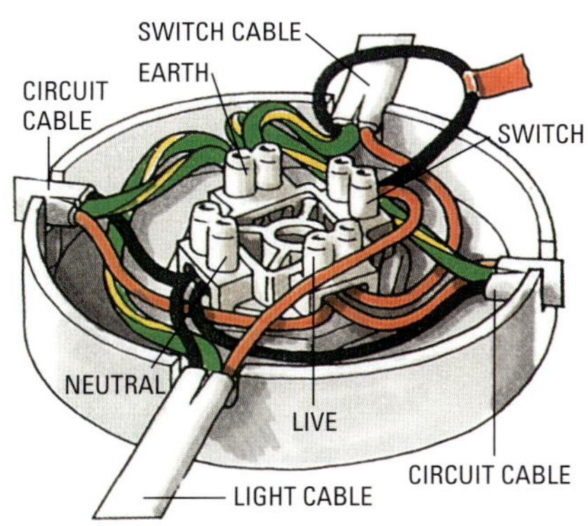

3 Wiring the junction box

● **Adjusting security lighting**
On some dusk-to-dawn light fittings, a screw is provided for adjusting the sensitivity of the photocell. Wait till it is getting dark; then, with the wall switch in the 'on' position, gradually turn the adjustment screw until the light comes on. The photocell will continue to operate your security lighting, provided the wall switch is left on permanently.

SEE ALSO: Switching off 306, Running cable 313–15, Lighting circuits 337, Circuit lengths 356

Passive infra-red lighting

Exterior lighting connected to a passive infra-red detector illuminates only when the sensor picks up the body heat of someone within range. Because the detector is also fitted with a photocell, the lighting only operates at night.

A passive infra-red system has two advantages over simple dusk-to-dawn lighting. A porch light, for example, switches on only as you or visitors approach the entrance, then switches off again after a set period. Consequently, you are not wasting electricity by burning a lamp continuously all night. Secondly, remote passive infra-red detectors can be positioned to detect movement of an intruder almost anywhere around your home and will switch on all your security lights or only those you think necessary. The effect is likely to startle intruders and hopefully deter them from approaching any further.

Light fittings and sensors

Because infra-red detectors are designed to be mounted about 2.5m (8ft) above ground level, light fittings made with integral detectors tend to be for porch lighting and most of them are styled accordingly. However, since the lighting needs to be operated for periods of no more than a few minutes at a time, remote infra-red detectors are often used to control powerful halogen floodlights. Floodlights are also available with built-in detectors, which simplifies the wiring.

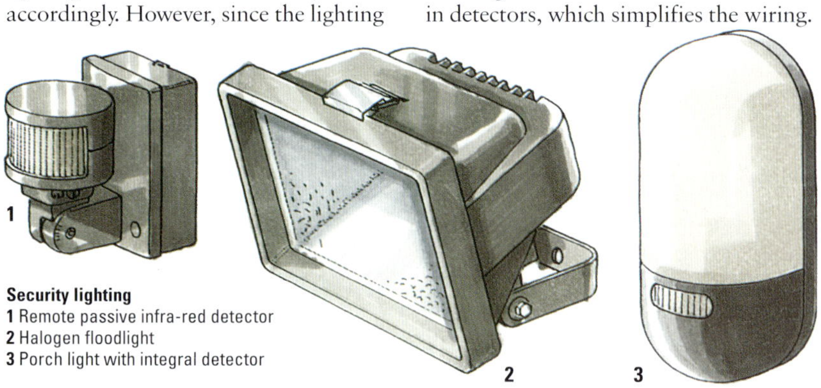

Security lighting
1 Remote passive infra-red detector
2 Halogen floodlight
3 Porch light with integral detector

Positioning detectors

Unless you position detectors carefully, your security lighting will be activated unnecessarily. This can be a nuisance to neighbours and, as with any security device that's constantly giving false alarms, you will soon begin to mistrust it and ignore its warnings.

Infra-red detectors have sensitivity controls so that they won't be activated by moving foliage or the presence of small animals. However, if your house is close to a footpath, you will need to adjust the angle of the detector so that the lights don't switch on every time a pedestrian passes by.

When fitting a remote detector, make sure it isn't aimed directly at a floodlight that it is controlling – or its photocell will try to switch off the light as soon as it illuminates, and the likely result will be a light that simply flickers and never fully illuminates the scene.

It is also important not to position an infra-red detector above a balanced flue from a boiler or any other source of heat that could activate the sensor.

The circuit

It is usually possible to wire infra-red security lighting in exactly the same way as dusk-to-dawn lighting. However, as some detectors are capable of controlling several powerful floodlights, you may not be able to run them from the domestic lighting circuit. In which case, you will need to run a $2.5mm^2$ two-core-and-earth spur from a power circuit and control the lighting with a switched fused connection unit. Use a 3amp fuse in the connection unit for a combined rating of up to 690W; a 13amp fuse for anything greater.

Wiring a remote sensor

Unless the manufacturer's instructions suggest an alternative method, wire an individual light fitting with an integral infra-red detector in the same manner as a dusk-to-dawn fitting.

To wire a remote sensor controlling light fittings mounted elsewhere, take the incoming cable from the junction box or fused connection unit into the back of the fitting and connect its red and black conductors to the 'Mains' terminals **(1)**. Run a second cable of the same size from the 'Load' terminals **(1)** back through the wall and on to the first light fitting. Sleeve both bare copper earth conductors and connect them to the earth terminal **(1)**.

Wire the first light fitting using the method described for a dusk-to-dawn fitting, then connect another cable to the same terminals and run it on to the second light fitting, and so on.

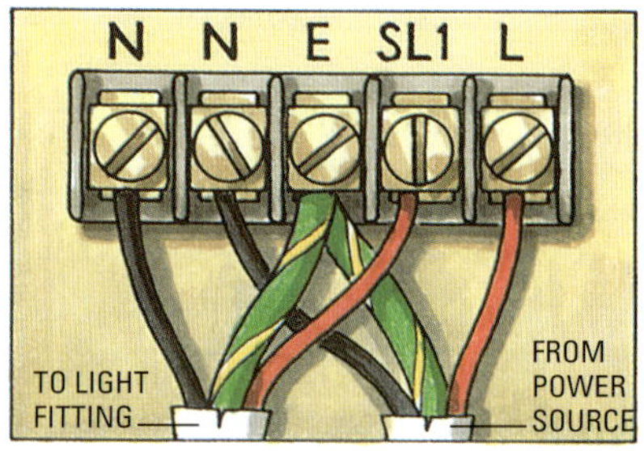

1 Wiring a remote sensor

Adjusting detectors

Having made all the connections, you need to set the infra-red detector's adjustment knobs or screws. One of them is for setting the photocell so that the system only operates during the hours of darkness. A second control dictates the period of time that the lights will remain on – three or four minutes should be sufficient to make any intruder feel conspicuous. Some sensors are fitted with a sensitivity control to avoid 'nuisance' operation.

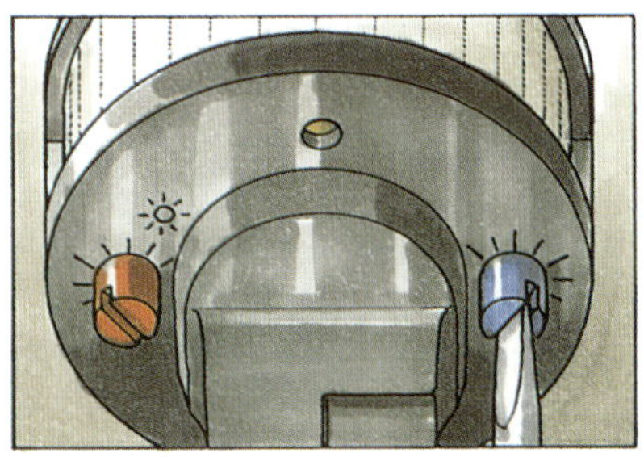

The final operation is to set the sensor's controls

SEE ALSO: **Switching off 306, Running cable 313–15, Running a spur 321, Fused connection units 324, Lighting circuits 337, Dusk-to-dawn lighting 349, Circuit lengths 356**

Closed-circuit television

Surveillance by closed-circuit television acts as a deterrent to would-be intruders; and if you choose to record the output from your cameras, in the event of a burglary it may help the police to apprehend the perpetrator and recover your stolen property.

There are numerous CCTV systems at your disposal, including highly sophisticated equipment primarily designed for protecting commercial premises. However, if you want to install a system yourself, it may be best to choose one of the relatively inexpensive but effective DIY kits produced for the purpose. This type of kit includes all the accessories and materials you need, including a choice of black-and-white or colour cameras.

DIY kits

Not every CCTV kit contains the same equipment, but illustrated below is a selection of accessories sold for DIY installation. Light fittings are rarely, if ever, included in these kits, but since a great many attempted burglaries occur after dark, it's hardly worth the expense of installing CCTV unless you are prepared to buy and install compatible security lighting. A monitor is not required, as DIY kits are designed to be connected to ordinary television sets and video-cassette recorders.

Cameras
Up to four cameras can be connected to the average CCTV system. Black-and-white cameras are the least expensive and tend to give a sharper image in low light levels. Most cameras incorporate a microphone, and some have built in PIR (passive infra-red) movement detectors.

Power-supply unit
CCTV power-supply units have built-in 13amp plugs. There are heater elements in the cameras to prevent condensation, so they have to be connected to the electrical supply permanently. Power consumption, however, is negligible.

Distribution box
This compact unit sends the signals from the camera to your television set. You can make the connection using phono plugs, but a Scart connector is preferable.

Switcher unit
You will only need a switcher unit if you have more than one camera. Connected to the distribution box, it has a socket for each camera input.

VCR controller
This device switches on your VCR when a camera detects movement in the vicinity of your house.

Audible warning
A buzzer will alert you when a camera picks up a possible intruder, even when your TV set is switched off. The unit, which also includes a small flashing light, plugs into the distribution box.

Cable
Special colour-coded multi-core cable transmits the signals from the camera to your TV set. It is supplied in standard lengths, and extension cables are available.

Camera and cable

Power-supply unit

Scart connector

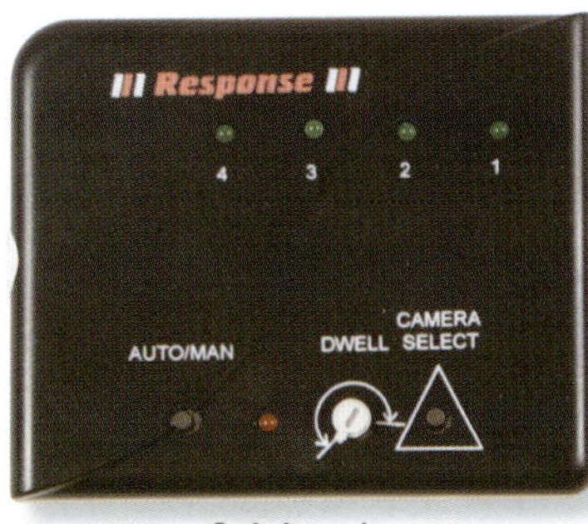

Switcher unit

Distribution box

VCR controller

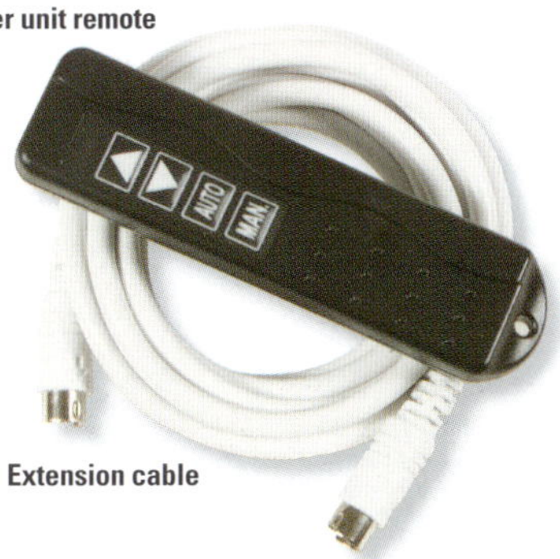

Switcher unit remote control

Extension cable

Light and buzzer

SEE ALSO: Security lighting 349–50, Installing CCTV 352

Installing CCTV

Before you go to the trouble of making a permanent installation, connect all the components together to ensure that everything works and that they transmit a clear image to your television set.

Positioning cameras

Try to cover the most likely approaches to your home. Adjust each camera so that it is aimed at a slight angle to the route an intruder might take. It will then record him from several different angles as he passes by. This may help the police identify a known burglar.

Place your CCTV cameras out of reach, somewhere between 2.5 and 3m (8 and 10ft) from the ground. Point each camera down at an angle – never directly into the sun or towards a light fitting. If you have PIR detectors fitted to the cameras, make sure they are adjusted to avoid false alarms being triggered by passing cats, foxes and moving branches.

If you're in doubt about the suitability of a particular location, it may make sense to rig up a temporary connection and test the camera before you install permanent wiring.

Security lighting
To use cameras effectively after dark, install good porch lighting or, better still, floodlights fitted with PIR detectors. Since some cameras are particularly sensitive to infra-red, it pays to choose fittings that take halogen or tungsten bulbs rather than fluorescents.

Try to achieve even illumination – it is difficult for a security camera to cope with strong contrasts between, say, a dark carport and a well-lit pathway.

Running and connecting cable

Run the cable supplied with the kit from the camera to the television set, keeping as much of the wiring indoors as possible. Clip the cable to a sound surface at 1m (3ft) intervals, making sure it does not run alongside mains power cables.

To make it more difficult for anyone to tamper with the connections, feed the cable through a hole drilled directly behind the camera's housing.

It is inadvisable to coil up excess cable. Instead, cut it to length and feed the cut end though the grommet or seal in the camera mounting; then prepare and connect the colour-coded wires to the camera terminal box, following the manufacturer's instructions.

Installing the distribution box

Install the distribution box behind your television set. Plug the Scart connector into the back of the set, and the DIN connector on the camera cable into the distribution box. Then connect the power-supply unit to the distribution box and plug it into a convenient 13amp socket.

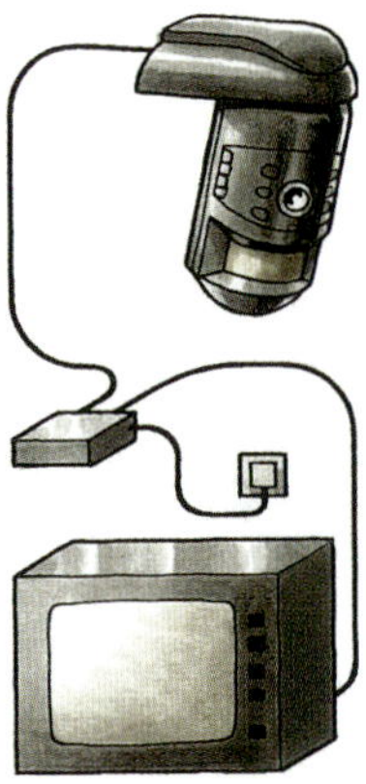

Single camera
The simplest CCTV installation consists of a single camera, a distribution box and a television set.

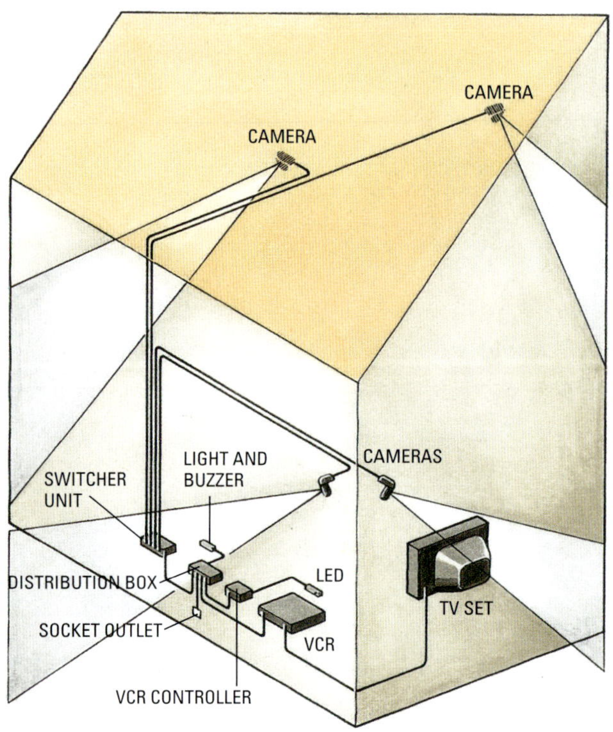

Recording the signals
With a more complex installation, you can have several cameras connected to a VCR so that you can make a taped record of would-be intruders.

If you want to tape the pictures transmitted from your cameras, plug the Scart connector into a video recorder instead of the TV set. Switch the TV to the video channel, and the VCR to the AUX (auxiliary) channel.This will give you the option to keep a record of anyone who approaches your house, even when you are not at home.

Switching channels

Provided that you leave your TV set switched to the video channel, your TV viewing will be interrupted to show you the scene outside as soon as a camera detects an intruder. You will still be able to switch from one TV channel to another, using the standard VCR remote controller.

Recording the scene

If you want the VCR to start recording whenever the camera's PIR detects movement, fit a special VCR controller to the distribution box and point its infra-red output at the port used by your standard VCR remote controller.

If you prefer, you can fit a small unobtrusive extension LED (light-emitting diode) to the controller, so that you can hide the main unit out of sight.

You can preset how long you want the VCR to continue recording before it automatically switches off.

Using a second VCR

With your VCR switched to the AUX channel, you won't be able to view a prerecorded tape – so you may want to buy a cheap second-hand VCR that you can use solely for surveillance. You could install this VCR somewhere out of sight, so that a burglar is less likely to spot it and destroy the evidence.

Linking to several TV sets

You can use all the television sets in your home as surveillance monitors, but to do this the signals have to be transmitted via the TV aerial. For multi-set monitoring, you need to connect the distribution box to a device known as a modulator. Connect the TV aerial to the modulator, and the modulator to your existing aerial splitter socket.

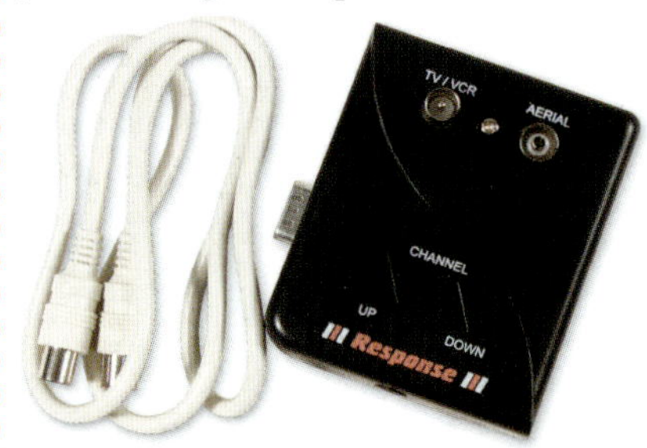

A modulator allows you to monitor several TV sets

SEE ALSO: Wiring TV-aerial sockets 333, Security lighting 349–50

Garden lighting and pumps

Just a few outdoor lights can transform a garden dramatically. Spotlights or floodlighting can be used to emphasize particularly attractive features, at the same time providing functional lighting for pathways and steps, while strings of light bulbs threaded through foliage afford attractive background illumination.

Some of the most impressive effects are produced with underwater lights, which can be used to make small pools or fountains the focal points of a garden.

Extra-low-voltage lighting

Some types of garden light fitting can be powered directly from mains electricity, though they need to be installed by a professional electrician. However, you can install light fittings, or a complete lighting kit, yourself if they connect up to an extra-low-voltage transformer.

Position the transformer indoors near to a 13amp socket outlet, in a garage or workshop, and connect it to the socket by an ordinary square-pin plug. The flex – which is normally supplied with the light fitting – is connected to the two 12V outlet terminals on the transformer. Carry out the connections to the lights in accordance with the manufacturer's instructions.

Unless the maker states otherwise, extra-low-voltage flex supplying garden lights can be run along the ground without further protection – but inspect it regularly and don't let it trail over stone steps or other sharp edges likely to damage the PVC insulation if someone steps on it. If you have to add extra flex, use a waterproof connector.

Pool lighting

Pool lights are normally submerged so as to have at least 18mm (¾in) of water above the lens. Some are designed to float unless they're held down below the surface by smooth stones, carefully placed on the flex.

Submerged lights get covered by the particles of debris that float in all ponds. To clean the lenses without removing the lights from the water, simply direct a gentle hose over them.

You will find that occasionally you have to remove a light and wash the lens thoroughly in warm soapy water. Always disconnect the power supply before you handle the lights or take them out of the pond.

Run the flex for pool lighting under the edging stones via a drain made from corrugated plastic sheeting. The entire length of the flex can be protected from adverse weather by being run through a length of ordinary garden hose. Take the safest route to the power supply, anchoring the flex gently in convenient spots – but don't cover it with grass or soil in a place where someone might inadvertently cut through the flex with a spade or fork. Join lengths of low-voltage cable with waterproof connectors.

Pumps

Electric pumps can be used in garden pools to create fountains and waterfalls. A combination unit will send an adjustable jet of water up into the air and at the same time pump water through a plastic tube to the top of a rockery to trickle back into the pool.

Some pumps run directly from the mains supply. To fit these, follow the manufacturer's instructions and consult an electrician. But there are also extra-low-voltage pumps that connect to a transformer shielded from the weather (see left). So you can disconnect the pump without disturbing the extra-low-voltage wiring to the transformer, join two lengths of cable with a waterproof connector. Conceal the connector under a stone or gravel beside the pool.

Most manufacturers recommend you take a pump from the water at the end of each season and clean it thoroughly, then return it to the water immediately. To avoid corrosion, don't leave it out of the water for very long without cleaning and drying it. Never service a pump without first disconnecting it from the power supply. During the winter, run the pump for at least an hour every week, to keep it in good working order.

● **'Extra-low-voltage'** Strictly speaking, this is the correct term to describe equipment that runs on 50V or less. However, manufacturers and suppliers often use the term low-voltage to describe equipment of this kind.

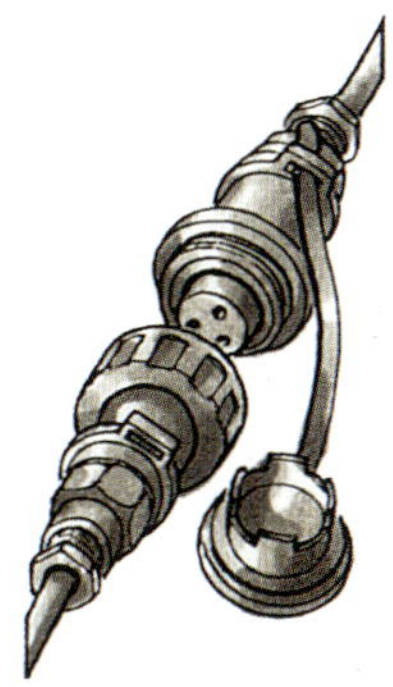

Waterproof cable connector
You can obtain suitable cable connectors from pump and lighting suppliers.

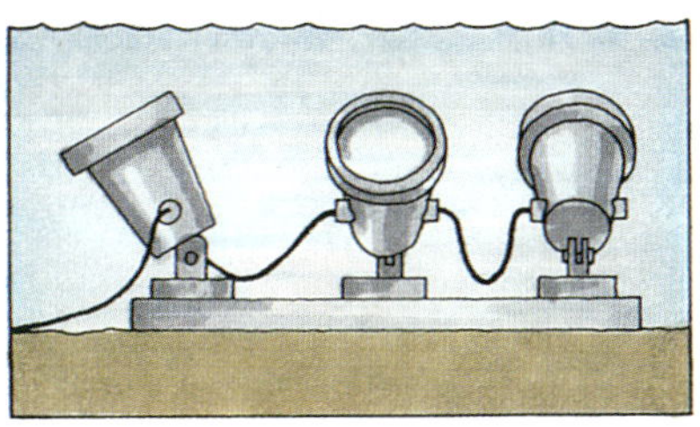

Stand underwater floodlights on a flat stone

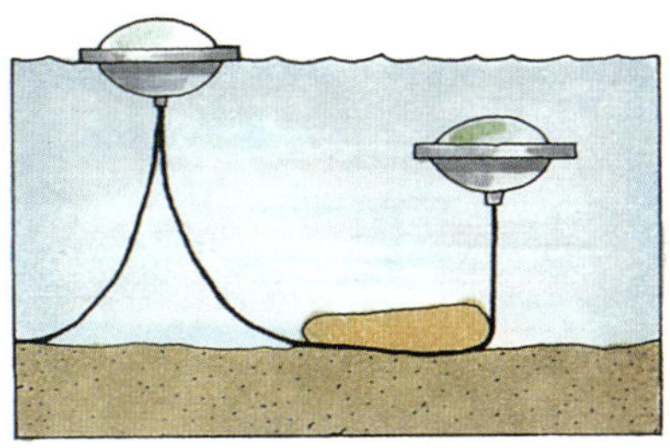

To submerge a light, place a stone on the cable

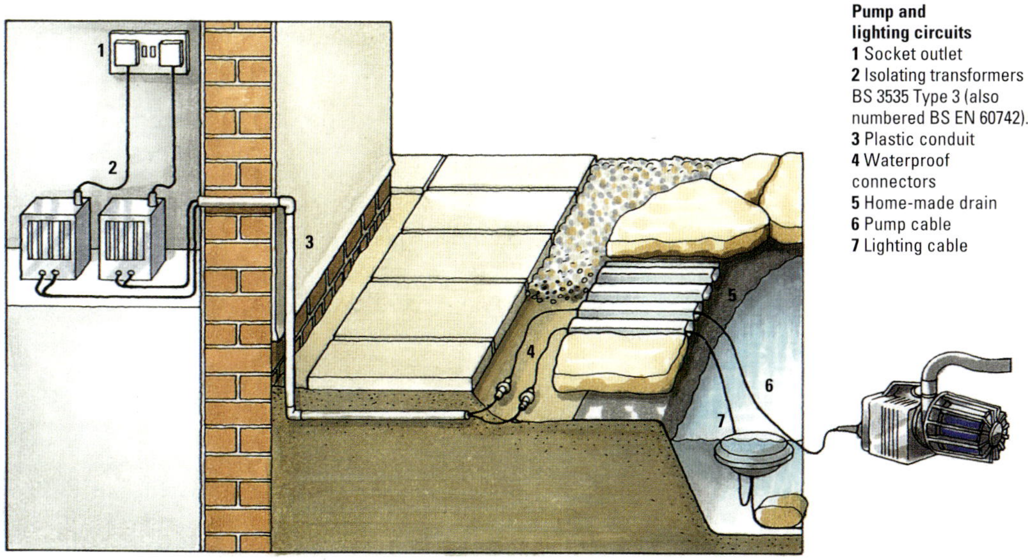

Pump and lighting circuits
1 Socket outlet
2 Isolating transformers BS 3535 Type 3 (also numbered BS EN 60742).
3 Plastic conduit
4 Waterproof connectors
5 Home-made drain
6 Pump cable
7 Lighting cable

Running power to outbuildings

The power supply to a separate workshop, garage or tool shed can't be tapped from other domestic circuits. The cable has to run either from a switchfuse unit or from its own fuseway in the consumer unit and pass safely underground or overhead to the outside location – where it must be wired into a switchfuse unit from which the various circuits in the outbuilding can be distributed as required.

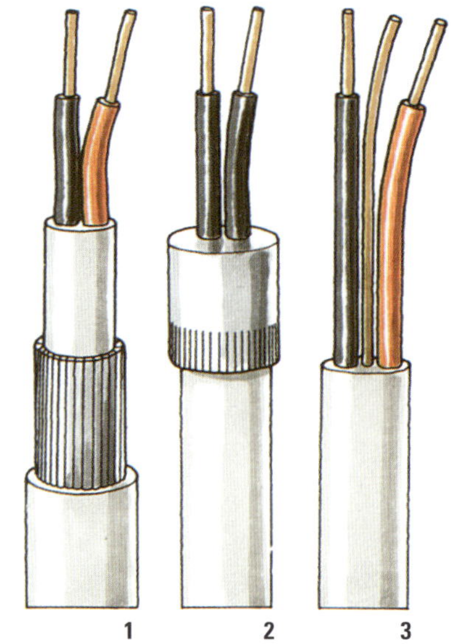

Outdoor cables
1 Armoured cable
2 Mineral-insulated copper-sheathed cable
3 PVC-insulated-and-sheathed cable

Types of cable permitted outdoors

Three types of cable can be used outside. The type you choose will depend on how you wish to run the cable.

Armoured cable

Although insulated in the ordinary way, in addition this two-core or three-core cable is protected by steel-wire armour that is insulated with an outer sheath of PVC. With two-core cable, the metal armour provides the path to earth, but as some authorities insist on two-core-and-earth cable, check what is required before you buy your cable.

Armoured cable is expensive and has to be terminated at a special junction box at each end of its run, where it can be connected to ordinary PVC-insulated cable. It is fitted with threaded glands for attaching it to the junction boxes. When buried in the ground, this type of cable must be covered with cable covers or warning tape.

Mineral-insulated copper-sheathed cable

The bare copper conductors of mineral-insulated copper-sheathed (MICS) cable are tightly packed in magnesium-oxide powder within a copper sheathing. The copper sheathing can act as the earth conductor, and is itself sheathed in PVC insulation. Because the mineral powder absorbs moisture, special seals must be fitted at the ends of the cable.

Like armoured cable, MICS cable is expensive and has to be terminated at special junction boxes so that cheaper cable can be used in the outbuilding itself. It must also be protected with cable covers or warning tape when it is buried below ground.

PVC-insulated-and-sheathed cable

Ordinary PVC-insulated two-core-and-earth cable can be run underground to an outbuilding – but only if it is protected with impact-resistant heavy-gauge conduit and paving slabs that will, together, provide at least the same degree of mechanical protection as armoured cable.

If the conduit has to go round corners, elbow joints can be cemented onto the ends of straight sections. The cable itself should be continuous.

PVC-insulated cable can also be run overhead quite safely – but only under certain specified conditions (see below).

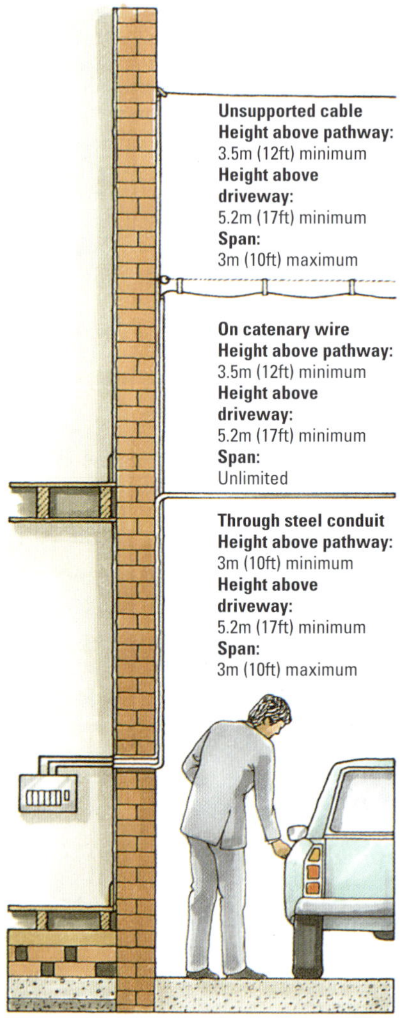

Running cable overhead

Ways of running outdoor cable

Protecting underground cable
Support paving slabs on bricks to protect a cable or conduit at the bottom of a trench. Lay marking tape on top of the slabs. Lay another strip of tape just below ground level to warn anyone who may be digging in this area in the future.

Underground

Running cable underground is usually the best way of supplying electricity to an outbuilding.

You should bury the cable in a trench at least 500mm (1ft 8in) deep, or deeper still if the cable has to pass underneath a vegetable plot or flowerbed, or other areas where digging is likely to go on.

It's best to plan your cable run so as to avoid such areas wherever possible. But you can provide extra protection for the cable by laying housebricks along both sides of it, supporting a covering made from pieces of paving slab. You should also bury special black-and-yellow-striped tape to serve as a warning to anyone who happens to uncover the slabs at a later date.

Line the bottom of the trench with finely sifted soil or sand, lay the cable or conduit, and then carefully fill in.

Overhead

Ordinary PVC-insulated cable can be run from house to outbuilding provided that it is at least 3.5m (12ft) above the ground or 5.2m (17ft) above a driveway that's accessible to vehicles. The cable may not be used unsupported over a distance of more than 3m (10ft), though the same distance can be spanned by running the cable through a continuous length of rigid steel conduit suspended at a height of at least 3m (10ft) above the ground or 5.2m (17ft) above a driveway. The conduit itself must be earthed.

Over greater distances, the cable must be supported by a metal catenary wire stretched taut between the house and outbuilding. The supporting wire must be earthed. The cable is either clipped to it or hung from slings. PVC-insulated cable can also be run through conduit mounted on a wall.

SEE ALSO: PVC-insulated cable 312

Running the circuit

A variety of equipment and cables can be used to run a circuit to an outbuilding. The method described here uses normal PVC-insulated cable and a switchfuse unit at each end of the circuit – but the cable can run from a spare fuseway in the consumer unit if one is available.

It's assumed here that both sockets and lighting are required in the outbuilding, so the lighting circuit is taken from the power cable via a junction box and an unswitched fused connection unit. Run the cable underground in impact-resistant heavy-gauge plastic conduit protected by paving slabs, ensuring that it enters both buildings above the DPC and, if possible, beneath the floorboards.

House end of the circuit

Mount a 30amp switchfuse unit near the meter and then fit a 30amp circuit fuse. Install a residual current device between the unit and the meter.

Next, run $10mm^2$ two-core-and-earth cable from the 'Load' terminals of the RCD to the 'Mains' terminals of the switchfuse unit. Connect the outgoing $4mm^2$ cable to the 'Load' terminals **(1)** of the switchfuse unit.

Prepare one red and one black $16mm^2$ PVC-sheathed-and-insulated cable for the meter leads and attach them to the 'Mains' terminals of the RCD.

Wire a $16mm^2$ earth lead to the RCD **(1)** in readiness for connection to the consumer's earth terminal. But don't try to make the connections to the meter or the electricity company's earth yourself – these must be made by the company.

Outbuilding end of circuit

Run a $4mm^2$ two-core-and-earth cable through conduit from the house to the outbuilding, terminating at a 30amp switchfuse unit mounted on the wall.

Connect up the incoming cable to the supply or 'Mains' terminals of the switchfuse unit and the outgoing $4mm^2$ cable to its 'Load' terminals **(2)**, then run this cable to the outbuilding's sockets.

Insert a 30amp junction box at some point along the power cable **(3)**, and run a $4mm^2$ spur from it to an unswitched fused connection unit fitted with a 3amp fuse. Then run a $1mm^2$ two-core-and-earth cable from the connection unit to the light fitting and switch.

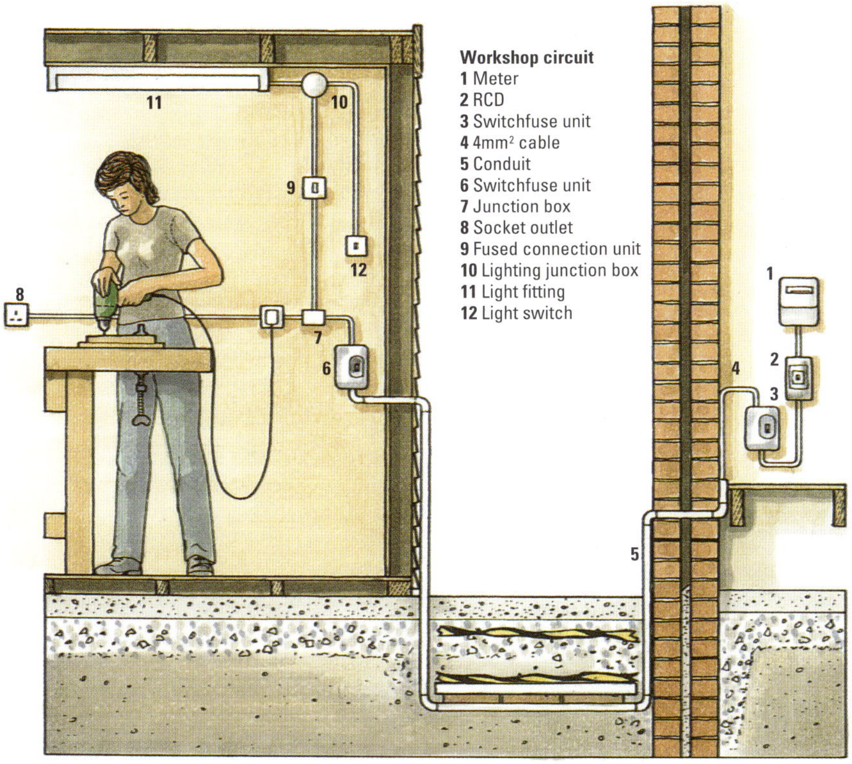

Workshop circuit
1 Meter
2 RCD
3 Switchfuse unit
4 $4mm^2$ cable
5 Conduit
6 Switchfuse unit
7 Junction box
8 Socket outlet
9 Fused connection unit
10 Lighting junction box
11 Light fitting
12 Light switch

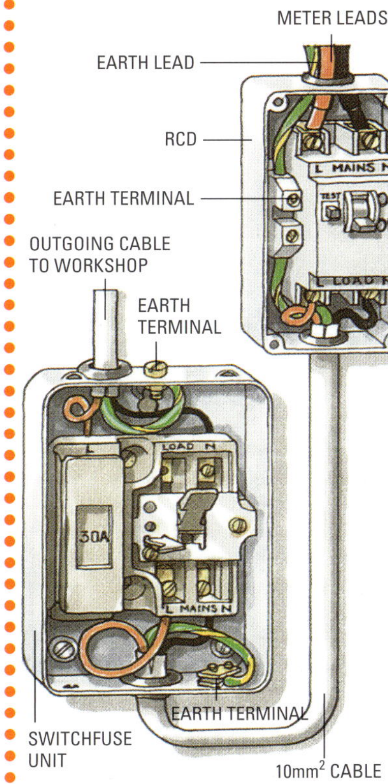

1 Wiring switchfuse unit and RCD

● Meter leads and earth lead
If $16mm^2$ cable is too thick for the terminals in the RCD, use $10mm^2$ cable – but keep the leads as short as possible.

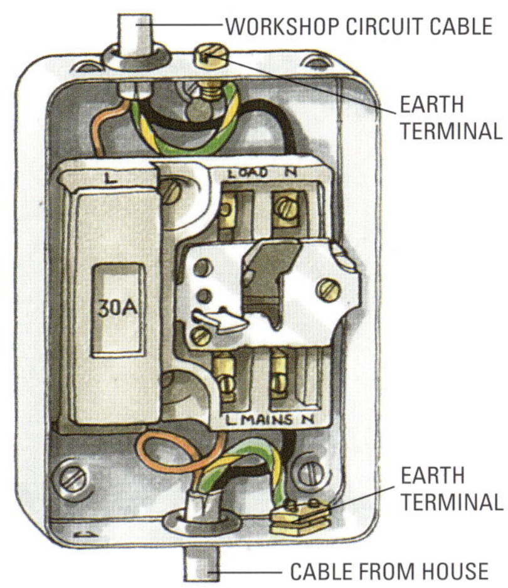

2 Wiring workshop switchfuse unit

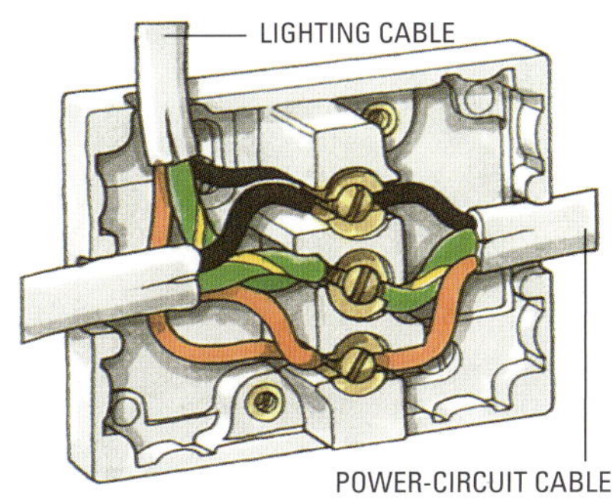

3 Wiring junction box on power circuit

SEE ALSO: Running cable 313–15, Connecting sockets 320, Fused connection units 324, Lighting circuits 337, Lighting junction box 338, One-way switch 342

Complete wiring

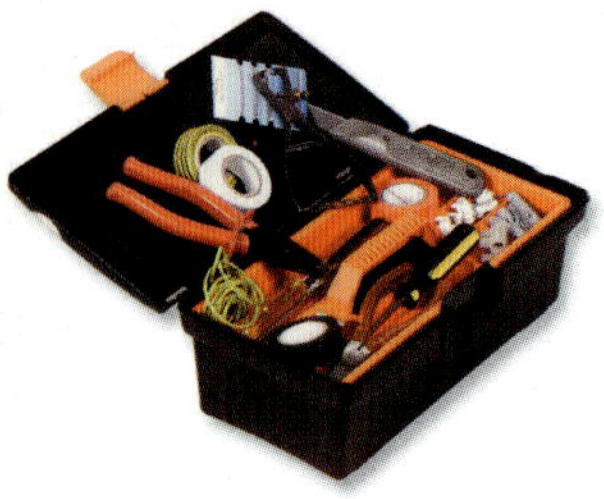

Planning ahead

Before deciding to take on the complete rewiring of your house yourself, you need to consider the time factor carefully. When you are working on a single circuit, the rest of the household can function normally, but to renew all the circuits means that every part of your home will, eventually, be affected.

A full-time professional can cope with all this in such a way that the level of inconvenience is kept to a minimum. But an amateur will almost certainly have to think in terms of a time span lasting several weeks – especially since it is very important not to work hastily on such installations. Hurried work can lead to dangerous mistakes!

So unless you are very experienced and are able to make the installation a full-time commitment for at least a week or two, you would be well advised to employ a fully qualified electrician to undertake this time-consuming job.

He or she may perhaps allow you to work alongside – which could mean a considerable saving on the cost if you are able to carry out some of the jobs that have nothing to do with electricity, such as running cable under floors and channelling out plaster and brickwork.

Circuits: maximum lengths

The maximum length of a circuit is limited by the permitted voltage drop and the time it takes to operate the fuse or MCB in the event of an earth fault.

The method for calculation given in the Wiring Regulations is extremely complicated – but the table below will provide you with a simple method for determining the maximum cable lengths for common domestic circuits.

If necessary, split up your circuits so that none of the indicated cable lengths are exceeded. If your requirements fall outside the limits of this chart, then ask a professional electrician to make the calculations for you.

Rewirable fuses are not included, as they are subject to special restrictions – which makes them an unwise choice. Most two-core-and-earth cables have a standard-size protective circuit conductor (earth wire). In each case, the chart shows the size of earth wire used in the calculations.

The maximum circuit lengths given in the chart are based on the assumption that you won't install any cables where the ambient temperature exceeds 30°C (86°F), that no cables will be bunched together, and that you will not cover any of the cables with thermal insulation.

The shower-circuit lengths assume that a 30 milliamp RCD is used in the circuit. The cooker-circuit lengths allow for using a control unit with a built-in socket outlet. However, you can safely use the same figures for wiring a control unit without a built-in socket.

MAXIMUM LENGTHS FOR DOMESTIC CIRCUITS

TYPE OF CIRCUIT	Max. floor area in sq m	Cable size in mm²	Size of earth wire in mm²	USING FUSES: Current rating of circuit fuse	USING FUSES: Max. cable length using cartridge fuse	USING MCBs: Current rating of MCB	USING MCBs: Max. cable length using MCB
RING CIRCUIT	100	2.5	1.5	30amp	68m	32amp	68m
RADIAL CIRCUIT	20	2.5	1.5	20amp	37m	20amp	34m
	50	4	1.5	30amp	19m	32amp	21m
COOKER up to 13.5kW		4	1.5	30amp	19m	32amp	21m
COOKER from 13.5 to 18kW		6	2.5			40amp	27m
IMMERSION HEATER up to 3kW		2.5	1.5	15amp	39m	16amp	39m
SHOWER up to 10.3kW		10	4	45amp	46m	45amp	46m
SHOWER from 10.3 to 10.8kW		10	4			50amp	44m
STORAGE HEATER up to 3.375kW		2.5	1.5	15amp	34m	16amp	34m
STORAGE FAN HEATER up to 6kW		4	1.5	30amp	32m	32amp	32m
FIXED LIGHTING excluding switch drops		1	1	5amp	83m	6amp	83m
		1.5	1	5amp	126m	6amp	126m

Before discussing your requirements with a professional electrician, you need to form clear ideas about the kind of installation you want. Although you may eventually decide between you to change some of the details, a proper specification can be of considerable help to the electrician – and should also enable you to avoid expensive additions and modifications.

Choosing the best consumer unit

It is worth installing the best consumer unit you can afford. Choose one that has cartridge fuses or miniature circuit breakers (MCBs), and make sure it has enough spare fuseways for possible additional circuits.

Residual current devices

Ask the electrician about the possibility of installing a residual current device (RCD). You could have one built into your consumer unit.

Power circuits

Ring circuits are better than radial circuits for supplying socket outlets. Provided that the floor area in question does not exceed 100sq m (120sq yds), you can have as many sockets as you want – so make sure your plan includes enough outlets to meet your present and likely future needs. Economizing on the cost of a few sockets now could cause you considerable inconvenience in the future, if you have to start adding spurs to the system.

Lighting circuits

Modern domestic lighting circuits are normally designed around a loop-in system; but you can supply individual light fittings from a junction box if that is the most practical solution.

You should insist on a lighting circuit for each floor – so that you will never be left totally without electric lights if a fuse should blow.

In the interests of safety, make sure you have two-way or three-way switches installed for lights in passageways and on landings and staircases.

Additional circuits

If you are having your whole house rewired, consider installing extra radial circuits for appliances such as immersion heaters and electrically heated showers.

SEE ALSO: RCDs 307, Consumer unit and fuses 308–9, Lighting circuits 311, Power circuits 311, Fixed appliances 324–5, Wiring a cooker 327–8

8 Plumbing

Plumbing systems

The unprecedented supply of tools and easy-to-use hardware has encouraged DIY enthusiasts to tackle their own plumbing repairs and improvements. Almost every aspect is now catered for – with a wide range of metal and plastic pipework and attractive fittings and appliances, both for new installations and for refurbishments.

The advantages of DIY plumbing

Having the wherewithal to tackle your own plumbing installations and repairs can save you the cost of hiring professionals – and that can amount to a substantial sum of money. It also avoids the distress and inconvenience of ruined decorations, and the expense of replacing rotted household timbers where a slow leak has gone undetected. Then there's the saving in water. A dripping tap wastes gallons of water a day – and if it's hot water, there's the additional expense of heating it. A little of your time and a few pence spent on a washer can save you pounds.

Water systems

Generally, domestic plumbing incorporates two systems. One is the supply of fresh water from the 'mains', and the other is the waste or drainage system that disposes of dirty water. Both of the systems can be installed in different ways (see opposite).

Stored-water system (Indirect)
The majority of homes are plumbed with a stored-water supply system. The storage tank in the loft and the cold-water tap in the kitchen are fed directly from the mains; so possibly are your washing machine, electric shower(s) and outside tap. But water for baths, washbasins, flushing WCs and some types of shower is drawn from the storage tank, which should be covered with a purpose-made lid to protect the water from contamination. Drinking water should only be taken from the cold-water tap in the kitchen.

Cold water from the storage tank is fed to a hot-water cylinder, where it is heated by a boiler, indirectly, or by an immersion heater to supply the hot taps. The water pressure at the various taps in the house depends on the height (or 'drop') from the tank to the tap.

A stored-water system provides several advantages. There is adequate water to flush sanitaryware during a temporary mains failure; the major part of the supply is under relatively low pressure, so the system is reasonably quiet; and because there are fewer mains outlets, there is less likelihood of impure water being siphoned back into the mains supply.

Mains-fed system (Direct)
Many properties now take all their water directly from the mains – all the taps are under high pressure, and all of them provide water that's suitable for drinking. This development has come about as a result of limited loft space that precludes a storage tank and the introduction of non-return check valves, which prevent drinking water being contaminated. Hot water is supplied by a combination boiler or a multipoint heater; these instantaneous heaters are unable to maintain a constant flow of hot water if too many taps are running at once. Some systems incorporate an unvented cylinder, which stores hot water but is fed from the mains.

A mains-fed system is cheaper to install than an indirect one. Another advantage is mains pressure at all taps; and you can drink from any cold tap in the house. With a mains-fed system there's no plumbing in the loft to freeze.

● **Wiring Regulations**
When making repairs or improvements to your plumbing, make sure you don't contravene the electrical Wiring Regulations. All metal plumbing has to be bonded to earth. If you replace a section of metal plumbing with plastic, it is important to reinstate the earth link. (See far right).

Drainage

Waste water is drained in one of two ways. In houses built before the late 1950s, water is drained from baths, sinks and basins into a waste pipe that feeds into a trapped gully at ground level. Toilet waste feeds separately into a large-diameter vertical soil pipe that runs directly to the underground main drainage network.

With a single-stack waste system, which is installed in later buildings, all waste water drains into a single soil pipe – the one possible exception being the kitchen sink, which may drain into a gully.

Rainwater usually feeds into a separate drain, so that the house's drainage system will not be flooded in the event of a storm.

WATER REGULATIONS

Water bylaws govern the way you can connect your plumbing system to the public water supply. These laws are intended to prevent the misuse, waste and contamination of water. Your local water supplier will provide you with the relevant information about inspection requirements and possible certification for new work and for major alterations.

Before undertaking work

The Building Regulations on drainage are designed to protect health and safety. Before undertaking work on your soil and waste pipes or drains (except for emergency unblocking) you need to contact the building-control department of your local authority.

You are required to give five days notice to your local water supplier before altering or installing a lavatory cistern, bidet, shower pump, hosepipe supply, or any installation, such as a garden tap or shower, that could cause dirty water to be siphoned back into the supply of drinking water.

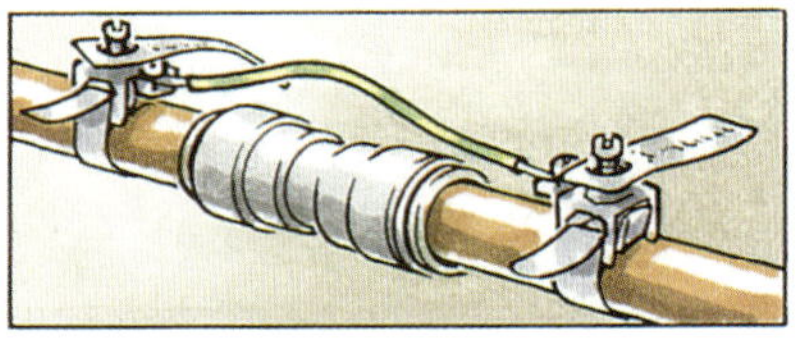

Reinstate the link
If you replace a section of metal plumbing with plastic, you may break the path to earth – so make sure you reinstate the link. Bridge a plastic joint in a metal pipe with an earth wire and two clamps. If you are in any doubt, consult a qualified electrician.

MAINS-FED SYSTEM (opposite)

1. **Water-supplier's stopcock**
May include water meter.
2. **Service pipe**
3. **Main stopcock**
4. **Rising main**
Supplies water directly to cold-water taps and WCs etc.
5. **Water heater or combination boiler**
6. **Unvented storage cylinder**
(Not required for instantaneous heaters)
7. **Single-stack soil pipe**
WC, handbasin, bath and shower drain into the stack. The stack may be fitted with an air-admittance valve terminating inside the house.
8. **Sink waste**
Water from the sink drains into a trapped gully.
9. **Trapped gully**

SEE ALSO: Draining rainwater 244–6, Supplementary bonding 300, Earthing 307, Water bylaws 391, Garden tap 400

Stored-water system
● **Central heating** omitted for clarity.

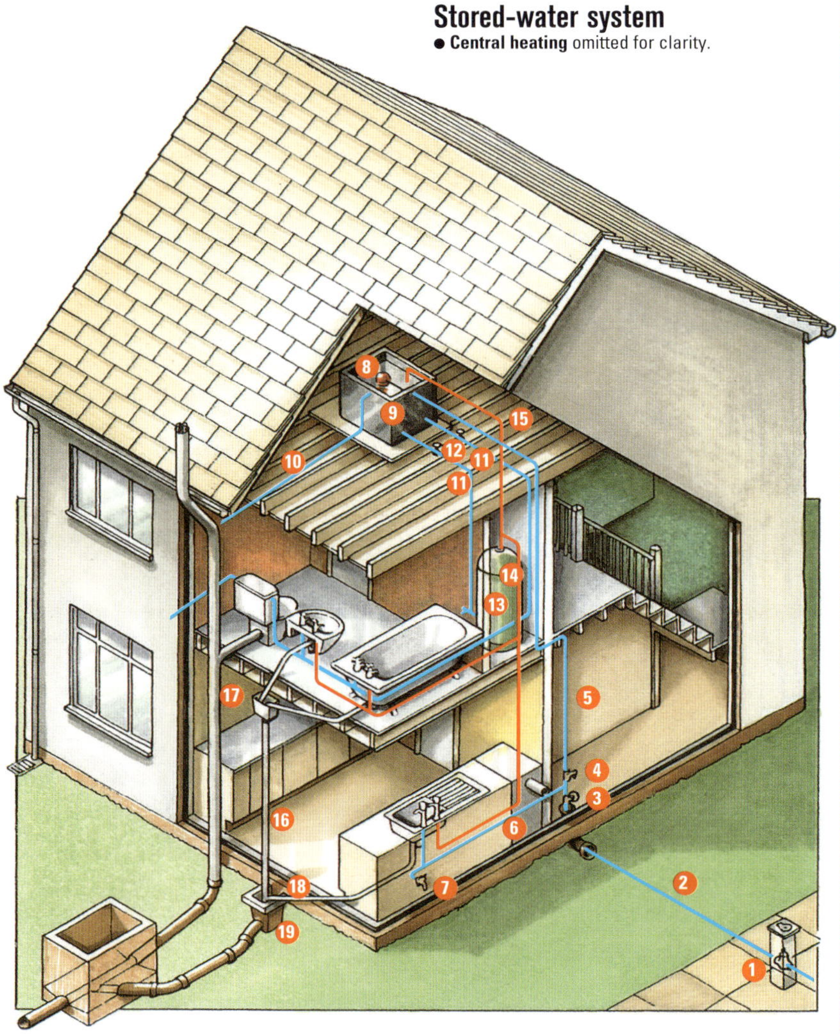

Mains-fed system
● **Central heating** omitted for clarity.

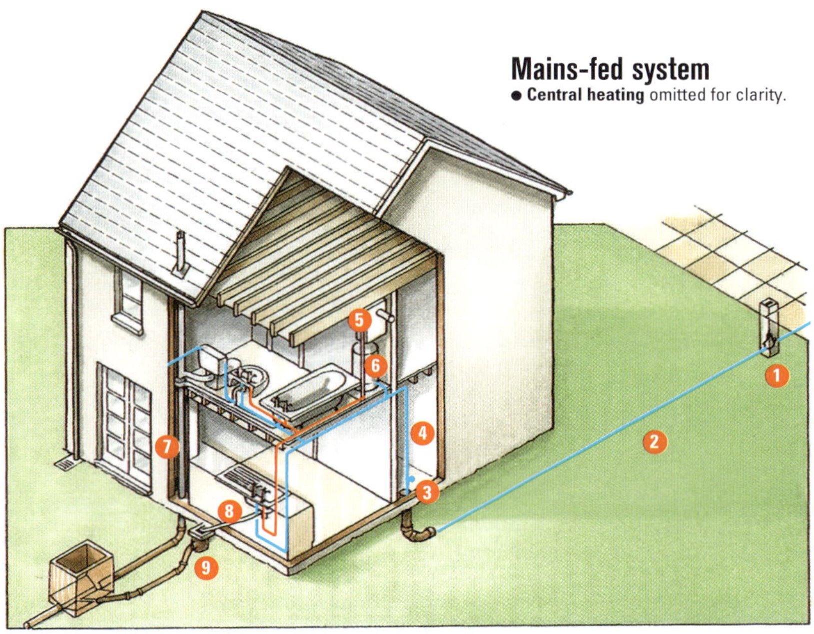

STORED-WATER SYSTEM

1 Water company stopcock
The water company uses this stopcock to turn off the supply to the house. Make sure it can be located quickly in an emergency.

2 Service pipe
From the water company stopcock onwards, the plumbing becomes the responsibility of the householder.

3 Household stopcock
The water supply to the house itself is shut off at this point.

4 Draincock
A draincock here allows you to drain water from the rising main.

5 Rising main
Mains-pressure water passes to the cold-water storage tank via the rising main.

6 Drinking water
Drinking water is drawn off the rising main to the kitchen sink.

7 Garden tap
The water company allows a garden tap to be supplied with mains pressure, provided it is fitted with a check valve.

8 Float valve
This valve shuts off the supply from the rising main when the cistern is full.

9 Cold-water storage tank
Stores from 230 to 360 litres (50 to 80 gallons) of water. Positioned in the roof, the tank provides sufficient 'head', or pressure, to feed the whole house.

10 Overflow pipe
Also known as a warning pipe, it prevents an overflow by draining water to the outside.

11 Cold-feed pipes
Water is drawn off to the bathroom and to the hot-water cylinder from the storage tank.

12 Cold-feed valves
Valves at these points allow you to drain the cold water in the feed pipe without having to drain the whole tank as well.

13 Hot-water cylinder
Water is heated and stored in this cylinder.

14 Hot-feed pipe
All hot water is fed from this point.

15 Vent pipe
Allows for expansion of heated water and enables air to be vented from the system.

16 Waste pipe
Surmounted by a hopper head, it collects water from basin and bath.

17 Soil pipe
Separate pipe takes toilet waste to main drains.

18 Kitchen waste pipe
Kitchen sink drains into same gully as waste pipe from upstairs.

19 Trapped gully

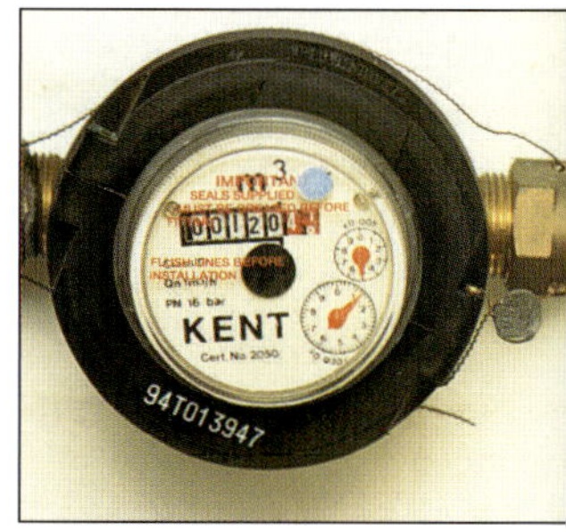

● **Water meters**
Instead of paying a flat-rate water charge based upon the size of your home, you can opt to have your water consumption metered so you pay for what you use. For two people living in a large house, the savings can be considerable. Water meters are fitted to the incoming mains, usually outside at the supplier's stopcock, where they can be read more easily.

SEE ALSO: **Wet central heating 415**

Draining the system

You will have to drain at least part of any plumbing system before you can work on it; and if you detect a leak, you will have to drain the relevant section quickly. So find out where the valves, stopcock and draincocks are situated, before you're faced with an emergency.

Saving hot water
If your gate valve won't close off and you don't want to drain all the hot water, you can siphon the water out of the cold tank with a garden hosepipe. While the tank is empty, replace the old gate valve.

Draining cold-water taps and pipes

- Turn off the main stopcock on the rising main to cut off the supply to the kitchen tap (and to all the other cold taps on a direct system).
- Open the tap until the flow ceases.
- To isolate the bathroom taps, close the valve on the appropriate cold-feed pipe from the storage tank and open all taps on that section. If you can't find a valve, rest a wooden batten across the tank and tie the arm of the float valve to it. This will shut off the supply to the tank, so you can empty it by running all the cold taps in the bathroom. If you can't get into the loft, turn off the main stopcock, then run the cold taps.

Draining hot-water taps and pipes

- Turn off immersion heater or boiler.
- Close the valve on the cold-feed pipe to the cylinder and run the hot taps. Even when the water stops flowing, the cylinder will still be full.
- If there's no valve on the cold-feed pipe, tie up the float-valve arm, then turn on the cold taps in the bathroom to empty the storage tank. (If you run the hot taps first, the water stored in the tank will flush out all your hot water from the cylinder.) When the cold taps run dry, open the hot taps. In an emergency, run the hot and cold taps together in order to clear the pipes as quickly as possible.

Draining a WC cistern

- To merely empty the WC cistern itself, tie up its float-valve arm and flush the WC.
- To empty the pipe that supplies the cistern, either turn off the main stopcock on a direct system or, on an indirect system, close the valve on the cold feed from the storage tank. Alternatively, shut off the supply to the storage tank and empty it through the cold taps. Flush the WC until no more water enters its cistern.

Draining the cold-water storage tank

- To drain the storage tank in the roof space, close the main stopcock on the rising main, then open all the cold taps in the bathroom (hot taps on a direct system.) Bail out the residue of water at the bottom of the tank.

Draining the hot-water cylinder

• Sealed central-heating systems
A sealed system (see SEALED CENTRAL-HEATING SYSTEMS) does not have a feed-and-expansion tank – the radiators are filled from the mains via a flexible hose known as a filling loop. The indirect coil in the hot-water cylinder is drained as described right, though you might have to open a vent pipe that is fitted to the cylinder before the water will flow.

- If the hot-water cylinder springs a leak (or you wish to replace it), first turn off the immersion heater and boiler, then shut off the cold feed to the cylinder from the storage tank (or drain the cold-water storage tank – see above). Run hot water from the taps.
- Locate a draincock from which you can drain the water remaining in the cylinder. It is probably located near the base of the cylinder, where the cold feed from the storage tank enters. Attach a hose and run it to a drain or sink that is lower than the cylinder. Turn the square-headed spindle on the draincock till you hear water flowing.
- Water can't be drained if the washer is baked onto the draincock seating, so disconnect the vent pipe and insert a hosepipe to siphon the cylinder.
- Should you want to replace the hot-water cylinder, don't disconnect all its pipework until you have drained the cylinder completely. If the water is heated indirectly by a heat-exchanger, there will be a coil of pipework inside the hot-water cylinder that is still full of water. This coil can be drained via the stopcock on the boiler after you have shut off the mains supply to the small feed-and-expansion tank, which is located in the roof space. Switch off the electrical supply to the central-heating system.

ADDING EXTRA VALVES

Unless you divide up the system into relatively short pipe runs with valves, you will have to drain off a substantial part of a typical plumbing installation even for a simple washer replacement.

- Install a gate valve on both the cold feed pipes running from the cold-water storage tank. This will eliminate the necessity for draining off gallons of water in order to isolate pipes and appliances on the low-pressure cold- and hot-water supply.
- When you are fitting new taps and appliances, take the opportunity to fit miniature valves on the supply pipes. In future, when you have to repair an individual tap or appliance, you will be able to isolate it in moments.

Gate valve
Fit a gate valve to the cold-feed pipes from the storage tank.

Miniature valve
Fit a miniature valve to the supply pipes below a sink or basin.

Closing a float valve
Cut off the supply of water to a storage tank by tying the float arm to a batten.

SEE ALSO: Consumer unit 308, Cylinders 402, Cylinder vent pipe 402, Sealed central heating 415, Radiators 417

DRAINING AND REFILLING THE SYSTEM

Partially drain the plumbing system if you intend to leave the house unoccupied for a few days during winter – if possible, leave the central heating on a low setting. For longer periods of absence at any time of the year, you may want to take the precaution of draining the system completely.

Partial drain-down

- Add special antifreeze to the central-heating feed-and-expansion tank and set the heating to come on for a short period twice a day.
- Turn off the main stopcock.
- Open all the taps to drain the house's water system.

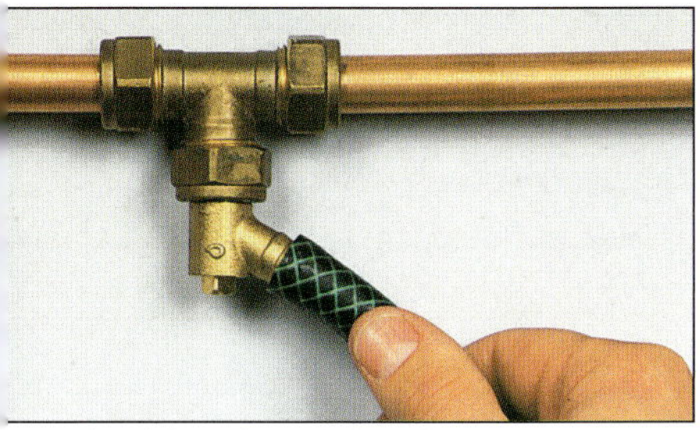

Attach hosepipe to draincock

Full drain-down

- Switch off and extinguish the water heater and/or boiler.
- Turn off the main stopcock and, if possible, the water company stopcock outside.
- Open all taps in the house to drain the pipework.
- Open the draincock at the base of the hot-water cylinder. If there are draincocks in the rising main and in any other low pipework, drain the water from these too.
- Flush the WCs.
- Drain the boiler and radiator circuits at the lowest points on the pipe runs.
- Add salt to the WC pan to prevent the trap water freezing.

Refilling the system

- Close all taps and draincocks.
- Turn on the main stopcock.
- Turn on taps and allow water and air to escape. As the system fills, check that float valves are operating smoothly.

Curing an airlock

Air trapped in the system can cause a tap to splutter. The answer is to force the air out by using mains pressure.

Attach a length of hose between the affected tap and any mains-fed cold-water tap. Leave both taps open for a short while, and then try the airlocked tap again. Repeat if necessary, until the water runs freely.

Emergency repairs

It pays to master the simple techniques for coping with emergency repairs – in order to avoid the inevitable damage to your home and property, as well as the high cost of calling out a plumber at short notice. All you need is a simple tool kit and a few spare parts.

Thawing frozen pipes

If water won't flow from a tap during cold weather, or a tank refuses to fill, a plug of ice may have formed in one of the supply pipes. The plug cannot be in a pipe supplying taps or float valves that are working normally, so you should be able to trace the blockage quickly. In fact, freezing usually occurs first in the roof space.

As copper pipework transmits heat quickly, use a hairdryer to gently warm the suspect pipe, starting as close as possible to the affected tap or valve and working along it. Leave the tap open, so water can flow normally as soon as the ice thaws. If you can't heat the pipe with a hairdryer, wrap it in a hot towel or hang a hot-water bottle over it.

Preventative measures

Insulate pipework and fittings to stop them freezing, particularly those in the loft or under the floor. If you're going to leave the house unheated for a long time during the winter, drain the system (see left). Cure any dripping taps, so leaking water doesn't freeze in your drainage system overnight.

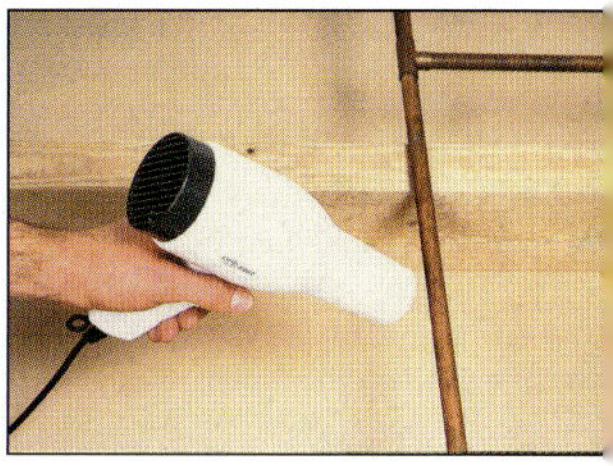

Thawing a frozen pipe
Play a hairdryer gently along a frozen pipe, working away from the blocked tap or valve.

Dealing with a punctured pipe

Unless you are absolutely sure where your pipes run, it is all too easy to nail through one of them when fixing a loose floorboard. You may be able to detect a hissing sound as water escapes under pressure, but more than likely you won't notice your mistake until a wet patch appears on the ceiling below, or some problem associated with damp occurs at a later date. While the nail is in place, water will leak relatively slowly, so don't pull it out until you have drained the pipework and can repair the leak. If you pull out the nail by lifting a floorboard, replace the nail immediately.

If you plan to lay fitted carpet, you can paint pipe runs on the floorboards to avoid such accidents in future.

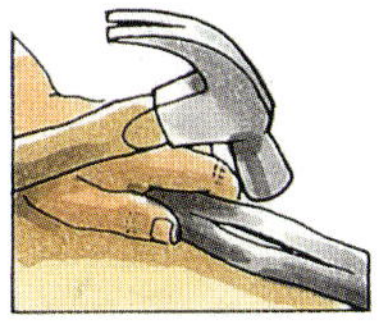

Closing a split pipe
In an emergency, close a split by tapping the pipe with a hammer before you bind it. This works particularly well with lead pipe.

Patching a leak

During freezing conditions, water within a pipe turns to ice, which expands until it eventually splits the walls of the pipe or forces a joint apart. Copper pipework is more likely to split than lead, which can stretch to accommodate the expansion and thus survive a few hard winters before reaching breaking point. Temporarily patch copper or lead pipes as described right – but close up a split in lead beforehand by tapping the pipe gently with a hammer. Arrange to replace the old lead with copper pipe as soon as you have contained the leak.

The only other reason for leaking plumbing is mechanical failure – either through deterioration of the materials or because a joint has failed and is no longer completely waterproof.

If possible, make a permanent repair, by inserting a new section of pipe or replacing a leaking joint. (If it is a compression joint that has failed, try tightening it first.) For the time being, however, you may have to make an emergency repair. Drain the pipe first unless it is frozen, in which case make the repair before it thaws.

Binding a leaking pipe

For a temporary repair, cut a length of garden hose to cover the leak and slit it lengthwise, so you can slip it over the pipe. Bind the hose with two or three hose clips; or, using pliers, twist wire loops around the hose.

Alternatively, use amalgamating tape made for binding damaged pipes.

Binding a split pipe
Bind a length of hosepipe around a damaged pipe, using hose clips or wire. Alternatively, use an amalgamating tape.

Patching with epoxy putty

Epoxy putty adheres to most metals and hard plastic and will produce a fairly long-term repair, although it is better to insert a new length of pipe. The putty is supplied in two parts which begin to harden as soon as they are mixed together, giving about 20 minutes to complete the repair.

First clean a 25 to 50mm (1 to 2in) length of pipe on each side of the leak, using wire wool. Mix the putty and press it into the hole or around a joint, building it to a thickness of 3 to 6mm (⅛ to ¼in). It will cure to full strength within 24 hours, but you can run low-pressure water immediately if you bind the putty with self-adhesive tape.

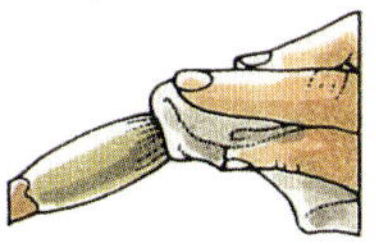

Smoothing epoxy putty
When patching a hole with epoxy putty, smooth it with a damp soapy cloth to give a neat finish.

SEE ALSO: Insulating pipes 271, Joining pipes 372–9, Compression joints 374

Repairing a leaking tap

A tap may leak for a number of reasons – none of them difficult to deal with. When water drips from a spout, for example, it is usually the result of a faulty washer; and if the tap is old, the seat against which the washer is compressed may be worn, too. If water leaks from beneath the head of the tap when it's in use, the gland packing or O-ring needs replacing. When you are working on a tap, insert the plug and lay a towel in the bottom of the washbasin, bath or sink to catch small objects.

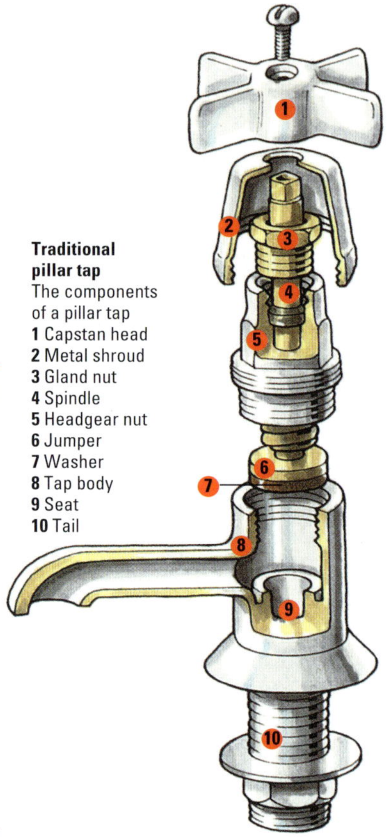

Traditional pillar tap
The components of a pillar tap
1 Capstan head
2 Metal shroud
3 Gland nut
4 Spindle
5 Headgear nut
6 Jumper
7 Washer
8 Tap body
9 Seat
10 Tail

Replacing a washer

To replace the washer in a traditional bib or pillar tap, first drain the supply pipe, then open the valve as far as possible before you begin dismantling either kind of tap.

If the tap is shrouded with a metal cover, unscrew it by hand or use a wrench, taping the jaws to protect the chrome finish.

Lift up the cover to reveal the headgear nut just above the body of the tap. Slip a narrow spanner onto the nut and unscrew it **(1)** until you can lift out the entire headgear assembly.

The jumper to which the washer is fixed fits into the bottom of the headgear. In some taps the jumper is removed along with the headgear **(2)**, but in other types it will be lying inside the tap body.

The washer itself may be pressed over a small button in the centre of the jumper **(3)** – in which case, prise it off with a screwdriver. If the washer is held in place by a nut, it can be difficult to remove. Allow penetrating oil to soften any corrosion; then, holding the jumper stem with pliers, unscrew the nut with a snug-fitting spanner **(4)**. (If the nut won't budge, replace the whole jumper and washer.)

Fit a new washer and retaining nut, then reassemble the tap.

Removing a shrouded head from a tap
On most modern taps the head and cover is in one piece. You will have to remove it to expose the headgear nut. Often a retaining screw is hidden beneath the coloured hot/cold disc in the centre of the head. Prise out the disc with the point of a knife **(1)**. If there's no retaining screw, simply pull the head off **(2)**.

1 Prise out the disc

2 Pull the head off

1 Loosen headgear nut

2 Lift out headgear

3 Prise off washer

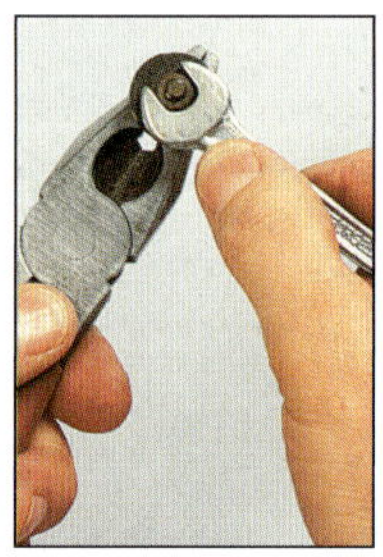

4 Or undo fixing nut

Curing a dripping ceramic-disc tap

In theory ceramic-disc taps are maintenance free, but faults can still occur. Since there's no washer to replace, you have to replace the whole inner cartridge when the tap leaks. However, before you proceed, check that the lower seal is not damaged, as this can cause the tap to drip.

Turn off the water and remove the headgear from the tap body by turning it anticlockwise with a spanner **(1)**.

Remove the cartridge and examine it for wear or damage **(2)**. Cleaning any debris off the ceramic discs might be all that is required; but if a disc is cracked, then you will need a new cartridge. Cartridges are handed – left (hot) and right (cold) – so be sure to order the correct one.

At the same time, examine the rubber seal on the bottom of the cartridge. If this is worn or damaged, it will cause the tap to drip. If need be, replace the seal with a new one **(3)**.

1 Unscrew the cartridge

2 Lift out and examine

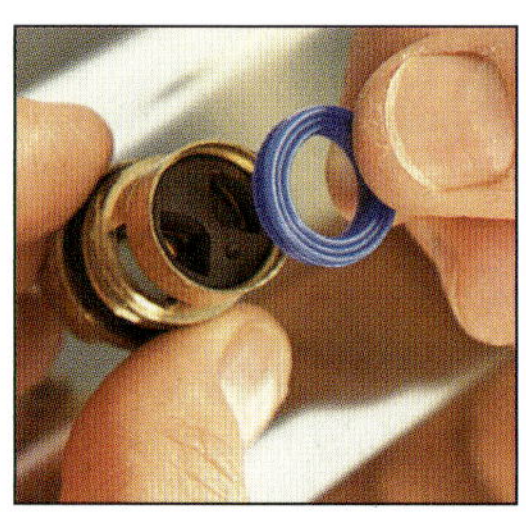

3 Replace a worn rubber seal

SERVICING REVERSE-PRESSURE TAPS

You can replace the washer in a reverse-pressure tap without turning off the water supply. Loosen the locking nut with a spanner **(1)**; it has a left-hand thread, so you need to turn it clockwise (when viewed from above).

To release the tap body into your hand **(2)**, turn the tap on – the initial jet of water will stop automatically. Gently tap the body on a wooden surface to eject the finned nozzle from inside. Prise off the combined jumper and washer, and replace it **(3)**.

Reverse-pressure tap

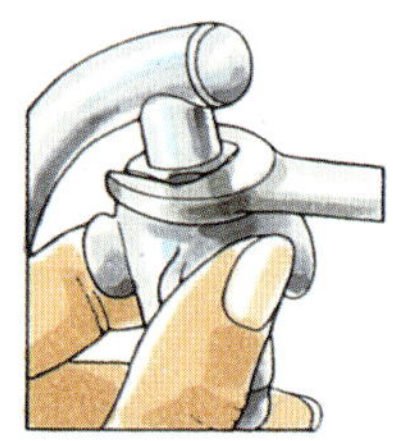

1 Loosen locking nut

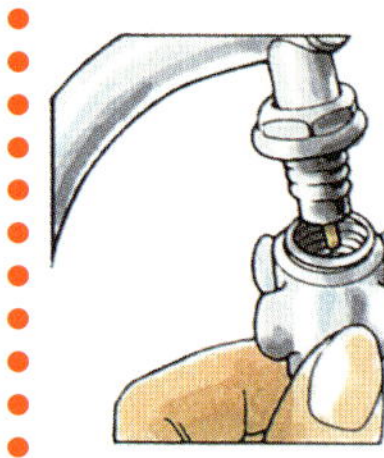

2 Remove tap body

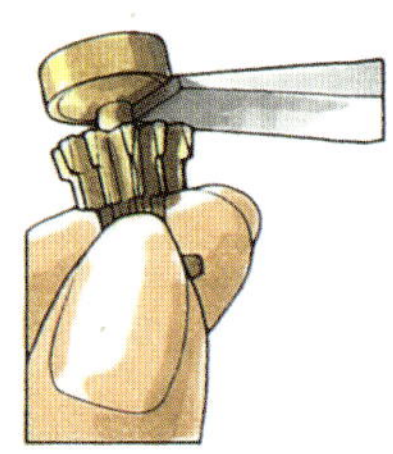

3 Prise off jumper

SEE ALSO: Bib tap 372, 400, Tap mechanisms 384, Spanners and wrenches 519–20

Repairing seats and glands

Regrinding the seat

If a tap continues to drip after you have replaced the washer, the seat is probably worn, allowing water to leak past the washer. One way to cure this is to grind the seat flat with a special reseating tool available from plumber's suppliers.

Remove the headgear and jumper, so you can screw the reseating tool into the body of the tap. Adjust the cutter until it is in contact with the seat, then turn the handle to smooth the metal **(1)**.

Alternatively, you can cover the old seat with a nylon liner that is sold with a matching jumper and washer **(2)**. Drop the liner over the old seat, replace the jumper and assemble the tap. Finally, close the tap to force the liner into position.

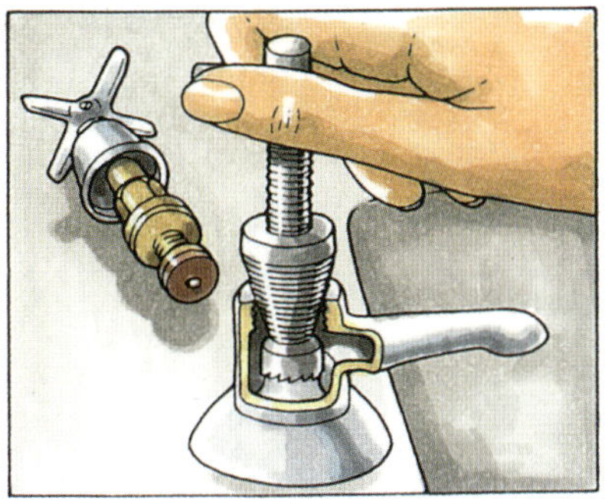

1 Revolve the tool to smooth the seat

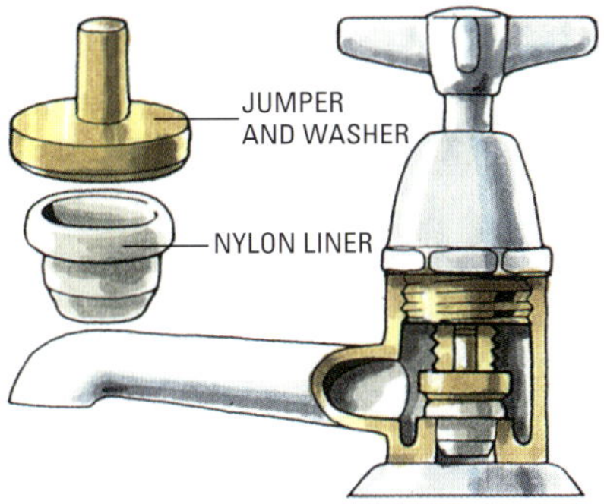

2 Repair a worn seat with a nylon liner

Curing a leaking gland

The head of a tap is fixed to a shaft or spindle, which is screwed up or down to control the flow of water. The spindle passes through a gland – also known as a stuffing box – on top of the headgear assembly. A watertight packing is forced into the gland by a nut to prevent water leaking past the spindle when the tap is turned on. If water drips from under the head of the tap, the gland packing has failed and needs replacing.

Some taps incorporate a rubber O-ring that slips over the spindle to perform the same function as the packing (see right).

Replacing the gland packing
There is no need to turn off the supply of water to replace gland packing: just make sure the tap is turned off fully.

To remove a cross or capstan head, expose a fixing screw by picking out the plastic plug in the centre of the head, or look for a screw holding it at the side. Lift off the head by rocking it from side to side, or tap it gently from below with a hammer.

If the head is stuck firmly, open the tap as far as possible, unscrew the cover, and wedge wooden packing between it and the headgear **(1)**. Closing the tap will then jack the head off the spindle.

Once you have removed the head and cover, try to seal the leak by tightening the gland nut. If that fails, remove the nut and pick out the old packing with a small screwdriver.

To replace the packing, either use the special fibre string available from plumbers' merchants or twist a thread from PTFE (polytetrafluorethylene) tape. Wind the string around the spindle, and pack it into the gland with the screwdriver **(2)**.

1 Jack the head off a tap with wooden packing

2 Stuff string or a thread of PTFE tape into the gland

REPLACING O-RINGS

On a mixer tap each valve is usually fitted with a washer, as on conventional taps, but in most mixers the gland packing (see left) has been replaced by a rubber O-ring.

Having removed the shrouded head, take out the circlip holding the spindle in place **(1)**. Remove the spindle and slip the O-ring out of its groove **(2)**. Replace the old ring with a new one, using silicone grease as a lubricant, then reassemble the tap.

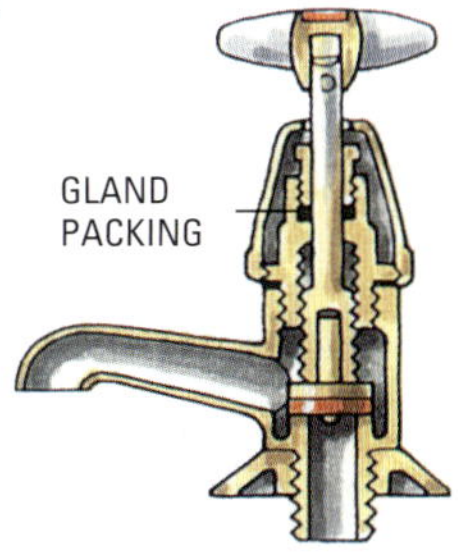

Gland packing
Older-style taps are sealed with water-tight packing around the spindle.

1 Remove circlip

2 Roll ring from groove

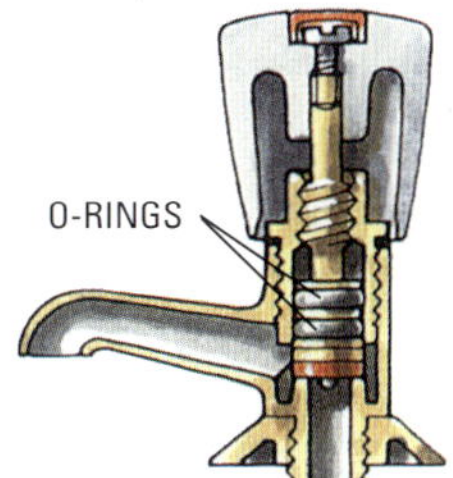

O-ring seal
Modern taps are sealed with rubber rings, in place of gland packing.

The base of a mixer's swivel spout is also sealed with a washer or O-ring. If water seeps from that junction, turn off both valves and unscrew the spout, or remove the retaining screw **(3)** on one side. Note the type of seal and buy a matching replacement.

3 Remove the screw to release the mixer spout. You can use a cranked screwdriver (below) if the retaining screw is located behind the swivel spout.

Stopcocks and valves

Stopcocks and gate valves are used so rarely that they often fail to work just when they are needed.

Make sure that they are operating smoothly by closing and opening them from time to time. If their spindles move stiffly, lubricate them with a little penetrating oil. A stopcock is fitted with a standard washer, but as it is hardly ever under pressure it is unlikely to wear. However, the gland packing (see left) on both stopcocks and gate valves may need attention.

SEE ALSO: Tap mechanisms 362, 384, Gate valve 372, PTFE tape 374, Stopcock 376, Reseating tool 521

Maintaining cisterns and storage tanks

The mechanisms used in WC cisterns and storage tanks are probably the most overworked of all plumbing components, so servicing is required from time to time to keep them operating properly. You can get the spare parts you need from plumbers' merchants and DIY stores.

Low-level WC cisterns are particularly easy to service, but even an old-style wall-mounted WC cistern can be reached with a stepladder.

The storage tank in the loft is simply a container for cold water. Other than a leak, which is unlikely with modern tanks, the only problems that arise are caused by float-valve failure. The valve in a storage tank is similar to those used for WC cisterns, but you should never replace one with a miniature float valve.

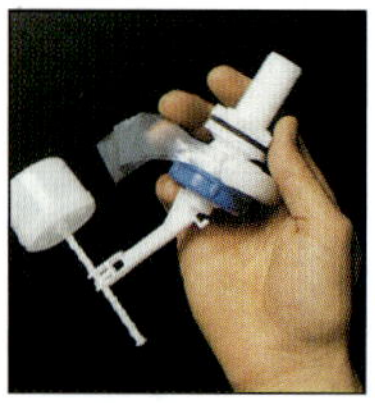

Miniature float valve
This type of float valve is designed for installing in WC cisterns only.

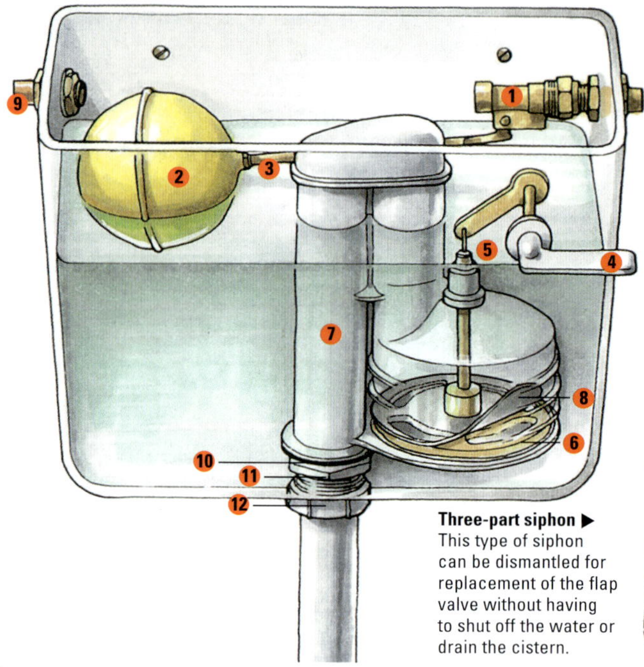

Direct-action cistern
The components of a typical direct-action WC cistern.
1 Float valve
2 Float
3 Float arm
4 Flushing lever
5 Wire link
6 Perforated plate
7 One-piece siphon
8 Flap valve
9 Overflow
10 Sealing washer
11 Retaining nut
12 Flush-pipe connector

Three-part siphon ▶
This type of siphon can be dismantled for replacement of the flap valve without having to shut off the water or drain the cistern.

REPLACING A FLAP VALVE

1 Tie up the float arm

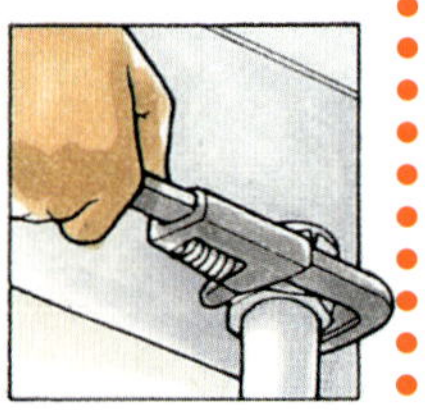

2 Release flush pipe

3 Loosen retaining nut

4 Lift off flap valve

If a WC cistern will not flush first time, take off the lid and check that the lever is actually operating the flushing mechanism. If that appears to be working normally, then try replacing the flap valve in the siphon. Before you service a one-piece siphon, shut off the water by tying the float arm to a batten placed across the cistern **(1)**. Flush the cistern.

Use a large wrench to unscrew the nut that holds the flush pipe to the underside of the cistern **(2)**. Move the pipe to one side.

Release the retaining nut that clamps the siphon to the base of the cistern **(3)**. A little water will run out as you loosen the nut – so have a bucket handy. (You may find that the siphon is bolted to the base of the cistern, instead of being clamped by a single retaining nut.)

Disconnect the flushing arm, then ease the siphon out of the cistern. Lift the diaphragm off the metal plate **(4)** and replace it with one of the same size. Reassemble the entire flushing mechanism in the reverse order and reconnect the flush pipe to the cistern.

Direct-action WC cisterns

Most modern WCs are washed down by means of direct-action cisterns. Water enters the cistern through a valve, which is opened and closed by the action of a hollow float attached to one end of a rigid arm. As the water rises in the cistern, it lifts the float until the other end of the arm closes the valve and shuts off the supply.

Flushing is carried out by depressing a lever, which is linked by wire to a rod attached to a perforated plastic or metal plate at the bottom of an inverted U-bend tube (siphon). As the plate rises, the perforations are sealed by a flexible plastic diaphragm (flap valve), so the plate can displace a body of water over the U-bend to promote a siphoning action. The water pressure behind the diaphragm lifts it, so that the contents of the cistern flow up through the perforations in the plate, over the U-bend and down the flush pipe. As the water level in the cistern drops, so does the float – thus opening the float valve to refill the cistern.

Servicing cisterns

The few problems associated with this type of cistern are easy to solve. A faulty float valve or poorly adjusted float arm will allow water to leak into the cistern until it drips from the overflow pipe that runs to the outside of the house. Slow or noisy filling can often be rectified by replacing the float valve. If the cistern will not flush until the lever is operated several times, the flap valve probably needs replacing (see left). If the flushing lever feels slack, check that the wire link at the end of the flushing arm is intact. When water runs continuously into the pan, check the condition of the washer at the base of the siphon.

Making a new wire link

It is impossible to flush a WC cistern if the flushing lever has come adrift.

You may find the old link is lying at the bottom of the cistern – but if not, you can bend one from a piece of thick wire. If you have thin wire only, twist the ends together with pliers to make a temporary repair.

Curing continuous running water

If you notice that water is running into the pan continuously, turn off the supply and let the cistern drain. Then check to see whether the siphon has split. If not, try changing the sealing washer. Alternatively, the water may be flowing from the float valve so quickly that the siphoning action is not interrupted. The solution is to fit a float-valve seat with a smaller water inlet (see opposite).

SEE ALSO: Adjusting the float arm 366, Spanners and wrenches 519–20

Renovating float valves

The pivoting end of the float arm on a diaphragm valve (known in the trade as a Part 2 valve) presses against the end of a small plastic piston, which moves the large rubber diaphragm to seal the water inlet.

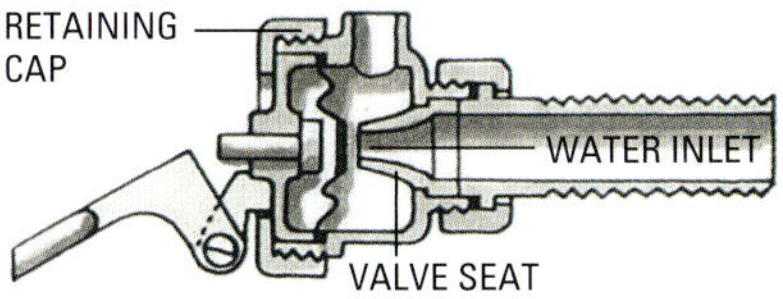

1 Diaphragm valve: retaining cap to the front

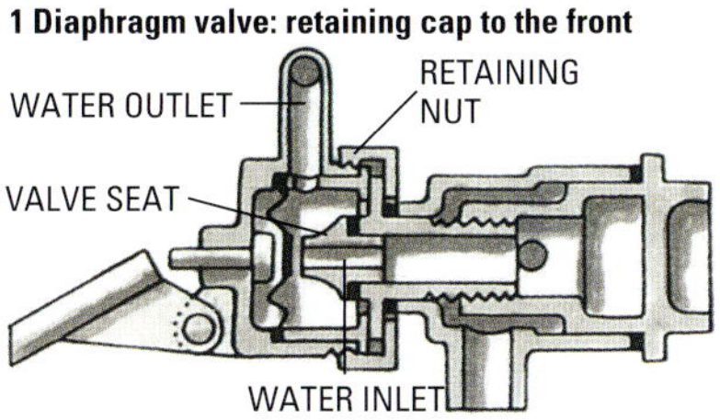

2 Diaphragm valve: retaining nut to the rear

Replacing the diaphragm

Turn off the water supply, then unscrew the large retaining cap. Depending on the model, the nut may be screwed onto the end of the valve **(1)** or behind it **(2)**.

With the latter type of valve, slide out the cartridge inside the body **(3)** to find the diaphragm behind it. With the former, you will find a similar piston and diaphragm immediately behind the retaining cap **(4)**.

Wash the valve, before assembling it along with the new diaphragm.

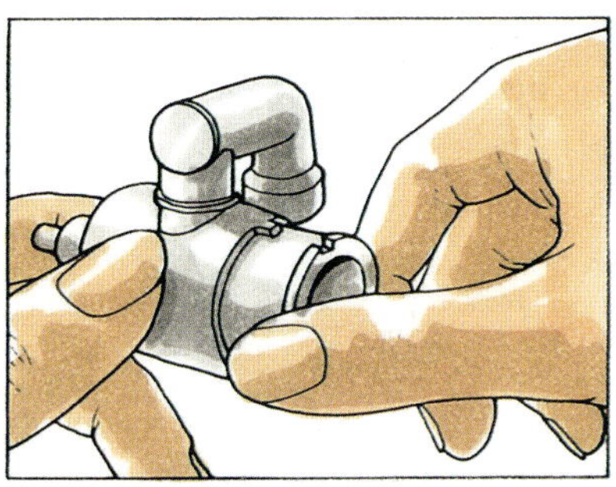

3 Slide out the cartridge to release the diaphragm

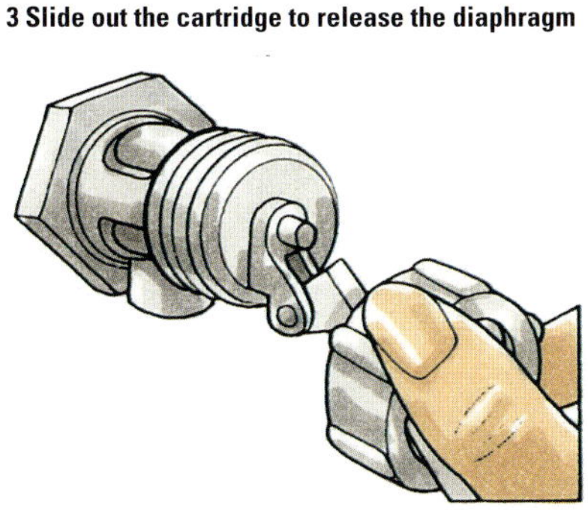

4 Undo the cap and pull float arm to find the valve

A faulty float valve is responsible for most of the difficulties that arise with WC cisterns and water-storage tanks. The water inlet inside the valve used to be sealed with a washer, whereas modern valves are fitted with a large diaphragm instead, designed to protect the mechanism from scale deposits. You can still obtain the earlier valves, but fit a diaphragm valve in a new installation.

If the inlet isn't sealed properly, water continues to feed into the cistern and escapes via the overflow. Some overflow pipes aren't able to cope with a full flow of mains water, so repair a dripping float valve before the flow becomes a torrent.

Servicing Portsmouth-pattern valves

In a Portsmouth-pattern valve, a piston moves horizontally inside the hollow metal body. The float arm, pivoting on a split pin, moves the piston back and forth to control the flow of water. A washer trapped in the end of the piston finally seals the inlet by pressing against the valve seat. If you have to force the valve closed to stop water dripping, it's time to replace the washer.

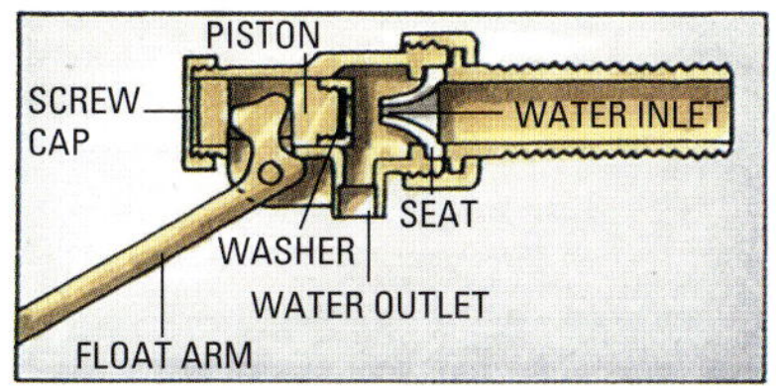

Portsmouth-pattern valve

Replacing the washer

Cut off the supply of water to the cistern or tank and flush the water out, in case you drop a component. Remove the split pin from beneath the valve and detach the float arm.

If there is a screw cap on the end of the valve body, remove it **(1)**, using a pair of slip-joint pliers (you may have to apply a little penetrating oil to ease the threads). Insert the tip of a screwdriver in the slot beneath the valve body and slide the piston out **(2)**.

To remove the washer, unscrew the end cap of the piston with pliers. Steady the piston by holding a screwdriver in its slot **(3)**. Pick the old washer out of the cap **(4)** – but before replacing the washer, clean the piston with fine wire wool.

Some pistons don't have a removable end cap, and so the washer has to be dug out with a pointed knife. Since it's a tight fit within a groove in the piston, make sure you don't damage this type of washer when replacing it.

Use wet-and-dry paper wrapped around a dowel rod to clean inside the valve body, but take care not to damage the valve seat at the far end.

Reassemble the piston and smear it lightly with silicone grease. Assemble the valve, then connect the float arm. Restore the supply of water and adjust the arm to regulate the water level in the cistern.

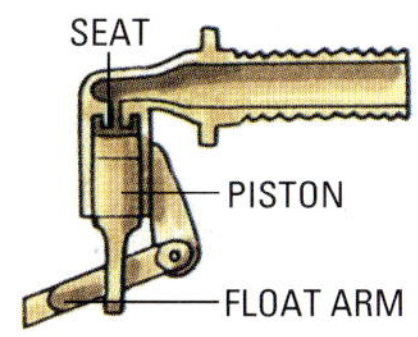

Croydon-pattern valve
Only old-fashioned tanks will be fitted with this valve. The piston travels vertically to close against the seat. Replace the washer as described left.

Interchangeable valve seats
The plastic seat against which the washer or diaphragm closes has a large inlet for low-pressure water or a small inlet for mains or high pressure. Seats that are damaged or worn should be replaced.

1 Take screw cap from the end of the valve

2 Slide the piston out with a screwdriver

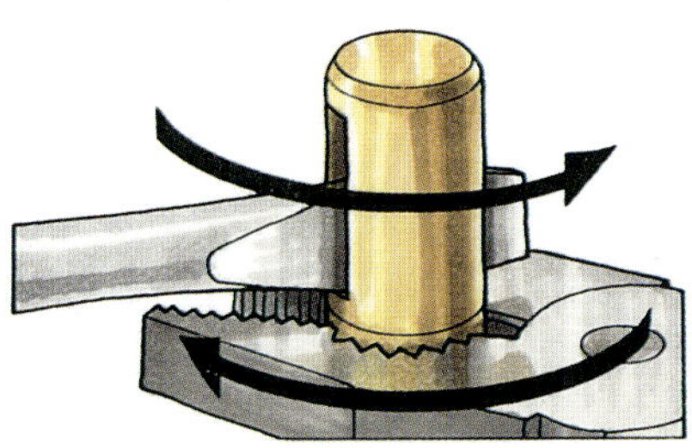

3 Split the piston into two parts

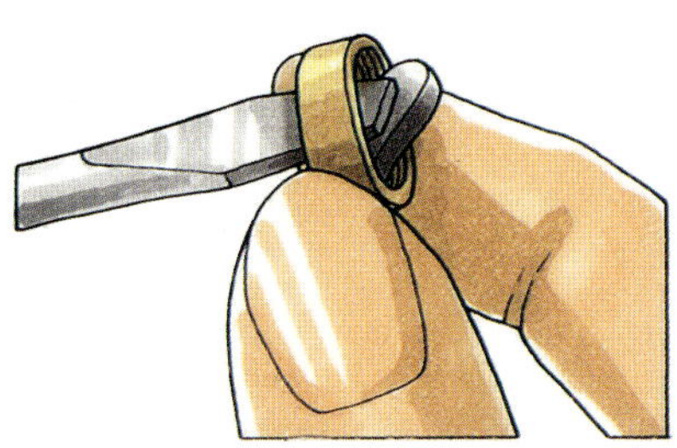

4 Pick out the washer with a screwdriver

SEE ALSO: Turning off the water 360, Adjusting a float arm 366, Slip-joint pliers 521

Renovating valves and floats

Adjusting the float arm

Adjust the float so as to maintain the optimum level of water, which is about 25mm (1in) below the outlet of the overflow pipe.

The arm on a Portsmouth-pattern valve is usually a solid-metal rod. You bend it downward slightly to reduce the water level, or straighten it in order to admit more water **(1)**.

The arm on a diaphragm valve has an adjusting screw, which presses on the end of the piston. Release the lock nut and turn the screw towards the valve to lower the water level, or away from it to allow the water to rise **(2)**.

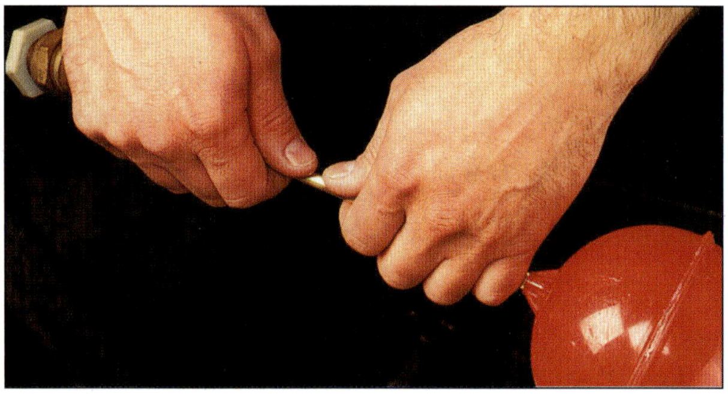

1 Straighten or bend a metal float arm

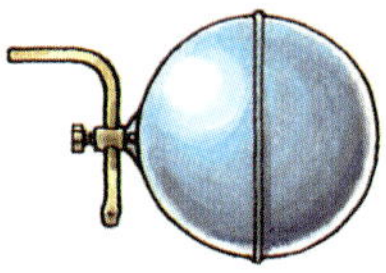

Thumb-screw adjustment
Some float arms are cranked, and the float is attached with a thumb-screw clamp. To adjust the water level in the cistern, slide the float up or down the rod.

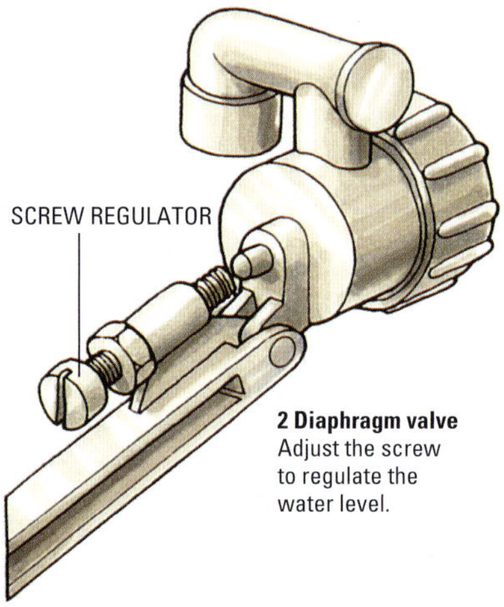

2 Diaphragm valve
Adjust the screw to regulate the water level.

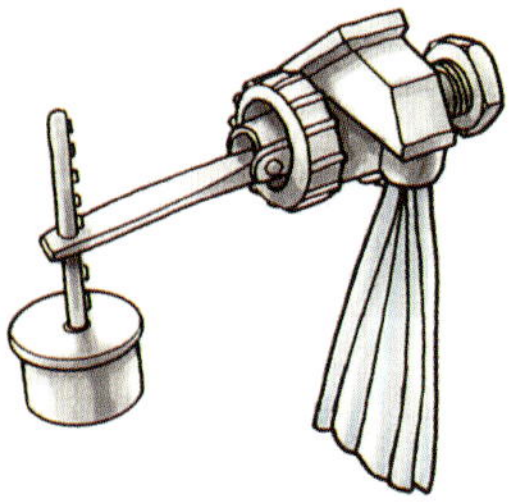

Float valve with flexible silencer tube

Replacing the float

Modern plastic floats rarely leak, but old-style metal floats eventually corrode and allow water to seep into the ball. The float gradually sinks, until it won't ride high enough to close the valve.

Unscrew the float and shake it, to find out whether there is water inside.

If you won't be able to obtain a new float for several days, lay the ball on a bench, enlarge the leaking hole with a screwdriver and pour out the water. Cover the ball with a plastic bag, tying the neck tightly around the float arm, and then replace the float.

Curing noisy cisterns

Cisterns that fill noisily can be very annoying, particularly if the WC is situated right next to a bedroom. It was once permitted to screw a pipe into the outlet of a valve so that it hung vertically below the level of the water. This solved the problem of water splashing into the cistern, but water companies were concerned about the possibility of water 'back-siphoning' through the silencer tube into the mains supply. Although rigid tubes are banned nowadays, you are permitted to fit a valve with a flexible plastic silencer tube (see far left), because it will seal itself by collapsing should back-siphoning occur.

A silencer tube can also prevent water hammer – a rhythmic thudding that reverberates along the pipework. This is often the result of ripples on the surface of the water in a cistern, caused by a heavy flow from the float valve. As the water rises, the float arm bouncing on the ripples 'hammers' the valve, and the sound is amplified and transmitted along the pipes. A flexible plastic tube will eliminate ripples by introducing water below the surface.

If the water pressure through the valve is too high, the arm oscillates as it tries to close the valve – another cause of water hammer. This can be cured by fitting an equilibrium valve. As water flows through the valve, some of it is introduced behind the piston or diaphragm to equalize the pressure on each side, so that the valve closes smoothly and silently.

Before swapping your present valve, check that the pipework is clipped securely – as the noise could be caused by vibrating pipes.

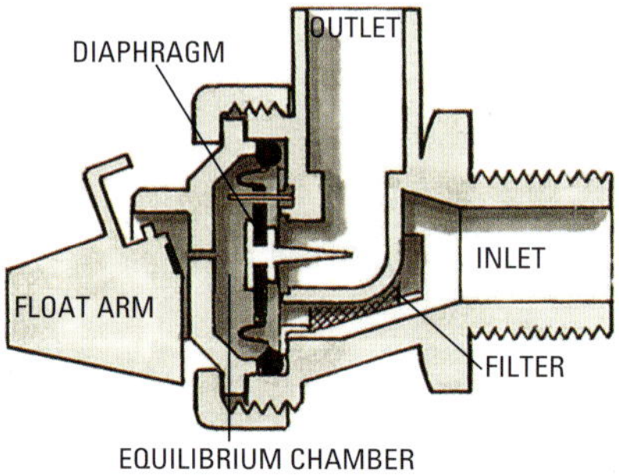

Diaphragm-type equilibrium valve

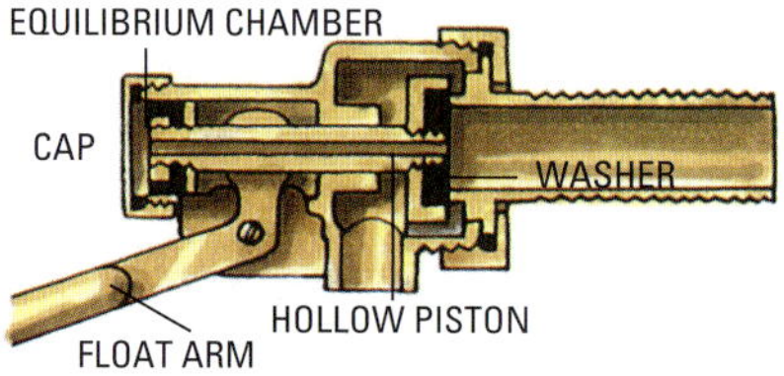

Piston-type equilibrium valve

Renewing a float valve

Turn off the supply of water to the cistern or tank and flush the pipework, then use a spanner to loosen the tap connector joining the supply pipe to the float-valve stem. Remove the float arm, then unscrew the fixing nut on the outside of the cistern and pull out the valve.

Fit the replacement valve and, if possible, use the same tap connector to join it to the supply pipe. Adjust and tighten the fixing nuts to clamp the new valve to the cistern, then turn the water supply back on and adjust the float arm.

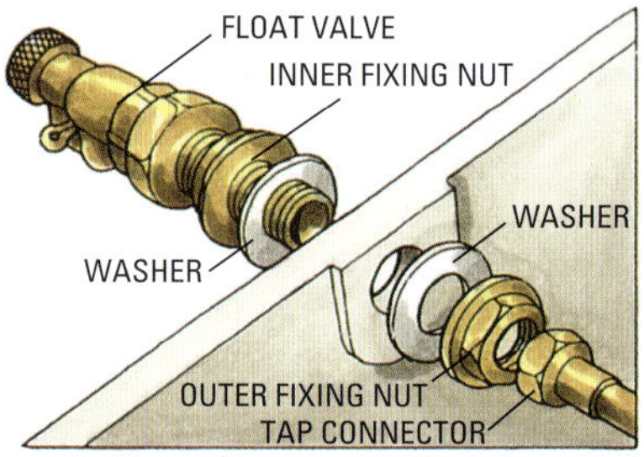

Renewing a float valve
Clamp the valve to the cistern with fixing nuts.

CHOOSING THE CORRECT PRESSURE

Float valves are made to suit different water pressures: low, medium and high (LP, MP and HP). It is important to choose a valve of the correct pressure, or the cistern may take a long time to fill. Conversely, if the water pressure is too high for the valve, it may leak continuously. Those fed direct from the mains should be HP valves, whereas most domestic WC cisterns require an LP valve. If the head (the height of the tank above the float valve) is greater than 13.5m (45ft), fit an MP valve. In those rare cases where the head exceeds 30m (100ft), fit an HP valve. In an apartment with a packaged plumbing system (a storage tank built on top of the hot-water cylinder), the pressure may be so low that you will have to fit a full-way valve to the WC cistern in order to get it to fill reasonably quickly. If you live in an area where water pressure fluctuates a great deal, fit an equilibrium valve (see left).

To alter the pressure of a modern valve, simply replace the seat inside it. If the valve is a very old pattern, you will have to swap it for another one of a different pressure.

SEE ALSO: Float valves 365, Supporting pipes 375

Drainage systems

A drainage system is designed to carry dirty water and WC waste from the appliances in your home to underground drains leading to the main sewer. The various branches of the waste system are protected by U-bend traps full of water, to stop drain smells fouling the house. Depending on the age of your house, it will have a two-pipe system or a single stack. Because the two-pipe system has been in use for very much longer, it is still the more common of the two. Use similar methods to maintain either system.

Two-pipe system

The waste pipes of older houses are divided into two separate systems. WC waste is fed into a large-diameter vertical soil pipe that leads directly to the underground drains. To discharge drain gases at a safe height and make sure that back-siphoning cannot empty the WC traps, the soil pipe is vented to the open air above the guttering.

Individual branch pipes leading from upstairs washbasins and baths drain into an open hopper that funnels the water into another vertical waste pipe. Instead of feeding directly into the underground drains, this pipe terminates over a yard gully – another trap covered by a grid. A separate waste pipe from the kitchen sink normally drains into the same gully.

The yard gully and soil pipe both discharge into an underground inspection chamber, or manhole. These chambers provide access to the main drains for clearing blockages, and there will be one wherever your main drain changes direction on its way to the sewer.

At the last inspection chamber, just before the drain enters the sewer, there is an interceptor trap, the final barrier to drain gases and sewer rats.

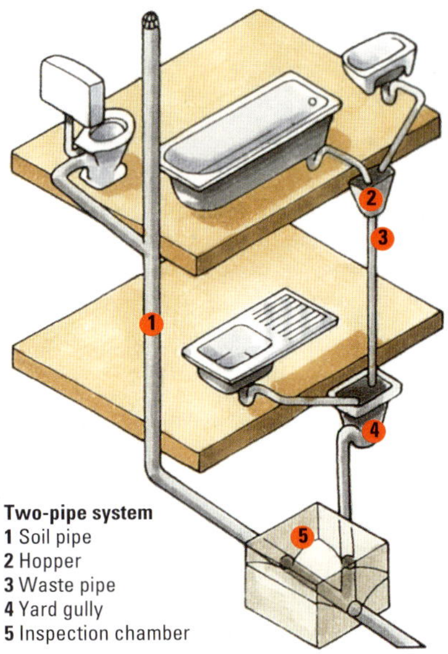

Two-pipe system
1 Soil pipe
2 Hopper
3 Waste pipe
4 Yard gully
5 Inspection chamber

Single-stack system

Since the late 1950s, most houses have been drained using a single-stack system. Waste from basins, baths and WCs is fed into the same vertical soil pipe or stack – which, unlike the two-pipe system, is often built inside the house. A single-stack system must be designed carefully to prevent a heavy discharge of waste from one appliance siphoning the trap of another, and to avoid the possibility of WC waste blocking other branch pipes. The vent pipe of the stack terminates above the roof and is capped with an open cage; or inside the house and is fitted with an air-admittance valve (see far right).

The kitchen sink can be drained through the same stack, but it is still common practice to drain sink waste into a yard gully. Nowadays waste pipes must pass through the grid, stopping short of the water in the gully trap – so that even if blocked with leaves, the waste can discharge unobstructed into the gully. Alternatively, it can be a back-inlet gully, with the waste pipe entering below ground level.

A downstairs WC is sometimes drained through its own branch drain to an inspection chamber.

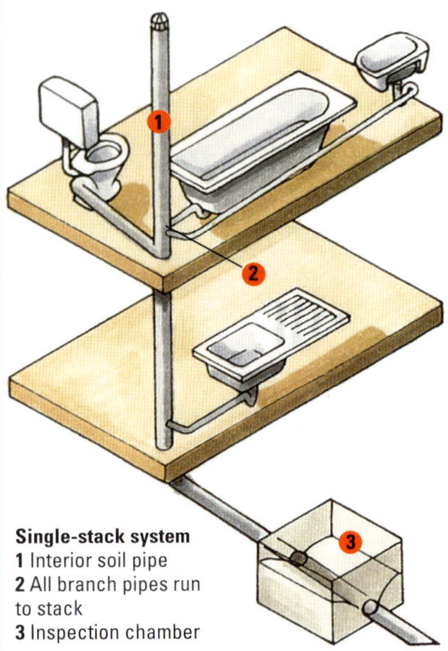

Single-stack system
1 Interior soil pipe
2 All branch pipes run to stack
3 Inspection chamber

RESPONSIBILITY FOR DRAINS

If a house is drained individually, the whole system up to the point where it joins the sewer is the responsibility of the householder. However, where a house is connected to a communal drainage system linking several houses, the arrangement for maintenance, including the clearance of blockages, is not so straightforward.

If the drains were constructed prior to 1937, the local council is responsible for cleansing but can reclaim the cost of repairing any part of the communal system from the householders. After that date, all responsibility falls upon the householders collectively, so that they are required to share the cost of the repair and cleansing of the drains up to the sewer, no matter where the problem occurs. Contact the Technical Services Department of your local council to find out who is responsible for your drains.

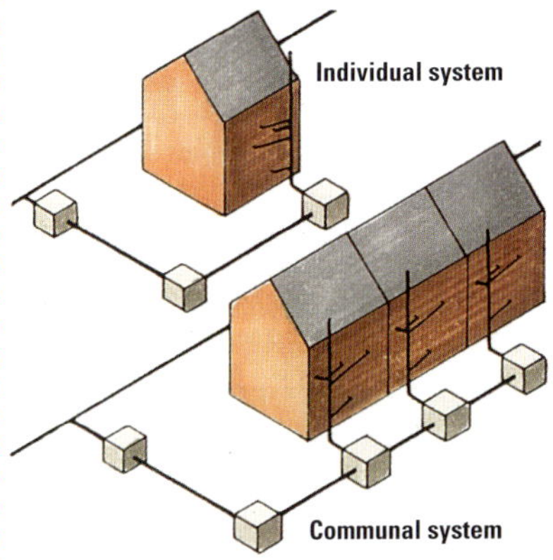

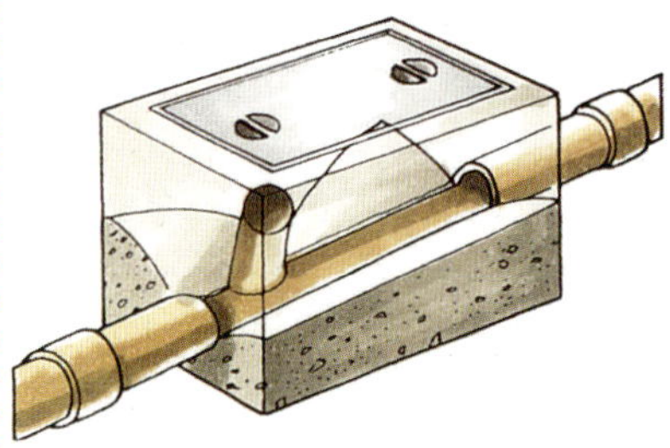

An inspection chamber where drains branch

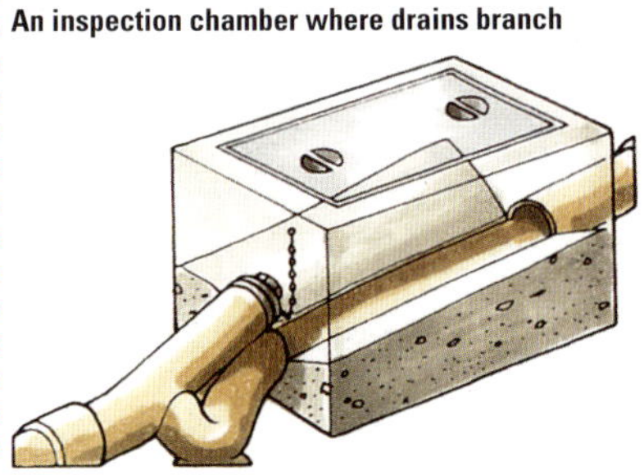

A chamber with interceptor trap

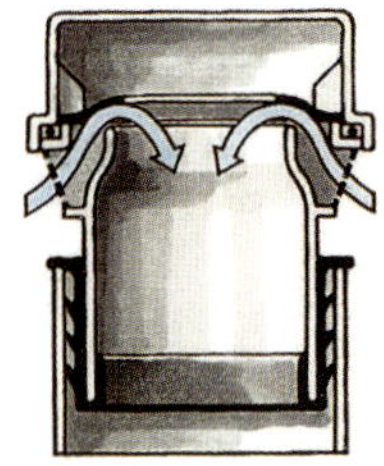

Ventilating pipes and stacks
An air-admittance valve seals off the vent pipe, but allows air into the system to prevent water being siphoned from the trap seals. This type of valve can only be used if the drainage scheme has been approved by the local authority.

Prefabricated chamber
On a modern drainage system, the inspection chambers may take the form of cylindrical prefabricated units. There may not be an interceptor trap in the last chamber before the sewer.

SEE ALSO: **Plumbing systems 359, Blocked soil pipe 369, Yard gully 369, Blocked drains 370**

Clearing blocked sinks and basins

Don't ignore the early signs of an imminent blockage in the waste pipe from a sink, bath or basin. If the water drains away slowly, use a chemical cleaner to remove a partial blockage before you are faced with clearing a serious obstruction. If a waste pipe blocks without warning, try a series of measures to locate and clear the obstruction.

Cleansing the waste pipe

Grease, hair and particles of kitchen debris build up gradually within the traps and waste pipes. Regular cleaning with a proprietary chemical drain cleaner will keep the waste system clear and sweet-smelling.

If water drains away sluggishly, use a cleaner immediately. Follow the manufacturer's instructions carefully, with particular regard to safety. Always wear protective gloves and goggles when handling chemical cleaners, and keep them out of the reach of children.

If unpleasant odours linger after you've cleaned the waste, pour a little disinfectant into the basin overflow.

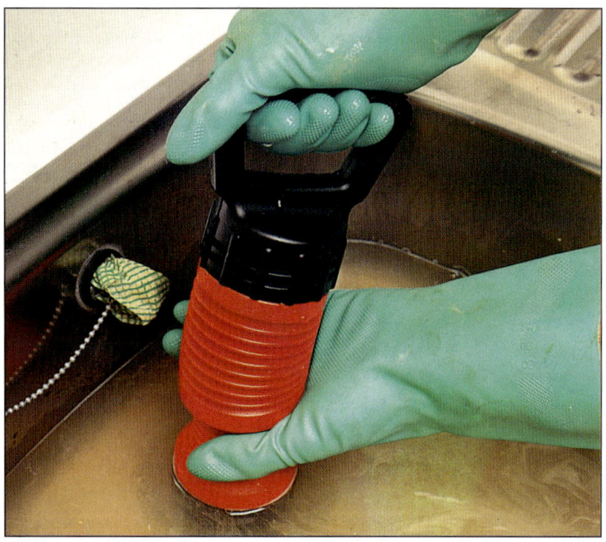

Using a pump
Block the sink overflow with a wet cloth. Fill the pump with water from the tap, then hold its nozzle over the outlet, pressing down firmly. Pump up and down until the obstruction is cleared.

USING A PUMP TO CLEAR A BLOCKAGE

If a plunger is ineffective in clearing a blocked waste outlet, use a simple hand-operated hydraulic pump. A downward stroke on the tool forces a powerful jet of water along the pipe to disperse the blockage. If the blockage is lodged firmly, an upward stroke creates enough suction to pull it free.

Using a plunger

If one basin fails to empty while others are functioning normally, the blockage must be somewhere along its individual branch pipe. Before you attempt to locate the blockage, try forcing it out of the pipe with a sink plunger. Smear the rim of the rubber cup with petroleum jelly, then lower it into the blocked basin to cover the waste outlet. Make sure that there's enough water in the basin to cover the cup. Hold a wet cloth in the overflow with one hand while you pump the handle of the plunger up and down a few times. The waste may not clear immediately if the blockage is merely forced further along the pipe, so repeat the process until the water drains away. If it will not clear after several attempts, try clearing the trap, or use a pump to clear the pipe (see left).

Clearing the trap

The trap situated immediately below the waste outlet of a sink or basin is basically a bent tube designed to hold water to seal out drain odours. Traps become blocked when debris collects at the lowest point of the bend.

Place a bucket under the basin to catch the water, then use a wrench to release the cleaning eye at the base of a standard trap; on a bottle trap, remove the large access cap by hand. If there is no provision for gaining access to the trap, unscrew the connecting nuts and remove the entire trap.

Let the contents of the trap drain into the bucket, then bend a hook on the end of a length of wire and use it to probe the section of waste pipe beyond the trap. (It is also worth checking outside, to see if the other end of the pipe is blocked with leaves.) If you have had to remove the trap, take the opportunity to scrub it out with detergent before replacing it.

Cleaning the branch pipe

Quite often, a vertical pipe from the trap joins a virtually horizontal section of the waste pipe. There should be an access plug built into the joint, so that you can clear the horizontal pipe. Have a bowl ready to collect any trapped water, then unscrew the plug by hand. Use a length of hooked wire to probe the branch pipe. If you locate a blockage that seems very firmly lodged, rent a drain auger from a tool-hire company to clear the pipework.

If there's no access plug, remove the trap and probe the waste pipe with an auger. If the pipe is constructed with push-fit joints, you can dismantle it.

Use a plunger to force out a blockage

Use hooked wire to probe a branch pipe

Unscrew the access cap on a bottle trap

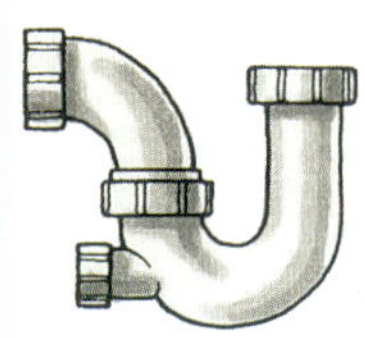

Tubular trap
If the access cap to the cleaning eye is stiff, use a wrench to remove it.

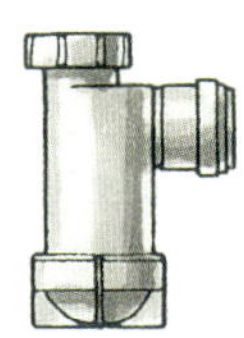

Bottle trap
This type of trap can be cleared easily because the whole base of the trap unscrews by hand.

SEE ALSO: Frozen pipes 361, Drain auger 516, Plungers 516

Blocked stacks or gullies

If several fittings are draining poorly, the vertical stack is probably obstructed. In autumn, the hopper, downpipe and yard gully may be blocked with leaves. The blockage may not be obvious when you empty a basin, but the contents of a bath will almost certainly cause an overflow. Clear the blockage urgently to avoid penetrating damp.

Cleaning out the hopper and drainpipe

Wearing protective gloves, scoop out the debris from the hopper, then gently probe the drainpipe with a cane to check that it is free. Clear the bottom end of the pipe with a piece of bent wire. If an old cast-iron waste pipe has been replaced with a modern plastic pipe, you may find there are cleaning eyes or access plugs at strategic points for clearing a blockage.

While you're on the ladder, scrub the inside of the hopper and disinfect it to prevent stale odours entering a nearby bathroom.

Unblocking a yard gully

Unless you decide to hire an auger, you have little option but to clear a blocked gully by hand. However, by the time it overflows the water in the gully will be quite deep, so try bailing some of it out with a small disposable container. Wearing rubber gloves, scoop out the debris from the trap until the remaining water disperses.

Rinse the gully with a hose and cleanse it with disinfectant. Scrub the grid as clean as possible, or burn off accumulated grime from a metal grid with a gas torch.

If a flooded gully appears to be clear and yet the water will not drain away, try to locate the blockage at the nearest inspection chamber.

Bail out the water, then clear a gully by hand

Unblocking a soil pipe

Unblocking a soil pipe is an unpleasant job and it's worth hiring a professional cleaning company – especially if the pipe is made of cast iron, as it will almost certainly have to be cleared via the vent above the roof.

You can clean a modern plastic stack yourself, since there should be a large hinged cleaning eye, or other access plugs, wherever branch pipes join the stack. If the stack is inside the house, lay polythene sheets on the floor and be prepared to mop up trapped sewage when it spills from the pipe.

Unscrew and open the cleaning eye to insert a hired drain auger. Pass the auger into the stack until you locate the obstruction, then crank the handle to engage it. Push or pull the auger until you can dislodge the obstruction to clear the trapped water, then hose out the stack. Wash and disinfect the surrounding area.

Use a hired auger to clear a soil stack

UNBLOCKING A WC

If the water in a WC pan rises when you flush it, there's a blockage in the vicinity of the trap. A partial blockage allows the water level to fall slowly.

Hire a larger version of the sink plunger to force the obstruction into the soil pipe. Position the rubber cup of the plunger well down into the U-bend, and pump the handle. When the blockage clears, the water level will drop suddenly, accompanied by an audible gurgling.

If the trap is blocked solidly, hire a special WC auger. Pass the flexible clearing rod as far as possible into the trap, then crank the handle to dislodge the blockage. Wash the auger in hot water and disinfect it, before returning it to the hire company.

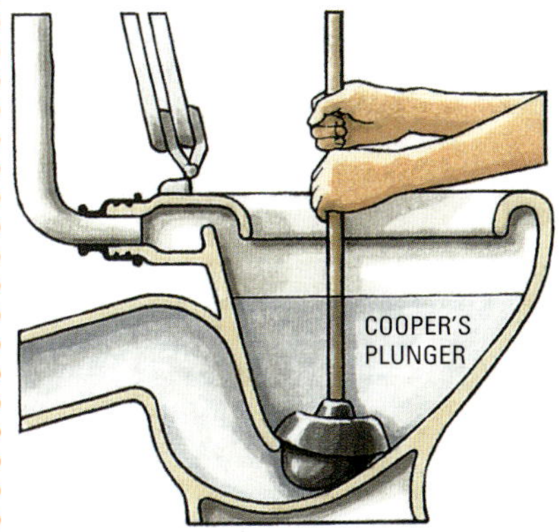

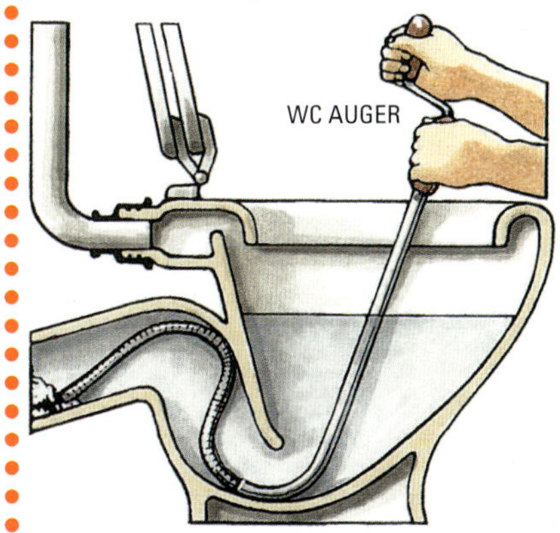

Clearing a blockage
Use a Cooper's plunger (left) to pump a blocked WC. Alternatively, clear it with a special WC auger (below left).

● **Clearing a blockage with a hydraulic pump**
Shift a really stubborn blockage with a hired pump, similar to the one used for clearing a blocked sink (see opposite)

☛ **SEE ALSO:** Guttering 244, Penetrating damp 261, Inspection chambers 370, Drain auger 516, WC auger 516, Gas torch 519

Rodding the drains

The first sign of a blocked drain could be an unpleasant smell from an inspection chamber, but a severe blockage may cause sewage to overflow from a gully or from beneath the cover of an inspection chamber. Before you resort to professional services, hire a set of drain rods – short flexible rods made of plastic or wire, screwed end to end – to clear the blockage.

Locating the blockage

Lift the cover from the inspection chamber nearest to the house. If it's stuck or the handles have rusted away, scrape the dirt from around its edges and prise it up with a garden spade.

- If the chamber contains water, check the one nearer the road or boundary. If that chamber is dry, the blockage is between the two chambers.
- If the chamber nearest the road is full, the blockage will be in the interceptor trap or in the pipe beyond, leading to the sewer.
- If both chambers are dry and yet either a yard gully or downstairs WC will not empty, check for blockages in the branch drains that run to the first inspection chamber.

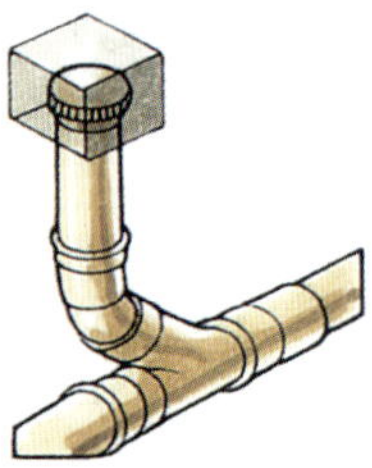

Rodding points
A modern drainage system is often fitted with rodding points to provide access to the drain. They are sealed with small oval or circular covers.

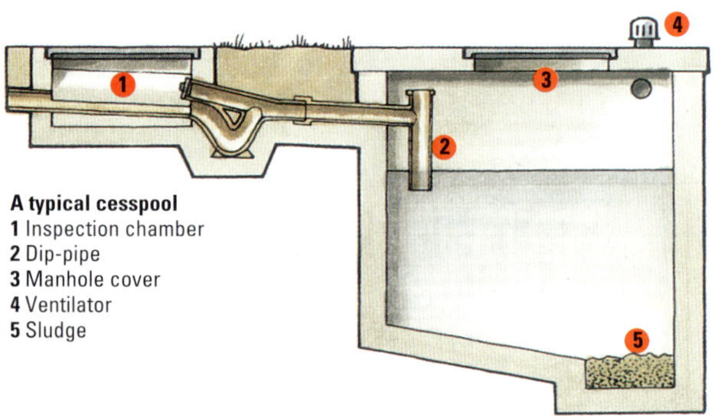

A typical cesspool
1 Inspection chamber
2 Dip-pipe
3 Manhole cover
4 Ventilator
5 Sludge

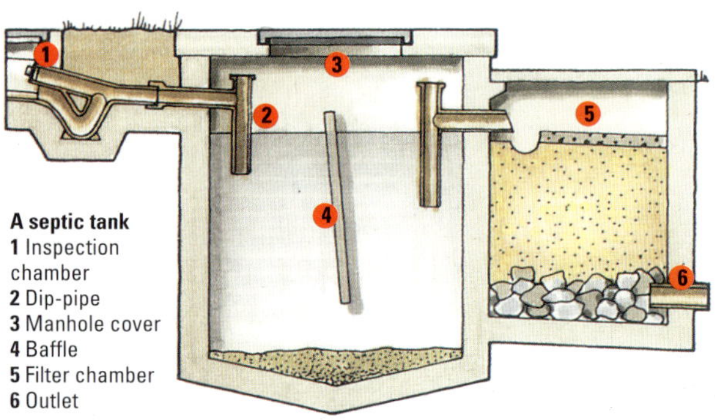

A septic tank
1 Inspection chamber
2 Dip-pipe
3 Manhole cover
4 Baffle
5 Filter chamber
6 Outlet

Rodding the drainpipe

Screw two or three rods together and attach a corkscrew fitting to the end. Insert the rods into the drain at the bottom of the inspection chamber, in the direction of the suspected blockage. If the chamber is full of water, use the end of a rod to locate the open channel running across the floor, leading to the mouth of the drain.

As you pass the rods along the pipe, attach further lengths till you reach the obstruction, then twist the rods clockwise to engage the screw. (Never twist the rods anticlockwise, or they will become detached.) Pull and push the obstruction until it breaks up, allowing the water to flow away.

Extract the rods, flush the chamber with clean water from a hose, and then replace the lid.

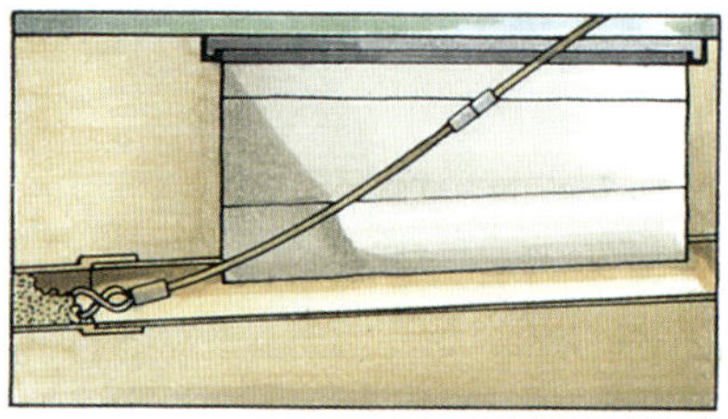

Use a corkscrew fitting to clear a drain

Clearing interceptor traps

Screw a rubber plunger to the end of a short length of rods and locate the channel that leads to the base of the trap. Push the plunger into the opening of the trap, then pump the rods a few times to expel the blockage. (This is also a useful technique for clearing blocked yard gullies.)

If the water level does not drop after several attempts, try clearing the drain leading to the sewer. Access to this drain is through a cleaning eye above the trap. It will be sealed with a stopper, which you will have to dislodge with a drain rod, unless it is attached to a chain stapled to the chamber wall. Don't let the stopper fall into the channel and block the trap. Rod the drain to the sewer, then hose out the chamber before replacing the stopper and cover.

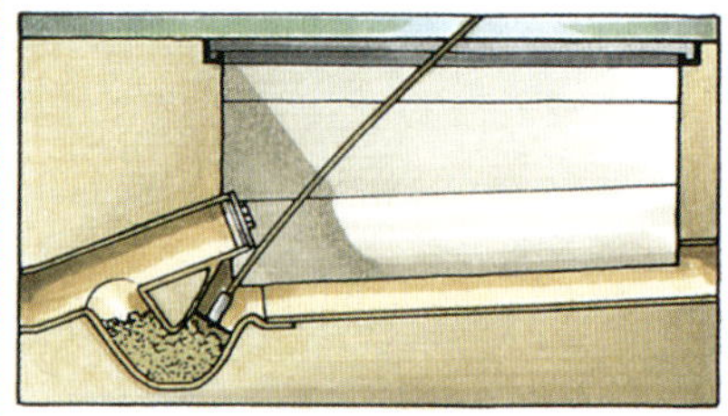

To rod an interceptor trap, fit a rubber plunger

Cesspools and septic tanks

Houses built in the country or on the outskirts of a town are not always connected to a public sewer. Instead, waste is drained into a cesspool or septic tank.

A cesspool simply acts as a collection point for sewage until it can be pumped out by the local council – whereas a septic tank is a complete waste-disposal system, in which sewage is broken down by bacterial action before the water is finally discharged into a local waterway or distributed underground.

Cesspools

The Building Regulations stipulate that cesspools must have a minimum capacity of 18cu m (4000 gallons), but many existing cesspools accommodate far less and require emptying perhaps once every two weeks. Before buying a country home with a cesspool, it is worth checking that it will cope with your needs. Water authorities estimate the disposal of approximately 115 litres (25 gallons) per person per day.

Most cesspools are cylindrical pits lined with brick or concrete. Modern ones are sometimes prefabricated in glass-reinforced plastic. Access is via a manhole cover.

Septic tanks

The sewage in a septic tank separates slowly: heavy sludge falls to the bottom to leave relatively clear water, with a layer of scum floating on the surface. A dip-pipe discharges waste below the surface, so that incoming water does not stir up the sewage. Bacterial action takes a minimum of 24 hours, so the tank is divided into chambers by baffles to slow down the movement of sewage through the tank.

The partly treated waste passes out of the tank, through another dip-pipe, into some form of filtration system that allows further bacterial action to take place. This may consist of another chamber, containing a deep filter bed; or the waste may flow underground through a network of drains, which disperses the water over a wide area to filter through the soil.

SEE ALSO: Inspection chambers 367, Drain rods 516

Metal pipes

The ability to install a run of pipework, make watertight joints and connect up to fittings constitutes the basis of most plumbing. Without these skills, a householder is restricted to simple maintenance. Modern materials and technology have made it possible for anybody who is prepared to master a few techniques to upgrade and extend plumbing without having to hire a professional.

Metric and imperial pipes

Copper and stainless-steel pipes are now made in metric sizes, whereas pipework already installed in older house will have been made to imperial measurements. If you compare the equivalent dimensions (15mm – ½in, 22mm – ¾in, 28mm – 1in), the difference seems obvious, but metric pipe is measured externally while imperial pipe is measured internally. In fact, the difference is very small – but enough to cause some problems when joining one type of pipe to the other.

When making soldered joints, an exact fit is essential. Imperial to metric adaptors are necessary when joining 22mm pipe to its imperial equivalent; and, although not essential, adaptors are convenient when you are working with 28mm pipes or with thick-walled ½in pipes. Adaptors are not required when using compression fittings, but when you are connecting 22mm to ¾in plumbing slip an imperial olive onto the ¾in pipe.

Typically, 15mm (½in) pipe is used for the supply to basins, kitchen sinks washing machines, some showers, and radiator flow and returns. However, 22mm (¾in) pipes are used to supply baths, high-output showers, hot-water cylinders and main central-heating circuits; and 28mm (1in) pipe for larger heating installations.

Electrochemical action

Joining pipes made from different metals can accelerate corrosion as a result of electrolytic action. If you live in a soft-water area, where this problem tends to be pronounced, use plastic pipe and connectors when you're joining to old pipework – but make sure that the metal pipes are still bonded to earth, as required by the Wiring Regulations.

Metal supply pipes

Over the years, most household plumbing systems will have undergone some form of improvement or alteration. As a result, you may find any of a number of metals used, perhaps in combination, depending on the availability of materials at the time of installation or the preference of an individual plumber.

Copper

Half-hard-tempered copper tubing is by far the most widely used material for pipework. This is because it's lightweight, solders well, and can be bent easily (even by hand, with the aid of a bending spring). It is employed for both hot-water and cold-water pipes, as well as for central-heating systems. There are three sizes of pipe that are invariably used for general domestic plumbing: 15mm (½in), 22mm (¾in), and 28mm (1in).

Stainless steel

Stainless-steel tubing is not as common as copper, but is available in the same sizes. You may have to order it from a plumbers' merchant. It's harder than copper, so cannot be bent as easily, and is difficult to solder. It pays to use compression joints to connect stainless-steel pipes, but tighten them slightly more than you would when joining copper.

Stainless steel does not react with galvanized steel (iron) – see ELECTROCHEMICAL ACTION (bottom left).

Lead

Lead is never used for any form of new plumbing – but there are thousands of houses that still have a lead rising main connected to a modernized system.

Lead plumbing that's still in use must be nearing the end of its life, so replace it as soon as an opportunity arises. When drinking water lies in a lead pipe for some time, it absorbs toxins from the metal. If you have a lead pipe supplying your drinking water, always run off a little water before you use any.

Galvanized steel (iron)

Galvanized steel was once commonly used for supply pipes, both below and above ground, having taken over from lead. It was then superseded by copper.

There are two problems with this type of pipe. It rusts from the inside and resists water flow as it deteriorates. Also, when it is joined to copper, the galvanizing breaks down rapidly because of an electrolytic action between the copper and zinc coating (see bottom left).

Copper pipes
The economic choice for modern, plumbing systems.

Stainless steel
Due to its superior appearance and strength, stainless steel is sometimes used where pipe runs are exposed. It does not cause electrolytic action with galvanized-steel pipes.

Lead
This is still found in older houses. It can introduce toxins into the drinking-water supply, so should be replaced.

Iron
Iron pipes are used for mains water supply in some older systems. Iron is susceptible to furring-up and decay, which can result in low water pressure and leaks. Cast iron is used for waste pipes in older buildings.

- **Cast-iron waste pipes**
All old soil pipes are made from cast iron, which is prone to rusting. If it weren't for their relatively thick walls, pipes of this kind would have rusted away long ago.

Plastic waste pipes
Should you need to replace a cast-iron pipe, ask for one of the plastic alternatives.

☛ SEE ALSO: Supplementary bonding 300, Main switch equipment 306, Soldered joints 373, Push-fit joints 377, Plastic waste pipes 378, Soft water 400, Bending springs 375, 516

Metal joints and fittings

Joints are made to connect pipes at different angles and in various combinations. There are adaptors for joining metric and imperial pipes, and for connecting one kind of material to another. You need to consult manufacturers' catalogues to see every variation, but the examples on this page illustrate a typical range of joints.

Plumbing fittings such as valves are made with demountable compression joints, so that they can be removed easily for servicing or replacement.

Corrosion resistance
Corrosion can take place between brass fittings and copper pipes. Look for the symbol that denotes corrosion-resistant brass fittings.

Soldering capillary joints
Solder is introduced to each mouth of the assembled end-feed joint (far right) and flows by capillary action into the fitting.

The rings pressed into the sleeves of an integral-ring fitting (right) contain the exact amount of solder to make perfect joints.

Pipe joints

It would be impossible to make strong, watertight joints by simply soldering two lengths of copper pipe end to end. Instead, plumbers use capillary or compression joints.

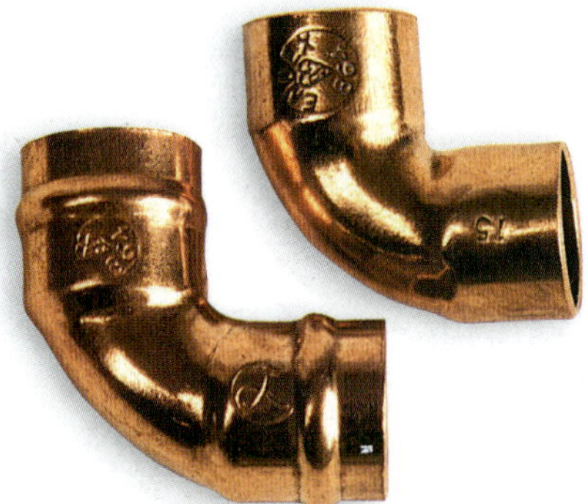

Capillary joints
Capillary joints are made to fit snugly over the ends of a pipe. The very small space between the pipe and joint sleeve is filled with molten solder. When it solidifies on cooling, the solder holds the joint together and makes it watertight. Capillary joints are neat and inexpensive – but because you need to heat the metal with a gas torch, there is a slight risk of fire when working in confined spaces under floors.

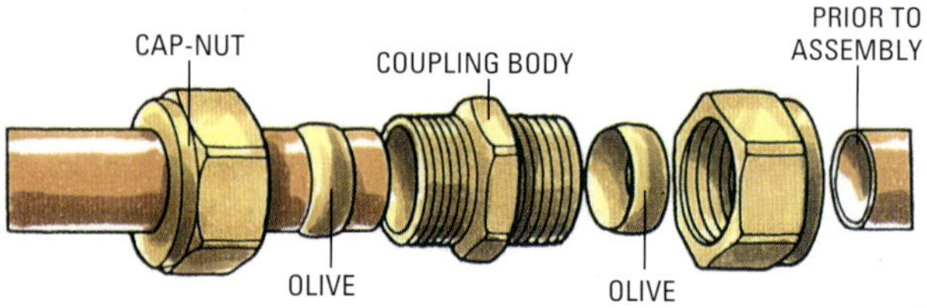

Compression joints
Compression joints are very easy to use, but are more expensive than capillary joints. They are also more obtrusive, and you will find it impossible to manoeuvre a wrench where space is restricted. The end of each pipe is cut square before the joint is assembled. When the cap-nut is tightened with a wrench it compresses a ring of soft metal, known as an olive, to fill the joint between fitting and pipe.

1 Equal-size connector

2 Reducer

3 Elbow 90°

4 Equal tee

5 Unequal tee

6 Straight coupling

7 Copper-to-steel connector

8 End cap

9 Tap connector

10 Tank connector

11 Bib-tap wall plate

12 Bib tap

13 Gate valve

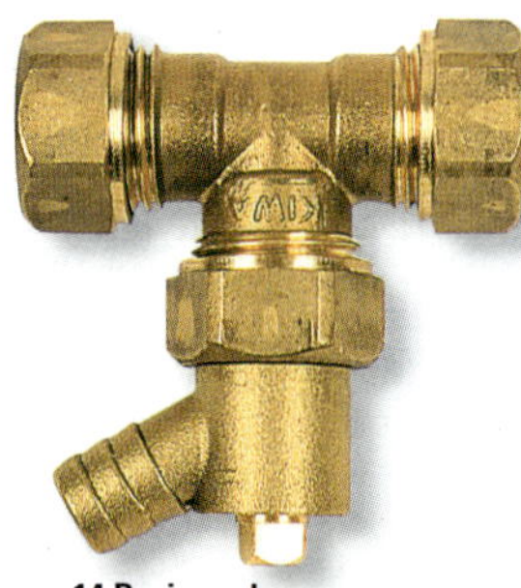

14 Draincock

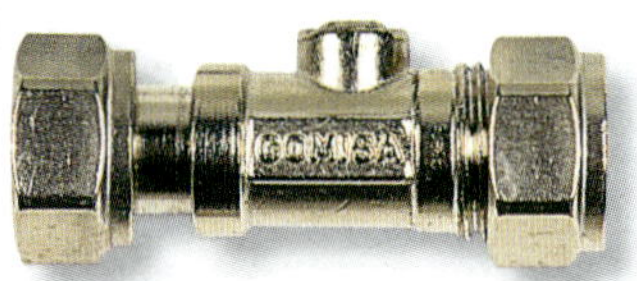

15 Straight service valve

16 Double-check non-return valve

Straight connectors
To join two pipes end to end in a straight line.
1 For pipes of equal diameter – *compression joint.*
2 Reducer to connect a 22mm (¾in) pipe to a 15mm (½in) pipe – *capillary joint.*

Bends or elbows
To join two pipes at an angle.
3 Elbow 90° – *compression joint.*

Tees (T-joints)
To join three pipes.
4 Equal tee, for joining three pipes of the same diameter – *capillary joint.*
5 Unequal tee, for reducing size of pipe run when connecting a branch pipe – *compression joint.*

Adaptors
To join dissimilar pipes.
6 Straight coupling for joining 22mm and ¾in pipes – *compression joint.*
7 Connector for joining copper to galvanized steel – *compression joint* for copper, *threaded female coupling* for steel.

Fittings
Identical jointing systems are used to connect fittings.
8 End cap, to seal pipes – *compression joint.*
9 Tap connector, with threaded nut for connecting supply pipe to tap – *capillary joint.*
10 Tank connector, joins pipes to cisterns – *compression joint.*
11 Bib-tap wall plate, for fixing tap on outside wall – *compression joint* for supply pipe, *threaded female connector* for tap.
12 Bib tap has threaded tail to fit wall plate.
13 Gate valve to fit in straight pipe run – *compression joint.*
14 Draincock for emptying a pipe run – *compression joint.*
15 Straight service valve for isolating a tap or float valve – *compression joint.*
16 Double-check non-return valve, used for outside taps and other outlets where contamination of water supply is possible – *compression joint.*

SEE ALSO: Metal plumbing 371, Soldering 518–19

CUTTING METAL PIPE

Calculate the length of pipe you need, allowing enough to fit into the sleeve of the joint at each end. Whatever type of joint you use, it's essential to cut the end of every length of pipe square.

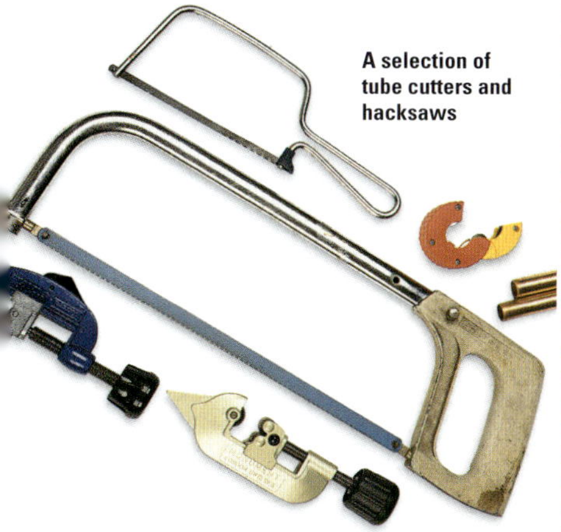

A selection of tube cutters and hacksaws

To ensure a perfectly square cut each time, use a tube cutter. Align the cutting wheel with your mark, and adjust the handle of the tool to clamp the rollers against the pipe **(1)**. Rotate the tool around the pipe, adjusting the handle after each revolution to make the cutter bite deeper into the metal.

A tube cutter makes a clean cut on the outside of the pipe, but use the pointed reamer on the tool to clean the burr from inside the cut end **(2)**.

If you use a hacksaw, make sure the cut is square by wrapping a piece of paper with a straight edge around the pipe. Align the wrapped edge and use it to guide the saw blade **(3)**. Remove the burr, inside and out, with a file.

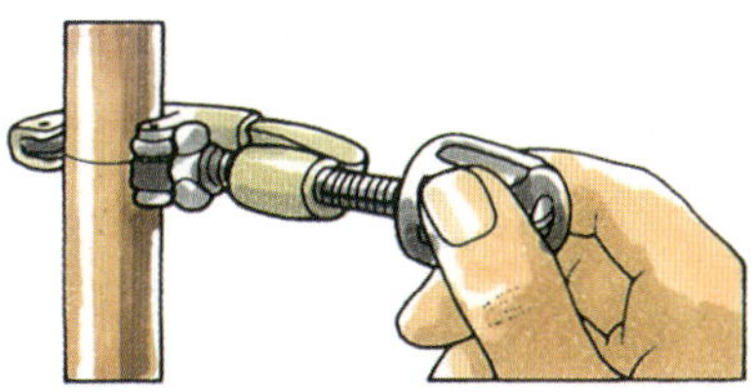

1 Clamp the tube cutter onto the pipe

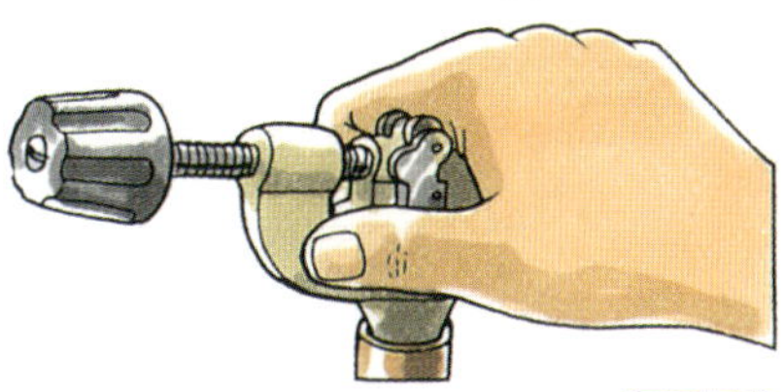

2 Clean off the burr

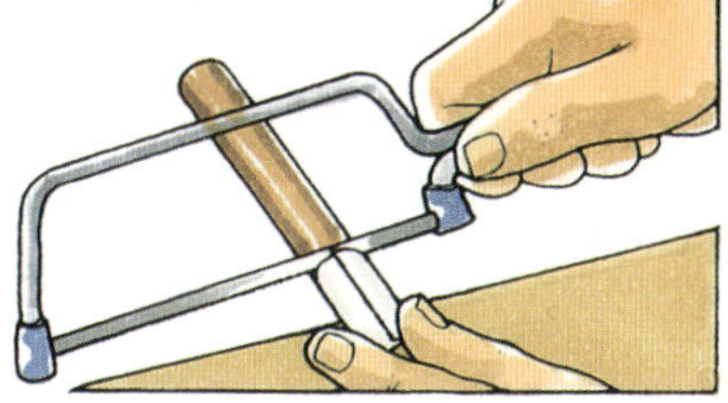

3 Wrap paper around the pipe to guide a saw

Making soldered joints

Soldering pipe joints is easy once you have had a little practice. The fittings are cheap, so you can afford to try out the techniques before you begin to install pipework. You need a gas torch to apply heat, some flux to clean the metal, and solder to make the joint. Make sure the pipe is perfectly dry before you attempt to solder a joint.

Gas torches

To heat the metal sufficiently for a soldered joint, most plumbers use a gas torch. Gas, liquefied under pressure, is contained in a disposable metal canister. When the control valve of the torch is opened, gas is vaporized to combine with air, making a highly combustible mixture. Once ignited, the flame is adjusted until it burns steadily with a clear blue colour.

Many professional plumbers use a propane torch, which is connected by a hose to a metal gas bottle. The average householder doesn't need such expensive equipment, but if you happen to own a propane torch, perhaps for car repairs, you can use the same tool for soldering plumbing joints.

Using integral-ring joints

Clean the ends of each pipe and the inside of the joint sleeves with wire wool or abrasive paper until the metal is shiny. Brush flux onto the cleaned metal and push the pipes into the joint, twisting them to spread the flux evenly. Push each pipe up against the stop in the joint.

If you are using elbows or tees, mark the pipe and joint with a pencil, to make sure they do not get misaligned during the soldering.

Slip a ceramic tile or a plumber's fibreglass mat behind the joint to protect flammable materials, then apply the flame of a gas torch to the area of the joint to heat it evenly. When a bright ring of solder appears at each end of the joint, remove the flame and allow the metal to cool for a couple of minutes before disturbing it.

Repairing a weeping joint

When you fill a new installation with water for the first time, check every joint to make sure it's watertight. If you notice water 'weeping' from a soldered joint, drain the pipe and allow it to dry. Heat the joint and apply some fresh solder to the edge of each mouth. If it leaks a second time, heat the joint until you can pull it apart with gloved hands. Either use a new joint or clean and flux all surfaces and reuse the same joint, adding solder as if you were working with an end-feed fitting (see right).

Solder and flux

Solder is a soft alloy manufactured with a melting point lower than that of the metal it is joining. Plumbers' solder is sold as wound wire.

Copper must be spotlessly clean and grease-free if it is to produce a properly soldered joint. Even when you have cleaned it mechanically with wire wool, copper begins to oxidize immediately; a chemical cleaner known as flux is therefore painted onto the metal to provide a barrier against oxidation until the solder is applied. A non-corrosive flux in the form of a paste is the best one to use. On stainless-steel pipework use a highly efficient active flux – but wash it off with warm water after the joint is made, or the metal will corrode.

Using end-feed joints

Having cleaned and assembled an end-feed joint, heat the area of the joint evenly. When the flux begins to bubble, remove the flame and touch the solder wire to two or three points around the mouth of each sleeve – the joint is full of solder when a bright ring appears around each sleeve. Allow it to cool.

Heat the joint to melt the captive solder

Introduce solder to a heated end-feed joint

● Joining stainless-steel pipes
The techniques for joining copper and stainless-steel are similar – but because the steel is harder, you will find that it 's easier to cut it with a hacksaw. Use an active flux when soldering stainless steel (see left).

Gas torches
A gas torch is used for heating soldered joints. A simple torch (above) is available from any DIY outlet.

The propane torch (below) is used by professional plumbers.

● Lead-free solder
Use lead-free solder when joining pipes that will supply drinking water.

SEE ALSO: Pipe fittings 372, Plumbing tools 516–21

Compression joints

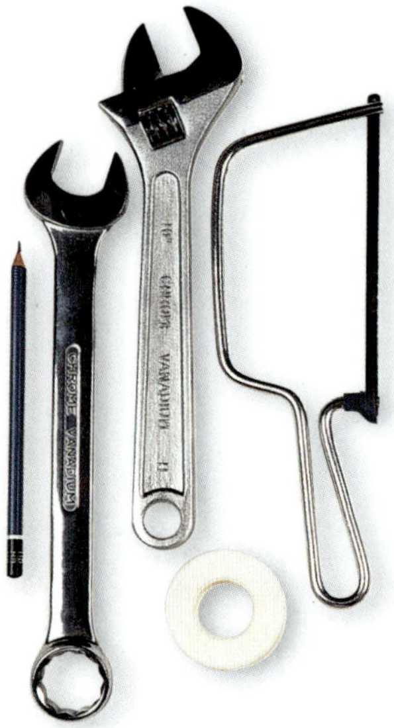

Using compression fittings is so straightforward that you will be able to make watertight joints without any previous experience.

Assembling a joint

Cut the ends of each pipe square and clean them, along with the olives, using wire wool. Dismantle a new joint and slip a cap-nut over the end of one pipe, followed by an olive **(1)**. Look carefully to see if the sloping sides of the olive are equal in length. If one is longer than the other, that side should face away from the nut.

Push the pipe firmly into the joint body **(2)**, twisting it slightly to ensure it is firmly against the integral stop. Slide the olive up against the joint body, then tighten the nut by hand.

The olive must be compressed by just the right amount to ensure a watertight joint. As a guide, make a pencil mark on one face of the nut and on the opposing face on the joint body **(3)**; then, holding the joint body steady with a spanner, use another spanner to turn the nut one complete revolution **(4)**. Assemble the other half of the joint in exactly the same manner.

Some plumbers like to wrap a single turn of PTFE tape over the olive before tightening the nut, to make absolutely sure the joint is watertight. However, a properly tightened compression joint should be watertight without it.

Straight connector
Compression joint to join two pipes of equal diameter, end to end, in a straight line.

1 Slip an olive onto the pipe after the cap-nut

2 Clamp the joint to the pipe with the nut

Elbow joint
A 90-degree elbow compression joint connects two pipes at an angle.

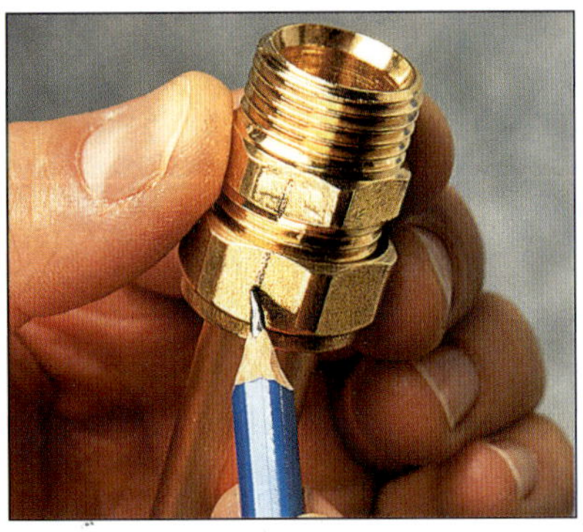

3 Mark the nut and joint with a pencil

4 Tighten the joint with two spanners

Repairing a weeping joint

Having filled the pipe with water, check each joint for leaks. Make one further quarter turn on any nut that appears to be weeping.

Crushing an olive by overtightening a compression joint will cause it to leak. Drain the pipe and dismantle the joint. Cut through the damaged olive with a junior hacksaw, taking care not to damage the pipe. Remake the joint with a new olive, restore the supply of water, and check for leaks once more.

Saw through a damaged olive

Notching floor joists
When running pipes under floorboards, notch each joist to receive the pipe. Cut the notch to align with the centre of a floorboard and drive a nail on each side when replacing the board.

STEEL-TO-PLASTIC CONNECTIONS

Galvanized-steel pipe is connected by threaded joints, so if you plan to extend old pipework using the same material you will need a pipe die to cut the threads on the end of each length of new pipe.

You can hire a pipe die, but a simpler solution is to continue the run in plastic, using an adaptor to connect one system to another. One end of the adaptor has a push-fit sleeve for the plastic pipework; the other end has a male or female threaded connector for the galvanized steel.

Fitting an adaptor

Use two Stillson wrenches to unscrew the joint on the old pipework where you intend to connect up to plastic. Grip the joint with one wrench and the pipe with the other, pushing and pulling in the direction the jaws face **(1)**. If the joint is stiff, use penetrating oil or play the flame of a gas torch along it.

Threaded connections leak unless they're made watertight with plumbers' PTFE tape. Wrap the tape clockwise two or three times around the pipe to cover the threads **(2)**, then engage and tighten the adaptor.

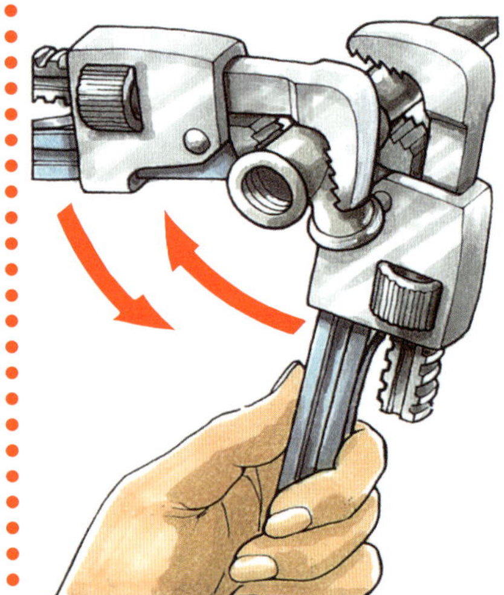

1 Unscrew a joint with two Stillson wrenches

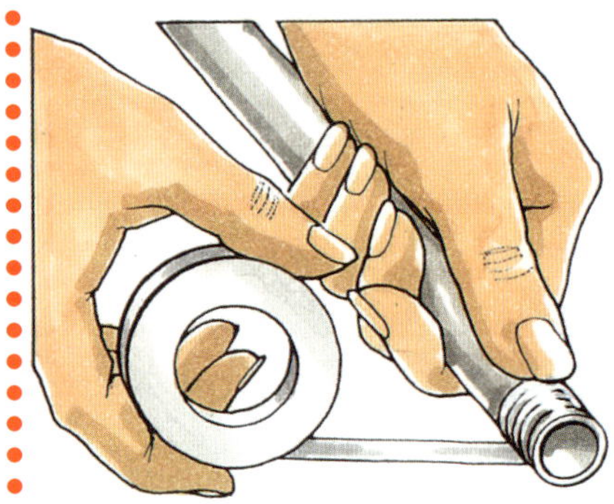

2 Wrap plenty of PTFE tape over the threads

SEE ALSO: Metal joints and fittings 372, Plumbing adaptors 376, Wrenches 519–20

COPPER-TO-LEAD CONNECTIONS

When replacing old lead plumbing with copper, plumbers used to make the connection to the lead rising main with solder and a blowlamp. It is illegal to make such joints nowadays – and it is also much simpler to use a special lead-to-copper compression joint.

There are joints for connecting lead pipes to 15 and 22mm (½ and ¾in) copper pipes. You can use similar joints for plastic plumbing, provided you reinforce the plastic pipe with metal inserts. Although the connectors are specified according to the bore of lead pipework, measure the outside diameter of your rising main and ask a plumbers' merchant to provide a suitable compression joint.

Making the connection

Select a straight length of lead pipe that is as round as possible. It must also be in good condition, as the O-ring inside the fitting won't make a watertight seal if the lead is dented or scored.

Turn off the water supply. Have a bucket ready to catch the water, then cut the lead pipe with a hacksaw. Chamfer the outside edge of the pipe, and remove the burr from the inside. Dismantle the compression joint and check that the large thrust nut makes a good sliding fit on the lead pipe. You can scrape back a slightly oversize pipe to fit, keeping it as round as possible.

Slide the thrust nut onto the pipe, then the two metal rings and the rubber O-ring **(1)**. Slide the threaded coupling body onto the end of the pipe and push it against the internal end stop. Tighten the coupling **(2)** until you feel resistance, but don't use excessive force.

The other end of the coupling body carries a conventional compression joint for the copper pipe.

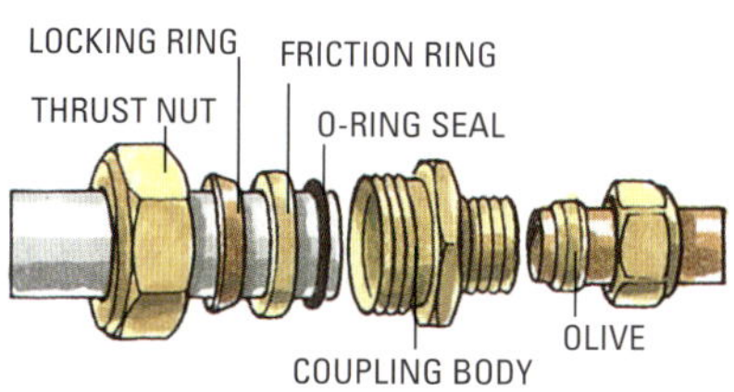

Copper-to-lead compression joint

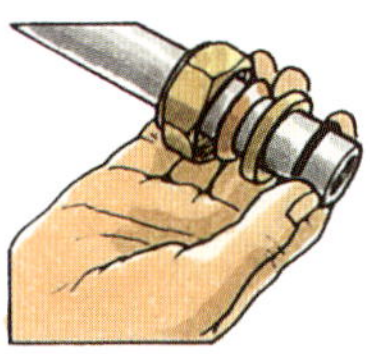

1 Fit nut and rings

2 Tighten the coupling

Bending pipes

You can change the direction of a pipe run by using an elbow joint, but there are occasions when bending the pipe itself will produce a neater or more accurate result.

If you want to carry a pipe over a small obstruction (another pipe, for example), a slight kink in the pipe will be less of an obstruction to the flow of water and will therefore create less noise than two elbows within a few centimetres of each other. It is also cheaper.

Perhaps you want to run pipes into a window alcove where the walls meet at an unusual angle? Bending the pipes accurately will allow you to fit the pipes neatly against the alcove walls.

Using a bending spring

A bending spring is the cheapest and easiest tool for making bends in small pipe runs. It is a hardened-steel coil spring that supports the walls of copper tube to stop it kinking. Most bending springs are made to fit inside the pipe, but some slide over it.

Slide the spring into the tube, so it supports the area you want to bend. Hold the tube against your padded knee and bend it to the required angle. The bent tube will grip the spring, but slipping a screwdriver into the ring at one end and turning it anticlockwise will reduce the diameter of the spring so that you can pull it out.

If you make a bend some distance from the end of a tube, you won't be able to withdraw the bending spring in the normal way. Either use an external spring or tie a length of twine to the ring and lightly grease the spring with petroleum jelly before you insert it. Slightly overbend the tube and open it out to the correct angle to release the spring, then pull it out with the twine.

Plumbers' bending springs

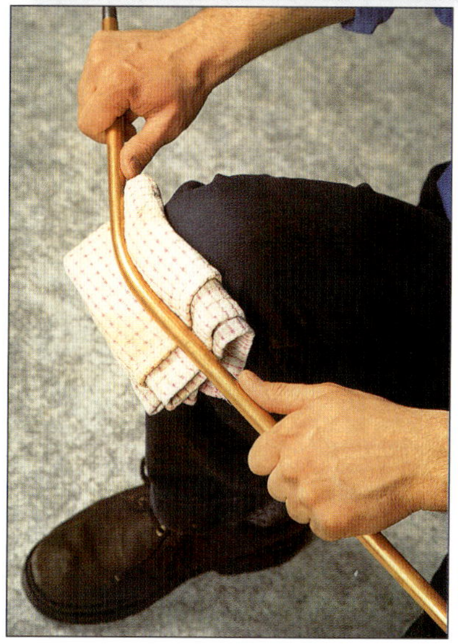

Using a pipe bender

Although you can hire bending springs to fit the larger pipes, it isn't easy to bend 22 or 28mm (¾ or 1in) tube over your knee – so it is well worth hiring a pipe bender to do the job.

Hold the pipe against the radiused former and insert the straight former to support it. Pull the levers towards each other to make the bend, and then open up the bender to remove the pipe.

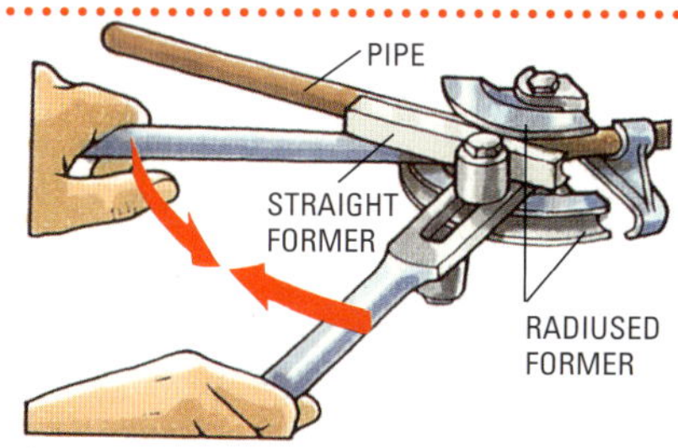

Use a pipe bender for larger tubing

Getting the bends in the right place

It is difficult to position two or more bends accurately along a single length of pipe. If you want to fit an alcove, for example, it's easier to bend individual lengths of pipe to fit each corner, then cut the tubes where they overlap and insert joints.

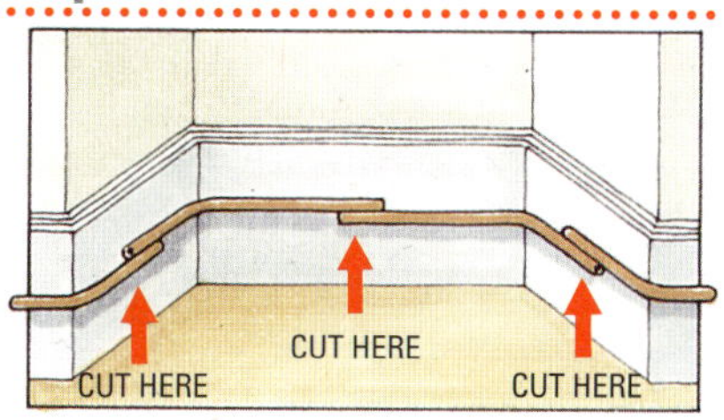

Bend separate lengths of pipe to fit an alcove

● Annealing pipe
When you are working with large-diameter copper pipe, play the flame of a gas torch around the area of the intended bend until the metal is cherry red, then allow it to cool. The pipe will bend with minimal effort, using a bending spring.

Using the spring
Bend the pipe against your padded knee. If you anneal the pipe pipe, (see above) be sure to allow it to cool before bending it.

Supporting pipe runs
Place a plastic or metal clip at 1m (3ft) intervals along a horizontal run of 15mm (½in) pipe. Increase the spacing to every 1.5m (4ft 6in) on a vertical run. In the case of larger pipes, increase the spacing a little more.

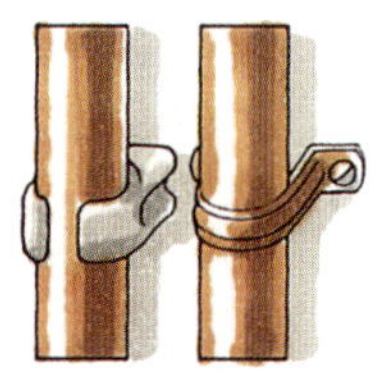

Plastic plumbing

Plastic plumbing is lightweight and extremely simple to assemble. It doesn't burst when frozen, corrode, or adversely affect other materials; and, depending on the type of plastic, it can be used both for cold water and hot, including central-heating pipework. Most plastic systems can be connected to existing metal pipes.

Plastic joints and fittings are similar to the ones used for metal plumbing, but are typically larger in size. Joints and pipes are for the most part manufactured from the same material, but there are several specialized connectors available for joining plastic plumbing to taps, tanks and existing metal plumbing. To see the huge variety of plastic joints, you need to browse through manufacturers' catalogues, but the selection below shows the main categories of joint and examples of the different types of coupling.

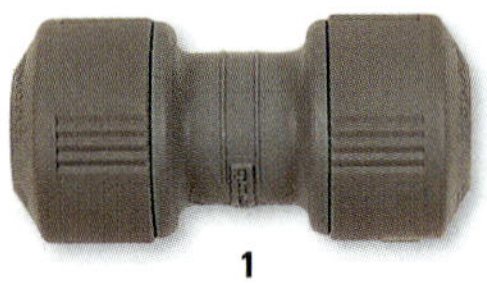

1

Straight connectors
For joining two pipes end to end.
1 For pipes of equal diameter – *push-fit.*

5

Tees
For joining three pipes.
5 Unequal tee for joining 15mm (½in) branch pipe to main pipe run – *push-fit.*

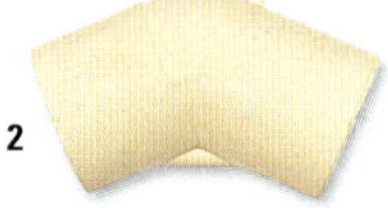

2

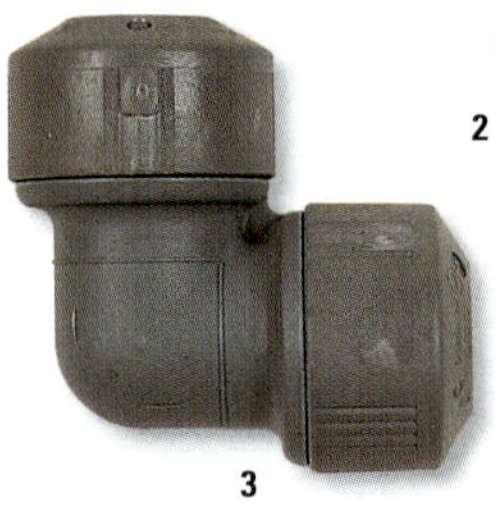

3

Elbows
For joining two pipes at an angle.
2 Elbow 45° – *solvent weld.*
3 Elbow 90° – *push-fit.*

Adaptors
To join dissimilar pipes.
4 Plastic-to-copper connector – *push-fit* and *compression joint.*

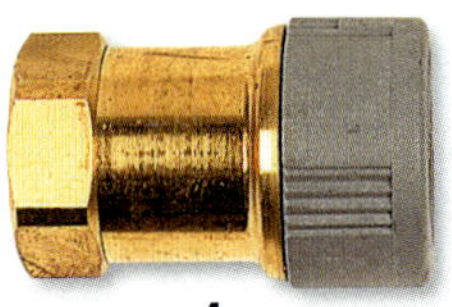

4

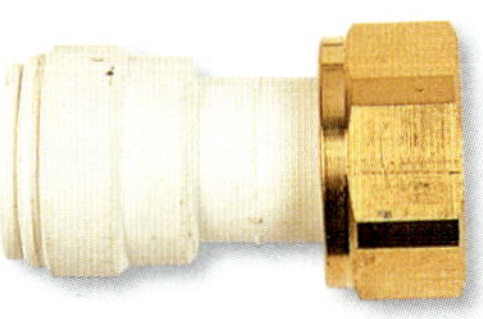

6

8

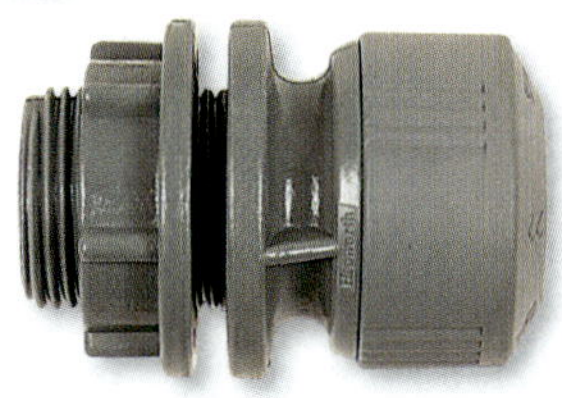

7

Fittings
Manufacturers supply pipe connectors and valves that can be attached to plastic pipes.

6 Tap connector with threaded nut for connecting supply pipe to tail of tap – *push-fit.*

7 Tank connector joins pipes to storage tanks and cisterns – *push-fit.*
8 Stopcock – *push-fit.*

Bending plastic pipes

Flexible pipes can be bent cold to a minimum radius of eight times the pipe diameter. Use a pipe clip at each side of the bend to hold the curve, or use a special corner clamp. It is easy to thread flexible pipe around obstacles or run it under floorboards.

It's possible to bend a rigid plastic pipe by heating it gently. Pass the flame of a gas torch over the area that you want to bend. Keep the flame moving and revolve the pipe. When the pipe is soft enough, bend it by hand on a flat surface. Hold it still till the plastic hardens again. Wear thick leather gloves when handling hot plastic.

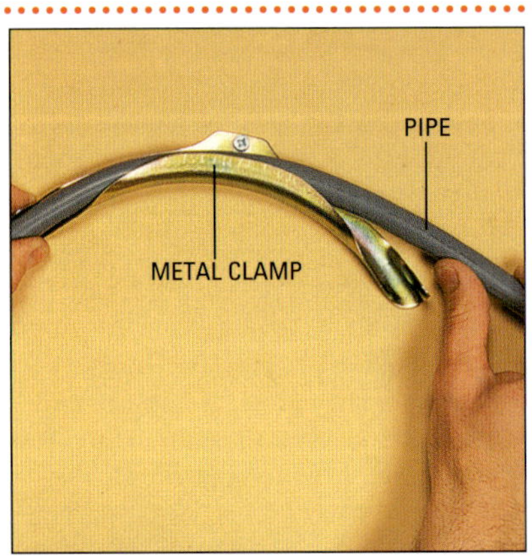

Hook flexible pipe into a metal corner clamp

• Oxygen-diffusion barriers
There's some concern that a small amount of oxygen drawn through the walls of plastic central-heating pipes contributes to the corrosion of the system. To prevent this happening, an oxygen-diffusion barrier is built into the walls of the pipe.

PLASTIC SUPPLY PIPES

Plastic supply pipes are made to the same standard sizes as metal pipework, but there may be a slight variation in wall thickness from one manufacturer's stock to another.

Chlorinated polyvinyl chloride (cPVC)

A versatile plastic suitable for hot and cold supply. It can even withstand the temperatures that are required for central-heating systems.

Polybutylene (PB)

A tough, flexible plastic pipe used for hot and cold supply, and central heating. Available in standard lengths or continuous coils, PB resists bursting when frozen. It will sag if unsupported.

Cross-linked polyethylene (PEX)

Although it expands considerably when it is heated, PEX is used to make pipes that supply hot and cold water and for underfloor heating systems. However, it tends to sag, so is unsuitable for surface running. A PEX pipe resists bursting when subjected to frost. Twin-wall PEX, with an oxygen-diffusion barrier in the form of an aluminium layer sandwiched between the walls, is semi-rigid.

Medium-density polyethylene (MDPE)

This plastic is widely used for underground domestic supply pipes. The pipes, normally coloured blue, can be laid in continuous lengths and are resistant to pressure and corrosion.

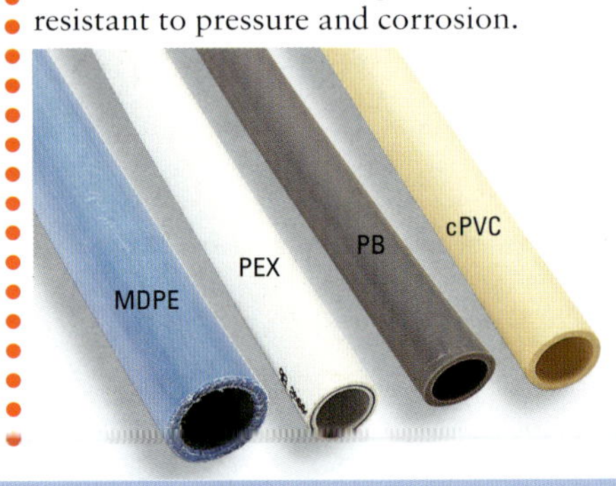

SEE ALSO: Solvent-weld joints 378, Push-fit joints 378–9

Joining plastic supply pipes

Some plastic supply pipes can be connected using solvent-weld joints (as described for waste systems), but it is easier and more convenient to use the push-fit connectors shown below.

Push-fit joints

When the pipe is inserted, an O-ring seals in the water in the normal way and (depending on the model) a special plastic grab ring, or a collet with stainless-steel teeth, grips the tube securely to prevent water under mains pressure forcing the joint apart. Joints fitted with collets can be disconnected easily, but to dismantle the other type of push-fit joint, it's necessary to remove the retaining cap and prise open the grab ring, using a special tool.

Push-fit joints are more obtrusive than their solvent-welded equivalents – but the speed and simplicity with which you can assemble them more than compensates.

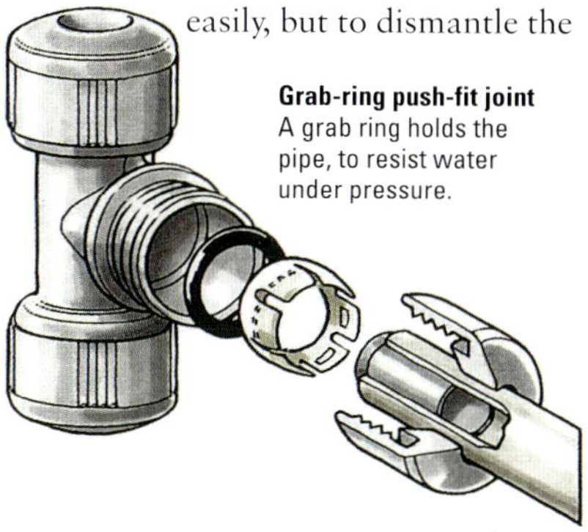

Grab-ring push-fit joint
A grab ring holds the pipe, to resist water under pressure.

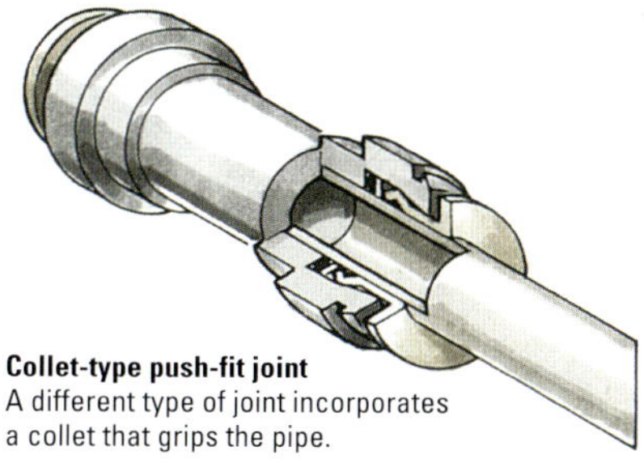

Collet-type push-fit joint
A different type of joint incorporates a collet that grips the pipe.

Using grab-ring joints

Cut polybutylene pipe to length with the special shears that are supplied by the manufacturer **(1)** – or alternatively use a sharp craft knife. Provided that you make the cut reasonably square, the joint will be watertight.

Push a metal support sleeve into the pipe **(2)**, and, if necessary, smear a little silicone lubricant around the end of the pipe and inside the socket **(3)**.

Push the prepared pipe firmly a full 25mm (1in) into the socket **(4)**. As the joint can revolve freely around the pipe after connection without breaking the seal, there is no problem when aligning tees and elbows with other pipe runs.

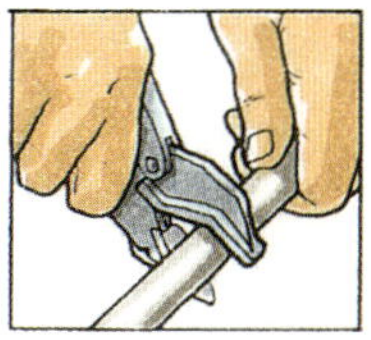

1 Cut pipe to length

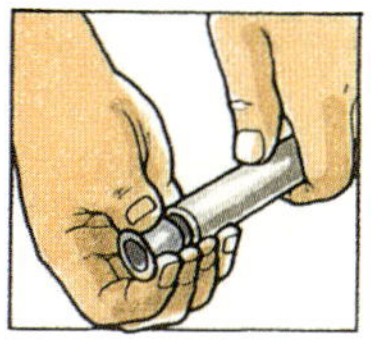

2 Insert metal sleeve

3 Apply lubricant

4 Push pipe into joint

Dismantling a joint

If you need to dismantle a joint to alter a system, unscrew the cap and pull out the pipe. Slide off the rubber O-ring, then prise off the grab ring, using a special demounting tool (see right). Never try to reuse a grab ring.

To reassemble the joint, insert the O-ring into the fitting, followed by the grab ring – with its slots facing outwards. Replace the retaining cap and hand-tighten it, ready to insert the pipe.

Push the pipe into the joint, using the technique described above. Never try to assemble the fitting like a compression joint, or it will blow out under pressure.

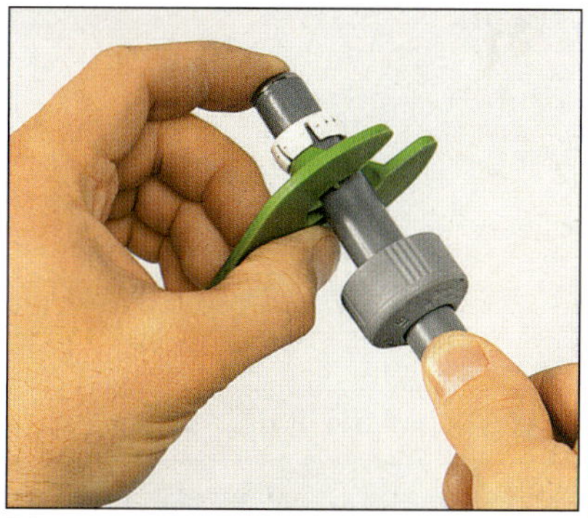

Prise open the grab ring, using a special tool

Repairing a weeping joint

A push-fit joint on a supply pipe may leak if the pipe is not pushed home fully, or if the O-ring is damaged.

CONNECTING METAL TO PLASTIC PLUMBING

Special adaptor couplings are needed in order to connect most types of plastic pipe to copper or galvanized-steel plumbing. To join polybutylene pipe to copper, insert a metal support sleeve, then use a standard brass compression joint; or use a push-fit connector to join copper pipes to a polybutylene run. Cut and deburr the copper pipe carefully before pushing it into the joint.

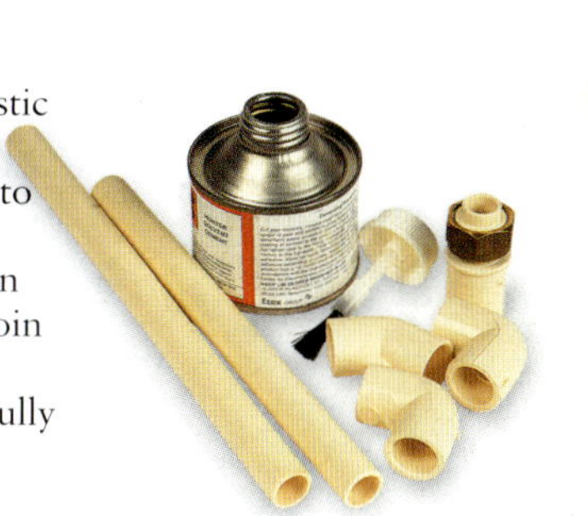

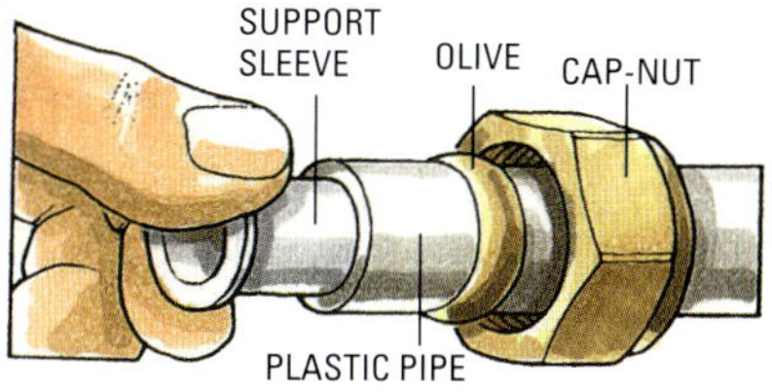

Joining plastic pipe with a compression fitting
Insert support sleeve before tightening the joint.

Collet-type joints

Push-fit joints that incorporate collets are particularly easy to assemble. Cut the end of the pipe square, push it into the socket until it comes up against the internal stop, then pull on the pipe to check that the joint is secure.

If you need to dismantle a joint, hold the collet in with your fingertips **(1)** and pull the pipe out of the socket.

Join metal pipes the same way, but remove burrs and sharp edges to prevent tearing the O-ring. Provide extra grip by slipping a collet clip into the grooved collar **(2)**.

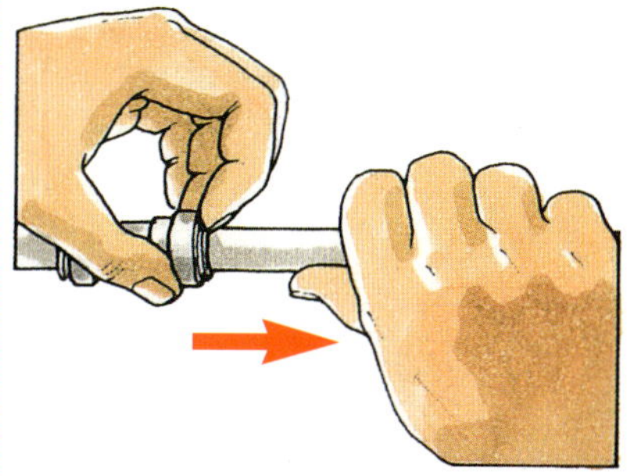

1 Hold the collet in with your fingertips

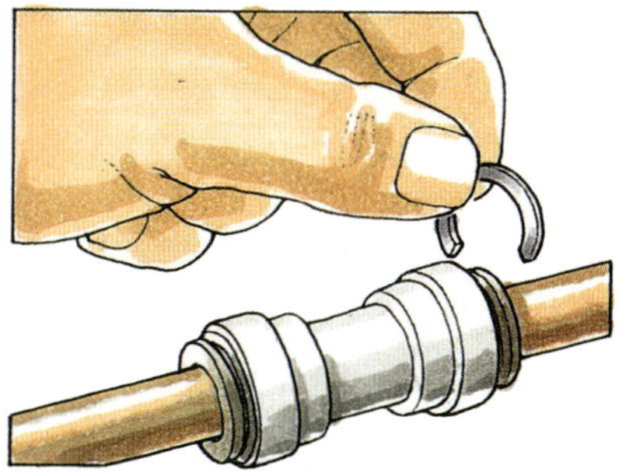

2 Slip collet clip into grooved collar

● Supporting pipe runs
Plastic pipework should be supported with clips or saddles similar to those used for metal pipe, but because it is more flexible you will have to space the clips closer together. Check with the manufacturers' literature to establish the exact dimensions. If you plan to surface-run flexible pipes, consider ducting or boxing-in because it's difficult to make a really neat installation.

Cutting plastic pipe
Polybutylene pipe is easy to cut, using special shears.

SEE ALSO: Supporting pipes 375, Adaptor couplings 376, Solvent-weld joints 378–9, Hacksaws 516–17, Files 520–1

Plastic waste pipes

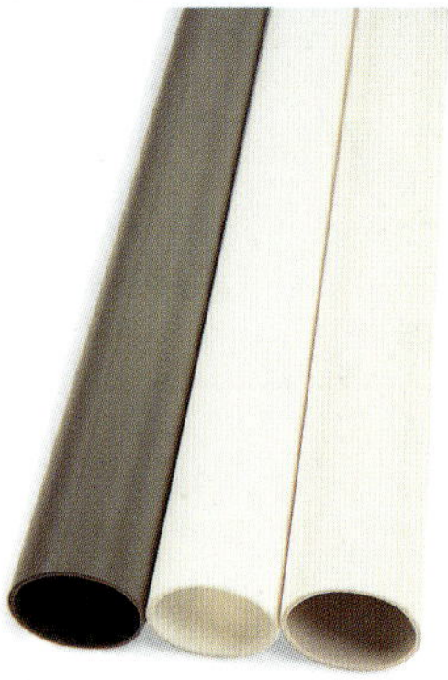

Plastics are complex materials, each having its own properties. Consequently, a technique or material that is suitable for joining one plastic may not be suitable for another.

To make watertight joints, it's vital to follow the manufacturer's instructions carefully, and to use the particular solvents and lubricants that are recommended. The examples on the right illustrate common methods for connecting plastic waste pipes and joints.

Types of plastic

Plumbing manufacturers have a wide variety of plastics to draw upon, each with its own special characteristics.

Modified unplasticized polyvinyl chloride (MuPVC)
A hard plastic, used for solvent-weld waste pipe and fittings. It is resistant to most domestic chemicals, and is not affected by ultra-violet light when used outdoors. It is slightly more flexible than uPVC, which is used for soil pipes with push-fit and solvent-weld joints.

Polypropylene (PP)
A slightly flexible plastic with a somewhat waxy feel, used for waste systems. It's impossible to glue PP, so it is assembled with push-fit joints.

Acrylonitrile butadiene styrene (ABS)
A very tough plastic that is equally suited to hot and cold waste. It can be either solvent-welded or compression-jointed.

Joints and fittings
As well as the usual types of joint, waste systems also include easy-flow swept bends and tees for efficient drainage.

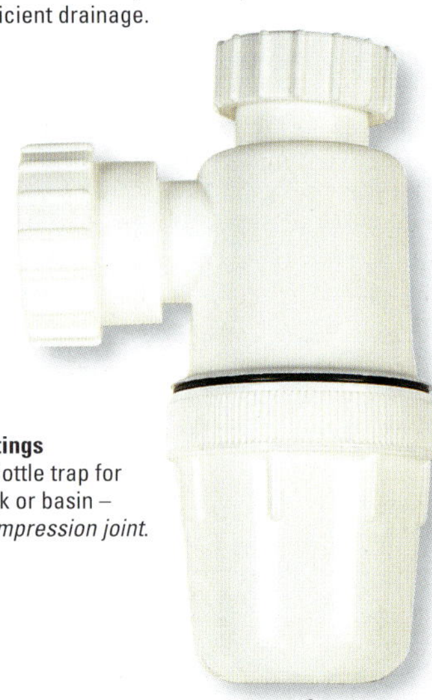

Fittings
1 Bottle trap for sink or basin – *compression joint.*

1

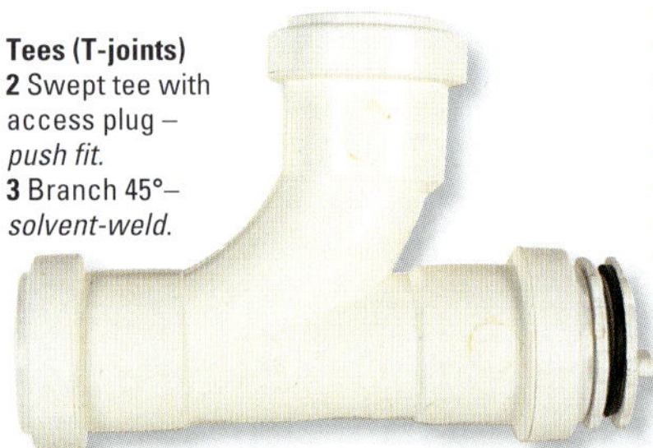

Tees (T-joints)
2 Swept tee with access plug – *push fit.*
3 Branch 45° – *solvent-weld.*

2

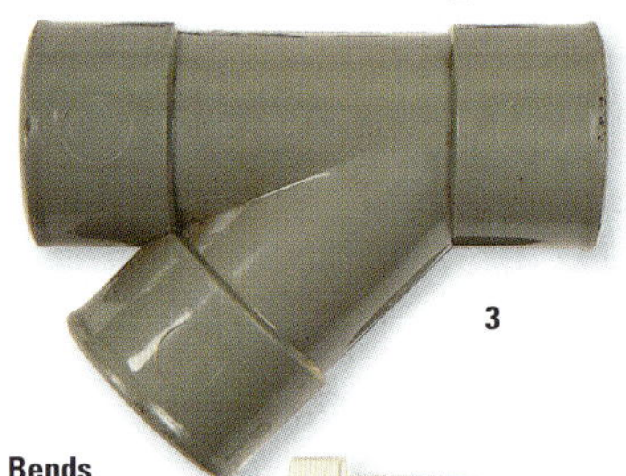

3

Bends and elbows
4 Elbow 90° – *push-fit.*

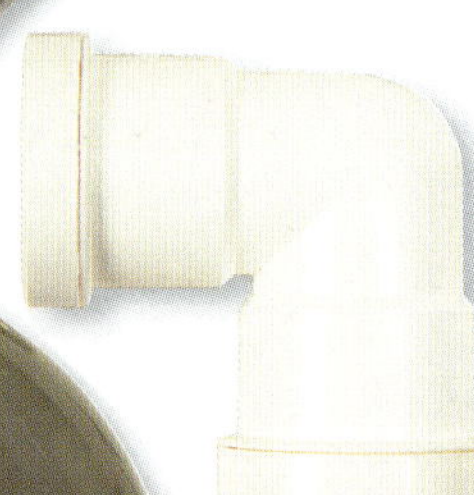

4

5 Bend 90° – *solvent-weld.*

5

PLASTIC WASTE-PIPE SIZES	
Overflow pipes	22mm (¾in)
Washbasin waste pipes	32mm (1¼in)
Bath/shower and sink waste pipes	40mm (1½in)
Soil pipe	110mm (4in)

WASTE-PIPE JOINTS

Solvent-weld joints

Lengths of pipe are linked by simple socketed connectors. As they are assembled, solvent is introduced – which dissolves the surfaces of the mating components. As the solvent evaporates, the joints and pipes are literally fused together into one piece of plastic. Solvent-weld joints are sometimes used for supply pipes, but the technique is more commonly employed for waste systems.

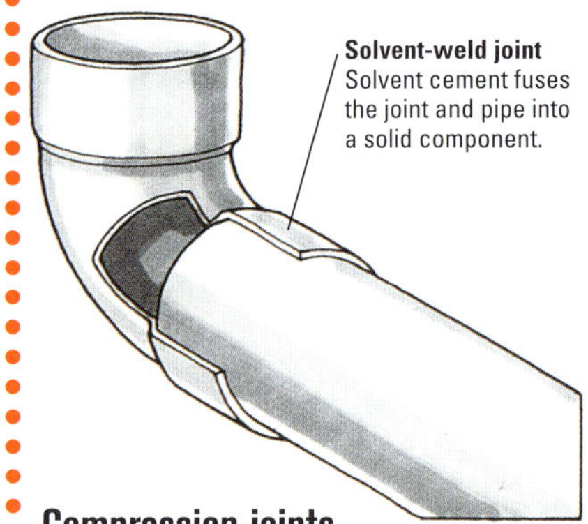

Compression joints

So that they can be dismantled easily, sink, bath and washbasin traps are often connected to the pipework by means of compression joints that incorporate a rubber ring or washer to make the joint watertight.

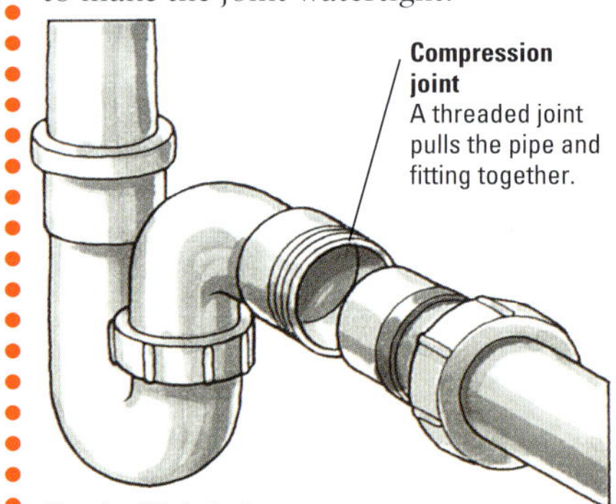

Push-fit joints

Because a waste system is never under pressure, a pipe run can be constructed by simply pushing plain pipes into the sockets of the joints. A captive rubber seal in each socket holds the pipe in place and makes the joint watertight.

SEE ALSO: Plastic supply pipes 376

Joining plastic waste pipes

It's important to follow the instructions supplied with any particular brand of pipe or fitting, but the methods given below and on the facing page describe the basic techniques for connecting plastic pipes.

Keep solvents away from children. Don't inhale solvent fumes, and never smoke when welding joints – fumes from some solvents become toxic if inhaled through a cigarette.

Work carefully and avoid spilling solvent cement – it will etch the surface of the pipework and damage some other plastics, as well.

Making push-fit joints

Cut the pipe to length and chamfer the end, as for solvent-weld joints. Wipe the inside of the socket with the recommended cleaner, and lubricate the pipe with a little of the silicone lubricant supplied with it.

Push the pipe into the joint right up to the stop, and mark the edge of the socket on the pipe with a pencil **(1)**.

Withdraw the pipe about 9mm (⅜in) **(2)**, to allow the pipe to expand when subjected to hot water.

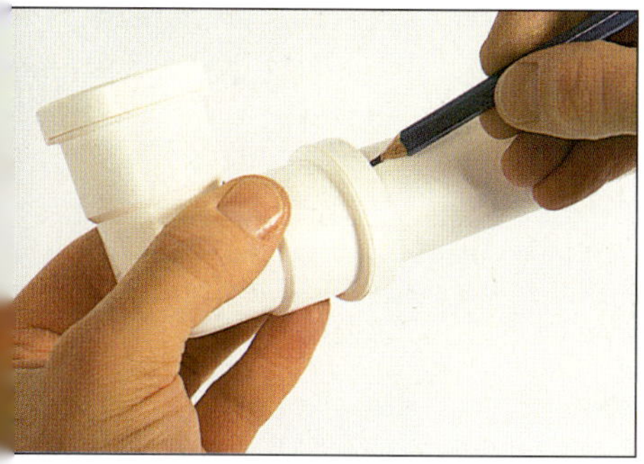

1 Mark the edge of the socket on the pipe

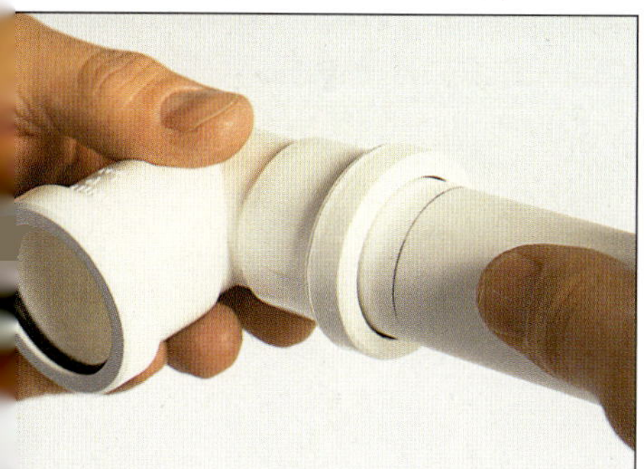

2 Withdraw the pipe about 9mm (⅜in)

Making solvent-weld joints

While the sequence of illustrations on the right shows large-diameter waste pipe, the methods described are equally valid for joining plastic supply pipe.

Cut the pipe to length with a fine-tooth saw, allowing for the depth of the joint socket. To make sure your cut is square, wind a piece of notepaper round the tube, aligning the wrapped edge as a guide **(1)**. Revolve the pipe away from you as you cut it. Smooth the end with a file **(2)**.

Welding the joint

Push the pipe into the socket to test the fit, then mark the end of the joint on the pipe with a pencil **(3)**. This will act as a guide for applying the solvent. You need to key both the outside of the pipe and the inside of the socket with fine abrasive paper before using some solvents (check the manufacturer's instructions).

Before dismantling elbows and tees, scratch the pipe and joint with a knife **(4)**, to help you align them correctly when you reassemble the components.

Use a clean rag to wipe the surface of the pipe and fitting with the recommended spirit cleaner. Paint solvent evenly onto both components **(5)**, then immediately push home the socket. (Some manufacturers recommend that you twist the joint to spread the solvent.) Align the joint properly and leave it for 15 seconds.

The pipe is ready for use with cold water after an hour. But don't pass hot water through the system until at least four hours have elapsed (depending on the manufacturer's recommendations) or, preferably, longer.

Allowing for expansion

Plastic pipes expand when subjected to hot water. Generally this is only a problem over a straight run more than 3m (10ft) in length – but check the manufacturer's recommendations.

Incorporate an expansion coupling with a push-fit rubber seal at one end that allows the pipe to slide in and out without putting other joints under load. Lubricate the end of the pipe with silicone grease before you insert it into the coupling.

Repairing a weeping joint

If a joint leaks, leave it to dry out naturally. Then apply a little more of the solvent cement to the mouth of the socket, allowing it to flow into the joint by capillary action.

You would have to drain a supply pipe before you could make this repair.

1 Use paper as a guide to keep the cut square

2 Smooth the end with a file

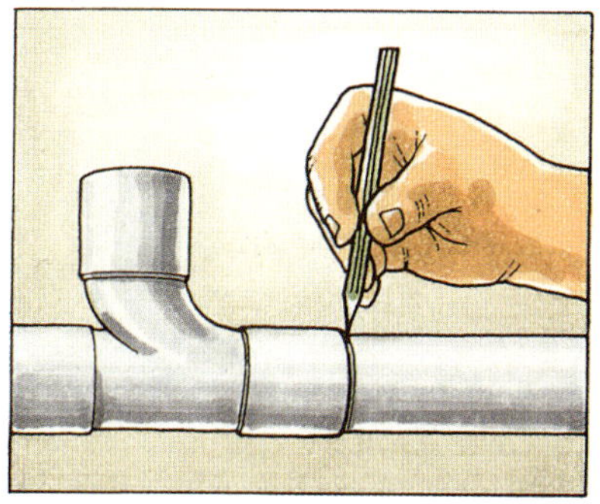

3 Assemble the joint and mark the socket

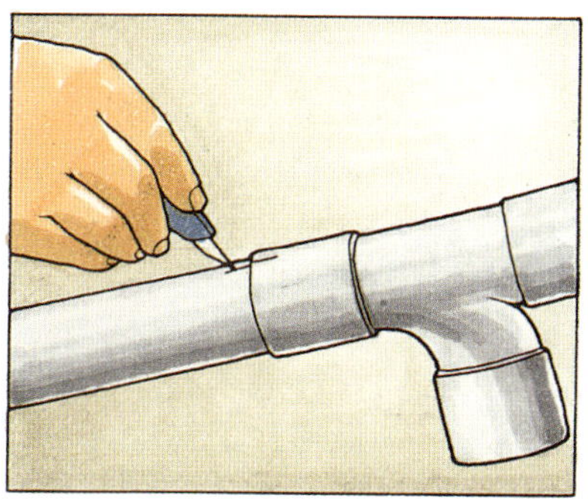

4 Scratch the pipe and joint to realign them

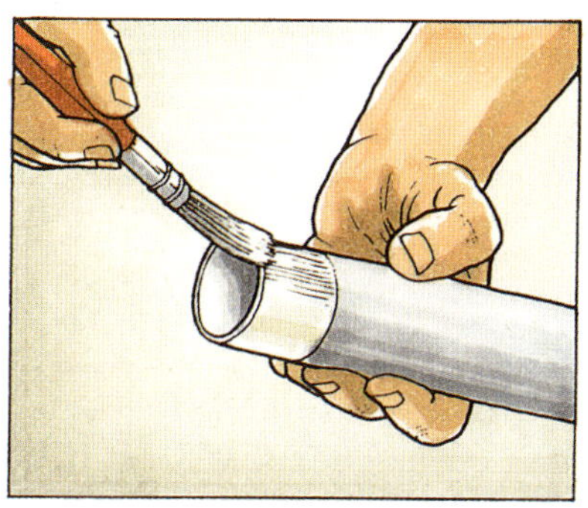

5 Paint solvent up to the pencil mark

• Making compression joints to traps
Traps with compression joints are made for connecting directly to a plain waste pipe (see opposite). Just slip the threaded nut onto the waste pipe, followed by the washer and then the rubber ring. Push the pipe into the socket of the trap and tighten the compression nut.

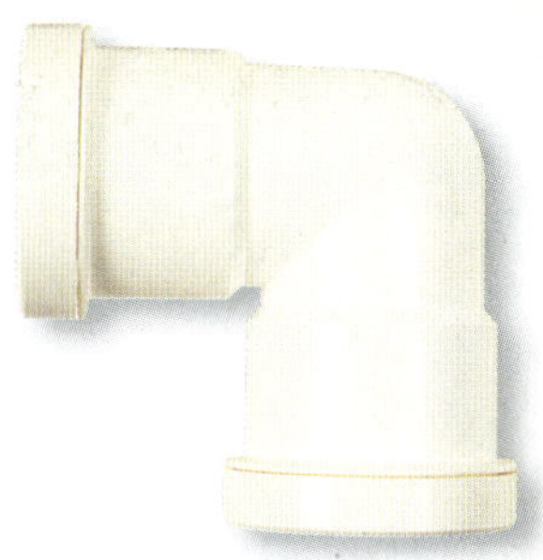

• Repairing a weeping push-fit joint
A push-fit joint will leak if the rubber seal has been pushed out of position. Dismantle the joint and check the condition of the seal.

Replacing a WC suite

Replacing an old WC with a modern suite is a relatively straightforward procedure, provided you can connect it to the existing branch of the soil pipe. However, if you are going to move a WC, or perhaps install a second one in another part of your home, you will have to connect to the main soil pipe itself or run the waste directly into the underground drainage system. In either case, it is worth hiring a professional plumber to make these connections.

Cisterns

From antique-style high-level cisterns to discreet close-coupled or concealed models, the choice is so wide that you're bound to find one to suit your requirements. Before buying, make sure the equipment carries the British Standard 'Kite mark' or complies with equivalent EC standards.

High-level cistern

If you simply want to replace an old-fashioned high-level cistern without having to modify the pipework, comparable cisterns are still available from plumbers' merchants.

Standard low-level cistern

Many people prefer a cistern mounted on the wall just above the WC pan. A short flush pipe from the base of the cistern connects to the flushing horn on the rear of the pan, while inlet and overflow pipes can be fitted to either side of the cistern. Most low-level cisterns are manufactured from the same vitreous china as the WC pan.

Compact low-level cistern

Where space is limited, use a plastic cistern, which is only 114mm (4½in) from front to back.

Concealed cistern

A low-level cistern can be completely concealed behind panelling. The supply and overflow connections are identical to those of other types of cistern, but the flushing lever is mounted on the face of the panel. These plastic cisterns are utilitarian in character, with no concession to fashion or style, and are therefore relatively inexpensive. Don't forget that you will need to provide access for servicing.

Close-coupled cisterns

A close-coupled cistern is bolted directly to the pan, forming an integral unit. Both the inlet and overflow connections are made at the base of the cistern. An internal standpipe rises vertically from the overflow connection with the pan to protrude above the level of the water.

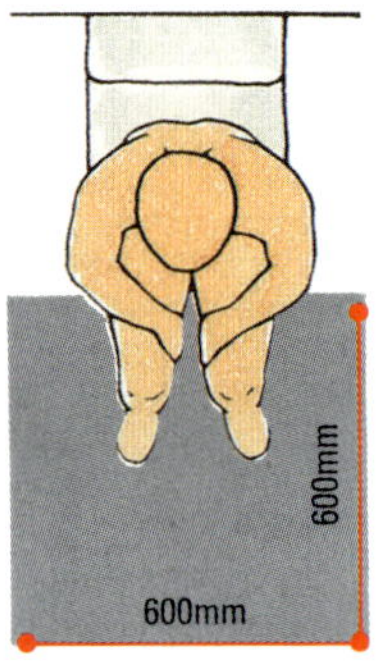

Space for a WC
You will need to allow a space at least 600mm (2ft) square in front of the pan.

WC pans

When visiting a showroom, you are confronted with many apparently different WC pans to choose from, but in fact there are two basic patterns – a washdown pan and a siphonic pan.

Siphonic pans

Siphonic pans need no heavy fall of water to cleanse them, and are much quieter as a result. A single-trap pan has a narrow outlet immediately after the bend, to slow down the flow of water from the pan. The body of water expels air from the outlet to promote the siphonic action. A double-trap pan is more sophisticated and exceptionally quiet. A vent pipe connects the space between two traps to the inlet that runs between the cistern and pan. As water flows along the inlet, it sucks air from the trap system through the vent pipe. A vacuum is formed between the traps, and atmospheric pressure forces the water in the pan into the soil pipe.

Washdown pans

Washdown pans work by simple displacement of waste by fresh water falling from the cistern. They are inherently more reliable than siphonic pans, but make considerably more noise when flushed.

Floor or wall exit?

When replacing a WC pan, check to see whether the new one needs to have a floor-exit or wall-exit trap.

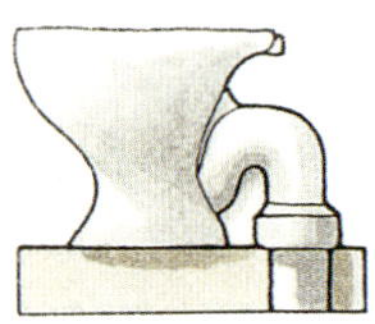

Floor-exit trap
S-traps are connected to a soil pipe that is then passed through the floor.

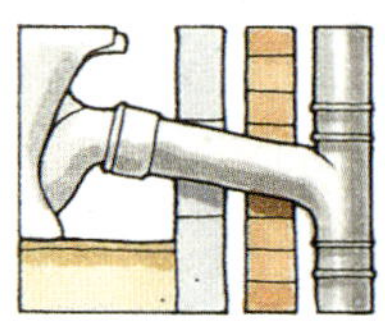

Wall-exit trap
The outlet from a P-trap connects to a soil-pipe branch located behind the pan.

CHOOSING A WC CISTERN

High-level cistern
Antique-style cisterns are popular for authentically restored period homes.

Low-level cistern
This type of cistern is very common. It is made in plastic or glazed ceramic.

Compact cistern
Very slim plastic cistern, for use where space is limited.

Concealed cistern
Plastic cistern for hiding behind panelling.

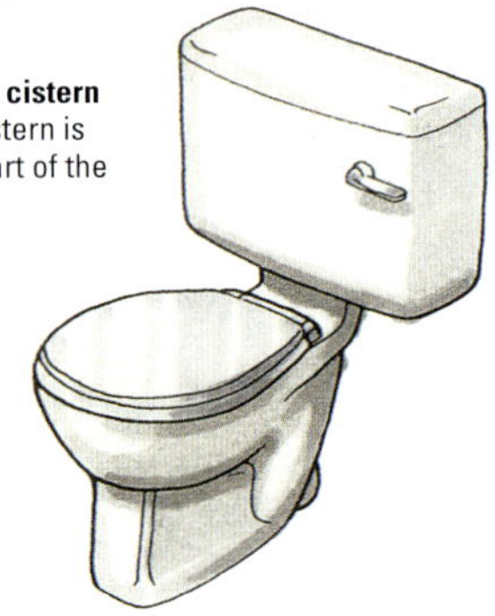

Close-coupled cistern
This type of cistern is designed as part of the WC pan.

SEE ALSO: Bathroom planning 13, WC cisterns 364, Installing a WC suite 382

Removing an old WC

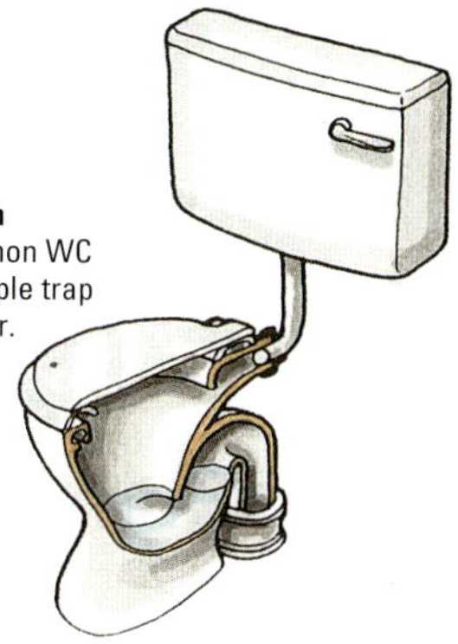

Washdown pan
The most common WC pan, with a simple trap filled with water.

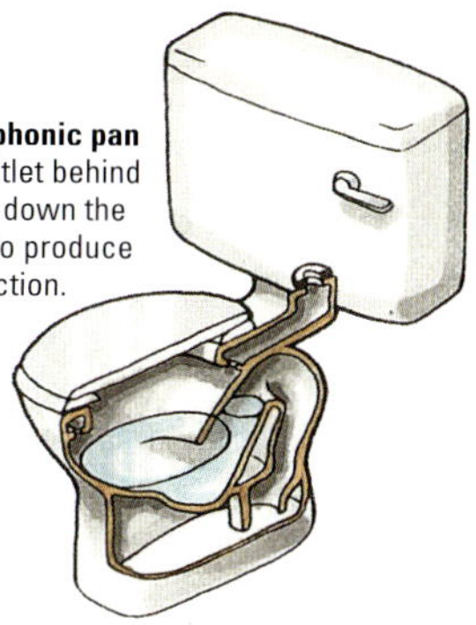

Single-trap siphonic pan
The narrow outlet behind the trap slows down the flow of water to produce the siphonic action.

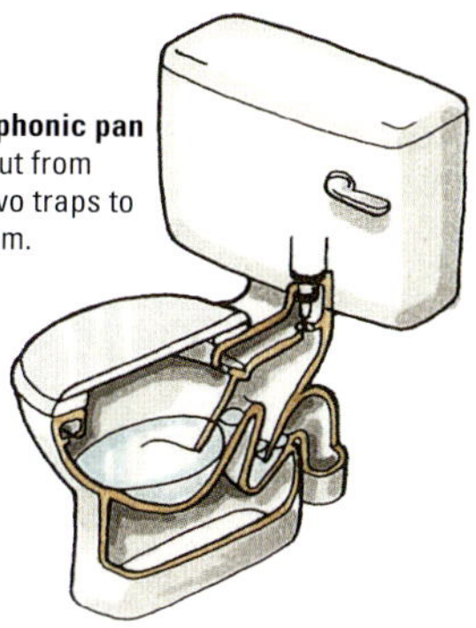

Double-trap siphonic pan
Air is sucked out from between the two traps to create a vacuum.

Wall-hung pan
A wall-mounted pan, connected to a concealed cistern, leaves the floor clear for cleaning. Unless it is built into the masonry, the pan is supported by a metal bracket/stand.

Cut off the water supply, then flush the cistern to empty it. If you are merely renewing a cistern, you will have to disconnect the supply and overflow pipes with a wrench and loosen the large nut connecting the flush pipe to the base of the cistern. These connections are often corroded and painted – so it is easier to hacksaw through the pipes close to the connections if you intend to replace the entire suite.

Removing the old pan and cistern

Remove the fixing screws through the back of the cistern, or lift it off its support brackets and remove them. Lever the brackets off the wall with a crowbar if necessary.

Cut the overflow pipe from the wall with a cold chisel. Repair the plaster when you decorate the bathroom.

If the pan is screwed to a wooden floor, it will probably have a P-trap connected to a nearly horizontal branch soil pipe. Remove the pan's floor-fixing screws and scrape out the old putty around the pipe joint. Attempt to free the pan by pulling it towards you while rocking it slightly from side to side.

If the joint is fixed firmly, smash the pan outlet just in front of the soil pipe with a club hammer **(1)**. Protect your eyes with goggles. Stuff rags into the soil pipe to prevent debris falling into it, then chip out the remains of the pan outlet with a cold chisel **(2)**. Work carefully, to preserve the soil pipe.

Smash an S-trap in the same way – and if the pan is cemented to a solid floor, drive a cold chisel under its base to break the seal. Chop out the broken fragments as before, and clean up the floor with a cold chisel.

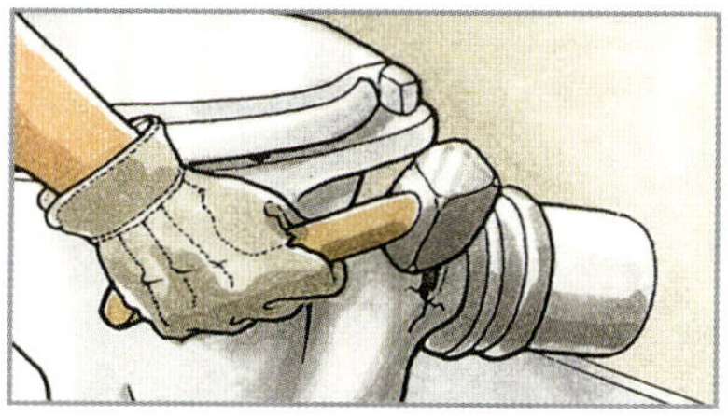

1 Break the outlet of the pan with a hammer

2 Use a cold chisel to cut out the remnants

Cutting a soil pipe
Use a chain-link cutter to cut a broken soil pipe square.

Cutting the soil pipe

If you break the soil pipe while chipping out the pan outlet, cut the pipe square with a chain-link pipe cutter. To sever the pipe, clamp the chain of cutters around it, and work the tool's shaft back and forth. When you buy a push-fit pan connector (see below), make sure it is long enough to reach the severed pipe.

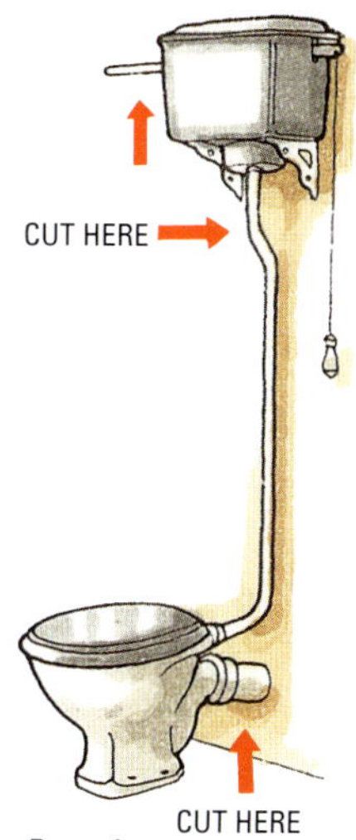

Removing an appliance
If fittings are corroded, remove the appliance by cutting through the flush pipe, overflow and pan outlet.

Pan to soil-pipe connection

Before you install the new suite, choose a push-fit flexible connector to join the pan to the soil pipe. There are connectors to suit most situations, even when the two elements are slightly misaligned. You may need an angled connector to join a modern horizontal-outlet pan to an old P-trap branch pipe (see opposite).

When selecting a connector, make a note of the following dimensions: the external diameter of the pan outlet, the internal diameter of the soil pipe, and the distance between the outlet and the pipe when the pan is installed.

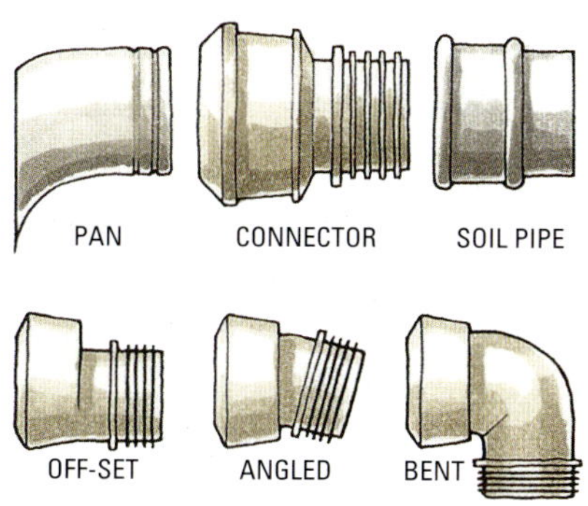

Push-fit flexible pan connectors

● **Lubricating connectors**
When installing plastic soil-pipe connectors, smear the surfaces lightly with a silicone lubricant.

SEE ALSO: Turning off the water 360, WC cisterns 364, Chain-link cutter 517

Installing a new WC suite

Clean the floor and make good any damage before you begin to install a new WC suite.

Fitting and plumbing the suite

Push the plastic connector onto the pan outlet. Check that the inside of the soil pipe is clean and smooth, then slide the pan into place, pushing the connector firmly into the pipe.

Don't fix the pan yet. In a concrete floor, drill fixing holes and plug them. Level the pan on a bed of silicone sealant, using scraps of veneer or vinyl floorcovering as packing. Trim the packing flush when the job's complete.

Connect the flush pipe, then hold the cistern against the wall so you can mark fixing holes. Fix the cistern with non-corroding screws and washers, making sure it is level. You may have to use tap washers as packing behind the cistern to provide a clearance for the lid. Tighten the flush-pipe connection under the cistern.

Fit special protective sleeves into the pan-fixing holes and screw the pan to the floor, tightening the screws carefully in rotation to avoid cracking the pan. You can buy kits that provide all the necessary fixings for fitting WCs.

Run the new 15mm (½in) supply pipe to the float valve, fit a tap connector and tighten it with a wrench.

Attach a 22mm (¾in) overflow pipe, using the connector that's provided. Drill a hole through the nearest outside wall where an overflow is likely to be detected promptly. Slope the pipe a few degrees downwards, and let it project from the outer face of the wall at least 150mm (6in). If there isn't an external wall nearby, run the pipe to a combined waste and overflow unit on the bath. Alternatively, fit a tundish (see left) and run the overflow to the flush pipe or via a trap to a drain.

Turn on the water supply and adjust the float valve.

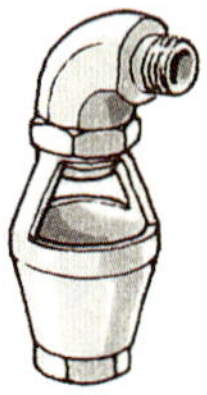

Tundish
A special funnel known as a tundish allows you to detect an overflow from a cistern.

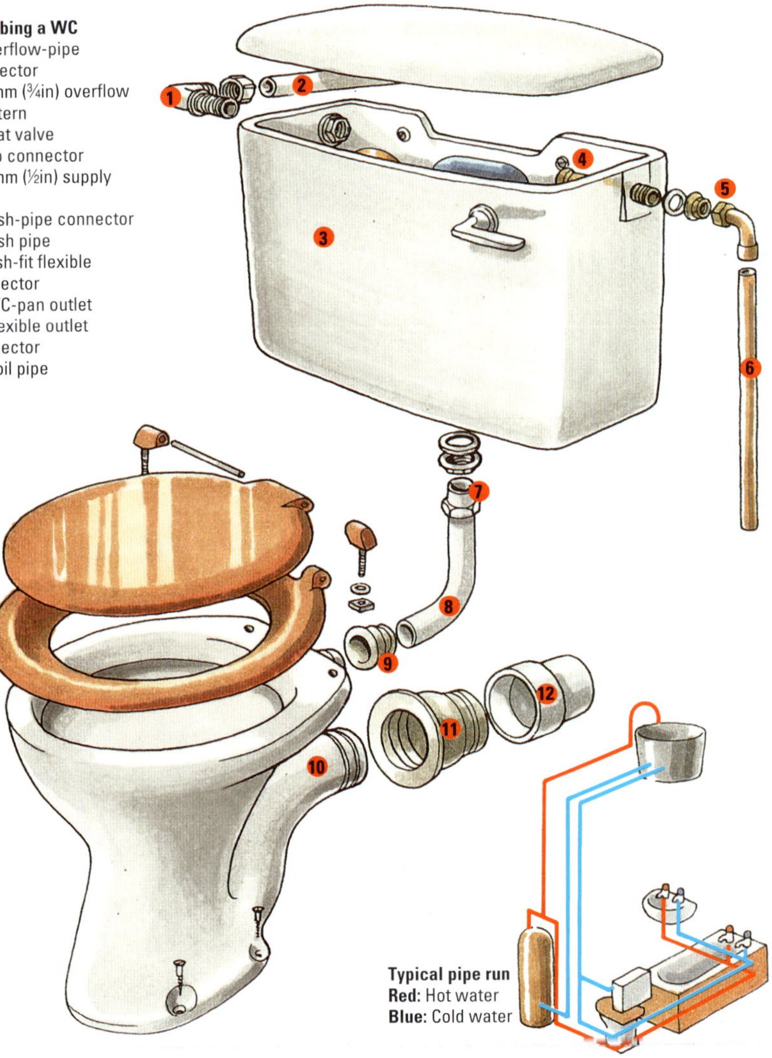

Plumbing a WC
1 Overflow-pipe connector
2 22mm (¾in) overflow
3 Cistern
4 Float valve
5 Tap connector
6 15mm (½in) supply pipe
7 Flush-pipe connector
8 Flush pipe
9 Push-fit flexible connector
10 WC-pan outlet
11 Flexible outlet connector
12 Soil pipe

Typical pipe run
Red: Hot water
Blue: Cold water

● Fixing a new WC pan to the floor
All manufacturers advise against the old-fashioned method of cementing a WC pan to a concrete floor. In fact, guarantees are usually invalidated if cement or a strong adhesive is used. If you can't screw the pan in place (see right), just rely on the bed of silicone sealant to bond the pan to the floor.

● Installing a new high-level cistern
A three-piece adjustable flush pipe allows you to hang a high-level cistern to one side of the pan. Fit a flow restrictor in the pan inlet if splashing water is a problem.

SMALL-BORE WASTE SYSTEMS

The siting of a WC is normally limited by the need to use a conventional 110mm (4in) soil pipe and to provide sufficient fall to discharge the waste into the soil stack. By using an electrically driven pump and shredder unit, you can discharge WC waste through a 22mm (¾in) pipe up to 50m (55yd) away from the stack. The shredder will even pump vertically, to a maximum height of about 4m (12ft).

You can run the small-bore pipework through the narrow space between a floor and ceiling. Consequently, a WC can be installed as part of an en-suite bathroom, in a basement, even under the stairs, provided that the space is adequately ventilated.

The unit is designed to accept any conventional P-trap WC pan. It is activated by flushing the cistern, and switches off about 18 seconds later. It must be wired to a fused connection unit – via a suitable flex outlet if it is installed in a bathroom.

The waste pipe can be connected to the soil stack using any standard 32mm (1¼in) pipe boss, provided the manufacturer supplies a 22 to 32mm (¾ to 1¼in) adaptor. A WC waste pipe must be connected to the soil stack at least 200mm (8in) above or below any other waste connections.

Before you install a small-bore waste system, check that these systems are approved by your local water supplier.

Small-bore waste system for a WC
The shredding unit fits neatly behind a P-trap WC pan. When situated in a bathroom, the unit must be wired to a flex outlet. Otherwise, it can be connected directly to a fused connection unit.

SEE ALSO: Fused connection units 324, Flex outlet 325, Float valves 365, Adjusting float valves 366, Tank connector 372, 376, Connecting pipes 372–9, Running pipework 375, Pipe boss 386, Overflow units 388

Choosing a washbasin

Whether you're modifying existing plumbing or running pipework to a new location, fitting a washbasin in a bathroom or guest room is likely to present few difficulties provided you give some thought to how you will run the waste to the vertical stack. The waste pipe must have a minimum fall or slope of 6mm (¼in) for every 300mm (1ft) of pipe run and should not be more than 3m (10ft) long.

Selecting a washbasin

Wall-hung and pedestal washbasins are invariably made from vitreous china, but basins that are supported all round by a counter top are also available in pressed steel and plastic.

Select the taps at the same time, to ensure that the basin of your choice has holes at the required spacing to receive the taps – or no holes at all if the taps are to be wall-mounted.

Pedestal basins

The hollow pedestal provides some support for the basin and it conceals the unsightly supply and waste pipes.

Wall-hung basins

Older wall-hung basins are supported on large screw-fixed brackets, but a modern concealed mounting is just as strong provided the wall fixings are secure. Check that you can screw into the studs of a timber-frame wall or hack off the lath-and-plaster and install a mounting board. If you want to hide pipes, consider some form of panelling.

Corner basins

Handbasins that fit into the corner of a room are space-saving, and the pipework can be run conveniently through adjacent walls or concealed by boxing them in across the corner.

Recessed basins

In a cloakroom or WC where space is very limited, a small handbasin can be recessed into one of the walls. Also, you can recess a standard basin to conceal the plumbing.

Counter-top basins

In a large bathroom or bedroom, you can fit a washbasin or pair of basins into a counter top as part of a built-in vanity unit. Cupboards below provide ample storage for towels and toiletries, while also hiding the plumbing.

Pedestal basin

Wall-hung basin

Corner basin

Recessed basin

Counter-top basin

CONCEALING PIPEWORK

With carefully designed pipe runs, it should be possible to plumb your house without a single pipe being visible. In practice, however, there are always situations where you have no option but to surface-run some pipes.

You can minimize the effect by taking care to group pipes together neatly and keeping runs both straight and parallel. When painted to match the skirtings or walls, such pipes are barely visible.

Alternatively, using softwood battens and plywood, you can make your own accessible ducting to bridge the corner of a room; or construct a false skirting that is deep enough to contain the pipes.

For total accessibility, you can use proprietary ducting made from PVC. This is manufactured in a range of sizes, to contain grouped or individual pipes.

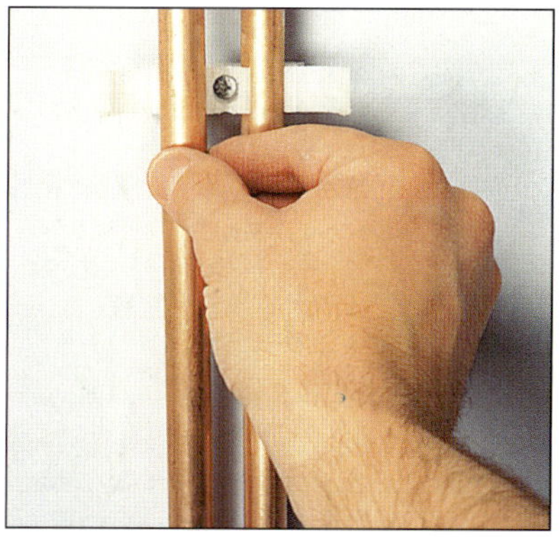
Clip pipes to the wall

Snap on the cover-strip

Snap on corner covers

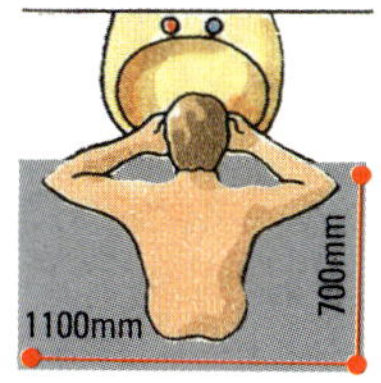

Space for a basin
Allow extra elbow room for washing hair – a space 1100mm (3ft 8in) x 700mm (2ft 4in) should be sufficient.

To suit most people, position the rim of a basin 800mm (2ft 8in) from the floor.

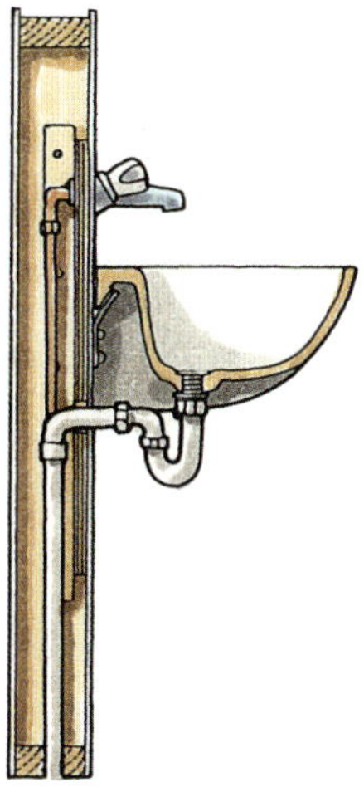
Mounting a basin
Fix a wall-mounted basin and taps to an exterior-grade plywood board fixed to a stud partition.

Hide your pipes inside plastic ducting

SEE ALSO: Bathroom planning 13, Panelling 93–5, Plasterboarding 167–8, Running pipework 375, Fitting a washbasin 385–6

Selecting taps

Taps – which are now very much a fashion item – come in different styles and colours. Not all taps are built to last, so check the quality if you are buying for the long term. Chromium-plated brass taps are the most durable. Check that the taps you are considering will fit the layout of holes in the basin for which they're intended.

● **The right pressure**
Some taps imported from the Continent have relatively small inlets and are intended for use with mains-pressure supply only. These taps will not work efficiently if they are connected to a low-pressure tank-fed supply.

Types of tap

The majority of washbasins are fitted with individual taps for hot and cold water. While capstan-head taps are still manufactured for use in period-style bathrooms, most modern taps have a shrouded head made of metal or plastic.

A lever-head tap turns the water from off to full on with one quarter turn only. This type is convenient for the elderly or disabled, who may have difficulty in manipulating other taps.

In a mixer tap, hot and water cold are directed to a common spout. Water is supplied at the desired temperature by adjustment of the two valves. With a single-lever mixer tap, flow rate and temperature are controlled by adjusting the one lever.

Washbasin mixer taps sometimes incorporate a pop-up waste plug. A series of interlinked rods, operated by a button or small knob on the centre of the mixer, open and close the waste plug in the basin.

Normally, the body of the tap (which connects the valves and spout) rests on the upper surface of the washbasin. But it is also possible to mount it in its entirety on the wall above the basin. Another alternative is for the valves to be mounted on the basin and divert hot and cold water to a spout mounted on the wall above.

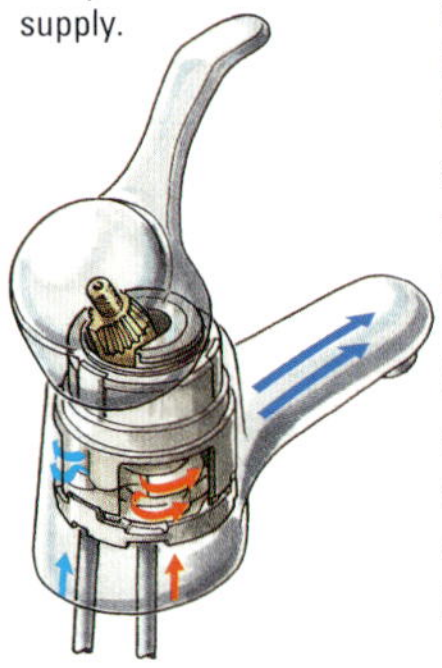

Single-lever mixer tap
Moving the lever up and down turns the water on and off. Swinging it from one side to the other gradually increases the temperature, by mixing more hot water with the cold.

Tap mechanisms

Over recent years there have been some revolutionary changes in the design of taps that have made them easier to operate and simpler to maintain.

Rising-spindle taps
This traditional tap design has a washer on the end of a spindle that rises as the tap is turned on. It is a simple, rugged mechanism that lasts for years.

Non-rising-spindle taps
Theoretically, these taps should exhibit fewer problems than rising-spindle taps, because the mechanism imposes less wear on the washer. In practice, however, the spindle's fine thread is prone to wear, and there is potential for misalignment caused by the circlip that holds the mechanism in place.

Ceramic-disc taps
With these taps, precision-ground ceramic discs are used in place of the traditional rubber washer. One disc is fixed and the other rotates until the waterways through them align and water flows. There is minimal wear, as hard-water scale or other debris is unlikely to interfere with the close fit of the discs. However, if a problem does develop, the entire inner cartridge and the lower seal can be replaced.

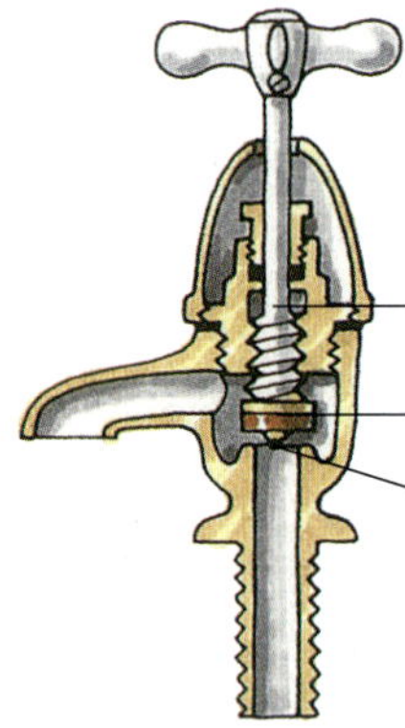

Rising-spindle tap
Traditional taps are made with a rising spindle.

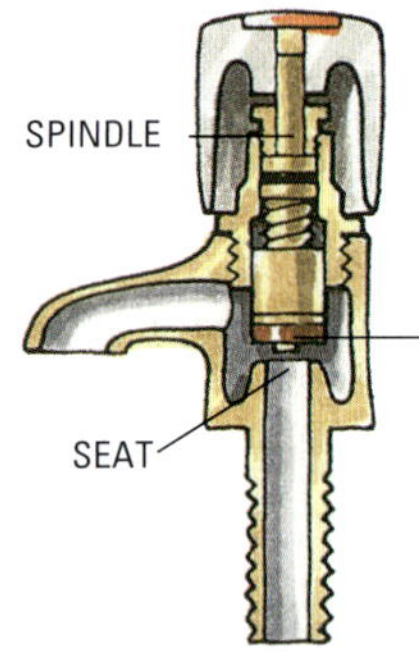

Non-rising-head tap
A spindle that doesn't revolve reduces wear on the washer.

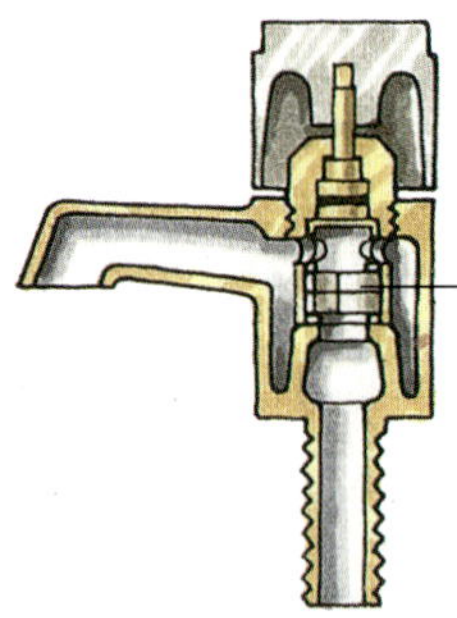

Ceramic-disc tap
The rubber washer is replaced with rotating ceramic discs.

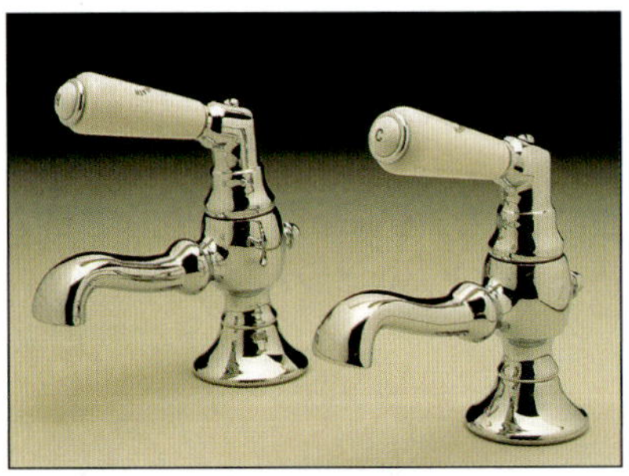

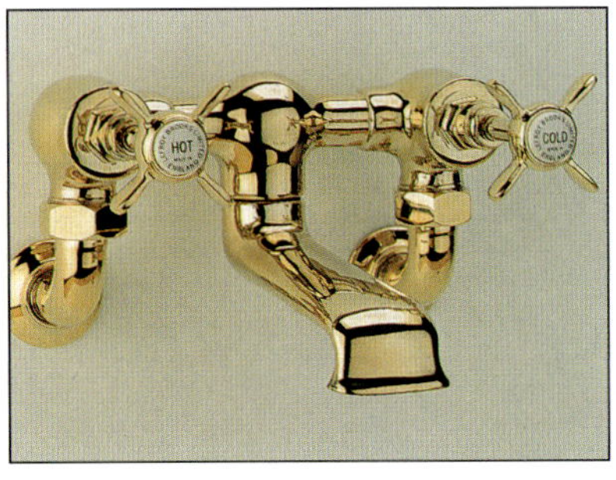

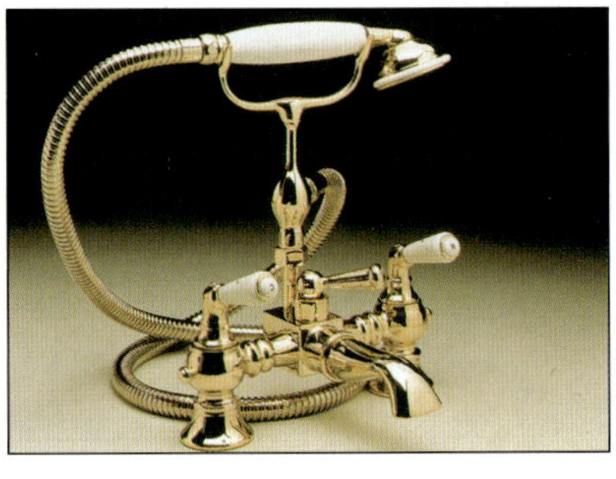

Basin and bath taps
(top row – left to right)
Single capstan-head pillar taps
Single-lever taps
One-hole basin mixer
(bottom row – left to right)
Two-hole bath mixer
Three-hole basin mixer
Shower-mixer deck

☛ **SEE ALSO: Repairing taps 362–3**

Fitting a washbasin

When replacing taps, you will want to use the existing plumbing if possible, but disconnecting old, corroded fittings can be difficult.

Apply some penetrating oil to the tap connectors and to the back-nuts that clamp the tap to the basin. While the oil takes effect, shut off the cold and hot water supply to the taps.

If necessary, apply heat with a gas torch to break down the corrosion – but wrap a wet cloth around nearby soldered joints, or you may melt the solder. Take care that you do not damage plastic fittings and pipes, and protect flammable surfaces with a ceramic tile. Try not to play the flame onto a ceramic basin.

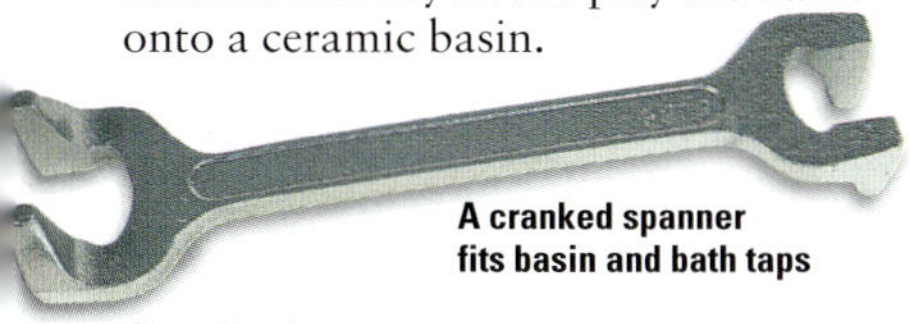

A cranked spanner fits basin and bath taps

Cranked spanners

It is not always possible to engage the nuts with a standard wrench. Instead, hire a special cranked spanner designed to reach into the confined spaces below a basin or bath. You can apply extra leverage to the spanner by slipping a stout metal bar or wrench handle into the other end.

Removing a stuck tap

Even when you have disconnected the pipework and back-nut, you may find that the taps are stuck in place with putty. Break the seal by striking the tap tails lightly with a wooden mallet. Clean the remnants of putty from around the holes in the basin, then fit new taps. If the tap tails are shorter than the originals, buy special adaptors designed to take up the gaps.

Releasing a tap connector
Use a special cranked spanner to release the fixing nut of a tap connector.

Turn off the supply of water to an old basin before you disconnect it.

Removing an old basin

If you want to use existing plumbing, loosen the compression nuts on the tap tails (see left) and trap. Otherwise, cut through the waste and supply pipes at the point where you can most easily connect new plumbing **(1)**.

Remove any fixings holding the basin to its support brackets or pedestal, and lift it from the wall. Apply penetrating oil to the brackets' wall fixings, in the hope that you'll be able to remove them without damaging the plaster – but as a last resort, lever the brackets off the wall. Take care not to break cast-iron fittings, as they can be quite valuable.

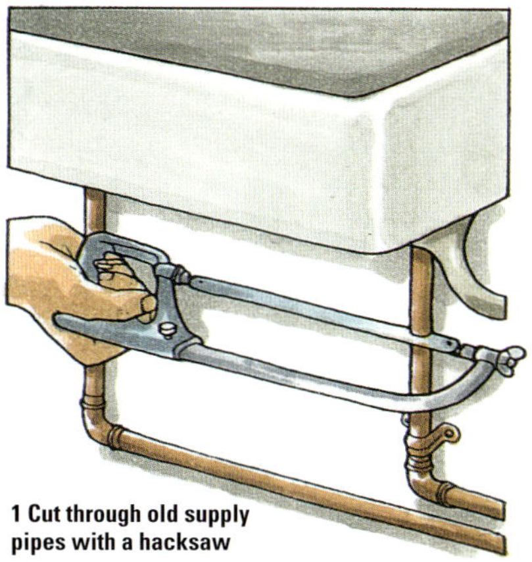

1 Cut through old supply pipes with a hacksaw

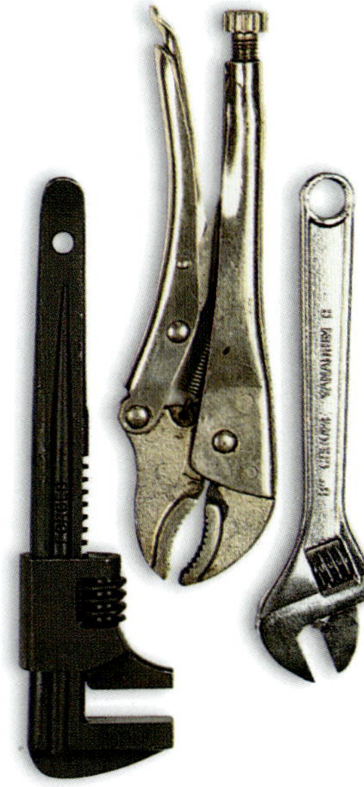

Fitting new taps

Fit new taps to the basin before you fix it to the wall. Slip the plastic washer supplied with the tap onto its tail, then pass the tail through the hole in the basin. (If no washer is supplied, spread some silicone sealant around the top of the tail and beneath the base of the tap.)

With the basin resting on its rim, slip a second washer onto the tail then hand-tighten the back-nut to clamp the tap onto the basin **(2)**. Check that the spout faces into the basin, then tighten the back-nut carefully with a cranked spanner (see left).

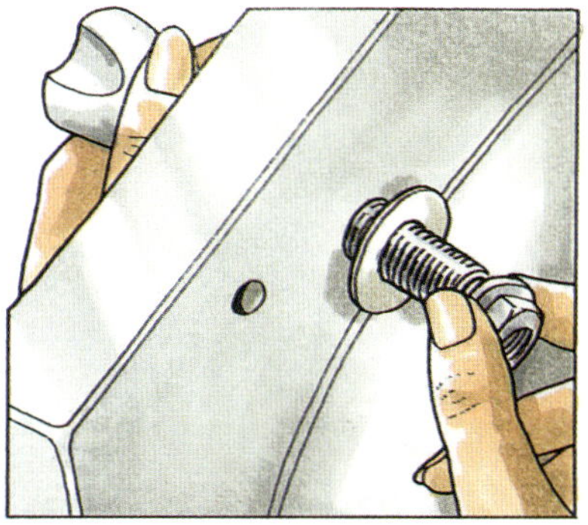

2 Slip the back-nut onto the tail of the tap

Fixing the basin to the wall

Get an assistant to hold a wall-hung basin against the wall at the required height while you use a spirit level to check that it is horizontal. Mark the fixing holes for the wall bracket **(3)**.

For a pedestal basin (see right), place the pedestal in position, then sit the basin on it and mark the fixing holes. Lay the basin (and pedestal) to one side while you drill and plug the holes **(4)**.

3 Mark the fixing holes on the wall

4 Drill and plug the holes

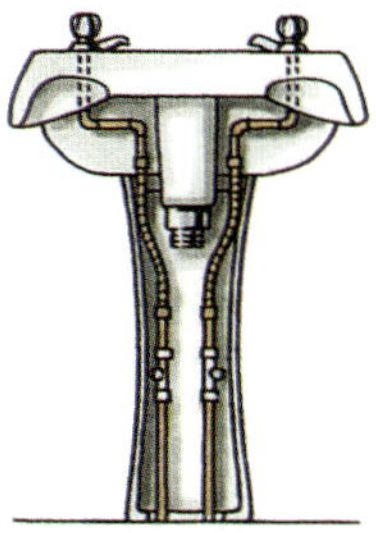

Pedestal basins
Run pipework up to and behind a pedestal. Fix the basin to the wall with screws. Some basins are attached to the pedestal with clips, or may need bonding to it with silicone sealant. Screw the pedestal to the floor.

Connecting a basin

Once you have fitted the new taps and mounted the basin securely to the wall, complete the installation by connecting the trap and waste pipe, followed by the supply pipes for hot and cold water. Fit isolating valves to the supply pipes, to make servicing easier in the future. If you are installing a pedestal basin, fit the trap before fixing the basin to the wall.

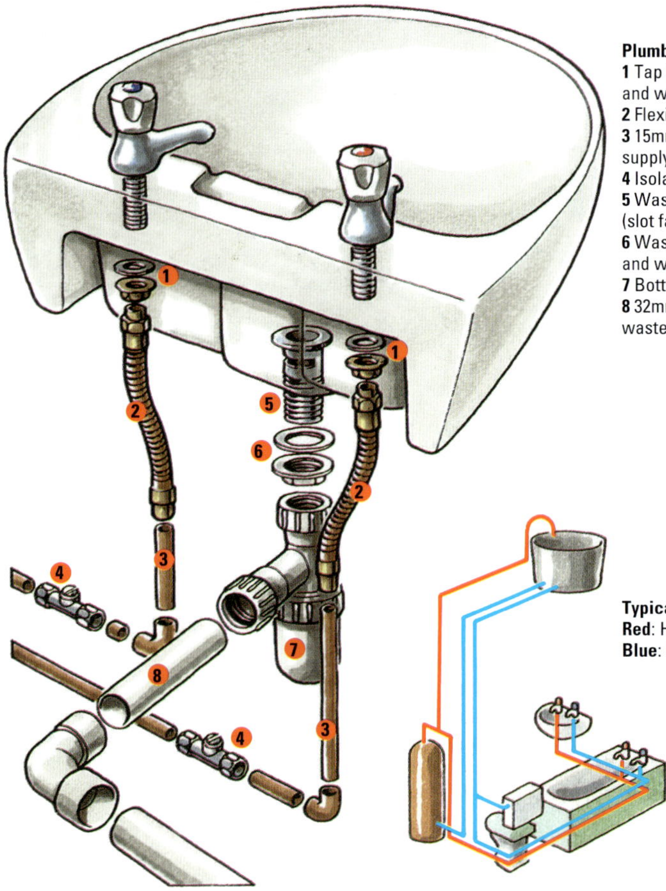

Plumbing a washbasin
1 Tap back-nut and washer
2 Flexible copper pipe
3 15mm (½in) supply pipe
4 Isolating valves
5 Waste outlet (slot faces overflow)
6 Waste back-nut and washer
7 Bottle trap
8 32mm (1¼in) waste pipe

Typical pipe runs
Red: Hot water
Blue: Cold water

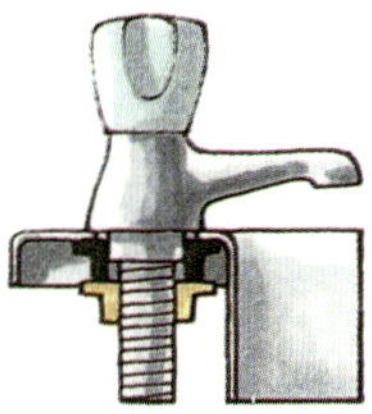

Pressed-metal basin
When you fit taps to a pressed-metal basin, slip built-up 'top-hat' washers onto the tails to cover the shanks. The basin itself may be supplied with a rubber strip to seal the joint with the counter top. It will need a combined waste and overflow, like a bath.

● Counter-top basin
Manufacturers supply a template for cutting the hole in the counter top to receive the basin. Run mastic around the edge to seal a ceramic basin, and clamp it with the fixings supplied.

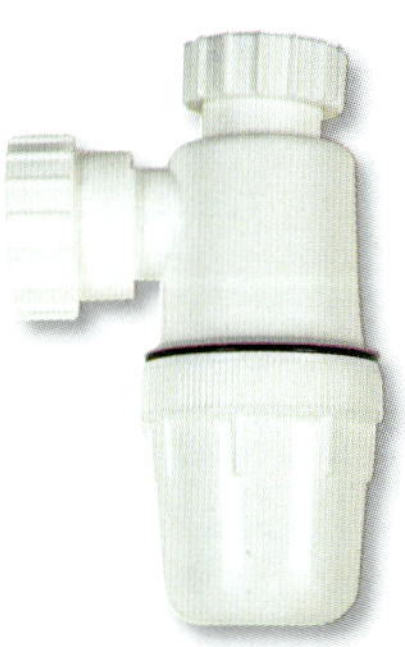

Bottle trap
It is easy to remove a blockage from a bottle trap, because the entire base of the trap can be unscrewed by hand.

Fitting trap and waste

Fit the waste outlet into the bottom of the basin as described for taps, using washers or a silicone sealant to form a watertight seal. The basin will probably have an integral overflow running to the waste, in which case ensure that the slot in the waste outlet aligns with the overflow. Tighten the back-nut under the basin, while holding the outlet still by gripping its grille with pliers.

If you can use the existing waste pipe, connect the trap to the waste outlet and to the end of the pipe. A two-part trap provides some adjustment for aligning with the old waste pipe.

To run a new 32mm (1¼in) waste pipe, cut a hole through the wall with a masonry core drill. Run the pipe, with sufficient fall – 6mm (¼in) per 300mm (1ft) run – to terminate over the hopper on top of the outside downpipe or feed into a soil pipe (see far right). Fix the waste pipe to the wall with saddle clips.

Connecting the taps

You can run standard 15mm (½in) copper or plastic pipes to the taps and join them with tap connectors, but it is easier to use short lengths of flexible corrugated copper pipe designed specially for tap connection. They can be bent by hand to allow for any slight misalignment between the supply pipes and tap tails, and they are easy to fit behind a pedestal. Each pipe has a tap connector at one end and a capillary or compression joint at the other.

Connect the corrugated pipes to the tap tails, leaving them hand-tight only. Then run new branch pipework to meet the corrugated pipes, or connect them to the existing plumbing. Make soldered or compression joints to connect the pipes. Use a cranked spanner to tighten the tap connectors. Turn on the water supply and check the pipes for leaks; if you need to repair a weeping soldered joint, drain the system.

CONNECTING WASTE PIPE TO SOIL PIPE

A proprietary pipe boss is used to connect a basin waste pipe to a single-stack plastic soil pipe. There are various ways of connecting the boss, one of the simplest being to clamp it with a strap.

Mark where the basin waste meets the soil pipe, and use a hole saw to cut a hole of the recommended diameter **(1)**. Smooth the edge of the hole with abrasive paper.

Wipe both contacting surfaces with the manufacturer's cleaner, then apply gap-filling solvent cement around the hole. Strap the boss over the hole and tighten the bolt **(2)**.

Insert the rubber lining in the boss, in preparation for the waste pipe **(3)**.

Lubricate the end of the pipe and push it firmly into the boss **(4)**. Clip the pipe to the wall.

1 Cut a hole in the pipe with a hole saw

2 Strap the boss over the hole

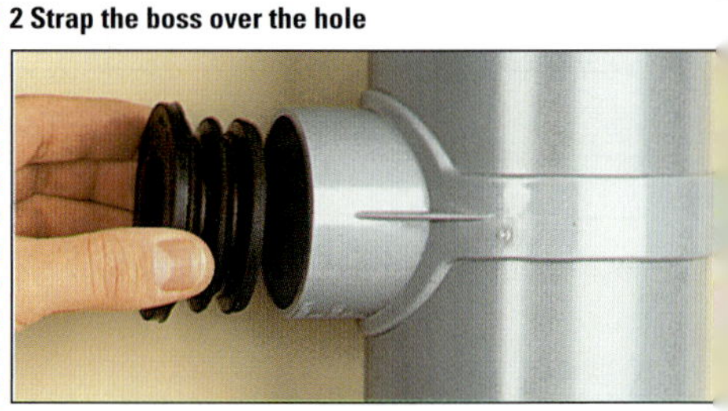

3 Insert the rubber lining

4 Push the waste pipe into the boss

☛ SEE ALSO: **Soil pipes 358-9, Draining the system 360, Connecting pipes 372-9, Cranked spanner 385, 519, Fitting taps 385, Mounting a basin 385, Waste units 388, Masonry core drill 518**

Choosing a new bath

An antique cast-iron bath can be worth a great deal of money, so get a quotation from a dealer if you decide to replace it. Bear in mind that there are companies that re-enamel old baths, and some will even spray them in your bathroom. However, if your old bath has deteriorated badly, it may prove more economical to replace it – and a cracked bath will be completely beyond repair.

Selecting a bath

You can purchase reproduction or even restored Victorian baths in cast iron from specialist suppliers, but they are likely to be expensive. In practical terms, a cast-iron bath is far too heavy for one person to handle – even two people would have difficulty carrying one to an upstairs bathroom. Also, while a cast-iron bath can look splendid when left freestanding in a room, it may be virtually impossible to clean behind it, and panelling-in the curved and often tapering shape is rarely successful.

Nowadays, the majority of baths are made from enamelled pressed steel, acrylic or glass-reinforced plastic. Two people can handle a steel bath with ease, and you could carry a plastic bath on your own. Although modern plastic baths are strong and durable, some are harmed by abrasive cleaners, bleach and especially heat. It is not advisable to use a gas torch near a plastic bath.

So far as style and colour are concerned, there's no lack of choice in any material, although the more unusual baths are likely to be made of plastic. Nearly every bath comes with matching panels, and optional features such as hand grips and dropped sides to make it easier to step in and out. Taps do not have to be mounted at the foot of the bath. Many manufacturers offer alternative corner- or side-mounting facilities, and some will even cut tap holes to your specification.

You can order bath tubs that double as a jacuzzi – but the plumbing is somewhat complicated, so you will need to have them professionally installed.

Rectangular bath

A standard rectangular bath is still the most popular and economical design. Baths vary in size from 1.5 to 1.8m (5 to 6ft) in length, with a choice of widths from 700 to 800mm (2ft 4in to 2ft 8in).

Corner bath

A corner bath actually occupies more floor area than a rectangular bath of the same capacity, but because the tub is turned at an angle to the room it may take up less wall space. By virtue of its design, a corner bath usually provides some shelf space for essential toiletries.

Round bath

A round bath is likely to be impractical in most bathrooms – but if you are converting a spare bedroom, you may decide to make the bath a feature of the interior design as well as a practical appliance.

RENOVATING BATH ENAMEL

You can buy two-part paints prepared specifically for restoring the enamel surface of an old bath, sink or basin.

To achieve a first-class result, the bath must be scrupulously clean and dry – so tape plastic bags over the taps to prevent water dripping into the bath, and work in a warm atmosphere where condensation will not occur. To remove any grease, wipe the surface with a cloth dampened with white spirit; then paint the bath from the bottom upwards, in a circular direction. This type of paint is self-levelling, so don't brush it out too much. Pick up runs immediately, and work quickly to keep wet edges fresh.

For a professional finish, hire a company that will send an operator to spray the bath *in situ*. The process shouldn't take longer than two or three hours. First, the bath is cleaned chemically; then a grinder is used to key the surface and remove heavy stains. At the same time, chipped enamel can be repaired. Finally, surrounding areas are masked before the bath is sprayed.

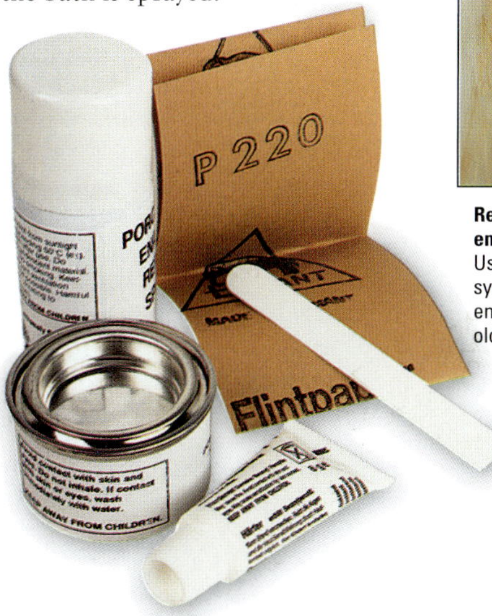

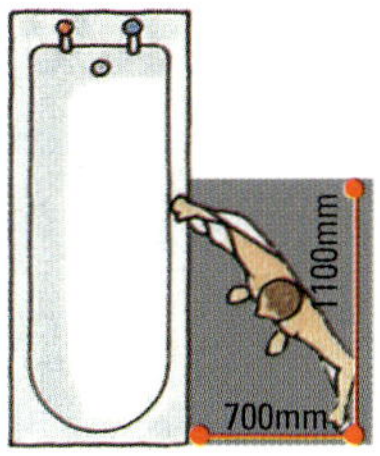

Access to a bath
Allow a 1100 x 700mm (3ft 8in x 2ft 4in) space beside a bath so that it's possible to climb in and out safely, and for bathing younger members of the family.

Restoring an enamel surface
Use a two-part paint system to restore the enamel surface of an old bath.

Supporting a plastic bath

A frame with adjustable feet is supplied to cradle a flexible plastic bath. The parts need to be assembled before the bath is fitted into place.

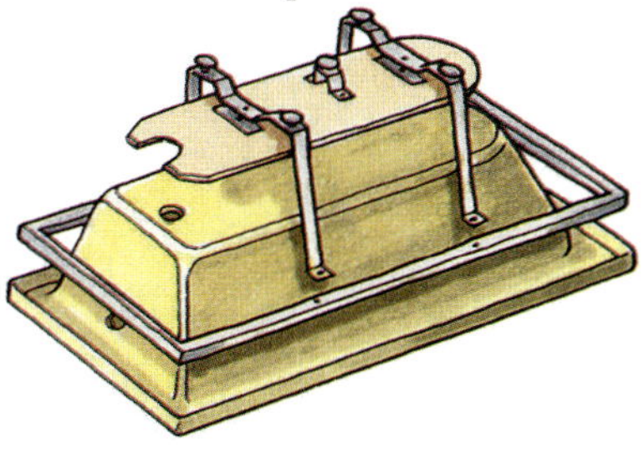

Assembling the cradle
Turn a bath onto its rim to fit the cradle.

● **Selecting taps for a bath**
In design and style, bath taps are identical to basin taps; but they are proportionally larger, with 22mm (¾in) tails. Some bath mixers are designed to supply water to a sprayhead, either mounted telephone-style on the mixer itself or hung from a bracket mounted on a wall above the bath.

SEE ALSO: Selecting taps 384, Plumbing a bath 388, Shower mixers 390

Plumbing a bath

Once a bath is fitted close to the wall, it can be difficult to make the joints and connections – so fit the taps, overflow and trap before you push the new bath into position (see bottom right). Set the adjustable feet to raise the rim of the bath to the required height, and check it for level along its length and width. If the bath has small feet, cut two boards to go under them to spread the point load over a wider area.

Fitting the taps

Fit individual hot and cold taps as for a washbasin. Fitting a mixer tap is a similar procedure, but most mixers are supplied with a long sealing gasket that slips over both tails. Lower the tails through the holes in the rim, then slip top-hat washers onto them and tighten both back-nuts to clamp the mixer securely to the bath.

Fit a flexible 22mm (¾in) copper pipe (similar to those used for washbasin taps) onto each tail. These flexible pipes allow for the easy adjustment that will be necessary if the joints are slightly misaligned. Alternatively, attach short lengths of standard 22mm (¾in) copper or plastic pipe with tap connectors, in preparation for jointing to the pipe run.

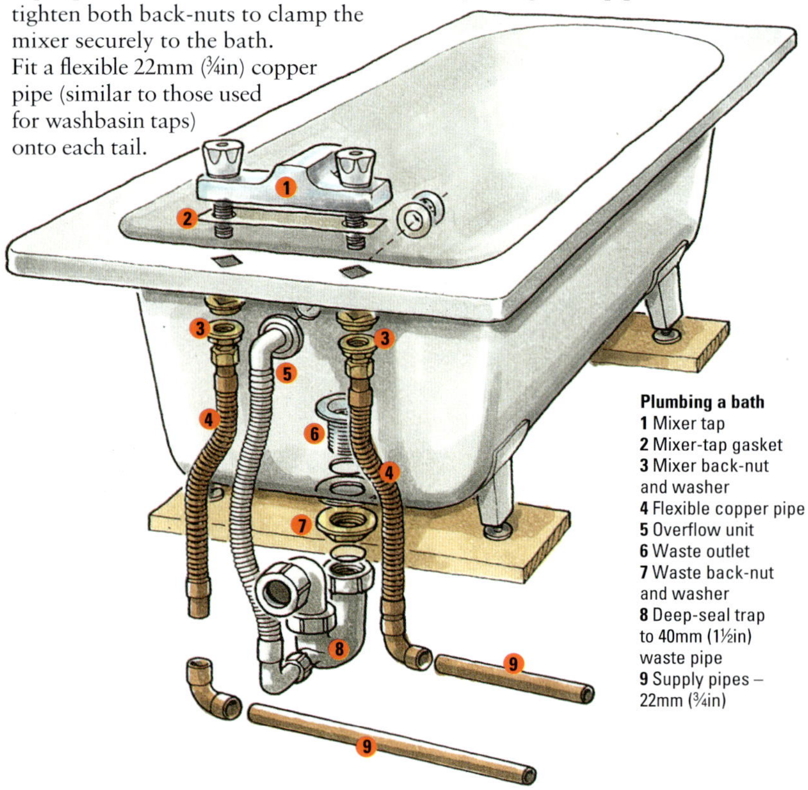

Plumbing a bath
1 Mixer tap
2 Mixer-tap gasket
3 Mixer back-nut and washer
4 Flexible copper pipe
5 Overflow unit
6 Waste outlet
7 Waste back-nut and washer
8 Deep-seal trap to 40mm (1½in) waste pipe
9 Supply pipes – 22mm (¾in)

Waste/overflow units
A flexible tube takes any overflow water to the trap.

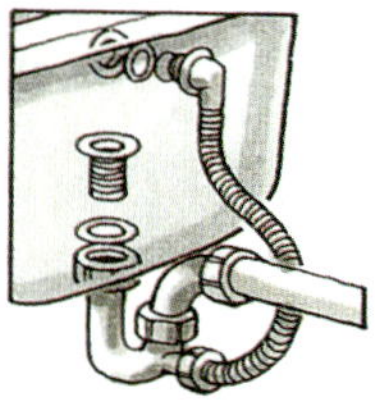

Compression unit
Runs to the cleaning eye on the trap.

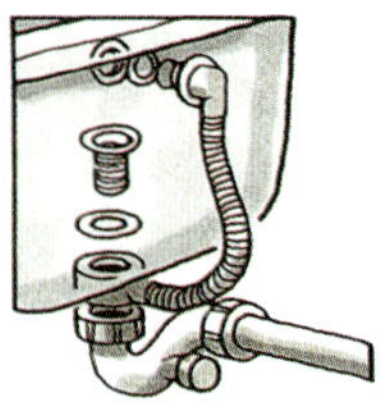

Banjo unit
Slips over the tail of the waste outlet.

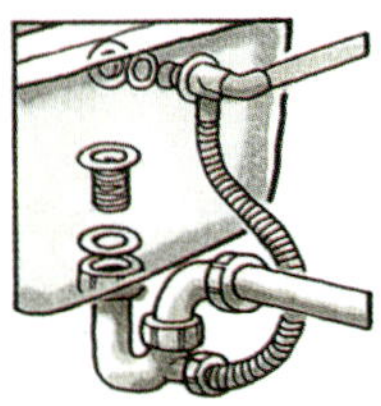

WC and bath overflow
Overflow from a WC joins the bath unit.

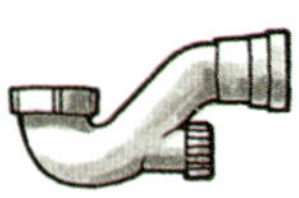

Shallow-seal trap
Use this type of trap when space is limited. It must discharge to a yard gully or hopper, not to a soil stack.

Fitting waste and overflow

Fit a combined waste and overflow unit to the bath. A flexible plastic hose takes water from the overflow outlet at the foot of the bath to the waste outlet or trap. If you use a 'banjo' unit, you must fit the overflow before the trap; but the flexible pipe of a compression-fitting unit connects to the trap itself (see left).

Spread a layer of silicone sealant under the rim of the waste outlet, or fit a circular rubber seal. Before inserting its tail into the hole in the bottom of the bath, seal the thread with PTFE tape. On the underside, add a plastic washer; then tighten the large back-nut, bedding the outlet down onto the sealant or the rubber seal. Wipe off excess sealant.

Connect the bath trap (see left) to the tail of the waste outlet with its own compression nut. (Fit a banjo overflow unit at the same time.)

Pass the threaded boss of the overflow hose through the hole at the foot of the bath. Slip a washer seal over the boss, then use a pair of pliers to screw the overflow outlet grille on.

If you're using a compression-fitting overflow, connect the nut located on the other end of the hose to the cleaning eye of the trap.

REMOVING AND INSTALLING A BATH

Turn off the water supply before you drain the system.

Removing an old bath

Have a shallow bowl ready to catch any trapped water, then use a hacksaw to cut through the old pipes. The overflow pipe from an old bath will almost certainly exit through the wall, so saw through the overflow at the same time.

If the bath has adjustable feet, lower them and then push down on the bath to break the mastic seal between the bathroom walls and the rim. Pull the bath away from the walls.

If a cast-iron bath is beyond restoration and therefore worthless, it is easier to break it up in the bathroom and carry it out in pieces. Drape a dust sheet over the bath; then, wearing gloves, goggles and ear protectors, smash it with a heavy hammer.

Hack the old overflow from the wall with a cold chisel, then fill the hole with mortar and repair the plasterwork.

Installing a new bath

Either run new 22mm (¾in) supply pipes or attach spurs to the existing ones, ready for connection to the flexible pipes already fitted on the bath taps.

Slide your new bath into position and adjust the height of the feet with a spanner. Use a spirit level to check that the rim is horizontal.

Adjust the flexible tap pipes and join them to the supply pipes. Connect a 40mm (1½in) waste pipe to the trap and run it to the external hopper or soil stack, as for a washbasin. Before fixing the bath panels, restore the water supply and check for leaks.

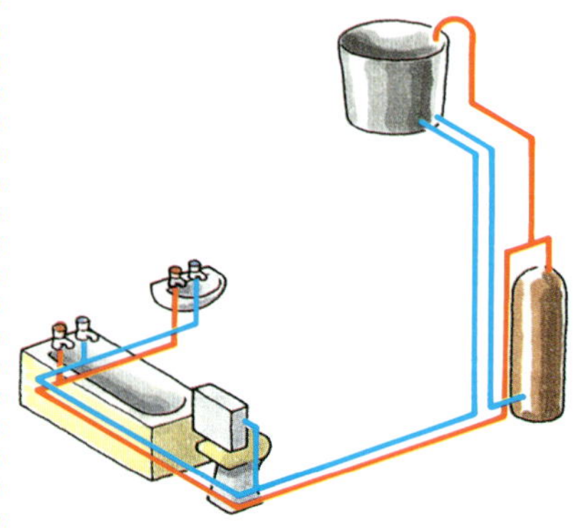

Typical tank-fed bathroom pipe runs
Red: Hot water. **Blue**: Cold water.

SEE ALSO: Draining the system 360, Connecting pipes 372–9, Fitting taps 385, Stack connection 386, Top-hat washers 386

Choosing a shower

All showers, except for the most powerful, use less water than required for filling a bath. And because showering is generally quicker than taking a bath, it helps to alleviate the morning queue for the bathroom. For even greater convenience, install a second shower somewhere else in the house – this is one of those improvements that really does add value to your home.

Improvements in technology have made available a variety of powerful, controllable showers. However, many appliances are superficially similar in appearance, so it's important to read the manufacturers' literature carefully before you opt for a particular model.

Pressure and flow

When choosing a shower, it should be borne in mind that pressure and flow are not the same thing. For example, an instantaneous electric shower delivers water at high mains pressure, but a relatively low flow rate is necessary to allow the water to heat up as it passes through the shower unit.

A conventional gravity-fed supply system delivers hot water from a storage cylinder under comparatively low pressure, but often has a fairly high flow rate when measured in litres per minute. Adding a pump to this type of system can increase the pressure and flow rate. It is then possible to alter the flow and pressure ratio by fitting an adjustable showerhead that provides a choice of spray patterns, from needle jets to a gentle cascade (often called 'champagne').

This showerhead provides a choice of spray patterns

Gravity-fed showers

In many homes cold water is stored in a tank, from which it is fed to a hot-water cylinder situated at a lower level. Both the hot-water and cold-water pressures are determined by the height (known as the 'head') of this cold-water storage tank above the shower. Provided there is at least one metre (3ft) between the bottom of the tank and the showerhead, you should have reasonable flow rate and pressure.

If flow and pressure are insufficient for a satisfactory shower, it may be possible to improve the situation either by raising the tank or by installing a pump in the system.

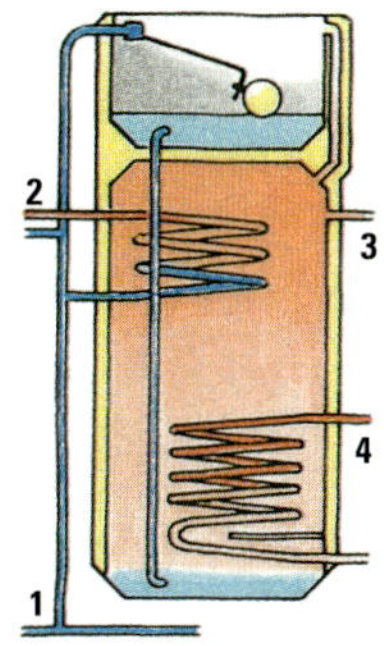

Thermal-store cylinder
Mains-fed water passes through a rapid heat exchanger on its way to the shower.
1 Mains feed
2 To shower
3 Other outlets
4 Boiler connections

Mains-pressure showers

You can supply some types of shower directly from the mains. In fact, one of the simplest to install is an instantaneous electric shower, which is designed for use with mains pressure.

Another alternative is to install a thermal-store cylinder. Mains-pressure water passes through a rapid heat exchanger inside the cylinder (see right). Yet another option is to store hot water in an unvented cylinder – which will supply high-pressure water to a shower without the need for a booster pump.

Nowadays showers are often supplied from combination boilers, though these often need to run at full flow to keep the boiler firing properly. Before buying a shower, check with the manufacturer of your boiler to ascertain whether there's likely to be a problem.

Shower enclosures
If space permits, choose an enclosed shower cubicle (far left). However, there are are a number of screens and plumbing options, which make an over-the-bath shower almost as efficient.

Drainage

Draining the used water away from a shower can be more of a problem than running the supply.

If it is not possible to run the waste pipe between the floor joists or along a wall, then you may have to consider relocating the shower. In some situations it may be necessary to raise the shower tray on a plinth in order to gain enough height for the waste pipe to fall (slope) towards the drain. Another way to overcome the problem is to install a special pump to take the waste water away from the shower.

Shower traps

When running the waste pipe to an outside hopper, you can fit a conventional trap – but these are relatively large, which can make for difficulties when installing the shower tray.

You could cut a hole in the floor, or substitute either a smaller, shallow-seal trap or a compact trap that includes a removable grid and dip tube for easy cleaning. Another possibility is to fit a running trap in the waste pipe at a convenient location, or install a self-sealing valve in the pipe.

A shower trap that is connected to a soil stack must have a water seal not less than 50mm (2in) deep. The easiest solution is to fit a compact trap, which is shallow enough to fit under most modern shower trays, but is designed to provide the necessary water seal. Or you could fit either a running trap or a self-sealing valve, as mentioned above.

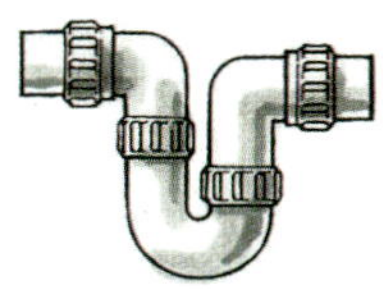

Running trap

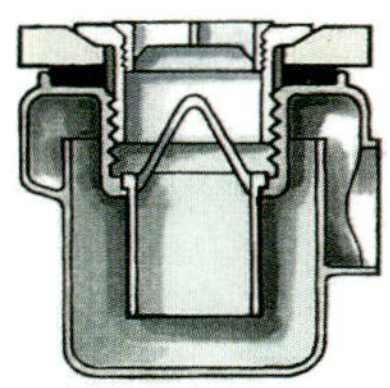

Section through a compact shower trap

Cleaning compact traps
Compact traps for showers have a lift-out dip tube for easy cleaning.

SEE ALSO: Shower units 390-1, Self-sealing valve 393, Booster pumps 394, Thermal-store cylinders 403, Unvented cylinders 403

Shower mixers

Installing an independent shower cubicle with its own supply and waste systems requires some prior experience of plumbing – but if you use an existing bath as a shower tray, then fitting a shower unit can involve little more than replacing the taps.

Bath/shower mixers

This type of shower is the simplest to install. It is connected to the existing 22mm (¾in) hot and cold pipes in the same way as a standard bath mixer, and the bath's waste system takes care of the drainage. Once you have obtained the right temperature at the spout by adjusting the hot and cold valves, you lift a button on the mixer to divert the water to the sprayhead via a flexible hose. The sprayhead can be hung from a wall-mounted bracket to provide a conventional shower, or hand-held for washing hair. The main disadvantage with this type of shower is that the controls are uncomfortably low to reach.

Since the supply pipes are already part of the bathroom's plumbing network, it's impossible to guard against fluctuating pressure unless the mixer is fitted with a thermostatic valve or you install a pressure-equalizing valve in the pipework. If the pressure is insufficient, fit a booster pump.

Don't fit a bath/shower mixer unless both the hot and cold water is under the same pressure, either high or low.

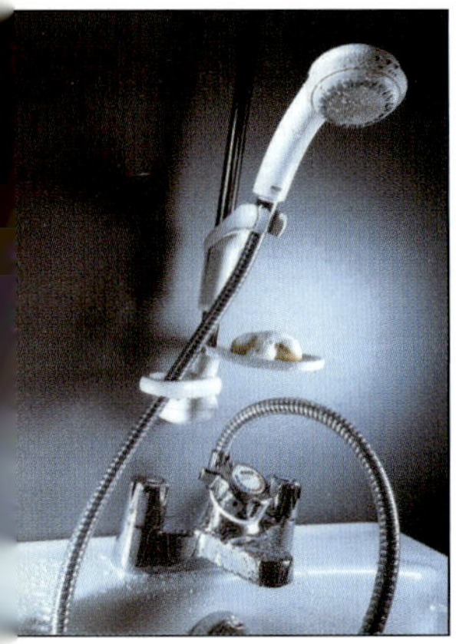

Bath/shower mixer
Fit this type of shower unit like an ordinary bath mixer.

Thermostatic mixer
This unit prevents excessive fluctuations in water temperature.

Manual shower mixers

A manual shower mixer can be fixed to the wall above a bath or situated in a separate shower cubicle. Manual mixers require their own independent hot and cold supply.

Simple versions are available with individual hot and cold valves, but most manual shower mixers have a single control that regulates the flow and temperature of the water. Single-lever ceramic-disc mixers operate exceptionally smoothly and, having few moving parts, are not so prone to hard-water scaling.

You can choose a surface-mounted unit or a nearly flush mixer with the pipework, connections and shower mechanism all concealed in the wall.

Thermostatic mixers

A thermostatic shower mixer is similar in design to a manual mixer but it has an extra control incorporated, to preset the water temperature. If the flow rate drops on either the hot or cold supply, a thermostatic valve rapidly compensates by reducing the flow on the other side. This is primarily a safety measure, to prevent the shower user being scalded should someone run a cold tap elsewhere in the house. Consequently, you can supply a thermostatic shower by means of branch pipes from the bathroom plumbing – but try to join them as near as possible to the cold tank and hot cylinder. The mixer can't raise the pressure of the supply, so you still need a booster pump if the pressure is low.

Thermostatic mixer mechanisms are usually based on wax-filled cartridges or bimetallic strips. Brand-new thermostatic valves respond extremely quickly to changes of temperature, but you can expect the rate to slow down as scale gradually builds up inside the mixer. Even when new, reaction time will be slower if the mixer is expected to cope with exceptionally hot water (above 65°C/149°F). At such high temperatures the hot-water ports are almost fully closed and the cold-water ones almost wide open, so there is very little margin for further adjustment.

The majority of thermostatic mixers can be used with the existing gravity-fed hot and cold supply, but it may be necessary to fit a booster pump. Check the manufacturer's literature carefully – since some showers perform well at low pressures, while others will be less than satisfactory.

Single-lever mixer
With this type of mixer, a single control is used to regulate flow and temperature.

An instantaneous electric shower is designed specifically for connection to the mains water supply, using a single 15mm (½in) branch pipe from the rising main. A non-return valve must be fitted close to the unit.

You can install an instantaneous shower practically anywhere, so long as drainage is feasible.

Incoming water is heated within the unit, so there is no separate hot-water supply to balance. The shower is thermostatically controlled to prevent fluctuations in pressure affecting the water temperature – in fact, it switches off completely if there is a serious failure of pressure. You can even buy an instantaneous shower with a shut-down facility: when you switch off, the water continues to flow for a little while to flush any hot water out of the pipework. This ensures that someone stepping into the cubicle immediately after another user isn't subjected to an unexpectedly hot start to their shower.

The electrical circuit

An instantaneous shower requires its own circuit from the consumer unit. A ceiling-mounted double-pole switch is connected to the circuit to turn the appliance on and off.

Surface-mounted or concealed

With most instantaneous showers, all plumbing and electrical connections are contained in a single mixer cabinet that is mounted in the shower cubicle or over the bath. However, you can buy showers with a slim flush-fitting control panel that is connected to a power pack installed out of sight – for example, under the bath behind a screw-fixed panel.

Fit a stopcock or miniature isolating valve in the supply pipe to allow the shower to be serviced.

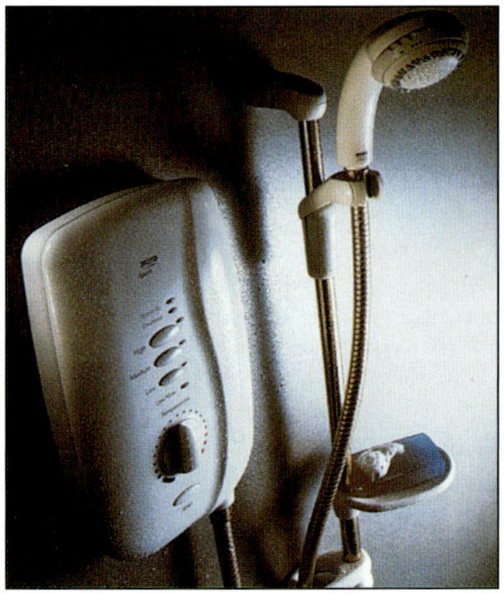

SEE ALSO: Wiring a shower 337, Fitting a bath mixer 388

High-performance showers have propagated a new generation of sprayheads, which offer a variety of spray patterns.

If you're thinking of upgrading an existing shower by installing an electric pump, it's worth finding out whether you can also substitute an adjustable sprayhead.

In addition to the standard shower spray, a simple adjustment is all that is needed to produce an invigorating jet to wake you up in the morning or a soft bubbly stream that is ideal for small children. Some sprayheads can also be adjusted to deliver a very light spray while you soap yourself or apply shampoo.

Cleaning a sprayhead

Gradually accumulation of lime scale blocks the holes in the sprayhead, and eventually this affects the performance of your shower. It's therefore essential to clean the sprayhead, the frequency of cleaning depending on the hardness of the water in the area where you live.

Remove the entire sprayhead from its hose or unscrew the perforated plate from the showerhead. Leave the sprayhead or plate to soak in a proprietary descalant until the scale has dissolved, then rinse thoroughly under running cold water.

Before you reattach the sprayhead or plate, turn on the shower to flush any loose scale deposits from the pipework.

Electrical installations

Electrical installations in a bathroom are potentially dangerous – which is why they must conform to the current Wiring Regulations compiled by the Institution of Electrical Engineers. Before you undertake the work, read the electrical section in this book and check the manufacturers' instructions carefully to make sure you understand the requirements for wiring in a bathroom. If you are in any doubt as to the procedure, or have not had previous experience, hire a qualified electrician.

Power showers

The pump-assisted 'power' shower is perhaps most people's concept of the ideal shower. The pump delivers water at a constant pressure and flow rate, eliminating the need for the minimum pressure normally required for a gravity-fed shower. Most power showers need a head of about 75 to 225mm (3 to 9in) to activate the pump when the mixer control is turned on. A pump can be used to boost the pressure and flow rate of stored hot and cold water, but not mains-fed water.

Ideally, the cold supply should be taken directly from the storage tank – not from branch pipes that feed other taps and appliances. The hot-water supply can be connected to the cylinder by means of a Surrey or Essex flange; this helps eliminate the tendency for the pump to suck in air from the vent pipe.

If the water is heated by an electric immersion heater, make sure the cylinder is fed by a dedicated cold feed and that the cold-feed gate valve is fully open. This is to prevent the top of the cylinder running dry and perhaps burning out the heater. If the cylinder is heated from a boiler, make sure the water temperature is controlled by a thermostat. If the water is too hot, the shower could splutter.

Power showers are frequently manufactured with an electrically driven pump built into the mixer cabinet that is mounted in the shower cubicle.

However, some pumps are designed for remote installation, with hot and cold pipes running to the pump then out again to the shower mixer. These freestanding pumps can also be used to improve the performance of an existing installation. The usual location for this type of pump is next to the hot-water cylinder in an airing cupboard – as low as possible, so that the pump remains full of water. However, there are also pumps that are designed to perform satisfactorily when mounted at a high level – even in the loft, if that is the only option available. In such situations, a single-impeller pump is best.

• Water Regulations
If the shower is mounted in such a way that the sprayhead could dangle below the rim of the bath or shower tray, you have to fit double-seal non-return valves in the supply pipes to prevent dirty water being siphoned back into the system.

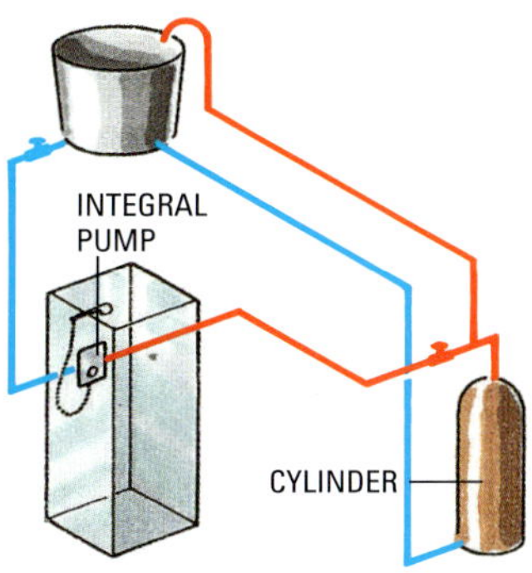

All-in-one power shower
The cold supply comes from the storage cistern, and the hot supply from the hot-water cylinder.

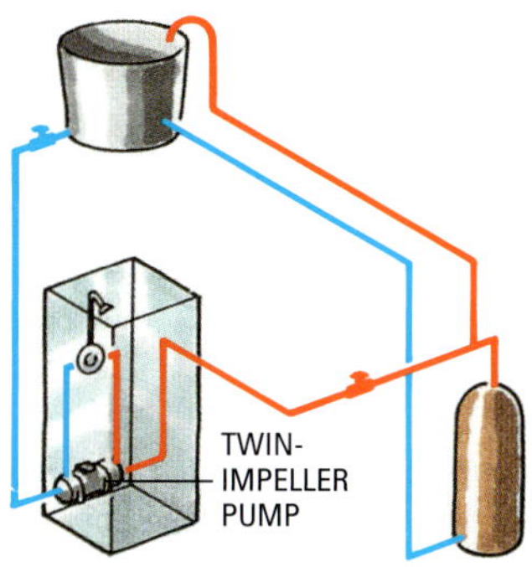

A separate booster pump
A typical installation with hot and cold supplies being fed through a twin-impeller pump.

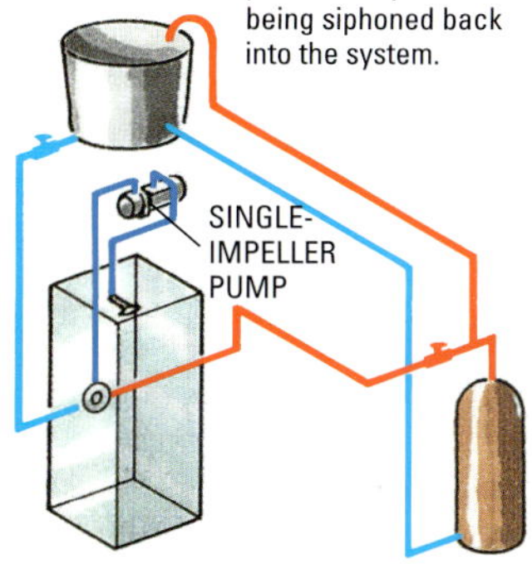

High-level pump
If this is your only option, it is best to fit a single-impeller pump between the mixer and the sprayhead.

Computer-controlled showers

Computerized showers allow for the precise selection of temperature and flow rates, using a touch-sensitive control panel. Most panels also include a memory program, so that each member of a family can select their own preprogrammed ideal shower.

Far from being simply a gimmicky sales device, a computerized shower has real advantages for the disabled and for elderly people. These showers are exceptionally easy to operate – and the control panel can even be mounted outside the cubicle, so that it's possible to operate the shower on behalf of someone else.

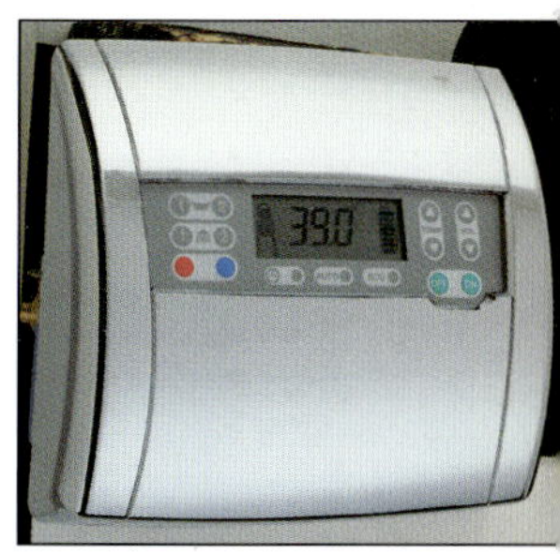

Touch-sensitive computerized panel

☛ SEE ALSO: Electricity 296–356, Cylinder flanges 394

Building a shower cubicle

Without doubt, the simplest way to acquire a shower cubicle is to install a factory-assembled cabinet, complete with tray and mixer, together with waterproof doors or a curtain to contain the spray from the sprayhead. Once you have run supply pipes and drainage, the installation is complete. However, factory-built cabinets are expensive and there is an alternative – to construct a purpose-made shower cubicle to fit the allocated space.

Choosing the site

When deciding upon the location of your shower, consider whether you can use the existing walls – or do you need new partitions to enclose the cubicle?

Freestanding

You can place the shower tray against a flat wall and either construct a stud partition on each side or surround the tray with a proprietary enclosure.

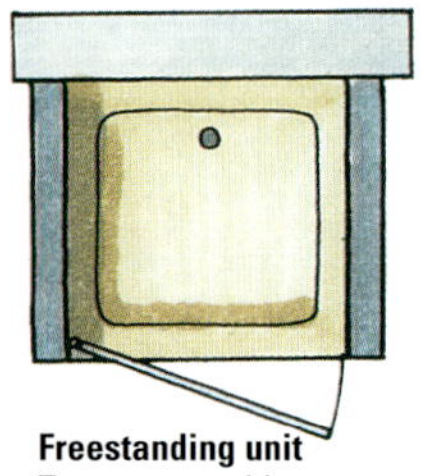

Freestanding unit
Two new partitions.

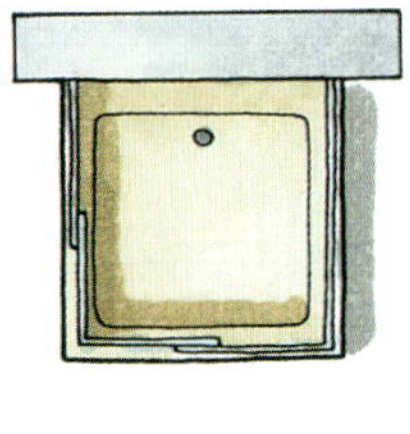

Freestanding unit
Proprietary enclosure.

Corner site

If you position the tray in a corner of a room, then two sides of the cubicle are ready-made. Run a curtain around the tray or install a corner-entry enclosure with sliding doors. Alternatively, build a fixed side wall yourself and put either a door or a curtain across the entrance.

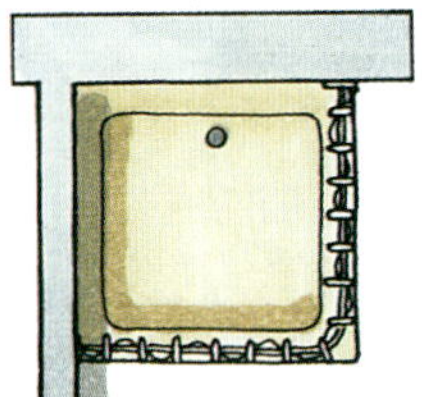

Corner site
Enclosed by a curtain.

Corner site
Partition and curtain.

Built-in cupboards

To incorporate a shower cubicle unobtrusively in a bedroom, place it in a corner, as described above, then construct a built-in wardrobe between the shower and the opposite wall.

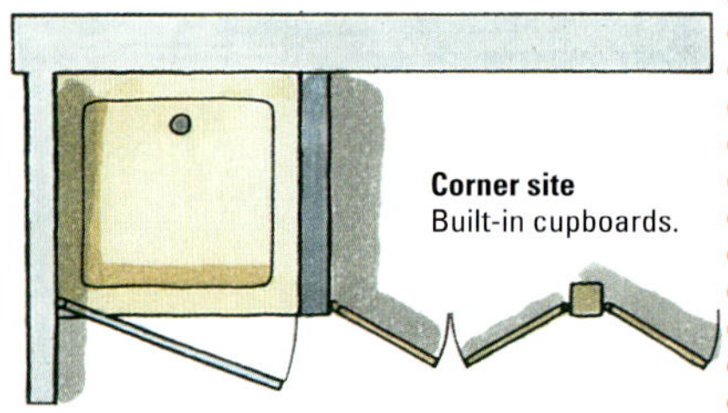

Corner site
Built-in cupboards.

Concealing the plumbing

One solution for concealing the pipes is to install a proprietary shower cubicle that has a plastic pillar in the corner, which is designed to hide the plumbing and house the mixer and adjustable sprayhead (see left).

If you erect a stud partition, then you can run the pipework between the studs. Screw exterior-grade plywood or cement-based wallboard on the inside of the frame for a tiled finish. Alternatively, use prefinished bathroom wall panelling.

Mount the shower mixer and sprayhead. Finish the inside with ceramic tiles, as required, then seal the shower tray joints with mastic. You will find it easier if you connect the plumbing to the shower mixer before you enclose the outside of the partition.

If you've decided to fit decorative wall panelling, cut it to size and fix the panels, using screws and the plastic corner profiles supplied. Finally, seal all joints, including those around the edges of the tray, with waterproof mastic.

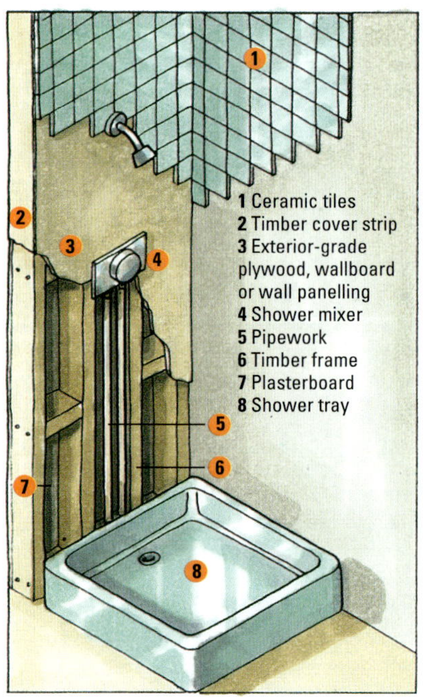

Running plumbing through a partition
Conceal pipework in a simple timber partition covered with ceramic tiles or panelling.

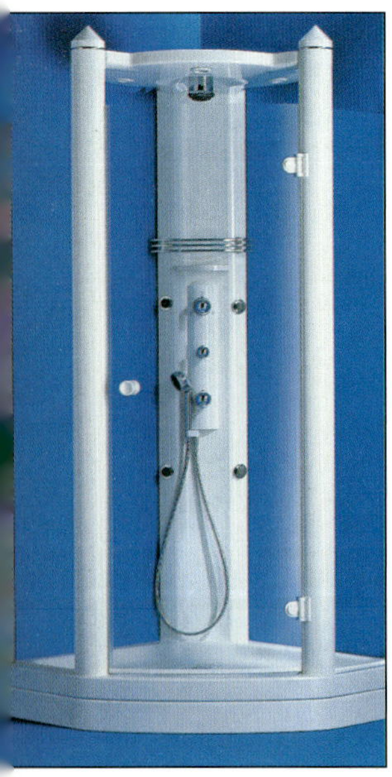

Proprietary unit
A typical kit includes a plastic corner pillar that conceals the plumbing. The kit comes complete with shower set, tray and enclosure.

Shower trays are made from a variety of materials, but plastic trays are the most common. The relatively cheap lightweight trays tend to flex slightly in use, so it's particularly important to seal the edges carefully, using a flexible mastic (don't rely on grout). Thicker cast plastic trays are more substantial and rigid, as are ceramic trays.

The majority of shower trays are between 750 and 900mm (2ft 6in and 3ft) square. You can also buy trays that have a cut-off or rounded corner to save floor space. Larger rectangular trays provide more elbow room.

Most trays are designed to stand on the floor and have a surround that is about 150mm (6in) in height. Some have adjustable feet for levelling the tray; or even a metal underframe to raise it off the ground, providing a fall for the waste pipe. A plinth screwed across the front of the tray hides the underframe and plumbing, and provides access to the trap for servicing. Some shower trays are intended to be sunk, so that they are flush with the floor.

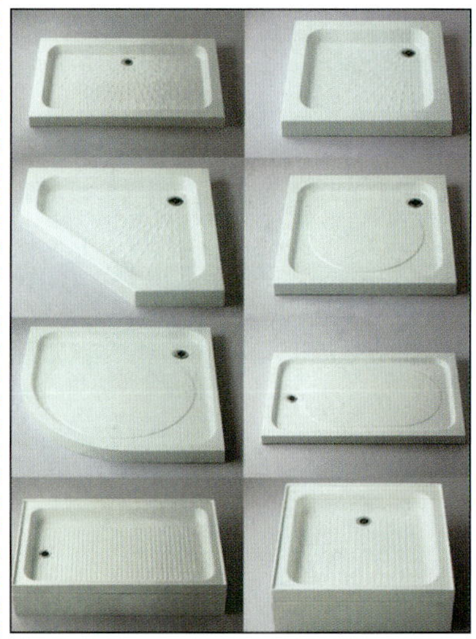

Shapes and sizes
Shower trays are between 750 and 900mm (2ft 6in and 3ft) square, usually with a surround that is about 150mm (6in) high, though this does vary. Shaped trays and ones with cut-off corners are useful where space is limited. Large rectangular trays are available to fill roomy shower cubicles.

SEE ALSO: Bathroom planning 13, Primers 41, Tiling 108–10, Stud partitions 142–6, Glass-block partitions 148

Gravity-fed showers

Use the procedure below as a guide to the stage-by-stage installation of a cubicle and conventional gravity-fed shower. Ideally, you should run an independent cold supply from the storage tank; and for the hot supply, take a branch pipe directly from the vent pipe above the hot-water cylinder. Fit isolating gate valves in both supplies. Use the methods described earlier in this chapter for fitting plastic or copper supply pipes and drainage, in conjunction with the manufacturer's recommendations for the shower you are installing.

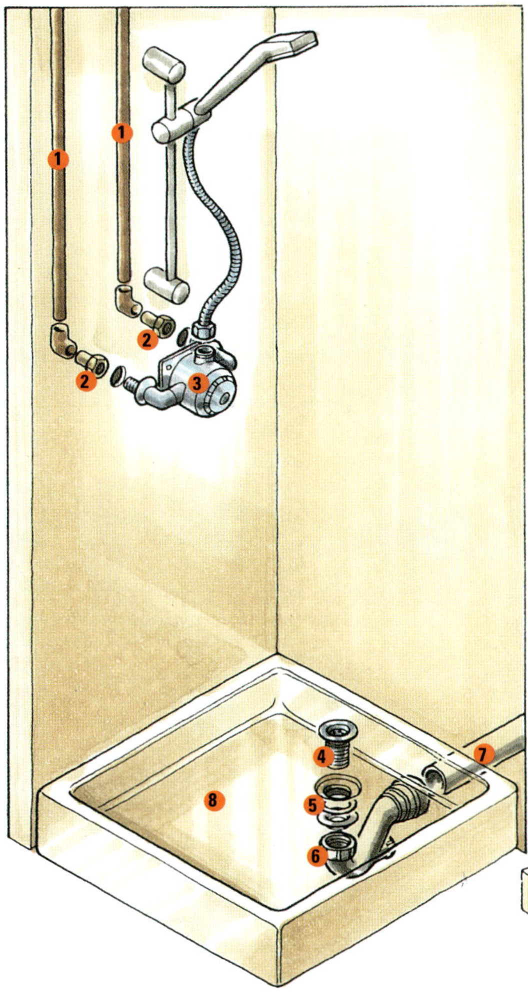

Plumbing a shower
1 Supply pipe – 15mm (½in
2 Connector (push-fit joints are fairly common)
3 Shower mixer
4 Waste outlet
5 Back-nut and washer
6 Shallow-seal trap (for a single-stack waste system, use a deep-seal or compact trap or a waste valve)
7 Waste pipe – 40mm (1½in)
8 Shower tray

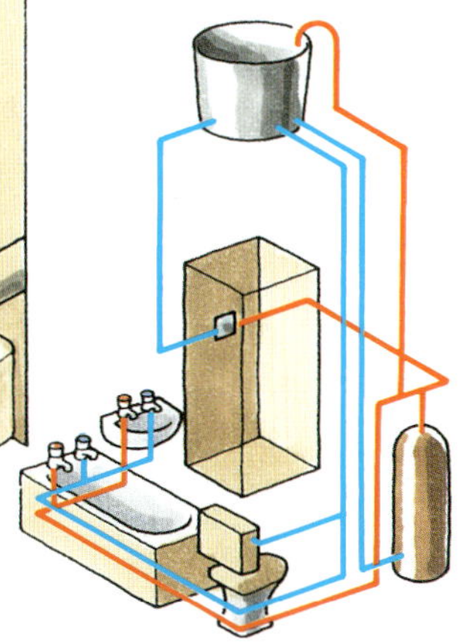

Typical pipe runs
Red: Hot water
Blue: Cold water

Fit the waste outlet in the shower tray and connect a shallow-seal trap, as for a bath. Alternatively, fit a compact trap that has a removable grill for easy cleaning.

Install the tray and run a 40mm (1½in) waste pipe to an outside hopper. Where the trap is to connect directly to a soil stack, rather than a hopper, you must use a conventional (deep-seal) trap or a suitable compact trap. Alternatively, you can fit a running trap or a waste valve (see far right). Check with your Building Control Officer.

To enclose a shower situated in a corner (see opposite), construct a stud partition on one side and line the inner surface with plywood or wallboard.

Cut a hole in the board for a flush-fitting shower mixer; or drill holes for the supply pipes to a surface-mounted model. Tile the inside of the cubicle with ceramic tiles, using waterproof adhesive and grout.

Fit the shower mixer and sprayhead to the tiled surface. Connect the pipework and run it back to the point of connection with the water supplies. Fit an isolating valve to each of the supply pipes, then turn off the water and make the connections.

Once the shower has been tested for leaks, cover the outside of the partition with plasterboard. Seal around the edges of the tray with a flexible silicone mastic. Finally, fit and seal the shower door.

INSTALLING AN ELECTRIC SHOWER

If you've decided to install an instantaneous shower in the cubicle, run both the electrical supply cable and a single 15mm (½in) pipe from the rising main through the stud partition.

Fit a non-return valve and an isolating valve in the pipe. Drill two holes in the wall just behind the shower unit for the pipe and cable. Join a threaded or compression connector to the supply pipe, whichever is appropriate for the water inlet built into the shower unit.

Read the section in this book about wiring a shower; then when you make the electrical connections, follow the manufacturer's instructions carefully.

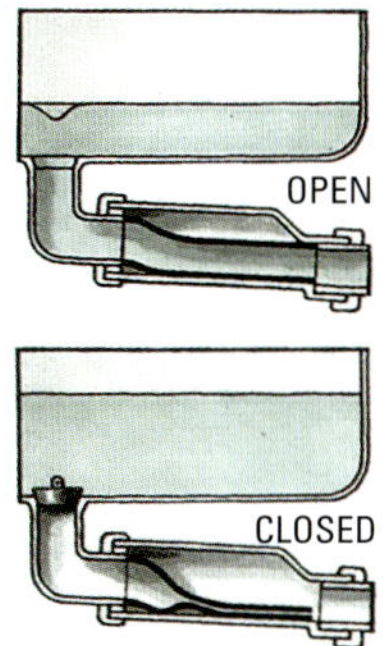

Self-sealing waste valve
The flexible seal opens under waste-water pressure and then closes to form an airtight seal.

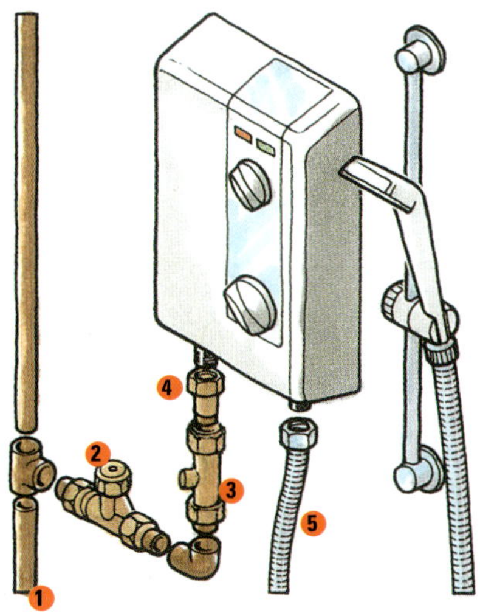

Plumbing an instantaneous shower
1 15mm (½in) pipe
2 Isolating valve
3 Non-return valve
4 Tap connector from rising main
5 Hose to sprayhead

Enclosing a shower

A shower in a cubicle or over a bath needs to be provided with some means of preventing water spraying out onto the floor. Hanging a plastic or nylon fabric curtain across the entrance is the simplest and cheapest method, but it is not really suitable for a power shower. Fit a ceiling-mounted curtain track or a tubular shower rail.

Even when a curtain is tucked into the shower tray, water always seems to escape around the sides of the curtain, or at least drips onto the floor when it is drawn aside. For a more satisfactory enclosure, use a metal-framed glass or plastic panelled unit. Hinged, sliding or concertina doors operate within an adjustable frame fixed to the top edge of the tray and the side walls. Bed the lower track onto mastic to make a waterproof joint with the tray and, once you have completed the enclosure, run a bead of mastic between the framework and the tiled walls of the shower cubicle.

Proprietary shower enclosure

☛ SEE ALSO: Tiling 108–10, Wiring a shower 337, Turning off the water 360, Connecting pipes 372–9, Pipe boss 386, Waste outlets 388, Shallow-seal traps 388, 389, Running trap 389

Installing power showers

If you're installing a brand-new power shower, it probably pays to opt for an all-in-one model with an integral pump.

If you are merely unhappy with the performance of your existing shower, then it's much cheaper and more convenient to plumb in a separate pump.

Whichever system you choose, check that your cold-water storage capacity is typically a minimum of 115 litres (25 gallons). Some manufacturers also recommend a hot-water cylinder with a minimum 161 litres (35 gallons) capacity. Don't connect a power shower to the mains water supply.

Both types of shower need an electrical supply to drive the pump. The pump is wired to a ring main by means of a fused connection unit installed outside the bathroom. As a means of isolating the pump, use a switched fused connection unit; or, if you prefer, fit a separate ceiling-mounted double-pole switch inside the bathroom. Once connected, the shower pump switches on automatically as soon as the shower valve is operated.

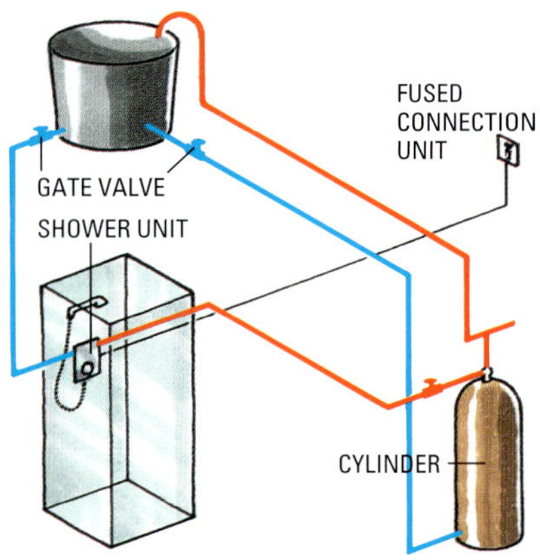

Power shower with integral pump

Typical pipe runs
Red: Hot water
Blue: Cold water

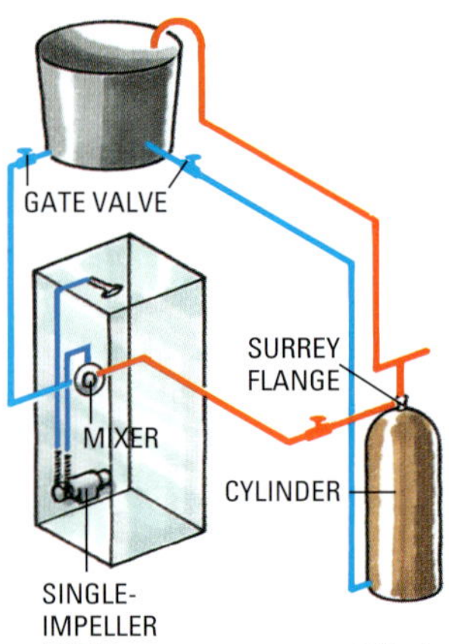

1 Single-impeller pump
Boosts ready-mixed water.

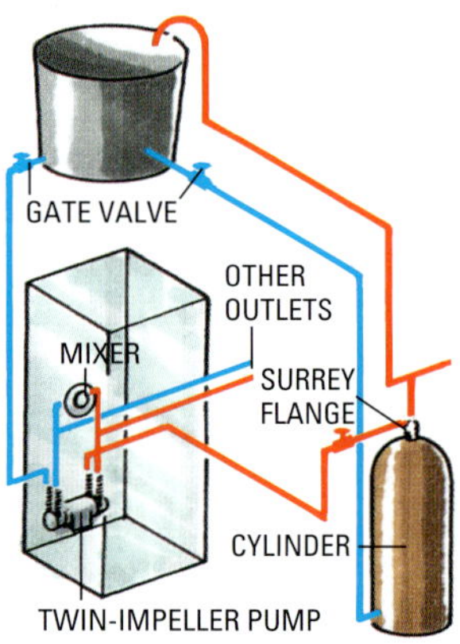

2 Twin-impeller pump
Can boost other outlets as well as a shower.

Fitting an all-in-one shower

To plumb a shower with an integral pump, you can run dedicated hot and cold supplies to the shower, as when fitting a gravity-fed shower. Alternatively, you can connect the hot-water supply directly to the cylinder by using a cylinder flange. An Essex flange is connected to the side of the cylinder **(1)**; but to avoid cutting into the cylinder wall, fit a Surrey flange that screws into the vent-pipe connection on top of the cylinder **(2)**. Fit gate valves in the hot and cold supplies, so you're able to isolate the shower for servicing.

The one appreciable drawback with an all-in-one shower is vibration. If you are mounting a mixer unit on a timber-frame wall, it's worth cushioning the unit on rubber tap washers slid over the fixing screws.

All tiling and grouting needs to be completed before mounting the shower on the wall.

Installing the shower

Drain the cold-water tank and drill a hole for a tank-connector fitting. Fit a gate valve close to the tank and run the pipe to the shower unit.

Turn off the cold supply to the hot-water cylinder, and then open the hot taps in the bathroom to drain a small amount of water from the cylinder. Unscrew the vent-pipe connector **(3)** and catch any residue of water with an old towel.

Wrap PTFE tape around the threads of the Surrey flange, then screw it into the cylinder. Connect the original vent pipe to the top of the flange and run the hot supply for the shower from the side connection **(4)**.

Arrange the pipework at the shower end to receive connectors, making sure you have the hot and cold pipes orientated correctly for the particular unit. Open the gate valves momentarily to flush the pipes.

Following the shower manufacturer's instructions carefully, run the electrical cable to the shower, ready for connection. Unless you've had some experience of electrical wiring, have the unit wired by a qualified electrician.

Mount the shower unit, using the screws provided and taking care not to bore into pipes or cable. Connect the pipes to the unit (this is often achieved by means of simple push-fit connectors), and connect up the electrical cable to the terminal block inside the unit. Metal pipes must be bonded to earth.

Before you turn on the electricity to the pump, attach the shower hose (without the sprayhead) and use the mixer controls to run the shower fully hot then fully cold to prime both supplies. Seal around the pipes with mastic to prevent water entering the wall cavity.

Fit the cover on the unit and mount the sprayhead rail on the wall.

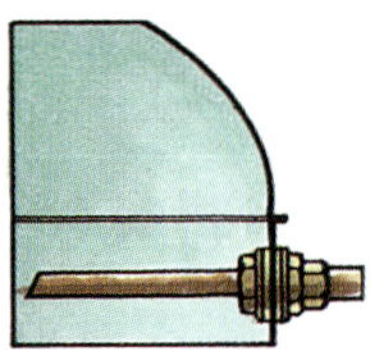

1 Side-entry Essex flange

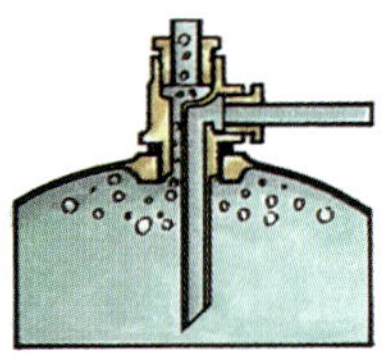

2 Top-entry Surrey flange

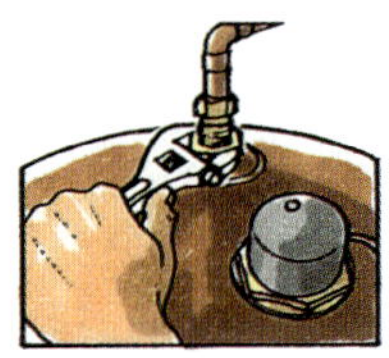

3 Unscrew vent-pipe connector

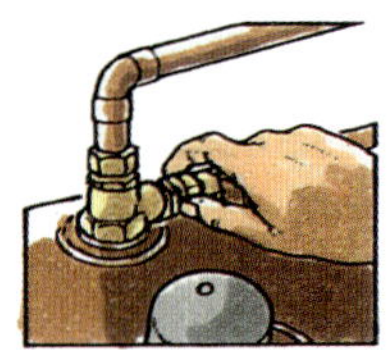

4 Attach hot supply for shower

Installing a booster pump

Fitting an electric pump can improve the performance of an existing shower. If you have access to the pipe running from the mixer to the sprayhead, you can install a single-impeller pump that boosts ready-mixed hot and cold water **(1)**. If the pipework is embedded behind tiling, install a twin-impeller pump in the supply pipes before the mixer. You can use the same twin-impeller pump to boost the supply to other outlets in the bathroom, too **(2)**.

Positioning the pump

Place the pump somewhere convenient for servicing, perhaps on the floor under the bath, behind a screw-fixed panel – but not where it will be splashed with water. Stand it on a resilient mat or pads to reduce the noise from vibration, and do not screw it to the floor. If possible, use flexible connectors to join pipes to the pump to prevent vibration being transmitted to rigid pipework.

Connect up the pump to a switched fused connection unit (see top left). Once connected, the pump is activated automatically by flow switches.

The basic plumbing is identical to that described for installing an all-in-one shower. Flush the pipes before you switch on the pump.

SEE ALSO: Tiling 108–10, Electricity 296–356, Supplementary bonding 300, Fused connection units 324, Turning off the water 360, Connecting pipes 372–9, Storage tanks 401

Plumbing a bidet

Although a bidet is primarily for washing the genitals and lower parts of the body, it can double as a footbath for the elderly and for small children. Because of the stringent requirements of the Water Regulations, installing a bidet can be an expensive and time-consuming procedure. However, if you're content with the simpler version, it is just like plumbing a washbasin.

Over-rim-supply bidet

This type of bidet is simply a low-level basin. It is fitted with individual hot and cold taps or a basin mixer, and has a built-in overflow running to the waste outlet in the basin. There's one disadvantage with an over-rim bidet: the rim is cold when you sit astride it.

Rim-supply bidet

A more sophisticated bidet delivers warm water to the basin via a hollow rim. Consequently, the rim is preheated and comfortable to sit on. A special mixer set with a douche spray is fitted to this type of bidet. It incorporates the normal hot and cold valves, but a control in the centre of the mixer diverts water from the rim to the sprayhead mounted in the bottom of the basin.

Because the sprayhead is submerged when the basin is full, the Water Regulations stipulate that a rim-supply bidet must take its cold water directly from the storage tank and there must be no other connections to this cold-supply pipe. Similarly, the hot-water supply must be completely independent and connected to the vent pipe immediately above the cylinder. Check with your water supplier before installing a bidet, to make sure you comply with the regulations.

Installing a bidet

When plumbing an over-rim-supply bidet, use exactly the same procedures, pipes and connectors described for plumbing a washbasin. Fit the taps, waste outlet and trap, then use a spirit level to position the bidet before fixing it to the floor with non-corrosive screws and rubber washers. Supply the hot and cold taps with branch pipes from the existing bathroom plumbing, and take the waste pipe to the hopper or stack.

When attaching the bidet set and trap to a rim-supply appliance, follow the manufacturer's instructions. Screw the bidet to the floor before running 15mm (½in) supply pipes and a 32mm (1¼in) waste according to the Water Regulations (see left). Connect the cold supply to the tank at the same level as the existing supply pipe.

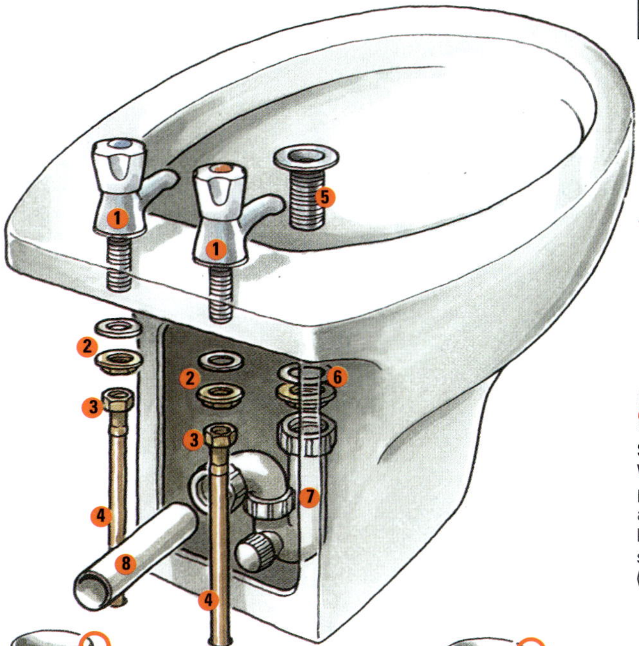

Plumbing an over-rim-supply bidet
1 Tap
2 Tap back-nut and washer
3 Tap connector
4 Supply pipe – 15mm (½in)
5 Waste outlet
6 Waste back-nut and washer
7 Trap
8 Waste pipe – 32mm (1¼in)

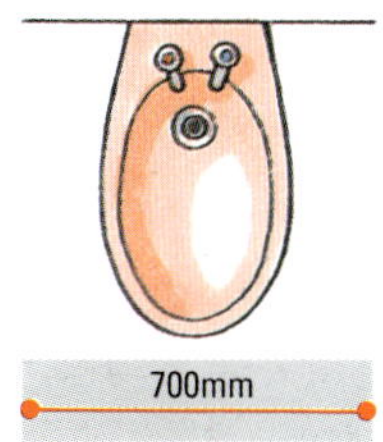

Space for a bidet
When planning the position of a bidet, allow sufficient knee room on each side – about 700mm (2ft 4in) overall.

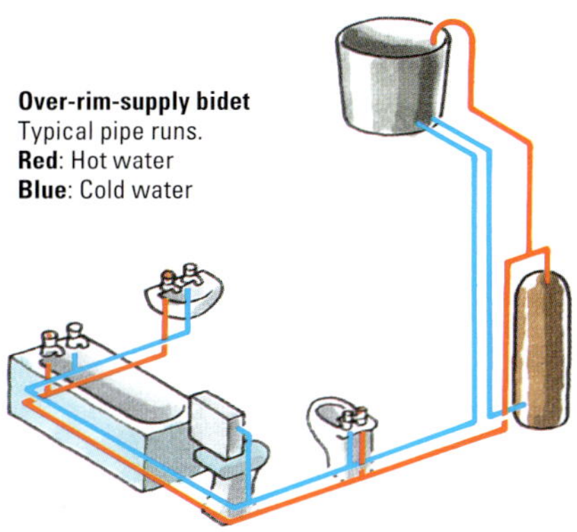

Over-rim-supply bidet
Typical pipe runs.
Red: Hot water
Blue: Cold water

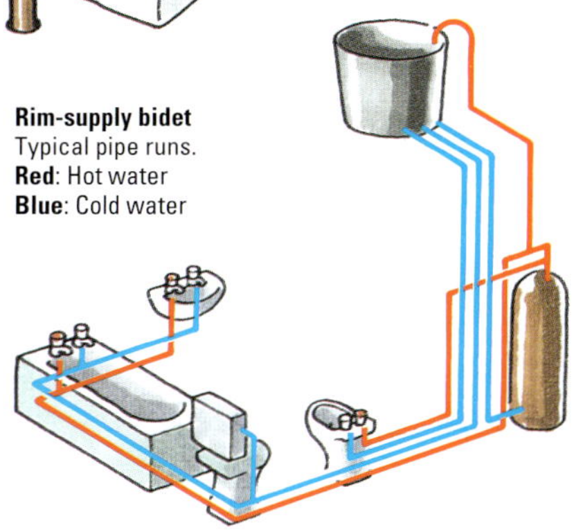

Rim-supply bidet
Typical pipe runs.
Red: Hot water
Blue: Cold water

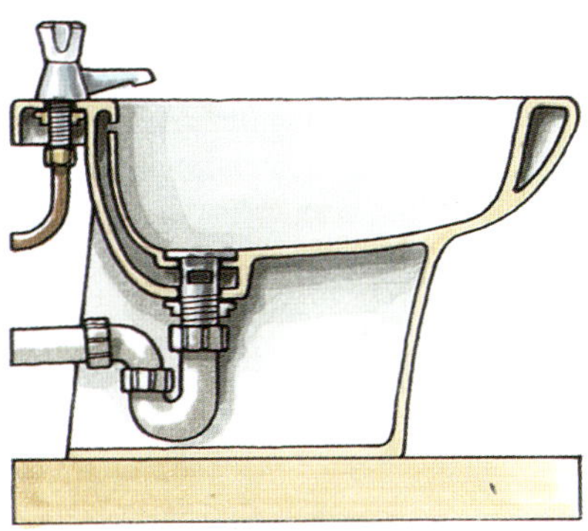

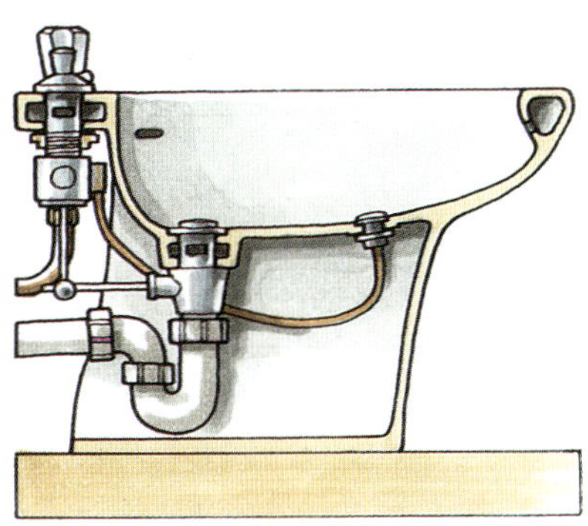

Over-rim-supply bidet *(right)*
This type of bidet is simple to install. Follow the same procedure as for a washbasin.

Rim-supply bidet *(far right)*
The installation of this type of bidet is complicated by the submerged douche spray. Independent plumbing is essential, and you will need a special mixer set to comply with the Water Regulations.

Kitchen sinks

If your ambition is to re-create a period-style kitchen, you may want a reproduction Butler or Belfast fire-clay sink with a separate teak draining board. Alternatively, by way of complete contrast, you could choose a stainless-steel sink top incorporating a bowl and drainer in a single pressing. If the 'high-tech' look is not to your liking and it's colour that you're after, there are good-quality resin (plastic), enamelled and ceramic sinks available in a variety of designs and sizes.

Choosing a kitchen sink

Choose the sink to make the best use of available space and to suit the style of your kitchen. If you don't have an automatic dishwasher, the kitchen sink must be large enough to cope with a considerable volume of washing-up (don't forget to allow for larger items, such as baking trays, oven racks and freezer baskets). In addition, check that the bowl is deep enough to allow you to fill a bucket from the kitchen tap.

If space allows, select a unit with two bowls. If you plan to install a waste-disposal unit, one of the bowls will need to have a waste outlet of the appropriate size (see opposite). Some sink units have a small bowl intended specifically for waste disposal.

A double drainer is another useful feature; but if there isn't enough room, allow at least some space to the side of the bowl, to avoid piling soiled and clean crockery on a single drainer.

One-piece sink tops are generally made to modular sizes to fit standard kitchen base units. However, many sinks are designed to be set into a continuous worktop – which offers greater flexibility in size, shape and, above all, positioning.

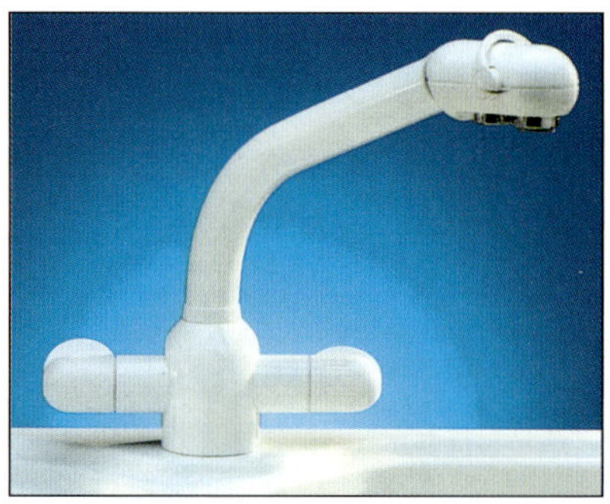

Kitchen taps

Except for being somewhat taller, kitchen taps are comparable in style to those used for washbasins. They also incorporate similar mechanisms and are fitted using the same methods.

A kitchen mixer, however, has an additional feature: drinking water is supplied to it from the rising main, whereas the hot water usually comes from the same storage cylinder that supplies all the other hot taps in the house. A sink mixer should have separate waterways to isolate the one supply from the other until the water emerges from the spout; otherwise, you must have special check valves to prevent possible contamination of your drinking water.

If you are fitting a double-bowl sink, choose a mixer with a swivelling spout. Some sink mixers have a hot-rinse spray attachment for removing food scraps from crockery and saucepans.

Continental mixer taps are supplied with small-bore malleable copper tail pipes that are screwed into the base of the taps and joined to the supply pipes by a compression-joint reducer.

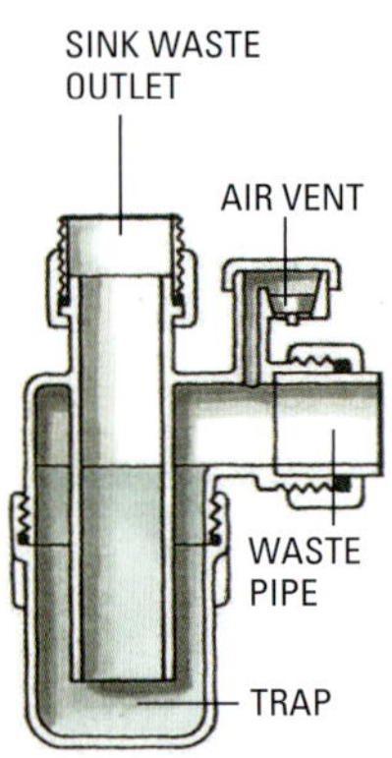

Anti-siphon trap
If your trap gurgles as the sink empties, you could replace it with an anti-siphon trap. This type of trap draws in air to break the vacuum in the waste pipe.

Accessories for a kitchen sink

You can buy a variety of accessories to fit most kitchen sinks, including a hardwood or laminated-plastic chopping board that drops neatly into the rim of the bowl or drainer, and a selection of plastic-dipped wire baskets for rinsing vegetables or draining crockery.

Pump-action dispensers for soap and washing-up liquid rid the sink of plastic bottles and soap dishes.

There's a wide range of kitchen sinks, taps and accessories available for the domestic market.

Steel, enamel, resin, ceramic, double, single, plain, coloured – a bewildering choice confronts you when you are planning your kitchen. A cross section of popular sinks, accessories and taps is shown below to assist you in making your decision.

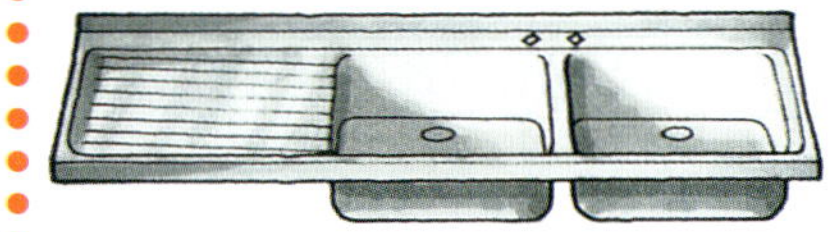

Double bowl with left-hand drainer

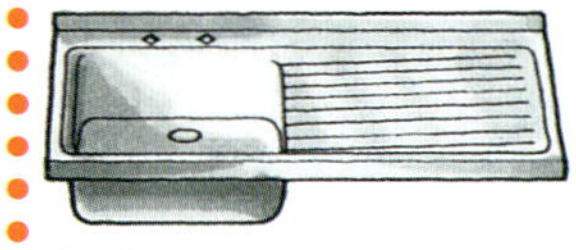

Single bowl with right-hand drainer

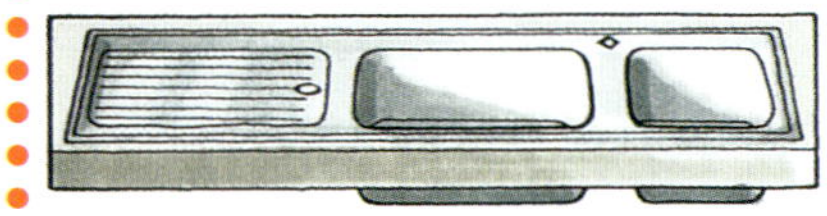

Inset double-bowl unit

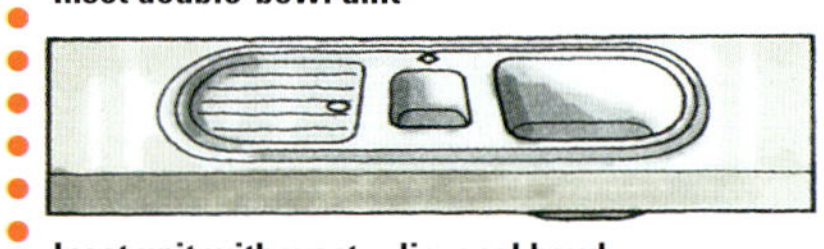

Inset unit with waste-disposal bowl

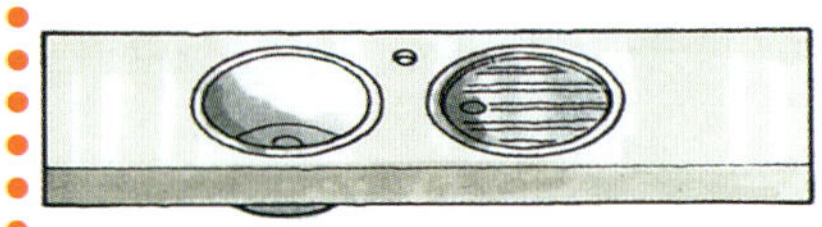

Individual sink and drainer

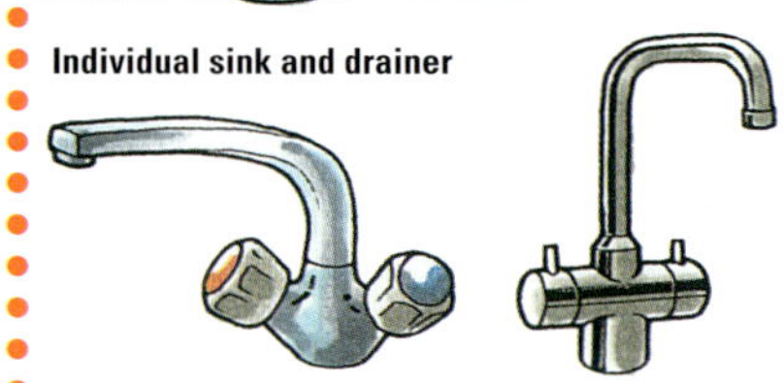

Swivel mixers

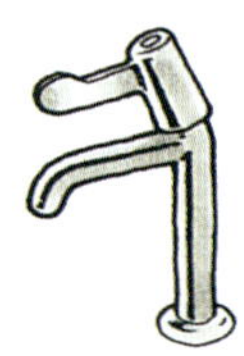

Pillar tap

Lever-operated spray

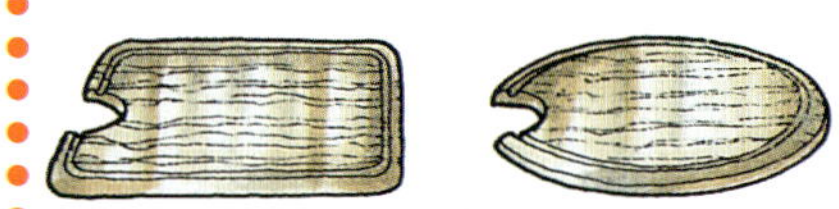

Chopping boards

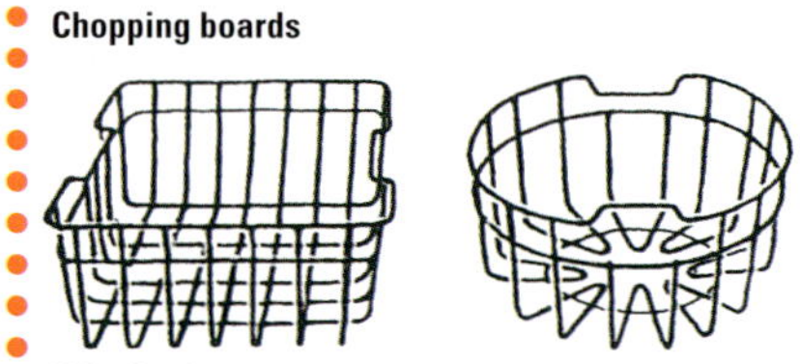

Wire baskets

SEE ALSO: Kitchen planning 14, Kitchen decor 32, Taps 384

Installing a sink

Installing a kitchen sink is much the same as fitting a washbasin or vanity unit. All except ceramic sinks will require a combined overflow/waste outlet, like a bath. It pays to fit a tubular trap to a sink, because a bottle trap blocks too easily.

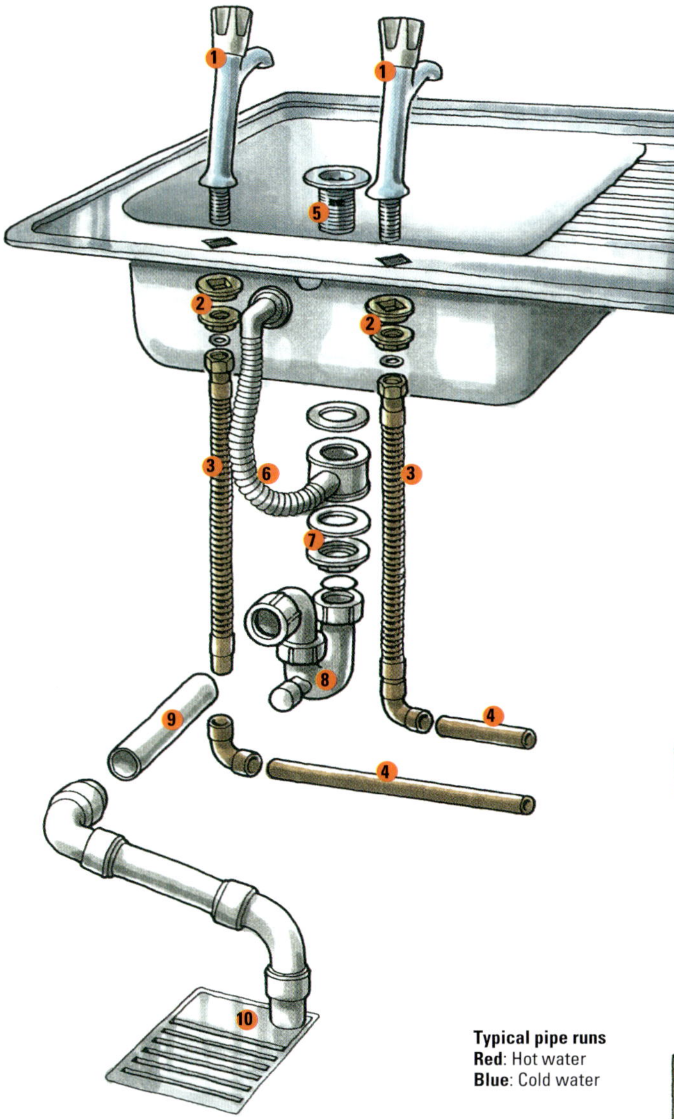

Plumbing a sink
1 Pillar tap
2 Tap back-nut and top-hat washer
3 Flexible copper pipe
4 Supply pipe – 15mm (½in)
5 Waste outlet
6 Banjo overflow unit
7 Waste back-nut and washer
8 Trap
9 Waste pipe – 40mm (1½in)
10 Yard gully

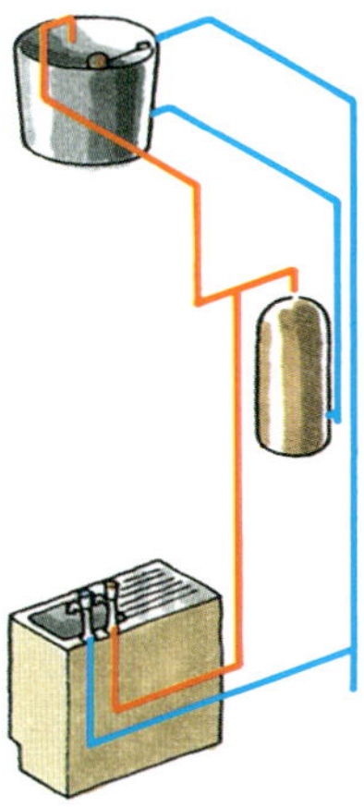

Typical pipe runs
Red: Hot water
Blue: Cold water

Plumbing the sink

Fit the taps and the overflow/waste outlet to the new sink before you place the sink in position.

Turn off the water supply to the taps, then remove the old sink by dismantling the plumbing. Remove the old pipework unless you plan to adapt it.

Clamp the new sink to its base unit or worktop, using the fittings provided; then, if needed, seal the rim of the sink. Run a 15mm (½in) cold-water supply pipe from the rising main, and a branch pipe of the same size from the nearest hot-water pipe. Fit miniature isolating valves in both of the supply pipes and connect them to the taps with flexible copper-tap connectors.

Fit the trap and run a 40mm (1½in) waste pipe through the wall behind the base unit to the yard gully. According to current Water Regulations, the pipe has to pass through the grid covering the gully but must stop short of the water in the gully trap. You can adapt an existing grid quite easily by cutting out one corner with a sharp hacksaw.

WASTE-DISPOSAL UNITS

A waste-disposal unit provides a hygienic method of dealing with soft food scraps – reserving the kitchen wastebin for dry refuse and bones.

The unit houses an electric motor that drives steel cutters, which grind up the food scraps into a fine slurry to be washed into the yard gully or soil stack. A continuous-feed model is operated by a manual switch: scraps are then fed into it while the cold tap is running. To prevent the unit being switched on accidentally, a batch-feed model cannot be operated until a removable plug is inserted in the sink waste outlet.

Waste-disposal units are generally designed to fit an 89mm (3½in) outlet in the base of the sink bowl. A special cutter can be hired to adapt a standard stainless-steel or plastic sink.

With a sink waste outlet and seal in position, clamp a retaining collar to the outlet from under the sink. Bolt or clip the unit housing to the collar: every unit is supplied with individual instructions.

The waste outlet from the unit itself fits a standard sink trap (not a bottle trap) and waste pipe. If the waste pipe runs to a yard gully, make sure it passes through the covering grid (see left).

Wire the unit to a switched fused connection unit mounted above the worktop, positioning it so that it is out of the reach of children. Identify the switch to avoid accidental operation.

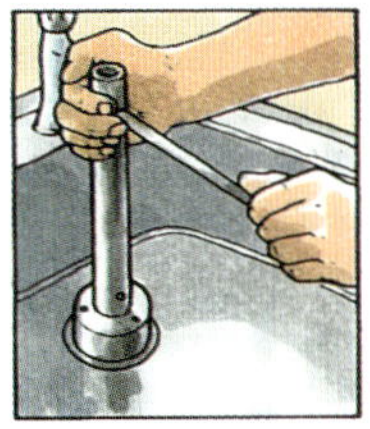

Cutting a hole for a waste-disposal unit
The supplier of the waste-disposal unit (or possibly a tool-hire company) will rent you a special cutter to convert an existing sink. The cutter can't be used on a ceramic or enamel sink.

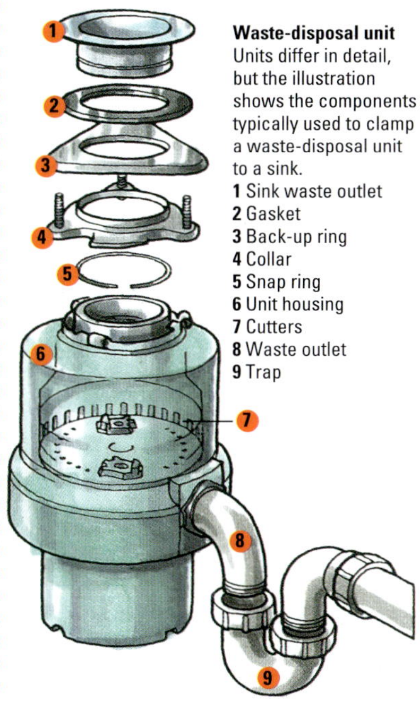

Waste-disposal unit
Units differ in detail, but the illustration shows the components typically used to clamp a waste-disposal unit to a sink.
1 Sink waste outlet
2 Gasket
3 Back-up ring
4 Collar
5 Snap ring
6 Unit housing
7 Cutters
8 Waste outlet
9 Trap

A fast and hygienic way to dispose of soft food scraps

☛ SEE ALSO: Earthing 300, Fused connection units 324, Wiring a waste-disposal unit 326, Miniature isolating valve 360, Tap connectors 372, 376, Connecting pipes 372–9, Washbasins 383–6, Fitting a sink waste 386, Overflow/waste 388

Water softeners

Water softener
A domestic unit, which fits neatly beneath the worktop, requires topping up with salt.

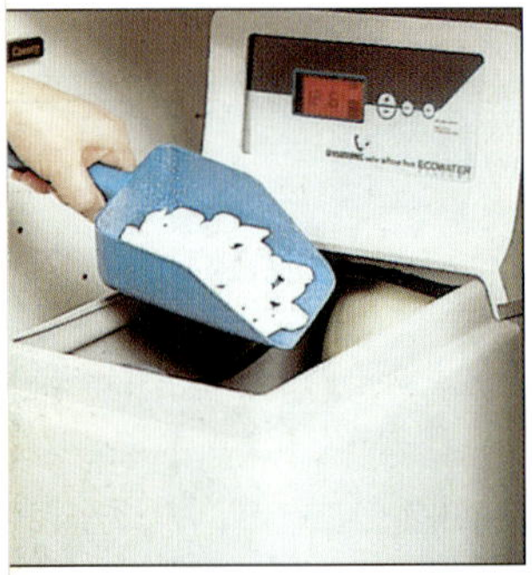

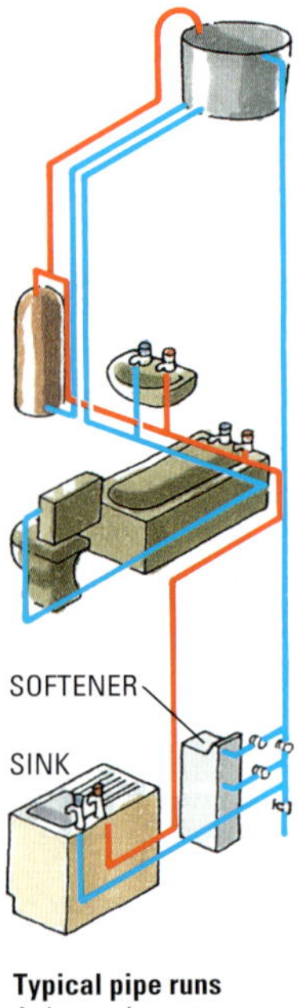

Typical pipe runs
A domestic system incorporating a softener.
Red: Hot water
Blue: Cold water

Harmful impurities are removed from water before it is supplied to our homes, but minerals absorbed from the ground are still present and it's the concentration of these that determines whether our water is hard or soft. Rocky terrain gives rise to surface-run water, which is naturally soft – whereas in areas of the country where water runs through the ground, rather than over it, the higher mineral content produces hard water.

Hard-water scale

Mineral salts are deposited in the form of hard scale on the inside of pipes, tanks and, especially, hot-water cylinders. If the concentration of minerals is very high, scale will eventually block pipework and can insulate heating elements to such an extent that their efficiency is reduced by anything from 15 to 70 per cent.

The more obvious consequences of hard water are the discoloration of baths and basins, blocked sprayheads, blemished stainless-steel surfaces and furred-up kettles. Most people resign themselves to living with these effects – but they can be reduced, or even eliminated altogether, by installing a water softener.

Domestic water softeners

Water softeners work on the principle of ion exchange. The incoming water flows through a compartment containing a synthetic resin that absorbs scale-forming calcium and magnesium ions and releases sodium ions in their place.

After a period of about three or four days, the resin is unable to absorb any more mineral salts and the softener automatically flushes the compartment with a saline solution to regenerate the resin. Topping up with salt is required at intervals of perhaps two to three months. The softener is fitted with a timer so that you can program regeneration when water consumption is at its lowest, usually during the early hours of the morning.

The unit must be connected to the rising main at the point where the water supply enters the house. For this reason, domestic softeners are usually designed to fit under a kitchen worktop.

Installing a water softener

Installing a water softener may appear to be fairly complicated since it involves a great deal of joint making – both to fit the valves and branch pipes that supply and bypass the softener and to include the fittings that are necessary to comply with the Water Regulations.

The bypass assembly allows for the unit to be isolated for servicing while maintaining the supply of water to the rest of the house. In addition, you must install a branch pipe before the assembly, in order to supply unsoftened drinking water to the kitchen sink. Supply your garden tap (see top right) from the same pipe – there's no need to waste softened water on the garden.

Install a non-return valve in the system, to prevent the reverse flow of salty water. A pressure-reducing valve may also be required (check with your water supplier). You will need a draincock, in order to empty the rising main. Some manufacturers supply an installation kit that includes all the necessary equipment. You will have to provide drainage in the form of a standpipe and trap, as for a washing machine.

Wire the water softener to a switched fused connection unit that contains a 3amp fuse.

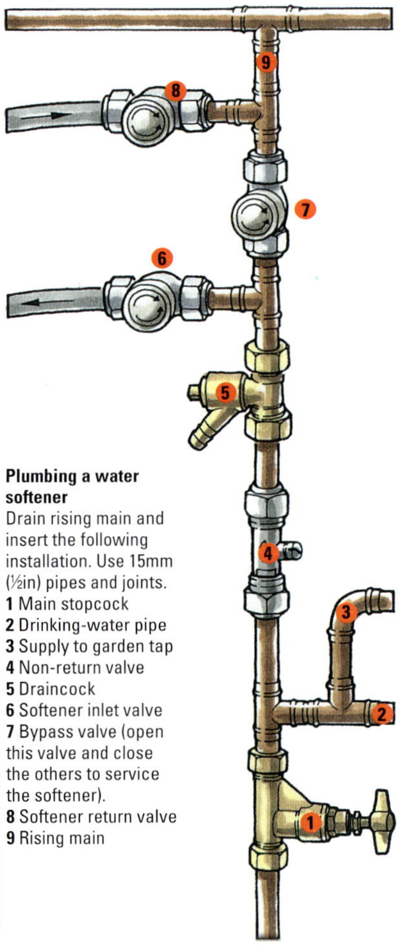

Plumbing a water softener
Drain rising main and insert the following installation. Use 15mm (½in) pipes and joints.
1 Main stopcock
2 Drinking-water pipe
3 Supply to garden tap
4 Non-return valve
5 Draincock
6 Softener inlet valve
7 Bypass valve (open this valve and close the others to service the softener).
8 Softener return valve
9 Rising main

FITTING A GARDEN TAP

A bib tap situated on an outside wall is convenient for attaching a hose for a lawn sprinkler or for washing the car. To comply with the Water Regulations, a double-seal non-return (check) valve must be incorporated in the plumbing, to prevent contaminated water being drawn back into the system. Provide a means of shutting off the water and draining the pipework during winter, and keep the outside pipe run as short as possible.

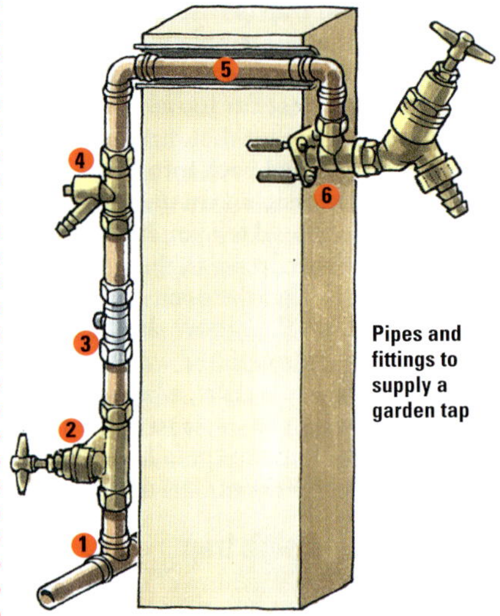

Pipes and fittings to supply a garden tap

Turn off and drain the mains supply. Fit a T-joint **(1)** to run the supply to the tap. Run a short length of pipe to a convenient position for another stopcock **(2)** or miniature valve, and for the non-return valve **(3)** if the tap doesn't include one, making sure that the arrows marked on both fittings point in the direction of flow. Fit a draincock **(4)** after this point. Run a pipe through the wall inside a length of plastic overflow **(5)**, so that any leaks will be detected quickly and will not soak the masonry. Wrap PTFE tape around the bib-tap thread, then screw it into a wall plate attached to the masonry outside **(6)**.

A suitably robust bib tap for use outdoors

SEE ALSO: Fused connection units 324, Draining the system 360, Connecting pipes 372–9, PTFE tape 374, Washing machines 39

Storage tanks

The cold-water storage tank, or cistern, normally situated in the roof space, supplies the hot-water cylinder and all the cold taps in the house, other than the one in the kitchen that is used for drinking water. An old house may still have a galvanized-steel tank that has been in service since the house was built. But eventually this will corrode and, although it's possible to patch it up temporarily, it makes sense to replace it before a serious leak develops. A circular 227 litre (50 gallon) polythene tank is a popular replacement, because it can be folded to pass through a narrow hatch to the loft.

Bylaw 30 kits

Make sure your new tank is supplied with a Bylaw 30 kit, to keep the water clean. This is a requirement of all water suppliers. The kit includes a close-fitting lid that excludes light and insects, and is fitted with a screened breather and a sleeved inlet for the vent pipe. In addition, there should be an overflow-pipe assembly that is screened to prevent insects crawling into the tank, a reinforcing plate to stiffen the cistern wall around the float valve, and an insulating jacket.

Removing an old tank

Switch off all water-heating appliances, then close the stopcock on the rising main. Drain the storage tank by opening the cold taps in the bathroom.

Bail out the remaining water in the bottom of the tank, then use a spanner to dismantle the fittings connecting the float valve, distribution pipes and overflow to the tank. Use a little penetrating oil if the fittings are stiff with corrosion.

The tank may have been built into the house before the roof was completed, in which case it's unlikely to pass through the hatch. Just pull it to one side. If you need the space, it is possible to cut the tank up, using an angle grinder. Wear a mask, gloves, goggles and ear defenders while you work.

Prepare a firm base for the new tank by nailing stout planks across the joists, or lay a platform made from plywood 18mm (¾in) thick.

Plumbing a new tank

Once the new tank is in place, you can set about connecting the numerous pipes and fittings that are required.

Fitting the float valve

A float valve shuts off the flow of water from the rising main when the tank is full. Cut a hole for the float valve 75mm (3in) below the top of the tank. Slip a plastic washer onto the tail of the valve and pass it through the hole. Slide the reinforcing plate onto the tail, followed by another washer and a fixing nut, then tighten the fitting with the aid of two spanners.

Screw a tap connector onto the float valve, ready for connecting to the 15mm (½in) rising main.

Connecting the distribution pipes

The 22mm (¾in) pipes running to the cylinder and cold taps are attached by means of tank connectors – threaded inlets with a compression fitting for the pipework. Drill a hole for each tank connector, about 50mm (2in) above the bottom of the tank. Push the fittings through each hole, with one polythene washer on the inside. Wrap a couple of turns of PTFE tape around the threads, then fit the other washer. Screw the nut on, holding the tank connector to stop it turning. Don't overtighten the nut – or you will damage the washer, causing it to leak.

Take the opportunity to fit a gate valve to each distribution pipe, so you can cut off the supply of water without having to empty the tank.

Connecting the overflow

Drill a hole 25mm (1in) below the level of the float-valve inlet for the threaded connector of the overflow-pipe assembly. Pass the connector through the hole, fit a washer, and tighten its fixing nut on the inside of the tank. Fit the dip pipe and insect filter.

Attach a 22mm (¾in) plastic overflow pipe to the assembly. Run the pipe to the floor, then to the outside of the house, maintaining a continuous fall. The pipe must emerge in a conspicuous position, so that an overflow can be detected immediately. Clip the pipe to the roof timbers.

Modifying existing plumbing

Modify the rising main and distribution pipes to align with their fittings, then connect them with compression fittings. (Don't use soldered joints near a plastic tank.) Clip all the pipework securely to the joists.

Open the main stopcock and check for leaks as the tank fills. Adjust the float arm to maintain a water level 25mm (1in) below the overflow outlet.

Adapt the vent pipe from the hot-water cylinder to pass through the hole in the lid. Finally, insulate the tank and pipework – but make sure there is no loft insulation under the cistern, as this will prevent warmth rising from below.

Tank cutters
Hire a tank cutter to bore holes in the tank for pipework. Some cutters are adjustable, so you can drill holes of different diameters. An alternative is to use a hole saw clamped to a drill bit.

Hole saw

Adjustable cutter

Plumbing a tank.
1 Float valve
2 Reinforcing plate
3 Tap connector
4 Rising main
5 Tank connector
6 Gate valve
7 Distribution pipe – 22mm (¾in)
8 Pipe clip
9 Overflow-pipe assembly
10 Overflow pipe
11 Vent pipe

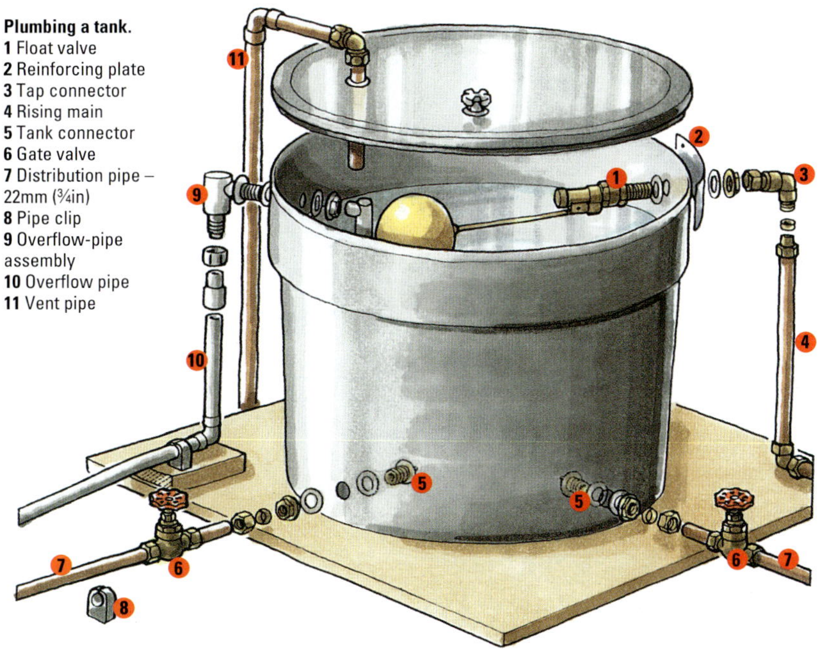

SEE ALSO: Insulation 271, 276, Float valves 365–6, Adjusting a float arm 366, Gate valve 372, Tap connectors 372, 376, Compression joints 374, Hot-water cylinders 402

Vented hot-water cylinders

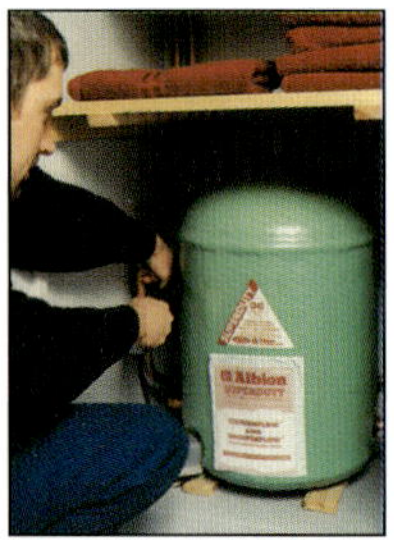

In most houses, the hot water is heated and stored in a large copper cylinder situated in the airing cupboard. Cold water is fed to the base of the cylinder from the cold-water storage tank housed in the loft. As the water is heated, it rises to the top of the cylinder, where it is drawn off via a branch from the vent pipe to the hot taps. When the hot water is run off, it is replaced by cold water at the base of the cylinder, ready for heating.

The vent pipe itself runs back to the loft, where it passes through the lid of the cold-water storage tank, with its open end just above the level of the water. The vent pipe provides a safe escape route for air bubbles and steam, should the system overheat.

When water is heated, it expands. The vent pipe accommodates some of this expansion, but much of the excess water is forced back up the cold-feed pipe into the cold-water storage tank.

The capacity of domestic cylinders normally ranges from about 114 litres (25 gallons) to 227 litres (50 gallons), although it is possible to obtain bigger cylinders to meet the requirements of a large family. A cylinder with a capacity of between 182 and 227 litres (40 and 50 gallons) will store enough hot water to satisfy the needs of an average family for a whole day.

Some cylinders are made from thin, uninsulated copper and need to have a thick lagging jacket to reduce heat loss. However, for better performance use a Kite-marked factory-insulated cylinder that is precovered with a thick layer of foamed polyurethane. Although more expensive, they are a good investment.

Typical pipe runs
Red: Hot water
Blue: Cold water

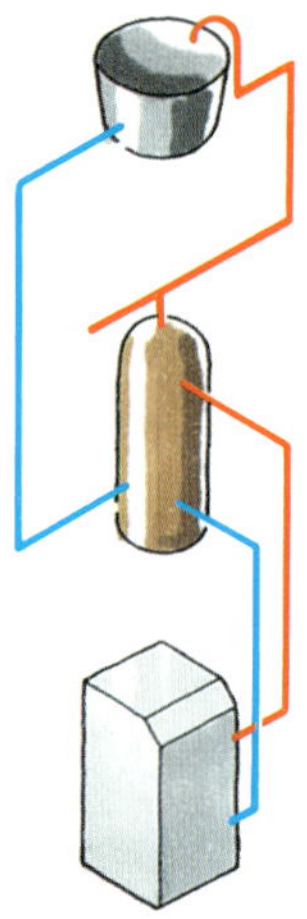

Direct water heating by means of a boiler

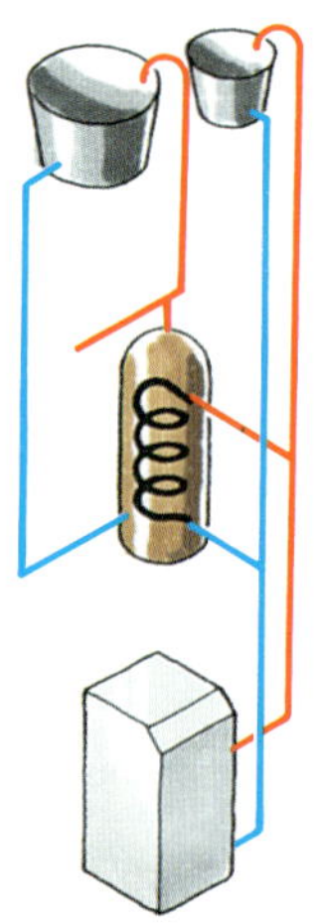

Indirect water heating employs the central-heating boiler

Methods of heating water

There are two different methods of heating the water in a vented hot-water cylinder: either directly – usually by means of electric immersion heaters – or indirectly by a heat exchanger connected to the central-heating system.

Direct heating

Water heating can be accomplished solely by means of electric immersion heaters – either a single-element or double-element heater is fitted in the top of the cylinder or there may be two individual side-entry heaters.

An alternative is for the water to be heated in a boiler, the sole purpose of which is to provide hot water for the cylinder. A cold-water pipe runs from the base of the cylinder to the boiler, where the water is heated; and it then returns to the top half of the cylinder.

Both methods are known as direct systems. In practice, a boiler-heated cylinder is generally fitted with an immersion heater as well, so that hot water can be supplied independently during the summer, when using the boiler would make the room where it is situated uncomfortably warm.

Indirect heating

When a house is centrally heated with radiators fed by a boiler, the water in the cylinder is usually heated indirectly by a heat exchanger.

Hot water from the boiler passes through the exchanger (a coiled tube within the cylinder), where the heat is transmitted to the stored water. The heat exchanger is part of a completely self-contained system, which has its own feed-and-expansion tank (a small storage tank in the loft) to top up the system. An open-ended vent pipe terminates over the same small tank.

The whole system is known as the primary circuit, and the pipes running from and back to the boiler are known as the primary flow and return. An indirect system is often supplemented with an immersion heater, to provide hot water during the summer months.

Direct cylinder
1 Vent pipe
2 Hot-water branch pipe
3 Lower immersion heater (provides hot water using cheaper night-rate electricity)
4 Upper immersion heater (used for daytime top-up heating only)
5 Cold-feed pipe
6 Draincock

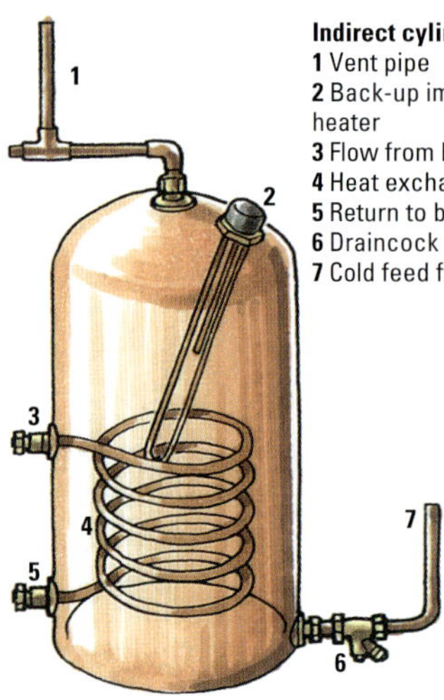

Indirect cylinder
1 Vent pipe
2 Back-up immersion heater
3 Flow from boiler
4 Heat exchanger
5 Return to boiler
6 Draincock
7 Cold feed from tank

Changing a cylinder

You may wish to replace an existing cylinder because it has sprung a leak, or because a larger one will allow you to take full advantage of cheap night-time electricity by storing more hot water. A simple replacement can sometimes be achieved without modifying the plumbing, but you'll have to adapt the pipework to fit a larger cylinder.

If you plan to install central heating at some point in the future, you can plumb in an indirect cylinder fitted with a double-element immersion heater and simply leave the heat-exchanging coil unconnected for the time being.

First switch off and disconnect any immersion heaters from the electrical supply, then drain the cylinder and pipework. Using a special spanner (available from a tool-hire outlet), unscrew the immersion heaters. Disconnect all the pipework, springing it out of the way while you remove the cylinder.

Place the new cylinder in position and check the existing pipework for alignment. Modify the pipes as need be, then make the connections, using PTFE tape to ensure that the threaded joints are watertight. Fit a draincock to the feed pipe from the tank, if there isn't one already installed.

With the fibre sealing washer in place, wrap PTFE tape around the thread of the immersion heater and screw it into the cylinder. Connect the immersion heater to the electrical supply, then fill the system and check for leaks before you attempt to heat the water. Check for leaks again when the water is up to temperature.

SEE ALSO: Lagging 271, Side-entry heaters 328, Wiring immersion heaters 329, Tank supply 359, Draining the system 360, Connecting pipes 372–9, Compression joints 374, PTFE tape 374

THERMAL-STORE CYLINDERS

A thermal-store cylinder reverses the indirect principle. Water heated by a central-heating boiler passes through the cylinder and transfers heat, via a highly efficient coiled heat exchanger, to mains-fed water supplying hot taps and showers. An integral feed-and-expansion tank is normally built on top of the cylinder.

When the system is working at maximum capacity, the mains-fed water is delivered at such a high temperature that cold water must be added via a thermostatic mixing valve plumbed into the outlet supplying taps and showers. As the cylinder is exhausted, less cold water is added. The thermal-store system provides mains-pressure hot water throughout the house, dispenses with the need for a cold-water storage tank in the loft, and increases the efficiency of the boiler.

A valve is needed to prevent the heat from the cylinder 'thermo-siphoning' (gravity circulating) around the central-heating system. This can be a motorized valve or a simple mechanical gravity-check (non-return) valve that is opened by the force of the central-heating pump.

As with all open-vented systems, the feed-and-expansion tank determines the head of water, and radiators must be lower than the tank in order to be filled with water. When the tank is combined with the cylinder, it needs to be situated on the top floor of the house in order to provide central heating throughout the building. If that is impossible, install a tankless thermal-store cylinder and fit a conventional feed-and-expansion tank in the loft.

Thermal-store cylinder
1 Integral feed-and-expansion tank
2 Heat-exchanger
3 Supply pipe to hot taps/shower
4 Thermostatic mixing valve
5 Expansion vessel
6 Mains feed
7 Space-heating flow
8 Space-heating return
9 Boiler flow
10 Boiler return

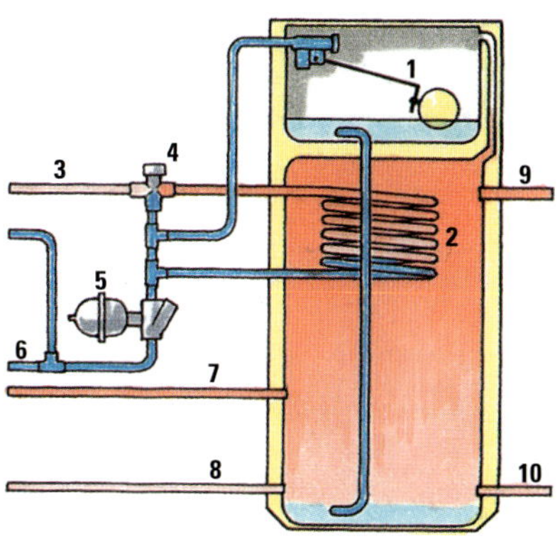

Unvented cylinders

An unvented cylinder supplies mains-pressure hot water throughout the house. This is achieved by connecting the cylinder directly to the rising main. Most manufacturers recommend a 22mm (¾in) incoming pipe, but in practice a 15mm (½in) main at high pressure is normally adequate. An unvented cylinder can be heated directly, using immersion heaters; or indirectly, provided you are not using a solid-fuel boiler.

There are no storage tanks, feed-and-expansion tanks or open-vent pipes associated with unvented cylinders. Instead, a diaphragm inside a pressure vessel mounted on top of the cylinder flexes to accommodate expanding water. If the vessel fails, an expansion-relief valve protects the system by releasing water via a discharge pipe.

There are several other safety devices associated with unvented cylinders. A normal thermostat should keep the temperature of the water in the cylinder below 65°C (150°F). If it reaches 90°C (195°F), then a second thermostat will either switch off the immersion heaters or shut off the water supply from the boiler. Finally, if it should get as hot as 95°C (205°F), a temperature-relief valve opens and discharges water outside.

Bylaws and regulations

The installation of an unvented hot-water cylinder needs to comply with both the Water Regulations and the Building Regulations. It has to include all the necessary safety devices and be installed by a competent fitter, such as those registered with the Institute of Plumbing, the Construction Industry Training Board, or the Association of Installers of Unvented Hot Water Systems (Scotland and Northern Ireland). Have the installation serviced regularly by a similarly qualified fitter, to make sure all the equipment remains in good working order.

You must notify the water company and your local Building Control Office of your intention to install an unvented hot-water cylinder.

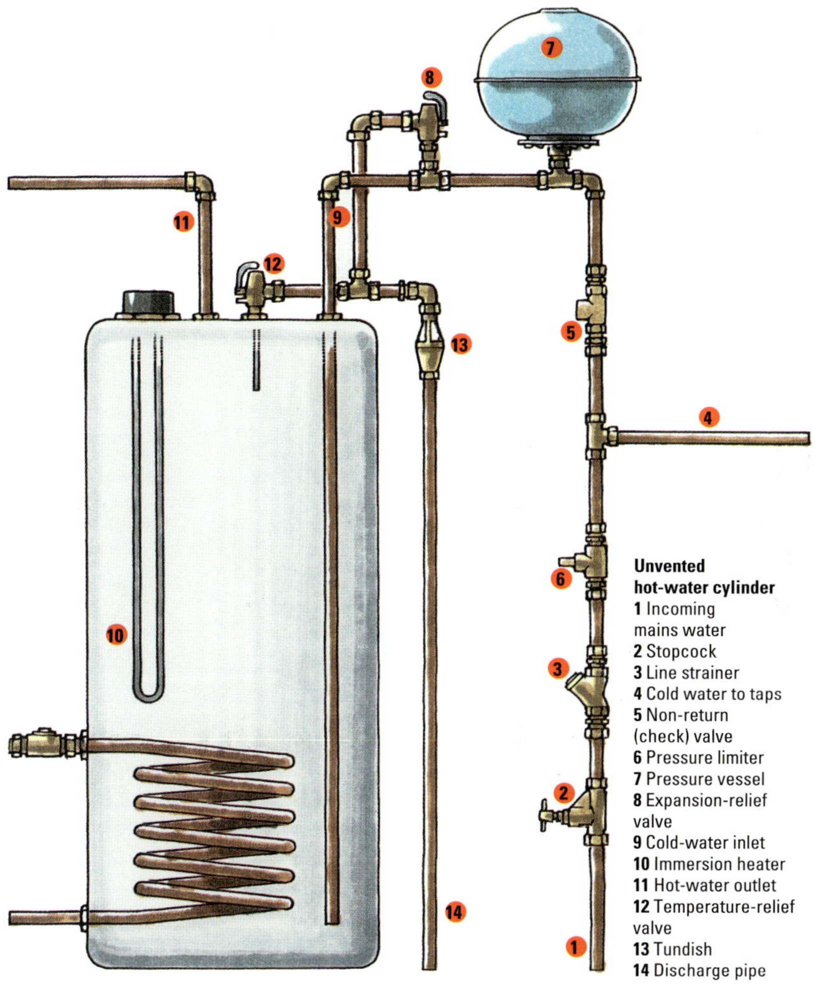

Unvented hot-water cylinder
1 Incoming mains water
2 Stopcock
3 Line strainer
4 Cold water to taps
5 Non-return (check) valve
6 Pressure limiter
7 Pressure vessel
8 Expansion-relief valve
9 Cold-water inlet
10 Immersion heater
11 Hot-water outlet
12 Temperature-relief valve
13 Tundish
14 Discharge pipe

SEE ALSO: Storage tanks 401, Wet central heating 415

Solar heating

Saving energy is a priority for all of us if we are to prevent further damage to our environment from the effects of carbon dioxide.

Point-of-use water heaters help in a small way, as they consume energy for short periods only. However, the systems that have been developed to harness solar energy offer a more effective alternative for heating domestic water. In contrast to the demand for space heating, which varies according to the season, hot water is required constantly throughout the year – and is therefore well suited to heating with solar energy.

Using solar energy to heat water

The idea of using the sun to provide free, non-polluting energy for heating water has always appealed to energy-conservationists but has yet to become widely accepted. However, with the development of the new generation of evacuated-heat-pipe solar collectors, it is now possible to heat domestic hot water effectively and economically.

From the late spring through to early autumn, this type of system can produce sufficient hot water for the average house – even when the sky is overcast. During the winter, the solar collectors provide useful 'preheat' that reduces the time it takes a boiler to heat water, thereby saving energy.

There are a number of companies that supply solar collectors for heating water, plus all the controls and pipework required to complete the job. If you carry out the plumbing yourself, the payback on the investment will be that much greater.

Mount collectors on a south-facing roof

A basic system

Most systems for supplying domestic hot water will require solar collectors that cover about 4sq m (4sq yd) of roof space. In order to trap maximum heat from the sun, the collectors should be mounted on a pitched roof and face in a southerly direction. Solar collectors can be fitted, with minimal structural alterations, to almost any building; and planning approval is rarely required.

The most common way of utilizing solar energy to boost an existing water-heating system is to feed the hot water from the collectors to a second heat exchanger fitted inside your hot-water cylinder. This usually means replacing the cylinder with a dual-coil model.

An alternative technique is to plumb in a second well-insulated cylinder, which will 'preheat' the water before it is passed on to the main storage cylinder. This may involve raising the cold-water storage tank in order to feed the new preheat cylinder.

Controls

A pump is needed to circulate the water from the collectors to the cylinder coil and back to the collectors. A programmable thermostat, which operates the pump, senses when the panels are hotter than the water in the cylinder.

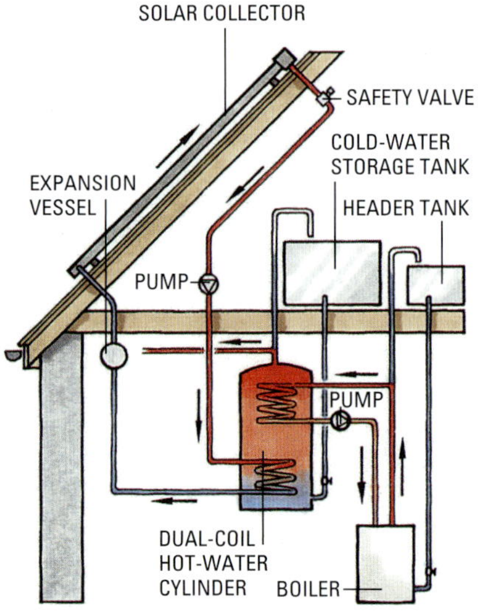

Dual-coil installation

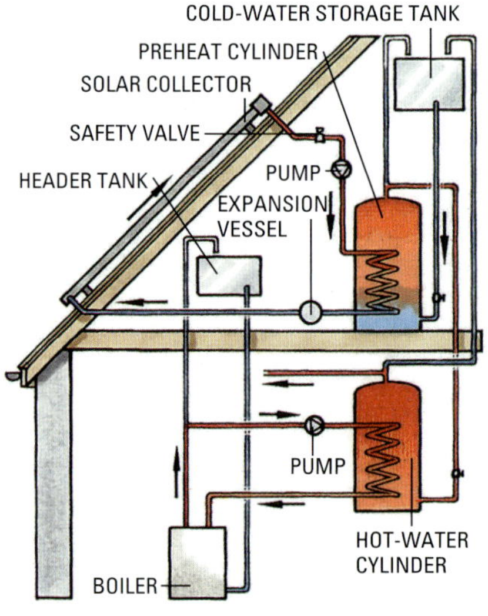

Two-cylinder installation

POINT-OF-USE WATER HEATERS

Small instantaneous water heaters are used to provide hot water at the point where it is required, usually beside a sink or basin. A 3kW model, suitable for mounting above a sink, is wired to a fused connection unit containing a 13amp fuse. The unit must be out of reach of water splashes from the sink, so if necessary fit a flex outlet near the heater and run a cable from there to the connection unit.

A 7kW heater needs a 45amp radial circuit, similar to the one for a shower, though in a kitchen you can use a wall-mounted double-pole switch to connect it, instead of a ceiling-mounted switch.

Electric point-of-use water heaters are often designed to fit inside a cupboard or vanity unit beneath a sink or basin. You can install one of these heaters yourself, provided that it has a capacity of less than 9 litres (16 pints). Follow the manufacturer's instructions precisely, and fit a pressure-limiting valve and a filter (both of these are supplied as a kit). Also, make sure that the safety vent pipe discharges hot water to a place outside where it won't endanger anyone.

Electric water heaters are supplied directly from the mains by means of a 15mm (½in) pipe.

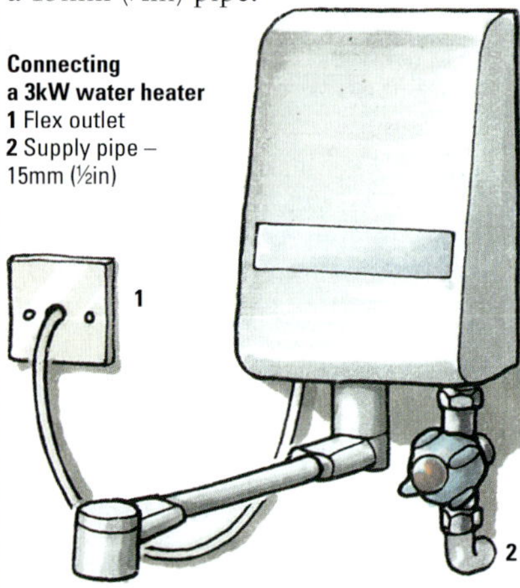

Connecting a 3kW water heater
1 Flex outlet
2 Supply pipe – 15mm (½in)

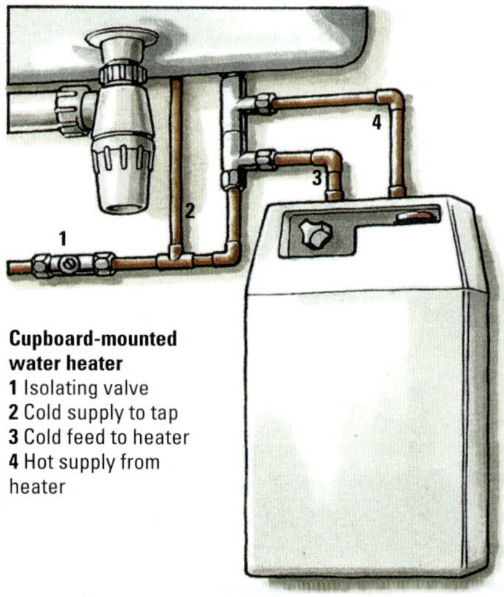

Cupboard-mounted water heater
1 Isolating valve
2 Cold supply to tap
3 Cold feed to heater
4 Hot supply from heater

SEE ALSO: Wiring instantaneous heaters 326, Connecting pipes 372–9, Heat exchangers 402, Hot-water cylinders 402

Removing a fireplace

When restoring an old house, you may want to remove a fireplace in order to reinstate one with authentic period styling. Or perhaps you want to change the use of a room, and have decided to dispense with an unattractive fireplace altogether.

Taking out an old fire surround and superimposed hearth is easy enough, but it does create a lot of dust and debris. Before you start, sweep the chimney, move all furniture as far from the fireplace as possible, roll back the carpet, and cover everything with dust sheets.

Removing the hearth

Most superimposed hearths are laid after the fire surround has been fitted and so must come out first – but check beforehand that your surround has not been installed on top of the hearth.

Wearing safety goggles and heavy gloves, use a club hammer and bolster chisel to break the mortar seal between the superimposed hearth and the constructional hearth beneath it. Driving wooden wedges under the hearth will help to break the seal. Lever the hearth free with a crowbar or a strong garden spade and lift it clear. It will be heavy, so you will need someone to help you.

Instead of a superimposed hearth, some fireplaces have a tiled constructional hearth that lies flush with the surrounding floorboards. You can leave the tiles in place and run the floorcovering over them, or lift them out with a bolster chisel and fill flush with mortar.

● Thinking ahead
Before you remove a fireplace, bear in mind that, should you decide to reinstate it as a working fireplace in the future, it may be necessary to enlarge your constructional hearth to meet current Building Regulations.

Removing the surround

Most surrounds are fixed to the wall with screws driven through metal lugs, which are hidden by the plaster on the chimney breast. Chip away 25mm (1in) of plaster all round the surround to find the lugs, then expose them completely and take out the screws. If the screws are immovable, drill out the screw heads then, with the surround removed, grind off the remainder. The surround will be heavy, so get help when levering it from the wall (see left).

Brick and stone surrounds

A brick or stone surround can be taken out a piece at a time, using a bolster to break the mortar joints. There may also be metal ties holding it to the wall.

Marble surrounds

Marble surrounds are made in sections, so remove the shelf first, then the frieze or lintel, and lastly the side jambs.

Wooden surrounds

A wooden surround may be held by screws driven through its sides and top into battens fixed to the chimney breast inside the surround. The screw heads will be concealed by wooden plugs or filler. Chisel these out, then remove the screws and lift away the surround.

● Saving a surround
Fire surrounds can be very heavy, especially stone, slate or marble ones. If you can lay your hands on an old mattress, place it in front of the surround before you pull it from the wall – so minimum damage will be done if it should fall.

Removing tiles
When restoring a tiled fire surround or hearth, it's possible to remove and replace damaged or broken tiles. Chop out at least one tile with a cold chisel, then prise the others off the surface by driving a bolster chisel behind them.

Taking out a tiled fireplace
1 Superimposed hearth chipped free.
2 Constructional hearth at floor level.
3 Fireback.
4 Fire surround.
5 Metal lugs hold most surrounds in place.

STRIPPING A FIRE SURROUND

The availability of DIY paint removers has created a trend for stripping painted surfaces to expose the underlying material – such as cast iron, wood and marble. However, stripping a fireplace is not always appropriate, as some surrounds were intended to be painted.

Stripping a cast-iron surround may uncover much of the detail that has been obscured under layers of old paint – but repaint it afterwards to stop the metal rusting.

Restoring a marble mantlepiece may well be worth the effort – but make sure the marble is genuine. A lot of old wooden and slate fireplaces were painted to resemble marble. Marble feels cold to the touch – so allow the surround to cool down, then compare it with an adjacent wooden skirting. Similarly, it was once common practice to paint cheap softwood surrounds to imitate better-quality woods; but if you look closely, you should be able to distinguish painted graining from real wood. You can have paint finishes such as marbling or graining restored by specialist decorators.

Mouldings on Adam-style surrounds are sometimes made of plaster. These are easily damaged by solvents and stripping tools, so take extra care when removing paint.

Stripping methods

Cast-iron fireplaces can be dipped in an industrial stripping tank, but it is safer to strip most materials by hand. Use a gel or paste stripper, following the manufacturer's instructions.

Cast-iron fireplace
Strip thick paint to reveal the fine detail.

SEE ALSO: Chemical strippers 57, Sweeping a chimney 406, Hearth dimensions 410, Marble surrounds 410

Enclosing a fireplace

Having removed a fireplace, you can fill the opening with a thin panel on a wooden frame or by bricking it up. Panelling the opening will make it easier to reinstate the fireplace at some time in the future. In either case, it is necessary to fit a ventilator in the centre of the opening, just above skirting level. This provides a flow of air through the chimney to prevent condensation forming inside, which could eventually stain the wall.

Levelling the floor

Once you have removed the fireplace, use mortar or a self-levelling screed to make a solid constructional hearth, level with the floor. You could do the same with a boarded floor, if it's to be carpeted.

If you want exposed floorboards, chop back the concrete hearth with a hammer and cold chisel to make room for a new joist and floorboards.

A new joist for extended floorboards

Panelling the opening with plasterboard

Make a panel from 9.5mm (3/8in) plasterboard nailed to a 50 x 50mm (2 x 2in) sawn-timber frame fixed inside the fire opening. Nail the frame in the opening with masonry nails or nailable plugs, positioning the battens so that the plasterboard, when nailed on, will lie flush with the surrounding plaster. Set the battens back a further 3mm (1/8in) if a plaster skim is to be applied to the plasterboard. Cut an opening in the plasterboard for the ventilator, then plaster the wall and fit a new length of skirting to match the original. After decorating, fit a ventilator.

Panelling for a gas fire

If you want to mount a gas fire on the infill panelling, construct a similar frame from the type of metal studding that is used for building partition walls. Use asbestos-free fire-resistant insulation board for the panelling. Fix the panel to the frame, using countersunk self-tapping screws. Plaster over the panel to leave a flush finish.

The gas appliance must be fitted by a qualified gas installer, registered with CORGI. The installer can also cut the necessary opening in the panelling for the fire's flue outlet.

An inset frame to support plasterboard

An unused chimney must be ventilated

Bricking up the opening

If you prefer to fill the opening with bricks, take out the existing bricks from alternate courses at the edges of the opening, so that the new brickwork can be 'toothed in'. Alternatively, fix lightweight concrete blocks to the brickwork on either side, using metal wall ties. Provide ventilation for the chimney by fitting an airbrick centrally in the masonry, just above skirting level. Plaster the masonry, and allow it to dry before fitting a length of skirting across the face of the chimney breast.

One of the bricks must be an airbrick

INSTALLING A LOG-BURNING GRATE

To install a log-burning grate in a fireplace, you must first remove the old fireback and the rubble infill. You can leave the brickwork exposed, or line the opening with better-quality bricks, firebricks or stone.

Choose a grate that will leave a gap of 50 to 75mm (2 to 3in) at each side of the opening. The best grates have cast-iron firebacks that radiate more heat back into the room.

The original hearth may be suitable as a level surface for the grate; but if you have had to remove an old superimposed hearth, you will have to install a new one. This is normally at least 50mm (2in) thick and extends 300mm (1ft) in front of the grate. It must also extend at least 150mm (6in) on each side of the fire opening – or up to the width of any surround if this is greater.

The new superimposed hearth can be of brick, stone, or tiled concrete. Bed the hearth on mortar mixed with 4 parts sand : 1 part cement.

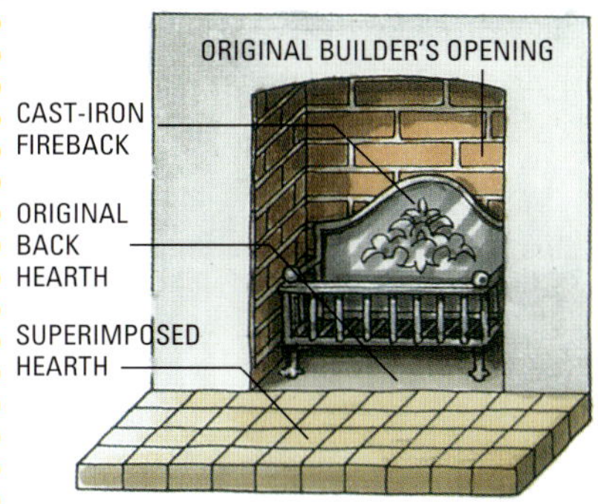

Lay a suitable hearth for a log-burning grate

Half-round ridge tile

Commercial cowl

Capping the chimney
When you close off a fireplace opening, you need to cap the chimney to keep the rain out – while allowing enough of an outlet to draw air through the vent in the room below. Either replace the chimney pot with a half-round ridge tile bedded in cement (top), or fit a proprietary cowl or cap (above).

Change of use
Over the years, newly installed methods of heating have resulted in a variety of pots and cowls being used on this Victorian chimney stack.

SEE ALSO: Levelling concrete 47, Metal studding 146, Plasterboard 166–73, Laying floorboards 186, Fitting skirtings 189, Ventilating a fireplace 287, Airbricks 288, Removing a fireback 407, Laying bricks 454, Wall ties 458

Reinstating an old fireplace

Fireplace styles
When reinstating a fireplace, choose one that suits the period style of your home.

Once discarded as outdated and worthless, period fireplaces are now much sought after – both for the character they inject into a living room and for the improved resale value they bring to an older house. To reinstate a 'missing' fireplace, you can either buy an original example from an architectural salvage company or choose from the range of good-quality reproduction inserts and surrounds. A typical fireplace consists of a cast-iron insert grate (which includes the fire basket) and a decorative surround.

Before proceeding with the installation, it's advisable to check that the fireplace opening, hearth and chimney are all in good condition and that the proposed alterations comply with current Building Regulations. As a precaution, check with your Building Control Officer.

Reinstating a fireplace

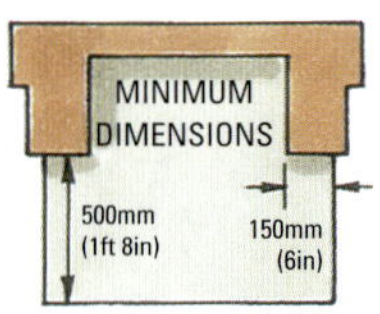

Constructional hearth
Before reinstating a fireplace, check that the constructional hearth complies with current Building Regulations.

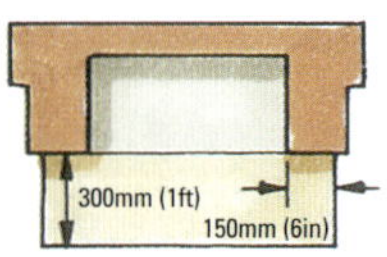

Superimposed hearth
Minimum dimensions for an open fire. The width of the hearth should not be less than the width of the fire surround.

Fitting an insert grate

Position the insert on the back hearth, placing it centrally in the fireplace opening. Check that it's plumb and square. If the opening is larger than the front plate of the insert, fill in the space at the sides with mortared bricks. If there's space above the insert, add a concrete lintel supported by the side brickwork. If the opening is not in the centre of the chimney breast, move the insert sideways.

Temporarily position the surround to see whether it fits snugly against the wall and grate. If necessary, pull the insert forward to butt up against the back of the surround. Now remove the surround and pack fibreglass rope behind the rim of the insert and seal the gap with fire cement. If the insert is made with fixing lugs, use them to fix it to the wall with brass screws and heat-resistant wallplugs.

Reduce the size of the opening if necessary

One-piece surround

The method for fitting the surround will depend on its construction. Wooden and cast-iron types are usually made in one piece and fixed with screws through lugs or fixing plates at each side.

Hold the surround against the wall and centralize it on the grate. Check that the surround is level and plumb, then mark the positions of the fixings. Remove the surround, drill and plug the wall, and screw the surround in place.

Fill the void behind the insert with a lightweight concrete mix, and form a 'throat' (see Replacing a fireback). Fit a superimposed hearth.

Fill the void behind the insert with concrete

FITTING A MARBLE SURROUND

A marble surround is constructed from separate pieces – two hollow jambs, a frieze and a mantle shelf. Ideally the frieze and jambs should overlap the edges of the insert grate. Lay the hearth before you erect the surround.

A metal loop on the inside of each jamb is wired to a screw driven into the wall. The loop, which is located near the top of the jamb, can be reached through the open top when the jamb is in place.

Bond the base of each jamb in a bed of plaster of Paris laid on the hearth. Working quickly before the plaster sets, bind the metal loops back to the wall with copper wire. Make sure each jamb is plumb, then apply dabs of plaster on the inside, to stick it to the wall.

The frieze is located in notches on the inside of the jambs. Apply plaster to the notches and stick the frieze in place. Lay the mantle shelf onto a thin bed of plaster spread along the frieze, and bond it back to the wall. If need be, prop the front edge of the shelf until the plaster sets.

Use a piece of wood to scrape away any plaster that has squeezed out from the joints. Finally, repair the plasterwork around the fireplace with either a one-coat plaster or standard gypsum plaster.

The jambs and frieze overlap the insert

Lay the mantle shelf on a thin bed of plaster

Installing room heaters

Modern solid-fuel room heaters are highly efficient, and with the addition of a back boiler can provide domestic hot water and central heating. The toughened-glass doors give an attractive view of the glowing fire.

Standing a heater on the hearth

Some room heaters are designed to stand on the hearth, just in front of the chimney breast. These radiate warmth from their casing, but their size can make them look obtrusive in a small room. Also, in order to accommodate a freestanding heater, you may have to extend your hearth (whether constructional or superimposed), since there has to be a space of at least 300mm (1ft) in front of the heater if it is open or has doors at the front, or 225mm (9in) if the front doesn't open.

This type of heater has a flue outlet at the rear, which must be connected to the chimney. This is normally achieved by passing the flue outlet through a metal backplate that closes off the fire opening **(1)**. The projecting end of the outlet must stop short of the fireback by at least 100mm (4in) **(2)** – if need be, remove the fireback to provide this clearance. If the void is very large, extend the outlet up into the main flue, with a seal all round, in order to create a satisfactory updraught.

The backplate should be of metal at least 1mm (18 gauge) thick. Fold its edges to form flanges through which fixing screws can be driven into heat-resistant wallplugs on each side of the fire opening. Seal the joint between the plate and the opening with fire cement and fibreglass-rope packing.

1 A backplate closes off the fire opening

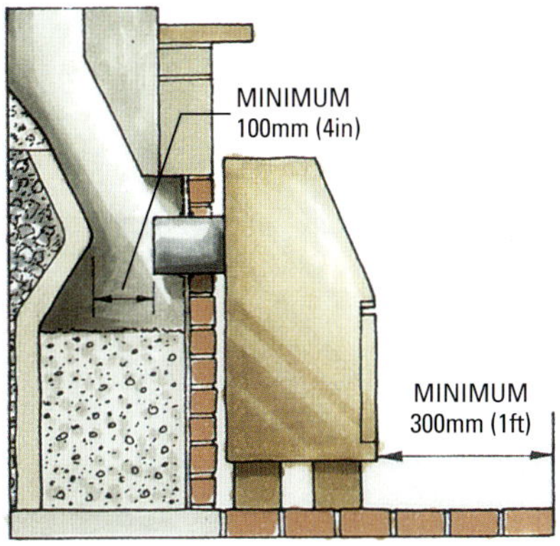

2 Important measurements for a room heater

Standing a heater in the fire opening

Installing a heater within the fireplace opening means having to remove the old fireback and rubble infill. This type of heater has a vertical flue outlet, which must be connected to a closure plate set into the base of the chimney. The closure plate can be of metal or precast concrete. To fit the plate, remove some bricks from the chimney breast, just above the fire opening but below the loadbearing lintel.

If the plate is made from concrete, provide support by taking out a course of bricks at the bottom of the chimney and bed it in mortar (see right).

Insert a metal plate in a chased-out mortar joint. Bed a metal plate on fire cement, sealing the edges all round.

Check that the heater's outlet enters the chimney flue, and seal the joint between the plate and outlet with fire cement and fibreglass-rope packing.

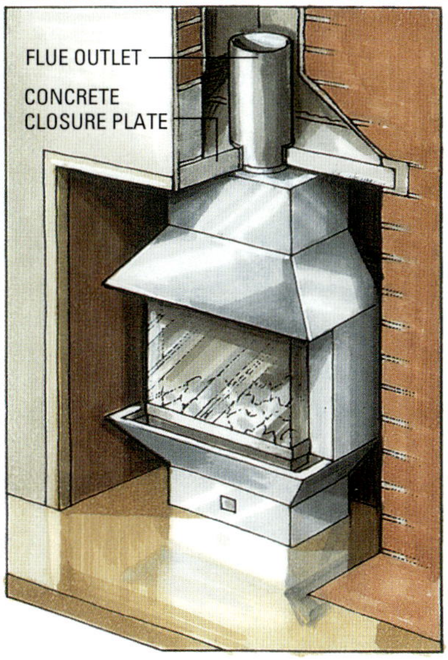

A horizontal plate seals off the chimney

An inset room heater

To install an inset (built-in) room heater, you must first take out the fireback and rubble infill. The heater has a flue outlet that passes through a closure plate into the chimney.

This type of appliance is designed to fill and seal the fire opening completely. To install one you may therefore have to modify your present fire surround or, if the opening is very large, build a new one. The heater's casing must fit snugly against the hearth and the wall or panel behind, so that you can make a perfect seal all round.

Most inset heaters are screwed down to the back hearth, and some types need a vermiculite-based infill behind the casing. This infill has to be in place before the chimney closure plate is fitted and the flue outlet connected. Some models are supplied with their own fire surround, complete with a drop-in closure plate designed for easy installation.

Follow the manufacturer's fitting instructions carefully if you plan to install a heater yourself. Finish the job by repairing the chimney breast and replastering it.

● **Sweeping the chimney**
The flue above a solid-fuel heater can usually be swept by passing a brush up through the heater itself. If not, you will need a separate double-seal soot door, fitted in the closure plate or in the chimney breast (either on the inside or outside).

● **Hearth for a freestanding heater**
For a freestanding room heater, the constructional hearth has to be at least 840mm (2ft 9in) square and 125mm (5in) thick. It must extend not less than 300mm (1ft) in front of an open heater, and at least 225mm (9in) in front of a closed one.

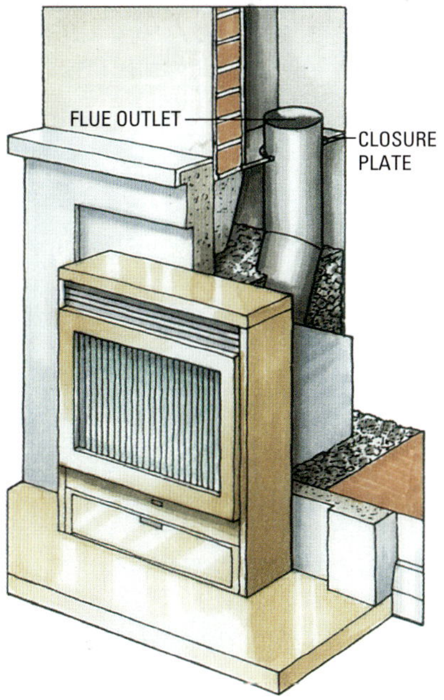

Inset room heater
The flue outlet connects to a horizontal closure plate in the base of the chimney. Some heaters require an infill behind the casing.

SEE ALSO: Lintels 130, Providing ventilation 406, Removing a fireback 407

Installing flue liners

If your house was built before 1965, there's a good chance that its chimneys are unlined. Either they are simple exposed-brick ducts or the insides are rendered with cement. Over the years, the corrosive elements in the smoke from the fire eat into a chimney's mortar and brickwork, eroding them and allowing condensation to pass through to form damp patches on the chimney breast. In extreme cases smoke is able to seep through, too.

Choosing a flue liner

You can deal with these problems by installing a flue liner, which protects the brickwork from the corrosive elements. A liner also reduces the 'bore' of the flue. This speeds up the flow of gases, preventing them from cooling and condensing, and the increased draught of air through the fire encourages more efficient combustion.

It's important to fit a liner that's suitable for the kind of heating appliance you're using, and it pays to have the liner installed by a professional.

Flue liners take the form of tubes, either one-piece or in sections, and are made of metal or some other rigid non-combustible material, such as pumice.

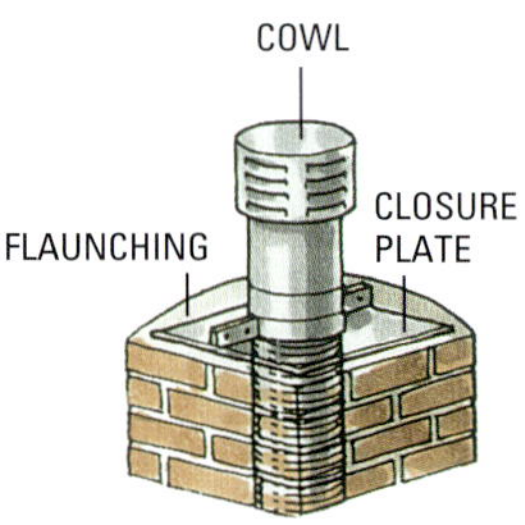

An approved cowl for a gas heater

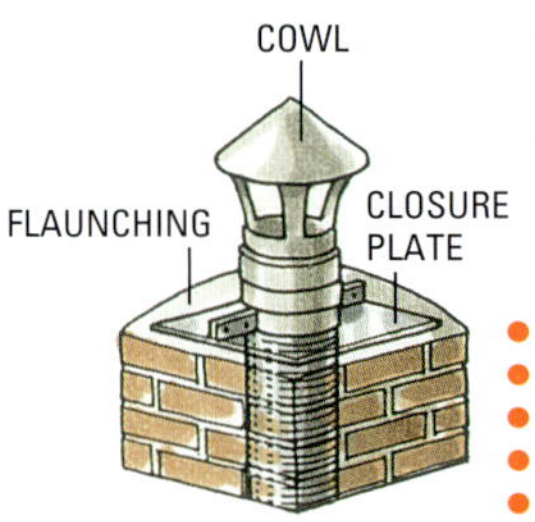

An approved cowl for oil-fired heaters

• Casting a flue liner Professional installers can cast a flue liner *in situ*. A deflated tube is lowered into the chimney. It is inflated, and a lightweight concrete infill is poured into the gap between the tube and the flue. When the infill has set, the tube is deflated and removed, leaving a smooth-bore flue liner.

SAFE ACCESS

Two units of scaffolding will make a half platform for a central or side chimney. Four units will provide an all-round platform.

Erect a safe platform when installing a liner

Flexible flue liners

A popular type of liner is a one-piece flexible corrugated tube of stainless steel that's fed easily into the flue. Thin-wall tubes are sufficient for gas appliances, but they burn through in next to no time if they are connected to solid-fuel or wood-burning stoves. For a solid-fuel or wood stove, install a double-skinned liner with a smooth inner surface. Some installers recommend filling around the liner with lightweight insulation.

As it's necessary to get onto the roof in order to install most liners, you must expect to have scaffolding erected round the chimney. Before the work begins, it's advisable to have the chimney swept.

The installer will feed the liner into the chimney from the top. A weighted cord lowered down the chimney **(1)** is attached to the conical endpiece of the flue liner. An assistant pulls gently on the cord from below while the liner is fed down into the chimney **(2)**. When the conical endpiece emerges in the fireplace, it is removed and either the liner is connected to a closure plate set across the base of the chimney or it is attached to the heating appliance's flue outlet. Once the joint has been sealed with fire cement and fibreglass-rope packing, the chimney pot is replaced and additional mortar is shaped to match the original flaunching.

If the liner is connected to a gas or oil-fired appliance, a top closure plate is bedded on mortar laid on the top of the chimney and a cowl is fitted **(3)**.

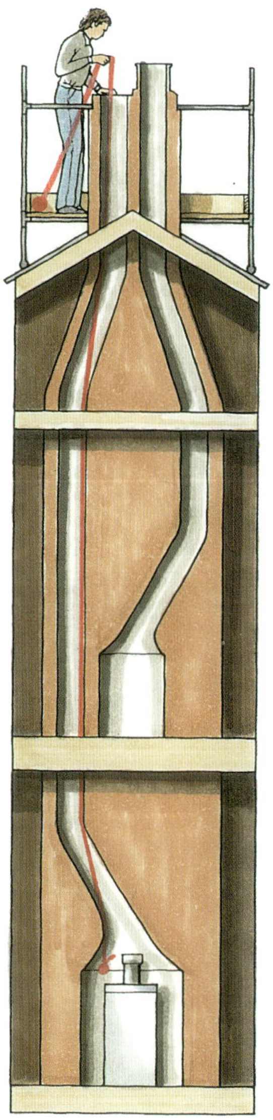

1 A weighted cord is lowered

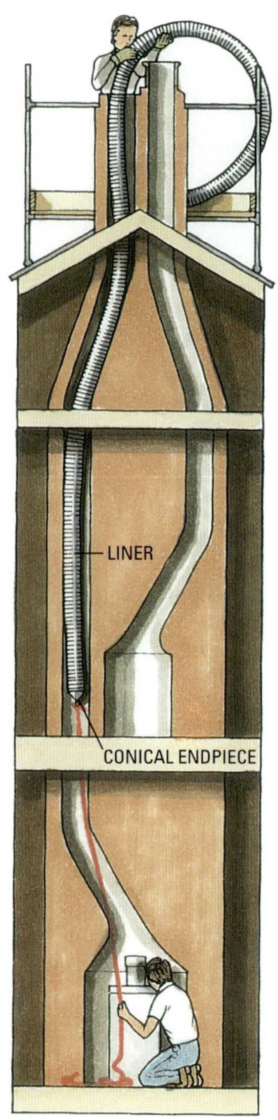

2 Liner is fed into chimney

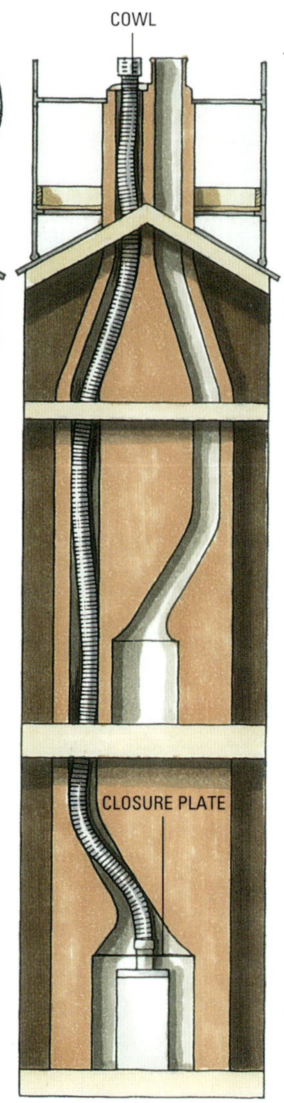

3 Top closure fitted with cowl

SEE ALSO: Sweeping a chimney 406

INSTALLING A SECTIONAL FLUE LINER

A lightweight-concrete liner is very durable, and is suitable for any type of fuel. It's made in short sections, which are mortared together inside the flue. This type of liner is ideal for straight flues, although it can be adapted with standard elbow sections to fit offset flues. Most of these liners are made with interlocking joints, and some have locating collars too.

The installer will have to remove the chimney pot, and may also need to make holes at key points in the chimney to gain access to the flue. A strong support is required at the bottom of the flue to support the liner and insulation.

The liner sections are lowered down the flue one at a time – with the top joint of each section being mortared to receive the next one. Once the liner is complete and any access openings have been rebuilt, the void around the liner is usually filled with lightweight concrete. However, that is not always considered necessary, since sectional liners possess excellent insulating properties (your installer will advise you about this). Finally, the original chimney pot is put back or a cowl fitted, as appropriate.

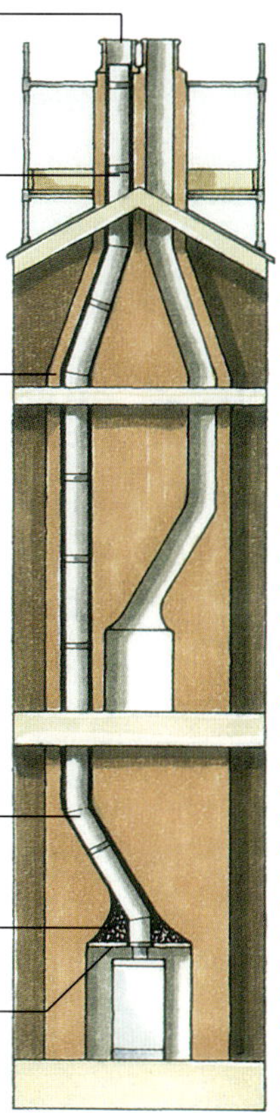

Sectional flue liner
The pot and flaunching are removed to gain access to the chimney.

Sections may be joined with steel collars or interlocking joints.

Access holes are made at bends to feed sections into the lower part of the flue.

Ready-made elbows are used in offset flues.

Lightweight concrete is used to fill the void around the liner.

A register plate or adaptor seals the opening.

Cross-section of a typical installation

Log-burning stoves

If you have ready access to plenty of cheap wood, one of the most economical ways to heat a room is with a modern slow-combustion log-burning stove. Like freestanding solid-fuel room heaters, these stoves can be stood on the hearth (when fitted with a rear flue outlet) or in the fireplace (when fitted with a top-mounted outlet).

Wood-burning stoves
Available in a range of traditional designs, wood-burning stoves epitomise country living.

A good wood-burning stove can burn all day or night with just one filling of logs. To get the full benefit of the heat that radiates from its casing, it's best to install the stove in front of the chimney breast. You can stand it on your present superimposed hearth – provided that it projects the required minimum of 300mm (1ft) in front of the stove and at least 150mm (6in) on each side of it. Otherwise, you will need to build a larger hearth. The hearth must be level and constructed from non-combustible materials such as stone, brick or tiles. Also, make sure your constructional hearth complies with current Building Regulations.

A log-burning stove is fitted with a flue pipe designed to pass through a horizontal plate that closes off the base of the chimney. The gap around the flue pipe is sealed with fire cement and fibreglass-rope packing. The closure plate must be fireproof.

Because burning wood produces heavy deposits of soot and tar, either the stove's flue pipe must be connected to a double-skinned stainless-steel liner or the flue itself has to be lined with lightweight concrete (see left).

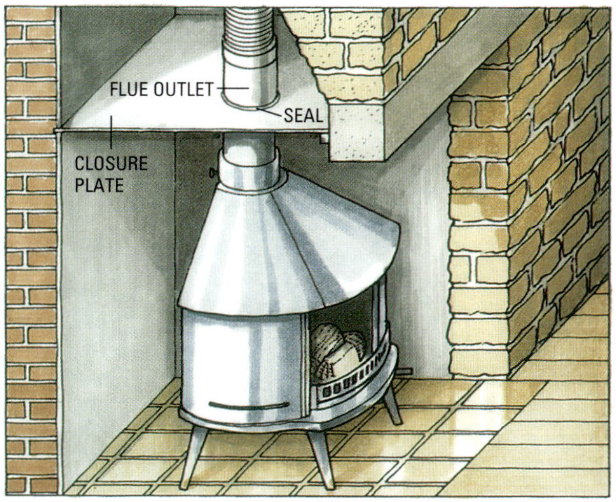

Vertical flue outlet
This type of stove has its flue sealed into the opening of a horizontal closure plate in the base of the chimney.

Rear flue outlet
A rear flue outlet allows the stove to stand clear of the chimney breast.

Central heating

Of the various methods used over the years, central heating is the most energy-efficient, since it supplies heat from a single source (usually a boiler or furnace) to every room in the house, instead of having to rely on an individual heater or fireplace in each room. It is also relatively easy to maintain, because there is just the one heating appliance to control, clean and service.

Central-heating systems can be divided into two basic types: dry and wet systems. With a dry system, heated air carries warmth to the rooms; with a wet system, the heat-carrying medium is water.

Dry central heating

The heat source for the majority of warm-air central-heating systems is a large gas-fired furnace. Air is warmed by being passed relatively quickly over a metal heat exchanger containing hot gas fumes, which are eventually ducted to a flue. A fan embodied in the unit blows the warmed air through ducts to the rooms being heated. Each of these ducts ends in an adjustable damper, which is used to regulate the temperature in the room by controlling heat emission. Runs of ducting in this kind of system can be quite long and need to be insulated for maximum efficiency.

A ducted warm-air system is the only dry heating system that's genuinely central – that is, with a central heating source – but there are a number of electric heating methods that are often regarded as forms of central heating. Among them are underfloor and ceiling heating systems. These use elements built into the structure of the floor or ceiling to warm their surfaces, which in turn radiate heat into the room.

A house kept warm with individual electric storage heaters is also usually classed as being centrally heated, even though each heater is a separate heat source. The individual heaters contain a number of heat-retaining firebricks, which are heated during the night by electric elements running on low-cost electricity. The units are individually controlled, so the bricks can give off the stored heat as required during the daytime – either by simple convection or with the aid of fans.

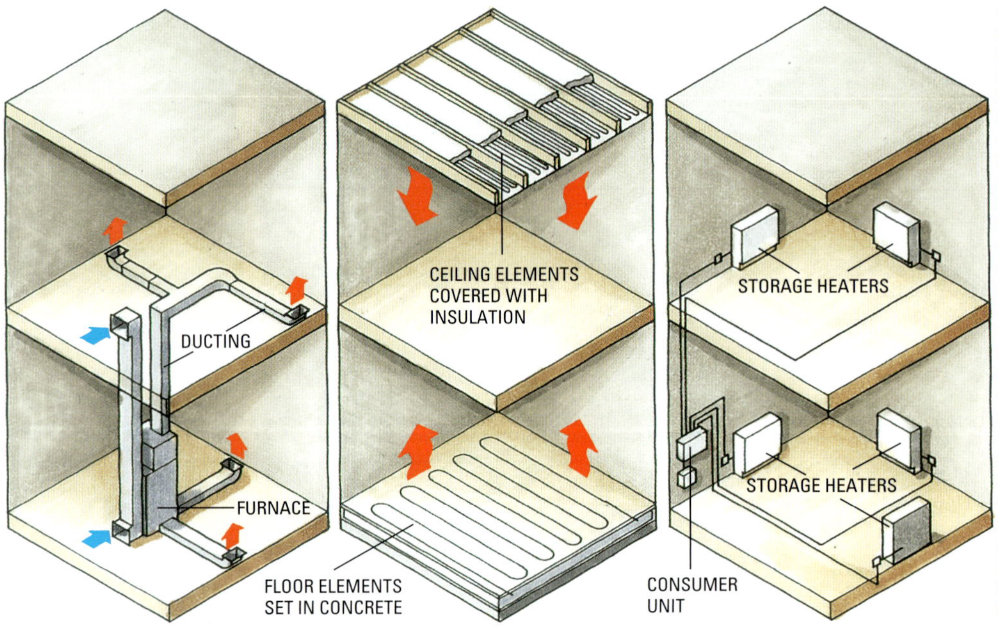

Warm-air systems
Heated air travels via ducts to the rooms, and then back to the furnace for reheating.

Floor and ceiling heating systems
Electric elements warm the floor or ceiling, and the heat is radiated into the room.

Storage heaters
These run on cheap electricity and have their own consumer unit, wiring and meter.

CENTRAL-HEATING SYSTEMS COMPARED

Before you decide on a central-heating system, investigate which method is likely to work best for you – both in terms of installation and long-term benefit.

Dry central heating

A ducted warm-air system is not really practical unless it's incorporated into a house during its construction. Since the ducts that carry the air are relatively large, installing them in an existing house would entail extensive structural work requiring professional skills.

Similarly, both electric underfloor and ceiling systems for whole-house heating are best put in while a house is being built – since the floor system is set into the concrete base, and ceiling elements are normally installed behind the ceiling panels. To install either in an older house would cause a fair amount of disruption, although ceiling heating would be the easier of the two.

Of the dry heating methods, room storage heaters can be installed in an existing house with a minimum of disruption. They have to be connected to their own meter, consumer unit and wiring, but these are relatively easy to install. As with all electric systems, their cables can be conveniently run through walls, floors and ceiling voids.

Wet central heating

Although wet central-heating systems may appear complicated and prone to technical problems, they have proved to be economical, reliable and relatively easy to install. Their small-bore copper or plastic pipes can be run through floor and ceiling voids with little trouble, and can be clipped unobtrusively along skirting boards and up the corners of rooms to supply hot water to panel radiators or low-profile skirting heaters.

Most installations use a small-bore two-pipe system (see opposite). Micro-bore heating also employs a two-pipe circuit – but with smaller, 6 to 10mm (¼ to ⅜in), copper pipes. Micro-bore systems offer faster warm-up and with less heat loss from the pipes.

Both efficient and space-saving, underfloor systems utilize concealed plastic pipes, instead of wall-mounted radiators, to emit heat.

The boiler is the most important component in any wet central-heating system. The compact boilers that are now available can be installed in a fireplace or between kitchen units, or even mounted on a wall.

SEE ALSO: Running cable 313–15, Copper plumbing 371–5, Radiators 417–18, Underfloor heating 428–9, Storage heaters 430

Wet central heating

Open-vented systems

The most popular form of wet central heating is the two-pipe open-vented system – in which water is heated by a boiler and pumped through small-bore pipes to radiators or convector heaters, where the heat from the water is released into the rooms. The water then circulates back to the boiler for reheating, using natural gas, bottled gas (propane), oil, electricity, or a solid fuel such as anthracite.

The control of such systems can be extremely flexible. Thermostats and valves allow the output of the individual heat emitters to be adjusted automatically, and parts of the system can be shut down when rooms are not used.

This type of system can be used to heat the domestic hot-water supply, as well as the house itself. Some older systems employ gravity circulation to heat the hot-water storage cylinder but incorporate a mechanical pump to force the water around the radiators. In most modern systems, a similar pump propels the water to the cylinder and radiators via diverter valves.

Sealed systems

A sealed system is an alternative to the traditional open-vented method. Water is fed into the system via a filling loop, which is temporarily connected to the mains. The loop incorporates a non-return valve to prevent contamination of mains drinking water. In place of a feed-and-expansion tank (see top right), a pressure vessel containing a flexible diaphragm accommodates the expansion of the water as the temperature rises. Should the system become over-pressurized, a safety valve discharges some of the water.

A sealed central-heating system offers certain advantages over an open-vented system. There is less likelihood of corrosion and, since the system runs at a relatively high temperature, the radiators can be smaller. Also, because the system is supplied with water under mains pressure, there is no necessity for radiators to be below a feed-and-expansion tank installed in the loft – so radiators can be placed anywhere in the house, including in the loft itself.

On the negative side, sealed systems must be completely watertight – since there is no automatic top up – and they have to be made with costly high-quality components to prevent pressure loss. A boiler with a high-temperature cutout is required, in case the ordinary thermostat fails. Also, radiators get very hot.

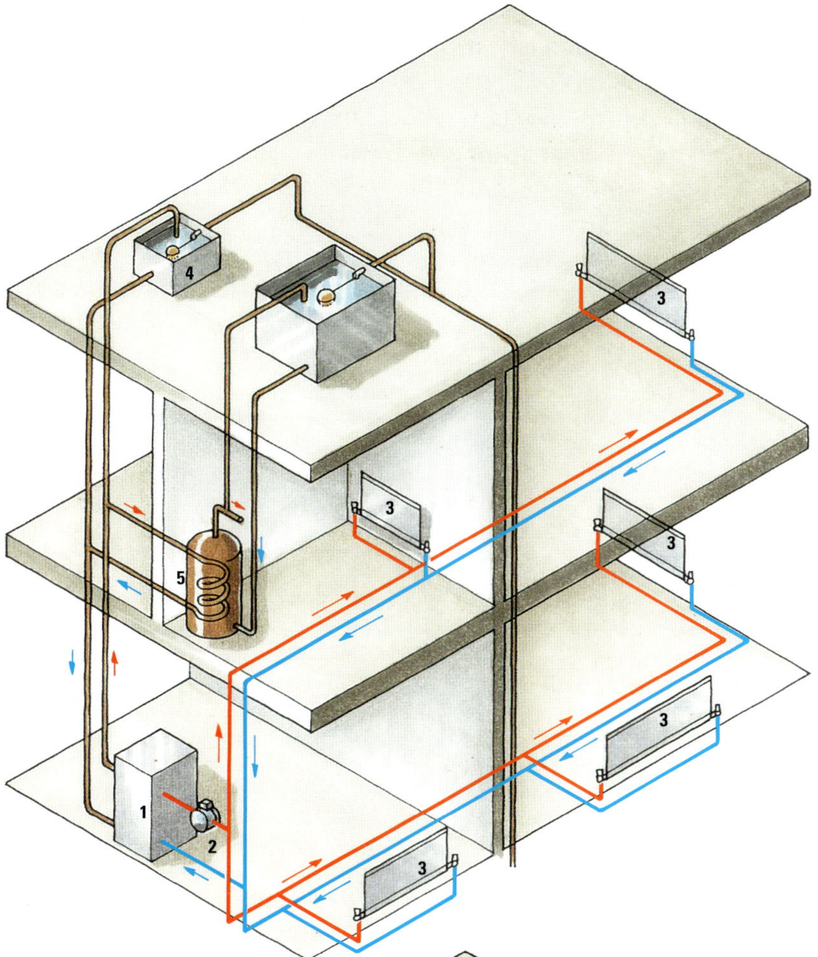

Open-vented system
The water heated by the boiler **(1)** is driven by a pump **(2)** through a two-pipe system to the radiators **(3)** or special convector heaters, which give off heat as the hot water flows through them, gradually warming the rooms to the required temperature; the water then returns to the boiler to be reheated. A cistern known as a feed-and-expansion tank **(4)**, situated in the loft, keeps the system topped up and takes the excess of water created by the system overheating. The hot-water cylinder **(5)** is heated by gravity circulation. In the diagram, red indicates the flow of water from the pump and blue shows the return flow.

• One-pipe systems
In an outdated one-pipe system, heated water is pumped around the perimeter of the house through a single large-bore pipe that forms a loop. Flow and return pipes divert hot water to each radiator by means of gravity circulation. Larger radiators may be required at the end of the loop in order to compensate for heat loss. A one-pipe system incorporates a feed-and-expansion tank and a hot-water circuit similar to those used for conventional two-pipe systems.

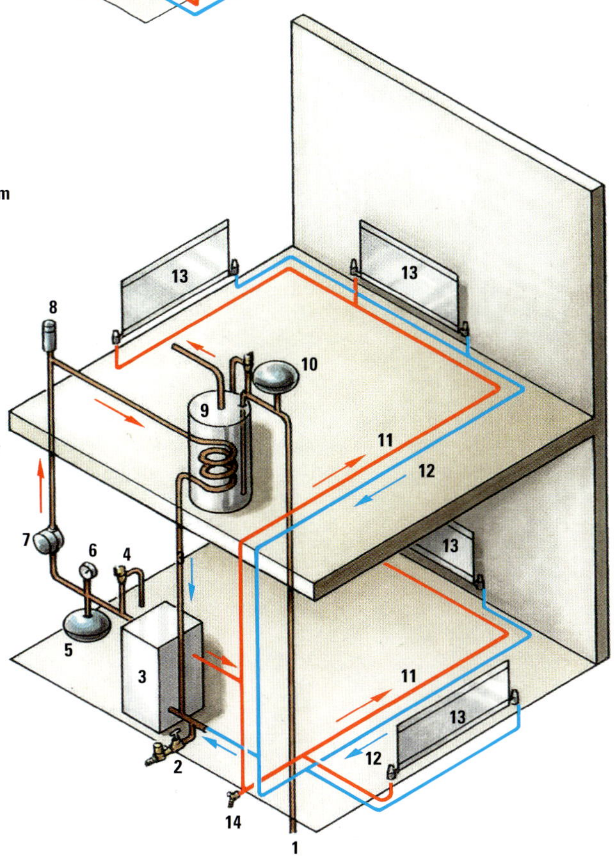

Sealed heating system
1 Cold mains supply
2 Filling loop with non-return valve
3 Boiler
4 Safety valve
5 Expansion vessel (sometimes within boiler)
6 Pressure gauge
7 Pump
8 Air-release point
9 Unvented hot-water cylinder
10 Hot-water expansion vessel
11 Heating flow to radiators
12 Heating return to boiler
13 Radiators
14 Draincock

SEE ALSO: Off-peak electricity 296, Hot-water cylinders 402-3

Central-heating boilers

Technological improvements have made it possible to produce central-heating boilers much smaller than their predecessors, though no less efficient. Today, gas and oil are still the most popular fuels because, despite advances in solid-fuel technology, the dirt and inconvenience associated with solid fuels can't be ignored or overcome. Wood-burning boilers were popular for a while – but, realistically, wood is best suited to room-heating stoves, perhaps with a small back boiler to provide hot water, rather than as a fuel for central heating.

CORGI

- **Gas installers**
Gas boilers must be installed by competent fitters registered with CORGI (Council for Registered Gas Installers). Check, also, that your installer has the relevant public-liability insurance for working with gas.

- **Boiler flues**
All boilers need some means of expelling the combustion gases that result from burning fuel. Frequently this is effected by connecting the boiler to a conventional flue or chimney that takes the gases directly to the outside.
Alternatively, some boilers, known as room-sealed balanced-flue boilers, are mounted on an external wall and the flue gases are passed to the outside through a short horizontal duct. Balanced-flue ducts are divided into two passages – one for the outgoing flue gases, and the other for the incoming air needed for efficient combustion.
All boilers can be connected to a conventional flue, but gas and oil-fired boilers are also made for balanced-flue systems. If the boiler is fan-assisted, it can be mounted at a distance of up to 3m (9ft 9in) from the balanced-flue outlet.

Heating requirements

The capacity (heat output) of the boiler needed to satisfy your requirements can be calculated by adding up the manufacturer's specified heat output of all the radiators, plus a 3kW allowance for a hot-water cylinder. Ten per cent is added to allow for exceptionally cold weather. The overall calculation is affected by the heat lost through the walls and ceiling, and also by the number of air changes caused by ventilation.

Some plumbers' merchants will make the relevant calculations for you, if you provide them with the dimensions of each room. Alternatively, you can calculate your requirements yourself, using a software package produced for use with a home computer. There are also purpose-made calculators known as Mears wheels, which can be hired, complete with instructions, from a supplier of central-heating equipment.

Ideal room temperatures

A central-heating designer and installer normally aims at providing a system that will heat rooms to the temperatures shown below, assuming an outdoor temperature of -1°C (30°F).

ROOM TEMPERATURE	
Living room	21°C (70°F)
Dining room	21°C (70°F)
Kitchen	16°C (60°F)
Hall/landing	18°C (65°F)
Bedroom	16°C (60°F)
Bathroom	23°C (72°F)

Gas-fired boilers

Many gas-fired boilers have pilot lights that burn constantly, in order to ignite the burners whenever heat is required. The burners may be operated manually or by a timer set to switch the heating on and off at selected times. It is also possible to link the boiler to a room thermostat, so that the heating is switched on and off to keep temperatures at the required level throughout the house. Another thermostat, within the boiler itself, prevents the water from overheating.

An increasing number of boilers have electronic ignition. With this system, the pilot is not ignited until the room thermostat demands heat – then, once the boiler reaches the required temperature, valves to the burner and pilot light close, shutting off the fuel supply until heat is next called for.

Oil-fired boilers

Pressure-jet oil-fired boilers are fitted with controls similar to the ones for gas boilers described above. Oil boilers can be floor-standing or wall-mounted. To run oil-fired central heating, you need a large oil-storage tank outside, with easy access for delivery tankers.

Solid-fuel boilers

Solid-fuel boilers are invariably floor-standing and require a conventional flue. Back boilers are small enough to be built into a fireplace.

Instant control of heat isn't possible with a solid-fuel boiler – the rate at which the fuel is burnt is usually controlled by a thermostatic damper and sometimes by a fan.

The system must have some means for the heat to escape in the event of the circulation pump failing (otherwise, the water could boil in the appliance and damage it). This is usually arranged by means of a natural-convection circuit (pipe) that leads from the boiler and the heat exchanger in the domestic hot-water cylinder to a radiator situated in the bathroom, where the excess heat can be used to dry wet towels.

If a solid-fuel boiler is to continue burning, it has to be kept stoked – so some models are made with a hopper feed that tops them up automatically. You need a suitable place to store fuel for the boiler; and the residual ash has to be removed regularly.

VENTILATING A BOILER

A boiler that takes its combustion air from within the house and expels fumes through a conventional open flue (see far left) must have access to a permanent ventilator fitted in an outside wall. The ventilator has to be of the correct size – as recommended by the boiler manufacturer – and must not contain a fly-screen mesh, which could become blocked. Refer to Building Regulations F1 – 1.8 for specific guidance. A boiler that is starved of air will create carbon monoxide – a lethal invisible gas that has no smell.

A cupboard that houses a balanced-flue room-sealed boiler must be fitted with ventilators at the top and bottom, to prevent the boiler overheating.

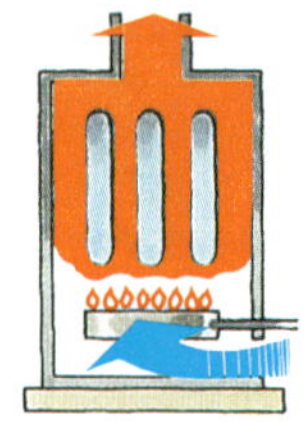
Conventional gas flue

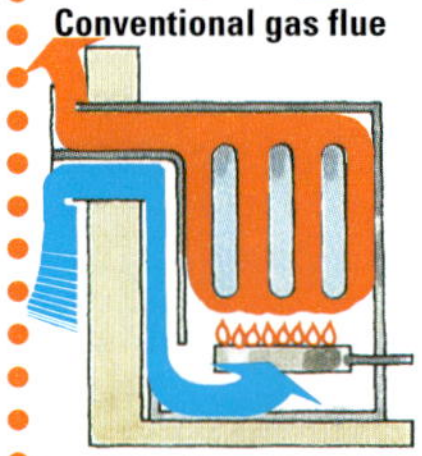
Balanced flue for gas

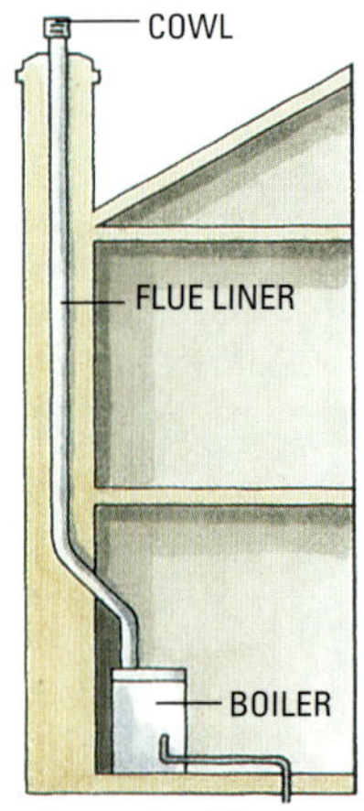

Conventional flue

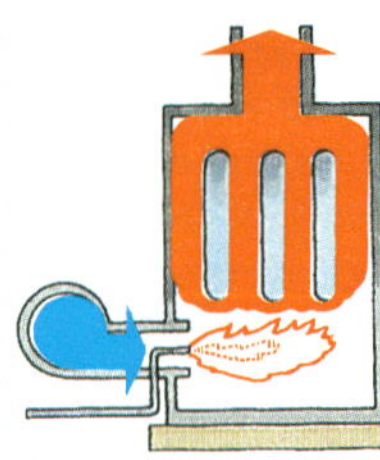
Pressure-jet oil boiler

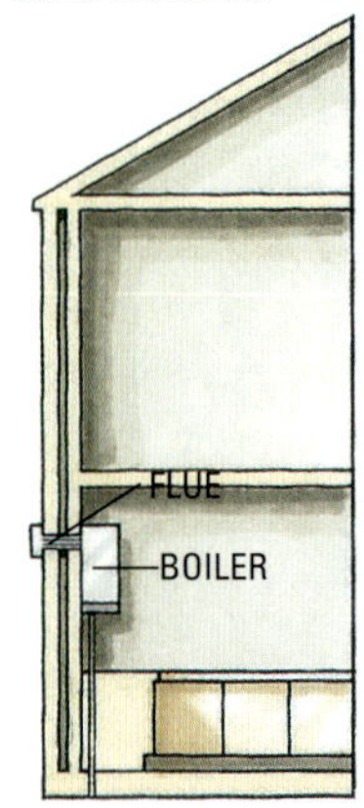

Balanced flue

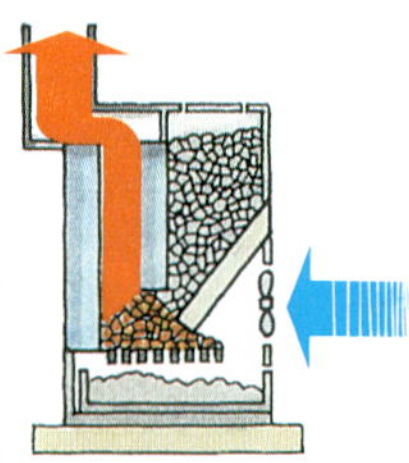
Hopper-fed boiler

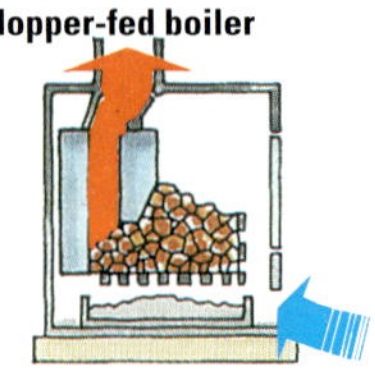
Solid-fuel back boiler

SEE ALSO: Oil-storage regulations 19, Room heaters 411, Flue liners 412, Condensing boilers 417, Thermostats 419

Radiators

Condensing boilers

Condensing boilers extract more heat from the fuel than other types of boiler. This is achieved either by passing the water through a highly efficient heat exchanger or by having a secondary heat exchanger that uses heat from the flue to 'preheat' cool water returning from the radiators.

With a conventional boiler, the moisture within the exhaust gases passes through the flue as steam. Since a condensing boiler extracts more heat from the gases, much of the moisture they contain condenses within the boiler. The water thus produced is collected at the bottom of the combustion chamber and drained through a small pipe.

Another by-product on a cold damp day is a light cloud of water vapour at the flue outlet, where the relatively cool exhaust gases meet the outside air. This could be a nuisance if the flue is sited close to a neighbour's window. There are regulations governing the siting of balanced flues – check the requirements with your Building Control Officer.

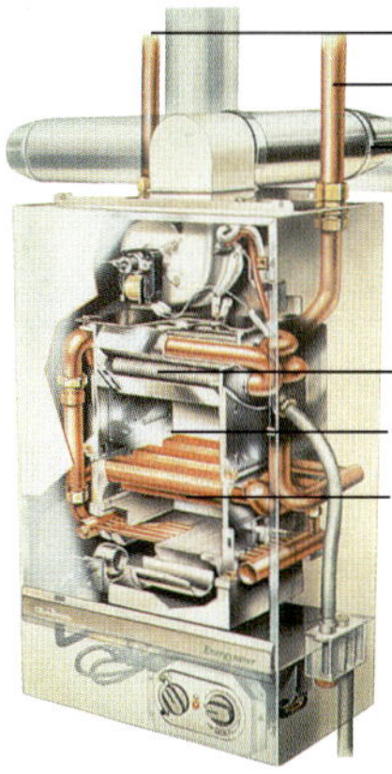

Condensing boiler

Combination boilers

Combination boilers provide both hot water to a sealed heating system and a separate supply of instant hot water directly to taps and showers. The advantages are ease of installation (there are no tanks or pipes in the loft), space-saving (there's no hot-water storage cylinder) and economy (you heat only the water you use).

The main drawback is a fairly slow flow rate – so it takes longer to fill a bath, and it's not usually possible to use two hot taps at the same time. Combination boilers are therefore best suited to small households or flats. However, to overcome these problems, the newer generation of combination boilers incorporate a small built-in hot-water storage tank.

The hot water from a central-heating boiler is pumped along small-bore pipes connected to radiators (or convectors), mounted at strategic points to heat individual rooms and hallways. The standard radiator is a double-skinned pressed-metal panel, which is heated by the hot water that flows through it. Despite its name, a radiator emits only a fraction of its output as radiant heat – the rest being delivered by natural convection as the surrounding air comes into contact with the hot surfaces of the radiator. As the warmed air rises towards the ceiling, cooler air flows in around the radiator, and this air in turn is warmed and moves upwards. As a result, a very gentle circulation of air takes place in the room, and the temperature gradually rises to the optimum set on the room thermostat.

Decorative radiators
As a rule, flat-panel radiators are designed to be as innocuous as possible. If you prefer something more conspicuous, choose from one of the more colourful ranges. Some radiators are chromed.

Panel radiators

Radiators are available in a wide range of sizes. The larger they are, the greater their heat output. Output for a given size can be increased further by using 'double radiators', which are made by joining two panels one behind the other. Most types of radiator have fins attached to their rear faces to induce convected heat.

The handwheel valve at one end of the radiator turns the flow of water on or off; the lockshield valve at the other end is set to balance the system, then left alone. An ordinary handwheel valve can be fitted at either end of a radiator, regardless of the direction of flow. However, thermostatic valves, which regulate the temperature of individual radiators, are marked with arrows to indicate the direction of flow and must be fitted accordingly.

A bleed valve, fitted at one of the top corners, is used to release air that has gradually built up inside the radiator. Air trapped inside a radiator prevents the panel from heating properly.

Double-panel radiator

Finned radiator

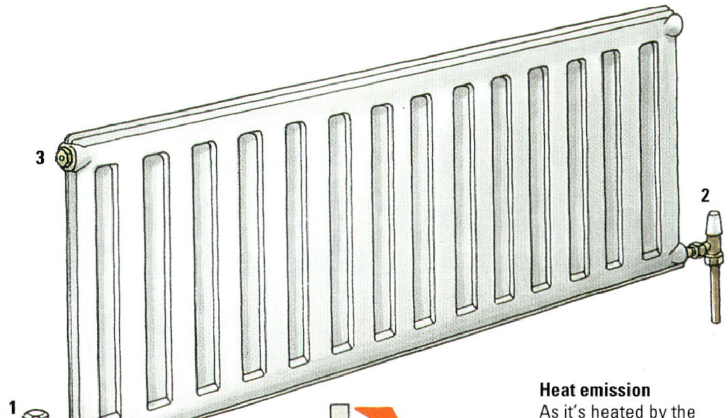

Panel radiator
1 A manual handwheel valve turns the flow on or off.
2 A lockshield valve is set to balance the system.
3 A bleed valve disperses airlocks.

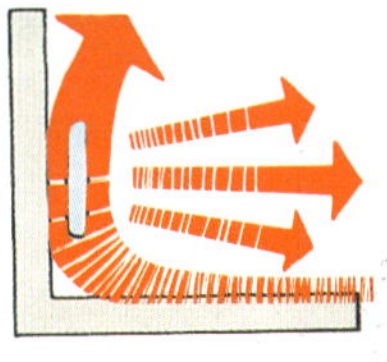

Heat emission
As it's heated by the radiator, convected air flows upwards and is replaced by cooler air near the base of the radiator. In addition, heat radiates from the surface of the panel.

SEE ALSO: Insulation 270–86, Reflective foil 271, Double glazing 281–4, Thermostatic valves 419, Bleeding radiators 423

Radiators and convectors

Convectors

Convector heaters can be used as part of a wet central-heating system. Some models are designed for inconspicuous fixing at skirting level.

Convectors emit none of their heat in the form of direct radiation. The hot water from the boiler passes through a finned pipe inside the heater, and the fins absorb the heat and transfer it to the air around them. The warmed air passes through a damper-controlled vent at the top of the heater, and at the same time cool air is drawn in through the open bottom to be warmed in turn.

With a fan-assisted convector heater, the airflow is accelerated over the fins in order to speed up room heating.

Rising warm air draws in cool air below

Skirting radiators

A skirting radiator is a space-saving alternative to a conventional panel radiator and is designed for installation in place of a wooden skirting board.The twin copper-lined waterways and the outer casing are formed from a single aluminium extrusion.

Made in 6m (19ft 6in) lengths and available in various finishes, skirting radiators are cut to length then joined at the corners of the room, using conventional soldered pipe joints. The pipework and valves are hidden from view, but are readily accessible.

An electrically heated version is also available.

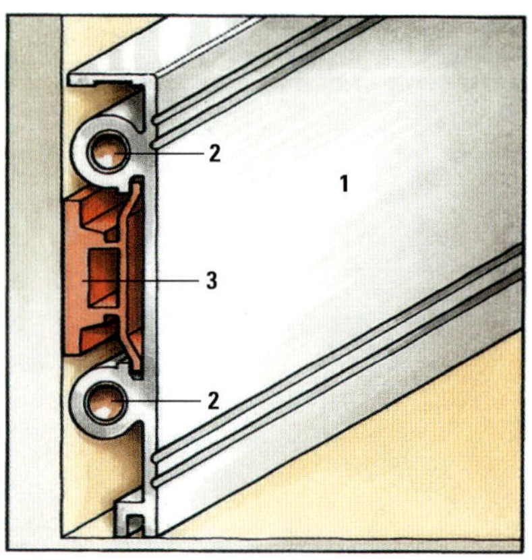

Skirting radiator
1 Aluminium extrusion
2 Copper-lined waterways
3 Mounting assembly

Positioning radiators and convectors

At one time central-heating radiators and convector units were nearly always placed under windows, because the area around a window tends to be the coldest part of a room. However, if you've fitted double glazing to reduce heat loss and draughts, then it would be more efficient to place your heaters elsewhere – especially if your windows are hung with long curtains.

Finned radiators – which accelerate convection considerably – afford a greater degree of flexibility in the siting of heaters and, size permitting, still keep the whole room at a comfortable temperature.

The shape of a room can also affect the siting of heaters and perhaps their number. For example, it is difficult to heat a large L-shaped room with just a single radiator at one end. In situations like this it's probably best to consult a heating installer beforehand, to help you decide upon the optimum number of heaters and their siting.

Wherever possible, avoid hanging curtains or standing furniture in front of a radiator or convector heater. Both curtains and furniture absorb radiated heat – and curtains also tend to trap convected heat behind them.

The warm air rising from a radiator will eventually discolour the paint or wallcovering above it. Fitting a narrow shelf about 50mm (2in) above a radiator avoids staining, without inhibiting convection. Alternatively, enclose the radiator in a narrow cabinet – heat output is barely reduced, provided air is able to pass through the enclosure freely, especially at the top and bottom (see below).

Radiator cabinets

Whereas a standard panel radiator may suit a modern interior, it can look out of place in a period-style room. One solution is to enclose the radiator in a cabinet that's more in keeping with the character of the interior.

The cabinet must be ventilated to allow air into the bottom and for the convected warm air to exit from the top. A perforated panel is usually fitted across the front to dissipate the heat and add to the unit's appearance.

Cabinets are available in kit form to fit standard-size radiators. Alternatively, you can cut custom-made panels from MDF board.

Making your own cabinet

A radiator cabinet can be designed to stand on the floor or to be hung on the wall at skirting height. A floor-standing version is described here.

Cut the shelf member **(1)** and two end panels **(2)** from 18mm (¾in) MDF. Make these components large enough to enclose the radiator and both valves. Cut a notch near the base of each end panel to fit the profile of the skirtings.

Glue the panels to the shelf with dowels joints, and dowel a 50 x 25mm (2 x 1in) tie rail **(3)** between the sides at skirting level. Cut a new skirting moulding **(4)** to fit along the base of the cabinet, but first cut away the bottom edge of the moulding on the front to form a large vent. Complete the box by applying a decorative moulding **(5)** around the edge of the shelf.

Cut a front panel **(6)** from either perforated hardboard, MDF, aluminium sheet or bamboo lattice, and mount it in a rebated MDF frame **(7)**. Make the frame fit the box, leaving a vent along the top edge. Hold the frame in place with magnetic catches.

Paint the cabinet and, when it is dry, attach it to the wall with metal corner brackets or mirror plates.

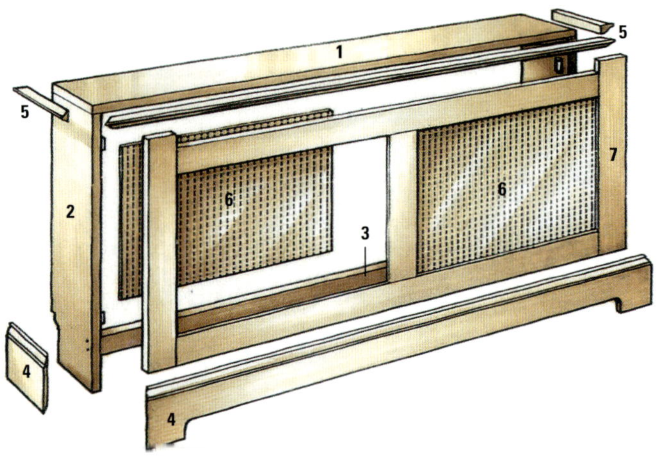

Floor-standing radiator cabinet
1 Shelf
2 End panel
3 Tie rail
4 Skirting
5 Moulding
6 Perforated panel
7 Frame

SEE ALSO: Insulation 270–86, Reflective foil 271, Double glazing 281–4, Radiators 417

Controls for central heating

The various automatic control systems and devices available for wet central heating can, if used properly, provide savings in running costs by reducing wastage of heat to a minimum.

Three basic devices

Automatic controllers can be divided into three basic types: temperature controllers (thermostats), automatic on-off switches (programmers and timers), and heating-circuit controllers (zone valves). These devices can be used, individually or in combination, to provide a very high level of control.

It must be added that they are really effective with gas or oil-fired boilers only, since these can be switched on and off at will. When they're linked to solid-fuel boilers, which take time to react to controls, automatic control systems are much less effective.

ZONE-CONTROL VALVES

There's very little point in heating rooms that aren't being used. In most households, for example, the bedrooms are unoccupied for the greater part of the day and to heat them continuously would be wasteful.

One way of avoiding such waste is to divide your central-heating system into circuits or 'zones' (the usual ones being upstairs and downstairs) and to heat the whole house only when necessary. However, if you divide your house into zones, make sure the unheated areas are adequately ventilated, in order to prevent condensation.

Control is provided by motorized valves linked to a timer or programmer that directs the heated water through selected pipes at predetermined times of day. Alternatively, zone valves linked to individual thermostats can be used to provide separate temperature control for each zone.

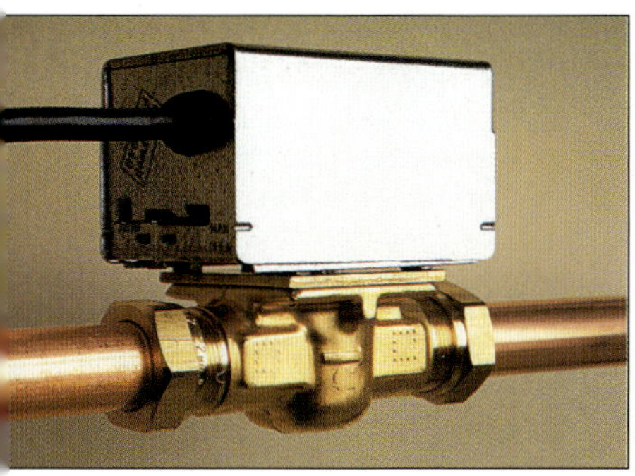

A motorized zone-control valve

Thermostats

All boilers incorporate thermostats to prevent overheating. An oil-fired or gas boiler will have one that can be set to vary heat output by switching the unit on and off; and some models are also fitted with modulating burners, which adjust flame height to suit heating requirements. On a solid-fuel boiler, the thermostat opens and closes a damper that admits more or less air to the firebed to increase or reduce the rate of burning, as required.

A room thermostat – 'roomstat' for short – is often the only form of central-heating control fitted. It is placed in a room where the temperature usually remains fairly stable, and works on the assumption that any rise or drop in the temperature will be matched by similar variations throughout the house.

Roomstats control the temperature by means of simple on-off switching of the boiler – or the pump, if the boiler has to run constantly in order to provide hot water. The main drawback of a roomstat is that it makes no allowance for local temperature changes in other rooms – caused, for example, by the sun shining through a window or a separate heater being switched on.

More sophisticated temperature control is provided by a thermostatic valve, which can be fitted to a radiator instead of the standard manually operated valve. A temperature sensor opens and closes the valve, varying the heat output to maintain the desired temperature in the individual room. Thermostatic radiator valves need not be fitted in every room. You can use one to reduce the heat in a kitchen or small bathroom, for example, while a roomstat regulates the temperature throughout the rest of the house.

The most sophisticated thermostatic controller is a boiler-energy manager or 'optimizer'. This device collects data from sensors inside and outside the building in order to deduce the optimum running period for the central-heating system, so the boiler is not wastefully switched on and off in rapid cycles.

Timers and programmers

You can cut fuel bills substantially by ensuring that the heating is not on while you are out or asleep. A timer can be set so that the system is switched on to warm the house before you get up and goes off just before you leave for work, then comes on again shortly before you return home and goes off at bedtime. The simpler timers provide two 'on' and two 'off' settings, which are normally repeated every day. A manual override enables you to alter the times for weekends and other changes in routine.

More sophisticated devices, known as programmers, offer a larger number of on-off programs – even a different one for each day of the week – as well as control of domestic hot water.

Boiler-energy manager

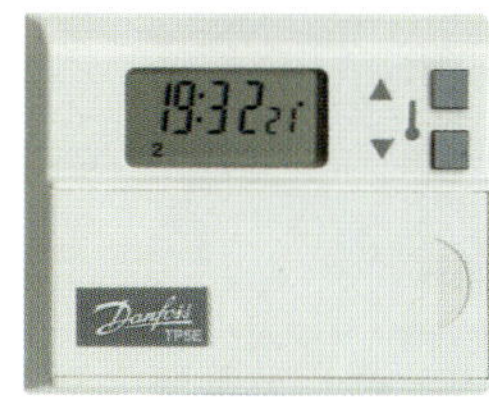

Room thermostat

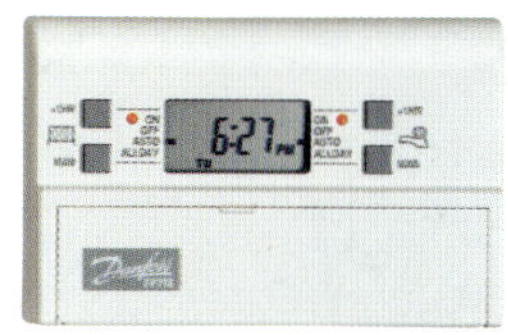

Programmer or timer

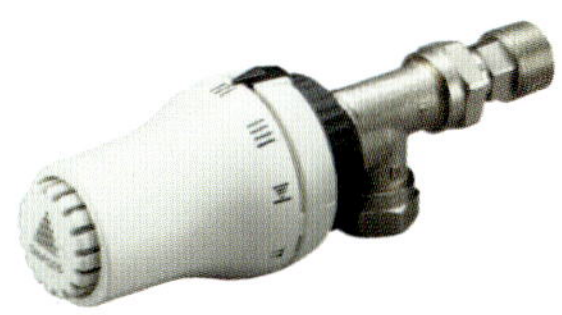

Thermostatic radiator valve

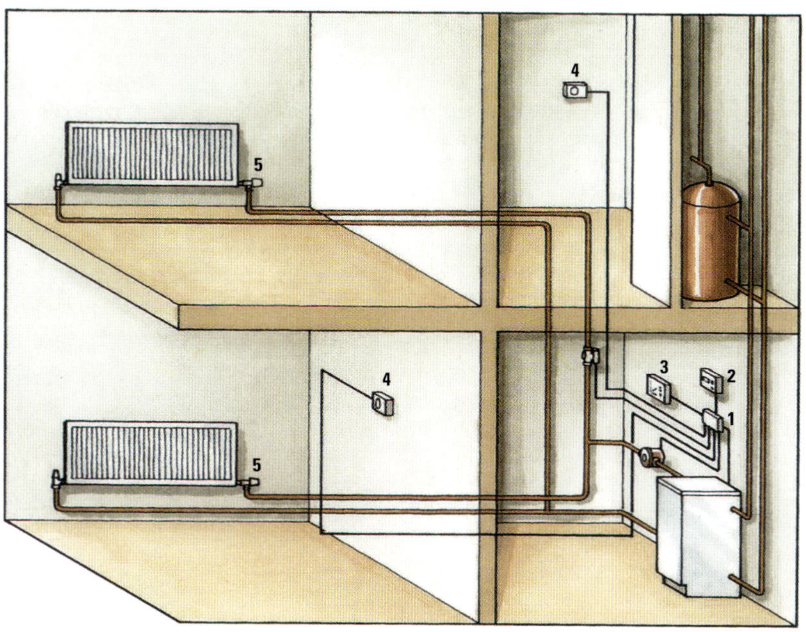

Heating controls
There are a number of ways to control heating:
1 A wiring centre connects the controls in the system.
2 A programmer/timer is used in conjunction with a zone valve to switch the boiler on or off at pre-set times, and run the heating and hot-water systems.
3 Optional boiler-energy manager controls the efficiency of the heating system.
4 Room thermostats are used to control the pump or zone valves to regulate the overall temperature.
5 A non-electrical thermostatic radiator valve controls the temperature of an individual heater.

SEE ALSO: Ventilation 287–94, Radiators 417

Diagnosing heating problems

When heating systems fail to work properly, they can exhibit all sorts of symptoms, some of which can be difficult to diagnose without specialized knowledge and experience. However, it pays to check out the more commons faults, summarized below, before calling out a heating engineer.

Hissing or banging sounds from boiler or heating pipes

This is caused by overheating due to:

- Blocked chimney (if you have a solid-fuel boiler). *Sweep chimney to clear heavy soot.*
- Build-up of scale due to hard water. *Shut down boiler and pump. Treat system with a descaler, then drain, flush and refill system.*
- Faulty boiler thermostat. *Shut down boiler. Leave pump working to circulate water, to cool system quickly. When it's cool, operate boiler thermostat control. If you don't hear a clicking sound, call in an engineer.*
- Lack of water in system. *Shut down boiler. Check feed-and-expansion tank in loft. If empty, the valve may be stuck. Move float-valve arm up and down to restore flow and fill system. If this has no effect, check to see if mains water has been turned off by accident or (in winter) if supply pipe is frozen.*
- Pump not working (with a solid-fuel boiler). *Shut down boiler, then check that pump is switched on. If pump is not running, turn off power and check wired connections to it. If pump seems to be running but outlet pipe is cool, check for airlock by opening pump bleed screw. If pump is still not working, shut it down, drain system, remove pump and check for blockage. Clean pump or, if need be, replace it.*

Radiators in one part of the house do not warm up

- Timer or thermostat that controls relevant zone valve is not set properly or is faulty. *Check timer or thermostat setting and reset if need be. If this has no effect, switch off power supply and check wired connections. If that makes no difference, call in an engineer.*
- Zone valve itself is faulty. *Drain system and replace or repair the valve.*
- Pump not working. *See above.*

All radiators remain cool, though boiler is operating normally

- Pump not working. *Check pump by listening or feeling for motor vibration. If pump is running, check for airlock by opening bleed valve. If this has no effect, the pump outlet may be blocked. Switch off boiler and pump, remove pump and clean or replace as necessary.*
  If pump is not running, switch off and try to free spindle. Look for a large screw in the middle – removing or turning it will reveal the slotted end of the spindle. Turn this until the spindle feels free, then switch pump on again.
- Pump thermostat or timer is set incorrectly or is faulty. *Adjust thermostat or timer setting. If that has no effect, switch off power and check wiring connections. If they are in good order, call in an engineer.*

Single radiator doesn't warm up

- Handwheel valve is closed. *Open the valve.*
- Thermostatic radiator valve is set too low or is faulty. *Adjust valve setting. If this has no effect, drain the system and replace the valve.*
- Lockshield valve not set properly. *Remove lockshield cover and adjust valve setting until radiator seems as warm as those in other rooms. Have lockshield valve properly balanced when the system is next serviced.*
- Radiator valves blocked by corrosion. *Close both radiator valves, remove radiator and flush out.*

Area at top of radiator stays cool, though bottom is warm

- Airlock at top of radiator is preventing water circulating fully. *Bleed radiator to release trapped air.*

Cool patch in centre of radiator, though top and ends are warm

- Deposits of rust at bottom of radiator are restricting circulation of water. *Close both radiator valves, remove radiator and flush out.*

Boiler not working

- Thermostat set too low. *Check that roomstat and boiler thermostats are set correctly.*
- Timer or programmer not working. *Check that timer or programmer is switched on and set correctly. Have it replaced if fault persists.*
- Gas boiler's pilot light goes out. *Relight pilot following instructions supplied with the boiler (these are usually printed on the back of the front panel). If pilot fails to ignite, have it replaced.*

Continuous drip from overflow pipe of feed-and-expansion tank in loft

- Faulty float valve or leaking float, causing valve to stay open. *Shut off mains water supply to feed-and-expansion tank and bale it out to below level of float valve. Remove valve and fit new washer. Alternatively, unscrew leaking float from arm and fit new one.*
- Leaking heat-exchanger coil in hot-water cylinder. *In this case, dripping from the overflow will occur only if the feed-and-expansion tank is positioned below the cold-water storage tank. Turn off boiler and mains water. Let system cool, then take dip-stick measurement in both tanks. Don't use water overnight – then check again in morning. If the water level has risen in the feed-and-expansion tank and dropped in the cold-water storage tank, have the coil tested.*

Water leaking from system

- Loose pipe unions at joints, pump connections, boiler connections, etc. *Turn off boiler (or close down solid-fuel appliance, raking out coals) and switch off pump, then tighten leaking joints. If this has no effect, drain the system and remake joints completely.*
- Split or punctured pipe. *Wrap rags around the damaged pipe temporarily, then switch off boiler and pump and make a temporary repair with hose or commercial leak sealant. Drain the system and fit new pipe.*

SEE ALSO: Curing leaks 361, Float valves 365–6, Pipework 371–9, Plumbing joints 372–7, Sweeping chimneys 406, Draining the system 421, Bleed valve 423, Removing/replacing radiators 423–5

Draining and refilling

Although it's inadvisable to do so unnecessarily, there may be times when you have to drain your wet central-heating system completely and refill it. This could be for routine maintenance, when dealing with a fault, or because you have decided to extend the system or upgrade the boiler. The job can be done fairly easily if you follow the procedures outlined here.

Draining the system

Before draining your central-heating system, cool the water by shutting off the boiler and leaving the circulation pump running. The water in the system will cool quite quickly.

Switch off the pump and turn off the mains water supply to the feed-and-expansion tank in the loft either by closing the stopcock in the feed pipe or by laying a batten across the tank and tying the float arm to it.

The main draincock for the system will normally be in the return pipe near the boiler. Push one end of a garden hose onto its outlet and lead the other end of the hose to a gully or soakaway in the garden, then open the draincock. If you have no key for its square shank, use an adjustable spanner.

Most of the water will drain from the system, but some will be held in the radiators. To release the trapped water, start at the top of the house and carefully open the radiator bleed valves. Air will flow into the tops of the radiators, breaking the vacuum, and the water will drain out. Last of all, drain inverted pipe loops (see below).

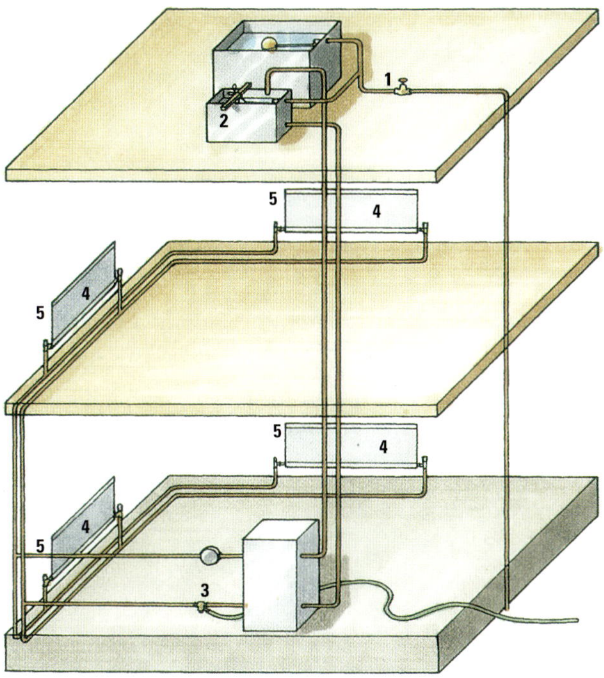

Draining procedure
Turn off the mains supply to the tank at the feed-pipe stopcock **(1)**. If there's no stopcock, tie the float-valve arm to a batten laid across the tank **(2)**. With a hose pushed onto the main draincock **(3)** and its other end at a gully or soakaway outside, open the draincock and let the system empty. Release any water trapped in the radiators **(4)** by opening their bleed valves **(5)**, starting at the top of the house. Be sure to close all draincocks before you refill the system.

Inverted pipe loops

Often when fitting a central-heating system in a house that has a solid ground floor, installers run the heating pipes from the boiler into the ceiling void and drop them down the walls to the individual radiators. Each of these 'inverted pipe loops' has its own draincock. When you're draining the system, they must be drained separately after the main system has been emptied.

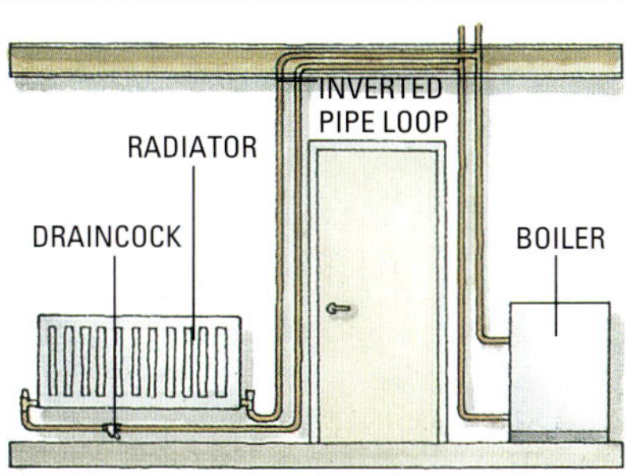

An inverted pipe loop has its own draincock

REFILLING THE SYSTEM

Before refilling the system, check that you have closed all the draincocks and radiator bleed valves.

Restore the water supply to the feed-and-expansion tank in the loft. As the system fills up, air will be trapped in the tops of the radiators – so when the water stops running, bleed all the radiators, starting at the bottom of the house. You may also have to bleed the circulating pump. Finally, check all the draincocks and bleed valves for leaks, and tighten them if necessary.

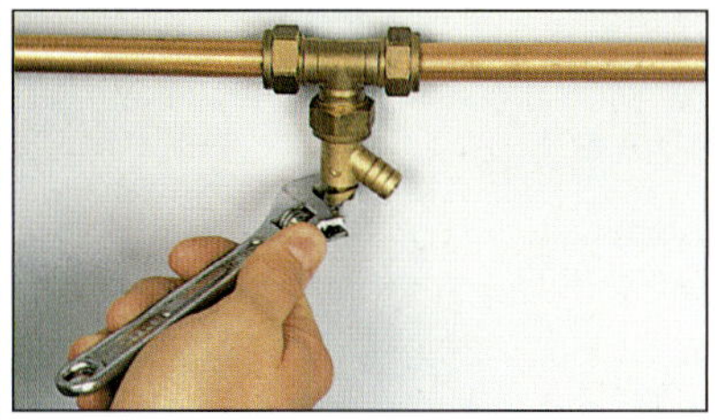

Tightening a leaking draincock

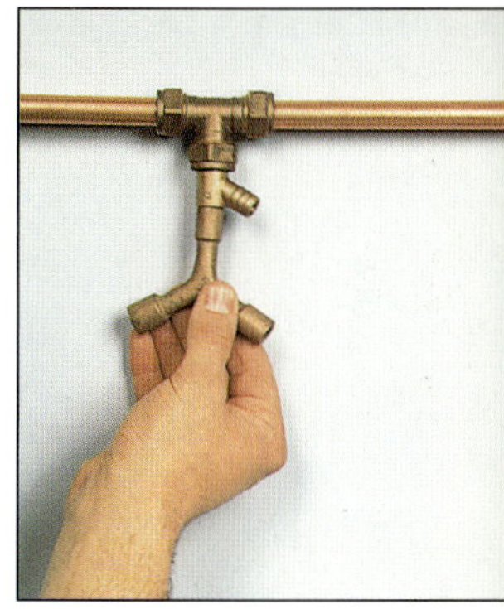

Draincock key
A special tool, similar in principle to a radiator-valve key, is available for operating draincocks.

Cleaning the system

After installing or modifying a central-heating system, flush the pipework with water to get rid of swarf and flux, which can induce corrosion or damage valves or the pump.

To protect the pump during cleaning, it's best to remove it, bridging the gap with a short length of pipe. But it is much easier to turn the pump impeller with a screwdriver before running the system after flushing, in order to make sure it's clear. If you can feel resistance, drain the system and remove the motor, then clean and refit the impeller.

Descaling

If your system is old or badly corroded, a harsh cleaner or descaler may expose minor leaks sealed by corrosion – so use a mild cleanser, introduced into the system via the feed-and-expansion tank or inject it into a radiator via the bleed valve. Manufacturers' instructions vary, but in principle run the cleanser through the system for a week, with the boiler set to a fairly high temperature.

Afterwards, turn off and drain the system, then refill and drain it several times – if possible, using a hose to run mains-pressure water through the system while draining it. Some cleansers must be neutralized before you can add a corrosion inhibitor.

If your boiler is making loud banging noises, treat it and the immediate pipework with a fairly powerful descaler, running the hot-water program only.

● **Power-flushing the system**
After upgrading an older system, perhaps with a new boiler or radiators, you could flush the system yourself (see left), but it's advisable to have it cleansed thoroughly by a heating engineer, using a power-flushing unit. When it is connected, the unit pumps chemically-treated water through the system to flush out impurities.

SEE ALSO: Gully 359, Turning off the water 360, Bleeding radiators 423, Bleeding a pump 426

Maintaining your boiler

The efficiency of modern oil-fired and gas boilers depends on their being checked and serviced annually. Because the mechanisms involved are so complex, the work must be done by a qualified engineer. With either type of boiler, you can enter into a contract for regular maintenance with your fuel supplier or the original installer.

● **Servicing gas boilers** Any maintenance that involves dismantling any part of a gas boiler must be carried out by a CORGI-registered engineer, who should undertake all the necessary gas-safety checks as part of the service. There's no point in attempting to service the boiler yourself if you are not qualified and equipped to do so – it can also be dangerous, and you will be breaking the law.

Corrosion in the system

Modern boilers and radiators are made from fairly thin materials, and if you fail to take basic anti-corrosion measures, the life of the system can be reduced to 10 years or less. Corrosion may result either from hard-water deposits or from a chemical reaction between the water and the system's metal components.

Lime scale

Scale builds up quickly in hard-water areas of the country. Even a thin layer of lime scale on the inner wall of a boiler's heat exchanger reduces its efficiency and may cause banging and dog-like howling within the system. In fact, the scale can insulate sections of the heat exchanger to such an extent that it produces 'hot spots', leading to premature failure of the component.

Rust

Rust corrodes steel components, most notably radiators. Most rusting occurs within weeks of filling the system; but if air is being sucked in constantly, then rusting is progressive. Having to bleed radiators regularly is a sure sign that air is being drawn into the system.

Sludge

Magnetite (black sludge) clogs the pump and builds up in the bottom of radiators, reducing their heat output.

Electrolytic action

Dissimilar metals, such as copper and aluminium, act like a battery in the acidic water that is present in some central-heating systems. This results in corrosion.

Locating gas boilers Modern boilers fit snugly into standard kitchen cupboards.

Reducing corrosion

Drain about half a litre (1 pint) of water from the boiler or a radiator. Orange water denotes rusting, and black the presence of sludge. In either case, treat immediately with corrosion inhibitor.

If there are no obvious signs of corrosion, compare the sample with tap water. Drop two plain steel nails into a screw-top glass jar containing some of the sample water, and place two similar nails in a jar of clean tap water. After a couple of days the nails in the tap water should rust; but if your heating system contains sufficient corrosion inhibitor, the nails in the sample jar will remain bright. If they show signs of corrosion, your system needs topping up with inhibitor. It is important to use the same product that is already present in the system – if you don't know what that is, drain and flush the system, then refill with fresh water and inhibitor.

If the test proves inconclusive, check the sample jar after a month or so: if the nails have begun to rust, then the inhibitor needs topping up.

Adding corrosion inhibitor

You can slow down corrosion by adding a proprietary corrosion inhibitor to the water. This is best done when the system is first installed – but the inhibitor can be introduced into the system at any time, provided the boiler is descaled before doing so. If the system has been running for some time, it is better to flush it out first by draining and refilling it repeatedly until the water runs clean. Otherwise, drain off about 20 litres (4 gallons) of water – enough to empty the feed-and-expansion tank and a small amount of pipework – then pour the inhibitor into the tank and restore the water supply, which will carry the inhibitor into the pipes. About 5 litres (1 gallon) will be enough for most systems, but check the manufacturer's instructions. Finally, switch on the pump to distribute the inhibitor throughout the system.

Reducing scale

You can buy low-voltage coils to create a magnetic field that will prevent the heat exchanger of your boiler becoming coated with scale. However, unless you have soft water in your area, the only way to actually avoid hard water in the system is to install a water softener.

Phosphate balls are sometimes used to prevent the formation of scale in an instantaneous boiler. But unless the dispenser is regulated to release just the right amount, there's a danger of overdosing the system with phosphates.

Before fitting any device to reduce scale, it is essential to seek the boiler manufacturer's advice.

SERVICING SCHEMES

It pays to have your central-heating system serviced regularly. Check the Yellow Pages for a suitable engineer, or ask the original installer of the system if he or she is willing to undertake the necessary servicing.

Gas installations

Gas suppliers offer a choice of servicing schemes for boilers. These are primarily provided to cover the suppliers' own installations, but they will also service systems put in by other installers if a satisfactory inspection of the installation by the supplier is carried out first.

The simplest of the schemes provides for an annual check and adjustment of the boiler. If any repairs are found to be necessary, either at the time of the regular check or at other times during the year, then the labour and necessary parts are charged separately. But for an extra fee it is possible to have both free labour and free parts for boiler repairs at any time of year. The gas supplier will also extend the arrangement to include inspection of the whole heating system when the boiler is being checked, plus free parts and labour for repairs to the system.

You may find that your installer or a local firm of CORGI heating engineers offers a similar choice of servicing and maintenance contracts. The best course is to compare the schemes and decide which gives greatest value for money.

Oil-fired installations

Both installers of oil-fired central-heating systems and suppliers of fuel oil offer servicing and maintenance contracts similar to those outlined above for gas-fired systems. The choice of schemes available ranges from a simple annual check-up to complete cover for parts and labour whenever repairs are necessary.

As with the schemes for gas, it pays to shop around and make a comparison of the various services on offer and the charges that apply.

Solid-fuel systems

If you have a solid-fuel system, it is important to keep the chimney and the flueway swept. The job, which should be done twice a year, is very similar to sweeping an open-fire chimney, access being either through the front of a room heater that has a back boiler or through a soot door in the flue pipe or chimney breast.

When you have swept the chimney, clean out the boiler with a stiff brush and remove the dust and soot with a vacuum cleaner.

Lift out any broken fire bars and drop new ones in place.

SEE ALSO: Switching off electricity 306, Water softeners 400, Sweeping chimneys 406, Flushing the system 421

REMOVING A RADIATOR

There are a number of reasons why it may be necessary to remove a radiator – for example, to make decorating the wall behind it easier. You can remove individual radiators without having to drain the whole system.

Make sure you have plenty of rag to hand for mopping up spilled water, plus a jug and a large bowl. The water in the radiator will be very dirty – so, if possible, roll back the floorcovering before you start.

Shut off both valves, turning the shank of the lockshield valve clockwise with a key or an adjustable spanner **(1)**. Note the number of turns needed to close it, so that later you can reopen it by the same amount.

Unscrew the cap-nut that keeps the handwheel valve or lockshield valve attached to the adaptor in the end of the radiator **(2)**. Hold the jug under the joint and open the bleed valve slowly to let the water drain out. Transfer the water from the jug to the bowl, and continue doing this until no more water can be drained off.

Unscrew the cap-nut that keeps the other valve attached to the radiator, lift the radiator free from its wall brackets, and drain any remaining water into the bowl **(3)**. If you're going to decorate the wall, unscrew the brackets.

To replace the radiator, screw the brackets back in place, then rehang the radiator and tighten the cap-nuts on both valves. Close the bleed valve and reopen both radiator valves (open the lockshield valve by the same number of turns you used when closing it). Last of all, bleed the air from the radiator.

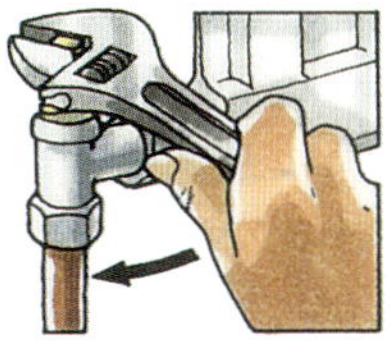

1 Close the valve

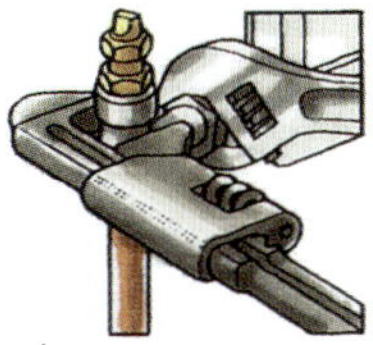

2 Unscrew cap-nut

3 Final draining
Lift radiator from brackets and drain off any remaining water.

Bleeding the system

Trapped air prevents radiators heating up fully, and regular intake of air can cause corrosion. If a radiator feels cooler at the top than at the bottom, it's likely that a pocket of air has formed inside it and is impeding full circulation of the water. Getting the air out of a radiator – 'bleeding' it – is a simple procedure.

Bleeding a radiator

First switch off the circulation pump – and preferably turn off the boiler too, although that is not vital.

Each radiator has a bleed valve at one of its top corners, identifiable by a square-section shank in the centre of the round blanking plug. You should have been given a key to fit these shanks by the installer; but if not, or if you have inherited an old system, you can buy a key for bleeding radiators at any DIY shop or ironmonger's.

Use the key to turn the valve's shank anticlockwise about a quarter of a turn. It shouldn't be necessary to turn it further – but have a small container handy to catch spurting water, in case you open the valve too far. You will probably also need some rags to mop up water that dribbles from the valve. Don't try to speed up the process by opening the valve further than necessary to let the air out – that is likely to produce a deluge of water.

You will hear a hissing sound as the air escapes. Keep the key on the shank of the valve; then when the hissing stops and the first dribble of water appears, close the valve tightly.

Blocked bleed valve

If no water or air comes out when you attempt to bleed a radiator, check whether the feed-and-expansion tank in the loft is empty. If the tank is full of water, then the bleed valve is probably blocked with paint.

Close the inlet and outlet valve at each end of the radiator, then remove the screw from the centre of the bleed valve. Clear the hole with a piece of wire, and reopen one of the radiator valves slightly to eject some water from the hole. Close the radiator valve again and refit the screw in the bleed valve. Open both radiator valves and test the bleed valve again.

Dispersing an air pocket in a radiator

Fitting an air separator

If you find you are having to bleed a radiator or radiators frequently, a large quantity of air is entering the system. This situation should be remedied before it leads to serious corrosion.

Check that the feed-and-expansion tank in the loft is not acting like a radiator and warming up when you run the central heating or hot water. This would indicate that hot water is being pumped through the vent pipe into the tank and taking air with it back into the system. To cure the problem, fit an air separator in the vent pipe and link it to the cold feed that runs from the feed-and-expansion tank.

If the pump is fitted on the return pipe to the boiler, it may be sucking in air through the unions or even through leaking spindles on radiator valves.

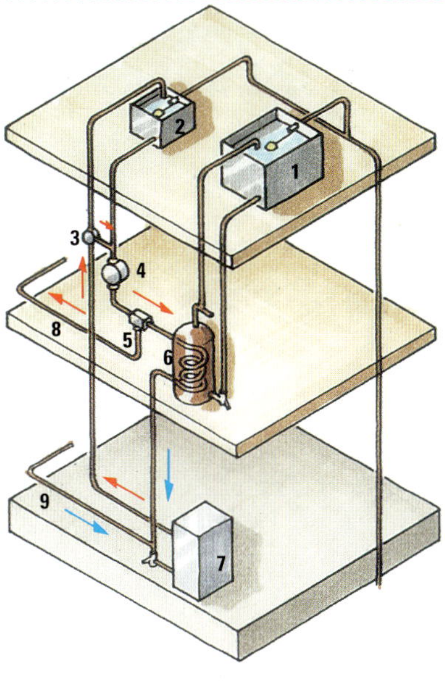

Heating system with air separator
1 Cold-water storage tank
2 Feed-and-expansion tank
3 Air separator
4 Pump
5 Motorized valve
6 Hot-water cylinder
7 Boiler
8 Radiator flow
9 Radiator return

SEE ALSO: Draining the system 421, Filling the system 421

Replacing radiator valves

Like taps, radiator valves can develop leaks – which are usually relatively easy to cure. Occasionally, however, it's necessary to replace a faulty valve.

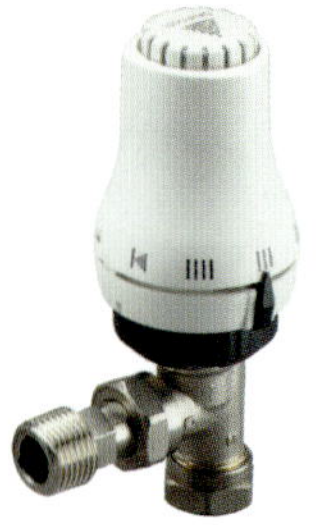

Curing a leaking radiator valve

Water leaking from a radiator valve is probably seeping from around the spindle (see left). However, when the water runs round and drips from the valve's cap-nut, it's the nut that often appears to be the source of the leak. Dry the valve, then hold a paper tissue against the various parts of the valve to ascertain exactly where the moisture is coming from. If the nut is leaking, tighten it gently; if that's unsuccessful, undo and reseal it (see left).

Grip leaky valve with wrench and tighten cap-nut

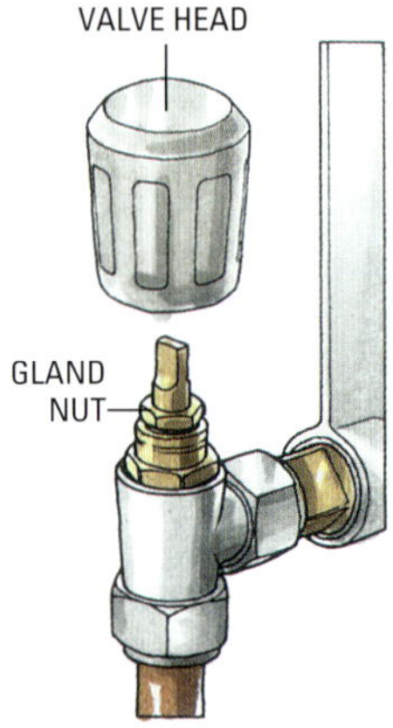

Leaking spindle
To stop a leak from a radiator-valve spindle, tighten the gland nut with a spanner. If the leak persists, undo the nut and wind a few turns of PTFE tape down into the spindle.

Replacing a worn or damaged valve

To replace a radiator valve, first drain the system, then lay rags under the valve to catch the dregs. Holding the body of the valve with a wrench (or water-pump pliers), use an adjustable spanner to unscrew the cap-nuts that hold the valve to the pipe **(1)** and also to the adaptor in the end of the radiator. Lift the valve from the end of the pipe **(2)**; if you're replacing a lockshield valve, be sure to close it first – counting the turns, so you can open the new valve by the same number to balance the radiator.

Unscrew the valve adaptor from the radiator **(3)**. You may be able to use an adjustable spanner, depending on the type of adaptor, or may find you need a hexagonal radiator spanner.

Fitting the new valve
Ensure that the threads in the end of the radiator are clean. Drag the teeth of a hacksaw across the threads of the new adaptor to roughen them slightly, then wind PTFE tape four or five times round them. Screw the adaptor into the end of the radiator and tighten with a spanner.

Slide the valve cap-nut and a new olive over the end of the pipe and fit the valve **(4)** – but don't tighten the cap-nut yet. First, holding the valve body with a wrench, align it with the adaptor and tighten the cap-nut that holds them together **(5)**. Then tighten the cap-nut that holds the valve to the water pipe **(6)**. Refill the system and check for leaks.

REPLACING O-RINGS IN A BELMONT VALVE

The spindle of a Belmont valve is sealed with O-rings – which you can replace without having to drain the radiator.

To find out which O-rings you need, take the plastic head of the valve to a plumbers' merchant before you begin work. On very old valves the rings are green, whereas the newer rings are red.

Wrap an old towel around the valve body and undo the spindle (which has a left-hand thread). A small amount of water will leak out at first – but as you continue to remove the spindle, water pressure seals the valve automatically.

Two O-rings are housed in grooves in the spindle. Prise off the rings, using the tip of a small screwdriver, and then lubricate the spindle with a smear of silicone grease. Slide the new rings into position and replace the spindle.

O-rings are housed in grooves in the valve spindle

● Resealing a cap-nut
Drain the system and undo the leaking nut. Smear the olive with silicone sealant and retighten the cap-nut. Don't overtighten the nut or you may damage the olive. As an alternative to sealant, wind two turns of PTFE tape around the olive (not around the threads).

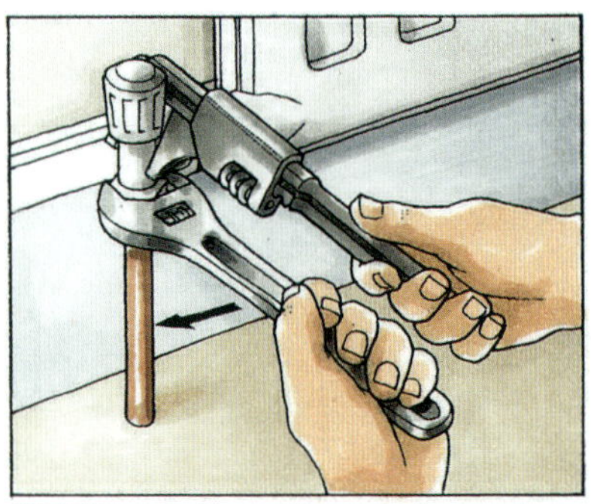

1 Hold the valve firm and loosen both cap-nuts

2 Unscrew the cap-nuts and lift the valve out

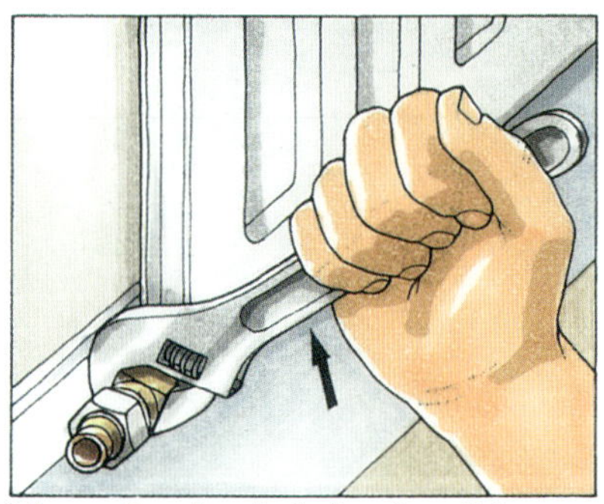

3 Remove the valve adaptor from the radiator

4 Fit new adaptor, then fit the new valve on the pipe

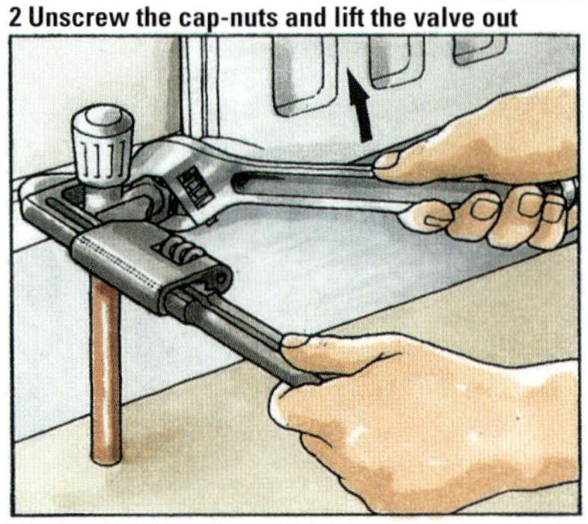

5 Connect valve to adaptor and tighten cap-nut

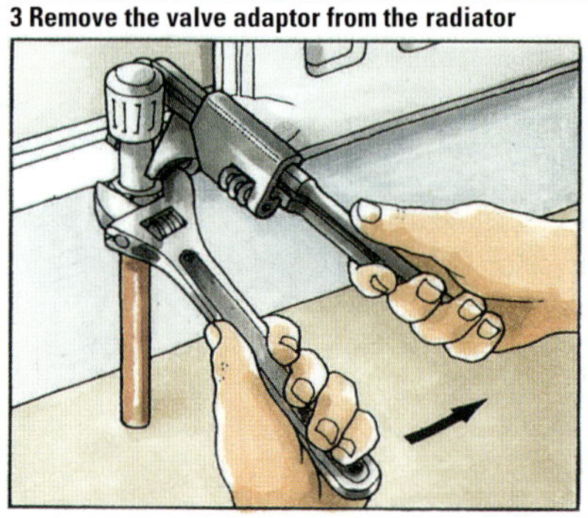

6 Tighten cap-nut that holds the valve to the pipe

SEE ALSO: PTFE tape 374, Draining the system 421, Adjustable spanner 519, Pipe wrench 520

Replacing a radiator

Try to obtain a new radiator exactly the same size as the one you're planning to replace. This makes the job relatively easy.

Simple replacement

Drain the old radiator and remove it from the wall. Then unscrew the two valve adaptors at the bottom of the radiator, using an adjustable spanner or a hexagonal radiator spanner. Next, use a bleed key to unscrew the bleed valve; then remove both of the blanking plugs from the top of the radiator, using a radiator spanner **(1)**.

Clean any corrosion from the threads of the adaptors and blanking plugs with wire wool **(2)**, then wind four or five turns of PTFE tape round the threads **(3)**. Screw the plugs and adaptors into the new radiator; and then screw the bleed valve into its blanking plug.

Hang the new radiator on the wall brackets and connect the valves to their adaptors. Open the valves, then fill and bleed the radiator.

1 Removing the plugs
Use a radiator spanner to unscrew the two blanking plugs at the top of the radiator.

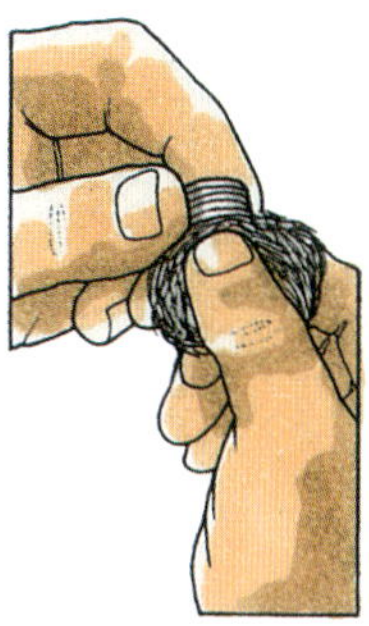

2 Cleaning the threads
Use wire wool to clean any corrosion from the threads of the blanking plugs and valve adaptors.

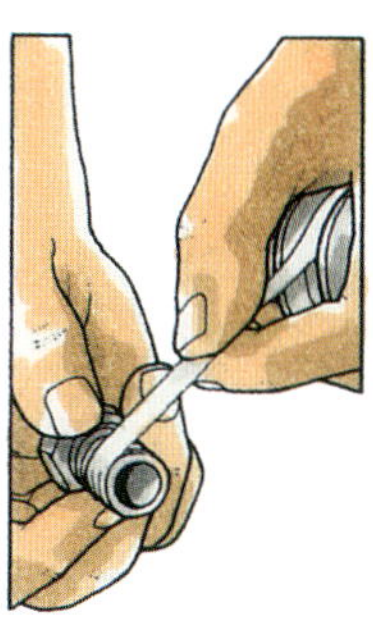

3 Taping the threads
Make the threaded joints watertight by wrapping four or five turns of PTFE tape round the plugs and adaptors before you screw them into the new radiator. Use a hacksaw blade to roughen the threads, in order to encourage the tape to grip.

Installing a different-pattern radiator

More work is involved in replacing a radiator if you can't get another one of the same pattern. You will probably have to fit new wall brackets and alter the pipe runs.

Drain your central-heating system, then take the old brackets off the wall. Lay the new radiator face down on the floor and slide one of its brackets onto the hangers welded to the back of the radiator. Measure the position of the brackets and transfer these measurements to the wall **(1)**. You need to allow a clearance of 100 to 125mm (4 to 5in) below the radiator.

Line up the new radiator brackets with the pencil marks on the wall, and mark the fixing-screw holes for them. Drill and plug the holes, then screw the brackets in place **(2)**.

Take up the floorboards below the radiator and sever the vertical portions of the feed and return pipes (either cap the old T-joints or replace them with straight joints). Connect the valves to the bottom of the radiator and hang it on its brackets.

Slip a new vertical pipe into each of the valves and, using either capillary or compression fittings, connect these pipes to the original pipework running under the floor **(3)**. Tighten the nuts connecting the new pipes to the valves.

Finally, refill the system with water, and check all the new connections and joints for leaks.

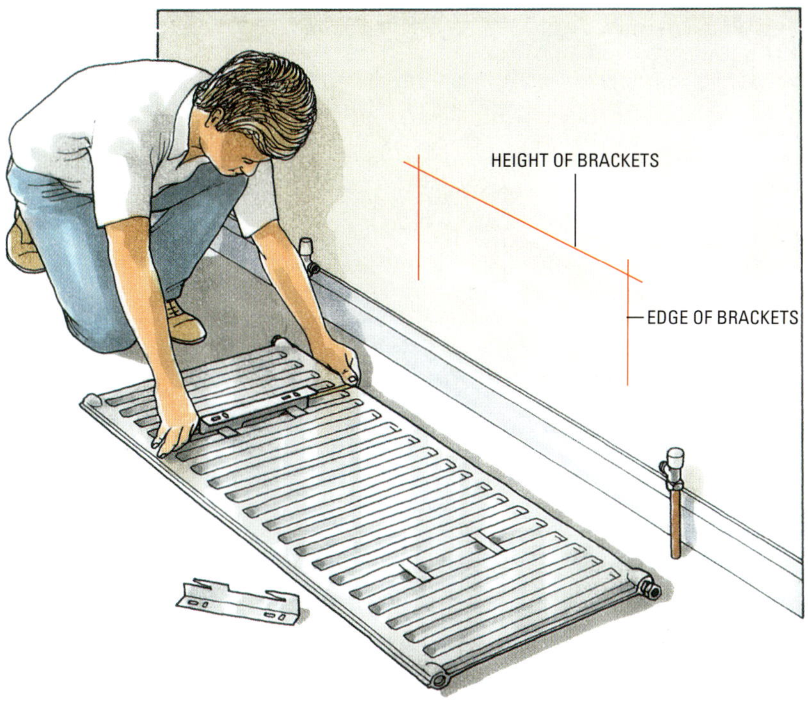

1 Transferring the measurements
Measure the positions of the radiator brackets and transfer these dimensions to the wall.

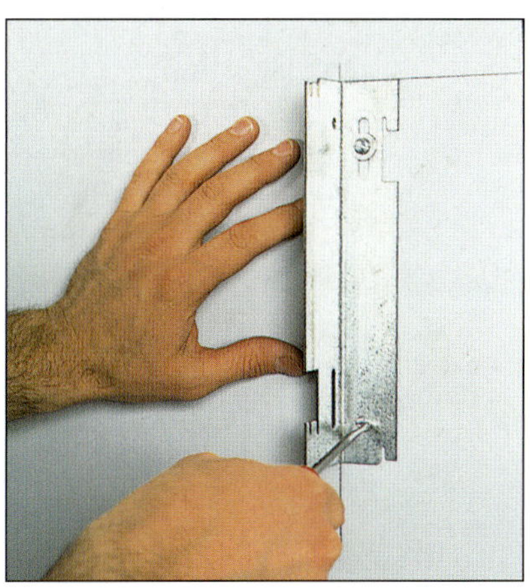

2 Securing the brackets
Screw the mounting brackets to the wall.

3 Connecting the new pipework.
Make sure the vertical section of pipe aligns with the radiator valve.

SEE ALSO: Connecting pipes 372–9, PTFE tape 374, Draining the system 421, Bleeding radiators 423, Removing radiators 423, Adjustable spanner 519, Radiator spanner 519

Servicing a pump

Wet central heating depends on a steady cycle of hot water pumped from the boiler to the radiators then back to the boiler for reheating. If the pump is not working properly, the result is poor circulation or none at all. Adjusting or bleeding the pump may be the answer; otherwise, it may need replacing.

Open the bleed valve with a screwdriver

Bleeding the pump

If an airlock forms in the circulation pump, the impeller spins ineffectually and your radiators fail to warm up properly. The cure is to bleed the air from the pump, a procedure similar to bleeding a radiator. Have a jar handy to catch any spilled water.

Look for a screw-in bleed valve in the pump's outer casing. Then switch off the pump and open the bleed valve slightly with a screwdriver or vent key until you hear air hissing out. When the hissing stops and a drop of water appears, close the bleed valve.

Using an infra-red thermometer
This is a relatively sophisticated – and costly – thermometer for measuring the temperature drop across a radiator. To obtain an instant reading, simply aim the sensor at the pipe just below the radiator valve.

Adjusting the pump

Basically, there are two types of central-heating pump: fixed-head and variable-head. Fixed-head pumps run at a single speed, forcing the heated water round the system at a fixed rate. The speed of variable-head pumps is adjustable.

When fitting a variable-head pump, the installer balances the radiators, then adjusts the pump's speed to achieve an optimum temperature for every room. If you can't boost a room's temperature by opening the radiator's handwheel valve, try adjusting the pump speed. However, before adjusting the pump, you should check that all your radiators show the same temperature drop between their inlets and outlets. To test your radiators, you can obtain a pair of clip-on thermometers from a plumbers' merchant.

Clip one of the thermometers to the feed pipe just below the radiator valve; and the other one to the return pipe, also below its valve **(1)**. The difference between the temperatures registered by the thermometers should be about 11°C (20°F). If it's not, close the lock-shield valve slightly to increase the difference in temperature; or open the valve to reduce it.

Having balanced all the radiators, you can now adjust the pump's speed by one increment at a time **(2)** until the radiators are giving the overall temperatures you require. Depending on the make and model of pump, you may need to use a special tool, such as an Allen key, to make the adjustments. Switch off the pump before making each adjustment.

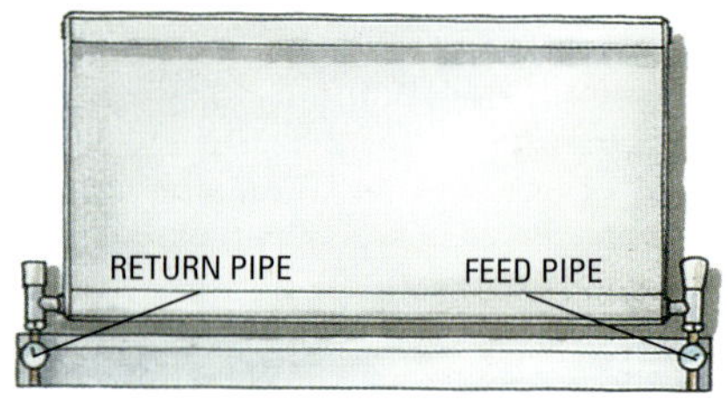

1 Clip thermometers to the radiator pipes

2 Adjust pump speed to alter the temperature

● Bridging the gap
Modern pumps are sometimes smaller than equivalent older models. If this proves to be the case, buy a converter designed to bridge the gap in the existing pipework.

Replacing a worn pump

If you have to replace a faulty pump, make sure you buy a new one that is equivalent in performance. If in doubt, consult a professional installer.

First, turn off the boiler and close the isolating valves situated on each side of the pump. If the pump lacks isolating valves, you will have to drain down the whole system.

At your consumer unit, identify the electrical circuit that supplies the pump and remove the relevant circuit fuse or MCB. Then take the coverplate off the pump **(1)** and disconnect its wiring.

With a bowl or bucket ready to catch the water from the pump, undo the nuts that hold the pump to the valves or pipework **(2)**.

Having removed the old pump, install the new one **(3)**, taking care to fit correctly any sealing washers that are provided. Tighten the connecting nuts.

Remove the coverplate from the new pump and feed in the flex. Connect the wires to the pump's terminals **(4)**, then replace the coverplate. If the pump is of the variable-head type (see above), set the speed control to match the speed indicated on the old pump.

Open both isolating valves – or refill the system, if you had to drain it – then check the pump connections for leaks.

Open the pump's bleed valve to release any trapped air. Finally, replace the fuse or MCB in the consumer unit and test the pump.

1 Remove coverplate

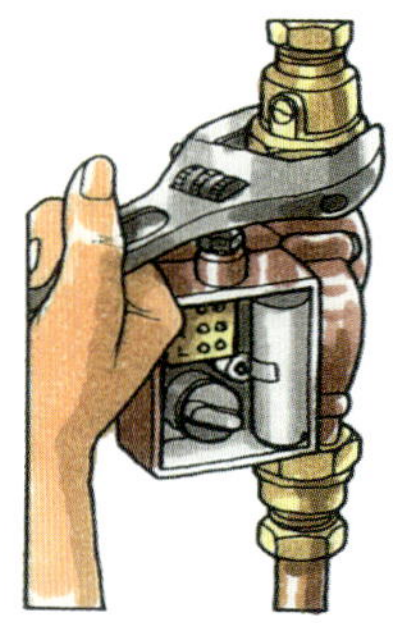

2 Undo connecting nuts

3 Attach new pump

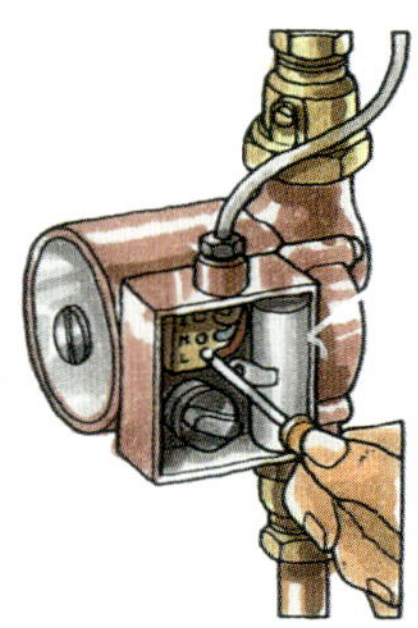

4 Connect power flex

SEE ALSO: Removing a fuse 308–10, Draining the system 421, Filling the system 421

Replacing a control valve

Control valves are the means by which timers and thermostats adjust the level of heating. Worn or faulty control valves can seriously impair the reliability of the system, and should therefore be repaired or replaced promptly.

REPLACING THE ELECTRIC MOTOR

If a motorized valve ceases to open, its electric motor may have failed. Before replacing the motor, use a mains tester to check whether it's receiving power. If it is, fit a new motor.

There is no need to drain the system. Switch off the electricity supply to the central-heating system (see right)– don't merely turn off the programmer, as motorized valves have a permanent live feed.

Once the power is off, remove the cover and undo the single screw that holds the motor in place **(1)**. Open the valve, using the manual lever, and lift out the motor **(2)**. Disconnect the two motor wires by cutting off the connectors.

Insert a new motor – available from a plumbers' merchant – then let the lever spring back to the closed position. Fit and tighten the retaining screw. Strip the ends and connect the wires, using the new connectors supplied **(3)**.

Replace the valve cover, and test the operation by turning on the power and running the system.

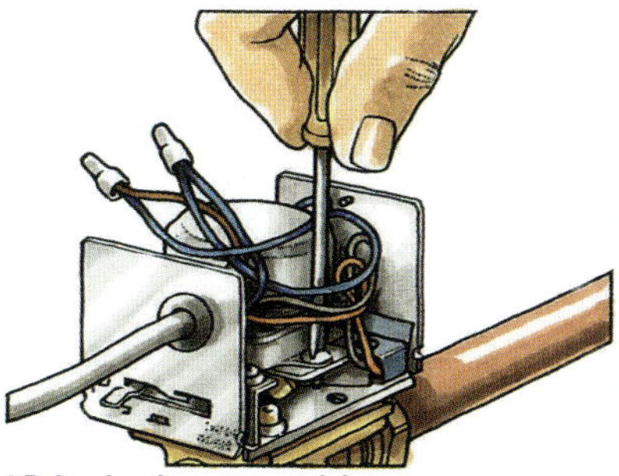

1 Releasing the motor-retaining screw
Remove the cover and then the retaining screw.

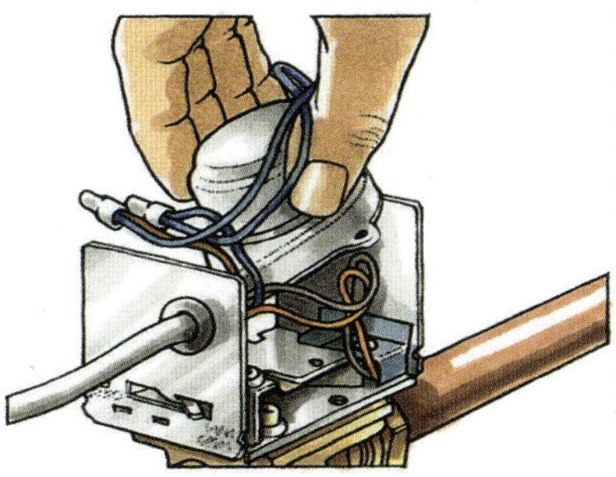

2 Removing the motor
Push the lever to open the valve, then lift out motor.

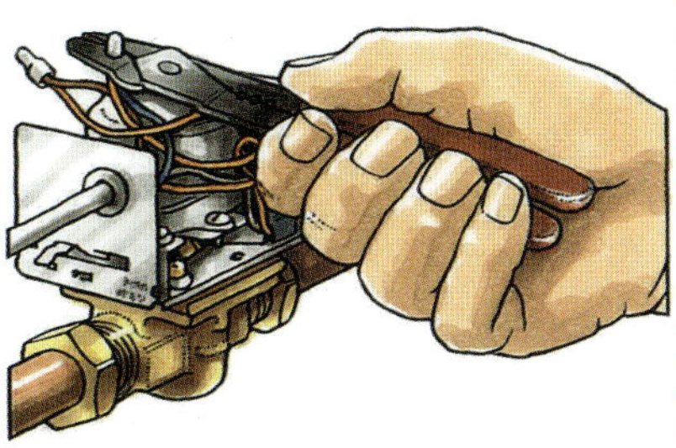

3 Fitting the new motor
Join the wires, using the two connectors supplied.

Replacing a faulty valve

When you buy a new valve, make sure it is of exactly the same pattern as the one you are replacing.

Drain the system. Then, at your consumer unit, remove the fuse or MCB for the circuit to which the central-heating controls are connected.

The flex from the valve will be wired to an adjacent junction box, which is also connected to the heating system's other controls. Take the cover off the box and disconnect the wiring for the valve – making a note of the terminals used, to make reconnection easier.

To remove the old valve, simply cut through the pipe on each side **(1)**. When fitting the new valve, bridge the gap with short sections of pipe, complete with joints at each end **(2)**. Spring the assembly into place and connect the joints to the old pipe, then tighten the valve cap-nuts **(3)**. Connect the valve's flex to the junction box, then insert the circuit fuse or MCB.

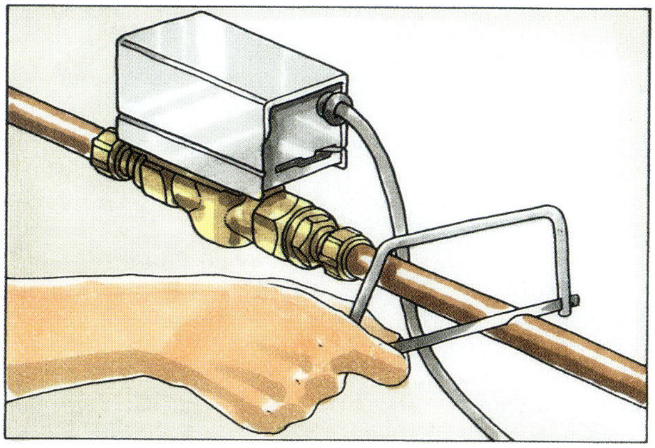

1 Removing the valve
If you're unable to disconnect the valve, use a hacksaw to cut through the pipe on each side.

2 Fitting the new valve
With the new valve connected to short sections of pipe, spring the assembly into the pipe run.

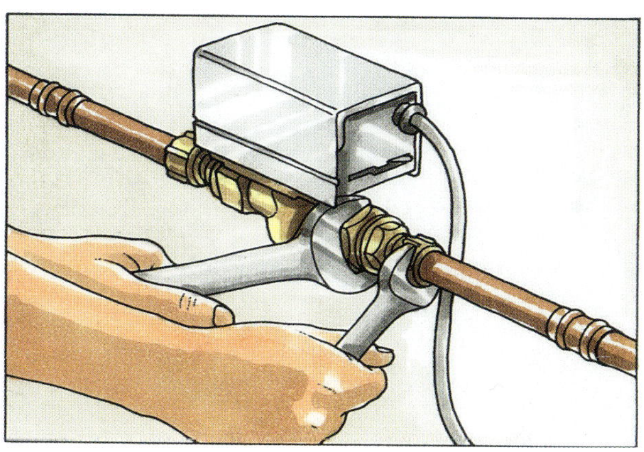

3 Tightening the nuts
Having connected the pipes, tighten the valve cap-nuts on each side, using a pair of spanners. Refill the heating system and check that the valve is working properly.

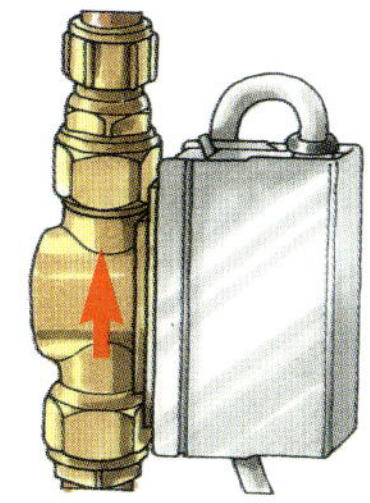

Two-port control valve
A two-port valve seals off a section of pipework when the water has reached the required temperature.

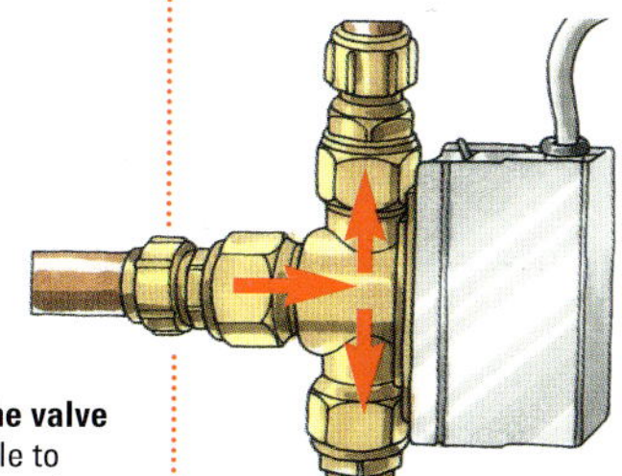

Three-port control valve
This type of valve can isolate the central heating from the hot-water circuit.

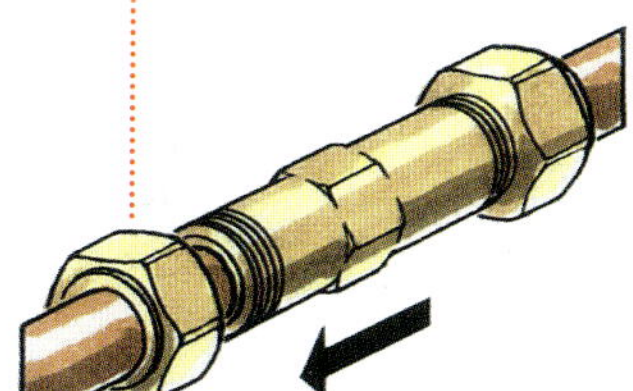

Compression coupling

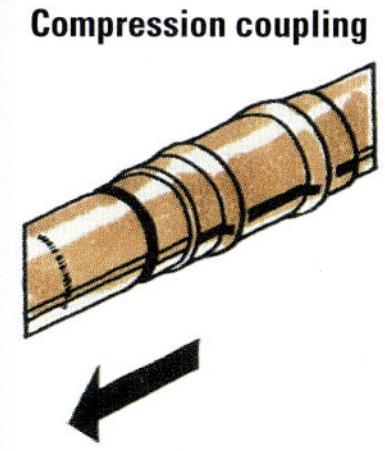

Soldered coupling

Slip couplings
It can sometimes be difficult to replace a valve using two conventional joints. If you can't spring the new assembly into place (see left), use a slip coupling at one end. This coupling is free to slide along the pipe to bridge the gap.

☛ SEE ALSO: Removing a fuse 308–10, Junction box 321, Making pipe joints 372–4, Heating controls 419, Draining the system 421

Underfloor heating

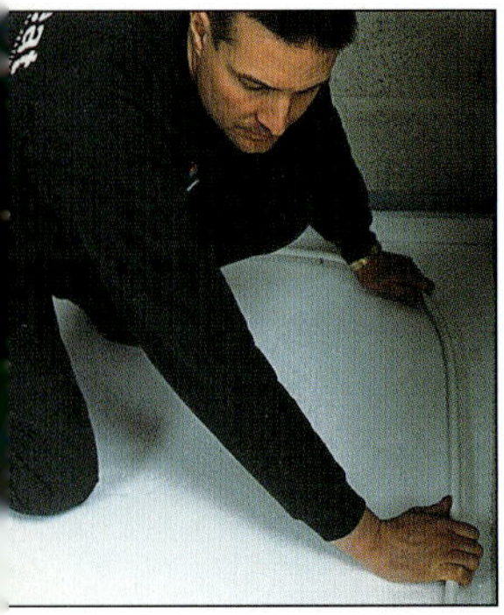

With the availability of flexible plastic plumbing, sophisticated controls and efficient insulation, underfloor heating has become a viable and affordable form of central heating. Specialist manufacturers have developed a range of warm-water heating systems to suit virtually any situation. The same companies generally offer a design service aimed at providing a heating system that satisfies the customer's specific requirements. An installation manual is delivered along with the necessary materials and equipment.

BENEFITS OF UNDERFLOOR HEATING

Although it's easier to incorporate underfloor heating while a house is being built, installing it in an existing building is by no means impossible. And there's no reason why underfloor heating can't be made to work alongside a panel-radiator system – it could provide the ideal solution for heating a new extension or conservatory, for example.

Compared with panel radiators, an underfloor-heating system radiates heat more evenly and over a wider area. This has the effect of reducing hot and cold spots within the room and produces a more comfortable environment, where the air is warmest at floor level and cools as it rises towards the ceiling.

Underfloor heating is also energy-efficient, because it operates at a lower temperature than other central-heating systems – and because there's a more even temperature throughout a room, the roomstat can be set a degree or two lower, yet the house still feels warm and cosy. The net result is a saving on fuel costs and, with relatively cool water in the return cycle, a modern condensing boiler works even more efficiently.

Because there are no radiators or convectors to accommodate, you have greater freedom when planning the layout of furnishings. The floors can be finished with any conventional covering, but the thermal resistance of the flooring needs to be taken into account when the system is designed.

- **Combining systems**
You can have radiators upstairs and underfloor heating downstairs. A mixing manifold will allow you to combine the two systems, using the same boiler. Any type of boiler is suitable for underfloor heating, but a condensing boiler is the most economic.

- **Maintaining underfloor heating**
The heating elements are virtually maintenance free. If the flow through the pipework becomes restricted, then the circuit can be flushed through with mains-pressure water by attaching a hose to the manifold.

Underfloor-heating systems

Underfloor heating can be incorporated in any type of floor construction, including solid-concrete floors, boarded floating floors and suspended timber floors (see below). The heat emanates from a continuous length of plastic tube that snakes across the floor, forming parallel loops and covering an area of one or more rooms.

The entire floor area is divided into separate zones to provide the most efficient layout. Each zone is controlled by a roomstat and is connected to a thermostatically controlled multi-valve manifold that forms the heart of the system. The manifold controls the temperature of the water and the flow rate to the various zones. Once a room or zone reaches its required temperature, a valve automatically shuts off that part of the circuit. A flow meter for each of the zones allows the circuits to be balanced when setting up the system and subsequently monitors its performance.

The manifold, which is installed above floor level, is connected to the boiler via a conventional circulation pump.

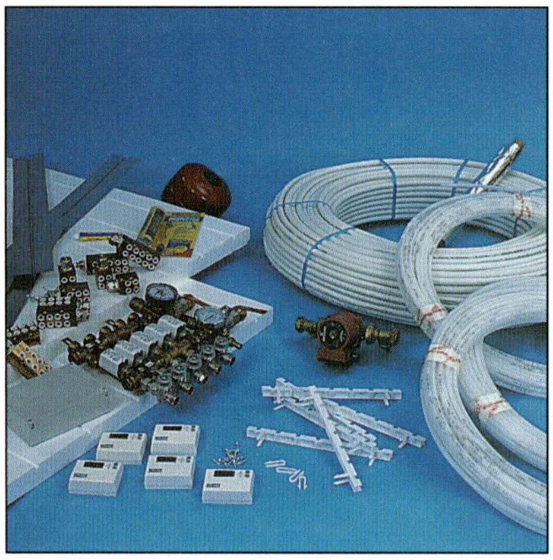

Methods for installing underfloor heating

When underfloor heating is installed in a new building, the plastic tubes are usually set into a solid-concrete floor **(1)**. Flooring insulation is laid over the base concrete, and rows of special pipe clips are fixed to the insulation; sometimes a metal mesh is used instead of the clips. The flexible heating tubes are then clipped into place at the required spacings (see opposite), and a concrete screed is poured on top.

With a boarded floating floor **(2)**, a layer of grooved insulation is laid over the concrete base, and the pipes are set in aluminium 'diffusion' plates inserted in the grooves. The entire floor area is then covered with an edge-bonded chipboard or a similar decking material.

The heating pipes can be fastened with spacer clips to the underside of a suspended wooden floor **(3)**. In this situation, clearance holes are drilled through the joists at strategic points to permit a continuous run of pipework. Reflective foil and thick blanket insulation are then fixed below the pipes.

It is possible to lay the pipes on top of a suspended floor, but this method raises the floor level by the thickness of the pipe assembly and the new decking.

1 Screeded concrete floor

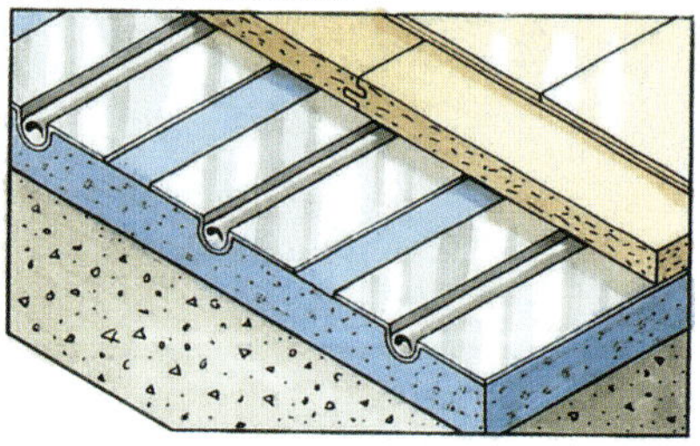

2 Boarded floating floor

3 Suspended wooden floor

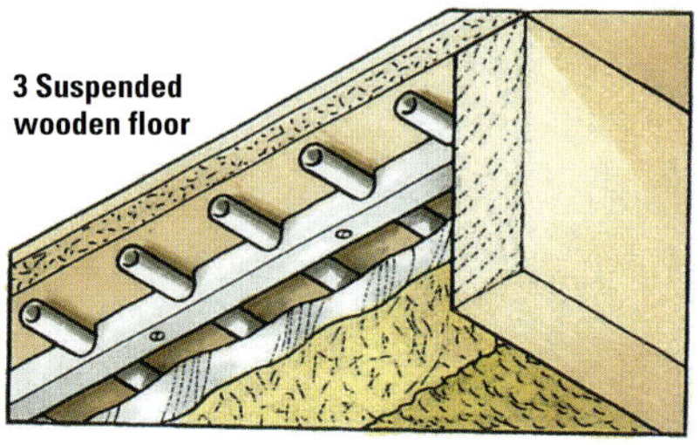

☛ SEE ALSO: Floating floor 183, Panel radiators 417, Thermostats 419

Installing underfloor heating

Added to an existing radiator system, underfloor heating makes a good choice for heating a new conservatory extension. The large areas of glass in a conservatory present very few options for placing radiators, and the concrete slab that is typically used for conservatory floors provides an ideal base for this form of heating.

WHERE TO START

Send the details of your proposed extension to the underfloor-heating supplier. The company will also need a scaled plan of your house and the basic details of your present central-heating system in order to be able to supply you with a well-planned scheme and quotation.

You can expect to receive a complete package, including all the components and an installation manual.

Your options

The simplest type of system will be connected to the pipework of your existing radiator circuit. Heat for the extension will only be available when the existing central heating is running, although the temperature in the conservatory can be controlled independently by a roomstat connected to a motorized zone valve and the underfloor-heating pump.

For full control, the flow and return pipework to the underfloor system must be connected directly to the boiler, and the roomstat must be wired up to switch the boiler on and off and to control the temperature of the conservatory.

If it proves impossible to utilize the existing heating system, or the boiler has insufficient capacity and cannot be upgraded, then you would need to have an independent boiler and pump system to heat the conservatory.

The basic plumbing system

Your supplier will suggest the best point to connect your new plumbing to the existing central-heating circuit. It can be at any convenient point, provided that the performance of your radiators will not be affected.

The pipework connecting the manifold for the underfloor heating to the radiator circuit can be metal or plastic, and it can be the same size as but not larger than the existing pipes. Again your supplier will advise what to use.

The flow and return pipes from the manifold to the conservatory circuit (illustrated here, as an example) are connected to individual zone distributors, which in turn are connected to the flexible underfloor-heating tubes.

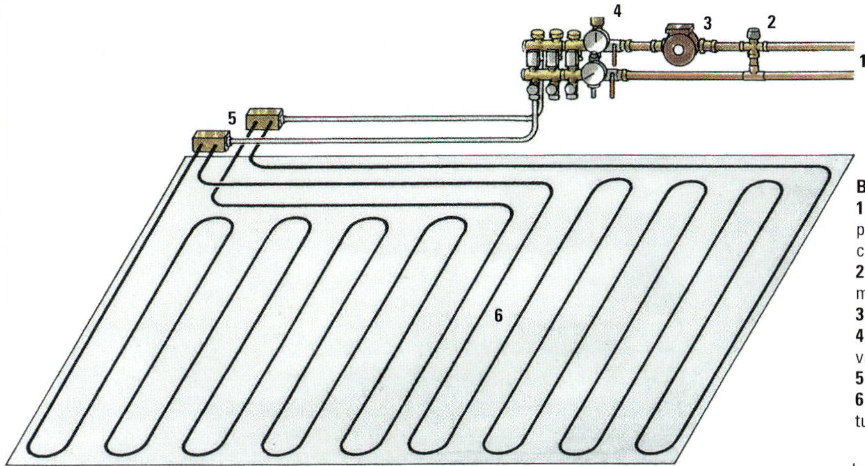

Basic system
1 Flow and return pipes from existing central-heating circuit.
2 Water-temperature mixing valve.
3 Pump
4 Manifold with zone valves.
5 Zone distributors.
6 Underfloor-heating tube.

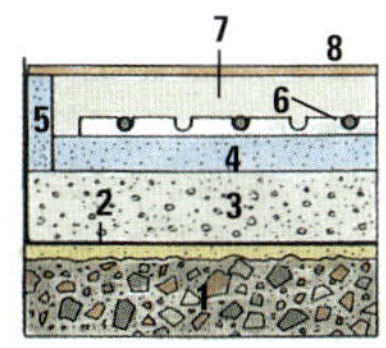

Floor construction
1 Blinded hardcore
2 DPM
3 Concrete base
4 Insulation
5 Edge insulation
6 Pipe clips and pipe
7 Screed
8 Floor tiles

Constructing the floor

You will need to excavate the site and lay a concrete base as recommended by the conservatory manufacturer, a surveyor, or your local Building Control Officer (BCO). The base must include a damp-proof membrane (DPM). Allow for a covering layer of floor insulation – a minimum of 50mm (2in) flooring-grade expanded polystyrene or 30mm (1¼in) extruded polyurethane (check with your BCO). The floor should be finished with a 65mm (2½in) sand-and-cement screed, plus the preferred floorcovering.

When laying the floor insulation slabs, you should install a strip of insulation, 25mm (1in) thick, all round the edges. This is to prevent cold bridging the masonry walls and the floor screed.

Cut a hole through the house wall, ready for the new plumbing.

Installing the system

Mount the manifold in a convenient place and connect the two distributor blocks below it – one for the flow, and the other for the return. Run the flow and return pipes back into the house, ready for connecting to the existing central-heating circuit. Install your new pump and a mixing valve in the flow and return pipes.

Following the layout supplied by the system's manufacturer, press the spikes of the pipe clips into the insulation at the prescribed spacing **(1)**. Lay out the heating tubes for both coils, and clip them into place.

Push the end of one of the coils into the flow distributor, and the other end of the same coil into the return distributor **(2)**. Connect the other coil similarly.

Connect the flow and return pipes to the house's central-heating system – it pays to insert a pair of isolating valves at this point, so that you can shut off the new circuit for servicing. Fill, flush out and check the new system for leaks.

Apply the screed composed of 4 parts sharp sand : 1 part cement, with a plasticizer additive. Leave it to dry for at least three weeks before laying your floorcovering – don't use heat to accelerate the drying.

Fit the roomstat at head height, out of direct sunlight. Make the electrical connections, then set the roomstat to control the circuit pump and zone valve, following the instructions supplied.

1 Press the pipe clips into place

2 Push tubing into the distributors

SEE ALSO: Pipe joints 372–4, Heating controls 419, Draining the system 421, Concrete 464–7, Conservatories 489–90

Electric storage heaters

One good reason for the popularity of electric storage heaters is their use of cheap-rate night-time power. Indeed, the electricity companies' special tariff for off-peak power can be as little as half that charged for daytime supply, or even less. This scheme is called Economy 7, referring to the seven hours of the night when the cheap rate is in force.

The night-time power heats up a core of firebrick or similar material in the storage heater, and the core releases the heat next day – a process of convection whereby cool air is drawn in at the bottom of the heater, then is warmed as it passes over the hot core before being expelled from the top.

Simple and unobtrusive storage heaters look at home in any interior

Types of storage heater

The early storage heaters were bulky and space-consuming; and they emitted heat at a set rate, so the user had no control over the output. The heat stored during the night could be adjusted – but this involved making an estimate of the next day's heating requirements, and a sudden change of weather could leave the user with too much or too little heat.

Improvements in storage-heater technology and design have enhanced their appeal considerably. Present-day storage heaters are slimmer – typically 167mm (6½in) deep – and may either be wall-mounted or freestanding. They retain their heat more efficiently and enable greater control of heat output. Thermostatically controlled adjustable dampers and fans allow the units to be run at low levels in unoccupied rooms and then at a higher level when needed, perhaps late in the day.

Some units retain a residue of stored heat, which reduces overnight charging and cuts costs further. Others monitor room temperatures at night, assess the next day's heating needs (a cold night is normally followed by a cold day) and adjust the heat charge accordingly.

Positioning storage heaters

Like radiators, storage heaters should be placed below single-glazed windows to counteract draughts and balance the room temperature. With double glazing, they can go anywhere that's convenient and, if possible, should be positioned to give the best heat spread. The heaters have individual circuits and a separate consumer unit, plus an off-peak meter to record their power consumption.

HOW MANY HEATERS?

In order to work out the ideal number of storage heaters for your home, you need to calculate the output and heat loss as if planning a wet central-heating system with radiators. With this process the heating requirements of each room have to be worked out in detail, and then heaters selected to meet those demands.

Ready-reckoner charts

However, installing storage heaters is an easier undertaking than putting in a full central-heating system – in fact, it is a very common DIY job. Guides for the amateur are therefore provided by the electricity companies and by some manufacturers. These take the form of simple charts that help you to estimate each room's requirements on the basis of the floor area and number of outside walls. Although charts of this kind are not completely accurate, they will at least help you to choose heaters from the sizes most commonly available.

Selecting the optimum number

But there's an even simpler method for deciding the optimum number of storage heaters needed for your home.

There's a limit to the number of storage heaters you can safely install. If your total night-time load (including water heating) exceeds 13.8kW, then the 60amp service-cable fuse will be overloaded – and if that happens, your electricity company may insist on a hefty contribution towards the cost of reinstating the service. However, within this limit you can install one small (1.7kW), one medium-size (2.5kW) and two large (3.375kW) storage heaters.

Place one of the large heaters in the hall, and the other one in your main living room. (In a small flat, these may be the only storage heaters you need). The medium-size heater can be placed in your second most important downstairs room, and the smallest heater should supply adequate warmth for your main bedroom. You can then use convection heaters or 'direct' oil-filled radiators to provide top-up heating for the principal rooms or to heat any of the other rooms in your house or flat.

With this type of system, something like 90 per cent of your total heating will be supplied at the cheap off-peak rate, keeping your overall running costs to a minimum.

SEE ALSO: Storage-heaters 330–1

10 Working outdoors

Planning a garden

Consider the details *(above and bottom)*
Period-style cast ornaments that add character to a garden need not cost a fortune.

Juxtaposing textures
Create eye-catching focal points, using well-considered combinations of natural form and texture.

Designing a garden is not an exact science. You may, for example, find that plants don't thrive in a particular spot, even though you have selected species that are recommended for your soil conditions and for the amount of sunlight your garden receives. And trees don't always conform to the size specified in a catalogue. Nevertheless, forward planning can avert some of the more unfortunate mistakes, such as laying a patio where it will be in shade for most of the day, or digging a fish pond that's too small to create the required conditions for fish. Concentrate on planning the more permanent features first, taking into consideration how they will affect the planted areas of the garden that are to follow.

Deciding on the approach

Before you put pencil to paper, think about the type of garden you want, and ask yourself whether it will sit happily with your house and its immediate surroundings. Is it to be a formal garden, laid out in straight lines and geometric patterns – a style that often marries successfully with modern houses? Or do you prefer the more relaxed style of a rambling cottage garden? If you opt for the latter, remember that natural informality may not be as easy to achieve as you think, and your planting scheme will probably take several years to mature into the romantic garden you have in mind. Or maybe you're attracted to the idea of a Japanese-style garden – in effect a blend of both these styles, with every plant, stone and pool of water carefully positioned, so that the garden bears all the hallmarks of a man-made landscape and yet conveys a sense of natural harmony.

Planning on a small scale *(right)*
Good garden design does not rely on having a large plot of land. Here, curvilinear shapes draw the eye through a delightful array of foliage and flowers planted around a beautifully manicured lawn and a small but perfectly balanced fish pond.

Getting inspired

There's no shortage of material from which you can draw inspiration – there are countless books and magazines devoted to garden planning and design. Since no two gardens are completely alike, you probably won't find a plan that fits your plot exactly, but you may be able to adapt a design to suit your needs or integrate some eye-catching details into your scheme.

Visiting real gardens is an even better way of getting inspired. Although large country estates and city parks are designed on a grand scale, you will be able to glean from them how mature shrubs should look or how plants, stone and water can be used in a rockery or water garden.

Don't forget that your friends may have had to tackle problems similar to your own – and, if nothing else, you may learn from their mistakes!

SEE ALSO: Building Regulations 17–19

SURVEYING THE PLOT

In order to make the best use of your plot of land, you need to take fairly accurate measurements and check the prevailing conditions.

Measuring up

Make a note of the overall dimensions of your plot. At the same time, check the diagonal measurements – because your garden may not be the perfect rectangle or square it appears to be. The diagonals are especially important when plotting irregular shapes.

Slopes and gradients

Check how the ground slopes. You don't need an accurate survey, but at least jot down the direction of the slope and plot the points where the gradient begins and ends. You can get some idea of the differences in level by using a long straightedge and a spirit level. Place one end of the straightedge on the top of a bank, for example, and measure the vertical distance from the other end to the foot of the slope.

Keep any useful features

Plot the position of existing features, such as pathways, areas of lawn and established trees.

How about the weather?

Check the passage of the sun and the direction of prevailing winds. Don't forget that the angle of the sun will be higher in summer, and that a screen of deciduous trees will be less effective as a windbreak when the leaves drop.

Soil conditions
The type of soil you have in your garden is bound to influence your choice of plants, but you can easily adjust soil content by adding peat or fertilizers. Clay soil, which is greyish in colour, is heavy when wet and tends to crack when dry. A sandy soil feels gritty and loose in dry conditions. Acidic peat soil is dark brown and flaky. Pale-coloured chalky soil, which often contains flints, will not support acid-loving plants. Any soil that contains too many stones or gravel is unsuitable as topsoil.

Measuring a plot
To draw an accurate plan, note down the overall dimensions,

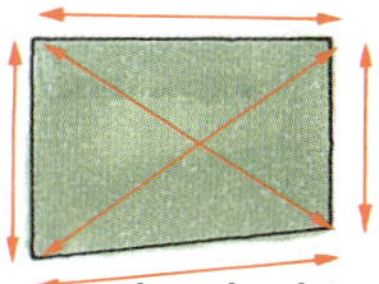

Irregular plot

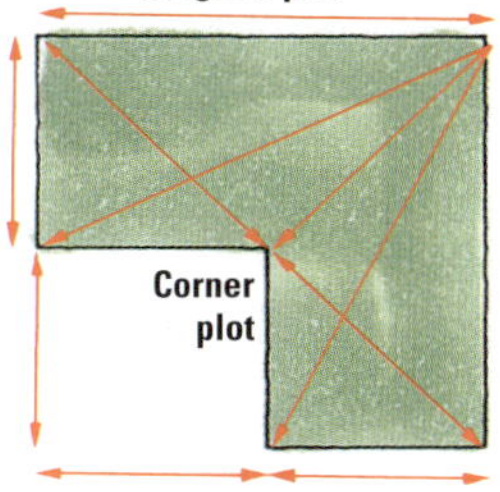

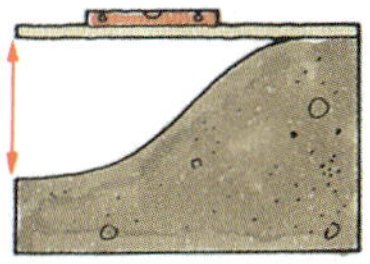

Sloping site

Gauging a slope
Use a straightedge and spirit level to measure the height of a bank.

Theme gardens
Deciding on a style or theme for your garden will help you with the overall planning right from the start. The very different themes shown here are examples of the seemingly random planting of a colourful cottage garden, the pleasing symmetry of formal layouts, and the 'natural' informality of a Japanese-style garden that, in reality, is constructed with care from selected rocks, pebbles and sculptural foliage.

☛ SEE ALSO: Planning in greater detail 434, Spirit levels 508

Planning in greater detail

Armed with all the measurements you've taken, make a simple drawing to try out your ideas. Then, to make sure that your plan will work in reality, mark out the shapes and plot the important features in your garden.

Drawing a plan

Draw a plan of your garden on paper. It must be a properly scaled plan, or you are sure to make some gross errors; but it need not be professionally perfect. Use squared graph paper to plot the dimensions – but do the actual drawing on tracing paper laid over the grid, so you can try out several ideas and adapt your plan without having to redraw it each time.

Draw a garden plan on tracing paper

Plotting your design on the ground

Planning on paper is only the first stage. Gardens are rarely seen from above, so it is essential to plot the design on the ground to check your dimensions and view the features from different angles.

A pond or patio that seems enormous on paper may look pathetically small in reality. Other shortcomings, such as the way a tree will block the view from your proposed patio, become obvious once you lay out the plan full size.

Plot individual features by driving pegs into the ground and stretching string lines between them.

Use a rope tied to a peg to scribe arcs on the ground, and mark the curved lines with stakes or a row of bricks. A garden hose provides the ideal aid for marking out less regular curves. If you can scrape areas clear of weeds, that will define the shapes still further.

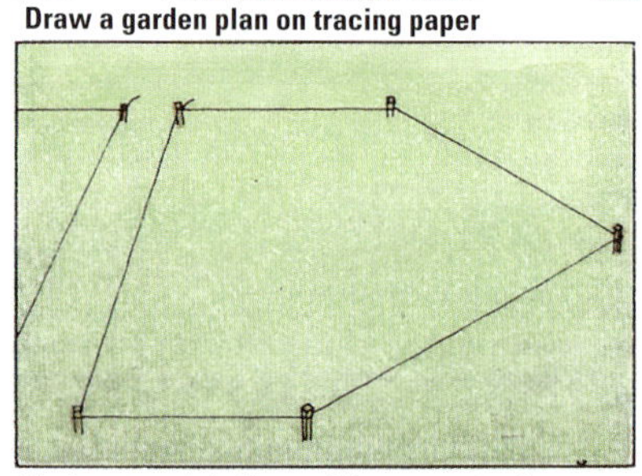

Mark out straight lines with pegs and string

Plotting curved features
Use rope tied to a peg to lay out circles and arcs on the ground.

Practical experiments

When you have marked out your design, carry out a few experiments to check that it is practicable.

Will it be possible, for instance, for two people to pass each other on the garden path without having to step into the flowerbeds? Can you set down a wheelbarrow on the path without one of its legs slipping into the pond?

Try placing some furniture on the area you have marked out for your patio to make sure there is enough room to relax comfortably and sit down to a meal with visitors. Most people build a patio alongside the house, but if you have to put it elsewhere to find a sunny spot, will it become a chore to walk back and forth with drinks and snacks?

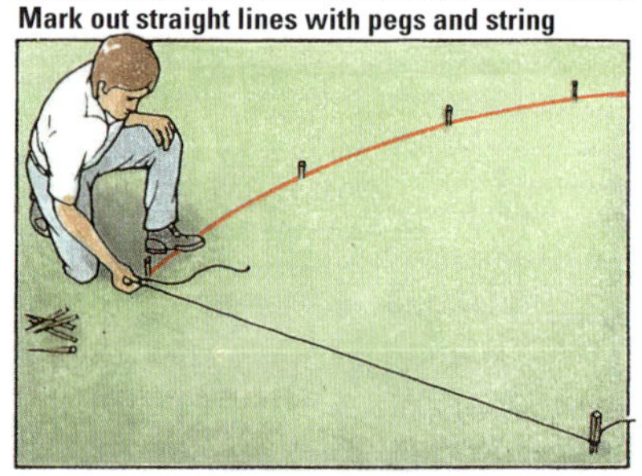

Use rope tied to a peg to scribe an arc

Siting a pond

Position a pond to avoid overhanging trees, and in an area where it will catch at least half a day's sunlight. Check that you can reach it with a hose and that you can run electrical cables to power a pump or lighting.

Common-sense safety

Don't make your garden an obstacle course. A narrow path alongside a pond, for example, may be hazardous or intimidating for an elderly relative; and low walls or planters near the edge of a patio could cause someone to trip.

Try out irregular curves with a garden hose

Driveways and parking spaces

Allow a minimum width of 3m (9ft 9in) for a driveway, making sure there is enough room to open the doors of a car parked alongside a wall. And bear in mind that vehicles larger than your own might need to use the drive or parking space. If possible, allow room for the turning circle of your car; and make sure you will have a clear view of the traffic when you pull out into the road.

Don't neglect your neighbours

There are legal restrictions regarding what you can erect in your garden. However, even if you have a free hand, it's worth consulting your neighbours in case anything you're planning might inconvenience them. A wall or row of trees that throws shade across a neighbour's patio or blocks the light to their windows could be the source of a bitter dispute lasting for years.

Make sure two people can pass on a path

SEE ALSO: Will you need approval?19, Constructing a pond 484, Pumps and fountains 486

GROWING CLIMBERS

There's a widely held belief that climbing plants, especially ivy, will damage any masonry wall.

If exterior rendering or the mortar between bricks or stonework is in poor condition, then a vigorous ivy plant will undoubtedly weaken the structure as its aerial roots attempt to extract moisture from the masonry. The roots will invade broken joints or rendering and, on finding a source of nourishment for the main plant, expand and burst the weakened material. This encourages damp to penetrate the wall.

However, when clinging to sound masonry, ivy can do no more than climb with the aid of training wires and its own sucker-like roots that do not provide nourishment but are for support only.

So long as the structure is sound and free from damp, there is even some benefit in allowing a plant to clothe a wall, since its close-growing mat of leaves, mostly with their drip tips pointing downwards, acts as insulation and provides some protection against the elements.

Climbers must be pruned regularly, so they don't penetrate between roof tiles or slates, or clog gutters and drainpipes. If a robust climber is allowed to grow unchecked, the weight of the mature plant may eventually topple a weakened wall.

Don't allow climbers to get out of control

Tree roots and foundations

When planning your garden, you will probably want to include one or two trees. However, you should think carefully about your choice of trees and their position – they could be potentially damaging to the structure of your house if planted too near to it.

Siting trees

Tree roots searching for moisture can do considerable harm to a house's drainage system. Large roots can fracture rigid pipework and penetrate joints, eventually blocking the drain.

Before planting a tree close to the house, find out how far its root system is likely to spread. One solution is to estimate its likely maximum height, and take this as a guide as to how far from the house you should plant the tree.

If you think an existing tree is likely to cause problems in the future, don't be tempted to chop it down without consulting your local planning department – some trees are protected by preservation orders, and you could be fined if you cut down a protected tree without permission. A better solution is to hire a professional tree surgeon, who may be able to solve the problem by pruning the branches and roots.

Cracks: subsidence and heave

Minor cracks in plaster and rendering are often the result of shrinkage as the structure dries out. Such cracks are not serious and can be repaired during normal maintenance, but more serious structural cracks are due to movement of the foundations. Trees planted too close to a building can add to the problem by removing moisture from the site, causing subsidence of the foundations as the supporting earth collapses. Tree felling can be just as damaging; the surrounding soil, which has stabilized over the years, swells as it takes up the moisture that had previously been removed by the tree's root system. As a result, upward movement of the ground – known as heave – distorts the foundations, and cracks begin to appear.

Training wires
Growth can be controlled by fixing horizontal wires at the required height.

Subsidence
A mature tree growing close to a house can draw so much water from the ground that the earth subsides, causing damage to the foundations.

Heave
When a mature tree is felled, the earth can absorb more water, causing it to swell until it displaces the foundations of the building.

SEE ALSO: Repairing cracks 44, Penetrating damp 261–3

Choosing fences

Natural-log fencing
Construct your own informal fencing, using split logs nailed to horizontal rails.

A fence is the most popular form of boundary marker or garden screen, primarily because it is relatively inexpensive and takes very little time to erect, compared with building a wall.

Value for money

In the short term a fence is cheaper than a masonry wall, although one can argue that the cost of maintenance and replacement over a very long period eventually cancels out the saving in cost. Wood has a comparatively short life, because it is susceptible to insect infestation and rot when exposed to the elements. However, a fence can last for years if it is treated regularly with a preserver. And if you're prepared to spend a little more money on plastic or concrete components, then your fence will be virtually maintenance-free.

Chain-link fencing

Trellis fencing

Post-and-chain fence

Selecting your fencing

You may be surprised by how much fencing you need to surround even a small garden – so it's worth considering the available options carefully, to make sure you invest your money in a fence that will meet your needs. Unless your priority is to keep neighbourhood children or animals out of your garden, privacy is most likely to be the prime consideration. There are a number of 'peep-proof' options, but you may have to compromise to some extent if you plan to erect a fence on a site exposed to strong prevailing winds. In this situation, you will need a fence that will act as a windbreak without offering so much resistance that the posts work loose within a couple of seasons.

Planning and planning permission

As a rule, you can build any fence up to 2m (6ft 6in) high without having to obtain planning permission. However, if your boundary adjoins a highway, you may not be allowed to erect any barrier higher than 1m (3ft 3in). In addition, there could be restrictions on fencing if the land surrounding your house has been designed as an open-plan area. Even so, many authorities will permit you to erect low boundary markers such as ranch-style or post-and-chain fencing.

Discuss your plans with your neighbours, especially as you will require their permission if you want to work from both sides of the boundary when erecting the fence. Check the exact line of the boundary to make certain that you don't encroach upon your neighbour's land. The fence posts should run along the boundary or on your side of the line; and before you dismantle an old fence, make sure that it is indeed yours to demolish.

If a neighbour is unwilling to replace an unsightly fence and won't even allow you to replace it at your expense, there is nothing to stop you erecting another fence alongside the original one, provided that it's on your property.

Although it is an unwritten law that a good neighbour erects a fence with the post and rails facing his or her own property, there are no legal restrictions that could force you to do so.

Types of fencing

Chain-link fencing

Consisting of wire netting stretched between posts, chain-link fencing is purely functional. A true chain-link fence is made from strong galvanized or plastic-coated wire mesh that is suspended from a heavy-gauge cable, known as a straining wire, strung between the posts. You can make a cheap fence from soft wire netting or 'chicken wire', but it will not be durable and it will stretch if a large animal leans against it.

Decorative wire fencing, which is available at many garden centres, is designed primarily for marking boundaries or supporting lightweight climbing plants. Except in a remote rural location, any chain-link fence will benefit from a screen of climbers or hedging plants.

Trellis fencing

Concertina-fold trellis constructed from thin softwood or from cedar laths is designed primarily to help plants climb a wall, but rigid panels made from softwood battens can be used in conjunction with fence posts to erect a substantial freestanding screen. Most garden centres stock a wide range of these decorative panels. A similar fence made from split rustic poles nailed to stout rails and posts forms a strong and attractive barrier.

Post-and-chain fencing

A post-and-chain fence is no more than a decorative feature intended to prevent people from inadvertently wandering off a path or pavement onto a lawn or flowerbed. This type of fencing is constructed by stringing lengths of painted metal or plastic chain between short posts sunk into the ground.

SEE ALSO: Planning permission 17–19, Infestation 256–7, Dry and wet rot 259, Preservers 260

Types of fencing

Closeboard fencing

A closeboard fence is made by nailing overlapping featherboard strips to horizontal rails. Featherboards are sawn planks that taper across their width, from 16mm (5/8in) at the thicker edge down to about 3mm (1/8in). The boards are usually 100mm (4in) or 150mm (6in) wide. The best-quality featherboards are made from cedar, but softwood is the usual choice in view of the amount of timber required to make a long closeboard fence. Although it is expensive, closeboard fencing forms a screen that is both strong and attractive. Being fixed vertically, the boards make a high fence quite difficult to climb from the outside – which makes them ideal for keeping intruders out.

Closeboard fencing

Prefabricated panel fencing

Fences made from prefabricated panels nailed between timber posts are very popular, perhaps because they are so easy to erect. Standard fence panels are 1.8m (6ft) wide and range in height from 600mm (2ft) to 1.8m (6ft); they are supplied in 300m (1ft) gradations.

Most fence panels are made from interwoven or overlapping strips of wood sandwiched between a frame of sawn timber. Overlapping-strip panels are usually designated as 'lap' or 'larchlap'. When the strips have a natural wavy edge, they are sometimes called 'rustic' or 'waney' lap.

Any panel fence tends to be good value for money and will provide reasonably durable screening – but if privacy is a consideration choose the lapped type, as interwoven strips can shrink in the summer, leaving gaps in the fence.

Panel fence

Interlap fencing

An interlap fence is made by nailing square-edged boards to horizontal rails, fixing the boards alternately on one side, then the other. Spacing is a matter of choice – you can overlap the edges of the boards for privacy, or space them apart to create a more decorative effect. This type of fencing is a sensible choice for a windy site. Although it's a sturdy screen, it permits a strong wind to pass through the gaps between the boards, reducing the amount of pressure exerted on the fence. Being equally attractive from either side, an interlap fence is perfect as boundary screening.

Interlap fencing

Picket fencing

The traditional low picket fence is still popular as a 'cottage-style' barrier at the front of the house, particularly where a high fence would look out of place. Narrow, vertical 'pales' with rounded or pointed tops are spaced at about 50mm (2in) centres. As they are laborious to build by hand, most picket fences are sold as ready-made panels constructed from plastic or softwood to keep down the cost.

Picket fencing

Ranch-style fencing

Low-level fences made from simple horizontal rails fixed to short, stout posts are the modern counterpart of picket fencing. Used extensively to divide up building plots in some housing developments, ranch-style fencing is often painted, although clear-finished or stained timber is just as attractive and much more durable. Softwood and some hardwoods are commonplace materials for this kind of fencing, but plastic ranch-style fences are also popular for their clean, crisp appearance, and because there's no need to repaint them and there is very little maintenance.

Ranch-style fence

Concrete fencing

A cast-concrete fence is maintenance-free, and it provides the security and permanence of a wall built from brick or stone. Interlocking horizontal sections are built one upon the other, up to the required height. Each vertical stack is supported by grooves cast into the sides of purpose-made concrete fence posts. This relatively heavy fencing would be dangerous if the posts were not firmly embedded in concrete.

Concrete fencing

SEE ALSO: Wood finishes 79, Preservers 260

Fence posts

Whatever type of fence you decide to erect, its strength and durability will rely on good-quality posts set solidly in the ground. Erecting the posts carefully and accurately is crucial to the longevity of the fence and may save you having to either re-erect or repair it in the future.

Types of post

In some cases, the nature of the fencing will determine the choice of post. Concrete fencing, for example, has to be supported by compatible concrete posts. But in the main you can choose the material and style of post that suits the appearance of the fence.

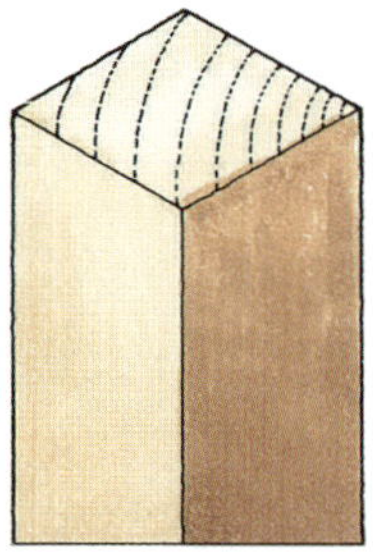

Square timber post

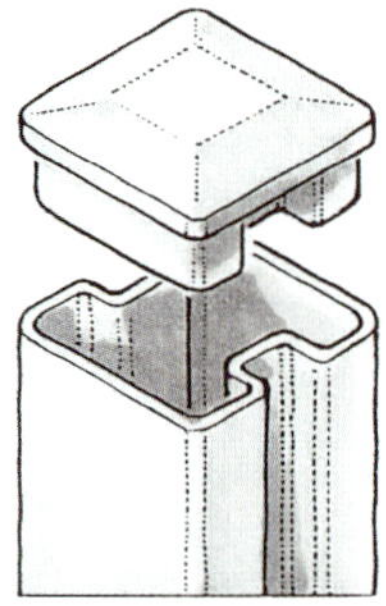

Capped plastic post

Timber posts

Most fences are supported by square-section timber posts. Standard fence-post sizes are 75 or 100mm (3 or 4in) square, but gateposts 125, 150 and even 200mm (5, 6 and 8in) square are available. Unless you ask specifically for hardwood, most timber merchants supply pretreated softwood posts.

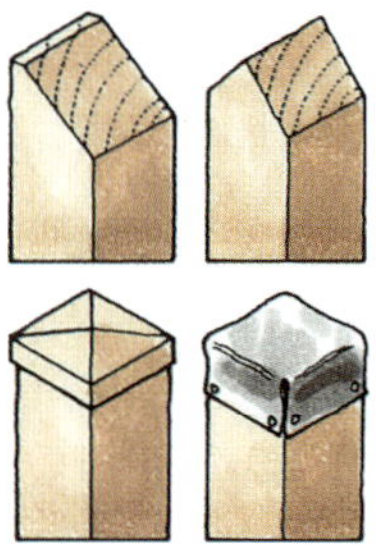

Capping fence posts
If you simply cut the end of a timber post square, the top of the post will rot relatively quickly. The solution is to cut a single or double bevel to shed the rainwater, or nail a wooden or galvanized-metal cap over the end of the post.

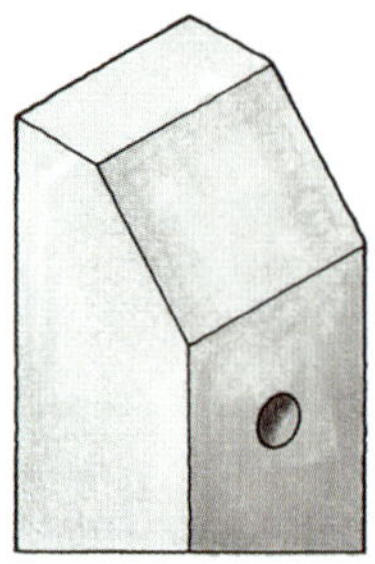

Drilled concrete post

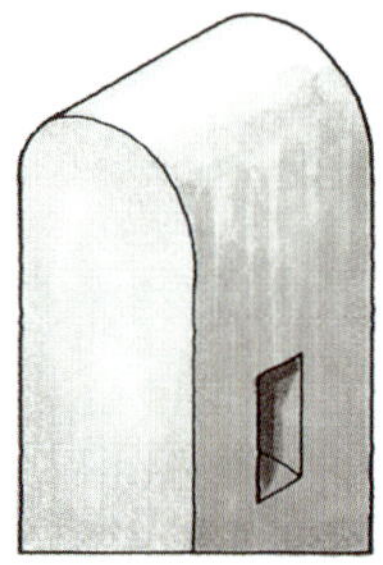

Mortised concrete post

Plastic posts

Extruded PVC posts are supplied with plastic fencing, together with moulded-plastic end caps and rail-fixing bolts and unions.

Concrete posts

A variety of reinforced-concrete posts, 100mm (4in) square, are produced to suit different styles of fence – drilled for chain-link fixings, mortised for rails, and recessed or grooved for panels. Special corner and end posts are notched to accommodate bracing struts for chain-link fencing.

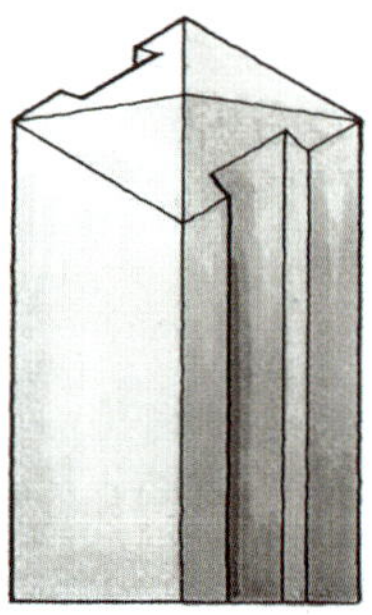

Grooved concrete post

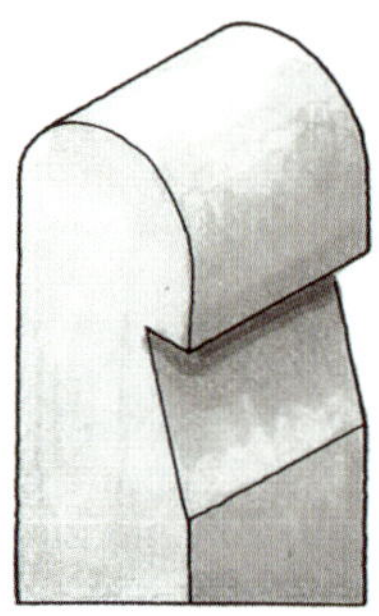

Notched end post

Metal posts

Angle-iron posts are made to support chain-link fences; and wrought-iron gates are often hung from plastic-coated tubular-steel posts. Angle-iron posts are very sturdy, but they do not make for an attractive fence.

Angle-iron post

Tubular-steel post

Preserving fence posts

Even when a timber fence post is pretreated to prevent rot, you can make doubly sure by soaking the base of each post in a bucket of chemical preserver overnight. Untreated timber needs to me immersed for a similar period in a polythene-lined trough filled with the preserver.

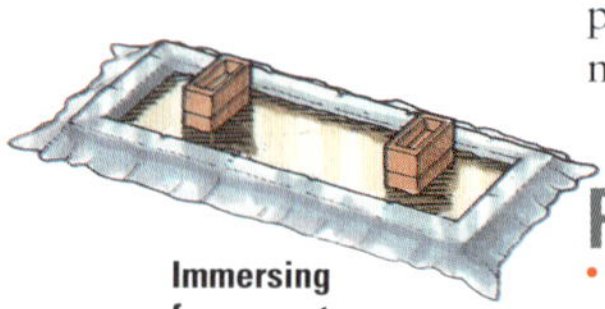

Immersing fence posts
Timber that is to be in contact with the ground benefits from prolonged immersion in a polythene-lined trough of chemical wood preserver.

Untreated timber posts quickly succumb to rot

REMOVING OLD FENCE POSTS

If you are replacing a dilapidated fence, it may prove convenient to put the new posts in the same position as the old.

Begin by dismantling the featherboards and rails, or cut through the fixings so you can remove the fence panels. If any of the posts are bedded firmly, or sunk into concrete, you will have to lever them out with a stout batten.

Start by removing the topsoil from around each post to loosen it. Drive large nails into two opposite faces of the post, about 300mm (1ft) from the ground. Bind a length of rope around the post, just below the nails, and tie the ends to the tip of the batten. Build a pile of bricks or place a concrete building block close to the post, and use it as a fulcrum to lever the post out of the ground.

Removing a rotted fence post
Use a stout batten to lever a post out of the ground.

Fixing to a wall

If a fence runs up to the house, fix the first post to the wall, using three expanding masonry bolts. Place a washer under each bolt head to stop the wood being crushed. Using a spirit level, check that the post is vertical and, if need be, drive packing between the post and wall to make adjustments.

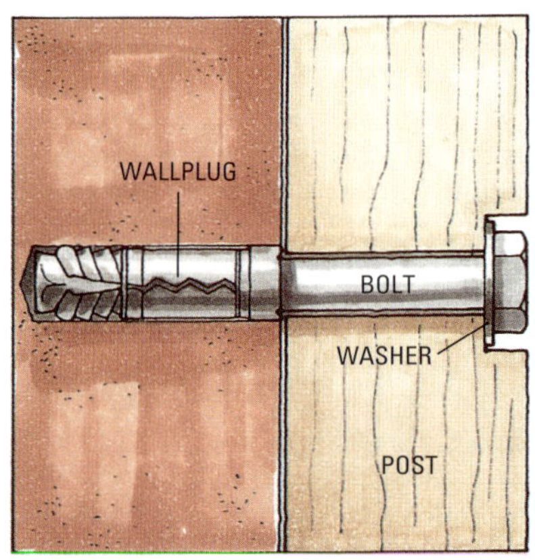

Bolting a post to a wall
If you are fitting a prefabricated panel against a wall-fixed post, counterbore the bolts so that the heads lie flush with the surface of the wood.

SEE ALSO: Preservers 260, Treating fence posts 260

Erecting fence posts

The type of fence you choose dictates whether you need to erect all the posts first or put them up one at a time, along with the other components. If you are building a prefabricated panel fence, for example, fix the posts as you erect the fence; but if you are putting up chain-link fencing, complete the run of posts first.

Marking out a row of fence posts

Drive a peg into the ground at each end of the fence run, and stretch a length of string between the pegs to align the row of posts. If possible, adjust the spacing to avoid obstructions such as large tree roots. If one or more posts have to be inserted across a paved patio, either lift enough slabs to allow you to dig the required holes, or mark out the patio for bolt-down metal post sockets (see right).

Erecting the posts

Digging the hole

Bury one quarter of each post to provide a firm foundation. You can hire post-hole augers to remove the central core of earth. Twist the tool to drive it into the ground **(1)** and pull it out after every 150mm (6in) to remove the soil. When you have reached a sufficient depth, taper the sides of the hole slightly so that you can pack hardcore around the post.

Anchoring the post

Ram a layer of hardcore (broken bricks or small stones) into the bottom of the hole to support the base of the post and provide drainage. Get someone to hold the post upright while you brace it with battens nailed to the post and to stakes driven into the ground. Use guy ropes to support a concrete post. Check with a spirit level that the post is vertical **(2)**.

Ram some more hardcore around the post, leaving a hole about 300mm (1ft) deep, for filling with concrete. Top up with a fast-setting dry concrete mix made specially for erecting fence posts, then pour in the recommended amount of water. Alternatively, mix up general-purpose concrete and tamp it into the hole with the end of a batten **(3)**. Build the concrete just above the level of the soil and smooth it to slope away from the post **(4)**. This will help shed rainwater and prevent rot.

Leave the concrete to harden before removing the struts. Support a panel fence temporarily, with struts wedged against the posts.

1 Dig the post hole

2 Brace the post

3 Fill with concrete

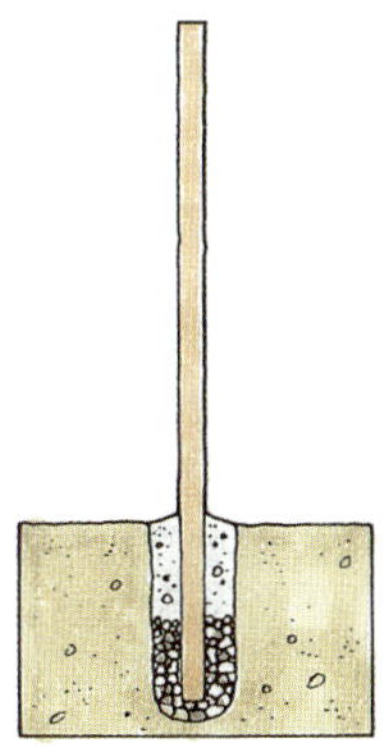

4 Slope the concrete

Supporting end posts

Chain-link fence posts must resist the tension of the straining wires. Brace each end post (and some of the inter-mediate ones over a long run) with a strut made from a length of fence post. Shape the end of the strut to fit a notch cut into the post **(1)** and nail it in place. You can order special precast concrete end posts and struts.

Anchor the post in the ground in the usual way, but dig a trench 450mm (1ft 6in) deep alongside for the strut. Wedge a brick under the end of the strut before ramming hardcore around the post and strut. Fill the trench up to ground level with concrete **(2)**.

Support a corner post with two struts set at right angles. When a fence adjoins a masonry wall, fix the post as described opposite.

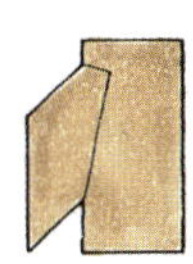

1 Notch the post

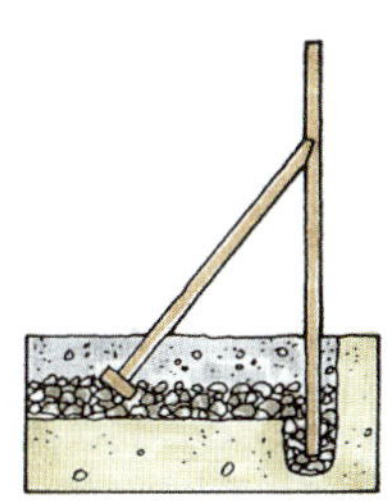

2 Concrete the end post

USING METAL SOCKETS

Instead of digging holes for your fence posts, you can plug the base of each post into a square socket attached to a metal spike that is driven into firm ground. Similar sockets can be bolted to existing paving or set in fresh concrete.

Use 600mm (2ft) spikes for fences up to 1.2m (4ft) high, and 750mm (2ft 6in) spikes for a 1.8m (6ft) fence. Place a scrap of hardwood post into the socket to protect the metal and then drive the spike partly into the ground with a sledgehammer.

Hold a spirit level against the socket to make certain the spike is upright **(1)**, then hammer the spike into the ground until only the socket is visible. Insert the post and, depending on the type of spike, secure it by screwing through the side of the socket or by tightening clamping bolts **(2)**. If you're putting up a panel fence, use the edge of a fixed panel to position the next spike **(3)**.

1 Use a spirit level to check the spike is vertical

2 Fix the post

3 Position next spike

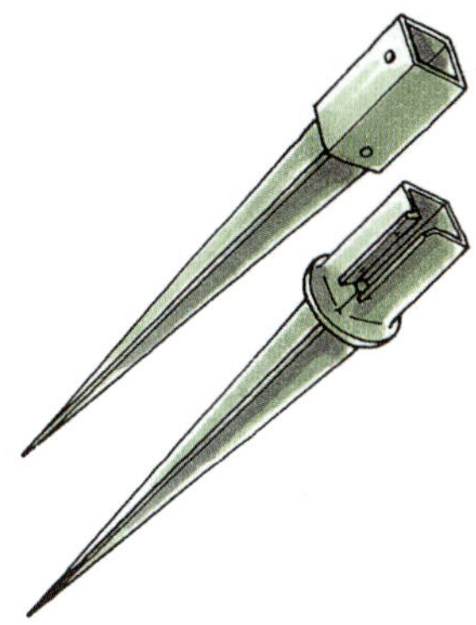

Fence-post spikes

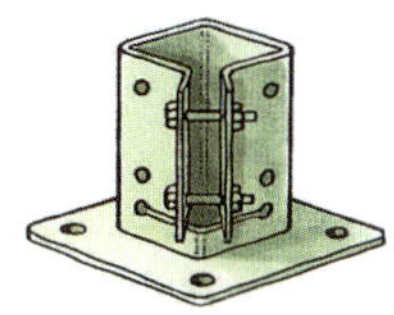

Bolted sockets
Bolt this type of socket to existing patios and concrete drives.

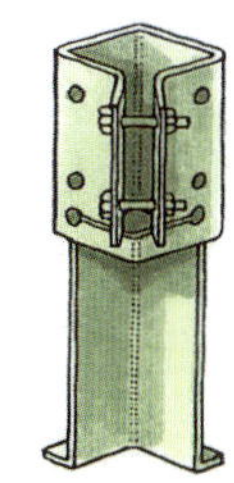

Embedded sockets
Embed these sockets in wet concrete.

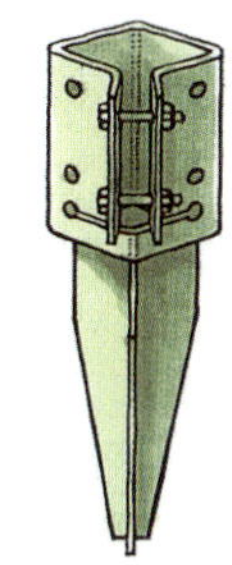

Repair socket
Allows replacement of rotten or broken posts set in concrete. Cut off the old post flush with the concrete and then drive the spike into the centre of the stump.

SEE ALSO: **Chain-link fencing 440, Intermediate posts 440, Straining wires 440, Erecting a panel fence 442, Mixing concrete 465**

Putting up chain-link fencing

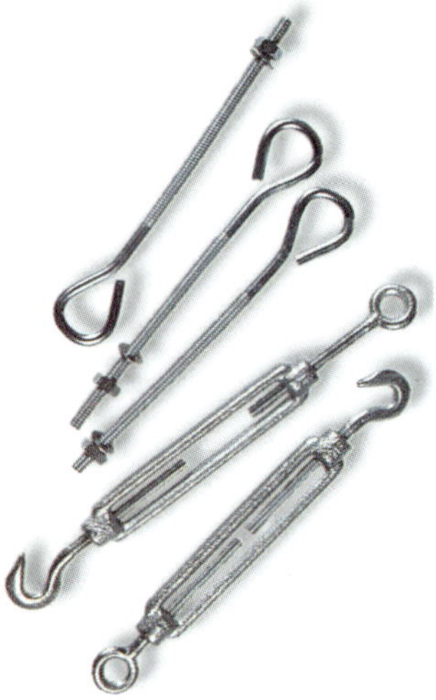

To support chain-link fencing, set out a row of timber, concrete or angle-iron posts, spacing them no more than 3m (10ft) apart. Brace the end posts with struts to resist the pull exerted by the straining wires. A long run needs a braced intermediate post every 70m (225ft) or so.

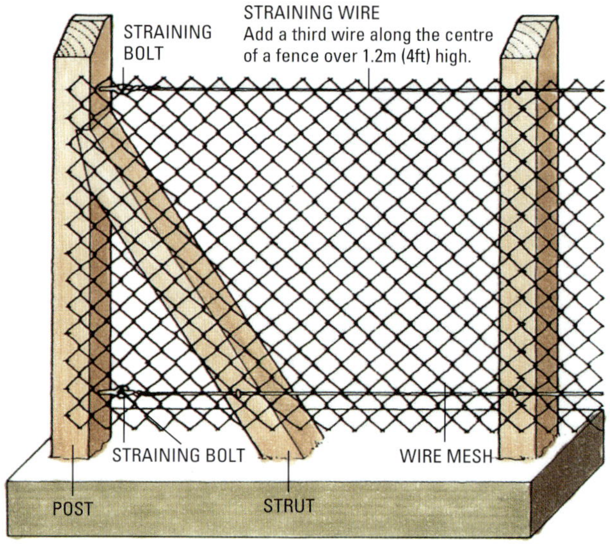

Chain-link fencing

Attaching the mesh
Staple each end link to the post. Unroll the mesh and pull it taut. Tie it to straining wires every 300mm (1ft) with galvanized wire. Fix to the post at the far end.

Staple mesh to post

Tie with wire loops

Using timber posts

Support chain-link fencing on straining wires (see right). Since it's impossible to tension this heavy-gauge wire by hand, large straining bolts are used to stretch it between the posts: one to coincide with the top of the fencing, one about 150mm (6in) from the ground, and a third, if required, midway between.

Drill 10mm (3/8in) diameter holes right through the posts, insert a bolt into each hole and fit a washer and nut **(1)**, leaving enough thread to provide about 50mm (2in) of movement once you begin to apply tension to the wire.

Pass the end of the wire through the eye of a bolt, then twist it around itself with pliers **(2)**. Stretch the wire along the run of fencing, stapling it to each post and strut **(3)**, but leave enough slack for the wire to move when tensioned.

Cut the wire to length and twist it through the bolt at the other end of the fence. Tension the wire from both ends by turning the nuts with a spanner **(4)**.

Standard straining bolts provide enough tension for the average garden fence, but over a long run of fencing – 70m (225ft) or more – use a turnbuckle for each wire, applying tension with a metal bar (see left).

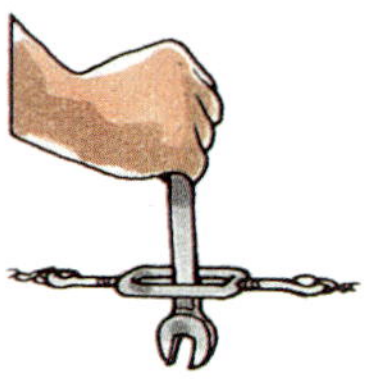

Using a turnbuckle
Apply tension by turning the turnbuckle with a metal bar.

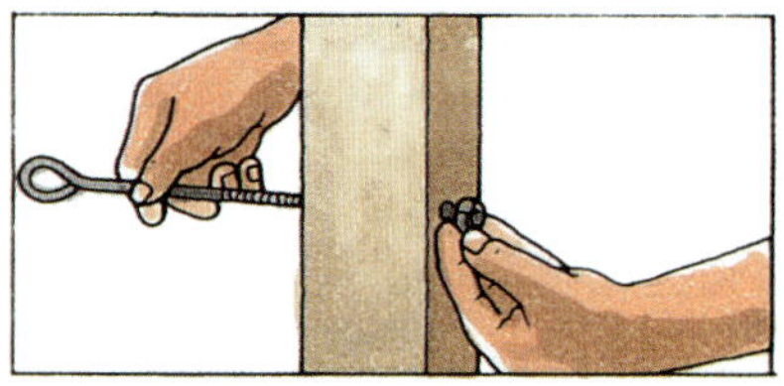

1 Insert a straining bolt in the end post

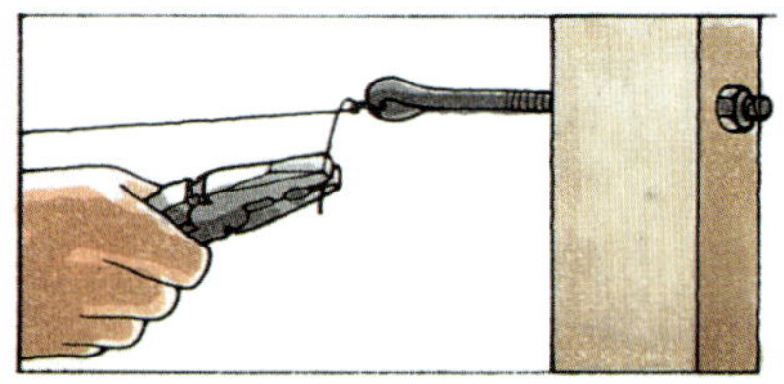

2 Attach a straining wire to the bolt

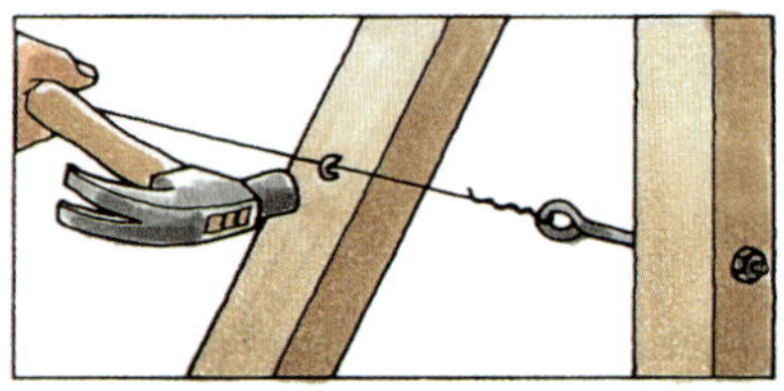

3 Staple the wire to each post and strut

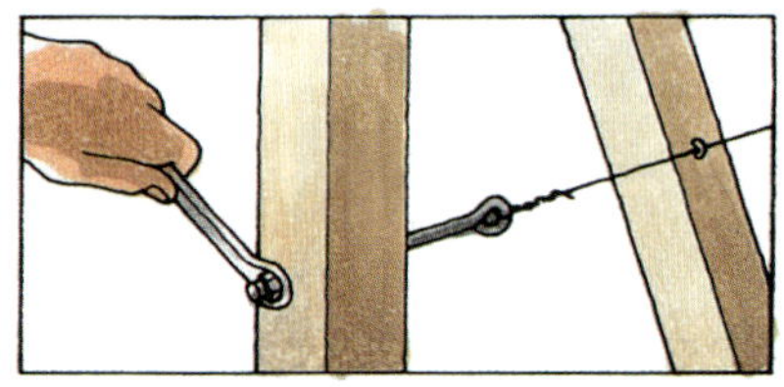

4 Tension the bolt at the far end of the fence

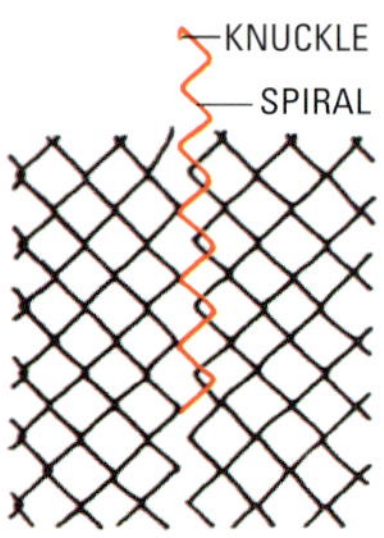

Joining wire mesh
Chain-link fencing is supplied in 25m (82ft) lengths. To join one roll to another, unfold the knuckles at each end of the first wire spiral, then turn the spiral anti-clockwise to withdraw it from the mesh. Connect the two rolls by rethreading the loose spiral in a clockwise direction through each link of the mesh. Bend the knuckle over at the top and bottom.

Using concrete posts

Fix straining wires to concrete posts, using a special bolt and cleat (see right). Bolt a stretcher bar to the cleats when erecting the wire netting.

Secure the straining wires to intermediate posts by using a length of galvanized wire passed through each of the predrilled holes.

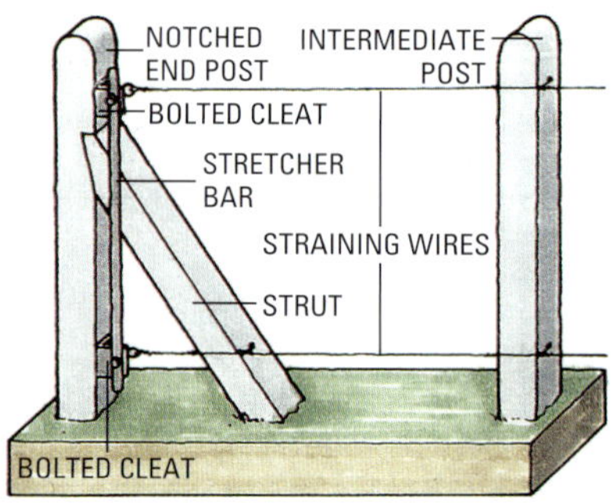

Concrete fence posts

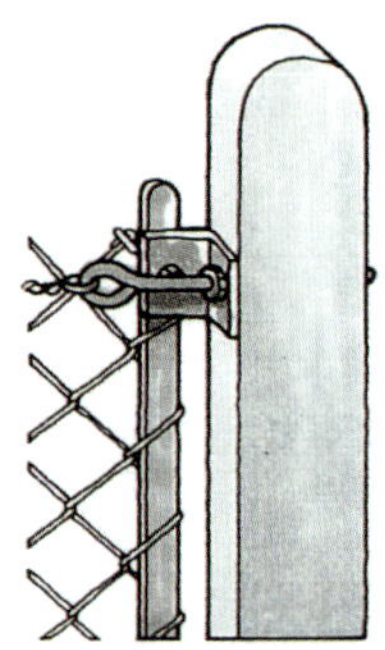

Cleat and stretcher bar

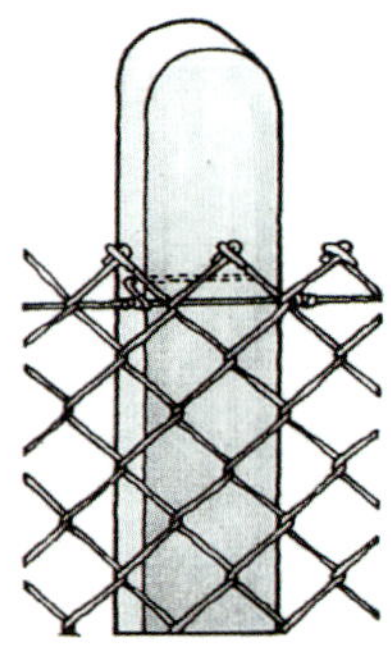

Tie wire to post

Using angle-iron posts

Stretcher bars with winding brackets for applying tension to straining wires are supplied with angle-iron fence posts (see right). As you pass a straining wire from end to end, pass it through the predrilled hole in every intermediate post.

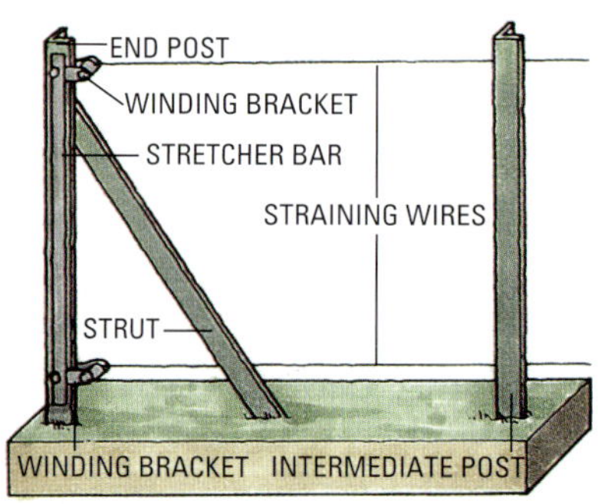

Angle-iron posts

Winding bracket

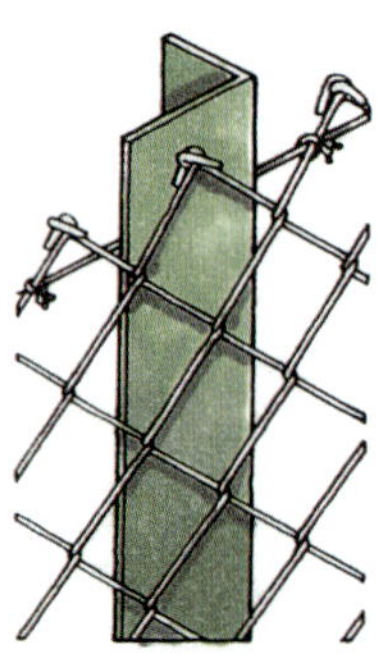

Pass wire through post

SEE ALSO: Fence posts 438–9, Bracing struts 439

Erecting closeboard fences

The featherboards used to panel a closeboard fence are nailed to triangular-section arris rails mortised into the fence posts. Concrete posts, and some wooden ones, are supplied ready-mortised, but if you buy standard timber posts you'll either have to cut the mortises yourself or use end brackets (see right) instead. Space fence posts no more than 3m (10ft) apart.

The ends of featherboards are liable to rot, especially if they are in contact with the ground, so fix horizontal gravel boards at the foot of the fence. Nail capping strips across the tops of the boards.

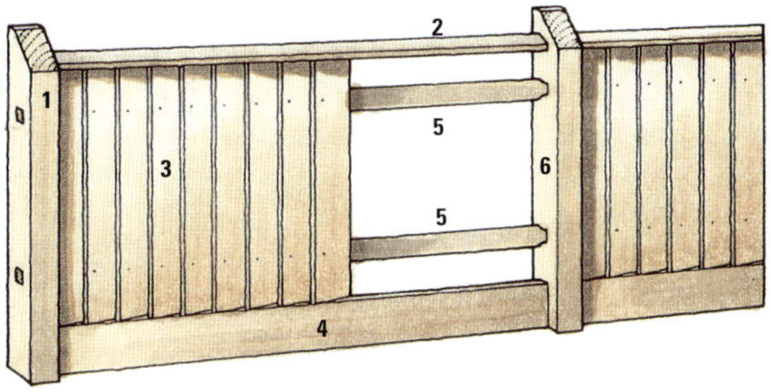

Closeboard fencing
1 End post
2 Capping strip
3 Featherboards
4 Gravel board
5 Arris rail
6 Intermediate post

Erecting the framework

When using plain wooden posts, mark and cut 50 x 22mm (2 x ⅞in) mortises for the arris rails, about 150mm (6in) above and below the ends of the fixed featherboards. For fencing over 1.2m (4ft) high, cut mortises for a third rail midway between the others. Position the mortises 25mm (1in) from the front face of each post (that is, the face on the featherboarded side of the fence).

As you erect the fence, cut the rails to length and shape a tenon on each end, using a coarse rasp or Surform file **(1)**. Paint preserver onto the shaped ends and into the mortises before you assemble the rails.

Erect the first fence post and pack hardcore around its base. Get someone to hold the post steady while you fit the arris rails and erect the next post, tapping it onto the ends of the rails with a mallet **(2)**. Check that the rails are horizontal and the posts vertical before packing hardcore around the second post. Construct the entire run of posts and rails in the same way. If you can't manoeuvre the last post onto the tenoned rails, cut the rails square and fix them to the post with metal end brackets.

Check the whole run once more to ensure that the rails are bedded firmly in their mortises and that the framework is true, then secure each rail by driving a nail through the post into the tenon **(3)** or by drilling a hole and inserting a wooden dowel. Pack concrete around each post and leave it to set.

Fitting the boards

Gravel boards

Some concrete posts are mortised to take gravel boards; fit the boards at the same time as the arris rails. If concrete posts are not mortised, bed treated wooden cleats into the concrete filling at the base of each post, and screw the gravel board to the cleat when the concrete has set.

To fit gravel boards to wooden posts, skew-nail cleats to the foot of each post, then nail the boards to the cleats **(4)**. Some metal post sockets are made with brackets for attaching gravel boards.

Featherboards

Cut the featherboards to length and treat the end grain with preservative. Stand the first featherboard on the gravel board, butting its thicker edge against the post. Nail the board to the arris rails with galvanized nails, about 18mm (¾in) from the thick edge. Place the next featherboard in position, overlapping the thin edge of the fixed board by 12mm (½in). Check that it's vertical, then nail it in the same way. Don't drive a nail through both boards, or they may split should the wood shrink. To space the other boards equally, make a spacer block from a scrap of wood **(5)**. Plane the last board to fit against the next post and fix it, this time with two nails per rail **(6)**. Finally, nail capping strips across the tops of the featherboards, cut the posts to length and cap them.

REPAIRING AN ARRIS RAIL

The arris rails take most of the strain when a closeboard fence is buffeted by high winds.

Not surprisingly, the rails often crack across the middle or break where the tenon enters the mortise. Galvanized-metal brackets are made for repairing broken arris rails.

You can use end brackets to construct a new fence, instead of cutting mortises for the rails. However, it will not be as strong as a fence built with mortise-and-tenon joints.

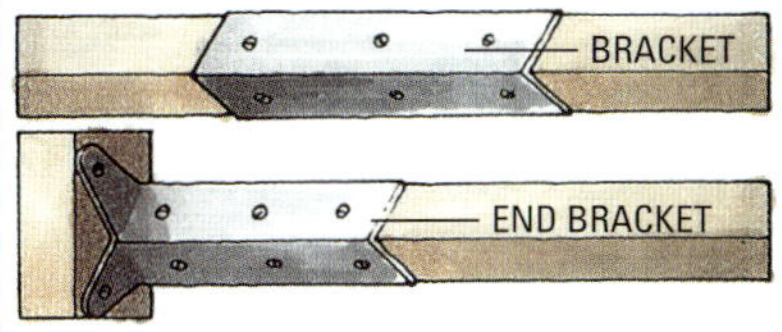

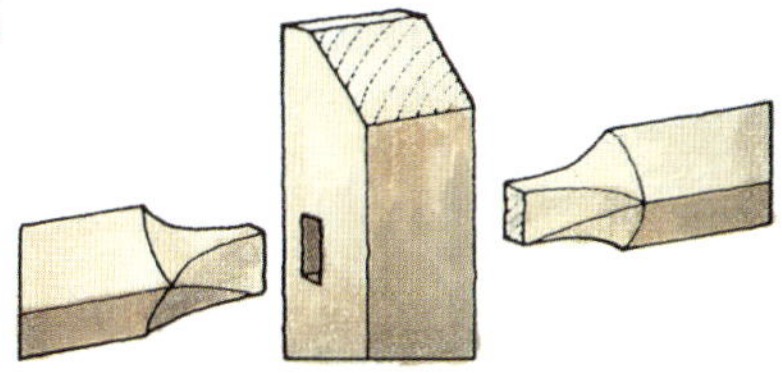

1 Shape the arris rail to fit the mortises

Closeboard fencing

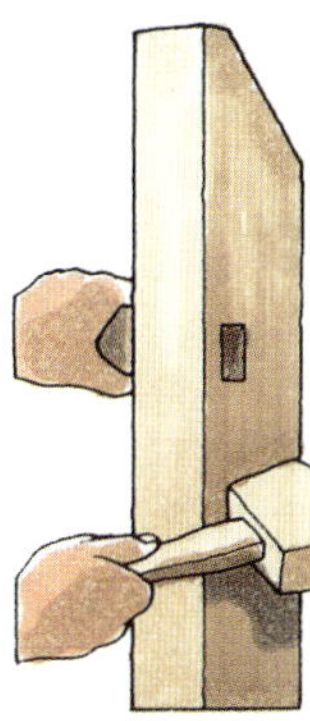

2 Tap post onto the rails

3 Nail rails in place

Capping the fence
Nail a wooden capping strip to the ends of the featherboards to shed rainwater.

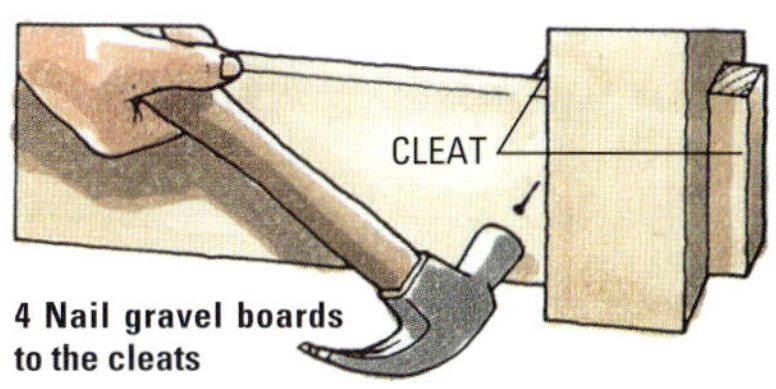

4 Nail gravel boards to the cleats

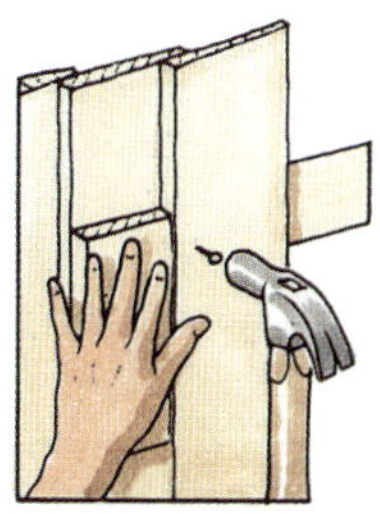

5 Use a spacer block to position featherboards

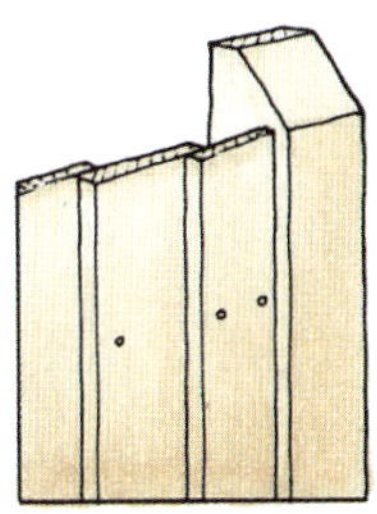

6 Fix the last board with two nails

☛ SEE ALSO: **Skew-nailing 143, Preservers 260, Capping posts 438, Erecting posts 439, Fence-post sockets 439, Cutting mortise 507**

Erecting panel fences

To prevent a prefabricated panel rotting, either fit gravel boards, as on a closeboard fence, or leave a gap at the bottom by supporting a panel temporarily on two bricks while you fix it to the fence posts.

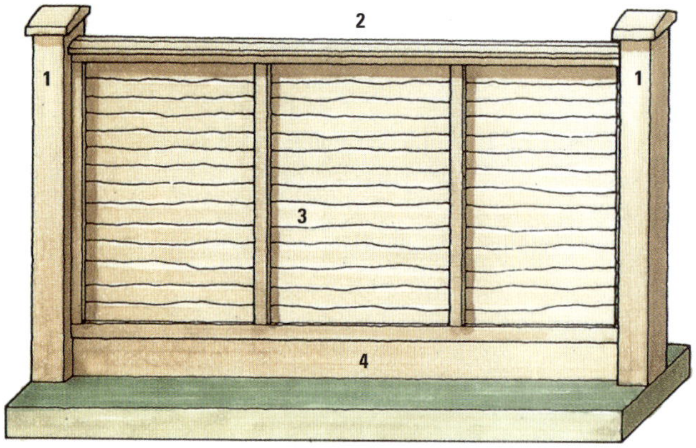

Panel fence
1 Fence posts
2 Capping strip
3 Prefabricated panel
4 Gravel board

Using timber posts

Pack the first post into its hole with hardcore, then get someone to hold a panel against the post while you skew-nail through the frame into the post **(1)**. If you can work from both sides, drive three nails from each side of the fence. If the wood used for the frame is likely to split, blunt the nails by tapping their points with a hammer.

Alternatively, use rustproofed metal angle brackets to secure the panels **(2)**. Construct the entire fence by erecting panels and posts alternately.

Fit pressure-treated gravel boards; and nail capping strips across the panels, if they have not already been fitted by the manufacturer. Finally, cut each post to length and cap it.

Wedge struts, made from scrap timber, against each post to keep it vertical, then top up the holes with concrete. If you're unable to work from both sides, you will have to fill each hole as you build the fence.

1 Nail the panel through its frame

2 Or use angle brackets to fix panels to posts

3 Concrete post grooved to take panels

4 Recessed concrete post with fixing brackets

Using concrete posts

Grooved concrete posts will support panels without the need for additional fixings **(3)**. Recessed concrete posts are supplied with metal brackets for screw-fixing the panels **(4)**.

Building a panel fence
Posts and panels are erected alternately. Dig a hole for the post **(1)** and hold it upright with hardcore. Support a panel on bricks **(2)** and get a helper to push it against the post **(3)** while you nail it **(4)**. Fit gravel boards **(5)** and capping strips **(6)**, then cap the posts **(7)**. Top up the holes with concrete **(8)** and allow it to set.

SEE ALSO: Skew-nailing 143, Preservers 260, Capping posts 438, Erecting posts 439, Concrete 464-5

Post-and-rail fences

A simple ranch-style fence is no more than a series of horizontal rails fixed to short posts concreted into the ground. A picket fence is constructed similarly, but with vertical pales fixed to the rails.

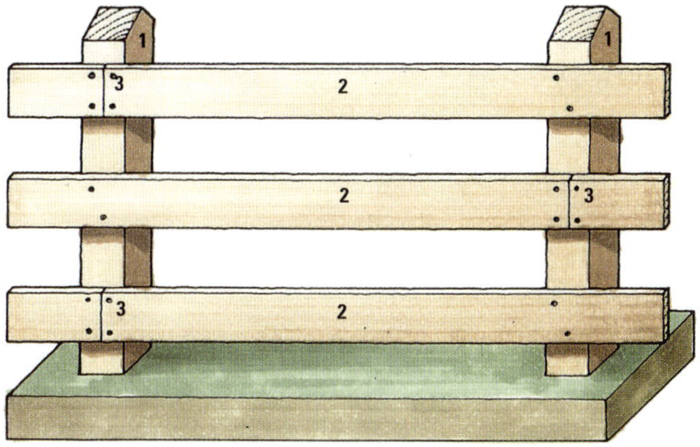

Ranch-style fence
1 Short posts
2 Horizontal rails
3 Rail joints

Fixing horizontal rails

You can screw the rails directly to the posts **(1)**, but the fence is likely to last longer if you cut a shallow notch in the post to locate each rail before fixing it permanently in place **(2)**.

Join two horizontal rails by butting them over a fence post **(3)**. Arrange to stagger such joints so that you don't end up with all the rails butted on the same posts **(4)**.

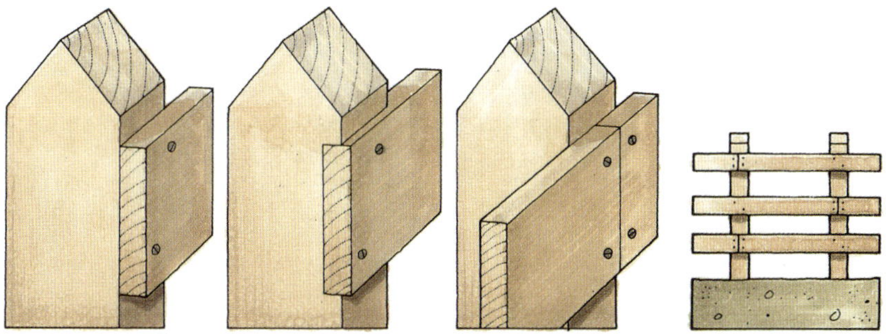

1 Screw rail to post **2 Or notch it first** **3 Butt rails on posts** **4 Stagger rail joint**

Fixing picket panels

When constructing a low picket fence from ready-made panels – which are designed to fit between the posts – it is best to buy or make metal saddle brackets for attaching a pair of panels to each post. Be sure to prime and paint home-made brackets to prevent the metal corroding.

Use a metal bracket to fix picket-fence panels

ERECTING FENCES ON SLOPING GROUND

Crossways slope

If a slope runs across your garden so that a neighbour's garden is higher than your own, either build brick retaining walls between the posts or set paving slabs in concrete to hold back the soil.

Downhill slope

The posts need to be set vertically, even when you are erecting a fence on a sloping site. Chain-link fencing or ranch-style rails can follow the slope of the land if you wish; but fence panels should be stepped, and the triangular gaps beneath them filled with gravel boards or retaining walls.

Retaining wall for a crossways slope

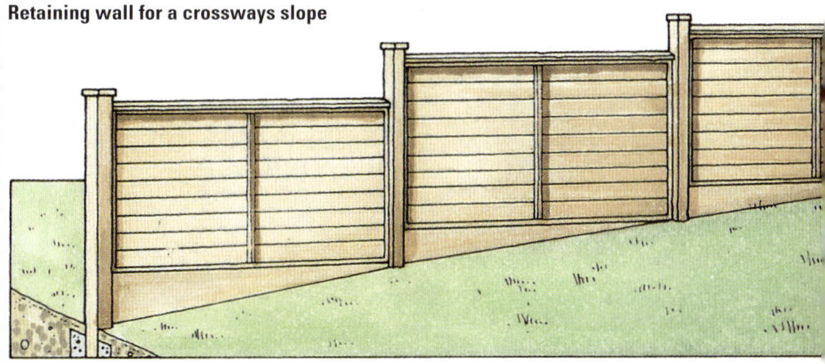

Step fence panels to allow for a downhill slope

Supporting a rotted post

Buried timber posts often rot below ground level, leaving a perfectly sound section above. To save buying a whole new post, you can make a passable repair by bracing the upper section with a short concrete spur.

Erecting the spur
First, dig the soil from around the rotted stump and remove it. Insert the spur and pack hardcore around it **(1)**, then fill with concrete **(2)**. Drill pilot holes in the wooden post for coach screws – woodscrews with hexagonal heads **(3)**. Insert the screws, using a spanner to draw the post tightly against the spur.

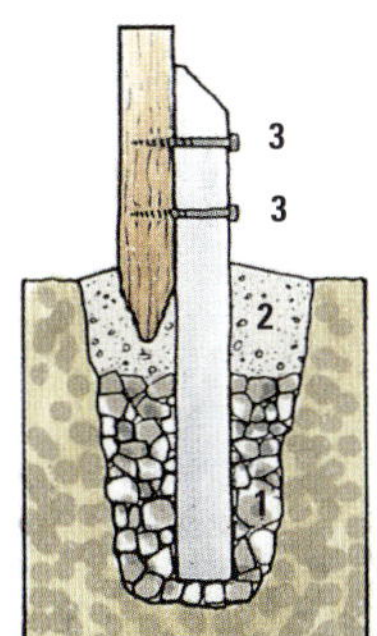

- **Building plastic ranch-style fencing**
The basic construction of a plastic ranch-style fence is similar to one built from timber, but follow the manufacturer's instructions concerning the method for joining the rails to the posts.

Choosing a gate

Browsing through suppliers' catalogues, you'll find that gates are grouped according to their intended location – because it's where a gate is hung that has the greatest influence on its design and style. When choosing a gate, give due consideration to the character of the house and its surroundings. Buy a gate that matches the style of fence or complements the wall from which it is hung. If in doubt, aim for simplicity.

Side gates

An unprotected side entrance is an open invitation for intruders to slip in unnoticed and gain access to the back of your house. Side gates are designed to deter burglars while affording easy access for tradesmen. These gates are invariably 2m (6ft 6in) high and are made either from wrought iron or from stout sections of timber. Wooden gates are heavy and are therefore braced with strong diagonal members to keep them rigid. With security in mind, choose a closeboarded or tongued-and-grooved gate – since their vertical boards are difficult to climb. Fit strong bolts top and bottom.

Entrance gates

An entrance gate is designed as much for its appearance as its function, but it must be sturdy enough to withstand frequent use. For this reason, wooden gates are often braced with a diagonal strut running from the top of the latch stile down to the bottom of the hanging or hinge stile. Don't hang a gate with the strut running the other way, or the bracing will have no effect whatsoever.

Common fence styles are reflected in the type of entrance gates you can buy. Picket, closeboard and ranch-style gates are all available, and there are simple frame-and-panel gates made with solid timber or exterior-grade plywood panels that serve to keep the frame rigid. If the tops of both the stiles (uprights) are cut at an angle, they will tend to shed rain-water, reducing the likelihood of wet rot.

Decorative iron gates are often used for entrances, but make sure the style is appropriate for the building and its location. An ostentatious gate would look out of place in front of a simple modern house or a country cottage.

Gate styles

Side gates

Entrance gates

Drive gates

Drive gates

First, decide whether hanging a gate across your drive is a good idea. Stepping out of your car in order to open the gate can be risky unless there's plenty of room to pull the car off the road. Drive gates invariably open into the property; so if the drive slopes up from the road, make sure there's adequate ground clearance for a wide gate. Alternatively, hang two smaller gates that meet in the centre.

Gateposts and piers

Gateposts and masonry piers need to be anchored securely to the ground, in order to take the leverage exerted by a heavy gate.

Choose hardwood posts whenever possible, and select the size according to the weight of the gate. Posts 100mm (4in) square are adequate for entrance gates, but use 125mm (5in) posts for gates that are 2m (6ft 6in) high. For a gate across a drive, choose posts 150mm (6in) or even 200mm (8in) square.

If you opt for concrete gateposts, look for posts predrilled to accept hinges and a catch. Otherwise, you'll have to screw these fittings to a strip of timber bolted securely to the post.

Square or cylindrical tubular-steel posts are available with hinge pins, gate-stops and catches welded in place. Unless they have been coated with plastic at the factory, metal posts need to be painted to protect them from rust.

A pair of masonry piers is another possibility. Each pier should be at least 328mm (1ft 1½in) square and built on a firm concrete footing. For heavy gates, the hinge pier should be reinforced with a metal rod buried in the footing and running centrally through the pier.

SEE ALSO: Painting metal 91–2, Ledged-and-braced doors 193, Wet rot 259, Footings 453, Building piers 459

Hardware for gates

A range of specialized hardware has been developed for hanging heavy garden gates, to cope with the strain on their fixings.

Hinges

Strap hinges
Most side and entrance gates are hung on strap hinges. Screw the longer flap to the gate rail, and the vertical flap to the face of the post. Heavy gates require a hinge that's bolted through the top rail.

Wide drive gates are best hung from double strap hinges, made with long flaps bolted on each side of the top rail.

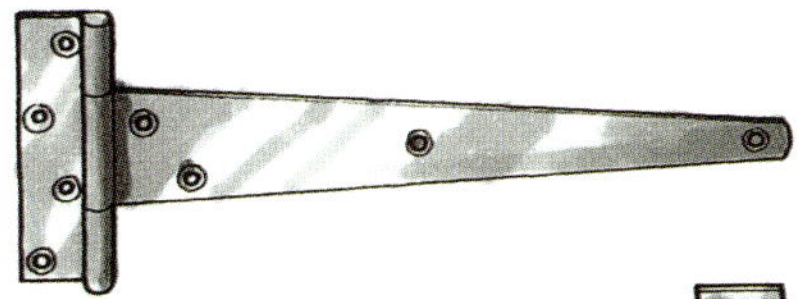

Strap hinge

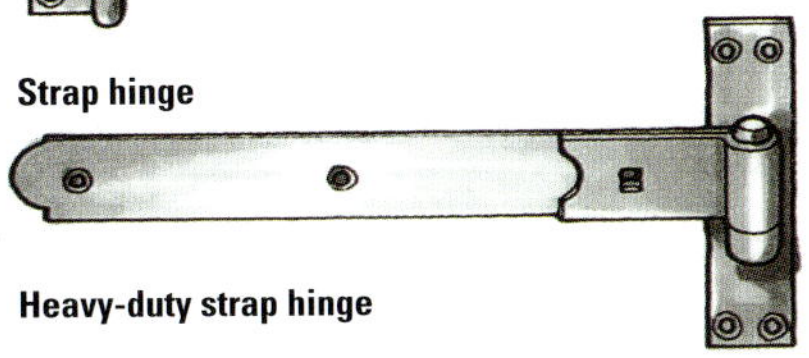

Heavy-duty strap hinge

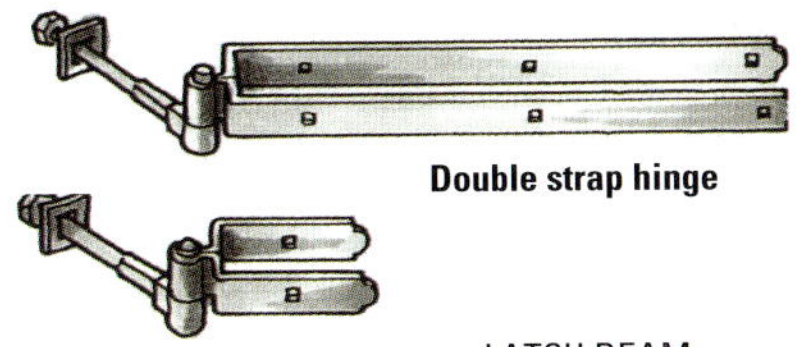

Double strap hinge

Hinge pins
Collars, welded to metal gates, drop over hinge pins that are attached to the gateposts. To prevent a gate being lifted off, drill a hole through the top pin and fit a split pin and washer.

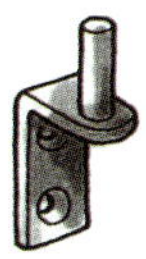

Hinge pin

Latches and catches

Automatic latches
Simple wooden gates are usually fitted with a latch that operates automatically as the gate is closed.

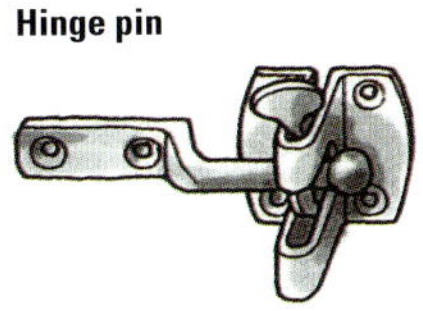

Automatic latch

Thumb latches
Pass the sneck (lifter bar) of a thumb latch through a slot cut in the gate, then screw the handle to the front. Screw the latch beam to the inner face, where the sneck can lift the beam from the hooked keeper fixed to the gatepost.

Thumb latch

Ring latches
A ring latch works in a similar way to a thumb latch but is usually operated, from inside only, by twisting the ring handle to lift the latch beam.

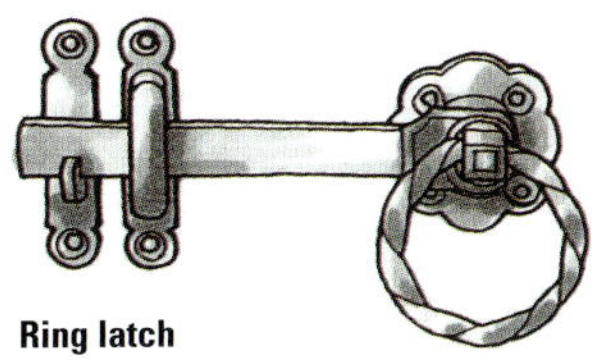

Ring latch

Chelsea catches
Pivoting on a bolt that passes through the stile of a drive gate, a Chelsea catch drops into a slot in the catch plate, which is screwed to the gatepost.

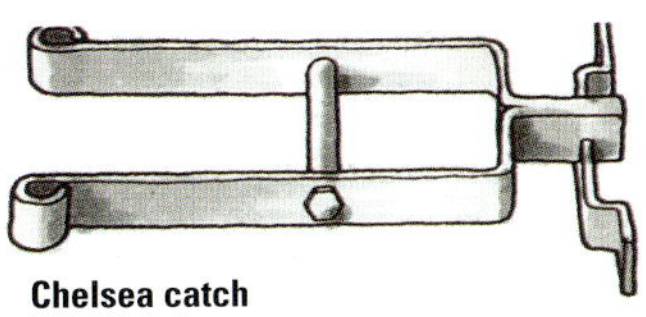

Chelsea catch

Loop-over catches
When hanging a pair of wide gates, one is fixed with a bolt that locates in a socket concreted into the ground. A U-shape metal catch on the other gate drops over the stile of the fixed gate.

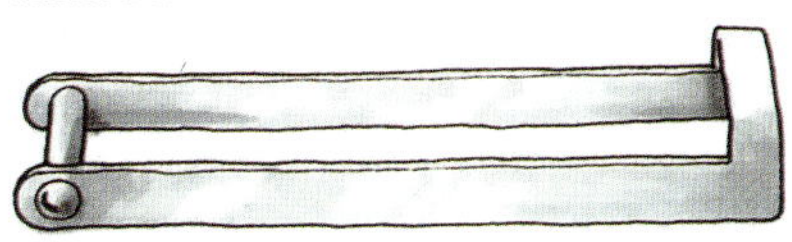

Loop-over catch

Materials for gates

Many wooden gates are made from relatively cheap softwood, but a wood such as cedar or oak will last longer. Most so-called 'wrought-iron' gates are made from mild-steel bar, which must be primed and painted.

GATEPOSTS

Gateposts are set in concrete, like ordinary fence posts, but the post holes are linked by a concrete bridge that provides extra support.

Erecting gateposts

Lay the gate on the ground with a post on each side. Check that the posts are parallel and that they are the required distance apart to accommodate hinges and catch. Nail two battens from post to post and another diagonally to keep the posts in line while you erect them **(1)**.

Dig a trench, 300mm (1ft) wide, across the entrance, making it long enough to accommodate both posts. It need be no deeper than 300mm (1ft) in the centre, but dig an adequate post hole at each end – 450mm (1ft 6in) deep for a low entrance gate, 600mm (2ft) deep for a taller side gate.

Set the battened gateposts in the holes with hardcore and concrete, using temporary battens to hold them upright until the concrete has set **(2)**. Fill the trench with concrete, and either level it flush with the pathway or allow for the thickness of paving slabs.

Drive gateposts
Hang wide farm-style gates on posts set in holes 900mm (3ft) deep. Erect the latch post in concrete, like any fence post, but bolt a stout piece of timber across the base of the hinge post before anchoring it in concrete.

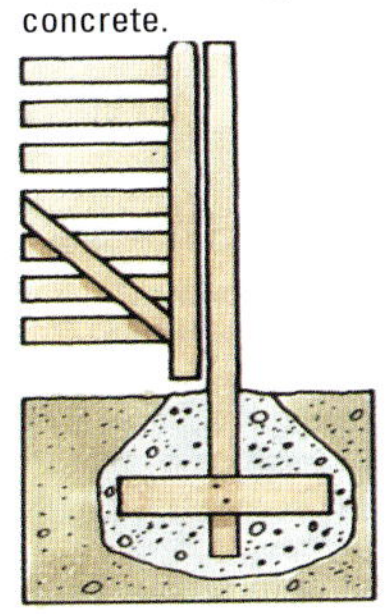

Supporting wide gates
Bolt a balk of timber to the hinge post to help support the weight of a wide gate.

1 Nail temporary struts to the gateposts

2 Support the posts until the concrete sets

Mark the positions of the hinges and catch

Hanging a gate
Stand the gate between the posts, and prop it up on a pair or bricks or wooden blocks to hold it the required height off the ground. Tap in pairs of wedges on each side of the gate until it is held securely. Then mark the positions of the hinges and catch.

SEE ALSO: Priming and painting metal 41, 91–2, Preservers 260, Erecting posts 439

Brick colour and texture

The popularity of brick as a building material stems largely from its range of subtle colours and textures, which actually improve with weathering. Weathered brick can be difficult to match by using a manufacturer's catalogue, so try to borrow samples from your supplier's stock – or if you have spare bricks, take one to the supplier to compare it with new bricks.

Colour

The colour of bricks is largely determined by the type of clay used in their manufacture, although the colour is modified by the addition of certain minerals and the temperature of the firing. Large manufacturers supply a wide variety of colours; and you can also buy brindled (multicoloured or mottled) bricks, which are useful for blending with existing masonry.

Texture

Texture is as important to the appearance of a brick wall as colour. Simple rough or smooth textures are created by the choice of materials. Others are imposed upon the clay by scratching, rolling, brushing, and so on. A brick may be textured all over, or on the sides and ends only.

Brick colours and textures
A small selection from the wide range of colours and textures.
1 Smooth blended
2 Handmade
3 Sandfaced yellow
4 Smooth blue engineering
5 Sandfaced grey
6 Smooth red stock
7 Wirecut brindle
8 Textured buff multi
9 London stock (second)
10 Wirecut blue
11 Red common
12 Coarse fletton
13 Moulded fletton
14 Dragfaced red multi

Pattern formed by projecting headers

Decorative combination of coloured bricks

Look out for second-hand moulded bricks

Sometimes whole panels are available

Weathered antique bricks are much sought after

SEE ALSO: Choosing bricks 447, Laying bricks 454–9

Choosing concrete blocks

Cast-concrete blocks were introduced as a cheap substitute for bricks that were to be covered with plaster or render, but they are now used in a variety of situations – from foundations to soundproof internal partitions. Indeed, modern concrete blocks are superior to clay bricks in terms of both acoustic and thermal insulation.

Density

Lightweight-concrete blocks
Made from aerated or foamed concrete, these blocks can be carried easily in one hand, which enables bricklayers to build walls quickly and safely. Aerated blocks can be drilled, cut to shape, and chased for electric cables, using handtools or power tools. They are used extensively in the building trade for the construction of both internal and external walls.

Dense-concrete blocks
Made from relatively heavy concrete, these are also known as dense-aggregate or medium-density blocks.

Nowadays, with the availability of lightweight loadbearing blocks, dense-concrete blocks are used less frequently, even though they are slightly cheaper than equivalent building blocks made of aerated concrete.

Varieties of block

Construction
The majority of building blocks are simple rectangular blocks of cement-grey or white concrete.

The larger ones, especially if they are made from dense concrete, are available in the form of hollow blocks with enclosed supporting ribs between the outer skins. Including voids not only reduces the weight of the blocks, but allows for metal rods to be inserted in order to reinforce retaining walls. With cellular blocks, the voids are open at the bottom only.

Grades
Standard-grade blocks have no aesthetic qualities whatsoever. They are used for the structural core of a wall that is going to be either rendered or plastered, and so are usually made with zigzag 'keying' on both faces.

Fair-face building blocks, which are intended to be visible, usually have smooth faces. However, some fair-face blocks are shot-blasted in order to create a hard-wearing finely textured surface finish.

Paint-quality concrete blocks are ideal for a wall that is to be decorated directly with masonry paint.

Qualities

Loadbearing
Lightweight and dense-concrete blocks are produced for either loadbearing or non-loadbearing applications, but dense-concrete blocks are made in a greater range of high compressive strengths. Nevertheless, it's possible to buy lightweight blocks that are perfectly suited to building loadbearing foundations and multistorey dwellings.

Insulating
Aerated blocks greatly reduce the transmission of heat and sound. Blocks with superior acoustic-insulation properties are made specifically for partitions and party walls. Those that have a high degree of thermal insulation meet the minimum Building Regulation requirements for walls, and so reduce the need for secondary insulation.

Moisture and frost resistance
Like bricks, most concrete blocks are generally weatherproof. Totally frost-resistant and moisture-proof blocks are made for foundations and walling below ground.

BUYING CONCRETE BLOCKS

When the blocks are delivered, have them unloaded as near as possible to the construction site to save time and reduce the possibility of damage in transit – they are quite brittle and chip easily. Stack them on a flat, dry base and protect them from rain and frost with a tarpaulin or a polythene sheet.

Available sizes

The average concrete block measures 450 x 225mm (1ft 6in x 9in) and ranges in thickness from 75 to 230mm (3 to 9in). Specials, such as foundation blocks, may be similar in length and height but will differ in thickness (check your supplier's catalogue). Brick-size concrete blocks, known as coursing bricks, are made for infilling above door and window lintels.

Estimating quantities

To calculate the number of blocks required, divide a given area of walling by the dimensions of a specific block. The dimensions given above are actual sizes, but some manufacturers may specify nominal sizes (also known as 'coordinating sizes'), which include a 10mm (⅜in) allowance for mortar on the length and height. Since block walls are often constructed with just one skin of masonry, the thickness of a block is normally given as the actual size.

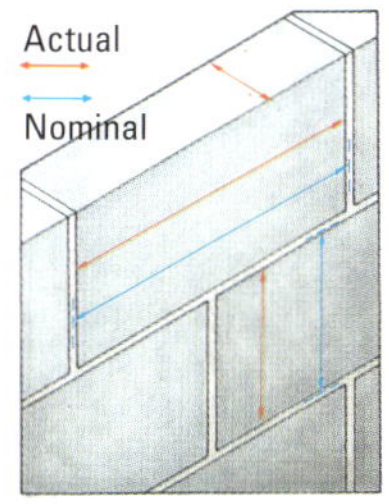

Sizes of structural blocks
The nominal size of a block refers to the length and height only. Thicknesses are always specified as the actual size.

Screen blocks

Pierced concrete blocks are used for building decorative screens in the garden. The blocks are not bonded like brickwork or structural blocks, and therefore require supporting piers made from matching pilaster blocks. These are made with locating channels that take the pierced blocks. Coping slabs finish the tops of the screen and piers.

Screen blocks should not be used to build loadbearing walls. However, they can support a lightweight structure, such as a wood-and-plastic carport roof.

Screen block

Pilaster block

Standard sizes
Decorative screen blocks are invariably 300mm (1ft) square and 90mm (about 3½in) thick.

SEE ALSO: Compressive strength 446, Artificial stone 450, Laying blocks 460, Building a screen 461

Stone: natural and artificial

Natural stone
Whether it be roughly hewn or finely dressed, natural stone is durable and weathers superbly.

Artificial-stone blocks, made from poured concrete, can look very convincing once they have weathered. Depending on where you live, these blocks may be easier to obtain than natural building stone, and are probably cheaper. Aesthetically, however, nothing can surpass quarried stone, such as granite or sandstone.

Natural stone

Limestone, sandstone and granite are all suitable materials for building walls. Flint and slate are laid using specialized methods and are often used in combination with other materials.

Stone bought in its natural state is classed as random rubble (undressed); it is perfect for dry-stone walling in an informal garden setting. For more regular masonry, ask for squared rubble (semi-dressed) stone, which is cut into reasonably uniform blocks but with uneven surfaces. Ashlar is fully dressed stone with machine-cut faces. The cost of stone increases in proportion to the degree of preparation required.

Semi-dressed natural-stone blocks

Dry-stone retaining wall

Artificial-stone walling *(below)*
Cast-concrete blocks that simulate real stonework are used to construct attractive walling and planters.

Slate-effect walling *(below right)*
Good-quality concrete walling is difficult to distinguish from real slate once it has weathered in. What looks like narrow sections of slate are actually cast as large interlocking blocks that can be laid quickly.

Split-stone walling

Knapped-flint boundary wall

OBTAINING STONE

In practical terms, the type of stone you can use for walling depends almost entirely on where you happen to live. In some parts of the country there are local restrictions governing the choice of building materials; and, in any case, a structure built from stone that is indigenous to the locality is more likely to blend into its surroundings. Buying stone from a local quarry also makes economical sense – transporting stone over long distances can be very costly.

Where to obtain stone

If you live in a town or city, obtaining natural stone can be a problem. You may be prepared to buy a few small boulders for a rockery from a local garden centre, but the cost of buying enough stone for even a short run of walling is likely to be prohibitive. If you don't want to use artificial stone made from cast concrete, your only alternative is to hire a truck and drive to a quarry out of town.

Another source of materials, and possibly the cheapest way to obtain dressed stone, is to visit a demolition site. Prices vary considerably, but the cost of transport may be less than a trip to a quarry.

Estimating quantities

Most quarries sell stone by the tonne. When you have worked out the dimensions of the wall, telephone the nearest quarry for advice on quantity and a quote for the cost of the stone. Once you know the quantity you need, you'll be able to hire a truck of the appropriate capacity.

Artificial-stone blocks

The stretcher faces of concrete blocks made specifically for garden walling are textured to resemble natural stone. Single blocks are laid in mortar and bonded like real stonework; and there are larger blocks that look like two or three courses of squared rubble or dressed stone. Coping slabs add the finishing touch.

SEE ALSO: Choosing concrete blocks 449, Laying blocks 460–1, Building with stone 462, Building retaining walls 463

Mortar for building walls

When you are building a wall, mortar is employed to bind together the bricks, concrete blocks or stones. The durability of the wall depends to a certain extent upon the quality of the mortar used in its construction. If it's mixed correctly, mortar is strong yet flexible – but if the ingredients are in the wrong proportions, the mortar is likely to be weak or, conversely, so hard that it is prone to cracking. If too much water is added to the mix, the mortar will be squeezed out of the joints by the weight of the masonry. If the mortar is too dry, then adhesion will be poor.

BRICKLAYERS' TERMS

Bricklayers use a number of specialized words and phrases to describe their craft and materials. Terms used frequently are listed below; others are described as they occur.

BRICK FACES *The surfaces of a brick.*
Stretcher faces – the long sides of a brick.
Header faces – the short ends of a brick.
Bedding faces – the top and bottom surfaces.
Frog – the depression in one bedding face.

COURSE *A horizontal row of bricks.*
Stretcher course – a single course with stretcher faces visible.
Header course – a single course with header faces visible.
Coping – the top course designed to protect the wall from rainwater.
Bond – the pattern produced by staggering alternate courses so that vertical joints are not aligned one above the other.
Stretcher – a single brick from a stretcher course.
Header – a single brick from a header course.
Closure brick – the last brick laid in a course.

CUT BRICKS *Bricks cut to even up the bond.*
Bat – a brick cut across its width (e.g. half-bat, three-quarter bat).
Queen closer – a brick cut along its length.

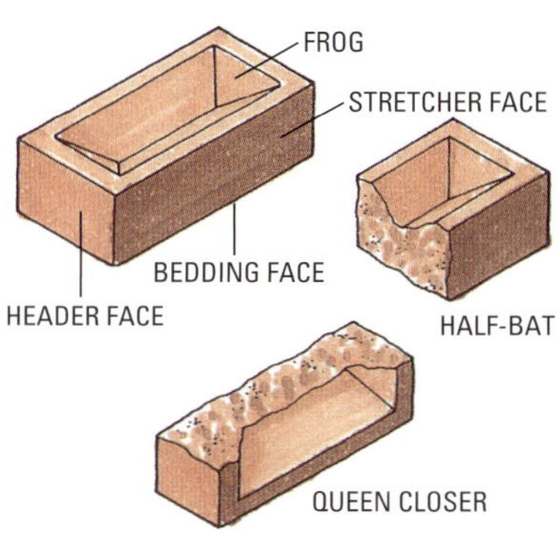

The ingredients of mortar

General-purpose mortar is made from cement, hydrated lime and sand, mixed together with enough water to make a workable paste.

Cement is the hardening agent that binds the other ingredients together. The lime slows down the drying process and prevents the mortar setting too quickly. It also makes the mix flow well, so that it fills gaps in the masonry and adheres to the texture of blocks or bricks. Sand acts as an aggregate, adding body to the mortar, and reduces the possibility of shrinkage.

For general-purpose mortar, fine builder's sand is ideal – but if you want a pale mortar for bonding white screen blocks, use silver sand instead.

Plasticizers

If you're laying masonry in a period of cold weather, substitute a proprietary plasticizer for the lime. Plasticizer produces an aerated mortar in which the tiny air bubbles allow water to expand in freezing conditions, thus reducing the risk of cracking. Premixed masonry cement, which has an aerating agent, is ready for mixing with sand.

Ready-mixed mortar

This type of mortar contains all the essential ingredients mixed to the correct proportions – you simply add water. It is a more expensive way of buying mortar, but it's convenient to use and available in small quantities.

Mixing mortar

Mortar should be discarded if it isn't used within two hours of being mixed; so make only as much as you can use within that time. An average of about two minutes for laying each brick is a reasonable estimate.

Choose a flat site upon which to mix the materials – a sheet of plywood will do – and dampen it slightly to prevent it absorbing water from the mortar. Make a pile of half the amount of sand to be used, then add the other ingredients. Put the rest of the sand on top, and mix the dry materials thoroughly.

Scoop a depression in the pile and add clean tap water – never use contaminated or salty water. Push the dry mix from around the edge of the pile into the water until it has absorbed enough for you to blend the mix with a shovel, using a chopping action. Add more water, little by little, until the mortar has a butter-like consistency – slipping easily from the shovel, but firm enough to hold its shape if you make a hollow in the mix. If the sides of the hollow collapse, add more dry ingredients until the mortar firms up. Make sure the mortar is sufficiently moist – dry mortar won't form a strong bond with the masonry.

If the mortar stiffens up while you are working, add just enough water to restore the consistency.

Correct consistency
The mortar mix should be firm enough to hold its shape when you make a depression in the mix.

Proportions for masonry mixes

Mix the ingredients according to the prevailing conditions at the building site. Use a general-purpose mortar for moderate conditions where the wall is reasonably sheltered. A stronger mix is required for severe conditions where the wall will be exposed to wind and driving rain, or if the site is elevated or near the coast. If you are using plasticizer rather than lime, follow the manufacturer's instructions regarding the quantity you should add to the sand.

• Estimating quantity
As a rough guide to estimating how much mortar you will need when building a single-skin wall, allow approximately 1cu m (1⅓ cu yd) of sand (other ingredients in proportion) to lay either 3364 bricks, 1946 average concrete blocks, or 1639 decorative screen blocks.

• Masonry cement
A ready-mixed cement that is used without adding lime or plasticizer.

MORTAR MIXING PROPORTIONS

	Cement/lime mortar	Plasticized mortar	Masonry-cement mortar
General-purpose mortar (Moderate conditions)	1 part cement 1 part lime 6 parts sand	1 part cement 6 parts sand/ plasticizer	1 part masonry cement 5 parts sand
Strong mortar (Severe conditions)	1 part cement ½ part lime 4 parts sand	1 part cement 4 parts sand/ plasticizer	1 part masonry cement 3 parts sand

SEE ALSO: Cutting bricks 454

Bonding brickwork

Stretcher bond

Flemish bond

Honeycomb bond

Although mortar is extremely strong under compression, its tensile strength is relatively weak. If bricks were stacked one upon the other, so that the vertical joints were continuous, any movement within the wall would pull the joints apart and the structure would be seriously weakened. Bonding the brickwork staggers the vertical joints, transmitting the load along the entire length of the wall. Try out the bond of your choice by dry-laying a few bricks before you embark upon building the wall.

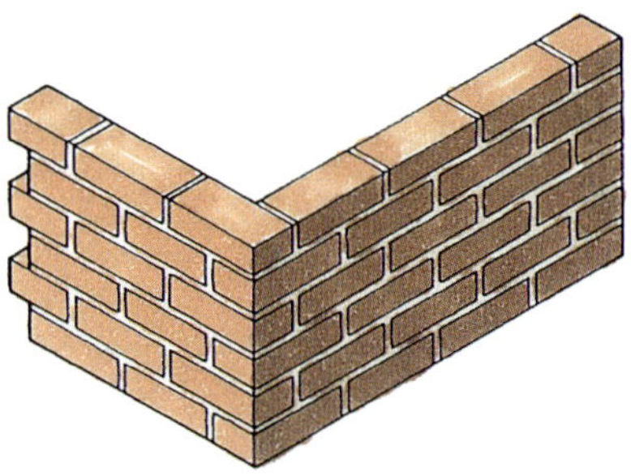

Stretcher bond

The stretcher bond is the simplest form of bonding. It is used for single-thickness walls – including the two leaves of a cavity wall employed in the construction of modern buildings. Half-bats are used to complete the bond at the end of a straight wall, while a corner is formed by alternating headers and stretchers.

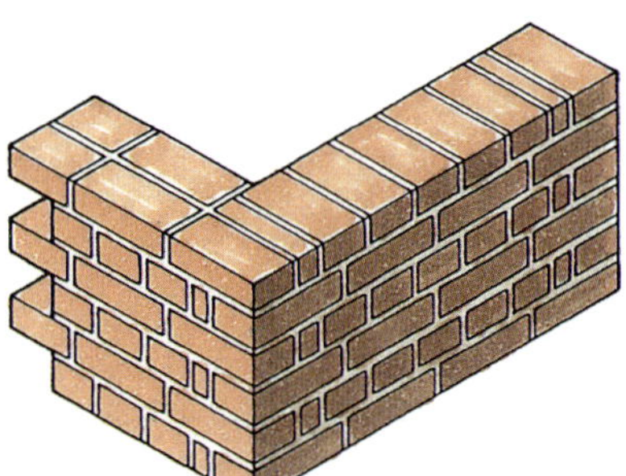

English bond

If you were to build a wall 215mm (8½in) thick by laying courses of stretcher-bonded bricks side by side, there would be a weak vertical joint running centrally down the wall. An English bond strengthens the wall by using alternate courses of headers. Staggered joints are maintained at the end of the wall and at right-angle corners by inserting a queen closer before the last header.

Flemish bond

The Flemish bond is another method used for building a solid wall 215mm (8½in) thick. Every course is laid with alternate headers and stretchers. Stagger the joint at the end of a course and at corners by laying a queen closer before the header.

Decorative bonds

Stretcher, English and Flemish bonds are designed to construct strong walls; decorative qualities are incidental. Other bonds, used primarily for their visual effect, are suitable for low non-loadbearing walls only. They need to be supported by a conventionally bonded base and piers.

Stack bonding

Laying bricks in groups of three creates a basket-weave effect. Strengthen the continuous vertical joints with wall ties.

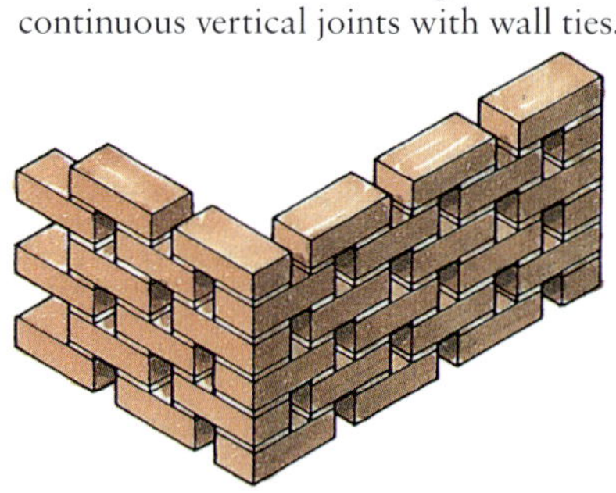

Honeycomb bond

Build an open decorative screen by using a stretcher-like bond with a quarter-bat-size space between each brick. This type of screen has to be built with care, in order to keep the bond regular. Cut quarter-bats to fill the gaps in the top course.

DESIGNING A WALL FOR STABILITY

It is easy enough to appreciate the loads and stresses imposed upon the walls of a house or outbuilding – and hence the need for solid foundations with adequate methods of reinforcement and protection to prevent them collapsing. But it is not so obvious that even simple garden walling requires similar measures to ensure its stability. It's merely irritating if a low dividing wall or planter falls apart, but a serious injury could result from the collapse of a heavy boundary wall.

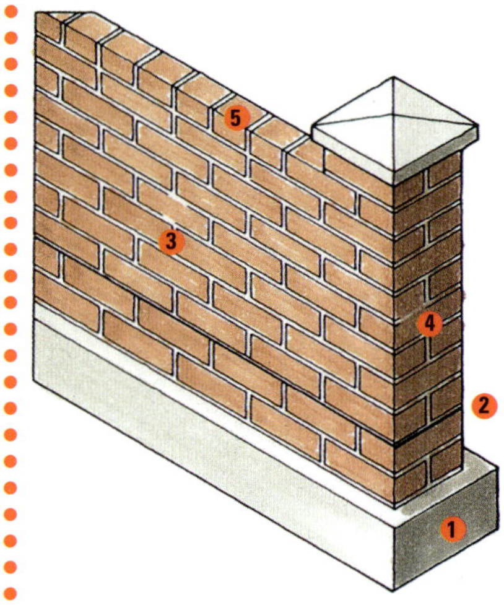

The basic structure of a wall

Unless you design and build a wall in the correct manner, it will not be strong and stable.

1 Footings
A wall must be built upon a solid concrete platform known as a strip footing. The dimensions of the footing vary according to the height and weight of the wall.

2 Damp-proof course
A layer of waterproof material 150mm (6in) above ground level stops water rising from the soil. It is not required for most garden walling unless the wall abuts a building with a similar DPC. Not only does the DPC protect the house from damp; it also reduces the likelihood of freezing water expanding and cracking the mortar joints.

3 Bonding
The staggered pattern of the bricks is not merely decorative. It's designed primarily to spread the static load along the wall and to tie the individual bricks together.

4 Piers
Straight walls that exceed a certain height and length must be buttressed at regular intervals with thick columns of brickwork, known as piers. These resist the sideways pressure caused by high winds.

5 Coping
The coping prevents frost damage by shedding rainwater from the top of the wall, where it could seep into the upper brick joints.

SEE ALSO: Damp-proof course 261, 457, Bricks 447–8, Copings 456, Wall ties 458, Building piers 459

Footings for garden walls

The Building Regulations govern the size and reinforcement of the footings required to support high walls, especially loadbearing walls. However, the majority of garden walls can be built upon concrete footings laid in a straight-sided trench.

Size of footings

The footing needs to be sufficiently substantial to support the weight of the wall. The surrounding soil must be firm and well drained, to avoid possible subsidence. It is unwise to set footings in ground that has been infilled recently, such as a new building site. Take care also to avoid tree roots and drainpipes. If the trench begins to fill with water as you are digging, seek professional advice before proceeding.

Dig the trench deeper than the footing itself, so that the first one or two courses of brick are below ground level. This will allow for an adequate depth of soil for planting right up to the wall.

If the soil is not firmly packed when you reach the required depth, dig deeper until you reach a firm level; then fill the bottom of the trench with compacted hardcore up to the lowest level of the proposed footing.

RECOMMENDED DIMENSIONS FOR FOOTINGS

Type of wall	Height of wall	Thickness of footing	Width of footing
One brick thick	Up to 1m (3ft 3in)	150mm (6in)	300mm (1ft)
Two bricks thick	Up to 1m (3ft 3in)	225 to 300mm (9in to 1ft)	450mm (1ft 6in)
Two bricks thick	Over 1m up to 2m (Up to 6ft 6in)	375 to 450mm (1ft 3in to 1ft 6in)	450 to 600mm (1ft 6in to 2ft)
Retaining wall	Up to 1m (3ft 3in)	150 to 300mm (6in to 1ft)	375 to 450mm (1ft 3in to 1ft 6in)

Setting out the footings

For a straight footing, set up two profile boards (see below right) made from 25mm (1in) thick timber nailed to stakes that are driven into the ground at each end of the proposed trench, but well outside the work area.

Drive nails into the top edge of each board and stretch lines between them to mark the front and back edges of the wall. Then drive nails into the boards on each side of the wall line to indicate the width of the footing, and stretch other lines between these nails **(1)**.

When you're satisfied that the setting out is accurate, remove the lines marking the wall; but leave their nails in place, so that you can replace the lines when you come to lay the bricks.

Place a spirit level against the remaining lines to mark the edge of the footing on the ground **(2)**. Mark the ends of the footing, which should extend beyond the end of the wall by half the wall's thickness. Before you remove the lines, mark out each edge of the trench on the ground, using a spade. Leave the profile boards in place.

Turning corners

If your wall is going to have a right-angled corner, set up two sets of profile boards. Check carefully that the lines form a true right angle, using the 3 : 4 : 5 principle **(3)**.

Digging the trench

Excavate the trench, keeping the sides vertical, and check that the bottom is level, using a long straight piece of wood and a spirit level.

Drive a stake into the bottom of the trench, near one end, until the top of the stake represents the depth of the footing. Drive in more stakes at about 1m (3ft) intervals and check that the tops are level **(4)**.

Filling the trench

Pour a foundation mix of concrete (see MIXING CONCRETE BY VOLUME, on page 468) into the trench, then tamp it down firmly with a stout piece of timber until it is exactly level with the top of the stakes. Leave the stakes in place, and allow the footing to harden thoroughly before building the wall.

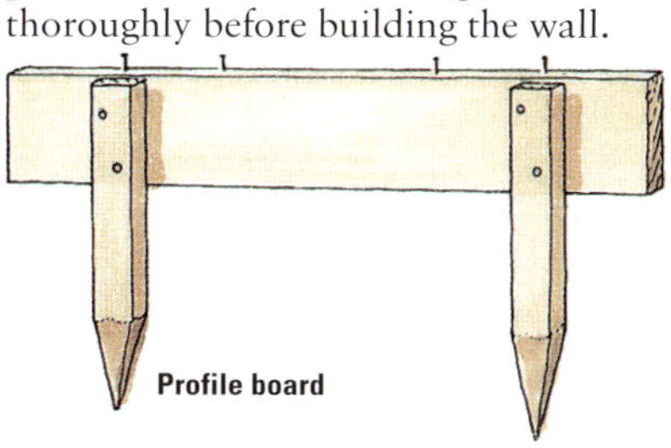

Profile board

SLOPING SITES

If the ground slopes gently, simply ignore the gradient and make footings perfectly level. If the site slopes noticeably, make a stepped footing by placing plywood shuttering across the trench at regular intervals. Calculate the height and length of the steps, using multiples of normal brick size.

Support plywood shuttering with stakes

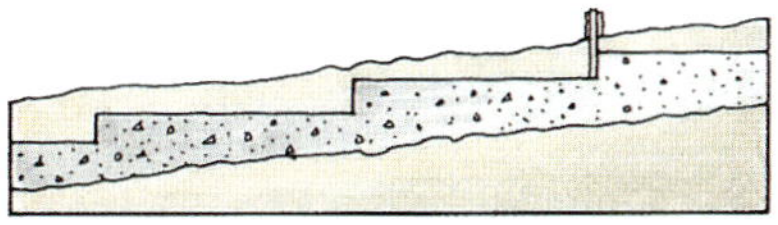

Section through a stepped footing
A typical stepped concrete footing, with one of the plywood shuttering boards in place.

1 Stretched lines indicate width of wall and footing

2 Mark width of footing on the ground

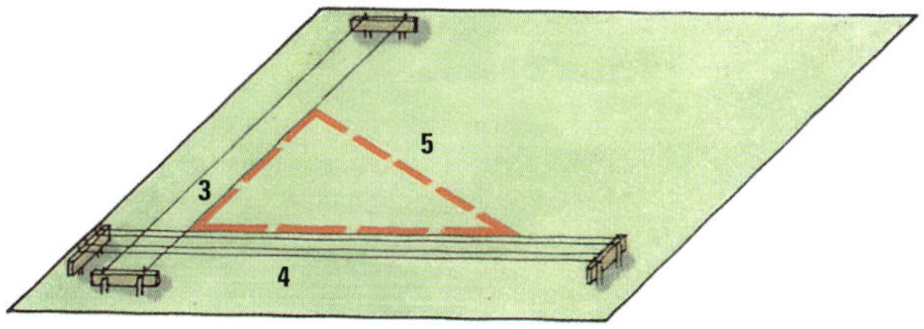

3 A triangle measuring 3, 4 and 5 units makes a right angle

4 Check that the tops of the stakes are level

Laying bricks

Tools for basic bricklaying
Whilst you can improvise a number of builder's tools, you will have to buy some of the more specialized tools that are used by bricklayers.

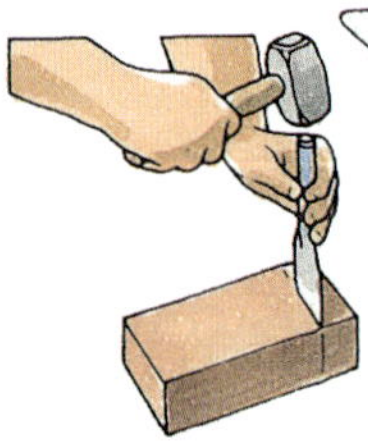

Cutting bricks
To cut brick bats, use a bolster chisel to mark the line on all faces by tapping gently with a hammer. Realign the blade on the visible stretcher face and strike the chisel firmly.

● **Brick cleaner**
Wash mortar off your tools as soon as the job is finished. If need be, use an acidic brick cleaner to remove hardened mortar. Follow manufacturers' instructions carefully, and wear PVC gloves and goggles.

Spreading a bed of mortar ('throwing a line') requires practice before you can do it at speed – so at first concentrate on laying bricks accurately. Using mortar of exactly the right consistency helps to keep the visible faces of the bricks clean. In hot, dry weather dampen the footings and bricks before you begin, but let any surface water evaporate before you lay the bricks.

Basic bricklaying techniques

Hold the trowel with your thumb in line with the handle and pointing towards the tip of the blade **(1)**.

Scoop a measure of mortar out of the pile and shape it roughly to match the dimensions of the trowel blade. Pick up the mortar by sliding the blade under the pile, settling the mortar onto the trowel with a slight jerk of the wrist **(2)**.

Spread the mortar along the top course by aligning the edge of the trowel with the centre line of the bricks. As you tip the blade to deposit the mortar, draw the trowel back towards you to stretch the bed over at least two to three bricks **(3)**. Furrow the mortar by pressing the point of the trowel along the centre **(4)** of the bed.

Pick up a brick with your other hand **(5)**, but don't extend your thumb too far onto the stretcher face or it will disturb the bricklayer's line (see opposite) as you place the brick in position. Press the brick into the bed, picking up excess mortar squeezed from the joint by sliding the edge of the trowel along the face of the wall **(6)**.

Spread mortar onto the header of the next brick, making a neat 10mm (3/8in) bed for the header joint **(7)**. Press the brick against its neighbour, scooping off excess mortar with the trowel.

Having laid three bricks, use a spirit level to check that they are horizontal. Make any adjustments by tapping them down with the trowel handle **(8)**.

Hold the spirit level along the outer edge of the bricks to check that they are in line. To move a brick sideways without knocking it off its mortar bed, tap the upper edge with the trowel at about 45 degrees **(9)**.

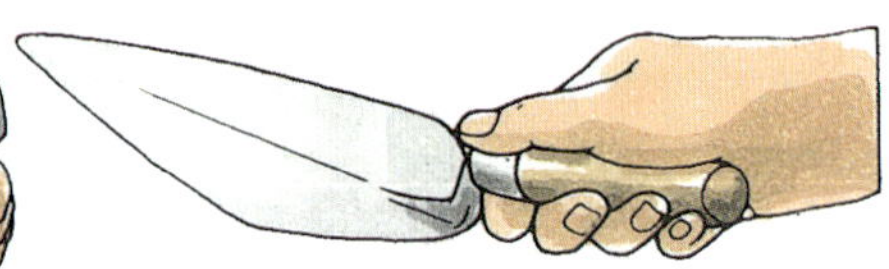

1 The correct way to hold a brick trowel

2 Scoop a measure of mortar onto the trowel

3 Stretch the bed of mortar along the course

4 Furrow the mortar with the point of the trowel

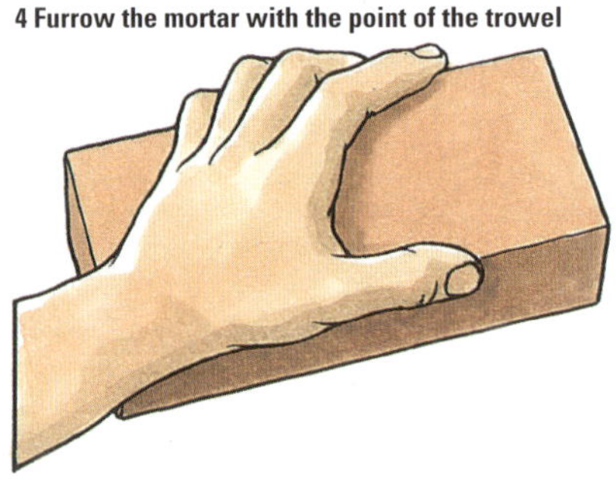

5 Pick up a brick with your thumb on the edge

6 Push the brick down and remove excess mortar

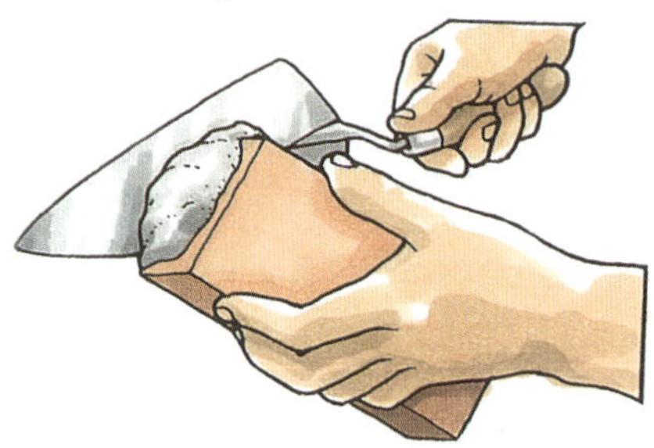

7 Spread mortar onto the head of the next brick

8 Level the course of bricks with the trowel handle

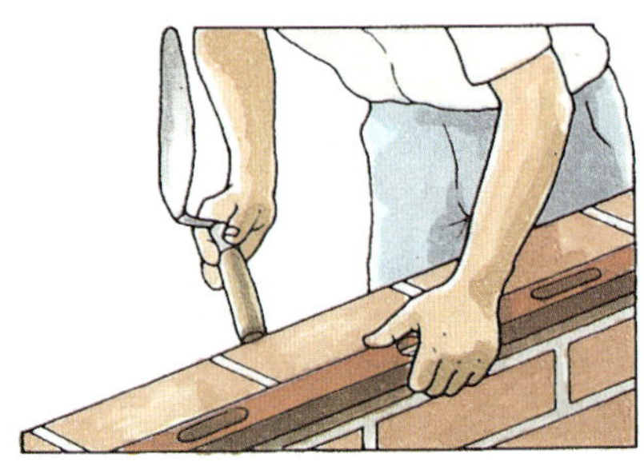

9 Tap the bricks sideways to align them

SEE ALSO: Bricks 447-8, Mixing mortar 451, Builder's tools 508-10

Building a stretcher-bonded wall

Over a certain height, a single-width brick wall is structurally weak unless it is either supported with piers or changes direction by forming right-angle corners. The ability to construct accurate right-angle corners is a requirement for building most structures, even simple garden planters.

Setting out the corners

Mark out the footings and the face of the wall by stretching string lines between profile boards (see page 453). When the footings have been filled and the concrete has set, either use a plumb line or hold a spirit level lightly against the lines to mark the corners and the face of the wall on the footing **(1)**. Join up the marks on the concrete, using a pencil and a straight batten, then check the accuracy of the corners with a builder's square. Finally, check that the alignment is straight by stretching a string line between the corner marks.

A stepped lead for a corner

1 Mark the face of the wall on the footing

Bricklayer's line
Bricklayers use a nylon line as a guide for keeping bricks level. The line is stretched between two flat-bladed pins that are driven into vertical joints at each end of the wall.

Building corners

Construct the corners first as a series of steps or 'leads'. Throw a bed of mortar on the footing, and then lay three bricks in both directions against the marked line. Using a spirit level, make sure the bricks are level in all directions, including across the diagonal **(2)**.

Build the leads to a height of five stepped courses, using a marked-out gauge stick to measure the height of each course as you proceed **(3)**. Use alternate headers and stretchers to form the actual point of the corner.

Plumb the corner, and check the alignment of the stepped bricks by holding a spirit level against the sides of the wall **(4)**.

2 Level the first course of bricks

3 Check the height with a gauge stick

4 Check that the steps are in line

Building the straight sections

Stretch a bricklayer's line between the corners so that it aligns perfectly with the top of the first course **(5)**.

Lay the first straight course of bricks from both ends towards the middle. As you near the middle point, lay the last few bricks dry to make certain they will fit. If necessary, cut the central or 'closure' brick to fit. Mortar the bricks in place, and finish by spreading mortar onto both ends of the closure brick and onto the header faces of the bricks on each side **(6)**. Scoop off excess mortar with the trowel. Lay subsequent courses between the leads in the same way, raising the bricklayer's line each time.

To build the wall higher, raise the corners first, by constructing leads to the required height, and then fill in between with bricks.

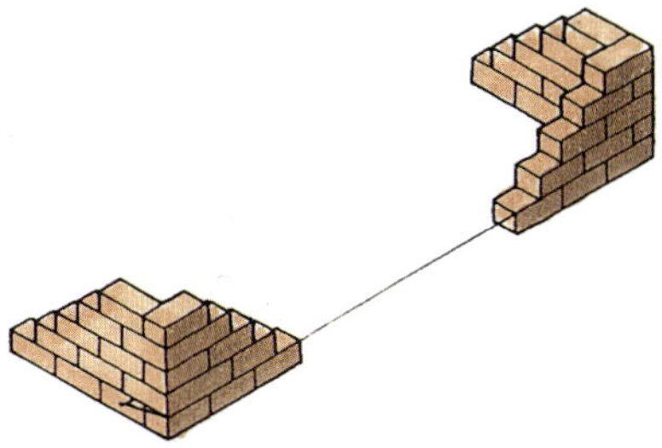

5 Stretch a bricklayer's line for the first course

6 Lay the last, or 'closure', brick carefully

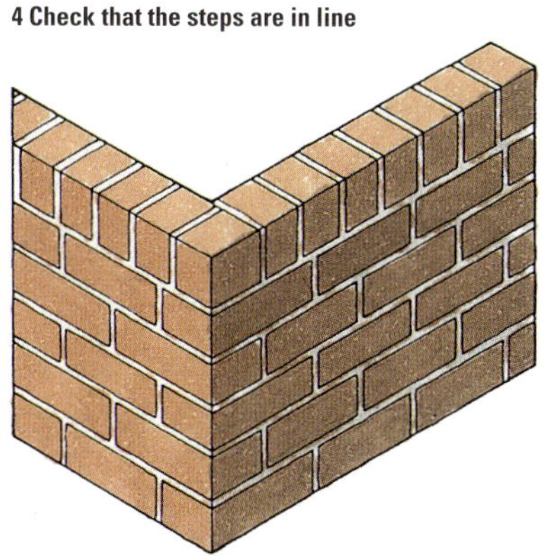

Coping the wall
You could finish the wall by laying the last course frog downwards – but a coping of half-bats laid on end looks more professional. Alternatively, use proprietary coping bricks or blocks.

• Protecting a wall
To protect the brickwork from rain or frost, cover newly built walls overnight with sheets of polythene or a tarpaulin. Weight the edges of the covers with bricks.

SEE ALSO: Bricks 447–8, Bonding 452, Footings 453, Profile boards 453, Copings 456, Building piers 459, Gauge stick 509

Pointing brickwork

Pointing the mortar between the bricks makes for packed, watertight joints as well as enhancing the appearance of the wall. Well-struck joints and clean brickwork are essential if the wall is to look professionally built; for best results, the mortar must be shaped when it has just the right consistency.

Consistency of the mortar

If the mortar is still too wet, the joint will not be crisp and you may drag mortar out from between the bricks. On the other hand, if it's left to harden too long, pointing will be hard work and you may leave dark marks on the joint.

Test the consistency of the mortar by pressing your thumb into a joint. If it holds a clear impression without sticking to your thumb, the mortar is just right for pointing. Because it's important to start shaping the joints at exactly the right moment, you may have to point the work in stages before you can complete the wall. Shape the joints to match existing brickwork, or choose a profile that is suitable for the prevailing weather conditions.

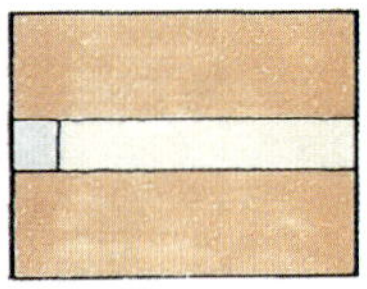
Flush joint

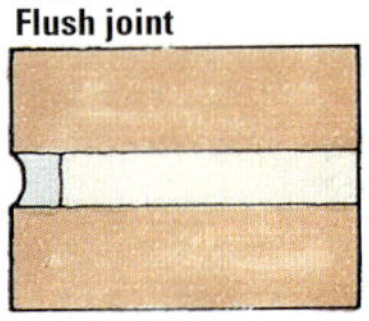
Rubbed joint

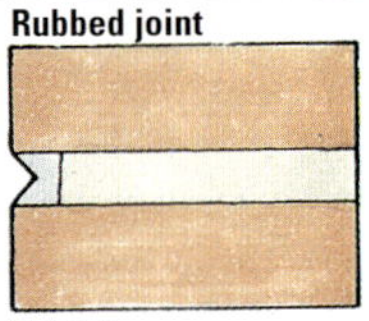
V-joint

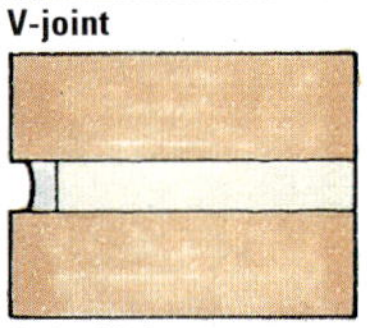
Raked joint

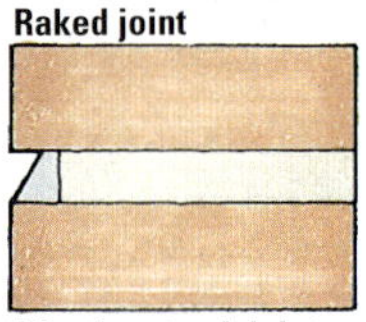
Weatherstruck joint

Shaping the mortar joints

Flush joint
After using the edge of your trowel to scrape the mortar flush, stipple the joints with a stiff-bristle brush to expose the sand aggregate.

Rubbed (concave) joint
Buy a shaped jointing tool to make a rubbed joint, or improvise with a length of bent tubing. Scrape the mortar flush first, then drag the tool along the joints. Finish the vertical joints, then shape the horizontal ones. This is a utilitarian joint, ideal for a wall built with second-hand bricks that are not good enough to take a crisp joint.

Shape the mortar with a jointing tool

V-joint
Produced in a similar way to the rubbed joint, the V-joint gives a very smart finish to new brickwork and sheds rainwater well.

Raked joint
Use a piece of wood or metal to rake out the joints to a depth of about 6mm (¼in), then compress them again by smoothing the mortar lightly with a lath or piece of rounded dowel rod. Raked joints do not shed water, so they are not suitable for an exposed site.

Weatherstruck joint
The angled weatherstruck joint will withstand harsh conditions. Use a small pointing trowel to shape the vertical joints **(1)** – they can slope to the left or right, but be consistent.

Shape the horizontal joints, allowing the mortar to spill out slightly at the base of each joint. Finish the joint by cutting off excess mortar with a tool called a Frenchman, which is rather like a table knife with its tip bent at 90 degrees. You can improvise one by bending a strip of metal. Make a neat straight edge to the mortar, using a batten aligned with the bottom of each joint to guide the Frenchman **(2)**; nail two scraps of wood to the batten to hold it away from the wall.

1 Shape a weatherstruck joint with a trowel

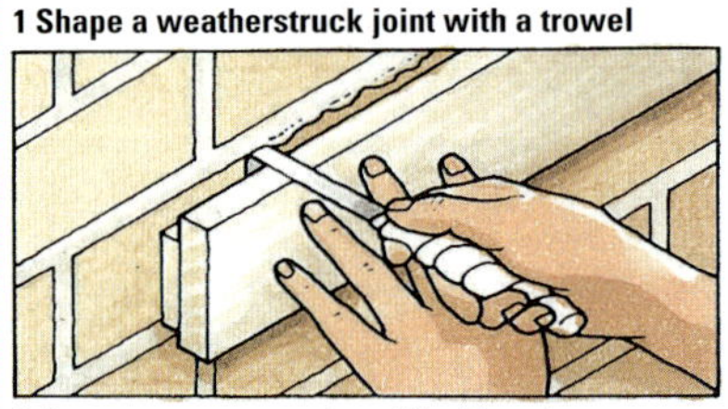
2 Remove excess mortar with a Frenchman

Brushing the brickwork
Let the shaped joints harden a little before cleaning scraps of mortar from the face of the wall with a medium-soft banister brush. Sweep the brush lightly across the joints to avoid damaging the mortar.

● **Coloured mortar**
You can change the appearance of pointing by adding coloured powder to the mortar. Make a trial batch to see how it looks when the mortar is dry.

When you are ready to point the brickwork, rake out the joints and refill them with the coloured mortar. Work carefully to avoid staining the bricks.

COPING BRICK WALLS

The coping – which forms the top course of the wall – protects the brickwork from weathering and gives the wall a finished appearance.

Technically, a coping that is flush with both faces of the wall is called a capping. A true coping projects from the face, so that water drips clear and doesn't leave a stain on the brickwork.

Finish a wall with a coping of matching bricks, or create a pleasing contrast with engineering bricks, which also offer superior water resistance. Alternatively, buy special coping bricks designed to shed rainwater.

Stone or cast-concrete slabs are popular for coping garden walls. Both are quick to lay and are usually wide enough to form low bench-type seating.

On an exposed site, consider installing a damp-proof course under the coping to reduce the risk of frost attack. You could use a standard bituminous-felt DPC, or lay two courses of plain roof tiles with staggered joints and a brick coping above. Let the tiles project from the face of the wall, but run a sloping mortar joint along the top of the projection to shed water.

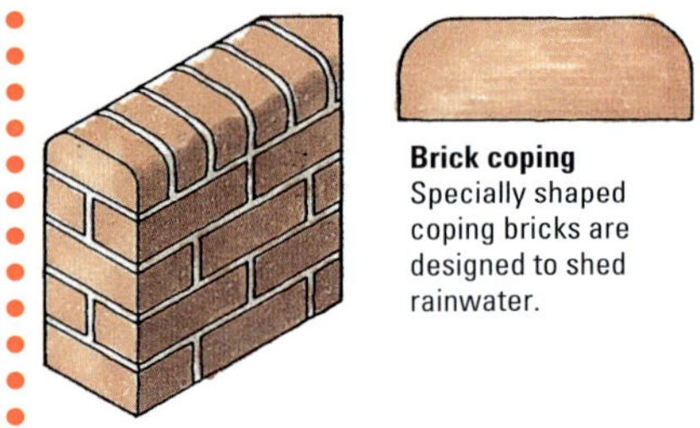
Brick coping
Specially shaped coping bricks are designed to shed rainwater.

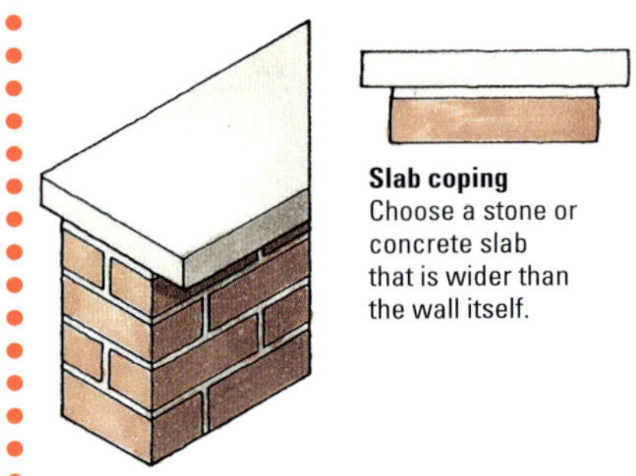
Slab coping
Choose a stone or concrete slab that is wider than the wall itself.

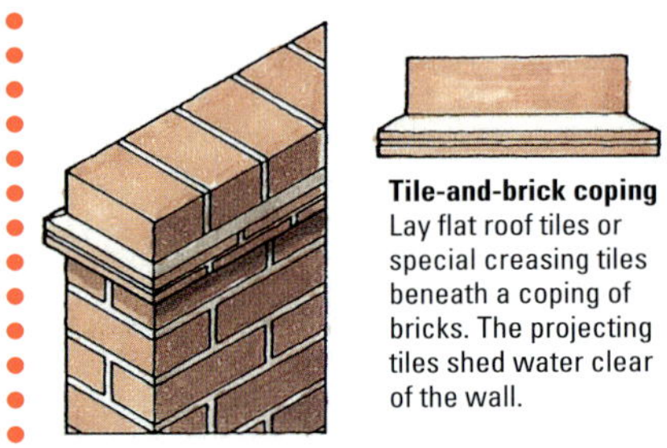
Tile-and-brick coping
Lay flat roof tiles or special creasing tiles beneath a coping of bricks. The projecting tiles shed water clear of the wall.

SEE ALSO: Damp-proof course 261, 457, Engineering bricks 447

Building intersecting walls

When building new garden walls that intersect at right angles, either join them by bonding the brickwork (see below) or take the easier option and link them with wall ties at every third course. If the intersecting wall is more than 2m (6ft 6in) in length, make the junction a control joint by using straight metal strips as wall ties.

Stretcher bond

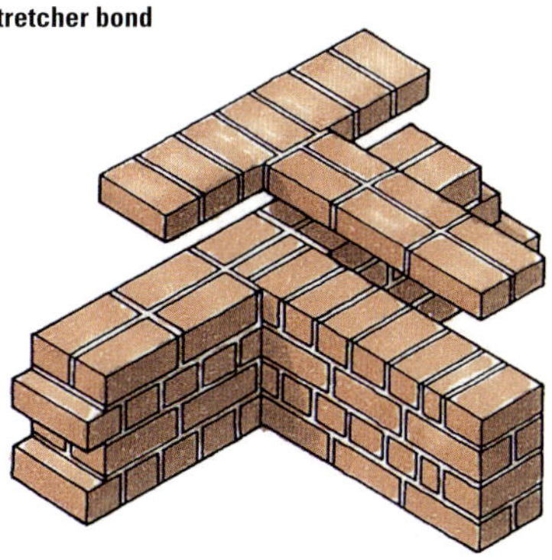

English bond

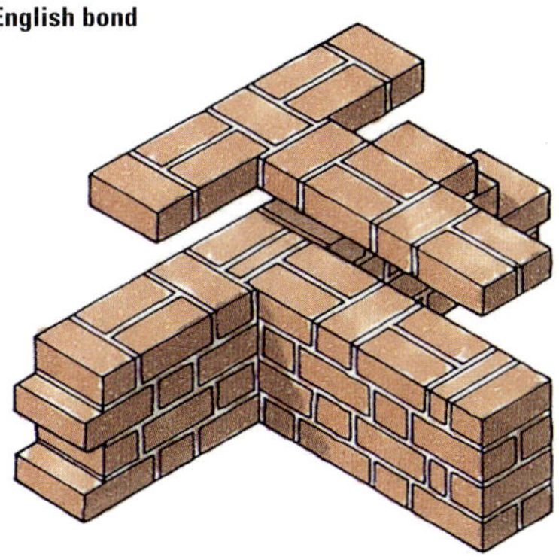

Flemish bond

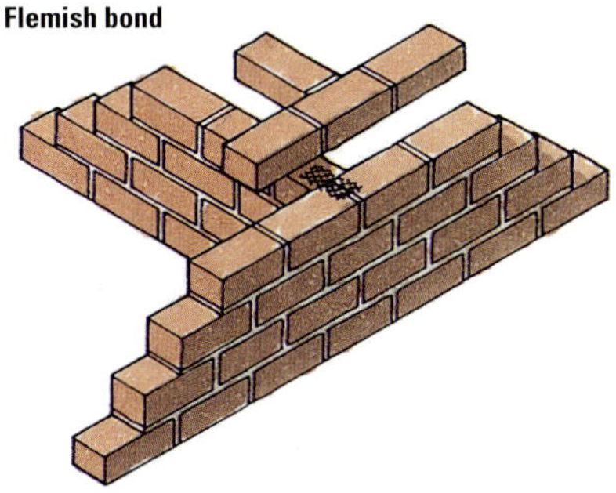

Using a wall tie

Building up to a wall

When building a new wall to intersect with an existing wall of a house, you must include a damp-proof course in order to prevent water bridging the house's DPC via the new masonry. You must also make a positive joint between the walls.

Inserting a DPC

Building Regulations require a damp-proof course to be installed in all habitable buildings, in order to prevent rising damp. This consists of a layer of impervious material built into the mortar bed 150mm (6in) above ground level. When you build a new wall, its DPC must coincide with the DPC in the existing structure. Use a roll of bituminous felt, chosen to match the thickness of the new wall.

Locate the house's DPC and build the first few courses of the new wall up to that level. Spread a thin bed of mortar on the bricks, and lay the DPC upon it with the end of the roll turned up against the existing wall **(1)**. The next course of bricks will trap the DPC between the header joint and the wall. Lay more mortar on top of the DPC to produce a standard 10mm (3⁄8in) joint, ready for laying the next course in the normal way. If you have to join rolls of DPC, overlap the ends by 150mm (6in).

Tying-in the new wall

The traditional method for linking a new wall with an existing structure involves chopping recesses in the brickwork at every fourth course. End bricks of the new wall are set into the recesses, bonding the two structures together **(2)**. However, a simpler method is to bolt to the wall a special stainless-metal connector, which is designed to anchor bricks or concrete blocks, using special wall ties. Standard connectors will accommodate walls from 100 to 250mm (4 to 10in) thick.

Bolt a connector to the old wall, just above the DPC **(3)**, using expanding bolts or stainless-steel coach screws and wallplugs.

Mortar the end of a brick before laying it against the connector **(4)**. At every third course, hook a wall tie into one of the lugs in the connector, and bed each tie in the mortar joint **(5)**.

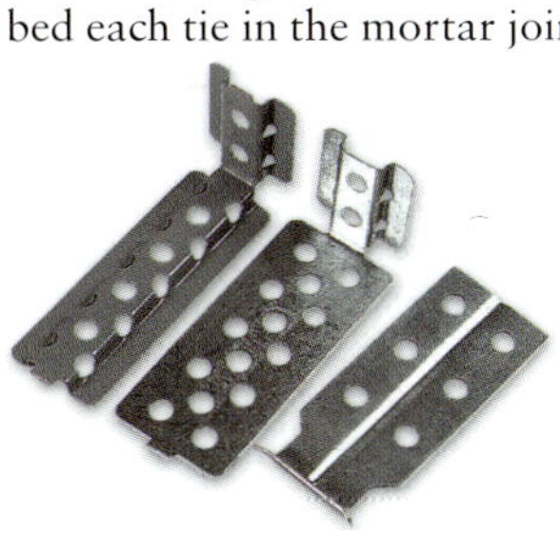

1 Lap the existing DPC with the new roll

2 You can tooth the wall into the brickwork

3 But it is easier to use a special connector

4 Lay the bricks against the connector

5 Bed a special wall tie in the mortar joint

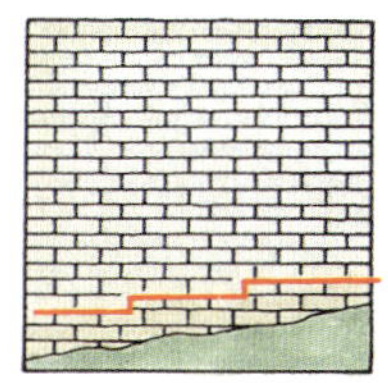

DPC on a sloping site
When the site slopes noticeably, the wall footing is stepped to keep the top of the wall level. If you include a DPC in the wall, that too must follow the line of the steps to keep it the required height above ground level.

SEE ALSO: Damp-proof course 261, Bricks 447–8, Stepped footing 453, Laying bricks 454–6, Wall ties 458, Control joints 459

Brick piers

A pier is a freestanding column of masonry that may be used, for example, as a support for a porch or a pergola or to form an individual gatepost. When a column is built as part of a wall, it is more accurately termed a pilaster. In practice, however, the word column is often used to mean either structure. To avoid confusion, any supporting brick column will be described here as a pier.

Structural considerations

A freestanding wall over a certain length and height must be buttressed at regular intervals by piers. The straight sections of walling have to be tied to the piers, either by a brick bond or by inserting metal wall ties in every third course of bricks.

Whatever its height, any single-width brick wall would benefit from supporting piers at each end and at gateways, where it is most vulnerable. Piers also serve to improve the appearance of this type of wall.

Piers that are more than 1m (3ft 3in) high, especially those supporting gates, should be built around steel reinforcing rods set in the concrete footings. Whether reinforcing is included or not, allow for the size of the piers when designing the footings.

Designing the piers

Piers should be placed no more than 3m (9ft 9in) apart in walls over a certain height (see chart below). The wall itself can be flush with one face of each pier, but the structure is stronger if the wall is centred on the piers.

Piers should be a minimum of twice the thickness of a wall that is 102.5mm (4in) thick; but build piers 328mm (1ft 1½in) square to buttress a wall 215mm (8½in) thick or when reinforcement is required, such as for gateways.

INCORPORATING PIERS IN A BRICK WALL		
Thickness of wall	Maximum height without piers	Maximum pier spacing
102.5mm (4in)	450mm (1ft 6in)	3m (9ft 9in)
215mm (8½in)	1.35m (4ft 6in)	3m (9ft 9in)

Bonding piers
Whilst it's simpler to tie a wall to a pier with wall ties (see above right), it is relatively easy to bond a pier into a wall that is of single-brick width.

Colour key
You will have to cut certain bricks to bond a pier into a straight wall. Whole bricks are coloured with a light tone; three-quarter bats with a medium tone; and half-bats with a dark tone.

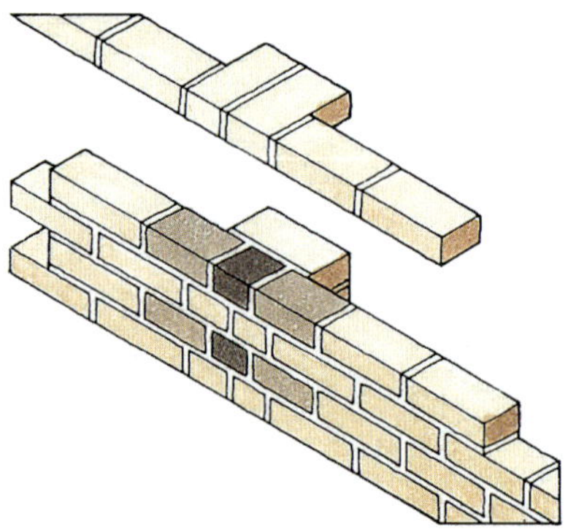
Solid pier

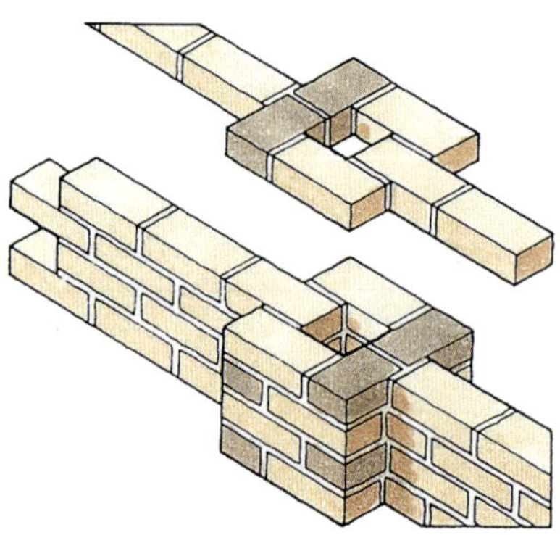
Centred hollow pier

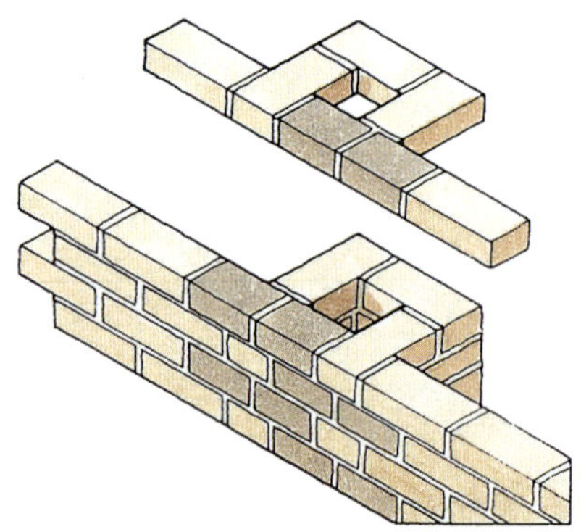
Offset hollow pier

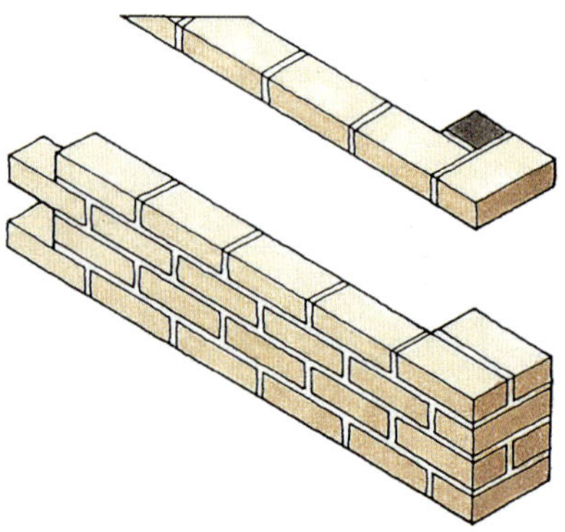
Solid end pier

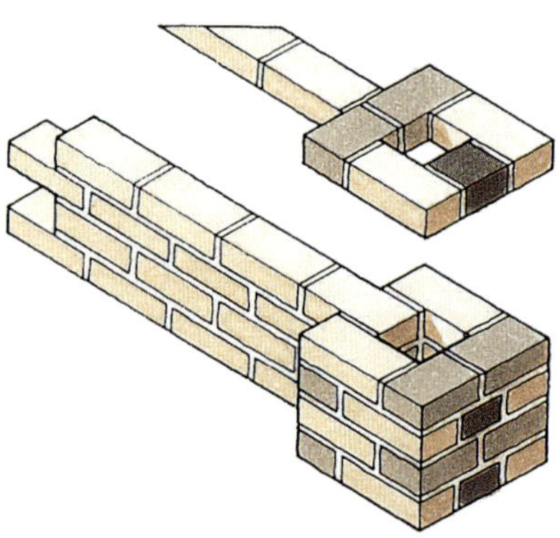
Centred hollow end pier

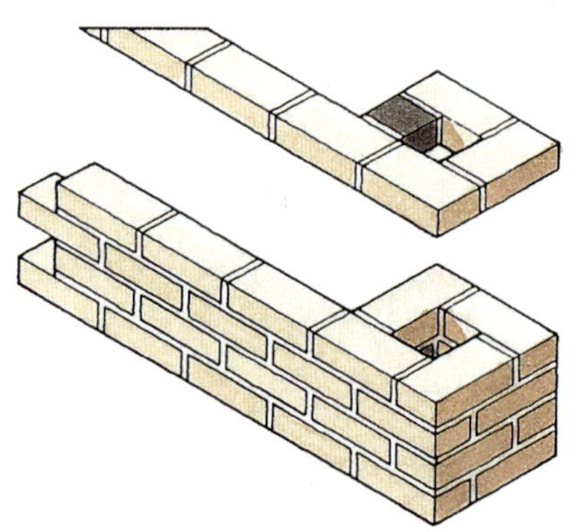
Offset hollow end pier

BONDING PIERS

If you prefer the appearance of bonded-brick piers, construct them as shown below. It is easier, however, to use wall ties to reinforce continuous vertical joints in the brickwork, especially when building walls centred on piers.

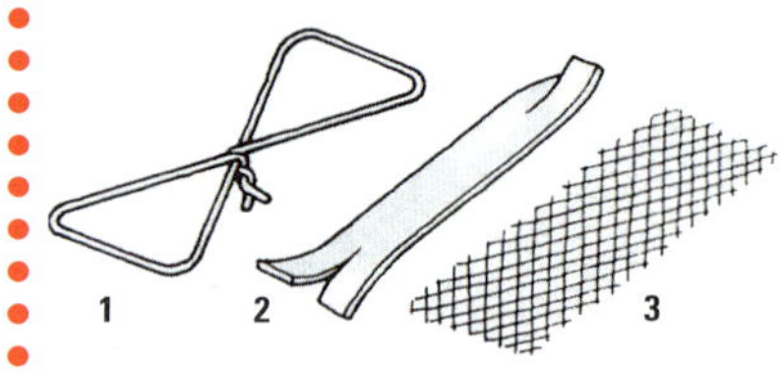

Wall ties
Various types of galvanized-metal wall tie are available: wire bent into a butterfly shape **(1)**; stamped-metal steel strips with forked ends, known as fish tails **(2)**; and expanded-metal mesh cut in straight strips **(3)**.

Centred piers **Offset piers**

SEE ALSO: Bricks 447–8, Footings 453, Laying bricks 454–6, Reinforced piers 459

Building piers

On the concrete footing, accurately mark out the positions of the piers and the face of the wall. Lay the first course of bricks for the piers, using a bricklayer's line stretched between two stakes to align them **(1)**. Adjust the position of the line if necessary, and fill in between with the first straight course, working from both ends towards the middle **(2)**. Build alternate pier and wall courses, checking that the bricks are laid level and the faces and corners of the piers are vertical. At every third course, push metal wall ties into the mortar bed to span the joints between the wall and piers **(3)**. Continue in the same way to the required height of the wall, then raise the piers by at least one extra course **(4)**. Lay a coping along the wall, and cap the piers with concrete or stone slabs **(5)**.

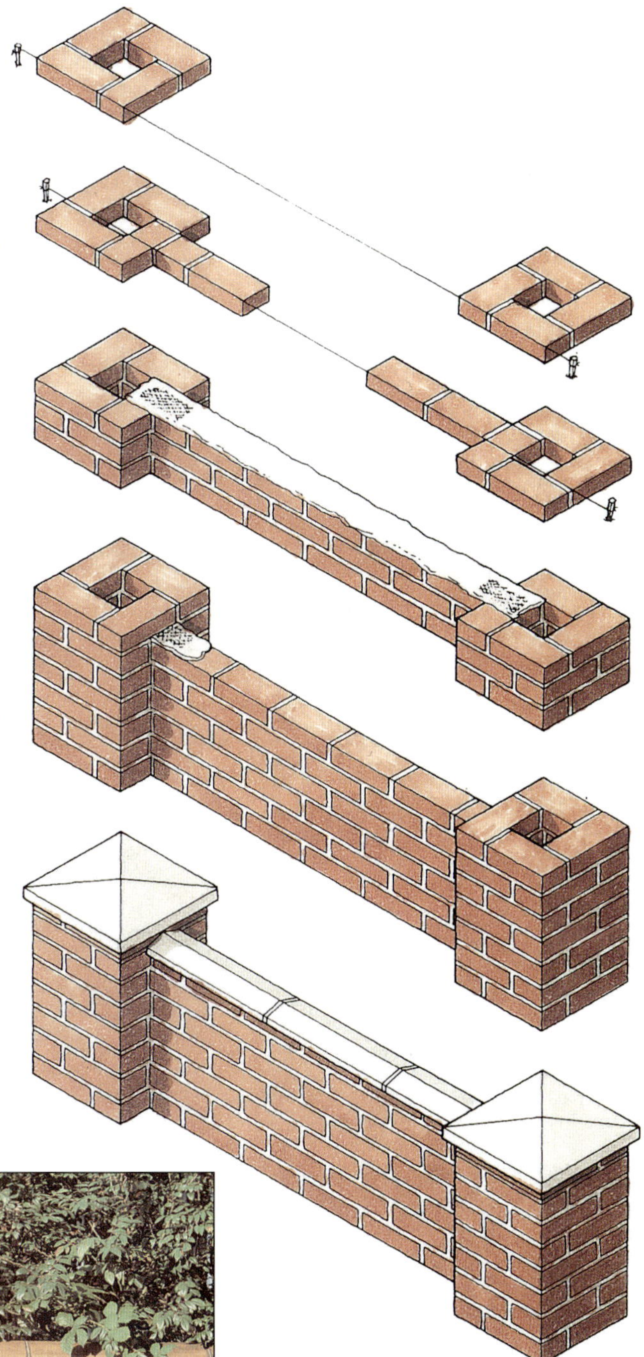

1 Lay pier bases
Stretch a bricklayer's line to position the bases of the piers.

2 Lay first wall course
Use the line to keep the first course of bricks straight.

3 Lay pier ties
Join the piers to the wall by inserting wall ties into every third course. Put a tie into alternate courses for a gate-supporting pier.

4 Raise the piers
Build the piers higher than the wall to allow for a decorative coping along the top course.

5 Lay the coping
Lay coping slabs and cap the piers.

Positioning piers
This brick-built pier has been strategically placed to support the wall and disguise the junction where the ground level changes

Control joints

Although it's not noticeable, a brick wall moves from time to time as a result of ground settlement as well as expansion and contraction of the materials. Over short distances the movement is so slight that it has hardly any effect on the brickwork, but in a long wall it can crack the structure.

To compensate for this movement, build continuous unmortared vertical joints into the wall at intervals of about 6m (19ft 6in). Although these control joints can be placed in a straight section of walling, it is neater and more convenient to place them where the wall meets a pier. In this situation, build the pier and wall as normal, but omit the mortar from the header joints of the wall. Instead of inserting standard wall ties, embed a flat galvanized strip, 3mm (⅛in) thick, in the mortar bed. Lightly grease one half of the strip with motor grease or petroleum jelly – so that it can slide lengthwise to allow for movement and yet still key the wall and pier together. When the wall is complete, fill the joint from both sides with mastic.

Control joint

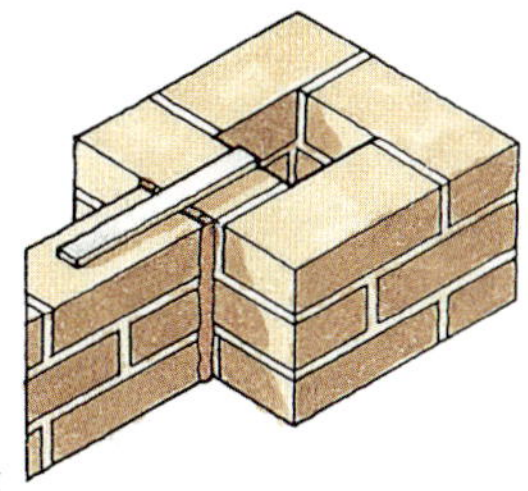

Making a control joint
When making a control joint, tie the pier to the wall with galvanized-metal strips (shown here before the bed of mortar is laid). Mastic is squeezed into the vertical joint between the wall and the pier.

Adding reinforcement

Use 16mm (⅝in) steel reinforcing bars to strengthen brick piers. If the pier is less than 1m (3ft 3in) in height, use a single continuous length of bar **(1)**; for taller piers, embed a bent 'starter' bar in the footing, projecting a minimum of 500mm (1ft 8in) above the level of the concrete. As the work proceeds, use galvanized wire to bind extension bars to the projection of the starter bar **(2)**, up to within 50mm (2in) of the top of the pier. Fill in around the reinforcement with concrete as you build the pier – but pack it very carefully so that you don't disturb the brickwork.

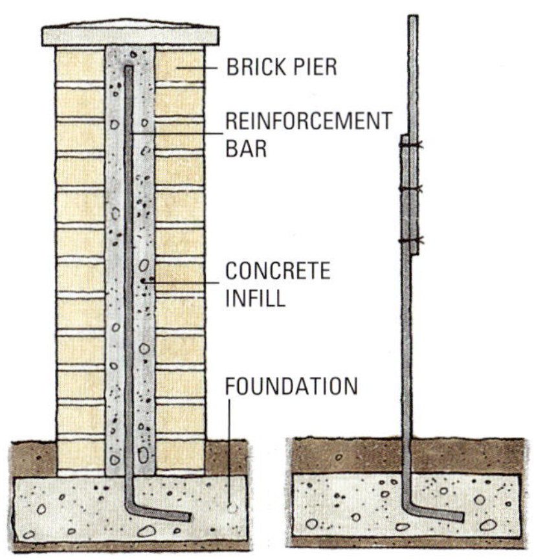

1 A reinforced pier **2 Extended starter bar**

Building with concrete blocks

Colourful block walls
Paint-quality blocks decorated with smooth masonry paint make a welcome change from the usual monotonous grey concrete.

Don't dampen concrete blocks before you lay them – since wet blocks may shrink and crack the mortar joints as the wall dries out. Block walls need the same type of concrete footings and mortar mixes as brickwork.

Because concrete blocks are made in a greater variety of sizes, you can build a wall of any thickness, using a simple stretcher bond.

Make the mortar joints flush with the surface of a wall that is to be rendered or plastered. For painted or exposed blockwork, point the joints using a style that is appropriate to the location and to enhance the appearance of the wall.

CONTROL JOINTS

Walls over 6m (19ft 6in) long should be built with a continuous vertical control joint to allow for expansion. Place an unmortared joint in a straight section of wall or against a pier, and bridge the gap with galvanized-metal strips, as for brickwork. Fill the vertical joint with flexible mastic.

If you need to insert a control joint in a partition wall, it's convenient to form the joint at a door opening – take it round one end of the lintel and then vertically to the ceiling. Having filled the joint with mortar in the normal way, rake it out to a depth of 18mm (¾in) on both sides of the wall, then fill flush with mastic.

● **Building piers**
High freestanding garden walls constructed from blocks must be supported by piers at 3m (9ft 9in) intervals.

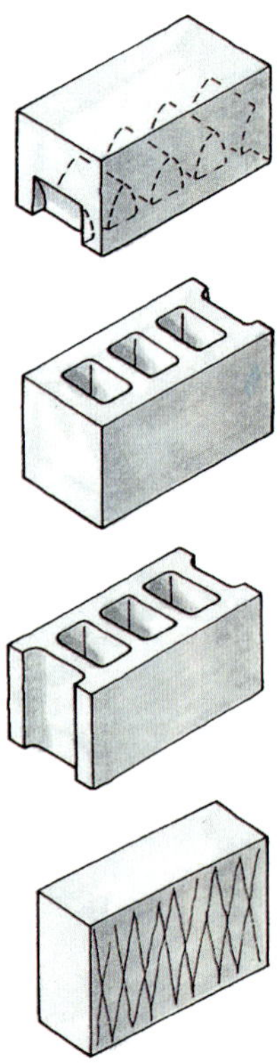

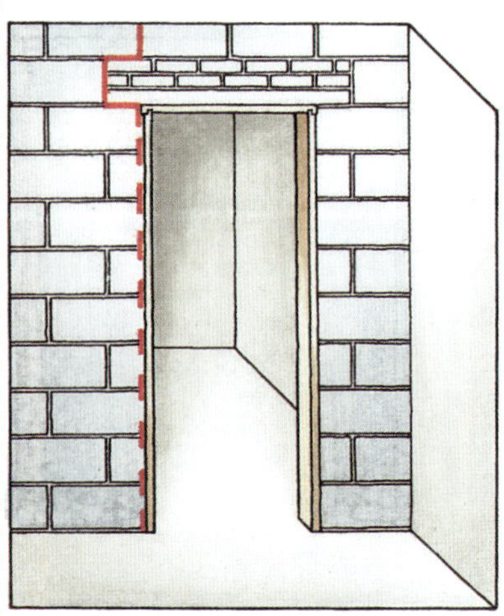

Forming a control joint next to a door opening
Take the joint around the lintel and up to the ceiling, on both sides of the wall.

Building a partition wall

It is usual to divide up large interior spaces with non-loadbearing stud partitions; but if your house is built on a concrete pad, a practical alternative is to use concrete blocks.

If you're going to install a doorway in the partition, plan its position to avoid cutting too many blocks. You will need to allow for the wooden doorframe and lining, as well as a precast lintel to support the masonry above the opening. Fill the space above the lintel with concrete coursing bricks.

Bolt metal connectors to the existing structure in order to support each end of the new partition wall. Plumb the connectors accurately to make sure the new wall is built perfectly upright.

Lay the first course of blocks without mortar, across the room, to check their spacing and to determine the position of a doorway, if one is to be included. Mark the positions of the blocks before building stepped leads at each end, as for brickwork. Check for accuracy with a spirit level, and then fill in between the leads with blocks.

Build another three courses, anchoring the end blocks to the connectors with wall ties in every joint. Leave the mortar to harden overnight before you continue with the wall.

Building a partition

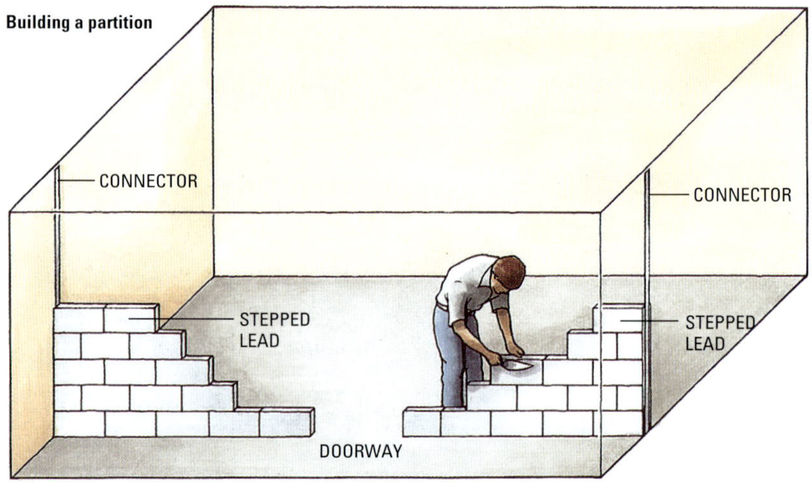

Building intersecting walls

Butt intersecting garden walls together with a continuous vertical joint between them, but anchor the structure as for brickwork with wire-mesh wall ties **(1)**. If you build a wall with heavyweight hollow blocks, use stout metal tie bars with a bend at each end. Fill the block voids with mortar to embed the ends of the bars **(2)**. Install a tie in every course.

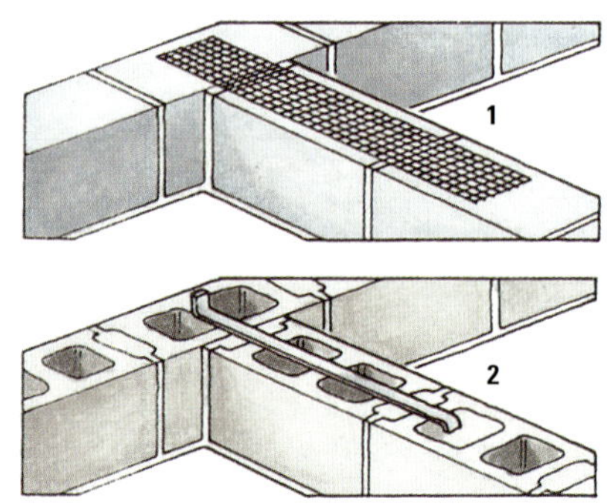

1 Wire-mesh wall ties for solid blocks
2 Metal tie bar for hollow blocks

Cutting blocks

If you don't have a masonry saw, cut a concrete block by scoring a line right round it, using a bolster chisel and straightedge. Deepen the line into a groove by striking the chisel sharply with a club hammer, working your way round the block until it eventually fractures along the chiselled groove.

Cutting a block
Use a bolster and club hammer to cut a block.

SEE ALSO: Stud partitions 141–5, Blocks and coursing bricks 449, Mixing mortar 451, Stretcher bond 452, Laying bricks 454–
Stepped leads 455, Pointing 456, Intersecting walls 457, Wall connectors 457, Control joints 459

Building a block screen

Cavity walls are used in the construction of habitable buildings to prevent moisture seeping to the interior. This is achieved by building two independent leaves of masonry with a gap between them. The gap provides a degree of thermal insulation, but the insulation value increases appreciably if an insulant is introduced into the cavity.

The exterior leaf of most cavity walls is constructed with facing bricks. The inner leaf is sometimes built with interior-grade bricks, but more often with concrete blocks. Whatever type of masonry is used, both leaves must be tied together with wall ties spanning the gap. Cavity walls are likely to be loadbearing, so have to be built very accurately. Hire a professional for this job, and make sure he or she includes a DPC in both leaves and avoids dropping mortar into the gap. If mortar collects at the base of the cavity, or even on one of the wall ties, moisture can bridge the gap and cause damp on the inside.

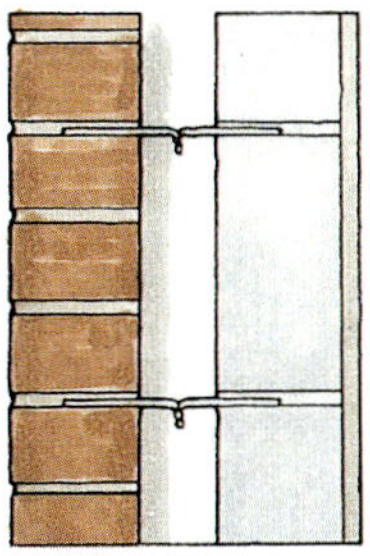

Cavity-wall construction
A section through a typical cavity wall built with an exterior leaf of bricks tied to an inner leaf of plastered concrete blocks.

Reinforcing a high wall
Any screen built higher than 600mm (2ft) should be reinforced vertically with 16mm (⅝in) steel bars, and galvanized-mesh strips should be embedded in the horizontal mortar joints.

Basic bricklaying techniques and tools are used to build a pierced concrete screen, but the blocks are stack-bonded – with continuous vertical joints.

If a screen wall is to be built higher than 600mm (2ft), it must be reinforced vertically with 16mm (⅝in) steel bars and horizontally with galvanized-mesh strips. Build a screen with supporting piers no more than 3m (9ft 9in) apart, using matching pilaster blocks. Alternatively, if you prefer the appearance of contrasting masonry, construct a base and piers from bricks (see below right).

Constructing a screen

Set out and fill the footings, making them twice the width of the pilaster blocks. Embed pier-reinforcing bars in the concrete, and support them with guy ropes until the concrete sets.

Lower a pilaster block over the first bar, setting it onto a bed of mortar laid around the base of the bar. Check that the block is perfectly vertical and level, and that its locating channel faces the next pier. Pack mortar or concrete into its core, then proceed with two more blocks so that the pier corresponds to the height of two mortared screen blocks **(1)**. Construct each pier in the same way. Intermediate piers will have a locating channel on each side.

Allow the mortar to harden overnight, then lay a mortar bed for two screen blocks next to the first pier. Butter the vertical edge of a screen block with mortar and press it into the pier-locating channel **(2)**. Tap the block into the mortar bed and check that it's level. Mortar the next block and place it alongside the first. When buttering screen blocks with mortar, take care to keep the faces clean by making a neat chamfered bed of mortar **(3)**.

Lay two more blocks against the next pier. Stretch a bricklayer's line to gauge the top edge of the first course, then lay the rest of the blocks towards the centre, making sure that the vertical joints are aligned perfectly. Before building any higher, embed a wire reinforcing strip running from pier to pier in the next mortar bed **(4)**. Continue to build the piers and screen up to a maximum height of 2m (6ft 6in), inserting a wire strip into alternate courses. Finally, lay coping slabs on top of each pier and along the top of the screen **(5)**.

If you don't like the appearance of ordinary mortar joints, rake out some of the mortar and repoint with mortar made with silver sand. A concave rubbed joint suits decorative screening.

1 Build the piers

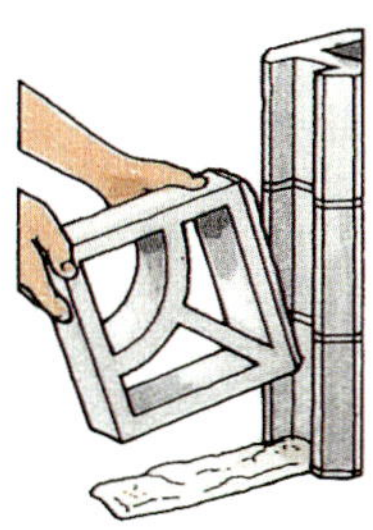

2 Fit block to pier

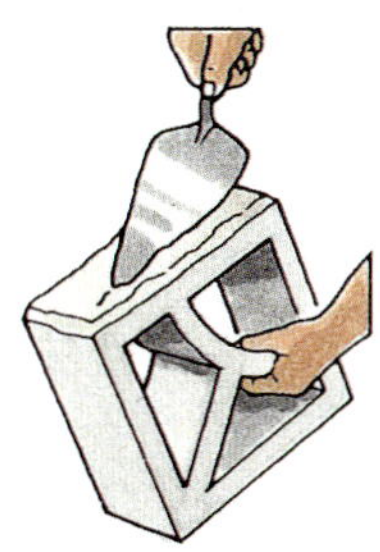

3 Butter edge of block

4 Lay a wire reinforcing strip into the mortar

5 Lay coping slabs along the wall

Building a brick base and piers
You can construct a garden wall using a combination of bricks and pierced screen blocks. Build a low base of bricks with reinforced piers spaced to accommodate the blocks. Build the piers and lay the blocks between them, reinforcing the joints with galvanized-mesh strips, as described left. Insert standard wall ties in alternate courses to provide additional support.

SEE ALSO: Cavity insulation 279, Blocks 449–50, Footings 453, Laying bricks 454–6, Rubbed joint 456, Wall ties 458, Reinforcing piers 459

Building with stone

Constructing garden walling with natural stone requires a different approach to that needed for building with bricks or concrete blocks. A stone wall has to be as stable as one built with any other masonry, but its visual appeal relies on the coursing being less regular; indeed, there is no real coursing when a wall is built with undressed stone.

Structural considerations

Not all stone walls are built with mortar, although it is often used with dressed or semi-dressed stone in order to provide additional stability.

Instead, many walls are tapered – with heavy flat stones laid at the base of the wall, followed by proportionally smaller stones as the height increases.

This traditional form of construction was developed to prevent walls made with unmortared stones toppling sideways when subjected to high winds or the weight of farm animals.

Far from detracting from its appearance, this informal construction suits a country-style garden perfectly.

Dry-stone wall
Traditional dry-stone walling is stable without having to fill the joints with mortar.

Building a dry-stone wall

As described above, a true dry-stone wall relies on a selective choice of stones and careful placement to provide stability. However, there's no reason why you can't introduce mortar, particularly within the core of the wall, and still maintain the appearance of dry-stone walling. Another way to help stabilize a wall is to bed the stones in soil, packing it firmly into the crevices as you lay each course. This enables you to plant alpines or other suitable rockery plants in the wall, even during its construction.

When you are selecting the masonry, look out for flat stones in a variety of sizes and make sure you have some that are large enough to run the full width of the wall, especially at the base of the structure. Placed at regular intervals, these 'bonding' stones are important components, as they tie the loose rubble into a cohesive structure.

Even a low wall will inevitably include some heavy stones. When you lift them, keep your back straight and your feet together, using the muscles of your legs to take the strain.

DESIGNING THE WALL

A dry-stone wall must be 'battered' – in other words, it has to have a wide base and the sides must slope inwards.

For a wall about 1m (3ft 3in) in height (it's risky to build a dry-stone wall any higher), the base should be no less than 450mm (1ft 6in) wide; and you need to provide a minimum slope of 25mm (1in) for every 600mm (2ft) of height.

Traditionally, the base of this type of wall rests on a bed of sand 100mm (4in) deep, laid on compacted soil at the bottom of a shallow trench.

For a more reliable foundation, lay a 100mm (4in) concrete footing, making it about 100mm (4in) wider than the wall on each side.

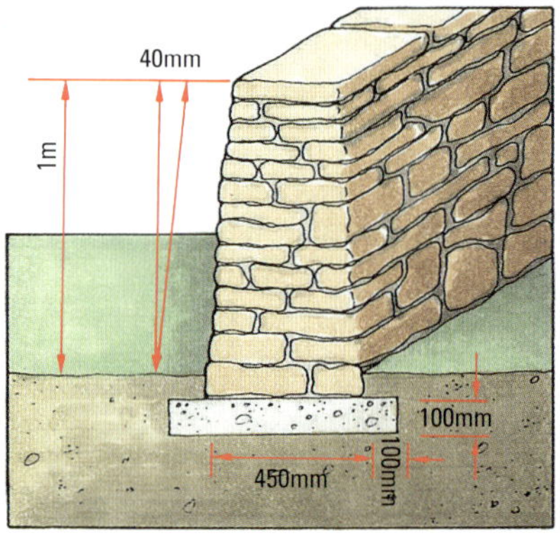

Proportions of a stone wall

Pointed stonework
Mortar is required for buildings and substantial freestanding walls constructed from dressed or semi-dressed stone.

Constructing the wall

Assuming you're using soil as your jointing material, spread a 25mm (1in) layer over the footing and then place a substantial bonding stone across the width to form the bed of the first course **(1)**. Lay other stones, about the same height as the bonding stone, along each side of the wall, pressing them down into the soil to make a firm base. It's worth stretching a bricklayer's line along each side of the wall to help you make a reasonably straight base.

Lay smaller stones between to fill out the base of the wall **(2)**, then pack more soil into all the crevices.

Spread another layer of soil on top of the base and lay a second course of stones, bridging the joints between the stones below **(3)**. Press the stones down firmly, so they lean inwards towards the centre of the wall. As you proceed, check by eye that the coursing is about level and remember to include bonding stones at regular intervals.

You can introduce plants into the larger crevices or, alternatively, hammer smaller stones into the chinks to lock large stones in place **(4)**.

At the top of the wall, either fill the core with soil for plants or lay large, flat coping stones, balancing them with packed soil. Finally, brush loose soil from the faces of the wall.

1 Lay a wide bonding stone across the end of the wall

2 Fill out the base with small stones

3 Lay a second course of stones

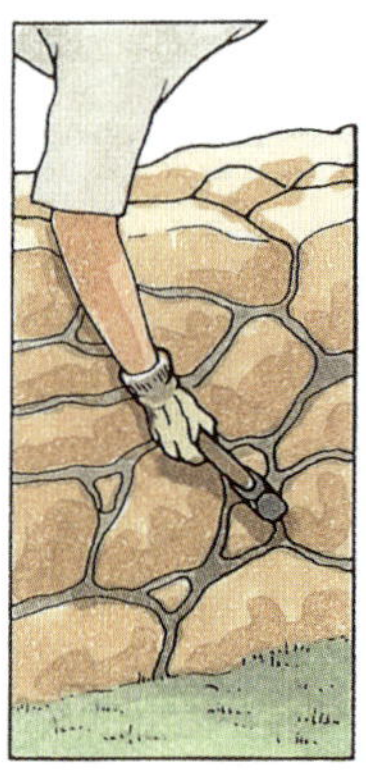

4 Fill the chinks

SEE ALSO: Natural stone 450, Footings 453, Bricklayer's line 455, 509

Building low retaining walls

Retaining walls are designed to hold back a bank of earth, but don't attempt to cut into a steep bank and restrain it with a single high wall. Apart from the obvious dangers of the wall collapsing, terracing the slope with a series of low walls is a more attractive solution, which offers opportunities for imaginative planting.

Choosing your materials

Both bricks and concrete blocks make sturdy retaining walls, provided they are reinforced with metal bars buried in a sound concrete footing. Either run the bars through hollow concrete blocks **(1)** or build a double skin of brickwork, rather like a miniature cavity wall, using wall ties to bind each skin together **(2)**.

The mass and weight of natural stone make it ideal for retaining walls. A stone wall should be battered to an angle of 50mm (2in) for every 300mm (1ft) of height, so that the wall virtually leans into the bank **(3)**. For safety, don't build higher than 1m (3ft 3in).

A skilful builder could construct a perfectly safe dry-stone retaining wall, but unless you have had sufficient experience, it is advisable to use mortar for additional rigidity.

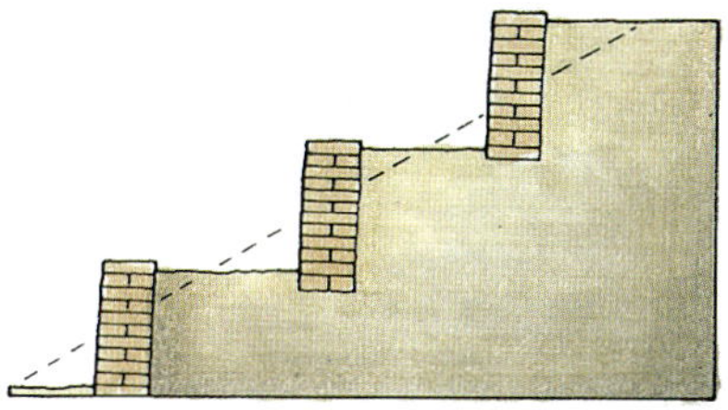

Terracing with retaining walls

1 A retaining wall of hollow concrete blocks

2 Use two skins of brick tied together

3 Lean a stone wall against the bank of earth

Constructing the wall

Excavate the soil to provide enough room to dig the footing and construct the wall. If the bank is loosely packed, restrain it temporarily with sheets of scrap plywood or corrugated iron, or similar sheeting. Drive long metal pegs into the bank to hold the sheets in place **(1)**. Lay the footing at the base of the bank, and allow it to set before you begin building the wall.

Use conventional techniques to build a block or brick wall. Lay uncut stones as if you were building a dry-stone wall, but set each course on mortar. If you use regular stone blocks, stagger the joints and select stones of different proportions to add variety to the wall. Bed the stones in mortar.

You must allow for drainage behind the wall, or the soil will become waterlogged. So when you lay the second course of stones, embed 22mm (¾in) plastic pipes in the mortar bed; slope the pipes very slightly towards the face of the wall. Lay the pipes about 1m (3ft) apart, making sure that they pass right through the wall and project a little from the face **(2)**.

1 Hold back the earth with scrap boards

2 Set plastic pipes in the wall for drainage

FINISHING STONE WALLS

When the wall is complete, rake out the joints so that it looks like a genuine dry-stone wall.

An old paintbrush is a useful tool for smoothing the mortar in deep crevices, in order to make firm, watertight joints. It is best to point regular stones with concave rubbed joints.

Allow the mortar to set for a day or two before filling behind the wall. Lay hardcore at the base to cover the drainage pipes, and pack shingle against the wall as you replace the soil. Provide a generous layer of topsoil, so you can plant up to the wall.

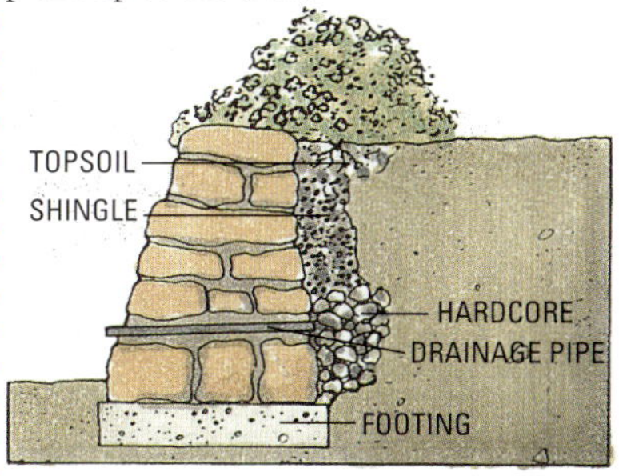

Filling behind a stone wall

SEE ALSO: Footings 453, Laying bricks 454–5, Pointing 456, Reinforcing bars 459

Paths, drives and patios

Paved patio
A paved area that's surrounded by stone or brick walls makes a perfect suntrap.

Sometimes, a hard and unyielding surface can be softened by the addition of foliage. And plants that recede into a background of soil and grass are seen to advantage against stone and gravel.

For many people, paving of any kind is associated with the old 'back yard' environment, devoid of plants, trees and grass. But in reality, introducing paving into a garden provides an opportunity to create contrasts of colour and texture, which are intensified by sunlight and deep shade.

Designing paved areas

The marriage of different materials offers numerous possibilities. It may be convenient to define areas of paving as paths, drives and patios, but they are only names to describe the function of those particular spaces in the garden. There's no reason why you cannot blend one area into another by using the same material throughout, or by employing similar colours to link one type of paving with another. On the other hand, you could take a completely different approach and deliberately juxtapose coarse and smooth textures or pale and dark tones to make one space stand out from the next.

Having so many choices at your disposal does have its drawbacks: there's a strong temptation to experiment with any and every combination until the end result is a mishmash that is distracting to the eye. A few well-chosen materials that complement the house and its surroundings produce an effect that's far more appealing.

Working with concrete

Concrete is more versatile than some people imagine. It may appear to be a rather drab, utilitarian material for the garden, but you can add texture and colour to ordinary concrete, or use to advantage one of the many types of cast-concrete slabs and bricks made for paving patios, paths and driveways.

Ingredients of concrete

Concrete in its simplest form consists of cement and fine particles of stone (sand and pebbles), known as aggregate. The dry ingredients are mixed with water to create a chemical reaction with the cement, which binds the aggregate into a hard, dense material.

The initial hardening process takes place quite quickly. The mix becomes unworkable after a couple of hours, depending on the temperature and humidity, but the concrete has no real strength for three to seven days.

The hardening process continues for up to a month, or as long as there is moisture still present within the concrete. Moisture is essential to the reaction; consequently, concrete must not be allowed to dry out too quickly during the first few days.

Cement

Standard Portland cement, sold in 50kg (110lb) bags, is used in the manufacture of concrete. In its dry condition, it is a fine grey powder.

In some areas of the country, the soil contains soluble sulphates that are harmful to concrete (your local Building Control Officer can advise you about this). If necessary, use special sulphate-resisting Portland cement.

Sand

Sharp sand – a rather coarse and gritty material – constitutes part of the aggregate of a concrete mix. Don't buy fine builder's sand (used for mortar); and avoid unwashed or beach sand, both of which contain impurities that can affect the quality of the concrete.

Builders' merchants sell sharp sand loose by the cubic metre (or cubic yard). However, it is often more convenient to buy it packed in large plastic bags if you have to transport it by car or van.

Coarse aggregate

Coarse aggregate is gravel or crushed stone composed of particles large enough to be retained by a 5mm (¼in) sieve, up to a maximum size of 20mm (¾in) for normal use. Once again, it can be bought loose by the cubic metre (cubic yard) or in smaller quantities packed in plastic sacks.

Pigments

Special pigments can be added to a concrete mix in order to colour it, but it's difficult to guarantee an even colour from one batch to another.

Combined aggregate

Naturally occurring sand-and-gravel mix, known as ballast, is sold as a combined aggregate for concreting. The proportion of sand to gravel is not guaranteed unless the ballast has been reconstituted to adjust the mix, so you may need to do this yourself. In any case, make sure the ballast has been washed thoroughly to remove any impurities.

Dry-packed concrete

You can buy dry cement, sand and aggregate mixed to the required proportions for making concrete. Choose the proportion that best suits the job you have in mind. The dry ingredients for erecting fence posts is one typical ready-mixed product.

Concrete mix is sold in various-size bags up to 50kg (110lb). Available from the usual outlets, this is a more expensive way of buying concrete ingredients, but it's a simple and convenient method of ordering exactly the amount you need. Before you add water, make sure the ingredients are mixed thoroughly.

Water

Use ordinary tap water. Impurities and salt contained in river or sea water are detrimental to concrete.

PVA admixture

You can buy a PVA admixture from builders' merchants to make a smoother concrete mix that is less susceptible to frost damage. Follow the manufacturers' instructions for its use.

SEE ALSO: Concrete mixes 467, Finishing concrete 471, Paving slabs 472

Mixing concrete

Hire small mixing machines if you have to prepare a large volume of concrete, but for the average job it's perhaps more convenient to mix it by hand. It isn't necessary to weigh the ingredients – simply mix them by volume, choosing the proportions that suit the job in hand.

Mixing by hand

Use two large buckets to measure the ingredients, one for the cement and (in order to keep the cement perfectly dry) another, identical, bucket for the sand and coarse aggregate. Using two shovels is also a good idea.

Measure the materials accurately, levelling them with the rim of the bucket. Tap the side of the bucket with the shovel as you load it with sand or cement, so that the loose particles are shaken down.

Mix the sand and coarse aggregate first, on a hard, flat surface. Scoop a depression in the pile for the measure of cement, and mix all the ingredients until they form an even colour.

Form another depression and add some water from a watering can. Push the dry ingredients into the water from around the edge until the surface water has been absorbed, then mix the batch by chopping the concrete with the shovel **(1)**. Add more water, then turn the concrete from the bottom of the pile and chop it as before until the whole batch has an even consistency.

To test the workability of the mix, form a series of ridges by dragging the back of the shovel across the pile **(2)**. The surface of the concrete should be flat and even in texture, and the ridges should hold their shape without slumping.

1 Mixing ingredients
Mix the ingredients by chopping the concrete mix with the shovel. Turn the mix over, and chop again.

2 Testing the mix
Make ridges with the back of the shovel to test the workability of the mix.

Mixing by machine

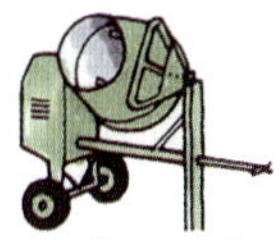

Make sure you set up the concrete mixer on a hard, level surface and that the drum is upright before you start the motor. Use a bucket to pour half the measure of coarse aggregate into the drum and add water. Add the sand and cement alternately in small batches, plus the rest of the aggregate. Keep on adding water little by little along with the other ingredients.

Let the batch mix for a few minutes. Then tilt the drum of the mixer while it is still rotating and turn out some of the concrete into a wheelbarrow, so you can test its consistency (see above). If necessary, return the concrete to the mixer to adjust it.

Machine safety

When you hire a concrete mixer, take the time to read the safety advice that's supplied with the machine.

- Make sure you understand the operating instructions before you turn the machine on.
- Prop the mixer with blocks of woods until it is level and stable.
- Never put your hands or shovel into the drum while the mixer is running.
- Don't lean over a rotating drum to inspect the contents.
- It is advisable to wear goggles when mixing concrete.

Storing materials

If you buy sand and aggregate in sacks, use as much as you require for the job and keep the rest bagged up until you need it again. Loose ingredients should be piled separately on a hard surface or on thick polythene sheets. Cover the piles with weighted sheets of plastic.

Storing cement is more critical. It's usually sold in paper sacks, which will absorb moisture from the ground – so pile them on a board propped up on battens. It's best to keep cement in a dry shed or garage; but if you have to store it outdoors, cover the bags with sheets of plastic weighted down with bricks.

Once a bag is opened, cement will absorb moisture from the air, so keep a partly used bag in a sealed plastic sack.

READY-MIXED CONCRETE

If you need a lot of concrete for a driveway or large patio, it may be worth ordering a delivery of ready-mixed concrete from a local supplier.

Always contact the supplier well in advance to discuss your particular requirements. Specify the proportions of the ingredients, and say whether you require a retarding agent to slow down the setting time. (Once a normal mix of concrete is delivered, you will have about two hours in which to finish the job. A retarding agent can add a couple of hours to the setting time.) Tell the supplier exactly what you need the concrete for, and accept his advice. For quantities of less than 6cu m (8cu yd), you may find you have to shop around for a supplier who is willing to deliver without making an additional charge.

In order to avoid moving the concrete too far by wheelbarrow, you will want it discharged as close to the site as possible, if not directly into place. However, the chute on a delivery truck can reach only so far, and if the vehicle is too large or heavy to drive onto your property you will need several helpers to move the concrete while it is still workable. A single cubic metre of concrete will fill 25 to 30 large wheelbarrows. If it takes longer than 30 to 40 minutes to discharge the load, you may have to pay extra.

Professional mixing

There are companies who will deliver concrete ingredients and mix them to your specifications on the spot. All you have to do is barrow the concrete and pour it into place. There's no waste, as you pay only for the concrete you use. Telephone a local company for details on price and minimum quantity.

Storing sand and aggregate
Separate piles of sand and aggregate with a plank.

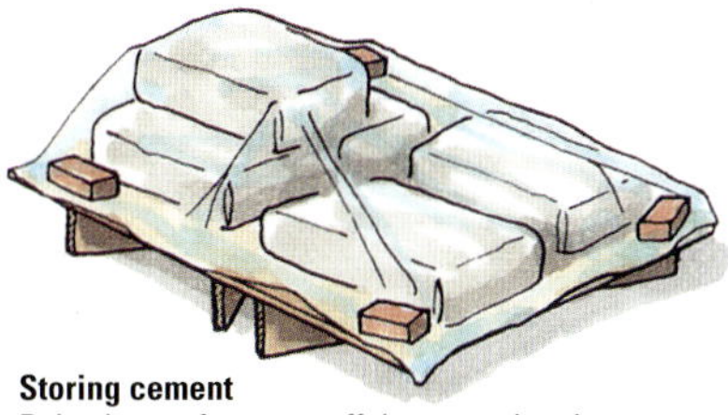

Storing cement
Raise bags of cement off the ground and cover them with plastic sheeting.

SEE ALSO: Calculating quantities 467, Cleaning equipment 467, Laying concrete 468–9

Designing concrete paving

Sloping floors
Although you can build upon a perfectly flat base, it is a good idea to slope the floor towards the door of a garage or outbuilding that is to be scrubbed out from time to time. Alternatively, slope a floor in two directions towards the middle to form a shallow drain that runs to the door.

The notion of having to design simple concrete pads and pathways may seem odd, but there are important factors to consider if the concrete is to be durable. At the least, you will have to decide on the thickness of the concrete that is needed to support the weight of traffic, and the angle of slope required to drain off surface water.

When the area of concrete is large or of a complicated shape, you need to incorporate control joints to allow the material to expand and contract. If a pad is for a habitable building, then it must include a damp-proof membrane to prevent moisture rising from the ground. Even the proportions of sand, cement and aggregate used in the mix have to be considered carefully.

Deciding on the slope

A freestanding pad can be laid perfectly level, especially when it's supporting a small outbuilding – but a very slight slope or fall will prevent water collecting in puddles if you have failed to get the concrete absolutely flat. If a pad is laid directly against a house, it must have a definite fall away from the building; and any parking area or drive must shed water to provide adequate traction for vehicles and to minimize the formation of ice. When concrete is laid against a building, it must be at least 150mm (6in) below the existing damp-proof course.

USE OF PAVING	ANGLE OF FALL
Pathways	Not required.
Drive	1 in 40; 25mm per metre; 1in per yard.
Patio Parking space	1 in 60 away from building; 16mm per metre; ⅝in per yard.
Pads for garages and outbuildings	1 in 80 towards the door; 12.5mm per metre; ½in per yard.

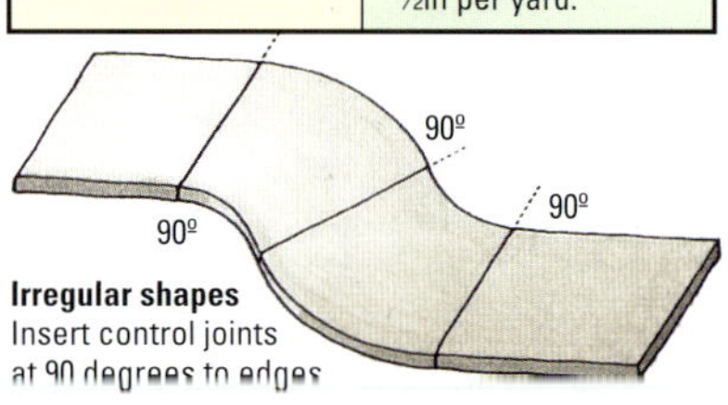

Irregular shapes
Insert control joints at 90 degrees to edges

Recommended thicknesses for concrete

The normal thicknesses recommended for concrete paving assume it will be laid on a firm subsoil. If the soil is clay or peat, increase the thickness by about 50 per cent. The same applies to a new site, where the soil may not be compacted.

Unless the concrete is for pedestrian traffic only, lay a subbase of compacted hardcore below the paving. This will absorb ground movement without affecting the concrete itself. A subbase is not essential for a very lightweight structure, such as a small wooden shed; but in case you want to increase the weight at some time in the future, it is wisest to install a subbase at the outset.

Pathways

For pedestrian traffic only:
Concrete: 75mm (3in)
Subbase: Not required

Light structures

Support pad for a wooden shed, coal bunker and so on:
Concrete: 75mm (3in)
Subbase: 75mm (3in)

Patios

Any extensive area of concrete for pedestrian traffic:
Concrete: 100mm (4in)
Subbase: 100mm (4in)

Parking spaces

Exposed paving for parking family car:
Concrete: 125mm (5in)
Subbase: 150mm (6in)

Driveways

Drive used for an average family car only:
Concrete: 125mm (5in)
Subbase: 150mm (6in)
For heavier vehicles, such as delivery trucks:
Concrete: 150mm (6in)
Subbase: 150mm (6in)

Garages

Thicken up the edges of a garage pad to support the weight of the walls:
Concrete:
Floor: 125mm (5in)
Edges: 200mm (8in)
Subbase:
Minimum 150mm (6in)

Allowing for expansion

Changes in temperature cause concrete to expand and contract. If this movement is allowed to happen at random, then a pad or pathway will crack at the weakest or most vulnerable point.

Control joints composed of a compressible material will either absorb the movement or concentrate the force in predetermined areas where it will do little harm. The joints should meet the sides of a concrete area at more or less 90 degrees. Always place a control joint between concrete and a wall, and around inspection chambers.

Positioning control joints
The exact position of the control joints will depend on the area and shape of the concrete.

Pathways
Joint every 2m (6ft 6in)

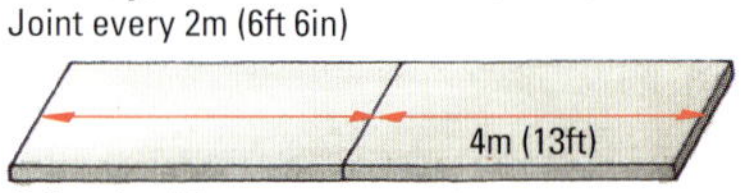

Drives/parking spaces
Joint every 4m (13ft)

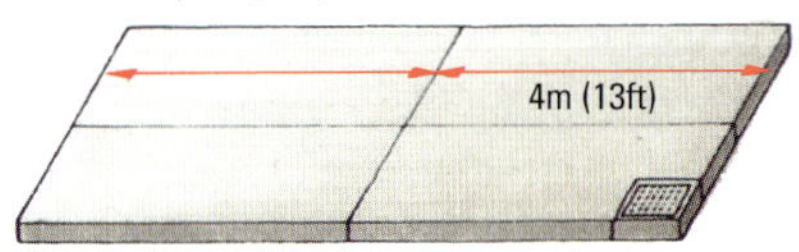

Concrete pads
Joints no more than 4m (13ft) apart and around inspection chambers.

Divide a pad into equal bays if:
- The length is more than twice the width.
- The longest dimension is more than 40 times the thickness.
- The longest dimension exceeds 4m (13ft).

SEE ALSO: Damp-proof membrane 261, Laying subbase 469, Control joints 470

Calculating quantities

To estimate the amount of materials that will be required, you need to calculate the volume of concrete in the finished pad, path or drive. Measure the surface area of the site, and multiply that figure by the thickness of the concrete.

Estimating quantities of concrete

Use the gridded diagram to estimate the volume of concrete you will need, by reading off the area of the site in square metres (square yards) and tracing it across horizontally to meet the angled line indicating the thickness of the concrete. Trace the line up to find the volume in cubic metres (cubic yards).

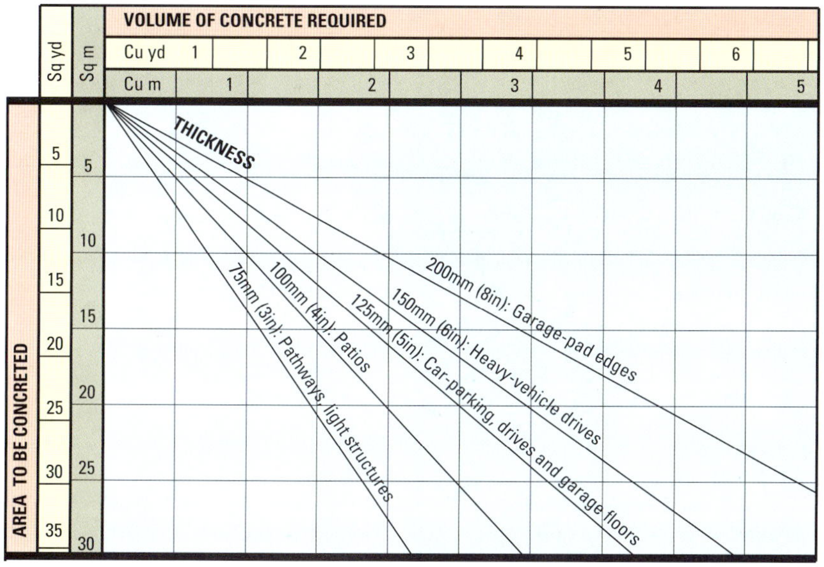

Estimating quantities of ingredients

Use the bar charts below to estimate the quantities of cement, sand and aggregate you will require to mix up the volume of concrete arrived at by using the chart above.

The figures are based on the quantity of ingredients required to mix one cubic metre of concrete for a particular type of mix, plus about 10 per cent in order to allow for wastage.

		CUBIC METRES OF CONCRETE								
		1.00	1.50	2.00	2.50	3.00	3.50	4.00	4.50	5.00
GENERAL-PURPOSE MIX										
	Cement (50kg bags)	7.00	10.50	14.00	17.50	21.00	24.50	28.00	31.50	35.00
plus	Sand (cubic metres)	0.50	0.75	1.00	1.25	1.50	1.75	2.00	2.25	2.50
	Aggregate (cubic metres)	0.75	1.15	1.50	1.90	2.25	2.65	3.00	3.40	3.75
or	Ballast (cubic metres)	0.90	1.35	1.80	2.25	2.70	3.15	3.60	4.05	4.50
FOUNDATION MIX										
	Cement (50kg bags)	6.00	9.00	12.00	15.00	18.00	21.00	24.00	27.00	30.00
plus	Sand (cubic metres)	0.55	0.80	1.10	1.40	1.65	1.95	2.20	2.50	2.75
	Aggregate (cubic metres)	0.75	1.15	1.50	1.90	2.25	2.65	3.00	3.40	3.75
or	Ballast (cubic metres)	1.00	1.50	2.00	2.50	3.00	3.50	4.00	4.50	5.00
PAVING MIX										
	Cement (50kg bags)	9.00	13.50	18.00	22.50	27.00	31.50	36.00	40.50	45.00
plus	Sand (cubic metres)	0.45	0.70	0.90	1.15	1.35	1.60	1.80	2.00	2.25
	Aggregate (cubic metres)	0.75	1.15	1.50	1.90	2.25	2.65	3.00	3.40	3.75
or	Ballast (cubic metres)	1.00	1.50	2.00	2.50	3.00	3.50	4.00	4.50	5.00

CLEANING TOOLS AND MACHINERY

Keep the shovel as clean as possible between mixing batches of concrete, and at the end of a working day wash all traces of concrete from your tools and wheelbarrow.

When you have finished using a concrete mixer, add a few shovels of coarse aggregate and a little water, then run the machine for a couple of minutes to scour the inside of the drum. Dump the aggregate, then hose out the drum with clean water.

Shovel unused concrete into sacks, ready for disposal at a refuse dump, and wash the mixing area with a stiff broom. Never hose concrete or any of the separate ingredients into a drain.

CALCULATING AREAS

Squares and rectangles
Calculate the area of rectangular paving by multiplying width by length.

Example:
2m x 3m = 6sq m
78in x 117in = 9126sq in or 7sq yd

Circles
Use the formula πr^2 to calculate the area of a circle (π = 3.14, r = radius of circle).

Example:
3.14 x 2sq m = 3.14 x 4 = 12.56sq m
3.14 x 78sq in = 3.14 x 6084 = 19104sq in or 14.75sq yd

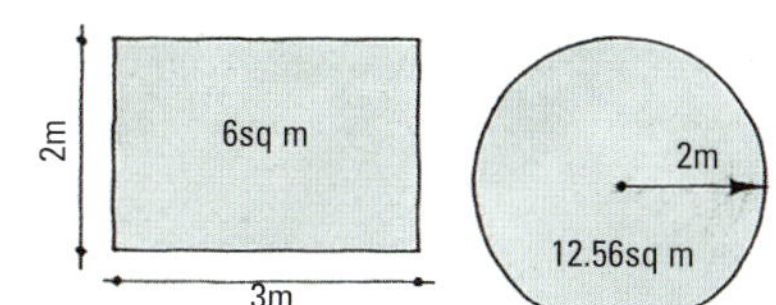

Rectangle
Circle

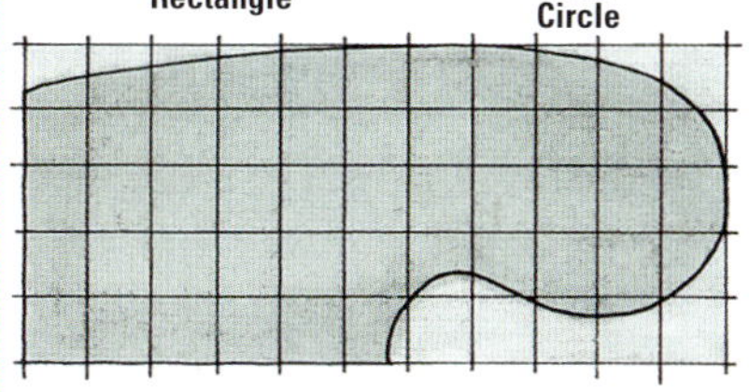

Square-up an irregular shape to calculate area

Irregular shapes
Draw an irregular area of paving on squared paper. To find the approximate area, count the whole squares and average out the portions.

Laying a concrete pad

Laying a simple pad as a base for a small shed or similar structure involves all the basic principles of concreting – including building a retaining formwork, as well as pouring, levelling and finishing the concrete.

Provided that the base is less than 2m (6ft 6in) square, there's no need to include control joints.

Mixing concrete by volume
Whatever container you use to measure out the ingredients (shovel, bucket or wheelbarrow), the proportions remain the same.

MIXING CONCRETE BY VOLUME			
Type of mix		Proportions	For 1cu m concrete
GENERAL PURPOSE			
Use in most situations including covered pads other than garage floors.	plus	1 part cement	6.4 bags (50kg)
		2 parts sand	0.448cu m
	or	3 parts aggregate	0.672cu m
		4 parts ballast	0.896cu m
FOUNDATION			
Use for footings at the base of masonry walls.	plus	1 part cement	5.6 bags (50kg)
		2½ parts sand	0.49cu m
	or	3½ parts aggregate	0.686cu m
		5 parts ballast	0.98cu m
PAVING			
Use for parking areas, drives, footpaths, and garage floors.	plus	1 part cement	8 bags (50kg)
		1½ parts sand	0.42cu m
	or	2½ parts aggregate	0.7cu m
		3½ parts ballast	0.98cu m

Excavating the site

First, mark out the area of the pad with string lines attached to pegs driven into the ground outside the work area **(1)**. Remove the lines to excavate the site, but replace them afterwards to help position the formwork that will hold the concrete in place.

Remove the topsoil and all vegetable matter within the site down to a level that allows for the combined thickness of concrete and subbase. Extend the area of excavation about 150mm (6in) outside the space allowed for the pad. Cut back any roots you encounter and, if there's any turf, put it aside to cover the infill surrounding the completed pad. Finally, level the bottom of the excavation by dragging a board across it **(2)** and compact the soil with a garden roller.

Erecting the formwork

Until the concrete sets hard, it must be supported all round by formwork. For a straightforward rectangular pad, construct the formwork from softwood planks, 25mm (1in) thick, set on edge. The planks, which must be as wide as the finished depth of concrete, need to be held in place temporarily with stout 50 x 50mm (2 x 2in) wooden stakes. Second-hand or sawn timber is quite adequate. If it is slightly thinner than 25mm (1in), just use more stakes to brace it. If you have to join planks, butt them end to end, nailing a cleat on the outside **(3)**.

Using the string lines as a guide, erect one board at the 'high' end of the pad and drive stakes behind it at about 1m (3ft) intervals or less, with one for each corner. The tops of the stakes and board must be level and need to correspond to the proposed surface of the pad exactly. Nail the board to the stakes **(4)**.

Set up another board opposite the first one, but before you nail it to the stakes, establish the crossfall with a spirit level and straightedge. Work out the difference in level from one side of the pad to the other. For example, a pad that is 2m (6ft 6in) wide should drop 25mm (1in) over that distance. Tape a shim of timber to one end of the straightedge and, with the shim resting on the 'low' stakes, place the other end on the opposite board **(5)**. Drive home each low stake until the spirit level reads horizontal, and then nail the board flush with the tops of the stakes.

Erect the ends of the formwork. Allowing the boards to overshoot at the corners will make it easier to dismantle them when the concrete has set **(6)**. Use the straightedge, this time without the shim, to level the boards across the formwork.

1 Mark out the area of a pad with string lines

2 Level the bottom of the excavation

3 Join planks with a nailed cleat

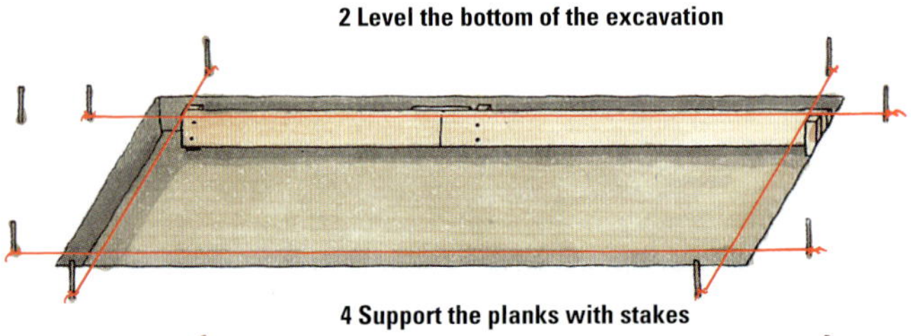
4 Support the planks with stakes

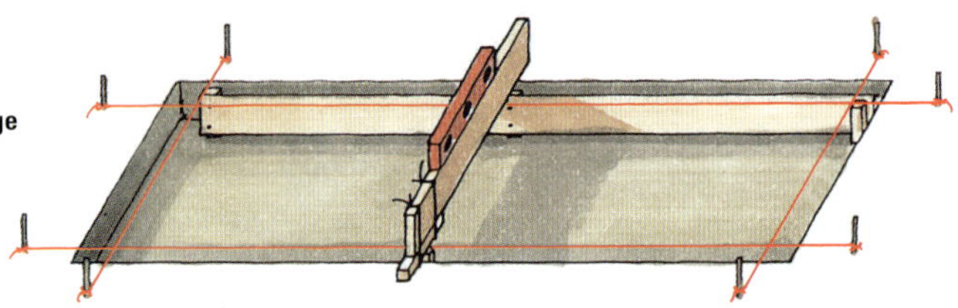
5 Tie a shim to the straightedge to gauge the fall

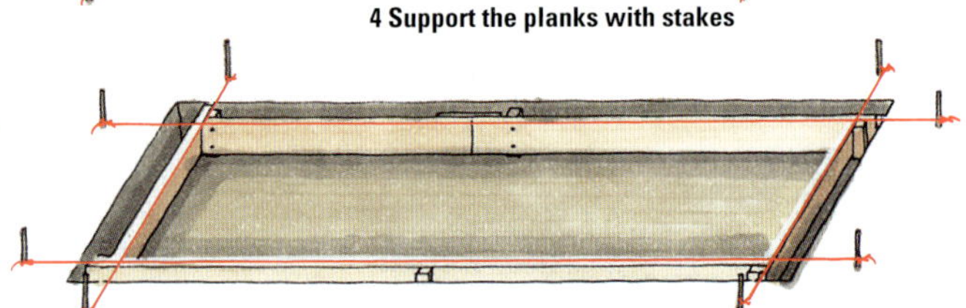
6 The completed formwork

SEE ALSO: Control joints 466, Crossfall 466, Pad thickness 466, Finishing concrete 471

Completing the pad

Laying the subbase

Hoggin, a natural mixture of gravel and sand, is an ideal material for a subbase – but you can use crushed stone or brick, provided you throw out any plaster, scrap metal or similar rubbish. Also remove large lumps of masonry, as they will not compact well. Pour hardcore into the formwork and rake it fairly level before tamping it down with a heavy balk of timber **(7)**. If there are any stubborn lumps, break them up with a heavy hammer. Fill in low spots with more hardcore or sharp sand until the subbase comes up to the underside of the formwork boards.

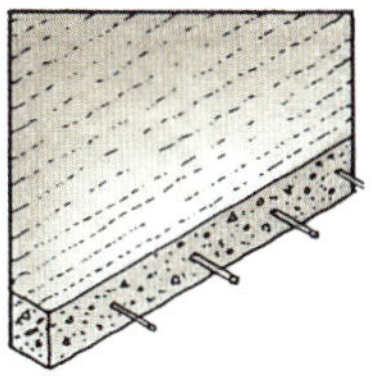

Extending a pad
If you want to enlarge your patio, simply butt a new section of concrete against the existing pad. The butt joint will in itself serve as a control joint.

To add a narrow strip to a pad (so that you can erect a larger shed, for example), drill holes in the edge of the pad and use epoxy adhesive to glue in short reinforcing rods before pouring the fresh concrete.

Filling with concrete

Mix the concrete as near to the site as is practicable and transport the fresh mix to the formwork in a wheelbarrow. Set up firm runways of scaffold boards if the ground is soft, especially around the perimeter of the formwork.

Dampen the subbase and formwork with a fine spray, and let surface water evaporate before tipping the concrete in place. Start filling from one end of the site and push the concrete firmly into the corners **(8)**. Rake it level until the concrete stands about 18mm (¾in) above the level of the boards.

Tamp down the concrete with the edge of a plank 50mm (2in) thick that is long enough to reach across the formwork. Starting at one end of the site, compact the concrete with steady blows of the plank, moving it along by about half its thickness each time **(9)**. Cover the whole area twice and then remove excess concrete, using the plank with a sawing action **(10)**. Fill any low spots, then compact and level the concrete once more.

To retain the moisture, cover the pad with sheets of polythene, taped at the joints and weighted down with bricks around the edge **(11)**. Alternatively, use wet sacking and keep it damp for three days, using a fine spray. Try to avoid laying concrete in very cold weather; but if that's unavoidable, spread a layer of earth or sand on top of the sheeting to insulate the concrete from frost.

It's perfectly safe to walk on the concrete after three days, but leave it for about a week before removing the formwork and erecting a shed or similar outbuilding.

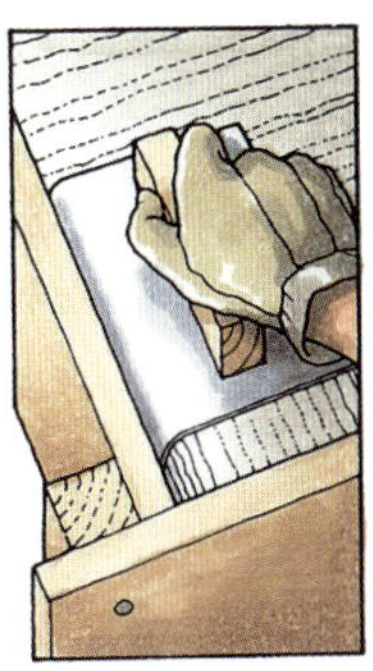

Finishing the edges
If any of the edges are exposed, the sharp corners could cause a painful injury – so radius the corners with a home-made edging float. Bend a piece of sheet metal over a rod or tube, 18mm (¾in) in diameter, and screw a handle in the centre. Then run the float along the formwork as you finish the surface of the concrete.

7 Level the hardcore base with a heavy balk of timber

8 Pour the concrete, starting in one corner

9 Compact the concrete with a plank

10 Use a sawing action to remove excess concrete

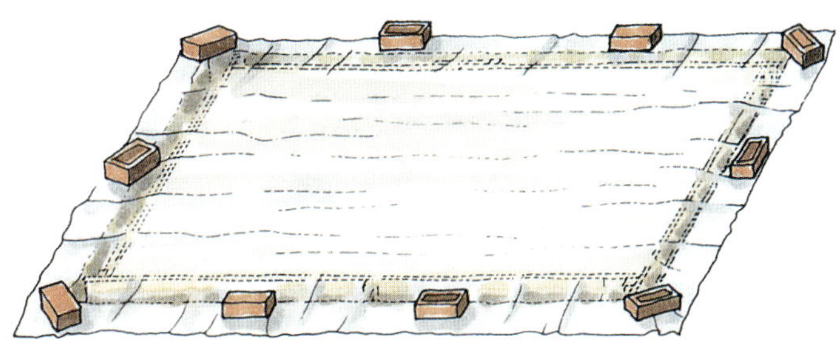

11 Cover the pad with weighted sheets of polythene

SEE ALSO: Mixing concrete 465

Laying paths and drives

Paths and drives are laid and compacted in the same way as rectangular pads, using similar formwork to contain the concrete. However, the proportions of most paths and drives make the inclusion of control joints essential, to allow for expansion and contraction. You will have to install a subbase beneath a drive, but a footpath can be laid on compacted soil levelled with sharp sand. Establish a slight fall across the site to shed rainwater.

1 A water level made from a garden hose

2 Level the formwork, using a datum peg

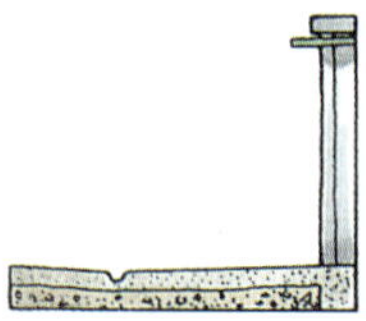

A sloping drive
If you build a drive on a sloping site, make the transition from level ground as gentle as possible. If the drive runs towards a garage, make the last 2m (6ft) slope up towards the door. Use a pole to impress a drain across the wet concrete at the lowest point.

5 Support board with concrete and nails

6 Make a dummy joint with T-section metal

Setting out paths and drives

Excavate the site, allowing for the thickness of the subbase and concrete. Level the bottom of the excavation as accurately as you can, using a board to scrape the surface flat.

Drive accurately levelled pegs into the ground along the site, to act as datum points for the formwork. Space them about 2m (6ft 6in) apart along the centre of the pathway. Drive in the first peg until its top corresponds exactly to the proposed surface of the concrete. Use either a long straightedge and spirit level or a water level to position every other peg.

To make a water level, push a short length of transparent plastic tubing into each end of an ordinary garden hose. Holding both ends together, fill the hose with water until it appears in the tube at both ends. Then mark the level on both tubes. As long as the ends remain open, the water level at each end is constant – enabling you to establish a level over any distance, even around obstacles or corners. When you move the hose, cork each end to retain the water.

Tie one end of the hose to the first datum peg, ensuring that the marked level aligns with the top of the peg. Use the other end to establish the level of every other peg along the pathway **(1)**.

To set a fall with a water level, make a mark on one tube below the surface of the water and use that as a gauge for the top of the peg.

Erecting formwork

Construct formwork from planks 25mm (1in) thick, as for a concrete pad. To check for level, rest a straightedge on the nearest datum peg **(2)**.

If the drive or path is very long, timber formwork can be expensive and it may be cheaper to hire metal 'road forms' **(3)**. Straight-sided formwork is made from rigid units, but flexible sections are available to form curves.

If you want to bend wooden formwork, make a series of closely spaced, parallel sawcuts across the width of the plank in the area of the curve **(4)**. The timber is less likely to snap if you place the sawcuts on the inside of the bend.

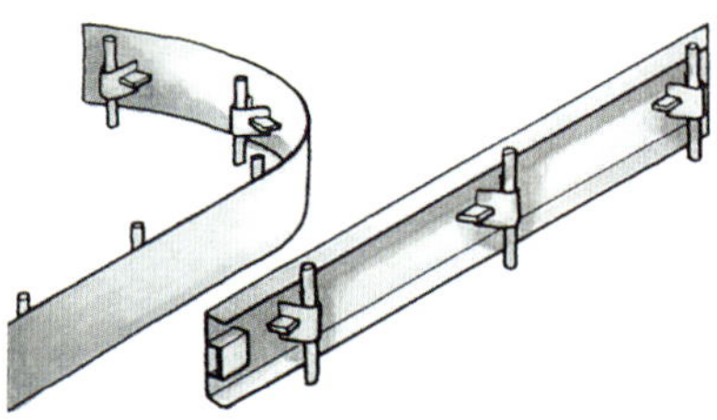

3 Curved and straight road forms

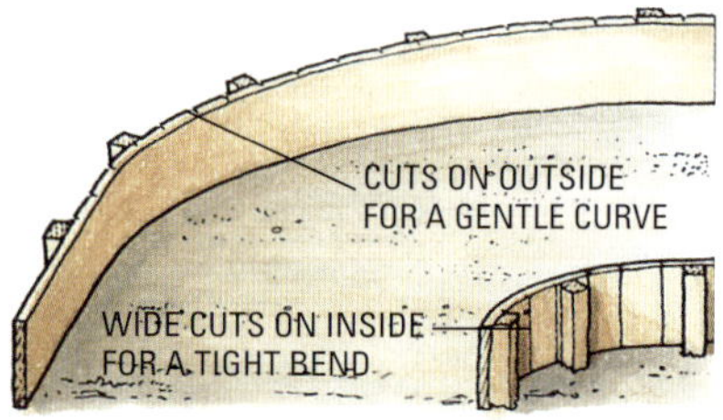

4 Curved formwork made with wooden planks

Installing control joints

Install a permanent expansion joint every 2m (6ft 6in) for a footpath, and every 4m (13ft) along a drive. For a patio, you can install similar joints or use the alternate-bay construction (see opposite).

Cut strips of either rot-proofed hardboard or softwood 12mm (½in) thick to fit exactly between the formwork and to match the depth of the concrete. Before pouring, hold the control joints in place with mounds of concrete and nails driven into the formwork on each side of the board **(5)**. As you fill the formwork, pack more concrete on both sides of each joint and tamp towards each joint from both sides, so that it is not dislodged.

On a narrow path, to prevent the concrete cracking between joints, cut grooves 18mm (¾in) deep across the compacted concrete to form dummy joints alternating with the physical ones. The simplest method is to cut a length of T-section metal to fit between the formwork boards. Place the strip on the surface of the wet concrete and tap it down with a mallet **(6)**. Carefully lift the strip out of the concrete to leave a neat impression. If the concrete should move, a crack will develop unnoticed at the bottom of the groove.

Place strips of thick bituminous felt between concrete and an adjoining wall to absorb expansion. Hold the felt in place with moulds of concrete (as described left) before pouring the full amount of concrete.

SEE ALSO: Preservers 260, Control joints 466, Crossfall 466, Pad thickness 466, Formwork 468, Tamping concrete 469

ALTERNATE-BAY METHOD OF CONSTRUCTION

It is not always possible to lay all the concrete in a single operation. In which case, it's easier to divide the formwork crosswise with additional planks, known as 'stop ends', so as to create equal-size bays.

By filling alternate bays with concrete, you have plenty of time to compact and level each section and more room in which to manoeuvre. It is a convenient way to lay a large patio – which would be practically impossible to compact and level in one go – and it is the only method you can use for drives or paths that butt against a wall. Alternate-bay construction is also frequently used for building a drive on a steep slope, to prevent the heavy, wet concrete from slumping downhill.

There is no need to install control joints when using bay construction, but you may want to form dummy joints for a neat appearance (see opposite).

Laying concrete next to a wall

Stand in the empty bays so you can compact concrete laid against a wall. When the first bays have set hard, remove the stop ends and fill the gaps, using the surface of the firm concrete as a level. Don't use a vehicle on a concrete drive for 10 days after laying.

Compacting concrete bays next to a wall

Inspection chambers

Guard against expansion damaging an inspection chamber by surrounding it with control joints. Place formwork around the chamber and fill with concrete. When it's set, remove the boards and place either felt strips or preserver-treated softwood boards on all sides.

Surround an inspection chamber with formwork

Surface finishes

The surface finishes produced by tamping or striking off with a sawing action are perfectly adequate for a workmanlike, skid-proof surface for a pad, drive or pathway – but you can produce a range of other finishes, using simple handtools, once you have compacted and levelled the concrete.

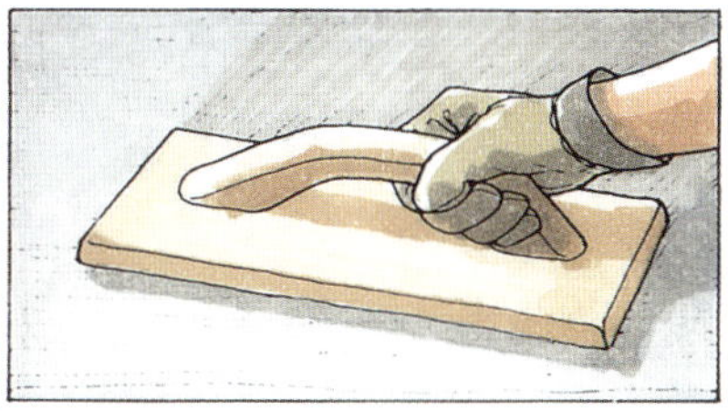

Create a smooth finish with a wooden float

Float finishes

You can smooth the tamped concrete by sweeping a wooden float across the surface, or make an even finer texture by finishing with a trowel (steel float). Let the concrete dry out a little before using a float, or you will bring water to the top and weaken it – which will eventually result in a dusty residue on the hardened concrete. Bridge the formwork with a stout plank so that you can reach the centre, or hire a skip float with a long handle for large pads.

Brush-finished concrete

Brush finishes

To produce a finely textured surface, draw a yard broom across the setting concrete. Flatten the concrete initially with a wooden float and then make parallel passes with the broom, held at a low angle in order to avoid 'tearing' the surface.

Texture the surface with a broom

Exposed-aggregate finish

Embedding small stones or pebbles in the surface makes a very attractive and practical finish, although you will need a little practice in order to do it successfully.

Scatter dampened pebbles onto the freshly laid concrete, and tamp them firmly with a length of timber till they are flush with the surface **(1)**. Place a plank across the formwork and apply your full weight to make sure the surface is even. Leave it to harden for a while until all the surface water has evaporated, then use a very fine spray and a brush to wash away the cement from around the pebbles until they protrude **(2)**. Cover the concrete for about 24 hours, then lightly wash the surface again to clean any sediment off the pebbles. Cover the concrete again, and leave it to harden thoroughly.

1 Tamp pebbles into fresh concrete

2 Wash the cement from around the pebbles

Exposed-aggregate finish

SEE ALSO: Preservers 260, Control joints 466, Tamping concrete 469

Paving slabs

If your only experience of paving slabs is the rather bland variety used for public footpaths, then cast-concrete paving may not seem a very attractive proposition for a garden. However, manufacturers can supply much more pleasing products in a wide range of shapes, colours and finishes.

Colours and textures

Paving slabs are made by hydraulic pressing or casting in moulds to create the desired surface finish. Pigments and selected aggregates added to the concrete mix are used to create the illusion of a range of muted colours or natural stone. Combining two or more colours or textures within the same area of paving can be very striking.

Regular or informal paving
Constructing a simple grid from square slabs (left) is relatively easy. Though more difficult to lay, mixed paving (below) is richer in texture, colour and shape.

SHAPES AND SIZES

Although some manufacturers offer a wider choice than others, there's a fairly standard range of shapes and modular sizes. It is possible to carry the largest slabs without help, but it's a good idea to get an assistant to help manoeuvre them carefully into place.

Square and rectangular
A single size and shape can be employed to make grid-like patterns or, when staggered, to create a bonded brickwork effect. Use rectangular slabs to form a basket-weave or herringbone pattern. Alternatively, combine different sizes so as to create the impression of random paving, or mix slabs with a different type of paving to create a colourful contrast.

Colourful combination

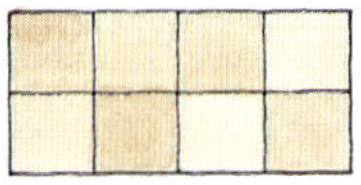

Regular grid

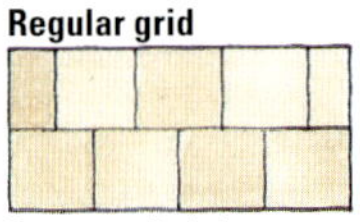

Staggered slabs

Basket-weave pattern

Herringbone pattern

Random paving

Hexagonal
Hexagonal slabs form honeycomb patterns. Use half slabs, running across flats or from point to point, to edge areas that are paved in straight lines.

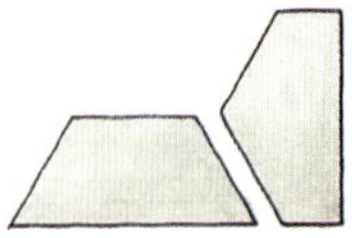

Half-hexagonal slabs

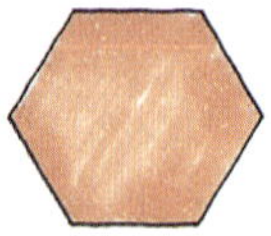

Hexagonal slab

Honeycomb pattern

Tapered slabs
Use tapered slabs to edge ponds and for encircling trees or making curved steps. Progressively larger slabs can be used for laying circular areas of paving.

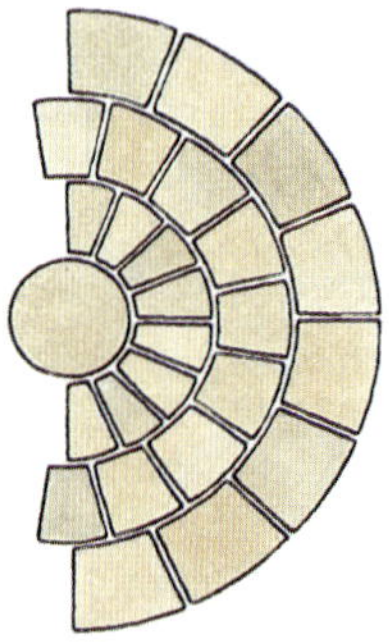

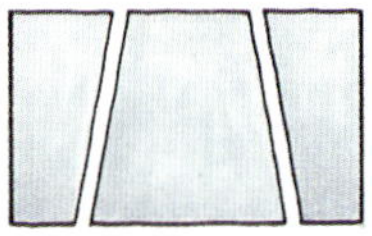

Circular slabs
Circular slabs make perfect individual stepping stones across a lawn or flower bed, but for a wide area fill the spaces between with cobbles or gravel.

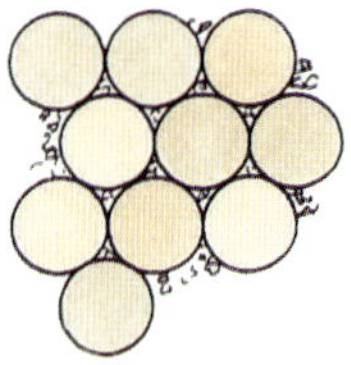

Butted circular slabs

SEE ALSO: Brick pavers 475

Laying paving slabs

Laying paving slabs involves a good deal of physical labour, but in terms of technique it's no more complicated than tiling a wall. Accurate setting out and careful laying, especially during the early stages, will help you achieve perfect results.

CUTTING PAVING SLABS

It is often necessary to trim concrete paving slabs to size in order to fit narrow margins or to fill in around an obstruction, such as a manhole cover.

Mark a line across a slab with chalk or a soft pencil. Place the slab on a bed of sand and, using a bolster and hammer, chisel a groove about 3mm (⅛in) deep along the line **(1)**. When cutting a thick slab, continue the groove down both of the edges and across the underside.

Turn the slab face down and, with the hammer, tap firmly along the groove until the slab splits **(2)**. If need be, clean up the edge with a bolster.

To obtain a perfect cut, hire an angle grinder fitted with a stone-cutting disc. Using the grinder, score a deep groove, as before. Tap along the groove with a bolster to split the slab neatly.

1 Cut a groove with a bolster chisel

2 Strike block over groove with a hammer

Protecting your eyes

When cutting slabs with a bolster chisel or an angle grinder, always protect your eyes by wearing plastic goggles. An angle grinder throws up a great deal of dust, so it is advisable to wear a simple gauze face mask, too.

Setting out the area of paving

Wherever feasible, plan an area of paving so that it can be laid with whole slabs only. This eliminates the arduous task of cutting units to fit. Use pegs and string to mark out the perimeter of the paved area, and check the measurements before you excavate.

You can use a straight wall as a datum line and measure away from it; or allow for a 100 to 150mm (4 to 6in) margin of gravel between the paving and wall if the location dictates that you have to lay slabs towards the house. A gravel margin not only saves time and money by using fewer slabs, but also provides an area for planting climbers and for adequate drainage to keep the wall dry.

Even so, establish a 16mm per metre (⅝in per yard) slope across the paving, so that most of the surface water will drain into the garden. Any paving must be 150mm (6in) below a damp-proof course, in order to protect the building.

As paving slabs are made to fairly precise dimensions, marking out an area simply involves accurate measurement, allowing for a 6 to 10mm (¼ to ⅜in) gap between the slabs. Some slabs are cast with sloping edges to provide a tapered joint **(1)** and should be butted edge to edge.

Cutting slabs

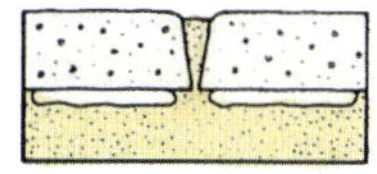

1 Tapered joint

Preparing a base for paving

Paving slabs must be laid upon a firm, level base, but the depth and substance of that base depends on the type of soil and the proposed use of the paving.

For straightforward patios and paths, remove vegetable matter and topsoil to allow for the thickness of the slabs, plus a 35mm (1½in) layer of sharp sand and an extra 18mm (¾in) – so the paving will be below the level of surrounding turf, in order to prevent damage to your lawn mower. Compact the soil with a garden roller, and then spread the sand with a rake and level it by scraping and tamping with a length of timber **(2)**.

To support heavier loads, or if the soil is composed of clay or peat, lay a subbase of firmly compacted hardcore – broken bricks or crushed stone – to a depth of 75 to 100mm (3 to 4in) before spreading the sand to level the surface.

If you plan to park vehicles on the paving, increase the depth of hardcore to 150mm (6in).

2 Level the sand base

Laying the paving slabs

Set up string lines again as a guide and lay the edging slabs on the sand, working in both directions from a corner. When you are satisfied with their positions, lift the slabs one at a time, so you can set them on a bed of firm mortar (1 part cement : 4 parts sand). Lay a fist-size blob under each corner, and one more to support the centre of the slab **(3)**. If you intend to drive vehicles across the slabs, lay a continuous bed of mortar about 50mm (2in) thick.

Lay three slabs at a time, inserting wooden spacers between. Level each slab by tapping with a heavy hammer, using a block of wood to protect the surface **(4)**. Check the alignment.

Gauge the slope across the paving by setting up datum pegs along the high side. Drive them into the ground till the top of each corresponds to the finished surface of the paving, and then use a straightedge with a packing piece under one end to check the fall on the slabs **(5)**. Lay the remainder of the slabs, each time working out from the corner in order to keep the joints square. Remove the spacers before the mortar sets.

3 Lay blobs of mortar

4 Level the slabs

5 Check the fall with a spirit level

Filling the joints

Don't walk on the paving for two to three days, until the mortar has set. If you have to cross the area, lay planks across the slabs to spread the load.

To fill the gaps between the paving slabs, brush a dry mortar mix of 1 part cement : 3 parts sand into the open joints **(6)**. Remove any surplus material from the surface of the paving, then sprinkle the area with a very fine spray of water to consolidate the mortar. Avoid dry mortaring if heavy rain is imminent; it may wash the mortar out.

6 Fill the joints

SEE ALSO: Mixing mortar 451, Crossfall 466, Subbase 466, 469

Laying crazy paving

Informal paths and patios laid with irregular-shaped paving stones have always been popular. The random effect, which many people find more appealing than the geometry of neatly laid slabs, is also very easy to achieve. A good eye for proportion and shape is more important than a practised technique.

Materials for crazing paving

You can use broken concrete slabs if you are able to find enough, but in terms of appearance nothing compares with natural rock – which splits into thin layers of its own accord as it is quarried. Random broken stone is also ideal for paving and may be obtained at a very reasonable price if you can collect it yourself. Select stones about 40 to 50mm (1½ to 2in) thick, in a pleasing variety of shapes and sizes.

Crazy paving made with broken concrete slabs

SETTING OUT AND LAYING A BASE

You can set out string lines to define straight edges to crazy paving, although they will never be as precise as those made with regular cast-concrete slabs.

Alternatively, allow the stones to form an irregular junction with grass or shingle – perhaps setting one or two stones out from the edge. Lay a bed of sharp sand for the stones, as described for laying paving slabs.

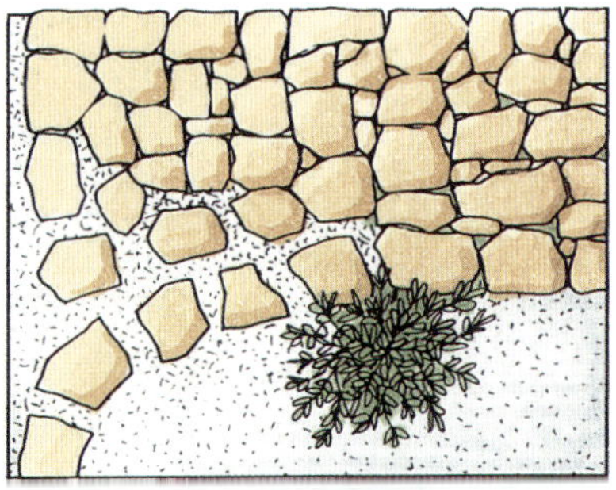

Create an irregular edge to crazy paving

Laying the stones

Arrange an area of stones, selecting them for a close fit but avoiding too many straight, continuous joints. Use a bolster and hammer to trim those that don't quite fit. Reserve larger stones for the perimeter of the paved area, as small stones tend to break away.

Use a mallet or a block of wood and a hammer to bed each stone into the sand **(1)**, until they are all perfectly stable and reasonably level. Having bedded an area of approximately 1sq m (1sq yd), use a straightedge and spirit level to true up the stones **(2)**. If necessary, add or remove sand beneath individual stones until the area is level. When the main area is complete, fill in the larger gaps with small stones, tapping them into place with a mallet **(3)**.

Fill the joints by spreading more sand across the paving and sweeping it into the joints from all directions **(4)**. Alternatively, mix up a stiff, almost dry, mortar and press it into the joints with a trowel, leaving no gaps.

Use an old paintbrush to smooth the mortared joints, then wipe the stones clean with a damp sponge.

1 Bed the stones in the sand base

2 Check the level across several stones

3 Fill the gaps with small stones

4 Sweep dry sand into the joints

Laying stepping stones

Place individual stones or concrete slabs across a lawn to form a row of stepping stones. Cut around the edge of each stone with a spade or trowel and remove the area of turf directly beneath. Scoop out the earth to allow for a 25mm (1in) bed of sharp sand plus the stone, which must be about 18mm (¾in) below the level of the surrounding turf. Tap the stone into the sand until it no longer rocks when you step on it.

Cut around a stepping stone with a trowel

Cast-concrete stepping stones

SEE ALSO: Choosing stone 450, Mixing mortar 451, Trimming slabs 473

Paving with bricks

Unlike brick walls, which must be bonded in a certain way for stability, brick paths, patios and car-parking areas can be laid to any pattern that appeals to you. Try out your ideas on gridded paper, using the examples shown below for inspiration.

Concrete bricks, which have one finished surface, are often chamfered all round to define their shape and emphasize whatever pattern you choose. Many bricks have spacers moulded into the sides to help form accurate joints. Housebricks can be laid on edge or face down, showing the wide face normally unseen in a wall.

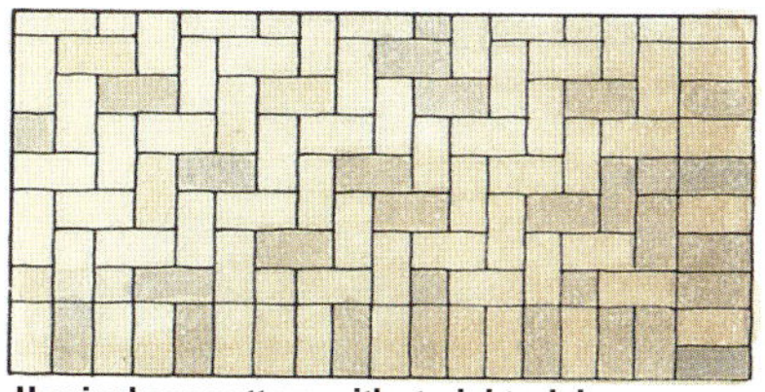

Herringbone pattern with straight edging

Angled herringbone with straight edging

Whole bricks surrounding coloured half-bats

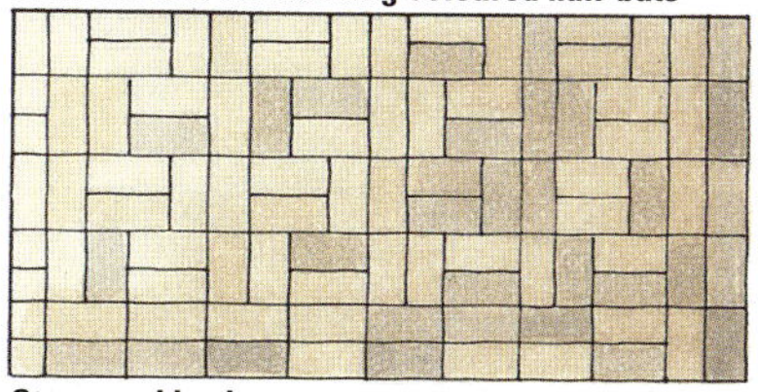

Staggered basket-weave pattern

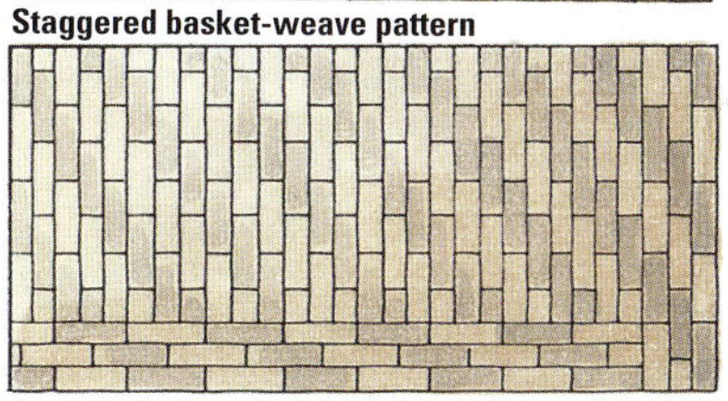

Stretcher-bonded brickwork

Cane-weave pattern

Bricks make charming paths. The wide variety of textures and colours available offers endless possibilities of pattern – but choose the type of brick carefully, bearing in mind the sort of use your paving can expect.

Brick paving

Ordinary housebricks are often used for paths and small patios, even though there is the risk of spalling in freezing conditions – unless they happen to be engineering bricks. Their slightly uneven texture and colour are the very reasons why second-hand bricks are so much in demand for garden paving – so a little frost damage is usually acceptable.

However, housebricks are not really suitable if the paved area is a parking space or drive, especially if it's going to be used by heavy vehicles. For a surface that will be durable even under severe conditions, use concrete bricks instead. These are generally slightly smaller than standard housebricks, being something like 200 x 100 x 65mm (8 x 4 x 2½in). In fact, there are many variations in shape size and colour, making possible a wide range of paving – from regular tiled effects to less formal cobbled surfaces.

Brick pavers
Cast-concrete pavers are available in a variety of colours, styles and shapes. Textured setts are ideal for non-slip garden pathways (top left). Brindle concrete blocks make functional driveways and parking areas (top right).

Providing a base for brick paving

Lay brick footpaths and patios on a 75mm (3in) hardcore base, covered with a 50mm (2in) layer of compacted slightly damp sharp sand. When laying concrete bricks for a drive, you need to increase the depth of hardcore to 150mm (6in).

Fully compact the hardcore and fill all voids, so that sand from the bedding course is not lost to the subbase.

Provide a crossfall on patios and drives, as for concrete. Also, make sure that the surface of the paving is not less than 150mm (6in) below a damp-proof course protecting a building.

Retaining edges

Unless the brick path is laid against a wall or some similar structure, the edges of the paving must be contained by a permanent restraint. Timber treated with chemical preserver is one solution, constructed like the formwork for concrete. The edging boards should be flush with the surface of the path, but drive the stakes below ground so that they can be covered by soil or turf **(1)**.

Concrete paving, in particular, needs a more substantial edging of bricks set in concrete **(2)**. Dig a trench that is deep and wide enough to take a row of bricks on end plus a 100mm (4in) concrete 'foundation'. Lay the bricks while the concrete is still wet – holding them in place temporarily with a staked board while you pack more concrete behind the edging. Once the concrete has set, remove the board and lay hardcore and sand in the excavation.

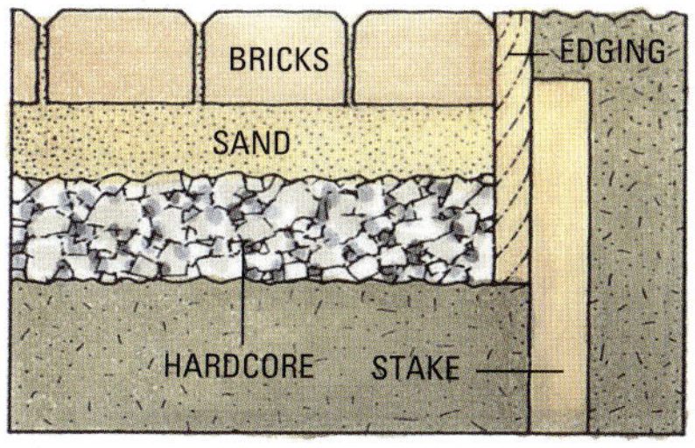

1 Wooden retaining edge

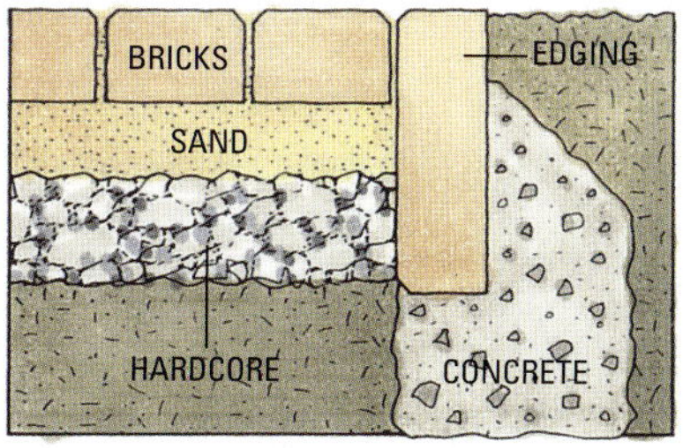

2 Brick retaining edge

SEE ALSO: **Preservers 260, Engineering bricks 447, Brick bonding 452, Mixing concrete 465, Fall for patios and drives 466, Erecting formwork 468, Laying hardcore 469**

Brick paving

Having chosen your bricks, prepared the ground and set retaining edges, you can start laying your paving. Laying bricks over a wide area is very time-consuming, and it helps if at least two people can work together, dividing up the various tasks between them. Also, it's well worth the extra expense of hiring tools that will make the work faster and more efficient.

Special tools
Use a petrol-driven vibrating plate for levelling and bedding in concrete pavers. Hire a hydraulic guillotine to cut paving bricks.

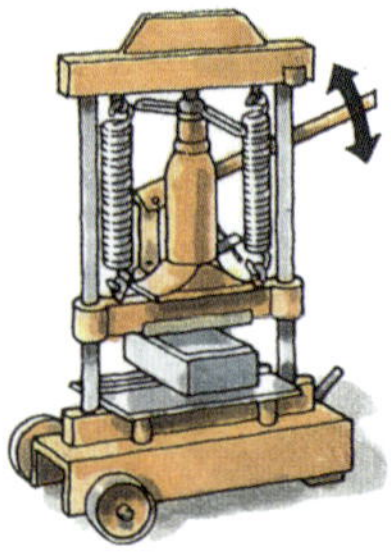

Mottled brick garden path

Interlocking concrete pavers

Concrete-sett path edged with flush pavers

Paving with character
(left)
Many people suppose that modern concrete pavers are suitable only for drives and parking spaces. Here, small plain setts, made in a variety of subtle colours, are used to create a distinctive circular patio. Shaped paving slabs are made specifically for laying in circular patterns, but provided the setts are relatively small, curved shapes can be accommodated simply by including slightly tapered joints between the stones.

SEE ALSO: Brick pavers 475

Compacting and levelling the sand

When the bricks are first laid on the sand they should project 10mm (3/8in) above the edging restraints, to allow for bedding them in at a later stage **(1)**.

Spread sand to about two-thirds of its finished thickness across the area to be paved and then compact it, using a hired vibrating plate (see opposite). Spread more sand on top and level it with a notched spreader that spans the edging **(2)**. If the paving is too wide for a spreader, lay levelling battens on the hardcore base and scrape the sand to the required depth using a straightedge **(3)**. Then remove the battens and fill the voids carefully with sand.

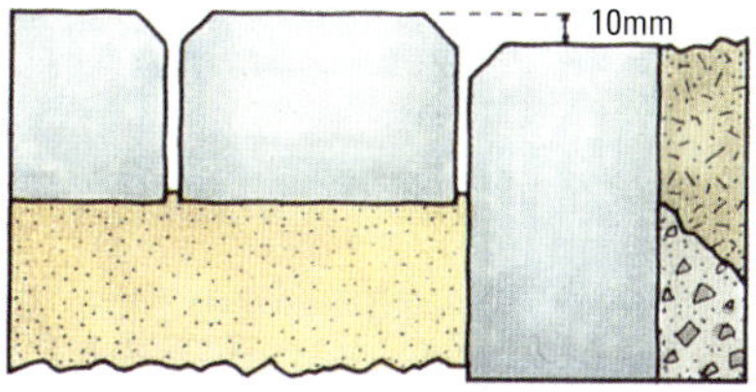

1 Start by laying bricks 10mm above edging

2 Level the sand with a notched spreader

3 Or lay levelling battens on the hardcore

Bedding in the bricks

Lay the bricks on the sand to your chosen pattern. Work from one end of the site, kneeling on a board placed across the bricks **(4)**. Never stand on the bed of sand. Lay whole bricks only, leaving any gaps at the edges to be filled with cut bricks after you have laid an area of approximately 1 to 2sq m (1 to 2½sq yd). Concrete bricks have fixed spacers, so butt them together tightly.

Fill any of the remaining spaces with bricks cut with a bolster. If you are paving a large area it is worth hiring a hydraulic guillotine.

4 Lay the bricks to your chosen pattern

When the area of paving is complete, run the vibrating plate over the surface two or three times, until it has worked the bricks down into the sand and flush with the outer edging **(5)**.

Vibrating the bricks will work some sand up between them; complete the job by brushing more kiln-dried joint-filling sand across the finished paving and vibrating it into the open joints.

5 A vibrator levels brick paving perfectly

A large patio or parking space may have to accommodate an existing manhole cover, which often spoils the appearance of the paving. The solution is to replace the cover with a special hollow version that is designed to be filled with concrete bricks and merges into the surrounding paving.

Draining rainwater from a large flat area of paving can be a problem. One solution is to include one or more linear drainage channels running to a soakaway.

Hydraulic guillotine

Inset manhole cover

The metal frame of an inset manhole cover should be bedded in concrete, which is then overlaid with paving that runs right up to the rim of the access hole. Make sure the rim is just below the finished surface of the paving.

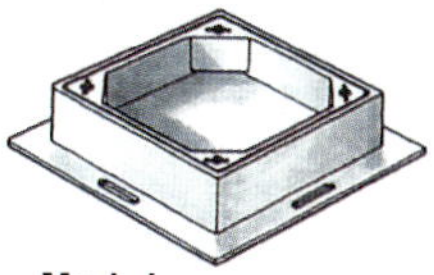

Manhole cover

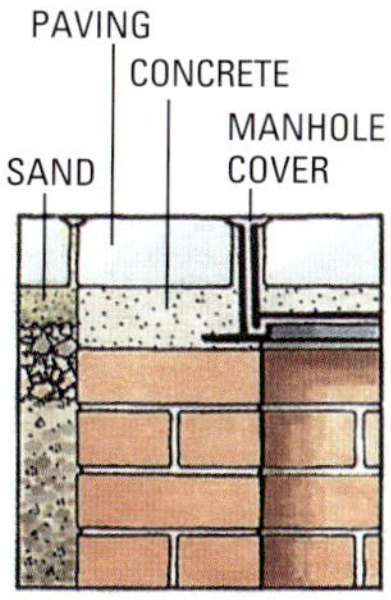

Frame bedded in concrete

Linear drainage channel

Plastic U-section drainage channels linked end to end are bedded in a 100mm (4in) concrete base, which is haunched (built up on both sides) to hold the channel in place. The first row of bricks on each side of the channel is bedded in the concrete, and should finish 3 to 6mm (1/8 to 1/4in) above the level of the plastic or metal grating used to cover the channel.

A special end cap is available for connecting to a main drain, or you can drain the water into a soakaway about 1m (4ft) square and at least 1m (4ft) deep. Fill the soakaway with coarse rubble, up to the level of the hardcore base laid for the paving.

Cutting the channel
Use a panel saw to a cut plastic drainage channel to length.

SEE ALSO: Cutting bricks 454, Brick pavers 475, Providing a base 475, Retaining edges 475

Cobblestones and gravel

• Levelling hardcore
A lightweight garden roller is fine for compacting earth or sand, but use one weighing about 100kg (2cwt) when levelling hardcore. Alternatively, hire a heavy-duty vibrating plate, similar to those used for levelling paving.

Making a gravel garden *(below)*
To lay an area of gravel for planting, simply excavate the soil to accept a bed of fine gravel 25mm (1in) deep. Either set the gravel 18mm (¾in) below the level of the lawn or edge the gravel garden with bricks or flat stones. Scrape away a small area of gravel to allow for planting, then sprinkle the gravel back again to cover the soil right up to the plant.

Cobblestones and gravel are used more for their decorative qualities than as practical paving. Cobbles, in particular, are most uncomfortable to walk on and, although a firmly consolidated area of gravel is fine for vehicles, walking on a gravel footpath can be heavy going. Both materials come into their own, however, when used as a foil for areas of flat paving slabs or bricks, and to set off plants such as dwarf conifers and heathers.

Laying decorative cobbles

Cobbles – large flint pebbles – can be laid loose, perhaps with larger rocks and plants. However, they are often set in mortar or concrete to create more formal areas.

Consolidate a layer of hardcore and cover it with a levelled layer of dry concrete mix, about 50mm (2in) deep. Press the cobbles into the dry mix, packing them tightly together and leaving them projecting well above the surface. Use a stout batten to tamp the area level **(1)**, then lightly sprinkle the whole area with water, both to set off the concrete-hardening process and to clean the surfaces of the cobbles.

1 Tamp the cobbles into the dry concrete mix

Laying gravel

If an area of gravel is going to be used as a pathway or for motor vehicles, construct retaining edges of brick, concrete kerbs or wooden boards, as for paving with bricks. This will stop the gravel being spread outside its allotted area.

To construct a gravel drive, the subbase and the gravel itself must be compacted and levelled to prevent cars skidding and churning up the material. Lay a 150mm (6in) bed of firmed hardcore, topped with 50mm (2in) of very coarse gravel mixed with sand. Roll it flat, then rake an 18 to 25mm (¾ to 1in) layer of fine 'pea' gravel across the subbase and roll it down.

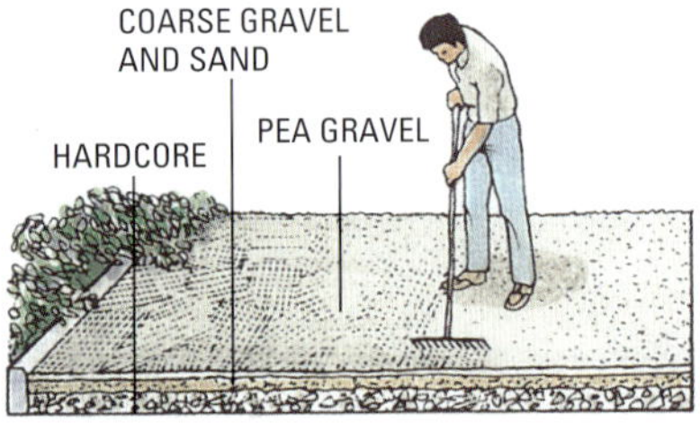

Rake pea gravel across the surface of the drive

If you live in a rural district where large logs are plentiful, or when a mature tree has been felled in your garden, you can use 150mm (6in) lengths of sawn timber, set on end, to make a practical and charming footpath. Lay the logs together like crazy paving, or use large individual pieces of wood as stepping stones. Hold wood rot at bay by soaking the sawn sections in chemical preserver for at least 24 hours.

Laying a log pathway

Excavate the area of the pathway to a depth of 200mm (8in), then spread a 50mm (2in) deep layer of gravel and sand mix across the bottom. Use concreting ballast (combined aggregate), or make up the mix yourself. Level the bed by scraping and tamping with a straightedge.

Place the logs on end on the bed, arranging them to create a pleasing combination of shapes and sizes **(1)**. Work the logs down into the sand until they stand firmly and evenly; then fill the spaces by pouring more sand and gravel between them **(2)**. Finally, brush the material across the pathway in all directions until the gaps between the logs are filled flush with the surface **(3)**.

If any of the logs stand proud, so that they could cause someone to trip, tap them down with a heavy hammer.

If you want to introduce a few low-growing plants between the logs, scrape out some sand and gravel and replace it with the appropriate soil.

1 Arrange the logs on end

2 Shovel sand-and-gravel mix between the logs

3 Brush more mix into the joints

SEE ALSO: Preservers 260, Combined aggregate 464, Concrete mixes 467, Laying hardcore 469, Edging for paving 475, Vibrating plate 476

DRESSING WITH STONE CHIPPINGS

Resurfacing with tarmac

As an alternative to tarmac, completely resurface a path or drive with natural-stone chippings embedded in fresh bitumen emulsion.

Chippings, in a variety of colours, are available in 25kg (55lb) sacks – one of which will cover about 2.5sq m (3sq yd). Apply weedkiller and fill potholes as for tarmac (see right).

Bitumen emulsion sets by evaporation, but it won't be completely waterproof for approximately 12 hours after it has been laid – so check the weather forecast to avoid wet conditions. You can lay emulsion on a damp surface, but not when it's icy.

Applying the emulsion

Apply emulsion, available in 5, 25 and 200kg (11, 55 or 440lb) drums. A 5kg drum will cover about 7sq m (8sq yd), provided the surface is dense macadam or concrete. However, an open-textured surface will absorb considerably more bitumen emulsion. Decant the emulsion into a bucket to make it easier to pour onto the surface; and brush it out – not too thinly – with a stiff broom, as when laying tarmac (see right).

Spreading chippings

Having brushed out one bucket of emulsion, spread the stone chippings evenly with a spade. Hold the spade horizontally just above the surface and gently shake the chippings off the edge of the blade. Don't pile them on too thickly, but make sure the emulsion is covered completely.

Cover an area of about 5sq m (6sq yd) and then roll the chippings to press them in. When the entire area is covered, roll it once more. If traces of bitumen show between the chippings, mask them with a little sharp sand and roll again. See margin note (far right) for applying dressing to areas of heavy-wear.

You can walk or drive on the dressed surface immediately. One week later, gently sweep away surplus chippings. Patch any bare areas by re-treating them with emulsion and chippings.

Sprinkle a layer of chippings with a spade

You can smarten up an old tarmac path or drive, or any sound but unsightly paved area, by resurfacing with cold-cure tarmac. It makes a serviceable surface and is ready to lay from the sack.

Choosing the materials

Cold-cure tarmac is sold in 25kg (55lb) sacks, each of which will cover about 0.9sq m (10sq ft) at a thickness of 12mm (½in). Both red and black versions are available. Each sack contains a separate bag of decorative stone chippings for embedding in the soft tarmac as an alternative finish.

The tarmac can be laid in almost any weather, but it is much easier to level and roll flat on a warm, dry day. If you have to work in cold weather, store the materials in a warm place the night before laying.

Although it's not essential, edging the tarmac with either bricks, concrete kerbs or wooden boards will improve the appearance of the finished surface.

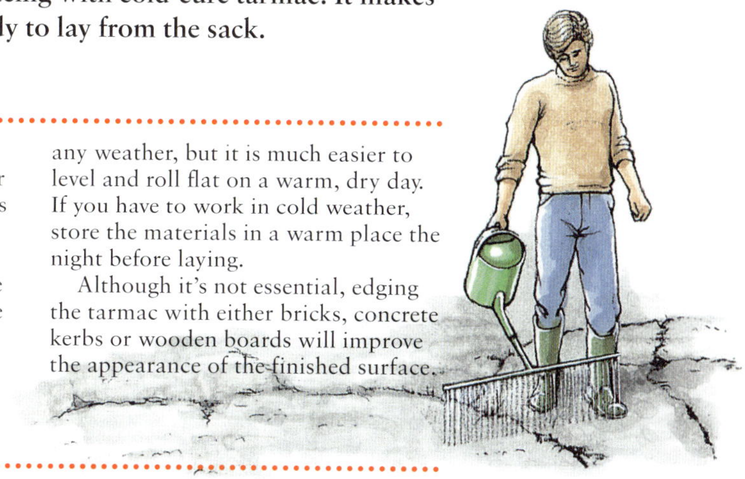

Dealing with weeds
Treat the surface with weedkiller two days before applying cold-cure tarmac.

Preparing the surface

Pull up all weeds and grass growing between the old paving, then apply a strong weedkiller to the surface two days before you lay the tarmac.

Sweep the area clean, and level any potholes. Cut the sides vertical and remove dust and debris from the hole, then paint with bitumen emulsion supplied by the tarmac manufacturer. Wait for the emulsion to turn black before filling the hole with 18mm (¾in) layers of tarmac, compacting each layer until the surface is level.

Mask surrounding walls, kerb stones and manhole covers. Then apply a tack coat of bitumen emulsion to the entire surface, to make a firm bond between the new tarmac and the old paving. Stir the emulsion with a stick before pouring it from its container. Then spread it thinly, using a stiff-bristled broom.

Try not to splash – and avoid leaving puddles, especially at the foot of a slope. Leave the tack coat to set for about 20 minutes, and in the meantime wash the broom in hot, soapy water.

Don't apply the tack coat when there is a possibility of rain.

Apply a tack coat of bitumen emulsion

● Laying a new path
Although cold-cure tarmac is primarily a resurfacing material, it can be applied to a new hardcore base that has been compacted firmly, levelled, and sealed with a slightly more generous coat of bitumen emulsion.

● Treating surfaces for heavy wear
Vehicle tyres often cause excessive wear at entrances to drives and on bends. Treat the worn areas with an 18mm (¾in) rolled layer of cold-cure tarmac, and then apply a dressing of stone chippings.

● Double dressing
If the surface you are dressing is in a very poor condition or is exceptionally loose, apply a first coat of bitumen emulsion. Cover with chippings and roll thoroughly. Two days later, sweep away loose chippings and apply a second coat of emulsion, then finish with chippings (as described left).

Applying the tarmac

Rake the tarmac to make a layer about 18mm (¼in) thick **(1)**, using a straight-edge to scrape the surface flat. Press down any stubborn lumps with your foot. Before the initial rolling, spread the contents of no more than three sacks. Keep the roller wet **(2)**, to avoid picking up specks of tarmac. Don't run the roller onto grass or gravel, or you may roll particles into the tarmac.

Spread and roll tarmac over the whole of the area, then compact it by rolling it thoroughly in several directions. Lightly scatter the chippings **(3)** before making your final pass with the roller.

You can walk on the finished tarmac immediately – but avoid wearing high-heeled shoes. Don't drive on it for a day or two; and if you have to erect a ladder on the new surface, spread the load by placing a board under the ladder. You should always protect tarmac from oil and petrol spillage, but take special care while the surface is fresh.

1 Level the tarmac

2 Keep the roller wet

3 Scatter chippings

Building garden steps

Designing a garden for a sloping site offers plenty of possibilities for creating attractive changes of level – by terracing areas of paving or holding planting beds in place with retaining walls. However, so people are able to move from one level to another safely, at least one flight of steps will be required.

● Dealing with slippery steps
Steps can become dangerously slippery if algae is allowed to build up on the treads. Brush affected steps with a solution of 1 part household bleach to 4 parts water. After 48 hours, wash them with clean water and repeat the treatment if the fungal growth is heavy. You can also treat the steps with a proprietary fungicidal solution, but follow the manufacturer's instructions carefully.

Designing steps

If you have a large garden where the slope is very gradual, a series of steps with wide treads and low risers can make an impressive feature. If the slope is steep, you can avoid a staircase appearance by constructing a flight of steps composed of a few treads interposed with wide, flat landings, at which points the flight can change direction to add further interest and offer a different view of the garden. In fact, a shallow flight can be virtually a series of landings, perhaps circular in plan, sweeping up the slope in a curve.

For steps to be both comfortable and safe to use, the proportion of tread (the part you stand on) to riser (the vertical part of the step) is important. As a rough guide, construct steps so that the depth of the tread (from front to back) plus twice the height of the riser equals 650mm (2ft 2in). For example, match 300mm (1ft) treads with 175mm (7in) risers; 350mm (1ft 2in) treads with 150mm (6in) risers; and so on. Never make treads less than 300mm (1ft) deep, or risers higher than 175mm (7in).

Paved steps built with natural-stone risers

Using concrete slabs

Concrete paving slabs in their various forms are ideal for making firm, flat treads for garden steps. Construct the risers from concrete blocks or bricks, allowing the treads to overhang by 25 to 50mm (1 to 2in) in order to cast an attractive shadow line to define the edge of the step.

So you can gauge the number of steps required, measure the difference in height from the top of the slope to the bottom. Next, mark the position of the risers with pegs, and roughly shape the steps in the soil as confirmation **(1)**.

Either lay concrete slabs, bedded in sand, flush with the ground at the foot of the slope or dig a trench for hardcore and a 100 to 150mm (4 to 6in) concrete base to support the first riser **(2)**. When the concrete has set, construct the riser from two courses of mortared bricks, checking the alignment with a spirit level **(3)**. Fill behind the riser with compacted hardcore until it is level, then lay the tread on a bed of mortar **(4)**. Using a spirit level as a guide, tap down the tread until it slopes very slightly towards its front edge, in order to shed rainwater and so prevent ice forming in cold weather.

Measure from the front edge of the tread to mark the position of the next riser on the slabs **(5)**, then construct the next step in the same way. Set the final tread flush with the paved area or lawn at the top of the steps.

Landscaping each side

It is usually possible to landscape the slope at each side of a flight of steps and to turf or plant it to prevent the soil washing down onto the steps. Another solution is to retain the soil with large stones, perhaps extending into a rockery on one or both sides. Eventually, spreading plants will soften the hard-edge appearance of the paving, but you should cut back overhanging growth that threatens to mask the front edges of the treads and cause someone to stumble.

1 Cut the shape of the steps in the soil

2 Dig the footing for the first riser

3 Build a brick riser and level it

4 Lay the tread on mortar

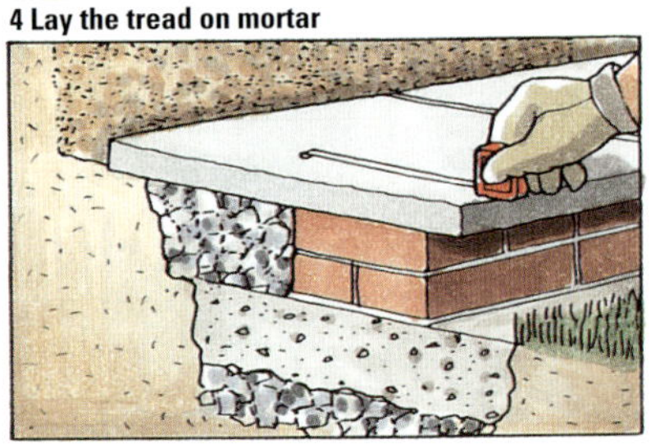

5 Mark the position of the next riser

Paving-slab steps
A section through a simple flight of garden steps built with brick risers and paving slabs.
1 Concrete footing
2 Brick-built riser
3 Hardcore infill
4 Paving-slab tread

SEE ALSO: Mixing mortar 451, Footings 453, Laying bricks 454–6, Retaining walls 463, Paving slabs 472, Laying in sand 474

Building log steps

Casting new steps in concrete requires such complicated formwork that the end result hardly justifies the effort involved, especially when it's possible to construct better-looking steps from cast-concrete slabs and blocks. Nevertheless, if you have a flight of concrete steps in your garden, you will want to keep them in good condition.

Like other forms of masonry, concrete suffers from 'spalling' – frost breaks down the surface of the material and fragments flake off. Spalling frequently occurs along the front edges of steps where foot traffic adds to the problem. Repair broken edges as soon as you can – not only are they ugly, but damaged steps are not as safe as they might be.

Building up broken edges

Wearing safety goggles, chip away concrete around the damaged area and provide a good grip for fresh concrete. Cut a board to the height of the riser and prop it against the step with bricks **(1)**. Mix up a small batch of general-purpose concrete, adding a little PVA bonding agent to help it adhere to the step. Dilute some bonding agent with water (say, 3 parts water : 1 part bonding agent) and brush it onto the damaged area, stippling it into the crevices. When the surface becomes tacky, fill the hole with concrete mix flush with the edge of the board **(2)**. Radius the front edge slightly with a home-made edging float, running it against the board **(3)**.

1 Prop a board against the riser

2 Fill the front edge with concrete

3 Run an edging float against the board

You can use sawn lengths of timber to build attractive steps that suit an informal garden. It's best to construct risers that are more or less the same height, otherwise someone may stumble if they are forced to break step. As it's not always possible to obtain uniform logs, you may have to make up the height of the riser with two or more slimmer logs. Alternatively, you can buy purpose-made pressure-treated logs, machined with a flat surface on two faces. Soak your own timber in chemical preserver overnight.

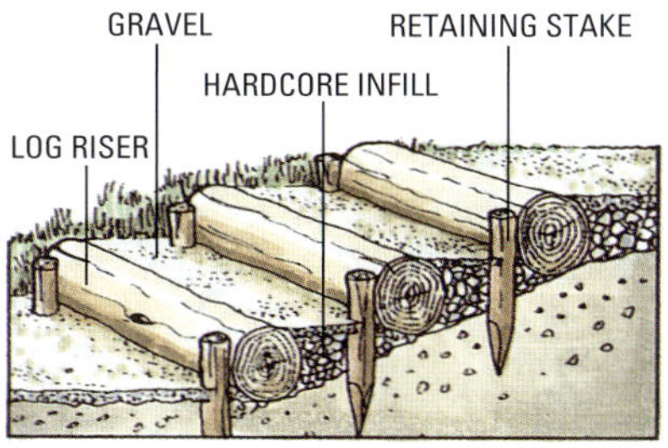

Log steps

Remove any turf and cut a regular slope in the earth bank, then compact the soil by treading it down. Sharpen stakes cut from logs 75mm (3in) in diameter and drive them into the ground, one at each end of a step **(1)**.

Place a heavy log behind the stakes, bedding it down in the soil until it is level **(2)**, and pack broken-brick hardcore behind it to construct the tread of the step **(3)**. To finish the step, shovel a layer of gravel on top of the hardcore, then rake the gravel level with the top of the log riser.

If you're unable to obtain large logs, you can build a step from two or three straight slimmer logs, holding them against the stakes with hardcore as you construct the riser **(4)**.

Finish by laying a gravel path at the top and bottom of the flight of steps.

1 Drive a stake at each end of a step

2 Place a log behind the stakes

3 Fill behind the log with hardcore

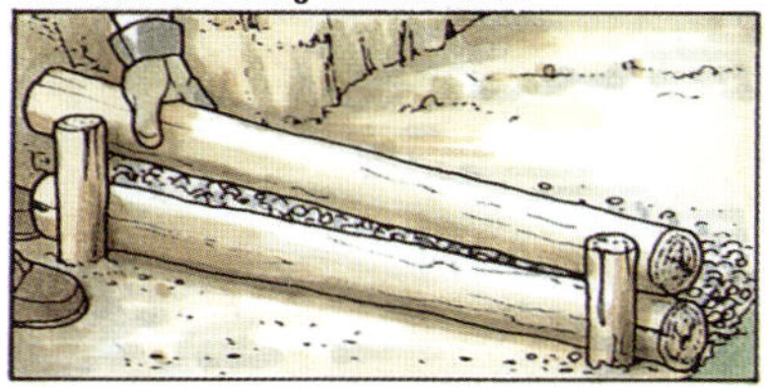

4 Make up a riser with two slim logs

Making curved steps

To build a series of curved steps, choose materials that will make construction as easy as possible. One option is to use tapered concrete slabs for the treads, designing the circumference of the steps to suit the proportions of the slabs. Alternatively, use bricks laid flat or on edge to build the risers. Set the bricks to radiate from the centre of the curve, and fill the slightly tapered joints with mortar. Use a length of string attached to a peg driven into the ground as an improvised compass to mark out the curve of each step.

After roughly shaping the soil, lay a concrete foundation for the bottom riser. Build the risers and treads as for regular paving-slab steps (see opposite), using the improvised string compass as a guide.

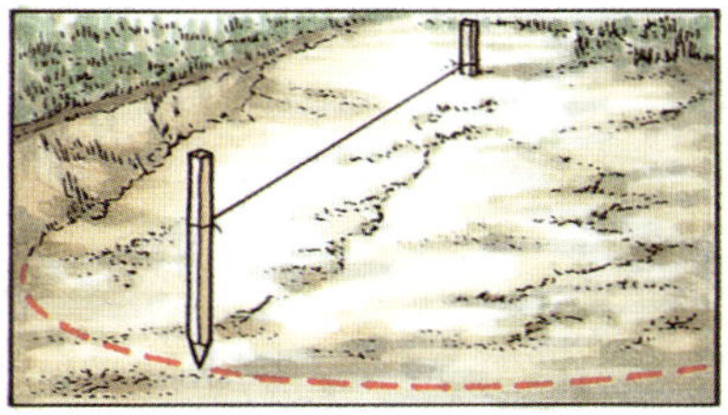

Mark the edge with an improvised compass

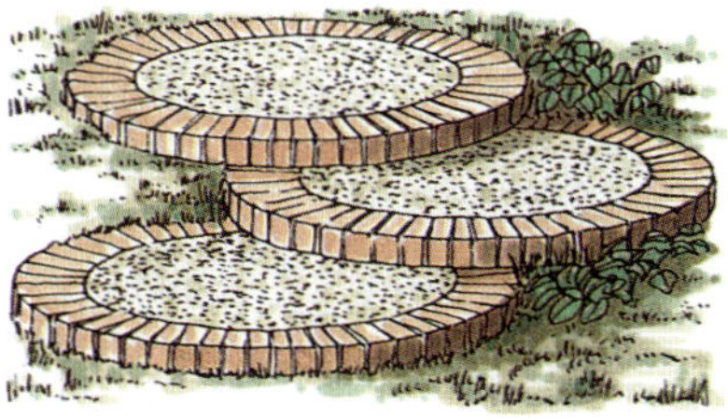

Concrete steps

Log steps

Curved steps

Paved circular landing

Building circular landings
To construct a circular landing (left), build the front edge with bricks and paving, as for a curved step. When the mortar has set, fill the area of the landing with compacted hardcore and lay gravel up to the level of the tread.

SEE ALSO: Preservers 260, Footings 453, Concrete mixes 467, Edging float 469, Laying hardcore 469, Tapered slabs 472, Crazy paving 474

Creating water gardens

There is nothing like still or running water to enliven a garden. Waterfalls and fountains have an almost mesmerizing fascination, and the sound of trickling water has a delightfully soothing effect. Even a small area of still water will support all manner of interesting pond life and plants – with the additional bonus of the images of trees, rocks and sky reflected in its placid surface.

Well worth it
A well-balanced healthy pond requires careful construction to begin with and regular maintenance thereafter. However, the effort will be amply repaid, especially if you include some form of running water to add sound and sparkling light to the scenario.

SEE ALSO: Installing pond liners 484–5, Building a cascade 487

Pond liners

It is not by chance that the number of garden ponds has greatly increased in recent years. Their popularity is largely due to the fact that easily installed rigid and flexible pond liners are now readily available, which make it possible to create a water garden by putting in just a few days' work.

In the past it was necessary to line a pond with concrete. While it is true that concrete is a very versatile material, there is always the possibility of a leak developing through cracks caused by ground movement or the force of expanding ice. There are no such worries with flexible liners or those made from rigid plastic. Building formers for a concrete pond involves both labour and expense, and when the pond is finished it has to be left to season for about a month – during which time it needs to be emptied and refilled a number of times to ensure that the water will be safe for fish and plant life. In contrast, you can introduce plants into a pool lined with plastic or rubber as soon as the water itself has matured, which takes no more than a few days.

Ordering a flexible liner

Use a simple formula to calculate the size of liner you will need. Disregard any complicated shapes, planting shelves, and so on; simply take the overall length and width of the pond and add twice the maximum depth to each dimension to arrive at the size of the liner. If possible, adapt your design to fall within the nearest stock liner size.

POND DIMENSIONS	
Length – 3m	9ft 9in
Width – 2m	6ft 6in
Depth – 450mm	1ft 6in
SIZE OF LINER	
3m + 0.900m = 3.9m	9ft 9in + 3ft = 12ft 9in
2m + 0.900m = 2.9m	6ft 6in + 3ft = 9ft 6in

Choosing a pond liner

The advantages of proprietary pond liners over concrete are fairly obvious, but there are a number of options to choose from – depending on the size and shape of the pond you wish to create and how much you are planning to spend.

Pond under construction
This ambitious project utilizes a flexible liner in the construction of a water garden.

Rigid plastic liners

Regular visitors to garden centres will be familiar with the range of preformed plastic pond liners. A rigid liner is in effect a ready-made one-piece pond – including planting shelves and, in some cases, recessed troughs to accommodate marsh or bog gardens.

The best pond liners are those made from rigid glass-reinforced plastic (fibreglass), which is very strong and is also resistant to the effects of frost or ice. Almost as good, and more economical, are liners made from vacuum-formed plastic. Provided they are handled with a reasonable degree of care and installed correctly, rigid plastic pond liners are practically leak-proof. A very acceptable water garden can be created with a carefully selected series of pond liners linked together by watercourses.

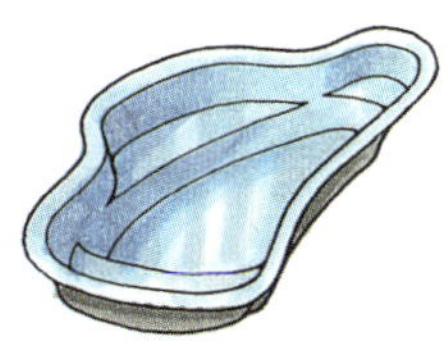

Rigid pond liner
Rigid liners are moulded from plastic.

Flexible liners

For complete freedom of design, choose a flexible-sheet liner that will hug the contours of a pond of virtually any shape and size. Flexible plastic pond liners range from inexpensive polyvinyl acetate (PVC) and polythene sheet to better-quality low-density polythene and nylon-reinforced PVC. Plastic liners, especially those reinforced with nylon, are guaranteed for many years of normal use – but if you want your pond to last for 50 years or more, choose a thicker membrane made from synthetic butyl rubber. Black and stone-coloured butyl liners are made in a wide range of stock sizes, up to 6.5 x 10.75m (22 x 35ft); and larger liners can be supplied to order.

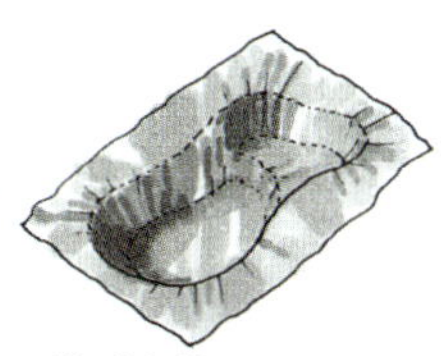

Flexible liner
The best-quality flexible pond liners are made from butyl.

SEE ALSO: Installing pond liners 484–5, Building a cascade 487

Constructing a pond

A pond must be sited correctly if it is to have any chance of maturing into an attractive, clear stretch of water. Don't place a pond under deciduous trees: falling leaves will pollute the water as they decay, causing fish to become ill or die. Laburnum trees are especially poisonous.

● **Accommodating a sloping site**
On a sloping site, build up the low side with earth, turfing up to the paving surround. Either cut back the higher side and build a low retaining wall or bed stones against the earth to create a rockery.

The need for sunlight

Although sunlight promotes the growth of algae, which cause ponds to turn a pea-green colour, it is also necessary to encourage the growth of other water plants. An abundance of oxygenating plants will compete with the algae for mineral salts and, aided by the shade that is cast by floating and marginal plants, will help to keep the pond clear.

Volume of water

The pond's dimensions are important in creating harmony between plants and fish. It is difficult to maintain the right conditions for clear water in a pond that is less than 3.75sq m (40sq ft) in surface area – but the volume of water is even more vital. A pond up to about 9sq m (100sq ft) in area needs to be 450mm (1ft 6in) deep. As the area increases you will have to dig deeper, to about 600mm (2ft) or more, although it's hardly ever necessary to dig deeper than 750mm (2ft 6in).

Designing the shape of your pond

Although there's a huge variety of rigid-plastic liners available, you are limited to the shapes selected by the manufacturers. There are no such limitations if you use a flexible pond liner, although curved shapes take up the slack better than straight-sided pools do.

The profile of the pond must be designed to fulfil certain requirements. To grow marginal plants, you will need a shelf 225mm (9in) wide around the edge of the pond, 225mm (9in) below the surface of the water. This will take a standard 150mm (6in) planting crate, with ample water above, and you can always raise the crate on bricks or pieces of paving. The sides of the pond should slope at about 20 degrees, to prevent the collapse of soil during construction and to allow the liner to stretch without promoting too many creases. It will also allow a sheet of ice to float upwards without damaging the liner. Judge the angle by measuring 75mm (3in) inwards for every 225mm (9in) of depth. If the soil is very sandy, increase the angle of slope slightly for extra stability.

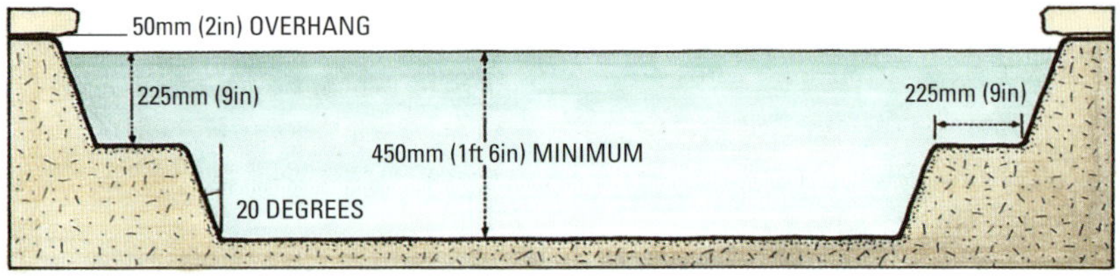

Important dimensions for a garden pond

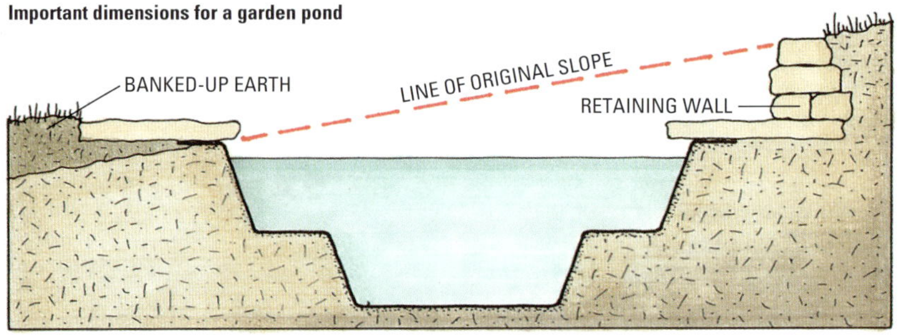

A sloping site

Installing a rigid liner

Stand a rigid pond liner in position and prop it up with cardboard boxes, both to check its orientation and to mark its perimeter on the ground.

Use a spirit level to plot key points on the ground **(1)** and mark them with small pegs. You will need to dig outside this line, so absolute accuracy is not required.

As you remove the topsoil, either take it away in a wheelbarrow or pile it close by, ready to incorporate into a rockery. Lay a straightedge across the top and measure the depth of the excavation **(2)**, including marginal shelves. Keep the excavation as close as possible to the shape of the liner, but extend it by 150mm (6in) on all sides. Compact the base and cover it with a layer of sharp sand 25mm (1in) deep. Lower the liner and bed it down firmly into the sand. Check that the pool stands level **(3)** and wedge it temporarily with wooden battens until the backfill of soil or sand can hold it.

Start to fill the liner with water from a hose and, at the same time, pour sifted soil or sand behind the liner **(4)**. There's no need to hurry, as it will take some time to fill, but try to keep pace with the level of the water. Reach into the excavation and pack soil under the marginal shelves with your hands.

When the liner is firmly bedded in the soil, either finish the edge with stones as for a flexible liner (see opposite) or re-lay turf to cover the rim of the liner.

1 Mark the perimeter of the liner

2 Measure the depth of the excavation

3 Make sure the liner stands level

4 Infill with sifted soil or sand

☛ **SEE ALSO: Flexible liners 483, Rigid liners 483, Building a rockery 487**

Installing a flexible liner

Mark out the shape of the pond on the ground – a garden hose is useful for trying out curves. Before you start excavating the soil, look down from an upstairs window at the shape you have plotted, to make sure you are happy with the proportions of your pond.

Excavating the pond

Excavate the pond to the level of the planting shelf, then mark and dig out the deeper sections **(1)**. Remove sharp stones and roots from the sides and bottom of the excavation.

The slabs surrounding the pond need to be 18mm (¾in) below the turf. Cut back the turf to allow for the stones and then, every metre (3ft) or so, drive wooden datum pegs into the exposed surround. Level the tops of all the pegs, and use a straightedge **(2)** to check the level across the pond as well. Remove or pack earth around the pegs to bring the surrounding soil to a consistent level.

When the pond's surround is level, remove the pegs and, to cushion the liner, spread a 12 to 25mm (½ to 1in) layer of slightly damp sand over the base and sides of the excavation **(3)**. Alternatively, cover the excavation with a proprietary pond-liner underlay.

Installing the liner

Drape the liner across the excavation with an even overlap all round. Hold it in place with bricks while you introduce water from a hose **(4)**. Filling a large pond will take several hours, but check the liner regularly, moving the bricks as it stretches. A few creases are inevitable, but you can lose most of them if you keep the liner fairly taut and ease it into shape as the water rises.

When the level reaches 50mm (2in) below the edge, turn off the water. Cut off surplus liner with scissors, leaving a 150mm (6in) overlap all round **(5)**. Push long nails through the overlap into the soil, so the liner can't slip.

Laying the surround

Select flat stones that follow the shape of the pond, with a reasonably close fit between them. Let the stones project over the water by about 50mm (2in).

Wearing goggles, use a bolster to cut stones to fit the gaps behind the larger edging stones. Lift the stones one or two at a time and bed them on two or three strategically placed mounds of mortar (1 part cement : 3 parts soft sand) **(6)**.

Tap the stones level with a mallet and fill the joints with a trowel. Use an old paintbrush to smooth the joints flush. Don't drop mortar into the water, or you will have to empty and refill the pond before introducing fish or plants.

STOPPING YOUR POND OVERFLOWING

Every garden pond needs topping up from time to time – and, as many gardeners know to their cost, it is all too easy to forget to turn off the water and flood the garden when the pond overflows. As a precaution, build a simple drain beneath the pond's edging stones to allow excess water to escape. This also provides a means of running electric flex into the pond to power a pump or lighting.

Cut corrugated-plastic sheet into two strips, about 150mm (6in) wide and long enough to run under the edging stones. Pop-rivet the strips together to make a channel about 25mm (1in) deep **(1)**.

Scrape earth and sand from beneath the liner to accommodate the channel **(2)**, then lay edging stones on top to hold it in place. Dig a small soakaway behind the channel and fill it with rubble, topped with fine gravel or turf, up to the level of the stones.

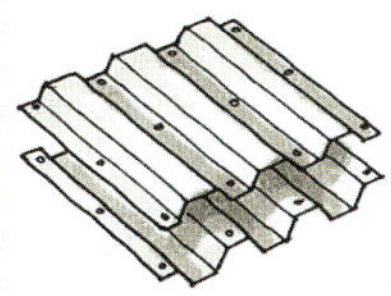

1 Drain components

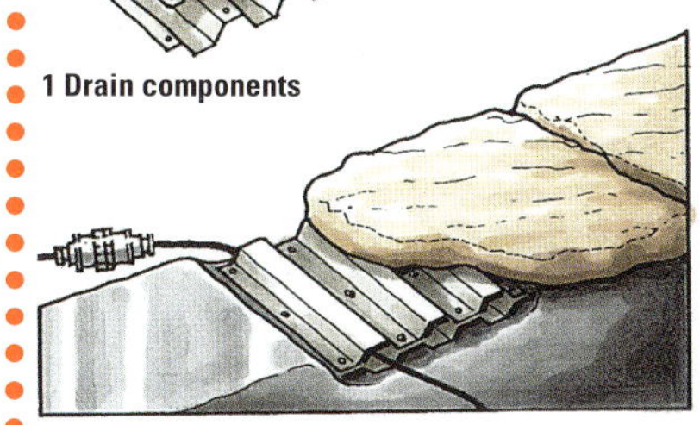

2 Place the drain beneath the edging stones

1 Dig the excavation as accurately as possible

2 Level the edge using datum pegs

3 Line the excavation with damp sand

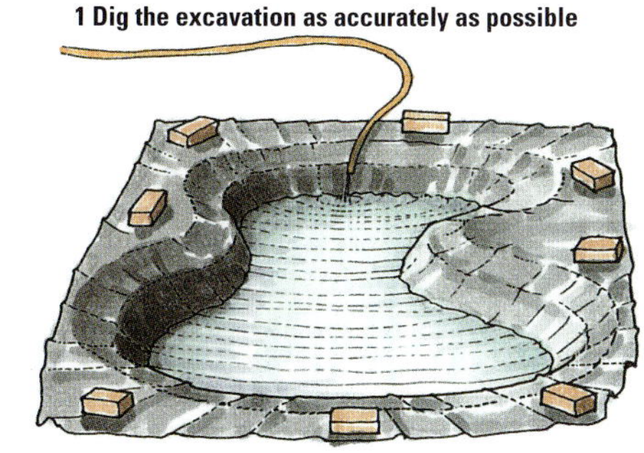

4 Stretch the liner by filling the pond

5 Cut the flexible liner to fit

6 Lay edging stones to complete the pond

SEE ALSO: Cutting slabs 473, Pumps 486

Raised-edge ponds

If you want a more formal pond, you can build a raised edge using bricks or concrete blocks. A surround about 450mm (1ft 6in) high serves as a deterrent for small children while also providing seating. If you prefer a lower wall, say 225mm (9in) high, create planting shelves at ground level, digging the pond deeper in the centre. Place planting crates on blocks around the edge of a deep raised pond.

Building the edging

Lay 100 to 150mm (4 to 6in) concrete footings to support walls constructed from two skins of masonry set apart to match the width of flat coping stones. Allow for an overhang of 50mm (2in) over the water's edge, and lap the outer wall by 12 to 18mm (½ to ¾in). To save money, you may prefer to use cheap common bricks or plain concrete blocks for the inner skin, while reserving more expensive decorative bricks or facing blocks for the outer skin of the wall.

A raised pond can be lined with a standard flexible liner, or you can order a prefabricated fitted liner to reduce the amount of creasing at the corners.

Trap the edge of the liner underneath the coping stones.

Raised-edge pond
A beautifully designed water feature, built from artificial-stone blocks and coping slabs. The small cascade is powered by a submersible pump.

Partly excavated pond

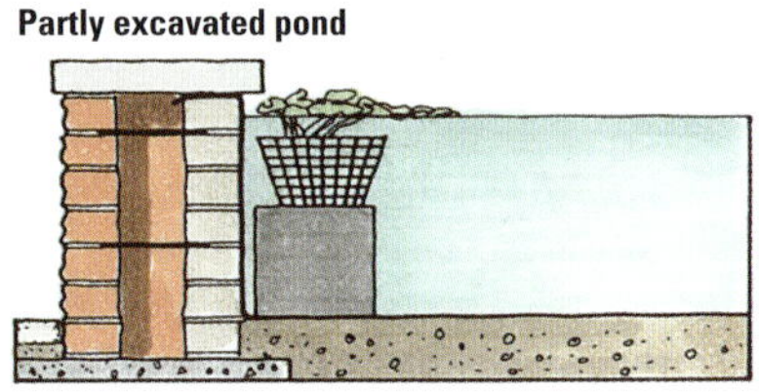

Fully raised pond built with a cavity wall

Alternative pond edging

Edging a pond with flat stones provides a safe and attractive footpath that is useful for tending water plants and fish, but often a more natural setting is required, particularly for small header pools in a rockery. Incorporate a shelf around the pond, as for marginal plants though this time for an edging of rocks. If you place them carefully, there is no need to mortar them. Arrange rocks behind the edging to cover the liner **(1)**.

In order to create a shallow, beach-like edging, slope the soil at a very shallow angle and lay large pebbles or flat rocks upon the liner. You can merge them with a rockery, or let them form a natural water line **(2)**.

To discourage neighbourhood cats poaching fish from your pond, create an edging of trailing plants – without a firm foothold, no cat will attempt to reach into the water. Bed a strip of soft wire netting in the mortar below flat edging stones, and cut the strip to over-hang the water by about 150mm (6in) as a support for the plants **(3)**. Once the plants are established, they will disguise the exposed edge of the pool liner.

1 Rock-edged pond

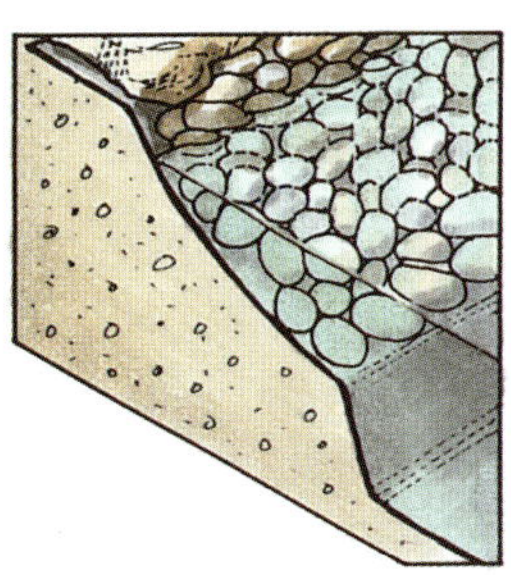

2 Pebble-strewn shelf

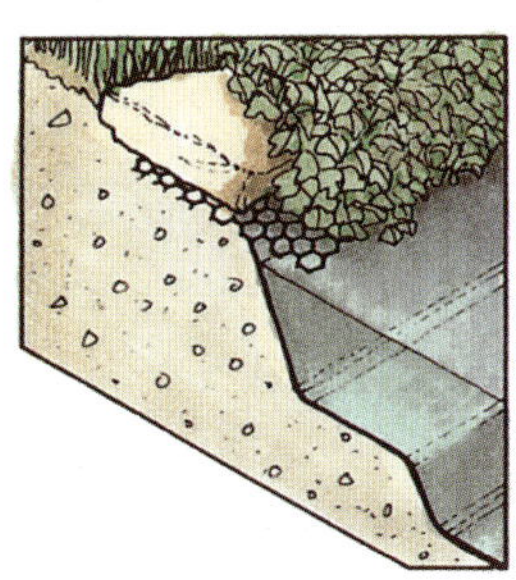

3 A wire edge supports plants

PUMPS AND FOUNTAINS

Submersible pumps for fountains and cascades are operated either directly from the mains electrical supply or via a transformer that reduces the voltage. The combination of mains electricity and water can be fatal – so get a qualified electrician to help you install the necessary equipment.

An extra-low-voltage pump is perfectly safe, and can be installed and wired simply. Place the pump in the water and run its cable beneath the edging stones, preferably via a home-made drain, to a waterproof connector attached to the extension lead of a transformer installed inside the house. With this system, you can remove the pump for servicing without disturbing the extension cable or transformer. Run the pump regularly, even in the winter, to keep it in good working order. Clean the pump and its filter according to the manufacturer's instructions.

Place a submersible cascade pump close to the edge of the pond so that you can reach it to disconnect the hose running to the cascade when you need to service the pump. Stand a fountain unit on a flat stone or prop it up on bricks, so the jet of water is vertical. Plant water lilies some distance away from a fountain, as falling water will encourage the flowers to close up.

Extra-low-voltage cascade pump and transformer

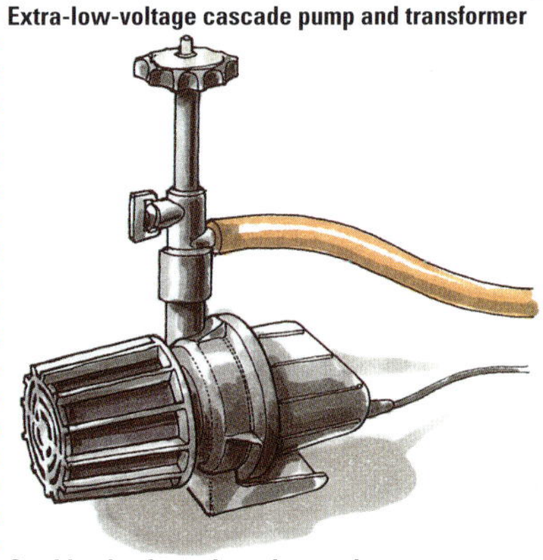

Combination fountain and cascade pump

Solar-powered pumps and lights

Solar-powered fountain pumps and lights can be bought as complete kits, including a panel of solar cells.

The lighting units contain a battery that stores the electricity produced by the solar cells during the day, and releases it to the lamps during the night. The pumps are designed to operate continuously. Solar-powered devices are not sufficiently powerful to supply cascades or spotlights.

SEE ALSO: Bricks 447–8, Concrete blocks 449–50, Footings 453, Laying bricks 454–6, Flexible liners 483, Pond drain 485

Building a rockery and cascade

A cascade running through a tastefully planted rockery adds a further dimension to a water garden. The technique for building a series of watercourses is not as complicated as you might expect, and at the same time you can cover much of the groundwork needed to create the rockery. Providing running water is also an ideal way of filtering your pond.

You will be surprised at the amount of soil produced by excavating a pond. To avoid waste and the trouble of transporting it to a local dump, use it to create a pool-side rockery. If you include a filter and a small reservoir on the higher ground, you can pump water from the main pond through the filter into the reservoir and return it via the trickling cascade.

If you order them from a garden centre, buying a large enough number of natural stones to give the impression of a real rocky outcrop can work out extremely expensive. A cheaper way is to use hollow-cast reproduction rocks, which will eventually weather in quite well. However, your best option is to purchase natural stone direct from a local quarry. Rocks can be very heavy, so get the quarry to deliver as close to the site as possible; and hire a strong trolley to facilitate moving individual stones about the garden.

A rockery and cascade are built as one operation, but for the sake of clarity they are described separately here.

AVOIDING BACK STRAIN

Lifting stones
Keep your back straight when lifting heavy stones (right). Use a rope to lift and position large rocks (below).

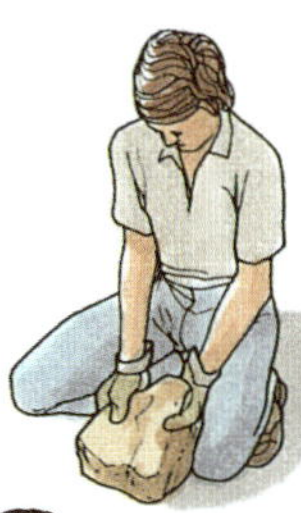

Creating a cascade

Rigid-liner manufacturers make moulded cascade kits for embedding in rockeries – you simply cover the edges with stones, soil and trailing plants. Alternatively, you may prefer to create your own custom-made watercourse, using offcuts of flexible liner.

Installing the liner

So that the cascade can discharge directly into the main pond, form a small inlet at the side of the pond by leaving a large flap of flexible liner **(1)**. Build shallow banks at each side of the inlet and line it with stones. Create a stepped watercourse ascending in stages to the reservoir. Line the watercourse with flexible liner, overlapping the offcuts on the face of each cascade. Tuck the edge of each lower piece of liner under the edge of the piece above, and hold the pieces in place with stones.

To retain water in small pools along the watercourse, cut each step with a slope towards the rear **(2)** and place stones along the lip for the desired effect **(3)**. A flat stone will produce a sheet of water, a layer of pebbles will create a rippling cascade.

As the construction work progresses, test the watercourse by running water from a garden hose, as it is difficult to adjust the angle of the stones once the watercourse has been completed.

Bury the flexible hose from the cascade pump in the rockery – making sure there are no sharp bends, which would restrict the flow of water. Attach the hose to the filter tank at the top of the watercourse **(4)**. Conceal the tank behind rocks at the back of the rockery, where it can discharge filtered water into the reservoir.

A rigid-plastic reservoir will have a lip moulded in one edge, which allows water to escape down the watercourse. If you use flexible liner to construct a reservoir **(5)**, you will need to shape the edge to form a low point **(6)** and support a flat stone over the opening in order to hide the liner.

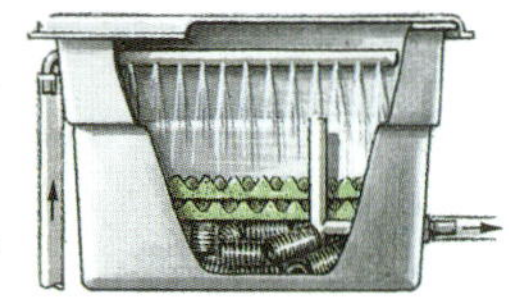

Filter tanks
Pumps usually have built-in foam filters, but these are not sufficient to keep the water in a sizable pond clear and healthy enough for fish. It is preferable to install a plastic tank containing a combination of foam filters that will remove debris, plus a layer of biological filter medium to take out pollutants created by rotting vegetation and fish excreta.

Custom-made watercourse
This cross section shows a series of small cascades running from a reservoir to a pond.

1 Inlet
2 Sloped step
3 Edging stone
4 Hose runs to filter tank
5 Reservoir
6 Reservoir outlet

Constructing a rockery

To create an illusion of layers of rock, select and place each stone in a rockery carefully. Stones placed haphazardly at odd angles tend to resemble a spoil heap rather than a natural outcrop. Take care not to strain yourself when lifting rocks. Keep your feet together and use your leg muscles to do the work, keeping your back as straight as possible. To move a particularly heavy rock, slip a rope around it (see left).

Lay large, flat rocks to form the front edge of the rockery, placing soil behind and between them to form a flat, level platform. Compact the soil to make sure there are no air pockets, which can damage the roots of plants.

Lay subsequent layers of rock set back from the first, but not in a regular pattern. Place some to create steep embankments, others to form a gradual slope of wide steps. Brush soil off the rocks as the work progresses.

Pockets of soil for planting alpines or other small rockery plants will be formed naturally as you are laying the stones, but plan larger areas of soil for specimen shrubs or dwarf trees.

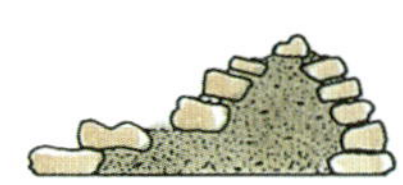

Building a rockery
A rockery should have irregular rock 'steps' along its front edge.

SEE ALSO: Obtaining stone 450, Pond liners 483

Creating a pebble pool

One of the pleasures of a secluded garden is to be able to appreciate the natural sounds of rustling trees, birdsong and, if you're particularly fortunate, the rippling tones of running water. As a rule, nature will provide the wind and the birds, but most of us have to supply the sound of running water ourselves. Given sufficient space, most people opt for a fountain or a small cascade trickling into a garden pond. But what if you only have a small garden or patio? A space-saving water feature is the ideal solution. This need not involve more than a submersible recirculating pump placed in a miniature moulded-plastic pool set in the ground and covered with decorative pebbles. This type of water feature can be situated close to the house – within earshot of the windows and conveniently placed for wiring into your power supply.

Small-scale water feature
One pot rests on the rim of the other.

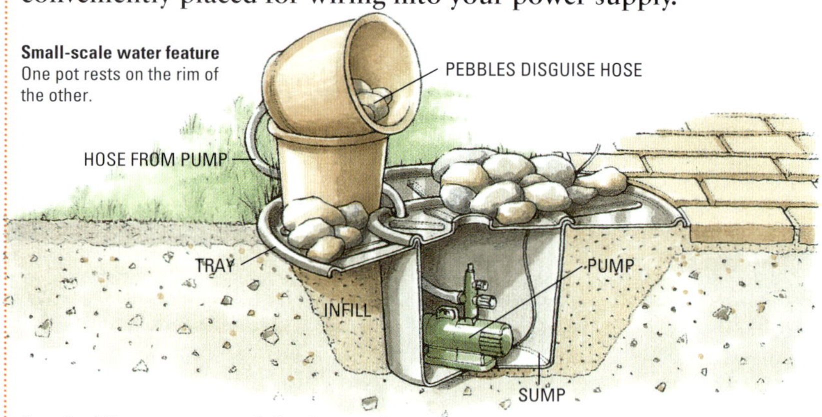

ROUTINE MAINTENANCE

Top up the buried pond occasionally to make up for natural evaporation.

At the end of the season, remove the pump and clean the filter. This will mean rearranging the pebbles, which provides an opportunity to remove leaf litter and to clean up generally.

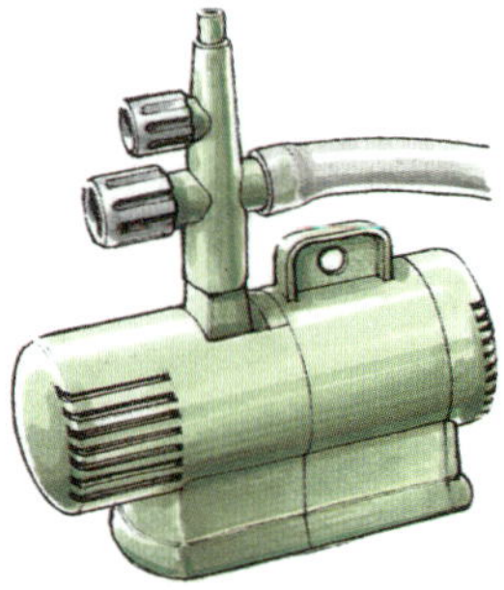

Water-feature pump
For a patio water feature, choose a small cascade-type pump. If you're in doubt about the performance of a particular unit, check the manufacturer's literature or, if need be, consult your supplier.

Installing a moulded pool

Moulded-plastic pools take the form of shallow round or square trays with a deep bucket-like centre section or sump. A perforated or moulded lid is provided to cover the sump, and to support the layer of pebbles that's used to disguise the feature once it has been installed.

Excavating the pool

Start by digging a hole slightly larger than the size of the tray. Make the hole deep enough to set the edge of the tray level with or just below the surface of the patio. You also need to allow for a layer of sand – to be placed on the compacted base of the excavated hole – on which to bed the sump. Set the sump in place and partially fill it with water to help keep it steady. Carefully backfill the sides with earth or sand; build up the infill until the sump and tray are well supported and level.

Fitting the pump

Following the manufacturer's instructions, connect the pump's cable to your power supply – which must include a residual current device (RCD), in order to protect the circuit. If you are in any doubt about the installation, consult an electrician.

Drill a discreet hole in a convenient door or window frame for the pump's cable, and seal the gap around the cable with silicone sealant.

Connect a length of hose to the pump's water outlet and then place the pump in the sump, which you can now fill with water. Test that the pump is working. Lead the hose to one side and fit the lid in place. It may be necessary to trim the edge of the lid in order to accommodate the hose.

Making the cascade

Two ceramic plant pots can make an attractive cascade. Balance one of the pots at an angle on the rim of the other one, and stand them on the tray. Feed the end of the hose into the drain hole in the bottom of the angled pot, and then seal the hole with silicone sealant. You may find this is easier to do if you disconnect the hose from the pump once the hose has been cut to length.

With the pots in position, place some attractive random-size pebbles around them to cover the pond tray. Put a few pebbles inside the angled pot, to weigh it down and to conceal the end of the hose. Arrange potted plants to help disguise the hose at the rear. Run the pump; and try various arrangements of pebbles in and around the pots, so as to create an attractive cascade.

SEE ALSO: RCDs 348, Pumps and fountains 486

Conservatories

Ever since well-to-do Victorians used them to raise exotic plants and as places for relaxation, conservatories have been desirable additions to our homes. Today, with double glazing and efficient heating, they are used to extend the house – not only to provide an indoor garden, but as living and dining rooms, workrooms, studios and sometimes kitchens.

Conservatories are made in a range of standard sizes and styles. They are available in kit form for self-build, or can be supplied and erected by specialist companies.

The materials used for constructing conservatories may include softwood framing combined with low masonry walls, or perhaps hardwood frames and panels. Alternatively, a conservatory may be built primarily from aluminium or uPVC framing in either a traditional or modern style.

The transparent sections of the roof may be constructed with glass panes, or consist of double-wall or triple-wall polycarbonate sheet.

For security reasons and to conserve energy, double-glazed toughened-glass sealed units are now most commonly used for the windows and doors.

It is worth studying the range of available designs in order to choose a conservatory that suits the style of your house. For example, a decorative 'Victorian-style' conservatory might be acceptable for an ornate or period house, but it would probably look out of place alongside an ultra-modern building. On the other hand, a simple modern conservatory can sometimes look perfectly at home with an older house. The overall proportions of the conservatory and the quality both of the construction and of the building materials used are important factors to consider, too.

From the practical point of view, bear in mind that softwood frames need painting from time to time, and even hardwood frames benefit from an occasional brush up with wood preserver. Like uPVC frames, factory-finished aluminium frames should require little, if any, maintenance.

The period style of this conservatory complements the character of the house and garden

Choosing the site

Although formal Building Regulation approval is usually not required for conservatories under 30sq m (323sq ft), a conservatory is classed as an extension so may require planning permission – discuss your proposed development with the local authorities.

Before committing to your preferred design, check the manufacturer's specification in order to establish the size of the conservatory in relation to your site. Make sure there are no problems with drainage and with the proximity of trees or other features.

Apart from such practical concerns, which may include ensuring a means of access from the house, the choice of location needs to take into consideration the direction of the sun. A conservatory built on a south-facing wall will benefit from sunlight all the year round and, as a result, would provide a cosy environment in the winter. However, in high summer the same conservatory is likely to become unpleasantly hot unless you provide efficient ventilation and shade.

A west-facing conservatory receives less direct sunlight, but could allow you to enjoy the setting sun during the late afternoon and evening. East-facing conservatories are ideal for an informal breakfast, with the possibility of early-morning sunshine. A north-facing site will not receive any direct sunlight, and to be comfortable will probably require heating for most of the winter. A corner site may provide you with a wide range of benefits for much of the day.

Heating and ventilation

Conservatories need efficient temperature controls if they are not to be too hot in summer or too cold in winter. The large expanse of glass is designed to absorb natural heat from the sun quickly – but it can just as quickly lose heat during cold wintry weather.

Double glazing is essential to retain the heat gained from sunlight, particularly if a conservatory is to be used all year round. Ideally low-emissivity glass should be installed, as it reflects the absorbed heat back into the room. However, during the winter months, when the sun's rays are weak and outside temperatures are relatively low, it may be necessary to provide internal heating. This is usually provided either by an extension to the house's central-heating system or by electric heaters.

During the summer, the heat can rise to uncomfortable levels. One way to overcome this is to fit blinds for both the windows and roof. Special heat-reflective blinds not only provide shade but contribute to reducing heat loss in winter. Conservatory suppliers will provide made-to-measure blinds to suit your requirements. Another option is to stick special self-adhesive vinyl sheeting to the glazing. This reusable material can be applied to the inside or outside, and is held in place by static electricity only.

However effective your blinds may be, good ventilation is essential, not only to deflect heat in summer but also to reduce condensation in winter. Most conservatories have opening windows or vents to provide cross-ventilation. Roof ventilators are normally manually operated, but temperature-controlled automatic systems are also available.

SEE ALSO: Seeking approval 17–19, Low-emissivity glass 207, Blinds 220–1, Double glazing 281, Underfloor heating 428–9

Building conservatories

Extended living space
A well-constructed insulated conservatory will add space and value to your home.

Although a conservatory is a relatively lightweight structure, it nevertheless requires a strong base. Your existing patio, for example, will probably not be suitable. A concrete base is the usual solution – but a special metal-frame platform, which requires less site preparation, is a possible alternative.

Conservatory suppliers will specify a typical base for their products – but, because sites vary, it's worth consulting your local Building Control Officer. Problems such as the level of the DPC, existing drains or underfloor ventilation may have to be discussed with the BCO, too.

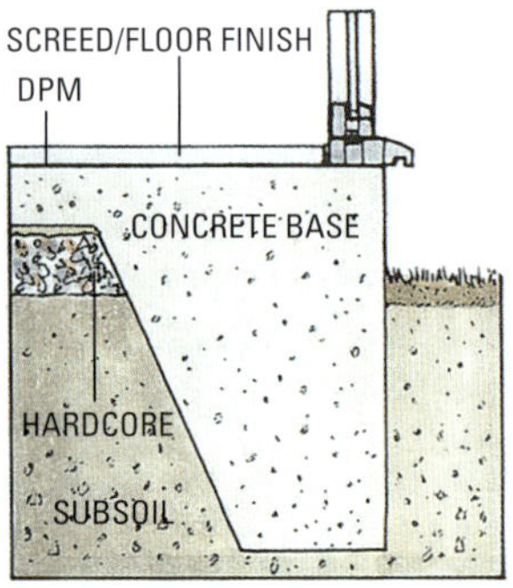

1 Concrete-raft base

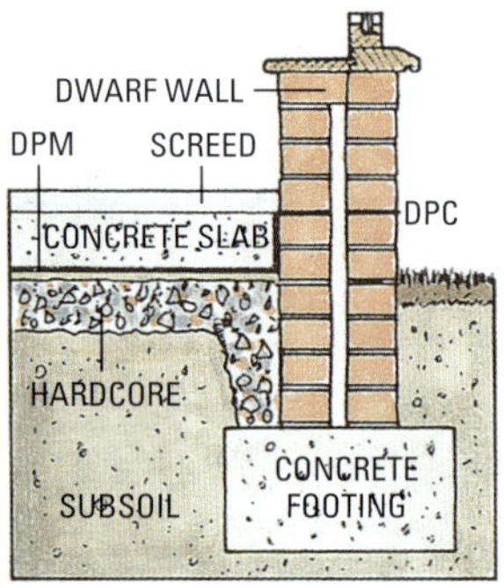

2 Trenchfill base

Components of a conservatory
1 Concrete footings
2 Low cavity wall
3 Damp-proof membrane
4 Damp-proof course
5 Cavity insulation
6 Blinded hardcore
7 Concrete slab
8 Insulation board
9 Sand-and-cement screed
10 Double-glazed frame units
11 Hipped glazed roof
12 Flashing

Types of concrete base

A typical base for a conservatory is a slab of concrete 100mm (4in) thick, which may or may not be screeded. Laid over well-compacted hardcore that is a minimum of 100mm (4in) thick, it will also have adequately deep footings around the perimeter to suit the ground conditions. The base may be constructed as a concrete raft, which combines the footings **(1)**. Alternatively, it may consist of trench-fill concrete foundations that support masonry walls, which surround the concrete slab **(2)**.

The base must incorporate a continuous damp-proof membrane and a damp-proof course that is linked to the house's DPC.

Constructing a base

A typical trenchfill base is described here. Start by marking out the finished floor level with chalk on the house wall. Using profile boards, set out the area of the foundations, following closely the dimensions supplied by the conservatory manufacturer. Use a plumb line to check whether the house wall is vertical. If it leans outwards, set the base dimensions from the plumb line, not the wall.

The footings should be 300mm (1ft) wide for a wall of single-brick construction, or 450mm (1ft 6in) wide for a cavity wall with a 50mm (2in) cavity. For most sites, the footings will need to be at least 500mm (1ft 8in) thick, starting two or three brick courses below ground level. Dig the necessary trenches and pour in concrete to the required level.

Once the concrete has set, excavate the area within the footings, allowing for the thickness of the floorcovering, floor screed, concrete slab, insulation board (if required) and sand-blinded hardcore. Lay the perimeter bricks up to at least 150mm (6in) above ground level. When the mortar has set, lay a bedding of well-compacted hardcore in the excavation and cover with up to 50mm (2in) of levelled sand. Lay a polythene DPM over the sand, with the edges of the sheet overlapping the walls (or inner skin of a cavity wall) all round and turned up the wall of the house at the back. Insulation board can now be laid (see right), followed by the concrete slab.

Lay a damp-proof course on the walls and tie it into the house's DPC, then complete the brickwork. Finally, after erecting the framing, complete the base by laying a sand-and-cement screed followed, when fully dry, by the floorcovering. If chipboard flooring panels are to be laid over insulation boards, the screed can be omitted.

Erecting the frame

The frame sills must all be set level, and the modular frames mounted squarely. Following the manufacturer's instructions, erect the frame units. Any gaps at the junctions with the wall of the house should be filled with silicone mastic. The roof wall rafter should also be sealed and covered with a traditional lead or self-adhesive flashing. Either type of flashing should be tucked into a mortar joint, or into a groove cut about 100 to 150mm (4 to 6in) up the wall, and then pointed with mortar or filled with mastic. The lower edge of the flashing should be dressed over the top edge of the wall rafter.

If the conservatory is built against a cavity wall that is subjected to driving rain, it may be necessary to fit cavity trays into the wall above the roof line prior to erecting the frame.

INSULATING THE BASE

According to the Building Regulations, you are only obliged to insulate the base of a new conservatory that is permanently open to the rest of the house. However, it makes sense to include insulation in any case, as that will help conserve energy.

Foamed-plastic insulation board, up to 50mm (2in) thick, is incorporated as the base is laid. Insulation is normally placed under the concrete slab **(1)**, but it can be placed below a screed at least 65mm (2½in) thick **(2)**. If the screed is thinner, the insulation must go below the slab. In either case, the insulation must be turned up the wall to prevent cold bridging.

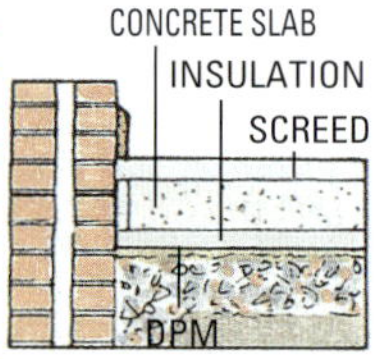

1 Insulation under concrete slab

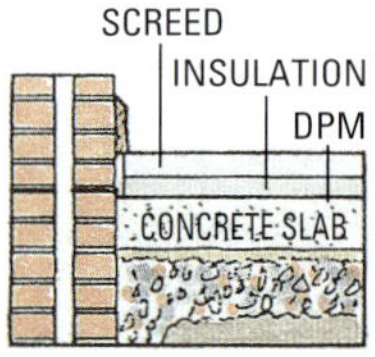

2 Insulation under screed

SEE ALSO: Cavity trays 239, Constructing footings 453, Profile boards 453, Laying bricks 454–6, Building intersecting walls 457, Cavity walls 461, Concrete pads 466–7

11 Tools and skills

Woodworking tools

If you talk to people who make a living using tools, you will find that they guard them jealously: they are loath to lend their tools and even less likely to borrow them. The way a person uses or sharpens a tool – even his or her working stance – will shape and modify it until it works better for its owner than in other hands. This is particularly noticeable with old wooden tools. If you examine the sole of a well-used wooden jack plane, for example, you will see that it has worn unevenly to suit the style of one person. Even the handle of a new plane feels unfamiliar after the feel of a plane you have used for years.

When it comes to building up a kit, the choice of tools is equally personal. No two professionals' tool kits are identical, and each might select different tools to do the same job. The tools shown and described on these pages will enable you to tackle all but the more specialized tasks involved in repairing, maintaining, extending and decorating your home and garden, although the final choice is yours.

No one buys a complete kit of tools all at once. Apart from the considerable cost, it makes more sense to buy tools as you need them. You may prefer to do your own decorating yet hire a professional for electrical work, in which case you are better off spending your money on good-quality brushes, rollers or scrapers than spreading it thinly on a wider range of cheaper tools. We have therefore listed the essential tools for each 'trade' under specific headings – plumber's tool kit, decorator's tool kit, and so on. But a great many tools are common to all trades, and you will find that you will gradually add to your tool kit as you tackle a growing range of activities.

Tools can cost a lot of money, but it's worth buying the best you can afford, for top-quality tools are always a wise investment. Not only will they perform well, but they will last longer, provided that they are used, stored and maintained properly. Power tools are especially expensive, so unless you plan to use them regularly it may be more economic to hire them. Make sure that hired tools are in good condition, and ask for a set of written instructions or a demonstration before you leave the hire shop.

It's impossible to produce first-class work with cutting tools that are blunt; they are also more dangerous than sharp ones. Keep the blades in good condition, and discard disposable blades when they no longer cut smoothly and easily. You can sharpen and maintain handtools yourself, but it's advisable to have power tools serviced professionally.

WOODWORKER'S TOOL KIT

A full woodworking tool kit is enormous, but for general home maintenance you can make do with a fairly limited selection. The most essential tools are listed in the page margins as a guide to building up a basic kit.

TOOLS FOR MEASURING AND MARKING

Take care of your measuring and marking tools. If they are thrown carelessly into a tool box, try squares can be knocked out of true and gauges will become blunt and inaccurate.

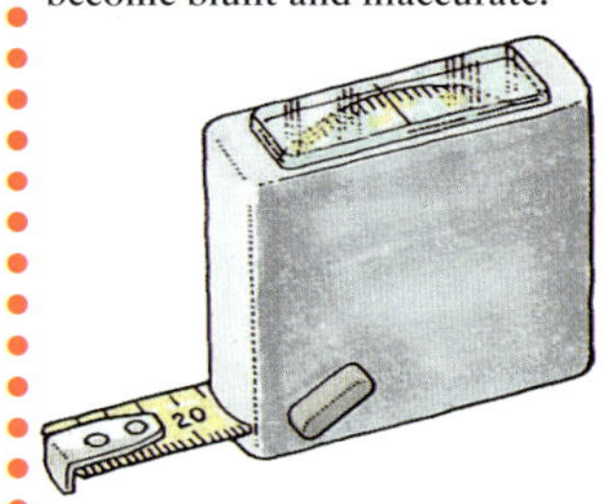

Tape measure and folding rule
A folding boxwood rule is the traditional cabinet-maker's tool, but a modern retractable steel tape measure is more versatile.

Choose a tape that is about 5m (16ft) long, and which can be locked open at any point so that even a large workpiece can be measured single-handedly.

Don't let the spring-loaded tape snap back into its case, or the hook riveted to the end of the tape will eventually work loose.

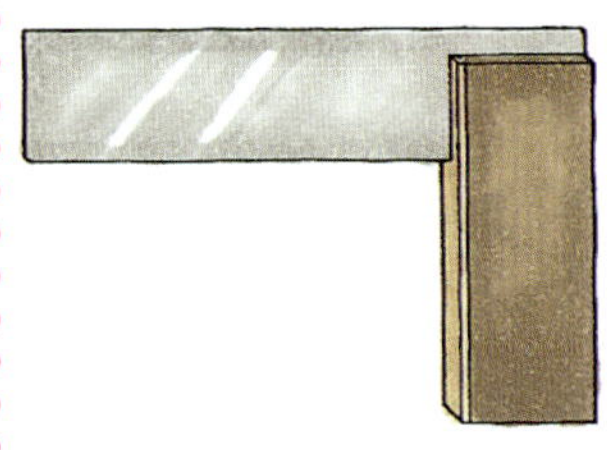

Try square
A try square is used for checking the accuracy of jointed corners and planed timber, and also for marking out workpieces that are to be cut 'square'.

Choose a try square that has the blade and stock (handle) cut from a single L-shaped piece of metal – one with a straight blade riveted to the stock may lose its accuracy.

Some try squares are made with the top of the stock cut at 45 degrees for marking out mitre joints.

It's worth buying the largest square you can afford: they are available with blades up to 300mm (1ft) long.

Checking an internal angle

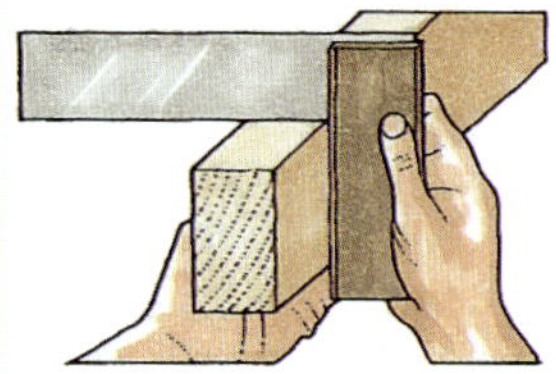

Checking planed timber
View the work against the light to check you are planing square.

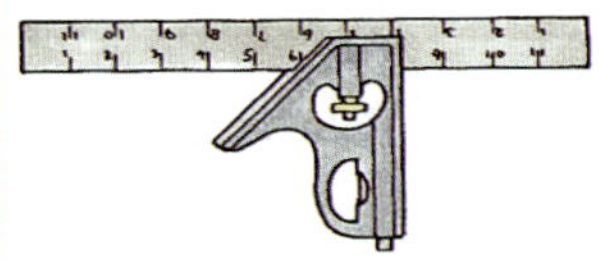

Combination square
A combination square is a very versatile tool. Essentially, it is a try square, but instead of a fixed blade it has a calibrated rule that slides in the stock to make a blade of any length up to 250mm (10in). This serves as a useful depth gauge. The head has an angled face for marking mitres and incorporates a small spirit level for checking vertical and horizontal surfaces.

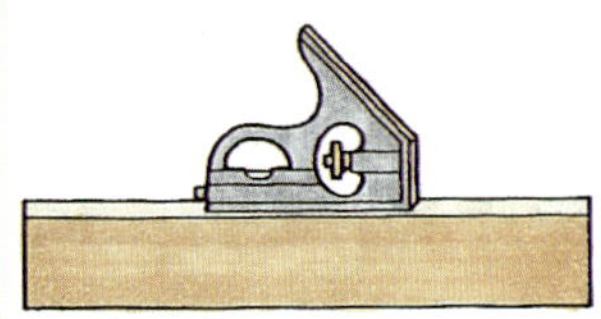

Checking for level
To use the tool as a spirit level, remove the blade and place the stock on the horizontal surface.

Checking verticals
Place the blade against a vertical face and read the spirit level to check it is perpendicular.

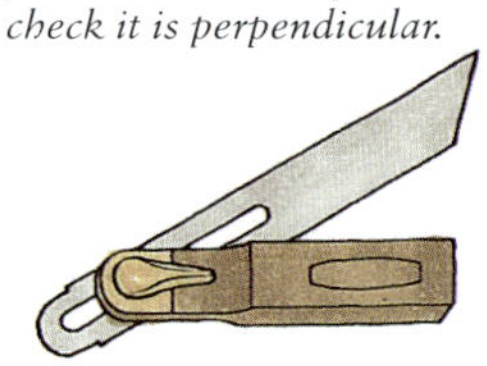

Sliding bevel
A sliding bevel is similar to a standard try square, but its blade can be adjusted to check or mark any angle.

SEE ALSO: Woodworking joints 505–7

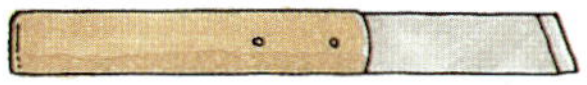

Marking knife
Before sawing timber, mark the cutting line with a knife – this is more accurate than marking with a pencil and prevents the fibres of the wood breaking out when you saw across the grain. The blade of a marking knife is ground on one side only; run the flat face against the square or bevel.

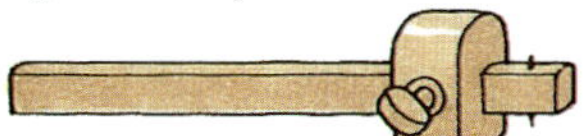

Marking gauge
With a marking gauge, you can score a line parallel to an edge. Slide the stock along the beam until it is the required distance from the pin. Press the face of the stock against the edge of the timber and, with the pin touching the wood's surface, push the tool away from you to scribe the line.

Cutting gauge
If you try to score a line across the grain with a marking gauge, the pin will tear the surface; whereas a cutting gauge – which has a small sharp blade – is ideal for the purpose. The blade is held in place by a removable wedge.

Mortise gauge
This type of gauge has two pins, one fixed and the other movable, for marking the parallel sides of mortise-and-tenon joints. First set the points to match the width of the mortise chisel, then adjust the stock to place the mortise the required distance from the edge of the wood. Mark the limits of the mortise, using a try square **(1)**, then score the two lines with the gauge **(2)**. With the same setting, mark the tenon on the rail.

1 Mark the limits of the mortise

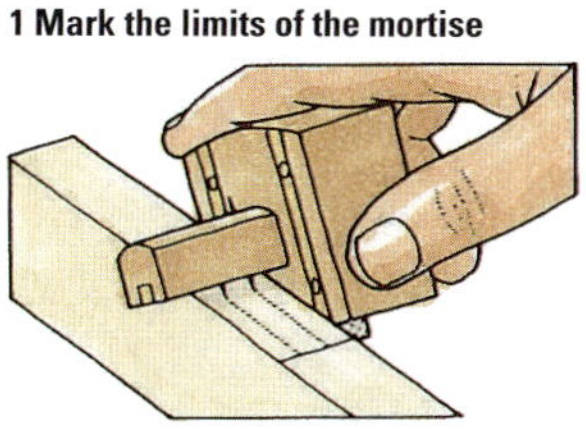

2 Score the lines

HANDSAWS

Handsaws, with their flexible unsupported blades, are used to convert solid timber and man-made boards. All handsaws are similar in appearance, but each type is made with different-shaped teeth that are designed for a specific purpose.

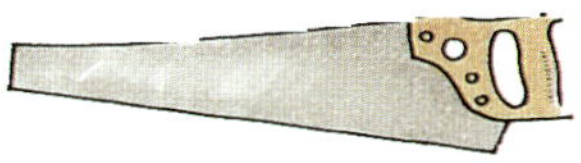

Ripsaw
The ripsaw is designed for 'ripping down' – sawing solid timber along its length. Each of its teeth is like a tiny chisel that slices the timber along its grain. Alternate teeth are 'set' (bent outward in opposite directions) so that the 'kerf' (the groove cut in the timber) is slightly wider than the thickness of the blade. If saws were not set, they would jam in the kerf.

Crosscut saw
Unlike ripsaw teeth, which are filed square with the face of the blade, crosscutting teeth are filed at an angle to form points that score lines along both sides of the kerf before the wood in between is removed. This allows the saw to cut across the grain of solid timber without tearing the fibres.

Panel saw
The teeth of a panel saw are set and shaped like those of a crosscut saw but, being smaller and closer together, they cut a finer kerf. The saw is used for cutting man-made boards such as plywood and hardboard.

Universal saw
Its teeth are similar in shape to those of a crosscut saw, but a universal saw is designed to cut both with and across the grain.

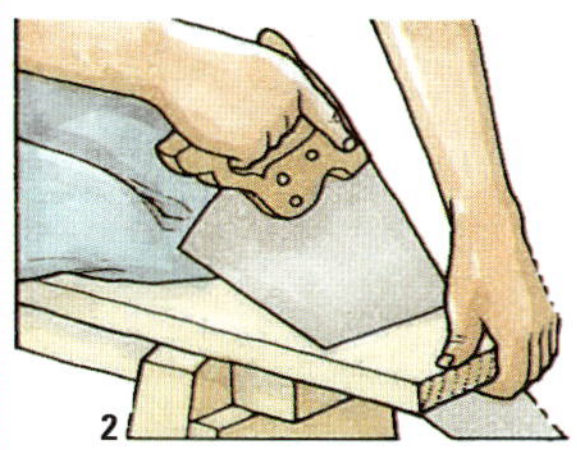

Using handsaws
Hold the saw with your forefinger extended towards the tip of the blade. This keeps the blade in line with your forearm and helps you to make a straight cut.

When ripsawing, support the board on sawhorses. Start at one end using short backward strokes only, steadying the saw blade with the tip of your thumb against its flat face ***(1)****. Lengthen your stroke once you have established the kerf, and continue cutting with slow regular strokes, using the full length of the blade. When necessary, move the sawhorses to provide a clear path for the blade. As you approach the end of the board, turn it round and start a fresh cut from that end, sawing back to meet the original kerf.*

When crosscutting, support the offcut with your free hand ***(2)*** *and finish the cut with slow gentle strokes to avoid breaking off the last few wood fibres.*

STORING SAWS

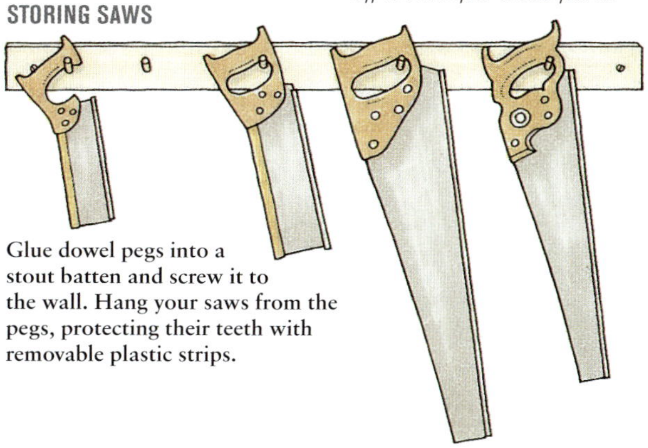

Glue dowel pegs into a stout batten and screw it to the wall. Hang your saws from the pegs, protecting their teeth with removable plastic strips.

BACKSAWS

The blade of a backsaw is stiffened with a heavy metal strip folded over its top edge. The relatively fine teeth make it ideal for cutting joints.

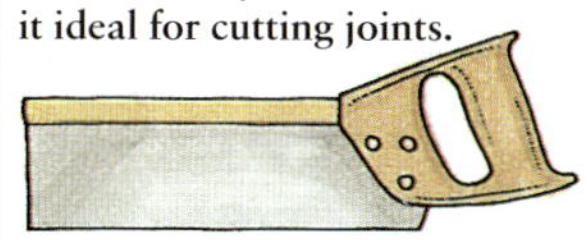

Tenon saw
A tenon saw has small teeth shaped and set like those of a crosscut saw. It is the perfect saw for general-purpose woodworking and joinery.

Dovetail saw
Because the tails and pins of a dovetail joint run with the grain, the teeth of a dovetail saw are like miniature ripsaw teeth. Use this saw for fine cabinet-making.

Gent's saw
This cheap alternative to a dovetail saw has a straight handle.

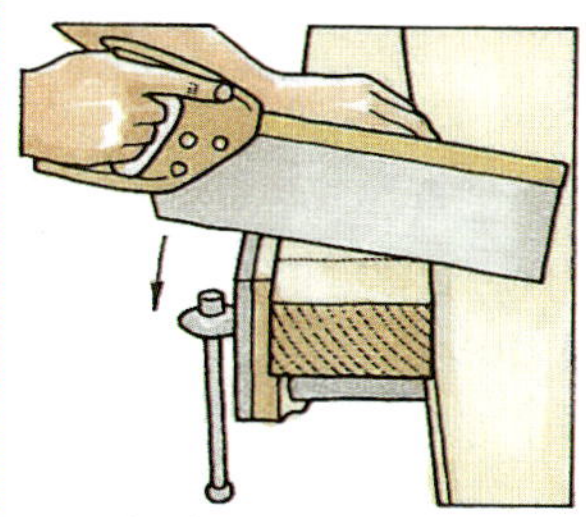

Using backsaws
Support the work in a vice or on a bench hook, and hold the saw at a shallow angle to establish the kerf. As the cut progresses, gradually level the blade until you are sawing parallel to the face of the wood.

Using a bench hook
A bench hook is a simple jig, used when crosscutting narrow sections of wood with a backsaw. Steady the 'hook' against the front edge of the bench, then clamp the work firmly against the top block with one hand.

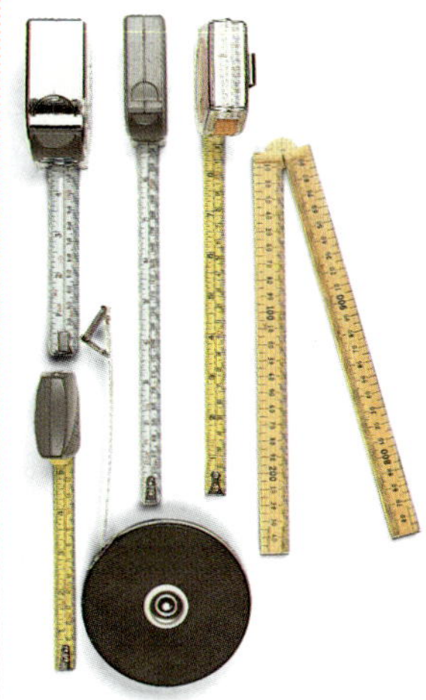

Using a mitre box
A mitre box has slots set at 45 degrees to guide the saw blade when you are cutting mitre joints. There are also slots set at 90 degrees to guide the blade when cutting square butt joints.

● Essential tools
Tape measure
Combination square
Marking knife
Marking gauge
Crosscut or universal saw
Tenon saw

SEE ALSO: Sharpening saws 494–5

Woodworking tools

FRAME SAWS

A frame saw is fitted with a very slim blade for cutting curves. To stop the blade bending, it is held taut by the strong metal frame.

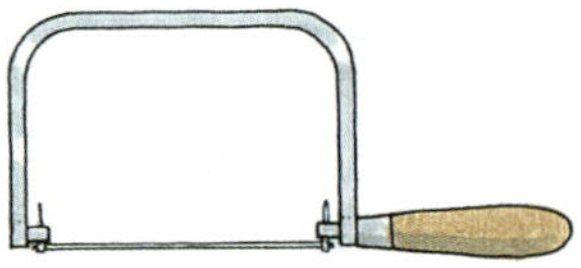

Coping saw
A coping saw has teeth that are coarse enough to cut fairly thick timber as well as relatively thin man-made boards.

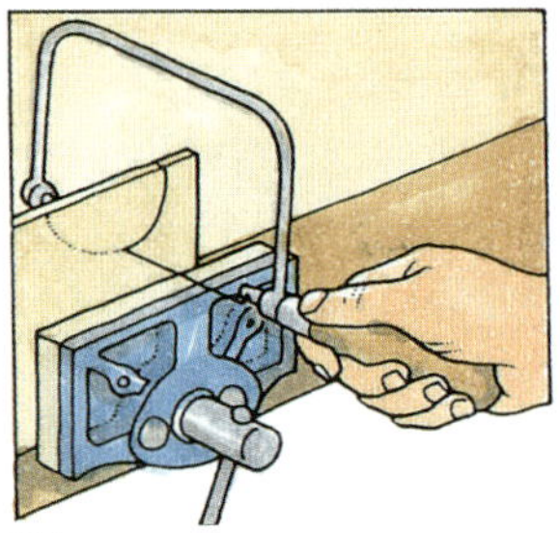

Using a coping saw
The blade is held between pins that swivel so you can turn it in the direction of the cut, swinging the frame out of the way.

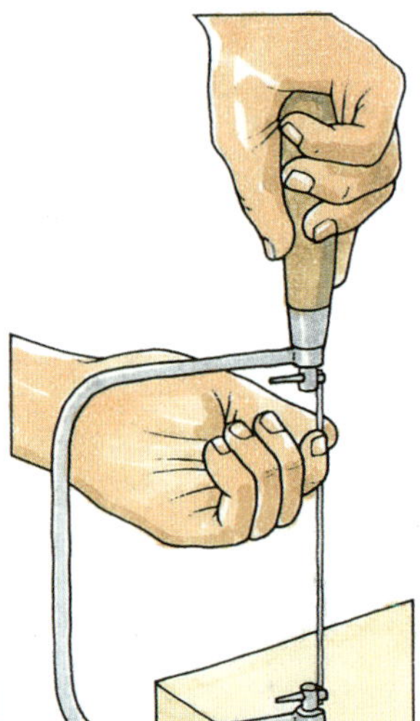

Fitting a coping-saw blade
A coping saw's blade has to be replaced if it breaks or when it gets blunt. Loosen the handle with a few anticlockwise turns. Hook the new blade into the pin furthest from the handle, then press the frame down on your workbench and locate the other end of the blade. Tension the blade by turning the handle clockwise. Make sure the teeth point away from the handle, and that the two pins are aligned so the blade isn't twisted.

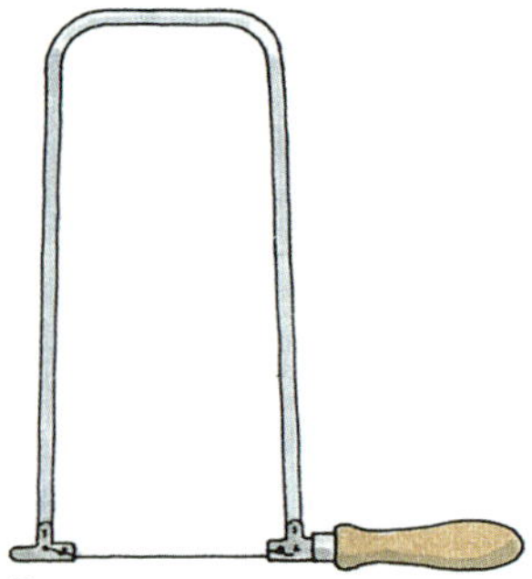

Fret saw
A fret-saw blade is so fine that the spring of the frame is able to keep it under tension. The blade is held at each end by a thumbscrew and plate, with the teeth pointing towards the handle.

Using a fret saw
Hold the wood over the edge of the workbench so you can saw with the blade upright, pulling on it from below.

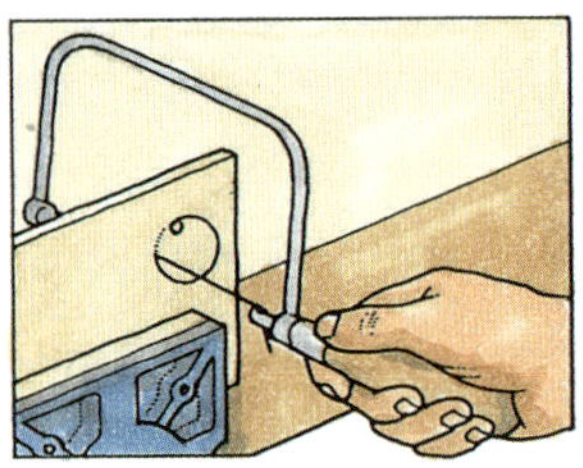

Cutting a hole
Use a frame saw to cut a large hole in a piece of wood. Having marked out the hole, drill a small one inside the outline. Pass the blade through the small hole, then connect it to the saw frame. Cut out the hole, adjusting the angle of the blade to the frame as required, then dismantle the saw in order to free the blade.

PADSAW OR KEYHOLE SAW

A padsaw is designed for cutting holes in panels. Having a blade that is wider than a coping saw's, it's easier to use on straight cuts. As there's no frame to restrict its movement, a padsaw can be used for jobs such as cutting the slot for a letter box.

● **Essential tools**
Coping saw

SHARPENING SAWS

To cut properly, saws must be sharpened carefully with special tools, so you may prefer to have them sharpened professionally, especially any that are finer than a tenon saw. If you want to keep them in tip-top condition yourself, you will need to buy a saw file for sharpening the teeth and a saw set for bending the teeth to the required angle.

Saw-sharpening tools
A saw file is double-ended and triangular in section. In theory, its length should relate precisely to the spacing of the saw's teeth, but in practice you can use one file about 150mm (6in) long for handsaws and another, 100mm (4in) long, for a tenon saw. You can also buy a file guide, which locates over the saw's teeth and keeps the file at a constant angle while in use.

Closing the handles of a saw set squeezes the saw tooth between a plunger and an angled anvil, which you set first to correspond with the number of tooth points per 25mm (1in) on the saw blade **(1)**. To set the anvil, close the handles and release the locking screw at the end of the tool. Turn the anvil till the required setting number on its edge aligns with the plunger, then tighten the locking screw.

Topping a saw
Topping restores all of a saw's teeth to the same height. It is not absolutely essential every time a saw is sharpened, but a light topping will produce a spot of bright metal on each point that will help you to sharpen the teeth evenly. Near the top edge of a block of hardwood, plane a groove that will grip a smooth flat file ***(2)****. Clamp the saw, teeth uppermost, between two battens held in a vice and, with the wood block held against the flat of the blade, pass the file two or three times along the tops of the teeth* ***(3)*** *so that each one shows a tiny spot of bright metal.*

Setting the teeth
Adjust the saw set to the right number of points (see above) and, starting at one end of the saw, place the set over the first tooth facing away from you. Align the plunger with the centre of the tooth. Hold the set steady and squeeze the handles together ***(4)****. Set every other tooth – those facing away from you – then turn the saw round and set those in between.*

(Continued opposite)

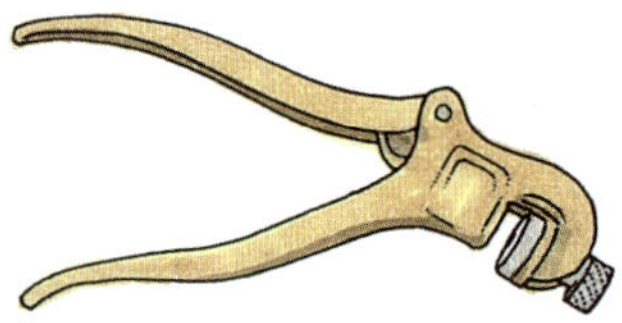

Saw set

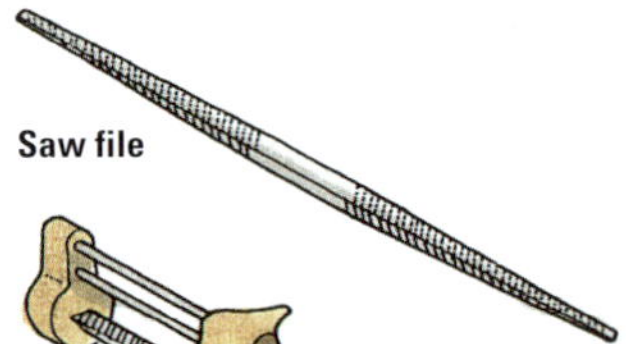

Saw file

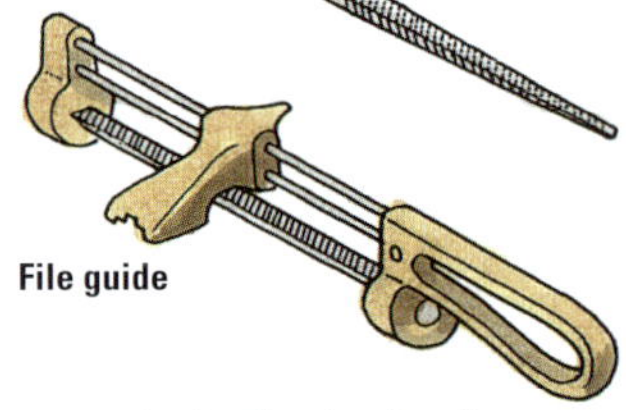

File guide

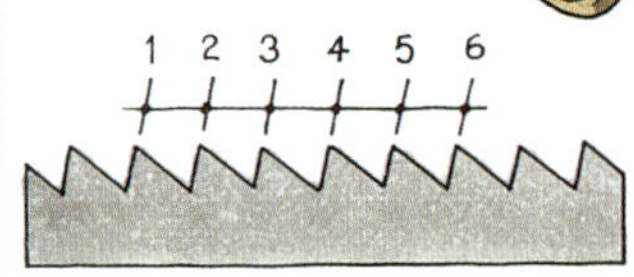

1 Count the number of points per 25mm (1in)

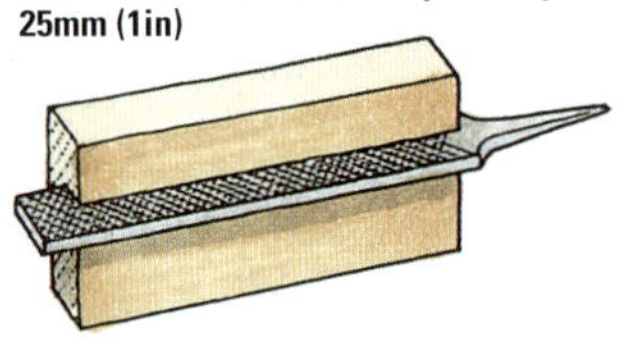

2 Mount a file in a hardwood block

3 Top the saw with the file

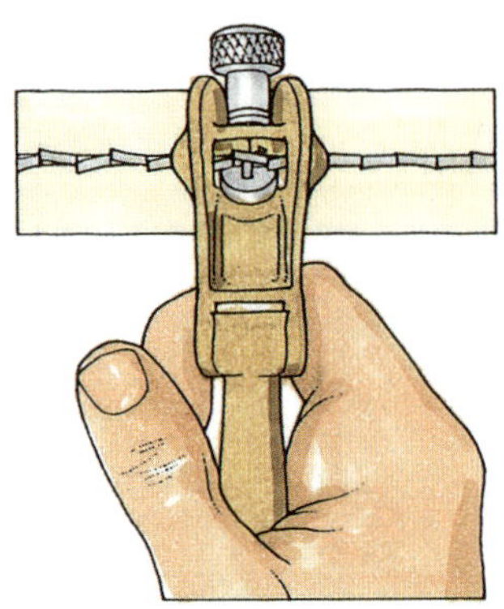

4 Set the saw teeth

☛ SEE ALSO: **Backsaws 493, Handsaws 493, Flat file 520**

SHARPENING SAWS

Sharpening a ripsaw

Clamp the blade between two battens with its teeth projecting just above the edges of the wood. Starting near the toe of the saw, place the saw file on the first tooth bent away from you, and against the leading edge of the tooth next to it. Holding the file square to the blade **(5)**, *make two or three strokes until the edge of the tooth is shiny right up to its point and half of the bright topping spot has disappeared. Working towards the handle, file alternate teeth in this way, then turn the saw round and sharpen those in between until the bright spots are completely removed.*

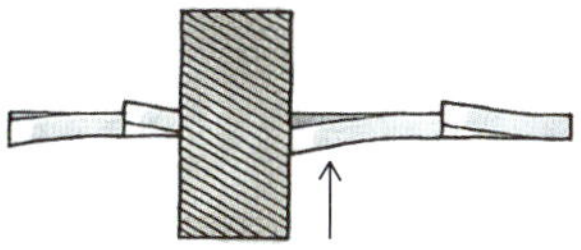

5 Filing ripsaw teeth

Sharpening a crosscut saw

Use a similar method, but hold the file at an angle of 65 degrees to the blade **(6)**, *with the tip of the file pointing in the direction of the saw handle.*

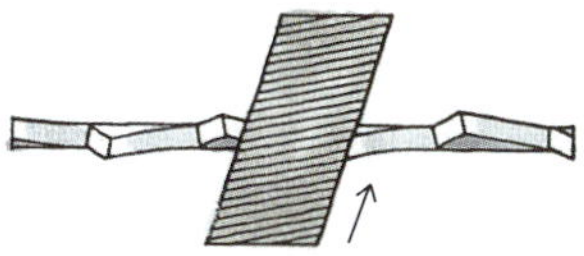

6 Filing the teeth of a crosscut saw

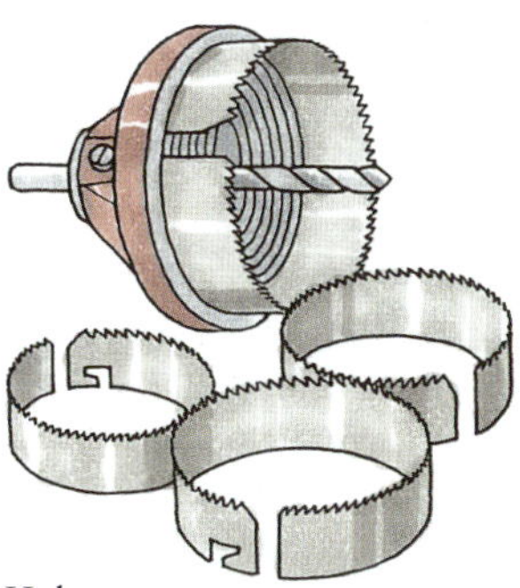

Hole saw

You can buy a set of hole saws for cutting perfectly round holes of different diameters. These clip into a backing plate clamped to a twist drill that fits into the chuck of a power drill. Place the tip of the twist drill at the centre of the required hole, set the power tool to a slow speed and push the revolving saw against the wood. Always place a piece of scrap timber behind the work, to stop the saw breaking out the back.

POWER SAWS

Power saws are invaluable for cutting heavy structural timbers and large man-made boards. Cordless saws are convenient, but their batteries can only provide sufficient power for relatively short periods.

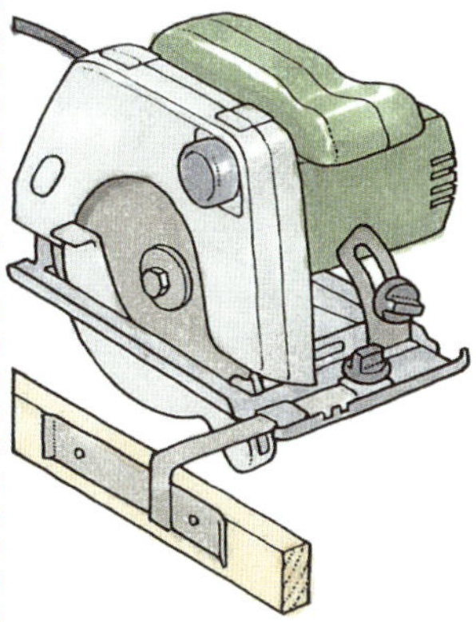

Portable circular saw

When you buy or hire a circular saw, choose one with a blade no smaller than 190mm (7½in) in diameter. Its motor will be powerful enough to give a blade speed that can cut thick timber and man-made boards without straining the saw or scorching the work. You can buy blades designed specifically for ripping or crosscutting, but a chisel-tooth blade can perform both functions reasonably well. The best-quality blades have carbide-tipped teeth. There are also special blades and abrasive discs for cutting metal and stone.

On a good portable circular saw, you can adjust the angle of the blade for cutting bevels.

Making straight cuts

Circular saws have removable fences to guide the blade parallel to the edge of the work. When necessary, you can extend the fence by screwing a batten to it. Alternatively, clamp a strip of wood onto the work to guide the edge of the saw's sole plate.

Clamping the strip at different angles across the wood allows you to make mitres and other bevelled cuts.

Sawing freehand

When accuracy of cut is not too important you can use a circular saw freehand, employing the notch in the sole plate as a sight to guide the blade along a marked line. Place the tip of the sole plate on the work and align the notch with the line. Switch on, let the blade run up to speed, then advance the saw steadily.

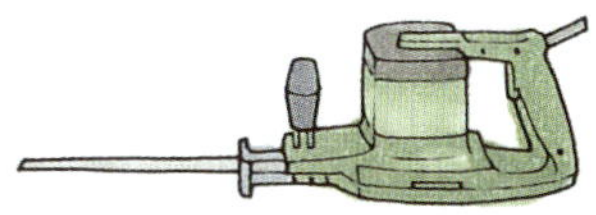

Reciprocating saws

With blades up to 300mm (1ft) long, these saws are especially useful for such jobs as cutting openings in stud partitions.

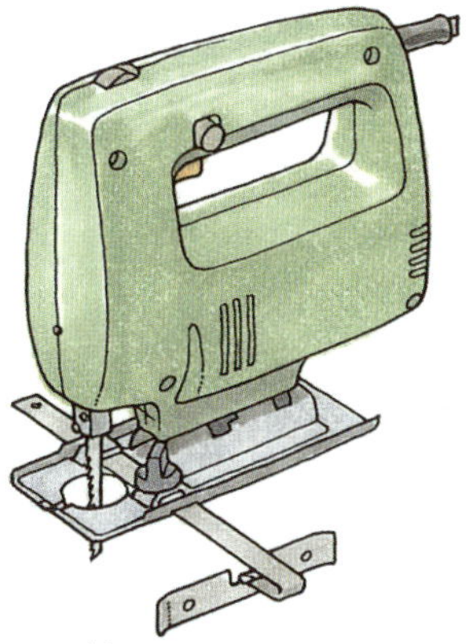

Portable power jigsaw

Mains-powered and cordless jigsaws are primarily for making curved cuts in timber and man-made boards. Although they invariably have guide fences for straight cutting, the fences are rarely sturdy enough to stop the blade wandering. Discard jigsaw blades when they become blunt. As jigsaw blades are fairly cheap, it's worth buying some of the special blades for cutting plastics, metal, plasterboard and ceramics.

Using a jigsaw

Rest the front of the sole plate on the edge of the work, squeeze the trigger, and then advance the blade into the work. Don't force or twist the blade, or it will break. Having switched off, let the blade come to rest before you put the saw down.

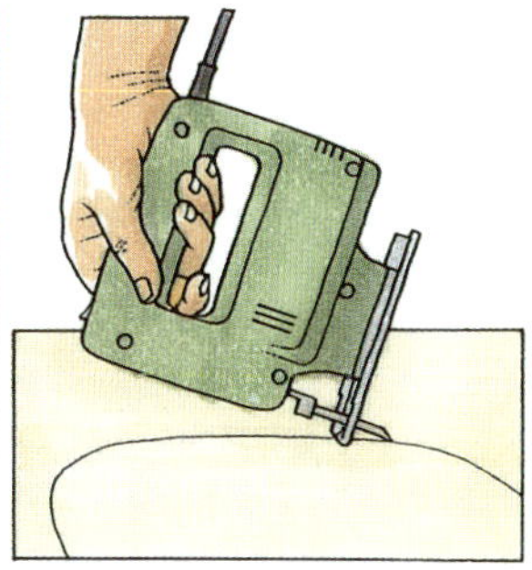

1 Preparing to plunge-cut

Cutting holes with a jigsaw

The simplest way to cut a large hole in a panel is first to drill a starter hole into which you can insert the jigsaw blade, but you can start by 'plunge cutting'. Tilt the jigsaw onto the front edge of its sole plate, with the tip of the blade just above the surface of the work **(1)**; *then switch on the saw, and gradually lower the blade into the wood until it is upright and the sole plate is flat on the surface.*

CIRCULAR-SAW SAFETY

A circular saw is perfectly safe to use provided that you follow the manufacturer's handling and fitting instructions carefully, and observe the following rules:

- Always unplug a circular saw before you adjust or change the blade.
- Don't use a blunt blade. Have it sharpened professionally.
- Fit new blades according to manufacturers' instructions. Check that the teeth at the bottom of the blade are facing in the direction of the cut.
- Circular saws must have a fixed blade guard and a lower guard that swings back as the cut proceeds. Never use the saw without these guards in place, and always make sure that the lower guard closes automatically when the blade clears the work.
- The work must be securely held, either on sawhorses or a workbench.
- Never have the electrical flex in front of the saw blade.
- Don't force the blade into the wood. If it jams in the kerf, back off a little until it returns to full speed.
- Make sure the blade has stopped spinning before you put down a circular saw.
- Don't wear loose clothing, or a necktie or necklace, as any of these could become entangled in the machine.

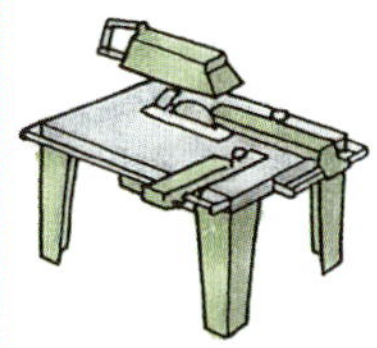

Saw bench
For heavy-duty work, it might be worth hiring a saw bench. With the circular saw mounted on the sturdy table, you have both hands free to feed the work into the blade. For safety's sake, have some tuition before using a saw bench.

● Essential tools
Power jigsaw

SEE ALSO: Crosscut saw 493, Ripsaw 493

Woodworking tools

BENCH PLANES

Bench planes are general-purpose tools for smoothing wood to make joints between boards or to level the surface of several boards glued together. Bench planes are all similar in design, differing only in the length of the sole.

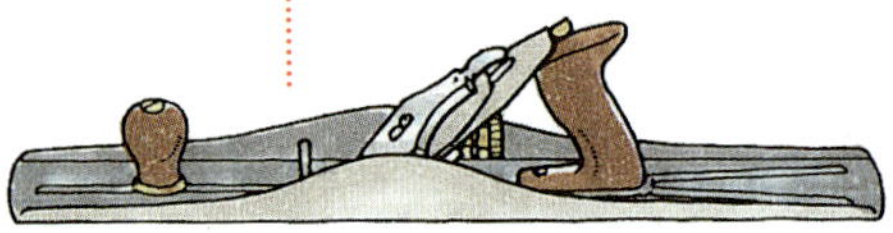

Jointer plane
This is the longest bench plane, with a sole as much as 600mm (2ft) long. The jointer is designed for truing up the long edges of boards that are to be butted and glued together. It is also useful for levelling large flat panels, since the long sole bridges minor irregularities till the blade shaves them down – whereas a plane with a shorter sole would simply follow the uneven surface.

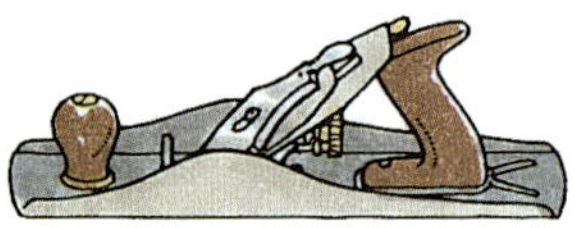

Jack plane
A jack plane 350 to 375mm (1ft 2in to 1ft 3in) long is a good all-purpose tool. If you can afford only one bench plane, choose a jack plane.

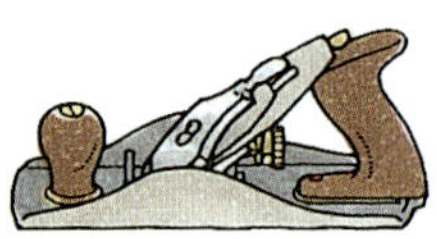

Smoothing plane
A finely set smoothing plane is used for putting the final surface on a piece of timber after it has been reduced to size with a jack plane or jointer plane.

STORING PLANES

It is good practice never to place a plane sole-down on the bench while you are working – always lay it on its side.

Similarly, a plane should be stored on its side, and with the blade withdrawn to preserve its cutting edge.

For long-term storage, dismantle and clean the plane, then wipe all bare metal parts with an oily rag to prevent rusting. Dispose of oil-soaked rags safely – they are a fire risk if kept in a workshop.

- **Essential tools**
Jack plane
Block plane

1 Checking the blade angle

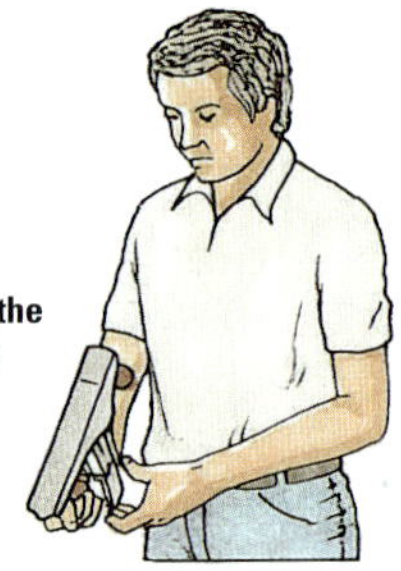

Adjusting a bench plane
Before you use a bench plane, adjust the angle and depth of the blade. Check the angle by 'sighting' down the sole of the plane from the toe **(1)**, *and use the lateral-adjustment lever behind the blade to set the cutting edge so that it projects an equal amount across the width of the sole. Use the knurled adjusting nut in front of the handle to set the depth to take off a fine shaving.*

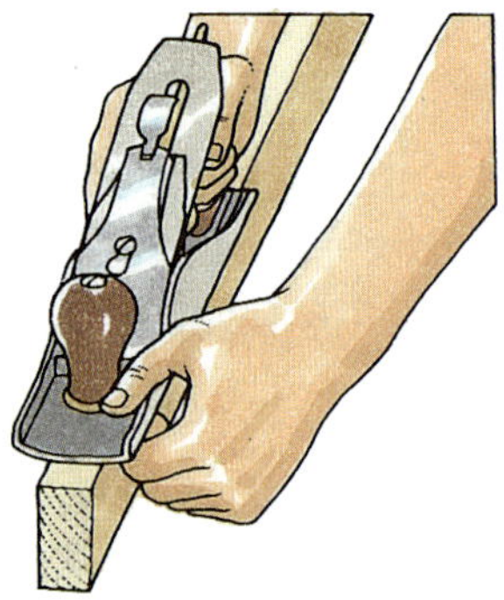

Planing a square edge
Keep the plane flat on the edge of the work by holding the toe down with the thumb of your free hand, and press the fingers of the same hand against the side of the wood to guide the tool on a straight course.

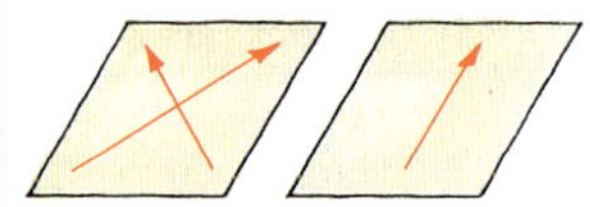

Planing a wide flat surface
To plane a wide surface as flat as possible, first work across it diagonally in two directions, following the general direction of the grain. Check that the work is flat by holding a steel straight-edge against the surface, then finish by planing parallel with the grain, taking very fine shavings.

Block plane
The blade of a block plane is mounted at a shallow angle so that its edge can slice smoothly through the end grain of timber. Since it is small and lightweight (you can hold the tool in the palm of one hand), a block plane is also ideal for all kinds of fine trimming and shaping.

Trimming end grain
Cut a line all round the work with a marking knife, then set the workpiece vertically in a vice. To prevent the wood splitting, form a chamfer down to the line on one edge by planing towards the centre. Plane the end square, working from the other edge down to the marked line until you have removed the chamfer.

Using a shooting board
You can also trim end grain, using a bench plane on its side, running on a jig known as a shooting board. The blade must be sharp and finely set. Holding the work against the jig's stop prevents the wood splitting.

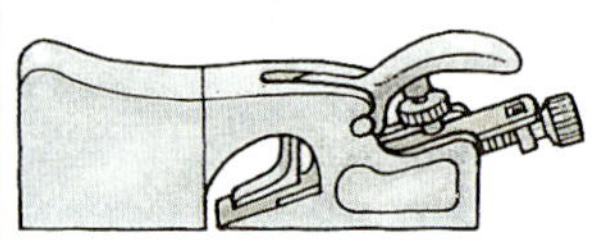

Shoulder plane
A shoulder plane is not a tool you need every day – but, because its blade spans the whole width of its squarely machined body, it is ideal for trimming the square shoulders of large joints and rebates. With the body removed, the exposed blade can trim a rebate right up to a stopped end.

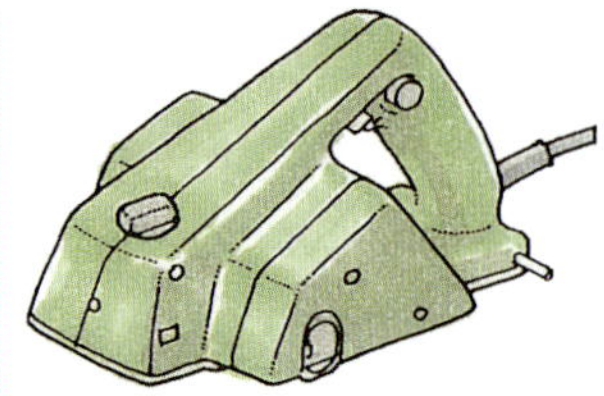

Power planers
A power planer is particularly useful for smoothing and shaping large structural timbers, and it is perfect for trimming the bottom edge of a door in order to accommodate a new carpet. When the tool is fitted with a guide fence, its revolving cutter block can be used for planing rebates. Most power planes can be fixed upside down in a bench-mounted frame so that you can pass timber across the cutters, using both hands.

SPOKESHAVES

A spokeshave is a miniature plane for shaping curved edges.

Use one that has a flat base to shape convex curves, and one with a bellied base when shaping concave curves. When using either tool, shape the curve from two directions so as to work with the grain at all times. Sharpen a spokeshave cutter as you would the blade of a plane.

Adjusting the cutter
Use the two adjusting screws to produce a fine setting, then turn the central locking screw to 'fix' the spokeshave's cutter.

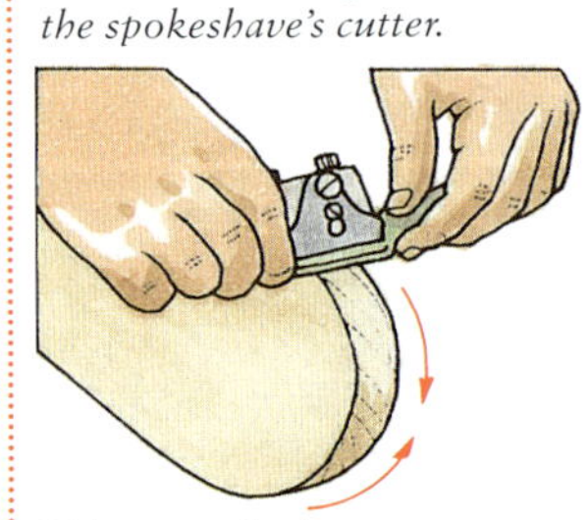

Using a spokeshave
With your thumbs on the back edges of the handles, push the spokeshave away from you. Rock the tool backwards or forwards as you work, to produce a continuous shaving.

SEE ALSO: Marking knife 493, Routers 498

Woodworking tools

MOULDING PLANES

Woodworkers often need to cut grooves in wood, both with and across the grain, and to plane rebates or mouldings along the edges of workpieces.

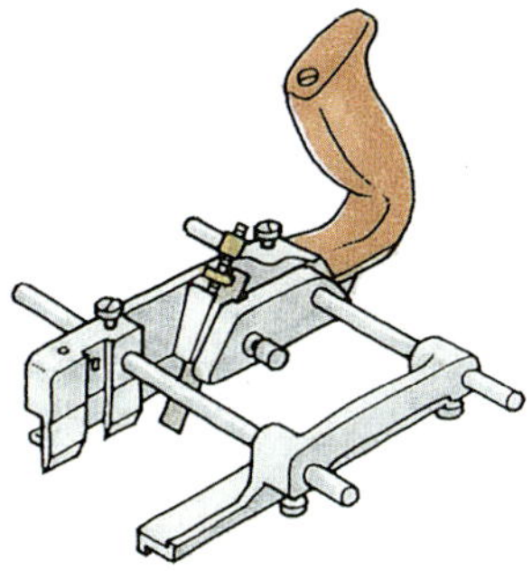

Plough plane
A plough plane takes narrow blades for cutting grooves. You can only use it in the direction of the grain.

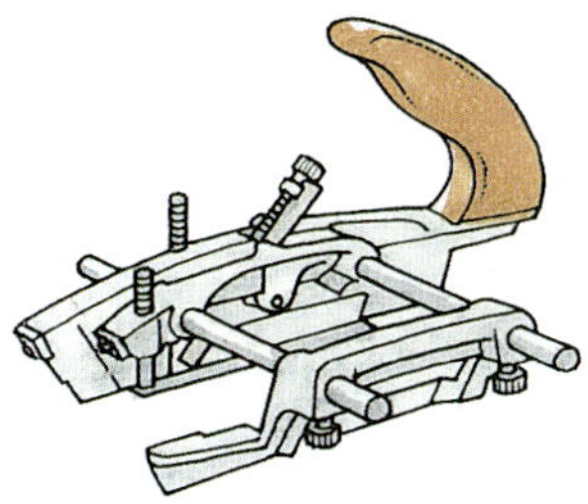

Combination plane
A combination plane can be used, with a variety of shaped blades, to cut grooves or rebates and a number of moulding profiles. It has a pair of vertically adjusting blades – called 'spurs' – that cut parallel lines ahead of the main blade, in order to prevent tearing the wood fibres when a groove or housing is planed across the grain. You can also use a combination plane to cut tongue-and-groove joints along the edges of boards.

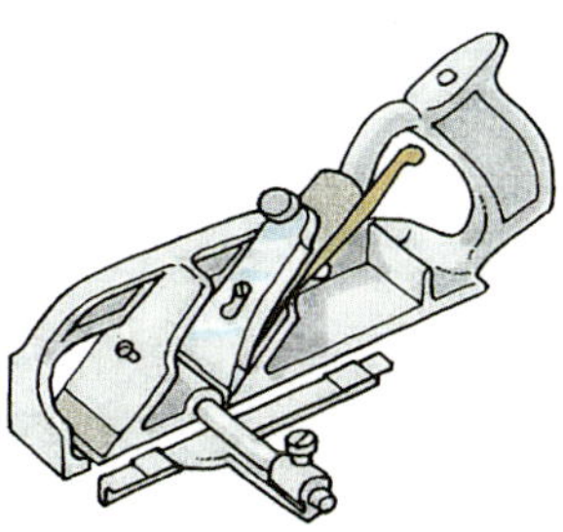

Rebate plane
A rebate plane is similar to a bench plane, but its blade spans the whole width of the sole. With its depth gauge and guide fence set to the required dimensions, the plane will cut any number of identical rebates.

1 Starting a moulding

Using moulding planes
Whether you are using a plough, combination or rebate plane, follow the maker's instructions for setting the depth gauge and guide fence, which together control the position of the blade relative to the surface and edge of the wood.

Hold the guide fence against the edge of the workpiece at the far end and make short strokes to begin the moulding ***(1)*** *– and then move backwards, making longer and longer strokes till the depth gauge rests on the surface of the wood. Finish with one continuous pass along the length of the workpiece.*

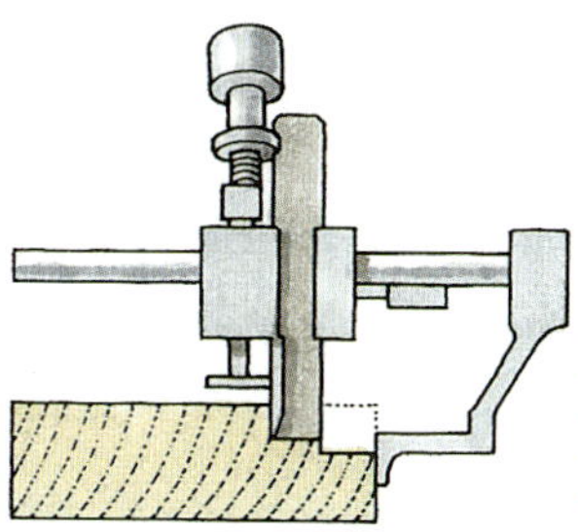

Cutting an extra-wide rebate
If you need to cut a rebate wider than a standard blade, first plane a rebate on the outer edge, then adjust the guide fence to make a second cut that will make up the required width.

Cutting a housing
When using a moulding plane to cut a housing (a groove across the grain), remove the guide fence and clamp a batten across the workpiece in order to guide the body of the plane.

SHARPENING PLANES

To keep its sharp cutting edge, a plane blade must be honed on a flat oilstone. Choose one with a medium grit on one side, to remove metal quickly, and fine grit on the other side for the final honing of the edge.

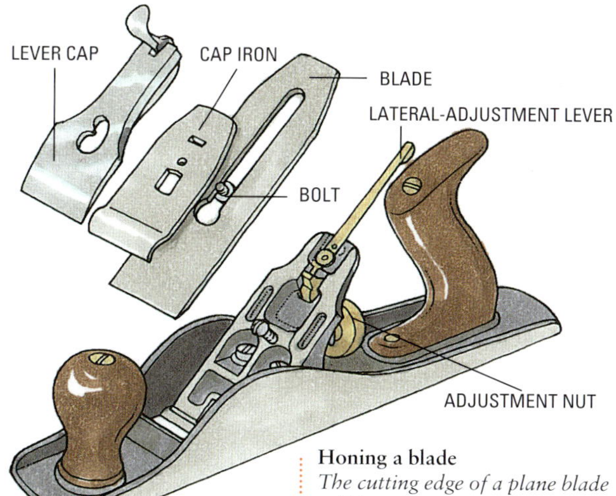

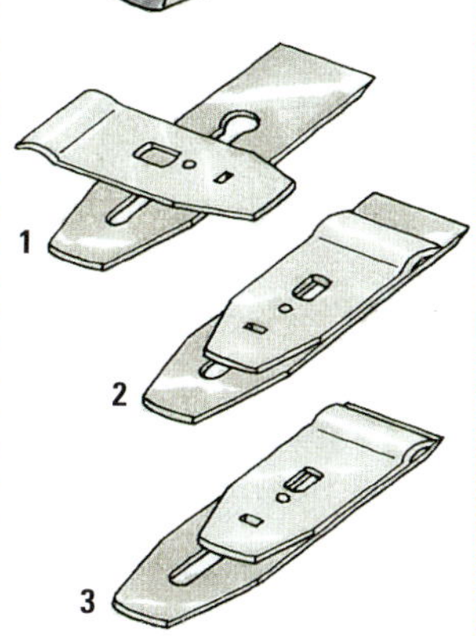

Removing and replacing a blade
The blade of a bench or block plane is clamped in place by a metal lever cap. Slacken the lever to remove the cap and lift the blade out of the plane. The blade of a bench plane has a cap iron bolted to it to break and curl the shavings as they are trimmed from the wood. Undo the fixing bolt with a screwdriver and remove the cap iron before you sharpen the blade.

When you replace the cap iron, place it across the blade ***(1)****, then swivel it until the two are aligned* ***(2)****, making sure you don't drag the cap iron across the cutting edge in the process. Now slide the iron to within 1mm (1/16 in) of the edge* ***(3)****.*

Honing a blade
The cutting edge of a plane blade will have been ground to an angle of about 25 degrees. The object of sharpening it on an oilstone is to hone the leading edge only to about 30 degrees.

Hold the blade against the stone at the correct angle and rub it to and fro to produce a sharp edge. A wide blade must be held at an angle across the stone so that the whole edge is in contact with the surface ***(1)****. Keep the stone lubricated with a little oil while you work.*

Honing creates a burr along the cutting edge. Remove it by laying the back face of the blade flat on the stone ***(2)*** *and making several passes along the surface.*

1 Hone the cutting edge

2 Remove the burr

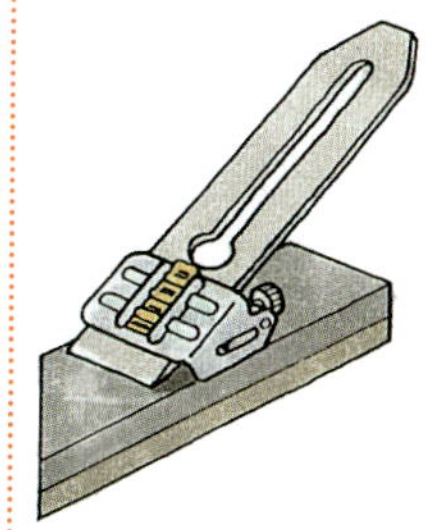

Using a honing guide
To be certain that you are honing a blade to the correct angle, clamp it in a honing guide and roll the guide to and fro on the surface of the oilstone to sharpen the blade.

Repairing a chipped cutting edge
If you chip the cutting edge of a plane blade (against a nail, for example), regrind it on a bench grinder. Hold the blade against the tool rest and move the cutting edge from side to side against the revolving wheel until it is straight and clean. Use only light pressure and dip the blade into water regularly to cool it. Finally, sharpen the ground edge by honing it on an oilstone.

● **Essential tools**
Combination oilstone

SEE ALSO: Routers 498

Woodworking tools

Hand router

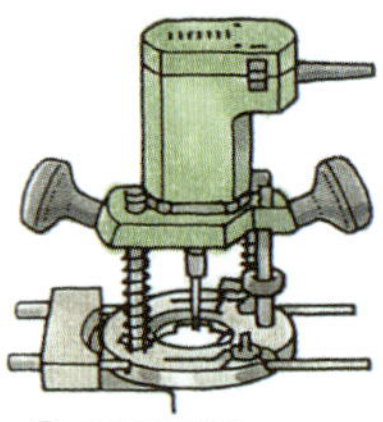

Power router

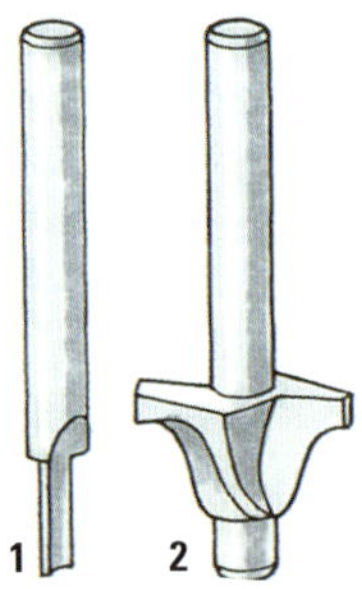

Power-router cutters
1 Straight cutter
2 Edge-moulding cutter

● Essentials tools
Firmer chisels
3 to 25mm (⅛ to 1in)
Bevel-edge chisels
12 to 25mm (½ to 1in)
Gouges
Select sizes as required
Mortise chisels
Select sizes as required

ROUTERS

A hand router is used to finish the bottom of a sawn housing after most of the waste has been cut out with a chisel. A power router is a sophisticated tool that replicates the various tasks performed by a combination plane. A router cutter revolves so fast that it produces as clean a cut across the grain as with it.

Using a hand router
To pare the bottom of a housing, hold one handle of the router in each hand and push it away from you, as you would a plane.

Using a power router
Always let the bit run up to full speed before you allow it to come into contact with the work, and lift it clear of the groove or moulding before you switch off. Since the bit revolves clockwise, you have to feed the machine against the rotation when moulding an edge – so the cutter pulls itself into the wood.

Router cutters and bits
Hand-router cutters have square shafts that clamp into the tool and are adjusted vertically to set the chisel-like cutting edges at the required depth.

Power-router cutters are fitted into a collet at the base of the tool, and are locked in place by tightening a nut. Pressing down on the handles plunges the cutter through a hole in the base plate and into the wood. A straight grooving cutter must be used in conjunction with a fence or guide. The cylindrical pilot tip of a moulding cutter runs against the edge of the work to prevent the cutter biting too deeply.

Follow the manufacturer's instructions when fitting and adjusting router bits and cutters.

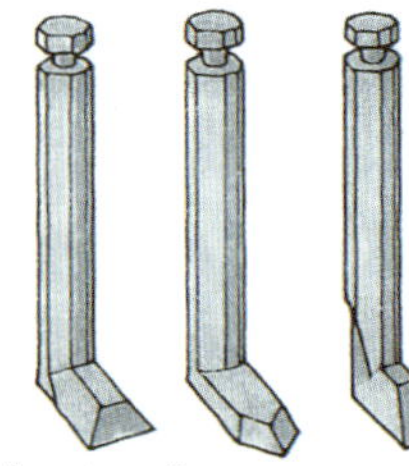

Hand-router cutters

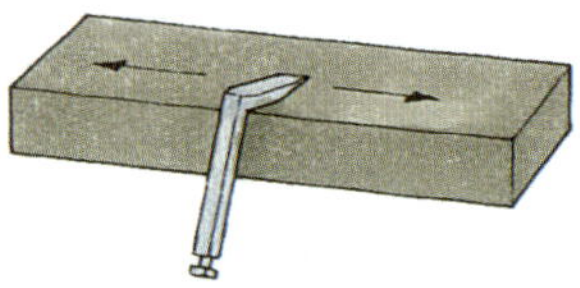

Sharpening a hand-router cutter
Hone blunt hand-router cutters on an oilstone. Position the stone so the cutter's shaft will clear the bench, then rub the cutter from side to side on the stone.

Cutting grooves and housings
To cut a groove parallel to an edge, fit and set the adjustable guide fence **(1)** *or run the edge of the baseplate against a batten clamped to the work* **(2)**. *To cut a wide groove, use two parallel battens to guide the bit along the outer edges* **(3)**, *then remove the waste from the centre.*

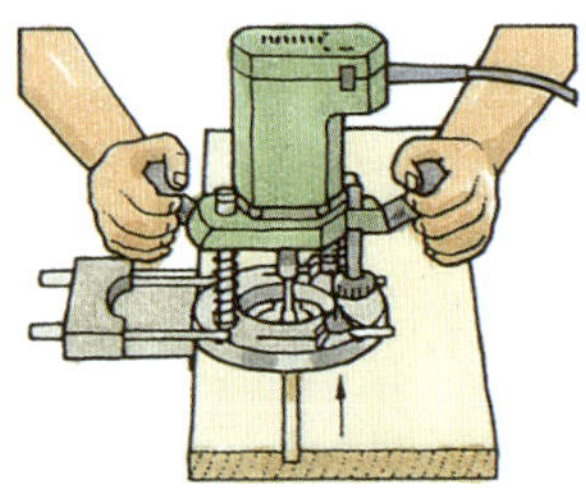

1 Using a guide fence

2 Using a guide batten

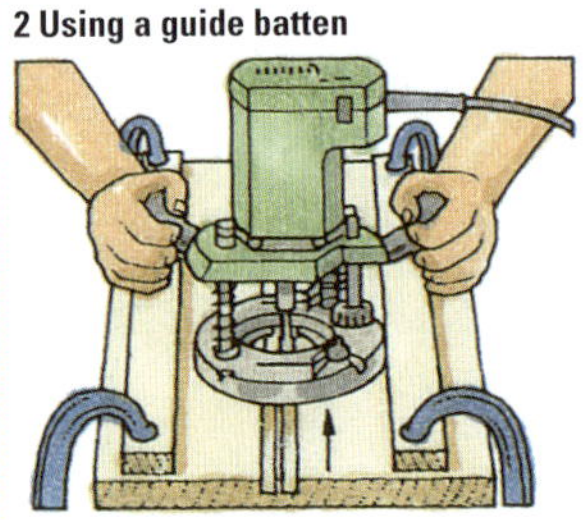

3 Cutting a wide groove

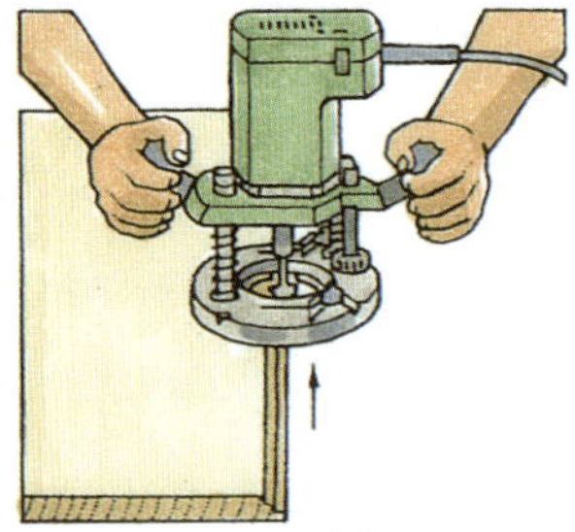

Cutting edge mouldings
Rest the baseplate of the router on the upper surface of the work and, when the cutter has run up to full speed, feed it against and along the edge of the timber.

If you need to mould all four edges of a rectangular piece of wood, shape the end grain first and then run the router along each side of the workpiece.

SHARPENING POWER-ROUTER CUTTERS

Although it is possible to grind and hone power-router bits yourself, they must be perfectly symmetrical. It is therefore generally better to have them sharpened professionally.

CHISELS AND GOUGES

Chisels are general-purpose woodcutting tools, but are used mostly to remove the waste from joints or to pare and trim them to size. The size of a chisel refers to the width of its cutting edge. Although chisels range in width from 3mm (⅛in) to 50mm (2in), a selection of sizes up to 25mm (1in) should be sufficient for most woodworking purposes.

Gouges are similar to wood chisels, but their blades are curved in cross section for work such as cutting the shoulders of a joint to fit against a turned leg or scooping out the waste from a 'finger pull' on a drawer front or sliding cupboard door.

Wood chisels and gouges have handles made of boxwood or impact-resistant plastic.

Firmer chisel
A firmer chisel has a strong, flat rectangular-section blade for chopping out waste wood. It is strong enough to be driven with a mallet or hammer – though you should never use a hammer on a wooden handle.

Bevel-edge chisel
A bevel-edge chisel is used for paring – especially for trimming undercuts such as dovetail joints or housings. The bevels enable you to work the blade in spaces that would be inaccessible to a firmer chisel. However, a bevel-edge chisel is not as strong as a firmer chisel and may break if it is used for heavy work. If a little extra force is needed to drive the chisel forward, use the ball of your hand or push down on the handle with your shoulder.

Mortise chisel
A mortise chisel has a thick blade, rectangular in section, for chopping and levering the waste out of mortise joints. Because this type of chisel is often driven with a mallet, a shock-absorbent leather washer is fitted between the blade and the ferrule.

Chopping out waste wood
Don't chop out too much waste in one go – the wood will split or the chisel will be driven over the line of the joint, resulting in a poor fit. Remove the waste a little at a time, working back to the marked line. Use a mallet at first, but finish off by hand.

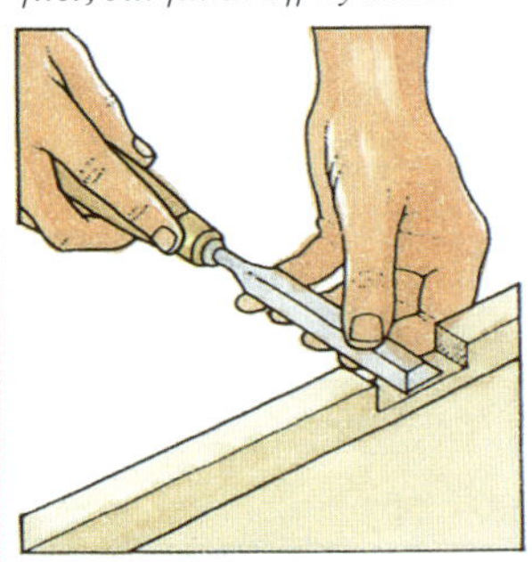

Paring with a chisel
Finish a joint by paring away very thin shavings, using a bevel-edge chisel. Control the blade with finger and thumb, steadying your hand against the work, while applying pressure to the tip of the handle with your other hand.

SEE ALSO: Moulding planes 497, Oilstone 497, Mallets 503

Woodworking tools

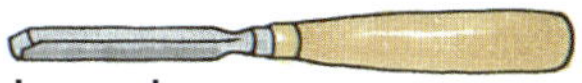

In-cannel gouge

Out-cannel gouge

Gouges
The cutting edge of an in-cannel gouge is formed by grinding the inside of the curved blade. This type of gouge is used for trimming rounded shoulders.

An out-cannel gouge is ground on the outside, so that the blade will not be driven into the wood when it is being used to scoop out shallow recesses.

STORING CHISELS

You can make a rack for chisels and gouges by gluing spacer blocks between two strips of plywood, leaving a slot for the blades. Screw the rack to the wall behind your workbench, so the tools are within easy reach.

RASPS AND SURFORMS

Rasps are coarse files used for shaping free curves by wearing away the wood. Traditional rasps have teeth formed in the solid metal. Surform files have thin perforated blades made by punching out regularly spaced teeth with their cutting edges facing forwards, leaving holes in the metal through which the wood shavings fall. As a result, Surform files cut faster than rasps and without clogging.

Cabinet rasp

Flat rasp

Round rasp

Rasps
Traditional rasps are available in various degrees of coarseness, designated bastard, second-cut and smooth. Their names refer to their shapes: a cabinet rasp is half-round, with one flat and one curved face; a flat rasp has two flat faces and one cutting edge; a round rasp is circular in section, tapering towards the tip.

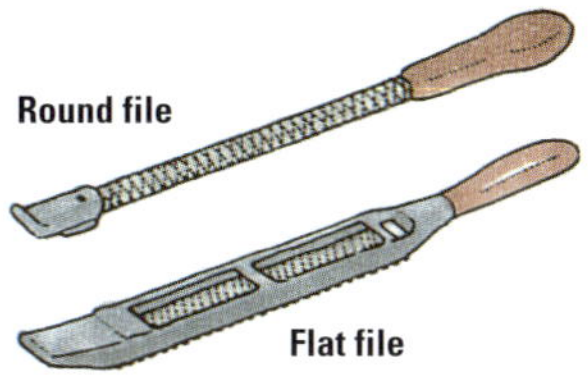

Round file

Flat file

Surform files
A round Surform file has a detachable handle and thumb-grip at the tip. A flat Surform has a disposable blade that fits into a hollow metal frame.

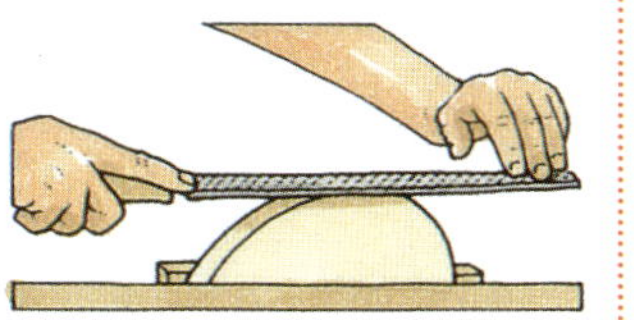

Using a rasp
Steady the point of a rasp with your fingertips, applying forward pressure with your other hand. Don't use a rasp or file without fitting a handle – holding the bare pointed tang is dangerous.

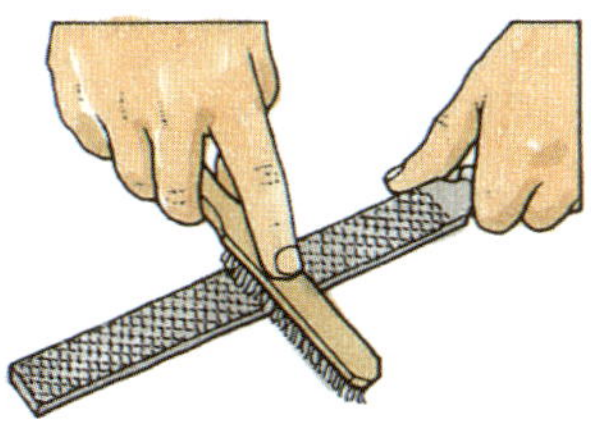

Cleaning a rasp
When a rasp becomes clogged with wood fibres, clear the teeth with a fine wire brush made for the purpose.

SANDERS AND ABRASIVES

Abrasive papers are used for putting a final smooth finish on wood. Always sand in the direction of the grain. Tiny scratches made by cross-grain sanding may not appear until the work has been polished or clear-varnished. Though flat surfaces are often sanded smooth, you can get a better finish with a cabinet scraper.

Sanding by hand
Abrasive papers – still widely referred to as 'sandpapers' – are graded by the size and spacing of the grit. There are coarse, medium and fine grits, but they are also designated by number (the higher the number, the finer the grit). On 'open-coat' papers the particles are spaced wide apart to reduce clogging. The more tightly packed 'closed-coat' papers produce a finer finish.

TYPES OF ABRASIVE

Glasspaper is inexpensive and relatively soft. Use it for the first stages of sanding, especially on softwoods.
Garnet paper is much harder than glasspaper and produces a better finish. Reddish in colour, it is used for sanding softwoods and hardwoods.
Silicon-carbide paper (usually known as wet-and-dry paper) is most widely used for smoothing paintwork – but you can also use it dry to produce an extra-smooth finish on hardwoods.

Using abrasive papers
Fold the sheet of paper over the edge of a bench and tear it into convenient strips. To smooth flat surfaces or square edges, wrap a strip of paper round a cork sanding block ***(1)****; on curves, use your fingertips to apply the paper. To sand mouldings, wrap a strip of abrasive paper round a dowel* ***(2)*** *or shaped block.*

As the work proceeds, use progressively finer grades of paper. Before the final sanding, dampen the wood with water to raise the grain. When the wood is dry, sand it with a very fine abrasive for a perfect finish.

To sand end grain, first rub the grain with your fingers: the wood feels rougher in one direction than the other. Sand the grain in the smoother direction only, not to and fro.

When the grit gets clogged with wood dust, clear it by tapping the paper against the bench, or use a fine wire brush.

1 Sanding a flat surface

2 Sanding a moulding

SHARPENING CHISELS AND GOUGES

Sharpen a chisel as you would a plane blade – but hone it across the whole surface of the oilstone in a figure-of-eight pattern to avoid uneven wear on the stone.

Honing an out-cannel gouge
Stand to the side of the oilstone and rub the bevel of the gouge along the stone from end to end in a figure-of-eight pattern ***(1)****. At the same time, rock the blade from side to side to hone the curved edge evenly. Remove the burr from the inside of the cutting edge with a slipstone* ***(2)*** *– a small oilstone shaped to fit a variety of gouge sizes.*

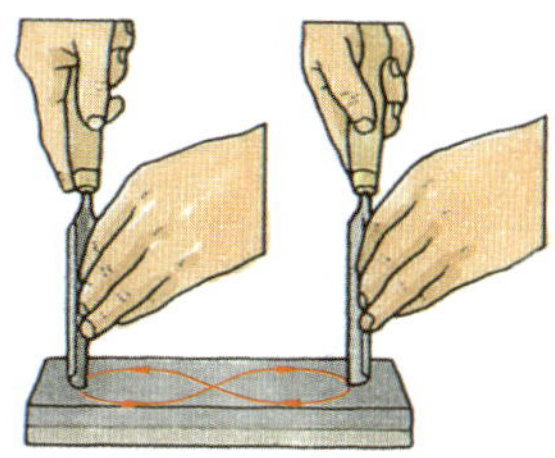

1 Honing the gouge

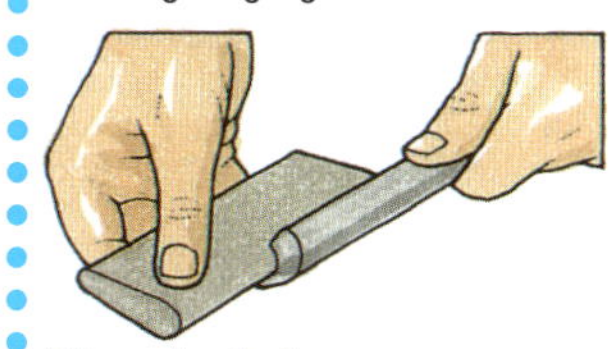

2 Removing the burr

Honing an in-cannel gouge
Sharpen the bevel on the inside of an in-cannel gouge by honing with a slipstone ***(1)****, then remove the burr by holding the back of the blade flat on an oilstone and rocking it from side to side while sliding it up and down the surface of the stone* ***(2)****.*

1 Sharpening the edge

2 Removing the burr

● Essential tools
Combination oilstone
Slipstone
Range of abrasives
Sanding block
Surform files

SEE ALSO: Preparing wood 51, Sharpening planes 497, Cabinet scrapers 500

Woodworking tools

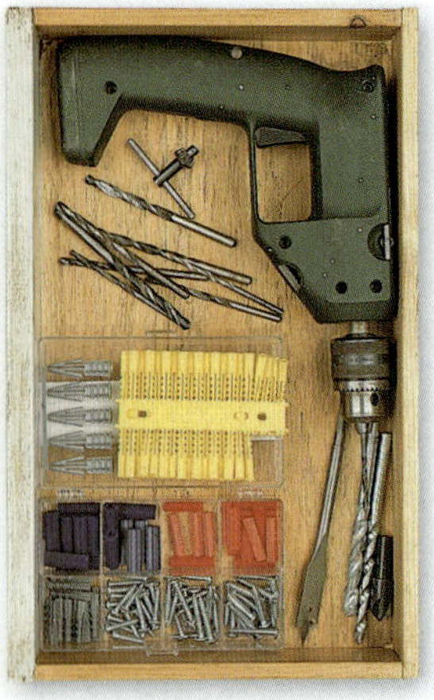

POWER SANDERS

Power sanders ease the chore of sanding large surfaces but rarely produce a surface good enough for a clear finish – so a final sanding by hand is required.

Belt sander
A belt sander has a continuous loop of abrasive paper passing round a revolving drum at each end. A flat plate between the two drums presses the moving abrasive against the wood.

Using a belt sander
Switch on the machine and lower it gently onto the work, then make forward and backward passes with the sander, holding it parallel to the grain. The weight of the machine provides enough pressure to do the work, especially when the abrasive band is fresh. Cover the surface with overlapping passes, but don't let the sander ride over the edges of the work or it will round them over. Lift the sander from the surface before you switch it off, and don't put the tool aside before the belt comes to a stop.

Following the manufacturer's instructions, change to a finer-grade belt to remove the marks left by the previous sanding.

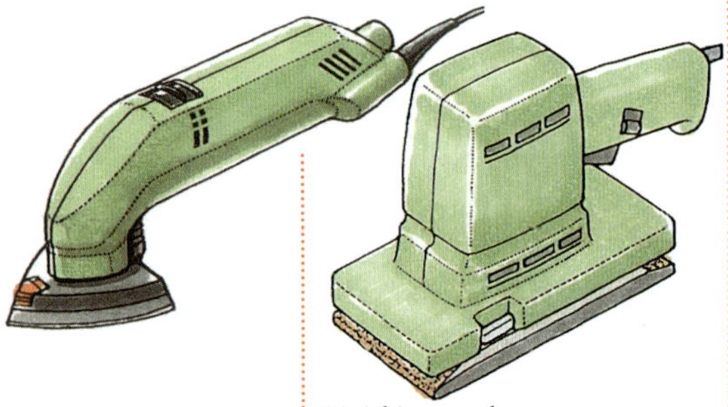

Finishing sanders
A finishing sander produces a surface that needs only a light sanding by hand before you apply a clear polish. On this type of sander, a strip of abrasive paper is stretched across a flat rubber pad that is moved by the motor in a tight, rapid orbital pattern.

Specialized orbital sanders with small triangular plates are designed for sanding in tight corners. Use only light pressure – otherwise the paper will leave tiny swirling marks on the wood.

A cordless finishing sander is convenient for working outdoors.

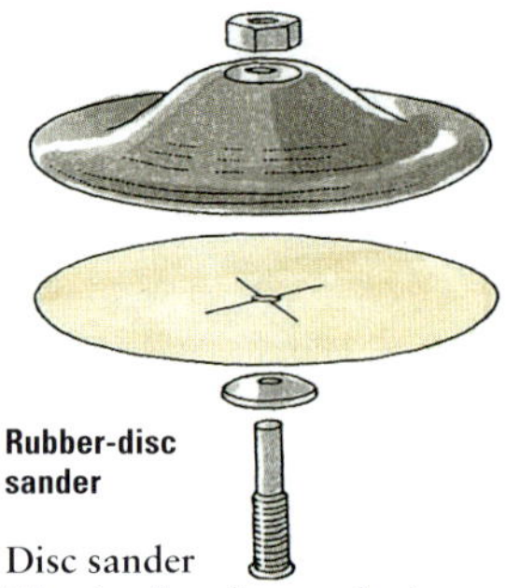

Rubber-disc sander

Disc sander
The simplest disc sander is a flexible rubber pad with a central shaft that is gripped in the chuck of an electric drill. An abrasive-paper disc is bolted to the face of the pad. This type of sander is not suitable for fine woodwork, since it inevitably leaves swirling scratch marks that have to be removed with a finishing sander or cabinet scraper before a clear finish can be applied. However, it is a handy tool for cleaning up old floorboards.

Using a rubber-disc sander
With the drill running, flex the edge of the rubber disc against the wood. Keep the sander moving along the work to avoid deep scratching.

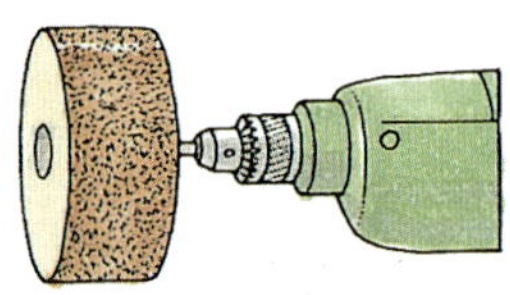

Foam drum sander
This flexible plastic-foam drum covered by an abrasive-paper band is driven by a central shaft that fits into the chuck of a power drill. The drum deforms against irregularly curved workpieces.

Orbital disc sander
This power tool – sometimes called a random orbital sander – has a sanding disc that moves eccentrically and simultaneously rotates, leaving the surface of the wood virtually scratch-free. The flexible backing pad copes with curved surfaces.

WOOD SCRAPERS

Scrapers produce an extremely smooth surface finish on wood. Whereas abrasive papers leave minute scratches on the surface, scrapers remove fine shavings.

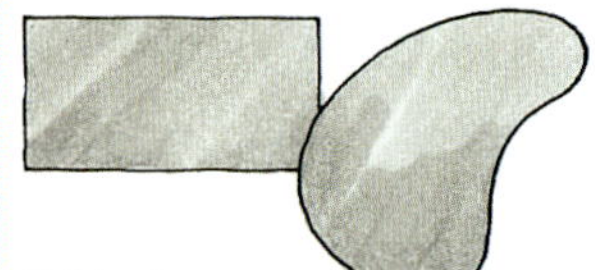

Cabinet scraper
This is a simple rectangle of thin steel used for scraping flat surfaces. Curved-edge versions are used for working mouldings and carved wood.

Using a cabinet scraper
Hold the scraper in both hands, pressing it into a slightly curved shape with your thumbs. Tilt the scraper away from you and work diagonally across the surface in two directions to scrape the wood flat. Finally, scrape lightly in the direction of the grain.

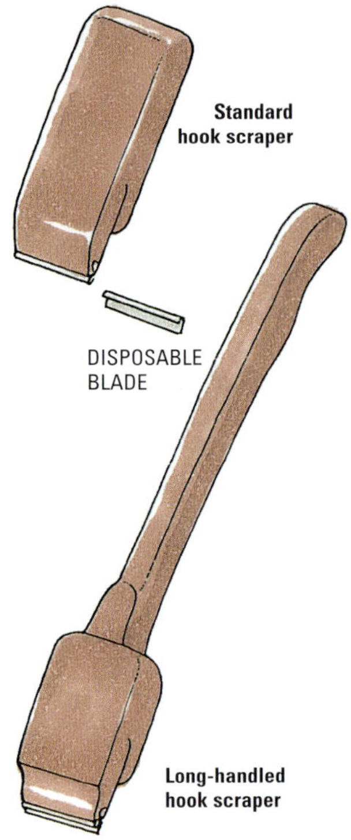

Hook scraper
A hook scraper's disposable blade slides into a clip at the end of a wooden handle. Simply pull the scraper towards you along the grain of the wood, applying light pressure.

SHARPENING A CABINET SCRAPER

A cabinet scraper is sharpened by raising a burr along its edge. Straight and curved scrapers are both sharpened in a similar way, although it's harder to turn an even burr along a curved edge.

First, draw-file the edge of the scraper and hone it perfectly square on an oilstone ***(1)****. To raise the burr, hold the scraper flat on a workbench then stroke the edge firmly several times with the curved back of a gouge* ***(2)****. This stretches the metal along the edge of the scraper, which produces the burr.*
Turn the burr to project from the face of the scraper by holding the scraper upright on the bench and stroking the burred corner with the gouge held at an angle to the face ***(3)****.*

1 Hone the edge square

2 Raise the burr

3 Turn the burr over

● **Essential tools**
Flat cabinet scraper
Finishing sander or orbital disc sander

Woodworking tools

DRILLS AND BRACES

The electric drill is so versatile, it has more or less replaced the brace and hand drill in many household tool kits.

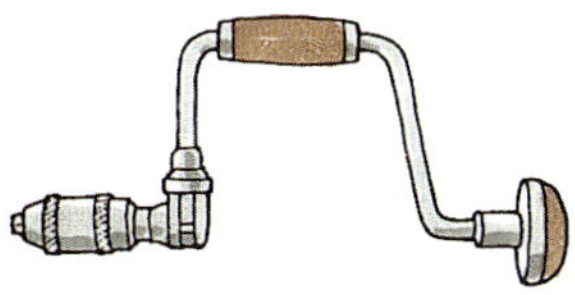

Brace

A brace is designed for boring holes that have a relatively large diameter. The bit is driven into the wood by the turning force on the handle, plus pressure on the head of the tool.

A good-quality brace has a ratchet so you can turn the bit in one direction only when working in a confined space where a full turn of the handle isn't possible.

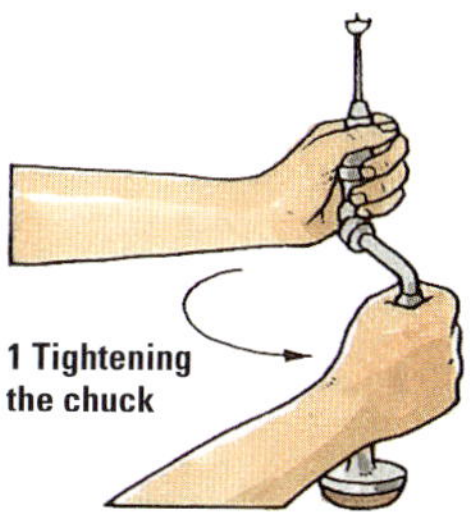

1 Tightening the chuck

Brace bits

Brace bits have a square-section tang that fits into the jaws of the tool's chuck.

To fit a bit, grip the chuck in one hand and turn the handle of the brace clockwise to open the jaws. Drop the bit into the chuck, then tighten the chuck on the bit by turning the handle in the anticlockwise direction

Auger bit

An auger bit has helical twists along its shank that remove the waste as the bit bores into the wood. Being the same diameter as the cutting tip, the twisted shank keeps the bit straight when you are boring deep holes. A tapered lead screw helps to draw the bit into the timber, and knife-edge spurs cut the perimeter of the hole before the bit enters the wood.

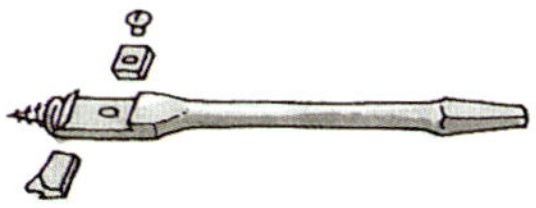

Expansive bit

This bit has an adjustable spurred cutter for boring holes of up to 75mm (3in) in diameter.

Centre bit

This type of bit is fast-cutting because it has no helical twists to create friction, but it tends to wander off line.

It's best for drilling man-made boards, in which the holes are never very deep. Its relatively short shank makes it useful for working in confined spaces.

Using a brace

When using a brace, don't let the bit burst through the back of the work and split the wood. As soon as the lead screw emerges, turn the work over and complete the hole from the other side.

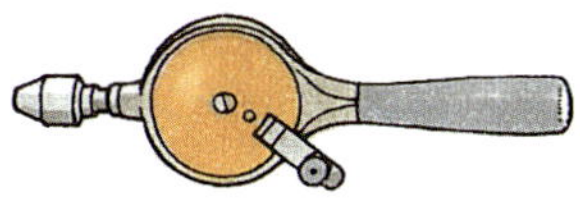

Hand drill

For small-diameter holes use a hand drill (sometimes called a wheelbrace). Some models have a cast body enclosing the drive mechanism to keep gear wheels and pinions free from dust.

Using a hand drill

Centre the drill bit on the work. This is easier if the centre for the hole has been marked with a bradawl puncture. Give the bit a start by moving the handle to and fro until the bit bites into the wood, then crank the handle to drive the bit clockwise.

Twist drills

Use standard twist drills with a hand drill. To fit a twist drill, open the tool's chuck by turning it anticlockwise. Insert the bit, and then turn the chuck clockwise to tighten it. Check that a very small twist drill is centred accurately between the chuck's three jaws.

SHARPENING TWIST DRILLS

It is possible to sharpen a blunt twist drill on a bench grinder, but it takes practice to centre the point. An electric sharpener centres the point automatically. Insert the tip of the drill in the appropriate hole in the top of the machine and switch on for a few seconds to grind one cutting edge; then rotate the drill one half turn to position the other edge, and repeat the process.

SHARPENING BRACE BITS

Brace bits are sharpened with fine needle files.

*Put an edge on a spur by stroking its inside face with a flat file **(1)**, then rest the point of the bit on a bench and sharpen the cutting edge with a triangular file **(2)**.*

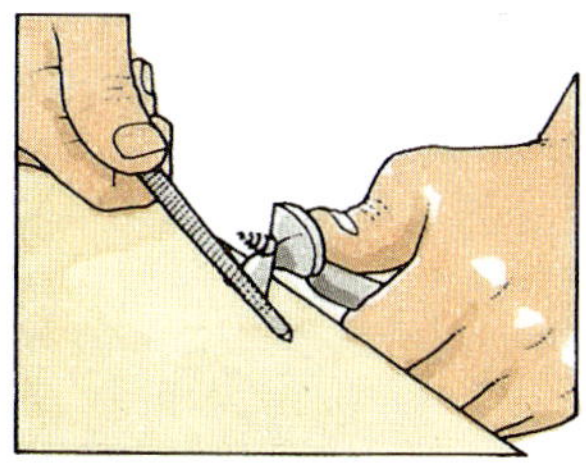

1 Sharpening the spur

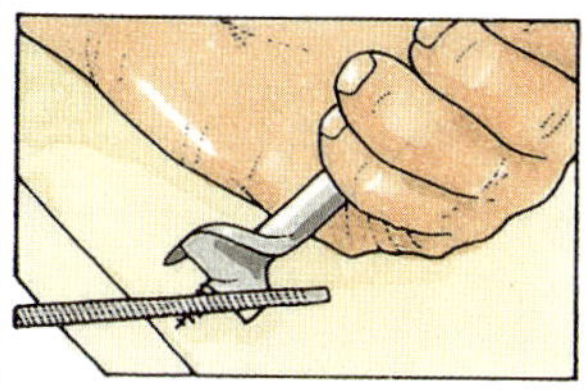

2 Sharpening the edge

Power drill

Modern drills sold for the DIY market are now as sophisticated as those that were once made for the professional trade only. It is worth buying a drill with a powerful motor that can cope with a wide range of jobs.

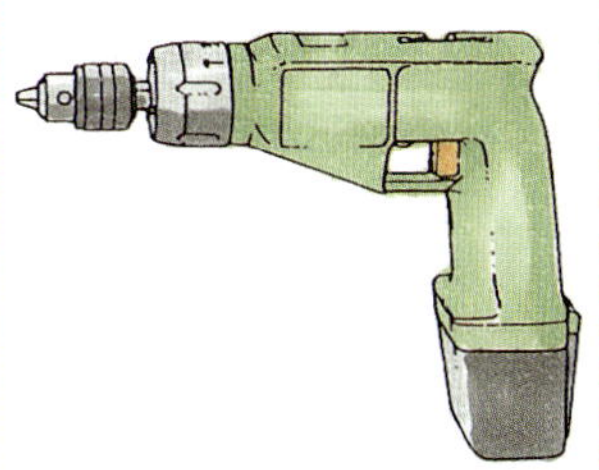

Cordless power drill

Drills powered by rechargeable batteries do away with the need for an extension lead in order to reach a remote work site or work at the top of a ladder. Choose a cordless drill that has a variable-speed facility for inserting woodscrews, and a hammer action for drilling into masonry. It is convenient to have a spare battery so that you are able to continue working while recharging a flat battery.

SELECTING USEFUL FEATURES

Before you buy an electric drill, make sure it has all the features that you are likely to require.

● Variable speed

With a variable-speed drill, you are able to select the ideal speed for drilling different materials. A slow speed uses the drill's power to produce more torque (turning force) for drilling into masonry or metal; a high speed produces a clean cut when drilling wood. You can select a maximum speed with a dial, or run the tool at any convenient speed by varying the pressure on the trigger.

A variable-speed facility is essential if you want to use a power drill for driving screws.

● Trigger lock

A trigger-lock button sets the drill for continuous running when it is used to drive attachments.

● Chuck size

The chuck's size refers to the maximum diameter of drill shank it can accommodate. A 10 or 13mm (⅜ or ½in) chuck is adequate for most purposes, though there are drills with a chuck size of 16mm (⅝in). You can drill holes of a diameter greater than the chuck size by using special bits with cutters that are larger than their shanks.

● Percussion or hammer action

Operating a switch converts most electric drills from smooth rotation to a hammer action that delivers several hundred blows per second to the revolving chuck. This action is only used when drilling into brick or stone; the hammer vibration helps by breaking up hard particles ahead of specially toughened masonry bits. Helical flutes along the shank of the bit clear the debris from the hole.

● Reverse rotation

If you want to use a screwdriver bit with your power drill, make sure its rotation can be reversed – so you can take screws out as well as being able to insert them.

● Handgrips

A power drill usually has a pistol-grip handle and a second handgrip for steadying the drill. Some manufacturers provide an extra handle that bolts onto the rear of the drill to enable you to exert maximum pressure behind the bit.

● Essential tools
Set of twist drills
Power drill

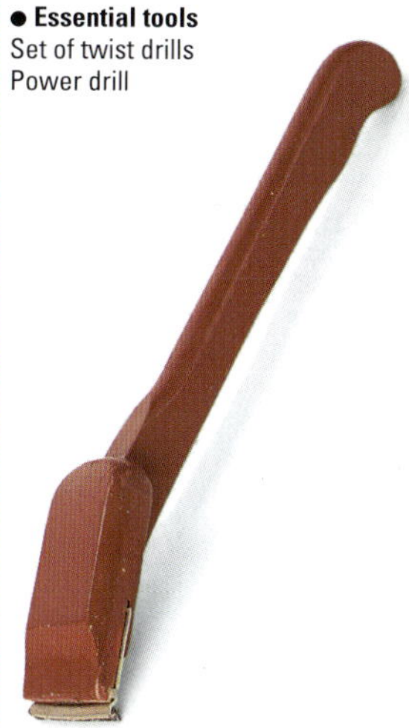

SEE ALSO: Grinding chisels and planes 497, Power-drill bits 502, Safety tips 502

Woodworking tools

Using a drill stand
To bore holes that are absolutely square to the face of the work, mount your power drill in a vertical drill stand.

● Essential tools
Set of spade or power-bore bits
Countersink bit
Claw hammer
Cross-peen hammer
Pin hammer
Carpenter's mallet
Pincers
Nail set

POWER-DRILL BITS

A variety of bits can be used in a power drill, depending on the kind of hole you want to bore.

Twist drills
You can use standard twist drills of any size up to the maximum opening of the chuck. To bore larger holes, use reduced-shank twist drills.

Power-bore bit

Spade bit

Power-bore and spade bits
With power-bore and spade bits you can drill holes up to 38mm (1½in) in diameter. Both produce minimal friction. Place the sharp lead point of the bit on the centre of the hole before squeezing the trigger of the drill.

Countersink bit
To sink the head of a countersunk woodscrew flush with the surface of the work, make a tapered recess in the top of the clearance hole with a 'rose' or countersink bit. These bits can be used with a hand drill or a brace, but a high-speed power drill forms a neater recess.

Unless you use a drill stand (see left), the countersink bit will 'chatter' if the hole has already been drilled, producing a rough recess. When using a power drill without a stand, it's best to make the countersink recess first, then drill the hole itself in the centre.

Screwdriver bits
With slotted-head or cross-head screwdriver bits, you can use your electric drill as a power screwdriver. The drill must be capable of slow speeds.

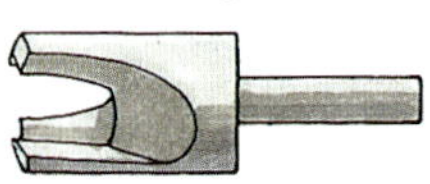

Plug cutter
This special bit cuts cylindrical plugs of wood for concealing the heads of screws sunk below the surface of the work.

Dowel bit
This is a twist drill with a sharp lead point and cutting spurs that help keep it on line when you are boring holes for dowel joints.

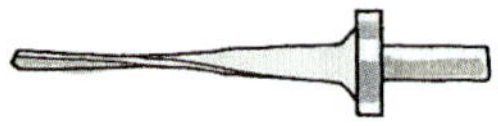

Drill and countersink bit
This bit makes the pilot hole, clearance hole and countersink recess for a woodscrew in a single operation. As it is matched to one specific screw size, it is only worth purchasing when you are planning to use a fair number of identical screws.

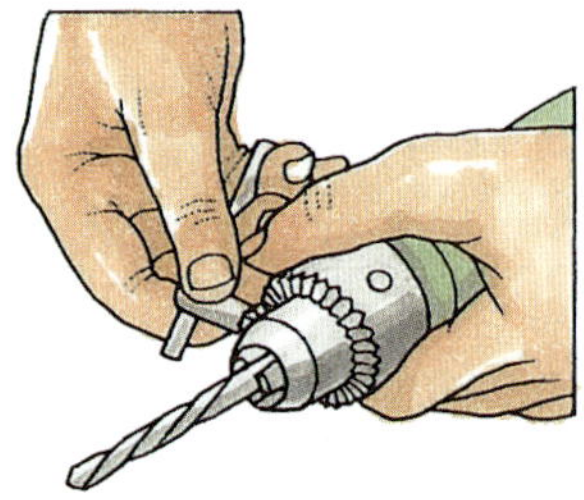

Fitting a power-drill bit
In the more conventional chuck, three self-centring jaws are closed onto the bit, using a toothed key. Turn the chuck anticlockwise to open its jaws, and remove the bit.

Fitting a drill bit into a fast-action keyless chuck couldn't be simpler. Pull back the chuck, insert one of the special bits with grooved shanks, and then release the chuck again. Some keyless chucks have to be turned by hand to tighten them.

USING A POWER DRILL SAFELY

- Choose a drill with a plastic non-conducting body.
- Always unplug a drill before fitting bits, accessories or attachments.
- Remove a chuck key before switching on the drill.
- Don't wear loose clothing, or a necktie or necklace, while using a drill.
- Use a proper purpose-made extension lead if you need to extend the drill's flex.
- Never lift the drill by its flex.

Dowelling jig
A dowelling jig clamped to the work ensures alignment of dowel holes and also keeps the drill bit perpendicular to the work.

HAMMERS AND MALLETS

Driving in a nail is so simple that one hammer would seem to be as effective as another, but using one that is the right shape and weight for the job makes for easier, trouble-free work.

A mallet has its own specific uses, and should not be used for hammering nails.

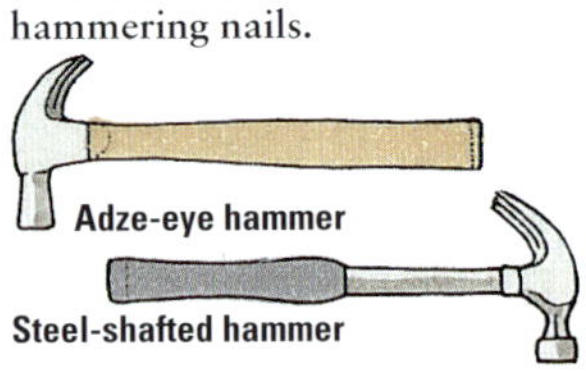

Adze-eye hammer

Steel-shafted hammer

Claw hammer
This is a heavy general-purpose hammer, and probably the most useful one to have in a basic tool kit. The claw at the back of the head is for levering out nails. In order to cope with the leverage, the hammer head has to be fixed firmly to a strong shaft.

The traditional adze-eye head has a deep, square socket driven and wedged onto a tough but flexible hickory shaft. However, an all-metal claw hammer is an even better tool. Its tubular-steel shaft won't bend or break; the head can't work loose; and the rubber grip is both comfortable and shock-absorbing.

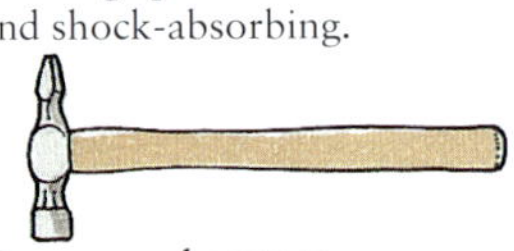

Cross-peen hammer
For tasks that are too delicate for a heavy claw hammer, use a medium-weight cross-peen hammer. Its wedge-shaped peen is for setting (starting) a nail held between finger and thumb.

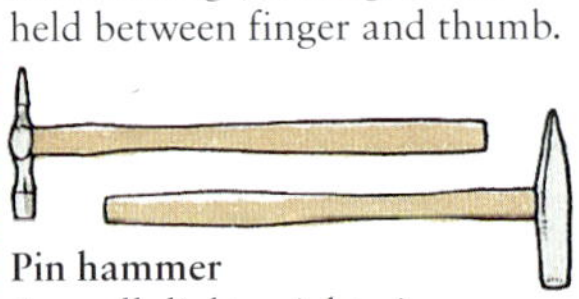

Pin hammer
A small, lightweight pin hammer is the perfect tool for tapping in small panel pins and tacks.

Using a hammer
Set a nail in wood with one or two taps of the hammer until it stands upright without support, then drive it home with firm steady blows, keeping your wrist straight and the hammer face square to the nailhead.

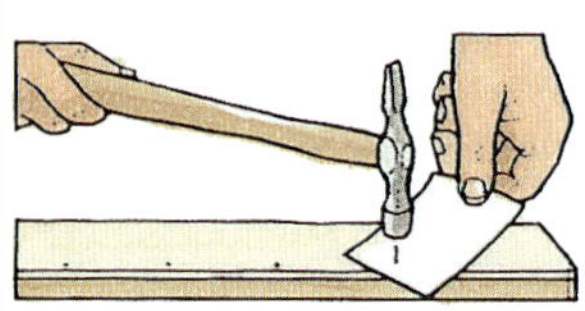

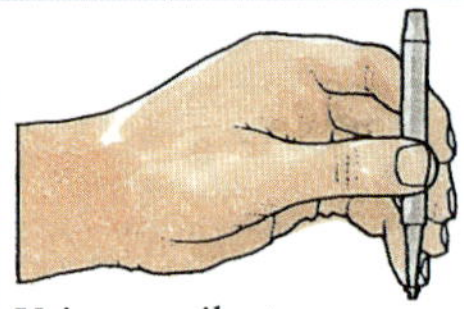

Using a nail set
A nail set is a punch with a hollow-ground tip used for sinking nails below the surface of the wood. Nail sets are made in several sizes, for use with large and small nails. Having driven the nail almost flush, hold the set upright between thumb and fingertips and place its tip on the protruding nailhead, then tap the tool with your hammer. With a heavy hammer very little force is needed to sink the nail.

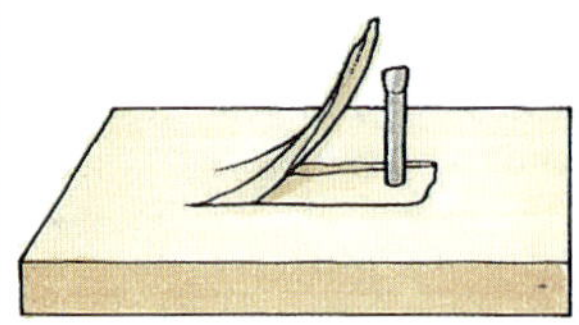

Blind nailing
To hide a nail fixing, lift a flap of wood with a gouge, sink the nail with a nail set, then glue the flap and cramp it flat.

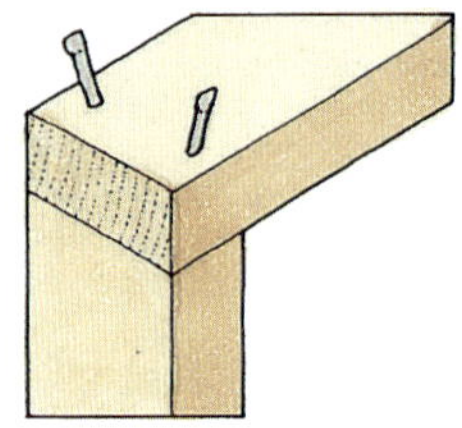

Dovetail-nailed

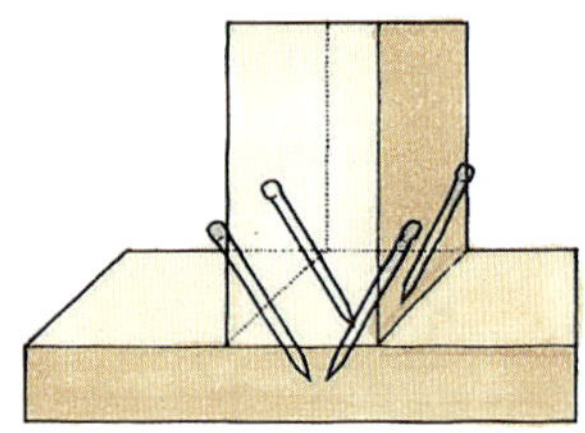

Skew-nailed

Making a strong nailed joint
The grip between the nails and the wood is usually enough to hold the joint together, but for stronger fixings drive the nails in at an angle. When angled nails fix wood onto the end grain of another member, the technique is called dovetail-nailing: when they pass through the side of a section it's called skew-nailing.

◄ Hammering small nails
If the nail is very small, either set it with the hammer peen or push it through a piece of thin card to steady it. Just before you tap the nail flush with the wood, tear the card away.

SEE ALSO: Double insulation 298, Extension leads 304, Power drills 501

Woodworking tools

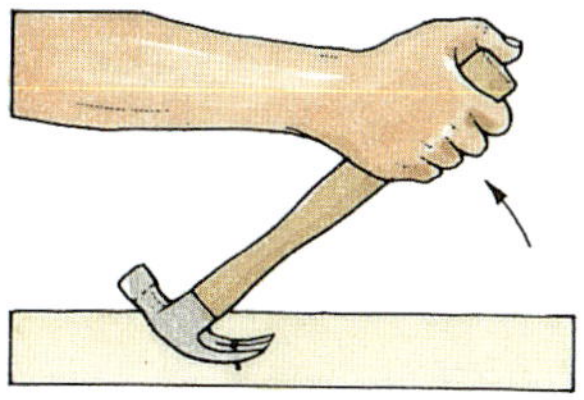

Removing a bent nail
If you bend a nail while driving it in with a claw hammer, lever it out by sliding the claw under the nailhead and pulling back on the end of the shaft. The hammer's curved head will roll on the wood without doing too much damage, but you can protect the work by placing a piece of thick card or hardboard under the hammer head.

A thick packing of this kind will also give you extra leverage for removing a long nail.

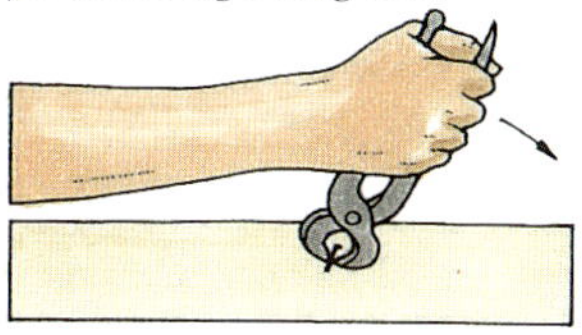

If a nailhead is too small to catch in a claw hammer, lever it out with carpenter's pincers. Grip the nail with the jaws resting on the wood, squeeze the handles together, and roll the pincers away from you. As with a claw hammer, cardboard or hardboard packing will protect the wood.

Sanding a hammer head
You are more likely to bend nails if your hammer head is greasy. Rub the hammer's face on fine abrasive paper for a better grip.

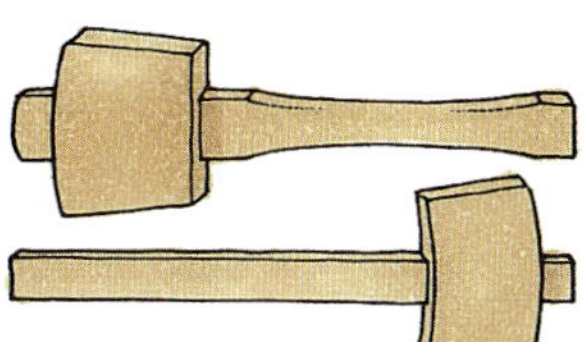

Carpenter's mallet
A carpenter's mallet is for driving a chisel or gouge into wood. Its striking faces are angled so as to deliver square blows to the end of the chisel. Tighten a loose mallet head by tapping the top of the tapered shaft on a bench.

Soft-faced mallet
Though you can use a hardwood carpenter's mallet to knock joints together or apart, a soft-faced rubber, plastic or leather mallet is less likely to mark the wood.

SCREWDRIVERS

A woodworker's tool kit needs to include a number of screwdrivers because it is important to match the size of the driver to the screw. If you use a screwdriver with a tip that is slightly too big or too small, it is likely to slip out of the slot as you turn it, damaging both the screw and the surrounding wood.

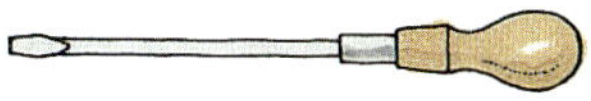

Cabinet screwdriver
A cabinet screwdriver has a shaft that is ground on two sides to produce a flat, square tip. It may have a hardwood handle, strengthened with a metal ferrule, or a plastic one moulded onto the shaft.

Cross-head screwdriver
Use a matching cross-head screwdriver to drive screws that have cruciform slots. Using a flat-tip driver to turn a cross-head screw invariably damages the screw's head.

Ratchet screwdriver
Using a ratchet screwdriver, you can insert and remove screws without having to adjust your grip on the handle of the driver.

You can select clockwise or anticlockwise rotation, or lock the ratchet and use the tool like an ordinary fixed screwdriver.

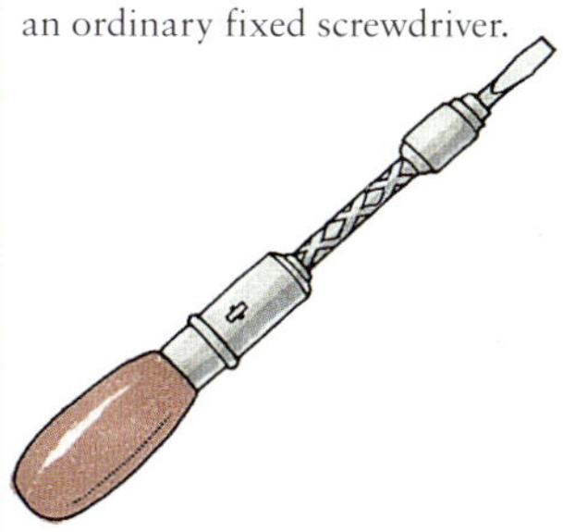

Pump-action screwdriver
A straight thrust of the tool causes the tip of a pump-action screwdriver to revolve. The spring-loaded shaft moves in and out of a hollow handle, which contains a ratchet mechanism that controls the direction of rotation. Interchangeable cross-head and flat-tipped bits fit into a chuck at the end of the shaft.

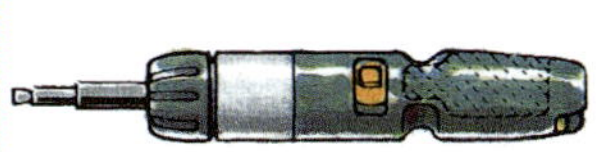

Power screwdriver
A cordless electric screwdriver, which takes interchangeable bits, is especially convenient for working in confined spaces.

HONING A FLAT TIP

When worn, a screwdriver tip no longer grips screws properly. To reshape the tip, hone it on an oilstone, then file the end square.

Inserting a woodscrew
You may split the wood if you drive in a screw without boring a hole for it first. To make a starter hole for a small screw, place the flat tip of a bradawl **(1)** *across the grain of the wood, then press it in and twist. To guide a large screw, drill a pilot hole, followed by a clearance hole for the shank* **(2)***. For the pilot hole, use a drill bit slightly narrower than the thread of the screw, but drill the clearance hole fractionally larger than the screw's shank.*

Use a countersink bit to make recesses to accommodate the heads of countersunk screws.

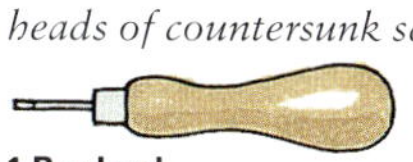

1 Bradawl

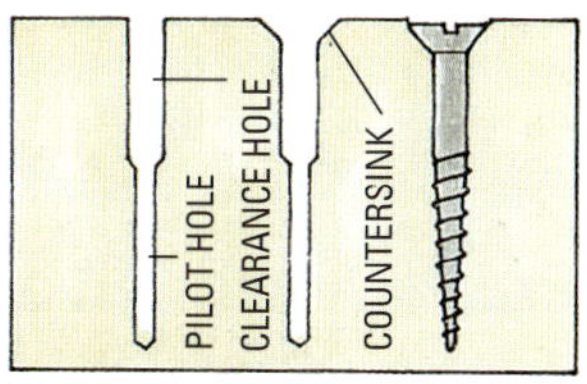

2 Drilling for screws

Lubricating a screw
If a screw is a tight fit in the hole you have drilled for it, withdraw it slightly and put a little grease on its shank.

Extracting old screws
Before attempting to extract a painted-over screw, scrape the paint from the slot with the end of a hacksaw blade – or, for the best results, place a corner of the screwdriver tip in the slot and tap it sideways until it fits snugly, then extract the screw.

Clearing a screw slot

When a screw's slot has been completely stripped, remove the head with a power drill. Mark the centre of the head with a metal punch, then use progressively larger drill bits to remove the metal in stages.

CRAMPS

Cramps are for holding glued joints together while the adhesive sets. They are also used to assemble structures temporarily to see if they work or fit, and for holding small workpieces on a bench while you are working on them.

Sash cramp
A sash cramp is a long metal bar with a screw-adjustable jaw at one end. Another jaw, known as the tail slide, is free to move along the bar, but can be fixed at any convenient point by inserting a metal peg in one of a series of holes along the cramp. Sash cramps are for clamping large glued frames, and it's worth having a couple of medium-size ones in your tool kit. You can hire additional ones when needed.

Cramp heads
If you need an extra-long sash cramp, hire a pair of cramp heads. Use a 75 x 25mm (3 x 1in) softwood rail as a cramp bar, locating the heads on it by plugging their pegs into holes drilled through the wood.

G-cramp
A screw-adjusted G-cramp grips the work between the adjustable shoe and the cast-metal frame. You're likely to need at least one 150mm (6in) and one 300mm (1ft) G-cramp.

Frame and mitre cramps
The four plastic corner blocks of a simple frame cramp hold the glued corners of a mitred frame while a cord is pulled taut around the blocks in order to apply equal pressure to all four joints.

A mitre cramp holds one joint at a time. Made of cast metal, it clamps the two mitred members against a right-angle fence.

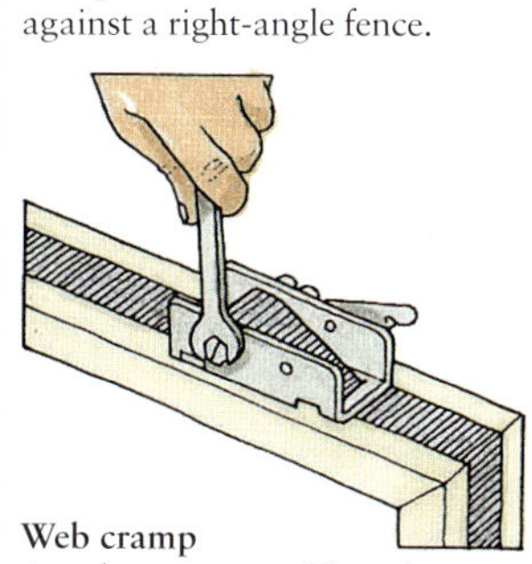

Web cramp
A web cramp acts like a frame cramp. Use one to form a tourniquet around a large frame. The nylon webbing is tensioned by adjusting a ratchet mechanism with a spanner or screwdriver.

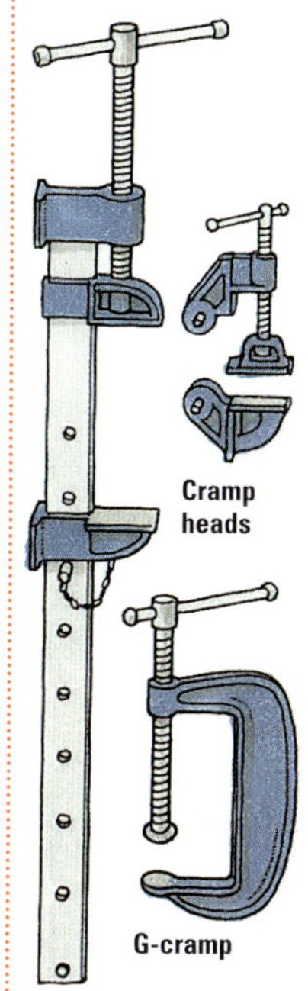

Cramp heads

G-cramp

Sash cramp

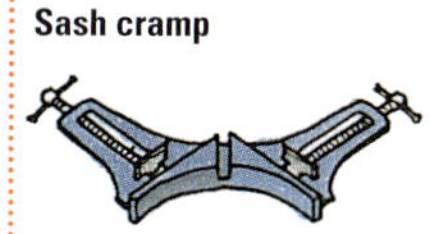

Mitre cramp

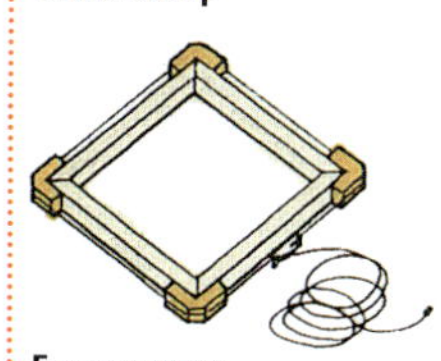

Frame cramp

● Essential tools
Cabinet screwdriver
Cross-head screwdriver
Bradawl
G-cramps

SEE ALSO: Oilstone 497, Centre punch 516

Woodworking tools

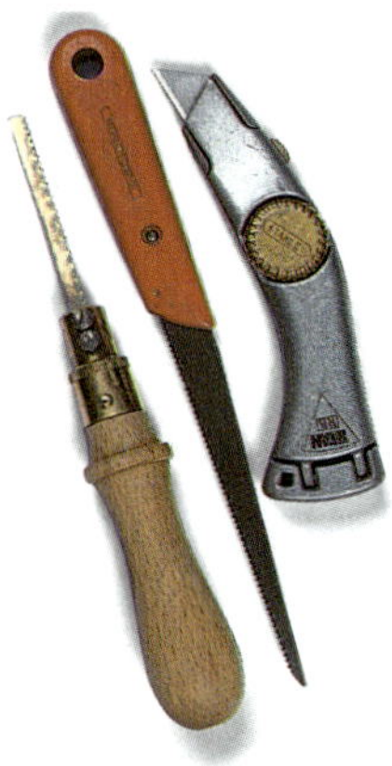

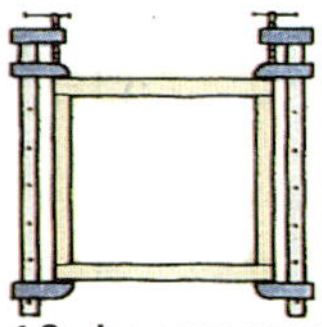

1 Sash cramps square to a jointed frame

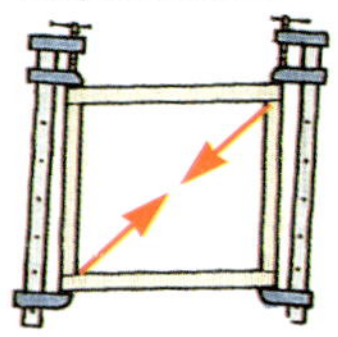

2 Sash cramps set at an angle to the frame

• Essentials tools
Portable bench

Clamping a jointed frame

Prepare and adjust your sash cramps before you glue and assemble a jointed frame. If you waste time adjusting them after the joints are glued, the adhesive may begin to stiffen before you can close the joints properly. Set the tail slides to accommodate the frame and make sure that the adjustable jaws will have enough movement to tighten the joints. Place the cramps in line with the joints, using softwood packing strips to protect the work from the metal jaws. Apply pressure gradually, first with one cramp, then the other, until the joints are tightly closed ***(1)***.

Check that the frame is square by measuring both diagonals. If they aren't equal, set the cramps at a slight angle to the frame so as to pull it square by squeezing the long diagonal ***(2)***.

Clamping boards together

To clamp several glued boards edge to edge, use at least three sash cramps. Place one of the cramps on top of the assembly to prevent the boards bowing under pressure from the other two. A long sash cramp will bend as you tighten it, so protect the wood by inserting strips of hardboard packing between the sash bars and the work.

Lay a straightedge across the clamped boards to check that the panel is flat. If it isn't flat, correct the distortion by slackening or tightening the cramps as need be.

If a board is misaligned, tap it back into position by placing a softwood block across the joint and striking the block firmly with a heavy hammer.

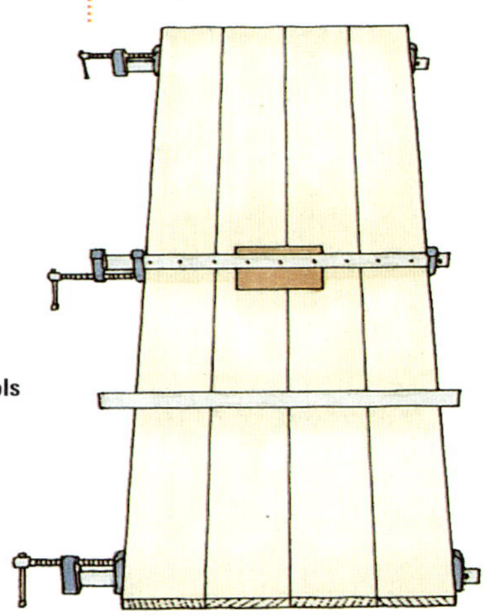

Use at least three cramps to glue boards together

BENCHES AND VICES

A woodworking bench must be strong and rigid. Working with heavy timbers and man-made boards puts a considerable strain on a bench, and the stress imposed by sawing and hammering will eventually weaken a poorly constructed one.

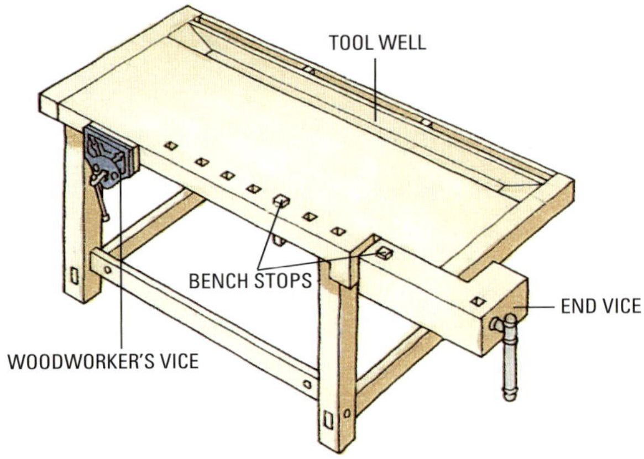

Woodworker's bench

The hardwood underframe of a traditional woodworker's bench is constructed with large double-wedged mortise-and tenon joints.

The longer rails are usually bolted to the rigid endframes so that the bench can be dismantled to facilitate removal. The thick hardwood worktop is normally of short-grain beech. A storage recess or tool well keeps the worktop free from tools, so you can lay large boards on it.

Better-quality benches have an end vice, built onto one end of the worktop, for clamping long sections of timber between metal pegs called bench stops.

Portable bench

A portable workbench can be folded away between jobs. The two halves of the thick plywood worktop are in effect vice jaws, operated by adjusting handles at the ends of the bench. Because the handles work independently, the jaws can hold tapered work-pieces. Plastic pegs fit into holes in the worktop to hold work laid flat on it; they can be arranged to hold irregular shapes.

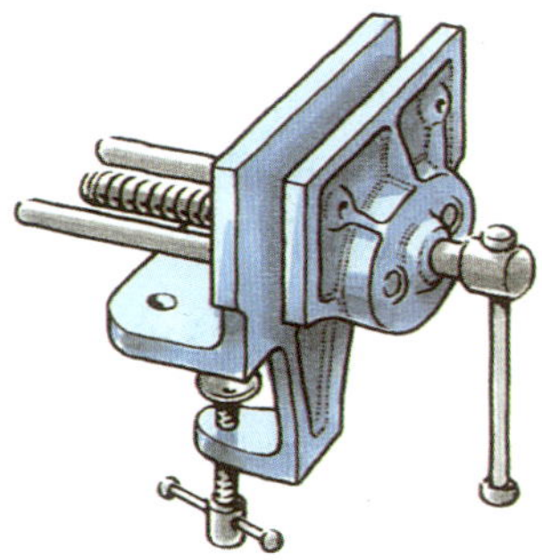

Clamp-on vice

A lightweight vice can be clamped temporarily to the edge of any worktop. Although not as good as a proper woodworker's vice, it is a lot cheaper.

Woodworker's vice

A feature of most benches is a large woodworker's vice. This is normally screwed to the under-side of the worktop, close to one leg, so that the top will not flex when you are working on wood held in the vice. Wooden linings (pads) must be fixed inside the jaws to protect the work from the metal edges.

A quick-release lever on the front of the vice allows you to open and shut the jaws quickly, turning the handle only for final adjustments.

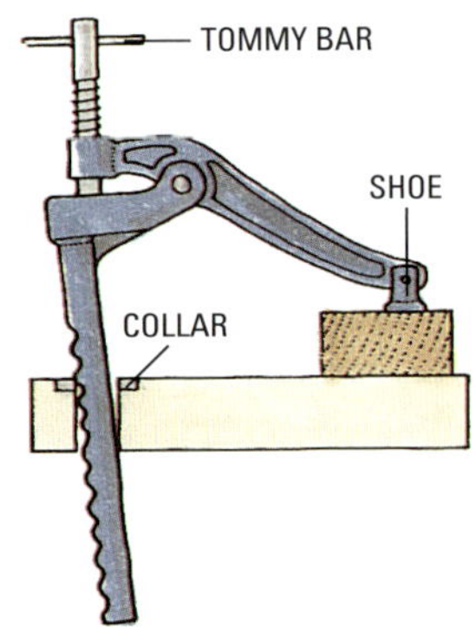

Holdfast

A holdfast is a bench-mounted cramp for holding a workpiece firmly against the worktop. The notched shaft of the cramp is slipped into a metal collar that is let into the bench.

When pressure is applied with the cramp's tommy bar, the shaft rocks over to lock in the collar, and the shoe at the end of the pivoting arm bears down on the workpiece. A pair of holdfasts, one at each end of the bench, is ideal for clamping long boards.

☛ **SEE ALSO: Sash cramps 503**

Woodworking joints

BASIC WOODWORKING JOINTS

Craftsmen have invented countless ingenious ways of joining pieces of timber together. Some are as decorative as they are practical, but for general joinery and home maintenance only a few basic woodworking joints are needed.

BUTT JOINTS

When you cut a piece of wood square and butt it against its neighbour you need some kind of mechanical fixing to hold the joint together, as the end grain doesn't glue strongly enough for adhesive alone to be used.

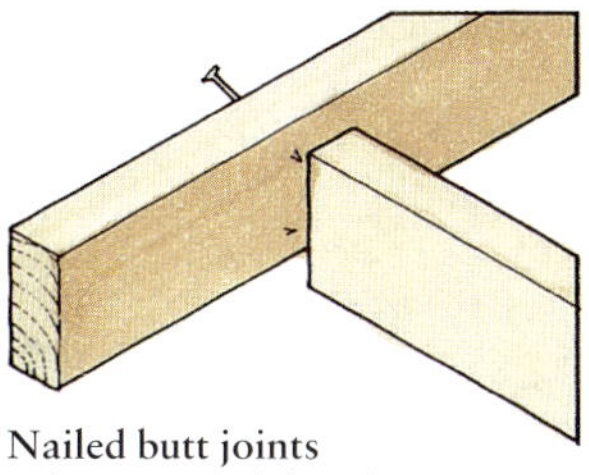

Nailed butt joints
When you nail-fix a butt joint, drive the nails in at an angle, to clamp the two pieces together.

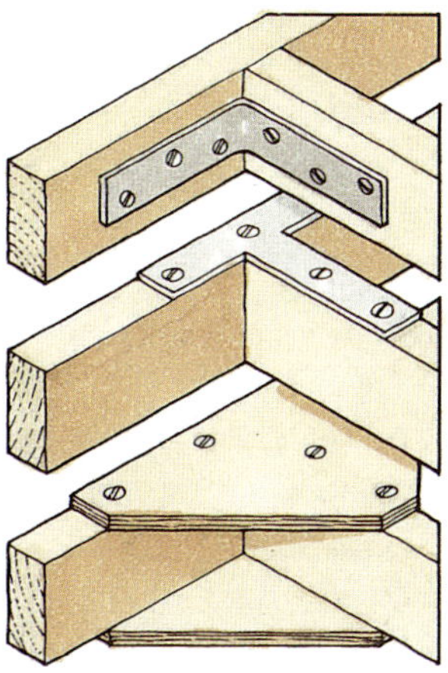

Bracket and plate fixing
A screwed-on metal right-angle bracket or T-bracket makes a strong, though not very attractive, butt joint. Similarly, you can reinforce a butt joint by nailing or screwing a plywood plate across it.

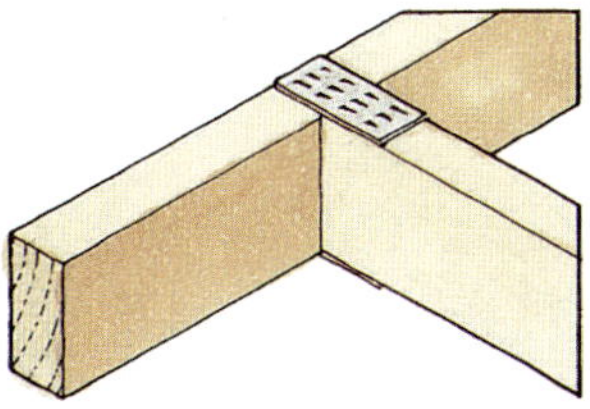

Timber connectors
The sharp pointed teeth of metal timber connectors hammered onto a butt joint grip the wood like a bed of nails.

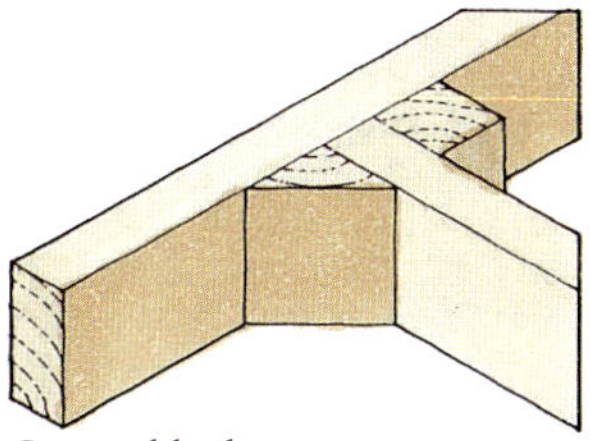

Corner blocks
Either pin and glue or screw a square or triangular block of wood in the angle between two components.

OVERLAP JOINT

You can make a simple overlap joint by laying one square-cut board across another and fixing them with nails or screws.

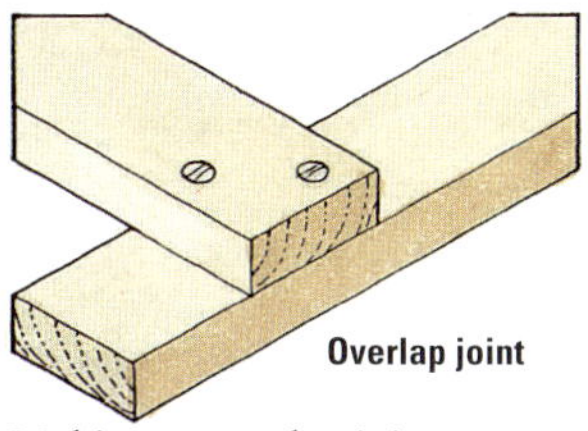

Overlap joint

Making an overlap joint
Clamp the components together accurately with a G-cramp, and drill pilot and clearance holes for the screws. Remove the cramp, apply glue, and then screw the components together.

HALVING JOINTS

Halving joints can be adapted to join lengths of wood at a corner or T-joint, or where components cross one another.

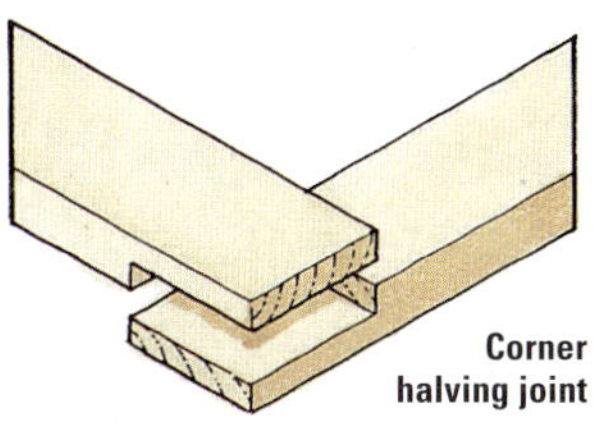

Corner halving joint

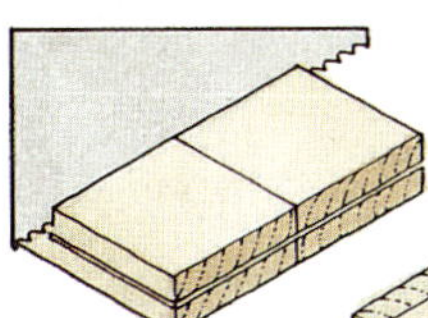

1 Cut shoulders

2 Screw-fix joint

Cutting a corner halving joint
*To join two pieces of wood at a corner, cut identical tongues in their ends as for a T-halving joint – but clamp the components side by side and cut their shoulders simultaneously **(1)**.*

*Reinforce the glued joint with screws **(2)**.*

Cutting a T-halving joint
*Lay the crossrail on the side rail **(1)** and mark the width of the housing on it with a marking knife, extending the lines halfway down each edge of the rail.*

*With a marking gauge set to exactly half the thickness of the rails, score the centre lines on both rails **(2)**. Mark the shoulder of the tongue on the crossrail **(3)**, allowing for a tongue slightly longer than the width of the side rail. Hold the crossrail at an angle in a vice **(4)** and saw down to the shoulder on one edge, keeping to the waste side of the line. Then turn the rail round and saw down to the shoulder on the opposite edge. Finally, saw down square to the shoulder line **(5)** and remove the waste by sawing across the shoulder line **(6)**.*

*To cut the housing in the side rail, saw down both the shoulder lines to the halfway mark, then make several sawcuts across the waste **(7)**. Pare out the waste with a chisel down to the marked lines, working from both sides **(8)**.*

Glue and assemble the joint; and when it has set, plane the end of the tongue flush with the side rail.

1 Mark the housing

2 Score the centre lines

3 Mark the shoulder

4 Saw with the rail at an angle

5 Saw square to the shoulder

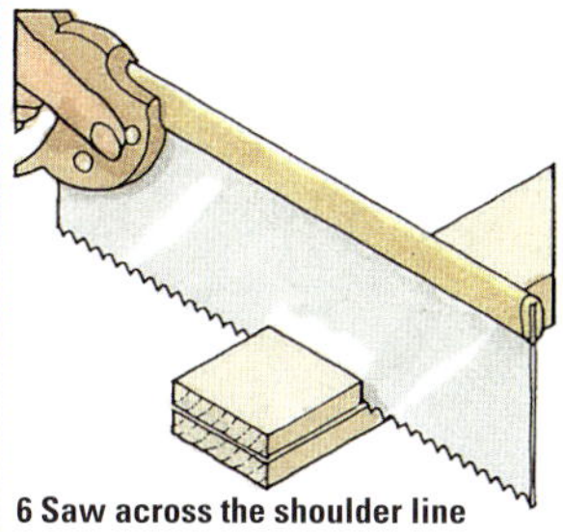

6 Saw across the shoulder line

7 Saw across the waste

8 Remove the waste

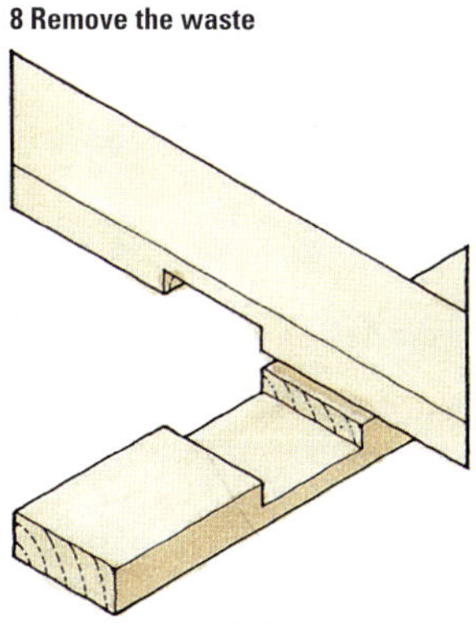

Cutting a cross halving joint
To make a cross halving joint, hold the two components together, side by side, and mark both joints simultaneously. Then separate the components and saw across the shoulder lines and remove the waste with a chisel as described above.

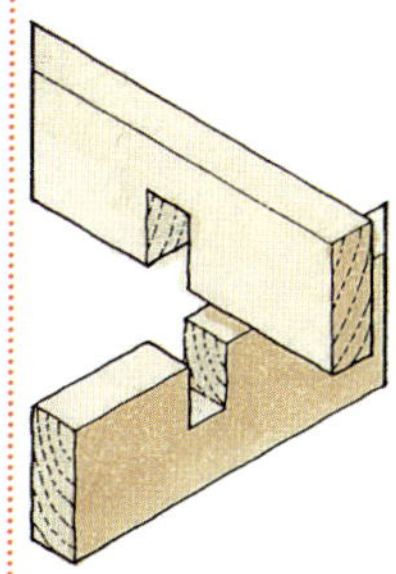

Edge-to-edge cross halving joint
Clamp the two parts together, then mark and saw both halves of the joint. Remove the clamps and chisel out the waste.

SEE ALSO: Marking gauge 493, Marking knife 493, Tenon saw 493, Paring 498, Dovetail-nailing 502, Countersink bit 502, G-cramp 503

Woodworking joints

LAP JOINT

This is a simple joint for joining two wide boards at a corner.

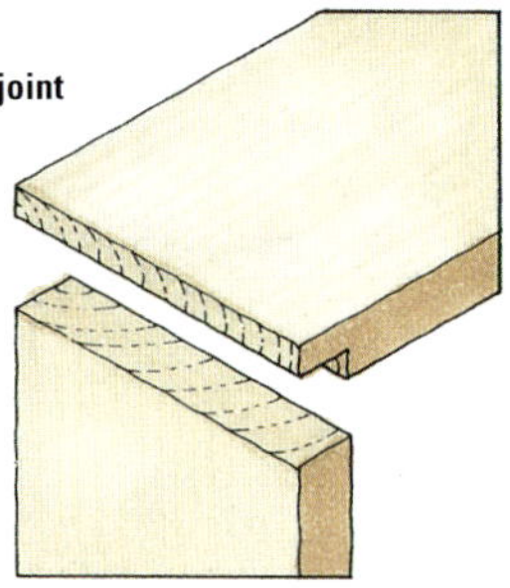

Lap joint

Cutting a lap joint

Cut the square-ended board first and use it to mark out the width of the rebate on the other board **(1)**. *Set a marking gauge to about half the timber's thickness and mark out the tongue* **(2)**. *Cut out the rebate with a tenon saw, then glue and dovetail-nail the joint.*

1 Mark width of rebate

2 Mark out the tongue

BRIDLE JOINT

A bridle joint is used for making strong joints for a frame.

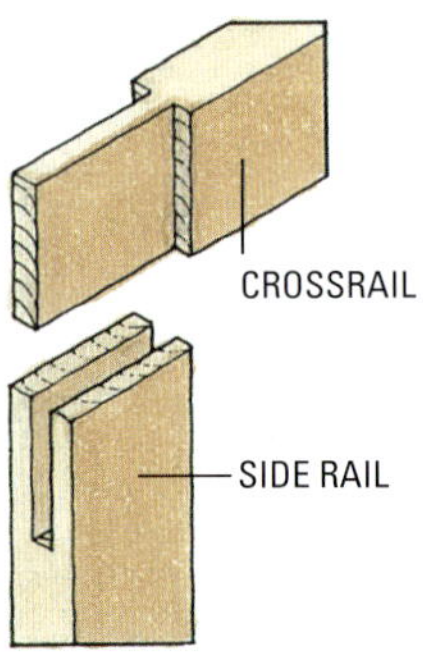

Corner bridle joint

Cutting a corner bridle joint

To make a corner bridle joint, cut equal-size tongues, two on the side rail and one centred on the crossrail. Mark them out with a mortise gauge, making all three slightly longer than the width of the rails. Cut the waste away from both sides of the crossrail tongue with a tenon saw, as described for a T-halving joint. To form the side-rail tongues, saw down to the shoulder on both sides, keeping to the waste side of the two marked lines **(1)**, *then chop out the waste with a narrow firmer chisel or mortise chisel. Glue and assemble the joint and, when the glue has set, plane the ends of the over-long tongues flush with the rails.*

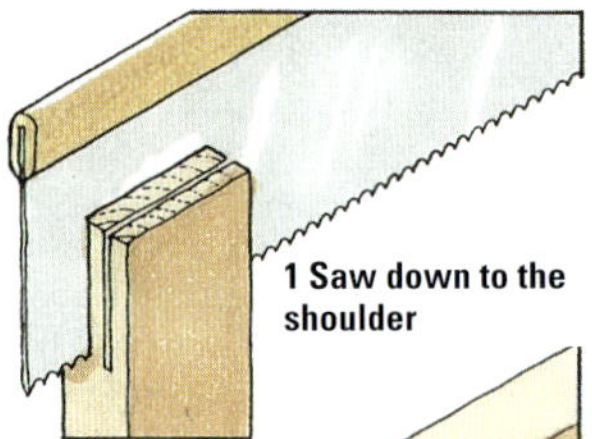

1 Saw down to the shoulder

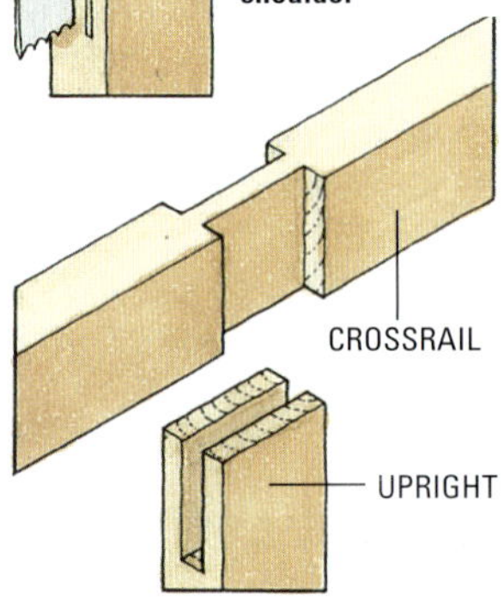

T-bridle joint

When a crossrail joins an upright rail or leg, cut two tongues on the upright, as for a corner bridle joint, and a housing on each side of the crossrail, as for a T-halving joint. The depth of the housings must, of course, be equal to the thickness of the tongues.

HOUSING JOINTS

Housing joints are often used for shelves and similar structures. A through housing can be seen from both sides of the structure, whereas a stopped housing is not visible from the front.

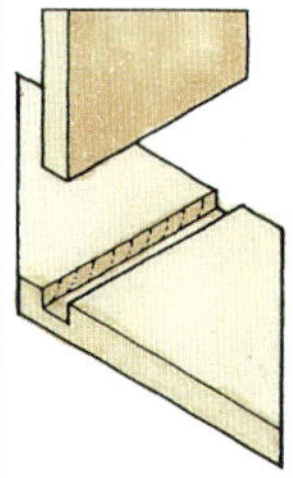

Through housing

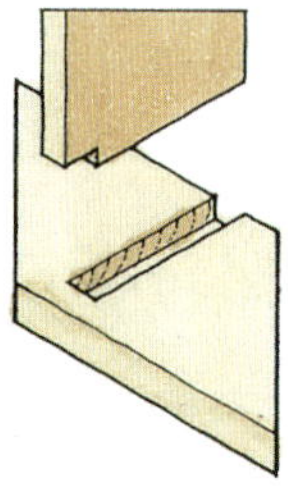

Stopped housing

Cutting a through housing

Square the end of one board and use it to mark out the width of the housing on the other board **(1)**, *then with a marking gauge set to about a third of the board's thickness, mark the depth of the housing on both edges* **(2)**. *Saw along both sides of the housing* **(3)**, *keeping just on the waste side of the two lines, then chisel out the waste, working from both edges of the board* **(4)**. *A hand router is the ideal tool for levelling the bottom of the housing; otherwise, pare it flat with the chisel.*

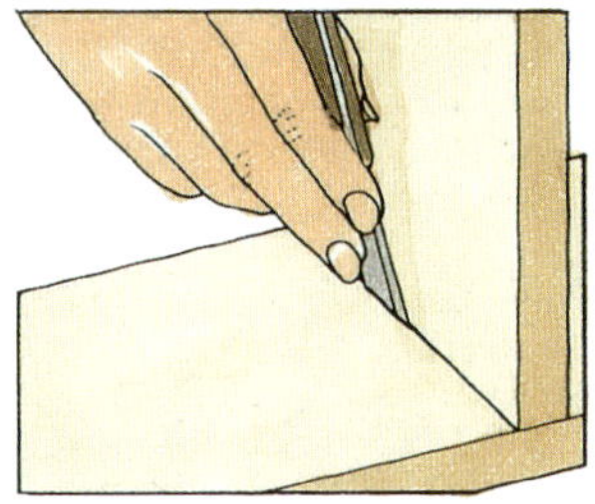

1 Mark the sides of the housing

2 Mark the depth of the housing

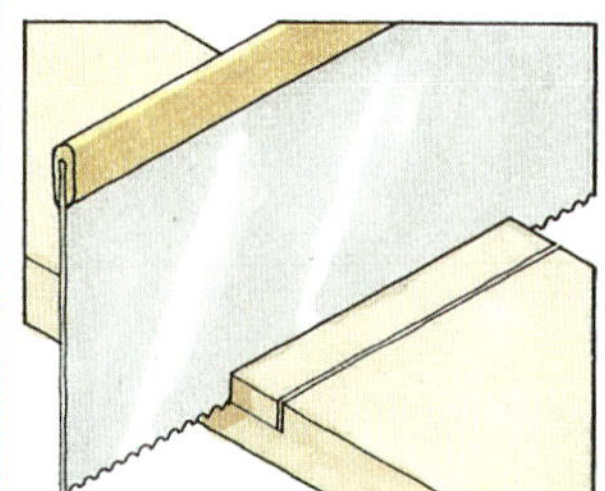

3 Saw on each side

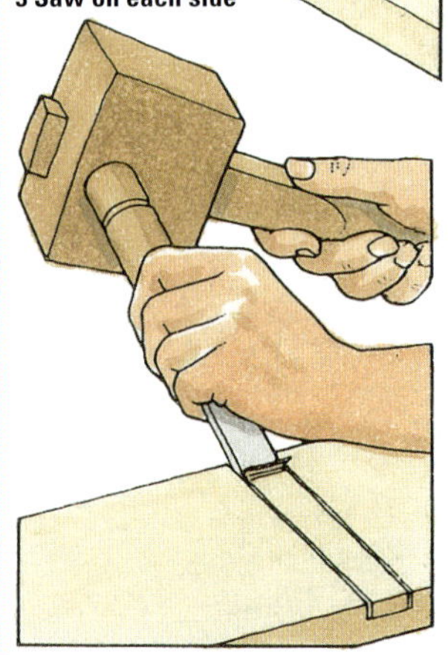

4 Chisel out the waste

Cutting a stopped housing

First, mark out the housing as described left – but stop about 18mm (¾ in) short of the front edge. To give the saw clearance, remove about 38mm (1½ in) of the housing at the stopped end, first with a drill and then with a chisel **(1)**. *Saw down both sides of the housing and pare out the waste to leave a level bottom. In the front corner of the other board, cut a notch* **(2)** *to fit the stopped housing, so the two edges lie flush when assembled.*

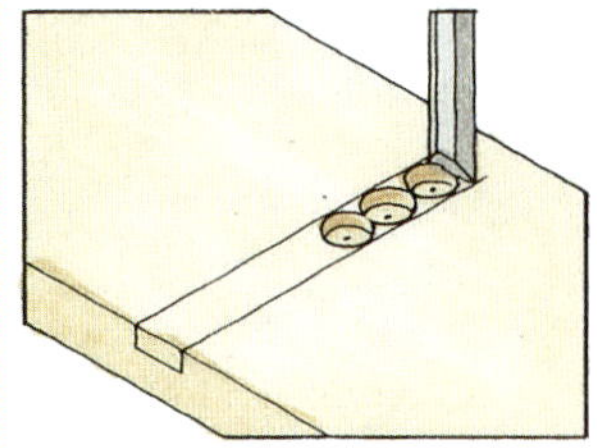

1 Chop out saw clearance

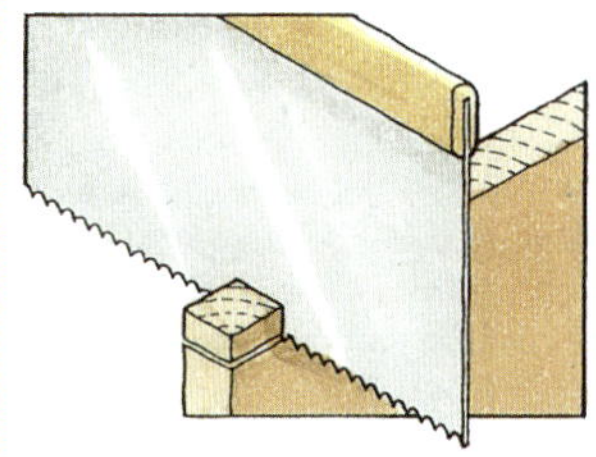

2 Cut a notch

DOWEL JOINTS

Dowel joints are strong and versatile. They can secure butt-jointed rails, mitred frames and long boards butted edge to edge. Use dowels that are about one-third the thickness of the wood.

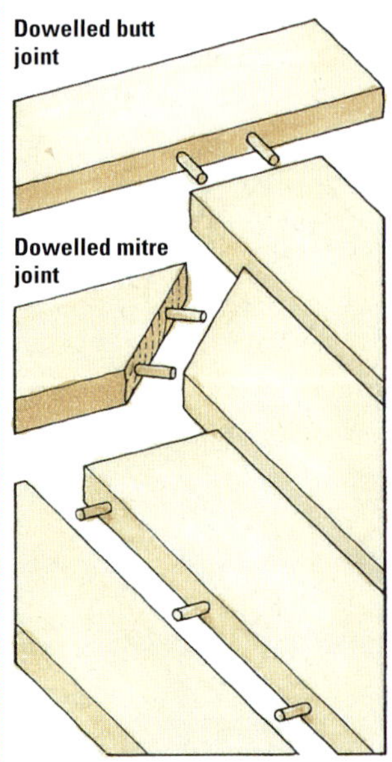

Dowelled butt joint

Dowelled mitre joint

Dowelled edge-to-edge joint

SEE ALSO: Marking gauge 493, Marking knife 493, Mortise gauge 493, Tenon saw 493, Firmer chisel 498, Mortise chisel 498, Paring 498, Dovetail-nailing 502, Spade bit 502

Woodworking joints

Cutting a dowel joint

When joining boards edge to edge, cut dowels about 38mm (1½ in) long; otherwise, saw the dowels to a length equal to two-thirds the width of the rails. File chamfers on both ends of each dowel, and saw a groove along each one **(1)** *so air and surplus glue can escape when the joint is assembled. To save time, buy ready-cut and chamfered dowels that are grooved all round.*

If you are using a dowelling jig, then you won't need to mark the centres of the dowel holes. Otherwise, set a marking gauge to the centre line on both rails **(2)**, *drive panel pins into the edge of the side rail to mark dowel-hole centres, then cut them to short sharp points with pliers* **(3)**. *Line up the rails, push them together for the metal points to mark the end grain of the cross-rail* **(4)**, *and then pull out the cut panel pins.*

Using a power drill, with the appropriate dowel bit, bore the holes to a depth just over half the length of the dowels; then glue and assemble the joint. Drilling accurate dowel holes is much easier if the drill is mounted in a vertical drill stand.

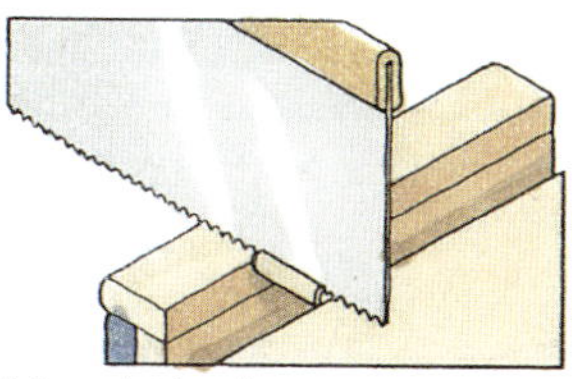

1 Saw slot for glue to escape

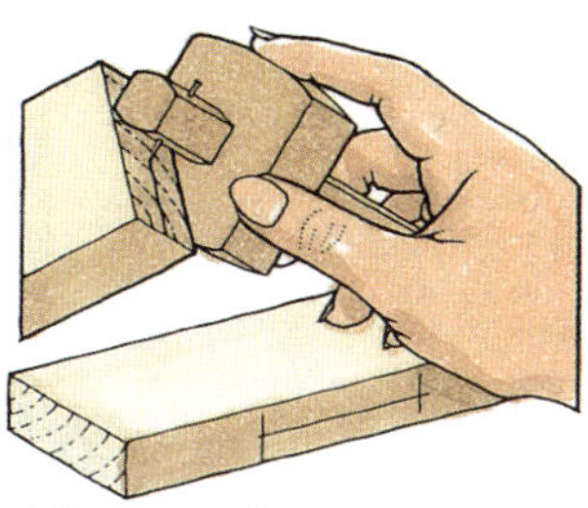

2 Score centre lines

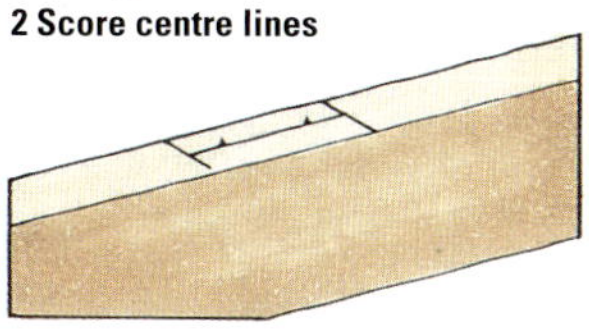

3 Cut pins to sharp points

4 Mark hole centres on crossrail

MORTISE-AND-TENON JOINTS

A mortise and tenon is a strong joint for narrow components – and essential for chair and table frames. A through tenon can be wedged for extra strength, but a stopped tenon is neater.

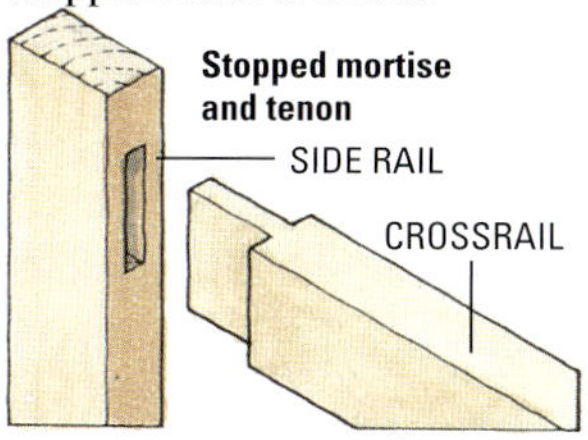

Cutting a mortise and tenon

Mark the width of the mortise, using the crossrail as a guide **(1)**, *and mark the shoulder of the tenon all round the crossrail* **(2)** *so that the tenon's length is two-thirds the width of the side rail. Set a mortise gauge to one-third of the crossrail's thickness and mark both mortise and tenon* **(3)**.

Cut the tenon the same way as the tongue of a T-halving joint. Remove the waste from the mortise with an electric drill (preferably mounted in a drill stand), then square up its ends and sides with a chisel **(4)**.

Glue and assemble the joint.

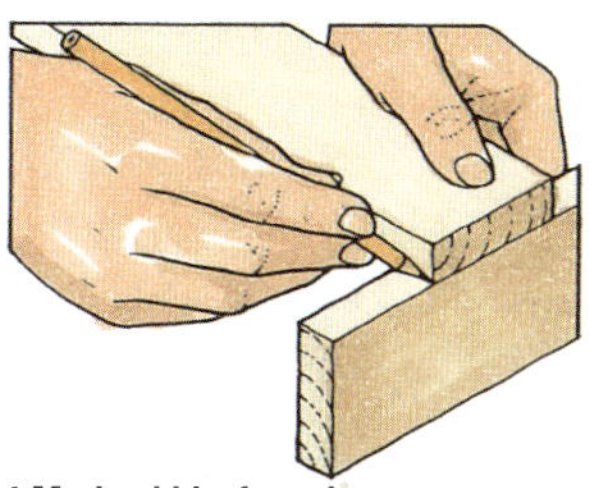

1 Mark width of mortise

2 Mark tenon shoulder

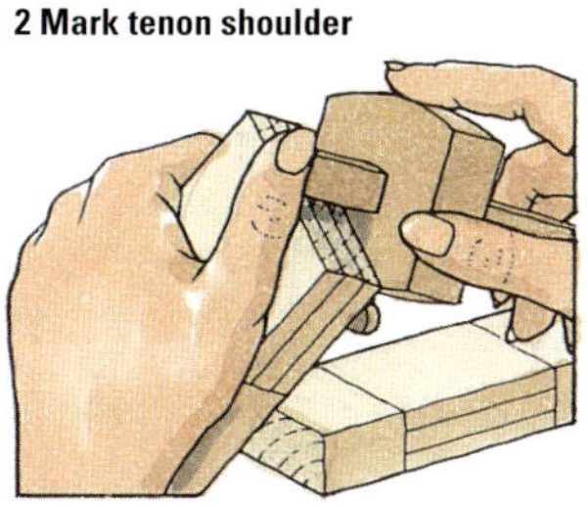

3 Mark thickness of joint

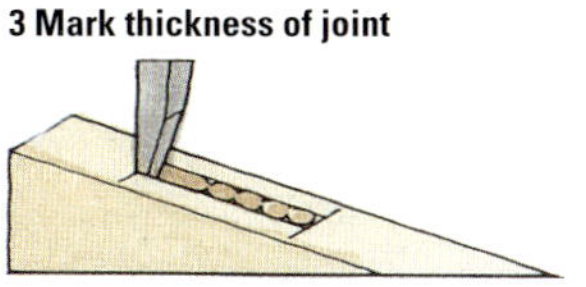

4 Chop out remaining waste

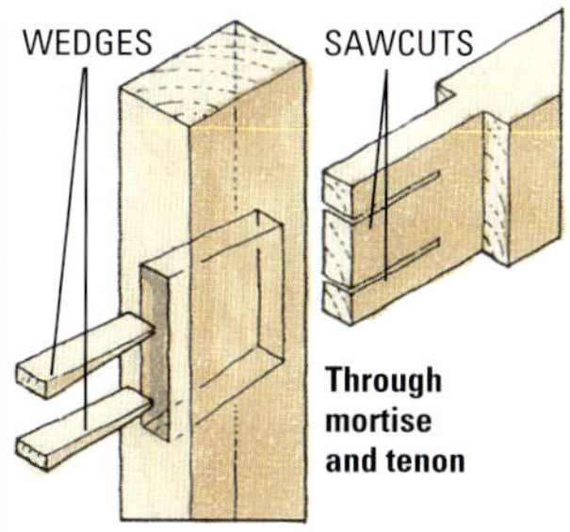

Cutting a through tenon

When a tenon is to pass right through a side rail, cut it slightly longer than the width of the rail and saw two slots through it. Glue and assemble the joint, then drive glued hardwood wedges into the sawcuts to expand the tenon in the mortise. When the glue has set, plane the wedges and the tenon flush with the rail.

MITRE JOINT

Mitre joints are used for joining corners of frames. They are also especially useful for decorative mouldings and skirting boards.

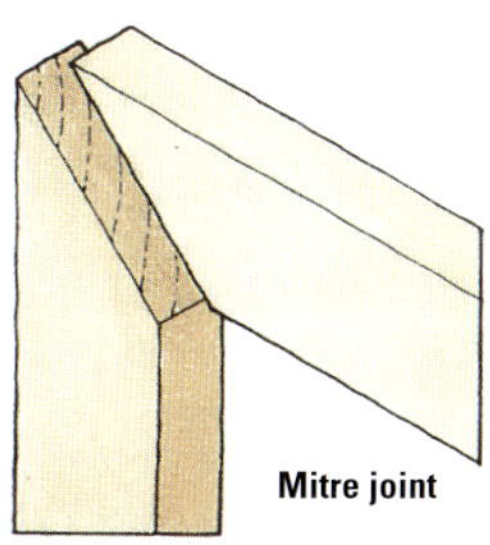

Cutting a mitre joint

A right-angled mitre joint is made by sawing the ends of two rails to 45 degrees in a mitre box, then butting them together. Trim the mitres with a finely set plane on a shooting board, and assemble the glued joint in a mitre cramp. If the meeting faces of the rails are fairly large, glue alone will hold them together; but you can reinforce a mitre joint by sawing two slots across the corner and gluing strips of veneer into them **(1)**. *Plane the veneers flush with the rails after the glue has set.*

1 Inserting veneer strips

SCARF JOINT

A scarf joint is used for joining two lengths of timber end to end.

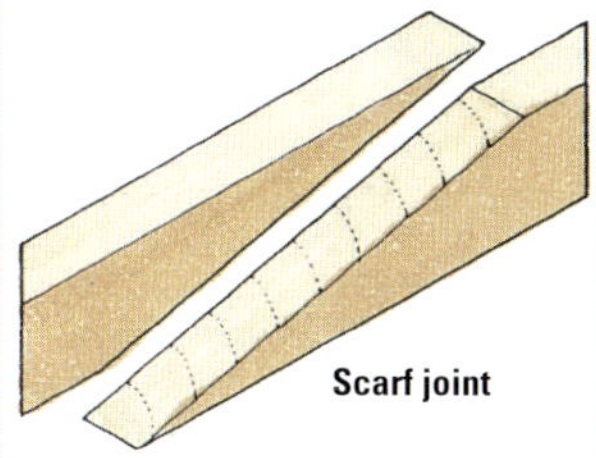

Making a scarf joint

Clamp the two lengths side by side, with their ends flush, and mark out the angled cut. The span of a scarf joint should be four times the width of the timber **(1)**. *Saw and plane both lengths down to the marked line simultaneously, then unclamp them. Glue the two angled faces together, securing them with battens and G-cramps while the glue sets* **(2)**.

If the scarf joint is likely to be subjected to a great deal of stress, you can reinforce it with plywood plates screwed to both sides of the rails **(3)**.

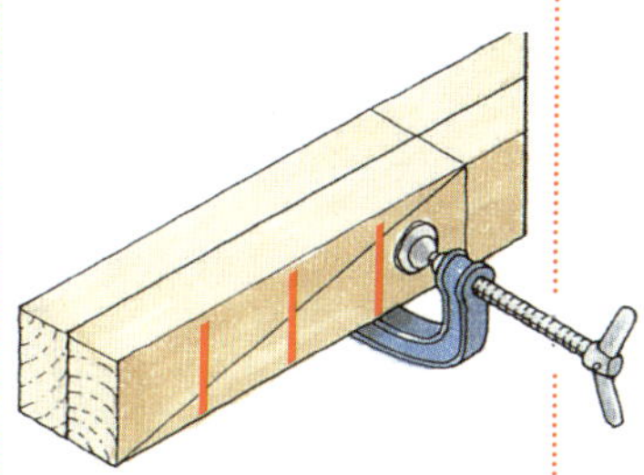

1 Proportions of a scarf joint

2 Clamp joint with G-cramps

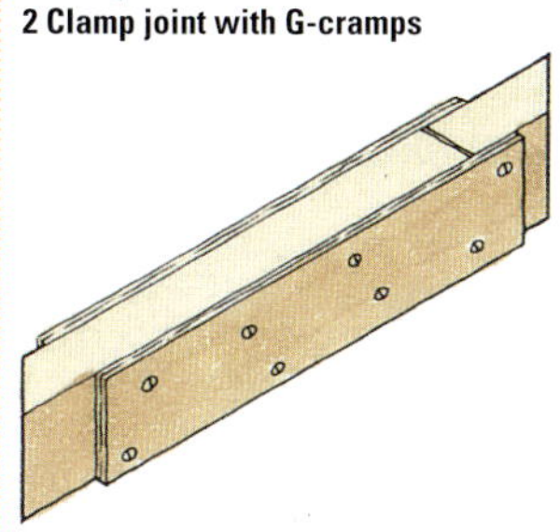

3 Reinforced scarf joint

SEE ALSO: Marking gauge 493, Mitre box 493, Mortise gauge 493, Tenon saw 493, Bench planes 496, Block plane 496, Shooting board 496 Power drills 501, Dowelling jig 502, Drill stand 502, Twist drills 502, Mitre cramp 503

Building tools

Using a pointing hawk
A pointing hawk makes the filling of mortar joints very easy. Place the lip of the hawk just under a horizontal joint and scrape the mortar into place with a jointer.

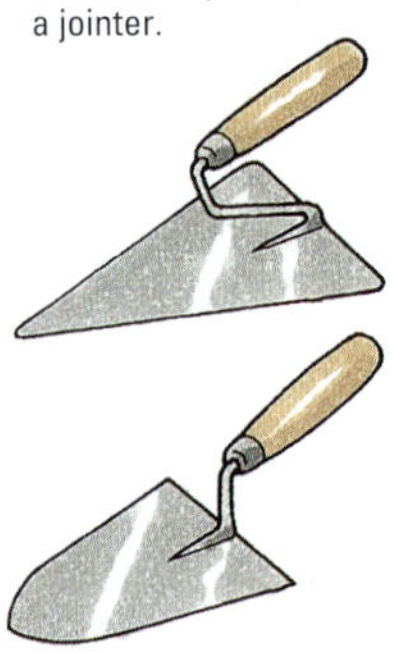

Continental-pattern trowels

- **Essential tools**
Brick trowel
Pointing trowel
Plasterer's trowel
Mortar board
Hawk
Spirit level
Try square
Plumb line

BUILDER'S TOOL KIT

A specialist builder – such as a plasterer, joiner or bricklayer – needs only a limited set of tools, whereas the amateur is more like a one-man general builder, who has to be able to tackle all kinds of construction and repair work, and therefore requires a much wider range of tools than the specialist.

The tool kit suggested here is for renovating and improving the structure of your home and for such tasks as erecting or restoring garden structures and laying paving. Electrical work, decorating and plumbing call for other sets of tools.

FLOATS AND TROWELS

For a professional builder, floats and trowels have their specific uses – but in home maintenance a repointing trowel may often be the ideal tool for patching small areas of plaster, or a plasterer's trowel for smoothing concrete.

London-pattern trowel

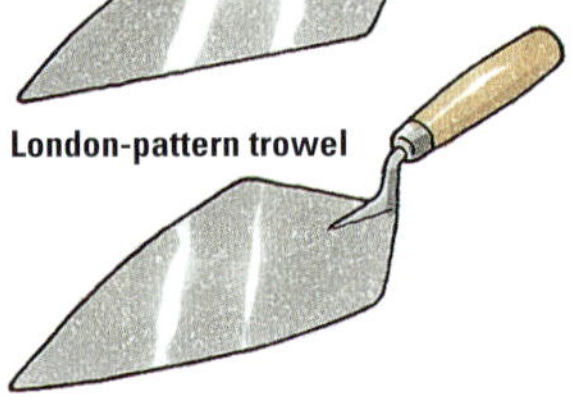

Canadian-pattern trowel

Brick trowels
A brick trowel is for handling and placing mortar when laying bricks or concrete blocks. A professional might use one with a blade as long as 300mm (1ft) – but such a trowel is too heavy and unwieldy for the amateur, so buy a good-quality brick trowel with a fairly short blade.

The blade of a **London-pattern trowel** has one curved edge for cutting bricks, a skill that takes practice to perfect; the blade's other edge is straight, for picking up mortar. You can buy left-handed versions of this trowel, or opt for a similar trowel with two straight edges.

A **Canadian-pattern trowel** (sometimes called a Philadelphia brick trowel) is also symmetrical, having a wide blade with two curved edges.

Pointing trowel
A pointing trowel is designed for repairing and shaping mortar joints between bricks. The blade is only 75 to 100mm (3 to 4in) long.

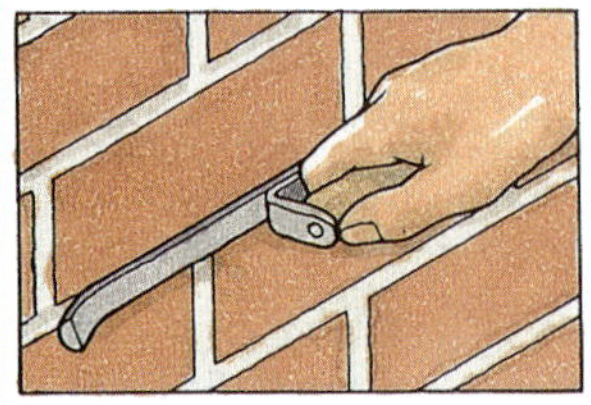

Jointer
Use a jointer to shape the mortar joints between bricks. Its narrow blade is dragged along the mortar joint, and the curved front end used for shaping the verticals.

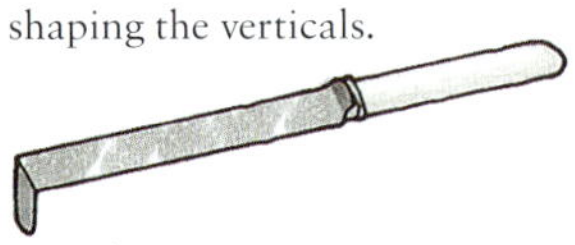

Frenchman
A Frenchman is a specialized tool for scraping off excess mortar from brickwork jointing. You can make one by heating and bending an old table knife or a metal strip.

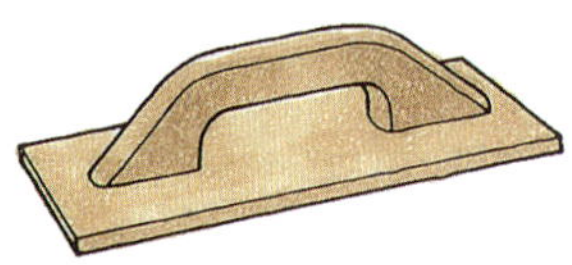

Wooden float
A wooden builder's float is for applying and smoothing cement renderings and concrete to a fine, attractive texture. The more expensive ones have detachable handles, so their wooden blades can be replaced when they wear. Similar floats made from plastic are also available.

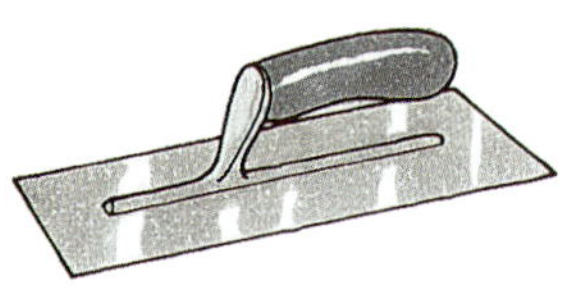

Plasterer's trowel
A plasterer's trowel is a steel float for applying plaster and cement renderings to walls.

Dampened, it is also used for 'polishing' – smoothing the surface of the material when it has firmed up.

Some builders prefer to apply rendering with a heavy trowel and finish it with a more flexible blade, but you need to be quite skilled to exploit such subtle differences.

BOARDS FOR CARRYING MORTAR OR PLASTER

Any convenient-sized sheet of 12 or 18mm (½ or ¾in) exterior-grade plywood can be used as a mixing board for plaster or mortar. A panel about 1m (3ft) square makes an ideal mixing board, while a smaller spotboard, about 600mm (2ft) square, is convenient for carrying the material to the work site. Screwing some battens to the underside of either board makes it easier to lift and carry.

You will also need a small lightweight hawk for carrying pointing mortar or plaster. Make one by nailing a block of wood underneath a plywood board, so that you can plug a handle into it.

LEVELLING AND MEASURING TOOLS

You can make some levelling and measuring tools yourself – but don't skimp on essentials, such as a good spirit level and a robust tape measure.

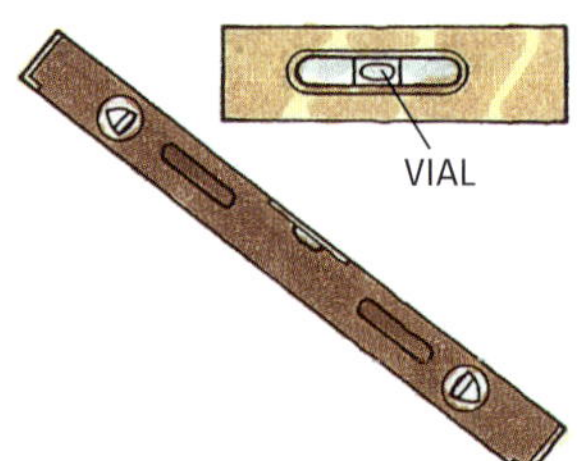

Spirit level
A spirit level is a machine-made straightedge incorporating special glass tubes or vials that contain a liquid. In each vial an air bubble floats. When a bubble rests exactly between two lines marked on the glass, that indicates that the structure on which the level is held is properly horizontal or vertical, depending on the orientation of the vial.

Buy a wooden or lightweight aluminium level, 600 to 900mm (2 to 3ft) long. A well-made one is very strong, but treat it with care and always clean mortar or plaster from it before they set.

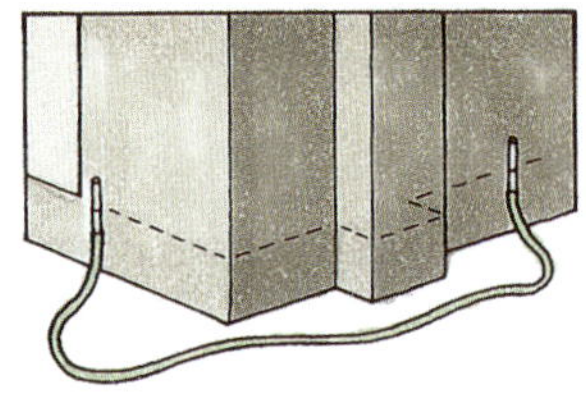

Water level
You can make a water level by plugging short lengths of transparent plastic tubing into the two ends of a garden hose; fill the hose with water until it appears in both tubes. Since water level remains constant, the levels in the tubes are always identical and so can be used for marking identical heights, even over long distances and round obstacles and bends.

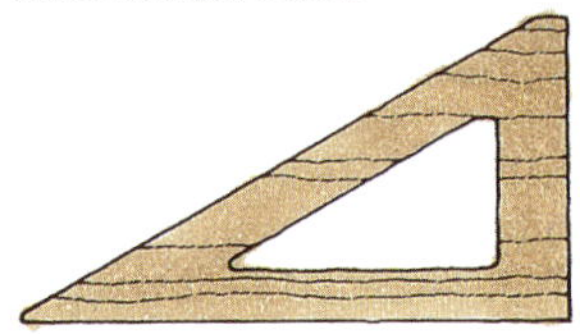

Builder's square
A large set square is useful when setting out brick or concrete-block corners. The best squares are stamped out of sheet metal, but you can make a serviceable one by cutting out a right-angled triangle from thick plywood with a hypotenuse of about 750mm (2ft 6in). Cut out the centre of the triangle to reduce the weight.

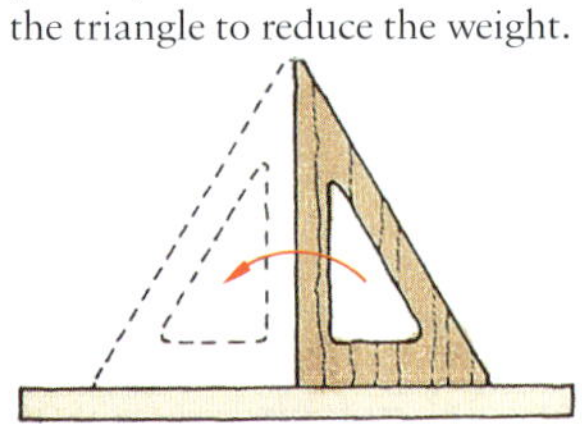

Checking a square
Accuracy is important, so check the square by placing it against a straight batten on the floor. Draw a line against the square to make a right angle with the batten, then flop the square to see if it forms the same angle from the other side.

Try square
Use a try square for marking out square cuts or joints on timber.

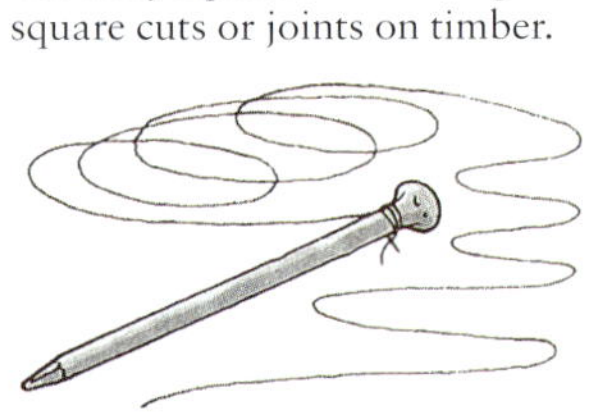

Making a plumb line
Any small heavy weight hung on a length of fine string can act as a plumb line for judging whether a structure or surface is vertical.

SEE ALSO: Plastering 160–5, Rendering 179, Mortar 451, Bricklaying 454–9, Using a water level 470, Concrete finishing 471, Try square 492

Building tools

Bricklayer's line
This is a nylon line used as a guide for laying bricks or blocks level. It is stretched between two flat-bladed pins, which are driven into vertical joints at the ends of a wall, or between line blocks that hook over the bricks at the ends of a course. As a substitute, you can stretch string between two stakes driven into the ground outside the line of the wall.

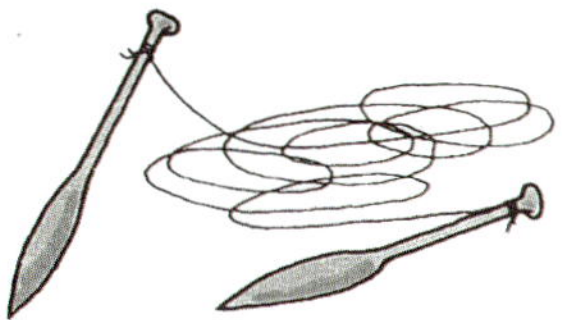

Steel pins and line
You can buy special flat-bladed pins, or make your own by hammering flats on 100mm (4in) nails.

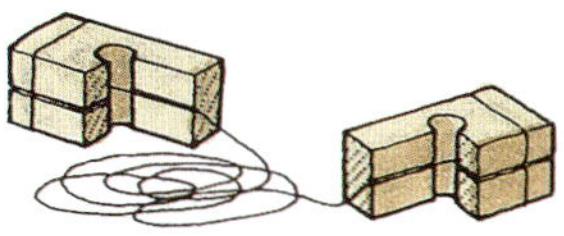

Line blocks
The blocks grip the corners of the bricks at the end of a course; the line passes through their slots.

Plasterer's rule
This is simply a straight length of wood that is used for scraping plaster and rendering undercoats level.

Straightedge
Any length of straight rigid timber can be used to check whether a surface is flat, or (in conjunction with a spirit level) to see whether two points are at the same height.

Gauge stick
For gauging the height of brick courses, calibrate a softwood batten by making sawcuts across it at 75mm (3in) intervals – which is the thickness of a brick plus its mortar joint.

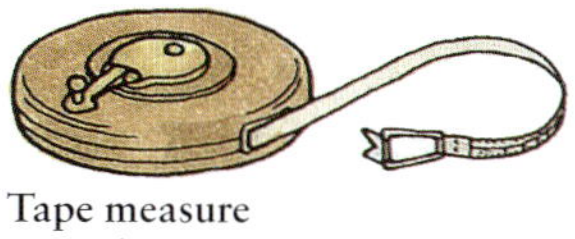

Tape measure
An ordinary retractable steel tape measure is adequate for most purposes; but if you need to measure a large plot, buy or hire a wind-up tape – which can be up to 30m (100ft) in length.

Marking gauge
A marking gauge has a sharp steel point for scoring a line on timber parallel to the edge. Its adjustable stock acts as a fence and keeps the point a constant distance from the edge.

HAMMERS

Several types of hammer are useful on a building site.

Claw hammer
Choose a strong claw hammer for building stud partitions, nailing floorboards, making doorframes and window frames, and putting up garden fencing.

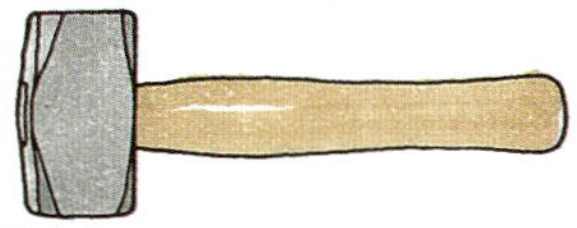

Club hammer
A heavy club hammer is used for driving cold chisels and for a variety of demolition jobs. It is also useful for driving large masonry nails into walls.

Sledgehammer
Hire a sledgehammer if you have to break up hardcore or paving. It's also the best tool for driving stakes or fence posts into the ground, though you can make do with a club hammer if the ground is not too hard.

Mallet
A wooden carpenter's mallet is the proper tool for driving a wood chisel. But you can use a metal hammer instead if the chisel has an impact-resistant plastic handle.

SAWS

Every builder needs a range of handsaws, but consider hiring a circular saw when you have to cut a lot of heavy structural timbers – especially if you plan to rip floorboards down to width, which is a very tiring job when done by hand.

Special saws are available for cutting metal, and even for sawing through masonry.

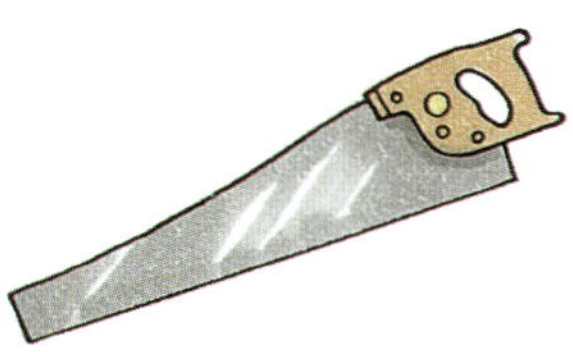

Panel saw
All kinds of man-made boards are used in house construction, so it is worth investing in a good panel saw.

It can also be used for cutting large structural timbers to the required lengths.

Universal saw
A single handsaw that can be used equally well for ripping solid planks lengthwise and crosscutting them to size is a useful tool to have on a building site. A saw with hardened teeth is also an asset.

Tenon saw
This is a good saw for accurately cutting wall studs, floorboards, panelling and joints. The metal stiffening along the top of the blade keeps it rigid and prevents the saw from wandering off line.

Padsaw
Also called a keyhole saw, this small saw has a narrow tapered blade for cutting holes in timber.

Coping saw
A coping saw has a frame that holds a fairly coarse but very narrow blade under tension for cutting curves in wood.

Floorboard saw
If you prise a floorboard above its neighbours, you can cut across it with an ordinary tenon saw – but the curved cutting edge of a floorboard saw makes it easier to avoid damaging the boards on either side.

Hacksaw
The hardened-steel blades of a hacksaw have fine teeth for cutting metal. Use one to cut steel concrete-reinforcing rods or small pieces of sheet metal.

All-purpose saw
An all-purpose saw is able to cut wood, metal, plastics and building boards. The short frameless blade has a low-friction coating.

This type of saw is especially useful for cutting secondhand timber, which may contain nails or screws that would blunt the blade of an ordinary woodsaw.

Power jigsaw
Use a jigsaw to cut curves in timber and boards. It is also handy for cutting holes in fixed wall panels and for sawing through floorboards. A cordless saw is useful on a building site.

Circular saw
A circular saw will quickly and accurately rip timber or man-made boards down to size. As well as saving you the effort of hand-sawing large timbers, a sharp power saw produces such a clean cut that there is often no need for planing afterwards. If your preference is for a cordless circular saw, buy a spare battery and keep it charged.

Reciprocating saw
A reciprocating saw is a two-handed power saw that has a long pointed blade. It is powerful enough to saw sections of heavy timber, and can even cut through a complete stud partition. With a change of blade, you can use a reciprocating saw to sever metal pipework. Both cordless and mains-power versions are available.

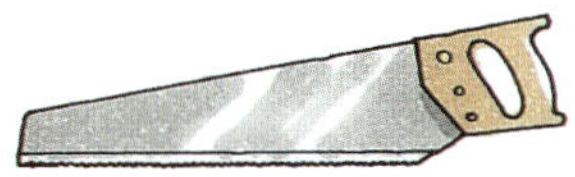

Masonry saw
Masonry saws closely resemble the handsaws used for wood, but their hardened or tungsten-carbide teeth are designed to cut brick, concrete and stone.

DRILLS

A powerful electric drill is invaluable to a builder. A cordless version is useful when you have to bore holes outdoors or in lofts and cellars that lack convenient electric sockets.

Power drill
Buy a good-quality power drill, plus a range of twist drills and spade or power-bore bits for drilling timber. Make sure the drill has a percussion or hammer action for drilling walls. For masonry you need special drill bits tipped with tungsten carbide. The smaller ones are matched to the size of standard wall plugs; there are also much larger ones that have reduced shanks, so they can be used in a standard power-drill chuck. As the larger bits are expensive, it pays to hire them. Percussion bits are even tougher than masonry bits, and have shatter-proof tips.

Brace
A brace is the ideal handtool for drilling large holes in timber. In addition, when fitted with a screwdriver bit, it provides the necessary leverage for inserting or extracting large woodscrews.

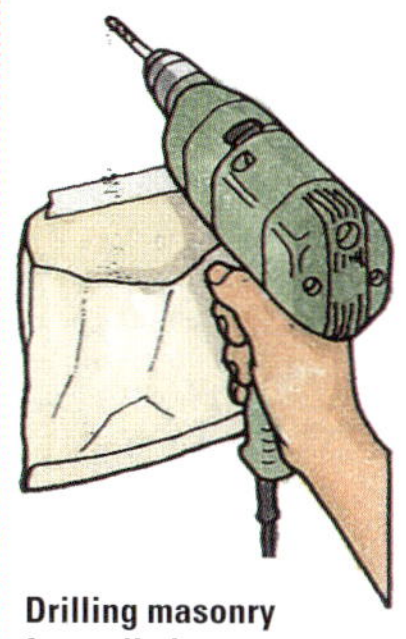

Drilling masonry for wall plugs
Set the drill to hammer action and low speed. Wrap tape round the bit to mark the depth to be drilled, allowing for slightly more depth than the length of the plug, as dust will pack down into the hole as the plug is inserted. Drill the hole in stages, partly withdrawing the bit at times in order to clear the debris.

To protect paintwork and floorcoverings from falling dust, tape a paper bag just below the position of the hole before starting drilling.

● Essential tools
Straightedge
Tape measure
Claw hammer
Club hammer
Panel saw
Tenon saw
Hacksaw
Padsaw
Power jigsaw
Power drill
Masonry bits
Brace and bits

SEE ALSO: Marking gauge 493, Tenon saw 493, Coping saw 494, Padsaw 494, Circular saw 495, Jigsaw 495, Reciprocating saw 495, Brace 501, Power drill 501, Hammers 502, Power-bore bit 502, Mallet 503, Hacksaw 516

Building tools

Crowbar
A crowbar, or wrecking bar, is used for demolishing timber framework. Force the flat tip between the components and use the leverage of the long shaft to prise them apart. Choose a crowbar that has a claw at one end for removing large nails.

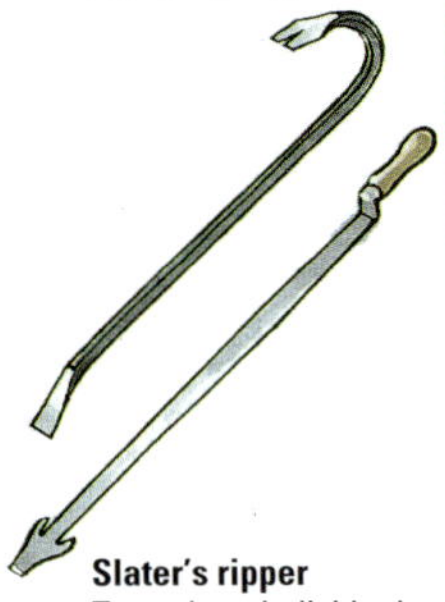

Slater's ripper
To replace individual slates you must cut their fixing nails without disturbing the slates overlapping them, and for this you need a slater's ripper. Pass the long hooked blade up between the slates, locate one of the hooks over the fixing nail, and pull down sharply to cut it.

● Essential tools
- Glass cutter
- Putty knife
- Cold chisel
- Bolster chisel
- Spade
- Shovel
- Rake
- Wheelbarrow
- Cabinet screwdriver
- Cross-head screwdriver
- Jack plane

GLAZIER'S TOOLS

Glass is such a hard and brittle material that it can only be worked with specialized tools.

Glass cutter
A glass cutter does not actually cut glass, but merely scores a line in it. This is done by a tiny hardened-steel wheel or a chip of industrial diamond mounted in the pen-like holder. The glass breaks along the scored line when pressure is applied to it.

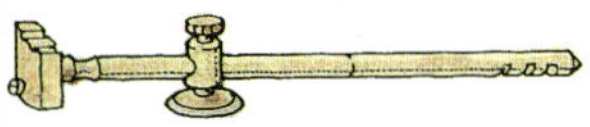

Beam-compass cutter
A beam-compass cutter is for scoring circles on glass – when, for example, you need to cut a round hole in a window pane in order to fit a ventilator. The cutting wheel is mounted at the end of an adjustable beam that turns on a central pivot attached to the glass by suction.

Spear-point glass drill
A glass drill has a flat tungsten-steel tip shaped like a spearhead. The shape of the tip is designed to reduce friction that would otherwise crack the glass, but it does need lubricating with oil, paraffin or water during drilling.

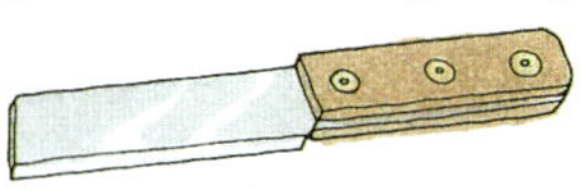

Hacking knife
A hacking knife has a heavy steel blade for chipping old putty out of window rebates in order to remove the glass. Place the point between the putty and the frame, then tap the back of the blade with a hammer.

Spearpoint knife

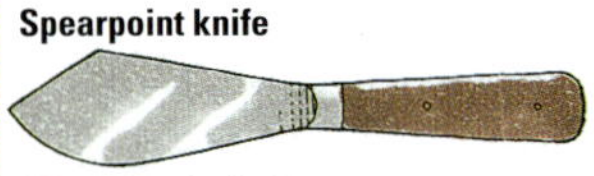

Clipped-point knife

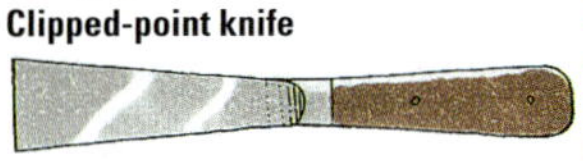

Straight knife

Putty knife
The blunt blade of a putty knife is used for shaping and smoothing fresh putty. You can choose between spearpoint, clipped-point and straight blades, according to your personal preference.

CHISELS

As well as chisels for cutting and paring wood joints, you'll need some special ones when you are working on masonry.

Cold chisel
Cold chisels are made from solid-steel hexagonal-section rod. They are primarily for cutting metal bars and chopping the heads off rivets, but a builder will use one for cutting a chase in plaster and brickwork or for chopping out old brick pointing.

Slip a plastic safety sleeve over the chisel to protect your hand from a misplaced blow with a club hammer.

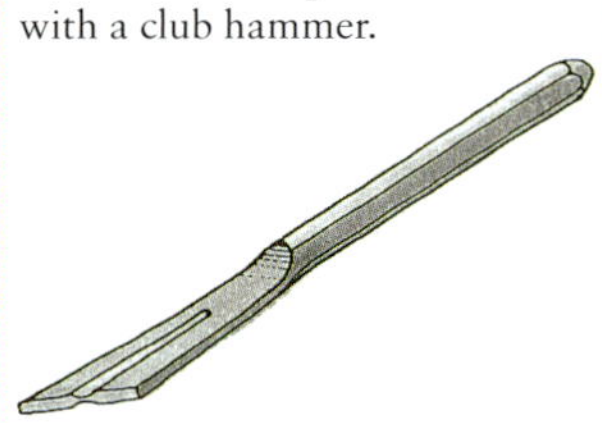

Plugging chisel
A plugging chisel has a narrow, flat 'bit' (tip) for cutting out old or eroded pointing. It's worth having when you have a large area of brickwork to repoint.

Bolster chisel
The wide 'bit' of a bolster chisel is designed for cutting bricks and concrete blocks. It is also useful for levering up floorboards.

WORK GLOVES

Wear strong work gloves whenever you are carrying paving slabs, concrete blocks or rough timber. Ordinary gardening gloves are better than none, but they won't last very long on a building site. The best work gloves have leather palms and fingers, although you may prefer a pair with ventilated backs for comfort in hot weather.

DIGGING TOOLS

Much building work requires some kind of digging – for laying strip foundations and concrete pads, sinking rows of post holes, and so on. You probably have the basic tools in your garden shed; the others you can hire.

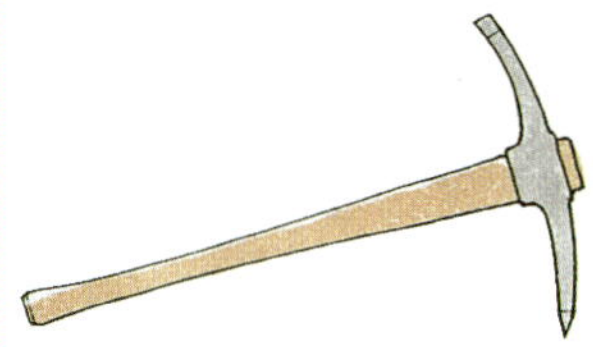

Pickaxe
Use a medium-weight pickaxe to break up heavily compacted soil – especially if it contains a lot of buried rubble.

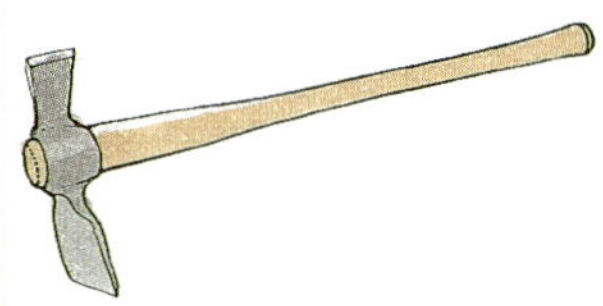

Mattock
The wide blade of a mattock is ideal for breaking up heavy clay soil, and it's better than an ordinary pickaxe for ground that's riddled with tree roots.

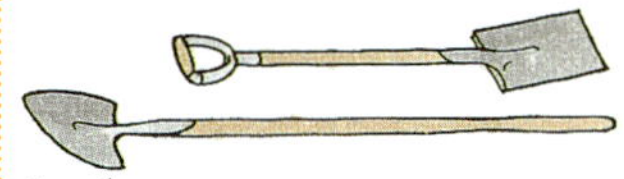

Spade
Buy a good-quality spade for excavating soil and mixing concrete. One with a stainless-steel blade is best, but alloy steel lasts reasonably well. Choose a strong hardwood shaft split to form a D-shaped handle that is riveted with metal plates to its crosspiece. Make sure the hollow shaft socket and blade are forged in one piece.

Although square spade blades seem to be more popular, many builders prefer a round-mouth spade with a long pole handle for digging deep holes and trenches.

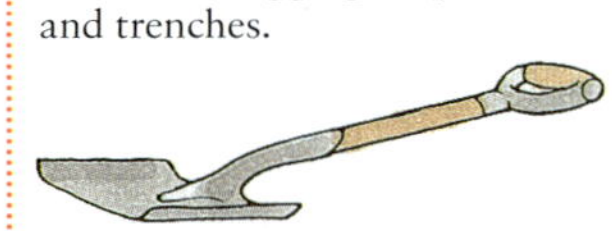

Shovel
You can use a spade for mixing and placing concrete or mortar, but the raised edges of a shovel retain it better.

Garden rake
Use an ordinary garden rake for spreading gravel or levelling wet concrete. Be sure to wash your rake before concrete sets on it.

Post-hole auger
Hire a post-hole auger to sink narrow holes for fence and gate posts. You drive it into the ground like a corkscrew, then pull out the plugs of earth.

Wheelbarrow
Most garden wheelbarrows are not strong enough for building work, which generally involves carting heavy loads of rubble and wet concrete. Unless the tubular underframe of the wheelbarrow is rigidly strutted, the barrow's thin metal body will distort and may well spill its load as you are crossing rough ground.

Check, too, that the axle is fixed securely – a cheap barrow can lose its wheel as you are tipping a load into an excavation.

SCREWDRIVERS

Most people gradually acquire an assortment of screwdrivers over a period of time, as and when need arises. Alternatively, purchase a power screwdriver with a range of bits or buy screwdriver bits for your power drill.

Cabinet screwdriver
Buy at least one large flat-tip screwdriver. The fixed variety is quite adequate, but a pump-action one, which drives large screws very quickly, is useful when assembling big wooden building structures.

Cross-head screwdriver
Choose the size and type of cross-head screwdriver to suit the work in hand. There is no 'most-useful size', as each driver must fit a screw slot exactly.

PLANES

Sophisticated framing may call for moulding or grooving planes, but most household joinery needs only skimming to leave a fairly smooth finish.

Jack plane
A jack plane, which is a medium-size bench plane, is the most versatile general-purpose tool.

SEE ALSO: Cutting glass 208–9, Removing glass 210, Using a slater's ripper 236, Jack plane 496, Moulding and plough planes 497, Wood chisels 498, Cabinet screwdriver 503, Cross-head screwdriver 503

Decorating tools

DECORATOR'S TOOL KIT

Most home owners collect a fairly extensive kit of tools for decorating their houses or flats. Although traditionalists will want to stick to tried-and-tested tools and to materials of proven reliability, others may prefer to try recent innovations aimed at making the work easier and faster for the home decorator.

TOOLS FOR PREPARATION

Whether you're tiling, painting or papering, make sure the surface to which the materials will be applied is sound and clean.

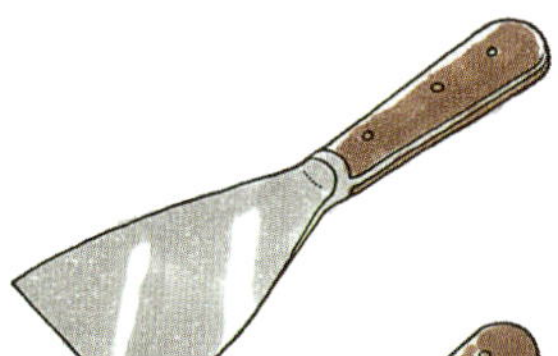

Straight scraper

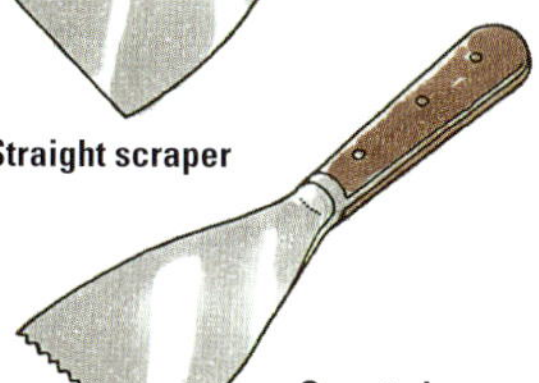

Serrated scraper

Wallpaper and paint scrapers

The wide stiff blade of a scraper is for removing softened paint or soaked paper. The best scrapers have high-quality steel blades and riveted rosewood handles.

One with a blade 100 to 125mm (4 to 5in) wide is best for stripping wallpaper, while a narrow one, no more than 25mm (1in) wide, is better for removing paint from window frames and doorframes.

A serrated scraper will score impervious wallcoverings so that water or stripping solution can penetrate faster – but take care not to damage the wall itself.

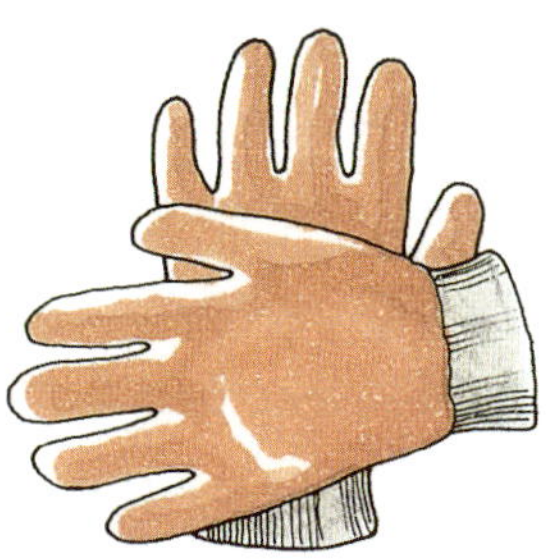

Vinyl gloves

Most people wear ordinary household 'rubber' gloves as protection for their hands when washing down or preparing paintwork – but tough PVC work gloves are more hardwearing and will protect your skin against many harmful chemicals.

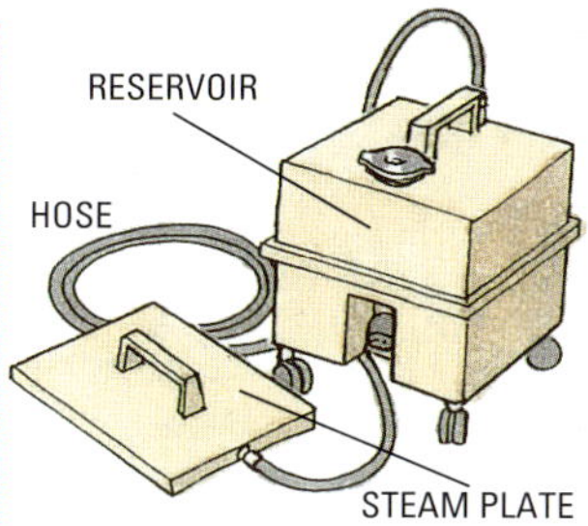

Steam wallpaper stripper

To remove wallpaper quickly (especially thick wallcoverings), either buy or hire an electric steam-generating stripper.

All steam strippers work on similar principles – but follow any specific safety instructions that come with the machine.

Using a steam stripper

Fill the stripper's reservoir with water and plug the tool into a socket outlet. Hold the steaming plate against the wallpaper until it is soft enough to be removed with a scraper. You will find that some wallcoverings take longer to soften than others.

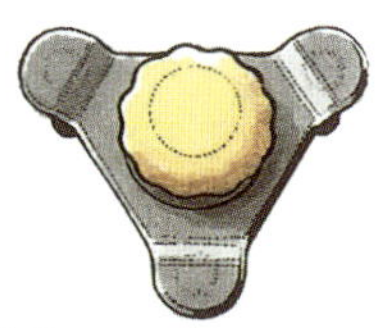

Wallpaper scorer

Running a scorer across a wall punches minute perforations through the paper so that water or steam can penetrate faster. Some wallpaper scorers can be mounted on an extending handle.

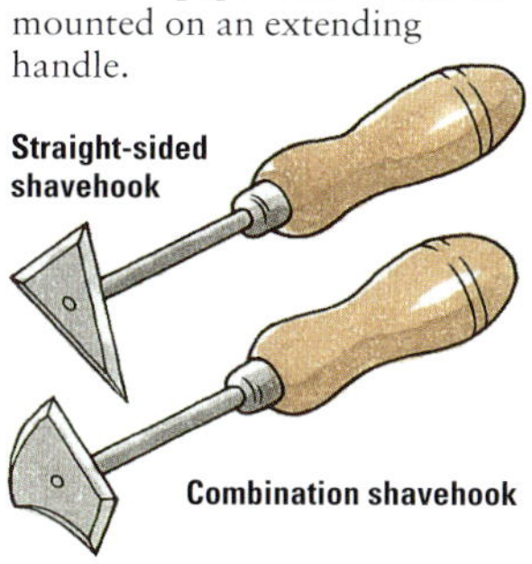

Straight-sided shavehook

Combination shavehook

Shavehook

This is a special scraper for removing old paint and varnish. A straight-sided triangular shavehook is fine for scraping flat surfaces, but one with a combination blade can be used on concave and convex mouldings too. Pull the shavehook towards you to remove the softened paint.

Hot-air stripper

The gas blowtorch was once the professional's tool for softening old paint that required stripping, but the modern electric hot-air stripper is much easier to use. It is as efficient as a blowtorch, but there's less risk of scorching woodwork. With most strippers, you can adjust the temperature. Interchangeable nozzles are designed to concentrate the heated air or direct it away from window panes.

Filling knife

A filling knife looks like a paint scraper, but has a flexible blade for forcing filler into cracks in timber or plaster. Large areas of damaged wall should be patched with a plasterer's trowel.

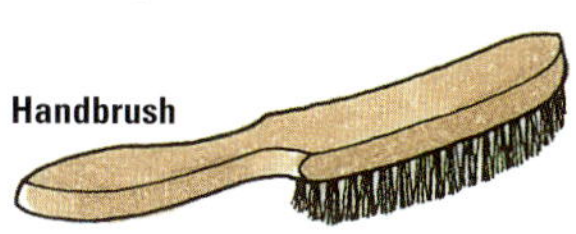

Handbrush

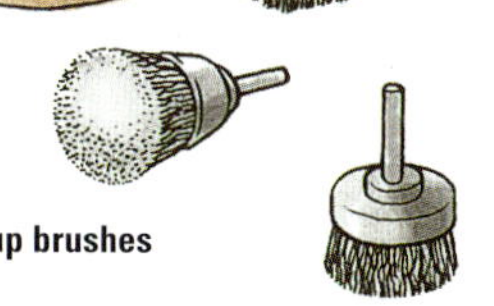

Cup brushes

Wire brushes

You can use a handbrush with steel-wire 'bristles' to remove flaking paint and particles of rust from metalwork before repainting it. However, the job becomes easier if you use a rotary wire cup brush fitted into the chuck of an electric drill. Whatever method you adopt, wear goggles or safety glasses to protect your eyes.

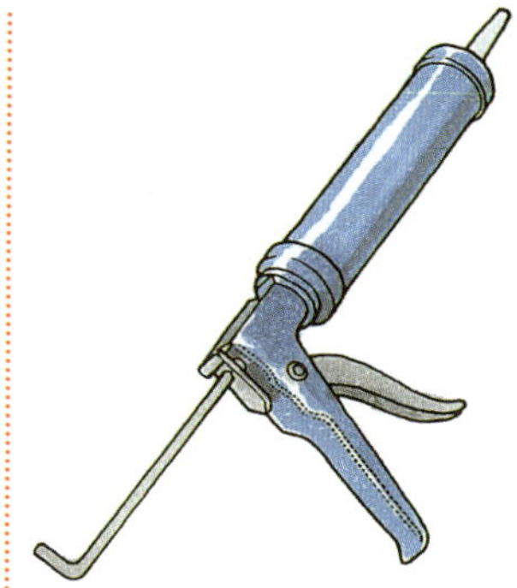

Mastic guns

Permanently flexible non-setting mastic is used to seal joints between materials with different rates of expansion, which would eventually crack and eject a rigid filler. You can buy mastic that you squeeze direct from a plastic tube, but it's more easily applied from a cartridge clipped into a spring-loaded gun.

Tack rag

A resin-impregnated cloth called a 'tack rag' is ideal for picking up particles of dust and hard paint from a surface that's been prepared for painting. If you can't get a tack rag, use a lint-free cloth dampened with white spirit.

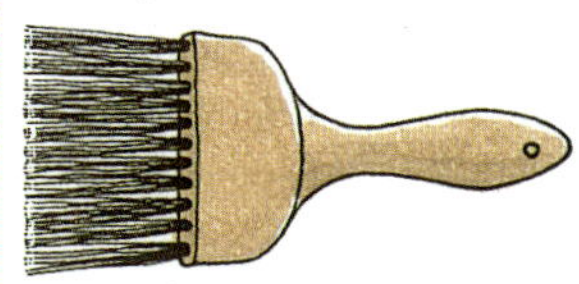

Dusting brush

A dusting brush has long soft bristles for clearing dust out of mouldings and crevices just before painting. You can use an ordinary paintbrush, provided you keep it clean and dry.

ABRASIVES

Wet-and-dry abrasive paper is used for smoothing new paintwork or varnish before applying the final coat. It consists of silicon-carbide particles glued to a waterproof backing paper. Dip a piece in water and rub the paintwork until a slurry of paint and water forms. Wipe it off with a cloth before it dries; then rinse the paper clean and continue.

Alternatively, use one of the purpose-made hard-foam blocks that are coated with silicon-carbide particles. These are somewhat easier to handle than a folded sheet of paper, which can tear or distort after a comparatively short period.

Masking tape

Low-tack self-adhesive tape is used to mask off paintwork or glass in order to keep them free of paint when you are decorating adjacent surfaces.

Wide tape, up to 150mm (6in) in width, is used to protect fitted carpets while you are painting the skirting boards.

Woodworking tools

As well as the decorating tools described here, you will need a basic woodworking tool kit for repairing damaged floorboards or window frames and for jobs such as installing wall panelling or laying parquet flooring.

● Essential tools

Wallpaper scraper
Combination shavehook
Filling knife
Hot-air stripper
Wire brush

SEE ALSO: Stripping paper 50, Stripping wood 56–7, Preparing metal 58-9, Woodworking tools 492–504, Plasterer's trowel 508

Decorating tools

Paint kettle
To carry paint to a work site, decant a little into a cheap, lightweight plastic paint kettle.

Banister brush
A household banister brush gives excellent results when used for painting rough or rendered walls.

● **Essential tools**
Flat brushes
12, 25 and 50mm
(½,1 and 2in)
Wall brush 150mm (6in)

PAINTBRUSHES

Some paintbrushes are made from natural animal hair. Hog bristle is the best, but it is often mixed with inferior horsehair or oxhair to reduce cost.

Synthetic-bristle brushes are generally the least expensive, and are quite adequate for the home decorator.

Bristle types

Bristle is ideal for paintbrushes, since each hair tapers naturally and splits at the tip into even finer filaments that hold paint well. Bristle is also tough and resilient.

Synthetic 'bristle' (usually made of nylon) is designed to resemble the characteristics of real bristle, and a good-quality nylon brush will serve most painters as well as a bristle one.

Choosing a brush

The bristles of a good brush – the 'filling' – are densely packed. When you fan them with your fingers they should spring back into shape immediately. Flex the tip of the brush against your hand to see if any bristles work loose. Even a good brush will shed a few bristles at first, but never clumps of bristles. The ferrule should be fixed firmly to the handle.

12mm (½in) **25mm (1in)** **50mm (2in)**

Flat paintbrushes

The filling is set in rubber, pitch or resin, and is bound to the wooden or plastic handle with a pressed-metal ferrule. You will need several sizes, up to 50mm (2in), for painting, varnishing and staining woodwork.

Cutting-in brush

The filling of a cutting-in brush, or 'bevelled sash tool', is cut at an angle so that you can paint moulded glazing bars right up into the corners and against the glass. Most painters make do with a 12mm (½in) flat brush.

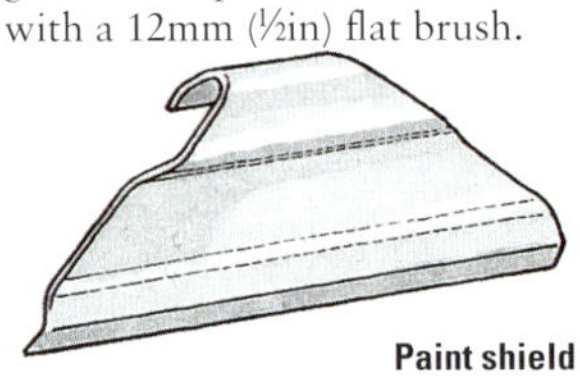

Paint shield

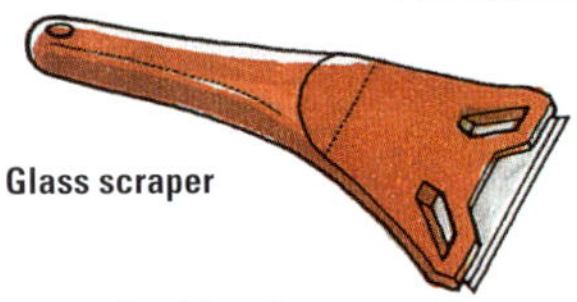

Glass scraper

Paint shield and scraper

There are various plastic and metal shields for protecting glass when you are painting window frames and glazing bars. If the glass does get spattered, it can be cleaned with a blade clipped into a special holder.

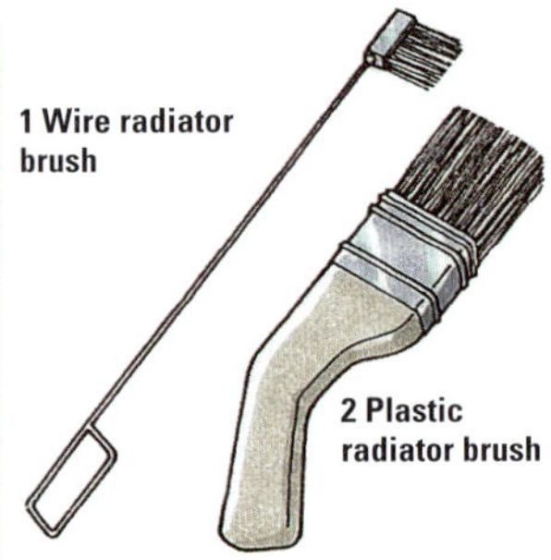

Radiator brush

Unless you take a radiator off the wall for decorating, you will need a special brush to paint the back of it and the wall behind. There are two types of radiator brush: the one has a standard flat paintbrush head at right angles to a long wire handle **(1)**; the other is like an ordinary paintbrush but has an angled plastic handle **(2)**.

Wall brush

When applying emulsion paint by brush, use a flat 150mm (6in) wall brush designed for the purpose.

SPECIAL-EFFECT BRUSHES AND TOOLS

You will need to invest in a few specialized brushes and tools in order to paint your walls, ceilings and woodwork with colourful textures. Most can be bought inexpensively from DIY stores and craft shops.

Dragging brush

This brush has extra-long flexible bristles that leave linear striations in wet glaze.

Dragging brush

Stippling brush

This is a wide flat brush with short bristles that are dabbed against a glazed surface to apply or remove colour.

Stippling brush

Stencil brush

A stencil brush has short stiff bristles. The paint is stippled through a cut-out template that defines the shape to be painted.

Stencil brush

Wood grainers

Special brushes are used to create wood-grain effects with paints and glazes. Striking the surface with a flogger gives an open-grain effect. The delicate bristles of a softener blur the outlines of graining. A mottler is a very specialized brush that simulates wavy grain.

Steel, rubber or plastic combs are dragged through glaze to copy straight-grained wood. A heart grainer is used to create bold heartwood graining.

Softener

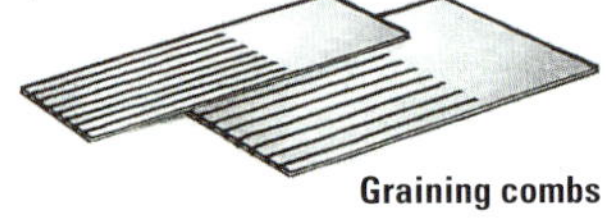

Graining combs

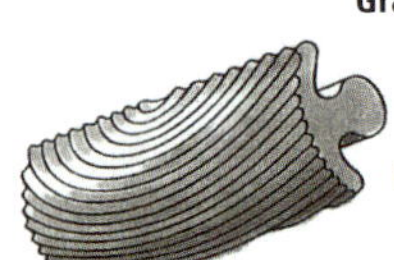

Heart grainer

CLEANING PAINTBRUSHES

● **Water-based paints**
As soon as you finish working, wash the bristles with warm soapy water, flexing them between your fingers to work the paint out of the roots. Then rinse the brush in clean water and shake out the excess. Smooth the bristles and slip an elastic band round their tips to hold the shape of the filling while it is drying.

Holding the shape of a brush

● **Solvent-based paints**
If you're using solvent-based paints, you can suspend the brush overnight in enough water to cover the bristles, then blot it with kitchen paper before you resume painting.

When you have finished painting, brush out excess paint onto newspaper, then flex the bristles in a bowl of thinners. Some finishes need special thinners – so check for this on the container. Otherwise, use white spirit or a chemical brush cleaner. Wash the dirty thinners from the bristles with hot soapy water, then rinse the brush.

Soaking a brush

● **Hardened paint**
If paint has hardened on a brush, soften it by soaking the bristles in brush cleaner. It will then become water-soluble and will wash out easily with hot water. If the old paint is very stubborn, dip the bristles in some paint stripper.

STORING PAINTBRUSHES

Before storing a clean paint-brush, fold soft paper over the filling and secure it to the ferrule with an elastic band.

SEE ALSO: **Paint stripper 57, Using brushes 66, Stencilling 74, Painting wood 80, Using a paint shield 82, Graining 83–5, Painting radiators 91**

Decorating tools

PAINT PADS

Paint pads help inexperienced decorators to apply paints and wood dyes quickly and evenly. Although they aren't universally popular, no one would dispute their usefulness for painting large flat areas. Paint pads are unlikely to drip paint provided they are loaded properly.

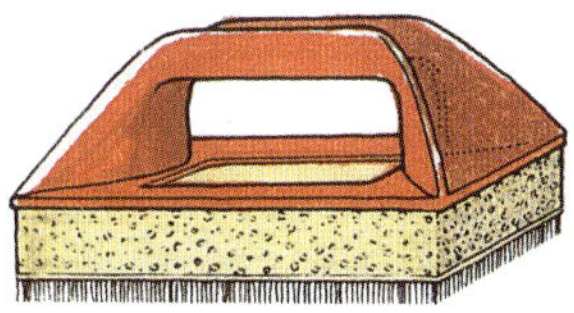

Standard pads
There is a range of rectangular paint pads for decorating walls, ceilings and flat woodwork. These standard pads have short mohair pile on their painting surfaces and are generally made with D-shape handles.

Corner pad
A mohair-covered pad wrapped around a triangular applicator spreads paint simultaneously onto both sides of an internal corner. Paint into the corner first, then pick up the wet edges and continue with a standard pad.

Sash pad
A sash pad has a small mohair sole for painting the glazing bars of sash windows. Most sash pads incorporate plastic guides to stop them straying onto the glass.

HYDRAULIC PAINT APPLICATOR

Using a hydraulic applicator saves you having to reload your paint pad when cutting in around windows and door frames. Changing to a corner pad allows you to paint around the edges of a room before finishing the job with a roller.

With the tool in contact with the wall or ceiling, squeeze the applicator's trigger to deliver the paint to the pad. When the paint starts to run dry, remove the pad and refill the applicator from the paint can.

CLEANING PAINT PADS

Before dipping a new pad into paint for the first time, brush it with a clothes brush to remove any loose filaments.

- When you have finished painting, blot the pad on old newspaper, then wash it in the appropriate solvent – water, white spirit or brush cleaner, or any special thinners recommended by the paint manufacturer. Squeeze the foam and rub the pile with gloved fingertips, then wash the pad in hot soapy water and rinse it.
- A new paint pad that has just been used for the first time may appear to be stained by paint even after it has been washed. However, the colour will not contaminate the next batch of fresh paint.

Pad tray
Pads and trays are normally sold as sets. If you buy a separate pad tray, get one with a loading roller that distributes paint evenly onto the sole of a pad drawn across it.

Extension handles
Relatively wide flat pads are made with hollow handles that plug onto extensions to help you to reach up to the ceiling.

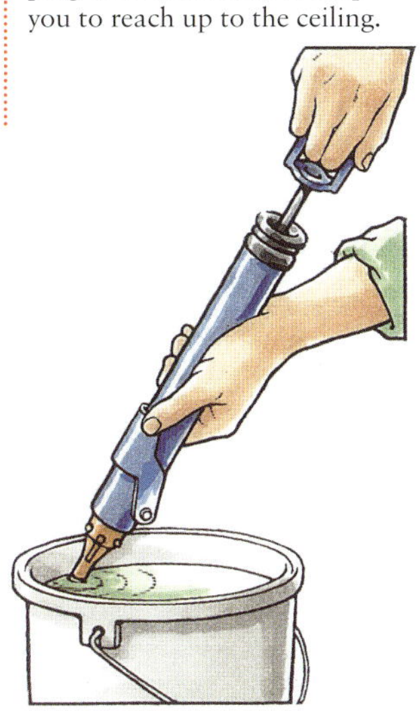

Filling the applicator
Insert the tip into the paint and slowly draw back the handle.

PAINT ROLLERS

A paint roller is the ideal tool for painting a large area of wall or ceiling quickly. The cylindrical sleeves that apply the paint are interchangeable, and slide onto a revolving sprung-wire cage fitted to the cranked handle of the roller. The sleeves are very easy to swap or to remove for washing.

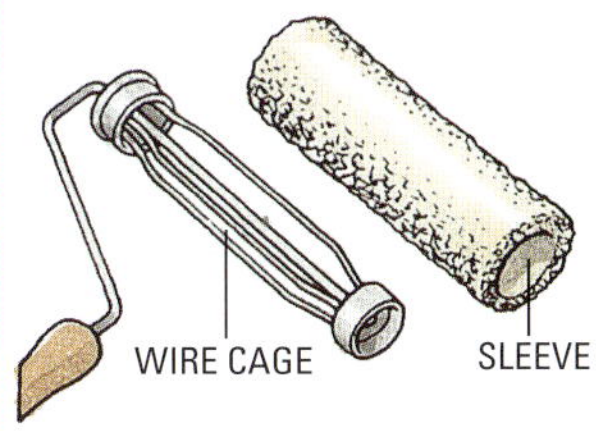

Sizes of roller sleeves
Sleeves for standard paint rollers are 175mm (7in) or 225mm (9in) long, but it is also possible to buy 300mm (1ft) rollers.

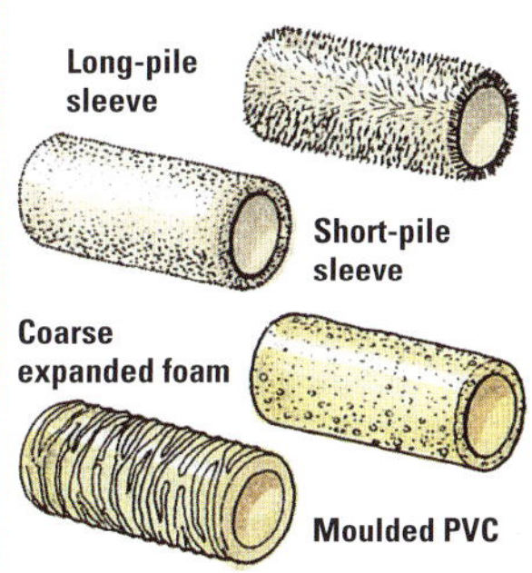

Types of roller sleeves
You can buy roller sleeves of various materials to suit different surface textures and kinds of paint. Most sleeves are made of **sheepskin** or **synthetic fibres**, cropped to different lengths. A sheepskin sleeve can hold more paint than one that is made from synthetic fibre, but costs about 25 per cent more.

Choose a **long-pile sleeve** for emulsion or masonry paint on rough or textured surfaces. A **medium-pile sleeve** is best for emulsion or satin-finish oil paints on smooth surfaces. For gloss paints, use a **short-pile sleeve.**

Inexpensive **plastic-foam sleeves** are unsatisfactory for applying oil paints or emulsions. They leave air bubbles in the painted surface, and the foam often distorts as it dries after washing. But they are cheap enough to be thrown away after use with finishes, such as bituminous paint, that would be difficult to remove even from a short-pile sleeve.

Use a **coarse expanded-foam sleeve** for applying textured paints and coatings. There are also **moulded PVC rollers** with embossed surfaces to pattern high-build textured coatings. Rollers covered with long strands or shaped flaps of neoprene are used for painting bold textures.

Extending a roller
If your roller has a hollow handle, you can plug it onto a telescopic extension to enable you to reach a ceiling from the floor. A hydraulic extension sucks paint into its hollow handle, then feeds it back to the roller as you work.

CLEANING A ROLLER

Remove most of the excess paint by running the roller backwards and forwards across some old newspaper. If you are planning to use the roller next day, apply a few drops of the appropriate thinners to the sleeve and then wrap it in plastic. Otherwise, clean, wash and rinse the sleeve before the paint has time to dry.

- Water-based paints
  If you've been using emulsion or acrylic paint, flush most of it out under running water, then massage a little liquid detergent into the pile of the sleeve and flush it again.
- Solvent-based paints
  To remove solvent-based paints, pour some thinners into the roller tray and slowly roll the sleeve back and forth in it. Squeeze the roller and agitate the pile with gloved hands. When the paint has dissolved, wash the sleeve in hot soapy water.

A paint roller is loaded from a sloping plastic or metal tray, the deep end of which acts as a paint reservoir. Load the roller by rolling paint from the deep end up and down the tray's ribbed slope once or twice, so as to get even distribution on the sleeve.

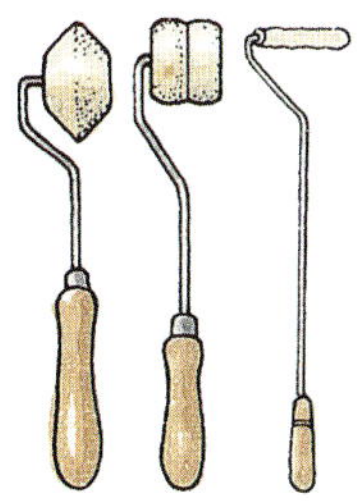

1 2 3

1 Corner roller
You can't paint into a corner with a standard roller. So unless there are to be different adjacent colours, paint the corner first with a shaped corner roller.

2 Pipe roller
A pipe roller has two narrow sleeves mounted side by side. These locate over the cylindrical pipework, enabling you to paint it.

3 Radiator roller
This is a thin roller on a long wire handle for painting behind radiators and pipes.

● Essential tools
50 and 200mm (2 and 8in) standard pads
Sash pad
Large roller and selection of sleeves
Roller tray

SEE ALSO: Using paint pads 66, Using paint rollers 66

Decorating tools

PAINT-SPRAYING EQUIPMENT

Spraying is so fast and efficient that it's worth considering when you are planning to paint the outside walls of a building. Spraying equipment is readily available, even from large DIY stores, and you can hire it. It's possible to spray most exterior paints and finishes if they are thinned properly, but tell the hire company which paint you intend to use, so they can supply the right spray gun with the correct nozzle. Get goggles and a respirator at the same time.

Preparation

As far as possible, plan to work on a dry and windless day. Also, allow time to mask off windows, doors and pipework.

Follow the setting-up and handling instructions supplied with the equipment; and if you are new to the work, practise beforehand on an inconspicuous section of wall.

Compressor-operated spray

With this equipment, the paint is mixed with compressed air to emerge as a fine spray. Some compressors deliver air to an intermediate tank and top it up as the air is drawn off by the spray gun, but most hired compressors supply air directly to the gun.

The trigger opens a valve to admit air, and at the same time opens the paint outlet at the nozzle. The paint is drawn from a container, usually mounted below the gun, and mixes with air at the tip. Most guns have air-delivery horns at the sides of the nozzle in order to produce a fan-shaped spray.

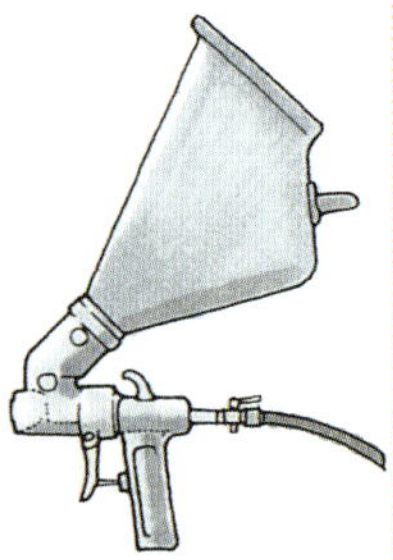

Spraying reinforced paints
Hire a special gravity-fed spray gun to apply reinforced masonry paints and 'Tyrolean' finishes. The material is loaded into a hopper on top of the gun.

Compressor

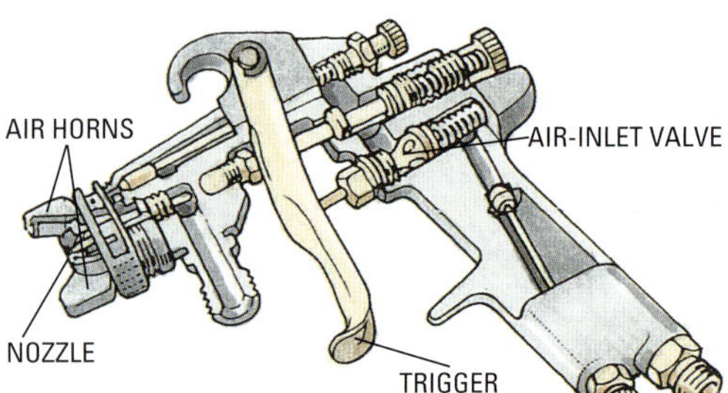

Spray gun

Airless sprayer

In an airless sprayer, an electric pump delivers the paint itself at high pressure to the spray gun. The paint is picked up through a plastic tube inserted in the paint container, and the pump forces it through a high-pressure hose to a filter and pressure regulator, which you adjust to produce the required spray pattern.

The paint leaves the nozzle at such high pressure that it can penetrate skin. Most spray guns of this kind therefore have safety shields on their nozzles.

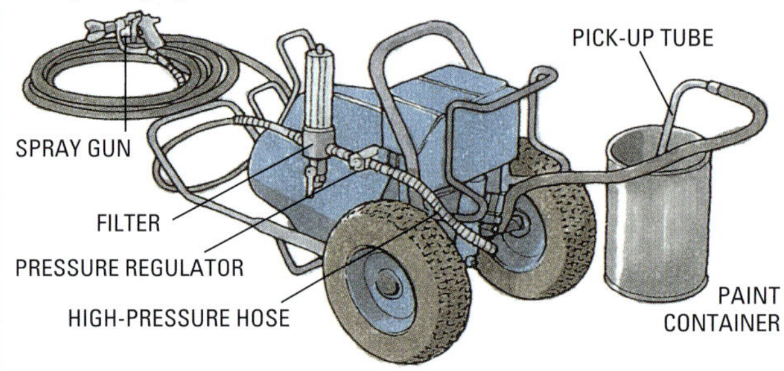

USING SPRAYERS SAFELY

Follow safety recommendations supplied with the sprayer, and take the following precautions:

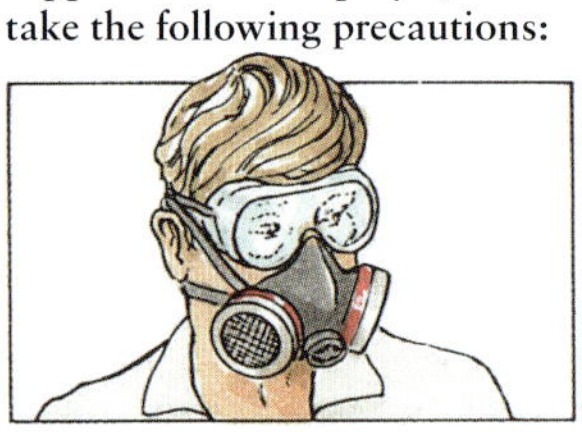

- Wear goggles and a respirator when spraying.
- Don't spray indoors without proper extraction equipment.
- Atomized oil paint is highly flammable, so extinguish any naked lights and never smoke when you are spraying.
- Don't leave the equipment unattended, especially where there are children or pets.
- If the gun has a safety lock, engage it whenever you are not actually spraying.
- Unplug the equipment and release the pressure in the hose before trying to clear a blocked nozzle.
- Never aim the gun at yourself or anyone else. If you should accidentally spray your skin at close quarters with an airless gun, then seek medical advice immediately.

CLEANING A SPRAY GUN

Empty out any paint that is left in the container and add some thinners. Spray the thinners until they emerge clear, then release the pressure and dismantle the spray nozzle. Clean the parts with a solvent-dampened rag and wipe out the container.

COMMON SPRAYING FAULTS

Streaked paintwork

An uneven, streaked finish will result if you do not overlap the passes of the gun.

Patchy paintwork

Coverage won't be consistent if you move the gun in an arc. Keep it pointing directly at the wall and moving parallel to it.

Orange-peel texture

A wrinkled paint film resembling the texture of orange peel is usually caused by spraying paint that is too thick. Alternatively, if the paint seems to be the right consistency, you may be moving the gun too slowly.

Paint runs

Runs will occur if you apply too much paint – probably through holding the gun too close to the surface you are spraying.

Powdery finish

This is caused by paint drying before it reaches the wall. The remedy is to hold the gun a little closer to the wall's surface.

Spattering

If the pressure is too high, the finish will look speckled. To avoid spattering, lower the pressure till the finish is satisfactory.

Spitting

A partly clogged nozzle will make the gun splutter. Clear the nozzle with a stiff bristle from a brush (never use wire) and then wipe it with a rag dampened in paint thinners.

PAPERHANGER'S TOOLS

You can improvise some of the tools needed for paperhanging. However, even purpose-made equipment is inexpensive, so it's worth having a decent kit.

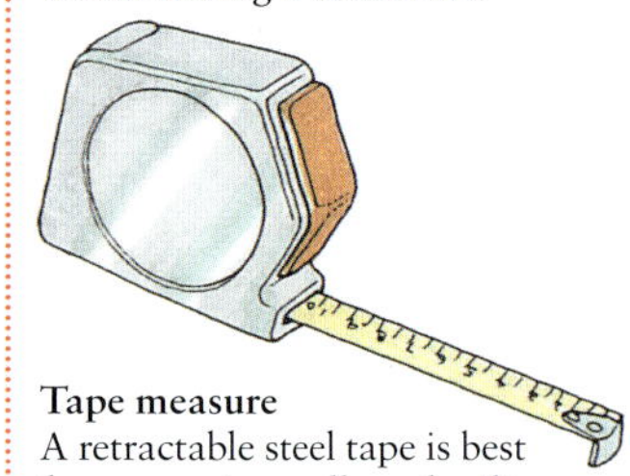

Tape measure

A retractable steel tape is best for measuring walls and ceilings in order to estimate the amount of wallcovering you will need.

Plumb bob and line

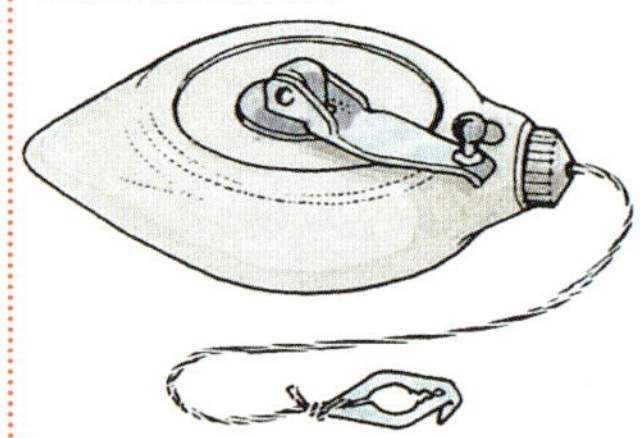

Retractable plumb line

Plumb line

Any small weight suspended on fine string can be used to mark the position of one edge of a strip of wallpaper. Hold the end of the line close to the ceiling, allow the weight to come to rest, and then mark the wall at points down the length of the line.

A purpose-made plumb line has a pointed metal weight called a plumb bob. The more expensive versions have a string that retracts into a hollow plumb bob containing coloured chalk, so the string is coated with chalk every time it is withdrawn. With the string stretched taut, snap it like a bowstring to leave a chalk line on the wall or ceiling.

Paste brush

Use either a wide wall brush or a short-pile roller to apply paste to the back of wallcoverings.

Clean either tool by washing it in warm water.

SEE ALSO: Reinforced masonry paint 63, Using a spray gun 64, Pasting wallcoverings 99, Hanging wallcoverings 100–3, Tyrolean finish 179, Wall brush 512

Decorating tools

PASTING TABLE

You can paste wallcoverings on any flat surface, but a purpose-made pasting table provides a much more convenient working surface. It stands higher than the average dining table – but is only 25mm (1in) wider than a standard roll of wallpaper, which makes it easier to spread paste without getting it onto the worktop. The underframe folds flat and the top is hinged, enabling the table to be carried from room to room and stowed in a small space.

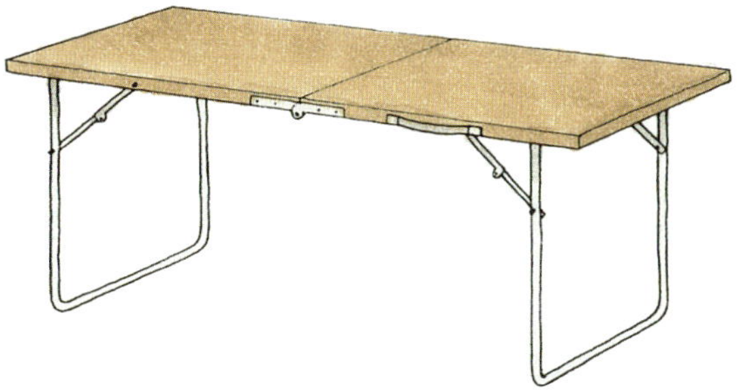

Paperhanger's brush
This is used for smoothing wallcoverings onto a wall or ceiling. Its bristles should be soft, so as not to damage delicate paper, but springy enough to provide the pressure to squeeze out air bubbles and excess paste. Wash the brush in warm water when you finish work, to prevent paste hardening on the bristles.

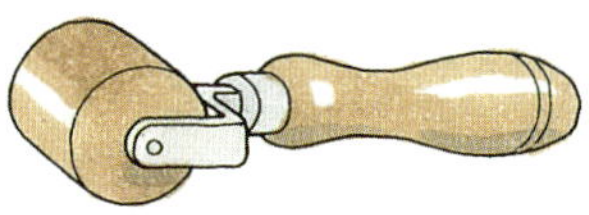

Seam roller
Use a hardwood or plastic seam roller to press down the seams between strips of wallpaper – but don't use one on embossed or delicate wallcoverings.

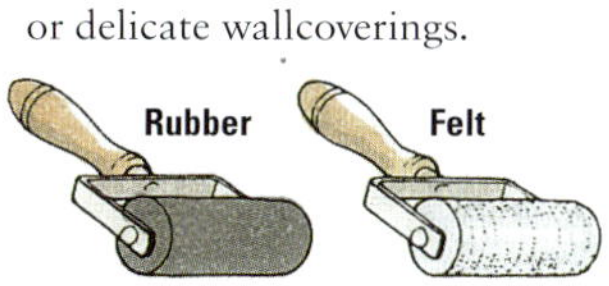

Smoothing roller
There are rubber rollers for squeezing trapped air from under wallcoverings, but use a felt one on delicate or flocked papers.

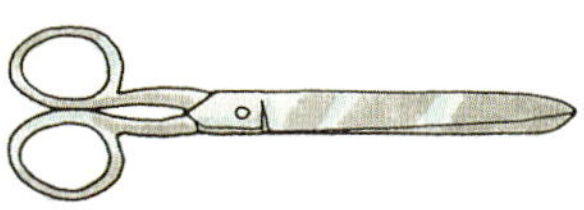

Paperhanger's scissors
Any fairly large scissors can be used for trimming wallpaper to length, but special paperhanger's scissors have extra-long blades to achieve a straight cut.

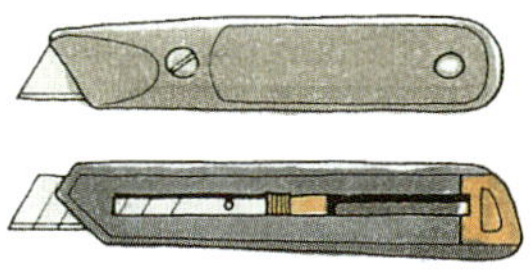

Craft knife
Use a knife to trim paper round light fittings and switches, and to achieve perfect butt joints by cutting through overlapping edges of paper. The knife must be extremely sharp to avoid tearing the paper, so use one with disposable blades that you can change as soon as one gets blunt. Some craft knives have short double-ended blades clamped in a metal or plastic handle. Others have long retractable blades that are snapped off in short sections to leave a new sharp point.

TILING TOOLS

Most of the tools in a tiler's kit are for applying ceramic wall and floor tiles. Different tools are required for laying soft tiles and vinyl sheeting.

Spirit level
You will need a spirit level for setting up temporary battens in order to align a field of tiles both horizontally and vertically.

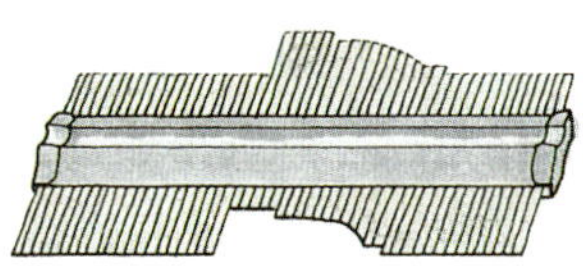

Profile gauge
A profile gauge is used for copying the shape of door mouldings or pipework to provide a pattern so you can fit soft floorcoverings. As you press the steel pins of the profile gauge against the object you wish to copy, they slide back, replicating the shape.

Serrated trowel
Make a ridged bed for tiles by drawing the toothed edge of a plastic spreader or steel tiler's trowel through the adhesive.

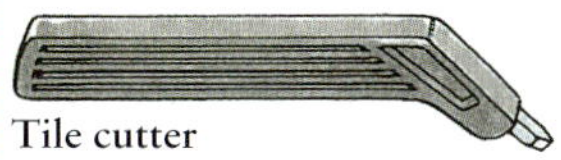

Tile cutter
A tile cutter has either a pointed tungsten-carbide tip or a steel wheel (similar to a glass cutter's) for scoring the glazed surface of ceramic tiles. The tile snaps cleanly along the scored line.

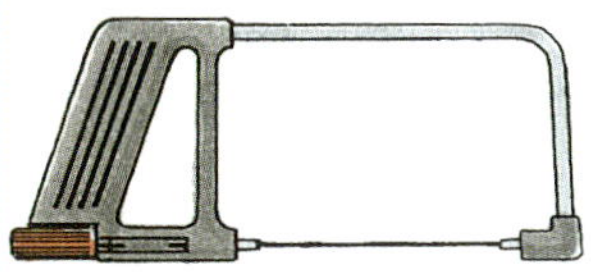

Tile saw
A tile saw has a bent-metal frame that holds a thin wire rod under tension. The rod is coated with particles of tungsten-carbide, which are hard enough to cut through ceramic tiles. As the rod is circular in section, it will cut in any direction, making it possible to saw along curved lines.

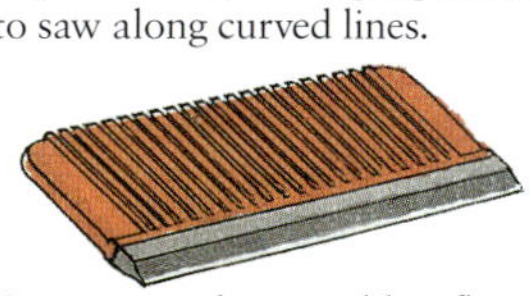

Grout spreader or rubber float
The spreader has a hard-rubber blade mounted in a plastic handle. The float looks similar to a wooden float but has a rubber sole. Both tools are used for spreading grout into the gaps between ceramic tiles.

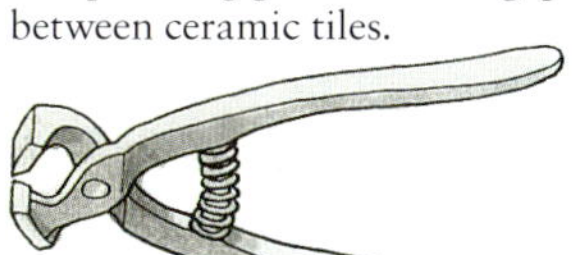

Nibblers
It is impossible to snap a very narrow strip off a ceramic tile. Instead, score the line with a tile cutter then break off the waste little by little with tile nibblers. These resemble pincers but have sharper jaws, made of tungsten-carbide, that open automatically when you relax your grip on the spring-loaded handles.

Tile sander
To smooth a cut edge, use either an abrasive-coated mesh or an oiled slipstone.

TILE-CUTTING JIGS

A jig makes it much easier to cut and fit tiles for the margins around a field of tiles. You can use a marking-and-cutting jig to measure the gap and cut the tiles to infill these narrow strips.

Using a marking-and-cutting jig
To measure the size of a margin tile, slide the jig open until one pointer is against the adjacent wall and the other is against the edge of the last whole tile ***(1)****. The jig automatically makes an allowance for grouting.*

Fit the jig over the tile to be cut and use a tile cutter to score the glaze through the slot in the jig ***(2)****. The cutter comes with a pair of pliers with angled jaws for snapping the tile in two* ***(3)****.*

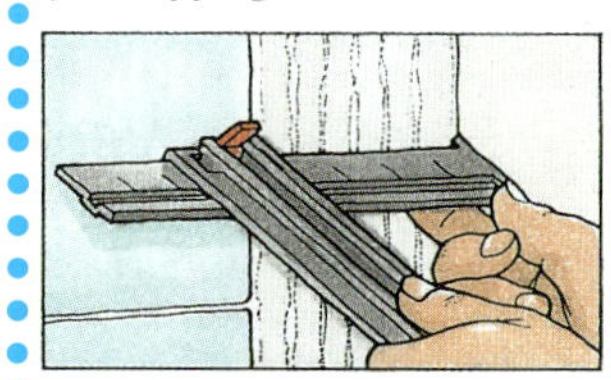

1 Measure the margin

2 Score the glazed surface

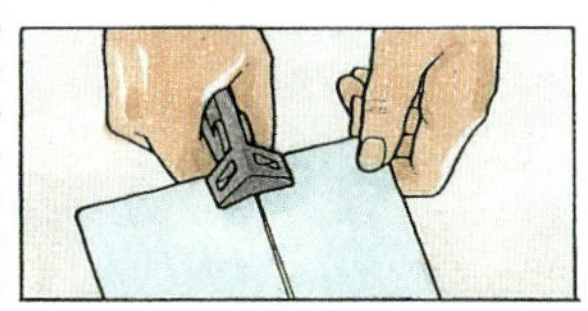

3 Snap the tile with special pliers

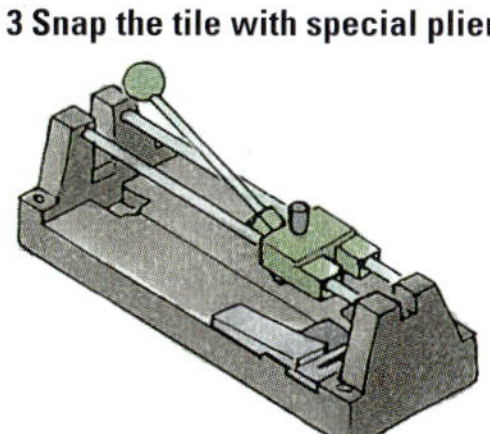

Lever-action jig
If you need to cut a lot of tiles, especially thick floor or wall tiles, buy a sturdy lever-action jig. After pushing the cutting wheel across the tile's glazed surface, press down on the lever to snap the tile.

Powered wet saw
If you need to cut thick unglazed tiles, hire a powered wet saw with a diamond-coated blade. The same tool is ideal for cutting corners out of ceramic tiles that have to be fitted around an electrical socket outlet or switch.

● Essential tools
Steel tape measure
Plumb line
Paste brush
Paperhanger's brush
Seam roller
Scissors
Craft knife
Pasting table
Spirit level
Serrated trowel
Tile cutter and jig
Nibblers
Tile saw
Squeegee

SEE ALSO: Pasting wallcoverings 99, Hanging wallcoverings 100–3, Tiling 108–11, Wet saw 110, Slipstone 499, Spirit level 508, Glass cutters 510

Plumbing tools

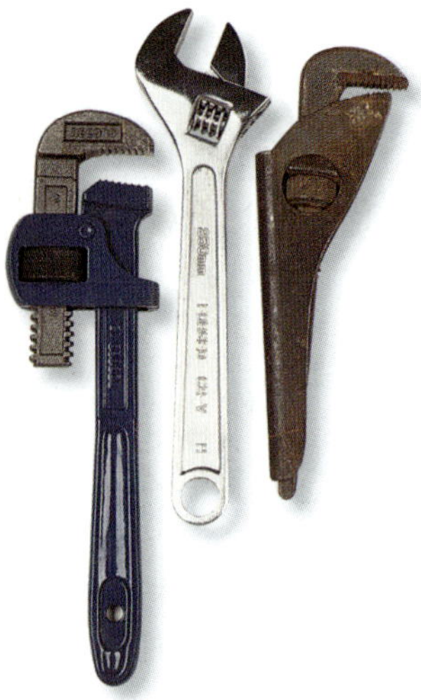

PLUMBER'S AND METALWORKER'S TOOL KIT

Although plastics have been used for drainage for some time, the advent of ones suitable for mains-pressure and hot water has affected the plumbing trade more radically. However, brass fittings and pipework made from copper and other metals are still extensively used for domestic plumbing, so the plumber's tool kit is still basically for working metal.

EQUIPMENT FOR REMOVING BLOCKAGES

You don't have to get a plumber to clear blocked appliances, pipes or even main drains. All the necessary equipment can be bought or hired.

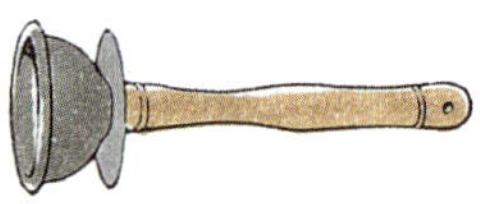

Sink plunger

This is a simple but effective tool for clearing a blockage from a sink, washbasin or bath trap. A pumping action on the rubber cup forces air and water along the pipe to disperse the blockage. When you buy a plunger, make sure the cup is large enough to cover the waste outlet.

It is possible to hire larger plungers for clearing blockages from WC traps.

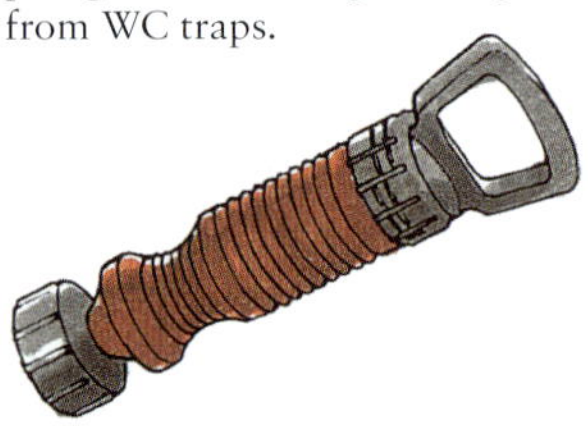

Hydraulic pump

A blocked waste pipe can be cleared with a hand-operated hydraulic pump. A downward stroke creates a powerful jet of water that should push the obstruction clear. If, however, the blockage is lodged firmly, an upward stroke may create enough suction to pull the obstruction out of place.

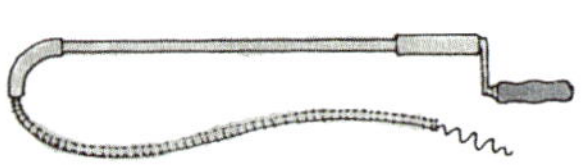

WC auger

The short coiled-wire WC auger designed for clearing WC and gully traps is rotated by a handle in a rigid, hollow shaft. The auger has a vinyl guard to prevent the WC pan getting scratched.

• Essential tools
Sink plunger
Scriber
Centre punch
Steel rule
Try square
General-purpose hacksaw

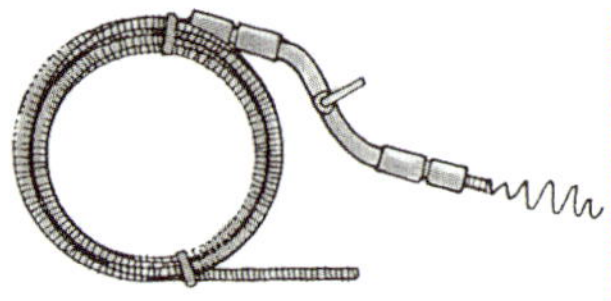

Drain auger

A flexible coiled-wire drain auger will pass through small-diameter waste pipes to clear blockages. Pass the corkscrew-like head into the waste pipe till it reaches the blockage, clamp the cranked handle onto the other end, and then turn it to rotate the head and engage the blockage. Push and pull the auger till the pipe is clear.

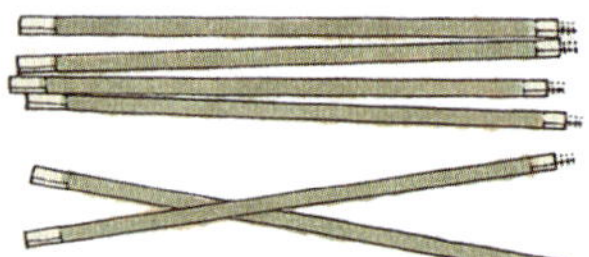

SET OF RODS

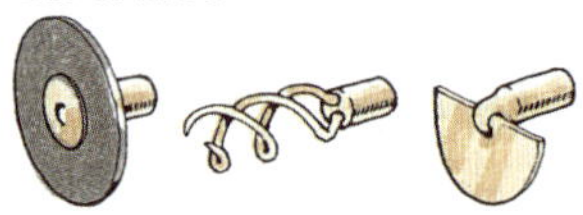

PLUNGER CORKSCREW SCRAPER

Drain rods

You can hire a complete set of rods and fittings for clearing main drains and inspection chambers. The rods come in 1m (3ft 3in) lengths of polypropylene with threaded brass connectors.

The clearing heads comprise a double-worm corkscrew fitting, a 100mm (4in) rubber plunger and a hinged scraper for clearing the open channels in inspection chambers.

MEASURING AND MARKING TOOLS

Tools for measuring and marking metal are very similar to those used for wood, but they are made and calibrated for greater accuracy because metal parts must fit with precision.

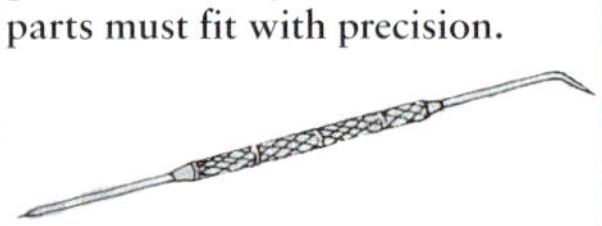

Scriber

For precise work, use a pointed hardened-steel scriber to mark lines and hole centres on metal. Use a pencil to mark the centre of a bend, as a scored line made with a scriber may open up when the metal is stretched on the outside of the bend.

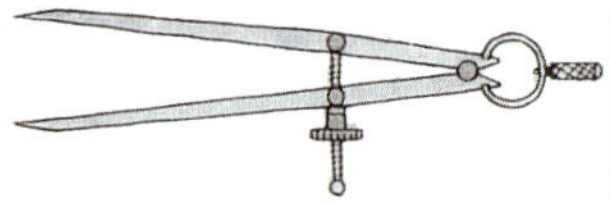

Spring dividers

Spring dividers are similar to a pencil compass, but both legs have steel points. These are adjusted to the required spacing by a knurled nut on a threaded rod that links the legs.

Using spring dividers

Use dividers to step-off divisions along a line ***(1)*** *or to scribe circles* ***(2)****. By running one point against the edge of a workpiece, you can scribe a line parallel with the edge* ***(3)****.*

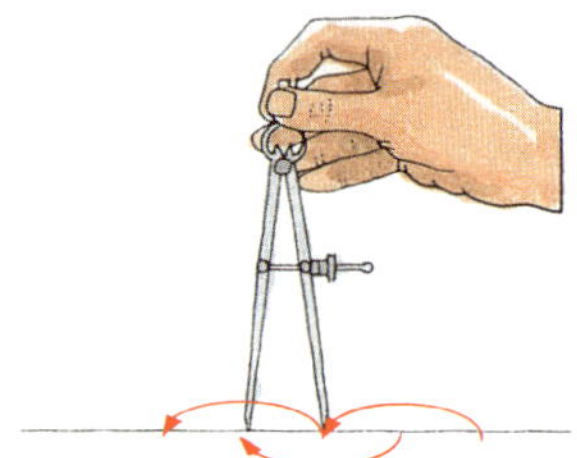

1 Stepping-off

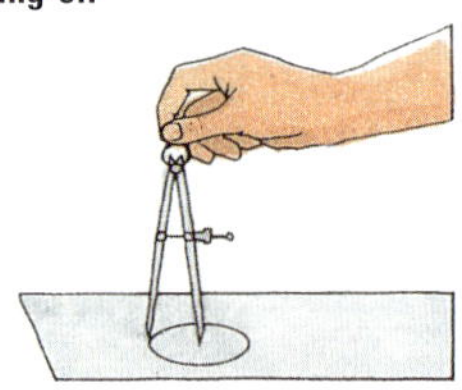

2 Scribing a circle

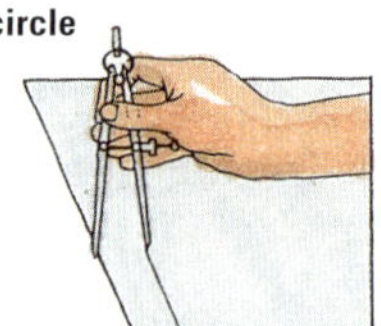

3 Parallel scribing

Centre punch

A centre punch is an inexpensive tool for marking the centres of holes to be drilled.

Using a centre punch

With its point on dead centre, strike the punch with a hammer. If the mark is not accurate, angle the punch towards the true centre, tap it to extend the mark in that direction, and then mark the centre again.

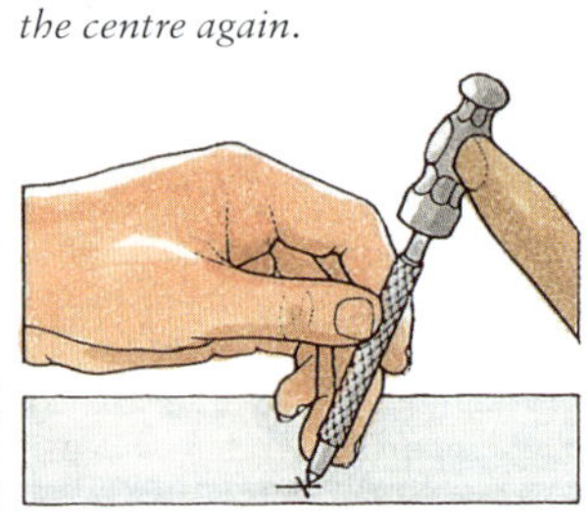

Correcting a misplaced centre mark

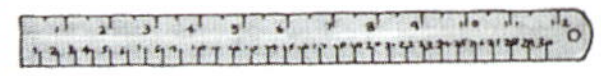

Steel rule

You will need a long tape measure for estimating pipe runs and positioning appliances, but use a 300 or 600mm (1 or 2ft) steel rule for marking out components when absolute accuracy is required.

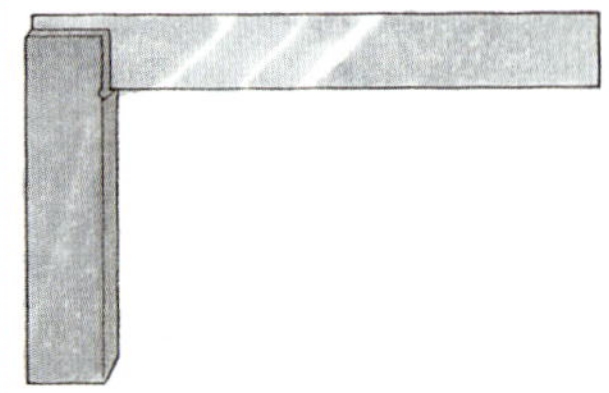

Try square

You can use a woodworker's try square to mark out or check right angles; however, an all-metal engineer's try square is precision-made for metalwork. The small notch between blade and stock allows the tool to fit properly against a right-angled workpiece even when the corner is burred by filing. For general-purpose work, choose a 150mm (6in) try square.

METAL-CUTTING TOOLS

You can cut solid bar, sheet and tubular metal with an ordinary hacksaw, but there are tools specifically designed for cutting sheet metal and pipes.

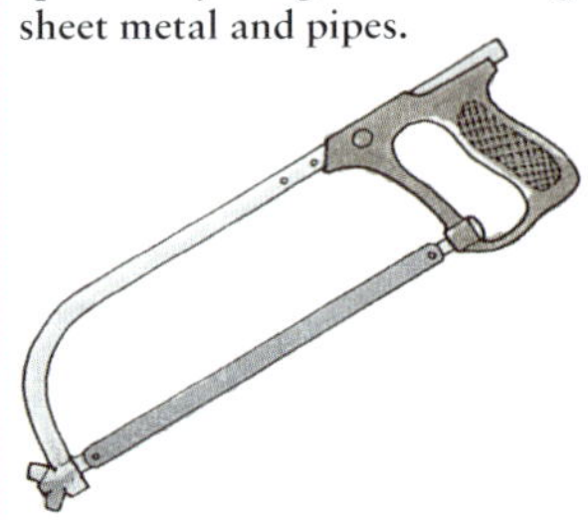

General-purpose hacksaw

A modern hacksaw has a tubular-steel frame with a light cast-metal handle. The frame is adjustable to accommodate replaceable blades of different lengths, which are tensioned by tightening a wing nut.

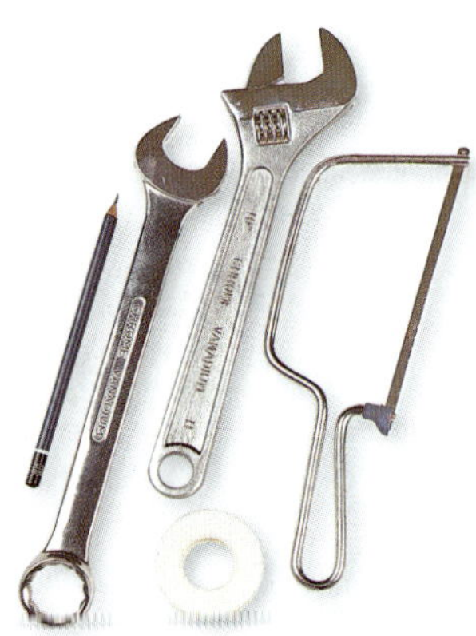

SEE ALSO: Clearing sinks 368, Clearing a toilet 369, Clearing drains 370, Tape measure 492, Try square 492

Plumbing tools

CHOOSING HACKSAW BLADES

You can buy 200, 250 and 300mm (8, 10 and 12in) hacksaw blades. Try the different lengths till you find the one that suits you best. Choose the hardness and size of teeth according to the type of metal you are planning to cut.

1 Raker set

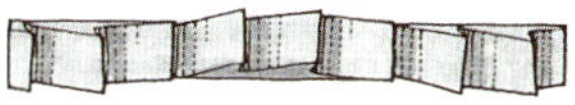

2 Wavy set

Size and set of teeth

A coarse hacksaw blade has 14 to 18 teeth per 25mm (1in); a fine one has 24 to 32. The teeth are set (bent sideways) to make a cut wider than the blade's thickness, to prevent it jamming in the work. Coarse teeth are 'raker set' **(1)** – with pairs of teeth bent to opposite sides and separated by a tooth left in line with the blade to clear metal waste from the kerf (cut). Fine teeth are too small to be raker set, and the whole row is 'wavy set' **(2)**. Use a coarse blade for cutting soft metals like brass and aluminium, which would clog fine teeth; and a fine blade for thin sheet and the harder metals.

Hardness

A hacksaw blade must be harder than the metal it is cutting, or its teeth will quickly blunt. A flexible blade with hardened teeth will cut most metals, but there are fully hardened blades that stay sharp longer and are less prone to losing teeth. However, being rigid and brittle, they break easily. Blades of high-speed steel are expensive and even more brittle than the fully hardened ones, but they will cut very hard alloys.

Fitting a hacksaw blade

With its teeth pointing away from the handle, slip a new blade onto the pins at each end of the hacksaw frame. Apply tension with the wing nut. If the new blade tends to wander off line as you cut, tighten the wing nut.

Turning a blade

Sometimes it's easier to work with the blade at right angles to the frame. To do so, rotate the square-section spigots a quarter turn before fitting the blade.

1 Turn first kerf away from you

Sawing metal bar

Hold the work in an engineer's vice, with the marked cutting line as close to the jaws as possible. Start the cut on the waste side of the line with short strokes until the kerf is about 1mm (1/16 in) deep; then turn the bar 90 degrees in the vice, so that the kerf faces away from you, and cut a similar kerf in the new face ***(1)****. Continue in this way until the kerf runs right round the bar, then cut through the bar with long steady strokes. Steady the end of the saw with your free hand, and put a little light oil on the blade if necessary.*

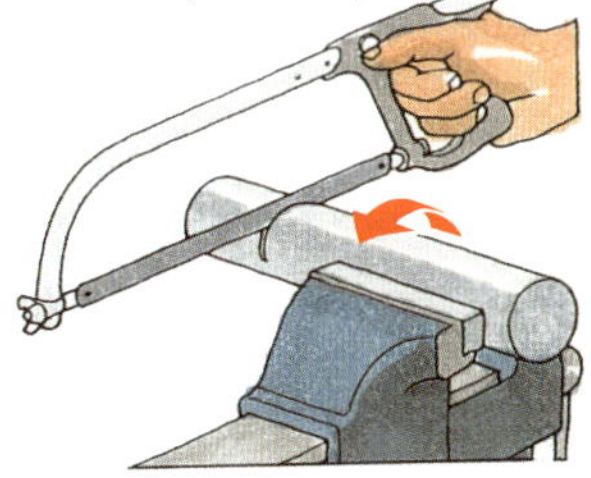

Sawing rod or pipe

As you cut a cylindrical rod or tube, rotate it away from you till the kerf runs right round the rod or tube before you sever it.

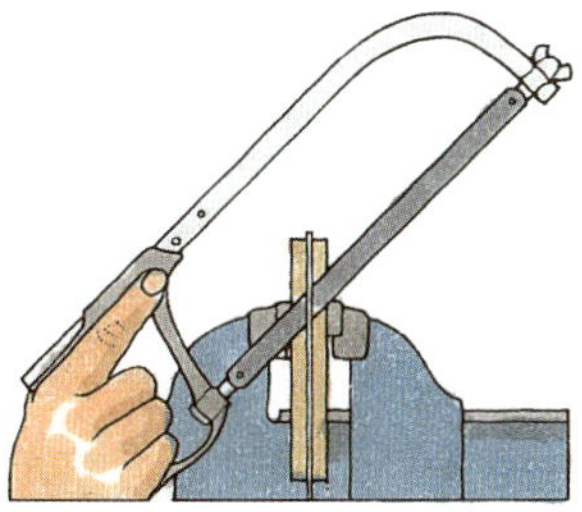

Sawing sheet metal

To saw a small piece of sheet metal, sandwich it between two strips of wood clamped in a vice. Adjust the metal to place the cutting line close to the strips, then saw down the waste side with steady strokes and the blade angled to the work. To cut a thin sheet of metal, clamp it between two pieces of plywood and cut through all three layers simultaneously.

Sawing a groove

To cut a slot or groove wider than a standard hacksaw blade, fit two or more identical blades in the frame at the same time.

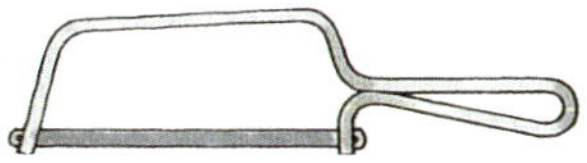

Junior hacksaw

Use a junior hacksaw for cutting small-bore tubing and thin metal rod. The simplest ones have a solid spring-steel frame that holds the blade under tension.

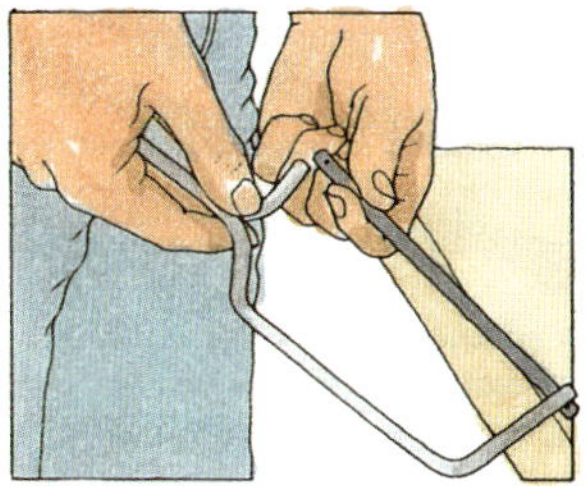

Fitting a new blade

To fit a blade, locate it in the slot at the front of the frame and bow the frame against a work-bench until the blade fits in the rear slot.

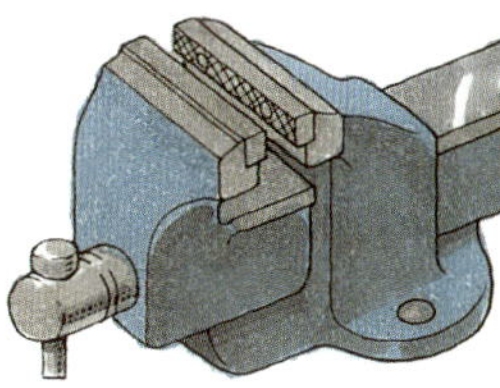

Engineer's vice

A large engineer's or metal-worker's vice has to be bolted to the workbench, but smaller ones can be clamped on. Slip soft fibre liners over the jaws of a vice to protect workpieces held in it.

Cold chisel

Plumbers use cold chisels for hacking old pipes out of masonry. They are also useful for chopping the heads off rivets and cutting metal rod. Sharpen the tip of the chisel on a bench grinder.

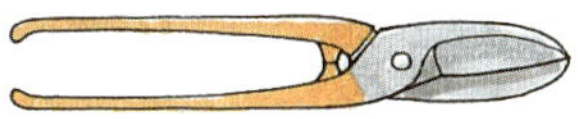

Straight snips

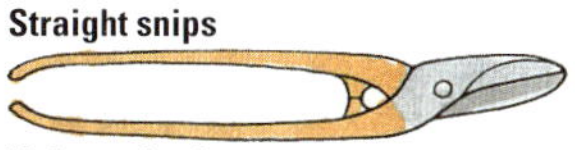

Universal snips

Tinsnips

Tinsnips are used for cutting sheet metal. **Straight snips** have wide blades for cutting straight edges. If you try to cut curves with them, the waste usually gets caught against the blades; but it is possible to cut a convex curve by progressively removing small straight pieces of waste down to the marked line. **Universal snips** have thick narrow blades that cut a curve in one pass and will also make straight cuts.

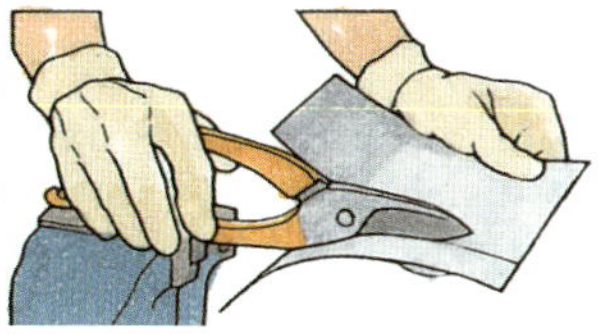

Using tinsnips

As you cut along the marked line, let the waste curl away below the sheet. To cut thick sheet metal, clamp one handle of the snips in a vice, so you can apply your full weight to the other one.

Try not to close the jaws completely every time, as that can cause a jagged edge on the metal. Wear thick gloves when cutting sheet metal.

SHARPENING SNIPS

Clamp one handle in a vice and sharpen the cutting edge with a smooth file. File the other edge and finish by removing the burrs from the backs of the blades on an oiled slipstone.

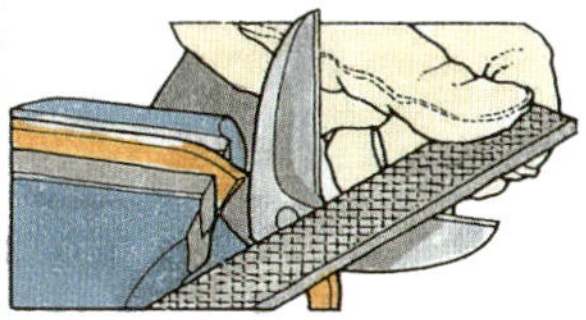

Sheet-metal cutter

Tinsnips tend to distort a narrow strip cut from the edge of a metal sheet. However, the strip remains perfectly flat when removed with a sheet-metal cutter. The same tool is also suited to cutting rigid plastic sheet, which cracks if it is distorted by tinsnips.

Tube cutter

A tube cutter slices the ends off pipes at exactly 90 degrees to their length. The pipe is clamped between the cutting wheel and an adjustable slide with two rollers, and is cut as the tool is moved round it. The adjusting screw is tightened between each revolution.

A pipe slice, which works like a tube cutter, can be operated in confined spaces.

Chain-link cutter

Cut large-diameter pipes with a chain-link cutter. Wrap the chain round the pipe, locate the end link in the clamp, and tighten the adjuster until the cutter on each link bites into the metal. Work the handle back and forth to score the pipe, and continue tightening the adjuster intermittently until the pipe is severed.

- **Essential tools**
  - Junior hacksaw
  - Cold chisel
  - Tinsnips
  - Tube cutter

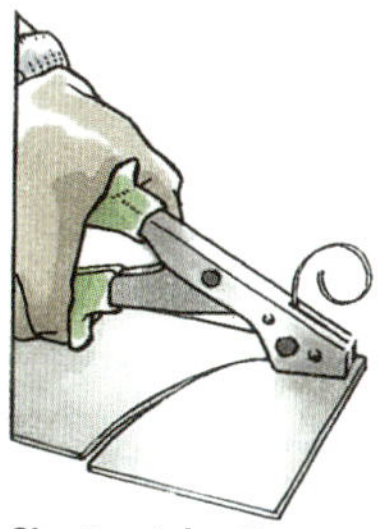

Sheet-metal cutter

Tube cutter

Pipe slice

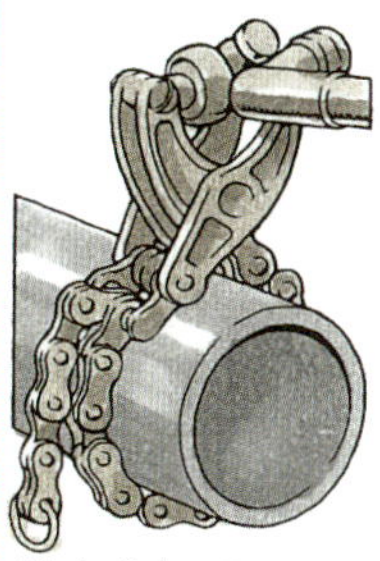

Chain-link cutter

SEE ALSO: Cutting pipe 373, 381, Slipstone 499

Plumbing tools

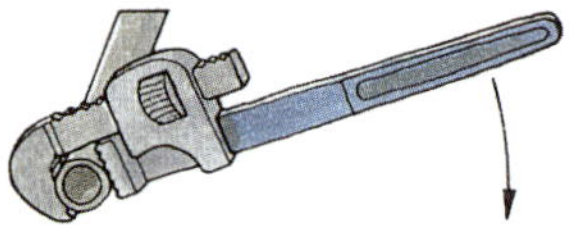

Stillson wrench
The adjustable toothed jaws of a Stillson wrench are for gripping pipework. As force is applied, the jaws tighten on the work.

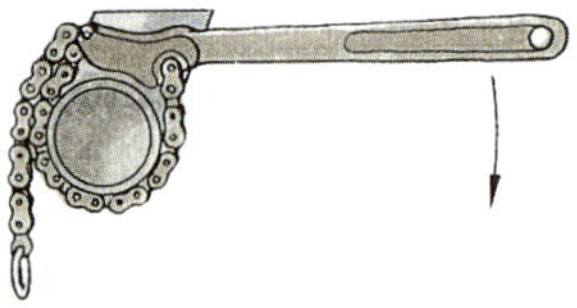

Chain wrench
A chain wrench does the same job as a Stillson wrench, but can be used on pipework and fittings with a very large diameter. Wrap the chain tightly round the work and engage it with the hook at the end of the wrench, then lever the handle towards the toothed jaw to apply turning force.

Smooth-jaw adjustable wrench
This older-style wrench is ideal for gripping and manipulating chromed fittings because its large smooth jaws will not damage the surface of the metal.

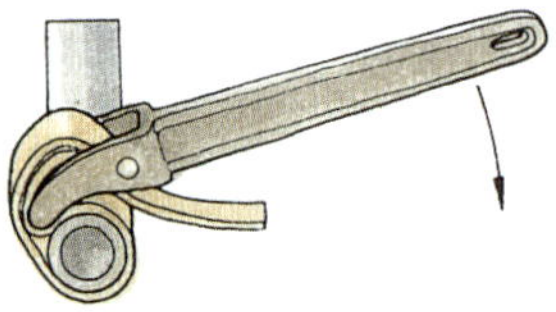

Strap wrench
With a strap wrench you can disconnect chromed pipework without damaging its surface. Wrap the smooth leather or canvas strap round the pipe, pass its end through the slot in the head of the tool, and pull it tight. Levering on the handle rotates the pipe.

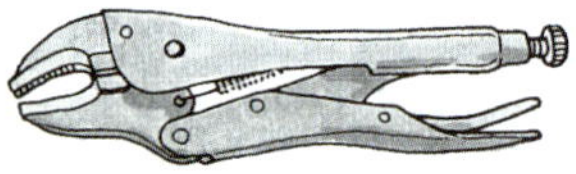

Plier wrench
A plier wrench locks onto the work. It grips round stock or damaged nuts, and is often used as a small cramp.

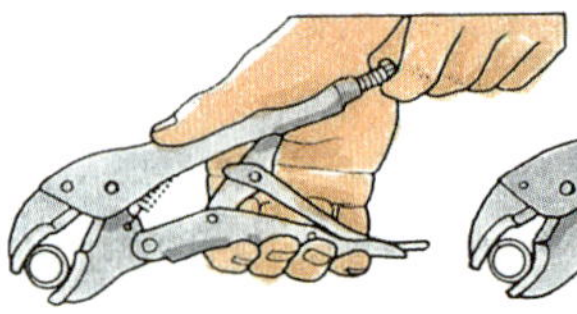

1 Adjusting the wrench

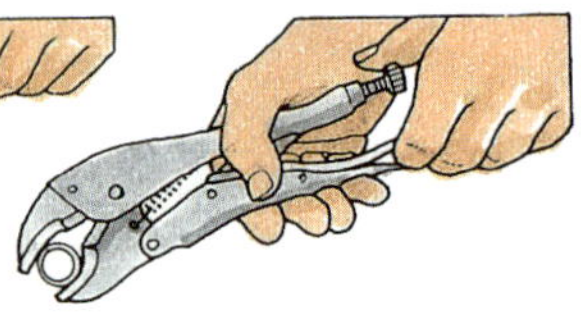

2 Releasing the wrench

Using a plier wrench
To close the jaws, squeeze the handles while slowly turning the adjusting screw clockwise **(1)**. *Eventually the jaws will snap together, gripping the work securely. To release the tool's grip on the work, pull the release lever* **(2)**.

● **Essential tools**
Plier wrench
Second-cut and smooth flat files
Second-cut and smooth half-round files

FILES

Files are used for shaping and smoothing metal components and removing sharp edges.

CLASSIFYING FILES

The working faces of a file are composed of parallel ridges, or teeth, set at about 70 degrees to its edges. A file is classified according to the size and spacing of its teeth and whether it has one or two sets of teeth.

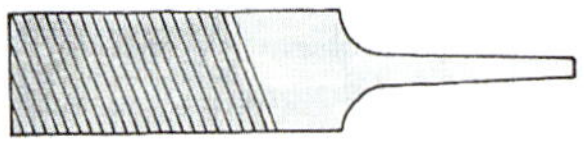

Single-cut file

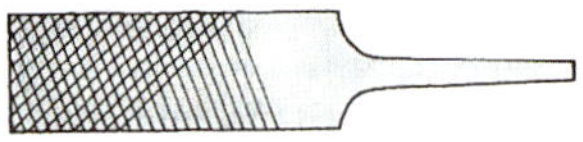

Double-cut file

A **single-cut file** has one set of teeth virtually covering each of its faces. A **double-cut file** has a second set of identical teeth crossing the first at a 45-degree angle. Some files are single-cut on one side and double-cut on the other.

The spacing of teeth relates directly to their size: the finer the teeth, the more closely packed they are. Degrees of coarseness are expressed as number of teeth per 25mm (1in). Use progressively finer files to remove marks left by coarser ones.

File classification:

Bastard file – Coarse grade (26 teeth per 25mm), used for initial shaping.
Second-cut file – Medium grade (36 teeth per 25mm), used for preliminary smoothing.
Smooth file – Fine grade (47 teeth per 25mm), used for final smoothing.

CLEANING A FILE

Soft metal tends to clog file teeth. When a file stops cutting efficiently, brush along the teeth with a fine wire brush, then rub chalk on the file to help reduce clogging in future.

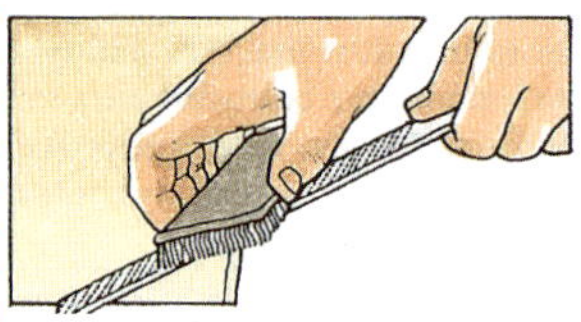

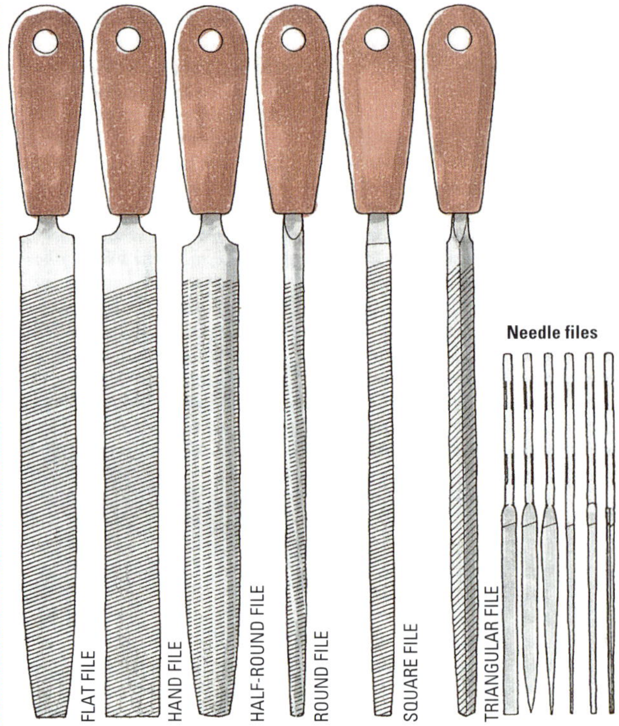

Flat file
A flat file tapers from its pointed tang to its tip, in both width and thickness. Both faces and both edges are toothed.

Hand file
Hand files are parallel-sided but tapered in their thickness. Most of them have one smooth edge for filing up to a corner without damaging it.

Half-round file
This tool has one rounded face for shaping inside curves.

Round file
A round file is for shaping tight curves and enlarging holes.

Square file
Square files are used for cutting narrow slots and smoothing the edges of small rectangular holes.

Triangular file
Triangular files are designed for accurately shaping and smoothing undercut apertures of less than 90 degrees.

Needle files
These are miniature versions of standard files and are all made in extra-fine grades. Needle files are used for precise work and to sharpen brace bits.

FILE SAFETY

Always fit a wooden or plastic handle on the tang of a file before you use it.

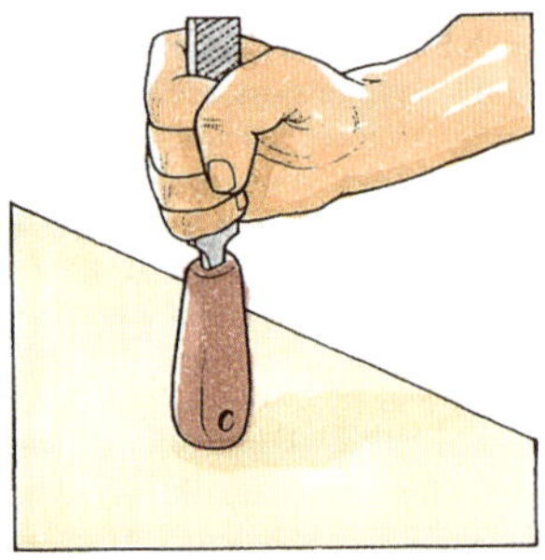

1 Fitting a file handle

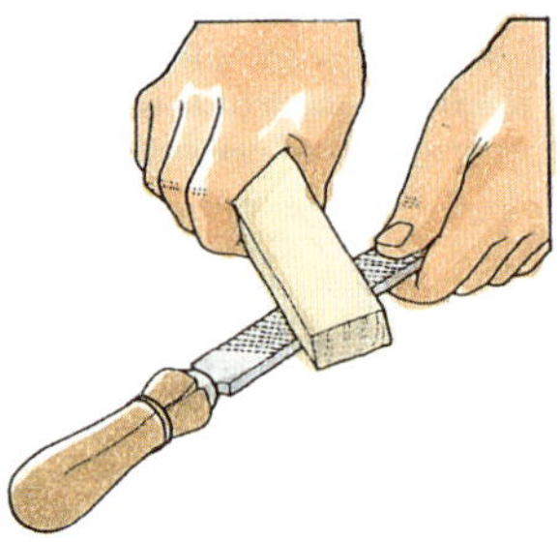

2 Knock a handle from the tang

If an unprotected file catches on the work, then the tang could be driven into the palm of your hand. Having fitted a handle, tap its end on a bench to tighten its grip **(1)**.

To remove a handle, hold the blade of the file in one hand and strike the ferrule away from you with a block of wood **(2)**.

SEE ALSO: Disconnecting pipes 374, Sharpening bits 501

Plumbing tools

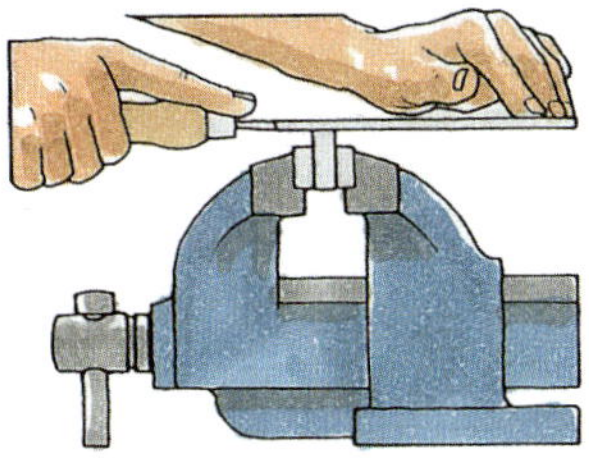

Using a file
When using any file, keep it flat on the work and avoid rocking it during forward strokes. Hold it steady, with the fingers of one hand resting on its tip, and make slow firm strokes with the full length of the file.

To avoid vibration, hold the work low in the jaws of a vice or clamp it between two battens.

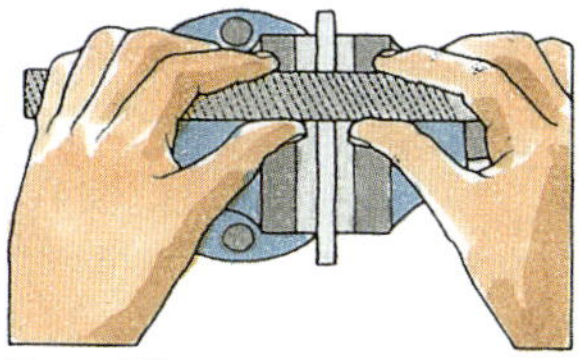

Draw filing
You can give metal a smooth finish by draw filing. With both hands, hold a smooth file at right angles to the work and slide the tool backwards and forwards along the surface. Finally, polish the workpiece with emery cloth wrapped round the file.

PLIERS

Pliers are for improving your grip on small components and for bending and shaping metal rod and wire.

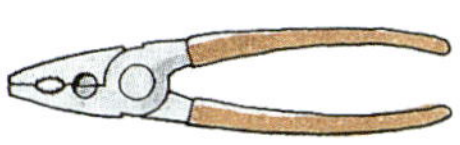

Engineer's pliers
For general-purpose work, buy a sturdy pair of engineer's pliers. The toothed jaws have a curved section for gripping round stock and also have side cutters for cropping wire.

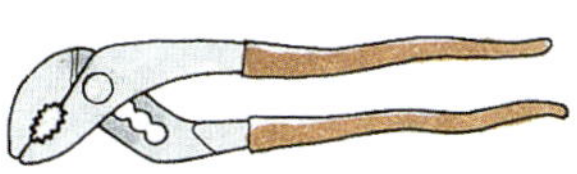

Slip-joint or waterpump pliers
The special feature of slip-joint pliers is a movable pivot for enlarging the jaw spacing. The extra-long handles give a good grip on pipes and other fittings. Use smooth-jaw pliers to grip chromed fittings.

FINISHING METAL

Before painting or soldering metal, always make sure it is clean and rust-free.

Wire brush
Use a steel-wire hand brush to clean rusty or corroded metal.

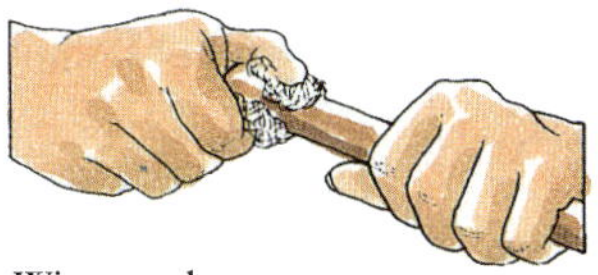

Wire wool
Wire wool is a mass of very thin steel filaments. It is used to remove file marks and to clean oxides and dirt from metals.

Emery cloth and paper
Emery is a natural black grit which, when backed with paper or cloth, is ideal for polishing metals. There is a range of grades from coarse to fine. For the best finish, use progressively finer abrasives as the work proceeds.

1 Glue paper to a board

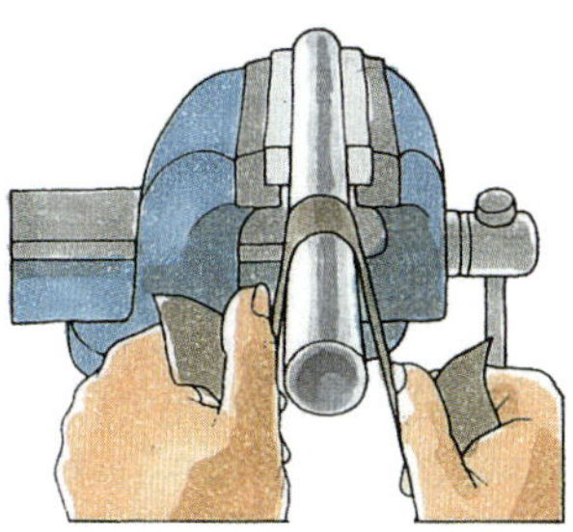

2 Clean a pipe with an emery strip

Using emery cloth and paper
*To avoid rounding the crisp edges of a flat component, glue a sheet of emery paper to a board and rub the metal on the abrasive **(1)**.*

*To finish round stock or pipes, loop a strip of emery cloth over the work and pull alternately on each end **(2)**.*

Buffing mop
Metals can be brought to a shine by hand, using a liquid metal polish and a soft cloth; but for a really high gloss, use a buffing mop in a bench-mounted power drill or grinder.

Using a buffing mop
After applying a stick of buffing compound (a fine abrasive with wax) to the revolving mop, move the work from side to side against the lower half, keeping any edges facing downwards.

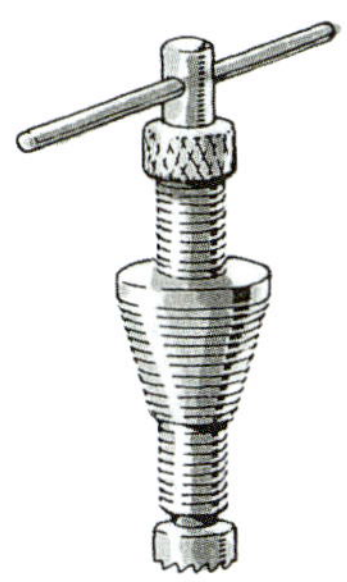

Reseating tool
If the seat of a tap has become so worn that even fitting a new washer won't produce a perfect seal, use a reseating tool to grind the seat flat.

Remove the tap's headgear and jumper, then screw the cone of the reseating tool into the body of the tap. Turn the knurled adjuster to lower the cutter onto the worn seat, and then turn the tommy bar to regrind the metal.

WOODWORKING TOOLS

A plumber needs a set of basic woodworking tools in order to lift floorboards, notch joists for pipe runs, and attach pipe clips.

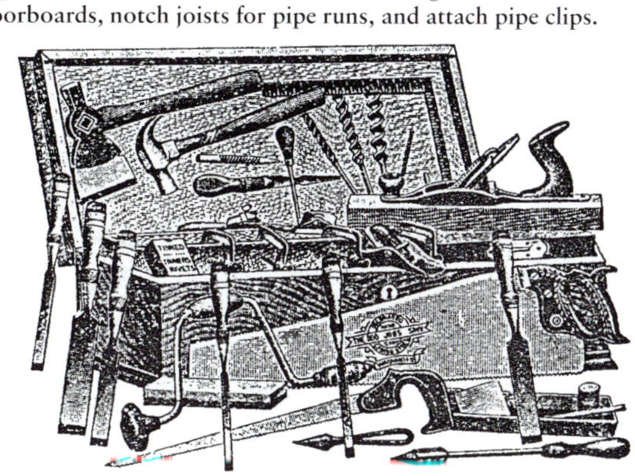

- **Essential tools and materials**
  Engineer's pliers
  Wire brush
  Wire wool
  Emery cloth and emery paper

SEE ALSO: Preparing metal 58–9, Dismantling taps 362, Replacing washers 362, Woodworking tools 492–504

Electrical tools

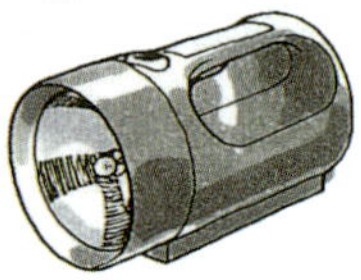

Torch
Keep a torch handy for checking your consumer unit when a fuse blows on a lighting circuit. You may also need artificial light when working on connections below floorboards or in the loft (a torch that stands unsupported is particularly helpful).

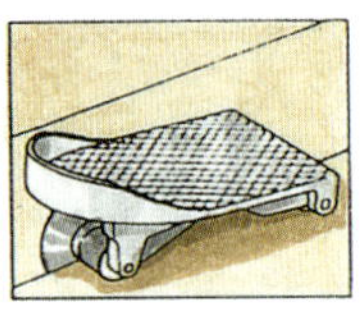

Electrician's skate

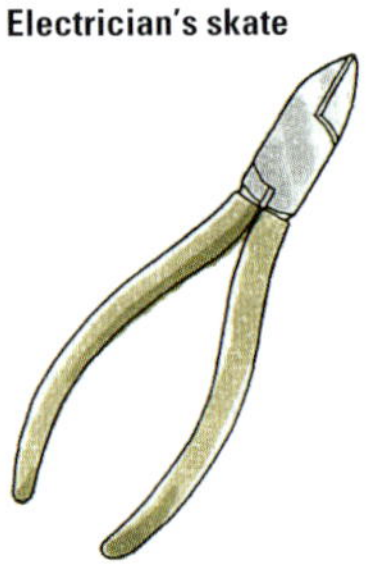

Diagonal cutters

● Essential tools
- Terminal screwdrivers
- Wire cutters
- Wire strippers
- Power drill and bits
- Torch
- Mains tester
- Continuity tester
- General-purpose tools

ELECTRICIAN'S TOOL KIT

You need only a fairly limited range of tools to make electrical connections, but an extensive general-purpose tool kit is required for making cable runs and for fixing electrical accessories and appliances to the structure of the house.

SCREWDRIVERS

Buy good screwdrivers for tightening electrical terminals. Cheap ones are practically useless, being made from such soft metal that the tips soon twist out of shape.

Terminal screwdriver
A terminal screwdriver has a long, slim cylindrical shaft that is ground to a flat tip.

For turning screw terminals in sockets and larger appliances, buy a screwdriver with a plastic handle and a plastic insulating sleeve on its shaft.

Use a smaller screwdriver with a very slim shaft to work on ceiling roses or to tighten plastic terminal blocks in small fittings.

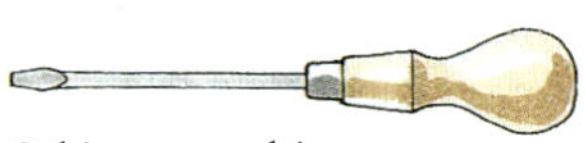

Cabinet screwdriver
You will need a woodworking screwdriver to fix mounting boxes to walls.

SKATE

An electrician's skate has a cutting disc that severs the joint between tongue-and-groove floorboards. Run the tool back and forth with one foot.

WIRE CUTTERS

Use wire cutters for cropping cable and flex to length.

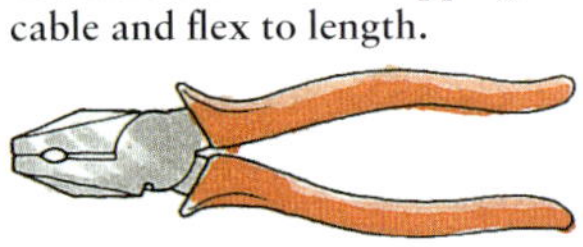

Electrician's pliers
These are engineer's pliers with insulating sleeves shrunk onto their handles. You can use pliers to crop circuit conductors.

Diagonal cutters
Diagonal cutters will crop thick conductors more effectively than electrician's pliers, but you may need a junior hacksaw to cut meter leads.

WIRE STRIPPERS

There are various tools for cutting or stripping the plastic insulation that covers cables and flexible cords.

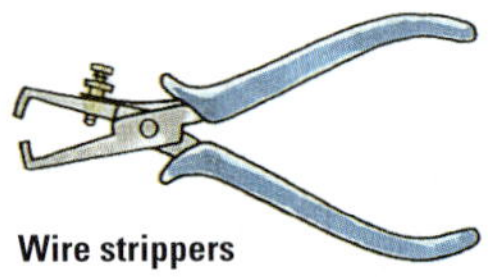

Wire strippers

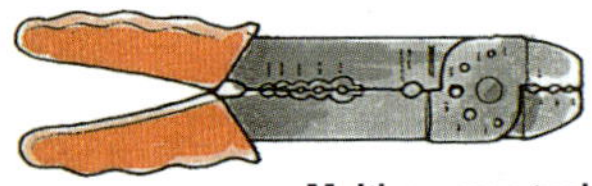

Multi-purpose tool

Wire strippers
To remove the insulation from cable and flex, use a pair of wire strippers with jaws shaped to cut through the covering without damaging the wire core. There is a multi-purpose version that can both strip the insulation and crop conductors to length.

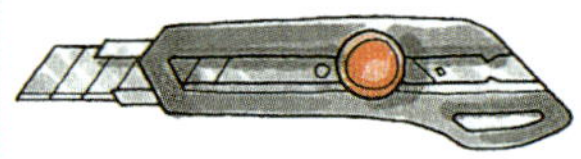

Sharp knife
A knife with sharp disposable blades is best for slitting and peeling the sheathing encasing cable and flex.

DRILLS

When you run circuit wiring, you need a drill with several special-purpose bits for boring through wood and masonry.

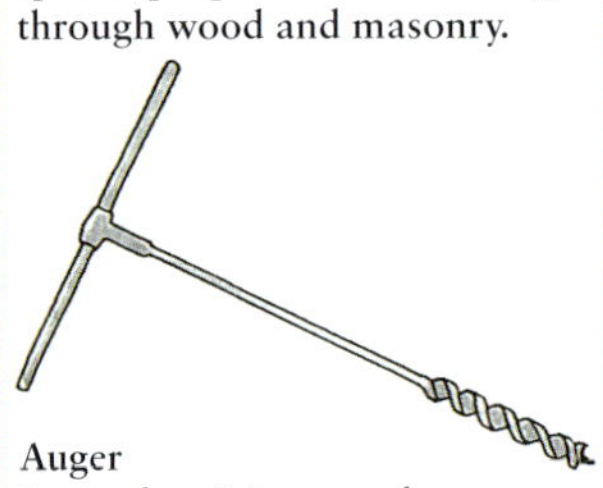

Auger
Some electricians employ a long wood-boring auger to drill through the wall head plate and noggings when they're running a switch cable from an attic down to its mounting box.

Power drill
A cordless power drill is ideal for boring cable holes through timbers and for making wall-plug fixings. As well as standard masonry bits for wall fixings, you will need a much longer version for boring through brick walls and clearing access channels behind skirting boards.

If you shorten the shaft of a wide-tipped spade bit, you can use it in a power drill between floor joists, instead of hiring a special joist brace.

TESTERS

Even when you have turned off the power at the consumer unit, use a tester to check that the circuit is safe to work on.

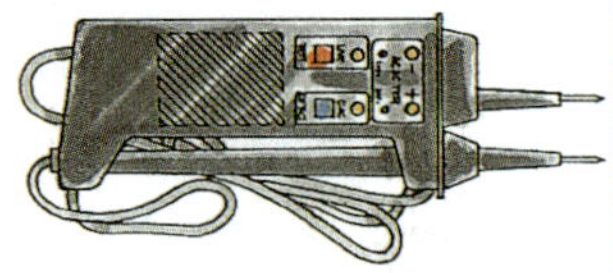

Electronic mains tester
Be sure to buy a two-prong electronic tester that's intended for use with mains voltage – similar devices are sold in auto shops for 12V car wiring only.

Always check that the tester is functioning properly before and after you use it, by testing it on a circuit you know to be live.

Following the manufacturer's instructions, place one probe on the neutral terminal and the other one on the live terminal that is to be tested. If the bulb illuminates, the circuit is live; if it doesn't illuminate, try again between the earth terminal and each of the live and neutral terminals. If the bulb still doesn't light up, you can assume the circuit is not live, provided you have checked the tester.

Continuity tester
A continuity tester will test whether a circuit is complete or an appliance is properly earthed. Alternatively, buy a multi-tester that combines the functions of continuity testing and mains-voltage testing (*see above*).

Using a continuity tester
Switch off the power at the consumer unit before making the following test.

To find the two ends of a buried disconnected cable, twist the black and red conductors together at one end, and then apply the tester's probes to the same conductors at the other end ***(1)****. Depress the circuit-testing button on the tester. The bulb should light up and, with some testers, there may also be an audible signal. Untwist the conductors. Then make the test again – and if the bulb doesn't illuminate, the two ends belong to the same cable.*

To check whether a plug-in appliance is safely earthed, apply one probe to the earth pin of the plug – the longest of the three – and touch an unpainted part of the metal casing of the appliance with the other probe ***(2)****. Depress the test button – and if the earth connection is good, the bulb will illuminate. Don't try to use the appliance if the bulb illuminates when you apply the probe to either of the plug's other pins* ***(3)****. (Make sure the plug fuse is working.) Have a suspect appliance overhauled by an electrician.*

You cannot test a double-insulated appliance, as it has no earth connection in the plug.

1 Apply a probe to each conductor

2 Test earth pin and casing

3 Test one other pin and casing

GENERAL-PURPOSE TOOLS

Every electrician needs tools for lifting and cutting floorboards, for fixing mounting boxes, and for cutting cable runs.

Claw hammer
For nailing cable clips to walls and timbers.
Club hammer
For use with a cold chisel.
Cold chisel
For cutting channels in plaster and brickwork in order to bury cables or mounting boxes.
Bolster chisel
For levering up floorboards.
Wood chisels
For notching floor joists.
Padsaw or power jigsaw
For cutting through floorboards close to skirtings.
Floorboard saw
This is the best tool for cutting across a prised-up board, though a tenon saw can be used instead.
Spirit level
For checking that mounting boxes are fixed horizontally.
Plasterer's trowel or filling knife
Either tool can be used for covering concealed cable with plaster or other kinds of filler.
Spanner
A small spanner is needed for making the earth connection in some appliances, and also for supplementary earth bonding.

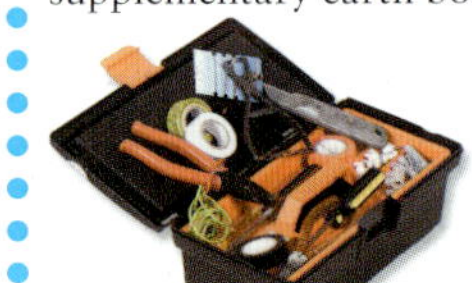

SEE ALSO: Double insulation 298, Using a tester 299, Supplementary bonding 300, Stripping flex 303, Stripping cable 312, Running cable 313–15, Using a skate 314, Drilling joists 315, Power drills 501

12 Reference and index

Softwoods and hardwoods

TIMBER AND MAN-MADE BOARDS

Timber is classified into two main groups, softwood and hardwood, according to the type of tree it comes from. Softwoods are from evergreen coniferous trees such as firs and pines, whereas hardwoods are from deciduous broad-leaved trees. Most softwoods are in fact softer than most hardwoods, but that is not invariably the case.

Some hardwoods, particularly from tropical rainforests, are now endangered species – so look at the product labelling or check with the supplier to make sure that the timber has come from a sustainable source.

SOFTWOODS

Most of the wood you see in a timber yard is softwood, as it is much cheaper than hardwoods and is more widely used for structural house timbers, floorboards, stairs and the simpler kinds of domestic furniture. Softwoods may be referred to as whitewood, pine, or redwood.

Buying softwood

Most softwood is available in rough and smooth versions called, respectively, sawn and planed. The rough unplaned surface of sawn timber means that it is suitable only for jobs where it will be out of sight.

Wherever appearance is important, you need planed wood. Having been through a planing machine, this will be relatively smooth. But here a confusion can arise. Planed timber – or PAR (planed all round) – is always slightly thinner and narrower than its nominal dimensions. Machine planing takes about 4 to 6mm (5⁄32 to ¼in) off the width and thickness of the wood, but the loss is not uniform, so PAR is generally referred to in terms of its nominal size (the size before planing). You usually need to take this into account when planning jobs involving planed wood – however, prepacked planed wood sold in DIY stores is now sometimes labelled in finished sizes.

Timber yards use the metric system, but most assistants are experts at instant conversion and will advise you if you think and work with imperial dimensions.

Choosing softwood

A number of defects can be found in softwood, which can mar the appearance or weaken the wood. If possible, these should be avoided. It is best to pick out the wood yourself, especially when appearance is important. Never order by phone unless you are specifying a selected grade.

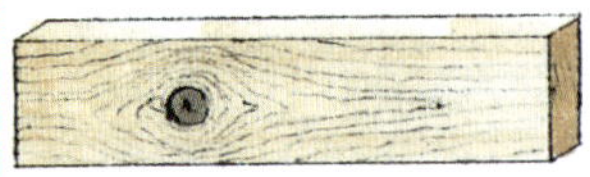

Knots
Knots can look attractive in pine boards, but they must be 'live' knots – the glossy brown ones. The black 'dead' knots will shrink and may drop out, leaving unsightly holes that invariably weaken the wood.

Warping
Distorted timber is another common problem. Look along the edges of each board to check that it is not bowed or twisted.

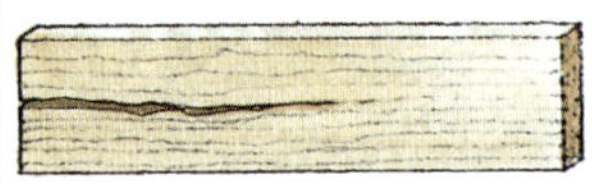

End shakes
These are splits at the ends of boards caused by rapid drying. Such sections of timber should be regarded as waste, for which there is no charge.

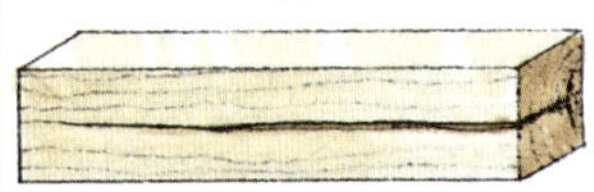

Heart shakes
These are splits that occur along radial lines in the log. When they are combined at the centre of the tree, they are known as star shakes.

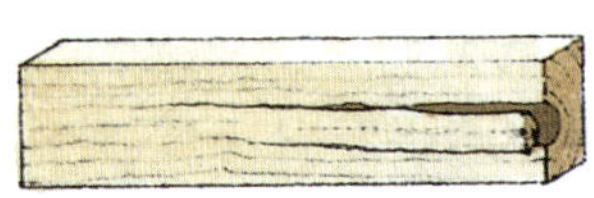

Cup shakes
These occur parallel to the tree's annual 'rings' – the layers of new wood that grow each year. Typically, a board cut from the centre of the tree may have the central ring split away from the other ones along its length.

Surface checking
This is fine cracking on the surface of timber. Very fine cracks may be removed by planing, or filled if the work is to be painted. Wood with wider cracks should be rejected.

Other defects
Watch out for irregularities such as remaining bark, damage from rough handling in the yard and water staining.

Standard sizes and sections

Planed softwood comes in a variety of standard thicknesses and widths, from sections of a nominal 12 x 25mm (½ x 1in) to planks 75 x 225mm (3 x 9in).

Planed softwood can also be bought tongued and grooved for flooring or matchboarding, and machined into a variety of sectional shapes (mouldings) for such uses as architraves, glazing bars, skirting boards, dadoes and picture rails.

Cutting to size

Timber yards will generally cut a plank to approximately the length you want – unless that would leave an offcut too small to be sold, in which case you'll have to buy the whole plank.

At a cost, a timber yard with woodworking machinery will cut wood to size for you. However, most yards use a handsaw to cut standard sawn or planed stock to length. To be sure of obtaining the exact size you require, buy the wood slightly overlength and carefully cut off the waste yourself.

Seasoning softwood

When a tree is converted into usable sections of wood, it contains a high level of moisture. To make the wood stable and workable, the wood is dried or 'seasoned' to a set moisture content. Softwood is usually seasoned by kiln-drying; but as it is often exposed to damp in the timber yard, the moisture level can rise again. It's therefore best to let the wood dry out and stabilize indoors for a week or so – preferably in the room where it is to be used and lying flat, not propped against a wall.

HARDWOODS

Hardwoods are much more expensive than softwoods, and usually have to be bought from specialist timber merchants. They are often coated with clear finishes to display their attractive grain.

Ordering hardwoods

Some hardwoods – for example, oak and meranti – are typically stocked by timber yards, but a wider range is available from specialist suppliers.

Like softwoods, commonly stocked hardwoods are listed in nominal sizes. Specialist timber merchants will machine the wood to a finished size; or sell you whole planks as cut from the log, ready seasoned for you to convert into smaller sizes with the necessary machinery.

Hardwoods are relatively knot-free, but can suffer from warping, shakes and checks. The figure and colour of the wood may vary from tree to tree of the same species, and also depend on the way it is cut from the log. So ask to see a sample before having a large section of wood machined for you.

If you need to match a hardwood with one already used in your home, check it carefully, as woods are not always what they seem. Wood dyes are often used to improve the colour of the timber or change its appearance to resemble another species – light-coloured beech, for example, is commonly stained darker to simulate mahogany.

Working with hardwoods

In order to work hardwoods, which are generally somewhat harder than softwoods, tools need to be sharpened more frequently and honed to a fine cutting edge.

Screw fixings require drilled pilot holes. If you are screwing into oak, use brass or plated screws; because of the acidic nature of the wood, steel screws will stain it black.

The dust that's created when machining hardwoods can be unpleasant if inhaled. It is therefore advisable to wear a suitable face mask or respirator when working with these woods.

Hardwoods such as teak are naturally oily, and joints need to be glued with a synthetic-resin adhesive to give best results.

Hardwood veneers

Veneers are thin slices of wood cut from the log in various ways. For centuries, expensive hardwoods have been used in veneer form to cover cheaper timber. Today a wide range of veneers is available for laying onto man-made boards in order to create a luxurious-looking material that is far more stable than solid wood.

Veneers can be bought either as single leaves or in bundles. Preveneered boards are also available, but only in a limited range of hardwoods.

SEE ALSO: Tongue-and-groove boards 93, Architectural mouldings 149

Man-made boards

MAN-MADE BOARDS

Nowadays, five types of man-made board are widely used by woodworkers – plywood, chipboard, blockboard, hardboard and fibreboard.

Plywood

Plywood is a sheet material made by bonding a number of thin wood veneers, or plies, together under high pressure. These may be of the same thickness throughout, or the core veneers may be thicker than the face veneers. Typically, to maintain stability, the plies are laid in an odd number with their grain direction alternating (the grain of the two face veneers may run parallel with the longer edges or across the width of the board).

Most types of plywood are made entirely from pine, birch or gaboon, but you can also buy plywood boards faced with quality hardwoods or melamine.

The type of glue used in its manufacture determines whether plywood is suitable for interior or exterior use. Best-quality plywood is used for manufacturing furniture, while the cheaper grades are mostly used for building work such as shuttering for concrete.

Plywood sizes

Typical thicknesses range from 3 to 18mm (⅛ to ¾in) and there are several sheet sizes, the most common standard size being 2440 x 1220mm (8 x 4ft).

Chipboard

Chipboard is a relatively cheap material commonly used to make modern cabinet furniture. The board is manufactured by gluing small softwood chips together under pressure. There are several grades, including standard and moisture-resistant types for flooring and roofing.

Standard chipboard, which is sanded smooth on both sides, can be filled and primed for painting. It also makes a good substrate for veneer. There are also several proprietary brands of chipboard faced with timber or melamine veneers.

Extra-thick melamine-faced boards are made for kitchen worktops.

Chipboard sizes

Standard chipboard sheets measure 2440 x 1220mm (8 x 4ft) and are available either 9, 12, 15 or 18mm (⅜, ½, ⅝ or ¾in) thick.

Melamine-faced and veneered chipboard are available as planks 15mm (⅝in) thick. These range from 150 to 600mm (6in to 2ft) wide and are either 1820 or 2440mm (6 or 8ft) long. They are used extensively for shelving and DIY cabinet-making.

Blockboard

Blockboard consists of a core of rectangular-section wood battens sandwiched between two double layers of pressure-bonded veneer. It is used where structural strength and stability are needed: for an unsupported span of worktop, for example, or shelving that has to bear a heavy load. Blockboard is an excellent material for veneering – but where appearance is important, exposed edges need to be covered with strips of solid wood known as lipping. Lipping may be applied before or after veneering.

For painting, the surface veneers of blockboard need only light sanding, but the edges will need filling or lipping.

Blockboard sizes

Blockboard is sold as 2440 x 1220mm (8 x 4ft) sheets, 12, 18 or 25mm (½, ¾ or 1in) thick.

Hardboard

Hardboard is a dense, thin sheet material made from compressed softwood pulp. Structurally it is not as strong as other man-made boards, but it is relatively cheap and very stable.

Types of hardboard

Standard hardboard is brown in colour and 3.2mm (⅛in) thick, with one smooth shiny side and one textured. Other types include:

Duo-faced hardboard – having a smooth surface on both sides.

Perforated hardboard – pierced with a regular pattern of round or decoratively shaped holes.

Textured hardboard – with a decorative moulded surface.

Oil-tempered hardboard – a moisture-resistant type.

Flame-retardant hardboard – more resistant to fire.

Prefinished – with a white finish or printed wood-grain effect.

Uses and sizes

Standard hardboard is relatively light, easy to cut, and ideal for small sliding doors, cabinet backs and drawer bottoms and as an underlay for floorcoverings.

Textured and prefinished boards are used for wall panelling.

Standard hardboard sheets measure 2440 x 1220mm (8 x 4ft), but many timber suppliers stock subdivisions of this size.

Fibreboards

Like hardboard, these are made from compressed wood fibre in various densities. Soft types are used for insulation, pinboard and wall sheathing.

Medium-density fibreboard (MDF) is a dense material with fine smooth surfaces on both sides. The edges machine well, making them easy to finish with paint or veneer. MDF is made in a range of thicknesses, from 3 to 25mm (⅛ to 1in) or more; the sheet size is 2440 x 1220mm (8 x 4ft). A grooved board, 6mm (¼in) thick, is made for bending into curved shapes.

Man-made boards
1 Plywood
2 Chipboard
3 Blockboard
4 Standard hardboard
5 Perforated hardboard
6 Textured hardboard
7 Medium-density fibreboard (MDF)
8 Flexible MDF

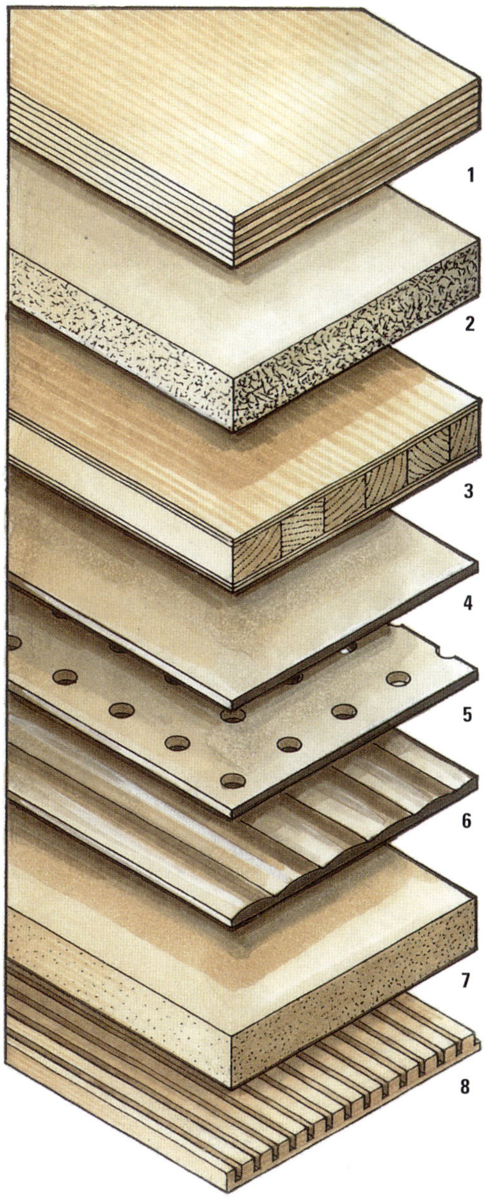

SEE ALSO: Preparing boards 52

Mouldings and adhesives

MOULDINGS

Both softwoods and hardwoods are used for making mouldings. The cheaper softwoods are generally used for the larger joinery mouldings such as skirtings and architraves, although some are made in hardwood. Smaller sections, for dowelling, picture-framing, and decorative cover mouldings, are usually made from hardwoods. Period-style mouldings are generally more ornate than modern sections. If you need to replace a wooden moulding but can't find the right profile to match, it is possible to have the shape machined by specialists. Simply supply them with a pattern or sample piece.

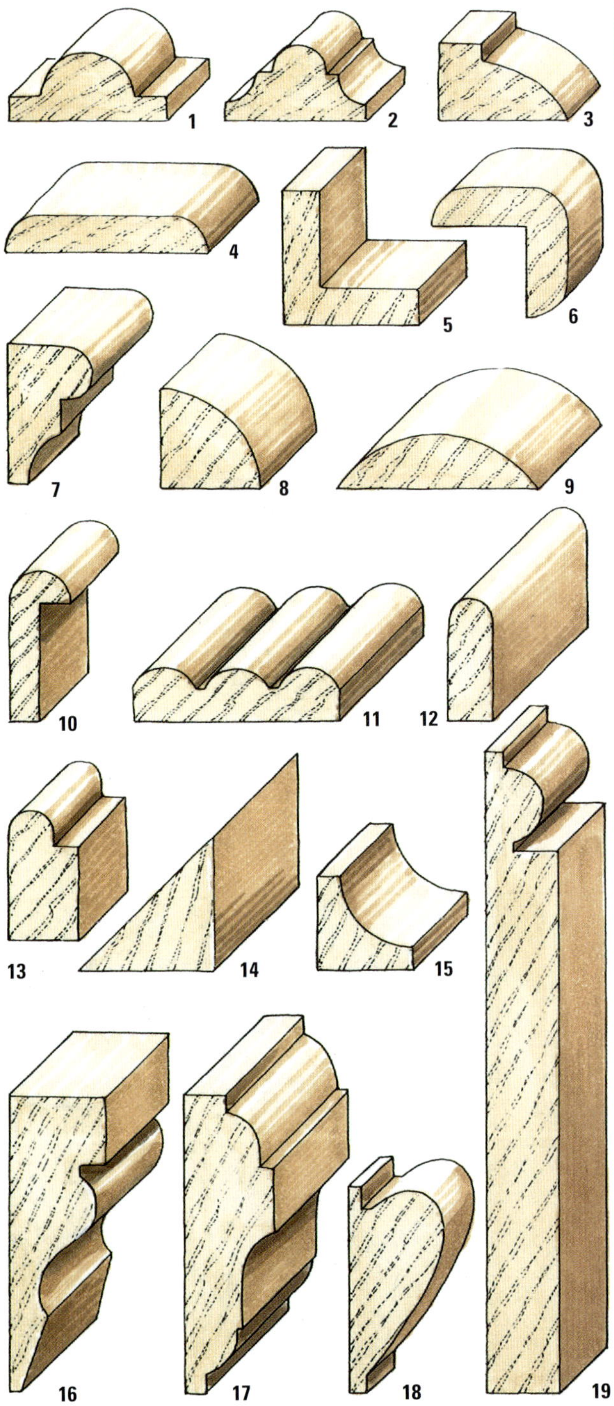

Moulding sections
- **1** Astragal
- **2** Double astragal
- **3** Glass bead
- **4** 'D' shape
- **5** Flat corner
- **6** Cushion corner
- **7** Broken ogee
- **8** Quadrant
- **9** Half round
- **10** Hockey stick
- **11** Reeded
- **12** Parting bead
- **13** Staff bead
- **14** Triangle
- **15** Scotia
- **16** Architrave
- **17** Dado
- **18** Picture rail
- **19** Skirting

ADHESIVES

Modern adhesives are greatly superior to the old glues they have supplanted. Although there is no true 'universal glue' that will stick anything to anything, you can bond most materials if you use the appropriate adhesive. There are a great many general-purpose and specific-purpose glues; those discussed here relate to the procedures dealt with in this book.

Woodworking

To glue wood and man-made boards for use indoors, apply a polyvinyl (PVA) woodworking glue to one or both of the mating surfaces. Clamp or weight the work, and wipe off any excess glue squeezed from the joint with a damp cloth. The joint can be handled within 30 minutes, and the bond will be complete in 24 hours.

When gluing wall panels to furring strips, use a synthetic rubber-based contact adhesive. Apply it to both mating surfaces, and allow it to become touch-dry, then press the surfaces together by hand for an almost instantaneous bond. Alternatively, use a gun-applied acrylic adhesive.

Outdoors, use waterproof exterior PVA glue or a powdered synthetic-resin glue that you mix with water. Alternatively, use a two-part resorcinol or urea adhesive. The two parts – resin and hardener – are either mixed or applied separately to the faces being glued. In the latter case, the adhesive begins to set only when the faces are brought together. All these glues require the work to be clamped during the setting period.

Fixing melamine laminates

Contact adhesives were developed for fixing melamine laminates to wood and other surfaces. Originally these adhesives stuck instantly on contact, but most modern versions have what is called 'slidability', which allows some repositioning of a laminate that has not been placed accurately.

Apply the adhesive to both surfaces, let it become touch-dry, and then press them firmly together. For larger panels, place a layer of waxed paper or polythene sheet between the bonding surfaces and, working from one edge, gradually withdraw the paper or plastic as you press the laminate down onto the board.

Fixing floorcoverings

Flooring adhesives need to be versatile enough to fix a wide range of coverings – cork, vinyl, linoleum and many others – to such surfaces as floorboards, concrete, cement screed and hardboard underlays. They must also be able to withstand regular floor-washing and the spillage of various liquids. Such multi-purpose flooring adhesives are made from synthetic resin or latex. They will stick almost any covering to any floor surface. They are semi-flexible and will not crack or fail due to slight movement of the covering.

Fixing ceiling tiles

Expanded-polystyrene ceiling tiles and coving can be glued to plaster and plasterboard surfaces, using a synthetic latex-based 'non-flamm' adhesive. These adhesives haves gap-filling properties that allow the material to be fixed effectively to rough or uneven surfaces. They also allow some degree of movement so that the tiles can be adjusted after they have been stuck in place.

Fixing ceramic tiles

Ceramic wall tiles are fixed in place with adhesive that is available ready-mixed or in powder form. Some are dual-purpose, for use as an adhesive and grout. Ordinary 'thin-bed' adhesives are for tiling on fairly flat surfaces, and there are 'thick-bed' ones for use on rough and uneven surfaces.

Use a water-resistant version for kitchens and bathrooms. Epoxy-based grouts resist mould growth and help keep kitchens and bathrooms germ-free.

Ceramic floor tiles are usually laid with a cement-based tile adhesive. Thick quarry tiles are sometimes laid on a sand-and-cement mortar – to which a special builder's adhesive, PVA bonding agent, can be added to improve adhesion (a method also used for repairing sand-and-cement renderings and concrete).

Gluing metals

Metals can be glued with epoxy-resin adhesives, which produce a powerful bond. The adhesives come in two parts, a resin and a hardener, supplied in separate tubes or a special twin dispenser. Both parts are mixed together, then used within a prescribed time after mixing.

(Continued opposite)

SEE ALSO: Levelling a floor 55, Ceramic tiles 105, Ceiling tiles 107, Architectural mouldings 149

Epoxy-resin adhesives are also generally suitable for joining glass, ceramics, glass fibre and rigid plastic. However, some products will not join all of these materials, so make sure you get the right adhesive for the job.

Cyanoacrylates
The cyanoacrylates, or 'super glues', come close to being universal adhesives that will stick anything. They rapidly bond a great many materials, including human skin – so take great care when handling them (see Adhesive solvents, right).

Usually supplied in tubes with fine nozzles, super glues must be used sparingly. Most are thin liquids, but a gel type is also available. They are commonly used for joining small objects made of metal, glass, ceramic, glass fibre or rigid plastic.

Acrylic polymer adhesive
This solvent-free adhesive, sold in cartridges, is used in place of mechanical fixings, such as nails and screws, to secure wooden mouldings and boards.

Polyurethane-foam adhesive
Available in pressurized cans, this glue is used for fast and clean application when bonding a range of building materials. Some expand rapidly for use as gap fillers.

Glue guns
An electric 'hot-melt' glue gun is loaded with a rod of solid glue that melts under heat; the glue is discharged as a liquid onto the work when the gun is activated. The components are pressed or clamped together and the glue bonds as it cools. Glue guns are useful for accurate spot-gluing, and there is a choice of glue rods for use with various materials. The glues cool and set within 20 to 90 seconds.

Cold gun-applied adhesive for fixing wallboards and ceiling tiles is supplied in cartridges fitted with nozzles. When you squeeze the gun's trigger, a ram pushes on the base of the cartridge and forces out the glue.

ADHESIVE SOLVENTS

When using an adhesive, you will inevitably put some where you don't want it. So have the right solvent handy for the glue in question and use it promptly. The more the glue has set, the harder it is to remove; and once the glue has set hard, it may be impossible to dissolve it.

ADHESIVE	SOLVENT
PVA woodworking glue	Water
Synthetic-resin	Water
Rubber-based contact glue	Acetone
Rubber-resin	Petrol
Synthetic-latex	Water
Epoxy-resin	Acetone or methylated spirit; liquid paint stripper if hard (not on skin)
Cyanoacrylates (super glues)	Special manufacturer's solvent
Acrylic adhesive	Water
Polyurethane foam	Special manufacturer's solvent

BRAND-NAME GUIDE TO ADHESIVES

Unless a manufacturer prints the type of glue on its container, it can be difficult to identify the adhesive you need. The brand names listed below are intended to help you recognize a type of glue. This is not necessarily a list of recommended products.

PVA adhesives
Bostik Wood Adhesive
Brummer Wood Adhesive
Brummer General Purpose
Dunlop Wood Adhesive
Evo-Stik Wood Adhesive
Evo-Stik Wood Adhesive – Waterproof
Evo-Bond Building Adhesive
Humbrol Extra Bond
Humbrol Extrarez
Loctite Wood Bond Rapid
Unibond Super PVA
Polycell Multi-purpose

Contact adhesives (rubber-based)
Bostik Contact
Dunlop Thixofix
Dunlop Thixofix Eco
Evo-Stik Impact
Evo-Stik Time bond
Evo-Stik 528
Evo-Stik Safe 80
Evo-stik Foaming Contact

Epoxy-resin adhesives
Araldite (3 versions)
Bostik Epoxy
Humbrol Selfmix
Plastic Padding Super Epoxy

Synthetic-resin adhesives
Humbrol Cascamite
Humbrol Cascophen
Aerolite

Rubber-resin and synthetic-latex adhesives
Evo-Stik Flooring Adhesive
Evo-Stik Ceiling Tile Adhesive
Evo-Stik Panel Adhesive (Gun-O-Prene)
Evo-Stik Evo Grip
Unibond Flooring Adhesive
Unibond Wallboard Adhesive

Cyanoacrylates (super glues)
Bostik Superglue
Loctite Super Glue
Supergluematic
Vallance UPVC Superglue

Acrylic polymer adhesive
Dunlop Grip
Evo-Stik Nail Free Fixing
Polycell Grippa Adhesive
Unibond No More Nails
Unibond Wallboard & Skirting
Vallance Liquid Nails

PVA and Acrylic tile adhesives
Dunlop Flooring Adhesive
Dunlop Wall Tile Adhesive
Evo-Stik Easy to Tile
Evo-Stik Wall Tile Adhesive
Unibond Polystyrene & Cove

Polyurethane-foam adhesives
Evo-seal Expanding Filler
Dunlop Expanding Foam Filler
Humbrol Multipurpose Foam

Use this chart as a guide for gluing the materials on the left to those across the top.	WOOD AND MAN-MADE BOARDS	MASONRY	PLASTER	METAL	STONE	GLASS	CERAMIC	RIGID PLASTIC/ FIBRE GLASS
WOOD/MAN-MADE BOARDS	1,2,3,5,8	5,8,10	5,8,10	4,8	5,8	4,8	4,8	4,8,10
METAL	4,8			4,7,8	4,7,8	4,7,8	4,7,8.	4,7,8
SYNTHETIC LAMINATES	3	3	3		3			3
FLOORCOVERINGS	5,6	5,6			5,6		5,6	
CEILING TILES/PANELS	6,9,10	6,9,10	6,9,10		6,9,10			
CERAMIC	4,8,9	9	9	4,8	9	4,7,8	4,7,8	4,8
STONE	4	4		4	4	4		
GLASS	3,4	4	4	4,7,8	4	4,7,8	4,7,8	4,8
RIGID PLASTICS/GLASS FIBRE	4,8,10			4,7,8	8,10	4,8	4,8	4,7,8

KEY TO TYPES OF ADHESIVES
1 PVA woodworking adhesive
2 Synthetic-resin/ Resorcinol and urea
3 Rubber-based contact
4 Epoxy-resin
5 Rubber-resin
6 Synthetic-latex
7 Cyanoacrylates
8 Acrylic polymer
9 PVA/Acrylic tile adhesive
10 Polyurethane foam

SEE ALSO: Levelling a floor 55, Ceramic tiles 105, Ceiling tiles 107, Architectural mouldings 149

Nails

FIXINGS

A crucial aspect of any assembly or construction is choosing the right method of fixing. As well as the time-honoured variety of nails and screws for woodwork and nuts, bolts and rivets for metalwork, nowadays there are a number of patent devices that speed and simplify many jobs.

NAILS

Nails afford a cheap and simple, though relatively crude, method of fixing for a variety of timber structures. They're useful for holding glued joints together, and can be applied decoratively to upholstery. There are many types of nail for general use and also for specific purposes. For a good fixing, you need to choose the right kind and size.

Round plain-head wire nail
Rough general carpentry. Bright steel or galvanized finish. 20 to 150mm (¾ to 6in).

Round lost-head wire nail
Joinery. Head can be punched in and concealed. Bright steel finish. 40 to 75mm (1½ to 3in).

Lath nail
For fixing laths and thin battens. Galvanized finish. 25 to 40mm (1 to 1½in).

Ring-shank nail
For extra-secure fixings. Bright or stainless steel. 20 to 100mm (¾ to 4in).

Square twisted plain-head nail
General-purpose. Twisted shank gives extra grip. Bright steel or sherardized. 20 to 100mm (¾ to 4in).

Cut clasp nail
Carpentry, and for fixing wood to masonry. Black iron. 25 to 200mm (1 to 8in).

Cut floor nail
For nailing floorboards to joists. Black iron. 40 to 75mm (1½ to 3in).

Oval wire nail
Carpentry. Can be punched in and concealed. Less likely to split the wood than round wire nails. Bright steel. 25 to 150mm (1 to 6in).

Oval lost-head nail
An oval nail with a small head that gives a neater finish. Bright steel. 25 to 150mm (1 to 6in).

Plasterboard nail
For fixing plasterboard to battens. Jagged shank gives good grip. Bright steel, sherardized or galvanized. 30 to 40mm (1¼ to 1½in).

Panel pin
Cabinet-making and fine joinery (with glue). Bright steel. 15 to 50mm (⅝ to 2in).

Veneer pin (moulding pin)
For applying veneers and small mouldings. Bright steel. 15 to 50mm (⅝ to 2in).

Hardboard panel pin
For fixing hardboard and light plywood. Diamond-shaped head is driven in flush with board. Coppered. 20 to 40mm (¾ to 1½in).

Corrugated fastener
For making rough butted or mitre framing joints.

Clout (slate) nail
For fixing slates and roofing materials. Galvanized or bright steel, aluminium or copper. 20 to 100mm (¾ to 4in).

Felt nail or large-head clout nail
For attaching roofing felt, webbing etc. Bright steel or galvanized. 12 to 50mm (½ to 2in).

Roofing nail or drive screw
For fixing corrugated sheet to timber. The spiral shank gives extra grip. Used with shaped washers. Galvanized. 65 to 115mm (2½ to 4½in).

● Preventing split wood
To avoid splitting, if that seems likely, blunt the point of a nail with a light hammer blow. A blunt nail punches its way through timber instead of forcing the fibres apart.

● Removing a dent from wood
If you dent wood with a misplaced hammer blow, put a few drops of hot water on the dent and let the wood swell. When it is dry, smooth the wood with abrasive paper.

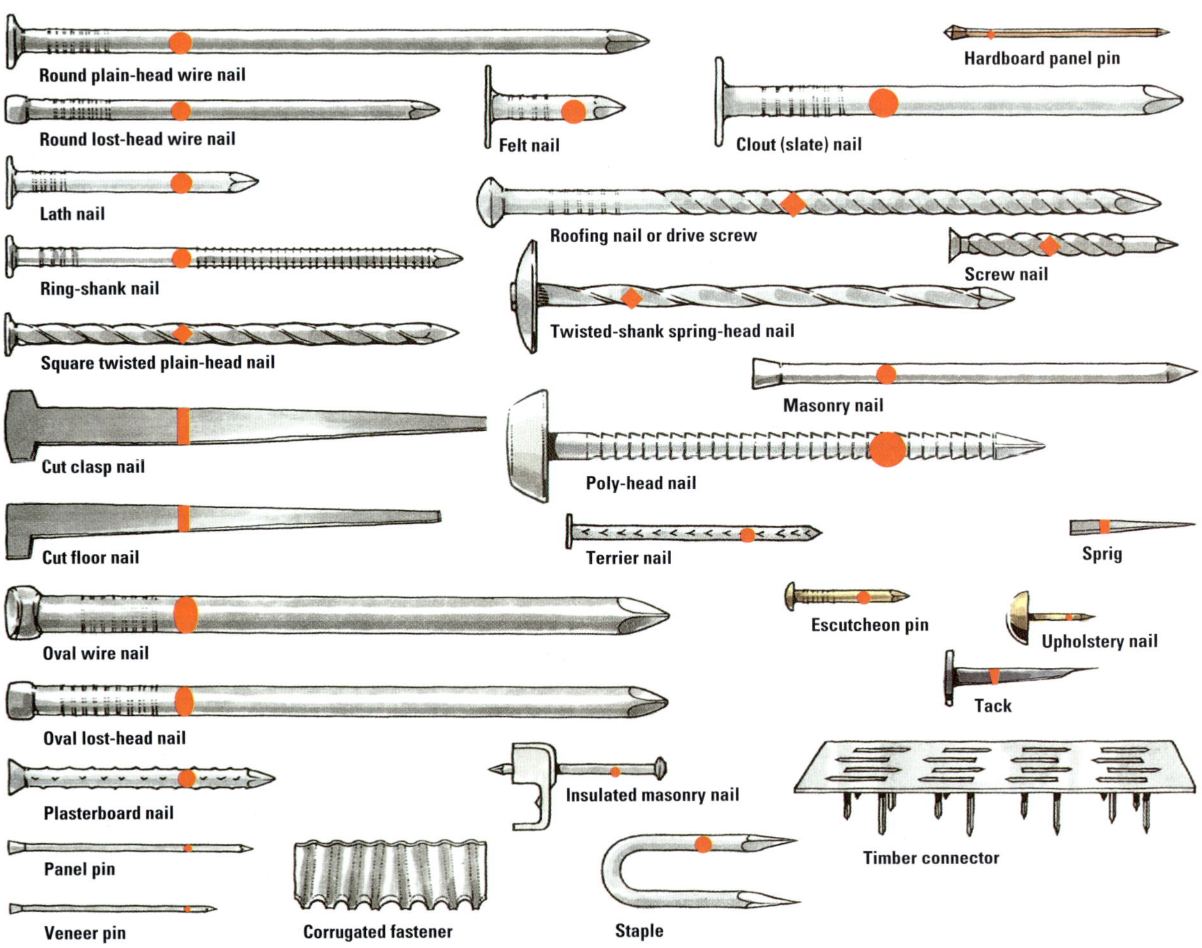

● Key to diagram
The red symbols superimposed on the nails and pins represent their cross section.

SEE ALSO: Fitting carpet 122, Fixing plasterboard 167, Fitting glass 210, Roof slates/tiles 234, Corrugated roofing 237, Roofing felt 238

Screws

Twisted-shank spring-head nail
For fixing sheet materials and man-made boards. Galvanized. 65mm (2½in).

Masonry nail
For fixing wood to masonry. Hard bright steel. 23 to 85mm (⅞ to 3⅜in).

Escutcheon pin
For fixing keyhole plates etc. Brass. 15 or 20mm (⅝ or ¾in).

Terrier nail
Barbed nail for extra-strong wood-to-wood fixings. Available with countersunk head, from 25 to 65mm (1 to 2½in); and with flat head, from 30 to 80mm (1⅛ to 3⅛in).

Sprig
For glazing, picture-framing, and fixing linoleum. Black iron. 12 to 20mm (½ to ¾in).

Timber connector
For making rough butted or mitre wood joints.

Staple
Rough carpentry, and for fixing fencing wire. Bright steel or galvanized. 10 to 40mm (⅜ to 1½in).

Upholstery nail
For upholstering furniture. Domed decorative head. Brass, bronze, chromed or antique. 3 to 12mm (⅛ to ½in).

Tack
For carpeting, and attaching fabric to wood. Blued, coppered or galvanized. 6 to 30mm (¼ to 1¼in).

Insulated masonry nail
For securing electric cable and micro-bore pipe to masonry. The nail is driven through a plastic cable clip. Available in various shapes and sizes.

Screw nail
Pilot-pointed nail with a helical-threaded shank and countersunk head. For fixing hardboard, plywood and sheet materials. Bright steel. 12 to 50mm (½ to 2in).

Poly-head nail
Stainless-steel nail with ringed shank and shatter-proof plastic head. For fixing plastic cladding. 30 to 65mm (1¼ to 2½in).

SCREWS

Screws are manufactured with a small range of head shapes, suited to various purposes, and in a choice of materials and finishes. They are usually made of mild steel, but hardened steel is also used.

Solid brass and stainless-steel screws do not rust. Steel screws are sometimes plated with zinc, chromium or brass to make them corrosion-resistant. There are also sherardized, bronzed and japanned screws.

Screw fixing
For anything other than rough work, use screws in preference to nails when joining wooden components together or for attaching other materials to wood. Screws provide a strong clamping force, and they can be removed to allow components to be removed or adjusted without damage to the parts. When combined with glue, they can be used to clamp joints tight without the need for cramps.

Screw threads
Traditional woodscrews have a plain 'full' shank below the head that acts as a dowel. The shank is about one-third the length of the screw, the remainder being threaded and ending with a gimlet point.

More modern screws have a modified thread that may be single or double. They have a sharp point that makes starting easier, and a shank that's smaller in diameter than the thread – so that the smaller screws, at least, don't require a pilot hole to be drilled. Some screws are threaded along their entire length and so can be driven in quickly using a power screwdriver with little risk of splitting the wood.

Screwheads
There are six basic head shapes:

Countersunk head, *for work where the screw must be recessed, either flush with the surface or below it.*

Roundhead *(sometimes called* **domed**), *usually used with sheet material that is too thin for countersinking.*

Raised head, *a combination of domed and countersunk, often used for attaching metal items, such as door furniture, to wood.*

Mirror screws, *countersunk screws with a threaded centre hole for attaching a decorative dome, are used for fixing wall mirrors and the like in place.*

Pan head *and* **flange head,** *similar to roundhead but mainly found on self-tapping screws used for joining sheet metal.*

A further subdivision of all these screws is between those with **slotted heads** *and those with* **cross-slotted heads,** *which need cross-head screwdrivers. Cross-slotted heads provide a better grip and are ideal for use with power screwdrivers.*

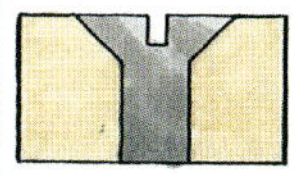
Countersunk

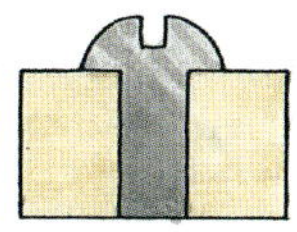
Roundhead

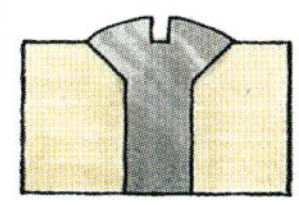
Raised head

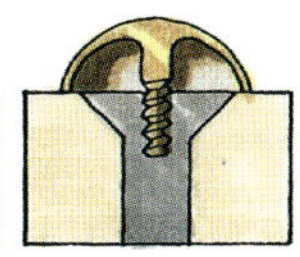
Mirror screw

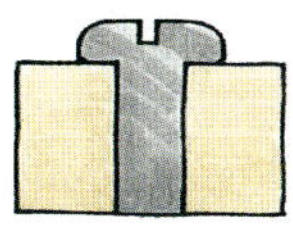
Pan head

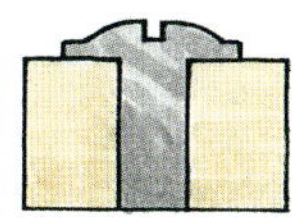
Flange head

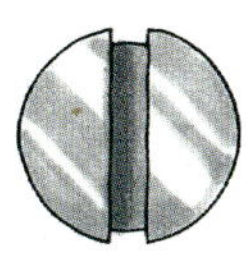
Slotted head

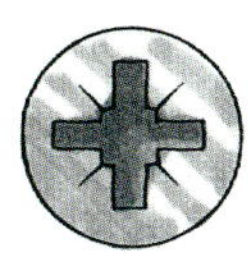
Cross-head

Sizes and gauges
All screws are described in terms of their length (given in millimetres or inches) and their shank diameter, or gauge (swg), which is expressed as a simple number from 1 to 20. The thicker the screw, the higher its gauge number. The gauges in most general use are 4, 6, 8 and 10. Some are now given in metric sizes only.

The length of a screw is the distance between its pointed tip and the part of the head that lies flush with the work surface. Woodscrews are made in lengths ranging from 6 to 150mm (¼ to 6in) – but not every combination of length, head shape and material is available, let alone stocked in every gauge. The widest choice is generally to be found within gauges 6 to 12.

Cups, sockets and caps
Countersunk and raised-head screws may be used with metal screw cups, which improve their clamping force and also make for a neat appearance. Plastic sockets with snap-on caps are also available to conceal the heads of screws. Also, there are simple semi-domed plastic caps that plug into flush-mounted cross-head screwheads.

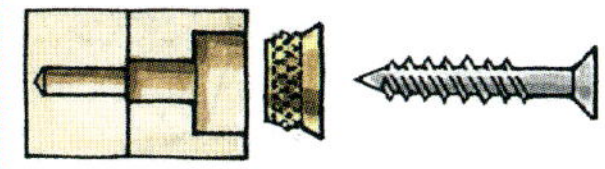
Flush screw cup

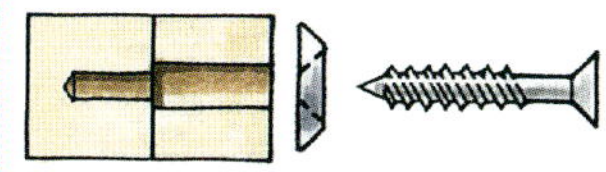
Surface screw cup

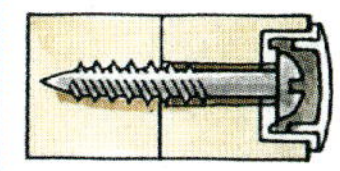
Plastic socket and cap

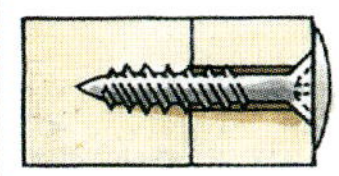
Plastic cap

Types and uses
The machine-made gimlet-point woodscrew has changed little since it was developed in the last century. However, since the introduction of man-made boards and electric screwdrivers, manufacturers have produced new thread and head forms.

Unhardened woodscrews
The traditional woodscrew, with its single-helix thread, is made in the widest range of sizes, head types and materials. It is suitable for most woods and is particularly suited for fixing metal fittings such as hinges, locks and catches. This type of screw requires a pilot hole and shank-clearance hole to be drilled prior to fitting.

Length: 9 to 150mm (⅜ to 6in).
Diameter/gauge: 2 to 18swg.

Hardened-steel woodscrews
Countersunk or roundhead screws are available with twin steep-pitch threads for fast insertion. They can be used with all types of solid wood and man-made boards. The hardened metal makes it possible to drive into a range of relatively soft materials without the need for pilot holes.

Length: 12 to 100mm (½ to 4in).
Diameter/gauge: 3 to 12swg.

(Continued overleaf

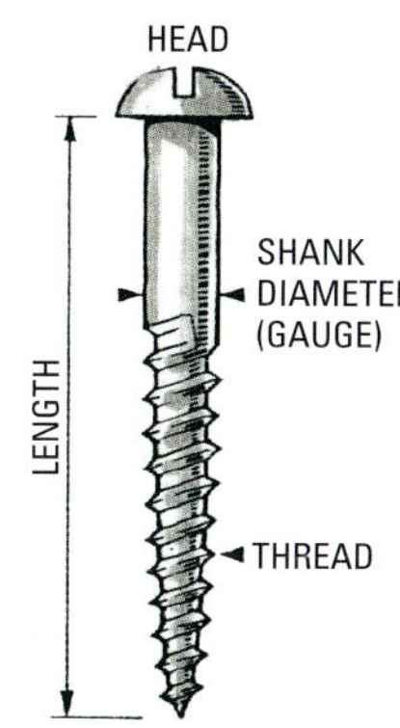

Parts of a screw
It may help avoid confusion if you use the accepted terminology when ordering screws.

SEE ALSO: Countersink bits 502, Inserting screws 503, Screwdrivers 503, Drilling masonry 509

Screws and wall fixings

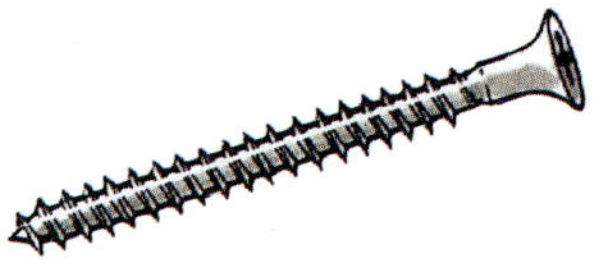

Chipboard screws
These hardened-steel screws are primarily used for chipboard, but are also suitable as general-purpose woodscrews. Made with countersunk heads only, they have a single-helix thread.

Although pilot holes are required for most materials, you can drive small-diameter screws directly into softwoods or low-density man-made boards.

Length: 12 to 100mm (½ to 4in). Diameter/gauge: 3 to 6mm (⅛ to ¼in).

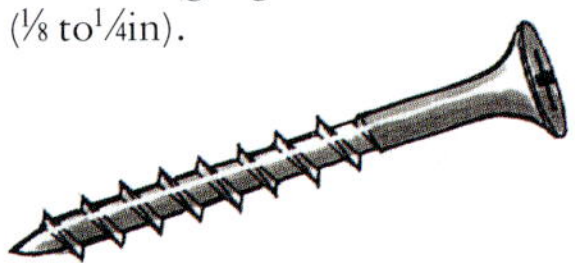

Carcass screws
These hardened-steel screws with a coarse single-helix thread are designed to be driven into the edge of chipboard without splitting it. Although not always necessary, drilling a pilot hole makes for easy installation.

Length: 45mm (1¾in). Diameter/gauge: 8swg.

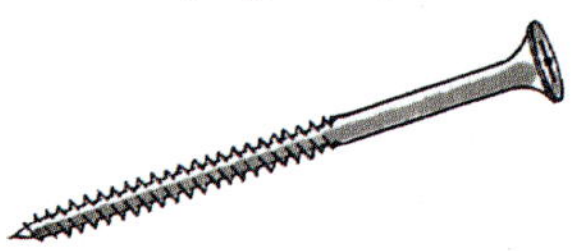

Dry-wall screws
A special range of hardened screws with twin threads are made for fixing plasterboard or fibreboard to wooden or metal furring strips or studs. Each screw has a sharp point for drilling its own hole and a bugle-shaped countersunk head that enables it to bed down into the board material.

Length: 25 to 75mm (1 to 3in). Diameter/gauge: 3.5 and 4.2mm (¼ and 5/32in).

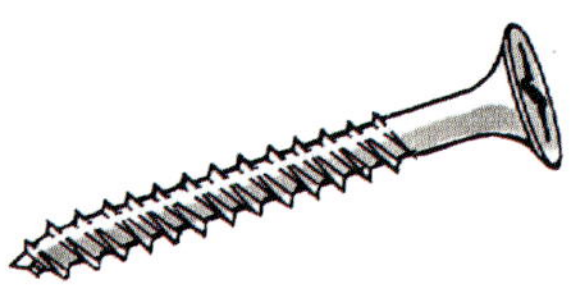

Security screws
The heads of these countersunk screws have special slots that permit the screw to be driven into the work but reject the tip of the screwdriver when the action is reversed in an attempt to remove the screw. The latest type has twin threads and is for use with cross-head screwdrivers.

Length: 18 to 50mm (¾ to 2in). Diameter/gauge: 6 to 12swg.

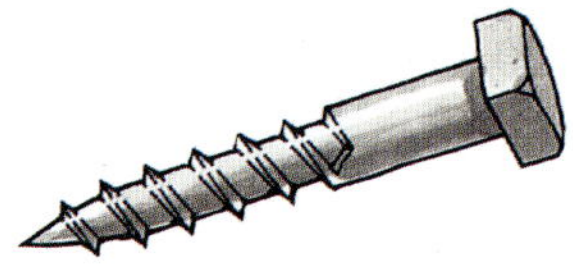

Coach screws
Coach screws are made from unhardened steel, and are used for heavy-duty applications such as building a workbench. They have a square head and are driven into the work with a spanner. Large washers prevent the heads cutting into the timber.

Length: 25 to 150mm (1 to 6in). Diameter/gauge: 6 to 12mm (¼ to ½in).

Self-tapping screws
Self-tapping screws are designed to cut their own thread in materials such as plastics and thin sheet metal. They are made from case-hardened steel and are normally available in four head forms, countersunk, raised head, pan head and flange head, either slotted or cross-head. Hexagonal-head screws are available for insertion using a spanner.

Length: 6 to 63mm (¼ to 2½in). Diameter/gauge: 4 to 14swg.

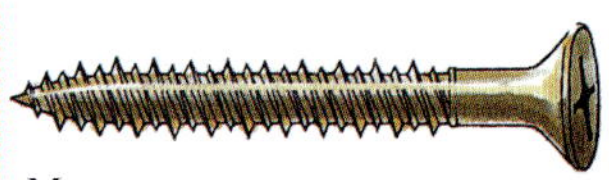

Masonry screws
These extra-hard screws with a special dual thread can be driven directly into all types of masonry without the need for wallplugs.

Length: 57 to 100mm (2¼ to 4in). Diameter/gauge: 4.8 and 6.4mm (3/16 and ¼in).

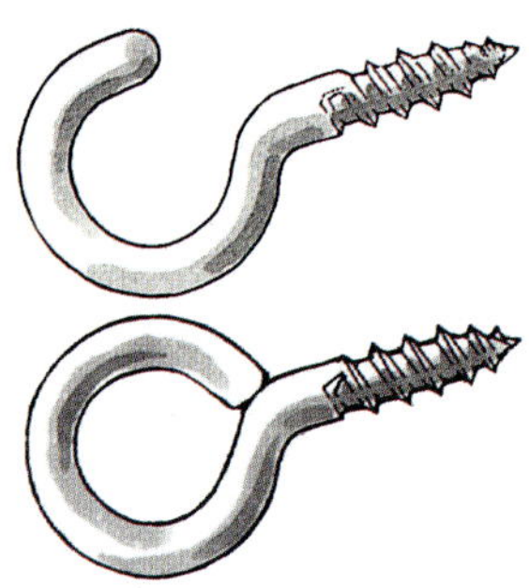

Screw hooks and eyes
Made of steel, screw hooks and eyes have a conventional woodscrew thread for fixing to a wall or panel. Plain or shouldered screw hooks are made in various sizes and with round or square-shaped hooks, either bright-plated or plastic-coated. The hooks provide fixing points for cords, chains and so on.

WALL FIXINGS

To make secure fixings to anything other than solid wood or man-made boards involves the use of fixing aids. These range from simple plugs that take a woodscrew in a hole drilled in brick or masonry to elaborate heavy-duty devices complete with bolts. There are also special products for making fixings to hollow walls.

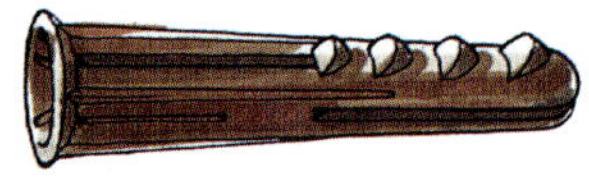

Moulded plastic

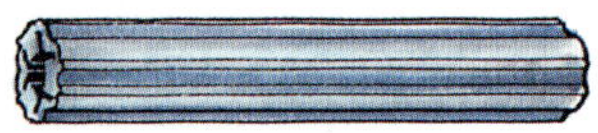

Extruded plastic

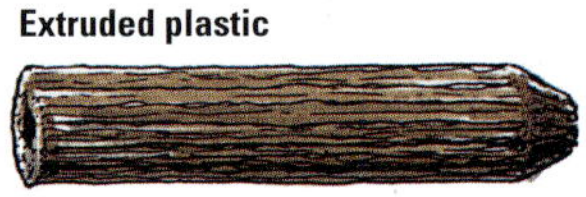

Fibre

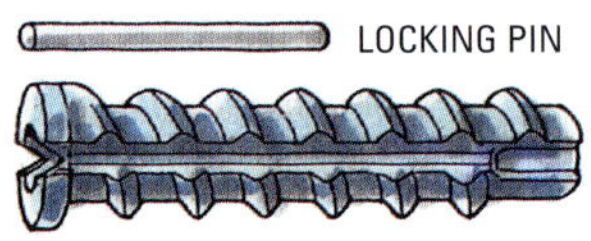

Threaded plug

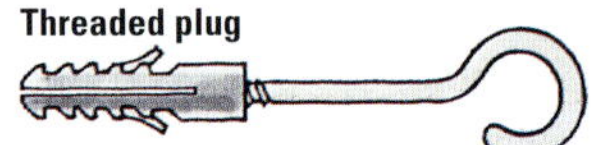

Clothesline fixing

Wallplugs
These relatively simple fixings anchor a variety of screws.

There are lightweight to medium-duty **moulded-plastic wallplugs** *that take a range of standard gauge woodscrews, generally from No 4 to No 14. Some are colour-coded for easy recognition.*

A wallplug is pushed into a drilled hole, and then the screw is driven into the plug, which expands to grip the sides of the hole tightly.

Extruded-plastic plugs *are straight fluted tubes that accommodate only the thread of the screw, so have to be cut shorter than the depth of the hole. They are cheaper than moulded plugs, but less convenient.*

Traditional **fibre plugs** *come in set sizes.*

Threaded plugs *are for use in walls of crumbly material like aerated concrete blocks. These plugs have a coarse thread on the outside and are screwed into the soft material to provide a socket for screws. One plastic type uses a locking pin for extra security. Another is supplied with a universal drill bit for making the hole, fitting the plug and driving the screw. There is also an all-metal plug with a coarse thread and a sharp point that cuts its own hole in a plasterboard wall.*

Heavy-duty nylon wallplugs *come complete with coach screws or with screw hooks (for use as clothesline attachments, for example).*

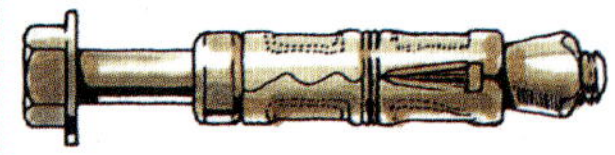

Expansion bolts
These are for making very rugged fixings. There are various designs, but all work on the same basic principle: a bolt is screwed into a segmental metal or plastic shell and engages the thread of an expander. As the bolt is tightened, the expander forces the segments apart to grip the sides of the hole. Hooks and eyes that employ a similar principle are also available.

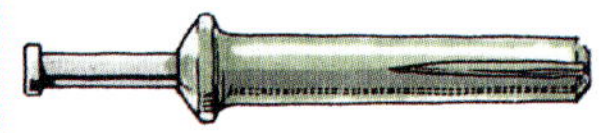

Nailable plug

Nailable plug for plasterboard

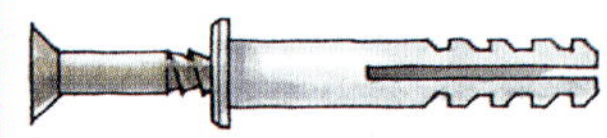

Hammer screw

Nailable plugs
These can be used in place of wallplugs and screws. There are two types: one comprises a flanged expansion sleeve with a masonry nail; the other consists of a ready-assembled wallplug and 'hammer screw'. Both types are hammered into a drilled hole, but only the hammer screw can be removed, using a screwdriver. These plugs are often used for fixing frames, battens, wall linings and skirting boards.

Plastic frame fixing

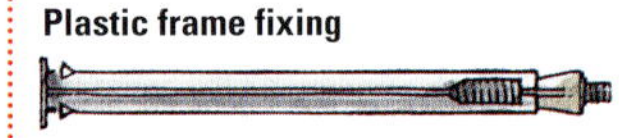

Metal-sleeved frame fixing

Frame fixings
These are designed to speed up screw fixings in wood, plastic or metal door and window frames by eliminating the need to mark out and predrill the fixing holes.

Supplied with a plated screw or bolt, these long fittings are available with plastic plugs or split metal expanding sleeves.

The item to be fixed is first set in position and a clearance hole drilled through it into the wall. The frame fixing is then fitted and the screw tightened.

SEE ALSO: Screwdrivers 503, Drilling masonry 509

Knock-down fittings

Fixings for hollow walls
There are all sorts of variations on the different devices for making fixings to hollow walls of plasterboard on studs, lath and plaster, and so on. Most of them operate on the principle of opening out behind the panel and gripping it in some way.

Special wallplugs, plastic toggles *and* **collapsible anchors** *all have segments that open out or fold up against the inside face of the wallboard or panel.*

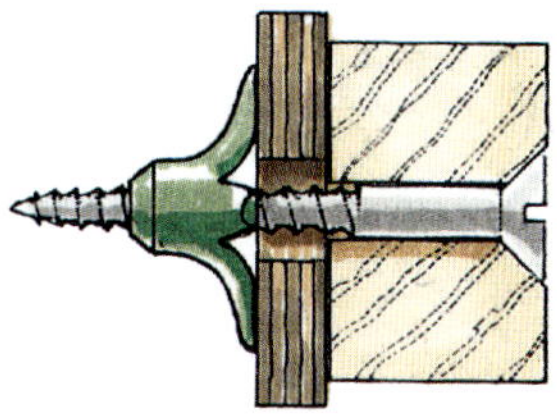

Nylon anchor

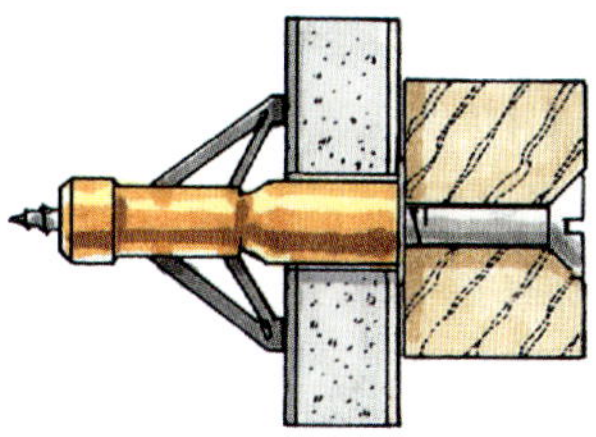

Toggle cavity anchor

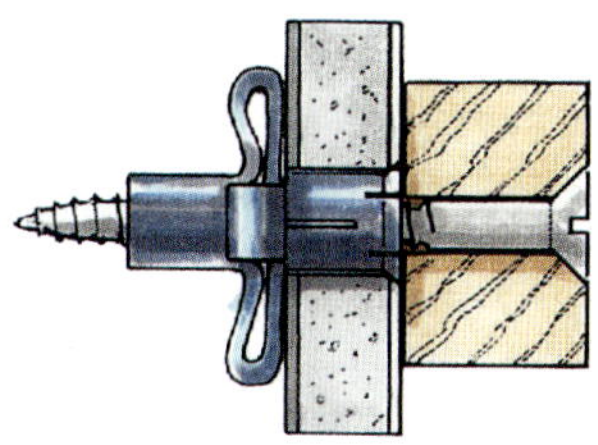

Plastic collapsible anchor

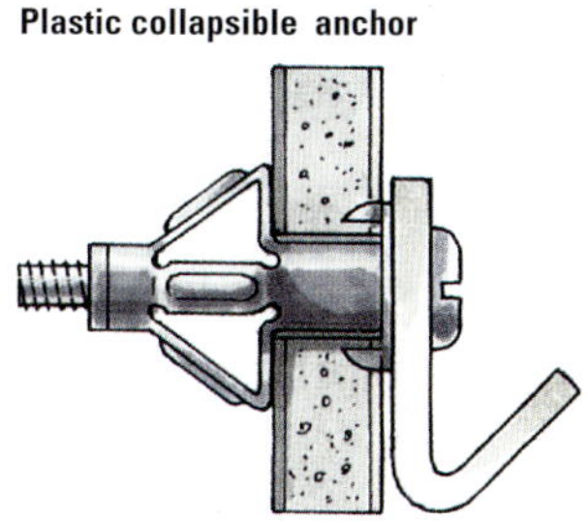

Metal collapsible anchor

A **rubber anchor** *has a steel bolt which, when tightened, draws up an internal nut that makes the rubber sleeve bulge out behind the panel.*

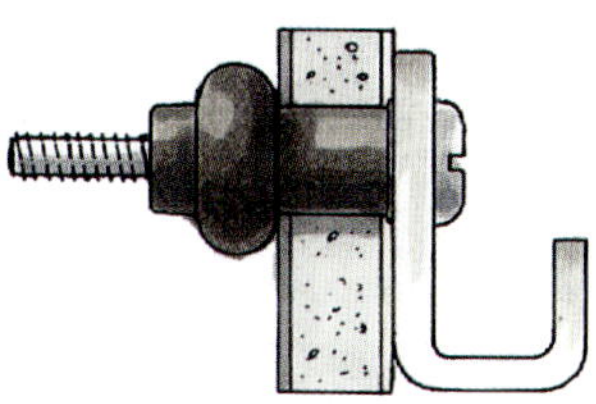

Rubber-sleeve anchor

Metal gravity toggles *and* **spring toggles** *have arms that open out inside the cavity. A gravity toggle has a single arm, pivoted near one end so that its own weight causes it to drop. A spring toggle has two spring-loaded arms that fly open when they are clear of the hole and a bolt that draws them tight up against the panel.*

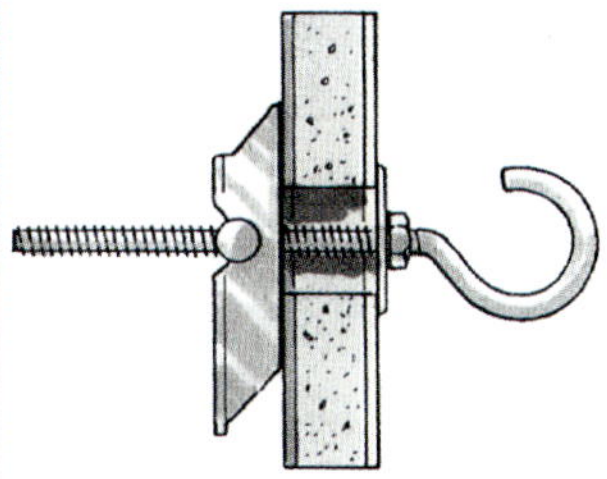

Gravity toggle

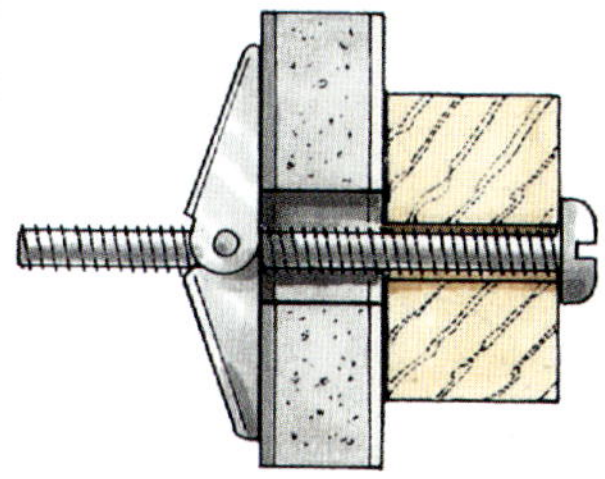

Spring toggle

A nylon strap toggle *has an arm that is held firmly behind the panel by a thin plastic strap while the screw is driven into its pilot hole. The strap is cut off after installation.*

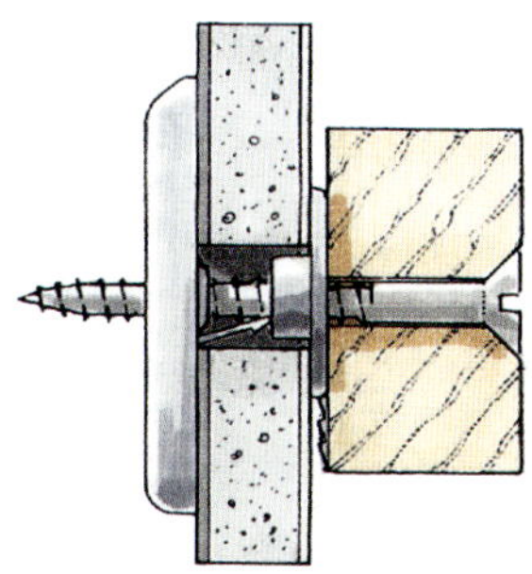

Nylon strap toggle

Some types of anchor remain in the hole if the screw has to be removed. Others, such as nylon anchors and spring toggles, will be lost in the cavity. A rubber anchor can be removed and then used again.

None of these devices should be used for fixings meant to take a heavy load. Instead, locate the timber wall studs and fix directly into them. On lath-and-plaster walls, even for moderate loads use the larger spring and gravity toggles, rather than plug-type fixing devices.

KNOCK-DOWN FITTINGS

Woodscrews in their various forms serve as simple and effective fasteners for all manner of assemblies. However, there are times when the material may require reinforcement or even an alternative mechanical fitting in order to hold the parts together. Knock-down fittings allow components to be easily put together and easily taken apart.

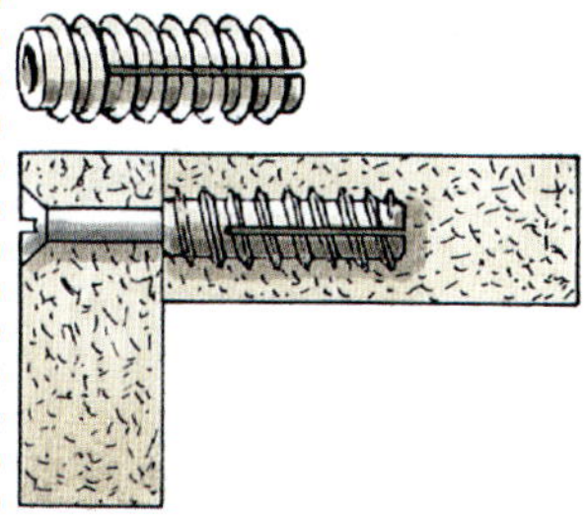

A **chipboard fastener** *is a nylon insert with an external thread that is driven into a hole in the face or edge of chipboard to provide a secure fixing for woodscrews.*

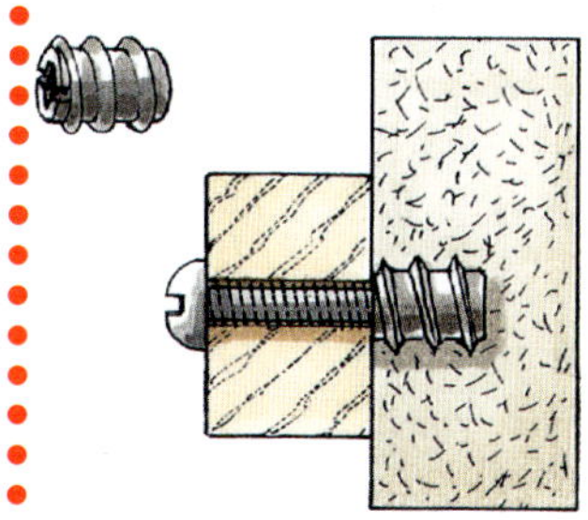

Screw sockets *are metal inserts that are threaded internally to receive a bolt. These sockets make neat concealed fixings.*

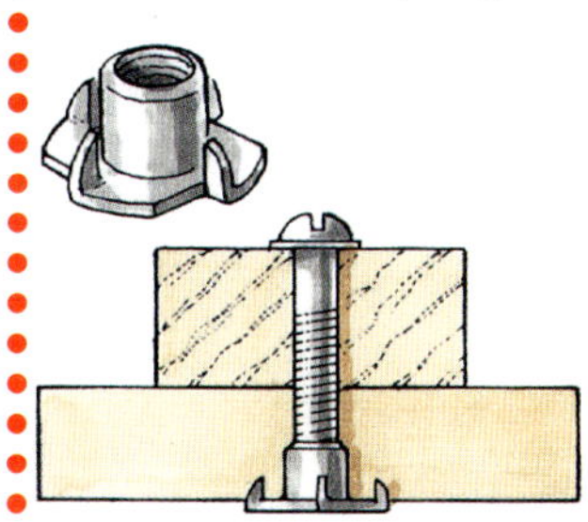

Tee nuts *are used to make strong bolt fastenings in wood. When the metal nut is pressed into the back of a hole drilled in the component, the projecting prongs bite into the wood.*

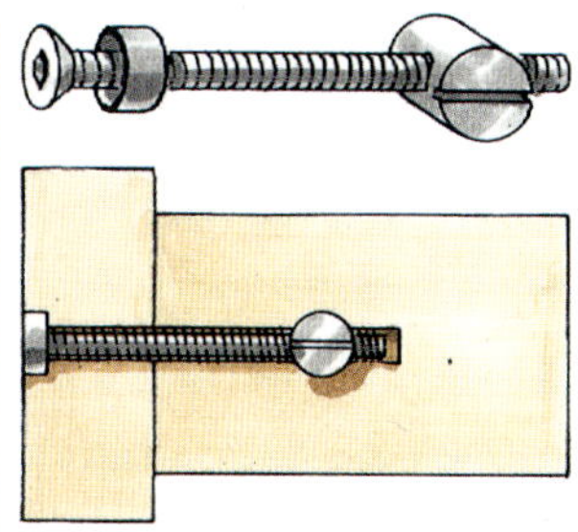

Steel **cross dowels** *are strong fixings for joining the ends of rails to side panels or frames. The dowel is housed in a stopped hole drilled in the underside of the rail. A threaded hole through the side of the dowel receives a bolt. A clearance hole for the bolt is drilled in the end of the rail.*

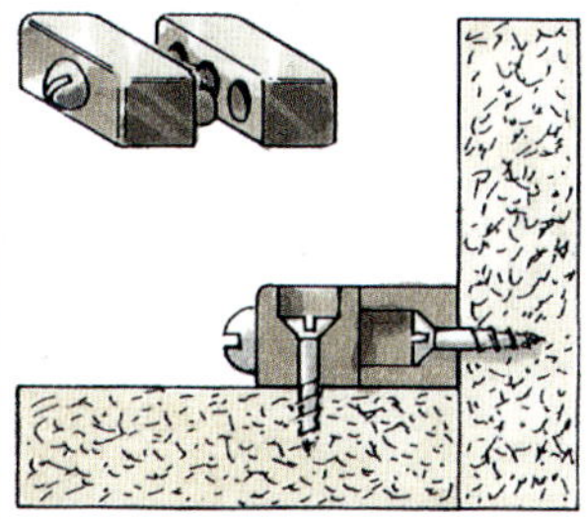

Block joints *are used to join panels at right angles to one another. Made in various patterns, they are basically plastic blocks made in two halves that are screwed to the panels and bolted together. Moulded dowels in one half locate in holes in the other for accurate alignment.*

SEE ALSO: Inserting screws 503, Screwdrivers 503, Drilling masonry 509

Home log

Home address

Full postal address

Phone/fax

e-mail

Date of purchase

Purchase price

Maintenance guarantees

Solicitor

Company

Contact name

Address

Phone/fax

e-mail

Estate agent

Company

Contact name

Address

Phone/fax

e-mail

Mortgage details

Company

Reference number

Contact name

Address

Phone/fax

e-mail

Surveyor

Company

Contact name

Address

Phone/fax

e-mail

Local authority

Reference number

Contact name

Address

Phone/fax

e-mail

ESSENTIAL DEPARTMENTS

Refuse collection

Highways

Planning

Building Regulations

Environmental health

CONTACTING SPECIALISTS

Contact the following organizations for advice on hiring qualified building contractors and specialists.

Decorating

British Decorators Association
32 Coton Road, Nuneaton,
Warwickshire CV11 5TW
02476 353776

Building and roofing

Federation of Master Builders
14 Great James Street,
London WC1N 3DP
020 7242 7583

Builders' Merchants Federation
15 Soho Square, London W1D 3HL
020 7439 1753

National Federation
of Roofing Contractors
24 Weymouth Street, London
W1G 7LX
020 7436 0387

Home security

Master Locksmiths Association
Unit 5D, Great Central Way,
Woodford Halse, Daventry NN11 3PZ
01327 262255

British Security Industry Association
Security House, Barbourne Road,
Worcester WR1 1RS
01905 21464

Damp, rot, infestation

British Wood Preserving and
Damp Proofing Association
1 Gleneagles House, Vernon Gate,
South Street, Derby DE1 1UP
01332 225100

British Pest Control Association
1 Gleneagles House, Vernon Gate,
South Street, Derby DE1 1UP
01332 294288

Institute of Wood Preserving
and Damp Proofing
1 Gleneagles House, Vernon Gate,
South Street, Derby DE1 1UP
01332 225103

Glazing

Glass and Glazing Federation
44–48 Borough High Street,
London SE1 1XB
0207 403 7177

SEE ALSO: Using professionals 15, Seeking approval 17–19

Insulation

Council for Energy Efficiency Development
PO Box 12, Haslemere,
Surrey GU27 3AH
01428 654011

Ventilation

Heating and Ventilating Contractors Association
Esca House, 34 Palace Court,
London W2 4JG
020 7313 4900

Plumbing and heating

Institute of Plumbing
64 Station Lane, Hornchurch,
Essex RM12 6NB
01708 472791

Heating and Ventilating Contractors Association
Esca House, 34 Palace Court,
London W2 4JG
020 7313 4900

Association of Plumbing and Heating Contractors
Ensign House, Ensign Business Centre,
Westwood Way, Coventry CV4 8JA
02476 470626

Electricity

National Inspection Council for Electrical Installation Contracting
37 Albert Embankment,
London SE1 7UJ
020 7582 7746

Product information

The Building Centre
26 Store Street, London WC1E 7BT
020 7692 4000

Environment

English Nature
Northminster House, Northminster
Road, Peterborough PE1 1UA
01733 455000

Countryside Council for Wales
Plaspenrhos, Penrhos Road, Bangor,
Gwynedd LL57 2LQ
01248 385500

Scottish Natural Heritage
12 Hope Terrace, Edinburgh EH9 2AS
01314 474784

Home insurer

Company
Policy number
Contact name
Address
Phone/fax
e-mail

Contents insurer

Company
Policy number
Contact name
Address
Phone/fax
e-mail

Crime Prevention Officer

Contact name
Address
Phone/fax
e-mail
Neighbourhood watch

Fire Prevention Officer

Contact name
Address
Phone/fax
e-mail

Builder

Contact name
Address
Phone/fax
e-mail

Plumber

Contact name
Address
Phone/fax
e-mail

Electrician

Contact name
Address
Phone/fax
e-mail

Locksmith

Contact name
Address
Phone/fax
e-mail

SEE ALSO: Employing a builder 16, Home security 248–54

Bathroom planner

These gridded pages are intended to help you plan your bathroom and kitchen layouts – each square representing 100mm. The templates opposite (and overleaf), which depict common fixtures and fittings, are scaled to fit these 1:20 grid plans. All you have to do is measure your rooms, making a note of essential details such as the positions of doors, windows, electrical outlets and plumbing, then draw the shape of each room onto one of the grids. Cut out photocopies or tracings of the templates and arrange them on your plan to try out different room layouts.

☛ **SEE ALSO: Planning 12–15, Seeking approval 17, Planning permission 18–19**

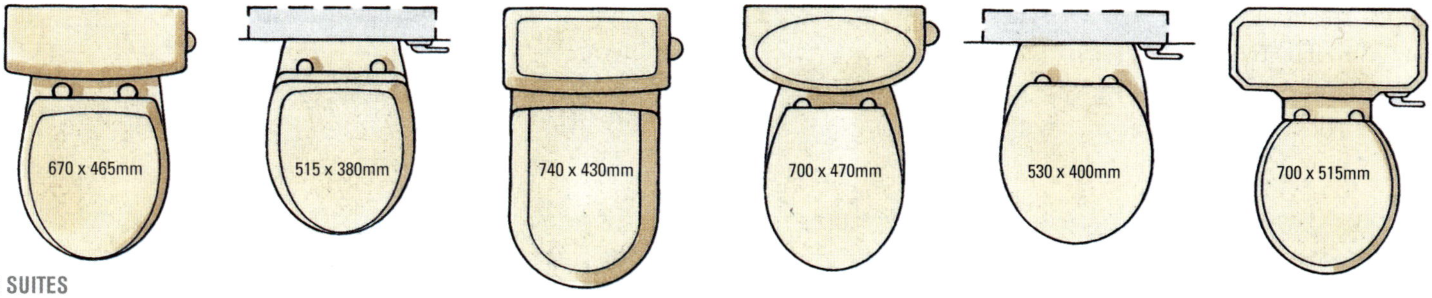

WC SUITES

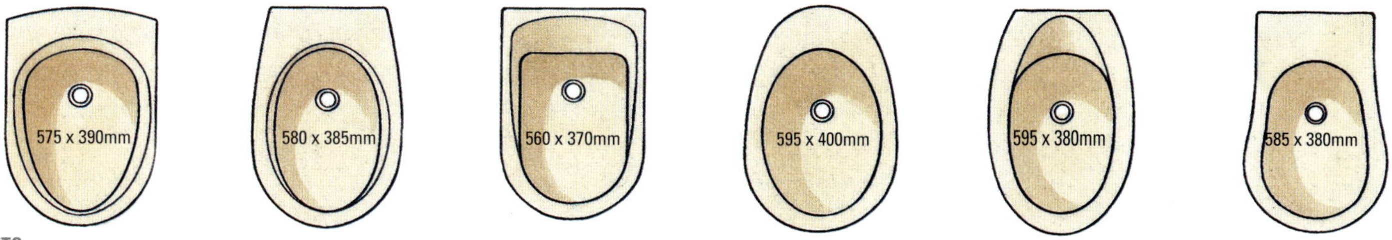

BIDETS

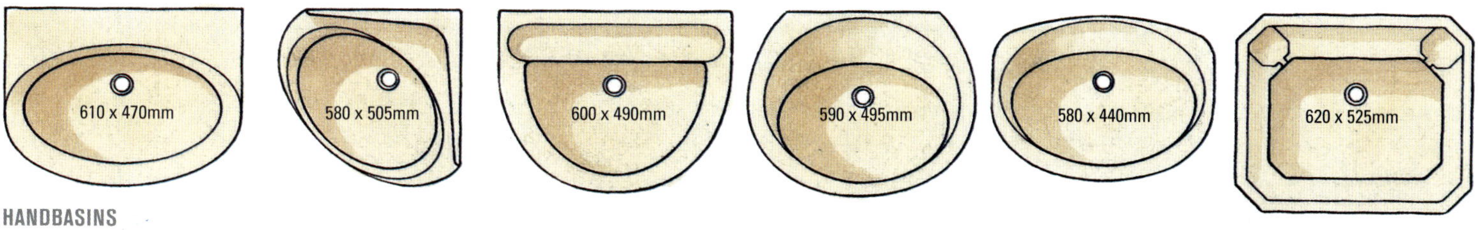

HANDBASINS

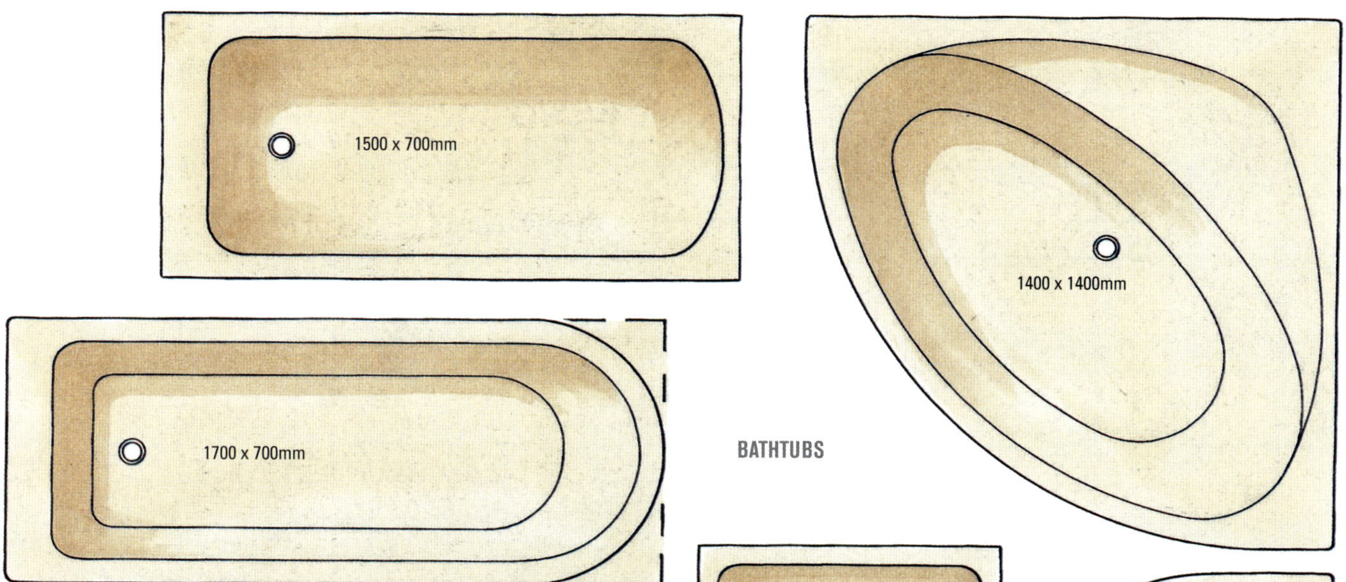

BATHTUBS

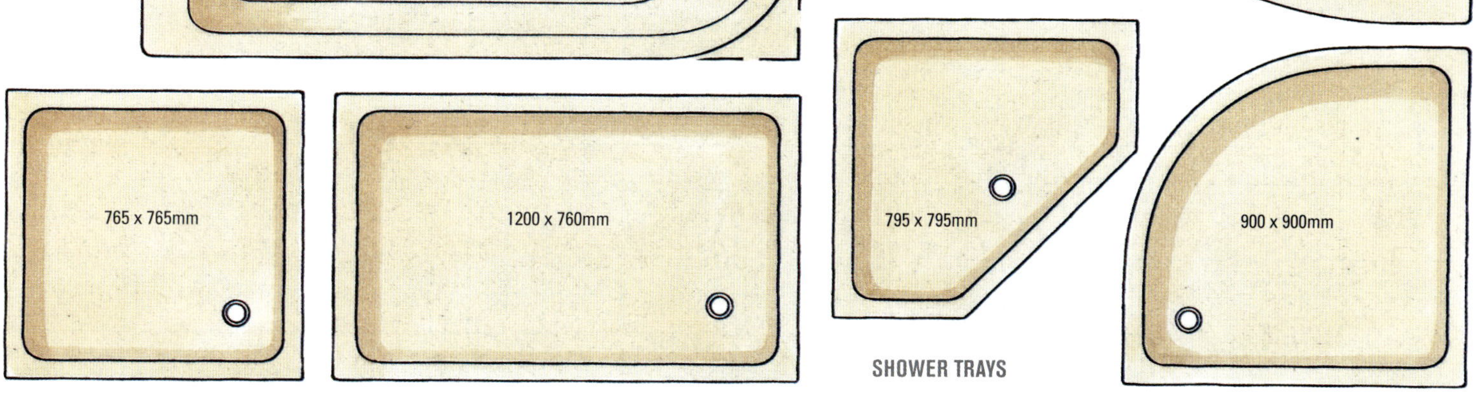

SHOWER TRAYS

SEE ALSO: Bathroom planning 13, 33, Will you need approval? 19, Connecting pipes 372–9, Water closets 380–2, Washbasins 383–6, Baths 387–8, Showers 389–94, Plumbing a bidet 395

Kitchen planner

SEE ALSO: Planning 12–15

Floorstanding kitchen cabinets are usually 900mm high (including worktop) and 600mm deep. These same cabinets are manufactured in the widths illustrated below. Floor units 500mm deep can be represented by cutting along the fine dotted lines.

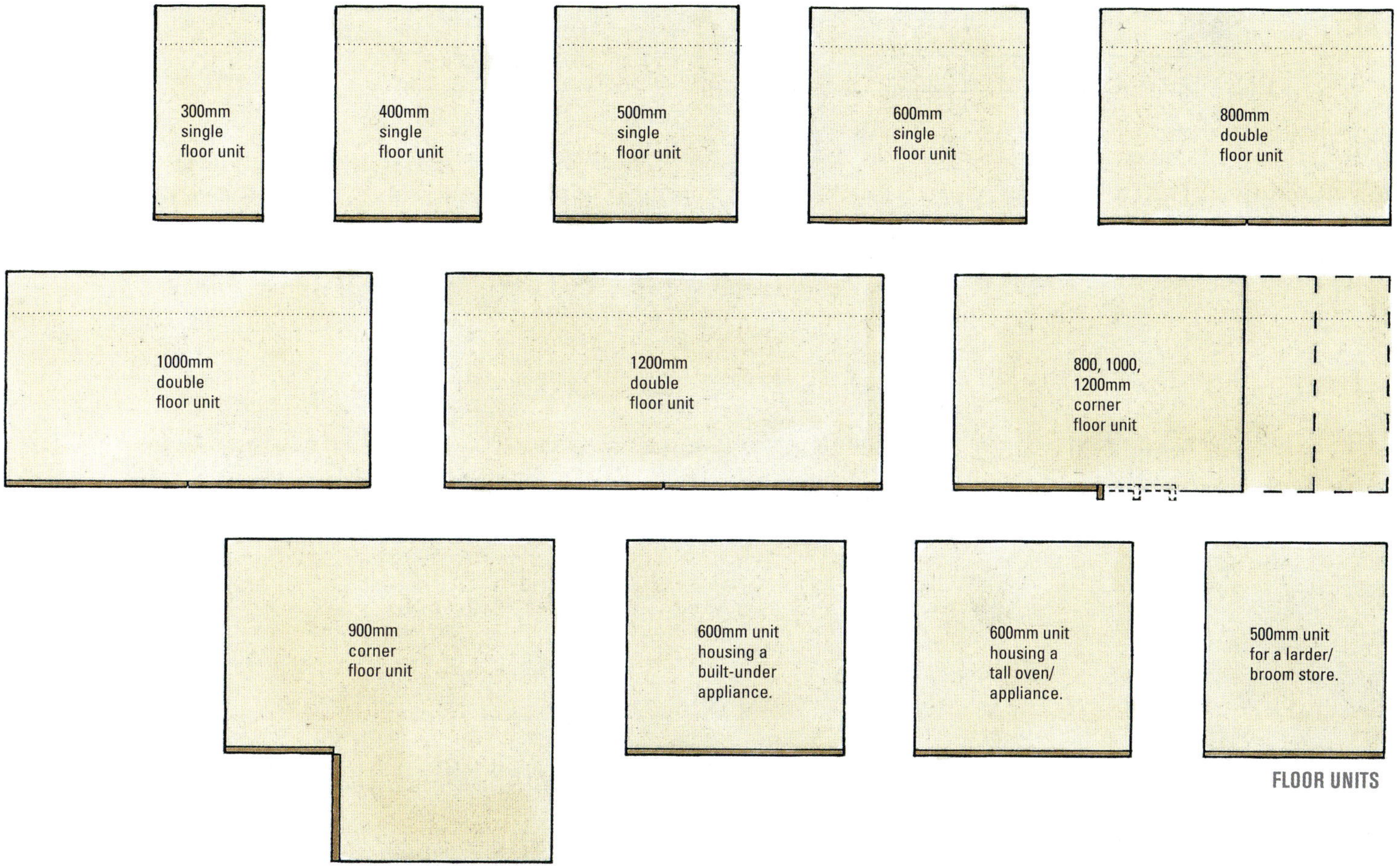

FLOOR UNITS

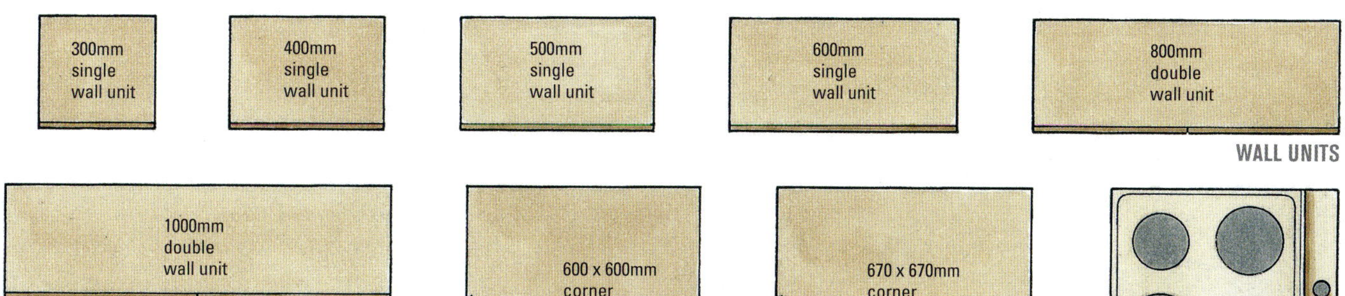

WALL UNITS

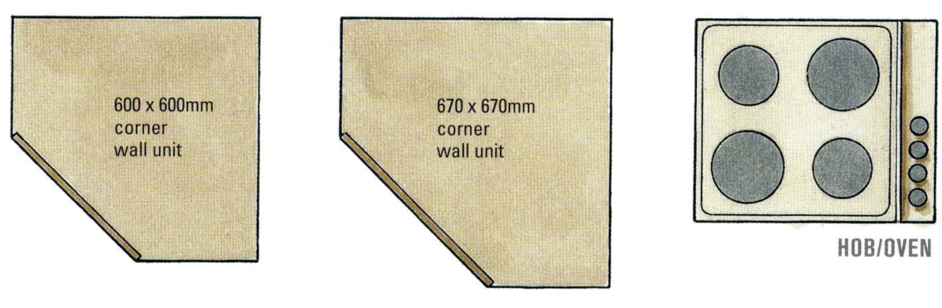

HOB/OVEN

Wall cupboards are typically 600, 720 and 900mm high. Common widths are indicated on the templates.

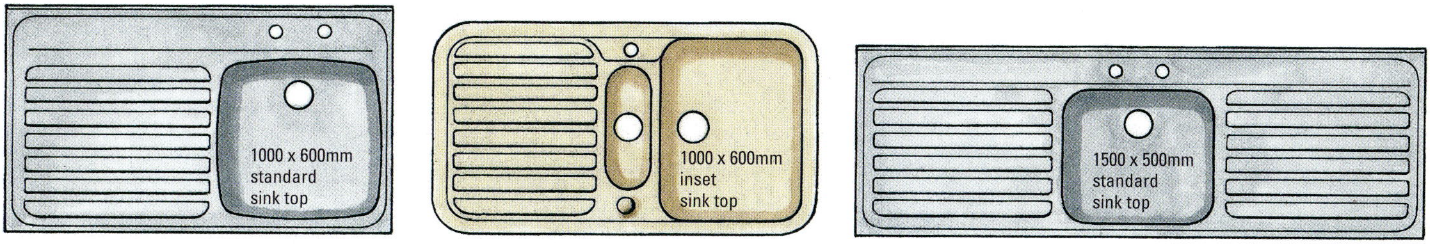

SINK TOPS

Glossary

A

Accessory
An electrical component permanently connected to a circuit – a switch, socket outlet, fused connection unit etc.
Aggregate
Particles of sand or stone mixed with cement and water to make concrete, or added to paint to make a textured finish.
Airlock
A blockage in a pipe caused by a trapped bubble of air.
Anthropometry
The comparative study and technique of sizes and proportions of the human body.
Appliance
A machine or device powered by electricity. *or* A functional piece of equipment connected to the plumbing, such as a basin, sink, bath etc.
Architrave
The moulding around a window or door.
Arris
The sharp edge at the meeting of two surfaces.

B

Back-siphoning
The siphoning of part of a plumbing system caused by the failure of mains water pressure.
Balanced flue
A ducting system that allows a heating appliance, such as a boiler, to draw fresh air from and discharge gases to the outside of a building.
Ballast
Naturally occurring sand and gravel mix used as aggregate for making concrete.
Baluster
One of a set of posts supporting a stair handrail.
Balustrade
The protective barrier alongside a staircase or landing.
Banisters
See Balustrade.
Basecoat
A flat coat of paint over which a decorative glaze is applied.
Batt
A short cut length of glass-fibre or mineral-fibre insulant.
Batten
A narrow strip of wood.
Batter
The slope of the face of a wall that leans backwards or tapers from bottom to top.
Blind
To cover with sand.
Blown
Broken away, as when a layer of cement rendering has parted from a wall.
Bore
The hollow part of a pipe or tube. *or* To drill a hole.
Burr
The rough raised edge left on a workpiece after cutting or filing.
Buttercoat
The top layer of cement render.

C

Came
The grooved strip of lead that holds the glass in a leaded light or stained-glass window.
Cap-nut
The nut used to tighten a fitting onto pipework.
Casing
The timber lining of a door or window opening.
Catenary wire
A length of wire cable suspended horizontally between two points.
Cavity wall
A wall made of two separate, parallel masonry skins with an air space between them.
CCTV
Closed-circuit television – security system used to observe and sometimes record potential intruders as they approach a building.
Chamfer
A narrow flat surface along the edge of a workpiece – normally at an angle of 45 degrees to adjacent surfaces. *or* To plane the angled surface.
Chase
A groove cut in masonry or plaster to accept pipework or an electrical cable. *or* To cut or channel such grooves.
Circuit
A complete path through which an electric current can flow.
Concave
Curving inwards.
Conductor
A component, usually a length of wire, along which an electric current will pass.
Convex
Curving outwards.
Cornice
Continuous horizontal moulding between the walls and ceiling of a room.
Counterbore
To cut a hole that allows the head of a bolt or screw to lie below a surface. *or* Such a hole.
Countersink
To cut a tapered recess that allows the head of a screw to lie flush with a surface. *or* The tapered recess itself.
Coving
A prefabricated moulding used to make a cornice.
Cup
To bend as a result of shrinkage, specifically across the width of a piece of wood.

D

Dado
The lower part of an interior wall – usually defined by a moulded wooden rail at about waist height (the dado rail).
Damp-proof course
A layer of impervious material that prevents moisture rising from the ground into the walls of a building.
Damp-proof membrane
A layer of impervious material that prevents moisture rising through a concrete floor.
Datum point
The point from which measurements are taken.
DPC
See Damp-proof course.
DPM
See Damp-proof membrane.
Dragging
A linear paint effect created by drawing the bristles of a brush through wet glaze.
Drip groove
A groove cut or moulded in the underside of a windowsill to prevent rainwater running back to the wall.
Drop
A strip of wallpaper measured and cut to length ready for pasting to a wall.

E

Earth
A connection between an electrical circuit and the earth (ground). *or* A terminal to which the connection is made.
Eaves
The edges of a roof that project beyond the walls.
Efflorescence
A white powdery deposit caused by soluble salts migrating to the surface of a wall or ceiling.
End grain
The surface of wood exposed after cutting across the fibres.
Extension
A room or rooms added to an existing building.
Extension lead
A length of electrical flex for temporarily connecting the short permanent flex of an appliance to a wall socket.

F

Face edge
In woodworking, the surface planed square to the face side.
Face side
In woodworking, the flat planed surface from which other dimensions and angles are measured and worked.
Fall
A downward slope.
Fascia
A strip of wood that covers the ends of rafters and to which external guttering is fixed.
Feather
To wear away or smooth an edge until it is undetectable.
Fence
An adjustable guide to keep the cutting edge of a tool a set distance from the edge of a workpiece.
Flashing
A weatherproof junction between a roof and a wall or chimney, or between one roof and another.
Flaunching
A mortared slope at the top of a fireback or round a chimney pot.
Flute
A rounded concave groove.
Footing
A narrow concrete foundation for a wall.
Frass
Powdered wood produced by the activity of woodworm.
Frog
The angled depression in one face of some housebricks.
Furring battens
See Furring strips.
Furring strips
Parallel strips of wood fixed to a wall or ceiling to provide a framework for attaching panels.
Fuse board
Where the main electrical service cable is connected to the house circuitry. *or* The accumulation of consumer unit, meter etc.

G

Galvanized
Covered with a protective coating of zinc.
Gel
A substance with a thick jelly-like consistency.

Glossary

Glaze
A liquid finish, usually colourless, to which paint or pigments are added. Once applied to a surface, the glaze is worked with various tools and brushes to create decorative effects. *or* To put glass or clear plastic into a frame.
Going
The horizontal measurement between the top and bottom risers of a stair *or* the depth of one tread.
Grain
The general direction of wood fibres. *or* The pattern produced on the surface of timber by cutting through the fibres. *See also* End grain *and* Short grain.
Grommet
A ring of rubber or plastic used to line a hole to protect electrical cable from chafing. A blind grommet incorporates a thin web of plastic or rubber that seals the hole until the web is cut to provide access for a cable.
Groove
A long narrow channel cut in plaster or wood in the general direction of the grain. *or* To cut such channels.
Grounds
Strips of wood fixed to a wall to provide nail-fixing points for skirting boards, door casings etc. *See also* Pallets.
Gullet
The notch formed between two saw teeth.

H

Hardcore
Broken bricks or stones used to form a sub-base below paving, foundations etc.
Hardwood
Timber from deciduous trees.
Head
The height of the surface of water above a specific point, used as a measurement of pressure – for example, a head of 2m (6ft). *or* The top horizontal member of a wooden frame.
Head plate
The top horizontal member of a stud partition.
Heave
An upward swelling of ground caused by excessive moisture.
Helical
Spiral shaped.
Hoggin
A fine ballast, usually with a clay content, used to form a sub-base for concrete pads or paving.
Hone
To sharpen a cutting edge.
Horns
Extended door or window stiles, designed to protect the corners from damage while in storage.
Housing
A long narrow channel cut across the general direction of wood grain to form part of a joint.

I

Insulation
Materials used to reduce the transmission of heat or sound. *or* Nonconductive material surrounding electrical wires or connections to prevent the passage of electricity.

J

Jamb
The vertical side member of a doorframe or window frame.
Joist
A horizontal wooden or metal beam (such as an RSJ) used to support a structure such as a floor, ceiling or wall.

K

Kerf
The groove cut by a saw.
Key
To abrade or incise a surface in order to provide a better grip when gluing something to it.
Knotting
Sealer, made from shellac, that prevents wood resin bleeding through a surface finish.
Knurled
Impressed with a series of fine grooves designed to improve the grip, for instance a knurled knob or handle.

L

Lath and plaster
A method of finishing a timber-frame wall or ceiling. Narrow strips of wood are nailed to the studs or joists to provide a supporting framework for plaster or tiles.
Lead
A stepped section of brickwork or blockwork built at each end of a wall to act as a guide to the height of the intermediate coursing.
Lintel
A horizontal beam used to support the wall over a door or window opening.

M

Marbling
Simulating real marble with coloured glazes *or* The finished effect.
Marine plywood
Exterior-grade plywood.
Mastic
A nonsetting compound used to seal joints.
Microporous
See Moisture-vapour permeable.
Mitre
A joint formed between two pieces of wood by cutting bevels of equal angle at the ends of each piece. *or* To cut the joint.
Moisture-vapour permeable
Used to describe a finish that allows moisture to escape from timber, allowing it to dry out, while protecting the wood from rainwater or damp. The same term is used to describe a paint that can be applied over new plaster without sealing in the moisture.
Mono-pitch roof
A roof that slopes in one direction only.
Mortise
A rectangular recess cut in timber to receive a matching tongue or tenon.
Mouse
A small weight used to help pass a line through a narrow vertical space.
Mullion
A vertical dividing member of a window frame.
Muntin
A central vertical member of a panel door.

N

Needle
A stout wooden beam used with props to support the section of a wall above an opening prior to the installation of an RSJ or lintel.
Neutral
The section of an electrical circuit that carries the flow of current back to source. *or* A terminal to which the connection is made. *or* A colour composed mainly of black and white.
Newel
The post at the top or bottom of a flight of stairs, which supports the handrail.
Nogging
A short horizontal wooden member between studs.
Nosing
The front edge of a stair tread.

O

Outer string
See String.
Oxidize
To form a layer of metal oxide, as in rusting.

P

Pallet
A wooden plug built into masonry to provide a fixing point for a door casing.
Pare
To remove fine shavings from wood with a chisel.
Pargeting
The internal render of a chimney.
Party wall
The wall between two houses over which each of the adjoining owners has equal rights in law.
Penetrating oil
A thin lubricant that will seep between corroded components and ease them apart.
Phase
The part of an electrical circuit that carries the flow of current to an appliance or accessory. Also known as live.
Pile
Raised fibres that stand out from a backing material, for instance in a carpet.
Pilot hole
A small-diameter hole drilled prior to the insertion of a woodscrew to act as a guide for its thread.
Pinch rod
A wooden batten used to gauge the width of a frame or opening.
PME
See Protective multiple earth.
Point load
The concentration of forces on a very small area.
Primer
The first coat of a paint system applied to protect wood or metal. A wood primer reduces the absorption of subsequent undercoats and top coats. A metal primer prevents corrosion.
Profile
The outline or contour of an object.
Protective multiple earth
A system of electrical wiring in which the neutral part of the circuit is used to take earth-leakage current to earth.
PTFE
Polytetrafluorethylene – a material used to make tape for sealing threaded plumbing fittings.

Glossary

Purlin
A horizontal beam that provides intermediate support for rafters or sheet roofing.

R

Rafter
One of a set of parallel sloping beams that form the main structural element of a roof.
Ratchet
A device that permits movement in one direction only by restricting the reversal of a toothed wheel or rack.
RCD
See Residual current device.
Rebate
A stepped rectangular recess along the edge of a workpiece, usually forming part of a joint. *or* To cut such recesses.
Render
A thin layer of cement-based mortar applied to exterior walls to provide a protective finish. Sometimes fine stone aggregate is embedded in the mortar. *or* To apply such mortar.
Residual current device
A device that monitors the flow of electrical current through the live and neutral wires of a circuit. When an RCD detects an imbalance caused by earth leakage, it cuts off the supply of electricity as a safety precaution.
Reveal
The vertical side of an opening in a wall.
Riser
The vertical part of a step.
Rising main
The pipe that supplies water under mains pressure, usually to a storage tank in the roof.
Rolled steel joist (RSJ)
A steel beam, usually with a cross section in the form of a capital letter I.
RSJ
See Rolled steel joist.
Rub joint
Glued wood rubbed together and held by suction until it sets.
Rubber
A pad of cotton wool wrapped in soft cloth used to apply stain, shellac polish etc.

S

Sash
The openable part of a window.
Score
To scratch a line with a pointed tool. *See also* Scribe.
Scratchcoat
The bottom layer of cement.
Screed
A thin layer of mortar applied to give a smooth surface to concrete etc. *or* A shortened name for screed batten.
Screed batten
A thin strip of wood fixed to a surface to act as a guide to the thickness of an application of plaster or render.
Scribe
To copy the profile of a surface on the edge of sheet material that is to be butted against it. *or* To mark a line with a pointed tool. *See also* Score.
Sett
A small rectangular paving block.
Sheathing
The outer layer of insulation surrounding an electrical cable or flex.
Short circuit
The accidental rerouting of electricity to earth, which increases the flow of current and blows a fuse.
Short grain
When the general direction of wood fibres lies across a narrow section of timber.
Sill
The lowest horizontal member of a frame that surrounds a door or window. *or* The lowest horizontal member of a stud partition.
Sleeper wall
A low masonry wall that serves as an intermediate support for ground-floor joists.
Soakaway
A pit filled with rubble or gravel into which water is drained.
Soffit
The underside of part of a building such as an archway or the eaves etc.
Softwood
Timber from coniferous trees.
Sole plate
Another term for a stud-partition sill. *or* A wooden member used as a base to level a loadbearing timber-frame wall.
Spalling
Flaking of the outer face of masonry caused by expanding moisture in icy conditions.
Spandrel
The triangular infill below the outer string of a staircase.
Staff bead
The innermost strip of timber holding a sliding sash in a window frame.
Stile
A vertical side member of a door or window sash.
Stopper
A wood filler made in colours to match various kinds of timber.
String
A board running from one floor to another into which staircase treads and risers are jointed. The one on the open side of a staircase is known as the outer string; the one against the wall is called the wall string.
Stud partition
A timber-frame interior dividing wall.
Studs
The vertical members of a timber-frame wall.
Subsidence
A sinking of the ground caused by the shrinkage of excessively dry soil.
Supplementary bonding
The connecting to earth of electrical appliances and exposed metal pipework in a bathroom or kitchen.

T

Tamp
To pack down firmly with repeated blows.
Template
A cut-out pattern made from paper, wood, metal etc to help shape a workpiece accurately.
Tenon
A projecting tongue on the end of a piece of wood that fits into a corresponding mortise.
Terminal
A connection to which the bared ends of electrical cable or flex are attached.
Thinner
A solvent, such as turpentine, used to dilute paint or varnish.
Thixotropic
Term used to describe paints that have a jelly-like consistency until stirred or applied, at which point they become liquefied.
Top coat
The outer layer of a paint system.
Torque
A rotational force.
Transom
A horizontal dividing member of a window frame.
Trap
A bent section of pipe below a bath, sink etc. It contains standing water to prevent the passage of gases.
Tread
The horizontal part of a step.

U

Undercoat
A layer or layers of paint used to obliterate the colour of a primer and build a protective body of paint before applying a top coat.

V

Vapour barrier
A layer of impervious material that prevents the passage of moisture-laden air.
Vapour check
See Vapour barrier.

W

Wall plate
A horizontal timber member placed along the top of a wall to support the ends of joists and spread their load.
Wall string
See String.
Wall tie
A strip of metal or bent wire used to bind sections of masonry together.
Waney edge
A natural wavy edge on a plank. It may still be covered by bark.
Warp
To bend or twist as a result of damp or heat.
Water closet (WC)
A lavatory that is flushed by water. *or* A room containing such a lavatory.
Water hammer
Vibration in plumbing caused by fluctuating water pressure.
WC
See Water closet.
Weathered
Showing signs of exposure to the weather. *or* Sloped so as to shed rainwater.
Weep hole
A small hole at the base of a cavity wall that allows absorbed water to drain to the outside.
Workpiece
An object in the process of being shaped, produced or otherwise worked on. Sometimes referred to simply as the 'work'.

Index

A

B

C

Index

Index

Index

G

H

Index

Index

Index

The authors and publishers wish to thank the following companies and organizations for their help in the preparation of this book.

3M United Kingdom Plc., Bracknell, Berkshire
Actis, Devizes, Wiltshire
Aico Ltd., Oswestry, Shropshire
Air Diffusion Ltd., Bridgnorth, Shropshire
Akzo Nobel Decorative Coatings Ltd., Darwin, Lancashire
Albion Water Heaters Ltd., Halesowen, West Midlands
Alfa Scientific Ltd., St Albans, Hertfordshire
Allen Concrete, Wellingborough, Northamptonshire
Alumasc Exterior Building Products Ltd., St Helens, Merseyside
The Amtico Company Ltd., Coventry, Warwickshire
Aqua-Dial Ltd., Kingston-upon-Thames, Surrey
Aqualisa Products Ltd., Westerham, Kent
Aristocast Originals Ltd., Handsworth, Sheffield, South Yorkshire
Armitage Shanks Ltd., Rugeley, Staffordshire
Armstrong World Industries Ltd., Uxbridge, Middlesex
Artex-Blue Hawk Ltd., Ruddington, Nottinghamshire
Asbestos Information Centre., Widnes, Cheshire
Axminster Carpets Ltd., Axminster, Devon
Badhaus, Westham, Somerset, Devon
Bamber Carpets Ltd., Preston, Lancashire
Baxi Heating Ltd., Bamber Bridge, Preston, Lancashire
B. E. L. Products Ltd., Birmingham, B24
A. Bell & Co Ltd, Northampton, NN2
Blue Circle Cement, Aldermaston, Berkshire
Bodyguard Security Co Ltd., Tongwell, Milton Keynes, Buckinghamshire
Bonar Floors, Ripley, Derbyshire
Bondaglass-Voss Ltd., Beckenham, Kent
Bostik Ltd., Leicester, LE4
Bradstone – Aggregate Industries UK Ltd., Ashbourne, Derbyshire
C. Brewer & Sons Ltd., Eastbourne, East Sussex
The Brick Development Association, Windsor, Berkshire
Bridisco Group, London, N17
Brintons Ltd., Kidderminster, Worcestershire
British Board of Agrément, Watford, Hertfordshire
British Cement Association, Crowthorne, Berkshire
British Coal Corporation, London, W1

- British Concrete Masonry Association, Bedford, MK40
- British Flat Roofing Council, Notts, NG6
- British Flue and Chimney Manufacturers' Association, Bourne End, Buckinghamshire
- British Gas Plc., London, WC1
- British Gypsum Ltd., Loughborough, Leicestershire
- British Red Cross Society, London, SW19
- British Telecom, London, EC1A
- Building Research Establishment, Garston, Watford, Hertfordshire
- Richard Burbidge Decorative Timber, Oswestry, Shropshire
- Callenders Construction Products, Basildon, Essex
- Campbell Marson & Co. Ltd., London, SW17
- Caradon Catnic Ltd., Caerphilly, Mid Glamorgan
- Caradon Everest Ltd., Cuffley, Hertfordshire
- Caradon Mira Ltd., Cheltenham, Gloucestershire
- Caradon Plumbing Ltd., Stoke-on-Trent, Staffordshire
- The Carpet Bureau, London, SW1
- John Carr Sales Ltd., Doncaster, West Yorkshire
- Carvall Group Ceramics Ltd., London, SE10
- Castle Nails, Cardiff, South Glamorgan
- Cavity trays Ltd., Yeovil, Somerset
- H & H Celcon Ltd., Sevenoaks, Kent
- Celotex Ltd., Ealing, London, W5
- Cementone Beaver Ltd., Buckingham, Buckinghamshire, MK18
- A. W. Champion Ltd., New Maldon, Surrey
- Clam-Brummer Ltd., Bishops Stortford, Hertfordshire
- Click Systems Ltd., Bradville, Milton Keynes, Buckinghamshire
- Creda – General Domestic Appliances Ltd., Peterborough, PE2
- Crittall Steel Windows, Braintree, Essex
- Crown Decorative Products Ltd., Darwen, Lancashire
- Cuprinol Ltd., Frome, Somerset
- Danfoss Randall Ltd., Bedford, MK42
- Daryl Showers, Wallasey, Wirral, Merseyside
- Delway Technical Services, Wallasey, Wirral, Merseyside
- Department of the Environment, Wetherby, West Yorkshire
- Dixon Group Wallcoverings Ltd., London, N7
- DIY Plastics (UK) Ltd., Faringdon, Oxfordshire
- Dow Construction Products, Uxbridge, Middlesex
- Draper Tools Ltd., Eastleigh, Hampshire
- Draught Proofing Advisory Association Ltd., Haslemere, Surrey
- Dupré Vermiculite, Hertford, Hertfordshire

- Durox Building Products Ltd., Stanford le Hope, Essex
- Dynochem UK Ltd., Mold, Flintshire
- Ecomax Accoustics Ltd., High Wycombe, Buckinghamshire
- Eco Solutions Ltd., Winscombe, North Somerset
- EcoWater Systems, Stokenchurch, Buckinghamshire
- Energy Efficiency Office, London, SW1P
- English Abrasives & Chemicals Ltd., Stafford, ST16
- ERA Security Co Ltd., Willenhall, West Midlands
- Eswa Ltd., London, SE11
- Eternit UK Ltd., Meldreth, Hertfordshire
- Evode Ltd., Stafford, ST16
- Excel Industries Ltd., Ebbw Vale, Gwent
- Expamet Building Products, Hartlepool, Cleveland
- External Wall Insulation Association, Haslemere, Surrey
- Fabriform Neken Ltd., Liphook, Hampshire
- Feb Ltd., Swinton, Manchester, M27
- Ferham Products, Sheffield, Yorkshire
- Fired Earth, Adderbury, Oxfordshire
- Fire Protection Association, Borehamwood, Hertfordshire
- Artur Fischer (UK) Ltd., Wallingford, Oxfordshire
- Footprint Tools Ltd., Hollis Croft, Sheffield, South Yorkshire
- Franke UK Ltd., Manchester, M22
- Freudenberg Building Systems, Lutterworth, Leicestershire
- Fry Technology UK, Croydon, Surrey
- Garafloor, Newton le Willows, Warrington, Merseyside
- Gaskell Carpets Ltd., Blackburn, Lancashire
- GE Lighting Ltd., Kingston-upon-Thames, Surrey
- GET Plc, London, N11
- Glass and Glazing Federation, London, SE1
- Greenwood Air Management Ltd., Rustington, Sussex
- Hans Grohe Ltd., Esher, Surrey
- Grundfoss Pumps Ltd., Leighton Buzzard, Bedfordshire
- John Guest Ltd., West Drayton, Middlesex
- Hammerite Products Ltd., Prudoe, Northumberland
- Hanson Brick, Stewartby, Bedford
- Harlequin Wallcoverings Ltd., Loughborough, Leicestershire
- L. G. Harris & Co. Ltd., Stoke Prior, Worcestershire
- Harrison Drape – McKechnie Consumer Products Ltd., Birmingham, B12
- Samuel Heath & Son Ltd., Birmingham, B12
- Heatprofile, Guildford, Surrey
- Heatrae Sadia Heating Ltd., Norwich, Norfolk
- P. C. Henderson Ltd., Bowburn, Durham
- Henkel Ltd., Winsford, Cheshire

- Hepworth Building Products, Sheffield, South Yorkshire
- Hepworth Heating Ltd., Belper, Derbyshire
- Hire Technicians Group Ltd., Watford, Hertfordshire
- Homebase Ltd., Wallington Surrey
- Hörmann (UK) Ltd., Whetstone, Leicestershire
- HSC UK Ltd., Redditch, Worcestershire
- HSS Hire Shops, Mitcham, Surrey
- Hudevad Britain, Walton-on-Thames, Surrey
- Humbrol Ltd., Marfleet, Hull, North Humberside
- Hunter Douglas Ltd., Larkhall, Lanarkshire
- Hunter Plastics Ltd., London, SE28
- Ibstock Building Products Ltd., Ibstock, Leicestershire
- ICI Paints, Slough, Berkshire
- Ideal-Standard Ltd., Kingston-upon-Hull, North Humberside
- I. G. Ltd., Cwmbran, Gwent
- Heuga – Interface Europe Ltd., Berkhamstead, Hertfordshire
- International Seamless Gutters Ltd., London, W3
- IPPEC Heating Systems, Birmingham, B5
- Isokern UK Ltd., Wimborne, Dorset
- Jaymart Rubber & Plastics Ltd., Westbury, Wiltshire
- Jewson Ltd., Coventry, CV1
- H & R Johnson Tiles Ltd., Stoke-on-Trent, Staffordshire
- Kaylon Decorative Products, Wakefield, West Yorkshire
- Langlow Products Division, Chesham, Buckinghamshire
- Lectros International Ltd., Rossendale, Lancashire
- Linkline Double Glazing, Alton, Hampshire
- London & Lancashire Rubber Co. Ltd., London, N18
- Lotus Water Garden Products Ltd., Burnley, Lancashire.
- Luxcrete Ltd., Harlesdon, London, NW10
- Marley Building Materials Ltd., Coleshill, Birmingham
- Marley Extrusions Ltd., Maidstone, Kent
- Marley Floors Ltd., Maidstone, Kent
- Marshalls Mono Ltd., Halifax, West Yorkshire
- Maxview Ltd., King's Lynn, Norfolk
- McAlpine & Co Ltd., Glasgow, G52
- MK Electrics, Basildon, Essex
- Moseley-Stone, Leeds, Yorkshire
- MTS (GB) Ltd., High Wycombe, Bucks
- Mueller Europe Ltd., Bilston, West Midlands
- John Myland Ltd., London, SE27
- National Approval Council for Security Systems, Maidenhead, Berkshire
- National Association of Loft Insulation Contractors, Haslemere, Surrey
- National Cavity Insulation Association, Haslemere, Surrey